# Sartorius aktuell

„Sartorius aktuell" ist ein Service der Sartorius-Redaktion, der zum einen den Inhalt der jeweiligen Ergänzungslieferung beschreibt und zum anderen in einer Vorschau wichtige gesetzgeberische Vorhaben darstellt, um bereits sehr frühzeitig eine Orientierungshilfe für die Praxis zu geben.

## Inhalt der Ergänzungslieferung

Die vorliegende 141. Ergänzungslieferung bringt die Textsammlung auf den aktuellen Stand der Gesetzgebung vom 16. Februar 2024. Sie beinhaltet alle seit der letzten Lieferung mit Stand vom 1. November 2023 bis einschließlich 9. Februar 2024 verkündeten Änderungen sowie bereits früher verkündete Änderungen, die bis einschließlich 15. März 2024 in Kraft treten.

**Sehr umfangreich** geändert wurde zum 1.3.2024 das Aufenthaltsgesetz (Nr. **565**) durch das **Gesetz zur Weiterentwicklung der Fachkräfteeinwanderung** v. 16.8.2023 (BGBl. 2023 I Nr. 217; 2023 I Nr. 390).

Dieses Gesetz dient der Umsetzung der Richtlinie (EU) 2021/1883 des Europäischen Parlaments und des Rates vom 20. Oktober 2021 über die Bedingungen für die Einreise und den Aufenthalt von Drittstaatsangehörigen zur Ausübung einer hoch qualifizierten Beschäftigung und zur Aufhebung der Richtlinie 2009/50/EG des Rates (ABl. L 382 vom 28.10.2021, S. 1). Soweit in den geltenden Rechts- und Verwaltungsvorschriften auf die durch die Richtlinie (EU) 2021/1883 aufgehobene Richtlinie 2009/50/EG Bezug genommen wird, gelten diese Bezugnahmen als solche auf die Richtlinie (EU) 2021/1883.

Zudem gab es **kleinere** Änderungen im Aufenthaltsgesetz (Nr. **565**) durch das **Gesetz zur Modernisierung des Pass-, des Ausweis- und des ausländerrechtlichen Dokumentenwesens** v. 8.10.2023 (BGBl. 2023 I Nr. 271).

Dieses Gesetz wurde notifiziert gemäß der Richtlinie (EU) 2015/1535 des Europäischen Parlaments und des Rates vom 9. September 2015 über ein Informationsverfahren auf dem Gebiet der technischen Vorschriften und der Vorschriften für die Dienste der Informationsgesellschaft (ABl. L 241 vom 17.9.2015, S. 1).

Berücksichtigt wurden auch kleine Änderungen im Aufenthaltsgesetz (Nr. **565**) und in der Aufenthaltsverordnung (Nr. **566**) durch das **Gesetz zur Bestimmung Georgiens und der Republik Moldau als sichere Herkunftsstaaten** v.19.12.2023 (BGBl. 2023 I Nr. 382) sowie **kleinere** Änderungen im Aufenthaltsgesetz (Nr. **565**) durch das **Gesetz zur Änderung des Gesetzes über die Angelegenheiten der Vertriebenen und Flüchtlinge (Bundesvertriebenengesetz – BVFG)** v. 20.12.2023 (BGBl. 2023 I Nr. 390).

Ebenfalls an EU-Recht angepasst und **umfangreich** geändert wurde die Aufenthaltsverordnung (Nr. **566**) durch die **Verordnung zur Änderung der Personalausweisverordnung, der Passverordnung, der Aufenthaltsverordnung sowie weiterer Vorschriften** v. 30.10.2023 (BGBl. 2023 I Nr. 290). Diese Verordnung wurde notifiziert gemäß der Richtlinie (EU) 2015/1535 des Europäischen Parlaments und des Rates vom 9. September 2015 über ein Informationsverfahren auf dem Gebiet der technischen Vorschriften und der Vorschriften für die Dienste de⟨...⟩ 17.9.2015, S. 1).

W0019887

An EU-Recht angepasst und **sehr umfangreich** geändert wurde das Energiewirtschaftsgesetz (Nr. **830**) durch Artikel 1 des **Gesetzes zur Anpassung des Energiewirtschaftsrechts an unionsrechtliche Vorgaben und zur Änderung weiterer energierechtlicher Vorschriften** v. 22.12.2023 (BGBl. 2023 I Nr. 405).

Die Artikel 1, 2, 5 bis 9 und 13 dieses Gesetzes dienen der Umsetzung der Richtlinien 2009/72/EG, 2009/73/EG und (EU) 2019/944. Artikel 1 Nummer 3 dient der Durchführung der Änderung der Verordnung (EG) Nr. 715/2009 des Europäischen Parlaments und des Rates vom 13. Juli 2009 über die Bedingungen für den Zugang zu den Erdgasfernleitungsnetzen und zur Aufhebung der Verordnung (EG) Nr. 1775/2005 durch die Verordnung (EU) 2022/1032.

Die anlässlich der ungewöhnlich niedrigen Gasspeicherfüllstände im Winter 2021/ 2022 durch das **Gesetz zur Änderung des Energiewirtschaftsgesetzes zur Einführung von Füllstandsvorgaben für Gasspeicheranlagen sowie zur Änderung von § 246 BauGB** v. 26.4.2022 (BGBl. I S. 674) eingefügten Vorschriften §§ 35a bis 35h des Energiewirtschaftsgesetzes (Teil 3a EnWG) (Nr. **830**) waren bisher bis zum 1. April 2025 befristet. Die Regelungen des Teils 3a des EnWG werden durch das **Gesetz zur Änderung der Vorschriften des Energiewirtschaftsgesetzes zu Füllstandsvorgaben für Gasspeicheranlagen und zur Anpassung weiterer energiewirtschaftlicher Vorschriften** v. 5.2.2024 (BGBl. 2024 I Nr. 32) bis zum 1. April 2027 verlängert. Mit der Inbetriebnahme der landseitigen LNG-Terminals im Jahr 2027 ist deshalb ab diesem Zeitpunkt mit einer weiteren Entspannung der Versorgungslage zu rechnen.

Durch das **Gesetz zur Änderung des BND-Gesetzes** v. 22.12.2023 (BGBl. 2023 I Nr. 410) wurden im Artikel 10-Gesetz (Nr. **7**) u.a. „§ 5b. Schutz zeugnisverweigerungsberechtigter Personen" eingefügt sowie die Bestimmungen zur Übermittlung durch den Bundesnachrichtendienst an die Polizei und andere Behörden der Gefahrenabwehr sowie an Strafverfolgungsbehörden in § 7 neu geregelt. Zudem sollen Bundesnachrichtendienst (BND) und Verfassungsschutz besser vor Spionage geschützt werden.

Die kleine Änderung durch das **Gesetz zum ersten Teil der Reform des Nachrichtendienstrechts** v. 22.12.2023 (BGBl. 2023 I Nr. 413) passt die Übermittlungsvorschriften an die Vorgaben des Bundesverfassungsgerichts im Beschluss vom 28. September 2022 - 1 BvR 2354/13 - an.

Das Verwaltungsverfahrensgesetz (VwVfG) (Nr. **100**) wurde durch das **Fünftes Gesetz zur Änderung verwaltungsverfahrensrechtlicher Vorschriften sowie zur Änderung des Sechsten Buches Sozialgesetzbuchs (5. VwVfÄndG)** v. 4.12.2023 (BGBl. 2023 I Nr. 344) geändert.

Mit dem Planungssicherstellungsgesetz (Planziel) vom 20. Mai 2020 (BGBl. I S. 1041), das zuletzt durch Artikel 11 des Gesetzes vom 22. März 2023 (BGBl. I 2023 Nr. 88) geändert worden ist, wurde sichergestellt, dass auch unter den erschwerten Bedingungen während der Pandemie Planungs- und Genehmigungsverfahren sowie besondere Entscheidungsverfahren mit Öffentlichkeitsbeteiligung digital durchgeführt werden konnten. Die Regelungen waren allerdings bis zum 31. Dezember 2023 befristet. Daher wurde geprüft, welche der Instrumente, die mit dem PlanSiG befristet zur Verfügung gestellt worden sind, auf Dauer in das Verwaltungsverfahrensgesetz (VwVfG) übernommen werden können.

So wird die bislang zusätzlich und als Soll-Vorschrift geregelte öffentliche Bekanntmachung im Internet nunmehr zwingend und als Wirksamkeitsvoraussetzung vorgegeben. Zur Einsicht auszulegende Dokumente sind vorrangig über das Internet zugänglich zu machen. Zudem werden die Onlinekonsultation sowie die Video- und Telefonkonferenz als bewährte Formate der elektronischen Ersetzung von Erörterungen, mündlichen Verhandlungen und Ähnlichem aus dem PlanSiG in das Verwaltungsverfahrensgesetz überführt.

Das Bundesbesoldungsgesetz (Nr. **230**) wurde durch das **Gesetz zur Anpassung der Bundesbesoldung und -versorgung für die Jahre 2023 und 2024 sowie zur Änderung weiterer dienstrechtlicher Vorschriften (BBVAnpÄndG 2023/2024)** geändert. Ab März 2024 wird das Grundgehalt zunächst um 200 Euro und darauf aufsetzend um 5,3 Prozent erhöht. Die lineare Erhöhung erfolgt dabei unter letztmaliger Verminderung der Anpassung gegenüber dem Tarifergebnis um 0,2 Prozentpunkte für die Zuführung zur Versorgungsrücklage.

Der Familienzuschlag – mit Ausnahme der Erhöhungsbeträge für die Besoldungsgruppen A 3 bis A 5 – sowie die Amtszulagen erhöhen sich um jeweils 11,3 Prozent. Der Anwärtergrundbetrag wird um den Differenzbetrag zwischen den ab dem 1. April 2022 geltenden Monatsbeträgen und 52 Prozent der ab 1. März 2024 erhöhten Grundgehaltssätze des jeweils niedrigsten Eingangsamtes der entsprechenden Laufbahngruppe geltenden Beträge angepasst.

Im Umweltverträglichkeitsprüfungsgesetz (Nr. **295**) gab es jeweils kleine Änderungen durch das

- **Fünftes Gesetz zur Änderung verwaltungsverfahrensrechtlicher Vorschriften sowie zur Änderung des Sechsten Buches Sozialgesetzbuchs (5. VwVfÄndG)** v. 4.12.2023 (BGBl. 2023 I Nr. 344),
- **Gesetz für die Wärmeplanung und zur Dekarbonisierung der Wärmenetze** v. 20.12.2023 (BGBl. 2023 I Nr. 394),
- **Gesetz zur Anpassung des Energiewirtschaftsrechts an unionsrechtliche Vorgaben und zur Änderung weiterer energierechtlicher Vorschriften** v. 22.12.2023 (BGBl. 2023 I Nr. 405),
- **Gesetz zur Beschleunigung von Genehmigungsverfahren im Verkehrsbereich und zur Umsetzung der Richtlinie (EU) 2021/1187 über die Straffung von Maßnahmen zur rascheren Verwirklichung des transeuropäischen Verkehrsnetzes** v. 22.12.2023 (BGBl. 2023 I Nr. 409) wurden „§ 14c Ersatzneubauten mit baulicher Erweiterung im Vorgriff auf einen späteren Ausbau" und „§ 14d Bau von Radwegen an Bundesstraßen" eingefügt

Das Baugesetzbuch (Nr. **300**) wurde durch das **Gesetz für die Wärmeplanung und zur Dekarbonisierung der Wärmenetze** v. 20.12.2023 (BGBl. 2023 I Nr. 394) geändert. Mit diesem Gesetz werden die Grundlagen für die Einführung einer verbindlichen und flächendeckenden Wärmeplanung in Deutschland geschaffen. Alle Kommunen in Deutschland müssen nun Wärmepläne für klimafreundliches Heizen vorlegen. In den Plänen soll angegeben werden, in welchen Straßen eine Fernwärme-Versorgung geplant ist oder wo Nahwärme beispielsweise über Biomasse verfügbar sein wird oder wo ein Wasserstoffnetz aufgebaut werden soll. Für Großstädte mit mehr als 100.000 Einwohnern ist der Stichtag der 1. Januar 2026, für alle anderen Kommunen der 30. Juni 2028. Für kleinere Gemeinden unter 10.000 Einwohner können die Länder ein vereinfachtes Verfahren ermöglichen; zudem ist vorgesehen, dass mehrere Gemeinden eine gemeinsame Planung vorlegen können.

Auch soll es erstmals eine rechtlich verbindliche Verpflichtung für die Betreiber von beste-henden Wärmenetzen geben, diese Netze bis zum Jahr 2030 mindestens zu einem Anteil von 30 Prozent und bis 2040 zu 80 Prozent mit Wärme, die aus erneuerbaren Energien oder un-vermeidbarer Abwärme hergestellt wurde, zu speisen. Ab dem Jahr 2045 müssen in Über-einstimmungen mit den Zielen des Bundes-Klimaschutzgesetzes alle Wärmenetze vollstän-dig klimaneutral betrieben werden.

Das **Gesetz zur Beschleunigung von Genehmigungsverfahren im Verkehrsbereich und zur Umsetzung der RL (EU) 2021/1187 über die Straffung von Maßnahmen zur rascheren Verwirklichung des transeuropäischen Verkehrsnetzes** v. 22.12.2023 (BGBl. 2023 I Nr. 409) ändert die Verwaltungsgerichtsordnung (Nr. **600**), das Gesetz über die Umweltverträglichkeitsprüfung (Nr. **295**), das Wasserhaushaltsgesetz (Nr. **845**), das Bundesfernstraßengesetz (Nr. **932**) und das Bundeswasserstraßengesetz (Nr. **971**).

Dieses Gesetz soll langwierige und komplizierte Planungs- und Genehmigungsverfahren für den Ausbau wichtiger Schienenstrecken und Straßenprojekte beschleunigen und vereinfa-chen. Ziel ist es, zügig mehr Verkehr auf die Schiene zu bringen und den Verkehrsablauf effizienter zu gestalten.

Konkret sieht das sogenannte Genehmigungsbeschleunigungsgesetz ua folgende Regelun-gen vor: Schienenausbau, Beseitigung von Stauschwerpunkten und Engstellen auf Autobah-nen, Sanierung von Brücken, einheitliche Genehmigungsfrist für Verkehrsprojekte, Bau von Wind- und Photovoltaikanlagen an Autobahnen und Digitalisierung der Verkehrsinfrastruk-tur, Errichtung und der Betrieb von Schnellladeinfrastruktur.

**Neu bekannt** gemacht wurde das Passgesetz (PassG) **Nr. 250** durch die Bekanntmachung der Neufassung des Passgesetzes idF der Bek. v. 30.10.2023 (BGBl. 2023 I Nr. 291).

**Kleinere Änderungen** gab es
- im Bundesdatenschutzgesetz (Nr. **245**) durch das **Gesetz zur Anpassung der Bundesbe-soldung und -versorgung für die Jahre 2023 und 2024 sowie zur Änderung weiterer dienstrechtlicher Vorschriften (BBVAnpÄndG 2023/2024)** v. 22.12.2023 (BGBl. 2023 I Nr. 414),
- in der Passverordnung (Nr. **251**) durch die **Verordnung zur Änderung der Personalaus-weisverordnung, der Passverordnung, der Aufenthaltsverordnung sowie weiterer Vorschriften** v. 30.10.2023 (BGBl. 2023 I Nr. 290),
- im Bundesausbildungsförderungsgesetz (Nr. **420**) durch das Gesetz zur Anpassung des Zwölften und des Vierzehnten Buches Sozialgesetzbuch und weiterer Gesetze v. 22.12.2023 (BGBl. 2023 I Nr. 408),
- im Asylgesetz (Nr. **567**) durch das **Gesetz zur Bestimmung Georgiens und der Repub-lik Moldau als sichere Herkunftsstaaten** v. 19.12.2023 (BGBl. 2023 I Nr. 382),
- im Wehrpflichtgesetz (Nr. **620**) durch das **Gesetz zur Beschleunigung der Entfernung von verfassungsfeindlichen Soldatinnen und Soldaten aus der Bundeswehr sowie zur Änderung weiterer soldatenrechtlicher Vorschriften** v. 20.12.2023 (BGBl. 2023 I Nr. 392),
- im Bundesfreiwilligendienstgesetz (Nr. **627**) durch das **Gesetz zur Regelung des Sozia-len Entschädigungsrechts** v. 12.12.2019 (BGBl. I S. 2652),
- im Gesetz zu Artikel 45b des Grundgesetzes (Nr. **635**) durch das **Gesetz zur Anpassung der Bundesbesoldung und -versorgung für die Jahre 2023 und 2024 sowie zur Ände-

rung weiterer dienstrechtlicher Vorschriften (BBVAnpÄndG 2023/2024) v. 22.12.2023 (BGBl. 2023 I Nr. 414),

- in der Bundeshaushaltsordnung (Nr. **700**) durch das **Haushaltsfinanzierungsgesetz 2024** v. 22.12.2023 (BGBl. 2023 I Nr. 412),

- in der Gewerbeordnung (Nr. **800**) durch das **Gesetz zur Förderung geordneter Kreditzweitmärkte und zur Umsetzung der Richtlinie (EU) 2021/2167 über Kreditdienstleister und Kreditkäufer sowie zur Änderung weiterer finanzrechtlicher Bestimmungen (Kreditzweitmarktförderungsgesetz)** v. 22.12.2023 (BGBl. 2023 I Nr. 411) und durch **Zweites Gesetz zur Umsetzung der Verhältnismäßigkeitsrichtlinie (Richtlinie (EU) 2018/958) im Bereich öffentlich-rechtlicher Körperschaften** v. 17.1.2024 (BGBl. 2024 I Nr. 12),

- in der Handwerksordnung (Nr. **815**) ebenfalls durch das **Zweites Gesetz zur Umsetzung der Verhältnismäßigkeitsrichtlinie (Richtlinie (EU) 2018/958) im Bereich öffentlich-rechtlicher Körperschaften** v. 17.1.2024 (BGBl. 2024 I Nr. 12).

**Kleine Änderungen bzw. Korrekturen** gab es im Bundesministergesetz (Nr. **45**), im Verwaltungszustellungsgesetz (Nr. **110**), im Verwaltungs-Vollstreckungsgesetz (Nr. **112**), im Bundesgebührengesetz (Nr. **120**), im Beamtenstatusgesetz (Nr. **150**), im Beamtenversorgungsgesetz (Nr. **155**), im Bundesbeamtengesetz (Nr. **160**), in der Sonderurlaubsverordnung (Nr. **173**), in der Bundeslaufbahnverordnung (Nr. **180**), im Bundesdisziplinargesetz (**Nr. 220**), im Bundespersonalvertretungsgesetz (Nr. **240**), im Umwelt-Rechtsbehelfsgesetz (Nr. **293**), im Wohngeldgesetz (Nr. **385**), im Hochschulrahmengesetz (Nr. **500**) und im Ladenschlussgesetz (Nr. **805**).

Schließlich enthält diese Ergänzungslieferung wieder ein neu überarbeitetes **Sachverzeichnis.**

# Sartorius aktuell

## Vorschau

Die kommende 142. Ergänzungslieferung wird sämtliche Änderungen enthalten, die nach 20. Februar 2024 verkündet und bis zum Erscheinungstermin der 142. EL in Kraft treten werden.

Mit Änderungen zugestimmt hat der Bundesrat der 31. Verordnung zur Durchführung des Bundes-Immissionsschutzgesetzes (Verordnung zur Begrenzung der Emissionen flüchtiger organischer Verbindungen bei der Verwendung organischer Lösungsmittel in bestimmten Anlagen – 31. BImSchV), die das Bundes-Immissionsschutzgesetz (Nr. 296) ändert.

Kurzbeschreibung:
Umsetzung luftseitiger Anforderungen der Durchführungsbeschlüsse, insbes. Änderung von Grenzwerten durch Erweiterung des Regelungsumfangs und Fortentwicklung des Stands der Technik.

Mit Änderungen zugestimmt hat der Bundesrat der Allgemeinen Verwaltungsvorschrift für einen Allgemeinen Notfallplan des Bundes nach § 98 des Strahlenschutzgesetzes (ANoPl-Bund), die das Grundgesetz (Nr. 1) ändert.

Kurzbeschreibung:
Rechtlicher und administrativer Rahmen für die Notfallvorsorge, Notfallmanagement des Bundes und der Länder, Bevölkerungsschutz, Strategien, radiologisches Lagebild, Alarmierung, Messungen und Probenahme, Kommunikation, Schutz der Einsatzkräfte.

Mit Änderungen zugestimmt hat der Bundesrat auch der Allgemeinen Verwaltungsvorschrift zur Reduzierung von Emissionen und anderer Umweltauswirkungen in der Nahrungsmittel-, Getränke- und Milchindustrie (NaGeMi – VwV), die ebenfalls das Grundgesetz (Nr. 1) ändert.

Kurzbeschreibung:
Umsetzung von EU-Recht, Festlegung von baulichen und betrieblichen Anforderungen an die Energieeffizienz und die Abfallvermeidung von Anlagen, EU-weiter gleichwertiger Umweltstandard, Überprüfung und Genehmigung, Festschreibung von Grenzwerten und Messhäufigkeiten.

Der Bundesrat hat auch zugestimmt der Verordnung über die Erfassung von Kfz-Energieverbrauchsdaten und ihre Übermittlung an die europäische Kommission (Kfz-Energieverbrauchsdaten-Erfassung-Verordnung – Kfz-EEV), die das Bundes-Immissionsschutzgesetz (Nr. 296) ändert.

Kurzbeschreibung:
Erhebung der Energieverbrauchsdaten sowie die Fahrzeugidentifikationsnummer von Pkw und leichten Nutzfahrzeugen mit Erstzulassung ab 2021 im Rahmen der periodischen technischen Überwachung, Datenübermittlung an die nationale Datenspeicherungsstelle sowie die Europäische Umweltagentur.

Zugestimmt hat der Bundesrat der Verordnung zur Änderung der Verordnung über die Umweltverträglichkeitsprüfung bergbaulicher Vorhaben, die die Umweltverträglichkeitsprüfungsverordnung (Nr. 295) ändert.

Kurzbeschreibung:
Vorgaben für die Untergrundspeicherung von Wasserstoff oder Mischungen aus Erdgas und Wasserstoff.

**Keinen Einspruch** eingelegt hat der **Bundesrat** gegen das Gesetz zur Änderung des Bundeswahlgesetzes das das Bundeswahlgesetz (Nr. **30**) ändert.

Kurzbeschreibung:
Anpassung von Wahlkreiszuschnitten und Wahlkreisbeschreibungen an Bevölkerungsveränderungen sowie an Gebiets- und Verwaltungsreformen; Bekanntmachung künftiger Namensänderungen in der Beschreibung von Wahlkreisen durch das BMI im BGBl; redaktionelle Folgeänderungen und Anpassungen an geänderte Behördenbezeichnungen.

Ebenfalls **keinen Einspruch** gab es gegen das **Gesetz zur Änderung des Parteiengesetzes**, das das Parteiengesetz (Nr. **58**) ändert.

Kurzbeschreibung:
Um die Integrität des politischen Willensbildungsprozesses zu stärken, schafft das Gesetz mehr Transparenz. „Sponsoring" wird erstmalig ab einer Bagatellgrenze in einem gesonderten Teil im Rechenschaftsbericht veröffentlichungspflichtig und damit parteiübergreifend für eine breite Öffentlichkeit nachvollziehbar. „Parallelaktionen" werden zukünftig sachgerecht in die Spendenregelungen einbezogen. Zudem wird die Grenze für die unverzügliche Anzeige (ad hoc) und zeitnahe Veröffentlichung von Großspenden abgesenkt. Das Gesetz versetzt Parteien weiterhin auf den Stand der Zeit, indem digitale Versammlungen und Beschlussfassungen ermöglicht werden. Die bedarfsgerechte Finanzierung der Parteien zur Ermöglichung einer effektiven Mitwirkung an der politischen Willensbildung wird durch die Anhebung der absoluten Obergrenze sichergestellt. Die Anhebung beschränkt sich dabei auf den -entsprechend den verfassungsrechtlichen Vorgaben dargelegten – nachhaltigen finanziellen Mehrbedarf.

Und es gab **keinen Einspruch** gegen das Gesetz zur Änderung der Vorschriften des Energiewirtschaftsgesetzes (Nr. **830**) zu Füllstandsvorgaben für Gasspeicheranlagen und zur Anpassung weiterer energiewirtschaftlicher Vorschriften.

Kurzbeschreibung:
Verlängerung des Geltungszeitraums der Vorschriften zu Füllstandsvorgaben für Gasspeicheranlagen bis zum 1. April 2027 zur auch mittelfristigen Gewährleistung der Versorgungssicherheit, Einführung von Maßnahmen zur ordnungsrechtlichen Durchsetzung, Anpassung des regulatorischen Rahmens für die Ausgestaltung strategischer Gasoptionen betr. alternativer Ausschreibungsmodalitäten, Klarstellungen im Bereich des Speichermonitorings, Entkopplung der sogenannten temporären Höherauslastung des Höchstspannungsnetzes vom Erfordernis der befristeten Teilnahme von Netzreservekraftwerken am Strommarkt und Verlängerung der Maßnahme bis zum 31. März 2027, Konkretisierung von Zuständigkeits- und Verfahrensfragen für die Zertifizierung des Betreibers einer Gasspeicheranlage;

Auch gegen das Gesetz zur Modernisierung des Staatsangehörigkeitsrechts (StARModG) gab es **keinen Einspruch.** Geändert werden das Staatsangehörigkeitsgesetz (Nr. **15**), das Passgesetz (Nr. **250**), das das Personalausweisgesetz (Nr. **255**), das Bundesmeldegesetz (Nr. **256**) und die Personenstandsverordnung (Nr. **261**).

Und zuletzt gab es auch gegen das Gesetz zur Verbesserung der Rückführung (Rückführungsverbesserungsgesetz) **keinen Einspruch**: Betroffen davon sind das Freizügigkeitsgesetz/EU (Nr. **560**), das Aufenthaltsgesetz (Nr. **565**), die AufenthaltsVO (Nr. **566**) und das Asylgesetz (Nr. **567**).

# Sartorius aktuell

Bei dieser Gelegenheit wollen wir uns für die Anregungen und Fehlerhinweise durch unsere Bezieher bedanken, die uns auf diese Weise eine wertvolle Hilfestellung bei der Gestaltung der Textsammlung leisten. Zudem möchten wir darauf aufmerksam machen, dass wir unter der eigens für diese Textsammlung eingerichteten E-Mail-Adresse sartorius.redaktion@beck.de erreichbar sind; die Adresse ist auch auf der Rückseite des Titelblattes vermerkt.

**München, im Februar 2024**                    **Verlag C. H. Beck**

# Sartorius

## Verfassungs– und Verwaltungsgesetze

### Einordnungsanweisung für die
### 141. Ergänzungslieferung Februar 2024

| Herauszunehmen: | | Zahl der Blätter: | Einzufügen: | | Zahl der Blätter: |
|---|---|---|---|---|---|
| Titelblatt | | 1 | Titelblatt | | 1 |
| Geleitwort zur 140. EL | | | Geleitwort zur 141 | | |
| „Sartorius aktuell" | | 2 | „Sartorius aktuell"[*] | | 4 |
| **7** | 1/2 | 1 | **7** | 1/2 | 1 |
| | 7–14a | 6 | | 7–14a | 5 |
| **45** | 1–4a | 3 | **45** | 1–4a | 3 |
| **80** | 1–6 | 3 | **80** | 1–6a | 4 |
| | 18–28 | 6 | | 18–37 | 10 |
| **100** | 1–7a | 5 | **100** | 1–7a | 4 |
| | 14–22 | 5 | | 14–22a | 5 |
| | 36–39 | 2 | | 36–39 | 2 |
| | 45–110 2 | 2 | | 45–110 2 | 2 |
| **112** | 1/2 | 1 | **112** | 1/2 | 1 |
| **120** | 1/1a | 1 | **120** | 1/1a | 1 |
| **150** | 1/2 | 1 | **150** | 1–2a | 2 |
| **155** | 1/2 | 1 | **155** | 1–2a | 2 |
| | 80/81 | 1 | | 80/81 | 1 |
| **160** | 1/2 | 1 | **160** | 1–2a | 2 |
| **173** | 1/2 | 1 | **173** | 1/2 | 1 |
| | 7/8 | 1 | | 7–8a | 2 |
| **180** | 1/2 | 1 | **180** | 1/2 | 1 |
| | 7/8 | 1 | | 7/8 | 1 |
| | 17/18 | 1 | | 17/18 | 1 |
| **220** | 1/2 | 1 | **220** | 1/2 | 1 |
| **230** | 1/2 | 1 | **230** | 1/2 | 1 |
| | 11–16a | 4 | | 11–16a | 4 |
| | 57–66 | 5 | | 57–66a | 6 |
| | 87–96 | 5 | | 87–96 | 5 |
| **240** | 1/2 | 1 | **240** | 1–2a | 2 |
| **245** | 1/2 | 1 | **245** | 1/2 | 1 |
| | 9–12 | 2 | | 9–12 | 2 |
| **250** | 1–251 8 | 14 | **250** | 1–251 8 | 14 |

*(Fortsetzung nächste Seite)*

---

[*] Aus technischen Gründen liegt das Geleitwort zur 141. EL „Sartorius aktuell" am Anfang der Lieferung, bitte ordnen Sie es wie gewohnt anstelle des Geleitworts zur 140. EL hinter dem Vorwort in die Textsammlung ein.

| Herauszunehmen: | | Zahl der Blätter: | Einzufügen: | | Zahl der Blätter: |
|---|---|---|---|---|---|
| **293** | 1/2 | 1 | **293** | 1–2a | 2 |
| **295** | 1–4 | 2 | **295** | 1–4a | 3 |
| | 11–16 | 4 | | 11–16a | 4 |
| | 25–34 | 5 | | 25–34 | 5 |
| | 39/40 | 1 | | 39–40a | 2 |
| | 55/56 | 1 | | 55–56a | 2 |
| | 61–64 | 2 | | 61–64 | 2 |
| **300** | 1–12 | 7 | **300** | 1–12a | 7 |
| | 17–22 | 3 | | 17–22 | 3 |
| | 31/32 | 1 | | 31/32 | 1 |
| | 135/136 | 1 | | 135/136 | 1 |
| | 141–144 | 2 | | 141–144a | 3 |
| | 155–158 | 2 | | 155–158a | 3 |
| | 162/162a | 1 | | 162/162a | 1 |
| **385** | 1/2 | 1 | **385** | 1–2a | 2 |
| | 33/34 | 1 | | 33/34 | 1 |
| **420** | 1/2 | 1 | **420** | 1/2 | 1 |
| | 17–28 | 6 | | 17–28 | 6 |
| **500** | 1/2 | 1 | **500** | 1/2 | 1 |
| **565** | 1–22 | 12 | **565** | 1–22 | 11 |
| | 29–54 | 14 | | 29–54a | 16 |
| | 65/66 | 1 | | 65/66 | 1 |
| | 71–86 | 7 | | 71–86 | 8 |
| | 107–110 | 2 | | 107–110 | 2 |
| | 115–118 | 2 | | 115–118 | 2 |
| | 133–136 | 2 | | 133–136 | 2 |
| | 143–153 | 6 | | 143–153a | 7 |
| | 179–182 | 2 | | 179–182 | 2 |
| | 189–192 | 2 | | 189–192 | 2 |
| **566** | 1–48 | 30 | **566** | 1–48a | 27 |
| **567** | 1/2 | 1 | **567** | 1/2 | 1 |
| | 53–56 | 2 | | 53–56 | 2 |
| **600** | 1–3a | 2 | **600** | 1–3a | 2 |
| | 15–17a | 2 | | 15–17a | 3 |
| | 25/26 | 1 | | 25/26 | 1 |
| **620** | 1/2 | 1 | **620** | 1/2 | 1 |
| | 9/10 | 1 | | 9/10 | 1 |
| | 23–26 | 2 | | 23–26 | 2 |
| **627** | 1–635 6 | 7 | **627** | 1–635 6 | 7 |
| **700** | 1–4 | 1 | **700** | 1–4 | 1 |
| | 10–18 | 5 | | 10–18a | 5 |
| **800** | 1–6 | 3 | **800** | 1–6 | 3 |
| | 41/42 | 1 | | 41–42a | 2 |
| | 49–64 | 8 | | 49–64a | 9 |

*(Fortsetzung nächste Seite)*

| Herauszunehmen: | | Zahl der Blätter: | Einzufügen: | | Zahl der Blätter: |
|---|---|---|---|---|---|
| **805** | 1/2 | 1 | **805** | 1/2 | 1 |
| **815** | 1/2 | 1 | **815** | 1/2 | 1 |
| | 53–56 | 2 | | 53–56 | 2 |
| | 77–82 | 3 | | 77–84 | 4 |
| **830** | 1–36 | 19 | **830** | 1–36a | 20 |
| | 43–52 | 6 | | 43–52a | 6 |
| | 56–262 | 119 | | 56–293 | 119 |
| **845** | 1–9a | 6 | **845** | 1–9a | 6 |
| | 29/29a | 1 | | 29/29a | 1 |
| | 36/36a | 1 | | 36/36a | 1 |
| | 38b/38c | 1 | | 38b/38c | 1 |
| | 55/56 | 1 | | 55/56 | 1 |
| **932** | 1–27 | 16 | **932** | 1–34 | 17 |
| **971** | 1–30 | 15 | **971** | 1–32 | 16 |
| **Sachregister** 1–98 | | 49 | **Sachregister** 1–98 | | 49 |
| Insgesamt herauszunehmen: | | 482 | Insgesamt einzufügen: | | 507 |

# SARTORIUS

## Verfassungs- und Verwaltungsgesetze

Textausgabe

Begründet von Dr. Carl Sartorius

Stand: 14. Februar 2024
(141. Ergänzungslieferung)

Dieses Titelblatt entstammt der 141. Ergänzungslieferung Februar 2024
(Anschluss an die 140. Ergänzungslieferung November 2023)
ISBN 978 3 406 81072 5

**Redaktioneller Hinweis:**

Paragraphenüberschriften in eckigen Klammern sind nicht amtlich.
Sie sind ebenso wie die Fußnoten urheber- und wettbewerbsgeschützt.
Die Angaben zum Stand der Sammlung auf dem Titelblatt beziehen sich
auf das Verkündungsdatum der maßgebenden Gesetzes-, Verordnungs- und
Amtsblätter.
Anregungen und Hinweise zur Gestaltung der Textsammlung
bitte an den Verlag oder an

**sartorius.redaktion@beck.de**

www.beck.de

ISBN 978 3 406 45645 9 (Grundwerk zur Fortsetzung für 12 Monate)
ISBN 978 3 406 63600 4 (Grundwerk ohne Fortsetzung)

© 2024 Verlag C.H.Beck oHG
Wilhelmstraße 9, 80801 München
Satz, Druck und Bindung: Druckerei C.H.Beck Nördlingen
(Adresse wie Verlag)

chbeck.de/nachhaltig

Gedruckt auf säurefreiem, alterungsbeständigem Papier
(hergestellt aus chlorfrei gebleichtem Zellstoff)

## 7. Gesetz zur Beschränkung des Brief-, Post- und Fernmeldegeheimnisses (Artikel 10-Gesetz – G 10)[1)] [2)]

Vom 26. Juni 2001

(BGBl. I S. 1254, ber. S. 2298, 2017 S. 154)

**FNA 190-4**

geänd. durch Art. 4 TerrorismusbekämpfungsG v. 9.1.2002 (BGBl. I S. 361, ber. S. 3142, geänd. 2007 I S. 2), Art. 11 Nr. 5 ZuwanderungsG v. 20.6.2002 (BGBl. I S. 1946, nichtig gem. Urt. des BVerfG v. 18.12.2002 – 2 BvF 1/02 –), Art. 5 Abs. 1 34. StrafrechtsÄndG v. 22.8.2002 (BGBl. I S. 3390), Art. 4 G zur Umsetzung des Rahmenbeschlusses des Rates vom 13. Juni 2002 zur Terrorismusbekämpfung und zur Änd. anderer Gesetze v. 22.12.2003 (BGBl. I S. 2836), Art. 4 Abs. 6 KostenrechtsmodernisierungsG v. 5.5.2004 (BGBl. I S. 718), § 151 Abs. 2 TelekommunikationsG v. 22.6.2004 (BGBl. I S. 1190), Art. 11 Nr. 5 ZuwanderungsG v. 30.7.2004 (BGBl. I S. 1950), Art. 3 Abs. 1 37. StrafrechtsÄndG v. 11.2.2005 (BGBl. I S. 239), Art. 5 und 10 Abs. 4 TerrorismusbekämpfungsergänzungsG v. 5.1.2007 (BGBl. I S. 2, Art. 10 Abs. 4 aufgeh. durch G v. 3.12.2020, BGBl. I S. 2667), Art. 1 G zur Änd. telekommunikationsrechtlicher Vorschriften v. 18.2.2007 (BGBl. I S. 106), Art. 78 Abs. 1 Zweites G über die Bereinigung von Bundesrecht im Zuständigkeitsbereich des BMJ v. 23.11.2007 (BGBl. I S. 2614), Art. 5 Telekommunikationsüberwachung-NeuregelungsG v. 21.12.2007 (BGBl. I S. 3198), Art. 2 TK-Entschädigungs-NeuordnungsG v. 29.4.2009 (BGBl. I S. 994), Art. 3 Abs. 1 G zur Fortentwicklung der parlamentarischen Kontrolle der Nachrichtendienste des Bundes v. 29.7.2009 (BGBl. I S. 2346), Art. 4 Abs. 1 G zur Verfolgung der Vorbereitung von schweren staatsgefährdenden Gewalttaten v. 30.7.2009 (BGBl. I S. 2437), Art. 1 Erstes G zur Änd. des Artikel 10-G v. 31.7.2009 (BGBl. I S. 2499), Art. 5 G zur Änd. des BundesverfassungsschutzG v. 7.12.2011 (BGBl. I S. 2576), Art. 2 Abs. 4 G zur Modernisierung des

---

[1)] Verkündet als Art. 1 Artikel 10-NeuregelungsG v. 26.6.2001 (BGBl. I S. 1254, ber. S. 2298, 2017 S. 154); Inkrafttreten gem. Art. 5 Satz 1 dieses G am 29.6.2001.

[2)] Ua haben folgende Länder Durch- bzw. Ausführungsbestimmungen zum Artikel 10-Gesetz erlassen:
– **Baden-Württemberg:** Gesetz zur Ausführung des Artikel 10-Gesetzes (Ausführungsgesetz zum Artikel 10-Gesetz – AG G10) v. 13.5.1969 (GBl. S. 79), zuletzt geänd. durch G v. 18.12.2018 (GBl. S. 1552),
– **Bayern:** Gesetz über die Aufgaben der G10-Kommission im Bayerischen Landtag und zur Ausführung des Art. 10-Gesetzes (Ausführungsgesetz Art. 10-Gesetz – AGG 10) v. 11.12.1984 (GVBl. S. 522), zuletzt geänd. durch V v. 26.3.2019 (GVBl. S. 98),
– **Berlin:** Gesetz zur Ausführung des Artikel 10-Gesetzes (AG G 10) idF der Bek. v. 25.6.2001 (GVBl. S. 251), zuletzt geänd. durch G v. 5.12.2003 (GVBl. S. 571),
– **Brandenburg:** Gesetz zur Ausführung des Artikel 10-Gesetzes v. 14.12.1995 (GVBl. I S. 286), zuletzt geänd. durch G v. 27.2.2020 (GVBl. I Nr. 4),
– **Bremen:** Gesetz zur Ausführung des Gesetzes zur Beschränkung des Brief-, Post- und Fernmeldegeheimnisses v. 14.10.1969 (Brem.GBl. S. 131), zuletzt geänd. durch G v. 11.4.2017 (Brem.GBl. S. 157),
– **Hamburg:** Gesetz zur Ausführung des Artikel 10-Gesetzes v. 17.1.1969 (HmbGVBl. S. 5), zuletzt geänd. durch G v. 10.6.2022 (HmbGVBl. S. 376),
– **Hessen:** Hessisches Ausführungsgesetz zum Artikel 10-Gesetz v. 16.12.1969 (GVBl. I S. 303), zuletzt geänd. durch G v. 12.12.2023 (GVBl. S. 798),
– **Mecklenburg-Vorpommern:** Gesetz zur Ausführung des Artikel 10-Gesetzes v. 17.7.1992 (GVOBl. M-V S. 486), zuletzt geänd. durch G v. 30.7.2007 (GVOBl. M-V S. 278),
– **Niedersachsen:** Niedersächsisches Gesetz zur Ausführung des Artikel 10-Gesetzes v. 27.1.2004 (Nds. GVBl. S. 38), zuletzt geänd. durch G v. 7.7.2021 (Nds. GVBl. S. 483),
– **Rheinland-Pfalz:** Landesgesetz zur parlamentarischen Kontrolle von Beschränkungen des Brief-, Post- und Fernmeldegeheimnisses v. 16.12.2002 (GVBl. S. 477), zuletzt geänd. durch G v. 22.12.2015 (GVBl. S. 461),
– **Saarland:** Gesetz zur Durchführung des Artikel 10-Gesetzes (G 10-Durchführungsgesetz) v. 19.3.2003 (Amtsbl. S. 1350), zuletzt geänd. durch G v. 18.4.2018 (Amtsbl. I. S. 332),
– **Sachsen:** Gesetz zur Ausführung des Artikel 10-Gesetzes im Freistaat Sachsen (SächsAG G 10) v. 16.10.1992 (SächsGVBl. S. 464), zuletzt geänd. durch G v. 3.5.2019 (SächsGVBl. S. 312)
– **Sachsen-Anhalt:** Gesetz zur Ausführung des Artikel 10-Gesetzes (AG G 10-LSA) v. 26.1.2006 (GVBl. LSA S. 25), zuletzt geänd. durch G v. 21.10.2020 (GVBl. LSA S. 596),
– **Thüringen:** Thüringer Gesetz zur Ausführung des Artikel 10-Gesetzes v. 16.7.2008 (GVBl. S. 245), geänd. durch G v. 6.6.2018 (GVBl. S. 229).

Außenwirtschaftsrechts v. 6.6.2013 (BGBl. I S. 1482), Art. 2 Abs. 1 GVVG-ÄnderungsG v. 12.6.2015 (BGBl. I S. 926), Art. 6 G zur Verbesserung der Zusammenarbeit im Bereich des Verfassungsschutzes v. 17.11.2015 (BGBl. I S. 1938), Art. 5 G zum besseren Informationsaustausch bei der Bekämpfung des internationalen Terrorismus v. 26.7.2016 (BGBl. I S. 1818), Art. 2 G zur weiteren Fortentwicklung der parlamentarischen Kontrolle der Nachrichtendienste des Bundes v. 30.11.2016 (BGBl. I S. 2746), Art. 2 Abs. 1 G zur Änd. des Völkerstrafgesetzbuches v. 22.12.2016 (BGBl. I S. 3150), Art. 3 Abs. 3 G zur Ausland-Ausland-Fernmeldeaufklärung des Bundesnachrichtendienstes v. 23.12.2016 (BGBl. I S. 3346), Art. 2 Abs. 2 Erstes G zur Änd. des SicherheitsüberprüfungsG v. 16.6.2017 (BGBl. I S. 1634), Art. 6 Datenschutz-Anpassungs- und -UmsetzungsG EU v. 30.6.2017 (BGBl. I S. 2097), Art. 12 G zur effektiveren und praxistauglicheren Ausgestaltung des Strafverfahrens v. 17.8.2017 (BGBl. I S. 3202), Art. 38 Elfte ZuständigkeitsanpassungsVO v. 19.6.2020 (BGBl. I S. 1328), Art. 2 Abs. 3 G zur Neustrukturierung des Zollfahndungsdienstgesetzes v. 30.3.2021 (BGBl. I S. 402), Art. 5 G zur Anpassung der Regelungen über die Bestandsdatenauskunft an die Vorgaben aus der Entscheidung des BVerfG v. 27.5.2020 v. 30.3. 2021 (BGBl. I S. 448), Art. 6 G zur Änd. des BND-G zur Umsetzung der Vorgaben des Bundesverfassungsgerichts sowie des Bundesverwaltungsgerichts v. 19.4.2021 (BGBl. I S. 771), Art. 7 TelekommunikationsmodernisierungsG v. 23.6.2021 (BGBl. I S. 1858), Art. 5, Art. 6 Abs. 4 Verfassungsschutzrechts-AnpassungsG v. 5.7.2021 (BGBl. I S. 2274), Art. 2 G zur Änd. des BND-G v. 22.12.2023 (BGBl. 2023 I Nr. 410) und Art. 4 G zum ersten Teil der Reform des Nachrichtendienstrechts v. 22.12.2023 (BGBl. 2023 I Nr. 413)

## Nichtamtliche Inhaltsübersicht

Der Bundestag hat das folgende Gesetz beschlossen:

eine Beschränkung nach § 1 Abs. 1 Nr. 1 erlangt worden sind, dürfen nicht verwertet werden. [9] Aufzeichnungen hierüber sind unverzüglich zu löschen. [10] Die Tatsachen der Erfassung der Daten und der Löschung sind zu dokumentieren. [11] Die Dokumentation darf ausschließlich für Zwecke der Datenschutzkontrolle verwendet werden. [12] Sie ist sechs Monate nach der Mitteilung nach § 12 Absatz 1 Satz 1 oder der Feststellung nach § 12 Absatz 1 Satz 5 zu löschen.

(2) [1] Bei Gefahr im Verzug können Aufzeichnungen nach Absatz 1 Satz 3 unter Aufsicht eines Bediensteten, der die Befähigung zum Richteramt hat, gesichtet werden. [2] Der Bedienstete entscheidet im Benehmen mit dem nach § 5 des Bundesdatenschutzgesetzes[1] oder entsprechenden landesrechtlichen Vorschriften benannten Datenschutzbeauftragten oder einem von diesem beauftragten Beschäftigten, für den § 6 Absatz 3 des Bundesdatenschutzgesetzes insoweit entsprechend gilt, über eine vorläufige Nutzung.

**§ 3b[2] Schutz zeugnisverweigerungsberechtigter Personen.** (1) [1] Maßnahmen nach § 1 Abs. 1 Nr. 1, die sich gegen eine in § 53 Absatz 1 Satz 1 Nummer 1, 2, 3 oder Nummer 4 der Strafprozessordnung[3] genannte Person, im Falle von § 53 Absatz 1 Satz 1 Nummer 3 der Strafprozessordnung beschränkt auf Rechtsanwälte und Kammerrechtsbeistände, richten und voraussichtlich Erkenntnisse erbringen würden, über die diese Person das Zeugnis verweigern dürfte, sind unzulässig. [2] Dennoch erlangte Erkenntnisse dürfen nicht verwertet werden. [3] Aufzeichnungen hierüber sind unverzüglich zu löschen. [4] Die Tatsache ihrer Erlangung und Löschung ist zu dokumentieren. [5] Die Sätze 2 bis 3 gelten entsprechend, wenn durch eine Maßnahme, die sich nicht gegen eine in Satz 1 genannte Person richtet, von einer dort genannten Person Erkenntnisse erlangt werden, über die sie das Zeugnis verweigern dürfte.

(2) [1] Soweit durch eine Beschränkung eine in § 53 Abs. 1 Satz 1 Nr. 3 bis 3b oder Nr. 5 der Strafprozessordnung genannte Person, im Falle von § 53 Absatz 1 Satz 1 Nummer 3 der Strafprozessordnung mit Ausnahme von Rechtsanwälten und Kammerrechtsbeiständen, betroffen wäre und dadurch voraussichtlich Erkenntnisse erlangt würden, über die diese Person das Zeugnis verweigern dürfte, ist dies im Rahmen der Prüfung der Verhältnismäßigkeit unter Würdigung des öffentlichen Interesses an den von dieser Person wahrgenommenen Aufgaben und des Interesses an der Geheimhaltung der dieser Person anvertrauten oder bekannt gewordenen Tatsachen besonders zu berücksichtigen. [2] Soweit hiernach geboten, ist die Maßnahme zu unterlassen oder, soweit dies nach der Art der Maßnahme möglich ist, zu beschränken.

(3) Die Absätze 1 und 2 gelten entsprechend, soweit die in § 53a der Strafprozessordnung Genannten das Zeugnis verweigern dürften.

(4) Die Absätze 1 bis 3 gelten nicht, sofern die zeugnisverweigerungsberechtigte Person Verdächtiger im Sinne des § 3 Abs. 2 Satz 2 ist oder tatsächliche Anhaltspunkte den Verdacht begründen, dass sie dessen in § 3 Abs. 1 bezeichnete Bestrebungen durch Entgegennahme oder Weitergabe von Mitteilungen bewusst unterstützt.

---

[1] Nr. **245.**
[2] § 3b eingef. mWv 5.8.2009 durch G v. 31.7.2009 (BGBl. I S. 2499); Abs. 1 Satz 1 und 5, Abs. 2 Satz 1 geänd. mWv 9.7.2021 durch G v. 5.7.2021 (BGBl. I S. 2274).
[3] **Habersack Nr. 90.**

**§ 4[1) Prüf-, Kennzeichnungs- und Löschungspflichten, Übermittlungen, Zweckbindung.** (1) [1]Die erhebende Stelle prüft unverzüglich und sodann in Abständen von höchstens sechs Monaten, ob die erhobenen personenbezogenen Daten im Rahmen ihrer Aufgaben allein oder zusammen mit bereits vorliegenden Daten für die in § 1 Abs. 1 Nr. 1 bestimmten Zwecke erforderlich sind. [2]Soweit die Daten für diese Zwecke nicht erforderlich sind und nicht für eine Übermittlung an andere Stellen benötigt werden, sind sie unverzüglich unter Aufsicht eines Bediensteten, der die Befähigung zum Richteramt hat, zu löschen. [3]Die Löschung ist zu protokollieren. [4]Die Protokolldaten dürfen ausschließlich zur Durchführung der Datenschutzkontrolle verwendet werden. [5]Die Protokolldaten sind am Ende des Kalenderjahres, das dem Jahr der Protokollierung folgt, zu löschen. [6]Die Löschung der Daten unterbleibt, soweit die Daten für eine Mitteilung nach § 12 Abs. 1 oder für eine gerichtliche Nachprüfung der Rechtmäßigkeit der Beschränkungsmaßnahme von Bedeutung sein können. [7]In diesem Fall ist die Verarbeitung der Daten einzuschränken; sie dürfen nur zu diesen Zwecken verwendet werden.

(2) [1]Die verbleibenden Daten sind zu kennzeichnen. [2]Nach einer Übermittlung ist die Kennzeichnung durch den Empfänger aufrechtzuerhalten. [3]Die Daten dürfen nur zu den in § 1 Abs. 1 Nr. 1 und den in Absatz 4 genannten Zwecken verwendet werden.

(3) [1]Der Behördenleiter oder sein Stellvertreter kann anordnen, dass bei der Übermittlung auf die Kennzeichnung verzichtet wird, wenn dies unerlässlich ist, um die Geheimhaltung einer Beschränkungsmaßnahme nicht zu gefährden, und die G 10-Kommission oder, soweit es sich um die Übermittlung durch eine Landesbehörde handelt, die nach Landesrecht zuständige Stelle zugestimmt hat. [2]Bei Gefahr im Verzuge kann die Anordnung bereits vor der Zustimmung getroffen werden. [3]Wird die Zustimmung versagt, ist die Kennzeichnung durch den Übermittlungsempfänger unverzüglich nachzuholen; die übermittelnde Behörde hat ihn hiervon zu unterrichten.

(4) Die Daten dürfen an andere als die nach § 1 Absatz 1 Nummer 1 berechtigten Stellen nur übermittelt werden

1. zur Verhinderung oder Aufklärung von Straftaten, wenn

   a) tatsächliche Anhaltspunkte für den Verdacht bestehen, dass jemand eine der in § 3 Abs. 1 und 1a genannten Straftaten plant oder begeht,

   b) bestimmte Tatsachen den Verdacht begründen, dass jemand eine sonstige in § 7 Absatz 2 genannte Straftat plant oder begeht,

2. zur Verfolgung von Straftaten, wenn bestimmte Tatsachen den Verdacht begründen, dass jemand eine in Nummer 1 bezeichnete Straftat begeht oder begangen hat, oder

3. zur Vorbereitung und Durchführung eines Verfahrens nach Artikel 21 Abs. 2 Satz 2 des Grundgesetzes[2) oder einer Maßnahme nach § 3 Abs. 1 Satz 1 des Vereinsgesetzes[3),

---

[1) § 4 Abs. 1 Sätze 4 und 5 eingef., bish. Sätze 4 und 5 werden Sätze 6 und 7, neuer Satz 6 geänd., Abs. 4 Nr. 1 Buchst. a geänd. mWv 5.8.2009 durch G v. 31.7.2009 (BGBl. I S. 2499); Abs. 1 Satz 7 neu gef.; Abs. 4 Satz 1 einl. Satzteil geänd., Satz 2 angef. mWv 25.5.2018 durch G v. 30.6.2017 (BGBl. I S. 2097); Abs. 4 Satz 1 Nr. 1 Buchst. b geänd. mWv 1.1.2024 durch G v. 22.12.2023 (BGBl. 2023 I Nr. 410); Abs. 4 Satz 1 abschl. Satzteil geänd., Satz 2 aufgeh. mWv 30.12.2023 durch G v. 22.12.2023 (BGBl. 2023 I Nr. 413).
[2) Nr. **1**.
[3) Nr. **425**.

soweit sie zur Erfüllung der Aufgaben des Empfängers erforderlich sind und in den Fällen der Nummern 1 und 2 daneben die Voraussetzungen der Vorschriften vorliegen, die Übermittlungen der übermittelnden Stelle für die Verhinderung, Aufklärung oder Verfolgung von Straftaten allgemein regeln.

(5) ¹Sind mit personenbezogenen Daten, die übermittelt werden dürfen, weitere Daten des Betroffenen oder eines Dritten in Akten so verbunden, dass eine Trennung nicht oder nur mit unvertretbarem Aufwand möglich ist, ist die Übermittlung auch dieser Daten zulässig; eine Verwendung dieser Daten ist unzulässig. ²Über die Übermittlung entscheidet ein Bediensteter der übermittelnden Stelle, der die Befähigung zum Richteramt hat. ³Die Übermittlung ist zu protokollieren.

(6) ¹Der Empfänger darf die übermittelten Daten nur für die Zwecke verwenden, zu deren Erfüllung sie ihm übermittelt worden sind. ²Er prüft unverzüglich und sodann in Abständen von höchstens sechs Monaten, ob die übermittelten Daten für diese Zwecke erforderlich sind. ³Absatz 1 Satz 2 und 3 gilt entsprechend. ⁴Der Empfänger unterrichtet die übermittelnde Stelle unverzüglich über die erfolgte Löschung.

**§ 4a¹⁾ Weiterverarbeitung von Verkehrsdaten durch den Bundesnachrichtendienst.** (1) Der Bundesnachrichtendienst darf erhobene Verkehrsdaten, bei denen für einen Teilnehmer der Kommunikation eine Beschränkung nach § 3 angeordnet ist, zur Erfüllung seiner Aufgaben auch weiterverarbeiten, um

1. Personen zu erkennen, die einen Deutschlandbezug aufweisen und über die Informationen erlangt werden können, die für die Aufgabenerfüllung des Bundesnachrichtendienstes relevant sind, oder

2. geeignete Übertragungswege im Sinne des § 10 Absatz 4 Satz 2 zu bestimmen.

(2) ¹Spätestens drei Monate nach ihrer Erhebung sind die nach Absatz 1 gespeicherten Verkehrsdaten daraufhin zu prüfen, ob die weitere Speicherung zur Erfüllung der Aufgaben des Bundesnachrichtendienstes erforderlich ist. ²Spätestens sechs Monate nach ihrer Erhebung sind diese Daten zu löschen, es sei denn, es wurde im Einzelfall festgestellt, dass eine weitere Speicherung für die Zwecke des Absatzes 1 erforderlich ist. ³Ist im Einzelfall festgestellt worden, dass eine weitere Speicherung für die Zwecke nach Absatz 1 erforderlich ist, prüft der Bundesnachrichtendienst sodann regelmäßig in Abständen von höchstens sechs Monaten, ob die weitere Speicherung der Verkehrsdaten für diese Zwecke erforderlich ist.

(3) ¹Die Erfüllung der in den Absätzen 1 und 2 genannten Voraussetzungen wird regelmäßig stichprobenartig durch eine hierzu beauftragte Bedienstete oder einen hierzu beauftragten Bediensteten des Bundesnachrichtendienstes, die oder der die Befähigung zum Richteramt hat, überprüft. ²Soweit die Überprüfung eine unzulässige Verarbeitung ergibt, sind die Daten unverzüglich unter Aufsicht einer Bediensteten oder eines Bediensteten des Bundesnachrichtendienstes, die oder der die Befähigung zum Richteramt hat, zu löschen. ³§ 4 Absatz 1 Satz 3 bis 5 gilt entsprechend.

---

¹⁾ § 4a eingef. mWv 1.1.2022 durch G v. 19.4.2021 (BGBl. I S. 771).

## Abschnitt 3. Strategische Beschränkungen

**§ 5**[1] **Voraussetzungen.** (1) [1] Auf Antrag des Bundesnachrichtendienstes dürfen Beschränkungen nach § 1 für internationale Telekommunikationsbeziehungen, soweit eine gebündelte Übertragung erfolgt, angeordnet werden. [2] Die jeweiligen Telekommunikationsbeziehungen werden von dem nach § 10 Abs. 1 zuständigen Bundesministerium mit Zustimmung des Parlamentarischen Kontrollgremiums bestimmt. [3] Beschränkungen nach Satz 1 sind nur zulässig zur Sammlung von Informationen über Sachverhalte, deren Kenntnis notwendig ist, um die Gefahr

1. eines bewaffneten Angriffs auf die Bundesrepublik Deutschland,
2. der Begehung internationaler terroristischer Anschläge mit unmittelbarem Bezug zur Bundesrepublik Deutschland,
3. der internationalen Verbreitung von Kriegswaffen im Sinne des Gesetzes über die Kontrolle von Kriegswaffen[2] sowie des unerlaubten Außenwirtschaftsverkehrs mit Waren, Datenverarbeitungsprogrammen und Technologien in Fällen von erheblicher Bedeutung,
4. der unbefugten gewerbs- oder bandenmäßig organisierten Verbringung von Betäubungsmitteln in das Gebiet der Europäischen Union in Fällen von erheblicher Bedeutung mit Bezug zur Bundesrepublik Deutschland,
5. der Beeinträchtigung der Geldwertstabilität im Euro-Währungsraum durch im Ausland begangene Geldfälschungen,
6. der international organisierten Geldwäsche in Fällen von erheblicher Bedeutung,
7. des gewerbs- oder bandenmäßig organisierten Einschleusens von ausländischen Personen in das Gebiet der Europäischen Union in Fällen von erheblicher Bedeutung mit Bezug zur Bundesrepublik Deutschland
   a) bei unmittelbarem Bezug zu den Gefahrenbereichen nach Nr. 1 bis 3 oder
   b) in Fällen, in denen eine erhebliche Anzahl geschleuster Personen betroffen ist, insbesondere wenn durch die Art der Schleusung von einer Gefahr für ihr Leib oder Leben auszugehen ist, oder
   c) in Fällen von unmittelbarer oder mittelbarer Unterstützung oder Duldung durch ausländische öffentliche Stellen oder
8. des internationalen kriminellen, terroristischen oder staatlichen Angriffs mittels Schadprogrammen oder vergleichbaren schädlich wirkenden informationstechnischen Mitteln auf die Vertraulichkeit, Integrität oder Verfügbarkeit von IT-Systemen in Fällen von erheblicher Bedeutung mit Bezug zur Bundesrepublik Deutschland

rechtzeitig zu erkennen und einer solchen Gefahr zu begegnen. [4] In den Fällen von Satz 3 Nr. 1 dürfen Beschränkungen auch für Postverkehrsbeziehungen angeordnet werden; Satz 2 gilt entsprechend.

(2) [1] Bei Beschränkungen von Telekommunikationsbeziehungen darf der Bundesnachrichtendienst nur Suchbegriffe verwenden, die zur Aufklärung von Sachverhalten über den in der Anordnung bezeichneten Gefahrenbereich bestimmt und geeignet sind. [2] Es dürfen keine Suchbegriffe verwendet werden, die

---

[1] § 5 Abs. 1 Satz 3 Nr. 4 neu gef., Nr. 5 und 6 geänd., Nr. 7 angef., Abs. 2 Satz 2 neu gef. mWv 5.8. 2009 durch G v. 31.7.2009 (BGBl. I S. 2499); Abs. 1 Satz 3 Nr. 6 und Nr. 7 Buchst. c geänd., Nr. 8 angef. mWv 21.11.2015 durch G v. 17.11.2015 (BGBl. I S. 1938). [2] Nr. **823**.

1. Identifizierungsmerkmale enthalten, die zu einer gezielten Erfassung bestimmter Telekommunikationsanschlüsse führen, oder
2. den Kernbereich der privaten Lebensgestaltung betreffen.

[3] Dies gilt nicht für Telekommunikationsanschlüsse im Ausland, sofern ausgeschlossen werden kann, dass Anschlüsse, deren Inhaber oder regelmäßige Nutzer deutsche Staatsangehörige sind, gezielt erfasst werden. [4] Die Durchführung ist zu protokollieren. [5] Die Protokolldaten dürfen ausschließlich zu Zwecken der Datenschutzkontrolle verwendet werden. [6] Sie sind am Ende des Kalenderjahres, das dem Jahr der Protokollierung folgt, zu löschen.

**§ 5a[1]) Schutz des Kernbereichs privater Lebensgestaltung.** [1] Durch Beschränkungen nach § 1 Abs. 1 Nr. 2 dürfen keine Kommunikationsinhalte aus dem Kernbereich privater Lebensgestaltung erfasst werden. [2] Sind durch eine Beschränkung nach § 1 Abs. 1 Nr. 2 Kommunikationsinhalte aus dem Kernbereich privater Lebensgestaltung erfasst worden, dürfen diese nicht verwertet werden. [3] Sie sind unverzüglich unter Aufsicht eines Bediensteten, der die Befähigung zum Richteramt hat, zu löschen. [4] § 3a Absatz 1 Satz 2 bis 7 und Absatz 2 gilt entsprechend. [5] Die Tatsache der Erfassung der Daten und ihrer Löschung ist zu protokollieren. [6] Die Protokolldaten dürfen ausschließlich zum Zwecke der Durchführung der Datenschutzkontrolle verwendet werden. [7] Sie sind sechs Monate nach der Mitteilung oder der Feststellung nach § 12 Absatz 2 zu löschen.

**§ 5b[2]) Schutz zeugnisverweigerungsberechtigter Personen.** Für den Schutz zeugnisverweigerungsberechtigter Personen gilt § 3b entsprechend.

**§ 6[3]) Prüf-, Kennzeichnungs- und Löschungspflichten, Zweckbindung.**

(1) [1] Der Bundesnachrichtendienst prüft unverzüglich und sodann in Abständen von höchstens sechs Monaten, ob die erhobenen personenbezogenen Daten im Rahmen seiner Aufgaben allein oder zusammen mit bereits vorliegenden Daten für die in § 5 Abs. 1 Satz 3 bestimmten Zwecke erforderlich sind. [2] Soweit die Daten für diese Zwecke nicht erforderlich sind und nicht für eine Übermittlung an andere Stellen benötigt werden, sind sie unverzüglich unter Aufsicht eines Bediensteten, der die Befähigung zum Richteramt hat, zu löschen. [3] Die Löschung ist zu protokollieren. [4] Die Protokolldaten dürfen ausschließlich zur Durchführung von Kontrollen der Datenverarbeitung, einschließlich der Datenschutzkontrolle, verwendet werden. [5] Die Protokolldaten sind am Ende des Kalenderjahres zu löschen, das dem Jahr der Protokollierung folgt. [6] Außer in den Fällen der erstmaligen Prüfung nach Satz 1 unterbleibt die Löschung, soweit die Daten für eine Mitteilung nach § 12 Abs. 2 oder für eine gerichtliche Nachprüfung der Rechtmäßigkeit der Beschränkungsmaßnahme von Bedeutung sein können. [7] In diesem Fall ist die Verarbeitung der Daten einzuschränken; sie dürfen nur zu diesen Zwecken verwendet werden.

---

[1]) § 5a eingef. mWv 5.8.2009 durch G v. 31.7.2009 (BGBl. I S. 2499); Satz 4 geänd., Satz 7 neu gef. mWv 9.7.2021 durch G v. 5.7.2021 (BGBl. I S. 2274).
[2]) § 5b eingef. mWv 1.1.2024 durch G v. 22.12.2023 (BGBl. 2023 I Nr. 410).
[3]) § 6 Abs. 1 Sätze 4 und 5 eingef., Abs. 1 Satz 6 neu gef. sowie Sätze 4 und 7, Abs. 2 Satz 3 geänd., Abs. 3 angef. mWv 5.8.2009 durch G v. 31.7.2009 (BGBl. I S. 2499); Abs. 2 Satz 3 geänd. mWv 21.11. 2015 durch G v. 17.11.2015 (BGBl. I S. 1938); Abs. 1 Satz 7 neu gef. mWv 25.5.2018 durch G v. 30.6. 2017 (BGBl. I S. 2097); Abs. 1 Satz 4, Abs. 3 Satz 5 geänd., Abs. 4–6 angef. mWv 1.1.2022 durch G v. 19.4.2021 (BGBl. I S. 771).

(2) [1] Die verbleibenden Daten sind zu kennzeichnen. [2] Nach einer Übermittlung ist die Kennzeichnung durch den Empfänger aufrechtzuerhalten. [3] Die Daten dürfen nur zu den in § 5 Abs. 1 Satz 3 genannten Zwecken und für Übermittlungen nach § 7 Abs. 1 bis 4a und § 7a verwendet werden.

(3) [1] Auf Antrag des Bundesnachrichtendienstes dürfen zur Prüfung der Relevanz erfasster Telekommunikationsverkehre auf Anordnung des nach § 10 Abs. 1 zuständigen Bundesministeriums die erhobenen Daten in einem automatisierten Verfahren mit bereits vorliegenden Rufnummern oder anderen Kennungen bestimmter Telekommunikationsanschlüsse abgeglichen werden, bei denen tatsächliche Anhaltspunkte dafür bestehen, dass sie in einem Zusammenhang mit dem Gefahrenbereich stehen, für den die Überwachungsmaßnahme angeordnet wurde. [2] Zu diesem Abgleich darf der Bundesnachrichtendienst auch Rufnummern oder andere Kennungen bestimmter Telekommunikationsanschlüsse im Inland verwenden. [3] Die zu diesem Abgleich genutzten Daten dürfen nicht als Suchbegriffe im Sinne des § 5 Abs. 2 Satz 1 verwendet werden. [4] Der Abgleich und die Gründe für die Verwendung der für den Abgleich genutzten Daten sind zu protokollieren. [5] Die Protokolldaten dürfen ausschließlich zur Durchführung von Kontrollen der Datenverarbeitung, einschließlich der Datenschutzkontrolle, verwendet werden. [6] Sie sind am Ende des Kalenderjahres, das dem Jahr der Protokollierung folgt, zu vernichten.

(4) [1] Unabhängig von Absatz 1 Satz 1 und 2 darf der Bundesnachrichtendienst auf den nach § 5 Absatz 1 in Verbindung mit § 10 Absatz 4 Satz 2 angeordneten Übertragungswegen zur Erfüllung seiner Aufgaben Verkehrsdaten erheben und unter den Voraussetzungen des Satzes 3 weiterverarbeiten, sofern diejenigen Verkehrsdaten, eine Identifizierung von deutschen Staatsangehörigen, von inländischen juristischen Personen oder von sich im Bundesgebiet aufhaltenden Personen ermöglichen, im Falle ihrer Erhebung unverzüglich automatisiert unkenntlich gemacht werden. [2] Die automatisierte Unkenntlichmachung ist so durchzuführen, dass

1. die Eindeutigkeit der Daten erhalten bleibt und

2. eine rückwirkende Identifizierung der in Satz 1 genannten Personen unmöglich oder nur mit unvertretbar hohem Aufwand möglich ist.

[3] Der Bundesnachrichtendienst darf Verkehrsdaten, die nach den Sätzen 1 und 2 unkenntlich gemacht wurden, zur Erfüllung seiner Aufgaben weiterverarbeiten, um

1. Personen außerhalb des in Satz 1 genannten Personenkreises zu erkennen, die einen Deutschlandbezug aufweisen und über die Informationen erlangt werden können, die für die Aufgabenerfüllung des Bundesnachrichtendienstes relevant sind, sowie

2. geeignete Übertragungswege im Sinne des § 10 Absatz 4 Satz 2 zu bestimmen.

[4] Die in Satz 1 genannten Verkehrsdaten sind spätestens sechs Monate nach ihrer Erhebung zu löschen, es sei denn, es wurde im Einzelfall festgestellt, dass eine weitere Speicherung für die Zwecke nach Satz 3 erforderlich ist. [5] Ist im Einzelfall festgestellt worden, dass eine weitere Speicherung für die Zwecke nach Satz 3 erforderlich ist, prüft der Bundesnachrichtendienst bei der Einzelfallbearbeitung und nach festgesetzten Fristen, spätestens nach zehn Jahren, ob die unkenntlich gemachten Verkehrsdaten weiterhin für diese Zwecke erforderlich sind.

(5) [1]Unabhängig von Absatz 1 Satz 1 und 2 darf der Bundesnachrichtendienst erhobene Verkehrsdaten, die auf der Grundlage eines Suchbegriffs nach § 5 Absatz 2 erfasst worden sind, zur Erfüllung seiner Aufgaben weiterverarbeiten, um

1. Personen zu erkennen, die einen Deutschlandbezug aufweisen und über die Informationen erlangt werden können, die für die Aufgabenerfüllung des Bundesnachrichtendienstes relevant sind, sowie

2. geeignete Übertragungswege im Sinne des § 10 Absatz 4 Satz 2 zu identifizieren.

[2]Wird bei der Weiterverarbeitung nach Satz 1 erkannt, dass eine darüber hinausgehende Weiterverarbeitung der Verkehrsdaten durch den Bundesnachrichtendienst erforderlich ist, um Straftaten im Sinne des § 3 Absatz 1 oder Gefahren im Sinne des § 5 Absatz 1 Satz 3 oder des § 8 Absatz 1 zu erkennen und einer solchen Gefahr zu begegnen, darf der Bundesnachrichtendienst diese Daten auch zu diesen Zwecken weiterverarbeiten. [3]Spätestens drei Monate nach ihrer Erhebung sind die in den Sätzen 1 und 2 genannten Verkehrsdaten daraufhin zu prüfen, ob die weitere Speicherung zur Erfüllung der Aufgaben des Bundesnachrichtendienstes erforderlich ist. [4]Spätestens sechs Monate nach ihrer Erhebung sind die in den Sätzen 1 und 2 genannten Daten zu löschen, es sei denn, es wurde im Einzelfall festgestellt, dass eine weitere Speicherung für die Zwecke nach den Sätzen 1 und 2 erforderlich ist. [5]Ist im Einzelfall festgestellt worden, dass eine weitere Speicherung für die Zwecke nach den Sätzen 1 und 2 erforderlich ist, prüft der Bundesnachrichtendienst sodann regelmäßig in Abständen von höchstens sechs Monaten, ob die weitere Speicherung der Verkehrsdaten für diese Zwecke nach den Sätzen 1 und 2 erforderlich ist.

(6) [1]Die Erfüllung der in Absatz 5 genannten Voraussetzungen wird regelmäßig stichprobenartig durch eine hierzu beauftragte Bedienstete oder einen hierzu beauftragten Bediensteten des Bundesnachrichtendienstes, die oder der die Befähigung zum Richteramt hat, überprüft. [2]Soweit die Überprüfung eine unzulässige Verarbeitung ergibt, sind die Daten unverzüglich unter Aufsicht einer Bediensteten oder eines Bediensteten des Bundesnachrichtendienstes, die oder der die Befähigung zum Richteramt hat, zu löschen. [3]Absatz 1 Satz 3 bis 5 gilt entsprechend.

**§ 7[1]) Übermittlungen durch den Bundesnachrichtendienst.** (1) Durch Beschränkungen nach § 5 erhobene personenbezogene Daten dürfen an die Verfassungsschutzbehörden des Bundes und der Länder sowie an das Bundesamt für den Militärischen Abschirmdienst unter den Voraussetzungen des § 11 des BND-Gesetzes[2]) übermittelt werden.

---

[1]) § 7 Abs. 4 Satz 1 Nr. 2 ber. BGBl. 2017 I S. 154; Abs. 2 Nr. 1 geänd. mWv 1.1.2002 durch G v. 9.1. 2002 (BGBl. I S. 361); Abs. 4 Satz 1 Nr. 1 Buchst. a neu gef. mWv 30.8.2002 durch G v. 22.8.2002 (BGBl. I S. 3390); Abs. 4 Satz 1 Nr. 2 Buchst. b neu gef. mWv 28.12.2003 durch G v. 22.12.2003 (BGBl. I S. 2836); Abs. 4 Satz 1 Nr. 2 Buchst. b geänd. mWv 19.2.2005 durch G v. 11.2.2005 (BGBl. I S. 239); Abs. 4 Satz 1 Nr. 1 Buchst. a geänd. mWv 4.8.2009 durch G v. 30.7.2009 (BGBl. I S. 2437); Abs. 4 Satz 1 Nr. 2 Buchst. a und b geänd., Buchst. c angef., Abs. 6 Satz 3 neu gef. mWv 5.8.2009 durch G v. 31.7. 2009 (BGBl. I S. 2499); Abs. 4 Satz 1 Nr. 1 Buchst. b geänd. mWv 1.9.2013 durch G v. 6.6.2013 (BGBl. I S. 1482); Abs. 4 Satz 1 Nr. 1 Buchst. a geänd. mWv 20.6.2015 durch G v. 12.6.2015 (BGBl. I S. 926); Abs. 2 Nr. 1 und 2 geänd., Nr. 3 angef., Abs. 4 Satz 1 Nr. 2 neu gef., Abs. 4a ein+gef. mWv 21.11.2015 durch G v. 17.11.2015 (BGBl. I S. 1938); Abs. 4 Satz 1 Nr. 2 geänd. mWv 1.1.2017 durch G v. 22.12. 2016 (BGBl. I S. 3150); Abs. 1 geänd. mWv 31.12.2016 durch G v. 23.12.2016 (BGBl. I S. 3346); Abs. 1 geänd. mWv 1.1.2022 durch G v. 19.4.2021 (BGBl. I S. 771); Abs. 1–3 neu gef., Abs. 4 und 4a aufgeh. mWv 1.1.2024 durch G v. 22.12.2023 (BGBl. 2023 I Nr. 410).
[2]) Sartorius III Nr. 805.

(2) Durch Beschränkungen nach § 5 erhobene personenbezogene Daten dürfen an inländische Strafverfolgungsbehörden unter den Voraussetzungen des § 11a des BND-Gesetzes übermittelt werden.

(3) Durch Beschränkungen nach § 5 erhobene personenbezogene Daten dürfen an inländische öffentliche Stellen unter den Voraussetzungen des § 11b des BND-Gesetzes übermittelt werden.

(4) *(aufgehoben)*

(5) ¹Die Übermittlung ist nur zulässig, soweit sie zur Erfüllung der Aufgaben des Empfängers erforderlich ist. ²Sind mit personenbezogenen Daten, die übermittelt werden dürfen, weitere Daten des Betroffenen oder eines Dritten in Akten so verbunden, dass eine Trennung nicht oder nur mit unvertretbarem Aufwand möglich ist, ist die Übermittlung auch dieser Daten zulässig; eine Verwendung dieser Daten ist unzulässig. ³Über die Übermittlung entscheidet ein Bediensteter des Bundesnachrichtendienstes, der die Befähigung zum Richteramt hat. ⁴Die Übermittlung ist zu protokollieren.

(6) ¹Der Empfänger darf die Daten nur für die Zwecke verwenden, zu deren Erfüllung sie ihm übermittelt worden sind. ²Er prüft unverzüglich und sodann in Abständen von höchstens sechs Monaten, ob die übermittelten Daten für diese Zwecke erforderlich sind. ³§ 4 Abs. 6 Satz 4 und § 6 Abs. 1 Satz 2 und 3 gelten entsprechend.

**§ 7a¹) Übermittlungen durch den Bundesnachrichtendienst an ausländische öffentliche Stellen.** (1) Der Bundesnachrichtendienst darf durch Beschränkungen nach § 5 Absatz 1 Satz 3 Nummer 2, 3, 7 und 8 erhobene personenbezogene Daten unter den Voraussetzungen des § 11e des BND-Gesetzes²) an die mit nachrichtendienstlichen Aufgaben betrauten ausländischen öffentlichen Stellen übermitteln.

(2) Die Übermittlung bedarf der Zustimmung des Bundeskanzleramtes.

(3) ¹Über die Übermittlung entscheidet ein Bediensteter des Bundesnachrichtendienstes, der die Befähigung zum Richteramt hat. ²Die Übermittlung ist zu protokollieren. ³Der Bundesnachrichtendienst führt einen Nachweis über den Zweck, die Veranlassung, die Aktenfundstelle und die Empfänger der Übermittlungen nach Absatz 1 und 2. ⁴Die Nachweise sind gesondert aufzubewahren, gegen unberechtigten Zugriff zu sichern und am Ende des Kalenderjahres, das dem Jahr ihrer Erstellung folgt, zu vernichten.

(4) Der Empfänger ist zu verpflichten,

1. die übermittelten Daten nur zu dem Zweck zu verwenden, zu dem sie ihm übermittelt wurden,

2. eine angebrachte Kennzeichnung beizubehalten und

3. dem Bundesnachrichtendienst auf Ersuchen Auskunft über die Verwendung zu erteilen.

(5) Das Bundeskanzleramt unterrichtet monatlich die G10-Kommission über Übermittlungen nach Absatz 1.

---

¹⁾ § 7a eingef. mWv 5.8.2009 durch G v. 31.7.2009 (BGBl. I S. 2499); Abs. 1 Satz 1 einl. Satzteil und Abs. 2 geänd. mWv 21.11.2015 durch G v. 17.11.2015 (BGBl. I S. 1938); Abs. 1, 2 und 5 neu gef. mWv 1.1.2024 durch G v. 22.12.2023 (BGBl. 2023 I Nr. 410). ²⁾ **Sartorius III Nr. 805.**

(6) Das Parlamentarische Kontrollgremium ist in Abständen von höchstens sechs Monaten über die vorgenommenen Übermittlungen nach Absatz 1 und 2 zu unterrichten.

**§ 8[1]) Gefahr für Leib oder Leben einer Person im Ausland.** (1) Auf Antrag des Bundesnachrichtendienstes dürfen Beschränkungen nach § 1 für internationale Telekommunikationsbeziehungen im Sinne des § 5 Abs. 1 Satz 1 angeordnet werden, wenn dies erforderlich ist, um eine im Einzelfall bestehende Gefahr für Leib oder Leben einer Person im Ausland rechtzeitig zu erkennen oder ihr zu begegnen und dadurch Belange der Bundesrepublik Deutschland unmittelbar in besonderer Weise berührt sind.

(2) [1]Die jeweiligen Telekommunikationsbeziehungen werden von dem nach § 10 Abs. 1 zuständigen Bundesministerium mit Zustimmung des Parlamentarischen Kontrollgremiums bestimmt. [2]Die Zustimmung bedarf der Mehrheit von zwei Dritteln seiner Mitglieder. [3]Die Bestimmung tritt spätestens nach zwei Monaten außer Kraft. [4]Eine erneute Bestimmung ist zulässig, soweit ihre Voraussetzungen fortbestehen.

(3) [1]Die Anordnung ist nur zulässig, wenn die Erforschung des Sachverhalts auf andere Weise aussichtslos oder wesentlich erschwert wäre. [2]Der Bundesnachrichtendienst darf nur Suchbegriffe verwenden, die zur Erlangung von Informationen über die in der Anordnung bezeichnete Gefahr bestimmt und geeignet sind. [3]§ 5 Abs. 2 Satz 2 bis 6 gilt entsprechend. [4]Ist die Überwachungsmaßnahme erforderlich, um einer im Einzelfall bestehenden Gefahr für Leib oder Leben einer Person zu begegnen, dürfen die Suchbegriffe auch Identifizierungsmerkmale enthalten, die zu einer gezielten Erfassung der Rufnummer oder einer anderen Kennung des Telekommunikationsanschlusses dieser Person im Ausland führen.

(4) [1]Der Bundesnachrichtendienst prüft unverzüglich und sodann in Abständen von höchstens sechs Monaten, ob die erhobenen personenbezogenen Daten im Rahmen seiner Aufgaben allein oder zusammen mit bereits vorliegenden Daten zu dem in Absatz 1 bestimmten Zweck erforderlich sind. [2]Soweit die Daten für diesen Zweck nicht erforderlich sind, sind sie unverzüglich unter Aufsicht eines Bediensteten, der die Befähigung zum Richteramt hat, zu löschen. [3]Die Löschung ist zu protokollieren. [4]§ 6 Abs. 1 Satz 4 und 5, Absatz 2 Satz 1 und Absatz 5 und 6 gilt entsprechend mit der Maßgabe, dass die Weiterverarbeitung nach § 6 Absatz 5 Satz 2 nur zur Erkennung und Begegnung von Gefahren im Sinne des § 8 Absatz 1 zulässig ist. [5]Die Daten dürfen nur zu den in den Absätzen 1, 5 und 6 genannten Zwecken verwendet werden.

(5) Die erhobenen personenbezogenen Daten dürfen unter den Voraussetzungen der §§ 11 und 11b des BND-Gesetzes[2]) übermittelt werden, wenn zudem tatsächliche Anhaltspunkte den Verdacht begründen, dass jemand eine Straftat plant oder begeht, die geeignet ist, zu der Entstehung oder Aufrechterhaltung der in Absatz 1 bezeichneten Gefahr beizutragen.

(6) Die erhobenen personenbezogenen Daten dürfen an Strafverfolgungsbehörden unter den Voraussetzungen des § 11a des BND-Gesetzes übermittelt werden,

---

[1]) § 8 Abs. 1 Satz 2 aufgeh., Abs. 2 neu gef., Abs. 3 Satz 4 angef., Abs. 6 Satz 3 neu gef. mWv 5.8.2009 durch G v. 31.7.2009 (BGBl. I S. 2499); Abs. 5 geänd. mWv 31.12.2016 durch G v. 23.12.2016 (BGBl. I S. 3346); Abs. 4 Satz 4 neu gef., Abs. 5 geänd. mWv 1.1.2022 durch G v. 19.4.2021 (BGBl. I S. 771); Abs. 1 Satz 1, Abs. 3 Satz 2 und 4, Abs. 4 und 5 geänd., Abs. 7 angef. mWv 1.1.2024 durch G v. 22.12.2023 (BGBl. 2023 I S. 410).
[2]) Sartorius III Nr. 805.

wenn zudem bestimmte Tatsachen den Verdacht begründen, dass jemand eine in Absatz 5 bezeichnete Straftat begeht oder begangen hat.

(7) § 7 Absatz 5 und 6 sowie § 7a gelten entsprechend.

## Abschnitt 4. Verfahren

**§ 9**[1] **Antrag.** (1) Beschränkungsmaßnahmen nach diesem Gesetz dürfen nur auf Antrag angeordnet werden.

(2) Antragsberechtigt sind im Rahmen ihres Geschäftsbereichs

1. das Bundesamt für Verfassungsschutz,
2. die Verfassungsschutzbehörden der Länder,
3. der Militärische Abschirmdienst und
4. der Bundesnachrichtendienst

*(Fortsetzung nächstes Blatt)*

---

[1] § 9 Abs. 2 Nr. 3 geänd. mWv 21.11.2015 durch G v. 17.11.2015 (BGBl. I S. 1938); Abs. 3 Satz 2 neu gef. mWv 9.7.2021 durch G v. 5.7.2021 (BGBl. I S. 2274).

## 45. Gesetz über die Rechtsverhältnisse der Mitglieder der Bundesregierung (Bundesministergesetz – BMinG)[1)][2)]

In der Fassung der Bekanntmachung vom 27. Juli 1971[3)]

(BGBl. I S. 1166)

**FNA 1103-1**

geänd. durch Art. VII Siebentes G zur Änd. beamtenrechtlicher und besoldungsrechtlicher Vorschriften v. 20.12.1974 (BGBl. I S. 3716), Art. V Siebentes G über die Erhöhung von Dienst- und Versorgungsbezügen in Bund und Ländern v. 20.10.1979 (BGBl. I S. 357), Art. 3 Elftes G zur Änd. des Abgeordneten G v. 18.12.1989 (BGBl. I S. 2210), Art. 4 G zur Änd. des Beamtenversorgungs G und sonstiger dienst- und versorgungsrechtlicher Vorschriften v. 18.12.1989 (BGBl. I S. 2218), Art. 1 Zweites ÄndG v. 5.12.1997 (BGBl. I S. 2851), Art. 3 Versorgungs ÄndG 2001 v. 20.12.2001 (BGBl. I S. 3926), Art. 6 Drittes Verwaltungsverfahrensrechts ÄndG v. 21.8.2002 (BGBl. I S. 3322), Art. 3 Anpassungsausschluss G v. 15.12.2004 (BGBl. I S. 3390), Art. 1 Drittes ÄndG v. 23.10.2008 (BGBl. I S. 2018), Art. 1 G zur Änd. des Bundesminister G und des G über die Rechtsverhältnisse der Parlamentarischen Staatssekretäre v. 17.7. 2015 (BGBl. I S. 1322), Art. 7 Elfte Zuständigkeitsanpassungs VO v. 19.6.2020 (BGBl. I S. 1328) und Art. 3 und 4 G zur Anpassung der Bundesbesoldung und -versorgung für die Jahre 2023 und 2024 sowie zur Änd. weiterer dienstrechtlicher Vorschriften v. 22.12.2023 (BGBl. 2023 I Nr. 414)

**§ 1 [Öffentlich-rechtliches Amtsverhältnis]** Die Mitglieder der Bundesregierung stehen nach Maßgabe dieses Gesetzes zum Bund in einem öffentlich-rechtlichen Amtsverhältnis.

**§ 2[4) ] [Ernennungsurkunde und Beginn des Amtsverhältnisses]** (1) [1]Die Mitglieder der Bundesregierung erhalten eine vom Bundespräsidenten vollzogene Urkunde über ihre Ernennung. [2]Die Urkunde für die Bundesminister ist vom Bundeskanzler gegenzuzeichnen; die Urkunde für den Bundeskanzler bedarf keiner Gegenzeichnung. [3]Eine Ernennung in elektronischer Form ist ausgeschlossen.

(2) Das Amtsverhältnis beginnt mit der Aushändigung der Urkunde oder, falls der Eid vorher geleistet worden ist (§ 3), mit der Vereidigung.

(3) In der Urkunde für die Bundesminister soll der übertragene Geschäftszweig angegeben sein.

**§ 3 [Eidesleistung]** Die Mitglieder der Bundesregierung leisten bei der Übernahme ihres Amtes vor dem Bundestag den in Artikel 56 des Grundgesetzes[5)] vorgesehenen Eid.

**§ 4 [Unzulässigkeit der Mitgliedschaft bei einer Landesregierung]** Ein Mitglied der Bundesregierung kann nicht zugleich Mitglied einer Landesregierung sein.

**§ 5 [Verbot einer anderen Berufsausübung]** (1) [1]Die Mitglieder der Bundesregierung dürfen neben ihrem Amt kein anderes besoldetes Amt, kein Gewerbe und keinen Beruf ausüben. Sie dürfen während ihrer Amtszeit auch nicht dem

---

[1)] Überschrift geänd. mWv 25.7.2015 durch G v. 17.7.2015 (BGBl. I S. 1322).
[2)] Die Änderungen durch G v. 22.12.2023 (BGBl. 2023 I Nr. 414)) treten teilweise erst **mWv 1.1.2025** in Kraft und sind im Text noch nicht berücksichtigt.
[3)] Neubekanntmachung des Bundesminister G v. 17.6.1953 (BGBl. I S. 407) in der ab 1.8.1971 geltenden Fassung.
[4)] § 2 Abs. 1 Satz 2 angef. mWv 1.2.2003 durch G v. 21.8.2002 (BGBl. I S. 3322).
[5)] Nr. 1.

Vorstand, Aufsichtsrat oder Verwaltungsrat eines auf Erwerb gerichteten Unternehmens angehören oder gegen Entgelt als Schiedsrichter tätig sein oder außergerichtliche Gutachten abgeben. ²Der Bundestag kann Ausnahmen von dem Verbot der Zugehörigkeit zu einem Aufsichtsrat oder Verwaltungsrat zulassen.

(2) ¹Die Mitglieder der Bundesregierung sollen während ihrer Amtszeit kein öffentliches Ehrenamt bekleiden. ²Die Bundesregierung kann hiervon Ausnahmen zulassen.

(3) ¹Die Mitglieder und ehemaligen Mitglieder der Bundesregierung haben dieser über Geschenke Mitteilung zu machen, die sie in bezug auf ihr Amt erhalten. ²Die Bundesregierung entscheidet über die Verwendung der Geschenke.

**§ 6**[1]) **[Geheimhaltungspflicht] (1)** ¹Die Mitglieder der Bundesregierung sind, auch nach Beendigung ihres Amtsverhältnisses, verpflichtet, über die ihnen amtlich bekannt gewordenen Angelegenheiten Verschwiegenheit zu bewahren. ²Dies gilt nicht für Mitteilungen im dienstlichen Verkehr oder über Tatsachen, die offenkundig sind oder ihrer Bedeutung nach keiner Geheimhaltung bedürfen.

(2) Die Mitglieder der Bundesregierung dürfen, auch wenn sie nicht mehr im Amt sind, über solche Angelegenheiten ohne Genehmigung der Bundesregierung weder vor Gericht noch außergerichtlich aussagen oder Erklärungen abgeben.

(3) Unberührt bleibt die gesetzlich begründete Pflicht, Straftaten anzuzeigen und bei Gefährdung der freiheitlichen demokratischen Grundordnung für deren Erhaltung einzutreten.

**§ 6a**[2]) **[Anzeigepflicht einer Erwerbstätigkeit oder sonstigen Beschäftigung] (1)** ¹Mitglieder der Bundesregierung, die beabsichtigen, innerhalb der ersten 18 Monate nach ihrem Ausscheiden aus dem Amt eine Erwerbstätigkeit oder sonstige Beschäftigung außerhalb des öffentlichen Dienstes aufzunehmen, haben dies der Bundesregierung schriftlich anzuzeigen. ²Satz 1 gilt für ehemalige Mitglieder der Bundesregierung entsprechend.

(2) ¹Die Anzeigepflicht entsteht, sobald ein Mitglied oder ehemaliges Mitglied der Bundesregierung mit Vorbereitungen für die Aufnahme einer Beschäftigung beginnt oder ihm eine Beschäftigung in Aussicht gestellt wird. ²Die Anzeige soll mindestens einen Monat vor Aufnahme der Tätigkeit erfolgen. ³Wird die Frist nicht eingehalten, kann die Bundesregierung die Aufnahme der Tätigkeit bis zur Dauer von höchstens einem Monat vorläufig untersagen.

**§ 6b**[3]) **[Untersagung der Erwerbstätigkeit oder sonstigen Beschäftigung]**

(1) ¹Die Bundesregierung kann die Erwerbstätigkeit oder sonstige Beschäftigung für die Zeit der ersten 18 Monate nach dem Ausscheiden aus dem Amt ganz oder teilweise untersagen, soweit zu besorgen ist, dass durch die Beschäftigung öffentliche Interessen beeinträchtigt werden. ²Von einer Beeinträchtigung ist insbesondere dann auszugehen, wenn die angestrebte Beschäftigung

1. in Angelegenheiten oder Bereichen ausgeübt werden soll, in denen das ehemalige Mitglied der Bundesregierung während seiner Amtszeit tätig war, oder

2. das Vertrauen der Allgemeinheit in die Integrität der Bundesregierung beeinträchtigen kann.

---

[1]) § 6 Abs. 3 geänd. durch G v. 2.3.1974 (BGBl. I S. 469).
[2]) § 6a eingef. mWv 25.7.2015 durch G v. 17.7.2015 (BGBl. I S. 1322).
[3]) § 6b eingef. mWv 25.7.2015 durch G v. 17.7.2015 (BGBl. I S. 1322).

³ Die Untersagung ist zu begründen.

(2) ¹ Eine Untersagung soll in der Regel die Dauer von einem Jahr nicht überschreiten. ² In Fällen, in denen öffentliche Interessen schwer beeinträchtigt wären, kann eine Untersagung für die Dauer von bis zu 18 Monaten ausgesprochen werden.

(3) ¹ Die Bundesregierung trifft ihre Entscheidung über eine Untersagung auf Empfehlung eines aus drei Mitgliedern bestehenden beratenden Gremiums. ² Das beratende Gremium hat seine Empfehlung zu begründen. ³ Es gibt seine Empfehlung nicht öffentlich ab.

(4) Die Entscheidung ist unter Mitteilung der Empfehlung des beratenden Gremiums zu veröffentlichen.

**§ 6c¹⁾ [Mitglieder des beratenden Gremiums]** (1) ¹ Die Mitglieder des beratenden Gremiums sollen Funktionen an der Spitze staatlicher oder gesellschaftlicher Institutionen wahrgenommen haben oder über Erfahrungen in einem wichtigen politischen Amt verfügen. ² Sie werden auf Vorschlag der Bundesregierung jeweils zu Beginn einer Wahlperiode des Deutschen Bundestages vom Bundespräsidenten berufen und sind ehrenamtlich tätig.

(2) Die Mitglieder des beratenden Gremiums sind auch nach ihrem Ausscheiden zur Verschwiegenheit über die ihnen bei oder bei Gelegenheit ihrer Tätigkeit bekannt gewordenen Angelegenheiten verpflichtet.

(3) ¹ Die Mitglieder des beratenden Gremiums erhalten eine pauschale Entschädigung sowie Ersatz ihrer Reisekosten. ² Diese werden vom Chef des Bundeskanzleramtes im Einvernehmen mit dem Bundesministerium des Innern, für Bau und Heimat festgesetzt.

(4) ¹ Die Mitglieder des beratenden Gremiums üben ihre Tätigkeit so lange aus, bis neue Mitglieder nach Absatz 1 Satz 2 berufen worden sind. ² Wiederberufungen sind zulässig.

(5) Für die Erfüllung seiner Aufgabe ist dem beratenden Gremium das notwendige Personal und die notwendige Sachausstattung zur Verfügung zu stellen.

**§ 6d²⁾ [Übergangsgeld]** Wird die Aufnahme einer Erwerbstätigkeit oder sonstigen Beschäftigung nach § 6b Absatz 1 Satz 1 untersagt, so wird das Übergangsgeld für die Dauer der Untersagung gewährt, sofern sich nicht aus § 14 Absatz 2 Satz 1 ein weitergehender Anspruch ergibt.

**§ 7 [Genehmigung zur Zeugenaussage und Gutachtenerstattung]**

(1) Die Genehmigung, als Zeuge auszusagen, soll nur versagt werden, wenn die Aussage dem Wohle des Bundes oder eines deutschen Landes Nachteile bereiten oder die Erfüllung öffentlicher Aufgaben ernstlich gefährden oder erheblich erschweren würde.

(2) Die Genehmigung, ein Gutachten zu erstatten, kann versagt werden, wenn die Erstattung den dienstlichen Interessen Nachteile bereiten würde.

(3) § 28 des Gesetzes über das Bundesverfassungsgericht³⁾ in der Fassung der Bekanntmachung vom 3. Februar 1971 (Bundesgesetzbl. I S. 105) bleibt unberührt.

---

¹⁾ § 6c eingef. mWv 25.7.2015 durch G v. 17.7.2015 (BGBl. I S. 1322); Abs. 3 Satz 2 geänd. mWv 27.6.2020 durch VO v. 19.6.2020 (BGBl. I S. 1328).
²⁾ § 6d eingef. mWv 25.7.2015 durch G v. 17.7.2015 (BGBl. I S. 1322).
³⁾ Nr. **40**.

**§ 8 [Unzulässigkeit eines Disziplinarverfahrens]** Ein Disziplinarverfahren gegen Mitglieder der Bundesregierung findet nicht statt.

**§ 9 [Beendigung des Amtsverhältnisses]** (1) Das Amtsverhältnis der Mitglieder der Bundesregierung endet

1. mit der Entlassung des Bundeskanzlers, wenn der Bundestag ihm nach Artikel 67 des Grundgesetzes[1] das Mißtrauen ausgesprochen hat,

2. mit dem Zusammentritt eines neuen Bundestages,

3. mit jeder anderen Erledigung des Amtes des Bundeskanzlers.

(2) [1]Das Amtsverhältnis der einzelnen Bundesminister endet außerdem mit ihrer Entlassung. [2]Die Bundesminister können jederzeit entlassen werden und ihre Entlassung jederzeit verlangen.

**§ 10 [Beendigungsurkunde]** [1]Im Falle der Beendigung des Amtsverhältnisses der Mitglieder der Bundesregierung finden die Vorschriften des § 2 Abs. 1 entsprechende Anwendung. [2]Eine Entlassung wird mit der Aushändigung der Urkunde wirksam; die Aushändigung kann durch amtliche Veröffentlichung ersetzt werden.

**§ 11[2] [Amtsbezüge]** (1) [1]Die Mitglieder der Bundesregierung erhalten vom Beginn des Kalendermonats an, in dem das Amtsverhältnis beginnt, bis zum Schluß des Kalendermonats, in dem das Amtsverhältnis endet, folgende Amtsbezüge:

a) ein Amtsgehalt, und zwar

der Bundeskanzler in Höhe von einzweidrittel,

die Bundesminister in Höhe von eineindrittel

des Grundgehalts der Besoldungsgruppe B 11 einschließlich zum Grundgehalt allgemein gewährter Zulagen,

b) einen Ortszuschlag in Höhe von eineindrittel des in der Besoldungsgruppe B 11 zustehenden Ortszuschlags,

c) eine Dienstaufwandsentschädigung,

und zwar der Bundeskanzler von jährlich     24 000 DM,

die Bundesminister von jährlich     7 200 DM,

d) bei Unmöglichkeit der Verlegung des eigenen Hausstandes nach dem Sitz der Bundesregierung für die Dauer seiner Fortführung am bisherigen Wohnort eine Entschädigung von jährlich     3 600 DM.

[2]Die Amtsbezüge werden monatlich im voraus gezahlt.

(2) [1]Für den gleichen Zeitraum werden Amtsbezüge nur einmal gewährt. [2]Sind die Bezüge nicht gleich hoch, so stehen die höheren Bezüge zu.

(3) Wird ein Mitglied der Bundesregierung nach Artikel 69 Abs. 3 des Grundgesetzes[1] ersucht, die Geschäfte weiterzuführen, so werden die Amtsbezüge bis zum Schluß des Kalendermonats weitergewährt, in dem die Geschäftsführung endet.

---

[1] Nr. **1.**
[2] § 11 Abs. 1 Satz 2 aufgeh., bish. Satz 3 wird Satz 2 durch G v. 20.12.1974 (BGBl. I S. 3716); Abs. 5 angef. mWv 1.6.2023 durch G v. 22.12.2023 (BGBl. 2023 I Nr. 414).

(4) *§ 83a des Bundesbeamtengesetzes*[1] einschließlich der dazu ergangenen Übergangsvorschriften und § 87a des Bundesbeamtengesetzes[2] sind sinngemäß anzuwenden.

(5) Zur Abmilderung der Folgen der gestiegenen Verbraucherpreise werden den Mitgliedern der Bundesregierung in entsprechender Anwendung des § 14 Absatz 4 bis 8 des Bundesbesoldungsgesetzes[3] die folgenden Sonderzahlungen gewährt:
1. für den Monat Juni 2023 eine einmalige Sonderzahlung in Höhe von 1240 Euro sowie
2. für die Monate Juli 2023 bis Februar 2024 eine monatliche Sonderzahlung in Höhe von jeweils 220 Euro.

**§ 12**[4] **[Amtswohnungen und Entschädigungen]** (1) [1] Der Bundeskanzler hat Anspruch auf eine Amtswohnung mit Ausstattung. [2] Den Bundesministern kann eine Amtswohnung zugewiesen werden. [3] Ist eine Amtswohnung zur Verfügung gestellt, entfällt der Ortszuschlag (§ 11 Abs. 1 Buchstabe b).

(2) [1] Die Mitglieder der Bundesregierung, die eine Amtswohnung bezogen haben, sind berechtigt, sie nach Beendigung des Amtsverhältnisses noch für die Dauer von drei Monaten unter denselben Bedingungen wie bisher zu benutzen, es sei denn, daß ihnen schon früher eine angemessene Wohnung nachgewiesen wird. [2] Der Monat, in dem das Amtsverhältnis endet, wird hierbei nicht mitgerechnet.

(3) Den Mitgliedern der Bundesregierung werden für die infolge ihrer Ernennung oder der Beendigung ihres Amtsverhältnisses erforderlich werdenden Umzüge Entschädigungen gewährt.

(4) Bei amtlicher Tätigkeit außerhalb des Sitzes der Bundesregierung erhalten sie Tagegelder und Entschädigungen für Reisekosten.

(5) Die weiteren Bestimmungen[5] über Amtswohnungen, Umzugskostenentschädigung, Tagegelder und Entschädigung für Reisekosten erläßt das Bundesministerium des Innern, für Bau und Heimat nach gutachtlicher Äußerung des Präsidenten des Bundesrechnungshofes.

(6) Mitglieder der Bundesregierung und Versorgungsempfänger nach diesem Gesetz erhalten, soweit kein Anspruch nach § 27 des Abgeordnetengesetzes[6] besteht, Beihilfe in sinngemäßer Anwendung der für Bundesbeamte geltenden Vorschriften.

**§ 13 [Versorgung nach Beendigung des Amtsverhältnisses]** (1) Die Mitglieder der Bundesregierung und ihre Hinterbliebenen erhalten nach Beendigung des Amtsverhältnisses Versorgung nach den Vorschriften der §§ 14 bis 17.

(2) Soweit nichts anderes bestimmt ist, sind die für die Bundesbeamten geltenden versorgungsrechtlichen Vorschriften sinngemäß anzuwenden.

---

[1] § 83a BundesbeamtenG aufgeh. mWv 1.7.1975 durch G v. 23.5.1975 (BGBl. I S. 1173); siehe nunmehr § 8 BundesbesoldungsG (Nr. **230**).
[2] Nr. **160**.
[3] Nr. **230**.
[4] § 12 Abs. 6 angef. mWv 29.10.2008 durch G v. 23.10.2008 (BGBl. I S. 2018); Abs. 5 geänd. mWv 27.6.2020 durch VO v. 19.6.2020 (BGBl. I S. 1328).
[5] Siehe hierzu die Bestimmungen über Amtswohnungen, Umzugskostenentschädigung, Tagegelder und Entschädigung für Reisekosten der Mitglieder der Bundesregierung v. 10.11.1953 (BGBl. I S. 1545), zuletzt geänd. durch G v. 19.6.2001 (BGBl. I S. 1149).
[6] Nr. **48**.

**§ 14**[1] **[Übergangsgeld]** (1) Ein ehemaliges Mitglied der Bundesregierung erhält von dem Zeitpunkt an, in dem seine Amtsbezüge aufhören, Übergangsgeld.

(2) [1]Das Übergangsgeld wird für die gleiche Anzahl von Monaten gezahlt, für die der Berechtigte ohne Unterbrechung Amtsbezüge als Mitglied der Bundesregierung erhalten hat, jedoch mindestens für sechs Monate und höchstens für zwei Jahre. [2]Treffen Übergangsgeld und Ruhegehalt nach § 15 oder § 17 zusammen, wird das Übergangsgeld um das Ruhegehalt gemindert,

*(Fortsetzung nächstes Blatt)*

---

[1] § 14 Abs. 5 angef. durch G v. 24.7.1974 (BGBl. I S. 1538); Abs. 3 Satz 2 aufgeh., bish. Satz 3 wird Satz 2 durch G v. 20.12.1974 (BGBl. I S. 3716); Abs. 2 Satz 2 neu gef. und Abs. 6 angef. durch G v. 5.12. 1997 (BGBl. I S. 2851); Abs. 2 Satz 1 geänd. mWv 29.10.2008 durch G v. 23.10.2008 (BGBl. I S. 2018).

# 80. Gesetz über die Zusammenarbeit des Bundes und der Länder in Angelegenheiten des Verfassungsschutzes und über das Bundesamt für Verfassungsschutz (Bundesverfassungsschutzgesetz – BVerfSchG)[1]

Vom 20. Dezember 1990

(BGBl. I S. 2954)

**FNA 12-4**

geänd. durch § 38 Abs. 2 SicherheitsüberprüfungsG v. 20.4.1994 (BGBl. I S. 867), Art. 4 G zur Änd. von Vorschr. über parlamentarische Gremien v. 17.6.1999 (BGBl. I S. 1334), Art. 11 StrafverfahrensÄndG 1999 v. 2.8.2000 (BGBl. I S. 1253), Art. 2 G zur Änd. des BundesdatenschutzG und anderer G v. 18.5. 2001 (BGBl. I S. 904), Art. 3 Abs. 2 G zur Neuregelung von Beschränkungen von Brief-, Post- und Fernmeldegeheimnisses v. 26.6.2001 (BGBl. I S. 1254, ber. S. 2298), Art. 1 G zur Bekämpfung des internationalen Terrorismus v. 9.1.2002 (BGBl. I S. 361), Art. 9 ZollfahndungsneuregelungsG v. 16.8. 2002 (BGBl. I S. 3202), Art. 2 G zur Umbenennung des Bundesgrenzschutzes in Bundespolizei v. 21.6. 2005 (BGBl. I S. 1818), Art. 2 Gemeinsame-Dateien-G v. 22.12.2006 (BGBl. I S. 3409), Art. 1 und Art. 10 Abs. 1 TerrorismusbekämpfungsergänzungsG v. 5.1.2007 (BGBl. I S. 2, Art. 10 Abs. 1 aufgeh. durch G v. 3.12.2020, BGBl. I S. 2667), Art. 6 Abs. 1 G zur Umsetzung aufenthalts- und asylrechtl. Richtlinien der EU v. 19.8.2007 (BGBl. I S. 1970), § 32 SatellitendatensicherheitsG v. 23.11.2007 (BGBl. I S. 2590), Art. 6 FGG-ReformG v. 17.12.2008 (BGBl. I S. 2586), Art. 3 SIS-II-G v. 6.6.2009[2] (BGBl. I S. 1226), Art. 3 Abs. 1 G zur Fortentwicklung der parlamentarischen Kontrolle der Nachrichtendienste des Bundes v. 29.7.2009 (BGBl. I S. 2346), Art. 1a Erstes G zur Änd. des Artikel 10-Gs v. 31.7. 2009 (BGBl. I S. 2499), Art. 1 G zur Änd. des BundesverfassungsschutzG v. 7.12.2011 (BGBl. I S. 2576), Art. 2 G zur Verbesserung der Bekämpfung des Rechtsextremismus v. 20.8.2012 (BGBl. I S. 1798), Art. 6 G zur Änd. des TelekommunikationsG und zur Neuregelung der Bestandsdatenauskunft v. 20.6.2013 (BGBl. I S. 1602), Art. 1 G zur Verbesserung der Zusammenarbeit im Bereich des Verfassungsschutzes v. 17.11.2015 (BGBl. I S. 1938), Art. 1 G zum besseren Informationsaustausch bei der Bekämpfung des internationalen Terrorismus v. 26.7.2016 (BGBl. I S. 1818), Art. 4 Digitale Hochgeschwindigkeitsnetze-Gesetz v. 4.11.2016 (BGBl. I S. 2473), Art. 2 Abs. 1 Erstes G zur Änd. des SicherheitsüberprüfungsG v. 16.6.2017 (BGBl. I S. 1634), Art. 2 Datenschutz-Anpassungs- und -Umsetzungsgesetz EU v. 30.6.2017 (BGBl. I S. 2097), Art. 16 Elfte ZuständigkeitsanpassungsVO v. 19.6.2020 (BGBl. I S. 1328), Beschluss des BVerfG – 1 BvR 1873/13, 1 BvR 2618/13 – v. 27.5.2020 (BGBl. I S. 1931), Art. 1 G zur Umsetzung der Regelungen über die Bestandsdatenauskunft an die Vorgaben aus der Entscheidung des BVerfG v. 27.5.2020 v. 30.3.2021 (BGBl. I S. 448), Art. 7 Abs. 22 G zur Umsetzung der RL (EU) 2019/2034 über die Beaufsichtigung von Wertpapierinstituten v. 12.5.2021 (BGBl. I S. 990), Art. 2 Telekommunikationsmodernisierungsgesetz v. 23.6.2021 (BGBl. I S. 1858), Art. 5 G zur Regelung des Datenschutzes und des Schutzes der Privatsphäre in der Telekommunikation und bei Telemedien v. 23.6.2021 (BGBl. I S. 1982), Art. 1 Gesetz zur Anpassung des Verfassungsschutzrechts v. 5.7.2021 (BGBl. I S. 2274), Beschl. des BVerfG – 1 BvR 2354/13 – v. 28.9.2022 (BGBl. I S. 2096), Art. 1 SIS-III-Gesetz v. 19.12.2022 (BGBl. I S. 2632) und Art. 1 G zum ersten Teil der Reform des Nachrichtendienstrechts v. 22.12.2023 (BGBl. 2023 I Nr. 413).

## Nichtamtliche Inhaltsübersicht

**Erster Abschnitt. Zusammenarbeit, Aufgaben der Verfassungsschutzbehörden**

[1] Verkündet als Art. 2 des G zur Fortentwicklung der Datenverarbeitung und des Datenschutzes v. 20.12.1990 (BGBl. I S. 2954); Inkrafttreten gem. Art. 6 Abs. 1 dieses G am 30.12.1990.

[2] Zum Inkrafttreten der Änderung siehe die Bekanntmachung über das Inkrafttreten von Teilen des SIS-II-Gesetzes v. 2.4.2013 (BGBl. I S. 727).

# Erster Abschnitt. Zusammenarbeit, Aufgaben der Verfassungsschutzbehörden

**§ 1 Zusammenarbeitspflicht** (1) Der Verfassungsschutz dient dem Schutz der freiheitlichen demokratischen Grundordnung, des Bestandes und der Sicherheit des Bundes und der Länder.

(2) Der Bund und die Länder sind verpflichtet, in Angelegenheiten des Verfassungsschutzes zusammenzuarbeiten.

(3) Die Zusammenarbeit besteht auch in gegenseitiger Unterstützung und Hilfeleistung.

---

[1)] Paragraphenzählung amtlich.

**§ 2[1) Verfassungsschutzbehörden.** (1) [1]Für die Zusammenarbeit des Bundes mit den Ländern unterhält der Bund ein Bundesamt für Verfassungsschutz als Bundesoberbehörde. [2]Es untersteht dem Bundesministerium des Innern, für Bau und Heimat. [3]Das Bundesamt für Verfassungsschutz darf einer polizeilichen Dienststelle nicht angegliedert werden.

(2) [1]Für die Zusammenarbeit der Länder mit dem Bund und der Länder untereinander unterhält jedes Land eine Behörde zur Bearbeitung von Angelegenheiten des Verfassungsschutzes. [2]Mehrere Länder können eine gemeinsame Behörde unterhalten.

**§ 3[2) Aufgaben der Verfassungsschutzbehörden.** (1) Aufgabe der Verfassungsschutzbehörden des Bundes und der Länder ist die Sammlung und Auswertung von Informationen, insbesondere von sach- und personenbezogenen Auskünften, Nachrichten und Unterlagen, über

1. Bestrebungen, die gegen die freiheitliche demokratische Grundordnung, den Bestand oder die Sicherheit des Bundes oder eines Landes gerichtet sind oder eine ungesetzliche Beeinträchtigung der Amtsführung der Verfassungsorgane des Bundes oder eines Landes oder ihrer Mitglieder zum Ziele haben,

2. sicherheitsgefährdende oder geheimdienstliche Tätigkeiten im Geltungsbereich dieses Gesetzes für eine fremde Macht,

3. Bestrebungen im Geltungsbereich dieses Gesetzes, die durch Anwendung von Gewalt oder darauf gerichtete Vorbereitungshandlungen auswärtige Belange der Bundesrepublik Deutschland gefährden,

4. Bestrebungen im Geltungsbereich dieses Gesetzes, die gegen den Gedanken der Völkerverständigung (Artikel 9 Abs. 2 des Grundgesetzes[3)), insbesondere gegen das friedliche Zusammenleben der Völker (Artikel 26 Abs. 1 des Grundgesetzes) gerichtet sind.

(2) [1]Die Verfassungsschutzbehörden des Bundes und der Länder wirken mit

1. bei der Sicherheitsüberprüfung von Personen, denen im öffentlichen Interesse geheimhaltungsbedürftige Tatsachen, Gegenstände oder Erkenntnisse anvertraut werden, die Zugang dazu erhalten sollen oder ihn sich verschaffen können,

2. bei der Sicherheitsüberprüfung von Personen, die an sicherheitsempfindlichen Stellen von lebens- oder verteidigungswichtigen Einrichtungen beschäftigt sind oder werden sollen,

3. bei technischen Sicherheitsmaßnahmen zum Schutz von im öffentlichen Interesse geheimhaltungsbedürftigen Tatsachen, Gegenständen oder Erkenntnissen gegen die Kenntnisnahme durch Unbefugte,

4. bei der Überprüfung von Personen in sonstigen gesetzlich bestimmten Fällen,

5. bei der Geheimschutzbetreuung von nichtöffentlichen Stellen durch den Bund oder durch ein Land.

---

[1) § 2 Abs. 1 Satz 2 geänd. mWv 11.1.2007 durch G v. 5.1.2007 (BGBl. I S. 2); Abs. 2 Satz 2 angef. mWv 21.11.2015 durch G v. 17.11.2015 (BGBl. I S. 1938); Abs. 1 Satz 2 geänd. mWv 27.6.2020 durch VO v. 19.6.2020 (BGBl. I S. 1328).

[2) § 3 Abs. 2 Satz 2 neu gef., Sätze 3 und 4 aufgeh. durch G v. 20.4.1994 (BGBl. I S. 867); Abs. 1 Nr. 3 und Abs. 2 Satz 2 geänd., Abs. 1 Nr. 4 angef. mWv 1.1.2002 durch G v. 9.1.2002 (BGBl. I S. 361); Abs. 1 Satz 1 Nr. 3 und Satz 2 geänd., Satz 1 Nr. 4 angef. mWv 1.12.2007 durch G v. 23.11.2007 (BGBl. I S. 2590); Abs. 2 Satz 1 Nr. 4 geänd., Nr. 5 sowie Sätze 3 und 4 angef. mWv 21.6.2017 durch G v. 16.6. 2017 (BGBl. I S. 1634).

[3) Nr. 1.

² Die Befugnisse des Bundesamtes für Verfassungsschutz bei der Mitwirkung nach Satz 1 Nr. 1, 2 und 4 sind im Sicherheitsüberprüfungsgesetz¹⁾ vom 20. April 1994 (BGBl. I S. 867) geregelt. ³ Bei der Mitwirkung nach Satz 1 Nummer 5 ist das Bundesamt für Verfassungsschutz zur sicherheitsmäßigen Bewertung der Angaben der nichtöffentlichen Stelle unter Berücksichtigung der Erkenntnisse der Verfassungsschutzbehörden des Bundes und der Länder befugt. ⁴ Sofern es im Einzelfall erforderlich erscheint, können bei der Mitwirkung nach Satz 1 Nummer 5 zusätzlich die Nachrichtendienste des Bundes sowie ausländische öffentliche Stellen um Übermittlung und Bewertung vorhandener Erkenntnisse und um Bewertung übermittelter Erkenntnisse ersucht werden.

(3) Die Verfassungsschutzbehörden sind an die allgemeinen Rechtsvorschriften gebunden (Artikel 20 des Grundgesetzes).

**§ 4²⁾ Begriffsbestimmungen.** (1) ¹ Im Sinne dieses Gesetzes sind

a) Bestrebungen gegen den Bestand des Bundes oder eines Landes solche politisch bestimmten, ziel- und zweckgerichteten Verhaltensweisen in einem oder für einen Personenzusammenschluß, der darauf gerichtet ist, die Freiheit des Bundes oder eines Landes von fremder Herrschaft aufzuheben, ihre staatliche Einheit zu beseitigen oder ein zu ihm gehörendes Gebiet abzutrennen;

b) Bestrebungen gegen die Sicherheit des Bundes oder eines Landes solche politisch bestimmten, ziel- und zweckgerichteten Verhaltensweisen in einem oder für einen Personenzusammenschluß, der darauf gerichtet ist, den Bund, Länder oder deren Einrichtungen in ihrer Funktionsfähigkeit erheblich zu beeinträchtigen;

c) Bestrebungen gegen die freiheitliche demokratische Grundordnung solche politisch bestimmten, ziel- und zweckgerichteten Verhaltensweisen in einem oder für einen Personenzusammenschluß, der darauf gerichtet ist, einen der in Absatz 2 genannten Verfassungsgrundsätze zu beseitigen oder außer Geltung zu setzen.

² Für einen Personenzusammenschluß handelt, wer ihn in seinen Bestrebungen nachdrücklich unterstützt. ³ Bestrebungen im Sinne des § 3 Absatz 1 können auch von Einzelpersonen ausgehen, die nicht in einem oder für einen Personenzusammenschluss handeln. ⁴ In diesem Fall gilt Satz 1 mit der Maßgabe, dass die Verhaltensweise der Einzelperson darauf gerichtet sein muss, die dort genannten Ziele zu verwirklichen. ⁵ Voraussetzung für die Sammlung und Auswertung von Informationen im Sinne des § 3 Abs. 1 ist das Vorliegen tatsächlicher Anhaltspunkte.

(2) Zur freiheitlichen demokratischen Grundordnung im Sinne dieses Gesetzes zählen:

a) das Recht des Volkes, die Staatsgewalt in Wahlen und Abstimmungen und durch besondere Organe der Gesetzgebung, der vollziehenden Gewalt und der Rechtsprechung auszuüben und die Volksvertretung in allgemeiner, unmittelbarer, freier, gleicher und geheimer Wahl zu wählen,

b) die Bindung der Gesetzgebung an die verfassungsmäßige Ordnung und die Bindung der vollziehenden Gewalt und der Rechtsprechung an Gesetz und Recht,

c) das Recht auf Bildung und Ausübung einer parlamentarischen Opposition,

---

¹⁾ **Sartorius III Nr. 810.**
²⁾ § 4 Abs. 1 Sätze 3 und 4 eingef., bish. Satz 3 wird Satz 5, bish. Satz 4 aufgeh. mWv 9.7.2021 durch G v. 5.7.2021 (BGBl. I S. 2274).

d) die Ablösbarkeit der Regierung und ihre Verantwortlichkeit gegenüber der Volksvertretung,

e) die Unabhängigkeit der Gerichte,

f) der Ausschluß jeder Gewalt- und Willkürherrschaft und

g) die im Grundgesetz[1] konkretisierten Menschenrechte.

**§ 5[2] Zuständigkeiten des Bundesamtes für Verfassungsschutz.** (1) [1]Das Bundesamt für Verfassungsschutz darf in einem Lande im Benehmen mit der Landesbehörde für Verfassungsschutz Informationen, Auskünfte, Nachrichten und Unterlagen im Sinne des § 3 sammeln. [2]Bei Bestrebungen und Tätigkeiten im Sinne des § 3 Abs. 1 Nr. 1 bis 4 ist Voraussetzung, daß

1. sie sich ganz oder teilweise gegen den Bund richten,

2. sie darauf gerichtet sind, Gewalt anzuwenden, Gewaltanwendung vorzubereiten, zu unterstützen oder zu befürworten,

3. sie sich über den Bereich eines Landes hinaus erstrecken,

4. sie auswärtige Belange der Bundesrepublik Deutschland berühren oder

5. eine Landesbehörde für Verfassungsschutz das Bundesamt für Verfassungsschutz um ein Tätigwerden ersucht.

[3]Das Benehmen kann für eine Reihe gleichgelagerter Fälle hergestellt werden.

(2) [1]Das Bundesamt für Verfassungsschutz wertet unbeschadet der Auswertungsverpflichtungen der Landesbehörden für Verfassungsschutz zentral alle Erkenntnisse über Bestrebungen und Tätigkeiten im Sinne des § 3 Absatz 1 aus. [2]Es unterrichtet die Landesbehörden für Verfassungsschutz nach § 6 Absatz 1, insbesondere durch Querschnittsauswertungen in Form von Struktur- und Methodikberichten sowie regelmäßig durch bundesweite Lageberichte zu den wesentlichen Phänomenbereichen unter Berücksichtigung der entsprechenden Landeslageberichte.

(3) [1]Das Bundesamt für Verfassungsschutz koordiniert die Zusammenarbeit der Verfassungsschutzbehörden. [2]Die Koordinierung schließt insbesondere die Vereinbarung von

1. einheitlichen Vorschriften zur Gewährleistung der Zusammenarbeitsfähigkeit,

2. allgemeinen Arbeitsschwerpunkten und arbeitsteiliger Durchführung der Aufgaben sowie

3. Relevanzkriterien für Übermittlungen nach § 6 Absatz 1

ein.

(4) Das Bundesamt für Verfassungsschutz unterstützt als Zentralstelle die Landesbehörden für Verfassungsschutz bei der Erfüllung ihrer Aufgaben nach § 3 insbesondere durch

1. Bereitstellung des nachrichtendienstlichen Informationssystems (§ 6 Absatz 2),

2. zentrale Einrichtungen im Bereich besonderer technischer und fachlicher Fähigkeiten,

3. Erforschung und Entwicklung von Methoden und Arbeitsweisen im Verfassungsschutz und

---

[1] Nr. **1.**
[2] § 5 Abs. 2 Satz 2 geänd. mWv 1.1.2002 durch G v. 9.1.2002 (BGBl. I S. 361); Überschrift neu gef., Abs. 1 aufgeh., bish. Abs. 2 wird Abs. 1 und Satz 2 Nr. 2 eingef., bish. Nr. 2–4 werden Nr. 3–5, Abs. 2 eingef., Abs. 3 neu gef., Abs. 4 und 5 angef. mWv 21.11.2015 durch G v. 17.11.2015 (BGBl. I S. 1938).

4. Fortbildung in speziellen Arbeitsbereichen.

(5) ¹Dem Bundesamt für Verfassungsschutz obliegt der für Aufgaben nach § 3 erforderliche Dienstverkehr mit zuständigen öffentlichen Stellen anderer Staaten. ²Die Landesbehörden für Verfassungsschutz können solchen Dienstverkehr führen

1. mit den Dienststellen der in der Bundesrepublik Deutschland stationierten Streitkräfte,
2. mit den Nachrichtendiensten angrenzender Nachbarstaaten in regionalen Angelegenheiten oder
3. im Einvernehmen mit dem Bundesamt für Verfassungsschutz.

### § 6¹⁾ Gegenseitige Unterrichtung der Verfassungsschutzbehörden.

(1) ¹Die Landesbehörden für Verfassungsschutz und das Bundesamt für Verfassungsschutz übermitteln sich unverzüglich die für ihre Aufgaben relevanten Informationen, einschließlich der Erkenntnisse ihrer Auswertungen. ²Wenn eine übermittelnde Behörde sich dies vorbehält, dürfen die übermittelten Daten nur mit ihrer Zustimmung an Stellen außerhalb der Behörden für Verfassungsschutz übermittelt werden.

(2) ¹Die Verfassungsschutzbehörden verarbeiten zur Erfüllung ihrer Unterrichtungspflichten nach Absatz 1 Informationen in einem gemeinsamen nachrichtendienstlichen Informationssystem. ²Der Militärische Abschirmdienst kann zur Erfüllung der Unterrichtungspflichten nach § 3 Absatz 3 Satz 1 des MAD-Gesetzes²⁾ am nachrichtendienstlichen Informationssystem teilnehmen. ³Der Abruf von Daten aus dem nachrichtendienstlichen Informationssystem im automatisierten Verfahren ist im Übrigen nur entsprechend den §§ 22a und 22b zulässig. ⁴Für die Verarbeitung personenbezogener Daten im nachrichtendienstlichen Informationssystem gelten die §§ 10 und 11. ⁵Die Verantwortung einer speichernden Stelle im Sinne der allgemeinen Vorschriften des Datenschutzrechts trägt jede Verfassungsschutzbehörde nur für die von ihr eingegebenen Daten; nur sie darf diese Daten verändern, die Verarbeitung einschränken oder löschen. ⁶Die eingebende Stelle muss feststellbar sein. ⁷Eine Abfrage von Daten ist nur zulässig, soweit dies zur Erfüllung von Aufgaben, mit denen der Abfragende unmittelbar betraut ist, erforderlich ist. ⁸Die Zugriffsberechtigung auf Daten, die nicht zum Auffinden von Akten und der dazu notwendigen Identifizierung von Personen erforderlich sind, ist auf Personen zu beschränken, die mit der Erfassung von Daten oder Analysen betraut sind. ⁹Die Zugriffsberechtigung auf Unterlagen, die gespeicherte Angaben belegen, ist zudem auf Personen zu beschränken, die unmittelbar mit Arbeiten in diesem Anwendungsgebiet betraut sind.

(3) ¹Das Bundesamt für Verfassungsschutz trifft für die gemeinsamen Dateien die technischen und organisatorischen Maßnahmen entsprechend § 64 des Bundesdatenschutzgesetzes³⁾. ²Es hat bei jedem Zugriff für Zwecke der Datenschutzkontrolle den Zeitpunkt, die Angaben, die die Feststellung der abgefragten Datensätze ermöglichen, sowie die abfragende Stelle zu protokollieren. ³Die Auswertung der Protokolldaten ist nach dem Stand der Technik zu gewährleisten. ⁴Die protokollierten Daten dürfen nur für Zwecke der Datenschutzkontrolle, der Da-

---

¹⁾ § 6 neu gef. mWv 21.11.2015 durch G v. 17.11.2015 (BGBl. I S. 1938); Abs. 2 Satz 4, Abs. 3 Satz 1 geänd. mWv 25.5.2018 durch G v. 30.6.2017 (BGBl. I S. 2097); Abs. 2 Sätze 1–3 neu gef., Satz 4 eingef., bish. Sätze 4–8 werden Sätze 5–9 mWv 9.7.2021 durch G v. 5.7.2021 (BGBl. I S. 2274); Abs. 3 Satz 5 geänd. mWv 30.12.2023 durch G v. 22.12.2023 (BGBl. 2023 I Nr. 413).
²⁾ **Sartorius III Nr. 806.**
³⁾ Nr. 245.

tensicherung oder zur Sicherstellung eines ordnungsgemäßen Betriebs der Datenverarbeitungsanlage verwendet werden. [5]Die Protokolldaten sind nach Ablauf von fünf Jahren zu löschen.

**§ 7 Weisungsrechte des Bundes.** Die Bundesregierung kann, wenn ein Angriff auf die verfassungsmäßige Ordnung des Bundes erfolgt, den obersten Landesbehörden die für die Zusammenarbeit der Länder mit dem Bund auf dem Gebiete des Verfassungsschutzes erforderlichen Weisungen erteilen.

## Zweiter Abschnitt. Bundesamt für Verfassungsschutz

**§ 8[1]) Befugnisse des Bundesamtes für Verfassungsschutz.** (1) [1]Das Bundesamt für Verfassungsschutz darf die zur Erfüllung seiner Aufgaben erforderlichen Informationen einschließlich personenbezogener Daten verarbeiten, soweit nicht die anzuwendenden Bestimmungen des Bundesdatenschutzgesetzes[2]) oder besondere Regelungen in diesem Gesetz entgegenstehen; die Verarbeitung ist auch zulässig, wenn der Betroffene eingewilligt hat. [2]Ein Ersuchen des Bundesamtes für Verfassungsschutz um Übermittlung personenbezogener Daten darf nur diejenigen personenbezogenen Daten enthalten, die für die Erteilung der Auskunft unerlässlich sind. [3]Schutzwürdige Interessen des Betroffenen dürfen nur in unvermeidbarem Umfang beeinträchtigt werden.

(2) [1]Das Bundesamt für Verfassungsschutz darf Methoden, Gegenstände und Instrumente zur heimlichen Informationsbeschaffung, wie den Einsatz von Vertrauensleuten und Gewährspersonen, Observationen, Bild- und Tonaufzeichnungen, Tarnpapiere und Tarnkennzeichen anwenden. [2]In Individualrechte darf nur nach Maßgabe besonderer Befugnisse eingegriffen werden. [3]Im Übrigen darf die Anwendung eines Mittels gemäß Satz 1 keinen Nachteil herbeiführen, der erkennbar außer Verhältnis zur Bedeutung des aufzuklärenden Sachverhalts steht. [4]Die Mittel nach Satz 1 sind in einer Dienstvorschrift zu benennen, die auch die Zuständigkeit für die Anordnung solcher Informationsbeschaffungen und das Nähere zu Satz 3 regelt. [5]Die Dienstvorschrift bedarf der Zustimmung des Bundesministeriums des Innern, für Bau und Heimat, das das Parlamentarische Kontrollgremium unterrichtet.

(3) Polizeiliche Befugnisse oder Weisungsbefugnisse stehen dem Bundesamt für Verfassungsschutz nicht zu; es darf die Polizei auch nicht im Wege der Amtshilfe um Maßnahmen ersuchen, zu denen es selbst nicht befugt ist.

*(Fortsetzung nächstes Blatt)*

---

[1]) § 8 Abs. 4 Satz 2 neu gef. durch G v. 20.4.1994 (BGBl. I S. 867); Abs. 2 Satz 3 geänd. durch G v. 17.6.1999 (BGBl. I S. 1334); Abs. 1 Sätze 2 und 3 angef., bish. Wortlaut wird Satz 1 sowie Abs. 5–12 angef., bish. Abs. 5 wird Abs. 13 mWv 1.1.2002 durch G v. 9.1.2002 (BGBl. I S. 361); Abs. 2 Satz 3 geänd. und Abs. 5–12 aufgeh., bish. Abs. 13 wird Abs. 5 mWv 11.1.2007 durch G v. 5.1.2007 (BGBl. I S. 2); Abs. 2 Sätze 2 und 3 eingef., bish. Sätze 2 und 3 werden Sätze 4 und 5 und neuer Satz 4 neu gef., neuer Satz 5 geänd. mWv 21.11.2015 durch G v. 17.11.2015 (BGBl. I S. 1938); Abs. 1 Satz 1 neu gef. mWv 25.5.2018 durch G v. 30.6.2017 (BGBl. I S. 2097); Abs. 2 Satz 5 geänd. mWv 27.6.2020 durch VO v. 19.6.2020 (BGBl. I S. 1328).
[2]) Nr. **245**.

(2) [1] Absatz 1 gilt nicht für besondere Ersuchen der Verfassungsschutzbehörden, des Militärischen Abschirmdienstes und des Bundesnachrichtendienstes um solche Daten, die bei der Wahrnehmung grenzpolizeilicher Aufgaben bekannt werden. [2] Die Zulässigkeit dieser besonderen Ersuchen und ihre Erledigung regelt das Bundesministerium des Innern, für Bau und Heimat im Benehmen mit dem Bundeskanzleramt und dem Bundesministerium der Verteidigung in einer Dienstanweisung. [3] Es unterrichtet das Parlamentarische Kontrollgremium über ihren Erlaß und erforderliche Änderungen. [4] Satz 2 und 3 gilt nicht für die besonderen Ersuchen zwischen Behörden desselben Bundeslandes.

(3) [1] Soweit dies für die Erfüllung der Aufgaben des Bundesamtes für Verfassungsschutz, des Militärischen Abschirmdienstes oder des Bundesnachrichtendienstes erforderlich ist, können diese Behörden eine Person, bargeldlose Zahlungsmittel oder eine der in Artikel 36 Absatz 1 der Verordnung (EU) 2018/1862 des Europäischen Parlaments und des Rates vom 28. November 2018 über die Einrichtung, den Betrieb und die Nutzung des Schengener Informationssystems (SIS) im Bereich der polizeilichen Zusammenarbeit und der justiziellen Zusammenarbeit in Strafsachen, zur Änderung und Aufhebung des Beschlusses 2007/533/JI des Rates und zur Aufhebung der Verordnung (EG) Nr. 1986/2006 des Europäischen Parlaments und des Rates und des Beschlusses 2010/261/EU der Kommission (ABl. L 312 vom 7.12.2018, S. 56) genannten Sachen nach § 33b Absatz 2 des Bundeskriminalamtgesetzes[1)] durch das Bundeskriminalamt im polizeilichen Informationsverbund zur verdeckten Kontrolle ausschreiben lassen, wenn die Voraussetzungen des Artikels 36 Absatz 4 der Verordnung (EU) 2018/1862 sowie tatsächliche Anhaltspunkte für einen grenzüberschreitenden Verkehr vorliegen. [2] Die um Mitteilung ersuchte Stelle kann der nach Satz 1 ausschreibenden Behörde die Informationen gemäß Artikel 37 der Verordnung (EU) 2018/1862 übermitteln. [3] Ausschreibungen ordnet der Behördenleiter, sein Vertreter oder ein dazu besonders beauftragter Bediensteter, der die Befähigung zum Richteramt hat, an. [4] Die Ausschreibung ist auf höchstens sechs Monate zu befristen und kann wiederholt angeordnet werden. [5] Liegen die Voraussetzungen für die Ausschreibung nicht mehr vor, ist der Zweck der Maßnahme erreicht oder zeigt sich, dass er nicht erreicht werden kann, ist die Ausschreibung unverzüglich zu löschen. [6] § 8b Absatz 3 gilt mit der Maßgabe entsprechend, dass an die Stelle des Bundesministeriums des Innern, für Bau und Heimat für Ausschreibungen durch den Militärischen Abschirmdienst das Bundesministerium der Verteidigung und für Ausschreibungen durch den Bundesnachrichtendienst das Bundeskanzleramt tritt.

**§ 18[2)] Übermittlung von Informationen an die Verfassungsschutzbehörden.** (1) [1] Die Behörden des Bundes und der bundesunmittelbaren juristischen Personen des öffentlichen Rechts unterrichten von sich aus das Bundesamt für

---

[1)] Nr. **450.**
[2)] § 18 Abs. 6 Sätze 1 und 2 geänd. mWv 29.6.2001 durch G v. 26.6.2001 (BGBl. I S. 1254, ber. S. 2298); Abs. 1 Satz 1, Abs. 2 Satz 1 und Abs. 4 geänd., Abs. 1a eingef. mWv 1.1.2002 durch G v. 9.1. 2002 (BGBl. I S. 361); Abs. 1 Satz 1 und Abs. 2 Satz 1 geänd. mWv 24.8.2002 durch G v. 16.8.2002 (BGBl. I S. 3202); Abs. 1 Satz 1 und Abs. 2 Satz 1 geänd. mWv 1.7.2005 durch G v. 21.6.2005 (BGBl. I S. 1818); Abs. 1a Satz 2 neu gef., Sätze 3 und 4 angef. mWv 11.1.2007 durch G v. 5.1.2007 (BGBl. I S. 2); Abs. 1a Satz 1 geänd. mWv 28.8.2007 durch G v. 19.8.2007 (BGBl. I S. 1970); Abs. 3a eingef., Abs. 6 Satz 1 geänd. mWv 5.8.2009 durch G v. 31.7.2009 (BGBl. I S. 2499); Abs. 1 Satz 1 geänd. mWv 10.1. 2012 durch G v. 7.12.2011 (BGBl. I S. 2576); Abs. 1 Satz 1 geänd., Satz 3 aufgeh., Abs. 1a Satz 4 geänd., Abs. 1b eingef., Abs. 2 Satz 1 neu gef., Abs. 2 Satz 2 aufgeh., Abs. 6 Satz 1 geänd. mWv 21.11.2015 durch G v. 17.11.2015 (BGBl. I S. 1938); Abs. 1a Satz 1 geänd. mWv 27.6.2020 durch VO v. 19.6.2020 (BGBl. I S. 1328); Abs. 1a Sätze 2 und 3 geänd. mWv 30.12.2023 durch G v. 22.12.2023 (BGBl. 2023 I Nr. 413).

Verfassungsschutz oder die Verfassungsschutzbehörde des Landes über die ihnen bekanntgewordenen Tatsachen, die sicherheitsgefährdende oder geheimdienstliche Tätigkeiten für eine fremde Macht oder Bestrebungen im Geltungsbereich dieses Gesetzes erkennen lassen, die durch Anwendung von Gewalt oder darauf gerichtete Vorbereitungshandlungen gegen die in § 3 Abs. 1 Nr. 1, 3 und 4 genannten Schutzgüter gerichtet sind. [2] Über Satz 1 hinausgehende Unterrichtungspflichten nach dem Gesetz über den Militärischen Abschirmdienst oder dem Gesetz über den Bundesnachrichtendienst[1] bleiben unberührt.

(1a) [1] Das Bundesamt für Migration und Flüchtlinge übermittelt von sich aus dem Bundesamt für Verfassungsschutz, die Ausländerbehörden eines Landes übermitteln von sich aus der Verfassungsschutzbehörde des Landes ihnen bekannt gewordene Informationen einschließlich personenbezogener Daten über Bestrebungen oder Tätigkeiten nach § 3 Abs. 1, wenn tatsächliche Anhaltspunkte dafür vorliegen, dass die Übermittlung für die Erfüllung der Aufgaben der Verfassungsschutzbehörde erforderlich ist. [2] Die Übermittlung dieser personenbezogenen Daten an ausländische öffentliche Stellen sowie an über- und zwischenstaatliche Stellen nach § 25a unterbleibt auch dann, wenn überwiegende schutzwürdige Belange Dritter entgegenstehen. [3] Vor einer Übermittlung nach § 25a ist das Bundesamt für Migration und Flüchtlinge zu beteiligen. [4] Für diese Übermittlungen des Bundesamtes für Verfassungsschutz gilt § 8b Absatz 3 entsprechend. [5] Die Zuständigkeit und das Verfahren für die Entscheidung des Bundesamtes für Migration und Flüchtlinge zu Übermittlungen nach Satz 1 sind in einer Dienstvorschrift zu regeln, die der Zustimmung des Bundesministeriums des Innern, für Bau und Heimat bedarf.

(1b) [1] Die Staatsanwaltschaften und, vorbehaltlich der staatsanwaltschaftlichen Sachleitungsbefugnis, die Polizeien, die Behörden des Zollfahndungsdienstes sowie andere Zolldienststellen, soweit diese Aufgaben nach dem Bundespolizeigesetz[2] wahrnehmen, unterrichten von sich aus das Bundesamt für Verfassungsschutz oder die Verfassungsschutzbehörde des Landes über alle ihnen bekanntgewordenen Informationen einschließlich personenbezogener Daten über Bestrebungen und Tätigkeiten nach § 3 Absatz 1, wenn tatsächliche Anhaltspunkte dafür bestehen, dass die Übermittlung für die Erfüllung der Aufgaben der Verfassungsschutzbehörde erforderlich ist. [2] Auf die Übermittlung von Informationen zwischen Behörden desselben Bundeslandes findet Satz 1 keine Anwendung.

(2) Der Bundesnachrichtendienst darf von sich aus dem Bundesamt für Verfassungsschutz oder der Verfassungsschutzbehörde des Landes auch alle anderen ihm bekanntgewordenen Informationen einschließlich personenbezogener Daten über Bestrebungen nach § 3 Absatz 1 übermitteln, wenn tatsächliche Anhaltspunkte dafür bestehen, dass die Übermittlung für die Erfüllung der Aufgaben der Verfassungsschutzbehörde erforderlich ist.

(3) [1] Das Bundesamt für Verfassungsschutz darf zur Erfüllung seiner Aufgaben die Staatsanwaltschaften und, vorbehaltlich der staatsanwaltschaftlichen Sachleitungsbefugnis, die Polizeien sowie andere Behörden um Übermittlung der zur Erfüllung seiner Aufgaben erforderlichen Informationen einschließlich personenbezogener Daten ersuchen, wenn sie nicht aus allgemein zugänglichen Quellen oder nur mit übermäßigem Aufwand oder nur durch eine den Betroffenen stärker belastende Maßnahme erhoben werden können. [2] Unter den gleichen Voraussetzungen dürfen Verfassungsschutzbehörden der Länder

---

[1] **Sartorius III Nr. 805.**
[2] Nr. **90**.

1. Behörden des Bundes und der bundesunmittelbaren juristischen Personen des öffentlichen Rechts,
2. Staatsanwaltschaften und, vorbehaltlich der staatsanwaltschaftlichen Sachleitungsbefugnis, Polizeien des Bundes und anderer Länder um die Übermittlung solcher Informationen ersuchen.

(3a) [1] Das Bundesamt für Verfassungsschutz und die Verfassungsschutzbehörden der Länder dürfen zur Erfüllung ihrer Aufgaben die Finanzbehörden um Auskunft ersuchen, ob eine Körperschaft, Personenvereinigung oder Vermögensmasse die Voraussetzungen des § 5 Abs. 1 Nr. 9 des Körperschaftsteuergesetzes erfüllt. [2] Die Finanzbehörden haben der ersuchenden Behörde die Auskunft nach Satz 1 zu erteilen.

(4) Würde durch die Übermittlung nach Absatz 3 Satz 1 der Zweck der Maßnahme gefährdet oder der Betroffene unverhältnismäßig beeinträchtigt, darf das Bundesamt für Verfassungsschutz bei der Wahrnehmung der Aufgaben nach § 3 Abs. 1 Nr. 2 bis 4 sowie bei der Beobachtung terroristischer Bestrebungen amtliche Register einsehen.

(5) [1] Die Ersuchen nach Absatz 3 sind aktenkundig zu machen. [2] Über die Einsichtnahme nach Absatz 4 hat das Bundesamt für Verfassungsschutz einen Nachweis zu führen, aus dem der Zweck und die Veranlassung, die ersuchte Behörde und die Aktenfundstelle hervorgehen; die Nachweise sind gesondert aufzubewahren, gegen unberechtigten Zugriff zu sichern und am Ende des Kalenderjahres, das im Jahr ihrer Erstellung folgt, zu vernichten.

(6) [1] Die Übermittlung personenbezogener Daten, die auf Grund einer Maßnahme nach § 100a der Strafprozeßordnung[1]) bekanntgeworden sind, ist nach den Vorschriften der Absätze 1b und 3 nur zulässig, wenn tatsächliche Anhaltspunkte dafür bestehen, daß jemand eine der in § 3 Abs. 1 des Artikel 10-Gesetzes[2]) genannten Straftaten plant, begeht oder begangen hat. [2] Auf die einer Verfassungsschutzbehörde nach Satz 1 übermittelten Kenntnisse und Unterlagen findet § 4 Abs. 1 und 4 des Artikel 10-Gesetzes entsprechende Anwendung.

**§ 19[3]) Übermittlung an inländische öffentliche Stellen zur Gefahrenabwehr.** (1) [1] Das Bundesamt für Verfassungsschutz darf personenbezogene Daten an eine inländische öffentliche Stelle übermitteln, soweit dies im Einzelfall auf Grund tatsächlicher Anhaltspunkte zur Abwehr einer zumindest konkretisierten Gefahr für ein besonders gewichtiges Rechtsgut erforderlich ist. [2] Im Falle einer unmittelbar bevorstehenden Gefahr oder einer im Einzelfall bestehenden Gefahr, die von einer Bestrebung oder Tätigkeit nach § 3 Abs. 1 ausgeht, ist das Bundesamt für Verfassungsschutz zur Übermittlung verpflichtet.

(2) Eine konkretisierte Gefahr nach Absatz 1 Satz 1 liegt vor, wenn sich der zum Schaden führende Kausalverlauf zwar noch nicht mit hinreichender Wahrscheinlichkeit vorsehen lässt, aber bereits bestimmte Tatsachen im Einzelfall auf die Entstehung einer konkreten Gefahr für ein besonders gewichtiges Rechtsgut hinweisen.

(3) Besonders gewichtige Rechtsgüter nach Absatz 1 sind:
1. die freiheitliche demokratische Grundordnung, einschließlich des Gedankens der Völkerverständigung und des friedlichen Zusammenlebens der Völker,

---

[1]) **Habersack Nr. 90.**
[2]) Nr. **7.**
[3]) § 19 neu gef. mWv 30.12.2023 durch G v. 22.12.2023 (BGBl. 2023 I Nr. 413).

2. der Bestand und die Sicherheit des Bundes, der Länder sowie überstaatlicher und internationaler Organisationen, denen die Bundesrepublik Deutschland angehört,

3. sonstige Güter der Allgemeinheit, deren Bedrohung die Grundlagen der Existenz der Menschen berührt, Sachen von bedeutendem Wert und bedeutende Vermögenswerte, deren Erhaltung im besonderen öffentlichen Interesse geboten ist,

4. das Leben sowie bei einer erheblichen Gefährdung im Einzelfall die körperliche Integrität und die Freiheit einer Person.

(4) Das Bundesamt für Verfassungsschutz darf die durch eine Maßnahme nach § 9 Absatz 2 erlangten personenbezogenen Daten an eine inländische öffentliche Stelle zum Zweck des Rechtsgüterschutzes nur übermitteln, soweit dies zur Abwehr einer dringenden Gefahr für ein in Absatz 3 genanntes Rechtsgut erforderlich ist.

**§ 20[1] Übermittlung an inländische öffentliche Stellen zum administrativen Rechtsgüterschutz.** (1) [1]Das Bundesamt für Verfassungsschutz darf personenbezogene Daten an eine inländische öffentliche Stelle übermitteln, soweit dies auf Grund tatsächlicher Anhaltspunkte im Einzelfall zum Schutz der in § 19 Absatz 3 genannten Rechtsgüter erforderlich ist

1. zur Überprüfung der Verfassungstreue von Bewerbern und Beschäftigten des öffentlichen Dienstes,

2. zur Vorbereitung oder Durchführung einer Maßnahme nach dem Vereinsgesetz[2],

3. zur Vorbereitung oder Stellung eines Antrags nach Artikel 18 Satz 2 des Grundgesetzes[3],

4. zur Vorbereitung oder Stellung eines Antrags nach Artikel 21 Absatz 4 des Grundgesetzes,

5. zur Durchführung einer Eignungs- oder Zuverlässigkeitsüberprüfung,

   a) die gesetzlich vorgesehen ist, insbesondere nach dem Waffenrecht, Jagdrecht, Sprengstoffrecht, Atomrecht, Luftsicherheitsrecht, Außenwirtschaftsrecht, Sicherheitsgewerberecht, Aufenthaltsrecht oder Staatsangehörigkeitsrecht oder den Sicherheitsüberprüfungsgesetzen,

   b) für gesetzliche Aufgaben des Objekt- oder Personenschutzes,

6. zur Vorbereitung oder Durchführung der Aufhebung eines begünstigenden Verwaltungsakts, der auf Grund einer Überprüfung im Sinne von Nummer 5 erlassen wurde,

7. zur Wahrnehmung von gesetzlichen Befugnissen des Empfängers beim aufsichtlichen Schutz vor missbräuchlicher Nutzung von Einrichtungen und Dienstleistungen der Unternehmen im Finanzsektor in Bezug auf Terrorismusfinanzierung,

8. zur Vorbereitung oder Durchführung der Strafvollstreckung, einschließlich der Vollzugsplanung, gegen die unmittelbar betroffene Person oder zur Gewährleistung der Sicherheit des Vollzugs freiheitsentziehender Maßnahmen gegen Gefährdungen durch diese Person,

---

[1] § 20 neu gef. mWv 30.12.2023 durch G v. 22.12.2023 (BGBl. 2023 I Nr. 413).
[2] Nr. **425**.
[3] Nr. **1**.

9. zur Durchsetzung von im Bereich der Gemeinsamen Außen- und Sicherheitspolitik der Europäischen Union beschlossenen wirtschaftlichen Sanktionsmaßnahmen.

² In den Fällen des Satzes 1 Nummer 1 und 9 oder auf ein Ersuchen einer zuständigen Stelle im Rahmen eines gesetzlich besonders geregelten Anfrageverfahrens ist das Bundesamt für Verfassungsschutz zu der Übermittlung verpflichtet.

(2) ¹ Das Bundesamt für Verfassungsschutz darf personenbezogene Daten, die es mit nachrichtendienstlichen Mitteln erhoben hat, an eine inländische öffentliche Stelle zur Vorbereitung, Durchführung oder Überprüfung einer begünstigenden Maßnahme übermitteln, wenn dies auf Grund tatsächlicher Anhaltspunkte im Einzelfall zum Schutz der in § 19 Absatz 3 genannten Rechtsgüter erforderlich ist. ² Auf ein Ersuchen einer zuständigen Stelle ist das Bundesamt für Verfassungsschutz zu einer Übermittlung nach Satz 1 verpflichtet.

(3) § 19 Absatz 4 bleibt unberührt.

### § 21[1]) Übermittlung an Strafverfolgungsbehörden zur Strafverfolgung.

(1) Das Bundesamt für Verfassungsschutz übermittelt personenbezogene Daten an eine zuständige inländische Strafverfolgungsbehörde, wenn bestimmte Tatsachen den Verdacht einer besonders schweren Straftat begründen und soweit die Daten zur Verfolgung dieser Straftat erforderlich sind.

(2) Eine besonders schwere Straftat im Sinne des Absatzes 1 ist eine Straftat, die im Höchstmaß mit Freiheitsstrafe bedroht ist von

1. mindestens zehn Jahren oder

2. fünf Jahren, wenn sie aus einer Bestrebung nach § 3 Absatz 1 Nummer 1, 3 oder 4 heraus zur Durchsetzung der Ziele dieser Bestrebung, durch eine Tätigkeit nach § 3 Absatz 1 Nummer 2 oder zur Unterstützung einer solchen Bestrebung oder Tätigkeit begangen wurde.

(3) ¹ Abweichend von Absatz 1 übermittelt das Bundesamt für Verfassungsschutz personenbezogene Daten, die es durch eine Maßnahme nach § 9 Absatz 2 Satz 1 erhoben hat, an eine im Einzelfall für die Strafverfolgung zuständige Behörde, wenn bestimmte Tatsachen den Verdacht einer Straftat nach § 100b Absatz 2 der Strafprozessordnung[2]) begründen und soweit die Daten zur Verfolgung dieser Straftat erforderlich sind. ² Eine Übermittlung von personenbezogenen Daten, die das Bundesamt für Verfassungsschutz durch eine Maßnahme nach § 9 Absatz 2 Satz 2 erhoben hat, ist nicht zulässig.

### § 22[1]) Übermittlung an inländische öffentliche Stellen ohne belastende Maßnahmen mit Außenwirkung.
(1) ¹ Das Bundesamt für Verfassungsschutz darf personenbezogene Daten an eine inländische öffentliche Stelle übermitteln, wenn dies auf Grund tatsächlicher Anhaltspunkte zur eigenen Aufklärung einer beobachtungsbedürftigen Bestrebung oder Tätigkeit nach § 3 Absatz 1, insbesondere zur Vorbereitung oder Konkretisierung eines Auskunftsersuchens, erforderlich ist. ² Darf das Bundesamt für Verfassungsschutz eine Maßnahme nach § 8 Absatz 2 sowie den §§ 8a bis 9b (besonderes Mittel) nur zur Aufklärung einer qualifiziert beobachtungsbedürftigen Bestrebung oder Tätigkeit einsetzen, so darf es die durch den Einsatz dieses Mittels erhobenen personenbezogenen Daten nach Satz 1 nur

---

¹) §§ 21 und 22 neu gef. mWv 30.12.2023 durch G v. 22.12.2023 (BGBl. 2023 I Nr. 413).
²) **Habersack Nr. 90.**

zur Aufklärung einer ebenso beobachtungsbedürftigen Bestrebung oder Tätigkeit übermitteln.

(2) [1] Das Bundesamt für Verfassungsschutz übermittelt dem Bundesnachrichtendienst personenbezogene Daten, soweit sich aus ihnen Erkenntnisse über einen Vorgang im Ausland von außen- und sicherheitspolitischer Bedeutung ergeben. [2] Darf das Bundesamt für Verfassungsschutz ein besonderes Mittel nur zur Aufklärung einer qualifiziert beobachtungsbedürftigen Bestrebung oder Tätigkeit einsetzen, so darf es die durch den Einsatz dieses Mittels erlangten personenbezogenen Daten nach Satz 1 nur zur Weitergabe von Erkenntnissen über einen Vorgang übermitteln, zu dessen Aufklärung der Bundesnachrichtendienst dieses Mittel einsetzen dürfte.

(3) [1] Das Bundesamt für Verfassungsschutz darf personenbezogene Daten an inländische öffentliche Stellen übermitteln, wenn dies auf Grund tatsächlicher Anhaltspunkte im Einzelfall zum Schutz der Schutzgüter nach § 19 Absatz 3 vor Bestrebungen oder Tätigkeiten nach § 3 Absatz 1 für Aufgaben erforderlich ist, die die empfangende Stelle ohne unmittelbar außenwirksame Maßnahmen zu Lasten der betroffenen Person wahrnimmt. [2] Dies gilt insbesondere für die

1. Erforschung und Bewertung dieser Bedrohungen,
2. Verbesserung der Fachkompetenz und Organisation bei der Erforschung dieser Bedrohungen.

[3] Liegen die Voraussetzungen nach den §§ 19 und 20 nicht vor, darf der Empfänger die übermittelten Daten nicht für Maßnahmen nutzen, die die betroffene Person mit unmittelbarer Außenwirkung belasten.

### § 22a[1] Übermittlung an inländische nichtöffentliche Stellen. 

[1] Eine Übermittlung personenbezogener Daten an nichtöffentliche inländische Stellen ist unzulässig, es sei denn, es bestehen im Einzelfall tatsächliche Anhaltspunkte, dass dies zum Schutz der Rechtsgüter nach § 19 Absatz 3 erforderlich ist

1. zur eigenen Aufklärung einer beobachtungsbedürftigen Bestrebung oder Tätigkeit nach § 3 Absatz 1, insbesondere zur Vorbereitung oder Konkretisierung eines Auskunftsersuchens,
2. zur Abwendung einer zumindest konkretisierten Gefahr für ein Rechtsgut nach § 19 Absatz 3,
3. zur Erreichung eines der folgenden Zwecke:
    a) Schutz lebenswichtiger und verteidigungsrelevanter Einrichtungen und kritischer Infrastrukturen,
    b) Schutz der Sicherheit in der Informationstechnik gegen erhebliche Gefährdungen,
    c) Schutz rechtlich gewährleisteter Geheimnisse,
    d) wissenschaftliche Erforschung und Bewertung von Bestrebungen und Tätigkeiten nach § 3 Absatz 1,
    e) Schutz konkreter Präventions-, Ausstiegs- oder Deradikalisierungsprojekte, die finanziell oder organisatorisch mit öffentlichen Stellen kooperieren,
    f) Schutz des Kindeswohls bei der Erbringung von Leistungen und Erfüllung der Aufgaben der Kinder- und Jugendhilfe,
    g) Schutz der gesetzlichen Erziehungs- und Bildungsziele der Schulen und der Einrichtungen der Kindertagesbetreuung,

---

[1] § 22a eingef. mWv 30.12.2023 durch G v. 22.12.2023 (BGBl. 2023 I Nr. 413).

h) Schutz der zweckgemäßen Verwendung öffentlicher Fördermittel oder sonstiger öffentlicher Vorteilszuwendungen. [2] Eine nichtöffentliche Stelle, die personenbezogene Daten nach Satz 1 Nummer 3 erhalten hat, darf die Daten für Handlungen, die für die betroffene Person eine nachteilige rechtliche Wirkung entfalten oder diese Person in anderer Weise erheblich beeinträchtigen, nur verwenden, wenn dies zur Abwendung einer zumindest konkretisierten Gefahr für ein Rechtsgut nach § 19 Absatz 3 erforderlich ist und das Bundesamt für Verfassungsschutz zustimmt. [3] Bei einer unmittelbar bevorstehenden Gefahr ist die vorherige Zustimmung des Bundesamts für Verfassungsschutz entbehrlich. [4] Die nichtöffentliche Stelle hat das Bundesamt für Verfassungsschutz unverzüglich über ihre Handlungen und deren Anlass zu unterrichten.

**§ 22a**[1)][2)] **Projektbezogene gemeinsame Dateien.** (1) [1] Das Bundesamt für Verfassungsschutz kann für die Dauer einer befristeten projektbezogenen Zusammenarbeit mit den Landesbehörden für Verfassungsschutz, dem Militärischen Abschirmdienst, dem Bundesnachrichtendienst, den Polizeibehörden des Bundes und der Länder und dem Zollkriminalamt eine gemeinsame Datei errichten. [2] Die projektbezogene Zusammenarbeit bezweckt nach Maßgabe der Aufgaben und Befugnisse der in Satz 1 genannten Behörden den Austausch und die gemeinsame Auswertung von Erkenntnissen zu Bestrebungen, die durch Anwendung von Gewalt oder darauf gerichtete Vorbereitungshandlungen gegen die in § 3 Abs. 1 Nr. 1 bis 4 genannten Schutzgüter gerichtet sind. [3] Personenbezogene Daten zu Bestrebungen nach Satz 2 dürfen unter Einsatz der gemeinsamen Datei durch die an der projektbezogenen Zusammenarbeit beteiligten Behörden im Rahmen ihrer Befugnisse verwendet werden, soweit dies in diesem Zusammenhang zur Erfüllung ihrer Aufgaben erforderlich ist. [4] Bei der weiteren Verwendung der personenbezogenen Daten finden für die beteiligten Behörden die jeweils für sie geltenden Vorschriften über die Verwendung von Daten Anwendung.

(2) [1] Für die Eingabe personenbezogener Daten in die gemeinsame Datei gelten die jeweiligen Übermittlungsvorschriften zugunsten der an der Zusammenarbeit beteiligten Behörden entsprechend mit der Maßgabe, dass die Eingabe nur zulässig ist, wenn die Daten allen an der projektbezogenen Zusammenarbeit teilnehmenden Behörden übermittelt werden dürfen. [2] Eine Eingabe ist ferner nur zulässig, wenn die Behörde, die die Daten eingegeben hat, die Daten auch in eigene Dateien speichern darf. [3] Die Behörde, die die Daten eingegeben hat, hat die Daten zu kennzeichnen.

(3) [1] Für die Führung einer projektbezogenen gemeinsamen Datei gelten § 6 Absatz 2 Satz 5 und 6 und Absatz 3 Satz 1 und § 14 Abs. 2 entsprechend. [2] § 15 ist mit der Maßgabe anzuwenden, dass das Bundesamt für Verfassungsschutz die Auskunft im Einvernehmen mit der Behörde erteilt, die die datenschutzrechtliche Verantwortung nach Satz 1 trägt und die beteiligte Behörde die Zulässigkeit der Auskunftserteilung nach den für sie geltenden Bestimmungen prüft.

---

[1)] Paragraphenzählung amtlich.
[2)] § 22a eingef. mWv 31.12.2006 durch G v. 22.12.2006 (BGBl. I S. 3409); Abs. 3 Satz 1 und Abs. 6 Satz 4 geänd. mWv 21.11.2015 durch G v. 17.11.2015 (BGBl. I S. 1938); Abs. 4 Satz 2 neu gef. mWv 30.7.2016 durch G v. 26.7.2016 (BGBl. I S. 1818); Abs. 5, Abs. 6 Satz 1 Nr. 9 geänd. mWv 25.5.2018 durch G v. 30.6.2017 (BGBl. I S. 2097); Abs. 6 Satz 2 geänd. mWv 27.6.2020 durch VO v. 19.6.2020 (BGBl. I S. 1328); Abs. 3 Satz 1 und Abs. 6 Satz 4 geänd. mWv 9.7.2021 durch G v. 5.7.2021 (BGBl. I S. 2274).

(4) ¹Die gemeinsame Datei nach Absatz 1 ist auf höchstens zwei Jahre zu befristen. ²Die Frist kann um zwei Jahre und danach um ein weiteres Jahr verlängert werden, wenn das Ziel der projektbezogenen Zusammenarbeit bei Projektende noch nicht erreicht worden ist und die Datei weiterhin für die Erreichung des Ziels erforderlich ist.

(5) Für die Berichtigung, Verarbeitungseinschränkung und Löschung der Daten zu einer Person durch die Behörde, die die Daten eingegeben hat, gelten die jeweiligen, für sie anwendbaren Vorschriften über die Berichtigung, Sperrung und Löschung der Daten entsprechend.

(6) ¹Das Bundesamt für Verfassungsschutz hat für die gemeinsame Datei in einer Dateianordnung die Angaben nach § 14 Abs. 1 Satz 1 Nr. 1 bis 7 sowie weiter festzulegen:

1. die Rechtsgrundlage der Datei,
2. die Art der zu speichernden personenbezogenen Daten,
3. die Arten der personenbezogenen Daten, die der Erschließung der Datei dienen,
4. Voraussetzungen, unter denen in der Datei gespeicherte personenbezogene Daten an welche Empfänger und in welchen Verfahren übermittelt werden,
5. im Einvernehmen mit den an der projektbezogenen Zusammenarbeit teilnehmenden Behörden deren jeweilige Organisationseinheiten, die zur Eingabe und zum Abruf befugt sind,
6. die umgehende Unterrichtung der eingebenden Behörde über Anhaltspunkte für die Unrichtigkeit eingegebener Daten durch die an der gemeinsamen Datei beteiligten Behörden sowie die Prüfung und erforderlichenfalls die unverzügliche Änderung, Berichtigung oder Löschung dieser Daten durch die Behörde, die die Daten eingegeben hat,
7. die Möglichkeit der ergänzenden Eingabe weiterer Daten zu den bereits über eine Person gespeicherten Daten durch die an der gemeinsamen Datei beteiligten Behörden,
8. die Protokollierung des Zeitpunkts, der Angaben zur Feststellung des aufgerufenen Datensatzes sowie der für den Abruf verantwortlichen Behörde bei jedem Abruf aus der gemeinsamen Datei durch das Bundesamt für Verfassungsschutz für Zwecke der Datenschutzkontrolle einschließlich der Zweckbestimmung der Protokolldaten sowie deren Löschfrist und
9. die Zuständigkeit des Bundesamtes für Verfassungsschutz für Schadensersatzansprüche des Betroffenen entsprechend § 83 des Bundesdatenschutzgesetzes[1].

²Die Dateianordnung bedarf der Zustimmung des Bundesministeriums des Innern, für Bau und Heimat sowie der für die Fachaufsicht über die beteiligten Behörden zuständigen obersten Bundes- oder Landesbehörden. ³Der Bundesbeauftragte für den Datenschutz und die Informationsfreiheit ist vor Erlass einer Dateianordnung anzuhören. ⁴§ 6 Absatz 2 Satz 7 gilt entsprechend.

**§ 22b[2] Errichtung gemeinsamer Dateien mit ausländischen Nachrichtendiensten.** (1) Das Bundesamt für Verfassungsschutz kann für die Zusammen-

---

[1] Nr. 245.

[2] § 22b eingef. mWv 30.7.2016 durch G v. 26.7.2016 (BGBl. I S. 1818); Abs. 7 Sätze 1 und 2 neu gef. mWv 25.5.2018 durch G v. 30.6.2017 (BGBl. I S. 2097); Abs. 1 Nr. 4 und Abs. 2 Satz 4 geänd. mWv 27.6.2020 durch VO v. 19.6.2020 (BGBl. I S. 1328); Abs. 6 Satz 3 und Abs. 7 Satz 2 geänd. mWv 9.7. 2021 durch G v. 5.7.2021 (BGBl. I S. 2274).

arbeit mit ausländischen öffentlichen Stellen, die mit nachrichtendienstlichen Aufgaben betraut sind (ausländische Nachrichtendienste), zur Erforschung von Bestrebungen oder Tätigkeiten, die sich auf bestimmte Ereignisse oder Personenkreise beziehen, gemeinsame Dateien einrichten, wenn

1. die Erforschung von erheblichem Sicherheitsinteresse für die Bundesrepublik Deutschland und den jeweils teilnehmenden Staat ist,
2. in den teilnehmenden Staaten die Einhaltung grundlegender rechtsstaatlicher Prinzipien gewährleistet ist,
3. die Festlegungen und Zusagen nach Absatz 5 Satz 1 verlässlich sind und
4. das Bundesministerium des Innern, für Bau und Heimat zugestimmt hat.

(2) [1] Der Nachrichtendienst eines Staates, der weder unmittelbar an die Bundesrepublik Deutschland angrenzt noch Mitgliedstaat der Europäischen Union oder des Nordatlantikvertrages ist, kann darüber hinaus nur teilnehmen, wenn besondere Sicherheitsinteressen dies erfordern. [2] Dies ist der Fall, wenn Bestrebungen oder Tätigkeiten erforscht werden, die auf die Begehung von schwerwiegenden Straftaten gegen den Bestand oder die Sicherheit eines Staates oder einer internationalen Organisation gerichtet sind. [3] Schwerwiegende Straftaten sind die in § 3 Absatz 1 des Artikel 10-Gesetzes[1]) genannten Straftaten. [4] Die Teilnahme eines solchen ausländischen Nachrichtendienstes bedarf der Zustimmung der Bundesministerin oder des Bundesministers des Innern, für Bau und Heimat.

(3) [1] Die Datei dient der Feststellung, ob zu Personen, Objekten oder Ereignissen bei einem der beteiligten Nachrichtendienste Informationen vorhanden sind. [2] Hierzu kann die Datei solche personenbezogene Daten enthalten, die zum Auffinden der Informationen und der dazu notwendigen Identifizierung von Personen erforderlich sind. [3] Im Falle eines Treffers wird lediglich derjenige ausländische Nachrichtendienst angezeigt, der die Daten eingegeben hat.

(4) [1] Die Datei kann auch dem Austausch und der gemeinsamen Auswertung von Informationen und Erkenntnissen dienen, wenn dies zur Wahrung besonderer Sicherheitsinteressen (Absatz 2 Satz 2) erforderlich ist. [2] Hierzu kann sie die zur Erforschung und Bewertung solcher Bestrebungen oder Tätigkeiten erforderlichen Daten enthalten und zu diesem Zweck genutzt werden.

(5) [1] Die Ziele der Zusammenarbeit und das Nähere der Datenverwendung sind vor Beginn der Zusammenarbeit zwischen den teilnehmenden Nachrichtendiensten zur Gewährleistung eines angemessenen Datenschutzniveaus und zum Ausschluss unangemessener Verwendung schriftlich festzulegen, insbesondere:

1. Zweck der Datei,
2. Voraussetzungen der Verwendungen von Daten,
3. Prüfung und erforderlichenfalls unverzügliche Änderung, Berichtigung und Löschung von Daten,
4. Zusage,
   a) die Daten ohne Zustimmung des eingebenden Nachrichtendienstes nicht für einen anderen Zweck als den nach Nummer 1 zu verwenden oder an Dritte zu übermitteln,
   b) Auskunft über die Verwendung der Daten zu geben, die vom Auskunft erbittenden Nachrichtendienst eingegeben worden sind.

---

[1]) Nr. **7**.

[2] § 14 gilt mit der Maßgabe, dass die Festlegungen auf das Bundesamt für Verfassungsschutz beschränkt sind und der Dateianordnung die Festlegung nach Satz 1 als Anlage beizufügen ist.

(6) [1] Das Bundesamt für Verfassungsschutz darf personenbezogene Daten in der gemeinsamen Datei entsprechend § 10 Absatz 1 und 3, § 11 Absatz 1 eingeben, wenn es die Daten allen teilnehmenden ausländischen Nachrichtendiensten übermitteln darf. [2] Für die vom Bundesamt für Verfassungsschutz eingegebenen Daten gelten für die Veränderung und Nutzung § 10 Absatz 1 und § 11 Absatz 1 und für die Überprüfung, Berichtigung, Löschung und Sperrung § 11 Absatz 2 und § 12 Absatz 1 bis 3 entsprechend. [3] Für die Verantwortung des an der Datei teilnehmenden Nachrichtendienstes gilt § 6 Absatz 2 Satz 5 und 6 entsprechend.

(7) [1] Das Bundesamt für Verfassungsschutz trifft für die Dateien die technischen und organisatorischen Maßnahmen entsprechend § 64 des Bundesdatenschutzgesetzes[1]). [2] § 6 Absatz 3 Satz 2 bis 5 und § 28 gelten nur für die vom Bundesamt für Verfassungsschutz eingegebenen Daten sowie dessen Abrufe. [3] Das Bundesamt für Verfassungsschutz erteilt dem Betroffenen entsprechend § 15 Auskunft nur zu den vom Bundesamt für Verfassungsschutz eingegebenen Daten.

**§ 22c[2]) Teilnahme an gemeinsamen Dateien mit ausländischen Nachrichtendiensten.** [1] Das Bundesamt für Verfassungsschutz darf an gemeinsamen Dateien, die von ausländischen Nachrichtendiensten errichtet sind, teilnehmen. [2] § 22b Absatz 1 bis 4 und 6 gilt entsprechend. [3] Dabei gilt § 22b Absatz 1 Nummer 3 mit der Maßgabe, dass verlässlich zuzusagen ist, dass

1. die vom Bundesamt für Verfassungsschutz eingegebenen Daten ohne dessen Zustimmung nicht an Dritte übermittelt werden dürfen und nur zu dem Zweck verwendet werden dürfen, zu dem sie in die Datei eingegeben wurden, und
2. das Bundesamt für Verfassungsschutz auf Ersuchen Auskunft über die vorgenommene Verwendung der Daten erhält.

[4] Das Bundesamt für Verfassungsschutz erteilt über die von ihm eingegebenen Daten entsprechend § 15 Auskunft.

**§ 23[3]) Übermittlungsverbot.** (1) [1] Personenbezogene Daten dürfen nicht nach den §§ 19 bis 22a übermittelt werden, wenn

1. besondere gesetzliche Verarbeitungsregelungen entgegenstehen,
2. die schutzwürdigen Interessen der betroffenen Person das Allgemeininteresse an der Übermittlung überwiegen unter Berücksichtigung
   a) der Art der Information,
   b) ihrer Wertigkeit, auch unter Berücksichtigung eines vergangenen Zeitraums und des Alters der betroffenen Person, insbesondere bei Minderjährigen,
   c) der Art der Erhebung, insbesondere im Falle des § 8 Absatz 2,
   d) drohender, insbesondere verdachtsgegründeter Anschlussmaßnahmen,
   e) der Verfügbarkeit vorherigen Rechtsschutzes gegen drohende Folgemaßnahmen,
3. durch die Übermittlung der personenbezogenen Daten eine dringende Gefahr für ein Schutzgut nach § 19 Absatz 3 Nummer 4 zu besorgen ist; dies gilt nicht,

---

[1]) Nr. 245.
[2]) § 22c eingef. mWv 30.7.2016 durch G v. 26.7.2016 (BGBl. I S. 1818).
[3]) § 23 neu gef. mWv 30.12.2023 durch G v. 22.12.2023 (BGBl. 2023 I Nr. 413).

wenn die Übermittlung dem Schutz solcher Rechtsgüter dient und dieses Schutzinteresse überwiegt, oder

4. sonstige überwiegende Sicherheitsinteressen der Übermittlung entgegenstehen; dies ist nicht der Fall, wenn die Übermittlung unerlässlich ist zur

a) Abwehr einer gegenwärtigen Gefahr für die Schutzgüter nach § 19 Absatz 3,

b) Verfolgung einer auch im Einzelfall besonders schwerwiegenden Straftat, die im Höchstmaß mit einer Freiheitsstrafe von mindestens zehn Jahren bedroht ist.

[2] Die Verpflichtung zur Wahrung gesetzlicher Geheimhaltungspflichten bleibt unberührt.

(2) Das Bundesministerium des Innern und für Heimat unterrichtet das Parlamentarische Kontrollgremium mindestens einmal im Jahr über die Fälle des Absatzes 1 Satz 1 Nummer 4.

**§ 24[1] Minderjährigenschutz bei Inlandsübermittlung.** [1] Das Bundesamt für Verfassungsschutz darf personenbezogene Daten, die sich auf das Verhalten Minderjähriger beziehen, vorbehaltlich der Sätze 2 und 3 nicht übermitteln. [2] Es darf die personenbezogenen Daten nur übermitteln, wenn eine Weiterverarbeitung für die Vorbereitung oder Durchführung belastender Maßnahmen mit unmittelbarer Außenwirkung für die betroffene Person ausgeschlossen ist, bei einer Übermittlung nach § 22a Satz 1 Nummer 3 beschränkt auf dessen Buchstaben e bis g. [3] Im Übrigen darf es personenbezogene Daten nur übermitteln in Bezug auf eine minderjährige Person, die

1. mindestens 14 Jahre alt ist,

a) zur Abwehr einer Gefahr nach § 19 Absatz 1 Satz 1,

b) zum administrativen Rechtsgüterschutz nach § 20 Absatz 1 Nummer 1 und 8 oder

c) zur Verfolgung einer besonders schweren Straftat nach § 21,

2. noch nicht 14 Jahre alt ist, wenn nach den Umständen des Einzelfalls nicht ausgeschlossen werden kann, dass von der minderjährigen Person eine Gefahr ausgeht für

a) Leib oder Leben einer Person oder

b) Einrichtungen der Bundesrepublik Deutschland, der Europäischen Union oder des Nordatlantikvertrages.

**§ 25[1] Weiterverarbeitung durch den Empfänger.** (1) [1] Der Empfänger prüft, ob die nach den §§ 19 bis 22a übermittelten personenbezogenen Daten für die Erfüllung seiner Aufgaben erforderlich sind. Ergibt die Prüfung, dass die Daten nicht erforderlich sind, hat er sie zu löschen. [2] Die Löschung kann unterbleiben, wenn die Trennung von anderen Informationen, die zur Erfüllung der Aufgaben erforderlich sind, nicht oder nur mit unvertretbarem Aufwand möglich ist. [3] Der Empfänger darf diese weiteren Daten jedoch nicht nutzen.

(2) [1] Der Empfänger darf die übermittelten Daten, soweit gesetzlich nichts anderes bestimmt ist, nur verarbeiten

1. zu dem Zweck, zu dem sie ihm übermittelt wurden, oder

2. zu einem anderen Zweck, wenn sie ihm auch zu diesem Zweck übermittelt werden dürften unter der Voraussetzung, dass das Bundesamt für Verfassungs-

---

[1] §§ 24 und 25 neu gef. mWv 30.12.2023 durch G v. 22.12.2023 (BGBl. 2023 I Nr. 413).

schutz der Verarbeitung zu dem abgeänderten Zweck für den Einzelfall oder eine Reihe gleichgelagerter Fälle zustimmt.

[2] Das Bundesamt für den Verfassungsschutz hat den Empfänger auf den Zweck der Übermittlung und die Zweckbindung nach Satz 1 hinzuweisen. [3] Dies gilt nicht für Übermittlungen im Rahmen verdeckter Ermittlungen. [4] Der Empfänger ist verpflichtet, dem Bundesamt für Verfassungsschutz auf dessen Verlangen Auskunft über die weitere Verarbeitung zu geben.

(3) Hat die Übermittlung personenbezogener Daten in einem Verfahren zur vorbeugenden Personenüberprüfung nachteilige Folgen für die betroffene Person, so schließt das Auskunftsrecht der betroffenen Person auch das Recht auf Auskunft ein, dass die Folge durch eine Übermittlung des Bundesamtes für Verfassungsschutz veranlasst ist.

**§ 25a[1] Übermittlung an ausländische sowie über- und zwischenstaatliche Stellen.** (1) [1] Das Bundesamt für Verfassungsschutz darf personenbezogene Daten an ausländische öffentliche Stellen sowie an über- und zwischenstaatliche Stellen zur Weiterverarbeitung ohne Folgemaßnahmen mit unmittelbarer Außenwirkung übermitteln, wenn dies auf Grund tatsächlicher Anhaltspunkte im Einzelfall zum Schutz der Schutzgüter nach § 19 Absatz 3 oder zum Schutz der Sicherheit eines anderen Staates oder einer über- und zwischenstaatlichen Einrichtung erforderlich ist. [2] Eine Übermittlung zum Schutz eines anderen Staates oder zur Aufklärung von Staatsschutzdelikten, die gegen einen anderen Staat begangen worden sind, ist unbeschadet des Absatzes 2 nur zulässig, wenn dort die grundlegenden demokratischen und rechtsstaatlichen Prinzipien sowie die elementaren Menschenrechte gewährleistet sind.

(2) [1] Die Übermittlung unterbleibt, wenn folgende Belange entgegenstehen:
1. besondere gesetzliche Regelungen zur Verarbeitung personenbezogener Daten oder
2. wesentliche auswärtige Belange der Bundesrepublik Deutschland oder
3. überwiegende schutzwürdige Interessen einer Person.

[2] Überwiegende schutzwürdige Interessen stehen insbesondere entgegen, wenn Leib, Leben oder Freiheit einer Person oder sonstige elementare Menschenrechte gefährdet würden oder Verletzungen von elementaren rechtsstaatlichen Grundsätzen drohen. [3] Bei der Prüfung, ob eine Übermittlung zu unterbleiben hat, berücksichtigt das Bundesamt für Verfassungsschutz insbesondere den bisherigen Umgang des Empfängers mit übermittelten Daten und die Gewährleistung eines zum Schutz der Menschenrechte angemessenen Datenschutzes. [4] Ein die elementaren Menschenrechte wahrender Umgang mit den übermittelten Daten ist insbesondere dann nicht gewährleistet, wenn zu besorgen ist, dass die Daten zu politischer Verfolgung oder zu unmenschlicher oder erniedrigender Bestrafung oder Behandlung verwendet werden. [5] Verbleiben auf Grund der Einschätzung Zweifel an der Vereinbarkeit der Übermittlung mit den Anforderungen nach Nummer 3, so dürfen die Daten nur auf der Grundlage einer belastbaren verbindlichen Zusicherung des Empfängers oder mit Zustimmung des Bundesministeriums des Innern und für Heimat übermittelt werden.

(3) [1] Die übermittelten personenbezogenen Daten dürfen
1. nur zu dem Zweck, zu dem sie ihm übermittelt wurden, und

---

[1] § 25a eingef. mWv 30.12.2023 durch G v. 22.12.2023 (BGBl. 2023 I Nr. 413).

2. unbeschadet des Absatzes 4 nicht für Folgemaßnahmen mit unmittelbarer Außenwirkung zu Lasten der betroffenen Person

weiterverarbeitet werden. [2] Das Bundesamt für Verfassungsschutz hat den Empfänger hierauf hinzuweisen. [3] Es hat ihn ferner darauf hinzuweisen, dass es sich vorbehält, um Auskunft über die vorgenommene Verwendung der Daten zu bitten.

(4) Das Bundesamt für Verfassungsschutz darf einer Verwendung der personenbezogenen Daten für Maßnahmen mit unmittelbarer Außenwirkung zu Lasten der betroffenen Person zustimmen

1. zur Abwehr einer zumindest konkretisierten Gefahr für ein Schutzgut, dessen Gewicht den Schutzgütern nach § 19 Absatz 3 entspricht,
2. zum administrativen Rechtsgüterschutz in Verfahren, die den in § 20 Absatz 1 benannten entsprechen,
3. auf Grund eines durch bestimmte Tatsachen begründeten Verdachts zur Verfolgung einer besonders schweren Straftat, deren Gewicht den Straftaten nach § 21 Absatz 2 entspricht.

(5) [1] Das Bundesamt für Verfassungsschutz darf personenbezogene Daten, die sich auf das Verhalten Minderjähriger beziehen, vorbehaltlich der Sätze 2 bis 4 nicht übermitteln. [2] Personenbezogene Daten einer minderjährigen Person, die mindestens 16 Jahre alt ist, darf das Bundesamt für Verfassungsschutz nur unter den Voraussetzungen des § 24 Absatz 1 Satz 3 Nummer 1 Buchstabe a und c übermitteln, zur Strafverfolgung jedoch nur bei dringendem Tatverdacht. [3] Personenbezogene Daten einer minderjährigen Person, die noch nicht 16 Jahre alt ist, darf es nur übermitteln, wenn nach den Umständen des Einzelfalls nicht ausgeschlossen werden kann, dass von der minderjährigen Person eine Gefahr ausgeht für

1. Leib oder Leben einer Person oder
2. Einrichtungen der Bundesrepublik Deutschland, der Europäischen Union oder des Nordatlantikvertrages.

[4] Bei einer Übermittlung an einen Staat, der unmittelbar an die Bundesrepublik Deutschland angrenzt oder Mitgliedstaat der Europäischen Union oder des Nordatlantikvertrages ist, ist § 24 entsprechend anzuwenden.

(6) [1] Das Bundesamt für Verfassungsschutz darf personenbezogene Daten an eine nichtöffentliche Stelle im Ausland übermitteln, wenn dies auf Grund tatsächlicher Anhaltspunkte im Einzelfall zur Abwehr einer dringenden Gefahr für ein Schutzgut nach § 19 Absatz 3 Nummer 4 unerlässlich ist und überwiegende schutzwürdige Interessen der betroffenen Person nach § 23 Absatz 1 Satz 1 Nummer 2 nicht entgegenstehen.

(7) [1] Das Bundesamt für Verfassungsschutz darf personenbezogene Daten auch an inländische Stellen übermitteln, wenn dies zur Vorbereitung einer Übermittlung nach den vorstehenden Absätzen erforderlich ist. [2] § 25 Absatz 2 ist anzuwenden.

**§ 25b**[1]) **Übermittlung zum Schutz der betroffenen Person.** [1] Das Bundesamt für Verfassungsschutz darf personenbezogene Daten auch übermitteln, wenn offensichtlich ist, dass die Übermittlung im Interesse der betroffenen Person liegt, deren Einwilligung nicht oder nicht rechtzeitig eingeholt werden kann und kein Grund zu der Annahme besteht, dass sie in Kenntnis der Übermittlung ihre

---

[1]) § 25b eingef. mWv 30.12.2023 durch G v. 22.12.2023 (BGBl. 2023 I Nr. 413).

Einwilligung verweigern würde. [2] Es darf personenbezogene Daten insbesondere für Zwecke der Jugendhilfe übermitteln.

**§ 25c**[1)] **Weitere Verfahrensregelungen.** (1) [1] Das Bundesamt für Verfassungsschutz protokolliert den Empfänger, die Rechtsgrundlage sowie den Zeitpunkt der Übermittlung. [2] *Die Protokolldaten müssen danach auswertbar sein, ob die Übermittlung nach den §§ 19, 20, 21, 22, 22a oder § 25a erfolgt ist.* [3] Das Bundesamt für Verfassungsschutz darf Protokolldaten, die ausschließlich zu Zwecken der Datenschutzkontrolle gespeichert werden, nur für diesen Zweck verarbeiten. [4] Die Protokolldaten sind bis zum Ablauf des zweiten Kalenderjahres, das auf das Kalenderjahr der Protokollierung folgt, aufzubewahren und nach Ablauf dieser Aufbewahrungsfrist unverzüglich zu löschen.

(2) [1] Sind mit personenbezogenen Daten, die übermittelt werden dürfen, weitere Daten der betroffenen Person oder eines Dritten so verbunden, dass eine Trennung nicht oder nur mit unverhältnismäßigem Aufwand möglich ist, ist die Übermittlung auch dieser Daten zulässig, soweit nicht berechtigte Interessen der betroffenen Person oder eines Dritten an der Geheimhaltung offensichtlich überwiegen. [2] Der Empfänger darf diese Daten nicht nutzen.

(3) [1] Eine Übermittlung an nichtöffentliche Stellen bedarf der Zustimmung der Amtsleitung des Bundesamtes für Verfassungsschutz. [2] Für Übermittlungen an inländische nichtöffentliche Stellen kann die Zustimmung auch allgemein für gleichgelagerte Fälle erfolgen. [3] Die Übermittlung ist dem Betroffenen durch das Bundesamt für Verfassungsschutz mitzuteilen, sobald eine Gefährdung seiner Aufgabenerfüllung durch die Mitteilung nicht mehr zu besorgen ist.

**§ 25d**[2)] **Übermittlung von personenbezogenen Daten aus allgemein zugänglichen Quellen.** (1) [1] Das Bundesamt für Verfassungsschutz darf personenbezogene Daten, die es aus allgemein zugänglichen Quellen erhoben hat, einer anderen Stelle übermitteln, wenn dies erforderlich ist

1. zur Erfüllung seiner Aufgaben oder
2. der Aufgaben der empfangenden Stelle.

[2] Eine automatisierte Übermittlung ist zulässig.

(2) [1] Absatz 1 gilt nicht für personenbezogene Daten, die aus allgemein zugänglichen Quellen systematisch erhoben oder zusammengeführt wurden. [2] Die Übermittlung richtet sich in diesen Fällen nach den §§ 19 bis 25c.

**§ 26 Nachberichtspflicht.** Erweisen sich personenbezogene Daten nach ihrer Übermittlung nach den Vorschriften dieses Gesetzes als unvollständig oder unrichtig, so sind sie unverzüglich gegenüber dem Empfänger zu berichtigen, es sei denn, daß dies für die Beurteilung eines Sachverhalts ohne Bedeutung ist.

**§ 26a**[2)] **Übermittlung durch Landesverfassungsschutzbehörden an Strafverfolgungs- und Sicherheitsbehörden.** (1) [1] Die Verfassungsschutzbehörden der Länder übermitteln den Staatsanwaltschaften und, vorbehaltlich der staatsanwaltschaftlichen Sachleitungsbefugnis, den Polizeien personenbezogene Daten unter den Voraussetzungen des § 19 Absatz 1 Satz 2 und des § 21. [2] Auf die

---

[1)] § 25c eingef. mWv 30.12.2023 durch G v. 22.12.2023 (BGBl. 2023 I Nr. 413); Abs. 1 Satz 2 tritt gem. Art. 5 Abs. 2 dieses G erst **mWv 1.1.2025** in Kraft.
[2)] §§ 25d und § 26a eingef. mWv 30.12.2023 durch G v. 22.12.2023 (BGBl. 2023 I Nr. 413).

Übermittlung von Informationen zwischen Behörden desselben Bundeslandes findet Satz 1 keine Anwendung.

(2) Die Verfassungsschutzbehörden der Länder übermitteln dem Bundesnachrichtendienst personenbezogene Daten unter den Voraussetzungen des § 22 Absatz 2.

## Vierter Abschnitt. Schlußvorschriften

**§ 26b**[1]) **Besondere Eigensicherungsbefugnisse.** (1) [1]Die Eigensicherung dient dem Schutz der Beschäftigten, Einrichtungen, Gegenstände, Quellen und amtlichen Informationen des Bundesamtes für Verfassungsschutz gegen sicherheitsgefährdende oder geheimdienstliche Tätigkeiten. [2]Das Bundesamt für Verfassungsschutz hat hierzu besondere Befugnisse nach Maßgabe der folgenden Absätze.

(2) Das Bundesamt für Verfassungsschutz darf bei Personen, die seine Dienststellen, Grundstücke und sonstigen Einrichtungen (Eigensicherungsbereich) betreten oder sich dort aufhalten, und von diesen Personen mitgeführte Taschen und sonstige Gegenstände sowie von diesen Personen genutzte Fahrzeuge

1. verdachtsunabhängig kontrollieren,
2. durchsuchen, wenn tatsächliche Anhaltspunkte für sicherheitsgefährdende oder geheimdienstliche Tätigkeiten vorliegen.

(3) [1]Eine Kontrolle nach Absatz 2 Nummer 1 ist die oberflächliche Suche nach Gegenständen an Personen, an oder in Taschen, mitgeführten Gegenständen und Fahrzeugen auch unter Einsatz technischer Mittel, ohne dass ein Körperkontakt mit der betroffenen Person stattfindet. [2]Eine Durchsuchung nach Absatz 2 Nummer 2 ist die zielgerichtete und planmäßige Suche, auch unter Einsatz technischer Mittel,

1. am äußeren Körper der betroffenen Person,
2. in Kleidung und Taschen der betroffenen Person,
3. an und in Fahrzeugen einschließlich der dort befindlichen Gegenstände der betroffenen Person sowie
4. in sonstigen Gegenständen der betroffenen Person, die zur unbefugten Verbringung von amtlichen Informationen geeignet sind.

(4) [1]Gegenstände, die sich im Eigensicherungsbereich befinden, darf das Bundesamt für Verfassungsschutz sicherstellen und untersuchen, wenn

1. tatsächliche Anhaltspunkte dafür vorliegen, dass sie für eine sicherheitsgefährdende oder geheimdienstliche Tätigkeit verwendet werden oder mit solchen Tätigkeiten gewonnen worden sind, oder
2. diese keiner bestimmten Person zuzuordnen sind und die Sicherstellung und Untersuchung zum Schutz vor einer sicherheitsgefährdenden oder geheimdienstlichen Tätigkeit erforderlich ist.

[2]Bei Geräten der Informations- und Kommunikationstechnik umfasst das Untersuchen auch das Eingreifen mit technischen Mitteln sowie das Verarbeiten der auf dem Gerät gespeicherten Informationen einschließlich personenbezogener Daten.

(5) [1]Personen, die sich im Eigensicherungsbereich aufhalten, sind verpflichtet an Maßnahmen nach den Absätzen 2 und 4 mitzuwirken. [2]Entziehen sich Per-

---

[1]) § 26b eingef. mWv 30.12.2023 durch G v. 22.12.2023 (BGBl. 2023 I Nr. 413).

sonen Maßnahmen nach den Absätzen 2 und 4 im Eigensicherungsbereich, darf das Bundesamt für Verfassungsschutz die Maßnahmen auch noch in unmittelbarer Nähe des Eigensicherungsbereichs vornehmen.

(6) ¹Das Bundesamt für Verfassungsschutz darf optisch-elektronische Einrichtungen zur offenen Überwachung des Eigensicherungsbereichs nach Maßgabe einer Dienstvorschrift einsetzen. ²In der Dienstvorschrift sind die Voraussetzungen, das Verfahren und Grenzen der Maßnahme zu regeln. ³Eine Überwachung höchstpersönlich genutzter Räume ist unzulässig.

(7) Das Bundesamt für Verfassungsschutz kann eine nach § 21h Absatz 3 Nummer 4 der Luftverkehrs-Ordnung unzulässige Benutzung des Luftraums seines Eigensicherungsbereichs durch unbemannte Fluggeräte durch geeignete technische Mittel gegen das unbemannte Fluggerät, dessen Steuerungseinheit oder Steuerungsverbindung aufklären und abwehren.

(8) Das Bundesamt für Verfassungsschutz darf die besonderen Mittel nach den §§ 8a, 8d und 9 Absatz 1 und 4 sowie den §§ 9a und 9b unter den dort genannten Voraussetzungen auch einsetzen, soweit dies auf Grund tatsächlicher Anhaltspunkte im Einzelfall erforderlich ist zur Aufklärung von sicherheitsgefährdenden Tätigkeiten

1. seiner Beschäftigten oder
2. von Personen, die vom Bundesamt für Verfassungsschutz beauftragt sind
   a) im Eigensicherungsbereich tätig zu sein oder
   b) sonstige sicherheitsempfindliche Tätigkeiten wahrzunehmen.

(9) ¹Bei der Durchführung von Maßnahmen nach den Absätzen 2 sowie 4 bis 8 hat das Bundesamt für Verfassungsschutz unter mehreren möglichen und geeigneten Maßnahmen diejenigen zu treffen, die den Einzelnen am wenigsten beeinträchtigen. ²Eine Maßnahme darf nicht zu einem Nachteil führen, der zu dem erstrebten Erfolg erkennbar außer Verhältnis steht.

**§ 26c¹⁾ Verfahren; Kernbereichsschutz.** (1) ¹Maßnahmen nach § 26b Absatz 2 Nummer 2 und Absatz 4 bedürfen der Anordnung der für die Eigensicherung zuständigen Abteilungsleitung oder einer von ihr bestimmten Vertretung. ²Maßnahmen nach § 26b Absatz 6 bedürfen der Anordnung der Amtsleitung oder einer von ihr bestimmten Vertretung.

(2) ¹Ist eine Anordnung nach Absatz 1 Satz 1 auf Grund besonderer Eilbedürftigkeit nicht rechtzeitig zu erlangen, kann die Maßnahme auch ohne vorherige Anordnung durchgeführt werden, wenn ansonsten der Zweck der Maßnahme vereitelt oder wesentlich erschwert würde. ²Bei Geräten der Informations- und Kommunikationstechnik darf in diesem Fall lediglich das Gerät sichergestellt werden. ³Die Anordnung ist unverzüglich nachzuholen. ⁴Wird die Anordnung nach Absatz 1 Satz 1 nicht nachgeholt, so hat das Bundesamt für Verfassungsschutz unverzüglich bereits erhobene Daten zu löschen und sichergestellte Gegenstände an die betroffene Person herauszugeben.

(3) ¹Sichergestellte Gegenstände sind unverzüglich an die betroffene Person herauszugeben, sobald der Zweck der Eigensicherung entfällt. ²Satz 1 gilt nicht, wenn die Gegenstände zur Einleitung oder Durchführung eines strafrechtlichen Ermittlungsverfahrens an die Strafverfolgungsbehörden weitergegeben werden müssen.

---

¹⁾ § 26c eingef. mWv 30.12.2023 durch G v. 22.12.2023 (BGBl. 2023 I Nr. 413).

(4) ¹ Bei Maßnahmen nach § 26b Absatz 2 Nummer 2 hat die betroffene Person das Recht, anwesend zu sein. ² Über eine Durchsuchung nach § 26b Absatz 2 Nummer 2 oder eine Sicherstellung nach § 26b Absatz 4 Satz 1 ist auf Verlangen eine Bescheinigung über die Maßnahme und den Grund der Maßnahme zu erteilen. ³ Maßnahmen nach § 26b Absatz 4, die in Abwesenheit der betroffenen Person durchgeführt worden sind, sind ihr schriftlich mitzuteilen, wenn hierdurch nicht der Zweck der Maßnahme gefährdet wird.

(5) ¹ Bei der Untersuchung von Geräten der Informations- und Kommunikationstechnik, die nicht ausschließlich zur dienstlichen Nutzung überlassen wurden, ist sicherzustellen, dass an dem Gerät nur Veränderungen vorgenommen werden, die für die Datenverarbeitung unerlässlich sind. ² Vorgenommene Veränderungen sind bei Beendigung der Maßnahme, soweit technisch möglich, rückgängig zu machen. ³ Sichergestellte Telekommunikationsendgeräte sind abweichend von Absatz 3 Satz 1 unabhängig von dem Abschluss der Maßnahmen nach § 26b Absatz 4 an die betroffene Person spätestens nach zwei Wochen herauszugeben. ⁴ Macht die betroffene Person in den Fällen des Satzes 3 Gründe glaubhaft, nach denen für sie eine Aufrechterhaltung der Sicherstellung nicht zumutbar ist, so ist das mobile Endgerät innerhalb von 48 Stunden nach Darlegung der Gründe an die betroffene Person zurückzugeben. ⁵ Das Bundesamt für Verfassungsschutz darf vor der Rückgabe ein Abbild der auf dem Gerät gespeicherten Informationen einschließlich personenbezogener Daten zur Datensicherung erzeugen.

(6) ¹ Die Datenerhebung zum Zweck der Erlangung von Erkenntnissen über den Kernbereich privater Lebensgestaltung ist unzulässig. ² Das Bundesamt für Verfassungsschutz darf Erkenntnisse, die den Kernbereich privater Lebensgestaltung berühren, nicht verarbeiten, weitergeben oder in anderer Weise nutzen. ³ Das Bundesamt für Verfassungsschutz hat, soweit möglich, technisch oder auf sonstige Weise sicherzustellen, dass Erkenntnisse, die den Kernbereich privater Lebensgestaltung berühren, nicht erlangt werden. ⁴ Soweit Erkenntnisse erlangt wurden, die den Kernbereich privater Lebensgestaltung betreffen, sind diese Daten unverzüglich zu löschen. ⁵ Die Tatsache ihrer Erlangung und Löschung ist zu dokumentieren. ⁶ Die Dokumentation darf ausschließlich für Zwecke der Datenschutzkontrolle verwendet werden. ⁷ Sie ist nach Ablauf von sechs Monaten zu löschen.

(7) ¹ Das Bundesamt für Verfassungsschutz kann zur Durchsetzung von Maßnahmen gegenüber Personen, die nach § 26b Absatz 5 mitwirkungspflichtig sind, folgende Mittel anwenden:

1. unmittelbare Einwirkung auf die betroffene Person oder Gegenstände (körperliche Gewalt) oder Hilfsmittel der körperlichen Gewalt; eine Fesselung der betroffenen Person ist nur dann zulässig, wenn Tatsachen die Annahme rechtfertigen, dass sie die mit der Durchsetzung der Maßnahme beauftragten Personen oder Dritte angreifen, Widerstand leisten oder sich der Kontrolle entziehen wird,

2. unmittelbare Einwirkung auf Gegenstände mittels körperlicher Gewalt oder durch Hilfsmittel der körperlichen Gewalt.

² Mittel nach Satz 1 dürfen nur durch besonders qualifizierte und geschulte Personen angewandt werden, die durch die Behördenleitung des Bundesamtes für Verfassungsschutz hierzu besonders ermächtigt wurden. ³ Das Grundrecht auf körperliche Unversehrtheit (Artikel 2 Absatz 2 Satz 1 des Grundgesetzes¹⁾) und

---

¹⁾ Nr. **1.**

Freiheit der Person (Artikel 2 Absatz 2 Satz 2 des Grundgesetzes) wird insoweit eingeschränkt.

(8) Widerspruch und Anfechtungsklage gegen Maßnahmen nach § 26b haben keine aufschiebende Wirkung.

**§ 27[1] Anwendung des Bundesdatenschutzgesetzes.** Bei der Erfüllung der Aufgaben nach § 3 durch das Bundesamt für Verfassungsschutz findet das Bundesdatenschutzgesetz[2] wie folgt Anwendung:

1. § 1 Absatz 8, die §§ 4, 16 Absatz 1 und 4 und die §§ 17 bis 21 sowie § 85 finden keine Anwendung,
2. die §§ 46, 51 Absatz 1 bis 4 und die §§ 52 bis 54, 62, 64, 83, 84 sind entsprechend anzuwenden.

**§ 28[3] Unabhängige Datenschutzkontrolle.** (1) Jedermann kann sich an die Bundesbeauftragte oder den Bundesbeauftragten für den Datenschutz und die Informationsfreiheit wenden, wenn er der Ansicht ist, bei der Verarbeitung seiner personenbezogenen Daten durch das Bundesamt für Verfassungsschutz in seinen Rechten verletzt worden zu sein.

(2) [1]Die oder der Bundesbeauftragte für den Datenschutz und die Informationsfreiheit kontrolliert beim Bundesamt für Verfassungsschutz die Einhaltung der Vorschriften über den Datenschutz. [2]Soweit die Einhaltung von Vorschriften der Kontrolle durch die G 10-Kommission unterliegt, unterliegt sie nicht der Kontrolle durch die Bundesbeauftragte oder den Bundesbeauftragten für den Datenschutz und die Informationsfreiheit, es sei denn, die G 10-Kommission ersucht die Bundesbeauftragte oder den Bundesbeauftragten für den Datenschutz und die Informationsfreiheit, die Einhaltung der Vorschriften über den Datenschutz bei bestimmten Vorgängen oder in bestimmten Bereichen zu kontrollieren und ausschließlich ihr darüber zu berichten.

(3) [1]Das Bundesamt für Verfassungsschutz ist verpflichtet, die Bundesbeauftragte oder den Bundesbeauftragten für den Datenschutz und die Informationsfreiheit und ihre oder seine schriftlich besonders Beauftragten bei der Erfüllung ihrer oder seiner Aufgaben zu unterstützen. [2]Den in Satz 1 genannten Personen ist dabei insbesondere

1. Auskunft zu ihren Fragen sowie Einsicht in alle Unterlagen, insbesondere in die gespeicherten Daten und in die Datenverarbeitungsprogramme, zu gewähren, die im Zusammenhang mit der Kontrolle nach Absatz 2 stehen,
2. jederzeit Zutritt in alle Diensträume zu gewähren.

[3]Dies gilt nicht, soweit das Bundesministerium des Innern, für Bau und Heimat im Einzelfall feststellt, dass die Auskunft oder Einsicht die Sicherheit des Bundes oder eines Landes gefährden würde.

(4) [1]Die Absätze 1 bis 3 gelten ohne Beschränkung auf die Erfüllung der Aufgaben nach § 3. [2]Sie gelten entsprechend für die Verarbeitung personenbezogener Daten durch andere Stellen, wenn diese der Erfüllung der Aufgaben von

---

[1] § 27 neu gef. mWv 25.5.2018 durch G v. 30.6.2017 (BGBl. I S. 2097).
[2] Nr. **245**.
[3] Früherer § 26a eingef. mWv 25.5.2018 durch G v. 30.6.2017 (BGBl. I S. 2097); Abs. 3 Satz 3 geänd. mWv 27.6.2020 durch VO v. 19.6.2020 (BGBl. I S. 1328); bish. § 26a wird § 28 mWv 9.7.2021 durch G v. 5.7.2021 (BGBl. I S. 2274).

Verfassungsschutzbehörden nach § 3 dient. [3] § 16 Absatz 1 und 4 des Bundesdatenschutzgesetzes[1]) findet keine Anwendung.

**§ 29**[2]) **Einschränkung von Grundrechten.** Die Grundrechte der Versammlungsfreiheit (Artikel 8 des Grundgesetzes[3])), des Brief-, Post- und Fernmeldegeheimnisses (Artikel 10 des Grundgesetzes) und der Unverletzlichkeit der Wohnung (Artikel 13 des Grundgesetzes) werden nach Maßgabe dieses Gesetzes eingeschränkt.

---

[1]) Nr. **245.**
[2]) § 29 angef. mWv 9.7.2021 durch G v. 5.7.2021 (BGBl. I S. 2274).
[3]) Nr. **1.**

# 100. Verwaltungsverfahrensgesetz (VwVfG)[1) 2)]

## In der Fassung der Bekanntmachung vom 23. Januar 2003[3)]

### (BGBl. I S. 102)

#### FNA 201-6

geänd. durch Art. 4 Abs. 8 KostenrechtsmodernisierungsG v. 5.5.2004 (BGBl. I S. 718), Art. 1 Viertes G zur Änd. verwaltungsverfahrensrechtlicher Vorschriften v. 11.12.2008 (BGBl. I S. 2418), Art. 10 FGG–ReformG v. 17.12.2008 (BGBl. I S. 2586), Art. 4a G zur Umsetzung der DienstleistungsRL im Gewerberecht und in weiteren Rechtsvorschriften v. 17.7.2009 (BGBl. I S. 2091), Art. 4 G zur Modernisierung von Verfahren im anwaltlichen und notariellen Berufsrecht, zur Errichtung einer Schlichtungsstelle der Rechtsanwaltschaft sowie zur Änd. sonstiger Vorschriften v. 30.7.2009 (BGBl. I S. 2449), Art. 2 Abs. 1 G zur Modernisierung von Verfahren im patentanwaltlichen Berufsrecht v. 14.8.2009 (BGBl. I S. 2827), Art. 1 Planfeststellungsverfahren-VereinheitlichungsG v. 31.5.2013 (BGBl. I S. 1388), Art. 3 G zur Förderung der elektronischen Verwaltung sowie zur Änd. weiterer Vorschriften v. 25.7.2013 (BGBl. I S. 2749), Art. 1 G zur Bereinigung des Rechts der Lebenspartner v. 20.11.2015 (BGBl. I S. 2010), Art. 20 G zur Modernisierung des Besteuerungsverfahrens v. 18.7.2016 (BGBl. I S. 1679), Art. 5 G zum Abbau verzichtbarer Anordnungen der Schriftform im Verwaltungsrecht des Bundes v. 29.3.2017 (BGBl. I S. 626), Art. 11 Abs. 2 eIDAS-DurchführungsG v. 18.7.2017 (BGBl. I S. 2745), Art. 7 G zur Umsetzung des G zur Einführung des Rechts auf Eheschließung für Personen gleichen Geschlechts v. 18.12.2018 (BGBl. I S. 2639), Art. 5 Abs. 25 G zur Einführung einer Karte für Unionsbürger und Angehörige des Europäischen Wirtschaftsraums mit Funktion zum elektronischen Identitätsnachweis sowie zur Änd. des

---

[1)] Siehe zum Verwaltungsverfahren auch die folgenden Vorschriften der Länder:
- **Baden-Württemberg:** LandesverwaltungsverfahrensG – LVwVfG idF der Bek. v. 12.4.2005 (GBl. S. 350), zuletzt geänd. durch G v. 4.2.2021 (GBl. S. 181)
- **Bayern:** Bayerisches VerwaltungsverfahrensG – BayVwVfG
- **Berlin:** G über das Verfahren der Berliner Verwaltung v. 21.4.2016 (GVBl. S. 218), zuletzt geänd. durch G v. 27.9.2021 (GVBl. S. 1117)
- **Brandenburg:** VerwaltungsverfahrensG für das Land Brandenburg – VwVfGBbg v. 7.7.2009 (GVBl. I S. 262, 264), zuletzt geänd. durch G v. 8.5.2018 (GVBl. I Nr. 8)
- **Bremen:** Bremisches VerwaltungsverfahrensG – BremVwVfG idF der Bek. v. 9.5.2003 (Brem.GBl. S. 219), zuletzt geänd. durch G v. 27.1.2015 (Brem.GBl. S. 15)
- **Hamburg:** Hamburgisches VerwaltungsverfahrensG – HmbVwVfG v. 9.11.1977 (HmbGVBl. S. 333, 1977 S. 402), zuletzt geänd. durch G v. 7.3.2023 (HmbGVBl. S. 109)
- **Hessen:** Hessisches VerwaltungsverfahrensG – HVwVfG idF der Bek. v. 15.1.2010 (GVBl. I S. 18), zuletzt geänd. durch G v. 16.2.2023 (GVBl. S. 78)
- **Mecklenburg-Vorpommern:** LandesverwaltungsverfahrensG – VwVfG M-V idF der Bek. v. 6.5.2020 (GVOBl. M-V S. 410, 465)
- **Niedersachsen:** Niedersächsisches VerwaltungsverfahrensG – NVwVfG v. 3.12.1976 (Nds. GVBl. S. 311), zuletzt geänd. durch v. 22.9.2022 (Nds. GVBl. S. 589)
- **Nordrhein-Westfalen:** VerwaltungsverfahrensG für das Land Nordrhein-Westfalen – VwVfG. NRW. idF der Bek. v. 12.11.1999 (GV. NRW. S. 602), zuletzt geänd. durch G v. 25.4.2023 (GV. NRW. S. 230)
- **Rheinland-Pfalz:** Landesverwaltungsverfahrensrecht – LVwVfG v. 23.12.1976 (GVBl. S. 308), geänd. durch G v. 22.12.2015 (GVBl. S. 487)
- **Saarland:** Saarländisches VerwaltungsverfahrensG – SVwVfG v. 15.12.1976 (Amtsbl. S. 1151), zuletzt geänd. durch G v. 26.8.2020 (Amtsbl. I S. 1058)
- **Sachsen:** Gesetz zur Regelung des Verwaltungsverfahrens- und Verwaltungszustellungsrechts für den Freistaat Sachsen – SächsVwVfZG v. 19.5.2010 (SächsGVBl. S. 142), zuletzt geänd. durch G v. 13.12.2023 (SächsGVBl. S. 876)
- **Sachsen-Anhalt:** VerwaltungsverfahrensG Sachsen-Anhalt – VwVfG LSA v. 18.11.2005 (GVBl. LSA S. 698, 699), zuletzt geänd. durch G v. 27.2.2023 (GVBl. LSA S. 50)
- **Schleswig-Holstein:** Allgemeines VerwaltungsG für das Land Schleswig-Holstein – LVwG idF der Bek. v. 2.6.1992 (GVOBl. Schl.-H. S. 243), zuletzt geänd. durch G v. 14.12.2023 (GVOBl. Schl.-H. S. 638)
- **Thüringen:** Thüringer VerwaltungsverfahrensG – ThürVwVfG idF der Bek. v. 1.12.2014 (GVBl. S. 685), zuletzt geänd. durch G v. 10.5.2018 (GVBl. S. 212).
[2)] Siehe hierzu ua die Belehrung über Rechtsbehelfe nach dem VwVfG v. 12.8.2013 (GMBl S. 1150), geänd. durch Rundschreiben v. 14.3.2018 (GMBl S. 600).
[3)] Neubekanntmachung des VwVfG idF der Bek. v. 21.9.1998 (BGBl. I S. 3050) in der ab 1.2.2003 geltenden Fassung.

PersonalausweisG und weiterer Vorschriften[1]) v. 21.6.2019 (BGBl. I S. 846, geänd. durch G v. 20.11.2019, BGBl. I S. 1626), Art. 15 Abs. 1 Vormundschafts- und Betreuungsrechts-ReformG v. 4.5.2021 (BGBl. I S. 882), Art. 24 Abs. 3 G zur Modernisierung des notariellen Berufsrechts und zur Änd. weiterer Vorschriften v. 25.6.2021 (BGBl. I S. 2154) und Art. 1 Fünftes G zur Änd. verwaltungsverfahrensrechtlicher Vorschriften sowie zur Änd. des SGB VI v. 4.12.2023 (BGBl. 2023 I Nr. 344)

## Inhaltsübersicht[2])

---

[1]) Die Änd. des Inkrafttretens dieses G durch Art. 154a G v. 20.11.2019 (BGBl. I S. 1626) ist unbeachtlich, da das G bei Erlass des ÄndG bereits in Kraft getreten war.
[2]) Inhaltsübersicht geänd. mWv 18.12.2008 durch G v. 11.12.2008 (BGBl. I S. 2418); geänd. mWv 28.12.2009 durch G v. 17.7.2009 (BGBl. I S. 2091); geänd. mWv 7.6.2013 durch G v. 31.5.2013 (BGBl. I S. 1388); geänd. mWv 1.1.2017 durch G v. 18.7.2016 (BGBl. I S. 1679); geänd. mWv 1.1.2024 durch G v. 4.12.2023 (BGBl. 2023 I Nr. 344).

# Teil I.[1] Anwendungsbereich, örtliche Zuständigkeit, elektronische Kommunikation, Amtshilfe, europäische Verwaltungszusammenarbeit

## Abschnitt 1.[2] Anwendungsbereich, örtliche Zuständigkeit, elektronische Kommunikation

**§ 1 Anwendungsbereich.** (1) Dieses Gesetz gilt für die öffentlich-rechtliche Verwaltungstätigkeit der Behörden

1. des Bundes, der bundesunmittelbaren Körperschaften, Anstalten und Stiftungen des öffentlichen Rechts,

---

[1] Teil I Überschrift geänd. mWv 28.12.2009 durch G v. 17.7.2009 (BGBl. I S. 2091).
[2] Überschrift Abschnitt 1 eingef. mWv 28.12.2009 durch G v. 17.7.2009 (BGBl. I S. 2091).

2. der Länder, der Gemeinden und Gemeindeverbände, der sonstigen der Aufsicht des Landes unterstehenden juristischen Personen des öffentlichen Rechts, wenn sie Bundesrecht im Auftrag des Bundes ausführen,

soweit nicht Rechtsvorschriften des Bundes inhaltsgleiche oder entgegenstehende Bestimmungen enthalten.

(2) ¹Dieses Gesetz gilt auch für die öffentlich-rechtliche Verwaltungstätigkeit der in Absatz 1 Nr. 2 bezeichneten Behörden, wenn die Länder Bundesrecht, das Gegenstände der ausschließlichen oder konkurrierenden Gesetzgebung des Bundes betrifft, als eigene Angelegenheit ausführen, soweit nicht Rechtsvorschriften des Bundes inhaltsgleiche oder entgegenstehende Bestimmungen enthalten. ²Für die Ausführung von Bundesgesetzen, die nach Inkrafttreten dieses Gesetzes erlassen werden, gilt dies nur, soweit die Bundesgesetze mit Zustimmung des Bundesrates dieses Gesetz für anwendbar erklären.

(3) Für die Ausführung von Bundesrecht durch die Länder gilt dieses Gesetz nicht, soweit die öffentlich-rechtliche Verwaltungstätigkeit der Behörden landesrechtlich durch ein Verwaltungsverfahrensgesetz geregelt ist.

(4) Behörde im Sinne dieses Gesetzes ist jede Stelle, die Aufgaben der öffentlichen Verwaltung wahrnimmt.

**§ 2¹) Ausnahmen vom Anwendungsbereich.** (1) Dieses Gesetz gilt nicht für die Tätigkeit der Kirchen, der Religionsgesellschaften und Weltanschauungsgemeinschaften sowie ihrer Verbände und Einrichtungen.

(2) Dieses Gesetz gilt ferner nicht für

1. Verfahren der Bundes- oder Landesfinanzbehörden nach der Abgabenordnung,
2. die Strafverfolgung, die Verfolgung und Ahndung von Ordnungswidrigkeiten, die Rechtshilfe für das Ausland in Straf- und Zivilsachen und, unbeschadet des § 80 Abs. 4, für Maßnahmen des Richterdienstrechts,
3. Verfahren vor dem Deutschen Patent- und Markenamt und den bei diesem errichteten Schiedsstellen,
4. Verfahren nach dem Sozialgesetzbuch,
5. das Recht des Lastenausgleichs,
6. das Recht der Wiedergutmachung.

(3) Für die Tätigkeit

1. der Gerichtsverwaltungen und der Behörden der Justizverwaltung einschließlich der ihrer Aufsicht unterliegenden Körperschaften des öffentlichen Rechts gilt dieses Gesetz nur, soweit die Tätigkeit der Nachprüfung durch die Gerichte der Verwaltungsgerichtsbarkeit oder durch die in verwaltungsrechtlichen Anwalts-, Patentanwalts- und Notarsachen zuständigen Gerichte unterliegt;
2. der Behörden bei Leistungs-, Eignungs- und ähnlichen Prüfungen von Personen gelten nur die §§ 3a bis 13, 20 bis 27, 29 bis 38, 40 bis 52, 79, 80 und 96;
3. der Vertretungen des Bundes im Ausland gilt dieses Gesetz nicht.

**§ 3 Örtliche Zuständigkeit.** (1) Örtlich zuständig ist

1. in Angelegenheiten, die sich auf unbewegliches Vermögen oder ein ortsgebundenes Recht oder Rechtsverhältnis beziehen, die Behörde, in deren Bezirk das Vermögen oder der Ort liegt;

---

¹⁾ § 2 Abs. 3 Nr. 1 geänd. mWv 1.9.2009 durch G v. 30.7.2009 (BGBl. I S. 2449) und durch G v. 14.8. 2009 (BGBl. I S. 2827).

2. in Angelegenheiten, die sich auf den Betrieb eines Unternehmens oder einer seiner Betriebsstätten, auf die Ausübung eines Berufs oder auf eine andere dauernde Tätigkeit beziehen, die Behörde, in deren Bezirk das Unternehmen oder die Betriebsstätte betrieben oder der Beruf oder die Tätigkeit ausgeübt wird oder werden soll;

3. in anderen Angelegenheiten, die

a) eine natürliche Person betreffen, die Behörde, in deren Bezirk die natürliche Person ihren gewöhnlichen Aufenthalt hat oder zuletzt hatte,

b) eine juristische Person oder eine Vereinigung betreffen, die Behörde, in deren Bezirk die juristische Person oder die Vereinigung ihren Sitz hat oder zuletzt hatte;

4. in Angelegenheiten, bei denen sich die Zuständigkeit nicht aus den Nummern 1 bis 3 ergibt, die Behörde, in deren Bezirk der Anlass für die Amtshandlung hervortritt.

(2) [1]Sind nach Absatz 1 mehrere Behörden zuständig, so entscheidet die Behörde, die zuerst mit der Sache befasst worden ist, es sei denn, die gemeinsame fachlich zuständige Aufsichtsbehörde bestimmt, dass eine andere örtlich zuständige Behörde zu entscheiden hat. [2]Sie kann in den Fällen, in denen eine gleiche Angelegenheit sich auf mehrere Betriebsstätten eines Betriebs oder Unternehmens bezieht, eine der nach Absatz 1 Nr. 2 zuständigen Behörden als gemeinsame zuständige Behörde bestimmen, wenn dies unter Wahrung der Interessen der Beteiligten zur einheitlichen Entscheidung geboten ist. [3]Diese Aufsichtsbehörde entscheidet ferner über die örtliche Zuständigkeit, wenn sich mehrere Behörden für zuständig oder für unzuständig halten oder wenn die Zuständigkeit aus anderen Gründen zweifelhaft ist. [4]Fehlt eine gemeinsame Aufsichtsbehörde, so treffen die fachlich zuständigen Aufsichtsbehörden die Entscheidung gemeinsam.

(3) Ändern sich im Lauf des Verwaltungsverfahrens die die Zuständigkeit begründenden Umstände, so kann die bisher zuständige Behörde das Verwaltungsverfahren fortführen, wenn dies unter Wahrung der Interessen der Beteiligten der einfachen und zweckmäßigen Durchführung des Verfahrens dient und die nunmehr zuständige Behörde zustimmt.

(4) [1]Bei Gefahr im Verzug ist für unaufschiebbare Maßnahmen jede Behörde örtlich zuständig, in deren Bezirk der Anlass für die Amtshandlung hervortritt. [2]Die nach Absatz 1 Nr. 1 bis 3 örtlich zuständige Behörde ist unverzüglich zu unterrichten.

**§ 3a[1] Elektronische Kommunikation.** (1) Die Übermittlung elektronischer Dokumente ist zulässig, soweit der Empfänger hierfür einen Zugang eröffnet.

(2) [1]Eine durch Rechtsvorschrift angeordnete Schriftform kann, soweit nicht durch Rechtsvorschrift etwas anderes bestimmt ist, durch die elektronische Form ersetzt werden. [2]Der elektronischen Form genügt ein elektronisches Dokument, das mit einer qualifizierten elektronischen Signatur versehen ist. [3]Die Signierung mit einem Pseudonym, das die Identifizierung der Person des Signaturschlüsselinhabers nicht unmittelbar durch die Behörde ermöglicht, ist nicht zulässig.

(3) Die Schriftform kann auch ersetzt werden

---

[1] § 3a Abs. 2 neu gef. mWv 1.8.2013, Abs. 2 Satz 4 Nr. 2 und 3 mWv 1.7.2014 durch G v. 25.7.2013 (BGBl. I S. 2749); Abs. 2 Satz 2 geänd. mWv 29.7.2017 durch G v. 18.7.2017 (BGBl. I S. 2745); Abs. 2 Satz 5 neu gef. mWv 1.11.2019 durch G v. 21.6.2019 (BGBl. I S. 846); Abs. 2 Sätze 4 und 5 aufgeh., Abs. 3 eingef., bish. Abs. 3 wird Abs. 4, Abs. 5 angef. mWv 1.1.2024 durch G v. 4.12.2023 (BGBl. 2023 I Nr. 344).

1. durch unmittelbare Abgabe der Erklärung in einem elektronischen Formular, das von der Behörde in einem Eingabegerät oder über öffentlich zugängliche Netze zur Verfügung gestellt wird; bei einer Eingabe über öffentlich zugängliche Netze muss ein elektronischer Identitätsnachweis nach § 18 des Personalausweisgesetzes[1], nach § 12 des eID-Karte-Gesetzes oder nach § 78 Absatz 5 des Aufenthaltsgesetzes[2] erfolgen;

2. durch Übermittlung einer von dem Erklärenden elektronisch signierten Erklärung an die Behörde

   a) aus einem besonderen elektronischen Anwaltspostfach nach den §§ 31a und 31b der Bundesrechtsanwaltsordnung[3] oder aus einem entsprechenden, auf gesetzlicher Grundlage errichteten elektronischen Postfach;

   b) aus einem elektronischen Postfach einer Behörde oder einer juristischen Person des öffentlichen Rechts, das nach Durchführung eines Identifizierungsverfahrens nach den Regelungen der auf Grund des § 130a Absatz 2 Satz 2 der Zivilprozessordnung[4] erlassenen Rechtsverordnung eingerichtet wurde;

   c) aus einem elektronischen Postfach einer natürlichen oder juristischen Person oder einer sonstigen Vereinigung, das nach Durchführung eines Identifizierungsverfahrens nach den Regelungen der auf Grund des § 130a Absatz 2 Satz 2 der Zivilprozessordnung erlassenen Rechtsverordnung eingerichtet wurde;

   d) mit der Versandart nach § 5 Absatz 5 des De-Mail-Gesetzes[5];

3. bei elektronischen Verwaltungsakten oder sonstigen elektronischen Dokumenten der Behörde,

   a) indem diese mit dem qualifizierten elektronischen Siegel der Behörde versehen werden;

   b) durch Versendung einer De-Mail-Nachricht nach § 5 Absatz 5 des De-Mail-Gesetzes, bei der die Bestätigung des akkreditierten Diensteanbieters die erlassende Behörde als Nutzer des De-Mail-Kontos erkennen lässt.

(4) [1]Ist ein der Behörde übermitteltes elektronisches Dokument für sie zur Bearbeitung nicht geeignet, teilt sie dies dem Absender unter Angabe der für sie geltenden technischen Rahmenbedingungen unverzüglich mit. [2]Macht ein Empfänger geltend, er könne das von der Behörde übermittelte elektronische Dokument nicht bearbeiten, hat sie es erneut in einem geeigneten elektronischen Format oder als Schriftstück zu übermitteln.

(5) [1]Ermöglicht die Behörde die unmittelbare Abgabe einer Erklärung in einem elektronischen Formular, das von der Behörde in einem Eingabegerät oder über öffentlich zugängliche Netze zur Verfügung gestellt wird, so hat sie dem Erklärenden vor Abgabe der Erklärung Gelegenheit zu geben, die gesamte Erklärung auf Vollständigkeit und Richtigkeit zu prüfen. [2]Nach der Abgabe ist dem Erklärenden eine Kopie der Erklärung zur Verfügung zu stellen.

---

[1] Nr. **255**.
[2] Nr. **565**.
[3] **Habersack ErgBd. Nr. 98.**
[4] **Habersack Nr. 100.**
[5] **Sartorius III Nr. 730.**

## Abschnitt 2.[1) Amtshilfe

**§ 4 Amtshilfepflicht.** (1) Jede Behörde leistet anderen Behörden auf Ersuchen ergänzende Hilfe (Amtshilfe).

(2) Amtshilfe liegt nicht vor, wenn

1. Behörden einander innerhalb eines bestehenden Weisungsverhältnisses Hilfe leisten;
2. die Hilfeleistung in Handlungen besteht, die der ersuchten Behörde als eigene Aufgabe obliegen.

**§ 5 Voraussetzungen und Grenzen der Amtshilfe.** (1) Eine Behörde kann um Amtshilfe insbesondere dann ersuchen, wenn sie

1. aus rechtlichen Gründen die Amtshandlung nicht selbst vornehmen kann;
2. aus tatsächlichen Gründen, besonders weil die zur Vornahme der Amtshandlung erforderlichen Dienstkräfte oder Einrichtungen fehlen, die Amtshandlung nicht selbst vornehmen kann;
3. zur Durchführung ihrer Aufgaben auf die Kenntnis von Tatsachen angewiesen ist, die ihr unbekannt sind und die sie selbst nicht ermitteln kann;
4. zur Durchführung ihrer Aufgaben Urkunden oder sonstige Beweismittel benötigt, die sich im Besitz der ersuchten Behörde befinden;
5. die Amtshandlung nur mit wesentlich größerem Aufwand vornehmen könnte als die ersuchte Behörde.

(2) [1]Die ersuchte Behörde darf Hilfe nicht leisten, wenn

1. sie hierzu aus rechtlichen Gründen nicht in der Lage ist;
2. durch die Hilfeleistung dem Wohl des Bundes oder eines Landes erhebliche Nachteile bereitet würden.

[2]Die ersuchte Behörde ist insbesondere zur Vorlage von Urkunden oder Akten sowie zur Erteilung von Auskünften nicht verpflichtet, wenn die Vorgänge nach einem Gesetz oder ihrem Wesen nach geheim gehalten werden müssen.

(3) Die ersuchte Behörde braucht Hilfe nicht zu leisten, wenn

1. eine andere Behörde die Hilfe wesentlich einfacher oder mit wesentlich geringerem Aufwand leisten kann;
2. sie die Hilfe nur mit unverhältnismäßig großem Aufwand leisten könnte;
3. sie unter Berücksichtigung der Aufgaben der ersuchenden Behörde durch die Hilfeleistung die Erfüllung ihrer eigenen Aufgaben ernstlich gefährden würde.

(4) Die ersuchte Behörde darf die Hilfe nicht deshalb verweigern, weil sie das Ersuchen aus anderen als den in Absatz 3 genannten Gründen oder weil sie die mit der Amtshilfe zu verwirklichende Maßnahme für unzweckmäßig hält.

*(Fortsetzung nächstes Blatt)*

---

[1) Überschrift Abschnitt 2 eingef. mWv 28.12.2009 durch G v. 17.7.2009 (BGBl. I S. 2091).

ist der Zeitpunkt des Eingangs der Übersetzung maßgebend, soweit sich nicht aus zwischenstaatlichen Vereinbarungen etwas anderes ergibt. [3] Auf diese Rechtsfolge ist bei der Fristsetzung hinzuweisen.

**§ 24**[1] **Untersuchungsgrundsatz.** (1) [1] Die Behörde ermittelt den Sachverhalt von Amts wegen. [2] Sie bestimmt Art und Umfang der Ermittlungen; an das Vorbringen und an die Beweisanträge der Beteiligten ist sie nicht gebunden. [3] Setzt die Behörde automatische Einrichtungen zum Erlass von Verwaltungsakten ein, muss sie für den Einzelfall bedeutsame tatsächliche Angaben des Beteiligten berücksichtigen, die im automatischen Verfahren nicht ermittelt würden.

(2) Die Behörde hat alle für den Einzelfall bedeutsamen, auch die für die Beteiligten günstigen Umstände zu berücksichtigen.

(3) Die Behörde darf die Entgegennahme von Erklärungen oder Anträgen, die in ihren Zuständigkeitsbereich fallen, nicht deshalb verweigern, weil sie die Erklärung oder den Antrag in der Sache für unzulässig oder unbegründet hält.

**§ 25**[2] **Beratung, Auskunft, frühe Öffentlichkeitsbeteiligung.** (1) [1] Die Behörde soll die Abgabe von Erklärungen, die Stellung von Anträgen oder die Berichtigung von Erklärungen oder Anträgen anregen, wenn diese offensichtlich nur versehentlich oder aus Unkenntnis unterblieben oder unrichtig abgegeben oder gestellt worden sind. [2] Sie erteilt, soweit erforderlich, Auskunft über die den Beteiligten im Verwaltungsverfahren zustehenden Rechte und die ihnen obliegenden Pflichten.

(2) [1] Die Behörde erörtert, soweit erforderlich, bereits vor Stellung eines Antrags mit dem zukünftigen Antragsteller, welche Nachweise und Unterlagen von ihm zu erbringen sind und in welcher Weise das Verfahren beschleunigt werden kann. [2] Soweit es der Verfahrensbeschleunigung dient, soll sie dem Antragsteller nach Eingang des Antrags unverzüglich Auskunft über die voraussichtliche Verfahrensdauer und die Vollständigkeit der Antragsunterlagen geben.

(3) [1] Die Behörde wirkt darauf hin, dass der Träger bei der Planung von Vorhaben, die nicht nur unwesentliche Auswirkungen auf die Belange einer größeren Zahl von Dritten haben können, die betroffene Öffentlichkeit frühzeitig über die Ziele des Vorhabens, die Mittel, es zu verwirklichen, und die voraussichtlichen Auswirkungen des Vorhabens unterrichtet (frühe Öffentlichkeitsbeteiligung). [2] Die frühe Öffentlichkeitsbeteiligung soll möglichst bereits vor Stellung eines Antrags stattfinden. [3] Der betroffenen Öffentlichkeit soll Gelegenheit zur Äußerung und zur Erörterung gegeben werden. [4] Das Ergebnis der vor Antragstellung durchgeführten frühen Öffentlichkeitsbeteiligung soll der betroffenen Öffentlichkeit und der Behörde spätestens mit der Antragstellung, im Übrigen unverzüglich mitgeteilt werden. [5] Satz 1 gilt nicht, soweit die betroffene Öffentlichkeit bereits nach anderen Rechtsvorschriften vor der Antragstellung zu beteiligen ist. [6] Beteiligungsrechte nach anderen Rechtsvorschriften bleiben unberührt.

**§ 26**[3] **Beweismittel.** (1) [1] Die Behörde bedient sich der Beweismittel, die sie nach pflichtgemäßem Ermessen zur Ermittlung des Sachverhalts für erforderlich hält. [2] Sie kann insbesondere
1. Auskünfte jeder Art einholen,

---

[1] § 24 Abs. 1 Satz 3 angef. mWv 1.1.2017 durch G v. 18.7.2016 (BGBl. I S. 1679).
[2] § 25 Abs. 2 angef. mWv 18.12.2008 durch G v. 11.12.2008 (BGBl. I S. 2418); Überschrift geänd., Abs. 3 angef. mWv 7.6.2013 durch G v. 31.5.2013 (BGBl. I S. 1388).
[3] § 26 Abs. 3 Satz 2 geänd. mWv 1.7.2004 durch G v. 5.5.2004 (BGBl. I S. 718).

2. Beteiligte anhören, Zeugen und Sachverständige vernehmen oder die schriftliche oder elektronische Äußerung von Beteiligten, Sachverständigen und Zeugen einholen,

3. Urkunden und Akten beiziehen,

4. den Augenschein einnehmen.

(2) [1] Die Beteiligten sollen bei der Ermittlung des Sachverhalts mitwirken. [2] Sie sollen insbesondere ihnen bekannte Tatsachen und Beweismittel angeben. [3] Eine weitergehende Pflicht, bei der Ermittlung des Sachverhalts mitzuwirken, insbesondere eine Pflicht zum persönlichen Erscheinen oder zur Aussage, besteht nur, soweit sie durch Rechtsvorschrift besonders vorgesehen ist.

(3) [1] Für Zeugen und Sachverständige besteht eine Pflicht zur Aussage oder zur Erstattung von Gutachten, wenn sie durch Rechtsvorschrift vorgesehen ist. [2] Falls die Behörde Zeugen und Sachverständige herangezogen hat, erhalten sie auf Antrag in entsprechender Anwendung des Justizvergütungs- und -entschädigungsgesetzes[1)] eine Entschädigung oder Vergütung.

**§ 27**[2)] **Versicherung an Eides statt.** (1) [1] Die Behörde darf bei der Ermittlung des Sachverhalts eine Versicherung an Eides statt nur verlangen und abnehmen, wenn die Abnahme der Versicherung über den betreffenden Gegenstand und in dem betreffenden Verfahren durch Gesetz oder Rechtsverordnung vorgesehen und die Behörde durch Rechtsvorschrift für zuständig erklärt worden ist. [2] Eine Versicherung an Eides statt soll nur gefordert werden, wenn andere Mittel zur Erforschung der Wahrheit nicht vorhanden sind, zu keinem Ergebnis geführt haben oder einen unverhältnismäßigen Aufwand erfordern. [3] Von eidesunfähigen Personen im Sinne des § 393 der Zivilprozessordnung[3)] darf eine eidesstattliche Versicherung nicht verlangt werden.

(2) [1] Wird die Versicherung an Eides statt von einer Behörde zur Niederschrift aufgenommen, so sind zur Aufnahme nur der Behördenleiter, sein allgemeiner Vertreter sowie Angehörige des öffentlichen Dienstes befugt, welche die Befähigung zum Richteramt haben. [2] Andere Angehörige des öffentlichen Dienstes kann der Behördenleiter oder sein allgemeiner Vertreter hierzu allgemein oder im Einzelfall schriftlich ermächtigen.

(3) [1] Die Versicherung besteht darin, dass der Versichernde die Richtigkeit seiner Erklärung über den betreffenden Gegenstand bestätigt und erklärt: „Ich versichere an Eides statt, dass ich nach bestem Wissen die reine Wahrheit gesagt und nichts verschwiegen habe." [2] Bevollmächtigte und Beistände sind berechtigt, an der Aufnahme der Versicherung an Eides statt teilzunehmen.

(4) [1] Vor der Aufnahme der Versicherung an Eides statt ist der Versichernde über die Bedeutung der eidesstattlichen Versicherung und die strafrechtlichen Folgen einer unrichtigen oder unvollständigen eidesstattlichen Versicherung zu belehren. [2] Die Belehrung ist in der Niederschrift zu vermerken.

(5) [1] Die Niederschrift hat ferner die Namen der anwesenden Personen sowie den Ort und den Tag der Niederschrift zu enthalten. [2] Die Niederschrift ist demjenigen, der die eidesstattliche Versicherung abgibt, vor der Genehmigung vorzulesen oder auf Verlangen zur Durchsicht vorzulegen. [3] Die erteilte Genehmigung ist zu vermerken und von dem Versichernden zu unterschreiben. [4] Die Nieder-

---

[1)] **Habersack Nr. 116.**
[2)] § 27 Abs. 2 Satz 1 geänd. mWv 1.8.2021 durch G v. 25.6.2021 (BGBl. I S. 2154).
[3)] **Habersack Nr. 100.**

schrift ist sodann von demjenigen, der die Versicherung an Eides statt aufgenommen hat, sowie von dem Schriftführer zu unterschreiben.

**§ 27a[1] Bekanntmachung im Internet.** (1) [1]Ist durch Rechtsvorschrift eine öffentliche oder ortsübliche Bekanntmachung angeordnet, so ist diese dadurch zu bewirken, dass der Inhalt der Bekanntmachung auch auf einer Internetseite der Behörde oder ihres Verwaltungsträgers zugänglich gemacht wird. [2]Soweit durch Rechtsvorschrift nichts anderes bestimmt ist, ist für die Einhaltung einer vorgeschriebenen Frist die Zugänglichmachung im Internet nach Satz 1 maßgeblich.

(2) Absatz 1 gilt nicht, wenn eine Zugänglichmachung im Internet, insbesondere aus technischen Gründen, nicht möglich ist.

**§ 27b[1] Zugänglichmachung auszulegender Dokumente.** (1) [1]Ist durch Rechtsvorschrift die Auslegung von Dokumenten zur Einsicht angeordnet, so ist sie dadurch zu bewirken, dass die Dokumente zugänglich gemacht werden

1. auf einer Internetseite der für die Auslegung zuständigen Behörde oder ihres Verwaltungsträgers und
2. auf mindestens eine andere Weise.

[2]Ist eine Veröffentlichung der auszulegenden Unterlagen im Internet, insbesondere aus technischen Gründen, nicht möglich, so wird die angeordnete Auslegung zur Einsicht durch die andere Zugangsmöglichkeit nach Satz 1 Nummer 2 bewirkt.

(2) In der Bekanntmachung der Auslegung sind anzugeben

1. der Zeitraum der Auslegung,
2. die Internetseite, auf der die Zugänglichmachung erfolgt, sowie
3. Art und Ort der anderen Zugangsmöglichkeit.

(3) Die Behörde kann verlangen, dass die Dokumente, die für die Auslegung einzureichen sind, in einem verkehrsüblichen elektronischen Format eingereicht werden.

(4) Sind in den auszulegenden Dokumenten Geheimnisse nach § 30 enthalten, so ist derjenige, der diese Dokumente einreichen muss, verpflichtet,

1. diese Geheimnisse zu kennzeichnen und
2. der Behörde zum Zwecke der Auslegung zusätzlich eine Darstellung vorzulegen, die den Inhalt der betreffenden Teile der Dokumente ohne Preisgabe der Geheimnisse beschreibt.

**§ 27c[1] Erörterung mit Verfahrensbeteiligten oder der Öffentlichkeit.**
(1) Ist durch Rechtsvorschrift eine Erörterung, insbesondere ein Erörterungstermin, eine mündliche Verhandlung oder eine Antragskonferenz angeordnet, kann sie ersetzt werden

1. durch eine Onlinekonsultation oder
2. mit Einwilligung der zur Teilnahme Berechtigten durch eine Video- oder Telefonkonferenz.

(2) [1]Bei einer Onlinekonsultation ist den zur Teilnahme Berechtigten innerhalb einer vorher bekannt zu machenden Frist Gelegenheit zu geben, sich schriftlich oder elektronisch zu äußern. [2]Die Frist soll mindestens eine Woche betragen.

---

[1] §§ 27a und 27b neu gef., § 27c eingef. mWv 1.1.2024 durch G v. 4.12.2023 (BGBl. 2023 I Nr. 344).

[3] Werden für die Onlinekonsultation Informationen zur Verfügung gestellt, so gilt § 27b Absatz 4 entsprechend.

(3) Sonstige Regelungen, die die Durchführung einer Erörterung nach Absatz 1 betreffen, bleiben unberührt.

**§ 28 Anhörung Beteiligter.** (1) Bevor ein Verwaltungsakt erlassen wird, der in Rechte eines Beteiligten eingreift, ist diesem Gelegenheit zu geben, sich zu den für die Entscheidung erheblichen Tatsachen zu äußern.

(2) Von der Anhörung kann abgesehen werden, wenn sie nach den Umständen des Einzelfalls nicht geboten ist, insbesondere wenn

1. eine sofortige Entscheidung wegen Gefahr im Verzug oder im öffentlichen Interesse notwendig erscheint;
2. durch die Anhörung die Einhaltung einer für die Entscheidung maßgeblichen Frist in Frage gestellt würde;
3. von den tatsächlichen Angaben eines Beteiligten, die dieser in einem Antrag oder einer Erklärung gemacht hat, nicht zu seinen Ungunsten abgewichen werden soll;
4. die Behörde eine Allgemeinverfügung oder gleichartige Verwaltungsakte in größerer Zahl oder Verwaltungsakte mit Hilfe automatischer Einrichtungen erlassen will;
5. Maßnahmen in der Verwaltungsvollstreckung getroffen werden sollen.

(3) Eine Anhörung unterbleibt, wenn ihr ein zwingendes öffentliches Interesse entgegensteht.

**§ 29 Akteneinsicht durch Beteiligte.** (1) [1] Die Behörde hat den Beteiligten Einsicht in die das Verfahren betreffenden Akten zu gestatten, soweit deren Kenntnis zur Geltendmachung oder Verteidigung ihrer rechtlichen Interessen erforderlich ist. [2] Satz 1 gilt bis zum Abschluss des Verwaltungsverfahrens nicht für Entwürfe zu Entscheidungen sowie die Arbeiten zu ihrer unmittelbaren Vorbereitung. [3] Soweit nach den §§ 17 und 18 eine Vertretung stattfindet, haben nur die Vertreter Anspruch auf Akteneinsicht.

(2) Die Behörde ist zur Gestattung der Akteneinsicht nicht verpflichtet, soweit durch sie die ordnungsgemäße Erfüllung der Aufgaben der Behörde beeinträchtigt, das Bekanntwerden des Inhalts der Akten dem Wohl des Bundes oder eines Landes Nachteile bereiten würde oder soweit die Vorgänge nach einem Gesetz oder ihrem Wesen nach, namentlich wegen der berechtigten Interessen der Beteiligten oder dritter Personen, geheim gehalten werden müssen.

(3) [1] Die Akteneinsicht erfolgt bei der Behörde, die die Akten führt. [2] Im Einzelfall kann die Einsicht auch bei einer anderen Behörde oder bei einer diplomatischen oder berufskonsularischen Vertretung der Bundesrepublik Deutschland im Ausland erfolgen; weitere Ausnahmen kann die Behörde, die die Akten führt, gestatten.

**§ 30 Geheimhaltung.** Die Beteiligten haben Anspruch darauf, dass ihre Geheimnisse, insbesondere die zum persönlichen Lebensbereich gehörenden Geheimnisse sowie die Betriebs- und Geschäftsgeheimnisse, von der Behörde nicht unbefugt offenbart werden.

## Abschnitt 2. Fristen, Termine, Wiedereinsetzung

**§ 31 Fristen und Termine.** (1) Für die Berechnung von Fristen und für die Bestimmung von Terminen gelten die §§ 187 bis 193 des Bürgerlichen Gesetzbuchs[1] entsprechend, soweit nicht durch die Absätze 2 bis 5 etwas anderes bestimmt ist.

(2) Der Lauf einer Frist, die von einer Behörde gesetzt wird, beginnt mit dem Tag, der auf die Bekanntgabe der Frist folgt, außer wenn dem Betroffenen etwas anderes mitgeteilt wird.

(3) [1] Fällt das Ende einer Frist auf einen Sonntag, einen gesetzlichen Feiertag oder einen Sonnabend, so endet die Frist mit dem Ablauf des nächstfolgenden Werktags. [2] Dies gilt nicht, wenn dem Betroffenen unter Hinweis auf diese Vorschrift ein bestimmter Tag als Ende der Frist mitgeteilt worden ist.

(4) Hat eine Behörde Leistungen nur für einen bestimmten Zeitraum zu erbringen, so endet dieser Zeitraum auch dann mit dem Ablauf seines letzten Tages, wenn dieser auf einen Sonntag, einen gesetzlichen Feiertag oder einen Sonnabend fällt.

(5) Der von einer Behörde gesetzte Termin ist auch dann einzuhalten, wenn er auf einen Sonntag, gesetzlichen Feiertag oder Sonnabend fällt.

(6) Ist eine Frist nach Stunden bestimmt, so werden Sonntage, gesetzliche Feiertage oder Sonnabende mitgerechnet.

(7) [1] Fristen, die von einer Behörde gesetzt sind, können verlängert werden. [2] Sind solche Fristen bereits abgelaufen, so können sie rückwirkend verlängert werden, insbesondere wenn es unbillig wäre, die durch den Fristablauf eingetretenen Rechtsfolgen bestehen zu lassen. [3] Die Behörde kann die Verlängerung der Frist nach § 36 mit einer Nebenbestimmung verbinden.

**§ 32 Wiedereinsetzung in den vorigen Stand.** (1) [1] War jemand ohne Verschulden verhindert, eine gesetzliche Frist einzuhalten, so ist ihm auf Antrag Wiedereinsetzung in den vorigen Stand zu gewähren. [2] Das Verschulden eines Vertreters ist dem Vertretenen zuzurechnen.

(2) [1] Der Antrag ist innerhalb von zwei Wochen nach Wegfall des Hindernisses zu stellen. [2] Die Tatsachen zur Begründung des Antrags sind bei der Antragstellung oder im Verfahren über den Antrag glaubhaft zu machen. [3] Innerhalb der Antragsfrist ist die versäumte Handlung nachzuholen. [4] Ist dies geschehen, so kann Wiedereinsetzung auch ohne Antrag gewährt werden.

(3) Nach einem Jahr seit dem Ende der versäumten Frist kann die Wiedereinsetzung nicht mehr beantragt oder die versäumte Handlung nicht mehr nachgeholt werden, außer wenn dies vor Ablauf der Jahresfrist infolge höherer Gewalt unmöglich war.

(4) Über den Antrag auf Wiedereinsetzung entscheidet die Behörde, die über die versäumte Handlung zu befinden hat.

(5) Die Wiedereinsetzung ist unzulässig, wenn sich aus einer Rechtsvorschrift ergibt, dass sie ausgeschlossen ist.

---

[1] **Habersack Nr. 20.**

## Abschnitt 3. Amtliche Beglaubigung

**§ 33**[1]) **Beglaubigung von Dokumenten.** (1) [1]Jede Behörde ist befugt, Abschriften von Urkunden, die sie selbst ausgestellt hat, zu beglaubigen. [2]Darüber hinaus sind die von der Bundesregierung durch Rechtsverordnung[2]) bestimmten Behörden im Sinne des § 1 Abs. 1 Nr. 1 und die nach Landesrecht zuständigen Behörden befugt, Abschriften zu beglaubigen, wenn die Urschrift von einer Behörde ausgestellt ist oder die Abschrift zur Vorlage bei einer Behörde benötigt wird, sofern nicht durch Rechtsvorschrift die Erteilung beglaubigter Abschriften aus amtlichen Registern und Archiven anderer Behörden ausschließlich vorbehalten ist; die Rechtsverordnung bedarf nicht der Zustimmung des Bundesrates.

(2) Abschriften dürfen nicht beglaubigt werden, wenn Umstände zu der Annahme berechtigen, dass der ursprüngliche Inhalt des Schriftstücks, dessen Abschrift beglaubigt werden soll, geändert worden ist, insbesondere wenn dieses Schriftstück Lücken, Durchstreichungen, Einschaltungen, Änderungen, unleserliche Wörter, Zahlen oder Zeichen, Spuren der Beseitigung von Wörtern, Zahlen und Zeichen enthält oder wenn der Zusammenhang eines aus mehreren Blättern bestehenden Schriftstücks aufgehoben ist.

(3) [1]Eine Abschrift wird beglaubigt durch einen Beglaubigungsvermerk, der unter die Abschrift zu setzen ist. [2]Der Vermerk muss enthalten

1. die genaue Bezeichnung des Schriftstücks, dessen Abschrift beglaubigt wird,

2. die Feststellung, dass die beglaubigte Abschrift mit dem vorgelegten Schriftstück übereinstimmt,

3. den Hinweis, dass die beglaubigte Abschrift nur zur Vorlage bei der angegebenen Behörde erteilt wird, wenn die Urschrift nicht von einer Behörde ausgestellt worden ist,

4. den Ort und den Tag der Beglaubigung, die Unterschrift des für die Beglaubigung zuständigen Bediensteten und das Dienstsiegel.

(4) Die Absätze 1 bis 3 gelten entsprechend für die Beglaubigung von

1. Ablichtungen, Lichtdrucken und ähnlichen in technischen Verfahren hergestellten Vervielfältigungen,

2. auf fototechnischem Wege von Schriftstücken hergestellten Negativen, die bei einer Behörde aufbewahrt werden,

3. Ausdrucken elektronischer Dokumente,

4. elektronischen Dokumenten,

    a) die zur Abbildung eines Schriftstücks hergestellt wurden,

    b) die ein anderes technisches Format als das Ausgangsdokument, das verbunden ist mit einer qualifizierten elektronischen Signatur oder einem qualifizierten elektronischen Siegel einer Behörde, erhalten haben.

(5) [1]Der Beglaubigungsvermerk muss zusätzlich zu den Angaben nach Absatz 3 Satz 2 bei der Beglaubigung

---

[1]) § 33 Abs. 7 angef. mWv 1.8.2013 durch G v. 25.7.2013 (BGBl. I S. 2749); Abs. 4 Nr. 4 Buchst. b und Abs. 5 neu gef. mWv 1.1.2024 durch G v. 4.12.2023 (BGBl. 2023 I Nr. 344).
[2]) Siehe § 1 der BeglaubigungsVO v. 13.3.2003 (BGBl. I S. 361):
„**§ 1 Zu Beglaubigungen befugte Behörden.** Alle Behörden im Sinne des § 1 Abs. 1 Nr. 1 des Verwaltungsverfahrensgesetzes sind befugt, Beglaubigungen nach den §§ 33 und 34 des Verwaltungsverfahrensgesetzes vorzunehmen.“

1. des Ausdrucks eines elektronischen Dokuments, das mit einer qualifizierten elektronischen Signatur oder einem qualifizierten elektronischen Siegel einer Behörde verbunden ist, die Feststellungen enthalten,

   a) wen die Signaturprüfung als Inhaber der Signatur ausweist oder welche Behörde die Signaturprüfung als Inhaber des Siegels ausweist,

   b) welchen Zeitpunkt die Signaturprüfung für die Anbringung der Signatur oder des Siegels ausweist und

   c) welche Zertifikate mit welchen Daten dieser Signatur oder diesem Siegel zu Grunde lagen;

2. eines elektronischen Dokuments den Namen des für die Beglaubigung zuständigen Bediensteten und die Bezeichnung der Behörde, die die Beglaubigung vornimmt, enthalten; die Unterschrift des für die Beglaubigung zuständigen Bediensteten und das Dienstsiegel nach Absatz 3 Satz 2 Nummer 4 werden durch eine dauerhaft überprüfbare qualifizierte elektronische Signatur oder durch ein dauerhaft überprüfbares qualifiziertes elektronisches Siegel der Behörde ersetzt.

[2] Wird ein elektronisches Dokument, das in einem anderen technischen Format erhalten hat als das Ausgangsdokument, das mit einer qualifizierten elektronischen Signatur oder mit einem qualifizierten elektronischen Siegel einer Behörde verbunden ist, nach Satz 1 Nummer 2 beglaubigt, so muss der Beglaubigungsvermerk zusätzlich die Feststellungen nach Satz 1 Nummer 1 für das Ausgangsdokument enthalten.

(6) Die nach Absatz 4 hergestellten Dokumente stehen, sofern sie beglaubigt sind, beglaubigten Abschriften gleich.

(7) Jede Behörde soll von Urkunden, die sie selbst ausgestellt hat, auf Verlangen ein elektronisches Dokument nach Absatz 4 Nummer 4 Buchstabe a oder eine elektronische Abschrift fertigen und beglaubigen.

**§ 34 Beglaubigung von Unterschriften.** (1) [1] Die von der Bundesregierung durch Rechtsverordnung[1] bestimmten Behörden im Sinne des § 1 Abs. 1 Nr. 1 und die nach Landesrecht zuständigen Behörden sind befugt, Unterschriften zu beglaubigen, wenn das unterzeichnete Schriftstück zur Vorlage bei einer Behörde oder bei einer sonstigen Stelle, auf Grund einer Rechtsvorschrift das unterzeichnete Schriftstück vorzulegen ist, benötigt wird. [2] Dies gilt nicht für

1. Unterschriften ohne zugehörigen Text,

2. Unterschriften, die der öffentlichen Beglaubigung (§ 129 des Bürgerlichen Gesetzbuchs[2]) bedürfen.

(2) Eine Unterschrift soll nur beglaubigt werden, wenn sie in Gegenwart des beglaubigenden Bediensteten vollzogen oder anerkannt wird.

(3) [1] Der Beglaubigungsvermerk ist unmittelbar bei der Unterschrift, die beglaubigt werden soll, anzubringen. [2] Er muss enthalten

1. die Bestätigung, dass die Unterschrift echt ist,

2. die genaue Bezeichnung desjenigen, dessen Unterschrift beglaubigt wird, sowie die Angabe, ob sich der für die Beglaubigung zuständige Bedienstete Gewissheit

---

[1] Siehe § 1 der BeglaubigungsVO v. 13.3.2003 (BGBl. I S. 361):

„**§ 1 Zu Beglaubigungen befugte Behörden.** Alle Behörden im Sinne des § 1 Abs. 1 Nr. 1 des Verwaltungsverfahrensgesetzes sind befugt, Beglaubigungen nach den §§ 33 und 34 des Verwaltungsverfahrensgesetzes vorzunehmen."

[2] **Habersack Nr. 20.**

über diese Person verschafft hat und ob die Unterschrift in seiner Gegenwart vollzogen oder anerkannt worden ist,

3. den Hinweis, dass die Beglaubigung nur zur Vorlage bei der angegebenen Behörde oder Stelle bestimmt ist,

4. den Ort und den Tag der Beglaubigung, die Unterschrift des für die Beglaubigung zuständigen Bediensteten und das Dienstsiegel.

(4) Die Absätze 1 bis 3 gelten für die Beglaubigung von Handzeichen entsprechend.

(5) Die Rechtsverordnungen nach Absatz 1 und 4 bedürfen nicht der Zustimmung des Bundesrates.

## Teil III. Verwaltungsakt
### Abschnitt 1. Zustandekommen des Verwaltungsaktes

**§ 35 Begriff des Verwaltungsaktes.** [1]Verwaltungsakt ist jede Verfügung, Entscheidung oder andere hoheitliche Maßnahme, die eine Behörde zur Regelung eines Einzelfalls auf dem Gebiet des öffentlichen Rechts trifft und die auf unmittelbare Rechtswirkung nach außen gerichtet ist. [2]Allgemeinverfügung ist ein Verwaltungsakt, der sich an einen nach allgemeinen Merkmalen bestimmten oder bestimmbaren Personenkreis richtet oder die öffentlich-rechtliche Eigenschaft einer Sache oder ihre Benutzung durch die Allgemeinheit betrifft.

**§ 35a[1] Vollständig automatisierter Erlass eines Verwaltungsaktes.** Ein Verwaltungsakt kann vollständig durch automatische Einrichtungen erlassen werden, sofern dies durch Rechtsvorschrift zugelassen ist und weder ein Ermessen noch ein Beurteilungsspielraum besteht.

**§ 36 Nebenbestimmungen zum Verwaltungsakt.** (1) Ein Verwaltungsakt, auf den ein Anspruch besteht, darf mit einer Nebenbestimmung nur versehen werden, wenn sie durch Rechtsvorschrift zugelassen ist oder wenn sie sicherstellen soll, dass die gesetzlichen Voraussetzungen des Verwaltungsaktes erfüllt werden.

(2) Unbeschadet des Absatzes 1 darf ein Verwaltungsakt nach pflichtgemäßem Ermessen erlassen werden mit

1. einer Bestimmung, nach der eine Vergünstigung oder Belastung zu einem bestimmten Zeitpunkt beginnt, endet oder für einen bestimmten Zeitraum gilt (Befristung);

2. einer Bestimmung, nach der der Eintritt oder der Wegfall einer Vergünstigung oder einer Belastung von dem ungewissen Eintritt eines zukünftigen Ereignisses abhängt (Bedingung);

3. einem Vorbehalt des Widerrufs

oder verbunden werden mit

4. einer Bestimmung, durch die dem Begünstigten ein Tun, Dulden oder Unterlassen vorgeschrieben wird (Auflage);

5. einem Vorbehalt der nachträglichen Aufnahme, Änderung oder Ergänzung einer Auflage.

(3) Eine Nebenbestimmung darf dem Zweck des Verwaltungsaktes nicht zuwiderlaufen.

---

[1] § 35a eingef. mWv 1.1.2017 durch G v. 18.7.2016 (BGBl. I S. 1679).

**§ 37[1] Bestimmtheit und Form des Verwaltungsaktes; Rechtsbehelfsbelehrung.** (1) Ein Verwaltungsakt muss inhaltlich hinreichend bestimmt sein.

(2) [1]Ein Verwaltungsakt kann schriftlich, elektronisch, mündlich oder in anderer Weise erlassen werden. [2]Ein mündlicher Verwaltungsakt ist schriftlich oder elektronisch zu bestätigen, wenn hieran ein berechtigtes Interesse besteht und der Betroffene dies unverzüglich verlangt. [3]Ein elektronischer Verwaltungsakt ist unter denselben Voraussetzungen schriftlich zu bestätigen; § 3a Absatz 2 und 3 findet insoweit keine Anwendung.

(3) [1]Ein schriftlicher oder elektronischer Verwaltungsakt muss die erlassende Behörde erkennen lassen und die Unterschrift oder die Namenswiedergabe des Behördenleiters, seines Vertreters oder seines Beauftragten enthalten. [2]Wird für einen Verwaltungsakt, für den durch Rechtsvorschrift die Schriftform angeordnet ist, die elektronische Form verwendet, muss auch das der Signatur zugrunde liegende qualifizierte Zertifikat oder ein zugehöriges qualifiziertes Attributzertifikat die erlassende Behörde erkennen lassen. [3]Im Fall des § 3a Absatz 3 Nummer 3 Buchstabe b muss die Bestätigung nach § 5 Absatz 5 des De-Mail-Gesetzes[2] die erlassende Behörde als Nutzer des De-Mail-Kontos erkennen lassen.

(4) Für einen Verwaltungsakt kann für die nach § 3a Absatz 2 erforderliche Signatur oder für das nach § 3a Absatz 3 Nummer 3 Buchstabe a erforderliche Siegel durch Rechtsvorschrift die dauerhafte Überprüfbarkeit vorgeschrieben werden.

(5) [1]Bei einem schriftlichen Verwaltungsakt, der mit Hilfe automatischer Einrichtungen erlassen wird, können abweichend von Absatz 3 Unterschrift und Namenswiedergabe fehlen. [2]Zur Inhaltsangabe können Schlüsselzeichen verwendet werden, wenn derjenige, für den der Verwaltungsakt bestimmt ist oder der von ihm betroffen wird, auf Grund der dazu gegebenen Erläuterungen den Inhalt des Verwaltungsaktes eindeutig erkennen kann.

(6) [1]Einem schriftlichen oder elektronischen Verwaltungsakt, der der Anfechtung unterliegt, ist eine Erklärung beizufügen, durch die der Beteiligte über den Rechtsbehelf, der gegen den Verwaltungsakt gegeben ist, über die Behörde oder das Gericht, bei denen der Rechtsbehelf einzulegen ist, den Sitz und über die einzuhaltende Frist belehrt wird (Rechtsbehelfsbelehrung). [2]Die Rechtsbehelfsbelehrung ist auch der schriftlichen oder elektronischen Bestätigung eines Verwaltungsaktes und der Bescheinigung nach § 42a Absatz 3 beizufügen.

**§ 38 Zusicherung.** (1) [1]Eine von der zuständigen Behörde erteilte Zusage, einen bestimmten Verwaltungsakt später zu erlassen oder zu unterlassen (Zusicherung), bedarf zu ihrer Wirksamkeit der schriftlichen Form. [2]Ist vor dem Erlass des zugesicherten Verwaltungsaktes die Anhörung Beteiligter oder die Mitwirkung einer anderen Behörde oder eines Ausschusses auf Grund einer Rechtsvorschrift erforderlich, so darf die Zusicherung erst nach Anhörung der Beteiligten oder nach Mitwirkung dieser Behörde oder des Ausschusses gegeben werden.

(2) Auf die Unwirksamkeit der Zusicherung finden, unbeschadet des Absatzes 1 Satz 1, § 44, auf die Heilung von Mängeln bei der Anhörung Beteiligter und der Mitwirkung anderer Behörden oder Ausschüsse § 45 Abs. 1 Nr. 3 bis 5 sowie

---

[1] § 37 Überschrift geänd., Abs. 6 angef. mWv 7.6.2013 durch G v. 31.5.2013 (BGBl. I S. 1388); Abs. 3 Satz 3 angef. mWv 1.8.2013 durch G v. 25.7.2013 (BGBl. I S. 2749); Abs. 2 Satz 3, Abs. 3 Satz 3 und Abs. 4 geänd. mWv 1.1.2024 durch G v. 4.12.2023 (BGBl. 2023 I Nr. 344).
[2] **Sartorius III Nr. 730.**

Abs. 2, auf die Rücknahme § 48, auf den Widerruf, unbeschadet des Absatzes 3, § 49 entsprechende Anwendung.

(3) Ändert sich nach Abgabe der Zusicherung die Sach- oder Rechtslage derart, dass die Behörde bei Kenntnis der nachträglich eingetretenen Änderung die Zusicherung nicht gegeben hätte oder aus rechtlichen Gründen nicht hätte geben dürfen, ist die Behörde an die Zusicherung nicht mehr gebunden.

**§ 39 Begründung des Verwaltungsaktes.** (1) [1] Ein schriftlicher oder elektronischer sowie ein schriftlich oder elektronisch bestätigter Verwaltungsakt ist mit einer Begründung zu versehen. [2] In der Begründung sind die wesentlichen tatsächlichen und rechtlichen Gründe mitzuteilen, die die Behörde zu ihrer Entscheidung bewogen haben. [3] Die Begründung von Ermes-

*(Fortsetzung nächstes Blatt)*

Behörde die Mitteilung oder die Aufforderung in ihrem amtlichen Veröffentlichungsblatt und außerdem in örtlichen Tageszeitungen, die in dem Bereich verbreitet sind, in dem sich das Vorhaben voraussichtlich auswirken wird, bekannt macht.

**§ 73[1] Anhörungsverfahren.** (1) [1]Der Träger des Vorhabens hat den Plan der Anhörungsbehörde zur Durchführung des Anhörungsverfahrens einzureichen. [2]Der Plan besteht aus den Zeichnungen und Erläuterungen, die das Vorhaben, seinen Anlass und die von dem Vorhaben betroffenen Grundstücke und Anlagen erkennen lassen.

(2) Innerhalb eines Monats nach Zugang des vollständigen Plans fordert die Anhörungsbehörde die Behörden, deren Aufgabenbereich durch das Vorhaben berührt wird, zur Stellungnahme auf und veranlasst, dass der Plan in den Gemeinden, in denen sich das Vorhaben voraussichtlich auswirken wird, nach § 27b ausgelegt wird.

(3) [1]Die Gemeinden nach Absatz 2 haben den Plan innerhalb von drei Wochen nach Zugang für die Dauer eines Monats zur Einsicht auszulegen. [2]Die Anhörungsbehörde bestimmt, in welcher der Gemeinden nach Absatz 2 eine andere Zugangsmöglichkeit nach § 27b Absatz 1 Satz 1 Nummer 2 zur Verfügung zu stellen ist und legt im Benehmen mit der jeweiligen Gemeinde die Zugangsmöglichkeit fest. [3]Auf eine Auslegung kann verzichtet werden, wenn der Kreis der Betroffenen und die Vereinigungen nach Absatz 4 Satz 5 bekannt sind und ihnen innerhalb angemessener Frist Gelegenheit gegeben wird, den Plan einzusehen.

(3a) [1]Die Behörden nach Absatz 2 haben ihre Stellungnahme innerhalb einer von der Anhörungsbehörde zu setzenden Frist abzugeben, die drei Monate nicht überschreiten darf. [2]Stellungnahmen, die nach Ablauf der Frist nach Satz 1 eingehen, sind zu berücksichtigen, wenn der Planfeststellungsbehörde die vorgebrachten Belange bekannt sind oder hätten bekannt sein müssen oder für die Rechtmäßigkeit der Entscheidung von Bedeutung sind; im Übrigen können sie berücksichtigt werden.

(4) [1]Jeder, dessen Belange durch das Vorhaben berührt werden, kann bis zwei Wochen nach Ablauf der Auslegungsfrist schriftlich oder zur Niederschrift bei der Anhörungsbehörde oder bei einer Gemeinde nach Absatz 2 Einwendungen gegen den Plan erheben. [2]Im Falle des Absatzes 3 Satz 3 bestimmt die Anhörungsbehörde die Einwendungsfrist. [3]Mit Ablauf der Einwendungsfrist sind alle Einwendungen ausgeschlossen, die nicht auf besonderen privatrechtlichen Titeln beruhen. [4]Hierauf ist in der Bekanntmachung der Auslegung oder bei der Bekanntgabe der Einwendungsfrist hinzuweisen. [5]Vereinigungen, die auf Grund einer Anerkennung nach anderen Rechtsvorschriften befugt sind, Rechtsbehelfe nach der Verwaltungsgerichtsordnung gegen die Entscheidung nach § 74 einzulegen, können innerhalb der Frist nach Satz 1 Stellungnahmen zu dem Plan abgeben. [6]Die Sätze 2 bis 4 gelten entsprechend.

(5) [1]Die Gemeinden nach Absatz 2, in denen der Plan auszulegen ist, haben die Auslegung vorher ortsüblich bekannt zu machen. [2]In der Bekanntmachung ist darauf hinzuweisen,

---

[1]) § 73 Abs. 2 geänd., Abs. 3 Satz 2, Abs. 3a Satz 2 neu gef., Abs. 4 Sätze 5 und 6 angef., Abs. 5 Satz 2 Nr. 2 und Nr. 4 Buchst. a geänd., Abs. 6 Satz 1 und 7 neu gef., Satz 3 geänd., Abs. 8 Satz 1 neu gef., Abs. 2 geänd. und Abs. 9 neu gef. mWv 7.6.2013 durch G v. 31.5.2013 (BGBl. I S. 1388); Abs. 2 geänd., Abs. 3 Satz 2 eingef., bish. Satz 2 wird Satz 3, Abs. 4 Sätze 1 und 2 und Abs. 5 Satz 1 geänd. mWv 1.1.2024 durch G v. 4.12.2023 (BGBl. 2023 I Nr. 344).

1. wo und in welchem Zeitraum der Plan zur Einsicht ausgelegt ist;
2. dass etwaige Einwendungen oder Stellungnahmen von Vereinigungen nach Absatz 4 Satz 5 bei den in der Bekanntmachung zu bezeichnenden Stellen innerhalb der Einwendungsfrist vorzubringen sind;
3. dass bei Ausbleiben eines Beteiligten in dem Erörterungstermin auch ohne ihn verhandelt werden kann;
4. dass
   a) die Personen, die Einwendungen erhoben haben, oder die Vereinigungen, die Stellungnahmen abgegeben haben, von dem Erörterungstermin durch öffentliche Bekanntmachung benachrichtigt werden können,
   b) die Zustellung der Entscheidung über die Einwendungen durch öffentliche Bekanntmachung ersetzt werden kann,

   wenn mehr als 50 Benachrichtigungen oder Zustellungen vorzunehmen sind.

³ Nicht ortsansässige Betroffene, deren Person und Aufenthalt bekannt sind oder sich innerhalb angemessener Frist ermitteln lassen, sollen auf Veranlassung der Anhörungsbehörde von der Auslegung mit dem Hinweis nach Satz 2 benachrichtigt werden.

(6) ¹ Nach Ablauf der Einwendungsfrist hat die Anhörungsbehörde die rechtzeitig gegen den Plan erhobenen Einwendungen, die rechtzeitig abgegebenen Stellungnahmen von Vereinigungen nach Absatz 4 Satz 5 sowie die Stellungnahmen der Behörden zu dem Plan mit dem Träger des Vorhabens, den Behörden, den Betroffenen sowie denjenigen, die Einwendungen erhoben oder Stellungnahmen abgegeben haben, zu erörtern. ² Der Erörterungstermin ist mindestens eine Woche vorher ortsüblich bekannt zu machen. ³ Die Behörden, der Träger des Vorhabens und diejenigen, die Einwendungen erhoben oder Stellungnahmen abgegeben haben, sind von dem Erörterungstermin zu benachrichtigen. ⁴ Sind außer der Benachrichtigung der Behörden und des Trägers des Vorhabens mehr als 50 Benachrichtigungen vorzunehmen, so können diese Benachrichtigungen durch öffentliche Bekanntmachung ersetzt werden. ⁵ Die öffentliche Bekanntmachung wird dadurch bewirkt, dass abweichend von Satz 2 der Erörterungstermin im amtlichen Veröffentlichungsblatt der Anhörungsbehörde und außerdem in örtlichen Tageszeitungen bekannt gemacht wird, die in dem Bereich verbreitet sind, in dem sich das Vorhaben voraussichtlich auswirken wird; maßgebend für die Frist nach Satz 2 ist die Bekanntgabe im amtlichen Veröffentlichungsblatt. ⁶ Im Übrigen gelten für die Erörterung die Vorschriften über die mündliche Verhandlung im förmlichen Verwaltungsverfahren (§ 67 Abs. 1 Satz 3, Abs. 2 Nr. 1 und 4 und Abs. 3, § 68) entsprechend. ⁷ Die Anhörungsbehörde schließt die Erörterung innerhalb von drei Monaten nach Ablauf der Einwendungsfrist ab.

(7) Abweichend von den Vorschriften des Absatzes 6 Satz 2 bis 5 kann der Erörterungstermin bereits in der Bekanntmachung nach Absatz 5 Satz 2 bestimmt werden.

(8) ¹ Soll ein ausgelegter Plan geändert werden und werden dadurch der Aufgabenbereich einer Behörde oder einer Vereinigung nach Absatz 4 Satz 5 oder Belange Dritter erstmals oder stärker als bisher berührt, so ist diesen die Änderung mitzuteilen und ihnen Gelegenheit zu Stellungnahmen und Einwendungen innerhalb von zwei Wochen zu geben; Absatz 4 Satz 3 bis 6 gilt entsprechend. ² Wird sich die Änderung voraussichtlich auf das Gebiet einer anderen Gemeinde auswirken, so ist der geänderte Plan in dieser Gemeinde auszulegen; die Absätze 2 bis 6 gelten entsprechend.

(9) Die Anhörungsbehörde gibt zum Ergebnis des Anhörungsverfahrens eine Stellungnahme ab und leitet diese der Planfeststellungsbehörde innerhalb eines Monats nach Abschluss der Erörterung mit dem Plan, den Stellungnahmen der Behörden und der Vereinigungen nach Absatz 4 Satz 5 sowie den nicht erledigten Einwendungen zu.

**§ 74[1]) Planfeststellungsbeschluss, Plangenehmigung.** (1) [1]Die Planfeststellungsbehörde stellt den Plan fest (Planfeststellungsbeschluss). [2]Die Vorschriften über die Entscheidung und die Anfechtung der Entscheidung im förmlichen Verwaltungsverfahren (§§ 69 und 70) sind anzuwenden.

(2) [1]Im Planfeststellungsbeschluss entscheidet die Planfeststellungsbehörde über die Einwendungen, über die bei der Erörterung vor der Anhörungsbehörde keine Einigung erzielt worden ist. [2]Sie hat dem Träger des Vorhabens Vorkehrungen oder die Errichtung und Unterhaltung von Anlagen aufzuerlegen, die zum Wohl der Allgemeinheit oder zur Vermeidung nachteiliger Wirkungen auf Rechte anderer erforderlich sind. [3]Sind solche Vorkehrungen oder Anlagen untunlich oder mit dem Vorhaben unvereinbar, so hat der Betroffene Anspruch auf angemessene Entschädigung in Geld.

(3) Soweit eine abschließende Entscheidung noch nicht möglich ist, ist diese im Planfeststellungsbeschluss vorzubehalten; dem Träger des Vorhabens ist dabei aufzugeben, noch fehlende oder von der Planfeststellungsbehörde bestimmte Unterlagen rechtzeitig vorzulegen.

(4) [1]Der Planfeststellungsbeschluss ist dem Träger des Vorhabens, denjenigen, über deren Einwendungen entschieden worden ist, und den Vereinigungen, über deren Stellungnahmen entschieden worden ist, zuzustellen. [2]Eine Ausfertigung des Beschlusses ist mit einer Rechtsbehelfsbelehrung und einer Ausfertigung des festgestellten Plans in den Gemeinden zwei Wochen zur Einsicht auszulegen; die Auslegung ist ortsüblich bekannt zu machen. [3]Die Planfeststellungsbehörde bestimmt, in welcher Gemeinde eine andere Zugangsmöglichkeit nach § 27b Absatz 1 Satz 1 Nummer 2 zur Verfügung zu stellen ist und legt im Benehmen mit der jeweiligen Gemeinde die Zugangsmöglichkeit fest. [4]Mit dem Ende der Auslegungsfrist gilt der Beschluss gegenüber den übrigen Betroffenen als zugestellt; darauf ist in der Bekanntmachung hinzuweisen.

(5) [1]Sind außer an den Träger des Vorhabens mehr als 50 Zustellungen nach Absatz 4 vorzunehmen, so können diese Zustellungen durch öffentliche Bekanntmachung ersetzt werden. [2]Die öffentliche Bekanntmachung wird dadurch bewirkt, dass der verfügende Teil des Planfeststellungsbeschlusses, die Rechtsbehelfsbelehrung und ein Hinweis auf die Auslegung nach Absatz 4 Satz 2 im amtlichen Veröffentlichungsblatt der zuständigen Behörde und außerdem in örtlichen Tageszeitungen bekannt gemacht werden, die in dem Bereich verbreitet sind, in dem sich das Vorhaben voraussichtlich auswirken wird; auf Auflagen ist hinzuweisen. [3]Mit dem Ende der Auslegungsfrist gilt der Beschluss den Betroffenen und denjenigen gegenüber, die Einwendungen erhoben haben, als zugestellt; hierauf ist in der Bekanntmachung hinzuweisen. [4]Nach der öffentlichen Bekanntmachung kann der Planfeststellungsbeschluss bis zum Ablauf der Rechtsbehelfsfrist von den Betroffenen und von denjenigen, die Einwendungen erhoben haben, schriftlich

---

[1]) § 74 Abs. 4 Satz 1 neu gef., Abs. 6 Satz 1 Nr. 1 und 2 geänd., Nr. 3 angef., Satz 2 neu gef., Abs. 7 Satz 2 Nr. 1 und 2 geänd., Nr. 3 angef. mWv 7.6.2013 durch G v. 31.5.2013 (BGBl. I S. 1388); Abs. 5 Satz 4 geänd. mWv 5.4.2017 durch G v. 29.3.2017 (BGBl. I S. 626); Abs. 4 Satz 2 geänd., Satz 3 eingef., bish. Satz 3 wird Satz 4 mWv 1.1.2024 durch G v. 4.12.2023 (BGBl. 2023 I Nr. 344).

oder elektronisch angefordert werden; hierauf ist in der Bekanntmachung gleichfalls hinzuweisen.

(6) [1] An Stelle eines Planfeststellungsbeschlusses kann eine Plangenehmigung erteilt werden, wenn

1. Rechte anderer nicht oder nur unwesentlich beeinträchtigt werden oder die Betroffenen sich mit der Inanspruchnahme ihres Eigentums oder eines anderen Rechts schriftlich einverstanden erklärt haben,

2. mit den Trägern öffentlicher Belange, deren Aufgabenbereich berührt wird, das Benehmen hergestellt worden ist und

3. nicht andere Rechtsvorschriften eine Öffentlichkeitsbeteiligung vorschreiben, die den Anforderungen des § 73 Absatz 3 Satz 1 und Absatz 4 bis 7 entsprechen muss.

[2] Die Plangenehmigung hat die Rechtswirkungen der Planfeststellung; auf ihre Erteilung sind die Vorschriften über das Planfeststellungsverfahren nicht anzuwenden; davon ausgenommen sind Absatz 4 Satz 1 und Absatz 5, die entsprechend anzuwenden sind. [3] Vor Erhebung einer verwaltungsgerichtlichen Klage bedarf es keiner Nachprüfung in einem Vorverfahren. [4] § 75 Abs. 4 gilt entsprechend.

(7) [1] Planfeststellung und Plangenehmigung entfallen in Fällen von unwesentlicher Bedeutung. [2] Diese liegen vor, wenn

1. andere öffentliche Belange nicht berührt sind oder die erforderlichen behördlichen Entscheidungen vorliegen und sie dem Plan nicht entgegenstehen,

2. Rechte anderer nicht beeinflusst werden oder mit den vom Plan Betroffenen entsprechende Vereinbarungen getroffen worden sind und

3. nicht andere Rechtsvorschriften eine Öffentlichkeitsbeteiligung vorschreiben, die den Anforderungen des § 73 Absatz 3 Satz 1 und Absatz 4 bis 7 entsprechen muss.

**§ 75[1] Rechtswirkungen der Planfeststellung. (1)** [1] Durch die Planfeststellung wird die Zulässigkeit des Vorhabens einschließlich der notwendigen Folgemaßnahmen an anderen Anlagen im Hinblick auf alle von ihm berührten öffentlichen Belange festgestellt; neben der Planfeststellung sind andere behördliche Entscheidungen, insbesondere öffentlich-rechtliche Genehmigungen, Verleihungen, Erlaubnisse, Bewilligungen, Zustimmungen und Planfeststellungen nicht erforderlich. [2] Durch die Planfeststellung werden alle öffentlich-rechtlichen Beziehungen zwischen dem Träger des Vorhabens und den durch den Plan Betroffenen rechtsgestaltend geregelt.

(1a) [1] Mängel bei der Abwägung der von dem Vorhaben berührten öffentlichen und privaten Belange sind nur erheblich, wenn sie offensichtlich und auf das Abwägungsergebnis von Einfluss gewesen sind. [2] Erhebliche Mängel bei der Abwägung oder eine Verletzung von Verfahrens- oder Formvorschriften führen nur dann zur Aufhebung des Planfeststellungsbeschlusses oder der

*(Fortsetzung nächstes Blatt)*

---

[1] § 75 Abs. 1a Satz 2 geänd., Abs. 4 Satz 2 angef. mWv 7.6.2013 durch G v. 31.5.2013 (BGBl. I S. 1388).

(3) ¹Sind mehrere gleichartige Wahlstellen zu besetzen, so ist nach dem Höchstzahlverfahren d'Hondt zu wählen, außer wenn einstimmig etwas anderes beschlossen worden ist. ²Über die Zuteilung der letzten Wahlstelle entscheidet bei gleicher Höchstzahl das vom Leiter der Wahl zu ziehende Los.

**§ 93 Niederschrift.** ¹Über die Sitzung ist eine Niederschrift zu fertigen. ²Die Niederschrift muss Angaben enthalten über

1. den Ort und den Tag der Sitzung,
2. die Namen des Vorsitzenden und der anwesenden Ausschussmitglieder,
3. den behandelten Gegenstand und die gestellten Anträge,
4. die gefassten Beschlüsse,
5. das Ergebnis von Wahlen.

³Die Niederschrift ist von dem Vorsitzenden und, soweit ein Schriftführer hinzugezogen worden ist, auch von diesem zu unterzeichnen.

### Teil VIII. Schlussvorschriften

**§ 94 Übertragung gemeindlicher Aufgaben.** ¹Die Landesregierungen können durch Rechtsverordnung die nach den §§ 73 und 74 dieses Gesetzes den Gemeinden obliegenden Aufgaben auf eine andere kommunale Gebietskörperschaft oder eine Verwaltungsgemeinschaft übertragen. ²Rechtsvorschriften der Länder, die entsprechende Regelungen bereits enthalten, bleiben unberührt.

**§ 95 Sonderregelung für Verteidigungsangelegenheiten.** ¹Nach Feststellung des Verteidigungsfalles oder des Spannungsfalles kann in Verteidigungsangelegenheiten von der Anhörung Beteiligter (§ 28 Abs. 1), von der schriftlichen Bestätigung (§ 37 Abs. 2 Satz 2) und von der schriftlichen Begründung eines Verwaltungsaktes (§ 39 Abs. 1) abgesehen werden; in diesen Fällen gilt ein Verwaltungsakt abweichend von § 41 Abs. 4 Satz 3 mit dem auf die Bekanntmachung folgenden Tag als bekannt gegeben. ²Dasselbe gilt für die sonstigen gemäß Artikel 80a des Grundgesetzes[1]) anzuwendenden Rechtsvorschriften.

**§ 96 Überleitung von Verfahren.** (1) Bereits begonnene Verfahren sind nach den Vorschriften dieses Gesetzes zu Ende zu führen.

(2) Die Zulässigkeit eines Rechtsbehelfs gegen die vor Inkrafttreten dieses Gesetzes ergangenen Entscheidungen richtet sich nach den bisher geltenden Vorschriften.

(3) Fristen, deren Lauf vor Inkrafttreten dieses Gesetzes begonnen hat, werden nach den bisher geltenden Rechtsvorschriften berechnet.

(4) Für die Erstattung von Kosten im Vorverfahren gelten die Vorschriften dieses Gesetzes, wenn das Vorverfahren vor Inkrafttreten dieses Gesetzes noch nicht abgeschlossen worden ist.

**§§ 97–99** (weggefallen)

**§ 100 Landesgesetzliche Regelungen.** Die Länder können durch Gesetz
1. eine dem § 16 entsprechende Regelung treffen;

---

¹) Nr. **1.**

2. bestimmen, dass für Planfeststellungen, die auf Grund landesrechtlicher Vorschriften durchgeführt werden, die Rechtswirkungen des § 75 Abs. 1 Satz 1 auch gegenüber nach Bundesrecht notwendigen Entscheidungen gelten.

**§ 101 Stadtstaatenklausel.** Die Senate der Länder Berlin, Bremen und Hamburg werden ermächtigt, die örtliche Zuständigkeit abweichend von § 3 dem besonderen Verwaltungsaufbau ihrer Länder entsprechend zu regeln.

**§ 102 Übergangsvorschrift zu § 53.** Artikel 229 § 6 Abs. 1 bis 4 des Einführungsgesetzes zum Bürgerlichen Gesetzbuche[1] gilt entsprechend bei der Anwendung des § 53 in der seit dem 1. Januar 2002 geltenden Fassung.

**§ 102a[2] Übergangsregelung für die Durchführung von Verwaltungsverfahren.** [1] Auf alle vor dem 1. Januar 2024 begonnenen, aber nicht abgeschlossenen Verwaltungsverfahren sind dieses Gesetz in der bis zum 31. Dezember 2023 geltenden Fassung und das Planungssicherstellungsgesetz[3] weiter anzuwenden. [2] Dies gilt nicht für § 3a.

**§ 103** (Inkrafttreten)

---

[1] **Habersack Nr. 21.**
[2] § 102a eingef. mWv 1.1.2024 durch G v. 4.12.2023 (BGBl. 2023 I Nr. 344).
[3] **Sartorius III Nr. 160.**

# 110. Verwaltungszustellungsgesetz (VwZG)[1) 2)]

## Vom 12. August 2005
### (BGBl. I S. 2354)

#### FNA 201-9

geänd. durch Art. 6b G zur Modernisierung des GmbH-Rechts und zur Bekämpfung von Missbräuchen v. 23.10.2008 (BGBl. I S. 2026), Art. 9a Viertes G zur Änd. verwaltungsverfahrensrechtl. Vorschriften v. 11.12.2008 (BGBl. I S. 2418), Art. 3 G zur Regelung von De-Mail-Diensten und zur Änd. weiterer Vorschriften v. 28.4.2011 (BGBl. I S. 666), Art. 2 Abs. 2 G zur Änd. von Vorschriften über Verkündung und Bekanntmachungen sowie der ZPO, des EGZPO und der AO v. 22.12.2011 (BGBl. I S. 3044), Art. 17 G zur Förderung des elektronischen Rechtsverkehrs mit den Gerichten v. 10.10.2013 (BGBl. I S. 3786), Art. 11 Abs. 3 eIDAS-DurchführungsG v. 18.7.2017 (BGBl. I S. 2745), Art. 15 Abs. 2 Vormundschafts- und Betreuungsrechts-ReformG v. 4.5.2021 (BGBl. I S. 882), Art. 7 G zur Neuregelung des Berufsrechts der anwaltlichen und steuerberatenden Berufsausübungsgesellschaften sowie zur Änd. weiterer Vorschriften im Bereich der rechtsberatenden Berufe v. 7.7.2021 (BGBl. I S. 2363), Art. 6 PersonengesellschaftsrechtsmodernisierungsG (MoPeG) v. 10.8.2021 (BGBl. I S. 3436) und Art. 34 Abs. 5 KreditzweitmarktförderungsG v. 22.12.2023 (BGBl. 2023 I Nr. 411)

**§ 1 Anwendungsbereich.** (1) Die Vorschriften dieses Gesetzes gelten für das Zustellungsverfahren der Bundesbehörden, der bundesunmittelbaren Körperschaften, Anstalten und Stiftungen des öffentlichen Rechts und der Landesfinanzbehörden.

---

[1)] Verkündet als Art. 1 G zur Novellierung des Verwaltungszustellungsrechts v. 12.8.2005 (BGBl. I S. 2354); Inkrafttreten gem. Art. 4 Abs. 1 Satz 2 dieses G am 1.2.2006.
[2)] Siehe zur Verwaltungszustellung u.a. auch die folgenden Vorschriften der Länder:
– **Baden-Württemberg:** Verwaltungszustellungsgesetz für Baden-Württemberg – LVwZG v. 3.7.2007 (GBl. S. 293), zuletzt geänd. durch G v. 4.2.2021 (GBl. S. 18)
– **Bayern:** Bayerisches Verwaltungszustellungs- und Vollstreckungsgesetz (VwZVG) v. 11.11.1970 (BayRS 2010-2-I), zuletzt geänd. durch G v. 23.12.2022 (GVBl. S. 718)
– **Berlin:** Gesetz über das Verfahren der Berliner Verwaltung v. 21.4.2016 (GVBl. S. 218), zuletzt geänd. durch G v. 27.9.2021 (GVBl. S. 1117)
– **Brandenburg:** Verwaltungszustellungsgesetz für das Land Brandenburg (BbgVwZG) v. 18.10.1991 (GVBl. S. 457), zuletzt geänd. durch G v. 28.6.2006 (GVBl. I S. 74)
– **Bremen:** Bremisches Verwaltungszustellungsgesetz (BremVwZG) v. 26.1.2006 (Brem.GBl. S. 49)
– **Hamburg:** Hamburgisches Verwaltungszustellungsgesetz (HmbVwZG) v. 21.6.1954 (BS Hbg I), zuletzt geänd. durch G v. 25.11.2010 (HmbGVBl. S. 614)
– **Hessen:** Hessisches Verwaltungszustellungsgesetz (HessVwZG) v. 14.2.1957 (GVBl. I S. 9), zuletzt geänd. durch G v. 16.2.2023 (GVBl. S. 78)
– **Mecklenburg-Vorpommern:** Verwaltungsverfahrens-, Zustellungs- und Vollstreckungsgesetz des Landes Mecklenburg-Vorpommern (Landesverwaltungsverfahrensgesetz – VwVfG M-V) idF der Bek. v. 6.5.2020 (GVOBl. M-V S. 410, 465)
– **Niedersachsen:** Niedersächsisches Verwaltungszustellungsgesetz (NVwZG) v. 23.2.2006 (Nds. GVBl. S. 72)
– **Nordrhein-Westfalen:** Verwaltungszustellungsgesetz für das Land Nordrhein-Westfalen (Landeszustellungsgesetz – LZG NRW) v. 7.3.2006 (GV. NRW. S. 94), zuletzt geänd. durch G v. 23.6.2021 (GV. NRW. S. 762)
– **Rheinland-Pfalz:** Landesverwaltungszustellungsgesetz (LVwZG) v. 2.3.2006 (GVBl. S. 56), geänd. durch G v. 3.4.2014 (GVBl. S. 34)
– **Saarland:** Saarländisches Verwaltungszustellungsgesetz (SVwZG) v. 13.12.2005 (Amtsbl. 2006 S. 214)
– **Sachsen:** Gesetz zur Regelung des Verwaltungsverfahrens- und des Verwaltungszustellungsrechts für den Freistaat Sachsen (SächsVwVfZG) v. 19.5.2010 (SächsGVBl. S. 142), zuletzt geänd. durch G v. 13.12.2023 (SächsGVBl. S. 876)
– **Sachsen-Anhalt:** Verwaltungszustellungsgesetz des Landes Sachsen-Anhalt (VwZG-LSA) v. 9.10.1992 (GVBl. LSA S. 715), zuletzt geänd. durch G v. 17.1.2008 (GVBl. LSA S. 14)
– **Schleswig-Holstein:** Allgemeines Verwaltungsgesetz für das Land Schleswig-Holstein (LVwG) idF der Bek. v. 2.6.1992 (GVOBl. Schl.-H. S. 243), zuletzt geänd. durch G v. 14.12.2023 (GVOBl. Schl.-H. S. 638)
– **Thüringen:** Thüringer Verwaltungszustellungs- und Vollstreckungsgesetz (ThürVwZVG) idF der Bek. v. 5.2.2009 (GVBl. S. 24), zuletzt geänd. durch G v. 23.9.2015 (GVBl. S. 131)

(2) Zugestellt wird, soweit dies durch Rechtsvorschrift oder behördliche Anordnung bestimmt ist.

**§ 2**[1] **Allgemeines.** (1) Zustellung ist die Bekanntgabe eines schriftlichen oder elektronischen Dokuments in der in diesem Gesetz bestimmten Form.

(2) [1]Die Zustellung wird durch einen Erbringer von Postdienstleistungen (Post), einen nach § 17 des De-Mail-Gesetzes[2] akkreditierten Diensteanbieter oder durch die Behörde ausgeführt. [2]Daneben gelten die in den §§ 9 und 10 geregelten Sonderarten der Zustellung.

(3) [1]Die Behörde hat die Wahl zwischen den einzelnen Zustellungsarten. [2]§ 5 Absatz 5 Satz 2 bleibt unberührt.

**§ 3 Zustellung durch die Post mit Zustellungsurkunde.** (1) Soll durch die Post mit Zustellungsurkunde zugestellt werden, übergibt die Behörde der Post den Zustellungsauftrag, das zuzustellende Dokument in einem verschlossenen Umschlag und einen vorbereiteten Vordruck einer Zustellungsurkunde.

(2) [1]Für die Ausführung der Zustellung gelten die §§ 177 bis 182 der Zivilprozessordnung[3] entsprechend. [2]Im Fall des § 181 Abs. 1 der Zivilprozessordnung kann das zuzustellende Dokument bei einer von der Post dafür bestimmten Stelle am Ort der Zustellung oder am Ort des Amtsgerichts, in dessen Bezirk der Ort der Zustellung liegt, niedergelegt werden oder bei der Behörde, die den Zustellungsauftrag erteilt hat, wenn sie ihren Sitz an einem der vorbezeichneten Orte hat. [3]Für die Zustellungsurkunde, den Zustellungsauftrag, den verschlossenen Umschlag nach Absatz 1 und die schriftliche Mitteilung nach § 181 Abs. 1 Satz 3 der Zivilprozessordnung sind die Vordrucke nach der Zustellungsvordruckverordnung zu verwenden.

**§ 4 Zustellung durch die Post mittels Einschreiben.** (1) Ein Dokument kann durch die Post mittels Einschreiben durch Übergabe oder mittels Einschreiben mit Rückschein zugestellt werden.

(2) [1]Zum Nachweis der Zustellung genügt der Rückschein. [2]Im Übrigen gilt das Dokument am dritten Tag nach der Aufgabe zur Post als zugestellt, es sei denn, dass es nicht oder zu einem späteren Zeitpunkt zugegangen ist. [3]Im Zweifel hat die Behörde den Zugang und dessen Zeitpunkt nachzuweisen. [4]Der Tag der Aufgabe zur Post ist in den Akten zu vermerken.

**§ 5**[4] **Zustellung durch die Behörde gegen Empfangsbekenntnis; elektronische Zustellung.** (1) [1]Bei der Zustellung durch die Behörde händigt der zustellende Bedienstete das Dokument dem Empfänger in einem verschlossenen Umschlag aus. [2]Das Dokument kann auch offen ausgehändigt werden, wenn keine schutzwürdigen Interessen des Empfängers entgegenstehen. [3]Der Empfänger hat ein mit dem Datum der Aushändigung versehenes Empfangsbekenntnis zu unterschreiben. [4]Der Bedienstete vermerkt das Datum der Zustellung auf dem Umschlag des auszuhändigenden Dokuments oder bei offener Aushändigung auf dem Dokument selbst.

---

[1] § 2 Abs. 3 Satz 2 angef. mWv 18.12.2008 durch G v. 11.12.2008 (BGBl. I S. 2418); Abs. 2 Satz 1 geänd., Abs. 3 Satz 2 neu gef. mWv 3.5.2011 durch G v. 28.4.2011 (BGBl. I S. 666).
[2] **Sartorius III Nr. 730.**
[3] **Habersack Nr. 100.**
[4] § 5 Abs. 4 Satz 2 aufgeh., Abs. 5 neu gef., Abs. 6 und 7 angef. mWv 18.12.2008 durch G v. 11.12.2008 (BGBl. I S. 2418); Überschrift, Abs. 5 und 7 Satz 2 und 4 neu gef., Abs. 7 Satz 3 geänd. mWv 3.5.2011 durch G v. 28.4.2011 (BGBl. I S. 666); Abs. 5 Satz 2 geänd. mWv 29.7.2017 durch G v. 18.7.2017 (BGBl. I S. 2745); Abs. 4 geänd. mWv 1.8.2022 durch G v. 7.7.2021 (BGBl. I S. 2363).

# 112. Verwaltungs-Vollstreckungsgesetz (VwVG)[1)2)]

### Vom 27. April 1953
### (BGBl. I S. 157)

#### FNA 201-4

geänd. durch § 13 Nr. 3 G über die Kosten der Zwangsvollstreckung nach der ReichsabgabenO v. 12.4. 1961 (BGBl. I S. 429), Art. 4 Kostenermächtigungs-ÄndG v. 23.6.1970 (BGBl. I S. 805), Art. 36 EinführungsG zum Strafgesetzbuch v. 2.3.1974 (BGBl. I S. 469), Art. 40 EinführungsG zur AbgabenO v. 14.12.1976 (BGBl. I S. 3341), Art. 2 Abs. 1 Zweite Zwangsvollstreckungsnovelle v. 17.12.1997 (BGBl. I S. 3039), Art. 4 Abs. 1 G zur Reform der Sachaufklärung in der Zwangsvollstreckung v. 29.7.2009 (BGBl. I S. 2258), Art. 1 Sechstes ÄndG v. 25.11.2014 (BGBl. I S. 1770), Art. 15 Abs. 1 EU-Konto-pfändungsverordnung-DurchführungsG v. 21.11.2016 (BGBl. I S. 2591), Art. 3 G zur Einbeziehung der Bundespolizei in den Anwendungsbereich des BundesgebührenG v. 10.3.2017 (BGBl. I S. 417), Art. 1 G zur Verbesserung der Sachaufklärung in der Verwaltungsvollstreckung v. 30.6.2017 (BGBl. I S. 2094), Art. 42 Elfte ZuständigkeitsanpassungsVO v. 19.6.2020 (BGBl. I S. 1328), Art. 4 Abs. 1 G zur Verbesserung des Schutzes von Gerichtsvollziehern vor Gewalt sowie zur Änd. weiterer zwangsvollstreckungsrechtl. Vorschriften und zur Änd. des InfektionsschutzG v. 7.5.2021 (BGBl. I S. 850) und Art. 5 PersonengesellschaftsrechtsmodernisierungsG (MoPeG) v. 10.8.2021 (BGBl. I S. 3436)

Der Bundestag hat mit Zustimmung des Bundesrates das folgende Gesetz beschlossen:

---

[1)] Zur Anwendbarkeit des VwVG im Rahmen des verwaltungsgerichtl. Verfahrens siehe § 169 VwGO (Nr. **600**).

[2)] Siehe zur Verwaltungsvollstreckung u.a. auch die folgenden Vorschriften der Länder:
- **Baden-Württemberg:** Verwaltungsvollstreckungsgesetz für Baden-Württemberg (LVwVG) v. 12.3. 1974 (GBl. S. 93), zuletzt geänd. durch VO v. 23.2.2017 (GBl. S. 99)
- **Bayern:** Bayerisches Verwaltungszustellungs- und Vollstreckungsgesetz (VwZVG) v. 11.11.1970 (BayRS 2010-2-I), zuletzt geänd. durch G v. 23.12.2022 (GVBl. S. 718)
- **Berlin:** Gesetz über das Verfahren der Berliner Verwaltung v. 21.4.2016 (GVBl. S. 218), zuletzt geänd. durch G v. 27.9.2021 (GVBl. S. 1117)
- **Brandenburg:** Verwaltungsvollstreckungsgesetz für das Land Brandenburg (VwVGBbg) v. 16.5.2013 (GVBl. I Nr. 18), zuletzt geänd. durch G v. 15.10.2018 (GVBl. I Nr. 22)
- **Bremen:** Bremisches Verwaltungsvollstreckungsgesetz – BremVwVG – idF der Bek. v. 1.4.1960 (Brem.GBl. S. 37), zuletzt geänd. durch G v. 24.11.2020 (Brem.GBl. S. 1486)
- **Hamburg:** Verwaltungsvollstreckungsgesetz (VwVG) v. 4.12.2012 (HmbGVBl. S. 510), geänd. durch G v. 21.5.2013 (HmbGVBl. S. 210)
- **Hessen:** Hessisches Verwaltungsvollstreckungsgesetz (HessVwVG) idF der Bek. v. 12.12.2008 (GVBl. 2009 I S. 2), zuletzt geänd. durch G v. 24.5.2023 (GVBl. S. 348)
- **Mecklenburg-Vorpommern:** Verwaltungsverfahrens-, Zustellungs- und Vollstreckungsgesetz des Landes Mecklenburg-Vorpommern (Landesverwaltungsverfahrensgesetz – VwVfG M-V) idF der Bek. v. 6.5.2020 (GVOBl. M-V S. 410, 465)
- **Niedersachsen:** Niedersächsisches Verwaltungsvollstreckungsgesetz (NVwVG) idF der Bek. v. 14.11. 2019 (Nds. GVBl. S. 316), zuletzt geänd. durch G v. 22.9.2022 (Nds. GVBl. S. 589)
- **Nordrhein-Westfalen:** Verwaltungsvollstreckungsgesetz NRW (VwVG NW) idF der Bek. v. 19.2.2003 (GV. NRW. S. 156, 570; 2005 S. 818), zuletzt geänd. durch G v. 25.4.2023 (GV. NRW. S. 230)
- **Rheinland-Pfalz:** Landesverwaltungsvollstreckungsgesetz (LVwVG) v. 8.7.1957 (GVBl. S. 101), zuletzt geänd. durch G v. 3.6.2020 (GVBl. S. 209)
- **Saarland:** Saarländisches Verwaltungsvollstreckungsgesetz (SVwVG) v. 27.3.1974 (Amtsbl. S. 430), zuletzt geänd. durch G v. 16.6.2021 (Amtsbl. I S. 2140)
- **Sachsen:** Verwaltungsvollstreckungsgesetz für den Freistaat Sachsen (SächsVwVG) idF der Bek. v. 10.9. 2003 (SächsGVBl. S. 614, 913), zuletzt geänd. durch G v. 13.12.2023 (SächsGVBl. S. 876)
- **Sachsen-Anhalt:** Verwaltungsvollstreckungsgesetz des Landes Sachsen-Anhalt (VwVG LSA) idF der Bek. v. 20.2.2015 (GVBl. LSA S. 50), zuletzt geänd. durch G v. 27.2.2023 (GVBl. LSA S. 50)
- **Schleswig-Holstein:** Allgemeines Verwaltungsgesetz für das Land Schleswig-Holstein (LVwG) idF der Bek. v. 2.6.1992 (GVOBl. Schl.-H. S. 243), zuletzt geänd. durch G v. 14.12.2023 (GVOBl. Schl.-H. S. 638)
- **Thüringen:** Thüringer Verwaltungszustellungs- und Vollstreckungsgesetz (ThürVwZVG) idF der Bek. v. 5.2.2009 (GVBl. S. 24), zuletzt geänd. durch G v. 23.9.2015 (GVBl. S. 131)

### Erster Abschnitt. Vollstreckung wegen Geldforderungen

**§ 1[1] Vollstreckbare Geldforderungen.** (1) Die öffentlich-rechtlichen Geldforderungen des Bundes und der bundesunmittelbaren juristischen Personen des öffentlichen Rechts werden nach den Bestimmungen dieses Gesetzes im Verwaltungswege vollstreckt.

(2) Ausgenommen sind solche öffentlich-rechtlichen Geldforderungen, die im Wege des Parteistreites vor den Verwaltungsgerichten verfolgt werden oder für die ein anderer Rechtsweg als der Verwaltungsrechtsweg begründet ist.

(3) Die Vorschriften der Abgabenordnung, des Sozialversicherungsrechts einschließlich der Arbeitslosenversicherung und des Justizbeitreibungsgesetzes[2] bleiben unberührt.

**§ 2 Vollstreckungsschuldner.** (1) Als Vollstreckungsschuldner kann in Anspruch genommen werden,
a) wer eine Leistung als Selbstschuldner schuldet;
b) wer für die Leistung, die ein anderer schuldet, persönlich haftet.

(2) Wer zur Duldung der Zwangsvollstreckung verpflichtet ist, wird dem Vollstreckungsschuldner gleichgestellt, soweit die Duldungspflicht reicht.

**§ 3 Vollstreckungsanordnung.** (1) Die Vollstreckung wird gegen den Vollstreckungsschuldner durch Vollstreckungsanordnung eingeleitet; eines vollstreckbaren Titels bedarf es nicht.

(2) Voraussetzungen für die Einleitung der Vollstreckung sind:
a) der Leistungsbescheid, durch den der Schuldner zur Leistung aufgefordert worden ist;
b) die Fälligkeit der Leistung;
c) der Ablauf einer Frist von einer Woche seit Bekanntgabe des Leistungsbescheides oder, wenn die Leistung erst danach fällig wird, der Ablauf einer Frist von einer Woche nach Eintritt der Fälligkeit.

(3) Vor Anordnung der Vollstreckung soll der Schuldner ferner mit einer Zahlungsfrist von einer weiteren Woche besonders gemahnt werden.

(4) Die Vollstreckungsanordnung wird von der Behörde erlassen, die den Anspruch geltend machen darf.

**§ 4[3] Vollstreckungsbehörden.** Vollstreckungsbehörden sind:
a) die von einer obersten Bundesbehörde im Einvernehmen mit dem Bundesminister des Innern, für Bau und Heimat bestimmten Behörden des betreffenden Verwaltungszweiges;
b) die Vollstreckungsbehörden der Bundesfinanzverwaltung, wenn eine Bestimmung nach Buchstabe a nicht getroffen worden ist.

---

[1] § 1 Abs. 3 geänd. durch G v. 14.12.1976 (BGBl. I S. 3341); Abs. 3 geänd. mWv 1.7.2017 durch G v. 21.11.2016 (BGBl. I S. 2591).
[2] **Habersack Nr. 122.**
[3] § 4 Buchst. a geänd. mWv 27.6.2020 durch VO v. 19.6.2020 (BGBl. I S. 1328).

## 120. Gesetz über Gebühren und Auslagen des Bundes (Bundesgebührengesetz – BGebG)[1]

Vom 7. August 2013

(BGBl. I S. 3154)

**FNA 202-5**

geänd. durch Art. 3 G zur Einführung einer Infrastrukturabgabe für die Benutzung von Bundesfernstraßen v. 8.6.2015 (BGBl. I S. 904), Art. 3 AbschlussprüferaufsichtsreformG v. 31.3.2016 (BGBl. I S. 518), Art. 1 G zur Aktualisierung der Strukturreform des Gebührenrechts des Bundes v. 18.7.2016 (BGBl. I S. 1666), Art. 1 G zur Einbeziehung der Bundespolizei in den Anwendungsbereich des BundesgebührenG v. 10.3. 2017 (BGBl. I S. 417), Art. 1 G zur Änd. gebührenrechtlicher und weiterer Vorschriften über das Befahren der Bundeswasserstraßen durch die Schifffahrt v. 3.6.2021 (BGBl. I S. 1465), Art. 2 ÄndG zum FilmförderungsG v. 16.7.2021 (BGBl. I S. 3019) und Art. 7 Drittes G zur Änd. mautrechtlicher Vorschriften v. 21.11.2023 (BGBl. 2023 I Nr. 315)

### Inhaltsübersicht

**§ 1 Gebührenerhebung.** Der Gebührengläubiger erhebt für individuell zurechenbare öffentliche Leistungen vom Gebührenschuldner Gebühren und Auslagen nach Maßgabe dieses Gesetzes und der Gebührenverordnungen nach § 22 Absatz 3 und 4.

**§ 2[2] Anwendungsbereich.** (1) Dieses Gesetz gilt für die Gebühren und Auslagen öffentlich-rechtlicher Verwaltungstätigkeit der Behörden des Bundes und der

---

[1] Verkündet als Art. 1 G v. 7.8.2013 (BGBl. I S. 3154); Inkrafttreten gem. Art. 5 Abs. 1 Satz 1 dieses G am 15.8.2013; gem. § 24 BGebG treten § 23 Abs. 2–8 am 1.10.2021 außer Kraft.

[2] § 2 Abs. 2 Satz 2 Nr. 8 geänd. mWv 12.6.2015 durch G v. 8.6.2015 (BGBl. I S. 904); Abs. 2 Satz 2 Nr. 7 geänd. mWv 17.6.2016 durch G v. 31.3.2016 (BGBl. I S. 518); Abs. 2 Satz 2 Nr. 4 aufgeh., Nr. 5–8 werden Nr. 4–7 mWv 16.3.2017 durch G v. 10.3.2017 (BGBl. I S. 417); Abs. 2 Satz 2 Nr. 6 und 7 geänd., Nr. 8 angef. mWv 1.7.2021 durch G v. 3.6.2021 (BGBl. I S. 1465); Abs. 2 Satz 2 Nr. 4 geänd. mWv 1.10. 2021 durch G v. 16.7.2021 (BGBl. I S. 3019); Abs. 2 Satz 2 Nr. 7 geänd. mWv 25.11.2023 durch G v. 21.11.2023 (BGBl. 2023 I Nr. 315).

bundesunmittelbaren Körperschaften, Anstalten und Stiftungen des öffentlichen Rechts, soweit dieses Gesetz oder die Gebührenverordnungen nach § 22 Absatz 3 und 4 für individuell zurechenbare öffentliche Leistungen die Erhebung von Gebühren oder die Erstattung von Auslagen vorsehen.

(2) [1] Dieses Gesetz gilt auch für die Erhebung von Gebühren und Auslagen durch die in Absatz 1 genannten Behörden nach anderen Rechtsvorschriften des Bundes, soweit dort nichts anderes bestimmt ist. [2] Es gilt jedoch nicht für individuell zurechenbare öffentliche Leistungen

1. in Verfahren nach der Abgabenordnung,

2. in Verfahren nach dem Sozialgesetzbuch und der Postbeamtenkrankenkasse,

3. der Bundesbehörden der Justiz- und Gerichtsverwaltung sowie des Deutschen Patent- und Markenamtes, des Bundeskartellamtes und der Bundesnetzagentur, soweit sie als Regulierungsbehörde im Sinne des Energiewirtschaftsgesetzes[1]) auftritt,

4. der Stiftung Preußischer Kulturbesitz, der Akademie der Künste, der Deutschen Nationalbibliothek, der Stiftung zur Aufarbeitung der SED-Diktatur, der Stiftung Jüdisches Museum Berlin, der Stiftung Reichspräsident-Friedrich-Ebert-Gedenkstätte, der Stiftung Bundespräsident-Theodor-Heuss-Haus, der Stiftung Bundeskanzler-Adenauer-Haus, der Bundeskanzler-Helmut-Schmidt-Stiftung, der Otto-von-Bismarck-Stiftung, der Bundeskanzler-Willy-Brandt-Stiftung, der Bundeskanzler-Helmut-Kohl-Stiftung, der Stiftung „Haus der Geschichte der Bundesrepublik Deutschland", der Stiftung Denkmal für die ermordeten Juden Europas, der Stiftung „Deutsches Historisches Museum", der Stiftung Orte der deutschen Demokratiegeschichte, des Bundesinstituts für Kultur und Geschichte der Deutschen im östlichen Europa, der Filmförderungsanstalt und der Museumsstiftung Post und Telekommunikation,

5. des Deutschen Weinfonds und in Verfahren nach der Verordnung über den Klärschlamm-Entschädigungsfonds,

6. nach der Bundesrechtsanwaltsordnung[2]), der Patentanwaltsordnung, der Bundesnotarordnung[3]), der Wirtschaftsprüferordnung, dem Gesetz zur Einrichtung einer Abschlussprüferaufsichtsstelle beim Bundesamt für Wirtschaft und Ausfuhrkontrolle und dem Steuerberatungsgesetz,

7. nach dem Bundesfernstraßengesetz[4]), dem Fernstraßenbauprivatfinanzierungsgesetz[5]), dem Bundesfernstraßenmautgesetz[6]) und dem Mautsystemgesetz[7]) sowie

8. der Ermöglichung des Befahrens von Bundeswasserstraßen mit Wasserfahrzeugen.

---

[1]) Nr. **830.**
[2]) **Habersack ErgBd. Nr. 98.**
[3]) **Habersack ErgBd. Nr. 98a.**
[4]) Nr. **932.**
[5]) **Sartorius III Nr. 148.**
[6]) **Sartorius III Nr. 270.**
[7]) **Sartorius III Nr. 271.**

# 150. Gesetz zur Regelung des Statusrechts der Beamtinnen und Beamten in den Ländern (Beamtenstatusgesetz – BeamtStG)[1]

## Vom 17. Juni 2008

### (BGBl. I S. 1010)

**FNA 2030-1-9**

geänd. durch Art. 15 Abs. 16 DienstrechtsneuordnungsG v. 5.2.2009 (BGBl. I S. 160), Art. 6 Abs. 3 G zur Reform der strafrechtlichen Vermögensabschöpfung v. 13.4.2017 (BGBl. I S. 872), Art. 3 G zur Neuregelung des Mutterschutzrechts v. 23.5.2017 (BGBl. I S. 1228), Art. 2 G zu bereichsspezifischen Regelungen der Gesichtsverhüllung und zur Änd. weiterer dienstrechtlicher Vorschriften v. 8.6.2017 (BGBl. I S. 1570), Art. 1 G zur Änd. des BeamtenstatusG und des BundesbeamtenG sowie weiterer dienstrechtlicher Vorschriften v. 29.11.2018 (BGBl. I S. 2232), Art. 10 Zweites Datenschutz-Anpassungs- und UmsetzungsG EU v. 20.11.2019 (BGBl. I S. 1626), Art. 2 G zur Regelung des Erscheinungsbilds von Beamtinnen und Beamten sowie zur Änd. weiterer dienstrechtl. Vorschriften v. 28.6.2021 (BGBl. I S. 2250), Art. 4 G für einen besseren Schutz hinweisgebender Personen sowie zur Umsetzung der RL zum Schutz von Personen, die Verstöße gegen das Unionsrecht melden v. 31.5.2023 (BGBl. 2023 I Nr. 140) und Art. 5 G zur Beschleunigung von Disziplinarverfahren in der Bundesverwaltung und zur Änd. weiterer dienstrechtl. Vorschriften v. 20.12.2023 (BGBl. 2023 I Nr. 389)

Der Bundestag hat mit Zustimmung des Bundesrates das folgende Gesetz beschlossen:

### Inhaltsübersicht[2]

---

[1] Die Änderungen durch das G v. 20.12.2023 (BGBl. 2023 I Nr. 389) treten erst **mWv 1.4.2024** in Kraft und sind noch nicht im Text berücksichtigt.
[2] Inhaltsübersicht geänd. mWv 7.12.2018 durch G v. 29.11.2018 (BGBl. I S. 2232); geänd. mWv 7.7.2021 durch G v. 28.6.2021 (BGBl. I S. 2250).

## Abschnitt 1. Allgemeine Vorschriften

**§ 1 Geltungsbereich.** Dieses Gesetz regelt das Statusrecht der Beamtinnen und Beamten der Länder, Gemeinden und Gemeindeverbände sowie der sonstigen der Aufsicht eines Landes unterstehenden Körperschaften, Anstalten und Stiftungen des öffentlichen Rechts.

**§ 2 Dienstherrnfähigkeit.** Das Recht, Beamtinnen und Beamte zu haben, besitzen

1. Länder, Gemeinden und Gemeindeverbände,

2. sonstige Körperschaften, Anstalten und Stiftungen des öffentlichen Rechts, die dieses Recht im Zeitpunkt des Inkrafttretens dieses Gesetzes besitzen oder

*(Fortsetzung nächstes Blatt)*

# 155. Gesetz über die Versorgung der Beamten und Richter des Bundes (Beamtenversorgungsgesetz – BeamtVG)[1) 2) 3)]

In der Fassung der Bekanntmachung vom 24. Februar 2010[4)]

(BGBl. I S. 150)

**FNA 2030-25**

geänd. durch Art. 4, 4a DienstrechtsneuordnungsG v. 5.2.2009 (BGBl. I S. 160, Art. 4a geänd. durch G v. 19.11.2010, BGBl. I S. 1552, aufgeh. durch G v. 20.12.2011, BGBl. I S. 2842), Art. 2 G zum Versorgungslastenteilungs-Staatsvertrag v. 5.9.2010 (BGBl. I S. 1288 iVm Bek. v. 8.10.2010, BGBl. I S. 1404), Art. 8–10 Bundesbesoldungs- und -versorgungsanpassungsG 2010/2011 v. 19.11.2010 (BGBl. I S. 1552), Art. 14 G zur Einführung eines Bundesfreiwilligendienstes v. 28.4.2011 (BGBl. I S. 687), Art. 2 G zur Übertragung ehebezogener Regelungen im öffentl. Dienstrecht auf Lebenspartnerschaften v. 14.11.2011 (BGBl. I S. 2219), Art. 2 Einsatzversorgungs-VerbesserungsG v. 5.12.2011 (BGBl. I S. 2458), Art. 3, 5 G zur Wiedergewährung der Sonderzahlung v. 20.12.2011 (BGBl. I S. 2842), Art. 4 G zur Unterstützung der Fachkräftegewinnung im Bund und zur Änd. weiterer dienstrechtl. Vorschriften v. 15.3.2012 (BGBl. I S. 462), Art. 5 Bundeswehrreform-BegleitG v. 21.7.2012 (BGBl. I S. 1583), Art. 7–9 Bundesbesoldungs- und -versorgungsanpassungsG 2012/2013 v. 15.8.2012 (BGBl. I S. 1670), Art. 2 Abs. 5 G zur Modernisierung des Außenwirtschaftsrechts v. 6.6.2013 (BGBl. I S. 1482), Art. 2 G zur Neuregelung der Professorenbesoldung und zur Änd. weiterer dienstrechtlicher Vorschriften v. 11.6.2013 (BGBl. I S. 1514), Art. 3 G über die Gewährung eines Altersgelds für freiwillig aus dem Bundesdienst ausscheidende Beamte, Richter und Soldaten v. 28.8.2013 (BGBl. I S. 3386), Art. 4, 5 Bundesbesoldungs- und -versorgungsanpassungsG 2014/2015 v. 25.11.2014 (BGBl. I S. 1772), Art. 1 Bundeswehr-AttraktivitätssteigerungsG v. 13.5.2015 (BGBl. I S. 706), Art. 3a Siebtes BesoldungsänderungsG v. 3.12.2015 (BGBl. I S. 2163), Art. 3, 4 Bundesbesoldungs- und -versorgungsanpassungsG 2016/2017 v. 21.11.2016 (BGBl. I S. 2570), Art. 3 G zur Änd. des Versorgungsrücklage G und weiterer dienstrechtlicher Vorschriften v. 5.1.2017 (BGBl. I S. 17), Art. 11 G zu bereichsspezifischen Regelungen der Gesichtsverhüllung und zur Änd. weiterer dienstrechtlicher Vorschriften v. 8.6.2017 (BGBl. I S. 1570), Art. 5–7 Bundesbesoldungs- und -versorgungsanpassungsG 2018/2019/2020 v. 8.11.2018 (BGBl. I S. 1810), Art. 3 G zur Änd. des BeamtenstatusG und des BundesbeamtenG sowie weiterer dienstrechtlicher Vorschriften v. 29.11.2018 (BGBl. I S. 2232), Art. 2 Bundeswehr-EinsatzbereitschaftsstärkungsG v. 4.8.2019 (BGBl. I S. 1147), Art. 9 BesoldungsstrukturenmodernisierungsG v. 9.12.2019 (BGBl. I S. 2053), Art. 43 G zur Regelung des Sozialen Entschädigungsrechts v. 12.12.2019 (BGBl. I S. 2652, geänd. durch G v. 20.8.2021, BGBl. I S. 3932), Art. 3, 4 Zweites G zur Änd. des BundespersonalvertretungsG und weiterer dienstrechtl. Vorschriften aus Anlass der COVID-19-Pandemie v. 25.5.2020 (BGBl. I S. 1063), Art. 2 G über eine einmalige Sonderzahlung aus Anlass der COVID-19-Pandemie an Besoldungs- und Wehrsoldempfänger v. 21.12.2020 (BGBl. I S. 3136), Art. 6, 7 G zur Regelung des Erscheinungsbilds von Beamtinnen und Beamten sowie zur Änd. weiterer dienstrechtl. Vorschriften v. 28.6.2021 (BGBl. I S. 2250), Art. 5, 6 G zur Anpassung der Bundesbesoldung und -versorgung für 2021/2022 und zur Änd. weiterer dienstrechtl. Vorschriften v. 9.7.2021 (BGBl. I S. 2444), Art. 68, 69 G über die Entschädigung der Soldatinnen und Soldaten und zur Neuordnung des Soldatenversorgungsrechts v. 20.8.2021 (BGBl. I S. 3932, geänd. durch G v. 22.12.2023, BGBl. 2023 I Nr. 414), Art. 20g G zur Änd. des InfektionsschutzG und weiterer G anlässlich der Aufhebung der Feststellung der epidemischen Lage von nationaler Tragweite v. 22.11.2021 (BGBl. I S. 4906), Art. 7 G zur Beschleunigung von Disziplinarverfahren in der Bundesverwaltung und zur Änd. weiterer dienstrechtl. Vorschriften v. 20.12.2023 (BGBl. 2023 I Nr. 389), Art. 2 G zur Anpassung der Bundesbesoldung und -versorgung für die Jahre 2023 und 2024 sowie zur Änd. weiterer dienstrechtl. Vorschriften

---

[1)] Die in der Neubekanntmachung v. 24.2.2010 als Fußnoten wiedergegebenen, zum 1.9.2009 in Kraft getretenen Änderungen durch das G v. 3.4.2009 (BGBl. I S. 700) wurden in den laufenden Text übernommen.
[2)] Zur Anwendung in den Ländern siehe § 108.
[3)] Die Änderungen durch G v. 20.8.2021 (BGBl. I S. 3932) treten teilweise erst **mWv 1.1.2025**, die Änderungen durch G v. 20.12.2023 (BGBl. 2023 I Nr. 389) treten erst **mWv 1.4.2024** in Kraft und sind insoweit im Text noch nicht berücksichtigt.
[4)] Neubekanntmachung des Beamtenversorgungsgesetzes idF der Bek. v. 16.3.1999 (BGBl. I S. 322) in der ab 1.7.2009 geltenden Fassung.

v. 22.12.2023 (BGBl. 2023 I Nr. 414) und Art. 6 GleichstellungsfortentwicklungsG militärisches
Personal v. 22.1.2024 (BGBl. 2024 I Nr. 17)

## Inhaltsübersicht[1]

### Abschnitt 1. Allgemeine Vorschriften

### Abschnitt 2. Ruhegehalt, Unterhaltsbeitrag

### Abschnitt 3. Hinterbliebenenversorgung

### Abschnitt 4. Bezüge bei Verschollenheit

### Abschnitt 5. Unfallfürsorge

---

[1] Inhaltsübersicht geänd. mWv 1.1.2010 durch G v. 19.11.2010 (BGBl. I S. 1552); mWv 1.1.2011
durch G v. 5.2.2009 (BGBl. I S. 160); mWv 1.1.2009 durch G v. 14.11.2011 (BGBl. I S. 2219); mWv
25.3.2010 durch G v. 15.3.2012 (BGBl. I S. 462); mWv 26.7.2012 durch G v. 21.7.2012 (BGBl. I
S. 1583); mWv 1.1.2013 durch G v. 11.6.2013 (BGBl. I S. 1514); mWv 4.9.2013 durch G v. 28.8.2013
(BGBl. I S. 3386); mWv 23.5.2015 durch G v. 13.5.2015 (BGBl. I S. 706); mWv 1.1.2016 durch G v.
3.12.2015 (BGBl. I S. 2163); mWv 11.1.2017 durch G v. 5.1.2017 (BGBl. I S. 17); mWv 15.6.2017
durch G v. 8.6.2017 (BGBl. I S. 1570); geänd. mWv 1.1.2020 und mWv 1.7.2020 durch G v. 9.12.2019
(BGBl. I S. 2053); geänd. mWv 1.1.2020 und mWv 1.1.2021 durch G v. 25.5.2020 (BGBl. I S. 1063);
geänd. mWv 1.1.2020 und mWv 1.8.2021 durch G v. 28.6.2021 (BGBl. I S. 2250); geänd. mWv 1.6.
2023 und mWv 1.1.2024 durch G v. 22.12.2023 (BGBl. 2023 I Nr. 414).

*(Fortsetzung nächstes Blatt)*

ansprüche infolge der Ruhensvorschrift des § 54 nicht zur Auszahlung gelangen, sofern der Ruhestandsbeamte oder Richter im Ruhestand im Zeitpunkt der Berufung in das neue öffentlich-rechtliche Dienstverhältnis das fünfzigste Lebensjahr vollendet hatte.

**§ 107d[1]) Befristete Ausnahme für Verwendungseinkommen.** [1] Für Ruhestandsbeamte, die ein Verwendungseinkommen aus einer Beschäftigung erzielen, die unmittelbar oder mittelbar

1. im Zusammenhang steht mit der Aufnahme, Betreuung oder Rückführung von Flüchtlingen und ihren Angehörigen oder

2. der Durchführung von migrationsspezifischen Sicherheitsaufgaben im Ausland dient,

beträgt die Höchstgrenze nach § 53 Absatz 2 Nummer 1 erste Alternative bis zum 31. Dezember 2023 120 Prozent der ruhegehaltfähigen Dienstbezüge aus der Endstufe der Besoldungsgruppe, aus der sich das Ruhegehalt berechnet, zuzüglich des jeweils zustehenden Unterschiedsbetrages nach § 50 Absatz 1. [2] Satz 1 gilt für Beamte, die wegen Dienstunfähigkeit oder nach § 52 des Bundesbeamtengesetzes[2]) in den Ruhestand versetzt worden sind, erst nach Ablauf des Monats, in dem sie die Regelaltersgrenze nach § 51 Absatz 1 und 2 des Bundesbeamtengesetzes erreicht haben.

**§ 107e[3]) Sonderregelungen zur Bewältigung der COVID-19-Pandemie.**

(1) [1] Für Ruhestandsbeamte, die ein Erwerbseinkommen aus einer Beschäftigung erzielen, die in unmittelbarem Zusammenhang mit der Bewältigung der Auswirkungen der COVID-19-Pandemie steht, beträgt die Höchstgrenze nach § 53 Absatz 2 Nummer 1 erste Alternative bis zum 31. Dezember 2022 150 Prozent der ruhegehaltfähigen Dienstbezüge aus der Endstufe der Besoldungsgruppe, aus der sich das Ruhegehalt berechnet, zuzüglich des jeweils zustehenden Unterschiedsbetrages nach § 50 Absatz 1. [2] § 53 Absatz 5 Satz 2 und 3 ist nicht anzuwenden. [3] Die Sätze 1 und 2 gelten nicht für Beamte, die wegen Dienstunfähigkeit oder nach § 52 Absatz 1 oder 2 des Bundesbeamtengesetzes[2]) in den Ruhestand versetzt worden sind.

(2) Anspruch auf Waisengeld besteht auch dann, wenn wegen der Auswirkungen der COVID-19-Pandemie

1. eine Schul- oder Berufsausbildung oder ein freiwilliger Dienst im Sinne des § 61 Absatz 2 Satz 1 Nummer 1 Buchstabe a oder Buchstabe c nicht angetreten werden kann oder

2. die Übergangszeit nach § 61 Absatz 2 Satz 1 Nummer 1 Buchstabe b überschritten wird.

(3) Eine in der Zeit vom 1. März 2020 bis 31. März 2022 gewährte Leistung, die nach § 3 Nummer 11a des Einkommensteuergesetzes steuerfrei ist, gilt bis zu einem Betrag von 1500 Euro nicht als Erwerbseinkommen.

---

[1]) § 107d neu gef. mWv 1.1.2019 durch G v. 29.11.2018 (BGBl. I S. 2232).
[2]) Nr. **160**.
[3]) § 107e eingef. mWv 1.1.2020 und aufgeh. mWv 1.1.2021 durch G v. 25.5.2020 (BGBl. I S. 1063); erneut eingef. mWv 1.1.2020, Abs. 2 aufgeh., bish. Abs. 3 wird Abs. 2 mWv 1.7.2021 durch G v. 28.6. 2021 (BGBl. I S. 2250); Abs. 1 Satz 1 und Abs. 2 einl. Satzteil geänd., Abs. 3 angef. mWv 24.11.2021 durch G v. 22.11.2021 (BGBl. I S. 4906); Abs. 4 und 5 angef. mWv 24.11.2021 durch G v. 22.1.2024 (BGBl. 2024 I Nr. 17).

(4) Eine in der Zeit vom 18. November 2021 bis zum 31. Dezember 2022 gewährte Leistung, die nach § 3 Nummer 11b des Einkommensteuergesetzes steuerfrei ist, gilt bis zu einem Betrag von 4 500 Euro nicht als Erwerbseinkommen.

(5) Eine in der Zeit vom 26. Oktober 2022 bis zum 31. Dezember 2024 in Form von Zuschüssen und Sachbezügen gewährte Leistung, die nach § 3 Nummer 11c des Einkommensteuergesetzes steuerfrei ist, gilt bis zu einem Betrag von 3 000 Euro nicht als Erwerbseinkommen.

**§ 108 Anwendungsbereich in den Ländern.** (1) Für die Beamten der Länder, der Gemeinden, der Gemeindeverbände sowie der sonstigen der Aufsicht eines Landes unterstehenden Körperschaften, Anstalten und Stiftungen des öffentlichen Rechts gilt das Beamtenversorgungsgesetz in der bis zum 31. August 2006 geltenden Fassung, soweit es nicht durch Landesrecht ersetzt wurde.[1]

(2) Nach Maßgabe des Deutschen Richtergesetzes[2] ist auf die Versorgung der Richter der Länder das Beamtenversorgungsgesetz in der bis zum 31. August 2006 geltenden Fassung entsprechend anzuwenden, soweit nichts anderes bestimmt ist.

**§ 109** (Inkrafttreten)

---

[1] Siehe die versorgungsrechtlichen Regelungen der Länder:
- **Baden-Württemberg:** LandesbeamtenversorgungsG v. 9.11.2010 (GBl. S. 793, 911), zuletzt geänd. durch G v. 5.12.2023 (GBl. S. 429)
- **Bayern:** Bayerisches BeamtenversorgungsG v. 5.8.2010 (GVBl. S. 410, 528, 764), zuletzt geänd. durch G v. 10.8.2023 (GVBl. S. 495)
- **Berlin:** Beamtenversorgungs-ÜberleitungsG v. 21.6.2011 (GVBl. S. 266)
- **Brandenburg:** Brandenburgisches BeamtenversorgungsG v. 20.11.2013 (GVBl. I Nr. 32, 77), zuletzt geänd. durch G v. 20.12.2023 (GVBl. I Nr. 30)
- **Bremen:** Bremisches BeamtenversorgungsG v. 4.11.2014 (Brem.GBl. S. 458), zuletzt geänd. durch G v. 19.12.2023 (Brem.GBl. S. 607)
- **Hamburg:** Hamburgisches BeamtenversorgungsG v. 26.1.2010 (HmbGVBl. S. 23, 72), zuletzt geänd. durch G v. 11.7.2023 (HmbGVBl. S. 250)
- **Hessen:** Hessisches BeamtenversorgungsG v. 27.5.2013 (GVBl. S. 218, 312), zuletzt geänd. durch G v. 16.2.2023 (GVBl. S. 102)
- **Mecklenburg-Vorpommern:** LandesbeamtenversorgungsG idF der Bek. v. 22.2.2022 (GVOBl. M-V S. 102), zuletzt geänd. durch G v. 9.12.2022 (GVOBl. M-V S. 597)
- **Niedersachsen:** Niedersächsisches BeamtenversorgungsG idF der Bek. v. 2.4.2013 (Nds. GVBl. S. 73), zuletzt geänd. durch G v. 14.12.2023 (Nds. GVBl. S. 313)
- **Nordrhein-Westfalen:** Beamtenversorgungs-ÜberleitungsG v. 16.5.2013 (GV. NRW. S. 234, 238), geänd. durch G v. 16.5.2013 (GV. NRW. S. 234)
- **Rheinland-Pfalz:** LandesbeamtenversorgungsG v. 18.6.2013 (GVBl. S. 157, 208), zuletzt geänd. durch G v. 8.4.2022 (GVBl. S. 120)
- **Saarland:** vgl. § 2 Saarländisches BeamtenversorgungsG v. 13.10.2021 (Amtsbl. I S. 2547, 2582), zuletzt geänd. durch G v. 17.10.2023 (Amtsbl. I S. 1078)
- **Sachsen:** Sächsisches BeamtenversorgungsG 2023 v. 6.7.2023 (SächsGVBl. S. 467, 510)
- **Sachsen-Anhalt:** LandesbeamtenversorgungsG v. 13.6.2018 (GVBl. LSA S. 72, 78), zuletzt geänd. durch G v. 7.12.2022 (GVBl. LSA S. 354)
- **Schleswig-Holstein:** BeamtenversorgungsG Schleswig-Holstein v. 26.1.2012 (GVOBl. Schl.-H. S. 153, 219), zuletzt geänd. durch G v. 15.12.2023 (GVOBl. Schl.-H. S. 645)
- **Thüringen:** Thüringer BeamtenversorgungsG idF der Bek. v. 17.2.2022 (GVBl. S. 39, ber. S. 313), zuletzt geänd. durch G v. 10.6.2023 (GVBl. S. 192)

[2] **Habersack ErgBd. Nr. 97.**

# 160. Bundesbeamtengesetz (BBG)[1) 2)]

## Vom 5. Februar 2009

## (BGBl. I S. 160)

### FNA 2030-2-30

geänd. durch Art. 11 Bundesbesoldungs- und -versorgungsanpassungsG 2010/2011 v. 19.11.2010 (BGBl. I S. 1552), Art. 13 G zur Einführung eines Bundesfreiwilligendienstes v. 28.4.2011 (BGBl. I S. 687), Art. 1 G zur Übertragung ehebezogener Regelungen im öffentl. Dienstrecht auf Lebenspartnerschaften v. 14.11. 2011 (BGBl. I S. 2219), Art. 7 G zur Verbesserung der Feststellung und Anerkennung im Ausland erworbener Berufsqualifikationen v. 6.12.2011 (BGBl. I S. 2515), Art. 2 G zur Unterstützung der Fachkräftegewinnung im Bund und zur Änd. weiterer dienstrechtl. Vorschriften v. 15.3.2012 (BGBl. I S. 462), Art. 4 Bundeswehrreform-BegleitG v. 21.7.2012 (BGBl. I S. 1583), Art. 1 G zur Familienpflegezeit und zum flexibleren Eintritt in den Ruhestand für Beamtinnen und Beamte des Bundes v. 3.7.2013 (BGBl. I S. 1978), Art. 2 Abs. 8, Art. 3 Abs. 4 G zur Strukturreform des Gebührenrechts des Bundes v. 7.8.2013 (BGBl. I S. 3154, geänd. durch G v. 18.7.2016 BGBl. I S. 1666), Art. 2 G über die Gewährung eines Altersgelds für freiwillig aus dem Bundesdienst ausscheidende Beamte, Richter und Soldaten v. 28.8.2013 (BGBl. I S. 3386), Art. 1 G zur Änderung des BundesbeamtenG und weiterer dienstrechtlicher Vorschriften v. 6.3.2015 (BGBl. I S. 250), Art. 7 G zur Verbesserung der Zusammenarbeit im Bereich des Verfassungsschutzes v. 17.11.2015 (BGBl. I S. 1938), Art. 2 G zur Neuorganisation der Zollverwaltung v. 3.12.2015 (BGBl. I S. 2178), Art. 3 Abs. 3 G zur Aktualisierung der Strukturreform des Gebührenrechts des Bundes v. 18.7.2016 (BGBl. I S. 1666), Art. 1 G zur besseren Vereinbarkeit von Familie, Pflege und Beruf für Beamtinnen und Beamte des Bundes und Soldatinnen und Soldaten sowie zur Änd. weiterer dienstrechtlicher Vorschriften v. 19.10.2016 (BGBl. I S. 2362), Art. 5 Bundesbesoldungs- und -versorgungsanpassungsG 2016/2017 v. 21.11.2016 (BGBl. I S. 872), Art. 2 G zur Neuregelung des Bundesarchivrechts v. 10.3.2017 (BGBl. I S. 410), Art. 9 G zum Abbau verzichtbarer Anordnungen der Schriftform im Verwaltungsrecht des Bundes v. 29.3.2017 (BGBl. I S. 626), Art. 6 Abs. 4 G zur Reform der strafrechtlichen Vermögensabschöpfung v. 13.4.2017 (BGBl. I S. 872), Art. 2 G zur Neuregelung des Mutterschutzrechts v. 23.5.2017 (BGBl. I S. 1228), Art. 1 G zu bereichsspezifischen Regelungen der Gesichtsverhüllung und zur Änd. weiterer dienstrechtlicher Vorschriften v. 8.6.2017 (BGBl. I S. 1570), Art. 8 Bundesbesoldungs- und -versorgungsanpassungsG 2018/2019/2020 v. 8.11.2018 (BGBl. I S. 1810), Art. 2 G zur Änd. des BeamtenstatusG und des BundesbeamtenG sowie weiterer dienstrechtlicher Vorschriften v. 29.11.2018 (BGBl. I S. 2232), Art. 11 Zweites Datenschutz-Anpassungs- und UmsetzungsG EU v. 20.11.2019 (BGBl. I S. 1626), Art. 2 G zur Verlängerung der Geltungsdauer des PlanungssicherstellungsG und der Geltungsdauer dienstrechtl. Vorschriften v. 18.3.2021 (BGBl. I S. 353), Art. 1 G zur Regelung des Erscheinungsbilds von Beamtinnen und Beamten sowie zur Änd. weiterer dienstrechtl. Vorschriften v. 28.6.2021 (BGBl. I S. 2250), Art. 3 G für einen besseren Schutz hinweisgebender Personen sowie zur Umsetzung der RL zum Schutz von Personen, die Verstöße gegen das Unionsrecht melden v. 31.5.2023 (BGBl. 2023 I Nr. 140), Art. 5 G zur Änd. des BevölkerungsstatistikG, des InfektionsschutzG, personenstands- und dienstrechtl. Regelungen sowie der Medizinprodukte-AbgabeVO v. 17.7. 2023 (BGBl. 2023 I Nr. 190) und Art. 6 G zur Beschleunigung von Disziplinarverfahren in der Bundesverwaltung und zur Änd. weiterer dienstrechtl. Vorschriften v. 20.12.2023 (BGBl. 2023 I Nr. 389)

---

[1)] Verkündet als Art. 1 DienstrechtsneuordnungsG v. 5.2.2009 (BGBl. I S. 160); Inkrafttreten gem. Art. 17 Abs. 11 dieses G am 12.2.2009.
[2)] Die Änderungen durch das G v. 20.12.2023 (BGBl. 2023 I Nr. 389) treten erst **mWv 1.4.2024** in Kraft und sind noch nicht im Text berücksichtigt.

## Inhaltsübersicht[1]

### Abschnitt 1. Allgemeine Vorschriften

### Abschnitt 2. Beamtenverhältnis

### Abschnitt 3. Laufbahnen

### Abschnitt 4. Abordnung, Versetzung und Zuweisung

### Abschnitt 5. Beendigung des Beamtenverhältnisses
#### Unterabschnitt 1. Entlassung

---

[1] Inhaltsübersicht geänd. mWv 1.4.2012 durch G v. 6.12.2011 (BGBl. I S. 2515); mWv 11.7.2013 durch G v. 3.7.2013 (BGBl. I S. 1978); mWv 14.3.2015 durch G v. 6.3.2015 (BGBl. I S. 250); mWv 28.10.2016 durch G v. 19.10.2016 (BGBl. I S. 2362); mWv 26.11.2019 durch G v. 20.11.2019 (BGBl. I S. 1626); mWv 7.7.2021 durch G v. 28.6.2021 (BGBl. I S. 2250).

*(Fortsetzung nächstes Blatt)*

# 173. Verordnung über den Sonderurlaub für Bundesbeamtinnen und Bundesbeamte sowie für Richterinnen und Richter des Bundes (Sonderurlaubsverordnung – SUrlV)[1]

### Vom 1. Juni 2016
### (BGBl. I S. 1284)

**FNA 2030-2-30-5**

geänd. durch Art. 44 G zur Regelung des Sozialen Entschädigungsrechts v. 12.12.2019 (BGBl. I S. 2652), Art. 51 Elfte ZuständigkeitsanpassungsVO v. 19.6.2020 (BGBl. I S. 1328), Art. 3, 4 VO zur Weiterentwicklung dienstrechtl. Regelungen zu Arbeitszeit und Sonderurlaub v. 17.12.2020 (BGBl. I S. 3011), Art. 1–3 Erste ÄndVO v. 3.6.2021 (BGBl. I S. 1367), Art. 7, 8 VO zur Fortentwicklung laufbahnrechtlicher und weiterer dienstrechtlicher Vorschriften v. 16.8.2021 (BGBl. I S. 3582), Art. 1–4 Zweite ÄndVO v. 22.12.2021 (BGBl. I S. 5257), Art. 1–4 VO zur Änd. der SonderurlaubsVO und der BundeslaufbahnVO v. 9.8.2022 (BGBl. I S. 1381), Art. 1–6 Dritte ÄndVO v. 16.3.2023 (BGBl. 2023 I Nr. 80) und Art. 1, 2 Vierte ÄndVO v. 7.2.2024 (BGBl. 2024 I Nr. 37)

Auf Grund des § 90 Absatz 1 des Bundesbeamtengesetzes[2] vom 5. Februar 2009 (BGBl. I S. 160) verordnet die Bundesregierung:

#### Inhaltsübersicht[3]

---

[1] Die Änderungen durch die VO v. 7.2.2024 (BGBl. 2024 I Nr. 37) treten teilweise erst **mWv 1.1.2026** in Kraft und sind insoweit noch nicht im Text berücksichtigt.

[2] Nr. **160**.

[3] Inhaltsübersicht geänd. mWv 22.3.2023 durch VO v. 16.3.2023 (BGBl. 2023 I Nr. 80).

**§ 1 Geltungsbereich.** (1) [1] Diese Verordnung gilt für die Beamtinnen und Beamten des Bundes. [2] Für die Richterinnen und Richter im Bundesdienst gilt diese Verordnung nach § 46 des Deutschen Richtergesetzes[1]) entsprechend.

(2) Ansprüche auf Sonderurlaub für Beamtinnen und Beamte des Bundes sowie Richterinnen und Richter des Bundes, die sich aus anderen Rechtsvorschriften ergeben, bleiben unberührt.

**§ 2 Zuständigkeit.** Die Entscheidung über die Gewährung von Sonderurlaub trifft – außer in den Fällen des § 22 Absatz 1 Satz 2 und Absatz 3 Satz 2 – die personalverwaltende Dienstbehörde.

**§ 3 Voraussetzungen.** Sonderurlaub wird nur gewährt, wenn

1. der Anlass, für den Sonderurlaub beantragt wurde, nicht außerhalb der Arbeitszeit wahrgenommen oder erledigt werden kann,
2. dienstliche Gründe nicht entgegenstehen und
3. die jeweiligen Voraussetzungen der §§ 5 bis 22 erfüllt sind.

**§ 4 Dauer.** Die in den folgenden Vorschriften bestimmte Urlaubsdauer verlängert sich um erforderliche Reisezeiten.

**§ 5 Sonderurlaub zur Ausübung staatsbürgerlicher Rechte und zur Erfüllung staatsbürgerlicher Pflichten.** Sonderurlaub unter Fortzahlung der Besoldung ist zu gewähren

1. für die Teilnahme an öffentlichen Wahlen und Abstimmungen,
2. zur Wahrnehmung amtlicher, insbesondere gerichtlicher, staatsanwaltschaftlicher oder polizeilicher Termine, sofern sie nicht durch private Angelegenheiten der Beamtin oder des Beamten veranlasst sind, oder
3. zur Ausübung einer ehrenamtlichen Tätigkeit oder eines öffentlichen Ehrenamtes, wenn die Übernahme der Tätigkeit auf einer gesetzlichen Vorschrift beruht.

**§ 6 Sonderurlaub zur Ausübung einer Tätigkeit in öffentlichen zwischenstaatlichen oder überstaatlichen Einrichtungen oder in einer öffentlichen Einrichtung eines Mitgliedstaates der Europäischen Union.** (1) [1] Sonderurlaub unter Wegfall der Besoldung ist zu gewähren bei Entsendung für eine hauptberufliche Tätigkeit

1. in einer öffentlichen zwischenstaatlichen oder überstaatlichen Einrichtung,
2. in der Verwaltung eines Mitgliedstaates der Europäischen Union oder
3. in einer öffentlichen Einrichtung eines Mitgliedstaates der Europäischen Union.

[2] Die Dauer des Sonderurlaubs richtet sich nach der Dauer der Entsendung.

(2) Sonderurlaub von bis zu einem Jahr unter Wegfall der Besoldung ist auch für die Wahrnehmung einer hauptberuflichen Tätigkeit nach Absatz 1 Satz 1 zu gewähren, wenn die Beamtin oder der Beamte zu dieser hauptberuflichen Tätigkeit nicht entsandt wird.

**§ 7 Sonderurlaub zur Wahrnehmung von Aufgaben der Entwicklungszusammenarbeit.** Zur Wahrnehmung von Aufgaben der Entwicklungszusam-

---

[1]) **Habersack ErgBd. Nr. 97.**

(2) ¹Für die im Bereich der Deutschen Bahn Aktiengesellschaft sowie einer nach § 2 Absatz 1 und § 3 Absatz 3 des Deutsche Bahn Gründungsgesetzes ausgegliederten Gesellschaft beschäftigten Beamtinnen und Beamten kann die oberste Dienstbehörde im Einvernehmen mit dem Bundesministerium des Innern und für Heimat von Absatz 1 abweichende Regelungen treffen. ²Für die bei den Postnachfolgeunternehmen beschäftigten Beamtinnen und Beamten kann die oberste Dienstbehörde im Einvernehmen mit dem Bundesministerium der Finanzen von Absatz 1 abweichende Regelungen treffen.

**§ 20¹⁾ Sonderurlaub aus medizinischen Anlässen.** (1) Sonderurlaub unter Fortzahlung der Besoldung ist zu gewähren für die Dauer der notwendigen Abwesenheit

1. einer amts-, vertrauens- oder versorgungsärztlich angeordneten Untersuchung,

2. einer kurzfristigen Behandlung einschließlich der Anpassung, Wiederherstellung oder Erneuerung von Körperersatzstücken oder

3. einer ärztlich verordneten sonstigen Behandlung.

(2) Sonderurlaub unter Fortzahlung der Besoldung ist zu gewähren

1. für eine stationäre oder ambulante Rehabilitationsmaßnahme,

2. für eine Maßnahme der medizinischen Rehabilitation für Mütter und Väter nach § 41 des Fünften Buches Sozialgesetzbuch²⁾,

3. für die Betreuung eines Kindes unter zwölf Jahren während einer Rehabilitationsmaßnahme als medizinisch notwendig anerkannte Begleitperson,

4. für eine ärztlich verordnete familienorientierte Rehabilitation im Fall einer Krebs-, Herz- oder Mukoviszidoserkrankung eines Kindes oder für ein Kind, dessen Zustand im Fall einer Operation am Herzen oder einer Organtransplantation eine solche Maßnahme erfordert,

5. für ärztlich verordneten Rehabilitationssport oder Funktionstraining in Gruppen nach § 44 Absatz 1 Nummer 3 und 4 des Neunten Buches Sozialgesetzbuch³⁾ oder

6. für die Durchführung einer Badekur nach § 11 Absatz 2 des Bundesversorgungsgesetzes⁴⁾ in der am 31. Dezember 2023 geltenden Fassung.

(3) ¹Sonderurlaub nach Absatz 2 Nummer 1 bis 3 wird nur bei Vorlage des Anerkennungsbescheids der Beihilfefestsetzungsstelle oder des Bescheids der Krankenkasse über die Gewährung der Rehabilitationsleistung gewährt. ²Die Maßnahmen müssen entsprechend den darin genannten Festlegungen zur Behandlung und zum Behandlungsort durchgeführt werden.

(4) ¹Die Notwendigkeit der Maßnahmen nach Absatz 2 Nummer 1 bis 3 muss durch eine ärztliche Bescheinigung nachgewiesen werden. ²Die Notwendigkeit der Maßnahme nach Absatz 2 Nummer 4 muss durch ein Zeugnis des behandelnden Arztes in der Klinik nachgewiesen werden.

(5) Dauer und Häufigkeit des Sonderurlaubs nach Absatz 2 Nummer 1 bis 4 und 6 bestimmen sich nach § 35 Absatz 2 Satz 2 Nummer 5 und § 36 Absatz 2 der Bundesbeihilfeverordnung.

---

¹⁾ § 20 Abs. 2 Nr. 6 neu gef. mWv 1.1.2024 durch G v. 12.12.2019 (BGBl. I S. 2652).
²⁾ **Aichberger, SGB Nr. 5.**
³⁾ **Aichberger, SGB Nr. 9.**
⁴⁾ **Sartorius III Nr. 590.**

**§ 21[1) Sonderurlaub aus persönlichen Anlässen.** (1) Sonderurlaub unter Fortzahlung der Besoldung ist wie folgt zu gewähren:

| | Anlass | Urlaubsdauer |
|---|---|---|
| 1. | Niederkunft der Ehefrau, der Lebenspartnerin oder der mit der Beamtin oder dem Beamten in ehe- oder lebenspartnerschaftsähnlicher Gemeinschaft lebenden Lebensgefährtin | ein Arbeitstag |
| 2. | Tod der Ehefrau oder des Ehemanns, der Lebenspartnerin oder des Lebenspartners, eines Kindes oder eines Elternteils der Beamtin oder des Beamten | zwei Arbeitstage |
| 3. | bei ärztlich bescheinigter Erkrankung und bei ärztlicher Bescheinigung über die Notwendigkeit zur Pflege, Beaufsichtigung oder Betreuung einer oder eines im Haushalt der Beamtin oder des Beamten lebenden Angehörigen im Sinne des § 20 Absatz 5 Satz 1 des Verwaltungsverfahrensgesetzes | ein Arbeitstag im Urlaubsjahr |
| 4. | bei ärztlich bescheinigter Erkrankung und bei ärztlicher Bescheinigung über die Notwendigkeit zur Pflege, Beaufsichtigung oder Betreuung eines Kindes der Beamtin oder des Beamten, das noch nicht zwölf Jahre alt ist, oder eines behinderten und auf Hilfe angewiesenen Kindes | für jedes Kind bis zu acht Arbeitstage im Urlaubsjahr |
| 5. | Erkrankung der Betreuungsperson eines Kindes der Beamtin oder des Beamten, das noch nicht acht Jahre alt ist oder wegen körperlicher, geistiger oder seelischer Behinderung auf Hilfe angewiesen ist | bis zu vier Arbeitstage im Urlaubsjahr |
| 6. | Fälle, in denen für eine nahe Angehörige oder einen nahen Angehörigen im Sinne des § 7 Absatz 3 des Pflegezeitgesetzes in einer akut auftretenden Pflegesituation eine bedarfsgerechte Pflege organisiert oder eine pflegerische Versorgung sichergestellt werden muss, nach Verlangen unter Vorlage einer ärztlichen Bescheinigung über die Pflegebedürftigkeit im Sinne des § 14 Absatz 1 des Elften Buches Sozialgesetzbuch | für jede pflegebedürftige Person bis zu neun Arbeitstage |
| 7. | Spende von Organen und Geweben, die nach § 8 des Transplantationsgesetzes erfolgt, oder für die Blutspende zur Separation von Blutstammzellen oder anderer Blutbestandteile im Sinne von § 1 des Transfusionsgesetzes, soweit eine ärztliche Bescheinigung vorgelegt wird | Dauer der notwendigen Abwesenheit |

---

[1) § 21 Abs. 4 einl. Satzteil und Abs. 5 geänd. mWv 27.6.2020 durch VO v. 19.6.2020 (BGBl. I S. 1328); Abs. 1 Nr. 6a und Abs. 2a–2c eingef. mWv 15.10.2020 und aufgeh. mWv 1.1.2021 durch VO v. 17.12.2020 (BGBl. I S. 3011); Abs. 1 Nr. 6a eingef. mWv 1.1.2021, Abs. 2a, 2b eingef. mWv 5.1.2021, Abs. 1 Nr. 6a aufgeh. mWv 1.7.2021 und Abs. 2a, 2b aufgeh. mWv 1.1.2022 durch VO v. 3.6.2021 (BGBl. I S. 1367); Abs. 1 Nr. 6a eingef. mWv 1.7.2021; Abs. 1 Nr. 6a aufgeh. mWv 1.1.2022 durch VO v. 16.8. 2021 (BGBl. I S. 3582); Abs. 1 Nr. 6a geänd., Nr. 6a eingef. mWv 1.1.2022, Abs. 2b, 2c aufgeh. mWv 20.3.2022, Abs. 1 Nr. 6a aufgeh. mWv 1.4.2022 und Abs. 2a aufgeh. mWv 1.1.2023 durch VO v. 22.12.2021 (BGBl. I S. 5257); Abs. 2b, 2c eingef., Abs. 4 und 5 geänd. mWv 20.3.2022, Abs. 1 Nr. 6a eingef. mWv 1.4.2022, Abs. 2b, 2c aufgeh. mWv 24.9.2022, Abs. 1 Nr. 6a aufgeh. mWv 1.1.2023 durch VO v. 9.8.2022 (BGBl. I S. 1381); Abs. 2b, 2c aufgeh. mWv 24.9.2022, Abs. 1 Nr. 6a, Abs. 2a eingef. mWv 1.1.2023, Abs. 2b, 2c aufgeh. mWv 8.4.2023, Abs. 1 Nr. 6a aufgeh. mWv 1.5.2023, Abs. 2a aufgeh. mWv 1.1.2024 durch VO v. 16.3.2023 (BGBl. 2023 I Nr. 80); Abs. 1 Nr. 4 geänd., Abs. 2 neu gef. mWv 1.1.2024 durch VO v. 7.2.2024 (BGBl. 2024 I Nr. 37).

(2) Abweichend von Absatz 1 Nummer 4 beträgt die Dauer des gewährten Sonderurlaubs für die Jahre 2024 und 2025

1. für jedes Kind längstens bis zu 13 Arbeitstage im Urlaubsjahr, für alle Kinder zusammen höchstens 30 Arbeitstage im Urlaubsjahr,

2. bei alleinerziehenden Beamtinnen und Beamten beträgt die Dauer des gewährten Sonderurlaubs für jedes Kind längstens bis zu 26 Arbeitstage im Urlaubsjahr, für alle Kinder zusammen höchstens 60 Arbeitstage im Urlaubsjahr.

(3) [1] In den Fällen des Absatzes 1 Nummer 3 bis 5 können auch halbe Sonderurlaubstage gewährt werden. [2] Ein halber Sonderurlaubstag entspricht der Hälfte der für den jeweiligen Arbeitstag festgesetzten regelmäßigen Arbeitszeit.

(4) Die oberste Dienstbehörde kann im Einvernehmen mit dem Bundesministerium des Innern und für Heimat von den Absätzen 1 bis 3 abweichende Regelungen treffen für Beamtinnen und Beamte, die beschäftigt sind

1. im Bereich der Deutschen Bahn Aktiengesellschaft,

*(Fortsetzung nächstes Blatt)*

# 180. Verordnung über die Laufbahnen der Bundesbeamtinnen und Bundesbeamten (Bundeslaufbahnverordnung – BLV)[1]

### Vom 12. Februar 2009
### (BGBl. I S. 284)

**FNA 2030-7-3-1**

geänd. durch Art. 1 Erste ÄndVO v. 20.2.2013 (BGBl. I S. 316), Art. 16 Abs. 16 Bundesunfallkassen-NeuorganisationsG v. 19.10.2013 (BGBl. I S. 3836), Art. 3 HaushaltsbegleitG 2014 v. 11.8.2014 (BGBl. I S. 1346), Art. 38 Zehnte ZuständigkeitsanpassungsVO v. 31.8.2015 (BGBl. I S. 1474), Art. 1 WSV-ZuständigkeitsanpassungsVO v. 2.6.2016 (BGBl. I S. 1257), Art. 1 Zweite ÄndVO v. 15.8.2016 (BGBl. I S. 1981), Art. 7 G zur besseren Vereinbarkeit von Familie, Pflege und Beruf für Beamtinnen und Beamte des Bundes und Soldatinnen und Soldaten sowie zur Änd. weiterer dienstrechtlicher Vorschriften v. 19.10. 2016 (BGBl. I S. 2362), Art. 1 VO zur Änd. der BundeslaufbahnVO und anderer laufbahnrechtlicher Vorschriften v. 18.1.2017 (BGBl. I S. 89, ber. S. 406), Art. 2 VO zur Änd. dienstrechtl. Verordnungen aus Anlass des BesoldungsstrukturenmodernisierungsG v. 8.1.2020 (BGBl. I S. 27), Art. 56 Elfte Zuständig-keitsanpassungsVO v. 19.6.2020 (BGBl. I S. 1328), Art. 1 Dritte ÄndVO v. 15.9.2020 (BGBl. I S. 1990), Art. 1 Vierte ÄndVO v. 3.2.2021 (BGBl. I S. 148), Art. 14 Abs. 7 G zur Regelung des Erscheinungsbilds von Beamtinnen und Beamten sowie zur Änd. weiterer dienstrechtl. Vorschriften v. 28.6.2021 (BGBl. I S. 2250), Art. 1 VO zur Fortentwicklung laufbahnrecht. und weiterer dienstrechtl. Vorschriften v. 16.8. 2021 (BGBl. I S. 3582), Art. 5 VO zur Änd. der SonderurlaubsVO und der BundeslaufbahnVO v. 9.8. 2022 (BGBl. I S. 1381) und Art. 1 Fünfte ÄndVO v. 27.1.2023 (BGBl. 2023 I Nr. 30)

Auf Grund des § 8 Absatz 1 Satz 3, § 11 Absatz 1 Satz 5, § 17 Absatz 7, § 20 Satz 2, § 21 Satz 2, § 22 Absatz 5 Satz 2 und des § 26 des Bundesbeamtengesetzes[2] vom 5. Februar 2009 (BGBl. I S. 160) verordnet die Bundesregierung:

### Inhaltsübersicht[3]

#### Abschnitt 1. Allgemeines

#### Abschnitt 2. Einstellung von Bewerberinnen und Bewerbern
##### Unterabschnitt 1. Gemeinsame Vorschriften

##### Unterabschnitt 2. Vorbereitungsdienste

---

[1] Siehe hierzu auch die Allgemeine Verwaltungsvorschrift des BMI v. 1.12.2017 (GMBl S. 986).
[2] Nr. **160**.
[3] Inhaltsübersicht geänd. mWv 23.8.2016 durch VO v. 15.8.2016 (BGBl. I S. 1981); mWv 27.1.2017 durch VO v. 18.1.2017 (BGBl. I S. 89); mWv 7.7.2021 durch G v. 28.6.2021 (BGBl. I S. 2250); mWv 20.8.2021 durch VO v. 16.8.2021 (BGBl. I S. 3582).

4. Simulationsaufgaben,
5. Gruppenaufgaben,
6. Gruppendiskussion,
7. Fachkolloquium.

[2] Bei besonderen Anforderungen einer Laufbahn kann der mündliche Teil durch weitere Auswahlinstrumente ergänzt werden. [3] Der mündliche Teil kann in einer Fremdsprache durchgeführt werden.

(6a) Bis zum 31. Dezember 2024 kann der mündliche Teil des Auswahlverfahrens unter Nutzung von Videokonferenztechnik durchgeführt werden, wenn dies wegen der zur Bewältigung der COVID-19-Pandemie getroffenen Maßnahmen geboten ist und wenn geeignete technische Einrichtungen zur Verfügung stehen.

(7) [1] Die im Auswahlverfahren erbrachten Leistungen sind mit Punkten oder Noten zu bewerten. [2] Es ist eine Rangfolge der geeigneten Bewerberinnen und Bewerber festzulegen. [3] Die Rangfolge ist für die Einstellung in den Vorbereitungsdienst maßgeblich.

(8) In den Rechtsverordnungen nach § 26 Absatz 2 Satz 1 des Bundesbeamtengesetzes[1)] ist zu regeln,

1. welche wesentlichen Anforderungen an die Eignung und Befähigung der Bewerberinnen und Bewerber dem Auswahlverfahren zu Grunde liegen,
2. aus welchen Teilen und Abschnitten das Auswahlverfahren besteht,
3. welche Auswahlinstrumente angewendet werden können,
4. wie die Teile und Abschnitte bei der Gesamtbewertung der im Auswahlverfahren erbrachten Leistungen gewichtet werden,
5. wenn von der Möglichkeit nach Absatz 4 Satz 4 Gebrauch gemacht wird: wovon die weitere Teilnahme abhängig gemacht werden soll,
6. wenn von der Möglichkeit nach Absatz 6 Satz 3 Gebrauch gemacht wird: in welcher Fremdsprache der mündliche Teil durchgeführt werden kann.

**§ 11[2)] Einstellung in den Vorbereitungsdienst.** [1] Die Bewerberinnen und Bewerber werden als Beamtinnen und Beamte auf Widerruf in den Vorbereitungsdienst eingestellt. [2] Sie führen als Dienstbezeichnung die Amtsbezeichnung des Eingangsamts ihrer Laufbahn mit dem Zusatz „Anwärterin" oder „Anwärter", in Laufbahnen des höheren Dienstes die Dienstbezeichnung „Referendarin" oder „Referendar". [3] Die für die Gestaltung des Vorbereitungsdienstes zuständige oberste Dienstbehörde kann im Einvernehmen mit dem Bundesministerium des Innern und für Heimat andere Dienstbezeichnungen festsetzen.

**§ 11a[3)] Einfacher Dienst.** Ein Vorbereitungsdienst für den einfachen Dienst dauert mindestens sechs Monate.

**§ 12 Mittlerer Dienst.** [1] Ein Vorbereitungsdienst für den mittleren Dienst dauert mindestens ein Jahr, in der Regel jedoch zwei Jahre. [2] Er besteht aus einer fachtheoretischen und einer berufspraktischen Ausbildung.

---

[1)] Nr. **160**.
[2)] § 11 Satz 3 geänd. mWv 27.6.2020 durch VO v. 19.6.2020 (BGBl. I S. 1328); Satz 3 geänd. mWv 1.2.2023 durch VO v. 27.1.2023 (BGBl. 2023 I Nr. 30).
[3)] § 11a eingef. mWv 20.8.2021 durch VO v. 16.8.2021 (BGBl. I S. 3582).

**§ 13**[1] **Gehobener Dienst.** (1) [1]Ein Vorbereitungsdienst für den gehobenen Dienst dauert in der Regel drei Jahre und besteht aus Fachstudien und berufspraktischen Studienzeiten. [2]Der Vorbereitungsdienst wird als Hochschulstudiengang, der mit einem Bachelor oder einem Diplomgrad mit dem Zusatz „Fachhochschule" abschließt, durchgeführt.

(2) [1]Der Vorbereitungsdienst kann bis auf ein Jahr verkürzt werden, wenn die für die Laufbahnaufgaben erforderlichen wissenschaftlichen und methodischen Grundkenntnisse durch ein mit einem Bachelor abgeschlossenes Hochschulstudium oder durch einen gleichwertigen Abschluss nachgewiesen werden. [2]Zum Erwerb erforderlicher Spezialkenntnisse sind Fachstudien oder Lehrgänge, zum Erwerb erforderlicher berufspraktischer Fähigkeiten und Kenntnisse berufspraktische Studienzeiten und ergänzende Lehrveranstaltungen vorzusehen. [3]Eine Verkürzung lediglich auf Fachstudien oder Lehrgänge ist nicht zulässig.

**§ 14 Höherer Dienst.** [1]Ein Vorbereitungsdienst für den höheren Dienst dauert mindestens 18 Monate, in der Regel jedoch zwei Jahre. [2]Er vermittelt die für die Laufbahn erforderlichen berufspraktischen Fähigkeiten und Kenntnisse.

**§ 15**[2] **Verlängerung der Vorbereitungsdienste.** (1) [1]Der Vorbereitungsdienst ist nach Anhörung der Referendarinnen, Referendare, Anwärterinnen und Anwärter im Einzelfall zu verlängern, wenn er wegen

1. einer Erkrankung,
2. des Mutterschutzes,
3. einer Elternzeit,
4. der Ableistung eines Wehr-, Zivil-, Bundesfreiwilligen- oder Entwicklungsdienstes, freiwilligen sozialen oder ökologischen Jahres, anderen Dienstes im Ausland, Internationalen Jugendfreiwilligendienstes, Europäischen Freiwilligendienstes, Freiwilligendienstes „weltwärts" des Bundesministeriums für wirtschaftliche Zusammenarbeit und Entwicklung oder Zivilen Friedensdienstes,
5. anderer zwingender Gründe

unterbrochen wurde und durch die Verkürzung von Ausbildungsabschnitten die zielgerechte Fortsetzung des Vorbereitungsdienstes nicht gewährleistet ist. [2]Dabei können Abweichungen vom Ausbildungs-, Lehr- oder Studienplan zugelassen werden.

(2) Bei Teilzeitbeschäftigung gilt Absatz 1 entsprechend.

(3) Der Vorbereitungsdienst kann in den Fällen des Absatzes 1 Satz 1 Nummer 1 und 5 und bei Teilzeitbeschäftigung höchstens zweimal, insgesamt jedoch nicht mehr als 24 Monate verlängert werden.

**§ 16**[3] **Verkürzung der Vorbereitungsdienste.** (1) Der Vorbereitungsdienst kann verkürzt werden, wenn

1. das Erreichen des Ausbildungsziels nicht gefährdet ist und

---

[1] § 13 Abs. 2 neu gef. mWv 26.2.2013 durch VO v. 20.2.2013 (BGBl. I S. 316); Abs. 1 Satz 2 und Abs. 2 Satz 1 geänd. mWv 23.8.2016 durch VO v. 15.8.2016 (BGBl. I S. 1981); Abs. 1 Satz 2 neu gef. mWv 20.8.2021 durch VO v. 16.8.2021 (BGBl. I S. 3582).
[2] § 15 Abs. 1 Satz 1 Nr. 2 und 4 neu gef., Nr. 5 aufgeh., bish. Nr. 6 wird Nr. 5 mWv 26.2.2013 durch VO v. 20.2.2013 (BGBl. I S. 316); Abs. 3 geänd. mWv 23.8.2016 durch VO v. 15.8.2016 (BGBl. I S. 1981).
[3] § 16 neu gef. mWv 20.8.2021 durch VO v. 16.8.2021 (BGBl. I S. 3582).

sein, wenn neben der langen beruflichen Erfahrung eines der beiden folgenden Merkmale wesentliches Merkmal des Anforderungsprofils ist:

1. eine dreijährige Verwendung auf Dienstposten nach Satz 1 oder
2. eine gleichwertige berufliche Erfahrung, die erworben worden ist, nachdem das derzeitige Amt nach Absatz 4 Satz 1 oder Satz 2 Nummer 1 oder 2 verliehen worden ist.

³ Die obersten Dienstbehörden können über die Anforderungen nach den Sätzen 1 und 2 hinausgehende Anforderungen an die Eignung der Dienstposten bestimmen.

(3) ¹ Die obersten Dienstbehörden bestimmen Auswahlkommissionen, die die Auswahlverfahren durchführen. ² Sie bestehen in der Regel aus vier Mitgliedern und sollen zu gleichen Teilen mit Frauen und Männern besetzt sein. ³ Die Mitglieder müssen einer höheren Laufbahn als die Bewerberinnen und Bewerber angehören. ⁴ Sie sind unabhängig und an Weisungen nicht gebunden. ⁵ In dem Auswahlverfahren wird, gemessen an den Anforderungen des zu besetzenden Dienstpostens, die Eignung und Befähigung der Beamtinnen und Beamten überprüft. ⁶ Eignung und Befähigung sind in einer Vorstellung vor einer Auswahlkommission nachzuweisen, die einen schriftlichen und mündlichen Teil umfasst. ⁷ Die Auswahlkommission bewertet die Ergebnisse und macht einen Vorschlag für die Besetzung des Dienstpostens. ⁸ Die obersten Dienstbehörden können ihre Befugnisse auf andere Behörden übertragen.

(4) ¹ Den in Absatz 1 genannten Beamtinnen und Beamten wird im Rahmen der besetzbaren Planstellen das Eingangsamt der höheren Laufbahn verliehen. ² Für die Verleihung von Beförderungsämtern gilt, dass

1. das erste Beförderungsamt frühestens ein Jahr nach der ersten Verleihung eines Amtes der höheren Laufbahn verliehen werden darf,
2. das zweite Beförderungsamt frühestens ein Jahr nach der Verleihung des ersten Beförderungsamtes verliehen werden darf und
3. das dritte Beförderungsamt frühestens zwei Jahre nach der Verleihung des zweiten Beförderungsamtes verliehen werden darf.

³ Weitere Beförderungen sind ausgeschlossen.

(5) Beamtinnen und Beamte, die nach den Absätzen 1 bis 4 ein Amt einer höheren Laufbahn verliehen bekommen haben, können auch auf anderen geeigneten Dienstposten im Sinne des Absatzes 2 eingesetzt werden.

### Abschnitt 3. Berufliche Entwicklung

#### Unterabschnitt 1. Probezeit

**§ 28¹⁾ Dauer der Probezeit und Feststellung der Bewährung.** (1) Die regelmäßige Probezeit dauert drei Jahre.

(2) Die Beamtinnen und Beamten haben sich in der Probezeit in vollem Umfang bewährt, wenn sie nach Eignung, Befähigung und fachlicher Leistung wechselnde Anforderungen ihrer Laufbahn erfüllen können.

(3) Die Beamtinnen und Beamten sind während der Probezeit in mindestens zwei Verwendungsbereichen einzusetzen, wenn nicht dienstliche Gründe entgegenstehen.

---

¹⁾ § 28 Abs. 4 Satz 1 geänd. mWv 20.8.2021 durch VO v. 16.8.2021 (BGBl. I S. 3582).

(4) ¹Eignung, Befähigung und fachliche Leistung der Beamtinnen und Beamten sind spätestens nach der Hälfte der festgesetzten Probezeit erstmals und vor Ablauf der festgesetzten Probezeit mindestens ein zweites Mal zu beurteilen. ²Auf besondere Eignungen und auf bestehende Mängel ist in der Beurteilung hinzuweisen.

(5) Kann die Bewährung wegen besonderer Umstände des Einzelfalls bis zum Ablauf der regelmäßigen Probezeit nicht abschließend festgestellt werden, kann die Probezeit verlängert werden.

(6) Beamtinnen und Beamte, die sich in der Probezeit nicht in vollem Umfang bewährt haben, werden spätestens mit Ablauf der Probezeit entlassen.

**§ 29¹⁾ Anrechnung hauptberuflicher Tätigkeiten.** (1) Hauptberufliche Tätigkeiten, die nach Art und Schwierigkeit mindestens der Tätigkeit in einem Amt der betreffenden Laufbahn entsprechen, können auf die Probezeit angerechnet werden.

(2) Nicht anzurechnen sind hauptberufliche Tätigkeiten,

1. die auf den Vorbereitungsdienst angerechnet worden sind oder
2. deren Ausübung Voraussetzung für die Zulassung zur Laufbahn ist.

(3) § 19 Absatz 4 gilt entsprechend.

**§ 30²⁾ Verlängerung der Probezeit.** (1) ¹Die Probezeit verlängert sich um die Zeit einer Beurlaubung ohne Besoldung. ²Dies gilt nicht, wenn die oberste Dienstbehörde bei der Gewährung der Beurlaubung festgestellt hat, dass die Beurlaubung dienstlichen Interessen oder öffentlichen Belangen dient. ³Die obersten Dienstbehörden bestimmen im Einvernehmen mit dem Bundesministerium des Innern und für Heimat, unter welchen Voraussetzungen dienstliche oder öffentliche Belange anerkannt werden können.

(2) ¹Die Probezeit wird nicht verlängert durch Zeiten

1. einer Teilzeitbeschäftigung,
2. einer Kinderbetreuung bis zu drei Jahren pro Kind,
3. der tatsächlichen Pflege von nach ärztlichem Gutachten pflegebedürftigen nahen Angehörigen im Sinne des § 7 Absatz 3 des Pflegezeitgesetzes³⁾ bis zu drei Jahren pro Angehöriger oder Angehörigem sowie
4. einer Beurlaubung nach § 24 Absatz 2 des Gesetzes über den Auswärtigen Dienst bis zu drei Jahren.

²§ 19 Absatz 4 gilt entsprechend.

**§ 31⁴⁾ Mindestprobezeit.** (1) Die Probezeit muss mindestens ein Jahr dauern (Mindestprobezeit).

(2) Auf die Mindestprobezeit können hauptberufliche Tätigkeiten nicht nach § 29 Absatz 1 angerechnet werden.

---

¹⁾ § 29 neu gef. mWv 26.2.2013 durch VO v. 20.2.2013 (BGBl. I S. 316); Abs. 2 Nr. 1 und 2 geänd., Nr. 3 aufgeh. mWv 20.8.2021 durch VO v. 16.8.2021 (BGBl. I S. 3582).
²⁾ § 30 Abs. 2 Satz 1 Nr. 4 geänd. mWv 27.1.2017 durch VO v. 18.1.2017 (BGBl. I S. 89); Abs. 1 Satz 3 geänd. mWv 27.6.2020 durch VO v. 19.6.2020 (BGBl. I S. 1328); Abs. 1 Satz 2 neu gef., Abs. 2 Satz 1 Nr. 1 aufgeh., bish. Nr. 2–5 werden Nr. 1–4 mWv 20.8.2021 durch VO v. 16.8.2021 (BGBl. I S. 3582); Abs. 1 Satz 3 geänd. mWv 1.2.2023 durch VO v. 27.1.2023 (BGBl. 2023 I Nr. 30).
³⁾ **Aichberger,** SGB Nr. 11/10.
⁴⁾ § 31 neu gef. mWv 20.8.2021 durch VO v. 16.8.2021 (BGBl. I S. 3582).

## 220. Bundesdisziplinargesetz (BDG)[1)] [2)]

### Vom 9. Juli 2001

### (BGBl. I S. 1510)

#### FNA 2031-4

geänd. durch Art. 33 Nr. 1 G zur Einführung des Euro in RechtspflegeG und in Gesetzen des Straf- und Ordnungswidrigkeitenrechts v. 13.12.2001 (BGBl. I S. 3574), Art. 7 VersorgungsÄndG 2001 v. 20.12. 2001 (BGBl. I S. 3926), Art. 5 Abs. 7 G zur Überarbeitung des Lebenspartnerschaftsrechts v. 15.12.2004 (BGBl. I S. 3396), Art. 11 Streitkräftereserve-NeuordnungsG v. 22.4.2005 (BGBl. I S. 1106), Art. 15 Abs. 1 WehrrechtsänderungsG 2008 v. 31.7.2008 (BGBl. I S. 1629), Art. 12b DienstrechtsneuordnungsG v. 5.2.2009 (BGBl. I S. 160), Art. 3 G zur Übertragung ehebezogener Regelungen im öffentl. Dienstrecht auf Lebenspartnerschaften v. 14.11.2011 (BGBl. I S. 2219), Art. 4 G über die Besetzung der großen Straf- und Jugendkammern in der Hauptverhandlung und zur Änd. weiterer gerichtsverfassungsrechtl. Vorschriften sowie des BundesdisziplinarG v. 6.12.2011 (BGBl. I S. 2554), Art. 3 Abs. 6 G zur Strukturreform des Gebührenrechts des Bundes v. 7.8.2013 (BGBl. I S. 3154, geänd. durch G v. 18.7.2016 BGBl. I S. 1666), Art. 4 G über die Gewährung eines Altersgelds für freiwillig aus dem Bundesdienst ausscheiden- de Beamte, Richter und Soldaten v. 28.8.2013 (BGBl. I S. 3386), Art. 8 G zur Änderung des Bundes- beamtenG und weiterer dienstrechtlicher Vorschriften v. 6.3.2015 (BGBl. I S. 250), Art. 3 Abs. 5 G zur Aktualisierung der Strukturreform des Gebührenrechts des Bundes v. 18.7.2016 (BGBl. I S. 1666), Art. 3 G zur besseren Vereinbarkeit von Familie, Pflege und Beruf für Beamtinnen und Beamte des Bundes und Soldatinnen und Soldaten sowie zur Änd. weiterer dienstrechtlicher Vorschriften v. 19.10.2016 (BGBl. I S. 2362), Art. 62 Elfte ZuständigkeitsanpassungsVO v. 19.6.2020 (BGBl. I S. 1328) und Art. 1 G zur Beschleunigung von Disziplinarverfahren in der Bundesverwaltung und zur Änd. weiterer dienstrechtl. Vorschriften v. 20.12.2023 (BGBl. 2023 I Nr. 389)

### Inhaltsübersicht[3)]

#### Teil 1. Allgemeine Bestimmungen

#### Teil 2. Disziplinarmaßnahmen

#### Teil 3. Behördliches Disziplinarverfahren
##### Kapitel 1. Einleitung, Ausdehnung und Beschränkung

---

[1)] Verkündet als Art. 1 G zur Neuordnung des Bundesdisziplinarrechts v. 9.7.2001 (BGBl. I S. 1510); Inkrafttreten am. Art. 27 Abs. 1 Satz 3 dieses G am 1.1.2002.
[2)] Die Änderungen durch das G v. 20.12.2023 (BGBl. 2023 I Nr. 389) treten erst **mWv 1.4.2024** in Kraft und sind noch nicht im Text berücksichtigt.
[3)] Inhaltsübersicht geänd. mWv 12.2.2009 durch G v. 5.2.2009 (BGBl. I S. 160); mWv 28.10.2016 durch G v. 19.10.2016 (BGBl. I S. 2362).

# 230. Bundesbesoldungsgesetz[1][2]

## In der Fassung der Bekanntmachung vom 19. Juni 2009[3]

### (BGBl. I S. 1434)

**FNA 2032-1**

geänd. durch Art. 2, 2a DienstrechtsneuordnungsG v. 5.2.2009 (BGBl. I S. 160; Art. 2a geänd. durch G v. 19.11.2010, BGBl. I S. 1552, aufgeh. durch G v. 20.12.2011, BGBl. I S. 2842), Art. 8 G zur Änd. des SGB IV, zur Errichtung einer Versorgungsausgleichskasse und anderer Gesetze v. 15.7.2009 (BGBl. I S. 1939), Art. 2 G zur Änd. arzneimittelrechtl. und anderer Vorschriften v. 17.7.2009 (BGBl. I S. 1990), Art. 2 Nr. 2 Erstes G zur Änd. des G zur Regelung der Rechtsverhältnisse der Helfer der Bundesanstalt Technisches Hilfswerk v. 29.7.2009 (BGBl. I S. 2350), Art. 4 G zur Errichtung eines Bundesaufsichtsamtes für Flugsicherung und zur Änd. und Anpassung weiterer Vorschriften v. 29.7.2009 (BGBl. I S. 2424), Art. 2 Abs. 7 G zur Weiterentwicklung der Organisation der Grundsicherung für Arbeitsuchende v. 3.8. 2010 (BGBl. I S. 1112), Art. 1–4 BBVAnpG 2010/2011 v. 19.11.2010 (BGBl. I S. 1552), Art. 11 Wehrrechtsänderungsgesetz 2011 v. 28.4.2011 (BGBl. I S. 678), Art. 15 G zur Einführung eines Bundesfreiwilligendienstes v. 28.4.2011 (BGBl. I S. 687), Art. 4 G zur Übertragung ehebezogener Regelungen im öffentl. Dienstrecht auf Lebenspartnerschaften v. 14.11.2011 (BGBl. I S. 2219), Art. 9a G zur Umsetzung der RL 2010/78/EU im Hinblick auf die Errichtung des Europäischen Finanzaufsichtssystems v. 4.12. 2011 (BGBl. I S. 2427), Art. 1, 5 G zur Wiedergewährung der Sonderzahlung v. 20.12.2011 (BGBl. I S. 2842), Art. 28 G zur Verbesserung der Eingliederungschancen am Arbeitsmarkt v. 20.12.2011 (BGBl. I S. 2854), Urt. des BVerfG – 2 BvL 4/10 – v. 14.2.2012 (BGBl. I S. 459), Art. 1 G zur Unterstützung der Fachkräftegewinnung im Bund und zur Änd. weiterer dienstrechtl. Vorschriften v. 15.3.2012 (BGBl. I S. 462, ber. S. 1489), Art. 7 Bundeswehrreform-BegleitG v. 21.7.2012 (BGBl. I S. 1583), Art. 1–3 BBVAnpG 2012/2013 v. 15.8.2012 (BGBl. I S. 1670), Beschl. des BVerfG – 2 BvR 1397/09 – v. 19.6. 2012 (BGBl. I S. 1770), Art. 1 G zur Neuregelung der Professorenbesoldung und zur Änd. weiterer dienstrechtlicher Vorschriften v. 11.6.2013 (BGBl. I S. 1514), Art. 2 G zur Familienpflegezeit und zum flexibleren Eintritt in den Ruhestand für Beamtinnen und Beamte des Bundes v. 3.7.2013 (BGBl. I S. 1978), Art. 5 Abs. 3 G zur Suche und Auswahl eines Standortes für ein Endlager für Wärme entwickelnde radioaktive Abfälle und zur Änd. anderer Gesetze v. 23.7.2013 (BGBl. I S. 2553), Art. 13–13c Bundesunfallkassen-NeuorganisationsG v. 19.10.2013 (BGBl. I S. 3836), Art. 1, 2 BBVAnpG 2014/2015 v. 25.11.2014 (BGBl. I S. 1772), Art. 2–5 G zur Änderung des BundesbeamtenG und weiterer dienstrechtlicher Vorschriften v. 6.3.2015 (BGBl. I S. 250), Art. 2 Bundeswehr-AttraktivitätssteigerungsG v. 13.5.2015 (BGBl. I S. 706), Art. 6 IT-Sicherheitsgesetz v. 17.7.2015 (BGBl. I S. 1324), Art. 43 Zehnte ZuständigkeitsanpassungsVO v. 31.8.2015 (BGBl. I S. 1474), Art. 8 G zur Verbesserung der Zusammenarbeit im Bereich des Verfassungsschutzes v. 17.11.2015 (BGBl. I S. 1938), Art. 1 Siebtes BesoldungsänderungsG v. 3.12.2015 (BGBl. I S. 2163), Art. 3 G zur Neuorganisation der Zollverwaltung v. 3.12. 2015 (BGBl. I S. 2178), Art. 26 WSV-ZuständigkeitsanpassungsG v. 24.5.2016 (BGBl. I S. 1217), Art. 2 G zur besseren Vereinbarkeit von Familie, Pflege und Beruf für Beamtinnen und Beamte des Bundes und Soldatinnen und Soldaten sowie zur Änd. weiterer dienstrechtlicher Vorschriften v. 19.10.2016 (BGBl. I S. 2362), Art. 1, 2 Bundesbesoldungs- und -versorgungsanpassungsG 2016/2017 v. 21.11.2016 (BGBl. I S. 2570), Art. 6 G zur Änd. des VersorgungsrücklageG und weiterer dienstrechtlicher Vorschriften v. 5.1. 2017 (BGBl. I S. 17), Art. 4 Branntweinmonopolverwaltung-AuflösungsG v. 10.3.2017 (BGBl. I S. 420), Art. 33 G zum Abbau verzichtbarer Anordnungen der Schriftform im Verwaltungsrecht des Bundes v. 29.3.2017 (BGBl. I S. 626), Art. 13–15 G zu bereichsspezifischen Regelungen der Gesichtsverhüllung und zur Änd. weiterer dienstrechtlicher Vorschriften v. 8.6.2017 (BGBl. I S. 1570), Art. 12 G zur Umsetzung der 4. EU-GeldwäscheRL, zur Ausführung der EU-GeldtransferVO und zur Neuorganisation der Zentralstelle für Finanztransaktionsuntersuchungen[4] v. 23.6.2017 (BGBl. I S. 1822), Art. 1–4 Bundes-

---

[1] Die Änderungen durch G v. 20.8.2021 (BGBl. I S. 3932) treten erst **mWv 1.1.2025** in Kraft und sind im Text noch nicht berücksichtigt.

[2] Zur Anwendung in den Ländern siehe § 85.

[3] Neubekanntmachung des Bundesbesoldungsgesetzes idF der Bek. v. 6.8.2002 (BGBl. I S. 3020) in der ab 1.7.2009 geltenden Fassung.

[4] Dieses Gesetz dient der Umsetzung der Richtlinie (EU) 2015/849 des Europäischen Parlaments und des Rates vom 20. Mai 2015 zur Verhinderung der Nutzung des Finanzsystems zum Zwecke der Geldwäsche und der Terrorismusfinanzierung, zur Änderung der Verordnung (EU) Nr. 648/2012 des Europäischen Parlaments und des Rates und zur Aufhebung der Richtlinie 2005/60/EG des Europäischen Parlaments und des Rates und der Richtlinie 2006/70/EG der Kommission (ABl. L 141 vom 5.6.2015, S. 73).

besoldungs- und -versorgungsanpassungsG 2018/2019/2020 v. 8.11.2018 (BGBl. I S. 1810), Art. 3 G zur Änd. des ZensusvorbereitungsG 2021 und Zweiten Dopingopfer-HilfeG sowie BundesbesoldungsG v. 27.11.2018 (BGBl. I S. 2010), Art. 4 G zur Änd. des BeamtenstatusG und des BundesbeamtenG sowie weiterer dienstrechtlicher Vorschriften v. 29.11.2018 (BGBl. I S. 2232), Art. 1, 2 Besoldungsstrukturen-modernisierungsG v. 9.12.2019 (BGBl. I S. 2053), Art. 3 G zur Modernisierung des Versicherungsteuerrechts und zur Änd. dienstrechtlicher Vorschriften v. 3.12.2020 (BGBl. I S. 2659), Art. 2 G über die Umwandlung des Informationstechnikzentrums Bund in eine nichtrechtsfähige Anstalt des öffentl. Rechts und zur Änd. weiterer Vorschriften v. 7.12.2020 (BGBl. I S. 2756), Art. 1 G über eine einmalige Sonderzahlung aus Anlass der COVID-19-Pandemie an Besoldungs- und Wehrsoldempfänger v. 21.12. 2020 (BGBl. I S. 3136), Art. 2 Abs. 5 G zur Neustrukturierung des ZollfahndungsdienstG v. 30.3.2021 (BGBl. I S. 402), Art. 9 Siebtes G zur Änd. von Verbrauchsteuergesetzen v. 30.3.2021 (BGBl. I S. 607), Art. 8 G zur Regelung des Erscheinungsbilds von Beamtinnen und Beamten sowie zur Änd. weiterer dienstrechtl. Vorschriften v. 28.6.2021 (BGBl. I S. 2250), Art. 1–4 G zur Anpassung der Bundesbesoldung und -versorgung für 2021/2022 und zur Änd. weiterer dienstrechtl. Vorschriften v. 9.7.2021 (BGBl. I S. 2444), Art. 72, 73 G über die Entschädigung der Soldatinnen und Soldaten und zur Neuordnung des Soldatenversorgungsrechts v. 20.8.2021 (BGBl. I S. 3932), Art. 6 G zur Änd. des BevölkerungsstatistikG, des InfektionsschutzG, personenstands- und dienstrechtlicher Regelungen sowie der Medizinprodukte-AbgabeVO v. 17.7.2023 (BGBl. 2023 I Nr. 190) und Art. 1 G zur Anpassung der Bundesbesoldung und -versorgung für die Jahre 2023 und 2024 sowie zur Änd. weiterer dienstrechtl. Vorschriften v. 22.12.2023 (BGBl. 2023 I Nr. 414)

## Inhaltsübersicht[1]

### Abschnitt 1. Allgemeine Vorschriften

---

[1] Inhaltsübersicht neu gef. mWv 1.8.2013 durch G v. 11.6.2013 (BGBl. I S. 1514); geänd. mWv 11.7. 2013 durch G v. 3.7.2013 (BGBl. I S. 1978); geänd. mWv 14.3.2015 durch G v. 6.3.2015 (BGBl. I S. 250); geänd. mWv 23. 5.2015, mWv 1. 12.2015 und mWv 1.5.2018 durch G v. 13.5.2015 (BGBl. I S. 706); geänd. mWv 1.1.2016 durch G v. 3.12.2015 (BGBl. I S. 2163); geänd. mWv 28.10.2016 durch G v. 19.10.2016 (BGBl. I S. 2362); geänd. mWv 1.6.2017 und mWv 1.1.2020 durch G v. 8.6.2017 (BGBl. I S. 1570); geänd. mWv 1.1.2020 durch G v. 9.12.2019 (BGBl. I S. 2053); geänd. mWv 1.1.2020 und mWv 1.8.2021 durch G v. 28.6.2021 (BGBl. I S. 2250); geänd. mWv 1.1.2020 und mWv 1.1.2022 durch G v. 9.7.2021 (BGBl. I S. 2444); redaktionell angepasst.

und Heimat in besonderen Fällen von der Anrechnung ganz oder teilweise absehen. [4] Die Sätze 1 bis 3 gelten entsprechend für Soldaten.

**§ 10 Anrechnung von Sachbezügen auf die Besoldung.** Erhält ein Beamter, Richter oder Soldat Sachbezüge, so werden diese unter Berücksichtigung ihres wirtschaftlichen Wertes mit einem angemessenen Betrag auf die Besoldung angerechnet, soweit nichts anderes bestimmt ist.

**§ 11 Abtretung von Bezügen, Verpfändung, Aufrechnungs- und Zurückbehaltungsrecht.** (1) Der Beamte, Richter oder Soldat kann, wenn gesetzlich nichts Anderes bestimmt ist, Ansprüche auf Bezüge nur abtreten oder verpfänden, soweit sie der Pfändung unterliegen.

(2) [1] Gegenüber Ansprüchen auf Bezüge kann der Dienstherr ein Aufrechnungs- oder Zurückbehaltungsrecht nur in Höhe des pfändbaren Teils der Bezüge geltend machen. [2] Dies gilt nicht, soweit gegen den Beamten, Richter oder Soldaten ein Anspruch auf Schadenersatz wegen vorsätzlicher unerlaubter Handlung besteht.

**§ 12[1] Rückforderung von Bezügen.** (1) Wird ein Beamter, Richter oder Soldat durch eine gesetzliche Änderung seiner Bezüge einschließlich der Einreihung seines Amtes in die Besoldungsgruppen der Besoldungsordnungen rückwirkend schlechter gestellt, so sind die Unterschiedsbeträge nicht zu erstatten.

(2) [1] Im Übrigen regelt sich die Rückforderung zuviel gezahlter Bezüge nach den Vorschriften des Bürgerlichen Gesetzbuchs[2] über die Herausgabe einer ungerechtfertigten Bereicherung, soweit gesetzlich nichts Anderes bestimmt ist. [2] Der Kenntnis des Mangels des rechtlichen Grundes der Zahlung steht es gleich, wenn der Mangel so offensichtlich war, dass der Empfänger ihn hätte erkennen müssen. [3] Von der Rückforderung kann aus Billigkeitsgründen mit Zustimmung der obersten Dienstbehörde oder der von ihr bestimmten Stelle ganz oder teilweise abgesehen werden.

(3) [1] Geldleistungen, die für die Zeit nach dem Tode des Beamten, Richters oder Soldaten auf ein Konto bei einem Geldinstitut überwiesen wurden, gelten als unter Vorbehalt erbracht. [2] Das Geldinstitut hat sie der überweisenden Stelle zurück zu überweisen, wenn diese sie als zu Unrecht erbracht zurückfordert. [3] Eine Verpflichtung zur Rücküberweisung besteht nicht, soweit über den entsprechenden Betrag bei Eingang der Rückforderung bereits anderweitig verfügt wurde, es sei denn, dass die Rücküberweisung aus einem Guthaben erfolgen kann. [4] Das Geldinstitut darf den überwiesenen Betrag nicht zur Befriedigung eigener Forderungen verwenden.

(4) [1] Soweit Geldleistungen für die Zeit nach dem Tode des Beamten, Richters oder Soldaten zu Unrecht erbracht worden sind, haben die Personen, die die Geldleistung in Empfang genommen oder über den entsprechenden Betrag verfügt haben, diesen Betrag der überweisenden Stelle zu erstatten, sofern er nicht nach Absatz 3 von dem Geldinstitut zurücküberwiesen wird. [2] Ein Geldinstitut, das eine Rücküberweisung mit dem Hinweis abgelehnt hat, dass über den entsprechenden Betrag bereits anderweitig verfügt wurde, hat der überweisenden Stelle auf Verlangen Namen und Anschrift der Personen, die über den Betrag verfügt haben,

---

[1] § 12 Abs. 1 geänd. mWv 1.1.2020 durch G v. 9.12.2019 (BGBl. I S. 2053).
[2] **Habersack Nr. 20.**

und etwaiger neuer Kontoinhaber zu benennen. ³Ein Anspruch gegen die Erben bleibt unberührt.

**§ 13¹⁾ Ausgleichszulage für den Wegfall von Stellenzulagen.** (1) ¹Der Wegfall einer Stellenzulage aus dienstlichen Gründen, die nicht vom Beamten, Richter oder Soldaten zu vertreten sind, wird ausgeglichen, wenn die Stellenzulage zuvor in einem Zeitraum von sieben Jahren insgesamt mindestens fünf Jahre zugestanden hat. ²Die Ausgleichszulage wird auf den Betrag festgesetzt, der am Tag vor dem Wegfall zugestanden hat. ³Jeweils nach Ablauf eines Jahres vermindert sich die Ausgleichszulage ab Beginn des Folgemonats um 20 Prozent des nach Satz 2 maßgebenden Betrages. ⁴Erhöhen sich die Dienstbezüge wegen des Anspruchs auf eine Stellenzulage, wird diese auf die Ausgleichszulage angerechnet. ⁵Zeiten des Bezugs von Stellenzulagen, die bereits zu einem Anspruch auf eine Ausgleichszulage geführt haben, bleiben für weitere Ausgleichsansprüche unberücksichtigt.

(2) Bestand innerhalb des Zeitraumes nach Absatz 1 Satz 1 ein Anspruch auf mehrere Stellenzulagen für einen Gesamtzeitraum von mindestens fünf Jahren, ohne dass eine der Stellenzulagen allein für fünf Jahre zugestanden hat, gilt Absatz 1 mit der Maßgabe, dass die Stellenzulage mit dem jeweils niedrigsten Betrag ausgeglichen wird.

(3) Ist eine Stellenzulage infolge einer Versetzung nach § 28 Absatz 3 des Bundesbeamtengesetzes²⁾ weggefallen, gilt Absatz 1 mit der Maßgabe, dass sich der Zeitraum des Bezugs der Stellenzulage nach Absatz 1 Satz 1 und Absatz 2 Satz 1 auf zwei Jahre verkürzt.

(4) Die Absätze 1 bis 3 gelten entsprechend, wenn ein Ruhegehaltempfänger erneut in ein Beamten-, Richter- oder Soldatenverhältnis berufen wird oder im unmittelbaren Zusammenhang mit einem Verwendungswechsel eine zuvor gewährte Stellenzulage nur noch mit einem geringeren Betrag zusteht und die jeweilige Zulagenvorschrift keinen anderweitigen Ausgleich vorsieht.

**§ 14³⁾ Anpassung der Besoldung.** (1) Die Besoldung wird entsprechend der Entwicklung der allgemeinen wirtschaftlichen und finanziellen Verhältnisse und

---

¹⁾ § 13 Abs. 1 Satz 3 geänd. mWv 1.8.2013 durch G v. 11.6.2013 (BGBl. I S. 1514); Abs. 1 Satz 5 geänd., Abs. 3 neu gef. mWv 1.1.2020 durch G v. 9.12.2019 (BGBl. I S. 2053).
²⁾ Nr. **160**.
³⁾ § 14 Abs. 2 neu gef. mWv 1.1.2010, geänd. mWv 1.1.2011, geänd. mWv 1.8.2011, Abs. 3 angef. mWv 1.1.2010, neu gef. mWv 1.7.2010, geänd. mWv 1.1.2011, geänd. mWv 1.8.2011 durch G v. 19.11. 2010 (BGBl. I S. 1552); Abs. 1 geänd., Abs. 2 und 3 aufgeh. mWv 1.1.2012 durch G v. 20.12.2011 (BGBl. I S. 2842); Abs. 2–4 angef. mWv 1.3.2012, Abs. 2 einl. und abschl. Satzteil, Abs. 3 einl. Satzteil, Nr. 1 und 2 geänd. mWv 1.1.2013 und Abs. 3, jeweils einl. Satzteil, Abs. 4 geänd. mWv 1.8.2013 durch G v. 15.8.2012 (BGBl. I S. 1670); Abs. 2 und 3 geänd. mWv 1.8.2013 durch G v. 11.6.2013 (BGBl. I S. 1514); Abs. 2 einl. und abschl. Satzteil geänd. und Satz 2 geänd., Abs. 3 einl. Satzteil, Nr. 1 und 2 geänd. und Satz 2 angef., Abs. 4 geänd. mWv 1.3.2014 , Abs. 2 einl. und abschl. Satzteil geänd. und Satz 2 aufgeh., Abs. 3 einl. Satzteil, Nr. 1 und 2 geänd. und Satz 2 aufgeh., Abs. 4 geänd. mWv 1.3.2015 durch G v. 25.11.2014 (BGBl. I S. 1772); Abs. 2 einl. und abschl. Satzteil geänd. und Satz 2 geänd., Abs. 3 einl. Satzteil, Nr. 1 und 2 geänd. und Satz 2 aufgeh., Abs. 4 geänd. mWv 1.3.2016, Abs. 2 einl. und abschl. Satzteil, Abs. 3 einl. Satzteil, Nr. 1 und 2 und Abs. 4 geänd. mWv 1.2.2017 durch G v. 21.11.2016 (BGBl. I S. 2570); Abs. 2 einl. und abschl. Satzteil, Abs. 3 einl. Satzteil, Nr. 1 und 2 und Abs. 4 geänd. mWv 1.3.2018, Abs. 4 geänd., Abs. 5 aufgeh. mWv 1.3. 2019, Abs. 2 einl. und abschl. Satzteil, Abs. 3 einl. Satzteil, Nr. 1 und 2 geänd. mWv 1.4.2019 und mWv 1.3.2020 durch G v. 8.11.2018 (BGBl. I S. 1810); Abs. 2 Nr. 2 geänd., Abs. 4 aufgeh. mWv 1.3.2020 durch G v. 9.12.2019 (BGBl. I S. 2053); Abs. 4 angef. mWv 25.10.2020 durch G v. 21.12.2020 (BGBl. I S. 3136); Abs. 2 neu gef., Abs. 3 einl. Satzteil, Nr. 1 und 2 geänd. mWv 1.4.2021, Abs. 2 Satz 1 einl. und abschl. Satzteil, Satz 2 aufgeh., Abs. 3 einl. Satzteil, Nr. 1 und 2 geänd. mWv 1.4.2022 durch G v. 9.7.2021 (BGBl. I S. 2444); Abs. 2 neu gef., Abs. 3 Nr. 1 einl. Satzteil und Nr. 1, geänd., Nr. 2 und Abs. 4 neu gef., Abs. 5–8 angef. mWv 1.6.2023 durch G v. 22.12.2023 (BGBl. 2023 I Nr. 414).

unter Berücksichtigung der mit den Dienstaufgaben verbundenen Verantwortung durch Gesetz regelmäßig angepasst.

(2) Ab dem 1. März 2024 gelten die Monatsbeträge der Anlagen IV, V, VIII und IX unter Berücksichtigung einer Erhöhung

1. des Grundgehalts um 200 Euro und sodann um 5,3 Prozent,
2. des Familienzuschlags mit Ausnahme der Erhöhungsbeträge für die Besoldungsgruppen A 3 bis A 5 um 11,3 Prozent,
3. der Amtszulagen um 11,3 Prozent sowie
4. der Anwärtergrundbeträge um den Differenzbetrag zwischen den ab dem 1. April 2022 geltenden Monatsbeträgen und 52 Prozent der nach Nummer 1 ab dem 1. März 2024 für das jeweils niedrigste Eingangsamt der entsprechenden Laufbahngruppe geltenden Monatsbeträge des Grundgehalts.

(3) Ab dem 1. März 2024 gelten für den Auslandszuschlag unter Berücksichtigung einer Erhöhung

1. der Ober- und Untergrenzen der Grundgehaltsspannen um 200 Euro und sodann um 5,3 Prozent und
2. der Monatsbeträge der Zonenstufen

a) nach § 53 Absatz 2 Satz 1 um 160 Euro und sodann um 4,24 Prozent und

b) nach § 53 Absatz 2 Satz 3 um 9,04 Prozent

die Monatsbeträge der Anlage VI.

(4) Zur Abmilderung der Folgen der gestiegenen Verbraucherpreise wird Beamten, Richtern und Soldaten für den Kalendermonat Juni 2023 eine einmalige Sonderzahlung in Höhe von 1 240 Euro gewährt, wenn

1. das Dienstverhältnis am 1. Mai 2023 bestanden hat und
2. im Zeitraum vom 1. Januar 2023 bis 31. Mai 2023 mindestens an einem Tag ein Anspruch auf Dienst- oder Anwärterbezüge bestanden hat.

(5) Zur Abmilderung der Folgen der gestiegenen Verbraucherpreise wird Beamten, Richtern und Soldaten ferner für die Monate Juli 2023 bis Februar 2024 eine monatliche Sonderzahlung in Höhe von jeweils 220 Euro gewährt, wenn

1. das Dienstverhältnis in dem jeweiligen Kalendermonat besteht und
2. in dem jeweiligen Kalendermonat mindestens an einem Tag ein Anspruch auf Dienst- oder Anwärterbezüge besteht.

(6) Anwärtern werden die Sonderzahlungen nach den Absätzen 4 und 5 jeweils zur Hälfte gewährt.

(7) [1] Für die Sonderzahlungen nach den Absätzen 4 und 5 gelten bei Teilzeitbeschäftigung § 6 Absatz 1 und bei begrenzter Dienstfähigkeit § 6a Absatz 1 bis 4 entsprechend. [2] Maßgebend sind jeweils

1. für die einmalige Sonderzahlung für den Kalendermonat Juni 2023 die Verhältnisse am 1. Mai 2023,
2. für die Sonderzahlungen für die Kalendermonate Juli 2023 bis Februar 2024 die jeweiligen Verhältnisse am ersten Tag des jeweiligen Kalendermonats.

(8) Leistungen aus einem anderen Rechtsverhältnis im öffentlichen Dienst des Bundes stehen den Sonderzahlungen nach den Absätzen 4 und 5 gleich und werden jedem Berechtigten nur einmal gewährt.

**§ 14a**[1] **Versorgungsrücklage.** (1) [1]Um die Versorgungsleistungen angesichts der demographischen Veränderungen und des Anstiegs der Zahl der Versorgungsempfänger sicherzustellen, wird eine Versorgungsrücklage als Sondervermögen aus der Verminderung der Besoldungs- und Versorgungserhöhungen nach Absatz 2 gebildet. [2]Dafür werden bis zum 31. Dezember 2024 Erhöhungen der Besoldung und Versorgung vermindert.

(2) [1]Jede Erhöhung nach § 14 Absatz 1 wird um 0,2 Prozentpunkte vermindert. [2]Werden Besoldung und Versorgung durch dasselbe Gesetz zeitlich gestaffelt erhöht, erfolgt die Verminderung nur bei der ersten Erhöhung. [3]Die Unterschiedsbeträge gegenüber den nicht nach Satz 1 verminderten Erhöhungen werden der Versorgungsrücklage des Bundes zugeführt. [4]Die Mittel der Versorgungsrücklage dürfen nur zur Finanzierung der Versorgungsausgaben verwendet werden.

(3) Die Unterschiedsbeträge nach Absatz 2 und 50 Prozent der Verminderung der Versorgungsausgaben durch das Versorgungsänderungsgesetz 2001 vom 20. Dezember 2001 (BGBl. I S. 3926) werden der Versorgungsrücklage jährlich, letztmalig in 2031, zugeführt.

(4) Das Nähere, insbesondere die Verwaltung und Anlage des Sondervermögens, wird durch ein besonderes Gesetz[2] geregelt.

**§ 15 Dienstlicher Wohnsitz.** (1) [1]Dienstlicher Wohnsitz des Beamten oder Richters ist der Ort, an dem die Behörde oder ständige Dienststelle ihren Sitz hat. [2]Dienstlicher Wohnsitz des Soldaten ist sein Standort.

(2) [1]Die oberste Dienstbehörde kann als dienstlichen Wohnsitz anweisen:

1. den Ort, der Mittelpunkt der dienstlichen Tätigkeit des Beamten, Richters oder Soldaten ist,
2. den Ort, in dem der Beamte, Richter oder Soldat mit Zustimmung der vorgesetzten Dienststelle wohnt,
3. einen Ort im Inland, wenn der Beamte oder Soldat im Ausland an der deutschen Grenze beschäftigt ist.

[2]Sie kann diese Befugnis auf nachgeordnete Stellen übertragen.

**§ 16 Amt, Dienstgrad.** Soweit in Vorschriften dieses Gesetzes auf das Amt verwiesen wird, steht dem Amt der Dienstgrad des Soldaten gleich.

**§ 17**[3] **Aufwandsentschädigungen.** [1]Aufwandsentschädigungen dürfen nur gewährt werden, wenn und soweit aus dienstlicher Veranlassung finanzielle Aufwendungen entstehen, deren Übernahme dem Beamten, Richter oder Soldaten nicht zugemutet werden kann, und der Haushaltsplan Mittel zur Verfügung stellt. [2]Aufwandsentschädigungen in festen Beträgen sind nur zulässig, wenn auf Grund tatsächlicher Anhaltspunkte oder tatsächlicher Erhebungen nachvollziehbar ist, dass und in welcher Höhe dienstbezogene finanzielle Aufwendungen typischerweise entstehen; sie werden im Einvernehmen mit dem Bundesministerium des Innern, für Bau und Heimat festgesetzt.

---

[1] § 14a neu gef. mWv 1.1.2018 durch G v. 5.1.2017 (BGBl. I S. 17).
[2] Siehe das VersorgungsrücklageG idF der Bek. v. 27.3.2007 (BGBl. I S. 482), zuletzt geänd. durch G v. 20.8.2021 (BGBl. I S. 3932).
[3] § 17 Satz 2 geänd. mWv 1.1.2020 durch G v. 9.12.2019 (BGBl. I S. 2053).

**§ 17a**[1] **Zahlungsweise.** [1]Für die Zahlung der Besoldung nach § 1 Absatz 2 und 3 und von Aufwandsentschädigungen nach § 17 hat der Empfänger auf Verlangen der zuständigen Behörde ein Konto anzugeben, für das die Verordnung (EU) Nr. 260/2012 des Europäischen Parlaments und des Rates vom 14. März 2012 zur Festlegung der technischen Vorschriften und der Geschäftsanforderungen für Überweisungen und Lastschriften in Euro und zur Änderung der Verordnung (EG) Nr. 924/2009 (ABl. L 94 vom 30.3.2012, S. 22) gilt. [2]Die Übermittlungskosten mit Ausnahme der Kosten für die Gutschrift auf dem Konto des Empfängers trägt der Dienstherr, die Kontoeinrichtungs-, Kontoführungs- oder Buchungsgebühren trägt der Empfänger. [3]Eine Auszahlung auf andere Weise kann nur zugestanden werden, wenn dem Empfänger die Einrichtung oder Benutzung eines Kontos aus wichtigem Grund nicht zugemutet werden kann.

**§ 17b**[2] **Lebenspartnerschaft.** [1]Die Vorschriften dieses Gesetzes, die sich auf das Bestehen oder das frühere Bestehen einer Ehe beziehen, gelten entsprechend für das Bestehen oder das frühere Bestehen einer Lebenspartnerschaft. [2]Die Vorschriften dieses Gesetzes, die sich auf den Ehegatten beziehen, gelten entsprechend für den Lebenspartner.

## Abschnitt 2. Grundgehalt, Leistungsbezüge an Hochschulen

### Unterabschnitt 1. Allgemeine Grundsätze

**§ 18**[3] **Grundsatz der funktionsgerechten Besoldung.** (1) [1]Die Funktionen der Beamten und Soldaten sind nach den mit ihnen verbundenen Anforderungen sachgerecht zu bewerten und Ämtern zuzuordnen. [2]Eine Funktion kann bis zu drei Ämtern einer Laufbahngruppe, in obersten Bundesbehörden allen Ämtern einer Laufbahngruppe zugeordnet werden. [3]Bei Soldaten gilt dies in der Laufbahngruppe der Mannschaften für alle Dienstgrade und in der Laufbahngruppe der Unteroffiziere für bis zu vier Dienstgrade.

(2) [1]Abweichend von Absatz 1 Satz 1 und 2 kann in der Bundesbesoldungsordnung B jede Funktion nur einem Amt zugeordnet werden. [2]Für die Zuordnung zu einem Amt der Bundesbesoldungsordnung B, das eine Grundamtsbezeichnung trägt, bedarf die zuständige oberste Bundesbehörde des Einvernehmens des Bundesministeriums des Innern, für Bau und Heimat und des Bundesministeriums der Finanzen.

**§ 19**[4] **Bestimmung des Grundgehaltes nach dem Amt.** (1) [1]Das Grundgehalt des Beamten, Richters oder Soldaten bestimmt sich nach der Besoldungsgruppe des ihm verliehenen Amtes. [2]Ist ein Amt nicht in einer Besoldungsordnung enthalten oder ist es mehreren Besoldungsgruppen zugeordnet, bestimmt sich das Grundgehalt nach der Besoldungsgruppe, die in der Einweisungsverfügung bestimmt ist; die Einweisung bedarf bei Körperschaften, Anstalten und Stiftungen des öffentlichen Rechts in den Fällen, in denen das Amt in einer Bundesbesoldungsordnung noch nicht enthalten ist, der Zustimmung der

---

[1] § 17a Satz 1 geänd. mWv 1.8.2013 durch G v. 11.6.2013 (BGBl. I S. 1514).
[2] § 17b angef. mWv 1.1.2009 durch G v. 14.11.2011 (BGBl. I S. 2219).
[3] § 18 Satz 1 geänd., Satz 2 neu gef. und Satz 3 angef. mWv 1.1.2013 durch G v. 11.6.2013 (BGBl. I S. 1514); Abs. 2 angef. mWv 1.1.2020 durch G v. 9.12.2019 (BGBl. I S. 2053); Abs. 2 Satz 2 geänd. mWv 1.8.2021 durch G v. 28.6.2021 (BGBl. I S. 2250).
[4] § 19 Abs. 1 Satz 2 geänd. mWv 1.8.2013 durch G v. 11.6.2013 (BGBl. I S. 1514); Abs. 1 Satz 2 geänd. mWv 1.1.2020 durch G v. 9.12.2019 (BGBl. I S. 2053).

obersten Rechtsaufsichtsbehörde im Einvernehmen mit dem Bundesministerium des Innern, für Bau und Heimat. ³Ist dem Beamten oder Richter noch kein Amt verliehen worden, so bestimmt sich das Grundgehalt des Beamten nach der Besoldungsgruppe seines Eingangsamtes, das Grundgehalt des Richters und des Staatsanwalts nach der Besoldungsgruppe R 1; soweit die Einstellung in einem anderen als dem Eingangsamt erfolgt ist, bestimmt sich das Grundgehalt nach der entsprechenden Besoldungsgruppe.

(2) Ist einem Amt gesetzlich eine Funktion zugeordnet oder richtet sich die Zuordnung eines Amtes zu einer Besoldungsgruppe einschließlich der Gewährung von Amtszulagen nach einem gesetzlich festgelegten Bewertungsmaßstab, insbesondere nach der Zahl der Planstellen, so gibt die Erfüllung dieser Voraussetzungen allein keinen Anspruch auf die Besoldung aus diesem Amt.

**§ 19a**[1]**) Besoldung bei Verleihung eines anderen Amtes.** ¹Verringert sich während eines Dienstverhältnisses nach § 1 Absatz 1 das Grundgehalt durch Verleihung eines anderen Amtes aus Gründen, die nicht vom Beamten, Richter oder Soldaten zu vertreten sind, ist abweichend von § 19 das Grundgehalt zu zahlen, das dem Besoldungsempfänger bei einem Verbleiben in dem bisherigen Amt zugestanden hätte. ²Satz 1 gilt entsprechend bei einem Wechsel eines Beamten in das Dienstverhältnis eines Richters oder bei einem Wechsel eines Richters in das Dienstverhältnis eines Beamten. ³Veränderungen in der Bewertung des bisherigen Amtes bleiben unberücksichtigt. ⁴Die Sätze 1 und 2 gelten entsprechend für Amtszulagen, auch bei Übertragung einer anderen Funktion. ⁵Die Sätze 1 bis 3 gelten nicht im Fall des § 24 Absatz 6 Satz 3 des Bundesbeamtengesetzes[2]) sowie im Fall der Übertragung eines Amtes in einem Dienstverhältnis auf Zeit.

**§ 19b**[3]**) Besoldung bei Wechsel in den Dienst des Bundes.** (1) ¹Verringert sich auf Grund einer Versetzung, die auf Antrag erfolgt, die Summe aus dem Grundgehalt, den grundgehaltsergänzenden Zulagen und der auf diese Beträge entfallenden Sonderzahlung, ist eine Ausgleichszulage zu gewähren. ²Dies gilt nicht für einen Wechsel in die Besoldungsgruppe W 2 oder W 3.

(2) ¹Die Ausgleichszulage bemisst sich nach dem Unterschied zwischen den Summen nach Absatz 1 in der bisherigen Verwendung und in der neuen Verwendung zum Zeitpunkt der Versetzung. ²Sie verringert sich bei jeder Erhöhung des Grundgehaltes um ein Drittel des Erhöhungsbetrages.

(3) ¹Bei einer Versetzung aus dienstlichen Gründen, einer Übernahme oder einem Übertritt gelten die Absätze 1 und 2 entsprechend. ²Zur Bestimmung der Ausgleichszulage ist in diesen Fällen auch eine in der bisherigen Verwendung nach Landesrecht gewährte Ausgleichszulage oder eine andere Leistung einzubeziehen, die für die Verringerung von Grundgehalt und grundgehaltsergänzenden Zulagen zustand. ³Die Ausgleichszulage nach den Sätzen 1 und 2 ist ruhegehaltfähig, soweit sie ruhegehaltfähige Dienstbezüge ausgleicht. ⁴Als Bestandteil der Versorgungsbezüge verringert sie sich bei jeder auf das Grundgehalt bezogenen Erhöhung der Versorgungsbezüge um ein Drittel des Erhöhungsbetrages.

---

[1]) Bish. § 19a ersetzt durch §§ 19a, 19b mWv 22.3.2012 durch G v. 15.3.2012 (BGBl. I S. 462); Satz 1 geänd. mWv 1.8.2013 durch G v. 11.6.2013 (BGBl. I S. 1514).
[2]) Nr. **160**.
[3]) Bish. § 19a ersetzt durch §§ 19a, 19b mWv 22.3.2012 durch G v. 15.3.2012 (BGBl. I S. 462); Abs. 1 Satz 1 geänd., Satz 2 und Abs. 4 angef. mWv 1.8.2013 durch G v. 11.6.2013 (BGBl. I S. 1514); Abs. 1 Satz 2 geänd. mWv 1.1.2020 durch G v. 9.12.2019 (BGBl. I S. 2053).

(4) Die Absätze 1 bis 3 gelten entsprechend beim Eintritt eines Richters in ein Dienstverhältnis nach § 1 Absatz 1 Nummer 1.

### Unterabschnitt 2.[1] Beamte und Soldaten

**§ 20[2] Bundesbesoldungsordnungen A und B.** (1) [1]Die Ämter der Beamten und Soldaten und ihre Besoldungsgruppen werden in Bundesbesoldungsordnungen geregelt. [2]Dabei sind die Ämter nach ihrer Wertigkeit unter Berücksichtigung der gemeinsamen Belange aller Dienstherren den Besoldungsgruppen zuzuordnen.

(2) [1]Die Bundesbesoldungsordnung A – aufsteigende Gehälter – und die Bundesbesoldungsordnung B – feste Gehälter – sind Anlage I. [2]Die Grundgehaltssätze der Besoldungsgruppen sind in Anlage IV ausgewiesen.

**§§ 21, 22** (weggefallen)

**§ 23[3] Eingangsämter für Beamte.** (1) Die Eingangsämter für Beamte sind folgenden Besoldungsgruppen zuzuweisen:

1. in Laufbahnen des einfachen Dienstes der Besoldungsgruppe A 3 oder A 4,

2. in Laufbahnen

*(Fortsetzung nächstes Blatt)*

---

[1] Unterabschnitt 2 Überschrift neu gef. mWv 1.8.2013 durch G v. 11.6.2013 (BGBl. I S. 1514).
[2] § 20 Abs. 1 Satz 2 angef., Abs. 2 Satz 3 aufgeh. mWv 1.1.2013, Überschrift neu gef. mWv 1.8.2013 durch G v. 11.6.2013 (BGBl. I S. 1514); Abs. 2 Satz 2 geänd. mWv 1.1.2020 durch G v. 9.12.2019 (BGBl. I S. 2053).
[3] § 23 Abs. 2 neu gef. mWv 22.3.2012 durch G v. 15.3.2012 (BGBl. I S. 462); Abs. 2 Satz 3 geänd. mWv 1.8.2013 durch G v. 11.6.2013 (BGBl. I S. 1514); Abs. 1 Nr. 2 neu gef., Abs. 2 Satz 1 geänd., Satz 2 neu gef. und Satz 3 aufgeh. mWv 1.1.2020, Abs. 1 Nr. 1 geänd. mWv 1.3.2020 durch G v. 9.12.2019 (BGBl. I S. 2053).

**§ 80[1) Übergangsregelung für beihilfeberechtigte Polizeivollzugsbeamte des Bundes.** (1) [1] Polizeivollzugsbeamten der Bundespolizei, die am 1. Januar 1993 Beihilfe nach den Beihilfevorschriften des Bundes erhalten, wird diese weiterhin gewährt. [2] Auf Antrag erhalten sie an Stelle der Beihilfe Heilfürsorge nach § 70 Absatz 2. [3] Der Antrag ist unwiderruflich.

(2) [1] Polizeivollzugsbeamten beim Deutschen Bundestag, die am 31. Dezember 2021 Beihilfe erhalten, wird diese weiterhin gewährt. [2] Auf Antrag erhalten sie anstelle der Beihilfe Heilfürsorge nach § 70 Absatz 2. [3] Der Antrag ist unwiderruflich.

**§ 80a[2) Übergangsregelung für Verpflichtungsprämien für Soldaten auf Zeit aus Anlass des Bundeswehrreform-Begleitgesetzes.** § 85a Absatz 4 in der bis zum 31. Dezember 2012 geltenden Fassung ist auf Verpflichtungsprämien, die nach § 85a in der Zeit vom 1. Januar 2011 bis zum 31. Dezember 2012 gewährt wurden, weiterhin anzuwenden.

**§ 80b[3) Übergangsregelung zum Auslandsverwendungszuschlag.** Beamten und Soldaten, die am 31. Mai 2017 eine Vergütung nach § 50a oder Auslandsdienstbezüge nach § 52 beziehen, werden diese bis zur Beendigung ihrer jeweiligen Verwendung weitergewährt, soweit dies für die Betroffenen günstiger ist als die Gewährung des Auslandsverwendungszuschlags nach § 56 in der ab dem 1. Juni 2017 geltenden Fassung.

**§ 81 Übergangsregelungen bei Zulagenänderungen aus Anlass des Versorgungsreformgesetzes 1998.** [1] Soweit durch das Versorgungsreformgesetz 1998 die Ruhegehaltfähigkeit von Zulagen wegfällt oder Zulagen, die der Berechtigte bezogen hat, nicht mehr zu den ruhegehaltfähigen Dienstbezügen gehören, sind für Empfänger von Dienstbezügen, die bis zum 31. Dezember 2007 in den Ruhestand treten oder versetzt werden, die bisherigen Vorschriften über die Ruhegehaltfähigkeit in der bis zum 31. Dezember 1998 geltenden Fassung weiter anzuwenden, für Empfänger von Dienstbezügen der Besoldungsgruppen A 1 bis A 9 bei einer Zurruhesetzung bis zum 31. Dezember 2010. [2] Dies gilt nicht, wenn die Zulage nach dem 1. Januar 1999 erstmals gewährt wird.

**§ 82[4)** *(aufgehoben)*

**§ 83[5) Übergangsregelung für Ausgleichszulagen.** § 19a gilt entsprechend, wenn ein Anspruch auf eine ruhegehaltfähige Ausgleichszulage wegen der Verringerung oder des Verlustes einer Amtszulage während eines Dienstverhältnisses nach § 1 Absatz 1 bis zum 30. Juni 2009 entstanden ist, und in den Fällen des § 2 Absatz 6 des Besoldungsüberleitungsgesetzes.

**§ 83a[6) Übergangsregelung für die Besoldung bei Verleihung eines anderen Amtes oder bei Wechsel in den Dienst des Bundes.** (1) Der Anspruch

---

[1) § 80 Überschrift geänd. und Abs. 2 angef. mWv 1.1.2022 durch G v. 9.7.2021 (BGBl. I S. 2444).
[2) § 80a eingef. mWv 1.1.2013 durch G v. 21.7.2012 (BGBl. I S. 1583).
[3) § 80b eingef. mWv 1.6.2017 durch G v. 8.6.2017 (BGBl. I S. 1570).
[4) § 82 aufgeh. mWv 1.8.2021 durch G v. 28.6.2021 (BGBl. I S. 2250).
[5) § 83 Abs. 3 geänd. mWv 1.1.2011 durch G v. 5.2.2009 (BGBl. I S. 160, insoweit geänd. durch G v. 19.11.2010, BGBl. I S. 1552); Überschrift und Abs. 3 geänd. mWv 1.1.2012 durch G v. 20.12.2011 (BGBl. I S. 2842); Abs. 2 und 3 aufgeh. mWv 11.2017 durch G v. 5.1.2017 (BGBl. I S. 17).
[6) § 83a eingef. mWv 22.3.2012 durch G v. 15.3.2012 (BGBl. I S. 462).

nach § 19a Satz 2 besteht ab dem 1. März 2012 auch für Wechsel in der Zeit vom 1. Juli 2009 bis zum 21. März 2012.

(2) ¹Für Beamte, Richter und Soldaten, die in der Zeit vom 1. Juli 2009 bis zum 21. März 2012 auf Grund einer Versetzung, einer Übernahme oder eines Übertritts in den Dienst des Bundes gewechselt sind, ist § 19b mit der Maßgabe anzuwenden, dass eine Ausgleichszulage ab dem 1. März 2012 gewährt wird. ²Sie wird in der Höhe gewährt, die sich am 22. März 2012 ergäbe, wenn die Zulage bereits seit dem Wechsel in den Dienst des Bundes zugestanden hätte.

**§ 84 Anpassung von Bezügen nach fortgeltendem Recht.** Die Anpassung nach § 14 Absatz 2 gilt entsprechend für

1. die Grundgehaltssätze (Gehaltssätze) in den Regelungen über künftig wegfallende Ämter,

2. die Amtszulagen in Überleitungsvorschriften oder Regelungen über künftig wegfallende Ämter,

3. die in festen Beträgen ausgewiesenen Zuschüsse zum Grundgehalt nach den Vorbemerkungen Nummer 1 und 2 sowie die allgemeine Stellenzulage nach Vorbemerkung Nummer 2b der Anlage II in der bis zum 22. Februar 2002 geltenden Fassung,

4. die Beträge der Amtszulagen nach Anlage 2 der Verordnung zur Überleitung in die im Zweiten Gesetz zur Vereinheitlichung und Neuregelung des Besoldungsrechts in Bund und Ländern geregelten Ämter und über die künftig wegfallenden Ämter vom 1. Oktober 1975 (BGBl. I S. 2608), geändert durch Artikel 9 des Gesetzes vom 24. März 1997 (BGBl. I S. 590).

**§ 85¹⁾ Anwendungsbereich in den Ländern.** Für die Beamten und Richter der Länder, der Gemeinden, der Gemeindeverbände sowie der sonstigen der Aufsicht eines Landes unterstehenden Körperschaften, Anstalten und Stiftungen des öffentlichen Rechts gilt das Bundesbesoldungsgesetz in der bis zum 31. August 2006 geltenden Fassung, soweit nichts Anderes bestimmt ist.²⁾

---

¹⁾ § 85 aufgeh., bish. § 86 wird § 85 mWv 1.8.2013 durch G v. 11.6.2013 (BGBl. I S. 1514).
²⁾ Siehe die besoldungsrechtlichen Regelungen der Länder:
- **Baden-Württemberg:** LandesbesoldungsG v. 9.11.2010 (GBl. S. 793, 826), zuletzt geänd. durch G v. 5.12.2023 (GBl. S. 429)
- **Bayern:** Bayerisches BesoldungsG v. 5.8.2010 (GVBl. S. 410, 764), zuletzt geänd. durch G v. 10.8.2023 (GVBl. S. 495)
- **Berlin:** vgl. § 1b LandesbesoldungsG v. 9.4.1996 (GVBl. S. 160; 2005 S. 463), zuletzt geänd. durch G v. 20.12.2023 (GVBl. S. 479)
- **Brandenburg:** Brandenburgisches BesoldungsG v. 20.11.2013 (GVBl. I Nr. 32, S. 2, Nr. 34), zuletzt geänd. durch G v. 20.12.2023 (GVBl. I Nr. 30)
- **Bremen:** Bremisches BesoldungsG v. 20.12.2016 (Brem.GBl. S. 924), zuletzt geänd. durch G v. 19.12. 2023 (Brem.GBl. S. 607)
- **Hamburg:** Hamburgisches BesoldungsG v. 26.1.2010 (HmbGVBl. S. 23), zuletzt geänd. durch G v. 17.11.2023 (HmbGVBl. S. 361)
- **Hessen:** Hessisches BesoldungsG v. 27.5.2013 (GVBl. S. 218, 256, 508), zuletzt geänd. durch G v. 27.6. 2023 (GVBl. S. 441)
- **Mecklenburg-Vorpommern:** LandesbesoldungsG v. 11.5.2021 (GVOBl. M-V S. 600), geänd. durch G v. 13.12.2022 (GVOBl. M-V S. 637)
- **Niedersachsen:** Niedersächsisches BesoldungsG v. 20.12.2016 (Nds. GVBl. S. 308; 2017 S. 64), zuletzt geänd. durch G v. 14.12.2023 (Nds. GVBl. S. 320)
- **Nordrhein-Westfalen:** LandesbesoldungsG v. 14.6.2016 (GV. NRW. S. 310, 339, 642), zuletzt geänd. durch G v. 5.12.2023 (GV. NRW. S. 1276)
- **Rheinland-Pfalz:** LandesbesoldungsG v. 18.6.2013 (GVBl. S. 157, 158), zuletzt geänd. durch G v. 22.12.2022 (GVBl. S. 483)

➡

## Anlage I[1)]
(zu § 20 Absatz 2 Satz 1)

### Bundesbesoldungsordnungen A und B

### Vorbemerkungen[2)]

### I. Allgemeine Vorbemerkungen

### 1.[3)] Amtsbezeichnungen

(1) Weibliche Beamte führen die Amtsbezeichnung soweit möglich in der weiblichen Form.

(2) [1]Die in den Bundesbesoldungsordnungen A und B gesperrt gedruckten Amtsbezeichnungen sind Grundamtsbezeichnungen. [2]Den Grundamtsbezeichnungen können Zusätze beigefügt werden, die hinweisen auf

1. den Dienstherrn oder den Verwaltungsbereich,

2. die Laufbahn,

3. die Fachrichtung.

[3]Die Grundamtsbezeichnungen „Rat", „Oberrat", „Direktor", „Leitender Direktor", „Direktor und Professor", „Erster Direktor", „Oberdirektor", „Präsident" und „Präsident und Professor" dürfen nur in Verbindung mit einem Zusatz nach Satz 2 verliehen werden.

(3) [1]Über die Beifügung der Zusätze zu den Grundamtsbezeichnungen der Bundesbesoldungsordnung B entscheidet das Bundesministerium des Innern, für Bau und Heimat im Einvernehmen mit dem Bundesministerium der Finanzen. [2]Das Bundesministerium des Innern, für Bau und Heimat macht die Zusätze zu den Grundamtsbezeichnungen der Bundesbesoldungsordnung B jährlich zum 1. März im Gemeinsamen Ministerialblatt bekannt.

(4) [1]Die Regelungen in der Bundesbesoldungsordnung A für Ämter des mittleren, gehobenen und höheren Polizeivollzugsdienstes – mit Ausnahme des kriminalpolizeilichen Vollzugsdienstes – gelten auch für die Polizeivollzugsbeamten

---

*(Fortsetzung der Anm. von voriger Seite)*

– **Saarland:** Saarländisches BesoldungsG v. 13.10.2021 (Amtsbl. I S. 2547), zuletzt geänd. durch G v. 20.9.2023 (Amtsbl. I S. 836)
– **Sachsen:** Sächsisches BesoldungsG v. 6.7.2023 (SächsGVBl. S. 467, 476), zuletzt geänd. durch G v. 19.10.2023 (SächsGVBl. S. 850)
– **Sachsen-Anhalt:** LandesbesoldungsG v. 8.2.2011 (GVBl. LSA S. 68), zuletzt geänd. durch G v. 3.4. 2023 (GVBl, LSA S. 201)
– **Schleswig-Holstein:** BesoldungsG Schleswig-Holstein v. 26.1.2012 (GVOBl. Schl.-H. S. 153, 154), zuletzt geänd. durch G v. 15.12.2023 (GVOBl. Schl.-H. S. 645)
– **Thüringen:** Thüringer BesoldungsG idF der Bek. v. 18.1.2016 (GVBl. S. 1, 166, 202), zuletzt geänd. durch G v. 14.12.2023 (GVBl. S. 370)
   [1)] Anl. I neu gef. mWv 1.8.2013 durch G v. 11.6.2013 (BGBl. I S. 1514).
   [2)] Vorbemerkung Nr. 6 und Nr. 11 geänd. mWv 1.1.2015, Nr. 4 neu gef. mWv 1.6.2015 durch G v. 13.5.2015 (BGBl. I S. 706); Nr. 5, 6, 6a, 8a, 9, 9a und 11 geänd., Nr. 8c eingef. mWv 1.1.2016 durch G v. 3.12.2015 (BGBl. I S. 2163); Nr. 6a geänd. mWv 1.1.2017 durch G v. 5.1.2017 (BGBl. I S. 17); Nr. 13 geänd. mWv 26.6.2017 durch G v. 23.6.2017 (BGBl. I S. 1822); Nr. 8c geänd. mWv 1.1.2019 durch G v. 29.11.2018 (BGBl. I S. 2232); Nr. 1, 2, 2a, 5a, 6, 6a, 7, 8, 8a, 8b, 9, 10, 13 geänd., Nr. 4, 9a, 11, 15–17 neu gef., Nr. 18 und 19 angef., Nr. 3a aufgeh. mWv 1.1.2020 durch G v. 9.12.2019 (BGBl. I S. 2053); Nr. 1, 4, 9a und 11 geänd. mWv 1.1.2020 durch G v. 28.6.2021 (BGBl. I S. 2250); Nr. 3a eingef. mWv 1.1.2024, Nr. 6, 8c, 11 geänd. mWv 1.6.2023 durch G v. 22.12.2023 (BGBl. 2023 I Nr. 414).
   [3)] Siehe hierzu das BMI-RdSchr. D3 – 30200/101#6 v. 14.9.2020 (GMBl S. 798) und das BMI-RdSchr. D3 – 30200/183#5 v. 13.2.2023 (GMBl S. 282).

beim Deutschen Bundestag. ²Diese führen die Amtsbezeichnungen des Polizeivollzugsdienstes mit dem Zusatz „beim Deutschen Bundestag".

## 2. „Direktor und Professor" in den Besoldungsgruppen B 1, B 2 und B 3

¹Die Ämter „Direktor und Professor" in den Besoldungsgruppen B 1, B 2 und
B 3 dürfen nur an Beamte verliehen werden, denen in wissenschaftlichen Forschungseinrichtungen oder in Dienststellen und Einrichtungen mit eigenen wissenschaftlichen Forschungsbereichen überwiegend wissenschaftliche Forschungs-
aufgaben obliegen. ²Dienststellen und Einrichtungen mit eigenen wissenschaftlichen Forschungsbereichen sind:

Bundesagentur für Arbeit
Bundesamt für Bauwesen und Raumordnung
Bundesamt für Naturschutz
Bundesamt für Seeschifffahrt und Hydrographie
Bundesamt für Strahlenschutz
Bundesamt für Verbraucherschutz und Lebensmittelsicherheit
Bundesanstalt für Arbeitsschutz und Arbeitsmedizin
Bundesanstalt für Geowissenschaften und Rohstoffe
Bundesanstalt für Materialforschung und -prüfung
Bundesanstalt für Straßenwesen
Bundesinstitut für Arzneimittel und Medizinprodukte
Bundesinstitut für Risikobewertung
Bundesinstitut für Sportwissenschaft
Bundeskriminalamt
Deutscher Wetterdienst
Eisenbahn-Bundesamt
Friedrich-Loeffler-Institut, Bundesforschungsinstitut für Tiergesundheit
Johann Heinrich von Thünen-Institut, Bundesforschungsinstitut für Ländliche
Räume, Wald und Fischerei
Julius Kühn-Institut, Bundesforschungsinstitut für Kulturpflanzen
Max Rubner-Institut, Bundesforschungsinstitut für Ernährung und Lebensmittel
Paul-Ehrlich-Institut
Physikalisch-Technische Bundesanstalt
Robert Koch-Institut
Umweltbundesamt
Wehrtechnische Dienststelle für Schiffe und Marinewaffen, Maritime Technologie
und Forschung
Wehrwissenschaftliches Institut für Werk- und Betriebsstoffe.

## 2a. Leiter von unteren Verwaltungsbehörden und Leiter von allgemein-
bildenden oder beruflichen Schulen

¹Die Ämter der Leiter von unteren Verwaltungsbehörden mit einem beim
jeweiligen Dienstherrn örtlich begrenzten Zuständigkeitsbereich sowie die Ämter
der Leiter von allgemeinbildenden oder beruflichen Schulen dürfen nur in Besoldungsgruppen der Bundesbesoldungsordnung A eingestuft werden. ²Die Ämter
der Leiter besonders bedeutender und zugleich besonders großer unterer Verwaltungsbehörden der Zollverwaltung dürfen auch in Besoldungsgruppen der
Bundesbesoldungsordnung B eingestuft werden.

### 3. Zuordnung von Funktionen zu den Ämtern

Den Grundamtsbezeichnungen beigefügte Zusätze bezeichnen die Funktionen, die diesen Ämtern zugeordnet werden können, nicht abschließend.

## II. Stellenzulagen

### 3a. Ruhegehaltfähigkeit von Stellenzulagen

(1) Zulagen nach den Nummern 4, 4a, 8, 9, 9a, 10 und 11 dieses Abschnitts gehören zu den ruhegehaltfähigen Dienstbezügen, wenn der Beamte oder Soldat

1. mindestens zehn Jahre zulageberechtigend verwendet worden ist oder

2. mindestens zwei Jahre zulageberechtigend verwendet worden ist und das Dienstverhältnis wegen Todes oder Dienstunfähigkeit infolge einer Krankheit, Verwundung oder sonstigen Beschädigung, die der Beamte oder Soldat ohne grobes Verschulden bei der Ausübung oder aus Veranlassung des Dienstes erlitten hat, beendet worden ist.

(2) Eine Stellenzulage nach Nummer 9 ist darüber hinaus ruhegehaltfähig, wenn der Beamte oder Soldat mindestens zwei Jahre zulageberechtigend verwendet worden ist und infolge einer Krankheit, Verwundung oder sonstigen Beschädigung, die der Beamte oder Soldat ohne grobes Verschulden bei der Ausübung oder aus Veranlassung des Dienstes erlitten hat, nach ärztlicher Feststellung eine Polizeidiensttauglichkeit oder Feldjägerdiensttauglichkeit nicht mehr gegeben und aus diesem Grund ein Laufbahn- oder Verwendungswechsel erfolgt ist.

(3) Eine Stellenzulage nach Nummer 10 ist darüber hinaus ruhegehaltfähig, wenn der Beamte oder Soldat mindestens zwei Jahre zulageberechtigend verwendet worden ist und infolge einer Krankheit, Verwundung oder sonstigen Beschädigung, die der Beamte oder Soldat ohne grobes Verschulden bei der Ausübung oder aus Veranlassung des Dienstes erlitten hat, nach amtsärztlicher Feststellung eine Feuerwehrdiensttauglichkeit nicht mehr gegeben und aus diesem Grund ein Verwendungswechsel erfolgt ist.

(4) [1] Der für die ruhegehaltfähige Zulage maßgebende Betrag ergibt sich aus der zum Zeitpunkt des letztmaligen Bezuges der Stellenzulage geltenden Anlage IX. [2] Die Konkurrenzvorschriften bei den einzelnen Stellenzulagen gelten entsprechend auch bei den ruhegehaltfähigen Dienstbezügen.

(5) [1] Zeiten nach den Absätzen 1 bis 3 vor dem 1. Januar 2024 sind zu berücksichtigen. [2] Als zulageberechtigende Zeiten werden auch solche Zeiträume berücksichtigt, während denen auf Grund von Konkurrenzvorschriften die Zulage nicht gewährt wurde.

### 4. Zulage für militärische Führungsfunktionen

(1) Eine Stellenzulage nach Anlage IX erhalten Soldaten in Besoldungsgruppen bis A 14

1. als Kompaniechef oder in vergleichbarer Führungs- oder Ausbildungsfunktion,

2. als Zugführer oder in vergleichbarer Führungs- oder Ausbildungsfunktion,

3. als Gruppenführer oder in vergleichbarer Führungs- oder Ausbildungsfunktion,

4. als Truppführer oder in vergleichbarer Führungs- oder Ausbildungsfunktion,

5. mit Weisungsrecht gegenüber Zivilpersonen in der Funktion als Vertreter des Bundes als Arbeitgeber im Sinne der Gewerbeordnung.

(2) Sofern mehrere Voraussetzungen des Absatzes 1 gleichzeitig erfüllt sind, wird nur die höhere Zulage gewährt.

(3) [1] Die Zulage nach Absatz 1 wird neben einer anderen Stellenzulage nur gewährt, soweit sie diese übersteigt. [2] Neben einer Amtszulage in der Besoldungsgruppe A 13 wird die Zulage nach Absatz 1 nicht gewährt.

(4) Das Nähere regelt das Bundesministerium der Verteidigung im Einvernehmen mit dem Bundesministerium des Innern, für Bau und Heimat durch allgemeine Verwaltungsvorschrift.

**4a. Zulage für Soldaten als Kompaniefeldwebel**

Soldaten der Besoldungsgruppen A 7 bis A 9 erhalten als Kompaniefeldwebel eine Stellenzulage nach Anlage IX.

**5. Zulage für flugzeugtechnisches Personal, flugsicherungstechnisches Personal der militärischen Flugsicherung und technisches Personal des Einsatzführungsdienstes**

(1) Eine Stellenzulage nach Anlage IX erhalten Beamte und Soldaten als erster Spezialist oder in höherwertigen Funktionen in einer Verwendung als

1. flugzeugtechnisches Personal,
2. flugsicherungstechnisches Personal der militärischen Flugsicherung und als technisches Personal des Einsatzführungsdienstes,
3. hauptamtliches Personal zentraler Ausbildungseinrichtungen, das nach einer Verwendung gemäß Nummer 1 oder Nummer 2 Beamte und Soldaten für solche Verwendungen ausbildet.

(2) Die Stellenzulage wird neben einer Stellenzulage nach den Nummern 4, 6, 6a oder 9a nur gewährt, soweit sie diese übersteigt.

**5a. Zulage für Beamte und Soldaten im militärischen Flugsicherungsbetriebsdienst, Einsatzführungsdienst und Geoinformationsdienst der Bundeswehr**

(1) Eine Stellenzulage nach Anlage IX erhalten Beamte und Soldaten, die im militärischen Flugsicherungsbetriebsdienst, im Einsatzführungsdienst und im Geoinformationsdienst der Bundeswehr verwendet werden

1. als Flugsicherungskontrollpersonal in
   a) Flugsicherungssektoren,
   b) Flugsicherungsstellen,
   c) einer Lehrtätigkeit an einer Schule,
2. als Flugdatenbearbeitungspersonal in Flugsicherungssektoren,
3. als Flugberatungspersonal in
   a) Flugsicherungsstellen,
   b) zentralen Stellen des Flugberatungsdienstes,
   c) einer Lehrtätigkeit an einer Schule,
4. als Betriebspersonal des Einsatzführungsdienstes
   a) mit erfolgreich abgeschlossenem Lehrgang Radarleitung/Einsatzführungsoffizier,
   b) ohne Lehrgang Radarleitung/Einsatzführungsoffizier
      aa) im Einsatzdienst in Luftverteidigungsanlagen,
      bb) in einer Lehrtätigkeit im Einsatzführungsdienst,
5. in Stabs-, Fach- und Truppenführerfunktionen – nicht jedoch bei einer obersten Bundesbehörde – sowie als Ausbildungspersonal der militärischen Flugsicherung oder des Einsatzführungsdienstes,

6. im Flugwetterberatungsdienst oder im Wetterbeobachtungsdienst auf Flugplätzen mit Flugbetrieb der Bundeswehr oder in den zentralen Geoinformationsberatungsstellen.

(2) Die Stellenzulage wird neben einer Stellenzulage nach den Nummern 6, 8, 9 oder 9a nur gewährt, soweit sie diese übersteigt.

(3) Die allgemeinen Verwaltungsvorschriften erlässt das Bundesministerium der Verteidigung im Einvernehmen mit dem Bundesministerium des Innern, für Bau und Heimat.

**6. Zulage für Beamte und Soldaten in fliegerischer Verwendung**

(1) [1] Eine Stellenzulage nach Anlage IX erhalten Beamte und Soldaten in Besoldungsgruppen der Bundesbesoldungsordnung A, wenn sie verwendet werden

1. als Luftfahrzeugführer mit der Erlaubnis zum Führen ein- oder zweisitziger strahlgetriebener Kampf- oder Schulflugzeuge oder als Waffensystemoffizier mit der Erlaubnis zum Einsatz auf zweisitzigen strahlgetriebenen Kampf- oder Schulflugzeugen,

2. als Luftfahrzeugführer mit der Erlaubnis zum Führen sonstiger strahlgetriebener Flugzeuge oder sonstiger Luftfahrzeuge oder als Luftfahrzeugoperationsoffizier,

3. als Steuerer mit der Erlaubnis und Berechtigung zum Führen und Bedienen unbemannter Luftfahrtgeräte, die nach Instrumentenflugregeln geführt und bedient werden müssen,

4. als Flugtechniker in der Bundespolizei oder als sonstige ständige Luftfahrzeugbesatzungsangehörige in der Bundeswehr.

[2] Die Stellenzulage erhöht sich um den Betrag nach Anlage IX für verantwortliche Luftfahrzeugführer, die mit der Berechtigung eines Kommandanten auf Flugzeugen verwendet werden, für die eine Mindestbesatzung von zwei Luftfahrzeugführern vorgeschrieben ist. [3] Die Erhöhung gilt bis zum 31. Dezember 2027.

(2) [1] Die zuletzt nach Absatz 1 Satz 1 gewährte Stellenzulage wird nach Beendigung der Verwendung, auch über die Besoldungsgruppe A 16 hinaus, für fünf Jahre weitergewährt, wenn der Beamte oder Soldat

1. mindestens fünf Jahre in einer Tätigkeit nach Absatz 1 verwendet worden ist oder

2. bei der Verwendung nach Absatz 1 einen Dienstunfall im Flugdienst oder eine durch die Besonderheiten dieser Verwendung bedingte gesundheitliche Schädigung erlitten hat, die die weitere Verwendung nach Absatz 1 ausschließen.

[2] Der Fünfjahreszeitraum verlängert sich bei Soldaten, die zur Erhaltung ihres fliegerischen Könnens verpflichtet sind, um ein Drittel des Verpflichtungszeitraumes, höchstens jedoch um drei Jahre. [3] Danach verringert sich die Stellenzulage auf 50 Prozent.

(3) [1] Hat der Beamte oder Soldat einen Anspruch auf eine Stellenzulage nach Absatz 2 und wechselt er in eine weitere Verwendung, mit der ein Anspruch auf eine geringere Stellenzulage nach Absatz 1 verbunden ist, so erhält er zusätzlich zu der geringeren Stellenzulage den Unterschiedsbetrag zu der Stellenzulage nach Absatz 2. [2] Nach Beendigung der weiteren Verwendung wird die Stellenzulage nach Absatz 2 Satz 1 und 2 nur weitergewährt, soweit sie noch nicht vor der weiteren Verwendung bezogen und auch nicht während der weiteren Verwendung durch den Unterschiedsbetrag zwischen der geringeren Stellenzulage und der Stellenzulage nach Absatz 2 abgegolten worden ist. [3] Der Berechnung der Stellenzulage nach Absatz 2 Satz 3 wird die höhere Stellenzulage zugrunde gelegt.

(4) Eine Stellenzulage nach Absatz 1 Satz 1 ist in Höhe von 50 Prozent ruhegehaltfähig, wenn

1. sie mindestens fünf Jahre bezogen worden ist oder

2. das Dienstverhältnis beendet worden ist

   a) durch Tod oder

   b) durch Dienstunfähigkeit infolge eines durch die Verwendung erlittenen Dienstunfalls oder einer durch die Besonderheiten dieser Verwendung bedingten gesundheitlichen Schädigung.

(5) [1]Die Stellenzulage wird neben einer Stellenzulage nach Nummer 8 nur gewährt, soweit sie diese übersteigt. [2]Abweichend von Satz 1 wird die Stellenzulage nach Absatz 1 neben einer Stellenzulage nach Nummer 8 gewährt, soweit sie deren Hälfte übersteigt.

(6) [1]Der Erwerb der Berechtigung nach Absatz 1 Satz 2 wird durch allgemeine Verwaltungsvorschrift des Bundesministeriums der Verteidigung geregelt. [2]Im Übrigen erlässt die oberste Dienstbehörde die allgemeinen Verwaltungsvorschriften im Einvernehmen mit dem Bundesministerium des Innern, für Bau und Heimat.

**6a. Zulage für Beamte und Soldaten als Luftfahrttechnisches Prüfpersonal und freigabeberechtigtes Personal**

(1) Beamte und Soldaten erhalten eine Stellenzulage nach Anlage IX, wenn sie eine der folgenden Qualifikationen besitzen und entsprechend der Qualifikation verwendet werden:

1. die Erlaubnis als Nachprüfer von Luftfahrtgerät,

2. die Erlaubnis als Prüfer von Luftfahrtgerät,

3. die Berechtigung der Kategorie B oder Kategorie C zur Freigabe von Luftfahrzeugen oder Komponenten nach der Verordnung (EU) Nr. 1321/2014 der Kommission vom 26. November 2014 über die Aufrechterhaltung der Lufttüchtigkeit von Luftfahrzeugen und luftfahrttechnischen Erzeugnissen, Teilen und Ausrüstungen und die Erteilung von Genehmigungen für Organisationen und Personen, die diese Tätigkeiten ausführen (ABl. L 362 vom 17.12.2014, S. 1),

4. die Erlaubnis zur Prüfung der Lufttüchtigkeit,

5. die Berechtigung als Prüfer für zerstörungsfreie Prüfungen von Luftfahrzeugen, Luftfahrtgeräten und Zusatzausrüstungen mit Zertifizierung nach DIN EN 4179, Ausgabe März 2017, in Verbindung mit den für den Geschäftsbereich des Bundesministeriums der Verteidigung geltenden Zulassungsvorschriften.

(2) Die Stellenzulage wird neben einer Stellenzulage nach Nummer 4, 5a oder 9a nur gewährt, soweit sie diese übersteigt.

**7. Zulage für Beamte und Soldaten bei obersten Behörden sowie bei obersten Gerichtshöfen des Bundes**

(1) Beamte und Soldaten erhalten, wenn sie bei obersten Bundesbehörden oder bei obersten Gerichtshöfen des Bundes verwendet werden, eine Stellenzulage nach Anlage IX.

(2) [1]Die Stellenzulage wird nicht neben der bei der Deutschen Bundesbank gewährten Bankzulage und neben Auslandsdienstbezügen oder Auslandsverwendungszuschlag nach Abschnitt 5 gewährt. [2]Die Stellenzulage wird neben Stellen-

zulagen nach den Nummern 6, 6a, 8 bis 9, 10 und 15 bis 19 nur gewährt, soweit sie diese übersteigt.

(3) Beamte und Soldaten erhalten während der Verwendung bei obersten Behörden eines Landes, das für die Beamten bei seinen obersten Behörden eine Regelung entsprechend Absatz 1 getroffen hat, die Stellenzulage in der nach dem Besoldungsrecht dieses Landes bestimmten Höhe.

**8. Zulage für Beamte und Soldaten bei den Nachrichtendiensten**

(1) Beamte und Soldaten erhalten, wenn sie bei den Nachrichtendiensten des Bundes oder der Länder verwendet werden, eine Stellenzulage nach Anlage IX.

(2) Nachrichtendienste sind der Bundesnachrichtendienst, das Bundesamt für den Militärischen Abschirmdienst, das Bundesamt für Verfassungsschutz sowie die Einrichtungen für Verfassungsschutz der Länder.

**8a. Zulage für Beamte der Bundeswehr und Soldaten in der Fernmelde- und elektronischen Aufklärung, der satellitengestützten abbildenden Aufklärung oder der Luftbildauswertung**

(1) [1]Beamte der Bundeswehr und Soldaten erhalten eine Stellenzulage nach Anlage IX, wenn sie verwendet werden in

1. der Fernmelde- und elektronischen Aufklärung,

2. der satellitengestützten abbildenden Aufklärung oder

3. der Luftbildauswertung.

[2]Die Zulage erhalten unter den gleichen Voraussetzungen auch Beamte auf Widerruf, die einen Vorbereitungsdienst ableisten.

(2) Durch die Stellenzulage werden die mit dem Dienst allgemein verbundenen Erschwernisse und Aufwendungen mit abgegolten.

(3) Die Stellenzulage wird neben einer Stellenzulage nach den Nummern 5, 5a, 6, 6a oder 8 nur gewährt, soweit sie diese übersteigt.

**8b. Zulage für Beamte bei dem Bundesamt für Sicherheit in der Informationstechnik und bei der Zentralen Stelle für Informationstechnik im Sicherheitsbereich**

(1) Beamte erhalten eine Stellenzulage nach Anlage IX, wenn sie verwendet werden

1. beim Bundesamt für Sicherheit in der Informationstechnik oder

2. bei der Zentralen Stelle für Informationstechnik im Sicherheitsbereich.

(2) Die Stellenzulage wird neben einer Stellenzulage nach Nummer 9 nur gewährt, soweit sie diese übersteigt.

**8c. Zulage für Beamte und Soldaten bei dem Bundesamt für Migration und Flüchtlinge**

(1) Beamte und Soldaten erhalten, wenn sie bei dem Bundesamt für Migration und Flüchtlinge verwendet werden, bis zum 31. Dezember 2027 eine Stellenzulage nach Anlage IX.

(2) Durch die Stellenzulage werden die mit dem Dienst allgemein verbundenen Erschwernisse und Aufwendungen mit abgegolten.

### 9. Zulage für Beamte und Soldaten mit vollzugspolizeilichen Aufgaben

(1) Eine Stellenzulage nach Anlage IX erhalten, soweit ihnen Dienstbezüge nach der Bundesbesoldungsordnung A zustehen,

1. Polizeivollzugsbeamte,

2. Feldjäger,

3. Beamte der Zollverwaltung, die

   a) in der Grenzabfertigung verwendet werden,

   b) in einem Bereich verwendet werden, in dem gemäß Bestimmung des Bundesministeriums der Finanzen typischerweise vollzugspolizeilich geprägte Tätigkeiten wahrgenommen werden, oder

   c) mit vollzugspolizeilichen Aufgaben betraut sind.

(2) Eine Zulage nach Absatz 1 erhalten unter den gleichen Voraussetzungen auch Beamte auf Widerruf, die einen Vorbereitungsdienst ableisten.

(3) Die Stellenzulage wird nicht neben einer Stellenzulage nach Nummer 8 gewährt.

(4) Durch die Stellenzulage werden die Besonderheiten des jeweiligen Dienstes, insbesondere der mit dem Posten- und Streifendienst sowie dem Nachtdienst verbundene Aufwand sowie der Aufwand für Verzehr mit abgegolten.

### 9a. Zulage im maritimen Bereich

(1) [1] Eine Stellenzulage nach Anlage IX erhalten Beamte der Bundeswehr und Soldaten, wenn sie verwendet werden

1. als Angehörige einer Besatzung in Dienst gestellter seegehender Schiffe der Marine oder anderer Seestreitkräfte,

2. als Angehörige einer Besatzung in Dienst gestellter U-Boote der Marine oder anderer Seestreitkräfte oder

3. als Kampfschwimmer oder Minentaucher mit gültigem Kampfschwimmer- oder Minentaucherschein auf einer Stelle des Stellenplans, die eine Kampfschwimmer- oder Minentaucherausbildung voraussetzt.

[2] Sind gleichzeitig mehrere Tatbestände nach Satz 1 Nummer 1 bis 3 erfüllt, wird nur die höhere Zulage gewährt.

(2) [1] Die Stellenzulage nach Absatz 1 Satz 1 Nummer 1 oder Nummer 2 erhalten auch Beamte der Bundeswehr und Soldaten, die auf Grund einer Abordnung oder einer Kommandierung Aufgaben an Bord eines seegehenden Schiffes oder U-Bootes der Marine oder anderer Streitkräfte zu erfüllen haben, ohne zur Besatzung zu gehören. [2] Ist dieses Schiff oder U-Boot noch nicht in Dienst gestellt, steht die Zulage ab dem Tag der Zugehörigkeit zur Fahrmannschaft für die Dauer der Verwendung zu. [3] Absatz 1 Satz 2 gilt entsprechend.

(3) Eine Stellenzulage nach Anlage IX erhalten auch Beamte und Soldaten in einer Verwendung als

1. Angehörige einer Besatzung anderer seegehender Schiffe, die überwiegend zusammenhängend mehrstündig seewärts der in § 1 der Flaggenrechtsverordnung festgelegten Grenzen der Seefahrt verwendet werden,

2. Angehörige einer Besatzung anderer, als der unter Nummer 1 genannter seegehender Schiffe,

3. Taucher für den maritimen Einsatz.

(4) Die Stellenzulage wird neben einer anderen Stellenzulage, mit Ausnahme der Stellenzulage nach Nummer 4a, Nummer 8a oder Nummer 9, nur gewährt, soweit sie diese übersteigt.

(5) Das Nähere kann die oberste Bundesbehörde durch allgemeine Verwaltungsvorschriften im Einvernehmen mit dem Bundesministerium des Innern, für Bau und Heimat und dem Bundesministerium der Finanzen regeln.

### 10. Zulage für Beamte und Soldaten im Einsatzdienst der Feuerwehr

(1) [1] Beamte und Soldaten der Bundesbesoldungsordnung A, die im Einsatzdienst der Feuerwehr verwendet werden, erhalten eine Stellenzulage nach Anlage IX. [2] Die Zulage erhalten unter den gleichen Voraussetzungen auch Beamte auf Widerruf, die Vorbereitungsdienst leisten.

(2) Die Zulage erhält auch hauptamtliches feuerwehrdiensttaugliches Personal zentraler Ausbildungseinrichtungen der Bundeswehr, das nach einer Verwendung nach Absatz 1

1. Beamte und Soldaten für den Einsatzdienst der Feuerwehr ausbildet oder

2. in der unmittelbaren Unterstützung der Ausbildung für den Einsatzdienst der Feuerwehr verwendet wird.

(3) Durch die Stellenzulage nach Absatz 1 werden die Besonderheiten des Einsatzdienstes der Feuerwehr, insbesondere der mit dem Nachtdienst verbundene Aufwand sowie der Aufwand für Verzehr mit abgegolten.

### 11. Zulage für Beamte der Bundeswehr als Gebietsärzte sowie für Soldaten als Rettungsmediziner oder als Gebietsärzte

(1) Eine Stellenzulage nach Anlage IX erhalten bis zum 31. Dezember 2027

1. Beamte der Bundeswehr der Besoldungsgruppen A 13 bis A 16 mit der Approbation als Arzt, die die Weiterbildung zum Gebietsarzt erfolgreich abgeschlossen haben und in diesem Fachgebiet in einer kurativen Sanitätseinrichtung der Bundeswehr verwendet werden,

2. Soldaten der Besoldungsgruppen A 13 bis A 16 als Sanitätsoffiziere mit der Approbation als Arzt, die

   a) über die Zusatzqualifikation Rettungsmedizin verfügen und dienstlich zur Erhaltung dieser Qualifikation verpflichtet sind oder

   b) die Weiterbildung zum Gebietsarzt erfolgreich abgeschlossen haben und in diesem Fachgebiet verwendet werden.

(2) Bei gleichzeitigem Vorliegen der Voraussetzungen nach Absatz 1 Nummer 2 Buchstabe a und b wird die Stellenzulage nur einmal gewährt.

(3) [1] Die Zulage nach Absatz 1 Nummer 2 wird um den Betrag nach Anlage IX erhöht, wenn der Soldat als Angehöriger einer Besatzung in Dienst gestellter seegehender Schiffe der Marine oder anderer Seestreitkräfte verwendet wird. [2] Erfüllt der Soldat entsprechende Aufgaben auf einem solchen Schiff auf Grund

*(Fortsetzung nächstes Blatt)*

## Besoldungsgruppe R 4[1]

*(aufgehoben)*

## Besoldungsgruppe R 5[2]

Vizepräsident des Bundespatentgerichts

## Besoldungsgruppe R 6

Richter am Bundesarbeitsgericht
Richter am Bundesfinanzhof
Richter am Bundesgerichtshof
Richter am Bundessozialgericht
Richter am Bundesverwaltungsgericht
Bundesanwalt beim Bundesgerichtshof

## Besoldungsgruppe R 7[3]

Bundesanwalt beim Bundesgerichtshof
– als Abteilungsleiter bei der Bundesanwaltschaft –
– als der ständige Vertreter des Generalbundesanwalts –[*1]

---

[*1] **Amtl. Anm.:** Erhält eine Amtszulage nach Anlage IX.

## Besoldungsgruppe R 8

Vorsitzender Richter am Bundesarbeitsgericht
Vorsitzender Richter am Bundesfinanzhof
Vorsitzender Richter am Bundesgerichtshof
Vorsitzender Richter am Bundessozialgericht
Vorsitzender Richter am Bundesverwaltungsgericht
Präsident des Bundespatentgerichts
Vizepräsident des Bundesarbeitsgerichts[*1]
Vizepräsident des Bundesfinanzhofs[*1]
Vizepräsident des Bundesgerichtshofs[*1]
Vizepräsident des Bundessozialgerichts[*1]
Vizepräsident des Bundesverwaltungsgerichts[*1]

---

[*1] **Amtl. Anm.:** Erhält eine Amtszulage nach Anlage IX.

## Besoldungsgruppe R 9

Generalbundesanwalt beim Bundesgerichtshof

## Besoldungsgruppe R 10

Präsident des Bundesarbeitsgerichts
Präsident des Bundesfinanzhofs
Präsident des Bundesgerichtshofs

---

[1] BesGr. R 4 aufgeh. mWv 1.1.2020 durch G v. 9.12.2019 (BGBl. I S. 2053).
[2] BesGr. R 5 neu gef. mWv 1.1.2020 durch G v. 9.12.2019 (BGBl. I S. 2053).
[3] BesGr. R 7 neu gef. mWv 1.1.2020 durch G v. 9.12.2019 (BGBl. I S. 2053).

Präsident des Bundessozialgerichts
Präsident des Bundesverwaltungsgerichts

**Anlage IV**[1][2]
(zu § 20 Absatz 2 Satz 2, § 32 Satz 2, § 37 Satz 2)
Gültig ab 1. März 2024

# Grundgehalt

## 1. Bundesbesoldungsordnung A

| Besol-dungsgrup-pe | Grundgehalt (Monatsbetrag in Euro) | | | | | | | |
|---|---|---|---|---|---|---|---|---|
| | Stufe 1 | Stufe 2 | Stufe 3 | Stufe 4 | Stufe 5 | Stufe 6 | Stufe 7 | Stufe 8 |
| A 3 | 2 706,99 | 2 763,31 | 2 819,66 | 2 865,01 | 2 910,36 | 2 955,72 | 3 001,08 | 3 046,42 |
| A 4 | 2 759,23 | 2 826,55 | 2 893,88 | 2 947,47 | 3 001,08 | 3 054,68 | 3 108,26 | 3 157,76 |
| A 5 | 2 778,44 | 2 862,26 | 2 929,59 | 2 995,58 | 3 061,57 | 3 128,91 | 3 194,84 | 3 259,46 |
| A 6 | 2 833,40 | 2 931,00 | 3 029,92 | 3 105,51 | 3 183,86 | 3 259,46 | 3 343,26 | 3 416,11 |
| A 7 | 2 963,97 | 3 050,57 | 3 164,65 | 3 281,42 | 3 395,49 | 3 510,94 | 3 597,53 | 3 684,10 |
| A 8 | 3 123,39 | 3 227,85 | 3 374,87 | 3 523,33 | 3 671,73 | 3 774,80 | 3 879,24 | 3 982,32 |
| A 9 | 3 354,26 | 3 457,34 | 3 619,52 | 3 784,42 | 3 946,56 | 4 056,80 | 4 171,47 | 4 283,30 |
| A 10 | 3 575,51 | 3 717,07 | 3 921,86 | 4 127,55 | 4 337,08 | 4 482,89 | 4 628,67 | 4 774,53 |
| A 11 | 4 056,80 | 4 273,37 | 4 488,54 | 4 705,13 | 4 853,76 | 5 002,40 | 5 151,04 | 5 299,72 |
| A 12 | 4 334,26 | 4 590,49 | 4 848,12 | 5 104,32 | 5 282,70 | 5 458,23 | 5 635,18 | 5 814,97 |
| A 13 | 5 046,30 | 5 286,94 | 5 526,17 | 5 766,83 | 5 932,45 | 6 099,51 | 6 265,11 | 6 427,89 |
| A 14 | 5 183,60 | 5 493,61 | 5 805,05 | 6 115,06 | 6 328,80 | 6 544,01 | 6 757,73 | 6 972,92 |
| A 15 | 6 289,17 | 6 569,48 | 6 783,22 | 6 997,00 | 7 210,74 | 7 423,08 | 7 635,43 | 7 846,32 |
| A 16 | 6 916,29 | 7 241,90 | 7 488,19 | 7 734,52 | 7 979,41 | 8 227,16 | 8 473,46 | 8 716,97 |

## Erhöhungsbeträge für die Besoldungsgruppen A 5, A 6, A 9 und A 10

Das Grundgehalt erhöht sich in den Besoldungsgruppen A 5 und A 6

– für Beamte des mittleren Dienstes sowie

– für Soldaten in der Laufbahngruppe der Unteroffiziere sowie für Fahnenjunker und Seekadetten

um 25,15 Euro.

Es erhöht sich in den Besoldungsgruppen A 9 und A 10

– für Beamte des gehobenen Dienstes sowie

– für Offiziere

um 10,97 Euro.

## Beträge für die weggefallene Besoldungsgruppe A 2

Die Beträge für die weggefallene Besoldungsgruppe A 2 macht das Bundesministerium des Innern und für Heimat im Bundesgesetzblatt bekannt.[3]

---

[1] Anl. IV neu gef. mWv 1.6.2023 durch G v. 22.12.2023 (BGBl. 2023 I Nr. 414).
[2] Zu den Beträgen des Grundgehalts für Beamtinnen und Beamte bei den Postnachfolgeunternehmen s. die BMI-Bek. gem. § 78 Abs. 2 BBesG v. 29.12.2023 (BGBl. 2024 I Nr. 3).
[3] Siehe die Bekanntmachung des BMI v. 29.12.2023 (BGBl. 2024 I Nr. 3).

## 2. Bundesbesoldungsordnung B

| Besoldungsgruppe | Grundgehalt (Monatsbetrag in Euro) |
|---|---|
| B 1 | 7 846,32 |
| B 2 | 9 080,76 |
| B 3 | 9 603,10 |
| B 4 | 10 149,51 |
| B 5 | 10 776,64 |
| B 6 | 11 372,63 |
| B 7 | 11 947,35 |
| B 8 | 12 548,95 |
| B 9 | 13 294,99 |
| B 10 | 15 612,33 |
| B 11 | 16 084,36 |

## 3. Bundesbesoldungsordnung W

| Besoldungsgruppe | Grundgehalt (Monatsbetrag in Euro) | | |
|---|---|---|---|
| W 1 | 5 524,76 | | |
| | Stufe 1 | Stufe 2 | Stufe 3 |
| W 2 | 6 812,67 | 7 201,04 | 7 589,39 |
| W 3 | 7 589,39 | 8 107,20 | 8 625,02 |

## 4. Bundesbesoldungsordnung R

| Besol-dungs-gruppe | Gundgehalt (Monatsbetrag in Euro) | | | | | | | |
|---|---|---|---|---|---|---|---|---|
| | Stufe 1 | Stufe 2 | Stufe 3 | Stufe 4 | Stufe 5 | Stufe 6 | Stufe 7 | Stufe 8 |
| R 2 | 6 086,73 | 6 388,29 | 6 688,40 | 7 098,93 | 7 512,25 | 7 924,21 | 8 337,58 | 8 750,94 |
| R 3 | 9 603,10 | | | | | | | |
| R 5 | 10 776,64 | | | | | | | |
| R 6 | 11 372,63 | | | | | | | |
| R 7 | 11 947,35 | | | | | | | |
| R 8 | 12 548,95 | | | | | | | |
| R 9 | 13 294,99 | | | | | | | |
| R 10 | 16 084,36 | | | | | | | |

**Beträge für die weggefallenen Besoldungsgruppen R 1 und R 4**
Die Beträge für die weggefallenen Besoldungsgruppen R 1 und R 4 macht das Bundesministerium des Innern und für Heimat im Bundesgesetzblatt bekannt.[1]

**Anlage V**[2) 3)]
(zu § 39 Absatz 1 Satz 1)
Gültig ab 1. März 2024

### Familienzuschlag
(Monatsbetrag in Euro)

---

[1] Siehe die Bekanntmachung des BMI v. 29.12.2023 (BGBl. 2024 I Nr. 3).
[2] Anl. V neu gef. mWv 1.6.2023 durch G v. 22.12.2023 (BGBl. 2023 I Nr. 414).
[3] Zu den Beträgen des Familienzuschlags für Beamtinnen und Beamte bei den Postnachfolgeunternehmen s. die BMI-Bek. gem. § 78 Abs. 2 BBesG v. 29.12.2023 (BGBl. 2024 I Nr. 3).

| Stufe 1 (§ 40 Absatz 1) | Stufe 2 (§ 40 Absatz 2) |
|---|---|
| 171,28 | 317,66 |

Der Familienzuschlag erhöht sich
– für das zweite zu berücksichtigende Kind um 146,38 Euro,
– für jedes weitere zu berücksichtigende Kind um 456,06 Euro.

### Erhöhungsbeträge für die Besoldungsgruppen A 3 bis A 5 und für Anwärter des einfachen Dienstes

Für die Besoldungsgruppen A 3 bis A 5 und für Anwärter des einfachen Dienstes erhöht sich der Familienzuschlag wie folgt:

1. für das erste zu berücksichtigende Kind für die Besoldungsgruppen A 3 bis A 5 und für Anwärter des einfachen
   Dienstes um                                               5,37 Euro,
2. für jedes weitere zu berücksichtigende Kind
   – in der Besoldungsgruppe A 3 und für Anwärter des
     einfachen Dienstes um                                  26,84 Euro,
   – in der Besoldungsgruppe A 4 um                         21,47 Euro,
   – in der Besoldungsgruppe A 5 um                         16,10 Euro.

Soweit dadurch im Einzelfall die Besoldung hinter derjenigen aus einer niedrigeren Besoldungsgruppe zurückbleibt, wird der Unterschiedsbetrag zusätzlich gewährt.

### Anrechnungsbetrag nach § 39 Absatz 2 Satz 1
– Besoldungsgruppen A 3 bis A 8:                          144,27 Euro
– Besoldungsgruppen A 9 bis A 12:                         153,15 Euro

### Anlage VI[1)]
(zu § 53 Absatz 2 Satz 1 und 3 sowie Absatz 3 Satz 1 und 4)
gültig ab 1. März 2020

## Auslandszuschlag

*(Anlage hier nicht abgedruckt)*

---

[1)] Anl. VI neu gef. mWv 1.3.2020 durch G v. 8.11.2018 (BGBl. I S. 1810).

**Anlage VII**
*(weggefallen)*


**Anlage VIII[1]**
(zu § 61)
Gültig ab 1. März 2024

### Anwärtergrundbetrag

| Laufbahnen | Grundbetrag (Monatsbetrag in Euro) |
|---|---|
| des einfachen Dienstes | 1 407,63 |
| des mittleren Dienstes | 1 473,37 |
| des gehobenen Dienstes | 1 744,22 |
| des höheren Dienstes | 2 624,08 |


**Anlage IX[2][3]**
(zu den Anlagen I und III)
Gültig ab 1. März 2024

### Zulagen

– in der Reihenfolge der Fundstellen im Gesetz –

| | Dem Grunde nach geregelt in | Zulagenberechtigter Personenkreis, soweit nicht bereits in Anlage I oder Anlage III geregelt | Monatsbetrag in Euro |
|---|---|---|---|
| | 1 | 2 | 3 |
| 1 | **Anlage I (Bundesbesoldungsordnungen A und B)** | | |
| 2 | Vorbemerkung | | |
| 3 | | S t e l l e n z u l a g e n | |
| 4 | Nummer 4 | | |
| 5 | Absatz 1 | | |
| 6 | Nummer 1 | | 150,00 |
| 7 | Nummer 2 | | 130,00 |
| 8 | Nummer 3, 4 und 5 | | 100,00 |
| 9 | Nummer 4a | | 135,00 |
| 10 | Nummer 5 | Mannschaften Unteroffiziere Beamte der Besoldungsgruppen A 5 und A 6 | 53,00 |
| 11 | | Unteroffiziere Beamte der Besoldungsgruppen A 7 bis A 9 | 75,00 |
| 12 | | Offiziere Beamte des gehobenen und höheren Dienstes | 113,00 |
| 13 | Nummer 5a | | |
| 14 | Absatz 1 | | |
| 15 | Nummer 1 | | |

---

[1] Anl. VIII neu gef. mWv 1.6.2023 durch G v. 22.12.2023 (BGBl. 2023 I Nr. 414).
[2] Anl. IX neu gef. mWv 1.6.2023 durch G v. 22.12.2023 (BGBl. 2023 I Nr. 414).
[3] Zu den entsprechenden Beträgen für Beamtinnen und Beamte bei den Postnachfolgeunternehmen s. die BMI-Bek. gem. § 78 Abs. 2 BBesG v. 29.12.2023 (BGBl. 2024 I Nr. 3).

| | Dem Grunde nach geregelt in | Zulagenberechtigter Personenkreis, soweit nicht bereits in Anlage I oder Anlage III geregelt | Monatsbetrag in Euro |
|---|---|---|---|
| | 1 | 2 | 3 |
| 16 | Buchstabe a | Beamte des mittleren Dienstes Unteroffiziere der Besoldungsgruppen A 5 bis A 9 | 308,00 |
| 17 | | Beamte des gehobenen Dienstes Offiziere der Besoldungsgruppen A 9 bis A 12 Offiziere des militärfachlichen Dienstes der Besoldungsgruppe A 13 | 340,00 |
| 18 | Buchstabe b | Beamte des mittleren Dienstes Unteroffiziere der Besoldungsgruppen A 5 bis A 9 | 263,00 |
| 19 | | Beamte des gehobenen Dienstes Offiziere der Besoldungsgruppen A 9 bis A 12 Offiziere des militärfachlichen Dienstes der Besoldungsgruppe A 13 | 295,00 |
| 20 | Buchstabe c | Beamte des gehobenen und des höheren Dienstes Offiziere der Besoldungsgruppen A 9 bis A 12 Offiziere des militärfachlichen Dienstes der Besoldungsgruppe A 13 Offiziere des Truppendienstes der Besoldungsgruppe A 13 und höher | 340,00 |
| 21 | Nummer 2 und 3 | Beamte des mittleren Dienstes Unteroffiziere der Besoldungsgruppen A 5 bis A 9 | 212,00 |
| 22 | | Beamte des gehobenen Dienstes Offiziere der Besoldungsgruppen A 9 bis A 12 Offiziere des militärfachlichen Dienstes der Besoldungsgruppe A 13 | 237,00 |
| 23 | Nummer 4 | | |
| 24 | Buchstabe a | Beamte und Soldaten mit Radarleit-Jagdlizenz | 340,00 |
| 25 | | Beamte des mittleren und gehobenen Dienstes ohne Radarleit-Jagdlizenz Unteroffiziere der Besoldungsgruppen A 5 bis A 9 ohne Radarleit-Jagdlizenz Offiziere der Besoldungsgruppen A 9 bis A 12 ohne Radarleit-Jagdlizenz Offiziere des militärfachlichen Dienstes der Besoldungsgruppe A 13 ohne Radarleit-Jagdlizenz | 263,00 |
| 26 | Buchstabe b | Beamte des mittleren und gehobenen Dienstes Unteroffiziere der Besoldungsgruppen A 5 bis A 9 Offiziere der Besoldungsgruppen A 9 bis A 12 Offiziere des militärfachlichen Dienstes der Besoldungsgruppe A 13 | 212,00 |
| 27 | Nummer 5 und 6 | Beamte des mittleren Dienstes Unteroffiziere der Besoldungsgruppen A 5 bis A 9 | 135,00 |
| 28 | | Beamte des gehobenen Dienstes Offiziere der Besoldungsgruppen A 9 bis A 12 Offiziere des militärfachlichen Dienstes der Besoldungsgruppe A 13 | 212,00 |
| 29 | | Beamte des höheren Dienstes Offiziere des Truppendienstes der Besoldungsgruppen A 13 und höher | 295,00 |
| 30 | Nummer 6 | | |
| 31 | Absatz 1 Satz 1 | | |

| | Dem Grunde nach ge-regelt in | Zulagenberechtigter Personenkreis, soweit nicht bereits in Anlage I oder Anlage III geregelt | Monatsbe-trag in Euro |
|---|---|---|---|
| | 1 | 2 | 3 |
| 32 | Nummer 1 | | 680,00 |
| 33 | Nummer 2 | | 540,00 |
| 34 | Nummer 3 | | 475,00 |
| 35 | Nummer 4 | | 435,00 |
| 36 | Absatz 1 Satz 2 | | 615,00 |
| 37 | Nummer 6a | | 150,00 |
| 38 | Nummer 7 | Beamte und Soldaten der Besoldungsgruppe(n) | |
| 39 | | − A 3 bis A 5 | 165,00 |
| 40 | | − A 6 bis A 9 | 220,00 |
| 41 | | − A 10 bis A 13 | 275,00 |
| 42 | | − A 14, A 15, B 1 | 330,00 |
| 43 | | − A 16, B 2 bis B 4 | 400,00 |
| 44 | | − B 5 bis B 7 | 470,00 |
| 45 | | − B 8 bis B 10 | 540,00 |
| 46 | | − B 11 | 610,00 |
| 47 | Nummer 8 | Beamte und Soldaten der Besoldungsgruppen | |
| 48 | | − A 3 bis A 5 | 150,00 |
| 49 | | − A 6 bis A 9 | 200,00 |
| 50 | | − A 10 bis A 13 | 250,00 |
| 51 | | − A 14 und höher | 300,00 |
| 52 | Nummer 8a | Beamte und Soldaten der Besoldungsgruppen | |
| 53 | | − A 3 bis A 5 | 103,00 |
| 54 | | − A 6 bis A 9 | 141,00 |
| 55 | | − A 10 bis A 13 | 174,00 |
| 56 | | − A 14 und höher | 206,00 |
| 57 | | Anwärter der Laufbahngruppe | |
| 58 | | − des mittleren Dienstes | 75,00 |
| 59 | | − des gehobenen Dienstes | 99,00 |
| 60 | | − des höheren Dienstes | 122,00 |
| 61 | Nummer 8b | Beamte der Besoldungsgruppen | |
| 62 | | − A 3 bis A 5 | 120,00 |
| 63 | | − A 6 bis A 9 | 160,00 |
| 64 | | − A 10 bis A 13 | 200,00 |
| 65 | | − A 14 und höher | 240,00 |
| 66 | Nummer 8c | Beamte und Soldaten der Besoldungsgruppen | |
| 67 | | − A 3 bis A 5 | 85,00 |
| 68 | | − A 6 bis A 9 | 110,00 |
| 69 | | − A 10 bis A 13 | 125,00 |
| 70 | | − A 14 und höher | 140,00 |
| 71 | Nummer 9 | Beamte und Soldaten nach einer Dienstzeit von | |
| 72 | | − einem Jahr | 95,00 |
| 73 | | − zwei Jahren | 228,00 |
| 74 | Nummer 9a | | |
| 75 | Absatz 1 | | |
| 76 | Nummer 1 | | 350,00 |
| 77 | Nummer 2 | | 700,00 |
| 78 | Nummer 3 | | 225,00 |
| 79 | Absatz 3 | | |

| | Dem Grunde nach ge-regelt in | | Zulagenberechtigter Personenkreis, soweit nicht bereits in Anlage I oder Anlage III geregelt | Monatsbe-trag in Euro |
|---|---|---|---|---|
| | 1 | | 2 | 3 |
| 80 | Nummer 1 | | | 136,00 |
| 81 | Nummer 2 und 3 | | | 76,00 |
| 82 | Nummer 10 | | Beamte und Soldaten nach einer Dienstzeit von | |
| 83 | | | – einem Jahr | 95,00 |
| 84 | | | – zwei Jahren | 190,00 |
| 85 | Nummer 11 | | | |
| 86 | Absatz 1 | | | |
| 87 | Nummer 1 | | | 415,00 |
| 88 | Nummer 2 | | | 615,00 |
| 89 | Absatz 3 | | | 220,00 |
| 90 | Nummer 12 | | | 55,00 |
| 91 | Nummer 13 | | | |
| 92 | Absatz 1 | | Beamte des mittleren Dienstes | 110,00 |
| 93 | | | Beamte des gehobenen Dienstes | 160,00 |
| 94 | Absatz 2 Satz 1 | | Beamte der Besoldungsgruppen | |
| 95 | | | – A 6 bis A 9 | 200,00 |
| 96 | | | – A 10 bis A 13 | 210,00 |
| 97 | | | – A 14 bis A 16 | 220,00 |
| 98 | Nummer 14 | | | 35,00 |
| 99 | Nummer 15 | | Beamte der Besoldungsgruppen | |
| 100 | | | – A 3 bis A 5 | 70,00 |
| 101 | | | – A 6 bis A 9 | 90,00 |
| 102 | | | – A 10 bis A 13 | 110,00 |
| 103 | | | – A 14 und höher | 140,00 |
| 104 | Nummer 16 | | Beamte und Soldaten der Besoldungsgruppen | |
| 105 | | | – A 3 bis A 5 | 150,00 |
| 106 | | | – A 6 bis A 9 | 200,00 |
| 107 | | | – A 10 bis A 13 | 250,00 |
| 108 | | | – A 14 und höher | 300,00 |
| 109 | Nummer 17 | | Beamte der Besoldungsgruppen | |
| 110 | | | – A 3 bis A 5 | 96,00 |
| 111 | | | – A 6 bis A 9 | 128,00 |
| 112 | | | – A 10 bis A 13 | 160,00 |
| 113 | | | – A 14 und höher | 192,00 |
| 114 | Nummer 18 | | Beamte und Soldaten der Besoldungsgruppen | |
| 115 | | | – A 3 bis A 5 | 96,00 |
| 116 | | | – A 6 bis A 9 | 128,00 |
| 117 | | | – A 10 bis A 13 | 160,00 |
| 118 | | | – A 14 und höher | 192,00 |
| 119 | Nummer 19 | | Beamte der Besoldungsgruppen | |
| 120 | | | – A 3 bis A 5 | 20,00 |
| 121 | | | – A 6 bis A 9 | 40,00 |
| 122 | | | – A 10 bis A 13 | 60,00 |
| 123 | | | – A 14 und höher | 80,00 |
| 124 | Amtszulagen | | | |
| 125 | Besol-dungs-gruppe | Fußnote(n) | | |
| 126 | A 3 | 1 | | 49,73 |

| | Dem Grunde nach ge-regelt in | | Zulagenberechtigter Personenkreis, soweit nicht bereits in Anlage I oder Anlage III geregelt | Monatsbe-trag in Euro |
|---|---|---|---|---|
| | | 1 | 2 | 3 |
| 127 | | 2 | | 91,73 |
| 128 | | 3 | | 46,31 |
| 129 | A 4 | 1 | | 49,73 |
| 130 | | 2 | | 91,73 |
| 131 | | 4 | | 9,99 |
| 132 | A 5 | 1 | | 49,73 |
| 133 | | 3 | | 91,73 |
| 134 | A 6 | 2, 5 | | 49,73 |
| 135 | A 7 | 5 | | 61,76 |
| 136 | A 8 | 1 | | 79,56 |
| 137 | A 9 | 1 | | 370,22 |
| 138 | A 13 | 1 | | 376,24 |
| 139 | | 7 | | 171,97 |
| 140 | A 14 | 5 | | 257,95 |
| 141 | A 15 | 3 | | 343,91 |
| 142 | | 8 | | 257,95 |
| 143 | A 16 | 6 | | 288,47 |
| 144 | B 10 | 1 | | 596,09 |
| 145 | **Anlage III** (Bundesbesoldungsordnung R) | | | |
| 146 | | | S t e l l e n z u l a g e | |
| 147 | | Vorbemerkung | | |
| 148 | Nummer 2 | | Richter und Staatsanwälte der Besoldungsgruppen | |
| 149 | | | − R 2 und R 3 | 400,00 |
| 150 | | | − R 5 bis R 7 | 470,00 |
| 151 | | | − R 8 und höher | 540,00 |
| 152 | | | A m t s z u l a g e n | |
| 153 | Besol-dungs-gruppe | Fußnote | | |
| 154 | R 2 | 1 | | 285,20 |
| 155 | R 7 | 1 | | 424,12 |
| 156 | R 8 | 1 | | 570,28 |

# 240. Bundespersonalvertretungsgesetz (BPersVG)[1] [2]

Vom 9. Juni 2021

(BGBl. I S. 1614)

**FNA 2035-5**

geänd. durch Art. 8 G zur Beschleunigung von Disziplinarverfahren in der Bundesverwaltung und zur Änd. weiterer dienstrechtl. Vorschriften v. 20.12.2023 (BGBl. 2023 I Nr. 389)

## Inhaltsübersicht

### Teil 1. Personalvertretungen im Bundesdienst

#### Kapitel 1. Allgemeine Vorschriften

#### Kapitel 2. Personalrat

##### Abschnitt 1. Wahl und Zusammensetzung des Personalrats

---

[1] Verkündet als Art. 1 G v. 9.6.2021 (BGBl. I S. 1614); Inkrafttreten gem. Art. 25 dieses G am 15.6. 2021.

**Amtl. Anm. zum Mantelgesetz**: Artikel 1 dieses Gesetzes dient der Umsetzung der Richtlinie 2002/14/EG des Europäischen Parlaments und des Rates vom 11. März 2002 zur Festlegung eines allgemeinen Rahmens für die Unterrichtung und Anhörung der Arbeitnehmer in der Europäischen Gemeinschaft (ABl. L 80 vom 23.3.2002, S. 29).

Artikel 1 dieses Gesetzes dient der Umsetzung der Richtlinie 2001/23/EG des Rates vom 12. März 2001 zur Angleichung der Rechtsvorschriften der Mitgliedstaaten über die Wahrung von Ansprüchen der Arbeitnehmer beim Übergang von Unternehmen, Betrieben oder Unternehmens- oder Betriebsteilen (ABl. L 82 vom 22.3.2001, S. 16).

Artikel 1 dieses Gesetzes dient der Umsetzung der Richtlinie 2000/43/EG des Rates vom 29. Juni 2000 zur Anwendung des Gleichbehandlungsgrundsatzes ohne Unterschied der Rasse oder der ethnischen Herkunft (ABl. L 180 vom 19.7.2000, S. 22) und der Richtlinie 2000/78/EG des Rates vom 27. November 2000 zur Festlegung eines allgemeinen Rahmens für die Verwirklichung der Gleichbehandlung in Beschäftigung und Beruf (ABl. L 303 vom 2.12.2000, S. 16).

[2] Die Änderungen durch das G v. 20.12.2023 (BGBl. 2023 I Nr. 389) treten erst **mWv 1.4.2024** in Kraft und sind im Text noch nicht berücksichtigt.

*(Fortsetzung nächstes Blatt)*

# 245. Bundesdatenschutzgesetz (BDSG)[1]

Vom 30. Juni 2017

(BGBl. I S. 2097)

**FNA 204-4**

geänd. durch Art. 12 Zweites Datenschutz-Anpassungs- und Umsetzungsgesetz EU v. 20.11.2019 (BGBl. I S. 1626), Art. 10 TelekommunikationsmodernisierungsG v. 23.6.2021 (BGBl. I S. 1858, ber. 2022 S. 1045) und Art. 10, Art. 9 G zur Anpassung der Bundesbesoldung und -versorgung für die Jahre 2023 und 2024 sowie zur Änd. weiterer dienstrechtlicher Vorschriften v. 22.12.2023 (BGBl. 2023 I Nr. 414)

### Inhaltsübersicht[2]

---

[1] Verkündet als Art. 1 des Datenschutz-Anpassungs- und -UmsetzungsG EU v. 30.6.2017 (BGBl. I S. 2097); Inkrafttreten gem. Art. 8 Abs. 1 dieses G am 25.5.2018.
[2] Inhaltsübersicht geänd. mWv 26.11.2019 durch G v. 20.11.2019 (BGBl. I S. 1626).

(2) ¹Die oder der Datenschutzbeauftragte kann andere Aufgaben und Pflichten wahrnehmen. ²Die öffentliche Stelle stellt sicher, dass derartige Aufgaben und Pflichten nicht zu einem Interessenkonflikt führen.

(3) Die oder der Datenschutzbeauftragte trägt bei der Erfüllung ihrer oder seiner Aufgaben dem mit den Verarbeitungsvorgängen verbundenen Risiko gebührend Rechnung, wobei sie oder er die Art, den Umfang, die Umstände und die Zwecke der Verarbeitung berücksichtigt.

### Kapitel 4. Die oder der Bundesbeauftragte für den Datenschutz und die Informationsfreiheit

**§ 8 Errichtung.** (1) ¹Die oder der Bundesbeauftragte für den Datenschutz und die Informationsfreiheit (Bundesbeauftragte) ist eine oberste Bundesbehörde. ²Der Dienstsitz ist Bonn.

(2) Die Beamtinnen und Beamten der oder des Bundesbeauftragten sind Beamtinnen und Beamte des Bundes.

(3) ¹Die oder der Bundesbeauftragte kann Aufgaben der Personalverwaltung und Personalwirtschaft auf andere Stellen des Bundes übertragen, soweit hierdurch die Unabhängigkeit der oder des Bundesbeauftragten nicht beeinträchtigt wird. ²Diesen Stellen dürfen personenbezogene Daten der Beschäftigten übermittelt werden, soweit deren Kenntnis zur Erfüllung der übertragenen Aufgaben erforderlich ist.

**§ 9¹⁾ Zuständigkeit.** (1) ¹Die oder der Bundesbeauftragte ist zuständig für die Aufsicht über die öffentlichen Stellen des Bundes, auch soweit sie als öffentlich-rechtliche Unternehmen am Wettbewerb teilnehmen, sowie über Unternehmen, soweit diese für das geschäftsmäßige Erbringung von Telekommunikationsdienstleistungen Daten von natürlichen oder juristischen Personen verarbeiten und sich die Zuständigkeit nicht bereits aus § 29 des Telekommunikation-Telemedien-Datenschutz-Gesetzes ergibt. ²Die Vorschriften dieses Kapitels gelten auch für Auftragsverarbeiter, soweit sie nichtöffentliche Stellen sind, bei denen dem Bund die Mehrheit der Anteile gehört oder die Mehrheit der Stimmen zusteht und der Auftraggeber eine öffentliche Stelle des Bundes ist.

(2) Die oder der Bundesbeauftragte ist nicht zuständig für die Aufsicht über die von den Bundesgerichten im Rahmen ihrer justiziellen Tätigkeit vorgenommenen Verarbeitungen.

**§ 10 Unabhängigkeit.** (1) ¹Die oder der Bundesbeauftragte handelt bei der Erfüllung ihrer oder seiner Aufgaben und bei der Ausübung ihrer oder seiner Befugnisse völlig unabhängig. ²Sie oder er unterliegt weder direkter noch indirekter Beeinflussung von außen und ersucht weder um Weisung noch nimmt sie oder er Weisungen entgegen.

(2) Die oder der Bundesbeauftragte unterliegt der Rechnungsprüfung durch den Bundesrechnungshof, soweit hierdurch ihre oder seine Unabhängigkeit nicht beeinträchtigt wird.

**§ 11 Ernennung und Amtszeit.** (1) ¹Der Deutsche Bundestag wählt ohne Aussprache auf Vorschlag der Bundesregierung die Bundesbeauftragte oder den Bundesbeauftragten mit mehr als der Hälfte der gesetzlichen Zahl seiner Mit-

---

¹⁾ § 9 Abs. 1 Satz 1 neu gef. mWv 26.11.2019 durch G v. 20.11.2019 (BGBl. I S. 1626); Abs. 1 Satz 1 geänd. mWv 1.12.2021 durch G v. 23.6.2021 (BGBl. I S. 1858, ber. 2022 S. 1045).

glieder. [2] Die oder der Gewählte ist von der Bundespräsidentin oder dem Bundespräsidenten zu ernennen. [3] Die oder der Bundesbeauftragte muss bei ihrer oder seiner Wahl das 35. Lebensjahr vollendet haben. [4] Sie oder er muss über die für die Erfüllung ihrer oder seiner Aufgaben und Ausübung ihrer oder seiner Befugnisse erforderliche Qualifikation, Erfahrung und Sachkunde insbesondere im Bereich des Schutzes personenbezogener Daten verfügen. [5] Insbesondere muss die oder der Bundesbeauftragte über durch einschlägige Berufserfahrung erworbene Kenntnisse des Datenschutzrechts verfügen und die Befähigung zum Richteramt oder höheren Verwaltungsdienst haben.

(2) [1] Die oder der Bundesbeauftragte leistet vor der Bundespräsidentin oder dem Bundespräsidenten folgenden Eid: „Ich schwöre, dass ich meine Kraft dem Wohle des deutschen Volkes widmen, seinen Nutzen mehren, Schaden von ihm wenden, das Grundgesetz[1] und die Gesetze des Bundes wahren und verteidigen, meine Pflichten gewissenhaft erfüllen und Gerechtigkeit gegen jedermann üben werde. So wahr mir Gott helfe." [2] Der Eid kann auch ohne religiöse Beteuerung geleistet werden.

(3) [1] Die Amtszeit der oder des Bundesbeauftragten beträgt fünf Jahre. [2] Einmalige Wiederwahl ist zulässig.

**§ 12 Amtsverhältnis.** (1) Die oder der Bundesbeauftragte steht nach Maßgabe dieses Gesetzes zum Bund in einem öffentlich-rechtlichen Amtsverhältnis.

(2) [1] Das Amtsverhältnis beginnt mit der Aushändigung der Ernennungsurkunde. [2] Es endet mit dem Ablauf der Amtszeit oder mit dem Rücktritt. [3] Die Bundespräsidentin oder der Bundespräsident enthebt auf Vorschlag der Präsidentin oder des Präsidenten des Bundestages die Bundesbeauftragte ihres oder den Bundesbeauftragten seines Amtes, wenn die oder der Bundesbeauftragte eine schwere Verfehlung begangen hat oder die Voraussetzungen für die Wahrnehmung ihrer oder seiner Aufgaben nicht mehr erfüllt. [4] Im Fall der Beendigung des Amtsverhältnisses oder der Amtsenthebung erhält die oder der Bundesbeauftragte eine von der Bundespräsidentin oder dem Bundespräsidenten vollzogene Urkunde. [5] Eine Amtsenthebung wird mit der Aushändigung der Urkunde wirksam. [6] Endet das Amtsverhältnis mit Ablauf der Amtszeit, ist die oder der Bundesbeauftragte verpflichtet, auf Ersuchen der Präsidentin oder des Präsidenten des Bundestages die Geschäfte bis zur Ernennung einer Nachfolgerin oder eines Nachfolgers für die Dauer von höchstens sechs Monaten weiterzuführen.

(3) [1] Die Leitende Beamtin oder der Leitende Beamte nimmt die Rechte der oder des Bundesbeauftragten wahr, wenn die oder der Bundesbeauftragte an der Ausübung ihres oder seines Amtes verhindert ist oder wenn ihr oder sein Amtsverhältnis endet und sie oder er nicht zur Weiterführung der Geschäfte verpflichtet ist. [2] § 10 Absatz 1 ist entsprechend anzuwenden.

(4) [1] Die oder der Bundesbeauftragte erhält vom Beginn des Kalendermonats an, in dem das Amtsverhältnis beginnt, bis zum Schluss des Kalendermonats, in dem das Amtsverhältnis endet, im Fall des Absatzes 2 Satz 6 bis zum Ende des Monats, in dem die Geschäftsführung endet, Amtsbezüge in Höhe der Besoldungsgruppe B 11 sowie den Familienzuschlag entsprechend Anlage V des Bundesbesoldungsgesetzes[2]. [2] Das Bundesreisekostengesetz[3] und das Bundesumzugskostengesetz sind entsprechend anzuwenden. [3] Im Übrigen sind § 12 Absatz 6

---

[1] Nr. **1**.
[2] Nr. **230**.
[3] Nr. **235**.

sowie die §§ 13 bis 20 und 21a Absatz 5 des Bundesministergesetzes[1] mit den Maßgaben anzuwenden, dass an die Stelle der vierjährigen Amtszeit in § 15 Absatz 1 des Bundesministergesetzes eine Amtszeit von fünf Jahren tritt. [4] Abweichend von Satz 3 in Verbindung mit den §§ 15 bis 17 und 21a Absatz 5 des Bundesministergesetzes berechnet sich das Ruhegehalt der oder des Bundesbeauftragten unter Hinzurechnung der Amtszeit als ruhegehaltsfähige Dienstzeit in entsprechender Anwendung des Beamtenversorgungsgesetzes[2], wenn dies günstiger ist und die oder der Bundesbeauftragte sich unmittelbar vor ihrer oder seiner Wahl zur oder zum Bundesbeauftragten als Beamtin oder Beamter oder als Richterin oder Richter mindestens in dem letzten gewöhnlich vor Erreichen der Besoldungsgruppe B 11 zu durchlaufenden Amt befunden hat.

(5) Zur Abmilderung der Folgen der gestiegenen Verbraucherpreise werden der oder dem Bundesbeauftragten in entsprechender Anwendung des § 14 Absatz 4 bis 8 des Bundesbesoldungsgesetzes die folgenden Sonderzahlungen gewährt:

1. für den Monat Juni 2023 eine einmalige Sonderzahlung in Höhe von 1 240 Euro sowie
2. für die Monate Juli 2023 bis Februar 2024 eine monatliche Sonderzahlung in Höhe von jeweils 220 Euro.

**§ 13 Rechte und Pflichten.** (1) [1] Die oder der Bundesbeauftragte sieht von allen mit den Aufgaben ihres oder seines Amtes nicht zu vereinbarenden Handlungen ab und übt während ihrer oder seiner Amtszeit keine andere mit ihrem oder seinem Amt nicht zu vereinbarende entgeltliche oder unentgeltliche Tätigkeit aus. [2] Insbesondere darf die oder der Bundesbeauftragte neben ihrem oder seinem Amt kein anderes besoldetes Amt, kein Gewerbe und keinen Beruf ausüben und weder der Leitung oder dem Aufsichtsrat oder Verwaltungsrat eines auf Erwerb gerichteten Unternehmens noch einer Regierung oder einer gesetzgebenden Körperschaft des Bundes oder eines Landes angehören. [3] Sie oder er darf nicht gegen Entgelt außergerichtliche Gutachten abgeben.

(2) [1] Die oder der Bundesbeauftragte hat der Präsidentin oder dem Präsidenten des Bundestages Mitteilung über Geschenke zu machen, die sie oder er in Bezug auf das Amt erhält. [2] Die Präsidentin oder der Präsident des Bundestages entscheidet über die Verwendung der Geschenke. [3] Sie oder er kann Verfahrensvorschriften erlassen.

(3) [1] Die oder der Bundesbeauftragte ist berechtigt, über Personen, die ihr oder ihm in ihrer oder seiner Eigenschaft als Bundesbeauftragte oder Bundesbeauftragter Tatsachen anvertraut haben, sowie über diese Tatsachen selbst das Zeugnis zu verweigern. [2] Dies gilt auch für die Mitarbeiterinnen und Mitarbeiter der oder des Bundesbeauftragten mit der Maßgabe, dass über die Ausübung dieses Rechts die oder der Bundesbeauftragte entscheidet. [3] Soweit das Zeugnisverweigerungsrecht der oder des Bundesbeauftragten reicht, darf die Vorlegung oder Auslieferung von Akten oder anderen Dokumenten von ihr oder ihm nicht gefordert werden.

(4) [1] Die oder der Bundesbeauftragte ist, auch nach Beendigung ihres oder seines Amtsverhältnisses, verpflichtet, über die ihr oder ihm amtlich bekanntgewordenen Angelegenheiten Verschwiegenheit zu bewahren. [2] Dies gilt nicht für Mitteilungen im dienstlichen Verkehr oder über Tatsachen, die offenkundig sind oder ihrer Bedeutung nach keiner Geheimhaltung bedürfen. [3] Die oder der Bun-

---

[1] Nr. **45**.
[2] Nr. **155**.

desbeauftragte entscheidet nach pflichtgemäßem Ermessen, ob und inwieweit sie oder er über solche Angelegenheiten vor Gericht oder außergerichtlich aussagt oder Erklärungen abgibt; wenn sie oder er nicht mehr im Amt ist, ist die Genehmigung der oder des amtierenden Bundesbeauftragten erforderlich. [4] Unberührt bleibt die gesetzlich begründete Pflicht, Straftaten anzuzeigen und bei einer Gefährdung der freiheitlichen demokratischen Grundordnung für deren Erhaltung einzutreten. [5] Für die Bundesbeauftragte oder den Bundesbeauftragten und ihre oder seine Mitarbeiterinnen und Mitarbeiter gelten die §§ 93, 97 und 105 Absatz 1, § 111 Absatz 5 in Verbindung mit § 105 Absatz 1 sowie § 116 Absatz 1 der Abgabenordnung nicht. [6] Satz 5 findet keine Anwendung, soweit die Finanzbehörden die Kenntnis für die Durchführung eines Verfahrens wegen einer Steuerstraftat sowie eines damit zusammenhängenden Steuerverfahrens benötigen, an deren Verfolgung ein zwingendes öffentliches Interesse besteht, oder soweit es sich um vorsätzlich falsche Angaben der oder des Auskunftspflichtigen oder der für sie oder ihn tätigen Personen handelt. [7] Stellt die oder der Bundesbeauftragte einen Datenschutzverstoß fest, ist sie oder er befugt, diesen anzuzeigen und die betroffene Person hierüber zu informieren.

(5) [1] Die oder der Bundesbeauftragte darf als Zeugin oder Zeuge aussagen, es sei denn, die Aussage würde

1. dem Wohl des Bundes oder eines Landes Nachteile bereiten, insbesondere Nachteile für die Sicherheit der Bundesrepublik Deutschland oder ihre Beziehungen zu anderen Staaten, oder

2. Grundrechte verletzen.

[2] Betrifft die Aussage laufende oder abgeschlossene Vorgänge, die dem Kernbereich exekutiver Eigenverantwortung der Bundesregierung zuzurechnen sind oder sein könnten, darf die oder der Bundesbeauftragte nur im Benehmen mit der Bundesregierung aussagen. [3] § 28 des Bundesverfassungsgerichtsgesetzes[1]) bleibt unberührt.

(6) Die Absätze 3 und 4 Satz 5 bis 7 gelten entsprechend für die öffentlichen Stellen, die für die Kontrolle der Einhaltung der Vorschriften über den Datenschutz in den Ländern zuständig sind.

**§ 14 Aufgaben.** (1) [1] Die oder der Bundesbeauftragte hat neben den in der Verordnung (EU) 2016/679[2]) genannten Aufgaben die Aufgaben,

1. die Anwendung dieses Gesetzes und sonstiger Vorschriften über den Datenschutz, einschließlich der zur Umsetzung der Richtlinie (EU) 2016/680 erlassenen Rechtsvorschriften, zu überwachen und durchzusetzen,

2. die Öffentlichkeit für die Risiken, Vorschriften, Garantien und Rechte im Zusammenhang mit der Verarbeitung personenbezogener Daten zu sensibilisieren und sie darüber aufzuklären, wobei spezifische Maßnahmen für Kinder besondere Beachtung finden,

3. den Deutschen Bundestag und den Bundesrat, die Bundesregierung und andere Einrichtungen und Gremien über legislative und administrative

---

[1]) Nr. **40**.
[2]) Nr. **246**.

# 250. Passgesetz (PassG)[1]

Vom 30. Oktober 2023[2]

(BGBl. 2023 I Nr. 291)

**FNA 210-5**

geänd. durch Art. 1, 12 G zur Stärkung der Sicherheit im Pass-, Ausweis- und ausländerrechtlichen Dokumentenwesen v. 3.12.2020 (BGBl. I S. 2744), Art. 7 RegistermodernisierungsG v. 28.3.2021 (BGBl. I S. 591) und Art. 1 G zur Modernisierung des Pass-, des Ausweis- und des ausländerrechtlichen Dokumentenwesens v. 8.10.2023 (BGBl. 2023 I Nr. 271)

Der Bundestag hat mit Zustimmung des Bundesrates das folgende Gesetz beschlossen:

## Erster Abschnitt. Passvorschriften

**§ 1[3] Passpflicht.** (1) [1]Deutsche im Sinne des Artikels 116 Abs. 1 des Grundgesetzes[4], die aus dem Geltungsbereich dieses Gesetzes aus- oder in ihn einreisen, sind verpflichtet, einen gültigen Pass mitzuführen und sich damit über ihre Person auszuweisen. [2]Der Passpflicht wird durch Vorlage eines Passes der Bundesrepublik Deutschland im Sinne des Absatzes 2 genügt.

(2) Als Pass im Sinne dieses Gesetzes gelten:
1. Reisepass,
2. vorläufiger Reisepass,
3. amtlicher Pass
   a) Dienstpass,
   b) Diplomatenpass,
   c) vorläufiger Dienstpass,
   d) vorläufiger Diplomatenpass.

(3) Niemand darf mehrere Pässe der Bundesrepublik Deutschland besitzen, sofern nicht ein berechtigtes Interesse an der Ausstellung mehrerer Pässe nachgewiesen wird.

(4) [1]Der Pass darf nur Deutschen im Sinne des Artikels 116 Abs. 1 des Grundgesetzes ausgestellt werden; er ist Eigentum der Bundesrepublik Deutschland. [2]Der amtliche Pass kann auch
1. Diplomaten im Sinne des Wiener Übereinkommens über diplomatische Beziehungen vom 18. April 1961 (BGBl. 1964 II S. 959) und Konsularbeamten im Sinne des Wiener Übereinkommens über konsularische Beziehungen vom 24. April 1963 (BGBl. 1969 II S. 1587) und deren Familienangehörigen sowie
2. sonstigen Personen, die im amtlichen Auftrag der Bundesrepublik Deutschland im Ausland tätig sind und deren Familienangehörigen, ausgestellt werden,

---

[1] Die vor der Neubek. verkündeten Änderungen durch G v. 3.12.2020 (BGBl. I S. 2744) treten teilweise erst **mWv 1.5.2025**, die Änderungen durch G v. 28.3.2021 (BGBl. I S. 591) treten teilweise erst **mit noch unbestimmtem Datum** und die Änderungen durch G v. 8.10.2023 (BGBl. 2023 I Nr. 271) treten teilweise erst **mWv 1.11.2024** bzw. **mWv 1.11.2025** in Kraft und sind insoweit im Text noch nicht berücksichtigt.

[2] Neubekanntmachung des PassG v. 19.4.1986 in der ab 13.10.2023 geltenden Fassung.

[3] § 1 Abs. 2 Nr. 2 aufgeh., bish. Nr. 3 und 4 werden Nr. 2 und 3 mWv 1.1.2024 durch G v. 8.10.2023 (BGBl. 2023 I Nr. 271).

[4] Nr. **1**.

wenn diese nicht Deutsche im Sinne des Artikels 116 Abs. 1 des Grundgesetzes sind.

(5) [1] Das Bundesministerium des Innern und für Heimat bestimmt den Passhersteller sowie den Lieferanten von Geräten zur Aufnahme und elektronischen Erfassung von Lichtbildern, sofern diese durch die Passbehörde gefertigt werden, und von Fingerabdrücken und macht deren Namen im Bundesanzeiger bekannt. [2] Dies gilt nicht für Geräte zur Aufnahme und elektronischen Erfassung von Lichtbildern, die im Rahmen einer Antragstellung beim Auswärtigen Amt gefertigt werden.

**§ 2 Befreiung von der Passpflicht; Verordnungsermächtigung.** (1) Das Bundesministerium des Innern und für Heimat kann durch Rechtsverordnung[1] mit Zustimmung des Bundesrates

1. Deutsche zur Erleichterung des Grenzübertritts in besonderen Fällen sowie im Verkehr mit einzelnen ausländischen Staaten von der Passpflicht befreien,

2. andere amtliche Ausweise als Passersatz einführen oder zulassen.

(2) Die für die polizeiliche Kontrolle des grenzüberschreitenden Verkehrs zuständigen Behörden können in Einzelfällen, insbesondere aus humanitären Gründen, Ausnahmen von der Passpflicht zulassen.

**§ 3 Grenzübertritt.** Das Überschreiten der Auslandsgrenze ist nur an zugelassenen Grenzübergangsstellen und innerhalb der festgesetzten Verkehrsstunden zulässig, sofern nicht auf Grund anderer Rechtsvorschriften oder zwischenstaatlicher Vereinbarungen Ausnahmen zugelassen sind.

**§ 4[2] Passmuster; Verordnungsermächtigung.** (1) [1] Pässe sind nach einheitlichen Mustern auszustellen; sie erhalten eine Seriennummer. [2] Der Pass enthält neben dem Lichtbild des Passinhabers, seiner Unterschrift, der Angabe der ausstellenden Behörde, dem Tag der Ausstellung und dem letzten Tag der Gültigkeitsdauer ausschließlich folgende Angaben über seine Person:

1. Familienname und Geburtsname,
2. Vornamen,
3. Doktorgrad,
4. Ordensname, Künstlername,
5. Tag und Ort der Geburt,
6. Geschlecht,
7. Größe,
8. Farbe der Augen,
9. Wohnort,
10. Staatsangehörigkeit und
11. Seriennummer.

[3] Die Angabe des Geschlechts richtet sich nach der Eintragung im Melderegister. [4] Ist dort das Geschlecht nicht mit weiblich oder männlich angegeben, wird im Pass das Geschlecht mit „X" bezeichnet. [5] Abweichend von den Sätzen 3 und 4 ist einem Passbewerber, dessen Vornamen auf Grund gerichtlicher Entscheidung

---

[1] Siehe die PassVO (Nr. **251**).
[2] § 4 Abs. 2 Satz 2 Nr. 5 geänd., Abs. 4a Satz 1 aufgeh., bish. Sätze 2 und 3 werden Sätze 1 und 2, Abs. 5 Satz 1 geänd. mWv 1.1.2024 durch G v. 8.10.2023 (BGBl. 2023 I Nr. 271)

gemäß § 1 des Transsexuellengesetzes geändert wurden, auf Antrag ein Pass mit der Angabe des anderen, von dem Geburtseintrag abweichenden Geschlechts auszustellen. [6]Passbewerbern, deren Angabe zum Geschlecht nach § 45b des Personenstandsgesetzes[1] geändert wurde, kann auf Antrag abweichend von den Sätzen 3 und 4 auch ein Pass mit der Angabe des vorherigen Geschlechts ausgestellt werden, wenn die vorherige Angabe männlich oder weiblich war.

(2) [1]Der Pass enthält eine Zone für das automatische Lesen. [2]Diese darf lediglich enthalten:

1. Folgende Abkürzungen:[2]
   a) „P" für Reisepass,
   b) „PC" für Kinderreisepass,
   c) „PP" für vorläufigen Reisepass,
   d) „PO" für Dienstpass und vorläufigen Dienstpass und
   e) „PD" für Diplomatenpass und vorläufigen Diplomatenpass,
2. die Abkürzung „D" für Bundesrepublik Deutschland,
3. den Familiennamen,
4. den oder die Vornamen,
5. die Seriennummer des Passes, die sich beim Reisepass, beim Dienstpass und beim Diplomatenpass aus der Behördenkennzahl der Passbehörde und einer zufällig zu vergebenden Passnummer zusammensetzt, die neben Ziffern auch Buchstaben enthalten kann und beim vorläufigen Reisepass, vorläufigen Dienstpass und vorläufigen Diplomatenpass aus einem Serienbuchstaben und sieben Ziffern besteht,
6. die Abkürzung „D" für die Eigenschaft als Deutscher oder im Fall amtlicher Pässe bei abweichender Staatsangehörigkeit die entsprechende Abkürzung hierfür,
7. den Tag der Geburt,
8. die Abkürzung „F" für Passinhaber weiblichen Geschlechts, die Abkürzung „M" für Passinhaber männlichen Geschlechts und das Zeichen „<" für Passinhaber anderen Geschlechts,
9. die Gültigkeitsdauer des Passes,
9a. Versionsnummer des Passmusters,
10. die Prüfziffern und
11. Leerstellen.

(3) [1]Auf Grund der Verordnung (EG) Nr. 2252/2004 des Rates vom 13. Dezember 2004 über Normen für Sicherheitsmerkmale und biometrische Daten in von den Mitgliedstaaten ausgestellten Pässen und Reisedokumenten (ABl. EU Nr. L 385 S. 1) sind der Reisepass, der Dienstpass und der Diplomatenpass mit einem Chip zu versehen, auf dem das Lichtbild, Fingerabdrücke, die Bezeichnung der erfassten Finger, die Angaben zur Qualität der Abdrücke und die in Absatz 2 Satz 2 genannten Angaben gespeichert werden. [2]Die gespeicherten Daten sind

---

[1] Nr. **260**.
[2] **Amtl. Anm.:** Gemäß Artikel 1 Nummer 3 Buchstabe b Doppelbuchstabe aa in Verbindung mit Artikel 7 Absatz 5 des Gesetzes vom 8. Oktober 2023 (BGBl. 2023 I Nr. 271) wird am 1. November 2025 § 4 Absatz 2 Satz 2 Nummer 1 wie folgt gefasst:
„1. Folgende Abkürzungen:
   a) „PP" für Reisepass und vorläufigen Reisepass,
   b) „PO" für Dienstpass und vorläufigen Dienstpass und
   c) „PD" für Diplomatenpass und vorläufigen Diplomatenpass,"

gegen unbefugtes Auslesen, Verändern und Löschen zu sichern. [3] Eine bundesweite Datenbank der biometrischen Daten nach Satz 1 wird nicht errichtet.

(4) [1] Die Fingerabdrücke werden in Form des flachen Abdrucks des linken und rechten Zeigefingers des Passbewerbers im Chip des Passes gespeichert. [2] Bei Fehlen eines Zeigefingers, ungenügender Qualität des Fingerabdrucks oder Verletzungen der Fingerkuppe wird ersatzweise der flache Abdruck entweder des Daumens, des Mittelfingers oder des Ringfingers gespeichert. [3] Fingerabdrücke sind nicht zu speichern, wenn die Abnahme der Fingerabdrücke aus medizinischen Gründen, die nicht nur vorübergehender Art sind, unmöglich ist.

(4a) [1] Abweichend von Absatz 3 Satz 1 werden in Reisepässen bei Antragstellern bis zum vollendeten sechsten Lebensjahr keine Fingerabdrücke gespeichert. [2] Die Unterschrift durch das Kind ist zu leisten, wenn es zum Zeitpunkt der Beantragung des Passes das zehnte Lebensjahr vollendet hat.

(5) [1] Die Muster des Reisepasses und des vorläufigen Reisepasses sowie die Anforderungen an das Lichtbild bestimmt das Bundesministerium des Innern und für Heimat im Benehmen mit dem Auswärtigen Amt durch Rechtsverordnung, die der Zustimmung des Bundesrates bedarf. [2] Dies gilt auch für einen Passersatz, sofern sein Muster nicht in anderen Rechtsvorschriften oder in zwischenstaatlichen Vereinbarungen festgelegt ist.

(6) [1] Die Muster der amtlichen Pässe, die Anforderungen an das Lichtbild sowie die nähere Bestimmung der in § 1 Abs. 4 Satz 2 genannten Personen bestimmt das Bundesministerium des Innern und für Heimat im Benehmen mit dem Auswärtigen Amt durch Rechtsverordnung, die nicht der Zustimmung des Bundesrates bedarf. [2] In die amtlichen Pässe können Angaben über das Dienstverhältnis des Passinhabers aufgenommen werden. [3] Die Rechtsverordnung kann auch von diesem Gesetz abweichende Bestimmungen über Gültigkeitsdauer, Ausstellung, Einziehung, Sicherstellung und Pflichten des Inhabers enthalten.

**§ 5[1) Gültigkeitsdauer.** (1) [1] Der Reisepass, der Dienstpass und der Diplomatenpass sind zehn Jahre gültig. [2] Bei Personen, die das 24. Lebensjahr noch nicht vollendet haben, sowie im Fall des § 1 Abs. 3 sind sie sechs Jahre gültig.

(2) *(aufgehoben)*

(3) Der vorläufige Reisepass, der vorläufige Dienstpass und der vorläufige Diplomatenpass sind höchstens ein Jahr gültig.

(4) Eine Verlängerung der Gültigkeitsdauer des Passes ist nicht zulässig.

(5) Die Gültigkeitsdauer eines Passes darf in den Fällen des § 29 des Staatsangehörigkeitsgesetzes den Zeitpunkt der Vollendung des 23. Lebensjahres des Inhabers so lange nicht überschreiten, bis die zuständige Behörde den Fortbestand der deutschen Staatsangehörigkeit festgestellt hat.

(6) § 7 Abs. 2 bleibt unberührt.

**§ 6 Ausstellung eines Passes.** (1) [1] Der Pass wird auf Antrag ausgestellt. [2] § 3a des Verwaltungsverfahrensgesetzes[2)] findet keine Anwendung. [3] Im Antragsverfahren nachzureichende Erklärungen können im Wege der Datenübertragung abgegeben werden. [4] Der Passbewerber und sein gesetzlicher Vertreter können sich bei der Stellung des Antrags nicht durch einen Bevollmächtigten vertreten lassen.

---

[1)] § 5 Abs. 2 und Abs. 4 Sätze 2 und 3 aufgeh. mWv 1.1.2024 durch G v. 8.10.2023 (BGBl. 2023 I Nr. 271)
[2)] Nr. **100**.

⁵ Dies gilt nicht für einen handlungs- oder einwilligungsunfähigen Passbewerber, wenn eine für diesen Fall erteilte, öffentlich beglaubigte oder beurkundete Vollmacht vorliegt. ⁶ Für Minderjährige und für Personen, die geschäftsunfähig sind und sich nicht nach Satz 5 durch einen Bevollmächtigten vertreten lassen, kann nur derjenige den Antrag stellen, der als Sorgeberechtigter ihren Aufenthalt zu bestimmen hat. ⁷ Der Passbewerber und sein gesetzlicher oder bevollmächtigter Vertreter sollen persönlich erscheinen. ⁸ Ist der Passbewerber am persönlichen Erscheinen gehindert, kann nur ein vorläufiger Reisepass beantragt werden.

(2) ¹ In dem Antrag sind alle Tatsachen anzugeben, die zur Feststellung der Person des Passbewerbers und seiner Eigenschaft als Deutscher oder, in den Fällen des § 1 Abs. 4 Satz 2, seiner Eigenschaft als Angehöriger eines anderen Staates notwendig sind. ² Der Passbewerber hat die entsprechenden Nachweise zu erbringen.¹⁾ ³ Soweit in den Pass Fingerabdrücke aufzunehmen sind, sind diese dem Passbewerber abzunehmen und nach Maßgabe des § 4 Absatz 4 elektronisch zu erfassen; der Passbewerber hat bei der Abnahme der Fingerabdrücke mitzuwirken.

(2a) ¹ Beantragt ein Passbewerber nach § 4 Abs. 1 Satz 4 die Eintragung des von seinem Geburtseintrag abweichenden Geschlechts, hat er den Beschluss des Gerichts über die Vornamensänderung nach § 1 des Transsexuellengesetzes vorzulegen. ² Beantragt ein Passbewerber nach § 4 Absatz 1 Satz 6 die Eintragung eines von seinem Personenstandseintrag abweichenden Geschlechts, hat er dem vom Standesbeamten beurkundete Erklärung nach § 45b des Personenstandsgesetzes²⁾ vorzulegen. ³ Eintragungen des Geschlechts im Pass, die nach den Sätzen 1 und 2 von Eintragungen im Personenstandsregister abweichen, kommt keine weitere Rechtswirkung zu.

(2b) ¹ In den Fällen des § 1 Abs. 4 Satz 2 darf die zuständige Passbehörde vor Ausstellung eines amtlichen Passes zur Feststellung von Passversagungsgründen nach § 7 Abs. 1 Nr. 1 bis 5 oder zur Prüfung von sonstigen Sicherheitsbedenken um Auskunft aus dem Ausländerzentralregister ersuchen. ² Soweit dies zur Feststellung von Passversagungsgründen nach § 7 Abs. 1 Nr. 1 bis 5 oder zur Prüfung sonstiger Sicherheitsbedenken erforderlich ist, darf die zuständige Passbehörde in den Fällen des § 1 Abs. 4 Satz 2 die erhobenen Daten nach § 4 Abs. 1 an den Bundesnachrichtendienst, das Bundesamt für Verfassungsschutz, den Militärischen Abschirmdienst, das Bundeskriminalamt und das Zollkriminalamt übermitteln; zusätzlich darf die Passbehörde die nach Absatz 2 Satz 3 erhobenen Daten an das Bundeskriminalamt übermitteln, das Amtshilfe bei der Auswertung der Daten leistet. ³ Satz 2 gilt nicht für Staatsangehörige anderer Mitgliedstaaten der Europäischen Union. ⁴ Die nach Satz 2 ersuchten Behörden teilen der anfragenden Passbehörde unverzüglich mit, ob Passversagungsgründe nach § 7 Abs. 1 Nr. 1 bis 5 oder sonstige Sicherheitsbedenken vorliegen.

---

¹⁾ **Amtl. Anm.**: Gemäß Artikel 12 Nummer 1 Buchstabe a in Verbindung mit Artikel 16 Absatz 4 des Gesetzes vom 3. Dezember 2020 (BGBl. I S. 2744) werden am 1. Mai 2025 nach § 6 Absatz 2 Satz 2 die folgenden Sätze eingefügt:
„Das Lichtbild ist nach Wahl der antragstellenden Person
1. durch einen Dienstleister elektronisch zu fertigen und im Anschluss von diesem durch ein sicheres Verfahren an die Passbehörde zu übermitteln oder
2. durch die Passbehörde elektronisch zu fertigen, sofern die Behörde über Geräte zur Lichtbildaufnahme verfügt.
Eine Veränderung des Lichtbilds ist nur nach Maßgabe dieses Gesetzes oder nach Maßgabe von Vorschriften, die auf Grund dieses Gesetzes erlassen wurden, zulässig."
²⁾ Nr. **260**.

(3) [1] [1)]Bestehen Zweifel über die Person des Passbewerbers, sind die zur Feststellung seiner Identität erforderlichen Maßnahmen zu treffen. [2]Die Passbehörde kann die Durchführung erkennungsdienstlicher Maßnahmen veranlassen, wenn die Identität des Passbewerbers auf andere Weise nicht oder nur unter erheblichen Schwierigkeiten festgestellt werden kann. [3]Ist die Identität festgestellt, so sind die im Zusammenhang mit der Feststellung angefallenen Unterlagen zu vernichten. [4]Über die Vernichtung ist eine Niederschrift anzufertigen.

(4) Die Passbehörde kann einen Pass von Amts wegen ausstellen, wenn dies im überwiegenden öffentlichen Interesse oder zur Abwendung wesentlicher Nachteile für den Betroffenen geboten ist.

(5) Die Absätze 1 bis 4 gelten auch für die Ausstellung von ausschließlich als Passersatz bestimmten amtlichen Ausweisen, sofern in den für sie geltenden Rechtsvorschriften nichts anderes bestimmt ist.

### § 6a Form und Verfahren der Passdatenerfassung, –prüfung und –übermittlung; Verordnungsermächtigung. (1) [1]Die Datenübermittlung von den Passbehörden an den Passhersteller zum Zweck der Passherstellung, insbesondere die Übermittlung sämtlicher Passantragsdaten, erfolgt durch Datenübertragung. [2]Die Datenübertragung kann auch über Vermittlungsstellen erfolgen. [3]Die beteiligten Stellen haben dem jeweiligen Stand der Technik entsprechende Maßnahmen zur Sicherstellung von Datenschutz und Datensicherheit zu treffen, die insbesondere die Vertraulichkeit und Unversehrtheit der Daten sowie die Feststellbarkeit der übermittelnden Stelle gewährleisten; im Fall der Nutzung allgemein zugänglicher Netze sind dem jeweiligen Stand der Technik entsprechende Verschlüsselungsverfahren anzuwenden.

(2) [1]Zur elektronischen Erfassung des Lichtbildes und der Fingerabdrücke, deren Qualitätssicherung sowie zur Übermittlung der Passantragsdaten von der Passbehörde an den Passhersteller dürfen ausschließlich solche technischen Systeme und Bestandteile eingesetzt werden, die den Anforderungen der Rechtsverordnung nach Absatz 3 entsprechen.[2)] [2]Die Einhaltung der Anforderungen ist vom Bundesamt für Sicherheit in der Informationstechnik festzustellen.

(3) [1]Das Bundesministerium des Innern und für Heimat wird ermächtigt, durch Rechtsverordnung, die der Zustimmung des Bundesrates bedarf, Regelungen zu treffen

1. über das Verfahren und die technischen Anforderungen für die Aufnahme, die elektronische Erfassung, die Echtheitsbewertung und die Qualitätssicherung des Lichtbilds,

---

[1)] **Amtl. Anm.:** Gemäß Artikel 12 Nummer 1 Buchstabe b in Verbindung mit Artikel 16 Absatz 4 des Gesetzes vom 3. Dezember 2020 (BGBl. I S. 2744) wird am 1. Mai 2025 dem Wortlaut des § 6 Absatz 3 folgender Satz vorangestellt:
„Bestehen Zweifel über die Identität der im Lichtbild abgebildeten Person oder besteht ein Verdacht auf eine unzulässige Bearbeitung des Lichtbilds, kann die Passbehörde anordnen, dass das Lichtbild in Gegenwart eines Mitarbeiters in einer Passbehörde zu fertigen ist."
[2)] **Amtl. Anm.:** Gemäß Artikel 12 Nummer 2 in Verbindung mit Artikel 16 Absatz 4 des Gesetzes vom 3. Dezember 2020 (BGBl. I S. 2744) wird am 1. Mai 2025 § 6a Absatz 2 Satz 1 wie folgt gefasst:
„Zur Aufnahme und elektronischen Erfassung des Lichtbilds nach § 6 Absatz 2 Satz 3 Nummer 2 und der Fingerabdrücke, deren Qualitätssicherung sowie zur Übermittlung der Passantragsdaten von der Passbehörde an den Passhersteller dürfen ausschließlich solche technischen Systeme und Bestandteile eingesetzt werden, die den Anforderungen der Rechtsverordnung nach Absatz 3 entsprechen."

2. zur sicheren Übermittlung des Lichtbilds an die Passbehörde sowie zu einer Registrierung und Zertifizierung von Dienstleistern, welche Lichtbilder für die Passproduktion an die Passbehörde übermitteln,

2a. über von § 6 Absatz 2 Satz 3 in der ab dem 1. Mai 2025 geltenden Fassung abweichende Verfahren zur Fertigung des Lichtbildes sowie zur sicheren Übermittlung dieses Lichtbildes für Fälle, in denen der Pass im Ausland bei der Passbehörde nach § 19 Absatz 2 beantragt wird,

3. über das Verfahren und die technischen Anforderungen für die Aufnahme, die elektronische Erfassung, die Echtheitsbewertung und die Qualitätssicherung der Fingerabdrücke, die Reihenfolge der zu speichernden Fingerabdrücke bei Fehlen eines Zeigefingers, ungenügender Qualität des Fingerabdrucks oder Verletzungen der Fingerkuppe,

4. über die Änderung von Daten des Passes,

5. über die Form und die Einzelheiten für das Verfahren der Übermittlung sämtlicher Passantragsdaten von den Passbehörden an den Passhersteller,

6. zur Durchführung von automatisierten Mitteilungen oder automatisierten Abrufen nach den §§ 22 und 22a sowie zur Form und zum Inhalt der zu übermittelnden Daten,

7. über die Einzelheiten des Prüfverfahrens nach Absatz 2 Satz 2 und

8. über die Einzelheiten der Ausgabe und den Versand des Passes.

[2] Rechtsverordnungen nach Satz 1 ergehen im Benehmen mit dem Auswärtigen Amt, Rechtsverordnungen nach Satz 1 Nummer 2 zusätzlich im Benehmen mit dem Bundesministerium für Wirtschaft und Klimaschutz.

**§ 7 Passversagung.** (1) Der Pass ist zu versagen, wenn bestimmte Tatsachen die Annahme begründen, dass der Passbewerber

1. die innere oder äußere Sicherheit oder sonstige erhebliche Belange der Bundesrepublik Deutschland gefährdet;

2. sich einer Strafverfolgung oder Strafvollstreckung oder der Anordnung oder der Vollstreckung einer mit Freiheitsentziehung verbundenen Maßregel der Besserung und Sicherung, die im Geltungsbereich dieses Gesetzes gegen ihn schweben, entziehen will;

3. einer Vorschrift des Betäubungsmittelgesetzes[1] über die Einfuhr, Ausfuhr, Durchfuhr oder das Inverkehrbringen von Betäubungsmitteln zuwiderhandeln will;

4. sich seinen steuerlichen Verpflichtungen entziehen oder den Vorschriften des Zoll- und Monopolrechts oder des Außenwirtschaftsrechts zuwiderhandeln oder schwerwiegende Verstöße gegen Einfuhr-, Ausfuhr- oder Durchfuhrverbote oder -beschränkungen begehen will;

5. sich einer gesetzlichen Unterhaltspflicht entziehen will;

6. sich unbefugt zum Wehrdienst außerhalb der Bundeswehr verpflichten will;

7. als Wehrpflichtiger eines Geburtsjahrganges, dessen Erfassung begonnen hat, ohne die nach § 3 Abs. 2 des Wehrpflichtgesetzes[2] erforderliche Genehmigung des Kreiswehrersatzamtes die Bundesrepublik Deutschland für länger als drei Monate verlassen will;

---

[1] Nr. **275**.
[2] Nr. **620**.

8. als Wehrpflichtiger ohne die nach § 48 Abs. 1 Nr. 5 Buchstabe b oder § 48 Abs. 2 des Wehrpflichtgesetzes erforderliche Genehmigung des Kreiswehrersatzamtes die Bundesrepublik Deutschland verlassen will;

9. als anerkannter Kriegsdienstverweigerer ohne die nach § 23 Abs. 4 des Zivildienstgesetzes[1] erforderliche Genehmigung des Bundesamtes für den Zivildienst die Bundesrepublik Deutschland für länger als drei Monate verlassen will.

10. eine in § 89a des Strafgesetzbuchs[2] beschriebene Handlung vornehmen wird;

11. eine in § 226a des Strafgesetzbuchs beschriebene Handlung vornehmen oder die Vornahme dieser Handlung durch Dritte veranlassen wird;

12. im Ausland eine in den §§ 174, 176, 176a, 176b, 176c, 176d oder 182 des Strafgesetzbuchs beschriebene Handlung vornehmen wird.

(2) [1]Von der Passversagung ist abzusehen, wenn sie unverhältnismäßig ist, insbesondere wenn es genügt, den Geltungsbereich oder die Gültigkeitsdauer des Passes zu beschränken. [2]Die Beschränkung ist im Pass zu vermerken. [3]Fallen die Voraussetzungen für die Beschränkung fort, wird auf Antrag ein neuer Pass ausgestellt.

(3) Die Absätze 1 und 2 gelten auch für die Versagung eines ausschließlich als Passersatz bestimmten amtlichen Ausweises.

(4) Ein Pass oder Passersatz zur Einreise in den Geltungsbereich dieses Gesetzes darf nicht versagt werden.

**§ 8 Passentziehung.** Ein Pass oder ein ausschließlich als Passersatz bestimmter amtlicher Ausweis kann dem Inhaber entzogen werden, wenn Tatsachen bekanntwerden, die nach § 7 Abs. 1 die Passversagung rechtfertigen würden.

**§ 9 Speicherung von passrechtlichen Maßnahmen.** Anordnungen nach § 7 Abs. 1 oder 2 oder § 8 dürfen im polizeilichen Grenzfahndungsbestand gespeichert werden.

**§ 10 Untersagung der Ausreise.** (1) [1]Die für die polizeiliche Kontrolle des grenzüberschreitenden Verkehrs zuständigen Behörden haben einem Deutschen, dem nach § 7 Abs. 1 ein Pass versagt oder nach § 8 ein Pass entzogen worden ist oder gegen den eine Anordnung nach § 6 Abs. 7 des Personalausweisgesetzes[3] ergangen ist, die Ausreise in das Ausland zu untersagen. [2]Sie können einem Deutschen die Ausreise in das Ausland untersagen, wenn Tatsachen die Annahme rechtfertigen, dass bei ihm die Voraussetzungen nach § 7 Abs. 1 vorliegen oder wenn er keinen zum Grenzübertritt gültigen Pass oder Passersatz mitführt. [3]Sie können einem Deutschen die Ausreise in das Ausland auch untersagen, wenn Tatsachen die Annahme rechtfertigen, dass der Geltungsbereich oder die Gültigkeitsdauer seines Passes nach § 7 Abs. 2 Satz 1 zu beschränken ist.

(2) Die für die polizeiliche Kontrolle des grenzüberschreitenden Verkehrs zuständigen Behörden können einem Deutschen, dem gemäß Absatz 1 Satz 1 die Ausreise in das Ausland zu untersagen ist, in Ausnahmefällen die Ausreise gestatten, wenn er glaubhaft macht, dass er aus einem dringenden Grund in das Ausland reisen muss.

---

[1] Nr. **625**.
[2] **Habersack Nr. 85.**
[3] Nr. **255**.

(3) Die Einreise in den Geltungsbereich dieses Gesetzes darf einem Deutschen nicht versagt werden.

**§ 11 Ungültigkeit.** (1) Ein Pass oder Passersatz ist ungültig, wenn

1. er eine einwandfreie Feststellung der Identität des Passinhabers nicht zulässt oder verändert worden ist;
2. Eintragungen nach diesem Gesetz fehlen oder – mit Ausnahme der Angaben über den Wohnort oder die Größe – unzutreffend sind;
3. die Gültigkeitsdauer abgelaufen ist;
4. gegen den Passinhaber eine Anordnung nach § 8 in Verbindung mit § 7 Absatz 1 Nummer 1 oder Nummer 10 ergangen ist und er den Geltungsbereich dieses Gesetzes verlassen hat; im Falle des § 7 Absatz 1 Nummer 1 gilt dies nur, wenn die Gefährdung darin besteht, dass bestimmte Tatsachen die Annahme begründen, dass der Passinhaber
   a) einer terroristischen Vereinigung nach § 129a des Strafgesetzbuchs[1] oder einer terroristischen Vereinigung nach § 129a in Verbindung mit § 129b Absatz 1 Satz 1 des Strafgesetzbuchs mit Bezug zur Bundesrepublik Deutschland angehört oder diese unterstützt oder
   b) rechtswidrig Gewalt gegen Leib oder Leben als Mittel zur Durchsetzung international ausgerichteter politischer oder religiöser Belange anwendet oder eine solche Gewaltanwendung unterstützt oder vorsätzlich hervorruft;
5. gegen den Passinhaber eine Anordnung nach § 7 Absatz 2 Satz 1 in Verbindung mit § 7 Absatz 1 Nummer 1 oder Nummer 10 ergangen ist, er den Geltungsbereich dieses Gesetzes verlassen hat und sich in einem Land aufhält, für das eine räumliche Beschränkung angeordnet wurde; Nummer 4 zweiter Halbsatz gilt entsprechend.

(2) Eine Passbehörde hat einen Pass für ungültig zu erklären, wenn die Voraussetzungen für seine Erteilung nicht vorgelegen haben oder nachträglich weggefallen sind.

(3) Störungen der Funktionsfähigkeit des Chips berühren nicht die Gültigkeit des Passes.

**§ 12 Einziehung.** (1) [1] Ein nach § 11 ungültiger Pass oder Passersatz kann eingezogen werden. [2] Die Einziehung ist schriftlich zu bestätigen.

(2) Besitzt jemand unbefugt mehrere Pässe, so sind sie bis auf einen Pass einzuziehen.

(3) Von der Einziehung kann abgesehen werden, wenn der Mangel, der sie rechtfertigt, geheilt oder fortgefallen ist.

**§ 13 Sicherstellung.** (1) Ein Pass oder ein ausschließlich als Passersatz bestimmter amtlicher Ausweis kann sichergestellt werden, wenn

1. eine Person ihn unberechtigt besitzt;
2. Tatsachen die Annahme rechtfertigen, dass gegen den Inhaber Passversagungsgründe nach § 7 Abs. 1 vorliegen;
3. Tatsachen die Annahme rechtfertigen, dass ein Einziehungsgrund nach § 12 vorliegt.

(2) Eine Sicherstellung ist schriftlich zu bestätigen.

---

[1] **Habersack Nr. 85.**

**§ 14 Sofortige Vollziehung.** Widerspruch und Anfechtungsklage gegen die Beschränkung des Geltungsbereiches oder der Gültigkeitsdauer des Passes (§ 7 Absatz 2), gegen die Passentziehung (§ 8), gegen die Untersagung der Ausreise (§ 10) und gegen die Sicherstellung des Passes (§ 13) haben keine aufschiebende Wirkung.

**§ 15 Pflichten des Inhabers.** Der Inhaber eines Passes ist verpflichtet, der Passbehörde unverzüglich

1. den Pass vorzulegen, wenn eine Eintragung unzutreffend ist;

2. auf Verlangen den alten Pass beim Empfang eines neuen Passes abzugeben;

3. den Verlust des Passes und sein Wiederauffinden anzuzeigen;

4. den Erwerb einer ausländischen Staatsangehörigkeit anzuzeigen und[1]

5. anzuzeigen, wenn er auf Grund freiwilliger Verpflichtung in die Streitkräfte oder einen vergleichbaren bewaffneten Verband eines ausländischen Staates, dessen Staatsangehörigkeit er besitzt, eingetreten ist.[2][3]

**§ 16 Datenschutzrechtliche Bestimmungen.** (1) [1]Die Seriennummer und die Prüfziffern dürfen keine Daten über die Person des Passinhabers oder Hinweise auf solche Daten enthalten. [2]Jeder Pass erhält eine neue Seriennummer.

(2) [1]Beantragung, Ausstellung und Ausgabe von Pässen dürfen nicht zum Anlass genommen werden, die dafür erforderlichen Angaben und die biometrischen Merkmale außer bei den zuständigen Passbehörden zu speichern. [2]Entsprechendes gilt für die zur Ausstellung des Passes erforderlichen Antragsunterlagen sowie für personenbezogene fotografische Datenträger (Mikrofilme). [3]Die bei der Passbehörde gespeicherten Fingerabdrücke sind spätestens nach Aushändigung des Passes an den Passbewerber zu löschen.

(3) [1]Eine zentrale, alle Seriennummern umfassende Speicherung darf nur bei dem Passhersteller und ausschließlich zum Nachweis des Verbleibs der Pässe erfolgen. [2]Die Übermittlung an öffentliche Stellen nach Absatz 7 bleibt davon unberührt. [3]Die Speicherung der übrigen in § 4 Abs. 1 genannten Angaben und der in § 4 Abs. 3 genannten biometrischen Daten bei dem Passhersteller ist unzulässig, soweit sie nicht ausschließlich und vorübergehend der Herstellung des Passes dient; die Angaben sind anschließend zu löschen.

(4) [1]Die Seriennummern dürfen nicht mit Hilfe automatisierter Verfahren zum Abruf oder zur Verknüpfung personenbezogener Daten verwendet werden. [2]Abweichend von Satz 1 dürfen die Seriennummern mit Hilfe automatisierter Verfahren zum Abruf verwenden

1. die Passbehörden zur Erfüllung ihrer Aufgaben,

---

[1] **Amtl. Anm.:** Gemäß Artikel 1 Nummer 8 Buchstabe a in Verbindung mit Artikel 7 Absatz 4 des Gesetzes vom 8. Oktober 2023 (BGBl. 2023 I Nr. 271) wird am 1. November 2024 in § 15 Nummer 4 das Wort „und" am Ende durch ein Semikolon ersetzt.

[2] **Amtl. Anm.:** Gemäß Artikel 1 Nummer 8 Buchstabe b in Verbindung mit Artikel 7 Absatz 4 des Gesetzes vom 8. Oktober 2023 (BGBl. 2023 I Nr. 271) wird am 1. November 2024 in § 15 Nummer 5 der Punkt am Ende durch das Wort „und" ersetzt.

[3] **Amtl. Anm.:** Gemäß Artikel 1 Nummer 8 Buchstabe c in Verbindung mit Artikel 7 Absatz 4 des Gesetzes vom 8. Oktober 2023 (BGBl. 2023 I Nr. 271) wird am 1. November 2024 nach § 15 Nummer 5 folgende Nummer 6 angefügt:
„6. im Falle der Ausgabe des Passes im Wege des Versands anzuzeigen, wenn die Sendung unbefugt geöffnet worden ist oder den Pass nicht enthält oder wenn der Pass beschädigt ist oder eine Angabe auf dem Pass unrichtig ist."

2. die Polizeibehörden des Bundes und der Länder, der Militärische Abschirmdienst, der Bundesnachrichtendienst, die Verfassungsschutzbehörden des Bundes und der Länder, die Steuerfahndungsdienststellen der Länder, der Zollfahndungsdienst und die Hauptzollämter zur Klärung,

a) wer Inhaber des Passes ist für den Fall, dass eine ausländische öffentliche Stelle die Seriennummer des Passdokumentes übermittelt hat und anhand der übrigen von der ausländischen Stelle übermittelten Daten eine Feststellung des Inhabers des Passes nicht möglich ist,

b) ob der Pass durch einen Nichtberechtigten genutzt wird oder

c) ob der Pass für ungültig erklärt oder abhandengekommen ist.

(5) Die Absätze 1 bis 4 gelten auch für einen ausschließlich als Passersatz bestimmten amtlichen Ausweis.

(6) Auf Verlangen hat die Passbehörde dem Passinhaber Einsicht in die im Chip gespeicherten Daten zu gewähren.

(7) Der Passhersteller hat öffentlichen Stellen auf deren Verlangen die ausstellende Behörde mitzuteilen.

**§ 16a Echtheitsüberprüfung und Identitätsprüfung; Verarbeitung von Passdaten.** (1) [1] Soweit die Polizeivollzugsbehörden, die Zollverwaltung sowie die Pass-, Personalausweis- und Meldebehörden die Echtheit des Passes oder die Identität des Passinhabers nach anderen Rechtsvorschriften überprüfen dürfen, sind sie befugt, zum Zweck der Überprüfung der Echtheit des Passes oder der Identität des Passinhabers

1. die auf dem Chip des Passes gespeicherten biometrischen und sonstigen Daten auszulesen,

2. die benötigten biometrischen Daten beim Passinhaber zu erheben und

3. die biometrischen Daten miteinander zu vergleichen.

[2] Echtheits- und Identitätskontrollen über öffentliche Kommunikationswege sind unzulässig.

(2) [1] Die in Absatz 1 Satz 1 genannten Behörden dürfen Daten, die sie im Rahmen einer Identitätsfeststellung aus dem Chip des Passes ausgelesen haben, mit Ausnahme der biometrischen Daten zur Verarbeitung in einem Datenverarbeitungssystem automatisiert speichern, sofern sie dazu durch ein Gesetz oder auf Grund eines Gesetzes berechtigt sind. [2] Im Übrigen sind die nach Absatz 1 Satz 1 verarbeiteten Daten unverzüglich nach Beendigung der Prüfung der Echtheit des Passes oder der Identität des Passinhabers zu löschen.

(3) [1] Öffentliche Stellen dürfen, wenn dies durch ein Gesetz oder auf Grund eines Gesetzes bestimmt ist, mit Zustimmung des Passinhabers zur Prüfung der Identität des Passinhabers

1. die auf dem Chip des Passes gespeicherten Daten nach § 4 Absatz 2 Satz 2 und die Daten, die zur Überprüfung der Echtheit des Passes erforderlich sind, sowie das auf dem Chip gespeicherte Lichtbild auslesen und

2. von den ausgelesenen Daten ausschließlich das Lichtbild, die Daten nach § 4 Absatz 2 Satz 2 Nummer 1 bis 4, 7, 9 sowie die Daten, die zur Überprüfung der Echtheit des Passes erforderlich sind, verwenden.

[2] Anlässlich der Datenverarbeitung nach Satz 1 überprüft die verarbeitende öffentliche Stelle die Echtheit des Passes. [3] Von den nach Satz 1 Nummer 1 ausgelesenen Daten sind die Daten nach Satz 1 Nummer 2 von der verarbeitenden öffentlichen

Stelle unverzüglich nach Beendigung der Prüfung der Identität des Inhabers, die übrigen Daten unverzüglich nach dem Auslesen zu löschen, soweit dies nicht durch Gesetz oder auf Grund eines Gesetzes abweichend geregelt ist.

**§ 16b Verarbeitung der sichtbaren Daten des Passes.** (1) Die in § 16a Absatz 1 Satz 1 genannten Behörden dürfen die auf dem Pass sichtbar aufgedruckten Daten durch nicht automatisierte Verfahren verarbeiten, sofern sie dazu durch ein Gesetz oder auf Grund eines Gesetzes berechtigt sind.

(2) [1] Können die Daten aus dem Chip des Passes nach § 16a Absatz 1 Satz 1 nicht ausgelesen werden, dürfen die dort genannten Behörden die Daten der maschinenlesbaren Zone nach § 4 Absatz 2 Satz 2 automatisiert auslesen und unter den Voraussetzungen des § 16a Absatz 2 Satz 1 speichern. [2] § 16a Absatz 1 Satz 2, Absatz 2 Satz 2 gilt entsprechend.

**§ 17 Automatischer Abruf aus Dateien und automatische Speicherung im öffentlichen Bereich.** (1) [1] Behörden und sonstige öffentliche Stellen dürfen den Pass nicht zum automatischen Abruf personenbezogener Daten verwenden. [2] Abweichend von Satz 1 dürfen die Polizeibehörden und -dienststellen des Bundes und der Länder, die Steuerfahndungsstellen der Länder und die Behörden der Zollverwaltung den Pass im Rahmen ihrer Aufgaben und Befugnisse zum automatisierten Abruf personenbezogener Daten verwenden, die für die Zwecke

1. der Grenzkontrolle,
2. der Fahndung oder Aufenthaltsfeststellung aus Gründen der Strafverfolgung, Strafvollstreckung oder der Abwehr von Gefahren für die öffentliche Sicherheit oder
3. der zollamtlichen Überwachung im Rahmen der polizeilichen Beobachtung

im polizeilichen Fahndungstatbestand geführt werden. [3] Über Abrufe, die zu keiner Feststellung geführt haben, dürfen, vorbehaltlich gesetzlicher Regelungen nach Absatz 2, keine personenbezogenen Aufzeichnungen gefertigt werden.

(2) Personenbezogene Daten dürfen, soweit gesetzlich nichts anderes bestimmt ist, beim automatischen Lesen des Passes nicht in Dateien gespeichert werden; dies gilt auch für Abrufe aus dem polizeilichen Fahndungsbestand, die zu einer Feststellung geführt haben.

**§ 18 Verwendung im nichtöffentlichen Bereich.** (1) Der Pass oder ein Passersatz können auch im nichtöffentlichen Bereich als Ausweis- und Legitimationspapier benutzt werden.

(2) Die Seriennummern dürfen nicht so verwendet werden, dass mit ihrer Hilfe ein Abruf personenbezogener Daten aus Dateien oder eine Verknüpfung von Dateien möglich ist.

(3) [1] Der Pass darf nur vom Passinhaber oder von anderen Personen mit Zustimmung des Passinhabers in der Weise abgelichtet werden, dass die Ablichtung eindeutig und dauerhaft als Kopie erkennbar ist. [2] Andere Personen als der Passinhaber dürfen die Kopie nicht an Dritte weitergeben, es sei denn, die Weitergabe erfolgt zur Beantragung eines Visums für den Passinhaber und der Passinhaber hat der Weitergabe zugestimmt. [3] Werden durch Ablichtung personenbezogene Daten aus dem Pass erhoben oder verarbeitet, so darf die datenerhebende oder -verarbeitende Stelle dies nur mit Einwilligung des Passinhabers tun. [4] Die Vorschriften des allgemeinen Datenschutzrechts über die Erhebung und Verwendung personenbezogener Daten bleiben unberührt.

(4) ¹Beförderungsunternehmen dürfen personenbezogene Daten aus der maschinenlesbaren Zone des Passes elektronisch nur auslesen und verarbeiten, soweit sie auf Grund internationaler Abkommen oder Einreisebestimmungen zur Mitwirkung an Kontrolltätigkeiten im internationalen Reiseverkehr und zur Übermittlung personenbezogener Daten verpflichtet sind. ²Biometrische Daten dürfen nicht ausgelesen werden. ³Die Daten sind unverzüglich zu löschen, wenn sie für die Erfüllung dieser Pflichten nicht mehr erforderlich sind.

**§ 19¹⁾ Zuständigkeit.** (1) ¹Für Passangelegenheiten im Geltungsbereich dieses Gesetzes sind die von den Ländern bestimmten Behörden zuständig (Passbehörden). ²Die Ausstellung ausschließlich als Passersatz bestimmter amtlicher Ausweise mit kurzer Gültigkeitsdauer obliegt den für die polizeiliche Kontrolle des grenzüberschreitenden Verkehrs zuständigen Behörden und Dienststellen.

(2) Für Passangelegenheiten im Ausland ist das Auswärtige Amt mit den von ihm bestimmten Auslandsvertretungen der Bundesrepublik Deutschland zuständig (Passbehörde).

(3) ¹Im Geltungsbereich dieses Gesetzes ist die Passbehörde örtlich zuständig, in deren Bezirk der Passbewerber oder der Inhaber eines Passes für seine Wohnung, bei mehreren Wohnungen für seine Hauptwohnung, gemeldet ist. ²Im Ausland ist die Passbehörde örtlich zuständig, in deren Bezirk sich der Passbewerber oder der Inhaber eines Passes gewöhnlich aufhält. ³Ist hiernach keine Zuständigkeit begründet, so ist die Passbehörde zuständig, in deren Bezirk er sich vorübergehend aufhält.

(4) ¹Der Antrag auf Ausstellung eines Passes muss auch von einer örtlich nicht zuständigen Passbehörde bearbeitet werden, wenn ein wichtiger Grund dargelegt wird. ²Ein Pass darf nur mit Ermächtigung der örtlich zuständigen Passbehörde ausgestellt werden. ³Für die Ausstellung eines Passes zur Einreise in den Geltungsbereich dieses Gesetzes oder eines hierfür bestimmten Passersatzes bedarf es dieser Ermächtigung nicht.

(4a) Für das Führen des Passregisters nach § 21 ist die Passbehörde zuständig, welche den Pass ausgestellt hat.

(5) Passbehörde für amtliche Pässe ist das Auswärtige Amt.

(6) Für die Sicherstellung sind die Passbehörden und die zur Feststellung von Personalien ermächtigten Behörden und Beamten zuständig.

**§ 20 Gebühren und Auslagen, Verordnungsermächtigung.** (1) Für individuell zurechenbare öffentliche Leistungen nach diesem Gesetz und den auf diesem Gesetz beruhenden Rechtsverordnungen erheben die Passbehörden Gebühren und Auslagen nach den Absätzen 2 und 3.

(2) ¹Die Gebühr soll die mit der individuell zurechenbaren öffentlichen Leistung verbundenen Kosten aller an der Leistung Beteiligten decken. ²In die Gebühr sind die mit der Leistung regelmäßig verbundenen Auslagen einzubeziehen. ³Zur Ermittlung der Gebühr sind die Kosten, die nach betriebswirtschaftlichen Grundsätzen als Einzel- und Gemeinkosten zurechenbar und ansatzfähig sind, insbesondere Personal- und Sachkosten sowie kalkulatorische Kosten, zu Grunde zu legen. ⁴Zu den Gemeinkosten zählen auch die Kosten der Rechts- und Fachaufsicht. ⁵Grundlage der Gebührenermittlung nach den Sätzen 1 bis 4 sind die in der Gesamtheit der Länder mit der jeweiligen Leistung verbundenen Kosten. ⁶§ 3

---

¹⁾ § 19 Abs. 4a eingef. mWv 1.11.2023 durch G v. 8.10.2023 (BGBl. 2023 I Nr. 271).

Absatz 1 und 2, die §§ 5 bis 7, 9 Absatz 3 bis 6 und die §§ 10 bis 12 des Bundesgebührengesetzes[1)] gelten entsprechend.

(3) [1]Das Bundesministerium des Innern und für Heimat wird ermächtigt, für den Bereich der Landesverwaltung durch Rechtsverordnung mit Zustimmung des Bundesrates die gebührenpflichtigen Tatbestände, die Gebührenhöhe und die Auslagenerstattung näher zu bestimmen. [2]Wird die individuell zurechenbare öffentliche Leistung nach Absatz 1 auf Wunsch des Antragstellers außerhalb der Dienstzeit einer Passbehörde vorgenommen, kann eine Gebühr bis zur doppelten Höhe der nach der Rechtsverordnung nach Satz 1 bestimmten Gebühr erhoben werden.

(4) [1]Durch Besondere Gebührenverordnung des Auswärtigen Amts nach § 22 Absatz 4 des Bundesgebührengesetzes kann bestimmt werden, dass von den Auslandsvertretungen der Bundesrepublik Deutschland für individuell zurechenbare öffentliche Leistungen nach diesem Gesetz und den auf diesem Gesetz beruhenden Rechtsverordnungen zum Ausgleich von Kaufkraftunterschieden ein Zuschlag erhoben wird. [2]Der Zuschlag kann bis zu 300 Prozent der Gebühren betragen.

**§ 21[2)] Passregister.** (1) Die Passbehörden führen Passregister.

(2) Das Passregister darf neben dem Lichtbild und der Unterschrift des Passinhabers sowie verfahrensbedingten Bearbeitungsvermerken ausschließlich folgende Daten enthalten:

1. Familienname und ggf. Geburtsname,
2. Vornamen,
3. Doktorgrad,
4. Ordensname, Künstlername,
5. Tag und Ort der Geburt,
6. Geschlecht,
7. Größe, Farbe der Augen,
8. gegenwärtige Anschrift,[3)]
9. Staatsangehörigkeit,[4)]
10. Seriennummer,
11. Gültigkeitsdatum,
12. Nachweise über erteilte Ermächtigungen nach § 19 Abs. 4 Satz 2,
13. Familienname, Vornamen, Tag der Geburt und Unterschrift von gesetzlichen Vertretern,
14. ausstellende Behörde,
14a. die örtlich zuständige Passbehörde, wenn diese nicht mit der ausstellenden Passbehörde identisch ist,

---

[1)] Nr. **120**.
[2)] § 21 Abs. 2 Nr. 14a eingef., Abs. 6 angef. mWv 1.11.2023 durch G v. 8.10.2023 (BGBl. 2023 I Nr. 271).
[3)] **Amtl. Anm.:** Gemäß Artikel 1 Nummer 12 Buchstabe a Doppelbuchstabe aa in Verbindung mit Artikel 7 Absatz 4 des Gesetzes vom 8. Oktober 2023 (BGBl. 2023 I Nr. 271) wird am 1. November 2024 nach § 21 Absatz 2 Nummer 8 folgende Nummer 8a angefügt:
„8a. E-Mail-Adresse, sofern der Passinhaber in die Speicherung einwilligt,"
[4)] **Amtl. Anm.:** Gemäß Artikel 7 Nummer 1 in Verbindung mit Artikel 22 Satz 3 des Gesetzes vom 28. März 2021 (BGBl. I S. 591) wird zu einem noch unbestimmten Zeitpunkt in § 21 Absatz 2 nach Nummer 9 folgende Nummer 9a eingefügt:
„9a. Identifikationsnummer nach dem Identifikationsnummerngesetz,"

15. Vermerke über Anordnungen nach den §§ 7, 8 und 10,

16. Angaben zur Erklärungspflicht des Ausweisinhabers nach § 29 des Staatsangehörigkeitsgesetzes.[1][2]

(3) Das Passregister dient

1. der Ausstellung der Pässe und der Feststellung ihrer Echtheit,

2. der Identitätsfeststellung der Person, die den Pass besitzt oder für die er ausgestellt ist,

3. der Durchführung dieses Gesetzes.

(4) [1]Personenbezogene Daten im Passregister sind mindestens bis zur Ausstellung eines neuen Passes, höchstens jedoch bis zu fünf Jahren nach dem Ablauf der Gültigkeit des Passes, auf den sie sich beziehen, zu speichern und dann zu löschen. [2]Für die Passbehörden nach § 19 Abs. 2 bei der Wahrnehmung konsularischer Aufgaben beträgt die Frist 30 Jahre.

(5) Die zuständige Passbehörde führt den Nachweis über Pässe, für die sie eine Ermächtigung gemäß § 19 Abs. 4 Satz 2 erteilt hat.

(6) [1]Wird eine andere als die ausstellende Passbehörde örtlich zuständig, darf sie die in Absatz 2 genannten und zur Wahrnehmung ihrer Aufgaben erforderlichen Daten mit Ausnahme der biometrischen Daten speichern. [2]Absatz 4 gilt entsprechend.

**§ 22[3] Verarbeitung und Nutzung der Daten im Passregister.** (1) Die Passbehörden dürfen personenbezogene Daten nur nach Maßgabe dieses Gesetzes, anderer Gesetze oder Rechtsverordnungen erheben, verarbeiten oder nutzen.

(1a) [1]Passbehörden dürfen anderen Passbehörden im automatisierten Verfahren Daten des Passregisters übermitteln oder Daten aus Passregistern, die in Zuständigkeit anderer Passbehörden geführt werden, abrufen, sofern dies zur Wahrnehmung ihrer Pflichten erforderlich ist. [2]Dies gilt nicht für biometrische Daten.

(2) [1]Die Passbehörden dürfen anderen Behörden auf deren Ersuchen Daten aus dem Passregister übermitteln. [2]Voraussetzung ist, daß

1. die ersuchende Behörde auf Grund von Gesetzen oder Rechtsverordnungen berechtigt ist, solche Daten zu erhalten,

2. die ersuchende Behörde ohne Kenntnis der Daten nicht in der Lage wäre, eine ihr obliegende Aufgabe zu erfüllen und

3. die Daten bei dem Betroffenen nicht oder nur mit unverhältnismäßig hohem Aufwand erhoben werden können oder nach der Art der Aufgabe, zu deren Erfüllung die Daten erforderlich sind, von einer solchen Datenerhebung abgesehen werden muss.

[3]Hinsichtlich der Daten, die auch im Melderegister enthalten sind, finden außerdem die im Bundesmeldegesetz[4] enthaltenen Beschränkungen Anwendung.

---

[1] **Amtl. Anm.:** Gemäß Artikel 12 Nummer 3 Buchstabe a in Verbindung mit Artikel 16 Absatz 4 des Gesetzes vom 3. Dezember 2020 (BGBl. I S. 2744) wird am 1. Mai 2025 in § 21 Absatz 2 Nummer 16 der Punkt am Ende durch das Wort „und" ersetzt.

[2] **Amtl. Anm.:** Gemäß Artikel 12 Nummer 3 Buchstabe b in Verbindung mit Artikel 16 Absatz 4 des Gesetzes vom 3. Dezember 2020 (BGBl. I S. 2744) wird am 1. Mai 2025 nach § 21 Absatz 2 Nummer 16 folgende Nummer 17 angefügt:
„17. lichtbildaufnehmende Stelle."

[3] § 22 Abs. 1a eingef. mWv 1.11.2023 durch G v. 8.10.2023 (BGBl. 2023 I Nr. 271)

[4] Nr. **256**.

(3) [1] Die ersuchende Behörde trägt die Verantwortung dafür, dass die Voraussetzungen des Absatzes 2 vorliegen. [2] Ein Ersuchen nach Absatz 2 darf nur von Bediensteten gestellt werden, die vom Behördenleiter dafür besonders ermächtigt sind. [3] Die ersuchende Behörde hat den Anlass des Ersuchens und die Herkunft der übermittelten Daten und Unterlagen aktenkundig zu machen. [4] Wird die Passbehörde von dem Bundesamt für Verfassungsschutz, den Landesbehörden für Verfassungsschutz, dem Militärischen Abschirmdienst, dem Bundesnachrichtendienst, dem Bundeskriminalamt oder dem Generalbundesanwalt oder der Generalbundesanwältin um die Übermittlung von Daten ersucht, so hat die ersuchende Behörde den Familiennamen, die Vornamen und die Anschrift des Betroffenen unter Hinweis auf den Anlass der Übermittlung aufzuzeichnen. [5] Die Aufzeichnungen sind gesondert aufzubewahren, durch technische und organisatorische Maßnahmen zu sichern und am Ende des Kalenderjahres, das dem Jahr der Übermittlung folgt, zu vernichten.

(4) Die Daten des Passregisters und des Melderegisters dürfen zur Berichtigung des jeweils anderen Registers verwandt werden.

(5) [1] Passbehörden, die Kenntnis von dem Abhandenkommen eines Passes erlangen, haben die zuständige Passbehörde, die ausstellende Passbehörde und eine Polizeibehörde unverzüglich in Kenntnis zu setzen; eine Polizeibehörde, die anderweitig Kenntnis vom Abhandenkommen eines Passes erlangt, hat die zuständige und die ausstellende Passbehörde unverzüglich zu unterrichten. [2] Dabei sollen Angaben zum Familiennamen und den Vornamen des Inhabers, zur Seriennummer, zur ausstellenden Behörde, zum Ausstellungsdatum und zur Gültigkeitsdauer des Passes übermittelt werden. [3] Die Polizeibehörde hat die Einstellung in die polizeiliche Sachfahndung vorzunehmen.

(6) Stellt eine nicht zuständige Passbehörde nach § 19 Abs. 4 einen Pass aus, so hat sie der zuständigen Passbehörde den Familiennamen, die Vornamen, den Tag und Ort der Geburt, die ausstellende Passbehörde, das Ausstellungsdatum, die Gültigkeitsdauer und die Seriennummer des Passes zu übermitteln.[1]

### § 22a Datenübertragung und automatisierter Abruf von Lichtbildern.

(1) [1] In den Fällen des § 22 Abs. 2 kann die Übermittlung auch durch Datenübertragung erfolgen. [2] § 6a Abs. 1 Satz 3 gilt entsprechend.

(2) [1] Im Fall der Übermittlung von Lichtbildern durch Passbehörden nach § 19 Absatz 1 Satz 1 an die Ordnungsbehörden im Rahmen der Verfolgung von Verkehrsordnungswidrigkeiten kann der Abruf des Lichtbildes im automatisierten Verfahren erfolgen. [2] Der Abruf ist nur zulässig, wenn die Passbehörde nicht erreichbar ist und ein weiteres Abwarten den Ermittlungszweck gefährden würde. [3] Zuständig für den Abruf sind die Polizeivollzugsbehörden auf Ebene der Landkreise und kreisfreien Städte, die durch Landesrecht bestimmt werden. [4] Die

---

[1] **Amtl. Anm.:** Gemäß Artikel 7 Nummer 2 in Verbindung mit Artikel 22 Satz 3 des Gesetzes vom 28. März 2021 (BGBl. I S. 591) wird zu einem noch unbestimmten Zeitpunkt nach § 22 Absatz 6 folgender Absatz 7 angefügt:

„(7) [1] Die Verarbeitung der Identifikationsnummer nach dem Identifikationsnummerngesetz durch die Passbehörden ist nach diesem Gesetz zum Zwecke der Erbringung von Verwaltungsleistungen nach dem Onlinezugangsgesetz zulässig. [2] Ist zu einer Person keine Identifikationsnummer nach dem Identifikationsnummerngesetz gespeichert, kann der Eintrag durch Abgleich mit dem Melderegister erfolgen. [3] Die Passbehörden können die Identifikationsnummer nach § 139b der Abgabenordnung durch einen Datenabruf nach § 6 Absatz 2 des Identifikationsnummerngesetzes bei der Registermodernisierungsbehörde erheben. [4] Existiert zu der Person noch keine Identifikationsnummer nach dem Identifikationsnummerngesetz, ist diese auf Veranlassung der Passbehörden bei der Registermodernisierungsbehörde durch das Bundeszentralamt für Steuern zu vergeben."

abrufende Behörde trägt die Verantwortung dafür, dass die Voraussetzungen der Absätze 1 und 2 Satz 2 vorliegen. [5]Die Polizeibehörden des Bundes und der Länder, der Militärische Abschirmdienst, der Bundesnachrichtendienst, die Verfassungsschutzbehörden des Bundes und der Länder, Steuerfahndungsdienststellen der Länder, der Zollfahndungsdienst und die Hauptzollämter dürfen das Lichtbild zur Erfüllung ihrer Aufgaben im automatisierten Verfahren abrufen. [6]Ferner dürfen die zur Ausstellung

1. des Führerscheins,

2. des Fahrerqualifizierungsnachweises oder

3. der Fahrerkarte

zuständigen Behörden das Lichtbild sowie die Unterschrift der antragstellenden Person im automatisierten Verfahren abrufen, wenn die antragstellende Person zuvor im Rahmen der Online-Beantragung in die elektronische Übermittlung eingewilligt hat. [7]Die abrufende Behörde trägt die Verantwortung dafür, dass die Voraussetzungen des Absatzes 1 vorliegen. [8]Über alle Abrufe sind von den beteiligten Behörden Aufzeichnungen zu fertigen, die eine Kontrolle der Zulässigkeit der Abrufe ermöglichen. [9]Abrufe nach den Sätzen 5 und 6 werden nur von der abrufenden Behörde protokolliert. [10]Die Aufzeichnungen enthalten:

1. die nach § 4 Absatz 1 der Pass- und Personalausweisdatenabrufverordnung verwendeten Auswahldaten bei Abrufen nach den Sätzen 4 und 5, in anderen Fällen den Familiennamen, Vornamen sowie den Tag und den Ort der Geburt der Person, deren Lichtbild abgerufen wurde,

2. Tag und Uhrzeit des Abrufs,

3. die Bezeichnung der am Abruf beteiligten Stellen,

4. die Angabe der abrufenden und verantwortlichen Person sowie

5. das Aktenzeichen.

[11]§ 22 Abs. 3 Satz 5 gilt entsprechend.[1)]

**§ 23 Weisungsbefugnis.** (1) Die Bundesregierung kann Einzelweisungen zur Ausführung dieses Gesetzes und der hierzu erlassenen Rechtsverordnungen erteilen, wenn die innere oder äußere Sicherheit oder sonstige erhebliche Belange der Bundesrepublik Deutschland es erfordern.

---

[1)] **Amtl. Anm.:** Gemäß Artikel 1 Nummer 14 Buchstabe b in Verbindung mit Artikel 7 Absatz 5 des Gesetzes vom 8. Oktober 2023 (BGBl. 2023 I Nr. 271) werden am 1. November 2025 nach § 22a Absatz 2 die folgenden Absätze 3 und 4 angefügt:

„(3) Bei der Einrichtung eines automatisierten Abrufverfahrens hat die abrufberechtigte Stelle durch geeignete technische und organisatorische Maßnahmen nach den Artikeln 24, 25 und 32 der Verordnung (EU) 2016/679 des Europäischen Parlaments und des Rates vom 27. April 2016 zum Schutz natürlicher Personen bei der Verarbeitung personenbezogener Daten, zum freien Datenverkehr und zur Aufhebung der Richtlinie 95/46/EG (Datenschutz-Grundverordnung) (ABl. L 119 vom 4.5.2016, S. 1; L 314 vom 22.11.2016, S. 72; L 127 vom 23.5.2018, S. 2; L 74 vom 4.3.2021, S. 35), nach § 64 des Bundesdatenschutzgesetzes und nach den entsprechenden landesgesetzlichen Regelungen sicherzustellen, dass Daten nur von hierzu befugten Personen abgerufen werden können.

(4) [1]Die für einen zentralen Passregisterdatenbestand zuständige Stelle oder die Passbehörde trifft Maßnahmen nach den Artikeln 24, 25 und 32 der Verordnung (EU) 2016/679, insbesondere durch den Einsatz von Verschlüsselungstechnik und Authentifizierungsverfahren, um den Datenschutz und die Datensicherheit zu gewährleisten. [2]Bei Zweifeln an der Identität der abrufenden Stelle unterbleibt der automatisierte Abruf."

## Zweiter Abschnitt. Straf- und Bußgeldvorschriften

**§ 24 Straftaten.** (1) Mit Freiheitsstrafe bis zu einem Jahr oder mit Geldstrafe wird bestraft, wer als Deutscher im Sinne des Artikels 116 Abs. 1 des Grundgesetzes[1]

1. aus dem Geltungsbereich dieses Gesetzes über eine Auslandsgrenze ausreist, obwohl ihm ein Pass versagt oder vollziehbar entzogen worden ist oder gegen ihn eine vollziehbare Anordnung nach § 7 Abs. 2 dieses Gesetzes oder nach § 6 Abs. 7 des Personalausweisgesetzes[2] ergangen ist oder

2. aus dem Geltungsbereich dieses Gesetzes über eine Auslandsgrenze ausreist, obwohl ihm von einer für die polizeiliche Kontrolle des grenzüberschreitenden Verkehrs zuständigen Behörde nach § 10 Abs. 1 Satz 2 oder 3 die Ausreise untersagt worden ist.

(2) Der Versuch ist strafbar.

**§ 25 Ordnungswidrigkeiten.** (1) Ordnungswidrig handelt, wer fahrlässig eine der in § 24 Abs. 1 Nr. 1 bezeichneten Handlungen begeht.

(2) Ordnungswidrig handelt auch, wer

1. entgegen § 6 Abs. 2 Satz 1 eine Angabe nicht richtig macht,

2. durch unrichtige Angaben die Ausstellung eines weiteren Passes bewirkt,

3. sich der polizeilichen Kontrolle des grenzüberschreitenden Verkehrs über eine Auslandsgrenze entzieht,

4. entgegen § 15 Nr. 3, 4 oder 5 eine Anzeige nicht oder nicht rechtzeitig erstattet oder

5. entgegen § 18 Absatz 3 Satz 2 eine Kopie weitergibt.

(3) Ordnungswidrig handelt auch, wer vorsätzlich oder fahrlässig

1. entgegen § 1 Abs. 1 Satz 1, auch in Verbindung mit einer Rechtsverordnung nach § 2 Abs. 1 Nr. 2, einen Pass oder Passersatz nicht mitführt oder sich nicht oder nicht rechtzeitig ausweist oder

2. entgegen § 3 eine Auslandsgrenze außerhalb der zugelassenen Grenzübergangsstellen oder der festgesetzten Verkehrsstunden überschreitet.

(4) Die Ordnungswidrigkeit kann in den Fällen des Absatzes 1 und des Absatzes 2 Nummer 5 mit einer Geldbuße bis zu dreißigtausend Euro und in den übrigen Fällen mit einer Geldbuße bis zu fünftausend Euro geahndet werden.

(5) In den Fällen der Absätze 2 und 3 kann der Versuch der Ordnungswidrigkeit geahndet werden.

(6) In den Fällen des Absatzes 2 Nummer 2 und 4 kann die Tat auch dann geahndet werden, wenn sie im Ausland begangen wird.

**§ 26 Bußgeldbehörden.** Verwaltungsbehörden im Sinne des § 36 Abs. 1 Nr. 1 des Gesetzes über Ordnungswidrigkeiten[3] sind

1. für die Auslandsvertretungen der Bundesrepublik Deutschland das Auswärtige Amt oder die vom Auswärtigen Amt im Benehmen mit dem Bundesministerium des Innern und für Heimat durch Rechtsverordnung bestimmte Behörde

---

[1] Nr. **1**.
[2] Nr. **255**.
[3] **Habersack Nr. 94.**

des Bundes; die Rechtsverordnung bedarf nicht der Zustimmung des Bundesrates;

2. die in der Rechtsverordnung nach § 58 Abs. 1 des Bundespolizeigesetzes[1] bestimmten Bundespolizeibehörden, soweit nicht die Länder im Einvernehmen mit dem Bund Aufgaben des grenzpolizeilichen Einzeldienstes mit eigenen Kräften wahrnehmen.

## Dritter Abschnitt. Schlussvorschriften

**§ 27 Allgemeine Verwaltungsvorschriften.** Das Auswärtige Amt erlässt im Benehmen mit dem Bundesministerium des Innern und für Heimat allgemeine Verwaltungsvorschriften über das Ausstellen amtlicher Pässe.

**§ 27a Regelungsbefugnisse der Länder.** [1] Durch Landesrecht können zentrale Passregisterdatenbestände zur Speicherung des Lichtbilds und der Unterschrift für die Durchführung eines automatisierten Abrufs des Lichtbilds nach § 22a Absatz 2 Satz 1 und 5 sowie eines automatisierten Abrufs des Lichtbilds und der Unterschrift nach § 22a Absatz 2 Satz 6 eingerichtet werden. [2] In diesem Fall gelten § 4 Absatz 3 Satz 3, § 21 Absatz 4 und § 22a Absatz 2 Satz 6 bis 9 entsprechend. [3] Macht ein Land von der Regelungsbefugnis Gebrauch, hat es technisch sicherzustellen, dass die Lichtbilder und Unterschriften vor unbefugtem Zugriff geschützt sind. [4] Die Lichtbilder und Unterschriften dürfen nur so gespeichert werden, dass keine Verknüpfung mit anderen als für den automatisierten Abruf benötigten Daten ermöglicht wird.

§ 28 neu gef. mWv 1.1.2024 durch G v. 8.10.2023 (BGBl. 2023 I Nr. 271).

**§ 28 Übergangsvorschrift für Kinderreisepässe.** (1) Für Kinderreisepässe, die vor dem 1. Januar 2021 beantragt worden sind, ist § 5 Absatz 2 in der bis einschließlich 31. Dezember 2020 geltenden Fassung weiterhin anzuwenden.

(2) Für Kinderreisepässe, die ab dem 1. Januar 2021, aber vor dem 1. Januar 2024 beantragt worden sind, ist § 5 Absatz 2 in der bis einschließlich 31. Dezember 2023 geltenden Fassung weiterhin anzuwenden.

---

[1] Nr. **90.**

# 251. Verordnung zur Durchführung des Passgesetzes (Passverordnung – PassV)[1]

## Vom 19. Oktober 2007

### (BGBl. I S. 2386)

**FNA 210-5-12**

geänd. durch Art. 1 VO zur Änd. der PassVO und der Passdatenerfassungs- und ÜbermittlungsVO v. 13.11.2008 (BGBl. I S. 2201), Art. 1 VO zur Änd. der PassVO, der Passdatenerfassungs- und ÜbermittlungsVO sowie weiterer Vorschriften v. 25.10.2010 (BGBl. I S. 1440), Art. 1 VO zur Änd. der PassVO, der PersonalausweisVO sowie der PersonalausweisgebührenVO v. 20.2.2013 (BGBl. I S. 330), Art. 2 Abs. 12 G zur Strukturreform des Gebührenrechts des Bundes v. 7.8.2013 (BGBl. I S. 3154), Art. 1 VO zur Änd. der PassVO sowie zur Änd. der AufenthaltsVO v. 3.3.2015 (BGBl. I S. 218), Art. 1 Zweite VO zur Änd. der PassVO sowie zur Änd. der AufenthaltsVO v. 15.2.2017 (BGBl. I S. 162), Art. 1 Zweite VO zur Änd. der PassVO, der PersonalausweisVO und der PersonalausweisgebührenVO v. 15.10.2020 (BGBl. I S. 2199), Art. 2 VO zu automatisierten Datenabrufen aus den Pass- und Personalausweisregistern sowie zur Änd. der PassVO, der PersonalausweisVO und der AufenthaltsVO v. 20.8.2021 (BGBl. I S. 3682) und Art. 2, 8 VO zur Änd. der PersonalausweisVO und der AufenthaltsVO sowie weiterer Vorschriften v. 30.10.2023 (BGBl. 2023 I Nr. 290).

## Inhaltsübersicht[2]

---

[1] Die Änderungen durch VO v. 30.10.2023 (BGBl. 2023 I Nr. 290) treten teilweise erst **mWv 1.11. 2024** bzw. **mWv 1.5.2025** in Kraft und sind insoweit im Text noch nicht berücksichtigt.
[2] Inhaltsübersicht geänd. mWv 1.9.2021 durch VO v. 20.8.2021 (BGBl. I S. 3682); geänd. mWv 1.1. 2024 durch VO v. 30.10.2023 (BGBl. 2023 I Nr. 290); sie wurde nichtamtlich an die nachträglichen Änderungen durch VO v. 25.10.2010 (BGBl. I S. 1440) und mWv 1.9.2021 durch VO v. 20.8.2021 (BGBl. I S. 3682) angepasst.

## Kapitel 1. Passmuster

**§ 1**[1]) **Muster des Reisepasses; Änderung von Daten** (1) [1]Der Reisepass der Bundesrepublik Deutschland ist nach dem in der Anlage 1 oder Anlage 1a abgedruckten Muster auszustellen. [2]Für die einzutragenden Daten gelten die formalen Anforderungen der Anlage 11.

(2) Zur Änderung des Wohnortes kann ein Änderungsaufkleber nach dem in der Anlage 1b abgedruckten Muster verwendet werden.

(3) [1]Hat der Passinhaber eine elektronische Anmeldung nach § 23a des Bundesmeldegesetzes[2]) durchgeführt, wird ein Aufkleber nach Anlage 1c mit dem neuen Wohnort durch die Passbehörde auf dem Postweg an die Zuzugsanschrift der antragstellenden Person versendet. [2]Der Passinhaber hat den Aufkleber unverzüglich nach Erhalt auf dem Pass auf dem für den Wohnort vorgesehenen Feld anzubringen.

(4) Zur Eintragung amtlicher Vermerke kann ein Änderungsaufkleber nach dem in der Anlage 1d abgedruckten Muster verwendet werden.

**§ 2**[3]) **Muster des vorläufigen Reisepasses; Änderung von Daten.** (1) [1]Der vorläufige Reisepass der Bundesrepublik Deutschland ist nach dem in der Anlage 3 abgedruckten Muster auszustellen. [2]Für die einzutragenden Daten gelten die formalen Anforderungen der Anlage 11.

(2) Zur Eintragung amtlicher Vermerke kann ein Änderungsaufkleber nach dem in der Anlage 1d abgedruckten Muster verwendet werden.

**§ 3**[4]) **Muster des amtlichen Passes; Änderung von Daten.** (1) Der Dienstpass der Bundesrepublik Deutschland ist nach dem in der Anlage 4 abgedruckten Muster auszustellen.

(2) Der Diplomatenpass der Bundesrepublik Deutschland ist nach dem in der Anlage 5 abgedruckten Muster auszustellen.

(3) Der vorläufige Dienstpass der Bundesrepublik Deutschland ist nach dem in der Anlage 6 abgedruckten Muster auszustellen.

(4) Der vorläufige Diplomatenpass der Bundesrepublik Deutschland ist nach dem in der Anlage 7 abgedruckten Muster auszustellen.

(5) [1]Für die einzutragenden Daten gelten die formalen Anforderungen der Anlage 11. [2]Für die Änderung des Dienstortes und der Dienstbezeichnung kann ein Änderungsaufkleber nach dem in der Anlage 7a abgedruckten Muster verwendet werden.

**§ 4**[5]) **Lichtbild.** [1]Bei der Beantragung eines Passes ist vom Passbewerber ein aktuelles Lichtbild in der Größe von 45 Millimeter × 35 Millimeter im Hochformat und ohne Rand vorzulegen. [2]Das Lichtbild muss die Person in einer Frontalaufnahme, ohne Kopfbedeckung und ohne Bedeckung der Augen zeigen.

---

[1]) § 1 neu gef. mWv 1.9.2021 durch VO v. 20.8.2021 (BGBl. I S. 3682).
[2]) Nr. **256.**
[3]) Früherer § 3 neu gef. mWv 1.9.2021 durch VO v. 20.8.2021 (BGBl. I S. 3682); § 2 aufgeh., bish. § 3 wird § 2 mWv 1.1.2024 durch VO v. 30.10.2023 (BGBl. 2023 I Nr. 290).
[4]) Früherer § 4 Abs. 5 angef. mWv 1.11.2010 durch VO v. 25.10.2010 (BGBl. I S. 1440); Überschrift neu gef. mWv 1.9.2021 durch VO v. 20.8.2021 (BGBl. I S. 3682); bish. § 4 wird § 3 mWv 1.1.2024 durch VO v. 30.10.2023 (BGBl. 2023 I Nr. 290).
[5]) Bish. § 5 wird § 4 mWv 1.1.2024 durch VO v. 30.10.2023 (BGBl. 2023 I Nr. 290).

[3] Im Übrigen muss das Lichtbild den Anforderungen der Anlage 8 entsprechen. [4] Die Passbehörde kann vom Gebot der fehlenden Kopfbedeckung insbesondere aus religiösen Gründen, von den übrigen Anforderungen aus medizinischen Gründen, die nicht nur vorübergehender Art sind, Ausnahmen zulassen. [5] Weitere zulässige Abweichungen bei Lichtbildern von Kindern regelt Anlage 8.

### Kapitel 2. Befreiung von der Passpflicht und Passersatzpapiere

**§ 6 Befreiung von der Passpflicht.** Von der Passpflicht sind befreit:

1. Deutsche als Besatzungsmitglieder und Reisende auf Schiffen der See- und Küstenschifffahrt, auf Fischerei-, Sport- und anderen Wasserfahrzeugen, wenn weder ein ausländischer Hafen angelaufen noch auf andere Weise Landverbindung mit dem Ausland aufgenommen wird;

2. deutsche Seelotsen im Sinne des § 1 des Seelotsengesetzes in Ausübung ihres Berufes, die sich durch amtliche Papiere über ihre Person und ihre Eigenschaft als Seelotse ausweisen;

3. Deutsche, die auf Grund zwischenstaatlicher Vereinbarungen von der Passpflicht befreit sind;

4. Deutsche, die bei Unglücks- oder Katastrophenfällen Hilfe leisten oder in Anspruch nehmen wollen;

5. Deutsche, die zum Flug- oder Begleitpersonal von Rettungsflügen gehören.

**§ 7[1] Passersatz.** (1) Als Passersatz für Deutsche sind zugelassen:

1. Personalausweise und vorläufige Personalausweise;

2. Ausweise für Binnenschiffer und deren Familienangehörige für die Flussschifffahrt auf der Donau;

3. *(aufgehoben)*

4. Ausweise, die auf Grund des Europäischen Übereinkommens über die Regelung des Personenverkehrs zwischen den Mitgliedstaaten des Europarates vom 13. Dezember 1957 (BGBl. 1959 II S. 389) in der Fassung der Bekanntmachung vom 5. Dezember 2000 (BGBl. 2000 II S. 1571) zum Grenzübertritt berechtigen;

5. Ausweise für Abgeordnete der Parlamentarischen Versammlung des Europarates und Ausweise für Mitglieder und Bedienstete der Organe der Europäischen Gemeinschaften;

6. Ausweise, die auf Grund zwischenstaatlicher Vereinbarungen zum Grenzübertritt berechtigen;

7. Ausweise, die von den Behörden und Dienststellen ausgestellt werden, die für die polizeiliche Kontrolle des grenzüberschreitenden Verkehrs zuständig sind;

8. Ausweise, die ausschließlich zur Einreise in die Bundesrepublik Deutschland berechtigen;

9. Rückkehrausweise, die im Falle des Verlustes von Pässen zum Zwecke der Wiedereinreise in das Gebiet der Europäischen Union von einer Auslandsvertretung eines anderen Mitgliedstaates der Europäischen Union ausgestellt werden, wenn keine deutsche Auslandsvertretung vor Ort existiert.

(2) Ein nach Absatz 1 zugelassener Passersatz gilt für alle Länder, sofern sich aus dem Passersatz, aus Rechtsvorschriften oder aus zwischenstaatlichen Vereinbarungen keine Beschränkung des Geltungsbereichs ergibt.

---

[1] § 7 Abs. 1 Nr. 3 aufgeh. mWv 1.1.2021 durch VO v. 15.10.2020 (BGBl. I S. 2199).

(3) Wer mit einem nach Absatz 1 zugelassenen Passersatz über eine Auslandsgrenze aus dem Geltungsbereich dieser Verordnung ausreist oder in ihn einreist, ist verpflichtet, den Passersatz mitzuführen und sich damit auszuweisen.

(4) Für Deutsche, die aus dem Ausland in das Gebiet der Bundesrepublik Deutschland ausgewiesen, abgeschoben, zurückgewiesen oder übernommen werden, gelten – sofern dies nach den bestehenden zwischenstaatlichen Vereinbarungen nicht formlos zu geschehen hat – die für diesen Zweck ausgestellten Bescheinigungen als Passersatz.

**§ 8 Muster der amtlichen Ausweise als Passersatz.** (1) Der Ausweis, der von den für die polizeiliche Kontrolle des grenzüberschreitenden Verkehrs zuständigen Behörden und Dienststellen ausgestellt wird (§ 7 Abs. 1 Nr. 7), ist nach dem in der Anlage 9 abgedruckten Muster auszustellen.

(2) Der Ausweis, der ausschließlich zur Einreise in die Bundesrepublik Deutschland berechtigt (§ 7 Abs. 1 Nr. 8), ist nach dem in der Anlage 10 abgedruckten Muster auszustellen.

**§ 9[1) Lichtbilder für den Passersatz.** Sofern auf einem Passersatz die Anbringung eines Lichtbildes vorgesehen ist, gilt § 4 entsprechend.

**§ 10 Gültigkeitsdauer des Passersatzes.** [1]Die Gültigkeitsdauer
1. eines Ausweises, der von den für die polizeiliche Kontrolle des grenzüberschreitenden Verkehrs zuständigen Behörden und Dienststellen ausgestellt wird (§ 7 Abs. 1 Nr. 7), oder
2. eines Ausweises, der ausschließlich zur Einreise in die Bundesrepublik Deutschland berechtigt (§ 7 Abs. 1 Nr. 8),

ist nach der Dauer der beabsichtigten Reise zu bemessen. [2]Ein Ausweis nach Nummer 1 darf nicht länger als drei Monate, ein Ausweis nach Nummer 2 nicht länger als einen Monat gültig sein.

**§ 11 Andere Regelungen für einen Passersatz.** Die in anderen Rechtsvorschriften oder in zwischenstaatlichen Vereinbarungen festgelegten Muster amtlicher Ausweise als Passersatz sowie die dort getroffenen Regelungen über Lichtbilder und Gültigkeitsdauer bleiben von dieser Rechtsverordnung unberührt.

### Kapitel 3. Amtliche Pässe

**§ 12 Ausstellung.** (1) [1]Ein amtlicher Pass wird vom Auswärtigen Amt zur Wahrnehmung dienstlicher Aufgaben oder in den Fällen des § 1 Abs. 4 des Passgesetzes[2)] ausgestellt. [2]Ein Anspruch auf Ausstellung eines amtlichen Passes besteht nicht. [3]Eine Änderung des amtlichen Passes durch eine andere Behörde ist nicht zulässig.

(2) [1]Das Auswärtige Amt kann das persönliche Erscheinen des Passbewerbers verlangen. [2]Von diesem Verlangen kann Abstand genommen werden, wenn die Behörde, in deren Auftrag die dienstliche Aufgabe wahrgenommen wird, die für die Passausstellung erforderlichen Unterlagen einschließlich des Lichtbildes und der Fingerabdrücke übermittelt.

---

[1)] § 9 geänd. mWv 1.1.2024 durch VO v. 30.10.2023 (BGBl. 2023 I Nr. 290).
[2)] Nr. **250.**

**§ 13 Gültigkeitsdauer.** (1) [1]Die Gültigkeitsdauer eines amtlichen Passes ist nach der Dauer der dienstlichen Aufgabe oder des amtlichen Auftrags im Sinne des § 1 Abs. 4 des Passgesetzes[1]) zu bemessen. [2]Dabei darf eine Gültigkeitsdauer von zehn Jahren nicht überschritten werden.

(2) Ein vorläufiger Dienstpass oder ein vorläufiger Diplomatenpass wird für eine Gültigkeitsdauer von bis zu einem Jahr ausgestellt.

(3) Eine Verlängerung der Gültigkeitsdauer ist nicht zulässig.

**§ 14 Rückgabe.** (1) Ein amtlicher Pass ist dem Auswärtigen Amt unverzüglich zurückzugeben, wenn

1. der Pass ungültig ist,
2. die dienstliche Aufgabe oder der amtliche Auftrag, für die er ausgestellt ist, erledigt ist,
3. der Passinhaber aus dem Dienst ausscheidet oder
4. das Auswärtige Amt oder die Behörde, in deren Auftrag die dienstliche Aufgabe wahrgenommen wird, den Passinhaber dazu auffordert.

(2) Das Auswärtige Amt kann abweichend von Absatz 1 Ausnahmen zulassen, wenn ein besonderes Interesse der Bundesrepublik Deutschland an der Belassung des amtlichen Passes vorliegt.

## Kapitel 4. Gebühren

**§ 15[2]) Gebühren.** (1) An Gebühren sind zu erheben
1. für die Ausstellung

| | | |
|---|---|---:|
| a) | eines Reisepasses nach Anlage 1 an Personen, die das 24. Lebensjahr vollendet haben, | 70 Euro, |
| b) | eines Reisepasses nach Anlage 1 an Personen, die das 24. Lebensjahr noch nicht vollendet haben, | 37,50 Euro, |
| c) | eines Reisepasses mit 48 Seiten nach Anlage 1a zusätzlich zu der in Nummer 1a und 1b bestimmten Gebühr | 22 Euro, |
| d) | eines Reisepasses nach Nummer 1a bis 1c im Expressverfahren zusätzlich zu den dort bestimmten Gebühren | 32 Euro, |
| e) | eines vorläufigen Reisepasses | 26 Euro, |
| f) | eines Ausweises für Binnenschiffer und deren Familienangehörige für die Flussschifffahrt auf der Donau (§ 7 Abs. 1 Nr. 2) | 16 Euro, |
| g) | eines Ausweises, der von den Behörden und Dienststellen ausgestellt wird, die für die polizeiliche Kontrolle des grenzüberschreitenden Verkehrs zuständig sind (§ 7 Abs. 1 Nr. 7) | 8 Euro, |
| h) | eines Ausweises, der ausschließlich zur Einreise in die Bundesrepublik Deutschland berechtigt (§ 7 Abs. 1 Nr. 8) | 8 Euro, |

---

[1]) Nr. **250**.
[2]) § 15 Abs. 3 neu gef. mWv 1.11.2010 durch VO v. 25.10.2010 (BGBl. I S. 1440); Abs. 1 Nr. 1 Buchst. a geänd. mWv 1.3.2017 durch VO v. 15.2.2017 (BGBl. I S. 162); Abs. 3 geänd. mWv 1.11.2023, Abs. 1 Nr. 1 Buchst. a geänd., Buchst. f aufgeh., bish. Buchst. g–i werden Buchst. f–h, Nr. 2, Abs. 2, Abs. 3 und Abs. 4 Nr. 3 geänd. mWv 1.1.2024 durch VO v. 30.10.2023 (BGBl. 2023 I Nr. 290).

2. für die Änderung eines Reisepasses oder vorläufigen Reisepasses und für die Verlängerung oder Änderung eines anderen unter Nummer 1 genannten Ausweises

6 Euro,[1]

(2) Die Gebühr ist zu verdoppeln

1. für eine der in Absatz 1 Nr. 1 Buchstabe e bis i und Nr. 2 genannten Amtshandlungen, wenn sie auf Veranlassung des Antragstellers außerhalb der behördlichen Dienstzeit vorgenommen werden;

2. für eine der in Absatz 1 Nr. 1 Buchstabe a, b, e und Nr. 2 genannten Amtshandlungen, wenn sie auf Veranlassung des Antragstellers von einer nicht zuständigen Behörde vorgenommen werden.

(3) Wird die Amtshandlung bei einer konsularischen oder diplomatischen Vertretung der Bundesrepublik Deutschland im Ausland vorgenommen, sind die Gebühren nach Absatz 1 Nummer 1 Buchstabe a und b um 31 Euro, die Gebühren nach Absatz 1 Nummer 1 Buchstabe e und i um 44 Euro und die Gebühren nach Absatz 1 Nummer 2 um 17 Euro anzuheben.

(4) Gebühren sind nicht zu erheben

1. für die Ausstellung oder Änderung eines amtlichen Passes;

2. für die Ausstellung oder Änderung eines Reisepasses, eines vorläufigen Reisepasses oder eines anderen in Absatz 1 Nr. 1 genannten Ausweises, wenn die Ausstellung von Amts wegen erfolgt oder die Änderung von Amts wegen eingetragen wird;

3. für die Berichtigung der Wohnortangabe im Reisepass, im vorläufigen Reisepass oder in einem anderen in Absatz 1 Nr. 1 genannten Ausweis.

**§ 16**[2] **Erstattung von Auslagen.** Als Auslagen erhebt die Passbehörde von der die Gebühren schuldenden Person die in § 10 Abs. 1 Nr. 1 des Verwaltungskostengesetzes in der bis zum 14. August 2013 geltenden Fassung bezeichneten Aufwendungen.

**§ 17 Ermäßigung und Befreiung von Gebühren.** Die Gebühr kann ermäßigt oder von ihrer Erhebung kann abgesehen werden, wenn die Person, die die Gebühren schuldet, bedürftig ist.

### Kapitel 5. Schlussvorschrift

**§ 18**[3] **Übergangsregelung.** (1) [1]Kinderreisepässe ohne Lichtbild und Kinderausweise, die vor Inkrafttreten dieser Verordnung ausgestellt wurden, behalten für den jeweiligen Gültigkeitszeitraum ihre Geltung als Passersatz. [2]Kinderreisepässe, die maschinenlesbar und mit einem digitalen Lichtbild versehen sind und vor Inkrafttreten dieser Verordnung ausgestellt wurden, behalten für den jeweiligen Gültigkeitszeitraum ihre Geltung und sind Pässe im Sinne des § 1 des Passgesetzes[4].

---

[1] Zeichensetzung amtlich.
[2] § 16 geänd. mWv 15.8.2013 durch G v. 7.8.2013 (BGBl. I S. 3154).
[3] § 18 Abs. 2 neu gef. mWv 1.11.2010 durch VO v. 25.10.2010 (BGBl. I S. 1440); Abs. 2 neu gef. mWv 1.11.2014 durch VO v. 3.3.2015 (BGBl. I S. 218); Abs. 3 angef. mWv 1.3.2017 durch VO v. 15.2. 2017 (BGBl. I S. 162); Abs. 4 angef. mWv 1.9.2021 durch VO v. 20.8.2021 (BGBl. I S. 3682).
[4] Nr. **250**.

(2) Vordrucke für Reisepässe, vorläufige Reisepässe, Kinderreisepässe, Dienstpässe, vorläufige Dienstpässe, Diplomatenpässe und vorläufige Diplomatenpässe der in den Anlagen 1 bis 7 in der bis zum 31. Oktober 2014 geltenden Fassung können bis zum 31. Oktober 2015 weiterverwendet werden.

(3) Geht ein Antrag auf Ausstellung eines Passes vor dem 1. März 2017 beim Passhersteller ein, kann der Pass auf Grundlage der bis zum 28. Februar 2017 geltenden Fassung dieser Verordnung ausgestellt werden.

(4) Abweichend von § 1 Absatz 3 Satz 1 können die Passbehörden der Länder, die nach § 23a des Bundesmeldegesetzes[1] ein Verfahren zur elektronischen Anmeldung erproben, bis zum 30. April 2022 auch Änderungsaufkleber nach dem in der Anlage 1b abgedruckten Muster verwenden.


**Anlagen 1–11**
*(Anlagen hier nicht abgedruckt)*

---

[1] Nr. **256.**

## 293. Gesetz über ergänzende Vorschriften zu Rechtsbehelfen in Umweltangelegenheiten nach der EG-Richtlinie 2003/35/EG (Umwelt-Rechtsbehelfsgesetz – UmwRG)[1]

In der Fassung der Bekanntmachung vom 23. August 2017[2]

(BGBl. I S. 3290)

**FNA 2129-46**

geänd. durch Art. 2 Abs. 18 G zur Modernisierung des Rechts der Umweltverträglichkeitsprüfung v. 20.7.2017 (BGBl. I S. 2808), Art. 4 G zur Änd. des Erneuerbare-Energien-G, des Kraft-Wärme-KopplungsG, des EnergiewirtschaftsG und weiterer energierechtlicher Vorschriften v. 17.12.2018 (BGBl. I S. 2549), Art. 8 G zur Änd. des UmweltschadensG, des UmweltinformationsG und weiterer umweltrechtlicher Vorschriften v. 25.2.2021 (BGBl. I S. 306), Art. 2 G zur Beschleunigung von verwaltungsgerichtlichen Verfahren im Infrastrukturbereich v. 14.3.2023 (BGBl. 2023 I Nr. 71) und Art. 14b G zur Anpassung des Energiewirtschaftsrechts an unionsrechtliche Vorgaben und zur Änd. weiterer energierechtlicher Vorschriften v. 22.12.2023 (BGBl. 2023 I Nr. 405)

**§ 1**[3] **Anwendungsbereich.** (1) [1]Dieses Gesetz ist anzuwenden auf Rechtsbehelfe gegen folgende Entscheidungen:

1. Zulassungsentscheidungen im Sinne von § 2 Absatz 6 des Gesetzes über die Umweltverträglichkeitsprüfung[4] über die Zulässigkeit von Vorhaben, für die nach

   a) dem Gesetz über die Umweltverträglichkeitsprüfung,

   b) der Verordnung über die Umweltverträglichkeitsprüfung bergbaulicher Vorhaben[5] oder

   c) landesrechtlichen Vorschriften

   eine Pflicht zur Durchführung einer Umweltverträglichkeitsprüfung (UVP) bestehen kann;

---

[1] **Amtl. Anm.:** Dieses Gesetz dient der Umsetzung von Artikel 11 der Richtlinie 2011/92/EU des Europäischen Parlaments und des Rates vom 13. Dezember 2011 über die Umweltverträglichkeitsprüfung bei bestimmten öffentlichen und privaten Projekten in der Fassung der Richtlinie 2014/52/EU (ABl. L 124 vom 25.4.2014, S. 1), der Umsetzung von Artikel 4 der Richtlinie 2003/35/EG des Europäischen Parlaments und des Rates vom 26. Mai 2003 über die Beteiligung der Öffentlichkeit bei der Ausarbeitung bestimmter umweltbezogener Pläne und Programme und zur Änderung der Richtlinien 85/337/EWG und 96/61/EG des Rates in Bezug auf die Öffentlichkeitsbeteiligung und den Zugang zu Gerichten (ABl. L 156 vom 25.6.2003, S. 17), der Umsetzung von Artikel 25 der Richtlinie 2010/75/EU des Europäischen Parlaments und des Rates vom 24. November 2010 über Industrieemissionen (integrierte Vermeidung und Verminderung der Umweltverschmutzung) (Neufassung) (ABl. L 334 vom 17.12.2010, S. 17), der Umsetzung von Artikel 23 der Richtlinie 2012/18/EU des Europäischen Parlaments und des Rates vom 4. Juli 2012 zur Beherrschung der Gefahren schwerer Unfälle mit gefährlichen Stoffen, zur Änderung und anschließenden Aufhebung der Richtlinie 96/82/EG des Rates (ABl. L 197 vom 24.7.2012, S. 1) sowie der Umsetzung von Artikel 13 der Richtlinie 2004/35/EG des Europäischen Parlaments und des Rates vom 21. April 2004 über Umwelthaftung zur Vermeidung und Sanierung von Umweltschäden (ABl. L 143 vom 30.4.2004, S. 56).

[2] Neubekanntmachung des UmwRG idF v. 8.4.2013 (BGBl. I S. 753) in der ab 29.7.2017 geltenden Fassung.

[3] § 1 Abs. 1 Satz 3 Nr. 3 geänd. mWv 21.12.2018 durch G v. 17.12.2018 (BGBl. I S. 2549); Abs. 1 Satz 3 Nr. 3 geänd. mWv 29.12.2023 durch G v. 22.12.2023 (BGBl. 2023 I Nr. 405).

[4] Nr. 295.

[5] **Sartorius III Nr. 470.**

2. Genehmigungen für Anlagen, die in Spalte c des Anhangs 1 der Verordnung über genehmigungsbedürftige Anlagen[1] mit dem Buchstaben G gekennzeichnet sind, gegen Entscheidungen nach § 17 Absatz 1a des Bundes-Immissionsschutzgesetzes[2], gegen Erlaubnisse nach § 8 Absatz 1 des Wasserhaushaltsgesetzes[3] für Gewässerbenutzungen, die mit einem Vorhaben im Sinne der Richtlinie 2010/75/EU des Europäischen Parlaments und des Rates vom 24. November 2010 über Industrieemissionen (integrierte Vermeidung und Verminderung der Umweltverschmutzung) (Neufassung) (ABl. L 334 vom 17.12.2010, S. 17) verbunden sind, sowie gegen Planfeststellungsbeschlüsse für Deponien nach § 35 Absatz 2 des Kreislaufwirtschaftsgesetzes[4];

2a. Genehmigungen für Anlagen nach § 23b Absatz 1 Satz 1 oder § 19 Absatz 4 des Bundes-Immissionsschutzgesetzes oder Zulassungen für Betriebspläne nach § 57d Absatz 1 des Bundesberggesetzes[5];

2b. Entscheidungen über die Zulässigkeit von Vorhaben, die benachbarte Schutzobjekte im Sinne des § 3 Absatz 5d des Bundes-Immissionsschutzgesetzes darstellen und die innerhalb des angemessenen Sicherheitsabstands zu einem Betriebsbereich nach § 3 Absatz 5a des Bundes-Immissionsschutzgesetzes verwirklicht werden sollen und einer Zulassung nach landesrechtlichen Vorschriften bedürfen;

3. Entscheidungen nach dem Umweltschadensgesetz[6];

4. Entscheidungen über die Annahme von Plänen und Programmen im Sinne von § 2 Absatz 7 des Gesetzes über die Umweltverträglichkeitsprüfung und im Sinne der entsprechenden landesrechtlichen Vorschriften, für die nach

a) Anlage 5 des Gesetzes über die Umweltverträglichkeitsprüfung oder

b) landesrechtlichen Vorschriften

eine Pflicht zur Durchführung einer Strategischen Umweltprüfung bestehen kann; ausgenommen hiervon sind Pläne und Programme, über deren Annahme durch formelles Gesetz entschieden wird;

5. Verwaltungsakte oder öffentlich-rechtliche Verträge, durch die andere als in den Nummern 1 bis 2b genannte Vorhaben unter Anwendung umweltbezogener Rechtsvorschriften des Bundesrechts, des Landesrechts oder unmittelbar geltender Rechtsakte der Europäischen Union zugelassen werden, und

6. Verwaltungsakte über Überwachungs- oder Aufsichtsmaßnahmen zur Umsetzung oder Durchführung von Entscheidungen nach den Nummern 1 bis 5, die der Einhaltung umweltbezogener Rechtsvorschriften des Bundesrechts, des Landesrechts oder unmittelbar geltender Rechtsakte der Europäischen Union dienen.

[2] Dieses Gesetz findet auch Anwendung, wenn entgegen geltenden Rechtsvorschriften keine Entscheidung nach Satz 1 getroffen worden ist. [3] Unberührt bleiben

1. § 44a der Verwaltungsgerichtsordnung[7],

---

[1] Nr. **296a**.
[2] Nr. **296**.
[3] Nr. **845**.
[4] Nr. **298**.
[5] **Sartorius III Nr. 460**.
[6] **Sartorius III Nr. 310**.
[7] Nr. **600**.

2. § 17 Absatz 3 Satz 3 bis 5 und § 19 Absatz 2 Satz 5 bis 7 des Standortauswahlgesetzes[1] sowie

3. § 15 Absatz 3 Satz 2 des Netzausbaubeschleunigungsgesetzes Übertragungsnetz[2], § 6 Absatz 9 Satz 1

*(Fortsetzung nächstes Blatt)*

---

[1] **Sartorius III Nr. 480.**
[2] **Sartorius III Nr. 511.**

# 295. Gesetz über die Umweltverträglichkeitsprüfung (UVPG)[1]

## In der Fassung der Bekanntmachung vom 18. März 2021[2]
### (BGBl. I S. 540)
#### FNA 2129-20

geänd. durch Art. 14 AufbauhilfeG 2021 v. 10.9.2021 (BGBl. I S. 4147), Art. 4 G zur sofortigen Verbesserung der Rahmenbedingungen für die erneuerbaren Energien im Städtebaurecht v. 4.1.2023 (BGBl. 2023 I Nr. 6), Art. 2 G zur Änd. des RaumordnungsG und anderer Vorschriften v. 22.3.2023 (BGBl. 2023 I Nr. 88), Art. 2 Abs. 2 Fünftes G zur Änd. verwaltungsverfahrensrechtlicher Vorschriften sowie zur Änd. des Sechsten Buches Sozialgesetzbuchs v. 4.12.2023 (BGBl. 2023 I Nr. 344), Art. 2 G für die Wärmeplanung und zur Dekarbonisierung der Wärmenetze v. 20.12.2023 (BGBl. 2023 I Nr. 394), Art. 14c G zur Anpassung des Energiewirtschaftsrechts an unionsrechtliche Vorgaben und zur Änd. weiterer energierechtlicher Vorschriften v. 22.12.2023 (BGBl. 2023 I Nr. 405) und Art. 10 G zur Beschleunigung von Genehmigungsverfahren im Verkehrsbereich und zur Umsetzung der RL (EU) 2021/1187 über die Straffung von Maßnahmen zur rascheren Verwirklichung des transeuropäischen Verkehrsnetzes v. 22.12.2023 (BGBl. 2023 I Nr. 409)

**Zum UVPG wurden ua folgende Vorschriften erlassen:**
– UmweltverträglichkeitsprüfungsVO Bergbau **(Sartorius III Nr. 470)**
– RohrfernleitungsVO (Nr. **295a**)
– KWK-Kosten-Nutzen-Vergleich-VO – KNV-V v. 28.4.2015 (BGBl. I S. 670), zuletzt geänd. durch VO v. 6.7.2021 (BGBl. I S. 2514)
– Allg. VwV zur Ausführung des G über die Umweltverträglichkeitsprüfung – UVPVwV v. 18.9.1995 (GMBl S. 671)
– UVP-Portale-VO v. 11.11.2020 (BGBl. I S. 2428)

**Zu abweichendem Landesrecht siehe:**
– **Niedersachsen:** Abweichungen im Nds. UVPG v. 18.12.2019 (Nds. GVBl. S. 437), geänd. durch G v. 22.9.2022 (Nds. GVBl. S. 578) mWv 1.3.2010, vgl. Hinweis v. 26.7.2010 (BGBl. I S. 970) v. 26.7.2010 (BGBl. I S. 970); mWv 28.12.2019, vgl. Hinweis v. 29.1.2020 (BGBl. I S. 114) v. 29.1.2020 (BGBL. I S. 114);
– **Schleswig-Holstein:** Abweichungen im Landes-UVPG v. 13.5.2003 (GVOBl. Schl.-H. S. 246), zuletzt geänd. durch G v. 13.11.2019 (GVOBl. Schl.-H. S. 425) mWv 29.12.2010, vgl. Hinweis v. 11.2.2011 (BGBl. I S. 244) v. 11.2.2011 (BGBl. I S. 244).

## Inhaltsübersicht[3]

### Teil 1. Allgemeine Vorschriften für die Umweltprüfungen

### Teil 2. Umweltverträglichkeitsprüfung
#### Abschnitt 1. Voraussetzungen für eine Umweltverträglichkeitsprüfung

[1] **Amtl. Anm.:** Dieses Gesetz dient der Umsetzung der Richtlinie 2011/92/EU des Europäischen Parlaments und des Rates vom 13. Dezember 2011 über die Umweltverträglichkeitsprüfung bei bestimmten öffentlichen und privaten Projekten in der Fassung der Richtlinie 2014/52/EU (ABl. L 124 vom 25.4. 2014, S. 1) und der Richtlinie 2001/42/EG des Europäischen Parlaments und des Rates vom 27. Juni 2001 über die Prüfung der Umweltauswirkungen bestimmter Pläne und Programme (ABl. L 197 vom 21.7.2001, S. 30).
[2] Neubekanntmachung des UVPG idF der Bek. v. 24.2.2010 (BGBl. I S. 94) in der ab 4.3.2021 geltenden Fassung.
[3] Inhaltsübersicht geänd. mWv 29.3.2023 und mWv 28.9.2023 durch G v. 22.3.2023 (BGBl. 2023 I Nr. 88); geänd. mWv 29.12.2023 durch G v. 22.12.2023 (BGBl. 2023 I Nr. 409).

## Teil 1. Allgemeine Vorschriften für die Umweltprüfungen

**§ 1[1) Anwendungsbereich.** (1) Dieses Gesetz gilt für

1. die in Anlage 1 aufgeführten Vorhaben,

2. die in Anlage 5 aufgeführten Pläne und Programme,

3. sonstige Pläne und Programme, für die nach den §§ 35 bis 37 eine Strategische Umweltprüfung oder Vorprüfung durchzuführen ist, sowie

4. die grenzüberschreitende Behörden- und Öffentlichkeitsbeteiligung bei UVP-pflichtigen Vorhaben im Ausland nach den §§ 58 und 59 und bei SUP-pflichtigen Plänen und Programmen eines anderen Staates nach den §§ 62 und 63.

(2) ¹Bei Vorhaben oder Teilen von Vorhaben, die ausschließlich Zwecken der Verteidigung dienen, kann das Bundesministerium der Verteidigung oder eine von ihm benannte Stelle im Einzelfall entscheiden, dieses Gesetz ganz oder teilweise nicht anzuwenden, soweit sich die Anwendung nach Einschätzung des Bundesministeriums der Verteidigung oder der von ihm benannten Stelle nachteilig auf die Erfüllung dieser Zwecke auswirken würde, insbesondere wegen Eilbedürftigkeit des Vorhabens oder aus Gründen der Geheimhaltung. ²Zwecke der Verteidigung schließen auch zwischenstaatliche Verpflichtungen ein. ³Bei der Entscheidung ist der Schutz vor erheblichen nachteiligen Umweltauswirkungen zu berücksichtigen. ⁴Sonstige Rechtsvorschriften, die das Zulassungsverfahren betreffen, bleiben unberührt. ⁵Wird eine Entscheidung nach Satz 1 getroffen, unter-

---

[1] § 1 Abs. 2 Satz 5 geänd. mWv 29.12.2023 durch G v. 22.12.2023 (BGBl. 2023 I Nr. 409).

richtet das Bundesministerium der Verteidigung hierüber das für Umwelt zuständige Ministerium des betroffenen Landes unverzüglich sowie das Bundesministerium für Umwelt, Naturschutz, nukleare Sicherheit und Verbraucherschutz spätestens bis zum Ablauf des 31. März des Folgejahres.

(3) ¹Bei Vorhaben oder Teilen von Vorhaben, die ausschließlich der Bewältigung von Katastrophenfällen dienen, kann die zuständige Behörde im Einzelfall entscheiden, dieses Gesetz ganz oder teilweise nicht anzuwenden, soweit sich die Anwendung nach Einschätzung der zuständigen Behörde negativ auf die Erfüllung dieses Zwecks auswirken würde. ²Bei der Entscheidung ist der Schutz vor erheblichen nachteiligen Umweltauswirkungen zu berücksichtigen. ³Sonstige Rechtsvorschriften, die das Zulassungsverfahren betreffen, bleiben unberührt.

(4)¹⁾ ¹Dieses Gesetz findet Anwendung, soweit Rechtsvorschriften des Bundes oder der Länder die Umweltverträglichkeitsprüfung nicht näher bestimmen oder die wesentlichen Anforderungen dieses Gesetzes nicht beachten. ²Rechtsvorschriften mit weitergehenden Anforderungen bleiben unberührt.

**§ 2²⁾ Begriffsbestimmungen.** (1) Schutzgüter im Sinne dieses Gesetzes sind

1. Menschen, insbesondere die menschliche Gesundheit,
2. Tiere, Pflanzen und die biologische Vielfalt,
3. Fläche, Boden, Wasser, Luft, Klima und Landschaft,
4. kulturelles Erbe und sonstige Sachgüter sowie
5. die Wechselwirkung zwischen den vorgenannten Schutzgütern.

(2) ¹Umweltauswirkungen im Sinne dieses Gesetzes sind unmittelbare und mittelbare Auswirkungen eines Vorhabens oder der Durchführung eines Plans oder Programms auf die Schutzgüter. ²Dies schließt auch solche Auswirkungen des Vorhabens ein, die aufgrund von dessen Anfälligkeit für schwere Unfälle oder Katastrophen zu erwarten sind, soweit diese schweren Unfälle oder Katastrophen für das Vorhaben relevant sind.

(3) Grenzüberschreitende Umweltauswirkungen im Sinne dieses Gesetzes sind Umweltauswirkungen eines Vorhabens in einem anderen Staat.

(4) Vorhaben im Sinne dieses Gesetzes sind nach Maßgabe der Anlage 1
1. bei Neuvorhaben
    a) die Errichtung und der Betrieb einer technischen Anlage,
    b) der Bau einer sonstigen Anlage,
    c) die Durchführung einer sonstigen in Natur und Landschaft eingreifenden Maßnahme,
2. bei Änderungsvorhaben
    a) die Änderung, einschließlich der Erweiterung, der Lage, der Beschaffenheit oder des Betriebs einer technischen Anlage,
    b) die Änderung, einschließlich der Erweiterung, der Lage oder der Beschaffenheit einer sonstigen Anlage,
    c) die Änderung, einschließlich der Erweiterung, der Durchführung einer sonstigen in Natur und Landschaft eingreifenden Maßnahme.

---

¹⁾ Beachte zur Anwendung von § 1 Abs. 4 hinsichtlich der Zulassung einer Anlage nach § 2 Abs. 1 Nr. 1, 3, 4 und 5 LNGG (**Sartorius III Nr. 525**) die Maßgaben gem. § 4 LNGG (**Sartorius III Nr. 525**) iVm § 13 LNGG (**Sartorius III Nr. 525**).
²⁾ § 2 Abs. 6 Nr. 2 geänd. mWv 28.9.2023 durch G v. 22.3.2023 (BGBl. 2023 I Nr. 88).

(5) [1] Windfarm im Sinne dieses Gesetzes sind drei oder mehr Windkraftanlagen, deren Einwirkungsbereich sich überschneidet und die in einem funktionalen Zusammenhang stehen, unabhängig davon, ob sie von einem oder mehreren Vorhabenträgern errichtet und betrieben werden. [2] Ein funktionaler Zusammenhang wird insbesondere angenommen, wenn sich die Windkraftanlagen in derselben Konzentrationszone oder in einem Gebiet nach § 7 Absatz 3 des Raumordnungsgesetzes[1]) befinden.

(6) Zulassungsentscheidungen im Sinne dieses Gesetzes sind

1. die Bewilligung, die Erlaubnis, die Genehmigung, der Planfeststellungsbeschluss und sonstige behördliche Entscheidungen über die Zulässigkeit von Vorhaben,

*(Fortsetzung nächstes Blatt)*

---

[1]) Nr. **340**.

frühere Vorhaben zum Zeitpunkt der Antragstellung für das hinzutretende kumulierende Vorhaben ein zugelassener Betriebsplan besteht.

(4) [1] Erreichen oder überschreiten in den Fällen des Absatzes 2 oder Absatzes 3 die kumulierenden Vorhaben zwar zusammen die maßgeblichen Größen- oder Leistungswerte nach § 6, werden jedoch für das hinzutretende kumulierende Vorhaben weder der Prüfwert für die standortbezogene Vorprüfung noch der Prüfwert für die allgemeine Vorprüfung erreicht oder überschritten, so besteht für das hinzutretende kumulierende Vorhaben die UVP-Pflicht nur, wenn die allgemeine Vorprüfung ergibt, dass durch sein Hinzutreten zusätzliche erhebliche nachteilige oder andere erhebliche nachteilige Umweltauswirkungen hervorgerufen werden können. [2] Für die allgemeine Vorprüfung gilt § 7 Absatz 1 und 3 bis 7 entsprechend. [3] Im Fall des Absatzes 3 sind die Sätze 1 und 2 für das frühere Vorhaben entsprechend anzuwenden.

(5) Das frühere Vorhaben und das hinzutretende kumulierende Vorhaben sind in der Vorprüfung für das jeweils andere Vorhaben als Vorbelastung zu berücksichtigen.

(6) Der in den jeweiligen Anwendungsbereich der Richtlinien 85/337/EWG und 97/11/EG fallende, aber vor Ablauf der jeweiligen Umsetzungsfristen erreichte Bestand bleibt hinsichtlich des Erreichens oder Überschreitens der Größen- oder Leistungswerte und der Prüfwerte unberücksichtigt.

**§ 13 Ausnahme von der UVP-Pflicht bei kumulierenden Vorhaben.** Für die in Anlage 1 Nummer 18.5, 18.7 und 18.8 aufgeführten Industriezonen und Städtebauprojekte gelten die §§ 10 bis 12 nicht.

**§ 14 Entwicklungs- und Erprobungsvorhaben.** (1) [1] Sofern ein in Anlage 1 Spalte 1 mit einem „X" gekennzeichnetes Vorhaben ein Entwicklungs- und Erprobungsvorhaben ist und nicht länger als zwei Jahre durchgeführt wird, besteht für dieses Vorhaben eine UVP-Pflicht abweichend von § 6 nur, wenn sie durch die allgemeine Vorprüfung festgestellt wird. [2] Für die Vorprüfung gilt § 7 Absatz 1 und 3 bis 7 entsprechend. [3] Bei der allgemeinen Vorprüfung ist die Durchführungsdauer besonders zu berücksichtigen.

(2) Ein Entwicklungs- und Erprobungsvorhaben ist ein Vorhaben, das ausschließlich oder überwiegend der Entwicklung und Erprobung neuer Verfahren oder Erzeugnisse dient.

**§ 14a[1] Besondere Änderungen zur Modernisierung und Digitalisierung von Schienenwegen.** (1) Keiner Umweltverträglichkeitsprüfung bedarf die Änderung eines Schienenwegs oder einer sonstigen Bahnbetriebsanlage nach den Nummern 14.7, 14.8 und 14.11 der Anlage 1, soweit sie lediglich aus den folgenden Einzelmaßnahmen besteht:

1. der Ausstattung einer bestehenden Bahnstrecke im Zuge des Wiederaufbaus nach einer Naturkatastrophe mit einer Oberleitung einschließlich dafür notwendiger räumlich begrenzter baulicher Anpassungen, insbesondere von Tunneln mit geringer Länge oder von Kreuzungsbauwerken,

2. den im Rahmen der Digitalisierung einer Bahnstrecke erforderlichen Baumaßnahmen, insbesondere der Ausstattung einer Bahnstrecke mit Signal- und Siche-

---

[1] § 14a Abs. 1 Nr. 1 eingef., bish. Nr. 1–6 werden Nr. 2–7 mWv 15.9.2021 durch G v. 10.9.2021 (BGBl. I S. 4147).

rungstechnik des Standards European Rail Traffic Management System (ERTMS),

3. dem barrierefreien Umbau oder der Erhöhung oder Verlängerung eines Bahnsteigs,
4. der technischen Sicherung eines Bahnübergangs,
5. der Erneuerung eines Eisenbahnübergangs,
6. der Erneuerung und Änderung eines Durchlasses sowie
7. der Herstellung von Überleitstellen für Gleiswechselbetriebe.

(2) Eine standortbezogene Vorprüfung entsprechend § 7 Absatz 2 wird zur Feststellung der UVP-Pflicht durchgeführt für

1. die Ausstattung einer bestehenden Bahnstrecke mit einer Oberleitung auf einer Länge von weniger als 15 Kilometern einschließlich dafür notwendiger räumlich begrenzter baulicher Anpassungen, insbesondere von Tunneln mit geringer Länge oder von Kreuzungsbauwerken,
2. die Errichtung einer Lärmschutzwand zur Lärmsanierung,
3. die Erweiterung einer Bahnbetriebsanlage mit einer Flächeninanspruchnahme von weniger als 5 000 Quadratmetern.

(3) Eine allgemeine Vorprüfung entsprechend § 7 Absatz 1 wird zur Feststellung der UVP-Pflicht durchgeführt für

1. die Ausstattung einer bestehenden Bahnstrecke mit einer Oberleitung, soweit nicht durch Absatz 2 Nummer 1 erfasst,
2. die Erweiterung einer Bahnbetriebsanlage nach Nummer 14.8.3.1 der Anlage 1 mit einer Flächeninanspruchnahme von 5 000 Quadratmetern oder mehr,
3. die sonstige Änderung eines Schienenwegs oder einer sonstigen Bahnbetriebsanlage nach den Nummern 14.7 und 14.8 der Anlage 1, soweit nicht von den Absätzen 1 und 2 erfasst.

## § 14b[1] Anwendbarkeit von Artikel 6 der Verordnung (EU) 2022/2577.

(1) Bei Städtebauprojekten für Anlagen zur Nutzung solarer Strahlungsenergie im bisherigen Außenbereich im Sinne des § 35 des Baugesetzbuchs[2] nach Anlage 1 Nummer 18.7 ist von der Durchführung einer Umweltverträglichkeitsprüfung abzusehen, wenn die Anlage zur Nutzung solarer Strahlungsenergie in einem Gebiet liegt, für das in einem Plan Anlagen zur Nutzung solarer Strahlungsenergie vorgesehen sind, und wenn bei Aufstellung dieses Plans eine Strategische Umweltprüfung durchgeführt wurde.

(2) [1] Absatz 1 ist auf bereits laufende und nach dem 29. März 2023 begonnene Zulassungsverfahren nur anzuwenden, wenn der Antragsteller dies gegenüber der zuständigen Behörde verlangt und den Antrag bis zum Ablauf des 30. Juni 2024 stellt. [2] Satz 1 ist für das gesamte Zulassungsverfahren anzuwenden, ungeachtet dessen, ob es bis zum Ablauf des 30. Juni 2024 abgeschlossen wird.

## § 14c[3] Ersatzneubauten mit baulicher Erweiterung im Vorgriff auf einen späteren Ausbau. (1) [1] Keiner Umweltverträglichkeitsprüfung bedürfen unselbständige Teile von Ausbaumaßnahmen, die im Verlauf von Bundesautobahnen oder Bundesstraßen eine durchgehende Länge von bis zu 1500 Metern haben,

---

[1] § 14b eingef. mWv 29.3.2023 durch G v. 22.3.2023 (BGBl. 2023 I Nr. 88).
[2] Nr. **300**.
[3] § 14c eingef. mWv 29.12.2023 durch G v. 22.12.2023 (BGBl. 2023 I Nr. 409).

soweit deren vorgezogene Durchführung zur unterhaltungsbedingten Erneuerung von Brückenbauwerken erforderlich ist. [2] Als unselbstständige Teile von Ausbaumaßnahmen im Sinne des Satzes 1 gelten vorgezogene Abschnitte eines Streckenausbaus, wenn der unselbständige Teil der Ausbaumaßnahme keine unmittelbare verkehrliche Kapazitätserweiterung bewirkt.

(2) Eine allgemeine Vorprüfung entsprechend § 7 Absatz 1 ist in den Fällen des Absatzes 1 zur Feststellung der UVP-Pflicht durchzuführen, wenn durch die vorgezogene Baumaßnahme ein Natura 2000-Gebiet betroffen sein kann.

**§ 14d**[1]) **Bau von Radwegen an Bundesstraßen.** (1) Keiner Umweltverträglichkeitsprüfung bedarf die Änderung einer Bundesstraße durch den Bau eines straßenbegleitenden Radweges mit einer durchgehenden Länge von bis zu zehn Kilometern.

(2) Eine allgemeine Vorprüfung entsprechend § 7 Absatz 1 wird in den Fällen des Absatzes 1 zur Feststellung der UVP-Pflicht durchgeführt, wenn durch die Baumaßnahme ein Natura 2000-Gebiet betroffen sein kann.

### Abschnitt 2. Verfahrensschritte der Umweltverträglichkeitsprüfung

**§ 15 Unterrichtung über den Untersuchungsrahmen.** (1) [1] Auf Antrag des Vorhabenträgers oder wenn die zuständige Behörde es für zweckmäßig hält, unterrichtet und berät die zuständige Behörde den Vorhabenträger entsprechend dem Planungsstand des Vorhabens frühzeitig über Inhalt, Umfang und Detailtiefe der Angaben, die der Vorhabenträger voraussichtlich in den UVP-Bericht aufnehmen muss (Untersuchungsrahmen). [2] Die Unterrichtung und Beratung kann sich auch auf weitere Gesichtspunkte des Verfahrens, insbesondere auf dessen zeitlichen Ablauf, auf die zu beteiligenden Behörden oder auf die Einholung von Sachverständigengutachten erstrecken. [3] Verfügen die zuständige Behörde oder die zu beteiligenden Behörden über Informationen, die für die Erarbeitung des UVP-Berichts zweckdienlich sind, so stellen sie diese Informationen dem Vorhabenträger zur Verfügung.

(2) Der Vorhabenträger hat der zuständigen Behörde geeignete Unterlagen zu den Merkmalen des Vorhabens, einschließlich seiner Größe oder Leistung, und des Standorts sowie zu den möglichen Umweltauswirkungen vorzulegen.

(3) [1] Vor der Unterrichtung über den Untersuchungsrahmen kann die zuständige Behörde dem Vorhabenträger sowie den nach § 17 zu beteiligenden Behörden Gelegenheit zu einer Besprechung geben. [2] Die Besprechung soll sich auf den Gegenstand, den Umfang und die Methoden der Umweltverträglichkeitsprüfung erstrecken. [3] Zur Besprechung kann die zuständige Behörde hinzuziehen:
1. Sachverständige,
2. nach § 55 zu beteiligende Behörden,
3. nach § 3 des Umwelt-Rechtsbehelfsgesetzes[2]) anerkannte Umweltvereinigungen sowie
4. sonstige Dritte.

[4] Das Ergebnis der Besprechung wird von der zuständigen Behörde dokumentiert.

(4) Ist das Vorhaben Bestandteil eines mehrstufigen Planungs- und Zulassungsprozesses und ist dem Verfahren nach § 4 ein anderes Planungs- oder Zulassungs-

---

[1]) § 14d eingef. mWv 29.12.2023 durch G v. 22.12.2023 (BGBl. 2023 I Nr. 409).
[2]) Nr. **293**.

verfahren vorausgegangen, als dessen Bestandteil eine Umweltprüfung durchgeführt wurde, soll sich die Umweltverträglichkeitsprüfung auf zusätzliche erhebliche oder andere erhebliche Umweltauswirkungen sowie auf erforderliche Aktualisierungen und Vertiefungen beschränken.

(5) Die zuständige Behörde berät den Vorhabenträger auch nach der Unterrichtung über den Untersuchungsrahmen, soweit dies für eine zügige und sachgerechte Durchführung des Verfahrens zweckmäßig ist.

**§ 16 UVP-Bericht.** (1) [1]Der Vorhabenträger hat der zuständigen Behörde einen Bericht zu den voraussichtlichen Umweltauswirkungen des Vorhabens (UVP-Bericht) vorzulegen, der zumindest folgende Angaben enthält:

1. eine Beschreibung des Vorhabens mit Angaben zum Standort, zur Art, zum Umfang und zur Ausgestaltung, zur Größe und zu anderen wesentlichen Merkmalen des Vorhabens,
2. eine Beschreibung der Umwelt und ihrer Bestandteile im Einwirkungsbereich des Vorhabens,
3. eine Beschreibung der Merkmale des Vorhabens und des Standorts, mit denen das Auftreten erheblicher nachteiliger Umweltauswirkungen des Vorhabens ausgeschlossen, vermindert oder ausgeglichen werden soll,
4. eine Beschreibung der geplanten Maßnahmen, mit denen das Auftreten erheblicher nachteiliger Umweltauswirkungen des Vorhabens ausgeschlossen, vermindert oder ausgeglichen werden soll, sowie eine Beschreibung geplanter Ersatzmaßnahmen,
5. eine Beschreibung der zu erwartenden erheblichen Umweltauswirkungen des Vorhabens,
6. eine Beschreibung der vernünftigen Alternativen, die für das Vorhaben und seine spezifischen Merkmale relevant und vom Vorhabenträger geprüft worden sind, und die Angabe der wesentlichen Gründe für die getroffene Wahl unter Berücksichtigung der jeweiligen Umweltauswirkungen sowie
7. eine allgemein verständliche, nichttechnische Zusammenfassung des UVP-Berichts.

[2]Bei einem Vorhaben nach § 1 Absatz 1, das einzeln oder im Zusammenwirken mit anderen Vorhaben, Projekten oder Plänen geeignet ist, ein Natura 2000-Gebiet erheblich zu beeinträchtigen, muss der UVP-Bericht Angaben zu den Auswirkungen des Vorhabens auf die Erhaltungsziele dieses Gebiets enthalten.

(2) Der UVP-Bericht ist zu einem solchen Zeitpunkt vorzulegen, dass er mit den übrigen Unterlagen ausgelegt werden kann.

(3) Der UVP-Bericht muss auch die in Anlage 4 genannten weiteren Angaben enthalten, soweit diese Angaben für das Vorhaben von Bedeutung sind.

(4) [1]Inhalt und Umfang des UVP-Berichts bestimmen sich nach den Rechtsvorschriften, die für die Zulassungsentscheidung maßgebend sind. [2]In den Fällen des § 15 stützt der Vorhabenträger den UVP-Bericht zusätzlich auf den Untersuchungsrahmen.

(5) [1]Der UVP-Bericht muss den gegenwärtigen Wissensstand und gegenwärtige Prüfmethoden berücksichtigen. [2]Er muss die Angaben enthalten, die der Vorhabenträger mit zumutbarem Aufwand ermitteln kann. [3]Die Angaben müssen ausreichend sein, um

1. der zuständigen Behörde eine begründete Bewertung der Umweltauswirkungen des Vorhabens nach § 25 Absatz 1 zu ermöglichen und

2. Dritten die Beurteilung zu ermöglichen, ob und in welchem Umfang sie von den Umweltauswirkungen des Vorhabens betroffen sein können.

(6) Zur Vermeidung von Mehrfachprüfungen hat der Vorhabenträger die vorhandenen Ergebnisse anderer rechtlich vorgeschriebener Prüfungen in den UVP-Bericht einzubeziehen.

(7) ¹Der Vorhabenträger muss durch geeignete Maßnahmen sicherstellen, dass der UVP-Bericht den Anforderungen nach den Absätzen 1 bis 6 entspricht. ²Die zuständige Behörde hat Nachbesserungen innerhalb einer angemessenen Frist zu verlangen, soweit der Bericht den Anforderungen nicht entspricht.

(8) ¹Sind kumulierende Vorhaben, für die jeweils eine Umweltverträglichkeitsprüfung durchzuführen ist, Gegenstand paralleler oder verbundener Zulassungsverfahren, so können die Vorhabenträger einen gemeinsamen UVP-Bericht vorlegen. ²Legen sie getrennte UVP-Berichte vor, so sind darin auch jeweils die Umweltauswirkungen der anderen kumulierenden Vorhaben als Vorbelastung zu berücksichtigen.

(9) Der Vorhabenträger hat den UVP-Bericht auch elektronisch vorzulegen.

**§ 17 Beteiligung anderer Behörden.** (1) Die zuständige Behörde unterrichtet die Behörden, deren umweltbezogener Aufgabenbereich durch das Vorhaben berührt wird, einschließlich der von dem Vorhaben betroffenen Gemeinden und Landkreise sowie der sonstigen im Landesrecht vorgesehenen Gebietskörperschaften, über das Vorhaben und übermittelt ihnen den UVP-Bericht.

(2) ¹Die zuständige Behörde holt die Stellungnahmen der unterrichteten Behörden ein. ²Für die Stellungnahmen gilt § 73 Absatz 3a des Verwaltungsverfahrensgesetzes¹⁾ entsprechend.

**§ 18²⁾ Beteiligung der Öffentlichkeit.** (1) ¹Die zuständige Behörde beteiligt die Öffentlichkeit zu den Umweltauswirkungen des Vorhabens. ²Der betroffenen Öffentlichkeit wird im Rahmen der Beteiligung Gelegenheit zur Äußerung gegeben. ³Dabei sollen nach dem Umwelt-Rechtsbehelfsgesetz³⁾ anerkannte Vereinigungen die zuständige Behörde in einer dem Umweltschutz dienenden Weise unterstützen. ⁴Das Beteiligungsverfahren muss den Anforderungen des § 73 Absatz 3 Satz 1 und 2 und Absatz 5 bis 7 des Verwaltungsverfahrensgesetzes¹⁾ entsprechen.

(2) ¹In einem vorgelagerten Verfahren oder in einem Planfeststellungsverfahren über einen Wege- und Gewässerplan mit landschaftspflegerischem Begleitplan nach § 41 des Flurbereinigungsgesetzes⁴⁾ kann die zuständige Behörde abweichend von Absatz 1 und abweichend von § 73 Absatz 6 des Verwaltungsverfahrensgesetzes auf die Durchführung eines Erörterungstermins verzichten. ²Auf eine Benachrichtigung nach § 73 Absatz 5 Satz 3 des Verwaltungsverfahrensgesetzes kann in einem vorgelagerten Verfahren verzichtet werden.

**§ 19 Unterrichtung der Öffentlichkeit.** (1) Bei der Bekanntmachung zu Beginn des Beteiligungsverfahrens unterrichtet die zuständige Behörde die Öffentlichkeit

---

¹⁾ Nr. **100**.
²⁾ § 18 Abs. 1 Satz 4 geänd. mWv 1.1.2024 durch G v. 4.12.2023 (BGBl. 2023 I Nr. 344).
³⁾ Nr. **293**.
⁴⁾ **Sartorius III Nr. 400.**

1. über den Antrag auf Zulassungsentscheidung oder über eine sonstige Handlung des Vorhabenträgers zur Einleitung eines Verfahrens, in dem die Umweltverträglichkeit geprüft wird,
2. über die Feststellung der UVP-Pflicht des Vorhabens nach § 5 sowie, falls erforderlich, über die Durchführung einer grenzüberschreitenden Beteiligung nach den §§ 54 bis 56,
3. über die für das Verfahren und für die Zulassungsentscheidung jeweils zuständigen Behörden, bei denen weitere relevante Informationen erhältlich sind und bei denen Äußerungen oder Fragen eingereicht werden können, sowie über die festgelegten Fristen zur Übermittlung dieser Äußerungen oder Fragen,
4. über die Art einer möglichen Zulassungsentscheidung,
5. darüber, dass ein UVP-Bericht vorgelegt wurde,
6. über die Bezeichnung der das Vorhaben betreffenden entscheidungserheblichen Berichte und Empfehlungen, die der zuständigen Behörde zum Zeitpunkt des Beginns des Beteiligungsverfahrens vorliegen,
7. darüber, wo und in welchem Zeitraum die Unterlagen nach den Nummern 5 und 6 zur Einsicht ausgelegt werden sowie
8. über weitere Einzelheiten des Verfahrens der Beteiligung der Öffentlichkeit.

(2) [1] Im Rahmen des Beteiligungsverfahrens legt die zuständige Behörde zumindest folgende Unterlagen zur Einsicht für die Öffentlichkeit aus:
1. den UVP-Bericht,
2. die das Vorhaben betreffenden entscheidungserheblichen Berichte und Empfehlungen, die der zuständigen Behörde zum Zeitpunkt des Beginns des Beteiligungsverfahrens vorgelegen haben.

[2] In Verfahren nach § 18 Absatz 2 und § 1 der Atomrechtlichen Verfahrensverordnung können die Unterlagen abweichend von § 18 Absatz 1 Satz 4 bei der Genehmigungsbehörde oder bei einer geeigneten Stelle in der Nähe des Standorts des Vorhabens ausgelegt werden.

(3) Weitere Informationen, die für die Zulassungsentscheidung von Bedeutung sein können und die der zuständigen Behörde erst nach Beginn des Beteiligungsverfahrens vorliegen, sind der Öffentlichkeit nach den Bestimmungen des Bundes und der Länder über den Zugang zu Umweltinformationen zugänglich zu machen.

**§ 20**[1)] **Zentrale Internetportale; Verordnungsermächtigung.** (1) [1] Für die Zugänglichmachung des Inhalts der Bekanntmachung nach § 19 Absatz 1 und der nach § 19 Absatz 2 auszulegenden Unterlagen im Internet richten Bund und Länder zentrale Internetportale ein. [2] Die Zugänglichmachung erfolgt im zentralen Internetportal des Bundes, wenn die Zulassungsbehörde eine Bundesbehörde ist. [3] Für den Aufbau und Betrieb des zentralen Internetportals des Bundes ist das Umweltbundesamt zuständig.

(2) Die zuständige Behörde macht den Inhalt der Bekanntmachung nach § 19 Absatz 1 und die in § 19 Absatz 2 Satz 1 Nummer 1 und 2 genannten Unterlagen über das einschlägige zentrale Internetportal zugänglich.

(3) Der Inhalt der zentralen Internetportale kann auch für die Zwecke der Berichterstattung nach § 73 verwendet werden.

---

[1)] § 20 Abs. 2 Satz 2 aufgeh. mWv 1.1.2024 durch G v. 4.12.2023 (BGBl. 2023 I Nr. 344).

(4) Die Bundesregierung wird ermächtigt, durch Rechtsverordnung mit Zustimmung des Bundesrates Folgendes zu regeln:
1. die Art und Weise der Zugänglichmachung nach den Absätzen 1 und 2 sowie
2. die Dauer der Speicherung der Unterlagen.

(5) Alle in das zentrale Internetportal einzustellenden Unterlagen sind elektronisch vorzulegen.

**§ 21 Äußerungen und Einwendungen der Öffentlichkeit.** (1) Die betroffene Öffentlichkeit kann sich im Rahmen der Beteiligung schriftlich oder zur Niederschrift bei der zuständigen Behörde äußern.

(2) Die Äußerungsfrist endet einen Monat nach Ablauf der Frist für die Auslegung der Unterlagen.

(3) [1] Bei Vorhaben, für die Unterlagen in erheblichem Umfang eingereicht worden sind, kann die zuständige Behörde eine längere Äußerungsfrist festlegen. [2] Die Äußerungsfrist darf die nach § 73 Absatz 3a Satz 1 des Verwaltungsverfahrensgesetzes[1] zu setzende Frist nicht überschreiten.

(4) [1] Mit Ablauf der Äußerungsfrist sind für das Verfahren über die Zulässigkeit des Vorhabens alle Äußerungen, die nicht auf besonderen privatrechtlichen Titeln beruhen, ausgeschlossen. [2] Hierauf weist die zuständige Behörde in der Bekanntmachung der Auslegung oder bei der Bekanntgabe der Äußerungsfrist hin.

(5) Die Äußerungsfrist gilt auch für solche Einwendungen, die sich nicht auf die Umweltauswirkungen des Vorhabens beziehen.

**§ 22 Erneute Beteiligung der Öffentlichkeit bei Änderungen im Laufe des Verfahrens.** (1) [1] Ändert der Vorhabenträger im Laufe des Verfahrens die Unterlagen, die nach § 19 Absatz 2 auszulegen sind, so ist eine erneute Beteiligung der Öffentlichkeit erforderlich. [2] Sie ist jedoch auf die Änderungen zu beschränken. [3] Hierauf weist die zuständige Behörde in der Bekanntmachung hin.

(2) [1] Die zuständige Behörde soll von einer erneuten Beteiligung der Öffentlichkeit absehen, wenn zusätzliche erhebliche oder andere erhebliche Umweltauswirkungen nicht zu besorgen sind. [2] Dies ist insbesondere dann der Fall, wenn solche Umweltauswirkungen durch die vom Vorhabenträger vorgesehenen Vorkehrungen ausgeschlossen werden.

**§ 23 Geheimhaltung und Datenschutz sowie Schutz der Rechte am geistigen Eigentum.** (1) [1] Die Rechtsvorschriften über Geheimhaltung und Datenschutz sowie über die Rechte am geistigen Eigentum bleiben unberührt. [2] Insbesondere sind Urkunden, Akten und elektronische Dokumente geheim zu halten, wenn das Bekanntwerden ihres Inhalts dem Wohl des Bundes oder eines Landes Nachteile bereiten würde oder wenn die Vorgänge nach einem Gesetz oder ihrem Wesen nach geheim gehalten werden müssen.

(2) [1] Soweit die nach § 19 Absatz 2 zur Einsicht für die Öffentlichkeit auszulegenden Unterlagen Informationen der in Absatz 1 genannten Art enthalten, kennzeichnet der Vorhabenträger diese Informationen und legt zusätzlich eine

*(Fortsetzung nächstes Blatt)*

---

[1] Nr. **100.**

Umweltprüfung kann mit der Prüfung nach Satz 1 und mit anderen Prüfungen zur Ermittlung oder Bewertung von Umweltauswirkungen verbunden werden.

## Teil 4. Besondere Verfahrensvorschriften für bestimmte Umweltprüfungen

**§ 47[1]) Linienbestimmung und Genehmigung von Flugplätzen.** (1) [1]Für die Linienbestimmung nach § 16 Absatz 1 des Bundesfernstraßengesetzes[2]) und für die Linienbestimmung nach § 13 Absatz 1 des Bundeswasserstraßengesetzes[3]) sowie im Verfahren zur Genehmigung von Flugplätzen nach § 6 Absatz 1 des Luftverkehrsgesetzes[4]) wird bei Vorhaben die Umweltverträglichkeit nach dem jeweiligen Planungsstand des Vorhabens geprüft. [2]In die Prüfung der Umweltverträglichkeit sind bei der Linienbestimmung alle ernsthaft in Betracht kommenden Trassenvarianten einzubeziehen.

(2) *(aufgehoben)*

(3) Im nachfolgenden Zulassungsverfahren kann die Prüfung der Umweltverträglichkeit auf zusätzliche erhebliche oder andere erhebliche Umweltauswirkungen des Vorhabens beschränkt werden.

(4) Die Linienbestimmung nach § 16 Absatz 1 des Bundesfernstraßengesetzes und die Linienbestimmung nach § 13 Absatz 1 des Bundeswasserstraßengesetzes kann nur im Rahmen des Rechtsbehelfsverfahrens gegen die nachfolgende Zulassungsentscheidung überprüft werden.

**§ 48 Raumordnungspläne.** [1]Besteht für die Aufstellung eines Raumordnungsplans nach diesem Gesetz die SUP-Pflicht, so wird die Strategische Umweltprüfung einschließlich der Überwachung nach dem Raumordnungsgesetz durchgeführt. [2]Auf einen Raumordnungsplan nach Anlage 5 Nummer 1.5 oder 1.6, der Flächen für die Windenergienutzung oder für den Abbau von Rohstoffen ausweist, ist § 1 Absatz 1 Satz 1 Nummer 4 des Umwelt-Rechtsbehelfsgesetzes[5]) nicht anzuwenden.

**§ 49[6]) Umweltverträglichkeitsprüfung bei Vorhaben mit Raumverträglichkeitsprüfung.** [1]In der Raumverträglichkeitsprüfung erfolgt die Prüfung der Umweltauswirkungen nur nach Maßgabe des Raumordnungsgesetzes. [2]Die Umweltverträglichkeitsprüfung im nachfolgenden behördlichen Verfahren, das der Zulassungsentscheidung dient, umfasst eine vertiefte Prüfung der in der Raumverträglichkeitsprüfung nur überschlägig geprüften Umweltauswirkungen.

**§ 50[7]) Bauleitpläne.** (1) [1]Werden Bebauungspläne im Sinne des § 2 Absatz 6 Nummer 3, insbesondere bei Vorhaben nach Anlage 1 Nummer 18.1 bis 18.9, aufgestellt, geändert oder ergänzt, so wird die Umweltverträglichkeitsprüfung einschließlich der Vorprüfung nach den §§ 1 und 2 Absatz 1 und 2 sowie nach den §§ 3 bis 13 im Aufstellungsverfahren als Umweltprüfung sowie die Überwachung nach den Vorschriften des Baugesetzbuchs[8]) durchgeführt. [2]Eine nach diesem

---

[1]) § 47 Abs. 2 aufgeh. mWv 28.9.2023 durch G v. 22.3.2023 (BGBl. 2023 I Nr. 88).
[2]) Nr. **932.**
[3]) Nr. **971.**
[4]) **Sartorius ErgBd. Nr. 975.**
[5]) Nr. **293.**
[6]) § 49 neu gef. mWv 28.9.2023 durch G v. 22.3.2023 (BGBl. 2023 I Nr. 88).
[7]) § 50 Abs. 2 geänd. mWv 1.1.2024 durch G v. 20.12.2023 (BGBl. 2023 I Nr. 394).
[8]) Nr. **300.**

Gesetz vorgeschriebene Vorprüfung entfällt, wenn für den aufzustellenden Bebauungsplan eine Umweltprüfung nach den Vorschriften des Baugesetzbuchs durchgeführt wird.

(2) Besteht für die Aufstellung, Änderung oder Ergänzung eines Bauleitplans nach diesem Gesetz eine Verpflichtung zur Durchführung einer Strategischen Umweltprüfung, wird hierfür unbeschadet der §§ 13 und 13a des Baugesetzbuchs eine Umweltprüfung einschließlich der Überwachung nach den Vorschriften des Baugesetzbuchs durchgeführt.

(3) Wird die Umweltverträglichkeitsprüfung in einem Aufstellungsverfahren für einen Bebauungsplan und in einem nachfolgenden Zulassungsverfahren durchgeführt, soll die Umweltverträglichkeitsprüfung im nachfolgenden Zulassungsverfahren auf zusätzliche oder andere erhebliche Umweltauswirkungen des Vorhabens beschränkt werden.

**§ 51 Bergrechtliche Verfahren.** [1] Bei bergbaulichen Vorhaben[1], die in der Anlage 1 aufgeführt sind und dem Bergrecht unterliegen, werden die Umweltverträglichkeitsprüfung und die Überwachung des Vorhabens nach den Vorschriften des Bundesberggesetzes[2] durchgeführt. [2] Teil 2 Abschnitt 2 und 3 in Verbindung mit Anlage 4 findet nur Anwendung, soweit das Bundesberggesetz dies anordnet.

**§ 52 Landschaftsplanungen.** Bei Landschaftsplanungen richten sich die Erforderlichkeit und die Durchführung einer Strategischen Umweltprüfung nach Landesrecht.

**§ 53[3] Verkehrswegeplanungen auf Bundesebene.** (1) Bei Bedarfsplänen nach Nummer 1.1 der Anlage 5 ist eine Strategische Umweltprüfung nur für solche erheblichen Umweltauswirkungen erforderlich, die nicht bereits Gegenstand einer Strategischen Umweltprüfung im Verfahren zur Aufstellung oder Änderung von anderen Plänen und Programmen nach Nummer 1.1 der Anlage 5 waren.

(2) [1] Bei der Verkehrswegeplanung auf Bundesebene nach Nummer 1.1 der Anlage 5 werden bei der Erstellung des Umweltberichts in Betracht kommende vernünftige Alternativen, die die Ziele und den geographischen Anwendungsbereich des Plans oder Programms berücksichtigen, insbesondere alternative Verkehrsnetze und alternative Verkehrsträger ermittelt, beschrieben und bewertet. [2] Auf die Verkehrswegeplanung auf Bundesebene ist § 1 Absatz 1 Satz 1 Nummer 4 des Umwelt-Rechtsbehelfsgesetzes[4] nicht anzuwenden.

(3) Das Bundesministerium für Digitales und Verkehr wird ermächtigt, im Einvernehmen mit dem Bundesministerium für Umwelt, Naturschutz, nukleare Sicherheit und Verbraucherschutz durch Rechtsverordnung ohne Zustimmung des Bundesrates für das Verfahren der Durchführung der Strategischen Umweltprüfung bei Plänen und Programmen nach Nummer 1.1 der Anlage 5 besondere Bestimmungen zur praktikablen und effizienten Durchführung zu erlassen über

1. die Einzelheiten des Verfahrens zur Festlegung des Untersuchungsrahmens nach § 39 im Hinblick auf Besonderheiten der Verkehrswegeplanung,

---

[1] Siehe die UmweltverträglichkeitsprüfungsVO Bergbau **(Sartorius III Nr. 470).**
[2] **Sartorius III Nr. 460.**
[3] § 53 Abs. 3 einl. Satzteil, Abs. 4 geänd. mWv 29.12.2023 durch G v. 22.12.2023 (BGBl. 2023 I Nr. 409).
[4] Nr. **293.**

2. das Verfahren der Erarbeitung und über Inhalt und Ausgestaltung des Umweltberichts nach § 40 im Hinblick auf Besonderheiten der Verkehrswegeplanung,
3. die Einzelheiten der Beteiligung von Behörden und der Öffentlichkeit nach den §§ 41, 42, 60 und 61 unter Berücksichtigung der Verwendungsmöglichkeiten von elektronischen Kommunikationsmitteln,
4. die Form der Bekanntgabe der Entscheidung nach § 44, unter Berücksichtigung der Verwendungsmöglichkeiten von elektronischen Kommunikationsmitteln,
5. die Form, den Zeitpunkt und die Berücksichtigung von Ergebnissen der Überwachung nach § 45.

(4) Das Bundesministerium für Digitales und Verkehr wird ferner ermächtigt, im Einvernehmen mit dem Bundesministerium für Umwelt, Naturschutz, nukleare Sicherheit und Verbraucherschutz durch Rechtsverordnung mit Zustimmung des Bundesrates zu bestimmen, dass die Länder zur Anmeldung von Verkehrsprojekten für Pläne und Programme nach Nummer 1.1 der Anlage 5 bestimmte vorbereitende Prüfungen vorzunehmen und deren Ergebnisse oder sonstigen Angaben beizubringen haben, die für die Durchführung der Strategischen Umweltprüfung notwendig sind.

## Teil 5. Grenzüberschreitende Umweltprüfungen

### Abschnitt 1. Grenzüberschreitende Umweltverträglichkeitsprüfung

**§ 54 Benachrichtigung eines anderen Staates.** (1) [1]Wenn ein Vorhaben, für das eine UVP-Pflicht besteht, erhebliche grenzüberschreitende Umweltauswirkungen haben kann, benachrichtigt die zuständige deutsche Behörde frühzeitig die von dem anderen Staat benannte Behörde durch Übersendung geeigneter Unterlagen über das Vorhaben. [2]Wenn der andere Staat keine Behörde benannt hat, so wird die oberste für Umweltangelegenheiten zuständige Behörde des anderen Staates benachrichtigt.

(2) Absatz 1 gilt entsprechend, wenn ein anderer Staat um Benachrichtigung ersucht.

(3) Die Benachrichtigung und die geeigneten Unterlagen sind in deutscher Sprache und in einer Amtssprache des anderen Staates zu übermitteln.

(4) Die zuständige deutsche Behörde bittet die von dem anderen Staat benannte Behörde um Mitteilung innerhalb einer angemessenen Frist, ob eine Beteiligung erwünscht wird.

(5) Teilt der andere Staat mit, dass eine Beteiligung gewünscht wird, so findet eine grenzüberschreitende Behörden- und Öffentlichkeitsbeteiligung nach Maßgabe der §§ 55 bis 57 statt.

(6) Wenn ein Vorhaben, für das die UVP-Pflicht besteht, grenzüberschreitende Umweltauswirkungen haben kann und der andere Staat eine Beteiligung nicht wünscht, kann sich die betroffene Öffentlichkeit des anderen Staates am inländischen Beteiligungsverfahren nach Maßgabe der §§ 18 bis 22 beteiligen.

**§ 55 Grenzüberschreitende Behördenbeteiligung bei inländischen Vorhaben.** (1) Die zuständige deutsche Behörde übermittelt der benannten Behörde des anderen Staates sowie weiteren von dieser angegebenen Behörden, soweit die Angaben nicht in der Benachrichtigung enthalten waren,
1. den Inhalt der Bekanntmachung nach § 19 Absatz 1 und

2. die Unterlagen, die nach § 19 Absatz 2 zur Einsicht für die Öffentlichkeit auszulegen sind.

(2) [1] Folgende Unterlagen sind in deutscher Sprache und in einer Amtssprache des anderen Staates zu übermitteln:

1. der Inhalt der Bekanntmachung nach § 19 Absatz 1,

2. die nichttechnische Zusammenfassung des UVP-Berichts sowie

3. die Teile des UVP-Berichts, die es den beteiligten Behörden und der Öffentlichkeit des anderen Staates ermöglichen, die voraussichtlichen erheblichen nachteiligen grenzüberschreitenden Umweltwirkungen des Vorhabens einzuschätzen und dazu Stellung zu nehmen oder sich zu äußern.

[2] Die zuständige Behörde kann verlangen, dass ihr der Vorhabenträger eine Übersetzung dieser Angaben in die entsprechende Amtssprache zur Verfügung stellt.

(3) Die zuständige deutsche Behörde unterrichtet die benannte Behörde des anderen Staates sowie weitere von dieser angegebene Behörden über den geplanten zeitlichen Ablauf des Genehmigungsverfahrens.

(4) [1] Die zuständige deutsche Behörde gibt der benannten Behörde des anderen Staates sowie weiteren von dieser angegebenen Behörden mindestens im gleichen Umfang wie den nach § 17 zu beteiligenden Behörden Gelegenheit zur Stellungnahme. [2] Für die Stellungnahmen gilt § 73 Absatz 3a des Verwaltungsverfahrensgesetzes[1] entsprechend.

(5) [1] Soweit erforderlich oder soweit der andere Staat darum ersucht, führen die zuständigen obersten Bundes- und Landesbehörden innerhalb eines vereinbarten, angemessenen Zeitrahmens mit dem anderen Staat Konsultationen durch, insbesondere über die grenzüberschreitenden Umweltauswirkungen des Vorhabens und über die Maßnahmen zu deren Vermeidung oder Verminderung. [2] Die Konsultationen können von einem geeigneten Gremium durchgeführt werden, das aus Vertretern der zuständigen obersten Bundes- und Länderbehörden und aus Vertretern des anderen Staates besteht.

(6) Die zuständige deutsche Behörde übermittelt den beteiligten Behörden des anderen Staates in einer Amtssprache des anderen Staates sonstige für das Verfahren der grenzüberschreitenden Umweltverträglichkeitsprüfung wesentliche Unterlagen, insbesondere Einladungen zum Erörterungstermin und zu Konsultationen.

(7) Die beteiligten Behörden des anderen Staates können ihre Mitteilungen und Stellungnahmen in einer ihrer Amtssprachen übermitteln.

**§ 56**[2] **Grenzüberschreitende Öffentlichkeitsbeteiligung bei inländischen Vorhaben.** (1) Bei der grenzüberschreitenden Öffentlichkeitsbeteiligung kann sich die Öffentlichkeit des anderen Staates am Verfahren nach den §§ 18 bis 22 beteiligen.

(2) Die zuständige deutsche Behörde wirkt darauf hin, dass

1. das Vorhaben in dem anderen Staat auf geeignete Weise bekannt gemacht wird und

2. dabei angegeben wird,

a) wo, in welcher Form und in welchem Zeitraum die Unterlagen nach § 19 Absatz 2 der Öffentlichkeit des anderen Staates zugänglich gemacht werden,

---

[1] Nr. **100**.
[2] § 56 Abs. 3 geänd. mWv 1.1.2024 durch G v. 4.12.2023 (BGBl. 2023 I Nr. 344).

b) welcher deutschen Behörde in welcher Form und innerhalb welcher Frist die betroffene Öffentlichkeit des anderen Staates Äußerungen übermitteln kann sowie

c) dass im Verfahren zur Beteiligung der Öffentlichkeit mit Ablauf der festgelegten Frist alle Äußerungen für das Verfahren über die Zulässigkeit des Vorhabens ausgeschlossen sind, die nicht auf besonderen privatrechtlichen Titeln beruhen.

(3) Die zuständige deutsche Behörde kann der betroffenen Öffentlichkeit des anderen Staates die elektronische Übermittlung von Äußerungen auch abweichend von den Voraussetzungen des § 3a Absatz 2 und 3 des Verwaltungsverfahrensgesetzes[1] gestatten, sofern im Verhältnis zum anderen Staat für die elektronische Übermittlung die Voraussetzungen der Grundsätze von Gegenseitigkeit und Gleichwertigkeit erfüllt sind.

(4) Die Öffentlichkeit des anderen Staates kann ihre Äußerungen in einer ihrer Amtssprachen übermitteln.

**§ 57 Übermittlung des Bescheids.** (1) [1]Die zuständige deutsche Behörde übermittelt der benannten Behörde des anderen Staates sowie denjenigen Behörden des anderen Staates, die Stellungnahmen abgegeben haben, in deutscher Sprache den Zulassungsbescheid. [2]Zusätzlich übermittelt sie in einer Amtssprache des anderen Staates

1. die Teile des Bescheids, die es den beteiligten Behörden und der Öffentlichkeit des anderen Staates ermöglichen, zu erkennen,

a) auf welche Art und Weise die voraussichtlichen erheblichen nachteiligen grenzüberschreitenden Umweltauswirkungen des Vorhabens sowie Gesichtspunkte oder Maßnahmen zum Ausschluss, zur Verminderung oder zum Ausgleich solcher Auswirkungen bei der Zulassungsentscheidung berücksichtigt worden sind und

b) auf welche Art und Weise die Stellungnahmen der Behörden und die Äußerungen der betroffenen Öffentlichkeit des anderen Staates sowie die Ergebnisse der Konsultationen nach § 55 Absatz 5 bei der Zulassungsentscheidung berücksichtigt worden sind sowie

2. die Rechtsbehelfsbelehrung.

(2) Die zuständige deutsche Behörde wirkt darauf hin, dass der betroffenen Öffentlichkeit des anderen Staates

1. die Zulassungsentscheidung auf geeignete Weise bekannt gemacht wird und

2. der Bescheid einschließlich der übersetzten Teile zugänglich gemacht wird.

**§ 58 Grenzüberschreitende Behördenbeteiligung bei ausländischen Vorhaben.** (1) [1]Erhält die zuständige Behörde die Benachrichtigung eines anderen Staates über ein geplantes Vorhaben, für das in dem anderen Staat eine Pflicht zur Durchführung einer Umweltverträglichkeitsprüfung besteht und das erhebliche Umweltauswirkungen in Deutschland haben kann, so ersucht die zuständige deutsche Behörde, soweit entsprechende Angaben der Benachrichtigung nicht bereits beigefügt sind, die zuständige Behörde des anderen Staates um Unterlagen über das Vorhaben, insbesondere um eine Beschreibung des Vorhabens und um Angaben über dessen Umweltauswirkungen in Deutschland. [2]Die zuständige

---

[1] Nr. **100.**

deutsche Behörde soll die zuständige Behörde des anderen Staates ersuchen, ihr in deutscher Sprache die Angaben des § 55 Absatz 2 zu übermitteln.

(2) [1]Auf der Grundlage der erhaltenen Angaben teilt die zuständige Behörde der zuständigen Behörde des anderen Staates mit, ob sie eine Beteiligung am Zulassungsverfahren für erforderlich hält. [2]Benötigt sie hierfür weitere Angaben, so ersucht sie die zuständige Behörde des anderen Staates um weitere Angaben im Sinne des § 16 Absatz 1 und 3 in deutscher Sprache.

(3) [1]Die zuständige Behörde unterrichtet die Behörden, die bei einem inländischen Vorhaben nach § 17 zu beteiligen wären, über das Vorhaben und übermittelt ihnen die Unterlagen und Angaben, die ihr vorliegen. [2]Sofern sie nicht die Abgabe einer einheitlichen Stellungnahme für angezeigt hält, weist sie die beteiligten Behörden darauf hin, welcher Behörde des anderen Staates eine Stellungnahme zugeleitet werden kann und welche Frist es für die Stellungnahme gibt.

(4) Erhält die zuständige Behörde auf andere Weise Kenntnis von einem geplanten ausländischen Vorhaben, das erhebliche Umweltauswirkungen in Deutschland haben kann, gelten die Absätze 1 bis 3 entsprechend.

(5) [1]Zuständig ist die Behörde, die für ein gleichartiges Vorhaben in Deutschland zuständig wäre. [2]Sind mehrere Behörden zuständig, so verständigen sie sich unverzüglich auf eine federführende Behörde. [3]Die federführende Behörde nimmt in diesem Fall zumindest die in den Absätzen 1 und 2 genannten Aufgaben der zuständigen deutschen Behörde wahr. [4]Die anderen zuständigen Behörden können der federführenden Behörde im Einvernehmen mit der federführenden Behörde weitere Aufgaben übertragen.

(6) Für Konsultationen mit dem anderen Staat gilt § 55 Absatz 5 entsprechend.

**§ 59** **Grenzüberschreitende Öffentlichkeitsbeteiligung bei ausländischen Vorhaben.** (1) Auf der Grundlage der von dem anderen Staat zu diesem Zweck übermittelten Unterlagen macht die zuständige deutsche Behörde das Vorhaben in geeigneter Weise in den voraussichtlich betroffenen Gebieten der Öffentlichkeit bekannt.

(2) In der Bekanntmachung weist die zuständige deutsche Behörde darauf hin, welcher Behörde des anderen Staates eine Stellungnahme zugeleitet werden kann und welche Frist es für die Stellungnahme gibt.

(3) Die zuständige Behörde macht die Unterlagen öffentlich zugänglich.

(4) Die Bekanntmachung und die nach Absatz 3 öffentlich zugänglich zu machenden Unterlagen sind zumindest über das zentrale Internetportal zugänglich zu machen.

(5) Die Vorschriften über die öffentliche Bekanntmachung der Entscheidung und die Auslegung des Bescheids nach § 27 gelten entsprechend, soweit Rechtsvorschriften des Bundes oder der Länder für die Form der Bekanntmachung und Zugänglichmachung des Bescheids nicht etwas Abweichendes regeln.

### Abschnitt 2. Grenzüberschreitende Strategische Umweltprüfung

**§ 60** **Grenzüberschreitende Behördenbeteiligung bei inländischen Plänen und Programmen.** (1) [1]Für die grenzüberschreitende Behördenbeteiligung bei Strategischen Umweltprüfungen gelten die Vorschriften über die Benachrichtigung eines anderen Staates nach § 54 und für die grenzüberschreitende Behördenbeteiligung nach § 55 entsprechend. [2]Bei der Benachrichtigung der zuständigen Behörde eines anderen Staates ist ein Exemplar des Plan- oder Programmentwurfs und des Umweltberichts zu übermitteln.

(2) [1]Die zuständige deutsche Behörde übermittelt den beteiligten Behörden des anderen Staates die Benachrichtigung in einer Amtssprache des anderen Staates. [2]Bei der Durchführung der grenzüberschreitenden Behördenbeteiligung übermittelt sie zumindest folgende Unterlagen in der Amtssprache des anderen Staates:

1. den Inhalt der Bekanntmachung nach § 42 in Verbindung mit § 19 Absatz 1,

2. die nichttechnische Zusammenfassung des Umweltberichts sowie

3. die Teile des Plan- oder Programmentwurfs und des Umweltberichts, die es den beteiligten Behörden und der Öffentlichkeit des anderen Staates ermöglichen, die voraussichtlichen erheblichen nachteiligen grenzüberschreitenden Umweltauswirkungen des Vorhabens einzuschätzen und dazu Stellung zu nehmen oder sich zu äußern.

(3) Die zuständige deutsche Behörde setzt eine angemessene Frist, innerhalb derer die zuständige Behörde des anderen Staates Gelegenheit zur Stellungnahme hat.

**§ 61 Grenzüberschreitende Öffentlichkeitsbeteiligung bei inländischen Plänen und Programmen.** (1) [1]Für die grenzüberschreitende Öffentlichkeitsbeteiligung bei Strategischen Umweltprüfungen gilt § 56 entsprechend. [2]Die in dem anderen Staat betroffene Öffentlichkeit kann sich am Verfahren nach § 42 beteiligen.

(2) [1]Die zuständige deutsche Behörde übermittelt bei der Annahme des Plans oder Programms dem beteiligten anderen Staat die in § 44 Absatz 2 genannten Informationen. [2]Dabei übermittelt sie folgende Informationen auch in einer Amtssprache des anderen Staates:

1. die Entscheidung zur Annahme des Programms,

2. die Teile der zusammenfassenden Erklärung, die es den beteiligten Behörden und der Öffentlichkeit des anderen Staates ermöglichen zu erkennen, auf welche Art und Weise

   a) der Plan oder das Programm die im Umweltbericht dargestellten voraussichtlichen erheblichen nachteiligen grenzüberschreitenden Umweltauswirkungen sowie Maßnahmen zum Ausschluss, zur Verringerung oder zum Ausgleich dieser Auswirkungen berücksichtigt,

   b) die Stellungnahmen der Behörden und die Äußerungen der betroffenen Öffentlichkeit des anderen Staates sowie die Ergebnisse der Konsultationen nach § 60 Absatz 1 in Verbindung mit § 55 Absatz 5 berücksichtigt,

3. eine Rechtsbehelfsbelehrung, soweit über die Annahme des Plans oder Programms nicht durch Gesetz entschieden wird, und

4. sonstige Unterlagen, die für das Verfahren der grenzüberschreitenden Strategischen Umweltprüfung wesentlich sind.

**§ 62 Grenzüberschreitende Behördenbeteiligung bei ausländischen Plänen und Programmen.** Für die Beteiligung der deutschen Behörden bei Plänen und Programmen eines anderen Staates gelten die Vorschriften für die grenzüberschreitende Behördenbeteiligung bei ausländischen Vorhaben nach § 58 und für die Konsultation mit dem anderen Staat nach § 55 Absatz 5 entsprechend.

**§ 63 Grenzüberschreitende Öffentlichkeitsbeteiligung bei ausländischen Plänen und Programmen.** (1) Für die Beteiligung der deutschen Öffentlichkeit bei Plänen und Programmen eines anderen Staates gilt § 59 Absatz 1 bis 3 und 5 entsprechend.

(2) Für die Bekanntgabe der Entscheidung über die Annahme oder Ablehnung des Plans oder Programms und für die Auslegung von Unterlagen im Falle der Annahme gilt § 44 entsprechend.

## Abschnitt 3. Gemeinsame Vorschriften

**§ 64 Völkerrechtliche Verpflichtungen.** Weitergehende Regelungen zur Umsetzung völkerrechtlicher Verpflichtungen von Bund und Ländern bleiben unberührt.

## Teil 6. Vorschriften für bestimmte Leitungsanlagen (Anlage 1 Nummer 19)

**§ 65 Planfeststellung; Plangenehmigung.** (1) Vorhaben, die in der Anlage 1 unter den Nummern 19.3 bis 19.9 aufgeführt sind, sowie die Änderung solcher Vorhaben bedürfen der Planfeststellung durch die zuständige Behörde, sofern dafür nach den §§ 6 bis 14 eine Verpflichtung zur Durchführung einer Umweltverträglichkeitsprüfung besteht.

(2) [1] Sofern keine Verpflichtung zur Durchführung einer Umweltverträglichkeitsprüfung besteht, bedarf das Vorhaben der Plangenehmigung. [2] Die Plangenehmigung entfällt in Fällen von unwesentlicher Bedeutung. [3] Diese liegen vor, wenn die Prüfwerte nach § 7 Absatz 1 und 2 für Größe und Leistung, die die Vorprüfung eröffnen, nicht erreicht werden oder die Voraussetzungen des § 74 Absatz 7 Satz 2 des Verwaltungsverfahrensgesetzes[1] erfüllt sind; die §§ 10 bis 12 gelten entsprechend. [4] Die Sätze 2 und 3 gelten nicht für Errichtung, Betrieb und Änderung von Rohrleitungsanlagen zum Befördern wassergefährdender Stoffe sowie für die Änderung ihres Betriebs, ausgenommen Änderungen von unwesentlicher Bedeutung.

**§ 66[2] Entscheidung; Nebenbestimmungen; Verordnungsermächtigung.**

(1) [1] Der Planfeststellungsbeschluss darf nur ergehen, wenn

1. sichergestellt ist, dass das Wohl der Allgemeinheit nicht beeinträchtigt wird, insbesondere
   a) Gefahren für die Schutzgüter nicht hervorgerufen werden können und
   b) Vorsorge gegen die Beeinträchtigung der Schutzgüter, insbesondere durch bauliche, betriebliche oder organisatorische Maßnahmen entsprechend dem Stand der Technik getroffen wird,
2. umweltrechtliche Vorschriften und andere öffentlich-rechtliche Vorschriften dem Vorhaben nicht entgegenstehen,
3. Ziele der Raumordnung beachtet und Grundsätze und sonstige Erfordernisse der Raumordnung berücksichtigt sind,
4. Belange des Arbeitsschutzes gewahrt sind.

[2] Bei Vorhaben im Sinne der Nummer 19.3 der Anlage 1 darf der Planfeststellungsbeschluss darüber hinaus nur erteilt werden, wenn eine nachteilige Veränderung der Wasserbeschaffenheit nicht zu besorgen ist.

(2) [1] Der Planfeststellungsbeschluss kann mit Bedingungen versehen, mit Auflagen verbunden und befristet werden, soweit dies zur Wahrung des Wohls der

---

[1] Nr. **100**.
[2] § 66 Abs. 6 Sätze 3 und 6 geänd. mWv 29.12.2023 durch G v. 22.12.2023 (BGBl. 2023 I Nr. 409).

Allgemeinheit oder zur Erfüllung von öffentlich-rechtlichen Vorschriften, die dem Vorhaben entgegenstehen können, erforderlich ist. [2] Die Aufnahme, Änderung oder Ergänzung von Auflagen über Anforderungen an das Vorhaben ist auch nach dem Ergehen des Planfeststellungsbeschlusses zulässig.

(3) Die Absätze 1 und 2 gelten für die Plangenehmigung entsprechend.

(4) Der Planfeststellungsbeschluss muss zumindest die folgenden Angaben enthalten:

1. die umweltbezogenen Nebenbestimmungen, die mit der Zulassungsentscheidung verbunden sind,

2. eine Beschreibung der vorgesehenen Überwachungsmaßnahmen,

3. eine Begründung, aus der die wesentlichen tatsächlichen und rechtlichen Gründe hervorgehen, die die Behörde zu ihrer Entscheidung bewogen haben; hierzu gehören

   a) Angaben über das Verfahren zur Beteiligung der Öffentlichkeit,

   b) die zusammenfassende Darstellung gemäß § 24,

   c) die begründete Bewertung gemäß § 25 Absatz 1 sowie

   d) eine Erläuterung, wie die begründete Bewertung, insbesondere die Angaben des UVP-Berichts, die behördlichen Stellungnahmen nach § 17 Absatz 2 und § 55 Absatz 4 sowie die Äußerungen der Öffentlichkeit nach den §§ 21 und 56, in der Zulassungsentscheidung berücksichtigt wurden oder wie ihnen anderweitig Rechnung getragen wurde.

(5) Wird das Vorhaben nicht zugelassen, müssen im Bescheid die dafür wesentlichen Gründe erläutert werden.

(6) [1] Die Bundesregierung wird ermächtigt, nach Anhörung der beteiligten Kreise durch Rechtsverordnung[1] mit Zustimmung des Bundesrates Vorschriften zur Erfüllung der Voraussetzungen des Absatzes 1 Satz 1 Nummer 1 zu erlassen über

1. die dem Stand der Technik entsprechenden baulichen, betrieblichen oder organisatorischen Maßnahmen zur Vorsorge gegen die Beeinträchtigung der Schutzgüter,

2. die Pflichten von Vorhabenträgern und Dritten,

   a) Behörden und die Öffentlichkeit zu informieren,

   b) Behörden Unterlagen vorzulegen,

   c) Behörden technische Ermittlungen und Prüfungen zu ermöglichen sowie ihnen dafür Arbeitskräfte und technische Hilfsmittel zur Verfügung zu stellen,

2a. die behördlichen Befugnisse,

   a) technische Ermittlungen und Prüfungen vorzunehmen,

   b) während der Betriebszeit Betriebsräume sowie unmittelbar zugehörige befriedete Betriebsgrundstücke zu betreten,

   c) bei Erforderlichkeit zur Verhütung dringender Gefahren für die öffentliche Sicherheit oder Ordnung Wohnräume und außerhalb der Betriebszeit Betriebsräume sowie unmittelbar zugehörige befriedete Betriebsgrundstücke zu betreten,

---

[1] Siehe die RohrfernleitungsVO (Nr. **295a**) und die KWK-Kosten-Nutzen-Vergleich-VO v. 28.4.2015 (BGBl. I S. 670), zuletzt geänd. durch VO v. 6.7.2021 (BGBl. I S. 2514).

d) jederzeit Anlagen zu betreten sowie Grundstücke, die nicht unmittelbar zugehörige befriedete Betriebsgrundstücke nach den Buchstaben b und c sind,

3. die Überprüfung von Vorhaben durch Sachverständige, Sachverständigenorganisationen und zugelassene Überwachungsstellen sowie über die Anforderungen, die diese Sachverständigen, Sachverständigenorganisationen und zugelassene Überwachungsstellen erfüllen müssen, sowie über das Verfahren ihrer Anerkennung,

4. die Anpassung bestehender Vorhaben an die Anforderungen der geltenden Vorschriften,

5. die Anzeige von Änderungen, die nach § 65 weder einer Planfeststellung noch einer Plangenehmigung bedürfen, an die zuständige Behörde,

6. die Befugnis für behördliche Anordnungen im Einzelfall.

[2] In der Rechtsverordnung können Vorschriften über die Einsetzung technischer Kommissionen getroffen werden. [3] Die Kommissionen sollen die Bundesregierung oder das Bundesministerium für Umwelt, Naturschutz, nukleare Sicherheit und Verbraucherschutz in technischen Fragen beraten. [4] Sie schlagen dem Stand der Technik entsprechende Regeln (technische Regeln) unter Berücksichtigung der für andere Schutzziele vorhandenen Regeln vor, soweit dessen Zuständigkeiten berührt sind, in Abstimmung mit der Kommission für Anlagensicherheit nach § 51a Absatz 1 des Bundes-Immissionsschutzgesetzes[1]) vor. [5] In die Kommissionen sind Vertreter der beteiligten Bundesbehörden und Landesbehörden, der Sachverständigen, Sachverständigenorganisationen und zugelassenen Überwachungsstellen, der Wissenschaft sowie der Hersteller und Betreiber von Leitungsanlagen zu berufen. [6] Technische Regeln können vom Bundesministerium für Umwelt, Naturschutz, nukleare Sicherheit und Verbraucherschutz im Bundesanzeiger veröffentlicht werden. [7] In der Rechtsverordnung können auch die Stoffe, die geeignet sind, die Wasserbeschaffenheit nachteilig zu verändern (wassergefährdende Stoffe im Sinne von Nummer 19.3 der Anlage 1), bestimmt werden. [8] Das Grundrecht der Unverletzlichkeit der Wohnung (Artikel 13 des Grundgesetzes[2]) wird durch Satz 1 Nummer 2a Buchstabe c eingeschränkt.

(7) Die Bundesregierung wird ermächtigt, für Rohrleitungsanlagen, die keiner Planfeststellung oder Plangenehmigung bedürfen, nach Anhörung der beteiligten Kreise im Sinne von § 23 Absatz 2 des Wasserhaushaltsgesetzes[3]) durch Rechtsverordnung[4]) mit Zustimmung des Bundesrates

1. eine Anzeigepflicht vorzuschreiben,

2. Regelungen entsprechend Absatz 6 Satz 1 Nummer 1 bis 4, 6 oder entsprechend Absatz 6 Satz 2 und 7 zu erlassen.

*(Fortsetzung nächstes Blatt)*

---

[1]) Nr. **296.**
[2]) Nr. **1.**
[3]) Nr. **845.**
[4]) Siehe die RohrfernleitungsVO (Nr. **295a**).

Fassung zu Ende zu führen. [2] Satz 1 findet keine Anwendung auf Verfahren, bei denen das Vorhaben vor dem 25. Juni 2005 bereits öffentlich gemacht worden ist.

(12) [1] Für Verfahren nach § 4, die der Entscheidung über die Zulässigkeit von Vorhaben nach Nummer 13.2.2 der Anlage 1 dienen, findet dieses Gesetz nur Anwendung, wenn das Verfahren nach dem 1. März 2010 eingeleitet worden ist. [2] Verfahren nach § 4, die der Entscheidung über die Zulässigkeit von Vorhaben nach den Nummern 3.15, 13.1 bis 13.2.1.3, 13.3 bis 13.18 und 17 der Anlage 1 dienen und die vor dem 1. März 2010 eingeleitet worden sind, sind nach der bis zu diesem Tag geltenden Fassung des Gesetzes zu Ende zu führen.

(13) Für Verfahren nach § 4, die der Entscheidung über die Zulässigkeit von Vorhaben nach Nummer 17.3 der Anlage 1 dienen, ist dieses Gesetz nur anzuwenden, wenn das Verfahren nach dem 1. August 2013 eingeleitet worden ist.

**Anlage 1** [1]

### Liste „UVP-pflichtige Vorhaben"

Nachstehende Vorhaben fallen nach § 1 Absatz 1 Nummer 1 in den Anwendungsbereich dieses Gesetzes. Soweit nachstehend eine allgemeine Vorprüfung oder eine standortbezogene Vorprüfung des Einzelfalls vorgesehen ist, nimmt dies Bezug auf die Regelungen des § 7 Absatz 1 und 2.

**Legende:**

| | | |
|---|---|---|
| Nr. | = | Nummer des Vorhabens |
| Vorhaben | = | Art des Vorhabens mit ggf. Größen- oder Leistungswerten nach § 6 Satz 2 sowie Prüfwerten für Größe oder Leistung nach § 7 Absatz 5 Satz 3 |
| X in Spalte 1 | = | Vorhaben ist UVP-pflichtig |
| A in Spalte 2 | = | allgemeine Vorprüfung des Einzelfalls: siehe § 7 Absatz 1 Satz 1 |
| S in Spalte 2 | = | standortbezogene Vorprüfung des Einzelfalls: siehe § 7 Absatz 2 |

| Nr. | Vorhaben | Sp. 1 | Sp. 2 |
|---|---|---|---|
| **1.** | **Wärmeerzeugung, Bergbau und Energie:** | | |
| **1.1** | Errichtung und Betrieb einer Anlage zur Erzeugung von Strom, Dampf, Warmwasser, Prozesswärme oder erhitztem Abgas durch den Einsatz von Brennstoffen in einer Verbrennungseinrichtung (wie Kraftwerk, Heizkraftwerk, Heizwerk, Gasturbine, Verbrennungsmotoranlage, sonstige Feuerungsanlage), einschließlich des jeweils zugehörigen Dampfkessels, mit einer Feuerungswärmeleistung von | | |
| 1.1.1 | mehr als 200 MW, | **X** | |
| 1.1.2 | 50 MW bis 200 MW; | | **A** |
| **1.2** | Errichtung und Betrieb einer Anlage zur Erzeugung von Strom, Dampf, Warmwasser, Prozesswärme oder erhitztem Abgas in einer Verbrennungseinrichtung (wie Kraftwerk, Heizkraftwerk, Heizwerk, Gasturbinenanlage, Verbrennungsmotoranlage, sonstige Feuerungsanlage), einschließlich des jeweils zugehörigen Dampfkessels, ausgenommen Verbrennungsmotoranlagen für Bohranlagen und Notstromaggregate, durch den Einsatz von | | |
| 1.2.1 | Kohle, Koks einschließlich Petrolkoks, Kohlebriketts, Torfbriketts, Brenntorf, naturbelassenem Holz, emulgiertem Naturbitumen, Heizölen, ausgenommen Heizöl EL, mit einer Feuerungswärmeleistung von 1 MW bis weniger als 50 MW, | | **S** |
| 1.2.2 | gasförmigen Brennstoffen (insbesondere Koksofengas, Grubengas, Stahlgas, Raffineriegas, Synthesegas, Erdölgas aus der Tertiärförderung von Erdöl, Klärgas, Biogas), ausgenommen naturbelassenem Erdgas, Flüssiggas, Gasen der öffentlichen Gasversorgung oder Wasserstoff, mit einer Feuerungswärmeleistung von | | |

---

[1] Anl. 1 geänd. mWv 29.12.2023 durch G v. 22.12.2023 (BGBl. 2023 I Nr. 405).

| Nr. | Vorhaben | Sp. 1 | Sp. 2 |
|---|---|---|---|
| 1.2.2.1 | 10 MW bis weniger als 50 MW, | | S |
| 1.2.2.2 | 1 MW bis weniger als 10 MW, bei Verbrennungsmotoranlagen oder Gasturbinenanlagen, | | S |
| 1.2.3 | Heizöl EL, Dieselkraftstoff, Methanol, Ethanol, naturbelassenen Pflanzenölen oder Pflanzenölmethylestern, naturbelassenem Erdgas, Flüssiggas, Gasen der öffentlichen Gasversorgung oder Wasserstoff mit einer Feuerungswärmeleistung von | | |
| 1.2.3.1 | 20 MW bis weniger als 50 MW, | | S |
| 1.2.3.2 | 1 MW bis weniger als 20 MW, bei Verbrennungsmotoranlagen oder Gasturbinenanlagen, | | S |
| 1.2.4 | anderen als in Nummer 1.2.1 oder 1.2.3 genannten festen oder flüssigen Brennstoffen mit einer Feuerungswärmeleistung von | | |
| 1.2.4.1 | 1 MW bis weniger als 50 MW, | | A |
| 1.2.4.2 | 100 KW bis weniger als 1 MW; | | S |
| **1.3** | (weggefallen) | | |
| **1.4** | Errichtung und Betrieb einer Verbrennungsmotoranlage oder Gasturbinenanlage zum Antrieb von Arbeitsmaschinen für den Einsatz von | | |
| 1.4.1 | Heizöl EL, Dieselkraftstoff, Methanol, Ethanol, naturbelassenen Pflanzenölen, Pflanzenölmethylestern Koksofengas, Grubengas, Stahlgas, Raffineriegas, Synthesegas, Erdölgas aus der Tertiärförderung von Erdöl, Klärgas, Biogas, naturbelassenem Erdgas, Flüssiggas, Gasen der öffentlichen Gasversorgung oder Wasserstoff mit einer Feuerungswärmeleistung von | | |
| 1.4.1.1 | mehr als 200 MW, | X | |
| 1.4.1.2 | 50 MW bis 200 MW, | | A |
| 1.4.1.3 | 1 MW bis weniger als 50 MW, ausgenommen Verbrennungsmotoranlagen für Bohranlagen, | | S |
| 1.4.2 | anderen als in Nummer 1.4.1 genannten Brennstoffen mit einer Feuerungswärmeleistung von | | |
| 1.4.2.1 | mehr als 200 MW, | X | |
| 1.4.2.2 | 50 MW bis 200 MW | | A |
| 1.4.2.3 | 1 MW bis weniger als 50 MW; | | S |
| **1.5** | (weggefallen) | | |
| **1.6** | Errichtung und Betrieb einer Windfarm mit Anlagen mit einer Gesamthöhe von jeweils mehr als 50 Metern mit | | |
| 1.6.1 | 20 oder mehr Windkraftanlagen, | X | |
| 1.6.2 | 6 bis weniger als 20 Windkraftanlagen, | | A |
| 1.6.3 | 3 bis weniger als 6 Windkraftanlagen; | | S |
| **1.7** | Errichtung und Betrieb einer Anlage zum Brikettieren von Braun- oder Steinkohle; | X | |
| **1.8** | Errichtung und Betrieb einer Anlage zur Trockendestillation von Steinkohle oder Braunkohle (z.B. Kokerei, Gaswerk, Schwelerei) mit einem Durchsatz von | | |
| 1.8.1 | 500 t oder mehr je Tag, | X | |
| 1.8.2 | weniger als 500 t je Tag, ausgenommen Holzkohlenmeiler; | | A |
| **1.9** | Errichtung und Betrieb einer Anlage zur Vergasung oder Verflüssigung von Kohle oder bituminösem Schiefer mit einem Durchsatz von | | |
| 1.9.1 | 500 t oder mehr je Tag, | X | |
| 1.9.2 | weniger als 500 t je Tag; | | A |
| **1.10** | Errichtung und Betrieb einer Anlage zur Abscheidung von Kohlendioxid zur dauerhaften Speicherung | | |
| 1.10.1 | aus einer Anlage, die nach Spalte 1 UVP-pflichtig ist, | X | |

| Nr. | Vorhaben | Sp. 1 | Sp. 2 |
|---|---|---|---|
| 1.10.2 | mit einer Abscheidungsleistung von 1,5 Mio. t oder mehr pro Jahr, soweit sie nicht unter Nummer 1.10.1 fällt, | X | |
| 1.10.3 | mit einer Abscheidungsleistung von weniger als 1,5 Mio. t pro Jahr; | | A |
| **1.11** | Errichtung und Betrieb einer Anlage zur | | |
| 1.11.1 | Erzeugung von Biogas, soweit nicht durch Nummer 8.4 erfasst, mit einer Produktionskapazität von | | |

*(Fortsetzung nächstes Blatt)*

| Nr. | Vorhaben | Sp. 1 | Sp. 2 |
|---|---|:---:|:---:|
| **18.4** | Bau eines Parkplatzes, für den im bisherigen Außenbereich im Sinne des § 35 des Baugesetzbuchs[1] ein Bebauungsplan aufgestellt wird, mit einer Größe von | | |
| 18.4.1 | 1 ha oder mehr, | X | |
| 18.4.2 | 0,5 ha bis weniger als 1 ha; | | A |
| **18.5** | Bau einer Industriezone für Industrieanlagen, für den im bisherigen Außenbereich im Sinne des § 35 des Baugesetzbuchs[1] ein Bebauungsplan aufgestellt wird, mit einer zulässigen Grundfläche im Sinne des § 19 Absatz 2 der Baunutzungsverordnung[2] oder einer festgesetzten Größe der Grundfläche von insgesamt | | |
| 18.5.1 | 100 000 m² oder mehr, | X | |
| 18.5.2 | 20 000 m² bis weniger als 100 000 m²; | | A |
| **18.6** | Bau eines Einkaufszentrums, eines großflächigen Einzelhandelsbetriebes oder eines sonstigen großflächigen Handelsbetriebes im Sinne des § 11 Absatz 3 Satz 1 der Baunutzungsverordnung[2], für den im bisherigen Außenbereich im Sinne des § 35 des Baugesetzbuchs[1] ein Bebauungsplan aufgestellt wird, mit einer zulässigen Geschossfläche von | | |
| 18.6.1 | 5 000 m² oder mehr, | X | |
| 18.6.2 | 1 200 m² bis weniger als 5 000 m²; | | A |
| **18.7** | Bau eines Städtebauprojektes für sonstige bauliche Anlagen, für den im bisherigen Außenbereich im Sinne des § 35 des Baugesetzbuchs[1] ein Bebauungsplan aufgestellt wird, mit einer zulässigen Grundfläche im Sinne des § 19 Absatz 2 der Baunutzungsverordnung[2] oder einer festgesetzten Größe der Grundfläche von insgesamt | | |
| 18.7.1 | 100 000 m² oder mehr, | X | |
| 18.7.2 | 20 000 m² bis weniger als 100 000 m²; | | A |
| **18.8** | Bau eines Vorhabens der in den Nummern 18.1 bis 18.7 genannten Art, soweit der jeweilige Prüfwert für die Vorprüfung erreicht oder überschritten wird und für den in sonstigen Gebieten ein Bebauungsplan aufgestellt, geändert oder ergänzt wird; | | A |
| **18.9** | Vorhaben, für das nach Landesrecht zur Umsetzung der Richtlinie 85/337/EWG des Rates über die Umweltverträglichkeitsprüfung bei bestimmten öffentlichen und privaten Projekten (ABl. EG Nr. L 175 S. 40) in der durch die Änderungsrichtlinie 97/11/EG des Rates (ABl. EG Nr. L 73 S. 5) geänderten Fassung eine Umweltverträglichkeitsprüfung vorgesehen ist, sofern dessen Zulässigkeit durch einen Bebauungsplan begründet wird oder ein Bebauungsplan einen Planfeststellungsbeschluss ersetzt; | | |
| **19.** | **Leitungsanlagen und andere Anlagen:** | | |
| 19.1 | Errichtung und Betrieb einer Hochspannungsfreileitung im Sinne des Energiewirtschaftsgesetzes[3] mit | | |
| 19.1.1 | einer Länge von mehr als 15 km und mit einer Nennspannung von 220 kV oder mehr, | X | |
| 19.1.2 | einer Länge von mehr als 15 km und mit einer Nennspannung von 110 kV bis zu 220 kV, | | A |
| 19.1.3 | einer Länge von 5 km bis 15 km und mit einer Nennspannung von 110 kV oder mehr, | | A |
| 19.1.4 | einer Länge von über 200 Metern und weniger als 5 km und einer Nennspannung von 110 kV oder mehr; | | S |
| 19.1.5 | einer Länge von bis zu 200 Metern und einer Nennspannung von 110 kV oder mehr, wenn die Hochspannungsfreileitung in einem Natura | | S |

[1] Nr. **300**.
[2] Nr. **311**.
[3] Nr. **830**.

| Nr. | Vorhaben | Sp. 1 | Sp. 2 |
|---|---|---|---|
| | 2000-Gebiet nach § 7 Absatz 1 Nummer 8 des Bundesnaturschutzgesetzes[4] liegt | | |
| **19.2** | Errichtung und Betrieb einer Gasversorgungsleitung im Sinne des Energiewirtschaftsgesetzes[1], ausgenommen Anlagen, die den Bereich eines Werksgeländes nicht überschreiten, mit | | |
| 19.2.1 | einer Länge von mehr als 40 km und einem Durchmesser von mehr als 800 mm, | X | |
| 19.2.2 | einer Länge von mehr als 40 km und einem Durchmesser von 300 mm bis zu 800 mm, | | A |
| 19.2.3 | einer Länge von 5 km bis 40 km und einem Durchmesser von mehr als 300 mm, | | A |
| 19.2.4 | einer Länge von weniger als 5 km und einem Durchmesser von mehr als 300 mm; | | S |
| **19.3** | Errichtung und Betrieb einer Rohrleitungsanlage zum Befördern wassergefährdender Stoffe im Sinne von § 66 Absatz 6 Satz 7 dieses Gesetzes, ausgenommen Rohrleitungsanlagen, die<br>– den Bereich eines Werksgeländes nicht überschreiten,<br>– Zubehör einer Anlage zum Umgang mit solchen Stoffen sind oder<br>– Anlagen verbinden, die in engem räumlichen und betrieblichen Zusammenhang miteinander stehen und kurzräumig durch landgebundene öffentliche Verkehrswege getrennt sind,<br>mit | | |
| 19.3.1 | einer Länge von mehr als 40 km, | X | |
| 19.3.2 | einer Länge von 2 km bis 40 km und einem Durchmesser der Rohrleitung von mehr als 150 mm, | | A |
| 19.3.3 | einer Länge von weniger als 2 km und einem Durchmesser der Rohrleitung von mehr als 150 mm; | | S |
| **19.4** | Errichtung und Betrieb einer Rohrleitungsanlage, soweit sie nicht unter Nummer 19.3 fällt, zum Befördern von verflüssigten Gasen, ausgenommen Anlagen, die den Bereich eines Werksgeländes nicht überschreiten, mit | | |
| 19.4.1 | einer Länge von mehr als 40 km und einem Durchmesser der Rohrleitung von mehr als 800 mm, | X | |
| 19.4.2 | einer Länge von mehr als 40 km und einem Durchmesser der Rohrleitung von 150 mm bis zu 800 mm, | | A |
| 19.4.3 | einer Länge von 2 km bis 40 km und einem Durchmesser der Rohrleitung von mehr als 150 mm, | | A |
| 19.4.4 | einer Länge von weniger als 2 km und einem Durchmesser der Rohrleitung von mehr als 150 mm; | | S |
| **19.5** | Errichtung und Betrieb einer Rohrleitungsanlage, soweit sie nicht unter Nummer 19.3 oder als Energieanlage im Sinne des Energiewirtschaftsgesetzes[1] unter Nummer 19.2 fällt, zum Befördern von nichtverflüssigten Gasen, ausgenommen Anlagen, die den Bereich eines Werksgeländes nicht überschreiten, mit | | |
| 19.5.1 | einer Länge von mehr als 40 km und einem Durchmesser der Rohrleitung von mehr als 800 mm, | X | |
| 19.5.2 | einer Länge von mehr als 40 km und einem Durchmesser der Rohrleitung von 300 mm bis zu 800 mm, | | A |
| 19.5.3 | einer Länge von 5 km bis 40 km und einem Durchmesser der Rohrleitung von mehr als 300 mm, | | A |
| 19.5.4 | einer Länge von weniger als 5 km und einem Durchmesser der Rohrleitung von mehr als 300 mm; | | S |

---

[4] Nr. **880**.
[1] Nr. **830**.

| Nr. | Vorhaben | Sp. 1 | Sp. 2 |
|---|---|---|---|
| 19.6 | Errichtung und Betrieb einer Rohrleitungsanlage zum Befördern von Stoffen im Sinne von § 3a des Chemikaliengesetzes, soweit sie nicht unter eine der Nummern 19.2 bis 19.5 fällt und ausgenommen Abwasserleitungen sowie Anlagen, die den Bereich eines Werksgeländes nicht überschreiten oder Zubehör einer Anlage zum Lagern solcher Stoffe sind, mit | | |

*(Fortsetzung nächstes Blatt)*

| Schutzgut (Auswahl) | mögliche Art der Betroffenheit |
|---|---|
| Klima | Veränderungen des Klimas, z.B. durch Treibhausgasemissionen, Veränderung des Kleinklimas am Standort |
| kulturelles Erbe | Auswirkungen auf historisch, architektonisch oder archäologisch bedeutende Stätten und Bauwerke und auf Kulturlandschaften |

c) Mögliche Ursachen der Umweltauswirkungen

Bei der Beschreibung der Umstände, die zu erheblichen Umweltauswirkungen des Vorhabens führen können, sind insbesondere folgende Gesichtspunkte zu berücksichtigen:

aa) die Durchführung baulicher Maßnahmen, einschließlich der Abrissarbeiten, soweit relevant, sowie die physische Anwesenheit der errichteten Anlagen oder Bauwerke,

bb) verwendete Techniken und eingesetzte Stoffe,

cc) die Nutzung natürlicher Ressourcen, insbesondere Fläche, Boden, Wasser, Tiere, Pflanzen und biologische Vielfalt, und, soweit möglich, jeweils auch auf die nachhaltige Verfügbarkeit der betroffenen Ressource einzugehen,

dd) Emissionen und Belästigungen sowie Verwertung oder Beseitigung von Abfällen,

ee) Risiken für die menschliche Gesundheit, für Natur und Landschaft sowie für das kulturelle Erbe, zum Beispiel durch schwere Unfälle oder Katastrophen,

ff) das Zusammenwirken mit den Auswirkungen anderer bestehender oder zugelassener Vorhaben oder Tätigkeiten; dabei ist auch auf Umweltprobleme einzugehen, die sich daraus ergeben, dass ökologisch empfindliche Gebiete nach Anlage 3 Nummer 2.3 betroffen sind oder die sich aus einer Nutzung natürlicher Ressourcen ergeben,

gg) Auswirkungen des Vorhabens auf das Klima, zum Beispiel durch Art und Ausmaß der mit dem Vorhaben verbundenen Treibhausgasemissionen,

hh) die Anfälligkeit des Vorhabens gegenüber den Folgen des Klimawandels (zum Beispiel durch erhöhte Hochwassergefahr am Standort),

ii) die Anfälligkeit des Vorhabens für die Risiken von schweren Unfällen oder Katastrophen, soweit solche Risiken nach der Art, den Merkmalen und dem Standort des Vorhabens von Bedeutung sind.

5. Die Beschreibung der grenzüberschreitenden Auswirkungen des Vorhabens soll in einem gesonderten Abschnitt erfolgen.

6. Eine Beschreibung und Erläuterung der Merkmale des Vorhabens und seines Standorts, mit denen das Auftreten erheblicher nachteiliger Umweltauswirkungen ausgeschlossen, vermindert, ausgeglichen werden soll.

7. Eine Beschreibung und Erläuterung der geplanten Maßnahmen, mit denen das Auftreten erheblicher nachteiliger Umweltauswirkungen ausgeschlossen, vermindert oder ausgeglichen werden soll, sowie geplanter Ersatzmaßnahmen und etwaiger Überwachungsmaßnahmen des Vorhabenträgers.

8. Soweit Auswirkungen aufgrund der Anfälligkeit des Vorhabens für die Risiken von schweren Unfällen oder Katastrophen zu erwarten sind, soll die Beschreibung, soweit möglich, auch auf vorgesehene Vorsorge- und Notfallmaßnahmen eingehen.

9. Die Beschreibung der Auswirkungen auf Natura 2000-Gebiete soll in einem gesonderten Abschnitt erfolgen.

10. Die Beschreibung der Auswirkungen auf besonders geschützte Arten soll in einem gesonderten Abschnitt erfolgen.

11. Eine Beschreibung der Methoden oder Nachweise, die zur Ermittlung der erheblichen Umweltauswirkungen genutzt wurden, einschließlich näherer Hinweise auf Schwierigkeiten und Unsicherheiten, die bei der Zusammenstellung der Angaben aufgetreten sind, zum Beispiel technische Lücken oder fehlende Kenntnisse.

12. Eine Referenzliste der Quellen, die für die im UVP-Bericht enthaltenen Angaben herangezogen wurden.

**Anlage 5[1)]**

### Liste „SUP-pflichtiger Pläne und Programme"

Nachstehende Pläne und Programme fallen nach § 1 Absatz 1 Nummer 2, § 2 Absatz 7 in den Anwendungsbereich dieses Gesetzes.

**Legende:**

| | | |
|---|---|---|
| Nr. | = | Nummer des Plans oder Programms |
| Plan oder Programm | = | Art des Plans oder Programms |

| Nr. | Plan oder Programm |
|---|---|
| **1.** | **Obligatorische Strategische Umweltprüfung nach § 35 Absatz 1 Nummer 1** |
| 1.1 | Verkehrswegeplanungen auf Bundesebene einschließlich Bedarfspläne nach einem Verkehrswegeausbaugesetz des Bundes |
| 1.2 | Ausbaupläne nach § 12 Absatz 1 des Luftverkehrsgesetzes[2)], wenn diese bei ihrer Aufstellung oder Änderung über den Umfang der Entscheidungen nach § 8 Absatz 1 und 2 des Luftverkehrsgesetzes[2)] wesentlich hinausreichen |
| 1.3 | Risikomanagementpläne nach § 75 des Wasserhaushaltsgesetzes[3)] und die Aktualisierung der vergleichbaren Pläne nach § 75 Absatz 6 des Wasserhaushaltsgesetzes[3)]. |
| 1.4 | Maßnahmenprogramme nach § 82 des Wasserhaushaltsgesetzes[3)] |
| 1.5 | Raumordnungsplanungen nach § 13 des Raumordnungsgesetzes[4)] |
| 1.6 | Raumordnungsplanungen des Bundes nach § 17 Absatz 1 und 2 des Raumordnungsgesetzes[4)] |
| 1.7 | Rechtsverordnungen nach § 249b Absatz 1 und 2 des Baugesetzbuchs[5)] |
| 1.8 | Bauleitplanungen nach den §§ 6 und 10 des Baugesetzbuchs[5)] |
| 1.9 | Maßnahmenprogramme nach § 45h des Wasserhaushaltsgesetzes[3)] |
| 1.10 | Bundesbedarfspläne nach § 12e des Energiewirtschaftsgesetzes[6)] |
| 1.11 | Bundesfachplanungen nach den §§ 4 und 5 des Netzausbaubeschleunigungsgesetzes Übertragungsnetz[7)] |
| 1.12 | Nationale Aktionsprogramme nach Artikel 5 Absatz 1 der Richtlinie 91/676/EWG des Rates vom 12. Dezember 1991 zum Schutz der Gewässer vor Verunreinigung durch Nitrat aus landwirtschaftlichen Quellen (ABl. L 375 vom 31.12.1991, S. 1), die zuletzt durch die Verordnung (EG) Nr. 1137/2008 (ABl. L 311 vom 21.11.2008, S. 1) geändert worden ist |
| 1.13 | Das Nationale Entsorgungsprogramm nach § 2c des Atomgesetzes |
| 1.14 | Bundesfachpläne Offshore nach § 17a des Energiewirtschaftsgesetzes[6)] |
| 1.15 | Festlegung der Standortregionen für die übertägige Erkundung nach § 15 Absatz 3 des Standortauswahlgesetzes[8)] |
| 1.16 | Festlegung der Standorte für die untertägige Erkundung nach § 17 Absatz 2 des Standortauswahlgesetzes[8)] |
| 1.17 | Flächenentwicklungspläne nach § 5 des Windenergie-auf-See-Gesetzes |
| 1.18 | Feststellungen der Eignung einer Fläche und der installierbaren Leistung auf der Fläche nach § 12 Absatz 5 des Windenergie-auf-See-Gesetzes |
| **2.** | **Strategische Umweltprüfung bei Rahmensetzung nach § 35 Absatz 1 Nummer 2** |
| 2.1 | Lärmaktionspläne nach § 47d des Bundes-Immissionsschutzgesetzes[9)] |
| 2.2 | Luftreinhaltepläne nach § 47 Absatz 1 des Bundes-Immissionsschutzgesetzes[9)] |
| 2.3 | Abfallwirtschaftskonzepte nach § 21 des Kreislaufwirtschaftsgesetzes[10)] |

---

[1)] Anl. 5 geänd. mWv 1.1.2023 durch G v. 4.1.2023 (BGBl. 2023 I Nr. 6); geänd. mWv 1.1.2024 durch G v. 20.12.2023 (BGBl. 2023 I Nr. 394).
[2)] **Sartorius ErgBd. Nr. 975.**
[3)] Nr. **845.**
[4)] Nr. **340.**
[5)] Nr. **300.**
[6)] Nr. **830.**
[7)] **Sartorius III Nr. 511.**
[8)] **Sartorius III Nr. 480.**
[9)] Nr. **296.**
[10)] Nr. **298.**

| Nr. | Plan oder Programm |
|---|---|
| 2.4 | Fortschreibung der Abfallwirtschaftskonzepte nach § 16 Absatz 3 Satz 4, 2. Alternative des Kreislaufwirtschafts- und Abfallgesetzes vom 27. September 1994 (BGBl. I S. 2705), das zuletzt durch Artikel 5 des Gesetzes vom 6. Oktober 2011 (BGBl. I S. 1986) geändert worden ist, |
| 2.5 | Abfallwirtschaftspläne nach § 30 des Kreislaufwirtschaftsgesetzes[1], einschließlich von besonderen Kapiteln oder gesonderten Teilplänen über die Entsorgung von gefährlichen Abfällen, Altbatterien und Akkumulatoren oder Verpackungen und Verpackungsabfällen |
| 2.6 | Abfallvermeidungsprogramme nach § 33 des Kreislaufwirtschaftsgesetzes[1] |
| 2.7 | Operationelle Programme aus dem Europäischen Fonds für Regionale Entwicklung, dem Europäischen Sozialfonds, dem Kohäsionsfonds und dem Europäischen Meeres- und Fischereifonds sowie Entwicklungsprogramme für den ländlichen Raum aus dem Europäischen Landwirtschaftsfonds für die Entwicklung des ländlichen Raumes |
| 2.8 | Besondere Notfallpläne des Bundes oder der Länder nach § 99 Absatz 2 Nummer 9 oder § 100, jeweils auch in Verbindung mit § 103 Absatz 1 des Strahlenschutzgesetzes, für die Entsorgung von Abfällen bei möglichen Notfällen |
| 2.9 | Pläne des Bundes oder der Länder nach § 118 Absatz 2 oder 5, jeweils auch in Verbindung mit § 103 Absatz 1 des Strahlenschutzgesetzes, für die Entsorgung von Abfällen |
| 2.10 | Bestimmung von Maßnahmen durch Rechtsverordnung nach § 123 Satz 2 des Strahlenschutzgesetzes |
| 2.11 | Radonmaßnahmenplan nach § 122 Absatz 1 des Strahlenschutzgesetzes |
| 2.12 | Aktionspläne nach § 40d des Bundesnaturschutzgesetzes[2] |
| 2.13 | Klimaschutzprogramme nach § 9 des Bundes-Klimaschutzgesetzes[3] |
| 2.14 | Entscheidungen über die Ausweisung als Gebiet zum Neu- oder Ausbau von Wärmenetzen oder als Wasserstoffnetzausbaugebiet nach § 26 des Wärmeplanungsgesetzes |

**Anlage 6**

### Kriterien für die Vorprüfung des Einzelfalls im Rahmen einer Strategischen Umweltprüfung

Nachstehende Kriterien sind anzuwenden, soweit auf Anlage 6 Bezug genommen wird.

**1. Merkmale des Plans oder Programms, insbesondere in Bezug auf**

1.1 das Ausmaß, in dem der Plan oder das Programm einen Rahmen setzt;

1.2 das Ausmaß, in dem der Plan oder das Programm andere Pläne und Programme beeinflusst;

1.3 die Bedeutung des Plans oder Programms für die Einbeziehung umweltbezogener, einschließlich gesundheitsbezogener Erwägungen, insbesondere im Hinblick auf die Förderung der nachhaltigen Entwicklung;

1.4 die für den Plan oder das Programm relevanten umweltbezogenen, einschließlich gesundheitsbezogenen Probleme;

1.5 die Bedeutung des Plans oder Programms für die Durchführung nationaler und europäischer Umweltvorschriften.

**2. Merkmale der möglichen Auswirkungen und der voraussichtlich betroffenen Gebiete, insbesondere in Bezug auf**

2.1 die Wahrscheinlichkeit, Dauer, Häufigkeit und Umkehrbarkeit der Auswirkungen;

2.2 den kumulativen und grenzüberschreitenden Charakter der Auswirkungen;

2.3 die Risiken für die Umwelt, einschließlich der menschlichen Gesundheit (zum Beispiel bei Unfällen);

2.4 den Umfang und die räumliche Ausdehnung der Auswirkungen;

2.5 die Bedeutung und die Sensibilität des voraussichtlich betroffenen Gebiets aufgrund der besonderen natürlichen Merkmale, des kulturellen Erbes, der Intensität der Bodennutzung des Gebiets jeweils unter Berücksichtigung der Überschreitung von Umweltqualitätsnormen und Grenzwerten;

2.6 Gebiete nach Nummer 2.3 der Anlage 3.

---

[1] Nr. **298**.
[2] Nr. **880**.
[3] Nr. **290**.

# 300. Baugesetzbuch (BauGB)[1)][2)]

## In der Fassung der Bekanntmachung vom 3. November 2017[3)]
### (BGBl. I S. 3634)

**FNA 213-1**

geänd. durch Art. 2 HochwasserschutzG II v. 30.6.2017 (BGBl. I S. 2193), Art. 6 G zum Schutz der Bevölkerung bei einer epidemischen Lage von nationaler Tragweite v. 27.3.2020 (BGBl. I S. 587), Art. 2 G zur Vereinheitlichung des Energieeinsparrechts für Gebäude und zur Änd. weiterer Gesetze v. 8.8.2020 (BGBl. I S. 1728), Art. 1 BaulandmobilisierungsG v. 14.6.2021 (BGBl. I S. 1802), Art. 1 G zur baulichen Anpassung von Anlagen der Jungsauen- und Sauenhaltung v. 16.7.2021 (BGBl. I S. 2939), Art. 9 AufbauhilfeG 2021 v. 10.9.2021 (BGBl. I S. 4147), Art. 2 G zur Änd. des EnergiewirtschaftsG zur Einführung von Füllstandsvorgaben für Gasspeicheranlagen sowie zur Änd. von § 246 des BauGB v. 26.4.2022 (BGBl. I S. 674), Art. 2 G zur Erhöhung und Beschleunigung des Ausbaus von Windenergieanlagen an Land v. 20.7.2022 (BGBl. I S. 1353), Art. 11 G zur Änd. des EnergiesicherungsG und anderer energiewirtschaftlicher Vorschriften v. 8.10.2022 (BGBl. I S. 1726), Art. 1, 2 G zur sofortigen Verbesserung der Rahmenbedingungen für die erneuerbaren Energien im Städtebaurecht v. 4.1.2023 (BGBl. 2023 I Nr. 6), Art. 1 G zur Stärkung der Digitalisierung im Bauleitplanverfahren und zur Änd. weiterer Vorschriften v. 3.7.2023 (BGBl. 2023 I Nr. 176; 2023 I Nr. 214), Art. 3 G zur Änd. des LNG-BeschleunigungsG und zur Änd. des EnergiewirtschaftsG und zur Änd. des BauGB v. 12.7.2023 (BGBl. 2023 I Nr. 184), Art. 1 G zur Erleichterung der baulichen Anpassung von Tierhaltungsanlagen an die Anforderungen des TierhaltungskennzeichnungsG v. 28.7.2023 (BGBl. 2023 I Nr. 221) und Art. 3 G zur Wärmeplanung und zur Dekarbonisierung der Wärmenetze v. 20.12.2023 (BGBl. 2023 I Nr. 394)

---

Zum BauGB haben die **Länder** ua folgende Vorschriften erlassen:
– **Baden-Württemberg:** AusführungsG zum BauGB v. 23.6.2009 (GBl. S. 251); GutachterausschußVO v. 11.12.1989 (GBl. S. 541), zuletzt geänd. durch VO v. 21.12.2021 (GBl. 2022 S. 1); DurchführungsVO zum BauGB v. 2.3.1998 (GBl. S. 185), zuletzt geänd. durch VO v. 21.12.2021 (GBl. 2022 S. 1);
– **Bayern:** AusführungsG zum Bau- und RaumordnungsG 1998 v. 9.5.1998 (GVBl. S. 242); UmlegungsausschussVO v. 18.1.1961 (BayRS III S. 483), zuletzt geänd. durch V v. 30.9.2014 (GVBl S. 411); Gerichtliche ZuständigkeitsVO Justiz v. 11.6.2012 (GVBl. S. 295), zuletzt geänd. durch V v. 25.10.2023 (GVBl. S. 606); GutachterausschussVO v. 5.4.2005 (GVBl. S. 88), zuletzt geänd. durch V v. 24.5.2022 (GVBl. S. 246); Bauwesen-ZuständigkeitsVO v. 5.7.1994 (GVBl. S. 573), zuletzt geänd. durch V v. 8.11. 2022 (GVBl. S. 661);
– **Berlin:** BauGB-AusführungsG idF der Bek. v. 7.11.1999 (GVBl. S. 578), zuletzt geänd. durch G v. 14.10.2022 (GVBl. S. 578); BauGB-DurchführungsVO v. 5.6.2018 (GVBl. S. 407), zuletzt geänd. durch G v. 27.9.2021 (GVBl. S. 1119); ErschließungsbeitragsG v. 12.7.1995 (GVBl. S. 444), zuletzt geänd. durch G v. 12.10.2020 (GVBl. S. 807);
– **Brandenburg:** UmlegungsausschussVO v. 23.2.2009 (GVBl. II S. 101); GutachterausschussVO v. 12.5. 2010 (GVBl. II Nr. 27), geänd. durch VO v. 21.9.2017 (GVBl. II Nr. 52); Gutachterausschuss-GebührenO v. 30.7.2010 (GVBl. II Nr. 51), zuletzt geänd. durch VO v. 29.8.2022 (GVBl. II Nr. 61);

---

[1)] **Amtl. Anm.:** Dieses Gesetz dient der Umsetzung folgender Richtlinien:
1. Richtlinie 92/43/EWG des Rates vom 21. Mai 1992 zur Erhaltung der natürlichen Lebensräume sowie der wild lebenden Tiere und Pflanzen (ABl. L 206 vom 22.7.1992, S. 7), die zuletzt durch die Richtlinie 2013/17/EU (ABl. L 158 vom 10.6.2013, S. 193) geändert worden ist,
2. Richtlinie 2001/42/EG des Europäischen Parlaments und des Rates vom 27. Juni 2001 über die Prüfung der Umweltauswirkungen bestimmter Pläne und Programme (ABl. L 197 vom 21.7.2001, S. 30),
3. Richtlinie 2009/147/EG des Europäischen Parlaments und des Rates vom 30. November 2009 über die Erhaltung der wildlebenden Vogelarten (ABl. L 20 vom 26.1.2010, S. 7), die zuletzt durch die Richtlinie 2013/17/EU (ABl. L 158 vom 10.6.2013, S. 193) geändert worden ist,
4. Richtlinie 2011/92/EU des Europäischen Parlaments und des Rates vom 13. Dezember 2011 über die Umweltverträglichkeitsprüfung bei bestimmten öffentlichen und privaten Projekten (ABl. L 26 vom 28.1.2012, S. 1), die zuletzt durch die Richtlinie 2014/52/EU (ABl. L 124 vom 25.4.2014, S. 1) geändert worden ist.
[2)] Beachte hierzu ua das Planungssicherstellungsgesetz v. 20.5.2020 (BGBl. I S. 1041).
[3)] Neubekanntmachung des BauGB idF der Bek. v. 23.9.2004 (BGBl. I S. 2414) in der ab 1.10.2017 geltenden Fassung.

– **Bremen:** BauGB-DurchführungsVO v. 22.6.1993 (Brem.GBl. S. 234), zuletzt geänd. durch Bek. v. 20.10.2020 (Brem.GBl. S. 1172); Erschließungsanlagen-BeitragserhebungsG v. 12.6.1973 (Brem.GBl. S. 127), zuletzt geänd. durch G v. 25.5.2010 (Brem.GBl. S. 365); ErschließungsbeitragsG v. 20.12.1982 (Brem.GBl. S. 405), zuletzt geänd. durch OG v. 2.5.2023 (Brem.GBl. S. 432); GutachterausschussVO v. 2.9.2008 (Brem.GBl. S. 321), geänd. durch VO v. 17.6.2014 (Brem.GBl. S. 314); BauGB-Genehmigungswegfall G idF der Bek. v. 7.7.1987 (Brem.GBl. S. 215), zuletzt geänd. durch G v. 26.5.1998 (Brem. GBl. S. 134);
– **Hamburg:** BauleitplanfeststellungsG idF der Bek. v. 30.11.1999 (HmbGVBl. S. 271), zuletzt geänd. durch G v. 9.2.2022 (HmbGVBl. S. 104); GutachterausschussVO v. 12.5.2009 (HmbGVBl. S. 124); Enteignungsverfahren-DurchführungsVO v. 18.2.2004 (HmbGVBl. S. 107), geänd. durch G v. 31.3. 2021 (HmbGVBl. S. 182); BodenordnungskommissionsG v. 29.4.1997 (HmbGVBl. S. 131), zuletzt geänd. durch G v. 18.12.2020 (HmbGVBl. S. 703);
– **Hessen:** BauGB-AusführungsVO v. 15.6.2018 (GVBl. S. 258), zuletzt geänd. durch G v. 30.9.2021 (GVBl. S. 602)
– **Mecklenburg-Vorpommern:** BaugesetzbuchausführungsG v. 30.1.1998 (GVOBl. M-V S. 110), zuletzt geänd. durch G v. 19.3.2021 (GVOBl. M-V S. 270); GutachterausschusslandesVO v. 29.6.2011 (GVOBl. M-V S. 441), geänd. durch VO v. 14.12.2023 (GVOBl. M-V S. 945); Enteignungsverfahren-DurchführungsVO v. 4.5.1993 (GVOBl. M-V S. 515); AnzeigepflichtVO v. 5.2.1998 (GVOBl. M-V S. 124), geänd. durch VO v. 10.10.2000 (GVOBl. M-V S. 530);
– **Niedersachsen:** NBauGB-DurchführungsVO v. 13.5.2009 (Nds. GVBl. S. 169); Baugesetzbuch-DVO idF der Bek. v. 24.5.2005 (Nds. GVBl. S. 183), zuletzt geänd. durch VO v. 11.10.2022 (Nds. GVBl. S. 634); Gutachterausschuss-GebührenVO 2023 v. 6.11.2023 (Nds. GVBl. S. 263, 286);
– **Nordrhein-Westfalen:** Baugesetzbuch-AusführungsG v. 3.2.2015 (GV. NRW. S. 211), zuletzt geänd. durch G v. 29.8.2023 (GV. NRW. S. 1112); BauGB-DurchführungsVO v. 7.7.1987 (GV. NRW. S. 220), zuletzt geänd. durch VO v. 14.12.2021 (GV. NRW. S. 1473); GrundstückswertermittlungsVO v. 8.12. 2020 (GV. NRW. S. 1186), geänd. durch VO v. 9.6.2021 (GV. NRW. S. 751); Baulandsachenzusammenfassungs VO v. 21.10.1994 (GV. NRW. S. 961), zuletzt geänd. durch VO v. 24.9.2014 (GV. NRW. S. 647);
– **Rheinland-Pfalz:** BauGB-ZuständigkeitsVO v. 21.12.2007 (GVBl. 2008 S. 22); Umlegungsausschuss-VO v. 27.6.2007 (GVBl. S. 102); GutachterausschussVO v. 20.4.2005 (GVBl. S. 139), zuletzt geänd. durch G v. 19.12.2018 (GVBl. S. 448);
– **Saarland:** BauGB-ZuständigkeitsVO v. 13.12.2012 (Amtsbl. 2013 I S. 3), zuletzt geänd. durch VO v. 8.1.2024 (Amtsbl. I S. 20); GutachterausschußVO v. 21.8.1990 (Amtsbl. S. 957), zuletzt geänd. durch G v. 8.12.2021 (Amtsbl. I S. 2629); UmlegungsausschußV v. 11.9.1998 (Amtsbl. S. 950), zuletzt geänd. durch VO v. 4.12.2019 (Amtsbl. 2020 I S. 211);
– **Sachsen:** GutachterausschussVO v. 15.11.2011 (SächsGVBl. S. 598), zuletzt geänd. durch VO v. 25.3. 2021 (SächsGVBl. S. 426);
– **Sachsen-Anhalt:** Durchführung des Baugesetzbuchs LSA v. 1.12.1999 (MBl. LSA 2000 S. 227); GutachterausschussVO v. 18.12.2013 (GVBl. LSA S. 555), zuletzt geänd. durch VO v. 6.12.2023 (GVBl. LSA S. 623); Bodenordnung-VO v. 31.10.1991 (GVBl. LSA S. 430), zuletzt geänd. durch G v. 19.3. 2002 (GVBl. LSA S. 130); UntersagungsVO zur Bebauungsteilgenehmigung v. 2.1.1998 (GVBl. LSA S. 2);
– **Schleswig-Holstein:** Baugesetzbuch-AusführungsVO v. 21.10.1998 (GVOBl. Schl.-H. S. 303), zuletzt geänd. durch G v. 8.10.2009 (GVOBl. Schl.-H. S. 640); Vierte BundesbauG-DurchführungsVO v. 30.3. 1961 (GVOBl. Schl.-H. S. 45), zuletzt geänd. durch VO v. 17.10.1980 (GVOBl. Schl.-H. S. 315); Sechste BundesbauG-DurchführungsVO v. 14.6.1961 (GVOBl. Schl.-H. S. 108); Gutachterausschuss-VO v. 27.4.2022 (GVOBl. Schl.-H. S. 588); BauGB-ZuständigkeitsVO v. 2.9.2021 (GVOBl. Schl.-H. S. 1057);
– **Thüringen:** Vorläufige BauGB-ZuständigkeitsVO v. 25.3.1991 (GVBl. S. 67); UmlegungsausschussVO v. 22.3.2005 (GVBl. S. 155), zuletzt geänd. durch G v. 18.12.2018 (GVBl. S. 731); Gutachterausschuss-VO v. 30.6.2021 (GVBl. S. 356).

Außerdem haben die Länder **Bauordnungen** und ua folgende zugehörige Vorschriften erlassen:
– **Baden-Württemberg:** LandesbauO idF der Bek. v. 5.3.2010 (GBl. S. 357, 416), zuletzt geänd. durch G v. 20.11.2023 (GBl. S. 422); Allgemeine LBO-AusführungsVO v. 5.2.2010 (GBl. S. 24), zuletzt geänd. durch VO v. 21.12.2021 (GBl. 2022 S. 1); VersammlungsstättenVO v. 28.4.2004 (GBl. S. 311, 653), zuletzt geänd. durch VO v. 21.12.2021 (GBl. 2022 S. 1); Elektrische Betriebsräume-Bau-VO v. 8.12.2020 (GBl. S. 1182, 1192), geänd. durch VO v. 21.12.2021 (GBl. 2022 S. 1); Camping- und WochenendplatzVO v. 13.6.2023 (GBl. S. 251); BauprüfVO v. 10.5.2010 (GBl. S. 446), zuletzt geänd. durch VO v. 21.12.2021 (GBl. 2022 S. 1); VerfahrensVO zur LBO v. 13.11.1995 (GBl. S. 794), zuletzt geänd. durch VO v. 20.11.2023 (GBl. S. 422); VerkaufsstättenVO v. 11.2.1997 (GBl. S. 84), zuletzt geänd. durch VO v. 21.12.2021 (GBl. 2022 S. 1); GaragenVO v. 7.7.1997 (GBl. S. 332), zuletzt geänd. durch VO v. 21.12.2021 (GBl. 2022 S. 1);

– **Bayern:** BauO idF der Bek. v. 14.8.2007 (GVBl. S. 588), zuletzt geänd. durch G v. 24.7.2023 (GVBl. S. 371); Elektrische Anlagen-BetriebsräumebauVO v. 13.4.1977 (BayRS III S. 575), zuletzt geänd. durch V v. 8.12.1997 (GVBl. S. 827); VersammlungsstättenVO v. 2.11.2007 (GVBl. S. 736), zuletzt geänd. durch V v. 7.8.2018 (GVBl. S. 694); Garagen- und StellplatzVO v. 30.11.1993 (GVBl. S. 910), zuletzt geänd. durch V v. 29.11.2023 (GVBl. S. 639); BauvorlagenVO v. 10.11.2007 (GVBl. S. 792), zuletzt geänd. durch G v. 23.12.2020 (GVBl. S. 663); FeuerungsVO v. 11.11.2007 (GVBl. S. 800), zuletzt geänd. durch V v. 7.8.2018 (GVBl. S. 694); FeuerbeschauVO v. 5.6.1999 (GVBl. S. 270), zuletzt geänd. durch V v. 16.5.2019 (GVBl. S. 315); PrüfsachverständigenVO v. 29.11.2007 (GVBl. S. 829), zuletzt geänd. durch G v. 23.12.2020 (GVBl. S. 663);

– **Berlin:** BauO v. 29.9.2005 (GVBl. S. 495), zuletzt geänd. durch G v. 20.12.2023 (GVBl. S. 472); Bautechnische PrüfungsVO v. 12.2.2010 (GVBl. S. 62), zuletzt geänd. durch VO v. 15.12.2020 (GVBl. S. 1506); BauverfahrensVO v. 15.11.2017 (GVBl. S. 636, ber. 2018 S. 147), zuletzt geänd. durch VO v. 20.9.2020 (GVBl. S. 742);

– **Brandenburg:** BauO idF der Bek. v. 15.11.2018 (GVBl. I Nr. 39), zuletzt geänd. durch G v. 28.9.2023 (GVBl. I Nr. 18); Garagen- und StellplatzVO v. 8.11.2017 (GVBl. II Nr. 61); Bautechnische Prüfungs-VO v. 10.9.2008 (GVBl. II S. 374), zuletzt geänd. durch VO v. 13.3.2023 (GVBl. II Nr. 17); BauvorlagenVO v. 7.11.2016 (GVBl. II Nr. 60), zuletzt geänd. durch VO v. 31.3.2021 (GVBl. II Nr. 33); FeuerungsVO v. 13.1.2006 (GVBl. II S. 58), zuletzt geänd. durch VO v. 13.3.2023 (GVBl. II Nr. 17); Verkaufsstätten-BauVO v. 8.11.2017 (GVBl. II Nr. 60); BaugebührenO v. 20.8.2009 (GVBl. II S. 562), zuletzt geänd. durch VO v. 12.5.2021 (GVBl. II Nr. 50);

– **Bremen:** Bremische LandesbauO v. 18.10.2022 (Brem.GBl. S. 603); VO über die Prüfingenieure und Prüfsachverständigen (BremPPV) v. 7.1.2016 (Brem.GBl. S. 41); Bremische BauvorlagenVO v. 1.9.2022 (Brem.GBl. S. 753);

– **Hamburg:** BauO v. 14.12.2005 (HmbGVBl. S. 525, 563), zuletzt geänd. durch G v. 13.12.2023 (HmbGVBl. S. 443); FeuerungsVO v. 25.9.2007 (HmbGVBl. S. 338), geänd. durch VO v. 2.11.2010 (HmbGVBl. S. 582); BauvorlagenVO v. 30.6.2020 (HmbGVBl. S. 391, ber. 2021 S. 280), zuletzt geänd. durch VO v. 21.3.2023 (HmbGVBl. S. 125); BaugebührenO v. 23.5.2006 (HmbGVBl. S. 261), zuletzt geänd. durch G v. 5.12.2023 (HmbGVBl. S. 413); GaragenVO v. 17.1.2012 (HmbGVBl. S. 8);

– **Hessen:** BauO v. 28.5.2018 (GVBl. S. 198), zuletzt geänd. durch VO v. 20.7.2023 (GVBl. S. 582); Bauprodukte- und BauartenVO v. 20.1.2004 (GVBl. I S. 56), zuletzt geänd. durch VO v. 4.12.2017 (GVBl. S. 396); FeuerungsVO v. 15.10.2020 (GVBl. S. 748); Prüfberechtigten- und PrüfsachverständigenVO v. 18.12.2006 (GVBl. I S. 745), zuletzt geänd. durch VO v. 28.10.2022 (GVBl. S. 554); GaragenVO v. 17.11.2014 (GVBl. S. 286);

– **Mecklenburg-Vorpommern:** LandesbauO idF der Bek. v. 15.10.2015 (GVOBl. M-V S. 334; 2016 S. 28), zuletzt geänd. durch G v. 26.6.2021 (GVOBl. M-V S. 1033); BauvorlagenVO v. 10.7.2006 (GVOBl. M-V S. 612), zuletzt geänd. durch VO v. 30.11.2022 (GVOBl. M-V S. 581); Bauprodukte- und BauartenVO v. 10.7.2006 (GVOBl. M-V S. 610), zuletzt geänd. durch VO v. 14.7.2015 (GVOBl. M-V S. 190); CampingplatzVO v. 9.1.1996 (GVOBl. M-V S. 84), zuletzt geänd. durch VO v. 7.12.2010 (GVOBl. M-V S. 771); BauprüfVO v. 14.4.2016 (GVOBl. M-V S. 171), geänd. durch VO v. 11.6.2021 (GVOBl. M-V S. 1019);

– **Niedersachsen:** NBauO v. 3.4.2012 (Nds. GVBl. S. 46), zuletzt geänd. durch G v. 12.12.2023 (Nds. GVBl. S. 289); NBauO-DurchführungsVO v. 26.9.2012 (Nds. GVBl. S. 382), zuletzt geänd. durch VO v. 4.9.2023 (Nds. GVBl. S. 205); Elektrische Anlagen-BetriebsräumebauVO v. 25.1.2011 (Nds. GVBl. S. 19); VersammlungsstättenVO v. 8.11.2004 (Nds. GVBl. S. 426), zuletzt geänd. durch VO v. 23.11. 2021 (Nds. GVBl. S. 758); CampingplatzVO v. 12.4.1984 (Nds. GVBl. S. 109), zuletzt geänd. durch VO v. 13.11.2012 (Nds. GVBl. S. 438); Bautechnische PrüfungsVO v. 24.7.1987 (Nds. GVBl. S. 129), zuletzt geänd. durch VO v. 23.11.2021 (Nds. GVBl. S. 758); BauvorlagenVO v. 23.11.2021 (Nds. GVBl. S. 760); Garagen- und StellplatzVO v. 4.9.1989 (Nds. GVBl. S. 327), zuletzt geänd. durch VO v. 18.5. 2022 (Nds. GVBl. S. 357); VerkaufsstättenVO v. 17.1.1997 (Nds. GVBl. S. 31), zuletzt geänd. durch VO v. 13.11.2012 (Nds. GVBl. S. 438); BaugebührenO v. 13.1.1998 (Nds. GVBl. S. 3), zuletzt geänd. durch VO v. 21.3.2022 (Nds. GVBl. S. 221); FeuerungsVO v. 27.3.2008 (Nds. GVBl. S. 96), zuletzt geänd. durch VO v. 30.6.2020 (Nds. GVBl. S. 199);

– **Nordrhein-Westfalen:** LandesbauO v. 21.7.2018 (GV. NRW. S. 421), zuletzt geänd. durch G v. 31.10. 2023 (GV. NRW. S. 1172); SonderbauVO v. 2.12.2016 (GV. NRW. 2017 S. 2, 120; 2020 S. 148); Camping- und WochenendplatzVO v. 24.3.2011 (GV. NRW. S. 197), zuletzt geänd. durch VO v. 10.12. 2018 (GV. NRW. S. 680); Bautechnische PrüfungsVO v. 6.12.1995 (GV. NRW. S. 1241), zuletzt geänd. durch VO v. 2.7.2021 (GV. NRW. S. 845); FeuerungsVO v. 10.12.2018 (GV. NRW. S. 675);

– **Rheinland-Pfalz:** LandesbauO v. 24.11.1998 (GVBl. S. 365), zuletzt geänd. durch G v. 7.12.2022 (GVBl. S. 403); VersammlungsstättenVO v. 13.3.2018 (GVBl. S. 29), geänd. durch VO v. 15.11.2018 (GVBl. S. 388); Elektrische-Anlagen-BetriebsräumeVO v. 27.7.2023 (GVBl. S. 234); Camping- und WochenendplatzVO v. 18.9.1984 (GVBl. S. 195), zuletzt geänd. durch VO v. 8.8.2017 (GVBl. S. 184); Garagen- und StellplatzanlagenVO v. 8.12.2022 (GVBl. S. 445); VerkaufsstättenVO v. 8.7.1998 (GVBl.

S. 229), zuletzt geänd. durch G v. 16.12.2002 (GVBl. S. 481); VO über die Gebühren für Amtshandlungen der Bauaufsichtsbehörden und über die Vergütung der Leistungen der Prüfingenieurinnen und Prüfingenieure für Baustatik v. 9.1.2007 (GVBl. S. 22), zuletzt geänd. durch VO v. 18.3.2021 (GVBl. S. 195);
– **Saarland:** LandesbauO v. 18.2.2004 (Amtsbl. S. 822), zuletzt geänd. durch G v. 17.5.2023 (Amtsbl. I S. 762); BauvorlagenVO v. 15.6.2011 (Amtsbl. I S. 254), zuletzt geänd. durch G v. 17.5.2023 (Amtsbl. I S. 762); GaragenVO idF der Bek. v. 30.8.1976 (Amtsbl. S. 951), geänd. durch VO v. 25.8.2008 (Amtsbl. S. 1470); Prüfberechtigten- und PrüfsachverständigenVO v. 26.1.2011 (Amtsbl. I S. 30), zuletzt geänd. durch G v. 16.2.2022 (Amtsbl. I S. 456); Technische PrüfVO v. 26.1.2011 (Amtsbl. I S. 30, 48), zuletzt geänd. durch VO v. 12.11.2015 (Amtsbl. I S. 888); VersammlungsstättenVO v. 21.6.2021 (Amtsbl. I S. 1684), geänd. durch G v. 16.3.2022 (Amtsbl. I S. 648); Elektrische Anlagen-BetriebsräumebauVO v. 27.1.2014 (Amtsbl. I S. 17); Camping- und WochenendplatzVO v. 22.6.1999 (Amtsbl. S. 1158), zuletzt geänd. durch G v. 15.7.2015 (Amtsbl. I S. 632); VerkaufsstättenVO v. 25.9.2000 (Amtsbl. S. 1934), zuletzt geänd. durch VO v. 15.7.2015 (Amtsbl. I S. 632);
– **Sachsen:** BauO idF der Bek. v. 11.5.2016 (SächsGVBl. S. 186), zuletzt geänd. durch G v. 20.12.2022 (SächsGVBl. S. 705); BauO-DurchführungsVO v. 2.9.2004 (SächsGVBl. S. 427), zuletzt geänd. durch VO v. 12.4.2021 (SächsGVBl. S. 517); VwV zur BauO v. 18.3.2005 (SächsABl. SDr. S. 59, ber. S. 363), zuletzt geänd. durch VwV v. 9.5.2019 (SächsABl. S. 782); RLn für die Durchführung von Bauaufgaben des Freistaates Sachsen im Zuständigkeitsbereich des Staatshochbauverwaltung; VO über Bauvorlagen und bautechnische Prüfungen v. 2.9.1997 (SächsABl. S. 533);
– **Sachsen-Anhalt:** BauO idF der Bek. v. 10.9.2013 (GVBl. LSA S. 440), zuletzt geänd. durch G v. 21.3. 2023 (GVBl. LSA S. 178); BaugebührenO v. 4.5.2006 (GVBl. LSA S. 315), zuletzt geänd. durch VO v. 17.8.2018 (GVBl. LSA S. 284); FeuerungsVO v. 27.3.2006 (GVBl. LSA S. 177), geänd. durch VO v. 20.10.2008 (GVBl. LSA S. 374)
– **Schleswig-Holstein:** LandesbauO v. 22.1.2009 (GVOBl. Schl.-H. S. 6), zuletzt geänd. durch G v. 6.12.2021 (GVOBl. Schl.-H. S. 1422); Allg. LandesVO zur Durchführung der LBO v. 25.4.1968 (GVOBl. Schl.-H. S. 105), zuletzt geänd. durch VO v. 10.7.1980 (GVOBl. Schl.-H. S. 263); VersammlungsstättenVO v. 6.9.2022 (GVOBl. Schl.-H. S. 810); Sch.-H. Elektrische Anlagen-BetriebsräumebauVO v. 2.5.2022 (GVOBl. Schl.-H. S. 602); BauvorlagenVO 2022 v. 5.1.2022 (GVOBl. Schl.-H. S. 26), zuletzt geänd. durch G v. 14.12.2023 (GVOBl. Schl.-H. S. 638); LandesVO über die Zuständigkeiten der Landesbauämter v. 19.5.1995 (GVOBl. Schl.-H. S. 227); Prüfingenieure-VO v. 26.7.2022 (GVOBl. Schl.-H. S. 747); Garagen- und StellplatzVO v. 3.7.2023 (GVOBl. Schl.-H. S. 315); FeuerungsVO v. 2.9.2022 (GVOBl. Schl.-H. S. 803); BaugebührenVO v. 10.6.2022 (GVOBl. Schl.-H. S. 704), geänd. durch VO v. 7.2.2023 (GVOBl. Schl.-H. S. 77); VerkaufsstättenVO v. 7.6.2022 (GVOBl. Schl.-H. S. 686); Camping- und WochenendplatzVO v. 13.7.2010 (GVOBl. Schl.-H. S. 522), geänd. durch VO v. 24.7.2015 (GVOBl. Schl.-H. S. 301);
– **Thüringen:** BauO v. 13.3.2014 (GVBl. S. 49), zuletzt geänd. durch G v. 29.7.2022 (GVBl. S. 321); BauvorlagenVO v. 23.3.2010 (GVBl. S. 129), geänd. durch VO v. 2.12.2015 (GVBl. S. 212); FeuerungsVO v. 10.8.2009 (GVBl. S. 745), zuletzt geänd. durch VO v. 16.6.2021 (GVBl. S. 274).

---

### Inhaltsübersicht[1]

#### Erstes Kapitel. Allgemeines Städtebaurecht
Erster Teil. Bauleitplanung
Erster Abschnitt. Allgemeine Vorschriften

---

[1] Inhaltsübersicht geänd. mWv 28.3.2020 durch G v. 27.3.2020 (BGBl. I S. 587); geänd. mWv 23.6. 2021 durch G v. 14.6.2021 (BGBl. I S. 1802); geänd. mWv 23.7.2021 durch G v. 16.7.2021 (BGBl. I S. 2939); geänd. mWv 15.9.2021 durch G v. 10.9.2021 (BGBl. I S. 4147); geänd. mWv 1.2.2023 durch G v. 20.7.2022 (BGBl. I S. 1353); geänd. mWv 13.10.2022 durch G v. 8.10.2022 (BGBl. I S. 1726); geänd. mWv 1.1.2023 durch G v. 4.1.2023 (BGBl. 2023 I Nr. 6); geänd. mWv 7.7.2023 durch G v. 3.7.2023 (BGBl. 2023 I Nr. 176); geänd. mWv 1.1.2024 durch G v. 20.12.2023 (BGBl. 2023 I Nr. 394).

## Erstes Kapitel. Allgemeines Städtebaurecht
### Erster Teil. Bauleitplanung
#### Erster Abschnitt. Allgemeine Vorschriften

**§ 1[1) Aufgabe, Begriff und Grundsätze der Bauleitplanung.** (1) Aufgabe der Bauleitplanung ist es, die bauliche und sonstige Nutzung der Grundstücke in der Gemeinde nach Maßgabe dieses Gesetzbuchs vorzubereiten und zu leiten.

(2) Bauleitpläne sind der Flächennutzungsplan (vorbereitender Bauleitplan) und der Bebauungsplan (verbindlicher Bauleitplan).

(3) [1]Die Gemeinden haben die Bauleitpläne aufzustellen, sobald und soweit es für die städtebauliche Entwicklung und Ordnung erforderlich ist; die Aufstellung kann insbesondere bei der Ausweisung von Flächen für den Wohnungsbau in Betracht kommen. [2]Auf die Aufstellung von Bauleitplänen und städtebaulichen Satzungen besteht kein Anspruch; ein Anspruch kann auch nicht durch Vertrag begründet werden.

(4) Die Bauleitpläne sind den Zielen der Raumordnung anzupassen.

(5) [1]Die Bauleitpläne sollen eine nachhaltige städtebauliche Entwicklung, die die sozialen, wirtschaftlichen und umweltschützenden Anforderungen auch in Verantwortung gegenüber künftigen Generationen miteinander in Einklang bringt, und eine dem Wohl der Allgemeinheit dienende sozialgerechte Bodennutzung unter Berücksichtigung der Wohnbedürfnisse der Bevölkerung gewährleisten. [2]Sie sollen dazu beitragen, eine menschenwürdige Umwelt zu sichern, die natürlichen Lebensgrundlagen zu schützen und zu entwickeln sowie den Klimaschutz und die Klimaanpassung, insbesondere auch in der Stadtentwicklung, zu fördern und zur Erfüllung der Klimaschutzziele des Bundes-Klimaschutzgesetzes[2] die Wärme- und Energieversorgung von Gebäuden treibhausgasneutral zu gestalten sowie die städtebauliche Gestalt und das Orts- und Landschaftsbild baukulturell zu erhalten und zu entwickeln. [3]Hierzu soll die städtebauliche Entwicklung vorrangig durch Maßnahmen der Innenentwicklung erfolgen.

(6) Bei der Aufstellung der Bauleitpläne sind insbesondere zu berücksichtigen:

1. die allgemeinen Anforderungen an gesunde Wohn- und Arbeitsverhältnisse und die Sicherheit der Wohn- und Arbeitsbevölkerung,

2. die Wohnbedürfnisse der Bevölkerung, insbesondere auch von Familien mit mehreren Kindern, die Schaffung und Erhaltung sozial stabiler Bewohnerstrukturen, die Eigentumsbildung weiter Kreise der Bevölkerung und die Anforderungen kostensparenden Bauens sowie die Bevölkerungsentwicklung,

3. die sozialen und kulturellen Bedürfnisse der Bevölkerung, insbesondere die Bedürfnisse der Familien, der jungen, alten und behinderten Menschen, unterschiedliche Auswirkungen auf Frauen und Männer sowie die Belange des Bildungswesens und von Sport, Freizeit und Erholung,

4. die Erhaltung, Erneuerung, Fortentwicklung, Anpassung und der Umbau vorhandener Ortsteile sowie die Erhaltung und Entwicklung zentraler Versorgungsbereiche,

---

[1] § 1 Abs. 3 Satz 1, Abs. 6 Nr. 8 Buchst. d, Nr. 9, 13 geänd., Nr. 14 angef. mWv 23.6.2021 durch G v. 14.6.2021 (BGBl. I S. 1802); Abs. 5 Satz 2 und Abs. 6 Nr. 7 Buchst. f geänd., Buchst. g neu gef. mWv 1.1.2024 durch G v. 20.12.2023 (BGBl. 2023 I Nr. 394).
[2] Nr. **290**.

5. die Belange der Baukultur, des Denkmalschutzes und der Denkmalpflege, die erhaltenswerten Ortsteile, Straßen und Plätze von geschichtlicher, künstlerischer oder städtebaulicher Bedeutung und die Gestaltung des Orts- und Landschaftsbildes,

6. die von den Kirchen und Religionsgesellschaften des öffentlichen Rechts festgestellten Erfordernisse für Gottesdienst und Seelsorge,

7. die Belange des Umweltschutzes, einschließlich des Naturschutzes und der Landschaftspflege, insbesondere
   a) die Auswirkungen auf Tiere, Pflanzen, Fläche, Boden, Wasser, Luft, Klima und das Wirkungsgefüge zwischen ihnen sowie die Landschaft und die biologische Vielfalt,
   b) die Erhaltungsziele und der Schutzzweck der Natura 2000-Gebiete im Sinne des Bundesnaturschutzgesetzes[1],
   c) umweltbezogene Auswirkungen auf den Menschen und seine Gesundheit sowie die Bevölkerung insgesamt,
   d) umweltbezogene Auswirkungen auf Kulturgüter und sonstige Sachgüter,
   e) die Vermeidung von Emissionen sowie der sachgerechte Umgang mit Abfällen und Abwässern,
   f) die Nutzung erneuerbarer Energien, insbesondere auch im Zusammenhang mit der Wärmeversorgung von Gebäuden, sowie die sparsame und effiziente Nutzung von Energie,
   g) die Darstellungen von Landschaftsplänen und sonstigen Plänen, insbesondere des Wasser-, des Abfall- und des Immissionsschutzrechts, sowie die Darstellungen in Wärmeplänen und die Entscheidungen über die Ausweisung als Gebiet zum Neu- oder Ausbau von Wärmenetzen oder als Wasserstoffnetzausbaugebiet gemäß § 26 des Wärmeplanungsgesetzes vom 20. Dezember 2023 (BGBl. 2023 I Nr. 394),
   h) die Erhaltung der bestmöglichen Luftqualität in Gebieten, in denen die durch Rechtsverordnung zur Erfüllung von Rechtsakten der Europäischen Union festgelegten Immissionsgrenzwerte nicht überschritten werden,
   i) die Wechselwirkungen zwischen den einzelnen Belangen des Umweltschutzes nach den Buchstaben a bis d,
   j) unbeschadet des § 50 Satz 1 des Bundes-Immissionsschutzgesetzes[2], die Auswirkungen, die aufgrund der Anfälligkeit der nach dem Bebauungsplan zulässigen Vorhaben für schwere Unfälle oder Katastrophen zu erwarten sind, auf die Belange nach den Buchstaben a bis d und i,

8. die Belange
   a) der Wirtschaft, auch ihrer mittelständischen Struktur im Interesse einer verbrauchernahen Versorgung der Bevölkerung,
   b) der Land- und Forstwirtschaft,
   c) der Erhaltung, Sicherung und Schaffung von Arbeitsplätzen,
   d) des Post- und Telekommunikationswesens, insbesondere des Mobilfunkausbaus,
   e) der Versorgung, insbesondere mit Energie und Wasser, einschließlich der Versorgungssicherheit,
   f) der Sicherung von Rohstoffvorkommen,

---

[1] Nr. **880**.
[2] Nr. **296**.

9. die Belange des Personen- und Güterverkehrs und der Mobilität der Bevölkerung, auch im Hinblick auf die Entwicklungen beim Betrieb von Kraftfahrzeugen, etwa der Elektromobilität, einschließlich des öffentlichen Personennahverkehrs und des nicht motorisierten Verkehrs, unter besonderer Berücksichtigung einer auf Vermeidung und Verringerung von Verkehr ausgerichteten städtebaulichen Entwicklung,

10. die Belange der Verteidigung und des Zivilschutzes sowie der zivilen Anschlussnutzung von Militärliegenschaften,

11. die Ergebnisse eines von der Gemeinde beschlossenen städtebaulichen Entwicklungskonzeptes oder einer von ihr beschlossenen sonstigen städtebaulichen Planung,

12. die Belange des Küsten- oder Hochwasserschutzes und der Hochwasservorsorge, insbesondere die Vermeidung und Verringerung von Hochwasserschäden,

13. die Belange von Flüchtlingen oder Asylbegehrenden und ihrer Unterbringung,

14. die ausreichende Versorgung mit Grün- und Freiflächen.

(7) Bei der Aufstellung der Bauleitpläne sind die öffentlichen und privaten Belange gegeneinander und untereinander gerecht abzuwägen.

(8) Die Vorschriften dieses Gesetzbuchs über die Aufstellung von Bauleitplänen gelten auch für ihre Änderung, Ergänzung und Aufhebung.

**§ 1a Ergänzende Vorschriften zum Umweltschutz.** (1) Bei der Aufstellung der Bauleitpläne sind die nachfolgenden Vorschriften zum Umweltschutz anzuwenden.

*(Fortsetzung nächstes Blatt)*

schriften des Gesetzes über die Umweltverträglichkeitsprüfung die Vorschriften dieses Gesetzbuchs entsprechend anzuwenden. ³Ist bei Bauleitplänen eine grenzüberschreitende Beteiligung nach Satz 2 erforderlich, ist hierauf bei der Bekanntmachung nach § 3 Absatz 2 Satz 4 hinzuweisen.

(5) ¹Stellungnahmen, die im Verfahren der Öffentlichkeits- und Behördenbeteiligung nicht rechtzeitig abgegeben worden sind, können bei der Beschlussfassung über den Bauleitplan unberücksichtigt bleiben, sofern die Gemeinde deren Inhalt nicht kannte und nicht hätte kennen müssen und deren Inhalt für die Rechtmäßigkeit des Bauleitplans nicht von Bedeutung ist. ²Satz 1 gilt für in der Öffentlichkeitsbeteiligung abgegebene Stellungnahmen nur, wenn darauf in der Bekanntmachung nach § 3 Absatz 2 Satz 4 zur Öffentlichkeitsbeteiligung hingewiesen worden ist.

(6) Die Digitalisierung des Bauleitplanverfahrens richtet sich im Übrigen nach den Beschlüssen des IT-Planungsrats zur Festsetzung von IT-Interoperabilitäts- und IT-Sicherheitsstandards sowie den Vorgaben des Online-Zugangsgesetzes, soweit die Beschlüsse und die Vorgaben für die Gemeinden verbindlich sind.

**§ 4b Einschaltung eines Dritten.** ¹Die Gemeinde kann insbesondere zur Beschleunigung des Bauleitplanverfahrens die Vorbereitung und Durchführung von Verfahrensschritten nach den §§ 2a bis 4a einem Dritten übertragen. ²Sie kann einem Dritten auch die Durchführung einer Mediation oder eines Verfahrens der außergerichtlichen Konfliktbeilegung übertragen.

**§ 4c Überwachung.** ¹Die Gemeinden überwachen die erheblichen Umweltauswirkungen, die auf Grund der Durchführung der Bauleitpläne eintreten, um insbesondere unvorhergesehene nachteilige Auswirkungen frühzeitig zu ermitteln und in der Lage zu sein, geeignete Maßnahmen zur Abhilfe zu ergreifen; Gegenstand der Überwachung ist auch die Durchführung von Darstellungen oder Festsetzungen nach § 1a Absatz 3 Satz 2 und von Maßnahmen nach § 1a Absatz 3 Satz 4. ²Sie nutzen dabei die im Umweltbericht nach Nummer 3 Buchstabe b der Anlage 1 zu diesem Gesetzbuch angegebenen Überwachungsmaßnahmen und die Informationen der Behörden nach § 4 Absatz 3.

**Zweiter Abschnitt. Vorbereitender Bauleitplan (Flächennutzungsplan)**

**§ 5¹⁾ Inhalt des Flächennutzungsplans.** (1) ¹Im Flächennutzungsplan ist für das ganze Gemeindegebiet die sich aus der beabsichtigten städtebaulichen Entwicklung ergebende Art der Bodennutzung nach den voraussehbaren Bedürfnissen der Gemeinde in den Grundzügen darzustellen. ²Aus dem Flächennutzungsplan können Flächen und sonstige Darstellungen ausgenommen werden, wenn dadurch die nach Satz 1 darzustellenden Grundzüge nicht berührt werden und die Gemeinde beabsichtigt, die Darstellung zu einem späteren Zeitpunkt vorzunehmen; in der Begründung sind die Gründe hierfür darzulegen.

(2) Im Flächennutzungsplan können insbesondere dargestellt werden:
1. die für die Bebauung vorgesehenen Flächen nach der allgemeinen Art ihrer baulichen Nutzung (Bauflächen), nach der besonderen Art ihrer baulichen Nutzung (Baugebiete) sowie nach dem allgemeinen Maß der baulichen Nut-

---

¹⁾ § 5 Abs. 4a Satz 1 geänd. mWv 5.1.2018 durch G v. 30.6.2017 (BGBl. I S. 2193); Abs. 2b geänd. mWv 1.2.2023 durch G v. 20.7.2022 (BGBl. I S. 1353); Abs. 2 Nr. 5 geänd., Nr. 5a eingef. mWv 1.1. 2024 durch G v. 20.12.2023 (BGBl. 2023 I Nr. 394).

zung; Bauflächen, für die eine zentrale Abwasserbeseitigung nicht vorgesehen ist, sind zu kennzeichnen;

2. die Ausstattung des Gemeindegebiets

a) mit Anlagen und Einrichtungen zur Versorgung mit Gütern und Dienst-leistungen des öffentlichen und privaten Bereichs, insbesondere mit der Allgemeinheit dienenden baulichen Anlagen und Einrichtungen des Ge-meinbedarfs, wie mit Schulen und Kirchen sowie mit sonstigen kirchlichen, sozialen, gesundheitlichen und kulturellen Zwecken dienenden Gebäuden und Einrichtungen, sowie mit Flächen für Sport- und Spielanlagen,

b) mit Anlagen und sonstigen Maßnahmen, die dem Klima-wandel entgegenwirken, insbesondere zur dezentralen und zentralen Erzeu-gung, Verteilung, Nutzung oder Speicherung von Strom, Wärme oder Kälte aus erneuerbaren Energien oder Kraft-Wärme-Kopplung,

c) mit Anlagen, Einrichtungen und sonstigen Maßnahmen, die der Anpassung an den Klimawandel dienen,

d) mit zentralen Versorgungsbereichen;

3. die Flächen für den überörtlichen Verkehr und für die örtlichen Hauptver-kehrszüge;

4. die Flächen für Versorgungsanlagen, für die Abfallentsorgung und Abwasser-beseitigung, für Ablagerungen sowie für Hauptversorgungs- und Hauptabwas-serleitungen;

5. die Grünflächen, wie Parkanlagen, Naturerfahrungsräume, Dauerkleingärten, Sport-, Spiel-, Zelt- und Badeplätze, Friedhöfe;

5a. die Flächen zur Gewährleistung eines natürlichen Klimaschutzes;

6. die Flächen für Nutzungsbeschränkungen oder für Vorkehrungen zum Schutz gegen schädliche Umwelteinwirkungen im Sinne des Bundes-Immissions-schutzgesetzes[1];

7. die Wasserflächen, Häfen und die für die Wasserwirtschaft vorgesehenen Flä-chen sowie die Flächen, die im Interesse des Hochwasserschutzes und der Regelung des Wasserabflusses freizuhalten sind;

8. die Flächen für Aufschüttungen, Abgrabungen oder für die Gewinnung von Steinen, Erden und anderen Bodenschätzen;

9. a) die Flächen für die Landwirtschaft und

b) Wald;

10. die Flächen für Maßnahmen zum Schutz, zur Pflege und zur Entwicklung von Boden, Natur und Landschaft.

(2a) Flächen zum Ausgleich im Sinne des § 1a Absatz 3 im Geltungsbereich des Flächennutzungsplans können den Flächen, auf denen Eingriffe in Natur und Landschaft zu erwarten sind, ganz oder teilweise zugeordnet werden.

(2b) Für die Zwecke des § 35 Absatz 3 Satz 3 oder des § 249 Absatz 2 können sachliche Teilflächennutzungspläne aufgestellt werden; sie können auch für Teile des Gemeindegebiets aufgestellt werden.

(3) Im Flächennutzungsplan sollen gekennzeichnet werden:

1. Flächen, bei deren Bebauung besondere bauliche Vorkehrungen gegen äußere Einwirkungen oder bei denen besondere bauliche Sicherungsmaßnahmen gegen Naturgewalten erforderlich sind;

---

[1] Nr. **296.**

2. Flächen, unter denen der Bergbau umgeht oder die für den Abbau von Mineralien bestimmt sind;

3. für bauliche Nutzungen vorgesehene Flächen, deren Böden erheblich mit umweltgefährdenden Stoffen belastet sind.

(4) [1] Planungen und sonstige Nutzungsregelungen, die nach anderen gesetzlichen Vorschriften festgesetzt sind, sowie nach Landesrecht denkmalgeschützte Mehrheiten von baulichen Anlagen sollen nachrichtlich übernommen werden. [2] Sind derartige Festsetzungen in Aussicht genommen, sollen sie im Flächennutzungsplan vermerkt werden.

(4a) [1] Festgesetzte Überschwemmungsgebiete im Sinne des § 76 Absatz 2 des Wasserhaushaltsgesetzes[1]), Risikogebiete außerhalb von Überschwemmungsgebieten im Sinne des § 78b Absatz 1 des Wasserhaushaltsgesetzes sowie Hochwasserentstehungsgebiete im Sinne des § 78d Absatz 1 des Wasserhaushaltsgesetzes sollen nachrichtlich übernommen werden. [2] Noch nicht festgesetzte Überschwemmungsgebiete im Sinne des § 76 Absatz 3 des Wasserhaushaltsgesetzes sowie als Risikogebiete im Sinne des § 73 Absatz 1 Satz 1 des Wasserhaushaltsgesetzes bestimmte Gebiete sollen im Flächennutzungsplan vermerkt werden.

(5) Dem Flächennutzungsplan ist eine Begründung mit den Angaben nach § 2a beizufügen.

**§ 6[2]) Genehmigung des Flächennutzungsplans.** (1) Der Flächennutzungsplan bedarf der Genehmigung der höheren Verwaltungsbehörde.

(2) Die Genehmigung darf nur versagt werden, wenn der Flächennutzungsplan nicht ordnungsgemäß zustande gekommen ist oder diesem Gesetzbuch, den auf Grund dieses Gesetzbuchs erlassenen oder sonstigen Rechtsvorschriften widerspricht.

(3) Können Versagungsgründe nicht ausgeräumt werden, kann die höhere Verwaltungsbehörde räumliche oder sachliche Teile des Flächennutzungsplans von der Genehmigung ausnehmen.

(4) [1] Über die Genehmigung ist binnen eines Monats zu entscheiden; die höhere Verwaltungsbehörde kann räumliche und sachliche Teile des Flächennutzungsplans vorweg genehmigen. [2] Aus wichtigen Gründen kann die Frist auf Antrag der Genehmigungsbehörde von der zuständigen übergeordneten Behörde verlängert werden, in der Regel jedoch nur bis zu drei Monaten. [3] Die Gemeinde ist von der Fristverlängerung in Kenntnis zu setzen. [4] Die Genehmigung gilt als erteilt, wenn sie nicht innerhalb der Frist unter Angabe von Gründen abgelehnt wird.

(5) [1] Die Erteilung der Genehmigung ist ortsüblich bekannt zu machen. [2] Mit der Bekanntmachung wird der Flächennutzungsplan wirksam. [3] Jedermann kann den Flächennutzungsplan, die Begründung und die zusammenfassende Erklärung nach § 6a Absatz 1 einsehen und über deren Inhalt Auskunft verlangen.

(6) Mit dem Beschluss über eine Änderung oder Ergänzung des Flächennutzungsplans kann die Gemeinde auch bestimmen, dass der Flächennutzungsplan in der Fassung, die er durch die Änderung oder Ergänzung erfahren hat, neu bekannt zu machen ist.

---

[1]) Nr. **845**.
[2]) § 6 Abs. 4 Satz 1 geänd. mWv 7.7.2023 durch G v. 3.7.2023 (BGBl. 2023 I Nr. 176).

**§ 6a Zusammenfassende Erklärung zum Flächennutzungsplan; Einstellen in das Internet.** (1) Dem wirksamen Flächennutzungsplan ist eine zusammenfassende Erklärung beizufügen über die Art und Weise, wie die Umweltbelange und die Ergebnisse der Öffentlichkeits- und Behördenbeteiligung in dem Flächennutzungsplan berücksichtigt wurden, und über die Gründe, aus denen der Plan nach Abwägung mit den geprüften, in Betracht kommenden anderweitigen Planungsmöglichkeiten gewählt wurde.

(2) Der wirksame Flächennutzungsplan mit der Begründung und der zusammenfassenden Erklärung soll ergänzend auch in das Internet eingestellt und über ein zentrales Internetportal des Landes zugänglich gemacht werden.

**§ 7 Anpassung an den Flächennutzungsplan.** [1] Öffentliche Planungsträger, die nach § 4 oder § 13 beteiligt worden sind, haben ihre Planungen dem Flächennutzungsplan insoweit anzupassen, als sie diesem Plan nicht widersprochen haben. [2] Der Widerspruch ist bis zum Beschluss der Gemeinde einzulegen. [3] Macht eine Veränderung der Sachlage eine abweichende Planung erforderlich, haben sie sich unverzüglich mit der Gemeinde ins Benehmen zu setzen. [4] Kann ein Einvernehmen zwischen der Gemeinde und dem öffentlichen Planungsträger nicht erreicht werden, kann der öffentliche Planungsträger nachträglich widersprechen. [5] Der Widerspruch ist nur zulässig, wenn die für die abweichende Planung geltend gemachten Belange die sich aus dem Flächennutzungsplan ergebenden städtebaulichen Belange nicht nur unwesentlich überwiegen. [6] Im Falle einer abweichenden Planung ist § 37 Absatz 3 auf die durch die Änderung oder Ergänzung des Flächennutzungsplans oder eines Bebauungsplans, der aus dem Flächennutzungsplan entwickelt worden ist und geändert, ergänzt oder aufgehoben werden musste, entstehenden Aufwendungen und Kosten entsprechend anzuwenden; § 38 Satz 3 bleibt unberührt.

### Dritter Abschnitt. Verbindlicher Bauleitplan (Bebauungsplan)

**§ 8 Zweck des Bebauungsplans.** (1) [1] Der Bebauungsplan enthält die rechtsverbindlichen Festsetzungen für die städtebauliche Ordnung. [2] Er bildet die Grundlage für weitere, zum Vollzug dieses Gesetzbuchs erforderliche Maßnahmen.

(2) [1] Bebauungspläne sind aus dem Flächennutzungsplan zu entwickeln. [2] Ein Flächennutzungsplan ist nicht erforderlich, wenn der Bebauungsplan ausreicht, um die städtebauliche Entwicklung zu ordnen.

(3) [1] Mit der Aufstellung, Änderung, Ergänzung oder Aufhebung eines Bebauungsplans kann gleichzeitig auch der Flächennutzungsplan aufgestellt, geändert oder ergänzt werden (Parallelverfahren). [2] Der Bebauungsplan kann vor dem Flächennutzungsplan bekannt gemacht werden, wenn nach dem Stand der Planungsarbeiten anzunehmen ist, dass der Bebauungsplan aus den künftigen Darstellungen des Flächennutzungsplans entwickelt sein wird.

(4) [1] Ein Bebauungsplan kann aufgestellt, geändert, ergänzt oder aufgehoben werden, bevor der Flächennutzungsplan aufgestellt ist, wenn dringende Gründe es erfordern und wenn der Bebauungsplan der beabsichtigten städtebaulichen Entwicklung des Gemeindegebiets nicht entgegenstehen wird (vorzeitiger Bebauungsplan). [2] Gilt bei Gebiets- oder Bestandsänderungen von Gemeinden oder anderen Veränderungen der Zuständigkeit für die Aufstellung von Flächennutzungsplänen ein Flächennutzungsplan fort, kann ein vorzeitiger Bebauungsplan auch aufgestellt werden, bevor der Flächennutzungsplan ergänzt oder geändert ist.

**§ 9**[1]) **Inhalt des Bebauungsplans.** (1) Im Bebauungsplan können aus städtebaulichen Gründen festgesetzt werden:

1. die Art und das Maß der baulichen Nutzung;
2. die Bauweise, die überbaubaren und die nicht überbaubaren Grundstücksflächen sowie die Stellung der baulichen Anlagen;
2a. vom Bauordnungsrecht abweichende Maße der Tiefe der Abstandsflächen;
3. für die Größe, Breite und Tiefe der Baugrundstücke Mindestmaße und aus Gründen des sparsamen und schonenden Umgangs mit Grund und Boden für Wohnbaugrundstücke auch Höchstmaße;
4. die Flächen für Nebenanlagen, die auf Grund anderer Vorschriften für die Nutzung von Grundstücken erforderlich sind, wie Spiel-, Freizeit- und Erholungsflächen sowie die Flächen für Stellplätze und Garagen mit ihren Einfahrten;
5. die Flächen für den Gemeinbedarf sowie für Sport- und Spielanlagen;
6. die höchstzulässige Zahl der Wohnungen in Wohngebäuden;
7. die Flächen, auf denen ganz oder teilweise nur Wohngebäude, die mit Mitteln der sozialen Wohnraumförderung gefördert werden könnten, errichtet werden dürfen;
8. einzelne Flächen, auf denen ganz oder teilweise nur Wohngebäude errichtet werden dürfen, die für Personengruppen mit besonderem Wohnbedarf bestimmt sind;
9. der besondere Nutzungszweck von Flächen;
10. die Flächen, die von der Bebauung freizuhalten sind, und ihre Nutzung;
11. die Verkehrsflächen sowie Verkehrsflächen besonderer Zweckbestimmung, wie Fußgängerbereiche, Flächen für das Parken von Fahrzeugen, Flächen für Ladeinfrastruktur elektrisch betriebener Fahrzeuge, Flächen für das Abstellen von Fahrrädern sowie den Anschluss anderer Flächen an die Verkehrsflächen; die Flächen können auch als öffentliche oder private Flächen festgesetzt werden;
12. die Versorgungsflächen, einschließlich der Flächen für Anlagen und Einrichtungen zur dezentralen und zentralen Erzeugung, Verteilung, Nutzung oder Speicherung von Strom, Wärme oder Kälte aus erneuerbaren Energien oder Kraft-Wärme-Kopplung;
13. die Führung von oberirdischen oder unterirdischen Versorgungsanlagen und -leitungen;
14. die Flächen für die Abfall- und Abwasserbeseitigung, einschließlich der Rückhaltung und Versickerung von Niederschlagswasser, sowie für Ablagerungen;
15. die öffentlichen und privaten Grünflächen, wie Parkanlagen, Naturerfahrungsräume, Dauerkleingärten, Sport-, Spiel-, Zelt- und Badeplätze, Friedhöfe;
15a. die Flächen zur Gewährleistung eines natürlichen Klimaschutzes;
16. a) die Wasserflächen und die Flächen für die Wasserwirtschaft,
    b) die Flächen für Hochwasserschutzanlagen, für die Regelung des Wasserabflusses, einschließlich des Niederschlagswassers aus Starkregenereignissen,

---

[1]) § 9 Abs. 6a Satz 1 geänd. mWv 5.1.2018 durch G v. 30.6.2017 (BGBl. I S. 2193); Abs. 1 Nr. 11, 15 geänd., Abs. 2d eingef. mWv 23.6.2021 durch G v. 14.6.2021 (BGBl. I S. 1802), die Änd. des Abs. 1a Satz 1 durch G v. 14.6.2021 (BGBl. I S. 1802) ist obsolet, vgl. Bek. v. 3.11.2017 (BGBl. I S. 3634); Abs. 1 Nr. 15a eingef., Nr. 16 Buchst. b neu gef. mWv 1.1.2024 durch G v. 20.12.2023 (BGBl. 2023 I Nr. 394).

*(Fortsetzung nächstes Blatt)*

wirklichung von Infrastrukturvorhaben in der Abwägung in angemessener Weise Rechnung getragen werden;

4. gelten in den Fällen des Absatzes 1 Satz 2 Nummer 1 Eingriffe, die auf Grund der Aufstellung des Bebauungsplans zu erwarten sind, als im Sinne des § 1a Absatz 3 Satz 6 vor der planerischen Entscheidung erfolgt oder zulässig.

(3) [1] Bei Aufstellung eines Bebauungsplans im beschleunigten Verfahren ist ortsüblich bekannt zu machen,

1. dass der Bebauungsplan im beschleunigten Verfahren ohne Durchführung einer Umweltprüfung nach § 2 Absatz 4 aufgestellt werden soll, in den Fällen des Absatzes 1 Satz 2 Nummer 2 einschließlich der hierfür wesentlichen Gründe, und

2. wo sich die Öffentlichkeit über die allgemeinen Ziele und Zwecke sowie die wesentlichen Auswirkungen der Planung unterrichten kann und dass sich die Öffentlichkeit innerhalb einer bestimmten Frist zur Planung äußern kann, sofern keine frühzeitige Unterrichtung und Erörterung im Sinne des § 3 Absatz 1 stattfindet.

[2] Die Bekanntmachung nach Satz 1 kann mit der ortsüblichen Bekanntmachung nach § 2 Absatz 1 Satz 2 verbunden werden. [3] In den Fällen des Absatzes 1 Satz 2 Nummer 2 erfolgt die Bekanntmachung nach Satz 1 nach Abschluss der Vorprüfung des Einzelfalls.

(4) Die Absätze 1 bis 3 gelten entsprechend für die Änderung, Ergänzung und Aufhebung eines Bebauungsplans.

## § 13b[1]) *(aufgehoben)*

## Zweiter Teil. Sicherung der Bauleitplanung

### Erster Abschnitt. Veränderungssperre und Zurückstellung von Baugesuchen

**§ 14** **Veränderungssperre.** (1) Ist ein Beschluss über die Aufstellung eines Bebauungsplans gefasst, kann die Gemeinde zur Sicherung der Planung für den künftigen Planbereich eine Veränderungssperre mit dem Inhalt beschließen, dass

1. Vorhaben im Sinne des § 29 nicht durchgeführt oder bauliche Anlagen nicht beseitigt werden dürfen;

2. erhebliche oder wesentlich wertsteigernde Veränderungen von Grundstücken und baulichen Anlagen, deren Veränderungen nicht genehmigungs-, zustimmungs- oder anzeigepflichtig sind, nicht vorgenommen werden dürfen.

(2) [1] Wenn überwiegende öffentliche Belange nicht entgegenstehen, kann von der Veränderungssperre eine Ausnahme zugelassen werden. [2] Die Entscheidung über Ausnahmen trifft die Baugenehmigungsbehörde im Einvernehmen mit der Gemeinde.

(3) Vorhaben, die vor dem Inkrafttreten der Veränderungssperre baurechtlich genehmigt worden sind, Vorhaben, von denen die Gemeinde nach Maßgabe des Bauordnungsrechts Kenntnis erlangt hat und mit deren Ausführung vor dem Inkrafttreten der Veränderungssperre hätte begonnen werden dürfen, sowie Unterhaltungsarbeiten und die Fortführung einer bisher ausgeübten Nutzung werden von der Veränderungssperre nicht berührt.

---

[1]) § 13b aufgeh. mWv 1.1.2024 durch G v. 20.12.2023 (BGBl. 2023 I Nr. 394).

(4) Soweit für Vorhaben im förmlich festgelegten Sanierungsgebiet oder im städtebaulichen Entwicklungsbereich eine Genehmigungspflicht nach § 144 Absatz 1 besteht, sind die Vorschriften über die Veränderungssperre nicht anzuwenden.

**§ 15 Zurückstellung von Baugesuchen.** (1) [1] Wird eine Veränderungssperre nach § 14 nicht beschlossen, obwohl die Voraussetzungen gegeben sind, oder ist eine beschlossene Veränderungssperre noch nicht in Kraft getreten, hat die Baugenehmigungsbehörde auf Antrag der Gemeinde die Entscheidung über die Zulässigkeit von Vorhaben im Einzelfall für einen Zeitraum bis zu zwölf Monaten auszusetzen, wenn zu befürchten ist, dass die Durchführung der Planung durch das Vorhaben unmöglich gemacht oder wesentlich erschwert werden würde. [2] Wird kein Baugenehmigungsverfahren durchgeführt, wird auf Antrag der Gemeinde anstelle der Aussetzung der Entscheidung über die Zulässigkeit eine vorläufige Untersagung innerhalb einer durch Landesrecht festgesetzten Frist ausgesprochen. [3] Die vorläufige Untersagung steht der Zurückstellung nach Satz 1 gleich.

(2) Soweit für Vorhaben im förmlich festgelegten Sanierungsgebiet oder im städtebaulichen Entwicklungsbereich eine Genehmigungspflicht nach § 144 Absatz 1 besteht, sind die Vorschriften über die Zurückstellung von Baugesuchen nicht anzuwenden; mit der förmlichen Festlegung des Sanierungsgebiets oder des städtebaulichen Entwicklungsbereichs wird ein Bescheid über die Zurückstellung des Baugesuchs nach Absatz 1 unwirksam.

(3) [1] Auf Antrag der Gemeinde hat die Baugenehmigungsbehörde die Entscheidung über die Zulässigkeit von Vorhaben nach § 35 Absatz 1 Nummer 2 bis 6 für einen Zeitraum bis zu längstens einem Jahr nach Zustellung der Zurückstellung des Baugesuchs auszusetzen, wenn die Gemeinde beschlossen hat, einen Flächennutzungsplan aufzustellen, zu ändern oder zu ergänzen, mit den Rechtswirkungen des § 35 Absatz 3 Satz 3 erreicht werden sollen, und zu befürchten ist, dass die Durchführung der Planung durch das Vorhaben unmöglich gemacht oder wesentlich erschwert werden würde. [2] Auf diesen Zeitraum ist die Zeit zwischen dem Eingang des Baugesuchs bei der zuständigen Behörde bis zur Zustellung der Zurückstellung des Baugesuchs nicht anzurechnen, soweit der Zeitraum für die Bearbeitung des Baugesuchs erforderlich ist. [3] Der Antrag der Gemeinde nach Satz 1 ist nur innerhalb von sechs Monaten, nachdem die Gemeinde in einem Verwaltungsverfahren von dem Bauvorhaben förmlich Kenntnis erhalten hat, zulässig. [4] Wenn besondere Umstände es erfordern, kann die Baugenehmigungsbehörde auf Antrag der Gemeinde die Entscheidung nach Satz 1 um höchstens ein weiteres Jahr aussetzen.

**§ 16 Beschluss über die Veränderungssperre.** (1) Die Veränderungssperre wird von der Gemeinde als Satzung beschlossen.

*(Fortsetzung nächstes Blatt)*

(2) Die für das Eigentum an Grundstücken bestehenden Vorschriften sind, soweit dieses Gesetzbuch nichts anderes vorschreibt, entsprechend auch auf grundstücksgleiche Rechte anzuwenden.

(3) [1] Die Gemeinde kann sofort oder in absehbarer Zeit bebaubare Flächen in Karten oder Listen auf der Grundlage eines Lageplans erfassen, der Flur- und Flurstücksnummern, Straßennamen und Angaben zur Grundstücksgröße enthält (Baulandkataster). [2] Baulandkataster können elektronisch geführt werden. [3] Die Gemeinde kann die Flächen in Karten oder Listen veröffentlichen, soweit der Grundstückseigentümer nicht widersprochen hat. [4] Diese Veröffentlichung kann auch im Internet erfolgen. [5] Die Gemeinde hat ihre Absicht zur Veröffentlichung einen Monat vorher öffentlich bekannt zu geben und dabei auf das Widerspruchsrecht der Grundstückseigentümer hinzuweisen.

**§ 200a Ersatzmaßnahmen.** [1] Darstellungen für Flächen zum Ausgleich und Festsetzungen für Flächen oder Maßnahmen zum Ausgleich im Sinne des § 1a Absatz 3 umfassen auch Ersatzmaßnahmen. [2] Ein unmittelbarer räumlicher Zusammenhang zwischen Eingriff und Ausgleich ist nicht erforderlich, soweit dies mit einer geordneten städtebaulichen Entwicklung und den Zielen der Raumordnung sowie des Naturschutzes und der Landschaftspflege vereinbar ist.

**§ 201 Begriff der Landwirtschaft.** Landwirtschaft im Sinne dieses Gesetzbuchs ist insbesondere der Ackerbau, die Wiesen- und Weidewirtschaft einschließlich Tierhaltung, soweit das Futter überwiegend auf den zum landwirtschaftlichen Betrieb gehörenden, landwirtschaftlich genutzten Flächen erzeugt werden kann, die gartenbauliche Erzeugung, der Erwerbsobstbau, der Weinbau, die berufsmäßige Imkerei und die berufsmäßige Binnenfischerei.

**§ 201a[1] Verordnungsermächtigung zur Bestimmung von Gebieten mit einem angespannten Wohnungsmarkt.** [1] Die Landesregierungen werden ermächtigt, durch Rechtsverordnung Gebiete mit einem angespannten Wohnungsmarkt zu bestimmen. [2] Die Rechtsverordnung nach Satz 1 gilt für die Anwendung der Regelungen in § 25 Absatz 1 Satz 1 Nummer 3, § 31 Absatz 3, § 175 Absatz 2 Satz 2 und § 176 Absatz 1 Satz 1 Nummer 3. [3] Ein Gebiet mit einem angespannten Wohnungsmarkt liegt vor, wenn die ausreichende Versorgung der Bevölkerung mit Mietwohnungen in einer Gemeinde oder einem Teil der Gemeinde zu angemessenen Bedingungen besonders gefährdet ist. [4] Dies kann insbesondere dann der Fall sein, wenn

1. die Mieten deutlich stärker steigen als im bundesweiten Durchschnitt,
2. die durchschnittliche Mietbelastung der Haushalte den bundesweiten Durchschnitt deutlich übersteigt,
3. die Wohnbevölkerung wächst, ohne dass durch Neubautätigkeit insoweit erforderlicher Wohnraum geschaffen wird, oder
4. geringer Leerstand bei großer Nachfrage besteht.

[5] Eine Rechtsverordnung nach Satz 1 muss spätestens mit Ablauf des 31. Dezember 2026 außer Kraft treten. [6] Sie muss begründet werden. [7] Aus der Begründung muss sich ergeben, auf Grund welcher Tatsachen ein Gebiet mit einem angespannten Wohnungsmarkt im Einzelfall vorliegt. [8] Die betroffenen Gemeinden und die auf Landesebene bestehenden kommunalen Spitzenverbände sollen vor dem Erlass der Rechtsverordnung beteiligt werden.

---

[1] § 201a eingef. mWv 23.6.2021 durch G v. 14.6.2021 (BGBl. I S. 1802).

**§ 202 Schutz des Mutterbodens.** Mutterboden, der bei der Errichtung und Änderung baulicher Anlagen sowie bei wesentlichen anderen Veränderungen der Erdoberfläche ausgehoben wird, ist in nutzbarem Zustand zu erhalten und vor Vernichtung oder Vergeudung zu schützen.

### Zweiter Abschnitt. Zuständigkeiten

**§ 203 Abweichende Zuständigkeitsregelung.** (1) Die Landesregierung oder die von ihr bestimmte Behörde kann im Einvernehmen mit der Gemeinde durch Rechtsverordnung bestimmen, dass die nach diesem Gesetzbuch der Gemeinde obliegenden Aufgaben auf eine andere Gebietskörperschaft übertragen werden oder auf einen Verband, an dessen Willensbildung die Gemeinde mitwirkt.

(2) ¹Durch Landesgesetz können Aufgaben der Gemeinden nach diesem Gesetzbuch auf Verbandsgemeinden, Verwaltungsgemeinschaften oder vergleichbare gesetzliche Zusammenschlüsse von Gemeinden, denen nach Landesrecht örtliche Selbstverwaltungsaufgaben der Gemeinde obliegen, übertragen werden. ²In dem Landesgesetz ist zu regeln, wie die Gemeinden an der Aufgabenerfüllung mitwirken.

(3) Die Landesregierung kann durch Rechtsverordnung die nach diesem Gesetzbuch der höheren Verwaltungsbehörde zugewiesenen Aufgaben auf andere staatliche Behörden, Landkreise oder kreisfreie Gemeinden übertragen.

(4) ¹Unterliegen die Planungsbereiche gemeinsamer Flächennutzungspläne (§ 204) oder von Flächennutzungsplänen und Satzungen eines Planungsverbands (§ 205) der Zuständigkeit verschiedener höherer Verwaltungsbehörden, ist die Oberste Landesbehörde für die Entscheidung im Genehmigungs- und Zustimmungsverfahren zuständig. ²Liegen die Geltungsbereiche in verschiedenen Ländern, entscheiden die Obersten Landesbehörden im gegenseitigen Einvernehmen.

**§ 204¹⁾ Gemeinsamer Flächennutzungsplan, Bauleitplanung bei Bildung von Planungsverbänden und bei Gebiets- oder Bestandsänderung.**

(1) ¹Benachbarte Gemeinden sollen einen gemeinsamen Flächennutzungsplan aufstellen, wenn ihre städtebauliche Entwicklung wesentlich durch gemeinsame Voraussetzungen und Bedürfnisse bestimmt wird oder ein gemeinsamer Flächennutzungsplan einen gerechten Ausgleich der verschiedenen Belange ermöglicht. ²Ein gemeinsamer Flächennutzungsplan soll insbesondere aufgestellt werden, wenn die Ziele der Raumordnung, die Umsetzung eines Wärmeplans oder mehrerer Wärmepläne sowie Einrichtungen und Anlagen des öffentlichen Verkehrs, sonstige Erschließungsanlagen oder Gemeinbedarfs- oder sonstige Folgeeinrichtungen eine gemeinsame Planung erfordern. ³Der gemeinsame Flächennutzungsplan kann von den beteiligten Gemeinden nur gemeinsam aufgehoben, geändert oder ergänzt werden; die Gemeinden können vereinbaren, dass sich die Bindung nur auf bestimmte räumliche oder sachliche Teilbereiche erstreckt. ⁴Ist eine gemeinsame Planung nur für räumliche oder sachliche Teilbereiche erforderlich, genügt anstelle eines gemeinsamen Flächennutzungsplans eine Vereinbarung der beteiligten Gemeinden über bestimmte Darstellungen in ihren Flächennutzungsplänen. ⁵Sind die Voraussetzungen für eine gemeinsame Planung nach Satz 1 und 4 entfallen oder ist ihr Zweck erreicht, können die beteiligten Gemeinden den Flächennutzungsplan für ihr Gemeindegebiet ändern

*(Fortsetzung nächstes Blatt)*

¹⁾ § 204 Abs. 1 Satz 2 neu gef. mWv 1.1.2024 durch G v. 20.12.2023 (BGBl. 2023 I Nr. 394).

## Vierter Abschnitt. Planerhaltung

**§ 214**[1] **Beachtlichkeit der Verletzung von Vorschriften über die Aufstellung des Flächennutzungsplans und der Satzungen; ergänzendes Verfahren.** (1) [1] Eine Verletzung von Verfahrens- und Formvorschriften dieses Gesetzbuchs ist für die Rechtswirksamkeit des Flächennutzungsplans und der Satzungen nach diesem Gesetzbuch nur beachtlich, wenn

1. entgegen § 2 Absatz 3 die von der Planung berührten Belange, die der Gemeinde bekannt waren oder hätten bekannt sein müssen, in wesentlichen Punkten nicht zutreffend ermittelt oder bewertet worden sind und wenn der Mangel offensichtlich und auf das Ergebnis des Verfahrens von Einfluss gewesen ist;

2. die Vorschriften über die Öffentlichkeits- und Behördenbeteiligung nach § 3 Absatz 2, § 4 Absatz 2, § 4a Absatz 3, Absatz 4 Satz 2, nach § 13 Absatz 2 Satz 1 Nummer 2 und 3, auch in Verbindung mit § 13a Absatz 2 Nummer 1, nach § 22 Absatz 9 Satz 2, § 34 Absatz 6 Satz 1 sowie § 35 Absatz 6 Satz 5 verletzt worden sind; dabei ist unbeachtlich, wenn

   a) bei Anwendung der Vorschriften einzelne Personen, Behörden oder sonstige Träger öffentlicher Belange nicht beteiligt worden sind, die entsprechenden Belange jedoch unerheblich waren oder in der Entscheidung berücksichtigt worden sind,

   b) einzelne Angaben dazu, welche Arten umweltbezogener Informationen verfügbar sind, gefehlt haben,

   c) (weggefallen)

   d) bei Vorliegen eines wichtigen Grundes nach § 3 Absatz 2 Satz 1 nicht für die Dauer einer angemessenen längeren Frist im Internet veröffentlicht worden ist und die Begründung für die Annahme des Nichtvorliegens eines wichtigen Grundes nachvollziehbar ist,

   e) bei Anwendung des § 3 Absatz 2 Satz 5 der Inhalt der Bekanntmachung zwar in das Internet eingestellt wurde, aber die Bekanntmachung und die nach § 3 Absatz 2 Satz 1 zu veröffentlichenden Unterlagen nicht über das zentrale Internetportal des Landes zugänglich gemacht wurden,

   f) bei Anwendung des § 13 Absatz 3 Satz 2 die Angabe darüber, dass von einer Umweltprüfung abgesehen wird, unterlassen wurde oder

   g) bei Anwendung des § 4a Absatz 3 Satz 4 oder des § 13, auch in Verbindung mit § 13a Absatz 2 Nummer 1, die Voraussetzungen für die Durchführung der Beteiligung nach diesen Vorschriften verkannt worden sind;

3. die Vorschriften über die Begründung des Flächennutzungsplans und der Satzungen sowie ihrer Entwürfe nach §§ 2a, 3 Absatz 2, § 5 Absatz 1 Satz 2 Halbsatz 2 und Absatz 5, § 9 Absatz 8 und § 22 Absatz 10 verletzt worden sind; dabei ist unbeachtlich, wenn die Begründung des Flächennutzungsplans oder der Satzung oder ihr Entwurf unvollständig ist; abweichend von Halbsatz 2 ist eine Verletzung von Vorschriften in Bezug auf den Umweltbericht unbeachtlich, wenn die Begründung hierzu nur in unwesentlichen Punkten unvollständig ist;

4. ein Beschluss der Gemeinde über den Flächennutzungsplan oder die Satzung nicht gefasst, eine Genehmigung nicht erteilt oder der mit der Bekanntmachung

---

[1] § 214 Abs. 1 Satz 1 Nr. 2 einl. Satzteil, Buchst. d geänd., Buchst. e neu gef. mWv 7.7.2023 durch G v. 3.7.2023 (BGBl. 2023 I Nr. 176); Abs. 1 Satz 1 Nr. 2 einl. Satzteil, Buchst. g und Abs. 2a einl. Satzteil geänd. mWv 1.1.2024 durch G v. 20.12.2023 (BGBl. 2023 I Nr. 394).

des Flächennutzungsplans oder der Satzung verfolgte Hinweiszweck nicht erreicht worden ist.

[2] Soweit in den Fällen des Satzes 1 Nummer 3 die Begründung in wesentlichen Punkten unvollständig ist, hat die Gemeinde auf Verlangen Auskunft zu erteilen, wenn ein berechtigtes Interesse dargelegt wird.

(2) Für die Rechtswirksamkeit der Bauleitpläne ist auch unbeachtlich, wenn

1. die Anforderungen an die Aufstellung eines selbständigen Bebauungsplans (§ 8 Absatz 2 Satz 2) oder an die in § 8 Absatz 4 bezeichneten dringenden Gründe für die Aufstellung eines vorzeitigen Bebauungsplans nicht richtig beurteilt worden sind;

2. § 8 Absatz 2 Satz 1 hinsichtlich des Entwickelns des Bebauungsplans aus dem Flächennutzungsplan verletzt worden ist, ohne dass hierbei die sich aus dem Flächennutzungsplan ergebende geordnete städtebauliche Entwicklung beeinträchtigt worden ist;

3. der Bebauungsplan aus einem Flächennutzungsplan entwickelt worden ist, dessen Unwirksamkeit sich wegen Verletzung von Verfahrens- oder Formvorschriften einschließlich des § 6 nach Bekanntmachung des Bebauungsplans herausstellt;

4. im Parallelverfahren gegen § 8 Absatz 3 verstoßen worden ist, ohne dass die geordnete städtebauliche Entwicklung beeinträchtigt worden ist.

(2a) Für Bebauungspläne, die im beschleunigten Verfahren nach § 13a aufgestellt worden sind, gilt ergänzend zu den Absätzen 1 und 2 Folgendes:

1. (weggefallen)

2. Das Unterbleiben der Hinweise nach § 13a Absatz 3 ist für die Rechtswirksamkeit des Bebauungsplans unbeachtlich.

3. Beruht die Feststellung, dass eine Umweltprüfung unterbleiben soll, auf einer Vorprüfung des Einzelfalls nach § 13a Absatz 1 Satz 2 Nummer 2, gilt die Vorprüfung als ordnungsgemäß durchgeführt, wenn sie entsprechend den Vorgaben von § 13a Absatz 1 Satz 2 Nummer 2 durchgeführt worden ist und ihr Ergebnis nachvollziehbar ist; dabei ist unbeachtlich, wenn einzelne Behörden oder sonstige Träger öffentlicher Belange nicht beteiligt worden sind; andernfalls besteht ein für die Rechtswirksamkeit des Bebauungsplans beachtlicher Mangel.

4. Die Beurteilung, dass der Ausschlussgrund nach § 13a Absatz 1 Satz 4 nicht vorliegt, gilt als zutreffend, wenn das Ergebnis nachvollziehbar ist und durch den Bebauungsplan nicht die Zulässigkeit von Vorhaben nach Spalte 1 der Anlage 1 zum Gesetz über die Umweltverträglichkeitsprüfung[1] begründet wird; andernfalls besteht ein für die Rechtswirksamkeit des Bebauungsplans beachtlicher Mangel.

(3) [1] Für die Abwägung ist die Sach- und Rechtslage im Zeitpunkt der Beschlussfassung über den Flächennutzungsplan oder die Satzung maßgebend. [2] Mängel, die Gegenstand der Regelung in Absatz 1 Satz 1 Nummer 1 sind, können nicht als Mängel der Abwägung geltend gemacht werden; im Übrigen sind Mängel im Abwägungsvorgang nur erheblich, wenn sie offensichtlich und auf das Abwägungsergebnis von Einfluss gewesen sind.

(4) Der Flächennutzungsplan oder die Satzung können durch ein ergänzendes Verfahren zur Behebung von Fehlern auch rückwirkend in Kraft gesetzt werden.

---

[1] Nr. **295**.

**§ 215 Frist für die Geltendmachung der Verletzung von Vorschriften.**
(1) ¹Unbeachtlich werden

1. eine nach § 214 Absatz 1 Satz 1 Nummer 1 bis 3 beachtliche Verletzung der dort bezeichneten Verfahrens- und Formvorschriften,

2. eine unter Berücksichtigung des § 214 Absatz 2 beachtliche Verletzung der Vorschriften über das Verhältnis des Bebauungsplans und des Flächennutzungsplans und

3. nach § 214 Absatz 3 Satz 2 beachtliche Mängel des Abwägungsvorgangs,

wenn sie nicht innerhalb eines Jahres seit Bekanntmachung des Flächennutzungsplans oder der Satzung schriftlich gegenüber der Gemeinde unter Darlegung des die Verletzung begründenden Sachverhalts geltend gemacht worden sind. ²Satz 1 gilt entsprechend, wenn Fehler nach § 214 Absatz 2a beachtlich sind.

(2) Bei Inkraftsetzung des Flächennutzungsplans oder der Satzung ist auf die Voraussetzungen für die Geltendmachung der Verletzung von Vorschriften sowie auf die Rechtsfolgen hinzuweisen.

**§ 215a¹⁾ Beendigung von Bebauungsplanverfahren und ergänzendes Verfahren für Bebauungspläne nach § 13b in der bis zum Ablauf des 22. Juni 2021 oder bis zum Ablauf des 31. Dezember 2023 geltenden Fassung.** (1) Bebauungsplanverfahren nach § 13b in der bis zum Ablauf des 22. Juni 2021 oder bis zum Ablauf des 31. Dezember 2023 geltenden Fassung, die vor Ablauf des 31. Dezember 2022 förmlich eingeleitet wurden, können nach Maßgabe des Absatzes 3 im beschleunigten Verfahren in entsprechender Anwendung des § 13a abgeschlossen werden, wenn der Satzungsbeschluss nach § 10 Absatz 1 bis zum Ablauf des 31. Dezember 2024 gefasst wird.

(2) ¹Sollen Bebauungspläne, die im Verfahren nach § 13b in der bis zum Ablauf des 22. Juni 2021 oder bis zum Ablauf des 31. Dezember 2023 geltenden Fassung aufgestellt wurden, durch ein ergänzendes Verfahren gemäß § 214 Absatz 4 in Kraft gesetzt werden, kann § 13a nach Maßgabe des Absatzes 3 entsprechend angewendet werden. ²Der Satzungsbeschluss nach § 10 Absatz 1 ist bis zum Ablauf des 31. Dezember 2024 zu fassen.

(3) ¹§ 13a Absatz 2 Nummer 1 in Verbindung mit § 13 Absatz 3 Satz 1 sowie § 13a Absatz 2 Nummer 4 können nur dann entsprechend angewendet werden, wenn die Gemeinde auf Grund einer Vorprüfung des Einzelfalls entsprechend § 13a Absatz 1 Satz 2 Nummer 2 zur Einschätzung gelangt, dass der Bebauungsplan voraussichtlich keine erheblichen Umweltauswirkungen hat, die nach § 2 Absatz 4 Satz 4 in der Abwägung zu berücksichtigen wären oder die als Beeinträchtigungen des Landschaftsbildes oder der Leistungs- und Funktionsfähigkeit des Naturhaushalts entsprechend § 1a Absatz 3 auszugleichen wären. ²Die Behörden und sonstigen Träger öffentlicher Belange, deren Aufgabenbereiche durch die Planung berührt werden können, sind an der Vorprüfung des Einzelfalls zu beteiligen. ³Wird das Verfahren nach Absatz 1 oder Absatz 2 nach Abschluss der Vorprüfung des Einzelfalls ohne Durchführung einer Umweltprüfung nach § 2 Absatz 4 fortgesetzt, hat die Gemeinde dies einschließlich der hierfür wesentlichen Gründe ortsüblich bekanntzumachen.

(4) Auf Bebauungspläne, deren erstmalige Aufstellung nach Absatz 1 abgeschlossen worden ist oder die im ergänzenden Verfahren nach Absatz 2 in Kraft gesetzt worden sind,

---

¹⁾ § 215a eingef. mWv 1.1.2024 durch G v. 20.12.2023 (BGBl. 2023 I Nr. 394).

sind die Bestimmungen der §§ 214 und 215 zur Planerhaltung entsprechend anzuwenden.

**§ 216 Aufgaben im Genehmigungsverfahren.** Die Verpflichtung der für das Genehmigungsverfahren zuständigen Behörde, die Einhaltung der Vorschriften zu prüfen, deren Verletzung sich nach den §§ 214 und 215 auf die Rechtswirksamkeit eines Flächennutzungsplans oder einer Satzung nicht auswirkt, bleibt unberührt.

### Dritter Teil. Verfahren vor den Kammern (Senaten) für Baulandsachen

**§ 217 Antrag auf gerichtliche Entscheidung.** (1) [1]Verwaltungsakte nach dem Vierten und Fünften Teil des Ersten Kapitels sowie nach den §§ 18, 28 Absatz 3, 4 und 6, den §§ 39 bis 44, 126 Absatz 2, § 150 Absatz 2, § 179 Absatz 4, den §§ 181, 209 Absatz 2 oder § 210 Absatz 2 können nur durch Antrag auf gerichtliche Entscheidung angefochten werden. [2]Satz 1 ist auch anzuwenden auf andere Verwaltungsakte auf Grund dieses Gesetzbuchs, für die die Anwendung des Zweiten Abschnitts des Fünften Teils des Ersten Kapitels vorgeschrieben ist oder die in einem Verfahren nach dem Vierten oder Fünften Teil des Ersten Kapitels erlassen werden, sowie auf Streitigkeiten über die Höhe der Geldentschädigung nach § 190 in Verbindung mit § 88 Nummer 7 und § 89 Absatz 2 des Flurbereinigungsgesetzes[1]. [3]Mit dem Antrag auf gerichtliche Entscheidung kann auch die Verurteilung zum Erlass eines Verwaltungsakts oder zu einer sonstigen Leistung sowie eine Feststellung begehrt werden. [4]Über den Antrag entscheidet das Landgericht, Kammer für Baulandsachen.

(2) [1]Der Antrag ist binnen eines Monats seit der Zustellung des Verwaltungsakts bei der Stelle einzureichen, die den Verwaltungsakt erlassen hat. [2]Ist die ortsübliche Bekanntmachung des Verwaltungsakts vorgeschrieben, so ist der Antrag binnen sechs Wochen seit der Bekanntmachung einzureichen. [3]Hat ein Vorverfahren (§ 212) stattgefunden, so beginnt die in Satz 1 bestimmte Frist mit der Zustellung des Bescheids, der das Vorverfahren beendet hat.

(3) [1]Der Antrag muss den Verwaltungsakt bezeichnen, gegen den er sich richtet. [2]Er soll die Erklärung, inwieweit der Verwaltungsakt angefochten wird, und einen bestimmten Antrag enthalten. [3]Er soll die Gründe sowie die Tatsachen und Beweismittel angeben, die zur Rechtfertigung des Antrags dienen.

(4) [1]Die Stelle, die den Verwaltungsakt erlassen hat, hat den Antrag mit ihren Akten unverzüglich dem zuständigen Landgericht vorzulegen. [2]Ist das Verfahren vor der Stelle noch nicht abgeschlossen, so sind statt der Akten Abschriften der bedeutsamen Aktenstücke vorzulegen.

**§ 218 Wiedereinsetzung in den vorigen Stand.** (1) [1]War ein Beteiligter ohne Verschulden verhindert, die Frist nach § 217 Absatz 2 einzuhalten, so ist ihm auf Antrag vom Landgericht, Kammer für Baulandsachen, Wiedereinsetzung in den vorigen Stand zu gewähren, wenn er den Antrag auf gerichtliche Entscheidung binnen zwei Wochen nach Beseitigung des Hindernisses einreicht und die Tatsachen, die die Wiedereinsetzung begründen, glaubhaft macht. [2]Gegen die Entscheidung über den Antrag findet die sofortige Beschwerde an das Oberlandesgericht, Senat für Baulandsachen, statt. [3]Nach Ablauf eines Jahres, vom Ende der versäumten Frist an gerechnet, kann die Wiedereinsetzung nicht mehr beantragt werden.

---

[1] **Sartorius III Nr. 400.**

(2) Ist der angefochtene Verwaltungsakt ein Enteignungsbeschluss und ist der bisherige Rechtszustand bereits durch den neuen Rechtszustand ersetzt (§ 117 Absatz 5), so kann das Gericht im Falle der Wiedereinsetzung den Enteignungsbeschluss nicht aufheben und hinsichtlich des Gegenstands der Enteignung oder der Art der Entschädigung nicht ändern.

**§ 219 Örtliche Zuständigkeit der Landgerichte.** (1) Örtlich zuständig ist das Landgericht, in dessen Bezirk die Stelle, die den Verwaltungsakt erlassen hat, ihren Sitz hat.

(2) ¹Die Landesregierungen können durch Rechtsverordnung die Verhandlung und Entscheidung über Anträge auf gerichtliche Entscheidung einem Landgericht für die Bezirke mehrerer Landgerichte zuweisen, wenn die Zusammenfassung für eine Förderung oder schnellere Erledigung der Verfahren sachdienlich ist. ²Die Landesregierungen können diese Ermächtigung auf die Landesjustizverwaltungen übertragen.

**§ 220 Zusammensetzung der Kammern für Baulandsachen.** (1) ¹Bei den Landgerichten werden eine oder mehrere Kammern für Baulandsachen gebildet. ²Die Kammer für Baulandsachen entscheidet in der Besetzung mit zwei Richtern des Landgerichts einschließlich des Vorsitzenden sowie einem hauptamtlichen Richter eines Verwaltungsgerichts. ³Die Vorschriften über den Einzelrichter sind nicht anzuwenden.

*(Fortsetzung nächstes Blatt)*

VDI 3894 Blatt 1 Ausgabe September 2011, die bei der Beuth Verlag GmbH, Berlin, zu beziehen ist. [3] Satz 1 gilt auch für bauliche Anlagen zur Tierhaltung im Außenbereich nach § 35, die dem Anwendungsbereich des § 35 Absatz 1 Nummer 1 nicht oder nicht mehr unterfallen und deren Zulassungsentscheidung vor dem 20. September 2013 getroffen worden ist. [4] Satz 1 gilt entsprechend für den Rückbau einer vorhandenen baulichen Anlage zur Tierhaltung und die Errichtung eines gleichartigen Ersatzbaus, wenn

1. hierdurch keine stärkere Belastung des Außenbereichs zu erwarten ist als im Fall der Änderung, insbesondere wenn auch die Bodenversiegelung durch die zurückzubauende Anlage beseitigt wird,

2. der Standort des Ersatzbaus im räumlichen Zusammenhang mit dem Standort der zurückzubauenden Anlage steht und

3. die Errichtung des Ersatzbaus mit nachbarlichen Interessen vereinbar ist.

[5] Für Änderungen an baulichen Anlagen zur Tierhaltung, auf deren Zulassungsentscheidung dieses Gesetz in seiner ab dem 20. September 2013 geltenden Fassung anzuwenden war, soll eine Befreiung nach § 31 Absatz 2 erteilt werden, wenn das Änderungsvorhaben die Voraussetzung von Satz 1 erfüllt. [6] Satz 4 gilt entsprechend. [7] Unbeschadet der Sätze 1 bis 5 bleibt die Möglichkeit, ein Vorhaben nach § 35 zuzulassen.

**§ 245b** Überleitungsvorschriften für Vorhaben im Außenbereich.

(1) (weggefallen)

(2) Die Länder können bestimmen, dass die Frist nach § 35 Absatz 4 Satz 1 Nummer 1 Buchstabe c nicht anzuwenden ist.

**§ 245c** Überleitungsvorschrift aus Anlass des Gesetzes zur Umsetzung der Richtlinie 2014/52/EU im Städtebaurecht und zur Stärkung des neuen Zusammenlebens in der Stadt. (1) [1] Abweichend von § 233 Absatz 1 Satz 1 können Verfahren nach diesem Gesetz, die förmlich vor dem 13. Mai 2017 eingeleitet worden sind, nur dann nach den vor dem 13. Mai 2017 geltenden Rechtsvorschriften abgeschlossen werden, wenn die Beteiligung der Behörden und der sonstigen Träger öffentlicher Belange nach § 4 Absatz 1 Satz 1 oder nach sonstigen Vorschriften dieses Gesetzes vor dem 16. Mai 2017 eingeleitet worden ist. [2] § 233 Absatz 1 Satz 2 bleibt unberührt.

(2) [1] Bebauungspläne oder Satzungen mit Regelungen nach § 22 Absatz 1 Satz 1 Nummer 3 und 4 finden keine Anwendung, wenn die Regelung nach § 1010 Absatz 1 des Bürgerlichen Gesetzbuchs[1)] vor dem 13. Mai 2017 getroffen worden ist. [2] Bebauungspläne oder Satzungen mit Regelungen nach § 22 Absatz 1 Satz 1 Nummer 5 finden keine Anwendung, wenn die Nutzung als Nebenwohnung vor dem 13. Mai 2017 aufgenommen worden ist.

(3) § 34 Absatz 2 findet auf Baugebiete nach § 6a der Baunutzungsverordnung[2)] keine Anwendung.

**§ 245d**[3)] Überleitungsvorschrift aus Anlass des Gesetzes zur Mobilisierung von Bauland. (1) § 34 Absatz 2 findet auf Baugebiete nach § 5a der Baunutzungsverordnung[2)] keine Anwendung.

---

[1)] **Habersack Nr. 20.**
[2)] Nr. 311.
[3)] § 245d eingef. mWv 23.6.2021 durch G v. 14.6.2021 (BGBl. I S. 1802).

(2) Im Anwendungsbereich des § 34 Absatz 2 ist § 14 Absatz 1a der Baunutzungsverordnung nicht anzuwenden; für die der öffentlichen Versorgung mit Telekommunikationsdienstleistungen dienenden Nebenanlagen gilt dort § 14 Absatz 2 der Baunutzungsverordnung entsprechend.

## § 245e[1]) Überleitungsvorschriften aus Anlass des Gesetzes zur Erhöhung und Beschleunigung des Ausbaus von Windenergieanlagen an Land.

(1) [1]Die Rechtswirkungen eines Raumordnungs- oder Flächennutzungsplans gemäß § 35 Absatz 3 Satz 3 in der bis zum 1. Februar 2023 geltenden Fassung für Vorhaben nach § 35 Absatz 1 Nummer 5, die der Erforschung, Entwicklung oder Nutzung der Windenergie dienen, gelten vorbehaltlich des § 249 Absatz 5 Satz 2 fort, wenn der Plan bis zum 1. Februar 2024 wirksam geworden ist. [2]Sie entfallen, soweit für den Geltungsbereich des Plans das Erreichen des Flächenbeitragswerts oder eines daraus abgeleiteten Teilflächenziels gemäß § 5 Absatz 1 oder Absatz 2 des Windenergieflächenbedarfsgesetzes festgestellt wird, spätestens aber mit Ablauf des Stichtags für die Flächenbeitragswert nach Spalte 1 der Anlage des Windenergieflächenbedarfsgesetzes. [3]Der Plan gilt im Übrigen fort, wenn nicht im Einzelfall die Grundzüge der Planung berührt werden. [4]Die Möglichkeit des Planungsträgers, den Plan zu ändern, zu ergänzen oder aufzuheben, bleibt unberührt. [5]Werden in einem Flächennutzungsplan oder Raumordnungsplan zusätzliche Flächen für die Nutzung von Windenergie ausgewiesen, kann die Abwägung auf die Belange beschränkt werden, die durch die Ausweisung der zusätzlichen Flächen berührt werden. [6]Dabei kann von dem Planungskonzept, das der Abwägung über bereits ausgewiesene Flächen zu Grunde gelegt wurde, abgewichen werden, sofern die Grundzüge der Planung erhalten werden. [7]Von der Wahrung der Grundzüge der bisherigen Planung ist regelmäßig auszugehen, wenn Flächen im Umfang von nicht mehr als 25 Prozent der schon bislang ausgewiesenen Flächen zusätzlich ausgewiesen werden. [8]§ 249 Absatz 6 bleibt unberührt.

(2) [1]§ 15 Absatz 3 ist entsprechend anzuwenden, wenn die Gemeinde beschlossen hat, einen Flächennutzungsplan aufzustellen, zu ändern oder zu ergänzen, um den Flächenbeitragswert im Sinne des § 3 Absatz 1 des Windenergieflächenbedarfsgesetzes oder ein daraus abgeleitetes Teilflächenziel zu erreichen. [2]Die Entscheidung kann längstens bis zum Ablauf des Stichtags für den Flächenbeitragswert nach Spalte 1 der Anlage des Windenergieflächenbedarfsgesetzes ausgesetzt werden.

(3) [1]Die in Absatz 1 Satz 1 genannten Rechtswirkungen gemäß § 35 Absatz 3 Satz 3 können Vorhaben im Sinne des § 16b Absatz 1 und 2 des Bundes-Immissionsschutzgesetzes[2]) in der Fassung der Bekanntmachung vom 17. Mai 2013 (BGBl. I S. 1274; 2021 I S. 123), das zuletzt durch Artikel 1 des Gesetzes vom 24. September 2021 (BGBl. I S. 4458) geändert worden ist, nicht entgegengehalten werden, es sei denn, die Grundzüge der Planung werden berührt. [2]Dies gilt nicht, wenn das Vorhaben in einem Natura 2000-Gebiet im Sinne des § 7 Absatz 1 Nummer 8 des Bundesnaturschutzgesetzes[3]) vom 29. Juli 2009 (BGBl. I S. 2542), das zuletzt durch Artikel 1 des Gesetzes vom 18. August 2021 (BGBl. I S. 3908)

---

[1]) § 245e eingef. mWv 1.2.2023 durch G v. 20.7.2022 (BGBl. I S. 1353); Abs. 1 Sätze 5–8, Abs. 4 angef. mWv 1.2.2023 durch G v. 8.10.2022 (BGBl. I S. 1726); Abs. 1 Sätze 2, 5, 6, 7 geänd., Abs. 4 geänd., Satz 2 angef. mWv 6.1.2024 durch G v. 3.7.2023 (BGBl. 2023 I Nr. 176); Abs. 1 Satz 2, Abs. 2 Satz 2 geänd., Abs. 5 angef. mWv 14.1.2024 durch G v. 12.7.2023 (BGBl. 2023 I Nr. 184).
[2]) Nr. **296**.
[3]) Nr. **880**.

geändert worden ist, oder in einem Naturschutzgebiet im Sinne des § 23 des Bundesnaturschutzgesetzes verwirklicht werden soll.

(4) ¹ Die in Absatz 1 Satz 1 genannten Rechtswirkungen können Vorhaben nach § 35 Absatz 1 Nummer 5, die der Erforschung, Entwicklung oder Nutzung der Windenergie dienen, nicht entgegengehalten werden, wenn für den Standort des Vorhabens in einem Planentwurf eine Ausweisung für Vorhaben nach § 35 Absatz 1 Nummer 5, die der Erforschung, Entwicklung oder Nutzung der Windenergie dienen, vorgesehen ist, für den Planentwurf bereits eine Beteiligung nach § 3 Absatz 2, § 4 Absatz 2 und § 4a Absatz 3 dieses Gesetzes oder § 9 Absatz 2 und 3 des Raumordnungsgesetzes¹) durchgeführt wurde und anzunehmen ist, dass das Vorhaben den künftigen Ausweisungen entspricht. ² In Fällen des § 4a Absatz 3 Satz 1 dieses Gesetzes oder des § 9 Absatz 3 Satz 1 des Raumordnungsgesetzes kann ein Vorhaben unter den Voraussetzungen des Satzes 1 vor Durchführung der Öffentlichkeits- und Behördenbeteiligung zugelassen werden, wenn sich die vorgenommene Änderung oder Ergänzung des Planentwurfs nicht auf das Vorhaben auswirkt.

(5) Plant eine Gemeinde, die nicht zuständige Planungsträgerin nach § 249 Absatz 5 in Verbindung mit § 3 Absatz 2 Satz 1 Nummer 2 des Windenergieflächenbedarfsgesetzes ist, vor dem in Absatz 1 Satz 2 genannten Zeitpunkt ein Windenergiegebiet gemäß § 2 Nummer 1 des Windenergieflächenbedarfsgesetzes auszuweisen, das mit einem Ziel der Raumordnung nicht vereinbar ist, soll ihrem Antrag auf Abweichung von diesem Ziel abweichend von § 6 Absatz 2 des Raumordnungsgesetzes stattgegeben werden, wenn der Raumordnungsplan an der von der Gemeinde für Windenergie geplanten Stelle kein Gebiet für mit der Windenergie unvereinbare Nutzungen oder Funktionen festlegt.

**§ 245f²⁾ Überleitungsvorschrift aus Anlass des Gesetzes zur Stärkung der Digitalisierung im Bauleitplanverfahren und zur Änderung weiterer Vorschriften; Evaluierung.** (1) Abweichend von § 233 Absatz 1 ist § 6 Absatz 4 in der Fassung dieses Gesetzes anzuwenden, wenn der Genehmigungsantrag bei der höheren Verwaltungsbehörde nach dem 7. Juli 2023 eingegangen ist.

(2) Das Bundesministerium für Wohnen, Stadtentwicklung und Bauwesen evaluiert die Auswirkungen der Änderungen der §§ 3, 4, 4a und 200 zur Digitalisierung und die Änderung des § 6 zur Fristverkürzung auf die Bauleitplanverfahren bis zum 31. Dezember 2027.

## Zweiter Teil. Schlussvorschriften

**§ 246³⁾ Sonderregelungen für einzelne Länder; Sonderregelungen für Flüchtlingsunterkünfte.** (1) In den Ländern Berlin und Hamburg entfallen die in § 6 Absatz 1, § 10 Absatz 2 und § 190 Absatz 1 vorgesehenen Genehmigungen oder Zustimmungen; das Land Bremen kann bestimmen, dass diese Genehmigungen oder Zustimmungen entfallen.

---

¹⁾ Nr. **340**.
²⁾ § 245f eingef. mWv 7.7.2023 durch G v. 3.7.2023 (BGBl. 2023 I Nr. 176; 2023 I Nr. 214).
³⁾ § 246 Abs. 6 neu gef., Abs. 8, 9, 10 Satz 1, 11 Satz 1, 12 Satz 1 geänd., Sätze 2, 3 eingef., bish. Satz 2 wird Satz 4, Abs. 13 Satz 1 geänd., Sätze 2, 3 eingef., bish. Sätze 2–5 werden Sätze 4–7, neue Sätze 6, 7 geänd., Abs. 13a eingef., Abs. 14 Satz 6, Abs. 15–17 geänd. mWv 23.6.2021 durch G v. 14.6.2021 (BGBl. I S. 1802); Abs. 14 neu gef., Abs. 16, 17 geänd. mWv 30.4.2022 durch G v. 26.4.2022 (BGBl. I S. 674); Abs. 8, 9, 10 Satz 1 geänd., Abs. 11 Satz 1 neu gef., Abs. 12 Satz 1 einl. Satzteil, Sätze 2, 3, Abs. 13 Satz 1 einl. Satzteil, Sätze 2, 3, Abs. 14 Sätze 1, 9, Abs. 15–17 geänd. mWv 7.7.2023 durch G v. 3.7.2023 (BGBl. 2023 I Nr. 176).

(1a) [1]Die Länder können bestimmen, dass Bebauungspläne, die nicht der Genehmigung bedürfen, und Satzungen nach § 34 Absatz 4 Satz 1, § 35 Absatz 6 und § 165 Absatz 6 vor ihrem Inkrafttreten der höheren Verwaltungsbehörde anzuzeigen sind; dies gilt nicht für Bebauungspläne nach § 13. [2]Die höhere Verwaltungsbehörde hat die Verletzung von Rechtsvorschriften, die eine Versagung der Genehmigung nach § 6 Absatz 2 rechtfertigen würde, innerhalb eines Monats nach Eingang der Anzeige geltend zu machen. [3]Der Bebauungsplan und die Satzungen dürfen nur in Kraft gesetzt werden, wenn die höhere Verwaltungsbehörde die Verletzung von Rechtsvorschriften nicht innerhalb der in Satz 2 bezeichneten Frist geltend gemacht hat.

(2) [1]Die Länder Berlin und Hamburg bestimmen, welche Form der Rechtsetzung an die Stelle der in diesem Gesetzbuch vorgesehenen Satzungen tritt. [2]Das Land Bremen kann eine solche Bestimmung treffen. [3]Die Länder Berlin, Bremen und Hamburg können eine von § 10 Absatz 3, § 16 Absatz 2, § 22 Absatz 2, § 143 Absatz 1, § 162 Absatz 2 Satz 2 bis 4 und § 165 Absatz 8 abweichende Regelung treffen.

(3) § 171f ist auch auf Rechtsvorschriften der Länder anzuwenden, die vor dem 1. Januar 2007 in Kraft getreten sind.

(4) Die Senate der Länder Berlin, Bremen und Hamburg werden ermächtigt, die Vorschriften dieses Gesetzbuchs über die Zuständigkeit von Behörden dem besonderen Verwaltungsaufbau ihrer Länder anzupassen.

(5) Das Land Hamburg gilt für die Anwendung dieses Gesetzbuchs auch als Gemeinde.

(6) § 9 Absatz 2d gilt entsprechend für Pläne, die gemäß § 173 Absatz 3 Satz 1 des Bundesbaugesetzes in Verbindung mit § 233 Absatz 3 als Bebauungspläne fortgelten.

(7) [1]Die Länder können bestimmen, dass § 34 Absatz 1 Satz 1 bis zum 31. Dezember 2004 nicht für Einkaufszentren, großflächige Einzelhandelsbetriebe und sonstige großflächige Handelsbetriebe im Sinne des § 11 Absatz 3 der Baunutzungsverordnung[1] anzuwenden ist. [2]Wird durch eine Regelung nach Satz 1 die bis dahin zulässige Nutzung eines Grundstücks aufgehoben oder wesentlich geändert, ist § 238 entsprechend anzuwenden.

(8) Bis zum Ablauf des 31. Dezember 2027 gilt § 34 Absatz 3a Satz 1 entsprechend für die Nutzungsänderung zulässigerweise errichteter baulicher Anlagen in bauliche Anlagen, die der Unterbringung von Flüchtlingen oder Asylbegehrenden dienen, und für deren Erweiterung, Änderung oder Erneuerung.

(9) Bis zum Ablauf des 31. Dezember 2027 gilt die Rechtsfolge des § 35 Absatz 4 Satz 1 für Vorhaben entsprechend, die der Unterbringung von Flüchtlingen oder Asylbegehrenden dienen, wenn das Vorhaben im unmittelbaren räumlichen Zusammenhang mit nach § 30 Absatz 1 oder § 34 zu beurteilenden bebauten Flächen innerhalb des Siedlungsbereichs erfolgen soll.

(10) [1]Bis zum Ablauf des 31. Dezember 2027 kann in Gewerbegebieten (§ 8 der Baunutzungsverordnung, auch in Verbindung mit § 34 Absatz 2) für Aufnahmeeinrichtungen, Gemeinschaftsunterkünfte oder sonstige Unterkünfte für Flüchtlinge oder Asylbegehrende von den Festsetzungen des Bebauungsplans befreit werden, wenn an dem Standort Anlagen für soziale Zwecke als Ausnahme zugelassen werden können oder allgemein zulässig sind und die Abweichung auch

---

[1] Nr. **311**.

unter Würdigung nachbarlicher Interessen mit öffentlichen Belangen vereinbar ist. [2]§ 36 gilt entsprechend.

(11) [1]Soweit in den Baugebieten nach den §§ 2 bis 8 der Baunutzungsverordnung (auch in Verbindung mit § 34 Absatz 2) Anlagen für soziale Zwecke als Ausnahme zugelassen werden können, gilt § 31 Absatz 1 mit der Maßgabe, dass Anlagen für soziale Zwecke, die der Unterbringung und weiteren Versorgung von Flüchtlingen und Asylbegehrenden dienen, dort bis zum Ablauf des 31. Dezember 2027 in der Regel zugelassen werden sollen. [2]Satz 1 gilt entsprechend für in übergeleiteten Plänen festgesetzte Baugebiete, die den in Satz 1 genannten Baugebieten vergleichbar sind.

*(Fortsetzung nächstes Blatt)*

Einvernehmen nur dann aus den sich aus den §§ 31, 33 bis 35 ergebenden Gründen versagt werden kann, wenn die städtebauliche Entwicklung des Gemeindegebiets beeinträchtigt würde. ²Abweichend von § 36 Absatz 2 Satz 2 gilt das Einvernehmen als erteilt, wenn es nicht innerhalb eines Monats verweigert wird.

(6) ¹Eine Rechtsverordnung nach Absatz 1 kann nur innerhalb von zwei Jahren nach Eintritt des Katastrophenfalls erstmals in Kraft gesetzt werden. ²Ihre Geltungsdauer ist auf höchstens ein Jahr nach dem Kabinettsbeschluss zu befristen; sie kann unter den Voraussetzungen des Absatzes 1 jeweils um höchstens ein Jahr verlängert werden. ³Verfahren zur Aufstellung von Bebauungsplänen nach Absatz 2 Nummer 3 bis 5 können nach Außerkrafttreten der Verordnung unter Anwendung der Sonderregelungen abgeschlossen werden, wenn die Planunterlagen während der Geltungsdauer der Verordnung gemäß § 3 Absatz 2 im Internet veröffentlicht wurden. ⁴Satz 1 findet bis zum Ablauf des 7. Juli 2024 keine Anwendung.[1]

(7) ¹In den ersten sechs Monaten nach Eintritt des Katastrophenfalls kann die Baugenehmigungsbehörde mit Zustimmung der höheren Verwaltungsbehörde im Gebiet der von der Katastrophe betroffenen Gemeinde sowie in benachbarten Gemeinden bei der Zulassung von Vorhaben im Sinne des Absatzes 2 Nummer 1 und unter den dort genannten weiteren Voraussetzungen von den §§ 29 bis 35 vorübergehend abweichen, wenn eine Rechtsverordnung nach den Absätzen 1 und 2 Nummer 1 nicht ergangen ist. ²Die Absätze 4 und 5 sind entsprechend anzuwenden.

## § 246d[2] Sonderregelungen für Biogasanlagen.

(1) ¹Vor dem 1. September 2022 errichtete Anlagen zur Erzeugung von Biogas im Sinne des § 35 Absatz 1 Nummer 6 sind bis zum Ablauf des 31. Dezember 2024 abweichend von § 35 Absatz 1 Nummer 6 Buchstabe a, b und d auch dann bauplanungsrechtlich zulässig, wenn die Biogasproduktion erhöht wird und die Biomasse überwiegend aus dem Betrieb oder überwiegend aus diesem und aus weniger als 50 Kilometer entfernten Betrieben nach § 35 Absatz 1 Nummer 1, 2 oder 4 stammt, soweit Letzterer Tierhaltung betreibt. ²Zu den in Satz 1 genannten Betrieben nach § 35 Absatz 1 Nummer 4 zählen auch solche, die dem Anwendungsbereich des § 245a Absatz 5 Satz 1 oder 2 unterfallen.

(2) Von § 35 Absatz 1 Nummer 6 werden bis zum 31. Dezember 2028 auch Vorhaben erfasst, die der energetischen Nutzung von Biomasse im Rahmen eines am 1. Januar 2024 bestehenden Tierhaltung betreibenden gewerblichen Betriebes dienen, der auf Grundlage der vor dem 20. September 2013 geltenden Fassung des § 35 Absatz 1 Nummer 4 zugelassen worden ist.

(3) Bis zum Ablauf des 31. Dezember 2028 gilt § 35 Absatz 1 Nummer 6 Buchstabe b mit der Maßgabe, dass die Biomasse zusätzlich auch aus zulässigerweise errichteten und am 1. Januar 2024 bestehenden, weniger als 50 Kilometer entfernten Betrieben aller Art stammen kann, soweit es sich um Biomasse handelt, die in diesen Betrieben als Reststoff anfällt.

---

[1] Art. 6 Abs. 2 G v. 3.7.2023 (BGBl. 2023 I Nr. 176; 2023 I Nr. 214) lautet: „Artikel 1 Nummer 19 § 246c Absatz 6 Satz 4 des Baugesetzbuches tritt mit Ablauf des 7. Juli 2024 außer Kraft." bzw. berichtigt „In Artikel 1 Nummer 19 tritt § 246c Absatz 6 Satz 4 des Baugesetzbuchs mit Ablauf des 7. Juli 2024 außer Kraft." Diese Regelung bezieht sich in beiden Formulierungen auf Bestandteile der Änderungsvorschrift und nicht auf die in Kraft getretene Stammvorschrift; § 246c Abs. 6 Satz 4 BauGB gilt daher unbefristet, vgl. Rdnr. 680 des Handbuchs der Rechtsförmlichkeit des BMJ.

[2] § 246d eingef. mWv 13.10.2022 durch G v. 8.10.2022 (BGBl. I S. 1726); Überschrift geänd., Abs. 2–5 angef. mWv 1.1.2024 durch G v. 20.12.2023 (BGBl. 2023 I Nr. 394).

(4) Im Außenbereich ist unbeschadet des § 35 Absatz 1 bis zum Ablauf des 31. Dezember 2028 ein Vorhaben zulässig, das

1. der Aufbereitung von Biogas zu Biomethan einschließlich des Anschlusses an das öffentliche Versorgungsnetz dient, oder

2. als Blockheizkraftwerk der Erzeugung von Strom einschließlich dessen Einspeisung in das öffentliche Netz sowie der Erzeugung von Wärme zur Einspeisung in ein bestehendes lokales Wärmenetz oder zur Wärmeversorgung von zulässigerweise errichteten Gebäuden in räumlicher Nähe zum Vorhaben dient,

wenn das Vorhaben in einem räumlich-funktionalen Zusammenhang mit einer am 1. Januar 2024 bestehenden, zulässigerweise nach § 35 Absatz 1 Nummer 6 errichteten Anlage steht und keine größere Grundfläche in Anspruch nimmt als diese Anlage und wenn das verwendete Biogas aus dieser Anlage oder aus nahegelegenen Anlagen nach § 35 Absatz 1 Nummer 6 stammt.

(5) [1] Die Befristung in den Absätzen 1 bis 4 bezieht sich nicht auf die Geltungsdauer einer Genehmigung, sondern auf den Zeitraum, bis zu dessen Ende bei der zuständigen Behörde ein Antrag eingegangen ist. [2] Die Änderung einer Anlage, die nach einem der Absätze 1 bis 4 zugelassen worden ist, ist nach dem 31. Dezember 2028 nach demselben Absatz zulässig, wenn durch die Änderung die Grundfläche oder Höhe der Anlage nicht oder nur insoweit vergrößert wird, als dies zur Erfüllung rechtlicher Anforderungen an die Anlage erforderlich ist.

**§ 247 Sonderregelungen für Berlin als Hauptstadt der Bundesrepublik Deutschland.** (1) Bei der Aufstellung von Bauleitplänen und sonstigen Satzungen nach diesem Gesetzbuch soll in der Abwägung den Belangen, die sich aus der Entwicklung Berlins als Hauptstadt Deutschlands ergeben, und den Erfordernissen der Verfassungsorgane des Bundes für die Wahrnehmung ihrer Aufgabe besonders Rechnung getragen werden.

(2) Die Belange und Erfordernisse nach Absatz 1 werden zwischen Bund und Berlin in einem Gemeinsamen Ausschuss erörtert.

(3) [1] Kommt es in dem Ausschuss zu keiner Übereinstimmung, können die Verfassungsorgane des Bundes ihre Erfordernisse eigenständig feststellen; sie haben dabei eine geordnete städtebauliche Entwicklung Berlins zu berücksichtigen. [2] Die Bauleitpläne und sonstigen Satzungen nach diesem Gesetzbuch sind so anzupassen, dass den festgestellten Erfordernissen in geeigneter Weise Rechnung getragen wird.

(4) Haben die Verfassungsorgane des Bundes Erfordernisse nach Absatz 3 Satz 1 festgestellt und ist zu deren Verwirklichung die Aufstellung eines Bauleitplans oder einer sonstigen Satzung nach diesem Gesetzbuch geboten, soll der Bauleitplan oder die Satzung aufgestellt werden.

(5) (weggefallen)

(6) (weggefallen)

*(Fortsetzung nächstes Blatt)*

# 385. Wohngeldgesetz (WoGG)[1) 2)]

## Vom 24. September 2008
## (BGBl. I S. 1856)

**FNA 8601-3**

geänd. durch Art. 1 Erstes ÄndG v. 22.12.2008 (BGBl. I S. 2963), Art. 9 ELENA-VerfahrensG v. 28.3. 2009 (BGBl. I S. 634, geänd. durch G v. 23.11.2011, BGBl. I S. 2298), Art. 7 Abs. 8 G zur Reform des Kontopfändungsschutzes v. 7.7.2009 (BGBl. I S. 1707), Art. 22 HaushaltsbegleitG 2011 v. 9.12.2010 (BGBl. I S. 1885), Art. 12 Abs. 2 G zur Ermittlung von Regelbedarfen und zur Änd. des Zweiten und Zwölften Buches Sozialgesetzbuch v. 24.3.2011 (BGBl. I S. 453), Art. 9 G zur Änd. des BeherbergungsstatistikG und des HandelsstatistikG sowie zur Aufhebung von Vorschriften zum Verfahren des elektronischen Entgeltnachweises v. 23.11.2011 (BGBl. I S. 2298), Art. 35 G zur Verbesserung der Eingliederungschancen am Arbeitsmarkt v. 20.12.2011 (BGBl. I S. 2854), Art. 1 Drittes G zur Änd. wohnungsrechtl. Vorschriften v. 9.11.2012 (BGBl. I S. 2291), Art. 9 Abs. 5 SEPA-BegleitG v. 3.4.2013 (BGBl. I S. 610), Art. 1 WohngeldreformG v. 2.10.2015 (BGBl. I S. 1610), Art. 14 Nr. 12 AsylverfahrensbeschleunigungsG v. 20.10.2015 (BGBl. I S. 1722), Art. 3 Abs. 4 Neuntes G zur Änd. des SGB II – Rechtsvereinfachung – sowie zur vorübergehenden Aussetzung der Insolvenzantragspflicht v. 26.7.2016 (BGBl. I S. 1824), Art. 22 Abs. 4 6. SGB IV-ÄndG v. 11.11.2016 (BGBl. I S. 2500), Art. 43 FachkräfteeinwanderungsG v. 15.8.2019 (BGBl. I S. 1307), Art. 134 Zweites Datenschutz-Anpassungs- und UmsetzungsG EU v. 20.11.2019 (BGBl. I S. 1626), Art. 1 WohngeldstärkungsG v. 30.11.2019 (BGBl. I S. 1877), Art. 55 G zur Regelung des Sozialen Entschädigungsrechts v. 12.12.2019 (BGBl. I S. 2652, geänd. 2020, S. 1015), Art. 1 und 1b Wohngeld-CO2-BepreisungsentlastungsG v. 15.5.2020 (BGBl. I S. 1015), Art. 5 GrundrentenG v. 12.8.2020 (BGBl. I S. 1879), Art. 7 G zur Ermittlung der Regelbedarfe und zur Änd. des Zwölften Buches Sozialgesetzbuch sowie weiterer Gesetze v. 9.12.2020 (BGBl. I S. 2855), § 23 Abs. 2, § 24 Abs. 3 WohngeldVO v. 3.6.2021 (BGBl. I S. 1369), Art. 88 G über die Entschädigung der Soldatinnen und Soldaten und zur Neuordnung des Soldatenversorgungsrechts v. 20.8.2021 (BGBl. I S. 3932), Art. 1 Wohngeld-Plus-Gesetz v. 5.12.2022 (BGBl. I S. 2160), Art. 36 JahressteuerG 2022 v. 16.12.2022 (BGBl. I S. 2294), Art. 12 Abs. 14 Bürgergeld-G v. 16.12.2022 (BGBl. I S. 2328) und Art. 17 G zur Anpassung des Zwölften und des Vierzehnten Buches Sozialgesetzbuch und weiterer Gesetze v. 22.12.2023 (BGBl. 2023 I Nr. 408)

**Inhaltsübersicht[3)]**

---

[1)] Verkündet als Art. 1 G zur Neuregelung des Wohngeldrechts und zur Änd. des Sozialgesetzbuches v. 24.9.2008 (BGBl. I S. 1856); Inkrafttreten gem. Art. 6 Abs. 1 Satz 1 dieses G am 1.1.2009 mit Ausnahme des § 12 Abs. 2 bis 5 und des § 38, die gem. Art. 6 Abs. 2 Satz 1 am 1.10.2008 in Kraft getreten sind.
[2)] Die Änderung durch G v. 20.8.2021 (BGBl. I S. 3932) tritt erst **mWv 1.1.2025** in Kraft und ist im Text noch nicht berücksichtigt.
[3)] Inhaltsübersicht geänd. mWv 30.12.2008 durch G v. 22.12.2008 (BGBl. I S. 2963); geänd. mWv 1.1. 2011 durch G v. 9.12.2010 (BGBl. I S. 1885); geänd. mWv 1.1.2016 durch G v. 2.10.2015 (BGBl. I S. 1610); geänd. mWv 1.8.2016 durch G v. 26.7.2016 (BGBl. I S. 1824); geänd. mWv 1.1.2020 durch G v. 30.11.2019 (BGBl. I S. 1877); geänd. mWv 1.1.2024 durch G v. 12.12.2019 (BGBl. I S. 2652); geänd. mWv 1.1.2021 durch G v. 15.5.2020 (BGBl. I S. 1015); geänd. mWv 1.1.2021 durch G v. 12.8.2020 (BGBl. I S. 1879); geänd. mWv 1.1.2023 durch G v. 5.12.2022 (BGBl. I S. 2160).

*(Fortsetzung nächstes Blatt)*

(2) ¹Einzelangaben nach § 35 Abs. 1 aus einer Zufallsstichprobe mit einem Auswahlsatz von 25 Prozent der wohngeldberechtigten Personen sind dem Statistischen Bundesamt jährlich unverzüglich nach Ablauf des Erhebungszeitraums für Zusatzaufbereitungen zur Verfügung zu stellen. ²Zu diesem Zweck dürfen die Einzelangaben auch dem Bundesministerium für Wohnen, Stadtentwicklung und Bauwesen oder, wenn die Aufgabe der Zusatzaufbereitung an das Bundesamt für Bauwesen und Raumordnung übertragen worden ist, an dieses übermittelt werden. ³Dabei sind mehr als fünf zu berücksichtigende Haushaltsmitglieder, die Wohnraum gemeinsam bewohnen, in einer Gruppe zusammenzufassen. ⁴Bei der empfangenden Stelle ist eine Organisationseinheit einzurichten, die räumlich, organisatorisch und personell von anderen Aufgabenbereichen zu trennen ist. ⁵Die in dieser Organisationseinheit tätigen Personen müssen Amtsträger oder für den öffentlichen Dienst besonders Verpflichtete sein. ⁶Sie dürfen aus ihrer Tätigkeit gewonnene Erkenntnisse nur für Zwecke des § 34 Abs. 1 verwenden. ⁷Die nach Satz 2 übermittelten Einzelangaben dürfen nicht mit anderen Daten zusammengeführt werden.

## Teil 7. Schlussvorschriften

**§ 37¹⁾ Bußgeld.** (1) Ordnungswidrig handelt, wer vorsätzlich oder leichtfertig

1. entgegen § 23 Absatz 1 Satz 1, Absatz 2 oder Absatz 3 eine Auskunft nicht, nicht richtig, nicht vollständig oder nicht rechtzeitig gibt,

2. entgegen § 23 Absatz 1 Satz 3 eine Angabe nicht richtig macht oder

3. entgegen § 27 Abs. 3 Satz 1, auch in Verbindung mit Abs. 4, oder § 28 Abs. 1 Satz 2 oder Abs. 4 Satz 1 eine Änderung in den Verhältnissen, die für den Wohngeldanspruch erheblich ist, nicht, nicht richtig, nicht vollständig oder nicht rechtzeitig mitteilt.

(2) Die Ordnungswidrigkeit kann mit einer Geldbuße bis zu zweitausend Euro geahndet werden.

(3) Verwaltungsbehörden im Sinne des § 36 Abs. 1 Nr. 1 des Gesetzes über Ordnungswidrigkeiten²⁾ sind die Wohngeldbehörden.

**§ 38³⁾ ⁴⁾ Verordnungsermächtigung.** Die Bundesregierung wird ermächtigt, durch Rechtsverordnung⁵⁾ mit Zustimmung des Bundesrates

1. nähere Vorschriften zur Durchführung dieses Gesetzes über die Ermittlung
   a) der zu berücksichtigenden Miete oder Belastung (§§ 9 bis 12) und
   b) des Einkommens (§§ 13 bis 18)
   zu erlassen, wobei pauschalierende Regelungen getroffen werden dürfen, soweit die Ermittlung im Einzelnen nicht oder nur mit unverhältnismäßig großen Schwierigkeiten möglich ist;

2. die Mietstufen für Gemeinden festzulegen (§ 12);

---

¹⁾ § 37 Abs. 1 Nr. 1 geänd., Nr. 2 eingef., bish. Nr. 2 wird Nr. 3 mWv 1.1.2016 durch G v. 2.10.2015 (BGBl. I S. 1610).
²⁾ **Habersack Nr. 94.**
³⁾ § 38 ist gem. Art. 6 Abs. 2 Satz 1 G v. 24.9.2008 (BGBl. I S. 1856) am 1.10.2008 in Kraft getreten.
⁴⁾ § 38 Nr. 3 zweiter Halbs. angef. mWv 16.11.2012 durch G v. 9.11.2012 (BGBl. I S. 2291); Nr. 3 geänd., Nr. 4 angef. mWv 1.1.2020 durch G v. 30.11.2019 (BGBl. I S. 1877); Nr. 4 neu gef. mWv 1.1.2024 durch G v. 22.12.2023 (BGBl. 2023 I Nr. 408).
⁵⁾ Siehe hierzu ua die Erste VO zur Fortschreibung des Wohngeldes nach § 43 des WohngeldG v. 3.6.2021 (BGBl. I S. 1369).

3. die Einzelheiten des Verfahrens des automatisierten Datenabgleichs und die Kosten des Verfahrens (§ 33) zu regeln; dabei kann auch geregelt werden, dass die Länder der Datenstelle die Kosten für die Durchführung des Datenabgleichs zu erstatten haben;

4. die in § 43 Absatz 1 Satz 1 Nummer 1 bis 6 genannten Berechnungsgrößen nach einer gesetzlichen Änderung nach § 43 zum 1. Januar jedes zweiten Jahres fortzuschreiben und die bisherigen Anlagen 1 bis 3 zu ersetzen. Soweit der Deutsche Bundestag beschließt, die Höchstbeträge für Miete und Belastung (§ 12 Absatz 1), die Mietenstufen (§ 12 Absatz 2) oder die Höhe des Wohngeldes (§ 19) für ein solches Jahr neu festzusetzen, hat dieser Beschluss Vorrang gegenüber der Verordnungsermächtigung.

**§ 39[1] Wohngeld- und Mietenbericht; Bericht über die Lage und Entwicklung der Wohnungs- und Immobilienwirtschaft in Deutschland.** (1) [1]Die Höchstbeträge für Miete und Belastung (§ 12 Absatz 1), die Mietenstufen (§ 12 Absatz 2) und die Höhe des Wohngeldes (§ 19) sind alle zwei Jahre zu überprüfen. [2]Dabei ist der bundesdurchschnittlichen und regionalen Entwicklung der Wohnkosten sowie der Veränderung der Einkommensverhältnisse und der Lebenshaltungskosten Rechnung zu tragen. [3]Die Bundesregierung berichtet dem Deutschen Bundestag über die Überprüfung nach den Sätzen 1 und 2, über die Durchführung dieses Gesetzes und über die Entwicklung der Mieten für Wohnraum alle zwei Jahre bis zum 30. Juni. [4]Dabei fließen auch miet- und wohnungsmarktrelevante Daten der Länder ein. [5]Bis einschließlich 2025 fließen daneben auch die Einschätzungen der Länder zu den Wirkungen der dauerhaften Heizkostenkomponente nach § 12 Absatz 6 und der Klimakomponente nach § 12 Absatz 7 ein. [6]Der erste erweiterte Bericht erfolgt bis zum 30. Juni 2017.

(2) [1]Die Bundesregierung berichtet dem Deutschen Bundestag über die Lage und Entwicklung der Wohnungs- und Immobilienwirtschaft in Deutschland alle vier Jahre bis zum 30. Juni. [2]Der nächste Bericht erfolgt bis zum 30. Juni 2017. [3]Eine im gleichen Jahr vorzulegende Berichterstattung nach Absatz 1 ist jeweils zu integrieren.

(3) Zum Zwecke der Evaluierung berichten die Länder nach Ablauf von zwei Jahren spätestens bis zum 31. März 2025 gegenüber dem Bundesministerium für Wohnen, Stadtentwicklung und Bauwesen über die maßgeblichen Kennzahlen der Experimentierklausel des § 30a.

**§ 40 Einkommen bei anderen Sozialleistungen.** Das einer vom Wohngeld ausgeschlossenen wohngeldberechtigten Person bewilligte Wohngeld ist bei Sozialleistungen nicht als deren Einkommen zu berücksichtigen.

**§ 41[2] Auswirkung von Rechtsänderungen auf die Wohngeldentscheidung.** (1) [1]Ist im Zeitpunkt des Inkrafttretens von Änderungen dieses Gesetzes oder der Wohngeldverordnung[3] über einen Wohngeldantrag noch nicht entschieden, ist für die Zeit bis zum Inkrafttreten der Änderungen nach dem bis dahin geltenden Recht, für die darauf folgende Zeit nach dem neuen Recht zu entscheiden. [2]Ist über einen nach dem Zeitpunkt des Inkrafttretens von Änderungen

*(Fortsetzung nächstes Blatt)*

---

[1] § 39 neu gef. mWv 1.1.2016 durch G v. 2.10.2015 (BGBl. I S. 1610); Abs. 1 Satz 5 eingef., bish. Satz 5 wird Satz 6, Abs. 3 angef. mWv 1.1.2023 durch G v. 5.12.2022 (BGBl. I S. 2160).
[2] § 41 Abs. 1 Satz 2 angef. mWv 16.11.2012 durch G v. 9.11.2012 (BGBl. I S. 2291).
[3] Nr. **386**.

## 420. Bundesgesetz über individuelle Förderung der Ausbildung (Bundesausbildungsförderungsgesetz – BAföG)[1][2]

In der Fassung der Bekanntmachung vom 7. Dezember 2010[3]

(BGBl. I S. 1952, ber. BGBl. 2012 I S. 197)

**FNA 2212-2**

geänd. durch Art. 11 Abs. 3 G zur Umsetzung aufenthaltsrechtlicher Richtlinien der EU und zur Anpassung nationaler Rechtsvorschriften an den EU-Visakodex v. 22.11.2011 (BGBl. I S. 2258), Art. 1 24. ÄndG v. 6.12.2011 (BGBl. I S. 2569), Art. 19 BeitreibungsRL-UmsetzungsG v. 7.12.2011 (BGBl. I S. 2592), Art. 31 G zur Verbesserung der Eingliederungschancen am Arbeitsmarkt v. 20.12.2011 (BGBl. I S. 2854), Art. 5 G zur Verbesserung der Rechte von international Schutzberechtigten und ausländischen Arbeitnehmern v. 29.8.2013 (BGBl. I S. 3484, ber. S. 3899), Art. 1 25. ÄndG v. 23.12.2014 (BGBl. I S. 2475, geänd durch G v. 21.12.2015, BGBl. I S. 2557), Art. 6 G zur Neubestimmung des Bleiberechts und der Aufenthaltsbeendigung v. 27.7.2015 (BGBl. I S. 1386), Art. 71 G zum Abbau verzichtbarer Anordnungen der Schriftform im Verwaltungsrecht des Bundes v. 29.3.2017 (BGBl. I S. 626), Art. 2 FamiliennachzugsneuregelungsG v. 12.7.2018 (BGBl. I S. 1147), Art. 2 G zu Übergangsregelungen in den Bereichen Arbeit, Bildung, Gesundheit, Soziales und Staatsangehörigkeit nach dem Austritt des Vereinigten Königreichs Großbritannien und Nordirland aus der EU v. 8.4.2019 (BGBl. I S. 418), Art. 1, 2 und 3 26. G zur Änd. des BundesausbildungsförderungsG v. 8.7.2019 (BGBl. I S. 1048), Art. 51 G zur Regelung des Sozialen Entschädigungsrechts v. 12.12.2019 (BGBl. I S. 2652, geänd. durch G v. 20.8. 2021, BGBl. 2021 I S. 3932), Art. 13 MDK-Reformgesetz v. 14.12.2019 (BGBl. I S. 2789), Art. 5 COVID-19-KrankenhausentlastungsG v. 27.3.2020 (BGBl. I S. 580), Art. 2 Wissenschafts- und StudierendenunterstützungsG v. 25.5.2020 (BGBl. I S. 1073), Art. 4 G zur aktuellen Anpassung des Freizügig-

[1] Die Änderungen durch G v. 20.8.2021 (BGBl. I S. 3932) treten teilweise erst **mWv 1.1.2025** in Kraft und sind insoweit im Text noch nicht berücksichtigt.
[2] Zum BAföG haben die Länder ua folgende Vorschriften erlassen:
– **Baden-Württemberg:** AGBAföG idF der Bek. v. 15.5.1985 (GBl. S. 177), zuletzt geänd. durch VO v. 23.2.2017 (GBl. S. 99),
– **Bayern:** BayAGBAföG v. 27.6.1980 (BayRS IV S. 242), zuletzt geänd. durch G v. 5.8.2022 (GVBl. S. 414),
– **Berlin:** DVO-BAföG v. 28.9.1971 (GVBl. S. 1818), zuletzt geänd. durch G v. 25.2.2016 (GVBl. S. 58),
– **Brandenburg:** BAföGZV v. 30.1.1996 (GVBl. II S. 79), zuletzt geänd. durch VO v. 16.3.2004 (GVBl II S. 147),
– **Bremen:** BAföG-Zuständigkeits-Bekanntmachung v. 3.5.2022 (Brem.ABl. S. 244),
– **Hessen:** BAföG-HAG v. 23.5.1973 (GVBl. I S. 173), zuletzt geänd. durch G v. 13.12.2012 (GVBl. S. 622),
– **Mecklenburg-Vorpommern:** AGBAföG v. 15.12.1993 (GVOBl. M-V 1994 S. 15), zuletzt geänd. durch G v. 13.12.2013 (GVOBl. M-V S. 699),
– **Niedersachsen:** VO über die Ämter für Ausbildungsförderung bei den Hochschulen v. 9.8.2011 (Nds. GVBl. S. 277), zuletzt geänd. durch VO v. 23.1.2020 (Nds. GVBl. S. 25),
– **Nordrhein-Westfalen:** AG BAföG NRW v. 30.1.1973 (GV. NRW. S. 57), zuletzt geänd. durch G v. 23.1.2018 (GV. NRW. S. 90),
– **Rheinland-Pfalz:** AGBAföG v. 21.12.1978 (GVBl. S. 759), zuletzt geänd. durch G v. 15.10.2020 (GVBl. S. 573),
– **Saarland:** BAföG-AusführungsG v. 31.3.2004 (Amtsbl. S. 786), geänd. durch G v. 16.6.2021 (Amtsbl. I S. 1762),
– **Sachsen:** SächsAG-BAföG v. 7.1.1993 (SächsGVBl. S. 16), zuletzt geänd. durch G v. 31.5.2023 (SächsGVBl. S. 329),
– **Sachsen-Anhalt:** AGBAföG idF der Bek. v. 24.4.2007 (GVBl. LSA S. 150), zuletzt geänd. durch G v. 17.2.2017 (GVBl. LSA S. 14),
– **Schleswig-Holstein:** BAföGZustVO v. 22.12.1975 (GVOBl. Schl.-H. S. 340), zuletzt geänd. durch VO v. 27.10.2023 (GVOBl. Schl.-H. S. 514),
– **Thüringen:** ThürAGBAföG idF der Bek. v. 29.5.2002 (GVBl. S. 201), zuletzt geänd. durch G v. 2.7. 2016 (GVBl. S. 226).
[3] Neubekanntmachung des BAföG idF der Bek. v. 6.6.1983 (BGBl. I S. 645, ber. S. 1680) in der ab 28.10.2010 geltenden Fassung.

keitsG/EU und weiterer Vorschriften an das Unionsrecht v. 12.11.2020 (BGBl. I S. 2416), Art. 82 G über die Entschädigung der Soldatinnen und Soldaten und zur Neuordnung des Soldatenversorgungsrechts v. 20.8.2021 (BGBl. I S. 3932), Art. 15 G zur Änd. des InfektionsschutzG und weiterer Gesetze anlässlich der Aufhebung der Feststellung der epidemischen Lage von nationaler Tragweite v. 22.11.2021 (BGBl. I S. 4906), Art. 8 G zur Regelung eines Sofortzuschlages und einer Einmalzahlung in den sozialen Mindestsicherungssystemen sowie zur Änd. des FinanzausgleichsG und weiterer G v. 23.5.2022 (BGBl. I S. 760), Art. 1 27. ÄndG v. 15.7.2022 (BGBl. I S. 1150), Art. 1 28. ÄndG v. 19.10.2022 (BGBl. I S. 1796), Art. 12 Abs. 12 Bürgergeld-G v. 16.12.2022 (BGBl. I S. 2328), Art. 3 G zur Einführung eines Chancen-Aufenthaltsrechts v. 21.12.2022 (BGBl. I S. 2847) und Art. 18 G zur Anpassung des Zwölften und des Vierzehnten Buches Sozialgesetzbuch und weiterer Gesetze v. 22.12.2023 (BGBl. 2023 I Nr. 408)

### Nichtamtliche Inhaltsübersicht

## § 1 Grundsatz.

Auf individuelle Ausbildungsförderung besteht für eine der Neigung, Eignung und Leistung entsprechende Ausbildung ein Rechtsanspruch nach Maßgabe dieses Gesetzes, wenn dem Auszubildenden die für seinen Lebensunterhalt und seine Ausbildung erforderlichen Mittel anderweitig nicht zur Verfügung stehen.

## Abschnitt I. Förderungsfähige Ausbildung

**§ 2[1] Ausbildungsstätten.** (1) [1] Ausbildungsförderung wird geleistet für den Besuch von

1. weiterführenden allgemeinbildenden Schulen und Berufsfachschulen, einschließlich der Klassen aller Formen der beruflichen Grundbildung, ab Klasse 10 sowie von Fach- und Fachoberschulklassen, deren Besuch eine abgeschlossene Berufsausbildung nicht voraussetzt, wenn der Auszubildende die Voraussetzungen des Absatzes 1a erfüllt,

2. Berufsfachschulklassen und Fachschulklassen, deren Besuch eine abgeschlossene Berufsausbildung nicht voraussetzt, sofern sie in einem zumindest zweijährigen Bildungsgang einen berufsqualifizierenden Abschluss vermitteln,

---

[1]) § 2 Abs. 1a Satz 2 und Abs. 3 einl. Satzteil geänd. mWv 1.1.2015 durch G v. 23.12.2014 (BGBl. I S. 2475); Abs. 1 Satz 1 Nr. 5 neu gef., Nr. 6 und Abs. 2 Satz 1 geänd. mWv 16.7.2019 durch G v. 8.7. 2019 (BGBl. I S. 1048); Abs. 6 Nr. 4 neu gef. mWv 22.7.2022 durch G v. 15.7.2022 (BGBl. I S. 1150); Abs. 5 Satz 1 neu gef. mWv 26.10.2022 durch G v. 19.10.2022 (BGBl. I S. 1796); Abs. 6 Nr. 1 geänd. mWv 1.1.2023 durch G v. 16.12.2022 (BGBl. I S. 2328).

**§ 15b[1] Aufnahme und Beendigung der Ausbildung.** (1) Die Ausbildung gilt im Sinne dieses Gesetzes als mit dem Anfang des Monats aufgenommen, in dem Unterricht oder Vorlesungen tatsächlich begonnen werden.

(2) [1] Liegt zwischen dem Ende eines Ausbildungsabschnitts und dem Beginn eines anderen nur ein Monat, so gilt die Ausbildung abweichend von Absatz 1 als bereits zu Beginn dieses Monats aufgenommen. [2] Der Kalendermonat ist in den ersten Bewilligungszeitraum des späteren Ausbildungsabschnitts einzubeziehen.

(2a) [1] Besucht ein Auszubildender zwischen dem Ende einer Ausbildung im Ausland und dem frühestmöglichen Beginn der anschließenden Ausbildung im Inland für längstens vier Monate keine Ausbildungsstätte, so wird ihm längstens für die Dauer der beiden Monate vor Beginn der anschließenden Ausbildung Ausbildungsförderung geleistet. [2] Die beiden Kalendermonate sind in den folgenden Bewilligungszeitraum einzubeziehen.

(3) [1] Die Ausbildung endet mit dem Ablauf des Monats, in dem die Abschlussprüfung des Ausbildungsabschnitts bestanden wurde, oder, wenn eine solche nicht vorgesehen ist, mit dem Ablauf des Monats, in dem der Ausbildungsabschnitt tatsächlich planmäßig geendet hat. [2] Abweichend von Satz 1 ist, sofern ein Prüfungs- oder Abgangszeugnis erteilt wird, das Datum dieses Zeugnisses maßgebend. [3] Eine Hochschulausbildung ist abweichend von den Sätzen 1 und 2 mit Ablauf des Monats beendet, in dem der erfolgreiche Abschluss des Ausbildungsabschnitts dem Auszubildenden erstmals bekanntgegeben ist, spätestens jedoch mit Ablauf des zweiten Monats nach dem Monat, in dem der letzte Prüfungsteil abgelegt wurde.

(4) Die Ausbildung ist ferner beendet, wenn der Auszubildende die Ausbildung abbricht (§ 7 Absatz 3 Satz 2) und sie nicht an einer Ausbildungsstätte einer anderen Ausbildungsstättenart weiterführt.

**§ 16[2] Förderungsdauer im Ausland.** (1) [1] Für eine Ausbildung im Ausland nach § 5 Absatz 2 Nummer 1 oder Absatz 5 wird Ausbildungsförderung längstens für die Dauer eines Jahres geleistet. [2] Innerhalb eines Ausbildungsabschnitts gilt Satz 1 nur für einen einzigen zusammenhängenden Zeitraum, soweit nicht der Besuch von Ausbildungsstätten in mehreren Ländern für die Ausbildung von besonderer Bedeutung ist.

(2) Darüber hinaus kann in den Fällen einer Ausbildung im Ausland im Sinne des § 5 Absatz 2 Satz 1 Nummer 1 während drei weiterer Semester Ausbildungsförderung geleistet werden für den Besuch einer Ausbildungsstätte, die den im Inland gelegenen Hochschulen gleichwertig ist, wenn er für die Ausbildung von besonderer Bedeutung ist.

(3) In den Fällen des § 5 Absatz 2 Nummer 2 und 3 wird Ausbildungsförderung ohne die zeitliche Begrenzung der Absätze 1 und 2 geleistet.

**§ 17[3] Förderungsarten.** (1) Ausbildungsförderung wird vorbehaltlich der Absätze 2 und 3 als Zuschuss geleistet.

(2) [1] Bei dem Besuch von Höheren Fachschulen, Akademien und Hochschulen sowie bei der Teilnahme an einem Praktikum, das im Zusammenhang mit dem

---

[1] § 15b Abs. 3 Satz 1 neu gef., Satz 2 geänd., Satz 3 angef. mWv 1.8.2016 durch G v. 23.12.2014 (BGBl. I S. 2475); Abs. 3 Satz 3 neu gef. mWv 22.7.2022 durch G v. 15.7.2022 (BGBl. I S. 1150).
[2] § 16 Abs. 3 geänd. mWv 1.1.2015 durch G v. 23.12.2014 (BGBl. I S. 2475); Abs. 2 geänd. mWv 22.7.2022 durch G v. 15.7.2022 (BGBl. I S. 1150).
[3] § 17 Abs. 2 Satz 1 und Abs. 3 Satz 1 einl. Satzteil geänd., Nr. 1 aufgeh. mWv 16.7.2019 durch G v. 8.7.2019 (BGBl. I S. 1048).

Besuch dieser Ausbildungsstätten steht, wird der monatliche Förderungsbetrag vorbehaltlich des Absatzes 3 zur Hälfte als Darlehen geleistet. [2] Satz 1 gilt nicht

1. für den Zuschlag zum Bedarf nach § 13 Absatz 4 für nachweisbar notwendige Studiengebühren,
2. für die Ausbildungsförderung, die nach § 15 Absatz 3 Nummer 5 über die Förderungshöchstdauer hinaus geleistet wird,
3. für den Kinderbetreuungszuschlag nach § 14b.

(3) [1] Bei dem Besuch von Höheren Fachschulen, Akademien und Hochschulen sowie bei der Teilnahme an einem Praktikum, das im Zusammenhang mit dem Besuch dieser Ausbildungsstätten steht, erhält der Auszubildende Ausbildungsförderung ausschließlich als Darlehen

1. *(aufgehoben)*
2. für eine andere Ausbildung nach § 7 Absatz 3, soweit die Semesterzahl der hierfür maßgeblichen Förderungshöchstdauer, die um die Fachsemester der vorangegangenen, nicht abgeschlossenen Ausbildung zu kürzen ist, überschritten wird,
3. nach Überschreiten der Förderungshöchstdauer in den Fällen des § 15 Absatz 3a.

[2] Nummer 2 gilt nicht, wenn der Auszubildende erstmalig aus wichtigem Grund oder aus unabweisbarem Grund die Ausbildung abgebrochen oder die Fachrichtung gewechselt hat. [3] Satz 1 gilt nicht für den Kinderbetreuungszuschlag nach § 14b und die Ausbildungsförderung, die nach § 15 Absatz 3 Nummer 5 über die Förderungshöchstdauer hinaus geleistet wird.

**§ 18[1] Darlehensbedingungen.** (1) Für

1. nach § 17 Absatz 2 Satz 1 geleistete Darlehen gelten die Absätze 2 bis 14 und die §§ 18a und 18b,
2. nach § 17 Absatz 3 Satz 1 geleistete Darlehen oder für Ausbildungsförderung, die nach einer Rechtsverordnung nach § 59 ausschließlich als Darlehen geleistet wird, gelten die Absätze 2 bis 12, 14 und § 18a.

(2) [1] Die Darlehen sind nicht zu verzinsen. [2] Wenn Darlehensnehmende einen Zahlungstermin um mehr als 45 Tage überschritten haben, ist abweichend von Satz 1 jeweils der gesamte bis zu diesem Zeitpunkt noch nicht getilgte Betrag, höchstens jedoch der nach Maßgabe des Absatzes 13 Satz 1 zu tilgende Rückzahlungsbetrag – vorbehaltlich des Gleichbleibens der Rechtslage – mit 6 vom Hundert für das Jahr zu verzinsen. [3] Für nach § 17 Absatz 3 Satz 1 geleistete Darlehen gilt die Pflicht zur Verzinsung für den gesamten noch zu tilgenden Rückzahlungsbetrag. [4] Kosten für die Geltendmachung der Darlehensforderung sind durch die Verzinsung nicht abgegolten.

(3) [1] Die Darlehen sind – vorbehaltlich des Gleichbleibens der Rechtslage – in gleichbleibenden monatlichen Raten von mindestens 130 Euro innerhalb von 20 Jahren zurückzuzahlen. [2] Für die Rückzahlung gelten als ein Darlehen jeweils alle nach § 17 Absatz 2 Satz 1 und alle nach § 17 Absatz 3 Satz 1 geleisteten Darlehen.

---

[1] § 18 neu gef. mWv 16.7.2019 durch G v. 8.7.2019 (BGBl. I S. 1048); Abs. 11 geänd., Abs. 12 Sätze 1, 3 und 4 neu gef. mWv 22.7.2022 durch G v. 15.7.2022 (BGBl. I S. 1150); Abs. 1 Nr. 2, Abs. 14 Nr. 2 und 3 geänd., Nr. 4 angef. mWv 26.10.2022 durch G v. 19.10.2022 (BGBl. I S. 1796); Abs. 15 angef. mWv 1.1.2024 durch G v. 22.12.2023 (BGBl. 2023 I Nr. 408).

[3] Von der Verpflichtung zur Rückzahlung sind Darlehensnehmende auf Antrag freizustellen, solange sie Leistungen nach diesem Gesetz erhalten.

(4) [1] Für die Tilgung des nach § 17 Absatz 2 Satz 1 geleisteten Darlehens ist die erste Rate

1. bei einer Ausbildung an einer Hochschule oder an einer Akademie im Sinne des § 2 Absatz 1 Satz 1 Nummer 6 fünf Jahre nach dem Ende der Förderungshöchstdauer,

2. bei einer Ausbildung an einer Höheren Fachschule oder an einer Akademie im Sinne des § 2 Absatz 1 Satz 1 Nummer 5 fünf Jahre nach dem Ende der in der Ausbildungs- und Prüfungsordnung vorgesehenen Ausbildungszeit

zu zahlen. [2] Maßgeblich ist jeweils der zuletzt mit Darlehen geförderte Ausbildungs- oder Studiengang. [3] Wurden Darlehensbeträge nach § 17 Absatz 2 Satz 1 in mehreren Ausbildungsabschnitten geleistet, ist jeweils das Ende derjenigen Förderungshöchstdauer oder vorgesehenen Ausbildungszeit maßgeblich, die für den ersten Ausbildungsabschnitt zuletzt gegolten hat.

(5) Wurden ausschließlich nach § 17 Absatz 3 Satz 1 Darlehen geleistet, so ist die erste Rate drei Jahre nach dem Ende der Förderungshöchstdauer oder der vorgesehenen Ausbildungszeit zu zahlen.

(6) [1] Wurden sowohl nach § 17 Absatz 2 Satz 1 als auch nach § 17 Absatz 3 Satz 1 Darlehen geleistet, ist zunächst das nach § 17 Absatz 2 Satz 1 geleistete Darlehen zurückzuzahlen. [2] Die erste Rate des nach § 17 Absatz 3 Satz 1 geleisteten Darlehens ist in diesem Fall in dem Monat zu leisten, der auf die Fälligkeit der letzten Rate des nach § 17 Absatz 2 Satz 1 geleisteten Darlehens folgt.

(7) Nach Aufforderung durch das Bundesverwaltungsamt sind die Raten für jeweils drei aufeinanderfolgende Monate in einer Summe zu entrichten.

(8) Die Zinsen nach Absatz 2 sind sofort fällig.

(9) [1] Nach dem Ende der Förderungshöchstdauer erteilt das Bundesverwaltungsamt den Darlehensnehmenden – unbeschadet der Fälligkeit nach den Absätzen 4 bis 6 – jeweils einen Bescheid, in dem die Höhe der Darlehensschuld und der Förderungshöchstdauer festgestellt werden. [2] Nach Eintritt der Unanfechtbarkeit des Bescheides sind diese Feststellungen nicht mehr zu überprüfen; insbesondere gelten die Vorschriften des § 44 des Zehnten Buches Sozialgesetzbuch[1]) nicht. [3] Ist für ein Kalenderjahr ein Betrag geleistet worden, auf das sich die Feststellung der Höhe der Darlehensschuld nach Satz 1 nicht erstreckt, so wird diese insoweit durch einen ergänzenden Bescheid festgestellt; Satz 2 gilt entsprechend.

(10) [1] Die nach § 17 Absatz 2 Satz 1 oder Absatz 3 Satz 1 geleisteten Darlehen können jeweils ganz oder teilweise vorzeitig zurückgezahlt werden. [2] Auf Antrag ist ein Nachlass auf die verbleibende Darlehensschuld zu gewähren.

(11) Mit dem Tod der Darlehensnehmenden erlischt die verbliebene Darlehensschuld einschließlich damit verbundener Kosten und Zinsen.

(12) [1] Darlehensnehmenden, die während des Rückzahlungszeitraums nach Absatz 3 Satz 1 nicht oder nur in geringfügigem Umfang gegen ihre Zahlungs- oder Mitwirkungspflichten verstoßen haben, ist die verbleibende Darlehensschuld einschließlich damit verbundener Kosten und Zinsen zu erlassen. [2] Sind die Voraussetzungen des Satzes 1 nicht erfüllt, ist dies durch Bescheid festzustellen. [3] Die Sätze 1 und 2 gelten für Darlehensnehmende, denen Förderung mit Darlehen nach § 17 in einer vor dem 1. September 2019 geltenden Fassung, mit Ausnahme von

---

[1]) **Sartorius ErgBd. Nr. 410.**

Bankdarlehen nach § 18c, gewährt wurde, auch wenn sie eine Erklärung nach § 66a Absatz 7 Satz 1 abgegeben haben, mit der Maßgabe, dass ihnen die verbleibende Darlehensschuld einschließlich damit verbundener Kosten und Zinsen 20 Jahre nach Beginn des für sie geltenden Rückzahlungszeitraums erlassen wird. [4]Der Erlass nach Satz 3 erfolgt für Darlehensnehmende, die die 20 Jahre bereits vor dem 22. Juli 2022 überschritten haben, zum 1. Oktober 2022.

(13) [1]Bereits vor Ablauf der nach Absatz 3 je nach Höhe der Darlehensschuld planmäßigen Rückzahlungsdauer ist Darlehensnehmenden, die Tilgungsleistungen in 77 monatlichen Raten in jeweils der nach Absatz 3 geschuldeten Höhe erbracht haben, die noch verbleibende Darlehensschuld zu erlassen. [2]Für Zeiträume, in denen eine Freistellung nach § 18a Absatz 1 mit verminderter Ratenzahlung gewährt wurde, genügen für einen Erlass nach Satz 1 Tilgungsleistungen jeweils in Höhe der vom Bundesverwaltungsamt zugleich festgesetzten verminderten Rückzahlungsraten; Absatz 10 bleibt unberührt.

(14) Das Bundesministerium für Bildung und Forschung kann durch Rechtsverordnung ohne Zustimmung des Bundesrates für die Aufgaben gemäß § 39 Absatz 2 das Nähere bestimmen über

1. den Beginn und das Ende der Verzinsung sowie den Verzicht auf Zinsen aus besonderen Gründen,

2. das Verfahren zur Verwaltung und Einziehung der Darlehen – einschließlich der erforderlichen Nachweise oder der Zulässigkeit des Glaubhaftmachens mittels der Versicherung an Eides statt sowie der Maßnahmen zur Sicherung der Rückzahlungsansprüche – sowie zur Rückleitung der eingezogenen Beträge an Bund und Länder,

3. die Erhebung von Kostenpauschalen für die Ermittlung der jeweiligen Anschrift der Darlehensnehmenden und für das Mahnverfahren und

4. die Voraussetzungen für das Vorliegen eines geringfügigen Verstoßes gegen die Zahlungs- und Mitwirkungspflichten im Sinne des Absatzes 12 Satz 1.

(15) [1]Darlehensnehmende werden während der Rückzahlungsfrist des § 18 Absatz 3 Satz 1 mit Beginn des Monats, in dem die Mitteilung nach § 94 Absatz 4 Satz 1 des Vierzehnten Buches Sozialgesetzbuch[1]) zugeht, von der Verpflichtung zur Rückzahlung freigestellt. [2]Rückwirkend erfolgt die Freistellung für längstens vier Monate vor Zugang der Mitteilung nach Satz 1. [3]Die Freistellung endet

1. mit der vollständigen Tilgung der Darlehensschuld durch den Träger der Sozialen Entschädigung nach § 94 Absatz 1 des Vierzehnten Buches Sozialgesetzbuch,

2. mit Beginn des Monats, in dem die Mitteilung nach § 94 Absatz 4 Satz 2 des Vierzehnten Buches Sozialgesetzbuch über eine vollständige Ablehnung zugeht oder

3. mit Beginn des Monats, in dem neben der Mitteilung nach § 94 Absatz 4 Satz 2 des Vierzehnten Buches Sozialgesetzbuch über die teilweise Rückzahlung des Darlehens die Tilgung in dieser Höhe erfolgt ist.

4. § 18a Absatz 4 Satz 1 gilt entsprechend.

---

[1]) **Aichberger,** SGB Nr. 14.

**§ 18a**[1]) **Einkommensabhängige Rückzahlung.** (1) [1]Auf Antrag sind Darlehensnehmende während der Rückzahlungsfrist des § 18 Absatz 3 Satz 1 bis spätestens zu deren Ablauf von der Verpflichtung zur Rückzahlung freizustellen, soweit ihr Einkommen monatlich jeweils den Betrag von 1605 Euro nicht um mindestens 42 Euro übersteigt. [2]Der in Satz 1 bezeichnete Betrag erhöht sich für

1. Ehegattinnen, Ehegatten, Lebenspartnerinnen oder Lebenspartner um 805 Euro,

2. jedes Kind der Darlehensnehmenden um 730 Euro,

wenn sie nicht in einer Ausbildung stehen, die nach diesem Gesetz oder nach § 56 des Dritten Buches Sozialgesetzbuch[2]) gefördert werden kann. [3]Die Beträge nach Satz 2 mindern sich um das Einkommen der Ehegattinnen, Ehegatten, Lebenspartnerinnen oder Lebenspartner und Kinder. [4]Als Kinder gelten insoweit außer eigenen Kindern der Darlehensnehmenden die in § 25 Absatz 5 Nummer 1 bis 3 bezeichneten Personen. [5]§ 47 Absatz 4 und 5 gilt entsprechend.

(2) Auf besonderen Antrag erhöht sich der in Absatz 1 Satz 1 bezeichnete Betrag

1. bei behinderten Menschen um den Betrag der behinderungsbedingten Aufwendungen entsprechend § 33b des Einkommensteuergesetzes,

2. bei Alleinstehenden um den Betrag der notwendigen Aufwendungen für die Dienstleistungen zur Betreuung eines zum Haushalt gehörenden Kindes, das das 16. Lebensjahr noch nicht vollendet hat, bis zur Höhe von monatlich 175 Euro für das erste und je 85 Euro für jedes weitere Kind.

(3) [1]Auf den Antrag nach Absatz 1 Satz 1 erfolgt die Freistellung vom Beginn des Antragsmonats an in der Regel für ein Jahr, rückwirkend erfolgt sie für längstens vier Monate vor dem Antragsmonat (Freistellungszeitraum). [2]Das im Antragsmonat erzielte Einkommen gilt vorbehaltlich des Absatzes 4 als monatliches Einkommen für alle Monate des Freistellungszeitraums. [3]Die Darlehensnehmenden haben das Vorliegen der Freistellungsvoraussetzungen nachzuweisen, soweit nicht durch Rechtsverordnung auf Grund des § 18 Absatz 14 Nummer 2 etwas Abweichendes geregelt ist. [4]Soweit eine Glaubhaftmachung mittels der Versicherung an Eides statt zugelassen ist, ist das Bundesverwaltungsamt für die Abnahme derselben zuständig.

(4) [1]Ändert sich ein für die Freistellung maßgeblicher Umstand nach der Antragstellung, so wird der Bescheid vom Beginn des Monats an geändert, in dem die Änderung eingetreten ist. [2]Nicht als Änderung im Sinne des Satzes 1 gelten Regelanpassungen gesetzlicher Renten und Versorgungsbezüge.

**§ 18b**[3]) **Teilerlass des Darlehens.** (1) (weggefallen)

(2) [1]Auszubildenden, die die Abschlussprüfung bis zum 31. Dezember 2012 bestanden haben und nach ihrem Ergebnis zu den ersten 30 vom Hundert aller

---

[1]) § 18a Abs. 1 Satz 2 geänd. mWv 1.4.2012 durch G v. 20.12.2011 (BGBl. I S. 2854); Abs. 1 Satz 1, Satz 2 Nr. 1 und 2 sowie Satz 6 Nr. 1 geänd. mWv 1.8.2016 durch G v. 23.12.2014 (BGBl. I S. 2475); Abs. 1 neu gef., bish. Abs. 2 wird Abs. 3 und Satz 2 geänd., Satz 1 neu gef., Satz 4 angef., bish. Abs. 3 wird Abs. 4, Abs. 5 aufgeh. mWv 16.7.2019, Abs. 1 Satz 1, Satz 2 Nr. 1 und 2 geänd. mWv 1.8.2020 und Abs. 1 Sätze 1 und 2 geänd. mWv 1.8.2021 durch G v. 8.7.2019 (BGBl. I S. 1048); Abs. 1 Satz 1, Satz 2 Nr. 1 und 2 geänd. mWv 22.7.2022 durch G v. 15.7.2022 (BGBl. I S. 1150).
[2]) Aichberger, SGB Nr. 3.
[3]) § 18b Abs. 4 und 5 neu gef., Abs. 5a eingef. mWv 14.12.2011 durch G v. 6.12.2011 (BGBl. I S. 2569); Abs. 6 Satz 1 geänd. mWv 1.1.2015 durch G v. 23.12.2014 (BGBl. I S. 2475); Abs. 2 Satz 3, Abs. 3 Satz 3 und Abs. 4 Satz 3 geänd. mWv 16.7.2019 durch G v. 8.7.2019 (BGBl. I S. 1048).

Prüfungsabsolventen gehören, die diese Prüfung in demselben Kalenderjahr abgeschlossen haben, wird auf Antrag der für diesen Ausbildungsabschnitt geleistete Darlehensbetrag teilweise erlassen. [2] Der Erlass beträgt von dem nach dem 31. Dezember 1983 für diesen Ausbildungsabschnitt geleisteten Darlehensbetrag

1. 25 vom Hundert, wenn innerhalb der Förderungshöchstdauer,

2. 20 vom Hundert, wenn innerhalb von sechs Monaten nach dem Ende der Förderungshöchstdauer,

3. 15 vom Hundert, wenn innerhalb von zwölf Monaten nach dem Ende der Förderungshöchstdauer

die Abschlussprüfung bestanden wurde. [3] Der Antrag ist innerhalb eines Monats nach Bekanntgabe des Bescheids nach § 18 Absatz 9 zu stellen. [4] Abweichend von Satz 1 erhalten Auszubildende, die zu den ersten 30 vom Hundert der Geförderten gehören, unter den dort genannten Voraussetzungen den Erlass

a) in Ausbildungs- und Studiengängen, in denen als Gesamtergebnis der Abschlussprüfung nur das Bestehen festgestellt wird, nach den in dieser Prüfung erbrachten Leistungen,

b) in Ausbildungs- und Studiengängen ohne Abschlussprüfung nach den am Ende der planmäßig abgeschlossenen Ausbildung ausgewiesenen Leistungen; dabei ist eine differenzierte Bewertung über die Zuordnung zu den ersten 30 vom Hundert der Geförderten hinaus nicht erforderlich.

[5] Auszubildende, die ihre Ausbildung an einer im Ausland gelegenen Ausbildungsstätte bestanden haben, erhalten den Teilerlass nicht. [6] Abweichend von Satz 5 wird den Auszubildenden, die eine nach § 5 Absatz 1 oder 3 in der bis zum 31. Dezember 2007 geltenden Fassung des Gesetzes oder eine nach § 6 förderungsfähige Ausbildung vor dem 1. April 2001 aufgenommen haben, die Abschlussprüfung an einer im Ausland gelegenen Ausbildungsstätte bestanden haben und zu den ersten 30 vom Hundert der Geförderten gehören, der Teilerlass nach Satz 1 gewährt, wenn der Besuch der im Ausland gelegenen Ausbildungsstätte dem einer im Inland gelegenen Höheren Fachschule, Akademie oder Hochschule gleichwertig ist. [7] Die Funktion der Prüfungsstelle nimmt in diesen Fällen das nach § 45 zuständige Amt für Ausbildungsförderung wahr.

(2a) Für Auszubildende an Akademien gilt Absatz 2 mit der Maßgabe, dass der Teilerlass unabhängig vom Zeitpunkt des Bestehens der Abschlussprüfung 20 vom Hundert beträgt.

(3) [1] *Beendet der Auszubildende bis zum 31. Dezember 2012 die Ausbildung vier Monate vor dem Ende der Förderungshöchstdauer mit dem Bestehen der Abschlussprüfung oder, wenn eine solche nicht vorgesehen ist, nach den Ausbildungsvorschriften planmäßig, so werden auf seinen Antrag 2 560 Euro des Darlehens erlassen.*[1)] [2] Beträgt der in Satz 1 genannte Zeitraum nur zwei Monate, werden 1 025 Euro erlassen. [3] Der Antrag ist innerhalb eines Monats nach Bekanntgabe des Bescheides nach § 18 Absatz 9 zu stellen.

---

[1)] Gem. Ent. des BVerfG – 1 BvR 2035/07 – v. 21.6.2011 (BGBl. I S. 1726) ist § 18b Abs. 3 Satz 1 BAföG idF des 12. BAföGÄndG v. 22. Mai 1990 (BGBl. I S. 936) in dieser und den nachfolgenden Fassungen mit Art. 3 Abs. 1 des Grundgesetzes unvereinbar, soweit er den großen Teilerlass der Rückforderung von Förderungsdarlehen davon abhängig macht, dass Auszubildende die Ausbildung vier Monate vor dem Ende der Förderungshöchstdauer mit Bestehen der Abschlussprüfung beenden, obwohl in dem betreffenden Studiengang die gesetzlich festgelegte Mindeststudienzeit weniger als vier Monate vor dem Ende der Förderungshöchstdauer endet.

(4) [1] Ist für eine Ausbildung eine Mindestausbildungszeit im Sinne von Absatz 5 festgelegt und liegen zwischen deren Ende und dem Ende der Förderungshöchstdauer weniger als vier Monate, wird auf Antrag der Erlass nach Absatz 3 Satz 1 auch gewährt, wenn die Ausbildung mit Ablauf der Mindestausbildungszeit beendet wurde. [2] Der Erlass nach Absatz 3 Satz 2 wird auf Antrag auch gewährt, wenn die Mindestausbildungszeit um höchstens zwei Monate überschritten wurde. [3] Der Antrag ist innerhalb eines Monats nach Bekanntgabe des Bescheides nach § 18 Absatz 9 zu stellen. [4] Ist der Bescheid vor dem 21. Juni 2011 nicht bestandskräftig oder rechtskräftig geworden, aber vor dem 13. Dezember 2011 bekannt gegeben worden, ist der Antrag bis zum 13. Januar 2012 zu stellen.

(5) [1] Mindestausbildungszeit ist die durch Rechtsvorschrift festgelegte Zeit, vor deren Ablauf die Ausbildung nicht durch Abschlussprüfung oder sonst planmäßig beendet werden kann. [2] Bei Ausbildungen, für die eine Mindeststudienzeit im Sinne von Satz 3 bestimmt ist und zugleich eine Abschlussprüfung vorgeschrieben ist, die insgesamt oder hinsichtlich bestimmter Prüfungsteile erst nach der Mindeststudienzeit begonnen werden darf, gilt die Mindeststudienzeit zuzüglich der Prüfungszeit im Sinne von Satz 4 als Mindestausbildungszeit. [3] Mindeststudienzeit ist die durch Rechtsvorschrift festgelegte Mindestzeit für die reinen Ausbildungsleistungen, einschließlich geforderter Praktika, ohne Abschlussprüfung. [4] Prüfungszeit ist die Zeit, die ab dem frühestmöglichen Beginn der Prüfung oder der bestimmten Prüfungsteile bis zum letzten Prüfungsteil regelmäßig erforderlich ist; wenn die Prüfungszeit nicht durch Rechtsvorschrift festgelegt ist, wird vermutet, dass sie drei Monate beträgt.

(5a) Absatz 4 ist nicht anzuwenden, wenn über die Gewährung eines Teilerlasses nach Absatz 3 vor dem 21. Juni 2011 bestandskräftig oder rechtskräftig entschieden worden ist.

(6) [1] Das Bundesministerium für Bildung und Forschung bestimmt durch Rechtsverordnung ohne Zustimmung des Bundesrates das Nähere über das Verfahren, insbesondere über die Mitwirkung der Prüfungsstellen. [2] Diese sind zur Auskunft und Mitwirkung verpflichtet, soweit dies für die Durchführung dieses Gesetzes erforderlich ist.

**§ 18c**[1]) **Bankdarlehen.** (1) Bankdarlehen der Kreditanstalt für Wiederaufbau für Förderungsleistungen im Sinne des § 17 Absatz 3 Satz 1 in der am 31. Juli 2019 geltenden Fassung sind nach Maßgabe der Absätze 1a bis 11 zurückzuzahlen.

(1a) Auszubildende und die Kreditanstalt für Wiederaufbau können von den Absätzen 2 bis 11 abweichende Darlehensbedingungen vereinbaren.

(2) [1] Das Bankdarlehen nach Absatz 1 ist von der Auszahlung an zu verzinsen. [2] Bis zum Beginn der Rückzahlung werden die Zinsen gestundet. [3] Die Darlehensschuld erhöht sich jeweils zum 31. März und 30. September um die gestundeten Zinsen.

(3) [1] Als Zinssatz für den jeweiligen Darlehensgesamtbetrag gelten – vorbehaltlich des Gleichbleibens der Rechtslage – ab 1. April und 1. Oktober jeweils für ein halbes Jahr die Euro Interbank Offered Rate-Sätze für die Beschaffung von Sechsmonatsgeld von ersten Adressen in den Teilnehmerstaaten der Europäischen Währungsunion (EURIBOR) mit einer Laufzeit von sechs Monaten zuzüglich eines

---

[1]) § 18c Abs. 11 geänd. mWv 1.1.2015 durch G v. 23.12.2014 (BGBl. I S. 2475); Abs. 1 neu gef., Abs. 1a eingef., Abs. 5 Satz 1 geänd., Satz 2 angef., Abs. 6 Satz 1 geänd., Abs. 7 neu gef. mWv 16.7.2019 durch G v. 8.7.2019 (BGBl. I S. 1048); Abs. 5 Satz 1 geänd. mWv 1.1.2024 durch G v. 22.12.2023 (BGBl. 2023 I Nr. 408).

Aufschlags von 1 vom Hundert. [2]Falls die in Satz 1 genannten Termine nicht auf einen Tag fallen, an dem ein EURIBOR-Satz ermittelt wird, so gilt der nächste festgelegte EURIBOR-Satz.

(4) [1]Vom Beginn der Rückzahlung an ist auf Antrag des Darlehensnehmers ein Festzins für die (Rest-)Laufzeit, längstens jedoch für zehn Jahre zu vereinbaren. [2]Der Antrag kann jeweils zum 1. April und 1. Oktober gestellt werden und muss einen Monat im Voraus bei der Kreditanstalt für Wiederaufbau eingegangen sein. [3]Es gilt – vorbehaltlich des Gleichbleibens der Rechtslage – der Zinssatz für Bankschuldverschreibungen mit entsprechender Laufzeit, zuzüglich eines Aufschlags von eins vom Hundert.

(5) [1]§ 18 Absatz 3 Satz 3, Absatz 11 und Absatz 15 ist entsprechend anzuwenden. [2]Für die Rückzahlung gelten alle nach § 17 Absatz 3 Satz 1 in der am 31. Juli 2019 geltenden Fassung geleisteten Darlehen als ein Darlehen.

(6) [1]Das Bankdarlehen ist einschließlich der Zinsen – vorbehaltlich des Gleichbleibens der Rechtslage – in möglichst gleichbleibenden monatlichen Raten von mindestens 130 Euro innerhalb von 20 Jahren zurückzuzahlen. [2]Die erste Rate ist achtzehn Monate nach dem Ende des Monats, für den der Auszubildende zuletzt mit Bankdarlehen gefördert worden ist, zu zahlen.

(7) [1]Hat jemand ein in Absatz 1 bezeichnetes Darlehen und ein in § 18 Absatz 1 Nummer 1 bezeichnetes Darlehen erhalten, ist deren Rückzahlung so aufeinander abzustimmen, dass ein in Absatz 1 bezeichnetes Darlehen vor einem in § 18 Absatz 1 Nummer 1 bezeichneten Darlehen und beide Darlehen einschließlich der Zinsen in möglichst gleichbleibenden monatlichen Raten von – vorbehaltlich des Gleichbleibens der Rechtslage – mindestens 130 Euro innerhalb von 22 Jahren zurückzuzahlen sind. [2]Die erste Rate des in § 18 Absatz 1 Nummer 1 bezeichneten Darlehens ist in dem Monat zu leisten, der auf die Fälligkeit der letzten Rate des in Absatz 1 bezeichneten Darlehens folgt. [3]Wird das in Absatz 1 bezeichnete Darlehen vor diesem Zeitpunkt getilgt, ist die erste Rate des in § 18 Absatz 1 Nummer 1 bezeichneten Darlehens am Ende des Monats zu leisten, der auf den Monat der Tilgung folgt. [4]§ 18 Absatz 4 bleibt unberührt.

(8) [1]Vor Beginn der Rückzahlung teilt die Kreditanstalt für Wiederaufbau dem Darlehensnehmer – unbeschadet der Fälligkeit nach Absatz 6 – die Höhe der Darlehensschuld und der gestundeten Zinsen, die für ihn geltende Zinsregelung, die Höhe der monatlichen Zahlungsbeträge sowie den Rückzahlungszeitraum mit. [2]Nach Aufforderung durch die Kreditanstalt für Wiederaufbau sind die Raten für jeweils drei aufeinanderfolgende Monate in einer Summe zu entrichten.

(9) Das Darlehen kann jederzeit ganz oder teilweise zurückgezahlt werden.

(10) [1]Auf Verlangen der Kreditanstalt für Wiederaufbau ist ihr die Darlehens- und Zinsschuld eines Darlehensnehmers zu zahlen, von dem eine termingerechte Zahlung nicht zu erwarten ist. [2]Dies ist insbesondere der Fall, wenn

1. der Darlehensnehmer fällige Rückzahlungsraten für sechs aufeinanderfolgende Monate nicht geleistet hat oder für diesen Zeitraum mit einem Betrag in Höhe des Vierfachen der monatlichen Rückzahlungsrate im Rückstand ist,

2. der Darlehensvertrag von der Kreditanstalt für Wiederaufbau entsprechend den gesetzlichen Bestimmungen wirksam gekündigt worden ist,

3. die Rückzahlung des Darlehens infolge der Erwerbs- oder Arbeitsunfähigkeit oder einer Erkrankung des Darlehensnehmers von mehr als einem Jahr Dauer nachhaltig erschwert oder unmöglich geworden ist,

4. der Darlehensnehmer zahlungsunfähig geworden ist oder seit mindestens einem Jahr Hilfe zum Lebensunterhalt nach dem Zwölften Buch Sozialgesetzbuch[1] oder Leistungen zur Sicherung des Lebensunterhalts nach dem Zweiten Buch Sozialgesetzbuch[2] erhält oder

5. der Aufenthalt des Darlehensnehmers seit mehr als sechs Monaten nicht ermittelt werden konnte. [3] Mit der Zahlung nach Satz 1 geht der Anspruch aus dem Darlehensvertrag auf den Bund über.

(11) Das Bundesministerium für Bildung und Forschung bestimmt durch Rechtsverordnung ohne Zustimmung des Bundesrates das Nähere über die Anpassung der Höhe der Aufschläge nach den Absätzen 3 und 4 an die tatsächlichen Kosten.

**§ 18d[3] Kreditanstalt für Wiederaufbau.** (1) Die nach § 18c Absatz 10 auf den Bund übergegangenen Darlehensbeträge werden von der Kreditanstalt für Wiederaufbau verwaltet und eingezogen.

(2) Der Kreditanstalt für Wiederaufbau werden erstattet:

1. die Darlehensbeträge, die in entsprechender Anwendung von § 18 Absatz 11 erlöschen, und

2. die Darlehens- und Zinsbeträge nach § 18c Absatz 10 Satz 1.

(3) Verwaltungskosten werden der Kreditanstalt für Wiederaufbau nur für die Verwaltung der nach § 18c Absatz 10 auf den Bund übergegangenen Darlehensbeträge erstattet, soweit die Kosten nicht von den Darlehensnehmern getragen werden.

(4) [1] Die Kreditanstalt für Wiederaufbau übermittelt den Ländern nach Ablauf eines Kalenderjahres eine Aufstellung sowohl über die Höhe der nach Absatz 1 für den Bund eingezogenen Beträge und Zinsen aus den Darlehen, deren Erstattung nach Absatz 2 sie bis zum 31. Dezember 2014 verlangt hat, als auch über deren Aufteilung nach Maßgabe des § 56 Absatz 2a. [2] Sie zahlt zum Ende des jeweiligen Kalenderjahres jedem Land einen Abschlag in Höhe des voraussichtlich zustehenden Betrages, bis zum 30. Juni des folgenden Jahres den Restbetrag.

**§ 19 Aufrechnung.** [1] Mit einem Anspruch auf Erstattung von Ausbildungsförderung (§ 50 des Zehnten Buches Sozialgesetzbuch[4] und § 20) kann gegen den Anspruch auf Ausbildungsförderung für abgelaufene Monate abweichend von § 51 des Ersten Buches Sozialgesetzbuch[5] in voller Höhe aufgerechnet werden. [2] Ist der Anspruch auf Ausbildungsförderung von einem Auszubildenden an einen Träger der Sozialhilfe zum Ausgleich seiner Aufwendungen abgetreten worden, kann das Amt für Ausbildungsförderung gegenüber dem Träger der Sozialhilfe mit einem Anspruch auf Erstattung von Ausbildungsförderung nicht aufrechnen. [3] Die Sätze 1 und 2 gelten nicht für Bankdarlehen nach § 18c.

**§ 20 Rückzahlungspflicht.** (1) [1] Haben die Voraussetzungen für die Leistung von Ausbildungsförderung an keinem Tage des Kalendermonats vorgelegen, für

---

[1] **Sartorius ErgBd. Nr. 412.**
[2] **Sartorius ErgBd. Nr. 402.**
[3] § 18d Abs. 4 Satz 1 neu gef. mWv 1.1.2015 durch G v. 23.12.2014 (BGBl. I S. 2475); Abs. 2 Nr. 1 geänd. mWv 16.7.2019 durch G v. 8.7.2019 (BGBl. I S. 1048).
[4] **Sartorius ErgBd. Nr. 410.**
[5] **Sartorius ErgBd. Nr. 401.**

den sie gezahlt worden ist, so ist – außer in den Fällen der §§ 44 bis 50 des Zehnten Buches Sozialgesetzbuch[1]) – insoweit der Bewilligungsbescheid aufzuheben und der Förderungsbetrag zu erstatten, als

1. (weggefallen)
2. (weggefallen)
3. der Auszubildende Einkommen im Sinne des § 21 erzielt hat, das bei der Bewilligung der Ausbildungsförderung nicht berücksichtigt worden ist; Regelanpassungen gesetzlicher Renten und Versorgungsbezüge bleiben hierbei außer Betracht,
4. Ausbildungsförderung unter dem Vorbehalt der Rückforderung geleistet worden ist.

[2] Die Regelung über die Erstattungspflicht gilt nicht für Bankdarlehen nach § 18c.

(2) [1] Der Förderungsbetrag ist für den Kalendermonat oder den Teil eines Kalendermonats zurückzuzahlen, in dem der Auszubildende die Ausbildung aus einem von ihm zu vertretenden Grund unterbrochen hat. [2] Die Regelung über die Erstattungspflicht gilt nicht für Bankdarlehen nach § 18c.

## Abschnitt IV. Einkommensanrechnung

**§ 21** [2]) **Einkommensbegriff.** (1) [1] Als Einkommen gilt – vorbehaltlich des Satzes 3, der Absätze 2a, 3 und 4 – die Summe der positiven Einkünfte im Sinne des § 2 Absatz 1 und 2 des Einkommensteuergesetzes. [2] Ein Ausgleich mit Verlusten aus anderen Einkunftsarten und mit Verlusten des zusammenveranlagten Ehegatten oder Lebenspartners ist nicht zulässig. [3] Abgezogen werden können:

1. der Altersentlastungsbetrag (§ 24a des Einkommensteuergesetzes),
2. *(aufgehoben)*
3. die für den Berechnungszeitraum zu leistende Einkommensteuer, Kirchensteuer und Gewerbesteuer,
4. die für den Berechnungszeitraum zu leistende Pflichtbeiträge zur Sozialversicherung und zur Bundesagentur für Arbeit sowie die geleisteten freiwilligen Aufwendungen zur Sozialversicherung und für eine private Kranken-, Pflege-, Unfall- oder Lebensversicherung in angemessenem Umfang und
5. geförderte Altersvorsorgebeiträge nach § 82 des Einkommensteuergesetzes, soweit sie den Mindesteigenbeitrag nach § 86 des Einkommensteuergesetzes nicht überschreiten.

[4] Leibrenten, einschließlich Unfallrenten, und Versorgungsrenten gelten in vollem Umfang als Einnahmen aus nichtselbständiger Arbeit.

(2) [1] Zur Abgeltung der Abzüge nach Absatz 1 Nummer 4 wird von der – um die Beträge nach Absatz 1 Nummer 1 und Absatz 4 Nummer 4 geminderten – Summe der positiven Einkünfte ein Betrag in Höhe folgender Vomhundertsätze dieses Gesamtbetrages abgesetzt:

---

[1]) **Sartorius ErgBd. Nr. 410.**
[2]) § 21 Abs. 3 Satz 1 Nr. 4 geänd. mWv 1.1.2015, Abs. 1 Satz 2 geänd., Satz 3 Nr. 2 und Satz 4 aufgeh., bish. Satz 5 wird Satz 4, Abs. 2 Satz 1 Nr. 1–4 geänd. mWv 1.8.2016 durch G v. 23.12.2014 (BGBl. I S. 2475); Abs. 1 Satz 1, Abs. 2 Satz 1 einl. Satzteil und Nr. 1–4 geänd. mWv 16.7.2019 durch G v. 8.7. 2019 (BGBl. I S. 1048); Abs. 3 Satz 2 geänd., Abs. 4 Nr. 1 und 2 neu gef., Nr. 3 geänd. mWv 1.1.2024 durch G v. 12.12.2019 (BGBl. I S. 2652); Abs. 4 Nr. 4 geänd., Nr. 5 angef. mWv 1.3.2020 durch G v. 25.5.2020 (BGBl. I S. 1073); Abs. 2 Satz 1 Nr. 1–4 geänd. mWv 22.7.2022 durch G v. 15.7.2022 (BGBl. I S. 1150).

1. für rentenversicherungspflichtige Arbeitnehmer und für Auszubildende 21,6 vom Hundert, höchstens jedoch ein Betrag von jährlich 15 100 Euro,
2. für nichtrentenversicherungspflichtige Arbeitnehmer und für Personen im Ruhestandsalter, die einen Anspruch auf Alterssicherung aus einer renten- oder nichtrentenversicherungspflichtigen Beschäftigung oder Tätigkeit haben, 15,9 vom Hundert, höchstens jedoch ein Betrag von jährlich 9000 Euro,
3. für Nichtarbeitnehmer und auf Antrag von der Versicherungspflicht befreite oder wegen geringfügiger Beschäftigung versicherungsfreie Arbeitnehmer 38 vom Hundert, höchstens jedoch ein Betrag von jährlich 27 200 Euro,
4. für Personen im Ruhestandsalter, soweit sie nicht erwerbstätig sind, und für sonstige Nichterwerbstätige 15,9 vom Hundert, höchstens jedoch ein Betrag von jährlich 9000 Euro.

[2] Jeder Einkommensbezieher ist nur einer der in den Nummern 1 bis 4 bezeichneten Gruppen zuzuordnen; dies gilt auch, wenn er die Voraussetzungen nur für einen Teil des Berechnungszeitraums erfüllt. [3] Einer Gruppe kann nur zugeordnet werden, wer nicht unter eine in den jeweils vorhergehenden Nummern bezeichnete Gruppe fällt.

(2a) [1] Als Einkommen gelten auch nur ausländischem Steuerrecht unterliegende Einkünfte eines Einkommensbeziehers, der seinen ständigen Wohnsitz im Ausland hat. [2] Von dem Bruttobetrag sind in entsprechender Anwendung des Einkommensteuergesetzes Beträge entsprechend der jeweiligen Einkunftsart, gegebenenfalls mindestens Beträge in Höhe der Pauschbeträge für Werbungskosten nach § 9a des Einkommensteuergesetzes, abzuziehen. [3] Die so ermittelte Summe der positiven Einkünfte vermindert sich um die gezahlten Steuern und den nach Absatz 2 entsprechend zu bestimmenden Pauschbetrag für die soziale Sicherung.

(3) [1] Als Einkommen gelten ferner in Höhe der tatsächlich geleisteten Beträge
1. Waisenrenten und Waisengelder, die der Antragsteller bezieht,
2. Ausbildungsbeihilfen und gleichartige Leistungen, die nicht nach diesem Gesetz gewährt werden; wenn sie begabungs- und leistungsabhängig nach von dem Geber allgemeingültig erlassenen Richtlinien ohne weitere Konkretisierung des Verwendungszwecks vergeben werden, gilt dies jedoch nur, soweit sie im Berechnungszeitraum einen Gesamtbetrag übersteigen, der einem Monatsdurchschnitt von 300 Euro entspricht; Absatz 4 Nummer 4 bleibt unberührt;
3. (weggefallen)
4. sonstige Einnahmen[1], die zur Deckung des Lebensbedarfs bestimmt sind, mit Ausnahme der Unterhaltsleistungen der Eltern des Auszubildenden und seines Ehegatten oder Lebenspartners, soweit sie das Bundesministerium für Bildung und Forschung in einer Rechtsverordnung ohne Zustimmung des Bundesrates bezeichnet hat.

[2] Die Erziehungsbeihilfe, die ein Beschädigter für ein Kind erhält (§ 145 Absatz 1 und 2 Nummer 3 des Vierzehnten Buches Sozialgesetzbuch[2] in Verbindung mit § 27 des Bundesversorgungsgesetzes[3] in der am 31. Dezember 2023 geltenden Fassung), gilt als Einkommen des Kindes.

(4) Nicht als Einkommen gelten

---

[1] Siehe die BAföG-EinkommensV v. 5.4.1988 (BGBl. I S. 505), zuletzt geänd. durch G v. 20.8.2021 (BGBl. I S. 3932).
[2] **Aichberger, SGB Nr. 14.**
[3] **Sartorius III Nr. 590.**

1. Entschädigungszahlungen nach Kapitel 9 des Vierzehnten Buches Sozialgesetzbuch, die Einmalzahlungen nach § 102 Absatz 4 und 5 des Vierzehnten Buches Sozialgesetzbuch sowie Geldleistungen nach § 144 in Verbindung mit § 149 des Vierzehnten Buches Sozialgesetzbuch,

2. ein der monatlichen Entschädigungszahlung nach Kapitel 9 des Vierzehnten Buches Sozialgesetzbuch entsprechender Betrag, soweit der Anspruch auf Leistung nach § 8 Absatz 3 des Vierzehnten Buches Sozialgesetzbuch ruht,

3. Renten, die den Opfern nationalsozialistischer Verfolgung wegen einer durch die Verfolgung erlittenen Gesundheitsschädigung geleistet werden, bis zur Höhe des Betrages, der nach Kapitel 9 des Vierzehnten Buches Sozialgesetzbuch bei gleicher Minderung der Erwerbsfähigkeit als monatliche Entschädigungszahlung geleistet würde,

4. Einnahmen, deren Zweckbestimmung einer Anrechnung auf den Bedarf entgegensteht; dies gilt insbesondere für Einnahmen, die für einen anderen Zweck als für die Deckung des Bedarfs im Sinne dieses Gesetzes bestimmt sind.

*(Fortsetzung nächstes Blatt)*

# 500. Hochschulrahmengesetz (HRG)[1]

In der Fassung der Bekanntmachung vom 19. Januar 1999[2]

(BGBl. I S. 18)

**FNA 2211-3**

geänd. durch Art. 7 G zur Änd. des Begriffs „Erziehungsurlaub" v. 30.11.2000 (BGBl. I S. 1638), Art. 68 Siebente ZuständigkeitsanpassungsVO v. 29.10.2001 (BGBl. I S. 2785), Art. 1 Fünftes HochschulrahmenG-ÄndG v. 16.2.2002 (BGBl. I S. 693, nichtig gem. Urt. des BVerfG v. 27.7.2004 – 2 BvF 2/02 –), Art. 28 Behindertengleichstellungs-EinführungsG v. 27.4.2002 (BGBl. I S. 1467), Art. 1 Sechstes HochschulrahmenG-ÄndG v. 8.8.2002 (BGBl. I S. 3138, teilw. nichtig gem. Urt. des BVerfG v. 26.1.2005 – 2 BvF 1/03 –), Art. 1 Siebtes HochschulrahmenG-ÄndG v. 28.8.2004 (BGBl. I S. 2298), Art. 1 G zur Änd. dienst- und arbeitsrechtl. Vorschr. im Hochschulbereich v. 27.12.2004 (BGBl. I S. 3835), Art. 2 Abs. 3 Elterngeld- EinführungsG v. 5.12.2006 (BGBl. I S. 2748), Art. 2 G zur Änd. arbeitsrechtl. Vorschr. in der Wissenschaft v. 12.4.2007 (BGBl. I S. 506), Art. 6 Abs. 2 G zur Neuregelung des Mutterschutzrechts v. 23.5.2017 (BGBl. I S. 1228), Entsch. des BVerfG – 1 BvL 3/14, 1 BvL 4/14 – v. 19.12.2017 (BGBl. 2018 I S. 123) und Art. 1 Achtes ÄndG v. 15.11.2019 (BGBl. I S. 1622)

---

[1] Zum HRG haben die Länder u.a. folgende Vorschriften erlassen:
– **Baden-Württemberg:** LandeshochschulG v. 1.1.2005 (GBl. S. 1), zuletzt geänd. durch G v. 7.2.2023 (GBl. S. 26); LandeshochschulgebührenG v. 1.1.2005 (GBl. S. 1, 56), zuletzt geänd. durch G v. 15.11.2022 (GBl. S. 585),
– **Bayern:** Bayerisches Hochschulinnovationsgesetz v. 5.8.2022 (GVBl. S. 414), zuletzt geänd. durch G v. 24.7.2023 (GVBl. S. 455),
– **Berlin:** Berliner HochschulG idF der Bek. v. 26.7.2011 (GVBl. S. 378), zuletzt geänd. durch G v. 11.7.2023 (GVBl. S. 260),
– **Brandenburg:** Brandenburgisches HochschulG v. 28.4.2014 (GVBl. I Nr. 18), zuletzt geänd. durch G v. 23.9.2020 (GVBl. I Nr. 26),
– **Bremen:** Bremisches HochschulG idF der Bek. v. 9.5.2007 (Brem.GBl. S. 339), zuletzt geänd. durch G v. 28.3.2023 (Brem.GBl. S. 305),
– **Hamburg:** Hamburgisches HochschulG v. 18.7.2001 (HmbGVBl. S. 171), zuletzt geänd. durch G v. 11.7.2023 (HmbGVBl. S. 250),
– **Hessen:** Hessisches HochschulG v. 14.12.2021 (GVBl. S. 931), zuletzt geänd. durch G v. 29.6.2023 (GVBl. S. 456),
– **Mecklenburg-Vorpommern:** LandeshochschulG idF der Bek. v. 25.1.2011 (GVOBl. M-V S. 18), zuletzt geänd. durch G v. 21.6.2021 (GVOBl. M-V S. 1018),
– **Niedersachsen:** Niedersächsisches HochschulG idF der Bek. v. 26.2.2007 (Nds. GVBl. S. 69), zuletzt geänd. durch G v. 14.12.2023 (Nds. GVBl. S. 320),
– **Nordrhein-Westfalen:** HochschulG v. 16.9.2014 (GV. NRW. S. 547), zuletzt geänd. durch G v. 5.12.2023 (GV. NRW. S. 1278),
– **Rheinland-Pfalz:** Hochschulgesetz Rheinland-Pfalz v. 23.9.2020 (GVBl. S. 461), zuletzt geänd. durch VO v. 22.7.2021 (GVBl. S. 453); LandesG über die Deutsche Universität für Verwaltungswissenschaften Speyer idF der Bek. v. 19.11.2010 (GVBl. S. 502), zuletzt geänd. durch G v. 19.12.2018 (GVBl. S. 448),
– **Saarland:** Saarländisches HochschulG v. 30.11.2016 (Amtsbl. I S. 1080), zuletzt geänd. durch G v. 15.2.2023 (Amtsbl. I S. 270),
– **Sachsen:** Sächsische Hochschulgesetz v. 31.5.2023 (SächsGVBl. S. 329), geänd. durch G v. 6.7.2023 (SächsGVBl. S. 467),
– **Sachsen-Anhalt:** HochschulG des Landes Sachsen-Anhalt idF der Bek. v. 1.7.2021 (GVBl. LSA S. 368, 369),
– **Schleswig-Holstein:** HochschulG idF der Bek. v. 5.2.2016 (GVOBl. Schl.-H. S. 39), zuletzt geänd. durch G v. 3.2.2022 (GVOBl. Schl.-H. S. 102),
– **Thüringen:** Thüringer HochschulG v. 10.5.2018 (GVBl. S. 149), zuletzt geänd. durch G v. 7.12.2022 (GVBl. S. 483); Thüringer VO zur Gründung von Fachhochschulen v. 17.9.1991 (GVBl. S. 414).
[2] Neubekanntmachung des HRG idF der Bek. v. 9.4.1987 (BGBl. I S. 1170) in der ab 25.8.1998 geltenden Fassung.

---

[1] Inhaltsübersicht geänd. mWv 4.9.2004 durch G v. 28.8.2004 (BGBl. I S. 2298); geänd. mWv 31.12.2004 durch G v. 27.12.2004 (BGBl. I S. 3835); geänd. mWv 18.4.2007 durch G v. 12.4.2007 (BGBl. I S. 506); geänd. mWv 23.11.2019 durch G v. 15.11.2019 (BGBl. I S. 1622); sie wurde nichtamtlich an die Änderungen durch G v. 8.8.2002 (BGBl. I S. 3138) angepasst.

# 565. Gesetz über den Aufenthalt, die Erwerbstätigkeit und die Integration von Ausländern im Bundesgebiet (Aufenthaltsgesetz – AufenthG)[1)2)3)]

In der Fassung der Bekanntmachung vom 25. Februar 2008[4)]

(BGBl. I S. 162)

**FNA 26–12**

geänd. durch Art. 6 G zur Änd. des PassG und weiterer Vorschriften v. 20.7.2007 (BGBl. I S. 1566), Art. 1 G zur Umsetzung aufenthalts- und asylrechtlicher RL der EU v. 19.8.2007 (BGBl. I S. 1970), Art. 3 G zur Änd. des BundespolizeiG und anderer Gesetze v. 26.2.2008 (BGBl. I S. 215), Art. 2 Abs. 3 G zur Ergänzung des Rechts zur Anfechtung der Vaterschaft v. 13.3.2008 (BGBl. I S. 313), Art. 19 FGG–ReformG v. 17.12.2008 (BGBl. I S. 2586), Art. 1 ArbeitsmigrationssteuerungsG v. 20.12.2008 (BGBl. I S. 2846), Art. 1a Viertes G zur Änd. des StraßenverkehrsG v. 22.12.2008 (BGBl. I S. 2965), Art. 4 Abs. 22 G zur Reform der Sachaufklärung in der Zwangsvollstreckung v. 29.7.2009 (BGBl. I S. 2258), Art. 4 Abs. 5 G zur Verfolgung der Vorbereitung von schweren staatsgefährdenden Gewalttaten v. 30.7.2009

---

[1)] **Amtl. Anm.:** Dieses Gesetz dient der Umsetzung folgender Richtlinien:
1. Richtlinie 2001/40/EG des Rates vom 28. Mai 2001 über die gegenseitige Anerkennung von Entscheidungen über die Rückführung von Drittstaatsangehörigen (ABl. EG Nr. L 149 S. 34),
2. Richtlinie 2001/51/EG des Rates vom 28. Juni 2001 zur Ergänzung der Regelungen nach Artikel 26 des Übereinkommens zur Durchführung des Übereinkommens von Schengen vom 14. Juni 1985 (ABl. EG Nr. L 187 S. 45),
3. Richtlinie 2001/55/EG des Rates vom 20. Juli 2001 über Mindestnormen für die Gewährung vorübergehenden Schutzes im Falle eines Massenzustroms von Vertriebenen und Maßnahmen zur Förderung einer ausgewogenen Verteilung der Belastungen, die mit der Aufnahme dieser Personen und den Folgen dieser Aufnahme verbunden sind, auf die Mitgliedstaaten (ABl. EG Nr. L 212 S. 12),
4. Richtlinie 2002/90/EG des Rates vom 28. November 2002 zur Definition der Beihilfe zur unerlaubten Ein- und Durchreise und zum unerlaubten Aufenthalt (ABl. EG Nr. L 328 S. 17),
5. Richtlinie 2003/86/EG des Rates vom 22. September 2003 betreffend das Recht auf Familienzusammenführung (ABl. EU Nr. L 251 S. 12),
6. Richtlinie 2003/110/EG des Rates vom 25. November 2003 über die Unterstützung bei der Durchbeförderung im Rahmen von Rückführungsmaßnahmen auf dem Luftweg (ABl. EU Nr. L 321 S. 26),
7. Richtlinie 2003/109/EG des Rates vom 25. November 2003 betreffend die Rechtsstellung der langfristig aufenthaltsberechtigten Drittstaatsangehörigen (ABl. EU 2004 Nr. L 16 S. 44),
8. Richtlinie 2004/81/EG vom 29. April 2004 über die Erteilung von Aufenthaltstiteln für Drittstaatsangehörige, die Opfer des Menschenhandels sind oder denen Beihilfe zur illegalen Einwanderung geleistet wurde und die mit den zuständigen Behörden kooperieren (ABl. EU Nr. L 261 S. 19),
9. Richtlinie 2004/83/EG des Rates vom 29. April 2004 über Mindestnormen für die Anerkennung und den Status von Drittstaatsangehörigen oder Staatenlosen als Flüchtlinge oder als Personen, die anderweitig internationalen Schutz benötigen, und über den Inhalt des zu gewährenden Schutzes (ABl. EU Nr. L 304 S. 12),
10. Richtlinie 2004/114/EG des Rates vom 13. Dezember 2004 über die Bedingungen für die Zulassung von Drittstaatsangehörigen zwecks Absolvierung eines Studiums oder Teilnahme an einem Schüleraustausch, einer unbezahlten Ausbildungsmaßnahme oder einem Freiwilligendienst (ABl. EU Nr. L 375 S. 12),
11. Richtlinie 2005/71/EG des Rates vom 12. Oktober 2005 über ein besonderes Zulassungsverfahren für Drittstaatsangehörige zum Zwecke der wissenschaftlichen Forschung (ABl. EU Nr. L 289 S. 15).
[2)] Die Änderungen durch G v. 15.8.2019 (BGBl. I S. 1307) treten teilweise erst **mWv 2.3.2025**, die Änderungen durch G v. 21.12.2022 (BGBl. I S. 2847) treten teilweise erst **mWv 31.12.2025** bzw. **mWv 1.1.2026**, die Änderungen durch G v. 20.4.2023 (BGBl. 2023 I Nr. 106) treten erst **mit noch unbestimmtem Datum**, die Änderungen durch G v. 16.8.2023 (BGBl. 2023 I Nr. 217) treten teilweise erst **mWv 1.6.2024** bzw. **mWv 2.6.2024** bzw. **mWv 1.1.2026** bzw. **mWv 1.1.2029** in Kraft und sind insoweit im Text noch nicht berücksichtigt.
[3)] Siehe hierzu die AufenthaltsVO (Nr. **566**), das AusländerzentralregisterG (**Sartorius ErgBd. Nr. 569**) und die AZRG–DurchführungsVO v. 17.5.1995 (BGBl. I S. 695), zuletzt geänd. durch VO v. 30.10.2023 (BGBl. 2023 I Nr. 290).
[4)] Neubekanntmachung des AufenthaltsG v. 30.7.2004 (BGBl. I S. 1950) in der 28.8.2007 geltenden Fassung.

(BGBl. I S. 2437), Art. 1 G zur Anpassung des deutschen Rechts an die VO (EG) Nr. 380/2008 v. 12.4.
2011 (BGBl. I S. 610), Art. 1 G zur Bekämpfung der Zwangsheirat und zum besseren Schutz der Opfer
von Zwangsheirat sowie zur Änd. weiterer aufenthalts- und asylrechtlicher Vorschriften v. 23.6.2011
(BGBl. I S. 1266), Art. 1 G zur Umsetzung aufenthaltsrechtlicher RL der EU und zur Anpassung
nationaler Rechtsvorschriften an den EU-Visakodex v. 22.11.2011 (BGBl. I S. 2258), Art. 13 G zur
Verbesserung der Eingliederungschancen am Arbeitsmarkt v. 20.12.2011 (BGBl. I S. 2854), Art. 2 G zur
Errichtung einer Visa-Warndatei und zur Änd. des AufenthaltsG v. 22.12.2011 (BGBl. I S. 3037), Art. 2
Abs. 25 G zur Änd. von Vorschriften über Verkündung und Bekanntmachungen sowie der ZPO, des
EGZPO und der AO v. 22.12.2011 (BGBl. I S. 3044), Art. 1 G zur Umsetzung der HochqualifiziertenRL
der EU v. 1.6.2012 (BGBl. I S. 1224, geänd. durch G v. 27.7.2015, BGBl. I S. 1386), Art. 2 G zur Änd.
des FreizügigkeitsG/EU und weiterer aufenthaltsrechtlicher Vorschriften v. 21.1.2013 (BGBl. I S. 86),
Art. 2 Abs. 5 BetreuungsgeldG v. 15.2.2013 (BGBl. I S. 254), Art. 1, 7 G zur Anpassung von Rechtsvorschriften des Bundes infolge des Beitritts der Republik Kroatien zur EU v. 17.6.2013 (BGBl. I S. 1555
iVm Bek. v. 21.6.2013, BGBl. II S. 680), Art. 12 G zur Förderung der elektronischen Verwaltung sowie
zur Änd. weiterer Vorschriften v. 25.7.2013 (BGBl. I S. 2749), Art. 2 Abs. 59 G zur Strukturreform des
Gebührenrechts des Bundes v. 7.8.2013 (BGBl. I S. 3154), Art. 2 G zur Umsetzung der RL 2011/95/EU
v. 28.8.2013 (BGBl. I S. 3474), Art. 1 G zur Verbesserung der Rechte von international Schutzberechtig-
ten und ausländischen Arbeitnehmern v. 29.8.2013 (BGBl. I S. 3484, ber. S. 3899), Art. 3 G zur Änd. des
BundeszentralregisterG und anderer registerrechtlicher Vorschriften v. 6.9.2013 (BGBl. I S. 3556), Art. 3
G zur Änd. des AntiterrordateiG und anderer Gesetze v. 18.12.2014 (BGBl. I S. 2318), Art. 1 G zur
Verbesserung der Rechtsstellung von asylsuchenden und geduldeten Ausländern v. 23.12.2014 (BGBl. I
S. 2439), Art. 1 G zur Neubestimmung des Bleiberechts und der Aufenthaltsbeendigung v. 27.7.2015
(BGBl. I S. 1386), Art. 128 Zehnte ZuständigkeitsanpassungsVO v. 31.8.2015 (BGBl. I S. 1474), Art. 3,
13 AsylverfahrensbeschleunigungsG v. 20.10.2015 (BGBl. I S. 1722), Art. 2 G zur Verbesserung der
Unterbringung, Versorgung und Betreuung ausländischer Kinder und Jugendlicher v. 28.10.2015 (BGBl. I
S. 1802), Art. 5 G zur Änd. des Zwölften Buches Sozialgesetzbuch und weiterer Vorschriften v. 21.12.
2015 (BGBl. I S. 2557), Art. 6 DatenaustauschverbesserungsG v. 2.2.2016 (BGBl. I S. 130), Art. 2 Abs. 1
VergaberechtsmodernisierungsG v. 17.2.2016 (BGBl. I S. 203), Art. 2 G zur Einführung beschleunigter
Asylverfahren v. 11.3.2016 (BGBl. I S. 390), Art. 1 G zur erleichterten Ausweisung von straffälligen
Ausländern und zum erweiterten Ausschluss der Flüchtlingsanerkennung bei straffälligen Asylbewerbern
v. 11.3.2016 (BGBl. I S. 394), Art. 50 Zweites G über die weitere Bereinigung von Bundesrecht v. 8.7.
2016 (BGBl. I S. 1594), Art. 5, 8 Abs. 5, 6 IntegrationsG v. 31.7.2016 (BGBl. I S. 1939, Art. 8 Abs. 5, 6
dieses G aufgeh. durch Art. 2 G v. 4.7.2019, BGBl. I S. 914), Art. 4 Abs. 2 G zur Verbesserung der
Bekämpfung des Menschenhandels und zur Änd. des BundeszentralregisterG sowie des Achten Buches
Sozialgesetzbuch v. 11.10.2016 (BGBl. I S. 2226), Art. 2 Abs. 3 50. G zur Änd des StGB v. 4.11.2016
(BGBl. I S. 2460), Art. 4 G zur Regelung von Ansprüchen ausländischer Personen in der Grundsicherung
für Arbeitsuchende nach dem SGB II und in der Sozialhilfe nach dem SGB XII v. 22.12.2016 (BGBl. I
S. 3155), Art. 6 Abs. 15 G zur Reform der strafrechtlichen Vermögensabschöpfung v. 13.4.2017 (BGBl. I
S. 872), Art. 1 G zur Umsetzung aufenthaltsrechtlicher Richtlinien der EU zur Arbeitsmigration v. 12.5.
2017 (BGBl. I S. 1106), Art. 7 G zu bereichsspezifischen Regelungen der Gesichtsverhüllung und zur
Änd. weiterer dienstrechtlicher Vorschriften v. 8.6.2017 (BGBl. I S. 1570), Art. 2 G zur Verbesserung der
Sachaufklärung in der Verwaltungsvollstreckung v. 30.6.2017 (BGBl. I S. 2094), Art. 4 G zur Förderung
des elektronischen Identitätsnachweises v. 7.7.2017 (BGBl. I S. 2310), Art. 1 G zur Änd. gebührenrecht-
licher Regelungen im Aufenthaltsrecht v. 13.7.2017 (BGBl. I S. 2350), Art. 5 G zur Bekämpfung von
Kinderehen v. 17.7.2017 (BGBl. I S. 2429), Art. 11 Abs. 13 eIDAS-DurchführungsG v. 18.7.2017
(BGBl. I S. 2745), Art. 1 G zur besseren Durchsetzung der Ausreisepflicht v. 20.7.2017 (BGBl. I S. 2780),
Art. 10 Abs. 4 G zur Neuregelung des Schutzes von Geheimnissen bei der Mitwirkung Dritter an der
Berufsausübung schweigepflichtiger Personen v. 30.10.2017 (BGBl. I S. 3618), Art. 1 G zur Verlängerung
der Aussetzung des Familiennachzugs zu subsidiär Schutzberechtigten v. 8.3.2018 (BGBl. I S. 342), Art. 1
FamiliennachzugsneuregelungsG v. 12.7.2018 (BGBl. I S. 1147), Art. 1 G zur Entfristung des Integrati-
onsG v. 4.7.2019 (BGBl. I S. 914), Art. 1, 3 G über Duldung bei Ausbildung und Beschäftigung v. 8.7.
2019 (BGBl. I S. 1021; 2023 I Nr. 390), Art. 3 AusländerbeschäftigungsförderungsG v. 8.7.2019 (BGBl. I
S. 1029), Art. 4 G gegen illegale Beschäftigung und Sozialleistungsmissbrauch v. 11.7.2019 (BGBl. I
S. 1066), Art. 3 Zweites DatenaustauschverbesserungsG v. 4.8.2019 (BGBl. I S. 1131), Art. 1, 6 Zweites
G zur besseren Durchsetzung der Ausreisepflicht v. 15.8.2019 (BGBl. I S. 1294), Art. 1, 54 Abs. 2
FachkräfteeinwanderungsG v. 15.8.2019 (BGBl. I S. 1307, geänd. durch G v. 21.12.2022, BGBl. I
S. 2847), Art. 49 Zweites Datenschutz-Anpassungs- und UmsetzungsG EU v. 20.11.2019 (BGBl. I
S. 1626), Art. 4b Drittes WaffenrechtsänderungsG v. 17.2.2020 (BGBl. I S. 166), Art. 16 Covid-19-G zur
Förderung der beruflichen Weiterbildung im Strukturwandel und Weiterentwicklung der Ausbil-
dungsförderung v. 20.5.2020 (BGBl. I S. 1044), Art. 3 G über die Errichtung eines Bundesamts für
Auswärtige Angelegenheiten und zur Änd. des G über den Auswärtigen Dienst, des AufenthaltsG und zur
Anpassung anderer Gesetze an die Errichtung des Bundesamts v. 12.6.2020 (BGBl. I S. 1241), Art. 26a
Abs. 1 Siebtes G zur Änd. des SGB IV und anderer Gesetze v. 12.6.2020 (BGBl. I S. 1248), Art. 169 Elfte

Zuständigkeitsanpassungs VO v. 19.6.2020 (BGBl. I S. 1328), Art. 3 G zur Verschiebung des Zensus in das Jahr 2022 und zur Änd. des AufenthaltsG v. 3.12.2020 (BGBl. I S. 2675), Art. 7 G zur Stärkung der Sicherheit im Pass-, Ausweis- und ausländerrechtlichen Dokumentenwesen v. 3.12.2020 (BGBl. I S. 2744), Art. 10 G zur Ermittlung der Regelbedarfe und zur Änd. des Zwölften Buches Sozialgesetzbuch sowie weiterer Gesetze v. 9.12.2020 (BGBl. I S. 2855), Art. 16 TelekommunikationsmodernisierungsG v. 23.6.2021 (BGBl. I S. 1858), Art. 4 G zur Einführung eines elektronischen Identitätsnachweises mit einem mobilen Endgerät v. 5.7.2021 (BGBl. I S. 2281), Art. 3 G zur Weiterentwicklung des Ausländerzentralregisters v. 9.7.2021 (BGBl. I S. 2467), Art. 4a G zur Regelung eines Sofortzuschlages und einer Einmalzahlung in den sozialen Mindestsicherungssystemen sowie zur Änd. des FinanzausgleichsG und weiterer Gesetze v. 23.5.2022 (BGBl. I S. 760), Art. 12 Abs. 3 Bürgergeld-G v. 16.12.2022 (BGBl. I S. 2328), Art. 2 G zur Beschleunigung der Asylgerichtsverfahren und Asylverfahren v. 21.12.2022 (BGBl. I S. 2817), Art. 1, 5 G zur Einführung eines Chancen-Aufenthaltsrechts v. 21.12.2022 (BGBl. I S. 2847), Art. 3 G zur Durchführung der VO (EU) 2017/2226 und der VO (EU) 2018/1240 sowie zur Änd. des AufenthaltsG, des FreizügigkeitsG/EU, des G über das Ausländerzentralregister und der VO zur Durchführung des G über das Ausländerzentralregister v. 20.4.2023 (BGBl. 2023 I Nr. 106), Art. 1, 2, 3, 4, 12 Abs. 7 G zur Weiterentwicklung der Fachkräfteeinwanderung v. 16.8.2023 (BGBl. 2023 I Nr. 217; 2023 I Nr. 390), Art. 4 G zur Modernisierung des Pass-, des Ausweis- und des ausländerrechtlichen Dokumentenwesens v. 8.10.2023 (BGBl. 2023 I Nr. 271), Art. 2 Sichere Herkunftsstaaten-G Georgien und Moldau v. 19.12.2023 (BGBl. 2023 I Nr. 382) und Art. 2 G zur Änd. des G über die Angelegenheiten der Vertriebenen und Flüchtlinge v. 20.12.2023 (BGBl. 2023 I Nr. 390)

### Inhaltsübersicht[1)]

**Kapitel 1. Allgemeine Bestimmungen**

**Kapitel 2. Einreise und Aufenthalt im Bundesgebiet**
Abschnitt 1. Allgemeines

---

[1)] Inhaltsübersicht geänd. mWv 1.1.2009 durch G v. 20.12.2008 (BGBl. I S. 2846); geänd. mWv 1.9. 2011 durch G v. 12.4.2011 (BGBl. I S. 610); geänd. mWv 1.7.2011 durch G v. 23.6.2011 (BGBl. I S. 1266); geänd. mWv 26.11.2011 durch G v. 22.11.2011 (BGBl. I S. 2258); geänd. mWv 1.6.2013 durch G v. 22.12.2011 (BGBl. I S. 3037); geänd. mWv 1.8.2012 durch G v. 1.6.2012 (BGBl. I S. 1224); geänd. mWv 6.9.2013 und mWv 2.12.2013 durch G v. 29.8.2013 (BGBl. I S. 3484); geänd. mWv 1.1.2015 durch G v. 23.12.2014 (BGBl. I S. 2439); geänd. mWv 1.8.2015 und mWv 1.1.2016 durch G v. 27.7. 2015 (BGBl. I S. 1386); geänd. mWv 24.10.2015 durch G v. 20.10.2015 (BGBl. I S. 1722); geänd. mWv 1.11.2015 durch G v. 28.10.2015 (BGBl. I S. 1802); geänd. mWv 5.2.2016 durch G v. 2.2.2016 (BGBl. I S. 130); geänd. mWv 6.8.2016 und mWv 6.8.2019 durch G v. 31.7.2016 (BGBl. I S. 1939); geänd. mWv 1.8.2017 durch G v. 12.5.2017 (BGBl. I S. 1106); geänd. mWv 15.6.2017 durch G v. 8.6.2017 (BGBl. I S. 1570); geänd. mWv 29.7.2017 durch G v. 20.7.2017 (BGBl. I S. 2780); geänd. mWv 1.8.2018 durch G v. 12.7.2018 (BGBl. I S. 1147); geänd. mWv 1.1.2020 durch G v. 4.8.2019 (BGBl. I S. 1021); geänd. mWv 9.8.2019 durch G v. 4.8.2019 (BGBl. I S. 1131); geänd. mWv 21.8.2019 durch G v. 15.8.2019 (BGBl. I S. 1294); geänd. mWv 1.3.2020 durch G v. 15.8.2019 (BGBl. I S. 1307); geänd. mWv 26.11. 2019 durch G v. 20.11.2019 (BGBl. I S. 1626); geänd. mWv 10.12.2020 durch G v. 3.12.2020 (BGBl. I S. 2675); geänd. mWv 31.12.2022 durch G v. 21.12.2022 (BGBl. I S. 2847); geänd. mWv 18.11.2023 und mWv 1.3.2024 durch G v. 16.8.2023 (BGBl. 2023 I Nr. 217); sie wurde nichtamtlich an die nachträglichen Änderungen mWv 15.7.2016 durch G v. 8.7.2016 (BGBl. I S. 1594), mWv 1.1.2024 durch G v. 8.7.2019 (BGBl. I S. 1021) angepasst.

# Kapitel 1. Allgemeine Bestimmungen

**§ 1**[1) **Zweck des Gesetzes; Anwendungsbereich** (1) [1]Das Gesetz dient der Steuerung des Zuzugs von Ausländern in die Bundesrepublik Deutschland. [2]Es ermöglicht und gestaltet Zuwanderung unter Berücksichtigung der Aufnahme- und Integrationsfähigkeit sowie der wirtschaftlichen und arbeitsmarktpolitischen Interessen der Bundesrepublik Deutschland. [3]Das Gesetz dient zugleich der Erfüllung der humanitären Verpflichtungen der Bundesrepublik Deutschland. [4]Es regelt hierzu die Einreise, den Aufenthalt, die Erwerbstätigkeit und die Integration von Ausländern. [5]Die Regelungen in anderen Gesetzen bleiben unberührt.

(2) Dieses Gesetz findet keine Anwendung auf Ausländer,

1. deren Rechtsstellung von dem Gesetz über die allgemeine Freizügigkeit von Unionsbürgern[2) geregelt ist, soweit nicht durch Gesetz etwas anderes bestimmt ist,

2. die nach Maßgabe der §§ 18 bis 20 des Gerichtsverfassungsgesetzes[3) nicht der deutschen Gerichtsbarkeit unterliegen,

3. soweit sie nach Maßgabe völkerrechtlicher Verträge für den diplomatischen und konsularischen Verkehr und für die Tätigkeit internationaler Organisationen

---

[1) § 1 Abs. 1 Satz 1 geänd. mWv 18.11.2023 durch G v. 16.8.2023 (BGBl. 2023 I Nr. 217).
[2) Nr. 560.
[3) Habersack Nr. 95.

und Einrichtungen von Einwanderungsbeschränkungen, von der Verpflichtung, ihren Aufenthalt der Ausländerbehörde anzuzeigen und dem Erfordernis eines Aufenthaltstitels befreit sind und wenn Gegenseitigkeit besteht, sofern die Befreiungen davon abhängig gemacht werden können.

**§ 2[1] Begriffsbestimmungen.** (1) Ausländer ist jeder, der nicht Deutscher im Sinne des Artikels 116 Abs. 1 des Grundgesetzes[2] ist.

(2) Erwerbstätigkeit ist die selbständige Tätigkeit, die Beschäftigung im Sinne von § 7 des Vierten Buches Sozialgesetzbuch[3] und die Tätigkeit als Beamter.

(3) [1] Der Lebensunterhalt eines Ausländers ist gesichert, wenn er ihn einschließlich ausreichenden Krankenversicherungsschutzes ohne Inanspruchnahme öffentlicher Mittel bestreiten kann. [2] Nicht als Inanspruchnahme öffentlicher Mittel gilt der Bezug von:

1. Kindergeld,
2. Kinderzuschlag,
3. Erziehungsgeld,
4. Elterngeld,
5. Leistungen der Ausbildungsförderung nach dem Dritten Buch Sozialgesetzbuch[4], dem Bundesausbildungsförderungsgesetz[5] und dem Aufstiegsfortbildungsförderungsgesetz[6],
6. öffentlichen Mitteln, die auf Beitragsleistungen beruhen oder die gewährt werden, um den Aufenthalt im Bundesgebiet zu ermöglichen und
7. Leistungen nach dem Unterhaltsvorschussgesetz[7].

[3] Ist der Ausländer in einer gesetzlichen Krankenversicherung krankenversichert, hat er ausreichenden Krankenversicherungsschutz. [4] Bei der Erteilung oder Verlängerung einer Aufenthaltserlaubnis zum Familiennachzug werden Beiträge der Familienangehörigen zum Haushaltseinkommen berücksichtigt. [5] Der Lebensunterhalt gilt für die Erteilung einer Aufenthaltserlaubnis nach den §§ 16a bis 16c, 16e, 16f mit Ausnahme der Teilnehmer an Sprachkursen, die nicht der Studienvorbereitung dienen, sowie nach § 16g als gesichert, wenn der Ausländer über monatliche Mittel in Höhe des monatlichen Bedarfs, der nach den §§ 13 und 13a Abs. 1 des Bundesausbildungsförderungsgesetzes bestimmt wird, verfügt. [6] Der Lebensunterhalt gilt für die Erteilung einer Aufenthaltserlaubnis nach den §§ 16d,

---

[1] § 2 Abs. 3 Satz 2 geänd., Abs. 5 neu gef., Abs. 8–11 angef. mWv 26.11.2011 durch G v. 22.11.2011 (BGBl. I S. 2258); Abs. 3 Satz 2 geänd. mWv 1.8.2013 durch G v. 15.2.2013 (BGBl. I S. 254); Abs. 3 Satz 2 neu gef., Abs. 7 geänd., Abs. 8 eingef., bish. Abs. 8–11 werden Abs. 9–12, Abs. 13 angef. mWv 6.9. 2013 durch G v. 29.8.2013 (BGBl. I S. 3484); Abs. 3 Satz 2 Nr. 5 und 6 geänd., Nr. 7 und Abs. 14 und 15 angef. mWv 1.8.2015 durch G v. 27.7.2015 (BGBl. I S. 1386); Abs. 2 geänd., Abs. 3 Satz 6 aufgeh., bish. Satz 7 wird Satz 6 und geänd. mWv 1.8.2017 durch G v. 12.5.2017 (BGBl. I S. 1106); Abs. 14 Nr. 5 geänd., Nr. 5a eingef. mWv 29.7.2017 durch G v. 20.7.2017 (BGBl. I S. 2780); Abs. 5 Nr. 2 neu gef., Abs. 14 aufgeh., bish. Abs. 15 wird Abs. 14 und Satz 1 geänd., Satz 2 neu gef., Sätze 3 und 4 eingef., bish. Satz 3 wird Satz 5 mWv 21.8.2019 durch G v. 15.8.2019 (BGBl. I S. 1294); Abs. 3 Satz 5 geänd., Satz 6 eingef., bish. Satz 6 wird Satz 7, Abs. 11a, 12a–12c eingef. mWv 1.3.2020 durch G v. 15.8.2019 (BGBl. I S. 1307), Änd. von Abs. 5 Nr. 2 aufgrund der vorhergehenden Änd. nicht ausführbar; Abs. 3 Satz 7 geänd. mWv 27.6.2020 durch VO v. 19.6.2020 (BGBl. I S. 1328); Abs. 3 Satz 5 geänd. mWv 1.3.2024 durch G v. 16.8.2023 (BGBl. 2023 I Nr. 217).
[2] Nr. 1.
[3] **Aichberger, SGB Nr. 4.**
[4] **Aichberger, SGB Nr. 3.**
[5] Nr. 420.
[6] **Loseblatt-Textsammlung Arbeitsrecht Nr. 418.**
[7] **Habersack ErgBd. Nr. 45d.**

16f Absatz 1 für Teilnehmer an Sprachkursen, die nicht der Studienvorbereitung dienen, sowie § 17 als gesichert, wenn Mittel entsprechend Satz 5 zuzüglich eines Aufschlages um 10 Prozent zur Verfügung stehen. [7] Das Bundesministerium des Innern, für Bau und Heimat gibt die Mindestbeträge nach Satz 5 für jedes Kalenderjahr jeweils bis zum 31. August des Vorjahres im Bundesanzeiger bekannt.[1)]

(4) [1] Als ausreichender Wohnraum wird nicht mehr gefordert, als für die Unterbringung eines Wohnungssuchenden in einer öffentlich geförderten Sozialmietwohnung genügt. [2] Der Wohnraum ist nicht ausreichend, wenn er den auch für Deutsche geltenden Rechtsvorschriften hinsichtlich Beschaffenheit und Belegung nicht genügt. [3] Kinder bis zur Vollendung des zweiten Lebensjahres werden bei der Berechnung des für die Familienunterbringung ausreichenden Wohnraumes nicht mitgezählt.

(5) Schengen-Staaten sind die Staaten, in denen folgende Rechtsakte in vollem Umfang Anwendung finden:

1. Übereinkommen zur Durchführung des Übereinkommens von Schengen vom 14. Juni 1985 zwischen den Regierungen der Staaten der Benelux-Wirtschaftsunion, der Bundesrepublik Deutschland und der Französischen Republik betreffend den schrittweisen Abbau der Kontrollen an den gemeinsamen Grenzen (ABl. L 239 vom 22.9.2000, S. 19),

2. die Verordnung (EU) 2016/399 des Europäischen Parlaments und des Rates vom 9. März 2016 über einen Gemeinschaftskodex für das Überschreiten der Grenzen durch Personen (Schengener Grenzkodex) (ABl. L 77 vom 23.3.2016, S. 1) und

3. die Verordnung (EG) Nr. 810/2009 des Europäischen Parlaments und des Rates vom 13. Juli 2009 über einen Visakodex der Gemeinschaft (ABl. L 243 vom 15.9.2009, S. 1).

(6) Vorübergehender Schutz im Sinne dieses Gesetzes ist die Aufenthaltsgewährung in Anwendung der Richtlinie 2001/55/EG des Rates vom 20. Juli 2001 über Mindestnormen für die Gewährung vorübergehenden Schutzes im Falle eines Massenzustroms von Vertriebenen und Maßnahmen zur Förderung einer ausgewogenen Verteilung der Belastungen, die mit der Aufnahme dieser Personen und den Folgen dieser Aufnahme verbunden sind, auf die Mitgliedstaaten (ABl. EG Nr. L 212 S. 12).

---

[1)] Das Bundesministerium des Innern und für Heimat hat gemäß § 2 Abs. 3 Satz 7 AufenthG folgende Mindestbeträge zur Sicherung des Lebensunterhalts nach § 2 Abs. 3 Satz 5 AufenthG für das Jahr 2024 bekannt gegeben (Bek. v. 17.8.2023, BAnz AT 30.08.2023 B3):
„Der Lebensunterhalt eines Ausländers gilt nach § 2 Absatz 3 Satz 5 AufenthG in der geltenden Fassung für die Erteilung einer Aufenthaltserlaubnis nach den §§ 16a bis 16c, 16e sowie 16f AufenthG mit Ausnahme der Teilnehmer an Sprachkursen, die nicht der Studienvorbereitung dienen, als gesichert, wenn der Ausländer über monatliche Mittel in Höhe des monatlichen Bedarfs, der nach den §§ 13 und 13a Absatz 1 des Bundesausbildungsförderungsgesetzes (BAföG) bestimmt wird, verfügt.
Für Ausländer in betrieblicher oder schulischer Berufsausbildung ergibt sich hinsichtlich der Erteilung einer Aufenthaltserlaubnis nach § 16a AufenthG gemäß § 13 Absatz 1 Nummer 1 BAföG ein Betrag für den monatlichen Bedarf in Höhe von 903 Euro.
In den übrigen Fällen einer Aufenthaltserlaubnis nach § 16a AufenthG sowie bei Aufenthaltserlaubnissen nach den §§ 16b, 16c, 16e und 16f AufenthG ergibt sich gemäß § 13 Absatz 1 Nummer 2 BAföG ein Betrag für den monatlichen Bedarf in Höhe von 934 Euro.
Bei Nachweis einer Unterkunft, deren Miet- und Nebenkosten geringer sind als 360 Euro (Betrag nach § 13 Absatz 2 Nummer 2 BAföG), mindert sich der nachzuweisende Betrag entsprechend."

(7) Langfristig Aufenthaltsberechtigter ist ein Ausländer, dem in einem Mitgliedstaat der Europäischen Union die Rechtsstellung nach Artikel 2 Buchstabe b der Richtlinie 2003/109/EG des Rates vom 25. November 2003 betreffend die Rechtsstellung der langfristig aufenthaltsberechtigten Drittstaatsangehörigen (ABl. EU 2004 Nr. L 16 S. 44), die zuletzt durch die Richtlinie 2011/51/EU (ABl. L 132 vom 19.5.2011, S. 1) geändert worden ist, verliehen und nicht entzogen wurde.

(8) Langfristige Aufenthaltsberechtigung – EU ist der einem langfristig Aufenthaltsberechtigten durch einen anderen Mitgliedstaat der Europäischen Union ausgestellte Aufenthaltstitel nach Artikel 8 der Richtlinie 2003/109/EG.

(9) Einfache deutsche Sprachkenntnisse entsprechen dem Niveau A 1 des Gemeinsamen Europäischen Referenzrahmens für Sprachen (Empfehlungen des Ministerkomitees des Europarates an die Mitgliedstaaten Nr. R (98) 6 vom 17. März 1998 zum Gemeinsamen Europäischen Referenzrahmen für Sprachen – GER).

(10) Hinreichende deutsche Sprachkenntnisse entsprechen dem Niveau A 2 des Gemeinsamen Europäischen Referenzrahmens für Sprachen.

(11) Ausreichende deutsche Sprachkenntnisse entsprechen dem Niveau B 1 des Gemeinsamen Europäischen Referenzrahmens für Sprachen.

(11a) Gute deutsche Sprachkenntnisse entsprechen dem Niveau B2 des Gemeinsamen Europäischen Referenzrahmens für Sprachen.

(12) Die deutsche Sprache beherrscht ein Ausländer, wenn seine Sprachkenntnisse dem Niveau C 1 des Gemeinsamen Europäischen Referenzrahmens für Sprachen entsprechen.

(12a) Eine qualifizierte Berufsausbildung im Sinne dieses Gesetzes liegt vor, wenn es sich um eine Berufsausbildung in einem staatlich anerkannten oder vergleichbar geregelten Ausbildungsberuf handelt, für den nach bundes- oder landesrechtlichen Vorschriften eine Ausbildungsdauer von mindestens zwei Jahren festgelegt ist.

(12b) Eine qualifizierte Beschäftigung im Sinne dieses Gesetzes liegt vor, wenn zu ihrer Ausübung Fertigkeiten, Kenntnisse und Fähigkeiten erforderlich sind, die in einem Studium oder einer qualifizierten Berufsausbildung erworben werden.

(12c) Bildungseinrichtungen im Sinne dieses Gesetzes sind

1. Ausbildungsbetriebe bei einer betrieblichen Berufsaus- oder Weiterbildung,
2. Schulen, Hochschulen sowie Einrichtungen der Berufsbildung oder der sonstigen Aus- und Weiterbildung.

(13) International Schutzberechtigter ist ein Ausländer, der internationalen Schutz genießt im Sinne der

1. Richtlinie 2004/83/EG des Rates vom 29. April 2004 über Mindestnormen für die Anerkennung und den Status von Drittstaatsangehörigen oder Staatenlosen als Flüchtlinge oder als Personen, die anderweitig internationalen Schutz benötigen, und über den Inhalt des zu gewährenden Schutzes (ABl. L 304 vom 30.9. 2004, S. 12) oder
2. Richtlinie 2011/95/EU des Europäischen Parlaments und des Rates vom 13. Dezember 2011 über Normen für die Anerkennung von Drittstaatsangehörigen oder Staatenlosen als Personen mit Anspruch auf internationalen Schutz, für einen einheitlichen Status für Flüchtlinge oder für Personen mit Anrecht auf subsidiären Schutz und für den Inhalt des zu gewährenden Schutzes (ABl. L 337 vom 20.12.2011, S. 9),

(14) [1]Soweit Artikel 28 der Verordnung (EU) Nr. 604/2013 des Europäischen Parlaments und des Rates vom 26. Juni 2013 zur Festlegung der Kriterien und Verfahren zur Bestimmung des Mitgliedstaats, der für die Prüfung eines von einem Drittstaatsangehörigen oder Staatenlosen in einem Mitgliedstaat gestellten Antrags auf internationalen Schutz zuständig ist (ABl. L 180 vom 29.6.2013, S. 31), der die Inhaftnahme zum Zwecke der Überstellung betrifft, maßgeblich ist, gelten § 62 Absatz 3a für die widerlegliche Vermutung einer Fluchtgefahr im Sinne von Artikel 2 Buchstabe n der Verordnung (EU) Nr. 604/2013 und § 62 Absatz 3b Nummer 1 bis 5 als objektive Anhaltspunkte für die Annahme einer Fluchtgefahr im Sinne von Artikel 2 Buchstabe n der Verordnung (EU) Nr. 604/2013 entsprechend; im Anwendungsbereich der Verordnung (EU) Nr. 604/2013 bleibt Artikel 28 Absatz 2 im Übrigen maßgeblich. [2]Ferner kann ein Anhaltspunkt für Fluchtgefahr vorliegen, wenn

1. der Ausländer einen Mitgliedstaat vor Abschluss eines dort laufenden Verfahrens zur Zuständigkeitsbestimmung oder zur Prüfung eines Antrags auf internationalen Schutz verlassen hat und die Umstände der Feststellung im Bundesgebiet konkret darauf hindeuten, dass er den zuständigen Mitgliedstaat in absehbarer Zeit nicht aufsuchen will,

2. der Ausländer zuvor mehrfach einen Asylantrag in anderen Mitgliedstaaten als der Bundesrepublik Deutschland im Geltungsbereich der Verordnung (EU) Nr. 604/2013 gestellt und den jeweiligen anderen Mitgliedstaat der Asylantragstellung wieder verlassen hat, ohne den Ausgang des dort laufenden Verfahrens zur Zuständigkeitsbestimmung oder zur Prüfung eines Antrags auf internationalen Schutz abzuwarten.

[3]Die für den Antrag auf Inhaftnahme zum Zwecke der Überstellung zuständige Behörde kann einen Ausländer ohne vorherige richterliche Anordnung festhalten und vorläufig in Gewahrsam nehmen, wenn

a) der dringende Verdacht für das Vorliegen der Voraussetzungen nach Satz 1 oder 2 besteht,

b) die richterliche Entscheidung über die Anordnung der Überstellungshaft nicht vorher eingeholt werden kann und

c) der begründete Verdacht vorliegt, dass sich der Ausländer der Anordnung der Überstellungshaft entziehen will.

[4]Der Ausländer ist unverzüglich dem Richter zur Entscheidung über die Anordnung der Überstellungshaft vorzuführen. [5]Auf das Verfahren auf Anordnung von Haft zur Überstellung nach der Verordnung (EU) Nr. 604/2013 finden die Vorschriften des Gesetzes über das Verfahren in Familiensachen und in den Angelegenheiten der freiwilligen Gerichtsbarkeit[1]) entsprechend Anwendung, soweit das Verfahren in der Verordnung (EU) Nr. 604/2013 nicht abweichend geregelt ist.

## Kapitel 2. Einreise und Aufenthalt im Bundesgebiet

### Abschnitt 1. Allgemeines

**§ 3**[2]) **Passpflicht.** (1) [1]Ausländer dürfen nur in das Bundesgebiet einreisen oder sich darin aufhalten, wenn sie einen anerkannten und gültigen Pass oder Passersatz besitzen, sofern sie von der Passpflicht nicht durch Rechtsverordnung befreit sind.

---

[1]) **Habersack Nr. 112.**
[2]) § 3 Abs. 2 geänd. mWv 27.6.2020 durch VO v. 19.6.2020 (BGBl. I S. 1328).

<sup>2</sup> Für den Aufenthalt im Bundesgebiet erfüllen sie die Passpflicht auch durch den Besitz eines Ausweisersatzes (§ 48 Abs. 2).

(2) Das Bundesministerium des Innern, für Bau und Heimat oder die von ihm bestimmte Stelle kann in begründeten Einzelfällen vor der Einreise des Ausländers für den Grenzübertritt und einen anschließenden Aufenthalt von bis zu sechs Monaten Ausnahmen von der Passpflicht zulassen.

**§ 4<sup>1)</sup> Erfordernis eines Aufenthaltstitels.** (1) <sup>1</sup> Ausländer bedürfen für die Einreise und den Aufenthalt im Bundesgebiet eines Aufenthaltstitels, sofern nicht durch Recht der Europäischen Union oder durch Rechtsverordnung etwas anderes bestimmt ist oder auf Grund des Abkommens vom 12. September 1963 zur Gründung einer Assoziation zwischen der Europäischen Wirtschaftsgemeinschaft und der Türkei (BGBl. 1964 II S. 509) (Assoziationsabkommen EWG/Türkei) ein Aufenthaltsrecht besteht. <sup>2</sup> Die Aufenthaltstitel werden erteilt als

1. Visum im Sinne des § 6 Absatz 1 Nummer 1 und Absatz 3,
2. Aufenthaltserlaubnis (§ 7),
2a. Blaue Karte EU (§ 18g),
2b. ICT-Karte (§ 19),
2c. Mobiler-ICT-Karte (§ 19b),
3. Niederlassungserlaubnis (§ 9) oder
4. Erlaubnis zum Daueraufenthalt – EU (§ 9a).

<sup>3</sup> Die für die Aufenthaltserlaubnis geltenden Rechtsvorschriften werden auch auf die Blaue Karte EU, die ICT-Karte und die Mobiler-ICT-Karte angewandt, sofern durch Gesetz oder Rechtsverordnung nichts anderes bestimmt ist.

(2) <sup>1</sup> Ein Ausländer, dem nach dem Assoziationsabkommen EWG/Türkei ein Aufenthaltsrecht zusteht, ist verpflichtet, das Bestehen des Aufenthaltsrechts durch den Besitz einer Aufenthaltserlaubnis nachzuweisen, sofern er weder eine Niederlassungserlaubnis noch eine Erlaubnis zum Daueraufenthalt – EU besitzt. <sup>2</sup> Die Aufenthaltserlaubnis wird auf Antrag ausgestellt.

**§ 4a<sup>2)</sup> Zugang zur Erwerbstätigkeit.** (1) <sup>1</sup> Ausländer, die einen Aufenthaltstitel besitzen, dürfen eine Erwerbstätigkeit ausüben, es sei denn, ein Gesetz bestimmt ein Verbot. <sup>2</sup> Die Erwerbstätigkeit kann durch Gesetz beschränkt sein. <sup>3</sup> Die Ausübung einer über das Verbot oder die Beschränkung hinausgehenden Erwerbstätigkeit bedarf der Erlaubnis.

(2) <sup>1</sup> Sofern die Ausübung einer Beschäftigung gesetzlich verboten oder beschränkt ist, bedarf die Ausübung einer Beschäftigung oder einer über die Beschränkung hinausgehenden Beschäftigung der Erlaubnis; diese kann dem Vorbehalt der Zustimmung durch die Bundesagentur für Arbeit nach § 39 unterliegen. <sup>2</sup> Die Zustimmung der Bundesagentur für Arbeit kann beschränkt erteilt werden. <sup>3</sup> Bedarf die Erlaubnis nicht der Zustimmung der Bundesagentur für

---

<sup>1)</sup> § 4 Abs. 1 Satz 2 Nr. 1 neu gef., Abs. 3 Satz 5 angef. mWv 26.11.2011 durch G v. 22.11.2011 (BGBl. I S. 2258); Abs. 1 Satz 2 Nr. 2a eingef., Satz 3 angef. mWv 1.8.2012 durch G v. 1.6.2012 (BGBl. I S. 1224); Abs. 4 aufgeh. mWv 6.9.2013, Abs. 1 Satz 2 Nr. 4 und Abs. 5 Satz 1 geänd. mWv 2.12.2013 durch G v. 29.8.2013 (BGBl. I S. 3484); Abs. 1 Satz 2 Nr. 2b und 2c eingef., Satz 3 und Abs. 3 Sätze 3 und 5 geänd. mWv 1.8.2017 durch G v. 12.5.2017 (BGBl. I S. 1106); Abs. 1 Satz 2 Nr. 2a–2c geänd., Abs. 2, 3 aufgeh., bish. Abs. 5 wird Abs. 2 mWv 1.3.2020 durch G v. 15.8.2019 (BGBl. I S. 1307); Abs. 1 Satz 2 Nr. 2a geänd. mWv 18.11.2023 durch G v. 16.8.2023 (BGBl. 2023 I Nr. 217).

<sup>2)</sup> § 4a eingef. mWv 1.3.2020 durch G v. 15.8.2019 (BGBl. I S. 1307); Abs. 2 Satz 3, Abs. 4 neu gef., Abs. 5 Satz 3 Nr. 2 geänd. mWv 1.3.2024 durch G v. 16.8.2023 (BGBl. 2023 I Nr. 217).

Arbeit, gelten § 39 Absatz 4 für die Erteilung der Erlaubnis und § 40 Absatz 2 oder Absatz 3 für die Versagung der Erlaubnis entsprechend.

(3) [1] Jeder Aufenthaltstitel muss erkennen lassen, ob die Ausübung einer Erwerbstätigkeit erlaubt ist und ob sie Beschränkungen unterliegt. [2] Zudem müssen Beschränkungen seitens der Bundesagentur für Arbeit für die Ausübung der Beschäftigung in den Aufenthaltstitel übernommen werden. [3] Für die Änderung einer Beschränkung im Aufenthaltstitel ist eine Erlaubnis erforderlich. [4] Wurde ein Aufenthaltstitel zum Zweck der Ausübung einer bestimmten Beschäftigung erteilt, ist die Ausübung einer anderen Erwerbstätigkeit verboten, solange und soweit die zuständige Behörde die Ausübung der anderen Erwerbstätigkeit nicht erlaubt hat. [5] Die Sätze 2 und 3 gelten nicht, wenn sich der Arbeitgeber auf Grund eines Betriebsübergangs nach § 613a des Bürgerlichen Gesetzbuchs[1]) ändert oder auf Grund eines Formwechsels eine andere Rechtsform erhält.

(4) Ein Ausländer, der keinen Aufenthaltstitel besitzt, darf eine kontingentierte kurzzeitige Beschäftigung oder eine Saisonbeschäftigung nach der Beschäftigungsverordnung nur ausüben, wenn er dafür eine Arbeitserlaubnis der Bundesagentur für Arbeit besitzt, sowie eine andere Erwerbstätigkeit nur ausüben, wenn er auf Grund einer zwischenstaatlichen Vereinbarung, eines Gesetzes oder einer Rechtsverordnung ohne Aufenthaltstitel hierzu berechtigt ist oder deren Ausübung ihm durch die zuständige Behörde erlaubt wurde.

(5) [1] Ein Ausländer darf nur beschäftigt oder mit anderen entgeltlichen Dienst- oder Werkleistungen beauftragt werden, wenn er einen Aufenthaltstitel besitzt und kein diesbezügliches Verbot oder keine diesbezügliche Beschränkung besteht. [2] Ein Ausländer, der keinen Aufenthaltstitel besitzt, darf nur unter den Voraussetzungen des Absatzes 4 beschäftigt werden. [3] Wer im Bundesgebiet einen Ausländer beschäftigt, muss

1. prüfen, ob die Voraussetzungen nach Satz 1 oder Satz 2 vorliegen,
2. für die Dauer der Beschäftigung eine Kopie des Aufenthaltstitels, der Arbeitserlaubnis der Bundesagentur für Arbeit oder der Bescheinigung über die Aufenthaltsgestattung oder über die Aussetzung der Abschiebung des Ausländers in elektronischer Form oder in Papierform aufbewahren und
3. der zuständigen Ausländerbehörde innerhalb von vier Wochen ab Kenntnis mitteilen, dass die Beschäftigung, für die ein Aufenthaltstitel nach Kapitel 2 Abschnitt 4 erteilt wurde, vorzeitig beendet wurde.

[4] Satz 3 Nummer 1 gilt auch für denjenigen, der einen Ausländer mit nachhaltigen entgeltlichen Dienst- oder Werkleistungen beauftragt, die der Ausländer auf Gewinnerzielung gerichtet ausübt.

**§ 5[2]) Allgemeine Erteilungsvoraussetzungen.** (1) Die Erteilung eines Aufenthaltstitels setzt in der Regel voraus, dass

---

[1]) **Habersack Nr. 20.**
[2]) § 5 Abs. 4 Satz 1 geänd. mWv 4.8.2009 durch G v. 30.7.2009 (BGBl. I S. 2437); Abs. 3 Satz 1 geänd. mWv 26.11.2011 durch G v. 22.11.2011 (BGBl. I S. 2258); Abs. 2 Satz 1 einl. Satzteil geänd. mWv 2.12. 2013 durch G v. 29.8.2013 (BGBl. I S. 3484); Abs. 1 Nr. 2, Abs. 3 Satz 3, Abs. 4 Satz 1 geänd. mWv 1.8. 2015 durch G v. 27.7.2015 (BGBl. I S. 1386); Abs. 3 Satz 1 geänd., Satz 4 angef. mWv 6.8.2016 durch G v. 31.7.2016 (BGBl. I S. 1939); Abs. 2 Satz 1 einl. Satzteil geänd., Satz 3 angef. mWv 1.8.2017 durch G v. 12.5.2017 (BGBl. I S. 1106); Abs. 3 Satz 2 und 3 aufgeh. mWv 1.8.2018 durch G v. 12.7.2018 (BGBl. I S. 1147); Abs. 4 geänd. mWv 21.8.2019 durch G v. 15.8.2019 (BGBl. I S. 1294); Abs. 2 Satz 1 einl. Satzteil geänd. mWv 1.3.2020 durch G v. 15.8.2019 (BGBl. I S. 1307); Abs. 2 Satz 2 neu gef. mWv 1.3. 2024 durch G v. 16.8.2023 (BGBl. 2023 I Nr. 217); Abs. 3 Satz 5 angef. mWv 23.12.2023 durch G v. 20.12.2023 (BGBl. 2023 I Nr. 390).

1. der Lebensunterhalt gesichert ist,
1a. die Identität und, falls er nicht zur Rückkehr in einen anderen Staat berechtigt ist, die Staatsangehörigkeit des Ausländers geklärt ist,
2. kein Ausweisungsinteresse besteht,
3. soweit kein Anspruch auf Erteilung eines Aufenthaltstitels besteht, der Aufenthalt des Ausländers nicht aus einem sonstigen Grund Interessen der Bundesrepublik Deutschland beeinträchtigt oder gefährdet und
4. die Passpflicht nach § 3 erfüllt wird.

(2) ¹Des Weiteren setzt die Erteilung einer Aufenthaltserlaubnis, einer Blauen Karte EU, einer ICT-Karte, einer Niederlassungserlaubnis oder einer Erlaubnis zum Daueraufenthalt – EU voraus, dass der Ausländer
1. mit dem erforderlichen Visum eingereist ist und
2. die für die Erteilung maßgeblichen Angaben bereits im Visumantrag gemacht hat.
²Von den Voraussetzungen nach Satz 1 kann abgesehen werden, wenn die Voraussetzungen eines Anspruchs auf Erteilung erfüllt sind; von den Voraussetzungen nach Satz 1 ist abzusehen, wenn es auf Grund besonderer Umstände des Einzelfalls nicht zumutbar ist, das Visumverfahren nachzuholen. ³Satz 2 gilt nicht für die Erteilung einer ICT-Karte.

(3) ¹In den Fällen der Erteilung eines Aufenthaltstitels nach § 24 oder § 25 Absatz 1 bis 3 ist von der Anwendung der Absätze 1 und 2, in den Fällen des § 25 Absatz 4a und 4b von der Anwendung des Absatzes 1 Nr. 1 bis 2 und 4 sowie des Absatzes 2 abzusehen. ²In den übrigen Fällen der Erteilung eines Aufenthaltstitels nach Kapitel 2 Abschnitt 5 kann von der Anwendung der Absätze 1 und 2 abgesehen werden. ³Wird von der Anwendung des Absatzes 1 Nr. 2 abgesehen, kann die Ausländerbehörde darauf hinweisen, dass eine Ausweisung wegen einzeln zu bezeichnender Ausweisungsinteressen, die Gegenstand eines noch nicht abgeschlossenen Straf- oder anderen Verfahrens sind, möglich ist. ⁴In den Fällen der Erteilung eines Aufenthaltstitels nach § 26 Absatz 3 ist von der Anwendung des Absatzes 2 abzusehen. ⁵Von der Anwendung des Absatzes 2 ist bei Erteilung einer Aufenthaltserlaubnis nach den §§ 18a, 18b, 19c Absatz 2 oder nach Abschnitt 6 in Anwendung von § 10 Absatz 3 Satz 5 abzusehen.

(4) Die Erteilung eines Aufenthaltstitels ist zu versagen, wenn ein Ausweisungsinteresse im Sinne von § 54 Absatz 1 Nummer 2 oder 4 besteht oder eine Abschiebungsanordnung nach § 58a erlassen wurde.

**§ 6¹⁾ Visum.** (1) Einem Ausländer können nach Maßgabe der Verordnung (EG) Nr. 810/2009 folgende Visa erteilt werden:
1. ein Visum für die Durchreise durch das Hoheitsgebiet der Schengen-Staaten oder für geplante Aufenthalte in diesem Gebiet von bis zu 90 Tagen je Zeitraum von 180 Tagen (Schengen-Visum),
2. ein Flughafentransitvisum für die Durchreise durch die internationalen Transitzonen der Flughäfen.

---

¹⁾ § 6 Abs. 1, 2 neu gef., Abs. 3 aufgeh., bish. Abs. 4 wird Abs. 3 mWv 26.11.2011 durch G v. 22.11. 2011 (BGBl. I S. 2258); Abs. 3 Sätze 2, 3 geänd. mWv 1.8.2012 durch G v. 1.6.2012 (BGBl. I S. 1224); Abs. 4 angef. mWv 6.9.2013, Abs. 3 Sätze 2 und 3 geänd. mWv 2.12.2013 durch G v. 29.8.2013 (BGBl. I S. 3484); Abs. 1 Nr. 1, Abs. 2 Satz 1 und 2 geänd. mWv 1.8.2015 durch G v. 27.7.2015 (BGBl. I S. 1386); Abs. 3 Satz 2 geänd. mWv 1.8.2017 durch G v. 12.5.2017 (BGBl. I S. 1106); Abs. 2a eingef. mWv 1.3. 2020 durch G v. 15.8.2019 (BGBl. I S. 1307).

(2) [1]Schengen-Visa können nach Maßgabe der Verordnung (EG) Nr. 810/2009 bis zu einer Gesamtaufenthaltsdauer von 90 Tagen je Zeitraum von 180 Tagen verlängert werden. [2]Für weitere 90 Tage innerhalb des betreffenden Zeitraums von 180 Tagen kann ein Schengen-Visum aus den in Artikel 33 der Verordnung (EG) Nr. 810/2009/EG genannten Gründen, zur Wahrung politischer Interessen der Bundesrepublik Deutschland oder aus völkerrechtlichen Gründen als nationales Visum verlängert werden.

(2a) Schengen-Visa berechtigen nicht zur Ausübung einer Erwerbstätigkeit, es sei denn, sie wurden zum Zweck der Erwerbstätigkeit erteilt.

(3) [1]Für längerfristige Aufenthalte ist ein Visum für das Bundesgebiet (nationales Visum) erforderlich, das vor der Einreise erteilt wird. [2]Die Erteilung richtet sich nach den für die Aufenthaltserlaubnis, die Blaue Karte EU, die ICT-Karte, die Niederlassungserlaubnis und die Erlaubnis zum Daueraufenthalt – EU geltenden Vorschriften. [3]Die Dauer des rechtmäßigen Aufenthalts mit einem nationalen Visum wird auf die Zeiten des Besitzes einer Aufenthaltserlaubnis, Blauen Karte EU, Niederlassungserlaubnis oder Erlaubnis zum Daueraufenthalt – EU angerechnet.

(4) Ein Ausnahme-Visum im Sinne des § 14 Absatz 2 wird als Visum im Sinne des Absatzes 1 Nummer 1 oder des Absatzes 3 erteilt.

**§ 7[1]) Aufenthaltserlaubnis.** (1) [1]Die Aufenthaltserlaubnis ist ein befristeter Aufenthaltstitel. [2]Sie wird zu den in den nachfolgenden Abschnitten genannten Aufenthaltszwecken erteilt. [3]In begründeten Fällen kann eine Aufenthaltserlaubnis auch für einen von diesem Gesetz nicht vorgesehenen Aufenthaltszweck erteilt werden. [4]Die Aufenthaltserlaubnis nach Satz 3 berechtigt nicht zur Erwerbstätigkeit; sie kann nach § 4a Absatz 1 erlaubt werden.

(2) [1]Die Aufenthaltserlaubnis ist unter Berücksichtigung des beabsichtigten Aufenthaltszwecks zu befristen. [2]Ist eine für die Erteilung, die Verlängerung oder die Bestimmung der Geltungsdauer wesentliche Voraussetzung entfallen, so kann die Frist auch nachträglich verkürzt werden.

**§ 8[2]) Verlängerung der Aufenthaltserlaubnis.** (1) Auf die Verlängerung der Aufenthaltserlaubnis finden dieselben Vorschriften Anwendung wie auf die Erteilung.

(2) Die Aufenthaltserlaubnis kann in der Regel nicht verlängert werden, wenn die zuständige Behörde dies bei einem seiner Zweckbestimmung nach nur vorübergehenden Aufenthalt bei der Erteilung oder der zuletzt erfolgten Verlängerung der Aufenthaltserlaubnis ausgeschlossen hat.

(3) [1]Vor der Verlängerung der Aufenthaltserlaubnis ist festzustellen, ob der Ausländer einer etwaigen Pflicht zur ordnungsgemäßen Teilnahme am Integrationskurs nachgekommen ist. [2]Verletzt ein Ausländer seine Verpflichtung nach § 44a Abs. 1 Satz 1 zur ordnungsgemäßen Teilnahme an einem Integrationskurs, ist dies bei der Entscheidung über die Verlängerung der Aufenthaltserlaubnis zu berücksichtigen. [3]Besteht kein Anspruch auf Erteilung der Aufenthaltserlaubnis, soll die wiederholte und gröbliche Verletzung der Pflichten nach Satz 1 die Verlängerung der Aufenthaltserlaubnis abgelehnt werden. [4]Besteht ein Anspruch auf Verlängerung der Aufenthaltserlaubnis nur nach diesem Gesetz, kann die Ver-

---

. [1]) § 7 Abs. 1 Satz 4 angef. mWv 1.3.2020 durch G v. 15.8.2019 (BGBl. I S. 1307).
[2]) § 8 Abs. 3 Satz 1 eingef., bish. Sätze 1–4 werden Sätze 2–5, Satz 6 angef. mWv 1.7.2011 durch G v. 23.6.2011 (BGBl. I S. 1266); Abs. 4 geänd. mWv 26.11.2011 durch G v. 22.11.2011 (BGBl. I S. 2258).

längerung abgelehnt werden, es sei denn, der Ausländer erbringt den Nachweis, dass seine Integration in das gesellschaftliche und soziale Leben anderweitig erfolgt ist. [5] Bei der Entscheidung sind die Dauer des rechtmäßigen Aufenthalts, schutzwürdige Bindung des Ausländers an das Bundesgebiet und die Folgen einer Aufenthaltsbeendigung für seine rechtmäßig im Bundesgebiet lebenden Familienangehörigen zu berücksichtigen. [6] War oder ist ein Ausländer zur Teilnahme an einem Integrationskurs nach § 44a Absatz 1 Satz 1 verpflichtet, soll die Verlängerung der Aufenthaltserlaubnis jeweils auf höchstens ein Jahr befristet werden, solange er den Integrationskurs noch nicht erfolgreich abgeschlossen oder noch nicht den Nachweis erbracht hat, dass seine Integration in das gesellschaftliche und soziale Leben anderweitig erfolgt ist.

(4) Absatz 3 ist nicht anzuwenden auf die Verlängerung einer nach § 25 Absatz 1, 2 oder Absatz 3 erteilten Aufenthaltserlaubnis.

**§ 9[1] Niederlassungserlaubnis.** (1) [1] Die Niederlassungserlaubnis ist ein unbefristeter Aufenthaltstitel. [2] Sie kann nur in den durch dieses Gesetz ausdrücklich zugelassenen Fällen mit einer Nebenbestimmung versehen werden. [3] § 47 bleibt unberührt.

(2) [1] Einem Ausländer ist die Niederlassungserlaubnis zu erteilen, wenn

1. er seit fünf Jahren die Aufenthaltserlaubnis besitzt,
2. sein Lebensunterhalt gesichert ist,
3. er mindestens 60 Monate Pflichtbeiträge oder freiwillige Beiträge zur gesetzlichen Rentenversicherung geleistet hat oder Aufwendungen für einen Anspruch auf vergleichbare Leistungen einer Versicherungs- oder Versorgungseinrichtung oder eines Versicherungsunternehmens nachweist; berufliche Ausfallzeiten auf Grund von Kinderbetreuung oder häuslicher Pflege werden entsprechend angerechnet,
4. Gründe der öffentlichen Sicherheit oder Ordnung unter Berücksichtigung der Schwere oder der Art des Verstoßes gegen die öffentliche Sicherheit oder Ordnung oder der vom Ausländer ausgehenden Gefahr unter Berücksichtigung der Dauer des bisherigen Aufenthalts und dem Bestehen von Bindungen im Bundesgebiet nicht entgegenstehen,
5. ihm die Beschäftigung erlaubt ist, sofern er Arbeitnehmer ist,
6. er im Besitz der sonstigen für eine dauernde Ausübung seiner Erwerbstätigkeit erforderlichen Erlaubnisse ist,
7. er über ausreichende Kenntnisse der deutschen Sprache verfügt,
8. er über Grundkenntnisse der Rechts- und Gesellschaftsordnung und der Lebensverhältnisse im Bundesgebiet verfügt und
9. er über ausreichenden Wohnraum für sich und seine mit ihm in häuslicher Gemeinschaft lebenden Familienangehörigen verfügt.

[2] Die Voraussetzungen des Satzes 1 Nr. 7 und 8 sind nachgewiesen, wenn ein Integrationskurs erfolgreich abgeschlossen wurde. [3] Von diesen Voraussetzungen wird abgesehen, wenn der Ausländer sie wegen einer körperlichen, geistigen oder seelischen Krankheit oder Behinderung nicht erfüllen kann. [4] Im Übrigen kann zur Vermeidung einer Härte von den Voraussetzungen des Satzes 1 Nr. 7 und 8 abgesehen werden. [5] Ferner wird davon abgesehen, wenn der Ausländer sich auf

---

[1] § 9 Abs. 3 Satz 2 geänd. mWv 26.11.2011 durch G v. 22.11.2011 (BGBl. I S. 2258); Abs. 1 Satz 2 geänd. mWv 1.3.2020 durch G v. 15.8.2019 (BGBl. I S. 1307); Abs. 3a eingef. mWv 1.3.2024 durch G v. 16.8.2023 (BGBl. 2023 I Nr. 217).

einfache Art in deutscher Sprache mündlich verständigen kann und er nach § 44 Abs. 3 Nr. 2 keinen Anspruch auf Teilnahme am Integrationskurs hatte oder er nach § 44a Abs. 2 Nr. 3 nicht zur Teilnahme am Integrationskurs verpflichtet war. [6] Darüber hinaus wird von den Voraussetzungen des Satzes 1 Nr. 2 und 3 abgesehen, wenn der Ausländer diese aus den in Satz 3 genannten Gründen nicht erfüllen kann.

(3) [1] Bei Ehegatten, die in ehelicher Lebensgemeinschaft leben, genügt es, wenn die Voraussetzungen nach Absatz 2 Satz 1 Nr. 3, 5 und 6 durch einen Ehegatten erfüllt werden. [2] Von der Voraussetzung nach Absatz 2 Satz 1 Nr. 3 wird abgesehen, wenn sich der Ausländer in einer Ausbildung befindet, die zu einem anerkannten schulischen oder beruflichen Bildungsabschluss oder einem Hochschulabschluss führt. [3] Satz 1 gilt in den Fällen des § 26 Abs. 4 entsprechend.

(3a) [1] Dem Ehegatten eines Ausländers, der eine Niederlassungserlaubnis nach § 18c besitzt, ist eine Niederlassungserlaubnis zu erteilen, wenn

1. er in ehelicher Lebensgemeinschaft mit dem Ausländer lebt,
2. er seit drei Jahren im Aufenthaltserlaubnis besitzt,
3. er erwerbstätig im Umfang von mindestens 20 Stunden je Woche ist und
4. die Voraussetzungen nach Absatz 2 Satz 1 Nummer 2, 4 bis 9 vorliegen.

[2] Absatz 2 Satz 2 bis 6 gilt entsprechend. [3] Die Erteilung einer Niederlassungserlaubnis unter den Voraussetzungen des Absatzes 3 bleibt unberührt.

(4) Auf die für die Erteilung einer Niederlassungserlaubnis erforderlichen Zeiten des Besitzes einer Aufenthaltserlaubnis werden folgende Zeiten angerechnet:

1. die Zeit des früheren Besitzes einer Aufenthaltserlaubnis oder Niederlassungserlaubnis, wenn der Ausländer zum Zeitpunkt seiner Ausreise im Besitz einer Niederlassungserlaubnis war, abzüglich der Zeit der dazwischen liegenden Aufenthalte außerhalb des Bundesgebiets, die zum Erlöschen der Niederlassungserlaubnis führten; angerechnet werden höchstens vier Jahre,
2. höchstens sechs Monate für jeden Aufenthalt außerhalb des Bundesgebiets, der nicht zum Erlöschen der Aufenthaltserlaubnis führte,
3. die Zeit eines rechtmäßigen Aufenthalts zum Zweck des Studiums oder der Berufsausbildung im Bundesgebiet zur Hälfte.

**§ 9a[1] Erlaubnis zum Daueraufenthalt – EU.** (1) [1] Die Erlaubnis zum Daueraufenthalt – EU ist ein unbefristeter Aufenthaltstitel. [2] § 9 Abs. 1 Satz 2 und 3 gilt entsprechend. [3] Soweit dieses Gesetz nichts anderes regelt, ist die Erlaubnis zum Daueraufenthalt – EU der Niederlassungserlaubnis gleichgestellt.

(2) [1] Einem Ausländer ist eine Erlaubnis zum Daueraufenthalt – EU nach Artikel 2 Buchstabe b der Richtlinie 2003/109/EG zu erteilen, wenn

1. er sich seit fünf Jahren mit Aufenthaltstitel im Bundesgebiet aufhält,
2. sein Lebensunterhalt und derjenige seiner Angehörigen, denen er Unterhalt zu leisten hat, durch feste und regelmäßige Einkünfte gesichert ist,
3. er über ausreichende Kenntnisse der deutschen Sprache verfügt,
4. er über Grundkenntnisse der Rechts- und Gesellschaftsordnung und der Lebensverhältnisse im Bundesgebiet verfügt,

---

[1] § 9a Abs. 3 Nr. 1 geänd. mWv 1.8.2012 durch G v. 1.6.2012 (BGBl. I S. 1224); Abs. 3 Nr. 1 und 2 geänd. mWv 6.9.2013, Überschrift, Abs. 1 Sätze 1 und 3 und Abs. 2 Satz 1 einl. Satzteil geänd. mWv 2.12.2013 durch G v. 29.8.2013 (BGBl. I S. 3484); Abs. 3 Nr. 4, 5 Buchst. a geänd. mWv 1.3.2020 durch G v. 15.8.2019 (BGBl. I S. 1307).

5. Gründe der öffentlichen Sicherheit oder Ordnung unter Berücksichtigung der Schwere oder der Art des Verstoßes gegen die öffentliche Sicherheit oder Ordnung oder der vom Ausländer ausgehenden Gefahr unter Berücksichtigung der Dauer des bisherigen Aufenthalts und dem Bestehen von Bindungen im Bundesgebiet nicht entgegenstehen und

6. er über ausreichenden Wohnraum für sich und seine mit ihm in familiärer Gemeinschaft lebenden Familienangehörigen verfügt.

[2] Für Satz 1 Nr. 3 und 4 gilt § 9 Abs. 2 Satz 2 bis 5 entsprechend.

(3) Absatz 2 ist nicht anzuwenden, wenn der Ausländer

1. einen Aufenthaltstitel nach Abschnitt 5 besitzt, der nicht auf Grund des § 23 Abs. 2 erteilt wurde, oder eine vergleichbare Rechtsstellung in einem anderen Mitgliedstaat der Europäischen Union innehat und weder in der Bundesrepublik Deutschland noch in einem anderen Mitgliedstaat der Europäischen Union als international Schutzberechtigter anerkannt ist; Gleiches gilt, wenn er einen solchen Titel oder eine solche Rechtsstellung beantragt hat und über den Antrag noch nicht abschließend entschieden worden ist,

2. in einem Mitgliedstaat der Europäischen Union einen Antrag auf Anerkennung als international Schutzberechtigter gestellt oder vorübergehenden Schutz im Sinne des § 24 beantragt hat und über seinen Antrag noch nicht abschließend entschieden worden ist,

3. in einem anderen Mitgliedstaat der Europäischen Union eine Rechtsstellung besitzt, die der in § 1 Abs. 2 Nr. 2 beschriebenen entspricht,

4. sich mit einer Aufenthaltserlaubnis nach § 16a oder § 16b oder

5. sich zu einem sonstigen seiner Natur nach vorübergehenden Zweck im Bundesgebiet aufhält, insbesondere

   a) auf Grund einer Aufenthaltserlaubnis nach § 19c, wenn die Befristung der Zustimmung der Bundesagentur für Arbeit auf einer Verordnung nach § 42 Abs. 1 bestimmten Höchstbeschäftigungsdauer beruht,

   b) wenn die Verlängerung seiner Aufenthaltserlaubnis nach § 8 Abs. 2 ausgeschlossen wurde oder

   c) wenn seine Aufenthaltserlaubnis der Herstellung oder Wahrung der familiären Lebensgemeinschaft mit einem Ausländer dient, der sich selbst nur zu einem seiner Natur nach vorübergehenden Zweck im Bundesgebiet aufhält, und bei einer Aufhebung der Lebensgemeinschaft kein eigenständiges Aufenthaltsrecht entstehen würde.

**§ 9b**[1]**) Anrechnung von Aufenthaltszeiten.** (1) [1] Auf die erforderlichen Zeiten nach § 9a Abs. 2 Satz 1 Nr. 1 werden folgende Zeiten angerechnet:

1. Zeiten eines Aufenthalts außerhalb des Bundesgebiets, in denen der Ausländer einen Aufenthaltstitel besaß und

   a) sich wegen einer Entsendung aus beruflichen Gründen im Ausland aufgehalten hat, soweit deren Dauer jeweils sechs Monate oder eine von der Ausländerbehörde nach § 51 Abs. 1 Nr. 7 bestimmte längere Frist nicht überschritten hat, oder

---

[1]) § 9b Abs. 2 angef. mWv 1.8.2012 durch G v. 1.6.2012 (BGBl. I S. 1224); Abs. 1 Satz 1 Nr. 4 geänd., Nr. 5 angef. mWv 6.9.2013, Abs. 1 Satz 1 Nr. 2 geänd. mWv 2.12.2013 durch G v. 29.8.2013 (BGBl. I S. 3484); Abs. 2 Satz 1 neu gef., Satz 2 eingef., bish. Sätze 2 und 3 werden Sätze 3 und 4, bish. Satz 4 wird Satz 5 und geänd. mWv 18.11.2023 durch G v. 16.8.2023 (BGBl. 2023 I Nr. 217).

b) die Zeiten sechs aufeinanderfolgende Monate und innerhalb des in § 9a Abs. 2 Satz 1 Nr. 1 genannten Zeitraums insgesamt zehn Monate nicht überschreiten,

2. Zeiten eines früheren Aufenthalts im Bundesgebiet mit Aufenthaltserlaubnis, Niederlassungserlaubnis oder Erlaubnis zum Daueraufenthalt – EU, wenn der Ausländer zum Zeitpunkt seiner Ausreise im Besitz einer Niederlassungserlaubnis oder einer Erlaubnis zum Daueraufenthalt – EU war und die Niederlassungserlaubnis oder die Erlaubnis zum Daueraufenthalt – EU allein wegen eines Aufenthalts außerhalb von Mitgliedstaaten der Europäischen Union oder wegen des Erwerbs der Rechtsstellung eines langfristig Aufenthaltsberechtigten in einem anderen Mitgliedstaat der Europäischen Union erloschen ist, bis zu höchstens vier Jahre,

3. Zeiten, in denen der Ausländer freizügigkeitsberechtigt war,

4. Zeiten eines rechtmäßigen Aufenthalts zum Zweck des Studiums oder der Berufsausbildung im Bundesgebiet zur Hälfte,

5. bei international Schutzberechtigten der Zeitraum zwischen dem Tag der Beantragung internationalen Schutzes und dem Tag der Erteilung eines aufgrund der Zuerkennung internationalen Schutzes gewährten Aufenthaltstitels.

[2] Nicht angerechnet werden Zeiten eines Aufenthalts nach § 9a Abs. 3 Nr. 5 und Zeiten des Aufenthalts, in denen der Ausländer auch die Voraussetzungen des § 9a Abs. 3 Nr. 3 erfüllte. [3] Zeiten eines Aufenthalts außerhalb des Bundesgebiets unterbrechen den Aufenthalt nach § 9a Abs. 2 Satz 1 Nr. 1 nicht, wenn der Aufenthalt außerhalb des Bundesgebiets nicht zum Erlöschen des Aufenthaltstitels geführt hat; diese Zeiten werden bei der Bestimmung der Gesamtdauer des Aufenthalts nach § 9a Abs. 2 Satz 1 Nr. 1 nicht angerechnet. [4] In allen übrigen Fällen unterbricht die Ausreise aus dem Bundesgebiet den Aufenthalt nach § 9a Abs. 2 Satz 1 Nr. 1.

(2) [1] Auf die erforderlichen Zeiten nach § 9a Absatz 2 Satz 1 Nummer 1 werden die Zeiten angerechnet, in denen der Ausländer im Besitz

1. einer von einem anderen Mitgliedstaat der Europäischen Union ausgestellten Blauen Karte EU oder

2. eines von einem anderen Mitgliedstaat der Europäischen Union ausgestellten Aufenthaltstitels

a) zum Zweck der Ausübung einer Beschäftigung in Berufen, für die ein Hochschulabschluss oder ein Abschluss eines mit einem Hochschulstudium gleichwertigen tertiären Bildungsprogramms, für dessen Erwerb die erforderlichen Studien mindestens drei Jahre dauern und die der Mitgliedstaat mindestens Stufe 6 der Internationalen Standardklassifikation im Bildungswesen (ISCED 2011) oder der Stufe 6 des Europäischen Qualifikationsrahmens zugeordnet hat, erforderlich ist,

b) zum Zweck der Forschung,

c) zum Zweck des Studiums oder

d) auf Grund der Rechtsstellung eines international Schutzberechtigten

war, wenn sich der Ausländer bei Antragstellung seit mindestens zwei Jahren als Inhaber einer Blauen Karte EU im Bundesgebiet aufhält und unmittelbar vor der Erteilung dieser Blauen Karte EU im Besitz einer Blauen Karte EU war, die ein anderer Mitgliedstaat der Europäischen Union ausgestellt hat. [2] Für Voraufenthalte mit einem von einem anderen Mitgliedstaat der Europäischen Union erteilten Aufenthaltstitel zum Zweck des Studiums gilt Absatz 1 Satz 1 Nummer 4 entsprechend. [3] Nicht angerechnet werden Zeiten, in denen sich der Ausländer nicht in der Europäischen Union aufgehalten hat. [4] Diese Zeiten unterbrechen jedoch den Aufenthalt nach § 9a Absatz 2 Satz 1 Nummer 1 nicht, wenn sie zwölf aufeinanderfolgende Monate nicht überschreiten und innerhalb des Zeitraums nach § 9a Absatz 2 Satz 1 Nummer 1 insgesamt 18 Monate nicht überschreiten. [5] Die Sätze 1 bis 4 sind entsprechend auf Familienangehörige des Ausländers anzuwenden, denen eine Aufenthaltserlaubnis nach den §§ 30 oder 32 erteilt wurde.

**§ 9c[1] Lebensunterhalt.** [1] Feste und regelmäßige Einkünfte im Sinne des § 9a Absatz 2 Satz 1 Nummer 2 liegen in der Regel vor, wenn

1. der Ausländer seine steuerlichen Verpflichtungen erfüllt hat,

2. der Ausländer oder sein mit ihm in familiärer Gemeinschaft lebender Ehegatte im In- oder Ausland Beiträge oder Aufwendungen für eine angemessene Altersversorgung geleistet hat, soweit er hieran nicht durch eine körperliche, geistige oder seelische Krankheit oder Behinderung gehindert war,

3. der Ausländer und seine mit ihm in familiärer Gemeinschaft lebenden Angehörigen gegen das Risiko der Krankheit und der Pflegebedürftigkeit durch die gesetzliche Krankenversicherung oder einen im Wesentlichen gleichwertigen, unbefristeten oder sich automatisch verlängernden Versicherungsschutz abgesichert sind und

4. der Ausländer, der seine regelmäßigen Einkünfte aus einer Erwerbstätigkeit bezieht, zu der Erwerbstätigkeit berechtigt ist und auch über die anderen dafür erforderlichen Erlaubnisse verfügt.

[2] Bei Ehegatten, die in ehelicher Lebensgemeinschaft leben, genügt es, wenn die Voraussetzung nach Satz 1 Nr. 4 durch einen Ehegatten erfüllt wird. [3] Als Beiträge oder Aufwendungen, die nach Satz 1 Nr. 2 erforderlich sind, werden keine höheren Beiträge oder Aufwendungen verlangt, als es in § 9 Abs. 2 Satz 1 Nr. 3 vorgesehen ist.

**§ 10[2] Aufenthaltstitel bei Asylantrag.** (1) [1] Einem Ausländer, der einen Asylantrag gestellt hat, kann vor dem bestandskräftigen Abschluss des Asylverfahrens ein Aufenthaltstitel außer in den Fällen eines gesetzlichen Anspruchs nur mit Zustimmung der obersten Landesbehörde und nur dann erteilt werden, wenn wichtige Interessen der Bundesrepublik Deutschland es erfordern. [2] In den Fällen eines gesetzlichen Anspruchs nach § 18a oder § 18b darf vor dem bestandskräftigen Abschluss des Asylverfahrens ein Aufenthaltstitel nur mit Zustimmung der obersten Landesbehörde und nur dann erteilt werden, wenn wichtige Interessen der Bundesrepublik Deutschland es erfordern.

(2) Ein nach der Einreise des Ausländers von der Ausländerbehörde erteilter oder verlängerter Aufenthaltstitel kann nach den Vorschriften dieses Gesetzes ungeachtet des Umstandes verlängert werden, dass der Ausländer einen Asylantrag gestellt hat.

(3) [1] Einem Ausländer, dessen Asylantrag unanfechtbar abgelehnt worden ist oder der seinen Asylantrag zurückgenommen hat, darf vor der Ausreise ein Aufenthaltstitel nur nach Maßgabe des Abschnitts 5 erteilt werden. [2] Sofern der Asyl-

---

[1] § 9c Satz 1 einl. Satzteil geänd. mWv 6.9.2013 durch G v. 29.8.2013 (BGBl. I S. 3484).
[2] § 10 Abs. 3 Satz 2 geänd. mWv 26.11.2011 durch G v. 22.11.2011 (BGBl. I S. 2258); Abs. 3 Satz 2 geänd. mWv 24.10.2015 durch G v. 20.10.2015 (BGBl. I S. 1722); Abs. 1 Satz 2 angef., Abs. 3 Sätze 4, 5 angef. mWv 23.12.2023 durch G v. 20.12.2023 (BGBl. 2023 I Nr. 390).

antrag nach § 30 Abs. 3 Nummer 1 bis 6 des Asylgesetzes[1] abgelehnt wurde, darf vor der Ausreise kein Aufenthaltstitel erteilt werden. [3] Die Sätze 1 und 2 finden im Falle eines Anspruchs auf Erteilung eines Aufenthaltstitels keine Anwendung; Satz 2 ist ferner nicht anzuwenden, wenn der Ausländer die Voraussetzungen für die Erteilung einer Aufenthaltserlaubnis nach § 25 Abs. 3 erfüllt. [4] Ein Aufenthaltstitel nach § 18a, § 18b oder § 19c Absatz 2 darf einem Ausländer, dessen Asylantrag unanfechtbar abgelehnt worden ist, vor der Ausreise nicht erteilt werden. [5] Einem Ausländer, der seinen Asylantrag zurückgenommen hat, darf vor der Ausreise ein Aufenthaltstitel nach § 18a, § 18b oder § 19c Absatz 2 nur erteilt werden, wenn er vor dem 29. März 2023 eingereist ist; Gleiches gilt für die Erteilung einer Aufenthaltserlaubnis nach Maßgabe des Abschnitts 6 an den Ehegatten und das minderjährige ledige Kind des Ausländers.

**§ 11**[2] **Einreise- und Aufenthaltsverbot.** (1) [1] Gegen einen Ausländer, der ausgewiesen, zurückgeschoben oder abgeschoben worden ist, ist ein Einreise- und Aufenthaltsverbot zu erlassen. [2] Infolge des Einreise- und Aufenthaltsverbots darf der Ausländer weder erneut in das Bundesgebiet einreisen noch sich darin aufhalten noch darf ihm, selbst im Falle eines Anspruchs nach diesem Gesetz, ein Aufenthaltstitel erteilt werden.

(2) [1] Im Falle der Ausweisung ist das Einreise- und Aufenthaltsverbot gemeinsam mit der Ausweisungsverfügung zu erlassen. [2] Ansonsten soll das Einreise- und Aufenthaltsverbot mit der Abschiebungsandrohung oder Abschiebungsanordnung nach § 58a unter der aufschiebenden Bedingung der Ab- oder Zurückschiebung und spätestens mit der Ab- oder Zurückschiebung erlassen werden. [3] Das Einreise- und Aufenthaltsverbot ist bei seinem Erlass von Amts wegen zu befristen. [4] Die Frist beginnt mit der Ausreise. [5] Die Befristung kann zur Abwehr einer Gefahr für die öffentliche Sicherheit und Ordnung mit einer Bedingung versehen werden, insbesondere einer nachweislichen Straf- oder Drogenfreiheit. [6] Tritt die Bedingung bis zum Ablauf der Frist nicht ein, gilt eine von Amts wegen zusammen mit der Befristung nach Satz 5 angeordnete längere Befristung.

(3) [1] Über die Länge der Frist des Einreise- und Aufenthaltsverbots wird nach Ermessen entschieden. [2] Sie darf außer in den Fällen der Absätze 5 bis 5b fünf Jahre nicht überschreiten.

(4) [1] Das Einreise- und Aufenthaltsverbot kann zur Wahrung schutzwürdiger Belange des Ausländers oder, soweit es der Zweck des Einreise- und Aufenthaltsverbots nicht mehr erfordert, aufgehoben oder die Frist des Einreise- und Aufenthaltsverbots verkürzt werden. [2] Das Einreise- und Aufenthaltsverbot soll aufgehoben werden, wenn die Voraussetzungen für die Erteilung eines Aufenthaltstitels nach Kapitel 2 Abschnitt 5 vorliegen. [3] Bei der Entscheidung über die Verkürzung der Frist oder die Aufhebung des Einreise- und Aufenthaltsverbots, das zusammen mit einer Ausweisung erlassen wurde, ist zu berücksichtigen, ob der Ausländer seiner Ausreisepflicht innerhalb der ihm gesetzten Ausreisefrist nachgekommen ist, es sei denn, der Ausländer war unverschuldet an der Ausreise gehindert oder die Überschreitung der Ausreisefrist war nicht erheblich. [4] Die Frist des Einreise- und Aufenthaltsverbots kann aus Gründen der öffentlichen Sicherheit und Ordnung verlängert werden. [5] Absatz 3 gilt entsprechend.

(5) [1] Die Frist des Einreise- und Aufenthaltsverbots soll zehn Jahre nicht überschreiten, wenn der Ausländer auf Grund einer strafrechtlichen Verurteilung aus-

---

[1] Nr. **567.**
[2] § 11 neu gef. mWv 21.8.2019 durch G v. 15.8.2019 (BGBl. I S. 1294).

gewiesen worden ist oder wenn von ihm eine schwerwiegende Gefahr für die öffentliche Sicherheit und Ordnung ausgeht. [2] Absatz 4 gilt in diesen Fällen entsprechend.

(5a) [1] Die Frist des Einreise- und Aufenthaltsverbots soll 20 Jahre betragen, wenn der Ausländer wegen eines Verbrechens gegen den Frieden, eines Kriegsverbrechens oder eines Verbrechens gegen die Menschlichkeit oder zur Abwehr einer Gefahr für die Sicherheit der Bundesrepublik Deutschland oder einer terroristischen Gefahr ausgewiesen wurde. [2] Absatz 4 Satz 4 und 5 gilt in diesen Fällen entsprechend. [3] Eine Verkürzung der Frist oder Aufhebung des Einreise- und Aufenthaltsverbots ist grundsätzlich ausgeschlossen. [4] Die oberste Landesbehörde kann im Einzelfall Ausnahmen hiervon zulassen.

(5b) [1] Wird der Ausländer auf Grund einer Abschiebungsanordnung nach § 58a aus dem Bundesgebiet abgeschoben, soll ein unbefristetes Einreise- und Aufenthaltsverbot erlassen werden. [2] In den Fällen des Absatzes 5a oder wenn der Ausländer wegen eines in § 54 Absatz 1 Nummer 1 genannten Ausweisungsinteresses ausgewiesen worden ist, kann im Einzelfall ein unbefristetes Einreise- und Aufenthaltsverbot erlassen werden. [3] Absatz 5a Satz 3 und 4 gilt entsprechend.

(5c) Die Behörde, die die Ausweisung, die Abschiebungsandrohung oder die Abschiebungsanordnung nach § 58a erlässt, ist auch für den Erlass und die erstmalige Befristung des damit zusammenhängenden Einreise- und Aufenthaltsverbots zuständig.

(6) [1] Gegen einen Ausländer, der seiner Ausreisepflicht nicht innerhalb einer ihm gesetzten Ausreisefrist nachgekommen ist, kann ein Einreise- und Aufenthaltsverbot angeordnet werden, es sei denn, der Ausländer ist unverschuldet an der Ausreise gehindert oder die Überschreitung der Ausreisefrist ist nicht erheblich. [2] Absatz 1 Satz 2, Absatz 2 Satz 3 bis 6, Absatz 3 Satz 1 und Absatz 4 Satz 1, 2 und 4 gelten entsprechend. [3] Das Einreise- und Aufenthaltsverbot ist mit seiner Anordnung nach Satz 1 zu befristen. [4] Bei der ersten Anordnung des Einreise- und Aufenthaltsverbots nach Satz 1 soll die Frist ein Jahr nicht überschreiten. [5] Im Übrigen soll die Frist drei Jahre nicht überschreiten. [6] Ein Einreise- und Aufenthaltsverbot wird nicht angeordnet, wenn Gründe für eine vorübergehende Aussetzung der Abschiebung nach § 60a vorliegen, die der Ausländer nicht verschuldet hat.

(7) [1] Gegen einen Ausländer,

1. dessen Asylantrag nach § 29a Absatz 1 des Asylgesetzes[1] als offensichtlich unbegründet abgelehnt wurde, dem kein subsidiärer Schutz zuerkannt wurde, das Vorliegen der Voraussetzungen für ein Abschiebungsverbot nach § 60 Absatz 5 oder 7 nicht festgestellt wurde und der keinen Aufenthaltstitel besitzt oder

2. dessen Antrag nach § 71 oder § 71a des Asylgesetzes wiederholt nicht zur Durchführung eines weiteren Asylverfahrens geführt hat,

*(Fortsetzung nächstes Blatt)*

---

[1] Nr. **567**.

Satz 1 getroffene Verpflichtung findet kein Widerspruch statt. [4] Die Klage hat keine aufschiebende Wirkung.

(3) [1] Die zentrale Verteilungsstelle benennt der Behörde, die die Verteilung veranlasst hat, die nach den Sätzen 2 und 3 zur Aufnahme verpflichtete Aufnahmeeinrichtung. [2] Hat das Land, dessen Behörde die Verteilung veranlasst hat, seine Aufnahmequote nicht erfüllt, ist die dieser Behörde nächstgelegene aufnahmefähige Aufnahmeeinrichtung des Landes aufnahmepflichtig. [3] Andernfalls ist die von der zentralen Verteilungsstelle auf Grund der Aufnahmequote nach § 45 des Asylgesetzes[1] und der vorhandenen freien Unterbringungsmöglichkeiten bestimmte Aufnahmeeinrichtung zur Aufnahme verpflichtet. [4] § 46 Abs. 4 und 5 des Asylgesetzes sind entsprechend anzuwenden.

(4) [1] Die Behörde, die die Verteilung nach Absatz 3 veranlasst hat, ordnet in den Fällen des Absatzes 3 Satz 3 an, dass der Ausländer sich zu der durch die Verteilung festgelegten Aufnahmeeinrichtung zu begeben hat; in den Fällen des Absatzes 3 Satz 2 darf sie dies anordnen. [2] Die Ausländerbehörde übermittelt das Ergebnis der Anhörung an die die Verteilung veranlassende Stelle, die die Zahl der Ausländer unter Angabe der Herkunftsländer und das Ergebnis der Anhörung der zentralen Verteilungsstelle mitteilt. [3] Ehegatten sowie Eltern und ihre minderjährigen ledigen Kinder sind als Gruppe zu melden und zu verteilen. [4] Der Ausländer hat in dieser Aufnahmeeinrichtung zu wohnen, bis er innerhalb des Landes weiterverteilt wird, längstens jedoch bis zur Aussetzung der Abschiebung oder bis zur Erteilung eines Aufenthaltstitels; die §§ 12 und 61 Abs. 1 bleiben unberührt. [5] Die Landesregierungen werden ermächtigt, durch Rechtsverordnung die Verteilung innerhalb des Landes zu regeln, soweit dies nicht auf der Grundlage dieses Gesetzes durch Landesgesetz geregelt wird; § 50 Abs. 4 des Asylgesetzes findet entsprechende Anwendung. [6] Die Landesregierungen können die Ermächtigung auf andere Stellen des Landes übertragen. [7] Gegen eine nach Satz 1 getroffene Anordnung findet kein Widerspruch statt. [8] Die Klage hat keine aufschiebende Wirkung. [9] Die Sätze 7 und 8 gelten entsprechend, wenn eine Verteilungsanordnung auf Grund eines Landesgesetzes oder einer Rechtsverordnung nach Satz 5 ergeht.

(5) [1] Die zuständigen Behörden können dem Ausländer nach der Verteilung erlauben, seine Wohnung in einem anderen Land zu nehmen. [2] Nach erlaubtem Wohnungswechsel wird der Ausländer von der Quote des abgebenden Landes abgezogen und der des aufnehmenden Landes angerechnet.

(6) Die Regelungen der Absätze 1 bis 5 gelten nicht für Personen, die nachweislich vor dem 1. Januar 2005 eingereist sind.

### Abschnitt 3.[2] Aufenthalt zum Zweck der Ausbildung

**§ 16**[2] **Grundsatz des Aufenthalts zum Zweck der Ausbildung.** [1] Der Zugang von Ausländern zur Ausbildung dient der allgemeinen Bildung und der internationalen Verständigung ebenso wie der Sicherung des Bedarfs des deutschen Arbeitsmarktes an Fachkräften. [2] Neben der Stärkung der wissenschaftlichen Beziehungen Deutschlands in der Welt trägt er auch zu internationaler Entwicklung bei. [3] Die Ausgestaltung erfolgt so, dass die Interessen der öffentlichen Sicherheit beachtet werden.

---

[1] Nr. **567**.
[2] Abschnitt 3 (§§ 16–17) neu gef. mWv 1.3.2020 durch G v. 15.8.2019 (BGBl. I S. 1307).

**§ 16a**[1]**) Berufsausbildung; berufliche Weiterbildung.** (1) [1] Eine Aufenthalts-erlaubnis zum Zweck der betrieblichen Aus- und Weiterbildung soll erteilt wer-den, wenn die Bundesagentur für Arbeit nach § 39 zugestimmt hat oder durch die Beschäftigungsverordnung[2]) oder zwischenstaatliche Vereinbarung bestimmt ist, dass die Aus- und Weiterbildung ohne Zustimmung der Bundesagentur für Arbeit zulässig ist. [2] Während des Aufenthalts nach Satz 1 darf eine Aufenthaltserlaubnis nicht für Beschäftigungen nach § 19c Absatz 1 in Verbindung mit einer Regelung der Beschäftigungsverordnung für vorübergehende Beschäftigungen erteilt wer-den. [3] § 9 findet keine Anwendung, es sei denn, der Ausländer war vor Erteilung der Aufenthaltserlaubnis nach Satz 1 im Besitz einer Aufenthaltserlaubnis nach den §§ 18a oder 18b. [4] Der Aufenthaltszweck der betrieblichen qualifizierten Berufs-ausbildung nach Satz 1 umfasst auch den Besuch eines Deutschsprachkurses zur Vorbereitung auf die Berufsausbildung, insbesondere den Besuch eines berufs-bezogenen Deutschsprachkurses nach der Deutschsprachförderverordnung.

(2) [1] Eine Aufenthaltserlaubnis zum Zweck der schulischen Berufsausbildung soll erteilt werden, wenn sie nach bundes- oder landesrechtlichen Regelungen zu einem staatlich anerkannten Berufsabschluss führt und sich der Bildungsgang nicht überwiegend an Staatsangehörige eines Staates richtet. [2] Bilaterale oder multilate-rale Vereinbarungen der Länder mit öffentlichen Stellen in einem anderen Staat über den Besuch inländischer Schulen durch ausländische Schüler bleiben unbe-rührt. [3] Aufenthaltserlaubnisse zur Teilnahme am Schulbesuch können auf Grund solcher Vereinbarungen nur erteilt werden, wenn die für das Aufenthaltsrecht zuständige oberste Landesbehörde der Vereinbarung zugestimmt hat. [4] Absatz 1 Satz 2 und 3 gilt entsprechend.

(3) [1] Die Aufenthaltserlaubnis berechtigt nur zur Ausübung einer vom Zweck nach Absatz 1 oder Absatz 2 unabhängigen Beschäftigung von bis zu 20 Stunden je Woche. [2] Bei einer qualifizierten Berufsausbildung wird ein Nachweis über aus-reichende deutsche Sprachkenntnisse verlangt, wenn die für das konkrete qualifi-zierte Berufsausbildung erforderlichen Sprachkenntnisse weder durch die Bil-dungseinrichtung geprüft worden sind noch durch einen vorbereitenden Deutsch-sprachkurs erworben werden sollen.

(4) Bevor die Aufenthaltserlaubnis zum Zweck einer qualifizierten Berufsaus-bildung aus Gründen, die der Ausländer nicht zu vertreten hat, zurückgenommen, widerrufen oder gemäß § 7 Absatz 2 Satz 2 nachträglich verkürzt wird, ist dem Ausländer für die Dauer von bis zu sechs Monaten die Möglichkeit zu geben, einen anderen Ausbildungsplatz zu suchen.

**§ 16b**[3]**) Studium.** (1) [1] Einem Ausländer wird zum Zweck des Vollzeitstudiums an einer staatlichen Hochschule, an einer staatlich anerkannten Hochschule oder an einer vergleichbaren Bildungseinrichtung eine Aufenthaltserlaubnis erteilt, wenn er von der Bildungseinrichtung zugelassen worden ist. [2] Der Aufenthalts-zweck des Studiums umfasst auch studienvorbereitende Maßnahmen und das Absolvieren eines Pflichtpraktikums. [3] Studienvorbereitende Maßnahmen sind

---

[1]) § 16a neu gef. mWv 1.3.2020 durch G v. 15.8.2019 (BGBl. I S. 1307); Abs. 3 Satz 1 geänd. mWv 24.6.2020 durch G v. 12.6.2020 (BGBl. I S. 1248); Abs. 1 Satz 1 geänd., Satz 2 neu gef., Satz 3 eingef., bish. Satz 3 wird Satz 4, Abs. 2 Satz 1 geänd., Satz 4 angef., Abs. 3 Satz 1 neu gef. mWv 1.3.2024 durch G v. 16.8.2023 (BGBl. 2023 I Nr. 217).
[2]) **Sartorius ErgBd. Nr. 566a.**
[3]) § 16b neu gef. mWv 1.3.2020 durch G v. 15.8.2019 (BGBl. I S. 1307); Abs. 3 Satz 1 geänd., Satz 2 neu gef. mWv 24.6.2020 durch G v. 12.6.2020 (BGBl. I S. 1248); Abs. 2 Satz 1, Abs. 3 Satz 4, Abs. 4 Satz 1, Abs. 5 Satz 2 neu gef., Abs. 7 Satz 1 geänd. mWv 1.3.2024 durch G v. 16.8.2023 (BGBl. 2023 I Nr. 217).

1. der Besuch eines studienvorbereitenden Sprachkurses, wenn der Ausländer zu einem Vollzeitstudium zugelassen worden ist und die Zulassung an den Besuch eines studienvorbereitenden Sprachkurses gebunden ist, und
2. der Besuch eines Studienkollegs oder einer vergleichbaren Einrichtung, wenn die Annahme zu einem Studienkolleg oder einer vergleichbaren Einrichtung nachgewiesen ist.

[4] Ein Nachweis über die für den konkreten Studiengang erforderlichen Kenntnisse der Ausbildungssprache wird nur verlangt, wenn diese Sprachkenntnisse weder bei der Zulassungsentscheidung geprüft worden sind noch durch die studienvorbereitende Maßnahme erworben werden sollen.

(2) [1] Die Geltungsdauer der Aufenthaltserlaubnis beträgt bei Ersterteilung und Verlängerung in der Regel zwei Jahre und soll eine Mindestdauer von einem Jahr nicht unterschreiten. [2] Sie beträgt mindestens zwei Jahre, wenn der Ausländer an einem Unions- oder multilateralen Programm mit Mobilitätsmaßnahmen teilnimmt oder wenn für ihn eine Vereinbarung zwischen zwei oder mehr Hochschuleinrichtungen gilt. [3] Dauert das Studium weniger als zwei Jahre, so wird die Aufenthaltserlaubnis nur für die Dauer des Studiums erteilt. [4] Die Aufenthaltserlaubnis wird verlängert, wenn der Aufenthaltszweck noch nicht erreicht ist und in einem angemessenen Zeitraum noch erreicht werden kann. [5] Zur Beurteilung der Frage, ob der Aufenthaltszweck noch erreicht werden kann, kann die aufnehmende Bildungseinrichtung beteiligt werden.

(3) [1] Die Aufenthaltserlaubnis berechtigt nach Maßgabe der folgenden Sätze zur Ausübung von Beschäftigungen, die insgesamt bis zu 140 Arbeitstage im Jahr nicht überschreiten dürfen (Arbeitstagekonto). [2] Studentische Nebentätigkeiten werden nicht angerechnet. [3] Teilzeitbeschäftigungen werden jeweils in der für den Ausländer günstigsten Weise wie folgt angerechnet:
1. Die Beschäftigungen können für jeden Tag, an dem die Arbeitszeit bis zu vier Stunden beträgt, als halber Arbeitstag, ansonsten als voller Arbeitstag auf das Arbeitstagekonto angerechnet werden oder
2. die Beschäftigungen können je Kalenderwoche
   a) während der Vorlesungszeit, wenn sie bis zu 20 Stunden je Kalenderwoche ausgeübt werden, und
   b) außerhalb der Vorlesungszeit

unabhängig von der Verteilung der Arbeitszeit als zweieinhalb Arbeitstage auf das Arbeitstagekonto angerechnet werden. Die Günstigkeitsprüfung nach Satz 3 erfolgt derart, dass einzeln für jede Kalenderwoche bestimmt wird, ob eine Anrechnung der ausgeübten Tätigkeit nach Satz 3 Nummer 1 oder Nummer 2 erfolgt.

(4) [1] Während des Aufenthalts nach Absatz 1 darf eine Aufenthaltserlaubnis nicht für Beschäftigungen nach § 19c Absatz 1 in Verbindung mit einer Regelung der Beschäftigungsverordnung für vorübergehende Beschäftigungen erteilt werden. [2] § 9 findet keine Anwendung.

(5) [1] Einem Ausländer kann eine Aufenthaltserlaubnis erteilt werden, wenn
1. er von einer staatlichen Hochschule, einer staatlich anerkannten Hochschule oder einer vergleichbaren Bildungseinrichtung
   a) zum Zweck des Vollzeitstudiums zugelassen worden ist und die Zulassung mit einer Bedingung verbunden ist, die nicht auf den Besuch einer studienvorbereitenden Maßnahme gerichtet ist,

b) zum Zweck des Vollzeitstudiums zugelassen worden ist und die Zulassung mit der Bedingung des Besuchs eines Studienkollegs oder einer vergleichbaren Einrichtung verbunden ist, der Ausländer aber den Nachweis über die Annahme zu einem Studienkolleg oder einer vergleichbaren Einrichtung nach Absatz 1 Satz 3 Nummer 2 nicht erbringen kann oder

c) zum Zweck des Teilzeitstudiums zugelassen worden ist,

2. er zur Teilnahme an einem studienvorbereitenden Sprachkurs angenommen worden ist, ohne dass eine Zulassung zum Zweck eines Studiums an einer staatlichen Hochschule, einer staatlich anerkannten Hochschule oder einer vergleichbaren Bildungseinrichtung vorliegt, oder

3. ihm die Zusage eines Betriebs für das Absolvieren eines studienvorbereitenden Praktikums vorliegt.

² In den Fällen des Satzes 1 Nummer 1 sind Absatz 1 Satz 2 bis 4 und die Absätze 2 bis 4 entsprechend anzuwenden. ³ In den Fällen des Satzes 1 Nummer 2 und 3 sind die Absätze 2 bis 4 entsprechend anzuwenden; die Aufenthaltserlaubnis berechtigt darüber hinaus zur Ausübung des Praktikums nach Satz 1 Nummer 3.

(6) Bevor die Aufenthaltserlaubnis nach Absatz 1 oder Absatz 5 aus Gründen, die der Ausländer nicht zu vertreten hat, zurückgenommen, widerrufen oder gemäß § 7 Absatz 2 Satz 2 nachträglich verkürzt wird, ist dem Ausländer für bis zu neun Monate die Möglichkeit zu geben, die Zulassung bei einer anderen Bildungseinrichtung zu beantragen.

(7) ¹ Einem Ausländer, der in einem anderen Mitgliedstaat der Europäischen Union international Schutzberechtigter ist, soll eine Aufenthaltserlaubnis zum Zweck des Studiums erteilt werden, wenn der Ausländer in einem anderen Mitgliedstaat der Europäischen Union seit mindestens zwei Jahren ein Studium betrieben hat und die Voraussetzungen des § 16c Absatz 1 Satz 1 Nummer 2 und 3 vorliegen. ² Die Aufenthaltserlaubnis wird für die Dauer des Studienteils, der in Deutschland durchgeführt wird, erteilt. ³ Absatz 3 gilt entsprechend. ⁴ § 9 findet keine Anwendung.

(8) Die Absätze 1 bis 4 und 6 dienen der Umsetzung der Richtlinie (EU) 2016/801 des Europäischen Parlaments und des Rates vom 11. Mai 2016 über die Bedingungen für die Einreise und den Aufenthalt von Drittstaatsangehörigen zu Forschungs- oder Studienzwecken, zur Absolvierung eines Praktikums, zur Teilnahme an einem Freiwilligendienst, Schüleraustauschprogrammen oder Bildungsvorhaben und zur Ausübung einer Au-pair-Tätigkeit (ABl. L 132 vom 21.5.2016, S. 21).

**§ 16c[1] Mobilität im Rahmen des Studiums.** (1) ¹ Für einen Aufenthalt zum Zweck des Studiums, der 360 Tage nicht überschreitet, bedarf ein Ausländer abweichend von § 4 Absatz 1 keines Aufenthaltstitels, wenn die aufnehmende Bildungseinrichtung im Bundesgebiet dem Bundesamt für Migration und Flüchtlinge und der zuständigen Behörde des anderen Mitgliedstaates mitgeteilt hat, dass der Ausländer beabsichtigt, einen Teil seines Studiums im Bundesgebiet durchzuführen, und dem Bundesamt für Migration und Flüchtlinge mit der Mitteilung vorlegt:

---

[1] § 16c neu gef. mWv 1.3.2020 durch G v. 15.8.2019 (BGBl. I S. 1307); Abs. 2 Satz 3, Abs. 5 Satz 1 geänd. mWv 24.6.2020 durch G v. 12.6.2020 (BGBl. I S. 1248); Abs. 2 Satz 3 neu gef. mWv 1.3.2024 durch G v. 16.8.2023 (BGBl. 2023 I Nr. 217).

1. den Nachweis, dass der Ausländer einen von einem anderen Mitgliedstaat der Europäischen Union für die Dauer des geplanten Aufenthalts gültigen Aufenthaltstitel zum Zweck des Studiums besitzt, der in den Anwendungsbereich der Richtlinie (EU) 2016/801 fällt,
2. den Nachweis, dass der Ausländer einen Teil seines Studiums an einer Bildungseinrichtung im Bundesgebiet durchführen möchte, weil er an einem Unions- oder multilateralen Programm mit Mobilitätsmaßnahmen teilnimmt oder für ihn eine Vereinbarung zwischen zwei oder mehr Hochschulen gilt,
3. den Nachweis, dass der Ausländer von der aufnehmenden Bildungseinrichtung zugelassen wurde,
4. die Kopie eines anerkannten und gültigen Passes oder Passersatzes des Ausländers und
5. den Nachweis, dass der Lebensunterhalt des Ausländers gesichert ist.

[2]Die aufnehmende Bildungseinrichtung hat die Mitteilung zu dem Zeitpunkt zu machen, zu dem der Ausländer in einem anderen Mitgliedstaat der Europäischen Union den Antrag auf Erteilung eines Aufenthaltstitels im Anwendungsbereich der Richtlinie (EU) 2016/801 stellt. [3]Ist der aufnehmenden Bildungseinrichtung zu diesem Zeitpunkt die Absicht des Ausländers, einen Teil des Studiums im Bundesgebiet durchzuführen, noch nicht bekannt, so hat sie die Mitteilung zu dem Zeitpunkt zu machen, zu dem ihr die Absicht bekannt wird. [4]Bei der Erteilung des Aufenthaltstitels nach Satz 1 Nummer 1 durch einen Staat, der nicht Schengen-Staat ist, und bei der Einreise über einen Staat, der nicht Schengen-Staat ist, hat der Ausländer eine Kopie der Mitteilung mitzuführen und den zuständigen Behörden auf deren Verlangen vorzulegen.

(2) [1]Erfolgt die Mitteilung zu dem in Absatz 1 Satz 2 genannten Zeitpunkt und wurden die Einreise und der Aufenthalt nicht nach § 19f Absatz 5 abgelehnt, so darf der Ausländer jederzeit innerhalb der Gültigkeitsdauer des in Absatz 1 Satz 1 Nummer 1 genannten Aufenthaltstitels des anderen Mitgliedstaates in das Bundesgebiet einreisen und sich dort zum Zweck des Studiums aufhalten. [2]Erfolgt die Mitteilung zu dem in Absatz 1 Satz 3 genannten Zeitpunkt und wurden die Einreise und der Aufenthalt nicht nach § 19f Absatz 5 abgelehnt, so darf der Ausländer in das Bundesgebiet einreisen und sich dort zum Zweck des Studiums aufhalten. [3]Während des Aufenthalts nach Absatz 1 findet § 16b Absatz 3 mit der Maßgabe Anwendung, dass der Ausländer bei einer kürzeren Aufenthaltsdauer als 360 Tage nur für die Zahl der entsprechend anteilig gekürzten zulässigen Arbeitstage des Arbeitstagekontos zur Beschäftigung berechtigt ist.

(3) [1]Werden die Einreise und der Aufenthalt nach § 19f Absatz 5 abgelehnt, so hat der Ausländer das Studium unverzüglich einzustellen. [2]Die bis dahin nach Absatz 1 Satz 1 bestehende Befreiung vom Erfordernis eines Aufenthaltstitels entfällt.

(4) Sofern innerhalb von 30 Tagen nach Zugang der in Absatz 1 Satz 1 genannten Mitteilung keine Ablehnung der Einreise und des Aufenthalts des Ausländers nach § 19f Absatz 5 erfolgt, ist dem Ausländer durch das Bundesamt für Migration und Flüchtlinge eine Bescheinigung über die Berechtigung zur Einreise und zum Aufenthalt zum Zweck des Studiums im Rahmen der kurzfristigen Mobilität auszustellen.

(5) [1]Nach der Ablehnung gemäß § 19f Absatz 5 oder der Ausstellung der Bescheinigung im Sinne von Absatz 4 durch das Bundesamt für Migration und Flüchtlinge ist die Ausländerbehörde gemäß § 71 Absatz 1 für weitere aufenthaltsrechtliche Maßnahmen und Entscheidungen zuständig. [2]Der Ausländer und die

aufnehmende Bildungseinrichtung sind verpflichtet, der Ausländerbehörde Änderungen in Bezug auf die in Absatz 1 genannten Voraussetzungen anzuzeigen.

**§ 16d**[1]**) Maßnahmen zur Anerkennung ausländischer Berufsqualifikationen.** (1) [1]Einem Ausländer soll zum Zweck der Anerkennung seiner im Ausland erworbenen Berufsqualifikation eine Aufenthaltserlaubnis für die Durchführung einer Qualifizierungsmaßnahme einschließlich sich daran anschließender Prüfungen erteilt werden, wenn von einer nach den Regelungen des Bundes oder der Länder für die berufliche Anerkennung zuständigen Stelle festgestellt wurde, dass Anpassungs- oder Ausgleichsmaßnahmen oder weitere Qualifikationen

1. für die Feststellung der Gleichwertigkeit der Berufsqualifikation mit einer inländischen Berufsqualifikation oder
2. in einem im Inland reglementierten Beruf für die Erteilung der Berufsausübungserlaubnis

erforderlich sind. [2]Die Erteilung der Aufenthaltserlaubnis setzt voraus, dass

1. der Ausländer über der Qualifizierungsmaßnahme entsprechende deutsche Sprachkenntnisse, in der Regel mindestens über hinreichende deutsche Sprachkenntnisse, verfügt,
2. die Qualifizierungsmaßnahme geeignet ist, dem Ausländer die Anerkennung der Berufsqualifikation oder den Berufzugang zu ermöglichen, und
3. bei einer überwiegend betrieblichen Qualifizierungsmaßnahme die Bundesagentur für Arbeit nach § 39 zugestimmt hat oder durch die Beschäftigungsverordnung[2]) oder zwischenstaatliche Vereinbarung bestimmt ist, dass die Teilnahme an der Qualifizierungsmaßnahme ohne Zustimmung der Bundesagentur für Arbeit zulässig ist.

[3]Die Aufenthaltserlaubnis wird für bis zu 24 Monate erteilt und um längstens zwölf Monate bis zu einer Höchstaufenthaltsdauer von drei Jahren verlängert. [4]Sie berechtigt nur zur Ausübung einer von der Qualifizierungsmaßnahme unabhängigen Beschäftigung bis zu 20 Stunden je Woche.

(2) [1]Die Aufenthaltserlaubnis nach Absatz 1 berechtigt zusätzlich zur Ausübung einer zeitlich nicht eingeschränkten Beschäftigung, deren Anforderungen in einem Zusammenhang mit den in der späteren Beschäftigung verlangten berufsfachlichen Kenntnissen stehen, wenn die Bundesagentur für Arbeit nach § 39 zugestimmt hat oder durch die Beschäftigungsverordnung bestimmt ist, dass die Beschäftigung ohne Zustimmung der Bundesagentur für Arbeit zulässig ist. [2]§ 18 Absatz 2 Nummer 3 gilt entsprechend.

(3) [1]Einem Ausländer soll zur Durchführung eines Verfahrens zur Anerkennung seiner im Ausland erworbenen Berufsqualifikation mit begleitender Ausübung einer qualifizierten Beschäftigung eine Aufenthaltserlaubnis erteilt werden, wenn

1. der Ausländer
   a) über eine ausländische Berufsqualifikation verfügt, die von dem Staat, in dem sie erworben wurde, staatlich anerkannt ist und deren Erlangung eine Ausbildungsdauer von mindestens zwei Jahren vorausgesetzt hat, oder

---

[1]) § 16d neu gef. mWv 1.3.2020 durch G v. 15.8.2019 (BGBl. I S. 1307); Abs. 1 Satz 4, Abs. 2 Satz 1 geänd., Abs. 3 Satz 2 angef., Abs. 4 Satz 3 geänd. mWv 24.6.2020 durch G v. 12.6.2020 (BGBl. I S. 1248); Abs. 1 Sätze 3 und 4, Abs. 2 Satz 1 geänd., Abs. 3 neu gef., Abs. 4 Satz 1 einl. Satzteil, Satz 3, Abs. 5 Satz 1 geänd., Satz 2, Abs. 6 neu gef. mWv 1.3.2024 durch G v. 16.8.2023 (BGBl. 2023 I Nr. 217).
[2]) **Sartorius ErgBd. Nr. 566a.**

*Februar 2024   EL 141*

b) einen ausländischen Hochschulabschluss besitzt, der von dem Staat, in dem er erworben wurde, staatlich anerkannt ist, und

2. ein konkretes Arbeitsplatzangebot vorliegt,

3. sich aus einer zwischen dem Ausländer und dem Arbeitgeber zu schließenden Vereinbarung ergibt, dass

a) sich der Ausländer verpflichtet, spätestens nach der Einreise bei der im Inland nach den Regelungen des Bundes oder der Länder für die berufliche Anerkennung zuständigen Stelle unverzüglich das Verfahren zur Anerkennung seiner im Ausland erworbenen Berufsqualifikation einzuleiten, und

b) sich der Arbeitgeber gegenüber dem Ausländer verpflichtet, ihm die Wahrnehmung der von der zuständigen Stelle zur Anerkennung seiner Berufsqualifikation geforderten Qualifizierungsmaßnahmen im Rahmen des Arbeitsverhältnisses zu ermöglichen,

4. der Arbeitgeber für eine Ausbildung oder Nachqualifizierung geeignet ist,

5. der Ausländer über die der angestrebten Tätigkeit entsprechenden, mindestens jedoch über hinreichende deutsche Sprachkenntnisse verfügt und

6. die Bundesagentur für Arbeit nach § 39 zugestimmt hat oder durch die Beschäftigungsverordnung oder zwischenstaatliche Vereinbarung bestimmt ist, dass die Beschäftigung ohne Zustimmung der Bundesagentur für Arbeit zulässig ist.

[2] Von dem Erfordernis einer qualifizierten Beschäftigung nach Satz 1 ist abzusehen, wenn zur Ausübung dieser Beschäftigung eine Berufsausübungserlaubnis erforderlich wäre und

1. der Arbeitgeber tarifgebunden ist oder es sich um einen kirchlichen Arbeitgeber handelt, der an Regelungen paritätisch besetzter Kommissionen gebunden ist, die auf der Grundlage kirchlichen Rechts Arbeitsbedingungen festlegen,

2. der Arbeitgeber den Ausländer zu den bei ihm geltenden tariflichen oder den auf der Grundlage kirchlichen Rechts festgelegten Arbeitsbedingungen beschäftigt und

3. die Einstufung und das Entgelt einer Beschäftigung entsprechen, deren Anforderungen auf eine berufliche Tätigkeit im angestrebten Zielberuf hinführen.

[3] Von dem Erfordernis einer qualifizierten Beschäftigung nach Satz 1 ist ebenfalls abzusehen, wenn zur Ausübung dieser Beschäftigung eine Berufsausübungserlaubnis erforderlich wäre und

1. der Arbeitgeber eine nach § 72 des Elften Buches Sozialgesetzbuch zugelassene Pflegeeinrichtung ist und

2. die Einstufung und das Entgelt einer Beschäftigung entsprechen, deren Anforderungen auf eine berufliche Tätigkeit im angestrebten Zielberuf hinführen.

[4] Der Ausländer ist verpflichtet, sich das Vorliegen der Voraussetzungen nach Satz 1 Nummer 1 Buchstabe a oder b von einer fachkundigen inländischen Stelle bestätigen zu lassen. [5] Die Aufenthaltserlaubnis wird bei erstmaliger Erteilung für die Dauer der Zustimmung der Bundesagentur für Arbeit, höchstens jedoch für ein Jahr erteilt und bis zu einer Höchstaufenthaltsdauer von drei Jahren verlängert. [6] Nach zeitlichem Ablauf des Höchstzeitraumes der Aufenthaltserlaubnis darf keine Aufenthaltserlaubnis nach den §§ 16d und 19c Absatz 1 in Verbindung mit einer Regelung der Beschäftigungsverordnung für vorübergehende Beschäftigungen erteilt werden. [7] § 9 findet keine Anwendung. [8] Die Aufenthaltserlaubnis berechtigt nur zur Ausübung der Beschäftigung nach Satz 1, 2 oder Satz 3 Nummer 2 sowie zu einer Nebenbeschäftigung von bis zu 20 Stunden je Woche.

(4) [1] Einem Ausländer soll zum Zweck der Anerkennung seiner im Ausland erworbenen Berufsqualifikation eine Aufenthaltserlaubnis für ein Jahr erteilt und um jeweils ein Jahr bis zu einer Höchstaufenthaltsdauer von drei Jahren verlängert werden, wenn der Ausländer auf Grund einer Absprache der Bundesagentur für Arbeit mit der Arbeitsverwaltung des Herkunftslandes

1. über das Verfahren, die Auswahl, die Vermittlung und die Durchführung des Verfahrens zur Feststellung der Gleichwertigkeit der ausländischen Berufsqualifikation und zur Erteilung der Berufsausübungserlaubnis bei durch Bundes- oder Landesgesetz reglementierten Berufen im Gesundheits- und Pflegebereich oder

2. über das Verfahren, die Auswahl, die Vermittlung und die Durchführung des Verfahrens zur Feststellung der Gleichwertigkeit der ausländischen Berufsqualifikation und, soweit erforderlich, zur Erteilung der Berufsausübungserlaubnis für sonstige ausgewählte Berufsqualifikationen unter Berücksichtigung der Angemessenheit der Ausbildungsstrukturen des Herkunftslandes

in eine Beschäftigung vermittelt worden ist und die Bundesagentur für Arbeit nach § 39 zugestimmt hat oder durch die Beschäftigungsverordnung oder zwischenstaatliche Vereinbarung bestimmt ist, dass die Erteilung der Aufenthaltserlaubnis ohne Zustimmung der Bundesagentur für Arbeit zulässig ist. [2] Voraussetzung ist zudem, dass der Ausländer über die in der Absprache festgelegten deutschen Sprachkenntnisse, in der Regel mindestens hinreichende deutsche Sprachkenntnisse, verfügt. [3] Die Aufenthaltserlaubnis berechtigt nur zur Ausübung einer von der anzuerkennenden Berufsqualifikation unabhängigen Beschäftigung bis zu 20 Stunden je Woche.

(5) [1] Einem Ausländer soll zum Ablegen von Prüfungen zur Anerkennung seiner ausländischen Berufsqualifikation eine Aufenthaltserlaubnis erteilt werden, wenn er über deutsche Sprachkenntnisse, die der abzulegenden Prüfung entsprechen, in der Regel jedoch mindestens über hinreichende deutsche Sprachkenntnisse, verfügt, sofern diese nicht durch die Prüfung nachgewiesen werden sollen. [2] Die Aufenthaltserlaubnis berechtigt nicht zur Ausübung einer Erwerbstätigkeit.

(6) [1] Einem Ausländer soll zum Zweck der Feststellung seiner maßgeblichen beruflichen Fertigkeiten, Kenntnisse und Fähigkeiten, die zur Feststellung der Gleichwertigkeit seiner im Ausland erworbenen Berufsqualifikation erforderlich sind (Qualifikationsanalyse) und der ihn zu einer qualifizierten Beschäftigung befähigen, eine Aufenthaltserlaubnis von bis zu sechs Monaten erteilt werden. [2] Die Erteilung der Aufenthaltserlaubnis setzt voraus, dass

1. die zuständige Stelle entschieden hat, dass die gesetzlichen Voraussetzungen für ein sonstiges Verfahren zur Feststellung der Gleichwertigkeit der ausländischen Berufsqualifikation vorliegen und die Durchführung einer Qualifikationsanalyse zugesagt wurde,

2. der Ausländer über deutsche Sprachkenntnisse, die der abzulegenden Qualifikationsanalyse entsprechen, in der Regel jedoch mindestens über hinreichende deutsche Sprachkenntnisse, verfügt.

[3] Absatz 1 Satz 4 und Absatz 2 gelten entsprechend. [4] Stellt die zuständige Stelle nach Durchführung des Verfahrens fest, dass Anpassungs- oder Ausgleichsmaßnahmen erforderlich sind, kann der Aufenthalt nach Absatz 1 oder Absatz 3 fortgesetzt werden, sofern die dort jeweils festgelegten Voraussetzungen erfüllt sind. [5] Eine Anrechnung der Dauer des Aufenthalts nach Satz 1 auf die in Absatz 1 oder Absatz 3 genannte Höchstaufenthaltsdauer erfolgt nicht.

**§ 16e[1] Studienbezogenes Praktikum EU.** (1) Einem Ausländer wird eine Aufenthaltserlaubnis zum Zweck eines Praktikums nach der Richtlinie (EU) 2016/801 erteilt, wenn die Bundesagentur für Arbeit nach § 39 zugestimmt hat oder durch die Beschäftigungsverordnung[2] oder durch zwischenstaatliche Vereinbarung bestimmt ist, dass das Praktikum ohne Zustimmung der Bundesagentur für Arbeit zulässig ist, und

1. das Praktikum dazu dient, dass sich der Ausländer Wissen, praktische Kenntnisse und Erfahrungen in einem beruflichen Umfeld aneignet,

2. der Ausländer eine Vereinbarung mit einer aufnehmenden Einrichtung über die Teilnahme an einem Praktikum vorlegt, die theoretische und praktische Schulungsmaßnahmen vorsieht, und Folgendes enthält:

   a) eine Beschreibung des Programms für das Praktikum einschließlich des Bildungsziels oder der Lernkomponenten,

   b) die Angabe der Dauer des Praktikums,

   c) die Bedingungen der Tätigkeit und der Betreuung des Ausländers,

   d) die Arbeitszeiten des Ausländers und

   e) das Rechtsverhältnis zwischen dem Ausländer und der aufnehmenden Einrichtung,

3. der Ausländer nachweist, dass er in den letzten zwei Jahren vor der Antragstellung einen Hochschulabschluss erlangt hat, oder nachweist, dass er ein Studium absolviert, das zu einem Hochschulabschluss führt,

4. das Praktikum fachlich und im Niveau dem in Nummer 3 genannten Hochschulabschluss oder Studium entspricht und

5. die aufnehmende Einrichtung sich schriftlich zur Übernahme der Kosten verpflichtet hat, die öffentlichen Stellen bis zu sechs Monate nach der Beendigung der Praktikumsvereinbarung entstehen für

   a) den Lebensunterhalt des Ausländers während eines unerlaubten Aufenthalts im Bundesgebiet und

   b) eine Abschiebung des Ausländers.

(2) Die Aufenthaltserlaubnis wird für die vereinbarte Dauer des Praktikums, höchstens jedoch für sechs Monate erteilt.

**§ 16f[3] Sprachkurse und Schulbesuch.** (1) [1]Einem Ausländer kann eine Aufenthaltserlaubnis zur Teilnahme an Sprachkursen, die nicht der Studienvorbereitung dienen, oder zur Teilnahme an einem Schüleraustausch erteilt werden. [2]Eine Aufenthaltserlaubnis zur Teilnahme an einem Schüleraustausch kann auch erteilt werden, wenn kein unmittelbarer Austausch erfolgt.

(2) Einem Ausländer soll eine Aufenthaltserlaubnis zum Zweck des Schulbesuchs in der Regel ab der neunten Klassenstufe erteilt werden, wenn in der Schulklasse eine Zusammensetzung aus Schülern verschiedener Staatsangehörigkeiten gewährleistet ist und es sich handelt

1. um eine öffentliche oder staatlich anerkannte Schule mit internationaler Ausrichtung oder

---

[1] Abschnitt 3 (§§ 16–17) neu gef. mWv 1.3.2020 durch G v. 15.8.2019 (BGBl. I S. 1307).
[2] **Sartorius ErgBd. Nr. 566a.**
[3] § 16f neu gef. mWv 1.3.2020 durch G v. 15.8.2019 (BGBl. I S. 1307); Abs. 2 einl. Satzteil, Abs. 3 Satz 1 geänd., Satz 4 neu gef., Satz 5 angef. mWv 1.3.2024 durch G v. 16.8.2023 (BGBl. 2023 I Nr. 217).

2. um eine Schule, die nicht oder nicht überwiegend aus öffentlichen Mitteln finanziert wird und die Schüler auf internationale Abschlüsse, Abschlüsse anderer Staaten oder staatlich anerkannte Abschlüsse vorbereitet.

(3) [1]Während eines Aufenthalts zum Schulbesuch nach Absatz 2 soll in der Regel eine Aufenthaltserlaubnis zu einem anderen Aufenthaltszweck nur in Fällen eines gesetzlichen Anspruchs erteilt werden. [2]Im Anschluss an einen Aufenthalt zur Teilnahme an einem Schüleraustausch darf eine Aufenthaltserlaubnis für einen anderen Zweck nur in den Fällen eines gesetzlichen Anspruchs erteilt werden. [3]§ 9 findet keine Anwendung. [4]Die Aufenthaltserlaubnis nach Absatz 1 zur Teilnahme an einem Sprachkurs berechtigt nur zur Ausübung einer Beschäftigung von bis zu 20 Stunden je Woche. [5]Die Aufenthaltserlaubnis nach Absatz 1 zur Teilnahme an einem Schüleraustausch und die Aufenthaltserlaubnis nach Absatz 2 berechtigen nicht zur Ausübung einer Erwerbstätigkeit.

(4) [1]Bilaterale oder multilaterale Vereinbarungen der Länder mit öffentlichen Stellen in einem anderen Staat über den Besuch inländischer Schulen durch ausländische Schüler bleiben unberührt. [2]Aufenthaltserlaubnisse zur Teilnahme am Schulbesuch können auf Grund solcher Vereinbarungen nur erteilt werden, wenn die für das Aufenthaltsrecht zuständige oberste Landesbehörde der Vereinbarung zugestimmt hat.

**§ 16g[1]) Aufenthaltserlaubnis zur Berufsausbildung für ausreisepflichtige Ausländer.** (1) [1]Einem Ausländer ist eine Aufenthaltserlaubnis zu erteilen, wenn er in Deutschland

1. als Asylbewerber eine

   a) qualifizierte Berufsausbildung in einem staatlich anerkannten oder vergleichbar geregelten Ausbildungsberuf aufgenommen hat oder

   b) Assistenz- oder Helferausbildung in einem staatlich anerkannten oder vergleichbar geregelten Ausbildungsberuf aufgenommen hat, an die eine qualifizierte Berufsausbildung in einem staatlich anerkannten oder vergleichbar geregelten Ausbildungsberuf, für den die Bundesagentur für Arbeit einen Engpass festgestellt hat, anschlussfähig ist und dazu eine Ausbildungsplatzzusage vorliegt,

   und nach Ablehnung des Asylantrags diese Berufsausbildung fortsetzen möchte oder

2. im Besitz einer Duldung nach § 60a ist und eine in Nummer 1 genannte Berufsausbildung aufnimmt.

[2]In Fällen offensichtlichen Missbrauchs kann die Aufenthaltserlaubnis versagt werden.

(2) Die Aufenthaltserlaubnis nach Absatz 1 wird nicht erteilt, wenn

1. ein Ausschlussgrund nach § 60a Absatz 6 vorliegt,

2. im Fall von Absatz 1 Satz 1 Nummer 2 der Ausländer bei Antragstellung noch nicht drei Monate im Besitz einer Duldung ist,

3. die Identität nicht geklärt ist

   a) bei Einreise in das Bundesgebiet bis zum 31. Dezember 2016 bis zur Beantragung der Aufenthaltserlaubnis oder

---

[1]) § 16g eingef. mWv 1.3.2024 durch G v. 16.8.2023 (BGBl. 2023 I Nr. 217).

b) bei Einreise in das Bundesgebiet ab dem 1. Januar 2017 und vor dem 1. Januar 2020 bis zur Beantragung der Aufenthaltserlaubnis, spätestens jedoch bis zum 30. Juni 2020 oder

c) bei Einreise in das Bundesgebiet nach dem 31. Dezember 2019 innerhalb der ersten sechs Monate nach der Einreise;

die Frist gilt als gewahrt, wenn der Ausländer innerhalb der in den Buchstaben a bis c genannten Frist alle erforderlichen und ihm zumutbaren Maßnahmen für die Identitätsklärung ergriffen hat und die Identität erst nach dieser Frist geklärt werden kann, ohne dass der Ausländer dies zu vertreten hat,

4. ein Ausschlussgrund nach § 19d Absatz 1 Nummer 6 oder 7 vorliegt, oder gegen den Ausländer eine Ausweisungsverfügung oder eine Abschiebungsanordnung nach § 58a besteht oder

5. im Fall von Absatz 1 Satz 1 Nummer 2 zum Zeitpunkt der Antragstellung konkrete Maßnahmen zur Aufenthaltsbeendigung, die in einem hinreichenden sachlichen und zeitlichen Zusammenhang zur Aufenthaltsbeendigung stehen, bevorstehen; diese konkreten Maßnahmen zur Aufenthaltsbeendigung stehen bevor, wenn

a) eine ärztliche Untersuchung zur Feststellung der Reisefähigkeit veranlasst wurde,

b) der Ausländer einen Antrag zur Förderung einer freiwilligen Ausreise mit staatlichen Mitteln gestellt hat,

c) die Buchung von Transportmitteln für die Abschiebung eingeleitet wurde,

d) vergleichbar konkrete Vorbereitungsmaßnahmen zur Abschiebung des Ausländers eingeleitet wurden, es sei denn, es ist von vornherein absehbar, dass diese nicht zum Erfolg führen, oder

e) ein Verfahren zur Bestimmung des zuständigen Mitgliedstaates gemäß Artikel 20 Absatz 1 der Verordnung (EU) Nr. 604/2013 des Europäischen Parlaments und des Rates vom 26. Juni 2013 (Abl. L 180 vom 29.6.2019, S. 31) eingeleitet wurde.

(3) [1]Der Antrag auf Erteilung der Aufenthaltserlaubnis nach Absatz 1 kann frühestens sieben Monate vor Beginn der Berufsausbildung gestellt werden. [2]Die Aufenthaltserlaubnis nach Absatz 1 Satz 1 Nummer 2 wird frühestens sechs Monate vor Beginn der Berufsausbildung erteilt. [3]Sie wird erteilt, wenn zum Zeitpunkt der Antragstellung auf Erteilung der Aufenthaltserlaubnis nach Absatz 1 die Eintragung des Ausbildungsvertrages in das Verzeichnis der Berufsausbildungsverhältnisse bei der zuständigen Stelle bereits beantragt wurde, oder die Eintragung erfolgt ist, oder, soweit eine solche Eintragung nicht erforderlich ist, der Ausbildungsvertrag mit einer Bildungseinrichtung geschlossen wurde oder die Zustimmung einer staatlichen oder staatlich anerkannten Bildungseinrichtung zu dem Ausbildungsvertrag vorliegt. [4]Die Aufenthaltserlaubnis nach Absatz 1 wird für die im Ausbildungsvertrag bestimmte Dauer der Berufsausbildung erteilt.

(4) [1]Wird die Ausbildung vorzeitig beendet oder abgebrochen, ist die Bildungseinrichtung verpflichtet, dies unverzüglich, in der Regel innerhalb von zwei Wochen, der zuständigen Ausländerbehörde schriftlich oder elektronisch mitzuteilen. [2]In der Mitteilung sind neben den mitzuteilenden Tatsachen und dem Zeitpunkt ihres Eintritts die Namen, Vornamen und die Staatsangehörigkeit des Ausländers anzugeben.

(5) [1]Wird das Ausbildungsverhältnis vorzeitig beendet oder abgebrochen, wird die Aufenthaltserlaubnis nach Absatz 1 einmalig um sechs Monate zum Zweck der

Suche nach einem weiteren Ausbildungsplatz zur Aufnahme einer Berufsausbildung nach Absatz 1 verlängert. [2] Die Aufenthaltserlaubnis nach Absatz 1 wird für sechs Monate zum Zweck der Suche nach einer der erworbenen beruflichen Qualifikation entsprechenden Beschäftigung verlängert, wenn nach erfolgreichem Abschluss der Berufsausbildung, für die die Aufenthaltserlaubnis nach Absatz 1 erteilt wurde, eine Weiterbeschäftigung im Ausbildungsbetrieb nicht erfolgt; die zur Ausbildungs- oder Arbeitsplatzsuche erteilte Aufenthaltserlaubnis nach Satz 1 oder 2 darf für diesen Zweck nicht verlängert werden.

(6) Eine Aufenthaltserlaubnis nach Absatz 1 Satz 1 kann unbeachtlich des Absatzes 2 Nummer 3 erteilt werden, wenn der Ausländer die erforderlichen und für ihn zumutbaren Maßnahmen für die Identitätsklärung getroffen hat.

(7) Die Aufenthaltserlaubnis nach Absatz 1 oder nach Absatz 5 wird widerrufen, wenn ein Ausschlussgrund nach Absatz 2 Nummer 4 eintritt oder die Ausbildung vorzeitig beendet oder abgebrochen wird.

(8) [1] Nach erfolgreichem Abschluss dieser Berufsausbildung ist für eine der erworbenen beruflichen Qualifikation entsprechenden Beschäftigung mit Zustimmung der Bundesagentur für Arbeit eine Aufenthaltserlaubnis für die Dauer von zwei Jahren zu erteilen, wenn die Voraussetzungen des § 19d Absatz 1 Nummer 2, 3, 6 und 7 vorliegen. [2] Die Aufenthaltserlaubnis berechtigt nach Ausübung einer zweijährigen der beruflichen Qualifikation entsprechenden Beschäftigung zu jeder Beschäftigung.

(9) Eine Aufenthaltserlaubnis nach Absatz 8 wird widerrufen, wenn das der Erteilung der Aufenthaltserlaubnis zugrundeliegende Arbeitsverhältnis aus Gründen, die in der Person des Ausländers liegen, aufgelöst wird oder ein Ausschlussgrund nach Absatz 2 Nummer 4 eintritt.

(10) [1] Die Aufenthaltserlaubnis wird abweichend von § 5 Absatz 2 und § 10 Absatz 3 Satz 1 erteilt. [2] § 5 Absatz 1 Nummer 1a findet keine Anwendung. [3] Von § 3 kann in den Fällen des Absatzes 6 abgesehen werden.

**§ 17[1] Suche eines Ausbildungs- oder Studienplatzes.** (1) [1] Einem Ausländer kann zum Zweck der Suche nach einem Ausbildungsplatz zur Durchführung einer qualifizierten Berufsausbildung eine Aufenthaltserlaubnis erteilt werden, wenn

1. er das 35. Lebensjahr noch nicht vollendet hat,

2. der Lebensunterhalt gesichert ist,

3. er über einen Abschluss einer deutschen Auslandsschule oder über einen Schulabschluss verfügt, der zum Hochschulzugang im Bundesgebiet oder in dem Staat berechtigt, in dem der Schulabschluss erworben wurde, und

4. er über ausreichende deutsche Sprachkenntnisse verfügt.

[2] Die Aufenthaltserlaubnis wird für bis zu neun Monate erteilt. [3] Sie kann erneut nur erteilt werden, wenn sich der Ausländer nach seiner Ausreise mindestens so lange im Ausland aufgehalten hat, wie er sich zuvor auf der Grundlage einer Aufenthaltserlaubnis nach Satz 1 im Bundesgebiet aufgehalten hat.

(2) [1] Einem Ausländer kann zum Zweck der Studienbewerbung eine Aufenthaltserlaubnis erteilt werden, wenn

---

[1] § 17 neu gef. mWv 1.3.2020 durch G v. 15.8.2019 (BGBl. I S. 1307); Abs. 1 Satz 1 Nr. 1, 4, Satz 2 geänd., Abs. 3 neu gef. mWv 1.3.2024 durch G v. 16.8.2023 (BGBl. 2023 I Nr. 217).

1. er über die schulischen und sprachlichen Voraussetzungen zur Aufnahme eines Studiums verfügt oder diese innerhalb der Aufenthaltsdauer nach Satz 2 erworben werden sollen und
2. der Lebensunterhalt gesichert ist.

²Die Aufenthaltserlaubnis wird für bis zu neun Monate erteilt.

(3) ¹Die Aufenthaltserlaubnis nach den Absätzen 1 und 2 berechtigt nur zur Ausübung einer Beschäftigung von bis zu 20 Stunden je Woche und zur Ausübung von Probebeschäftigungen von bis zu insgesamt zwei Wochen. ²Während des Aufenthalts nach den Absätzen 1 und 2 soll in der Regel eine Aufenthaltserlaubnis zu einem anderen Aufenthaltszweck nur nach den §§ 16a, 16b oder 19c Absatz 2 oder in Fällen eines gesetzlichen Anspruchs erteilt werden.

### Abschnitt 4. Aufenthalt zum Zweck der Erwerbstätigkeit

**§ 18**[1]**) Grundsatz der Fachkräfteeinwanderung; allgemeine Bestimmungen.** (1) ¹Die Zulassung ausländischer Beschäftigter orientiert sich an den Erfordernissen des Wirtschafts- und Wissenschaftsstandortes Deutschland unter Berücksichtigung der Verhältnisse auf dem Arbeitsmarkt. ²Die besonderen Möglichkeiten für ausländische Fach- und Arbeitskräfte dienen der Sicherung der Fach- und Arbeitskräftebasis und der Stärkung der sozialen Sicherungssysteme. ³Sie sind ausgerichtet auf die nachhaltige Integration von Fachkräften sowie Arbeitskräften mit ausgeprägter Berufserfahrung in den Arbeitsmarkt und die Gesellschaft unter Beachtung der Interessen der öffentlichen Sicherheit.

(2) Die Erteilung eines Aufenthaltstitels zur Ausübung einer Beschäftigung nach diesem Abschnitt setzt voraus, dass

1. ein konkretes Arbeitsplatzangebot vorliegt,
2. die Bundesagentur für Arbeit nach § 39 zugestimmt hat; dies gilt nicht, wenn durch Gesetz, zwischenstaatliche Vereinbarung oder durch die Beschäftigungsverordnung[2]) bestimmt ist, dass die Ausübung der Beschäftigung ohne Zustimmung der Bundesagentur für Arbeit zulässig ist; in diesem Fall kann die Erteilung des Aufenthaltstitels auch versagt werden, wenn einer der Tatbestände des § 40 Absatz 2 oder 3 vorliegt,
3. eine Berufsausübungserlaubnis erteilt wurde oder zugesagt ist, soweit diese erforderlich ist,
4. die Gleichwertigkeit der Qualifikation festgestellt wurde oder ein anerkannter ausländischer oder ein einem deutschen Hochschulabschluss vergleichbarer ausländischer Hochschulabschluss vorliegt, soweit dies eine Voraussetzung für die Erteilung des Aufenthaltstitels ist,
4a. der Ausländer und der Arbeitgeber versichern, dass die Beschäftigung tatsächlich ausgeübt werden soll, und
5. in den Fällen der erstmaligen Erteilung eines Aufenthaltstitels nach § 18a oder § 18b nach Vollendung des 45. Lebensjahres des Ausländers die Höhe des Gehalts mindestens 55 Prozent der jährlichen Beitragsbemessungsgrenze in der allgemeinen Rentenversicherung entspricht, es sei denn, der Ausländer kann den Nachweis über eine angemessene Altersversorgung erbringen. Von den

---

[1]) § 18 neu gef. mWv 1.3.2020 durch G v. 15.8.2019 (BGBl. I S. 1307); Abs. 2 Nr. 5 Satz 1 geänd., Abs. 4 neu gef. mWv 18.11.2023, Abs. 1 Sätze 2 und 3 neu gef., Abs. 2 Nr. 4 geänd., Nr. 4a eingef., Nr. 5 Satz 2 neu gef. mWv 1.3.2024 durch G v. 16.8.2023 (BGBl. 2023 I Nr. 217), Änd. von Abs. 2 Nr. 5 Satz 1 aufgrund der vorhergehenden Änd. nicht ausführbar.
[2]) **Sartorius ErgBd. Nr. 566a.**

Voraussetzungen nach Satz 1 kann abgesehen werden, wenn ein öffentliches, insbesondere ein regionales, wirtschaftliches oder arbeitsmarktpolitisches Interesse an der Beschäftigung des Ausländers besteht, insbesondere, wenn die Gehaltsschwelle nur geringfügig unterschritten oder die Altersgrenze nur geringfügig überschritten wird. Das Bundesministerium des Innern, für Bau und Heimat gibt das Mindestgehalt für jedes Kalenderjahr jeweils bis zum 31. Dezember des Vorjahres im Bundesanzeiger bekannt.

(3) Fachkraft im Sinne dieses Gesetzes ist ein Ausländer, der

1. eine inländische qualifizierte Berufsausbildung oder eine mit einer inländischen qualifizierten Berufsausbildung gleichwertige ausländische Berufsqualifikation besitzt (Fachkraft mit Berufsausbildung) oder

2. einen deutschen, einen anerkannten ausländischen oder einen einem deutschen Hochschulabschluss vergleichbaren ausländischen Hochschulabschluss besitzt (Fachkraft mit akademischer Ausbildung).

(4) Aufenthaltstitel gemäß den §§ 18a, 18b, 18g und 19c werden für die Dauer von vier Jahren oder, wenn das Arbeitsverhältnis oder die Zustimmung der Bundesagentur für Arbeit auf einen kürzeren Zeitraum befristet sind, für diesen kürzeren Zeitraum zuzüglich dreier Monate, nicht jedoch für länger als vier Jahre, erteilt.

**§ 18a**[1]**) Fachkräfte mit Berufsausbildung.** Einer Fachkraft mit Berufsausbildung wird eine Aufenthaltserlaubnis zur Ausübung jeder qualifizierten Beschäftigung erteilt.

**§ 18b**[2]**) Fachkräfte mit akademischer Ausbildung.** Einer Fachkraft mit akademischer Ausbildung wird eine Aufenthaltserlaubnis zur Ausübung jeder qualifizierten Beschäftigung erteilt.

**§ 18c**[3]**) Niederlassungserlaubnis für Fachkräfte.** (1) [1]Einer Fachkraft ist ohne Zustimmung der Bundesagentur für Arbeit eine Niederlassungserlaubnis zu erteilen, wenn

1. sie seit drei Jahren im Besitz eines Aufenthaltstitels nach den §§ 18a, 18b, 18d oder § 18g ist,

2. sie einen Arbeitsplatz innehat, der nach den Voraussetzungen der §§ 18a, 18b, 18d oder § 18g von ihr besetzt werden darf,

3. sie mindestens 36 Monate Pflichtbeiträge oder freiwillige Beiträge zur gesetzlichen Rentenversicherung geleistet hat oder Aufwendungen für einen Anspruch auf vergleichbare Leistungen einer Versicherungs- oder Versorgungseinrichtung oder eines Versicherungsunternehmens nachweist,

4. sie über ausreichende Kenntnisse der deutschen Sprache verfügt und

5. die Voraussetzungen des § 9 Absatz 2 Satz 1 Nummer 2 und 4 bis 6, 8 und 9 vorliegen; § 9 Absatz 2 Satz 2 bis 4 und 6 gilt entsprechend.

[2]Die Frist nach Satz 1 Nummer 1 verkürzt sich auf zwei Jahre und die Frist nach Satz 1 Nummer 3 verkürzt sich auf 24 Monate, wenn die Fachkraft eine inländi-

---

[1]) § 18a neu gef. mWv 18.11.2023 durch G v. 16.8.2023 (BGBl. 2023 I Nr. 217).
[2]) § 18b neu gef. mWv 18.11.2023 durch G v. 16.8.2023 (BGBl. 2023 I Nr. 217).
[3]) § 18c neu gef. mWv 1.3.2020 durch G v. 15.8.2019 (BGBl. I S. 1307); Abs. 1 Satz 1 Nr. 1 und 2, Abs. 2 Satz 1 geänd. mWv 18.11.2023, Abs. 1 Satz 1 Nr. 1 und 3, Abs. 2 Satz 1, Abs. 3 Satz 1 geänd. mWv 1.3.2024 durch G v. 16.8.2023 (BGBl. 2023 I Nr. 217).

sche Berufsausbildung oder ein inländisches Studium erfolgreich abgeschlossen hat.

(2) [1] Abweichend von Absatz 1 ist dem Inhaber einer Blauen Karte EU eine Niederlassungserlaubnis zu erteilen, wenn er mindestens 27 Monate eine Beschäftigung nach § 18g ausgeübt hat und für diesen Zeitraum Pflichtbeiträge oder freiwillige Beiträge zur gesetzlichen Rentenversicherung geleistet hat oder Aufwendungen für einen Anspruch auf vergleichbare Leistungen einer Versicherungs- oder Versorgungseinrichtung oder eines Versicherungsunternehmens nachweist und die Voraussetzungen des § 9 Absatz 2 Satz 1 Nummer 2 und 4 bis 6, 8 und 9 vorliegen und er über einfache Kenntnisse der deutschen Sprache verfügt. [2] § 9 Absatz 2 Satz 2 bis 4 und 6 gilt entsprechend. [3] Die Frist nach Satz 1 verkürzt sich auf 21 Monate, wenn der Ausländer über ausreichende Kenntnisse der deutschen Sprache verfügt.

(3) [1] Einer hoch qualifizierten Fachkraft mit akademischer Ausbildung soll ohne Zustimmung der Bundesagentur für Arbeit in besonderen Fällen eine Niederlassungserlaubnis erteilt werden, wenn die Annahme gerechtfertigt ist, dass die Integration in die Lebensverhältnisse der Bundesrepublik Deutschland und die Sicherung des Lebensunterhalts ohne staatliche Hilfe gewährleistet sind sowie die Voraussetzung des § 9 Absatz 2 Satz 1 Nummer 4 vorliegt. [2] Die Landesregierung kann bestimmen, dass die Erteilung der Niederlassungserlaubnis nach Satz 1 der Zustimmung der obersten Landesbehörde oder einer von ihr bestimmten Stelle bedarf. [3] Hoch qualifiziert nach Satz 1 sind bei mehrjähriger Berufserfahrung insbesondere

1. Wissenschaftler mit besonderen fachlichen Kenntnissen oder
2. Lehrpersonen in herausgehobener Funktion oder wissenschaftliche Mitarbeiter in herausgehobener Funktion.

**§ 18d**[1] **Forschung.** (1) [1] Einem Ausländer wird ohne Zustimmung der Bundesagentur für Arbeit eine Aufenthaltserlaubnis nach der Richtlinie (EU) 2016/801 zum Zweck der Forschung erteilt, wenn

1. er
   a) eine wirksame Aufnahmevereinbarung oder einen entsprechenden Vertrag zur Durchführung eines Forschungsvorhabens mit einer Forschungseinrichtung abgeschlossen hat, die für die Durchführung des besonderen Zulassungsverfahrens für Forscher im Bundesgebiet anerkannt ist, oder
   b) eine wirksame Aufnahmevereinbarung oder einen entsprechenden Vertrag mit einer Forschungseinrichtung abgeschlossen hat, die Forschung betreibt, und
2. die Forschungseinrichtung sich schriftlich zur Übernahme der Kosten verpflichtet hat, die öffentlichen Stellen bis zu sechs Monate nach der Beendigung der Aufnahmevereinbarung entstehen für
   a) den Lebensunterhalt des Ausländers während eines unerlaubten Aufenthalts in einem Mitgliedstaat der Europäischen Union und
   b) eine Abschiebung des Ausländers.

[2] In den Fällen des Satzes 1 Nummer 1 Buchstabe a ist die Aufenthaltserlaubnis innerhalb von 60 Tagen nach Antragstellung zu erteilen.

---

[1] § 18d neu gef. mWv 1.3.2020 durch G v. 15.8.2019 (BGBl. I S. 1307); Abs. 2 Satz 1, Abs. 2 Satz 3, Abs. 3 geänd. mWv 24.6.2020 durch G v. 12.6.2020 (BGBl. I S. 1248).

(2) ¹Von dem Erfordernis des Absatzes 1 Satz 1 Nummer 2 soll abgesehen werden, wenn die Tätigkeit der Forschungseinrichtung überwiegend aus öffentlichen Mitteln finanziert wird. ²Es kann davon abgesehen werden, wenn an dem Forschungsvorhaben ein besonderes öffentliches Interesse besteht. ³Auf die nach Absatz 1 Satz 1 Nummer 2 abgegebenen Erklärungen sind § 66 Absatz 5, § 67 Absatz 3 sowie § 68 Absatz 2 Satz 2 und 3 und Absatz 4 entsprechend anzuwenden.

(3) Die Forschungseinrichtung kann die Erklärung nach Absatz 1 Satz 1 Nummer 2 auch gegenüber der für ihre Anerkennung zuständigen Stelle allgemein für sämtliche Ausländer abgeben, denen auf Grund einer mit ihr geschlossenen Aufnahmevereinbarung eine Aufenthaltserlaubnis erteilt wird.

(4) ¹Die Aufenthaltserlaubnis wird für mindestens ein Jahr erteilt. ²Nimmt der Ausländer an einem Unions- oder multilateralen Programm mit Mobilitätsmaßnahmen teil, so wird die Aufenthaltserlaubnis für mindestens zwei Jahre erteilt. ³Wenn das Forschungsvorhaben in einem kürzeren Zeitraum durchgeführt wird, wird die Aufenthaltserlaubnis abweichend von den Sätzen 1 und 2 auf die Dauer des Forschungsvorhabens befristet; die Frist beträgt in den Fällen des Satzes 2 mindestens ein Jahr.

(5) ¹Eine Aufenthaltserlaubnis nach Absatz 1 berechtigt zur Aufnahme der Forschungstätigkeit bei der in der Aufnahmevereinbarung bezeichneten Forschungseinrichtung und zur Aufnahme von Tätigkeiten in der Lehre. ²Änderungen des Forschungsvorhabens während des Aufenthalts führen nicht zum Wegfall dieser Berechtigung.

(6) ¹Einem Ausländer, der in einem Mitgliedstaat der Europäischen Union international Schutzberechtigter ist, kann eine Aufenthaltserlaubnis zum Zweck der Forschung erteilt werden, wenn die Voraussetzungen des Absatzes 1 erfüllt sind und er sich mindestens zwei Jahre nach Erteilung der Schutzberechtigung in diesem Mitgliedstaat aufgehalten hat. ²Absatz 5 gilt entsprechend.

**§ 18e¹⁾ Kurzfristige Mobilität für Forscher.** (1) ¹Für einen Aufenthalt zum Zweck der Forschung, der eine Dauer von 180 Tagen innerhalb eines Zeitraums von 360 Tagen nicht überschreitet, bedarf ein Ausländer abweichend von § 4 Absatz 1 keines Aufenthaltstitels, wenn die aufnehmende Forschungseinrichtung im Bundesgebiet dem Bundesamt für Migration und Flüchtlinge und der zuständigen Behörde des anderen Mitgliedstaates mitgeteilt hat, dass der Ausländer beabsichtigt, einen Teil seiner Forschungstätigkeit im Bundesgebiet durchzuführen, und dem Bundesamt für Migration und Flüchtlingen mit der Mitteilung vorlegt

1. den Nachweis, dass der Ausländer einen gültigen nach der Richtlinie (EU) 2016/801 erteilten Aufenthaltstitel eines anderen Mitgliedstaates zum Zweck der Forschung besitzt,
2. die Aufnahmevereinbarung oder den entsprechenden Vertrag, die oder der mit der aufnehmenden Forschungseinrichtung im Bundesgebiet geschlossen wurde,
3. die Kopie eines anerkannten und gültigen Passes oder Passersatzes des Ausländers und
4. den Nachweis, dass der Lebensunterhalt des Ausländers gesichert ist.

²Die aufnehmende Forschungseinrichtung hat die Mitteilung zu dem Zeitpunkt zu machen, zu dem der Ausländer in einem anderen Mitgliedstaat der Europäischen Union den Antrag auf Erteilung eines Aufenthaltstitels im Anwendungs-

---

¹⁾ § 18e eingef. mWv 1.3.2020 durch G v. 15.8.2019 (BGBl. I S. 1307).

bereich der Richtlinie (EU) 2016/801 stellt. [3] Ist der aufnehmenden Forschungseinrichtung zu diesem Zeitpunkt die Absicht des Ausländers, einen Teil der Forschungstätigkeit im Bundesgebiet durchzuführen, noch nicht bekannt, so hat sie die Mitteilung zu dem Zeitpunkt zu machen, zu dem ihr die Absicht bekannt wird. [4] Bei der Erteilung des Aufenthaltstitels nach Satz 1 Nummer 1 durch einen Staat, der nicht Schengen-Staat ist, und bei der Einreise über einen Staat, der nicht Schengen-Staat ist, hat der Ausländer eine Kopie der Mitteilung mitzuführen und den zuständigen Behörden auf deren Verlangen vorzulegen.

(2) [1] Erfolgt die Mitteilung zu dem in Absatz 1 Satz 2 genannten Zeitpunkt und wurden die Einreise und der Aufenthalt nicht nach § 19f Absatz 5 abgelehnt, so darf der Ausländer jederzeit innerhalb der Gültigkeitsdauer des Aufenthaltstitels in das Bundesgebiet einreisen und sich dort zum Zweck der Forschung aufhalten. [2] Erfolgt die Mitteilung zu dem in Absatz 1 Satz 3 genannten Zeitpunkt, so darf der Ausländer nach Zugang der Mitteilung innerhalb der Gültigkeitsdauer des in Absatz 1 Satz 1 Nummer 1 genannten Aufenthaltstitels des anderen Mitgliedstaates in das Bundesgebiet einreisen und sich dort zum Zweck der Forschung aufhalten.

(3) Ein Ausländer, der die Voraussetzungen nach Absatz 1 erfüllt, ist berechtigt, in der aufnehmenden Forschungseinrichtung die Forschungstätigkeit aufzunehmen und Tätigkeiten in der Lehre aufzunehmen.

(4) [1] Werden die Einreise und der Aufenthalt nach § 19f Absatz 5 abgelehnt, so hat der Ausländer die Forschungstätigkeit unverzüglich einzustellen. [2] Die bis dahin nach Absatz 1 Satz 1 bestehende Befreiung vom Erfordernis eines Aufenthaltstitels entfällt.

(5) Sofern keine Ablehnung der Einreise und des Aufenthalts nach § 19f Absatz 5 erfolgt, wird dem Ausländer durch das Bundesamt für Migration und Flüchtlinge eine Bescheinigung über die Berechtigung zur Einreise und zum Aufenthalt zum Zweck der Forschung im Rahmen der kurzfristigen Mobilität ausgestellt.

(6) [1] Nach der Ablehnung gemäß § 19f Absatz 5 oder der Ausstellung der Bescheinigung im Sinne von Absatz 5 durch das Bundesamt für Migration und Flüchtlinge ist die Ausländerbehörde gemäß § 71 Absatz 1 für weitere aufenthaltsrechtliche Maßnahmen und Entscheidungen zuständig. [2] Der Ausländer und die aufnehmende Forschungseinrichtung sind verpflichtet, der Ausländerbehörde Änderungen in Bezug auf die in Absatz 1 genannten Voraussetzungen anzuzeigen.

**§ 18f[1) Aufenthaltserlaubnis für mobile Forscher.** (1) Für einen Aufenthalt zum Zweck der Forschung, der mehr als 180 Tage und höchstens ein Jahr dauert, wird einem Ausländer ohne Zustimmung der Bundesagentur für Arbeit eine Aufenthaltserlaubnis erteilt, wenn

1. er einen für die Dauer des Verfahrens gültigen nach der Richtlinie (EU) 2016/801 erteilten Aufenthaltstitel eines anderen Mitgliedstaates besitzt,

2. die Kopie eines anerkannten und gültigen Passes oder Passersatzes vorgelegt wird und

3. die Aufnahmevereinbarung oder der entsprechende Vertrag, die oder der mit der aufnehmenden Forschungseinrichtung im Bundesgebiet geschlossen wurde, vorgelegt wird.

(2) Wird der Antrag auf Erteilung der Aufenthaltserlaubnis mindestens 30 Tage vor Beginn des Aufenthalts im Bundesgebiet gestellt und ist der Aufenthaltstitel des anderen Mitgliedstaates weiterhin gültig, so gelten, bevor über den Antrag

---

[1)] § 18f eingef. mWv 1.3.2020 durch G v. 15.8.2019 (BGBl. I S. 1307).

entschieden wird, der Aufenthalt und die Erwerbstätigkeit des Ausländers für bis zu 180 Tage innerhalb eines Zeitraums von 360 Tagen als erlaubt.

(3) Für die Berechtigung zur Ausübung der Forschungstätigkeit und einer Tätigkeit in der Lehre gilt § 18d Absatz 5 entsprechend.

(4) Der Ausländer und die aufnehmende Forschungseinrichtung sind verpflichtet, der Ausländerbehörde Änderungen in Bezug auf die in Absatz 1 genannten Voraussetzungen anzuzeigen.

(5) [1] Der Antrag wird abgelehnt, wenn er parallel zu einer Mitteilung nach § 18e Absatz 1 Satz 1 gestellt wurde. [2] Abgelehnt wird ein Antrag auch, wenn er zwar während eines Aufenthalts nach § 18e Absatz 1, aber nicht mindestens 30 Tage vor Ablauf dieses Aufenthalts vollständig gestellt wurde.

**§ 18g**[1]) **Blaue Karte EU.** (1) [1] Einer Fachkraft mit akademischer Ausbildung wird ohne Zustimmung der Bundesagentur für Arbeit eine Blaue Karte EU zum Zweck einer ihrer Qualifikation angemessenen inländischen Beschäftigung erteilt, wenn sie ein Gehalt in Höhe von mindestens 50 Prozent der jährlichen Beitragsbemessungsgrenze in der allgemeinen Rentenversicherung erhält und keiner der in § 19f Absatz 1 und 2 geregelten Ablehnungsgründe vorliegt. [2] Fachkräften mit akademischer Ausbildung, die

1. einen Beruf ausüben, der zu den Gruppen 132, 133, 134, 21, 221, 222, 225, 226, 23 oder 25 nach der Empfehlung der Kommission vom 29. Oktober 2009 über die Verwendung der Internationalen Standardklassifikation der Berufe (ISCO-08) (ABl. L 292 vom 10.11.2009, S. 31) gehört, oder

2. einen Hochschulabschluss nicht mehr als drei Jahre vor der Beantragung der Blauen Karte EU erworben haben,

wird die Blaue Karte EU abweichend von Satz 1 mit Zustimmung der Bundesagentur für Arbeit erteilt, wenn die Höhe des Gehalts mindestens 45,3 Prozent der jährlichen Beitragsbemessungsgrenze in der allgemeinen Rentenversicherung beträgt. [3] Die Voraussetzungen nach § 18 Absatz 2 Nummer 3 gelten als erfüllt, wenn die Fachkraft Inhaberin einer Aufenthaltserlaubnis nach § 18b ist und für die Ausübung der Beschäftigung mit der Blauen Karte EU dieselbe Berufsausübungserlaubnis wie für die Aufenthaltserlaubnis nach § 18b erforderlich ist. [4] Die Voraussetzungen nach § 18 Absatz 2 Nummer 4 gelten als erfüllt, wenn die Fachkraft Inhaberin einer Aufenthaltserlaubnis nach § 18b ist und für die Erteilung dieser Aufenthaltserlaubnis denselben Hochschulabschluss vorgelegt hat, der für die Erteilung der Blauen Karte EU maßgeblich ist. [5] Die Sätze 1 bis 4 gelten entsprechend für eine Fachkraft, die ein tertiäres Bildungsprogramm, das mit einem Hochschulabschluss gleichwertig ist und mindestens drei Jahre Ausbildungsdauer erfordert, erfolgreich abgeschlossen hat, wenn diese Qualifikation einem Ausbildungsniveau entspricht, das in der Bundesrepublik Deutschland mindestens der Stufe 6 der Internationalen Standardklassifikation im Bildungswesen (ISCED 2011) oder der Stufe 6 des Europäischen Qualifikationsrahmens zugeordnet ist.

(2) Einem Ausländer, der die Voraussetzungen nach Absatz 1 nicht erfüllt, wird mit Zustimmung der Bundesagentur für Arbeit eine Blaue Karte EU zum Zweck der Ausübung einer der Qualifikation angemessenen inländischen Beschäftigung in einem Beruf, der zu den Gruppen 133 oder 25 nach der Empfehlung der Kommission vom 29. Oktober 2009 über die Verwendung der Internationalen

---

[1]) § 18g eingef. mWv 18.11.2023 durch G v. 16.8.2023 (BGBl. 2023 I Nr. 217); Abs. 2 einl. Satzteil geänd. mWv 23.12.2023 durch G v. 20.12.2023 (BGBl. 2023 I Nr. 390).

Standardklassifikation der Berufe (ISCO-08) (ABl. L 292 vom 10.11.2009, S. 31) gehört, abweichend von § 18 Absatz 2 Nummer 4 erteilt, wenn

1. die Höhe des Gehalts mindestens 45,3 Prozent der jährlichen Beitragsbemessungsgrenze in der allgemeinen Rentenversicherung beträgt,
2. keiner der in § 19f Absatz 1 und 2 geregelten Ablehnungsgründe vorliegt und
3. der Ausländer über Fertigkeiten, Kenntnisse und Fähigkeiten verfügt,
   a) die auf einer in den letzten sieben Jahren erworbenen, mindestens dreijährigen Berufserfahrung in einem Beruf beruhen, der zu den Gruppen 133 oder 25 nach der Empfehlung der Kommission vom 29. Oktober 2009 über die Verwendung der Internationalen Standardklassifikation der Berufe (ISCO-08) (ABl. L 292 vom 10.11.2009, S. 31) gehört,
   b) deren Niveau mit einem Hochschulabschluss oder einem Abschluss eines mit einem Hochschulstudium gleichwertigen tertiären Bildungsprogramms, das alle Voraussetzungen des Absatzes 1 Satz 5 erfüllt, vergleichbar ist, und
   c) die für die Ausübung der Beschäftigung erforderlich sind.

(3) Die Erteilung einer Blauen Karte EU setzt voraus, dass das konkrete Arbeitsplatzangebot nach § 18 Absatz 2 Nummer 1 eine Beschäftigungsdauer von mindestens sechs Monaten vorsieht.

(4) ¹Abweichend von § 4a Absatz 3 Satz 4 ist für den Arbeitsplatzwechsel eines Inhabers einer Blauen Karte EU keine Erlaubnis der Ausländerbehörde erforderlich. ²In den ersten zwölf Monaten der Beschäftigung kann die zuständige Ausländerbehörde den Arbeitsplatzwechsel des Inhabers einer Blauen Karte EU für 30 Tage aussetzen und innerhalb dieses Zeitraums ablehnen, wenn die Voraussetzungen für die Erteilung einer Blauen Karte EU nicht vorliegen.

(5) Für die Erteilung einer Blauen Karte EU gilt der Lebensunterhalt als gesichert, wenn der Ausländer Inhaber einer Aufenthaltserlaubnis nach § 18a oder § 18b ist und der Arbeitsplatz nicht gewechselt wird.

(6) ¹Abweichend von § 8 Absatz 1 findet auf die Verlängerung einer Blauen Karte EU die Gehaltsschwelle gemäß Absatz 1 Satz 2 Anwendung, wenn der Antragsteller den Hochschulabschluss oder den Abschluss des mit einem Hochschulstudium gleichwertigen tertiären Bildungsprogramms nicht mehr als drei Jahre vor der Beantragung der Verlängerung der Blauen Karte EU erworben hat oder seit der Erteilung der ersten Blauen Karte EU gemäß Absatz 1 Satz 2 Nummer 2 weniger als 24 Monate vergangen sind. ²Im Übrigen bleibt § 8 Absatz 1unberührt.

(7) Das Bundesministerium des Innern und für Heimat gibt die Mindestgehälter nach den Absätzen 1 und 2 für jedes Kalenderjahr jeweils bis zum 31. Dezember des Vorjahres im Bundesanzeiger bekannt¹).

## § 18h²) Kurzfristige Mobilität für Inhaber einer Blauen Karte EU.

(1) ¹Ein Inhaber einer gültigen Blauen Karte EU, die ein anderer Mitgliedstaat der Europäischen Union ausgestellt hat, benötigt für die Einreise und den sich daran anschließenden Aufenthalt zum Zweck der Ausübung einer geschäftlichen Tätigkeit, die im direkten Zusammenhang mit den Pflichten aus dem Arbeitsvertrag steht, der Grundlage für die Erteilung der Blauen Karte EU war, abweichend von § 4 Absatz 1 keinen Aufenthaltstitel und keine Arbeitserlaubnis der

---

¹⁾ Siehe hierzu ua die Bek. Mindestbruttogehälter für die Blaue Karte EU 2023 v. 13.11.2023 (BAnz AT 17.11.2023 B1).
²⁾ § 18h eingef. mWv 18.11.2023 durch G v. 16.8.2023 (BGBl. 2023 I Nr. 217).

Bundesagentur für Arbeit, wenn die Dauer des Aufenthalts 90 Tage innerhalb eines Zeitraums von 180 Tagen nicht überschreitet. [2] Ist die Blaue Karte EU von einem Mitgliedstaat der Europäischen Union ausgestellt, der nicht Schengen-Staat ist, hat der Ausländer neben der gültigen Blauen Karte EU zusätzlich einen Nachweis über den geschäftlichen Zweck des Aufenthalts mit sich zu führen und bei der Grenzkontrolle auf Verlangen vorzuzeigen.

(2) Absatz 1 gilt entsprechend, wenn der Ausländer in einem anderen Mitgliedstaat der Europäischen Union die Rechtsstellung eines langfristig Aufenthaltsberechtigten innehat und unmittelbar vor Erlangung dieser Rechtsstellung im Besitz einer von diesem Mitgliedstaat ausgestellten Blauen Karte EU war.

### § 18i[1]) Langfristige Mobilität für Inhaber einer Blauen Karte EU.

(1) [1] Einem Ausländer, der eine gültige Blaue Karte EU besitzt, die von einem anderen Mitgliedstaat der Europäischen Union erteilt wurde und mit der er sich seit mindestens zwölf Monaten rechtmäßig in diesem Mitgliedstaat der Europäischen Union aufhält, wird eine Blaue Karte EU nach § 18g erteilt, wenn die jeweils erforderlichen Voraussetzungen nach § 18g vorliegen. [2] Die Voraussetzung nach § 18 Absatz 2 Nummer 4 gilt als erfüllt, es sei denn

1. der Ausländer ist weniger als zwei Jahre im Besitz der Blauen Karte EU, die der andere Mitgliedstaat der Europäischen Union ausgestellt hat, oder
2. der andere Mitgliedstaat der Europäischen Union hat die Blaue Karte EU auf Grund von durch Berufserfahrungen erworbenen Fertigkeiten, Kenntnissen und Fähigkeiten zum Zweck der Ausübung eines Berufes erteilt, der nicht in Anhang I zu der Richtlinie (EU) 2021/1883 des Europäischen Parlaments und des Rates vom 20. Oktober 2021 über die Bedingungen für die Einreise und den Aufenthalt von Drittstaatsangehörigen zur Ausübung einer hoch qualifizierten Beschäftigung und zur Aufhebung der Richtlinie 2009/50/EG des Rates (ABl. L 382 vom 28.10.2021, S. 1) aufgeführt ist.

(2) Hat ein Mitgliedstaat der Europäischen Union, der nicht Schengen-Staat ist, die Blaue Karte EU nach Absatz 1 Satz 1 erster Halbsatz ausgestellt, so hat der Ausländer bei der Einreise neben der gültigen Blauen Karte EU einen Arbeitsvertrag oder ein verbindliches Arbeitsplatzangebot für eine der Qualifikation angemessene Beschäftigung auf dem Niveau eines Hochschulabschlusses oder dem Niveau eines mit einem Hochschulabschluss gleichwertigen tertiären Bildungsabschlusses, der alle Voraussetzungen nach § 18g Absatz 1 Satz 5 erfüllt, für einen Zeitraum von mindestens sechs Monaten im Bundesgebiet mit sich zu führen.

(3) Hat der Ausländer bereits einmal oder mehrfach von der Möglichkeit der langfristigen Mobilität nach Artikel 21 der Richtlinie (EU) 2021/1883 Gebrauch gemacht, beträgt die Mindestdauer des rechtmäßigen Aufenthalts in einem anderen Mitgliedstaat der Europäischen Union mit einer von diesem Mitgliedstaat ausgestellten und gültigen Blauen Karte EU abweichend von Absatz 1 Satz 1 sechs Monate.

### § 19[2]) ICT-Karte für unternehmensintern transferierte Arbeitnehmer.

(1) [1] Eine ICT-Karte ist ein Aufenthaltstitel zum Zweck eines unternehmensinternen Transfers eines Ausländers. [2] Ein unternehmensinterner Transfer ist die vorübergehende Abordnung eines Ausländers

---

[1]) § 18i eingef. mWv 18.11.2023 durch G v. 16.8.2023 (BGBl. 2023 I Nr. 217).
[2]) § 19 neu gef. mWv 1.3.2020 durch G v. 15.8.2019 (BGBl. I S. 1307); Abs. 6 Nr. 1 eingef., bish. Nr. 1, 2 werden Nr. 2, 3 mWv 24.6.2020 durch G v. 12.6.2020 (BGBl. I S. 1241).

1. in eine inländische Niederlassung des Unternehmens, dem der Ausländer ange-hört, wenn das Unternehmen seinen Sitz außerhalb der Europäischen Union hat, oder
2. in eine inländische Niederlassung eines anderen Unternehmens der Unterneh-mensgruppe, zu der auch dasjenige Unternehmen mit Sitz außerhalb der Euro-päischen Union gehört, dem der Ausländer angehört.

(2) [1] Einem Ausländer wird die ICT-Karte erteilt, wenn

1. er in der aufnehmenden Niederlassung als Führungskraft oder Spezialist tätig wird,
2. er dem Unternehmen oder der Unternehmensgruppe unmittelbar vor Beginn des unternehmensinternen Transfers seit mindestens sechs Monaten und für die Zeit des Transfers ununterbrochen angehört,
3. der unternehmensinterne Transfer mehr als 90 Tage dauert,
4. der Ausländer einen für die Dauer des unternehmensinternen Transfers gültigen Arbeitsvertrag und erforderlichenfalls ein Abordnungsschreiben vorweist, worin enthalten sind:

   a) Einzelheiten zu Ort, Art, Entgelt und zu sonstigen Arbeitsbedingungen für die Dauer des unternehmensinternen Transfers sowie

   b) der Nachweis, dass der Ausländer nach Beendigung des unternehmensinter-nen Transfers in eine außerhalb der Europäischen Union ansässige Nieder-lassung des gleichen Unternehmens oder der gleichen Unternehmensgruppe zurückkehren kann, und
5. er seine berufliche Qualifikation nachweist.

[2] Führungskraft im Sinne dieses Gesetzes ist eine in einer Schlüsselposition beschäf-tigte Person, die in erster Linie die aufnehmende Niederlassung leitet und die hauptsächlich unter der allgemeinen Aufsicht des Leitungsorgans oder der Anteils-eigner oder gleichwertiger Personen steht oder von ihnen allgemeine Weisungen erhält. [3] Diese Position schließt die Leitung der aufnehmenden Niederlassung oder einer Abteilung oder Unterabteilung der aufnehmenden Niederlassung, die Über-wachung und Kontrolle der Arbeit des sonstigen Aufsicht führenden Personals und der Fach- und Führungskräfte sowie die Befugnis zur Empfehlung einer Anstel-lung, Entlassung oder sonstigen personellen Maßnahme ein. [4] Spezialist im Sinne dieses Gesetzes ist, wer über unerlässliche Spezialkenntnisse über die Tätigkeits-bereiche, die Verfahren oder die Verwaltung der aufnehmenden Niederlassung, ein hohes Qualifikationsniveau sowie angemessene Berufserfahrung verfügt.

(3) [1] Die ICT-Karte wird einem Ausländer auch erteilt, wenn

1. er als Trainee im Rahmen eines unternehmensinternen Transfers tätig wird und
2. die in Absatz 2 Satz 1 Nummer 2 bis 4 genannten Voraussetzungen vorliegen.

[2] Trainee im Sinne dieses Gesetzes ist, wer über einen Hochschulabschluss verfügt, ein Traineeprogramm absolviert, das der beruflichen Entwicklung oder der Fort-bildung in Bezug auf Geschäftstechniken und -methoden dient, und entlohnt wird.

(4) [1] Die ICT-Karte wird erteilt

1. bei Führungskräften und bei Spezialisten für die Dauer des Transfers, höchstens jedoch für drei Jahre und
2. bei Trainees für die Dauer des Transfers, höchstens jedoch für ein Jahr.

² Durch eine Verlängerung der ICT-Karte dürfen die in Satz 1 genannten Höchstfristen nicht überschritten werden.

(5) Die ICT-Karte wird nicht erteilt, wenn der Ausländer

1. auf Grund von Übereinkommen zwischen der Europäischen Union und ihren Mitgliedstaaten einerseits und Drittstaaten andererseits ein Recht auf freien Personenverkehr genießt, das dem der Unionsbürger gleichwertig ist,
2. in einem Unternehmen mit Sitz in einem dieser Drittstaaten beschäftigt ist oder
3. im Rahmen seines Studiums ein Praktikum absolviert.

(6) Die ICT-Karte wird darüber hinaus nicht erteilt, wenn

1. die aufnehmende Niederlassung hauptsächlich zu dem Zweck gegründet wurde, die Einreise von unternehmensintern transferierten Arbeitnehmern zu erleichtern,
2. sich der Ausländer im Rahmen der Möglichkeiten der Einreise und des Aufenthalts in mehreren Mitgliedstaaten der Europäischen Union zu Zwecken des unternehmensinternen Transfers im Rahmen des Transfers länger in einem anderen Mitgliedstaat aufhalten wird als im Bundesgebiet oder
3. der Antrag vor Ablauf von sechs Monaten seit dem Ende des letzten Aufenthalts des Ausländers zum Zweck des unternehmensinternen Transfers im Bundesgebiet gestellt wird.

(7) Diese Vorschrift dient der Umsetzung der Richtlinie 2014/66/EU des Europäischen Parlaments und des Rates vom 15. Mai 2014 über die Bedingungen für die Einreise und den Aufenthalt von Drittstaatsangehörigen im Rahmen eines unternehmensinternen Transfers (ABl. L 157 vom 27.5.2014, S. 1).

**§ 19a**[1] **Kurzfristige Mobilität für unternehmensintern transferierte Arbeitnehmer.** (1) ¹ Für einen Aufenthalt zum Zweck eines unternehmensinternen Transfers, der eine Dauer von bis zu 90 Tagen innerhalb eines Zeitraums von 180 Tagen nicht überschreitet, bedarf ein Ausländer abweichend von § 4 Absatz 1 keines Aufenthaltstitels, wenn die ihn aufnehmende Niederlassung in dem anderen Mitgliedstaat dem Bundesamt für Migration und Flüchtlinge und der zuständigen Behörde des anderen Mitgliedstaates mitgeteilt hat, dass der Ausländer die Ausübung einer Beschäftigung im Bundesgebiet beabsichtigt, und dem Bundesamt für Migration und Flüchtlinge mit der Mitteilung vorlegt

1. den Nachweis, dass der Ausländer einen gültigen nach der Richtlinie (EU) 2014/66 erteilten Aufenthaltstitel eines anderen Mitgliedstaates der Europäischen Union besitzt,
2. den Nachweis, dass die inländische aufnehmende Niederlassung demselben Unternehmen oder derselben Unternehmensgruppe angehört wie dasjenige Unternehmen mit Sitz außerhalb der Europäischen Union, dem der Ausländer angehört,
3. einen Arbeitsvertrag und erforderlichenfalls ein Abordnungsschreiben gemäß den Vorgaben in § 19 Absatz 2 Satz 1 Nummer 4, der oder das bereits den zuständigen Behörden des anderen Mitgliedstaates vorgelegt wurde,
4. die Kopie eines anerkannten und gültigen Passes oder Passersatzes des Ausländers,
5. den Nachweis, dass eine Berufsausübungserlaubnis erteilt wurde oder ihre Erteilung zugesagt ist, soweit diese erforderlich ist.

---

[1] § 19a neu gef. mWv 1.3.2020 durch G v. 15.8.2019 (BGBl. I S. 1307).

[2] Die aufnehmende Niederlassung in dem anderen Mitgliedstaat hat die Mitteilung zu dem Zeitpunkt zu machen, zu dem der Ausländer in dem anderen Mitgliedstaat der Europäischen Union den Antrag auf Erteilung eines Aufenthaltstitels im Anwendungsbereich der Richtlinie (EU) 2014/66 stellt. [3] Ist der aufnehmenden Niederlassung in dem anderen Mitgliedstaat zu diesem Zeitpunkt die Absicht des Transfers in eine Niederlassung im Bundesgebiet noch nicht bekannt, so hat sie die Mitteilung zu dem Zeitpunkt zu machen, zu dem ihr die Absicht bekannt wird. [4] Bei der Erteilung des Aufenthaltstitels nach Satz 1 durch einen Staat, der nicht Schengen-Staat ist, und bei der Einreise über einen Staat, der nicht Schengen-Staat ist, hat der Ausländer eine Kopie der Mitteilung mitzuführen und den zuständigen Behörden auf deren Verlangen vorzulegen.

(2) [1] Erfolgt die Mitteilung zu dem in Absatz 1 Satz 2 genannten Zeitpunkt und wurden die Einreise und der Aufenthalt nicht nach Absatz 4 abgelehnt, so darf der Ausländer jederzeit innerhalb der Gültigkeitsdauer des in Absatz 1 Satz 1 Nummer 1 genannten Aufenthaltstitels des anderen Mitgliedstaates in das Bundesgebiet einreisen und sich dort zum Zweck des unternehmensinternen Transfers aufhalten. [2] Erfolgt die Mitteilung zu dem in Absatz 1 Satz 3 genannten Zeitpunkt, so darf der Ausländer nach Zugang der Mitteilung innerhalb der Gültigkeitsdauer des in Absatz 1 Satz 1 Nummer 1 genannten Aufenthaltstitels des anderen Mitgliedstaates in das Bundesgebiet einreisen und sich dort zum Zweck des unternehmensinternen Transfers aufhalten.

(3) [1] Die Einreise und der Aufenthalt werden durch das Bundesamt für Migration und Flüchtlinge abgelehnt, wenn
1. das Arbeitsentgelt, das dem Ausländer während des unternehmensinternen Transfers im Bundesgebiet gewährt wird, ungünstiger ist als das Arbeitsentgelt vergleichbarer deutscher Arbeitnehmer,
2. die Voraussetzungen des Absatzes 1 Satz 1 Nummer 1, 2, 4 und 5 nicht vorliegen,
3. die nach Absatz 1 vorgelegten Unterlagen in betrügerischer Weise erworben oder gefälscht oder manipuliert wurden,
4. der Ausländer sich schon länger als drei Jahre in der Europäischen Union aufhält oder, falls es sich um einen Trainee handelt, länger als ein Jahr in der Europäischen Union aufhält oder
5. ein Ausweisungsinteresse besteht.

[2] Eine Ablehnung hat in den Fällen des Satzes 1 Nummer 1 bis 4 spätestens 20 Tage nach Zugang der vollständigen Mitteilung nach Absatz 1 Satz 1 beim Bundesamt für Migration und Flüchtlinge zu erfolgen. [3] Im Fall des Satzes 1 Nummer 5 ist eine Ablehnung durch die Ausländerbehörde jederzeit während des Aufenthalts des Ausländers möglich; § 73 Absatz 3c ist entsprechend anwendbar. [4] Die Ablehnung ist neben dem Ausländer auch der zuständigen Behörde des anderen Mitgliedstaates sowie der aufnehmenden Niederlassung in dem anderen Mitgliedstaat bekannt zu geben. [5] Bei fristgerechter Ablehnung hat der Ausländer die Erwerbstätigkeit unverzüglich einzustellen; die bis dahin nach Absatz 1 Satz 1 bestehende Befreiung vom Erfordernis eines Aufenthaltstitels entfällt.

(4) Sofern innerhalb von 20 Tagen nach Zugang der in Absatz 1 Satz 1 genannten Mitteilung keine Ablehnung der Einreise und des Aufenthalts des Ausländers nach Absatz 3 erfolgt, ist dem Ausländer durch das Bundesamt für Migration und Flüchtlinge eine Bescheinigung über die Berechtigung zur Einreise und zum Aufenthalt zum Zweck des unternehmensinternen Transfers im Rahmen der kurzfristigen Mobilität auszustellen.

(5) ¹Nach der Ablehnung gemäß Absatz 3 oder der Ausstellung der Bescheinigung im Sinne von Absatz 4 durch das Bundesamt für Migration und Flüchtlinge ist die Ausländerbehörde gemäß § 71 Absatz 1 für weitere aufenthaltsrechtliche Maßnahmen und Entscheidungen zuständig. ²Der Ausländer hat der Ausländerbehörde unverzüglich mitzuteilen, wenn der Aufenthaltstitel nach Absatz 1 Satz 1 Nummer 1 durch den anderen Mitgliedstaat verlängert wurde.

**§ 19b**[1]**) Mobiler-ICT-Karte.** (1) Eine Mobiler-ICT-Karte ist ein Aufenthaltstitel nach der Richtlinie (EU) 2014/66 zum Zweck eines unternehmensinternen Transfers im Sinne des § 19 Absatz 1 Satz 2, wenn der Ausländer einen für die Dauer des Antragsverfahrens gültigen nach der Richtlinie (EU) 2014/66 erteilten Aufenthaltstitel eines anderen Mitgliedstaates besitzt.

(2) Einem Ausländer wird die Mobiler-ICT-Karte erteilt, wenn
1. er als Führungskraft, Spezialist oder Trainee tätig wird,
2. der unternehmensinterne Transfer mehr als 90 Tage dauert und
3. er einen für die Dauer des Transfers gültigen Arbeitsvertrag und erforderlichenfalls ein Abordnungsschreiben vorweist, worin enthalten sind:
   a) Einzelheiten zu Ort, Art, Entgelt und zu sonstigen Arbeitsbedingungen für die Dauer des Transfers sowie
   b) der Nachweis, dass der Ausländer nach Beendigung des Transfers in eine außerhalb der Europäischen Union ansässige Niederlassung des gleichen Unternehmens oder der gleichen Unternehmensgruppe zurückkehren kann.

(3) Wird der Antrag auf Erteilung der Mobiler-ICT-Karte mindestens 20 Tage vor Beginn des Aufenthalts im Bundesgebiet gestellt und ist der Aufenthaltstitel des anderen Mitgliedstaates weiterhin gültig, so gelten bis zur Entscheidung der Ausländerbehörde der Aufenthalt und die Beschäftigung des Ausländers für bis zu 90 Tage innerhalb eines Zeitraums von 180 Tagen als erlaubt.

(4) ¹Der Antrag wird abgelehnt, wenn er parallel zu einer Mitteilung nach § 19a Absatz 1 Satz 1 gestellt wurde. ²Abgelehnt wird ein Antrag auch, wenn er zwar während des Aufenthalts nach § 19a, aber nicht mindestens 20 Tage vor Ablauf dieses Aufenthalts vollständig gestellt wurde.

(5) Die Mobiler-ICT-Karte wird nicht erteilt, wenn sich der Ausländer im Rahmen des unternehmensinternen Transfers im Bundesgebiet länger aufhalten wird als in anderen Mitgliedstaaten.

(6) Der Antrag kann abgelehnt werden, wenn
1. die Höchstdauer des unternehmensinternen Transfers nach § 19 Absatz 4 erreicht wurde oder
2. der in § 19 Absatz 6 Nummer 3 genannte Ablehnungsgrund vorliegt.

(7) Die inländische aufnehmende Niederlassung ist verpflichtet, der zuständigen Ausländerbehörde Änderungen in Bezug auf die in Absatz 2 genannten Voraussetzungen unverzüglich, in der Regel innerhalb einer Woche, anzuzeigen.

**§ 19c**[2]**) Sonstige Beschäftigungszwecke; Beamte.** (1) Einem Ausländer kann unabhängig von einer Qualifikation als Fachkraft eine Aufenthaltserlaubnis zur Ausübung einer Beschäftigung erteilt werden, wenn die Beschäftigungsverord-

---

[1]) § 19b neu gef. mWv 1.3.2020 durch G v. 15.8.2019 (BGBl. I S. 1307); Abs. 6 Nr. 2 geänd. mWv 24.6.2020 durch G v. 12.6.2020 (BGBl. I S. 1241).
[2]) § 19c neu gef. mWv 1.3.2020 durch G v. 15.8.2019 (BGBl. I S. 1307).

nung[1] oder eine zwischenstaatliche Vereinbarung bestimmt, dass der Ausländer zur Ausübung dieser Beschäftigung zugelassen werden kann.

(2) Einem Ausländer mit ausgeprägten berufspraktischen Kenntnissen kann eine Aufenthaltserlaubnis zur Ausübung einer qualifizierten Beschäftigung erteilt werden, wenn die Beschäftigungsverordnung bestimmt, dass der Ausländer zur Ausübung dieser Beschäftigung zugelassen werden kann.

(3) Einem Ausländer kann im begründeten Einzelfall eine Aufenthaltserlaubnis erteilt werden, wenn an seiner Beschäftigung ein öffentliches, insbesondere ein regionales, wirtschaftliches oder arbeitsmarktpolitisches Interesse besteht.

(4) [1]Einem Ausländer, der in einem Beamtenverhältnis zu einem deutschen Dienstherrn steht, wird ohne Zustimmung der Bundesagentur für Arbeit eine Aufenthaltserlaubnis zur Erfüllung seiner Dienstpflichten im Bundesgebiet erteilt. [2]Die Aufenthaltserlaubnis wird für die Dauer von drei Jahren erteilt, wenn das Dienstverhältnis nicht auf einen kürzeren Zeitraum befristet ist. [3]Nach drei Jahren wird eine Niederlassungserlaubnis abweichend von § 9 Absatz 2 Satz 1 Nummer 1 und 3 erteilt.

**§ 19d**[2] **Aufenthaltserlaubnis für qualifizierte Geduldete zum Zweck der Beschäftigung.** (1) Einem geduldeten Ausländer soll eine Aufenthaltserlaubnis zur Ausübung einer der beruflichen Qualifikation entsprechenden Beschäftigung erteilt werden, wenn der Ausländer

1. im Bundesgebiet

   a) eine qualifizierte Berufsausbildung in einem staatlich anerkannten oder vergleichbar geregelten Ausbildungsberuf, eine nach bundes- oder landesrechtlichen Vorschriften geregelte, staatlich anerkannte Ausbildung in einer Pflegehilfstätigkeit oder ein Hochschulstudium abgeschlossen hat, oder

   b) mit einem anerkannten oder einem deutschen Hochschulabschluss vergleichbaren ausländischen Hochschulabschluss seit zwei Jahren ununterbrochen eine dem Abschluss angemessene Beschäftigung ausgeübt hat, oder

   c) seit drei Jahren ununterbrochen eine qualifizierte Beschäftigung ausgeübt hat und innerhalb des letzten Jahres vor Beantragung der Aufenthaltserlaubnis für seinen Lebensunterhalt und den seiner Familienangehörigen oder anderen Haushaltsangehörigen nicht auf öffentliche Mittel mit Ausnahme von Leistungen zur Deckung der notwendigen Kosten für Unterkunft und Heizung angewiesen war, und

2. über ausreichenden Wohnraum verfügt,

3. über ausreichende Kenntnisse der deutschen Sprache verfügt,

4. die Ausländerbehörde nicht vorsätzlich über aufenthaltsrechtlich relevante Umstände getäuscht hat,

5. behördliche Maßnahmen zur Aufenthaltsbeendigung nicht vorsätzlich hinausgezögert oder behindert hat,

6. keine Bezüge zu extremistischen oder terroristischen Organisationen hat und diese auch nicht unterstützt und

7. nicht wegen einer im Bundesgebiet begangenen vorsätzlichen Straftat verurteilt wurde, wobei Geldstrafen von insgesamt bis zu 50 Tagessätzen oder bis zu 90 Tagessätzen wegen Straftaten, die nach dem Aufenthaltsgesetz oder dem Asylge-

---

[1] Sartorius ErgBd. Nr. 566a.
[2] § 19d neu gef. mWv 1.3.2020 durch G v. 15.8.2019 (BGBl. I S. 1307); Abs. 1 einl. Satzteil, Nr. 1 Buchst. a geänd., Abs. 4 angef. mWv 1.3.2024 durch G v. 16.8.2023 (BGBl. 2023 I Nr. 217).

setz[1] nur von Ausländern begangen werden können, grundsätzlich außer Betracht bleiben.

(1a) Wurde die Duldung nach § 60a Absatz 2 Satz 3 in Verbindung mit § 60c erteilt, ist nach erfolgreichem Abschluss dieser Berufsausbildung für eine der erworbenen beruflichen Qualifikation entsprechenden Beschäftigung eine Aufenthaltserlaubnis für die Dauer von zwei Jahren zu erteilen, wenn die Voraussetzungen des Absatzes 1 Nummer 2 bis 3 und 6 bis 7 vorliegen.

(1b) Eine Aufenthaltserlaubnis nach Absatz 1a wird widerrufen, wenn das der Erteilung dieser Aufenthaltserlaubnis zugrunde liegende Arbeitsverhältnis aus Gründen, die in der Person des Ausländers liegen, aufgelöst wird oder der Ausländer wegen einer im Bundesgebiet begangenen vorsätzlichen Straftat verurteilt wurde, wobei Geldstrafen von insgesamt bis zu 50 Tagessätzen oder bis zu 90 Tagessätzen wegen Straftaten, die nach dem Aufenthaltsgesetz oder dem Asylgesetz nur von Ausländern begangen werden können, grundsätzlich außer Betracht bleiben.

(2) Die Aufenthaltserlaubnis berechtigt nach Ausübung einer zweijährigen der beruflichen Qualifikation entsprechenden Beschäftigung zu jeder Beschäftigung.

(3) Die Aufenthaltserlaubnis kann abweichend von § 5 Absatz 2 und § 10 Absatz 3 Satz 1 erteilt werden.

(4) Besitzt ein Ausländer eine Aufenthaltserlaubnis nach Kapitel 2 Abschnitt 5, die in Anwendung von § 10 Absatz 3 Satz 1 erteilt wurde, gilt Absatz 1 entsprechend.

**§ 19e[2] Teilnahme am europäischen Freiwilligendienst.** (1) Einem Ausländer wird eine Aufenthaltserlaubnis zum Zweck der Teilnahme an einem europäischen Freiwilligendienst nach der Richtlinie (EU) 2016/801 erteilt, wenn die Bundesagentur für Arbeit nach § 39 zugestimmt hat oder durch die Beschäftigungsverordnung[3] oder durch zwischenstaatliche Vereinbarung bestimmt ist, dass die Teilnahme an einem europäischen Freiwilligendienst ohne Zustimmung der Bundesagentur für Arbeit zulässig ist und der Ausländer eine Vereinbarung mit der aufnehmenden Einrichtung vorlegt, die Folgendes enthält:

1. eine Beschreibung des Freiwilligendienstes,

2. Angaben über die Dauer des Freiwilligendienstes und über die Dienstzeiten des Ausländers,

3. Angaben über die Bedingungen der Tätigkeit und der Betreuung des Ausländers,

4. Angaben über die dem Ausländer zur Verfügung stehenden Mittel für Lebensunterhalt und Unterkunft sowie Angaben über Taschengeld, das ihm für die Dauer des Aufenthalts mindestens zur Verfügung steht, und

5. Angaben über die Ausbildung, die der Ausländer gegebenenfalls erhält, damit er die Aufgaben des Freiwilligendienstes ordnungsgemäß durchführen kann.

(2) Der Aufenthaltstitel für den Ausländer wird für die vereinbarte Dauer der Teilnahme am europäischen Freiwilligendienst, höchstens jedoch für ein Jahr erteilt.

---

[1] Nr. **567.**
[2] § 19e eingef. mWv 1.3.2020 durch G v. 15.8.2019 (BGBl. I S. 1307).
[3] **Sartorius ErgBd. Nr. 566a.**

**§ 19f[1]) Ablehnungsgründe bei Aufenthaltstiteln nach den §§ 16b, 16c, 16e, 16f, 17, 18d, 18e, 18f, 18g und 19e.** (1) Ein Aufenthaltstitel nach § 16b Absatz 1 und 5, den §§ 16e, 17 Absatz 2, §§ 18d, 18g und 19e wird nicht erteilt an Ausländer,

1. die sich im Rahmen einer Regelung zum vorübergehenden Schutz in einem Mitgliedstaat der Europäischen Union aufhalten oder die in einem Mitgliedstaat einen Antrag auf Zuerkennung vorübergehenden Schutzes gestellt haben,

2. deren Abschiebung in einem Mitgliedstaat der Europäischen Union aus tatsächlichen oder rechtlichen Gründen ausgesetzt wurde,

3. die eine Erlaubnis zum Daueraufenthalt – EU oder einen Aufenthaltstitel, der durch einen anderen Mitgliedstaat der Europäischen Union auf der Grundlage der Richtlinie (EG) 2003/109 erteilt wurde, besitzen,

4. die auf Grund von Übereinkommen zwischen der Europäischen Union und ihren Mitgliedstaaten einerseits und Drittstaaten andererseits ein Recht auf freien Personenverkehr genießen, das dem der Unionsbürger gleichwertig ist.

(2) Eine Blaue Karte EU nach § 18g wird über die in Absatz 1 genannten Ausschlussgründe hinaus nicht erteilt an Ausländer,

1. die in einem Mitgliedstaat der Europäischen Union einen Antrag auf Zuerkennung internationalen Schutzes gestellt haben, über den noch nicht abschließend entschieden worden ist,

2. die einen Aufenthaltstitel nach Abschnitt 5, der nicht auf Grund des § 25 Absatz 1 oder 2 erteilt wurde, besitzen oder eine vergleichbare Rechtsstellung in einem anderen Mitgliedstaat der Europäischen Union innehaben,

3. die einen Aufenthaltstitel nach Abschnitt 5 oder eine vergleichbare Rechtsstellung in einem anderen Mitgliedstaat der Europäischen Union beantragt haben und über deren Antrag noch nicht abschließend entschieden worden ist,

4. deren Einreise in einen Mitgliedstaat der Europäischen Union Verpflichtungen unterliegt, die sich aus internationalen Abkommen zur Erleichterung der Einreise und des vorübergehenden Aufenthalts bestimmter Kategorien von natürlichen Personen, die handels- und investitionsbezogene Tätigkeiten ausüben, herleiten; hiervon ausgenommen sind Ausländer, die sich als unternehmensintern transferierte Arbeitnehmer gemäß der Richtlinie 2014/66/EU im Hoheitsgebiet eines Mitgliedstaats der Europäischen Union aufhalten, oder

5. die unter die Richtlinie 96/71/EG[2]) des Europäischen Parlaments und des Rates vom 16. Dezember 1996 über die Entsendung von Arbeitnehmern im Rahmen der Erbringung von Dienstleistungen (ABl. L 18 vom 21.1.1997, S. 1), die zuletzt durch die Richtlinie (EU) 2018/957 (ABl. L 173 vom 9.7.2018, S. 16; L 91 vom 29.3.2019, S. 77) geändert worden ist, fallen, für die Dauer ihrer Entsendung nach Deutschland.

(3) Eine Aufenthaltserlaubnis nach den §§ 16b, 16e, 17 Absatz 2, den §§ 18d und 19e wird über die in Absatz 1 genannten Ausschlussgründe hinaus nicht erteilt an Ausländer,

1. die in einem Mitgliedstaat der Europäischen Union einen Antrag auf Zuerkennung internationalen Schutzes gestellt haben, über den noch nicht abschließend

---

[1]) § 19f eingef. mWv 1.3.2020 durch G v. 15.8.2019 (BGBl. I S. 1307); Überschrift neu gef., Abs. 1 einl. Satzteil geänd., Nr. 1 aufgeh., Abs. 2–5 werden Nr. 1–4, Abs. 2, 3 neu gef. mWv 18.11.2023 durch G v. 16.8.2023 (BGBl. 2023 I Nr. 217).
[2]) **Loseblatt-Textsammlung Arbeitsrecht Nr. 890.**

entschieden worden ist, oder die in einem Mitgliedstaat internationalen Schutz genießen oder

2. die einen Antrag auf eine Blaue Karte EU nach § 18g oder in einem anderen Mitgliedstaat der Europäischen Union einen Antrag auf einen Aufenthaltstitel, der durch diesen Mitgliedstaat auf Grundlage der Richtlinie (EU) 2021/1883 erteilt wird, gestellt haben.

(4) Der Antrag auf Erteilung einer Aufenthaltserlaubnis nach den §§ 16b, 16e, 16f, 17, 18d, 18f und 19e kann abgelehnt werden, wenn

1. die aufnehmende Einrichtung hauptsächlich zu dem Zweck gegründet wurde, die Einreise und den Aufenthalt von Ausländern zu dem in der jeweiligen Vorschrift genannten Zweck zu erleichtern,

2. über das Vermögen der aufnehmenden Einrichtung ein Insolvenzverfahren eröffnet wurde, das auf Auflösung der Einrichtung und Abwicklung des Geschäftsbetriebs gerichtet ist,

3. die aufnehmende Einrichtung im Rahmen der Durchführung eines Insolvenzverfahrens aufgelöst wurde und der Geschäftsbetrieb abgewickelt wurde,

4. die Eröffnung eines Insolvenzverfahrens über das Vermögen der aufnehmenden Einrichtung mangels Masse abgelehnt wurde und der Geschäftsbetrieb eingestellt wurde,

5. die aufnehmende Einrichtung keine Geschäftstätigkeit ausübt oder

6. Beweise oder konkrete Anhaltspunkte dafür bestehen, dass der Ausländer den Aufenthalt zu anderen Zwecken nutzen wird als zu jenen, für die er die Erteilung der Aufenthaltserlaubnis beantragt.

(5) ¹Die Einreise und der Aufenthalt nach § 16c oder § 18e werden durch das Bundesamt für Migration und Flüchtlinge abgelehnt, wenn

1. die jeweiligen Voraussetzungen von § 16c Absatz 1 oder § 18e Absatz 1 nicht vorliegen,

2. die nach § 16c Absatz 1 oder § 18e Absatz 1 vorgelegten Unterlagen in betrügerischer Weise erworben, gefälscht oder manipuliert wurden,

3. einer der Ablehnungsgründe des Absatzes 4 vorliegt oder

4. ein Ausweisungsinteresse besteht.

²Eine Ablehnung nach Satz 1 Nummer 1 und 2 hat innerhalb von 30 Tagen nach Zugang der vollständigen Mitteilung nach § 16c Absatz 1 Satz 1 oder § 18e Absatz 1 Satz 1 beim Bundesamt für Migration und Flüchtlinge zu erfolgen. ³Im Fall des Satzes 1 Nummer 4 ist eine Ablehnung durch die Ausländerbehörde jederzeit während des Aufenthalts des Ausländers möglich; § 73 Absatz 3c ist entsprechend anwendbar. ⁴Die Ablehnung ist neben dem Ausländer auch der zuständigen Behörde des anderen Mitgliedstaates und der mitteilenden Einrichtung schriftlich bekannt zu geben.

**§ 20¹⁾ Arbeitsplatzsuche für Fachkräfte.** (1) ¹Einer Fachkraft mit Berufsausbildung kann eine Aufenthaltserlaubnis für bis zu sechs Monate zur Suche nach einem Arbeitsplatz, zu dessen Ausübung ihre Qualifikation befähigt, erteilt werden, wenn die Fachkraft über der angestrebten Tätigkeit entsprechende deutsche Sprachkenntnisse verfügt. ²Auf Ausländer, die sich bereits im Bundesgebiet auf-

---

¹⁾ § 20 neu gef. mWv 1.3.2020 durch G v. 15.8.2019 (BGBl. I S. 1307); Abs. 3 abschl. Satzteil geänd. mWv 18.11.2023, Abs. 3 Nr. 3, 4 geänd., Nr. 5 angef. mWv 1.3.2024 durch G v. 16.8.2023 (BGBl. 2023 I Nr. 217).

halten, findet Satz 1 nur Anwendung, wenn diese unmittelbar vor der Erteilung der Aufenthaltserlaubnis nach Satz 1 im Besitz eines Aufenthaltstitels zum Zweck der Erwerbstätigkeit oder nach § 16e waren. [3] Das Bundesministerium für Arbeit und Soziales kann durch Rechtsverordnung mit Zustimmung des Bundesrates Berufsgruppen bestimmen, in denen Fachkräften keine Aufenthaltserlaubnis nach Satz 1 erteilt werden darf. [4] Die Aufenthaltserlaubnis berechtigt nur zur Ausübung von Probebeschäftigungen bis zu zehn Stunden je Woche, zu deren Ausübung die erworbene Qualifikation die Fachkraft befähigt.

(2) [1] Einer Fachkraft mit akademischer Ausbildung kann eine Aufenthaltserlaubnis für bis zu sechs Monate zur Suche nach einem Arbeitsplatz, zu dessen Ausübung ihre Qualifikation befähigt, erteilt werden. [2] Absatz 1 Satz 2 und 4 gilt entsprechend.

(3) Zur Suche nach einem Arbeitsplatz, zu dessen Ausübung seine Qualifikation befähigt,

1. wird einem Ausländer nach erfolgreichem Abschluss eines Studiums im Bundesgebiet im Rahmen eines Aufenthalts nach § 16b oder § 16c eine Aufenthaltserlaubnis für bis zu 18 Monate erteilt,

2. wird einem Ausländer nach Abschluss der Forschungstätigkeit im Rahmen eines Aufenthalts nach § 18d oder § 18f eine Aufenthaltserlaubnis für bis zu neun Monate erteilt,

3. kann einem Ausländer nach erfolgreichem Abschluss einer qualifizierten Berufsausbildung im Bundesgebiet im Rahmen eines Aufenthalts nach § 16a eine Aufenthaltserlaubnis für bis zu zwölf Monate erteilt werden,

4. kann einem Ausländer nach der Feststellung der Gleichwertigkeit der Berufsqualifikation oder der Erteilung der Berufsausübungserlaubnis im Bundesgebiet im Rahmen eines Aufenthalts nach § 16d eine Aufenthaltserlaubnis für bis zu zwölf Monate erteilt werden oder

5. wird einem Ausländer nach erfolgreichem Abschluss einer Assistenz- oder Helferausbildung in einem staatlich anerkannten oder vergleichbar geregelten Ausbildungsberuf in einem Beruf im Gesundheits- und Pflegewesen im Bundesgebiet eine Aufenthaltserlaubnis für zwölf Monate erteilt,

sofern der Arbeitsplatz nach den Bestimmungen der §§ 18a, 18b, 18d, 18g,[1], 19c und 21 von Ausländern besetzt werden darf.

(4) [1] Die Erteilung der Aufenthaltserlaubnis nach den Absätzen 1 bis 3 setzt die Lebensunterhaltssicherung voraus. [2] Die Verlängerung der Aufenthaltserlaubnis über die in den Absätzen 1 bis 3 genannten Höchstzeiträume hinaus ist ausgeschlossen. [3] Eine Aufenthaltserlaubnis nach den Absätzen 1 und 2 kann erneut nur erteilt werden, wenn sich der Ausländer nach seiner Ausreise mindestens so lange im Ausland aufgehalten hat, wie er sich zuvor auf der Grundlage einer Aufenthaltserlaubnis nach Absatz 1 oder 2 im Bundesgebiet aufgehalten hat. [4] § 9 findet keine Anwendung.

## §§ 20a–20c[2] *(aufgehoben)*

## § 21[3] Selbständige Tätigkeit. (1) [1] Einem Ausländer kann eine Aufenthaltserlaubnis zur Ausübung einer selbständigen Tätigkeit erteilt werden, wenn

---

[1] Komma amtlich.
[2] § 20a–20c aufgeh. mWv 24.6.2020 durch G v. 12.6.2020 (BGBl. I S. 1248).
[3] § 21 Abs. 1 Satz 2 geänd. mWv 1.1.2009 durch G v. 20.12.2008 (BGBl. I S. 2846); Abs. 1 Satz 1 Nr. 1 geänd., Satz 2 aufgeh., bish. Satz 3 wird Satz 2 und geänd., bish. Satz 4 wird Satz 3, Abs. 2a eingef. mWv →

1. ein wirtschaftliches Interesse oder ein regionales Bedürfnis besteht,
2. die Tätigkeit positive Auswirkungen auf die Wirtschaft erwarten lässt und
3. die Finanzierung der Umsetzung durch Eigenkapital oder durch eine Kreditzusage gesichert ist.

[2]Die Beurteilung der Voraussetzungen nach Satz 1 richtet sich insbesondere nach der Tragfähigkeit der zu Grunde liegenden Geschäftsidee, den unternehmerischen Erfahrungen des Ausländers, der Höhe des Kapitaleinsatzes, den Auswirkungen auf die Beschäftigungs- und Ausbildungssituation und dem Beitrag für Innovation und Forschung. [3]Bei der Prüfung sind die für den Ort der geplanten Tätigkeit fachkundigen Körperschaften, die zuständigen Gewerbebehörden, die öffentlich-rechtlichen Berufsvertretungen und die für die Berufszulassung zuständigen Behörden zu beteiligen.

(2) Eine Aufenthaltserlaubnis zur Ausübung einer selbständigen Tätigkeit kann auch erteilt werden, wenn völkerrechtliche Vergünstigungen auf der Grundlage der Gegenseitigkeit bestehen.

(2a) [1]Einem Ausländer, der sein Studium an einer staatlichen oder staatlich anerkannten Hochschule oder vergleichbaren Ausbildungseinrichtung im Bundesgebiet erfolgreich abgeschlossen hat oder der als Forscher oder Wissenschaftler eine Aufenthaltserlaubnis nach den §§ 18b, 18d, 19c Absatz 1 oder eine Blaue Karte EU besitzt, soll eine Aufenthaltserlaubnis zur Ausübung einer selbständigen Tätigkeit abweichend von Absatz 1 erteilt werden. [2]Die beabsichtigte selbständige Tätigkeit muss einen Zusammenhang mit den in der Hochschulausbildung erworbenen Kenntnissen oder der Tätigkeit als Forscher oder Wissenschaftler erkennen lassen.

(2b) [1]Einem Ausländer kann eine Aufenthaltserlaubnis für einen Aufenthalt zur Gründung eines Unternehmens erteilt werden, wenn

1. er eine Fachkraft ist und
2. ihm zur Vorbereitung der Gründung eines Unternehmens ein den Lebensunterhalt sicherndes Stipendium einer deutschen Wirtschaftsorganisation oder einer deutschen öffentlichen Stelle aus öffentlichen Mitteln gewährt wird.

[2]Die Aufenthaltserlaubnis wird für die Dauer des gewährten Stipendiums erteilt, höchstens jedoch für 18 Monate.

(3) Ausländern, die älter sind als 45 Jahre, soll die Aufenthaltserlaubnis nur erteilt werden, wenn sie über eine angemessene Altersversorgung verfügen.

(4) [1]Die Aufenthaltserlaubnis wird auf längstens drei Jahre befristet. [2]Nach drei Jahren kann abweichend von § 9 Abs. 2 eine Niederlassungserlaubnis erteilt werden, wenn der Ausländer seit drei Jahren selbständig ist und die gegenwärtig ausgeübte Tätigkeit insbesondere auf Grund ihres Erfolgs und ihrer Dauer eine weitere nachhaltige Entwicklung der Geschäftstätigkeit erwarten lässt sowie der Lebensunterhalt des Ausländers und seiner mit ihm in familiärer Gemeinschaft lebenden Angehörigen, denen er Unterhalt zu leisten hat, durch ausreichende

*(Fortsetzung der Anm. von voriger Seite)*
1.8.2012 durch G v. 1.6.2012 (BGBl. I S. 1224); Abs. 5 Satz 3 geänd. mWv 6.9.2013 durch G v. 29.8.
2013 (BGBl. I S. 3484); Abs. 2a Satz 1, Abs. 4 Satz 2 geänd. mWv 1.3.2020 durch G v. 15.8.2019 (BGBl. I
S. 1307); Abs. 2a Satz 1 geänd. mWv 24.6.2020 durch G v. 12.6.2020 (BGBl. I S. 1248); Abs. 2a Satz 1
geänd. mWv 18.11.2023, Abs. 2a Satz 1 geänd., Abs. 2b eingef., Abs. 4 Satz 2 geänd. mWv 1.3.2024
durch G v. 16.8.2023 (BGBl. 2023 I Nr. 217).

Einkünfte gesichert ist und die Voraussetzung des § 9 Absatz 2 Satz 1 Nummer 4 vorliegt.

(5) [1] Einem Ausländer kann eine Aufenthaltserlaubnis zur Ausübung einer freiberuflichen Tätigkeit abweichend von Absatz 1 erteilt werden. [2] Eine erforderliche Erlaubnis zur Ausübung des freien Berufes muss erteilt worden oder ihre Erteilung zugesagt sein. [3] Absatz 1 Satz 3 ist entsprechend anzuwenden. [4] Absatz 4 ist nicht anzuwenden.

(6) Einem Ausländer, dem eine Aufenthaltserlaubnis zu einem anderen Zweck erteilt wird oder erteilt worden ist, kann unter Beibehaltung dieses Aufenthaltszwecks die Ausübung einer selbständigen Tätigkeit erlaubt werden, wenn die nach sonstigen Vorschriften erforderlichen Erlaubnisse erteilt wurden oder ihre Erteilung zugesagt ist.

### Abschnitt 5. Aufenthalt aus völkerrechtlichen, humanitären oder politischen Gründen

**§ 22**[1]**) Aufnahme aus dem Ausland.** [1] Einem Ausländer kann für die Aufnahme aus dem Ausland aus völkerrechtlichen oder dringenden humanitären Gründen eine Aufenthaltserlaubnis erteilt werden. [2] Eine Aufenthaltserlaubnis ist zu erteilen, wenn das Bundesministerium des Innern, für Bau und Heimat oder die von ihm bestimmte Stelle zur Wahrung politischer Interessen der Bundesrepublik Deutschland die Aufnahme erklärt hat.

**§ 23**[2]**) Aufenthaltsgewährung durch die obersten Landesbehörden; Aufnahme bei besonders gelagerten politischen Interessen; Neuansiedlung von Schutzsuchenden.** (1) [1] Die oberste Landesbehörde kann aus völkerrechtlichen oder humanitären Gründen oder zur Wahrung politischer Interessen der Bundesrepublik Deutschland anordnen, dass Ausländern aus bestimmten Staaten oder in sonstiger Weise bestimmten Ausländergruppen eine Aufenthaltserlaubnis erteilt wird. [2] Die Anordnung kann unter der Maßgabe erfolgen, dass eine Verpflichtungserklärung nach § 68 abgegeben wird. [3] Zur Wahrung der Bundeseinheitlichkeit bedarf die Anordnung des Einvernehmens mit dem Bundesministerium des Innern, für Bau und Heimat. [4] Die Aufenthaltserlaubnis berechtigt nicht zur Erwerbstätigkeit; die Anordnung kann vorsehen, dass die zu erteilende Aufenthaltserlaubnis die Erwerbstätigkeit erlaubt oder diese nach § 4a Absatz 1 erlaubt werden kann.

(2) [1] Das Bundesministerium des Innern, für Bau und Heimat kann zur Wahrung besonders gelagerter politischer Interessen der Bundesrepublik Deutschland im Benehmen mit den obersten Landesbehörden anordnen, dass das Bundesamt für Migration und Flüchtlinge Ausländern aus bestimmten Staaten oder in sonstiger Weise bestimmten Ausländergruppen eine Aufnahmezusage erteilt. [2] Ein Vorverfahren nach § 68 der Verwaltungsgerichtsordnung[3] findet nicht statt. [3] Den betroffenen Ausländern ist entsprechend der Aufnahmezusage eine Aufenthaltserlaubnis oder Niederlassungserlaubnis zu erteilen. [4] Die Niederlassungserlaubnis kann mit einer wohnsitzbeschränkenden Auflage versehen werden.

---

[1] § 22 Satz 3 aufgeh. mWv 1.3.2020 durch G v. 15.8.2019 (BGBl. I S. 1307); Satz 2 geänd. mWv 27.6.2020 durch VO v. 19.6.2020 (BGBl. I S. 1328).
[2] § 23 Überschrift geänd., Abs. 4 angef. mWv 1.8.2015 durch G v. 27.7.2015 (BGBl. I S. 1386); Abs. 1 Satz 4 angef., Abs. 2 Satz 5 aufgeh., Abs. 4 Satz 2 geänd. mWv 1.3.2020 durch G v. 15.8.2019 (BGBl. I S. 1307); Abs. 1 Satz 3, Abs. 2 Satz 1, Abs. 4 Satz 1 geänd. mWv 27.6.2020 durch VO v. 19.6.2020 (BGBl. I S. 1328).
[3] Nr. **600**.

(3) Die Anordnung kann vorsehen, dass § 24 ganz oder teilweise entsprechende Anwendung findet.

(4) [1]Das Bundesministerium des Innern, für Bau und Heimat kann im Rahmen der Neuansiedlung von Schutzsuchenden im Benehmen mit den obersten Landesbehörden anordnen, dass das Bundesamt für Migration und

*(Fortsetzung nächstes Blatt)*

(4) Auf sonstige Familienangehörige findet § 36 entsprechende Anwendung.

**§ 29**[1] **Familiennachzug zu Ausländern.** (1) [1] Für den Familiennachzug zu einem Ausländer muss

1. der Ausländer eine Niederlassungserlaubnis, Erlaubnis zum Daueraufenthalt – EU, Aufenthaltserlaubnis, eine Blaue Karte EU, eine ICT-Karte oder eine Mobiler-ICT-Karte besitzen oder sich gemäß § 18e berechtigt im Bundesgebiet aufhalten und

2. ausreichender Wohnraum zur Verfügung stehen.

[2] Satz 1 Nummer 2, § 5 Absatz 1 Nummer 1 mit Ausnahme des Bestehens ausreichenden Krankenversicherungsschutzes sowie § 27 Absatz 3 Satz 1 finden keine Anwendung, wenn

1. der Familiennachzug zu einem Inhaber einer Blauen Karte EU erfolgen soll,

2. der Inhaber der Blauen Karte EU unmittelbar vor der Erteilung der Blauen Karte EU im Besitz einer Blauen Karte EU war, die ein anderer Mitgliedstaat der Europäischen Union ausgestellt hat, und

3. die familiäre Lebensgemeinschaft bereits in dem anderen Mitgliedstaat der Europäischen Union bestand.

(2) [1] Bei dem Ehegatten und dem minderjährigen ledigen Kind eines Ausländers, der eine Aufenthaltserlaubnis nach § 23 Absatz 4, § 25 Absatz 1 oder 2, eine Niederlassungserlaubnis nach § 26 Absatz 3 oder nach Erteilung einer Aufenthaltserlaubnis nach § 25 Absatz 2 Satz 1 zweite Alternative eine Niederlassungserlaubnis nach § 26 Absatz 4 besitzt, kann von den Voraussetzungen des § 5 Absatz 1 Nummer 1 und des Absatzes 1 Nummer 2 abgesehen werden. [2] In den Fällen des Satzes 1 ist von diesen Voraussetzungen abzusehen, wenn

1. der im Zuge des Familiennachzugs erforderliche Antrag auf Erteilung eines Aufenthaltstitels innerhalb von drei Monaten nach unanfechtbarer Anerkennung als Asylberechtigter oder unanfechtbarer Zuerkennung der Flüchtlingseigenschaft oder subsidiären Schutzes oder nach Erteilung einer Aufenthaltserlaubnis nach § 23 Absatz 4 gestellt wird und

2. die Herstellung der familiären Lebensgemeinschaft in einem Staat, der nicht Mitgliedstaat der Europäischen Union ist und zu dem der Ausländer oder seine Familienangehörigen eine besondere Bindung haben, nicht möglich ist.

[3] Die in Satz 2 Nr. 1 genannte Frist wird auch durch die rechtzeitige Antragstellung des Ausländers gewahrt.

(3) [1] Die Aufenthaltserlaubnis darf dem Ehegatten und dem minderjährigen Kind eines Ausländers, der eine Aufenthaltserlaubnis nach den §§ 22, 23 Absatz 1 oder Absatz 2 oder § 25 Absatz 3 oder Absatz 4a Satz 1, § 25a Absatz 1 oder § 25b Absatz 1 besitzt, nur aus völkerrechtlichen oder humanitären Gründen oder zur Wahrung politischer Interessen der Bundesrepublik Deutschland erteilt werden. [2] § 26 Abs. 4 gilt

---

[1] § 29 Abs. 3 Satz 3 geänd. mWv 1.7.2011 durch G v. 23.6.2011 (BGBl. I S. 1266); Abs. 5 Nr. 1 geänd., Nr. 2 eingef., bish. Nr. 2 wird Nr. 3 mWv 26.11.2011 durch G v. 22.11.2011 (BGBl. I S. 2258); Abs. 1 Nr. 1, Abs. 5 Nr. 2 geänd. mWv 1.8.2012 durch G v. 1.6.2012 (BGBl. I S. 1224); Abs. 3 Satz 1 geänd. mWv 1.12.2013 durch G v. 28.8.2013 (BGBl. I S. 3474); Abs. 5 aufgeh. mWv 6.9.2013, Abs. 1 Nr. 1 geänd. mWv 2.12.2013 durch G v. 29.8.2013 (BGBl. I S. 3484); Abs. 2 Sätze 1 und 2 neu gef., Abs. 3 Sätze 1 und 3 geänd. mWv 1.8.2015 durch G v. 27.7.2015 (BGBl. I S. 1386); Abs. 1 Nr. 1 geänd. mWv 1.8.2017 durch G v. 12.5.2017 (BGBl. I S. 1106); Abs. 1 Nr. 1 geänd. mWv 1.3.2020 durch G v. 15.8.2019 (BGBl. I S. 1307); Abs. 3 Satz 2 geänd. mWv 31.12. 2022 durch G v. 21.12.2022 (BGBl. I S. 2847); Abs. 2 Satz 1 angef. mWv 18.11.2023, Abs. 5 angef. mWv 1.3. 2024 durch G v. 16.8.2023 (BGBl. 2023 I Nr. 217).

entsprechend. [3] Ein Familiennachzug wird in den Fällen des § 25 Absatz 4, 4b und 5, § 25a Absatz 2, § 25b Absatz 4, § 104a Abs. 1 Satz 1, § 104b und § 104c nicht gewährt.

(4) [1] Die Aufenthaltserlaubnis wird dem Ehegatten und dem minderjährigen ledigen Kind eines Ausländers oder dem minderjährigen ledigen Kind seines Ehegatten abweichend von § 5 Abs. 1 und § 27 Abs. 3 erteilt, wenn dem Ausländer vorübergehender Schutz nach § 24 Abs. 1 gewährt wurde und

1. die familiäre Lebensgemeinschaft im Herkunftsland durch die Fluchtsituation aufgehoben wurde und
2. der Familienangehörige aus einem anderen Mitgliedstaat der Europäischen Union übernommen wird oder sich außerhalb der Europäischen Union befindet und schutzbedürftig ist.

[2] Die Erteilung einer Aufenthaltserlaubnis an sonstige Familienangehörige eines Ausländers, dem vorübergehender Schutz nach § 24 Abs. 1 gewährt wurde, richtet sich nach § 36. [3] Auf die nach diesem Absatz aufgenommenen Familienangehörigen findet § 24 Anwendung.

(5) Bei dem Ehegatten oder minderjährigen ledigen Kind eines Ausländers, der im Besitz einer Blauen Karte EU, einer ICT-Karte oder einer Mobiler-ICT-Karte oder eines Aufenthaltstitels nach den §§ 18a, 18b, 18c Absatz 3, den §§ 18d, 18f, 19c Absatz 1 für eine Beschäftigung als leitender Angestellter, als Führungskraft, als Unternehmensspezialist, als Wissenschaftler, als Gastwissenschaftler, als Ingenieur oder Techniker im Forschungsteam eines Gastwissenschaftlers oder als Lehrkraft, nach § 19c Absatz 2 oder 4 Satz 1 oder § 21 ist, wird von der Voraussetzung des Absatzes 1 Nummer 2 abgesehen.

**§ 30**[1] **Ehegattennachzug.** (1) [1] Dem Ehegatten eines Ausländers ist eine Aufenthaltserlaubnis zu erteilen, wenn

1. beide Ehegatten das 18. Lebensjahr vollendet haben,
2. der Ehegatte sich zumindest auf einfache Art in deutscher Sprache verständigen kann und
3. der Ausländer
   a) eine Niederlassungserlaubnis besitzt,
   b) eine Erlaubnis zum Daueraufenthalt – EU besitzt,
   c) eine Aufenthaltserlaubnis nach den §§ 18d, 18f oder § 25 Absatz 1 oder Absatz 2 Satz 1 erste Alternative besitzt,
   d) seit zwei Jahren eine Aufenthaltserlaubnis besitzt und die Aufenthaltserlaubnis nicht mit einer Nebenbestimmung nach § 8 Abs. 2 versehen oder die spätere Erteilung einer Niederlassungserlaubnis nicht auf Grund einer Rechtsnorm ausgeschlossen ist; dies gilt nicht für eine Aufenthaltserlaubnis nach § 25 Absatz 2 Satz 1 zweite Alternative,

*(Fortsetzung nächstes Blatt)*

---

[1] § 30 Abs. 2 Satz 2 geänd. mWv 1.1.2009 durch G v. 20.12.2008 (BGBl. I S. 2846); Abs. 1 Satz 1 Nr. 3 Buchst. e, f geänd., Buchst. g angef., Satz 3 Nr. 3, 4 geänd., Nr. 5 angef. mWv 1.8.2012 durch G v. 1.6.2012 (BGBl. I S. 1224); Abs. 1 Satz 1 Nr. 3 Buchst. b und Satz 2 Nr. 2 geänd. mWv 2.12.2013 durch G v. 29.8.2013 (BGBl. I S. 3484); Abs. 1 Satz 3 Nr. 1 neu gef., Nr. 4 und 5 geänd., Nr. 6 angef. mWv 1.8.2015 durch G v. 27.7.2015 (BGBl. I S. 1386); Abs. 1 Satz 1 Nr. 3 Buchst. c, g und Satz 3 Nr. 5 geänd., Abs. 5 angef. mWv 1.8.2017 durch G v. 12.5.2017 (BGBl. I S. 1106); Abs. 1 Sätze 2 und 3 neu gef. mWv 22.7.2017 durch G v. 17.7.2017 (BGBl. I S. 2429); Abs. 1 Satz 1 Nr. 3 Buchst. c, d und e geänd. mWv 1.8.2018 durch G v. 12.7.2018 (BGBl. I S. 1147); Abs. 1 Satz 1 Nr. 3 Buchst. c geänd., Satz 3 Nr. 5 neu gef., Nr. 7, 8, Abs. 2 Satz 2, Abs. 5 Sätze 1 und 2 geänd. mWv 1.3.2020 durch G v. 15.8.2019 (BGBl. I S. 1307); Abs. 1 Satz 2 Nr. 5, 6 geänd., Nr. 7 aufgeh., bish. Nr. 8 wird Nr. 7 und neu gef. mWv 31.12.2022 durch G v. 21.12.2022 (BGBl. I S. 2847); Abs. 1 Satz 3 Nr. 5 und 7 geänd. mWv 18.11.2023 durch G v. 16.8.2023 (BGBl. 2023 I Nr. 217).

**§ 34[1] Aufenthaltsrecht der Kinder.** (1) Die einem Kind erteilte Aufenthaltserlaubnis ist abweichend von § 5 Abs. 1 Nr. 1 und § 29 Abs. 1 Nr. 2 zu verlängern, solange ein personensorgeberechtigter Elternteil eine Aufenthaltserlaubnis, Niederlassungserlaubnis oder eine Erlaubnis zum Daueraufenthalt – EU besitzt und das Kind mit ihm in familiärer Lebensgemeinschaft lebt oder das Kind im Falle seiner Ausreise ein Wiederkehrrecht gemäß § 37 hätte.

(2) [1] Mit Eintritt der Volljährigkeit wird die einem Kind erteilte Aufenthaltserlaubnis zu einem eigenständigen, vom Familiennachzug unabhängigen Aufenthaltsrecht. [2] Das Gleiche gilt bei Erteilung einer Niederlassungserlaubnis und der Erlaubnis zum Daueraufenthalt – EU oder wenn die Aufenthaltserlaubnis in entsprechender Anwendung des § 37 verlängert wird.

(3) Die Aufenthaltserlaubnis kann verlängert werden, solange die Voraussetzungen für die Erteilung der Niederlassungserlaubnis und der Erlaubnis zum Daueraufenthalt – EU noch nicht vorliegen.

**§ 35[2] Eigenständiges, unbefristetes Aufenthaltsrecht der Kinder.**

(1) [1] Einem minderjährigen Ausländer, der eine Aufenthaltserlaubnis nach diesem Abschnitt besitzt, ist abweichend von § 9 Abs. 2 eine Niederlassungserlaubnis zu erteilen, wenn er im Zeitpunkt der Vollendung seines 16. Lebensjahres seit fünf Jahren im Besitz der Aufenthaltserlaubnis ist. [2] Das Gleiche gilt, wenn

1. der Ausländer volljährig und seit fünf Jahren im Besitz der Aufenthaltserlaubnis ist,

2. er über ausreichende Kenntnisse der deutschen Sprache verfügt und

3. sein Lebensunterhalt gesichert ist oder er sich in einer Ausbildung befindet, die zu einem anerkannten schulischen oder beruflichen Bildungsabschluss oder einem Hochschulabschluss führt.

(2) Auf die nach Absatz 1 erforderliche Dauer des Besitzes der Aufenthaltserlaubnis werden in der Regel nicht die Zeiten angerechnet, in denen der Ausländer außerhalb des Bundesgebiets die Schule besucht hat.

(3) [1] Ein Anspruch auf Erteilung einer Niederlassungserlaubnis nach Absatz 1 besteht nicht, wenn

1. ein auf dem persönlichen Verhalten des Ausländers beruhendes Ausweisungsinteresse besteht,

2. der Ausländer in den letzten drei Jahren wegen einer vorsätzlichen Straftat zu einer Jugendstrafe von mindestens sechs oder einer Freiheitsstrafe von mindestens drei Monaten oder einer Geldstrafe von mindestens 90 Tagessätzen verurteilt worden oder wenn die Verhängung einer Jugendstrafe ausgesetzt ist oder

3. der Lebensunterhalt nicht ohne Inanspruchnahme von Leistungen nach dem Zweiten[3] oder Zwölften Buch Sozialgesetzbuch[4] oder Jugendhilfe nach dem Achten Buch Sozialgesetzbuch[5] gesichert ist, es sei denn, der Ausländer befindet sich in einer Ausbildung, die zu einem anerkannten schulischen oder beruflichen Bildungsabschluss führt.

---

[1] § 34 Abs. 1, 2 Satz 2 und Abs. 3 geänd. mWv 2.12.2013 durch G v. 29.8.2013 (BGBl. I S. 3484).
[2] § 35 Abs. 1 Satz 2 Nr. 3 geänd. mWv 26.11.2011 durch G v. 22.11.2011 (BGBl. I S. 2258); Abs. 3 Satz 1 Nr. 1 neu gef. mWv 1.8.2015 durch G v. 27.7.2015 (BGBl. I S. 1386).
[3] **Sartorius ErgBd. Nr. 402.**
[4] **Sartorius ErgBd. Nr. 412.**
[5] **Habersack ErgBd. Nr. 46.**

² In den Fällen des Satzes 1 kann die Niederlassungserlaubnis erteilt oder die Aufenthaltserlaubnis verlängert werden. ³ Ist im Falle des Satzes 1 Nr. 2 die Jugend- oder Freiheitsstrafe zur Bewährung oder die Verhängung einer Jugendstrafe ausgesetzt, wird die Aufenthaltserlaubnis in der Regel bis zum Ablauf der Bewährungszeit verlängert.

(4) Von den in Absatz 1 Satz 2 Nr. 2 und 3 und Absatz 3 Satz 1 Nr. 3 bezeichneten Voraussetzungen ist abzusehen, wenn sie von dem Ausländer wegen einer körperlichen, geistigen oder seelischen Krankheit oder Behinderung nicht erfüllt werden können.

**§ 36**[1]**) Nachzug der Eltern und sonstiger Familienangehöriger.** (1) Den Eltern eines minderjährigen Ausländers, der eine Aufenthaltserlaubnis nach § 23 Absatz 4, § 25 Absatz 1 oder Absatz 2 Satz 1 erste Alternative, eine Niederlassungserlaubnis nach § 26 Absatz 3 oder nach Erteilung einer Aufenthaltserlaubnis nach § 25 Absatz 2 Satz 1 zweite Alternative eine Niederlassungserlaubnis nach § 26 Absatz 4 besitzt, ist abweichend von § 5 Absatz 1 Nummer 1 und § 29 Absatz 1 Nummer 2 eine Aufenthaltserlaubnis zu erteilen, wenn sich kein personensorgeberechtigter Elternteil im Bundesgebiet aufhält.

(2) ¹ Sonstigen Familienangehörigen eines Ausländers kann zum Familiennachzug eine Aufenthaltserlaubnis erteilt werden, wenn es zur Vermeidung einer außergewöhnlichen Härte erforderlich ist. ² Auf volljährige Familienangehörige sind § 30 Abs. 3 und § 31, auf minderjährige Familienangehörige ist § 34 entsprechend anzuwenden.

(3) ¹ Den Eltern eines Ausländers, dem am oder nach dem 1. März 2024 erstmals eine Blaue Karte EU, eine ICT-Karte oder eine Mobiler-ICT-Karte oder ein Aufenthaltstitel nach den §§ 18a, 18b, 18c Absatz 3, den §§ 18d, 18f, 19c Absatz 1 für eine Beschäftigung als leitender Angestellter, als Führungskraft, als Unternehmensspezialist, als Wissenschaftler, als Gastwissenschaftler, als Ingenieur oder Techniker im Forschungsteam eines Gastwissenschaftlers oder als Lehrkraft, nach § 19c Absatz 2 oder 4 Satz 1 oder § 21 erteilt wird, kann eine Aufenthaltserlaubnis zum Familiennachzug erteilt werden; dies gilt auch für die Eltern des Ehegatten, wenn dieser sich dauerhaft im Bundesgebiet aufhält. ² Die Aufenthaltserlaubnis nach Satz 1 kann nur erteilt werden, wenn die Voraussetzung nach § 5 Absatz 1 Nummer 1 erfüllt ist.

**§ 36a**[2]**) Familiennachzug zu subsidiär Schutzberechtigten.** (1) ¹ Dem Ehegatten oder dem minderjährigen ledigen Kind eines Ausländers, der eine Aufenthaltserlaubnis nach § 25 Absatz 2 Satz 1 zweite Alternative besitzt, kann aus humanitären Gründen eine Aufenthaltserlaubnis erteilt werden. ² Gleiches gilt für die Eltern eines minderjährigen Ausländers, der eine Aufenthaltserlaubnis nach § 25 Absatz 2 Satz 1 zweite Alternative besitzt, wenn sich kein personensorgeberechtigter Elternteil im Bundesgebiet aufhält; § 5 Absatz 1 Nummer 1 und § 29 Absatz 1 Nummer 2 finden keine Anwendung. ³ Ein Anspruch auf Familiennachzug besteht für den genannten Personenkreis nicht. ⁴ Die §§ 22, 23 bleiben unberührt.

(2) ¹ Humanitäre Gründe im Sinne dieser Vorschrift liegen insbesondere vor, wenn

---

[1]) § 36 Abs. 1 geänd. mWv 26.11.2011 durch G v. 22.11.2011 (BGBl. I S. 2258); Abs. 1 neu gef. mWv 1.8.2015 durch G v. 27.7.2015 (BGBl. I S. 1386); Abs. 1 geänd. mWv 1.8.2018 durch G v. 12.7.2018 (BGBl. I S. 1147); Abs. 3 angef. mWv 1.3.2024 durch G v. 16.8.2023 (BGBl. 2023 I Nr. 217).
[2]) § 36a eingef. mWv 1.8.2018 durch G v. 12.7.2018 (BGBl. I S. 1147).

1. die Herstellung der familiären Lebensgemeinschaft seit langer Zeit nicht möglich ist,
2. ein minderjähriges lediges Kind betroffen ist,
3. Leib, Leben oder Freiheit des Ehegatten, des minderjährigen ledigen Kindes oder der Eltern eines minderjährigen Ausländers im Aufenthaltsstaat ernsthaft gefährdet sind oder
4. der Ausländer, der Ehegatte oder das minderjährige ledige Kind oder ein Elternteil eines minderjährigen Ausländers schwerwiegend erkrankt oder pflegebedürftig im Sinne schwerer Beeinträchtigungen der Selbstständigkeit oder der Fähigkeiten ist oder eine schwere Behinderung hat. Die Erkrankung, die Pflegebedürftigkeit oder die Behinderung sind durch eine qualifizierte Bescheinigung glaubhaft zu machen, es sei denn, beim Familienangehörigen im Ausland liegen anderweitige Anhaltspunkte für das Vorliegen der Erkrankung, der Pflegebedürftigkeit oder der Behinderung vor.

[2]Monatlich können 1 000 nationale Visa für eine Aufenthaltserlaubnis nach Absatz 1 Satz 1 und 2 erteilt werden. Das Kindeswohl ist besonders zu berücksichtigen. [3]Bei Vorliegen von humanitären Gründen sind Integrationsaspekte besonders zu berücksichtigen.

(3) Die Erteilung einer Aufenthaltserlaubnis nach Absatz 1 Satz 1 oder Satz 2 ist in der Regel ausgeschlossen, wenn

1. im Fall einer Aufenthaltserlaubnis nach Absatz 1 Satz 1 erste Alternative die Ehe nicht bereits vor der Flucht geschlossen wurde,
2. der Ausländer, zu dem der Familiennachzug stattfinden soll,
   a) wegen einer oder mehrerer vorsätzlicher Straftaten rechtskräftig zu einer Freiheitsstrafe von mindestens einem Jahr verurteilt worden ist,
   b) wegen einer oder mehrerer vorsätzlicher Straftaten gegen das Leben, die körperliche Unversehrtheit, die sexuelle Selbstbestimmung, das Eigentum oder wegen Widerstands gegen Vollstreckungsbeamte rechtskräftig zu einer Freiheits- oder Jugendstrafe verurteilt worden ist, sofern die Straftat mit Gewalt, unter Anwendung von Drohung mit Gefahr für Leib oder Leben oder mit List begangen worden ist oder eine Straftat nach § 177 des Strafgesetzbuches[1] ist; bei serienmäßiger Begehung von Straftaten gegen das Eigentum gilt dies auch, wenn der Täter keine Gewalt, Drohung oder List angewendet hat,
   c) wegen einer oder mehrerer vorsätzlicher Straftaten rechtskräftig zu einer Jugendstrafe von mindestens einem Jahr verurteilt und die Vollstreckung der Strafe nicht zur Bewährung ausgesetzt worden ist, oder
   d) wegen einer oder mehrerer vorsätzlicher Straftaten nach § 29 Absatz 1 Satz 1 Nummer 1 des Betäubungsmittelgesetzes[2] rechtskräftig verurteilt worden ist,
3. hinsichtlich des Ausländers, zu dem der Familiennachzug stattfinden soll, die Verlängerung der Aufenthaltserlaubnis und die Erteilung eines anderen Aufenthaltstitels nicht zu erwarten ist, oder
4. der Ausländer, zu dem der Familiennachzug stattfinden soll, eine Grenzübertrittsbescheinigung beantragt hat.

(4) § 30 Absatz 1 Satz 1 Nummer 1, Absatz 2 Satz 1 und Absatz 4 sowie § 32 Absatz 3 gelten entsprechend.

---

[1] **Habersack Nr. 85.**
[2] Nr. 275.

(5) § 27 Absatz 3 Satz 2 und § 29 Absatz 2 Satz 2 Nummer 1 finden keine Anwendung.

## Abschnitt 7. Besondere Aufenthaltsrechte

**§ 37[1) Recht auf Wiederkehr.** (1) Einem Ausländer, der als Minderjähriger rechtmäßig seinen gewöhnlichen Aufenthalt im Bundesgebiet hatte, ist eine Aufenthaltserlaubnis zu erteilen, wenn

1. der Ausländer sich vor seiner Ausreise acht Jahre rechtmäßig im Bundesgebiet aufgehalten und sechs Jahre im Bundesgebiet eine Schule besucht hat,
2. sein Lebensunterhalt aus eigener Erwerbstätigkeit oder durch eine Unterhaltsverpflichtung gesichert ist, die ein Dritter für die Dauer von fünf Jahren übernommen hat, und
3. der Antrag auf Erteilung der Aufenthaltserlaubnis nach Vollendung des 15. und vor Vollendung des 21. Lebensjahres sowie vor Ablauf von fünf Jahren seit der Ausreise gestellt wird.

(2) [1]Zur Vermeidung einer besonderen Härte kann von den in Absatz 1 Satz 1 Nr. 1 und 3 bezeichneten Voraussetzungen abgewichen werden. [2]Von den in Absatz 1 Satz 1 Nr. 1 bezeichneten Voraussetzungen kann abgesehen werden, wenn der Ausländer im Bundesgebiet einen anerkannten Schulabschluss erworben hat.

(2a) [1]Von den in Absatz 1 Satz 1 Nummer 1 bis 3 bezeichneten Voraussetzungen kann abgewichen werden, wenn der Ausländer rechtswidrig mit Gewalt oder Drohung mit einem empfindlichen Übel zur Eingehung der Ehe genötigt und von der Rückkehr nach Deutschland abgehalten wurde, er den Antrag auf Erteilung einer Aufenthaltserlaubnis innerhalb von drei Monaten nach Wegfall der Zwangslage, spätestens jedoch vor Ablauf von fünf Jahren seit der Ausreise, stellt, und gewährleistet erscheint, dass er sich aufgrund seiner bisherigen Ausbildung und Lebensverhältnisse in die Lebensverhältnisse der Bundesrepublik Deutschland einfügen kann. [2]Erfüllt der Ausländer die Voraussetzungen des Absatzes 1 Satz 1 Nummer 1, soll ihm eine Aufenthaltserlaubnis erteilt werden, wenn er rechtswidrig mit Gewalt oder Drohung mit einem empfindlichen Übel zur Eingehung der Ehe genötigt und von der Rückkehr nach Deutschland abgehalten wurde und er den Antrag auf Erteilung einer Aufenthaltserlaubnis innerhalb von drei Monaten nach Wegfall der Zwangslage, spätestens jedoch vor Ablauf von zehn Jahren seit der Ausreise, stellt. [3]Absatz 2 bleibt unberührt.

(3) Die Erteilung der Aufenthaltserlaubnis kann versagt werden,

1. wenn der Ausländer ausgewiesen worden war oder ausgewiesen werden konnte, als er das Bundesgebiet verließ,
2. wenn ein Ausweisungsinteresse besteht oder
3. solange der Ausländer minderjährig und seine persönliche Betreuung im Bundesgebiet nicht gewährleistet ist.

(4) Der Verlängerung der Aufenthaltserlaubnis steht nicht entgegen, dass der Lebensunterhalt nicht mehr aus eigener Erwerbstätigkeit gesichert oder die Unterhaltsverpflichtung wegen Ablaufs der fünf Jahre entfallen ist.

---

[1)] § 37 Abs. 2a eingef. mWv 1.7.2011 durch G v. 23.6.2011 (BGBl. I S. 1266); Abs. 3 Nr. 2 geänd. mWv 1.8.2015 durch G v. 27.7.2015 (BGBl. I S. 1386); Abs. 1 Satz 2 aufgeh. mWv 1.3.2020 durch G v. 15.8.2019 (BGBl. I S. 1307).

(5) Einem Ausländer, der von einem Träger im Bundesgebiet Rente bezieht, wird in der Regel eine Aufenthaltserlaubnis erteilt, wenn er sich vor seiner Ausreise mindestens acht Jahre rechtmäßig im Bundesgebiet aufgehalten hat.

**§ 38**[1]**) Aufenthaltstitel für ehemalige Deutsche.** (1) [1]Einem ehemaligen Deutschen ist

1. eine Niederlassungserlaubnis zu erteilen, wenn er bei Verlust der deutschen Staatsangehörigkeit seit fünf Jahren als Deutscher seinen gewöhnlichen Aufenthalt im Bundesgebiet hatte,

2. eine Aufenthaltserlaubnis zu erteilen, wenn er bei Verlust der deutschen Staatsangehörigkeit seit mindestens einem Jahr seinen gewöhnlichen Aufenthalt im Bundesgebiet hatte.

[2]Der Antrag auf Erteilung eines Aufenthaltstitels nach Satz 1 ist innerhalb von sechs Monaten nach Kenntnis vom Verlust der deutschen Staatsangehörigkeit zu stellen. [3] § 81 Abs. 3 gilt entsprechend.

(2) Einem ehemaligen Deutschen, der seinen gewöhnlichen Aufenthalt im Ausland hat, kann eine Aufenthaltserlaubnis erteilt werden, wenn er über ausreichende Kenntnisse der deutschen Sprache verfügt.

(3) In besonderen Fällen kann der Aufenthaltstitel nach Absatz 1 oder 2 abweichend von § 5 erteilt werden.

(4) Die Ausübung einer Erwerbstätigkeit ist innerhalb der Antragsfrist des Absatzes 1 Satz 2 und im Falle der Antragstellung bis zur Entscheidung der Ausländerbehörde über den Antrag erlaubt.

(5) Die Absätze 1 bis 4 finden entsprechende Anwendung auf einen Ausländer, der aus einem nicht von ihm zu vertretenden Grund bisher von deutschen Stellen als Deutscher behandelt wurde.

**§ 38a**[2]**) Aufenthaltserlaubnis für in anderen Mitgliedstaaten der Europäischen Union langfristig Aufenthaltsberechtigte.** (1) [1]Einem Ausländer, der in einem anderen Mitgliedstaat der Europäischen Union die Rechtsstellung eines langfristig Aufenthaltsberechtigten innehat, wird eine Aufenthaltserlaubnis erteilt, wenn er sich länger als 90 Tage im Bundesgebiet aufhalten will. [2] § 8 Abs. 2 ist nicht anzuwenden.

(2) Absatz 1 ist nicht anzuwenden auf Ausländer, die

1. von einem Dienstleistungserbringer im Rahmen einer grenzüberschreitenden Dienstleistungserbringung entsandt werden,

2. sonst grenzüberschreitende Dienstleistungen erbringen wollen oder

3. sich zur Ausübung einer Beschäftigung als Saisonarbeitnehmer im Bundesgebiet aufhalten oder im Bundesgebiet eine Tätigkeit als Grenzarbeitnehmer aufnehmen wollen.

(3) [1]Die Aufenthaltserlaubnis berechtigt zur Ausübung einer Beschäftigung, wenn die Bundesagentur für Arbeit der Ausübung der Beschäftigung nach § 39 Absatz 3 zugestimmt hat. [2]Die Aufenthaltserlaubnis berechtigt zur Ausübung einer

---

[1]) § 38 Abs. 4 Satz 1 aufgeh. mWv 1.3.2020 durch G v. 15.8.2019 (BGBl. I S. 1307).
[2]) § 38a Abs. 3 Satz 1 geänd. mWv 1.8.2012 durch G v. 1.6.2012 (BGBl. I S. 1224); Abs. 3 Satz 1 neu gef., Satz 2 eingef., bish. Sätze 2 und 3 werden Sätze 3 und 4 mWv 6.9.2013 durch G v. 29.8.2013 (BGBl. I S. 3484); Abs. 1 Satz 1 geänd. mWv 1.8.2015 durch G v. 27.7.2015 (BGBl. I S. 1386); Abs. 3 Sätze 1, 3, 4, Abs. 4 Satz 1 geänd. mWv 1.3.2020 durch G v. 15.8.2019 (BGBl. I S. 1307); Abs. 3 Satz 1 geänd. mWv 18.11.2023 durch G v. 16.8.2023 (BGBl. 2023 I Nr. 217).

selbständigen Tätigkeit, wenn die in § 21 genannten Voraussetzungen erfüllt sind. [3] Wird der Aufenthaltstitel nach Absatz 1 für ein Studium oder für sonstige Ausbildungszwecke erteilt, sind die §§ 16a und 16b entsprechend anzuwenden. [4] In den Fällen des § 16a wird der Aufenthaltstitel ohne Zustimmung der Bundesagentur für Arbeit erteilt.

(4) [1] Eine nach Absatz 1 erteilte Aufenthaltserlaubnis darf nur für höchstens zwölf Monate mit einer Nebenbestimmung nach § 34 der Beschäftigungsverordnung[1]) versehen werden. [2] Der in Satz 1 genannte Zeitraum beginnt mit der erstmaligen Erlaubnis einer Beschäftigung bei der Erteilung der Aufenthaltserlaubnis nach Absatz 1. [3] Nach Ablauf dieses Zeitraums berechtigt die Aufenthaltserlaubnis zur Ausübung einer Erwerbstätigkeit.

## Abschnitt 8. Beteiligung der Bundesagentur für Arbeit

## § 39[2]) Zustimmung zur Beschäftigung.

(1) [1] Die Erteilung eines Aufenthaltstitels zur Ausübung einer Beschäftigung setzt die Zustimmung der Bundesagentur für Arbeit voraus, es sei denn, die Zustimmung ist kraft Gesetzes, auf Grund der Beschäftigungsverordnung oder Bestimmung in einer zwischenstaatlichen Vereinbarung nicht erforderlich. [2] Die Zustimmung kann erteilt werden, wenn dies durch ein Gesetz, die Beschäftigungsverordnung oder zwischenstaatliche Vereinbarung bestimmt ist.

(2) [1] Die Bundesagentur für Arbeit kann in den Fällen der §§ 18a, 18b, 18g Absatz 1 Satz 2 oder des § 18g Absatz 2 der Ausübung einer Beschäftigung zustimmen, wenn

1. der Ausländer nicht zu ungünstigeren Arbeitsbedingungen als vergleichbare inländische Arbeitnehmer beschäftigt wird,

2. der Ausländer

   a) gemäß § 18a oder § 18b eine qualifizierte Beschäftigung ausüben wird

   b) gemäß § 18g Absatz 1 Satz 2 eine ihrer Qualifikation angemessene Beschäftigung ausüben wird oder

   c) im Fall des § 18g Absatz 2 über durch Berufserfahrung erlangte Fertigkeiten, Kenntnisse und Fähigkeiten verfügt, die alle Voraussetzungen nach § 18g Absatz 2 erfüllen und die zur Ausübung einer Beschäftigung in einem Beruf, der zu den Gruppen 133 oder 25 nach der Empfehlung der Kommission vom 29. Oktober 2009 über die Verwendung der Internationalen Standardklassifikation der Berufe (ISCO-08) (ABl. L 292 vom 10.11.2009, S. 31) gehört, erforderlich sind,

3. ein inländisches Beschäftigungsverhältnis vorliegt und,

4. sofern die Beschäftigungsverordnung nähere Voraussetzungen in Bezug auf die Ausübung der Beschäftigung vorsieht, diese vorliegen.

[2] Die Zustimmung wird ohne Vorrangprüfung im Sinne des Absatzes 3 Nummer 3 erteilt, es sei denn, in der Beschäftigungsverordnung ist etwas anderes bestimmt.

(2a) [1] Die Zustimmung gilt als erteilt, wenn die Bundesagentur für Arbeit für einzelne Berufe oder Beschäftigungen festgestellt hat, dass die Besetzung offener

---

[1]) **Sartorius ErgBd. Nr. 566a.**

[2]) § 39 neu gef. mWv 1.3.2020 durch G v. 15.8.2019 (BGBl. I S. 1307); Abs. 2 Satz 1 einl. Satzteil, Nr. 1, 2 einl. Satzteil, Buchst. a, b geänd., Buchst. c angef. mWv 18.11.2023, Abs. 2 Satz 1 Nr. 2 Buchst. a geänd., Abs. 2a eingef., Abs. 3 Nr. 2, Abs. 4, 6 Sätze 1 und 3 geänd. mWv 1.3.2024 durch G v. 16.8. 2023 (BGBl. 2023 I Nr. 217).

Stellen für einen befristeten Zeitraum mit den durch Tarifvertrag oder durch die Bundesagentur für Arbeit festgelegten Arbeitsbedingungen arbeitsmarkt- und integrationspolitisch verantwortbar ist (Globalzustimmung) und der Arbeitgeber ihre Einhaltung zugesichert hat. [2]Die nach § 71 zuständige Stelle kann im Einzelfall von der Globalzustimmung abweichen. [3]In diesem Fall gilt § 72 Absatz 7 entsprechend.

(3) Die Bundesagentur für Arbeit kann der Ausübung einer Beschäftigung durch einen Ausländer unabhängig von einer Qualifikation als Fachkraft zustimmen, wenn

1. der Ausländer nicht zu ungünstigeren Arbeitsbedingungen als vergleichbare inländische Arbeitnehmer beschäftigt wird,
2. die in § 16d Absatz 3, den §§ 19, 19b, 19c Absatz 3 oder § 19d Absatz 1 Nummer 1 oder durch die Beschäftigungsverordnung[1]) geregelten Voraussetzungen für die Zustimmung in Bezug auf die Ausübung der Beschäftigung vorliegen und
3. für die Beschäftigung deutsche Arbeitnehmer sowie Ausländer, die diesen hinsichtlich der Arbeitsaufnahme rechtlich gleichgestellt sind, oder andere Ausländer, die nach dem Recht der Europäischen Union einen Anspruch auf vorrangigen Zugang zum Arbeitsmarkt haben, nicht zur Verfügung stehen (Vorrangprüfung), soweit diese Prüfung durch die Beschäftigungsverordnung oder Gesetz vorgesehen ist.

(4) [1]Für die Erteilung der Zustimmung oder Arbeitserlaubnis hat der Arbeitgeber der Bundesagentur für Arbeit Auskünfte in Bezug auf das Beschäftigungsverhältnis, insbesondere zum Arbeitsentgelt, zu den Arbeitszeiten und sonstigen Arbeitsbedingungen, zu der Sozialversicherungspflicht und zum Erfordernis einer Berufsausübungserlaubnis, zu erteilen. [2]Auf Aufforderung durch die Bundesagentur für Arbeit hat ein Arbeitgeber, der einen Ausländer beschäftigt oder beschäftigt hat, eine Auskunft nach Satz 1 innerhalb eines Monats zu erteilen.

(5) Die Absätze 1, 3 und 4 gelten auch, wenn bei Aufenthalten zu anderen Zwecken nach den Abschnitten 3, 5 oder 7 eine Zustimmung der Bundesagentur für Arbeit zur Ausübung einer Beschäftigung erforderlich ist.

(6) [1]Die Absätze 3 und 4 gelten für die Erteilung einer Arbeitserlaubnis der Bundesagentur für Arbeit entsprechend. [2]Im Übrigen sind die für die Zustimmung der Bundesagentur für Arbeit geltenden Rechtsvorschriften auf die Arbeitserlaubnis anzuwenden, soweit durch Gesetz oder Rechtsverordnung nichts anderes bestimmt ist. [3]Die Bundesagentur für Arbeit kann für die Zustimmung zur Erteilung eines Aufenthaltstitels zum Zweck der Saisonbeschäftigung und zur kurzzeitigen kontingentierten Beschäftigung und für die Erteilung einer Arbeitserlaubnis zum Zweck der Saisonbeschäftigung und zur kurzzeitigen kontingentierten Beschäftigung am Bedarf orientierte Zulassungszahlen festlegen.

**§ 40**[2]**) Versagungsgründe.** (1) Die Zustimmung nach § 39 ist zu versagen, wenn

---

[1]) **Sartorius ErgBd. Nr. 566a.**
[2]) § 40 Abs. 2 Nr. 1 geänd. mWv 26.11.2011 durch G v. 22.11.2011 (BGBl. I S. 2258); Abs. 2 Nr. 1, 2 geänd., Nr. 3 angef. mWv 1.8.2012 durch G v. 1.6.2012 (BGBl. I S. 1224); Abs. 2 Nr. 3 geänd., Abs. 3 angef. mWv 1.8.2017 durch G v. 12.5.2017 (BGBl. I S. 1106); Abs. 2 Nr. 3, Abs. 3 einl. Satzteil, Nr. 2–6 geänd., Nr. 7 angef. mWv 1.3.2020 durch G v. 15.8.2019 (BGBl. I S. 1307).

1. das Arbeitsverhältnis auf Grund einer unerlaubten Arbeitsvermittlung oder Anwerbung zustande gekommen ist oder

2. der Ausländer als Leiharbeitnehmer (§ 1 Abs. 1 des Arbeitnehmerüberlassungsgesetzes[1]) tätig werden will.

(2) Die Zustimmung kann versagt werden, wenn

1. der Ausländer gegen § 404 Abs. 1 oder 2 Nr. 2 bis 13 des Dritten Buches Sozialgesetzbuch[2], §§ 10, 10a oder § 11 des Schwarzarbeitsbekämpfungsgesetzes[3] oder gegen die §§ 15, 15a oder § 16 Abs. 1 Nr. 2 des Arbeitnehmerüberlassungsgesetzes schuldhaft verstoßen hat,

2. wichtige Gründe in der Person des Ausländers vorliegen oder

3. die Beschäftigung bei einem Arbeitgeber erfolgen soll, der oder dessen nach Satzung oder Gesetz Vertretungsberechtigter innerhalb der letzten fünf Jahre wegen eines Verstoßes gegen § 404 Absatz 1 oder Absatz 2 Nummer 3 des Dritten Buches Sozialgesetzbuch rechtskräftig mit einer Geldbuße belegt oder wegen eines Verstoßes gegen die §§ 10, 10a oder 11 des Schwarzarbeitsbekämpfungsgesetzes oder gegen die §§ 15, 15a oder 16 Absatz 1 Nummer 2 des Arbeitnehmerüberlassungsgesetzes rechtskräftig zu einer Geld- oder Freiheitsstrafe verurteilt worden ist; dies gilt bei einem unternehmensinternen Transfer gemäß § 19 oder § 19b entsprechend für die aufnehmende Niederlassung.

(3) Die Zustimmung kann darüber hinaus versagt werden, wenn

1. der Arbeitgeber oder die aufnehmende Niederlassung seinen oder ihren sozialversicherungsrechtlichen, steuerrechtlichen oder arbeitsrechtlichen Pflichten nicht nachgekommen ist,

2. über das Vermögen des Arbeitgebers oder über das Vermögen der aufnehmenden Niederlassung ein Insolvenzverfahren eröffnet wurde, das auf Auflösung des Arbeitgebers oder der Niederlassung und Abwicklung des Geschäftsbetriebs gerichtet ist,

3. der Arbeitgeber oder die aufnehmende Niederlassung im Rahmen der Durchführung eines Insolvenzverfahrens aufgelöst wurde und der Geschäftsbetrieb abgewickelt wurde,

4. die Eröffnung eines Insolvenzverfahrens über das Vermögen des Arbeitgebers oder über das Vermögen der aufnehmenden Niederlassung mangels Masse abgelehnt wurde und der Geschäftsbetrieb eingestellt wurde,

5. der Arbeitgeber oder die aufnehmende Niederlassung keine Geschäftstätigkeit ausübt,

6. durch die Präsenz des Ausländers eine Einflussnahme auf arbeitsrechtliche oder betriebliche Auseinandersetzungen oder Verhandlungen bezweckt oder bewirkt wird oder

7. der Arbeitgeber oder die aufnehmende Niederlassung hauptsächlich zu dem Zweck gegründet wurde, die Einreise und den Aufenthalt von Ausländern zum Zweck der Beschäftigung zu erleichtern; das Gleiche gilt, wenn das Arbeitsverhältnis hauptsächlich zu diesem Zweck begründet wurde.

---

[1] **Habersack ErgBd. Nr. 84a.**
[2] **Aichberger, SGB Nr. 3.**
[3] **Habersack ErgBd. Nr. 94b.**

**§ 41[1] Widerruf der Zustimmung und Entzug der Arbeitserlaubnis.** Die Zustimmung kann widerrufen und die Arbeitserlaubnis der Bundesagentur für Arbeit kann entzogen werden, wenn der Ausländer zu ungünstigeren Arbeitsbedingungen als vergleichbare inländische Arbeitnehmer beschäftigt wird oder der Tatbestand des § 40 erfüllt ist.

**§ 42[2] Verordnungsermächtigung und Weisungsrecht.** (1) Das Bundesministerium für Arbeit und Soziales kann durch Rechtsverordnung (Beschäftigungsverordnung) mit Zustimmung des Bundesrates Folgendes bestimmen:

1. Beschäftigungen, für die Ausländer nach § 4a Absatz 2 Satz 1, § 16a Absatz 1 Satz 1, den §§ 16d, 16e Absatz 1 Satz 1, den §§ 19, 19b, 19c Absatz 1 und 2 sowie § 19e mit oder ohne Zustimmung der Bundesagentur für Arbeit zugelassen werden können, und ihre Voraussetzungen,

2. Beschäftigungen und Bedingungen, zu denen eine Zustimmung der Bundesagentur für Arbeit für eine qualifizierte Beschäftigung nach § 19c Absatz 2 unabhängig von der Qualifikation als Fachkraft erteilt werden kann und

3. nähere Voraussetzungen in Bezug auf die Ausübung einer Beschäftigung als Fachkraft nach den §§ 18a, 18b und 18g Absatz 1 sowie für Beschäftigungen eines Inhabers einer Blauen Karte EU nach § 18g Absatz 2,

4. Ausnahmen für Angehörige bestimmter Staaten,

5. Tätigkeiten, die für die Durchführung dieses Gesetzes stets oder unter bestimmten Voraussetzungen nicht als Beschäftigung anzusehen sind.

(2) Das Bundesministerium für Arbeit und Soziales kann durch die Beschäftigungsverordnung[3] ohne Zustimmung des Bundesrates Folgendes bestimmen:

1. die Voraussetzungen und das Verfahren zur Erteilung der Zustimmung der Bundesagentur für Arbeit; dabei kann auch ein alternatives Verfahren zur Vorrangprüfung geregelt werden,

2. Einzelheiten über die zeitliche, betriebliche, berufliche und regionale Beschränkung der Zustimmung,

3. Fälle nach § 39 Absatz 2 und 3, in denen für eine Zustimmung eine Vorrangprüfung durchgeführt wird, beispielsweise für die Beschäftigung von Fachkräften in zu bestimmenden Bezirken der Bundesagentur für Arbeit sowie in bestimmten Berufen,

4. Fälle, in denen Ausländern, die im Besitz einer Duldung sind, oder anderen Ausländern, die keinen Aufenthaltstitel besitzen, nach § 4a Absatz 4 eine Beschäftigung erlaubt werden kann,

5. die Voraussetzungen und das Verfahren zur Erteilung einer Arbeitserlaubnis der Bundesagentur für Arbeit an Staatsangehörige der in Anhang II zu der Verordnung (EU) 2018/1806 des Europäischen Parlaments und des Rates vom 14. November 2018 zur Aufstellung der Liste der Drittländer, deren Staatsangehörige beim Überschreiten der Außengrenzen im Besitz eines Visums sein müssen, sowie der Liste der Drittländer, deren Staatsangehörige von dieser

---

[1] § 41 neu gef. mWv 1.8.2017 durch G v. 12.5.2017 (BGBl. I S. 1106); geänd. mWv 1.3.2020 durch G v. 15.8.2019 (BGBl. I S. 1307); geänd. mWv 1.3.2024 durch G v. 16.8.2023 (BGBl. 2023 I Nr. 217).
[2] § 42 neu gef. mWv 1.3.2020 durch G v. 15.8.2019 (BGBl. I S. 1307); Abs. 1 Nr. 2 geänd. mWv 24.6.2020 durch G v. 12.6.2020 (BGBl. I S. 1248); Abs. 2 Nr. 5, 6 geänd., Nr. 7 angef. mWv 19.8.2023, Abs. 1 Nr. 3 geänd. mWv 18.11.2023 durch G v. 16.8.2023 (BGBl. 2023 I Nr. 217); Abs. 2 Nr. 5 geänd. mWv 23.12.2023 durch G v. 20.12.2023 (BGBl. 2023 I Nr. 390).
[3] Sartorius ErgBd. Nr. 566a.

Visumpflicht befreit sind (ABl. L 303 vom 28.11.2018, S. 39), genannten Staaten,

6. Berufe, in denen für Angehörige bestimmter Staaten die Erteilung einer Blauen Karte EU zu versagen ist, weil im Herkunftsland ein Mangel an qualifizierten Arbeitnehmern in diesen Berufsgruppen besteht,

7. Fälle, in denen ein Arbeitgeber, der Rechtspflichten in Bezug auf die Beschäftigung, insbesondere arbeits-, sozialversicherungs- oder steuerrechtliche Pflichten, verletzt hat, von der Möglichkeit ausgeschlossen werden kann, dass die Bundesagentur für Arbeit eine Zustimmung oder Arbeitserlaubnis für die Beschäftigung eines Ausländers bei diesem Arbeitgeber erteilt.

(3) Das Bundesministerium für Arbeit und Soziales kann der Bundesagentur für Arbeit zur Durchführung der Bestimmungen dieses Gesetzes und der hierzu erlassenen Rechtsverordnungen sowie der von der Europäischen Union erlassenen Bestimmungen über den Zugang zum Arbeitsmarkt und der zwischenstaatlichen Vereinbarungen über die Beschäftigung von Arbeitnehmern Weisungen erteilen.

## Kapitel 3. Integration

**§ 43**[1]**) Integrationskurs.** (1) Die Integration von rechtmäßig auf Dauer im Bundesgebiet lebenden Ausländern in das wirtschaftliche, kulturelle und gesellschaftliche Leben in der Bundesrepublik Deutschland wird gefördert und gefordert.

(2) [1]Eingliederungsbemühungen von Ausländern werden durch ein Grundangebot zur Integration (Integrationskurs) unterstützt. [2]Ziel des Integrationskurses ist, den Ausländern die Sprache, die Rechtsordnung, die Kultur und die Geschichte in Deutschland erfolgreich zu vermitteln. [3]Ausländer sollen dadurch mit den Lebensverhältnissen im Bundesgebiet so weit vertraut werden, dass sie ohne die Hilfe oder Vermittlung Dritter in allen Angelegenheiten des täglichen Lebens selbständig handeln können.

(3) [1]Der Integrationskurs umfasst einen Basis- und einen Aufbausprachkurs von jeweils gleicher Dauer zur Erlangung ausreichender Sprachkenntnisse sowie einen Orientierungskurs zur Vermittlung von Kenntnissen der Rechtsordnung, der Kultur und der Geschichte in Deutschland. [2]Der Integrationskurs wird vom Bundesamt für Migration und Flüchtlinge koordiniert und durchgeführt, das sich hierzu privater oder öffentlicher Träger bedienen kann. [3]Für die Teilnahme am Integrationskurs sollen Kosten in angemessenem Umfang unter Berücksichtigung der Leistungsfähigkeit erhoben werden. [4]Zur Zahlung ist auch derjenige verpflichtet, der dem Ausländer zur Gewährung des Lebensunterhalts verpflichtet ist.

(4) [1]Die Bundesregierung wird ermächtigt, nähere Einzelheiten des Integrationskurses, insbesondere die Grundstruktur, die Dauer, die Lerninhalte und die Durchführung der Kurse, die Vorgaben bezüglich der Auswahl und Zulassung der Kursträger sowie die Voraussetzungen und die Rahmenbedingungen für die ordnungsgemäße und erfolgreiche Teilnahme und ihre Bescheinigung einschließlich der Kostentragung, sowie die Datenverarbeitung nach § 88a Absatz 1 und 1a durch eine Rechtsverordnung ohne Zustimmung des Bundesrates zu regeln. [2]Hiervon

---

[1]) § 43 Abs. 4 geänd. mWv 1.7.2011 durch G v. 23.6.2011 (BGBl. I S. 1266); Abs. 5 aufgeh. mWv 26.11.2011 durch G v. 22.11.2011 (BGBl. I S. 2258); Abs. 4 Satz 2 angef. mWv 29.1.2013 durch G v. 21.1.2013 (BGBl. I S. 86); Abs. 4 Satz 1 geänd. mWv 24.10.2015 durch G v. 20.10.2015 (BGBl. I S. 1722); Abs. 4 Satz 1 geänd. mWv 26.11.2019 durch G v. 20.11.2019 (BGBl. I S. 1626); Abs. 4 Satz 2 geänd. mWv 27.6.2020 durch VO v. 19.6.2020 (BGBl. I S. 1328).

ausgenommen sind die Prüfungs- und Nachweismodalitäten der Abschlusstests zu den Integrationskursen, die das Bundesministerium des Innern, für Bau und Heimat durch Rechtsverordnung ohne Zustimmung des Bundesrates regelt.

**§ 44[1) Berechtigung zur Teilnahme an einem Integrationskurs.** (1) [1]Einen Anspruch auf die einmalige Teilnahme an einem Integrationskurs hat ein Ausländer, der sich dauerhaft im Bundesgebiet aufhält, wenn ihm
1. erstmals eine Aufenthaltserlaubnis
   a) zu Erwerbszwecken (§§ 18a bis 18d, 18g, 19c und 21),
   b) zum Zweck des Familiennachzugs (§§ 28, 29, 30, 32, 36, 36a),
   c) aus humanitären Gründen nach § 25 Absatz 1, 2, 4a Satz 3 oder § 25b,
   d) als langfristig Aufenthaltsberechtigter nach § 38a oder
2. ein Aufenthaltstitel nach § 23 Abs. 2 oder Absatz 4

erteilt wird. [2]Von einem dauerhaften Aufenthalt ist in der Regel auszugehen, wenn der Ausländer eine Aufenthaltserlaubnis von mindestens einem Jahr erhält oder seit über 18 Monaten eine Aufenthaltserlaubnis besitzt, es sei denn, der Aufenthalt ist vorübergehender Natur.

(2) [1]Der Teilnahmeanspruch nach Absatz 1 erlischt ein Jahr nach Erteilung des den Anspruch begründenden Aufenthaltstitels oder bei dessen Wegfall. [2]Dies gilt nicht, wenn sich der Ausländer bis zu diesem Zeitpunkt aus von ihm nicht zu vertretenden Gründen nicht zu einem Integrationskurs anmelden konnte.

(3) [1]Der Anspruch auf Teilnahme am Integrationskurs besteht nicht
1. bei Kindern, Jugendlichen und jungen Erwachsenen, die eine schulische Ausbildung aufnehmen oder ihre bisherige Schullaufbahn in der Bundesrepublik Deutschland fortsetzen,
2. bei erkennbar geringem Integrationsbedarf oder
3. wenn der Ausländer bereits über ausreichende Kenntnisse der deutschen Sprache verfügt.

[2]Die Berechtigung zur Teilnahme am Orientierungskurs bleibt im Falle des Satzes 1 Nr. 3 hiervon unberührt.

(4) [1]Ein Ausländer, der einen Teilnahmeanspruch nicht oder nicht mehr besitzt, kann im Rahmen verfügbarer Kursplätze zur Teilnahme zugelassen werden. [2]Diese Regelung findet entsprechend auf deutsche Staatsangehörige Anwendung, wenn sie nicht über ausreichende Kenntnisse der deutschen Sprache verfügen und in besonderer Weise integrationsbedürftig sind, sowie auf Ausländer, die
1. eine Aufenthaltsgestattung besitzen,
2. eine Duldung nach § 60a Absatz 2 Satz 3 besitzen oder
3. eine Aufenthaltserlaubnis nach § 24 oder § 25 Absatz 5 besitzen.

---

[1) § 44 Abs. 1 Satz 2 geänd. mWv 6.9.2013 durch G v. 29.8.2013 (BGBl. I S. 3484); Abs. 1 Satz 1 Nr. 1 Buchst. c neu gef., Nr. 2 geänd. mWv 1.8.2015 durch G v. 27.7.2015 (BGBl. I S. 1386); Abs. 4 Satz 2 neu gef., Satz 3 angef. mWv 24.10.2015 durch G v. 20.10.2015 (BGBl. I S. 1722); Abs. 2 Satz 1 und 2 angef. mWv 6.8.2016 durch G v. 31.7.2016 (BGBl. I S. 1939); Abs. 1 Satz 1 Nr. 1 Buchst. b geänd. mWv 1.8.2018 durch G v. 12.7.2018 (BGBl. I S. 1147); Abs. 4 Satz 2 neu gef. mWv 1.8.2019 durch G v. 8.7. 2019 (BGBl. I S. 1029); Abs. 1 Nr. 1 Buchst. a geänd. mWv 1.3.2020 durch G v. 15.8.2019 (BGBl. I S. 1307); Abs. 4 Satz 2 Nr. 1 Buchst. b geänd. mWv 29.5.2020 durch G v. 20.5.2020 (BGBl. I S. 1044); Abs. 4 Satz 2 Nr. 1 einl. Satzteil geänd., Buchst. a, b aufgeh., Nr. 3 geänd., Satz 3 aufgeh. mWv 31.12. 2022 durch G v. 21.12.2022 (BGBl. I S. 2847); Abs. 1 Satz 1 Nr. 1 Buchst. a geänd. mWv 18.11.2023 durch G v. 16.8.2023 (BGBl. 2023 I Nr. 217).

**§ 44a**[1] **Verpflichtung zur Teilnahme an einem Integrationskurs.** (1) [1] Ein Ausländer ist zur Teilnahme an einem Integrationskurs verpflichtet, wenn

1. er nach § 44 einen Anspruch auf Teilnahme hat und

   a) sich nicht zumindest auf einfache Art in deutscher Sprache verständigen kann oder

   b) zum Zeitpunkt der Erteilung eines Aufenthaltstitels nach § 23 Abs. 2, § 28 Abs. 1 Satz 1 Nr. 1, § 30 oder § 36a Absatz 1 Satz 1 erste Alternative nicht über ausreichende Kenntnisse der deutschen Sprache verfügt oder

2. er Leistungen nach dem Zweiten Buch Sozialgesetzbuch[2] bezieht und ihn der Träger der Grundsicherung für Arbeitsuchende nach § 15 Absatz 5 Satz 2 oder Absatz 6 des Zweiten Buches Sozialgesetzbuch zur Teilnahme am Integrationskurs auffordert,

3. er in besonderer Weise integrationsbedürftig ist und die Ausländerbehörde ihn zur Teilnahme am Integrationskurs auffordert oder

4. er zu dem in § 44 Absatz 4 Satz 2 Nummer 1 bis 3 genannten Personenkreis gehört, Leistungen nach dem Asylbewerberleistungsgesetz[3] bezieht und die zuständige Leistungsbehörde ihn zur Teilnahme an einem Integrationskurs auffordert.

[2] In den Fällen des Satzes 1 Nr. 1 stellt die Ausländerbehörde bei der Erteilung des Aufenthaltstitels fest, dass der Ausländer zur Teilnahme verpflichtet ist. [3] Der Träger der Grundsicherung für Arbeitsuchende soll in den Fällen des Satzes 1 Nr. 1 und 3 beim Bezug von Leistungen nach dem Zweiten Buch Sozialgesetzbuch für die Maßnahmen nach § 15 des Zweiten Buches Sozialgesetzbuch der Verpflichtung durch die Ausländerbehörde im Regelfall folgen. [4] Sofern der Träger der Grundsicherung für Arbeitsuchende im Einzelfall eine abweichende Entscheidung trifft, hat er dies der Ausländerbehörde mitzuteilen, die die Verpflichtung widerruft. [5] Die Verpflichtung ist zu widerrufen, wenn einem Ausländer neben seiner Erwerbstätigkeit eine Teilnahme auch an einem Teilzeitkurs nicht zuzumuten ist. [6] Darüber hinaus können die Ausländerbehörden einen Ausländer bei der Erteilung eines Aufenthaltstitels nach § 25 Absatz 1 oder 2 zur Teilnahme an einem Integrationskurs verpflichten, wenn er sich lediglich auf einfache Art in deutscher Sprache verständigen kann.

(1a) Die Teilnahmeverpflichtung nach Absatz 1 Satz 1 Nummer 1 erlischt außer durch Rücknahme oder Widerruf nur, wenn der Ausländer ordnungsgemäß am Integrationskurs teilgenommen hat.

(2) Von der Teilnahmeverpflichtung ausgenommen sind Ausländer,

1. die sich im Bundesgebiet in einer beruflichen oder sonstigen Ausbildung befinden,

2. die die Teilnahme an vergleichbaren Bildungsangeboten im Bundesgebiet nachweisen oder

3. deren Teilnahme auf Dauer unmöglich oder unzumutbar ist.

---

[1] § 44a Abs. 1a eingef. mWv 1.7.2011 durch G v. 23.6.2011 (BGBl. I S. 1266); Abs. 3 Satz 1 geänd. mWv 6.9.2013 durch G v. 29.8.2013 (BGBl. I S. 3484); Abs. 1 Satz 7 angef. mWv 6.8.2016, Abs. 1 Satz 1 Nr. 2 und 3 geänd., Nr. 4 angef. mWv 1.1.2017 durch G v. 31.7.2016 (BGBl. I S. 1939); Abs. 1 Satz 1 Nr. 1 Buchst. b geänd. mWv 1.8.2018 durch G v. 12.7.2018 (BGBl. I S. 1147); Abs. 1 Satz 1 Nr. 2 geänd., Satz 3 aufgeh., bish. Sätze 4–7 werden Sätze 3–6 mWv 1.7.2023 durch G v. 16.12.2022 (BGBl. I S. 2328).
[2] **Sartorius ErgBd. Nr. 402.**
[3] **Sartorius ErgBd. Nr. 418.**

(2a) Von der Verpflichtung zur Teilnahme am Orientierungskurs sind Ausländer ausgenommen, die eine Aufenthaltserlaubnis nach § 38a besitzen, wenn sie nachweisen, dass sie bereits in einem anderen Mitgliedstaat der Europäischen Union zur Erlangung ihrer Rechtsstellung als langfristig Aufenthaltsberechtigte an Integrationsmaßnahmen teilgenommen haben.

(3) [1] Kommt ein Ausländer seiner Teilnahmepflicht aus von ihm zu vertretenden Gründen nicht nach oder legt er den Abschlusstest nicht erfolgreich ab, weist ihn die zuständige Ausländerbehörde vor der Verlängerung seiner Aufenthaltserlaubnis auf die möglichen Auswirkungen seines Handelns (§ 8 Abs. 3, § 9 Abs. 2 Satz 1 Nr. 7 und 8, § 9a Absatz 2 Satz 1 Nummer 3 und 4 dieses Gesetzes, § 10 Abs. 3 des Staatsangehörigkeitsgesetzes[1]) hin. [2] Die Ausländerbehörde kann den Ausländer mit Mitteln des Verwaltungszwangs zur Erfüllung seiner Teilnahmepflicht anhalten. [3] Bei Verletzung der Teilnahmepflicht kann der voraussichtliche Kostenbeitrag auch vorab in einer Summe durch Gebührenbescheid erhoben werden.

**§ 45**[2] **Integrationsprogramm.** [1] Der Integrationskurs soll durch weitere Integrationsangebote des Bundes und der Länder, insbesondere sozialpädagogische und migrationsspezifische Beratungsangebote, ergänzt werden. [2] Das Bundesministerium des Innern, für Bau und Heimat oder die von ihm bestimmte Stelle entwickelt ein bundesweites Integrationsprogramm, in dem insbesondere die bestehenden Integrationsangebote von Bund, Ländern, Kommunen und privaten Trägern für Ausländer und Spätaussiedler festgestellt und Empfehlungen zur Weiterentwicklung der Integrationsangebote vorgelegt werden. [3] Bei der Entwicklung des bundesweiten Integrationsprogramms sowie der Erstellung von Informationsmaterialien über bestehende Integrationsangebote werden die Länder, die Kommunen und die Ausländerbeauftragten von Bund, Ländern und Kommunen sowie der Beauftragte der Bundesregierung für Aussiedlerfragen beteiligt. [4] Darüber hinaus sollen Religionsgemeinschaften, Gewerkschaften, Arbeitgeberverbände, die Träger der freien Wohlfahrtspflege sowie sonstige gesellschaftliche Interessenverbände beteiligt werden.

**§ 45a**[3] **Berufsbezogene Deutschsprachförderung; Verordnungsermächtigung.** (1) [1] Die Integration in den Arbeitsmarkt kann durch Maßnahmen der berufsbezogenen Deutschsprachförderung unterstützt werden. [2] Diese Maßnahmen bauen in der Regel auf der allgemeinen Sprachförderung der Integrationskurse auf. [3] Die berufsbezogene Deutschsprachförderung wird vom Bundesamt für Migration und Flüchtlinge koordiniert und durchgeführt. [4] Das Bundesamt für Migration und Flüchtlinge bedient sich zur Durchführung der Maßnahmen privater oder öffentlicher Träger.

(2) [1] Ein Ausländer ist zur Teilnahme an einer Maßnahme der berufsbezogenen Deutschsprachförderung verpflichtet, wenn er Leistungen nach dem Zweiten Buch Sozialgesetzbuch[4] bezieht und ihn der Träger der Grundsicherung für Arbeitsuchende nach § 15 Absatz 5 Satz 2 oder Absatz 6 des Zweiten Buches

---

[1] Nr. 15.
[2] § 45 Satz 2 geänd. mWv 27.6.2020 durch VO v. 19.6.2020 (BGBl. I S. 1328).
[3] § 45a eingef. mWv 24.10.2015 durch G v. 20.10.2015 (BGBl. I S. 1722); Abs. 2 Satz 3 neu gef. mWv 1.8.2019 durch G v. 8.7.2019 (BGBl. I S. 1029); Abs. 3 geänd. mWv 26.11.2019 durch G v. 20.11.2019 (BGBl. I S. 1626); Abs. 2 Satz 3 Nr. 2 geänd. mWv 29.5.2020 durch G v. 20.5.2020 (BGBl. I S. 1044); Abs. 3 geänd. mWv 27.6.2020 durch VO v. 19.6.2020 (BGBl. I S. 1328); Abs. 2 Satz 1 geänd. mWv 1.7. 2023 durch G v. 16.12.2022 (BGBl. I S. 2328); Abs. 2 Sätze 3, 4 aufgeh. mWv 31.12.2022 durch G v. 21.12.2022 (BGBl. I S. 2847).
[4] **Sartorius ErgBd. Nr. 402.**

Sozialgesetzbuch zur Teilnahme an der Maßnahme auffordert. [2]Leistungen zur Eingliederung in Arbeit nach dem Zweiten Buch Sozialgesetzbuch und Leistungen der aktiven Arbeitsförderung nach dem Dritten Buch Sozialgesetzbuch[1]) bleiben unberührt.

(3) Das Bundesministerium für Arbeit und Soziales wird ermächtigt, durch Rechtsverordnung ohne Zustimmung des Bundesrates im Einvernehmen mit dem Bundesministerium des Innern, für Bau und Heimat nähere Einzelheiten der berufsbezogenen Deutschsprachförderung, insbesondere die Grundstruktur, die Zielgruppen, die Dauer, die Lerninhalte und die Durchführung der Kurse, die Vorgaben bezüglich der Auswahl und Zulassung der Kursträger sowie die Voraussetzungen und die Rahmenbedingungen für den Zugang und die ordnungsgemäße und erfolgreiche Teilnahme einschließlich ihrer Abschlusszertifikate und der Kostentragung, sowie die Datenverarbeitung nach § 88a Absatz 3 zu regeln.

**§ 45b**[2]) **Informations- und Beratungsangebote; Verordnungsermächtigung und Vorintegrationsmaßnahmen.** (1) [1]Zur Beratung zu arbeits- und sozialrechtlichen Fragestellungen von Drittstaatsangehörigen wird ab dem 1. Januar 2026 ein bundesweites, unentgeltliches und niedrigschwelliges Beratungsangebot eingerichtet. [2]Es richtet sich sowohl an Drittstaatsangehörige, die sich bereits im Bundesgebiet aufhalten, als auch an Drittstaatsangehörige, die ihren gewöhnlichen Aufenthalt im Ausland haben und im Bundesgebiet arbeiten möchten. [3]In ausgewählten Drittstaaten können, beginnend mit dem Kalenderjahr 2026, Beratung, Sprachförderung und die Vermittlung von Kenntnissen über das Leben in Deutschland sowie eine transnationale Begleitung (Vorintegrationsmaßnahmen) angeboten werden. [4]Das Angebot richtet sich an Drittstaatsangehörige, die ihren gewöhnlichen Aufenthalt im Ausland haben und im Bundesgebiet eine Erwerbstätigkeit aufnehmen möchten. [5]Zur Bereitstellung zielgruppenspezifischer Informationen zum Fachkräftebedarf und Einwanderungsprozess werden das Portal der Bundesregierung „Make it in Germany" zur Gewinnung von Fachkräften aus Drittstaaten fortgeführt sowie Kommunikationsmaßnahmen und Unterstützungsstrukturen zur Fachkräftegewinnung im Rahmen von „Make it in Germany" im Aus- und Inland verstärkt. [6]Die Informations-, Kommunikations- und Unterstützungsangebote richten sich an Arbeitgeber in Deutschland sowie an Drittstaatsangehörige, die sich bereits im Bundesgebiet aufhalten oder die ihren gewöhnlichen Aufenthalt im Ausland haben und die im Bundesgebiet arbeiten möchten.

(2) [1]Zuständige Behörde für die Umsetzung der Beratung nach Absatz 1 Satz 1 und 2 ist das Bundesministerium für Arbeit und Soziales. [2]Es kann die Umsetzung der Beratung Dritten übertragen. [3]Zuständige Behörde für die Konzeption von Vorintegrationsmaßnahmen nach Absatz 1 Satz 3 und 4 ist das Amt der Beauftragten der Bundesregierung für Migration, Flüchtlinge und Integration. [4]Die Aufgabe der Durchführung von Vorintegrationsmaßnahmen nach Absatz 1 Satz 3 und 4 kann auf Dritte übertragen werden. [5]Zuständige Behörde für die Umsetzung der Aufgaben nach Absatz 1 Satz 5 und 6 ist das Bundesministerium für Wirtschaft und Klimaschutz in Abstimmung mit den beteiligten Ressorts. [6]Es kann die Umsetzung dieser Aufgaben an Dritte übertragen.

(3) [1]Das Bundesministerium für Arbeit und Soziales wird ermächtigt, durch Rechtsverordnung ohne Zustimmung des Bundesrates nähere Einzelheiten der Finanzierung der arbeits- und sozialrechtlichen Beratung, insbesondere das Nähere

---

[1]) **Aichberger, SGB Nr. 3.**
[2]) § 45b eingef. mWv 1.3.2024 durch G v. 16.8.2023 (BGBl. 2023 I Nr. 217).

zur Leistungsgewährung, die Bewilligungsperiode, das Antragsverfahren, die Bedingungen und das Verfahren für die Weiterleitung der Leistung durch Träger an Dritte, die Übertragung der Umsetzung auf einen Dritten, das Nähere zur Kontrolle der Mittelverwendung und die Evaluierung zu regeln. ²In Bezug auf Vorintegrationsmaßnahmen und die Aufgaben nach Absatz 1 Satz 5 und 6 findet Satz 1 keine Anwendung.

## Kapitel 4. Ordnungsrechtliche Vorschriften

**§ 46 Ordnungsverfügungen.** (1) Die Ausländerbehörde kann gegenüber einem vollziehbar ausreisepflichtigen Ausländer Maßnahmen zur Förderung der Ausreise treffen, insbesondere kann sie den Ausländer verpflichten, den Wohnsitz an einem von ihr bestimmten Ort zu nehmen.

(2) ¹Einem Ausländer kann die Ausreise in entsprechender Anwendung des § 10 Abs. 1 und 2 des Passgesetzes¹⁾ untersagt werden. ²Im Übrigen kann einem Ausländer die Ausreise aus dem Bundesgebiet nur untersagt werden, wenn er in einen anderen Staat einreisen will, ohne im Besitz der dafür erforderlichen Dokumente und Erlaubnisse zu sein. ³Das Ausreiseverbot ist aufzuheben, sobald der Grund seines Erlasses entfällt.

**§ 47 Verbot und Beschränkung der politischen Betätigung.** (1) ¹Ausländer dürfen sich im Rahmen der allgemeinen Rechtsvorschriften politisch betätigen. ²Die politische Betätigung eines Ausländers kann beschränkt oder untersagt werden, soweit sie

*(Fortsetzung nächstes Blatt)*

---

¹⁾ Nr. **250**.

1. sich auf richterliche Anordnung in Haft oder in sonstigem öffentlichen Gewahrsam befindet,
2. innerhalb der ihm gesetzten Ausreisefrist nicht ausgereist ist,
3. auf Grund eines besonders schwerwiegenden Ausweisungsinteresses nach § 54 Absatz 1 in Verbindung mit § 53 ausgewiesen worden ist,
4. mittellos ist,
5. keinen Pass oder Passersatz besitzt,
6. gegenüber der Ausländerbehörde zum Zweck der Täuschung unrichtige Angaben gemacht oder die Angaben verweigert hat oder
7. zu erkennen gegeben hat, dass er seiner Ausreisepflicht nicht nachkommen wird.

(4) [1] Die die Abschiebung durchführende Behörde ist befugt, zum Zweck der Abschiebung den Ausländer zum Flughafen oder Grenzübergang zu verbringen und ihn zu diesem Zweck kurzzeitig festzuhalten. [2] Das Festhalten ist auf das zur Durchführung der Abschiebung unvermeidliche Maß zu beschränken.

(5) [1] Soweit der Zweck der Durchführung der Abschiebung es erfordert, kann die die Abschiebung durchführende Behörde die Wohnung des abzuschiebenden Ausländers zu dem Zweck seiner Ergreifung betreten, wenn Tatsachen vorliegen, aus denen zu schließen ist, dass sich der Ausländer dort befindet. [2] Die Wohnung umfasst die Wohn- und Nebenräume, Arbeits-, Betriebs- und Geschäftsräume sowie anderes befriedetes Besitztum.

(6) [1] Soweit der Zweck der Durchführung der Abschiebung es erfordert, kann die die Abschiebung durchführende Behörde eine Durchsuchung der Wohnung des abzuschiebenden Ausländers zu dem Zweck seiner Ergreifung vornehmen. [2] Bei anderen Personen sind Durchsuchungen nur zur Ergreifung des abzuschiebenden Ausländers zulässig, wenn Tatsachen vorliegen, aus denen zu schließen ist, dass der Ausländer sich in den zu durchsuchenden Räumen befindet. [3] Absatz 5 Satz 2 gilt entsprechend.

(7) [1] Zur Nachtzeit darf die Wohnung nur betreten oder durchsucht werden, wenn Tatsachen vorliegen, aus denen zu schließen ist, dass die Ergreifung des Ausländers zum Zweck seiner Abschiebung andernfalls vereitelt wird. [2] Die Organisation der Abschiebung ist keine Tatsache im Sinne von Satz 1.

(8) [1] Durchsuchungen nach Absatz 6 dürfen nur durch den Richter, bei Gefahr im Verzug auch durch die die Abschiebung durchführende Behörde angeordnet werden. [2] Die Annahme von Gefahr im Verzug kann nach Betreten der Wohnung nach Absatz 5 nicht darauf gestützt werden, dass der Ausländer nicht angetroffen wurde.

(9) [1] Der Inhaber der zu durchsuchenden Räume darf der Durchsuchung beiwohnen. [2] Ist er abwesend, so ist, wenn möglich, sein Vertreter oder ein erwachsener Angehöriger, Hausgenosse oder Nachbar hinzuzuziehen. [3] Dem Inhaber oder der in dessen Abwesenheit hinzugezogenen Person ist in den Fällen des Absatzes 6 Satz 2 der Zweck der Durchsuchung vor deren Beginn bekannt zu machen. [4] Über die Durchsuchung ist eine Niederschrift zu fertigen. [5] Sie muss die verantwortliche Dienststelle, Grund, Zeit und Ort der Durchsuchung und, falls keine gerichtliche Anordnung ergangen ist, auch Tatsachen, welche die Annahme einer Gefahr im Verzug begründet haben, enthalten. [6] Dem Wohnungsinhaber oder seinem Vertreter ist auf Verlangen eine Abschrift der Niederschrift auszuhändigen. [7] Ist die Anfertigung der Niederschrift oder die Aushändigung einer Abschrift nach den besonderen Umständen des Falles nicht möglich oder würde sie den Zweck der

Durchsuchung gefährden, so sind dem Wohnungsinhaber oder der hinzugezogenen Person lediglich die Durchsuchung unter Angabe der verantwortlichen Dienststelle sowie Zeit und Ort der Durchsuchung schriftlich zu bestätigen.

(10) Weitergehende Regelungen der Länder, die den Regelungsgehalt der Absätze 5 bis 9 betreffen, bleiben unberührt.

**§ 58a**[1] **Abschiebungsanordnung.** (1) [1]Die oberste Landesbehörde kann gegen einen Ausländer auf Grund einer auf Tatsachen gestützten Prognose zur Abwehr einer besonderen Gefahr für die Sicherheit der Bundesrepublik Deutschland oder einer terroristischen Gefahr ohne vorhergehende Ausweisung eine Abschiebungsanordnung erlassen. [2]Die Abschiebungsanordnung ist sofort vollziehbar; einer Abschiebungsandrohung bedarf es nicht.

(2) [1]Das Bundesministerium des Innern, für Bau und Heimat kann die Übernahme der Zuständigkeit erklären, wenn ein besonderes Interesse des Bundes besteht. [2]Die oberste Landesbehörde ist hierüber zu unterrichten. [3]Abschiebungsanordnungen des Bundes werden von der Bundespolizei vollzogen.

(3) [1]Eine Abschiebungsanordnung darf nicht vollzogen werden, wenn die Voraussetzungen für ein Abschiebungsverbot nach § 60 Abs. 1 bis 8 gegeben sind. [2]§ 59 Abs. 2 und 3 ist entsprechend anzuwenden. [3]Die Prüfung obliegt der über die Abschiebungsanordnung entscheidenden Behörde, die nicht an hierzu getroffene Feststellungen aus anderen Verfahren gebunden ist.

(4) [1]Dem Ausländer ist nach Bekanntgabe der Abschiebungsanordnung unverzüglich Gelegenheit zu geben, mit einem Rechtsbeistand seiner Wahl Verbindung aufzunehmen, es sei denn, er hat sich zuvor anwaltlichen Beistands versichert; er ist hierauf, auf die Rechtsfolgen der Abschiebungsanordnung und die gegebenen Rechtsbehelfe hinzuweisen. [2]Ein Antrag auf Gewährung vorläufigen Rechtsschutzes nach der Verwaltungsgerichtsordnung[2] ist innerhalb von sieben Tagen nach Bekanntgabe der Abschiebungsanordnung zu stellen. [3]Die Abschiebung darf bis zum Ablauf der Frist nach Satz 2 und im Falle der rechtzeitigen Antragstellung bis zur Entscheidung des Gerichts über den Antrag auf vorläufigen Rechtsschutz nicht vollzogen werden.

**§ 59**[3] **Androhung der Abschiebung.** (1) [1]Die Abschiebung ist unter Bestimmung einer angemessenen Frist zwischen sieben und 30 Tagen für die freiwillige Ausreise anzudrohen. [2]Ausnahmsweise kann eine kürzere Frist gesetzt oder von einer Fristsetzung abgesehen werden, wenn dies im Einzelfall zur Wahrung überwiegender öffentlicher Belange zwingend erforderlich ist, insbesondere wenn

1. der begründete Verdacht besteht, dass der Ausländer sich der Abschiebung entziehen will, oder

2. von dem Ausländer eine erhebliche Gefahr für die öffentliche Sicherheit oder Ordnung ausgeht.

---

[1] § 58a Abs. 2 Satz 1 geänd. mWv 27.6.2020 durch VO v. 19.6.2020 (BGBl. I S. 1328).
[2] Nr. **600**.
[3] § 59 Abs. 1 neu gef., Abs. 6–8 angef. mWv 26.11.2011 durch G v. 22.11.2011 (BGBl. I S. 2258); Abs. 1 Satz 6 neu gef., Satz 7 angef., Abs. 3 Satz 1 geänd. mWv 1.8.2015 durch G v. 27.7.2015 (BGBl. I S. 1386); Abs. 1 Satz 8 angef. mWv 24.10.2015 durch G v. 20.10.2015 (BGBl. I S. 1722); Abs. 2 Satz 2 angef. mWv 21.8.2019 durch G v. 15.8.2019 (BGBl. I S. 1294); Abs. 8 geänd. mWv 1.3.2020 durch G v. 15.8.2019 (BGBl. I S. 1307); Abs. 2 Satz 2 geänd. mWv 23.12.2023 durch G v. 20.12.2023 (BGBl. 2023 I Nr. 390).

[3] Unter den in Satz 2 genannten Voraussetzungen kann darüber hinaus auch von einer Abschiebungsandrohung abgesehen werden, wenn

1. der Aufenthaltstitel nach § 51 Absatz 1 Nummer 3 bis 5 erloschen ist oder
2. der Ausländer bereits unter Wahrung der Erfordernisse des § 77 auf das Bestehen seiner Ausreisepflicht hingewiesen worden ist.

[4] Die Ausreisefrist kann unter Berücksichtigung der besonderen Umstände des Einzelfalls angemessen verlängert oder für einen längeren Zeitraum festgesetzt werden. [5] § 60a Absatz 2 bleibt unberührt. [6] Wenn die Vollziehbarkeit der Ausreisepflicht oder der Abschiebungsandrohung entfällt, wird die Ausreisefrist unterbrochen und beginnt nach Wiedereintritt der Vollziehbarkeit erneut zu laufen. [7] Einer erneuten Fristsetzung bedarf es nicht. [8] Nach Ablauf der Frist zur freiwilligen Ausreise darf der Termin der Abschiebung dem Ausländer nicht angekündigt werden.

(2) [1] In der Androhung soll der Staat bezeichnet werden, in den der Ausländer abgeschoben werden soll, und der Ausländer darauf hingewiesen werden, dass er auch in einen anderen Staat abgeschoben werden kann, in den er einreisen darf oder der zu seiner Übernahme verpflichtet ist. [2] Gebietskörperschaften im Sinne der Anhänge I und II der Verordnung (EU) 2018/1806,[1)] sind Staaten gleichgestellt.

(3) [1] Dem Erlass der Androhung steht das Vorliegen von Abschiebungsverboten und Gründen für die vorübergehende Aussetzung der Abschiebung nicht entgegen. [2] In der Androhung ist der Staat zu bezeichnen, in den der Ausländer nicht abgeschoben werden darf. [3] Stellt das Verwaltungsgericht das Vorliegen eines Abschiebungsverbots fest, so bleibt die Rechtmäßigkeit der Androhung im Übrigen unberührt.

(4) [1] Nach dem Eintritt der Unanfechtbarkeit der Abschiebungsandrohung bleiben für weitere Entscheidungen der Ausländerbehörde über die Abschiebung oder die Aussetzung der Abschiebung Umstände unberücksichtigt, die einer Abschiebung in den in der Abschiebungsandrohung bezeichneten Staat entgegenstehen und die vor dem Eintritt der Unanfechtbarkeit der Abschiebungsandrohung eingetreten sind; sonstige von dem Ausländer geltend gemachte Umstände, die der Abschiebung oder der Abschiebung in diesen Staat entgegenstehen, können unberücksichtigt bleiben. [2] Die Vorschriften, nach denen der Ausländer die im Satz 1 bezeichneten Umstände gerichtlich im Wege der Klage oder im Verfahren des vorläufigen Rechtsschutzes nach der Verwaltungsgerichtsordnung[2)] geltend machen kann, bleiben unberührt.

(5) [1] In den Fällen des § 58 Abs. 3 Nr. 1 bedarf es keiner Fristsetzung; der Ausländer wird aus der Haft oder dem öffentlichen Gewahrsam abgeschoben. [2] Die Abschiebung soll mindestens eine Woche vorher angekündigt werden.

(6) Über die Fristgewährung nach Absatz 1 wird dem Ausländer eine Bescheinigung ausgestellt.

(7) [1] Liegen der Ausländerbehörde konkrete Anhaltspunkte dafür vor, dass der Ausländer Opfer einer in § 25 Absatz 4a Satz 1 oder in § 25 Absatz 4b Satz 1 genannten Straftat wurde, setzt sie abweichend von Absatz 1 Satz 1 eine Ausreisefrist, die so zu bemessen ist, dass er eine Entscheidung über seine Aussagebereitschaft nach § 25 Absatz 4a Satz 2 Nummer 3 oder nach § 25 Absatz 4b Satz 2

---

[1)] Zeichensetzung amtlich.
[2)] Nr. **600**.

Nummer 2 treffen kann. [2]Die Ausreisefrist beträgt mindestens drei Monate. [3]Die Ausländerbehörde kann von der Festsetzung einer Ausreisefrist nach Satz 1 absehen, diese aufheben oder verkürzen, wenn

1. der Aufenthalt des Ausländers die öffentliche Sicherheit und Ordnung oder sonstige erhebliche Interessen der Bundesrepublik Deutschland beeinträchtigt oder

2. der Ausländer freiwillig nach der Unterrichtung nach Satz 4 wieder Verbindung zu den Personen nach § 25 Absatz 4a Satz 2 Nummer 2 aufgenommen hat.

[4]Die Ausländerbehörde oder eine durch sie beauftragte Stelle unterrichtet den Ausländer über die geltenden Regelungen, Programme und Maßnahmen für Opfer von in § 25 Absatz 4a Satz 1 genannten Straftaten.

(8) Ausländer, die ohne die nach § 4a Absatz 5 erforderliche Berechtigung zur Erwerbstätigkeit beschäftigt waren, sind vor der Abschiebung über die Rechte nach Artikel 6 Absatz 2 und Artikel 13 der Richtlinie 2009/52/EG des Europäischen Parlaments und des Rates vom 18. Juni 2009 über Mindeststandards für Sanktionen und Maßnahmen gegen Arbeitgeber, die Drittstaatsangehörige ohne rechtmäßigen Aufenthalt beschäftigen (ABl. L 168 vom 30.6.2009, S. 24), zu unterrichten.

**§ 60**[1)] **Verbot der Abschiebung.** (1) [1]In Anwendung des Abkommens vom 28. Juli 1951 über die Rechtsstellung der Flüchtlinge[2)] (BGBl. 1953 II S. 559) darf ein Ausländer nicht in einen Staat abgeschoben werden, in dem sein Leben oder seine Freiheit wegen seiner Rasse, Religion, Nationalität, seiner Zugehörigkeit zu einer bestimmten sozialen Gruppe oder wegen seiner politischen Überzeugung bedroht ist. [2]Dies gilt auch für Asylberechtigte und Ausländer, denen die Flüchtlingseigenschaft unanfechtbar zuerkannt wurde oder die aus

*(Fortsetzung nächstes Blatt)*

---

[1)] § 60 Abs. 1 Sätze 1 und 2 geänd., Sätze 3–5 aufgeh., bish. Sätze 6 und 7 werden Sätze 3 und 4, Abs. 2 und 3 neu gef., Abs. 7 Satz 2 aufgeh., bish. Satz 3 wird Satz 2 und geänd., Abs. 9 Satz 2 angef., Abs. 11 aufgeh. mWv 1.12.2013 durch G v. 28.8.2013 (BGBl. I S. 3474); Abs. 1 Satz 4, Abs. 2 Satz 1, Abs. 8 Satz 2, Abs. 9 Satz 1 geänd. mWv 24.10.2015 durch G v. 20.10.2015 (BGBl. I S. 1722); Abs. 7 Sätze 2–4 eingef., bish. Satz 2 wird Satz 5 mWv 17.3.2016 durch G v. 11.3.2016 (BGBl. I S. 390); Abs. 8 Satz 3 angef. mWv 17.3.2016 durch G v. 11.3.2016 (BGBl. I S. 394); Abs. 8 Satz 3 neu gef. mWv 10.11.2016 durch G v. 4.11.2016 (BGBl. I S. 2460); Abs. 7 Satz 2 eingef., bish. Sätze 2–5 werden Sätze 3–6 mWv 21.8.2019 durch G v. 15.8.2019 (BGBl. I S. 1294).
[2)] Nr. **568**.

Ausländer ab der Stellung eines Asylantrages (§ 13 des Asylgesetzes[1]) oder eines Asylgesuches (§ 18 des Asylgesetzes) bis zur rechtskräftigen Ablehnung des Asylantrages sowie für Ausländer, wenn ein Abschiebungsverbot nach § 60 Absatz 5 oder 7 vorliegt, es sei denn, das Abschiebungsverbot nach § 60 Absatz 7 beruht allein auf gesundheitlichen Gründen.

(3) [1] Im Sinne des Absatzes 2 Satz 1 ist dem Ausländer regelmäßig zumutbar,

1. in der den Bestimmungen des deutschen Passrechts, insbesondere den §§ 6 und 15 des Passgesetzes[2] in der jeweils geltenden Fassung, entsprechenden Weise an der Ausstellung oder Verlängerung mitzuwirken und die Behandlung eines Antrages durch die Behörden des Herkunftsstaates nach dem Recht des Herkunftsstaates zu dulden, sofern dies nicht zu einer unzumutbaren Härte führt,

2. bei Behörden des Herkunftsstaates persönlich vorzusprechen, an Anhörungen teilzunehmen, Lichtbilder nach Anforderung anzufertigen und Fingerabdrücke abzugeben, nach der Rechts- und Verwaltungspraxis des Herkunftsstaates erforderliche Angaben oder Erklärungen abzugeben oder sonstige nach der dortigen Rechts- und Verwaltungspraxis erforderliche Handlungen vorzunehmen, soweit dies nicht unzumutbar ist,

3. eine Erklärung gegenüber den Behörden des Herkunftsstaates, aus dem Bundesgebiet freiwillig im Rahmen seiner rechtlichen Verpflichtung nach dem deutschen Recht auszureisen, abzugeben, sofern hiervon die Ausstellung des Reisedokumentes abhängig gemacht wird,

4. sofern hiervon die Ausstellung des Reisedokumentes abhängig gemacht wird, zu erklären, die Wehrpflicht zu erfüllen, sofern die Erfüllung der Wehrpflicht nicht aus zwingenden Gründen unzumutbar ist, und andere zumutbare staatsbürgerliche Pflichten zu erfüllen,

5. die vom Herkunftsstaat für die behördlichen Passbeschaffungsmaßnahmen allgemein festgelegten Gebühren zu zahlen, sofern es nicht für ihn unzumutbar ist und

6. erneut um die Ausstellung des Passes oder Passersatzes im Rahmen des Zumutbaren nachzusuchen und die Handlungen nach den Nummern 1 bis 5 vorzunehmen, sofern auf Grund einer Änderung der Sach- und Rechtslage mit der Ausstellung des Passes oder Passersatzes durch die Behörden des Herkunftsstaates mit hinreichender Wahrscheinlichkeit gerechnet werden kann und die Ausländerbehörde ihn zur erneuten Vornahme der Handlungen auffordert.

[2] Der Ausländer ist auf diese Pflichten hinzuweisen. [3] Sie gelten als erfüllt, wenn der Ausländer glaubhaft macht, dass er die Handlungen nach Satz 1 vorgenommen hat. [4] Weist die Ausländerbehörde den Ausländer darauf hin, dass seine bisherigen Darlegungen und Nachweise zur Glaubhaftmachung der Erfüllung einer bestimmten Handlung oder mehrerer bestimmter Handlungen nach Satz 1 nicht ausreichen, kann die Ausländerbehörde ihn mit Fristsetzung dazu auffordern, die Vornahme der Handlungen nach Satz 1 durch Erklärung an Eides statt glaubhaft zu machen. [5] Die Ausländerbehörde ist hierzu zuständige Behörde im Sinne des § 156 des Strafgesetzbuches[3].

(4) [1] Hat der Ausländer die zumutbaren Handlungen nach Absatz 2 Satz 1 und Absatz 3 Satz 1 unterlassen, kann er diese jederzeit nachholen. [2] In diesem Fall ist

---

[1] Nr. **567.**
[2] Nr. **250.**
[3] **Habersack Nr. 85.**

die Verletzung der Mitwirkungspflicht geheilt und dem Ausländer die Bescheinigung über die Duldung nach § 60a Absatz 4 ohne den Zusatz „für Personen mit ungeklärter Identität" auszustellen. ³Absatz 5 Satz 1 bleibt unberührt.

(5) ¹Die Zeiten, in denen dem Ausländer die Duldung mit dem Zusatz „für Personen mit ungeklärter Identität" ausgestellt worden ist, werden nicht als Vorduldungszeiten angerechnet. ²Dem Inhaber einer Duldung mit dem Zusatz „für Personen mit ungeklärter Identität" darf die Ausübung einer Erwerbstätigkeit nicht erlaubt werden. ³Er unterliegt einer Wohnsitzauflage nach § 61 Absatz 1d.

(6) § 84 Absatz 1 Satz 1 Nummer 3 und Absatz 2 Satz 1 und 3 findet Anwendung.

## § 60c[1] *(aufgehoben)*

## § 60d[2] Beschäftigungsduldung.

(1) Einem ausreisepflichtigen Ausländer und seinem Ehegatten oder seinem Lebenspartner, die bis zum 1. August 2018 in das Bundesgebiet eingereist sind, ist in der Regel eine Duldung nach § 60a Absatz 2 Satz 3 für 30 Monate zu erteilen, wenn

1. ihre Identitäten geklärt sind
   a) bei Einreise in das Bundesgebiet bis zum 31. Dezember 2016 und am 1. Januar 2020 vorliegenden Beschäftigungsverhältnis nach Absatz 1 Nummer 3 bis zur Beantragung der Beschäftigungsduldung oder
   b) bei Einreise in das Bundesgebiet bis zum 31. Dezember 2016 und am 1. Januar 2020 nicht vorliegenden Beschäftigungsverhältnis nach Absatz 1 Nummer 3 bis zum 30. Juni 2020 oder
   c) bei Einreise in das Bundesgebiet zwischen dem 1. Januar 2017 und dem 1. August 2018 spätestens bis zum 30. Juni 2020;
   die Frist gilt als gewahrt, wenn der Ausländer und sein Ehegatte oder sein Lebenspartner innerhalb der in den Buchstaben a bis c genannten Frist alle erforderlichen und ihnen zumutbaren Maßnahmen für die Identitätsklärung ergriffen haben und die Identitäten erst nach dieser Frist geklärt werden können, ohne dass sie dies zu vertreten haben,
2. der ausreisepflichtige Ausländer seit mindestens zwölf Monaten im Besitz einer Duldung ist,
3. der ausreisepflichtige Ausländer seit mindestens 18 Monaten eine sozialversicherungspflichtige Beschäftigung mit einer regelmäßigen Arbeitszeit von mindestens 35 Stunden pro Woche ausübt; bei Alleinerziehenden gilt eine regelmäßige Arbeitszeit von mindestens 20 Stunden pro Woche,
4. der Lebensunterhalt des ausreisepflichtigen Ausländers innerhalb der letzten zwölf Monate vor Beantragung der Beschäftigungsduldung durch seine Beschäftigung gesichert war,
5. der Lebensunterhalt des ausreisepflichtigen Ausländers durch seine Beschäftigung gesichert ist,
6. der ausreisepflichtige Ausländer über hinreichende mündliche Kenntnisse der deutschen Sprache verfügt,
7. der ausreisepflichtige Ausländer und sein Ehegatte oder sein Lebenspartner nicht wegen einer im Bundesgebiet begangenen vorsätzlichen Straftat verurteilt wurde, wobei Verurteilungen im Sinne von § 32 Absatz 2 Nummer 5 Buch-

---

[1] § 60c aufgeh. mWv 1.3.2024 durch G v. 16.8.2023 (BGBl. 2023 I Nr. 217).
[2] § 60d eingef. mWv 1.1.2020 durch G v. 8.7.2019 (BGBl. I S. 1021).

stabe a des Bundeszentralregistergesetzes[1] wegen Straftaten, die nach dem Aufenthaltsgesetz oder dem Asylgesetz[2] nur von Ausländern begangen werden können, grundsätzlich außer Betracht bleiben,

8. der ausreisepflichtige Ausländer und sein Ehegatte oder sein Lebenspartner keine Bezüge zu extremistischen oder terroristischen Organisationen haben und diese auch nicht unterstützen,

9. gegen den Ausländer keine Ausweisungsverfügung und keine Abschiebungsanordnung nach § 58a besteht,

10. für die in familiärer Lebensgemeinschaft lebenden minderjährigen ledigen Kinder im schulpflichtigen Alter deren tatsächlicher Schulbesuch nachgewiesen wird und bei den Kindern keiner der in § 54 Absatz 2 Nummer 1 bis 2 genannten Fälle vorliegt und die Kinder nicht wegen einer vorsätzlichen Straftat nach § 29 Absatz 1 Satz 1 Nummer 1 des Betäubungsmittelgesetzes[3] rechtskräftig verurteilt worden sind, und

11. der ausreisepflichtige Ausländer und sein Ehegatte oder sein Lebenspartner einen Integrationskurs, soweit sie zu einer Teilnahme verpflichtet wurden, erfolgreich abgeschlossen haben oder den Abbruch nicht zu vertreten haben.

(2) Den in familiärer Lebensgemeinschaft lebenden minderjährigen ledigen Kindern des Ausländers ist die Duldung für den gleichen Aufenthaltszeitraum zu erteilen.

(3) [1] Die nach Absatz 1 erteilte Duldung wird widerrufen, wenn eine der in Absatz 1 Nummer 1 bis 10 genannten Voraussetzungen nicht mehr erfüllt ist. [2] Bei Absatz 1 Nummer 3 und 4 bleiben kurzfristige Unterbrechungen, die der Ausländer nicht zu vertreten hat, unberücksichtigt. [3] Wird das Beschäftigungsverhältnis beendet, ist der Arbeitgeber verpflichtet, dies unter Angabe des Zeitpunkts der Beendigung des Beschäftigungsverhältnisses, des Namens, Vornamens und der Staatsangehörigkeit des Ausländers innerhalb von zwei Wochen ab Kenntnis der zuständigen Ausländerbehörde schriftlich oder elektronisch mitzuteilen. [4] § 82 Absatz 6 gilt entsprechend.

(4) Eine Duldung nach Absatz 1 kann unbeachtlich des Absatzes 1 Nummer 1 erteilt werden, wenn der Ausländer die erforderlichen und ihm zumutbaren Maßnahmen für die Identitätsklärung ergriffen hat.

(5) § 60a bleibt im Übrigen unberührt.

**§ 61[4] Räumliche Beschränkung, Wohnsitzauflage, Ausreiseeinrichtungen.** (1) [1] Der Aufenthalt eines vollziehbar ausreisepflichtigen Ausländers ist räumlich auf das Gebiet des Landes beschränkt. [2] Von der räumlichen Beschränkung nach Satz 1 kann abgewichen werden, wenn der Ausländer zur Ausübung einer Beschäftigung ohne Prüfung nach § 39 Abs. 2 Satz 1 Nr. 1 berechtigt ist oder wenn dies zum Zwecke des Schulbesuchs, der betrieblichen Aus- und Weiterbildung oder des Studiums an einer staatlichen oder staatlich anerkannten Hoch-

---

[1] **Habersack Nr. 92.**
[2] **Nr. 567.**
[3] **Nr. 275.**
[4] § 61 Abs. 1 Satz 3 geänd. mWv 1.7.2011 durch G v. 23.6.2011 (BGBl. I S. 1266); Abs. 1 Satz 4 angef. mWv 26.11.2011 durch G v. 22.11.2011 (BGBl. I S. 2258); Überschrift neu gef., Abs. 1 Satz 2 aufgeh., bish. Sätze 3 und 4 werden Sätze 2 und 3, Abs. 1b–1e eingef. mWv 1.1.2015 durch G v. 23.12.2014 (BGBl. I S. 2439); Abs. 1c Satz 2 angef. mWv 29.7.2017 durch G v. 20.7.2017 (BGBl. I S. 2780); Abs. 1e eingef., bish. Abs. 1e wird Abs. 1f mWv 21.8.2019 durch G v. 15.8.2019 (BGBl. I S. 1294).

schule oder vergleichbaren Ausbildungseinrichtung erforderlich ist. [3] Das Gleiche gilt, wenn dies der Aufrechterhaltung der Familieneinheit dient.

(1a) [1] In den Fällen des § 60a Abs. 2a wird der Aufenthalt auf den Bezirk der zuletzt zuständigen Ausländerbehörde im Inland beschränkt. [2] Der Ausländer muss sich nach der Einreise unverzüglich dorthin begeben. [3] Ist eine solche Behörde nicht feststellbar, gilt § 15a entsprechend.

(1b) Die räumliche Beschränkung nach den Absätzen 1 und 1a erlischt, wenn sich der Ausländer seit drei Monaten ununterbrochen erlaubt, geduldet oder gestattet im Bundesgebiet aufhält.

(1c) [1] Eine räumliche Beschränkung des Aufenthalts eines vollziehbar ausreisepflichtigen Ausländers kann unabhängig von den Absätzen 1 bis 1b angeordnet werden, wenn

1. der Ausländer wegen einer Straftat, mit Ausnahme solcher Straftaten, deren Tatbestand nur von Ausländern verwirklicht werden kann, rechtskräftig verurteilt worden ist,

2. Tatsachen die Schlussfolgerung rechtfertigen, dass der Ausländer gegen Vorschriften des Betäubungsmittelgesetzes[1]) verstoßen hat, oder

3. konkrete Maßnahmen zur Aufenthaltsbeendigung gegen den Ausländer bevorstehen.

[2] Eine räumliche Beschränkung auf den Bezirk der Ausländerbehörde soll angeordnet werden, wenn der Ausländer die der Abschiebung entgegenstehenden Gründe durch vorsätzlich falsche Angaben oder durch eigene Täuschung über seine Identität oder Staatsangehörigkeit selbst herbeiführt oder zumutbare Anforderungen an die Mitwirkung bei der Beseitigung von Ausreisehindernissen nicht erfüllt.

*(Fortsetzung nächstes Blatt)*

---

[1]) Nr. **275**.

dig anwendet; die Zuständigkeit der Ausländerbehörden oder anderer durch die Länder bestimmter Stellen wird hierdurch nicht ausgeschlossen.

(4) [1] Für die erforderlichen Maßnahmen nach den §§ 48, 48a und 49 Absatz 2 bis 9 sind die Ausländerbehörden, die Polizeivollzugsbehörden der Länder sowie bei Wahrnehmung ihrer gesetzlichen Aufgaben die Bundespolizei und andere mit der polizeilichen Kontrolle des grenzüberschreitenden Verkehrs beauftragte Behörden zuständig. [2] In den Fällen des § 49 Abs. 4 sind auch die Behörden zuständig, die die Verteilung nach § 15a veranlassen. [3] In den Fällen des § 49 Absatz 5 Nummer 5 und 6 sind die vom Auswärtigen Amt ermächtigten Auslandsvertretungen zuständig. [4] In den Fällen des § 49 Absatz 8 und 9 sind auch die Aufnahmeeinrichtungen im Sinne des § 44 des Asylgesetzes[1]) und die Außenstellen des Bundesamtes für Migration und Flüchtlinge befugt, bei Tätigwerden in Amtshilfe die erkennungsdienstlichen Maßnahmen bei ausländischen Kindern oder Jugendlichen, die unbegleitet in das Bundesgebiet eingereist sind, vorzunehmen; diese Maßnahmen sollen im Beisein des zuvor zur vorläufigen Inobhutnahme verständigten Jugendamtes und in kindgerechter Weise durchgeführt werden.

(5) Für die Zurückschiebung sowie die Durchsetzung der Verlassenspflicht des § 12 Abs. 3 und die Durchführung der Abschiebung und, soweit es zur Vorbereitung und Sicherung dieser Maßnahmen erforderlich ist, die Festnahme und Beantragung der Haft sind auch die Polizeien der Länder zuständig.

(6) Das Bundesministerium des Innern, für Bau und Heimat oder die von ihm bestimmte Stelle entscheidet im Benehmen mit dem Auswärtigen Amt über die Anerkennung von Pässen und Passersatzpapieren (§ 3 Abs. 1); die Entscheidungen ergehen als Allgemeinverfügung und können im Bundesanzeiger bekannt gegeben werden.

**§ 71a**[2]) **Zuständigkeit und Unterrichtung.** (1) [1] Verwaltungsbehörden im Sinne des § 36 Abs. 1 Nr. 1 des Gesetzes über Ordnungswidrigkeiten[3]) sind in den Fällen des § 98 Absatz 2a Nummer 1 und Absatz 3 Nummer 1 die Behörden der Zollverwaltung. [2] Sie arbeiten bei der Verfolgung und Ahndung mit den in § 2 Absatz 4 des Schwarzarbeitsbekämpfungsgesetzes[4]) genannten Behörden zusammen.

(2) [1] Die Behörden der Zollverwaltung unterrichten das Gewerbezentralregister über ihre einzutragenden rechtskräftigen Bußgeldbescheide nach § 98 Absatz 2a Nummer 1 und Absatz 3 Nummer 1. [2] Dies gilt nur, sofern die Geldbuße mehr als 200 Euro beträgt.

(3) [1] Gerichte, Strafverfolgungs- und Strafvollstreckungsbehörden sollen den Behörden der Zollverwaltung Erkenntnisse aus sonstigen Verfahren, die aus ihrer Sicht zur Verfolgung von Ordnungswidrigkeiten nach § 98 Absatz 2a Nummer 1 und Absatz 3 Nummer 1 erforderlich sind, übermitteln, soweit nicht für die übermittelnde Stelle erkennbar ist, dass schutzwürdige Interessen des Betroffenen oder anderer Verfahrensbeteiligter an dem Ausschluss der Übermittlung überwie-

---

[1]) Nr. **567.**
[2]) § 71a Abs. 1 Sätze 1 und 2, Abs. 2 Satz 1, Abs. 3 Satz 1 geänd. mWv 18.7.2019 durch G v. 11.7.2019 (BGBl. I S. 1066); Änd. von Abs. 1 Satz 1, Abs. 2 Satz 1, Abs. 3 Satz 1 mWv 1.3.2020 durch G v. 15.8. 2019 (BGBl. I S. 1307) aufgrund der vorhergehenden Änd. nicht ausführbar.
[3]) **Habersack Nr. 94.**
[4]) **Habersack ErgBd. Nr. 94b.**

gen. [2]Dabei ist zu berücksichtigen, wie gesichert die zu übermittelnden Erkenntnisse sind.

**§ 72**[1) ] **Beteiligungserfordernisse.** (1) [1]Eine Betretenserlaubnis (§ 11 Absatz 8) darf nur mit Zustimmung der für den vorgesehenen Aufenthaltsort zuständigen Ausländerbehörde erteilt werden. [2]Die Behörde, die den Ausländer ausgewiesen, abgeschoben oder zurückgeschoben hat, ist in der Regel zu beteiligen.

(2) Über das Vorliegen eines zielstaatsbezogenen Abschiebungsverbots nach § 60 Absatz 5 oder 7 und das Vorliegen eines Ausschlusstatbestandes nach § 25 Absatz 3 Satz 3 Nummer 1 bis 4 entscheidet die Ausländerbehörde nur nach vorheriger Beteiligung des Bundesamtes für Migration und Flüchtlinge.

(3) [1]Räumliche Beschränkungen, Auflagen und Bedingungen, Befristungen nach § 11 Absatz 2 Satz 1, Anordnungen nach § 47 und sonstige Maßnahmen gegen einen Ausländer, der nicht im Besitz eines erforderlichen Aufenthaltstitels ist, dürfen von einer anderen Behörde nur im Einvernehmen mit der Behörde geändert oder aufgehoben werden, die die Maßnahme angeordnet hat. [2]Satz 1 findet keine Anwendung, wenn der Aufenthalt des Ausländers nach den Vorschriften des Asylgesetzes[2) ] auf den Bezirk der anderen Ausländerbehörde beschränkt ist.

(3a) [1]Die Aufhebung einer Wohnsitzverpflichtung nach § 12a Absatz 5 darf nur mit Zustimmung der Ausländerbehörde des geplanten Zuzugsorts erfolgen. [2]Die Zustimmung ist zu erteilen, wenn die Voraussetzungen des § 12a Absatz 5 vorliegen; eine Ablehnung ist zu begründen. [3]Die Zustimmung gilt als erteilt, wenn die Ausländerbehörde am Zuzugsort nicht innerhalb von vier Wochen ab Zugang des Ersuchens widerspricht. [4]Die Erfüllung melderechtlicher Verpflichtungen begründet keine Zuständigkeit einer Ausländerbehörde.

(4) [1]Ein Ausländer, gegen den öffentliche Klage erhoben oder ein strafrechtliches Ermittlungsverfahren eingeleitet ist, darf nur im Einvernehmen mit der zuständigen Staatsanwaltschaft ausgewiesen und abgeschoben werden. [2]Ein Ausländer, der zu schützende Person im Sinne des Zeugenschutz-Harmonisierungsgesetzes[3) ] ist, darf nur im Einvernehmen mit der Zeugenschutzdienststelle ausgewiesen oder abgeschoben werden. [3]Des Einvernehmens der Staatsanwaltschaft nach Satz 1 bedarf es nicht, wenn nur ein geringes Strafverfolgungsinteresse besteht. [4]Dies ist der Fall, wenn die Erhebung der öffentlichen Klage oder die Einleitung eines Ermittlungsverfahrens wegen einer Straftat nach § 95 dieses Gesetzes oder nach § 9 des Gesetzes über die allgemeine Freizügigkeit von Unionsbürgern[4) ] oder Straftaten nach dem Strafgesetzbuch[5) ] mit geringem Unrechtsgehalt erfolgt ist. [5]Insoweit sind Straftaten mit geringem Unrechtsgehalt Straftaten nach § 113 Absatz 1, § 115 des Strafgesetzbuches, soweit er die ent-

---

[1)] § 72 Abs. 6 Sätze 1, 2 geänd. mWv 26.11.2011 durch G v. 22.11.2011 (BGBl. I S. 2258); Abs. 7 angef. mWv 1.8.2012 durch G v. 1.6.2012 (BGBl. I S. 1224); Abs. 2 geänd. mWv 1.12.2013 durch G v. 28.8.2013 (BGBl. I S. 3474); Abs. 1 Satz 1, Abs. 3 Satz 1 geänd., Abs. 4 Sätze 3–5 angef., Abs. 7 geänd. mWv 1.8.2015 durch G v. 27.7.2015 (BGBl. I S. 1386); Abs. 3 Satz 2 geänd. mWv 24.10.2015 durch G v. 20.10.2015 (BGBl. I S. 1722); Abs. 2 und 7 geänd. mWv 1.8.2017 durch G v. 12.5.2017 (BGBl. I S. 1106); Abs. 3a eingef. mWv 12.7.2019 durch G v. 4.7.2019 (BGBl. I S. 914); Abs. 4 Satz 4 geänd., Satz 5 neu gef. mWv 21.8.2019 durch G v. 15.8.2019 (BGBl. I S. 1294); Abs. 7 neu gef. mWv 1.3.2020 durch G v. 15.8.2019 (BGBl. I S. 1307); Abs. 7 geänd. mWv 18.11.2023 und mWv 1.3.2024 durch G v. 16.8.2023 (BGBl. 2023 I Nr. 217).
[2)] Nr. **567.**
[3)] **Habersack ErgBd. Nr. 90b.**
[4)] Nr. **560.**
[5)] **Habersack Nr. 85.**

sprechende Geltung des § 113 Absatz 1 des Strafgesetzbuches vorsieht, den §§ 123, 166, 167, 169, 185, 223, 240 Absatz 1, den §§ 242, 246, 248b, 263 Absatz 1, 2 und 4, den §§ 265a, 267 Absatz 1 und 2, § 271 Absatz 1, 2 und 4, den §§ 273, 274, 276 Absatz 1, den §§ 279, 281, 303 des Strafgesetzbuches, dem § 21 des Straßenverkehrsgesetzes[1]) in der Fassung der Bekanntmachung vom 5. März 2003 (BGBl. I S. 310, 919), das zuletzt durch Artikel 1 des Gesetzes vom 8. April 2019 (BGBl. I S. 430) geändert worden ist, in der jeweils geltenden Fassung, und dem § 6 des Pflichtversicherungsgesetzes[2]) vom 5. April 1965 (BGBl. I S. 213), das zuletzt durch Artikel 1 der Verordnung vom 6. Februar 2017 (BGBl. I S. 147) geändert worden ist, in der jeweils geltenden Fassung, es sei denn, diese Strafgesetze werden durch verschiedene Handlungen mehrmals verletzt oder es wird ein Strafantrag gestellt.

(5) § 45 des Achten Buches Sozialgesetzbuch[3]) gilt nicht für Ausreiseeinrichtungen und Einrichtungen, die der vorübergehenden Unterbringung von Ausländern dienen, denen aus völkerrechtlichen, humanitären oder politischen Gründen eine Aufenthaltserlaubnis erteilt oder bei denen die Abschiebung ausgesetzt wird.

(6) [1]Vor einer Entscheidung über die Erteilung, die Verlängerung oder den Widerruf eines Aufenthaltstitels nach § 25 Abs. 4a oder 4b und die Festlegung, Aufhebung oder Verkürzung einer Ausreisefrist nach § 59 Absatz 7 ist die für das in § 25 Abs. 4a oder 4b in Bezug genommene Strafverfahren zuständige Staatsanwaltschaft oder das mit ihm befasste Strafgericht zu beteiligen, es sei denn, es liegt ein Fall des § 87 Abs. 5 Nr. 1 vor. [2]Sofern der Ausländerbehörde die zuständige Staatsanwaltschaft noch nicht bekannt ist, beteiligt sie vor einer Entscheidung über die Festlegung, Aufhebung oder Verkürzung einer Ausreisefrist nach § 59 Absatz 7 die für den Aufenthaltsort zuständige Polizeibehörde.

(7) Zur Prüfung des Vorliegens der Voraussetzungen der §§ 16a, 16d, 16e, 16g, 18a, 18b, 18c Absatz 3, des § 18g und der §§ 19 bis 19c können die Ausländerbehörde, das Bundesamt für Migration und Flüchtlinge sowie die Auslandsvertretung zur Erfüllung ihrer Aufgaben die Bundesagentur für Arbeit auch dann beteiligen, wenn sie ihrer Zustimmung nicht bedürfen.

### § 72a[4]) Abgleich von Visumantragsdaten zu Sicherheitszwecken.

(1) [1]Daten, die im Visumverfahren von der deutschen Auslandsvertretung zur visumantragstellenden Person, zum Einlader und zu Personen, die durch Abgabe einer Verpflichtungserklärung oder in anderer Weise die Sicherung des Lebensunterhalts garantieren oder zu sonstigen Referenzpersonen im Inland erhoben werden, werden zur Durchführung eines Abgleichs zu Sicherheitszwecken an das Bundesverwaltungsamt übermittelt. [2]Das Gleiche gilt für Daten nach Satz 1, die eine Auslandsvertretung eines anderen Schengen-Staates nach Artikel 8 Absatz 2 der Verordnung (EG) Nr. 810/2009 des Europäischen Parlaments und des Rates vom 13. Juli 2009 über einen Visakodex der Gemeinschaft (Visakodex) (ABl. L 243 vom 15.9.2009, S. 1) an eine deutsche Auslandsvertretung zur Entscheidung über den Visumantrag übermittelt hat. [3]Eine Übermittlung nach Satz 1 oder Satz 2 erfolgt nicht, wenn eine Datenübermittlung nach § 73 Absatz 1 Satz 1 erfolgt.

---

[1]) **Habersack Nr. 35.**
[2]) **Habersack Nr. 63.**
[3]) **Habersack ErgBd. Nr. 46.**
[4]) § 72a eingef. mWv 1.6.2013 durch G v. 22.12.2011 (BGBl. I S. 3037); Abs. 2 Satz 1 Nr. 2 und 3 geänd. mWv 1.1.2015 durch G v. 18.12.2014 (BGBl. I S. 2318); Abs. 2 Satz 1 einl. Satzteil, Satz 3, Abs. 5 Satz 1, Abs. 7 geänd. mWv 26.11.2019 durch G v. 20.11.2019 (BGBl. I S. 1626).

(2) [1]Die Daten nach Absatz 1 Satz 1 und 2 werden in einer besonderen Organisationseinheit des Bundesverwaltungsamtes in einem automatisierten Verfahren mit Daten aus *Antiterrordatei*[1] (§ 1 Absatz 1 des Antiterrordateigesetzes[2]) zu Personen abgeglichen, bei denen Tatsachen die Annahme rechtfertigen, dass sie

1. einer terroristischen Vereinigung nach § 129a des Strafgesetzbuchs[3], die einen internationalen Bezug aufweist, oder einer terroristischen Vereinigung nach § 129a in Verbindung mit § 129b Absatz 1 Satz 1 des Strafgesetzbuchs mit Bezug zur Bundesrepublik Deutschland angehören oder diese unterstützen oder

2. einer Gruppierung, die eine solche Vereinigung unterstützt, angehören oder diese willentlich in Kenntnis der den Terrorismus unterstützenden Aktivität der Gruppierung unterstützen oder

3. rechtswidrig Gewalt als Mittel zur Durchsetzung international ausgerichteter politischer oder religiöser Belange anwenden oder eine solche Gewaltanwendung unterstützen, vorbereiten oder durch ihre Tätigkeiten, insbesondere durch Befürworten solcher Gewaltanwendungen, vorsätzlich hervorrufen oder

4. mit den in Nummer 1 oder Nummer 3 genannten Personen nicht nur flüchtig oder in zufälligem Kontakt in Verbindung stehen und durch sie weiterführende Hinweise für die Aufklärung oder Bekämpfung des internationalen Terrorismus zu erwarten sind, soweit Tatsachen die Annahme rechtfertigen, dass sie von der Planung oder Begehung einer in Nummer 1 genannten Straftat oder der Ausübung, Unterstützung oder Vorbereitung von rechtswidriger Gewalt im Sinne von Nummer 3 Kenntnis haben.

[2]Die Daten der in Satz 1 genannten Personen werden nach Kennzeichnung durch die Behörde, welche die Daten in der Antiterrordatei gespeichert hat, in der Antiterrordatei gespeichert und durch das Bundeskriminalamt an die besondere Organisationseinheit im Bundesverwaltungsamt für den Abgleich mit den Daten nach Absatz 1 Satz 1 und 2 übermittelt und dort gespeichert. [3]Durch geeignete technische und organisatorische Maßnahmen nach den Artikeln 24, 25 und 32 der Verordnung (EU) 2016/679[4] ist sicherzustellen, dass kein unberechtigter Zugriff auf den Inhalt der Daten erfolgt.

(3) [1]Im Fall eines Treffers werden zur Feststellung von Versagungsgründen nach § 5 Absatz 4 oder zur Prüfung von sonstigen Sicherheitsbedenken gegen die Erteilung des Visums die Daten nach Absatz 1 Satz 1 und 2 an die Behörden übermittelt, welche Daten zu dieser Person in der Antiterrordatei gespeichert

*(Fortsetzung nächstes Blatt)*

---

[1] Richtig wohl: „der Antiterrordatei".
[2] Nr. 82.
[3] **Habersack Nr. 85.**
[4] Nr. 246.

## Abschnitt 1a. Durchbeförderung

**§ 74a**[1] **Durchbeförderung von Ausländern.** [1] Ausländische Staaten dürfen Ausländer aus ihrem Hoheitsgebiet über das Bundesgebiet in einen anderen Staat zurückführen oder aus einem anderen Staat über das Bundesgebiet wieder in ihr Hoheitsgebiet zurückübernehmen, wenn ihnen dies von den zuständigen Behörden gestattet wurde (Durchbeförderung). [2] Die Durchbeförderung erfolgt auf der Grundlage zwischenstaatlicher Vereinbarungen und Rechtsvorschriften der Europäischen Union. [3] Zentrale Behörde nach Artikel 4 Abs. 5 der Richtlinie 2003/110/EG ist die in der Rechtsverordnung nach § 58 Abs. 1 des Bundespolizeigesetzes[2] bestimmte Bundespolizeibehörde. [4] Der durchbeförderte Ausländer hat die erforderlichen Maßnahmen im Zusammenhang mit seiner Durchbeförderung zu dulden.

## Abschnitt 2. Bundesamt für Migration und Flüchtlinge

**§ 75**[3] **Aufgaben.** Das Bundesamt für Migration und Flüchtlinge hat unbeschadet der Aufgaben nach anderen Gesetzen folgende Aufgaben:

1. Zentrale Erstansprechstelle für die Bearbeitung von allgemeinen und individuellen Anfragen betreffend die Einreise und den Aufenthalt insbesondere zum Zweck der Ausbildung und Erwerbstätigkeit einschließlich der Koordinierung der Auskünfte zwischen den zuständigen Behörden und Einrichtungen; dies umfasst die zentrale Beantwortung und Erfassung von individuellen Anfragen zu laufenden Anträgen, die Erfassung und Auswertung von Schwierigkeiten im Einwanderungsprozess sowie die Bereitstellung von Auskünften, Informationen und strukturierten Berichten an andere Ressorts, um gemeinsam Vorschläge zur Verfahrensoptimierung entwickeln zu können;

2. a) Entwicklung von Grundstruktur und Lerninhalten des Integrationskurses nach § 43 Abs. 3 und der berufsbezogenen Deutschsprachförderung nach § 45a,

   b) deren Durchführung und

   c) Maßnahmen nach § 9 Abs. 5 des Bundesvertriebenengesetzes[4];

3. fachliche Zuarbeit für die Bundesregierung auf dem Gebiet der Integrationsförderung und der Erstellung von Informationsmaterial über Integrationsangebote von Bund, Ländern und Kommunen für Ausländer und Spätaussiedler;

4. Betreiben wissenschaftlicher Forschungen über Migrationsfragen (Begleitforschung) zur Gewinnung analytischer Aussagen für die Steuerung der Zuwanderung;

4a. Betreiben wissenschaftlicher Forschungen über Integrationsfragen;

---

[1] § 74a Satz 3 geänd. mWv 1.3.2008 durch G v. 26.2.2008 (BGBl. I S. 215); Satz 2 geänd. mWv 26.11.2011 durch G v. 22.11.2011 (BGBl. I S. 2258).
[2] Nr. 90.
[3] § 75 Nr. 5 geänd. mWv 26.11.2011 durch G v. 22.11.2011 (BGBl. I S. 2258); Nr. 5 geänd. mWv 1.8.2012 durch G v. 1.6.2012 (BGBl. I S. 1224); Nr. 7 neu gef. mWv 6.9.2013 durch G v. 29.8.2013 (BGBl. I S. 3484); Nr. 8 und 11 geänd., Nr. 12 angef. mWv 1.8.2015 durch G v. 27.7.2015 (BGBl. I S. 1386); Nr. 2 Buchst. a und Nr. 12 geänd. mWv 24.10.2015 durch G v. 20.10.2015 (BGBl. I S. 1722); Nr. 4a eingef. mWv 6.8.2016 durch G v. 31.7.2016 (BGBl. I S. 1939); Nr. 5 geänd. mWv 1.8.2017 durch G v. 12.5.2017 (BGBl. I S. 1106); Nr. 12 geänd., Nr. 13 angef. mWv 21.8.2019 durch G v. 15.8.2019 (BGBl. I S. 1294); Nr. 5a eingef., Nr. 10 geänd. mWv 1.3.2020 durch G v. 15.8.2019 (BGBl. I S. 1307); Nr. 5, 10 geänd. mWv 18.11.2023; Nr. 1 neu gef. mWv 1.3.2024 durch G v. 16.8.2023 (BGBl. 2023 I Nr. 217).
[4] **Sartorius III Nr. 955.**

5. Zusammenarbeit mit den Verwaltungsbehörden der Mitgliedstaaten der Europäischen Union als Nationale Kontaktstelle und zuständige Behörde nach Artikel 27 der Richtlinie 2001/55/EG, Artikel 25 der Richtlinie 2003/109/EG, Artikel 28 der Richtlinie (EU) 2021/1883, Artikel 26 der Richtlinie 2014/66/EU und Artikel 37 der Richtlinie (EU) 2016/801 sowie für Mitteilungen nach § 51 Absatz 8a;

5a. Prüfung der Mitteilungen nach § 16c Absatz 1, § 18e Absatz 1 und § 19a Absatz 1 sowie Ausstellung der Bescheinigungen nach § 16c Absatz 4, § 18e Absatz 5 und § 19a Absatz 4 oder Ablehnung der Einreise und des Aufenthalts;

6. Führung des Registers nach § 91a;

7. Koordinierung der Programme und Mitwirkung an Projekten zur Förderung der freiwilligen Rückkehr sowie Auszahlung hierfür bewilligter Mittel;

8. die Durchführung des Aufnahmeverfahrens nach § 23 Abs. 2 und 4 und die Verteilung der nach § 23 sowie der nach § 22 Satz 2 aufgenommenen Ausländer auf die Länder;

9. Durchführung einer migrationsspezifischen Beratung nach § 45 Satz 1, soweit sie nicht durch andere Stellen wahrgenommen wird; hierzu kann es sich privater oder öffentlicher Träger bedienen;

10. Anerkennung von Forschungseinrichtungen zum Abschluss von Aufnahmevereinbarungen nach § 18d; das Bundesamt für Migration und Flüchtlinge wird durch einen Beirat bei der Durchführung seiner Aufgaben in der Forschungsmigration und der Fachkräfteeinwanderung unterstützt;

11. Koordinierung der Informationsübermittlung und Auswertung von Erkenntnissen der Bundesbehörden, insbesondere des Bundeskriminalamtes und des Bundesamtes für Verfassungsschutz, zu Ausländern, bei denen wegen Gefährdung der öffentlichen Sicherheit ausländer-, asyl- oder staatsangehörigkeitsrechtliche Maßnahmen in Betracht kommen;

12. Anordnung eines Einreise- und Aufenthaltsverbots nach § 11 Absatz 1 im Fall einer Abschiebungsandrohung nach den §§ 34, 35 des Asylgesetzes[1] oder einer Abschiebungsanordnung nach § 34a des Asylgesetzes sowie die Anordnung und Befristung eines Einreise- und Aufenthaltsverbots nach § 11 Absatz 7;

13. unbeschadet des § 71 Absatz 3 Nummer 7 die Beschaffung von Heimreisedokumenten für Ausländer im Wege der Amtshilfe.

## § 76 (weggefallen)

## Abschnitt 3. Verwaltungsverfahren

**§ 77**[2] **Schriftform; Ausnahme von Formerfordernissen.** (1) [1]Die folgenden Verwaltungsakte bedürfen der Schriftform und sind mit Ausnahme der Nummer 5 mit einer Begründung zu versehen:

1. der Verwaltungsakt,

---

[1] Nr. 567.
[2] § 77 Abs. 1 Sätze 1 und 2 geänd., Satz 3 neu gef., Satz 4, Abs. 2 Satz 2 und Abs. 3 angef. mWv 26.11. 2011 durch G v. 22.11.2011 (BGBl. I S. 2258); Abs. 1 Satz 1 neu gef., Satz 2 aufgeh., bish. Sätze 3 und 4 werden Sätze 2 und 3 mWv 6.9.2013 durch G v. 29.8.2013 (BGBl. I S. 3484); Abs. 1 Satz 1 Nr. 7 geänd., Nr. 9 und Abs. 3 Satz 1 neu gef., Satz 5 eingef., bish. Satz 5 wird Satz 6 mWv 1.8.2015 durch G v. 27.7. 2015 (BGBl. I S. 1386); Abs. 1a eingef. mWv 1.8.2017 durch G v. 12.5.2017 (BGBl. I S. 1106); Abs. 1 Satz 1 Nr. 9 geänd. mWv 21.8.2019 durch G v. 15.8.2019 (BGBl. I S. 1294).

a) durch den ein Passersatz, ein Ausweisersatz oder ein Aufenthaltstitel versagt, räumlich oder zeitlich beschränkt oder mit Bedingungen und Auflagen versehen wird oder

b) mit dem die Änderung oder Aufhebung einer Nebenbestimmung zum Aufenthaltstitel versagt wird, sowie

2. die Ausweisung,

3. die Abschiebungsanordnung nach § 58a Absatz 1 Satz 1,

4. die Androhung der Abschiebung,

5. die Aussetzung der Abschiebung,

6. Beschränkungen des Aufenthalts nach § 12 Absatz 4,

7. die Anordnungen nach den §§ 47 und 56,

8. die Rücknahme und der Widerruf von Verwaltungsakten nach diesem Gesetz sowie

9. die Entscheidung über die Anordnung eines Einreise- und Aufenthaltsverbots nach § 11.

[2] Einem Verwaltungsakt, mit dem ein Aufenthaltstitel versagt oder mit dem ein Aufenthaltstitel zum Erlöschen gebracht wird, sowie der Entscheidung über einen Antrag auf Befristung nach § 11 Absatz 1 Satz 3 ist eine Erklärung beizufügen. [3] Mit dieser Erklärung wird der Ausländer über den Rechtsbehelf, der gegen den Verwaltungsakt gegeben ist, und über die Stelle, bei der dieser Rechtsbehelf einzulegen ist, sowie über die einzuhaltende Frist belehrt; in anderen Fällen ist die vorgenannte Erklärung der Androhung der Abschiebung beizufügen.

(1a) [1] Im Zusammenhang mit der Erteilung einer ICT-Karte oder einer Mobiler-ICT-Karte sind zusätzlich der aufnehmenden Niederlassung oder dem aufnehmenden Unternehmen schriftlich mitzuteilen

1. die Versagung der Verlängerung einer ICT-Karte oder einer Mobiler-ICT-Karte,

2. die Rücknahme oder der Widerruf einer ICT-Karte oder einer Mobiler-ICT-Karte,

3. die Versagung der Verlängerung eines Aufenthaltstitels zum Zweck des Familiennachzugs zu einem Inhaber einer ICT-Karte oder einer Mobiler-ICT-Karte oder

4. die Rücknahme oder der Widerruf eines Aufenthaltstitels zum Zweck des Familiennachzugs zu einem Inhaber einer ICT-Karte oder einer Mobiler-ICT-Karte.

[2] In der Mitteilung nach Satz 1 Nummer 1 und 2 sind auch die Gründe für die Entscheidung anzugeben.

(2) [1] Die Versagung und die Beschränkung eines Visums und eines Passersatzes vor der Einreise bedürfen keiner Begründung und Rechtsbehelfsbelehrung; die Versagung an der Grenze bedarf auch nicht der Schriftform. [2] Formerfordernisse für die Versagung von Schengen-Visa richten sich nach der Verordnung (EG) Nr. 810/2009.

(3) [1] Dem Ausländer ist auf Antrag eine Übersetzung der Entscheidungsformel des Verwaltungsaktes, mit dem der Aufenthaltstitel versagt oder mit dem der Aufenthaltstitel zum Erlöschen gebracht oder mit dem eine Befristungsentscheidung nach § 11 getroffen wird, und der Rechtsbehelfsbelehrung kostenfrei in einer Sprache zur Verfügung zu stellen, die der Ausländer versteht oder bei der vernünftigerweise davon ausgegangen werden kann, dass er sie versteht. [2] Besteht die

Ausreisepflicht aus einem anderen Grund, ist Satz 1 auf die Androhung der Abschiebung sowie auf die Rechtsbehelfsbelehrung, die dieser nach Absatz 1 Satz 3 beizufügen ist, entsprechend anzuwenden. ³Die Übersetzung kann in mündlicher oder in schriftlicher Form zur Verfügung gestellt werden. ⁴Eine Übersetzung muss dem Ausländer dann nicht vorgelegt werden, wenn er unerlaubt in das Bundesgebiet eingereist ist oder auf Grund einer strafrechtlichen Verurteilung ausgewiesen worden ist. ⁵In den Fällen des Satzes 4 erhält der Ausländer ein Standardformular mit Erläuterungen, die in mindestens fünf der am häufigsten verwendeten oder verstandenen Sprachen bereitgehalten werden. ⁶Die Sätze 1 bis 3 sind nicht anzuwenden, wenn der Ausländer noch nicht eingereist oder bereits ausgereist ist.

**§ 78¹⁾ Dokumente mit elektronischem Speicher- und Verarbeitungsmedium.** (1) ¹Aufenthaltstitel nach § 4 Absatz 1 Satz 2 Nummer 2 bis 4 werden als eigenständige Dokumente mit elektronischem Speicher- und Verarbeitungsmedium ausgestellt. ²Aufenthaltserlaubnisse, die nach Maßgabe des Abkommens zwischen der Europäischen Gemeinschaft und ihren Mitgliedstaaten einerseits und der Schweizerischen Eidgenossenschaft andererseits über die Freizügigkeit vom 21. Juni 1999 (ABl. L 114 vom 30.4.2002, S. 6) auszustellen sind, werden auf Antrag als Dokumente mit elektronischem Speicher- und Verarbeitungsmedium ausgestellt. ³Dokumente nach den Sätzen 1 und 2 enthalten folgende sichtbar aufgebrachte Angaben:

1. Name und Vornamen,
2. Doktorgrad,
3. Lichtbild,
4. Geburtsdatum und Geburtsort,
5. Anschrift,
6. Gültigkeitsbeginn und Gültigkeitsdauer,
7. Ausstellungsort,
8. Art des Aufenthaltstitels oder Aufenthaltsrechts und dessen Rechtsgrundlage,
9. Ausstellungsbehörde,
10. Seriennummer des zugehörigen Passes oder Passersatzpapiers,
11. Gültigkeitsdauer des zugehörigen Passes oder Passersatzpapiers,
12. Anmerkungen,
13. Unterschrift,
14. Seriennummer,
15. Staatsangehörigkeit,
16. Geschlecht mit der Abkürzung „F" für Personen weiblichen Geschlechts, „M" für Personen männlichen Geschlechts und „X" in allen anderen Fällen,
17. Größe und Augenfarbe,
18. Zugangsnummer.

---

¹⁾ § 78 neu gef. mWv 1.9.2011 durch G v. 12.4.2011 (BGBl. I S. 610); Abs. 3 Satz 1 Nr. 3 und 4 geänd., Nr. 5 angef. mWv 1.12.2014 durch G v. 6.9.2013 (BGBl. I S. 3556); Abs. 5 Satz 2 neu gef. mWv 15.7.2017 durch G v. 7.7.2017 (BGBl. I S. 2310); Abs. 4 Satz 1 neu gef., Satz 2 eingef., bish. Satz 2 wird Satz 3 und geänd. mWv 29.7.2017 durch G v. 18.7.2017 (BGBl. I S. 2745); Abs. 3 Satz 2, Abs. 6, 7 Satz 1, Abs. 8 Sätze 1 und 2 geänd. mWv 26.11.2019 durch G v. 20.11.2019 (BGBl. I S. 1626); Abs. 1 Satz 3 Nr. 16 geänd., Sätze 6, 7 angef., Abs. 2 Satz 2 Nr. 5 geänd., Nr. 9a eingef. mWv 12.12.2020 durch G v. 3.12.2020 (BGBl. I S. 2744); Abs. 3 Satz 4 angef., Abs. 5 Satz 1 geänd., Satz 2 neu gef. mWv 1.9.2021 durch G v. 5.7.2021 (BGBl. I S. 2281); Abs. 5 Sätze 2 und 3 geänd., Abs. 6 neu gef., Abs. 7 Sätze 3–5 angef. mWv 13.10.2023 durch G v. 8.10.2023 (BGBl. 2023 I Nr. 271).

⁴Dokumente nach Satz 1 können unter den Voraussetzungen des § 48 Absatz 2 oder 4 als Ausweisersatz bezeichnet und mit dem Hinweis versehen werden, dass die Personalien auf den Angaben des Inhabers beruhen. ⁵Die Unterschrift durch den Antragsteller nach Satz 3 Nummer 13 ist zu leisten, wenn er zum Zeitpunkt der Beantragung des Dokuments zehn Jahre oder älter ist. ⁶Auf Antrag können Dokumente nach den Sätzen 1 und 2 bei einer Änderung des Geschlechts nach § 45b des Personenstandsgesetzes¹⁾ mit der Angabe des vorherigen Geschlechts ausgestellt werden, wenn die vorherige Angabe männlich oder weiblich war. ⁷Dieser abweichenden Angabe kommt keine weitere Rechtswirkung zu.

(2) ¹Dokumente mit elektronischem Speicher- und Verarbeitungsmedium nach Absatz 1 enthalten eine Zone für das automatische Lesen. ²Diese darf lediglich die folgenden sichtbar aufgedruckten Angaben enthalten:

1. die Abkürzungen
   a) „AR" für den Aufenthaltstiteltyp nach § 4 Absatz 1 Nummer 2 bis 4,
   b) „AS" für den Aufenthaltstiteltyp nach § 28 Satz 2 der Aufenthaltsverordnung²⁾,
2. die Abkürzung „D" für Bundesrepublik Deutschland,
3. die Seriennummer des Aufenthaltstitels, die sich aus der Behördenkennzahl der Ausländerbehörde und einer zufällig zu vergebenden Aufenthaltstitelnummer zusammensetzt und die neben Ziffern auch Buchstaben enthalten kann,
4. das Geburtsdatum,
5. die Abkürzung „F" für Personen weiblichen Geschlechts, „M" für Personen männlichen Geschlechts und das Zeichen „<" in allen anderen Fällen,
6. die Gültigkeitsdauer des Aufenthaltstitels oder im Falle eines unbefristeten Aufenthaltsrechts die technische Kartennutzungsdauer,
7. die Abkürzung der Staatsangehörigkeit,
8. den Namen,
9. den oder die Vornamen,
9a. die Versionsnummer des Dokumentenmusters,
10. die Prüfziffern und
11. Leerstellen.

³Die Seriennummer und die Prüfziffern dürfen keine Daten über den Inhaber oder Hinweise auf solche Daten enthalten. ⁴Jedes Dokument erhält eine neue Seriennummer.

(3) ¹Das in dem Dokument nach Absatz 1 enthaltene elektronische Speicher- und Verarbeitungsmedium enthält folgende Daten:

1. die Daten nach Absatz 1 Satz 3 Nummer 1 bis 5 sowie den im amtlichen Gemeindeverzeichnis verwendeten eindeutigen Gemeindeschlüssel,
2. die Daten der Zone für das automatische Lesen nach Absatz 2 Satz 2,
3. Nebenbestimmungen,
4. zwei Fingerabdrücke, die Bezeichnung der erfassten Finger sowie die Angaben zur Qualität der Abdrücke sowie
5. den Geburtsnamen.

---

¹⁾ Nr. **260**.
²⁾ Nr. **566**.

[2] Die gespeicherten Daten sind durch geeignete technische und organisatorische Maßnahmen nach den Artikeln 24, 25 und 32 der Verordnung (EU) 2016/679[1] gegen unbefugtes Verändern, Löschen und Auslesen zu sichern. [3] Die Erfassung von Fingerabdrücken erfolgt ab Vollendung des sechsten Lebensjahres. [4] In entsprechender Anwendung von § 10a Absatz 1 Satz 1 des Personalausweisgesetzes[2] sind die folgenden Daten auf Veranlassung des Ausländers auf ein elektronisches Speicher- und Verarbeitungsmedium in einem mobilen Endgerät zu übermitteln und auch dort zu speichern:

1. die Daten nach Absatz 1 Satz 3 Nummer 1, 2, 4, 5, 15 sowie nach Absatz 3 Satz 1 Nummer 5,

2. die Dokumentenart,

3. der letzte Tag der Gültigkeitsdauer des elektronischen Identitätsnachweises,

4. die Abkürzung „D" für die Bundesrepublik Deutschland und

5. der im amtlichen Gemeindeverzeichnis verwendete eindeutige Gemeindeschlüssel.

(4) [1] Das elektronische Speicher- und Verarbeitungsmedium eines Dokuments nach Absatz 1 kann ausgestaltet werden als qualifizierte elektronische Signaturerstellungseinheit nach Artikel 3 Nummer 23 der Verordnung (EU) Nr. 910/2014[3] des Europäischen Parlaments und des Rates vom 23. Juli 2014 über elektronische Identifizierung und Vertrauensdienste für elektronische Transaktionen im Binnenmarkt und zur Aufhebung der Richtlinie 1999/93/EG (ABl. L 257 vom 28.8. 2014, S. 73). [2] Die Zertifizierung nach Artikel 30 der Verordnung (EU) Nr. 910/ 2014 erfolgt durch das Bundesamt für Sicherheit in der Informationstechnik. [3] Die Vorschriften des Vertrauensdienstegesetzes[4] bleiben unberührt.

(5) [1] Das elektronische Speicher- und Verarbeitungsmedium eines Dokuments nach Absatz 1 oder eines mobilen Endgeräts kann auch für die Zusatzfunktion eines elektronischen Identitätsnachweises genutzt werden. [2] Insoweit sind § 2 Absatz 3 bis 7, 10, 12 und 13, § 4 Absatz 3, § 7 Absatz 3b, 4 und 5, § 10 Absatz 1 bis 5, 6 Satz 1, Absatz 7, 8 Satz 1 und Absatz 9, die §§ 10a, 11 Absatz 1 bis 5 und 7, § 12 Absatz 2 Satz 2, die §§ 18, 18a, 19 Absatz 1, 2 Satz 1 und 2 und Absatz 3 bis 5, die §§ 19a, 20 Absatz 2 und 3, die §§ 20a, 21, 21a, 21b, 27 Absatz 1 Nummer 6, Absatz 2 und 3, § 32 Absatz 1 Nummer 5 und 6 mit Ausnahme des dort angeführten § 19 Absatz 2 Nummer 6a bis 8, Absatz 2 und 3 sowie § 33 Nummer 1, 2 und 4 des Personalausweisgesetzes mit der Maßgabe entsprechend anzuwenden, dass die Ausländerbehörde an die Stelle der Personalausweisbehörde und der Hersteller der Dokumente an die Stelle des Ausweisherstellers tritt. [3] Neben den in § 18 Absatz 3 Satz 2 des Personalausweisgesetzes aufgeführten Daten können im Rahmen des elektronischen Identitätsnachweises unter den Voraussetzungen des § 18 Absatz 4 des Personalausweisgesetzes auch die nach Absatz 3 Nummer 3 gespeicherten Nebenbestimmungen übermittelt werden. [4] Für das Sperrkennwort und die Sperrmerkmale gilt Absatz 2 Satz 3 entsprechend.

(6) [1] Die mit der Ausführung dieses Gesetzes betrauten oder zur hoheitlichen Identitätsfeststellung befugten Behörden dürfen die im Chip gespeicherten Daten zur Erfüllung ihrer gesetzlichen Aufgaben mit Ausnahme der biometrischen Daten automatisiert verarbeiten. [2] Können die Daten aus dem Chip nicht ausgelesen

---

[1] Nr. **246**.
[2] Nr. **255**.
[3] **Sartorius III Nr. 741.**
[4] **Sartorius ErgBd. Nr. 924.**

werden, dürfen die dort genannten Behörden die für das automatische Lesen in der Zone nach Absatz 2 Satz 2 enthaltenen Daten zur Erfüllung ihrer gesetzlichen Aufgaben automatisiert verarbeiten.

(7) [1] Öffentliche Stellen dürfen die im elektronischen Speicher- und Verarbeitungsmedium eines Dokuments nach Absatz 1 gespeicherten Daten mit Ausnahme der biometrischen Daten verarbeiten, soweit dies zur Erfüllung ihrer jeweiligen gesetzlichen Aufgaben erforderlich ist. [2] Die im elektronischen Speicher- und Verarbeitungsmedium gespeicherte Anschrift und die nach Absatz 1 Satz 3 Nummer 5 aufzubringende Anschrift dürfen durch die Ausländerbehörden sowie durch andere durch Landesrecht bestimmte Behörden geändert werden. [3] Abweichend von Satz 1 dürfen öffentliche Stellen, wenn dies durch ein Gesetz oder auf Grund eines Gesetzes bestimmt ist, mit Zustimmung des Inhabers des elektronischen Aufenthaltstitels zur Prüfung der Identität des Inhabers des elektronischen Aufenthaltstitels

1. die auf dem elektronischen Speicher- und Verarbeitungsmedium des elektronischen Aufenthaltstitels gespeicherten Daten nach Absatz 2 Satz 2 und die Daten, die zur Überprüfung der Echtheit des elektronischen Aufenthaltstitels erforderlich sind, sowie das auf dem elektronischen Speicher- und Verarbeitungsmedium gespeicherte Lichtbild auslesen und

2. von den ausgelesenen Daten ausschließlich das Lichtbild, die Daten nach Absatz 2 Satz 2 Nummer 1, 2, 4, 6, 8, 9 sowie die Daten, die zur Überprüfung der Echtheit des elektronischen Aufenthaltstitels erforderlich sind, verwenden.

[4] Anlässlich der Datenverarbeitung nach Satz 3 überprüft die verarbeitende öffentliche Stelle die Echtheit des elektronischen Aufenthaltstitels. [5] Von den nach Satz 3 Nummer 1 ausgelesenen Daten sind die Daten nach Satz 3 Nummer 2 von der verarbeitenden öffentlichen Stelle unverzüglich nach Beendigung der Prüfung der Identität des Inhabers, die übrigen Daten unverzüglich nach dem Auslesen zu löschen, soweit dies nicht durch Gesetz oder auf Grund eines Gesetzes abweichend geregelt ist.

(8) [1] Die durch technische Mittel vorgenommene Verarbeitung personenbezogener Daten aus Dokumenten nach Absatz 1 darf nur im Wege des elektronischen Identitätsnachweises nach Absatz 5 erfolgen, soweit nicht durch Gesetz etwas anderes bestimmt ist. [2] Gleiches gilt für die Verarbeitung personenbezogener Daten mit Hilfe eines Dokuments nach Absatz 1.

**§ 78a**[1)] **Vordrucke für Aufenthaltstitel in Ausnahmefällen, Ausweisersatz und Bescheinigungen.** (1) [1] Aufenthaltstitel nach § 4 Absatz 1 Satz 2 Nummer 2 bis 4 können abweichend von § 78 nach einem einheitlichen Vordruckmuster ausgestellt werden, wenn zur Vermeidung außergewöhnlicher Härten der Aufenthaltstitel zur Verlängerung der Aufenthaltsdauer um höchstens einen Monat erteilt werden soll. [2] Das Vordruckmuster enthält folgende Angaben:

1. Name und Vornamen des Inhabers,

2. Gültigkeitsdauer,

3. Ausstellungsort und -datum,

---

[1)] § 78a eingef. mWv 1.9.2011 durch G v. 12.4.2011 (BGBl. I S. 610); Abs. 5 Satz 1 geänd. mWv 9.8. 2019 durch G v. 4.8.2019 (BGBl. I S. 1131); Abs. 3, 4 Satz 3 geänd. mWv 26.11.2019 durch G v. 20.11. 2019 (BGBl. I S. 1626); Abs. 2 Sätze 2 und 3 angef., Satz 1 Nr. 3 geänd., Abs. 4 Satz 2 Nr. 3, Abs. 5 Satz 2 geänd. mWv 12.12.2020 durch G v. 3.12.2020 (BGBl. I S. 2744); Abs. 1 Satz 1 neu gef. mWv 1.11.2023 durch G v. 8.10.2023 (BGBl. 2023 I Nr. 271).

4. Art des Aufenthaltstitels oder Aufenthaltsrechts,
5. Ausstellungsbehörde,
6. Seriennummer des zugehörigen Passes oder Passersatzpapiers,
7. Anmerkungen,
8. Lichtbild.

[3] Auf dem Vordruckmuster ist kenntlich zu machen, dass es sich um eine Ausstellung im Ausnahmefall handelt.

(2) [1] Vordrucke nach Absatz 1 Satz 1 enthalten eine Zone für das automatische Lesen mit folgenden Angaben:

1. Name und Vornamen,
2. Geburtsdatum,
3. Geschlecht mit der Abkürzung „F" für Personen weiblichen Geschlechts, „M" für Personen männlichen Geschlechts und das Zeichen „<" in allen anderen Fällen,
4. Staatsangehörigkeit,
5. Art des Aufenthaltstitels,
6. Seriennummer des Vordrucks,
7. ausstellender Staat,
8. Gültigkeitsdauer,
9. Prüfziffern,
10. Leerstellen.

[2] Auf Antrag kann in der Zone für das automatische Lesen bei einer Änderung des Geschlechts nach § 45b des Personenstandsgesetzes[1]) die Angabe des vorherigen Geschlechts aufgenommen werden, wenn die vorherige Angabe männlich oder weiblich war. [3] Dieser abweichenden Angabe kommt keine weitere Rechtswirkung zu.

(3) Öffentliche Stellen können die in der Zone für das automatische Lesen nach Absatz 2 enthaltenen Daten zur Erfüllung ihrer gesetzlichen Aufgaben verarbeiten.

(4) [1] Das Vordruckmuster für den Ausweisersatz enthält eine Seriennummer und eine Zone für das automatische Lesen. [2] In dem Vordruckmuster können neben der Bezeichnung von Ausstellungsbehörde, Ausstellungsort und -datum, Gültigkeitszeitraum oder -dauer, Name und Vornamen des Inhabers, Aufenthaltsstatus sowie Nebenbestimmungen folgende Angaben über die Person des Inhabers vorgesehen sein:

1. Geburtsdatum und Geburtsort,
2. Staatsangehörigkeit,
3. Geschlecht mit der Abkürzung „F" für Personen weiblichen Geschlechts, „M" für Personen männlichen Geschlechts und „X" in allen anderen Fällen,
4. Größe,
5. Farbe der Augen,
6. Anschrift,
7. Lichtbild,
8. eigenhändige Unterschrift,
9. zwei Fingerabdrücke,

---

[1]) Nr. **260**.

10. Hinweis, dass die Personalangaben auf den Angaben des Ausländers beruhen.

[3] Sofern Fingerabdrücke nach Satz 2 Nummer 9 erfasst werden, müssen diese in mit Sicherheitsverfahren verschlüsselter Form nach Maßgabe der Artikel 24, 25 und 32 der Verordnung (EU) 2016/679[1] auf einem elektronischen Speicher- und Verarbeitungsmedium in den Ausweisersatz eingebracht werden. [4] Das Gleiche gilt, sofern Lichtbilder in elektronischer Form eingebracht werden. [5] Die Absätze 2 und 3 gelten entsprechend. [6] § 78 Absatz 1 Satz 4 bleibt unberührt.

(5) [1] Die Bescheinigungen nach § 60a Absatz 4 und § 81 Absatz 5 werden nach einheitlichem Vordruckmuster ausgestellt, das eine Seriennummer sowie die AZR-Nummer enthält und mit einer Zone für das automatische Lesen versehen sein kann. [2] Die Bescheinigung darf neben der Erlaubnis nach § 81 Absatz 5a im Übrigen nur die in Absatz 4 bezeichneten Daten enthalten sowie den Hinweis, dass der Ausländer mit ihr nicht der Passpflicht genügt. [3] Die Absätze 2 und 3 gelten entsprechend.

**§ 79**[2] **Entscheidung über den Aufenthalt.** (1) [1] Über den Aufenthalt von Ausländern wird auf der Grundlage der im Bundesgebiet bekannten Umstände und zugänglichen Erkenntnisse entschieden. [2] Über das Vorliegen der Voraussetzungen der § 60 Absatz 5 und 7 entscheidet die Ausländerbehörde auf der Grundlage der ihr vorliegenden und im Bundesgebiet zugänglichen Erkenntnisse und, soweit es im Einzelfall erforderlich ist, der den Behörden des Bundes außerhalb des Bundesgebiets zugänglichen Erkenntnisse.

(2) Beantragt ein Ausländer, gegen den wegen des Verdachts einer Straftat oder einer Ordnungswidrigkeit ermittelt wird, die Erteilung oder Verlängerung eines Aufenthaltstitels, ist die Entscheidung über den Aufenthaltstitel bis zum Abschluss des Verfahrens, im Falle einer gerichtlichen Entscheidung bis zu deren Rechtskraft auszusetzen, es sei denn, über den Aufenthaltstitel kann ohne Rücksicht auf den Ausgang des Verfahrens entschieden werden.

(3) [1] Wird ein Aufenthaltstitel gemäß § 36a Absatz 1 zum Zwecke des Familiennachzugs zu einem Ausländer beantragt,

1. gegen den ein Strafverfahren oder behördliches Verfahren wegen einer der in § 27 Absatz 3a genannten Tatbestände eingeleitet wurde,

2. gegen den ein Strafverfahren wegen einer oder mehrerer der in § 36a Absatz 3 Nummer 2 genannten Straftaten eingeleitet wurde, oder

3. bei dem ein Widerrufs- oder Rücknahmeverfahren nach § 73b des Asylgesetzes[3] eingeleitet wurde,

ist die Entscheidung über die Erteilung des Aufenthaltstitels gemäß § 36a Absatz 1 bis zum Abschluss des jeweiligen Verfahrens, im Falle einer gerichtlichen Entscheidung bis zu ihrer Rechtskraft, auszusetzen, es sei denn, über den Aufenthaltstitel gemäß § 36a Absatz 1 kann ohne Rücksicht auf den Ausgang des Verfahrens entschieden werden. [2] Im Fall von Satz 1 Nummer 3 ist bei einem Widerruf oder einer Rücknahme der Zuerkennung des subsidiären Schutzes auf das Verfahren zur

---

[1] Nr. **246.**
[2] § 79 Abs. 2 neu gef. mWv 1.6.2008 durch G v. 13.3.2008 (BGBl. I S. 313); Abs. 2 Satz 2 geänd. mWv 1.1.2009 durch G v. 20.12.2008 (BGBl. I S. 2846); Abs. 1 Satz 2 geänd. mWv 1.12.2013 durch G v. 28.8.2013 (BGBl. I S. 3474); Abs. 2 neu gef. mWv 29.7.2017 durch G v. 20.7.2017 (BGBl. I S. 2780); Abs. 3 angef. mWv 1.8.2018 durch G v. 12.7.2018 (BGBl. I S. 1147); Abs. 4 und 5 angef. mWv 1.1.2020 durch G v. 8.7.2019 (BGBl. I S. 1021); Abs. 3 Satz 1 Nr. 3 neu gef. mWv 1.1.2023 durch G v. 21.12.2022 (BGBl. I S. 2817).
[3] Nr. **567.**

Entscheidung über den Widerruf des Aufenthaltstitels des Ausländers nach § 52 Absatz 1 Satz 1 Nummer 4 abzustellen.

(4) Beantragt ein Ausländer, gegen den wegen des Verdachts einer Straftat ermittelt wird, die Erteilung oder Verlängerung einer Beschäftigungsduldung, ist die Entscheidung über die Beschäftigungsduldung bis zum Abschluss des Verfahrens, im Falle einer gerichtlichen Entscheidung bis zu deren Rechtskraft, auszusetzen, es sei denn, über die Beschäftigungsduldung kann ohne Rücksicht auf den Ausgang des Verfahrens entschieden werden.

(5) Beantragt ein Ausländer, gegen den wegen einer Straftat öffentliche Klage erhoben wurde, die Erteilung einer Ausbildungsduldung, ist die Entscheidung über die Ausbildungsduldung bis zum Abschluss des Verfahrens, im Falle einer gerichtlichen Entscheidung bis zu deren Rechtskraft, auszusetzen, es sei denn, über die Ausbildungsduldung kann ohne Rücksicht auf den Ausgang des Verfahrens entschieden werden.

**§ 80**[1]) **Handlungsfähigkeit.** (1) Fähig zur Vornahme von Verfahrenshandlungen nach diesem Gesetz ist ein Ausländer, der volljährig ist, sofern er nicht nach Maßgabe des Bürgerlichen Gesetzbuchs[2]) geschäftsunfähig oder in dieser Angelegenheit zu betreuen und einem Einwilligungsvorbehalt zu unterstellen wäre.

(2) [1]Die mangelnde Handlungsfähigkeit eines Minderjährigen steht seiner Zurückweisung und Zurückschiebung nicht entgegen. [2]Das Gleiche gilt für die Androhung und Durchführung der Abschiebung in den Herkunftsstaat, wenn sich sein gesetzlicher Vertreter im Bundesgebiet aufhält oder dessen Aufenthaltsort im Bundesgebiet unbekannt ist.

(3) [1]Bei der Anwendung dieses Gesetzes sind die Vorschriften des Bürgerlichen Gesetzbuchs dafür maßgebend, ob ein Ausländer als minderjährig oder volljährig anzusehen ist. [2]Die Geschäftsfähigkeit und die sonstige rechtliche Handlungsfähigkeit eines nach dem Recht seines Heimatstaates volljährigen Ausländers bleiben davon unberührt.

(4) Die gesetzlichen Vertreter eines Ausländers, der minderjährig ist, und sonstige Personen, die an Stelle der gesetzlichen Vertreter den Ausländer im Bundesgebiet betreuen, sind verpflichtet, für den Ausländer die erforderlichen Anträge auf Erteilung und Verlängerung des Aufenthaltstitels und auf Erteilung und Verlängerung des Passes, des Passersatzes und des Ausweisersatzes zu stellen.

(5) Sofern der Ausländer das 18. Lebensjahr noch nicht vollendet hat, müssen die zur Personensorge berechtigten Personen einem geplanten Aufenthalt nach Kapitel 2 Abschnitt 3 und 4 zustimmen.

**§ 81**[3]) **Beantragung des Aufenthaltstitels.** (1) Ein Aufenthaltstitel wird einem Ausländer nur auf seinen Antrag erteilt, soweit nichts anderes bestimmt ist.

(2) [1]Ein Aufenthaltstitel, der nach Maßgabe der Rechtsverordnung nach § 99 Abs. 1 Nr. 2 nach der Einreise eingeholt werden kann, ist unverzüglich nach der Einreise oder innerhalb der in der Rechtsverordnung bestimmten Frist zu beantra-

---

[1]) § 80 Überschrift, Abs. 1 und 4 geänd. mWv 1.11.2015 durch G v. 28.10.2015 (BGBl. I S. 1802); Abs. 5 angef. mWv 1.3.2020 durch G v. 15.8.2019 (BGBl. I S. 1307).
[2]) **Habersack Nr. 20.**
[3]) § 81 Abs. 4 neu gef. mWv 1.8.2012 durch G v. 1.6.2012 (BGBl. I S. 1224); Abs. 4 Satz 2 eingef., bish. Satz 2 wird Satz 3 mWv 6.9.2013 durch G v. 29.8.2013 (BGBl. I S. 3484); Abs. 6 angef. mWv 1.8. 2017 durch G v. 12.5.2017 (BGBl. I S. 1106); Abs. 5a eingef. mWv 12.12.2020 durch G v. 3.12.2020 (BGBl. I S. 2744); Abs. 7 angef. mWv 1.6.2022 durch G v. 23.5.2022 (BGBl. I S. 760); Abs. 6 neu gef., Abs. 6a eingef. mWv 18.11.2023 durch G v. 16.8.2023 (BGBl. 2023 I Nr. 217).

gen. [2] Für ein im Bundesgebiet geborenes Kind, dem nicht von Amts wegen ein Aufenthaltstitel zu erteilen ist, ist der Antrag innerhalb von sechs Monaten nach der Geburt zu stellen.

(3) [1] Beantragt ein Ausländer, der sich rechtmäßig im Bundesgebiet aufhält, ohne einen Aufenthaltstitel zu besitzen, die Erteilung eines Aufenthaltstitels, gilt sein Aufenthalt bis zur Entscheidung der Ausländerbehörde als erlaubt. [2] Wird der Antrag verspätet gestellt, gilt ab dem Zeitpunkt der Antragstellung bis zur Entscheidung der Ausländerbehörde die Abschiebung als ausgesetzt.

(4) [1] Beantragt ein Ausländer vor Ablauf seines Aufenthaltstitels dessen Verlängerung oder die Erteilung eines anderen Aufenthaltstitels, gilt der bisherige Aufenthaltstitel vom Zeitpunkt seines Ablaufs bis zur Entscheidung der Ausländerbehörde als fortbestehend. [2] Dies gilt nicht für ein Visum nach § 6 Absatz 1. [3] Wurde der Antrag auf Erteilung oder Verlängerung eines Aufenthaltstitels verspätet gestellt, kann die Ausländerbehörde zur Vermeidung einer unbilligen Härte die Fortgeltungswirkung anordnen.

(5) Dem Ausländer ist eine Bescheinigung über die Wirkung seiner Antragstellung (Fiktionsbescheinigung) auszustellen.

(5a) [1] In den Fällen der Absätze 3 und 4 gilt die in dem künftigen Aufenthaltstitel für einen Aufenthalt nach Kapitel 2 Abschnitt 3 und 4 beschriebene Erwerbstätigkeit ab Veranlassung der Ausstellung bis zur Ausgabe des Dokuments nach § 78 Absatz 1 Satz 1 als erlaubt. [2] Die Erlaubnis zur Erwerbstätigkeit nach Satz 1 ist in die Bescheinigung nach Absatz 5 aufzunehmen.

(6) [1] Wenn der Antrag auf Erteilung einer Aufenthaltserlaubnis zum Familiennachzug zu einem Inhaber einer ICT-Karte, einer Mobiler-ICT-Karte oder einer Blauen Karte EU gleichzeitig mit dem Antrag auf Erteilung einer ICT-Karte, einer Mobiler-ICT-Karte oder einer Blauen Karte EU gestellt wird, so wird über den Antrag auf Erteilung einer Aufenthaltserlaubnis zum Zweck des Familiennachzugs gleichzeitig mit diesem Antrag entschieden. [2] Dies gilt in der Regel auch, wenn der Antrag auf Erteilung einer Aufenthaltserlaubnis zum Zweck des Familiennachzugs zu einem Inhaber einer Aufenthaltserlaubnis nach § 18a oder § 18b gleichzeitig mit dem Antrag auf Erteilung einer Aufenthaltserlaubnis nach § 18a oder § 18b gestellt wird. [3] War der Inhaber der Blauen Karte EU unmittelbar vor der Erteilung der Blauen Karte EU im Besitz einer Blauen Karte EU, die ein anderer Mitgliedstaat der Europäischen Union ausgestellt hat, bestand die familiäre Lebensgemeinschaft bereits in dem anderen Mitgliedstaat der Europäischen Union und wird der Antrag zwar gleichzeitig gestellt, aber die Familienangehörigen reisen erst in das Bundesgebiet ein, nachdem die Blaue Karte EU erteilt wurde, ist die Aufenthaltserlaubnis zum Zweck des Familiennachzugs spätestens 30 Tage nach der Einreichung des vollständigen Antrags zu erteilen. [4] In begründeten Ausnahmefällen kann die Frist um 30 Tage verlängert werden.

(6a) [1] Ist der Ausländer im Besitz einer Blauen Karte EU, die ein anderer Mitgliedstaat der Europäischen Union ausgestellt hat, wird die Entscheidung über den Antrag auf Erteilung einer Blauen Karte EU dem Antragsteller und dem anderen Mitgliedstaat der Europäischen Union spätestens 30 Tage nach dem Tag der Einreichung des vollständigen Antrags mitgeteilt. [2] In begründeten Ausnahmefällen kann die Frist um 30 Tage verlängert werden. [3] Der Antragsteller ist spätestens 30 Tage nach dem Tag der Einreichung des vollständigen Antrags von der Verlängerung in Kenntnis zu setzen. [4] Spätestens 30 Tage nach dem Tag der Einreichung des vollständigen Antrags darf der Inhaber der Blauen Karte EU die Beschäftigung ausüben, soweit eine erforderliche Berufsausübungserlaubnis vorliegt.

(7) Ist die Identität durch erkennungsdienstliche Behandlung gemäß § 49 dieses Gesetzes oder § 16 des Asylgesetzes[1] zu sichern, so darf eine Fiktionsbescheinigung nach Absatz 5 nur ausgestellt oder ein Aufenthaltstitel nur erteilt werden, wenn die erkennungsdienstliche Behandlung durchgeführt worden ist und eine Speicherung der hierdurch gewonnenen Daten im Ausländerzentralregister erfolgt ist.

**§ 81a**[2] **Beschleunigtes Fachkräfteverfahren.** (1) [1]Arbeitgeber können bei der zuständigen Ausländerbehörde in Vollmacht des Ausländers, der zu einem Aufenthaltszweck nach den §§ 16a, 16d, 18a, 18b, 18c Absatz 3 und nach § 18g einreisen will, ein beschleunigtes Fachkräfteverfahren beantragen. [2]Arbeitgeber können zur Durchführung des Verfahrens Dritte bevollmächtigen.

(2) Arbeitgeber und zuständige Ausländerbehörde schließen dazu eine Vereinbarung, die insbesondere umfasst

1. Kontaktdaten des Ausländers, des Arbeitgebers und der Behörde,
2. Bevollmächtigung des Arbeitgebers durch den Ausländer,
3. Bevollmächtigung der zuständigen Ausländerbehörde durch den Arbeitgeber, das Verfahren zur Feststellung der Gleichwertigkeit der im Ausland erworbenen Berufsqualifikation einleiten und betreiben zu können,
4. Verpflichtung des Arbeitgebers, auf die Einhaltung der Mitwirkungspflicht des Ausländers nach § 82 Absatz 1 Satz 1 durch diesen hinzuwirken,
5. vorzulegende Nachweise,
6. Beschreibung der Abläufe einschließlich Beteiligter und Erledigungsfristen,
7. Mitwirkungspflicht des Arbeitgebers nach § 4a Absatz 5 Satz 3 Nummer 3 und
8. Folgen bei Nichteinhalten der Vereinbarung.

(3) [1]Im Rahmen des beschleunigten Fachkräfteverfahrens ist es Aufgabe der zuständigen Ausländerbehörde,

1. den Arbeitgeber zum Verfahren und den einzureichenden Nachweisen zu beraten,
2. soweit erforderlich, das Verfahren zur Feststellung der Gleichwertigkeit der im Ausland erworbenen Berufsqualifikation oder zur Zeugnisbewertung des ausländischen Hochschulabschlusses bei der jeweils zuständigen Stelle unter Hinweis auf das beschleunigte Fachkräfteverfahren einzuleiten; soll der Ausländer in einem im Inland reglementierten Beruf beschäftigt werden, ist die Berufsausübungserlaubnis einzuholen,
2a. soweit erforderlich, das Verfahren zur Bestätigung, dass der Ausländer über
   a) eine ausländische Berufsqualifikation verfügt, die von dem Staat, in dem sie erworben wurde, staatlich anerkannt ist und deren Erlangung eine Ausbildungsdauer von mindestens zwei Jahren vorausgesetzt hat, oder
   b) einen Hochschulabschluss verfügt, der von dem Staat, in dem er erworben wurde, staatlich anerkannt ist,
   bei einer fachkundigen inländischen Stelle unter Hinweis auf das beschleunigte Fachkräfteverfahren einzuleiten; soll der Ausländer in einem im Inland regle-

---

[1] Nr. **567**.
[2] § 81a eingef. mWv 1.3.2020 durch G v. 15.8.2019 (BGBl. I S. 1307); Abs. 1 Satz 1 geänd., Satz 2 angef. mWv 18.11.2023, Abs. 3 Satz 1 Nr. 2a eingef. mWv 1.3.2024 durch G v. 16.8.2023 (BGBl. 2023 I Nr. 217).

mentierten Beruf beschäftigt werden, ist die Berufsausübungserlaubnis einzuholen,

3. die Eingangs- und Vollständigkeitsbestätigungen der zuständigen Stellen dem Arbeitgeber unverzüglich zur Kenntnis zu übersenden, wenn ein Verfahren nach Nummer 2 eingeleitet wurde; bei Anforderung weiterer Nachweise durch die zuständige Stelle und bei Eingang der von der zuständigen Stelle getroffenen Feststellungen ist der Arbeitgeber innerhalb von drei Werktagen ab Eingang zur Aushändigung und Besprechung des weiteren Ablaufs einzuladen,

4. soweit erforderlich, unter Hinweis auf das beschleunigte Fachkräfteverfahren die Zustimmung der Bundesagentur für Arbeit einzuholen,

5. die zuständige Auslandsvertretung über die bevorstehende Visumantragstellung durch den Ausländer zu informieren und

6. bei Vorliegen der erforderlichen Voraussetzungen, einschließlich der Feststellung der Gleichwertigkeit oder Vorliegen der Vergleichbarkeit der Berufsqualifikation sowie der Zustimmung der Bundesagentur für Arbeit, der Visumerteilung unverzüglich vorab zuzustimmen.

²Stellt die zuständige Stelle durch Bescheid fest, dass die im Ausland erworbene Berufsqualifikation nicht gleichwertig ist, die Gleichwertigkeit aber durch eine Qualifizierungsmaßnahme erreicht werden kann, kann das Verfahren nach § 81a mit dem Ziel der Einreise zum Zweck des § 16d fortgeführt werden.

(4) Dieses Verfahren umfasst auch den Familiennachzug des Ehegatten und minderjähriger lediger Kinder, deren Visumanträge in zeitlichem Zusammenhang gestellt werden.

(5) Die Absätze 1 bis 4 gelten auch für sonstige qualifizierte Beschäftigte.

*(Fortsetzung nächstes Blatt)*

(3) In minder schweren Fällen des Absatzes 1 ist die Strafe Freiheitsstrafe von einem Jahr bis zu zehn Jahren, in minder schweren Fällen des Absatzes 2 Freiheitsstrafe von sechs Monaten bis zu zehn Jahren.

(4) § 74a des Strafgesetzbuches[1] ist anzuwenden.

**§ 97a**[2] **Geheimhaltungspflichten.** [1] Informationen zum konkreten Ablauf einer Abschiebung, insbesondere Informationen nach § 59 Absatz 1 Satz 8 sind Geheimnisse oder Nachrichten nach § 353b Absatz 1 oder Absatz 2 des Strafgesetzbuches[1]. [2] Gleiches gilt für Informationen zum konkreten Ablauf, insbesondere zum Zeitpunkt von Anordnungen nach § 82 Absatz 4 Satz 1.

**§ 98**[3] **Bußgeldvorschriften.** (1) Ordnungswidrig handelt, wer eine in § 95 Abs. 1 Nr. 1 oder 2 oder Abs. 2 Nr. 1 Buchstabe b bezeichnete Handlung fahrlässig begeht.

(2) Ordnungswidrig handelt, wer

1. entgegen § 4 Absatz 2 Satz 1 einen Nachweis nicht führt,

2. entgegen § 13 Abs. 1 Satz 2 sich der polizeilichen Kontrolle des grenzüberschreitenden Verkehrs nicht unterzieht,

2a. entgegen § 47a Satz 1, auch in Verbindung mit Satz 2, oder entgegen § 47a Satz 3, ein dort genanntes Dokument nicht oder nicht rechtzeitig vorlegt oder einen Abgleich mit dem Lichtbild nicht oder nicht rechtzeitig ermöglicht,

3. entgegen § 48 Abs. 1 oder 3 Satz 1 eine dort genannte Urkunde oder Unterlage oder einen dort genannten Datenträger nicht oder nicht rechtzeitig vorlegt, nicht oder nicht vollständig aushändigt oder nicht oder nicht rechtzeitig überlässt,

4. einer vollziehbaren Anordnung nach § 44a Abs. 1 Satz 1 Nr. 3, Satz 2 oder 3 zuwiderhandelt oder

5. entgegen § 82 Absatz 6 Satz 1, auch in Verbindung mit § 60d Absatz 3 Satz 4, eine Mitteilung nicht oder nicht rechtzeitig macht.

(2a) Ordnungswidrig handelt, wer vorsätzlich oder leichtfertig

1. entgegen § 4a Absatz 5 Satz 1 einen Ausländer mit einer nachhaltigen entgeltlichen Dienst- oder Werkleistung beauftragt, die der Ausländer auf Gewinnerzielung gerichtet ausübt,

2. entgegen § 4a Absatz 5 Satz 3 Nummer 3 oder § 19a Absatz 1 Satz 2 oder 3 eine Mitteilung nicht, nicht richtig oder nicht rechtzeitig macht,

---

[1] **Habersack Nr. 85.**

[2] § 97a eingef. mWv 21.8.2019 durch G v. 15.8.2019 (BGBl. I S. 1294).

[3] § 98 Abs. 3 Nr. 7 geänd. mWv 1.9.2011 durch G v. 12.4.2011 (BGBl. I S. 610); Abs. 3 Nr. 7 geänd. mWv 6.9.2013 durch G v. 29.8.2013 (BGBl. I S. 3484); Abs. 2 Nr. 2 und 4 geänd. mWv 1.1.2015 durch G v. 23.12.2014 (BGBl. I S. 2439); Abs. 2 Nr. 3, Abs. 3 Nr. 2, 4 und 5 geänd. mWv 1.8.2015 durch G v. 27.7. 2015 (BGBl. I S. 1386); Abs. 3 Nr. 2, 4 und 5 geänd. mWv 24.10.2015 und mWv 1.1.2016 durch G v. 20.10.2015 (BGBl. I S. 1722); Abs. 2b eingef., Abs. 3 Nr. 2 geänd., Nr. 2b und 5a geänd., Abs. 5 geänd. mWv 6.8.2016 durch G v. 31.7.2016 (BGBl. I S. 1939); Abs. 2 neu gef., Abs. 2b aufgeh., Abs. 5 geänd. mWv 1.8.2017 durch G v. 12.5.2017 (BGBl. I S. 1106); Abs. 2 Nr. 2a eingef., Abs. 5 geänd. mWv 15.6. 2017 durch G v. 8.6.2017 (BGBl. I S. 1570); Abs. 2a Nr. 4 geänd. mWv 1.10.2020 durch G v. 8.7.2019 (BGBl. I S. 1021); Abs. 3 Nr. 5b eingef., Abs. 5 geänd. mWv 21.8.2019 durch G v. 15.8.2019 (BGBl. I S. 1294); Abs. 2 Nr. 1, 3, 4 geänd., Nr. 5 angef., Abs. 2a Nr. 1–3, Abs. 3 Nr. 1 geänd. mWv 1.3.2020 durch G v. 15.8.2019 (BGBl. I S. 1307); Abs. 2 Nr. 5 geänd., Abs. 2a Nr. 4, Abs. 3 Nr. 1 neu gef. mWv 24.6.2020 durch G v. 12.6.2020 (BGBl. I S. 1248); Abs. 3 Nr. 5b geänd. mWv 15.7.2021 durch G v. 9.7.2021 (BGBl. I S. 2467); Abs. 2a Nr. 4, Abs. 3 Nr. 1 geänd. mWv 1.3.2024 durch G v. 16.8.2023 (BGBl. 2023 I Nr. 217).

3. entgegen § 19b Absatz 7 eine Anzeige nicht, nicht richtig, nicht vollständig oder nicht rechtzeitig erstattet oder

4. entgegen § 16g Absatz 4 oder § 60d Absatz 3 Satz 3 eine Mitteilung nicht, nicht richtig, nicht vollständig, nicht in der vorgeschriebenen Weise oder nicht rechtzeitig macht.

(3) Ordnungswidrig handelt, wer vorsätzlich oder fahrlässig

1. entgegen § 4a Absatz 3 Satz 4 oder Absatz 4, § 6 Absatz 2a, § 7 Absatz 1 Satz 4 erster Halbsatz, § 16a Absatz 3 Satz 1, § 16b Absatz 3, auch in Verbindung mit Absatz 7 Satz 3, § 16b Absatz 5 Satz 3 zweiter Halbsatz, § 16c Absatz 2 Satz 3, § 16d Absatz 1 Satz 4, Absatz 3 Satz 8, Absatz 6 Satz 3 oder Absatz 4 Satz 3, § 16f Absatz 3 Satz 4, § 17 Absatz 3 Satz 1, § 20 Absatz 1 Satz 4, auch in Verbindung mit Absatz 2 Satz 2, § 23 Absatz 1 Satz 4 erster Halbsatz oder § 25 Absatz 4 Satz 3 erster Halbsatz, Absatz 4a Satz 4 erster Halbsatz oder Absatz 4b Satz 4 erster Halbsatz eine selbständige Tätigkeit ausübt,

2. einer vollziehbaren Auflage nach § 12 Abs. 2 Satz 2 oder Abs. 4 zuwiderhandelt,

2a. entgegen § 12a Absatz 1 Satz 1 den Wohnsitz nicht oder nicht für die vorgeschriebene Dauer in dem Land nimmt, in dem er zu wohnen verpflichtet ist,

2b. einer vollziehbaren Anordnung nach § 12a Absatz 2, 3 oder 4 Satz 1 oder § 61 Absatz 1c zuwiderhandelt,

3. entgegen § 13 Abs. 1 außerhalb einer zugelassenen Grenzübergangsstelle oder außerhalb der festgesetzten Verkehrsstunden einreist oder ausreist oder einen Pass oder Passersatz nicht mitführt,

4. einer vollziehbaren Anordnung nach § 46 Abs. 1, § 56 Absatz 1 Satz 2 oder Abs. 3 oder § 61 Absatz 1e zuwiderhandelt,

5. entgegen § 56 Absatz 1 Satz 1 eine Meldung nicht, nicht richtig oder nicht rechtzeitig macht,

5a. einer räumlichen Beschränkung nach § 56 Absatz 2 oder § 61 Absatz 1 Satz 1 zuwiderhandelt,

5b. entgegen § 60b Absatz 2 Satz 1 nicht alle zumutbaren Handlungen vornimmt, um einen anerkannten und gültigen Pass oder Passersatz zu erlangen,

6. entgegen § 80 Abs. 4 einen der dort genannten Anträge nicht stellt oder

7. einer Rechtsverordnung nach § 99 Absatz 1 Nummer 3a Buchstabe d, Nummer 7, 10 oder 13a Satz 1 Buchstabe j zuwiderhandelt, soweit sie für einen bestimmten Tatbestand auf diese Bußgeldvorschrift verweist.

(4) In den Fällen des Absatzes 2 Nr. 2 und des Absatzes 3 Nr. 3 kann der Versuch der Ordnungswidrigkeit geahndet werden.

(5) Die Ordnungswidrigkeit kann in den Fällen des Absatzes 2a Nummer 1 mit einer Geldbuße bis zu fünfhunderttausend Euro, in den Fällen des Absatzes 2a Nummer 2, 3 und 4 mit einer Geldbuße bis zu dreißigtausend Euro, in den Fällen des Absatzes 2 Nr. 2 und des Absatzes 3 Nr. 1 und 5b mit einer Geldbuße bis zu fünftausend Euro, in den Fällen der Absätze 1 und 2 Nr. 1, 2a und 3 und des Absatzes 3 Nr. 3 mit einer Geldbuße bis zu dreitausend Euro und in den übrigen Fällen mit einer Geldbuße bis zu tausend Euro geahndet werden.

(6) Artikel 31 Abs. 1 des Abkommens über die Rechtsstellung der Flüchtlinge[1] bleibt unberührt.

---

[1] Nr. **568**.

## Kapitel 9a.[1] Rechtsfolgen bei illegaler Beschäftigung

**§ 98a**[2] **Vergütung.** (1) [1]Der Arbeitgeber ist verpflichtet, dem Ausländer, den er ohne die nach § 284 Absatz 1 des Dritten Buches Sozialgesetzbuch[3] erforderliche Genehmigung oder ohne die nach § 4a Absatz 5 erforderliche Berechtigung zur Erwerbstätigkeit beschäftigt hat, die vereinbarte Vergütung zu zahlen. [2]Für die Vergütung wird vermutet, dass der Arbeitgeber den Ausländer drei Monate beschäftigt hat.

(2) Als vereinbarte Vergütung ist die übliche Vergütung anzusehen, es sei denn, der Arbeitgeber hat mit dem Ausländer zulässigerweise eine geringere oder eine höhere Vergütung vereinbart.

(2a) Der Arbeitgeber ist verpflichtet, dem Ausländer das Arbeitsentgelt zu zahlen, das er der Bundesagentur für Arbeit nach § 39 Absatz 4 mitgeteilt hat und das diese für die Erteilung der Zustimmung oder Arbeitserlaubnis zu Grunde gelegt hat.

(3) Ein Unternehmer, der einen anderen Unternehmer mit der Erbringung von Werk- oder Dienstleistungen beauftragt, haftet für die Erfüllung der Verpflichtung dieses Unternehmers nach Absatz 1 wie ein Bürge, der auf die Einrede der Vorausklage verzichtet hat.

(4) Für den Generalunternehmer und alle zwischengeschalteten Unternehmer ohne unmittelbare vertragliche Beziehung zu dem Arbeitgeber gilt Absatz 3 entsprechend, es sei denn, dem Generalunternehmer oder dem zwischengeschalteten Unternehmer war nicht bekannt, dass der Arbeitgeber Ausländer ohne die nach § 284 Absatz 1 des Dritten Buches Sozialgesetzbuch erforderliche Genehmigung oder ohne die nach § 4a Absatz 5 erforderliche Berechtigung zur Erwerbstätigkeit beschäftigt hat.

(5) Die Haftung nach den Absätzen 3 und 4 entfällt, wenn der Unternehmer nachweist, dass er auf Grund sorgfältiger Prüfung davon ausgehen konnte, dass der Arbeitgeber keine Ausländer ohne die nach § 284 Absatz 1 des Dritten Buches Sozialgesetzbuch erforderliche Genehmigung oder ohne die nach § 4a Absatz 5 erforderliche Berechtigung zur Erwerbstätigkeit beschäftigt hat.

(6) Ein Ausländer, der im Geltungsbereich dieses Gesetzes ohne die nach § 284 Absatz 1 des Dritten Buches Sozialgesetzbuch erforderliche Genehmigung oder ohne die nach § 4a Absatz 5 erforderliche Berechtigung zur Erwerbstätigkeit beschäftigt worden ist, kann Klage auf Erfüllung der Zahlungsverpflichtungen nach Absatz 3 und 4 auch vor einem deutschen Gericht für Arbeitssachen erheben.

(7) Die Vorschriften des Arbeitnehmer-Entsendegesetzes[4] bleiben unberührt.

**§ 98b**[1] **Ausschluss von Subventionen.** (1) [1]Die zuständige Behörde kann Anträge auf Subventionen im Sinne des § 264 des Strafgesetzbuches[5] ganz oder teilweise ablehnen, wenn der Antragsteller oder dessen nach Satzung oder Gesetz Vertretungsberechtigter

---

[1] Kapitel 9a (§§ 98a–98c) eingef. mWv 26.11.2011 durch G v. 22.11.2011 (BGBl. I S. 2258).
[2] § 98a eingef. mWv 26.11.2011 durch G v. 22.11.2011 (BGBl. I S. 2258); Abs. 1 Satz 1, Abs. 4, 5, 6 geänd. mWv 1.3.2020 durch G v. 15.8.2019 (BGBl. I S. 1307); Abs. 2a eingef. mWv 1.3.2024 durch G v. 16.8.2023 (BGBl. 2023 I Nr. 217).
[3] **Aichberger, SGB Nr. 3.**
[4] **Loseblatt-Textsammlung Arbeitsrecht Nr. 506.**
[5] **Habersack Nr. 85.**

1. nach § 404 Absatz 2 Nummer 3 des Dritten Buches Sozialgesetzbuch[1] mit einer Geldbuße von wenigstens *Zweitausendfünfhundert*[2] Euro rechtskräftig belegt worden ist oder

2. nach den §§ 10, 10a oder 11 des Schwarzarbeitsbekämpfungsgesetzes[3] zu einer Freiheitsstrafe von mehr als drei Monaten oder einer Geldstrafe von mehr als 90 Tagessätzen rechtskräftig verurteilt worden ist.

[2] Ablehnungen nach Satz 1 können je nach Schwere des der Geldbuße oder der Freiheits- oder der Geldstrafe zugrunde liegenden Verstoßes in einem Zeitraum von bis zu fünf Jahren ab Rechtskraft der Geldbuße, der Freiheits- oder der Geldstrafe erfolgen.

(2) Absatz 1 gilt nicht, wenn

1. auf die beantragte Subvention ein Rechtsanspruch besteht,

2. der Antragsteller eine natürliche Person ist und die Beschäftigung, durch die der Verstoß nach Absatz 1 Satz 1 begangen wurde, seinen privaten Zwecken diente, oder

3. der Verstoß nach Absatz 1 Satz 1 darin bestand, dass ein Unionsbürger rechtswidrig beschäftigt wurde.

**§ 98c**[4] **Ausschluss von der Vergabe öffentlicher Aufträge.** (1) [1] Öffentliche Auftraggeber nach § 99 des Gesetzes gegen Wettbewerbsbeschränkungen[5] können einen Bewerber oder einen Bieter vom Wettbewerb um einen Liefer-, Bau- oder Dienstleistungsauftrag ausschließen, wenn dieser oder dessen nach Satzung oder Gesetz Vertretungsberechtigter

1. nach § 404 Absatz 2 Nummer 3 des Dritten Buches Sozialgesetzbuch[1] mit einer Geldbuße von wenigstens Zweitausendfünfhundert Euro rechtskräftig belegt worden ist oder

2. nach den §§ 10, 10a oder 11 des Schwarzarbeitsbekämpfungsgesetzes[3] zu einer Freiheitsstrafe von mehr als drei Monaten oder einer Geldstrafe von mehr als 90 Tagessätzen rechtskräftig verurteilt worden ist.

[2] Ausschlüsse nach Satz 1 können bis zur nachgewiesenen Wiederherstellung der Zuverlässigkeit, je nach Schwere des der Geldbuße, der Freiheits- oder der Geldstrafe zugrunde liegenden Verstoßes in einem Zeitraum von bis zu fünf Jahren ab Rechtskraft der Geldbuße, der Freiheits- oder der Geldstrafe erfolgen.

(2) Absatz 1 gilt nicht, wenn der Verstoß nach Absatz 1 Satz 1 darin bestand, dass ein Unionsbürger rechtswidrig beschäftigt wurde.

(3) Macht ein öffentlicher Auftraggeber von der Möglichkeit nach Absatz 1 Gebrauch, gilt § 21 Absatz 2 bis 5 des Arbeitnehmer-Entsendegesetzes[6] entsprechend.

---

[1] **Aichberger, SGB Nr. 3.**
[2] **Großschreibung amtlich.**
[3] **Habersack ErgBd. Nr. 94b.**
[4] § 98c eingef. mWv 26.11.2011 durch G v. 22.11.2011 (BGBl. I S. 2258); Abs. 1 Satz 1 einl. Satzteil geänd. mWv 18.4.2016 durch G v. 17.2.2016 (BGBl. I S. 203).
[5] **Habersack Nr. 74.**
[6] **Loseblatt-Textsammlung Arbeitsrecht Nr. 506.**

Rahmen humanitärer Hilfsaktionen aufgenommene Flüchtlinge in der bis zum 1. Januar 2005 geltenden Fassung weiter Anwendung. [2] In diesen Fällen gilt § 52 Abs. 1 Satz 1 Nr. 4 entsprechend.

**§ 104**[1]) **Übergangsregelungen.** (1) [1] Über vor dem 1. Januar 2005 gestellte Anträge auf Erteilung einer unbefristeten Aufenthaltserlaubnis oder einer Aufenthaltsberechtigung ist nach dem bis zu diesem Zeitpunkt geltenden Recht zu entscheiden. [2] § 101 Abs. 1 gilt entsprechend.

(2) [1] Bei Ausländern, die vor dem 1. Januar 2005 im Besitz einer Aufenthaltserlaubnis oder Aufenthaltsbefugnis sind, ist es bei der Entscheidung über die Erteilung einer Niederlassungserlaubnis oder einer Erlaubnis zum Daueraufenthalt – EU hinsichtlich der sprachlichen Kenntnisse nur erforderlich, dass sie sich auf einfache Art in deutscher Sprache mündlich verständigen können. [2] § 9 Abs. 2 Satz 1 Nr. 3 und 8 findet keine Anwendung.

(3) Bei Ausländern, die sich vor dem 1. Januar 2005 rechtmäßig in Deutschland aufhalten, gilt hinsichtlich der vor diesem Zeitpunkt geborenen Kinder für den Nachzug § 20 des Ausländergesetzes in der zuletzt gültigen Fassung[2]), es sei denn, das Aufenthaltsgesetz gewährt eine günstigere Rechtsstellung.

---

[1]) § 104 Abs. 2 Satz 1 geänd. mWv 26.11.2011 durch G v. 22.11.2011 (BGBl. I S. 2258); Abs. 9 angef. mWv 1.12.2013 durch G v. 28.8.2013 (BGBl. I S. 3474); Abs. 8 angef. mWv 6.9.2013, Abs. 2 Satz 1 geänd. mWv 2.12.2013 durch G v. 29.8.2013 (BGBl. I S. 3484); Abs. 5 neu gef., Abs. 10 und 11 angef. mWv 1.8. 2015 durch G v. 27.7.2015 (BGBl. I S. 1386); Abs. 9 Sätze 1 und 3 geänd., Abs. 12 angef. mWv 24.10.2015 durch G v. 20.10.2015 (BGBl. I S. 1722); Abs. 13 angef. mWv 17.3.2016 durch G v. 11.3.2016 (BGBl. I S. 390); Abs. 4 aufgeh. mWv 15.7.2016 durch G v. 8.7.2016 (BGBl. I S. 1594); Abs. 14 angef. mWv 6.8.2016 durch G v. 31.7.2016 (BGBl. I S. 1939); Abs. 13 neu gef. mWv 16.3.2018 durch G v. 8.3.2018 (BGBl. I S. 342); Abs. 13 neu gef. mWv 1.8.2018 durch G v. 12.7.2018 (BGBl. I S. 1147); Abs. 14 aufgeh. mWv 12.7. 2019 durch G v. 4.7.2019 (BGBl. I S. 914); Abs. 15–17 angef. mWv 1.1.2020, Abs. 17 aufgeh. mWv 3.10. 2020 durch G v. 8.7.2019 (BGBl. I S. 1021); Abs. 12 geänd. mWv 21.8.2019 durch G v. 15.8.2019 (BGBl. I S. 1294); Abs. 15 geänd. mWv 1.3.2020 durch G v. 15.8.2019 (BGBl. I S. 1307); Abs. 17 angef. mWv 1.7. 2023 durch G v. 16.12.2022 (BGBl. I S. 2328); Abs. 15 neu gef. mWv 1.3.2024 durch G v. 16.8.2023 (BGBl. 2023 I Nr. 217); Abs. 18 angef. mWv 23.12.2023 durch G v. 19.12.2023 (BGBl. 2023 I Nr. 382).

[2]) § 20 des Ausländergesetzes v. 9.7.1990 (BGBl. I S. 1354), zuletzt geänd. durch Ent. v. 7.12.2005 (BGBl. I S. 3620) lautete:

„**§ 20 Kindernachzug.** (1) Dem minderjährigen ledigen Kind eines Asylberechtigten ist nach Maßgabe des § 17 eine Aufenthaltserlaubnis zu erteilen.

(2) Dem ledigen Kind eines sonstigen Ausländers ist nach Maßgabe des § 17 eine Aufenthaltserlaubnis zu erteilen, wenn
1. auch der andere Elternteil eine Aufenthaltserlaubnis oder Aufenthaltsberechtigung besitzt oder gestorben ist und
2. das Kind das 16. Lebensjahr noch nicht vollendet hat.

(3) [1] Von der in Absatz 2 Nr. 1 bezeichneten Voraussetzung kann abgesehen werden, wenn die Eltern nicht oder nicht mehr miteinander verheiratet sind. [2] Einem Kind, das sich seit fünf Jahren rechtmäßig im Bundesgebiet aufhält, kann die Aufenthaltserlaubnis abweichend von Absatz 2 Nr. 1 und § 17 Abs. 2 Nr. 3 erteilt werden.

(4) Im übrigen kann dem minderjährigen ledigen Kind eines Ausländers nach Maßgabe des § 17 eine Aufenthaltserlaubnis erteilt werden, wenn
1. das Kind die deutsche Sprache beherrscht oder gewährleistet erscheint, daß er sich auf Grund seiner bisherigen Ausbildung und Lebensverhältnisse in die Lebensverhältnisse in der Bundesrepublik Deutschland einfügen kann oder
2. es auf Grund der Umstände des Einzelfalles zur Vermeidung einer besonderen Härte erforderlich ist.

(5) [1] Dem minderjährigen ledigen Kind eines Ausländers, der im Bundesgebiet geboren oder als Minderjähriger eingereist ist, kann die Aufenthaltserlaubnis abweichend von § 17 Abs. 2 Nr. 3 erteilt werden, wenn der Lebensunterhalt ohne Inanspruchnahme öffentlicher Mittel gesichert ist. [2] Der Erteilung der Aufenthaltserlaubnis steht nicht die Inanspruchnahme von Stipendien und Ausbildungsbeihilfen sowie von solchen öffentlichen Mitteln entgegen, die auf einer Beitragsleistung beruhen.

(6) Die einem Kind erteilte Aufenthaltserlaubnis wird abweichend von § 17 Abs. 2 Nr. 2 und 3 verlängert.“

(4) *(aufgehoben)*

(5) Auch für Ausländer, die bis zum Ablauf des 31. Juli 2015 im Rahmen des Programms zur dauerhaften Neuansiedlung von Schutzsuchenden einen Aufenthaltstitel nach § 23 Absatz 2 erhalten haben, sind die Regelungen über den Familiennachzug, das Bleibeinteresse, die Teilnahme an Integrationskursen und die Aufenthaltsverfestigung auf Grund des § 23 Absatz 4 entsprechend anzuwenden.

(6) [1] § 23 Abs. 2 in der bis zum 24. Mai 2007 geltenden Fassung findet in den Fällen weiter Anwendung, in denen die Anordnung der obersten Landesbehörde, die auf Grund der bis zum 24. Mai 2007 geltenden Fassung getroffen wurde, eine Erteilung einer Niederlassungserlaubnis bei besonders gelagerten politischen Interessen der Bundesrepublik Deutschland vorsieht. [2] § 23 Abs. 2 Satz 5 und § 44 Abs. 1 Nr. 2 sind auf die betroffenen Ausländer und die Familienangehörigen, die mit ihnen ihren Wohnsitz in das Bundesgebiet verlegen, entsprechend anzuwenden.

(7) Eine Niederlassungserlaubnis kann auch Ehegatten, Lebenspartnern und minderjährigen ledigen Kindern eines Ausländers erteilt werden, die vor dem 1. Januar 2005 im Besitz einer Aufenthaltsbefugnis nach § 31 des Ausländergesetzes oder einer Aufenthaltserlaubnis nach § 35 Abs. 2 des Ausländergesetzes waren, wenn die Voraussetzungen des § 26 Abs. 4 erfüllt sind und sie weiterhin die Voraussetzungen erfüllen, wonach eine Aufenthaltsbefugnis nach § 31 des Ausländergesetzes oder eine Aufenthaltserlaubnis nach § 35 Abs. 2 des Ausländergesetzes erteilt werden durfte.

(8) § 28 Absatz 2 in der bis zum 5. September 2013 geltenden Fassung findet weiter Anwendung auf Familienangehörige eines Deutschen, die am 5. September 2013 bereits einen Aufenthaltstitel nach § 28 Absatz 1 innehatten.

(9) [1] Ausländer, die eine Aufenthaltserlaubnis nach § 25 Absatz 3 besitzen, weil das Bundesamt oder die Ausländerbehörde festgestellt hat, dass Abschiebungsverbote nach § 60 Absatz 2, 3 oder 7 Satz 2 in der vor dem 1. Dezember 2013 gültigen Fassung vorliegen, gelten als subsidiär Schutzberechtigte im Sinne des § 4 Absatz 1 des Asylgesetzes[1] und erhalten von Amts wegen eine Aufenthaltserlaubnis nach § 25 Absatz 2 Satz 1 zweite Alternative, es sei denn, das Bundesamt hat die Ausländerbehörde über das Vorliegen von Ausschlusstatbeständen im Sinne des § 25 Absatz 3 Satz 2 Buchstabe a bis d in der vor dem 1. Dezember 2013 gültigen Fassung unterrichtet. [2] Die Zeiten des Besitzes der Aufenthaltserlaubnis nach § 25 Absatz 3 Satz 1 in der vor dem 1. Dezember 2013 gültigen Fassung stehen Zeiten des Besitzes einer Aufenthaltserlaubnis nach § 25 Absatz 2 Satz 1 zweite Alternative gleich. [3] § 73b des Asylgesetzes[1] gilt entsprechend.

(10) Für Betroffene nach § 73b Absatz 1, die als nicht entsandte Mitarbeiter des Auswärtigen Amts in einer Auslandsvertretung tätig sind, findet § 73b Absatz 4 ab dem 1. Februar 2016 Anwendung.

(11) Für Ausländer, denen zwischen dem 1. Januar 2011 und dem 31. Juli 2015 subsidiärer Schutz nach der Richtlinie 2011/95/EU oder der Richtlinie 2004/38/EG unanfechtbar zuerkannt wurde, beginnt die Frist nach § 29 Absatz 2 Satz 2 Nummer 1 mit Inkrafttreten dieses Gesetzes zu laufen.

(12) Im Falle einer Abschiebungsandrohung nach den §§ 34 und 35 des Asylgesetzes[1] oder einer Abschiebungsanordnung nach § 34a des Asylgesetzes[1], die bereits vor dem 1. August 2015 erlassen oder angeordnet worden ist, sind die Ausländerbehörden für die Anordnung eines Einreise- und Aufenthaltsverbots nach § 11 zuständig.

---

[1] Nr. **567**.

(13) ¹Die Vorschriften von Kapitel 2 Abschnitt 6 in der bis zum 31. Juli 2018 geltenden Fassung finden weiter Anwendung auf den Familiennachzug zu Ausländern, denen bis zum 17. März 2016 eine Aufenthaltserlaubnis nach § 25 Absatz 2 Satz 1 zweite Alternative erteilt worden ist, wenn der Antrag auf erstmalige Erteilung eines Aufenthaltstitels zum Zwecke des Familiennachzugs zu dem Ausländer bis zum 31. Juli 2018 gestellt worden ist. ²§ 27 Absatz 3a findet Anwendung.

(14) *(aufgehoben)*

(15) Wurde eine Ausbildungsduldung nach § 60c Absatz 1 in der bis zum 29. Februar 2024 geltenden Fassung erteilt, gilt diese als Aufenthaltserlaubnis nach § 16g fort.

(16) Für Beschäftigungen, die Inhabern einer Duldung bis zum 31. Dezember 2019 erlaubt wurden, gilt § 60a Absatz 6 in der bis zu diesem Tag geltenden Fassung fort.

(17) Auf Personen mit einer bis zum Ablauf des 30. Juni 2023 abgeschlossenen Eingliederungsvereinbarung nach § 15 des Zweiten Buches Sozialgesetzbuch¹⁾ in der bis zu diesem Zeitpunkt gültigen Fassung sind bis zur erstmaligen Erstellung eines Kooperationsplans § 15 des Zweiten Buches Sozialgesetzbuch¹⁾ in der ab dem 1. Juli 2023 gültigen Fassung, spätestens bis zum Ablauf des 31. Dezember 2023, § 44a Absatz 1 Satz 1 Nummer 2 und Satz 3 sowie § 45a Absatz 2 Satz 1 in der bis zum 30. Juni 2023 gültigen Fassung weiter anzuwenden.

(18) § 60a Absatz 6 Satz 1 Nummer 3 findet keine Anwendung auf Staatsangehörige Georgiens und der Republik Moldau, die bis zum 30. August 2023 einen Asylantrag gestellt haben oder die sich zum 30. August 2023 geduldet in Deutschland aufgehalten haben, ohne einen Asylantrag gestellt zu haben.

**§ 104a**²⁾ **Altfallregelung.** (1) ¹Einem geduldeten Ausländer soll abweichend von § 5 Abs. 1 Nr. 1 und Abs. 2 eine Aufenthaltserlaubnis erteilt werden, wenn er sich am 1. Juli 2007 seit mindestens acht Jahren oder, falls er zusammen mit einem oder mehreren minderjährigen ledigen Kindern in häuslicher Gemeinschaft lebt, seit mindestens sechs Jahren ununterbrochen geduldet, gestattet oder mit einer Aufenthaltserlaubnis aus humanitären Gründen im Bundesgebiet aufgehalten hat und er

1. über ausreichenden Wohnraum verfügt,

2. über hinreichende mündliche Deutschkenntnisse im Sinne des Niveaus A2 des Gemeinsamen Europäischen Referenzrahmens für Sprachen verfügt,

3. bei Kindern im schulpflichtigen Alter den tatsächlichen Schulbesuch nachweist,

4. die Ausländerbehörde nicht vorsätzlich über aufenthaltsrechtlich relevante Umstände getäuscht oder behördliche Maßnahmen zur Aufenthaltsbeendigung nicht vorsätzlich hinausgezögert oder behindert hat,

5. keine Bezüge zu extremistischen oder terroristischen Organisationen hat und diese auch nicht unterstützt und

6. nicht wegen einer im Bundesgebiet begangenen vorsätzlichen Straftat verurteilt wurde, wobei Geldstrafen von insgesamt bis zu 50 Tagessätzen oder bis zu 90 Tagessätzen wegen Straftaten, die nach dem Aufenthaltsgesetz oder dem Asylgesetz³⁾ nur von Ausländern begangen werden können, grundsätzlich außer Betracht bleiben.

---

¹⁾ **Sartorius ErgBd. Nr. 402.**
²⁾ § 104a Abs. 1 Satz 1 Nr. 2 geänd. mWv 26.11.2011 durch G v. 22.11.2011 (BGBl. I S. 2258); Abs. 1 Satz 1 Nr. 6 geänd. mWv 24.10.2015 durch G v. 20.10.2015 (BGBl. I S. 1722); Abs. 4 Satz 2 aufgeh. mWv 1.3.2020 durch G v. 15.8.2019 (BGBl. I S. 1307); Abs. 7 Satz 2 geänd. mWv 27.6.2020 durch VO v. 19.6.2020 (BGBl. I S. 1328).
³⁾ Nr. **567.**

[2] Wenn der Ausländer seinen Lebensunterhalt eigenständig durch Erwerbstätigkeit sichert, wird die Aufenthaltserlaubnis nach § 23 Abs. 1 Satz 1 erteilt. [3] Im Übrigen wird sie nach Satz 1 erteilt; sie gilt als Aufenthaltstitel nach Kapitel 2 Abschnitt 5; die §§ 9 und 26 Abs. 4 finden keine Anwendung. [4] Von der Voraussetzung des Satzes 1 Nr. 2 kann bis zum 1. Juli 2008 abgesehen werden. [5] Von der Voraussetzung des Satzes 1 Nr. 2 wird abgesehen, wenn der Ausländer sie wegen einer körperlichen, geistigen oder seelischen Krankheit oder Behinderung oder aus Altersgründen nicht erfüllen kann.

(2) [1] Dem geduldeten volljährigen ledigen Kind eines geduldeten Ausländers, der sich am 1. Juli 2007 seit mindestens acht Jahren oder, falls er zusammen mit einem oder mehreren minderjährigen ledigen Kindern in häuslicher Gemeinschaft lebt, seit mindestens sechs Jahren ununterbrochen geduldet, gestattet oder mit einer Aufenthaltserlaubnis aus humanitären Gründen im Bundesgebiet aufgehalten hat, kann eine Aufenthaltserlaubnis nach § 23 Abs. 1 Satz 1 erteilt werden, wenn es bei der Einreise minderjährig war und gewährleistet erscheint, dass es sich auf Grund seiner bisherigen Ausbildung und Lebensverhältnisse in die Lebensverhältnisse der Bundesrepublik Deutschland einfügen kann. [2] Das Gleiche gilt für einen Ausländer, der sich als unbegleiteter Minderjähriger seit mindestens sechs Jahren ununterbrochen geduldet, gestattet oder mit einer Aufenthaltserlaubnis aus humanitären Gründen im Bundesgebiet aufgehalten hat und bei dem gewährleistet erscheint, dass er sich auf Grund seiner bisherigen Ausbildung und Lebensverhältnisse in die Lebensverhältnisse der Bundesrepublik Deutschland einfügen kann.

(3) [1] Hat ein in häuslicher Gemeinschaft lebendes Familienmitglied Straftaten im Sinne des Absatzes 1 Satz 1 Nr. 6 begangen, führt dies zur Versagung der Aufenthaltserlaubnis nach dieser Vorschrift für andere Familienmitglieder. [2] Satz 1 gilt nicht für den Ehegatten eines Ausländers, der Straftaten im Sinne des Absatzes 1 Satz 1 Nr. 6 begangen hat, wenn der Ehegatte die Voraussetzungen des Absatzes 1 im Übrigen erfüllt und es zur Vermeidung einer besonderen Härte erforderlich ist, ihm den weiteren Aufenthalt zu ermöglichen. [3] Sofern im Ausnahmefall Kinder von ihren Eltern getrennt werden, muss ihre Betreuung in Deutschland sichergestellt sein.

(4) Die Aufenthaltserlaubnis kann unter der Bedingung erteilt werden, dass der Ausländer an einem Integrationsgespräch teilnimmt oder eine Integrationsvereinbarung abgeschlossen wird.

(5) [1] Die Aufenthaltserlaubnis wird mit einer Gültigkeit bis zum 31. Dezember 2009 erteilt. [2] Sie soll um weitere zwei Jahre als Aufenthaltserlaubnis nach § 23 Abs. 1 Satz 1 verlängert werden, wenn der Lebensunterhalt des Ausländers bis zum 31. Dezember 2009 überwiegend eigenständig durch Erwerbstätigkeit gesichert war oder wenn der Ausländer mindestens seit dem 1. April 2009 seinen Lebensunterhalt nicht nur vorübergehend eigenständig sichert. [3] Für die Zukunft müssen in beiden Fällen Tatsachen die Annahme rechtfertigen, dass der Lebensunterhalt überwiegend gesichert sein wird. [4] Im Fall des Absatzes 1 Satz 4 wird die Aufenthaltserlaubnis zunächst mit einer Gültigkeit bis zum 1. Juli 2008 erteilt und nur

*(Fortsetzung nächstes Blatt)*

# 566. Aufenthaltsverordnung (AufenthV)[1) 2)]

## Vom 25. November 2004
### (BGBl. I S. 2945)

**FNA 26-12-1**

geänd. durch Art. 7 Nr. 1 G zur Änd. des AufenthaltsG und weiterer Gesetze v. 14.3.2005 (BGBl. I S. 721), Art. 77 G zur Umbenennung des Bundesgrenzschutzes in Bundespolizei v. 21.6.2005 (BGBl. I S. 1818), Art. 1 ÄndVO v. 14.10.2005 (BGBl. I S. 2982), Art. 1 Erste ÄndVO v. 18.12.2006 (BGBl. I S. 3221), Art. 7 Abs. 4 EU-Aufenthalts- und AsylrechtsRL UmsetzungsG v. 19.8.2007 (BGBl. I S. 1970, ber. 2008 S. 992), Art. 1 Zweite ÄndVO v. 22.2.2008 (BGBl. I S. 252), Art. 1 Dritte ÄndVO v. 8.5.2008 (BGBl. I S. 806), Art. 3 ArbeitsmigrationssteuerungsG v. 20.12.2008 (BGBl. I S. 2846), Art. 1 Vierte ÄndVO v. 15.6.2009 (BGBl. I S. 1287), Art. 1 Fünfte ÄndVO v. 2.8.2010 (BGBl. I S. 1134), Art. 1 Sechste ÄndVO v. 22.7.2011 (BGBl. I S. 1530, ber. S. 2080), Art. 12 Abs. 1 G zur Umsetzung aufenthalts-rechtlicher RL der EU und zur Anpassung nationaler Rechtsvorschriften an den EU-Visakodex v. 22.11. 2011 (BGBl. I S. 2258), Art. 1 Siebte ÄndVO v. 25.11.2011 (BGBl. I S. 2347), Art. 3 G zur Errichtung einer Visa-Warndatei und zur Änd. des AufenthaltsG v. 22.12.2011 (BGBl. I S. 3037), Art. 2 Abs. 26 G zur Änd. von Vorschriften über Verkündung und Bekanntmachungen sowie der ZPO, des EGZPO und der AO v. 22.12.2011 (BGBl. I S. 3044), Art. 5 Abs. 1 G zur Umsetzung der HochqualifiziertenRL der EU v. 1.6.2012 (BGBl. I S. 1224), Art. 3 G zur Änd. des FreizügigkeitsG/EU und weiterer aufenthalts-rechtlicher Vorschriften v. 21.1.2013 (BGBl. I S. 86), Art. 1 Achte ÄndVO v. 27.2.2013 (BGBl. I S. 351), Art. 2 VO zur Änd. des Ausländerbeschäftigungsrechts v. 6.6.2013 (BGBl. I S. 1499), Art. 5 G zur Umsetzung der RL 2011/95/EU v. 28.8.2013 (BGBl. I S. 3474), Art. 6 Abs. 1 G zur Verbesserung der Rechte von international Schutzberechtigten und ausländischen Arbeitnehmern v. 29.8.2013 (BGBl. I S. 3484, ber. S. 3899), Art. 1 Neunte ÄndVO v. 23.9.2013 (BGBl. I S. 3707), Art. 1 Zehnte ÄndVO v. 6.5.2014 (BGBl. I S. 451), Art. 2 VO zur Änd. der PassVO sowie zur Änd. der AufenthaltsVO v. 3.3. 2015 (BGBl. I S. 218, ber. S. 1110), Art. 1 Elfte ÄndVO v. 8.4.2015 (BGBl. I S. 599), Art. 14 Nr. 5 AsylverfahrensbeschleunigungsG v. 20.10.2015 (BGBl. I S. 1722), Art. 1 VO zur Änd. der AufenthaltsVO und der AZRG-DurchführungsVO v. 18.12.2015 (BGBl. I S. 2467), Art. 7 DatenaustauschverbesserungsG v. 2.2.2016 (BGBl. I S. 130), Art. 1 14. ÄndVO v. 20.12.2016 (BGBl. I S. 3074), Art. 2 Zweite VO zur Änd. der PassVO sowie zur Änd. der AufenthaltsVO v. 15.2.2017 (BGBl. I S. 162), Art. 83 G zum Abbau verzichtbarer Anordnungen der Schriftform im Verwaltungsrecht des Bundes v. 29.3.2017 (BGBl. I S. 626), Art. 1 15. ÄndVO v. 3.4.2017 (BGBl. I S. 690), Art. 2 G zur Änd. gebührenrechtlicher Regelungen im Aufenthaltsrecht v. 13.7.2017 (BGBl. I S. 2350), Art. 1 16. ÄndVO v. 14.7.2017 (BGBl. I S. 2650), Art. 1 VO zur Umsetzung aufenthaltsrechtlicher Richtlinien der EU zur Arbeitsmigration v. 1.8. 2017 (BGBl. I S. 3066), Art. 1 17. ÄndVO v. 14.1.2019 (BGBl. I S. 10), Art. 4 Zweites DatenaustauschverbesserungsG v. 4.8.2019 (BGBl. I S. 1131), Art. 50 FachkräfteeinwanderungsG v. 15.8.2019 (BGBl. I S. 1307), Art. 1 VO zur Anpassung von aufenthalts- und beschäftigungsrechtlichen Vorschriften v. 13.12. 2019 (BGBl. I S. 2585), Art. 3 VO zur Änd. der BeschäftigungsVO und der AufenthaltsVO v. 23.3.2020 (BGBl. I S. 655, geänd. durch G v. 30.8.2023, 2023 I Nr. 233), Art. 4 G über die Errichtung eines Bundesamts für Auswärtige Angelegenheiten und zur Änd. des G über den Auswärtigen Dienst, des AufenthaltsG und zur Anpassung anderer Gesetze an die Errichtung des Bundesamts v. 12.6.2020 (BGBl. I S. 1241), Art. 170 Elfte ZuständigkeitsanpassungsVO v. 19.6.2020 (BGBl. I S. 1328), Art. 2 2.G zur aktuellen Anpassung des FreizügigkeitsG/EU und weiterer Vorschriften an das Unionsrecht v. 12.11.2020 (BGBl. I S. 2416), Art. 1 18. VO zur Änd. der AufenthaltsVO v. 26.11.2020 (BGBl. I S. 2606), Art. 8, 14 G zur Stärkung der Sicherheit im Pass-, Ausweis- und ausländerrechtlichen Dokumentenwesen v. 3.12. 2020 (BGBl. I S. 2744), Art. 2 Zweite VO zur Änd. der BeschäftigungsVO und der AufenthaltsVO v. 18.12.2020 (BGBl. I S. 3046), Art. 20a RegistermodernisierungsG v. 28.3.2021 (BGBl. I S. 591), Art. 5, 10 G zur Weiterentwicklung des Ausländerzentralregisters v. 9.7.2021 (BGBl. I S. 2467), Art. 2 Viertes G zur Änd. des StaatsangehörigkeitsG v. 12.8.2021 (BGBl. I S. 3538), Art. 4 VO zu automatisierten Daten-

---

[1)] Verkündet als Art. 1 VO zur Durchführung des ZuwanderungsG v. 25.11.2004 (BGBl. I S. 2945); Inkrafttreten gem. Art. 3 erster Halbs. dieser VO am 1.1.2005. Diese VO wurde u erlassen auf Grund von § 69 Abs. 2, 3, 5 und 6 sowie § 99 Abs. 1 und 2 AufenthG iVm § 11 Abs. 1 FreizügG/EU.

[2)] Die Änderungen durch VO v. 23.3.2020 (BGBl. I S. 655) treten teilweise erst **mWv 2.3.2025**, die Änderungen durch G v. 3.12.2020 (BGBl. I S. 2744) treten teilweise erst **mWv 1.5.2025**, die Änderungen durch G v. 9.7.2021 (BGBl. I S. 2467) treten teilweise erst **mWv 1.11.2024**, die Änderungen durch VO v. 30.8.2023 (BGBl. 2023 I Nr. 233) treten teilweise erst **mWv 1.6.2024** und die Änderungen durch VO v. 30.10.2023 (BGBl. 2023 I Nr. 290) treten teilweise erst **mWv 1.11.2024** bzw. **mWv 1.5.2025** in Kraft und sind insoweit im Text noch nicht berücksichtigt.

abrufen aus den Pass- und Personalausweisregistern sowie zur Änd. der PassVO, der PersonalausweisVO und der AufenthaltsVO v. 20.8.2021 (BGBl. I S. 3682), Art. 1 ÄndVO v. 27.7.2023 (BGBl. 2023 I Nr. 201), Art. 4, 5 VO zur Weiterentwicklung der Fachkräfteeinwanderung v. 30.8.2023 (BGBl. 2023 I Nr. 233) und Art. 3, 9 VO zur Änd. der PersonalausweisVO, der PassVO, der AufenthaltsVO sowie weiterer Vorschriften v. 30.10.2023 (BGBl. 2023 I Nr. 290)

---

[1] Inhaltsübersicht geänd. mWv 18.3.2005 durch G v. 14.3.2005 (BGBl. I S. 721); geänd. mWv 28.8.2007 durch G v. 19.8.2007 (BGBl. I S. 1970); geänd. mWv 29.6.2009 durch VO v. 15.6.2009 (BGBl. I S. 1287); geänd. mWv 1.9.2011 durch VO v. 22.7.2011 (BGBl. I S. 1530); geänd. mWv 1.11.2011 durch VO v. 22.7.2011 (BGBl. I S. 1530); geänd. mWv 26.11.2011 durch V. 22.11.2011 (BGBl. I S. 2258); geänd. mWv 3.12.2011 durch VO v. 25.11.2011 (BGBl. I S. 2347); geänd. mWv 1.8.2012 durch G v. 1.6.2012 (BGBl. I S. 1224); geänd. mWv 2.12.2013 durch V. 29.8.2013 (BGBl. I S. 3484); geänd. mWv 10.5.2014 durch VO v. 6.5.2014 (BGBl. I S. 451); geänd. mWv 1.11.2014 durch VO v. 3.3.2015 (BGBl. I S. 218); geänd. mWv 1.3.2017 durch VO v. 15.2.2017 (BGBl. I S. 162); geänd. mWv 5.8.2017 durch VO v. 1.8.2017 (BGBl. I S. 3066); geänd. mWv 23.1.2019 durch VO v. 14.1.2019 (BGBl. I S. 10); geänd. mWv 9.8.2019 durch VO v. 4.8.2019 (BGBl. I S. 1131); geänd. mWv 4.12.2020 durch VO v. 26.11.2020 (BGBl. I S. 2606); geänd. mWv 18.11.2023 durch VO v. 30.8.2023 (BGBl. 2023 I Nr. 233); geänd. mWv 1.11.2023 durch VO v. 30.10.2023 (BGBl. 2023 I Nr. 290).

Die Inhaltsübersicht wurde nichtamtlich an die Änderungen mWv 1.7.2013 durch VO v. 6.6.2013 (BGBl. I S. 1499); mWv 6.9.2013 durch VO v. 28.9.2013 (BGBl. I S. 3484); mWv 28.9.2013 durch VO v. 23.9.2013 (BGBl. I S. 3707); mWv 5.2.2016 durch G v. 2.2.2016 (BGBl. I S. 130); mWv 1.3.2020 durch G v. 15.8.2019 (BGBl. I S. 1307); mWv 15.7.2021 durch G v. 9.7.2021 (BGBl. I S. 2467) angepasst.

# Kapitel 1. Allgemeine Bestimmungen

**§ 1[1] Begriffsbestimmungen.** (1) Schengen-Staaten sind die Staaten im Sinne des § 2 Absatz 5 des Aufenthaltsgesetzes[2].

(2) Ein Kurzaufenthalt ist ein Aufenthalt im gemeinsamen Gebiet der Schengen-Staaten von höchstens 90 Tagen je Zeitraum von 180 Tagen, wobei der Zeitraum von 180 Tagen, der jedem Tag des Aufenthalts vorangeht, berücksichtigt wird.

(3) Reiseausweise für Flüchtlinge sind Ausweise auf Grund

1. des Abkommens vom 15. Oktober 1946 betreffend die Ausstellung eines Reiseausweises an Flüchtlinge, die unter die Zuständigkeit des zwischenstaatlichen Ausschusses für die Flüchtlinge fallen (BGBl. 1951 II S. 160) oder
2. des Artikels 28 in Verbindung mit dem Anhang des Abkommens vom 28. Juli 1951 über die Rechtsstellung der Flüchtlinge[3] (BGBl. 1953 II S. 559).

(4) Reiseausweise für Staatenlose sind Ausweise auf Grund des Artikels 28 in Verbindung mit dem Anhang des Übereinkommens vom 28. September 1954 über die Rechtsstellung der Staatenlosen (BGBl. 1976 II S. 473).

(5) Schülersammellisten sind Listen nach Artikel 2 des Beschlusses des Rates vom 30. November 1994 über die vom Rat auf Grund von Artikel K.3 Absatz 2 Buchstabe b des Vertrages über die Europäische Union beschlossene gemeinsame Maßnahme über Reiseerleichterungen für Schüler von Drittstaaten mit Wohnsitz in einem Mitgliedstaat (ABl. EG Nr. L 327 S. 1).

(6) Flugbesatzungsausweise sind „Airline Flight Crew Licenses" und „Crew Member Certificates" nach der Anlage des Anhangs 9 in der jeweils geltenden Fassung zum Abkommen vom 7. Dezember 1944 über die Internationale Zivilluftfahrt (BGBl. 1956 II S. 411).

(7) Binnenschifffahrtsausweise sind in zwischenstaatlichen Vereinbarungen für den Grenzübertritt vorgesehene Ausweise für ziviles Personal, das internationale Binnenwasserstraßen befährt, sowie dessen Familienangehörige, soweit die Geltung für Familienangehörige in den jeweiligen Vereinbarungen vorgesehen ist.

(8) Europäische Reisedokumente für die Rückkehr illegal aufhältiger Drittstaatsangehöriger (Europäische Reisedokumente für die Rückkehr) sind Dokumente nach der Verordnung (EU) 2016/1953 des Europäischen Parlaments und des Rates vom 26. Oktober 2016 (ABl. L 311 vom 17.11.2016, S. 13).

# Kapitel 2. Einreise und Aufenthalt im Bundesgebiet

## Abschnitt 1. Passpflicht für Ausländer

**§ 2 Erfüllung der Passpflicht durch Eintragung in den Pass eines gesetzlichen Vertreters.** [1] Minderjährige Ausländer, die das 16. Lebensjahr noch nicht vollendet haben, erfüllen die Passpflicht auch durch Eintragung in einem anerkannten und gültigen Pass oder Passersatz eines gesetzlichen Vertreters. [2] Für

---

[1] § 1 Abs. 1 neu gef. mWv 26.11.2011 durch G v. 22.11.2011 (BGBl. I S. 2258); Abs. 2 geänd. mWv 22.4.2015 durch VO v. 8.4.2015 (BGBl. I S. 599); Abs. 8 neu gef. mWv 8.4.2017 durch VO v. 3.4.2017 (BGBl. I S. 690).
[2] Nr. **565.**
[3] Nr. **568.**

einen minderjährigen Ausländer, der das zehnte Lebensjahr vollendet hat, gilt dies nur, wenn im Pass oder Passersatz sein eigenes Lichtbild angebracht ist.

### § 3[1] Zulassung nichtdeutscher amtlicher Ausweise als Passersatz.

(1) [1] Von anderen Behörden als von deutschen Behörden ausgestellte amtliche Ausweise sind als Passersatz zugelassen, ohne dass es einer Anerkennung nach § 71 Abs. 6 des Aufenthaltsgesetzes[2] bedarf, soweit die Bundesrepublik Deutschland

1. auf Grund zwischenstaatlicher Vereinbarungen oder
2. auf Grund des Rechts der Europäischen Union

verpflichtet ist, dem Inhaber unter den dort festgelegten Voraussetzungen den Grenzübertritt zu gestatten. [2] Dies gilt nicht, wenn der ausstellende Staat aus dem Geltungsbereich des Ausweises ausgenommen oder wenn der Inhaber nicht zur Rückkehr in diesen Staat berechtigt ist.

(2) Die Zulassung entfällt, wenn das Bundesministerium des Innern, für Bau und Heimat in den Fällen des Absatzes 1 Satz 1 Nr. 1 feststellt, dass

1. die Gegenseitigkeit, soweit diese vereinbart wurde, nicht gewahrt ist oder
2. der amtliche Ausweis
   a) keine hinreichenden Angaben zur eindeutigen Identifizierung des Inhabers oder der ausstellenden Behörde enthält,
   b) keine Sicherheitsmerkmale aufweist, die in einem Mindestmaß vor Fälschung oder Verfälschung schützen, oder
   c) die Angaben nicht in einer germanischen oder romanischen Sprache enthält.

(3) Zu den Ausweisen im Sinne des Absatzes 1 zählen insbesondere:

1. Reiseausweise für Flüchtlinge (§ 1 Abs. 3),
2. Reiseausweise für Staatenlose (§ 1 Abs. 4),
3. Ausweise für Mitglieder und Bedienstete der Organe der Europäischen Gemeinschaften,
4. Ausweise für Abgeordnete der Parlamentarischen Versammlung des Europarates,
5. amtliche Personalausweise der Mitgliedstaaten der Europäischen Union, der anderen Vertragsstaaten des Abkommens über den Europäischen Wirtschaftsraum und der Schweiz für deren Staatsangehörige,
6. Schülersammellisten (§ 1 Abs. 5),
7. Flugbesatzungsausweise, soweit sie für einen Aufenthalt nach § 23 gebraucht werden, und
8. Binnenschifffahrtsausweise, soweit sie für einen Aufenthalt nach § 25 gebraucht werden.

### § 4[3] Deutsche Passersatzpapiere für Ausländer. (1) [1] Durch deutsche Behörden ausgestellte Passersatzpapiere für Ausländer sind:

---

[1] § 3 Abs. 2 einl. Satzteil geänd. mWv 27.6.2020 durch VO v. 19.6.2020 (BGBl. I S. 1328).
[2] Nr. **565**.
[3] § 4 Abs. 1 neu gef. mWv 28.8.2007 durch G v. 19.8.2007 (BGBl. I S. 1970); Abs. 1 neu gef., Abs. 2–6 eingef., bish. Abs. 2 und 3 werden Abs. 7 und 8 mWv 29.6.2009 durch VO v. 15.6.2009 (BGBl. I S. 1287); Abs. 1 Satz 7 angef. mWv 5.3.2013 durch VO v. 27.2.2013 (BGBl. I S. 351); Abs. 1 Satz 1 Nr. 7 geänd. mWv 8.4.2017 durch VO v. 3.4.2017 (BGBl. I S. 690); Abs. 4 Satz 2 geänd. mWv 23.1.2019 durch VO v. 14.1.2019 (BGBl. I S. 10); Abs. 1 Sätze 5, 6, Abs. 2 Nr. 5 geänd., Abs. 2 Sätze 2, 3 angef., Abs. 3 Satz 2 Nr. 8 geänd., Nr. 9a eingef. mWv 12.12.2020 durch G v. 3.12.2020 (BGBl. I S. 2744); Abs. 1 Sätze 2–4, Abs. 4 Satz 1, Abs. 5 Satz 1 geänd. mWv 1.11.2023, Abs. 1 Satz 4 neu gef. mWv 1.1.2024 durch VO v. 30.10.2023 (BGBl. 2023 I Nr. 290).

1. der Reiseausweis für Ausländer (§ 5 Absatz 1),
2. der Notreiseausweis (§ 13 Absatz 1),
3. der Reiseausweis für Flüchtlinge (§ 1 Absatz 3),
4. der Reiseausweis für Staatenlose (§ 1 Absatz 4),
5. die Schülersammelliste (§ 1 Absatz 5),
6. die Bescheinigung über die Wohnsitzverlegung (§ 43 Absatz 2),
7. das Europäische Reisedokument für die Rückkehr (§ 1 Absatz 8).

²Passersatzpapiere nach Satz 1 Nummer 3 und 4 werden mit einer Gültigkeitsdauer von bis zu drei Jahren ausgestellt; eine Verlängerung ist nicht zulässig.¹⁾ ³Passersatzpapiere nach Satz 1 Nummer 1, 3 und 4 werden abweichend von Absatz 4 Satz 1 auch als vorläufige Dokumente ohne Chip ausgegeben, deren Gültigkeit, auch nach Verlängerungen, ein Jahr nicht überschreiten darf. ⁴An Kinder bis zum vollendeten zwölften Lebensjahr können in begründeten Fällen abweichend von Absatz 4 Satz 1 Passersatzpapiere nach Satz 1 Nummer 1, 3 und 4 ohne Chip ausgegeben werden. ⁵Passersatzpapiere nach Satz 1 ohne elektronisches Speicher- und Verarbeitungsmedium¹⁾ sind höchstens ein Jahr gültig, längstens jedoch bis zur Vollendung des zwölften Lebensjahres. ⁶Eine Verlängerung dieser Passersatzpapiere ist vor Ablauf der Gültigkeit bis zur Vollendung des zwölften Lebensjahres um jeweils ein Jahr zulässig; es ist jeweils ein aktuelles Lichtbild einzubringen. ⁷Passersatzpapiere nach Satz 1 Nummer 3 und 4, die an heimatlose Ausländer nach dem Gesetz über die Rechtsstellung heimatloser Ausländer im Bundesgebiet²⁾ ausgestellt werden, können mit einer Gültigkeitsdauer von bis zu zehn Jahren ausgestellt werden.

(2) ¹Passersatzpapiere nach Absatz 1 Satz 1 Nummer 1, 3 und 4 enthalten neben der Angabe der ausstellenden Behörde, dem Tag der Ausstellung, dem letzten Tag der Gültigkeitsdauer und der Seriennummer sowie dem Lichtbild und der Unterschrift des Inhabers des Passersatzpapiers ausschließlich folgende sichtbar aufgebrachte Angaben über den Inhaber des Passersatzpapiers:

1. Familienname und ggf. Geburtsname,
2. den oder die Vornamen,
3. Doktorgrad,
4. Tag und Ort der Geburt,
5. Geschlecht mit der Abkürzung „F" für Personen weiblichen Geschlechts, „M" für Personen männlichen Geschlechts und „X" in allen anderen Fällen,
6. Größe,
7. Farbe der Augen,
8. Wohnort,
9. Staatsangehörigkeit.

²Auf Antrag kann der Passersatz nach Absatz 1 Satz 1 Nummer 1, 3 und 4 bei einer Änderung des Geschlechts nach § 45b des Personenstandsgesetzes³⁾ mit der Angabe des vorherigen Geschlechts ausgestellt werden, wenn der vorherige Ein-

---

¹⁾ Gem. Art. 3 Nr. 2 Buchst. b VO v. 30.10.2023 (BGBl. 2023 I Nr. 290) sollen mWv 1.11.2023 in § 4 Abs. 1 Sätze 2–4 AufenthV jeweils die Wörter „elektronisches Speicher- und Verarbeitungsmedium" durch das Wort „Chip" ersetzt werden. Mangels Wortlautübereinstimmung geht die Änderungsanweisung bei Satz 2 ins Leere. Satz 5 ist von der Änderungsanweisung nicht betroffen.
²⁾ Nr. **563**.
³⁾ Nr. **260**.

trag männlich oder weiblich war. [3] Diesem abweichenden Eintrag kommt keine weitere Rechtswirkung zu.

(3) [1] Passersatzpapiere nach Absatz 1 Satz 1 Nummer 1, 3 und 4 enthalten eine Zone für das automatische Lesen. [2] Diese darf lediglich enthalten:

1. die Abkürzung „PT" für Passtyp von Passersatzpapieren nach Absatz 1 Satz 1 Nummer 1, 3 und 4 einschließlich vorläufiger Passersatzpapiere,
2. die Abkürzung „D" für Bundesrepublik Deutschland,
3. den Familiennamen,
4. den oder die Vornamen,
5. die Seriennummer des Passersatzes, die sich aus der Behördenkennzahl der Ausländerbehörde und einer zufällig zu vergebenden Passersatznummer zusammensetzt, die neben Ziffern auch Buchstaben enthalten kann und bei vorläufigen Passersatzpapieren aus einem Serienbuchstaben und sieben Ziffern besteht,
6. die Abkürzung der Staatsangehörigkeit,
7. den Tag der Geburt,
8. die Abkürzung „F" für Passersatzpapierinhaber weiblichen Geschlechts, „M" für Passersatzpapierinhaber männlichen Geschlechts und das Zeichen „<" in allen anderen Fällen,
9. die Gültigkeitsdauer des Passersatzes,
9a. die Versionsnummer des Dokumentenmusters,
10. die Prüfziffern und
11. Leerstellen.

[3] Die Seriennummer und die Prüfziffern dürfen keine Daten über die Person des Passersatzpapierinhabers oder Hinweise auf solche Daten enthalten. [4] Jedes Passersatzpapier erhält eine neue Seriennummer.

(4) [1] Auf Grund der Verordnung (EG) Nr. 2252/2004 des Rates vom 13. Dezember 2004 über Normen für Sicherheitsmerkmale und biometrische Daten in von den Mitgliedstaaten ausgestellten Pässen und Reisedokumenten (ABl. L 385 vom 29.12.2004, S. 1) sind Passersatzpapiere nach Absatz 1 Satz 1 Nummer 1, 3 und 4 mit Ausnahme der in § 6 Satz 2 und § 7 genannten Reiseausweise für Ausländer mit einem Chip zu versehen, auf dem das Lichtbild, die Fingerabdrücke, die Bezeichnung der erfassten Finger, die Angaben zur Qualität der Abdrücke und die in Absatz 3 Satz 2 genannten Angaben gespeichert werden. [2] Die gespeicherten Daten sind mittels geeigneter technischer und organisatorischer Maßnahmen nach Artikel 24, 25 und 32 der Verordnung (EU) 2016/679[1]) des Europäischen Parlaments und des Rates vom 27. April 2016 zum Schutz natürlicher Personen bei der Verarbeitung personenbezogener Daten, zum freien Datenverkehr und zur Aufhebung der Richtlinie 95/46/EG (Datenschutz-Grundverordnung) (ABl. L 119 vom 4.5.2016, S. 1; L 314 vom 22.11.2016, S. 72; L 127 vom 23.5.2018, S. 2) in der jeweils geltenden Fassung gegen unbefugtes Auslesen, Verändern und Löschen zu sichern. [3] Eine bundesweite Datenbank der biometrischen Daten nach Satz 1 wird nicht errichtet.

(5) [1] Abweichend von Absatz 4 Satz 1 werden in Passersatzpapieren mit Chip bei Antragstellern, die das sechste Lebensjahr noch nicht vollendet haben, keine Fingerabdrücke gespeichert. [2] Die Unterschrift durch den Antragsteller ist zu

---

[1]) Nr. **246**.

leisten, wenn er zum Zeitpunkt der Beantragung des Passersatzes das zehnte Lebensjahr vollendet hat.

(6) ¹Passersatzpapiere nach Absatz 1 Satz 1 Nummer 1 können mit dem Hinweis ausgestellt werden, dass die Personendaten auf den eigenen Angaben des Antragstellers beruhen. ²Das Gleiche gilt für Passersatzpapiere nach Absatz 1 Nummer 3 und 4, wenn ernsthafte Zweifel an den Identitätsangaben des Antragstellers bestehen.

(7) ¹Ein Passersatz für Ausländer wird in der Regel entzogen, wenn die Ausstellungsvoraussetzungen nicht mehr vorliegen. ²Er ist zu entziehen, wenn der Ausländer auf Grund besonderer Vorschriften zur Rückgabe verpflichtet ist und die Rückgabe nicht unverzüglich erfolgt.

(8) ¹Deutsche Auslandsvertretungen entziehen einen Passersatz im Benehmen mit der zuständigen oder zuletzt zuständigen Ausländerbehörde im Inland. ²Ist eine solche Behörde nicht vorhanden oder feststellbar, ist das Benehmen mit der Behörde herzustellen, die den Passersatz ausgestellt hat, wenn er verlängert wurde, mit der Behörde, die ihn verlängert hat.

**§ 5¹⁾ Allgemeine Voraussetzungen der Ausstellung des Reiseausweises für Ausländer.** (1) Einem Ausländer, der nachweislich keinen Pass oder Passersatz besitzt und ihn nicht auf zumutbare Weise erlangen kann, kann nach Maßgabe der nachfolgenden Bestimmungen ein Reiseausweis für Ausländer ausgestellt werden.

(2) Als zumutbar im Sinne des Absatzes 1 gilt es insbesondere,

1. derart rechtzeitig vor Ablauf der Gültigkeit eines Passes oder Passersatzes bei den zuständigen Behörden im In- und Ausland die erforderlichen Anträge für die Neuerteilung oder Verlängerung zu stellen, dass mit der Neuerteilung oder Verlängerung innerhalb der Gültigkeitsdauer des bisherigen Passes oder Passersatzes gerechnet werden kann,
2. in der den Bestimmungen des deutschen Passrechts, insbesondere den §§ 6 und 15 des Passgesetzes²⁾ in der jeweils geltenden Fassung, entsprechenden Weise an der Ausstellung oder Verlängerung mitzuwirken und die Behandlung eines Antrages durch die Behörden des Herkunftsstaates nach dem Recht des Herkunftsstaates zu dulden, sofern dies nicht zu einer unzumutbaren Härte führt,
3. die Wehrpflicht, sofern deren Erfüllung nicht aus zwingenden Gründen unzumutbar ist, und andere zumutbare staatsbürgerliche Pflichten zu erfüllen oder
4. für die behördlichen Maßnahmen die vom Herkunftsstaat allgemein festgelegten Gebühren zu zahlen.

(3) Ein Reiseausweis für Ausländer wird in der Regel nicht ausgestellt, wenn der Herkunftsstaat die Ausstellung eines Passes oder Passersatzes aus Gründen verweigert, auf Grund derer auch nach deutschem Passrecht, insbesondere nach § 7 des Passgesetzes oder wegen unterlassener Mitwirkung nach § 6 des Passgesetzes, der Pass versagt oder sonst die Ausstellung verweigert werden kann.

(4) ¹Ein Reiseausweis für Ausländer soll nicht ausgestellt werden, wenn der Antragsteller bereits einen Reiseausweis für Ausländer missbräuchlich verwendet hat oder tatsächliche Anhaltspunkte dafür vorliegen, dass der Reiseausweis für

---

¹⁾ § 5 Abs. 5 geänd. mWv 28.8.2007 durch G v. 19.8.2007 (BGBl. I S. 1970); Abs. 5 geänd. mWv 29.6.2009 durch VO v. 15.6.2009 (BGBl. I S. 1287); Abs. 5 geänd. mWv 1.11.2023 durch VO v. 30.10.2023 (BGBl. 2023 I Nr. 290).
²⁾ Nr. **250**.

Ausländer missbräuchlich verwendet werden soll. [2] Ein Missbrauch liegt insbesondere vor bei einem im Einzelfall erheblichen Verstoß gegen im Reiseausweis für Ausländer eingetragene Beschränkungen oder beim Gebrauch des Reiseausweises für Ausländer zur Begehung oder Vorbereitung einer Straftat. [3] Als Anhaltspunkt für die Absicht einer missbräuchlichen Verwendung kann insbesondere auch gewertet werden, dass der wiederholte Verlust von Passersatzpapieren des Antragstellers geltend gemacht wird.

(5) Der Reiseausweis für Ausländer ohne Chip darf, soweit dies zulässig ist, nur verlängert werden, wenn die Ausstellungsvoraussetzungen weiterhin vorliegen.

**§ 6[1]) Ausstellung des Reiseausweises für Ausländer im Inland.** [1] Im Inland darf ein Reiseausweis für Ausländer nach Maßgabe des § 5 ausgestellt werden,

1. wenn der Ausländer eine Aufenthaltserlaubnis, Niederlassungserlaubnis oder Erlaubnis zum Daueraufenthalt-EG besitzt,
2. wenn dem Ausländer eine Aufenthaltserlaubnis, Niederlassungserlaubnis oder Erlaubnis zum Daueraufenthalt – EU erteilt wird, sobald er als Inhaber des Reiseausweises für Ausländer die Passpflicht erfüllt,
3. um dem Ausländer die endgültige Ausreise aus dem Bundesgebiet zu ermöglichen oder,
4. wenn der Ausländer Asylbewerber ist, für die Ausstellung des Reiseausweises für Ausländer ein dringendes öffentliches Interesse besteht, zwingende Gründe es erfordern oder die Versagung des Reiseausweises für Ausländer eine unbillige Härte bedeuten würde und die Durchführung des Asylverfahrens nicht gefährdet wird.

[2] In den Fällen des Satzes 1 Nummer 3 und 4 wird der Reiseausweis für Ausländer ohne Chip ausgestellt. [3] Die ausstellende Behörde darf in den Fällen des Satzes 1 Nummer 3 und 4 Ausnahmen von § 5 Absatz 2 und 3 sowie in den Fällen des Satzes 1 Nummer 3 Ausnahmen von § 5 Absatz 4 zulassen. [4] Bei Ausländern, denen nach einer Aufnahmezusage nach § 23 Absatz 4 des Aufenthaltsgesetzes[2]) eine Aufenthaltserlaubnis erteilt worden ist, ist die Erlangung eines Passes oder Passersatzes regelmäßig nicht zumutbar. [5] Dies gilt entsprechend für Ausländer, die bis zum Ablauf des 31. Juli 2015 im Rahmen des Programms zur dauerhaften Neuansiedlung von Schutzsuchenden (Resettlement-Flüchtlinge) einen Aufenthaltstitel nach § 23 Absatz 2 des Aufenthaltsgesetzes erhalten haben.

**§ 7[3]) Ausstellung des Reiseausweises für Ausländer im Ausland.** (1) Im Ausland darf ein Reiseausweis für Ausländer ohne Chip nach Maßgabe des § 5 ausgestellt werden, um dem Ausländer die Einreise in das Bundesgebiet zu ermöglichen, sofern die Voraussetzungen für die Erteilung eines hierfür erforderlichen Aufenthaltstitels vorliegen.

(2) Im Ausland darf ein Reiseausweis für Ausländer ohne Chip zudem nach Maßgabe des § 5 einem in § 28 Abs. 1 Satz 1 Nr. 1 bis 3 des Aufenthaltsgesetzes[2]) bezeichneten ausländischen Familienangehörigen oder dem Lebenspartner eines

---

[1]) § 6 neu gef. mWv 29.6.2009 durch VO v. 15.6.2009 (BGBl. I S. 1287); Satz 1 Nr. 2 geänd. mWv 2.12.2013 durch G v. 29.8.2013 (BGBl. I S. 3484); Sätze 4 und 5 angef. mWv 29.12.2015 durch VO v. 18.12.2015 (BGBl. I S. 2467); Satz 2 geänd. mWv 1.11.2023 durch VO v. 30.10.2023 (BGBl. 2023 I Nr. 290).
[2]) Nr. 565.
[3]) § 7 Abs. 1, 2 geänd. mWv 29.6.2009 durch VO v. 15.6.2009 (BGBl. I S. 1287); Abs. 1, 2 geänd. mWv 1.11.2023 durch VO v. 30.10.2023 (BGBl. 2023 I Nr. 290).

Deutschen erteilt werden, wenn dieser im Ausland mit dem Deutschen in familiärer Lebensgemeinschaft lebt.

**§ 8[1) Gültigkeitsdauer des Reiseausweises für Ausländer.** (1) [1]Die Gültigkeitsdauer des Reiseausweises für Ausländer darf die Gültigkeitsdauer des Aufenthaltstitels oder der Aufenthaltsgestattung des Ausländers nicht überschreiten. [2]Der Reiseausweis für Ausländer darf im Übrigen ausgestellt werden bis zu einer Gültigkeitsdauer von
1. zehn Jahren, wenn der Inhaber im Zeitpunkt der Ausstellung das 24. Lebensjahr vollendet hat,
2. sechs Jahren, wenn der Inhaber im Zeitpunkt der Ausstellung das 24. Lebensjahr noch nicht vollendet hat.

(2) [1]In den Fällen des § 6 Satz 1 Nr. 3 und 4 und des § 7 Abs. 1 darf der Reiseausweis für Ausländer abweichend von Absatz 1 nur für eine Gültigkeitsdauer von höchstens einem Monat ausgestellt werden. [2]In Fällen, in denen der Staat, in oder durch den die beabsichtigte Reise führt, die Einreise nur mit einem Reiseausweis für Ausländer gestattet, der über den beabsichtigten Zeitpunkt der Einreise oder Ausreise hinaus gültig ist, kann der Reiseausweis für Ausländer abweichend von Satz 1 für einen entsprechend längeren Gültigkeitszeitraum ausgestellt werden der auch nach Verlängerung zwölf Monate nicht überschreiten darf.

(3) [1]Ein nach § 6 Satz 1 Nr. 3 und 4 ausgestellter Reiseausweis für Ausländer darf nicht verlängert werden. [2]Der Ausschluss der Verlängerung ist im Reiseausweis für Ausländer zu vermerken.

**§ 9 Räumlicher Geltungsbereich des Reiseausweises für Ausländer.**
(1) [1]Der Reiseausweis für Ausländer kann für alle Staaten oder mit einer Beschränkung des Geltungsbereichs auf bestimmte Staaten oder Erdteile ausgestellt werden. [2]Der Staat, dessen Staatsangehörigkeit der Ausländer besitzt, ist aus dem Geltungsbereich auszunehmen, wenn nicht in Ausnahmefällen die Erstreckung des Geltungsbereichs auf diesen Staat gerechtfertigt ist.

(2) [1]In den Fällen des § 6 Satz 1 Nr. 4 ist der Geltungsbereich des Reiseausweises für Ausländer auf die den Zweck der Reise betreffenden Staaten zu beschränken. [2]Abweichend von Absatz 1 Satz 2 ist eine Erstreckung des Geltungsbereichs auf den Herkunftsstaat unzulässig.

(3) Abweichend von Absatz 1 Satz 2 soll der Geltungsbereich eines Reiseausweises für Ausländer im Fall des § 6 Satz 1 Nr. 3 den Staat einschließen, dessen Staatsangehörigkeit der Ausländer besitzt.

(4) Der Geltungsbereich des im Ausland ausgestellten Reiseausweises für Ausländer ist in den Fällen des § 7 Abs. 1 räumlich auf die Bundesrepublik Deutschland, den Ausreisestaat, den Staat der Ausstellung sowie die im Reiseausweis für Ausländer einzeln aufzuführenden, auf dem geplanten Reiseweg zu durchreisenden Staaten zu beschränken.

**§ 10 Sonstige Beschränkungen im Reiseausweis für Ausländer.** [1]In den Reiseausweis für Ausländer können zur Vermeidung von Missbrauch bei oder nach der Ausstellung sonstige Beschränkungen aufgenommen werden, insbesondere die Bezeichnung der zur Einreise in das Bundesgebiet zu benutzenden Grenz-

---

[1)] § 8 Abs. 1 Satz 2 geänd. mWv 28.8.2007 durch G v. 19.8.2007 (BGBl. I S. 1970); Abs. 2 Satz 2 geänd. mWv 29.6.2009 durch VO v. 15.6.2009 (BGBl. I S. 1287).

übergangsstelle oder die Bezeichnung der Person, in deren Begleitung sich der Ausländer befinden muss. ² § 46 Abs. 2 des Aufenthaltsgesetzes[1] bleibt unberührt.

**§ 11[2] Verfahren der Ausstellung oder Verlängerung des Reiseausweises für Ausländer im Ausland.** (1) ¹ Im Ausland darf ein Reiseausweis für Ausländer nur mit Zustimmung des Bundesministeriums des Innern, für Bau und Heimat oder der von ihm bestimmten Stelle ausgestellt werden. ² Dasselbe gilt für die zulässige Verlängerung eines nach Satz 1 ausgestellten Reiseausweises für Ausländer im Ausland.

(2) ¹ Im Ausland darf ein im Inland ausgestellter oder verlängerter Reiseausweis für Ausländer nur mit Zustimmung der zuständigen oder zuletzt zuständigen Ausländerbehörde verlängert werden. ² Ist eine solche Behörde nicht vorhanden oder feststellbar, ist die Zustimmung bei der Behörde einzuholen, die den Reiseausweis ausgestellt hat, wenn er verlängert wurde, bei der Behörde, die ihn verlängert hat.

(3) ¹ Die Aufhebung von Beschränkungen nach den §§ 9 und 10 im Ausland bedarf der Zustimmung der zuständigen oder zuletzt zuständigen Ausländerbehörde. ² Ist eine solche Behörde nicht vorhanden oder feststellbar, ist die Zustimmung bei der Behörde einzuholen, die die Beschränkung eingetragen hat.

**§ 12[3] Grenzgängerkarte.** (1) ¹ Einem Ausländer, der sich in einem an das Bundesgebiet angrenzenden Staat rechtmäßig aufhält und der mindestens einmal wöchentlich dorthin zurückkehrt, kann eine Grenzgängerkarte für die Ausübung einer Erwerbstätigkeit oder eines Studiums im Bundesgebiet erteilt werden, wenn er

1. in familiärer Lebensgemeinschaft mit seinem deutschen Ehegatten oder Lebenspartner lebt,

2. in familiärer Lebensgemeinschaft mit seinem Ehegatten oder Lebenspartner lebt, der Unionsbürger ist und als Grenzgänger im Bundesgebiet eine Erwerbstätigkeit ausübt oder ohne Grenzgänger zu sein seinen Wohnsitz vom Bundesgebiet in einen an Deutschland angrenzenden Staat verlegt hat, oder

3. die Voraussetzungen für die Erteilung eines Aufenthaltstitels zur Ausübung einer Erwerbstätigkeit oder eines Studiums nur deshalb nicht erfüllt, weil er Grenzgänger ist.

² Eine Grenzgängerkarte zur Ausübung einer Beschäftigung im Bundesgebiet darf nur erteilt werden, wenn die Bundesagentur für Arbeit der Ausübung der Beschäftigung zugestimmt hat oder die Ausübung der Beschäftigung ohne Zustimmung der Bundesagentur für Arbeit zulässig ist. ³ Im Fall der selbständigen Tätigkeit kann die Grenzgängerkarte unabhängig vom Vorliegen der Voraussetzungen des § 21 des Aufenthaltsgesetzes[1] erteilt werden. ⁴ Für eine Grenzgängerkarte zur Ausübung eines Studiums gilt § 16b Absatz 3 des Aufenthaltsgesetzes entsprechend. ⁵ Einem Ausländer, der Beamter ist, in einem an das Bundesgebiet angrenzenden Staat wohnt und mindestens einmal wöchentlich dorthin zurückkehrt, wird eine

---

[1] Nr. **565**.
[2] § 11 Abs. 1 Satz 2 geänd. mWv 28.8.2007 durch G v. 19.8.2007 (BGBl. I S. 1970); Überschrift geänd. mWv 29.6.2009 durch VO v. 15.6.2009 (BGBl. I S. 1287); Abs. 1 Satz 1 geänd. mWv 27.6.2020 durch VO v. 19.6.2020 (BGBl. I S. 1328).
[3] § 12 Abs. 1 Satz 1 neu gef., Sätze 2–5 eingef., bish. Sätze 2 und 3 werden Sätze 6 und 7 mWv 5.3. 2013 durch VO v. 27.2.2013 (BGBl. I S. 351); Abs. 1 Satz 4 geänd. mWv 1.4.2020 durch VO v. 23.3. 2020 (BGBl. I S. 655).

Grenzgängerkarte zur Erfüllung seiner Dienstpflichten im Bundesgebiet erteilt. [6] Die Grenzgängerkarte kann bei der erstmaligen Erteilung bis zu einer Gültigkeitsdauer von zwei Jahren ausgestellt werden. [7] Sie kann für jeweils zwei Jahre verlängert werden, solange die Ausstellungsvoraussetzungen weiterhin vorliegen.

(2) Staatsangehörigen der Schweiz wird unter den Voraussetzungen und zu den Bedingungen eine Grenzgängerkarte ausgestellt und verlängert, die in Artikel 7 Abs. 2, Artikel 13 Abs. 2, Artikel 28 Abs. 1 und Artikel 32 Abs. 2 des Anhangs I zum Abkommen vom 21. Juni 1999 zwischen der Europäischen Gemeinschaft und ihren Mitgliedstaaten einerseits und der Schweizerischen Eidgenossenschaft andererseits über die Freizügigkeit (BGBl. 2001 II S. 810) genannt sind.

**§ 13[1] Notreiseausweis.** (1) Zur Vermeidung einer unbilligen Härte, oder soweit ein besonderes öffentliches Interesse besteht, darf einem Ausländer ein Notreiseausweis ausgestellt werden, wenn der Ausländer seine Identität glaubhaft machen kann und er

1. Unionsbürger oder Staatsangehöriger eines anderen Vertragsstaates des Abkommens über den Europäischen Wirtschaftsraum, der Schweiz oder eines Staates ist, der in Anhang II der Verordnung (EU) 2018/1806 des Europäischen Parlaments und des Rates vom 14. November 2018 zur Aufstellung der Liste der Drittländer, deren Staatsangehörige beim Überschreiten der Außengrenzen im Besitz eines Visums sein müssen, sowie der Liste der Drittländer, deren Staatsangehörige von dieser Visumpflicht befreit sind (ABl. L 303 vom 28.11.2018, S. 39), die durch die Verordnung (EU) 2019/592 (ABl. L 103 I vom 12.4.2019, S. 1) geändert worden ist, aufgeführt ist, oder

2. aus sonstigen Gründen zum Aufenthalt im Bundesgebiet, einem anderen Mitgliedstaat der Europäischen Union, einem anderen Vertragsstaat des Abkommens über den Europäischen Wirtschaftsraum oder in der Schweiz oder zur Rückkehr dorthin berechtigt ist.

(2) Die mit der polizeilichen Kontrolle des grenzüberschreitenden Verkehrs beauftragten Behörden können nach Maßgabe des Absatzes 1 an der Grenze einen Notreiseausweis ausstellen, wenn der Ausländer keinen Pass oder Passersatz mitführt.

(3) Die Ausländerbehörde kann nach Maßgabe des Absatzes 1 einen Notreiseausweis ausstellen, wenn die Beschaffung eines anderen Passes oder Passersatzes, insbesondere eines Reiseausweises für Ausländer, im Einzelfall nicht in Betracht kommt.

(4) [1] Die ausstellende Behörde kann die bereits bestehende Berechtigung zur Rückkehr in das Bundesgebiet auf dem Notreiseausweis bescheinigen, sofern die Bescheinigung der beabsichtigten Auslandsreise dienlich ist. [2] Die in Absatz 2 genannten Behörden bedürfen hierfür der Zustimmung der Ausländerbehörde.

(5) [1] Abweichend von Absatz 1 können die mit der polizeilichen Kontrolle des grenzüberschreitenden Verkehrs beauftragten Behörden

1. zivilem Schiffspersonal eines in der See- oder Küstenschifffahrt oder in der Rhein-Seeschifffahrt verkehrenden Schiffes für den Aufenthalt im Hafenort während der Liegezeit des Schiffes und

2. zivilem Flugpersonal für einen in § 23 Abs. 1 genannten Aufenthalt

---

[1] § 13 Abs. 1 Nr. 1 geänd. mWv 1.4.2020 durch VO v. 23.3.2020 (BGBl. I S. 655).

sowie die jeweils mit einem solchen Aufenthalt verbundene Ein- und Ausreise einen Notreiseausweis ausstellen, wenn es keinen Pass oder Passersatz, insbesondere keinen der in § 3 Abs. 3 genannten Passersatzpapiere, mitführt. ²Absatz 4 findet keine Anwendung.

(6) Die Gültigkeitsdauer des Notreiseausweises darf längstens einen Monat betragen.

**§ 14 Befreiung von der Passpflicht in Rettungsfällen.** ¹Von der Passpflicht sind befreit

1. Ausländer, die aus den Nachbarstaaten, auf dem Seeweg oder im Wege von Rettungsflügen aus anderen Staaten einreisen und bei Unglücks- oder Katastrophenfällen Hilfe leisten oder in Anspruch nehmen wollen, und
2. Ausländer, die zum Flug- oder Begleitpersonal von Rettungsflügen gehören.

²Die Befreiung endet, sobald für den Ausländer die Beschaffung oder Beantragung eines Passes oder Passersatzes auch in Anbetracht der besonderen Umstände des Falles und des Vorranges der Leistung oder Inanspruchnahme von Hilfe zumutbar wird.

### Abschnitt 2. Befreiung vom Erfordernis eines Aufenthaltstitels

#### Unterabschnitt 1. Allgemeine Regelungen

**§ 15¹⁾ Gemeinschaftsrechtliche Regelung der Kurzaufenthalte.** Die Befreiung vom Erfordernis eines Aufenthaltstitels für die Einreise und den Aufenthalt von Ausländern für Kurzaufenthalte richtet sich nach dem Recht der Europäischen Union, insbesondere dem Schengener Durchführungsübereinkommen und der Verordnung (EU) 2018/1806 in Verbindung mit den nachfolgenden Bestimmungen.

**§ 16²⁾ Vorrang älterer Sichtvermerksabkommen.** Die Inhaber der in Anlage A zu dieser Verordnung genannten Dokumente sind für die Einreise und den Aufenthalt im Bundesgebiet, auch bei Überschreitung der zeitlichen Grenze eines Kurzaufenthalts, vom Erfordernis eines Aufenthaltstitels befreit, soweit völkerrechtliche Verpflichtungen, insbesondere aus einem Sichtvermerksabkommen, die vor dem 1. September 1993 gegenüber den in Anlage A aufgeführten Staaten eingegangen wurden, dem Erfordernis des Aufenthaltstitels oder dieser zeitlichen Begrenzung entgegenstehen.

**§ 17³⁾ Nichtbestehen der Befreiung bei Erwerbstätigkeit während eines Kurzaufenthalts.** (1) Für die Einreise und den Kurzaufenthalt sind die Personen nach Artikel 4 Absatz 1 der Verordnung (EU) 2018/1806 in der jeweils geltenden Fassung und die Inhaber eines von einem Schengen-Staat ausgestellten Aufenthaltstitels oder nationalen Visums für den längerfristigen Aufenthalt vom Erforder-

---

¹⁾ § 15 geänd. mWv 1.4.2020 durch VO v. 23.3.2020 (BGBl. I S. 655).
²⁾ § 16 neu gef. mWv 1.1.2009 durch G v. 20.12.2008 (BGBl. I S. 2846).
³⁾ § 17 Abs. 2 Satz 1 neu gef. mWv 22.10.2005 durch VO v. 14.10.2005 (BGBl. I S. 2982); Abs. 2 Satz 3 angef. mWv 28.8.2007 durch G v. 19.8.2007 (BGBl. I S. 1970); Abs. 2 Satz 1 geänd., Satz 3 eingef., bish. Satz 3 wird Satz 4 mWv 1.7.2013 durch VO v. 6.6.2013 (BGBl. I S. 1499); Abs. 2 Satz 1 und 3 geänd. mWv 22.4.2015 durch VO v. 8.4.2015 (BGBl. I S. 599); Abs. 1 geänd. mWv 29.12.2015 durch VO v. 18.12.2015 (BGBl. I S. 2467); Abs. 2 Satz 3 geänd. mWv 5.8.2017 durch VO v. 1.8.2017 (BGBl. I S. 3066); Abs. 1, 2 Satz 4 geänd. mWv 1.4.2020 durch VO v. 23.3.2020 (BGBl. I S. 655); Abs. 2 Satz 4 geänd. mWv 20.8.2021 durch G v. 12.8.2021 (BGBl. I S. 3538); Abs. 2 geänd., Abs. 3 angef. mWv 1.3.2024 durch VO v. 30.8.2023 (BGBl. 2023 I Nr. 233).

nis eines Aufenthaltstitels nicht befreit, sofern sie im Bundesgebiet eine Erwerbstätigkeit ausüben.

(2) [1] Absatz 1 findet keine Anwendung, soweit der Ausländer im Bundesgebiet bis zu 90 Tage innerhalb von zwölf Monaten lediglich Tätigkeiten ausübt, die nach § 30 Nummer 2 und 3 der Beschäftigungsverordnung[1] nicht als Beschäftigung gelten, oder diesen entsprechende selbständige Tätigkeiten ausübt. [2] Die zeitliche Beschränkung des Satzes 1 gilt nicht für Kraftfahrer im grenzüberschreitenden Straßenverkehr, die lediglich Güter oder Personen durch das Bundesgebiet hindurchbefördern, ohne dass die Güter oder Personen das Transportfahrzeug wechseln. [3] Die Frist nach Satz 1 beträgt für Tätigkeiten nach § 30 Nummer 1 der Beschäftigungsverordnung 90 Tage innerhalb von 180 Tagen. [4] Selbständige Tätigkeiten nach § 30 Nummer 1 der Beschäftigungsverordnung und nach den Sätzen 1 und 2 dürfen unter den dort genannten Voraussetzungen ohne den nach § 4a Absatz 1 Satz 1 des Aufenthaltsgesetzes[2] erforderlichen Aufenthaltstitel ausgeübt werden.

(3) Absatz 1 findet keine Anwendung auf Beschäftigungen für eine Dauer von bis zu 90 Tagen innerhalb von 180 Tagen, zu deren Ausübung die Bundesagentur für Arbeit eine Arbeitserlaubnis nach § 15a Absatz 1 Nummer 1 oder § 15d Absatz 1 Satz 1 Nummer 1 der Beschäftigungsverordnung erteilt hat.

**§ 17a[3] Befreiung zur Dienstleistungserbringung für langfristig Aufenthaltsberechtigte.** Ausländer, die in einem anderen Mitgliedstaat der Europäischen Union die Rechtsstellung eines langfristig Aufenthaltsberechtigten innehaben, sind für die Einreise und den Aufenthalt im Bundesgebiet zum Zweck einer Beschäftigung nach § 30 Nummer 3 der Beschäftigungsverordnung[1] für einen Zeitraum von bis zu 90 Tagen innerhalb von zwölf Monaten vom Erfordernis eines Aufenthaltstitels befreit.

### Unterabschnitt 2. Befreiungen für Inhaber bestimmter Ausweise

**§ 18[4] Befreiung für Inhaber von Reiseausweisen für Flüchtlinge und Staatenlose.** [1] Inhaber von Reiseausweisen für Flüchtlinge oder für Staatenlose sind für die Einreise und den Kurzaufenthalt vom Erfordernis eines Aufenthaltstitels befreit, sofern

1. der Reiseausweis von einem Mitgliedstaat der Europäischen Union, einem anderen Vertragsstaat des Abkommens über den Europäischen Wirtschaftsraum, der Schweiz oder von einem in Anhang II der Verordnung (EU) 2018/1806 aufgeführten Staat ausgestellt wurde,

2. der Reiseausweis eine Rückkehrberechtigung enthält, die bei der Einreise noch mindestens vier Monate gültig ist und

3. sie keine Erwerbstätigkeit mit Ausnahme der in § 17 Abs. 2 bezeichneten ausüben.

[2] Satz 1 Nr. 2 gilt nicht für Inhaber von Reiseausweisen für Flüchtlinge, die von einem der in Anlage A Nr. 3 genannten Staaten ausgestellt wurden.

---

[1] Sartorius ErgBd. Nr. **566a.**
[2] Nr. **565.**
[3] § 17a eingef. mWv 1.7.2013 durch VO v. 6.6.2013 (BGBl. I S. 1499); geänd. mWv 22.4.2015 durch VO v. 8.4.2015 (BGBl. I S. 599).
[4] § 18 Satz 1 Nr. 1 geänd. mWv 1.4.2020 durch VO v. 23.3.2020 (BGBl. I S. 655).

**§ 19 Befreiung für Inhaber dienstlicher Pässe.** Für die Einreise und den Kurzaufenthalt sind Staatsangehörige der in Anlage B zu dieser Verordnung aufgeführten Staaten vom Erfordernis eines Aufenthaltstitels befreit, wenn sie einen der in Anlage B genannten dienstlichen Pässe besitzen und keine Erwerbstätigkeit mit Ausnahme der in § 17 Abs. 2 bezeichneten ausüben.

**§ 20**[1] **Befreiung für Inhaber von Ausweisen der Europäischen Union und zwischenstaatlicher Organisationen und der Vatikanstadt.** Vom Erfordernis eines Aufenthaltstitels befreit sind Inhaber

1. von Ausweisen für Mitglieder und Bedienstete der Organe der Europäischen Gemeinschaften,

2. von Ausweisen für Abgeordnete der Parlamentarischen Versammlung des Europarates,

3. von vatikanischen Pässen, wenn sie sich nicht länger als 90 Tage im Bundesgebiet aufhalten,

4. von Passierscheinen zwischenstaatlicher Organisationen, die diese den in ihrem Auftrag reisenden Personen ausstellen, soweit die Bundesrepublik Deutschland auf Grund einer Vereinbarung mit der ausstellenden Organisation verpflichtet ist, dem Inhaber die Einreise und den Aufenthalt zu gestatten.

**§ 21**[2] **[Befreiung für Inhaber von Grenzgängerkarten]** Inhaber von Grenzgängerkarten sind für die Einreise, den Aufenthalt und für die in der Grenzgängerkarte bezeichnete Erwerbstätigkeit im Bundesgebiet vom Erfordernis eines Aufenthaltstitels befreit.

**§ 22**[3] **Befreiung für Schüler auf Sammellisten.** (1) Schüler, die als Mitglied einer Schülergruppe in Begleitung einer Lehrkraft einer allgemein bildenden oder berufsbildenden Schule an einer Reise in oder durch das Bundesgebiet teilnehmen, sind für die Einreise, Durchreise und einen Kurzaufenthalt im Bundesgebiet vom Erfordernis eines Aufenthaltstitels befreit, wenn sie

1. Staatsangehörige eines in Anhang I der Verordnung (EU) 2018/1806 aufgeführten Staates sind,

2. ihren Wohnsitz innerhalb der Europäischen Union, in einem anderen Vertragsstaat des Abkommens über den Europäischen Wirtschaftsraum oder in einem in Anhang II der Verordnung (EU) 2018/1806 aufgeführten Staat oder der Schweiz haben,

3. in einer Sammelliste eingetragen sind, die den Voraussetzungen entspricht, die in Artikel 1 Buchstabe b in Verbindung mit dem Anhang des Beschlusses des Rates vom 30. November 1994 über die vom Rat auf Grund von Artikel K.3 Abs. 2 Buchstabe b des Vertrages über die Europäische Union beschlossene gemeinsame Maßnahme über Reiseerleichterungen für Schüler von Drittstaaten mit Wohnsitz in einem Mitgliedstaat festgelegt sind, und

4. keine Erwerbstätigkeit ausüben.

(2) ¹Schüler mit Wohnsitz im Bundesgebiet, die für eine Reise in das Ausland in einer Schülergruppe in Begleitung einer Lehrkraft einer allgemeinbildenden

---

[1] § 20 Nr. 3 geänd. mWv 22.4.2015 durch VO v. 8.4.2015 (BGBl. I S. 599).
[2] § 21 neu gef. mWv 29.12.2015 durch VO v. 18.12.2015 (BGBl. I S. 2467).
[3] § 22 Abs. 2 angef., bish. Wortlaut wird Abs. 1 und Nr. 2 geänd. mWv 28.8.2007 durch G v. 19.8. 2007 (BGBl. I S. 1970); Abs. 1 Nr. 1, 2 geänd. mWv 1.4.2020 durch VO v. 23.3.2020 (BGBl. I S. 655).

oder berufsbildenden inländischen Schule auf einer von deutschen Behörden ausgestellten Schülersammelliste aufgeführt sind, sind für die Wiedereinreise in das Bundesgebiet vom Erfordernis eines Aufenthaltstitels befreit, wenn die Ausländerbehörde angeordnet hat, dass die Abschiebung nach der Wiedereinreise ausgesetzt wird. [2] Diese Anordnung ist auf der Schülersammelliste zu vermerken.

**Unterabschnitt 3.** Befreiungen im grenzüberschreitenden Beförderungswesen

**§ 23** Befreiung für ziviles Flugpersonal. (1) Ziviles Flugpersonal, das im Besitz eines Flugbesatzungsausweises ist, ist vom Erfordernis eines Aufenthaltstitels befreit, sofern es

1. sich nur auf dem Flughafen, auf dem das Flugzeug zwischengelandet ist oder seinen Flug beendet hat, aufhält,
2. sich nur im Gebiet einer in der Nähe des Flughafens gelegenen Gemeinde aufhält oder
3. zu einem anderen Flughafen wechselt.

(2) [1] Ziviles Flugpersonal, das nicht im Besitz eines Flugbesatzungsausweises ist, kann für einen in Absatz 1 genannten Aufenthalt vom Erfordernis eines Aufenthaltstitels befreit werden, sofern es die Passpflicht erfüllt. [2] Zuständig sind die mit der Kontrolle des grenzüberschreitenden Verkehrs beauftragten Behörden. [3] Zum Nachweis der Befreiung wird ein Passierschein ausgestellt.

**§ 24**[1] Befreiung für Seeleute. (1) Seelotsen, die in Ausübung ihres Berufes handeln und sich durch amtliche Papiere über ihre Person und Seelotseneigenschaft ausweisen, benötigen für ihre Einreise und ihren Aufenthalt keinen Aufenthaltstitel.

(2) [1] Ziviles Schiffspersonal eines in der See- oder Küstenschifffahrt oder in der Rhein-Seeschifffahrt verkehrenden Schiffes kann, sofern es nicht unter Absatz 1 fällt, für den Aufenthalt im Hafenort während der Liegezeit des Schiffes vom Erfordernis eines Aufenthaltstitels befreit werden, sofern es die Passpflicht erfüllt. [2] Zuständig sind die mit der Kontrolle des grenzüberschreitenden Verkehrs beauftragten Behörden. [3] Zum Nachweis der Befreiung wird ein Passierschein ausgestellt.

(3) Ziviles Schiffspersonal im Sinne der vorstehenden Absätze sind der Kapitän eines Schiffes, die Besatzungsmitglieder, die angemustert und auf der Besatzungsliste verzeichnet sind, sowie sonstige an Bord beschäftigte Personen, die auf einer Besatzungsliste verzeichnet sind.

**§ 25**[2] Befreiung in der internationalen zivilen Binnenschifffahrt.

(1) Ausländer, die

1. auf einem von einem Unternehmen mit Sitz im Hoheitsgebiet eines Schengen-Staates betriebenen Schiff in der grenzüberschreitenden Binnenschifffahrt tätig sind,
2. im Besitz eines gültigen Aufenthaltstitels des Staates sind, in dem das Unternehmen seinen Sitz hat und dort der Aufenthaltstitel die Tätigkeit in der Binnenschifffahrt erlaubt und

---

[1] § 24 Abs. 1 neu gef. mWv 6.9.2013 durch G v. 29.8.2013 (BGBl. I S. 3484).
[2] § 25 Abs. 1 neu gef., bish. Abs. 1–3 werden Abs. 2–4, neuer Abs. 2 Nr. 1 und 3, neuer Abs. 3 einl. Satzteil und neuer Abs. 4 geänd. mWv 6.9.2013 durch G v. 29.8.2013 (BGBl. I S. 3484); Abs. 2 abschl. Satzteil geänd. mWv 22.4.2015 durch VO v. 8.4.2015 (BGBl. I S. 599).

3. in die Besatzungsliste dieses Schiffes eingetragen sind,

sind für die Einreise und für Aufenthalte bis zu sechs Monaten innerhalb eines Zeitraums von zwölf Monaten seit der ersten Einreise vom Erfordernis eines Aufenthaltstitels befreit.

(2) Ausländer, die

1. auf einem von einem Unternehmen mit Sitz im Ausland betriebenen Schiff in der Donauschifffahrt einschließlich der Schifffahrt auf dem Main-Donau-Kanal tätig sind,
2. in die Besatzungsliste dieses Schiffes eingetragen sind und
3. einen Binnenschifffahrtsausweis besitzen,

sind für die Einreise und für Aufenthalte bis zu 90 Tagen innerhalb eines Zeitraums von zwölf Monaten seit der ersten Einreise vom Erfordernis eines Aufenthaltstitels befreit.

(3) Die Befreiung nach Absatz 1 und 2 gilt für die Einreise und den Aufenthalt

1. an Bord,
2. im Gebiet eines Liegehafens und einer nahe gelegenen Gemeinde und
3. bei Reisen zwischen dem Grenzübergang und dem Schiffsliegeort oder zwischen Schiffsliegeorten auf dem kürzesten Wege

im Zusammenhang mit der grenzüberschreitenden Beförderung von Personen oder Sachen sowie in der Donauschifffahrt zur Weiterbeförderung derselben Personen oder Sachen.

(4) Die Absätze 2 und 3 gelten entsprechend für die in Binnenschifffahrtsausweisen eingetragenen Familienangehörigen.

**§ 26**[1] **Transit ohne Einreise; Flughafentransitvisum.** (1) Ausländer, die sich im Bundesgebiet befinden, ohne im Sinne des § 13 Abs. 2 des Aufenthaltsgesetzes[2] einzureisen, sind vom Erfordernis eines Aufenthaltstitels befreit.

(2) [1] Das Erfordernis einer Genehmigung für das Betreten des Transitbereichs eines Flughafens während einer Zwischenlandung oder zum Umsteigen (Flughafentransitvisum) gilt für Personen, die auf Grund von Artikel 3 Absatz 1 in Verbindung mit Absatz 5 der Verordnung (EG) Nr. 810/2009 des Europäischen Parlaments und des Rates vom 13. Juli 2009 über einen Visakodex der Gemeinschaft (ABl. L 243 vom 15.9.2009, S. 1) ein Flughafentransitvisum benötigen, sowie für Staatsangehörige der in Anlage C genannten Staaten, sofern diese nicht nach Artikel 3 Absatz 5 der Verordnung (EG) Nr. 810/2009 von der Flughafentransitvisumpflicht befreit sind. [2] Soweit danach das Erfordernis eines Flughafentransitvisums besteht, gilt die Befreiung nach Absatz 1 nur, wenn der Ausländer ein Flughafentransitvisum besitzt. [3] Das Flughafentransitvisum ist kein Aufenthaltstitel.

### Unterabschnitt 4. Sonstige Befreiungen

**§ 27 Befreiung für Personen bei Vertretungen ausländischer Staaten.**

(1) Vom Erfordernis eines Aufenthaltstitels befreit sind, wenn Gegenseitigkeit besteht,

---

[1] § 26 Abs. 3 Satz 1 Nr. 2 Buchst. a geänd. mWv 22.10.2005 durch VO v. 14.10.2005 (BGBl. I S. 2982); Abs. 2 Satz 1 neu gef., Abs. 3 aufgeh. mWv 26.11.2011 durch G v. 22.11.2011 (BGBl. I S. 2258).
[2] Nr. **565**.

1. die in die Bundesrepublik Deutschland amtlich entsandten Mitglieder des dienstlichen Hauspersonals berufskonsularischer Vertretungen im Bundesgebiet und ihre mit ihnen im gemeinsamen Haushalt lebenden, nicht ständig im Bundesgebiet ansässigen Familienangehörigen,

2. die nicht amtlich entsandten, mit Zustimmung des Auswärtigen Amtes örtlich angestellten Mitglieder des diplomatischen und berufskonsularischen, des Verwaltungs- und technischen Personals sowie des dienstlichen Hauspersonals diplomatischer und berufskonsularischer Vertretungen im Bundesgebiet und ihre mit Zustimmung des Auswärtigen Amtes zugezogenen, mit ihnen im gemeinsamen Haushalt lebenden Ehegatten oder Lebenspartner, minderjährigen ledigen Kinder und volljährigen ledigen Kinder, die bei der Verlegung ihres ständigen Aufenthalts in das Bundesgebiet das 21. Lebensjahr noch nicht vollendet haben, sich in der Ausbildung befinden und wirtschaftlich von ihnen abhängig sind,

3. die mit Zustimmung des Auswärtigen Amtes beschäftigten privaten Hausangestellten von Mitgliedern diplomatischer und berufskonsularischer Vertretungen im Bundesgebiet,

4. die mitreisenden Familienangehörigen von Repräsentanten anderer Staaten und deren Begleitung im Sinne des § 20 des Gerichtsverfassungsgesetzes[1],

5. Personen, die dem Haushalt eines entsandten Mitgliedes einer diplomatischen oder berufskonsularischen Vertretung im Bundesgebiet angehören, die mit dem entsandten Mitglied mit Rücksicht auf eine rechtliche oder sittliche Pflicht oder bereits zum Zeitpunkt seiner Entsendung ins Bundesgebiet in einer Haushalts- oder Betreuungsgemeinschaft leben, die nicht von dem entsandten Mitglied beschäftigt werden, deren Unterhalt einschließlich eines angemessenen Schutzes vor Krankheit und Pflegebedürftigkeit ohne Inanspruchnahme von Leistungen nach dem Sozialgesetzbuch gesichert ist und deren Aufenthalt das Auswärtige Amt zum Zweck der Wahrung der auswärtigen Beziehungen der Bundesrepublik Deutschland im Einzelfall zugestimmt hat.

(2) Die nach Absatz 1 als Familienangehörige oder Haushaltsmitglieder vom Erfordernis des Aufenthaltstitels befreiten sowie die von § 1 Abs. 2 Nr. 2 oder 3 des Aufenthaltsgesetzes[2] erfassten Familienangehörigen sind auch im Fall der erlaubten Aufnahme und Ausübung einer Erwerbstätigkeit oder Ausbildung vom Erfordernis eines Aufenthaltstitels befreit, wenn Gegenseitigkeit besteht.

(3) Der Eintritt eines Befreiungsgrundes nach Absatz 1 oder 2 lässt eine bestehende Aufenthaltserlaubnis oder Niederlassungserlaubnis unberührt und steht der Verlängerung einer Aufenthaltserlaubnis oder der Erteilung einer Niederlassungserlaubnis an einen bisherigen Inhaber einer Aufenthaltserlaubnis nach den Vorschriften des Aufenthaltsgesetzes nicht entgegen.

**§ 28[3] Befreiung für freizügigkeitsberechtigte Schweizer.** [1]Staatsangehörige der Schweiz sind nach Maßgabe des Abkommens vom 21. Juni 1999 zwischen der Europäischen Gemeinschaft und ihren Mitgliedstaaten einerseits und der Schweizerischen Eidgenossenschaft andererseits über die Freizügigkeit vom Erfordernis eines Aufenthaltstitels befreit. [2]Soweit in dem Abkommen vorgesehen ist,

---

[1] **Habersack Nr. 95.**
[2] Nr. 565.
[3] § 28 Satz 2 angef. mWv 28.8.2007 durch G v. 19.8.2007 (BGBl. I S. 1970); Satz 2 neu gef. mWv 1.9. 2011 durch VO v. 22.7.2011 (BGBl. I S. 1530); Satz 2 neu gef. mWv 4.12.2020 durch VO v. 26.11.2020 (BGBl. I S. 2606); Satz 2 geänd. mWv 1.11.2023 durch VO v. 30.10.2023 (BGBl. 2023 I Nr. 290).

dass das Aufenthaltsrecht durch eine Aufenthaltserlaubnis bescheinigt wird, wird nach § 78 Absatz 1 Satz 2 des Aufenthaltsgesetzes[1]) diese Aufenthaltserlaubnis auf Antrag als Dokument mit Chip ausgestellt.

**§ 29 Befreiung in Rettungsfällen.** [1]Für die Einreise und den Aufenthalt im Bundesgebiet sind die in § 14 Satz 1 genannten Ausländer vom Erfordernis eines Aufenthaltstitels befreit. [2]Die Befreiung nach Satz 1 endet, sobald für den Ausländer die Beantragung eines erforderlichen Aufenthaltstitels auch in Anbetracht der besonderen Umstände des Falles und des Vorranges der Leistung oder Inanspruchnahme von Hilfe zumutbar wird.

**§ 30[2]) Befreiung für die Durchreise und Durchbeförderung.** Für die Einreise in das Bundesgebiet aus einem anderen Schengen-Staat und einen anschließenden Aufenthalt von bis zu drei Tagen sind Ausländer vom Erfordernis eines Aufenthaltstitels befreit, wenn sie

1. auf Grund einer zwischenstaatlichen Vereinbarung über die Gestattung der Durchreise durch das Bundesgebiet reisen, oder
2. auf Grund einer zwischenstaatlichen Vereinbarung oder mit Einwilligung des Bundesministeriums des Innern, für Bau und Heimat oder der von ihm beauftragten Stelle durch das Bundesgebiet durchbefördert werden; in diesem Fall gilt die Befreiung auch für die sie begleitenden Aufsichtspersonen.

**§ 30a[3]) Befreiung in Fällen gescheiterter langfristiger Mobilität nach der Richtlinie (EU) 2021/1883.** [1]Für die Einreise in das Bundesgebiet und einen anschließenden Aufenthalt von bis zu einem Monat sind Ausländer vom Erfordernis eines Aufenthaltstitels befreit, wenn

1. sie Inhaber einer Blauen Karte EU nach § 18g des Aufenthaltsgesetzes[1]) waren,
2. sie zu einem Zeitpunkt, als die Blaue Karte EU nach Nummer 1 noch gültig war, in einem anderen Mitgliedstaat der Europäischen Union nach Artikel 21 Absatz 3 der Richtlinie (EU) 2021/1883 des Europäischen Parlaments und des Rates vom 20. Oktober 2021 über die Bedingungen für die Einreise und den Aufenthalt von Drittstaatsangehörigen zur Ausübung einer hoch qualifizierten Beschäftigung und zur Aufhebung der Richtlinie 2009/50/EG des Rates (ABl. L 382 vom 28.10.2021, S. 1) einen Antrag auf Erteilung einer Blauen Karte EU gestellt haben, den dieser Mitgliedstaat abgelehnt hat,
3. die Geltungsdauer der Blauen Karte EU nach Nummer 1 abgelaufen ist, während der Mitgliedstaat der Europäischen Union nach Nummer 2 den Antrag auf Erteilung einer Blauen Karte EU geprüft hat, und
4. der Mitgliedstaat der Europäischen Union nach Nummer 2 bei den zuständigen Behörden der Bundesrepublik Deutschland ein Ersuchen auf Gestattung der Wiedereinreise des Ausländers in die Bundesrepublik Deutschland gestellt hat.

[2]Satz 1 gilt entsprechend für die Familienangehörigen des Ausländers, wenn diese über einen Aufenthaltstitel als Familienangehörige dieses Ausländers verfügen und der Aufenthaltstitel erteilt wurde, während die Geltungsdauer der Blauen Karte EU nach Satz 1 Nummer 1 noch nicht abgelaufen war.

---

[1]) Nr. **565.**
[2]) § 30 einl. Satzteil geänd. mWv 28.8.2007 durch G v. 19.8.2007 (BGBl. I S. 1970); Nr. 2 geänd. mWv 27.6.2020 durch VO v. 19.6.2020 (BGBl. I S. 1328).
[3]) § 30a eingef. mWv 18.11.2023 durch VO v. 30.8.2023 (BGBl. 2023 I Nr. 233).

**Abschnitt 3. Visumverfahren**

**§ 31[1] Zustimmung der Ausländerbehörde zur Visumerteilung.** (1) [1] Ein Visum bedarf der vorherigen Zustimmung der für den vorgesehenen Aufenthaltsort zuständigen Ausländerbehörde, wenn

1. der Ausländer sich zu anderen Zwecken als zur Erwerbstätigkeit oder zur Arbeits- oder Ausbildungsplatzsuche länger als 90 Tage im Bundesgebiet aufhalten will,
2. der Ausländer im Bundesgebiet
   a) eine selbständige Tätigkeit ausüben will,
   b) eine Beschäftigung nach § 19c Absatz 3 des Aufenthaltsgesetzes[2] ausüben will oder
   c) eine sonstige Beschäftigung ausüben will und wenn er sich entweder bereits zuvor auf der Grundlage einer Duldung oder einer Aufenthaltsgestattung im Bundesgebiet aufgehalten hat oder wenn gegen ihn aufenthaltsbeendende Maßnahmen erfolgt sind oder
   d) eine Beschäftigung gemäß § 14 Absatz 1a der Beschäftigungsverordnung[3] ausüben will und dabei einen Fall des § 14 Absatz 1a Satz 2 der Beschäftigungsverordnung geltend macht, oder
3. die Daten des Ausländers nach § 73 Absatz 1 Satz 1 des Aufenthaltsgesetzes an die Sicherheitsbehörden übermittelt werden, soweit das Bundesministerium des Innern, für Bau und Heimat die Zustimmungsbedürftigkeit unter Berücksichtigung der aktuellen Sicherheitslage angeordnet hat.

[2] Das Visum des Ehegatten oder Lebenspartners und der minderjährigen Kinder eines Ausländers, der eine sonstige Beschäftigung ausüben will, bedarf in der Regel nicht der Zustimmung der Ausländerbehörde, wenn

1. das Visum des Ausländers nicht der Zustimmungspflicht der Ausländerbehörde nach Satz 1 Nummer 2 Buchstabe c unterliegt,
2. das Visum des Ehegatten oder Lebenspartners nicht selbst der Zustimmungspflicht der Ausländerbehörde nach Satz 1 Nummer 2 Buchstabe a bis c unterliegt,
3. die Visumanträge in zeitlichem Zusammenhang gestellt werden und
4. die Ehe oder Lebenspartnerschaft bereits bei der Visumbeantragung des Ausländers besteht.

[3] Im Fall des Satzes 1 Nr. 3 gilt die Zustimmung als erteilt, wenn nicht die Ausländerbehörde der Erteilung des Visums binnen zehn Tagen nach Übermitt-

---

[1] § 31 Abs. 1 Satz 3 geänd. mWv 28.8.2007 durch G v. 19.8.2007 (BGBl. I S. 1970); Abs. 1 Satz 3 geänd. mWv 26.11.2011 durch G v. 22.11.2011 (BGBl. I S. 2258); Abs. 1 Satz 1 Nr. 3 neu gef. mWv 3.12.2011 durch VO v. 25.11.2011 (BGBl. I S. 2347); Abs. 3 geänd. mWv 1.8.2012 durch G v. 1.6.2012 (BGBl. I S. 1224); Abs. 1 Satz 1 Nr. 1 und 2 neu gef., Satz 2 angef.; Abs. 3 neu gef. mWv 5.3.2013 durch VO v. 27.2.2013 (BGBl. I S. 351); Abs. 1 Satz 1 Nr. 1 geänd. mWv 22.4.2015 durch VO v. 8.4.2015 (BGBl. I S. 599); Abs. 1 Satz 2 eingef., bish. Satz 2 wird Satz 3, Satz 4 eingef., bish. Satz 3 wird Satz 5 mWv 29.12.2015 durch VO v. 18.12.2015 (BGBl. I S. 2467); Abs. 1 Satz 1 Nr. 2 Buchst. c, Satz 5 und Abs. 3 geänd. mWv 5.8.2017 durch VO v. 1.8.2017 (BGBl. I S. 3066); Abs. 1 Satz 1 Nr. 1, 2 Buchst. b, Satz 5, Abs. 3 geänd., Abs. 4 angef. mWv 1.4.2020 und Abs. 1 Satz 1 Nr. 2 Buchst. d angef. mWv 1.10. 2020 durch VO v. 23.3.2020 (BGBl. I S. 655, geänd. durch VO v. 30.8.2023, BGBl. 2023 I Nr. 233); Abs. 1 Satz 1 Nr. 3 geänd. mWv 27.6.2020 durch VO v. 19.6.2020 (BGBl. I S. 1328); Abs. 1 Satz 1 Nr. 2 Buchst. c geänd. mWv 18.11.2023 durch VO v. 30.8.2023 (BGBl. 2023 I Nr. 233).
[2] Nr. **565.**
[3] **Sartorius ErgBd. Nr. 566a.**

lung der Daten des Visumantrages an sie widerspricht oder die Ausländerbehörde im Einzelfall innerhalb dieses Zeitraums der Auslandsvertretung mitgeteilt hat, dass die Prüfung nicht innerhalb dieser Frist abgeschlossen wird. [4]Dasselbe gilt im Fall eines Ausländers, der eine sonstige Beschäftigung ausüben will, und seiner Familienangehörigen nach Satz 2, wenn das Visum nur auf Grund eines Voraufenthalts im Sinne von Satz 1 Nummer 2 Buchstabe c der Zustimmung der Ausländerbehörde bedarf. [5]Dasselbe gilt bei Anträgen auf Erteilung eines Visums zu einem Aufenthalt nach § 16b Absatz 1 oder Absatz 5, § 17 Absatz 2 oder § 18d des Aufenthaltsgesetzes, soweit das Visum nicht nach § 34 Nummer 3 bis 5 zustimmungsfrei ist, mit der Maßgabe, dass die Frist drei Wochen und zwei Werktage beträgt.

(2) [1]Wird der Aufenthalt des Ausländers von einer öffentlichen Stelle mit Sitz im Bundesgebiet vermittelt, kann die Zustimmung zur Visumerteilung auch von der Ausländerbehörde erteilt werden, die für den Sitz der vermittelnden Stelle zuständig ist. [2]Im Visum ist ein Hinweis auf diese Vorschrift aufzunehmen und die Ausländerbehörde zu bezeichnen.

(3) Die Ausländerbehörde kann insbesondere im Fall eines Anspruchs auf Erteilung eines Aufenthaltstitels, eines öffentlichen Interesses, in den Fällen der §§ 18a, 18b, 18c Absatz 3, §§ 19, 19b, 19c oder 21 des Aufenthaltsgesetzes, in denen auf Grund von Absatz 1 Satz 2 Nummer 2 eine Zustimmung der Ausländerbehörde vorgesehen ist, oder in dringenden Fällen der Visumerteilung vor der Beantragung des Visums bei der Auslandsvertretung zustimmen (Vorabzustimmung).

(4) In den Fällen des § 81a des Aufenthaltsgesetzes ist für die Erteilung der nach § 81a Absatz 3 Satz 1 Nummer 6 des Aufenthaltsgesetzes erforderlichen Vorabzustimmung die Ausländerbehörde zuständig, die für den Ort der Betriebsstätte zuständig ist, an der der Ausländer beschäftigt werden soll.

**§ 31a[1] Beschleunigtes Fachkräfteverfahren.** (1) Im Fall des § 81a des Aufenthaltsgesetzes[2] bietet die Auslandsvertretung unverzüglich nach Vorlage der Vorabzustimmung oder Übermittlung der Vorabzustimmung durch das Ausländerzentralregister und nach dem Eingang der Terminanfrage der Fachkraft einen Termin zur Visumantragstellung an, der innerhalb der nächsten drei Wochen liegt.

(2) Die Bescheidung des Visumantrags erfolgt in der Regel innerhalb von drei Wochen ab Stellung des vollständigen Visumantrags.

**§ 32 Zustimmung der obersten Landesbehörde.** Ein Visum bedarf nicht der Zustimmung der Ausländerbehörde nach § 31, wenn die oberste Landesbehörde der Visumerteilung zugestimmt hat.

**§ 33 Zustimmungsfreiheit bei Spätaussiedlern.** Abweichend von § 31 bedarf das Visum nicht der Zustimmung der Ausländerbehörde bei Inhabern von Aufnahmebescheiden nach dem Bundesvertriebenengesetz[3] und den nach § 27 Abs. 1 Satz 2 bis 4 des Bundesvertriebenengesetzes in den Aufnahmebescheid einbezogenen Ehegatten und Abkömmlingen.

---

[1] § 31a eingef. mWv 1.3.2020 durch G v. 15.8.2019 (BGBl. I S. 1307); Abs. 1 neu gef. mWv 12.12. 2020 durch G v. 3.12.2020 (BGBl. I S. 2744).
[2] Nr. **565**.
[3] **Sartorius III Nr. 955.**

**§ 34**[1] **Zustimmungsfreiheit bei Wissenschaftlern und Studenten.** [1]Abweichend von § 31 bedarf das Visum nicht der Zustimmung der Ausländerbehörde bei

1. Wissenschaftlern, die für eine wissenschaftliche Tätigkeit von deutschen Wissenschaftsorganisationen oder einer deutschen öffentlichen Stelle vermittelt werden und in diesem Zusammenhang in der Bundesrepublik Deutschland ein Stipendium aus öffentlichen Mitteln erhalten,

2. a) Gastwissenschaftlern,

   b) Ingenieuren und Technikern als technischen Mitarbeitern im Forschungsteam eines Gastwissenschaftlers und

   c) Lehrpersonen und wissenschaftlichen Mitarbeitern,

   die auf Einladung an einer Hochschule oder einer öffentlich-rechtlichen, überwiegend aus öffentlichen Mitteln finanzierten oder als öffentliches Unternehmen in privater Rechtsform geführten Forschungseinrichtung tätig werden,

3. Ausländern, die für ein Studium von einer deutschen Wissenschaftsorganisation oder einer deutschen öffentlichen Stelle vermittelt werden, die Stipendien auch aus öffentlichen Mitteln vergibt, und in diesem Zusammenhang in der Bundesrepublik Deutschland ein Stipendium auf Grund eines auch für öffentliche Mittel verwendeten Vergabeverfahrens erhalten,

4. Forschern, die eine Aufnahmevereinbarung nach § 38f mit einer vom Bundesamt für Migration und Flüchtlinge anerkannten Forschungseinrichtung abgeschlossen haben,

5. Ausländern, die als Absolventen deutscher Auslandsschulen über eine deutsche Hochschulzugangsberechtigung verfügen und ein Studium (§ 16b Absatz 1 und 5 des Aufenthaltsgesetzes[2]) im Bundesgebiet aufnehmen,

6. Ausländern, die an einer deutschen Auslandsschule eine internationale Hochschulzugangsberechtigung oder eine nationale Hochschulzugangsberechtigung in Verbindung mit dem Deutschen Sprachdiplom der Kultusministerkonferenz erlangt haben und ein Studium (§ 16b Absatz 1 und 5 des Aufenthaltsgesetzes) im Bundesgebiet aufnehmen, oder

7. Ausländern, die an einer mit deutschen Mitteln geförderten Schule im Ausland eine nationale Hochschulzugangsberechtigung in Verbindung mit dem Deutschen Sprachdiplom der Kultusministerkonferenz erlangt haben und ein Studium (§ 16b Absatz 1 und 5 des Aufenthaltsgesetzes) im Bundesgebiet aufnehmen.

[2]Satz 1 gilt entsprechend, wenn der Aufenthalt aus Mitteln der Europäischen Union gefördert wird. [3]Satz 1 gilt in den Fällen der Nummern 1 bis 4 entsprechend für den mit- oder nacheinreisenden Ehegatten oder Lebenspartner des Ausländers, wenn die Ehe oder Lebenspartnerschaft bereits bei der Einreise des Ausländers in das Bundesgebiet bestand, sowie für die minderjährigen ledigen Kinder des Ausländers.

---

[1] § 34 Satz 1 Nr. 2, 3 geänd., Nr. 4 und Satz 2 angef. mWv 26.11.2011 durch G v. 22.11.2011 (BGBl. I S. 2258); Satz 1 Nr. 1–4 geänd., Nr. 5 und Satz 3 angef. mWv 5.3.2013 durch VO v. 27.2.2013 (BGBl. I S. 351); Satz 1 Nr. 4 und 5 geänd., Nr. 6 und 7 angef. mWv 28.9.2013 durch VO v. 23.9.2013 (BGBl. I S. 3707); Satz 1 Nr. 5–7 geänd. mWv 5.8.2017 durch VO v. 1.8.2017 (BGBl. I S. 3066); Satz 1 Nr. 5–7 geänd. mWv 1.4.2020 durch VO v. 23.3.2020 (BGBl. I S. 655).
[2] Nr. 565.

**§ 35**[1] **Zustimmungsfreiheit bei bestimmten Arbeitsaufenthalten und Praktika.** Abweichend von § 31 bedarf das Visum nicht der Zustimmung der Ausländerbehörde bei Ausländern, die

1. auf Grund einer zwischenstaatlichen Vereinbarung als Gastarbeitnehmer oder als Werkvertragsarbeitnehmer tätig werden,
2. eine von der Bundesagentur für Arbeit vermittelte Beschäftigung bis zu einer Höchstdauer von neun Monaten ausüben,
3. ohne Begründung eines gewöhnlichen Aufenthalts im Bundesgebiet als Besatzungsmitglieder eines Seeschiffes tätig werden, das berechtigt ist, die Bundesflagge zu führen, und das in das internationale Seeschifffahrtsregister eingetragen ist (§ 12 des Flaggenrechtsgesetzes),
4. auf Grund einer zwischenstaatlichen Vereinbarung im Rahmen eines Ferienaufenthalts von bis zu einem Jahr eine Erwerbstätigkeit ausüben dürfen oder
5. eine Tätigkeit bis zu längstens drei Monaten ausüben wollen, für die sie nur ein Stipendium erhalten, das ausschließlich aus öffentlichen Mitteln gezahlt wird.

**§ 36 Zustimmungsfreiheit bei dienstlichen Aufenthalten von Mitgliedern ausländischer Streitkräfte.** [1]Abweichend von § 31 bedarf das Visum nicht der Zustimmung der Ausländerbehörde, das einem Mitglied ausländischer Streitkräfte für einen dienstlichen Aufenthalt im Bundesgebiet erteilt wird, der auf Grund einer zwischenstaatlichen Vereinbarung stattfindet. [2]Zwischenstaatliche Vereinbarungen, die eine Befreiung von der Visumpflicht vorsehen, bleiben unberührt.

**§ 37**[2] **Zustimmungsfreiheit in sonstigen Fällen.** Abweichend von § 31 Abs. 1 Satz 1 Nr. 1 und 2 bedarf das Visum nicht der Zustimmung der Ausländerbehörde für Ausländer, die im Bundesgebiet lediglich Tätigkeiten, die nach § 30 Nummer 1 bis 3 der Beschäftigungsverordnung[3] nicht als Beschäftigung gelten, oder diesen entsprechende selbständige Tätigkeiten ausüben wollen.

**§ 38 Ersatzzuständigkeit der Ausländerbehörde.** Ein Ausländer kann ein nationales Visum bei der am Sitz des Auswärtigen Amtes zuständigen Ausländerbehörde einholen, soweit die Bundesrepublik Deutschland in dem Staat seines gewöhnlichen Aufenthalts keine Auslandsvertretung unterhält oder diese vorübergehend keine Visa erteilen kann und das Auswärtige Amt keine andere Auslandsvertretung zur Visumerteilung ermächtigt hat.

### Abschnitt 3a.[4] Anerkennung von Forschungseinrichtungen und Abschluss von Aufnahmevereinbarungen

**§ 38a**[5] **Voraussetzungen für die Anerkennung von Forschungseinrichtungen.** (1) [1]Eine überwiegend privat finanzierte Einrichtung soll auf Antrag

---

[1] § 35 Nr. 4 geänd. mWv 5.3.2013 durch VO v. 27.2.2013 (BGBl. I S. 351).
[2] § 37 neu gef. mWv 22.10.2005 durch VO v. 14.10.2005 (BGBl. I S. 2982); Satz 1 geänd., Satz 2 angef. mWv 1.7.2013 durch VO v. 6.6.2013 (BGBl. I S. 1499); Satz 1 geänd., Satz 2 aufgeh. mWv 22.4.2015 durch VO v. 8.4.2015 (BGBl. I S. 599).
[3] **Sartorius ErgBd. Nr. 566a.**
[4] Abschnitt 3a (§§ 38a–38f) eingef. mWv 28.8.2007 durch G v. 19.8.2007 (BGBl. I S. 1970).
[5] § 38a eingef. mWv 28.8.2007 durch G v. 19.8.2007 (BGBl. I S. 1970); Abs. 2 Satz 2 eingef., bish. Sätze 2–4 werden Sätze 3–5 mWv 1.8.2012 durch G v. 1.6.2012 (BGBl. I S. 1224); Abs. 2 Satz 2 aufgeh., bish. Satz 3 wird Satz 2, neuer Satz 3 eingef. mWv 6.9.2013 durch G v. 29.8.2013 (BGBl. I S. 3484); Abs. 1 Satz 1, Abs. 2 Satz 2 Nr. 3 geänd., Abs. 4 eingef. mWv 5.8.2017 durch VO v. 1.8.2017 (BGBl. I S. 3066); Abs. 1 Satz 1, Abs. 3 Satz 1 geänd. mWv 1.4.2020 durch VO v. 23.3.2020 (BGBl. I S. 655); ➡

zum Abschluss von Aufnahmevereinbarungen oder von entsprechenden Verträgen nach § 18d Absatz 1 Satz 1 Nummer 1 des Aufenthaltsgesetzes[1] anerkannt werden, wenn sie im Inland Forschung betreibt. [2] Forschung ist jede systematisch betriebene schöpferische und rechtlich zulässige Tätigkeit, die den Zweck verfolgt, den Wissensstand zu erweitern, einschließlich der Erkenntnisse über den Menschen, die Kultur und die Gesellschaft, oder solches Wissen einzusetzen, um neue Anwendungsmöglichkeiten zu finden.

(2) [1] Der Antrag auf Anerkennung ist schriftlich beim Bundesamt für Migration und Flüchtlinge zu stellen. [2] Er hat folgende Angaben zu enthalten:

1. Name, Rechtsform und Anschrift der Forschungseinrichtung,
2. Namen und Vornamen der gesetzlichen Vertreter der Forschungseinrichtung,
3. die Anschriften der Forschungsstätten, in denen Ausländer, mit denen Aufnahmevereinbarungen oder entsprechende Verträge abgeschlossen werden, tätig werden sollen,
4. einen Abdruck der Satzung, des Gesellschaftsvertrages, des Stiftungsgeschäfts, eines anderen Rechtsgeschäfts oder der Rechtsnormen, aus denen sich Zweck und Gegenstand der Tätigkeit der Forschungseinrichtung ergeben, sowie
5. Angaben zur Tätigkeit der Forschungseinrichtung, aus denen hervorgeht, dass sie im Inland Forschung betreibt.

[3] Im Antragsverfahren sind amtlich vorgeschriebene Vordrucke, Eingabemasken im Internet oder Dateiformate, die mit allgemein verbreiteten Datenverarbeitungsprogrammen erzeugt werden können, zu verwenden. [4] Das Bundesamt für Migration und Flüchtlinge stellt die jeweils gültigen Vorgaben nach Satz 3 auch im Internet zur Verfügung.

(3) [1] Die Anerkennung kann von der Abgabe einer allgemeinen Erklärung nach § 18d Absatz 3 des Aufenthaltsgesetzes und dem Nachweis der hinreichenden finanziellen Leistungsfähigkeit zur Erfüllung einer solchen Verpflichtung abhängig gemacht werden, wenn die Tätigkeit der Forschungseinrichtung nicht überwiegend aus öffentlichen Mitteln finanziert wird. [2] Das Bundesamt für Migration und Flüchtlinge kann auf Antrag feststellen, dass die Durchführung eines bestimmten Forschungsprojekts im besonderen öffentlichen Interesse liegt. [3] Eine Liste der wirksamen Feststellungen nach Satz 2 kann das Bundesamt für Migration und Flüchtlinge im Internet veröffentlichen.

(4) Die Anerkennung soll auf mindestens fünf Jahre befristet werden.

(4a) [1] Die Absätze 1 bis 4 gelten weder für staatliche oder staatlich anerkannte Hochschulen noch für andere Forschungseinrichtungen, deren Tätigkeit überwiegend aus öffentlichen Mitteln finanziert wird. [2] Diese Hochschulen und Forschungseinrichtungen gelten als anerkannte Forschungseinrichtungen. [3] Das Bundesamt für Migration und Flüchtlinge kann auf Ersuchen einer Forschungseinrichtung feststellen, dass diese überwiegend aus öffentlichen Mitteln finanziert wird.

(5) Eine anerkannte Forschungseinrichtung ist verpflichtet, dem Bundesamt für Migration und Flüchtlinge unverzüglich Änderungen der in Absatz 2 Satz 2 Nr. 1 bis 3 genannten Verhältnisse oder eine Beendigung des Betreibens von Forschung anzuzeigen.

---

*(Fortsetzung der Anm. von voriger Seite)*
Abs. 1 Satz 1 geänd., Abs. 2 Satz 3 aufgeh., bish. Sätze 4 und 5 werden Sätze 3 und 4, Abs. 3 Satz 2 geänd., Abs. 4a Satz 3 angef. mWv 1.3.2024 durch VO v. 30.8.2023 (BGBl. 2023 I Nr. 233).
[1] Nr. **565**.

**§ 38b**[1]**) Aufhebung der Anerkennung.** (1) [1]Die Anerkennung ist zu widerrufen oder die Verlängerung ist abzulehnen, wenn die Forschungseinrichtung

1. keine Forschung mehr betreibt,

2. erklärt, eine nach § 18d Absatz 1 Satz 1 Nummer 2 des Aufenthaltsgesetzes[2]) abgegebene Erklärung nicht mehr erfüllen zu wollen oder

3. eine Verpflichtung nach § 18d Absatz 1 Satz 1 Nummer 2 des Aufenthaltsgesetzes nicht mehr erfüllen kann, weil sie nicht mehr leistungsfähig ist, insbesondere weil über ihr Vermögen das Insolvenzverfahren eröffnet, die Eröffnung des Insolvenzverfahrens mangels Masse abgelehnt wird oder eine vergleichbare Entscheidung ausländischen Rechts getroffen wurde.

[2]Hat die Forschungseinrichtung ihre Anerkennung durch arglistige Täuschung, Drohung, Gewalt oder Bestechung erlangt, ist die Anerkennung zurückzunehmen.

(2) Die Anerkennung kann widerrufen werden, wenn die Forschungseinrichtung schuldhaft Aufnahmevereinbarungen unterzeichnet hat, obwohl die in § 38f genannten Voraussetzungen nicht vorlagen.

(3) [1]Zusammen mit der Entscheidung über die Aufhebung der Anerkennung aus den in Absatz 1 Satz 1 Nr. 2 oder 3, in Absatz 1 Satz 2 oder in Absatz 2 genannten Gründen wird ein Zeitraum bestimmt, währenddessen eine erneute Anerkennung der Forschungseinrichtung nicht zulässig ist (Sperrfrist). [2]Die Sperrfrist darf höchstens fünf Jahre betragen. [3]Sie gilt auch für abhängige Einrichtungen oder Nachfolgeeinrichtungen der Forschungseinrichtung.

(4) Die Ausländerbehörden und die Auslandsvertretungen haben dem Bundesamt für Migration und Flüchtlinge alle ihnen bekannten Tatsachen mitzuteilen, die Anlass für die Aufhebung der Anerkennung einer Forschungseinrichtung geben könnten.

**§ 38c**[3]**) Mitteilungspflichten von Forschungseinrichtungen gegenüber den Ausländerbehörden.** [1]Eine Forschungseinrichtung ist verpflichtet, der zuständigen Ausländerbehörde schriftlich oder elektronisch mitzuteilen, wenn

1. Umstände vorliegen, die dazu führen können, dass eine Aufnahmevereinbarung nicht erfüllt werden kann oder die Voraussetzungen ihres Abschlusses nach § 38f Abs. 2 entfallen oder

2. ein Ausländer seine Tätigkeit für ein Forschungsvorhaben, für das sie eine Aufnahmevereinbarung abgeschlossen hat, vorzeitig beendet.

[2]Die Mitteilung nach Satz 1 Nr. 1 muss unverzüglich, die Mitteilung nach Satz 1 Nr. 2 innerhalb von zwei Monaten nach Eintritt der zur Mitteilung verpflichtenden Tatsachen gemacht werden. [3]In der Mitteilung sind neben den mitzuteilenden Tatsachen und dem Zeitpunkt ihres Eintritts die Namen, Vornamen und Staatsangehörigkeiten des Ausländers anzugeben sowie die Aufnahmevereinbarung näher zu bezeichnen.

---

[1]) § 38b eingef. mWv 28.8.2007 durch G v. 19.8.2007 (BGBl. I S. 1970); Abs. 1 Satz 1 Nr. 2, 3 geänd. mWv 1.4.2020 durch VO v. 23.3.2020 (BGBl. I S. 655).
[2]) Nr. **565**.
[3]) § 38c eingef. mWv 28.8.2007 durch G v. 19.8.2007 (BGBl. I S. 1970); Satz 1 einl. Satzteil geänd. mWv 5.4.2017 durch VO v. 29.3.2017 (BGBl. I S. 626); Überschrift neu gef., Satz 1 einl. Satzteil geänd. mWv 5.8.2017 durch VO v. 1.8.2017 (BGBl. I S. 3066); Satz 1 Nr. 2 geänd. mWv 1.3.2024 durch VO v. 30.8.2023 (BGBl. 2023 I Nr. 233).

## § 38d[1] Beirat für Forschungsmigration und Fachkräfteeinwanderung.

(1) [1]Beim Bundesamt für Migration und Flüchtlinge wird ein Beirat für Forschungsmigration und Fachkräfteeinwanderung gebildet, der es bei der Wahrnehmung seiner Aufgaben nach diesem Abschnitt und bei der Fachkräfteeinwanderung unterstützt. [2]Die Geschäftsstelle des Beirats für Forschungsmigration und Fachkräfteeinwanderung wird beim Bundesamt für Migration und Flüchtlinge eingerichtet.

(2) Der Beirat für Forschungsmigration und Fachkräfteeinwanderung hat insbesondere die Aufgaben,

1. Empfehlungen für allgemeine Richtlinien zur Anerkennung von Forschungseinrichtungen abzugeben,
2. das Bundesamt für Migration und Flüchtlinge allgemein und bei der Prüfung einzelner Anträge zu Fragen der Forschung zu beraten,
3. festzustellen, ob ein Bedarf an ausländischen Forschern durch die Anwendung des in § 18d des Aufenthaltsgesetzes[2] und in diesem Abschnitt geregelten Verfahrens angemessen gedeckt wird,
4. im Zusammenhang mit dem in § 18d des Aufenthaltsgesetzes und in diesem Abschnitt geregelten Verfahren etwaige Fehlentwicklungen aufzuzeigen und dabei auch Missbrauchsphänomene oder verwaltungstechnische und sonstige mit Migrationsfragen zusammenhängende Hindernisse bei der Anwerbung von ausländischen Forschern darzustellen,
5. das Bundesamt für Migration und Flüchtlinge bei der Wahrnehmung seiner Aufgaben in der Fachkräfteeinwanderung zu beraten.

(3) Der Beirat für Forschungsmigration und Fachkräfteeinwanderung berichtet dem Präsidenten des Bundesamtes für Migration und Flüchtlinge mindestens einmal im Kalenderjahr über die Erfüllung seiner Aufgaben.

(4) Die Mitglieder des Beirats für Forschungsmigration und Fachkräfteeinwanderung dürfen zur Erfüllung ihrer Aufgaben Einsicht in Verwaltungsvorgänge nehmen, die beim Bundesamt für Migration und Flüchtlinge geführt werden.

(5) [1]Der Beirat hat zwölf Mitglieder. [2]Der Präsident des Bundesamtes für Migration und Flüchtlinge beruft den Vorsitzenden und jeweils ein weiteres Mitglied des Beirats für Forschungsmigration und Fachkräfteeinwanderung auf Vorschlag

1. des Bundesministeriums für Bildung und Forschung oder einer von ihm bestimmten Stelle,
2. des Bundesrates,
3. der Hochschulrektorenkonferenz,
4. der Deutschen Forschungsgemeinschaft e.V.,
5. des Auswärtigen Amts oder einer von ihm bestimmten Stelle,
6. des Bundesverbandes der Deutschen Industrie und der Bundesvereinigung der Deutschen Arbeitgeberverbände,
7. des Deutschen Gewerkschaftsbundes und
8. des Deutschen Industrie- und Handelskammertags,

---

[1] § 38d eingef. mWv 28.8.2007 durch G v. 19.8.2007 (BGBl. I S. 1970); Abs. 2 Nr. 3, 4 geänd. mWv 1.4.2020 durch VO v. 23.3.2020 (BGBl. I S. 655); Überschrift, Abs. 1 Sätze 1 und 2, Abs. 2 einl. Satzteil, Nr. 4 geänd., Nr. 5 angef., Abs. 3, 4, 5 Satz 1, Satz 2 einl. Satzteil, Nr. 8 geänd., Nr. 9–11 angef., Abs. 6, 7 Satz 1, Abs. 8 geänd. mWv 18.11.2023 durch VO v. 30.8.2023 (BGBl. 2023 I Nr. 233).
[2] Nr. 565.

9. des Bundesministeriums für Arbeit und Soziales oder einer von ihm bestellten Stelle,

10. des Bundesministeriums für Wirtschaft und Klimaschutz oder einer von ihm bestellten Stelle,

11. des Deutschen Akademischen Austauschdienstes.

(6) Die Mitglieder des Beirats für Forschungsmigration und Fachkräfteeinwanderung werden für drei Jahre berufen.

(7) [1] Die Tätigkeit im Beirat für Forschungsmigration und Fachkräfteeinwanderung ist ehrenamtlich. [2] Den Mitgliedern werden Reisekosten entsprechend den Bestimmungen des Bundesreisekostengesetzes[1)] erstattet. [3] Das Bundesamt für Migration und Flüchtlinge kann jedem Mitglied zudem Büromittelkosten in einer Höhe von jährlich nicht mehr als 200 Euro gegen Einzelnachweis erstatten.

(8) Der Beirat für Forschungsmigration und Fachkräfteeinwanderung gibt sich eine Geschäftsordnung, die der Genehmigung des Präsidenten des Bundesamtes für Migration und Flüchtlinge bedarf.

## § 38e[2)] Veröffentlichungen durch das Bundesamt für Migration und Flüchtlinge.
[1] Das Bundesamt für Migration und Flüchtlinge veröffentlicht im Internet eine aktuelle Liste der Bezeichnungen und Anschriften der anerkannten Forschungseinrichtungen und über den Umstand der Abgabe oder des Endes der Wirksamkeit von Erklärungen nach § 18d Absatz 3 des Aufenthaltsgesetzes[3)]. [2] Die genaue Fundstelle der Liste gibt das Bundesamt für Migration und Flüchtlinge auf seiner Internetseite bekannt.

## § 38f[4)] Inhalt und Voraussetzungen der Unterzeichnung der Aufnahmevereinbarung oder eines entsprechenden Vertrages.
(1) Eine Aufnahmevereinbarung oder ein entsprechender Vertrag muss folgende Angaben enthalten:

1. die Verpflichtung des Ausländers, sich darum zu bemühen, das Forschungsvorhaben abzuschließen,

2. die Verpflichtung der Forschungseinrichtung, den Ausländer zur Durchführung des Forschungsvorhabens aufzunehmen,

3. die Angaben zum wesentlichen Inhalt des Rechtsverhältnisses, das zwischen der Forschungseinrichtung und dem Ausländer begründet werden soll, wenn ihm ein Aufenthaltstitel nach § 18d oder § 18f des Aufenthaltsgesetzes[3)] erteilt wird oder wenn die aufnehmende deutsche Forschungseinrichtung eine kurzfristige Forschermobilität nach § 18e des Aufenthaltsgesetzes mitteilt, insbesondere zum Umfang der Tätigkeit des Ausländers und zum Gehalt,

4. eine Bestimmung, wonach die Aufnahmevereinbarung oder der entsprechende Vertrag unwirksam wird, wenn dem Ausländer kein Aufenthaltstitel nach § 18d

---

[1)] Nr. **235**.
[2)] § 38e eingef. mWv 28.8.2007 durch G v. 19.8.2007 (BGBl. I S. 1970); Satz 1 geänd. mWv 1.4.2020 durch VO v. 23.3.2020 (BGBl. I S. 655).
[3)] Nr. **565**.
[4)] § 38f eingef. mWv 28.8.2007 durch G v. 19.8.2007 (BGBl. I S. 1970); Abs. 1 Nr. 1 aufgeh., bish. Nr. 2–5 werden Nr. 1–4, neue Nr. 3 geänd. mWv 1.8.2012 durch G v. 1.6.2012 (BGBl. I S. 1224); Abs. 2 Nr. 2 geänd. mWv 5.3.2013 durch VO v. 27.2.2013 (BGBl. I S. 351); Überschrift neu gef., Nr. 1 einl. Satzteil geänd., Nr. 1 neu gef., Nr. 3 und 4 geänd., Nr. 5 und 6 angef., Abs. 2 einl. Satzteil geänd. mWv 5.8.2017 durch VO v. 1.8.2017 (BGBl. I S. 3066); Abs. 1 Nr. 3, 4 geänd. mWv 1.4.2020 durch VO v. 23.3.2020 (BGBl. I S. 655); Abs. 1 Nr. 3 und 4 neu gef. mWv 1.3.2024 durch VO v. 30.8.2023 (BGBl. 2023 I Nr. 233).

oder § 18f des Aufenthaltsgesetzes erteilt wird oder wenn die kurzfristige Forschermobilität nach § 18e des Aufenthaltsgesetzes abgelehnt wird,

5. Beginn und voraussichtlichen Abschluss des Forschungsvorhabens sowie

6. Angaben zum beabsichtigten Aufenthalt zum Zweck der Forschung in einem oder mehreren weiteren Mitgliedstaaten der Europäischen Union im Anwendungsbereich der Richtlinie (EU) 2016/801, soweit diese Absicht bereits zum Zeitpunkt der Antragstellung besteht.

(2) Eine Forschungseinrichtung kann eine Aufnahmevereinbarung oder einen entsprechenden Vertrag nur wirksam abschließen, wenn

1. feststeht, dass das Forschungsvorhaben durchgeführt wird, insbesondere, dass über seine Durchführung von den zuständigen Stellen innerhalb der Forschungseinrichtung nach Prüfung seines Zwecks, seiner Dauer und seiner Finanzierung abschließend entschieden worden ist,

2. der Ausländer, der das Forschungsvorhaben durchführen soll, dafür geeignet und befähigt ist, über den in der Regel hierfür notwendigen Hochschulabschluss verfügt, der Zugang zu Doktoratsprogrammen ermöglicht, und

3. der Lebensunterhalt des Ausländers gesichert ist.

## Abschnitt 4. Einholung des Aufenthaltstitels im Bundesgebiet

**§ 39**[1]) **Verlängerung eines Aufenthalts im Bundesgebiet für längerfristige Zwecke.** [1] Über die im Aufenthaltsgesetz[2]) geregelten Fälle hinaus kann ein Ausländer einen Aufenthaltstitel im Bundesgebiet einholen oder verlängern lassen, wenn

1. er ein nationales Visum (§ 6 Absatz 3 des Aufenthaltsgesetzes) oder eine Aufenthaltserlaubnis besitzt,

2. er vom Erfordernis des Aufenthaltstitels befreit ist und die Befreiung nicht auf einen Teil des Bundesgebiets oder auf einen Aufenthalt bis zu längstens sechs Monaten beschränkt ist,

3. er Staatsangehöriger eines in Anhang II der Verordnung (EU) 2018/1806 aufgeführten Staates ist und sich rechtmäßig im Bundesgebiet aufhält oder ein gültiges Schengen-Visum für kurzfristige Aufenthalte (§ 6 Absatz 1 Nummer 1 des Aufenthaltsgesetzes) besitzt, sofern die Voraussetzungen eines Anspruchs auf Erteilung eines Aufenthaltstitels nach der Einreise entstanden sind, es sei denn, es handelt sich um einen Anspruch nach den §§ 16b, 16e oder 19e des Aufenthaltsgesetzes,

4. er eine Aufenthaltsgestattung nach dem Asylgesetz[3]) besitzt und die Voraussetzungen des § 10 Abs. 1 oder 2 des Aufenthaltsgesetzes vorliegen,

---

[1]) § 39 Nr. 4 und 5 geänd. und Nr. 6 angef. mWv 22.10.2005 durch V v. 14.10.2005 (BGBl. I S. 2982); Nr. 3 und 5 geänd. mWv 28.8.2007 durch G v. 19.8.2007 (BGBl. I S. 1970); Nr. 5 geänd. mWv 1.9.2011 durch VO v. 22.7.2011 (BGBl. I S. 1530); Nr. 1, 3 geänd. mWv 26.11.2011 durch G v. 22.11. 2011 (BGBl. I S. 2258); Nr. 5 und 6 geänd., Nr. 7 angef. mWv 1.8.2012 durch G v. 1.6.2012 (BGBl. I S. 1224); Nr. 4 geänd. mWv 24.10.2015 durch G v. 20.10.2015 (BGBl. I S. 1722); Satz 1 Nr. 3, 6 und 7 geänd., Nr. 8–11 und Satz 2 angef. mWv 5.8.2017 durch VO v. 1.8.2017 (BGBl. I S. 3066); Satz 1 Nr. 3, 8–10, Satz 2 geänd. mWv 1.4.2020 durch VO v. 23.3.2020 (BGBl. I S. 655); Satz 1 Nr. 7 geänd., Nr. 7a, 7b eingef. mWv 18.11.2023, Satz 1 Nr. 11 neu gef. mWv 1.3.2024 durch VO v. 30.8.2023 (BGBl. 2023 I Nr. 233).

[2]) Nr. **565.**

[3]) Nr. **567.**

5. seine Abschiebung nach § 60a des Aufenthaltsgesetzes ausgesetzt ist und er auf Grund einer Eheschließung oder der Begründung einer Lebenspartnerschaft im Bundesgebiet oder der Geburt eines Kindes während seines Aufenthalts im Bundesgebiet einen Anspruch auf Erteilung einer Aufenthaltserlaubnis erworben hat,

6. er einen von einem anderen Schengen-Staat ausgestellten Aufenthaltstitel besitzt und auf Grund dieses Aufenthaltstitels berechtigt ist, sich im Bundesgebiet aufzuhalten, sofern die Voraussetzungen eines Anspruchs auf Erteilung eines Aufenthaltstitels erfüllt sind; § 41 Abs. 3 findet Anwendung,

7. er seit mindestens zwölf Monaten eine Blaue Karte EU besitzt, die von einem anderen Mitgliedstaat der Europäischen Union ausgestellt wurde, und er für die Ausübung einer hochqualifizierten Beschäftigung eine Blaue Karte EU beantragt. Gleiches gilt für seine Familienangehörigen, die im Besitz eines Aufenthaltstitels zum Familiennachzug sind, der von demselben Staat ausgestellt wurde wie die Blaue Karte EU des Ausländers. Die Anträge auf die Blaue Karte EU sowie auf die Aufenthaltserlaubnisse zum Familiennachzug sind innerhalb eines Monats nach Einreise in das Bundesgebiet zu stellen,

7a. er seit mindestens sechs Monaten eine Blaue Karte EU besitzt, die von einem anderen Mitgliedstaat der Europäischen Union ausgestellt wurde, wenn er unmittelbar vor der Erteilung dieser Blauen Karte EU Inhaber *einen*[1]) Blauen Karte EU war, die ein Mitgliedstaat der Europäischen Union ausgestellt hatte, der nicht derjenige Mitgliedstaat der Europäischen Union ist, der die Blaue Karte EU ausgestellt hat, den der Ausländer besitzt. Gleiches gilt für seine Familienangehörigen, die im Besitz eines Aufenthaltstitels zum Familiennachzug sind, der von demselben Staat ausgestellt wurde wie die Blaue Karte EU des Ausländers. Die Anträge auf die Blaue Karte EU sowie auf die Aufenthaltserlaubnisse zum Familiennachzug sind innerhalb eines Monats nach Einreise in das Bundesgebiet zu stellen,

7b. die Voraussetzungen nach § 30a für die Wiedereinreise in das Bundesgebiet vorliegen. Die Anträge auf die Blaue Karte EU sowie auf die Aufenthaltserlaubnisse zum Familiennachzug sind innerhalb eines Monats nach Einreise in das Bundesgebiet zu stellen,

8. er die Verlängerung einer ICT-Karte nach § 19 des Aufenthaltsgesetzes beantragt,

9. er
a) einen gültigen Aufenthaltstitel eines anderen Mitgliedstaates besitzt, der ausgestellt worden ist nach der Richtlinie 2014/66/EU des Europäischen Parlaments und des Rates vom 15. Mai 2014 über die Bedingungen für die Einreise und den Aufenthalt von Drittstaatsangehörigen im Rahmen eines unternehmensinternen Transfers (ABl. L 157 vom 27.5.2014, S. 1), und
b) eine Mobiler-ICT-Karte nach § 19b des Aufenthaltsgesetzes beantragt oder eine Aufenthaltserlaubnis zum Zweck des Familiennachzugs zu einem Inhaber einer Mobiler-ICT-Karte nach § 19b des Aufenthaltsgesetzes beantragt,

10. er
a) einen gültigen Aufenthaltstitel eines anderen Mitgliedstaates besitzt, der ausgestellt worden ist nach der Richtlinie (EU) 2016/801 des Europäischen Parlaments und des Rates vom 11. Mai 2016 über die Bedingungen für die Einreise und den Aufenthalt von Drittstaatsangehörigen zu Forschungs-

---

[1]) Richtig wohl: „einer".

oder Studienzwecken, zur Absolvierung eines Praktikums, zur Teilnahme an einem Freiwilligendienst, Schüleraustauschprogrammen oder Bildungsvorhaben und zur Ausübung einer Au-pair-Tätigkeit (ABl. L 132 vom 21.5. 2016, S. 21), und

b) eine Aufenthaltserlaubnis nach § 18f des Aufenthaltsgesetzes beantragt oder eine Aufenthaltserlaubnis zum Zweck des Familiennachzugs zu einem Inhaber einer Aufenthaltserlaubnis nach § 18f des Aufenthaltsgesetzes beantragt oder

11. er vor Ablauf der Arbeitserlaubnis oder der Arbeitserlaubnisse, die ihm nach § 15a Absatz 1 Satz 1 Nummer 1 oder § 15d Absatz 1 Satz 1 Nummer 1 der Beschäftigungsverordnung[1] erteilt wurde oder wurden, einen Aufenthaltstitel zum Zweck der Beschäftigung bei demselben oder einem anderen Arbeitgeber oder zum Zweck der Ausbildung beantragt; wird der Aufenthaltstitel nach § 19c Absatz 1 des Aufenthaltsgesetzes in Verbindung mit § 15a oder § 15d der Beschäftigungsverordnung beantragt, gilt dieser bis zur Entscheidung der Ausländerbehörde als erteilt.

[2]Satz 1 gilt nicht, wenn eine ICT-Karte nach § 19 des Aufenthaltsgesetzes beantragt wird.

**§ 40[2] Verlängerung eines visumfreien Kurzaufenthalts.** Staatsangehörige der in Anhang II der Verordnung (EU) 2018/1806 aufgeführten Staaten können nach der Einreise eine Aufenthaltserlaubnis für einen weiteren Aufenthalt von längstens 90 Tagen, der sich an einen Kurzaufenthalt anschließt, einholen, wenn

1. ein Ausnahmefall im Sinne des Artikels 20 Abs. 2 des Schengener Durchführungsübereinkommens vorliegt und

2. der Ausländer im Bundesgebiet keine Erwerbstätigkeit mit Ausnahme der in § 17 Abs. 2 genannten Tätigkeiten ausübt.

**§ 41[3] Vergünstigung für Angehörige bestimmter Staaten.** (1) [1]Staatsangehörige von Australien, Israel, Japan, Kanada, der Republik Korea, von Neuseeland, des Vereinigten Königreichs Großbritannien und Nordirland im Sinne des § 1 Absatz 2 Nummer 6 des Freizügigkeitsgesetzes/EU[4] und der Vereinigten Staaten von Amerika können auch für einen Aufenthalt, der kein Kurzaufenthalt ist, visumfrei in das Bundesgebiet einreisen und sich darin aufhalten. [2]Ein erforderlicher Aufenthaltstitel kann im Bundesgebiet eingeholt werden.

(2) Dasselbe gilt für Staatsangehörige von Andorra, Brasilien, El Salvador, Honduras, Monaco und San Marino, die keine Erwerbstätigkeit mit Ausnahme der in § 17 Abs. 2 genannten Tätigkeiten ausüben wollen.

(3) [1]Ein erforderlicher Aufenthaltstitel ist innerhalb von 90 Tagen nach der Einreise zu beantragen. [2]Die Antragsfrist endet vorzeitig, wenn der Ausländer

---

[1] **Sartorius ErgBd. Nr. 566a.**
[2] § 40 einl. Satzteil geänd. mWv 22.4.2015 durch VO v. 8.4.2015 (BGBl. I S. 599); einl. Satzteil geänd. mWv 1.4.2020 durch VO v. 23.3.2020 (BGBl. I S. 655).
[3] § 41 Abs. 2 und Abs. 3 Satz 1 geänd. mWv 22.4.2015 durch VO v. 8.4.2015 (BGBl. I S. 599); Abs. 4 angef. mWv 5.8.2017 durch VO v. 1.8.2017 (BGBl. I S. 3066); Abs. 4 geänd. mWv 1.4.2020 durch VO v. 23.3.2020 (BGBl. I S. 655); Abs. 1 Satz 1 geänd. mWv 1.1.2021 durch VO v. 18.12.2020 (BGBl. I S. 3046).
[4] Nr. **560.**

ausgewiesen wird oder sein Aufenthalt nach § 12 Abs. 4 des Aufenthaltsgesetzes[1] zeitlich beschränkt wird.

(4) Die Absätze 1 bis 3 gelten nicht, wenn eine ICT-Karte nach § 19 des Aufenthaltsgesetzes beantragt wird.

### Abschnitt 5. Aufenthalt aus völkerrechtlichen, humanitären oder politischen Gründen

**§ 42 Antragstellung auf Verlegung des Wohnsitzes.** [1]Ein Ausländer, der auf Grund eines Beschlusses des Rates der Europäischen Union gemäß der Richtlinie 2001/55/EG des Rates vom 20. Juli 2001 über Mindestnormen für die Gewährung vorübergehenden Schutzes im Falle eines Massenzustroms von Vertriebenen und Maßnahmen zur Förderung einer ausgewogenen Verteilung der Belastungen, die mit der Aufnahme dieser Personen und den Folgen dieser Aufnahme verbunden sind, auf die Mitgliedstaaten (ABl. EG Nr. L 212 S. 12) nach § 24 Abs. 1 des Aufenthaltsgesetzes[1] im Bundesgebiet aufgenommen wurde, kann bei der zuständigen Ausländerbehörde einen Antrag auf die Verlegung seines Wohnsitzes in einen anderen Mitgliedstaat der Europäischen Union stellen. [2]Die Ausländerbehörde leitet den Antrag an das Bundesamt für Migration und Flüchtlinge weiter. [3]Dieses unterrichtet den anderen Mitgliedstaat, die Europäische Kommission und den Hohen Flüchtlingskommissar der Vereinten Nationen über den gestellten Antrag.

**§ 43 Verfahren bei Zustimmung des anderen Mitgliedstaates zur Wohnsitzverlegung.** (1) Sobald der andere Mitgliedstaat sein Einverständnis mit der beantragten Wohnsitzverlegung erklärt hat, teilt das Bundesamt für Migration und Flüchtlinge unverzüglich der zuständigen Ausländerbehörde mit,

1. wo und bei welcher Behörde des anderen Mitgliedstaates sich der aufgenommene Ausländer melden soll und
2. welcher Zeitraum für die Ausreise zur Verfügung steht.

(2) [1]Die Ausländerbehörde legt nach Anhörung des aufgenommenen Ausländers einen Zeitpunkt für die Ausreise fest und teilt diesen dem Bundesamt für Migration und Flüchtlinge mit. [2]Dieses unterrichtet den anderen Mitgliedstaat über die Einzelheiten der Ausreise und stellt dem Ausländer die hierfür vorgesehene Bescheinigung über die Wohnsitzverlegung aus, die der zuständigen Ausländerbehörde zur Aushändigung an den Ausländer übersandt wird.

### Kapitel 3. Gebühren

**§ 44[2] Gebühren für die Niederlassungserlaubnis.** An Gebühren sind zu erheben

1. für die Erteilung einer Niederlassungserlaubnis für Hochqualifizierte (§ 18c Absatz 3 des Aufenthaltsgesetzes[1])    147 Euro,
2. für die Erteilung einer Niederlassungserlaubnis zur Ausübung einer selbständigen Tätigkeit (§ 21 Abs. 4 des Aufenthaltsgesetzes)    124 Euro,

---

[1] Nr. **565**.
[2] § 44 Nr. 1–3 geänd. mWv 1.9.2011 durch VO v. 22.7.2011 (BGBl. I S. 1530); Nr 1–3 geänd. mWv 1.9.2017 durch G v. 13.7.2017 (BGBl. I S. 2350); Nr. 1 geänd. mWv 1.4.2020 durch VO v. 23.3.2020 (BGBl. I S. 655).

3. für die Erteilung einer Niederlassungserlaubnis in allen übrigen
Fällen 113 Euro.

**§ 44a[1]) Gebühren für die Erlaubnis zum Daueraufenthalt – EU.** An Gebühren sind zu erheben 109 Euro.

**§ 45[2]) Gebühren für die Aufenthaltserlaubnis, die Blaue Karte EU, die ICT-Karte und die Mobiler-ICT-Karte.** An Gebühren sind zu erheben
1. für die Erteilung einer Aufenthaltserlaubnis, einer Blauen Karte
EU oder einer ICT-Karte
   a) mit einer Geltungsdauer von bis zu einem Jahr 100 Euro,
   b) mit einer Geltungsdauer von mehr als einem Jahr 100 Euro,
2. für die Verlängerung einer Aufenthaltserlaubnis, einer Blauen
Karte EU oder einer ICT-Karte
   a) für einen weiteren Aufenthalt von bis zu drei Monaten 96 Euro,
   b) für einen weiteren Aufenthalt von mehr als drei Monaten 93 Euro,
3. für die durch einen Wechsel des Aufenthaltszwecks veranlasste
Änderung der Aufenthaltserlaubnis einschließlich deren Verlängerung 98 Euro,
4. für die Erteilung einer Mobiler-ICT-Karte 80 Euro,
5. für die Verlängerung einer Mobiler-ICT-Karte 70 Euro.

**§ 45a[3]) Gebühren für Expressverfahren.** Für die Ausstellung eines Aufenthaltstitels nach § 78 Absatz 1 Satz 1 des Aufenthaltsgesetzes[4]) in eilbedürftigen Fällen (Expressverfahren) ist zu den Gebührentatbeständen nach den §§ 44, 44a, 45 und 45c eine zusätzliche Gebühr in Höhe von 35 Euro zu erheben.

**§ 45b[5]) Gebühren für Aufenthaltstitel in Ausnahmefällen.** Für die Ausstellung eines Aufenthaltstitels nach § 78a Absatz 1 Satz 1 des Aufenthaltsgesetzes[4]) ermäßigt sich die nach den §§ 44, 44a oder 45 zu erhebende Gebühr um 44 Euro.

**§ 45c[6]) Gebühr bei Neuausstellung.** (1) Für die Neuausstellung eines Dokuments nach § 78 Absatz 1 des Aufenthaltsgesetzes[4]) beträgt die Gebühr 67 Euro, wenn die Neuausstellung notwendig wird auf Grund
1. des Ablaufs der Gültigkeitsdauer des bisherigen Pass- oder Passersatzpapiers,

---

[1]) § 44a eingef. mWv 28.8.2007 durch G v. 19.8.2007 (BGBl. I S. 1970); geänd. mWv 1.9.2011 durch VO v. 22.7.2011 (BGBl. I S. 1530); Überschrift geänd. mWv 2.12.2013 durch G v. 29.8.2013 (BGBl. I S. 3484); geänd. mWv 1.9.2017 durch G v. 13.7.2017 (BGBl. I S. 2350).
[2]) § 45 Nr. 1 Buchst. a, b, Nr. 2 Buchst. a, b und Nr. 3 geänd. mWv 1.9.2011 durch VO v. 22.7.2011 (BGBl. I S. 1530); Überschrift, Nr. 1 und 2 geänd. mWv 1.8.2012 durch G v. 1.6.2012 (BGBl. I S. 1224); Nr. 1 Buchst. b, Nr. 2 Buchst a und b, Nr. 3 geänd. mWv 1.9.2017 durch G v. 13.7.2017 (BGBl. I S. 2350); Überschrift neu gef., Nr. 1 einl. Satzteil, Nr. 2 einl. Satzteil, Nr. 3 geänd., Nr. 4 und 5 angef. mWv 5.8.2017 durch VO v. 1.8.2017 (BGBl. I S. 3066).
[3]) § 45a neu gef. mWv 1.11.2023 durch VO v. 30.10.2023 (BGBl. 2023 I Nr. 290).
[4]) Nr. **565**.
[5]) § 45b neu gef. mWv 1.11.2023 durch VO v. 30.10.2023 (BGBl. 2023 I Nr. 290).
[6]) § 45c eingef. mWv 1.9.2011 durch VO v. 22.7.2011 (BGBl. I S. 1530); Abs. 1 einl. Satzteil, Nr. 3 und 4 geänd., Nr. 5 angef. mWv 5.3.2013 durch VO v. 27.2.2013 (BGBl. I S. 351); Abs. 1 einl. Satzteil geänd. mWv 1.9.2017 durch G v. 13.7.2017 (BGBl. I S. 2350); Abs. 1 Nr. 4 geänd. mWv 1.11.2023 durch VO v. 30.10.2023 (BGBl. 2023 I Nr. 290).

2. des Ablaufs der technischen Kartennutzungsdauer oder einer sonstigen Änderung der in § 78 Absatz 1 Satz 3 Nummer 1 bis 18 des Aufenthaltsgesetzes aufgeführten Angaben,

3. des Verlustes des Dokuments nach § 78 Absatz 1 des Aufenthaltsgesetzes,

4. des Verlustes der technischen Funktionsfähigkeit des Chip oder

5. der Beantragung nach § 105b Satz 2 des Aufenthaltsgesetzes.

(2) Die Gebühr nach Absatz 1 Nummer 4 entfällt, wenn der Ausländer den Defekt nicht durch einen unsachgemäßen Gebrauch oder eine unsachgemäße Verwendung herbeigeführt hat.

**§ 46**[1] **Gebühren für das Visum.** (1) [1]Die Erhebung von Gebühren für die Erteilung und Verlängerung von Schengen-Visa und Flughafentransitvisa richtet sich nach der Verordnung (EG) Nr. 810/2009. [2]Ehegatten, Lebenspartner und minderjährige ledige Kinder Deutscher sowie die Eltern minderjähriger Deutscher sind von den Gebühren befreit.

(2) Die Gebührenhöhe beträgt

| | | |
|---|---|---:|
| 1. | für die Erteilung eines nationalen Visums (Kategorie „D"), auch für mehrmalige Einreisen | 75 Euro, |
| 2. | für die Verlängerung eines nationalen Visums (Kategorie „D") | 25 Euro, |
| 3. | für die Verlängerung eines Schengen-Visums im Bundesgebiet über 90 Tage hinaus als nationales Visum (§ 6 Absatz 2 des Aufenthaltsgesetzes[2]) | 60 Euro. |

**§ 47**[3] **Gebühren für sonstige aufenthaltsrechtliche Amtshandlungen.**

(1) An Gebühren sind zu erheben

| | | |
|---|---|---:|
| 1a. | für die nachträgliche Aufhebung oder Verkürzung der Befristung eines Einreise- und Aufenthaltsverbots nach § 11 Absatz 4 Satz 1 des Aufenthaltsgesetzes[2] | 169 Euro, |
| 1b. | für die nachträgliche Verlängerung der Frist für ein Einreise- und Aufenthaltsverbot nach § 11 Absatz 4 Satz 3 des Aufenthaltsgesetzes | 169 Euro, |
| 2. | für die Erteilung einer Betretenserlaubnis (§ 11 Absatz 8 des Aufenthaltsgesetzes) | 100 Euro, |
| 3. | für die Aufhebung oder Änderung einer Auflage zum Aufenthaltstitel auf Antrag | 50 Euro, |

---

[1] § 46 neu gef. mWv 26.11.2011 durch G v. 22.11.2011 (BGBl. I S. 2258); Abs. 2 Nr. 3 geänd. mWv 29.12.2015 durch VO v. 18.12.2015 (BGBl. I S. 2467); Abs. 2 Nr. 1 geänd. mWv 1.9.2017 durch G v. 13.7.2017 (BGBl. I S. 2350).

[2] Nr. 565.

[3] § 47 Abs. 1 Nr. 13 geänd., Nr. 14 und Abs. 3 angef. mWv 28.8.2007 durch G v. 19.8.2007 (BGBl. I S. 1970); Abs. 1 Nr. 11 geänd., Abs. 3 neu gef. und Abs. 4 angef. mWv 1.9.2011 durch VO v. 22.7.2011 (BGBl. I S. 1530); Abs. 3 Sätze 1 und 2 Nr. 1, 2, Satz 4 und Abs. 4 geänd. mWv 29.1.2013 durch G v. 21.1.2013 (BGBl. I S. 86); Abs. 1 Nr. 2 geänd. mWv 29.12.2015 durch VO v. 18.12.2015 (BGBl. I S. 2467); Abs. 1 Nr. 1 aufgeh., Nr. 1a und 1b eingef., Nr. 2–4, Nr. 5 Buchst. a und b, Nr. 6 Buchst. a und b, Nr. 7–14, Abs. 3 und Abs. 4 geänd. mWv 1.9.2017 durch G v. 13.7.2017 (BGBl. I S. 2350); Abs. 1 Nr. 14 geänd., Nr. 15 angef. mWv 1.3.2020 durch G v. 15.8.2019 (BGBl. I S. 1307); Abs. 3 neu gef., Abs. 4 aufgeh. mWv 24.11.2020 durch G v. 12.11.2020 (BGBl. I S. 2416).

4.  für einen Hinweis nach § 44a Abs. 3 Satz 1 des Aufenthalts-
    gesetzes in Form einer Beratung, die nach einem erfolglosen
    schriftlichen Hinweis zur Vermeidung der in § 44a Abs. 3 Satz 1
    des Aufenthaltsgesetzes genannten Maßnahmen erfolgt  21 Euro,
5.  für die Ausstellung einer Bescheinigung über die Aussetzung der
    Abschiebung (§ 60a Abs. 4 des Aufenthaltsgesetzes)
    a)  nur als Klebeetikett  58 Euro,
    b)  mit Trägervordruck  62 Euro,
6.  für die Erneuerung einer Bescheinigung nach § 60a Abs. 4 des
    Aufenthaltsgesetzes
    a)  nur als Klebeetikett  33 Euro,
    b)  mit Trägervordruck  37 Euro,
7.  für die Aufhebung oder Änderung einer Auflage zur Aussetzung
    der Abschiebung auf Antrag  50 Euro,
8.  für die Ausstellung einer Fiktionsbescheinigung nach § 81 Abs. 5
    des Aufenthaltsgesetzes  13 Euro,
9.  für die Ausstellung einer Bescheinigung über das Aufenthalts-
    recht oder sonstiger Bescheinigungen auf Antrag  18 Euro,
10. für die Ausstellung eines Aufenthaltstitels auf besonderem Blatt  18 Euro,
11. für die Übertragung von Aufenthaltstiteln in ein anderes Doku-
    ment in den Fällen des § 78a Absatz 1 des Aufenthaltsgesetzes  12 Euro,
12. für die Anerkennung einer Verpflichtungserklärung (§ 68 des
    Aufenthaltsgesetzes)  29 Euro,
13. für die Ausstellung eines Passierscheins (§ 23 Abs. 2, § 24 Abs. 2)  10 Euro,
14. für die Anerkennung einer Forschungseinrichtung (§ 38a Abs. 1),
    deren Tätigkeit nicht überwiegend aus öffentlichen Mitteln fi-
    nanziert wird  219 Euro,
15. für die Durchführung des beschleunigten Fachkräfteverfahrens
    nach § 81a des Aufenthaltsgesetzes  411 Euro.

(2) Keine Gebühren sind zu erheben für Änderungen des Aufenthaltstitels,
sofern diese eine Nebenbestimmung zur Ausübung einer Beschäftigung betreffen.

(3) [1] Für die Ausstellung einer Aufenthaltskarte (§ 5 Absatz 1 Satz 1 und Absatz 7
des Freizügigkeitsgesetzes/EU[1)]), einer Daueraufenthaltskarte (§ 5 Absatz 5 Satz 2
des Freizügigkeitsgesetzes/EU), eines Aufenthaltsdokuments-GB (§ 16 Absatz 2
Satz 1 des Freizügigkeitsgesetzes/EU) und eines Aufenthaltsdokuments für Grenzgänger-GB (§ 16 Absatz 3 des Freizügigkeitsgesetzes/EU) ist jeweils eine Gebühr
in Höhe der für die Ausstellung von Personalausweisen an Deutsche erhobenen
Gebühr zu erheben. [2] Hiervon abweichend wird ein Aufenthaltsdokument-GB an
bisherige Inhaber einer Daueraufenthaltskarte gebührenfrei ausgestellt. [3] Wird die
Aufenthaltskarte oder die Daueraufenthaltskarte für eine Person ausgestellt, die

1. zum Zeitpunkt der Mitteilung der erforderlichen Angaben nach § 5 Absatz 1
   Satz 1 oder § 16 Absatz 2 Satz 2 und 3 des Freizügigkeitsgesetzes/EU oder
2. zum Zeitpunkt der Antragstellung nach § 5 Absatz 5 Satz 2, § 16 Absatz 3 oder
   4 oder § 11 Absatz 4 Satz 2 des Freizügigkeitsgesetzes/EU in Verbindung mit
   § 81 Absatz 1 des Aufenthaltsgesetzes

---

[1)] Nr. **560**.

noch nicht 24 Jahre alt ist, beträgt die Gebühr jeweils die Höhe, die für die Ausstellung von Personalausweisen an Deutsche dieses Alters erhoben wird. [4]Die Gebühren nach Satz 1 oder Satz 2 sind auch zu erheben, wenn eine Neuausstellung der Aufenthaltskarte oder Daueraufenthaltskarte oder des Aufenthaltsdokuments-GB oder des Aufenthaltsdokuments für Grenzgänger-GB aus den in § 45c Absatz 1 genannten Gründen notwendig wird; § 45c Absatz 2 gilt entsprechend. [5]Für die Ausstellung einer Bescheinigung des Daueraufenthalts (§ 5 Absatz 5 Satz 1 des Freizügigkeitsgesetzes/EU) ist eine Gebühr in Höhe von 10 Euro zu erheben.

**§ 48**[1]) **Gebühren für pass- und ausweisrechtliche Maßnahmen.** (1) [1]An Gebühren sind zu erheben

| | | |
|---|---|---:|
| 1a. | für die Ausstellung eines Reiseausweises für Ausländer (§ 4 Absatz 1 Satz 1 Nummer 1 | 100 Euro, |
| 1b. | für die Ausstellung eines Reiseausweises für Ausländer (§ 4 Absatz 1 Satz 1 Nummer 1) bis zum vollendeten 24. Lebensjahr | 97 Euro, |
| 1c. | für die Ausstellung eines Reiseausweises für Flüchtlinge, eines Reiseausweises für Staatenlose (§ 4 Absatz 1 Satz 1 Nummer 3 und 4) oder eines Reiseausweises für Ausländer (§ 4 Absatz 1 Satz 1 Nummer 1), die subsidiär Schutzberechtigte im Sinne des § 4 Absatz 1 des Asylgesetzes[2]) oder Resettlement-Flüchtlinge im Sinne von § 23 Absatz 4 Satz 1 des Aufenthaltsgesetzes[3]) sind, | 70 Euro, |
| 1d. | für die Ausstellung eines Reiseausweises für Flüchtlinge, eines Reiseausweises für Staatenlose (§ 4 Absatz 1 Satz 1 Nummer 3 und 4) oder eines Reiseausweises für Ausländer (§ 4 Absatz 1 Satz 1 Nummer 1), die subsidiär Schutzberechtigte im Sinne des § 4 Absatz 1 des Asylgesetzes oder Resettlement-Flüchtlinge im Sinne von § 23 Absatz 4 Satz 1 des Aufenthaltsgesetzes sind, bis zum vollendeten 24. Lebensjahr | 38 Euro, |
| 1e. | für die Ausstellung eines vorläufigen Reiseausweises für Ausländer (§ 4 Absatz 1 Satz 1 Nummer 1) | 67 Euro, |
| 1f. | für die Ausstellung eines vorläufigen Reiseausweises für Flüchtlinge, eines vorläufigen Reiseausweises für Staatenlose (§ 4 Absatz 1 Satz 1 Nummer 3 und 4) oder eines Reiseausweises für Ausländer (§ 4 Absatz 1 Satz 1 Nummer 1), die subsidiär Schutzberechtigte im Sinne des § 4 Absatz 1 des Asylgesetzes oder Resettlement-Flüchtlinge im Sinne von § 23 Absatz 4 Satz 1 des Aufenthaltsgesetzes sind, | 26 Euro, |

---

[1]) § 48 Abs. 1 Satz 1 Nr. 1 wird durch Nrn. 1a bis 1d ersetzt, Nrn. 2, 3, 5, 7, 8 und 13 geänd. mWv 28.8.2007 durch G v. 19.8.2007 (BGBl. I S. 1970); Abs. 1 Satz 1 Nr. 13 geänd. mWv 29.6.2009 durch VO v. 15.6.2009 (BGBl. I S. 1287); Abs. 1 Satz 1 Nr. 10, 11, 12 und 14 geänd., Nr. 15 angef. mWv 1.9. 2011 durch VO v. 22.7.2011 (BGBl. I S. 1530); Abs. 1 Satz 1 Nr. 15 geänd. mWv 5.3.2013 durch VO v. 27.2.2013 (BGBl. I S. 351); Abs. 1 Satz 1 Nr. 1a–1d neu eingef., Nr. 1e–1g eingef., Nr. 3 Buchst. a und b, Nr. 4 Buchst a und b, Nr. 5–15 geänd. mWv 1.9.2017 durch G v. 13.7.2017 (BGBl. I S. 2350); Abs. 1 Satz 1 Nr. 1c geänd. mWv 1.1.2024 durch VO v. 30.10.2023 (BGBl. 2023 I Nr. 290).
[2]) Nr. **567**.
[3]) Nr. **565**.

1g. für die Ausstellung eines Reiseausweises ohne Speichermedium für Ausländer (§ 4 Absatz 1 Satz 1 Nummer 1), für Flüchtlinge, für Staatenlose (§ 4 Absatz 1 Satz 1 Nummer 3 und 4) oder für subsidiär Schutzberechtigte im Sinne des § 4 Absatz 1 des Asylgesetzes oder Resettlement-Flüchtlinge im Sinne von § 23 Absatz 4 Satz 1 des Aufenthaltsgesetzes bis zur Vollendung des zwölften Lebensjahres .......................................... 14 Euro,

2. für die Verlängerung eines als vorläufiges Dokument (§ 4 Abs. 1 Satz 2) ausgestellten Reiseausweises für Ausländer, eines Reiseausweises für Flüchtlinge oder eines Reiseausweises für Staatenlose ............................................................. 20 Euro,

3. für die Ausstellung einer Grenzgängerkarte (§ 12) mit einer Gültigkeitsdauer von
  a) bis zu einem Jahr ............................................. 61 Euro,
  b) bis zu zwei Jahren .......................................... 61 Euro,

4. für die Verlängerung einer Grenzgängerkarte um
  a) bis zu einem Jahr ............................................. 35 Euro,
  b) bis zu zwei Jahren .......................................... 35 Euro,

5. für die Ausstellung eines Notreiseausweises (§ 4 Abs. 1 Nr. 2, § 13) .................................................................... 18 Euro,

6. für die Bescheinigung der Rückkehrberechtigung in das Bundesgebiet auf dem Notreiseausweis (§ 13 Abs. 4) ......... 1 Euro,

7. für die Bestätigung auf einer Schülersammelliste (§ 4 Abs. 1 Nr. 5) ........................................................... 12 Euro pro Person, auf die sich die Bestätigung jeweils bezieht,

8. für die Ausstellung einer Bescheinigung über die Wohnsitzverlegung (§ 4 Abs. 1 Nr. 6, § 43 Abs. 2) ...................... 99 Euro,

9. für die Ausnahme von der Passpflicht (§ 3 Abs. 2 des Aufenthaltsgesetzes) .......................................................... 76 Euro,

10. für die Erteilung eines Ausweisersatzes (§ 48 Abs. 2 in Verbindung mit § 78a Absatz 4 des Aufenthaltsgesetzes) ....... 32 Euro,

11. für die Erteilung eines Ausweisersatzes (§ 48 Absatz 2 in Verbindung mit § 78a Absatz 4 des Aufenthaltsgesetzes) im Fall des § 55 Abs. 2 .................................................... 21 Euro,

12. für die Verlängerung eines Ausweisersatzes (§ 48 Absatz 2 in Verbindung mit § 78a Absatz 4 des Aufenthaltsgesetzes) ...... 16 Euro,

13. für die Änderung eines der in den Nummern 1 bis 12 bezeichneten Dokumente .................................................. 15 Euro,

14. für die Umschreibung eines der in den Nummern 1 bis 12 bezeichneten Dokumente .................................................. 34 Euro,

15. für die Neuausstellung eines Dokuments nach § 78 Absatz 1 Satz 1 des Aufenthaltsgesetzes mit dem Zusatz Ausweisersatz (§ 78 Absatz 1 Satz 4 des Aufenthaltsgesetzes) ............... 72 Euro.

[2] Wird der Notreiseausweis zusammen mit dem Passierschein (§ 23 Abs. 2 Satz 3, § 24 Abs. 2 Satz 3) ausgestellt, so wird die Gebühr nach § 47 Abs. 1 Nr. 13 auf die für den Notreiseausweis zu erhebende Gebühr angerechnet.

(2) Keine Gebühren sind zu erheben

1. für die Änderung eines der in Absatz 1 bezeichneten Dokumente, wenn die Änderung von Amts wegen eingetragen wird,
2. für die Berichtigung der Wohnortangaben in einem der in Absatz 1 bezeichneten Dokumente und
3. für die Eintragung eines Vermerks über die Eheschließung in einem Reiseausweis für Ausländer, einem Reiseausweis für Flüchtlinge oder einem Reiseausweis für Staatenlose.

**§ 49**[1] **Bearbeitungsgebühren.** (1) Für die Bearbeitung eines Antrages auf Erteilung einer Niederlassungserlaubnis und einer Erlaubnis zum Daueraufenthalt – EU sind Gebühren in Höhe der Hälfte der in den §§ 44, 44a und 52a Absatz 2 Nummer 1 jeweils bestimmten Gebühr zu erheben.

(2) Für die Beantragung aller übrigen gebührenpflichtigen Amtshandlungen sind Bearbeitungsgebühren in Höhe der in den §§ 45 bis 48 Abs. 1 und § 52a jeweils bestimmten Gebühr zu erheben.

(3) Eine Bearbeitungsgebühr wird nicht erhoben, wenn ein Antrag

1. ausschließlich wegen Unzuständigkeit der Behörde oder der mangelnden Handlungsfähigkeit des Antragstellers abgelehnt wird oder
2. vom Antragsteller zurückgenommen wird, bevor mit der sachlichen Bearbeitung begonnen wurde.

(4) [1] Geht die örtliche Zuständigkeit nach Erhebung der Bearbeitungsgebühr auf eine andere Behörde über, verbleibt die Bearbeitungsgebühr bei der Behörde, die sie erhoben hat. [2] In diesem Fall erhebt die nunmehr örtlich zuständige Behörde keine Bearbeitungsgebühr.

**§ 50**[2] **Gebühren für Amtshandlungen zugunsten Minderjähriger.**

(1) [1] Für individuell zurechenbare öffentliche Leistungen zugunsten Minderjähriger und die Bearbeitung von Anträgen Minderjähriger sind Gebühren in Höhe der Hälfte der in den §§ 44, 45, 45a, 45b, 45c, 46 Absatz 2, § 47 Absatz 1, § 48 Abs. 1 Satz 1 Nr. 3 bis 14 und § 49 Abs. 1 und 2 bestimmten Gebühren zu erheben. [2] Die Gebühr für die Erteilung der Niederlassungserlaubnis nach § 35 Abs. 1 Satz 1 des Aufenthaltsgesetzes[3] beträgt 55 Euro.

(2) Für die Verlängerung eines vorläufigen Reiseausweises für Ausländer, für Flüchtlinge oder für Staatenlose an Kinder bis zum vollendeten zwölften Lebensjahr sind jeweils 6 Euro an Gebühren zu erheben.

---

[1] § 49 Abs. 1 geänd. mWv 28.8.2007 durch G v. 19.8.2007 (BGBl. I S. 1970); Abs. 1 geänd. mWv 5.3.2013 durch VO v. 27.2.2013 (BGBl. I S. 351); Abs. 1 geänd. mWv 2.12.2013 durch G v. 29.8.2013 (BGBl. I S. 3484); Abs. 1 und 2 geänd. mWv 10.5.2014 durch VO v. 6.5.2014 (BGBl. I S. 451); Abs. 4 angef. mWv 1.4.2020 durch VO v. 23.3.2020 (BGBl. I S. 655).
[2] § 50 Abs. 1 Satz 1 geänd., Satz 3 angef. mWv 1.1.2007 durch VO v. 18.12.2006 (BGBl. I S. 3221); Abs. 1 Satz 1 geänd., Abs. 2 neu gef. mWv 28.8.2007 durch G v. 19.8.2007 (BGBl. I S. 1970); Abs. 1 Sätze 1 und 2 geänd. mWv 1.9.2011 durch VO v. 22.7.2011 (BGBl. I S. 1530); Abs. 1 Satz 1 geänd., Satz 3 aufgeh. mWv 26.11.2011 durch G v. 22.11.2011 (BGBl. I S. 2258); Abs. 1 Satz 1 geänd. mWv 5.3.2013 durch VO v. 27.2.2013 (BGBl. I S. 351); Abs. 1 Satz 1 geänd. mWv 1.9.2017 durch G v. 13.7.2017 (BGBl. I S. 2350); Abs. 1 Satz 1 geänd. mWv 24.11.2020 durch G v. 12.11.2020 (BGBl. I S. 2416).
[3] Nr. **565**.

**§ 51**[1) **Widerspruchsgebühr.** (1) An Gebühren sind zu erheben für den Widerspruch gegen

1. die Ablehnung einer gebührenpflichtigen Amtshandlung die Hälfte der für die Amtshandlung nach den §§ 44 bis 48 Abs. 1, §§ 50 und 52a zu erhebenden Gebühr,

2. eine Bedingung oder eine Auflage des Visums, der Aufenthaltserlaubnis oder der Aussetzung der Abschiebung ......... 50 Euro,

3. die Feststellung der Ausländerbehörde über die Verpflichtung zur Teilnahme an einem Integrationskurs (§ 44a Abs. 1 Satz 2 des Aufenthaltsgesetzes[2)) ......... 20 Euro,

3a. die verpflichtende Aufforderung zur Teilnahme an einem Integrationskurs (§ 44a Abs. 1 Satz 1 Nr. 2 des Aufenthaltsgesetzes) 50 Euro,

4. die Ausweisung ......... 55 Euro,

5. die Abschiebungsandrohung ......... 55 Euro,

6. eine Rückbeförderungsverfügung (§ 64 des Aufenthaltsgesetzes) 55 Euro,

7. eine Untersagungs- oder Zwangsgeldverfügung (§ 63 Abs. 2 und 3 des Aufenthaltsgesetzes) ......... 55 Euro,

8. die Anordnung einer Sicherheitsleistung (§ 66 Abs. 5 des Aufenthaltsgesetzes) ......... 55 Euro,

9. einen Leistungsbescheid (§ 67 Abs. 3 Aufenthaltsgesetzes) 55 Euro,

10. den Widerruf oder die Rücknahme der Anerkennung einer Forschungseinrichtung (§ 38b Abs. 1 oder 2), deren Tätigkeit nicht überwiegend aus öffentlichen Mitteln finanziert wird ......... 55 Euro,

11. die Zurückschiebung (§ 57 des Aufenthaltsgesetzes) ......... 55 Euro.

(2) Eine Gebühr nach Absatz 1 Nr. 5 wird nicht erhoben, wenn die Abschiebungsandrohung nur mit der Begründung angefochten wird, dass der Verwaltungsakt aufzuheben ist, auf dem die Ausreisepflicht beruht.

(3) § 49 Abs. 3 gilt entsprechend.

**§ 52**[3) **Befreiungen und Ermäßigungen.** (1) Ehegatten, Lebenspartner und minderjährige ledige Kinder Deutscher sowie die Eltern minderjähriger Deutscher sind von den Gebühren für die Erteilung eines nationalen Visums befreit.

(2) [1]Bei Staatsangehörigen der Schweiz entspricht die Gebühr nach § 45 für die Erteilung oder Verlängerung einer Aufenthaltserlaubnis, die auf Antrag als Dokument mit Chip nach § 78 Absatz 1 Satz 2 des Aufenthaltsgesetzes[2) ausgestellt wird,

---

[1) § 51 Abs. 1 Nr. 3a eingef., Nr. 10 angef. und Nr. 9 geänd. mWv 28.8.2007 durch G v. 19.8.2007 (BGBl. I S. 1970); Abs. 1 Nr. 1 geänd. mWv 10.5.2014 durch VO v. 6.5.2014 (BGBl. I S. 451); Abs. 1 Nr. 10 geänd., Nr. 11 angef. mWv 1.9.2017 durch G v. 13.7.2017 (BGBl. I S. 2350).
[2) Nr. **565.**
[3) § 52 Abs. 5 Satz 1 Nr. 1, Abs. 7 geänd., Abs. 8 angef. mWv 1.1.2007 durch VO v. 18.12.2006 (BGBl. I S. 3221); Abs. 1 Satz 1 Nr. 1a eingef., Abs. 2 Satz 1 geänd. mWv 28.8.2007 durch G v. 19.8. 2007 (BGBl. I S. 1970); Abs. 1 Nr. 2, 3 u. 4 geänd., Abs. 3 Nr. 1–4 geänd., Nr. 5 angef., Abs. 4 Nr. 1, 2 geänd., Nr. 3 angef., Abs. 5 Nr. 2–4 geänd., Nr. 5 angef. mWv 1.9.2011 durch VO v. 22.7.2011 (BGBl. I S. 1530); Abs. 5 Nr. 1 und Abs. 7 neu gef. mWv 26.11.2011 durch G v. 22.11.2011 (BGBl. I S. 2258); Abs. 3 einl. Satzteil geänd. mWv 29.12.2015 durch VO v. 18.12.2015 (BGBl. I S. 2467); Abs. 3 einl. Satzteil geänd. mWv 1.9.2017 durch G v. 13.7.2017 (BGBl. I S. 2350); Abs. 2 Satz 4 aufgeh., bish. Sätze 5 und 6 werden Sätze 4 und 5 mWv 4.12.2020 durch VO v. 26.11.2020 (BGBl. I S. 2606); Abs. 2 Sätze 1 und 2 geänd. mWv 15.7.2021 durch VO v. 9.7.2021 (BGBl. I S. 2467); Abs. 2 Satz 1 geänd., Abs. 3–5 neu gef. mWv 1.11.2023 durch VO v. 30.10.2023 (BGBl. 2023 I Nr. 290).

der Höhe der für die Ausstellung von Personalausweisen an Deutsche erhobenen Gebühr. [2] Wird die Aufenthaltserlaubnis für eine Person ausgestellt, die zum Zeitpunkt der Antragstellung noch nicht 24 Jahre alt ist, beträgt die Gebühr jeweils die Höhe, die für die Ausstellung von Personalausweisen an Deutsche dieses Alters erhoben wird. [3] Die Gebühren nach den Sätzen 1 und 2 sind auch zu erheben, wenn eine Neuausstellung der Aufenthaltserlaubnis aus den in § 45c Absatz 1 genannten Gründen notwendig wird; § 45c Absatz 2 gilt entsprechend. [4] Die Gebühr für die Ausstellung oder Verlängerung einer Grenzgängerkarte nach § 48 Absatz 1 Satz 1 Nummer 3 und 4 ermäßigt sich bei Staatsangehörigen der Schweiz auf 8 Euro. [5] Die Gebühren nach § 47 Absatz 1 Nummer 8 für die Ausstellung einer Fiktionsbescheinigung und nach § 49 Absatz 2 für die Bearbeitung von Anträgen auf Vornahme der in den Sätzen 1 bis 5 genannten Amtshandlungen entfallen bei Staatsangehörigen der Schweiz.

(3) Asylberechtigte, Resettlement-Flüchtlinge im Sinne von § 23 Absatz 4 Satz 1 des Aufenthaltsgesetzes und sonstige Ausländer, die im Bundesgebiet die Rechtsstellung ausländischer Flüchtlinge oder subsidiär Schutzberechtigter im Sinne des § 4 Absatz 1 des Asylgesetzes[1]) genießen, sind befreit von den Gebühren nach

1. § 44 Nummer 3, § 45c Absatz 1 Nummer 1 und 2, § 45b und 47 Absatz 1 Nummer 11 für die Erteilung, Neuausstellung sowie Ausstellung und Übertragung der Niederlassungserlaubnis in Ausnahmefällen,

2. § 45 Nummer 1 und 2, § 45c Absatz 1 Nummer 1 und 2, § 45b und 47 Absatz 1 Nummer 11 für die Erteilung, Verlängerung, Neuausstellung sowie Ausstellung und Übertragung der Aufenthaltserlaubnis in Ausnahmefällen,

3. § 47 Absatz 1 Nummer 8 für die Ausstellung einer Fiktionsbescheinigung sowie

4. § 49 Absatz 1 und 2 für die Bearbeitung von Anträgen auf Vornahme der in den Nummern 1 und 2 genannten Amtshandlungen.

(4) Personen, die aus besonders gelagerten politischen Interessen der Bundesrepublik Deutschland ein Aufenthaltsrecht nach § 23 Absatz 2 des Aufenthaltsgesetzes erhalten, sind befreit von den Gebühren nach

1. § 44 Nummer 3, § 45 Absatz 1 Nummer 1 und 2, § 45b und 47 Absatz 1 Nummer 11 für die Erteilung, Neuausstellung sowie Ausstellung und Übertragung der Niederlassungserlaubnis in Ausnahmefällen sowie

2. § 49 Absatz 1 und 2 für die Bearbeitung von Anträgen auf Vornahme der in Nummer 1 genannten Amtshandlungen.

(5) [1] Ausländer, die für ihren Aufenthalt im Bundesgebiet ein Stipendium aus öffentlichen Mitteln erhalten, sind befreit von den Gebühren nach

1. § 46 Absatz 2 Nummer 1 für die Erteilung eines nationalen Visums,

2. § 45 Nummer 1 und 2, § 45c Absatz 1 Nummer 1 und 2, § 45b und § 47 Absatz 1 Nummer 11 für die Erteilung, Verlängerung, Neuausstellung sowie Ausstellung und Übertragung der Aufenthaltserlaubnis in Ausnahmefällen,

3. § 47 Absatz 1 Nummer 8 für die Erteilung einer Fiktionsbescheinigung sowie

4. § 49 Absatz 2 für die Bearbeitung von Anträgen auf Vornahme der in Nummer 2 genannten Amtshandlungen.

[2] Satz 1 Nummer 1 gilt auch für die Ehegatten oder Lebenspartner und minderjährigen ledigen Kinder, soweit diese in die Förderung einbezogen sind.

---

[1]) Nr. **567**.

(6) Zugunsten von Ausländern, die im Bundesgebiet kein Arbeitsentgelt beziehen und nur eine Aus-, Fort- oder Weiterbildung oder eine Umschulung erhalten, können die in Absatz 5 bezeichneten Gebühren ermäßigt oder kann von ihrer Erhebung abgesehen werden.

(7) Die zu erhebende Gebühr kann in Einzelfällen erlassen oder ermäßigt werden, wenn dies der Förderung kultureller oder sportlicher Interessen, außenpolitischer, entwicklungspolitscher oder sonstiger erheblicher öffentlicher Interessen dient oder humanitäre Gründe hat.

(8) Schüler, Studenten, postgraduierte Studenten und begleitende Lehrer im Rahmen einer Reise zu Studien- oder Ausbildungszwecken und Forscher aus Drittstaaten im Sinne der Empfehlung 2005/761/EG des Europäischen Parlaments und des Rates vom 28. September 2005 zur Erleichterung der Ausstellung einheitlicher Visa durch die Mitgliedstaaten für den kurzfristigen Aufenthalt an Forscher aus Drittstaaten, die sich zu Forschungszwecken innerhalb der Gemeinschaft bewegen (ABl. EU Nr. L 289 S. 23), sind von den Gebühren nach § 46 Nr. 1 und 2 befreit.

**§ 52a**[1]) **Befreiung und Ermäßigung bei Assoziationsberechtigung.**

(1) Assoziationsberechtigte im Sinne dieser Vorschrift sind Ausländer, für die das Assoziationsrecht EU-Türkei auf Grund des Abkommens vom 12. September 1963 zur Gründung einer Assoziation zwischen der Europäischen Wirtschaftsgemeinschaft und der Türkei (BGBl. 1964 II S. 509, 510) Anwendung findet.

(2) [1]Für Assoziationsberechtigte sind die §§ 44 bis 50 mit der Maßgabe anzuwenden, dass für Aufenthaltstitel nach den §§ 44 bis 45, 45c Absatz 1 und § 48 Absatz 1 Satz 1 Nummer 15 jeweils eine Gebühr in Höhe der für die Ausstellung von Personalausweisen an Deutsche erhobenen Gebühr zu erheben ist. [2]Wird der Aufenthaltstitel für eine Person ausgestellt, die noch nicht 24 Jahre alt ist, beträgt die Gebühr jeweils die Höhe, die für die Ausstellung von Personalausweisen an Deutsche dieses Alters erhoben wird. [3]In den Fällen des § 45b Absatz 2 und des § 47 Absatz 1 Nummer 11 jeweils in Verbindung mit § 44 oder mit § 44a beträgt die Gebühr 8 Euro.

(3) Von folgenden Gebühren sind die in Absatz 1 genannten Ausländer befreit:
1. von der nach § 45b Absatz 1 und der nach § 45b Absatz 2 in Verbindung mit § 45 jeweils zu erhebenden Gebühr,
2. von der nach § 47 Absatz 1 Nummer 3 und 8 bis 10 und der nach § 47 Absatz 1 Nummer 11 in Verbindung mit § 45 jeweils zu erhebenden Gebühr,
3. von der nach § 48 Absatz 1 Satz 1 Nummer 3, 4, 8 und 10 bis 12 jeweils zu erhebenden Gebühr und
4. von der nach § 48 Absatz 1 Satz 1 Nummer 13 und 14 jeweils zu erhebenden Gebühr, soweit sie sich auf die Änderung oder Umschreibung der in § 48 Absatz 1 Satz 1 Nummer 3, 4, 8 und 10 bis 12 genannten Dokumente bezieht.

**§ 53**[2]) **Befreiung und Ermäßigung aus Billigkeitsgründen.** (1) Ausländer, die ihren Lebensunterhalt nicht ohne Inanspruchnahme von Leistungen nach dem

---

[1]) § 52a eingef. mWv 10.5.2014 durch VO v. 6.5.2014 (BGBl. I S. 451); Abs. 2 neu gef. mWv 15.7. 2021 durch G v. 9.7.2021 (BGBl. I S. 2467).
[2]) § 53 Abs. 1 Nr. 7–9 geänd., Nr. 10 angef. mWv 1.9.2011 durch VO v. 22.7.2011 (BGBl. I S. 1530); Abs. 1 Nr. 8, 9 geänd., Nr. 10 aufgeh. mWv 1.11.2023 durch VO v. 30.10.2023 (BGBl. 2023 I Nr. 290).

Zweiten[1] oder Zwölften Buch Sozialgesetzbuch[2] oder dem Asylbewerberleistungsgesetz[3] bestreiten können, sind von den Gebühren nach

1. § 45 Nr. 1 und 2 für die Erteilung oder Verlängerung der Aufenthaltserlaubnis,
2. § 47 Abs. 1 Nr. 5 und 6 für die Ausstellung oder Erneuerung der Bescheinigung über die Aussetzung der Abschiebung (§ 60a Abs. 4 des Aufenthaltsgesetzes[4]),
3. § 47 Abs. 1 Nr. 3 und 7 für die Aufhebung oder Änderung einer Auflage zur Aufenthaltserlaubnis oder zur Aussetzung der Abschiebung,
4. § 47 Abs. 1 Nr. 4 für den Hinweis in Form der Beratung,
5. § 47 Abs. 1 Nr. 8 für die Ausstellung einer Fiktionsbescheinigung,
6. § 47 Abs. 1 Nr. 10 für die Ausstellung des Aufenthaltstitels auf besonderem Blatt,
7. § 47 Abs. 1 Nr. 11 für die Übertragung eines Aufenthaltstitels in ein anderes Dokument und § 45c Nummer 1 und 2 für die Neuausstellung eines Dokuments nach § 78 Absatz 1 des Aufenthaltsgesetzes,
8. § 48 Abs. 1 Nr. 10 und 12 für die Erteilung und Verlängerung eines Ausweisersatzes und
9. § 49 Abs. 2 für die Bearbeitung von Anträgen auf Vornahme der in den Nummern 1 bis 3 und 6 bis 8 bezeichneten Amtshandlungen

befreit; sonstige Gebühren können ermäßigt oder von ihrer Erhebung kann abgesehen werden.

(2) Gebühren können ermäßigt oder von ihrer Erhebung kann abgesehen werden, wenn es mit Rücksicht auf die wirtschaftlichen Verhältnisse des Gebührenpflichtigen in Deutschland geboten ist.

**§ 54[5] Zwischenstaatliche Vereinbarungen.** Zwischenstaatliche Vereinbarungen über die Befreiung oder die Höhe von Gebühren werden durch die Regelungen in diesem Kapitel nicht berührt.

## Kapitel 4. Ordnungsrechtliche Vorschriften

**§ 55[6] Ausweisersatz.** (1) [1]Einem Ausländer,

1. der einen anerkannten und gültigen Pass oder Passersatz nicht besitzt und nicht in zumutbarer Weise erlangen kann oder
2. dessen Pass oder Passersatz einer inländischen Behörde vorübergehend überlassen wurde,

wird auf Antrag ein Ausweisersatz (§ 48 Abs. 2 in Verbindung mit § 78 Absatz 1 Satz 4 oder § 78a Absatz 4 des Aufenthaltsgesetzes[4]) ausgestellt, sofern er einen Aufenthaltstitel besitzt oder seine Abschiebung ausgesetzt ist. [2]Eines Antrages bedarf es nicht, wenn ein Antrag des Ausländers auf Ausstellung eines Reiseausweises für Ausländer, eines Reiseausweises für Flüchtlinge oder eines Reiseausweises für Staatenlose abgelehnt wird und die Voraussetzungen des Satzes 1 erfüllt sind. [3]§ 5 Abs. 2 gilt entsprechend.

---

[1] **Sartorius ErgBd. Nr. 402.**
[2] **Sartorius ErgBd. Nr. 412.**
[3] **Sartorius ErgBd. Nr. 418.**
[4] **Nr. 565.**
[5] § 54 geänd. mWv 1.1.2007 durch VO v. 18.12.2006 (BGBl. I S. 3221).
[6] § 55 Abs. 1 Satz 1 abschl. Satzteil und Abs. 3 geänd. mWv 1.9.2011 durch VO v. 22.7.2011 (BGBl. I S. 1530).

(2) Einem Ausländer, dessen Pass oder Passersatz der im Inland belegenen oder für das Bundesgebiet konsularisch zuständigen Vertretung eines auswärtigen Staates zur Durchführung eines Visumverfahrens vorübergehend überlassen wurde, kann auf Antrag ein Ausweisersatz ausgestellt werden, wenn dem Ausländer durch seinen Herkunftsstaat kein weiterer Pass oder Passersatz ausgestellt wird.

(3) Die Gültigkeitsdauer des Ausweisersatzes richtet sich nach der Gültigkeit des Aufenthaltstitels oder der Dauer der Aussetzung der Abschiebung, sofern keine kürzere Gültigkeitsdauer eingetragen ist.

**§ 56[1) Ausweisrechtliche Pflichten.** (1) Ein Ausländer, der sich im Bundesgebiet aufhält, ist verpflichtet,

1. in Fällen, in denen er keinen anerkannten und gültigen Pass oder Passersatz besitzt, unverzüglich, ansonsten so rechtzeitig vor Ablauf der Gültigkeitsdauer seines Passes oder Passersatzes die Verlängerung oder Neuausstellung eines Passes oder Passersatzes zu beantragen, dass mit der Neuerteilung oder Verlängerung innerhalb der Gültigkeitsdauer des bisherigen Passes oder Passersatzes gerechnet werden kann,

2. unverzüglich einen neuen Pass oder Passersatz zu beantragen, wenn der bisherige Pass oder Passersatz aus anderen Gründen als wegen Ablaufs der Gültigkeitsdauer ungültig geworden oder abhanden gekommen ist,

3. unverzüglich einen neuen Pass oder Passersatz oder die Änderung seines bisherigen Passes oder Passersatzes zu beantragen, sobald im Pass oder Passersatz enthaltene Angaben unzutreffend sind,

4. unverzüglich einen Ausweisersatz zu beantragen, wenn die Ausstellungsvoraussetzungen nach § 55 Abs. 1 oder 2 erfüllt sind und kein deutscher Passersatz beantragt wurde,

5. der für den Wohnort, ersatzweise den Aufenthaltsort im Inland zuständigen Ausländerbehörde oder einer anderen nach Landesrecht zuständigen Stelle unverzüglich den Verlust und das Wiederauffinden seines Passes, seines Passersatzes oder seines Ausweisersatzes anzuzeigen; bei Verlust im Ausland kann die Anzeige auch gegenüber einer deutschen Auslandsvertretung erfolgen, welche die zuständige oder zuletzt zuständige Ausländerbehörde unterrichtet,

6. einen wiederaufgefundenen Pass oder Passersatz unverzüglich zusammen mit sämtlichen nach dem Verlust ausgestellten Pässen oder in- oder ausländischen Passersatzpapieren der für den Wohnort, ersatzweise den Aufenthaltsort im Inland zuständigen Ausländerbehörde vorzulegen, selbst wenn er den Verlust des Passes oder Passersatzes nicht angezeigt hat; bei Verlust im Ausland kann die Vorlage auch bei einer deutschen Auslandsvertretung erfolgen, welche die zuständige oder zuletzt zuständige Ausländerbehörde unterrichtet,

7. seinen deutschen Passersatz unverzüglich nach Ablauf der Gültigkeitsdauer oder, sofern eine deutsche Auslandsvertretung dies durch Eintragung im Passersatz angeordnet hat, nach der Einreise der zuständigen Ausländerbehörde vorzulegen; dies gilt nicht für Bescheinigungen über die Wohnsitzverlegung (§ 43 Abs. 2), Europäische Reisedokumente für die Rückkehr (§ 1 Abs. 8) und für Schülersammellisten (§ 1 Abs. 5), und

8. seinen Pass oder Passersatz zur Anbringung von Vermerken über Ort und Zeit der Ein- und Ausreise, des Antreffens im Bundesgebiet sowie über Maßnahmen

---

[1) § 56 bish. Wortlaut wird Abs. 1 und Nr. 1 geänd., Abs. 2 angef. mWv 28.8.2007 durch G v. 19.8. 2007 (BGBl. I S. 1970); Abs. 1 Nr. 7 geänd. mWv 8.4.2017 durch VO v. 3.4.2017 (BGBl. I S. 690).

und Entscheidungen nach dem Aufenthaltsgesetz[1] in seinem Pass oder Passersatz durch die Ausländerbehörden oder die Polizeibehörden des Bundes oder der Länder sowie die sonstigen mit der polizeilichen Kontrolle des grenzüberschreitenden Verkehrs beauftragten Behörden auf Verlangen vorzulegen und die Vornahme einer solchen Eintragung zu dulden.

(2) [1] Ausländer, denen nach dem Abkommen vom 21. Juni 1999 zwischen der Europäischen Gemeinschaft und ihren Mitgliedstaaten einerseits und der Schweizerischen Eidgenossenschaft andererseits über die Freizügigkeit zum Nachweis ihres Aufenthaltsrechts eine Aufenthaltserlaubnis oder eine Grenzgängerkarte auszustellen ist, haben innerhalb von drei Monaten nach der Einreise ihren Aufenthalt der Ausländerbehörde anzuzeigen. [2] Die Anzeige muss folgende Daten des Ausländers enthalten:

1. Namen,
2. Vornamen,
3. frühere Namen,
4. Geburtsdatum und -ort,
5. Anschrift im Inland,
6. frühere Anschriften,
7. gegenwärtige und frühere Staatsangehörigkeiten,
8. Zweck, Beginn und Dauer des Aufenthalts und
9. das eheliche oder Verwandtschaftsverhältnis zu der Person, von der er ein Aufenthaltsrecht ableitet.

### § 57 Vorlagepflicht beim Vorhandensein mehrerer Ausweisdokumente.

Besitzt ein Ausländer mehr als einen Pass, Passersatz oder deutschen Ausweisersatz, so hat er der zuständigen Ausländerbehörde jedes dieser Papiere unverzüglich vorzulegen.

### § 57a[2] Pflichten der Inhaber von Dokumenten mit Chip nach § 78 des Aufenthaltsgesetzes[1]. Ein Ausländer, dem ein Aufenthaltstitel nach § 4 Absatz 1 Satz 2 Nummer 2 bis 4 des Aufenthaltsgesetzes als Dokument mit Chip ausgestellt worden ist, ist verpflichtet, unverzüglich

1. der für den Wohnort, ersatzweise der für den Aufenthaltsort im Inland zuständigen Ausländerbehörde oder einer anderen nach Landesrecht zuständigen Stelle den Verlust und das Wiederauffinden des Dokuments anzuzeigen und das Dokument vorzulegen, wenn es wiederaufgefunden wurde; bei Verlust im Ausland können die Anzeige und die Vorlage auch gegenüber einer deutschen Auslandsvertretung erfolgen, welche die zuständige oder zuletzt zuständige Ausländerbehörde unterrichtet,
2. nach Kenntnis vom Verlust der technischen Funktionsfähigkeit des elektronischen Speicher- und Verarbeitungsmediums[3] der zuständigen Ausländerbehörde das Dokument vorzulegen und die Neuausstellung zu beantragen.

---

[1] Nr. 565.
[2] § 57a eingef. mWv 1.9.2011 durch VO v. 22.7.2011 (BGBl. I S. 1530); Überschrift, einl. Satzteil und Nr. 2 geänd. mWv 1.11.2023 durch VO v. 30.10.2023 (BGBl. 2023 I Nr. 290).
[3] Gem. Art. 3 Nr. 9 Buchst. b VO v. 30.10.2023 (BGBl. 2023 I Nr. 290) sollen mWv 1.11.2023 in § 57a Nr. 2 AufenthV die Wörter „elektronisches Speicher- und Verarbeitungsmedium" durch das Wort „Chip" ersetzt werden.

## Kapitel 5. Verfahrensvorschriften
### Abschnitt 1. Muster für Aufenthaltstitel, Pass- und Ausweisersatz und sonstige Dokumente

**§ 58**[1]) **Vordruckmuster.** [1] Für die Ausstellung der Vordrucke sind als Vordruckmuster zu verwenden:

1. für den Ausweisersatz (§ 78a Absatz 4 des Aufenthaltsgesetzes[2])) das in Anlage D1 abgedruckte Muster,
2. für die Bescheinigung über die Aussetzung der Abschiebung (Duldung; § 60a Abs. 4 des Aufenthaltsgesetzes) das in Anlage D2a abgedruckte Muster (Klebeetikett), sofern ein anerkannter und gültiger Pass oder Passersatz nicht vorhanden ist und die Voraussetzungen für die Ausstellung eines Ausweisersatzes nach § 55 nicht vorliegen, in Verbindung mit dem in Anlage D2b abgedruckten Muster (Trägervordruck),
3. für die Fiktionsbescheinigung (§ 81 Abs. 5 des Aufenthaltsgesetzes) das in Anlage D3 abgedruckte Muster,
4. für den Reiseausweis für Ausländer (§ 4 Abs. 1 Satz 1 Nr. 1)
   a) das in Anlage D4c abgedruckte Muster,
   b) für die Ausstellung als vorläufiges Dokument (§ 4 Abs. 1 Satz 2) das in Anlage D4d abgedruckte Muster,
5. für die Grenzgängerkarte (§ 12) das in Anlage D5a abgedruckte Muster,
6. für den Notreiseausweis (§ 4 Abs. 1 Nr. 2) das in Anlage D6 abgedruckte Muster,
7. für den Reiseausweis für Flüchtlinge (§ 4 Abs. 1 Satz 1 Nr. 3)
   a) das in Anlage D7a abgedruckte Muster,
   b) für die Ausstellung als vorläufiges Dokument (§ 4 Abs. 1 Satz 2) das in Anlage D7b abgedruckte Muster,
8. für den Reiseausweis für Staatenlose (§ 4 Abs. 1 Satz 1 Nr. 4)
   a) das in Anlage D8a abgedruckte Muster,
   b) für die Ausstellung als vorläufiges Dokument (§ 4 Abs. 1 Satz 2) das in Anlage D8b abgedruckte Muster,
9. für die Bescheinigung über die Wohnsitzverlegung (§ 4 Abs. 1 Nr. 6) das in Anlage D9 abgedruckte Muster,
10. für das Europäische Reisedokument für die Rückkehr (§ 4 Abs. 1 Nr. 7) das in Anlage D10 abgedruckte Muster,
11. für das Zusatzblatt
    a) zur Bescheinigung der Aussetzung der Abschiebung das in Anlage D11 abgedruckte Muster,

---

[1]) § 58 Satz 1 Nrn. 5, 6, 9, 10, 11, 12 geänd., Nrn. 4, 7, 8 neu gef., Nrn. 13 und 14 sowie Satz 2 angef. mWv 28.8.2007 durch G v. 19.8.2007 (BGBl. I S. 1970); Satz 1 Nr. 1 geänd., Nr. 11 neu gef., Nr. 13 und 14 geänd., Nr. 15 angef. mWv 1.9.2011 durch V v. 22.7.2011 (BGBl. I S. 1530); Satz 1 Nr. 13 und 14 geänd. mWv 29.1.2013 durch G v. 21.1.2013 (BGBl. I S. 86); Satz 1 Nr. 12 geänd. mWv 24.10. 2015 durch G v. 20.10.2015 (BGBl. I S. 1722); Satz 1 Nr. 13 und 14 geänd. mWv 24.11.2020 durch G v. 12.11.2020 (BGBl. I S. 2416); Nr. 13 aufgeh., bish. Nr. 14 wird 13 und geänd., bish. Nr. 15 wird 14 und geänd. mWv 4.12.2020 durch VO v. 26.11.2020 (BGBl. I S. 2606); Satz 1 Nr. 11 Buchst. c, Nr. 14 geänd. mWv 1.11.2023 durch VO v. 30.10.2023 (BGBl. 2023 I Nr. 290).
[2]) Nr. 565.

b) zum Aufenthaltstitel in Ausnahmefällen (§ 78a Absatz 1 des Aufenthaltsgesetzes) das in Anlage D11 abgedruckte Muster,

c) zum Aufenthaltstitel mit Chip (§ 78 Absatz 1 des Aufenthaltsgesetzes) das in
Anlage D11a abgedruckte Muster,

12. für die Bescheinigung über die Aufenthaltsgestattung (§ 63 des Asylgesetzes[1])
das in Anlage D12 abgedruckte Muster,

13. für die Bescheinigung des Daueraufenthalts für Unionsbürger oder Staatsangehörige eines EWR-Staates das in Anlage D15 abgedruckte Muster und

14. für die Änderung der Anschrift auf Dokumenten mit Chip (§ 78 Absatz 7
Satz 2 des Aufenthaltsgesetzes) das in Anlage D16 abgedruckte Muster.

[2] Die nach den Mustern in den Anlagen D4c, D7a, D8a ausgestellten Passersatzpapiere werden nicht verlängert.

**§ 59**[2] **Muster der Aufenthaltstitel.** (1) [1] Das Muster des Aufenthaltstitels nach
§ 4 Abs. 1 Satz 2 Nr. 1 des Aufenthaltsgesetzes[3] (Visum) richtet sich nach der
Verordnung (EG) Nr. 1683/95 des Rates vom 29. Mai 1995 über eine einheitliche
Visagestaltung (ABl. EG Nr. L 164 S. 1), zuletzt geändert durch die Verordnung
(EG) Nr. 856/2008 (ABl. L 235 vom 2.9.2008, S. 1), in der jeweils geltenden
Fassung. [2] Es ist in Anlage D13a abgedruckt. [3] Für die Verlängerung im Inland ist
das in Anlage D13b abgedruckte Muster zu verwenden.

(2) [1] Die Muster der Aufenthaltstitel, die nach § 78 Absatz 1 des Aufenthaltsgesetzes als eigenständige Dokumente mit Chip auszustellen sind, sowie die Muster
der Aufenthalts- und Daueraufenthaltskarten, Aufenthaltsdokumente-GB und
Aufenthaltsdokumente für Grenzgänger-GB, die nach § 11 Absatz 3 Satz 1 des
Freizügigkeitsgesetzes/EU[4] in Verbindung mit § 78 Absatz 1 des Aufenthaltsgesetzes als Dokumente mit Chip auszustellen sind, richten sich nach der Verordnung (EG) Nr. 1030/2002 des Rates vom 13. Juni 2002 zur einheitlichen
Gestaltung des Aufenthaltstitels für Drittstaatenangehörige (ABl. L 157 vom 15.6.
2002, S. 1) in der jeweils geltenden Fassung. [2] Gleiches gilt für Aufenthaltserlaubnisse, die nach Maßgabe des Abkommens vom 21. Juni 1999 zwischen der
Europäischen Gemeinschaft und ihren Mitgliedstaaten einerseits und der Schweizerischen Eidgenossenschaft andererseits auf Antrag als Dokumente mit Chip ausgestellt werden. [3] Die Muster für Dokumente nach den Sätzen 1 und 2 sind in
Anlage D14a abgedruckt. [4] Aufenthaltstitel nach § 78 Absatz 1 in Verbindung mit
§ 4 Absatz 1 Satz 2 Nummer 4 des Aufenthaltsgesetzes, die gemäß dem bis zum
1. Dezember 2013 zu verwendenden Muster der Anlage D14a ausgestellt wurden,
behalten ihre Gültigkeit.

---

[1] Nr. **567.**
[2] § 59 Abs. 2 Satz 1, Abs. 3 geänd., Abs. 4–6 angef. mWv 28.8.2007 durch G v. 19.8.2007 (BGBl. I
S. 1970); Abs. 2 und 3 neu gef., Abs. 4 geänd. mWv 1.9.2011 durch VO v. 22.7.2011 (BGBl. I S. 1530);
Abs. 3 Satz 3 geänd. und Satz 4 angef. mWv 1.8.2012 durch G v. 1.6.2012 (BGBl. I S. 1224); Abs. 1 Satz 1
geänd. mWv 5.3.2013 durch VO v. 27.2.2013 (BGBl. I S. 351); Abs. 2 Satz 4 angef., Abs. 3 Sätze 3 und 4
geänd., Satz 5 angef. mWv 2.12.2013 durch G v. 29.8.2013 (BGBl. I S. 3484); Abs. 3 Satz 3, Abs. 4 Satz 1
geänd., Satz 2 angef., Abs. 4a–4e angef. mWv 5.8.2017 durch VO v. 1.8.2017 (BGBl. I S. 3066); Abs. 2
Satz 1, Abs. 3 Satz 1 geänd. mWv 19.12.2019 durch VO v. 13.12.2019 (BGBl. I S. 2585); Abs. 4 Sätze 1,
2, Abs. 4a–4d geänd., Abs. 7 angef. mWv 1.4.2020 durch VO v. 23.3.2020 (BGBl. I S. 655); Abs. 2 Satz 1
geänd. mWv 24.11.2020 durch VO v. 12.11.2020 (BGBl. I S. 2416); Abs. 2 Satz 1 geänd., Abs. 8 angef.
mWv 4.12.2020 durch VO v. 26.11.2020 (BGBl. I S. 2606); Abs. 2 Satz 1 geänd., Abs. 9 angef. mWv
25.8.2021, Abs. 2a eingef. mWv 1.9.2021 durch VO v. 20.8.2021 (BGBl. I S. 3682); Abs. 2 Sätze 1, 2
geänd. mWv 1.11.2023 durch VO v. 30.10.2023 (BGBl. 2023 I Nr. 290).
[3] Nr. **565.**
[4] Nr. **560.**

(2a) Auf Antrag des Ausländers wird bei Dokumenten nach Absatz 2 Satz 1 und Satz 2 durch die zuständige Ausländerbehörde entweder bei Ausgabe des Dokuments oder zu einem späteren Zeitpunkt ein Aufkleber mit Brailleschrift nach Anlage D17 auf dem Dokument angebracht.

(3) ¹Die Muster für Vordrucke der Aufenthaltstitel nach § 4 Absatz 1 Nummer 2 bis 4 des Aufenthaltsgesetzes richten sich im Fall des § 78a Absatz 1 Satz 1 des Aufenthaltsgesetzes nach der Verordnung (EG) Nr. 1030/2002. ²Sie sind in Anlage D14 abgedruckt. ³Bei der Niederlassungserlaubnis, der Erlaubnis zum Daueraufenthalt – EU, der Blauen Karte EU, der ICT-Karte, der Mobiler-ICT-Karte und der Aufenthaltserlaubnis ist im Feld für Anmerkungen die für die Erteilung maßgebliche Rechtsgrundlage einzutragen. ⁴Bei Inhabern der Blauen Karte EU ist bei Erteilung der Erlaubnis zum Daueraufenthalt – EU im Feld für Anmerkungen „Ehem. Inh. der Blauen Karte EU" einzutragen. ⁵Für die Erlaubnis zum Daueraufenthalt – EU kann im Falle des § 78a Absatz 1 Satz 1 des Aufenthaltsgesetzes der Vordruck der Anlage D14 mit der Bezeichnung „Daueraufenthalt-EG" weiterverwendet werden.

(4) ¹In einer Aufenthaltserlaubnis, die nach § 18d Absatz 1 des Aufenthaltsgesetzes erteilt wird, oder in einem zu dieser Aufenthaltserlaubnis gehörenden Zusatzblatt nach den Anlagen D11 und D11a oder in dem Trägervordruck nach der Anlage D1 wird der Vermerk „Forscher" eingetragen. ²In einer Aufenthaltserlaubnis, die nach § 18f des Aufenthaltsgesetzes erteilt wird, oder in einem zu dieser Aufenthaltserlaubnis gehörenden Zusatzblatt nach den Anlagen D11 und D11a oder in dem Trägervordruck nach der Anlage D1 wird der Vermerk „Forscher-Mobilität" eingetragen.

(4a) In einer Aufenthaltserlaubnis, die nach § 16b Absatz 1 des Aufenthaltsgesetzes erteilt wird, oder in einem zu dieser Aufenthaltserlaubnis gehörenden Zusatzblatt nach den Anlagen D11 und D11a oder in dem Trägervordruck nach der Anlage D1 wird der Vermerk „Student" eingetragen.

(4b) In einer Aufenthaltserlaubnis, die nach § 16e des Aufenthaltsgesetzes erteilt wird, oder in einem zu dieser Aufenthaltserlaubnis gehörenden Zusatzblatt nach den Anlagen D11 und D11a oder in dem Trägervordruck nach der Anlage D1 wird der Vermerk „Praktikant" eingetragen.

(4c) In einer Aufenthaltserlaubnis, die nach § 19e des Aufenthaltsgesetzes erteilt wird, oder in einem zu dieser Aufenthaltserlaubnis gehörenden Zusatzblatt nach den Anlagen D11 und D11a oder in dem Trägervordruck nach der Anlage D1 wird der Vermerk „Freiwilliger" eingetragen.

(4d) Bei Forschern oder Studenten, die im Rahmen eines bestimmten Programms mit Mobilitätsmaßnahmen oder im Rahmen einer Vereinbarung zwischen zwei oder mehr anerkannten Hochschuleinrichtungen in die Europäische Union reisen, wird das betreffende Programm oder die Vereinbarung auf der Aufenthaltserlaubnis oder in einem zu dieser Aufenthaltserlaubnis gehörenden Zusatzblatt nach den Anlagen D11 und D11a oder in dem Trägervordruck nach der Anlage D1 angegeben.

(4e) In einem Aufenthaltstitel, der für eine Saisonbeschäftigung gemäß § 15a der Beschäftigungsverordnung¹⁾ erteilt wird, oder in einem zu diesem Aufenthaltstitel gehörenden Zusatzblatt nach Anlage D11 oder in dem Trägervordruck nach Anlage D13a wird im Feld Anmerkungen der Vermerk „Saisonbeschäftigung" eingetragen.

---

¹⁾ Sartorius ErgBd. Nr. 566a.

(5) Ist in einem Aufenthaltstitel die Nebenbestimmung eingetragen, wonach die Ausübung einer Erwerbstätigkeit nicht gestattet ist, bezieht sich diese Nebenbestimmung nicht auf die in § 17 Abs. 2 genannten Tätigkeiten, sofern im Aufenthaltstitel nicht ausdrücklich etwas anderes bestimmt ist.

(6) Wenn die Grenzbehörde die Einreise nach § 60a Abs. 2a Satz 1 des Aufenthaltsgesetzes zulässt und eine Duldung ausstellt, vermerkt sie dies auf dem nach § 58 Nr. 2 vorgesehenen Vordruck.

(7) Sofern ein Aufenthaltstitel für Zwecke der Aufnahme oder Ausübung einer Erwerbstätigkeit nach § 84 Absatz 2 Satz 2 des Aufenthaltsgesetzes als fortbestehend gilt, dokumentiert die Ausländerbehörde dies auf Antrag des Ausländers in einem Vordruck nach Anlage D11 oder D11a; ist dem Ausländer ein Dokument entsprechend einem in Anlage D1 bis D3 vorgesehenen Muster ausgestellt worden oder wird ihm ein solches Dokument ausgestellt, ist die Eintragung in diesem Dokument vorzunehmen.

(8) Sofern die Ausländerbehörde auf Antrag des Inhabers feststellt, dass er ein Recht auf Daueraufenthalt nach Artikel 15 des Abkommens über den Austritt des Vereinigten Königreichs Großbritannien und Nordirland aus der Europäischen Union und der Europäischen Atomgemeinschaft (ABl. L 29 vom 31.1.2020, S. 7) besitzt, wird dieses Recht auf Daueraufenthalt dadurch bescheinigt, dass die Ausländerbehörde das Wort „Daueraufenthalt" in der zweiten Zeile des Anmerkungsfeldes 1 auf der Rückseite des Aufenthaltsdokuments-GB einträgt.

(9) [1]Besteht eine in § 1 Absatz 2 Nummer 2 oder Nummer 3 des Aufenthaltsgesetzes genannte Rechtsstellung oder eine Befreiung nach § 27, ist der Ausländer im Besitz eines vom Auswärtigen Amt ausgestellten Ausweises über diese Rechtsstellung, und hat der Ausländer zugleich ein in § 16 des Freizügigkeitsgesetzes/EU genanntes oder ein nach § 11 Absatz 11 in Verbindung mit § 3a des Freizügigkeitsgesetzes/EU gewährtes Aufenthaltsrecht, wird das Aufenthaltsrecht in einem Vordruck nach Anlage D11 oder D11a als Zusatzblatt zum ausgestellten Ausweis durch die Ausländerbehörde bescheinigt. [2]Hierzu sind im Zusatzblatt zu verwenden der Vermerk „Erwerbstätigkeit erlaubt" unterhalb der Eintragungen

1. in Fällen des § 16 Absatz 2 Satz 1 des Freizügigkeitsgesetzes/EU „Artikel 50 EUV[1] – der Inhaber hat ein Recht nach Artikel 18 Absatz 4 des Austrittsabkommens",

2. in den Fällen des § 16 Absatz 3 des Freizügigkeitsgesetzes/EU „Artikel 50 EUV – Grenzgänger – der Inhaber hat ein Recht nach Artikel 26 des Austrittsabkommens" und

3. in den Fällen des § 11 Absatz 11 in Verbindung mit § 3a des Freizügigkeitsgesetzes/EU „Der Inhaber besitzt ein Aufenthaltsrecht als Berechtigte(r) nach Artikel 3 Absatz 2 der Richtlinie 2004/38/EG in Verbindung mit Artikel 10 Absatz 2 bis 4 des Austrittsabkommens sowie § 3a in Verbindung mit § 11 Absatz 11 des Freizügigkeitsgesetzes/EU".

**§ 59a**[2] **Hinweis auf Gewährung internationalen Schutzes bei Inhabern einer Erlaubnis zum Daueraufenthalt – EU.** (1) Wird einem Ausländer, dem in der Bundesrepublik Deutschland die Rechtsstellung eines international Schutzberechtigten im Sinne von § 2 Absatz 13 des Aufenthaltsgesetzes[3] zuerkannt

---

[1] Nr. **1000**.
[2] § 59a eingef. mWv 6.9.2013 durch G v. 29.8.2013 (BGBl. I S. 3484); Überschrift neu gef. mWv 18.11.2023 durch VO v. 30.8.2023 (BGBl. 2023 I Nr. 233).
[3] Nr. **565**.

wurde, eine Erlaubnis zum Daueraufenthalt – EU nach § 9a des Aufenthaltsgesetzes erteilt, so ist in dem Feld für Anmerkungen folgender Hinweis aufzunehmen: „Durch DEU am [Datum] internationaler Schutz gewährt".

(2) [1] Wird einem Ausländer, der im Besitz einer langfristigen Aufenthaltsberechtigung – EU eines anderen Mitgliedstaates der Europäischen Union ist, die den
Hinweis enthält, dass dieser Staat dieser Person internationalen Schutz gewährt,
eine Erlaubnis zum Daueraufenthalt – EU nach § 9a des Aufenthaltsgesetzes erteilt,
so ist in dem Feld für Anmerkungen der Erlaubnis zum Daueraufenthalt – EU ein
entsprechender Hinweis aufzunehmen. [2] Vor Aufnahme des Hinweises ist der
betreffende Mitgliedstaat in dem Verfahren nach § 91c Absatz 1a des Aufenthaltsgesetzes um Auskunft darüber zu ersuchen, ob der Ausländer dort weiterhin
internationalen Schutz genießt. [3] Wurde der internationale Schutz in dem anderen
Mitgliedstaat durch eine rechtskräftige Entscheidung aberkannt, wird der Hinweis
nach Satz 1 nicht aufgenommen.

(3) [1] Ist ein Ausländer im Besitz einer Erlaubnis zum Daueraufenthalt – EU nach
§ 9a des Aufenthaltsgesetzes, die den Hinweis nach Absatz 2 Satz 1 enthält, und ist
die Verantwortung für den internationalen Schutz im Sinne von § 2 Absatz 13 des
Aufenthaltsgesetzes nach Maßgabe der einschlägigen Rechtsvorschriften auf
Deutschland übergegangen, so ist der Hinweis durch den in Absatz 1 genannten
Hinweis zu ersetzen. [2] Die Aufnahme dieses Hinweises hat spätestens drei Monate
nach Übergang der Verantwortung auf Deutschland zu erfolgen.

(4) [1] Ist der Ausländer im Besitz einer Erlaubnis zum Daueraufenthalt – EU nach
§ 9a des Aufenthaltsgesetzes und wird ihm in einem anderen Mitgliedstaat der
Europäischen Union internationaler Schutz im Sinne von § 2 Absatz 13 des
Aufenthaltsgesetzes gewährt, bevor er dort eine langfristige Aufenthaltsberechtigung – EU erhält, so ist durch die zuständige Ausländerbehörde in das Feld für
Anmerkungen der Erlaubnis zum Daueraufenthalt – EU folgender Hinweis aufzunehmen: „Durch [Abkürzung des Mitgliedstaates] am [Datum] internationaler
Schutz gewährt". [2] Die Aufnahme dieses Hinweises hat spätestens drei Monate
nachdem ein entsprechendes Ersuchen der zuständigen Stelle des anderen Mitgliedstaates beim Bundesamt für Migration und Flüchtlinge eingegangen ist zu
erfolgen.

**§ 59b**[1]) **Hinweis auf Gewährung internationalen Schutzes bei Inhabern
einer Blauen Karte EU.** (1) [1] Wird einem Ausländer, dem in der Bundesrepublik
Deutschland die Rechtsstellung eines international Schutzberechtigten im Sinne
von § 2 Absatz 13 des Aufenthaltsgesetzes[2]) zuerkannt wurde, eine Blaue Karte EU
erteilt, so ist in dem Feld für Anmerkungen folgender Hinweis aufzunehmen:
„Durch DEU am [Datum] internationaler Schutz gewährt". [2] Wurde dem Ausländer der internationale Schutz durch eine bestands- oder rechtskräftige Entscheidung aberkannt und bestehen die Voraussetzungen für die Erteilung einer
Blauen Karte EU fort, so ist die Blaue Karte EU ohne den Hinweis nach Satz 1
erneut auszustellen.

(2) [1] Wird einem Ausländer, dem ein anderer Mitgliedstaat der Europäischen
Union Schutz gewährt, eine Blaue Karte EU erteilt, so ist in dem Feld für
Anmerkungen der Blauen Karte EU folgender Hinweis aufzunehmen: „Durch
[Abkürzung des Mitgliedstaates] am [Datum] internationaler Schutz gewährt".
[2] Vor Aufnahme des Hinweises ist der betreffende Mitgliedstaat in dem Verfahren

---

[1]) § 59b eingef. mWv 18.11.2023 durch VO v. 30.8.2023 (BGBl. 2023 I Nr. 233).
[2]) Nr. 565.

nach § 91f Absatz 8 des Aufenthaltsgesetzes um Auskunft darüber zu ersuchen, ob der Ausländer dort weiterhin internationalen Schutz genießt. [3] Wurde der internationale Schutz in dem anderen Mitgliedstaat durch eine rechtskräftige Entscheidung aberkannt, wird der Hinweis nach Satz 1 nicht aufgenommen.

(3) [1] Ist ein Ausländer im Besitz einer Blauen Karte EU, die den Hinweis nach Absatz 2 Satz 1 enthält, und ist die Verantwortung für den internationalen Schutz im Sinne von § 2 Absatz 13 des Aufenthaltsgesetzes nach Maßgabe der einschlägigen Rechtsvorschriften auf die Bundesrepublik Deutschland übergegangen, so ist der Hinweis durch den in Absatz 1 Satz 1 genannten Hinweis zu ersetzen. [2] Die Aufnahme dieses Hinweises hat spätestens drei Monate nach Übergang der Verantwortung auf die Bundesrepublik Deutschland zu erfolgen.

**§ 60[1] Lichtbild.** (1) [1] Lichtbilder müssen den in § 4 der Passverordnung[2] vom 19. Oktober 2007 in der jeweils geltenden Fassung festgelegten Anforderungen entsprechen und den Ausländer zweifelsfrei erkennen lassen. [2] Sie müssen die Person ohne Gesichts- und Kopfbedeckung zeigen. [3] Die zuständige Behörde kann hinsichtlich der Kopfbedeckung Ausnahmen zulassen oder anordnen, sofern gewährleistet ist, dass die Person hinreichend identifiziert werden kann.

(2) Der Ausländer, für den ein Dokument nach § 58 oder § 59 ausgestellt werden soll, hat auf Verlangen der zuständigen Behörde ein aktuelles Lichtbild nach Absatz 1 vorzulegen oder bei der Anfertigung eines Lichtbildes mitzuwirken.

(3) Das Lichtbild darf von den zuständigen Behörden zum Zweck des Einbringens in ein Dokument nach § 58 oder § 59 und zum späteren Abgleich mit dem tatsächlichen Aussehen des Dokumenteninhabers verarbeitet werden.

**§ 61[3] Sicherheitsstandard, Ausstellungstechnik.** (1) [1] Die produktions- und sicherheitstechnischen Spezifikationen für die nach dieser Verordnung bestimmten Vordruckmuster werden vom Bundesministerium des Innern, für Bau und Heimat festgelegt. [2] Sie werden nicht veröffentlicht.

(2) Einzelheiten zum technischen Verfahren für das Ausfüllen der bundeseinheitlichen Vordrucke werden vom Bundesministerium des Innern, für Bau und Heimat festgelegt und bekannt gemacht.

---

[1] § 60 neu gef. mWv 28.8.2007 durch G v. 19.8.2007 (BGBl. I S. 1970, ber. 2008 S. 992); Abs. 3 geänd. mWv 23.1.2019 durch VO v. 14.1.2019 (BGBl. I S. 10); Abs. 1 Satz 1 geänd. mWv 1.1.2024 durch VO v. 30.10.2023 (BGBl. 2023 I Nr. 290).
[2] Nr. **251.**
[3] § 61 Abs. 1 Satz 1, Abs. 2 geänd. mWv 27.6.2020 durch VO v. 19.6.2020 (BGBl. I S. 1328).

## Abschnitt 2.[1] Datenerfassung, Datenverarbeitung und Datenschutz

### Unterabschnitt 1.[2] Erfassung und Übermittlung von Antragsdaten zur Herstellung von Dokumenten mit Chip nach § 4 sowie nach § 78 des Aufenthaltsgesetzes[3]

**§ 61a[4] Fingerabdruckerfassung bei der Beantragung von Dokumenten mit Chip.** (1) [1] Die Fingerabdrücke werden in Form des flachen Abdrucks des linken und rechten Zeigefingers des Antragstellers im Chip des Dokuments gespeichert. [2] Bei Fehlen eines Zeigefingers, ungenügender Qualität des Fingerabdrucks oder Verletzungen der Fingerkuppe wird ersatzweise der flache Abdruck entweder des Daumens, des Mittelfingers oder des Ringfingers gespeichert. [3] Fingerabdrücke sind nicht zu speichern, wenn die Abnahme der Fingerabdrücke aus medizinischen Gründen, die nicht nur vorübergehender Art sind, unmöglich ist.

(2) [1] Auf Verlangen hat die Ausländerbehörde dem Dokumenteninhaber Einsicht in die im Chip gespeicherten Daten zu gewähren. [2] Die bei der Ausländerbehörde gespeicherten Fingerabdrücke sind spätestens nach Aushändigung des Dokuments zu löschen.

**§ 61b[5] Form und Verfahren der Datenerfassung, -prüfung sowie der dezentralen Qualitätssicherung.** (1) Die Ausländerbehörde hat durch technische und organisatorische Maßnahmen die erforderliche Qualität der Erfassung des Lichtbildes und der Fingerabdrücke sicherzustellen.

(2) Zur elektronischen Erfassung des Lichtbildes und der Fingerabdrücke sowie zu deren Qualitätssicherung dürfen ausschließlich solche technischen Systeme und Bestandteile eingesetzt werden, die dem Stand der Technik entsprechen.

(3) [1] Die Einhaltung des Standes der Technik wird vermutet, wenn die eingesetzten Systeme und Bestandteile den für die Produktionsdatenerfassung, -qualitätsprüfung und -übermittlung maßgeblichen Technischen Richtlinien des Bundesamtes für Sicherheit in der Informationstechnik in der jeweils geltenden Fassung entsprechen. [2] Diese Technischen Richtlinien sind vom Bundesamt für Sicherheit in der Informationstechnik im Bundesanzeiger zu veröffentlichen.

(4) [1] Beantragung, Ausstellung und Ausgabe von Dokumenten mit Chip dürfen nicht zum Anlass genommen werden, die dafür erforderlichen Angaben und die biometrischen Merkmale außer bei den zuständigen Ausländerbehörden zu speichern. [2] Entsprechendes gilt für die zur Ausstellung erforderlichen Antragsunterlagen sowie für personenbezogene fotografische Datenträger (Mikrofilme).

(5) [1] Eine zentrale, alle Seriennummern umfassende Speicherung darf nur bei dem Dokumentenhersteller und ausschließlich zum Nachweis des Verbleibs der Dokumente mit Chip erfolgen. [2] Die Speicherung weiterer Angaben einschließlich

---

[1] Abschnitt 2 Überschrift neu gef. mWv 29.6.2009 durch VO v. 15.6.2009 (BGBl. I S. 1287).
[2] UAbschnitt 1 eingef. mWv 29.6.2009 durch VO v. 15.6.2009 (BGBl. I S. 1287); Überschrift neu gef. mWv 1.9.2011 durch VO v. 22.7.2011 (BGBl. I S. 1530); Überschrift geänd. mWv 1.11.2023 durch VO v. 30.10.2023 (BGBl. 2023 I Nr. 290).
[3] Nr. **565**.
[4] § 61a eingef. mWv 29.6.2009 durch VO v. 15.6.2009 (BGBl. I S. 1287); Überschrift, Abs. 1 Satz 1 geänd. mWv 1.9.2011 durch VO v. 22.7.2011 (BGBl. I S. 1530); Überschrift, Abs. 1 Satz 1, Abs. 2 Satz 1 geänd. mWv 1.11.2023 durch VO v. 30.10.2023 (BGBl. 2023 I Nr. 290).
[5] § 61b eingef. mWv 29.6.2009 durch VO v. 15.6.2009 (BGBl. I S. 1287); Abs. 4 Sätze 1 und 2, Abs. 5 Satz 1 geänd., Abs. 5 Satz 2 neu gef., Abs. 6 Satz 2 Nr. 2 geänd. mWv 1.9.2011 durch VO v. 22.7.2011 (BGBl. I S. 1530); Abs. 5 Satz 2 geänd. durch G v. 26.2.2021 (BGBl. I S. 3044); Abs. 6 Satz 1 und Satz 2 Nr. 1 und 2 geänd. mWv 23.1.2019 durch VO v. 14.1.2019 (BGBl. I S. 10); Abs. 4, 5 Satz 1, Abs. 6 Satz 2 Nr. 2 geänd. mWv 1.11.2023 durch VO v. 30.10.2023 (BGBl. 2023 I Nr. 290).

der biometrischen Daten bei dem Dokumentenhersteller ist unzulässig, soweit sie nicht ausschließlich und vorübergehend der Herstellung der Dokumente dient; die Angaben sind anschließend zu löschen.

(6) [1] Die Seriennummern dürfen nicht so verwendet werden, dass mit ihrer Hilfe ein Abruf personenbezogener Daten aus Dateisystemen oder eine Verknüpfung von Dateisystemen möglich ist. [2] Abweichend von Satz 1 dürfen die Seriennummern verwendet werden:

1. durch die Ausländerbehörden für den Abruf personenbezogener Daten aus ihren Dateisystemen,
2. durch die Polizeibehörden und -dienststellen des Bundes und der Länder für den Abruf der in Dateisystemen gespeicherten Seriennummern solcher Dokumente mit Chip, die für ungültig erklärt worden sind, abhanden gekommen sind oder bei denen der Verdacht einer Benutzung durch Nichtberechtigte besteht.

(7) Die Absätze 4 bis 6 sowie § 4 Absatz 3 Satz 2und 3 und § 61a Absatz 2 Satz 2 gelten entsprechend für alle übrigen, durch deutsche Behörden ausgestellten Passersatzpapiere für Ausländer.

### § 61c[1]) Übermittlung der Daten an den Dokumentenhersteller.

(1) [1] Nach der Erfassung werden sämtliche Antragsdaten in den Ausländerbehörden zu einem digitalen Datensatz zusammengeführt und an den Dokumentenhersteller übermittelt. [2] Die Datenübermittlung umfasst auch die Qualitätswerte zu den erhobenen Fingerabdrücken und – soweit vorhanden – zu den Lichtbildern, die Behördenkennzahl, die Versionsnummern der Qualitätssicherungssoftware und der Qualitätssollwerte, den Zeitstempel des Antrags sowie die Speichergröße der biometrischen Daten. [3] Die Datenübermittlung erfolgt durch elektronische Datenübertragung über verwaltungseigene Kommunikationsnetze oder über das Internet. [4] Sie erfolgt unmittelbar zwischen Ausländerbehörde und Dokumentenhersteller oder über Vermittlungsstellen. [5] Die zu übermittelnden Daten sind mittels geeigneter technischer und organisatorischer Maßnahmen nach Artikel 24, 25 und 32 der Verordnung (EU) 2016/679[2]) elektronisch zu signieren und zu verschlüsseln.

(2) [1] Zum Signieren und Verschlüsseln der nach Absatz 1 zu übermittelnden Daten sind gültige Zertifikate nach den Anforderungen der vom Bundesamt für Sicherheit in der Informationstechnik erstellten Sicherheitsleitlinien der Wurzelzertifizierungsinstanz der Verwaltung zu nutzen. [2] Der Dokumentenhersteller hat geeignete technische und organisatorische Regelungen zu treffen, die eine Weiterverarbeitung von ungültig signierten Antragsdaten ausschließen.

(3) [1] Die Datenübertragung nach Absatz 1 Satz 3 erfolgt unter Verwendung eines XML-basierten Datenaustauschformats gemäß den für die Produktionsdatenerfassung, -qualitätsprüfung und -übermittlung maßgeblichen Technischen Richtlinien des Bundesamtes für Sicherheit in der Informationstechnik und auf der Grundlage des Übermittlungsprotokolls OSCI-Transport in der jeweils gültigen Fassung. [2] § 61b Absatz 3 Satz 2 gilt entsprechend.

(4) [1] Soweit die Datenübermittlung über Vermittlungsstellen erfolgt, finden die Absätze 1 bis 3 auf die Datenübermittlung zwischen Vermittlungsstelle und Doku-

---

[1]) § 61c eingef. mWv 29.6.2009 durch VO v. 15.6.2009 (BGBl. I S. 1287); Abs. 1 Satz 2 geänd. mWv 1.9.2011 durch VO v. 22.7.2011 (BGBl. I S. 1530); Abs. 1 Satz 5 geänd. mWv 23.1.2019 durch VO v. 14.1.2019 (BGBl. I S. 10).
[2]) Nr. **246**.

mentenhersteller entsprechende Anwendung. [2] Die Datenübermittlung zwischen Ausländerbehörde und Vermittlungsstelle muss hinsichtlich Datensicherheit und Datenschutz ein den in Absatz 1 Satz 5 genannten Anforderungen entsprechendes Niveau aufweisen. [3] Die Anforderungen an das Verfahren zur Datenübermittlung zwischen Ausländerbehörde und Vermittlungsstelle richten sich nach dem jeweiligen Landesrecht.

**§ 61d**[1]) **Nachweis der Erfüllung der Anforderungen.** (1) [1] Die Einhaltung der Anforderungen nach den Technischen Richtlinien ist vom Bundesamt für Sicherheit in der Informationstechnik vor dem Einsatz der Systeme und Bestandteile festzustellen (Konformitätsbescheid). [2] Hersteller und Lieferanten von technischen Systemen und Bestandteilen, die in den Ausländerbehörden zum Einsatz bei den in § 61b Absatz 1 und 2 geregelten Verfahren bestimmt sind, beantragen spätestens drei Monate vor der voraussichtlichen Inbetriebnahme beim Bundesamt für Sicherheit in der Informationstechnik einen Konformitätsbescheid nach Satz 1.

(2) [1] Die Prüfung der Konformität erfolgt durch eine vom Bundesamt für Sicherheit in der Informationstechnik anerkannte und für das Verfahren nach dieser Vorschrift speziell autorisierte Prüfstelle. [2] Die Prüfstelle dokumentiert Ablauf und Ergebnis der Prüfung in einem Prüfbericht. [3] Das Bundesamt für Sicherheit in der Informationstechnik stellt auf Grundlage des Prüfberichtes einen Konformitätsbescheid aus. [4] Die Kosten des Verfahrens, die sich nach der BSI-Kostenverordnung vom 3. März 2005 (BGBl. I S. 519) in der jeweils gültigen Fassung richten, und die Kosten, die von der jeweiligen Prüfstelle erhoben werden, trägt der Antragsteller.

**§ 61e**[2]) **Qualitätsstatistik.** [1] Der Dokumentenhersteller erstellt eine Qualitätsstatistik. [2] Sie enthält anonymisierte Qualitätswerte zu Lichtbildern und Fingerabdrücken, die sowohl in der Ausländerbehörde als auch beim Dokumentenhersteller ermittelt und vom Dokumentenhersteller ausgewertet werden. [3] Der Dokumentenhersteller stellt die Ergebnisse der Auswertung dem Bundesministerium des Innern, für Bau und Heimat und dem Bundesamt für Sicherheit in der Informationstechnik zur Verfügung. [4] Die Einzelheiten der Auswertung der Statistikdaten bestimmen sich nach den Technischen Richtlinien des Bundesamtes für Sicherheit in der Informationstechnik hinsichtlich der Vorgaben zur zentralen Qualitätssicherungsstatistik.

**§ 61f**[3]) **Automatischer Abruf aus Dateisystemen und automatische Speicherung im öffentlichen Bereich.** (1) [1] Behörden und sonstige öffentliche Stellen dürfen Dokumente mit Chip nicht zum automatischen Abruf personenbezogener Daten verwenden. [2] Abweichend von Satz 1 dürfen die Polizeibehörden und -dienststellen des Bundes und der Länder sowie, soweit sie Aufgaben der Grenzkontrolle wahrnehmen, die Zollbehörden Dokumente mit Chip im Rahmen ihrer Aufgaben und Befugnisse zum automatischen Abruf personenbezogener Daten verwenden, die für Zwecke
1. der Grenzkontrolle,

---

[1]) § 61d eingef. mWv 29.6.2009 durch VO v. 15.6.2009 (BGBl. I S. 1287).
[2]) § 61e eingef. mWv 29.6.2009 durch VO v. 15.6.2009 (BGBl. I S. 1287); Satz 3 geänd. mWv 27.6. 2020 durch VO v. 19.6.2020 (BGBl. I S. 1328).
[3]) § 61f eingef. mWv 29.6.2009 durch VO v. 15.6.2009 (BGBl. I S. 1287); Abs. 1 Sätze 1, 2 und Abs. 2 geänd. mWv 1.9.2011 durch VO v. 22.7.2011 (BGBl. I S. 1530); Überschrift, Abs. 2 geänd. mWv 23.1. 2019 durch VO v. 14.1.2019 (BGBl. I S. 10); Abs. 1 Sätze 1, 2, Abs. 2 geänd. mWv 1.11.2023 durch VO v. 30.10.2023 (BGBl. 2023 I Nr. 290).

2. der Fahndung oder Aufenthaltsfeststellung aus Gründen der Strafverfolgung, Strafvollstreckung oder der Abwehr von Gefahren für die öffentliche Sicherheit im polizeilichen Fahndungsbestand geführt werden. [3] Über Abrufe, die zu keiner Feststellung geführt haben, dürfen vorbehaltlich gesetzlicher Regelungen nach Absatz 2 keine personenbezogenen Aufzeichnungen gefertigt werden.

(2) Personenbezogene Daten dürfen, soweit gesetzlich nichts anderes bestimmt ist, beim automatischen Lesen des Dokuments mit Chip nicht in Dateisystemen gespeichert werden; dies gilt auch für Abrufe aus dem polizeilichen Fahndungsbestand, die zu einer Feststellung geführt haben.

*(Fortsetzung nächstes Blatt)*

# 567. Asylgesetz (AsylG)[1) 2)]

### In der Fassung der Bekanntmachung vom 2. September 2008[3)]
### (BGBl. I S. 1798)

**FNA 26–7**

geänd. durch Art. 18 FGG-ReformG v. 17.12.2008 (BGBl. I S. 2586), Art. 3 G zur Anpassung des deutschen Rechts an die VO (EG) Nr. 380/2008 v. 12.4.2011 (BGBl. I S. 610), Art. 3 G zur Bekämpfung der Zwangsheirat und zum besseren Schutz der Opfer von Zwangsheirat sowie zur Änd. weiterer aufenthalts- und asylrechtlicher Vorschriften v. 23.6.2011 (BGBl. I S. 1266), Art. 4 G zur Umsetzung aufenthaltsrechtlicher RL der EU und zur Anpassung nationaler Rechtsvorschriften an den EU-Visakodex v. 22.11.2011 (BGBl. I S. 2258), Art. 1 G zur Umsetzung der RL 2011/95/EU v. 28.8.2013 (BGBl. I S. 3474), Art. 1 G zur Einstufung weiterer Staaten als sichere Herkunftsstaaten und zur Erleichterung des Arbeitsmarktzugangs für Asylbewerber und geduldete Ausländer v. 31.10.2014 (BGBl. I S. 1649), Art. 2 G zur Verbesserung der Rechtsstellung von asylsuchenden und geduldeten Ausländern v. 23.12.2014 (BGBl. I S. 2439), Art. 1 AsylverfahrensbeschleunigungsG v. 20.10.2015 (BGBl. I S. 1722), Art. 12 G zur Bereinigung des Rechts der Lebenspartner v. 20.11.2015 (BGBl. I S. 2010), Art. 1 DatenaustauschverbesserungsG v. 2.2.2016 (BGBl. I S. 130), Art. 1 G zur Einführung beschleunigter Asylverfahren v. 11.3.2016 (BGBl. I S. 390), Art. 2 G zur erleichterten Ausweisung von straffälligen Ausländern und zum erweiterten Ausschluss der Flüchtlingsanerkennung bei straffälligen Asylbewerbern v. 11.3.2016 (BGBl. I S. 394), Art. 6 IntegrationsG v. 31.7.2016 (BGBl. I S. 1939), Art. 2 Abs. 2 50. G zur Änd des StGB v. 4.11.2016 (BGBl. I S. 2460), Art. 6 Abs. 14 G zur Reform der strafrechtlichen Vermögensabschöpfung v. 13.4.2017 (BGBl. I S. 872), Art. 4 G zur Bekämpfung von Kinderehen v. 17.7.2017 (BGBl. I S. 2429), Art. 2 G zur besseren Durchsetzung der Ausreisepflicht v. 20.7.2017 (BGBl. I S. 2780), Art. 1 Drittes AndG v. 4.12. 2018 (BGBl. I S. 2250), Art. 5 Zweites DatenaustauschverbesserungsG v. 4.8.2019 (BGBl. I S. 1131), Art. 3 Zweites G zur besseren Durchsetzung der Ausreisepflicht v. 15.8.2019 (BGBl. I S. 1294), Art. 45 FachkräfteeinwanderungsG v. 15.8.2019 (BGBl. I S. 1307), Art. 48 Zweites Datenschutz-Anpassungs- und UmsetzungsG EU v. 20.11.2019 (BGBl. I S. 1626), Art. 165 Elfte ZuständigkeitsanpassungsVO v. 19.6.2020 (BGBl. I S. 1328), Art. 3 Abs. 1 59. G zur Änd. des StGB v. 9.10.2020 (BGBl. I S. 2075), Art. 8 Abs. 1 G zur Bekämpfung sexualisierter Gewalt gegen Kinder v. 16.6.2021 (BGBl. I S. 1810), Art. 9 G zur Weiterentwicklung des Ausländerzentralregisters v. 9.7.2021 (BGBl. I S. 2467), Art. 1 G zur Beschleunigung der Asylgerichtsverfahren und Asylverfahren v. 21.12.2022 (BGBl. I S. 2817) und Art. 1 G zur Bestimmung Georgiens und der Republik Moldau als sichere Herkunftsstaaten v. 19.12.2023 (BGBl. 2023 I Nr. 382)

### Inhaltsübersicht[4)]

### Abschnitt 1. Geltungsbereich

§ 1      Geltungsbereich

---

[1)] **Amtl. Anm.:** Dieses Gesetz dient der Umsetzung folgender Richtlinien:
1. Richtlinie 2003/9/EG des Rates vom 27. Januar 2003 zur Festlegung von Mindestnormen für die Aufnahme von Asylbewerbern in den Mitgliedstaaten der Europäischen Union (ABl. EU Nr. L 31 S. 18),
2. Richtlinie 2004/83/EG des Rates vom 29. April 2004 über Mindestnormen für die Anerkennung und den Status von Drittstaatsangehörigen oder Staatenlosen als Flüchtlinge oder als Personen, die anderweitig internationalen Schutz benötigen, und über den Inhalt des zu gewährenden Schutzes (ABl. EU Nr. L 304 S. 12),
3. Richtlinie 2005/85/EG des Rates vom 1. Dezember 2005 über Mindestnormen für Verfahren in den Mitgliedstaaten zur Zuerkennung und Aberkennung der Flüchtlingseigenschaft (ABl. EU Nr. L 326 S. 13).
[2)] Überschr. neu gef. mWv 24.10.2015 durch G v. 20.10.2015 (BGBl. I S. 1722); bis 23.10.2015: „AsylverfahrensG (AsylVfG)".
[3)] Neubekanntmachung des AsylVfG idF der Bek. v. 27.7.1993 (BGBl. I S. 1361) in der ab 1.11.2007 geltenden Fassung.
[4)] Inhaltsübersicht geänd. mWv 1.12.2013 durch G v. 28.8.2013 (BGBl. I S. 3474); geänd. mWv 1.1. 2015 durch G v. 23.12.2014 (BGBl. I S. 2439); geänd. mWv 24.10.2015 durch G v. 20.10.2015 (BGBl. I S. 1722); geänd. mWv 17.3.2016 durch G v. 11.3.2016 (BGBl. I S. 390); geänd. mWv 6.8.2016 durch G v. 31.7.2016 (BGBl. I S. 1939); geänd. mWv 29.7.2017 durch G v. 20.7.2017 (BGBl. I S. 2780); geänd. mWv 21.8.2019 durch G v. 15.8.2019 (BGBl. I S. 1294); geänd. mWv 1.1.2023 durch G v. 21.12.2022 ➡

*(Fortsetzung der Anm. von voriger Seite)*
(BGBl. I S. 2817); sie wurde nichtamtlich an die Änderung mWv 23.12.2023 durch G v. 19.12.2023 (BGBl. 2023 I Nr. 382) angepasst.

schen Gemeinschaften oder aus einem in der Anlage I bezeichneten Staat eingereist sind, finden die §§ 27, 29 Abs. 1 und 2 entsprechende Anwendung.

(2) Für das Verwaltungsverfahren gelten folgende Übergangsvorschriften:

1. § 10 Abs. 2 Satz 2 und 3, Abs. 3 und 4 findet Anwendung, wenn der Ausländer
   insoweit ergänzend schriftlich belehrt worden ist.
2. § 33 Abs. 2 gilt nur für Ausländer, die nach dem 1. Juli 1993 in ihren Herkunftsstaat ausreisen.
3. Für Folgeanträge, die vor dem 1. Juli 1993 gestellt worden sind, gelten die
   Vorschriften der §§ 71 und 87 Abs. 1 Nr. 2 in der bis zu diesem Zeitpunkt
   geltenden Fassung.

(3) Für die Rechtsbehelfe und das gerichtliche Verfahren gelten folgende Übergangsvorschriften:

1. Die Zulässigkeit eines Rechtsbehelfs gegen einen Verwaltungsakt richtet sich
   nach dem bis zum 1. Juli 1993 geltenden Recht, wenn der Verwaltungsakt vor
   diesem Zeitpunkt bekannt gegeben worden ist.
2. Die Zulässigkeit eines Rechtsbehelfs gegen eine gerichtliche Entscheidung
   richtet sich nach dem bis zum 1. Juli 1993 geltenden Recht, wenn die Entscheidung vor diesem Zeitpunkt verkündet oder von Amts wegen anstelle einer
   Verkündung zugestellt worden ist.
3. § 76 Abs. 4 findet auf Verfahren, die vor dem 1. Juli 1993 anhängig geworden
   sind, keine Anwendung.
4. Die Wirksamkeit einer vor dem 1. Juli 1993 bereits erfolgten Übertragung auf
   den Einzelrichter bleibt von § 76 Abs. 5 unberührt.
5. § 83 Abs. 1 ist bis zum 31. Dezember 1993 nicht anzuwenden.

**§ 87b** Übergangsvorschrift aus Anlass der am 1. September 2004 in Kraft
getretenen Änderungen. In gerichtlichen Verfahren nach diesem Gesetz, die
vor dem 1. September 2004 anhängig geworden sind, gilt § 6 in der vor diesem
Zeitpunkt geltenden Fassung weiter.

**§ 87c**[1]) Übergangsvorschriften aus Anlass der am 6. August 2016 in Kraft
getretenen Änderungen. (1) [1]Eine vor dem 6. August 2016 erworbene Aufenthaltsgestattung gilt ab dem Zeitpunkt ihrer Entstehung fort. [2]Sie kann insbesondere durch eine Bescheinigung nach § 63 nachgewiesen werden. [3]§ 67 bleibt
unberührt.

(2) Der Aufenthalt eines Ausländers, der vor dem 5. Februar 2016 im Bundesgebiet um Asyl nachgesucht hat, gilt ab dem Zeitpunkt der Aufnahme in der für
ihn zuständigen Aufnahmeeinrichtung oder, sofern sich dieser Zeitpunkt nicht
bestimmen lässt, ab dem 5. Februar 2016 als gestattet.

(3) Der Aufenthalt eines Ausländers, dem bis zum 6. August 2016 ein Ankunftsnachweis ausgestellt worden ist, gilt ab dem Zeitpunkt der Ausstellung als gestattet.

(4) [1]Der Aufenthalt eines Ausländers, der nach dem 4. Februar 2016 und vor
dem 1. November 2016 um Asyl nachgesucht hat und dem aus Gründen, die er
nicht zu vertreten hat, nicht unverzüglich ein Ankunftsnachweis ausgestellt worden
ist, gilt mit Ablauf von zwei Wochen nach dem Zeitpunkt, in dem er um Asyl
nachgesucht hat, als gestattet. [2]Die fehlende Ausstellung des Ankunftsnachweises
nach Satz 1 hat der Ausländer insbesondere dann nicht zu vertreten, wenn in der

---

[1]) § 87c eingef. mWv 6.8.2016 durch G v. 31.7.2016 (BGBl. I S. 1939).

für die Ausstellung seines Ankunftsnachweises zuständigen Stelle die technischen Voraussetzungen für die Ausstellung von Ankunftsnachweisen nicht vorgelegen haben.

(5) Die Absätze 2 bis 4 finden keine Anwendung, wenn der Ausländer einen vor dem 6. August 2016 liegenden Termin zur Stellung des Asylantrags nach § 23 Absatz 1 aus Gründen, die er zu vertreten hat, nicht wahrgenommen hat.

(6) Ergeben sich aus der Anwendung der Absätze 1 bis 4 unterschiedliche Zeitpunkte, so ist der früheste Zeitpunkt maßgeblich.

**§ 87d**[1] **Übergangsvorschrift aus Anlass der am 23. Dezember 2023 in Kraft getretenen Änderung.** § 61 Absatz 2 Satz 4 findet keine Anwendung auf Staatsangehörige Georgiens und der Republik Moldau, die bis zum 30. August 2023 einen Asylantrag gestellt haben.

**§ 88**[2] **Verordnungsermächtigungen.** (1) Das Bundesministerium des Innern, für Bau und Heimat kann durch Rechtsverordnung[3] mit Zustimmung des Bundesrates die zuständigen Behörden für die Ausführung von Rechtsvorschriften der Europäischen Gemeinschaft und völkerrechtlichen Verträgen über die Zuständigkeit für die Durchführung von Asylverfahren bestimmen, insbesondere für

1. Auf- und Wiederaufnahmeersuchen an andere Staaten,

2. Entscheidungen über Auf- und Wiederaufnahmeersuchen anderer Staaten,

3. den Informationsaustausch mit anderen Staaten und der Europäischen Gemeinschaft sowie Mitteilungen an die betroffenen Ausländer und

4. die Erfassung, Übermittlung und den Vergleich von Fingerabdrücken der betroffenen Ausländer.

(2) Das Bundesministerium des Innern, für Bau und Heimat wird ermächtigt, durch Rechtsverordnung mit Zustimmung des Bundesrates Vordruckmuster und Ausstellungsmodalitäten sowie die Regelungen für die Qualitätssicherung der erkennungsdienstlichen Behandlung und die Übernahme von Daten aus erkennungsdienstlichen Behandlungen für die Bescheinigungen nach den §§ 63 und 63a festzulegen.

(3) Die Landesregierung kann durch Rechtsverordnung Aufgaben der Aufnahmeeinrichtung auf andere Stellen des Landes übertragen.

**§ 88a**[4] **Bestimmungen zum Verwaltungsverfahren.** Von der in § 60 getroffenen Regelung kann durch Landesrecht nicht abgewichen werden.

**§ 89**[5] **Einschränkung von Grundrechten.** (1) Die Grundrechte der körperlichen Unversehrtheit (Artikel 2 Abs. 2 Satz 1 des Grundgesetzes[6]) und der Freiheit der Person (Artikel 2 Abs. 2 Satz 2 des Grundgesetzes) werden nach Maßgabe dieses Gesetzes eingeschränkt.

---

[1] § 87d eingef. mWv 23.12.2023 durch G v. 19.12.2023 (BGBl. 2023 I Nr. 382).
[2] § 88 Abs. 2 geänd. mWv 24.10.2015 durch G v. 20.10.2015 (BGBl. I S. 1722); Abs. 2 geänd. mWv 5.2.2016 durch G v. 2.2.2016 (BGBl. I S. 130); Abs. 1 einl. Satzteil, Abs. 2 geänd. mWv 27.6.2020 durch VO v. 19.6.2020 (BGBl. I S. 1328).
[3] Siehe die VO zur Neufassung der AsylzuständigkeitsbestimmungsVO **(Sartorius ErgBd. Nr. 567a).**
[4] § 88a eingef. mWv 1.1.2015 durch G v. 23.12.2014 (BGBl. I S. 2439).
[5] § 89 Abs. 2 neu gef. mWv 1.9.2009 durch G v. 17.12.2008 (BGBl. I S. 2586).
[6] Nr. **1.**

(2) Das Verfahren bei Freiheitsentziehungen richtet sich nach Buch 7 des Gesetzes über das Verfahren in Familiensachen und in den Angelegenheiten der freiwilligen Gerichtsbarkeit[1].

## § 90[2] *(außer Kraft)*

**Anlage I**
(zu § 26a)

Norwegen
Schweiz

**Anlage II[3]**
(zu § 29a)

Albanien
Bosnien und Herzegowina
Georgien
Ghana
Kosovo
Moldau, Republik
Montenegro
Nordmazedonien
Senegal
Serbien

---

[1] **Habersack Nr. 112.**
[2] § 90 neu gef. mWv 24.10.2015 durch G v. 20.10.2015 (BGBl. I S. 1722); nach seinem Abs. 8 am 24.10.2017 außer Kraft getreten.
[3] Anl. II neu gef. mWv 23.12.2023 durch G v. 19.12.2023 (BGBl. 2023 I Nr. 382).

# 600. Verwaltungsgerichtsordnung (VwGO)[1]

In der Fassung der Bekanntmachung vom 19. März 1991[2]

(BGBl. I S. 686)

**FNA 340-1**

geänd. durch Art. 3 G zur Neuregelung des Asylverfahrens v. 26.6.1992 (BGBl. I S. 1126), Art. 9 G zur Entlastung der Rechtspflege v. 11.1.1993 (BGBl. I S. 50), Art. 5 Fünftes G zur Änd. des G über das Bundesverfassungsgericht v. 2.8.1993 (BGBl. I S. 1442), Art. 7 PlanungsvereinfachungsG v. 17.12.1993 (BGBl. I S. 2123), Art. 7 G zur Änd. des RechtspflegerG und anderer Gesetze v. 24.6.1994 (BGBl. I S. 1374), Art. 9 G zu dem Übereinkommen vom 15. April 1994 zur Errichtung der Welthandelsorganisation und zur Änd. anderer Gesetze v. 30.8.1994 (BGBl. 1994 II S. 1438), Art. 7 G zur Vermeidung, Verwertung und Beseitigung von Abfällen v. 27.9.1994 (BGBl. I S. 2705), Art. 27 Einführungs zur Insolvenzordnung v. 5.10.1994 (BGBl. I S. 2911), Art. 2 Abs. 6 MagnetschwebebahnplanungsG v. 23.11.1994 (BGBl. I S. 3486), Art. 1 Sechstes G zur Änd. der Verwaltungsgerichtsordnung und anderer Gesetze v. 1.11.1996 (BGBl. I S. 1626), Art. 6 Abs. 3 ZivilschutzneuordnungsG v. 25.3.1997 (BGBl. I S. 726), Art. 33 Abs. 2 JustizmitteilungsG v. 18.6.1997 (BGBl. I S. 1430), Art. 8 Bau- und RaumordnungsG 1998 v. 18.8.1997 (BGBl. I S. 2081), Art. 1 G zur Verlagerung des Sitzes des Bundesverwaltungsgerichts von Berlin nach Leipzig v. 21.11.1997 (BGBl. I S. 2742), Art. 2 § 13 Schiedsverfahrens-NeuregelungsG v. 22.12.1997 (BGBl. I S. 3224), Art. 14 G zur Änd. der Bundesrechtsanwaltsordnung, der Patentanwaltsordnung und anderer Gesetze v. 31.8.1998 (BGBl. I S. 2600), BVerfGE v. 27.10.1999 (BGBl. 2000 I S. 54), Art. 15 Zweites ZuständigkeitslockerungsG v. 3.5.2000 (BGBl. I S. 632), Art. 2 Abs. 18 ZustellungsreformG v. 25.6.2001 (BGBl. I S. 1206), Art. 14 G zur Neuordnung des Bundesdisziplinarrechts v. 9.7.2001 (BGBl. I S. 1510), Art. 8 G zur Anpassung der Formvorschriften des Privatrechts und anderer Vorschriften an den modernen Rechtsgeschäftsverkehr v. 13.7.2001 (BGBl. I S. 1542), Art. 1 und 6 G zur Bereinigung des Rechtsmittelrechts im Verwaltungsprozess v. 20.12.2001 (BGBl. I S. 3987), Art. 4 Abs. 26 KostenrechtsmodernisierungsG v. 5.5.2004 (BGBl. I S. 718), Art. 4 EuroparechtsanpassungsG Bau v. 24.6.2004 (BGBl. I S. 1359), Art. 11 Nr. 23 ZuwanderungsG v. 30.7.2004 (BGBl. I S. 1950), Art. 6 Erstes JustizmodernisierungsG v. 24.8.2004 (BGBl. I S. 2198), Art. 8 AnhörungsrügenG v. 9.12.2004 (BGBl. I S. 3220), Art. 2 Siebentes G zur Änderung des SozialgerichtsG v. 9.12.2004 (BGBl. I S. 3302), Art. 6 G zur Vereinfachung und Vereinheitlichung der Verfahrensvorschriften zur Wahl und Berufung ehrenamtlicher Richter v. 21.12.2004 (BGBl. I S. 3599), Art. 2 JustizkommunikationsG v. 22.3.2005 (BGBl. I S. 837), Art. 2 26. G zur Änd. des AbgeordnetenG v. 22.8.2005 (BGBl. I S. 2482 iVm Bek. v. 18.10.2005, BGBl. I S. 3007), Art. 13 G zur Vereinfachung der abfallrechtlichen Überwachung v. 15.7.2006 (BGBl. I S. 1619), Art. 9 G zur Beschleunigung von Planungsverfahren für Infrastrukturvorhaben v. 9.12.2006 (BGBl. I S. 2833), Art. 3 G zur Erleichterung von Planungsvorhaben für die Innenentwicklung der Städte v. 21.12.2006 (BGBl. I S. 3316), Art. 13 G zur Neuregelung des Rechtsberatungsrechts v. 12.12.2007 (BGBl. I S. 2840, geänd. durch G v. 12.6.2008, BGBl. I S. 1000), § 62 Abs. 11 BeamtenstatusG v. 17.6.2008 (BGBl. I S. 1010), Art. 5 G zur Modernisierung von Verfahren im anwaltlichen und notariellen Berufsrecht, zur Errichtung einer Schlichtungsstelle der Rechtsanwaltschaft sowie zur Änd. sonstiger Vorschriften v. 30.7.2009 (BGBl. I S. 2449), Art. 3 G zur Beschleunigung des Ausbaus der Höchstspannungsnetze v. 21.8.2009 (BGBl. I S. 2870), Art. 9 G zur Umsetzung der DienstleistungsRL in der Justiz und zur Änd. weiterer Vorschriften v. 22.12.2010 (BGBl. I S. 2248), Art. 8 G über den Rechtsschutz bei überlangen Gerichtsverfahren und strafrechtlichen Ermittlungsverfahren v. 24.11.2011 (BGBl. I S. 2302), Art. 2 Abs. 34 G zur Änd. von Vorschriften über Verkündung und Bekanntmachung sowie der ZPO, des EGZPO und der AO v. 22.12.2011 (BGBl. I S. 3044), Art. 5 Abs. 2 G zur Neuordnung des Kreislaufwirtschafts- und Abfallrechts v. 24.2.2012 (BGBl. I S. 212), Art. 6 G zur Förderung der Mediation und anderer Verfahren der außergerichtlichen Konfliktbeilegung v. 21.7.2012 (BGBl. I S. 1577), Art. 4 G zur Intensivierung des Einsatzes von Videokonferenztechnik in gerichtlichen und staatsanwaltschaftlichen Verfahren v. 25.4.2013 (BGBl. I S. 935), Art. 2 Planfeststellungsverfahren-VereinheitlichungsG v. 31.5.2013 (BGBl. I S. 1388), Art. 4 Zweites G über Maßnahmen zur Beschleunigung des Netzausbaus Elektrizitätsnetze v. 23.7.2013 (BGBl. I S. 2543), Art. 12 G zur Änd. des Prozesskostenhilfe- und Beratungshilferechts v. 31.8.2013 (BGBl. I S. 3533), Art. 5 G zur Förderung des elektronischen Rechtsverkehrs mit den Gerichten v. 10.10.2013 (BGBl. I S. 3786), Art. 13 G zur Durchführung der Verordnung (EU) Nr. 1215/2012 sowie zur Änd. sonstiger Vorschriften v. 8.7.2014 (BGBl. I S. 890), Art. 3 G zur Änd. des BundesministerG und des G über die Rechtsverhältnisse der Parlamentarischen Staatssekretäre v. 17.7.2015 (BGBl. I S. 1322), Art. 171 Zehnte ZuständigkeitsanpassungsVO v. 31.8.2015 (BGBl. I S. 1474), Art. 7 AsylverfahrensbeschleunigungsG v. 20.10.2015 (BGBl. I S. 1722), Art. 3 G zur Änd. von Bestimmungen des Rechts des Energieleitungsbaus v. 21.12.2015

---

[1] Die Änderungen durch G v. 5.7.2017 (BGBl. I S. 2208) und die Änderungen durch G v. 5.10.2021 (BGBl. I S. 4607) treten teilweise erst **mWv 1.1.2026** in Kraft und sind insoweit im Text noch nicht berücksichtigt.
[2] Neubekanntmachung der VwGO v. 21.1.1960 (BGBl. I S. 17) in der ab 1.1.1991 geltenden Fassung.

(BGBl. I S. 2490), Art. 7 G zur Änd. des Sachverständigenrechts und zur weiteren Änd. des G über das Verfahren in Familiensachen und in den Angelegenheiten der freiwilligen Gerichtsbarkeit sowie zur Änd. weiterer G v. 11.10.2016 (BGBl. I S. 2222), Art. 3 G zur Einführung von Ausschreibungen für Strom aus erneuerbaren Energien und zu weiteren Änd. des Rechts der erneuerbaren Energien v. 13.10.2016 (BGBl. I S. 2258), Art. 17 G zur Änd. der Bestimmungen zur Stromerzeugung aus Kraft-Wärme-Kopplung und zur Eigenversorgung v. 22.12.2016 (BGBl. I S. 3106), Art. 5 G zur Anpassung des Umwelt-RechtsbehelfsG und anderer Vorschriften an europa- und völkerrechtliche Vorgaben v. 29.5.2017 (BGBl. I S. 1298), Art. 4 Hochwasserschutzgesetz II v. 30.6.2017 (BGBl. I S. 2193), Art. 20 und 21 G zur Einführung der elektronischen Akte in der Justiz und zur weiteren Förderung des elektronischen Rechtsverkehrs v. 5.7.2017 (BGBl. I S. 2208), Art. 11 Abs. 24 eIDAS-DurchführungsG v. 18.7.2017 (BGBl. I S. 2745), Art. 5 Abs. 2 G über die Erweiterung der Medienöffentlichkeit in Gerichtsverfahren v. 8.10.2017 (BGBl. I S. 3546), Art. 2 16. G zur Änd. des AtomG v. 10.7.2018 (BGBl. I S. 1122 iVm Bek. v. 11.7.2018, BGBl. I S. 1124), Art. 7 G zur Einführung einer zivilprozessualen Musterfeststellungsklage v. 12.7.2018 (BGBl. I S. 1151), Art. 5 Abs. 24 G zur Einführung einer Karte für Unionsbürger und Angehörige des Europäischen Wirtschaftsraums mit Funktion zum elektronischen Identitätsnachweis sowie zur Änd. des PersonalausweisG und weiterer Vorschriften[1] v. 21.6.2019 (BGBl. I S. 846), Art. 4 Zweites G zur besseren Durchsetzung der Ausreisepflicht v. 15.8.2019 (BGBl. I S. 1294), Art. 5 G zur Regelung der Wertgrenze für die Nichtzulassungsbeschwerde in Zivilsachen, zum Ausbau der Spezialisierung bei den Gerichten sowie zur Änd. weiterer prozessrechtl. Vorschriften v. 12.12.2019 (BGBl. I S. 2633), Art. 56 G zur Regelung des Sozialen Entschädigungsrechts v. 12.12.2019 (BGBl. I S. 2652), Art. 5 Abs. 1 G über die Errichtung eines Bundesamts für Auswärtige Angelegenheiten und zur Änd. des G über den Auswärtigen Dienst, des AufenthaltsG und zur Anpassung anderer G an die Errichtung des Bundesamts v. 12.6.2020 (BGBl. I S. 1241), Art. 181 Elfte ZuständigkeitsanpassungsVO v. 19.6.2020 (BGBl. I S. 1328), Art. 1a G zur Änd. des Windenergie-auf-See-G und anderer Vorschriften v. 3.12.2020 (BGBl. I S. 2682), Art. 1 Investitionen-Beschleunigungsgesetz v. 3.12.2020 (BGBl. I S. 2694), Art. 15 Abs. 9 Vormundschafts- und Betreuungsrechts-ReformG v. 4.5.2021 (BGBl. I S. 882), Art. 2 G zur Änd. des BundesbergG und zur Änd. der VwGO v. 14.6.2021 (BGBl. I S. 1760), Art. 14 G zur Fortentwicklung der StrafprozessO und zur Änd. weiterer Vorschriften v. 25.6.2021 (BGBl. I S. 2099), Art. 16 G zur Modernisierung des notariellen Berufsrechts und zur Änd. weiterer Vorschriften v. 25.6.2021 (BGBl. I S. 2154), Art. 20 G zur Neuregelung des Berufsrechts der anwaltlichen und steuerberatenden Berufsausübungsgesellschaften sowie zur Änd. weiterer Vorschriften im Bereich der rechtsberatenden Berufe v. 7.7.2021 (BGBl. I S. 2363), Art. 3a G zur Umsetzung unionsrechtl. Vorgaben und zur Regelung reiner Wasserstoffnetze im Energiewirtschaftsrecht v. 16.7.2021 (BGBl. I S. 3026), Art. 14, 15 und 16 G zum Ausbau des elektronischen Rechtsverkehrs mit den Gerichten und zur Änd. weiterer Vorschriften v. 5.10.2021 (BGBl. I S. 4607), Art. 2 G zur Verbesserung der Transparenzregeln für die Mitglieder des Deutschen Bundestages und zur Anhebung des Strafrahmens des § 108e des Strafgesetzbuches v. 8.10.2021 (BGBl. I S. 4650), Art. 3 Zweites G zur Änd. des Windenergie-auf-See-Gesetzes und anderer Vorschriften v. 20.7.2022 (BGBl. I S. 1325), Art. 13 Abs. 2 G zur Stärkung der Aufsicht bei Rechtsdienstleistungen und zur Änd. weiterer Vorschriften v. 10.3.2023 (BGBl. 2023 I Nr. 64), Art. 1 G zur Beschleunigung von verwaltungsgerichtlichen Verfahren im Infrastrukturbereich v. 14.3.2023 (BGBl. 2023 I Nr. 71), Art. 19 VerbandsklagenrichtlinienumsetzungsG v. 8.10.2023 (BGBl. 2023 I Nr. 272), Art. 2 Abs. 4 Fünftes G zur Änd. verwaltungsverfahrensrechtlicher Vorschriften sowie zur Änd. des SGB VI v. 4.12.2023 (BGBl. 2023 I Nr. 344) und Art. 11 G zur Beschleunigung von Genehmigungsverfahren im Verkehrsbereich und zur Umsetzung der RL (EU) 2021/1187 über die Straffung von Maßnahmen zur rascheren Verwirklichung des transeuropäischen Verkehrsnetzes v. 22.12.2023 (BGBl. 2023 I Nr. 409)

---

Zur VwGO haben die Länder u.a. folgende Vorschriften erlassen:
- **Baden-Württemberg:** G zur Ausführung der VwGO v. 14.10.2008 (GBl. S. 343, 356), zuletzt geänd. durch G v. 4.4.2023 (GBl. S. 150)
- **Bayern:** G zur Ausführung der VwGO idF der Bek. v. 20.6.1992 (GVBl. S. 162), zuletzt geänd. durch G v. 22.4.2022 (GVBl. S. 148)
- **Berlin:** G zur Ausführung der VwGO v. 22.2.1977 (GVBl. S. 557), aufgeh. mit Ablauf des 31.7.2021 durch Anlage G v. 22.1.2021 (GVBl. S. 75, 88). ). Gem. § 2 dieses G bleibt die Vorschrift auf Rechtsverhältnisse und Sachverhalte anwendbar, die während ihrer Geltung ganz oder zum Teil bestanden haben oder entstanden sind; besondere Rechtsvorschriften zu Übergangsregelungen bleiben unberührt.
- **Brandenburg:** Brandenburgisches VerwaltungsgerichtsG idF der Bek. v. 22.11.1996 (GVBl. I S. 317), zuletzt geänd. durch G v. 10.7.2014 (GVBl. I Nr. 37)
- **Bremen:** G zur Ausführung der VwGO v. 15.3.1960 (Brem.GBl. S. 25), zuletzt geänd. durch Bek. v. 20.10.2020 (Brem.GBl. S. 1172)
- **Hamburg:** G zur Ausführung der VwGO v. 29.3.1960 (HmbGVBl. S. 291), zuletzt geänd. durch G v. 13.12.2023 (HmbGVBl. S. 443)

---

[1] Die Änd. des Inkrafttretens dieses G durch Art. 154a G v. 20.11.2019 (BGBl. I S. 1626) ist unbeachtlich, da das G bei Erlass des ÄndG bereits in Kraft getreten war.

- **Hessen:** Hessisches G zur Ausführung der VwGO idF der Bek. v. 27.10.1997 (GVBl. I S. 381), zuletzt geänd. durch G v. 24.5.2023 (GVBl. S. 348)
- **Mecklenburg-Vorpommern:** G zur Ausführung des GerichtsstrukturG v. 10.6.1992 (GVOBl. M-V S. 314, 363), zuletzt geänd. durch G v. 9.12.2022 (GVOBl. M-V S. 587)
- **Niedersachsen:** Niedersächsisches Justizgesetz v. 16.12.2014 (Nds. GVBl. S. 436), zuletzt geänd. durch G v. 22.3.2023 (Nds. GVBl. S. 32)
- **Nordrhein-Westfalen:** Justizgesetz Nordrhein-Westfalen v. 26.1.2010 (GV. NRW. S. 30), zuletzt geänd. durch G v. 6.12.2022 (GV. NRW. S. 1072)
- **Rheinland-Pfalz:** Landesgesetz zur Ausführung der VwGO idF der Bek. v. 5.12.1977 (GVBl. S. 451), zuletzt geänd. durch G v. 19.8.2014 (GVBl. S. 187)
- **Saarland:** Saarländisches AusführungsG zur VwGO v. 5.7.1960 (Amtsbl. S. 558), zuletzt geänd. durch G v. 20.4.2016 (Amtsbl. I S. 402)
- **Sachsen:** Sächsisches JustizG v. 24.11.2000 (SächsGVBl. S. 482; 2001 S. 704), zuletzt geänd. durch G v. 13.12.2023 (SächsGVBl. S. 884)
- **Sachsen-Anhalt:** G zur Ausführung der VwGO und des BDG v. 28.1.1992 (GVBl. LSA S. 36), zuletzt geänd. durch G v. 8.3.2021 (GVBl. LSA S. 88)
- **Thüringen:** Thüringer G zur Ausführung der VwGO idF der Bek. v. 15.12.1992 (GVBl. S. 576), zuletzt geänd. durch G v. 16.11.2023 (GVBl. S. 291).

### Nichtamtliche Inhaltsübersicht

#### Teil I. Gerichtsverfassung

##### 1. Abschnitt. Gerichte

##### 2. Abschnitt. Richter

##### 3. Abschnitt. Ehrenamtliche Richter

##### 4. Abschnitt. Vertreter des öffentlichen Interesses

6.  das Anlegen, die Erweiterung oder Änderung und den Betrieb von Verkehrs-flughäfen und von Verkehrslandeplätzen mit beschränktem Bauschutzbereich,

7.  Planfeststellungsverfahren für den Bau oder die Änderung der Strecken von Straßenbahnen, Magnetschwebebahnen und von öffentlichen Eisenbahnen sowie für den Bau oder die Änderung von Rangier- und Containerbahnhö-fen,

8.  Planfeststellungsverfahren für den Bau oder die Änderung von Bundesfern-straßen und Landesstraßen,

9.  Planfeststellungsverfahren für den Neubau oder den Ausbau von Bundes-wasserstraßen,

10. Planfeststellungsverfahren für Maßnahmen des öffentlichen Küsten- oder Hochwasserschutzes,

11. Planfeststellungsverfahren nach § 68 Absatz 1 des Wasserhaushaltsgesetzes[1] oder nach landesrechtlichen Vorschriften für die Errichtung, die Erweiterung oder die Änderung von Häfen, die für Wasserfahrzeuge mit mehr als 1350 Tonnen Tragfähigkeit zugänglich sind, unbeschadet der Nummer 9,

12. Planfeststellungsverfahren nach § 68 Absatz 1 des Wasserhaushaltsgesetzes für die Errichtung, die Erweiterung oder die Änderung von Wasserkraftanlagen mit einer elektrischen Nettoleistung von mehr als 100 Megawatt,

12a. Gewässerbenutzungen im Zusammenhang mit der aufgrund des Kohlever-stromungsbeendigungsgesetzes[2] vorgesehenen Einstellung von Braunkohleta-gebauen,

12b. Planfeststellungsverfahren für Gewässerausbauten im Zusammenhang mit der aufgrund des Kohleverstromungsbeendigungsgesetzes vorgesehenen Einstel-lung von Braunkohletagebauen,

13. Planfeststellungsverfahren nach dem Bundesberggesetz[3],

14. Zulassungen von

a) Rahmenbetriebsplänen,

b) Hauptbetriebsplänen,

c) Sonderbetriebsplänen und

d) Abschlussbetriebsplänen

sowie Grundabtretungsbeschlüsse, jeweils im Zusammenhang mit der auf-grund des Kohleverstromungsbeendigungsgesetzes vorgesehenen Einstellung von Braunkohletagebauen, und

15. Planfeststellungsverfahren nach § 65 Absatz 1 in Verbindung mit Anlage 1 Nummer 19.7 des Gesetzes über die Umweltverträglichkeitsprüfung[4] für die Errichtung und den Betrieb oder die Änderung von Dampf- oder Warm-wasserpipelines.

²Satz 1 gilt auch für Streitigkeiten über Genehmigungen, die anstelle einer Plan-feststellung erteilt werden, sowie für Streitigkeiten über sämtliche für das Vorhaben erforderlichen Genehmigungen und Erlaubnisse, auch soweit sie Nebeneinrich-tungen betreffen, die mit ihm in einem räumlichen und betrieblichen Zusammen-hang stehen. ³Die Länder können durch Gesetz vorschreiben, daß über Streitig-

---

[1] Nr. **845**.
[2] **Sartorius III Nr. 340.**
[3] **Sartorius III Nr. 460.**
[4] Nr. **295**.

keiten, die Besitzeinweisungen in den Fällen des Satzes 1 betreffen, das Oberverwaltungsgericht im ersten Rechtszug entscheidet.

(2) Das Oberverwaltungsgericht entscheidet im ersten Rechtszug ferner über Klagen gegen die von einer obersten Landesbehörde nach § 3 Abs. 2 Nr. 1 des Vereinsgesetzes[1] ausgesprochenen Vereinsverbote und nach § 8 Abs. 2 Satz 1 des Vereinsgesetzes erlassenen Verfügungen.

(3) Abweichend von § 21e Absatz 4 des Gerichtsverfassungsgesetzes[2] soll das Präsidium des Oberverwaltungsgerichts anordnen, dass ein Spruchkörper, der in einem Verfahren nach Absatz 1 Satz 1 Nummer 3 bis 15 tätig geworden ist, für dieses nach einer Änderung der Geschäftsverteilung zuständig bleibt.

**§ 49**[3] **[Instanzielle Zuständigkeit des Bundesverwaltungsgerichts]** Das Bundesverwaltungsgericht entscheidet über das Rechtsmittel

1. der Revision gegen Urteile des Oberverwaltungsgerichts nach § 132,
2. der Revision gegen Urteile des Verwaltungsgerichts nach §§ 134 und 135,
3. der Beschwerde nach § 99 Abs. 2 und § 133 Abs. 1 dieses Gesetzes sowie nach § 17a Abs. 4 Satz 4 des Gerichtsverfassungsgesetzes[2].

**§ 50**[4] **[Sachliche Zuständigkeit des Bundesverwaltungsgerichts]** (1) Das Bundesverwaltungsgericht entscheidet im ersten und letzten Rechtszug

1. über öffentlich-rechtliche Streitigkeiten nichtverfassungsrechtlicher Art zwischen dem Bund und den Ländern und zwischen verschiedenen Ländern,
2. über Klagen gegen die vom Bundesminister des Innern, für Bau und Heimat nach § 3 Abs. 2 Nr. 2 des Vereinsgesetzes[1] ausgesprochenen Vereinsverbote und nach § 8 Abs. 2 Satz 1 des Vereinsgesetzes erlassenen Verfügungen,
3. über Streitigkeiten gegen Abschiebungsanordnungen nach § 58a des Aufenthaltsgesetzes[5] und ihre Vollziehung, sowie den Erlass eines Einreise- und Aufenthaltsverbots auf dieser Grundlage,
4. über Klagen, denen Vorgänge im Geschäftsbereich des Bundesnachrichtendienstes zugrunde liegen,
5. über Klagen gegen Maßnahmen und Entscheidungen nach § 12 Absatz 3a des Abgeordnetengesetzes[6], nach den Vorschriften des Elften Abschnitts des Abge-

---

[1] Nr. **425**.
[2] **Habersack Nr. 95.**
[3] § 49 Nr. 3 geänd. durch G v. 1.11.1996 (BGBl. I S. 1626).
[4] § 50 Abs. 1 Nr. 4 geänd. mWv 1.1.2002 durch G v. 9.7.2001 (BGBl. I S. 1510) und mWv 1.1.2002 durch G v. 20.12.2001 (BGBl. I S. 3987); Abs. 1 Nr. 3 neu gef. mWv 1.1.2005 durch G v. 30.7.2004 (BGBl. I S. 1950); Abs. 1 Nr. 4 geänd. und Nr. 5 angef. mWv 18.10.2005 durch G v. 22.8.2005 (BGBl. I S. 2482 iVm Bek. v. 18.10.2005, BGBl. I S. 3007); Abs. 1 Nr. 5 geänd. und Nr. 6 angef. mWv 17.12.2006 durch G v. 9.12.2006 (BGBl. I S. 2833); Abs. 1 Nr. 6 geänd. mWv 26.8.2009 durch G v. 21.8.2009 (BGBl. I S. 2870); Abs. 1 Nr. 6 geänd. mWv 27.7.2013 durch G v. 23.7.2013 (BGBl. I S. 2543); Abs. 1 Nr. 5 neu gef. mWv 25.7.2015 durch G v. 17.7.2015 (BGBl. I S. 1322); Abs. 1 Nr. 3 geänd. mWv 21.8. 2019 durch G v. 15.8.2019 (BGBl. I S. 1294); Abs. 1 Nr. 2 geänd. mWv 27.6.2020 durch VO v. 19.6. 2020 (BGBl. I S. 1328); Abs. 1 Nr. 6 geänd. mWv 10.12.2020 durch G v. 3.12.2020 (BGBl. I S. 2682); Abs. 2 neu gef. mWv 10.12.2020 durch G v. 3.12.2020 (BGBl. I S. 2694); Abs. 1 Nr. 5 neu gef. mWv 19.10.2021 durch G v. 8.10.2021 (BGBl. I S. 4650); Abs. 1 Nr. 6 geänd. mWv 1.1.2023 durch G v. 20.7. 2022 (BGBl. I S. 1325); Abs. 1 Nr. 6 geänd., Nr. 7 angef. mWv 21.3.2023 durch G v. 14.3.2023 (BGBl. 2023 I Nr. 71); Abs. 1 Nr. 6 neu gef. mWv 29.12.2023 durch G v. 22.12.2023 (BGBl. 2023 I Nr. 409).
[5] Nr. **565**.
[6] Nr. **48**.

ordnetengesetzes, nach § 6b des Bundesministergesetzes[1] und nach § 7 des Gesetzes über die Rechtsverhältnisse der Parlamentarischen Staatssekretäre in Verbindung mit § 6b des Bundesministergesetzes,

6. über sämtliche Streitigkeiten, die Planfeststellungsverfahren und Plangenehmigungsverfahren für Vorhaben betreffen, die in dem Allgemeinen Eisenbahngesetz[2], dem Bundeswasserstraßengesetz[3], dem Energieleitungsausbaugesetz[4], dem Bundesbedarfsplangesetz[5], dem § 43e Absatz 4 des Energiewirtschaftsgesetzes[6], dem § 76 Absatz 1 des Windenergie-auf-See-Gesetzes oder dem Magnetschwebebahnplanungsgesetz bezeichnet sind, über sämtliche Streitigkeiten zu Verfahren im Sinne des § 17e Absatz 1 des Bundesfernstraßengesetzes[7], über sämtliche Streitigkeiten, die Vorhaben zur Errichtung und zur Anbindung von Terminals zum Import von Wasserstoff und Derivaten betreffen, sowie über die ihm nach dem LNG-Beschleunigungsgesetz[8] zugewiesenen Verfahren,

7. über die ihm nach dem Energiesicherungsgesetz[9] zugewiesenen Verfahren.

(2) In Verfahren nach Absatz 1 Nummer 6 ist § 48 Absatz 3 entsprechend anzuwenden.

(3) Hält das Bundesverwaltungsgericht nach Absatz 1 Nr. 1 eine Streitigkeit für verfassungsrechtlich, so legt es die Sache dem Bundesverfassungsgericht zur Entscheidung vor.

**§ 51**[10] **[Aussetzung bei Verfahren über Vereinsverbote]** (1) Ist gemäß § 5 Abs. 2 des Vereinsgesetzes[11] das Verbot des Gesamtvereins anstelle des Verbots eines Teilvereins zu vollziehen, so ist ein Verfahren über eine Klage dieses Teilvereins gegen das ihm gegenüber erlassene Verbot bis zum Erlaß der Entscheidung über eine Klage gegen das Verbot des Gesamtvereins auszusetzen.

(2) Eine Entscheidung des Bundesverwaltungsgerichts bindet im Falle des Absatzes 1 die Oberverwaltungsgerichte.

(3) Das Bundesverwaltungsgericht unterrichtet die Oberverwaltungsgerichte über die Klage eines Vereins nach § 50 Abs. 1 Nr. 2.

**§ 52**[12] **[Örtliche Zuständigkeit]** Für die örtliche Zuständigkeit gilt folgendes:

1. In Streitigkeiten, die sich auf unbewegliches Vermögen oder ein ortsgebundenes Recht oder Rechtsverhältnis beziehen, ist nur das Verwaltungsgericht örtlich zuständig, in dessen Bezirk das Vermögen oder der Ort liegt.

---

[1] Nr. **45**.
[2] **Sartorius III Nr. 200.**
[3] Nr. **971**.
[4] **Sartorius III Nr. 510.**
[5] **Sartorius III Nr. 512.**
[6] Nr. **830**.
[7] Nr. **932**.
[8] **Sartorius III Nr. 525.**
[9] **Sartorius III Nr. 500.**
[10] § 51 Abs. 1 geänd. und Abs. 2 aufgeh., bish. Abs. 3 wird Abs. 2 und geänd. durch G v. 1.11.1996 (BGBl. I S. 1626); Abs. 3 aufgeh., bish. Abs. 4 wird Abs. 3 durch G v. 18.6.1997 (BGBl. I S. 1430).
[11] Nr. **425.**
[12] § 52 Nr. 2 Satz 3 neu gef. durch G v. 26.6.1992 (BGBl. I S. 1126); Nr. 4 Satz 1 geänd. durch G v. 25.3.1997 (BGBl. I S. 726); Nr. 4 Sätze 1 und 2 geänd. mWv 1.1.2002 durch G v. 9.7.2001 (BGBl. I S. 1510); Nr. 3 Satz 2 geänd. durch G v. 5.8.2009 (BGBl. I S. 2449); Nr. 2 Satz 3 geänd., Satz 4 eingef., bish. Satz 4 wird Satz 5 mWv 24.10.2015 durch G v. 20.10.2015 (BGBl. I S. 1722); Nr. 2 Satz 5 geänd. mWv 24.6.2020 durch G v. 12.6.2020 (BGBl. I S. 1241).

2. [1] Bei Anfechtungsklagen gegen den Verwaltungsakt einer Bundesbehörde oder einer bundesunmittelbaren Körperschaft, Anstalt oder Stiftung des öffentlichen Rechts ist das Verwaltungsgericht örtlich zuständig, in dessen Bezirk die Bundesbehörde, die Körperschaft, Anstalt oder Stiftung ihren Sitz hat, vorbehaltlich der Nummern 1 und 4. [2] Dies gilt auch bei Verpflichtungsklagen in den Fällen des Satzes 1. [3] In Streitigkeiten nach dem Asylgesetz[1]) ist jedoch das Verwaltungsgericht örtlich zuständig, in dessen Bezirk der Ausländer nach dem Asylgesetz seinen Aufenthalt zu nehmen hat; ist eine örtliche Zuständigkeit danach nicht gegeben, bestimmt sie sich nach Nummer 3. [4] Soweit ein Land, in dem der Ausländer seinen Aufenthalt zu nehmen hat, von der Möglichkeit nach § 83 Absatz 3 des Asylgesetzes Gebrauch gemacht hat, ist das Verwaltungsgericht örtlich zuständig, das nach dem Landesrecht für Streitigkeiten nach dem Asylgesetz betreffend den Herkunftsstaat des Ausländers zuständig ist. [5] Für Klagen gegen den Bund auf Gebieten, die in die Zuständigkeit der diplomatischen und konsularischen Auslandsvertretungen der Bundesrepublik Deutschland fallen, auf dem Gebiet der Visumangelegenheiten auch, wenn diese in die Zuständigkeit des Bundesamts für Auswärtige Angelegenheiten fallen, ist das Verwaltungsgericht örtlich zuständig, in dessen Bezirk die Bundesregierung ihren Sitz hat.

3. [1] Bei allen anderen Anfechtungsklagen vorbehaltlich der Nummern 1 und 4 ist das Verwaltungsgericht örtlich zuständig, in dessen Bezirk der Verwaltungsakt erlassen wurde. [2] Ist er von einer Behörde, deren Zuständigkeit sich auf mehrere Verwaltungsgerichtsbezirke erstreckt, oder von einer gemeinsamen Behörde mehrerer oder aller Länder erlassen, so ist das Verwaltungsgericht zuständig, in dessen Bezirk der Beschwerte seinen Sitz oder Wohnsitz hat. [3] Fehlt ein solcher innerhalb des Zuständigkeitsbereichs der Behörde, so bestimmt sich die Zuständigkeit nach Nummer 5. [4] Bei Anfechtungsklagen gegen Verwaltungsakte einer von den Ländern mit der Vergabe von Studienplätzen beauftragten Behörde ist jedoch das Verwaltungsgericht örtlich zuständig, in dessen Bezirk die Behörde ihren Sitz hat. [5] Dies gilt auch bei Verpflichtungsklagen in den Fällen der Sätze 1, 2 und 4.

4. [1] Für alle Klagen aus einem gegenwärtigen oder früheren Beamten-, Richter-, Wehrpflicht-, Wehrdienst- oder Zivildienstverhältnis und für Streitigkeiten, die sich auf die Entstehung eines solchen Verhältnisses beziehen, ist das Verwaltungsgericht örtlich zuständig, in dessen Bezirk der Kläger oder Beklagte seinen dienstlichen Wohnsitz oder in Ermangelung dessen seinen Wohnsitz hat. [2] Hat der Kläger oder Beklagte keinen dienstlichen Wohnsitz oder keinen Wohnsitz innerhalb des Zuständigkeitsbereichs der Behörde, die den ursprünglichen Verwaltungsakt erlassen hat, so ist das Gericht örtlich zuständig, in dessen Bezirk diese Behörde ihren Sitz hat. [3] Die Sätze 1 und 2 gelten für Klagen nach § 79 des *Gesetzes zur Regelung der Rechtsverhältnisse der unter Artikel 131 des Grundgesetzes fallenden Personen*[2]) entsprechend.

5. In allen anderen Fällen ist das Verwaltungsgericht örtlich zuständig, in dessen Bezirk der Beklagte seinen Sitz, Wohnsitz oder in Ermangelung dessen seinen Aufenthalt hat oder seinen letzten Wohnsitz oder Aufenthalt hatte.

**§ 53 [Bestimmung des zuständigen Gerichts]** (1) Das zuständige Gericht innerhalb der Verwaltungsgerichtsbarkeit wird durch das nächsthöhere Gericht bestimmt,

---

[1]) Nr. **567**.
[2]) **Aufgehoben mWv 1.10.1994** durch G v. 20.9.1994 (BGBl. I S. 2442).

1. wenn das an sich zuständige Gericht in einem einzelnen Fall an der Ausübung der Gerichtsbarkeit rechtlich oder tatsächlich verhindert ist,
2. wenn es wegen der Grenzen verschiedener Gerichtsbezirke ungewiß ist, welches Gericht für den Rechtsstreit zuständig ist,
3. wenn der Gerichtsstand sich nach $\S$ 52 richtet und verschiedene Gerichte in Betracht kommen,
4. wenn verschiedene Gerichte sich rechtskräftig für zuständig erklärt haben,

*(Fortsetzung nächstes Blatt)*

(6) [1] Die Vollmacht ist schriftlich zu den Gerichtsakten einzureichen. [2] Sie kann nachgereicht werden; hierfür kann das Gericht eine Frist bestimmen. [3] Der Mangel der Vollmacht kann in jeder Lage des Verfahrens geltend gemacht werden. [4] Das Gericht hat den Mangel der Vollmacht von Amts wegen zu berücksichtigen, wenn nicht als Bevollmächtigter ein Rechtsanwalt auftritt. [5] Ist ein Bevollmächtigter bestellt, sind die Zustellungen oder Mitteilungen des Gerichts an ihn zu richten.

(7) [1] In der Verhandlung können die Beteiligten mit Beiständen erscheinen. [2] Beistand kann sein, wer in Verfahren, in denen die Beteiligten den Rechtsstreit selbst führen können, als Bevollmächtigter zur Vertretung in der Verhandlung befugt ist. [3] Das Gericht kann andere Personen als Beistand zulassen, wenn dies sachdienlich ist und hierfür nach den Umständen des Einzelfalls ein Bedürfnis besteht. [4] Absatz 3 Satz 1 und 3 und Absatz 5 gelten entsprechend. [5] Das von dem Beistand Vorgetragene gilt als von dem Beteiligten vorgebracht, soweit es nicht von diesem sofort widerrufen oder berichtigt wird.

**§ 67a**[1] **[Gemeinsamer Bevollmächtigter]** (1) [1] Sind an einem Rechtsstreit mehr als zwanzig Personen im gleichen Interesse beteiligt, ohne durch einen Prozeßbevollmächtigten vertreten zu sein, kann das Gericht ihnen durch Beschluß aufgeben, innerhalb einer angemessenen Frist einen gemeinsamen Bevollmächtigten zu bestellen, wenn sonst die ordnungsgemäße Durchführung des Rechtsstreits beeinträchtigt wäre. [2] Bestellen die Beteiligten einen gemeinsamen Bevollmächtigten nicht innerhalb der ihnen gesetzten Frist, kann das Gericht einen Rechtsanwalt als gemeinsamen Vertreter durch Beschluß bestellen. [3] Die Beteiligten können Verfahrenshandlungen nur durch den gemeinsamen Bevollmächtigten oder Vertreter vornehmen. [4] Beschlüsse nach den Sätzen 1 und 2 sind unanfechtbar.

(2) [1] Die Vertretungsmacht erlischt, sobald der Vertreter oder der Vertretene dies dem Gericht schriftlich oder zu Protokoll des Urkundsbeamten der Geschäftsstelle erklärt; der Vertreter kann die Erklärung nur hinsichtlich aller Vertretenen abgeben. [2] Gibt der Vertretene eine solche Erklärung ab, so erlischt die Vertretungsmacht nur, wenn zugleich die Bestellung eines anderen Bevollmächtigten angezeigt wird.

## 8. Abschnitt. Besondere Vorschriften für Anfechtungs- und Verpflichtungsklagen

**§ 68**[2] **[Vorverfahren]** (1) [1] Vor Erhebung der Anfechtungsklage sind Rechtmäßigkeit und Zweckmäßigkeit des Verwaltungsakts in einem Vorverfahren nachzuprüfen. [2] Einer solchen Nachprüfung bedarf es nicht, wenn ein Gesetz dies bestimmt oder wenn

1. der Verwaltungsakt von einer obersten Bundesbehörde oder von einer obersten Landesbehörde erlassen worden ist, außer wenn ein Gesetz die Nachprüfung vorschreibt, oder
2. der Abhilfebescheid oder der Widerspruchsbescheid erstmalig eine Beschwer enthält.

(2) Für die Verpflichtungsklage gilt Absatz 1 entsprechend, wenn der Antrag auf Vornahme des Verwaltungsakts abgelehnt worden ist.

---

[1] § 67a Abs. 1 Satz 1 geänd. durch G v. 1.11.1996 (BGBl. I S. 1626); Abs. 2 Satz 2 geänd. mWv 1.1. 2018 durch G v. 5.7.2017 (BGBl. I S. 2208).
[2] § 68 Abs. 1 Satz 2 einl. Satzteil geänd. und Nr. 2 neu gef. durch G v. 1.11.1996 (BGBl. I S. 1626).

**§ 69 [Widerspruch]** Das Vorverfahren beginnt mit der Erhebung des Widerspruchs.

**§ 70[1) [Form und Frist des Widerspruchs]** (1) [1]Der Widerspruch ist innerhalb eines Monats, nachdem der Verwaltungsakt dem Beschwerten bekanntgegeben worden ist, schriftlich, in elektronischer Form nach § 3a Absatz 2 des Verwaltungsverfahrensgesetzes[2)], schriftformersetzend nach § 3a Absatz 3 des Verwaltungsverfahrensgesetzes und § 9a Absatz 5 des Onlinezugangsgesetzes[3)] oder zur Niederschrift bei der Behörde zu erheben, die den Verwaltungsakt erlassen hat. [2]Die Frist wird auch durch Einlegung bei der Behörde, die den Widerspruchsbescheid zu erlassen hat, gewahrt.

(2) §§ 58 und 60 Abs. 1 bis 4 gelten entsprechend.

**§ 71[4) Anhörung.** Ist die Aufhebung oder Änderung eines Verwaltungsakts im Widerspruchsverfahren erstmalig mit einer Beschwer verbunden, soll der Betroffene vor Erlaß des Abhilfebescheids oder des Widerspruchsbescheids gehört werden.

**§ 72 [Abhilfe]** Hält die Behörde den Widerspruch für begründet, so hilft sie ihm ab und entscheidet über die Kosten.

**§ 73[5) [Widerspruchsbescheid]** (1) [1]Hilft die Behörde dem Widerspruch nicht ab, so ergeht ein Widerspruchsbescheid. [2]Diesen erläßt

1. die nächsthöhere Behörde, soweit nicht durch Gesetz eine andere höhere Behörde bestimmt wird,

2. wenn die nächsthöhere Behörde eine oberste Bundes- oder oberste Landesbehörde ist, die Behörde, die den Verwaltungsakt erlassen hat,

3. in Selbstverwaltungsangelegenheiten die Selbstverwaltungsbehörde, soweit nicht durch Gesetz anderes bestimmt wird.

[3]Abweichend von Satz 2 Nr. 1 kann durch Gesetz bestimmt werden, dass die Behörde, die den Verwaltungsakt erlassen hat, auch für die Entscheidung über den Widerspruch zuständig ist.

(2) [1]Vorschriften, nach denen im Vorverfahren des Absatzes 1 Ausschüsse oder Beiräte an die Stelle einer Behörde treten, bleiben unberührt. [2]Die Ausschüsse oder Beiräte können abweichend von Absatz 1 Nr. 1 auch bei der Behörde gebildet werden, die den Verwaltungsakt erlassen hat.

(3) [1]Der Widerspruchsbescheid ist zu begründen, mit einer Rechtsmittelbelehrung zu versehen und zuzustellen. [2]Zugestellt wird von Amts wegen nach

---

[1)] § 70 Abs. 1 Satz 1 geänd. mWv 1.1.2018 durch G v. 5.7.2017 (BGBl. I S. 2208); Abs. 1 Satz 1 geänd. mWv 1.1.2024 durch G v. 4.12.2023 (BGBl. 2023 I Nr. 344).
[2)] Nr. **100**.
[3)] **Sartorius III Nr. 718.**
[4)] § 71 neu gef. durch G v. 1.11.1996 (BGBl. I S. 1626).
[5)] § 73 Abs. 1 Satz 3 angef. mWv 11.5.2000 durch G v. 3.5.2000 (BGBl. I S. 632); Abs. 3 Satz 2 eingef., bish. Satz 2 wird Satz 3 mWv 1.7.2002 durch G v. 25.6.2001 (BGBl. I S. 1206).

# 620. Wehrpflichtgesetz (WPflG)

In der Fassung der Bekanntmachung vom 15. August 2011[1]

(BGBl. I S. 1730)

**FNA 50-1**

geänd. durch Art. 8 Bundeswehrreform-Begleitgesetz v. 21.7.2012 (BGBl. I S. 1583), Art. 2 Abs. 3 15. G zur Änd. des SoldatenG v. 8.4.2013 (BGBl. I S. 730), Art. 2 Abs. 8 G zur Fortentwicklung des Meldewesens v. 3.5.2013 (BGBl. I S. 1084, geänd. durch G v. 20.11.2014, BGBl. I S. 1738), Art. 4 Bundeswehr-Einsatzbereitschaftsstärkungsgesetz v. 4.8.2019 (BGBl. I S. 1147), Art. 187 Elfte Zuständig-keitsanpassungsVO v. 19.6.2020 (BGBl. I S. 1328), Art. 12 G zur Regelung des Erscheinungsbilds von Beamtinnen und Beamten sowie zur Änd. weiterer dienstrechtlicher Vorschriften v. 28.6.2021 (BGBl. I S. 2250) und Art. 2 G zur Beschleunigung der Entfernung von verfassungsfeindlichen Soldatinnen und Soldaten aus der Bundeswehr sowie zur Änd. weiterer soldatenrechtlicher Vorschriften v. 20.12.2023 (BGBl. 2023 I Nr. 392)

## Inhaltsübersicht[2]

### Abschnitt 1. Wehrpflicht
#### Unterabschnitt 1. Umfang der Wehrpflicht

---

[1] Neubekanntmachung des WehrpflichtG idF der Bek. v. 16.9.2008 (BGBl. I S. 1886) in der ab 1.7. 2011 geltenden Fassung.
[2] Inhaltsübersicht geänd. mWv 13.4.2013 durch G v. 8.4.2013 (BGBl. I S. 730); geänd. mWv 9.8.2019 durch G v. 4.8.2019 (BGBl. I S. 1147).

# Abschnitt 1. Wehrpflicht

## Unterabschnitt 1. Umfang der Wehrpflicht

**§ 1 Allgemeine Wehrpflicht.** (1) Wehrpflichtig sind alle Männer vom vollendeten 18. Lebensjahr an, die Deutsche im Sinne des Grundgesetzes[1]) sind und

1. ihren ständigen Aufenthalt in der Bundesrepublik Deutschland haben oder

2. ihren ständigen Aufenthalt außerhalb der Bundesrepublik Deutschland haben und entweder

    a) ihren früheren ständigen Aufenthalt in der Bundesrepublik Deutschland hatten oder

    b) einen Pass oder eine Staatsangehörigkeitsurkunde der Bundesrepublik Deutschland besitzen oder sich auf andere Weise ihrem Schutz unterstellt haben.

---

[1]) Nr. **1**.

des Wehrdienstes geleisteten anderen Dienstes eine Versicherung des Wehrpflichtigen an Eides statt verlangen.

**§ 8a Tauglichkeitsgrade; Verwendungsgrade.** (1) Folgende Tauglichkeitsgrade werden festgesetzt:
− wehrdienstfähig,
− vorübergehend nicht wehrdienstfähig,
− nicht wehrdienstfähig.

(2) [1] Wehrdienstfähige Wehrpflichtige sind nach Maßgabe des ärztlichen Urteils voll verwendungsfähig oder verwendungsfähig mit Einschränkung für bestimmte Tätigkeiten. [2] Im Rahmen ihrer Verwendungsfähigkeit stehen sie für den Wehrdienst zur Verfügung, soweit dieses Gesetz nichts anderes bestimmt.

### Unterabschnitt 3. Wehrdienstausnahmen

**§ 9 Wehrdienstunfähigkeit.** Zum Wehrdienst wird nicht herangezogen, wer nicht wehrdienstfähig ist.

**§ 10[1] Ausschluss vom Wehrdienst.** Vom Wehrdienst ist ausgeschlossen,
1. wer durch ein deutsches Gericht wegen eines Verbrechens zu Freiheitsstrafe von mindestens einem Jahr oder wegen einer vorsätzlichen Tat, die nach den Vorschriften über Friedensverrat, Hochverrat, Gefährdung des demokratischen Rechtsstaates oder Landesverrat, Gefährdung der äußeren Sicherheit oder Volksverhetzung strafbar ist, zu Freiheitsstrafe von sechs Monaten oder mehr verurteilt worden ist, es sei denn, dass die Eintragung über die Verurteilung im Zentralregister getilgt ist,
2. wer infolge Richterspruchs die Fähigkeit zur Bekleidung öffentlicher Ämter nicht besitzt,
3. wer einer Maßregel der Besserung und Sicherung nach den §§ 64, 66, 66a oder 66b des Strafgesetzbuches[2] unterworfen ist, solange die Maßregel nicht erledigt ist,
4. wer unveränderliche Merkmale des Erscheinungsbilds aufweist, die mit den Vorgaben der Rechtsverordnung nach § 4 Absatz 4 des Soldatengesetzes[3] nicht vereinbar sind.

**§ 11[4] Befreiung vom Wehrdienst.** (1) Vom Wehrdienst sind befreit
1. ordinierte Geistliche evangelischen Bekenntnisses,
2. Geistliche römisch-katholischen Bekenntnisses, die die Diakonatsweihe empfangen haben,
3. hauptamtlich tätige Geistliche anderer Bekenntnisse, deren Amt dem eines ordinierten Geistlichen evangelischen oder eines Geistlichen römisch-katholischen Bekenntnisses, der die Diakonatsweihe empfangen hat, entspricht,
4. schwerbehinderte Menschen,

---

[1] § 10 Nr. 3 geänd., Nr. 4 angef. mWv 7.7.2021 durch G v. 28.6.2021 (BGBl. I S. 2250); Nr. 1 geänd. mWv 23.12.2023 durch G v. 20.12.2023 (BGBl. 2023 I Nr. 392).
[2] **Habersack Nr. 85.**
[3] **Sartorius III Nr. 850.**
[4] § 11 Abs. 2 Satz 2 geänd. mWv 9.8.2019 durch G v. 4.8.2019 (BGBl. I S. 1147).

5. Wehrpflichtige, die auf Grund eines völkerrechtlichen Vertrages für die Dauer einer Tätigkeit in einer internationalen Behörde eine entsprechende Befreiung genießen.

(2) [1] Vom Wehrdienst sind Wehrpflichtige auf Antrag zu befreien,

1. deren Vater, Mutter, Bruder oder Schwester an den Folgen einer Wehr- oder Zivildienstbeschädigung verstorben ist,

2. deren zwei Geschwister

   a) Grundwehrdienst von der in § 5 Absatz 1a bestimmten Dauer,

   b) Zivildienst von der in § 24 Absatz 2 des Zivildienstgesetzes[1] bestimmten Dauer,

   c) Dienst im Zivilschutz oder Katastrophenschutz nach § 13a Absatz 1 Satz 1 dieses Gesetzes oder nach § 14 Absatz 1 des Zivildienstgesetzes,

   d) Entwicklungsdienst nach § 13b Absatz 1 dieses Gesetzes oder nach § 14a Absatz 1 des Zivildienstgesetzes,

   e) einen anderen Dienst im Ausland nach § 14b Absatz 1 des Zivildienstgesetzes,

   f) einen freiwilligen Dienst nach dem Jugendfreiwilligendienstegesetz[2] von mindestens sechs Monaten,

   g) ein freies Arbeitsverhältnis nach § 15a Absatz 1 des Zivildienstgesetzes oder

   h) Wehrdienst von höchstens zwei Jahren Dauer als Soldatin auf Zeit oder Soldat auf Zeit

   geleistet haben oder

3. die

   a) verheiratet sind,

   b) eingetragene Lebenspartner sind oder

   c) die elterliche Sorge gemeinsam oder als Alleinerziehende ausüben.

[2] Der Antrag ist frühestens nach Mitteilung der Erfassung durch die Erfassungsbehörde (§ 15 Absatz 1 Satz 2) und spätestens bis zum Abschluss der Musterung schriftlich, elektronisch oder zur Niederschrift beim Karrierecenter der Bundeswehr zu stellen, es sei denn, der Befreiungsgrund tritt erst später ein oder wird später bekannt. [3] Er ist zu begründen.

**§ 12 Zurückstellung vom Wehrdienst.** (1) Vom Wehrdienst wird zurückgestellt,

1. wer vorübergehend nicht wehrdienstfähig ist,

2. wer, abgesehen von den Fällen des § 10, Freiheitsstrafe, Strafarrest, Jugendstrafe oder Jugendarrest verbüßt, sich in Untersuchungshaft befindet oder nach § 63 des Strafgesetzbuches[3] in einem psychiatrischen Krankenhaus untergebracht ist.

(1a) Vom Wehrdienst wird ferner zurückgestellt, wer auf Grund eines völkerrechtlichen Vertrages für die Dauer einer Tätigkeit in einer internationalen Behörde nicht zum Wehrdienst herangezogen werden kann.

(2) [1] Vom Wehrdienst werden Wehrpflichtige, die sich auf das geistliche Amt (§ 11) vorbereiten, auf Antrag zurückgestellt. [2] Hierzu sind beizubringen:

---

[1] Nr. **625**.
[2] Nr. **390**.
[3] **Habersack Nr. 85.**

**§ 29[1] Entlassung.** (1) [1]Ein Soldat, der nach Maßgabe dieses Gesetzes Wehrdienst leistet, ist mit Ablauf der für den Wehrdienst im Einberufungsbescheid festgesetzten Dienstzeit zu entlassen; Zeiten, für die gegenüber einem in die Truppe eingegliederten Soldaten ein Nachdienen gemäß § 5 Absatz 3 Satz 1 Nummer 1, 2, 4 oder Nummer 5 seitens des für die Entlassung zuständigen Vorgesetzten anzuordnen ist, sind, soweit die Nachdienverfügung vor dem Ende der regulären Dienstzeit bekannt gegeben werden kann, in die Entlassungsverfügung einzubeziehen. [2]Satz 1 erster Teilsatz gilt nicht, wenn

1. der Endzeitpunkt kalendermäßig bestimmt ist,
2. eine Wehrübung vor Ablauf der im Einberufungsbescheid festgesetzten Zeit endet (Absatz 7),
3. Bereitschaftsdienst nach § 6 Absatz 6 angeordnet wird oder der Spannungs- oder Verteidigungsfall eingetreten ist.

[3]Im Übrigen ist er zu entlassen, wenn

1. die Anordnung des Bereitschaftsdienstes nach § 6 Absatz 6 aufgehoben wird, es sei denn, dass der Spannungs- oder Verteidigungsfall eingetreten ist,
2. seine Verwendung während des Spannungs- oder Verteidigungsfalles beendet ist,
3. sich herausstellt, dass die Voraussetzungen des § 1 nicht erfüllt sind oder im Frieden die Wehrpflicht des Soldaten endet,
4. der Einberufungsbescheid aufgehoben wird, eine zwingende Wehrdienstausnahme vorliegt – in den Fällen des § 11 erst nach Befreiung durch das Karrierecenter der Bundeswehr – oder wenn innerhalb des ersten Monats des Grundwehrdienstes im Rahmen der Einstellungsuntersuchung festgestellt wird, dass der Soldat wegen einer Gesundheitsstörung dauernd oder voraussichtlich für einen Zeitraum von mehr als einem Monat vorübergehend dienstunfähig ist,
5. nach dem bisherigen Verhalten durch sein Verbleiben in der Bundeswehr die militärische Ordnung oder die Sicherheit der Truppe ernstlich gefährdet würde,
6. bei ihm die Voraussetzungen des § 46 Absatz 2a des Soldatengesetzes[2] vorliegen,
7. er als Kriegsdienstverweigerer anerkannt ist, soweit er nicht nach § 19 Absatz 2 des Zivildienstgesetzes[3] in den Zivildienst überführt wird,
8. er seiner Aufstellung für die Wahl zum Deutschen Bundestag, zu einem Landtag oder zum Europäischen Parlament zugestimmt hat,
9. er unabkömmlich gestellt ist,
10. er nach § 12 Absatz 7 zurückgestellt ist.

(2) [1]Er ist ferner zu entlassen, wenn er wegen seines körperlichen Zustandes oder aus gesundheitlichen Gründen zur Erfüllung seiner Dienstpflichten dauernd unfähig (dienstunfähig) ist. [2]Auf seinen Antrag kann er auch dann entlassen werden, wenn die Wiederherstellung seiner Dienstfähigkeit innerhalb der gesetzlichen Wehrdienstzeit nicht zu erwarten ist. [3]Er ist verpflichtet, sich von Ärzten der

---

[1] § 29 Abs. 1 Satz 3 Nr. 4 geänd. mWv 9.8.2019 durch G v. 4.8.2019 (BGBl. I S. 1147); Abs. 1 Satz 3 Nr. 6 eingef., bish. Nr. 6–9 werden Nr. 7–10 mWv 23.12.2023 durch G v. 20.12.2023 (BGBl. 2023 I Nr. 392).
[2] **Sartorius III Nr. 850.**
[3] Nr. **625.**

Bundeswehr oder von hierzu bestimmten Ärzten untersuchen zu lassen. [4]Auf die Untersuchung ist § 17 Absatz 6 anzuwenden. [5]Das Recht des Soldaten, darüber hinaus Gutachten von Ärzten seiner Wahl einzuholen, bleibt unberührt. [6]Die über die Entlassung entscheidende Dienststelle kann auch andere Beweise erheben.

(3) (weggefallen)

(4) Der Soldat kann entlassen werden, wenn

1. das Verbleiben in der Bundeswehr für ihn wegen persönlicher, insbesondere häuslicher, beruflicher oder wirtschaftlicher Gründe eine besondere Härte bedeuten würde, die Wehrersatzbehörde angehört wurde, er seine Entlassung beantragt hat und dies seine Zurückstellung vom Wehrdienst nach § 12 Absatz 4 rechtfertigt,

2. gegen ihn auf Freiheitsstrafe oder Strafarrest von drei Monaten oder mehr oder auf eine nicht zur Bewährung ausgesetzte Jugendstrafe erkannt ist oder

3. die Aussetzung einer Jugendstrafe zur Bewährung widerrufen wird.

(5) [1]Die Entlassung wird von der Stelle verfügt, die nach § 4 Absatz 2 des Soldatengesetzes für die Ernennung des Soldaten zuständig wäre oder der die Ausübung des Entlassungsrechts übertragen worden ist. [2]Die Entlassung nach Absatz 1 Satz 2 Nummer 1 und 2 aus einer Wehrübung, deren Endzeitpunkt nicht kalendermäßig bestimmt ist oder die vor Ablauf der im Einberufungsbescheid festgesetzten Zeit beendet wird (Absatz 7), sowie die Entlassung nach Absatz 1 Satz 3 Nummer 6, 8 und 9 verfügt der nächste Disziplinarvorgesetzte; das Gleiche gilt, wenn im Rahmen der Einstellungsuntersuchung im Bereitschafts-, Spannungs- oder Verteidigungsfall die vorübergehende Wehrdienstunfähigkeit oder die Wehrdienstunfähigkeit sowie im Frieden im Falle des Grundwehrdienstes die vorübergehende Dienstunfähigkeit oder die Dienstunfähigkeit des Soldaten festgestellt wird.

(6) [1]Ein Soldat, der sich schuldhaft von seiner Truppe oder Dienststelle fernhält oder bei dem die Vollziehung des Einberufungsbescheides ausgesetzt ist, gilt mit dem Tag als entlassen, an dem er hätte entlassen werden müssen, wenn er stattdessen Dienst geleistet hätte. [2]Seine Pflicht, Tage der schuldhaften Abwesenheit nachzudienen (§ 5 Absatz 3), bleibt unberührt.

(7) Vor Ablauf der im Einberufungsbescheid festgesetzten Zeit kann die Wehrübung nach Absatz 1 Satz 2 Nummer 2 beendet werden, wenn ein Vorgesetzter mit der Disziplinarbefugnis mindestens eines Bataillonskommandeurs festgestellt hat, dass der mit der Wehrübung verfolgte Zweck entfallen ist und eine andere Verwendung im Hinblick auf die Ausbildung für die bestehende oder künftige Verwendung in einem Spannungs- oder Verteidigungsfall nicht erfolgen kann.

**§ 29a Verlängerung des Wehrdienstes bei stationärer truppenärztlicher Behandlung.** [1]Befindet sich ein Soldat, der nach Maßgabe dieses Gesetzes Wehrdienst leistet, im Entlassungszeitpunkt in stationärer truppenärztlicher Behandlung, so endet der Wehrdienst, zu dem er einberufen wurde,

1. wenn die stationäre truppenärztliche Behandlung beendet ist, spätestens jedoch drei Monate nach dem Entlassungszeitpunkt, oder

2. wenn er innerhalb der drei Monate schriftlich erklärt, dass er mit der Fortsetzung des Wehrdienstverhältnisses nicht einverstanden ist, mit dem Tage der Abgabe dieser Erklärung.

[2]Das Wehrdienstverhältnis des Soldaten bleibt hiervon unberührt.

**§ 29b Verlängerung des Wehrdienstes aus sonstigen Gründen.** [1] Ist ein Soldat während einer besonderen Auslandsverwendung wegen Verschleppung, Gefangenschaft oder aus sonstigen mit dem Dienst zusammenhängenden Gründen, die er nicht zu vertreten hat, dem Einflussbereich des Dienstherrn entzogen, so ist er mit Ablauf des auf die Beendigung dieses Zustandes folgenden Monats zu entlassen. [2] Das gilt auch bei anderen Verwendungen im Ausland mit vergleichbarer Gefährdungslage.

**§ 30[1]) Ausschluss aus der Bundeswehr und Verlust des Dienstgrades.**

(1) [1] Ein Soldat, der nach Maßgabe dieses Gesetzes Wehrdienst leistet, ist aus der Bundeswehr ausgeschlossen, wenn gegen ihn durch Urteil eines deutschen Gerichts auf die in § 10 bezeichneten Strafen, Maßregeln oder Nebenfolgen erkannt wird. [2] Er verliert seinen Dienstgrad; dies gilt auch, wenn er wegen schuldhafter Verletzung seiner Dienstpflichten nach § 29 Absatz 1 Satz 3 Nummer 5 oder nach § 29 Absatz 1 Satz 3 Nummer 6 entlassen wird.

(2) Ein Wehrpflichtiger verliert seinen Dienstgrad, wenn gegen ihn durch ein deutsches Gericht erkannt wird

1. auf die in § 38 Absatz 1 des Soldatengesetzes[2]) bezeichneten Strafen, Maßregeln oder Nebenfolgen oder

2. wegen vorsätzlich begangener Tat auf Freiheitsstrafe von mindestens einem Jahr.

(3) [1] Ein Wehrpflichtiger verliert seinen Dienstgrad ferner, wenn er als Kriegsdienstverweigerer anerkannt wird. [2] Leistet er in diesem Zeitpunkt nach Maßgabe dieses Gesetzes Wehrdienst, tritt der Verlust des Dienstgrades mit dem Ende des Wehrdienstes ein.

**§ 31 Wiederaufnahme des Verfahrens.** [1] Wird ein Urteil mit den Folgen des § 30 im Wiederaufnahmeverfahren durch ein Urteil ersetzt, das diese Folgen nicht hat, so gilt der Verlust des Dienstgrades als nicht eingetreten. [2] Die Beendigung des Wehrdienstes durch einen Ausschluss darf für die Erfüllung der Wehrpflicht nicht zum Nachteil des Betroffenen geltend gemacht werden.

## Abschnitt 5. Rechtsbehelfe; Rechtsmittel

**§ 32 Rechtsweg.** Für Rechtsstreitigkeiten bei der Ausführung dieses Gesetzes ist der Verwaltungsrechtsweg gegeben.

**§ 33[3]) Besondere Vorschriften für das Vorverfahren.** (1) [1] Der Widerspruch gegen Verwaltungsakte, die auf Grund dieses Gesetzes durch die Wehrersatzbehörden ergehen, ist binnen zwei Wochen nach Zustellung des Bescheides schriftlich oder zur Niederschrift bei der Behörde zu erheben, die den Verwaltungsakt erlassen hat. [2] Die Frist wird auch durch Einlegung bei der Behörde, die den Widerspruchsbescheid zu erlassen hat, gewahrt.

(2) Der Widerspruch gegen den Musterungsbescheid (§ 19 Absatz 4) hat aufschiebende Wirkung.

(3) [1] Über den Widerspruch gegen den Musterungsbescheid entscheidet das Bundesamt für das Personalmanagement der Bundeswehr. [2] § 19 gilt entsprechend.

---

[1]) § 30 Abs. 1 Satz 2 geänd. mWv 23.12.2023 durch G v. 20.12.2023 (BGBl. 2023 I Nr. 392).
[2]) **Sartorius III Nr. 850.**
[3]) § 33 Abs. 3 Satz 1, Abs. 4 Satz 1 geänd. mWv 9.8.2019 durch G v. 4.8.2019 (BGBl. I S. 1147).

(4) [1] Über den Widerspruch gegen den Einberufungsbescheid (§§ 21 und 23) entscheidet das Bundesamt für das Personalmanagement der Bundeswehr. [2] Der Widerspruch gegen den Einberufungsbescheid, der Widerspruch gegen die Aufhebung eines Einberufungsbescheides und der Widerspruch gegen den Tauglichkeitsüberprüfungsbescheid haben keine aufschiebende Wirkung.

(5) Ist der Musterungsbescheid unanfechtbar geworden, so ist ein Rechtsbehelf gegen den Einberufungsbescheid nur insoweit zulässig, als eine Rechtsverletzung durch den Einberufungsbescheid selbst geltend gemacht wird.

**§ 34 Rechtsmittel gegen Entscheidungen des Verwaltungsgerichts.** [1] Die Berufung gegen ein Urteil und die Beschwerde gegen eine andere Entscheidung des Verwaltungsgerichts sind ausgeschlossen. [2] Das gilt nicht für die Beschwerde gegen die Nichtzulassung der Revision nach § 135 in Verbindung mit § 133 der Verwaltungsgerichtsordnung[1]) und die Beschwerde gegen Beschlüsse über den Rechtsweg nach § 17a Absatz 2 und 3 des Gerichtsverfassungsgesetzes[2]). [3] Auf die Beschwerde gegen Beschlüsse über den Rechtsweg findet § 17a Absatz 4 Satz 4 bis 6 des Gerichtsverfassungsgesetzes entsprechende Anwendung.

**§ 35[3]) Besondere Vorschriften für die Anfechtungsklage.** [1] Die Anfechtungsklage gegen den Musterungsbescheid, die Anfechtungsklage gegen den Tauglichkeitsüberprüfungsbescheid, die Anfechtungsklage gegen den Einberufungsbescheid und die Anfechtungsklage gegen die Aufhebung des Einberufungsbescheides haben keine aufschiebende Wirkung. [2] Das Gericht kann auf Antrag die aufschiebende Wirkung anordnen. [3] Vor der Anordnung ist das Bundesamt für das Personalmanagement der Bundeswehr zu hören.

## Abschnitt 6. Einschränkung von Grundrechten, Sonder-, Bußgeld- und Übergangsvorschriften

**§§ 36 bis 41** (weggefallen)

**§ 42[4]) Sondervorschriften für Angehörige des Polizeivollzugsdienstes.**

(1) Wehrpflichtige, die dem Vollzugsdienst der Polizei angehören oder für diesen durch schriftlichen Bescheid angenommen sind, werden für die Dauer ihrer Zugehörigkeit nicht zum Wehrdienst herangezogen.

*(Fortsetzung nächstes Blatt)*

---

[1]) **Nr. 600.**
[2]) **Habersack Nr. 95.**
[3]) § 35 Satz 3 geänd. mWv 9.8.2019 durch G v. 4.8.2019 (BGBl. I S. 1147).
[4]) § 42 Abs. 2 Satz 1 geänd. mWv 9.8.2019 durch G v. 4.8.2019 (BGBl. I S. 1147).

## 627. Gesetz über den Bundesfreiwilligendienst (Bundesfreiwilligendienstgesetz – BFDG)[1][2]

### Vom 28. April 2011
### (BGBl. I S. 687)

FNA 2173-2

geänd. durch Art. 5, Art. 15 Abs. 5 AsylverfahrensbeschleunigungsG v. 20.10.2015 (BGBl. I S. 1722), Art. 1 G zur Einführung einer Teilzeitmöglichkeit in den Jugendfreiwilligendiensten sowie im Bundesfreiwilligendienst für Personen vor Vollendung des 27. Lebensjahres v. 6.5.2019 (BGBl. I S. 644), Art. 37 Zweites Datenschutz–Anpassungs- und Umsetzungsgesetz EU v. 20.11.2019 (BGBl. I S. 1626), Art. 50 G zur Regelung des Sozialen Entschädigungsrechts v. 12.12.2019 (BGBl. I S. 2652) und Art. 81 G über die Entschädigung der Soldatinnen und Soldaten und zur Neuordnung des Soldatenversorgungsrechts v. 20.8. 2021 (BGBl. I S. 3932)

**§ 1 Aufgaben des Bundesfreiwilligendienstes.** [1]Im Bundesfreiwilligendienst engagieren sich Frauen und Männer für das Allgemeinwohl, insbesondere im sozialen, ökologischen und kulturellen Bereich sowie im Bereich des Sports, der Integration und des Zivil- und Katastrophenschutzes. [2]Der Bundesfreiwilligendienst fördert das lebenslange Lernen.

**§ 2[3] Freiwillige.** Freiwillige im Sinne dieses Gesetzes sind Personen, die

1. die Vollzeitschulpflicht erfüllt haben,

2. einen freiwilligen Dienst

   a) ohne Erwerbsabsicht, außerhalb einer Berufsausbildung und vergleichbar einer Vollzeitbeschäftigung leisten oder

   b) ohne Erwerbsabsicht, außerhalb einer Berufsausbildung und vergleichbar einer Teilzeitbeschäftigung von mehr als 20 Stunden pro Woche leisten, sofern sie

      aa) das 27. Lebensjahr vollendet haben oder

      bb) das 27. Lebensjahr noch nicht vollendet haben und ein berechtigtes Interesse der Freiwilligen an einer Teilzeitbeschäftigung vorliegt.

3. sich auf Grund einer Vereinbarung nach § 8 zur Leistung eines Bundesfreiwilligendienstes für eine Zeit von mindestens sechs Monaten und höchstens 24 Monaten verpflichtet haben und

4. für den Dienst nur unentgeltliche Unterkunft, Verpflegung und Arbeitskleidung sowie ein angemessenes Taschengeld oder anstelle von Unterkunft, Verpflegung und Arbeitskleidung entsprechende Geldersatzleistungen erhalten dürfen; ein Taschengeld ist dann angemessen, wenn es

   a) 6 Prozent der in der allgemeinen Rentenversicherung geltenden Beitragsbemessungsgrenze nicht übersteigt,

---

[1] Verkündet als Art. 1 G v. 28.4.2011 (BGBl. I S. 687); Inkrafttreten gem. Art. 18 Abs. 1 dieses G am 3.5.2011, mit Ausnahme von § 17 Abs. 3, der gem. Art. 18 Abs. 2 dieses G am 1.7.2011 in Kraft getreten ist.

[2] Die Änderung durch G v. 20.8.2021 (BGBl. I S. 3932) tritt erst **mWv 1.1.2025** in Kraft und ist im Text noch nicht berücksichtigt.

[3] § 2 Nr. 2 neu gef., Nr. 4 Buchst. a–c geänd., Buchst. d aufgeh. mWv 11.5.2019 durch G v. 6.5.2019 (BGBl. I S. 644).

b) dem Taschengeld anderer Personen entspricht, die einen Jugendfreiwilligendienst nach dem Jugendfreiwilligendienstegesetz leisten und eine vergleichbare Tätigkeit in derselben Einsatzstelle ausüben und

c) bei einem Dienst vergleichbar einer Teilzeitbeschäftigung gekürzt ist.

**§ 3 Einsatzbereiche, Dauer.** (1) [1] Der Bundesfreiwilligendienst wird in der
Regel ganztägig als überwiegend praktische Hilfstätigkeit in gemeinwohlorientier-
ten Einrichtungen geleistet, insbesondere in Einrichtungen der Kinder- und
Jugendhilfe, einschließlich der Einrichtungen für außerschulische Jugendbildung
und für Jugendarbeit, in Einrichtungen der Wohlfahrts-, Gesundheits- und Alten-
pflege, der Behindertenhilfe, der Kultur und Denkmalpflege, des Sports, der
Integration, des Zivil- und Katastrophenschutzes und in Einrichtungen, die im
Bereich des Umweltschutzes einschließlich des Naturschutzes und der Bildung zur
Nachhaltigkeit tätig sind. [2] Der Bundesfreiwilligendienst ist arbeitsmarktneutral
auszugestalten.

(2) [1] Der Bundesfreiwilligendienst wird in der Regel für eine Dauer von zwölf
zusammenhängenden Monaten geleistet. [2] Der Dienst dauert mindestens sechs
Monate und höchstens 18 Monate. [3] Er kann ausnahmsweise bis zu einer Dauer
von 24 Monaten verlängert werden, wenn dies im Rahmen eines besonderen
pädagogischen Konzepts begründet ist. [4] Im Rahmen eines pädagogischen Gesamt-
konzepts ist auch eine Ableistung in zeitlich getrennten Abschnitten möglich,
wenn ein Abschnitt mindestens drei Monate dauert. [5] Die Gesamtdauer aller
Abschnitte sowie mehrerer geleisteter Bundesfreiwilligendienste darf bis zum
27. Lebensjahr die zulässige Gesamtdauer nach den Sätzen 2 und 3 nicht überschreiten, danach müssen zwischen jedem Ableisten der nach den Sätzen 2 und 3
zulässigen Gesamtdauer fünf Jahre liegen; auf das Ableisten der Gesamtdauer ist ein
Jugendfreiwilligendienst nach dem Jugendfreiwilligendienstegesetz anzurechnen.

**§ 4 Pädagogische Begleitung.** (1) Der Bundesfreiwilligendienst wird pädago-
gisch begleitet mit dem Ziel, soziale, ökologische, kulturelle und interkulturelle
Kompetenzen zu vermitteln und das Verantwortungsbewusstsein für das Gemein-
wohl zu stärken.

(2) Die Freiwilligen erhalten von den Einsatzstellen fachliche Anleitung.

(3) [1] Während des Bundesfreiwilligendienstes finden Seminare statt, für die Teilnahmepflicht besteht. [2] Die Seminarzeit gilt als Dienstzeit. [3] Die Gesamtdauer der
Seminare beträgt bei einer zwölfmonatigen Teilnahme am Bundesfreiwilligendienst mindestens 25 Tage; Freiwillige, die das 27. Lebensjahr vollendet haben,
nehmen in angemessenem Umfang an den Seminaren teil. [4] Wird ein Dienst über
den Zeitraum von zwölf Monaten hinaus vereinbart oder verlängert, erhöht sich
die Zahl der Seminartage für jeden weiteren Monat um mindestens einen Tag.
[5] Bei einem kürzeren Dienst als zwölf Monate verringert sich die Zahl der Seminartage für jeden Monat um zwei Tage. [6] Die Freiwilligen wirken an der inhaltlichen Gestaltung und der Durchführung der Seminare mit.

(4) [1] Die Freiwilligen nehmen im Rahmen der Seminare nach Absatz 3 an
einem fünftägigen Seminar zur politischen Bildung teil. [2] In diesem Seminar darf
die Behandlung politischer Fragen nicht auf die Darlegung einer einseitigen
Meinung beschränkt werden. [3] Das Gesamtbild des Unterrichts ist so zu gestalten,
dass die Dienstleistenden nicht zugunsten oder zuungunsten einer bestimmten
politischen Richtung beeinflusst werden.

(5) Die Seminare, insbesondere das Seminar zur politischen Bildung, können gemeinsam für Freiwillige und Personen, die Jugendfreiwilligendienste oder freiwilligen Wehrdienst leisten, durchgeführt werden.

**§ 5 Anderer Dienst im Ausland.** Die bestehenden Anerkennungen sowie die Möglichkeit neuer Anerkennungen von Trägern, Vorhaben und Einsatzplänen des Anderen Dienstes im Ausland nach § 14b Absatz 3 des Zivildienstgesetzes[1] bleiben unberührt.

**§ 6 Einsatzstellen.** (1) Die Freiwilligen leisten den Bundesfreiwilligendienst in einer dafür anerkannten Einsatzstelle.

(2) [1] Eine Einsatzstelle kann auf ihren Antrag von der zuständigen Bundesbehörde anerkannt werden, wenn sie

1. Aufgaben insbesondere in Einrichtungen der Kinder- und Jugendhilfe, einschließlich der Einrichtungen für außerschulische Jugendbildung und für Jugendarbeit, in Einrichtungen der Wohlfahrts-, Gesundheits- und Altenpflege, der Behindertenhilfe, der Kultur und Denkmalpflege, des Sports, der Integration, des Zivil- und Katastrophenschutzes und in Einrichtungen, die im Bereich des Umweltschutzes einschließlich des Naturschutzes und der Bildung zur Nachhaltigkeit tätig sind, wahrnimmt,
2. die Gewähr bietet, dass Beschäftigung, Leitung und Betreuung der Freiwilligen den Bestimmungen dieses Gesetzes entsprechen sowie
3. die Freiwilligen persönlich und fachlich begleitet und für deren Leitung und Betreuung qualifiziertes Personal einsetzt.

[2] Die Anerkennung wird für bestimmte Plätze ausgesprochen. [3] Sie kann mit Auflagen verbunden werden.

(3) Die am 1. April 2011 nach § 4 des Zivildienstgesetzes[1] anerkannten Beschäftigungsstellen und Dienstplätze des Zivildienstes gelten als anerkannte Einsatzstellen und -plätze nach Absatz 2.

(4) [1] Die Anerkennung ist zurückzunehmen oder zu widerrufen, wenn eine der in Absatz 2 genannten Voraussetzungen nicht vorgelegen hat oder nicht mehr vorliegt. [2] Sie kann auch aus anderen wichtigen Gründen widerrufen werden, insbesondere, wenn eine Auflage nicht oder nicht innerhalb der gesetzten Frist erfüllt worden ist.

(5) [1] Die Einsatzstelle kann mit der Erfüllung von gesetzlichen oder sich aus der Vereinbarung ergebenden Aufgaben mit deren Einverständnis einen Träger oder eine Zentralstelle beauftragen. [2] Dies ist im Vorschlag nach § 8 Absatz 1 festzuhalten.

**§ 7 Zentralstellen.** (1) [1] Träger und Einsatzstellen können Zentralstellen bilden. [2] Die Zentralstellen tragen dafür Sorge, dass die ihnen angehörenden Träger und Einsatzstellen ordnungsgemäß an der Durchführung des Bundesfreiwilligendienstes mitwirken. [3] Das Bundesministerium für Familie, Senioren, Frauen und Jugend bestimmt durch Rechtsverordnung, die nicht der Zustimmung des Bundesrates bedarf, Mindestanforderungen für die Bildung einer Zentralstelle, insbesondere hinsichtlich der für die Bildung einer Zentralstelle erforderlichen Zahl, Größe und geografischen Verteilung der Einsatzstellen und Träger.

---

[1] Nr. **625**.

(2) Für Einsatzstellen und Träger, die keinem bundeszentralen Träger angehören, richtet die zuständige Bundesbehörde auf deren Wunsch eine eigene Zentralstelle ein.

(3) Jede Einsatzstelle ordnet sich einer oder mehreren Zentralstellen zu.

(4) Die Zentralstellen können den ihnen angeschlossenen Einsatzstellen Auflagen erteilen, insbesondere zum Anschluss an einen Träger sowie zur Gestaltung und Organisation der pädagogischen Begleitung der Freiwilligen.

(5) [1] Die zuständige Behörde teilt den Zentralstellen nach Inkrafttreten des jährlichen Haushaltsgesetzes bis möglichst zum 31. Januar eines jeden Jahres mit, wie viele Plätze im Bereich der Zuständigkeit der jeweiligen Zentralstelle ab August des Jahres besetzt werden können. [2] Die Zentralstellen nehmen die regional angemessene Verteilung dieser Plätze auf die ihnen zugeordneten Träger und Einsatzstellen in eigener Verantwortung vor. [3] Sie können die Zuteilung von Plätzen mit Auflagen verbinden.

**§ 8[1) Vereinbarung.** (1) [1] Der Bund und die oder der Freiwillige schließen vor Beginn des Bundesfreiwilligendienstes auf gemeinsamen Vorschlag der oder des Freiwilligen und der Einsatzstelle eine schriftliche Vereinbarung ab. [2] Die Vereinbarung muss enthalten:

1. Vor- und Familienname, Geburtstag und Anschrift der oder des Freiwilligen, bei Minderjährigen die Anschrift der Erziehungsberechtigten sowie die Einwilligung des gesetzlichen Vertreters,
2. die Bezeichnung der Einsatzstelle und, sofern diese einem Träger angehört, die Bezeichnung des Trägers,
3. die Angabe des Zeitraumes, für den die oder der Freiwillige sich zum Bundesfreiwilligendienst verpflichtet sowie eine Regelung zur vorzeitigen Beendigung des Dienstverhältnisses,
4. den Hinweis, dass die Bestimmungen dieses Gesetzes während der Durchführung des Bundesfreiwilligendienstes einzuhalten sind,
5. Angaben zur Art und Höhe der Geld- und Sachleistungen sowie
6. die Angabe der Anzahl der Urlaubstage und der Seminartage.

(2) [1] Die Einsatzstelle kann mit der Erfüllung von gesetzlichen oder sich aus der Vereinbarung ergebenden Aufgaben einen Träger oder eine Zentralstelle beauftragen. [2] Dies ist im Vorschlag nach Absatz 1 festzuhalten.

(3) [1] Die Einsatzstelle legt den Vorschlag in Absprache mit der Zentralstelle, der sie angeschlossen ist, der zuständigen Bundesbehörde vor. [2] Die Zentralstelle stellt sicher, dass ein besetzbarer Platz nach § 7 Absatz 5 zur Verfügung steht. [3] Die zuständige Bundesbehörde unterrichtet die Freiwillige oder den Freiwilligen sowie die Einsatzstelle, gegebenenfalls den Träger und die Zentralstelle, über den Abschluss der Vereinbarung oder teilt ihnen die Gründe mit, die dem Abschluss einer Vereinbarung entgegenstehen.

**§ 9 Haftung.** (1) [1] Für Schäden, die die oder der Freiwillige vorsätzlich oder fahrlässig herbeigeführt hat, haftet der Bund, wenn die schädigende Handlung auf sein Verlangen vorgenommen worden ist. [2] Insoweit kann die oder der Freiwillige verlangen, dass der Bund sie oder ihn von Schadensersatzansprüchen der oder des Geschädigten freistellt.

---

[1)] § 8 Abs. 1 Satz 2 Nr. 2 aufgeh., bish. Nr. 3–7 werden Nr. 2–6 mWv 11.5.2019 durch G v. 6.5.2019 (BGBl. I S. 644).

(2) Für Schäden bei der Ausübung ihrer Tätigkeit haften Freiwillige nur wie Arbeitnehmerinnen und Arbeitnehmer.

**§ 10 Beteiligung der Freiwilligen.** [1]Die Freiwilligen wählen Sprecherinnen und Sprecher, die ihre Interessen gegenüber den Einsatzstellen, Trägern, Zentralstellen und der zuständigen Bundesbehörde vertreten. [2]Das Bundesministerium für Familie, Senioren, Frauen und Jugend regelt die Einzelheiten zum Wahlverfahren durch Rechtsverordnung, die nicht der Zustimmung des Bundesrates bedarf.

**§ 11 Bescheinigung, Zeugnis.** (1) [1]Die Einsatzstelle stellt der oder dem Freiwilligen nach Abschluss des Dienstes eine Bescheinigung über den geleisteten Dienst aus. [2]Eine Zweitausfertigung der Bescheinigung ist der zuständigen Bundesbehörde zuzuleiten.

(2) [1]Bei Beendigung des freiwilligen Dienstes erhält die oder der Freiwillige von der Einsatzstelle ein schriftliches Zeugnis über die Art und Dauer des freiwilligen Dienstes. [2]Das Zeugnis ist auf die Leistungen und die Führung während der Dienstzeit zu erstrecken. [3]Dabei sind in das Zeugnis berufsqualifizierende Merkmale des Bundesfreiwilligendienstes aufzunehmen.

**§ 12[1]) Datenschutz.** [1]Die Einsatzstellen, Zentralstellen und Träger dürfen personenbezogene Daten nach § 8 Absatz 1 Satz 2 verarbeiten, soweit dies für die Durchführung dieses Gesetzes erforderlich ist. [2]Die Daten sind nach Abwicklung des Bundesfreiwilligendienstes zu löschen.

**§ 13[2]) Anwendung arbeitsrechtlicher, arbeitsschutzrechtlicher und sonstiger Bestimmungen.** (1) Für eine Tätigkeit im Rahmen eines Bundesfreiwilligendienstes im Sinne dieses Gesetzes sind die Arbeitsschutzbestimmungen, das Jugendarbeitsschutzgesetz[3]) und das Bundesurlaubsgesetz[4]) entsprechend anzuwenden.

(2) [1]Soweit keine ausdrückliche sozialversicherungsrechtliche Regelung vorhanden ist, finden auf den Bundesfreiwilligendienst die sozialversicherungsrechtlichen Bestimmungen entsprechende Anwendung, die für die Jugendfreiwilligendienste nach dem Jugendfreiwilligendienstegesetz[5]) gelten. [2]Im Übrigen sind folgende Vorschriften entsprechend anzuwenden:
1. § 3 der Sonderurlaubsverordnung[6]),
2. § 87 Absatz 4 Nummer 2 des Vierzehnten Buches Sozialgesetzbuch[7]),
3. § 1 Absatz 1 Nummer 2 Buchstabe h der Verordnung über den Ausgleich gemeinwirtschaftlicher Leistungen im Straßenpersonenverkehr,
4. § 1 Absatz 1 Nummer 2 Buchstabe h der Verordnung über den Ausgleich gemeinwirtschaftlicher Leistungen im Eisenbahnverkehr.

**§ 14 Zuständige Bundesbehörde.** (1) [1]Dieses Gesetz wird, soweit es nichts anderes bestimmt, in bundeseigener Verwaltung ausgeführt. [2]Die Durchführung

---

[1]) § 12 Satz 1 geänd. mWv 26.11.2019 durch G v. 20.11.2019 (BGBl. I S. 1626).
[2]) § 13 Abs. 2 Satz 2 Nr. 2 neu gef. mWv 1.1.2024 durch G v. 12.12.2019 (BGBl. I S. 2652).
[3]) **Loseblatt-Textsammlung Arbeitsrecht Nr. 420.**
[4]) **Habersack ErgBd. Nr. 80b.**
[5]) **Nr. 390.**
[6]) **Nr. 173.**
[7]) **Aichberger, SGB Nr. 14.**

wird dem Bundesamt für den Zivildienst als selbstständiger Bundesoberbehörde übertragen, welche die Bezeichnung „Bundesamt für Familie und zivilgesellschaftliche Aufgaben" (Bundesamt) erhält und dem Bundesministerium für Familie, Senioren, Frauen und Jugend untersteht.

(2) Dem Bundesamt können weitere Aufgaben übertragen werden.

**§ 15 Beirat für den Bundesfreiwilligendienst.** (1) [1] Bei dem Bundesministerium für Familie, Senioren, Frauen und Jugend wird ein Beirat für den Bundesfreiwilligendienst gebildet. [2] Der Beirat berät das Bundesministerium für Familie, Senioren, Frauen und Jugend in Fragen des Bundesfreiwilligendienstes.

(2) Dem Beirat gehören an:

1. bis zu sieben Bundessprecherinnen oder Bundessprecher der Freiwilligen,

2. bis zu sieben Vertreterinnen oder Vertreter der Zentralstellen,

3. je eine Vertreterin oder ein Vertreter der evangelischen Kirche und der katholischen Kirche,

4. je eine Vertreterin oder ein Vertreter der Gewerkschaften und der Arbeitgeberverbände,

5. vier Vertreterinnen oder Vertreter der Länder und

6. eine Vertreterin oder ein Vertreter der kommunalen Spitzenverbände.

(3) [1] Das Bundesministerium für Familie, Senioren, Frauen und Jugend beruft die Mitglieder des Beirats in der Regel für die Dauer von vier Jahren. [2] Die in Absatz 2 genannten Stellen sollen hierzu Vorschläge machen. [3] Die Mitglieder nach Absatz 2 Nummer 1 sind für die Dauer ihrer Dienstzeit zu berufen. [4] Für jedes Mitglied wird eine persönliche Stellvertretung berufen.

(4) Die Sitzungen des Beirats werden von der oder dem von der Bundesministerin oder dem Bundesminister für Familie, Senioren, Frauen und Jugend dafür benannten Vertreterin oder Vertreter einberufen und geleitet.

**§ 16 Übertragung von Aufgaben.** [1] Die Einsatzstellen, Zentralstellen und Träger können mit ihrem Einverständnis mit der Wahrnehmung von Aufgaben beauftragt werden. [2] Die hierdurch entstehenden Kosten können in angemessenem Umfang erstattet werden.

**§ 17 Kosten.** (1) [1] Soweit die Freiwilligen Unterkunft, Verpflegung und Arbeitskleidung oder entsprechende Geldersatzleistungen erhalten, erbringen die Einsatzstellen diese Leistungen auf ihre Kosten für den Bund. [2] Sie tragen die ihnen aus der Beschäftigung der Freiwilligen entstehenden Verwaltungskosten.

(2) [1] Für den Bund zahlen die Einsatzstellen den Freiwilligen das Taschengeld, soweit ein Taschengeld vereinbart ist. [2] Für die Einsatzstellen gelten die Melde-, Beitragsnachweis- und Zahlungspflichten des Sozialversicherungsrechts. [3] Die Einsatzstellen tragen die Kosten der pädagogischen Begleitung der Freiwilligen.

(3) [1] Den Einsatzstellen wird der Aufwand für das Taschengeld, die Sozialversicherungsbeiträge und die pädagogische Begleitung im Rahmen der im Haushaltsplan vorgesehenen Mittel erstattet; das Bundesministerium für Familie, Senioren, Frauen und Jugend legt im Einvernehmen mit dem Bundesministerium der Finanzen einheitliche Obergrenzen für die Erstattung fest. [2] Der Zuschuss für den Aufwand für die pädagogische Begleitung wird nach den für das freiwillige soziale Jahr im Inland geltenden Richtlinien des Bundes festgesetzt.

**§ 18**[1] **Übergangsregelung aus Anlass des Gesetzes zur Regelung des Sozialen Entschädigungsrechts.** Für Personen, die Leistungen nach dem Soldatenversorgungsgesetz[2] in der Fassung der Bekanntmachung vom 16. September 2009 (BGBl. I S. 3054), das zuletzt durch Artikel 19 des Gesetzes vom 4. August 2019 (BGBl. I S. 1147) geändert worden ist, in Verbindung mit dem Bundesversorgungsgesetz[3] in der Fassung der Bekanntmachung vom 22. Januar 1982 (BGBl. I S. 21), das zuletzt durch Artikel 1 der Verordnung vom 13. Juni 2019 (BGBl. I S. 793) geändert worden ist, erhalten, gelten die Vorschriften des § 13 Absatz 2 Satz 2 Nummer 2 in der am 31. Dezember 2023 geltenden Fassung weiter.

---

[1] § 18 neu gef. mWv 1.1.2024 durch G v. 12.12.2019 (BGBl. I S. 2652).
[2] **Sartorius III Nr. 865.**
[3] **Sartorius III Nr. 590.**

### 635. Gesetz über den Wehrbeauftragten des Deutschen Bundestages (Gesetz zu Artikel 45b des Grundgesetzes – WBeauftrG)

In der Fassung der Bekanntmachung vom 16. Juni 1982[1][2]

(BGBl. I S. 677)

**FNA 50-2**

geänd. durch Art. 7 Bundesbesoldungs- und -versorgungsanpassungsG 1988 v. 20.12.1988 (BGBl. I S. 2363), Art. 9 G zur Änd. des BeamtenversorgungsG v. 18.12.1989 (BGBl. I S. 2218), Art. 1 ÄndG v. 30.3.1990 (BGBl. I S. 599), Art. 3 Nr. 4 VersorgungsÄndG 2001 v. 20.12.2001 (BGBl. I S. 3926), Art. 16 BundeswehrneuausrichtungsG v. 20.12.2001 (BGBl. I S. 4013), Art. 4 Abs. 54 KostenrechtsmodernisierungsG v. 5.5.2004 (BGBl. I S. 718), Art. 15 Abs. 68 DienstrechtsneuordnungsG v. 5.2.2009 (BGBl. I S. 160) und Art. 16, 17 G zur Anpassung der Bundesbesoldung und -versorgung für die Jahre 2023 und 2024 sowie zur Änd. weiterer dienstrechtlicher Vorschriften v. 22.12.2023 (BGBl. 2023 I Nr. 414)

**§ 1 Verfassungsrechtliche Stellung; Aufgaben.** (1) Der Wehrbeauftragte nimmt seine Aufgaben als Hilfsorgan des Bundestages bei der Ausübung der parlamentarischen Kontrolle wahr.

(2) [1] Der Wehrbeauftragte wird auf Weisung des Bundestages oder des Verteidigungsausschusses zur Prüfung bestimmter Vorgänge tätig. [2] Eine Weisung kann nur erteilt werden, wenn der Verteidigungsausschuß den Vorgang nicht zum Gegenstand seiner eigenen Beratung macht. [3] Der Wehrbeauftragte kann bei dem Verteidigungsausschuß um eine Weisung zur Prüfung bestimmter Vorgänge nachsuchen.

(3) [1] Der Wehrbeauftragte wird nach pflichtgemäßem Ermessen auf Grund eigener Entscheidung tätig, wenn ihm bei Wahrnehmung seines Rechts aus § 3 Nr. 4, durch Mitteilung von Mitgliedern des Bundestages, durch Eingaben nach § 7 oder auf andere Weise Umstände bekannt werden, die auf eine Verletzung der Grundrechte der Soldaten oder der Grundsätze der Inneren Führung schließen lassen. [2] Ein Tätigwerden des Wehrbeauftragten nach Satz 1 unterbleibt, soweit der Verteidigungsausschuß den Vorgang zum Gegenstand seiner eigenen Beratung gemacht hat.

**§ 2 Berichtspflichten.** (1) Der Wehrbeauftragte erstattet für das Kalenderjahr dem Bundestag einen schriftlichen Gesamtbericht (Jahresbericht).

(2) Er kann jederzeit dem Bundestag oder dem Verteidigungsausschuß Einzelberichte vorlegen.

(3) Wird der Wehrbeauftragte auf Weisung tätig, so hat er über das Ergebnis seiner Prüfung auf Verlangen einen Einzelbericht zu erstatten.

**§ 3[3] Amtsbefugnisse.** Der Wehrbeauftragte hat in Erfüllung der ihm übertragenen Aufgaben die folgenden Befugnisse:

---

[1] Neubekanntmachung des WBeauftrG v. 26.6.1957 (BGBl. I S. 652) in der ab 24.6.1982 geltenden Fassung.

[2] Die Änderungen durch G v. 22.12.2023 (BGBl. 2023 I Nr. 414) treten teilweise erst **mWv 1.1.2025** in Kraft und sind insoweit im Text noch nicht berücksichtigt.

[3] § 3 Nr. 5 und Nr. 6 Satz 2 geänd. mWv 1.1.2002 durch G v. 20.12.2001 (BGBl. I S. 4013); Nr. 1 Satz 5 neu gef. mWv 1.7.2004 durch G v. 5.5.2004 (BGBl. I S. 718).

1. [1]Er kann vom Bundesminister der Verteidigung und allen diesem unterstellten Dienststellen und Personen Auskunft und Akteneinsicht verlangen. [2]Diese Rechte können ihm nur verweigert werden, soweit zwingende Geheimhaltungsgründe entgegenstehen. [3]Die Entscheidung über die Verweigerung trifft der Bundesminister der Verteidigung selber oder sein ständiger Stellvertreter im Amt; er hat sie vor dem Verteidigungsausschuß zu vertreten. [4]Auf Grund einer Weisung nach § 1 Abs. 2 und bei einer Eingabe, der eine Beschwer des Einsenders zugrunde liegt, ist der Wehrbeauftragte berechtigt, den Einsender sowie Zeugen und Sachverständige anzuhören. [5]Diese erhalten eine Entschädigung oder Vergütung nach dem Justizvergütungs- und -entschädigungsgesetz[1)].

2. Er kann den zuständigen Stellen Gelegenheit zur Regelung einer Angelegenheit geben.

3. Er kann einen Vorgang der für die Einleitung des Straf- oder Disziplinarverfahrens zuständigen Stelle zuleiten.

4. [1]Er kann jederzeit alle Truppenteile, Stäbe, Dienststellen und Behörden der Bundeswehr und ihre Einrichtungen auch ohne vorherige Anmeldung besuchen. [2]Dieses Recht steht dem Wehrbeauftragten ausschließlich persönlich zu. [3]Die Sätze 2 und 3 aus Nummer 1 finden entsprechende Anwendung.

5. Er kann vom Bundesminister der Verteidigung zusammenfassende Berichte über die Ausübung der Disziplinarbefugnis in den Streitkräften und von den zuständigen Bundes- und Landesbehörden statistische Berichte über die Ausübung der Strafrechtspflege anfordern, soweit dadurch die Streitkräfte oder ihre Soldaten berührt werden.

6. [1]Er kann in Strafverfahren und gerichtlichen Disziplinarverfahren den Verhandlungen der Gerichte beiwohnen, auch soweit die Öffentlichkeit ausgeschlossen ist. [2]Er hat im gleichen Umfang wie der Anklagevertreter und der Vertreter der Einleitungsbehörde das Recht, die Akten einzusehen. [3]Die Befugnis aus Satz 1 steht ihm auch in Antrags- und Beschwerdeverfahren nach der Wehrdisziplinarordnung und der Wehrbeschwerdeordnung sowie in den Wehrdienstgerichten sowie in Verfahren vor den Gerichten der Verwaltungsgerichtsbarkeit, die mit seinem Aufgabenbereich zusammenhängen, zu; in diesen Verfahren hat er das Recht zur Akteneinsicht wie ein Verfahrensbeteiligter.

**§ 4 Amtshilfe.** Gerichte und Verwaltungsbehörden des Bundes, der Länder und der Gemeinden sind verpflichtet, dem Wehrbeauftragten bei der Durchführung der erforderlichen Erhebungen Amtshilfe zu leisten.

**§ 5 Allgemeine Richtlinien; Weisungsfreiheit.** (1) Der Bundestag und der Verteidigungsausschuß können allgemeine Richtlinien für die Arbeit des Wehrbeauftragten erlassen.

(2) Der Wehrbeauftragte ist – unbeschadet des § 1 Abs. 2 – von Weisungen frei.

**§ 6 Anwesenheitspflicht.** Der Bundestag und der Verteidigungsausschuß können jederzeit die Anwesenheit des Wehrbeauftragten verlangen.

**§ 7 Eingaberecht des Soldaten.** [1]Jeder Soldat hat das Recht, sich einzeln ohne Einhaltung des Dienstweges unmittelbar an den Wehrbeauftragten zu wenden. [2]Wegen der Tatsache der Anrufung des Wehrbeauftragten darf er nicht dienstlich gemaßregelt oder benachteiligt werden.

---

[1)] **Habersack** Nr. 116.

**§ 8 Anonyme Eingaben.** Anonyme Eingaben werden nicht bearbeitet.

**§ 9 Vertraulichkeit der Eingaben.** [1] Wird der Wehrbeauftragte auf Grund einer Eingabe tätig, so steht es in seinem Ermessen, die Tatsache der Eingabe und den Namen des Einsenders bekanntzugeben. [2] Er soll von der Bekanntgabe absehen, wenn der Einsender es wünscht und der Erfüllung des Wunsches keine Rechtspflichten entgegenstehen.

**§ 10 Verschwiegenheitspflicht.** (1) [1] Der Wehrbeauftragte ist auch nach Beendigung seines Amtsverhältnisses verpflichtet, über die ihm amtlich bekanntgewordenen Angelegenheiten Verschwiegenheit zu bewahren. [2] Dies gilt nicht für Mitteilungen im dienstlichen Verkehr oder über Tatsachen, die offenkundig sind oder ihrer Bedeutung nach keiner Geheimhaltung bedürfen.

(2) [1] Der Wehrbeauftragte darf, auch wenn er nicht mehr im Amt ist, über solche Angelegenheiten ohne Genehmigung weder vor Gericht noch außergerichtlich aussagen oder Erklärungen abgeben. [2] Die Genehmigung erteilt der Präsident des Bundestages im Einvernehmen mit dem Verteidigungsausschuß.

(3) Die Genehmigung, als Zeuge auszusagen, darf nur versagt werden, wenn die Aussage dem Wohl des Bundes oder eines deutschen Landes Nachteile bereiten oder die Erfüllung öffentlicher Aufgaben ernstlich gefährden oder erheblich erschweren würde.

(4) Unberührt bleibt die gesetzlich begründete Pflicht, Straftaten anzuzeigen und bei Gefährdung der freiheitlichen demokratischen Grundordnung für deren Erhaltung einzutreten.

**§ 11** (weggefallen)

**§ 12 Unterrichtungspflichten durch Bundes- und Länderbehörden.** Die Justiz- und Verwaltungsbehörden des Bundes und der Länder sind verpflichtet, den Wehrbeauftragten über die Einleitung des Verfahrens, die Erhebung der öffentlichen Klage, die Anordnung der Untersuchung im Disziplinarverfahren und den Ausgang des Verfahrens zu unterrichten, wenn einer dieser Behörden die Vorgänge vom Wehrbeauftragten zugeleitet worden sind.

**§ 13 Wahl des Wehrbeauftragten.** [1] Der Bundestag wählt in geheimer Wahl mit der Mehrheit seiner Mitglieder den Wehrbeauftragten. [2] Vorschlagsberechtigt sind der Verteidigungsausschuß, die Fraktionen und so viele Abgeordnete, wie nach der Geschäftsordnung[1] der Stärke einer Fraktion entsprechen. [3] Eine Aussprache findet nicht statt.

**§ 14[2] Wählbarkeit; Amtsdauer; Verbot einer anderen Berufsausübung; Eid; Befreiung vom Wehrdienst.** (1) Zum Wehrbeauftragten ist jeder/jede Deutsche wählbar, der/die das Wahlrecht zum Bundestag besitzt und das 35. Lebensjahr vollendet hat.

(2) [1] Das Amt des Wehrbeauftragten dauert fünf Jahre. [2] Wiederwahl ist zulässig.

(3) Der Wehrbeauftragte darf kein anderes besoldetes Amt, kein Gewerbe und keinen Beruf ausüben und weder der Leitung und dem Aufsichtsrat eines auf

---

[1] Nr. **35**.
[2] § 14 Abs. 1 Satz 2 aufgeh., bish. Satz 1 wird alleiniger Wortlaut und geänd. durch G v. 30.3.1990 (BGBl. I S. 599).

Erwerb gerichteten Unternehmens noch einer Regierung oder einer gesetzgebenden Körperschaft des Bundes oder eines Landes angehören.

(4) Der Wehrbeauftragte leistet bei der Amtsübernahme vor dem Bundestag den in Artikel 56 des Grundgesetzes[1] vorgesehenen Eid.

(5) Der Wehrbeauftragte ist für die Dauer seines Amtes vom Wehrdienst befreit.

**§ 15 Rechtsstellung des Wehrbeauftragten; Beginn und Beendigung des Amtsverhältnisses.** (1) [1]Der Wehrbeauftragte steht nach Maßgabe dieses Gesetzes in einem öffentlich-rechtlichen Amtsverhältnis. [2]Der Präsident des Bundestages ernennt den Gewählten.

(2) Das Amtsverhältnis beginnt mit der Aushändigung der Urkunde über die Ernennung oder, falls der Eid vorher geleistet worden ist (§ 14 Abs. 4), mit der Vereidigung.

(3) Das Amtsverhältnis endet außer durch Ablauf der Amtszeit nach § 14 Abs. 2 oder durch den Tod

1. mit der Abberufung,

2. mit der Entlassung auf Verlangen.

(4) [1]Der Bundestag kann auf Antrag des Verteidigungsausschusses seinen Präsidenten beauftragen, den Wehrbeauftragten abzuberufen. [2]Dieser Beschluß bedarf der Zustimmung der Mehrheit der Mitglieder des Bundestages.

(5) [1]Der Wehrbeauftragte kann jederzeit seine Entlassung verlangen. [2]Der Präsident des Bundestages spricht die Entlassung aus.

**§ 16 Sitz des Wehrbeauftragten; Leitender Beamter; Beschäftigte; Haushalt.** (1) Der Wehrbeauftragte hat seinen Sitz beim Bundestag.

(2) [1]Den Wehrbeauftragten unterstützt ein Leitender Beamter. [2]Weitere Beschäftigte werden dem Wehrbeauftragten für die Erfüllung seiner Aufgaben beigegeben. [3]Die Beamten beim Wehrbeauftragten sind Bundestagsbeamte nach § 176 des Bundesbeamtengesetzes[2] in der Fassung der Bekanntmachung vom 3. Januar 1977 (BGBl. I S. 1, 795, 842), zuletzt geändert durch § 27 des Gesetzes vom 26. Juni 1981 (BGBl. I S. 553). [4]Der Wehrbeauftragte ist Vorgesetzter der ihm beigegebenen Beschäftigten.

(3) Die dem Wehrbeauftragten für die Erfüllung seiner Aufgaben zur Verfügung zu stellende notwendige Personal- und Sachausstattung ist im Einzelplan des Bundestages in einem eigenen Kapitel auszuweisen.

**§ 17 Vertretung des Wehrbeauftragten.** (1) [1]Der Leitende Beamte nimmt die Rechte des Wehrbeauftragten mit Ausnahme des Rechts nach § 3 Nr. 4 bei Verhinderung und nach Beendigung des Amtsverhältnisses des Wehrbeauftragten bis zum Beginn des Amtsverhältnisses eines Nachfolgers wahr. [2]§ 5 Abs. 2 findet entsprechende Anwendung.

(2) Ist der Wehrbeauftragte länger als drei Monate verhindert, sein Amt auszuüben, oder sind nach Beendigung des Amtsverhältnisses des Wehrbeauftragten mehr als drei Monate verstrichen, ohne daß das Amtsverhältnis eines Nachfolgers begonnen hat, so kann der Verteidigungsausschuß den Leitenden Beamten ermächtigen, das Recht aus § 3 Nr. 4 wahrzunehmen.

---

[1] Nr. **1**.
[2] Nr. **160**.

**§ 18**[1] **Amtsbezüge; Versorgung.** (1) [1]Der Wehrbeauftragte erhält vom Beginn des Kalendermonats an, in dem das Amtsverhältnis beginnt, bis zum Schluß des Kalendermonats, in dem das Amtsverhältnis endet, Amtsbezüge. [2]§ 11 Abs. 1 Buchstaben a und b des Bundesministergesetzes[2] ist mit der Maßgabe entsprechend anzuwenden, daß das Amtsgehalt und der Ortszuschlag 75 vom Hundert des Amtsgehaltes und des Ortszuschlages eines Bundesministers betragen. [3]Die Amtsbezüge werden monatlich im voraus gezahlt.

(1a) Zur Abmilderung der Folgen der gestiegenen Verbraucherpreise werden dem oder der Wehrbeauftragten in entsprechender Anwendung des § 14 Absatz 4 bis 8 des Bundesbesoldungsgesetzes[3] die folgenden Sonderzahlungen gewährt:

1. für den Monat Juni 2023 eine einmalige Sonderzahlung in Höhe von 1240 Euro sowie

2. für die Monate Juli 2023 bis Februar 2024 eine monatliche Sonderzahlung in Höhe von jeweils 220 Euro.

(2) [1]Im übrigen werden § 11 Abs. 2 und 4, § 12 Abs. 6 und die §§ 13 bis 20 und 21a des Bundesministergesetzes entsprechend angewandt mit der Maßgabe, daß an die Stelle der vierjährigen Amtszeit (§ 15 Abs. 1 des Bundesministergesetzes) eine fünfjährige Amtszeit tritt. [2]Satz 1 gilt für einen Berufssoldaten oder Soldaten auf Zeit, der zum Wehrbeauftragten ernannt worden ist, entsprechend mit der Maßgabe, daß für Soldaten auf Zeit bei Anwendung des § 18 Abs. 2 des Bundesministergesetzes an die Stelle des Eintritts in den Ruhestand die Beendigung des Dienstverhältnisses tritt.

(3) Die Vorschriften des Bundesreisekostengesetzes[4] in der Fassung der Bekanntmachung vom 13. November 1973 (BGBl. I S. 1621), zuletzt geändert durch die Verordnung vom 31. Mai 1979 (BGBl. I S. 618), der höchsten Reisekostenstufe und des Bundesumzugskostengesetzes in der Fassung der Bekanntmachung vom 13. November 1973 (BGBl. I S. 1628), zuletzt geändert durch Artikel VII des Gesetzes vom 20. Dezember 1974 (BGBl. I S. 3716), für die infolge der Ernennung und Beendigung des Amtsverhältnisses erforderlich werdenden Umzüge sind entsprechend anzuwenden.

**§ 19** (weggefallen)

**§ 20** (Inkrafttreten)

---

[1] § 18 Abs. 1 neu gef. durch G v. 20.12.1988 (BGBl. I S. 2363); Abs. 2 Satz 1 geänd. mWv 1.1.1992 durch G v. 18.12.1989 (BGBl. I S. 2218); Abs. 1 Satz 2 geänd. mWv 1.1.2003 durch G v. 20.12.2001 (BGBl. I S. 3926); Abs. 2 Satz 1 geänd. mWv 12.2.2009 durch G v. 5.2.2009 (BGBl. I S. 160); Abs. 1a eingef. mWv 1.6.2023 durch G v. 22.12.2023 (BGBl. 2023 I Nr. 414).
[2] Nr. **45.**
[3] Nr. **230.**
[4] Nr. **235.**

# 700. Bundeshaushaltsordnung (BHO)[1]

Vom 19. August 1969

(BGBl. I S. 1284)

**FNA 63-1**

geänd. durch ÄndG v. 23.12.1971 (BGBl. I S. 2133), Zweites ÄndG v. 14.7.1980 (BGBl. I S. 955), § 5 G über die Feststellung des Bundeshaushaltsplans für das Haushaltsjahr 1981 v. 13.7.1981 (BGBl. I S. 630), § 21 G über den Bundesrechnungshof v. 11.7.1985 (BGBl. I S. 1445), Art. 10 Abs. 30 G zur Durchführung der Vierten, Siebenten und Achten Richtlinie des Rates der Europäischen Gemeinschaften zur Koordinierung des Gesellschaftsrechts v. 19.12.1985 (BGBl. I S. 2355), Drittes ÄndG v. 6.8.1986 (BGBl. I S. 1275), Viertes ÄndG v. 18.7.1990 (BGBl. I S. 1447), Art. 11 Erstes G zur Umsetzung des Spar-, Konsolidierungs- und Wachstumsprogramms v. 21.12.1993 (BGBl. I S. 2353), Art. 30 G zur sozialen Absicherung des Risikos der Pflegebedürftigkeit v. 26.5.1994 (BGBl. I S. 1014), Art. 28 G zur Reform der agrarsozialen Sicherung v. 29.7.1994 (BGBl. I S. 1890), Fünftes ÄndG v. 22.9.1994 (BGBl. I S. 2605), Art. 11 G zur Änd. des Sechsten Buches Sozialgesetzbuch und anderer Gesetze v. 15.12.1995 (BGBl. I S. 1824), Art. 2 G zur Änd. verwaltungsverfahrensrechtlicher Vorschriften v. 2.5.1996 (BGBl. I S. 656), Art. 2 G zur Fortentwicklung des Haushaltsrechts von Bund und Ländern v. 22.12.1997 (BGBl. I S. 3251), Art. 3 G zur Änd. von Vorschriften über parlamentarische Gremien v. 17.6.1999 (BGBl. I S. 1334), Art. 4 G zur Beschleunigung der Umsetzung von Öffentlich Privaten Partnerschaften und zur Verbesserung gesetzlicher Rahmenbedingungen für Öffentlich Private Partnerschaften v. 1.9.2005 (BGBl. I S. 2676), Art. 3 G zur Neuorganisation der Bundesfinanzverwaltung und zur Schaffung eines Refinanzierungsregisters v. 22.9.2005 (BGBl. I S. 2809), Art. 15 SCE-EinführungsG v. 14.8.2006 (BGBl. I S. 1911), Art. 9 Zweites G zur Änd. des FinanzverwaltungsG und anderer Gesetze v. 13.12.2007 (BGBl. I S. 2897), Art. 3 Abs. 3 G zur Fortentwicklung der parlamentarischen Kontrolle der Nachrichtendienste des Bundes v. 29.7.2009 (BGBl. I S. 2346), Art. 4 HaushaltsgrundsätzemodernisierungsG v. 31.7.2009 (BGBl. I S. 2580), Art. 10 HaushaltsbegleitG 2011 v. 9.12.2010 (BGBl. I S. 1885), Art. 2 G zur Änd. des FinanzausgleichsG und der BundeshaushaltsO v. 15.7.2013 (BGBl. I S. 2395), Art. 8 Abs. 10 G zur Neuorganisation der Zollverwaltung v. 3.12.2015 (BGBl. I S. 2178), Art. 11 G zur Neuregelung des bundesstaatlichen Finanzausgleichssystems ab dem Jahr 2020 und zur Änd. haushaltsrechtlicher Vorschriften v. 14.8.2017 (BGBl. I S. 3122), Art. 77 Zweites Datenschutz-Anpassungs- und Umsetzungsgesetz EU v. 20.11.2019 (BGBl. I S. 1626), Art. 3 BesoldungsstrukturenmodernisierungsgesetZ v. 9.12.2019 (BGBl. I S. 2053), Art. 212 Elfte ZuständigkeitsanpassungsVO v. 19.6.2020 (BGBl. I S. 1328), Art. 21 G über die Entschädigung der Soldatinnen und Soldaten und zur Neuordnung des Soldatenversorgungsrechts v. 20.8.2021 (BGBl. I S. 3932), Art. 2 G zur Finanzierung der Bundeswehr und zur Errichtung eines „Sondervermögens Bundeswehr" und zur Änderung der Bundeshaushaltsordnung v. 1.7.2022 (BGBl. I S. 1030) und Art. 12 HaushaltsfinanzierungsG 2024 v. 22.12.2023 (BGBl. 2023 I Nr. 412)

Der Bundestag hat das folgende Gesetz beschlossen:

## Teil I. Allgemeine Vorschriften zum Haushaltsplan

**§ 1 Feststellung des Haushaltsplans.** [1] Der Haushaltsplan wird für ein oder zwei Rechnungsjahre, nach Jahren getrennt, vor Beginn des ersten Rechnungsjahres durch das Haushaltsgesetz festgestellt. [2] Mit dem Haushaltsgesetz wird nur der Gesamtplan (§ 13 Abs. 4) verkündet.

**§ 2 Bedeutung des Haushaltsplans.** [1] Der Haushaltsplan dient der Feststellung und Deckung des Finanzbedarfs, der zur Erfüllung der Aufgaben des Bundes im Bewilligungszeitraum voraussichtlich notwendig ist. [2] Der Haushaltsplan ist Grundlage für die Haushalts- und Wirtschaftsführung. [3] Bei seiner Aufstellung und Ausführung ist den Erfordernissen des gesamtwirtschaftlichen Gleichgewichts Rechnung zu tragen.

---

[1] Die Änderung durch G v. 20.8.2021 (BGBl. I S. 3932) tritt erst **mWv 1.1.2025** in Kraft und ist im Text noch nicht berücksichtigt.

**§ 3 Wirkungen des Haushaltsplans.** (1) Der Haushaltsplan ermächtigt die Verwaltung, Ausgaben zu leisten und Verpflichtungen einzugehen.

(2) Durch den Haushaltsplan werden Ansprüche oder Verbindlichkeiten weder begründet noch aufgehoben.

**§ 4[1) Haushaltsjahr.** ¹Rechnungsjahr (Haushaltsjahr) ist das Kalenderjahr. ²Das Bundesministerium der Finanzen kann für einzelne Bereiche etwas anderes bestimmen.

**§ 5[2) Allgemeine Verwaltungsvorschriften, vorläufige und endgültige Haushalts- und Wirtschaftsführung.** Die allgemeinen Verwaltungsvorschriften zu diesem Gesetz sowie zur vorläufigen und endgültigen Haushalts- und Wirtschaftsführung erläßt das Bundesministerium der Finanzen.

**§ 6 Notwendigkeit der Ausgaben und Verpflichtungsermächtigungen.**

Bei Aufstellung und Ausführung des Haushaltsplans sind nur die Ausgaben und die Ermächtigungen zum Eingehen von Verpflichtungen zur Leistung von Ausgaben in künftigen Jahren (Verpflichtungsermächtigungen) zu berücksichtigen, die zur Erfüllung der Aufgaben des Bundes notwendig sind.

**§ 7[3) Wirtschaftlichkeit und Sparsamkeit, Kosten- und Leistungsrechnung.** (1) ¹Bei Aufstellung und Ausführung des Haushaltsplans sind die Grundsätze der Wirtschaftlichkeit und Sparsamkeit zu beachten. ²Diese Grundsätze verpflichten zur Prüfung, inwieweit staatliche Aufgaben oder öffentlichen Zwecken dienende wirtschaftliche Tätigkeiten durch Ausgliederung und Entstaatlichung oder Privatisierung erfüllt werden können.

(2) ¹Für alle finanzwirksamen Maßnahmen sind angemessene Wirtschaftlichkeitsuntersuchungen durchzuführen. ²Dabei ist auch die mit den Maßnahmen verbundene Risikoverteilung zu berücksichtigen. ³In geeigneten Fällen ist privaten Anbietern die Möglichkeit zu geben darzulegen, ob und inwieweit sie staatliche Aufgaben oder öffentlichen Zwecken dienende wirtschaftliche Tätigkeiten nicht ebenso gut oder besser erbringen können (Interessenbekundungsverfahren).

(3) In geeigneten Bereichen ist eine Kosten- und Leistungsrechnung einzuführen.

*(Fortsetzung nächstes Blatt)*

---

¹⁾ § 4 geänd. durch G v. 22.9.1994 (BGBl. I S. 2605).
²⁾ § 5 geänd. durch G v. 22.12.1997 (BGBl. I S. 3252).
³⁾ § 7 Abs. 1 Satz 2 und Abs. 2 Satz 2 angef. durch G v. 21.12.1993 (BGBl. I S. 2353); Überschrift und Abs. 2 geänd., Abs. 3 angef. durch G v. 22.12.1997 (BGBl. I S. 3252); Abs. 2 Satz 2 eingef. 2 wird Satz 3 mWv 8.9.2005 durch G v. 1.9.2005 (BGBl. I S. 2676).

**§ 22 Sperrvermerk.** [1] Ausgaben, die aus besonderen Gründen zunächst noch nicht geleistet oder zu deren Lasten noch keine Verpflichtungen eingegangen werden sollen, sind im Haushaltsplan als gesperrt zu bezeichnen. [2] Entsprechendes gilt für Verpflichtungsermächtigungen. [3] In Ausnahmefällen kann durch Sperrvermerk bestimmt werden, daß die Leistung von Ausgaben oder die Inanspruchnahme von Verpflichtungsermächtigungen der Einwilligung des Bundestages bedarf.

**§ 23**[1]) **Zuwendungen.** [1] Ausgaben und Verpflichtungsermächtigungen für Leistungen an Stellen außerhalb der Bundesverwaltung zur Erfüllung bestimmter Zwecke (Zuwendungen) dürfen nur veranschlagt werden, wenn der Bund an der Erfüllung durch solche Stellen ein erhebliches Interesse hat, das ohne die Zuwendungen nicht oder nicht im notwendigen Umfang befriedigt werden kann. [2] Zuwendungen auf Grundlage von Beschlüssen des Bundestages erfüllen grundsätzlich die in Satz 1 genannten Voraussetzungen.

**§ 24**[2]) **Baumaßnahmen, größere Beschaffungen, größere Entwicklungsvorhaben.** (1) [1] Ausgaben und Verpflichtungsermächtigungen für Baumaßnahmen dürfen erst veranschlagt werden, wenn Pläne, Kostenermittlungen und Erläuterungen vorliegen, aus denen die Art der Ausführung, die Kosten der Baumaßnahme, des Grunderwerbs und der Einrichtungen sowie die vorgesehene Finanzierung und ein Zeitplan ersichtlich sind. [2] Den Unterlagen ist eine Schätzung der nach Fertigstellung der Maßnahme entstehenden jährlichen Haushaltsbelastungen beizufügen.

(2) [1] Ausgaben und Verpflichtungsermächtigungen für größere Beschaffungen und größere Entwicklungsvorhaben dürfen erst veranschlagt werden, wenn Planungen und Schätzungen der Kosten und Kostenbeteiligungen vorliegen. [2] Absatz 1 Satz 2 gilt entsprechend.

(3) [1] Ausnahmen von den Absätzen 1 und 2 sind nur zulässig, wenn es im Einzelfall nicht möglich ist, die Unterlagen rechtzeitig fertigzustellen, und aus einer späteren Veranschlagung dem Bund ein Nachteil erwachsen würde. [2] Die Notwendigkeit einer Ausnahme ist in den Erläuterungen zu begründen. [3] Die Ausgaben und Verpflichtungsermächtigungen für Maßnahmen, für welche die Unterlagen noch nicht vorliegen, sind gesperrt.

(4) [1] Auf einzeln veranschlagte Ausgaben und Verpflichtungsermächtigungen für Zuwendungen sind die Absätze 1 bis 3 entsprechend anzuwenden, wenn insgesamt mehr als 50 vom Hundert der Kosten durch Zuwendungen von Bund, Ländern und Gemeinden gedeckt werden. [2] Das Bundesministerium der Finanzen kann Ausnahmen zulassen.

**§ 25 Überschuß, Fehlbetrag.** (1) Der Überschuß oder der Fehlbetrag ist der Unterschied zwischen den tatsächlich eingegangenen Einnahmen (Ist-Einnahmen) und den tatsächlich geleisteten Ausgaben (Ist-Ausgaben).

(2) [1] Ein Überschuß ist insbesondere zur Verminderung des Kreditbedarfs oder zur Tilgung von Schulden zu verwenden oder der Konjunkturausgleichsrücklage zuzuführen. [2] Wird der Überschuß zur Schuldentilgung verwendet oder der Konjunkturausgleichsrücklage zugeführt, ist er in den nächsten festzustellenden Haushaltsplan einzustellen. [3] § 6 Abs. 1 Satz 3 des Gesetzes zur Förderung der Stabilität

---

[1]) § 23 Satz 2 angef. mWv 1.1.2024 durch G v. 22.12.2023 (BGBl. 2023 I Nr. 412).
[2]) § 24 Abs. 4 Satz 2 geänd. durch G v. 22.9.1994 (BGBl. I S. 2605); Abs. 1 Satz 1 geänd. durch G v. 22.12.1997 (BGBl. I S. 3252).

und des Wachstums der Wirtschaft[1] vom 8. Juni 1967 (Bundesgesetzbl. I S. 582) bleibt unberührt.

(3) [1] Ein Fehlbetrag ist spätestens in den Haushaltsplan für das zweitnächste Haushaltsjahr einzustellen. [2] Er darf durch Einnahmen aus Krediten nur gedeckt werden, soweit die Möglichkeiten einer Kreditaufnahme nicht ausgeschöpft sind.

## § 26[2] Bundesbetriebe, Sondervermögen, Zuwendungsempfänger.

(1) [1] Bundesbetriebe haben einen Wirtschaftsplan aufzustellen, wenn ein Wirtschaften nach Einnahmen und Ausgaben des Haushaltsplans nicht zweckmäßig ist. [2] Der Wirtschaftsplan oder eine Übersicht über den Wirtschaftsplan ist dem Haushaltsplan als Anlage beizufügen oder in die Erläuterungen aufzunehmen. [3] Im Haushaltsplan sind nur die Zuführungen oder die Ablieferungen zu veranschlagen. [4] Planstellen sind nach Besoldungsgruppen und Amtsbezeichnungen im Haushaltsplan auszubringen.

(2) [1] Bei Sondervermögen sind nur die Zuführungen oder die Ablieferungen im Haushaltsplan zu veranschlagen. [2] Über die Einnahmen, Ausgaben und Verpflichtungsermächtigungen der Sondervermögen sind Übersichten dem Haushaltsplan als Anlagen beizufügen oder in die Erläuterungen aufzunehmen.

(3) [1] Über die Einnahmen und Ausgaben von

1. juristischen Personen des öffentlichen Rechts, die vom Bund ganz oder zum Teil zu unterhalten sind, und

2. Stellen außerhalb der Bundesverwaltung, die vom Bund Zuwendungen zur Deckung der gesamten Ausgaben oder eines nicht abgegrenzten Teils der Ausgaben erhalten,

sind Übersichten dem Haushaltsplan als Anlagen beizufügen oder in die Erläuterungen aufzunehmen. [2] Das Bundesministerium der Finanzen kann Ausnahmen zulassen.

## § 27[3] Voranschläge.

(1) [1] Die Voranschläge sind von der für den Einzelplan zuständigen Stelle dem Bundesministerium der Finanzen zu dem von ihm zu bestimmenden Zeitpunkt zu übersenden. [2] Das Bundesministerium der Finanzen kann verlangen, daß den Voranschlägen Organisations- und Stellenpläne beigefügt werden.

(2) [1] Die für den Einzelplan zuständige Stelle übersendet die Voranschläge auch dem Bundesrechnungshof. [2] Er kann hierzu Stellung nehmen.

## § 28[4] Aufstellung des Entwurfs des Haushaltsplans.

(1) [1] Das Bundesministerium der Finanzen prüft die Voranschläge und stellt den Entwurf des Haushaltsplans auf. [2] Es kann die Voranschläge nach Benehmen mit den beteiligten Stellen ändern.

(2) [1] Über Angelegenheiten von grundsätzlicher oder erheblicher finanzieller Bedeutung kann die zuständige Bundesministerin oder der zuständige Bundesminister die Entscheidung der Bundesregierung einholen. [2] Entscheidet die Bundesregierung gegen oder ohne die Stimme der Bundesministerin oder des Bundes-

---

[1] Nr. **720**.
[2] § 26 Abs. 3 Satz 2 geänd. durch G v. 22.9.1994 (BGBl. I S. 2605).
[3] § 27 Abs. 1 geänd. durch G v. 22.9.1994 (BGBl. I S. 2605).
[4] § 28 Abs. 1 Satz 1 und Abs. 3 geänd. durch G v. 22.9.1994 (BGBl. I S. 2605); Abs. 2 und 3 neu gef. mWv 18.8.2017 durch G v. 14.8.2017 (BGBl. I S. 3122).

ministers der Finanzen, so steht ihr oder ihm ein Widerspruchsrecht zu. [3]Das Nähere regelt die Geschäftsordnung der Bundesregierung.

(3) Abweichungen von den Voranschlägen der Bundespräsidentin oder des Bundespräsidenten, des Deutschen Bundestages, des Bundesrates, des Bundesverfassungsgerichts, des Bundesrechnungshofes oder der oder des Bundesbeauftragten für den Datenschutz und die Informationsfreiheit sind vom Bundesministerium der Finanzen der Bundesregierung mitzuteilen, soweit den Änderungen nicht zugestimmt worden ist.

**§ 29[1]) Beschluß über den Entwurf des Haushaltsplans.** (1) Der Entwurf des Haushaltsgesetzes wird mit dem Entwurf des Haushaltsplans von der Bundesregierung beschlossen.

(2) [1]Einnnahmen, Ausgaben, Verpflichtungsermächtigungen und Vermerke, die das Bundesministerium der Finanzen in den Entwurf des Haushaltsplans nicht aufgenommen hat, unterliegen auf Antrag des zuständigen Bundesministers der Beschlußfassung der Bundesregierung, wenn es sich um Angelegenheiten von grundsätzlicher oder erheblicher finanzieller Bedeutung handelt. [2]Dasselbe gilt für Vorschriften des Entwurfs des Haushaltsgesetzes. [3]Auf die Beschlußfassung der Bundesregierung ist § 28 Abs. 2 Satz 2 entsprechend anzuwenden. [4]Das Nähere regelt die Geschäftsordnung der Bundesregierung.

(3) Weicht der Entwurf des Haushaltsplans von den Voranschlägen der Bundespräsidentin oder des Bundespräsidenten, des Deutschen Bundestages, des Bundesrates, des Bundesverfassungsgerichts, des Bundesrechnungshofes oder der oder des Bundesbeauftragten für den Datenschutz und die Informationsfreiheit ab und ist der Änderung nicht zugestimmt worden, so sind die Teile, über die kein Einvernehmen erzielt worden ist, unverändert dem Entwurf des Haushaltsplans beizufügen.

**§ 30 Vorlagefrist.** Der Entwurf des Haushaltsgesetzes ist mit dem Entwurf des Haushaltsplans vor Beginn des Haushaltsjahres dem Bundesrat zuzuleiten und beim Bundestag einzubringen, in der Regel spätestens in der ersten Sitzungswoche des Bundestages nach dem 1. September.

**§ 31[2]) Finanzbericht.** Zum Entwurf des Haushaltsgesetzes und des Haushaltsplans hat das Bundesministerium der Finanzen einen Bericht über den Stand und die voraussichtliche Entwicklung der Finanzwirtschaft auch im Zusammenhang mit der gesamtwirtschaftlichen Entwicklung zu erstatten.

**§ 32 Ergänzungen zum Entwurf des Haushaltsplans.** Auf Ergänzungen zum Entwurf des Haushaltsgesetzes und des Haushaltsplans sind die Teile I und II entsprechend anzuwenden.

**§ 33 Nachtragshaushaltsgesetze.** [1]Auf Nachträge zum Haushaltsgesetz und zum Haushaltsplan sind die Teile I und II entsprechend anzuwenden. [2]Der Entwurf ist bis zum Ende des Haushaltsjahres einzubringen.

---

[1]) § 29 Abs. 2 Satz 1 neu gef. durch G v. 22.9.1994 (BGBl. I S. 2605); Abs. 3 neu gef. mWv 18.8.2017 durch G v. 14.8.2017 (BGBl. I S. 3122).
[2]) § 31 geänd. durch G v. 22.9.1994 (BGBl. I S. 2605).

## Teil III. Ausführung des Haushaltsplans

**§ 34 Erhebung der Einnahmen, Bewirtschaftung der Ausgaben.** (1) Einnahmen sind rechtzeitig und vollständig zu erheben.

(2) [1] Ausgaben dürfen nur soweit und nicht eher geleistet werden, als sie zur wirtschaftlichen und sparsamen Verwaltung erforderlich sind. [2] Die Ausgabemittel sind so zu bewirtschaften, daß sie zur Deckung aller Ausgaben ausreichen, die unter die einzelne Zweckbestimmung fallen.

(3) Absatz 2 gilt für die Inanspruchnahme von Verpflichtungsermächtigungen entsprechend.

**§ 35 Bruttonachweis, Einzelnachweis.** (1) Alle Einnahmen und Ausgaben sind mit ihrem vollen Betrag bei dem hierfür vorgesehenen Titel zu buchen, soweit sich aus § 15 Abs. 1 Satz 2 und 3 nichts anderes ergibt.

(2) [1] Für denselben Zweck dürfen Ausgaben aus verschiedenen Titeln nur geleistet werden, soweit der Haushaltsplan dies zuläßt. [2] Entsprechendes gilt für die Inanspruchnahme von Verpflichtungsermächtigungen.

**§ 36[1] Aufhebung der Sperre.** [1] Nur mit vorheriger Zustimmung (Einwilligung) des Bundesministeriums der Finanzen dürfen Ausgaben, die durch Gesetz oder im Haushaltsplan als gesperrt bezeichnet sind, geleistet sowie Verpflichtungen zur Leistung solcher Ausgaben eingegangen werden. [2] In den Fällen des § 22 Satz 3 hat das Bundesministerium der Finanzen die Einwilligung des Bundestages einzuholen.

**§ 37[2] Über- und außerplanmäßige Ausgaben.** (1) [1] Überplanmäßige und außerplanmäßige Ausgaben bedürfen der Einwilligung des Bundesministeriums der Finanzen. [2] Sie darf nur im Falle eines unvorhergesehenen und unabweisbaren Bedarfs erteilt werden. [3] Als unabweisbar ist ein Bedarf insbesondere nicht anzusehen, wenn nach Lage des Einzelfalles ein Nachtragshaushaltsgesetz rechtzeitig herbeigeführt oder die Ausgabe bis zum nächsten Haushaltsgesetz zurückgestellt werden kann. [4] Eines Nachtragshaushaltsgesetzes bedarf es nicht, wenn die Mehrausgabe im Einzelfall einen im Haushaltsgesetz festzulegenden Betrag nicht überschreitet oder wenn Rechtsverpflichtungen zu erfüllen sind. [5] § 8 des Gesetzes zur Förderung der Stabilität und des Wachstums der Wirtschaft[3] bleibt unberührt.

(2) Absatz 1 gilt auch für Maßnahmen, durch die für den Bund Verpflichtungen entstehen können, für die Ausgaben im Haushaltsplan nicht veranschlagt sind.

(3) Über- und außerplanmäßige Ausgaben sollen durch Einsparungen bei anderen Ausgaben in demselben Einzelplan ausgeglichen werden.

(4) [1] Über- und außerplanmäßige Ausgaben sind dem Bundestag und dem Bundesrat vierteljährlich, in Fällen von grundsätzlicher oder erheblicher finanzieller Bedeutung unverzüglich mitzuteilen. [2] Über- und außerplanmäßige Ausgaben über 100 Millionen Euro bedürfen der Einwilligung des Haushaltsausschusses des Deutschen Bundestages, sofern keine Rechtsverpflichtungen zu erfüllen sind. [3] Die Einwilligung nach Satz 2 ist nicht erforderlich, sofern aus zwingenden Gründen eine unerlässliche Ausnahme geboten ist. [4] In Fällen des Satzes 3 ist der Haushalts-

---

[1] § 36 Satz 2 geänd. durch G v. 22.9.1994 (BGBl. I S. 2605).
[2] § 37 Abs. 1 neu gef., Abs. 6 Satz 2 geänd. durch G v. 22.9.1994 (BGBl. I S. 2605); Abs. 4 Sätze 2–4 angef. mWv 1.1.2024 durch G v. 22.12.2023 (BGBl. 2023 I Nr. 412).
[3] Nr. **720**.

ausschuss des Deutschen Bundestages nach der Entscheidung unverzüglich zu unterrichten.

(5) Ausgaben, die ohne nähere Angabe des Verwendungszwecks veranschlagt sind, dürfen nicht überschritten werden.

(6) [1] Mehrausgaben bei übertragbaren Ausgaben (Vorgriffe) sind unter den Voraussetzungen des Absatzes 1 Satz 1 und 2 auf die nächstjährige Bewilligung für den gleichen Zweck anzurechnen. [2] Das Bundesministerium der Finanzen kann Ausnahmen zulassen.

**§ 38[1) Verpflichtungsermächtigungen.** (1) [1] Maßnahmen, die den Bund zur Leistung von Ausgaben in künftigen Haushaltsjahren verpflichten können, sind nur zulässig, wenn der Haushaltsplan dazu ermächtigt. [2] Im Falle eines unvorhergesehenen und unabweisbaren Bedarfs kann das Bundesministerium der Finanzen Ausnahmen zulassen; § 37 Abs. 1 Satz 3 ist entsprechend anzuwenden. [3] Eines Nachtragshaushaltsgesetzes bedarf es nicht, wenn im Einzelfall der Gesamtbetrag der überplanmäßigen oder außerplanmäßigen Verpflichtungsermächtigung einen im Haushaltsgesetz festzulegenden Betrag nicht überschreitet oder wenn Rechtsverpflichtungen zu erfüllen sind.

(2) [1] Die Inanspruchnahme von Verpflichtungsermächtigungen bedarf der Einwilligung des Bundesministeriums der Finanzen, wenn

1. von den in § 16 bezeichneten Angaben erheblich abgewichen werden soll oder
2. in den Fällen des § 16 Satz 2 Jahresbeträge nicht angegeben sind.

[2] Das Bundesministerium der Finanzen kann auf seine Befugnisse verzichten.

(3) Das Bundesministerium der Finanzen ist bei Maßnahmen nach Absatz 1 von grundsätzlicher oder erheblicher finanzieller Bedeutung über den Beginn und Verlauf von Verhandlungen zu unterrichten.

(4) [1] Verpflichtungen für laufende Geschäfte dürfen eingegangen werden, ohne daß die Voraussetzungen der Absätze 1 und 2 vorliegen. [2] Einer Verpflichtungsermächtigung bedarf es auch dann nicht, wenn zu Lasten übertragbarer Ausgabe Verpflichtungen eingegangen werden, die im folgenden Haushaltsjahr zu Ausgaben führen. [3] Das Nähere regelt das Bundesministerium der Finanzen.

(5) Die Absätze 1 bis 4 sind auf Verträge im Sinne des Artikels 59 Abs. 2 Satz 1 des Grundgesetzes[2) nicht anzuwenden.

**§ 39[3) Gewährleistungen, Kreditzusagen.** (1) Die Übernahme von Bürgschaften, Garantien oder sonstigen Gewährleistungen, die zu Ausgaben in künftigen Haushaltsjahren führen können, bedarf einer Ermächtigung durch Bundesgesetz, die der Höhe nach bestimmt ist.

(2) [1] Kreditzusagen sowie die Übernahme von Bürgschaften, Garantien oder sonstigen Gewährleistungen bedürfen der Einwilligung des Bundesministeriums der Finanzen. [2] Es ist an den Verhandlungen zu beteiligen. [3] Es kann auf seine Befugnisse verzichten.

---

[1) § 38 Abs. 1 Satz 2 neu gef., Satz 3 angef., Abs. 2, Abs. 3 und Abs. 4 Satz 2 geänd. durch G v. 22.9. 1994 (BGBl. I S. 2605); Abs. 4 Satz 2 eingef., bish. Satz 2 wird Satz 3 durch G v. 22.12.1997 (BGBl. I S. 3252).
[2) Nr. **1.**
[3) § 39 Abs. 2, Abs. 3 Satz 2 geänd. durch G v. 22.9.1994 (BGBl. I S. 2605).

(3) ¹Bei Maßnahmen nach Absatz 2 haben die zuständigen Dienststellen auszubedingen, daß sie oder ihre Beauftragten bei den Beteiligten jederzeit prüfen können,

1. ob die Voraussetzungen für die Kreditzusage oder ihre Erfüllung vorliegen oder vorgelegen haben,

2. ob im Falle der Übernahme einer Gewährleistung eine Inanspruchnahme des Bundes in Betracht kommen kann oder die Voraussetzungen für eine solche vorliegen oder vorgelegen haben.

²Von der Ausbedingung eines Prüfungsrechts kann ausnahmsweise mit Einwilligung des Bundesministeriums der Finanzen abgesehen werden.

**§ 40¹⁾ Andere Maßnahmen von finanzieller Bedeutung.** (1) ¹Der Erlaß von Rechtsverordnungen und Verwaltungsvorschriften, der Abschluß von Tarifverträgen und die Gewährung von über- oder außertariflichen Leistungen sowie die Festsetzung oder Änderung von Entgelten für Verwaltungsleistungen bedürfen der Einwilligung des Bundesministeriums der Finanzen, wenn diese Regelungen zu Einnahmeminderungen oder zu zusätzlichen Ausgaben im laufenden Haushaltsjahr oder in künftigen Haushaltsjahren führen können. ²Satz 1 ist auf sonstige Maßnahmen von grundsätzlicher oder erheblicher finanzieller Bedeutung anzuwenden, wenn sie zu Einnahmeminderungen im laufenden Haushaltsjahr oder in künftigen Haushaltsjahren führen können.

(2) Auf die Mitwirkung des Bundes an Maßnahmen überstaatlicher oder zwischenstaatlicher Einrichtungen ist Absatz 1 Satz 1 entsprechend anzuwenden.

**§ 41²⁾ Haushaltswirtschaftliche Sperre.** Wenn die Entwicklung der Einnahmen oder Ausgaben es erfordert, kann das Bundesministerium der Finanzen nach Benehmen mit dem zuständigen Bundesministerium es von seiner Einwilligung abhängig machen, ob Verpflichtungen eingegangen oder Ausgaben geleistet werden.

**§ 42 Konjunkturpolitisch bedingte zusätzliche Ausgaben.** Bei Vorlagen, die dem Bundestag und dem Bundesrat nach § 8 Abs. 1 des Gesetzes zur Förderung der Stabilität und des Wachstums der Wirtschaft³⁾ zugeleitet werden, kann der Bundestag die Ausgaben kürzen.

**§ 43⁴⁾ Kassenmittel, Betriebsmittel.** (1) Das Bundesministerium der Finanzen ermächtigt im Rahmen der zur Verfügung stehenden Kassenmittel die zuständigen Behörden, in ihrem Geschäftsbereich innerhalb eines bestimmten Zeitraums die notwendigen Auszahlungen bis zur Höhe eines bestimmten Betrages leisten zu lassen (Betriebsmittel).

(2) Das Bundesministerium der Finanzen soll nicht sofort benötigte Kassenmittel so anlegen, daß über sie bei Bedarf verfügt werden kann.

---

¹⁾ § 40 Abs. 1 Satz 2 geänd. durch G v. 22.9.1994 (BGBl. I S. 2605).
²⁾ § 41 geänd. durch G v. 22.9.1994 (BGBl. I S. 2605).
³⁾ Nr. **720**.
⁴⁾ § 43 Abs. 1 und 2 geänd. durch G v. 22.9.1994 (BGBl. I S. 2605).

**§ 44**[1]) **Zuwendungen, Verwaltung von Mitteln oder Vermögensgegenständen.** (1) [1]Zuwendungen dürfen nur unter den Voraussetzungen des § 23 gewährt werden. [2]Dabei ist zu bestimmen, wie die zweckentsprechende Verwendung der Zuwendungen nachzuweisen ist. [3]Außerdem ist ein Prüfungsrecht der zuständigen Dienststelle oder ihrer Beauftragten festzulegen. [4]Verwaltungsvorschriften, welche die Regelung des Verwendungsnachweises und die Prüfung durch den Bundesrechnungshof (§ 91) betreffen, werden im Einvernehmen mit dem Bundesrechnungshof erlassen.

(2) [1]Zuwendungen an Kommunen (Gemeinden und Landkreise) sollen bis zur Höhe von 6 Millionen Euro grundsätzlich als Festbetragsförderung gewährt werden. [2]Der Verwendungsnachweis erfolgt grundsätzlich im vereinfachten Verfahren. [3]Das Nähere regelt eine Rechtsverordnung, die der Zustimmung des Haushaltsausschusses des Deutschen Bundestages bedarf.

(3) Sollen Bundesmittel oder Vermögensgegenstände des Bundes von Stellen außerhalb der Bundesverwaltung verwaltet werden, ist Absatz 1 entsprechend anzuwenden.

(4) [1]Juristischen Personen des privaten Rechts kann mit ihrem Einverständnis die Befugnis verliehen werden, Verwaltungsaufgaben auf dem Gebiet der Zuwendungen im eigenen Namen und in den Handlungsformen des öffentlichen Rechts wahrzunehmen, wenn sie die Gewähr für eine sachgerechte Erfüllung der ihnen übertragenen Aufgaben bieten und die Beleihung im öffentlichen Interesse liegt. [2]Die Verleihung und die Entziehung der Befugnis obliegen dem zuständigen Bundesministerium; im Falle der Verleihung ist das Bundesministerium der Finanzen zu unterrichten. [3]Die Beliehene unterliegt der Aufsicht des zuständigen Bundesministeriums; dieses kann die Aufsicht auf nachgeordnete Behörden übertragen. [4]Im Falle der Staatshaftung wegen Ansprüchen Dritter kann der Bund gegenüber einer beliehenen juristischen Person des Privatrechts bei Vorliegen von Vorsatz oder grober Fahrlässigkeit Rückgriff nehmen.

**§ 44a**[2]) *(aufgehoben)*

**§ 45**[3]) **Sachliche und zeitliche Bindung.** (1) [1]Ausgaben und Verpflichtungsermächtigungen dürfen nur zu dem im Haushaltsplan bezeichneten Zweck, soweit und solange er fortdauert, und nur bis zum Ende des Haushaltsjahres geleistet oder in Anspruch genommen werden. [2]Nicht in Anspruch genommene Verpflichtungsermächtigungen gelten, wenn das Haushaltsgesetz für das nächste Haushaltsjahr nicht rechtzeitig verkündet wird, bis zur Verkündung dieses Haushaltsgesetzes.

(2) [1]Bei übertragbaren Ausgaben können Ausgabereste gebildet werden, die für die jeweilige Zweckbestimmung über das Haushaltsjahr hinaus bis zum Ende des auf die Bewilligung folgenden zweitnächsten Haushaltjahres verfügbar bleiben. [2]Bei Bauten tritt an die Stelle des Haushaltsjahres der Bewilligung das Haushaltsjahr, in dem der Bau in seinen wesentlichen Teilen in Gebrauch genommen ist. [3]Das Bundesministerium der Finanzen kann im Einzelfall Ausnahmen zulassen.

(3) Die Inanspruchnahme von Ausgaberesten bedarf der Einwilligung des Bundesministeriums der Finanzen; die Einwilligung darf nur erteilt werden, wenn in demselben oder einem anderen Einzelplan Ausgaben in gleicher Höhe bis zum

---

[1]) § 44 Abs. 3 angef. durch G v. 22.9.1994 (BGBl. I S. 2605); Abs. 3 Satz 2 geänd., Satz 4 angef. mWv 18.8.2017 durch G v. 14.8.2017 (BGBl. I S. 3122); Abs. 2 eingef., bish. Abs. 2 und 3 werden Abs. 3 und 4 mWv 1.1.2024 durch G v. 22.12.2023 (BGBl. 2023 I Nr. 412).
[2]) § 44a aufgeh. durch G v. 2.5.1996 (BGBl. I S. 656).
[3]) § 45 Abs. 2 Satz 3, Abs. 3 und Abs. 4 geänd. durch G v. 22.9.1994 (BGBl. I S. 2605).

Ende des laufenden Haushaltsjahres nicht geleistet werden oder wenn Ausgabemittel zur Deckung der Ausgabereste veranschlagt worden sind (§ 19 Abs. 2).

(4) Das Bundesministerium der Finanzen kann in besonders begründeten Einzelfällen die Übertragbarkeit von Ausgaben zulassen, soweit Ausgaben für bereits
bewilligte Maßnahmen noch im nächsten Haushaltsjahr zu leisten sind.

**§ 46 Deckungsfähigkeit.** Deckungsfähige Ausgaben dürfen, solange sie verfügbar sind, nach Maßgabe des § 20 Abs. 1 oder des Deckungsvermerks zugunsten
einer anderen Ausgabe verwendet werden.

**§ 47 Wegfall- und Umwandlungsvermerke.** (1) Über Ausgaben, die der
Haushaltsplan als künftig wegfallend bezeichnet, darf von dem Zeitpunkt an, mit
dem die im Haushaltsplan bezeichnete Voraussetzung für den Wegfall erfüllt ist,
nicht mehr verfügt werden. Entsprechendes gilt für Planstellen.

(2) Ist eine Planstelle ohne nähere Angabe als künftig wegfallend bezeichnet,
darf die nächste freiwerdende Planstelle derselben Besoldungsgruppe für Beamte
derselben Fachrichtung nicht wieder besetzt werden.

(3) Ist eine Planstelle ohne Bestimmung der Voraussetzungen als künftig um-
zuwandeln bezeichnet, gilt die nächste freiwerdende Planstelle derselben Besoldungsgruppe für Beamte derselben Fachrichtung im Zeitpunkt ihres Freiwerdens
als in die Stelle umgewandelt, die in dem Umwandlungsvermerk angegeben ist.

(4) Die Absätze 1 bis 3 gelten für Stellen der Angestellten und Arbeiter entsprechend.

**§ 48[1] Höchstaltersgrenze bei der Berufung in ein Beamten- oder Sol-
datenverhältnis oder Versetzung von Beamtinnen und Beamten in den
Bundesdienst.** (1) [1]Berufungen in ein Beamtenverhältnis oder Versetzungen in
den Bundesdienst dürfen nur erfolgen, wenn

1. die Bewerberin oder der Bewerber das 50. Lebensjahr noch nicht vollendet hat
oder

2. ein außerordentlicher Mangel an gleich geeigneten jüngeren Bewerberinnen
und Bewerbern besteht und die Berufung oder Versetzung einen erheblichen
Vorteil für den Bund bedeutet.

[2]An die Stelle des 50. Lebensjahres tritt

1. das 55. Lebensjahr, wenn die zukünftigen Versorgungslasten nach dem Versorgungslastenteilungs-Staatsvertrag[2], nach § 107b des Beamtenversorgungsgesetzes[3], nach § 92b des Soldatenversorgungsgesetzes[4] oder dem Militärseel-
sorgevertrag vom 22. Februar 1957 (BGBl. 1957 II S. 702) mit dem abgebenden
Dienstherrn geteilt werden, oder

2. das 62. Lebensjahr, wenn bereits Ansprüche auf Versorgung nach beamten- oder
soldatenrechtlichen Vorschriften oder Grundsätzen zu Lasten des Bundes erworben wurden und das vorgesehene Amt höchstens der Besoldungsgruppe zugeordnet ist, aus der zuletzt Dienstbezüge gezahlt wurden.

---

[1] § 48 neu gef. mWv 18.8.2017 durch G v. 14.8.2017 (BGBl. I S. 3122); Abs. 2 Satz 1 geänd. mWv
27.6.2020 durch VO v. 19.6.2020 (BGBl. I S. 1328).
[2] Sartorius III Nr. 867.
[3] Sartorius III Nr. 590.
[4] Sartorius III Nr. 865.

(2) [1] Für die Berufung oder Versetzung in den Polizeivollzugsdienst des Bundes gilt Absatz 1 Satz 1 mit der Maßgabe, dass bei einer Verwendung im Bundesministerium des Innern, für Bau und Heimat, im Bundeskriminalamt oder im Polizeivollzugsdienst beim Deutschen Bundestag an die Stelle des 50. Lebensjahres das 45. Lebensjahr und bei einer Verwendung in anderen Bereichen an die Stelle des 50. Lebensjahres das 40. Lebensjahr tritt. [2] Außerdem gilt in diesen Fällen

*(Fortsetzung nächstes Blatt)*

# 800. Gewerbeordnung[1]

## In der Fassung der Bekanntmachung vom 22. Februar 1999[2]
### (BGBl. I S. 202)

**FNA 7100-1**

geänd. durch Art. 2 Zweites Euro-EinführungsG v. 24.3.1999 (BGBl. I S. 385), Art. 26 Viertes Euro-EinführungsG v. 21.12.2000 (BGBl. I S. 1983), Art. 4 Zweites G zur Änd. reiserechtl. Vorschriften v. 23.7.2001 (BGBl. I S. 1658), Art. 131 Siebente ZuständigkeitsanpassungsVO v. 29.10.2001 (BGBl. I S. 2785), Art. 8 Neuntes Euro-EinführungsG v. 10.11.2001 (BGBl. I S. 2992), Art. 2 GaststättenG-GewerbeO-ÄndG v. 13.12.2001 (BGBl. I S. 3584), Art. 3 Viertes G zur Änd. des BundeszentralregisterG v. 23.4.2002 (BGBl. I S. 1406), Art. 3 WirtschaftsnummervorbereitungsG v. 22.5.2002 (BGBl. I S. 1644), Art. 11 Nr. 17 ZuwanderungsG v. 20.6.2002 (BGBl. I S. 1946, nichtig gem. Urt. des BVerfG v. 18.12. 2002 – 2 BvF 1/02 –), Art. 1 Bewachungsgewerberechts-ÄndG v. 23.7.2002 (BGBl. I S. 2724), Art. 11 Schwarzarbeit-Bekämpfungs-ErleichterungsG v. 23.7.2002 (BGBl. I S. 2787), Art. 1 Drittes Gewerbe-rechts-ÄndG v. 24.8.2002 (BGBl. I S. 3412), Art. 9 Waffenrechts-NeuregelungsG v. 11.10.2002 (BGBl. I S. 3970), Art. 108 Achte ZuständigkeitsanpassungsVO v. 25.11.2003 (BGBl. I S. 2304), Art. 67 Drittes G für moderne Dienstleistungen am Arbeitsmarkt v. 23.12.2003 (BGBl. I S. 2848), Art. 4 Drittes G zur Änd. der Handwerksordnung und and. handwerksrechtlicher Vorschriften v. 24.12.2003 (BGBl. I S. 2934), Art. 35a Viertes G für moderne Dienstleistungen am Arbeitsmarkt v. 24.12.2003 (BGBl. I S. 2954), Art. 10 G zur Intensivierung der Bekämpfung der Schwarzarbeit und damit zusammenhängender Steuerhinterzie-hung v. 23.7.2004 (BGBl. I S. 1842), Art. 11 Nr. 18 ZuwanderungsG v. 30.7.2004 (BGBl. I S. 1950), Art. 12 Kommunales OptionsG v. 30.7.2004 (BGBl. I S. 2014), Art. 9 Bürokratieabbau- und Deregulie-rungsG v. 21.6.2005 (BGBl. I S. 1666), Art. 2 Abs. 2 Siebtes ÄndG v. 7.7.2005 (BGBl. I S. 1954), Art. 3a G zur Änd. des GemeindefinanzreformG und and. G v. 6.9.2005 (BGBl. I S. 2725), Art. 11 Erstes G zum Abbau bürokratischer Hemmnisse insbesondere in der mittelständischen Wirtschaft v. 22.8.2006 (BGBl. I S. 1970), Art. 144 Neunte ZuständigkeitsanpassungsVO v. 31.10.2006 (BGBl. I S. 2407), Art. 3 G zur Errichtung und zur Regelung der Aufgaben des BfJ v. 17.12.2006 (BGBl. I S. 3171), Art. 1 G zur Neuregelung des Versicherungsvermittlerrechts v. 19.12.2006 (BGBl. I S. 3232), Art. 3 G zur Ausführung des UNESCO-Übk über Maßnahmen zum Verbot und zur Verhütung der rechtswidrigen Einfuhr, Ausfuhr und Übereignung von Kulturgut v. 18.5.2007 (BGBl. I S. 757, ber. S. 2547, iVm Bek. v. 28.3. 2008, BGBl. II S. 235), Art. 5 Finanzmarktrichtlinie-UmsetzungsG v. 16.7.2007 (BGBl. I S. 1330), Art. 9 Zweites BürokratieabbauG v. 7.9.2007 (BGBl. I S. 2246), Art. 14 G zur Änd. des SGB IV und and. Gesetze v. 19.12.2007 (BGBl. I S. 3024), Art. 9 InvestmentänderungsG v. 21.12.2007 (BGBl. I S. 3089), Art. 9 G zur Vereinfachung und Anpassung statistischer Rechtsvorschriften v. 17.3.2008 (BGBl. I S. 399), Art. 11 Abs. 5 UnfallversicherungsmodernisierungsG v. 30.10.2008 (BGBl. I S. 2130), Art. 1 G zur Umsetzung der RL 2005/36/EG über die Anerkennung von Berufsqualifikationen in der GewerbeO v. 12.12.2008 (BGBl. I S. 2423), Art. 92 FGG-ReformG v. 17.12.2008 (BGBl. I S. 2586), Art. 9 Drittes Mittelstandsentlastungsg v. 17.3.2009 (BGBl. I S. 550), Art. 7 ELENA-VerfahrensG v. 28.3.2009 (BGBl. I S. 634), Art. 3 Erstes G zur Änd. des G über die Festsetzung von Mindestarbeitsbedingungen v. 22.4. 2009 (BGBl. I S. 818), Art. 1 G zur Umsetzung der DienstleistungsRL im Gewerberecht und in weiteren Rechtsvorschriften v. 17.7.2009 (BGBl. I S. 2091), Art. 4 Abs. 14 G zur Reform der Sachaufklärung in der Zwangsvollstreckung v. 29.7.2009 (BGBl. I S. 2258), Art. 1 G zur Änd. gewerberechtl. Vorschriften v. 11.7.2011 (BGBl. I S. 1341), Art. 8 G zur Änd. des BeherbergungsstatistikG und des HandelsstatistikG sowie zur Aufhebung von Vorschriften zum Verfahren des elektronischen Entgeltnachweises v. 23.11.2011 (BGBl. I S. 2298), Art. 7 G zur Umsetzung der RL 2010/78/EU im Hinblick auf die Errichtung des Europäischen Finanzaufsichtssystems v. 4.12.2011 (BGBl. I S. 2427), Art. 5 G zur Novellierung des Finanzanlagenvermittler- und Vermögensanlagenrechts v. 6.12.2011 (BGBl. I S. 2481), Art. 4 G zur Verbesserung der Feststellung und Anerkennung im Ausland erworbener Berufsqualifikationen v. 6.12. 2011 (BGBl. I S. 2515), Art. 3 G zur Verbesserung des Austauschs von strafregisterrechtl. Daten zwischen den Mitgliedstaaten der Europäischen Union und zur Änd. registerrechtl. Vorschriften v. 15.12.2011 (BGBl. I S. 2714), Art. 1 G zur Änd. der Gewerbeordnung und anderer G v. 5.12.2012 (BGBl. I S. 2415), Art. 1 G zur Einführung eines Zulassungsverfahrens für Bewachungsunternehmen auf Seeschiffen v. 4.3. 2013 (BGBl. I S. 362, geänd. durch Art. 2 G v. 24.4.2013, BGBl. I S. 930), Art. 3 G über konjunktur-

---

[1] Die Änderungen durch G v. 18.7.2017 (BGBl. I S. 2739, geänd. durch G v. 18.1.2021, BGBl. I S. 2, iVm Bek. v. 18.10.2021, BAnz AT 29.10.2021 B3, und Bek. v. 16.2.2022, BGBl. I S. 306) treten erst **mWv 1.6.2025** in Kraft und sind im Text noch nicht berücksichtigt.
[2] Neubekanntmachung der GewO idF der Bek. v. 1.1.1987 (BGBl. I S. 425) in der ab 1.1.1999 geltenden Fassung.

statistische Erhebungen in bestimmten Dienstleistungsbereichen und zur Änd. von Vorschriften des Zulassungsverfahrens für Bewachungsunternehmen auf Seeschiffen v. 24.4.2013 (BGBl. I S. 930), Art. 5 Abs. 6 Achtes G zur Änd. des GWB v. 26.6.2013 (BGBl. I S. 1738), Art. 17 AIFM-UmsetzungsG v. 4.7. 2013 (BGBl. I S. 1981), Art. 3 HonoraranlageberatungsG v. 15.7.2013 (BGBl. I S. 2390), Art. 9 G zur Neuregelung des gesetzlichen Messwesens v. 25.7.2013 (BGBl. I S. 2722), Art. 18 G zur Förderung der elektronischen Verwaltung sowie zur Änd. weiterer Vorschriften v. 25.7.2013 (BGBl. I S. 2749), Art. 2 Abs. 79, Art. 3 Abs. 11 und Art. 4 Abs. 61 G zur Strukturreform des Gebührenrechts des Bundes v. 7.8. 2013 (BGBl. I S. 3154, geänd. durch G v. 18.7.2016, BGBl. I S. 1666), Art. 6 Fünftes G zur Änd. des StraßenverkehrsG und anderer Gesetze v. 28.8.2013 (BGBl. I S. 3313), Art. 2 G zur Änd. des Bundes-zentralregisterG und anderer registerrechtlicher Vorschriften v. 6.9.2013 (BGBl. I S. 3556), Art. 11 G zur Anpassung von Gesetzen auf dem Gebiet des Finanzmarktes v. 15.7.2014 (BGBl. I S. 934), Art. 11 TarifautonomiestärkungsG v. 11.8.2014 (BGBl. I S. 1348), Art. 2 G zur Änd. des StraßenverkehrsG, der GewerbeO und des BundeszentralregisterG v. 28.11.2014 (BGBl. I S. 1802), Art. 2 Abs. 33 G zur Modernisierung der Finanzaufsicht über Versicherungen v. 1.4.2015 (BGBl. I S. 434), Art. 10 Fünftes G zur Änd. des Vierten Buches Sozialgesetzbuch und anderer G v. 15.4.2015 (BGBl. I S. 583), Art. 11 KleinanlegerschutzG v. 3.7.2015 (BGBl. I S. 1114), Art. 275, und Art. 626 Abs. 3 Zehnte ZuständigkeitsanpassungsVO v. 31.8.2015 (BGBl. I S. 1474, geänd. durch G v. 18.7.2016, BGBl. I S. 1666), Art. 2 G zur Änd. des BerufsqualifikationsfeststellungsG und anderer Gesetze v. 22.12.2015 (BGBl. I S. 2572), Art. 2 Abs. 7 VergaberechtsmodernisierungsG v. 17.2.2016 (BGBl. I S. 203), Art. 10 G zur Umsetzung der WohnimmobilienkreditRL und zur Änd. handelsrechtlicher Vorschriften v. 11.3.2016 (BGBl. I S. 396), Art. 13 Erstes FinanzmarktnovellierungsG v. 30.6.2016 (BGBl. I S. 1514), Art. 2, Art. 3 Abs. 10, Art. 4 Abs. 58, Art. 5 Abs. 9 G zur Aktualisierung der Strukturreform des Gebührenrechts des Bundes v. 18.7.2016 (BGBl. I S. 1666), Art. 9 G zur Neuregelung des Kulturgutschutzrechts v. 31.7.2016 (BGBl. I S. 1914), Art. 5 G zur Regulierung des Prostitutionsgewerbes v. 21.10.2016 (BGBl. I S. 2372), Art. 1 G zur Änd. bewachungsrechtlicher Vorschriften v. 4.11.2016 (BGBl. I S. 2456, geänd. durch G v. 29.11.2018, BGBl. I S. 2666), Art. 16 6. SGB IV-ÄnderungsG v. 11.11.2016 (BGBl. I S. 2500), Art. 97 G zum Abbau verzichtbarer Anordnungen der Schriftform im Verwaltungsrecht des Bundes v. 29.3.2017 (BGBl. I S. 626), Art. 2 Abs. 3 52. G zur Änd. des StGB – Stärkung des Schutzes von Vollstreckungs-beamten und Rettungskräften v. 23.5.2017 (BGBl. I S. 1226), Art. 20 Zweites FinanzmarktnovellierungsG v. 23.6.2017 (BGBl. I S. 1693), Art. 16 G zur Umsetzung der Vierten EU-GeldwäscheRL, zur Aus-führung der EU-GeldtransferVO und zur Neuorganisation der Zentralstelle für Finanztransaktionsunter-suchungen v. 23.6.2017 (BGBl. I S. 1822), Art. 4 Drittes G zur Änd. reiserechtlicher Vorschriften v. 17.7. 2017 (BGBl. I S. 2394), Art. 3 Siebtes G zur Änd. des BundeszentralregisterG v. 18.7.2017 (BGBl. I S. 2732, ber. S. 3431, geänd. durch Art. 53 G v. 20.11.2019, BGBl. I S. 1626), Art. 2 Abs. 3 G zur Einführung eines Wettbewerbsregisters und zur Änd. des G gegen Wettbewerbsbeschränkungen v. 18.7. 2017 (BGBl. I S. 2739, geänd. durch G v. 18.1.2021, BGBl. I S. 2, iVm Bek. v. 18.10.2021, BAnz AT 29.10.2021 B3, und Bek. v. 16.2.2022, BGBl. I S. 306), Art. 1 G zur Umsetzung der Richtlinie (EU) 2016/97 über Versicherungsvertrieb und zur Änd. weiterer Gesetze v. 20.7.2017 (BGBl. I S. 2789), Art. 1 G zur Einführung einer Berufszulassungsregelung für gewerbliche Immobilienmakler und Wohnimmobi-lienverwalter v. 17.10.2017 (BGBl. I S. 3562), Art. 2 G zur Änd. des AkkreditierungsstellenG und der GewerbeO v. 11.12.2018 (BGBl. I S. 2354), Art. 1, 2 Zweites G zur Änd. bewachungsrechtlicher Vorschriften v. 29.11.2018 (BGBl. I S. 2666), Art. 5 Abs. 11 G zur Einführung einer Karte für Unions-bürger und Angehörige des Europäischen Wirtschaftsraums mit Funktion zum elektronischen Identitäts-nachweis sowie zur Änd. des PersonalausweisG und weiterer Vorschriften v. 21.6.2019 (BGBl. I S. 846), Art. 81 Zweites Datenschutz-Anpassungs- und UmsetzungsG EU v. 20.11.2019 (BGBl. I S. 1626), Art. 15 Drittes BürokratieentlastungsG v. 22.11.2019 (BGBl. I S. 1746), Art. 19 Siebtes G zur Änd. des Vierten Buches SGB und anderer Gesetze v. 12.6.2020 (BGBl. I S. 1248), Art. 222, 360 Abs. 3 Elfte Zuständig-keitsanpassungsVO v. 19.6.2020 (BGBl. I S. 1328), Art. 5 G zur Umsetzung der VerhältnismäßigkeitsRL (RL (EU) 2018/958) im Bereich öffentlich-rechtlicher Körperschaften v. 19.6.2020 (BGBl. I S. 1403), Art. 20 Sanierungs- und InsolvenzrechtsfortentwicklungsG v. 22.12.2020 (BGBl. I S. 3256), Art. 9 G zur Verbesserung des Verbraucherschutzes im Inkassorecht und zur Änd. weiterer Vorschriften v. 22.12.2020 (BGBl. I S. 3320), Art. 13 G zur weiteren Verkürzung des Restschuldbefreiungsverfahrens und zur Anpassung pandemiebedingter Vorschriften im Gesellschafts-, Genossenschafts-, Vereins- und Stiftungs-recht sowie im Miet- und Pachtrecht v. 22.12.2020 (BGBl. I S. 3328), Art. 9b ArbeitsschutzkontrollG v. 22.12.2020 (BGBl. I S. 3334), Art. 3 GWB-DigitalisierungsG v. 18.1.2021 (BGBl. I S. 2), Art. 5 Abs. 4 G zur Verbesserung der strafrechtlichen Bekämpfung der Geldwäsche v. 9.3.2021 (BGBl. I S. 327), Art. 7 Abs. 25 G zur Umsetzung der RL (EU) 2019/2034 über die Beaufsichtigung von Wertpapierinstituten v. 12.5.2021 (BGBl. I S. 990), Art. 26 Abs. 4 FinanzmarktintegritätsstärkungsG v. 3.6.2021 (BGBl. I S. 1534), Art. 22 G zur begleitenden Ausführung der VO (EU) 2020/1503 und der Umsetzung der RL EU 2020/1504 v. 3.6.2021 (BGBl. I S. 1568), Art. 4 G über die Insolvenzsicherung durch Reisesiche-rungsfonds und zur Änd. reiserechtlicher Vorschriften v. 25.6.2021 (BGBl. I S. 2114), Art. 34 G zur Neuregelung des Berufsrechts der anwaltlichen und steuerberatenden Berufsausübungsgesellschaften sowie zur Änd. weiterer Vorschriften im Bereich der rechtsberatenden Berufe v. 7.7.2021 (BGBl. I S. 2363),

Art. 10 Abs. 6 Viertes G zur Änd. des Lebensmittel- und Futtermittelgesetzbuches sowie anderer Vorschriften v. 27.7.2021 (BGBl. I S. 3274), Art. 3 G zur Durchführung der VO (EU) 2019/816 sowie zur Änd. weiterer Vorschriften v. 10.8.2021 (BGBl. I S. 3420), Art. 2 G zur Stärkung des Verbraucherschutzes im Wettbewerbs- und Gewerberecht v. 10.8.2021 (BGBl. I S. 3504), Art. 1 G zum Übergang des Bewacherregisters vom Bundesamt für Wirtschaft und Ausfuhrkontrolle auf das Statistische Bundesamt v. 19.6.2022 (BGBl. I S. 918), Art. 6 G zur Umsetzung der RL (EU) 2019/1152 v. 20.7.2022 (BGBl. I S. 1174), Art. 1 G zur Änd. der GewerbeO und anderer Gesetze v. 9.11.2022 (BGBl. I S. 2009), Art. 2 G zur Änd. des BundeszentralregisterG und des StGB v. 4.12.2022 (BGBl. I S. 2146), Art. 21 SanktionsdurchsetzungsG II v. 19.12.2022 (BGBl. I S. 2606), Art. 6 G für einen besseren Schutz hinweisgebender Personen sowie zur Umsetzung der RL zum Schutz von Personen, die Verstöße gegen das Unionsrecht melden v. 31.5.2023 (BGBl. 2023 I Nr. 140), Art. 11 G zur Regelung der Entsendung von Kraftfahrern und Kraftfahrerinnen im Straßenverkehrssektor und zur grenzüberschreitenden Durchsetzung des Entsenderechts v. 28.6.2023 (BGBl. 2023 I Nr. 172), Art. 8 KreditzweitmarktförderungsG v. 22.12.2023 (BGBl. 2023 I Nr. 411) und Art. 5 Zweites G zur Umsetzung der VerhältnismäßigkeitsRL (RL (EU) 2018/958) im Bereich öffentlich-rechtlicher Körperschaften v. 17.1.2024 (BGBl. 2024 I Nr. 12)

**Inhaltsübersicht[1]**

**Titel I. Allgemeine Bestimmungen**

---

[1] Inhaltsübersicht geänd. mWv 1.1.2003 durch G v. 24.8.2002 (BGBl. I S. 3412); mWv 1.7.2005 durch G v. 21.6.2005 (BGBl. I S. 1666); mWv 22.5.2007 durch G v. 19.12.2006 (BGBl. I S. 3232); mWv 1.11. 2007 durch G v. 16.7.2007 (BGBl. I S. 1330); mWv 14.9.2007 durch G v. 7.9.2007 (BGBl. I S. 2246); mWv 18.12.2008 durch G v. 12.12.2008 (BGBl. I S. 2423); mWv 25.3.2009 durch G v. 17.3.2008 (BGBl. I S. 550); mWv 25.7.2009 durch G v. 17.7.2009 (BGBl. I S. 2091); mWv 28.12.2009 durch G v. 17.7.2009 (BGBl. I S. 2091); mWv 15.7.2011 durch G v. 11.7.2011 (BGBl. I S. 1341); mWv 1.1.2013 durch G v. 6.12.2011 (BGBl. I S. 2481); mWv 1.4.2012 durch G v. 6.12.2011 (BGBl. I S. 2515); mWv 27.4.2012 durch G v. 15.12.2011 (BGBl. I S. 2714); mWv 1.12.2013 durch G v. 4.3.2013 (BGBl. I S. 362, geänd. durch G v. 24.4.2013, BGBl. I S. 930); mWv 1.8.2014 durch G v. 15.7.2013 (BGBl. I S. 2390); mWv 1.9.2014 durch G v. 6.9.2013 (BGBl. I S. 3556); mWv 18.1.2016 durch G v. 22.12.2015 (BGBl. I S. 2572); mWv 21.3.2016 durch G v. 11.3.2016 (BGBl. I S. 396); mWv 1.12.2016 durch G v. 4.11.2016 (BGBl. I S. 2456); mWv 1.7.2018 durch G v. 17.7.2017 (BGBl. I S. 2394); mWv 29.7.2017 durch G v. 18.7.2017 (BGBl. I S. 2732); mWv 23.2.2018 durch G v. 20.7.2017 (BGBl. I S. 2789); mWv 1.8.2018 durch G v. 17.10.2017 (BGBl. I S. 3562); mWv 15.12.2018 durch G v. 11.12.2018 (BGBl. I S. 2354); mWv 1.1.2019 durch G v. 29.11.2018 (BGBl. I S. 2666); mWv 26.11.2019 durch G v. 20.11.2019 (BGBl. I S. 1626); mWv 1.1.2021 durch G v. 22.12.2020 (BGBl. I S. 3256); mWv 1.7.2021 durch G v. 25.6.2021 (BGBl. I S. 2114); mWv 18.8.2021 durch G v. 10.8.2021 (BGBl. I S. 3420); mWv 28.5.2022 durch G v. 10.8.2021 (BGBl. I S. 3504); mWv 23.6.2022 durch G v. 19.6.2022 (BGBl. I S. 918); mWv 1.8.2022 durch G v. 20.7.2022 (BGBl. I S. 1174); mWv 1.1.2023 durch G v. 9.11.2022 (BGBl. I S. 2009); mWv 23.1.2024 durch G v. 17.1.2024 (BGBl. 2024 I Nr. 12); sie wurde inhaltlich an die Änderungen durch G v. 23.4.2002 (BGBl. I S. 1406) und G v. 23.12.2003 (BGBl. I S. 2848) angepasst.

[2] Wortlaut weicht amtlich von der gleichzeitigen Änderung der Überschrift des § 6b ab.

1. die Zulassung und den Betrieb von Spielbanken,
2. die Veranstaltung von Lotterien und Ausspielungen, mit Ausnahme der gewerbsmäßig betriebenen Ausspielungen auf Volksfesten, Schützenfesten oder ähnlichen Veranstaltungen, bei denen der Gewinn in geringwertigen Gegenständen besteht,
3. die Veranstaltung anderer Spiele im Sinne des § 33d Abs. 1 Satz 1, die Glücksspiele im Sinne des § 284 des Strafgesetzbuches[1] sind.

**§ 33i**[2][3] **Spielhallen und ähnliche Unternehmen.** (1) [1] Wer gewerbsmäßig eine Spielhalle oder ein ähnliches Unternehmen betreiben will, das ausschließlich oder überwiegend der Aufstellung von Spielgeräten oder der Veranstaltung anderer Spiele im Sinne des § 33c Abs. 1 Satz 1 oder des § 33d Abs. 1 Satz 1 dient, bedarf der Erlaubnis der zuständigen Behörde. [2] Die Erlaubnis kann mit einer Befristung erteilt und mit Auflagen verbunden werden, soweit dies zum Schutze der Allgemeinheit, der Gäste oder der Bewohner des Betriebsgrundstücks oder der Nachbargrundstücke vor Gefahren, erheblichen Nachteilen oder erheblichen Belästigungen erforderlich ist; unter denselben Voraussetzungen ist auch die nachträgliche Aufnahme, Änderung und Ergänzung von Auflagen zulässig.

(2) Die Erlaubnis ist zu versagen, wenn

1. die in § 33c Absatz 2 Nummer 1 oder § 33d Absatz 3 genannten Versagungsgründe vorliegen,
2. die zum Betrieb des Gewerbes bestimmten Räume wegen ihrer Beschaffenheit oder Lage den polizeilichen Anforderungen nicht genügen oder
3. der Betrieb des Gewerbes eine Gefährdung der Jugend, eine übermäßige Ausnutzung des Spieltriebs, schädliche Umwelteinwirkungen im Sinne des Bundes-Immissionsschutzgesetzes[4] oder sonst eine nicht zumutbare Belästigung der All-

---

[1] **Habersack Nr. 85.**
[2] § 33i Abs. 1 Satz 1 geänd. mWv 12.12.2012, Abs. 2 Nr. 1 geänd. mWv 1.9.2013 durch G v. 5.12. 2012 (BGBl. I S. 2415).
[3] Das Recht der Spielhallen ist seit der am 1.9.2006 in Kraft getretenen Föderalismusreform Gegenstand der Gesetzgebungskompetenz der Länder. Ua haben folgende Länder hierzu eigene Regelungen erlassen:
**Baden-Württemberg:** Landesglücksspielgesetz (LGlüG) v. 20.11.2012 (GBl. S. 604), zuletzt geänd. durch G v. 4.2.2021 (GBl. S. 174),
**Berlin:** G zur Regelung des Rechts der Spielhallen im Land Berlin (SpielhallenG Berlin – SpielhG Bln) v. 20.5.2011 (GVBl. S. 223), zuletzt geänd. durch G v. 27.9.2021 (GVBl. S. 1117),
**Brandenburg:** Brandenburgisches SpielhallenG (BbgSpielhG) v. 23.6.2021 (GVBl. I Nr. 22), geänd. durch G v. 7.3.2023 (GVBl. I Nr. 5),
**Bremen:** Bremisches SpielhallenG (BremSpielhG) v. 17.5.2011 (Brem.GBl. S. 327), zuletzt geänd. durch G v. 21.6.2022 (Brem.GBl. S. 285),
**Hamburg:** Gesetz zur Regelung des Rechts der Spielhallen im Land Hamburg (Hamburgisches Spielhallengesetz – HmbSpielhG) v. 4.12.2012 (HmbGVBl. S. 505), zuletzt geänd. durch G v. 17.2.2021 (HmbGVBl. S. 75),
**Hessen:** Hessisches Spielhallengesetz (HSpielhG) v. 17.11.2022 (GVBl. S. 626),
**Saarland:** Saarländisches SpielhallenG (SSpielhG) v. 20.6.2012 (Amtsbl. I S. 156), geänd. durch G v. 17.10.2023 (Amtsbl. I S. 1080),
**Sachsen-Anhalt:** Spielhallengesetz Sachsen-Anhalt v. 10.5.2023 (GVBl. LSA S. 229),
**Schleswig-Holstein:** Gesetz zur Errichtung und zum Betrieb von Spielhallen (Spielhallengesetz – SpielhG) v. 8.2.2022 (GVOBl. Schl.-H. S. 131),
**Thüringen:** Thüringer G zur Regelung des gewerblichen Spiels (Thüringer SpielhallenG – ThürSpielhallenG –) v. 21.6.2012 (GVBl. S. 153, 159), geänd. durch G v. 9.2.2023 (GVBl. S. 31).
[4] Nr. **296.**

gemeinheit, der Nachbarn oder einer im öffentlichen Interesse bestehenden Einrichtung befürchten läßt.

**§ 34[1] Pfandleihgewerbe.** (1) [1] Wer das Geschäft eines Pfandleihers oder Pfandvermittlers betreiben will, bedarf der Erlaubnis der zuständigen Behörde. [2] Die Erlaubnis kann mit Auflagen verbunden werden, soweit dies zum Schutze der Allgemeinheit oder der Verpfänder erforderlich ist; unter denselben Voraussetzungen ist auch die nachträgliche Aufnahme, Änderung und Ergänzung von Auflagen zulässig. [3] Die Erlaubnis ist zu versagen, wenn

1. Tatsachen die Annahme rechtfertigen, daß der Antragsteller die für den Gewerbebetrieb erforderliche Zuverlässigkeit nicht besitzt, oder
2. er die für den Gewerbebetrieb erforderlichen Mittel oder entsprechende Sicherheiten nicht nachweist.

(2) [1] Das Bundesministerium für Wirtschaft und Klimaschutz kann durch Rechtsverordnung[2] mit Zustimmung des Bundesrates zum Schutze der Allgemeinheit und der Verpfänder Vorschriften erlassen über den Umfang der Befugnisse und Verpflichtungen bei der Ausübung der in Absatz 1 genannten Gewerbe, insbesondere über

1. den Geltungsbereich der Erlaubnis,
2. die Annahme, Aufbewahrung und Verwertung des Pfandgegenstandes, die Art und Höhe der Vergütung für die Hingabe des Darlehens und über die Ablieferung des sich bei der Verwertung des Pfandes ergebenden Pfandüberschusses,
3. die Verpflichtung zum Abschluß einer Versicherung gegen Feuerschäden, Wasserschäden, Einbruchsdiebstahl und Beraubung oder über die Verpflichtung, andere Maßnahmen zu treffen, die der Sicherung der Ansprüche der Darlehensnehmer wegen Beschädigung oder Verlustes des Pfandgegenstandes dienen,
4. die Verpflichtung zur Buchführung einschließlich der Aufzeichnung von Daten über einzelne Geschäftsvorgänge sowie über die Verpfänder.

[2] Es kann ferner bestimmen, daß diese Vorschriften ganz oder teilweise auch auf nichtgewerblich betriebene Pfandleihanstalten Anwendung finden.

(3) Sind nach Ablauf des Jahres, in dem das Pfand verwertet worden ist, drei Jahre verstrichen, so verfällt der Erlös zugunsten des Fiskus des Landes, in dem die Verpfändung erfolgt ist, wenn nicht ein Empfangsberechtigter sein Recht angemeldet hat.

(4) Der gewerbsmäßige Ankauf beweglicher Sachen mit Gewährung des Rückkaufsrechts ist verboten.

**§ 34a[3] Bewachungsgewerbe; Verordnungsermächtigung.** (1) [1] Wer gewerbsmäßig Leben oder Eigentum fremder Personen bewachen will (Bewachungs-

---

[1] § 34 Abs. 2 Satz 1 geänd. mWv 7.11.2001 durch VO v. 29.10.2001 (BGBl. I S. 2785); Abs. 2 Satz 1 geänd. mWv 28.11.2003 durch VO v. 25.11.2003 (BGBl. I S. 2304); Abs. 2 Satz 1 geänd. mWv 8.11.2006 durch VO v. 31.10.2006 (BGBl. I S. 2407); Abs. 2 Satz 1 einl. Satzteil geänd. mWv 8.9.2015 durch VO v. 31.8.2015 (BGBl. I S. 1474); Abs. 3 neu gef. mWv 21.3.2016 durch G v. 11.3.2016 (BGBl. I S. 396); Abs. 2 Satz 1 einl. Satzteil geänd. mWv 1.1.2023 durch G v. 9.11.2022 (BGBl. I S. 2009).
[2] Siehe die PfandleiherVO idF der Bek. v. 1.6.1976 (BGBl. I S. 1334), zuletzt geänd. durch VO v. 28.4.2016 (BGBl. I S. 1046).
[3] § 34a Abs. 2 geänd. mWv 7.11.2001 durch VO v. 29.10.2001 (BGBl. I S. 2785); Abs. 1 Satz 5 und Abs. 2 Nr. 2 eingef., Abs. 2 bish. Nr. 2 wird Nr. 3, Nr. 1 neu gef., Nr. 3 Buchst. d angef., Abs. 3 aufgeh., bish. Abs. 4 wird Abs. 3, Abs. 4–6 angef. mWv 1.1.2003 durch G v. 23.7.2002 (BGBl. I S. 2724); Abs. 6 ➡

*(Fortsetzung nächstes Blatt)*

*(Fortsetzung der Anm. von voriger Seite)*
aufgeh. mWv 1.4.2003 durch G v. 11.10.2002 (BGBl. I S. 3970); Abs. 2 geänd. mWv 28.11.2003 durch
VO v. 25.11.2003 (BGBl. I S. 2304); Abs. 2 geänd. mWv 8.11.2006 durch VO v. 31.10.2006 (BGBl. I
S. 2407); Abs. 2 Nr. 3 Buchst. d geänd., Nr. 4 angef. mWv 18.12.2008 durch G v. 12.12.2008 (BGBl. I
S. 2423); Abs. 1 Satz 4 eingef., bish. Sätze 4 und 5 werden Sätze 5 und 6, Abs. 2 Nr. 2 geänd. mWv 13.3.
2013 durch G v. 4.3.2013 (BGBl. I S. 362); Abs. 2 einl. Satzteil geänd. mWv 8.9.2015 durch VO v. 31.8.
2015 (BGBl. I S. 1474); Überschrift geänd., Abs. 1 neu gef., Abs. 1a eingef., Abs. 2 Nr. 1, 2 und 4 geänd.,
Abs. 6 angef. mWv 1.12.2016 durch G v. 4.11.2016 (BGBl. I S. 2456, geänd. durch G v. 29.11.2018,
BGBl. I S. 2666); Abs. 1 Satz 4 Nr. 4 Buchst. b geänd. mWv 30.5.2017 durch G v. 23.5.2017 (BGBl. I
S. 1226); Abs. 3 und Abs. 6 Satz 1 Nr. 4 geänd. mWv 29.7.2017 durch G v. 20.7.2017 (BGBl. I S. 2789);
Abs. 1 Satz 3 Nr. 1 geänd., Nr. 3 neu gef., Sätze 4, 5 jeweils einl. Satzteil und Satz 5 Nr. 2, 3 geänd., Nr. 4
angef., Sätze 6–8 neu gef., Sätze 9, 10 angef., Abs. 1a Sätze 1, 2 jeweils einl. Satzteil geänd., Sätze 3–6 neu
gef., Satz 7 angef., Abs. 1b und Abs. 2 Nr. 1 eingef., bish. Nr. 1–3 werden Nr. 2–4, neue Nr. 4 Buchst. b
geänd., Buchst. d aufgeh., Nr. 5 eingef., bish. Nr. 4 wird Nr. 6 und geänd., Nr. 7, 8 angef., Abs. 3 neu
gef., Abs. 4 geänd. und Abs. 6 aufgeh. mWv 1.1.2019 durch G v. 29.11.2018 (BGBl. I S. 2666); Abs. 2
einl. Satzteil geänd. mWv 23.6.2022 durch G v. 19.6.2022 (BGBl. I S. 918).

3. für einen anderen auf seinen Versteigerungen zu bieten oder ihm anvertrautes Versteigerungsgut zu kaufen, es sei denn, daß ein schriftliches Gebot des anderen vorliegt,

4. bewegliche Sachen aus dem Kreis der Waren zu versteigern, die er in seinem Handelsgeschäft führt, soweit dies nicht üblich ist,

5. Sachen zu versteigern,

a) an denen er ein Pfandrecht besitzt oder

b) soweit sie zu den Waren gehören, die in offenen Verkaufsstellen feilgeboten werden und die ungebraucht sind oder deren bestimmungsmäßiger Gebrauch in ihrem Verbrauch besteht.

(7) Einzelhändler und Hersteller von Waren dürfen im Einzelverkauf an den Letztverbraucher Waren, die sie in ihrem Geschäftsbetrieb führen, im Wege der Versteigerung nur als Inhaber einer Versteigerererlaubnis nach Maßgabe der für Versteigerer geltenden Vorschriften oder durch einen von ihnen beauftragten Versteigerer absetzen.

(8) Das Bundesministerium für Wirtschaft und Klimaschutz kann durch Rechtsverordnung[1] mit Zustimmung des Bundesrates unter Berücksichtigung des Schutzes der Allgemeinheit sowie der Auftraggeber und der Bieter Vorschriften erlassen über

1. den Umfang der Befugnisse und Verpflichtungen bei der Ausübung des Versteigerergewerbes, insbesondere über

a) Ort und Zeit der Versteigerung,

b) den Geschäftsbetrieb, insbesondere über die Übernahme, Ablehnung und Durchführung der Versteigerung,

c) die Genehmigung von Versteigerungen, die Verpflichtung zur Erstattung von Anzeigen und die dabei den Gewerbebehörden und Industrie- und Handelskammern zu übermittelnden Daten über den Auftraggeber und das der Versteigerung zugrundeliegende Rechtsverhältnis, zur Buchführung einschließlich der Aufzeichnung von Daten über einzelne Geschäftsvorgänge sowie über die Auftraggeber,

d) die Untersagung, Aufhebung und Unterbrechung der Versteigerung bei Verstößen gegen die für das Versteigerergewerbe erlassenen Vorschriften,

e) Ausnahmen für die Tätigkeit des Erlaubnisinhabers von den Vorschriften des Titels III;

2. Ausnahmen von den Verboten des Absatzes 6.

(9) (weggefallen)

(10) Die Absätze 1 bis 8 finden keine Anwendung auf

1. Verkäufe, die nach gesetzlicher Vorschrift durch Kursmakler oder durch die hierzu öffentlich ermächtigten Handelsmakler vorgenommen werden,

2. Versteigerungen, die von Behörden oder von Beamten vorgenommen werden,

3. Versteigerungen, zu denen als Bieter nur Personen zugelassen werden, die Waren der angebotenen Art für ihren Geschäftsbetrieb ersteigern wollen.

---

[1] Siehe die VersteigererVO v. 24.4.2003 (BGBl. I S. 547), zuletzt geänd. durch G v. 29.3.2017 (BGBl. I S. 626).

**§ 34c**[1)] [2)] [3)] [4)] **Immobilienmakler, Darlehensvermittler, Bauträger, Baubetreuer, Wohnimmobilienverwalter, Verordnungsermächtigung.**

(1) [1] Wer gewerbsmäßig

1. den Abschluss von Verträgen über Grundstücke, grundstücksgleiche Rechte, gewerbliche Räume oder Wohnräume vermitteln oder die Gelegenheit zum Abschluss solcher Verträge nachweisen,

2. den Abschluss von Darlehensverträgen, mit Ausnahme von Verträgen im Sinne des § 34i Absatz 1 Satz 1, vermitteln oder die Gelegenheit zum Abschluss solcher Verträge nachweisen,

3. Bauvorhaben

   a) als Bauherr im eigenen Namen für eigene oder fremde Rechnung vorbereiten oder durchführen und dazu Vermögenswerte von Erwerbern, Mietern, Pächtern oder sonstigen Nutzungsberechtigten oder von Bewerbern um Erwerbs- oder Nutzungsrechte verwenden,

   b) als Baubetreuer im fremden Namen für fremde Rechnung wirtschaftlich vorbereiten oder durchführen,

4. das gemeinschaftliche Eigentum von Wohnungseigentümern im Sinne des § 1 Absatz 2, 3, 5 und 6 des Wohnungseigentumsgesetzes[5)] oder für Dritte Mietverhältnisse über Wohnräume im Sinne des § 549 des Bürgerlichen Gesetzbuchs[6)] verwalten (Wohnimmobilienverwalter)

will, bedarf der Erlaubnis der zuständigen Behörde. [2] Die Erlaubnis kann inhaltlich beschränkt und mit Auflagen verbunden werden, soweit dies zum Schutze der Allgemeinheit oder der Auftraggeber erforderlich ist; unter denselben Voraussetzungen ist auch die nachträgliche Aufnahme, Änderung und Ergänzung von Auflagen zulässig.

(2) Die Erlaubnis ist zu versagen, wenn

1. Tatsachen die Annahme rechtfertigen, daß der Antragsteller oder eine der mit der Leitung des Betriebes oder einer Zweigniederlassung beauftragten Personen

---

[1)] § 34c Abs. 3 Satz 1 geänd. mWv 7.11.2001 durch VO v. 29.10.2001 (BGBl. I S. 2785); Abs. 3 Satz 1 geänd. mWv 28.11.2003 durch VO v. 25.11.2003 (BGBl. I S. 2304); Abs. 3 Satz 1 geänd. mWv 8.11.2006 durch VO v. 31.10.2006 (BGBl. I S. 2407); Abs. 2 Nr. 1 geänd. mWv 22.5.2007 durch G v. 19.12.2006 (BGBl. I S. 3232); Überschr. geänd., Abs. 1 Satz 1 neu gef., Abs. 5 Nr. 3 geänd. mWv 1.11.2007 durch G v. 16.7.2007 (BGBl. I S. 1330); Abs. 1 Satz 1 Nr. 2 geänd., Abs. 5 Nr. 2a eingef. mWv 28.12.2007 durch G v. 21.12.2007 (BGBl. I S. 3089); Abs. 5 Nr. 6 geänd. mWv 25.3.2009 durch G v. 17.3.2009 (BGBl. I S. 550); Abs. 1 Satz 1 Nr. 1, Abs. 5 Nr. 2, 3, 3a und 5 geänd., Abs. 1 Satz 1 Nr. 1a eingef. mWv 28.12. 2009 durch G v. 17.7.2009 (BGBl. I S. 2091); Abs. 2 Nr. 2 geänd. mWv 1.1.2013 durch G v. 29.7.2009 (BGBl. I S. 2258); Überschr. geänd., Abs. 1 Satz 1 Nr. 1a wird Nr. 2, Nr. 2 und 3 aufgeh., bish. Nr. 4 wird Nr. 3, Abs. 5 Nr. 1, 2a, 3 und 3a aufgeh., bish. Nr. 2 wird Nr. 1, bish. Nr. 4–6 wird Nr. 2–4 mWv 1.1. 2013 durch G v. 6.12.2011 (BGBl. I S. 2481); Abs. 3 Satz 1 geänd. Satzteil geänd. mWv 8.9.2015 durch VO v. 31.8.2015 (BGBl. I S. 1474); Abs. 1 Satz 1 Nr. 2 geänd. mWv 21.3.2016 durch G v. 11.3.2016 (BGBl. I S. 396); Abs. 3 Satz 1 neu gef. mWv 24.10.2017; Überschrift neu gef., Abs. 1 Satz 1 Nr. 3 Buchst. b geänd., Nr. 4 eingef., Abs. 2 Nr. 1, Nr. 2 geänd., Nr. 3 angef., Abs. 2a eingef. mWv 1.8.2018 durch G v. 17.10.2017 (BGBl. I S. 3562); Abs. 2a Satz 1 geänd., Satz 2 eingef., bish. Satz 2 wird Satz 3, Abs. 3 Satz 3 geänd. mWv 15.12.2018 durch G v. 11.12.2018 (BGBl. I S. 2354); Abs. 1 Satz 1 Nr. 1a eingef. mWv 1.1.2020 durch G v. 22.11.2019 (BGBl. I S. 1746); Abs. 3 Satz 1 einl. Satzteil geänd. mWv 1.1.2023 durch G v. 9.11.2022 (BGBl. I S. 2009); Abs. 5 Nr. 1 neu gef. mWv 30.12.2023 durch G v. 22.12.2023 (BGBl. 2023 I Nr. 411).

[2)] Zur Nichtanwendung von § 34c Abs. 1 Satz 1 Nr. 1, 3 und 4 vgl. § 4.

[3)] Beachte hierzu die Übergangsregelungen in §§ 157, 160.

[4)] Siehe hierzu auch das G zur Regelung der Wohnungsvermittlung **(Habersack ErgBd. Nr. 31)**.

[5)] **Habersack Nr. 37.**

[6)] **Habersack Nr. 20.**

die für den Gewerbebetrieb erforderliche Zuverlässigkeit nicht besitzt; die erforderliche Zuverlässigkeit besitzt in der Regel nicht, wer in den letzten fünf Jahren vor Stellung des Antrages wegen eines Verbrechens oder wegen Diebstahls, Unterschlagung, Erpressung, Betruges, Untreue, Geldwäsche, Urkundenfälschung, Hehlerei, Wuchers oder einer Insolvenzstraftat rechtskräftig verurteilt worden ist,

2. der Antragsteller in ungeordneten Vermögensverhältnissen lebt; dies ist in der Regel der Fall, wenn über das Vermögen des Antragstellers das Insolvenzverfahren eröffnet worden oder er in das vom Vollstreckungsgericht zu führende Verzeichnis (§ 26 Abs. 2 Insolvenzordnung[1]), § 882b Zivilprozeßordnung[2]) eingetragen ist,

3. der Antragsteller, der ein Gewerbe nach Absatz 1 Satz 1 Nummer 4 betreiben will, den Nachweis einer Berufshaftpflichtversicherung nicht erbringen kann.

(2a) [1] Gewerbetreibende nach Absatz 1 Satz 1 Nummer 1 und 4 sind verpflichtet, sich in einem Umfang von 20 Stunden innerhalb eines Zeitraums von drei Kalenderjahren weiterzubilden; das Gleiche gilt entsprechend für unmittelbar bei der erlaubnispflichtigen Tätigkeit mitwirkende beschäftigte Personen. [2] Der erste Weiterbildungszeitraum beginnt am 1. Januar des Kalenderjahres, in dem

1. eine Erlaubnis nach Absatz 1 Satz 1 Nummer 1 oder 4 erteilt wurde oder

2. eine weiterbildungspflichtige Tätigkeit durch eine unmittelbar bei dem Gewerbetreibenden beschäftigte Person aufgenommen wurde.

[3] Für den Gewerbetreibenden ist es ausreichend, wenn der Weiterbildungsnachweis durch eine im Hinblick auf eine ordnungsgemäße Wahrnehmung der erlaubnispflichtigen Tätigkeit angemessene Zahl von beim Gewerbetreibenden beschäftigten natürlichen Personen erbracht wird, denen die Aufsicht über die direkt bei der Vermittlung nach Absatz 1 Satz 1 Nummer 1 oder der Verwaltung nach Absatz 1 Satz 1 Nummer 4 mitwirkenden Personen übertragen ist und die den Gewerbetreibenden vertreten dürfen.

(3) [1] Das Bundesministerium für Wirtschaft und Klimaschutz kann durch Rechtsverordnung mit Zustimmung des Bundesrates, soweit zum Schutz der Allgemeinheit und der Auftraggeber erforderlich, Vorschriften erlassen

1. über den Umfang der Verpflichtungen des Gewerbetreibenden bei der Ausübung des Gewerbes, insbesondere die Pflicht,

 a) ausreichende Sicherheiten zu leisten oder eine zu diesem Zweck geeignete Versicherung abzuschließen, sofern der Gewerbetreibende Vermögenswerte des Auftraggebers erhält oder verwendet,

 b) die erhaltenen Vermögenswerte des Auftraggebers getrennt zu verwalten,

 c) nach der Ausführung des Auftrages dem Auftraggeber Rechnung zu legen,

 d) der zuständigen Behörde Anzeige beim Wechsel der mit der Leitung des Betriebes oder einer Zweigniederlassung beauftragten Personen zu erstatten und hierbei bestimmte Angaben zu machen,

 e) dem Auftraggeber die für die Beurteilung des Auftrages und des zu vermittelnden oder nachzuweisenden Vertrages jeweils notwendigen Informationen schriftlich oder mündlich zu geben,

 f) Bücher zu führen einschließlich der Aufzeichnung von Daten über einzelne Geschäftsvorgänge sowie über die Auftraggeber;

---

[1] **Habersack Nr. 110.**
[2] **Habersack Nr. 100.**

2. zum Umfang an die nach Absatz 2 Nummer 3 erforderliche Haftpflichtversicherung und zu ihren inhaltlichen Anforderungen, insbesondere über die Höhe der Mindestversicherungssummen, die Bestimmung der zuständigen Behörde im Sinne des § 117 Absatz 2 des Versicherungsvertragsgesetzes[1], über den Nachweis über das Bestehen der Haftpflichtversicherung und Anzeigepflichten des Versicherungsunternehmens gegenüber den Behörden;

3. über die Verpflichtung des Gewerbetreibenden und der beschäftigten Personen nach Absatz 2a zu einer regelmäßigen Weiterbildung, einschließlich

   a) der Befreiung von der Weiterbildungsverpflichtung,

   b) der gegenüber der zuständigen Behörde zu erbringenden Nachweise und

   c) der Informationspflichten gegenüber dem Auftraggeber über die berufliche Qualifikation und absolvierten Weiterbildungsmaßnahmen des Gewerbetreibenden und der unmittelbar bei der erlaubnispflichtigen Tätigkeit mitwirkenden beschäftigten Personen.

[2] In der Rechtsverordnung nach Satz 1 kann ferner die Befugnis des Gewerbetreibenden zur Entgegennahme und zur Verwendung von Vermögenswerten des Auftraggebers beschränkt werden, soweit dies zum Schutze des Auftraggebers erforderlich ist. [3] Außerdem kann in der Rechtsverordnung der Gewerbetreibende verpflichtet werden, die Einhaltung der nach Satz 1 Nummer 1 und 3 und Satz 2 erlassenen Vorschriften auf seine Kosten regelmäßig sowie aus besonderem Anlaß prüfen zu lassen und den Prüfungsbericht der zuständigen Behörde vorzulegen, soweit es zur wirksamen Überwachung erforderlich ist; hierbei können die Einzelheiten der Prüfung, insbesondere deren Anlaß, Zeitpunkt und Häufigkeit, die Auswahl, Bestellung und Abberufung der Prüfer, deren Rechte, Pflichten und Verantwortlichkeit, der Inhalt des Prüfungsberichts, die Verpflichtungen des Gewerbetreibenden gegenüber dem Prüfer sowie das Verfahren bei Meinungsverschiedenheiten zwischen dem Prüfer und dem Gewerbetreibenden, geregelt werden.

(4) (weggefallen)

(5) Die Absätze 1 bis 3 gelten nicht für

1. Kreditinstitute, für die eine Erlaubnis nach § 32 Absatz 1 des Kreditwesengesetzes[2] erteilt wurde, Wertpapierinstitute, für die eine Erlaubnis nach § 15 Absatz 1 des Wertpapierinstitutsgesetzes erteilt wurde oder nach § 86 Absatz 1 des Wertpapierinstitutsgesetzes als erteilt gilt, Zweigstellen von Unternehmen im Sinne des § 53b Absatz 1 Satz 1 des Kreditwesengesetzes sowie Zweigniederlassungen und vertraglich gebundene Vermittler von Wertpapierinstituten im Sinne des § 73 Absatz 1 Satz 1 des Wertpapierinstitutsgesetzes,

1a. Kapitalverwaltungsgesellschaften, für die eine Erlaubnis nach § 20 Absatz 1 des Kapitalanlagegesetzbuchs erteilt wurde,

2. Gewerbetreibende, die lediglich zur Finanzierung der von ihnen abgeschlossenen Warenverkäufe oder zu erbringenden Dienstleistungen den Abschluß von Verträgen über Darlehen vermitteln oder die Gelegenheit zum Abschluß solcher Verträge nachweisen,

3. Zweigstellen von Unternehmen mit Sitz in einem anderen Mitgliedstaat der Europäischen Union, die nach § 53b Abs. 7 des Kreditwesengesetzes Darlehen zwischen Kreditinstituten vermitteln dürfen, soweit sich ihre Tätigkeit nach

---

[1] **Habersack Nr. 62.**
[2] **Sartorius ErgBd. Nr. 856.**

Absatz 1 auf die Vermittlung von Darlehen zwischen Kreditinstituten beschränkt,

4. Verträge, soweit Teilzeitnutzung von Wohngebäuden im Sinne des § 481 des Bürgerlichen Gesetzbuchs gemäß Absatz 1 Satz 1 Nr. 1 nachgewiesen oder vermittelt wird.

**§ 34d**[1]) **Versicherungsvermittler, Versicherungsberater.** (1) [1] Wer gewerbsmäßig den Abschluss von Versicherungs- oder Rückversicherungsverträgen vermitteln will (Versicherungsvermittler), bedarf nach Maßgabe der folgenden Bestimmungen der Erlaubnis der zuständigen Industrie- und Handelskammer. [2] Versicherungsvermittler ist, wer

1. als Versicherungsvertreter eines oder mehrerer Versicherungsunternehmen oder eines Versicherungsvertreters damit betraut ist, Versicherungsverträge zu vermitteln oder abzuschließen oder

2. als Versicherungsmakler für den Auftraggeber die Vermittlung oder den Abschluss von Versicherungsverträgen übernimmt, ohne von einem Versicherungsunternehmen oder einem Versicherungsvertreter damit betraut zu sein.

[3] Als Versicherungsmakler gilt, wer gegenüber dem Versicherungsnehmer den Anschein erweckt, er erbringe seine Leistungen als Versicherungsmakler. [4] Die Tätigkeit als Versicherungsvermittler umfasst auch

1. das Mitwirken bei der Verwaltung und Erfüllung von Versicherungsverträgen, insbesondere im Schadensfall,

2. wenn der Versicherungsnehmer einen Versicherungsvertrag unmittelbar oder mittelbar über die Website oder das andere Medium abschließen kann,

   a) die Bereitstellung von Informationen über einen oder mehrere Versicherungsverträge auf Grund von Kriterien, die ein Versicherungsnehmer über eine Website oder andere Medien wählt, sowie

   b) die Erstellung einer Rangliste von Versicherungsprodukten, einschließlich eines Preis- und Produktvergleichs oder eines Rabatts auf den Preis eines Versicherungsvertrags.

[5] In der Erlaubnis nach Satz 1 ist anzugeben, ob sie einem Versicherungsvertreter oder einem Versicherungsmakler erteilt wird. [6] Einem Versicherungsvermittler ist es untersagt, Versicherungsnehmern, versicherten Personen oder Bezugsberechtigten aus einem Versicherungsvertrag Sondervergütungen zu gewähren oder zu versprechen. [7] Die §§ 48b und 50a Absatz 1, 2 und 4 des Versicherungsaufsichtsgesetzes sind entsprechend anzuwenden. [8] Die einem Versicherungsmakler erteilte Erlaubnis umfasst die Befugnis, Dritte, die nicht Verbraucher sind, bei der Vereinbarung, Änderung oder Prüfung von Versicherungsverträgen gegen gesondertes Entgelt rechtlich zu beraten; diese Befugnis zur Beratung erstreckt sich auch auf Beschäftigte von Unternehmen in den Fällen, in denen der Versicherungsmakler das Unternehmen berät.

(2) [1] Wer gewerbsmäßig über Versicherungen oder Rückversicherungen beraten will (Versicherungsberater), bedarf nach Maßgabe der folgenden Bestimmungen der Erlaubnis der zuständigen Industrie- und Handelskammer. [2] Versicherungs-

---

[1]) § 34d neu gef. mWv 23.2.2018 durch G v. 20.7.2017 (BGBl. I S. 2789); Abs. 9 Satz 2 neu gef. mWv 15.12.2018 durch G v. 11.12.2018 (BGBl. I S. 2354); Abs. 1 Satz 7 neu gef. mWv 1.7.2022 durch G v. 3.6.2021 (BGBl. I S. 1568); Abs. 3 geänd. mWv 1.1.2023 durch G v. 9.11.2022 (BGBl. I S. 2009); Abs. 12 Satz 3 neu gef., Satz 4 angef. mWv 2.7.2023 durch G v. 31.5.2023 (BGBl. 2023 I Nr. 140).

berater ist, wer ohne von einem Versicherungsunternehmen einen wirtschaftlichen Vorteil zu erhalten oder in anderer Weise von ihm abhängig zu sein

1. den Auftraggeber bei der Vereinbarung, Änderung oder Prüfung von Versicherungsverträgen oder bei der Wahrnehmung von Ansprüchen aus Versicherungsverträgen im Versicherungsfall auch rechtlich berät,

2. den Auftraggeber gegenüber dem Versicherungsunternehmen außergerichtlich vertritt oder

3. für den Auftraggeber die Vermittlung oder den Abschluss von Versicherungsverträgen übernimmt.

[3] Der Versicherungsberater darf sich seine Tätigkeit nur durch den Auftraggeber vergüten lassen. [4] Zuwendungen eines Versicherungsunternehmens im Zusammenhang mit der Beratung, insbesondere auf Grund einer Vermittlung als Folge der Beratung, darf er nicht annehmen. [5] Sind mehrere Versicherungen für den Versicherungsnehmer in gleicher Weise geeignet, hat der Versicherungsberater dem Versicherungsnehmer vorrangig die Versicherung anzubieten, die ohne das Angebot einer Zuwendung seitens des Versicherungsunternehmens erhältlich ist. [6] Wenn der Versicherungsberater dem Versicherungsnehmer eine Versicherung vermittelt, deren Vertragsbestandteil auch Zuwendungen zugunsten desjenigen enthält, der die Versicherung vermittelt, hat er unverzüglich die Auskehrung der Zuwendungen durch das Versicherungsunternehmen an den Versicherungsnehmer nach § 48c Absatz 1 des Versicherungsaufsichtsgesetzes zu veranlassen.

(3) Gewerbetreibende nach Absatz 1 Satz 1 dürfen kein Gewerbe nach Absatz 2 Satz 1 und Gewerbetreibende nach Absatz 2 Satz 1 dürfen kein Gewerbe nach Absatz 1 Satz 1 ausüben.

(4) [1] Eine Erlaubnis nach den Absätzen 1 und 2 kann inhaltlich beschränkt und mit Nebenbestimmungen verbunden werden, soweit dies zum Schutz der Allgemeinheit oder der Versicherungsnehmer erforderlich ist; unter denselben Voraussetzungen sind auch die nachträgliche Aufnahme, Änderung und Ergänzung von Nebenbestimmungen zulässig. [2] Über den Erlaubnisantrag ist innerhalb einer Frist von drei Monaten zu entscheiden. [3] Bei der Wahrnehmung der Aufgaben nach den Absätzen 1 und 2 unterliegt die Industrie- und Handelskammer der Aufsicht der jeweils zuständigen obersten Landesbehörde.

(5) [1] Eine Erlaubnis nach den Absätzen 1 und 2 ist zu versagen, wenn

1. Tatsachen die Annahme rechtfertigen, dass der Antragsteller die für den Gewerbebetrieb erforderliche Zuverlässigkeit nicht besitzt,

2. der Antragsteller in ungeordneten Vermögensverhältnissen lebt,

3. der Antragsteller den Nachweis einer Berufshaftpflichtversicherung oder einer gleichwertigen Garantie nicht erbringen kann oder

4. der Antragsteller nicht durch eine vor der Industrie- und Handelskammer erfolgreich abgelegte Prüfung nachweist, dass er die für die Versicherungsvermittlung oder Versicherungsberatung notwendige Sachkunde über die versicherungsfachlichen, insbesondere hinsichtlich Bedarf, Angebotsformen und Leistungsumfang, und die rechtlichen Grundlagen sowie die Kundenberatung besitzt.

[2] Die erforderliche Zuverlässigkeit nach Satz 1 Nummer 1 besitzt in der Regel nicht, wer in den letzten fünf Jahren vor Stellung des Antrages wegen eines Verbrechens oder wegen Diebstahls, Unterschlagung, Erpressung, Betruges, Untreue, Geldwäsche, Urkundenfälschung, Hehlerei, Wuchers oder einer Insolvenzstraftat rechtskräftig verurteilt worden ist. [3] Ungeordnete Vermögensverhältnisse

im Sinne des Satzes 1 Nummer 2 liegen in der Regel vor, wenn über das Vermögen des Antragstellers das Insolvenzverfahren eröffnet worden oder er in das Schuldnerverzeichnis nach § 882b der Zivilprozessordnung [1]eingetragen ist. [4]Im Fall des Satzes 1 Nummer 4 ist es ausreichend, wenn der Nachweis für eine im Hinblick auf eine ordnungsgemäße Wahrnehmung der erlaubnispflichtigen Tätigkeit angemessene Zahl von beim Antragsteller beschäftigten natürlichen Personen erbracht wird, denen die Aufsicht über die unmittelbar mit der Vermittlung von oder der Beratung über Versicherungen befassten Personen übertragen ist und die den Antragsteller vertreten dürfen. [5]Satz 4 ist nicht anzuwenden, wenn der Antragsteller eine natürliche Person ist und

1. selbst Versicherungen vermittelt oder über Versicherungen berät oder
2. für diese Tätigkeiten in der Leitung des Gewerbebetriebs verantwortlich ist.

(6) [1]Auf Antrag hat die zuständige Industrie- und Handelskammer einen Gewerbetreibenden, der die Versicherung als Ergänzung der im Rahmen seiner Haupttätigkeit gelieferten Waren oder Dienstleistungen vermittelt, von der Erlaubnispflicht nach Absatz 1 Satz 1 auszunehmen, wenn er nachweist, dass

1. er seine Tätigkeit als Versicherungsvermittler unmittelbar im Auftrag eines oder mehrerer Versicherungsvermittler, die Inhaber einer Erlaubnis nach Absatz 1 Satz 1 sind, oder eines oder mehrerer Versicherungsunternehmen ausübt,
2. für ihn eine Berufshaftpflichtversicherung oder eine gleichwertige Garantie nach Maßgabe des Absatzes 5 Satz 1 Nummer 3 besteht und
3. er zuverlässig sowie angemessen qualifiziert ist und nicht in ungeordneten Vermögensverhältnissen lebt.

[2]Im Fall des Satzes 1 Nummer 3 ist als Nachweis eine Erklärung der in Satz 1 Nummer 1 bezeichneten Auftraggeber ausreichend, mit dem Inhalt, dass sie sich verpflichten, die Anforderungen entsprechend § 48 Absatz 2 des Versicherungsaufsichtsgesetzes zu beachten und die für die Vermittlung der jeweiligen Versicherung angemessene Qualifikation des Antragstellers sicherzustellen, und dass ihnen derzeit nichts Gegenteiliges bekannt ist. [3]Absatz 4 Satz 1 ist entsprechend anzuwenden.

(7) [1]Abweichend von Absatz 1 bedarf ein Versicherungsvermittler keiner Erlaubnis, wenn er

1. seine Tätigkeit als Versicherungsvermittler ausschließlich im Auftrag eines oder, wenn die Versicherungsprodukte nicht in Konkurrenz stehen, mehrerer Versicherungsunternehmen ausübt, die im Inland zum Geschäftsbetrieb befugt sind, und durch das oder die Versicherungsunternehmen für ihn die uneingeschränkte Haftung aus seiner Vermittlertätigkeit übernommen wird oder
2. in einem anderen Mitgliedstaat der Europäischen Union oder in einem anderen Vertragsstaat des Abkommens über den Europäischen Wirtschaftsraum niedergelassen ist und die Eintragung in ein Register nach Artikel 3 der Richtlinie (EU) 2016/97 des Europäischen Parlaments und des Rates vom 20. Januar 2016 über Versicherungsvertrieb (ABl. L 26 vom 2.2.2016, S. 19) nachweisen kann.

[2]Satz 1 Nummer 2 ist für Versicherungsberater entsprechend anzuwenden.

(8) Keiner Erlaubnis bedarf ferner ein Gewerbetreibender,

1. wenn er als Versicherungsvermittler in Nebentätigkeit
   a) nicht hauptberuflich Versicherungen vermittelt,

---

[1] **Habersack Nr. 100.**

b) diese Versicherungen eine Zusatzleistung zur Lieferung einer Ware oder zur Erbringung einer Dienstleistung darstellen und

c) diese Versicherungen das Risiko eines Defekts, eines Verlusts oder einer Beschädigung der Ware oder der Nichtinanspruchnahme der Dienstleistung oder die Beschädigung, den Verlust von Gepäck oder andere Risiken im Zusammenhang mit einer bei dem Gewerbetreibenden gebuchten Reise abdecken und

aa) die Prämie bei zeitanteiliger Berechnung auf Jahresbasis einen Betrag von 600 Euro nicht übersteigt oder

bb) die Prämie je Person abweichend von Doppelbuchstabe aa einen Betrag von 200 Euro nicht übersteigt, wenn die Versicherung eine Zusatzleistung zu einer einleitend genannten Dienstleistung mit einer Dauer von höchstens drei Monaten darstellt;

2. wenn er als Bausparkasse oder als von einer Bausparkasse beauftragter Vermittler für Bausparer Versicherungen im Rahmen eines Kollektivvertrages vermittelt, die Bestandteile der Bausparverträge sind, und die ausschließlich dazu bestimmt sind, die Rückzahlungsforderungen der Bausparkasse aus gewährten Darlehen abzusichern oder

3. wenn er als Zusatzleistung zur Lieferung einer Ware oder der Erbringung einer Dienstleistung im Zusammenhang mit Darlehens- und Leasingverträgen Restschuldversicherungen vermittelt, deren Jahresprämie einen Betrag von 500 Euro nicht übersteigt.

(9) [1] Gewerbetreibende nach den Absätzen 1, 2, 6 und 7 Satz 1 Nummer 1 dürfen unmittelbar bei der Vermittlung oder Beratung mitwirkende Personen nur beschäftigen, wenn sie deren Zuverlässigkeit geprüft haben und sicherstellen, dass diese Personen über die für die Vermittlung der jeweiligen Versicherung sachgerechte Qualifikation verfügen. [2] Gewerbetreibende nach Absatz 1 Satz 1 bis 4, Absatz 2 Satz 1 und 2 und Absatz 7 Satz 1 Nummer 1 und die unmittelbar bei der Vermittlung oder Beratung mitwirkenden Beschäftigten müssen sich in einem Umfang von 15 Stunden je Kalenderjahr nach Maßgabe einer Rechtsverordnung nach § 34e Absatz 1 Satz 1 Nummer 2 Buchstabe c weiterbilden. [3] Die Pflicht nach Satz 2 gilt nicht für Gewerbetreibende nach Absatz 7 Satz 1 Nummer 1 und deren bei der Vermittlung oder Beratung mitwirkende Beschäftigte, soweit sie lediglich Versicherungen vermitteln, die eine Zusatzleistung zur Lieferung einer Ware oder zur Erbringung einer Dienstleistung darstellen. [4] Im Falle des Satzes 2 ist es für den Gewerbetreibenden ausreichend, wenn der Weiterbildungsnachweis durch eine im Hinblick auf eine ordnungsgemäße Wahrnehmung der erlaubnispflichtigen Tätigkeit angemessene Zahl von beim Gewerbetreibenden beschäftigten natürlichen Personen erbracht wird, denen die Aufsicht über die direkt bei der Vermittlung oder Beratung mitwirkenden Personen übertragen ist und die den Gewerbetreibenden vertreten dürfen. [5] Satz 4 ist nicht anzuwenden, wenn der Gewerbetreibende eine natürliche Person ist und

1. selbst Versicherungen vermittelt oder über Versicherungen berät oder

2. in der Leitung des Gewerbebetriebs für diese Tätigkeiten verantwortlich ist.

[6] Die Beschäftigung einer unmittelbar bei der Vermittlung oder Beratung mitwirkenden Person kann dem Gewerbetreibenden untersagt werden, wenn Tatsachen die Annahme rechtfertigen, dass die Person die für ihre Tätigkeit erforderliche Sachkunde oder Zuverlässigkeit nicht besitzt.

(10) [1] Gewerbetreibende nach Absatz 1 Satz 2, Absatz 2 Satz 2, Absatz 6 Satz 1 und Absatz 7 Satz 1 Nummer 1 sind verpflichtet, sich und die Personen, die für die Vermittlung oder Beratung in leitender Position verantwortlich sind, unverzüglich nach Aufnahme ihrer Tätigkeit in das Register nach § 11a Absatz 1 Satz 1 nach Maßgabe einer Rechtsverordnung nach § 11a Absatz 5 eintragen zu lassen. [2] Änderungen der im Register gespeicherten Angaben sind der Registerbehörde unverzüglich mitzuteilen. [3] Im Falle des § 48 Absatz 4 des Versicherungsaufsichtsgesetzes wird mit der Mitteilung an die Registerbehörde zugleich die uneingeschränkte Haftung nach Absatz 7 Satz 1 Nummer 1 durch das Versicherungsunternehmen übernommen. [4] Diese Haftung besteht nicht für Vermittlertätigkeiten, wenn die Angaben zu dem Gewerbetreibenden aus dem Register gelöscht sind wegen einer Mitteilung nach § 48 Absatz 5 des Versicherungsaufsichtsgesetzes.

(11) [1] Die zuständige Behörde kann jede in das Gewerbezentralregister nach § 149 Absatz 2 einzutragende, nicht mehr anfechtbare Entscheidung wegen Verstoßes gegen Bestimmungen dieses Gesetzes oder einer Rechtsverordnung nach § 34e öffentlich bekannt machen. [2] Die Bekanntmachung erfolgt durch Eintragung in das Register nach § 11a Absatz 1. [3] Die zuständige Behörde kann von einer Bekanntmachung nach Satz 1 absehen, diese verschieben oder eine Bekanntmachung auf anonymer Basis vornehmen, wenn eine Bekanntmachung personenbezogener Daten unverhältnismäßig wäre oder die Bekanntmachung nach Satz 1 die Stabilität der Finanzmärkte oder laufende Ermittlungen gefährden würde. [4] Eine Bekanntmachung nach Satz 1 ist fünf Jahre nach ihrer Bekanntmachung zu löschen. [5] Abweichend von Satz 4 sind personenbezogene Daten zu löschen, sobald ihre Bekanntmachung nicht mehr erforderlich ist.

(12) [1] Die Industrie- und Handelskammern richten Verfahren ein zur Annahme von Meldungen über mögliche oder tatsächliche Verstöße gegen die zur Umsetzung der Richtlinie (EU) 2016/97 ergangenen Vorschriften, bei denen es ihre Aufgabe ist, deren Einhaltung zu überwachen. [2] Die Meldungen können auch anonym abgegeben werden. [3] § 4 Absatz 2 sowie die §§ 5 bis 11, 24, 25 und 27 bis 31 des Hinweisgeberschutzgesetzes vom 31. Mai 2023 (BGBl. 2023 I Nr. 140) sind entsprechend anzuwenden. [4] Die Schutzmaßnahmen für hinweisgebende Personen im Sinne des § 1 des Hinweisgeberschutzgesetzes richten sich nach dessen Abschnitten 3 und 4.

**§ 34e**[1]) **Verordnungsermächtigung.** (1) [1] Das Bundesministerium für Wirtschaft und Klimaschutz kann im Einvernehmen mit dem Bundesministerium der Justiz, dem Bundesministerium für Umwelt, Naturschutz, nukleare Sicherheit und Verbraucherschutz und dem Bundesministerium der Finanzen durch Rechtsverordnung[2]), die der Zustimmung des Bundesrates bedarf, zur Umsetzung der Richtlinie (EU) 2016/97, zur Umsetzung der Richtlinie 2005/36/EG des Europäischen Parlaments und des Rates vom 7. September 2005 über die Anerkennung von Berufsqualifikationen (ABl. L 255 vom 30.9.2005, S. 22; L 271 vom 16.10. 2007, S. 18), die zuletzt durch die Verordnung (EG) Nr. 1430/2007 (ABl. L 320 vom 6.12.2007, S. 3) geändert worden ist, zur Umsetzung der Verordnung (EU) Nr. 1286/2014 des Europäischen Parlaments und des Rates vom 26. November 2014 über Basisinformationsblätter für verpackte Anlageprodukte für Kleinanleger

---

[1]) § 34e neu gef. mWv 29.7.2017 durch G v. 20.7.2017 (BGBl. I S. 2789); Abs. 1 Satz 1 einl. Satzteil geänd. mWv 1.1.2023 durch G v. 9.11.2022 (BGBl. I S. 2009); Abs. 1 Satz 1 einl. Satzteil geänd. mWv 30.12.2023 durch G v. 22.12.2023 (BGBl. 2023 I Nr. 411).
[2]) Siehe die VersicherungsvermittlungsVO v. 17.12.2018 (BGBl. I S. 2483; 2019 I S. 411).

und Versicherungsanlageprodukte (PRIIP) (ABl. L 352 vom 9.12.2014, S. 1; L 358 vom 13.12.2014, S. 50) oder zum Schutz der Allgemeinheit und der Versicherungsnehmer Vorschriften erlassen über

1. das Erlaubnisverfahren einschließlich der vom Antragsteller mitzuteilenden Angaben,
2. den Umfang der Verpflichtungen des Gewerbetreibenden bei der Ausübung des Gewerbes, insbesondere über
   a) die Informationspflichten gegenüber dem Versicherungsnehmer,
   b) die Verpflichtung, ausreichende Sicherheiten zu leisten oder eine zu diesem Zweck geeignete Versicherung abzuschließen, sofern der Versicherungsvermittler Vermögenswerte des Versicherungsnehmers oder für diesen bestimmte Vermögenswerte erhält oder verwendet,
   c) die Verpflichtung des Gewerbetreibenden und der beschäftigten Personen nach § 34d Absatz 9 Satz 2 zu einer regelmäßigen Weiterbildung, die Inhalte der Weiterbildung sowie die Überwachung der Weiterbildungsverpflichtung,
   d) allgemeine Anforderungen an die Geschäftsorganisation,
   e) die Verpflichtung, Bücher zu führen und die notwendigen Daten über einzelne Geschäftsvorgänge sowie über die Versicherungsnehmer aufzuzeichnen,
   f) die Verpflichtung, Beschwerden zu behandeln und an einem Verfahren zur unparteiischen und unabhängigen außergerichtlichen Beilegung von Streitigkeiten teilzunehmen,
   g) die Verpflichtung, Interessenkonflikte zu vermeiden und gegebenenfalls offenzulegen,
3. die wirtschaftliche Unabhängigkeit des Versicherungsberaters,
4. den Umfang und die inhaltlichen Anforderungen an die nach § 34d Absatz 5 Satz 1 Nummer 3 erforderliche Haftpflichtversicherung und die gleichwertige Garantie, insbesondere die Höhe der Mindestversicherungssummen, die Bestimmung der zuständigen Stelle im Sinne des § 117 Absatz 2 des Versicherungsvertragsgesetzes[1], über den Nachweis des Bestehens einer Haftpflichtversicherung oder einer gleichwertigen Garantie sowie über die Anzeigepflichten des Versicherungsunternehmens gegenüber den Behörden und den Versicherungsnehmern,
5. die Inhalte und das Verfahren für eine Sachkundeprüfung nach § 34d Absatz 5 Satz 1 Nummer 4, die Ausnahmen von der Erforderlichkeit der Sachkundeprüfung sowie die Gleichstellung anderer Berufsqualifikationen mit der Sachkundeprüfung, die örtliche Zuständigkeit der Industrie- und Handelskammern, die Berufung eines Aufgabenauswahlausschusses,
6. die Anforderungen und Verfahren, die zur Durchführung der Richtlinie 2005/36/EG anzuwenden sind auf Inhaber von Berufsqualifikationen, die in einem Mitgliedstaat der Europäischen Union oder in einem Vertragsstaat des Abkommens über den Europäischen Wirtschaftsraum erworben wurden, und die im Inland vorübergehend oder dauerhaft als Versicherungsvermittler oder Versicherungsberater tätig werden wollen und die nicht die Voraussetzungen des § 34d Absatz 7 Satz 1 Nummer 2 erfüllen,
7. Sanktionen und Maßnahmen nach Artikel 24 Absatz 2 der Verordnung (EU) Nr. 1286/2014, einschließlich des Verfahrens, soweit es sich nicht um Straftaten oder Ordnungswidrigkeiten handelt.

---

[1] **Habersack Nr. 62.**

[2] Die Rechtsverordnung nach Satz 1 ist dem Bundestag zuzuleiten. [3] Die Zuleitung erfolgt vor der Zuleitung an den Bundesrat. [4] Die Rechtsverordnung kann durch Beschluss des Bundestages geändert oder abgelehnt werden. [5] Der Beschluss des Bundestages wird der Bundesregierung zugeleitet. [6] Hat sich der Bundestag nach Ablauf von drei Sitzungswochen seit Eingang der Rechtsverordnung nicht mit ihr befasst, so wird die unveränderte Rechtsverordnung dem Bundesrat zugeleitet.

(2) [1] In der Rechtsverordnung nach Absatz 1 Satz 1 kann die Befugnis des Versicherungsvermittlers zur Entgegennahme und zur Verwendung von Vermögenswerten des Versicherungsnehmers oder für diesen bestimmten Vermögenswerten beschränkt werden, soweit dies zum Schutz des Versicherungsnehmers erforderlich ist. [2] In der Rechtsverordnung nach Absatz 1 Satz 1 kann ferner bestimmt werden, dass über die Erfüllung der Verpflichtungen im Sinne des Absatzes 1 Satz 1 Nummer 2 Buchstabe b Aufzeichnungen zu führen sind und die Einhaltung der Verpflichtungen im Sinne des Absatzes 1 Satz 1 Nummer 2 Buchstabe b auf Kosten des Versicherungsvermittlers regelmäßig oder aus besonderem Anlass zu überprüfen und der zuständigen Behörde der Prüfungsbericht vorzulegen ist, soweit es zur wirksamen Überwachung erforderlich ist; hierbei können die Einzelheiten der Prüfung, insbesondere deren Anlass, Zeitpunkt und Häufigkeit, die Auswahl, Bestellung und Abberufung der Prüfer, deren Rechte, Pflichten und Verantwortlichkeit, der Inhalt des Prüfberichts, die Verpflichtungen des Versicherungsvermittlers gegenüber dem Prüfer sowie das Verfahren bei Meinungsverschiedenheiten zwischen dem Prüfer und dem Versicherungsvermittler, geregelt werden.

(3) [1] In der Rechtsverordnung nach Absatz 1 Satz 1 kann ferner bestimmt werden, dass die Einhaltung der Vorschriften über die wirtschaftliche Unabhängigkeit des Versicherungsberaters auf seine Kosten regelmäßig oder aus besonderem Anlass zu überprüfen und der zuständigen Behörde der Prüfungsbericht vorzulegen ist, soweit es zur wirksamen Überwachung erforderlich ist; hierbei können die Einzelheiten der Prüfung, insbesondere deren Anlass, Zeitpunkt und Häufigkeit, die Auswahl, Bestellung und Abberufung der Prüfer, deren Rechte, Pflichten und Verantwortlichkeit, der Inhalt des Prüfberichts, die Verpflichtungen des Versicherungsberaters gegenüber dem Prüfer sowie das Verfahren bei Meinungsverschiedenheiten zwischen dem Prüfer und dem Versicherungsberater, geregelt werden. [2] Zur Überwachung der wirtschaftlichen Unabhängigkeit kann in der Rechtsverordnung bestimmt werden, dass der Versicherungsberater über die Einnahmen aus seiner Tätigkeit Aufzeichnungen zu führen hat.

**§ 34f**[1] **Finanzanlagenvermittler.** (1) [1] Wer im Umfang der Bereichsausnahmen des § 2 Absatz 6 Satz 1 Nummer 8 des Kreditwesengesetzes[2] oder des § 3 Absatz 1 Satz 1 Nummer 11 des Wertpapierinstitutsgesetzes gewerbsmäßig zu

1. Anteilen oder Aktien an inländischen offenen Investmentvermögen, offenen EU-Investmentvermögen oder ausländischen offenen Investmentvermögen, die nach dem Kapitalanlagegesetzbuch vertrieben werden dürfen,

---

[1] § 34f eingef. mWv 1.1.2013 durch G v. 6.12.2011 (BGBl. I S. 2481); Abs. 1 Satz 1 Nr. 2 und Abs. 2 Nr. 2 geänd. mWv 1.1.2013 durch G v. 5.12.2012 (BGBl. I S. 2415); Abs. 1 Satz 1 Nr. 1 und 3 geänd., Nr. 2 und Abs. 3 Nr. 2 neu gef. mWv 22.7.2013 durch G v. 4.7.2013 (BGBl. I S. 1981); Abs. 1 Nr. 1 neu gef. mWv 19.7.2014 durch G v. 15.7.2014 (BGBl. I S. 934); Abs. 3 Nr. 3 geänd. mWv 2.7.2016 durch G v. 30.6.2016 (BGBl. I S. 1514); Abs. 3 Nr. 4 geänd., Nr. 5 angef. mWv 26.6.2021 durch G v. 12.5.2021 (BGBl. I S. 990); Abs. 1 Satz 1 einl. und abschl. Satzteil, Abs. 3 Nr. 4 geänd. mWv 30.12.2023 durch G v. 22.12.2023 (BGBl. 2023 I Nr. 411).
[2] **Sartorius ErgBd. Nr. 856.**

2. Anteilen oder Aktien an inländischen geschlossenen Investmentvermögen, geschlossenen EU-Investmentvermögen oder ausländischen geschlossenen Investmentvermögen, die nach dem Kapitalanlagegesetzbuch vertrieben werden dürfen,

3. Vermögensanlagen im Sinne des § 1 Absatz 2 des Vermögensanlagengesetzes

Anlagevermittlung im Sinne des § 1 Absatz 1a Nummer 1 des Kreditwesengesetzes oder des § 2 Absatz 2 Nummer 3 des Wertpapierinstitutsgesetzes oder Anlageberatung im Sinne des § 1 Absatz 1a Nummer 1a des Kreditwesengesetzes oder des § 2 Absatz 2 Nummer 4 des Wertpapierinstitutsgesetzes erbringen will (Finanzanlagenvermittler), bedarf der Erlaubnis der zuständigen Behörde. [2] Die Erlaubnis kann inhaltlich beschränkt oder mit Auflagen verbunden werden, soweit dies zum Schutz der Allgemeinheit oder der Anleger erforderlich ist; unter denselben Voraussetzungen sind auch die nachträgliche Aufnahme, Änderung und Ergänzung von Auflagen zulässig. [3] Die Erlaubnis nach Satz 1 kann auf die Anlageberatung zu und die Vermittlung von Verträgen über den Erwerb von einzelnen Kategorien von Finanzanlagen nach Nummer 1, 2 oder 3 beschränkt werden.

(2) Die Erlaubnis ist zu versagen, wenn

1. Tatsachen die Annahme rechtfertigen, dass der Antragsteller oder eine der mit der Leitung des Betriebs oder einer Zweigniederlassung beauftragten Personen die für den Gewerbebetrieb erforderliche Zuverlässigkeit nicht besitzt; die erforderliche Zuverlässigkeit besitzt in der Regel nicht, wer in den letzten fünf Jahren vor Stellung des Antrags wegen eines Verbrechens oder wegen Diebstahls, Unterschlagung, Erpressung, Betrugs, Untreue, Geldwäsche, Urkundenfälschung, Hehlerei, Wuchers oder einer Insolvenzstraftat rechtskräftig verurteilt worden ist,

2. der Antragsteller in ungeordneten Vermögensverhältnissen lebt; dies ist in der Regel der Fall, wenn über das Vermögen des Antragstellers das Insolvenzverfahren eröffnet worden oder er in das vom Insolvenzgericht oder vom Vollstreckungsgericht zu führende Verzeichnis (§ 26 Absatz 2 der Insolvenzordnung[1]), § 882b der Zivilprozessordnung[2]) eingetragen ist,

3. der Antragsteller den Nachweis einer Berufshaftpflichtversicherung nicht erbringen kann oder

4. der Antragsteller nicht durch eine vor der Industrie- und Handelskammer erfolgreich abgelegte Prüfung nachweist, dass er die für die Vermittlung von und Beratung über Finanzanlagen im Sinne des Absatzes 1 Satz 1 notwendige Sachkunde über die fachlichen und rechtlichen Grundlagen sowie über die Kundenberatung besitzt; die Sachkunde ist dabei im Umfang der beantragten Erlaubnis nachzuweisen.

(3) Keiner Erlaubnis nach Absatz 1 bedürfen

1. Kreditinstitute, für die eine Erlaubnis nach § 32 Absatz 1 des Kreditwesengesetzes erteilt wurde, und Zweigstellen von Unternehmen im Sinne des § 53b Absatz 1 Satz 1 des Kreditwesengesetzes,

2. Kapitalverwaltungsgesellschaften, für die eine Erlaubnis nach § 7 Absatz 1 des Investmentgesetzes in der bis zum 21. Juli 2013 geltenden Fassung erteilt wurde, die für den in § 345 Absatz 2 Satz 1, Absatz 3 Satz 2 in Verbindung mit Absatz 2 Satz 1, oder Absatz 4 Satz 1 des Kapitalanlagesetzbuchs vorgesehenen Zeit-

---

[1]) **Habersack Nr. 110.**
[2]) **Habersack Nr. 100.**

raum noch fortbesteht oder Kapitalverwaltungsgesellschaften, für die eine Erlaubnis nach den §§ 20, 21 oder §§ 20, 22 des Kapitalanlagegesetzbuchs erteilt wurde, ausländische AIF-Verwaltungsgesellschaften, für die eine Erlaubnis nach § 58 des Kapitalanlagegesetzbuchs erteilt wurde und Zweigniederlassungen von Unternehmen im Sinne von § 51 Absatz 1 Satz 1, § 54 Absatz 1 oder § 66 Absatz 1 des Kapitalanlagegesetzbuchs,

3. Finanzdienstleistungsinstitute in Bezug auf Vermittlungstätigkeiten oder Anlageberatung, für die ihnen eine Erlaubnis nach § 32 Absatz 1 des Kreditwesengesetzes erteilt wurde oder für die eine Erlaubnis nach § 64e Absatz 2, § 64i Absatz 1 oder § 64n des Kreditwesengesetzes als erteilt gilt,

4. Gewerbetreibende in Bezug auf Vermittlungs- und Beratungstätigkeiten nach Maßgabe des § 2 Absatz 10 Satz 1 des Kreditwesengesetzes oder des § 3 Absatz 2 des Wertpapierinstitutsgesetzes,

5. Wertpapierinstitute in Bezug auf Vermittlungstätigkeiten oder Anlageberatung, soweit ihnen eine Erlaubnis nach § 15 Absatz 1 des Wertpapierinstitutsgesetzes erteilt wurde oder eine Erlaubnis nach § 86 Absatz 1 des Wertpapierinstitutsgesetzes als erteilt gilt.

(4) ¹Gewerbetreibende nach Absatz 1 dürfen direkt bei der Beratung und Vermittlung mitwirkende Personen nur beschäftigen, wenn sie sicherstellen, dass diese Personen über einen Sachkundenachweis nach Absatz 2 Nummer 4 verfügen und geprüft haben, ob sie zuverlässig sind. ²Die Beschäftigung einer direkt bei der Beratung und Vermittlung mitwirkenden Person kann dem Gewerbetreibenden untersagt werden, wenn Tatsachen die Annahme rechtfertigen, dass die Person die für ihre Tätigkeit erforderliche Sachkunde oder Zuverlässigkeit nicht besitzt.

(5) Gewerbetreibende nach Absatz 1 sind verpflichtet, sich unverzüglich nach Aufnahme ihrer Tätigkeit über die für die Erlaubniserteilung zuständige Behörde entsprechend dem Umfang der Erlaubnis in das Register nach § 11a Absatz 1 eintragen zu lassen; ebenso sind Änderungen der im Register gespeicherten Angaben der Registerbehörde unverzüglich mitzuteilen.

(6) ¹Gewerbetreibende nach Absatz 1 haben die unmittelbar bei der Beratung und Vermittlung mitwirkenden Personen im Sinne des Absatzes 4 unverzüglich nach Aufnahme ihrer Tätigkeit bei der Registerbehörde zu melden und eintragen zu lassen. ²Änderungen der im Register gespeicherten Angaben sind der Registerbehörde unverzüglich mitzuteilen.

**§ 34g**¹⁾ ²⁾ **Verordnungsermächtigung.** (1) ¹Das Bundesministerium für Wirtschaft und Klimaschutz hat im Einvernehmen mit dem Bundesministerium der Finanzen und dem Bundesministerium für Umwelt, Naturschutz, nukleare Sicherheit und Verbraucherschutz durch Rechtsverordnung mit Zustimmung des Bundesrates zum Schutze der Allgemeinheit und der Anleger Vorschriften zu erlassen

---

¹⁾ § 34g eingef. mWv 13.12.2011 durch G v. 6.12.2011 (BGBl. I S. 2481); Abs. 1 Satz 1, Satz 2 Nr. 3 geänd., Nr. 4 angef., Abs. 2 Satz 1 Nr. 5 geänd., Nr. 6 angef. mWv 19.7.2013 durch G v. 15.7.2013 (BGBl. I S. 2390); Abs. 1 Satz 1 geänd., Abs. 2 Satz 1 Nr. 6 geänd., Nr. 7 angef. mWv 10.7.2015 durch G v. 3.7.2015 (BGBl. I S. 1114); Abs. 1 Satz 1 und Satz 2 Nr. 4 geänd., Nr. 5 angef. mWv 2.7.2016 durch G v. 30.6.2016 (BGBl. I S. 1514); Abs. 1 Satz 2 Nr. 3 und Satz 3 geänd. mWv 3.1.2018 durch G v. 23.6. 2017 (BGBl. I S. 1693); Abs. 1 Satz 2 Nr. 3 geänd. mWv 29.7.2017 durch G v. 20.7.2017 (BGBl. I S. 2789); Abs. 1 Satz 2 Nr. 3 und 5 geänd., Nr. 6 und 7 angef. mWv 15.12.2018 durch G v. 11.12.2018 (BGBl. I S. 2354); Abs. 1 Satz 1 einl. Satzteil geänd. mWv 1.1.2023 durch G v. 9.11.2022 (BGBl. I S. 2009); Abs. 1 Satz 1 geänd. mWv 30.12.2023 durch G v. 22.12.2023 (BGBl. 2023 I Nr. 411).
²⁾ Siehe die FinanzanlagenvermittlungsVO v. 2.5.2012 (BGBl. I S. 1006), zuletzt geänd. durch VO v. 17.4.2023 (BGBl. 2023 I Nr. 103).

über den Umfang der Verpflichtungen des Gewerbetreibenden bei der Ausübung des Gewerbes eines Finanzanlagenvermittlers und Honorar-Finanzanlagenberaters und zur Umsetzung der Verordnung (EU) Nr. 1286/2014. [2] Die Rechtsverordnung hat Vorschriften zu enthalten über

1. die Informationspflichten gegenüber dem Anleger, einschließlich einer Pflicht, Provisionen und andere Zuwendungen offenzulegen und dem Anleger ein Informationsblatt über die jeweilige Finanzanlage zur Verfügung zu stellen,

2. die bei dem Anleger einzuholenden Informationen, die erforderlich sind, um diesen anlage- und anlegergerecht zu beraten,

3. die Dokumentationspflichten des Gewerbetreibenden einschließlich einer Pflicht, Geeignetheitserklärungen zu erstellen und dem Anleger zur Verfügung zu stellen, sowie die Pflicht des Gewerbetreibenden, telefonische Beratungsgespräche und die elektronische Kommunikation mit Kunden in deren Kenntnis aufzuzeichnen und zu speichern,

4. die Auskehr der Zuwendungen durch den Honorar-Finanzanlagenberater an den Anleger,

5. Sanktionen und Maßnahmen nach Artikel 24 Absatz 2 der Verordnung (EU) Nr. 1286/2014, einschließlich des Verfahrens,

6. die Struktur der Vergütung der in dem Gewerbebetrieb beschäftigten Personen sowie die Verpflichtung, Interessenkonflikte zu vermeiden und bestehende offenzulegen,

7. die Pflicht, sich die erforderlichen Informationen über die jeweilige Finanzanlage einschließlich des für diese bestimmten Zielmarktes im Sinne des § 63 Absatz 4 in Verbindung mit § 80 Absatz 12 des Wertpapierhandelsgesetzes[1] zu beschaffen und diese bei der Anlageberatung und Anlagevermittlung zu berücksichtigen.

[3] Hinsichtlich der Informations-, Beratungs- und Dokumentationspflichten ist hierbei ein dem Abschnitt 11 des Wertpapierhandelsgesetzes vergleichbares Anlegerschutzniveau herzustellen.

(2) [1] Die Rechtsverordnung kann auch Vorschriften enthalten

1. zur Pflicht, Bücher zu führen und die notwendigen Daten über einzelne Geschäftsvorgänge sowie über die Anleger aufzuzeichnen,

2. zur Pflicht, der zuständigen Behörde Anzeige beim Wechsel der mit der Leitung des Betriebes oder einer Zweigniederlassung beauftragten Personen zu erstatten und hierbei bestimmte Angaben zu machen,

3. zu den Inhalten und dem Verfahren für die Sachkundeprüfung nach § 34f Absatz 2 Nummer 4, den Ausnahmen von der Erforderlichkeit der Sachkundeprüfung sowie der Gleichstellung anderer Berufsqualifikationen mit der Sachkundeprüfung, der Zuständigkeit der Industrie- und Handelskammern sowie der Berufung eines Aufgabenauswahlausschusses,

4. zum Umfang und zu inhaltlichen Anforderungen an die nach § 34f Absatz 2 Nummer 3 erforderliche Haftpflichtversicherung, insbesondere über die Höhe der Mindestversicherungssumme, die Bestimmung der zuständigen Behörde im Sinne des § 117 Absatz 2 des Versicherungsvertragsgesetzes[2], über den Nachweis über das Bestehen der Haftpflichtversicherung und Anzeigepflichten des Versicherungsunternehmens gegenüber den Behörden und den Anlegern,

---

[1] **Habersack ErgBd. Nr. 58.**
[2] **Habersack Nr. 62.**

5. zu den Anforderungen und Verfahren, die zur Durchführung der Richtlinie 2005/36/EG auf Inhaber von Berufsqualifikationen angewendet werden sollen, die in einem anderen Mitgliedstaat der Europäischen Union oder einem anderen Vertragsstaat des Abkommens über den Europäischen Wirtschaftsraum erworben wurden, sofern diese Personen im Inland vorübergehend oder dauerhaft als Finanzanlagenvermittler tätig werden wollen,

6. zu der Anforderung nach § 34h Absatz 2 Satz 2, der Empfehlung eine hinreichende Anzahl von auf dem Markt angebotenen Finanzanlagen zu Grunde zu legen,

7. zur Pflicht, die Einhaltung der in § 2a Absatz 3 des Vermögensanlagengesetzes genannten Betragsgrenzen zu prüfen.

[2] Außerdem kann der Gewerbetreibende in der Verordnung verpflichtet werden, die Einhaltung der nach Absatz 1 Satz 2 und Absatz 2 Satz 1 Nummer 1, 2 und 4 erlassenen Vorschriften auf seine Kosten regelmäßig sowie aus besonderem Anlass prüfen zu lassen und den Prüfungsbericht der zuständigen Behörde vorzulegen, soweit dies zur wirksamen Überwachung erforderlich ist. [3] Hierbei können die Einzelheiten der Prüfung, insbesondere deren Anlass, Zeitpunkt und Häufigkeit, die Auswahl, Bestellung und Abberufung der Prüfer, deren Rechte, Pflichten und Verantwortlichkeit, der Inhalt des Prüfungsberichts, die Verpflichtungen der Gewerbetreibenden gegenüber dem Prüfer sowie das Verfahren bei Meinungsverschiedenheiten zwischen dem Prüfer und dem Gewerbetreibenden geregelt werden.

**§ 34h**[1]) **Honorar-Finanzanlagenberater.** (1) [1] Wer im Umfang der Bereichsausnahmen des § 2 Absatz 6 Satz 1 Nummer 8 des Kreditwesengesetzes[2]) oder des § 3 Absatz 1 Satz 1 Nummer 11 des Wertpapierinstitutsgesetzes gewerbsmäßig zu Finanzanlagen im Sinne des § 34f Absatz 1 Nummer 1, 2 oder 3 Anlageberatung im Sinne des § 1 Absatz 1a Nummer 1a des Kreditwesengesetzes oder des § 2 Absatz 2 Nummer 4 des Wertpapierinstitutsgesetzes erbringen will, ohne von einem Produktgeber eine Zuwendung zu erhalten oder von ihm in anderer Weise abhängig zu sein (Honorar-Finanzanlagenberater), bedarf der Erlaubnis der zuständigen Behörde. [2] Die Erlaubnis kann inhaltlich beschränkt oder mit Auflagen verbunden werden, soweit dies zum Schutz der Allgemeinheit oder der Anleger erforderlich ist; unter denselben Voraussetzungen sind auch die nachträgliche Aufnahme, Änderung und Ergänzung von Auflagen zulässig. [3] Die Erlaubnis kann auf die Beratung zu einzelnen Kategorien von Finanzanlagen nach § 34f Absatz 1 Nummer 1, 2 oder 3 beschränkt werden. [4] § 34f Absatz 2 bis 6 ist entsprechend anzuwenden. [5] Wird die Erlaubnis unter Vorlage der Erlaubnisurkunde nach § 34f Absatz 1 Satz 1 beantragt, so erfolgt keine Prüfung der Zuverlässigkeit, der Vermögensverhältnisse und der Sachkunde. [6] Die Erlaubnis nach § 34f Absatz 1 Satz 1 erlischt mit der Erteilung der Erlaubnis nach Satz 1.

(2) [1] Gewerbetreibende nach Absatz 1 dürfen kein Gewerbe nach § 34f Absatz 1 Satz 1 ausüben. [2] Sie müssen ihrer Empfehlung eine hinreichende Anzahl von auf dem Markt angebotenen Finanzanlagen zu Grunde legen, die von ihrer Erlaubnis umfasst sind und die nach Art und Anbieter oder Emittenten hinreichend gestreut und nicht beschränkt sind auf Anbieter oder Emittenten, die in einer engen

[1]) § 34h eingef. mWv 1.8.2014 durch G v. 15.7.2013 (BGBl. I S. 2390); Abs. 1 Satz 5 geänd. mWv 1.8. 2014 durch G v. 15.7.2014 (BGBl. I S. 934); Abs. 2 Satz 1 geänd. mWv 1.1.2023 durch G v. 9.11.2022 (BGBl. I S. 2009); Abs. 1 Satz 1 geänd. mWv 30.12.2023 durch G v. 22.12.2023 (BGBl. 2023 I Nr. 411).
[2]) **Sartorius ErgBd. Nr. 856.**

Verbindung zu ihnen stehen oder zu denen in sonstiger Weise wirtschaftliche Verflechtungen bestehen.

(3) [1] Gewerbetreibende nach Absatz 1 dürfen sich die Erbringung der Beratung nur durch den Anleger vergüten lassen. [2] Sie dürfen Zuwendungen eines Dritten, der nicht Anleger ist oder von dem Anleger zur Beratung beauftragt worden ist, im Zusammenhang mit der Beratung, insbesondere auf Grund einer Vermittlung als Folge der Beratung, nicht annehmen, es sei denn, die empfohlene Finanzanlage oder eine in gleicher Weise geeignete Finanzanlage ist ohne Zuwendung nicht erhältlich. [3] Zuwendungen sind in diesem Fall unverzüglich nach Erhalt und ungemindert an den Kunden auszukehren. [4] Vorschriften über die Entrichtung von Steuern und Abgaben bleiben davon unberührt.

**§ 34i**[1)2)] **Immobiliardarlehensvermittler.** (1) [1] Wer gewerbsmäßig den Abschluss von Immobiliar-Verbraucherdarlehensverträgen im Sinne des § 491 Absatz 3 des Bürgerlichen Gesetzbuchs[3)] oder entsprechende entgeltliche Finanzierungshilfen im Sinne des § 506 des Bürgerlichen Gesetzbuchs vermitteln will oder Dritte zu solchen Verträgen beraten will (Immobiliardarlehensvermittler), bedarf der Erlaubnis der zuständigen Behörde. [2] Die Erlaubnis kann inhaltlich beschränkt und mit Nebenbestimmungen verbunden werden, soweit dies zum Schutz der Allgemeinheit oder der Darlehensnehmer erforderlich ist; unter derselben Voraussetzung ist auch die nachträgliche Aufnahme, Änderung und Ergänzung von Nebenbestimmungen zulässig.

(2) Die Erlaubnis ist zu versagen, wenn

1. Tatsachen die Annahme rechtfertigen, dass der Antragsteller oder eine der Personen, die mit der Leitung des Betriebes oder einer Zweigniederlassung beauftragt sind, die für den Gewerbebetrieb erforderliche Zuverlässigkeit nicht besitzt; die erforderliche Zuverlässigkeit besitzt in der Regel nicht, wer in den letzten fünf Jahren vor Antragstellung wegen eines Verbrechens oder wegen Diebstahls, Unterschlagung, Erpressung, Betruges, Untreue, Geldwäsche, Urkundenfälschung, Hehlerei, Wuchers oder einer Insolvenzstraftat rechtskräftig verurteilt worden ist,

2. der Antragsteller in ungeordneten Vermögensverhältnissen lebt; dies ist in der Regel der Fall, wenn über das Vermögen des Antragstellers das Insolvenzverfahren eröffnet worden oder er in das Schuldnerverzeichnis nach § 882b der Zivilprozessordnung[4)] eingetragen ist,

3. der Antragsteller den Nachweis einer Berufshaftpflichtversicherung oder gleichwertigen Garantie nicht erbringen kann,

4. der Antragsteller nicht durch eine vor der Industrie- und Handelskammer erfolgreich abgelegte Prüfung nachweist, dass er die Sachkunde über die fachlichen und rechtlichen Grundlagen sowie über die Kundenberatung besitzt, die für die Vermittlung von und Beratung zu Immobiliar-Verbraucherdarlehensverträgen oder entsprechenden entgeltlichen Finanzierungshilfen notwendig ist, oder

---

[1)] § 34i eingef. mWv 21.3.2016 durch G v. 11.3.2016 (BGBl. I S. 396); Abs. 5 Satz 2 angef. mWv 29.7. 2017 durch G v. 20.7.2017 (BGBl. I S. 2789); Abs. 3 neu gef. mWv 30.12.2023 durch G v. 22.12.2023 *(BGBl. 2023 I Nr. 411).*
[2)] Beachte hierzu die Übergangsregelungen in § 160.
[3)] **Habersack Nr. 20.**
[4)] **Habersack Nr. 100.**

5. der Antragsteller seine Hauptniederlassung oder seinen Hauptsitz nicht im Inland hat oder seine Tätigkeit als Immobiliardarlehensvermittler nicht im Inland ausübt.

(3) Keiner Erlaubnis nach Absatz 1 Satz 1 bedürfen Kreditinstitute, für die eine Erlaubnis nach § 32 Absatz 1 des Kreditwesengesetzes[1] erteilt wurde, Wertpapierinstitute, für die eine Erlaubnis nach § 15 Absatz 1 des Wertpapierinstitutsgesetzes erteilt wurde, Zweigstellen von Unternehmen im Sinne des § 53b Absatz 1 Satz 1 des Kreditwesengesetzes sowie Zweigniederlassungen und vertraglich gebundene Vermittler von Wertpapierinstituten im Sinne des § 73 Absatz 1 Satz 1 des Wertpapierinstitutsgesetzes.

*(Fortsetzung nächstes Blatt)*

---

[1] **Sartorius ErgBd. Nr. 856.**

## 805. Gesetz über den Ladenschluss[1)][2)]

In der Fassung der Bekanntmachung vom 2. Juni 2003[3)]

(BGBl. I S. 744)

**FNA 8050-20**

geänd. durch Art. 2 Abs. 3 Siebtes ÄndG v. 7.7.2005 (BGBl. I S. 1954), Art. 228 Neunte ZuständigkeitsanpassungsVO v. 31.10.2006 (BGBl. I S. 2407) und Art. 430 Zehnte ZuständigkeitsanpassungsVO v. 31.8.2015 (BGBl. I S. 1474)

### Erster Abschnitt. Begriffsbestimmungen

**§ 1[4)] Verkaufsstellen.** (1) Verkaufsstellen im Sinne dieses Gesetzes sind

1. Ladengeschäfte aller Art, Apotheken, Tankstellen und Bahnhofsverkaufsstellen,

2. sonstige Verkaufsstände und -buden, Kioske, Basare und ähnliche Einrichtungen, falls in ihnen ebenfalls von einer festen Stelle aus ständig Waren zum Verkauf an jedermann feilgehalten werden. Dem Feilhalten steht das Zeigen

---

[1)] Gilt nur noch bis zur Änderung der **Ladenöffnungszeiten** durch die Länder. Bislang haben die folgenden Länder entsprechende Vorschriften erlassen:
– **Baden-Württemberg:** Gesetz über die Ladenöffnung in Baden-Württemberg (LadÖG) v. 14.2.2007 (GBl. S. 135), zuletzt geänd. durch G v. 28.11.2017 (GBl. S. 631),
– **Berlin:** Berliner Ladenöffnungsgesetz (BerlLadÖffG) v. 14.11.2006 (GVBl. S. 1046), zuletzt geänd. durch G v. 13.10.2010 (GVBl. S. 467),
– **Brandenburg:** Brandenburgisches Ladenöffnungsgesetz (BbgLöG) v. 27.11.2006 (GVBl. I S. 158), zuletzt geänd. durch G v. 25.4.2017 (GVBl. I Nr. 8),
– **Bremen:** Bremisches Ladenschlussgesetz v. 22.3.2007 (Brem.GBl. S. 221), zuletzt geänd. durch G v. 2.5.2023 (Brem.GBl. S. 410),
– **Hamburg:** Hamburgisches Gesetz zur Regelung der Ladenöffnungszeiten (Ladenöffnungsgesetz) v. 22.12.2006 (HmbGVBl. S. 611), geänd. durch G v. 15.12.2009 (HmbGVBl. S. 444),
– **Hessen:** Hessisches Ladenöffnungsgesetz (HLöG) v. 23.11.2006 (GVBl. I S. 606), zuletzt geänd. durch G v. 13.12.2019 (GVBl. S. 434),
– **Mecklenburg-Vorpommern:** Gesetz über die Ladenöffnungszeiten für das Land Mecklenburg-Vorpommern (Ladenöffnungsgesetz – LöffG M-V) v. 10.1.2024 (GVOBl. M-V S. 4),
– **Niedersachsen:** Niedersächsisches Gesetz über Ladenöffnungs- und Verkaufszeiten (NLöffVZG) v. 8.3.2007 (Nds. GVBl. S. 111), zuletzt geänd. durch G v. 15.5.2019 (Nds. GVBl. S. 80),
– **Nordrhein-Westfalen:** Gesetz zur Regelung der Ladenöffnungszeiten (Ladenöffnungsgesetz – LÖG NRW) v. 16.11.2006 (GV. NRW. S. 516), zuletzt geänd. durch G v. 22.3.2018 (GV. NRW. S. 172),
– **Rheinland-Pfalz:** Ladenöffnungsgesetz Rheinland-Pfalz (LadÖffnG) v. 21.11.2006 (GVBl. S. 351), geänd. durch G v. 22.12.2015 (GVBl. S. 461),
– **Saarland:** Gesetz zur Regelung der Ladenöffnungszeiten (Ladenöffnungsgesetz – LÖG Saarland) v. 15.11.2006 (Amtsbl. S. 1974), zuletzt geänd. durch G v. 11.11.2020 (Amtsbl. I S. 1262),
– **Sachsen:** Gesetz über die Ladenöffnungszeiten im Freistaat Sachsen (Sächsisches Ladenöffnungsgesetz – SächsLadÖffG) v. 1.12.2010 (SächsGVBl. S. 338), zuletzt geänd. durch G v. 5.11.2020 (SächsGVBl. S. 589),
– **Sachsen-Anhalt:** Gesetz über die Ladenöffnungszeiten im Land Sachsen-Anhalt (Ladenöffnungszeitengesetz Sachsen-Anhalt – LÖffzeitG LSA) v. 22.11.2006 (GVBl. LSA S. 528), zuletzt geänd. durch G v. 15.12.2022 (GVBl. LSA S. 385),
– **Schleswig-Holstein:** Gesetz über die Ladenöffnungszeiten (Ladenöffnungszeitengesetz – LÖffZG) v. 29.11.2006 (GVOBl. Schl.-H. S. 243),
– **Thüringen:** Thüringer Ladenöffnungsgesetz (ThürLadÖffG) v. 24.11.2006 (GVBl. S. 541), zuletzt geänd. durch G v. 17.2.2022 (GVBl. S. 91).
[2)] Siehe zum Ladenschluss auch die Übersicht zu den Ladenöffnungsgesetzen der Länder und Durchführungsbestimmungen der Länder über den Ladenschluss u. die Übersicht zu den Bedarfsgewerbeverordnungen der Länder.
[3)] Neubekanntmachung des LadenschlussG v. 28.11.1956 in der ab 1.6.2003 geltenden Fassung.
[4)] § 1 Abs. 2 geänd. mWv 8.11.2006 durch VO v. 31.10.2006 (BGBl. I S. 2407); Abs. 2 geänd. mWv 8.9.2015 durch VO v. 31.8.2015 (BGBl. I S. 1474).

von Mustern, Proben und ähnlichem gleich, wenn Warenbestellungen in der Einrichtung entgegengenommen werden,

3. Verkaufsstellen von Genossenschaften.

(2) Zur Herbeiführung einer einheitlichen Handhabung des Gesetzes kann das Bundesministerium für Arbeit und Soziales im Einvernehmen mit dem Bundesministerium für Wirtschaft und Energie durch Rechtsverordnung mit Zustimmung des Bundesrates bestimmen, welche Einrichtungen Verkaufsstellen gemäß Absatz 1 sind.

**§ 2 Begriffsbestimmungen.** (1) Feiertage im Sinne dieses Gesetzes sind die gesetzlichen Feiertage[1].

(2) Reisebedarf im Sinne dieses Gesetzes sind Zeitungen, Zeitschriften, Straßenkarten, Stadtpläne, Reiselektüre, Schreibmaterialien, Tabakwaren,

*(Fortsetzung nächstes Blatt)*

---

[1] Siehe hierzu ua die folgenden **Feiertagsgesetze** der Länder:
- **Baden-Württemberg:** FeiertagsG idF der Bek. v. 8.5.1995 (GBl. S. 450), zuletzt geänd. durch G v. 1.12.2015 (GBl. S. 1034),
- **Bayern:** FeiertagsG v. 21.5.1980 (BayRS 1131-3-I), zuletzt geänd. durch V v. 26.3.2019 (GVBl. S. 98),
- **Berlin:** G über die Sonn- und Feiertage v. 28.10.1954 (GVBl. S. 615), zuletzt geänd. durch G v. 30.1. 2019 (GVBl. S. 22); Feiertagsschutz-VO idF der Bek. v. 5.10.2004 (GVBl. S. 441),
- **Brandenburg:** FeiertagsG v. 21.3.1991 (GVBl. S. 44), zuletzt geänd. durch G v. 30.4.2015 (GVBl. I Nr. 13),
- **Bremen:** G über die Sonn- und Feiertage v. 12.11.1954 (Brem.GBl. S. 115), zuletzt geänd. durch G v. 3.3.2020 (Brem.GBl. S. 52); Gesetz zur Änderung des Bremischen Ladenschlussrechtes,
- **Hamburg:** FeiertagsG v. 16.10.1953 (HmbGVBl. S. 289), zuletzt geänd. durch VO v. 17.2.2021 (HmbGVBl. S. 75); FeiertagsschutzVO v. 15.2.1957 (BS Hbg I S. 51), zuletzt geänd. durch VO v. 1.2. 2005 (GVBl. S. 22); VO zum Schutz des Buß- und Bettages v. 7.11.1995 (HmbGVBl. S. 290); VO über den Volkstrauertag v. 10.11.1953 (HmbGVBl. S. 313), zuletzt geänd. durch G v. 02.03.1970 (HmbGVBl. S. 90),
- **Hessen:** HFeiertagsG v. 29.12.1971 (GVBl. I S. 344), zuletzt geänd. durch G v. 13.12.2012 (GVBl. S. 622),
- **Mecklenburg-Vorpommern:** FeiertagsG idF der Bek. v. 8.3.2002 (GVOBl. M-V S. 145), zuletzt geänd. durch G v. 7.7.2022 (GVOBl. M-V S. 427); BäderverkaufsVO v. 22.3.2019 (GVOBl. M-V S. 130), geänd. durch VO v. 15.1.2024 (GVOBl. M-V S. 15),
- **Niedersachsen:** NFeiertagsG idF der Bek. v. 7.3.1995 (Nds. GVBl. S. 50), zuletzt geänd. durch G v. 22.6.2018 (Nds. GVBl. S. 123),
- **Nordrhein-Westfalen:** FeiertagsG NW idF der Bek. v. 23.4.1989 (GV. NRW. S. 222), zuletzt geänd. durch G v. 20.12.1994 (GV. NRW. S. 1114),
- **Rheinland-Pfalz:** FeiertagsG v. 15.7.1970 (GVBl. S. 225), zuletzt geänd. durch G v. 27.10.2009 (GVBl. S. 358),
- **Saarland:** FeiertagsG v. 18.2.1976 (Amtsbl. S. 213), zuletzt geänd. durch G v. 13.10.2015 (Amtsbl. I S. 790),
- **Sachsen:** SächsSFG v. 10.11.1992 (SächsGVBl. S. 536), zuletzt geänd. durch G v. 30.1.2013 (SächsGVBl. S. 2); FronleichnamsVO v. 4.5.1993 (SächsGVBl. S. 417), geänd. durch VO v. 30.5.1995 (SächsGVBl. S. 160),
- **Sachsen-Anhalt:** FeiertG LSA idF der Bek. v. 25.8.2004 (GVBl. LSA S. 538), zuletzt geänd. durch G v. 22.11.2006 (GVBl. LSA S. 528),
- **Schleswig-Holstein:** G über Sonn- und Feiertage v. 28.6.2004 (GVOBl. Schl.-H. S. 213), zuletzt geänd. durch G v. 21.3.2018 (GVOBl. Schl.-H. S. 69); BäderVO v. 21.5.2013 (GVOBl. Schl.-H. S. 226),
- **Thüringen:** FeiertagsG v. 21.12.1994 (GVBl. S. 1221), zuletzt geänd. durch G v. 19.3.2019 (GVBl. S. 22).

# 815. Gesetz zur Ordnung des Handwerks (Handwerksordnung)[1]

In der Fassung der Bekanntmachung vom 24. September 1998[2]

(BGBl. I S. 3074, ber. 2006 I S. 2095)

**FNA 7110-1**

geänd. durch Art. 33 SGB IX – Rehabilitation und Teilhabe behinderter Menschen – v. 19.6.2001 (BGBl. I S. 1046), Art. 135 Siebente ZuständigkeitsanpassungsVO v. 29.10.2001 (BGBl. I S. 2785), Art. 13 Neuntes Euro-EinführungsG v. 10.11.2001 (BGBl. I S. 2992), Art. 69 Drittes G für moderne Dienstleistungen am Arbeitsmarkt v. 23.12.2003 (BGBl. I S. 2848), Art. 1 ÄndG v. 24.12.2003 (BGBl. I S. 2933), Art. 1 Drittes ÄndG v. 24.12.2003 (BGBl. I S. 2934), Art. 35b Viertes G für moderne Dienstleistungen am Arbeitsmarkt v. 24.12.2003 (BGBl. I S. 2954), Art. 2, Art. 2a Nr. 2, Art. 8 Abs. 2 BerufsbildungsreformG v. 23.3.2005 (BGBl. I S. 931), Art. 5 G zur Änd. des StatistikregisterG und sonstiger StatistikG v. 9.6.2005 (BGBl. I S. 1534), Art. 3b G zur Änd. des GemeindefinanzreformG und and. G v. 6.9.2005 (BGBl. I S. 2725), Art. 146 Neunte ZuständigkeitsanpassungsVO v. 31.10.2006 (BGBl. I S. 2407), Art. 9a Zweites BürokratieabbauG v. 7.9.2007 (BGBl. I S. 2246), Art. 8 Viertes G zur Änd. verwaltungsverfahrensrechtl. Vorschriften v. 11.12.2008 (BGBl. I S. 2418), Art. 6 G zur Neuausrichtung der arbeitsmarktpolitischen Instrumente v. 21.12.2008 (BGBl. I S. 2917), Art. 2 G zur Umsetzung der DienstleistungsRL im Gewerberecht und in weiteren Rechtsvorschriften v. 17.7.2009 (BGBl. I S. 2091), Art. 2 VO zur Änd. der Kehr- und ÜberprüfungsO und der HandwerksO v. 14.6.2011 (BGBl. I S. 1077), Art. 3 G zur Änd. gewerberechtl. Vorschriften v. 11.7.2011 (BGBl. I S. 1341), Art. 3 G zur Verbesserung der Feststellung und Anerkennung im Ausland erworbener Berufsqualifikationen v. 6.12.2011 (BGBl. I S. 2515), Art. 33 G zur Verbesserung der Eingliederungschancen am Arbeitsmarkt v. 20.12.2011 (BGBl. I S. 2854), Art. 2 G zur Änd. der Gewerbeordnung und anderer G v. 5.12.2012 (BGBl. I S. 2415), Art. 19 G zur Förderung der elektronischen Verwaltung sowie zur Änd. weiterer Vorschriften v. 25.7.2013 (BGBl. I S. 2749), Art. 283 Zehnte ZuständigkeitsanpassungsVO v. 31.8.2015 (BGBl. I S. 1474), Art. 104 G zum Abbau verzichtbarer Anordnungen der Schriftform im Verwaltungsrecht des Bundes v. 29.3.2017 (BGBl. I S. 626), Art. 6 Zweites BürokratieentlastungsG v. 30.6.2017 (BGBl. I S. 2143), Art. 84 Zweites Datenschutz-Anpassungs- und Umsetzungsgesetz EU v. 20.11.2019 (BGBl. I S. 1626), Art. 2 Gesetz zur Modernisierung und Stärkung der beruflichen Bildung v. 12.12.2019 (BGBl. I S. 2522), Art. 1 Viertes G zur Änd. der HandwerksO und anderer handwerksrechtl. Vorschriften v. 6.2.2020 (BGBl. I S. 142), Art. 3 G zur Abmilderung der Folgen der COVID-19-Pandemie im Wettbewerbsrecht und für den Bereich der Selbstverwaltungsorganisationen der gewerbl. Wirtschaft v. 25.5.2020 (BGBl. I S. 1067), Art. 6 G zur Umsetzung der VerhältnismäßigkeitsRL (RL (EU) 2018/958) im Bereich öffentlich-rechtl. Körperschaften v. 19.6.2020 (BGBl. I S. 1403), Art. 21 Sanierungs- und InsolvenzrechtsfortentwicklungsG v. 22.12.2020 (BGBl. I S. 3256), Art. 18 RegistermodernisierungsG v. 28.3.2021 (BGBl. I S. 591), Art. 1 Fünftes G zur Änd. der HandwerksO und anderer handwerksrechtlicher Vorschriften v. 9.6.2021 (BGBl. I S. 1654), Art. 3 G zur Umsetzung der RL (EU) 2019/1152 v. 20.7.2022 (BGBl. I S. 1174), Art. 2 G zur Änd. der GewerbeO und anderer G v. 9.11.2022 (BGBl. I S. 2009) und Art. 6 Zweites G zur Umsetzung der VerhältnismäßigkeitsRL (RL (EU) 2018/958) im Bereich öffentlich-rechtlicher Körperschaften v. 17.1.2024 (BGBl. 2024 I Nr. 12)

---

[1] Die Änderungen durch G v. 28.3.2021 (BGBl. I S. 591) treten erst **mit noch unbestimmtem Datum** in Kraft und sind im Text noch nicht berücksichtigt.

[2] Neubekanntmachung der HandwerksO idF der Bek. v. 28.12.1965 (BGBl. 1966 I S. 1) in der ab 1.4. 1998 geltenden Fassung.

[3] Inhaltsübersicht neu gef. mWv 1.7.2021 durch G v. 9.6.2021 (BGBl. I S. 1654); geänd. mWv 23.1. 2024 durch G v. 17.1.2024 (BGBl. 2024 I Nr. 12).

verhindert sind, das Amt ordnungsmäßig zu führen oder wenn Tatsachen eintreten, die ihre Wählbarkeit ausschließen.

(2) Gesetzliche Vertreter juristischer Personen und vertretungsberechtigte Gesellschafter der Personengesellschaften haben ferner aus dem Amt auszuscheiden, wenn

1. sie die Vertretungsbefugnis verloren haben,
2. die juristische Person oder die Personengesellschaft in der Handwerksrolle oder in dem Verzeichnis nach § 19 gelöscht worden ist.

(3) Weigert sich das Mitglied auszuscheiden, so ist es von der obersten Landesbehörde nach Anhörung der Handwerkskammer seines Amtes zu entheben.

**§ 105**[1] **[Satzung der Handwerkskammer]** (1) [1] Für die Handwerkskammer ist von der obersten Landesbehörde eine Satzung zu erlassen. [2] Über eine Änderung der Satzung beschließt die Vollversammlung; der Beschluß bedarf der Genehmigung durch die oberste Landesbehörde.

(2) Die Satzung muß Bestimmungen enthalten über

1. den Namen, den Sitz und den Bezirk der Handwerkskammer,
2. die Zahl der Mitglieder der Handwerkskammer und der Stellvertreter sowie die Reihenfolge ihres Eintritts im Falle der Behinderung oder des Ausscheidens der Mitglieder,
3. die Verteilung der Mitglieder und der Stellvertreter auf die im Bezirk der Handwerkskammer vertretenen Handwerke,
4. die Zuwahl zur Handwerkskammer,
5. die Wahl des Vorstands und seine Befugnisse,
6. die Einberufung der Handwerkskammer und ihrer Organe,
7. die Form der Beschlußfassung und die Beurkundung der Beschlüsse der Handwerkskammer und des Vorstands,
8. die Erstellung einer mittelfristigen Finanzplanung und deren Übermittlung an die Vollversammlung,
9. die Festlegung der Haushaltsführung nach dem Verfahren der Kameralistik oder der Doppik sowie die Aufstellung und Genehmigung des Haushaltsplans oder des Wirtschaftsplans,
10. die Aufstellung, Prüfung und Abnahme der Jahresrechnung oder des Jahresabschlusses mit Lagebericht einschließlich der Verwendung des Jahresergebnisses sowie über die Übertragung der Prüfung auf eine unabhängige Stelle außerhalb der Handwerkskammer,
11. die Voraussetzungen und die Form einer Änderung der Satzung,
12. die Organe einschließlich elektronischer Medien, in denen die Bekanntmachungen der Handwerkskammer zu veröffentlichen sind.

(3) Die Satzung darf keine Bestimmung enthalten, die mit den in diesem Gesetz bezeichneten Aufgaben der Handwerkskammer nicht in Verbindung steht oder gesetzlichen Vorschriften zuwiderläuft.

(4) Die Satzung nach Absatz 1 Satz 1 ist in dem amtlichen Organ der für den Sitz der Handwerkskammer zuständigen höheren Verwaltungsbehörde bekanntzumachen.

---

[1] § 105 Abs. 2 Nr. 12 geänd. mWv 6.7.2017 durch G v. 30.6.2017 (BGBl. I S. 2143); Abs. 2 Nr. 9 neu gef., Nr. 10 geänd. mWv 1.7.2021 durch G v. 9.6.2021 (BGBl. I S. 1654).

**§ 106[1)] [Beschlussfassung der Vollversammlung]** (1) Der Beschlußfassung der Vollversammlung bleibt vorbehalten

1. die Wahl des Vorstands und der Ausschüsse,
2. die Zuwahl von sachverständigen Personen (§ 93 Abs. 4),
3. die Wahl des Geschäftsführers, bei mehreren Geschäftsführern des Hauptgeschäftsführers und der Geschäftsführer,
4. die Feststellung des Haushaltsplans oder Wirtschaftsplans einschließlich des Stellenplans, die Bewilligung von Ausgaben und Aufwendungen, die nicht im Haushaltsplan oder Wirtschaftsplan vorgesehen sind, die Ermächtigung zur Aufnahme von Krediten und die dingliche Belastung von Grundeigentum,
5. die Festsetzung der Beiträge zur Handwerkskammer und die Erhebung von Gebühren,
6. der Erlaß einer Haushalts-, Kassen- und Rechnungslegungsordnung, Finanzordnung oder eines Finanzstatuts,
7. die Prüfung und Abnahme der Jahresrechnung oder des Jahresabschlusses und die Entscheidung darüber, durch welche unabhängige Stelle die Jahresrechnung oder der Jahresabschluss geprüft werden soll,
8. die Beteiligung an Gesellschaften des privaten und öffentlichen Rechts und die Aufrechterhaltung der Beteiligung,
8a. die Beteiligung an einer Einrichtung nach § 91 Abs. 2a,
9. der Erwerb und die Veräußerung von Grundeigentum,
10. der Erlaß von Vorschriften über die Berufsausbildung, berufliche Fortbildung und berufliche Umschulung (§ 91 Abs. 1 Nr. 4 und 4a),
11. der Erlass der Gesellenprüfungsordnungen nach § 91 Absatz 1 Nummer 5 und Satzungen nach § 50a Absatz 3 oder § 51d Absatz 3,
12. der Erlaß der Vorschriften über die öffentliche Bestellung und Vereidigung von Sachverständigen (§ 91 Abs. 1 Nr. 8),
13. die Festsetzung der den Mitgliedern zu gewährenden Entschädigung (§ 94),
14. die Änderung der Satzung.

(2) [1]Die nach Absatz 1 Nr. 3 bis 7, 10 bis 12 und 14 gefaßten Beschlüsse bedürfen der Genehmigung durch die oberste Landesbehörde. [2]Die Beschlüsse nach Absatz 1 Nr. 5, 6, 10 bis 12 und 14 sind in den für die Bekanntmachungen der Handwerkskammern bestimmten Organen einschließlich der elektronischen Medien (§ 105 Abs. 2 Nr. 12) zu veröffentlichen.

(3) [1]Die Satzung nach Absatz 1 Nummer 12 und deren Änderungen müssen im Einklang mit den Vorgaben des auf sie anzuwendenden europäischen Rechts stehen. [2]Insbesondere sind bei neuen oder zu ändernden Vorschriften, die dem Anwendungsbereich der Richtlinie 2005/36/EG in der jeweils geltenden Fassung unterfallen, die Vorgaben der Richtlinie (EU) 2018/958 des Europäischen Parlaments und des Rates vom 28. Juni 2018 über eine Verhältnismäßigkeitsprüfung vor Erlass neuer Berufsreglementierungen (ABl. L 173 vom 9.7.2018, S. 25) in der jeweils geltenden Fassung einzuhalten.

---

[1)] § 106 Abs. 1 Nr. 8 neu gef. mWv 1.1.2004 durch G v. 24.12.2003 (BGBl. I S. 2934); Abs. 1 Nr. 8a eingef. mWv 18.12.2008 durch G v. 11.12.2008 (BGBl. I S. 2418); Abs. 2 Satz 2 geänd. mWv 6.7.2017 durch G v. 30.6.2017 (BGBl. I S. 2143); Abs. 3–5 angef. mWv 30.7.2020 durch G v. 19.6.2020 (BGBl. I S. 1403); Abs. 1 Nr. 4, 6, 7 geänd., Nr. 11 neu gef., Abs. 2 Satz 2 geänd. mWv 1.7.2021 durch G v. 9.6.2021 (BGBl. I S. 1654); Abs. 4 Satz 1 geänd. mWv 23.1.2024 durch G v. 17.1.2024 (BGBl. 2024 I Nr. 12).

(4) [1] Vorschriften im Sinne des Absatzes 3 Satz 2 sind anhand der in der Anlage E zu diesem Gesetz festgelegten Kriterien auf ihre Verhältnismäßigkeit zu prüfen. [2] Der Umfang der Prüfung muss im Verhältnis zu der Art, dem Inhalt und den Auswirkungen der Vorschrift stehen. [3] Die Vorschrift ist so ausführlich zu erläutern, dass ihre Übereinstimmung mit dem Verhältnismäßigkeitsgrundsatz bewertet werden kann. [4] Die Gründe, aus denen sich ergibt, dass sie gerechtfertigt und verhältnismäßig ist, sind durch qualitative und, soweit möglich und relevant, quantitative Elemente zu substantiieren. [5] Mindestens zwei Wochen vor der Beschlussfassung der Vollversammlung über die Vorschrift ist auf der Internetseite der jeweiligen Handwerkskammer ein Entwurf mit der Gelegenheit zur Stellungnahme zu veröffentlichen. [6] Nach dem Erlass der Vorschrift ist ihre Übereinstimmung mit dem Verhältnismäßigkeitsgrundsatz zu überwachen und bei einer Änderung der Umstände zu prüfen, ob die Vorschrift anzupassen ist.

(5) [1] Die oberste Landesbehörde hat bei der nach Absatz 2 Satz 1 erforderlichen Genehmigung zu prüfen, ob die Vorgaben der Richtlinie (EU) 2018/958 in der jeweils geltenden Fassung eingehalten wurden. [2] Zu diesem Zweck hat ihr die Handwerkskammer die Unterlagen zuzuleiten, aus denen sich die Einhaltung der Vorgaben ergibt. [3] Insbesondere sind die Gründe zu übermitteln, auf Grund derer die Vollversammlung der Handwerkskammer die Vorschriften und Satzungen oder deren Änderungen als gerechtfertigt, notwendig und verhältnismäßig beurteilt hat.

**§ 107 [Zuziehung von Sachverständigen]** Die Handwerkskammer kann zu ihren Verhandlungen Sachverständige mit beratender Stimme zuziehen.

**§ 108 [Vorstands- und Präsidentenwahl]** (1) [1] Die Vollversammlung wählt aus ihrer Mitte den Vorstand. [2] Ein Drittel der Mitglieder müssen Gesellen oder andere Arbeitnehmer mit abgeschlossener Berufsausbildung sein.

(2) Der Vorstand besteht nach näherer Bestimmung der Satzung aus dem Vorsitzenden (Präsidenten), zwei Stellvertretern (Vizepräsidenten), von denen einer Geselle oder ein anderer Arbeitnehmer mit abgeschlossener Berufsausbildung sein muß, und einer weiteren Zahl von Mitgliedern.

(3) [1] Der Präsident wird von der Vollversammlung mit absoluter Stimmenmehrheit der anwesenden Mitglieder gewählt. [2] Fällt die Mehrzahl der Stimmen nicht auf eine Person, so findet eine engere Wahl zwischen den beiden Personen statt, welche die meisten Stimmen erhalten haben.

(4) [1] Die Wahl der Vizepräsidenten darf nicht gegen die Mehrheit der Stimmen der Gruppe, der sie angehören, erfolgen. [2] Erfolgt in zwei Wahlgängen keine Entscheidung, so entscheidet ab dem dritten Wahlgang die Stimmenmehrheit der jeweils betroffenen Gruppe. [3] Gleiches gilt für die Wahl der weiteren Mitglieder des Vorstands.

(5) Die Wahl des Präsidenten und seiner Stellvertreter ist der obersten Landesbehörde binnen einer Woche anzuzeigen.

(6) Als Ausweis des Vorstands genügt eine Bescheinigung der obersten Landesbehörde, daß die darin bezeichneten Personen zur Zeit den Vorstand bilden.

**§ 109 [Befugnisse des Vorstands; Vertretungsrecht]** [1] Dem Vorstand obliegt die Verwaltung der Handwerkskammer; Präsident und Hauptgeschäftsführer vertreten die Handwerkskammer gerichtlich und außergerichtlich. [2] Das Nähere regelt die Satzung, die auch bestimmen kann, daß die Handwerkskammer durch zwei Vorstandsmitglieder vertreten wird.

**§ 110 [Ausschüsse der Vollversammlung]** [1] Die Vollversammlung kann unter Wahrung der im § 93 Abs. 1 bestimmten Verhältniszahl aus ihrer Mitte Ausschüsse bilden und sie mit besonderen regelmäßigen oder vorübergehenden Aufgaben betrauen. [2] § 107 findet entsprechende Anwendung.

**§ 111[1) [Überwachung der Lehrlingsausbildung; Auskunftspflicht der Gewerbetreibenden]** (1) [1] Die in die Handwerksrolle und in das Verzeichnis nach § 19 eingetragenen Gewerbetreibenden haben der Handwerkskammer die zur Durchführung von Rechtsvorschriften über die Berufsbildung und der von der Handwerkskammer erlassenen Vorschriften, Anordnungen und der sonstigen von ihr getroffenen Maßnahmen erforderlichen Auskünfte zu erteilen und Unterlagen vorzulegen. [2] Die Handwerkskammer kann für die Erteilung der Auskunft eine Frist setzen.

(2) [1] Die von der Handwerkskammer mit der Einholung von Auskünften beauftragten Personen sind befugt, zu dem in Absatz 1 bezeichneten Zweck die Betriebsräume, Betriebseinrichtungen und Ausbildungsplätze sowie die für den Aufenthalt und die Unterkunft der Lehrlinge und Gesellen bestimmten Räume oder Einrichtungen zu betreten und dort Prüfungen und Besichtigungen vorzunehmen. [2] Der Auskunftspflichtige hat die Maßnahme von Satz 1 zu dulden. [3] Das Grundrecht der Unverletzlichkeit der Wohnung (Artikel 13 des Grundgesetzes[2)]) wird insoweit eingeschränkt.

(3) Der Auskunftspflichtige kann die Auskunft auf solche Fragen verweigern, deren Beantwortung ihn selbst oder einen der in § 383 Abs. 1 Nr. 1 bis 3 der Zivilprozeßordnung[3)] bezeichneten Angehörigen der Gefahr strafgerichtlicher Verfolgung oder eines Verfahrens nach dem Gesetz über Ordnungswidrigkeiten[4)] aussetzen würde.

**§ 112[5) [Ordnungsgeld]** (1) Die Handwerkskammer kann bei Zuwiderhandlungen gegen die von ihr innerhalb ihrer Zuständigkeit erlassenen Vorschriften oder Anordnungen Ordnungsgeld bis zu fünfhundert Euro festsetzen.

(2) [1] Das Ordnungsgeld muß vorher schriftlich angedroht werden. [2] Die Androhung und die Festsetzung des Ordnungsgelds sind dem Betroffenen zuzustellen.

(3) Gegen die Androhung und die Festsetzung des Ordnungsgelds steht dem Betroffenen der Verwaltungsrechtsweg offen.

(4) [1] Das Ordnungsgeld fließt der Handwerkskammer zu. [2] Es wird auf Antrag des Vorstands der Handwerkskammer nach Maßgabe des § 113 Abs. 2 Satz 1 beigetrieben.

**§ 113[6) [Beiträge und Gebühren]** (1) Die durch die Errichtung und Tätigkeit der Handwerkskammer entstehenden Kosten werden, soweit sie nicht anderweitig gedeckt sind, von den Inhabern eines Betriebs eines Handwerks und eines handwerksähnlichen Gewerbes sowie den Mitgliedern der Handwerkskammer nach

---

[1)] § 111 Abs. 1 Satz 1 geänd. mWv 1.1.2004 durch G v. 24.12.2003 (BGBl. I S. 2934).
[2)] Nr. 1.
[3)] **Habersack Nr. 100.**
[4)] **Habersack Nr. 94.**
[5)] § 112 Abs. 1 geänd. mWv 1.1.2002 durch G v. 10.11.2001 (BGBl. I S. 2992).
[6)] § 113 Abs. 1 und Abs. 3 Satz 1 geänd., Abs. 2 Sätze 4–7 eingef., bish. Sätze 4–9 werden Sätze 8–13 mWv 1.1.2004 durch G v. 24.12.2003 (BGBl. I S. 2934); Abs. 1 und Abs. 3 Satz 1 geänd. mWv 1.4.2005 durch G v. 23.3.2005 (BGBl. I S. 931); Abs. 2 Satz 8 neu gef., Satz 12 geänd. mWv 26.11.2019 durch G v. 20.11.2019 (BGBl. I S. 1626).

4. beim Ausbildungsverhältnis:
Ausbildungsberuf einschließlich Fachrichtung, ausbildungsintegrierendes duales Studium, Tag, Monat und Jahr des Abschlusses des Ausbildungsvertrages, Ausbildungsdauer, Tag, Monat und Jahr des vertraglich vereinbarten Beginns und Endes der Berufsausbildung, Tag, Monat und Jahr einer vorzeitigen Auflösung des Ausbildungsverhältnisses, Dauer der Probezeit, Verkürzung der Ausbildungsdauer, Teilzeitberufsausbildung, die bei Vertragsabschluss vereinbarte Vergütung für jedes Ausbildungsjahr, Art der Förderung bei überwiegend öffentlich, insbesondere auf Grund des Dritten Buches Sozialgesetzbuch[1] geförderten Berufsausbildungsverhältnissen, Anschrift und Amtlicher Gemeindeschlüssel der Ausbildungsstätte, Wirtschaftszweig, Betriebsnummer der Ausbildungsstätte nach § 18i Absatz 1 oder § 18k Absatz 1 des Vierten Buches Sozialgesetzbuch[2], Zugehörigkeit zum öffentlichen Dienst.

IV. In das Verzeichnis der Unternehmer nach § 90 Abs. 3 und 4 der Handwerksordnung werden die Personen nach § 90 Abs. 3 und 4 der Handwerksordnung mit den nach Abschnitt I Nr. 1 Buchstabe a und c geforderten Angaben für natürliche Personen sowie der Zeitpunkt der Gewerbeanmeldung eingetragen.

V. Über Personen, die von der Handwerkskammer als Sachverständige nach § 91 Absatz 1 Nummer 8 der Handwerksordnung öffentlich bestellt und vereidigt sind, sind folgende Daten zu verarbeiten, um sie insbesondere zum Zweck der Bekanntmachung und Vermittlung an Dritte zu nutzen:

a) Name, Geburtsname, Vorname, Geschlecht, Geburtsdatum, Wohnanschrift und elektronische Kontaktdaten – beispielsweise E-Mail-Adresse, Internetpräsenz, Telefaxnummer oder Festnetz- oder Mobilfunktelefonnummer;

b) das Handwerk oder die Handwerke sowie das handwerksähnliche Gewerbe oder die handwerksähnlichen Gewerbe, für die eine öffentliche Bestellung und Vereidigung zum Sachverständigen besteht;

c) die Stelle, die den Sachverständigen hinsichtlich seiner besonderen Sachkunde überprüft hat, sowie Art, Ort und Zeitpunkt der Sachkundeprüfung;

d) der Zeitpunkt der Bestellung.

**Anlage E[3]**
## Verhältnismäßigkeitsprüfung vor Erlass neuer Berufsreglementierungen
### (§ 106 Absatz 4 Satz 1)
### I. Begriffsbestimmungen

Im Rahmen dieser Anlage bezeichnen die Begriffe

1. „reglementierter Beruf" eine berufliche Tätigkeit oder eine Gruppe beruflicher Tätigkeiten, bei der die Aufnahme, die Ausübung oder eine der Arten der Ausübung durch Rechts- oder Verwaltungsvorschriften direkt oder indirekt an den Besitz bestimmter Berufsqualifikationen gebunden ist; eine Art der Ausübung ist insbesondere die Führung einer geschützten Berufsbezeichnung, die durch Rechts- oder Verwaltungsvorschriften auf Personen beschränkt ist, die eine bestimmte Berufsqualifikation besitzen;

2. „Berufsqualifikation" eine Qualifikation, die durch einen Ausbildungsnachweis, durch einen Befähigungsnachweis im Sinne des Artikels 11 Buchstabe a Ziffer i der Richtlinie 2005/36/EG oder durch Berufserfahrung nachgewiesen wird;

3. „geschützte Berufsbezeichnung" eine Form der Reglementierung eines Berufs, bei der die Verwendung einer Bezeichnung bei der Ausübung einer beruflichen Tätigkeit oder einer Gruppe von beruflichen Tätigkeiten auf Grund von Rechts- oder Verwaltungsvorschriften unmittelbar oder mittelbar an den Besitz einer bestimmten Berufsqualifikation gebunden ist und bei der einer missbräuchlichen Verwendung der Bezeichnung Sanktionen verhängt werden;

4. „vorbehaltene Tätigkeit" eine Form der Reglementierung eines Berufs, bei der der Zugang zu einer beruflichen Tätigkeit oder einer Gruppe von beruflichen Tätigkeiten auf Grund von Rechts- oder Verwaltungsvorschriften unmittelbar oder mittelbar Angehörigen eines reglementierten Berufs vorbehalten wird, die eine bestimmte Berufsqualifikation besitzen, und zwar auch dann, wenn diese Tätigkeit mit anderen reglementierten Berufen geteilt wird.

---

[1] **Aichberger, SGB Nr. 3.**
[2] **Aichberger, SGB Nr. 4.**
[3] Anl. E angef. mWv 23.1.2024 durch G v. 17.1.2024 (BGBl. 2024 I Nr. 12).

## II. Zu prüfende Kriterien

Eine Vorschrift im Sinne des § 106 Absatz 3 Satz 2

1. darf weder eine direkte noch eine indirekte Diskriminierung auf Grund der Staatsangehörigkeit oder des Wohnsitzes darstellen;

2. muss durch zwingende Ziele des Allgemeininteresses objektiv gerechtfertigt sein; während Gründe, die rein wirtschaftlicher oder verwaltungstechnischer Natur sind, hierbei ausscheiden, kommen insbesondere in Betracht

   a) die öffentliche Sicherheit und Ordnung,

   b) die öffentliche Gesundheit,

   c) die geordnete Rechtspflege,

   d) der Schutz der Verbraucher und der sonstigen Dienstleistungsempfänger,

   e) der Schutz der Arbeitnehmer,

   f) die Lauterkeit des Handelsverkehrs,

   g) die Betrugsbekämpfung,

   h) die Verhinderung von Steuerhinterziehung und Steuervermeidung einschließlich der wirksamen Steueraufsicht,

   i) der Schutz des geistigen Eigentums,

   j) der Umweltschutz,

   k) die Sozialpolitik einschließlich des finanziellen Gleichgewichts der sozialen Sicherungssysteme und

   l) die Kulturpolitik einschließlich des Schutzes des Kulturerbes;

3. muss zur Erreichung des angestrebten Ziels des Allgemeininteresses geeignet sein und darf nicht über das zur Erreichung dieses Ziels erforderliche Maß hinausgehen; hierbei sind zu berücksichtigen

   a) die Eigenarten der mit dem angestrebten Ziel verbundenen Risiken, insbesondere der Risiken für Verbraucher und sonstige Dienstleistungsempfänger, für Berufsangehörige und für Dritte;

   b) die Eignung bereits bestehender spezifischer oder allgemeiner Regelungen, etwa solcher auf dem Gebiet der Produktsicherheit oder des Verbraucherschutzes, das angestrebte Ziel zu erreichen;

   c) die Eignung der Vorschrift, das angestrebte Ziel angemessen, kohärent und systematisch zu erreichen, wobei insbesondere zu beachten ist, wie solchen Risiken entgegengewirkt werden soll, die bei vergleichbaren Tätigkeiten in ähnlicher Weise identifiziert wurden;

   d) die Auswirkungen auf den freien Personen- und Dienstleistungsverkehr innerhalb der Europäischen Union, den anderen Vertragsstaaten des Europäischen Wirtschaftsraums und der Schweiz;

   e) die Auswirkungen auf die Wahlmöglichkeiten der Verbraucher;

   f) die Auswirkungen auf die Qualität der bereitgestellten Dienstleistungen;

   g) die Möglichkeit, das angestrebte Ziel mit milderen Mitteln zu erreichen; hierbei ist in dem Fall, in dem die Vorschrift nur durch den Verbraucherschutz gerechtfertigt ist und sich die identifizierten Risiken auf das Verhältnis zwischen den Berufsangehörigen und den Verbrauchern beschränken und sich deshalb nicht negativ auf Dritte auswirken, insbesondere zu prüfen, ob mildere Mittel in Betracht kommen, als eine Tätigkeit einem reglementierten Beruf vorzubehalten;

   h) die positiven oder negativen Auswirkungen der Vorschrift, wenn sie mit anderen Vorschriften kombiniert wird, die den Zugang zu reglementierten Berufen oder deren Ausübung beschränken; hierbei ist insbesondere zu prüfen, wie die Vorschrift in der Kombination mit anderen Anforderungen zur Erreichung desselben im Allgemeininteresse liegenden Ziels beiträgt und ob sie hierfür notwendig ist; dies gilt insbesondere für folgende Anforderungen:

      aa) Tätigkeitsvorbehalte, geschützte Berufsbezeichnungen und sonstige Formen der Reglementierung im Sinne des Artikels 3 Absatz 1 Buchstabe a der Richtlinie 2005/36/EG;

      bb) Verpflichtungen zur kontinuierlichen beruflichen Weiterbildung;

      cc) Vorgaben zur Berufsorganisation, zu Standesregeln und zur Aufsicht;

      dd) Pflichtmitgliedschaften in einer Berufsorganisation sowie Registrierungs- und Genehmigungsregelungen, und zwar insbesondere dann, wenn diese den Besitz einer bestimmten Berufsqualifikation implizieren;

      ee) quantitative Beschränkungen, insbesondere Anforderungen, die die Zahl der Zulassungen zur Ausübung eines Berufs begrenzen oder eine Mindest- oder Höchstzahl derjenigen Arbeitnehmer, Geschäftsführer oder Vertreter festsetzen, die bestimmte Berufsqualifikationen besitzen müssen oder dürfen;

ff) Anforderungen an bestimmte Rechtsformen, an Beteiligungsstrukturen oder an die Geschäftsleitung eines Unternehmens, soweit diese Anforderungen unmittelbar mit der Ausübung des reglementierten Berufs zusammenhängen;

gg) geografische Beschränkungen, einschließlich solcher Bestimmungen, die den Beruf in einigen Teilen der Bundesrepublik Deutschland in anderer Weise reglementieren als in anderen Teilen;

hh) Anforderungen, die die gemeinschaftliche oder partnerschaftliche Ausübung eines reglementierten Berufs beschränken;

ii) Unvereinbarkeitsregeln;

jj) Anforderungen an den Versicherungsschutz oder andere Mittel des persönlichen oder kollektiven Schutzes in Bezug auf die Berufshaftpflicht;

kk) Anforderungen an Sprachkenntnisse, die für die Ausübung des Berufs erforderlich sind;

ll) Festlegungen zu Mindest- oder Höchstpreisen;

mm) Anforderungen an die Werbung;

i) die folgenden Kriterien, sofern sie für die Art oder den Inhalt der neuen oder geänderten Vorschrift relevant sind:

aa) der Zusammenhang zwischen dem Umfang der von einem reglementierten Beruf erfassten oder ihm vorbehaltenen Tätigkeiten und der erforderlichen Berufsqualifikation;

bb) der Zusammenhang zwischen der Komplexität der betroffenen Aufgaben und der Notwendigkeit einer bestimmten Berufsqualifikation der sie wahrnehmenden Personen, insbesondere in Bezug auf das Niveau, die Eigenart und die Dauer der erforderlichen Ausbildung oder Erfahrung;

cc) die Möglichkeit, die berufliche Qualifikation auf alternativen Wegen zu erlangen;

dd) die Eignung der einem bestimmten Beruf vorbehaltenen Tätigkeiten, mit anderen Berufen geteilt zu werden;

ee) der Grad an Autonomie bei der Ausübung eines reglementierten Berufs und die Auswirkungen von Organisations- und Überwachungsmodalitäten auf die Erreichung des angestrebten Ziels, insbesondere wenn die mit dem Beruf zusammenhängenden Tätigkeiten unter die Kontrolle und Verantwortung einer ordnungsgemäß qualifizierten Fachkraft stehen;

ff) die wissenschaftlichen und technologischen Entwicklungen, die die Informationsasymmetrie zwischen Berufsangehörigen und Verbrauchern verringern oder verstärken können;

4. muss, soweit sie spezifische Anforderungen im Zusammenhang mit der vorübergehenden oder gelegentlichen Erbringung von Dienstleistungen gemäß Titel II der Richtlinie 2005/36/EG enthält, insbesondere auch im Hinblick auf diese Anforderungen verhältnismäßig sein, es sei denn, dass es sich um Maßnahmen handelt, durch die die Einhaltung geltender Arbeits- und Beschäftigungsbedingungen gewährleistet werden soll und die im Einklang mit dem Recht der Europäischen Union angewendet werden; die Verhältnismäßigkeitsprüfung umfasst vor allem

a) automatische vorübergehende Eintragungen oder Pro-forma-Mitgliedschaften bei einer Berufsorganisation im Sinne des Artikels 6 Absatz 1 Buchstabe a der Richtlinie 2005/36/EG;

b) vorherige Meldungen im Sinne des Artikels 7 Absatz 1 der Richtlinie 2005/36/EG, erforderliche Dokumente im Sinne des Artikels 7 Absatz 2 der Richtlinie 2005/36/EG und sonstige gleichwertige Anforderungen;

c) Gebühren und Entgelte, die vom Dienstleistungserbringer für Verwaltungsverfahren im Zusammenhang mit dem Zugang zu einem reglementierten Beruf oder dessen Ausübung gefordert werden;

5. muss, soweit sie die Reglementierung eines Berufs des Gesundheitswesens betrifft und Auswirkungen auf die Patientensicherheit hat, insbesondere das Ziel der Sicherstellung eines hohen Gesundheitsschutzniveaus berücksichtigen.

**[Nichtamtliche Zusammenstellung der zu den §§ 25, 45 und 51a erlassenen Ausbildungs- bzw. Meisterprüfungsverordnungen]**

**A. Auf Grund von § 25 erlassene Ausbildungsordnungen**
(alphabetisch nach Berufen geordnet)

– Augenoptiker v. 26.4.2011 (BGBl. I S. 698)

– Bäcker v. 21.4.2004 (BGBl. I S. 632), geänd. durch VO v. 8.2.2016 (BGBl. I S. 179)

– Bauwirtschaft v. 2.6.1999 (BGBl. I S. 1102), zuletzt geänd. durch VO v. 20.2.2009 (BGBl. I S. 399)

– Behälter- und Apparatebauer v. 2.1.2018 (BGBl. I S. 73)

– Böttcher v. 5.5.2010 (BGBl. I S. 601)
– Bogenmacher v. 16.7.2015 (BGBl. I S. 1280)
– Bootsbauer v. 8.6.2011 (BGBl. I S. 1058)
– Büchsenmacher v. 26.5.2010 (BGBl. I S. 677)
– Buchbinder v. 20.5.2011 (BGBl. I S. 966)
– Bürsten- und Pinselmacher v. 8.6.2017 (BGBl. I S. 1559)
– Chirurgiemechaniker v. 23.3.1989 (BGBl. I S. 572)
– Dachdecker v. 28.4.2016 (BGBl. I S. 994)
– Drechsler (Elfenbeinschnitzer) v. 7.12.1987 (BGBl. I S. 2521)
– Drucker v. 7.4.2011 (BGBl. I S. 570)
– Edelsteinschleifer v. 17.5.2018 (BGBl. I S. 636)
– Elektroniker v. 30.3.2021 (BGBl. I S. 662, 699)
– Elektromaschinenbauer v. 30.3.2021 (BGBl. I S. 662)
– Fahrzeugbaumechaniker v. 10.6.2014 (BGBl. I S. 714)
– Feinwerkmechaniker v. 7.7.2010 (BGBl. I S. 888)
– Flechtwerkgestalter v. 31.3.2006 (BGBl. I S. 595)
– Fleischer v. 23.3.2005 (BGBl. I S. 898), geänd. durch VO v. 30.12.2016 (BGBl. 2017 I S. 37)
– Fotograf v. 12.5.2009 (BGBl. I S. 1051)
– Friseur v. 21.5.2008 (BGBl. I S. 856), zuletzt geänd. durch VO v. 5.7.2022 (BGBl. I S. 1070)
– Gebäudereiniger v. 28.6.2019 (BGBl. I S. 892)
– Gebäudesystemintegrator v. 30.3.2021 (BGBl. I S. 662, 687)
– Geigenbauer v. 16.7.2015 (BGBl. I S. 1289)
– Gerüstbauer v. 26.5.2000 (BGBl. I S. 778)
– Glasapparatebauer v. 15.5.2023 (BGBl. 2023 I Nr. 129)
– Glaser v. 5.7.2001 (BGBl. I S. 1551)
– Glasveredler v. 27.4.2004 (BGBl. I S. 661)
– Goldschmied v. 2.4.1992 (BGBl. I S. 756)
– Graveur v. 3.6.2016 (BGBl. I S. 1298)
– Handzuginstrumentenmacher v. 27.1.1997 (BGBl. I S. 100)
– Hörgeräteakustiker v. 28.4.2016 (BGBl. I S. 1012), geänd. durch VO v. 5.9.2016 (BGBl. I S. 2139)
– Holzbildhauer v. 27.1.1997 (BGBl. I S. 93)
– Holzblasinstrumentenmacher v. 27.1.1997 (BGBl. I S. 109)
– Keramiker v. 27.5.2009 (BGBl. I S. 1177), geänd. durch VO v. 15.11.2010 (BGBl. I S. 1540, ber. S. 363)
– Kerzenhersteller- und Wachsbildner v. 16.7.2015 (BGBl. I S. 1308)
– Klavier- und Cembalobauer idF der Bek. v. 29.12.2017 (BGBl. 2018 I S. 58)
– Klempner v. 21.6.2013 (BGBl. I S. 1614)
– Konditor v. 3.6.2003 (BGBl. I S. 790)
– Kürschner v. 13.2.1997 (BGBl. I S. 239)
– Land- und Baumaschinenmechatroniker v. 25.7.2008 (BGBl. I S. 1545), geänd. durch VO v. 19.6.2014 (BGBl. I S. 811)
– Lederherstellung und Gerbereitechnik v. 2.7.2015 (BGBl. I S. 1148)
– Maler und Lackierer v. 29.6.2021 (BGBl. I S. 2300)
– Maßschneider v. 15.4.2004 (BGBl. I S. 571), geänd. durch VO v. 9.5.2005 (BGBl. I S. 1292)
– Maßschuhmacher v. 17.5.2018 (BGBl. I S. 622)
– Mechaniker für Reifen- und Vulkanisationstechnik v. 12.5.2004 (BGBl. I S. 908)
– Digital- und Print-Mediengestalter v. 15.5.2023 (BGBl. 2023 I Nr. 128)
– Metallbauer v. 25.7.2008 (BGBl. I S. 1468)
– Metallbildner v. 6.6.2016 (BGBl. I S. 1335)
– Metall- und Glockengießer v. 15.5.1998 (BGBl. I S. 996)

– Modellbauer v. 27.5.2009 (BGBl. I S. 1187, ber. S. 2888)
– Modist v. 15.4.2004 (BGBl. I S. 580)
– Ofen- und Luftheizungsbauer v. 6.4.2006 (BGBl. I S. 818)
– Orgel- und Harmoniumbauer v. 11.2.2019 (BGBl. I S. 92)
– Orthopädietechnik-Mechaniker v. 15.5.2013 (BGBl. I S. 1358)
– Orthopädieschuhmacher v. 16.7.2015 (BGBl. I S. 1298)
– Parkettleger v. 17.6.2002 (BGBl. I S. 1852)
– Präzisionswerkzeugmechaniker idF der Bek. v. 18.7.2018 (BGBl. I S. 1189)
– Raumausstatter v. 18.5.2004 (BGBl. I S. 980), zuletzt geänd. durch VO v. 9.5.2005 (BGBl. I S. 1285)
– Rollladen- und Sonnenschutzmechatroniker v. 3.5.2016 (BGBl. I S. 1123)
– Sanitär-, Heizungs- und Klimatechnikanlagenmechaniker v. 28.4.2016 (BGBl. I S. 1025)
– Sattler v. 23.3.2005 (BGBl. I S. 913), geänd. durch VO v. 14.2.2011 (BGBl. I S. 263)
– Schilder- und Lichtreklamehersteller v. 26.3.2012 (BGBl. I S. 494)
– Schornsteinfeger v. 20.6.2012 (BGBl. I S. 1430)
– Segelmacher v. 5.5.2010 (BGBl. I S. 564)
– Seiler v. 22.5.2008 (BGBl. I S. 947)
– Siebdrucker v. 7.4.2011 (BGBl. I S. 590)
– Silberschmied v. 2.4.1992 (BGBl. I S. 770)
– Speiseeisfachkraft v. 5.6.2014 (BGBl. I S. 702), geänd. durch VO v. 26.2.2015 (BGBl. I S. 180)
– Steinmetz- und Steinbildhauer v. 13.4.2018 (BGBl. I S. 447)
– Textilgestalter v. 17.6.2011 (BGBl. I S. 1178), geänd. durch VO v. 25.7.2011 (BGBl. I S. 1527)
– Textilreiniger v. 17.6.2002 (BGBl. I S. 1923)
– Thermometermacher v. 27.5.1986 (BGBl. I S. 834)
– Tischler v. 25.1.2006 (BGBl. I S. 245)
– Uhrmacher v. 2.7.2001 (BGBl. I S. 1476, ber. S. 3230)
– Vergolder v. 26.5.1997 (BGBl. I S. 1241)
– Weintechnologe v. 15.5.2013 (BGBl. I S. 1369), geänd. durch VO v. 27.1.2014 (BGBl. I S. 90)
– Werksteinhersteller v. 13.7.2015 (BGBl. I S. 1168), zuletzt geänd. durch VO v. 30.3.2017 (BGBl. I S. 682)
– Zahntechniker v. 23.3.2022 (BGBl. I S. 589)
– Zupfinstrumentenmacher v. 30.6.2014 (BGBl. I S. 875), geänd. durch VO v. 1.7.2015 (BGBl. I S. 1087)
– Zweiradmechatroniker v. 13.6.2014 (BGBl. I S. 731)
B. **Auf Grund von § 45 erlassene Verordnungen über das Berufsbild und die Anforderungen in der Meisterprüfung**
(alphabetisch nach Berufen geordnet)
– Augenoptiker v. 29.8.2005 (BGBl. I S. 2610), zuletzt geänd. durch VO v. 18.1.2022 (BGBl. I S. 39)
– Bäcker v. 28.2.1997 (BGBl. I S. 393), geänd. durch VO v. 18.1.2022 (BGBl. I S. 39)
– Betonstein- und Terrazzohersteller v. 16.2.2021 (BGBl. I S. 250), geänd. durch VO v. 18.1.2022 (BGBl. I S. 39)
– Bogenmacher v. 26.1.1998 (BGBl. I S. 221), geänd. durch VO v. 18.1.2022 (BGBl. I S. 39)
– Bootsbauer v. 26.4.2016 (BGBl. I S. 974), geänd. durch VO v. 18.1.2022 (BGBl. I S. 39)
– Brauer und Mälzer v. 15.8.1996 (BGBl. I S. 1329), geänd. durch VO v. 18.1.2022 (BGBl. I S. 39)
– Brunnenbauer v. 14.10.2005 (BGBl. I S. 3024), zuletzt geänd. durch VO v. 18.1.2022 (BGBl. I S. 39)
– Büchsenmacher v. 1.10.1981 (BGBl. I S. 1117), geänd. durch VO v. 18.1.2022 (BGBl. I S. 39)
– Bürsten- und Pinselmacher v. 17.11.2020 (BGBl. I S. 2443), geänd. durch VO v. 18.1.2022 (BGBl. I S. 39)
– Chirurgiemechaniker v. 27.7.2006 (BGBl. I S. 1731), zuletzt geänd. durch VO v. 18.1.2022 (BGBl. I S. 39)
– Dachdecker v. 23.5.2006 (BGBl. I S. 1263), zuletzt geänd. durch VO v. 18.1.2022 (BGBl. I S. 39)

– Drechsler (Elfenbeinschnitzer und Holzspielzeugmacher) v. 5.11.2001 (BGBl. I S. 2985), zuletzt geänd. durch VO v. 18.1.2022 (BGBl. I S. 39)

– Drucker (Buchdrucker) v. 16.8.1984 (BGBl. I S. 1148), geänd. durch VO v. 18.1.2022 (BGBl. I S. 39)

– Elektromaschinenbauer v. 17.6.2002 (BGBl. I S. 2325), zuletzt geänd. durch VO v. 18.1.2022 (BGBl. I S. 39)

– Elektrotechniker v. 17.6.2002 (BGBl. I S. 2331), zuletzt geänd. durch VO v. 18.1.2022 (BGBl. I S. 39)

– Estrichleger v. 16.2.1995 (BGBl. I S. 214), zuletzt geänd. durch VO v. 18.1.2022 (BGBl. I S. 39)

– Feinwerkmechaniker v. 5.4.2001 (BGBl. I S. 487), zuletzt geänd. durch VO v. 18.1.2022 (BGBl. I S. 39)

– Fleischer v. 4.10.2012 (BGBl. I S. 2109), geänd. durch VO v. 18.1.2022 (BGBl. I S. 39)

– Flexograf v. 1.8.1994 (BGBl. I S. 2014), geänd. durch VO v. 18.1.2022 (BGBl. I S. 39)

– Fotograf v. 30.9.2019 (BGBl. I S. 1404), geänd. durch VO v. 18.1.2022 (BGBl. I S. 39)

– Friseur v. 19.4.2001 (BGBl. I S. 638), zuletzt geänd. durch VO v. 18.1.2022 (BGBl. I S. 39)

– Gebäudereiniger v. 17.11.2020 (BGBl. I S. 2437), geänd. durch VO v. 18.1.2022 (BGBl. I S. 39)

– Geigenbauer v. 26.1.1998 (BGBl. I S. 219), geänd. durch VO v. 18.1.2022 (BGBl. I S. 39)

– Gerüstbauer v. 12.12.2000 (BGBl. I S. 1694), zuletzt geänd. durch VO v. 18.1.2022 (BGBl. I S. 39)

– Glasapparatebauer v. 11.1.1990 (BGBl. I S. 104), geänd. durch VO v. 18.1.2022 (BGBl. I S. 39)

– Glaser v. 19.12.2014 (BGBl. I S. 2331), geänd. durch VO v. 18.1.2022 (BGBl. I S. 39)

– Glasveredler v. 2.5.1994 (BGBl. I S. 994), zuletzt geänd. durch VO v. 18.1.2022 (BGBl. I S. 39)

– Gold- und Silberschmied v. 8.5.2003 (BGBl. I S. 672), zuletzt geänd. durch VO v. 18.1.2022 (BGBl. I S. 39)

– Handzuginstrumentenmacher v. 6.3.1998 (BGBl. I S. 431), geänd. durch VO v. 18.1.2022 (BGBl. I S. 39)

– Holzbildhauer v. 10.4.1987 (BGBl. I S. 1192), geänd. durch VO v. 18.1.2022 (BGBl. I S. 39)

– Holzblasinstrumentenmacher v. 9.6.2022 (BGBl. I S. 870)

– Hörgeräteakustiker v. 17.2.2022 (BGBl. I S. 207), geänd. durch VO v. 22.6.2022 (BGBl. I S. 984)

– Informationstechniker v. 17.6.2002 (BGBl. I S. 2328), zuletzt geänd. durch VO v. 18.1.2022 (BGBl. I S. 39)

– Installateur- und Heizungsbauer v. 17.7.2002 (BGBl. I S. 2693), zuletzt geänd. durch VO v. 18.1.2022 (BGBl. I S. 39)

– Kälteanlagenbauer v. 16.7.2015 (BGBl. I S. 1276), geänd. durch VO v. 18.1.2022 (BGBl. I S. 39)

– Karosserie- und Fahrzeugbauer v. 17.12.2019 (BGBl. I S. 2836), geänd. durch VO v. 18.1.2022 (BGBl. I S. 39)

– Klavier- und Cembalobauer v. 17.12.2019 (BGBl. I S. 2842), geänd. durch VO v. 18.1.2022 (BGBl. I S. 39)

– Klempner v. 23.5.2006 (BGBl. I S. 1267), zuletzt geänd. durch VO v. 18.1.2022 (BGBl. I S. 39)

– Konditor v. 12.10.2006 (BGBl. I S. 2278), zuletzt geänd. durch VO v. 18.1.2022 (BGBl. I S. 39)

– Korbmacher v. 7.11.1993 (BGBl. I S. 1868), geänd. durch VO v. 18.1.2022 (BGBl. I S. 39)

– Kürschner v. 17.11.1994 (BGBl. I S. 3463), zuletzt geänd. durch VO v. 18.1.2022 (BGBl. I S. 39)

– Landmaschinenmechaniker v. 5.4.2001 (BGBl. I S. 490), zuletzt geänd. durch VO v. 18.1.2022 (BGBl. I S. 39)

– Maler und Lackierer v. 13.6.2005 (BGBl. I S. 1659), zuletzt geänd. durch VO v. 18.1.2022 (BGBl. I S. 39)

– Maurer u. Betonbauer v. 30.8.2004 (BGBl. I S. 2307), zuletzt geänd. durch VO v. 18.1.2022 (BGBl. I S. 39)

– Schneidwerkzeugmechanikermeisterverordnung v. 22.11.2011 (BGBl. I S. 2315), geänd. durch VO v. 18.1.2022 (BGBl. I S. 39)

– Metallbauer v. 22.3.2002 (BGBl. I S. 1224), zuletzt geänd. durch VO v. 18.1.2022 (BGBl. I S. 39)

– Metallbildner v. 17.9.2001 (BGBl. I S. 2432), zuletzt geänd. durch VO v. 18.1.2022 (BGBl. I S. 39)

– Modist v. 9.9.1994 (BGBl. I S. 2312), geänd. durch VO v. 18.1.2022 (BGBl. I S. 39)

– Ofen- und Luftheizungsbauer v. 5.3.2009 (BGBl. I S. 456), zuletzt geänd. durch VO v. 18.1.2022 (BGBl. I S. 39)
– Orgel- und Harmoniumbauer v. 23.7.1997 (BGBl. I S. 1915), zuletzt geänd. durch VO v. 18.1.2022 (BGBl. I S. 39)
– Orthopädiemechaniker und Bandagist v. 26.4.1994 (BGBl. I S. 904), geänd. durch VO v. 18.1.2022 (BGBl. I S. 39)
– Orthopädieschuhmacher v. 24.6.2008 (BGBl. I S. 1096), zuletzt geänd. durch VO v. 18.1.2022 (BGBl. I S. 39)
– Parkettleger v. 25.5.2020 (BGBl. I S. 1078, ber. S. 1542), zuletzt geänd. durch VO v. 18.1.2022 (BGBl. I S. 39)
– Schneidwerkzeugmechanikermeisterverordnung v. 22.11.2011 (BGBl. I S. 2315), geänd. durch VO v. 18.1.2022 (BGBl. I S. 39)
– Schornsteinfeger v. 11.11.2015 (BGBl. I S. 1987), geänd. durch VO v. 18.1.2022 (BGBl. I S. 39)
– Schriftsetzer (Buchdrucker) v. 13.6.1995 (BGBl. I S. 799), geänd. durch VO v. 18.1.2022 (BGBl. I S. 39)
– Segelmacher v. 5.7.1993 (BGBl. I S. 1138), geänd. durch VO v. 18.1.2022 (BGBl. I S. 39)
– Seiler v. 28.5.1997 (BGBl. I S. 1257), geänd. durch VO v. 18.1.2022 (BGBl. I S. 39)
– Steinmetz und Steinbildhauer v. 11.7.2008 (BGBl. I S. 1281), zuletzt geänd. durch VO v. 18.1.2022 (BGBl. I S. 39)
– Straßenbauer v. 17.2.2009 (BGBl. I S. 390), zuletzt geänd. durch VO v. 18.1.2022 (BGBl. I S. 39)
– Stuckateur v. 30.8.2004 (BGBl. I S. 2311), zuletzt geänd. durch VO v. 18.1.2022 (BGBl. I S. 39)
– Textilreiniger v. 16.9.1983 (BGBl. I S. 1179), geänd. durch VO v. 18.1.2022 (BGBl. I S. 39)
– Tischler v. 13.5.2008 (BGBl. I S. 826), zuletzt geänd. durch VO v. 18.1.2022 (BGBl. I S. 39)
– Thermometermacher v. 20.6.1989 (BGBl. I S. 1131), geänd. durch VO v. 18.1.2022 (BGBl. I S. 39)
– Vergolder v. 12.2.1990 (BGBl. I S. 283), geänd. durch VO v. 18.1.2022 (BGBl. I S. 39)
– Vulkaniseur v. 5.5.2006 (BGBl. I S. 1156), zuletzt geänd. durch VO v. 18.1.2022 (BGBl. I S. 39)
– Wachszieher v. 23.6.1987 (BGBl. I S. 1553), geänd. durch VO v. 18.1.2022 (BGBl. I S. 39)
– Wärme-, Kälte- und Schallschutzisolierer v. 3.6.1982 (BGBl. I S. 663), geänd. durch VO v. 18.1.2022 (BGBl. I S. 39)
– Weinküfer v. 16.10.1995 (BGBl. I S. 1418), geänd. durch VO v. 18.1.2022 (BGBl. I S. 39)
– Zahntechniker v. 8.5.2007 (BGBl. I S. 687), zuletzt geänd. durch VO v. 18.1.2022 (BGBl. I S. 39)
– Zimmerer v. 16.4.2008 (BGBl. I S. 743), zuletzt geänd. durch VO v. 18.1.2022 (BGBl. I S. 39)
– Zinngießer v. 8.1.1969 (BGBl. I S. 37)
– Zupfinstrumentenmacher v. 7.10.1997 (BGBl. I S. 2458), geänd. durch VO v. 18.1.2022 (BGBl. I S. 39)
– Zweiradmechanikermeisterverordnung v. 29.8.2005 (BGBl. I S. 2562), zuletzt geänd. durch VO v. 18.1.2022 (BGBl. I S. 39)

**C. Auf Grund von § 51a erlassene Verordnungen über das Berufsbild und die Anforderungen in der Meisterprüfung**
(alphabetisch nach Berufen geordnet)
– Behälter- und Apparatebauer v. 30.4.2013 (BGBl. I S. 1203), zuletzt geänd. durch VO v. 18.1.2022 (BGBl. I S. 39)
– Buchbinder v. 5.5.2006 (BGBl. I S. 1152), zuletzt geänd. durch VO v. 18.1.2022 (BGBl. I S. 39)
– Fliesen-, Platten- u. Mosaikleger v. 10.3.2008 (BGBl. I S. 378), zuletzt geänd. durch VO v. 18.1.2022 (BGBl. I S. 39)
– Galvaniseur v. 12.9.2014 (BGBl. I S. 1522), geänd. durch VO v. 18.1.2022 (BGBl. I S. 39)
– Graveur v. 16.11.2005 (BGBl. I S. 3182), zuletzt geänd. durch VO v. 18.1.2022 (BGBl. I S. 39)
– Keramiker v. 13.1.2006 (BGBl. I S. 148), zuletzt geänd. durch VO v. 18.1.2022 (BGBl. I S. 39)
– Kosmetiker v. 16.1.2015 (BGBl. I S. 17), geänd. durch VO v. 18.1.2022 (BGBl. I S. 39)
– Müller v. 11.10.2012 (BGBl. I S. 2138), geänd. durch VO v. 18.1.2022 (BGBl. I S. 39)
– Modellbauer v. 27.12.2012 (BGBl. 2013 I S. 27), geänd. durch VO v. 18.1.2022 (BGBl. I S. 39)
– Raumausstatter v. 4.9.2023 (BGBl. 2023 I Nr. 239)

- Rolladen- u. Sonnenschutzmeister v. 22.1.2007 (BGBl. I S. 51), zuletzt geänd. durch VO v. 18.1. 2022 (BGBl. I S. 39)
- Sattler und Feintäschner v. 15.8.2008 (BGBl. I S. 1733), zuletzt geänd. durch VO v. 18.1.2022 (BGBl. I S. 39)
- Schilder- und Lichtreklamehersteller v. 22.8.2022 (BGBl. I S. 1439)
- Schneider v. 5.9.2006 (BGBl. I S. 2122), zuletzt geänd. durch VO v. 18.1.2022 (BGBl. I S. 39)
- Schuhmacher v. 3.3.2014 (BGBl. I S. 220), geänd. durch VO v. 18.1.2022 (BGBl. I S. 39)
- Siebdrucker v. 5.9.2006 (BGBl. I S. 2126), zuletzt geänd. durch VO v. 18.1.2022 (BGBl. I S. 39)
- Textilgestalter v. 26.4.2013 (BGBl. I S. 1169), geänd. durch VO v. 18.1.2022 (BGBl. I S. 39)
- Uhrmacher v. 1.11.2005 (BGBl. I S. 3122), zuletzt geänd. durch VO v. 18.1.2022 (BGBl. I S. 39)

## 830. Gesetz über die Elektrizitäts- und Gasversorgung (Energiewirtschaftsgesetz – EnWG)[1)][2)][3)]

Vom 7. Juli 2005

(BGBl. I S. 1970, 3621)

**FNA 752-6**

geänd. durch Art. 7 G zur Beschleunigung von Planungsverfahren für Infrastrukturvorhaben v. 9.12.2006 (BGBl. I S. 2833), Art. 7 Abs. 14 G zur Stärkung der Selbstverwaltung der Rechtsanwaltschaft v. 26.3. 2007 (BGBl. I S. 358), Art. 2 G zur Bekämpfung von Preismissbrauch im Bereich der Energieversorgung und des Lebensmittelhandels v. 18.12.2007 (BGBl. I S. 2966), Art. 1 G zur Öffnung des Messwesens bei Strom und Gas für Wettbewerb v. 29.8.2008 (BGBl. I S. 1790), Art. 3 G zur Neuregelung des Rechts der Erneuerbaren Energien im Strombereich und zur Änd. damit zusammenhängender Vorschriften v. 25.10. 2008 (BGBl. I S. 2074), Art. 2 G zur Förderung der Kraft-Wärme-Kopplung v. 25.10.2008 (BGBl. I S. 2101), Art. 10 G zur Neuregelung des Rechts des Naturschutzes und der Landschaftspflege v. 29.7.2009 (BGBl. I S. 2542), Art. 2 G zur Beschleunigung des Ausbaus der Höchstspannungsnetze v. 21.8.2009 (BGBl. I S. 2870), Art. 2 G zur Umsetzung der RL des Europäischen Parlaments und des Rates über Endenergieeffizienz und Energiedienstleistungen v. 4.11.2010 (BGBl. I S. 1483), Art. 4 G zur Umsetzung der DienstleistungsRL im EichG sowie im Geräte- und ProduktsicherheitsG und zur Änd. des VerwaltungskostenG, des EnergiewirtschaftsG und des EnergieleitungsausbauG v. 7.3.2011 (BGBl. I S. 338), Art. 1 G zur Neuregelung energiewirtschaftsrechtlicher Vorschriften v. 26.7.2011 (BGBl. I S. 1554), Art. 8 G zur Neuregelung des Rechtsrahmens für die Förderung der Stromerzeugung aus erneuerbaren Energien v. 28.7.2011 (BGBl. I S. 1634), Art. 2 G über Maßnahmen zur Beschleunigung des Netzausbaus Elektrizitätsnetze v. 28.7.2011 (BGBl. I S. 1690), Art. 22 G über den Rechtsschutz bei überlangen Gerichtsverfahren und strafrechtlichen Ermittlungsverfahren v. 24.11.2011 (BGBl. I S. 2302), Art. 1 Zweites G zur Neuregelung energiewirtschaftsrechtlicher Vorschriften v. 22.12.2011 (BGBl. I S. 3034), Art. 2 Abs. 66 G zur Änd. von Vorschriften über Verkündung und Bekanntmachungen sowie der ZPO, des EGZPO und der AO v. 22.12.2011 (BGBl. I S. 3044), Art. 3 G zur Neufassung des ErdölbevorratungsG, zur Änd. des MineralöldatenG und zur Änd. des EnergiewirtschaftsG v. 16.1.2012 (BGBl. I S. 74), Art. 2 G zur Einrichtung einer Markttransparenzstelle für den Großhandel mit Strom und Gas v. 5.12.2012 (BGBl. I S. 2403), Art. 1, 2 Drittes G zur Neuregelung energiewirtschaftsrechtlicher Vorschriften v. 20.12.2012 (BGBl. I S. 2730, geänd. durch G v. 26.7.2016, BGBl. I S. 1786), Art. 1 ÄndG v. 21.2.2013 (BGBl. I S. 346), Art. 4 Planfeststellungsverfahren-VereinheitlichungsG v. 31.5.2013 (BGBl. I S. 1388, geänd. durch G v. 24.5.2014, BGBl. I S. 538), Art. 5 Abs. 1 Achtes G zur Änd. des GWB v. 26.6.2013 (BGBl. I S. 1738), Art. 2 Zweites G über Maßnahmen zur Beschleunigung des Netzausbaus Elektrizitätsnetze v. 23.7.2013 (BGBl. I S. 2543), Art. 2 G zur Strukturreform des Gebührenrechts des Bundes v. 7.8.2013 (BGBl. I S. 3154), Art. 3 Abs. 4 G zur Änd. des HGB v. 4.10.2013 (BGBl. I S. 3746), Art. 6 G zur grundlegenden Reform des EEG und zur Änd. weiterer Bestimmungen des Energiewirtschaftsrechts v. 21.7.2014 (BGBl. I S. 1066), Art. 3 IT-SicherheitsG v. 17.7.2015 (BGBl. I S. 1324), Art. 15 BürokratieentlastungsG v. 28.7.2015 (BGBl. I S. 1400), Art. 311 Zehnte ZuständigkeitsanpassungsVO v. 31.8.2015 (BGBl. I S. 1474), Art. 2 Erstes G zur Änd. des EnergieverbrauchskennzeichnungsG und zur Änd. weiterer Bestimmungen des Energiewirtschaftsrechts v. 10.12.2015 (BGBl. I S. 2194), Art. 1 G zur Änd. von Bestimmungen des Rechts des Energieleitungsbaus v. 21.12.2015 (BGBl. I S. 2490), Art. 2 Abs. 3 G zur Neuregelung des Kraft-Wärme-KopplungsG v. 21.12.2015 (BGBl. I S. 2498), Art. 9 G zur Umsetzung der RL über alternative Streitbeilegung in Verbraucherangelegenheiten und zur Durchfüh-

---

[1)] **Amtl. Anm.:** Dieses Gesetz dient der Umsetzung der Richtlinie 2003/54/EG des Europäischen Parlaments und des Rates vom 26. Juni 2003 über gemeinsame Vorschriften für den Elektrizitätsbinnenmarkt und zur Aufhebung der Richtlinie 96/92/EG (ABl. EU Nr. L 176 S. 37), der Richtlinie 2003/55/ EG des Europäischen Parlaments und des Rates vom 26. Juni 2003 über gemeinsame Vorschriften für den Erdgasbinnenmarkt und zur Aufhebung der Richtlinie 98/30/EG (ABl. EU Nr. L 176 S. 57), der Richtlinie 2004/67/EG des Rates vom 26. April 2004 über Maßnahmen zur Gewährleistung der sicheren Erdgasversorgung (ABl. EU Nr. L 127 S. 92) und der Richtlinie 2006/32/EG des Europäischen Parlaments und des Rates vom 5. April 2006 über Endenergieeffizienz und Energiedienstleistungen und zur Aufhebung der Richtlinie 93/76/EWG des Rates (ABl. EU Nr. L 114 S. 64).

[2)] Verkündet als Art. 1 Zweites G zur Neuregelung des Energiewirtschaftsrechts v. 7.7.2005 (BGBl. I S. 1970); Inkrafttreten gem. Art. 5 Abs. 1 dieses G am 13.7.2005.

[3)] Die Änderungen durch G v. 13.10.2016 (BGBl. I S. 2258) treten teilweise erst **mWv 1.1.2026** in Kraft und sind insoweit im Text noch nicht berücksichtigt.

rung der VO über Online-Streitbeilegung in Verbraucherangelegenheiten v. 19.2.2016 (BGBl. I S. 254), Art. 78 Zweites G über die weitere Bereinigung von Bundesrecht v. 8.7.2016 (BGBl. I S. 1594), Art. 1, 11 StrommarktG v. 26.7.2016 (BGBl. I S. 1786), Art. 3 G zur Digitalisierung der Energiewende v. 29.8. 2016 (BGBl. I S. 2034), Art. 6, 25 Abs. 3 G zur Einführung von Ausschreibungen für Strom aus erneuerbaren Energien und zu weiteren Änd. des Rechts der erneuerbaren Energien v. 13.10.2016 (BGBl. I S. 2258), Art. 3 G zur Änd. von Vorschriften zur Bevorratung von Erdöl, zur Erhebung von Mineralöldaten und zur Umstellung auf hochkalorisches Erdgas v. 14.12.2016 (BGBl. I S. 2874), Art. 3 G zur Änd. der Bestimmungen zur Stromerzeugung aus Kraft-Wärme-Kopplung und zur Eigenversorgung v. 22.12.2016 (BGBl. I S. 3106), Art. 1 G zur Änd. der Vorschriften zur Vergabe von Wegenutzungsrechten zur leitungsgebundenen Energieversorgung v. 27.1.2017 (BGBl. I S. 130), Art. 117 G zum Abbau verzichtbarer Anordnungen der Schriftform im Verwaltungsrecht des Bundes v. 29.3.2017 (BGBl. I S. 626), Art. 6 Abs. 36 G zur Reform der strafrechtlichen Vermögensabschöpfung v. 13.4.2017 (BGBl. I S. 872), Art. 13 G zur Anpassung des Umwelt-RechtsbehelfsG und anderer Vorschriften an europa- und völkerrechtliche Vorgaben v. 29.5.2017 (BGBl. I S. 1298), Art. 24 Abs. 28 Zweites FinanzmarktnovellierungsG v. 23.6.2017 (BGBl. I S. 1693), Art. 3 G zur Umsetzung der RL (EU) 2016/1148 des Europäischen Parlaments und des Rates vom 6. Juli 2016 über Maßnahmen zur Gewährleistung eines hohen gemeinsamen Sicherheitsniveaus von Netz- und Informationssystemen in der Union v. 23.6.2017 (BGBl. I S. 1885), Art. 1 NetzentgeltmodernisierungsG v. 17.7.2017 (BGBl. I S. 2503, 3343, geänd. durch G v. 17.12.2018, BGBl. I S. 2549), Art. 2 G zur Förderung von Mieterstrom und zur Änd. weiterer Vorschriften des Erneuerbare-Energien-G v. 17.7.2017 (BGBl. I S. 2532), Art. 2 Abs. 6 G zur Modernisierung des Rechts der UmweltverträglichkeitsprüIung v. 20.7.2017 (BGBl. I S. 2808; 2018 I S. 472), Art. 3, 14 G zur Änd. des Erneuerbare-Energien-G, des Kraft-Wärme-KopplungsG, des EnergiewirtschaftsG und weiterer energierechtlicher Vorschriften v. 17.12.2018 (BGBl. I S. 2549), Art. 1 G zur Beschleunigung des Energieleitungsausbaus v. 13.5.2019 (BGBl. I S. 706, geänd. durch G v. 21.12.2020, BGBl. I S. 3138, und durch G v. 16.7.2021, BGBl. I S. 3026), Art. 89 Zweites Datenschutz-Anpassungs- und UmsetzungsG EU v. 20.11.2019 (BGBl. I S. 1626), Art. 2 G zur Änd. des G über Energiedienstleistungen und andere Energieeffizienzmaßnahmen v. 20.11.2019 (BGBl. I S. 1719), Art. 5 G zur Änd. von Vorschriften über die außergerichtliche Streitbeilegung in Verbrauchersachen und zur Änd. weiterer Gesetze v. 30.11.2019 (BGBl. I S. 1942), Art. 1 G zur Änd. des EnergiewirtschaftsG zur Umsetzung der RL (EU) 2019/692 des Europäischen Parlamentes und des Rates über gemeinsame Vorschriften für den Erdgasbinnenmarkt v. 5.12.2019 (BGBl. I S. 2002), Art. 5 G zur Änd. des Erneuerbare-Energien-G 2017 und weiterer energierechtlicher Bestimmungen v. 25.5.2020 (BGBl. I S. 1070), Art. 249 Elfte ZuständigkeitsanpassungsVO v. 19.6.2020 (BGBl. I S. 1328), Art. 4 G zur Vereinheitlichung des Energieeinsparrechts für Gebäude und zur Änd. weiterer Gesetze v. 8.8.2020 (BGBl. I S. 1728), Art. 4 KohleausstiegsG v. 8.8.2020 (BGBl. I S. 1818), Art. 1 G zur Änd. des EnergiewirtschaftsG zur marktgestützten Beschaffung von Systemdienstleistungen v. 22.11.2020 (BGBl. I S. 2464), Art. 2 G zur Änd. des Windenergie-auf-See-G und anderer Vorschriften v. 3.12.2020 (BGBl. I S. 2682), Art. 2 G zur Änd. des Erneuerbare-Energien-G und weiterer energierechtlicher Vorschriften v. 21.12.2020 (BGBl. I S. 3138), Art. 2 G zur Änd. des BundesbedarfsplanG und anderer Vorschriften v. 25.2.2021 (BGBl. I S. 298), Art. 3 Zweites G zur Erhöhung der Sicherheit informationstechnischer Systeme v. 18.5.2021 (BGBl. I S. 1122), Art. 1, 2 G zur Umsetzung unionsrechtlicher Vorgaben und zur Regelung reiner Wasserstoffnetze im Energiewirtschaftsrecht v. 16.7.2021 (BGBl. I S. 3026), Art. 24 G zur Umsetzung der DigitalisierungsRL v. 5.7.2021 (BGBl. I S. 3338), Art. 84 PersonengesellschaftsrechtsmodernisierungsG (MoPeG) v. 10.8.2021 (BGBl. I S. 3436), Art. 1 G zur Änd. des EnergiewirtschaftsG zur Einführung von Füllstandsvorgaben für Gasspeicheranlagen sowie zur Änd. von § 246 BauGB v. 26.4.2022 (BGBl. I S. 674), Art. 2 G zur Änd. des EnergiesicherungsG 1975 und anderer energiewirtschaftlicher Vorschriften v. 20.5.2022 (BGBl. I S. 730), Art. 2 zur Absenkung der Kostenbelastungen durch die EEG-Umlage und zur Weitergabe dieser Absenkung an die Letztverbraucher v. 23.5.2022 (BGBl. I S. 747), Art. 1 G zur Bereithaltung von Ersatzkraftwerken zur Reduzierung des Gasverbrauchs im Stromsektor im Fall einer drohenden Gasmangellage durch Änd. des EnergiewirtschaftsG und weiterer energiewirtschaftlicher Vorschriften v. 8.7.2022 (BGBl. I S. 1054 iVm Bek. v. 20.1.2023, BGBl. 2023 I Nr. 27), Art. 1 G zur Änd. des Energiewirtschaftsrechts im Zusammenhang mit dem Klimaschutz-Sofortprogramm und zu Anpassungen im Recht der Endkundenbelieferung v. 19.7.2022 (BGBl. I S. 1214), Art. 5 G zu Sofortmaßnahmen für einen beschleunigten Ausbau der erneuerbaren Energien und weiteren Maßnahmen im Stromsektor v. 20.7.2022 (BGBl. I S. 1237), Art. 4, 5 Zweites G zur Änd. des Windenergie-auf-See-G und anderer Vorschriften v. 20.7.2022 (BGBl. I S. 1325), Art. 3 G zur Änd. des EnergiesicherungsG und anderer energiewirtschaftlicher Vorschriften v. 8.10.2022 (BGBl. I S. 1726), Art. 2 Zweites G zur Änd. des EnergiesicherungsG und anderer energiewirtschaftlicher Vorschriften v. 25.11.2022 (BGBl. I S. 2102), Art. 2 G zur Einführung einer Strompreisbremse und zur Änd. weiterer energierechtlicher Bestimmungen v. 20.12.2022 (BGBl. I S. 2512), Art. 6 G zur Einführung von Preisbremsen für leitungsgebundenes Erdgas und Wärme und zur Änd. weiterer Vorschriften v. 20.12.2022 (BGBl. I S. 2560), Art. 3 G zu Herkunftsnachweisen für Gas, Wasserstoff, Wärme oder Kälte aus erneuerbaren Energien und zur Änd. anderer energierechtlicher Vorschriften v. 4.1.2023 (BGBl. 2023 I Nr. 9), Art. 3 G zur Beschleunigung von verwaltungsgerichtlichen Verfahren im Infrastrukturbereich v. 14.3.2023 (BGBl. 2023 I Nr. 71), Art. 9 G zur Änd. des RaumordnungsG und anderer Vorschriften v. 22.3.2023 (BGBl. 2023 I Nr. 88), Art. 1 G zum Neustart der Digitalisierung der Energiewende v. 22.5.2023 (BGBl. 2023 I Nr. 133), Art. 2 G zur Änd. des LNG-BeschleunigungsG und zur Änd. des EnergiewirtschaftsG und zur Änd. des Baugesetzbuchs v. 12.7.2023 (BGBl. 2023 I Nr. 184), Art. 9 G zur Änd. des Erdgas-Wärme-PreisbremsenG, zur Änd. des StrompreisbremseG sowie zur Änd. weiterer energiewirtschaftlicher, umweltrechtlicher und sozialrechtlicher Gesetze v. 26.7.2023 (BGBl. 2023 I Nr. 202), Art. 24 VerbandsklagenrichtlinienumsetzungsG v. 8.10.2023 (BGBl. 2023 I Nr. 272), Art. 1 G zur Anpassung des Energiewirtschaftsrechts an unionsrechtliche Vorgaben und zur Änd. weiterer energierechtlicher Vorschriften v. 22.12.2023 (BGBl. 2023 I Nr. 405), Art. 2 HaushaltsfinanzierungsG 2023 v. 22.12.2023 (BGBl. 2023 I Nr. 406) und Art. 1 G zur Änd. der Vorschriften des EnergiewirtschaftsG zu Füllstandsvorgaben für Gasspeicheranlagen und zur Anpassung weiterer energiewirtschaftlicher Vorschriften v. 5.2.2024 (BGBl. 2024 I Nr. 32)

### Inhaltsübersicht[1]

### Teil 1. Allgemeine Vorschriften

### Teil 2. Entflechtung

Abschnitt 1. Gemeinsame Vorschriften für Verteilernetzbetreiber und Transportnetzbetreiber

---

[1] Inhaltsübersicht geänd. mWv 17.12.2006 durch G v. 9.12.2006 (BGBl. I S. 2833); geänd. mWv 22.12.2007 durch G v. 18.12.2007 (BGBl. I S. 2966); geänd. mWv 26.8.2009 durch G v. 21.8.2009 (BGBl. I S. 2870); geänd. mWv 12.3.2011 durch G v. 7.3.2011 (BGBl. I S. 338); geänd. mWv 4.8.2011 durch G v. 26.7.2011 (BGBl. I S. 1554); geänd. mWv 3.12.2011 durch G v. 24.11.2011 (BGBl. I S. 2302); geänd. mWv 12.12.2012 durch G v. 5.12.2012 (BGBl. I S. 2403); geänd. mWv 28.12.2012 durch G v. 20.12.2012 (BGBl. I S. 2730); geänd. mWv 8.9.2015 durch VO v. 31.8.2015 (BGBl. I S. 1474); geänd. mWv 1.1.2016 durch G v. 10.12.2015 (BGBl. I S. 2194); geänd. mWv 15.7.2016 durch G v. 8.7.2016 (BGBl. I S. 1786); geänd. mWv 30.7.2016 durch G v. 26.7.2016 (BGBl. I S. 1786); geänd. mWv 2.9.2016 durch G v. 29.8.2016 (BGBl. I S. 2034); geänd. mWv 1.1.2017 durch G v. 13.10.2016 (BGBl. I S. 2258); geänd. mWv 1.1.2017 durch G v. 14.12.2016 (BGBl. I S. 2874); geänd. mWv 3.2.2017 durch G v. 27.1. 2017 (BGBl. I S. 130); geänd. mWv 22.7.2017 durch G v. 17.7.2017 (BGBl. I S. 2503); geänd. mWv 25.7.2017 durch G v. 17.7.2017 (BGBl. I S. 2532); geänd. mWv 21.12.2018 durch G v. 17.12.2018 (BGBl. I S. 2549); geänd. mWv 17.5.2019 und mWv 1.10.2021 durch G v. 13.5.2019 (BGBl. I S. 706); geänd. mWv 12.12.2019 durch G v. 5.12.2019 (BGBl. I S. 2002); geänd. mWv 14.8.2020 durch G v. 8.8. 2020 (BGBl. I S. 1818); geänd. mWv 27.11.2020 durch G v. 21.11.2020 (BGBl. I S. 2464); geänd. mWv 1.1.2021 (mangels Textübereinstimmung nicht ausführbar) durch G v. 21.12.2020 (BGBl. I S. 3138); geänd. mWv 4.3.2021 durch G v. 25.2.2021 (BGBl. I S. 298); geänd. mWv 27.7.2021 durch G v. 16.7. 2021 (BGBl. I S. 3026); geänd. mWv 30.4.2022 durch G v. 26.4.2022 (BGBl. I S. 674); geänd. mWv 22.5.2022 durch G v. 20.5.2022 (BGBl. I S. 730); geänd. mWv 12.7.2022 durch G v. 8.7.2022 (BGBl. I S. 1054); geänd. mWv 29.7.2022 durch G v. 19.7.2022 (BGBl. I S. 1214); geänd. mWv 1.1.2023 durch G v. 20.7.2022 (BGBl. I S. 1237); geänd. mWv 13.10.2022 durch G v. 8.10.2022 (BGBl. I S. 1726); geänd. mWv 1.12.2022 durch G v. 25.11.2022 (BGBl. I S. 2102); geänd. mWv 24.12.2022 durch G v. 20.12. 2022 (BGBl. I S. 2512); geänd. mWv 29.3.2023 durch G v. 22.3.2023 (BGBl. 2023 I Nr. 88); geänd. mWv 29.12.2023 durch G v. 22.12.2023 (BGBl. 2023 I Nr. 405); geänd. mWv 9.2.2024 durch G v. 5.2. 2024 (BGBl. 2024 I Nr. 32); sie wurde nichtamtlich an die Änderungen durch G v. 28.7.2011 (BGBl. I S. 1690), durch G v. 22.12.2023 (BGBl. I S. 3106), durch G v. 20.7.2017 (BGBl. I S. 2808) und durch G v. 22.12.2023 (BGBl. 2023 I Nr. 406) angepasst.

---

[1)] § 24c aufgeh. mWv 29.12.2023 durch G v. 22.12.2023 (BGBl. 2023 I Nr. 406).

# Teil 1. Allgemeine Vorschriften

**§ 1**[1]) **Zweck und Ziele des Gesetzes.** (1) Zweck des Gesetzes ist eine möglichst sichere, preisgünstige, verbraucherfreundliche, effiziente, umweltverträgliche und treibhausgasneutrale leitungsgebundene Versorgung der Allgemeinheit mit Elektrizität, Gas und Wasserstoff, die zunehmend auf erneuerbaren Energien beruht.

(2) [1]Die Regulierung der Elektrizitäts- und Gasversorgungsnetze dient den Zielen der Sicherstellung eines wirksamen und unverfälschten Wettbewerbs bei

---

[1]) § 1 Abs. 1 geänd. mWv 4.8.2011 durch G v. 26.7.2011 (BGBl. I S. 1554); Überschrift neu gef., Abs. 4 angef. mWv 30.7.2016 durch G v. 26.7.2016 (BGBl. I S. 1786); Abs. 1 geänd. mWv 27.7.2021 durch G v. 16.7.2021 (BGBl. I S. 3026); Abs. 1 geänd. mWv 29.7.2022 durch G v. 19.7.2022 (BGBl. I S. 1214); Abs. 2 neu gef. mWv 29.12.2023 durch G v. 22.12.2023 (BGBl. 2023 I Nr. 405).

der Versorgung mit Elektrizität und Gas, der Sicherung eines langfristig angelegten leistungsfähigen und zuverlässigen Betriebs von Energieversorgungsnetzen sowie der gesamtwirtschaftlich optimierten Energieversorgung. [2] Zur Verfolgung der Ziele in Absatz 1 berücksichtigt die Regulierung insbesondere

1. den vorausschauenden Ausbau, die optimierte Nutzung und die Digitalisierung der Energieversorgungsnetze,
2. die Erzeugung und Nutzung von Strom aus erneuerbaren Energien und Wasserstoff,
3. die Flexibilisierung im Elektrizitätssystem, einschließlich der Nutzung von Energiespeichern sowie
4. eine angemessene Verteilung der Netzkosten im Zusammenhang mit dem Ausbau der Stromerzeugung aus erneuerbaren Energien.

(3) Zweck dieses Gesetzes ist ferner die Umsetzung und Durchführung des Europäischen Gemeinschaftsrechts auf dem Gebiet der leitungsgebundenen Energieversorgung.

(4) Um den Zweck des Absatzes 1 auf dem Gebiet der leitungsgebundenen Versorgung der Allgemeinheit mit Elektrizität zu erreichen, verfolgt dieses Gesetz insbesondere die Ziele,

1. die freie Preisbildung für Elektrizität durch wettbewerbliche Marktmechanismen zu stärken,
2. den Ausgleich von Angebot und Nachfrage nach Elektrizität an den Strommärkten jederzeit zu ermöglichen,
3. dass Erzeugungsanlagen, Anlagen zur Speicherung elektrischer Energie und Lasten insbesondere möglichst umweltverträglich, netzverträglich, effizient und flexibel in dem Umfang eingesetzt werden, der erforderlich ist, um die Sicherheit und Zuverlässigkeit des Elektrizitätsversorgungssystems zu gewährleisten, und
4. den Elektrizitätsbinnenmarkt zu stärken sowie die Zusammenarbeit insbesondere mit den an das Gebiet der Bundesrepublik Deutschland angrenzenden Staaten sowie mit dem Königreich Norwegen und dem Königreich Schweden zu intensivieren.

**§ 1a[1] Grundsätze des Strommarktes.** (1) [1] Der Preis für Elektrizität bildet sich nach wettbewerblichen Grundsätzen frei am Markt. [2] Die Höhe der Preise für Elektrizität am Großhandelsmarkt wird regulatorisch nicht beschränkt.

(2) [1] Das Bilanzkreis- und Ausgleichsenergiesystem hat eine zentrale Bedeutung für die Gewährleistung der Elektrizitätsversorgungssicherheit. [2] Daher sollen die Bilanzkreistreue der Bilanzkreisverantwortlichen und eine ordnungsgemäße Bewirtschaftung der Bilanzkreise sichergestellt werden.

(3) [1] Es soll insbesondere auf eine Flexibilisierung von Angebot und Nachfrage hingewirkt werden. [2] Ein Wettbewerb zwischen effizienten und flexiblen Erzeugungsanlagen, Anlagen zur Speicherung elektrischer Energie und Lasten, eine effiziente Kopplung des Wärme- und des Verkehrssektors mit dem Elektrizitätssektor sowie die Integration der Ladeinfrastruktur für Elektromobile in das Elektrizitätsversorgungssystem sollen die Kosten der Energieversorgung verringern, die Transformation zu einem umweltverträglichen, zuverlässigen und bezahlbaren

---

[1] § 1a eingef. mWv 30.7.2016 durch G v. 26.7.2016 (BGBl. I S. 1786); Abs. 4 geänd. mWv 1.1.2017 durch G v. 22.12.2016 (BGBl. I S. 3106).

Energieversorgungssystem ermöglichen und die Versorgungssicherheit gewährleisten.

(4) Elektrizitätsversorgungsnetze sollen bedarfsgerecht unter Berücksichtigung des Ausbaus der Stromerzeugung aus erneuerbaren Energien nach § 4 des Erneuerbare-Energien-Gesetzes[1], der Versorgungssicherheit sowie volkswirtschaftlicher Effizienz ausgebaut werden.

(5) Die Transparenz am Strommarkt soll erhöht werden.

(6) [1] Als Beitrag zur Verwirklichung des Elektrizitätsbinnenmarktes sollen eine stärkere Einbindung des Strommarktes in die europäischen Strommärkte und eine stärkere Angleichung der Rahmenbedingungen in den europäischen Strommärkten, insbesondere mit den an das Gebiet der Bundesrepublik Deutschland angrenzenden Staaten sowie dem Königreich Norwegen und dem Königreich Schweden, angestrebt werden. [2] Es sollen die notwendigen Verbindungsleitungen ausgebaut, die Marktkopplung und der grenzüberschreitende Stromhandel gestärkt sowie die Regelenergiemärkte und die vortägigen und untertägigen Spotmärkte stärker integriert werden.

**§ 2[2] Aufgaben der Energieversorgungsunternehmen.** (1) Energieversorgungsunternehmen sind im Rahmen der Vorschriften dieses Gesetzes zu einer Versorgung im Sinne des § 1 verpflichtet.

(2) Die Verpflichtungen nach dem Erneuerbare-Energien-Gesetz[1] und nach dem Kraft-Wärme-Kopplungsgesetz[3] bleiben vorbehaltlich des § 13, auch in Verbindung mit § 14, unberührt.

**§ 3[4] Begriffsbestimmungen.** Im Sinne dieses Gesetzes bedeutet

---

[1] **Sartorius ErgBd. Nr. 833.**
[2] § 2 Abs. 2 geänd. mWv 1.11.2008 durch G v. 25.10.2008 (BGBl. I S. 2101).
[3] **Sartorius ErgBd. Nr. 834.**
[4] § 3 Nr. 26a–26c eingef. mWv 9.9.2008 durch G v. 29.8.2008 (BGBl. I S. 1790); Nr. 18a geänd. mWv 1.1.2009 durch G v. 25.10.2008 (BGBl. I S. 2074); Nr. 10, 23, 25 und 29 geänd. mWv 1.11.2008 durch G v. 25.10.2008 (BGBl. I S. 2101); Nr. 19a geänd. mWv 26.8.2009 durch G v. 21.8.2009 (BGBl. I S. 2870); Nr. 5 neu gef., Nr. 10c geänd., Nr. 15a eingef., bish. Nr. 15a wird Nr. 15b, Nr. 16 geänd., Nr. 18 neu gef., Nr. 18a eingef., bish. Nr. 18a wird Nr. 18b, Nr. 19a neu gef., Nr. 24a, b, Nr. 29b eingef., bish. Nr. 29b neu gef., Nr. 29c, Nr. 31c, d, Nr. 33a eingef., Nr. 37 geänd., Nr. 38 neu gef. mWv 4.8.2011 durch G v. 26.7.2011 (BGBl. I S. 1554); Nr. 32 geänd. mWv 5.8.2011 durch G v. 28.7.2011 (BGBl. I S. 1690); Nr. 18b neu gef. mWv 1.8.2014 durch G v. 21.7.2014 (BGBl. I S. 1066); Nr. 18c und 18d eingef., Nr. 25 und 39 geänd., Nr. 40 angef. mWv 30.7.2016 durch G v. 26.7.2016 (BGBl. I S. 1786); Nr. 18b geänd. mWv 1.1.2017 durch G v. 13.10.2016 (BGBl. I S. 2258); Nr. 38a eingef. mWv 22.7.2017 durch G v. 17.7.2017 (BGBl. I S. 2503); Nr. 21a und 24c eingef. mWv 21.12.2018 durch G v. 17.12.2018 (BGBl. I S. 2549); Nr. 24d eingef. mWv 18.11.2017 durch G v. 13.5.2019 (BGBl. I S. 706); Nr. 19c eingef. mWv 12.12.2019 durch G v. 5.12.2019 (BGBl. I S. 2002); Nr. 1 und 1a eingef., bish. Nr. 1–1b werden Nr. 1b–1d, Nr. 6 eingef., bish. Nr. 6–8 werden Nr. 7–9 , Nr. 9 aufgeh., Nr. 10a–10c eingef., bish. Nr. 10a–10c werden Nr. 10d–10f, Nr. 14 geänd., Nr. 15c und 15d eingef., Nr. 18b eingef., bish. Nr. 18b–18d werden Nr. 18c–18e, Nr. 19c eingef., bish. Nr. 19c wird Nr. 19d, Nr. 20 geänd., Nr. 20a eingef., Nr. 21 und 23 geänd., Nr. 23a und 24e eingef., Nr. 25 und 27 geänd., Nr. 31 neu gef., Nr. 31a und 31b eingef., bish. Nr. 31a–31d werden Nr. 31c–31f, Nr. 38b, 39a und 39b eingef. mWv 27.7.2021 durch G v. 16.7.2021 (BGBl. I S. 3026); Nr. 26a eingef., bish. Nr. 26a–26c werden Nr. 26b–26d mWv 30.4.2022 durch G v. 26.4.2022 (BGBl. I S. 674); Nr. 15d neu gef. mWv 1.7.2023, Nr. 35a eingef., Nr. 38 geänd. mWv 29.7.2022 durch G v. 19.7.2022 (BGBl. I S. 1214); Nr. 19c eingef., bish. Nr. 29c wird Nr. 29d mWv 1.1.2023 durch G v. 20.7.2022 (BGBl. I S. 1325); Nr. 9a eingef. mWv 13.10.2022 durch G v. 8.10.2022 (BGBl. I S. 1726); Nr. 10g eingef., Nr. 24a Buchst. a, Nr. 24b Buchst. a geänd., Nr. 26e, 29e–29g, 30a, 30b, 31a und 31b eingef., bish. Nr. 31a–31f werden Nr. 31c–31h, Nr. 35a eingef., Nr. 35a wird Nr. 35b mWv 29.12.2023 durch G v. 22.12.2023 (BGBl. 2023 I Nr. 405).

1.  Abrechnungsinformationen
    Informationen, die üblicherweise in Rechnungen über die Energiebelieferung von Letztverbrauchern zur Ermittlung des Rechnungsbetrages enthalten sind, mit Ausnahme der Zahlungsaufforderung selbst,

1a. Aggregatoren
    natürliche oder juristische Personen oder rechtlich unselbständige Organisationseinheiten eines Energieversorgungsunternehmens, die eine Tätigkeit ausüben, bei der Verbrauch oder Erzeugung von elektrischer Energie in Energieanlagen oder in Anlagen zum Verbrauch elektrischer Energie auf einem Elektrizitätsmarkt gebündelt angeboten werden,

1b. Ausgleichsleistungen
    Dienstleistungen zur Bereitstellung von Energie, die zur Deckung von Verlusten und für den Ausgleich von Differenzen zwischen Ein- und Ausspeisung benötigt wird, zu denen insbesondere auch Regelenergie gehört,

1c. Ausspeisekapazität
    im Gasbereich das maximale Volumen pro Stunde in Normkubikmeter, das an einem Ausspeisepunkt aus einem Netz oder Teilnetz insgesamt ausgespeist und gebucht werden kann,

1d. Ausspeisepunkt
    ein Punkt, an dem Gas aus einem Netz oder Teilnetz eines Netzbetreibers entnommen werden kann,

2.  Betreiber von Elektrizitätsversorgungsnetzen
    natürliche oder juristische Personen oder rechtlich unselbständige Organisationseinheiten eines Energieversorgungsunternehmens, die Betreiber von Übertragungs- oder Elektrizitätsverteilernetzen sind,

3.  Betreiber von Elektrizitätsverteilernetzen
    natürliche oder juristische Personen oder rechtlich unselbständige Organisationseinheiten eines Energieversorgungsunternehmens, die die Aufgabe der Verteilung von Elektrizität wahrnehmen und verantwortlich sind für den Betrieb, die Wartung sowie erforderlichenfalls den Ausbau des Verteilernetzes in einem bestimmten Gebiet und gegebenenfalls der Verbindungsleitungen zu anderen Netzen,

4.  Betreiber von Energieversorgungsnetzen
    Betreiber von Elektrizitätsversorgungsnetzen oder Gasversorgungsnetzen,

5.  Betreiber von Fernleitungsnetzen
    Betreiber von Netzen, die Grenz- oder Marktgebietsübergangspunkte aufweisen, die insbesondere die Einbindung großer europäischer Importleitungen in das deutsche Fernleitungsnetz gewährleisten, oder natürliche oder juristische Personen oder rechtlich unselbstständige Organisationseinheiten eines Energieversorgungsunternehmens, die die Aufgabe der Fernleitung von Erdgas wahrnehmen und verantwortlich sind für den Betrieb, die Wartung sowie erforderlichenfalls den Ausbau eines Netzes,

    a) das der Anbindung der inländischen Produktion oder von LNG-Anlagen an das deutsche Fernleitungsnetz dient, sofern es sich hierbei nicht um ein vorgelagertes Rohrleitungsnetz im Sinne von Nummer 39 handelt, oder

    b) das an Grenz- oder Marktgebietsübergangspunkten Buchungspunkte oder -zonen aufweist, für die Transportkunden Kapazitäten buchen können,

6.  Betreiber von Gasspeicheranlagen
    natürliche oder juristische Personen oder rechtlich unselbständige Organisationseinheiten eines Energieversorgungsunternehmens, die die Aufgabe der

Speicherung von Erdgas wahrnehmen und für den Betrieb einer Gasspeicheranlage verantwortlich sind,

7. Betreiber von Gasversorgungsnetzen
natürliche oder juristische Personen oder rechtlich unselbständige Organisationseinheiten eines Energieversorgungsunternehmens, die Gasversorgungsnetze betreiben,

8. Betreiber von Gasverteilernetzen
natürliche oder juristische Personen oder rechtlich unselbständige Organisationseinheiten eines Energieversorgungsunternehmens, die die Aufgabe der Verteilung von Gas wahrnehmen und verantwortlich sind für den Betrieb, die Wartung sowie erforderlichenfalls den Ausbau des Verteilernetzes in einem bestimmten Gebiet und gegebenenfalls der Verbindungsleitungen zu anderen Netzen,

9. Betreiber von LNG-Anlagen
natürliche oder juristische Personen oder rechtlich unselbständige Organisationseinheiten eines Energieversorgungsunternehmens, die die Aufgabe der Verflüssigung von Erdgas oder der Einfuhr, Entladung und Wiederverdampfung von verflüssigtem Erdgas wahrnehmen und für den Betrieb einer LNG-Anlage verantwortlich sind,

9a. Betreiber technischer Infrastrukturen
natürliche oder juristische Personen, die für den sicheren Betrieb technischer Infrastrukturen verantwortlich sind, wobei technische Infrastrukturen alle Infrastrukturen sind, an denen durch Einwirken eines Elektrizitätsversorgungsnetzes elektromagnetische Beeinflussungen auftreten können; hierzu zählen insbesondere Telekommunikationslinien im Sinne des § 3 Nummer 64 des Telekommunikationsgesetzes[1], Rohrleitungsanlagen aus leitfähigem Material, Steuer- und Signalleitungen oder Hoch- und Höchstspannungsleitungen innerhalb eines Beeinflussungsbereichs von bis zu 1000 Metern um die beeinflussende Anlage,

10. Betreiber von Übertragungsnetzen
natürliche oder juristische Personen oder rechtlich unselbständige Organisationseinheiten eines Energieversorgungsunternehmens, die die Aufgabe der Übertragung von Elektrizität wahrnehmen und die verantwortlich sind für den Betrieb, die Wartung sowie erforderlichenfalls den Ausbau des Übertragungsnetzes in einem bestimmten Gebiet und gegebenenfalls der Verbindungsleitungen zu anderen Netzen,

10a. Betreiber von Übertragungsnetzen mit Regelzonenverantwortung
die Unternehmen 50Hertz Transmission GmbH, Amprion GmbH, TenneT TSO GmbH und TransnetBW GmbH sowie ihre Rechtsnachfolger,

10b. Betreiber von Wasserstoffnetzen
natürliche oder juristische Personen, die die Aufgabe des Transports oder der Verteilung von Wasserstoff wahrnehmen und verantwortlich sind für den Betrieb, die Wartung sowie erforderlichenfalls den Ausbau des Wasserstoffnetzes,

10c. Betreiber von Wasserstoffspeicheranlagen
natürliche oder juristische Personen oder rechtlich unselbständige Organisationseinheiten eines Energieversorgungsunternehmens, die die Aufgabe der

---

[1] Sartorius ErgBd. **Nr. 920.**

Speicherung von Wasserstoff wahrnehmen und für den Betrieb einer Wasserstoffspeicheranlage verantwortlich sind,

10d. Bilanzkreis
im Elektrizitätsbereich innerhalb einer Regelzone die Zusammenfassung von Einspeise- und Entnahmestellen, die dem Zweck dient, Abweichungen zwischen Einspeisungen und Entnahmen durch ihre Durchmischung zu minimieren und die Abwicklung von Handelstransaktionen zu ermöglichen,

10e. Bilanzzone
im Gasbereich der Teil eines oder mehrerer Netze, in dem Ein- und Ausspeisepunkte einem bestimmten Bilanzkreis zugeordnet werden können,

10f. Biogas
Biomethan, Gas aus Biomasse, Deponiegas, Klärgas und Grubengas sowie Wasserstoff, der durch Wasserelektrolyse erzeugt worden ist, und synthetisch erzeugtes Methan, wenn der zur Elektrolyse eingesetzte Strom und das zur Methanisierung eingesetzte Kohlendioxid oder Kohlenmonoxid jeweils nachweislich weit überwiegend aus erneuerbaren Energiequellen im Sinne der Richtlinie 2009/28/EG (ABl. L 140 vom 5.6.2009, S. 16) stammen,

10g. Datenformat
eine für die elektronische Weiterverarbeitung oder Veröffentlichung geeignete und standardisierte Formatvorgabe für die Datenkommunikation, die die relevanten Parameter enthält,

11. dezentrale Erzeugungsanlage
eine an das Verteilernetz angeschlossene verbrauchs- und lastnahe Erzeugungsanlage,

12. Direktleitung
eine Leitung, die einen einzelnen Produktionsstandort mit einem einzelnen Kunden verbindet, oder eine Leitung, die einen Elektrizitätserzeuger und ein Elektrizitätsversorgungsunternehmen zum Zwecke der direkten Versorgung mit ihrer eigenen Betriebsstätte, Tochterunternehmen oder Kunden verbindet, oder eine zusätzlich zum Verbundnetz errichtete Gasleitung zur Versorgung einzelner Kunden,

13. Eigenanlagen
Anlagen zur Erzeugung von Elektrizität zur Deckung des Eigenbedarfs, die nicht von Energieversorgungsunternehmen betrieben werden,

13a. Einspeisekapazität
im Gasbereich das maximale Volumen pro Stunde in Normkubikmeter, das an einem Einspeisepunkt in ein Netz oder Teilnetz eines Netzbetreibers insgesamt eingespeist werden kann,

13b. Einspeisepunkt
ein Punkt, an dem Gas an einen Netzbetreiber in dessen Netz oder Teilnetz übergeben werden kann, einschließlich der Übergabe aus Speichern, Gasproduktionsanlagen, Hubs oder Misch- und Konversionsanlagen,

14. Energie
Elektrizität, Gas und Wasserstoff, soweit sie zur leitungsgebundenen Energieversorgung verwendet werden,

15. Energieanlagen
Anlagen zur Erzeugung, Speicherung, Fortleitung oder Abgabe von Energie, soweit sie nicht lediglich der Übertragung von Signalen dienen, dies schließt die Verteileranlagen der Letztverbraucher sowie bei der Gasversorgung auch die letzte Absperreinrichtung vor der Verbrauchsanlage ein,

**15a.** Energiederivat

ein in Abschnitt C Nummer 5, 6 oder 7 des Anhangs I der Richtlinie 2004/39/EG des Europäischen Parlaments und des Rates vom 21. April 2004 über Märkte für Finanzinstrumente, zur Änderung der Richtlinien 85/611/EWG und 93/6/EWG des Rates und der Richtlinie 2000/12/EG des Europäischen Parlaments und des Rates und zur Aufhebung der Richtlinie 93/22/EWG des Rates (ABl. L 145 vom 30.4.2001, S. 1, ABl. L 45 vom 16.2.2005, S. 18) in der jeweils geltenden Fassung genanntes Finanzinstrument, sofern dieses Instrument auf Elektrizität oder Gas bezogen ist,

**15b.** Energieeffizienzmaßnahmen

Maßnahmen zur Verbesserung des Verhältnisses zwischen Energieaufwand und damit erzieltem Ergebnis im Bereich von Energieumwandlung, Energietransport und Energienutzung,

**15c.** Energielieferant

Gaslieferant oder Stromlieferant,

**15d.** Energiespeicheranlage

Anlage in einem Elektrizitätsnetz, mit der die endgültige Nutzung elektrischer Energie auf einen späteren Zeitpunkt als den ihrer Erzeugung verschoben wird oder mit der die Umwandlung elektrischer Energie in eine speicherbare Energieform, die Speicherung solcher Energie und ihre anschließende Rückumwandlung in elektrische Energie oder Nutzung als ein anderer Energieträger erfolgt,

**16.** Energieversorgungsnetze

Elektrizitätsversorgungsnetze und Gasversorgungsnetze über eine oder mehrere Spannungsebenen oder Druckstufen mit Ausnahme von Kundenanlagen im Sinne der Nummern 24a und 24b sowie im Rahmen von Teil 5 dieses Gesetzes Wasserstoffnetze,

**17.** Energieversorgungsnetze der allgemeinen Versorgung

Energieversorgungsnetze, die der Verteilung von Energie an Dritte dienen und von ihrer Dimensionierung nicht von vornherein nur auf die Versorgung bestimmter, schon bei der Netzerrichtung feststehender oder bestimmbarer Letztverbraucher ausgelegt sind, sondern grundsätzlich für die Versorgung jedes Letztverbrauchers offen stehen,

**18.** Energieversorgungsunternehmen

natürliche oder juristische Personen, die Energie an andere liefern, ein Energieversorgungsnetz betreiben oder an einem Energieversorgungsnetz als Eigentümer Verfügungsbefugnis besitzen; der Betrieb einer Kundenanlage oder einer Kundenanlage zur betrieblichen Eigenversorgung macht den Betreiber nicht zum Energieversorgungsunternehmen,

**18a.** Energieversorgungsvertrag

ein Vertrag über die Lieferung von Elektrizität oder Gas, mit Ausnahme von Energiederivaten,

**18b.** Erlösobergrenze

Obergrenzen der zulässigen Gesamterlöse eines Netzbetreibers aus den Netzentgelten,

**18c.** erneuerbare Energien

Energien im Sinne des § 3 Nummer 21 des Erneuerbare-Energien-Gesetzes[1],

---

[1] **Sartorius ErgBd. Nr. 833.**

18d. Erzeugungsanlage
Anlage zur Erzeugung von elektrischer Energie,

18e. europäische Strommärkte
die Strommärkte der Mitgliedstaaten der Europäischen Union sowie der Schweizerischen Eidgenossenschaft und des Königreichs Norwegen,

19. Fernleitung
der Transport von Erdgas durch ein Hochdruckfernleitungsnetz, mit Ausnahme von vorgelagerten Rohrleitungsnetzen, um die Versorgung von Kunden zu ermöglichen, jedoch nicht die Versorgung der Kunden selbst,

19a. Gas
Erdgas, Biogas, Flüssiggas im Rahmen der §§ 4 und 49 sowie, wenn sie in ein Gasversorgungsnetz eingespeist werden, Wasserstoff, der durch Wasserelektrolyse erzeugt worden ist, und synthetisch erzeugtes Methan, das durch wasserelektrolytisch erzeugten Wasserstoff und anschließende Methanisierung hergestellt worden ist,

19b. Gaslieferant
natürliche und juristische Personen, deren Geschäftstätigkeit ganz oder teilweise auf den Vertrieb von Gas zum Zwecke der Belieferung von Letztverbrauchern ausgerichtet ist,

19c. Gasspeicheranlage
eine einem Gasversorgungsunternehmen gehörende oder von ihm betriebene Anlage zur Speicherung von Gas, einschließlich des zu Speicherzwecken genutzten Teils von LNG-Anlagen, jedoch mit Ausnahme des Teils, der für eine Gewinnungstätigkeit genutzt wird, ausgenommen sind auch Einrichtungen, die ausschließlich Betreibern von Leitungsnetzen bei der Wahrnehmung ihrer Aufgaben vorbehalten sind,

19d. Gasverbindungsleitungen mit Drittstaaten
Fernleitungen zwischen einem Mitgliedstaat der Europäischen Union und einem Drittstaat bis zur Grenze des Hoheitsgebietes der Mitgliedstaaten oder dem Küstenmeer dieses Mitgliedstaates,

20. Gasversorgungsnetze
alle Fernleitungsnetze, Gasverteilernetze, LNG-Anlagen oder Gasspeicheranlagen, die für den Zugang zur Fernleitung, zur Verteilung und zu LNG-Anlagen erforderlich sind und die einem oder mehreren Energieversorgungsunternehmen gehören oder von ihm oder von ihnen betrieben werden, einschließlich Netzpufferung und seiner Anlagen, die zu Hilfsdiensten genutzt werden, und der Anlagen verbundener Unternehmen, ausgenommen sind solche Netzteile oder Teile von Einrichtungen, die für örtliche Produktionstätigkeiten verwendet werden,

20a. grenzüberschreitende Elektrizitätsverbindungsleitungen
Übertragungsleitungen zur Verbundschaltung von Übertragungsnetzen einschließlich aller Anlagengüter bis zum jeweiligen Netzverknüpfungspunkt, die eine Grenze zwischen Mitgliedstaaten oder zwischen einem Mitgliedstaat und einem Staat, der nicht der Europäischen Union angehört, queren oder überspannen und einzig dem Zweck dienen, die nationalen Übertragungsnetze dieser Staaten zu verbinden,

21. Großhändler
natürliche oder juristische Personen mit Ausnahme von Betreibern von Übertragungs-, Fernleitungs-, Wasserstoff- sowie Elektrizitäts- und Gasverteiler-

netzen, die Energie zum Zwecke des Weiterverkaufs innerhalb oder außerhalb des Netzes, in dem sie ansässig sind, kaufen,

21a. H-Gasversorgungsnetz
ein Gasversorgungsnetz zur Versorgung von Kunden mit H-Gas,

22. Haushaltskunden
Letztverbraucher, die Energie überwiegend für den Eigenverbrauch im Haushalt oder für den einen Jahresverbrauch von 10 000 Kilowattstunden nicht übersteigenden Eigenverbrauch für berufliche, landwirtschaftliche oder gewerbliche Zwecke kaufen,

23. Hilfsdienste
sämtliche zum Betrieb eines Übertragungs- oder Elektrizitätsverteilernetzes erforderlichen Dienste oder sämtliche für den Zugang zu und den Betrieb von Fernleitungs- oder Gasverteilernetzen oder LNG-Anlagen oder Gasspeicheranlagen erforderlichen Dienste, einschließlich Lastausgleichs- und Mischungsanlagen, jedoch mit Ausnahme von Anlagen, die ausschließlich Betreibern von Fernleitungsnetzen für die Wahrnehmung ihrer Aufgaben vorbehalten sind,

23a. Kleinstunternehmen
ein Unternehmen, das weniger als zehn Personen beschäftigt und dessen Jahresumsatz oder dessen Jahresbilanzsumme 2 Millionen Euro nicht überschreitet,

24. Kunden
Großhändler, Letztverbraucher und Unternehmen, die Energie kaufen,

24a. Kundenanlagen
Energieanlagen zur Abgabe von Energie,
   a) die sich auf einem räumlich zusammengehörenden Gebiet befinden oder bei der durch eine Direktleitung nach Nummer 12 mit einer maximalen Leitungslänge von 5000 Metern und einer Nennspannung von 10 bis einschließlich 40 Kilovolt Anlagen nach § 3 Nummer 1 des Erneuerbare-Energien-Gesetzes angebunden sind,
   b) mit einem Energieversorgungsnetz oder mit einer Erzeugungsanlage verbunden sind,
   c) für die Sicherstellung eines wirksamen und unverfälschten Wettbewerbs bei der Versorgung mit Elektrizität und Gas unbedeutend sind und
   d) jedermann zum Zwecke der Belieferung der angeschlossenen Letztverbraucher im Wege der Durchleitung unabhängig von der Wahl des Energielieferanten diskriminierungsfrei und unentgeltlich zur Verfügung gestellt werden,

24b. Kundenanlagen zur betrieblichen Eigenversorgung
Energieanlagen zur Abgabe von Energie,
   a) die sich auf einem räumlich zusammengehörenden Betriebsgebiet befinden oder bei der durch eine Direktleitung nach Nummer 12 mit einer maximalen Leitungslänge von 5000 Metern und einer Nennspannung von 10 bis einschließlich 40 Kilovolt Anlagen nach § 3 Nummer 1 des Erneuerbare-Energien-Gesetzes angebunden sind,
   b) mit einem Energieversorgungsnetz oder mit einer Erzeugungsanlage verbunden sind,
   c) fast ausschließlich dem betriebsnotwendigen Transport von Energie innerhalb des eigenen Unternehmens oder zu verbundenen Unternehmen oder

fast ausschließlich dem der Bestimmung des Betriebs geschuldeten Abtransport in ein Energieversorgungsnetz dienen und

d) jedermann zum Zwecke der Belieferung der an sie angeschlossenen Letztverbraucher im Wege der Durchleitung unabhängig von der Wahl des Energielieferanten diskriminierungsfrei und unentgeltlich zur Verfügung gestellt werden,

24c. L-Gasversorgungsnetz
ein Gasversorgungsnetz zur Versorgung von Kunden mit L-Gas,

24d. landseitige Stromversorgung
die mittels einer Standardschnittstelle von Land aus erbrachte Stromversorgung von Seeschiffen oder Binnenschiffen am Liegeplatz,

24e. Landstromanlagen
die Gesamtheit der technischen Infrastruktur aus den technischen Anlagen zur Frequenz- und Spannungsumrichtung, der Standardschnittstelle einschließlich der zugehörigen Verbindungsleitungen, die

a) sich in einem räumlich zusammengehörigen Gebiet in oder an einem Hafen befinden und

b) ausschließlich der landseitigen Stromversorgung von Schiffen dienen,

25. Letztverbraucher
Natürliche oder juristische Personen, die Energie für den eigenen Verbrauch kaufen; auch der Strombezug der Ladepunkte für Elektromobile und der Strombezug für Landstromanlagen steht dem Letztverbrauch im Sinne dieses Gesetzes und den auf Grund dieses Gesetzes erlassenen Verordnungen gleich,

26. LNG-Anlage
eine Kopfstation zur Verflüssigung von Erdgas oder zur Einfuhr, Entladung und Wiederverdampfung von verflüssigtem Erdgas; darin eingeschlossen sind Hilfsdienste und die vorübergehende Speicherung, die für die Wiederverdampfung und die anschließende Einspeisung in das Fernleitungsnetz erforderlich sind, jedoch nicht die zu Speicherzwecken genutzten Teile von LNG-Kopfstationen,

26a. Marktgebietsverantwortlicher
ist die von den Fernleitungsnetzbetreibern mit der Wahrnehmung von Aufgaben des Netzbetriebs beauftragte bestimmte natürliche oder juristische Person, die in einem Marktgebiet Leistungen erbringt, die zur Verwirklichung eines effizienten Abwicklung des Gasnetzzugangs durch eine Person zu erbringen sind,

26b. Messstellenbetreiber
ein Netzbetreiber oder ein Dritter, der die Aufgabe des Messstellenbetriebs wahrnimmt,

26c. Messstellenbetrieb
der Einbau, der Betrieb und die Wartung von Messeinrichtungen,

26d. Messung
die Ab- und Auslesung der Messeinrichtung sowie die Weitergabe der Daten an die Berechtigten,

26e. Minutenreserve
im Elektrizitätsbereich die Regelleistung, mit deren Einsatz eine ausreichende Sekundärregelreserve innerhalb von 15 Minuten wiederhergestellt werden kann,

27. Netzbetreiber
    Netz- oder Anlagenbetreiber im Sinne der Nummern 2 bis 5, 7 und 8, 10 und 10a,

28. Netznutzer
    natürliche oder juristische Personen, die Energie in ein Elektrizitäts- oder Gasversorgungsnetz einspeisen oder daraus beziehen,

29. Netzpufferung
    die Speicherung von Gas durch Verdichtung in Fernleitungs- und Verteilernetzen, ausgenommen sind Einrichtungen, die Betreibern von Fernleitungsnetzen bei der Wahrnehmung ihrer Aufgaben vorbehalten sind,

29a. neue Infrastruktur
     eine Infrastruktur, die nach dem 12. Juli 2005 in Betrieb genommen worden ist,

29b. oberste Unternehmensleitung
     Vorstand, Geschäftsführung oder ein Gesellschaftsorgan mit vergleichbaren Aufgaben und Befugnissen,

29c. Offshore-Anbindungsleitungen
     Anbindungsleitungen im Sinne von § 3 Nummer 5 des Windenergie-auf-See-Gesetzes,

29d. örtliches Verteilernetz
     ein Netz, das überwiegend der Belieferung von Letztverbrauchern über örtliche Leitungen, unabhängig von der Druckstufe oder dem Durchmesser der Leitungen, dient; für die Abgrenzung der örtlichen Verteilernetze von den vorgelagerten Netzebenen wird auf das Konzessionsgebiet abgestellt, in dem ein Netz der allgemeinen Versorgung im Sinne des § 18 Abs. 1 und des § 46 Abs. 2 betrieben wird einschließlich von Leitungen, die ein örtliches Verteilernetz mit einem benachbarten örtlichen Verteilernetz verbinden,

29e. Primärregelung
     im Elektrizitätsbereich die automatische frequenzstabilisierend wirkende Wirkleistungsregelung,

29f. Provisorien
     Hochspannungsleitungen, einschließlich der für ihren Betrieb notwendigen Anlagen, die nicht auf Dauer angelegt sind und die die Errichtung, den Betrieb oder die Änderung einer dauerhaften Hochspannungsleitung oder eine Änderung des Betriebskonzepts oder einen Seiltausch oder eine standortgleiche Maständerung im Sinne des § 3 Nummer 1 des Netzausbaubeschleunigungsgesetzes Übertragungsnetz[1]) oder die Überwindung von Netzengpässen unterstützen, sofern das Provisorium eine Länge von 15 Kilometern nicht überschreitet,

29g. Regelenergie
     im Elektrizitätsbereich diejenige Energie, die zum Ausgleich von Leistungsungleichgewichten in der jeweiligen Regelzone eingesetzt wird,

30. Regelzone
    im Bereich der Elektrizitätsversorgung das Netzgebiet, für dessen Primärregelung, Sekundärregelung und Minutenreserve ein Betreiber von Übertragungsnetzen im Rahmen der Union für die Koordinierung des Transports elektrischer Energie (UCTE) verantwortlich ist,

---

[1]) **Sartorius III Nr. 511.**

30a. registrierende Lastgangmessung
die Erfassung der Gesamtheit aller Leistungsmittelwerte, die über eine ganz-
zahlige Anzahl von Messperioden gemessen wird,

30b. Sekundärregelung
im Elektrizitätsbereich die automatische Wirkleistungsregelung, um die Netz-
frequenz auf ihren Nennwert zu regeln und um den Leistungsaustausch
zwischen Regelzonen vom Ist-Leistungsaustausch auf den Soll-Leistungsaus-
tausch zu regeln,

31. selbstständige Betreiber von grenzüberschreitenden Elektrizitätsverbindungsleitungen
Betreiber von Übertragungsnetzen, die eine oder mehrere grenzüberschreitende Elektrizitätsverbindungsleitungen betreiben, ohne

a) Betreiber von Übertragungsnetzen mit Regelzonenverantwortung zu sein,
oder

b) mit einem Betreiber von Übertragungsnetzen mit Regelzonenverantwortung im Sinne des Artikels 3 Absatz 2 der Verordnung (EG) Nr. 139/2004
des Rates vom 20. Januar 2004 über die Kontrolle von Unternehmenszusammenschlüssen (ABl. L 24 vom 29.1.2004, S. 1) verbunden zu sein,

31a. standardisierte Lastprofile
vereinfachte Methoden für die Abwicklung der Energielieferung an Letztverbraucher, die sich am typischen Abnahmeprofil verschiedener Gruppen
von Letztverbrauchern orientieren,

31b. Stromgebotszone
das größte geografische Gebiet, in dem Marktteilnehmer ohne Kapazitätsvergabe elektrische Energie austauschen können,

31c. Stromlieferanten
natürliche und juristische Personen, deren Geschäftstätigkeit ganz oder teilweise auf den Vertrieb von Elektrizität zum Zwecke der Belieferung von
Letztverbrauchern ausgerichtet ist,

31d. Stromliefervertrag mit dynamischen Tarifen
ein Stromliefervertrag mit einem Letztverbraucher, in dem die Preisschwan-
kungen auf den Spotmärkten, einschließlich der Day-Ahead- und Intraday-
Märkte, in Intervallen widergespiegelt werden, die mindestens den Abrech-
nungsintervallen des jeweiligen Marktes entsprechen,

31e. Teilnetz
im Gasbereich ein Teil des Transportgebiets eines oder mehrerer Netzbetreiber, in dem ein Transportkunde gebuchte Kapazitäten an Ein- und Ausspeisepunkten flexibel nutzen kann,

31f. Transportkunde
im Gasbereich Großhändler, Gaslieferanten einschließlich der Handelsabtei-
lung eines vertikal integrierten Unternehmens und Letztverbraucher,

31g. Transportnetzbetreiber
jeder Betreiber eines Übertragungs- oder Fernleitungsnetzes,

31h. Transportnetz
jedes Übertragungs- oder Fernleitungsnetz,

32. Übertragung
der Transport von Elektrizität über ein Höchstspannungs- und Hochspan-
nungsverbundnetz einschließlich grenzüberschreitender Verbindungsleitungen zum Zwecke der Belieferung von Letztverbrauchern oder Verteilern,
jedoch nicht die Belieferung der Kunden selbst,

33. Umweltverträglichkeit
dass die Energieversorgung den Erfordernissen eines nachhaltigen, insbesondere rationellen und sparsamen Umgangs mit Energie genügt, eine schonende und dauerhafte Nutzung von Ressourcen gewährleistet ist und die Umwelt möglichst wenig belastet wird, der Nutzung von Kraft-Wärme-Kopplung und erneuerbaren Energien kommt dabei besondere Bedeutung zu,

33a. Unternehmensleitung
die oberste Unternehmensleitung sowie Personen, die mit Leitungsaufgaben für den Transportnetzbetreiber betraut sind und auf Grund eines Übertragungsaktes, dessen Eintragung im Handelsregister oder einem vergleichbaren Register eines Mitgliedstaates der Europäischen Union gesetzlich vorgesehen ist, berechtigt sind, den Transportnetzbetreiber gerichtlich und außergerichtlich zu vertreten,

34. Verbindungsleitungen
Anlagen, die zur Verbundschaltung von Elektrizitätsnetzen dienen, oder eine Fernleitung, die eine Grenze zwischen Mitgliedstaaten quert oder überspannt und einzig dem Zweck dient, die nationalen Fernleitungsnetze dieser Mitgliedstaaten zu verbinden,

35. Verbundnetz
eine Anzahl von Übertragungs- und Elektrizitätsverteilernetzen, die durch eine oder mehrere Verbindungsleitungen miteinander verbunden sind, oder eine Anzahl von Gasversorgungsnetzen, die miteinander verbunden sind,

35a. Verlustenergie
im Elektrizitätsbereich die zum Ausgleich physikalisch bedingter Netzverluste benötigte Energie,

35b. Versorgeranteil
der auf die Energiebelieferung entfallende Preisanteil, der sich rechnerisch nach Abzug der Umsatzsteuer und der Belastungen nach § 40 Absatz 3 ergibt,

36. Versorgung
die Erzeugung oder Gewinnung von Energie zur Belieferung von Kunden, der Vertrieb von Energie an Kunden und der Betrieb eines Energieversorgungsnetzes,

37. Verteilung
der Transport von Elektrizität mit hoher, mittlerer oder niederer Spannung über Elektrizitätsverteilernetze oder der Transport von Gas über örtliche oder regionale Leitungsnetze, um die Versorgung von Kunden zu ermöglichen, jedoch nicht die Belieferung der Kunden selbst; der Verteilung von Gas dienen auch solche Netze, die über Grenzkopplungspunkte verfügen, über die ausschließlich ein anderes, nachgelagertes Netz aufgespeist wird,

38. vertikal integriertes Unternehmen
ein im Elektrizitäts- oder Gasbereich tätiges Unternehmen oder eine Gruppe von Elektrizitäts- oder Gasunternehmen, die im Sinne des Artikels 3 Absatz 2 der Verordnung (EG) Nr. 139/2004 des Rates vom 20. Januar 2004 über die Kontrolle von Unternehmenszusammenschlüssen (ABl. L 24 vom 29.1.2004, S. 1) miteinander verbunden sind, wobei das betreffende Unternehmen oder die betreffende Gruppe im Elektrizitätsbereich mindestens eine der Funktionen Übertragung oder Verteilung und mindestens eine der Funktionen Erzeugung oder Vertrieb von Elektrizität oder im Erdgasbereich mindestens eine der Funktionen Fernleitung, Verteilung, Betrieb einer LNG-Anlage

oder Speicherung und gleichzeitig eine der Funktionen Gewinnung oder Vertrieb von Erdgas wahrnimmt,

38a. volatile Erzeugung
Erzeugung von Strom aus Windenergieanlagen und aus solarer Strahlungsenergie,

38b. vollständig integrierte Netzkomponenten
Netzkomponenten, die in das Übertragungs- oder Verteilernetz integriert sind, einschließlich Energiespeicheranlagen, und die ausschließlich der Aufrechterhaltung des sicheren und zuverlässigen Netzbetriebs und nicht der Bereitstellung von Regelenergie oder dem Engpassmanagement dienen,

39. vorgelagertes Rohrleitungsnetz
Rohrleitungen oder ein Netz von Rohrleitungen, deren Betrieb oder Bau Teil eines Öl- oder Gasgewinnungsvorhabens ist oder die dazu verwendet werden, Erdgas von einer oder mehreren solcher Anlagen zu einer Aufbereitungsanlage, zu einem Terminal oder zu einem an der Küste gelegenen Endanlandeterminal zu leiten, mit Ausnahme solcher Netzteile oder Teile von Einrichtungen, die für örtliche Produktionstätigkeiten verwendet werden,

39a. Wasserstoffnetz
ein Netz zur Versorgung von Kunden ausschließlich mit Wasserstoff, das von der Dimensionierung nicht von vornherein nur auf die Versorgung bestimmter, schon bei der Netzerrichtung feststehender oder bestimmbarer Kunden ausgelegt ist, sondern grundsätzlich für die Versorgung jedes Kunden offensteht, dabei umfasst es unabhängig vom Durchmesser Wasserstoffleitungen zum Transport von Wasserstoff nebst allen dem Leitungsbetrieb dienenden Einrichtungen, insbesondere Entspannungs-, Regel- und Messanlagen sowie Leitungen oder Leitungssysteme zur Optimierung des Wasserstoffbezugs und der Wasserstoffdarbietung,

39b. Wasserstoffspeicheranlagen
eine einem Energieversorgungsunternehmen gehörende oder von ihm betriebene Anlage zur Speicherung von Wasserstoff, mit Ausnahme von Einrichtungen, die ausschließlich Betreibern von Wasserstoffnetzen bei der Wahrnehmung ihrer Aufgaben vorbehalten sind,

40. Winterhalbjahr
der Zeitraum vom 1. Oktober eines Jahres bis zum 31. März des Folgejahres.

**§ 3a Verhältnis zum Eisenbahnrecht.** Dieses Gesetz gilt auch für die Versorgung von Eisenbahnen mit leitungsgebundener Energie, insbesondere Fahrstrom, soweit im Eisenbahnrecht nichts anderes geregelt ist.

**§ 4[1] Genehmigung des Netzbetriebs.** (1) [1]Die Aufnahme des Betriebs eines Energieversorgungsnetzes bedarf der Genehmigung durch die nach Landesrecht zuständige Behörde. [2]Über die Erteilung der Genehmigung entscheidet die nach Landesrecht zuständige Behörde innerhalb von sechs Monaten nach Vorliegen vollständiger Antragsunterlagen.

(2) [1]Die Genehmigung nach Absatz 1 darf nur versagt werden, wenn der Antragsteller nicht die personelle, technische und wirtschaftliche Leistungsfähigkeit und Zuverlässigkeit besitzt, um den Netzbetrieb entsprechend den Vorschriften dieses Gesetzes auf Dauer zu gewährleisten. [2]Unter den gleichen Vorausset-

---

[1] § 4 Abs. 1 Satz 2, Abs. 4 und 5 angef. mWv 12.11.2010 durch G v. 4.11.2010 (BGBl. I S. 1483); Abs. 3 geänd. mWv 28.12.2012 durch G v. 20.12.2012 (BGBl. I S. 2730).

zungen kann auch der Betrieb einer in Absatz 1 genannten Anlage untersagt werden, für dessen Aufnahme keine Genehmigung erforderlich war.

(3) Im Falle der Gesamtrechtsnachfolge oder der Rechtsnachfolge nach dem Umwandlungsgesetz[1]) oder in sonstigen Fällen der rechtlichen Entflechtung des Netzbetriebs nach § 7 oder den §§ 8 bis 10 geht die Genehmigung auf den Rechtsnachfolger über.

(4) Die nach Landesrecht zuständige Behörde kann bei einem Verstoß gegen Absatz 1 den Netzbetrieb untersagen oder den Netzbetreiber durch andere geeignete Maßnahmen vorläufig verpflichten, ein Verhalten abzustellen, das einen Versagungsgrund im Sinne des Absatzes 2 darstellen würde.

(5) Das Verfahren nach Absatz 1 kann über eine einheitliche Stelle abgewickelt werden.

**§ 4a**[2]) **Zertifizierung und Benennung des Betreibers eines Transportnetzes.** (1) [1]Der Betrieb eines Transportnetzes bedarf der Zertifizierung durch die Regulierungsbehörde. [2]Das Zertifizierungsverfahren wird auf Antrag des Transportnetzbetreibers oder des Transportnetzeigentümers, auf begründeten Antrag der Europäischen Kommission oder von Amts wegen eingeleitet. [3]Transportnetzbetreiber oder Transportnetzeigentümer haben den Antrag auf Zertifizierung bis spätestens 3. März 2012 zu stellen.

(2) [1]Transportnetzbetreiber haben dem Antrag alle zur Prüfung des Antrags erforderlichen Unterlagen beizufügen. [2]Die Unterlagen sind der Regulierungsbehörde auf Anforderung auch elektronisch zur Verfügung zu stellen.

(3) Die Regulierungsbehörde erteilt die Zertifizierung des Transportnetzbetreibers, wenn der Transportnetzbetreiber nachweist, dass er entsprechend den Vorgaben der §§ 8 oder 9 oder der §§ 10 bis 10e organisiert ist.

(4) Die Zertifizierung kann mit Nebenbestimmungen verbunden werden, soweit dies erforderlich ist, um zu gewährleisten, dass die Vorgaben der §§ 8 oder 9 oder der §§ 10 bis 10e erfüllt werden.

(5) [1]Die Regulierungsbehörde erstellt innerhalb eines Zeitraums von vier Monaten ab Einleitung des Zertifizierungsverfahrens einen Entscheidungsentwurf und übersendet diesen unverzüglich der Europäischen Kommission zur Abgabe einer Stellungnahme. [2]Die Regulierungsbehörde hat der Europäischen Kommission mit der Übersendung des Entscheidungsentwurfs nach Satz 1 alle Antragsunterlagen nach Absatz 2 zur Verfügung zu stellen.

(6) [1]Die Regulierungsbehörde hat binnen zwei Monaten nach Zugang der Stellungnahme der Europäischen Kommission oder nach Ablauf der Frist des Artikels 51 Absatz 1 der Verordnung (EU) Nr. 2019/943 des Europäischen Parlaments und des Rates vom 5. Juni 2019 über den Elektrizitätsbinnenmarkt (ABl. L 158 vom 14.6.2019, S. 54) oder des Artikels 3 Absatz 1 der Verordnung (EG) Nr. 715/2009 des Europäischen Parlaments und des Rates vom 13. Juli 2009 über die Bedingungen für den Zugang zu den Erdgasfernleitungsnetzen und zur Aufhebung der Verordnung (EG) Nr. 1775/2005 (ABl. L 211 vom 14.8.2009, S. 36, L 229 vom 1.9.2009, S. 29), ohne dass der Regulierungsbehörde eine Stellungnahme der Europäischen Kommission zugegangen ist, eine Entscheidung zu treffen. [2]Hat die Europäische Kommission eine Stellungnahme übermittelt, berücksichtigt die

---

[1]) **Habersack Nr. 52a.**
[2]) § 4a eingef. mWv 4.8.2011 durch G v. 26.7.2011 (BGBl. I S. 1554); Abs. 6 Satz 1, Abs. 8 geänd. mWv 27.7.2021 durch G v. 16.7.2021 (BGBl. I S. 3026).

Regulierungsbehörde diese so weit wie möglich in ihrer Entscheidung. [3] Die Entscheidung wird zusammen mit der Stellungnahme der Europäischen Kommission im Amtsblatt der Bundesnetzagentur in nicht personenbezogener Form bekannt gegeben. [4] Trifft die Regulierungsbehörde innerhalb der Frist nach Satz 1 keine Entscheidung, gilt der betreffende Transportnetzbetreiber bis zu einer Entscheidung der Regulierungsbehörde als zertifiziert.

(7) [1] Mit der Bekanntgabe der Zertifizierung im Amtsblatt der Bundesnetzagentur ist der Antragsteller als Transportnetzbetreiber benannt. [2] Die Regulierungsbehörde teilt der Europäischen Kommission die Benennung mit. [3] Die Benennung eines Unabhängigen Systembetreibers im Sinne des § 9 erfordert die Zustimmung der Europäischen Kommission.

(8) Artikel 51 der Verordnung (EU) Nr. 2019/943 und Artikel 3 der Verordnung (EG) Nr. 715/2009 bleiben unberührt.

**§ 4b[1] Zertifizierung in Bezug auf Drittstaaten.** (1) [1] Beantragt ein Transportnetzbetreiber oder ein Transportnetzeigentümer, der von einer oder mehreren Personen aus einem oder mehreren Staaten, die nicht der Europäischen Union oder dem Europäischen Wirtschaftsraum angehören (Drittstaaten), allein oder gemeinsam kontrolliert wird, die Zertifizierung, teilt die Regulierungsbehörde dies der Europäischen Kommission mit. [2] Transportnetzbetreiber oder Transportnetzeigentümer haben um den Antrag auf Zertifizierung bis spätestens 3. März 2013 bei der Regulierungsbehörde zu stellen.

(2) [1] Wird ein Transportnetzbetreiber oder ein Transportnetzeigentümer von einer oder mehreren Personen aus einem oder mehreren Drittstaaten allein oder gemeinsam kontrolliert, ist die Zertifizierung nur zu erteilen, wenn der Transportnetzbetreiber oder der Transportnetzeigentümer den Anforderungen der §§ 8 oder 9 oder der §§ 10 bis 10e genügt und das Bundesministerium für Wirtschaft und Energie feststellt, dass die Erteilung der Zertifizierung die Sicherheit der Elektrizitäts- oder Gasversorgung der Bundesrepublik Deutschland und der Europäischen Union nicht gefährdet. [2] Der Antragsteller hat mit der Antragstellung nach Absatz 1 zusätzlich beim Bundesministerium für Wirtschaft und Energie die zur Beurteilung der Auswirkungen auf die Versorgungssicherheit erforderlichen Unterlagen einzureichen.

(3) [1] Das Bundesministerium für Wirtschaft und Energie übermittelt der Regulierungsbehörde binnen drei Monaten nach Eingang der vollständigen erforderlichen Unterlagen nach Absatz 2 Satz 2 seine Bewertung, ob die Erteilung der Zertifizierung die Sicherheit der Elektrizitäts- oder Gasversorgung der Bundesrepublik Deutschland und der Europäischen Union gefährdet. [2] Bei seiner Bewertung der Auswirkungen auf die Versorgungssicherheit berücksichtigt das Bundesministerium für Wirtschaft und Energie

1. die Rechte und Pflichten der Europäischen Union gegenüber diesem Drittstaat, die aus dem Völkerrecht, auch aus einem Abkommen mit einem oder mehreren Drittstaaten, dem die Union als Vertragpartei angehört und in dem Fragen der Energieversorgungssicherheit behandelt werden, erwachsen;

2. die Rechte und Pflichten der Bundesrepublik Deutschland gegenüber diesem Drittstaat, die aus einem mit diesem Drittstaat geschlossenen Abkommen erwachsen, soweit sie mit dem Unionsrecht in Einklang stehen, und

---

[1] § 4b eingef. mWv 4.8.2011 durch G v. 26.7.2011 (BGBl. I S. 1554); Abs. 2 Sätze 1 und 2, Abs. 3 Sätze 1 und 2 einl. Satzteil, Abs. 4 und 5 Satz 3 geänd. mWv 8.9.2015 durch VO v. 31.8.2015 (BGBl. I S. 1474); Abs. 5 Satz 1 geänd. mWv 27.7.2021 durch G v. 16.7.2021 (BGBl. I S. 3026).

3. andere besondere Umstände des Einzelfalls und des betreffenden Drittstaats.

(4) Vor einer Entscheidung der Regulierungsbehörde über die Zertifizierung des Betriebs eines Transportnetzes bitten Regulierungsbehörde und Bundesministerium für Wirtschaft und Energie die Europäische Kommission um Stellungnahme, ob der Transportnetzbetreiber oder der Transportnetzeigentümer den Anforderungen der §§ 8 oder 9 oder der §§ 10 bis 10e genügt und eine Gefährdung der Energieversorgungssicherheit der Europäischen Union auf Grund der Zertifizierung ausgeschlossen ist.

(5) ¹Die Regulierungsbehörde hat innerhalb von zwei Monaten, nachdem die Europäische Kommission ihre Stellungnahme vorgelegt hat oder nachdem die Frist des Artikels 53 Absatz 6 der Richtlinie (EU) 2019/944 des Europäischen Parlaments und des Rates vom 5. Juni 2019 mit gemeinsamen Vorschriften für den Elektrizitätsbinnenmarkt und zur Änderung der Richtlinie 2012/27/EU (ABl. L 158 vom 14.6.2019, S. 125; L 15 vom 20.1.2020, S. 8) oder des Artikels 11 Absatz 6 der Richtlinie 2009/73/EG des Europäischen Parlaments und des Rates vom 13. Juli 2009 über gemeinsame Vorschriften für den Erdgasbinnenmarkt und zur Aufhebung der Richtlinie 2003/55/EG (ABl. L 211 vom 14.8.2009, S. 55) abgelaufen ist, ohne dass die Europäische Kommission eine Stellungnahme vorgelegt hat, über den Antrag auf Zertifizierung zu entscheiden. ²Die Regulierungsbehörde hat in ihrer Entscheidung der Stellungnahme der Europäischen Kommission so weit wie möglich Rechnung zu tragen. ³Die Bewertung des Bundesministeriums für Wirtschaft und Energie ist Bestandteil der Entscheidung der Regulierungsbehörde.

(6) Die Regulierungsbehörde hat der Europäischen Kommission unverzüglich die Entscheidung zusammen mit allen die Entscheidung betreffenden wichtigen Informationen mitzuteilen.

(7) ¹Die Regulierungsbehörde hat ihre Entscheidung zusammen mit der Stellungnahme der Europäischen Kommission im Amtsblatt der Bundesnetzagentur in nicht personenbezogener Form zu veröffentlichen. ²Weicht die Entscheidung von der Stellungnahme der Europäischen Kommission ab, ist mit der Entscheidung die Begründung für diese Entscheidung mitzuteilen und zu veröffentlichen.

**§ 4c¹⁾ Pflichten der Transportnetzbetreiber.** ¹Die Transportnetzbetreiber haben die Regulierungsbehörde unverzüglich über alle geplanten Transaktionen und Maßnahmen sowie sonstige Umstände zu unterrichten, die eine Neubewertung der Zertifizierungsvoraussetzungen nach den §§ 4a und 4b erforderlich machen können. ²Sie haben die Regulierungsbehörde insbesondere über Umstände zu unterrichten, in deren Folge eine oder mehrere Personen aus einem oder mehreren Drittstaaten allein oder gemeinsam die Kontrolle über den Transportnetzbetreiber erhalten. ³Die Regulierungsbehörde hat das Bundesministerium für Wirtschaft und Energie und die Europäische Kommission unverzüglich über Umstände nach Satz 2 zu informieren. ⁴Das Bundesministerium für Wirtschaft und Energie kann bei Vorliegen von Umständen nach Satz 2 seine Bewertung nach § 4b Absatz 1 widerrufen.

---

¹⁾ § 4c eingef. mWv 4.8.2011 durch G v. 26.7.2011 (BGBl. I S. 1554); Satz 1 geänd. mWv 1.4.2012 durch G v. 16.1.2012 (BGBl. I S. 74); Sätze 3 und 4 geänd. mWv 8.9.2015 durch VO v. 31.8.2015 (BGBl. I S. 1474).

**§ 4d**[1]**) Widerruf der Zertifizierung nach § 4a, nachträgliche Versehung mit Auflagen.** [1] Die Regulierungsbehörde kann eine Zertifizierung nach § 4a oder § 4b widerrufen oder erweitern oder eine Zertifizierung nachträglich mit Auflagen versehen sowie Auflagen ändern oder ergänzen, soweit auf Grund geänderter tatsächlicher Umstände eine Neubewertung der Zertifizierungsvoraussetzungen erforderlich wird. [2] Die Regulierungsbehörde kann eine Zertifizierung auch nachträglich mit Auflagen versehen sowie Auflagen ändern oder ergänzen. [3] Insbesondere kann sie dem Transportnetzbetreiber Maßnahmen aufgeben, die erforderlich sind, um zu gewährleisten, dass der Transportnetzbetreiber die Anforderungen der §§ 8 bis 10e erfüllt. [4] § 65 bleibt unberührt.

**§ 4e**[2]**) Zertifizierung des Betreibers einer Gasspeicheranlage.** (1) [1] Das Verfahren zur Zertifizierung des Betreibers einer Gasspeicheranlage nach Artikel 3a der Verordnung (EG) Nr. 715/2009 des Europäischen Parlaments und des Rates vom 13. Juli 2009 über die Bedingungen für den Zugang zu den Erdgasfernleitungsnetzen und zur Aufhebung der Verordnung (EG) Nr. 1775/2005 (ABl. L 211 vom 14.8.2009, S. 36; L 229 vom 1.9.2009, S. 29; L 309 vom 24.11.2009, S. 87) in der jeweils geltenden Fassung beginnt auf schriftlichen Antrag des Betreibers einer Gasspeicheranlage bei der Bundesnetzagentur oder wird von der Bundesnetzagentur von Amts wegen eingeleitet. [2] Mit dem Antrag auf Zertifizierung hat der Betreiber der Gasspeicheranlage die für die Durchführung des Zertifizierungsverfahrens erforderlichen Unterlagen der Bundesnetzagentur elektronisch zur Verfügung zu stellen. [3] Im Falle der Verfahrenseinleitung von Amts wegen hat der Betreiber der Gasspeicheranlage die Unterlagen nach Satz 2 auf Verlangen der Bundesnetzagentur elektronisch zur Verfügung zu stellen. [4] Die nach Satz 2 oder 3 zur Verfügung zu stellenden Unterlagen hat die Bundesnetzagentur dem Bundesministerium für Wirtschaft und Klimaschutz elektronisch zur Verfügung zu stellen, soweit diese für die Prüfung nach Artikel 3a Absatz 3 der Verordnung (EG) Nr. 715/2009 erforderlich sind. [5] Auf Verlangen der Bundesnetzagentur oder des Bundesministeriums für Wirtschaft und Klimaschutz sind die nach Satz 2, 3 oder 4 elektronisch zur Verfügung zu stellenden Unterlagen zusätzlich auch schriftlich zu übermitteln.

(2) [1] Die Bundesnetzagentur nimmt im Rahmen des Zertifizierungsverfahrens die Aufgaben nach Artikel 3a Absatz 2 bis 7 und 10 der Verordnung (EG) Nr. 715/2009 wahr. [2] Die Bundesnetzagentur kann hierbei zu Fragen der Beeinträchtigung der wesentlichen Sicherheitsinteressen insbesondere auch das Bundesministerium des Innern und für Heimat beteiligen. [3] Dem Bundesministerium des Innern und für Heimat können die zur entsprechenden Prüfung erforderlichen Unterlagen durch die Bundesnetzagentur zur Verfügung gestellt werden.

(3) Das Bundesministerium für Wirtschaft und Klimaschutz erstellt die für die Prüfung nach Artikel 3a Absatz 3 der Verordnung (EG) Nr. 715/2009 zu Grunde zu legende Bewertung und übermittelt diese an die Bundesnetzagentur.

(4) Die Zertifizierungsentscheidung der Bundesnetzagentur wird im Amtsblatt der Bundesnetzagentur gemeinsam mit der Stellungnahme der Europäischen Kommission unter Verwendung nicht personenbezogener Daten veröffentlicht.

**§ 5**[3]**) Anzeige der Energiebelieferung.** (1) [1] Energielieferanten, die Haushaltskunden mit Energie beliefern, müssen nach Maßgabe des Absatzes 2 Satz 1 und 2

---

[1]) § 4d eingef. mWv 4.8.2011 durch G v. 26.7.2011 (BGBl. I S. 1554).
[2]) § 4e eingef. mWv 9.2.2024 durch G v. 5.2.2024 (BGBl. 2024 I Nr. 32).
[3]) § 5 neu gef. mWv 29.7.2022 durch G v. 19.7.2022 (BGBl. I S. 1214).

die Aufnahme und Beendigung der Tätigkeit sowie Änderungen ihrer Firma bei der Bundesnetzagentur anzeigen; ausgenommen ist die Belieferung von Haushaltskunden ausschließlich innerhalb einer Kundenanlage oder eines geschlossenen Verteilernetzes sowie über nicht auf Dauer angelegte Leitungen. [2] Die Bundesnetzagentur veröffentlicht laufend auf ihrer Internetseite eine Liste der angezeigten Energielieferanten; dabei werden die Firma und die Adresse des Sitzes der angezeigten Energielieferanten veröffentlicht. [3] Von der Bundesnetzagentur werden monatlich die Energielieferanten veröffentlicht, die in den jeweils letzten zwölf Monaten die Beendigung ihrer Tätigkeit angezeigt haben.

(2) [1] Die nach Absatz 1 Satz 1 erster Halbsatz erforderliche Anzeige der Aufnahme der Tätigkeit ist unverzüglich vorzunehmen. [2] Die nach Absatz 1 Satz 1 erster Halbsatz erforderliche Anzeige der Beendigung der Tätigkeit hat der Energielieferant nach Maßgabe des Satzes 4 und so rechtzeitig vorzunehmen, dass diese der Bundesnetzagentur spätestens drei Monate vor dem geplanten Beendigungstermin zugeht. [3] Der Energielieferant darf die Tätigkeit nicht vor Ablauf des nach Satz 2 angezeigten Beendigungstermins beenden, es sei denn, er hat einen Antrag auf Eröffnung eines Insolvenzverfahrens gestellt. [4] Mit der Anzeige der Beendigung der Tätigkeit nach Absatz 1 Satz 1 erster Halbsatz hat der Energielieferant zugleich den geplanten Beendigungstermin mitzuteilen und darzulegen, wie die Erfüllung der vertraglichen Verpflichtungen des Energielieferanten gegenüber Haushaltskunden bis zur geplanten Beendigung der Tätigkeit sichergestellt ist. [5] Die vertraglichen Vereinbarungen zwischen dem Energielieferanten und den betroffenen Haushaltskunden bleiben unberührt.

(3) [1] Zeitgleich mit der Anzeige der Beendigung der Tätigkeit nach Absatz 2 Satz 2 hat der Energielieferant die von der Beendigung betroffenen Haushaltskunden und die Netzbetreiber, in deren Netzgebieten er Haushaltskunden beliefert, in Textform über das Datum der Beendigung seiner Tätigkeit zu informieren. [2] Der Energielieferant ist verpflichtet, die Anzeige zugleich einfach auffindbar auf seiner Internetseite zu veröffentlichen.

(4) [1] Mit der Anzeige der Aufnahme der Tätigkeit ist das Vorliegen der personellen, technischen und wirtschaftlichen Leistungsfähigkeit sowie der Zuverlässigkeit der Geschäftsleitung darzulegen. [2] Die Bundesnetzagentur ist berechtigt, das Vorliegen der personellen, technischen und wirtschaftlichen Leistungsfähigkeit sowie der Zuverlässigkeit der Geschäftsleitung jederzeit unter Nutzung der behördlichen Aufsichtsrechte nach diesem Gesetz zu überprüfen. [3] Die Bundesnetzagentur kann die Vorlage des Jahresabschlusses über das letzte Geschäftsjahr und, sofern der Abschluss von einem Abschlussprüfer geprüft worden ist, auch die Vorlage des Prüfungsberichtes sowie des Bestätigungsvermerkes oder Versagungsvermerkes des Abschlussprüfers verlangen.

(5) [1] Die Regulierungsbehörde kann einem Energielieferanten die Ausübung der Tätigkeit jederzeit ganz oder teilweise untersagen, wenn die personelle, technische oder wirtschaftliche Leistungsfähigkeit oder Zuverlässigkeit nicht gewährleistet ist. [2] Satz 1 sowie Absatz 1 Satz 3 und Absatz 4 sind nicht für Energielieferanten mit Sitz in einem anderen Mitgliedstaat der Europäischen Union anzuwenden, wenn der Energielieferant von der zuständigen Behörde des Herkunftsmitgliedstaates ordnungsgemäß zugelassen worden ist.

**§ 5a**[1]**) Speicherungspflichten, Veröffentlichung von Daten.** (1) [1]Energieversorgungsunternehmen, die Energie an Kunden verkaufen, haben die hierfür erforderlichen Daten über sämtliche mit Großhandelskunden und Transportnetzbetreibern sowie im Gasbereich mit Betreibern von Gasspeicheranlagen und LNG-Anlagen im Rahmen von Energieversorgungsverträgen und Energiederivaten getätigte Transaktionen für die Dauer von fünf Jahren zu speichern und sie auf Verlangen der Regulierungsbehörde, dem Bundeskartellamt, den Landeskartellbehörden sowie der Europäischen Kommission zu übermitteln, soweit dies für deren jeweilige Aufgabenerfüllung erforderlich ist. [2]Daten im Sinne des Satzes 1 sind genaue Angaben zu den Merkmalen der Transaktionen wie Laufzeit-, Liefer- und Abrechnungsbestimmungen, Menge, Datum und Uhrzeit der Ausführung, Transaktionspreise und Angaben zur Identifizierung des betreffenden Vertragspartners sowie entsprechende Angaben zu sämtlichen offenen Positionen und nicht abgerechneten Energieversorgungsverträgen und Energiederivaten.

(2) [1]Die Regulierungsbehörde kann Informationen nach Absatz 1 in nicht personenbezogener Form veröffentlichen, wenn damit keine wirtschaftlich sensiblen Daten über einzelne Marktakteure oder einzelne Transaktionen preisgegeben werden. [2]Satz 1 gilt nicht für Informationen über Energiederivate. [3]Die Regulierungsbehörde stellt vor der Veröffentlichung das Einvernehmen mit dem Bundeskartellamt her.

(3) Soweit sich aus dem

1. Wertpapierhandelsgesetz[2]),
2. den Artikeln 72 bis 76 der Delegierten Verordnung (EU) 2017/565 der Kommission vom 25. April 2016 zur Ergänzung der Richtlinie 2014/65/EU des Europäischen Parlaments und des Rates in Bezug auf die organisatorischen Anforderungen an Wertpapierfirmen und die Bedingungen für die Ausübung ihrer Tätigkeit sowie in Bezug auf die Definition bestimmter Begriffe für die Zwecke der genannten Richtlinie (ABl. L 87 vom 31.3.2017, S. 1), in der jeweils geltenden Fassung, oder
3. handels- oder steuerrechtlichen Bestimmungen Pflichten zur Aufbewahrung ergeben, die mit den Pflichten nach Absatz 1 vergleichbar sind, ist das Energieversorgungsunternehmen insoweit von den Pflichten zur Aufbewahrung gemäß Absatz 1 befreit.

**§ 5b**[3]**) Anzeige von Verdachtsfällen, Verschwiegenheitspflichten.** (1) [1]Personen, die beruflich Transaktionen mit Energiegroßhandelsprodukten arrangieren, dürfen ausschließlich Personen, die auf Grund ihres Berufs einer gesetzlichen Verschwiegenheitspflicht unterliegen, und staatliche Stellen von einer Anzeige gemäß Artikel 15 Satz 1 der Verordnung (EU) Nr. 1227/2011 des Europäischen Parlaments und des Rates vom 25. Oktober 2011 über die Integrität und Transparenz des Energiegroßhandelsmarkts (ABl. L 326 vom 8.12.2011, S. 1) oder von einer daraufhin eingeleiteten Untersuchung oder einem daraufhin eingeleiteten Ermittlungsverfahren in Kenntnis setzen. [2]Die Bundesnetzagentur kann Inhalt und Ausgestaltung der Vorkehrungsmaßnahmen und Verfahren nach Artikel 15

---

[1]) § 5a eingef. mWv 4.8.2011 durch G v. 26.7.2011 (BGBl. I S. 1554); Abs. 3 Nr. 2 neu gef. mWv 3.1. 2018 durch G v. 23.6.2017 (BGBl. I S. 1693); Abs. 1 Satz 1 geänd. mWv 27.7.2021 durch G v. 16.7.2021 (BGBl. I S. 3026).
[2]) Habersack ErgBd. Nr. 58.
[3]) § 5b eingef. mWv 12.12.2012 durch G v. 5.12.2012 (BGBl. I S. 2403); Abs. 1 Sätze 1–3 geänd. mWv 27.7.2013 durch G v. 23.7.2013 (BGBl. I S. 2543).

Satz 2 der Verordnung (EU) Nr. 1227/2011 durch Festlegung nach § 29 Absatz 1 näher bestimmen. [3] Für die zur Auskunft nach Artikel 15 Satz 1 verpflichtete Person gilt § 55 der Strafprozessordnung[1)] entsprechend.

(2) Ergreift die Bundesnetzagentur Maßnahmen wegen eines möglichen Verstoßes gegen ein Verbot nach Artikel 3 oder Artikel 5 der Verordnung (EU) Nr. 1227/2011, so dürfen die Adressaten dieser Maßnahmen ausschließlich Personen, die auf Grund ihres Berufs einer gesetzlichen Verschwiegenheitspflicht unterliegen, und staatliche Stellen von diesen Maßnahmen oder von einem daraufhin eingeleiteten Ermittlungsverfahren in Kenntnis setzen.

## Teil 2.[2)] Entflechtung

**Abschnitt 1.[2)] Gemeinsame Vorschriften für Verteilernetzbetreiber und Transportnetzbetreiber**

**§ 6[3)] Anwendungsbereich und Ziel der Entflechtung.** (1) [1] Vertikal integrierte Unternehmen und rechtlich selbstständige Betreiber von Elektrizitäts- und Gasversorgungsnetzen, die im Sinne des § 3 Nummer 38 mit einem vertikal integrierten Unternehmen verbunden sind, sind zur Gewährleistung von Transparenz sowie diskriminierungsfreier Ausgestaltung und Abwicklung des Netzbetriebs verpflichtet. [2] Um dieses Ziel zu erreichen, müssen sie die Unabhängigkeit der Netzbetreiber von anderen Tätigkeitsbereichen der Energieversorgung nach den §§ 6a bis 10e sicherstellen. [3] Die §§ 9 bis 10e sind nur auf solche Transportnetze anwendbar, die am 3. September 2009 im Eigentum eines vertikal integrierten Unternehmens standen.

(2) [1] Die in engem wirtschaftlichen Zusammenhang mit der rechtlichen und operationellen Entflechtung eines Verteilernetzes, eines Transportnetzes oder eines Betreibers von Gasspeicheranlagen nach § 7 Absatz 1 und §§ 7a bis 10e übertragenen Wirtschaftsgüter gelten als Teilbetrieb im Sinne der §§ 15, 16, 18, 20 und 24 des Umwandlungssteuergesetzes. [2] Satz 1 gilt nur für diejenigen Wirtschaftsgüter, die unmittelbar auf Grund des Organisationsakts der Entflechtung übertragen werden. [3] Für die Anwendung des § 15 Absatz 1 Satz 1 des Umwandlungssteuergesetzes gilt auch das Vermögen als zu einem Teilbetrieb gehörend, das der übertragenden Körperschaft im Rahmen des Organisationsakts der Entflechtung verbleibt. [4] § 15 Absatz 2 und § 22 des Umwandlungssteuergesetzes, § 34 Absatz 7a des Körperschaftsteuergesetzes sowie § 6 Absatz 3 Satz 2 und Absatz 5 Satz 4 bis 6 sowie § 16 Absatz 3 Satz 3 und 4 des Einkommensteuergesetzes sind auf Maßnahmen nach Satz 1 nicht anzuwenden, sofern diese Maßnahme von Transportnetzbetreibern im Sinne des § 3 Nummer 31h oder Betreibern von Gasspeicheranlagen bis zum 3. März 2012 ergriffen worden sind. [5] Satz 4 gilt bezüglich des § 22 des Umwandlungssteuergesetzes und der in § 34 Absatz 7a des Körperschaftsteuergesetzes genannten Fälle nur für solche mit der siebenjährigen Sperrfrist behafteten Anteile, die zu Beginn der rechtlichen oder operationellen Entflechtung bereits bestanden haben und deren Veräußerung unmittelbar auf Grund des Organisationsakts der Entflechtung erforderlich ist. [6] Für den Erwerber

---

[1)] **Habersack Nr. 90.**
[2)] Teil 2 (§§ 6–10e) neu gef. mWv 4.8.2011 durch G v. 26.7.2011 (BGBl. I S. 1554).
[3)] § 6 neu gef. mWv 4.8.2011 durch G v. 26.7.2011 (BGBl. I S. 1554); Abs. 2–4 angef. mWv 5.3.2013 durch G v. 21.2.2013 (BGBl. I S. 346); Abs. 2 Sätze 1 und 4, Abs. 3 Satz 1 geänd. mWv 27.7.2021 durch G v. 16.7.2021 (BGBl. I S. 3026); Abs. 1 Satz 1, Abs. 2 Satz 1 geänd. mWv 29.7.2022 durch G v. 19.7. 2022 (BGBl. I S. 1214); Abs. 2 Satz 4 geänd. mWv 29.12.2023 durch G v. 22.12.2023 (BGBl. 2023 I Nr. 405).

der Anteile gilt Satz 4 nicht und dieser tritt bezüglich der im Zeitpunkt der Veräußerung der Anteile noch laufenden Sperrfrist unter *Besitzzeitanrechnung*[1] in die Rechtsstellung des Veräußerers ein. [7] Bei der Prüfung der Frage, ob die Voraussetzungen für die Anwendung der Sätze 1 und 2 vorliegen, leistet die Regulierungsbehörde den Finanzbehörden Amtshilfe (§ 111 der Abgabenordnung).

(3) [1] Erwerbsvorgänge im Sinne des § 1 des Grunderwerbsteuergesetzes, die sich für Verteilernetzbetreiber, Transportnetzbetreiber oder Betreiber von Gasspeicheranlagen aus den rechtlichen oder operationellen Entflechtung nach § 7 Absatz 1 und den §§ 7a bis 10e ergeben, sind von der Grunderwerbsteuer befreit. [2] Absatz 2 Satz 4 und 7 gelten entsprechend.

(4) Die Absätze 2 und 3 gelten nicht für diejenigen Unternehmen, die eine rechtliche Entflechtung auf freiwilliger Grundlage vornehmen.

**§ 6a**[2] **Verwendung von Informationen.** (1) Unbeschadet gesetzlicher Verpflichtungen zur Offenbarung von Informationen haben vertikal integrierte Unternehmen, Transportnetzeigentümer, Netzbetreiber, Gasspeicheranlagenbetreiber sowie Betreiber von LNG-Anlagen sicherzustellen, dass die Vertraulichkeit wirtschaftlich sensibler Informationen, von denen sie in Ausübung ihrer Geschäftstätigkeit als Transportnetzeigentümer, Netzbetreiber, Gasspeicheranlagenbetreiber sowie Betreiber von LNG-Anlagen Kenntnis erlangen, gewahrt wird.

(2) [1] Legen das vertikal integrierte Unternehmen, Transportnetzeigentümer, Netzbetreiber, ein Gasspeicheranlagenbetreiber oder ein Betreiber von LNG-Anlagen über die eigenen Tätigkeiten Informationen offen, die wirtschaftliche Vorteile bringen können, so stellen sie sicher, dass dies in nicht diskriminierender Weise erfolgt. [2] Sie stellen insbesondere sicher, dass wirtschaftlich sensible Informationen gegenüber anderen Teilen des Unternehmens vertraulich behandelt werden.

**§ 6b**[3] **Rechnungslegung und Buchführung.** (1) [1] Vertikal integrierte Unternehmen im Sinne des § 3 Nummer 38, einschließlich rechtlich selbständiger Unternehmen, die zu einer Gruppe verbundener Elektrizitäts- oder Gasunternehmen gehören und mittelbar oder unmittelbar energiespezifische Dienstleistungen erbringen, und rechtlich selbständige Netzbetreiber sowie Betreiber von Gasspeicheranlagen haben ungeachtet ihrer Eigentumsverhältnisse und ihrer Rechtsform einen Jahresabschluss und Lagebericht nach den für Kapitalgesellschaften geltenden Vorschriften des Ersten, Dritten und Vierten Unterabschnitts des Zweiten Abschnitts des Dritten Buchs des Handelsgesetzbuchs[4] aufzustellen, prüfen zu lassen und offenzulegen; § 264 Absatz 3 und § 264b des Handelsgesetzbuchs sind insoweit nicht anzuwenden. [2] Handelt es sich bei dem Unternehmen nach Satz 1 um eine Personenhandelsgesellschaft oder das Unternehmen eines Einzelkauf-

---

[1] Richtig wohl: „Besitzzeitanrechnung".
[2] § 6a neu gef. mWv 4.8.2011 durch G v. 26.7.2011 (BGBl. I S. 1554); Abs. 1 und 2 Satz 1 geänd. mWv 27.7.2021 durch G v. 16.7.2021 (BGBl. I S. 3026); Abs. 1 und 2 Satz 1 geänd. mWv 29.7.2022 durch G v. 19.7.2022 (BGBl. I S. 1214).
[3] § 6b neu gef. mWv 4.8.2011 durch G v. 26.7.2011 (BGBl. I S. 1554); Abs. 4 Sätze 1 und 2 geänd. mWv 1.4.2012 durch G v. 22.12.2011 (BGBl. I S. 3044); Abs. 1 Sätze 1 und 2 geänd., Abs. 2 Satz 2 angef., Abs. 3 Sätze 1, 5 und 6, Abs. 6 Satz 1 geänd., Satz 3 angef., Abs. 7 neu gef., Abs. 8 angef. mWv 28.12.2012 durch G v. 20.12.2012 (BGBl. I S. 2730); Abs. 1 Satz 1, Abs. 3 Satz 1 Nr. 6 geänd., Nr. 7 angef., Sätze 2 und 6 geänd. mWv 27.7.2021 durch G v. 16.7.2021 (BGBl. I S. 3026); Abs. 4 Satz 1 geänd., Satz 2 aufgeh., bish. Satz 3 wird Satz 2 mWv 1.8.2022 durch G v. 5.7.2021 (BGBl. I S. 3338); Abs. 1 Satz 1, Abs. 8 Satz 1 geänd. mWv 29.7.2022 durch G v. 19.7.2022 (BGBl. I S. 1214).
[4] **Habersack Nr. 50.**

manns, dürfen das sonstige Vermögen der Gesellschafter oder des Einzelkaufmanns (Privatvermögen) nicht in die Bilanz und die auf das Privatvermögen entfallenden Aufwendungen und Erträge nicht in die Gewinn- und Verlustrechnung aufgenommen werden.

(2) [1] Im Anhang zum Jahresabschluss sind die Geschäfte größeren Umfangs mit verbundenen oder assoziierten Unternehmen im Sinne von § 271 Absatz 2 oder § 311 des Handelsgesetzbuchs gesondert auszuweisen. [2] Hierbei sind insbesondere Leistung und Gegenleistung anzugeben.

(3) [1] Unternehmen nach Absatz 1 Satz 1 haben zur Vermeidung von Diskriminierung und Quersubventionierung in ihrer internen Rechnungslegung jeweils getrennte Konten für jede ihrer Tätigkeiten in den nachfolgend aufgeführten Bereichen so zu führen, wie dies erforderlich wäre, wenn diese Tätigkeiten von rechtlich selbstständigen Unternehmen ausgeführt würden:

1. Elektrizitätsübertragung;
2. Elektrizitätsverteilung;
3. Gasfernleitung;
4. Gasverteilung;
5. Gasspeicherung;
6. Betrieb von LNG-Anlagen;
7. Entwicklung, Verwaltung oder Betrieb von Ladepunkten für Elektromobile nach § 7c Absatz 2.

[2] Tätigkeit im Sinne dieser Bestimmung ist auch jede wirtschaftliche Nutzung eines Eigentumsrechts an Elektrizitäts- oder Gasversorgungsnetzen, Gasspeichern, LNG-Anlagen oder Ladepunkten für Elektromobile nach § 7c Absatz 2. [3] Für die anderen Tätigkeiten innerhalb des Elektrizitätssektors und innerhalb des Gassektors sind Konten zu führen, die innerhalb des jeweiligen Sektors zusammengefasst werden können. [4] Für Tätigkeiten außerhalb des Elektrizitäts- und Gassektors sind ebenfalls eigene Konten zu führen, die zusammengefasst werden können. [5] Soweit eine direkte Zuordnung zu den einzelnen Tätigkeiten nicht möglich ist oder mit unvertretbarem Aufwand verbunden wäre, hat die Zuordnung durch Schlüsselung zu den Konten, das sachgerecht und für Dritte nachvollziehbar sein muss, zu erfolgen. [6] Mit der Aufstellung des Jahresabschlusses ist für jeden der genannten Tätigkeitsbereiche jeweils eine den in Absatz 1 Satz 1 genannten Vorschriften entsprechende Bilanz und Gewinn- und Verlustrechnung (Tätigkeitsabschluss) aufzustellen und dem Abschlussprüfer zur Prüfung vorzulegen. [7] Dabei sind in der Rechnungslegung die Regeln, einschließlich der Abschreibungsmethoden, anzugeben, nach denen die Gegenstände des Aktiv- und Passivvermögens sowie die Aufwendungen und Erträge den gemäß Satz 1 bis 4 geführten Konten zugeordnet worden sind.

(4) [1] Die gesetzlichen Vertreter haben den Tätigkeitsabschluss unverzüglich, jedoch spätestens vor Ablauf des zwölften Monats des dem Abschlussstichtag nachfolgenden Geschäftsjahres, gemeinsam mit dem nach Absatz 1 Satz 1 in Verbindung mit § 325 des Handelsgesetzbuchs offenzulegenden Jahresabschluss der das Unternehmensregister führenden Stelle elektronisch zur Einstellung in das Unternehmensregister zu übermitteln. [2] § 326 des Handelsgesetzbuchs ist insoweit nicht anzuwenden.

(5) [1] Die Prüfung des Jahresabschlusses gemäß Absatz 1 umfasst auch die Einhaltung der Pflichten zur Rechnungslegung nach Absatz 3. [2] Dabei ist neben dem Vorhandensein getrennter Konten auch zu prüfen, ob die Wertansätze und die

Zuordnung der Konten sachgerecht und nachvollziehbar erfolgt sind und der Grundsatz der Stetigkeit beachtet worden ist. [3] Im Bestätigungsvermerk zum *Jahresabschluss*[1] ist anzugeben, ob die Vorgaben nach Absatz 3 eingehalten worden sind.

(6) [1] Unbeschadet der besonderen Pflichten des Prüfers nach Absatz 5 kann die Regulierungsbehörde zusätzliche Bestimmungen gegenüber dem Unternehmen nach Absatz 1 Satz 1 durch Festlegung nach § 29 Absatz 1 treffen, die vom Prüfer im Rahmen der Jahresabschlussprüfung über die nach Absatz 1 anwendbaren Prüfungsvoraussetzungen hinaus zu berücksichtigen sind. [2] Sie kann insbesondere zusätzliche Schwerpunkte für die Prüfungen festlegen. [3] Eine solche Festlegung muss spätestens sechs Monate vor dem Bilanzstichtag des jeweiligen Kalenderjahres ergehen.

(7) [1] Der Auftraggeber der Prüfung des Jahresabschlusses hat der Regulierungsbehörde unverzüglich nach Feststellung des Jahresabschlusses eine Ausfertigung des Berichts über die Prüfung des Jahresabschlusses nach § 321 des Handelsgesetzbuchs (Prüfungsbericht) einschließlich erstatteter Teilberichte zu übersenden. [2] Der Prüfungsbericht ist fest mit dem geprüften Jahresabschluss, dem Lagebericht und den erforderlichen Tätigkeitsabschlüssen zu verbinden. [3] Der Bestätigungsvermerk oder der Vermerk über die Versagung sind im Prüfungsbericht wiederzugeben. [4] Der Lagebericht muss auf die Tätigkeiten nach Absatz 3 Satz 1 eingehen. [5] Geschäftsberichte zu den in Absatz 3 Satz 1 und 2 aufgeführten Tätigkeitsbereichen sind von den Unternehmen auf ihrer Internetseite zu veröffentlichen. [6] Tätigkeitsabschlüsse zu den Tätigkeitsbereichen, die nicht in Absatz 3 Satz 1 aufgeführt sind, hat die Regulierungsbehörde als Geschäftsgeheimnisse zu behandeln. [7] Prüfberichte von solchen Unternehmen nach Absatz 1 Satz 1, die mittelbar oder unmittelbar energiespezifische Dienstleistungen erbringen, sind der Regulierungsbehörde zu übersenden, die für das regulierte Unternehmen nach § 54 Absatz 1 zuständig ist.

(8) [1] Unternehmen, die nur deshalb als vertikal integriertes Unternehmen im Sinne des § 3 Nummer 38 einzuordnen sind, weil sie auch Betreiber eines geschlossenen Verteilernetzes sind, und ihre Abschlussprüfer sind von den Verpflichtungen nach den Absätzen 4 und 7 ausgenommen. [2] Die Befugnisse der Regulierungsbehörde insbesondere nach § 110 Absatz 4 bleiben unberührt.

**§ 6c**[2] **Ordnungsgeldvorschriften.** (1) [1] Die Ordnungsgeldvorschriften der §§ 335 bis 335b des Handelsgesetzbuchs[3] sind auf die Verletzung der Pflichten zur Offenlegung des Jahresabschlusses und Lageberichts nach § 6b Absatz 1 Satz 1 oder des Tätigkeitsabschlusses nach § 6b Absatz 4 entsprechend anzuwenden. [2] Das Ordnungsgeldverfahren kann durchgeführt werden

1. bei einer juristischen Person gegen die juristische Person oder die Mitglieder des vertretungsberechtigten Organs;

2. bei einer Personenhandelsgesellschaft im Sinne des § 264a Absatz 1 des Handelsgesetzbuchs gegen die Personenhandelsgesellschaft oder gegen die in § 335b Satz 2 des Handelsgesetzbuchs genannten Personen;

---

[1] Richtig wohl: „Jahresabschluss".

[2] § 6c neu gef. mWv 4.8.2011 durch G v. 26.7.2011 (BGBl. I S. 1554); Abs. 2 geänd. mWv 1.4.2012 durch G v. 22.12.2011 (BGBl. I S. 3044); Abs. 1 Satz 1 geänd. mWv 10.10.2013 durch G v. 4.10.2013 (BGBl. I S. 3746); Abs. 1 Satz 1 neu gef., Satz 3 eingef., bish. Satz 3 wird Satz 4, Abs. 2 geänd. mWv 27.7. 2021 durch G v. 16.7.2021 (BGBl. I S. 3026); Abs. 1 Satz 2 aufgeh., bish. Sätze 3 und 4 werden Sätze 2 und 3, Abs. 2 geänd. mWv 1.8.2022 durch G v. 5.7.2021 (BGBl. I S. 3338).

[3] **Habersack Nr. 50.**

3. bei einer Personenhandelsgesellschaft, die nicht in Nummer 2 genannt ist, gegen die Personenhandelsgesellschaft oder den oder die vertretungsbefugten Gesellschafter;
4. bei einem Unternehmen, das in der Rechtsform des Einzelkaufmanns betrieben wird, gegen den Inhaber oder dessen gesetzlichen Vertreter. ³ § 329 des Handelsgesetzbuchs ist entsprechend anzuwenden.

(2) Die nach § 54 Absatz 1 zuständige Regulierungsbehörde übermittelt der das Unternehmensregister führenden Stelle einmal pro Kalenderjahr Name und Anschrift der ihr bekannt werdenden Unternehmen nach § 6b Absatz 1 Satz 1.

**§ 6d**[1]) **Betrieb eines Kombinationsnetzbetreibers.** Der gemeinsame Betrieb eines Transport- sowie eines Verteilernetzes durch denselben Netzbetreiber ist zulässig, soweit dieser Netzbetreiber die Bestimmungen der §§ 8 oder 9 oder §§ 10 bis 10e einhält.

**Abschnitt 2.**[2]) **Entflechtung von Verteilernetzbetreibern und Betreibern von Gasspeicheranlagen**

**§ 7**[3]) **Rechtliche Entflechtung von Verteilernetzbetreibern.** (1) ¹Vertikal integrierte Unternehmen haben sicherzustellen, dass Verteilernetzbetreiber, die mit ihnen im Sinne von § 3 Nummer 38 verbunden sind, hinsichtlich ihrer Rechtsform unabhängig von anderen Tätigkeitsbereichen der Energieversorgung sind. ²Betreiber von Elektrizitätsverteilernetzen sind nicht berechtigt, Eigentümer einer Energiespeicheranlage zu sein oder eine solche zu errichten, zu verwalten oder zu betreiben.

(2) ¹Vertikal integrierte Unternehmen, an deren Elektrizitätsverteilernetz weniger als 100 000 Kunden unmittelbar oder mittelbar angeschlossen sind, sind hinsichtlich der Betreiber von Elektrizitätsverteilernetzen, die mit ihnen im Sinne von § 3 Nummer 38 verbunden sind, von den Verpflichtungen nach Absatz 1 ausgenommen. ²Satz 1 gilt für Gasverteilernetze entsprechend.

**§ 7a**[4]) **Operationelle Entflechtung von Verteilernetzbetreibern.** (1) Unternehmen nach § 6 Absatz 1 Satz 1 haben die Unabhängigkeit ihrer im Sinne von § 3 Nummer 38 verbundenen Verteilernetzbetreiber hinsichtlich der Organisation, der Entscheidungsgewalt und der Ausübung des Netzgeschäfts nach Maßgabe der folgenden Absätze sicherzustellen.

(2) Für Personen, die für den Verteilernetzbetreiber tätig sind, gelten zur Gewährleistung eines diskriminierungsfreien Netzbetriebs folgende Vorgaben:
1. Personen, die mit Leitungsaufgaben für den Verteilernetzbetreiber betraut sind oder die Befugnis zu Letztentscheidungen besitzen, die für die Gewährleistung eines diskriminierungsfreien Netzbetriebs wesentlich sind, müssen für die Ausübung dieser Tätigkeiten einer betrieblichen Einrichtung des Verteilernetz-

---

[1]) Teil 2 (§§ 6–10e) neu gef. mWv 4.8.2011 durch G v. 26.7.2011 (BGBl. I S. 1554).
[2]) Teil 2 (§§ 6–10e) neu gef. mWv 4.8.2011 durch G v. 26.7.2011 (BGBl. I S. 1554); Überschrift geänd. mWv 27.7.2021 durch G v. 16.7.2021 (BGBl. I S. 3026).
[3]) § 7 neu gef. mWv 4.8.2011 durch G v. 26.7.2011 (BGBl. I S. 1554); Abs. 1 Satz 2 angef. mWv 27.7. 2021 durch G v. 16.7.2021 (BGBl. I S. 3026); Abs. 1 Satz 1, Abs. 2 Satz 1 geänd. mWv 29.9.2022 durch G v. 19.7.2022 (BGBl. I S. 1214).
[4]) § 7a neu gef. mWv 4.8.2011 durch G v. 26.7.2011 (BGBl. I S. 1554); Abs. 2 Nr. 1 und 2 geänd., Abs. 4 neu gef., Abs. 5 Satz 1, Abs. 6 und 7 Satz 1 geänd. mWv 29.9.2022 durch G v. 19.7.2022 (BGBl. I S. 1214).

betreibers angehören und dürfen keine Angehörigen von betrieblichen Einrichtungen des vertikal integrierten Unternehmens sein, die direkt oder indirekt für den laufenden Betrieb in den Bereichen der Gewinnung, Erzeugung oder des Vertriebs von Energie an Kunden zuständig sind.

2. Personen, die in anderen Teilen des vertikal integrierten Unternehmens sonstige Tätigkeiten des Netzbetriebs ausüben, sind insoweit den fachlichen Weisungen der Leitung des Verteilernetzbetreibers zu unterstellen.

(3) Unternehmen nach § 6 Absatz 1 Satz 1 haben geeignete Maßnahmen zu treffen, um die berufliche Handlungsunabhängigkeit der Personen zu gewährleisten, die mit Leitungsaufgabe des Verteilernetzbetreibers betraut sind.

(4) [1]Vertikal integrierte Unternehmen haben zu gewährleisten, dass die Verteilernetzbetreiber tatsächliche Entscheidungsbefugnisse in Bezug auf die für den Betrieb, die Wartung und den Ausbau des Netzes erforderlichen Vermögenswerte des vertikal integrierten Unternehmens besitzen und diese im Rahmen der Bestimmungen dieses Gesetzes unabhängig von der Leitung und den anderen betrieblichen Einrichtungen des vertikal integrierten Unternehmens ausüben können. [2]Das vertikal integrierte Unternehmen hat sicherzustellen, dass der Verteilernetzbetreiber über die erforderliche Ausstattung in materieller, personeller, technischer und finanzieller Hinsicht verfügt, um tatsächliche Entscheidungsbefugnisse nach Satz 1 effektiv ausüben zu können. [3]Zur Wahrnehmung der wirtschaftlichen Befugnisse der Leitung des vertikal integrierten Unternehmens und seiner Aufsichtsrechte über die Geschäftsführung des Verteilernetzbetreibers im Hinblick auf dessen Rentabilität ist die Nutzung gesellschaftsrechtlicher Instrumente der Einflussnahme und Kontrolle, unter anderem der Weisung, der Festlegung allgemeiner Verschuldungsobergrenzen und der Genehmigung jährlicher Finanzpläne oder gleichwertiger Instrumente, insoweit zulässig als dies zur Wahrnehmung der berechtigten Interessen des vertikal integrierten Unternehmens erforderlich ist. [4]Dabei ist die Einhaltung der §§ 11 bis 16a sicherzustellen. [5]Weisungen zum laufenden Netzbetrieb sind nicht erlaubt; ebenfalls unzulässig sind Weisungen im Hinblick auf einzelne Entscheidungen zu baulichen Maßnahmen an Energieanlagen, solange sich diese Entscheidungen im Rahmen eines vom vertikal integrierten Unternehmen genehmigten Finanzplans oder gleichwertigen Instruments halten.

(5) [1]Vertikal integrierte Unternehmen sind verpflichtet, für die mit Tätigkeiten des Netzbetriebs befassten Mitarbeiter ein Programm mit verbindlichen Maßnahmen zur diskriminierungsfreien Ausübung des Netzgeschäfts (Gleichbehandlungsprogramm) festzulegen, den Mitarbeitern dieses Unternehmens und der Regulierungsbehörde bekannt zu machen und dessen Einhaltung durch eine natürliche oder juristische Person (Gleichbehandlungsbeauftragter) zu überwachen. [2]Pflichten der Mitarbeiter und mögliche Sanktionen sind festzulegen. [3]Der Gleichbehandlungsbeauftragte legt der Regulierungsbehörde jährlich spätestens zum 31. März einen Bericht über die nach Satz 1 getroffenen Maßnahmen des vergangenen Kalenderjahres vor und veröffentlicht ihn in nicht personenbezogener Form. [4]Der Gleichbehandlungsbeauftragte des Verteilernetzbetreibers ist in seiner Aufgabenwahrnehmung vollkommen unabhängig. [5]Er hat Zugang zu allen Informationen, über die der Verteilernetzbetreiber und etwaige verbundene Unternehmen verfügen, soweit dies zu Erfüllung seiner Aufgaben erforderlich ist.

(6) Verteilernetzbetreiber, die Teil eines vertikal integrierten Unternehmens sind, haben in ihrem Kommunikationsverhalten und ihrer Markenpolitik zu gewährleisten, dass eine Verwechslung zwischen Verteilernetzbetreiber und den

Vertriebsaktivitäten des vertikal integrierten Energieversorgungsunternehmens ausgeschlossen ist.

(7) [1] Vertikal integrierte Unternehmen, an deren Elektrizitätsverteilernetz weniger als 100 000 Kunden unmittelbar oder mittelbar angeschlossen sind, sind hinsichtlich der Betreiber von Elektrizitätsverteilernetzen, die mit ihnen im Sinne von § 3 Nummer 38 verbunden sind, von den Verpflichtungen nach Absatz 1 bis 6 ausgenommen. [2] Satz 1 gilt entsprechend für Gasverteilernetze.

**§ 7b[1]) Entflechtung von Gasspeicheranlagenbetreibern und Transportnetzeigentümern.** Auf Transportnetzeigentümer, soweit ein Unabhängiger Systembetreiber im Sinne des § 9 benannt wurde, und auf Betreiber von Gasspeicheranlagen, die Teil eines vertikal integrierten Unternehmens sind und zu denen der Zugang technisch und wirtschaftlich erforderlich ist für einen effizienten Netzzugang im Hinblick auf die Belieferung von Kunden, sind § 7 Absatz 1 und § 7a Absatz 1 bis 5 entsprechend anwendbar.

**§ 7c[2]) Ausnahme für Ladepunkte für Elektromobile; Verordnungsermächtigung.** (1) [1] Betreiber von Elektrizitätsverteilernetzen dürfen weder Eigentümer von Ladepunkten für Elektromobile sein noch diese Ladepunkte entwickeln, verwalten oder betreiben. [2] Satz 1 ist nicht für private Ladepunkte für Elektromobile anzuwenden, die für den Eigengebrauch des Betreibers von Elektrizitätsverteilernetzen bestimmt sind.

(2) [1] Abweichend von Absatz 1 Satz 1 sind Betreiber von Elektrizitätsverteilernetzen befugt, in ihrem Netzgebiet das Eigentum an Ladepunkten für Elektromobile zu halten oder diese Ladepunkte zu entwickeln, zu verwalten oder zu betreiben, sofern in Fällen regionalen Marktversagens, das nach Durchführung eines offenen, transparenten und diskriminierungsfreien Ausschreibungsverfahrens durch eine kommunale Gebietskörperschaft festgestellt worden ist, die Bundesnetzagentur nach Maßgabe der Bedingungen einer aufgrund des Absatzes 3 erlassenen Rechtsverordnung ihre Genehmigung dazu erteilt hat. [2] Im Falle einer Genehmigung hat die Bundesnetzagentur den Betreiber des Elektrizitätsverteilernetzes zu verpflichten, Dritten den Zugang zu den Ladepunkten zu angemessenen und diskriminierungsfreien Bedingungen zu gewähren. [3] Die Voraussetzungen für den Fortbestand einer Genehmigung sind mindestens alle fünf Jahre durch die Regulierungsbehörde zu überprüfen.

(3) [1] Das Bundesministerium für Wirtschaft und Energie wird ermächtigt, im Einvernehmen mit dem Bundesministerium für Verkehr und digitale Infrastruktur durch Rechtsverordnung mit Zustimmung des Bundesrates die Voraussetzungen einer Genehmigung nach Absatz 2 festzulegen und das Ausschreibungsverfahren näher zu bestimmen. [2] Insbesondere können durch Rechtsverordnung Regelungen getroffen werden,

1. zu der Bestimmung eines Bedarfs und eines regionalen Marktversagens im Hinblick auf den Ladeinfrastrukturaufbau, insbesondere hinsichtlich der Abgrenzung des betroffenen Gebiets und der bereits bestehenden Ladepunkte, einschließlich der Festlegung von Ausschreibungsbedingungen und -verfahren,

---

[1]) § 7b neu gef. mWv 4.8.2011 durch G v. 26.7.2011 (BGBl. I S. 1554); Überschrift und Wortlaut geänd. mWv 27.7.2021 durch G v. 16.7.2021 (BGBl. I S. 3026); geänd. mWv 29.7.2022 durch G v. 19.7.2022 (BGBl. I S. 1214).
[2]) § 7c eingef. mWv 27.7.2021 durch G v. 16.7.2021 (BGBl. I S. 3026).

2. zu den Anforderungen an ein Ausschreibungsverfahren nach Absatz 2 Satz 1 sowie den Voraussetzungen und dem Verfahren für Genehmigungen der Regulierungsbehörde sowie

3. zu der regelmäßigen Überprüfung und Bewertung nach Erteilung einer Genehmigung, ob Dritte in der Lage sind, Eigentümer von Ladepunkten zu sein oder diese zu entwickeln, zu betreiben oder zu verwalten, sowie zu möglichen Folgemaßnahmen einschließlich einer mindestens schrittweisen Einstellung der von Absatz 1 erfassten Tätigkeiten des Betreibers von Elektrizitätsverteilernetzen.

## Abschnitt 3.[1] Besondere Entflechtungsvorgaben für Transportnetzbetreiber

**§ 8[2] Eigentumsrechtliche Entflechtung.** (1) Vertikal integrierte Unternehmen haben sich nach Maßgabe der folgenden Absätze zu entflechten, soweit sie nicht von einer der in § 9 oder den §§ 10 bis 10e enthaltenen Möglichkeiten Gebrauch machen.

(2) ¹Der Transportnetzbetreiber hat unmittelbar oder vermittelt durch Beteiligungen Eigentümer des Transportnetzes zu sein. ²Personen, die unmittelbar oder mittelbar die Kontrolle über ein Unternehmen ausüben, das eine der Funktionen Gewinnung, Erzeugung oder Vertrieb von Energie an Kunden wahrnehmen, sind nicht berechtigt, unmittelbar oder mittelbar Kontrolle über einen Betreiber eines Transportnetzes oder ein Transportnetz oder Rechte an einem Betreiber eines Transportnetzes oder einem Transportnetz auszuüben. ³Personen, die unmittelbar oder mittelbar die Kontrolle über einen Transportnetzbetreiber oder ein Transportnetz ausüben, sind nicht berechtigt, unmittelbar oder mittelbar Kontrolle über ein Unternehmen, das eine der Funktionen Gewinnung, Erzeugung oder Vertrieb von Energie an Kunden wahrnimmt, oder Rechte an einem solchen Unternehmen auszuüben. ⁴Insbesondere sind Übertragungsnetzbetreiber nicht berechtigt, Eigentümer einer Energiespeicheranlage zu sein oder eine solche zu errichten, zu verwalten oder zu betreiben. ⁵Personen, die unmittelbar oder mittelbar die Kontrolle über ein Unternehmen ausüben, das eine der Funktionen Gewinnung, Erzeugung oder Vertrieb von Energie an Kunden wahrnimmt, oder Rechte an einem solchen Unternehmen ausüben, sind nicht berechtigt, Mitglieder des Aufsichtsrates oder der zur gesetzlichen Vertretung berufenen Organe eines Betreibers von Transportnetzen zu bestellen. ⁶Personen, die Mitglied des Aufsichtsrates oder der zur gesetzlichen Vertretung berufenen Organe eines Unternehmens sind, das eine Funktion der Gewinnung, Erzeugung oder Vertrieb von Energie an Kunden wahrnimmt, sind nicht berechtigt, Mitglied des Aufsichtsrates oder der zur gesetzlichen Vertretung berufenen Organe des Transportnetzbetreibers zu sein. ⁷Rechte im Sinne von Satz 2, 3 und 5 sind insbesondere:

1. die Befugnis zur Ausübung von Stimmrechten, soweit dadurch wesentliche Minderheitsrechte vermittelt werden, insbesondere in den in § 179 Absatz 2 des Aktiengesetzes[3], § 182 Absatz 1 des Aktiengesetzes sowie § 193 Absatz 1 des Aktiengesetzes geregelten oder vergleichbaren Bereichen,

---

[1] Teil 2 (§§ 6–10e) neu gef. mWv 4.8.2011 durch G v. 26.7.2011 (BGBl. I S. 1554).
[2] § 8 neu gef. mWv 4.8.2011 durch G v. 26.7.2011 (BGBl. I S. 1554); Abs. 2 Satz 4 eingef., bish. Sätze 4–9 werden Sätze 5–10, neuer Satz 7 einl. Satzteil geänd. mWv 27.7.2021 durch G v. 16.7.2021 (BGBl. I S. 3026); Abs. 1 geänd. mWv 29.7.2022 durch G v. 19.7.2022 (BGBl. I S. 1214).
[3] **Habersack Nr. 51.**

2. die Befugnis, Mitglieder des Aufsichtsrates oder der zur gesetzlichen Vertretung berufenen Organe zu bestellen,

3. das Halten einer Mehrheitsbeteiligung.

[8] Die Verpflichtung nach Satz 1 gilt als erfüllt, wenn zwei oder mehr Unternehmen, die Eigentümer von Transportnetzen sind, ein Gemeinschaftsunternehmen gründen, das in zwei oder mehr Mitgliedstaaten als Betreiber für die betreffenden Transportnetze tätig ist. [9] Ein anderes Unternehmen darf nur dann Teil des Gemeinschaftsunternehmens sein, wenn es nach den Vorschriften dieses Abschnitts entflochten und zertifiziert wurde. [10] Transportnetzbetreiber haben zu gewährleisten, dass sie über die finanziellen, materiellen, technischen und personellen Mittel verfügen, die erforderlich sind, um die Aufgaben nach Teil 3 Abschnitt 1 bis 3 wahrzunehmen.

(3) Im unmittelbaren Zusammenhang mit einem Entflechtungsvorgang nach Absatz 1 dürfen weder wirtschaftlich sensible Informationen nach § 6a, über die ein Transportnetzbetreiber verfügt, der Teil eines vertikal integrierten Unternehmens war, an Unternehmen übermittelt werden, die eine der Funktionen Gewinnung, Erzeugung oder Vertrieb von Energie an Kunden wahrnehmen, noch ein Personalübergang vom Transportnetzbetreiber zu diesen Unternehmen stattfinden.

**§ 9[1] Unabhängiger Systembetreiber.** (1) [1] Ein Unabhängiger Systembetreiber kann nach Maßgabe dieser Vorschrift benannt werden

1. für ein Transportnetz, wenn dieses am 3. September 2009 im Eigentum eines vertikal integrierten Unternehmens stand, oder

2. für ein Fernleitungsnetz, das Deutschland mit einem Drittstaat verbindet, in Bezug auf den Abschnitt von der Grenze des deutschen Hoheitsgebietes bis zum ersten Kopplungspunkt mit dem deutschen Netz, wenn das Fernleitungsnetz am 23. Mai 2019 im Eigentum eines vertikal integrierten Unternehmens stand.

[2] Unternehmen, die einen Antrag auf Zertifizierung des Betriebs eines Unabhängigen Systembetreibers stellen, haben die Unabhängigkeit des Transportnetzbetreibers nach Maßgabe der Absätze 2 bis 6 sicherzustellen.

(2) [1] Auf Unabhängige Systembetreiber ist § 8 Absatz 2 Satz 2, 3, 5 und 6 entsprechend anzuwenden, dabei ist auf Unabhängige Systembetreiber im Elektrizitätsbereich auch § 8 Absatz 2 Satz 4 entsprechend anwendbar. [2] Er hat über die materiellen, finanziellen, technischen und personellen Mittel zu verfügen, die erforderlich sind, um die Aufgaben des Transportnetzbetreibers nach Teil 3 Abschnitt 1 bis 3 wahrzunehmen. [3] Der Unabhängige Systembetreiber ist verpflichtet, den von der Regulierungsbehörde zehnjährigen Netzentwicklungsplan nach den §§ 12a bis 12f oder § 15a umzusetzen. [4] Der Unabhängige Systembetreiber hat in der Lage zu sein, den Verpflichtungen, die sich aus der Verordnung (EU) 2019/943 des Europäischen Parlaments und des Rates vom 5. Juni 2019 über den Elektrizitätsbinnenmarkt (ABl. L 158 vom 14.6.2019, S. 54), die zuletzt durch die Verordnung (EU) 2022/869 (ABl. L 152 vom 3.6.2022, S. 45) geändert worden ist, oder der Verordnung (EG) Nr. 715/2009 ergeben, auch hinsichtlich

---

[1] § 9 neu gef. mWv 4.8.2011 durch G v. 26.7.2011 (BGBl. I S. 1554); Abs. 1 Satz 1 neu gef. mWv 12.12.2019 durch G v. 5.12.2019 (BGBl. I S. 2002); Abs. 2 Satz 1 neu gef., Satz 4, Abs. 3 Satz 3 geänd. mWv 27.7.2021 durch G v. 16.7.2021 (BGBl. I S. 3026); Abs. 1 Satz 1 Nr. 1 und 2, Abs. 4 Sätze 1 und 4, Abs. 5 geänd. mWv 29.7.2022 durch G v. 19.7.2022 (BGBl. I S. 1214); Abs. 2 Satz 4 geänd. mWv 29.12. 2023 durch G v. 22.12.2023 (BGBl. 2023 I Nr. 405).

der Zusammenarbeit der Übertragungs- oder Fernleitungsnetzbetreiber auf europäischer und regionaler Ebene, nachkommen zu können.

(3) [1] Der Unabhängige Systembetreiber hat den Netzzugang für Dritte diskriminierungsfrei zu gewähren und auszugestalten. [2] Er hat insbesondere Netzentgelte zu erheben, Engpasserlöse einzunehmen, das Transportnetz zu betreiben, zu warten und auszubauen, sowie im Wege einer Investitionsplanung die langfristige Fähigkeit des Transportnetzes zur Befriedigung einer angemessenen Nachfrage zu gewährleisten. [3] Der Unabhängige Systembetreiber hat im Elektrizitätsbereich neben den Aufgaben nach Satz 1 und 2 auch die Rechte und Pflichten, insbesondere Zahlungen, im Rahmen des Ausgleichsmechanismus zwischen Übertragungsnetzbetreibern nach Artikel 49 der Verordnung (EU) 2019/943 wahrzunehmen. [4] Der Unabhängige Systembetreiber trägt die Verantwortung für Planung, einschließlich der Durchführung der erforderlichen Genehmigungsverfahren, Bau und Betrieb der Infrastruktur. [5] Der Transportnetzeigentümer ist nicht nach Satz 1 bis 4 verpflichtet.

(4) [1] Der Eigentümer des Transportnetzes und das vertikal integrierte Unternehmen haben im erforderlichen Umfang mit dem Unabhängigen Systembetreiber zusammenzuarbeiten und ihn bei der Wahrnehmung seiner Aufgaben, insbesondere durch Zurverfügungstellung der dafür erforderlichen Informationen, zu unterstützen. [2] Sie haben die vom Unabhängigen Systembetreiber beschlossenen und im Netzentwicklungsplan nach den §§ 12a bis 12f oder § 15a für die folgenden drei Jahre ausgewiesenen Investitionen zu finanzieren oder ihre Zustimmung zur Finanzierung durch Dritte, einschließlich des Unabhängigen Systembetreibers, zu erteilen. [3] Die Finanzierungsvereinbarungen sind von der Regulierungsbehörde zu genehmigen. [4] Der Eigentümer des Transportnetzes und das vertikal integrierte Energieversorgungsunternehmen haben die notwendigen Sicherheitsleistungen, die zur Erleichterung der Finanzierung eines notwendigen Netzausbaus erforderlich sind, zur Verfügung zu stellen, es sei denn, der Eigentümer des Transportnetzes oder das vertikal integrierte Unternehmen haben der Finanzierung durch einen Dritten, einschließlich dem Unabhängigen Systembetreiber, zugestimmt. [5] Der Eigentümer des Transportnetzes hat zu gewährleisten, dass er dauerhaft in der Lage ist, seinen Verpflichtungen nach Satz 1 bis 3 nachzukommen.

(5) Der Eigentümer des Transportnetzes und das vertikal integrierte Unternehmen haben den Unabhängigen Systembetreiber von jeglicher Haftung für Sach-, Personen- und Vermögensschäden freizustellen, die durch das vom Unabhängigen Systembetreiber betriebenen Transportnetz verursacht werden, es sei denn, die Haftungsrisiken betreffen die Wahrnehmung der Aufgaben nach Absatz 3 durch den Unabhängigen Systembetreiber.

(6) Betreibt der Unabhängige Systembetreiber die Transportnetze mehrerer Eigentümer von Transportnetzen, sind die Voraussetzungen der Absätze 1 bis 5 im Verhältnis zwischen dem Unabhängigen Systembetreiber und dem jeweiligen Eigentümer von Transportnetzen oder dem jeweiligen vertikal integrierten Unternehmen jeweils zu erfüllen.

**§ 10[1] Unabhängiger Transportnetzbetreiber.** (1) [1] Vertikal integrierte Unternehmen können einen Unabhängigen Transportnetzbetreiber nach Maßgabe dieser Bestimmung sowie der §§ 10a bis 10e benennen:

---

[1] § 10 neu gef. mWv 4.8.2011 durch G v. 26.7.2011 (BGBl. I S. 1554); Abs. 1 Satz 1 neu gef. mWv 12.12.2019 durch G v. 5.12.2019 (BGBl. I S. 2002); Abs. 1 Satz 1 einl. Satzteil, Nr. 1 und 2, Abs. 2 Sätze 1 und 2 geänd. mWv 29.7.2022 durch G v. 19.7.2022 (BGBl. I S. 1214).

1. für ein Transportnetz, wenn es am 3. September 2009 im Eigentum des vertikal integrierten Unternehmens stand, oder

2. für ein Fernleitungsnetz, das Deutschland mit einem Drittstaat verbindet, in Bezug auf den Abschnitt von der Grenze des deutschen Hoheitsgebietes bis zum ersten Kopplungspunkt mit dem deutschen Netz, wenn das Fernleitungsnetz am 23. Mai 2019 im Eigentum des vertikal integrierten Unternehmens stand.

²Der Unabhängige Transportnetzbetreiber hat neben den Aufgaben nach Teil 3 Abschnitt 1 bis 3 mindestens für folgende Bereiche verantwortlich zu sein:

1. die Vertretung des Unabhängigen Transportnetzbetreibers gegenüber Dritten und der Regulierungsbehörde,

2. die Vertretung des Unabhängigen Transportnetzbetreibers innerhalb des Europäischen Verbunds der Übertragungs- oder Fernleitungsnetzbetreiber,

3. die Erhebung aller transportnetzbezogenen Entgelte, einschließlich der Netzentgelte, sowie gegebenenfalls anfallender Entgelte für Hilfsdienste, insbesondere für Gasaufbereitung und die Beschaffung oder Bereitstellung von Ausgleichs- oder Verlustenergie,

4. die Einrichtung und den Unterhalt solcher Einrichtungen, die üblicherweise für mehrere Teile des vertikal integrierten Unternehmens tätig wären, insbesondere eine eigene Rechtsabteilung und eigene Buchhaltung sowie die Betreuung der beim Unabhängigen Transportnetzbetreiber vorhandenen Informationstechnologie-Infrastruktur,

5. die Gründung von geeigneten Gemeinschaftsunternehmen, auch mit anderen Transportnetzbetreibern, mit Energiebörsen und anderen relevanten Akteuren, mit dem Ziel die Entwicklung von regionalen Strom- oder Gasmärkten zu fördern, die Versorgungssicherheit zu gewährleisten oder den Prozess der Liberalisierung der Energiemärkte zu erleichtern.

(2) ¹Vertikal integrierte Unternehmen haben die Unabhängigkeit ihrer im Sinne von § 3 Nummer 38 verbundenen Unabhängigen Transportnetzbetreiber hinsichtlich der Organisation, der Entscheidungsgewalt und der Ausübung des Transportnetzgeschäfts nach Maßgabe der §§ 10a bis 10e zu gewährleisten. ²Vertikal integrierte Unternehmen haben den Unabhängigen Transportnetzbetreiber in einer der nach Artikel 1 der Richtlinie 2009/101/EG des Europäischen Parlaments und des Rates vom 16. September 2009 zur Koordinierung der Schutzbestimmungen, die in den Mitgliedstaaten Gesellschaften im Sinne des Artikels 48 Absatz 2 des Vertrags im Interesse der Gesellschafter sowie Dritter vorgeschrieben sind, um diese Bestimmungen gleichwertig zu gestalten (ABl. L 258 vom 1.10. 2009, S. 11) zulässigen Rechtsformen zu organisieren.

**§ 10a¹⁾ Vermögenswerte, Anlagen, Personalausstattung, Unternehmensidentität des Unabhängigen Transportnetzbetreibers.** (1) ¹Unabhängige Transportnetzbetreiber müssen über die finanziellen, technischen, materiellen und

*(Fortsetzung nächstes Blatt)*

---

¹⁾ § 10a neu gef. mWv 4.8.2011 durch G v. 26.7.2011 (BGBl. I S. 1554); Abs. 2–7 neu gef. mWv 29.7. 2022 durch G v. 19.7.2022 (BGBl. I S. 1214).

## Teil 3. Regulierung des Netzbetriebs

### Abschnitt 1. Aufgaben der Netzbetreiber

**§ 11**[1]) **Betrieb von Energieversorgungsnetzen.** (1) [1]Betreiber von Energieversorgungsnetzen sind verpflichtet, ein sicheres, zuverlässiges und leistungsfähiges Energieversorgungsnetz diskriminierungsfrei zu betreiben, zu warten und bedarfsgerecht zu optimieren, zu verstärken und auszubauen, soweit es wirtschaftlich zumutbar ist; dabei sind die Erfordernisse im Verkehrs-, Wärme-, Industrie- und Strombereich zu beachten, die sich ergeben, um Treibhausgasneutralität zu ermöglichen. [2]Betreiber von Energieversorgungsnetzen haben insbesondere die Aufgaben nach den §§ 12 bis 16a zu erfüllen. [3]Sie nehmen diese Aufgaben für ihr Energieversorgungsnetz in eigener Verantwortung wahr. [4]Sie kooperieren und unterstützen sich bei der Wahrnehmung dieser Aufgaben; dies ist insbesondere für Maßnahmen anzuwenden, die sich auf das Netz eines anderen Betreibers von Energieversorgungsnetzen auswirken können. [5]Die Verpflichtungen sind auch anzuwenden im Rahmen der Wahrnehmung der wirtschaftlichen Befugnisse der Leitung des vertikal integrierten Unternehmens und seiner Aufsichtsrechte nach § 7a Absatz 4 Satz 3. [6]Der Ausbau eines L-Gasversorgungsnetzes ist nicht bedarfsgerecht im Sinne von Satz 1, wenn er auf Grund von Netzanschlüssen erfolgen muss, zu deren Einräumung der Betreiber des L-Gasversorgungsnetzes nicht nach den §§ 17 und 18 verpflichtet war.

(1a) [1]Der Betrieb eines sicheren Energieversorgungsnetzes umfasst insbesondere auch einen angemessenen Schutz gegen Bedrohungen für Telekommunikations- und elektronische Datenverarbeitungssysteme, die für einen sicheren Netzbetrieb notwendig sind. [2]Die Regulierungsbehörde erstellt hierzu im Benehmen mit dem Bundesamt für Sicherheit in der Informationstechnik einen Katalog von Sicherheitsanforderungen und veröffentlicht diesen. [3]Der Katalog der Sicherheitsanforderungen enthält auch Regelungen zur regelmäßigen Überprüfung der Erfüllung der Sicherheitsanforderungen. [4]Ein angemessener Schutz des Betriebs eines Energieversorgungsnetzes liegt vor, wenn dieser Katalog der Sicherheitsanforderungen eingehalten und dies vom Betreiber dokumentiert worden ist. [5]Die Einhaltung kann von der Regulierungsbehörde überprüft werden. [6]Zu diesem Zwecke kann die Regulierungsbehörde nähere Bestimmungen zu Format, Inhalt und Gestaltung der Dokumentation nach Satz 4 treffen.

---

[1]) § 11 Abs. 1 Satz 2, Abs. 2 Satz 3 geänd. mWv 1.11.2008 durch G v. 25.10.2008 (BGBl. I S. 2101); Abs. 1 Satz 1 geänd. mWv 26.8.2009 durch G v. 21.8.2009 (BGBl. I S. 2870); Abs. 1a eingef. mWv 4.8. 2011 durch G v. 26.7.2011 (BGBl. I S. 1554); Abs. 1 Satz 3 geänd., Abs. 2 Satz 3 neu gef. mWv 28.12. 2012 durch G v. 20.12.2012 (BGBl. I S. 2730); Abs. 1a Satz 1 geänd., Satz 3 eingef., bish. Sätze 3–5 werden Sätze 4–6, neuer Satz 4 geänd., neuer Satz 6 neu gef., Abs. 1b und 1c eingef. mWv 25.7.2015 durch G v. 17.7.2015 (BGBl. I S. 1324); Abs. 1b Satz 1 geänd., Satz 2 neu gef., Abs. 2 eingef., bish. Abs. 2 wird Abs. 3 und Satz 3 geänd. mWv 30.7.2016 durch G v. 26.7.2016 (BGBl. I S. 1786); Abs. 1c neu gef. mWv 30.6.2017 durch G v. 23.6.2017 (BGBl. I S. 1885); Abs. 3 eingef., bish. Abs. 3 wird Abs. 4 mWv 22.7.2017 durch G v. 17.7.2017 (BGBl. I S. 2503); Abs. 1 Satz 4 geänd., Abs. 2 Satz 3 geänd. mWv 21.12. 2018 durch G v. 17.12.2018 (BGBl. I S. 2549); Abs. 1 Sätze 3 und 4 eingef., bish. Sätze 3 und 4 werden Sätze 5 und 6, neuer Satz 5, Abs. 2 Sätze 4 und 5 geänd. mWv 1.10.2021 durch G v. 13.5.2019 (BGBl. I S. 706); Abs. 1d und 1e eingef. mWv 28.5.2021 und 18.5.2021 (BGBl. I S. 1122); Abs. 3 aufgeh., bish. Abs. 4 wird Abs. 3 mWv 27.7.2021 durch G v. 16.7.2021 (BGBl. I S. 3026); Abs. 1g eingef. mWv 22.5.2022 durch G v. 20.5.2022 (BGBl. I S. 730); Abs. 1 Satz 1 geänd., Abs. 1d eingef., bish. Abs. 1d wird Abs. 1e, bish. Abs. 1e wird Abs. 1f und Satz 1 geänd. mWv 29.7.2022 durch G v. 19.7.2022 (BGBl. I S. 1214); Abs. 1 Sätze 1 und 2, Abs. 1f Sätze 1 und 4 geänd., Abs. 2a eingef., Abs. 4 eingef. mWv 29.12. 2023 durch G v. 22.12.2023 (BGBl. 2023 I Nr. 405).

(1b) [1] Betreiber von Energieanlagen, die durch Inkrafttreten der Rechtsverordnung gemäß § 10 Absatz 1 des BSI-Gesetzes[1]) vom 14. August 2009 (BGBl. I S. 2821), das zuletzt durch Artikel 8 des Gesetzes vom 17. Juli 2015 (BGBl. I S. 1324) geändert worden ist, in der jeweils geltenden Fassung als Kritische Infrastruktur bestimmt wurden und an ein Energieversorgungsnetz angeschlossen sind, haben innerhalb einer von der Regulierungsbehörde festzulegenden Frist einen angemessenen Schutz gegen Bedrohungen für Telekommunikations- und elektronische Datenverarbeitungssysteme zu gewährleisten, die für einen sicheren Anlagenbetrieb notwendig sind. [2] Die Regulierungsbehörde erstellt hierzu im Benehmen mit dem Bundesamt für Sicherheit in der Informationstechnik einen Katalog von Sicherheitsanforderungen, in den auch die Bestimmung der Frist nach Satz 1 aufzunehmen ist, und veröffentlicht diesen. [3] Für Telekommunikations- und elektronische Datenverarbeitungssysteme von Anlagen nach § 7 Absatz 1 des Atomgesetzes[2]) haben Vorgaben auf Grund des Atomgesetzes Vorrang. [4] Die für die nukleare Sicherheit zuständigen Genehmigungs- und Aufsichtsbehörden des Bundes und der Länder sind bei der Erarbeitung des Katalogs von Sicherheitsanforderungen zu beteiligen. [5] Der Katalog von Sicherheitsanforderungen enthält auch Regelungen zur regelmäßigen Überprüfung der Erfüllung der Sicherheitsanforderungen. [6] Ein angemessener Schutz des Betriebs von Energieanlagen im Sinne von Satz 1 liegt vor, wenn dieser Katalog eingehalten und dies vom Betreiber dokumentiert worden ist. [7] Die Einhaltung kann von der Bundesnetzagentur überprüft werden. [8] Zu diesem Zwecke kann die Regulierungsbehörde nähere Bestimmungen zu Format, Inhalt und Gestaltung der Dokumentation nach Satz 6 treffen.

(1c) [1] Betreiber von Energieversorgungsnetzen und von solchen Energieanlagen, die durch Inkrafttreten der Rechtsverordnung gemäß § 10 Absatz 1 des BSI-Gesetzes als Kritische Infrastruktur bestimmt wurden, haben

1. Störungen der Verfügbarkeit, Integrität, Authentizität und Vertraulichkeit ihrer informationstechnischen Systeme, Komponenten oder Prozesse, die zu einem Ausfall oder einer erheblichen Beeinträchtigung der Funktionsfähigkeit des Energieversorgungsnetzes oder der betreffenden Energieanlage geführt haben,
2. erhebliche Störungen der Verfügbarkeit, Integrität, Authentizität und Vertraulichkeit ihrer informationstechnischen Systeme, Komponenten oder Prozesse, die zu einem Ausfall oder einer erheblichen Beeinträchtigung der Funktionsfähigkeit des Energieversorgungsnetzes oder der betreffenden Energieanlage führen können,

über die Kontaktstelle unverzüglich an das Bundesamt für Sicherheit in der Informationstechnik zu melden. [2] Die Meldung muss Angaben zu der Störung, zu möglichen grenzübergreifenden Auswirkungen sowie zu den technischen Rahmenbedingungen, insbesondere der vermuteten oder tatsächlichen Ursache und der betroffenen Informationstechnik, enthalten. [3] Die Nennung des Betreibers ist nur dann erforderlich, wenn die Störung tatsächlich zu einem Ausfall oder einer Beeinträchtigung der Funktionsfähigkeit der Kritischen Infrastruktur geführt hat. [4] Das Bundesamt für Sicherheit in der Informationstechnik hat die Meldungen unverzüglich an die Bundesnetzagentur weiterzuleiten. [5] Das Bundesamt für Sicherheit in der Informationstechnik und die Bundesnetzagentur haben sicherzustellen, dass die unbefugte Offenbarung der ihnen nach Satz 1 zur Kenntnis gelangten Angaben ausgeschlossen wird. [6] Zu-

---

[1]) **Sartorius III Nr. 710.**
[2]) Nr. **835.**

gang zu den Akten des Bundesamtes für Sicherheit in der Informationstechnik sowie zu den Akten der Bundesnetzagentur in Angelegenheiten nach § 11 Absatz 1a bis Absatz 1c wird nicht gewährt. [7] § 29 des Verwaltungsverfahrensgesetzes[1] bleibt unberührt. [8] § 8e Absatz 1 des BSI-Gesetzes ist entsprechend anzuwenden.

(1d) [1] Betreiber von Energieversorgungsnetzen und von solchen Energieanlagen, die durch Inkrafttreten der Rechtsverordnung gemäß § 10 Absatz 1 des BSI-Gesetzes als Kritische Infrastruktur bestimmt wurden, sind verpflichtet, spätestens bis zum 1. April diejenige, die von ihnen betriebene Anlage beim Bundesamt für Sicherheit in der Informationstechnik zu registrieren und eine Kontaktstelle zu benennen. [2] Das Bundesamt für Sicherheit in der Informationstechnik übermittelt die Registrierungen einschließlich der damit verbundenen Kontaktdaten an die Bundesnetzagentur. [3] Die Registrierung eines Betreibers eines Energieversorgungsnetzes oder von solchen Energieanlagen, die durch Inkrafttreten der Rechtsverordnung gemäß § 10 Absatz 1 des BSI-Gesetzes als Kritische Infrastruktur bestimmt wurden, kann das Bundesamt für Sicherheit in der Informationstechnik auch selbst vornehmen, wenn der Betreiber seine Pflicht zur Registrierung nicht erfüllt. [4] Nimmt das Bundesamt für Sicherheit in der Informationstechnik eine solche Registrierung selbst vor, informiert es die Bundesnetzagentur darüber und übermittelt die damit verbundenen Kontaktdaten. [5] Die Betreiber haben sicherzustellen, dass sie über die benannte oder durch das Bundesamt für Sicherheit in der Informationstechnik festgelegte Kontaktstelle jederzeit erreichbar sind. [6] Die Übermittlung von Informationen durch das Bundesamt für Sicherheit in der Informationstechnik nach § 8b Absatz 2 Nummer 4 Buchstabe a des BSI-Gesetzes erfolgt an diese Kontaktstelle.

(1e) [1] Betreiber von Energieversorgungsnetzen und von solchen Energieanlagen, die durch Inkrafttreten der Rechtsverordnung gemäß § 10 Absatz 1 des BSI-Gesetzes als Kritische Infrastruktur bestimmt wurden, haben spätestens ab dem 1. Mai 2023 in ihren informationstechnischen Systemen, Komponenten oder Prozessen, die für die Funktionsfähigkeit der von ihnen betriebenen Energieversorgungsnetze oder Energieanlagen maßgeblich sind, in angemessener Weise Systeme zur Angriffserkennung einzusetzen. [2] Die eingesetzten Systeme zur Angriffserkennung müssen geeignete Parameter und Merkmale aus dem laufenden Betrieb kontinuierlich und automatisch erfassen und auswerten. [3] Sie sollten dazu in der Lage sein, fortwährend Bedrohungen zu identifizieren und zu vermeiden sowie für eingetretene Störungen geeignete Beseitigungsmaßnahmen vorsehen. [4] Dabei soll der Stand der Technik eingehalten werden. [5] Der Einsatz von Systemen zur Angriffserkennung ist angemessen, wenn der dafür erforderliche Aufwand nicht außer Verhältnis zu den möglichen Folgen eines Ausfalls oder einer Beeinträchtigung des betroffenen Energieversorgungsnetzes oder der betroffenen Energieanlage steht.

(1f) [1] Betreiber von Energieversorgungsnetzen und von solchen Energieanlagen, die nach der Rechtsverordnung gemäß § 10 Absatz 1 des BSI-Gesetzes als Kritische Infrastruktur gelten, haben dem Bundesamt für Sicherheit in der Informationstechnik erstmalig am 1. Mai 2023 und danach alle zwei Jahre die Erfüllung der Anforderungen nach Absatz 1e nachzuweisen. [2] Das Bundesamt für Sicherheit in der Informationstechnik hat die hierfür eingereichten Nachweisdokumente unverzüglich an die Bundesnetzagentur weiterzuleiten. [3] Das Bundesamt für Sicherheit in der Informationstechnik und die Bundesnetzagentur haben sicherzustellen, dass die unbefugte Offenbarung der ihnen nach Satz 1 zur Kenntnis gelangten Angaben

---

[1] Nr. **100.**

ausgeschlossen wird. [4] Das Bundesamt für Sicherheit in der Informationstechnik kann bei Mängeln in der Umsetzung der Anforderungen nach Absatz 1e oder in den Nachweisdokumenten nach Satz 1 im Einvernehmen mit der Bundesnetzagentur die Beseitigung der Mängel verlangen.

(1g) [1] Die Bundesnetzagentur legt bis zum 22. Mai 2023 im Einvernehmen mit dem Bundesamt für Sicherheit in der Informationstechnik durch Allgemeinverfügung im Wege einer Festlegung nach § 29 Absatz 1 in einem Katalog von Sicherheitsanforderungen für das Betreiben von Energieversorgungsnetzen und Energieanlagen fest,

1. welche Komponenten kritische Komponenten im Sinne des § 2 Absatz 13 Satz 1 Nummer 3 Buchstabe a des BSI-Gesetzes sind oder

2. welche Funktionen kritisch bestimmte Funktionen im Sinne des § 2 Absatz 13 Satz 1 Nummer 3 Buchstabe b des BSI-Gesetzes sind.

[2] Die Betreiber von Energieversorgungsnetzen und Energieanlagen, die durch Rechtsverordnung gemäß § 10 Absatz 1 Satz 1 des BSI-Gesetzes als Kritische Infrastruktur bestimmt wurden, haben die Vorgaben des Katalogs spätestens sechs Monate nach dessen Inkrafttreten zu erfüllen, es sei denn, in dem Katalog ist eine davon abweichende Umsetzungsfrist festgelegt worden. [3] Der Katalog wird mit den Katalogen der Sicherheitsanforderungen nach § 11 Absatz 1a und 1b verbunden.

(2) [1] Für einen bedarfsgerechten, wirtschaftlich zumutbaren Ausbau der Elektrizitätsversorgungsnetze nach Absatz 1 Satz 1 können Betreiber von Elektrizitätsversorgungsnetzen den Berechnungen für ihre Netzplanung die Annahme zugrunde legen, dass die prognostizierte jährliche Stromerzeugung je unmittelbar an ihr Netz angeschlossener Anlage zur Erzeugung von elektrischer Energie aus Windenergie an Land oder solarer Strahlungsenergie um bis zu 3 Prozent reduziert werden darf (Spitzenkappung). [2] Betreiber von Elektrizitätsversorgungsnetzen, die für ihre Netzplanung eine Spitzenkappung zugrunde gelegt haben, müssen dies

1. auf ihrer Internetseite veröffentlichen,

2. dem Betreiber des vorgelagerten Elektrizitätsversorgungsnetzes, dem Betreiber des Übertragungsnetzes, der Bundesnetzagentur sowie der zuständigen Landesregulierungsbehörde unverzüglich mitteilen und

3. im Rahmen der Netzplanung für einen sachkundigen Dritten nachvollziehbar dokumentieren.

[3] Die Dokumentation nach Satz 2 Nummer 3 muss der Bundesnetzagentur, der zuständigen Landesregulierungsbehörde, dem Betreiber des vorgelagerten Elektrizitätsversorgungsnetzes, dem Betreiber des Übertragungsnetzes, einem Einspeisewilligen sowie einem an das Netz angeschlossenen Anlagenbetreiber auf Verlangen unverzüglich vorgelegt werden. [4] Die §§ 13 und 14 und § 11 des Erneuerbare-Energien-Gesetzes[1]) bleiben unberührt. [5] Ein Betreiber des Elektrizitätsversorgungsnetzes, der Kosten für die Reduzierung der Einspeisung von mehr als 3 Prozent der jährlichen Stromerzeugung einer Anlage zur Erzeugung von Strom aus erneuerbaren Energien, Grubengas oder Kraft-Wärme-Kopplung bei der Ermittlung seiner Netzentgelte in Ansatz bringt, muss der Bundesnetzagentur sowie der zuständigen Landesregulierungsbehörde den Umfang der und die Ursachen für die Reduzierung der Einspeisung mitteilen und im Fall einer Spitzenkappung die Dokumentation nach Satz 2 Nummer 3 vorlegen.

---

[1]) **Sartorius ErgBd. Nr. 833.**

(2a) [1] Die Betreiber von Übertragungsnetzen sind verpflichtet, Handelstransaktionen innerhalb des Gebiets der Bundesrepublik Deutschland ohne Kapazitätsvergabe in der Weise zu ermöglichen, dass das Gebiet der Bundesrepublik Deutschland eine einheitliche Stromgebotszone bildet. [2] Sie dürfen insbesondere nicht einseitig eine Kapazitätsvergabe einführen, die zu einer einseitigen Aufteilung der einheitlichen deutschen Stromgebotszone führen würde. [3] Sobald für einen Betreiber eines Übertragungsnetzes erkennbar wird, dass die Erfüllung der Pflicht nach Satz 1 und die Einhaltung des Verbots nach Satz 2 unmöglich zu werden drohen, hat er dies der Bundesnetzagentur unverzüglich in Textform anzuzeigen. [4] § 20 Absatz 2 sowie die Artikel 14 bis 17 der Verordnung (EU) 2019/943 und die Verordnung (EU) 2015/1222 der Kommission vom 24. Juli 2015 zur Festlegung einer Leitlinie für die Kapazitätsvergabe und das Engpassmanagement (ABl. L 197 vom 25.7.2015, S. 24), die zuletzt durch die Durchführungsverordnung (EU) 2021/280 (ABl. L 62 vom 23.2.2021, S. 24) geändert worden ist, bleiben unberührt.

(3) [1] In Rechtsverordnungen über die Regelung von Vertrags- und sonstigen Rechtsverhältnissen können auch Regelungen zur Haftung der Betreiber von Energieversorgungsnetzen aus Vertrag und unerlaubter Handlung für Sach- und Vermögensschäden, die ein Kunde durch Unterbrechung der Energieversorgung oder durch Unregelmäßigkeiten in der Energieversorgung erleidet, getroffen werden. [2] Dabei kann die Haftung auf vorsätzliche oder grob fahrlässige Verursachung beschränkt und der Höhe nach begrenzt werden. [3] Soweit es zur Vermeidung unzumutbarer wirtschaftlicher Risiken des Netzbetriebs im Zusammenhang mit Verpflichtungen nach § 13 Absatz 2, § 13b Absatz 5 und § 13f Absatz 1, auch in Verbindung mit § 14, und § 16 Absatz 2 und 2a, auch in Verbindung mit § 16a, erforderlich ist, kann die Haftung darüber hinaus vollständig ausgeschlossen werden.

(4) Um dem Ziel einer preisgünstigen Energieversorgung nach § 1 Absatz 1 dieses Gesetzes Rechnung zu tragen, ist für zertifizierte Betreiber von Übertragungsnetzen im Sinne des § 4a auf die Anforderung von Sicherheitsleistungen oder anderer Sicherungsmittel zu verzichten.

**§ 11a**[1] **Ausschreibung von Energiespeicheranlagen, Festlegungskompetenz.** (1) [1] Der Betreiber eines Elektrizitätsversorgungsnetzes kann die Errichtung, die Verwaltung und den Betrieb einer im Eigentum eines Dritten stehenden Energiespeicheranlage, die elektrische Energie erzeugt, in einem offenen, transparenten und diskriminierungsfreien Verfahren ausschreiben, wenn diese Energiespeicheranlage notwendig ist, damit der Betreiber eines Elektrizitätsversorgungsnetzes seinen Verpflichtungen nach § 11 Absatz 1 Satz 1 in effizienter Weise nachkommen kann. [2] Der Betreiber eines Elektrizitätsversorgungsnetzes darf einen Zuschlag in einem nach Satz 1 durchgeführten Ausschreibungsverfahren nicht an einen Dritten erteilen, wenn dieser die mit der Energiespeicheranlage im Sinne von Satz 1 angebotene Dienstleistung unter Berücksichtigung der Anforderungen an die Gewährleistung der Sicherheit und Zuverlässigkeit des Elektrizitätsversorgungssystems nicht zu angemessenen Kosten oder nicht rechtzeitig erbringen kann. [3] Angemessen sind die Kosten, wenn sie die Kosten für die Errichtung, die Verwaltung und den Betrieb einer vergleichbaren Energiespeicheranlage im Eigentum eines Netzbetreibers nicht übersteigen.

---

[1] § 11a eingef. mWv 27.7.2021 durch G v. 16.7.2021 (BGBl. I S. 3026).

(2) [1]Der Dritte kann die Anlage nach Absatz 1 Satz 1 so planen und errichten, dass deren Leistungsfähigkeit die durch den Netzbetreiber gesetzten Anforderungen übertrifft. [2]Wird die Anlage zeitweise oder dauerhaft nicht für die Erfüllung der Vereinbarung nach Absatz 1 benötigt, dürfen Leistung und Arbeit in diesem Umfang durch den Dritten auf den Strommärkten veräußert werden.

(3) Die Bundesnetzagentur wird ermächtigt, durch Festlegung nach § 29 Absatz 1 dem Betreiber eines Elektrizitätsversorgungsnetzes Vorgaben zur näheren Ausgestaltung des Ausschreibungsverfahrens nach Absatz 1 zu machen.

### § 11b[1] Ausnahme für Energiespeicheranlagen, Festlegungskompetenz.

(1) Der Betreiber eines Elektrizitätsversorgungsnetzes darf abweichend von Teil 2 Abschnitt 2 und 3 Eigentümer sein von Energiespeicheranlagen, die elektrische Energie erzeugen, oder solche errichten, verwalten oder betreiben, sofern

1. die Regulierungsbehörde dies nach Absatz 2 auf Antrag des Netzbetreibers genehmigt hat oder

2. die Regulierungsbehörde dies für Energiespeicheranlagen, die vollständig integrierte Netzkomponenten darstellen, durch Festlegung gegenüber allen oder einer Gruppe von Netzbetreibern nach § 29 Absatz 1 gestattet hat; sofern eine vollständig integrierte Netzkomponente nicht bereits von einer solchen Festlegung erfasst wird, bleibt der Regulierungsbehörde eine Genehmigung auf Antrag des Netzbetreibers im Einzelfall unbenommen.

(2) [1]Die Regulierungsbehörde erteilt ihre Genehmigung nach Absatz 1 Nummer 1, wenn

1. der Betreiber eines Elektrizitätsversorgungsnetzes nachgewiesen hat, dass die Energiespeicheranlage im Sinne von Absatz 1

a) notwendig ist, damit er seinen Verpflichtungen gemäß § 11 Absatz 1 Satz 1 in effizienter Weise nachkommen kann,

b) neben der bestimmungsgemäßen Nutzung nach Buchstabe a nicht verwendet wird, um Leistung oder Arbeit ganz oder teilweise auf den Strommärkten zu kaufen oder zu verkaufen, und

2. der Betreiber eines Elektrizitätsversorgungsnetzes ein offenes, transparentes und diskriminierungsfreies Ausschreibungsverfahren nach § 11a durchgeführt hat, dessen Bedingungen die Regulierungsbehörde im Hinblick auf das technische Einsatzkonzept der Energiespeicheranlage im Sinne von Absatz 1 geprüft hat, und

a) der Betreiber eines Elektrizitätsversorgungsnetzes den Zuschlag nach § 11a Absatz 1 zur Errichtung, zur Verwaltung oder zum Betrieb der Energiespeicheranlage im Sinne von Absatz 1 nicht an einen Dritten erteilen konnte, oder

b) sich nach Erteilung des Zuschlags an einen Dritten herausstellt, dass dieser die mit der Energiespeicheranlage im Sinne von Absatz 1 angebotene Dienstleistung nicht oder nicht rechtzeitig erbringen kann.

[2]Die Regulierungsbehörde hat eine Genehmigung nach Satz 1 der Europäischen Kommission und der Agentur der Europäischen Union für die Zusammenarbeit der Energieregulierungsbehörden zusammen mit den entsprechenden Informatio-

---

[1] § 11b eingef. mWv 27.7.2021, Abs. 4 Satz 1 Nr. 2, Satz 2 geänd. mWv 1.10.2021 durch G v. 16.7. 2021 (BGBl. I S. 3026); Abs. 2 Satz 2 angef. mWv 29.12.2023 durch G v. 22.12.2023 (BGBl. 2023 I Nr. 405).

nen über den Antrag und mit den Gründen für die Gewährung der Ausnahme unverzüglich und unter Wahrung des Schutzes von Betriebs- und Geschäftsgeheimnissen sowie ohne personenbezogene Daten mitzuteilen.

(3) [1] Soweit eine Genehmigung unter den Voraussetzungen des Absatzes 2 erteilt wurde, führt die Regulierungsbehörde fünf Jahre nach der Inbetriebnahme der Energiespeicheranlage im Sinne von Absatz 1 und danach in regelmäßigen Abständen von höchstens fünf Jahren eine öffentliche Konsultation durch. [2] Dabei ermittelt die Regulierungsbehörde, ob Dritte zu angemessenen Kosten unter Berücksichtigung der Anforderungen an die Gewährleistung der Sicherheit und Zuverlässigkeit des Elektrizitätsversorgungssystems in der Lage sind, Eigentümer dieser Energiespeicheranlage im Sinne von Absatz 1 zu sein, diese zu verwalten und zu betreiben. [3] Kann die Regulierungsbehörde dies mit hinreichender Wahrscheinlichkeit feststellen, verpflichtet sie den Betreiber eines Elektrizitätsversorgungsnetzes, den Betrieb und die Verwaltung der Energiespeicheranlage im Sinne von Absatz 1 gemäß § 11a in Verbindung mit Absatz 2 Nummer 2 auszuschreiben und nach Erteilung eines Zuschlags an einen Dritten innerhalb von 12 Monaten einzustellen, sofern Belange der Versorgungssicherheit nicht entgegenstehen. [4] Mit dem Betrieb der Energiespeicheranlage im Sinne von Absatz 1 ist auch das Eigentum gegen Zahlung des Restbuchwertes zu übertragen. [5] Mit Übertragung des Eigentums erlischt auch die Genehmigung nach Absatz 2. [6] Die Verpflichtung nach den Sätzen 3 und 4 kann mit Nebenbestimmungen versehen werden. [7] Nach erfolgter Eigentumsübertragung darf die Leistung oder Arbeit der Energiespeicheranlage im Sinne von Absatz 1 weder ganz noch teilweise auf den Strommärkten veräußert werden, solange über die Energiespeicheranlage im Sinne von Absatz 1 ein Dienstleistungsvertrag mit dem Betreiber eines Elektrizitätsversorgungsnetzes besteht, mindestens aber für die Dauer von fünf Jahren, nachdem erstmalig eine Ausschreibung nach Satz 3 für die Energiespeicheranlage im Sinne von Absatz 1 durchgeführt wurde.

(4) [1] Während des üblichen kalkulatorischen Abschreibungszeitraums für Batteriespeicheranlagen ist Absatz 3 nicht anzuwenden, sofern es sich um Batteriespeicheranlagen im Eigentum

1. eines Übertragungsnetzbetreibers handelt, für die eine Investitionsentscheidung bis zum 31. Dezember 2024 erfolgt, oder eines Verteilernetzbetreibers handelt, für die eine Investitionsentscheidung bis zum 4. Juli 2019 erfolgte, und

2. die spätestens zwei Jahre nach der Investitionsentscheidung an das Elektrizitätsversorgungsnetz angeschlossen wurden oder werden und die ausschließlich der reaktiven unmittelbaren Wiederherstellung des sicheren und zuverlässigen Netzbetriebs durch netzbezogene Maßnahmen nach § 13 Absatz 1 Satz 1 Nummer 1 dienen.

[2] Die Wiederherstellungsmaßnahme gemäß Satz 1 Nummer 2 beginnt unmittelbar nach Eintritt der Störung und endet, sobald das Problem durch Maßnahmen gemäß § 13 Absatz 1 Satz 1 Nummer 2 und 3 behoben werden kann.

(5) Die Bundesnetzagentur wird ermächtigt, durch Festlegung nach § 29 Absatz 1 Vorgaben zur näheren Ausgestaltung der Genehmigungsverfahren nach Absatz 1 Nummer 1 in Verbindung mit den Absätzen 2 und 3 sowie nach Absatz 1 Nummer 2 zweiter Halbsatz zu treffen.

**§ 11c[1] Überragendes öffentliches Interesse für Anlagen zur Speicherung elektrischer Energie.** Die Errichtung und der Betrieb von Anlagen zur Speicherung elektrischer Energie liegen im überragenden öffentlichen Interesse und dienen der öffentlichen Sicherheit.

**§ 12[2] Aufgaben der Betreiber von Elektrizitätsversorgungsnetzen, Verordnungsermächtigung.** (1) [1]Betreiber von Übertragungsnetzen haben die Energieübertragung durch das Netz unter Berücksichtigung des Austauschs mit anderen Verbundnetzen zu regeln und mit der Bereitstellung und dem Betrieb ihrer Übertragungsnetze im nationalen und internationalen Verbund zu einem sicheren und zuverlässigen Elektrizitätsversorgungssystem in ihrer Regelzone und damit zu einer sicheren Energieversorgung beizutragen. [2]Betreiber von Übertragungsnetzen können vereinbaren, die Regelverantwortung für ihre Netze auf einen Betreiber von Übertragungsnetzen zu übertragen. [3]Mit der Übertragung der Regelverantwortung erhält der verantwortliche Netzbetreiber die Befugnisse der §§ 13 bis 13b. [4]Die Übertragung der Regelverantwortung ist der Regulierungsbehörde spätestens sechs Monate vorher anzuzeigen. [5]Die Regulierungsbehörde kann zur Verringerung des Aufwandes für Regelenergie und zur Förderung von einheitlichen Bedingungen bei der Gewährung des Netzzugangs durch Festlegung nach § 29 Absatz 1 die Betreiber von Übertragungsnetzen verpflichten, eine einheitliche Regelzone zu bilden.

(2) Betreiber von Übertragungsnetzen haben Betreibern eines anderen Netzes, mit dem die eigenen Übertragungsnetze technisch verbunden sind, die notwendigen Informationen bereitzustellen, um den sicheren und effizienten Betrieb, den koordinierten Ausbau und den Verbund sicherzustellen.

(3) [1]Betreiber von Übertragungsnetzen haben dauerhaft die Fähigkeit des Netzes sicherzustellen, die Nachfrage nach Übertragung von Elektrizität zu befriedigen und insbesondere durch entsprechende Übertragungskapazität und Zuverlässigkeit des Netzes zur Versorgungssicherheit beizutragen. [2]Dafür können sie im Rahmen des technisch Möglichen auch geeignete technische Anlagen etwa zur Bereitstellung von nicht frequenzgebundenen Systemdienstleistungen nutzen, die keine Anlagen zur Erzeugung elektrischer Energie sind. [3]Hierbei hat eine Abwägung mit einer marktgestützten Beschaffung nach § 12h zu erfolgen.

(3a) Um die technische Sicherheit und die Systemstabilität zu gewährleisten, wird das Bundesministerium für Wirtschaft und Energie ermächtigt, durch Rechtsverordnung technische Anforderungen an Anlagen zur Erzeugung elektrischer Energie, insbesondere an Anlagen nach dem Erneuerbare-Energien-Gesetz[3] und dem Kraft-Wärme-Kopplungsgesetz[4], vorzugeben sowie Netzbetreiber und Anlagenbetreiber zu verpflichten, Anlagen, die bereits vor dem 1. Januar 2012 in

---

[1] § 11c eingef. mWv 29.3.2023 durch G v. 22.3.2023 (BGBl. 2023 I Nr. 88).
[2] § 12 Abs. 3a Satz 2 eingef., bish. Sätze 2–4 werden Sätze 3–5, neue Sätze 3 und 4 geänd. mWv 26.8. 2009 durch G v. 21.8.2009 (BGBl. I S. 2870); Abs. 1 Sätze 2–5, Abs. 3 Satz 2 angef., Abs. 3a, 4 neu gef., Abs. 5 angef. mWv 4.8.2011 durch G v. 26.7.2011 (BGBl. I S. 1554); Überschrift neu gef., Abs. 3a Satz 1, Abs. 4 Satz 1 geänd., Satz 2 eingef., bish. Sätze 2 und 3 werden Sätze 3 und 4 mWv 28.12.2012 durch G v. 20.12.2012 (BGBl. I S. 2730); Abs. 3a bish. Satz 1 geänd., Satz 2 aufgeh. mWv 8.9.2015 durch VO v. 31.8.2015 (BGBl. I S. 1474); Überschrift neu gef., Abs. 1 Satz 3 geänd., Abs. 4 und 5 neu gef., Abs. 6 und 7 angef. mWv 30.7.2016 durch G v. 26.7.2016 (BGBl. I S. 1786); Abs. 3b und 3c eingef. mWv 17.5. 2019 durch G v. 13.5.2019 (BGBl. I S. 706); Abs. 5 neu gef., Abs. 5a eingef. mWv 14.8.2020 durch G v. 8.8.2020 (BGBl. I S. 1818); Abs. 3 Satz 2 neu gef., Satz 3 angef. mWv 27.7.2021 durch G v. 16.7.2021 (BGBl. I S. 3026).
[3] **Sartorius ErgBd. Nr. 833.**
[4] **Sartorius ErgBd. Nr. 834.**

Betrieb genommen worden sind, entsprechend nachzurüsten sowie anlagenbezogene Daten, die zur Durchführung und Kontrolle des Nachrüstungsprozesses erforderlich sind, bereitzustellen und auszuwerten und Regelungen zur Kostentragung zu treffen.

(3b) [1] Betreiber von Übertragungsnetzen berichten der Regulierungsbehörde auf deren Anforderung über die Sicherheit, Zuverlässigkeit und Leistungsfähigkeit ihres Energieversorgungsnetzes im Sinne von § 11 sowie über die Sicherheit und Zuverlässigkeit des Elektrizitätsversorgungssystems im Sinne von Absatz 1 Satz 1 und Absatz 3. [2] Bei einer Anforderung nach Satz 1 bestimmt die Regulierungsbehörde,

1. zu welchem Zeitpunkt und für welchen Zeitraum berichtet werden soll,
2. ob die Betreiber von Übertragungsnetzen einzeln oder gemeinsam berichten sollen,
3. ob und in welchem Umfang Betreiber von Verteilernetzen an der Erstellung des Berichts zu beteiligen sind,
4. zu welchen Themen berichtet werden soll und
5. ob und zu welchen Themen die Betreiber von Übertragungsnetzen Maßnahmen einschließlich Alternativen vorschlagen sollen, die sie zur Erfüllung ihrer Aufgaben künftig für erforderlich halten; dies kann auch Vorsorgemaßnahmen und Pilotprojekte umfassen.

(3c) [1] Betreiber von Verteilernetzen berichten der Regulierungsbehörde auf deren Anforderung über die Sicherheit, Zuverlässigkeit und Leistungsfähigkeit ihres Energieversorgungsnetzes im Sinne von § 11. [2] Absatz 3b Satz 2 ist entsprechend anzuwenden.

(4) [1] Die folgenden natürlichen oder juristischen Personen müssen den Betreibern von Elektrizitätsversorgungsnetzen auf deren Verlangen unverzüglich die Informationen einschließlich etwaiger Betriebs- und Geschäftsgeheimnisse bereitstellen, die notwendig sind, damit die Elektrizitätsversorgungsnetze sicher und zuverlässig betrieben, gewartet und ausgebaut werden können:

1. die Betreiber von Erzeugungsanlagen,
2. die Betreiber von Anlagen zur Speicherung von elektrischer Energie,
3. die Betreiber von Elektrizitätsverteilernetzen,
4. die Betreiber von Gasversorgungsnetzen,
5. industrielle und gewerbliche Letztverbraucher,
6. Anbieter von Lastmanagement und
7. Großhändler oder Lieferanten von Elektrizität.

[2] Zu den bereitzustellenden Informationen zählen insbesondere Stammdaten, Planungsdaten und Echtzeitdaten.

(5) Die Betreiber von Elektrizitätsversorgungsnetzen müssen

1. sicherstellen, dass die Betriebs- und Geschäftsgeheimnisse, die ihnen nach Absatz 4 Satz 1 zur Kenntnis gelangen, ausschließlich so zu den dort genannten Zwecken genutzt werden, dass deren unbefugte Offenbarung ausgeschlossen ist,
2. die nach Absatz 4 erhaltenen Informationen in anonymisierter Form an die Bundesnetzagentur jeweils auf deren Verlangen für die Zwecke des Monitorings nach § 51 übermitteln,
3. neben den nach Nummer 2 zu übermittelnden Informationen an die Bundesnetzagentur jeweils auf deren Verlangen weitere verfügbare und für die Zwecke des Monitorings nach § 51 erforderliche Informationen und Analysen über-

mitteln, insbesondere verfügbare Informationen und eine gemeinsam von den Betreibern von Übertragungsnetzen in einer von der Bundesnetzagentur zu bestimmenden Form zu erstellende Analyse zu den grenzüberschreitenden Verbindungsleitungen sowie zu Angebot und Nachfrage auf den europäischen Strommärkten, zu der Höhe und der Entwicklung der Gesamtlast in den Elektrizitätsversorgungsnetzen in den vergangenen zehn Jahren im Gebiet der Bundesrepublik Deutschland und zur Sicherheit, Zuverlässigkeit und Leistungsfähigkeit der Energieversorgungsnetze einschließlich des Netzbetriebs,

4. der Bundesnetzagentur jeweils auf deren Verlangen in einer von ihr zu bestimmenden Frist und Form für die Zwecke des Berichts nach § 63 Absatz 3a Informationen und Analysen zu der Mindesterzeugung insbesondere aus thermisch betriebenen Erzeugungsanlagen und aus Anlagen zur Speicherung von elektrischer Energie sowie Informationen und geeignete Analysen zur Entwicklung der Mindesterzeugung übermitteln und

5. der Bundesnetzagentur jeweils jährlich auf deren Verlangen in einer von ihr zu bestimmenden Frist und Form für die Zwecke des Monitorings nach § 51a die Unternehmen und Vereinigungen von Unternehmen nennen, die einen Stromverbrauch von mehr als 20 Gigawattstunden jährlich haben.

(5a) Die Bundesnetzagentur übermittelt die nach Absatz 5 zum Zwecke des Monitorings der Versorgungssicherheit nach § 51 und zur Erfüllung der Berichterstattungspflicht nach § 63 Absatz 2 Satz 1 Nummer 2 erhobenen Daten an das Bundesministerium für Wirtschaft und Energie auf dessen Verlangen.

(6) Die Regulierungsbehörde wird ermächtigt, nach § 29 Absatz 1 Festlegungen zu treffen zur näheren Bestimmung des Kreises der nach Absatz 4 Satz 1 Verpflichteten, zum Inhalt und zur Methodik, zu den Details der Datenweitergabe und zum Datenformat der Bereitstellung an die Betreiber von Elektrizitätsversorgungsnetzen.

(7) Die Regulierungsbehörde, das Bundesministerium für Wirtschaft und Energie sowie die Betreiber von Elektrizitätsversorgungsnetzen sollen anstelle der Abfrage nach den Absätzen 4 und 5 das Marktstammdatenregister nach § 111e nutzen, sobald und soweit ihnen das Marktstammdatenregister den Zugriff auf Daten im Sinne der Absätze 4 und 5 eröffnet.

**§ 12a[1]) Szenariorahmen für die Netzentwicklungsplanung.** (1) [1]Die Betreiber von Übertragungsnetzen mit Regelzonenverantwortung erarbeiten alle zwei Jahre einen gemeinsamen Szenariorahmen, der Grundlage für die Erarbeitung des Netzentwicklungsplans nach § 12b ist. [2]Der Szenariorahmen umfasst mindestens drei Entwicklungspfade (Szenarien), die für die mindestens kommenden zehn und höchstens 15 Jahre die Bandbreite wahrscheinlicher Entwicklungen im Rahmen der klima- und energiepolitischen Ziele der Bundesregierung abdecken. [3]Drei weitere Szenarien müssen das Jahr 2045 betrachten und eine Bandbreite von wahrscheinlichen Entwicklungen darstellen, welche sich an den gesetzlich festgelegten sowie weiteren klima- und energiepolitischen Zielen der Bundesregierung ausrichten. [4]Für den Szenariorahmen legen die Betreiber von Übertragungs-

---

[1]) § 12a eingef. mWv 4.8.2011 durch G v. 26.7.2011 (BGBl. I S. 1554); Abs. 1 Satz 1 geänd. mWv 28.12.2012 durch G v. 20.12.2012 (BGBl. I S. 2730); Abs. 1 Sätze 1–3 und Abs. 2 Satz 2 geänd., Abs. 3 Satz 2 angef. mWv 1.1.2016 durch G v. 10.12.2015 (BGBl. I S. 2194); Abs. 1 Satz 4 geänd. mWv 30.7. 2016 durch G v. 26.7.2016 (BGBl. I S. 1786); Abs. 1 Sätze 1 und 4, Abs. 2 Satz 1 geänd. mWv 17.5.2019 durch G v. 13.5.2019 (BGBl. I S. 706); Abs. 1 Satz 2 geänd., Satz 3 geänd., Satz 4 angef., Abs. 2 Satz 2, Abs. 3 Satz 2 geänd., Satz 3 angef. mWv 29.7.2022 durch G v. 19.7.2022 (BGBl. I S. 1214); Abs. 1 Satz 1 geänd. mWv 29.12.2023 durch G v. 22.12.2023 (BGBl. 2023 I Nr. 405).

netzen mit Regelzonenverantwortung angemessene Annahmen für die jeweiligen Szenarien zu Erzeugung, Versorgung, Verbrauch von Strom sowie dessen Austausch mit anderen Ländern sowie zur Spitzenkappung nach § 11 Absatz 2 zu Grunde und berücksichtigen geplante Investitionsvorhaben der europäischen Netzinfrastruktur. [5] Die Verteilernetzbetreiber werden bei der Erstellung des Szenariorahmens angemessen eingebunden.

(2) [1] Die Betreiber von Übertragungsnetzen mit Regelzonenverantwortung legen der Regulierungsbehörde den Entwurf des Szenariorahmens spätestens bis zum 10. Januar eines jeden geraden Kalenderjahres, beginnend mit dem Jahr 2016, vor. [2] Die Regulierungsbehörde macht den Entwurf des Szenariorahmens auf ihrer Internetseite öffentlich bekannt und gibt der Öffentlichkeit, einschließlich tatsächlicher und potenzieller Netznutzer, den nachgelagerten Netzbetreibern, sowie den Trägern öffentlicher Belange Gelegenheit zur Äußerung.

(3) [1] Die Regulierungsbehörde genehmigt den Szenariorahmen unter Berücksichtigung der Ergebnisse der Öffentlichkeitsbeteiligung. [2] Die Regulierungsbehörde kann nähere Bestimmungen zu Inhalt und Verfahren der Erstellung des Szenariorahmens, insbesondere zum Betrachtungszeitraum nach Absatz 1 Satz 2 und 3, treffen. [3] Die Genehmigung ist nicht selbstständig durch Dritte anfechtbar.

**§ 12b[1) Erstellung des Netzentwicklungsplans durch die Betreiber von Übertragungsnetzen.** (1) [1] Die Betreiber von Übertragungsnetzen mit Regelzonenverantwortung legen der Regulierungsbehörde auf der Grundlage des Szenariorahmens einen gemeinsamen nationalen Netzentwicklungsplan zur Bestätigung vor. [2] Der gemeinsame nationale Netzentwicklungsplan muss alle wirksamen Maßnahmen zur bedarfsgerechten Optimierung, Verstärkung und zum Ausbau des Netzes enthalten, die spätestens zum Ende der jeweiligen Betrachtungszeiträume

*(Fortsetzung nächstes Blatt)*

---

[1) § 12b eingef. mWv 4.8.2011 durch G v. 26.7.2011 (BGBl. I S. 1554); Abs. 1 Sätze 1–3 Nr. 3 Buchst. a, b, Nr. 5 geänd., Abs. 1 Satz 3 Nr. 3 Buchst. c, Nr. 6 angef., Abs. 3 Satz 3 eingef., bish. Satz 3 wird Satz 4, Abs. 5 neu gef. mWv 1.1.2016 durch G v. 10.12.2015 (BGBl. I S. 2194); Abs. 1 Satz 3 eingef., bish. Sätze 3–5 werden Sätze 4–6 mWv 30.7.2016 durch G v. 26.7.2016 (BGBl. I S. 1786); Abs. 1 Satz 4 (lt. BGBl. wohl irrtümlich „Satz 3") Nr. 6 geänd., Nr. 7 angef. mWv 1.1.2017 durch G v. 13.10.2016 (BGBl. I S. 2258); Abs. 1 Sätze 1, 3 und 4 Nr. 7, Satz 5, Abs. 3 Sätze 1, 3 und 4, Abs. 5 geänd. mWv 17.5. 2019 durch G v. 13.5.2019 (BGBl. I S. 706); Abs. 1 Sätze 2 und 4 Nr. 7, Satz 5 geänd., Abs. 3a eingef. mWv 29.7.2022 durch G v. 19.7.2022 (BGBl. I S. 1214); Abs. 3a geänd. mWv 13.10.2022 durch G v. 8.10.2022 (BGBl. I S. 1726).

in diesem Fall ist durch die Übertragungsnetzbetreiber darzulegen, dass durch eine solche anteilige Zuweisung eine möglichst zügige und effiziente Durchführung der Maßnahme erreicht werden kann. [4]Darüber hinaus kann sie insbesondere berücksichtigen

1. ob ein Vorhabenträger bereits für ein Vorhaben nach dem Energieleitungsausbaugesetz oder dem Bundesbedarfsplangesetz verantwortlich ist und die bestätigte Maßnahme mit diesem Vorhaben gemeinsam realisiert werden soll,
2. ob durch die Durchführung einer Maßnahme durch einen Vorhabenträger oder durch eine gemeinsame Durchführung der Maßnahme durch mehrere Vorhabenträger die Ziele nach Satz 2 besser erreicht werden können,
3. die personelle, technische und wirtschaftliche Leistungsfähigkeit und Zuverlässigkeit eines Vorhabenträgers,
4. die bisherigen Fortschritte eines Vorhabenträgers bei der Realisierung von Vorhaben nach dem Energieleitungsausbaugesetz und dem Bundesbedarfsplangesetz,
5. in welchem Umfang der Vorhabenträger neben der Durchführung der Maßnahme im Übrigen für Netzausbauvorhaben verantwortlich ist oder sein wird.

[5]Vorhabenträger für im Netzentwicklungsplan bestätigte Leitungen zur Höchstspannungs-Gleichstrom-Übertragung, für welche noch kein Antrag auf Bundesfachplanung nach § 6 Absatz 1 Netzausbaubeschleunigungsgesetz oder in den Fällen des § 5a des Netzausbaubeschleunigungsgesetzes kein Antrag auf Planfeststellungsschluss für das Gesamtvorhaben oder Teile davon gestellt wurde, ist im Geltungsbereich des Netzausbaubeschleunigungsgesetzes der Übertragungsnetzbetreiber, in dessen Regelzone der südliche Netzverknüpfungspunkt der Leitung gelegen ist. [6]Vorhabenträger für im Netzentwicklungsplan bestätigte Offshore-Anbindungsleitungen ist entsprechend § 17d Absatz 1 der Übertragungsnetzbetreiber, in dessen Regelzone der landseitige Netzverknüpfungspunkt gelegen ist. [7]Die Bundesnetzagentur kann bei der Bestätigung des Netzentwicklungsplans oder durch gesonderte Entscheidung abweichend von den Sätzen 5 und 6 den Vorhabenträger nach den Sätzen 1 bis 4 bestimmen, um eine möglichst zügige, effiziente und umweltschonende Durchführung der Maßnahmen sicherzustellen.

**§ 12d**[1]) **Monitoring und Controlling der Umsetzung des Netzentwicklungsplans.** [1]Über die Planung und den Stand der Umsetzung der Maßnahmen zur Optimierung, zur Verstärkung und zum Ausbau des Übertragungsnetzes einschließlich der Offshore-Anbindungsleitungen führt die Regulierungsbehörde fortlaufend ein Monitoring und führt das Bundesministerium für Wirtschaft und Klimaschutz fortlaufend ein Controlling durch. [2]Die Regulierungsbehörde und das Bundesministerium für Wirtschaft und Klimaschutz informieren hierüber regelmäßig die Öffentlichkeit. [3]Die Betreiber von Übertragungsnetzen und Offshore-Anbindungsleitungen und die Behörden stellen der Regulierungsbehörde und dem Bundesministerium für Wirtschaft und Klimaschutz die für das Monitoring oder das Controlling notwendigen Informationen in geeigneter Form zur Verfügung.

**§ 12e**[2]) **Bundesbedarfsplan.** (1) [1]Die Regulierungsbehörde übermittelt den Netzentwicklungsplan mindestens alle vier Jahre der Bundesregierung als Entwurf

---

[1]) § 12d neu gef. mWv 29.12.2023 durch G v. 22.12.2023 (BGBl. 2023 I Nr. 405).
[2]) § 12e eingef. mWv 4.8.2011 durch G v. 26.7.2011 (BGBl. I S. 1554); Abs. 4 Satz 2 geänd. mWv 5.8.2011 durch G v. 28.7.2011 (BGBl. I S. 1690); Abs. 1 Satz 1 geänd. mWv 28.12.2012 durch G v. 20.12. ➡

für einen Bundesbedarfsplan. [2] Die Bundesregierung legt den Entwurf des Bundesbedarfsplans mindestens alle vier Jahre dem Bundesgesetzgeber vor. [3] Die Regulierungsbehörde hat auch bei wesentlichen Änderungen des Netzentwicklungsplans gemäß Satz 1 zu verfahren.

(2) [1] Die Regulierungsbehörde kennzeichnet in ihrem Entwurf für einen Bundesbedarfsplan die länderübergreifenden und grenzüberschreitenden Höchstspannungsleitungen sowie die Offshore-Anbindungsleitungen. [2] Dem Entwurf ist eine Begründung beizufügen. [3] Die Vorhaben des Bundesbedarfsplans entsprechen den Zielsetzungen des § 1 dieses Gesetzes.

(3) *(aufgehoben)*

(4) [1] Mit Erlass des Bundesbedarfsplans durch den Bundesgesetzgeber wird für die darin enthaltenen Vorhaben die energiewirtschaftliche Notwendigkeit und der vordringliche Bedarf festgestellt. [2] Die Feststellungen sind für die Betreiber von Übertragungsnetzen sowie für die Planfeststellung und die Plangenehmigung nach den §§ 43 bis 43d und §§ 18 bis 24 des Netzausbaubeschleunigungsgesetzes Übertragungsnetz[1]) verbindlich.

(5) [1] Für die Änderung von Bundesbedarfsplänen gilt § 37 Satz 1 des Gesetzes über die Umweltverträglichkeitsprüfung[2]). [2] Soweit danach keine Pflicht zur Durchführung einer Strategischen Umweltprüfung besteht, findet § 12c Absatz 2 keine Anwendung.

**§ 12f[3]) Herausgabe von Daten.** (1) Die Regulierungsbehörde stellt dem Bundesministerium für Wirtschaft und Energie sowie dem Umweltbundesamt Daten, die für digitale Netzberechnungen erforderlich sind, insbesondere Einspeise- und Lastdaten sowie Impedanzen und Kapazitäten von Leitungen und Transformatoren, einschließlich unternehmensbezogener Daten und Betriebs- und Geschäftsgeheimnisse zur Verfügung, soweit dies zur Erfüllung ihrer jeweiligen Aufgaben erforderlich ist.

(2) [1] Die Regulierungsbehörde gibt auf Antrag insbesondere netzknotenpunktscharfe Einspeise- und Lastdaten sowie Informationen zu Impedanzen und Kapazitäten von Leitungen und Transformatoren an Dritte heraus, die die Fachkunde zur Überprüfung der Netzplanung und ein berechtigtes Interesse gegenüber der Regulierungsbehörde nachweisen sowie die vertrauliche Behandlung der Informationen zusichern oder die Berechtigung zum Umgang mit Verschlusssachen mit einem Geheimhaltungsgrad nach § 12g Absatz 4 in Verbindung mit § 4 des Sicherheitsüberprüfungsgesetzes[4]) haben. [2] Die Daten sind in einem standardisierten, elektronisch verarbeitbaren Format zur Verfügung zu stellen. [3] Daten, die Betriebs- und Geschäftsgeheimnisse darstellen, dürfen von der Regulierungsbehörde nicht herausgegeben werden. [4] In diesem Fall hat die Regulierungsbehörde typisierte und anonymisierte Datensätze an den Antragsteller herauszugeben.

---

*(Fortsetzung der Anm. von voriger Seite)*
2012 (BGBl. I S. 2730); Abs. 3 Satz 1 geänd. mWv 27.7.2013 durch G v. 23.7.2013 (BGBl. I S. 2543); Abs. 3 aufgeh. mWv 1.8.2014 durch G v. 21.7.2014 (BGBl. I S. 1066); Abs. 1 Sätze 1–3 geänd. mWv 1.1.2016 durch G v. 10.12.2015 (BGBl. I S. 2194); Abs. 5 Satz 1 geänd. mWv 29.7.2017 durch G v. 20.7.2017 (BGBl. I S. 2808); Abs. 1 Satz 1 geänd. mWv 4.3.2021 durch G v. 25.2.2021 (BGBl. I S. 298); Abs. 2 Satz 1 geänd. mWv 1.1.2023 durch G v. 20.7.2022 (BGBl. I S. 1325).
[1]) **Sartorius III Nr. 511.**
[2]) Nr. **295.**
[3]) § 12f eingef. mWv 4.8.2011 durch G v. 26.7.2011 (BGBl. I S. 1554); Abs. 1 geänd. mWv 1.8.2014 durch G v. 21.7.2014 (BGBl. I S. 1066).
[4]) **Sartorius III Nr. 810.**

**§ 12g**[1)] **Schutz europäisch kritischer Anlagen, Verordnungsermächtigung.** (1) [1]Zum Schutz des Übertragungsnetzes bestimmt die Regulierungsbehörde alle zwei Jahre diejenigen Anlagen oder Teile von Anlagen des Übertragungsnetzes, deren Störung oder Zerstörung erhebliche Auswirkungen in mindestens zwei Mitgliedstaaten der Europäischen Union haben kann (europäisch kritische Anlage). [2]Die Bestimmung erfolgt durch Festlegung nach dem Verfahren des § 29. [3]Zur Vorbereitung der Festlegung haben die Betreiber von Übertragungsnetzen der Regulierungsbehörde einen Bericht vorzulegen, in dem Anlagen ihres Netzes, deren Störung oder Zerstörung erhebliche Auswirkungen in mindestens zwei Mitgliedstaaten haben kann, vorgeschlagen werden und dies begründet wird. [4]Der Bericht kann auch von allen Betreibern gemeinsam erstellt und vorgelegt werden.

(2) Betreiber von Übertragungsnetzen haben zum Schutz ihrer gemäß Absatz 1 Satz 1 bestimmten Anlagen Sicherheitspläne zu erstellen sowie Sicherheitsbeauftragte zu bestimmen und der Regulierungsbehörde nachzuweisen.

(3) Die Bundesregierung wird ermächtigt, durch Rechtsverordnung[2)] ohne Zustimmung des Bundesrates Einzelheiten zu dem Verfahren der Festlegung und zum Bericht gemäß Absatz 1 sowie zu den Sicherheitsplänen und Sicherheitsbeauftragten nach Absatz 2 zu regeln.

(4) Die für die Festlegung gemäß Absatz 1 Satz 2 erforderlichen Informationen, der Bericht der Betreiber nach Absatz 1 Satz 3 sowie die Sicherheitspläne nach Absatz 2 sind als Verschlusssache mit dem geeigneten Geheimhaltungsgrad im Sinne von § 4 des Sicherheitsüberprüfungsgesetzes[3)] einzustufen.

**§ 12h**[4)] **Marktgestützte Beschaffung nicht frequenzgebundener Systemdienstleistungen.** (1) [1]Betreiber von Übertragungsnetzen mit Regelzonenverantwortung und Betreiber von Elektrizitätsverteilernetzen sind verpflichtet, für ihr jeweiliges Netz in einem transparenten, diskriminierungsfreien und marktgestützten Verfahren folgende Systemdienstleistungen zu beschaffen:

1. Dienstleistungen zur Spannungsregelung,

2. Trägheit der lokalen Netzstabilität,

3. Kurzschlussstrom,

4. dynamische Blindstromstützung,

5. Schwarzstartfähigkeit und

6. Inselbetriebsfähigkeit.

[2]Dabei darf die Beschaffung dieser Systemdienstleistungen nur erfolgen, soweit diese für einen sicheren, zuverlässigen und effizienten Netzbetrieb erforderlich sind.

(2) Betreiber von Elektrizitätsverteilernetzen haben diese Systemdienstleistungen nur zu beschaffen, soweit sie diese in ihrem eigenen Netz benötigen oder die Systemdienstleistungen im Einvernehmen mit den Betreibern von Übertragungsnetzen mit Regelzonenverantwortung beschafft werden.

---

[1)] § 12g eingef. mWv 4.8.2011 durch G v. 26.7.2011 (BGBl. I S. 1554).
[2)] Siehe die VO zum Schutz von Übertragungsnetzen v. 6.1.2012 (BGBl. I S. 69), geänd. durch VO v. 31.8.2015 (BGBl. I S. 1474).
[3)] **Sartorius III Nr. 810.**
[4)] § 12h eingef. mWv 27.11.2020 durch G v. 22.11.2020 (BGBl. I S. 2464); Abs. 9 Satz 2 eingef., bish. Sätze 2–4 werden Sätze 3–5 mWv 27.7.2021 durch G v. 16.7.2021 (BGBl. I S. 3026).

(3) Die Verpflichtung nach Absatz 1 Satz 1 ist nicht für Systemdienstleistungen aus vollständig integrierten Netzkomponenten anzuwenden.

(4) [1] Die Bundesnetzagentur kann Ausnahmen von der Verpflichtung der marktgestützten Beschaffung von Systemdienstleistungen nach § 29 Absatz 1 festlegen, wenn diese wirtschaftlich nicht effizient ist; sie kann auch einzelne Spannungsebenen ausnehmen. [2] Erstmalig trifft die Bundesnetzagentur Entscheidungen über Ausnahmen bis zum 31. Dezember 2020 ohne Anhörung. [3] Gewährt sie eine Ausnahme, überprüft sie ihre Einschätzung spätestens alle drei Jahre und veröffentlicht das Ergebnis.

(5) [1] Soweit die Bundesnetzagentur keine Ausnahmen nach Absatz 4 festlegt, hat sie die Spezifikationen und technischen Anforderungen der transparenten, diskriminierungsfreien und marktgestützten Beschaffung der jeweiligen Systemdienstleistung, vorbehaltlich des Absatzes 4, nach § 29 Absatz 1 festzulegen. [2] Die Spezifikationen und technischen Anforderungen müssen sicherstellen, dass sich alle Marktteilnehmer wirksam und diskriminierungsfrei beteiligen können; dies schließt Anbieter erneuerbarer Energien, Anbieter dezentraler Erzeugung, Anbieter von Laststeuerung und Energiespeicherung sowie Anbieter ein, die in der Aggregierung tätig sind. [3] Die Spezifikationen und technischen Anforderungen sollen sicherstellen, dass die marktgestützte Beschaffung der jeweiligen Systemdienstleistung nicht zu einer Reduzierung der Einspeisung vorrangberechtigter Elektrizität führt. [4] Die Spezifikationen und technischen Anforderungen wirken auf eine größtmögliche Effizienz der Beschaffung und des Netzbetriebs hin.

(6) [1] Statt einer Festlegung nach Absatz 5 kann die Bundesnetzagentur die Betreiber von Übertragungs- und Verteilernetzen auffordern, jeweils gemeinsam Spezifikationen und technische Anforderungen in einem transparenten Verfahren, an dem alle relevanten Netznutzer und Betreiber von Elektrizitätsversorgungsnetzen teilnehmen können, zu erarbeiten oder zu überarbeiten. [2] Diese Spezifikationen und technischen Anforderungen sind der Bundesnetzagentur zur Genehmigung vorzulegen; dabei sind die Anforderungen nach Absatz 5 Satz 2 bis 4 entsprechend anzuwenden. [3] Die Bundesnetzagentur hat von ihr genehmigte Spezifikationen und technische Anforderungen zu veröffentlichen.

(7) Die Verpflichtungen zur marktgestützten Beschaffung von Systemdienstleistungen nach Absatz 1 sind ausgesetzt, bis die Bundesnetzagentur die Spezifikationen und technischen Anforderungen erstmals nach Absatz 5 festgelegt oder nach Absatz 6 genehmigt hat.

(8) Die Betreiber von Elektrizitätsversorgungsnetzen sind verpflichtet, alle erforderlichen Informationen untereinander auszutauschen und sich abzustimmen, damit die Ressourcen optimal genutzt sowie die Netze sicher und effizient betrieben werden und die Marktentwicklung erleichtert wird.

(9) [1] Hat die Bundesnetzagentur für Systemdienstleistungen nach Absatz 1 Satz 1 Nummer 5 eine Ausnahme nach Absatz 4 festgelegt oder, sofern sie von einer Ausnahme abgesehen hat, noch keine Spezifikationen und technischen Anforderungen nach Absatz 5 festgelegt oder nach Absatz 6 genehmigt, sind die Betreiber von Übertragungsnetzen mit Regelzonenverantwortung und die Betreiber von Elektrizitätsverteilernetzen berechtigt, Betreiber von Erzeugungsanlagen oder Anlagen zur Speicherung elektrischer Energie zur Vorhaltung der Schwarzstartfähigkeit ihrer Anlagen zu verpflichten. [2] Die Verpflichtung zur Vorhaltung der Schwarzstartfähigkeit umfasst auch die Durchführung von Schwarzstartversuchen und Betriebsversuchen im Sinne der genehmigten vertraglichen Modalitäten für Anbieter von Systemdienstleistungen zum Netzwiederaufbau nach Artikel 4 Ab-

satz 2 Buchstabe b und Absatz 4 der Verordnung (EU) 2017/2196 der Kommission vom 24. November 2017 zur Festlegung eines Netzkodex über den Notzustand und den Netzwiederaufbau des Übertragungsnetzes (ABl. L 312 vom 28.11.2017, S. 54). [3] Die Verpflichtung der Betreiber der Erzeugungsanlagen oder Anlagen zur Speicherung elektrischer Energie ist erforderlich, sofern andernfalls die Sicherheit oder Zuverlässigkeit des Elektrizitätsversorgungssystems gefährdet wäre. [4] Im Falle der Verpflichtung nach Satz 1 kann der Betreiber der Erzeugungsanlage oder der Anlage zur Speicherung elektrischer Energie eine angemessene Vergütung geltend machen, die entsprechend § 13c Absatz 1 bestimmt wird. [5] § 13c Absatz 5 ist entsprechend anzuwenden.

**§ 13[1] Systemverantwortung der Betreiber von Übertragungsnetzen.**

(1) [1] Sofern die Sicherheit oder Zuverlässigkeit des Elektrizitätsversorgungssystems in der jeweiligen Regelzone gefährdet oder gestört ist, sind die Betreiber der Übertragungsnetze berechtigt und verpflichtet, die Gefährdung oder Störung zu beseitigen durch

1. netzbezogene Maßnahmen, insbesondere durch Netzschaltungen,

2. marktbezogene Maßnahmen, insbesondere durch den Einsatz von Regelenergie, Maßnahmen nach § 13a Absatz 1, vertraglich vereinbarte abschaltbare und zuschaltbare Lasten, Information über Engpässe und das Management von Engpässen sowie

3. zusätzliche Reserven, insbesondere die Netzreserve nach § 13d und die Kapazitätsreserve nach § 13e.

[2] Bei strom- und spannungsbedingten Anpassungen der Wirkleistungserzeugung oder des Wirkleistungsbezugs sind abweichend von Satz 1 von mehreren geeigneten Maßnahmen nach Satz 1 Nummer 2 und 3 die Maßnahmen auszuwählen, die voraussichtlich insgesamt die geringsten Kosten verursachen. [3] Maßnahmen gegenüber Anlagen zur Erzeugung oder Speicherung von elektrischer Energie mit einer Nennleistung unter 100 Kilowatt, die durch einen Netzbetreiber jederzeit fernsteuerbar sind, dürfen die Betreiber von Übertragungsnetzen unabhängig von den Kosten nachrangig ergreifen.

(1a) [1] Im Rahmen der Auswahlentscheidung nach Absatz 1 Satz 2 sind die Verpflichtungen nach § 11 Absatz 1 und 3 des Erneuerbare-Energien-Gesetzes[2] einzuhalten, indem für Maßnahmen zur Reduzierung der Wirkleistungserzeugung von Anlagen nach § 3 Nummer 1 des Erneuerbare-Energien-Gesetzes kalkulatorische Kosten anzusetzen sind, die anhand eines für alle Anlagen nach § 3 Nummer 1 des Erneuerbare-Energien-Gesetzes einheitlichen kalkulatorischen Preises zu bestimmen sind. [2] Der einheitliche kalkulatorische Preis ist so zu bestimmen, dass die

---

[1] § 13 neu gef. mWv 30.7.2016 durch G v. 26.7.2016 (BGBl. I S. 1786); Abs. 6a eingef., Abs. 10 angef. mWv 1.1.2017 durch G v. 13.10.2016 (BGBl. I S. 2258); Abs. 3 Satz 1 geänd. mWv 1.1.2017 durch G v. 22.12.2016 (BGBl. I S. 3106); Abs. 10 Sätze 1 und 2 geänd., Satz 4 angef. mWv 21.12.2018 durch G v. 17.12.2018 (BGBl. I S. 2549); Abs. 1 Nr. 2 geänd., Sätze 2 und 3 angef., Abs. 2 Sätze 1 und 2 geänd., Abs. 3 neu gef., Abs. 6 Satz 1 geänd. mWv 1.10.2021 durch G v. 13.5.2019 (BGBl. I S. 706, geänd. durch G v. 16.7.2021, BGBl. I S. 3026); Abs. 6a Satz 1 neu gef., Satz 2 Nr. 1 geänd., Nr. 2 neu gef., Nr. 3 geänd., Satz 4 neu gef., Satz 7 aufgeh. mWv 27.7.2021, Abs. 1a–1c eingef., Abs. 6a Satz 1 einl. Satzteil, Satz 2 Nr. 1 geänd. mWv 1.10.2021 durch G v. 16.7.2021 (BGBl. I S. 3026); Abs. 1b aufgeh. mWv 12.7. 2022 durch G v. 8.7.2022 (BGBl. I S. 1054); Abs. 1b Nr. 1 geänd. (aufgrund der vorhergehenden Änd. nicht ausführbar), Abs. 6b eingef. mWv 29.7.2022 durch G v. 19.7.2022 (BGBl. I S. 1214); Abs. 2 Satz 2 eingef., bish. Satz 2 wird Satz 3 mWv 13.10.2022 durch G v. 8.10.2022 (BGBl. I S. 1726); Abs. 6a Satz 4 geänd., Abs. 6b neu gef. mWv 29.12.2023 durch G v. 22.12.2023 (BGBl. 2023 I Nr. 405).
[2] **Sartorius ErgBd. Nr. 833.**

Reduzierung der Wirkleistungserzeugung der Anlagen nach § 3 Nummer 1 des Erneuerbare-Energien-Gesetzes nur erfolgt, wenn dadurch in der Regel ein Vielfaches an Reduzierung von nicht vorrangberechtigter Erzeugung ersetzt werden kann (Mindestfaktor). [3] Der Mindestfaktor nach Satz 2 beträgt mindestens fünf und höchstens fünfzehn; Näheres bestimmt die Bundesnetzagentur nach § 13j Absatz 5 Nummer 2.

(1b) *(aufgehoben)*

(1c) [1] Im Rahmen der Auswahlentscheidung nach Absatz 1 Satz 2 sind bei Maßnahmen zur Erhöhung der Erzeugungsleistung von Anlagen der Netzreserve nach § 13d kalkulatorische Kosten anzusetzen, die anhand eines für alle Anlagen einheitlichen kalkulatorischen Preises zu bestimmen sind. [2] Übersteigen die tatsächlichen Kosten die kalkulatorischen Kosten, sind die tatsächlichen Kosten anzusetzen. [3] Der einheitliche kalkulatorische Preis ist so zu bestimmen, dass ein Einsatz der Anlagen der Netzreserve in der Regel nachrangig zu dem Einsatz von Anlagen mit nicht vorrangberechtigter Einspeisung erfolgt und in der Regel nicht zu einer höheren Reduzierung der Wirkleistungserzeugung der Anlagen nach § 3 Nummer 1 des Erneuerbare-Energien-Gesetzes führt als bei einer Auswahlentscheidung nach den tatsächlichen Kosten. [4] Der einheitliche kalkulatorische Preis entspricht mindestens dem höchsten tatsächlichen Preis, der für die Erhöhung der Erzeugungsleistung von Anlagen mit nicht vorrangberechtigter Einspeisung, die nicht zur Netzreserve zählen, regelmäßig aufgewendet wird.

(2) [1] Lässt sich eine Gefährdung oder Störung der Sicherheit oder Zuverlässigkeit des Elektrizitätsversorgungssystems durch Maßnahmen nach Absatz 1 nicht oder nicht rechtzeitig beseitigen, so sind die Betreiber der Übertragungsnetze im Rahmen der Zusammenarbeit nach § 12 Absatz 3 berechtigt und verpflichtet, sämtliche Stromerzeugung, Stromtransite und Strombezüge in ihren Regelzonen den Erfordernissen eines sicheren und zuverlässigen Betriebs des Übertragungsnetzes anzupassen oder diese Anpassung zu verlangen. [2] Soweit die Vorbereitung und Durchführung von Anpassungsmaßnahmen nach Satz 1 die Mitwirkung der Betroffenen erfordert, sind diese verpflichtet, die notwendigen Handlungen vorzunehmen. [3] Bei einer erforderlichen Anpassung von Stromerzeugung und Strombezügen sind insbesondere die betroffenen Betreiber von Elektrizitätsverteilernetzen und Stromhändler – soweit möglich – vorab zu informieren.

(3) [1] Soweit die Einhaltung der in den Absätzen 1 und 2 genannten Verpflichtungen die Beseitigung einer Gefährdung oder Störung verhindern würde, kann ausnahmsweise von ihnen abgewichen werden. [2] Ein solcher Ausnahmefall liegt insbesondere vor, soweit die Betreiber von Übertragungsnetzen zur Gewährleistung der Sicherheit und Zuverlässigkeit des Elektrizitätsversorgungssystems auf die Mindesteinspeisung aus bestimmten Anlagen angewiesen sind und keine technisch gleich wirksame andere Maßnahme verfügbar ist (netztechnisch erforderliches Minimum). [3] Bei Maßnahmen nach den Absätzen 1 und 2 sind die Auswirkungen auf die Sicherheit und Zuverlässigkeit des Gasversorgungssystems auf Grundlage der von den Betreibern der Gasversorgungsnetze nach § 12 Absatz 4 Satz 1 bereitzustellenden Informationen angemessen zu berücksichtigen.

(4) Eine Gefährdung der Sicherheit oder Zuverlässigkeit des Elektrizitätsversorgungssystems in der jeweiligen Regelzone liegt vor, wenn örtliche Ausfälle des Übertragungsnetzes oder kurzfristige Netzengpässe zu besorgen sind oder zu besorgen ist, dass die Haltung von Frequenz, Spannung oder Stabilität durch die Betreiber von Übertragungsnetzen nicht im erforderlichen Maße gewährleistet werden kann.

(5) [1] Im Falle einer Anpassung nach Absatz 2 Satz 1 ruhen bis zur Beseitigung der Gefährdung oder Störung alle hiervon jeweils betroffenen Leistungspflichten. [2] Satz 1 führt grundsätzlich nicht zu einer Aussetzung der Abrechnung der Bilanzkreise durch den Betreiber eines Übertragungsnetzes. [3] Soweit bei Vorliegen der Voraussetzungen nach Absatz 2 Maßnahmen getroffen werden, ist insoweit die Haftung für Vermögensschäden ausgeschlossen. [4] Im Übrigen bleibt § 11 Absatz 3 unberührt. [5] Die Sätze 3 und 4 sind für Entscheidungen des Betreibers von Übertragungsnetzen im Rahmen von § 13b Absatz 5, § 13f Absatz 1 und § 16 Absatz 2a entsprechend anzuwenden.

(6) [1] Die Beschaffung von Ab- oder Zuschaltleistung über vertraglich vereinbarte ab- oder zuschaltbare Lasten nach Absatz 1 Satz 1 Nummer 2 erfolgt durch die Betreiber von Übertragungsnetzen in einem diskriminierungsfreien und transparenten Ausschreibungsverfahren, bei dem die Anforderungen, die die Anbieter von Ab- oder Zuschaltleistung für die Teilnahme erfüllen müssen, soweit dies technisch möglich ist, zu vereinheitlichen sind. [2] Die Betreiber von Übertragungsnetzen haben für die Ausschreibung von Ab- oder Zuschaltleistung aus ab- oder zuschaltbaren Lasten eine gemeinsame Internetplattform einzurichten. [3] Die Einrichtung der Plattform nach Satz 2 ist der Regulierungsbehörde anzuzeigen. [4] Die Betreiber von Übertragungsnetzen sind unter Beachtung ihrer jeweiligen Systemverantwortung verpflichtet, zur Senkung des Aufwandes für Ab- und Zuschaltleistung unter Berücksichtigung der Netzbedingungen zusammenzuarbeiten.

(6a) [1] Die Betreiber von Übertragungsnetzen können mit Betreibern von KWK-Anlagen vertragliche Vereinbarungen zur Reduzierung der Wirkleistungseinspeisung aus der KWK-Anlage und gleichzeitigen bilanziellen Lieferung von elektrischer Energie für die Aufrechterhaltung der Wärmeversorgung nach Absatz 1 Satz 1 Nummer 2 schließen, wenn die KWK-Anlage

1. technisch unter Berücksichtigung ihrer Größe und Lage im Netz geeignet ist, zur Beseitigung von Gefährdungen oder Störungen der Sicherheit oder Zuverlässigkeit des Elektrizitätsversorgungssystems aufgrund von Netzengpässen im Höchstspannungsnetz effizient beizutragen,

2. sich im Zeitpunkt des Vertragsabschlusses innerhalb der Bundesrepublik Deutschland, aber außerhalb der Südregion nach der Anlage 1 des Kohleverstromungsbeendigungsgesetzes[1)] vom 8. August 2020 (BGBl. I S. 1818), das zuletzt durch Artikel 26 Absatz 2 des Gesetzes vom 3. Juni 2021 (BGBl. I S. 1534) geändert worden ist, befindet,

3. vor dem 14. August 2020 in Betrieb genommen worden ist und

4. eine installierte elektrische Leistung von mehr als 500 Kilowatt hat.

[2] In der vertraglichen Vereinbarung nach Satz 1 ist zu regeln, dass

1. die Reduzierung der Wirkleistungseinspeisung und die bilanzielle Lieferung von elektrischer Energie zum Zweck der Aufrechterhaltung der Wärmeversorgung abweichend von § 3 Absatz 1 und 2 des Kraft-Wärme-Kopplungsgesetzes[2)] und als Maßnahme nach Absatz 1 Satz 1 Nummer 2 durchzuführen ist,

2. für die Maßnahme nach Nummer 1 zwischen dem Betreiber des Übertragungsnetzes und dem Betreiber der KWK-Anlage unter Anrechnung der bilanziellen Lieferung elektrischer Energie ein angemessener finanzieller Ausgleich zu leisten

---

[1)] **Sartorius III Nr. 340.**
[2)] **Sartorius ErgBd. Nr. 834.**

ist, der den Betreiber der KWK-Anlage wirtschaftlich weder besser noch schlechter stellt, als er ohne die Maßnahme stünde, dabei ist § 13a Absatz 2 bis 4 entsprechend anzuwenden, und

3. die erforderlichen Kosten für die Investition für die elektrische Wärmeerzeugung, sofern sie nach dem Vertragsschluss entstanden sind, vom Betreiber des Übertragungsnetzes einmalig erstattet werden.

[3] Die Betreiber der Übertragungsnetze müssen sich bei der Auswahl der KWK-Anlagen, mit denen vertragliche Vereinbarungen nach den Sätzen 1 und 2 geschlossen werden, auf die KWK-Anlagen beschränken, die kostengünstig und effizient zur Beseitigung von Netzengpässen beitragen können. [4] Die vertragliche Vereinbarung muss mindestens für fünf Jahre abgeschlossen werden und kann höchstens eine Geltungsdauer bis zum 31. Dezember 2033 haben; sie ist mindestens vier Wochen vor dem Abschluss der Bundesnetzagentur und spätestens vier Wochen nach dem Abschluss den anderen Betreibern von Übertragungsnetzen zu übermitteln. [5] Sie dürfen nur von Übertragungsnetzbetreibern aufgrund von Engpässen im Übertragungsnetz abgeschlossen werden, § 14 Absatz 1 Satz 1 findet insoweit keine Anwendung. [6] Die installierte elektrische Leistung von Wärmeerzeugern, die aufgrund einer vertraglichen Vereinbarung mit den KWK-Anlagen nach den Sätzen 1 und 2 installiert wird, darf 2 Gigawatt nicht überschreiten.

(6b) (weggefallen)

(7) [1] Über die Gründe von durchgeführten Anpassungen und Maßnahmen sind die hiervon unmittelbar Betroffenen und die Regulierungsbehörde unverzüglich zu informieren. [2] Auf Verlangen sind die vorgetragenen Gründe zu belegen.

(8) Reichen die Maßnahmen nach Absatz 2 nach Feststellung eines Betreibers von Übertragungsnetzen nicht aus, um eine Versorgungsstörung für lebenswichtigen Bedarf im Sinne des § 1 des Energiesicherungsgesetzes[1] abzuwenden, muss der Betreiber von Übertragungsnetzen unverzüglich die Regulierungsbehörde unterrichten.

(9) [1] Zur Vermeidung schwerwiegender Versorgungsstörungen müssen die Betreiber von Übertragungsnetzen alle zwei Jahre eine Schwachstellenanalyse erarbeiten und auf dieser Grundlage notwendige Maßnahmen treffen. [2] Das Personal in den Steuerstellen ist entsprechend zu unterweisen. [3] Über das Ergebnis der Schwachstellenanalyse und die notwendigen Maßnahmen hat der Betreiber eines Übertragungsnetzes alle zwei Jahre jeweils zum 31. August der Regulierungsbehörde zu berichten.

(10) [1] Die Betreiber von Übertragungsnetzen erstellen jährlich gemeinsam für die nächsten fünf Jahre eine Prognose des Umfangs von Maßnahmen nach den Absätzen 1 und 2, die aufgrund von Netzengpässen notwendig sind, und übermitteln diese jedes Jahr spätestens zum 1. Juli an die Bundesnetzagentur. [2] Die zugrunde liegenden Annahmen, Parameter und Szenarien für die Prognose nach Satz 1 sind der im jeweiligen Jahr erstellten Systemanalyse und den in dem jeweiligen Jahr oder einem Vorjahr erstellten ergänzenden Analysen nach § 3 Absatz 2 der Netzreserveverordnung zu entnehmen. [3] Die Prognose nach Satz 1 enthält eine Schätzung der Kosten. [4] Die Bundesnetzagentur veröffentlicht die Prognose nach Satz 1.

---

[1] **Sartorius III Nr. 500.**

**§ 13a[1] Erzeugungsanpassung und ihr bilanzieller und finanzieller Ausgleich.** (1) [1]Betreiber von Anlagen zur Erzeugung oder Speicherung von elektrischer Energie mit einer Nennleistung ab 100 Kilowatt sowie von Anlagen zur Erzeugung oder Speicherung von elektrischer Energie, die durch einen Netzbetreiber jederzeit fernsteuerbar sind, sind verpflichtet, auf Aufforderung durch Betreiber von Übertragungsnetzen die Wirkleistungs- oder Blindleistungserzeugung oder den Wirkleistungsbezug anzupassen oder die Anpassung zu dulden. [2]Eine Anpassung umfasst auch die Aufforderung einer Einspeisung oder eines Bezugs aus Anlagen, die

1. derzeit keine elektrische Energie erzeugen oder beziehen und erforderlichenfalls erst betriebsbereit gemacht werden müssen oder

2. zur Erfüllung der Anforderungen einer Erzeugung oder eines Bezugs eine geplante Revision verschieben müssen.

(1a) [1]Der Bilanzkreisverantwortliche der betroffenen Einspeise- oder Entnahmestelle hat einen Anspruch auf einen bilanziellen Ausgleich der Maßnahme gegen den Übertragungsnetzbetreiber, der den Betreiber der Anlage nach Absatz 1 zur Anpassung aufgefordert oder die Anpassung durchgeführt hat. [2]Der Übertragungsnetzbetreiber hat einen Anspruch gegen den Bilanzkreisverantwortlichen auf Abnahme des bilanziellen Ausgleichs. [3]Ist der Strom nach § 57 des Erneuerbare-Energien-Gesetzes[2] zu vermarkten, erfolgt der bilanzielle Ausgleich abweichend von Satz 1 mit dem Bilanzkreis, über den der Übertragungsnetzbetreiber die Vermarktung durchführt. [4]Der Übertragungsnetzbetreiber muss den Bilanzkreisverantwortlichen unverzüglich über den geplanten Zeitpunkt, den Umfang und die Dauer der Anpassung unterrichten. [5]Der Übertragungsnetzbetreiber muss den Bilanzkreisverantwortlichen und den Betreiber der Anlage nach Absatz 1 unverzüglich über die tatsächlichen Zeitpunkte, den jeweiligen Umfang, die Dauer und die Gründe der Anpassung unterrichten.

(2) [1]Eine nach Absatz 1 Satz 1 vorgenommene Anpassung ist zwischen dem Betreiber des Übertragungsnetzes und dem Betreiber der Anlage zur Erzeugung oder Speicherung von elektrischer Energie angemessen finanziell auszugleichen. [2]Der finanzielle Ausgleich ist angemessen, wenn er den Betreiber der Anlage unter Anrechnung des bilanziellen Ausgleichs nach Absatz 1a wirtschaftlich weder besser noch schlechter stellt, als er ohne die Maßnahme stünde. [3]Ein angemessener finanzieller Ausgleich nach Satz 1 umfasst folgende Bestandteile, wenn und soweit diese durch die jeweilige Anpassung der Wirkleistungs- oder Blindleistungserzeugung oder des Wirkleistungsbezugs auf Anforderung des Betreibers eines Übertragungsnetzes verursacht worden sind:

1. die notwendigen Auslagen für die tatsächlichen Anpassungen der Erzeugung (Erzeugungsauslagen) oder des Bezugs,

2. den Werteverbrauch der Anlage für die tatsächlichen Anpassungen der Erzeugung oder des Bezugs (anteiligen Werteverbrauch),

3. die nachgewiesenen entgangenen Erlösmöglichkeiten, wenn und soweit diese die Summe der nach den Nummern 1 und 2 zu erstattenden Kosten übersteigen,

---

[1] § 13a neu gef. mWv 30.7.2016 durch G v. 26.7.2016 (BGBl. I S. 1786); Überschrift, Abs. 1 neu gef., Abs. 1a eingef., Abs. 2 und 5 neu gef. mWv 1.10.2021 durch G v. 13.5.2019 (BGBl. I S. 706, geänd. durch G v. 21.12.2020, BGBl. I S. 3138); Abs. 2 Satz 3 Nr. 5 geänd. mWv 29.7.2022 durch G v. 19.7. 2022 (BGBl. I S. 1214); Abs. 1a Satz 3, Abs. 2 Satz 5 geänd. mWv 1.1.2023 durch G v. 20.7.2022 (BGBl. I S. 1237).
[2] **Sartorius ErgBd. Nr. 833.**

4. die notwendigen Auslagen für die Herstellung der Betriebsbereitschaft nach Absatz 1 Satz 2 Nummer 1 oder die Verschiebung einer geplanten Revision nach Absatz 1 Satz 2 Nummer 2 und

5. im Fall der Reduzierung der Wirkleistungserzeugung aus Anlagen nach § 3 Nummer 1 des Erneuerbare-Energien-Gesetzes oder von KWK-Strom im Sinne des § 3 Absatz 2 des Kraft-Wärme-Kopplungsgesetzes[1]) die entgangenen Einnahmen zuzüglich der zusätzlichen Aufwendungen.

[4] Ersparte Aufwendungen erstattet der Anlagenbetreiber an den zuständigen Betreiber eines Übertragungsnetzes. [5] Abweichend von Satz 2 ist der bilanzielle Ausgleich nach Absatz 1a nicht anzurechnen, wenn der Strom nach § 57 des Erneuerbare-Energien-Gesetzes zu vermarkten ist.

(3) Grundlage für die Bestimmung des anteiligen Werteverbrauchs nach Absatz 2 Satz 2 Nummer 2 sind die handelsrechtlichen Restwerte und handelsrechtlichen Restnutzungsdauern in Jahren; für die Bestimmung des anteiligen Werteverbrauchs für die Anlage oder Anlagenteile ist als Schlüssel das Verhältnis aus den anrechenbaren Betriebsstunden im Rahmen von Maßnahmen nach Absatz 1 Satz 1 und den für die Anlage bei der Investitionsentscheidung betriebswirtschaftlich geplanten Betriebsstunden zugrunde zu legen.

(4) Weitergehende Kosten, die dem Anlagenbetreiber auch ohne die Anforderung nach Absatz 1 Satz 1 entstehen, insbesondere Betriebsbereitschaftsauslagen und eine Verzinsung des gebundenen Kapitals, werden nicht erstattet.

(5) [1] Maßnahmen nach Absatz 1 erfolgen in Abstimmung mit dem Betreiber desjenigen Netzes, in das die Anlage eingebunden ist, und allen zwischengelagerten Netzbetreibern, durch die das Anschlussnetz mit dem Netz des anfordernden Netzbetreibers verbunden ist, sowie allen vorgelagerten Netzbetreibern, die durch die Maßnahme betroffen sind. [2] Trifft ein nachgelagerter Netzbetreiber in seinem Netz Maßnahmen nach Absatz 1 und konkurrieren diese Maßnahmen mit Maßnahmen des vorgelagerten Netzbetreibers nach Absatz 1, so sollen insoweit die Maßnahmen des nachgelagerten Netzbetreibers in der Regel Vorrang haben. [3] Der Betreiber eines Übertragungsnetzes, in dessen Netz die Ursache für eine Maßnahme nach Absatz 1 liegt, muss dem Netzbetreiber, der die Maßnahme ausführt oder nach § 14 Absatz 1c Satz 1 zu ihr auffordert, die Kosten für den bilanziellen und finanziellen Ausgleich nach Abzug entstandener Erlöse ersetzen, soweit kein Anspruch nach § 14 Absatz 1c Satz 2 besteht.

**§ 13b**[2]) **Stilllegungen von Anlagen.** (1) [1] Betreiber von Anlagen zur Erzeugung oder Speicherung elektrischer Energie mit einer Nennleistung ab 10 Megawatt sind verpflichtet, vorläufige oder endgültige Stilllegungen ihrer Anlage oder von Teilkapazitäten ihrer Anlage dem systemverantwortlichen Betreiber des Übertragungsnetzes und der Bundesnetzagentur möglichst frühzeitig, mindestens aber zwölf Monate vorher anzuzeigen; dabei ist anzugeben, ob und inwieweit die Stilllegung aus rechtlichen, technischen oder betriebswirtschaftlichen Gründen erfolgen soll. [2] Vorläufige und endgültige Stilllegungen ohne vorherige Anzeige und vor Ablauf der Frist nach Satz 1 sind verboten, wenn ein Weiterbetrieb technisch und rechtlich möglich ist. [3] Eine Stilllegung von Anlagen vor Ablauf der Frist nach den Sätzen 1 und 2 ist zulässig, wenn der Betreiber eines Übertragungs-

---

[1]) **Sartorius ErgBd. Nr. 834.**
[2]) § 13b neu gef. mWv 30.7.2016 durch G v. 26.7.2016 (BGBl. I S. 1786); Abs. 6 Satz 2 angef. mWv 14.8.2020 durch G v. 8.8.2020 (BGBl. I S. 1818); Abs. 5 Satz 9 geänd. mWv 27.7.2021 durch G v. 16.7. 2021 (BGBl. I S. 3026).

netzes hierdurch keine Gefährdung oder Störung der Sicherheit oder Zuverlässigkeit des Elektrizitätsversorgungssystems erwartet und er dem Anlagenbetreiber dies nach Absatz 2 Satz 1 mitgeteilt hat.

(2) [1] Der systemverantwortliche Betreiber des Übertragungsnetzes prüft nach Eingang der Anzeige einer Stilllegung nach Absatz 1 Satz 1 unverzüglich, ob die Anlage systemrelevant ist, und teilt dem Betreiber der Anlage und der Bundesnetzagentur das Ergebnis seiner Prüfung unverzüglich schriftlich oder elektronisch mit. [2] Eine Anlage ist systemrelevant, wenn ihre Stilllegung mit hinreichender Wahrscheinlichkeit zu einer nicht unerheblichen Gefährdung oder Störung der Sicherheit oder Zuverlässigkeit des Elektrizitätsversorgungssystems führen würde und diese Gefährdung oder Störung nicht durch andere angemessene Maßnahmen beseitigt werden kann. [3] Die Begründung der Notwendigkeit der Ausweisung einer systemrelevanten Anlage im Fall einer geplanten vorläufigen oder endgültigen Stilllegung soll sich aus der Systemanalyse der Betreiber von Übertragungsnetzen oder dem Bericht der Bundesnetzagentur nach § 3 der Netzreserveverordnung ergeben. [4] Die Begründung kann sich auf die Liste systemrelevanter Gaskraftwerke nach § 13f Absatz 1 stützen.

(3) [1] Mit Ausnahme von Revisionen und technisch bedingten Störungen sind vorläufige Stilllegungen Maßnahmen, die bewirken, dass die Anlage nicht mehr anfahrbereit gehalten wird, aber innerhalb eines Jahres nach Anforderung durch den Betreiber eines Übertragungsnetzes nach Absatz 4 Satz 3 wieder betriebsbereit gemacht werden kann, um eine geforderte Anpassung ihrer Einspeisung nach § 13a Absatz 1 umzusetzen. [2] Endgültige Stilllegungen sind Maßnahmen, die den Betrieb der Anlage endgültig ausschließen oder bewirken, dass eine Anpassung der Einspeisung nicht mehr innerhalb eines Jahres nach einer Anforderung nach Absatz 4 erfolgen kann, da die Anlage nicht mehr innerhalb dieses Zeitraums betriebsbereit gemacht werden kann.

(4) [1] Vorläufige Stilllegungen von Anlagen, die nach Absatz 1 Satz 1 zur vorläufigen Stilllegung angezeigt wurden, sind auch nach Ablauf der in der Anzeige genannten Frist nach Absatz 1 Satz 1 verboten, solange und soweit der systemverantwortliche Betreiber des Übertragungsnetzes die Anlage nach Absatz 2 Satz 2 als systemrelevant ausweist. [2] Die Ausweisung erfolgt für eine Dauer von 24 Monaten; zeigt der Betreiber einer Anlage für den Zeitraum nach Ablauf der 24 Monate die geplante vorläufige Stilllegung nach § 13b Absatz 1 Satz 1 erneut an und wird das Fortbestehen der Systemrelevanz der Anlage durch eine Prüfung des regelzonenverantwortlichen Betreibers eines Übertragungsnetzes festgestellt, erfolgt jede erneute Ausweisung der Anlage als systemrelevant jeweils für einen Zeitraum von bis zu 24 Monaten. [3] Der Betreiber einer Anlage, deren vorläufige Stilllegung nach Satz 1 verboten ist, muss die Betriebsbereitschaft der Anlage für Anpassungen der Einspeisung nach § 13a Absatz 1 weiter vorhalten oder wiederherstellen. [4] Der Betreiber einer vorläufig stillgelegten Anlage, die nach Absatz 2 Satz 2 systemrelevant ist, muss für die Durchführung von Maßnahmen nach § 13 Absatz 1 Nummer 2 und 3 und § 13a Absatz 1 auf Anforderung durch den Betreiber des Übertragungsnetzes und erforderlichenfalls in Abstimmung mit dem Betreiber desjenigen Netzes, in das die Anlage eingebunden ist, die Anlage betriebsbereit machen.

(5) [1] Endgültige Stilllegungen von Anlagen zur Erzeugung oder Speicherung elektrischer Energie mit einer Nennleistung ab 50 Megawatt sind auch nach Ablauf der in der Anzeige genannten Frist nach Absatz 1 Satz 1 verboten, solange und soweit

1. der systemverantwortliche Betreiber des Übertragungsnetzes die Anlage als systemrelevant ausweist,
2. die Ausweisung durch die Bundesnetzagentur genehmigt worden ist und
3. ein Weiterbetrieb technisch und rechtlich möglich ist.

[2] Der Betreiber des Übertragungsnetzes hat den Antrag auf Genehmigung der Ausweisung nach Prüfung der Anzeige einer Stilllegung unverzüglich bei der Bundesnetzagentur zu stellen und zu begründen. [3] Er hat dem Anlagenbetreiber unverzüglich eine Kopie von Antrag und Begründung zu übermitteln. [4] Die Bundesnetzagentur hat den Antrag zu genehmigen, wenn die Anlage systemrelevant nach Absatz 2 Satz 2 ist. [5] Die Genehmigung kann unter Bedingungen erteilt und mit Auflagen verbunden werden. [6] Hat die Bundesnetzagentur über den Antrag nicht innerhalb einer Frist von drei Monaten nach Vorliegen der vollständigen Unterlagen entschieden, gilt die Genehmigung als erteilt, es sei denn,

1. der Antragsteller hat einer Verlängerung der Frist zugestimmt oder
2. die Bundesnetzagentur kann wegen unrichtiger Angaben oder wegen einer nicht rechtzeitig erteilten Auskunft keine Entscheidung treffen und sie hat dies den Betroffenen vor Ablauf der Frist unter Angabe der Gründe mitgeteilt.

[7] Die Vorschriften des Verwaltungsverfahrensgesetzes über die Genehmigungsfiktion sind entsprechend anzuwenden. [8] Die Ausweisung erfolgt in dem Umfang und für den Zeitraum, der erforderlich ist, um die Gefährdung oder Störung abzuwenden. [9] Sie soll eine Dauer von 24 Monaten nicht überschreiten, es sei denn, die Systemrelevanz der Anlage wird durch eine Systemanalyse des regelzonenverantwortlichen Betreibers eines Übertragungsnetzes für einen längeren Zeitraum oder für einen Zeitpunkt, der nach dem Zeitraum von 24 Monaten liegt, nachgewiesen und von der Bundesnetzagentur bestätigt. [10] Der Betreiber des Übertragungsnetzes hat dem Betreiber der Anlage die Ausweisung mit der Begründung unverzüglich nach Genehmigung durch die Bundesnetzagentur mitzuteilen. [11] Der Betreiber einer Anlage, deren endgültige Stilllegung nach Satz 1 verboten ist, muss die Anlage zumindest in einem Zustand erhalten, der eine Anforderung zur weiteren Vorhaltung oder Wiederherstellung der Betriebsbereitschaft nach Absatz 4 ermöglicht, sowie auf Anforderung des Betreibers eines Übertragungsnetzes die Betriebsbereitschaft der Anlage für Anpassungen der Einspeisung weiter vorhalten oder wiederherstellen, soweit dies nicht technisch oder rechtlich ausgeschlossen ist.

(6) [1] Die Absätze 1 bis 5 gelten nicht für die stillzulegenden Anlagen nach § 13g. [2] § 42 des Kohleverstromungsbeendigungsgesetzes[1] bleibt unberührt.

**§ 13c[2] Vergütung bei geplanten Stilllegungen von Anlagen.** (1) [1] Fordert der Betreiber eines Übertragungsnetzes den Betreiber einer Anlage, die andernfalls auf Grund einer vorläufigen Stilllegung im erforderlichen Zeitraum nicht anfahrbereit wäre, nach § 13b Absatz 4 dazu auf, die Betriebsbereitschaft der Anlage für Anpassungen der Einspeisung weiter vorzuhalten oder wiederherzustellen, kann der Betreiber als angemessene Vergütung geltend machen:

1. die für die Vorhaltung und die Herstellung der Betriebsbereitschaft notwendigen Auslagen (Betriebsbereitschaftsauslagen); im Rahmen der Betriebsbereitschaftsauslagen

---

[1] **Sartorius III Nr. 340.**
[2] § 13c neu gef. mWv 30.7.2016 durch G v. 26.7.2016 (BGBl. I S. 1786); Abs. 5 Sätze 2 und 3 angef. mWv 29.12.2023 durch G v. 22.12.2023 (BGBl. 2023 I Nr. 405).

a) werden die einmaligen Kosten für die Herstellung der Betriebsbereitschaft der Anlage berücksichtigt; Kosten in diesem Sinn sind auch die Kosten erforderlicher immissionsschutzrechtlicher Prüfungen sowie die Kosten der Reparatur außergewöhnlicher Schäden, und

b) wird ein Leistungspreis für die Bereithaltung der betreffenden Anlage gewährt; hierbei werden die Kosten berücksichtigt, die dem Betreiber zusätzlich und fortlaufend auf Grund der Vorhaltung der Anlage für die Netzreserve nach § 13d entstehen; der Leistungspreis kann als pauschalierter Betrag (Euro je Megawatt) zu Vertragsbeginn auf Grundlage von jeweils ermittelten Erfahrungswerten der Anlage festgelegt werden; die Bundesnetzagentur kann die der Anlage zurechenbaren Gemeinkosten eines Betreibers bis zu einer Höhe von 5 Prozent der übrigen Kosten dieser Nummer pauschal anerkennen; der Nachweis höherer Gemeinkosten durch den Betreiber ist möglich;

2. die Erzeugungsauslagen und

3. den anteiligen Werteverbrauch.

² Betriebsbereitschaftsauslagen nach Satz 1 Nummer 1 sind zu erstatten, wenn und soweit diese ab dem Zeitpunkt der Ausweisung der Systemrelevanz der Anlage durch den Betreiber eines Übertragungsnetzes anfallen und der Vorhaltung und dem Einsatz als Netzreserve im Sinne von § 13d Absatz 1 Satz 1 zu dienen bestimmt sind. ³ Grundlage für die Bestimmung des anteiligen Werteverbrauchs nach Satz 1 Nummer 3 sind die handelsrechtlichen Restwerte und handelsrechtlichen Restnutzungsdauern in Jahren; für die Bestimmung des anteiligen Werteverbrauchs für die Anlage oder Anlagenteile ist als Schlüssel das Verhältnis aus den anrechenbaren Betriebsstunden im Rahmen nach Maßnahmen nach § 13a Absatz 1 Satz 2 und den für die Anlage bei der Investitionsentscheidung betriebswirtschaftlich geplanten Betriebsstunden zugrunde zu legen. ⁴ Im Rahmen der Erzeugungsauslagen wird ein Arbeitspreis in Form der notwendigen Auslagen für eine Einspeisung der Anlage gewährt.

(2) ¹ Nimmt der Betreiber der Anlage im Sinn von § 13b Absatz 4 Satz 1 den Betreiber des Übertragungsnetzes auf Zahlung von Betriebsbereitschaftsauslagen nach Absatz 1 Satz 1 Nummer 1 in Anspruch, darf ab diesem Zeitpunkt die Anlage für die Dauer der Ausweisung der Anlage als systemrelevant durch den Betreiber eines Übertragungsnetzes ausschließlich nach Maßgabe der von den Betreibern von Übertragungsnetzen angeforderten Systemsicherheitsmaßnahmen betrieben werden. ² Wird die Anlage nach Ablauf der Dauer der Ausweisung als systemrelevant wieder eigenständig an den Strommärkten eingesetzt, ist der Restwert der investiven Vorteile, die der Betreiber der Anlage erhalten hat, zu erstatten. ³ Maßgeblich ist der Restwert zu dem Zeitpunkt, ab dem die Anlage wieder eigenständig an den Strommärkten eingesetzt wird.

(3) ¹ Der Betreiber einer Anlage, deren endgültige Stilllegung nach § 13b Absatz 5 Satz 1 verboten ist, kann als angemessene Vergütung für die Verpflichtung nach § 13b Absatz 5 Satz 11 von dem jeweiligen Betreiber eines Übertragungsnetzes geltend machen:

1. die Kosten für erforderliche Erhaltungsmaßnahmen nach § 13b Absatz 5 Satz 11 (Erhaltungsauslagen),

2. die Betriebsbereitschaftsauslagen im Sinn von Absatz 1 Satz 1 Nummer 1 und Satz 2,

3. Erzeugungsauslagen im Sinne von Absatz 1 Satz 1 Nummer 2 und Satz 4 und

4. Opportunitätskosten in Form einer angemessenen Verzinsung für bestehende Anlagen, wenn und soweit eine verlängerte Kapitalbindung in Form von

Grundstücken und weiterverwertbaren technischen Anlagen oder Anlagenteilen auf Grund der Verpflichtung für die Netzreserve besteht.

[2] Erhaltungs- und Betriebsbereitschaftsauslagen nach Satz 1 Nummer 1 und 2 sind zu erstatten, wenn und soweit diese ab dem Zeitpunkt der Ausweisung der Systemrelevanz durch den Betreiber eines Übertragungsnetzes nach § 13b Absatz 5 anfallen und der Vorhaltung und dem Einsatz als Netzreserve zu dienen bestimmt sind. [3] Der Werteverbrauch der weiterverwertbaren technischen Anlagen oder der Anlagenteile ist nur erstattungsfähig, wenn und soweit die technischen Anlagen in der Netzreserve tatsächlich eingesetzt werden; für die Bestimmung des anteiligen Werteverbrauchs ist Absatz 1 Satz 3 anzuwenden. [4] Weitergehende Kosten, insbesondere Kosten, die auch im Fall einer endgültigen Stilllegung angefallen wären, sind nicht erstattungsfähig.

(4) [1] Nimmt der Betreiber der Anlage, deren endgültige Stilllegung nach § 13b Absatz 5 Satz 1 verboten ist, den Betreiber des Übertragungsnetzes auf Zahlung der Erhaltungsauslagen oder der Betriebsbereitschaftsauslagen nach Absatz 3 Satz 1 Nummer 1 und 2 sowie Satz 2 in Anspruch, darf die Anlage bis zu ihrer endgültigen Stilllegung ausschließlich nach Maßgabe der von den Betreibern von Übertragungsnetzen angeforderten Systemsicherheitsmaßnahmen betrieben werden. [2] Wird die Anlage endgültig stillgelegt, so ist der Restwert der investiven Vorteile bei wiederverwertbaren Anlagenteilen, die der Betreiber der Anlage im Rahmen der Erhaltungsauslagen nach Absatz 3 Satz 1 Nummer 1 und der Betriebsbereitschaftsauslagen im Sinne von Absatz 1 Satz 1 Nummer 1 erhalten hat, zu erstatten. [3] Maßgeblich ist der Restwert zu dem Zeitpunkt, ab dem die Anlage nicht mehr als Netzreserve vorgehalten wird. [4] Der Umfang der Vergütung nach Absatz 3 wird in den jeweiligen Verträgen zwischen den Betreibern der Anlagen und den Betreibern der Übertragungsnetze auf Grundlage der Kostenstruktur der jeweiligen Anlage nach Abstimmung mit der Bundesnetzagentur festgelegt.

(5) [1] Die durch die Absätze 1 bis 4 entstehenden Kosten der Betreiber von Übertragungsnetzen werden nach Festlegung der Bundesnetzagentur zu einer freiwilligen Selbstverpflichtung der Betreiber von Übertragungsnetzen nach § 11 Absatz 2 Satz 4 und § 32 Absatz 1 Nummer 4 der Anreizregulierungsverordnung in der jeweils geltenden Fassung als verfahrensregulierte Kosten nach Maßgabe der hierfür geltenden Vorgaben anerkannt. [2] Die Bundesnetzagentur kann zur geeigneten und angemessenen Berücksichtigung der bei den Betreibern von Übertragungsnetzen anfallenden Kosten in den Netzentgelten Festlegungen nach § 21a treffen. [3] Dabei kann sie auch von Regelungen in Rechtsverordnungen, die auf Grund des § 21a oder des § 24 dieses Gesetzes in der bis zum Ablauf des 28. Dezember 2023 geltenden Fassung erlassen wurden, abweichen oder ergänzende Regelungen treffen.

(6) Die Absätze 1 bis 5 gelten nicht für die stillzulegenden Anlagen nach § 13g.

**§ 13d**[1] **Netzreserve.** (1) [1] Die Betreiber von Übertragungsnetzen halten nach § 13b Absatz 4 und 5 sowie nach Maßgabe der Netzreserveverordnung Anlagen zum Zweck der Gewährleistung der Sicherheit und Zuverlässigkeit des Elektrizitätsversorgungssystems insbesondere für die Bewirtschaftung von Netzengpässen und für die Spannungshaltung und zur Sicherstellung eines möglichen Versorgungswiederaufbaus vor (Netzreserve). [2] Die Netzreserve wird gebildet aus

---

[1] § 13d eingef. mWv 30.7.2016 durch G v. 26.7.2016 (BGBl. I S. 1786).

1. Anlagen, die derzeit nicht betriebsbereit sind und auf Grund ihrer Systemrelevanz auf Anforderung der Betreiber von Übertragungsnetzen wieder betriebsbereit gemacht werden müssen,

2. systemrelevanten Anlagen, für die die Betreiber eine vorläufige oder endgültige Stilllegung nach § 13b Absatz 1 Satz 1 angezeigt haben, und

3. geeigneten Anlagen im europäischen Ausland.

(2) [1] Betreiber von bestehenden Anlagen, die als Netzreserve zur Gewährleistung der Sicherheit und Zuverlässigkeit des Elektrizitätsversorgungssystems verpflichtet worden sind, können unter den Voraussetzungen des § 13e und den Regelungen der Rechtsverordnung nach § 13h auch an dem Verfahren der Beschaffung der Kapazitätsreserve teilnehmen. [2] Sind bestehende Anlagen der Netzreserve im Rahmen des Beschaffungsverfahrens erfolgreich, erhalten sie ihre Vergütung ausschließlich nach den Bestimmungen zur Kapazitätsreserve. [3] Sie müssen weiterhin auf Anweisung der Betreiber von Übertragungsnetzen ihre Einspeisung nach § 13a Absatz 1 sowie § 7 der Netzreserveverordnung anpassen.

(3) [1] Unbeschadet der gesetzlichen Verpflichtungen erfolgen die Bildung der Netzreserve und der Einsatz der Anlagen der Netzreserve auf Grundlage des Abschlusses von Verträgen zwischen Betreibern von Übertragungsnetzen und Anlagenbetreibern in Abstimmung mit der Bundesnetzagentur nach Maßgabe der Bestimmungen der Netzreserveverordnung. [2] Erzeugungsanlagen im Ausland können nach den Vorgaben der Rechtsverordnung nach § 13i Absatz 3 vertraglich gebunden werden.

**§ 13e**[1]**) Kapazitätsreserve.** (1) [1] Die Betreiber von Übertragungsnetzen halten Reserveleistung vor, um im Fall einer Gefährdung oder Störung der Sicherheit oder Zuverlässigkeit des Elektrizitätsversorgungssystems Leistungsbilanzdefizite infolge des nicht vollständigen Ausgleichs von Angebot und Nachfrage an den Strommärkten im deutschen Netzregelverbund auszugleichen (Kapazitätsreserve). [2] Die Kapazitätsreserve wird ab dem Winterhalbjahr 2020/2021 außerhalb der Strommärkte gebildet. [3] Die Anlagen der Kapazitätsreserve speisen ausschließlich auf Anforderung der Betreiber von Übertragungsnetzen ein. [4] Für die Kapazitätsreserve steht die Reduktion des Wirkleistungsbezugs der Einspeisung von Wirkleistung gleich.

(2) [1] Die Bildung der Kapazitätsreserve erfolgt im Rahmen eines wettbewerblichen Ausschreibungsverfahrens oder eines diesem hinsichtlich Transparenz und Nichtdiskriminierung gleichwertigen wettbewerblichen Verfahrens (Beschaffungsverfahren). [2] Die Betreiber der Übertragungsnetze führen das Beschaffungsverfahren ab dem Jahr 2019 in regelmäßigen Abständen durch. [3] In der Kapazitätsreserve werden Anlagen mit folgender Reserveleistung gebunden:

1. für die Leistungserbringung ab dem Winterhalbjahr 2020/2021 eine Reserveleistung von 2 Gigawatt,

2. für die Leistungserbringung ab dem Winterhalbjahr 2022/2023 eine Reserveleistung in Höhe von 2 Gigawatt vorbehaltlich einer Anpassung nach Absatz 5.

---

[1]) § 13e eingef. mWv 30.7.2016 durch G v. 26.7.2016 (BGBl. I S. 1786); Abs. 1 Satz 2 geänd., Satz 4 angef., Abs. 2 Sätze 2 und 3 Nr. 1 und 2, Abs. 3 Satz 2 einl. Satzteil geänd., Satz 3 aufgeh., bish. Sätze 4–7 werden Sätze 3–6, neue Sätze 4 und 5 geänd. mWv 21.12.2018 durch G v. 17.12.2018 (BGBl. I S. 2549); Abs. 6 angef. mWv 29.7.2022 durch G v. 19.7.2022 (BGBl. I S. 1214); Abs. 3 Satz 4 geänd., Sätze 5 und 6 aufgeh., Abs. 4 Satz 1 Nr. 2 geänd. mWv 29.12.2023 durch G v. 22.12.2023 (BGBl. 2023 I Nr. 405).

[4] Anlagen können wiederholt an dem Beschaffungsverfahren teilnehmen und in der Kapazitätsreserve gebunden werden.

(3) [1] Die Betreiber der Anlagen der Kapazitätsreserve erhalten eine jährliche Vergütung, deren Höhe im Rahmen des Beschaffungsverfahrens nach Absatz 2 ermittelt wird. [2] Die Vergütung umfasst alle Kosten, soweit sie nicht aufgrund einer Verordnung nach § 13h gesondert erstattet werden, einschließlich der Kosten für

1. die Vorhaltung der Anlage, die auch die Kosten für den Stromverbrauch der Anlage selbst, für auf Grund anderer gesetzlicher Vorschriften notwendige Anfahrvorgänge sowie für die Instandhaltung der Anlage und Nachbesserungen umfassen, sowie

2. den Werteverbrauch durch den Einsatz der Anlage.

[3] Die Betreiber von Übertragungsnetzen dürfen die ihnen auf Grund der Durchführung der Rechtsverordnung nach § 13h entstehenden Kosten nach Abzug der entstehenden Erlöse über die Netzentgelte geltend machen. [4] Die Kosten nach Satz 3 gelten als dauerhaft nicht beeinflussbare Kostenanteile nach § 11 Absatz 2 Satz 1 der Anreizregulierungsverordnung, sofern die Bundesnetzagentur im Wege einer Festlegung nach § 21a keine anderen Regelungen getroffen hat.

(4) [1] Die Betreiber von Anlagen, die in der Kapazitätsreserve gebunden sind,

1. dürfen die Leistung oder Arbeit dieser Anlagen weder ganz noch teilweise auf den Strommärkten veräußern (Vermarktungsverbot) und

2. müssen diese Anlagen endgültig stilllegen, sobald die Anlagen nicht mehr in der Kapazitätsreserve gebunden sind (Rückkehrverbot), wobei Absatz 2 Satz 4 sowie die Regelungen zur Stilllegung von Erzeugungsanlagen nach den §§ 13b und 13c sowie zur Netzreserve nach § 13d unberührt bleiben.

[2] Das Vermarktungsverbot und das Rückkehrverbot gelten auch für Rechtsnachfolger des Betreibers sowie im Fall einer Veräußerung der Anlage für deren Erwerber sowie für die Betreiber von Übertragungsnetzen.

(5) [1] Das Bundesministerium für Wirtschaft und Energie überprüft den Umfang der Kapazitätsreserve bis zum 31. Oktober 2018 und dann mindestens alle zwei Jahre auf Basis des Berichts zum Monitoring der Versorgungssicherheit nach § 63 Absatz 2 Satz 1 Nummer 2 und entscheidet, ob eine Anpassung des Umfangs erforderlich ist. [2] Die Entscheidung ist zu begründen und zu veröffentlichen. [3] Eine eventuell erforderliche Anpassung des Umfangs der Kapazitätsreserve erfolgt durch oder auf Grund der Rechtsverordnung nach § 13h oder durch Festlegung der Bundesnetzagentur nach § 13j Absatz 4. [4] Eine Entscheidung, durch die die gebundene Reserveleistung 5 Prozent der durchschnittlichen Jahreshöchstlast im Gebiet der Bundesrepublik Deutschland übersteigen würde, darf nur durch Rechtsverordnung nach § 13h ergehen; diese Rechtsverordnung bedarf der Zustimmung des Bundestages. [5] Der zugrunde zu legende Wert der durchschnittlichen Jahreshöchstlast errechnet sich als Durchschnittswert der für das Gebiet der Bundesrepublik Deutschland für das Jahr, in dem die Erhöhung erstmals stattfinden soll, sowie das Folgejahr prognostizierten Jahreshöchstlast. [6] Die Prognosen sind aus dem jährlichen Bericht der Bundesnetzagentur nach § 3 Absatz 1 der Netzreserveverordnung zu entnehmen. [7] Der Jahreshöchstlastwert umfasst auch Netzverluste.

(6) Schließen die Betreiber von Übertragungsnetzen innerhalb von drei aufeinanderfolgenden Jahren keine neuen wirksamen Verträge für den Einsatz von Anlagen in der Kapazitätsreserve, dürfen sie keine Beschaffungsverfahren nach Absatz 2 durchführen.

**§ 13f[1] Systemrelevante Gaskraftwerke.** (1) [1]Betreiber von Übertragungsnetzen können eine Anlage zur Erzeugung von elektrischer Energie aus Gas mit einer Nennleistung ab 50 Megawatt ganz oder teilweise als systemrelevantes Gaskraftwerk ausweisen, soweit eine Einschränkung der Gasversorgung dieser Anlage mit hinreichender Wahrscheinlichkeit zu einer nicht unerheblichen Gefährdung oder Störung der Sicherheit oder Zuverlässigkeit des Elektrizitätsversorgungssystems führt. [2]Die Ausweisung erfolgt in dem Umfang und für den Zeitraum, der erforderlich ist, um die Gefährdung oder Störung abzuwenden. [3]Sie soll eine Dauer von 24 Monaten nicht überschreiten, es sei denn, die Systemrelevanz der Anlage wird durch eine Systemanalyse des regelzonenverantwortlichen Betreibers eines Übertragungsnetzes für einen längeren Zeitraum nachgewiesen und von der Bundesnetzagentur bestätigt. [4]Die Ausweisung bedarf der Genehmigung der Bundesnetzagentur. [5]Der Betreiber des Übertragungsnetzes hat den Antrag auf Genehmigung unverzüglich nach der Ausweisung bei der Bundesnetzagentur zu stellen und zu begründen. [6]Er hat dem Anlagenbetreiber unverzüglich eine Kopie von Antrag und Begründung zu übermitteln. [7]Die Bundesnetzagentur hat den Antrag zu genehmigen, wenn die Anlage systemrelevant im Sinne der Sätze 1 und 2 ist. [8]§ 13b Absatz 5 Satz 5 bis 7 ist entsprechend anzuwenden. [9]Der Betreiber des Übertragungsnetzes hat die Ausweisung eines systemrelevanten Gaskraftwerks nach Genehmigung durch die Bundesnetzagentur unverzüglich dem Betreiber der Anlage, den betroffenen Betreibern von Gasversorgungsnetzen sowie dem Betreiber des Elektrizitätsversorgungsnetzes, an das die Anlage angeschlossen ist, mitzuteilen und zu begründen. [10]Die Betreiber von Übertragungsnetzen haben eine Liste mit den systemrelevanten Kraftwerken aufzustellen, diese Liste, falls erforderlich, zu aktualisieren und der Bundesnetzagentur unverzüglich vorzulegen.

(2) [1]Soweit die Ausweisung einer Anlage genehmigt worden ist, sind Betreiber der Erzeugungsanlagen verpflichtet, soweit technisch und rechtlich möglich sowie wirtschaftlich zumutbar, eine Absicherung der Leistung im erforderlichen Umfang durch Inanspruchnahme der vorhandenen Möglichkeiten für einen Brennstoffwechsel vorzunehmen. [2]Fallen bei dem Betreiber der Erzeugungsanlage in diesem Zusammenhang Mehrkosten für einen Brennstoffwechsel an, sind diese durch den jeweiligen Betreiber eines Übertragungsnetzes zu erstatten. [3]Soweit ein Brennstoffwechsel nicht möglich ist, ist dies gegenüber der Bundesnetzagentur zu begründen und kurzfristig dazulegen, mit welchen anderen Optimierungs- oder Ausbaumaßnahmen der Kapazitätsbedarf befriedigt werden kann. [4]Die durch den Brennstoffwechsel oder andere Optimierungs- oder Ausbaumaßnahmen entstehenden Kosten des Betreibers von Übertragungsnetzen werden durch Festlegung der Bundesnetzagentur zu einer freiwilligen Selbstverpflichtung der Betreiber von Übertragungsnetzen nach § 11 Absatz 2 Satz 4 und § 32 Absatz 1 Nummer 4 der Anreizregulierungsverordnung in ihrer jeweils geltenden Fassung als verfahrensregulierte Kosten nach Maßgabe der hierfür geltenden Vorgaben anerkannt, sofern die Bundesnetzagentur im Wege einer Festlegung nach § 21a keine anderen Regelungen getroffen hat. [5]Die Bundesnetzagentur kann zur geeigneten und angemessenen Berücksichtigung der bei den Betreibern von Übertragungsnetzen anfallenden Kosten in den Netzentgelten Festlegungen nach § 21a treffen. [6]Dabei kann sie auch von Regelungen in Rechtsverordnungen, die auf Grund des § 21a oder des § 24 dieses Gesetzes in der bis zum Ablauf des 28. Dezember 2023

---

[1] § 13f eingef. mWv 30.7.2016 durch G v. 26.7.2016 (BGBl. I S. 1786); Abs. 2 Satz 4 geänd. Sätze 5 und 6 angef. mWv 29.12.2023 durch G v. 22.12.2023 (BGBl. 2023 I Nr. 405).

geltenden Fassung erlassen wurden, abweichen oder ergänzende Regelungen treffen.

**§ 13g**[1] **Stilllegung von Braunkohlekraftwerken.** (1) [1]Als Beitrag zur Erreichung der nationalen und europäischen Klimaschutzziele müssen die folgenden Erzeugungsanlagen bis zu dem genannten Kalendertag vorläufig stillgelegt werden (stillzulegende Anlagen), um die Kohlendioxidemissionen im Bereich der Elektrizitätsversorgung zu verringern:

1. bis zum 1. Oktober 2016: Kraftwerk Buschhaus,
2. bis zum 1. Oktober 2017:
   a) Block P des Kraftwerks Frimmersdorf und
   b) Block Q des Kraftwerks Frimmersdorf,
3. bis zum 1. Oktober 2018:
   a) Block E des Kraftwerks Niederaußem,
   b) Block F des Kraftwerks Niederaußem und
   c) Block F des Kraftwerks Jänschwalde,
4. bis zum 1. Oktober 2019:
   a) Block C des Kraftwerks Neurath und
   b) Block E des Kraftwerks Jänschwalde.

[2]Die stillzulegenden Anlagen dürfen jeweils ab dem in Satz 1 genannten Kalendertag für vier Jahre nicht endgültig stillgelegt werden. [3]Nach Ablauf der vier Jahre müssen sie endgültig stillgelegt werden.

(2) [1]Die stillzulegenden Anlagen stehen jeweils ab dem in Absatz 1 Satz 1 genannten Kalendertag bis zu ihrer endgültigen Stilllegung ausschließlich für Anforderungen der Betreiber von Übertragungsnetzen nach Maßgabe des § 1 Absatz 6 der Elektrizitätssicherungsverordnung zur Verfügung (Sicherheitsbereitschaft). [2]Dabei dürfen die Betreiber von Übertragungsnetzen die stillzulegenden Anlagen nur entsprechend den zeitlichen Vorgaben nach Absatz 3 Satz 1 anfordern.

(3) [1]Während der Sicherheitsbereitschaft müssen die Betreiber der stillzulegenden Anlagen jederzeit sicherstellen, dass die stillzulegenden Anlagen die folgenden Voraussetzungen erfüllen:

1. die stillzulegenden Anlagen müssen bei einer Vorwarnung durch den zuständigen Betreiber eines Übertragungsnetzes innerhalb von 240 Stunden betriebsbereit sein und
2. die stillzulegenden Anlagen müssen nach Herstellung ihrer Betriebsbereitschaft ab Anforderung durch den zuständigen Betreiber eines Übertragungsnetzes innerhalb von 11 Stunden auf Mindestteilleistung und innerhalb von weiteren 13 Stunden auf Nettonennleistung angefahren werden können.

[2]Die Betreiber der stillzulegenden Anlagen müssen dem zuständigen Betreiber eines Übertragungsnetzes vor Beginn der Sicherheitsbereitschaft nachweisen, dass ihre stillzulegenden Anlagen die Voraussetzungen nach Satz 1 Nummer 2 erfüllen.

---

[1] § 13g eingef. mWv 30.7.2016 durch G v. 26.7.2016 (BGBl. I S. 1786); Abs. 7 Satz 9 geänd. mWv 1.1.2017 durch G v. 22.12.2016 (BGBl. I S. 3106); Abs. 7 Satz 10 geänd. mWv 21.12.2018 durch G v. 17.12.2018 (BGBl. I S. 2549); Abs. 8 Satz 1 geänd. mWv 27.6.2020 durch VO v. 19.6.2020 (BGBl. I S. 1328); Abs. 9 angef. mWv 14.8.2020 durch G v. 8.8.2020 (BGBl. I S. 1818); Abs. 9 aufgeh. mWv 1.1.2021 durch G v. 21.12.2020 (BGBl. I S. 3138); Abs. 7 Sätze 7 und 9 geänd., Satz 10 aufgeh. mWv 29.12.2023 durch G v. 22.12.2023 (BGBl. 2023 I Nr. 405).

(4) [1] Während der Sicherheitsbereitschaft darf in den stillzulegenden Anlagen Strom nur im Fall eines Einsatzes nach Absatz 2 Satz 1 oder im Fall eines mit dem zuständigen Betreiber eines Übertragungsnetzes abgestimmten Probestarts erzeugt werden. [2] Die Betreiber von Übertragungsnetzen müssen die aus den stillzulegenden Anlagen eingespeisten Strommengen in ihren Bilanzkreisen führen, dürfen die Strommengen aber nicht auf den Strommärkten veräußern. [3] Die Betreiber von Übertragungsnetzen informieren die Marktteilnehmer unverzüglich und auf geeignete Art und Weise über die Vorwarnung und die Anforderung zur Einspeisung einer stillzulegenden Anlage.

(5) [1] Die Betreiber der stillzulegenden Anlagen erhalten für die Sicherheitsbereitschaft und die Stilllegung einer Anlage eine Vergütung nach Maßgabe des Absatzes 7 Satz 1 bis 4 in Höhe der Erlöse, die sie mit der stillzulegenden Anlage in den Strommärkten während der Sicherheitsbereitschaft erzielt hätten, abzüglich der kurzfristig variablen Erzeugungskosten. [2] Die Höhe der Vergütung für jede stillzulegende Anlage ergibt sich aus der Formel in der Anlage zu diesem Gesetz. [3] Wenn eine stillzulegende Anlage bei einer Vorwarnung durch den Betreiber eines Übertragungsnetzes nicht innerhalb von 288 Stunden ab der Vorwarnung nach Absatz 3 Satz 1 Nummer 1 betriebsbereit ist oder nicht innerhalb der Anfahrzeiten nach Absatz 3 Satz 1 Nummer 2 die angeforderte Leistung im Bereich der üblichen Schwankungen einspeist, verringert sich die Vergütung für die stillzulegende Anlage

1. auf null ab dem 13. Tag, wenn und solange die Voraussetzungen aus arbeitsschutz- oder immissionsschutzrechtlichen Gründen nicht erfüllt werden, oder

2. um jeweils 10 Prozent in einem Jahr der Sicherheitsbereitschaft, wenn die Voraussetzungen aus anderen Gründen nicht erfüllt werden.

[4] Wenn eine stillzulegende Anlage die Voraussetzungen der Sicherheitsbereitschaft vorübergehend nicht erfüllen kann, verringert sich die Vergütung ebenfalls ab dem 13. Tag solange auf null, bis die Voraussetzungen wieder erfüllt werden können. [5] Dies gilt nicht für mit dem Betreiber eines Übertragungsnetzes abgestimmte Wartungs- und Instandsetzungsarbeiten. [6] Unbeschadet der Sätze 1 bis 5 werden den Betreibern der stillzulegenden Anlagen nach Maßgabe des Absatzes 7 Satz 5 die im Fall einer Vorwarnung oder der Anforderung zur Einspeisung durch den Betreiber eines Übertragungsnetzes oder im Fall eines Probestarts entstehenden Erzeugungsauslagen erstattet.

(6) [1] Eine stillzulegende Anlage kann abweichend von Absatz 1 Satz 2 mit Ablauf des ersten Jahres der Sicherheitsbereitschaft endgültig stillgelegt werden, wenn der Betreiber das dem zuständigen Betreiber eines Übertragungsnetzes spätestens ein halbes Jahr vorher anzeigt. [2] Der Betreiber der vorzeitig endgültig stillgelegten Anlage erhält nach der vorzeitigen endgültigen Stilllegung nur noch eine einmalige Abschlussvergütung nach Maßgabe des Absatzes 7 Satz 1, 2 und 6. [3] Diese Abschlussvergütung wird pauschal festgesetzt und entspricht der Vergütung, die dem Betreiber für die stillzulegende Anlage im ersten Jahr der Sicherheitsbereitschaft erstattet wurde. [4] Unbeschadet des Satzes 1 kann eine stillzulegende Anlage auf Antrag des Betreibers und nach Genehmigung durch die Bundesnetzagentur jederzeit endgültig stillgelegt werden, wenn sie die Voraussetzungen der Sicherheitsbereitschaft dauerhaft nicht oder nur unter unverhältnismäßigem Aufwand erfüllen kann; in diesem Fall entfällt mit Wirkung ab der endgültigen Stilllegung der Vergütungsanspruch nach Absatz 5 für diese stillzulegende Anlage; die Sätze 2 und 3 finden in diesem Fall keine Anwendung.

(7) [1] Die Höhe der Vergütung nach Absatz 5 oder 6 wird durch die Bundesnetzagentur festgesetzt. [2] Der Betreiber einer stillzulegenden Anlage hat gegen den zuständigen Betreiber eines Übertragungsnetzes einen Vergütungsanspruch in der von der Bundesnetzagentur festgesetzten Höhe. [3] Die Vergütung nach Absatz 5 Satz 1 und 2 wird jährlich im Voraus gezahlt, zahlbar monatlich in zwölf gleichen Abschlägen. [4] Die endgültige Abrechnung eines Bereitschaftsjahres erfolgt – soweit erforderlich – spätestens zum 1. Januar des folgenden Kalenderjahres. [5] Die Erzeugungsauslagen nach Absatz 5 Satz 6 werden von den Betreibern der Übertragungsnetze nach Ablauf eines Bereitschaftsjahres spätestens zum 1. Januar des folgenden Kalenderjahres gesondert erstattet. [6] Die Vergütung nach Absatz 6 wird nach Ablauf des ersten Bereitschaftsjahres spätestens zum 1. Januar des folgenden Kalenderjahres abgerechnet. [7] Die Betreiber von Übertragungsnetzen rechnen Bilanzkreisunterspeisungen und Bilanzkreisüberspeisungen für die Fahrplanviertelstunden, in denen eine Anforderung zur Einspeisung erfolgt ist, im Rahmen der Ausgleichsenergieabrechnung nach § 8 Absatz 2 der Stromnetzzugangsverordnung in der bis zum 29. Dezember 2023 geltenden Fassung oder nach den Vorgaben einer Festlegung nach § 20 Absatz 3 ab. [8] Die Betreiber von Übertragungsnetzen dürfen die ihnen nach den Absätzen 5 und 6 entstehenden Kosten nach Abzug der entstehenden Erlöse über die Netzentgelte geltend machen. [9] Die Kosten mit Ausnahme der Erzeugungsauslagen nach Absatz 5 Satz 6 gelten als dauerhaft nicht beeinflussbare Kostenanteile nach § 11 Absatz 2 Satz 1 der Anreizregulierungsverordnung, sofern die Bundesnetzagentur im Wege einer Festlegung nach § 21a keine anderen Regelungen getroffen hat.

(8) [1] Das Bundesministerium für Wirtschaft und Energie überprüft im Einvernehmen mit dem Bundesministerium für Umwelt, Naturschutz und nukleare Sicherheit bis zum 30. Juni 2018, in welchem Umfang Kohlendioxidemissionen durch die Stilllegung der stillzulegenden Anlagen zusätzlich eingespart werden. [2] Sofern bei der Überprüfung zum 30. Juni 2018 absehbar ist, dass durch die Stilllegung der stillzulegenden Anlagen nicht 12,5 Millionen Tonnen Kohlendioxidemissionen ab dem Jahr 2020 zusätzlich eingespart werden, legt jeder Betreiber von stillzulegenden Anlagen bis zum 31. Dezember 2018 in Abstimmung mit dem Bundesministerium für Wirtschaft und Energie einen Vorschlag vor, mit welchen geeigneten zusätzlichen Maßnahmen er beginnend ab dem Jahr 2019 jährlich zusätzliche Kohlendioxidemissionen einsparen wird. [3] Die zusätzlichen Maßnahmen aller Betreiber von stillzulegenden Anlagen müssen insgesamt dazu führen, dass dadurch zusammen mit der Stilllegung der stillzulegenden Anlagen 12,5 Millionen Tonnen Kohlendioxid im Jahr 2020 zusätzlich eingespart werden, wobei die Betreiber gemeinsam zusätzlich zu den Einsparungen durch die Stilllegung der stillzulegenden Anlagen nicht mehr als insgesamt 1,5 Millionen Tonnen Kohlendioxid einsparen müssen. [4] Sofern keine Einigung zu den zusätzlichen Maßnahmen erreicht wird, kann die Bundesregierung nach Anhörung der Betreiber durch Rechtsverordnung nach § 13i Absatz 5 weitere Maßnahmen zur Kohlendioxideinsparung in der Braunkohlewirtschaft erlassen.

**§ 13h** [1)] **Verordnungsermächtigung zur Kapazitätsreserve.** (1) Zur näheren Bestimmung der Kapazitätsreserve nach § 13e wird das Bundesministerium für

---

[1)] § 13h eingef. mWv 30.7.2016 durch G v. 26.7.2016 (BGBl. I S. 1786); Abs. 1 Nr. 21 geänd. mWv 1.1.2017 durch G v. 22.12.2016 (BGBl. I S. 3106); Abs. 1 Nr. 7 Buchst. e, Nr. 10 geänd., Nr. 11 neu gef., Nr. 12 aufgeh., bish. Nr. 13–15 werden Nr. 12–14, bish. Nr. 16 wird Nr. 15 und geänd., bish. Nr. 17 wird Nr. 16, bish. Nr. 18 wird Nr. 17 und Buchst. b einl. Satzteil geänd., bish. Nr. 19–24 werden Nr. 18– ➡

Wirtschaft und Energie ermächtigt, durch Rechtsverordnung, die nicht der Zustimmung des Bundesrates bedarf, insbesondere Regelungen vorzusehen

1. zur Konkretisierung der Anlagen, aus denen Reserveleistung für die Kapazitätsreserve gebunden werden kann,

2. zu der Menge an Reserveleistung, die in der Kapazitätsreserve gebunden wird, und zu den Zeitpunkten der Leistungserbringung, abweichend von § 13e Absatz 2 Satz 3 und bis zur Grenze nach § 13e Absatz 5 Satz 4,

3. zur Anpassung des Umfangs der Kapazitätsreserve in Ergänzung zu den Anforderungen in § 13e Absatz 5,

4. zum Verhältnis der Kapazitätsreserve zu netz- und marktbezogenen Maßnahmen nach § 13 sowie zu den Anlagen der Netzreserve im Sinne des § 13d Absatz 1,

5. zu der Aktivierung und dem Abruf (Einsatz) der Anlagen, insbesondere um zu gewährleisten, dass die Anlagen der Kapazitätsreserve elektrische Energie ausschließlich auf Anforderung der Betreiber von Übertragungsnetzen einspeisen und die Betreiber der Anlagen die Reserveleistung nicht an den Strommärkten veräußern,

6. zu Art, Zeitpunkt, Zeitraum sowie Häufigkeit, Form und Inhalt des Beschaffungsverfahrens, insbesondere

   a) zu der jeweils zu beschaffenden Reserveleistung,

   b) zur zeitlichen Staffelung der zu beschaffenden Reserveleistung in Teilmengen,

   c) zu den Vorlaufzeiten und zu den Zeitpunkten der tatsächlichen Bereitstellung der Reserveleistung, die nach bestehenden oder neu zu errichtenden Kapazitätsreserveanlagen differenziert werden können,

   d) zur Preisbildung für die Bereitstellung und die Verfügbarkeit der Reserveleistung, einschließlich der Festlegung von Mindest- und Höchstpreisen,

   e) zum Ablauf des Beschaffungsverfahrens,

   f) zur Nachbeschaffung von Reserveleistung, insbesondere wenn die insgesamt zu beschaffende Reserveleistung voraussichtlich nicht erreicht wird, ein Vertrag während der Verpflichtung zur Vorhaltung der Reserveleistung beendet wird oder die Funktionsprüfung trotz Nachbesserungsmöglichkeit nicht erfolgreich ist,

7. zu den Anforderungen für die Teilnahme an dem Beschaffungsverfahren und für die Anlagen, insbesondere

   a) Mindestanforderungen an die Eignung der Teilnehmer,

   b) Anforderungen an die Lage, Größe und die Eignung der Anlagen oder Teilkapazitäten der Anlage, um die Sicherheit und Zuverlässigkeit des Elektrizitätsversorgungssystems im Fall von Leistungsbilanzdefiziten zu gewährleisten,

   c) Anforderungen zur Netz- oder Systemintegration der Anlagen der Kapazitätsreserve,

   d) Anforderungen an das Vorliegen von Genehmigungen bei Anlagen,

   e) Anforderungen an die Anlagen zur Einhaltung des Rückkehrverbotes sowie zu Art, Form, Inhalt und Höhe von Sicherheiten, die von allen Teilnehmern

*(Fortsetzung der Anm. von voriger Seite)*
23, Abs. 2 geänd. mWv 21.12.2018 durch G v. 17.12.2018 (BGBl. I S. 2549); Abs. 1 Nr. 21 geänd. mWv 26.11.2019 durch G v. 20.11.2019 (BGBl. I S. 1626).

des Beschaffungsverfahrens oder im Fall der Zuschlagserteilung zu leisten sind, um eine Inbetriebnahme sowie die Vorhaltung und den Einsatz der Anlage der Kapazitätsreserve sicherzustellen und zu gewährleisten, dass die Anlagen der Kapazitätsreserve bis zu ihrer endgültigen Stilllegung auch im Fall einer Veräußerung der Anlage nur außerhalb der Strommärkte eingesetzt werden, sowie Anforderungen an die entsprechenden Regelungen zur teilweisen oder vollständigen Rückgewährung dieser Sicherheiten,

f) festzulegen, wie Teilnehmer an dem Beschaffungsverfahren die Einhaltung der Anforderungen nach den Buchstaben a bis e nachweisen müssen,

8. zu Form, Inhalt und Zeitpunkt der Zuschlagserteilung bei einem Beschaffungsverfahren und zu den Kriterien für die Zuschlagserteilung,

9. zur Berücksichtigung der durch die Kapazitätsreserve entstehenden Kosten der Betreiber von Übertragungsnetzen und zu den Anforderungen an einen Kostenausgleichsmechanismus zwischen den Betreibern der Übertragungsnetze,

10. zu der durch einen Zuschlag vergebenen Vergütung einschließlich der Vergütungsbestandteile, insbesondere zu regeln, dass die Vergütung für die Vorhaltung der Reserveleistung als Leistungspreis in Euro pro Megawatt zu zahlen ist,

11. zu den Kosten, die den Betreibern von Anlagen der Kapazitätsreserve gesondert zu erstatten sind, zur Abgrenzung zwischen erstattungsfähigen Kostenpositionen, nicht erstattungsfähigen Kostenpositionen und Vergütungsbestandteilen sowie zur Abgeltung der Kosten durch einen pauschalen Vergütungssatz,

12. zum Verfahren der Abrechnung der Kosten für die Vorhaltung und den Einsatz der Anlagen der Kapazitätsreserve durch die Betreiber der Übertragungsnetze,

13. zum Verfahren der Anpassung bestehender Verträge bei der Erteilung eines Zuschlags für Anlagen, die nach § 13a Absatz 1, § 13b oder § 13d sowie der Netzreserveverordnung als Netzreserve verpflichtet und an das Netz angeschlossen sind,

14. zur Dauer der vertraglichen Verpflichtung bei bestehenden und neu zu errichtenden Anlagen der Kapazitätsreserve,

15. zu der Art, den Kriterien, den Bedingungen, dem Umfang und der Reihenfolge des Einsatzes der Anlagen der Kapazitätsreserve, einschließlich des Einsatzes geeigneter Anlagen der Kapazitätsreserve für die Netzreserve, durch die Betreiber der Übertragungsnetze,

16. zur Sicherstellung, dass die Anlagen der Kapazitätsreserve den Betreibern der Übertragungsnetze im Bedarfsfall für den Einsatz zur Verfügung stehen, sowie zur Vermeidung von Wettbewerbsverzerrungen auf den Strommärkten, einschließlich der Untersagung des Betriebs der Anlage,

17. zu den Anforderungen, die bei Anlagen der Kapazitätsreserve sicherstellen sollen, dass die Anlagen von den Betreibern der Übertragungsnetze im Bedarfsfall eingesetzt werden können, insbesondere für den Fall, dass eine Anlage nicht oder verspätet aktiviert worden ist oder nicht in einem ausreichenden Umfang einspeist, und zu den Anforderungen, die bei neu zu errichtenden Anlagen die Inbetriebnahme sicherstellen sollen, insbesondere für den Fall, dass eine Anlage nicht oder verspätet in Betrieb genommen worden ist,

a) zu einem Verfahren für Probeabrufe, für einen Funktionstest der Anlagen und für Nachbesserungen in angemessener Frist, um die Betriebsbereitschaft und rechtzeitige Aktivierbarkeit der Anlagen zu gewährleisten, insbesondere

aa) die Möglichkeit vorzusehen, einen Vertrag mit einem Betreiber einer Anlage bei Vorliegen wichtiger Gründe zu beenden, bb) Regelungen zur nachträglichen Beschaffung von Anlagen der Kapazitätsreserve vorzusehen und

cc) eine Pflicht zu einer Geldzahlung oder zur Reduzierung der Vergütung vorzusehen und deren Höhe und die Voraussetzungen für die Zahlungspflicht zu regeln,

b) zum Vorgehen bei erfolglosen Probeabrufen, Funktionstests oder Einsätzen, insbesondere

aa) bei der unterlassenen oder verspäteten Aktivierung einer Anlage oder bei der unterlassenen Inbetriebnahme einer neu errichteten Anlage eine Pflicht zu einer Geldzahlung vorzusehen und deren Höhe und die Voraussetzungen für die Zahlungspflicht zu regeln,

bb) Kriterien für einen Ausschluss von Bietern bei künftigen Beschaffungen der Kapazitätsreserve zu regeln und

cc) die Möglichkeit vorzusehen, die im Rahmen des Beschaffungsverfahrens zu zahlende Vergütung nach Ablauf einer angemessenen Frist nicht mehr zu zahlen oder zu verringern und danach die Reserveleistung erneut zu vergeben, oder die Dauer oder Höhe der Vergütung nach Ablauf einer angemessenen Frist zu verringern,

18. zu der Art, der Form und dem Inhalt der Veröffentlichungen der Bekanntmachung von Beschaffungsverfahren, der abgegebenen Gebote und den Ergebnissen der Beschaffungsverfahren,

19. zu den Informationen, die zur Durchführung der Nummern 1 bis 14 zu übermitteln sind, und zum Schutz der in diesem Zusammenhang übermittelten Betriebs- und Geschäftsgeheimnisse,

20. zur Bestimmung, wie der nach § 13e Absatz 5 Satz 5 bis 7 zugrunde zu legende Wert der durchschnittlichen Jahreshöchstlast berechnet wird und worauf er sich bezieht,

21. welche Daten übermittelt werden müssen und wer als Verantwortlicher zur Übermittlung verpflichtet ist,

22. zur Gewährleistung von Datensicherheit und Datenschutz; dies umfasst insbesondere Regelungen zum Schutz personenbezogener Daten im Zusammenhang mit den nach Nummer 18 zu übermittelnden Daten einschließlich Aufklärungs-, Auskunfts- und Löschungspflichten,

23. zu Art und Form der Veröffentlichung und Zustellung von Entscheidungen der Bundesnetzagentur im Anwendungsbereich der Rechtsverordnung nach diesem Absatz, insbesondere eine öffentliche Bekanntmachung vorzusehen.

(2) Das Bundesministerium für Wirtschaft und Energie wird ermächtigt, durch Rechtsverordnung, die nicht der Zustimmung des Bundesrates bedarf, die Bundesnetzagentur zu ermächtigen, im Anwendungsbereich der Kapazitätsreserve zur näheren Bestimmung der Regelungen nach Absatz 1 Nummer 1 bis 20 Festlegungen nach § 29 Absatz 1 zu treffen.

**§ 13i[1] Weitere Verordnungsermächtigungen.** (1), (2) (weggefallen)

---

[1] § 13i eingef. mWv 30.7.2016 durch G v. 26.7.2016 (BGBl. I S. 1786); Abs. 2 Satz 4, Abs. 3 Nr. 2 geänd., Nr. 3 angef. mWv 1.1.2017 durch G v. 13.10.2016 (BGBl. I S. 2258); Abs. 2 Satz 6 geänd. mWv 1.1.2017 durch G v. 22.12.2016 (BGBl. I S. 3106); Abs. 3 Nr. 1 Buchst. e und f geänd., Buchst. g angef. mWv 1.10.2021 durch G v. 13.5.2019 (BGBl. I S. 706); Abs. 3 Nr. 3 geänd. mWv 1.1.2021 durch G v. 21.12.2020 (BGBl. I S. 3138); Abs. 2 Satz 6 geänd. mWv 1.1.2023 durch G v. 20.7.2022 (BGBl. I S. 1237); Abs. 1 und 2 neu gef. mWv 29.12.2023 durch G v. 22.12.2023 (BGBl. 2023 I Nr. 405).

(3) Die Bundesregierung wird ermächtigt, durch Rechtsverordnungen, die nicht der Zustimmung des Bundesrates bedürfen,

1. Bestimmungen zu treffen

   a) zur näheren Bestimmung des Adressatenkreises nach § 13a Absatz 1 und § 13b Absatz 4 und 5,

   b) zur näheren Bestimmung der Kriterien einer systemrelevanten Anlage nach § 13b Absatz 2 Satz 2,

   c) zu den Kriterien vorläufiger und endgültiger Stilllegungen und zu dem Umgang mit geplanten Stilllegungen von Erzeugungsanlagen nach den §§ 13b und 13c,

   d) zu den Verpflichtungen der Betreiber von Anlagen zur Erzeugung oder Speicherung elektrischer Energie im Sinne von § 13a Absatz 1 und § 13b Absatz 4 und 5,

   e) zu der Vergütung bei geplanten Stilllegungen von Anlagen, abweichend von § 13c, und den Kriterien einer angemessenen Vergütung bei geplanten Stilllegungen von Erzeugungsanlagen nach § 13c,

   f) zum Einsatz von Anlagen in dem Vierjahreszeitraum nach § 13c Absatz 2 sowie

   g) zur Berechnung des finanziellen Ausgleichs nach § 13a Absatz 2 Satz 3 Nummer 5,

2. Regelungen vorzusehen für ein transparentes Verfahren zur Bildung und zur Beschaffung einer Netzreserve aus Anlagen nach § 13d Absatz 1 zum Zwecke der Gewährleistung der Sicherheit und Zuverlässigkeit des Elektrizitätsversorgungssystems, zu den Kriterien einer angemessenen Vergütung, zu den Anforderungen an diese Anlagen sowie zu dem Einsatz der Anlagen in der Netzreserve; hierbei können für die Einbeziehung neu zu errichtender Anlagen auch regionale Kernanteile und Ausschreibungsverfahren vorgesehen werden,

3. Regelungen zu vertraglichen Vereinbarungen nach § 13 Absatz 6a vorzusehen, insbesondere Regelungen für die Auswahl der geeigneten KWK-Anlagen festzulegen.

(4) In Rechtsverordnungen nach Absatz 3 können der Bundesnetzagentur Kompetenzen übertragen werden im Zusammenhang mit der Festlegung des erforderlichen Bedarfs an Netzreserve sowie zum Verfahren und zu möglichen Präqualifikationsbedingungen für den in Absatz 3 Nummer 2 genannten Beschaffungsprozess.

(5) [1]Die Bundesregierung wird ermächtigt, durch Rechtsverordnung, die nicht der Zustimmung des Bundesrates bedarf, Regelungen zur weiteren Einsparung von bis zu 1,5 Millionen Tonnen Kohlendioxid zusätzlich im Jahr 2020 in der Braunkohlewirtschaft nach Maßgabe des § 13g Absatz 8 vorzusehen, wenn und soweit das zur Erreichung der angestrebten Kohlendioxideinsparung in der Braunkohlewirtschaft von 12,5 Millionen Tonnen zusätzlich im Jahr 2020 erforderlich ist. [2]Durch die Regelungen der Verordnung muss sichergestellt werden, dass die zusätzliche Einsparung von 12,5 Millionen Tonnen Kohlendioxid im Jahr 2020 so weit wie möglich erreicht wird, die Betreiber gemeinsam aber insgesamt nicht mehr als 1,5 Millionen Tonnen Kohlendioxid zusätzlich im Jahr 2020 einsparen müssen.

**§ 13j**[1]) **Festlegungskompetenzen.** (1) [1] Die Regulierungsbehörde wird ermächtigt, nach § 29 Absatz 1 Festlegungen zu treffen zur näheren Bestimmung des Adressatenkreises nach § 13a Absatz 1 Satz 1, zu erforderlichen technischen Anforderungen, die gegenüber den Betreibern betroffener Anlagen aufzustellen sind, zu Methodik und Datenformat der Anforderung durch den Betreiber von Übertragungsnetzen. [2] Zur Bestimmung des finanziellen Ausgleichs nach § 13a Absatz 2 kann die Regulierungsbehörde weitere Vorgaben im Wege einer Festlegung nach § 29 Absatz 1 machen, insbesondere

1. dass sich die Art und Höhe des finanziellen Ausgleichs danach unterscheiden, ob es sich um eine Wirk- oder Blindleistungseinspeisung oder einen Wirkleistungsbezug oder um eine leistungserhöhende oder leistungsreduzierende Maßnahme handelt,

2. zu einer vereinfachten Bestimmung der notwendigen Auslagen für die tatsächlichen Anpassungen der Einspeisung (Erzeugungsauslagen) oder des Bezugs nach § 13a Absatz 2 Satz 2 Nummer 1; der finanzielle Ausgleich nach § 13a Absatz 2 Satz 3 Nummer 1 kann ganz oder teilweise als Pauschale für vergleichbare Kraftwerkstypen ausgestaltet werden, wobei der pauschale finanzielle Ausgleich die individuell zuzurechnenden Kosten im Einzelfall nicht abdecken muss; für die Typisierung sind geeignete technische Kriterien heranzuziehen; die Regulierungsbehörde kann vorsehen, dass in Einzelfällen, in denen der pauschale finanzielle Ausgleich eine unbillige Härte darstellen würde und ein Anlagenbetreiber individuell höhere zurechenbare Auslagen nachweist, die über *der pauschale finanzielle Ausgleich*[2]) hinausgehenden Kosten erstattet werden können,

3. zu der Ermittlung der anrechenbaren Betriebsstunden nach § 13a Absatz 3,

4. zu der Ermittlung und zu dem Nachweis der entgangenen Erlösmöglichkeiten nach § 13a Absatz 2 Satz 3 Nummer 3, wobei zwischen Erzeugungsanlagen und Anlagen zur Speicherung elektrischer Energie unterschieden werden kann,

5. zu der Bemessung der ersparten Erzeugungsaufwendungen nach § 13a Absatz 2 Satz 4 und

6. zu einer vereinfachten Bestimmung der zum Zeitpunkt der Investitionsentscheidung betriebswirtschaftlich geplanten Betriebsstunden nach § 13a Absatz 3; die betriebswirtschaftlich geplanten Betriebsstunden können als Pauschale für vergleichbare Kraftwerkstypen ausgestaltet werden; dabei sind die üblichen Betriebsstunden eines vergleichbaren Kraftwerkstyps zum Zeitpunkt der Investitionsentscheidung zugrunde zu legen.

[3] Die Regulierungsbehörde erhebt bei den Betreibern von Anlagen zur Erzeugung oder Speicherung elektrischer Energie die für die Festlegungen nach Satz 2 und für die Prüfung der angemessenen Vergütung notwendigen Daten einschließlich etwaiger Betriebs- und Geschäftsgeheimnisse. [4] Die Betreiber sind insoweit zur Auskunft verpflichtet. [5] Die Regulierungsbehörde kann Festlegungen nach § 29 Absatz 1 zu dem Umfang, Zeitpunkt und der Form der zu erhebenden und mitzuteilenden Daten, insbesondere zu den zulässigen Datenträgern und Übertragungswegen, treffen.

---

[1]) § 13j eingef. mWv 30.7.2016 durch G v. 26.7.2016 (BGBl. I S. 1786); Abs. 5 aufgeh. mWv 22.7. 2017 durch G v. 17.7.2017 (BGBl. I S. 2503); Abs. 4 geänd. mWv 21.12.2018 durch G v. 17.12.2018 (BGBl. I S. 2549); Abs. 1 Satz 2 einl. Satzteil, Nr. 1, 2, 4 und 5 geänd., Abs. 2 Nr. 1a eingef., Nr. 2 geänd. mWv 1.10.2021, Abs. 5 und 6 angef. mWv 17.5.2019 durch G v. 13.5.2019 (BGBl. I S. 706); Abs. 7 angef. mWv 27.7.2021 durch G v. 16.7.2021 (BGBl. I S. 3026); Abs. 6 neu gef. mWv 12.7.2022 durch G v. 8.7.2022 (BGBl. I S. 1054).

[2]) Wortlaut amtlich.

(2) Die Bundesnetzagentur kann durch Festlegung nach § 29 Absatz 1 nähere Bestimmungen treffen,

1. in welchem Umfang, in welcher Form und innerhalb welcher Frist die Netzbetreiber Maßnahmen nach § 13 Absatz 1 und 2, deren Gründe und die zugrunde liegenden vertraglichen Regelungen der Bundesnetzagentur mitteilen und auf einer gemeinsamen Internetplattform veröffentlichen müssen,

1a. in welchen Verfahren, Fristen und welcher Form die Unterrichtung nach § 13a Absatz 1a Satz 4 und 5 vorzunehmen ist,

2. zu den Kriterien für die nach § 13 Absatz 3 Satz 1 geltenden Ausnahmefälle,

3. zur näheren Ausgestaltung und Abgrenzung der Gründe für Stilllegungen nach § 13b Absatz 1 Satz 1 zweiter Halbsatz,

4. zur Ermittlung der anrechenbaren Betriebsstunden nach § 13c Absatz 1 Satz 3 und Absatz 3 Satz 3 zweiter Halbsatz,

5. zu den Kriterien eines systemrelevanten Gaskraftwerks nach § 13f Absatz 1,

6. zur Form der Ausweisung von systemrelevanten Gaskraftwerken nach § 13f Absatz 1 und zur nachträglichen Anpassung an neuere Erkenntnisse,

7. zur Begründung und Nachweisführung nach § 13f,

8. zur angemessenen Erstattung von Mehrkosten nach § 13f Absatz 2 Satz 2, die auch nach pauschalierten Maßgaben erfolgen kann, und

9. zur näheren Bestimmung der Verpflichteten nach § 13f Absatz 2.

(3) [1]Solange und soweit der Verordnungsgeber nach § 13i Absatz 3 keine abweichenden Regelungen getroffen hat, wird die Regulierungsbehörde ermächtigt, nach § 29 Absatz 1 Festlegungen zu den in § 13i Absatz 3 Nummer 1 genannten Punkten zu treffen. [2]Die Regulierungsbehörde wird darüber hinaus ermächtigt, nach § 29 Absatz 1 Festlegungen zu treffen

1. zu erforderlichen technischen und zeitlichen Anforderungen, die gegenüber den nach § 13a Absatz 1 und § 13b Absatz 1, 4 und 5 betroffenen Betreibern von Erzeugungsanlagen aufzustellen sind,

2. zur Methodik und zum Datenformat der Anforderung durch Betreiber von Übertragungsnetzen,

3. zur Form der Ausweisung nach § 13b Absatz 2 und Absatz 5 Satz 1 sowie zur nachträglichen Anpassung an neuere Erkenntnisse und

4. zur Begründung und Nachweisführung nach den §§ 13b und 13c.

(4) Die Bundesnetzagentur kann den Umfang der Kapazitätsreserve nach Maßgabe der Rechtsverordnung nach § 13h durch Festlegung nach § 29 Absatz 1 anpassen, wenn eine Entscheidung nach § 13e Absatz 5 dies vorsieht oder eine Entscheidung der Europäischen Kommission über die beihilferechtliche Genehmigung der Kapazitätsreserve einen geringeren Umfang vorsieht.

(5) Die Bundesnetzagentur kann durch Festlegungen nach § 29 Absatz 1 insbesondere unter Berücksichtigung der Ziele des § 1 frühestens mit Wirkung zum 1. Oktober 2021 nähere Bestimmungen treffen zu

1. einem abweichenden kalkulatorischen Mindestpreis nach § 13 Absatz 1c Satz 4 in der auf Grund des Artikels 1 Nummer 9 des Gesetzes vom 13. Mai 2019 (BGBl. I S. 706) ab dem 1. Oktober 2021 geltenden Fassung,

2. der Bestimmung der kalkulatorischen Kosten und kalkulatorischen Preise nach § 13 Absatz 1a bis 1c in der auf Grund des Artikels 1 Nummer 9 des Gesetzes vom 13. Mai 2019 (BGBl. I S. 706) ab dem 1. Oktober 2021 geltenden Fassung, einschließlich Vorgaben zur Veröffentlichung durch die Netzbetreiber, und

3. dem bilanziellen Ausgleich nach § 13a Absatz 1a in der auf Grund des Artikels 1 Nummer 10 des Gesetzes vom 13. Mai 2019 (BGBl. I S. 706) ab dem 1. Oktober 2021 geltenden Fassung.

(6) [1] Die Bundesnetzagentur erlässt durch Festlegungen nach § 29 Absatz 1 insbesondere unter Berücksichtigung der Ziele des § 1 nähere Bestimmungen zu dem Mindestfaktor nach § 13 Absatz 1a, wobei dieser nicht weniger als das Fünffache und nicht mehr als das Fünfzehnfache betragen darf. [2] Die Festlegung des Mindestfaktors nach Satz 1 erfolgt im Einvernehmen mit dem Umweltbundesamt.

(7) [1] Die Bundesnetzagentur kann durch Festlegungen nach § 29 Absatz 1 unter besonderer Berücksichtigung der Ziele des § 1 abweichend von § 13 Absatz 6a Satz 5 bestimmen, dass Betreiber eines Elektrizitätsverteilernetzes, an das mindestens 100 000 Kunden unmittelbar oder mittelbar angeschlossen sind, vertragliche Vereinbarungen nach § 13 Absatz 6a unter entsprechender Anwendung der dortigen Vorgaben zur Beseitigung von Engpässen in ihrem Hochspannungsnetz schließen können. [2] Hierzu kann sie nähere Bestimmungen zu Inhalt und Verfahren treffen, insbesondere

1. über Art und Umfang des Nachweises, ob die Anlage nach § 13 Absatz 6a Satz 1 Nummer 1 geeignet ist, zur Beseitigung von Gefährdungen oder Störungen der Sicherheit oder Zuverlässigkeit des Elektrizitätsversorgungssystems aufgrund von Netzengpässen im Hochspannungsnetz des Verteilernetzbetreibers effizient beizutragen,
2. über Ausnahmen von den Vorgaben des § 13 Absatz 6a Satz 1 Nummer 2,
3. über den Nachweis, dass weder das Netz während der Dauer der Vertragslaufzeit im erforderlichen Umfang nach dem Stand der Technik optimiert, verstärkt oder ausgebaut werden kann noch andere geeignete Maßnahmen zur effizienten Beseitigung des Engpasses verfügbar sind,
4. dass der Betreiber des Übertragungsnetzes, in dessen Netz das Elektrizitätsverteilernetz unmittelbar oder mittelbar technisch eingebunden ist, der Vereinbarung zustimmt, wobei die Zustimmung nur aus netztechnischen Gründen verweigert werden kann und,
5. dass der Betreiber der KWK-Anlage nicht im Sinne des Artikels 3 Absatz 2 der Verordnung (EG) Nr. 139/2004 des Rates vom 20. Januar 2004 über die Kontrolle von Unternehmenszusammenschlüssen (ABl. L 24 vom 29.1.2004, S. 1) mit dem Betreiber eines Elektrizitätsverteilernetzes verbunden sein darf.

[3] Die Ermächtigung nach Satz 1 ist darauf beschränkt, dass Netzengpässe im Sinne des § 13 Absatz 6a Satz 1 Nummer 1 und Satz 5 im Hochspannungsnetz auftreten.

**§ 13k**[1] **Nutzen statt Abregeln.** (1) Um eine Reduzierung der Wirkleistungserzeugung von Anlagen nach § 3 Nummer 1 des Erneuerbare-Energien-Gesetzes[2] wegen strombedingter Engpässe zu verringern, müssen Betreiber von Übertragungsnetzen mit Regelzonenverantwortung berechtigten Teilnehmern nach Maßgabe der Absätze 2 bis 7 ab dem 1. Oktober 2024 ermöglichen, Strommengen in zusätzlichen zuschaltbaren Lasten zu nutzen.

(2) [1] Zu diesem Zweck bestimmen Betreiber von Übertragungsnetzen mit Regelzonenverantwortung die stündlichen Strommengen aus Anlagen nach § 3 Nummer 1 des Erneuerbare-Energien-Gesetzes, die am Tag der Erfüllung der Handelsgeschäfte der vortägigen Auktion voraussichtlich wegen strombedingter

---

[1] § 13k neu gef. mWv 29.12.2023 durch G v. 22.12.2023 (BGBl. 2023 I Nr. 405).
[2] **Sartorius ErgBd. Nr. 833.**

Engpässe im Übertragungsnetz reduziert werden müssten (Abregelungsstrommengen). [2]Sie bestimmen durch tägliche wettbewerbliche Ausschreibungen, die frühestens zwei Tage und spätestens zwei Stunden vor Handelsschluss der vortägigen Auktion am Spotmarkt einer Strombörse durchgeführt werden, welche der berechtigten Teilnehmer in welcher Höhe und zu welchem Zeitpunkt Abregelungsstrommengen nutzen. [3]Abweichend von Satz 2 können die Betreiber von Übertragungsnetzen mit Regelzonenverantwortung in einer maximal zweijährigen Erprobungsphase ab dem 1. Oktober 2024 die Zuteilung der Abregelungsstrommengen durch ein vereinfachtes pauschaliertes Zuteilungsverfahren bestimmen.

(3) [1]Berechtigte Teilnehmer sind ausschließlich Betreiber von registrierten zusätzlich zuschaltbaren Lasten in Entlastungsregionen (Entlastungsanlagen) oder Aggregatoren solcher Anlagen. [2]Eine Teilnahme ist ausgeschlossen für Entlastungsanlagen, für die eine vertragliche Vereinbarung nach § 13 Absatz 6a zwischen Betreibern von Übertragungsnetzen mit Betreibern von KWK-Anlagen besteht. [3]Die Regulierungsbehörde bestimmt zum 1. Juli 2024 in einer Festlegung nach § 29 Kriterien bezüglich der Zusätzlichkeit des Stromverbrauchs, die eine zuschaltbare Last für die Registrierung zu erfüllen hat, um sicherzustellen, dass durch ihre Teilnahme die Zielsetzung nach Absatz 1 erreicht wird. [4]Dabei sind ausschließlich diejenigen zusätzlichen Stromverbräuche zu berücksichtigen, die in ihrer Fahrweise flexibel sind und zur Transformation zu einem treibhausgasneutralen, zuverlässigen, sicheren und bezahlbaren Energieversorgungssystem beitragen. [5]Für am 29. Dezember 2023 bestehende Lasten, die regelmäßig Strom an Strommärkten beziehen, ist es besonders wichtig, an den Nachweis der Zusätzlichkeit des Stromverbrauchs hohe Anforderungen zu stellen. [6]Die Regulierungsbehörde kann für die über Aggregatoren teilnehmenden steuerbaren Verbrauchseinrichtungen in der Niederspannung vereinfachte Kriterien bezüglich der Zusätzlichkeit des Stromverbrauchs festlegen.

(4) [1]Für berechtigte Teilnehmer mit einer oder mehreren Entlastungsanlagen, die mit Anlagen nach § 3 Nummer 41 oder 48 des Erneuerbare-Energien-Gesetzes am selben Netzverknüpfungspunkt angeschlossen und die miteinander im Wege der Direktleitung verbunden sind (Eigenverbrauchsentlastungsanlagen), gilt, dass die Reduzierung der Wirkleistungserzeugung der Erzeugungsanlagen nach § 13 Absatz 1 Satz 1 oder § 14 Absatz 1c Satz 1 zweiter Halbsatz nicht erfolgt, soweit sie nicht den gleichzeitigen Bezug von Abregelungsstrommengen durch Entlastungsanlagen, die am selben Netzverknüpfungspunkt angeschlossen sind, übersteigt. [2]Satz 1 ist für Anlagen gemäß § 3 Nummer 41 des Erneuerbare-Energien-Gesetzes nur für den Fall anzuwenden, dass sie spätestens sechs Monate nach dem 29. Dezember 2023 in Betrieb genommen wurden. [3]Satz 1 findet nur dann Anwendung, wenn die Anlagen nach § 3 Nummer 41 oder 48 des Erneuerbare-Energien-Gesetzes nach Satz 1 mit überwiegender Wahrscheinlichkeit von einer Reduzierung der Wirkleistungserzeugung nach § 13a Absatz 1 Satz 1 oder § 14 Absatz 1c Satz 1 zweiter Halbsatz betroffen wären.

(5) Soweit ein berechtigter Teilnehmer Abregelungsstrommengen nach Absatz 2 oder Absatz 4 bezieht und diese nicht verbraucht, muss dieser an den Betreiber von Übertragungsnetzen mit Regelzonenverantwortung, der ihm den Strom zur zusätzlichen Nutzung zugeteilt hat, eine Pönale entrichten, die auch unter Berücksichtigung der Gegenleistung für die Nutzung der Abregelungsstrommengen effektiv sein muss.

(6) [1]Die Betreiber von Übertragungsnetzen mit Regelzonenverantwortung legen der Regulierungsbehörde spätestens zum 1. April 2024 ein detailliertes Konzept für die Umsetzung der Absätze 1 bis 5 vor. [2]Das Konzept enthält mindestens

1. die Bestimmung einer oder mehrerer geographisch eindeutig abgegrenzter Gebiete als Entlastungsregionen, in der oder in denen die Entlastungsanlagen angeschlossen sein müssen, mit einer Begründung, inwiefern durch die gewählte Gebietsdefinition die Reduzierung der Wirkleistungserzeugung von Anlagen nach § 3 Nummer 1 des Erneuerbare-Energien-Gesetzes effektiv verringert werden kann;

2. Angaben zur Beschaffung des notwendigen bilanziellen Ausgleichs für die zugeteilten Abregelungsstrommengen;

3. die Anforderungen an das Verfahren zur Registrierung der Entlastungsanlagen der berechtigten Teilnehmer bei dem entsprechenden Betreiber von Übertragungsnetzen mit Regelzonenverantwortung; dabei müssen die in den Entlastungsanlagen verbrauchten Abregelungsstrommengen über eine Entnahmestelle entnommen und bilanziert werden, über die kein Strom zur Deckung des Verbrauchs anderer Verbrauchsanlagen oder Stromspeicher entnommen wird; die Messung muss viertelstundenscharf erfolgen; die Betreiber von Übertragungsnetzen mit Regelzonenverantwortung können eine Mindestleistung für die Entlastungsanlagen oder die aggregierten Entlastungsanlagen vorsehen, die 500 Kilowatt installierter elektrischer Leistung nicht überschreiten darf; die Registrierung muss zum 1. eines jeden Monats für eine Teilnahme an der Maßnahme im Folgemonat bei Vorlage der vollständigen Unterlagen möglich sein;

4. die Bestimmung der Ausschreibungsbedingungen nach Absatz 2 Satz 1, die einen gesamtwirtschaftlichen Nutzen und kostensenkenden Effekt der Maßnahme gegenüber Maßnahmen im Sinne des § 13 Absatz 1a Satz 1 sicherstellen sollen, sowie, sofern von der einjährigen Erprobungsphase Gebrauch gemacht wird, nach Absatz 2 Satz 2;

5. Angaben dazu, auf Grundlage welcher Prognosen unter Anwendung welcher Methode die Abregelungsstrommenge der jeweiligen Entlastungsregion bestimmt wird, einschließlich der Angabe eines hinreichenden Abschlags, um sicherzustellen, dass nicht mehr Abregelungsstrommengen zugeteilt werden, als abgeregelt werden müssten, sowie die Angabe dazu, auf welcher Grundlage der Abschlag bestimmt wird;

6. die Definition eines Auslösekriteriums, um die Verfahren gemäß Absatz 2 und 4 auszulösen;

7. Angaben dazu, an welcher Stelle und zu welchem Zeitpunkt die Abregelungsstrommenge der jeweiligen Entlastungsregion, die Zeitpunkte und Bedingungen der Ausschreibungen nach Absatz 2 Satz 1 oder Angaben zum pauschalierten Zuteilungsverfahren nach Absatz 2 Satz 2 und 3 sowie die Ergebnisse der Ausschreibungen veröffentlicht werden, und

8. Angaben zu weiteren Voraussetzungen, unter denen berechtigte Teilnehmer nach Absatz 4 an der Maßnahme teilnehmen können; dazu zählen insbesondere die Modalitäten der Teilnahme und Zeitpunkt der Information, dass der Entlastungsanlage kein Abregelungsstrom zugeteilt wird.

(7) ¹Die Regulierungsbehörde kann durch Festlegung nach § 29 Absatz 1 Vorgaben zur Anerkennung der dem Betreiber von Übertragungsnetzen entstehenden Kosten machen. ²Sie überprüft das Konzept nach Absatz 6 dahingehend, ob es in seiner konkreten Ausgestaltung dazu geeignet ist, die Abregelung von Strom aus Anlagen nach § 3 Nummer 1 des Erneuerbare-Energien-Gesetzes effektiv zu reduzieren und die Netz- und Systemsicherheit nicht zu beeinträchtigen.

(8) [1] Um die Zielsetzung nach Absatz 1 zu erreichen, können auch Betreiber von Elektrizitätsverteilernetzen mit einer Nennspannung von 110 Kilovolt, an deren Netz jeweils mehr als 100 000 Kunden unmittelbar oder mittelbar angeschlossen sind, und die nicht im Sinne des Artikels 3 Absatz 2 der Verordnung (EG) Nr. 139/2004 des Rates vom 20. Januar 2004 über die Kontrolle von Unternehmenszusammenschlüssen (ABl. L 24 vom 29.1.2004, S. 1) mit einem Betreiber einer Entlastungsanlage oder einem Aggregator solcher Anlagen oder, im Fall von Absatz 4, mit einer Anlage nach § 3 Nummer 41 oder 48 des Erneuerbare-Energien-Gesetzes verbunden sind, berechtigten Teilnehmern nach Absatz 3 ab dem 1. April 2025 ermöglichen, Strommengen in zusätzlichen zuschaltbaren Lasten zu nutzen, wenn

1. die Höhe der Wirkleistungsreduzierung von Anlagen nach § 3 Nummer 1 des Erneuerbare-Energien-Gesetzes gemäß § 13a Absatz 1, deren Ursache im eigenen Elektrizitätsverteilernetz lag, in den letzten zwei Kalenderjahren bei mindestens jeweils 100 000 Megawattstunden lag,

2. die Betreiber von Elektrizitätsverteilernetzen in der Lage sind, geeignete Erzeugungs- und Abregelungsprognosen entsprechend Absatz 2 vorzunehmen und

3. die durch den Betreiber von Elektrizitätsverteilernetzen entsprechend Absatz 6 Satz 2 Nummer 1 bestimmte Entlastungsregion keine geographische Überschneidung mit einer Entlastungsregion aufweist, die durch die Betreiber von Übertragungsnetzen mit Regelzonenverantwortung nach Absatz 5 Satz 2 Nummer 1 bestimmt wurde.

[2] Im Übrigen sind die Absätze 2 bis 7 entsprechend anzuwenden. [3] Die Pflichten der Betreiber von Elektrizitätsverteilernetzen nach § 11 Absatz 1 Satz 1 bleiben unberührt. [4] Die Umsetzung von Satz 1 erfolgt in Abstimmung mit dem Betreiber von Übertragungsnetzen mit Regelzonenverantwortung, an dessen Netz das betroffene Elektrizitätsverteilernetz angeschlossen ist. [5] Sofern der Netzbetreiber feststellt, dass die Bedingung nach Satz 1 Nummer 1 in drei aufeinander folgenden Kalenderjahren nicht erfüllt ist, ist Satz 1 ab dem darauffolgenden Kalenderjahr nicht mehr anwendbar.

(9) [1] Erstmals zum 1. Juli 2028 und anschließend alle zwei Jahre evaluieren die Betreiber der Übertragungsnetze mit Regelzonenverantwortung die Anwendung der Maßnahme nach den Absätzen 1 bis 7 und legen einen Bericht vor. [2] Satz 1 ist für Betreiber von Elektrizitätsverteilernetzen, die von der Möglichkeit nach Absatz 8 seit mindestens zwölf Monaten Gebrauch machen, mit der Maßgabe anzuwenden, dass sie die Anwendung der Maßnahme nach Absatz 8 evaluieren. [3] Die Regulierungsbehörde legt auf dieser Basis ebenfalls einen Bericht gegebenenfalls mit Empfehlungen für Anpassungen der Anwendungen der Maßnahme vor.

**§ 14[1] Aufgaben der Betreiber von Elektrizitätsverteilernetzen.** (1) [1] Die §§ 12, 13 bis 13c und die auf Grundlage des § 13i Absatz 3 erlassenen Rechtsverordnungen gelten für Betreiber von Elektrizitätsverteilernetzen im Rahmen ihrer Verteilungsaufgaben entsprechend, soweit sie für die Sicherheit und Zuverlässigkeit

---

[1] § 14 Abs. 1a geänd. mWv 26.8.2009 durch G v. 21.8.2009 (BGBl. I S. 2870); Abs. 1 Sätze 2 und3 aufgeh., bish. Satz 4 wird Satz 2, Abs. 1a und 1b eingef., bish. Abs. 1a wird Abs. 1c und neu gef. mWv 4.8.2011 durch G v. 26.7.2011 (BGBl. I S. 1554); Abs. 1b Satz 4 neu gef. mWv 1.1.2016 durch G v. 10.12.2015 (BGBl. I S. 2194); Abs. 1 Sätze 1 und 2, Abs. 1c geänd. mWv 30.7.2016 durch G v. 26.7.2016 (BGBl. I S. 1786); Abs. 1b neu gef. mWv 1.1.2017 durch G v. 22.12.2016 (BGBl. I S. 3106); Abs. 1c neu gef. mWv 1.10.2021 durch G v. 13.5.2019 (BGBl. I S. 706); Abs. 1a, 1b und 2 neu gef., Abs. 3 angef. mWv 27.7.2021, Abs. 3 Satz 1 geänd. mWv 1.10.2021 durch G v. 16.7.2021 (BGBl. I S. 3026); Abs. 2 Satz 1 geänd., Abs. 4 angef. mWv 29.12.2023 durch G v. 22.12.2023 (BGBl. 2023 I Nr. 405).

der Elektrizitätsversorgung in ihrem Netz verantwortlich sind. [2]§ 13 Absatz 9 ist mit der Maßgabe anzuwenden, dass die Betreiber von Elektrizitätsverteilernetzen nur auf Anforderung der Regulierungsbehörde die Schwachstellenanalyse zu erstellen und über das Ergebnis zu berichten haben.

(1a), (1b) (weggefallen)

(1c) [1]Die Betreiber von Elektrizitätsverteilernetzen sind verpflichtet, auf Aufforderung eines Betreibers von Übertragungsnetzen oder eines nach Absatz 1 Satz 1 verantwortlichen Betreibers von Elektrizitätsverteilernetzen, in dessen Netz sie unmittelbar oder mittelbar technisch eingebunden sind, nach dessen Vorgaben und den dadurch begründeten Vorgaben eines Betreibers von vorgelagerten Elektrizitätsverteilernetzen in ihrem Elektrizitätsverteilernetz eigene Maßnahmen nach § 13 Absatz 1 und 2 auszuführen; dabei sind die §§ 12 und 13 bis 13c entsprechend anzuwenden. [2]Soweit auf Grund der Aufforderung nach Satz 1 strom- oder spannungsbedingte Anpassungen der Wirkleistungserzeugung oder des Wirkleistungsbezugs nach § 13a Absatz 1 durchgeführt werden, hat der Betreiber des Elektrizitätsverteilernetzes einen Anspruch gegen den ihn auffordernden Netzbetreiber auf bilanziellen und finanziellen Ersatz entsprechend den Vorgaben nach Satz 1. [3]Der ihn auffordernde Netzbetreiber hat einen Anspruch auf Abnahme des bilanziellen Ersatzes.

(2) [1]Betreiber von Elektrizitätsverteilernetzen haben in Ergänzung zur Berichtspflicht nach § 14d oder in begründeten Einzelfällen auf Verlangen der Regulierungsbehörde innerhalb von zwei Monaten einen Bericht über den Netzzustand und die Umsetzung der Netzausbauplanung, einschließlich Netzkarten, zu erstellen und ihr diesen vorzulegen. [2]Die Regulierungsbehörde kann Vorgaben zu Frist, Form, Inhalt und Art der Übermittlung des Berichts machen. [3]Die Regulierungsbehörde kann den Bericht auf bestimmte Teile des Elektrizitätsverteilernetzes beschränken. [4]Die Regulierungsbehörde kann durch Festlegung nach § 29 Absatz 1 zum Inhalt des Berichts nähere Bestimmungen treffen.

(3) [1]Die Betreiber von Elektrizitätsverteilernetzen haben für ihr Netzgebiet in Zusammenarbeit mit den Betreibern von Fernwärme- und Fernkältesystemen mindestens alle vier Jahre das Potenzial der Fernwärme- und Fernkältesysteme für die Erbringung marktbezogener Maßnahmen nach § 13 Absatz 1 Satz 1 Nummer 2 zu bewerten. [2]Dabei haben sie auch zu prüfen, ob die Nutzung des ermittelten Potenzials gegenüber anderen Lösungen unter Berücksichtigung der Zwecke des § 1 Absatz 1 vorzugswürdig wäre.

(4) Die Bundesnetzagentur hat dem Bundesministerium für Digitales und Verkehr auf Verlangen die von den Betreibern von Elektrizitätsverteilernetzen im Rahmen ihrer Berichtspflicht nach Absatz 2 Satz 1 ab dem Jahr 2024 übermittelten Netzkarten zum Zwecke der Planung des Bedarfs an öffentlich zugänglicher Ladeinfrastruktur zur Verfügung zu stellen.

## § 14a[1]) Netzorientierte Steuerung von steuerbaren Verbrauchseinrichtungen und steuerbaren Netzanschlüssen; Festlegungskompetenzen.

(1) [1]Die Bundesnetzagentur kann durch Festlegung nach § 29 Absatz 1 bundeseinheitliche Regelungen treffen, nach denen Betreiber von Elektrizitätsverteilernetzen und Lieferanten, Letztverbraucher und Anschlussnehmer verpflichtet sind, nach den Vorgaben der Bundesnetzagentur Vereinbarungen über die netzorientier-

---

[1]) § 14a neu gef. mWv 1.1.2023 durch G v. 20.7.2022 (BGBl. I S. 1237); Abs. 1 Satz 1 geänd., Abs. 4 Sätze 2 und 3 eingef., bish. Satz 2 wird Satz 4 mWv 27.5.2023 durch G v. 22.5.2023 (BGBl. 2023 I Nr. 133).

te Steuerung von steuerbaren Verbrauchseinrichtungen oder von Netzanschlüssen mit steuerbaren Verbrauchseinrichtungen (steuerbare Netzanschlüsse) im Gegenzug für Netzentgeltreduzierungen abzuschließen. [2]Dabei kann die netzorientierte Steuerung über wirtschaftliche Anreize, über Vereinbarungen zu Netzanschlussleistungen und über die Steuerung einzelner steuerbarer Verbrauchseinrichtungen erfolgen. [3]Die Festlegung kann insbesondere spezielle Regelungen beinhalten zu:

1. der Vorrangigkeit des Einsatzes wirtschaftlicher Anreize und von Vereinbarungen zu Netzanschlussleistungen gegenüber der Steuerung einzelner Verbrauchseinrichtungen in der netzorientierten Steuerung,

2. der Staffelung des Einsatzes mit direkter Regelung von Verbrauchseinrichtungen oder Netzanschlüssen bei relativ wenigen Anwendungsfällen und zu der verstärkten Verpflichtung zu marktlichen Ansätzen bei steigender Anzahl von Anwendungsfällen in einem solchen Markt,

3. der Verpflichtung des Netzbetreibers, sein Netz im Falle von netzorientierter Steuerung präziser zu überwachen und zu digitalisieren,

4. Definitionen und Voraussetzungen für steuerbare Verbrauchseinrichtungen oder steuerbare Netzanschlüsse,

5. Voraussetzungen der netzorientierten Steuerung durch den Netzbetreiber, etwa durch die Vorgabe von Spannungsebenen, und zur diskriminierungsfreien Umsetzung der netzorientierten Steuerung, insbesondere mittels der Vorgabe maximaler Entnahmeleistungen,

6. Spreizung, Stufung sowie netztopologischer und zeitlicher Granularität wirtschaftlicher Anreize sowie zu Fristen der spätesten Bekanntgabe von Änderungen wirtschaftlicher Anreize, um Fehlanreize im vortägigen Stromhandel zu vermeiden,

7. von einer Rechtsverordnung nach § 18 abweichenden besonderen Regelungen für den Netzanschluss und die Anschlussnutzung, insbesondere zu Anschlusskosten und Baukostenzuschüssen,

8. Methoden für die bundeseinheitliche Ermittlung von Entgelten für den Netzzugang für steuerbare Verbrauchseinrichtungen und steuerbare Netzanschlüsse im Sinne des Satzes 1,

9. Netzzustandsüberwachung und Bilanzierung durch den Netzbetreiber sowie Vorgaben zur Messung.

(2) [1]Bis zur Festlegung bundeseinheitlicher Regelungen nach Absatz 1 haben Betreiber von Elektrizitätsverteilernetzen denjenigen Lieferanten und Letztverbrauchern im Bereich der Niederspannung, mit denen sie Netznutzungsverträge abgeschlossen haben, ein reduziertes Netzentgelt zu berechnen, wenn mit ihnen im Gegenzug die netzorientierte Steuerung von steuerbaren Verbrauchseinrichtungen, die über einen separaten Zählpunkt verfügen, vereinbart wird. [2]Die Bundesnetzagentur kann durch Festlegung nach § 29 Absatz 1 Regelungen zu Definition und Voraussetzungen für steuerbare Verbrauchseinrichtungen, zum Umfang einer Netzentgeltreduzierung nach Satz 1 oder zur Durchführung von Steuerungshandlungen treffen und Netzbetreiber verpflichten, auf Verlangen Vereinbarungen gemäß Satz 1 nach diesen Regelungen anzubieten.

(3) Als steuerbare Verbrauchseinrichtungen im Sinne von Absatz 1 und 2 gelten insbesondere Wärmepumpen, nicht öffentlich-zugängliche Ladepunkte für Elektromobile, Anlagen zur Erzeugung von Kälte oder zur Speicherung elektrischer Energie und Nachtstromspeicherheizungen, solange und soweit die Bundesnetzagentur in einer Festlegung nach Absatz 1 oder 2 nichts anderes vorsieht.

(4) [1] Sobald die Messstelle mit einem intelligenten Messsystem ausgestattet wurde, hat die Steuerung entsprechend den Vorgaben des Messstellenbetriebsgesetzes und der konkretisierenden Technischen Richtlinien und Schutzprofile des Bundesamtes für Sicherheit in der Informationstechnik sowie gemäß den Festlegungen der Bundesnetzagentur über ein Smart-Meter-Gateway nach § 2 Satz 1 Nummer 19 des Messstellenbetriebsgesetzes zu erfolgen. [2] Die Anforderungen aus Satz 1 sind nicht anzuwenden, solange der Messstellenbetreiber von der Möglichkeit des agilen Rollouts nach § 31 Absatz 1 Nummer 2 in Verbindung mit § 21 Absatz 1 Nummer 1 Buchstabe c des Messstellenbetriebsgesetzes Gebrauch macht und gegenüber dem Letztverbraucher sowie dem Netzbetreiber in Textform das Vorliegen der Voraussetzungen des § 31 Absatz 1 des Messstellenbetriebsgesetzes bestätigt, wobei die Anforderungen nach Satz 1 spätestens mit dem Anwendungsupdate nach § 31 Absatz 1 des Messstellenbetriebsgesetzes zu erfüllen sind. [3] Beauftragt der Letztverbraucher den Messstellenbetreiber nach § 34 Absatz 2 des Messstellenbetriebsgesetzes mit den erforderlichen Zusatzleistungen, so genügt er bereits mit der Auftragserteilung seinen Verpflichtungen. [4] Die Bundesnetzagentur kann Bestands- und Übergangsregeln für Vereinbarungen treffen, die vor Inkrafttreten der Festlegungen geschlossen worden sind.

**§ 14b**[1]) **Steuerung von vertraglichen Abschaltvereinbarungen, Verordnungsermächtigung.** [1] Soweit und solange es der Vermeidung von Engpässen im vorgelagerten Netz dient, können Betreiber von Gasverteilernetzen an Ausspeisepunkten von Letztverbrauchern, mit denen eine vertragliche Abschaltvereinbarung zum Zweck der Netzentlastung vereinbart ist, ein reduziertes Netzentgelt berechnen. [2] Das reduzierte Netzentgelt muss die Wahrscheinlichkeit der Abschaltung angemessen widerspiegeln. [3] Die Betreiber von Gasverteilernetzen haben sicherzustellen, dass die Möglichkeit von Abschaltvereinbarungen zwischen Netzbetreiber und Letztverbraucher allen Letztverbrauchern diskriminierungsfrei angeboten wird. [4] Die grundsätzliche Pflicht der Betreiber von Gasverteilernetzen, vorrangig nicht unterbrechbare Verträge anzubieten und hierfür feste Bestellleistungen nachzufragen, bleibt hiervon unberührt. [5] Die Bundesregierung wird ermächtigt, durch Rechtsverordnung, die nicht der Zustimmung des Bundesrates bedarf, zur näheren Konkretisierung der Verpflichtung für Betreiber von Gasverteilernetzen und zur Regelung näherer Vorgaben für die vertragliche Gestaltung der Abschaltvereinbarung Bestimmungen zu treffen

1. über Kriterien, für Kapazitätsengpässe in Netzen, die eine Anpassung der Gasausspeisungen zur sicheren und zuverlässigen Gasversorgung durch Anwendung der Abschaltvereinbarung erforderlich macht und

2. über Kriterien für eine Unterversorgung der Netze, die eine Anpassung der Gasausspeisungen zur sicheren und zuverlässigen Gasversorgung durch Anwendung der Abschaltvereinbarung erforderlich macht.

**§ 14c**[2]) **Marktgestützte Beschaffung von Flexibilitätsdienstleistungen im Elektrizitätsverteilernetz; Festlegungskompetenz.** (1) [1] Betreiber von Elektrizitätsverteilernetzen, die Flexibilitätsdienstleistungen für ihr Netz beschaffen, um die Effizienz bei Betrieb und Ausbau ihres Verteilernetzes zu verbessern, haben dies in einem transparenten, diskriminierungsfreien und marktgestützten Verfahren

---

[1]) § 14b eingef. mWv 28.12.2012 durch G v. 20.12.2012 (BGBl. I S. 2730); Satz 5 Nr. 1 und 2 geänd., Nr. 3 aufgeh. mWv 29.12.2023 durch G v. 22.12.2023 (BGBl. 2023 I Nr. 405).
[2]) § 14c eingef. mWv 27.7.2021 durch G v. 16.7.2021 (BGBl. I S. 3026); Abs. 1 Satz 2 geänd. mWv 29.7.2022 durch G v. 19.7.2022 (BGBl. I S. 1214).

durchzuführen. [2]Die §§ 13, 13a, 14 Absatz 1 und 1c sowie § 14a bleiben unberührt. [3]Dienstleistungen nach § 12h sind keine Flexibilitätsdienstleistungen im Sinne des Satzes 1.

(2) [1]Spezifikationen für die Beschaffung von Flexibilitätsdienstleistungen müssen gewährleisten, dass sich alle Marktteilnehmer wirksam und diskriminierungsfrei beteiligen können. [2]Die Betreiber von Elektrizitätsverteilernetzen haben in einem transparenten Verfahren Spezifikationen für die Beschaffung von Flexibilitätsdienstleistungen und für geeignete standardisierte Marktprodukte zu erarbeiten, die von der Bundesnetzagentur zu genehmigen sind.

(3) Abweichend von Absatz 2 kann die Bundesnetzagentur durch Festlegung nach § 29 Absatz 1 Spezifikationen für die Beschaffung von Flexibilitätsdienstleistungen und geeignete standardisierte Marktprodukte vorgeben.

(4) Die Bundesnetzagentur kann für bestimmte Flexibilitätsdienstleistungen eine Ausnahme von der Verpflichtung zur marktgestützten Beschaffung festlegen, sofern eine solche Beschaffung nicht wirtschaftlich effizient ist oder zu schwerwiegenden Marktverzerrungen oder zu stärkeren Engpässen führen würde.

**§ 14d[1) Planung und besondere Bedeutung des Verteilernetzausbaus; Festlegungskompetenz; Verordnungsermächtigung.** (1) [1]Betreiber von Elektrizitätsverteilernetzen haben der Regulierungsbehörde erstmals zum 30. April 2024 und alle zwei Jahre jeweils zum 30. April eines Kalenderjahres einen Plan für ihr jeweiliges Elektrizitätsverteilernetz (Netzausbauplan) vorzulegen. [2]Der Netzausbauplan wird auf der Grundlage des nach Absatz 3 zu erstellenden Regionalszenarios erarbeitet, um eine integrierte und vorausschauende Netzplanung zu gewährleisten. [3]Die Regulierungsbehörde kann Anpassungen des Regionalszenarios sowie des Netzausbauplans verlangen.

(2) [1]Zur Erstellung eines Netzausbauplans teilen die Betreiber von Elektrizitätsverteilernetzen das Gebiet der Bundesrepublik Deutschland in geographisch abgrenzbare und räumlich zusammenhängende Gebiete (Planungsregionen) auf. [2]Innerhalb einer Planungsregion haben sich die Betreiber von Elektrizitätsverteilernetzen zu den Grundlagen ihrer Netzausbauplanung abzustimmen. [3]Die Regulierungsbehörde kann auf Antrag oder von Amts wegen die Aufnahme eines Betreibers eines Elektrizitätsverteilernetzes in eine Planungsregion anordnen.

(3) [1]Betreiber von Elektrizitätsverteilernetzen einer Planungsregion erstellen unter Einbeziehung der Übertragungsnetzbetreiber ein Regionalszenario, welches gemeinsame Grundlage der jeweiligen Netzausbaupläne der Betreiber von Elektrizitätsverteilernetzen in der Planungsregion ist. [2]Das Regionalszenario besteht aus einem Entwicklungspfad, der sowohl die für das langfristige Zieljahr 2045 gesetzlich festgelegten sowie weitere klima- und energiepolitische Ziele der Bundesregierung als auch die wahrscheinlichen Entwicklungen für die nächsten fünf und zehn Jahre berücksichtigt. [3]Das Regionalszenario beinhaltet

1. Angaben zu bereits erfolgten, erwarteten und maximal möglichen Anschlüssen der verschiedenen Erzeugungskapazitäten und Lasten,

2. Angaben zu den zu erwartenden Ein- und Ausspeisungen,

---

[1) § 14d neu gef. mWv 29.7.2022 durch G v. 19.7.2022 (BGBl. I S. 1214); Abs. 10 geänd. mWv 29.3. 2023 durch G v. 22.3.2023 (BGBl. 2023 I Nr. 88); Überschrift neu gef., Abs. 1 Satz 3, Abs. 3 Satz 3 Nr. 2 geänd., Nr. 3 und 4 eingef., bish. Nr. 3 wird Nr. 5 und geänd., Satz 4 geänd., Satz 5 angef., Abs. 4 Satz 3 geänd. mWv 29.12.2023 durch G v. 22.12.2023 (BGBl. 2023 I Nr. 405).

3. Annahmen zur Entwicklung des Verkehrssektors, insbesondere unter Berücksichtigung von Prognosen des Bundesministeriums für Digitales und Verkehr zum Ausbaubedarf an öffentlich zugänglicher Ladeinfrastruktur,

4. Annahmen zur Entwicklung des Gebäudesektors, insbesondere zum voraussichtlichen Wärmeverbrauch und zur Art der Wärmeversorgung unter Berücksichtigung der Ergebnisse von Wärmeplanungen, sowie

5. Annahmen zur Entwicklung anderer Sektoren.

[4] Das Regionalszenario ist durch die Betreiber von Elektrizitätsverteilernetzen spätestens zehn Monate bevor der jeweilige Netzausbauplan der Regulierungsbehörde vorzulegen ist, fertigzustellen und der Regulierungsbehörde vorzulegen. [5] Die Regulierungsbehörde kann Vorgaben zu Form, Inhalt und Art der Übermittlung des Regionalszenarios machen.

(4) [1] Der Netzausbauplan enthält insbesondere folgende Angaben:

1. Netzkarten des Hochspannungs- und Mittelspannungsnetzes und der Umspannstationen auf Mittelspannung und Niederspannung mit den Engpassregionen des jeweiligen Netzes,

2. Daten, die dem nach Absatz 3 angefertigten Regionalszenario zugrunde liegen,

3. eine Darlegung der voraussichtlichen Entwicklung der Verteilungsaufgabe bis 2045 einschließlich voraussichtlich erforderlicher Maßnahmen zur Optimierung, zur Verstärkung, zur Erneuerung und zum Ausbau des Netzes sowie notwendiger Energieeffizienz- und Nachfragesteuerungsmaßnahmen,

4. die geplanten Optimierungs-, Verstärkungs-, Erneuerungs- und Ausbaumaßnahmen sowie notwendige Energieeffizienz- und Nachfragesteuerungsmaßnahmen in den nächsten fünf und zehn Jahren, wobei anzugeben ist, inwieweit für die Umsetzung dieser Maßnahmen öffentlich-rechtliche Planungs- oder Genehmigungsverfahren notwendig sind, sowie den jeweiligen Stand dieser Verfahren und die Angabe, ob und zu welchem Zeitpunkt durch den Betreiber eines Elektrizitätsverteilernetzes bereits Investitionsentscheidungen bezüglich dieser Maßnahmen getroffen wurden und bis zu welchem Zeitpunkt der Betreiber des Elektrizitätsverteilernetzes von der tatsächlichen Durchführung einer Maßnahme ausgeht,

5. eine detaillierte Darlegung der engpassbehafteten Leitungsabschnitte und der jeweilig geplanten Optimierungs-, Verstärkungs- und Ausbaumaßnahmen,

6. den Bedarf an nicht frequenzgebundenen Systemdienstleistungen und Flexibilitätsdienstleistungen im Sinne des § 14c sowie die geplante Deckung dieses Bedarfs und

7. den Umfang, in dem von dem Instrument der Spitzenkappung nach § 11 Absatz 2 Gebrauch gemacht werden soll.

[2] Die Darstellung der Angaben nach Satz 1 muss so ausgestaltet sein, dass ein sachkundiger Dritter nachvollziehen kann,

1. welche Veränderungen der Kapazitäten für Leitungstrassen und Umspannstationen sowie welche Veränderungen bei nicht frequenzgebundenen Systemdienstleistungen mit den geplanten Maßnahmen einhergehen,

2. welche Alternativen der Betreiber von Elektrizitätsverteilernetzen geprüft hat,

3. welcher Bedarf an Systemdienstleistungen und Flexibilitätsdienstleistungen nach Realisierung der geplanten Maßnahmen verbleibt und

4. welche Kosten voraussichtlich entstehen.

[3] Die Regulierungsbehörde kann Vorgaben zu Form, Inhalt und Art der Übermittlung des Netzausbauplans machen.

(5) Die Regulierungsbehörde kann durch Festlegung nach § 29 Absatz 1 nähere Bestimmungen zu den Absätzen 1 bis 4 treffen.

(6) Die Betreiber von Elektrizitätsverteilernetzen haben zumindest den Netznutzern der Mittel- und Hochspannungsebene sowie den Betreibern von Übertragungsnetzen zu den sie betreffenden Netzausbauplänen Gelegenheit zur Stellungnahme zu geben.

(7) [1] Bei der Erstellung der Netzausbaupläne haben Betreiber von Elektrizitätsverteilernetzen die Möglichkeiten von Energieeffizienz- und Nachfragesteuerungsmaßnahmen zu berücksichtigen und für Niederspannungsnetze die langfristig erwarteten Anschlüsse von Erzeugungskapazitäten und Lasten anzusetzen. [2] Die Bundesregierung wird ermächtigt, durch Rechtsverordnung ohne Zustimmung des Bundesrates allgemeine Grundsätze für die Berücksichtigung der in Satz 1 genannten Belange festzulegen.

(8) [1] Die Absätze 1 bis 4 sowie 6 und 7 sind nicht anzuwenden auf Betreiber von Elektrizitätsverteilernetzen, an deren Elektrizitätsverteilernetz weniger als 100 000 Kunden unmittelbar oder mittelbar angeschlossen sind. [2] Abweichend von Satz 1 sind die Absätze 1 bis 4 sowie 6 und 7 auf Betreiber nach Satz 1 anzuwenden, wenn in dem Elektrizitätsverteilernetz die technisch mögliche Stromerzeugung der beiden vorherigen Jahre aus Windenergie an Land oder aus solarer Strahlungsenergie aus den an das Elektrizitätsverteilernetz angeschlossenen Anlagen auf Veranlassung des Betreibers eines Elektrizitätsverteilernetzes um jeweils mehr als 3 Prozent gekürzt wurde.

(9) [1] Betreiber von Elektrizitätsverteilernetzen nach Absatz 8 Satz 1 sind verpflichtet, Daten nach Absatz 4 Satz 1 Nummer 1 und 2 an den vorgelagerten Betreiber von Elektrizitätsverteilernetzen zu übermitteln. [2] Die Betreiber von Elektrizitätsverteilernetzen nach Absatz 3 stimmen sich zumindest innerhalb einer Planungsregion zu den Anforderungen an die zu übermittelnden Daten ab. [3] Dabei haben sie den Betreibern von Elektrizitätsverteilernetzen nach Absatz 8 Satz 1 Gelegenheit zur Stellungnahme zu geben.

(10) Die Errichtung und der Betrieb von Elektrizitätsverteilernetzen mit einer Nennspannung von 110 Kilovolt sowie von Elektrizitätsverteilernetzen mit einer Nennspannung von unter 110 Kilovolt, sofern sich diese im Außenbereich im Sinne des § 35 des Baugesetzbuchs[1)] befinden, liegen im überragenden öffentlichen Interesse und dienen der öffentlichen Sicherheit.

**§ 14e**[2)] **Gemeinsame Internetplattform; Festlegungskompetenz.** (1) Betreiber von Elektrizitätsverteilernetzen sind verpflichtet, ab dem 1. Januar 2023 zu den in den folgenden Absätzen genannten Zwecken eine gemeinsame Internetplattform einzurichten und zu betreiben.

(2) Betreiber von Elektrizitätsverteilernetzen haben spätestens ab dem 1. Januar 2024 sicherzustellen, dass Anschlussbegehrende von Anlagen gemäß § 8 Absatz 1 Satz 2 des Erneuerbare-Energien-Gesetzes[3)] sowie Letztverbraucher, einschließlich Anlagen nach § 3 Nummer 15d und 25, über die gemeinsame Internetplattform auf die Internetseite des zuständigen Netzbetreibers gelangen können, um dort Informationen für ein Netzanschlussbegehren nach § 8 des Erneuerbare-Ener-

---

[1)] Nr. **300**.
[2)] § 14e neu gef. mWv 29.7.2022 durch G v. 19.7.2022 (BGBl. I S. 1214).
[3)] **Sartorius ErgBd. Nr. 833**.

gien-Gesetzes oder die im Rahmen eines Netzanschlusses nach § 18 erforderlichen Informationen zu übermitteln.

(3) Die Beteiligung nach § 14d Absatz 6 hat über die gemeinsame Internetplattform zu erfolgen.

(4) Betreiber von Elektrizitätsverteilernetzen veröffentlichen auf der gemeinsamen Internetplattform mindestens Folgendes:

1. das jeweilige Regionalszenario nach § 14d Absatz 3, spätestens vier Wochen nach Fertigstellung,

2. den jeweiligen Netzausbauplan nach § 14d Absatz 1, spätestens vier Wochen nach Fertigstellung und

3. die Stellungnahmen nach § 14d Absatz 6.

(5) Die Betreiber von Elektrizitätsverteilernetzen haben die Regulierungsbehörde auf die Veröffentlichungen nach Absatz 4 in Textform hinzuweisen.

(6) Die Regulierungsbehörde kann die Übermittlung einer Zusammenfassung der Stellungnahmen nach § 14d Absatz 6 in Textform verlangen.

(7) Die Regulierungsbehörde kann durch Festlegung nach § 29 Absatz 1 nähere Bestimmungen zu den Absätzen 1 bis 5 treffen.

**§ 15[1] Aufgaben der Betreiber von Fernleitungsnetzen.** (1) Betreiber von Fernleitungsnetzen haben den Gastransport durch ihr Netz unter Berücksichtigung der Verbindungen mit anderen Netzen zu regeln und mit der Bereitstellung und dem Betrieb ihrer Fernleitungsnetze im nationalen und internationalen Verbund zu einem sicheren und zuverlässigen Gasversorgungssystem in ihrem Netz und damit zu einer sicheren Energieversorgung beizutragen.

(2) [1] Um zu gewährleisten, dass der Transport und die Speicherung von Erdgas in einer mit dem sicheren und effizienten Betrieb des Verbundnetzes zu vereinbarenden Weise erfolgen kann, haben Betreiber von Fernleitungsnetzen, Speicher- oder LNG-Anlagen jedem anderen Betreiber eines Gasversorgungsnetzes, mit dem die eigenen Fernleitungsnetze oder Anlagen technisch verbunden sind, die notwendigen Informationen bereitzustellen. [2] Betreiber von Übertragungsnetzen sind verpflichtet, Betreibern von Fernleitungsnetzen unverzüglich die Informationen einschließlich etwaiger Betriebs- und Geschäftsgeheimnisse bereitzustellen, die notwendig sind, damit die Fernleitungsnetze sicher und zuverlässig betrieben, gewartet und ausgebaut werden können. [3] Die Betreiber von Fernleitungsnetzen haben sicherzustellen, ihnen nach Satz 2 zur Kenntnis gelangte Betriebs- und Geschäftsgeheimnisse ausschließlich zu den dort genannten Zwecken zu nutzen, dass deren unbefugte Offenbarung ausgeschlossen ist.

(3) Betreiber von Fernleitungsnetzen haben dauerhaft die Fähigkeit ihrer Netze sicherzustellen, die Nachfrage nach Transportdienstleistungen für Gas zu befriedigen und insbesondere durch entsprechende Transportkapazität und Zuverlässigkeit der Netze zur Versorgungssicherheit beizutragen.

**§ 15a[2] Netzentwicklungsplan der Fernleitungsnetzbetreiber.** (1) [1] Die Betreiber von Fernleitungsnetzen haben in jedem geraden Kalenderjahr einen

---

[1] § 15 Abs. 2 Sätze 2 und 3 angef. mWv 28.12.2012 durch G v. 20.12.2012 (BGBl. I S. 2730).
[2] § 15a eingef. mWv 4.8.2011 durch G v. 26.7.2011 (BGBl. I S. 1554); Abs. 1 Satz 1, Abs. 6 Sätze 1 und 2 geänd. mWv 1.1.2016 durch G v. 10.12.2015 (BGBl. I S. 2194); Abs. 3 Satz 2 geänd. mWv 26.11. 2019 durch G v. 20.11.2019 (BGBl. I S. 1626); Abs. 1 Satz 4 geänd. mWv 27.7.2021 durch G v. 16.7. 2021 (BGBl. I S. 3026); Abs. 1 Satz 4 geänd. mWv 29.7.2022 durch G v. 19.7.2022 (BGBl. I S. 1214); Abs. 3 Satz 7 geänd. mWv 29.12.2023 durch G v. 22.12.2023 (BGBl. 2023 I Nr. 405).

gemeinsamen nationalen Netzentwicklungsplan zu erstellen und der Regulierungsbehörde unverzüglich vorzulegen, erstmals zum 1. April 2016. [2]Dieser muss alle wirksamen Maßnahmen zur bedarfsgerechten Optimierung, Verstärkung und zum bedarfsgerechten Ausbau des Netzes und zur Gewährleistung der Versorgungssicherheit enthalten, die in den nächsten zehn Jahren netztechnisch für einen sicheren und zuverlässigen Netzbetrieb erforderlich sind. [3]Insbesondere ist in den Netzentwicklungsplan aufzunehmen, welche Netzausbaumaßnahmen in den nächsten drei Jahren durchgeführt werden müssen, und ein Zeitplan für die Durchführung aller Netzausbaumaßnahmen. [4]Bei der Erarbeitung des Netzentwicklungsplans legen die Betreiber von Fernleitungsnetzen angemessene Annahmen über die Entwicklung der Gewinnung, der Versorgung, des Verbrauchs von Gas und seinem Austausch mit anderen Ländern zugrunde und berücksichtigen geplante Investitionsvorhaben in die regionale und gemeinschaftsweite Netzinfrastruktur sowie in Bezug auf Gasspeicheranlagen und LNG-Wiederverdampfungsanlagen einschließlich der Auswirkungen denkbarer Störungen der Versorgung sowie der gesetzlich festgelegten klima- und energiepolitischen Ziele der Bundesregierung (Szenariorahmen). [5]Der Netzentwicklungsplan berücksichtigt den gemeinschaftsweiten Netzentwicklungsplan nach Artikel 8 Absatz 3b der Verordnung (EG) Nr. 715/2009. [6]Die Betreiber von Fernleitungsnetzen veröffentlichen den Szenariorahmen und geben der Öffentlichkeit und den nachgelagerten Netzbetreibern Gelegenheit zur Äußerung, sie legen den Entwurf des Szenariorahmens der Regulierungsbehörde vor. [7]Die Regulierungsbehörde bestätigt den Szenariorahmen unter Berücksichtigung der Ergebnisse der Öffentlichkeitsbeteiligung.

(2) [1]Betreiber von Fernleitungsnetzen haben der Öffentlichkeit und den nachgelagerten Netzbetreibern vor der Vorlage des Entwurfs des Netzentwicklungsplans bei der Regulierungsbehörde Gelegenheit zur Äußerung zu geben. [2]Hierzu stellen die Betreiber von Fernleitungsnetzen die erforderlichen Informationen auf ihrer Internetseite zur Verfügung. [3]Betreiber von Fernleitungsnetzen nutzen bei der Erarbeitung des Netzentwicklungsplans eine geeignete und allgemein nachvollziehbare Modellierung der deutschen Fernleitungsnetze. [4]Dem Netzentwicklungsplan ist eine zusammenfassende Erklärung beizufügen über die Art und Weise, wie die Ergebnisse der Öffentlichkeitsbeteiligung in dem Netzentwicklungsplan berücksichtigt wurden und aus welchen Gründen der Netzentwicklungsplan nach Abwägung mit den geprüften, in Betracht kommenden anderweitigen Planungsmöglichkeiten gewählt wurde. [5]Der aktuelle Netzentwicklungsplan muss den Stand der Umsetzung des vorhergehenden Netzentwicklungsplans enthalten. [6]Haben sich Maßnahmen verzögert, sind die Gründe der Verzögerung anzugeben.

(3) [1]Die Regulierungsbehörde hört zum Entwurf des Netzentwicklungsplans alle tatsächlichen und potenziellen Netznutzer an und veröffentlicht das Ergebnis. [2]Personen und Unternehmen, die den Status potenzieller Netznutzer beanspruchen, müssen diesen Anspruch darlegen. [3]Die Regulierungsbehörde ist befugt, von den Betreibern von Fernleitungsnetzen sämtliche Daten zu verarbeiten, die zur Prüfung erforderlich sind, ob der Netzentwicklungsplan den Anforderungen nach Absatz 1 Satz 2 und 5 sowie nach Absatz 2 entspricht. [4]Bestehen Zweifel, ob der Netzentwicklungsplan mit dem gemeinschaftsweit geltenden Netzentwicklungsplan in Einklang steht, konsultiert die Regulierungsbehörde die Agentur für die Zusammenarbeit der Energieregulierungsbehörden. [5]Die Regulierungsbehörde kann innerhalb von drei Monaten nach Veröffentlichung des Konsultationsergebnisses von den Betreibern von Fernleitungsnetzen Änderungen des Netzentwicklungsplans verlangen, diese sind von den Betreibern von Fernleitungs-

netzen innerhalb von drei Monaten umzusetzen. [6] Die Regulierungsbehörde kann bestimmen, welcher Betreiber von Fernleitungsnetzen für die Durchführung einer Maßnahme aus dem Netzentwicklungsplan verantwortlich ist. [7] Verlangt die Regulierungsbehörde keine Änderungen innerhalb der Frist nach Satz 5, ist der Netzentwicklungsplan für die Betreiber von Fernleitungsnetzen verbindlich.

(4) Betreiber von Gasverteilernetzen sind verpflichtet, mit den Betreibern von Fernleitungsnetzen in dem Umfang zusammenzuarbeiten, der erforderlich ist, um eine sachgerechte Erstellung der Netzentwicklungspläne zu gewährleisten; sie sind insbesondere verpflichtet, den Betreibern von Fernleitungsnetzen für die Erstellung des Netzentwicklungsplans erforderliche Informationen unverzüglich zur Verfügung zu stellen.

(5) Die Regulierungsbehörde kann durch Festlegung nach § 29 Absatz 1 zu Inhalt und Verfahren des Netzentwicklungsplans sowie zur Ausgestaltung der von den Fernleitungsnetzbetreibern durchzuführenden Konsultationsverfahren nähere Bestimmungen treffen.

(6) [1] Nach der erstmaligen Durchführung des Verfahrens nach Absatz 1 und 2 kann sich die Öffentlichkeitsbeteiligung auf Änderungen gegenüber dem zuletzt bestätigten Szenariorahmen oder dem zuletzt veröffentlichten Netzentwicklungsplan beschränken. [2] Ein vollständiges Verfahren muss mindestens alle vier Jahre durchgeführt werden.

**§ 15b[1]) Umsetzungsbericht der Fernleitungsnetzbetreiber.** [1] Betreiber von Fernleitungsnetzen legen der Regulierungsbehörde in jedem ungeraden Kalenderjahr, erstmals zum 1. April 2017, einen gemeinsamen Umsetzungsbericht vor, den diese prüft. [2] Dieser Bericht muss Angaben zum Stand der Umsetzung des zuletzt veröffentlichten Netzentwicklungsplans und im Falle von Verzögerungen der Umsetzung die dafür maßgeblichen Gründe enthalten. [3] Die Regulierungsbehörde veröffentlicht den Umsetzungsbericht und gibt allen tatsächlichen und potenziellen Netznutzern Gelegenheit zur Äußerung.

**§ 16[2]) Systemverantwortung der Betreiber von Fernleitungsnetzen.**
(1) Sofern die Sicherheit oder Zuverlässigkeit des Gasversorgungssystems in dem jeweiligen Netz gefährdet oder gestört ist, sind Betreiber von Fernleitungsnetzen berechtigt und verpflichtet, die Gefährdung oder Störung durch

1. netzbezogene Maßnahmen und
2. marktbezogene Maßnahmen, wie insbesondere den Einsatz von Ausgleichsleistungen, vertragliche Regelungen über eine Abschaltung und den Einsatz von Speichern,

zu beseitigen.

(2) [1] Lässt sich eine Gefährdung oder Störung durch Maßnahmen nach Absatz 1 nicht oder nicht rechtzeitig beseitigen, so sind Betreiber von Fernleitungsnetzen im Rahmen der Zusammenarbeit nach § 15 Abs. 1 berechtigt und verpflichtet, sämtliche Gaseinspeisungen, Gastransporte und Gasausspeisungen in ihren Netzen

---

[1]) § 15b eingef. mWv 1.1.2016 durch G v. 10.12.2015 (BGBl. I S. 2194).
[2]) § 16 Abs. 5 Satz 2 geänd. mWv 1.11.2008 durch G v. 25.10.2008 (BGBl. I S. 2101); Abs. 2a eingef., Abs. 3 Satz 2 geänd. mWv 28.12.2012 durch G v. 20.12.2012 (BGBl. I S. 2730); Abs. 2a Satz 2 geänd., Abs. 3 neu gef. mWv 30.7.2016 durch G v. 26.7.2016 (BGBl. I S. 1786); Abs. 5 aufgeh. mWv 27.7.2021 durch G v. 16.7.2021 (BGBl. I S. 3026); Abs. 4a angef. mWv 22.5.2022 durch G v. 20.5.2022 (BGBl. I S. 730); Abs. 2 Satz 2 eingef., bish. Satz 2 wird Satz 3 mWv 13.10.2022 durch G v. 8.10.2022 (BGBl. I S. 1726).

den Erfordernissen eines sicheren und zuverlässigen Betriebs der Netze anzupassen oder diese Anpassung zu verlangen. ²Soweit die Vorbereitung und Durchführung von Anpassungsmaßnahmen nach Satz 1 die Mitwirkung der Betroffenen erfordert, sind diese verpflichtet, die notwendigen Handlungen vorzunehmen. ³Bei einer erforderlichen Anpassung von Gaseinspeisungen und Gasausspeisungen sind die betroffenen Betreiber von anderen Fernleitungs- und Gasverteilernetzen und Gashändler soweit möglich vorab zu informieren.

(2a) ¹Bei Maßnahmen nach den Absätzen 1 und 2 sind Auswirkungen auf die Sicherheit und Zuverlässigkeit des Elektrizitätsversorgungssystems auf Grundlage der von den Betreibern von Übertragungsnetzen nach § 15 Absatz 2 bereitzustellenden Informationen angemessen zu berücksichtigen. ²Der Gasbezug einer Anlage, die als systemrelevantes Gaskraftwerk nach § 13f ausgewiesen ist, darf durch eine Maßnahme nach Absatz 1 nicht eingeschränkt werden, soweit der Betreiber des betroffenen Übertragungsnetzes die weitere Gasversorgung der Anlage gegenüber dem Betreiber des Fernleitungsnetzes anweist. ³Der Gasbezug einer solchen Anlage darf durch eine Maßnahme nach Absatz 2 nur nachrangig eingeschränkt werden, soweit der Betreiber des betroffenen Übertragungsnetzes die weitere Gasversorgung der Anlage gegenüber dem Betreiber des Fernleitungsnetzes anweist. ⁴Eine Anweisung der nachrangigen Einschränkbarkeit systemrelevanter Gaskraftwerke nach Satz 3 ist nur zulässig, wenn der Betreiber des betroffenen Übertragungsnetzes zuvor alle verfügbaren netz- und marktbezogenen Maßnahmen nach § 13 Absatz 1 ausgeschöpft hat und eine Abwägung der Folgen weiterer Anpassungen von Stromeinspeisungen und Stromabnahmen im Rahmen von Maßnahmen nach § 13 Absatz 2 mit den Folgen weiterer Anpassungen von Gaseinspeisungen und Gasausspeisungen im Rahmen von Maßnahmen nach Absatz 2 eine entsprechende Anweisung angemessen erscheinen lassen.

(3) ¹Im Falle einer Anpassung nach Absatz 2 ruhen bis zur Beseitigung der Gefährdung oder Störung alle hiervon jeweils betroffenen Leistungspflichten. ²Satz 1 führt nicht zu einer Aussetzung der Abrechnung der Bilanzkreise durch den Marktgebietsverantwortlichen. ³Soweit bei Vorliegen der Voraussetzungen nach den Absätzen 2 und 2a Maßnahmen getroffen werden, ist insoweit die Haftung für Vermögensschäden ausgeschlossen. ⁴Im Übrigen bleibt § 11 Absatz 3 unberührt.

(4) ¹Über die Gründe von durchgeführten Anpassungen und Maßnahmen sind die hiervon unmittelbar Betroffenen und die Regulierungsbehörde unverzüglich zu informieren. ²Auf Verlangen sind die vorgetragenen Gründe zu belegen.

(4a) Reichen die Maßnahmen nach Absatz 2 nach Feststellung eines Betreibers von Fernleitungsnetzen nicht aus, um eine Versorgungsstörung für lebenswichtigen Bedarf im Sinne des § 1 des Energiesicherungsgesetzes[1] abzuwenden, muss der Betreiber von Fernleitungsnetzen unverzüglich die Regulierungsbehörde unterrichten.

**§ 16a**[2] **Aufgaben der Betreiber von Gasverteilernetzen.** Die §§ 15 und 16 Absatz 1 bis 4a gelten für Betreiber von Gasverteilernetzen im Rahmen ihrer Verteilungsaufgaben entsprechend, soweit sie für die Sicherheit und Zuverlässigkeit der Gasversorgung in ihrem Netz verantwortlich sind.

---

[1] **Sartorius III Nr. 500.**
[2] § 16a Satz 1 geänd., Satz 2 aufgeh. mWv 29.12.2023 durch G v. 22.12.2023 (BGBl. 2023 I Nr. 405).

## Abschnitt 2. Netzanschluss

**§ 17[1] Netzanschluss, Verordnungsermächtigung; Festlegungskompetenz.** (1) ¹Betreiber von Energieversorgungsnetzen haben Letztverbraucher, gleich- oder nachgelagerte Elektrizitäts- und Gasversorgungsnetze sowie -leitungen, Ladepunkte für Elektromobile, Erzeugungs- und Gasspeicheranlagen sowie Anlagen zur Speicherung elektrischer Energie zu technischen und wirtschaftlichen Bedingungen an ihr Netz anzuschließen, die angemessen, diskriminierungsfrei, transparent und nicht ungünstiger sind, als sie von den Betreibern der Energieversorgungsnetze in vergleichbaren Fällen für Leistungen innerhalb ihres Unternehmens oder gegenüber verbundenen oder assoziierten Unternehmen angewendet werden. ²Diese Pflicht besteht nicht für Betreiber eines L-Gasversorgungsnetzes hinsichtlich eines Anschlusses an das L-Gasversorgungsnetz, es sei denn, die beantragende Partei weist nach, dass ihr der Anschluss an ein H-Gasversorgungsnetz aus wirtschaftlichen oder technischen Gründen unmöglich oder unzumutbar ist. ³Hat die beantragende Partei diesen Nachweis erbracht, bleibt der Betreiber des L-Gasversorgungsnetzes berechtigt, den Anschluss an das L-Gasversorgungsnetz unter den Voraussetzungen von Absatz 2 zu verweigern. ⁴Die Sätze 2 und 3 sind nicht anzuwenden, wenn der Anschluss bis zum 21. Dezember 2018 beantragt wurde.

(2) ¹Betreiber von Energieversorgungsnetzen können einen Netzanschluss nach Absatz 1 Satz 1 verweigern, soweit sie nachweisen, dass ihnen die Gewährung des Netzanschlusses aus betriebsbedingten oder sonstigen wirtschaftlichen oder technischen Gründen unter Berücksichtigung des Zwecks des § 1 nicht möglich oder nicht zumutbar ist. ²Die Ablehnung ist in Textform zu begründen. ³Auf Verlangen der beantragenden Partei muss die Begründung im Falle eines Kapazitätsmangels auch aussagekräftige Informationen darüber enthalten, welche Maßnahmen und damit verbundene Kosten zum Ausbau des Netzes im Einzelnen erforderlich wären, um den Netzanschluss durchzuführen; die Begründung kann nachgefordert werden. ⁴Für die Begründung nach Satz 3 kann ein Entgelt, das die Hälfte der entstandenen Kosten nicht überschreiten darf, verlangt werden, sofern auf die Entstehung von Kosten zuvor hingewiesen worden ist.

(3) ¹Die Bundesregierung wird ermächtigt, durch Rechtsverordnung mit Zustimmung des Bundesrates Vorschriften über die technischen und wirtschaftlichen Bedingungen für einen Netzanschluss nach Absatz 1 Satz 1 zu erlassen. ²Insbesondere können durch Rechtsverordnung nach Satz 1 unter angemessener Berücksichtigung der Interessen der Betreiber von Energieversorgungsnetzen und der Anschlussnehmer

1. die Bestimmungen der Verträge einheitlich festgesetzt werden,

2. Regelungen über den Vertragsabschluss, den Gegenstand und die Beendigung der Verträge getroffen werden und

---

[1] § 17 Abs. 2a eingef. mWv 17.12.2006 durch G v. 9.12.2006 (BGBl. I S. 2833); Abs. 2a Satz 1 geänd. mWv 1.1.2009 durch G v. 25.10.2008 (BGBl. I S. 2074); Abs. 1 geänd. mWv 4.8.2011 durch G v. 26.7. 2011 (BGBl. I S. 1554); Abs. 2a Sätze 2–4 eingef., bish. Sätze 2–4 werden Sätze 5–7, Abs. 2b eingef. mWv 5.8.2011 durch G v. 28.7.2011 (BGBl. I S. 1690); Überschrift neu gef., Abs. 2a und 2b aufgeh. mWv 28.12.2012 durch G v. 20.12.2012 (BGBl. I S. 2730); Abs. 1, 2 Sätze 1 und 3 geänd. mWv 30.7. 2016 durch G v. 26.7.2016 (BGBl. I S. 1786); Abs. 1 Sätze 2–4 angef., Abs. 2 Satz 1, Abs. 3 Satz 1 Nr. 1 geänd. mWv 21.12.2018 durch G v. 17.12.2018 (BGBl. I S. 2549); Abs. 1 Satz 1 geänd. mWv 27.7.2021 durch G v. 16.7.2021 (BGBl. I S. 3026); Überschrift geänd., Abs. 2a und 2b aufgeh. (nicht ausführbar, da bereits aufgeh. mWv 28.12.2012 durch G v. 20.12.2012, BGBl. I S. 2730), Abs. 3 Satz 1 neu gef., Abs. 4 angef. mWv 29.12.2023 durch G v. 22.12.2023 (BGBl. 2023 I Nr. 405).

3. festgelegt sowie näher bestimmt werden, in welchem Umfang und zu welchen Bedingungen ein Netzanschluss nach Absatz 2 zumutbar ist; dabei kann auch das Interesse der Allgemeinheit an einer möglichst kostengünstigen Struktur der Energieversorgungsnetze berücksichtigt werden.

(4) [1] Die Bundesnetzagentur kann durch Festlegung nach § 29 Absatz 1 Vorgaben zu den technischen und wirtschaftlichen Bedingungen für einen Netzanschluss nach Absatz 1 Satz 1 oder zu den Methoden für die Bestimmung dieser Bedingungen machen; dabei kann sie von Verordnungen nach Absatz 3 abweichen oder ergänzende Regelungen treffen. [2] Dies umfasst insbesondere Vorgaben zu Anschlusskosten und Baukostenzuschüssen.

**§ 17a–17c**[1]) (weggefallen)

**§ 17d**[2]) **Umsetzung der Netzentwicklungspläne und des Flächenentwicklungsplans.** (1) [1] Betreiber von Übertragungsnetzen, in deren Regelzone die Netzanbindung von Windenergieanlagen auf See erfolgen soll (anbindungsverpflichtete Übertragungsnetzbetreiber), haben die Offshore-Anbindungsleitungen entsprechend den Vorgaben des Offshore-Netzentwicklungsplans und ab dem 1. Januar 2019 entsprechend den Vorgaben des Netzentwicklungsplans und des Flächenentwicklungsplans gemäß § 5 des Windenergie-auf-See-Gesetzes zu errichten und zu betreiben. [2] Sie haben mit der Umsetzung der Netzanbindungen von Windenergieanlagen auf See entsprechend den Vorgaben des Offshore-Netzentwicklungsplans und ab dem 1. Januar 2019 entsprechend den Vorgaben des Netzentwicklungsplans und des Flächenentwicklungsplans gemäß § 5 des Windenergie-auf-See-Gesetzes zu beginnen und die Errichtung der Netzanbindungen von Windenergieanlagen auf See zügig voranzutreiben. [3] Eine Offshore-Anbindungsleitung nach Satz 1 ist ab dem Zeitpunkt der Fertigstellung ein Teil des Energieversorgungsnetzes.

(1a) [1] Es sind alle erforderlichen Maßnahmen zu ergreifen, damit die Offshore-Anbindungsleitungen, die im Flächenentwicklungsplan festgelegt sind, rechtzeitig zum festgelegten Jahr der Inbetriebnahme errichtet werden können. [2] Insbesondere können mehrere Offshore-Anbindungsleitungen in einem Trassenkorridor pro Jahr errichtet werden. [3] Für die Errichtung von Offshore-Anbindungsleitungen können alle technisch geeigneten Verfahren verwendet werden. [4] Im Küstenmeer soll in den Jahren 2024 bis 2030 die Errichtung auch im Zeitraum vom 1. April bis zum 31. Oktober erfolgen, wenn dies mit dem Küstenschutz vereinbar ist.

(1b) [1] Der Betrieb von Offshore-Anbindungsleitungen soll in der Regel nicht dazu führen, dass sich das Sediment im Abstand zur Meeresbodenoberfläche von 20 Zentimetern in der ausschließlichen Wirtschaftszone oder im Abstand von 30

---

[1]) §§ 17a–17c neu gef. mWv 29.12.2023 durch G v. 22.12.2023 (BGBl. 2023 I Nr. 405).
[2]) § 17d neu gef. mWv 1.1.2017 durch G v. 13.10.2016 (BGBl. I S. 2258); Abs. 5 Satz 1 eingef., bish. Sätze 1–3 werden Sätze 2–4, Abs. 6 geänd. mWv 1.1.2017 durch G v. 22.12.2016 (BGBl. I S. 3106); Abs. 6 aufgeh. mWv 1.1.2019 durch G v. 17.7.2017 (BGBl. I S. 2503); Abs. 2 Satz 5 geänd., Satz 10 angef. mWv 17.5.2019 durch G v. 13.5.2019 (BGBl. I S. 706); Abs. 2 Satz 1 neu gef., Satz 5 eingef., bish. Sätze 5–10 werden Sätze 6–11, neuer Satz 7 geänd. mWv 10.12.2020 durch G v. 3.12.2020 (BGBl. I S. 2682); Abs. 2 Satz 2 neu gef., Satz 4 eingef., bish. Sätze 4–11 werden Sätze 5–12, neue Sätze 7, 9 und 12 geänd., Abs. 6–8 neu gef., Abs. 9–11 angef. mWv 27.7.2021 durch G v. 16.7.2021 (BGBl. I S. 3026); Abs. 7 Satz 1 geänd. mWv 29.7.2022, Abs. 2 Satz 2 geänd., Sätze 3, 4 und 6 aufgeh., bish. Sätze 5, 7–12 werden Sätze 3–9, neue Sätze 3–6, 8 und 9, Abs. 3 Satz 1, Abs. 5 Satz 2, Abs. 6 Satz 4, Abs. 7 Satz 2, Abs. 9 Sätze 3 und 5, Abs. 10 Satz 1 Nr. 1 geänd. mWv 20.7.2022 (BGBl. I S. 1054); Abs. 1a und 1b eingef. mWv 13.10.2022 durch G v. 8.10.2022 (BGBl. I S. 1726); Abs. 1b Satz 1, Abs. 3 Satz 1 geänd. mWv 29.12.2023 durch G v. 22.12.2023 (BGBl. 2023 I Nr. 405).

Zentimetern im Küstenmeer der Nordsee oder im Abstand von 20 Zentimetern im Küstenmeer der Ostsee um mehr als 2 Kelvin erwärmt. [2]Eine stärkere Erwärmung ist zulässig, wenn sie nicht mehr als zehn Tage pro Jahr andauert oder weniger als 1 Kilometer Länge der Offshore-Anbindungsleitung betrifft. [3]Die Sätze 1 und 2 sind sowohl auf bereits in Betrieb befindliche Offshore-Anbindungsleitungen als auch auf neu zu errichtende Offshore-Anbindungsleitungen anwendbar. [4]Auf die parkinternen Seekabel und grenzüberschreitende Kabelsysteme sind die Sätze 1 bis 3 entsprechend anwendbar.

(2) [1]Der anbindungsverpflichtete Übertragungsnetzbetreiber beauftragt die Offshore-Anbindungsleitung so rechtzeitig, dass die Fertigstellungstermine in den im Flächenentwicklungsplan und im Netzentwicklungsplan dafür festgelegten Kalenderjahren einschließlich des Quartals im jeweiligen Kalenderjahr liegen. [2]Der anbindungsverpflichtete Übertragungsnetzbetreiber beauftragt die Offshore-Anbindungsleitung, sobald die anzubindende Fläche im Flächenentwicklungsplan festgelegt ist. [3]Der anbindungsverpflichtete Übertragungsnetzbetreiber hat spätestens nach Auftragsvergabe die Daten der voraussichtlichen Fertigstellungstermine der Offshore-Anbindungsleitung der Regulierungsbehörde bekannt zu machen und auf seiner Internetseite zu veröffentlichen. [4]Nach Bekanntmachung der voraussichtlichen Fertigstellungstermine nach Satz 3 hat der anbindungsverpflichtete Übertragungsnetzbetreiber mit den Betreibern der Windenergieanlage auf See, die gemäß den §§ 20, 21, 34 oder 54 des Windenergie-auf-See-Gesetzes einen Zuschlag erhalten haben, einen Realisierungsfahrplan abzustimmen, der die zeitliche Abfolge für die einzelnen Schritte zur Errichtung der Windenergieanlage auf See und zur Herstellung des Netzanschlusses enthält. [5]Dabei sind die Fristen zur Realisierung der Windenergieanlage auf See gemäß § 81 des Windenergie-auf-See-Gesetzes und die Vorgaben gemäß § 5 Absatz 1 Nummer 4 des Windenergie-auf-See-Gesetzes im Flächenentwicklungsplan zu berücksichtigen. [6]Der anbindungsverpflichtete Übertragungsnetzbetreiber und der Betreiber der Windenergieanlage auf See haben sich regelmäßig über den Fortschritt bei der Errichtung der Windenergieanlage auf See und der Herstellung des Netzanschlusses zu unterrichten; mögliche Verzögerungen oder Abweichungen vom Realisierungsfahrplan sind unverzüglich mitzuteilen. [7]Die bekannt gemachten voraussichtlichen Fertigstellungstermine können nur mit Zustimmung der Regulierungsbehörde im Benehmen mit dem Bundesamt für Seeschifffahrt und Hydrographie geändert werden; die Regulierungsbehörde trifft die Entscheidung nach pflichtgemäßem Ermessen und unter Berücksichtigung der Interessen der Beteiligten und der volkswirtschaftlichen Kosten. [8]36 Monate vor Eintritt der voraussichtlichen Fertigstellung werden die bekannt gemachten Fertigstellungstermine jeweils verbindlich. [9]Die Sätze 2 und 4 sind nicht auf Testfeld-Anbindungsleitungen anzuwenden.

(3) [1]Betreiber von Windenergieanlagen auf See mit einem Zuschlag nach den §§ 20, 21, 34 oder 54 des Windenergie-auf-See-Gesetzes erhalten ausschließlich eine Kapazität auf der Offshore-Anbindungsleitung, die zur Anbindung der entsprechenden Fläche im Flächenentwicklungsplan nach § 5 des Windenergie-auf-See-Gesetzes vorgesehen ist. [2]Ausnahmsweise kann eine Anbindung über einen anderen im Bundesfachplan Offshore nach § 17a festgelegten Cluster erfolgen, sofern dies im Bundesfachplan Offshore oder im Offshore-Netzentwicklungsplan ausdrücklich vorgesehen ist und dies für eine geordnete und effiziente Nutzung und Auslastung der Offshore-Anbindungsleitungen erforderlich ist.

(4) [1]Die Regulierungsbehörde kann im Benehmen mit dem Bundesamt für Seeschifffahrt und Hydrographie dem Betreiber einer Windenergieanlage auf See,

der über zugewiesene Netzanbindungskapazität verfügt, die Netzanbindungskapazität entziehen und ihm Netzanbindungskapazität auf einer anderen Offshore-Anbindungsleitung zuweisen (Kapazitätsverlagerung), soweit dies einer geordneten und effizienten Nutzung und Auslastung von Offshore-Anbindungsleitungen dient und soweit dem die Bestimmungen des Bundesfachplans Offshore und ab dem 1. Januar 2019 des Netzentwicklungsplans und des Flächenentwicklungsplans gemäß § 5 des Windenergie-auf-See-Gesetzes nicht entgegenstehen. [2]Vor der Entscheidung sind der betroffene Betreiber einer Windenergieanlage auf See und der betroffene anbindungsverpflichtete Übertragungsnetzbetreiber zu hören.

(5) [1]Die zugewiesene Netzanbindungskapazität besteht, soweit und solange ein Planfeststellungsbeschluss oder eine Plangenehmigung für die Windenergieanlagen auf See wirksam ist. [2]Wird ein Zuschlag nach den §§ 20, 21, 34 oder 54 des Windenergie-auf-See-Gesetzes unwirksam, entfällt die zugewiesene Netzanbindungskapazität auf der entsprechenden Offshore-Anbindungsleitung, die zur Anbindung der Fläche vorgesehen ist. [3]Die Regulierungsbehörde teilt dem anbindungsverpflichteten Übertragungsnetzbetreiber unverzüglich die Unwirksamkeit eines Zuschlags mit und ergreift im Benehmen mit dem Bundesamt für Seeschifffahrt und Hydrographie angemessene Maßnahmen für eine geordnete und effiziente Nutzung und Auslastung der betroffenen Offshore-Anbindungsleitung. [4]Vor der Entscheidung ist der betroffene anbindungsverpflichtete Übertragungsnetzbetreiber zu hören.

(6) [1]Anbindungsverpflichtete Übertragungsnetzbetreiber sind gegenüber dem Inhaber einer Genehmigung zum Bau von Windenergieanlagen auf See im Küstenmeer nach dem Bundes-Immissionsschutzgesetz verpflichtet, die Netzanbindung von dem Umspannwerk der Windenergieanlagen auf See bis zu dem technisch und wirtschaftlich günstigsten Verknüpfungspunkt des nächsten Übertragungsnetzes auf die technisch und wirtschaftlich günstigste Art und Weise zu errichten und zu betreiben. [2]Inhaber einer Genehmigung zum Bau von Windenergieanlagen auf See im Küstenmeer nach dem Bundes-Immissionsschutzgesetz haben einen Anspruch auf Anbindung nach Satz 1 nur dann, wenn der auf der Fläche im Küstenmeer erzeugte Strom ausschließlich im Wege der sonstigen Direktvermarktung nach § 21a der Erneuerbare-Energien-Gesetzes[1] veräußert wird und eine Sicherheit entsprechend § 21 des Windenergie-auf-See-Gesetzes bezogen auf die genehmigte Höhe der zu installierenden Leistung an die Bundesnetzagentur zur Sicherung von Ansprüchen des anbindungsverpflichteten Übertragungsnetzbetreibers nach Absatz 9 geleistet wurde. [3]§ 31 Absatz 3 bis 5 des Erneuerbare-Energien-Gesetzes ist entsprechend anzuwenden. [4]Absatz 2 Satz 3 ist entsprechend für Netzanbindungen nach Satz 1 anzuwenden. [5]Die Anbindungsverpflichtung entfällt, wenn Vorgaben des Flächenentwicklungsplans entgegenstehen oder der anbindungsverpflichtete Übertragungsnetzbetreiber gegenüber der Bundesnetzagentur eine Stellungnahme nach Satz 4 und Absatz 2 Satz 5 abgibt. [6]Eine Netzanbindung nach Satz 1 ist ab dem Zeitpunkt der Fertigstellung ein Teil des Energieversorgungsnetzes.

(7) [1]Nachdem die Bundesnetzagentur auf Antrag des Inhabers der Genehmigung bestätigt hat, dass der Nachweis über eine bestehende Finanzierung für die Errichtung von Windenergieanlagen auf See in dem Umfang der genehmigten Anlagen gegenüber der Bundesnetzagentur erbracht worden ist, beauftragt der anbindungsverpflichtete Übertragungsnetzbetreiber unverzüglich die Netzanbindung nach Absatz 6. [2]Der anbindungsverpflichtete Übertragungsnetzbetreiber hat

---

[1]) Sartorius ErgBd. Nr. 833.

spätestens nach Auftragsvergabe den voraussichtlichen Fertigstellungstermin der Netzanbindung der Bundesnetzagentur bekannt zu machen und auf seiner Internetseite zu veröffentlichen. [3] Der bekannt gemachte voraussichtliche Fertigstellungstermin kann nur mit Zustimmung der Regulierungsbehörde verschoben werden, dabei trifft die Regulierungsbehörde die Entscheidung nach pflichtgemäßem Ermessen und unter Berücksichtigung der Interessen der Beteiligten und der volkswirtschaftlichen Kosten. [4] 30 Monate vor Eintritt der voraussichtlichen Fertigstellung wird der bekannt gemachte Fertigstellungstermin verbindlich.

(8) [1] Nach Bekanntmachung des voraussichtlichen Fertigstellungstermins nach Absatz 7 Satz 4 hat der anbindungsverpflichtete Übertragungsnetzbetreiber mit dem Inhaber der Genehmigung zum Bau von Windenergieanlagen auf See im Küstenmeer nach dem Bundes-Immissionsschutzgesetz einen Realisierungsfahrplan abzustimmen, der die zeitliche Abfolge für die einzelnen Schritte zur Errichtung der Windenergieanlage auf See und zur Herstellung des Netzanschlusses einschließlich eines Anschlusstermins enthält. [2] Der Inhaber der Genehmigung für die Errichtung der Windenergieanlagen auf See muss

1. spätestens sechs Monate vor dem verbindlichen Fertigstellungstermin gegenüber der Bundesnetzagentur den Nachweis erbringen, dass mit der Errichtung der Windenergieanlagen begonnen worden ist,

2. spätestens zum verbindlichen Fertigstellungstermin gegenüber der Bundesnetzagentur den Nachweis erbringen, dass die technische Betriebsbereitschaft mindestens einer Windenergieanlage auf See einschließlich der zugehörigen parkinternen Verkabelung hergestellt worden ist, und

3. innerhalb von sechs Monaten nach dem verbindlichen Fertigstellungstermin gegenüber der Bundesnetzagentur den Nachweis erbringen, dass die technische Betriebsbereitschaft der Windenergieanlagen auf See insgesamt hergestellt worden ist; diese Anforderung ist erfüllt, wenn die installierte Leistung der betriebsbereiten Anlagen mindestens zu 95 Prozent der genehmigten installierten Leistung entspricht.

[3] Der anbindungsverpflichtete Übertragungsnetzbetreiber und der Betreiber der Windenergieanlage auf See haben sich regelmäßig über den Fortschritt bei der Errichtung der Windenergieanlage auf See und der Herstellung des Netzanschlusses zu unterrichten, dabei sind mögliche Verzögerungen oder Abweichungen vom Realisierungsfahrplan unverzüglich auch der Bundesnetzagentur mitzuteilen.

(9) [1] Der Inhaber der Genehmigung zum Bau von Windenergieanlagen auf See im Küstenmeer nach dem Bundes-Immissionsschutzgesetz muss an den anbindungsverpflichteten Übertragungsnetzbetreiber eine Pönale leisten, wenn er gegen die Fristen nach Absatz 8 Satz 2 verstößt. [2] Die Höhe der Pönale entspricht

1. bei Verstößen gegen Absatz 8 Satz 2 Nummer 1 70 Prozent der nach Absatz 6 Satz 2 zu leistenden Sicherheit,

2. bei Verstößen gegen Absatz 8 Satz 2 Nummer 2 70 Prozent der verbleibenden Sicherheit und

3. bei Verstößen gegen Absatz 8 Satz 2 Nummer 3 dem Wert, der sich aus dem Betrag der verbleibenden Sicherheit multipliziert mit dem Quotienten aus der installierten Leistung der nicht betriebsbereiten Windenergieanlagen und der genehmigten zu installierenden Leistung ergibt.

[3] §88 des Windenergie-auf-See-Gesetzes ist entsprechend anzuwenden. [4] Unbeschadet der Pönale nach Satz 1 entfällt der Anspruch nach Absatz 6 Satz 1 bei

einem Verstoß gegen Absatz 8 Satz 2 Nummer 1. [5] § 81 Absatz 2a des Windenergie-auf-See-Gesetzes ist entsprechend anzuwenden.

(10) [1] Die Regulierungsbehörde kann durch Festlegung nach § 29 Absatz 1 nähere Bestimmungen treffen

1. zur Umsetzung des Netzentwicklungsplans und des Flächenentwicklungsplans gemäß § 5 des Windenergie-auf-See-Gesetzes, zu den erforderlichen Schritten, die die Betreiber von Übertragungsnetzen zur Erfüllung ihrer Pflichten nach Absatz 1 zu unternehmen haben, und zu deren zeitlicher Abfolge; dies schließt Festlegungen zur Ausschreibung und Vergabe von Anbindungsleitungen, zur Vereinbarung von Realisierungsfahrplänen nach Absatz 2 Satz 4, zur Information der Betreiber der anzubindenden Windenergieanlagen auf See und zu einem Umsetzungszeitplan ein, und

2. zum Verfahren zur Kapazitätsverlagerung nach Absatz 4 und im Fall der Unwirksamkeit des Zuschlags nach Absatz 5; dies schließt Festlegungen zur Art und Ausgestaltung der Verfahren sowie zu möglichen Sicherheitsleistungen oder Garantien ein.

[2] Festlegungen nach Nummer 2 erfolgen im Einvernehmen mit dem Bundesamt für Seeschifffahrt und Hydrographie.

(11) § 65 Absatz 2a ist entsprechend anzuwenden, wenn der anbindungsverpflichtete Übertragungsnetzbetreiber eine Leitung, die entsprechend den Vorgaben des Netzentwicklungsplans und des Flächenentwicklungsplans nach § 5 des Windenergie-auf-See-Gesetzes nach Absatz 1 errichtet werden muss, nicht entsprechend diesen Vorgaben errichtet.

**§ 17e**[1]**) Entschädigung bei Störungen oder Verzögerung der Anbindung von Offshore-Anlagen.** (1) [1] Ist die Einspeisung aus einer betriebsbereiten Windenergieanlage auf See länger als zehn aufeinander folgende Tage wegen einer Störung der Netzanbindung nicht möglich, so kann der Betreiber der Windenergieanlage auf See von dem nach § 17d Absatz 1 und 6 anbindungsverpflichteten Übertragungsnetzbetreiber ab dem elften Tag der Störung unabhängig davon, ob der anbindungsverpflichtete Übertragungsnetzbetreiber die Störung zu vertreten hat, für entstandene Vermögensschäden eine Entschädigung in Höhe von 90 Prozent des nach § 19 des Erneuerbare-Energien-Gesetzes[2]) im Fall der Direktvermarktung bestehenden Zahlungsanspruchs abzüglich 0,4 Cent pro Kilowattstunde verlangen. [2] Bei der Ermittlung der Höhe der Entschädigung nach Satz 1 ist für jeden Tag der Störung, für den der Betreiber der Windenergieanlage auf See eine Entschädigung erhält, die durchschnittliche Einspeisung einer vergleichbaren Anlage in dem entsprechenden Zeitraum der Störung zugrunde zu legen. [3] Soweit Störungen der Netzanbindung an mehr als 18 Tagen im Kalenderjahr auftreten, besteht der Anspruch abweichend von Satz 1 unmittelbar ab dem 19. Tag im

---

[1]) § 17e eingef. mWv 28.12.2012 durch G v. 20.12.2012 (BGBl. I S. 2730); Abs. 1 Sätze 1, 2, 4 und 6, Abs. 2 Sätze 1, 2, 4, 5 und 6 geänd., Satz 7 angef., Abs. 3 und 6 geänd. mWv 1.8.2014 durch G v. 21.7. 2014 (BGBl. I S. 1066); Abs. 1 Satz 4, Abs. 6 geänd. mWv 1.1.2016 durch G v. 10.12.2015 (BGBl. I S. 2194); Abs. 1 Sätze 1 und 4, Abs. 2 Sätze 1, 2 und 6 geänd., Satz 7 neu gef. mWv 1.1.2017 durch G v. 13.10.2016 (BGBl. I S. 2258); Abs. 3 Satz 2 angef. mWv 1.1.2017 durch G v. 22.12.2016 (BGBl. I S. 3106); Abs. 3a eingef., Abs. 4 geänd. mWv 17.5.2019 durch G v. 13.5.2019 (BGBl. I S. 706); Abs. 2 Satz 1 geänd. mWv 10.12.2020 durch G v. 3.12.2020 (BGBl. I S. 2682); Abs. 1 Sätze 1 und 4, Abs. 2 Sätze 2 geänd., Satz 8 angef. mWv 1.1.2021 durch G v. 21.12.2020 (BGBl. I S. 3138); Abs. 1 Satz 1, Abs. 2 Satz 1 geänd. mWv 27.7.2021 durch G v. 16.7.2021 (BGBl. I S. 3026); Abs. 2 Sätze 1 und 6 geänd. mWv 1.1. 2023 durch G v. 20.7.2022 (BGBl. I S. 1325).
[2]) **Sartorius ErgBd. Nr. 833.**

Kalenderjahr, an dem die Einspeisung auf Grund der Störung der Netzanbindung nicht möglich ist. [4] Soweit der anbindungsverpflichtete Übertragungsnetzbetreiber eine Störung der Netzanbindung vorsätzlich herbeigeführt hat, kann der Betreiber der Windenergieanlage auf See von dem anbindungsverpflichteten Übertragungsnetzbetreiber abweichend von Satz 1 ab dem ersten Tag der Störung die Erfüllung des vollständigen, nach § 19 des Erneuerbare-Energien-Gesetzes im Fall der Direktvermarktung bestehenden Zahlungsanspruchs abzüglich 0,4 Cent pro Kilowattstunde verlangen. [5] Darüber hinaus ist eine Inanspruchnahme des anbindungsverpflichteten Übertragungsnetzbetreibers für Vermögensschäden auf Grund einer gestörten Netzanbindung ausgeschlossen. [6] Der Anspruch nach Satz 1 entfällt, soweit der Betreiber der Windenergieanlage auf See die Störung zu vertreten hat.

(2) [1] Ist die Einspeisung aus einer betriebsbereiten Windenergieanlage auf See nicht möglich, weil die Netzanbindung nicht zu dem verbindlichen Fertigstellungstermin nach § 17d Absatz 2 Satz 8 und Absatz 7 Satz 4 fertiggestellt ist, so kann der Betreiber der Windenergieanlage auf See ab dem Zeitpunkt der Herstellung der Betriebsbereitschaft der Windenergieanlage auf See, frühestens jedoch ab dem 91. Tag nach dem verbindlichen Fertigstellungstermin, eine Entschädigung entsprechend Absatz 1 Satz 1 und 2 verlangen. [2] Soweit der anbindungsverpflichtete Übertragungsnetzbetreiber die nicht rechtzeitige Fertigstellung der Netzanbindung vorsätzlich herbeigeführt hat, kann der Betreiber der Windenergieanlage auf See von dem anbindungsverpflichteten Übertragungsnetzbetreiber abweichend von Satz 1 ab dem ersten Tag nach dem verbindlichen Fertigstellungstermin die Erfüllung des vollständigen, nach § 19 des Erneuerbare-Energien-Gesetzes im Fall der Direktvermarktung bestehenden Zahlungsanspruchs abzüglich 0,4 Cent pro Kilowattstunde verlangen. [3] Darüber hinaus ist eine Inanspruchnahme des anbindungsverpflichteten Übertragungsnetzbetreibers für Vermögensschäden auf Grund einer nicht rechtzeitig fertiggestellten Netzanbindung ausgeschlossen. [4] Für den Anspruch auf Entschädigung nach diesem Absatz ist von einer Betriebsbereitschaft der Windenergieanlage auf See im Sinne von Satz 1 auch auszugehen, wenn das Fundament der Windenergieanlage auf See und die für die Windenergieanlage auf See vorgesehene Umspannanlage zur Umwandlung der durch eine Windenergieanlage auf See erzeugten Elektrizität auf eine höhere Spannungsebene errichtet sind und von der Herstellung der tatsächlichen Betriebsbereitschaft zur Schadensminderung abgesehen wurde. [5] Der Betreiber der Windenergieanlage auf See hat sämtliche Zahlungen nach Satz 1 zuzüglich Zinsen zurückzugewähren, soweit die Windenergieanlage auf See nicht innerhalb einer angemessenen, von der Regulierungsbehörde festzusetzenden Frist nach Fertigstellung der Netzanbindung die technische Betriebsbereitschaft tatsächlich hergestellt hat; die §§ 286, 288 und 289 Satz 1 des Bürgerlichen Gesetzbuchs[1] sind entsprechend anwendbar. [6] Dem verbindlichen Fertigstellungstermin nach § 17d Absatz 2 Satz 8 steht der Fertigstellungstermin aus der unbedingten Netzanbindungszusage gleich, wenn die unbedingte Netzanbindungszusage dem Betreiber der Windenergieanlage auf See bis zum 29. August 2012 erteilt wurde oder dem Betreiber der Windenergieanlage auf See zunächst eine bedingte Netzanbindungszusage erteilt wurde und er bis zum 1. September 2012 die Kriterien für eine unbedingte Netzanbindungszusage nachgewiesen hat. [7] Erhält der Betreiber einer Windenergieanlage auf See erst ab einem Zeitpunkt nach dem verbindlichen Fertigstellungstermin einen Zuschlag nach § 23 oder § 34 des Windenergie-auf-See-Gesetzes, so ist dieser Absatz mit der Maßgabe anzuwenden, dass der Zeitpunkt, ab dem nach § 24 Absatz 1 Nummer 2

---

[1] **Habersack Nr. 20.**

oder § 37 Absatz 1 Nummer 1 des Windenergie-auf-See-Gesetzes der Anspruch auf die Marktprämie nach § 19 des Erneuerbare-Energien-Gesetzes frühestens beginnt, dem verbindlichen Fertigstellungstermin gleichsteht. [8] Auf Zuschläge nach § 34 des Windenergie-auf-See-Gesetzes ist Satz 1 in der am 9. Dezember 2020 geltenden Fassung anzuwenden.

(3) [1] Ist die Einspeisung aus einer betriebsbereiten Windenergieanlage auf See an mehr als zehn Tagen im Kalenderjahr wegen betriebsbedingten Wartungsarbeiten an der Netzanbindung nicht möglich, so kann der Betreiber der Windenergieanlage auf See ab dem elften Tag im Kalenderjahr, an dem die Netzanbindung auf Grund der betriebsbedingten Wartungsarbeiten nicht verfügbar ist, eine Entschädigung entsprechend Absatz 1 Satz 1 in Anspruch nehmen. [2] Bei der Berechnung der Tage nach Satz 1 werden die vollen Stunden, in denen die Wartungsarbeiten vorgenommen werden, zusammengerechnet.

(3a) Die Absätze 1 bis 3 sind für Windenergieanlagen auf See, die in einer Ausschreibung nach Teil 3 des Windenergie-auf-See-Gesetzes bezuschlagt wurden, mit der Maßgabe anzuwenden, dass die Entschädigung 90 Prozent des nach dem Windenergie-auf-See-Gesetz jeweils einschlägigen anzulegenden Werts, mindestens aber 90 Prozent des Monatsmarktwerts im Sinne der Anlage 1 Nummer 2.2.3 des Erneuerbare-Energien-Gesetzes beträgt.

(4) Die Entschädigungszahlungen nach den Absätzen 1 bis 3a einschließlich der Kosten für eine Zwischenfinanzierung sind bei der Ermittlung der Kosten des Netzbetriebs zur Netzentgeltbestimmung nicht zu berücksichtigen.

(5) Auf Vermögensschäden auf Grund einer nicht rechtzeitig fertiggestellten oder gestörten Netzanbindung im Sinne des Absatzes 1 oder des Absatzes 2 ist § 32 Absatz 3 und 4 nicht anzuwenden.

(6) Der Betreiber der Windenergieanlage auf See hat dem anbindungsverpflichteten Übertragungsnetzbetreiber mit dem Tag, an dem die Entschädigungspflicht des anbindungsverpflichteten Übertragungsnetzbetreibers nach Absatz 1 oder Absatz 2 dem Grunde nach beginnt, mitzuteilen, ob er die Entschädigung nach den Absätzen 1 bis 2 begehrt oder ob die Berücksichtigung der im Sinne des Absatzes 1 oder des Absatzes 2 verzögerten oder gestörten Einspeisung nach § 50 Absatz 4 Satz 1 des Erneuerbare-Energien-Gesetzes erfolgen soll.

**§ 17f**[1] **Belastungsausgleich.** (1) [1] Soweit sich aus den nachfolgenden Absätzen oder einer Rechtsverordnung nichts anderes ergibt, werden den Übertragungsnetzbetreibern nach den Vorgaben des Energiefinanzierungsgesetzes die Kosten erstattet

1. für Entschädigungszahlungen nach § 17e,

---

[1] § 17f eingef. mWv 28.12.2012 durch G v. 20.12.2012 (BGBl. I S. 2730); Abs. 2 Satz 4 geänd. mWv 1.8.2014 durch G v. 21.7.2014 (BGBl. I S. 1066); Abs. 1 Satz 3 geänd. mWv 1.1.2016 durch G v. 21.12. 2015 (BGBl. I S. 2498); Abs. 1 Satz 1 geänd. mWv 1.1.2017 durch G v. 13.10.2016 (BGBl. I S. 2258); Abs. 1 Satz 3 geänd. mWv 1.1.2017 durch G v. 22.12.2016 (BGBl. I S. 3106); Abs. 1 Satz 2 eingef., bish. Sätze 2 und 3 werden Sätze 3 und 4, neuer Satz 3, Abs. 4 und 5 Satz 1 geänd. mWv 1.1.2019 durch G v. 17.7.2017 (BGBl. I S. 2503, geänd. durch G v. 17.12.2018, BGBl. I S. 2549); Abs. 1 Satz 4 angef. mWv 1.1.2018 bis 31.12.2018, Abs. 1 Satz 4 ab 31.12.2018 Satz 2 neu gef. mWv 1.1.2019 durch G v. 17.12.2018 (BGBl. I S. 2549); Abs. 1 Satz 2, Abs. 5 Satz 1 geänd., Satz 3 neu gef. mWv 27.7.2021 durch G v. 16.7.2021 (BGBl. I S. 3026); Abs. 1, 2 Sätze 1 und 2 neu gef. Satz 3 eingef., bish. Sätze 3 und 4 werden Sätze 4 und 5, Abs. 3 Satz 4, Abs. 4 neu gef., Abs. 5–7 aufgeh. mWv 1.1.2023 durch G v. 20.7.2022 (BGBl. I S. 1237); Abs. 1 Satz 1 Nr. 4 geänd. mWv 29.12.2023 durch G v. 22.12.2023 (BGBl. 2023 I Nr. 405).

2. für Maßnahmen aus einem der Bundesnetzagentur vorgelegten Schadensminderungskonzept nach Absatz 3 Satz 2 und 3,
3. nach § 17d Absatz 1 und 6,
4. nach den §§ 17a und 17b in der bis zum Ablauf des 28. Dezember 2023 geltenden Fassung,
5. nach § 12b Absatz 1 Satz 3 Nummer 7 und
6. für den Flächenentwicklungsplan nach § 5 des Windenergie-auf-See-Gesetzes.

[2] Zu den nach Satz 1 Nummer 1 erstattungsfähigen Kosten zählen auch die Kosten für eine Zwischenfinanzierung der Entschädigungszahlungen. [3] Von den nach Satz 1 Nummer 1 erstattungsfähigen Kosten sind anlässlich des Schadensereignisses nach § 17e erhaltene Vertragsstrafen, Versicherungsleistungen oder sonstige Leistungen Dritter abzuziehen.

(2) [1] Soweit der anbindungsverpflichtete Übertragungsnetzbetreiber die Störung der Netzanbindung im Sinn von § 17e Absatz 1 oder die nicht rechtzeitige Fertigstellung der Anbindungsleistung im Sinn von § 17e Absatz 2 verursacht hat, werden die Kosten nach Absatz 1 Satz 1 nach den Vorgaben des Energiefinanzierungsgesetzes im Fall einer

1. vorsätzlichen Verursachung nicht erstattet,
2. fahrlässigen Verursachung nach Abzug eines Eigenanteils erstattet.

[2] Der Eigenanteil nach Satz 1 Nummer 2 darf bei der Ermittlung der Netzentgelte nicht berücksichtigt werden. [3] Er beträgt pro Kalenderjahr

1. 20 Prozent für Kosten bis zu einer Höhe von 200 Millionen Euro,
2. 15 Prozent für Kosten, die 200 Millionen übersteigen, bis zu einer Höhe von 400 Millionen Euro,
3. 10 Prozent für Kosten, die 400 Millionen übersteigen, bis zu einer Höhe von 600 Millionen Euro,
4. 5 Prozent für Kosten, die 600 Millionen übersteigen, bis zu einer Höhe von 1000 Millionen Euro.

[4] Bei fahrlässig, jedoch nicht grob fahrlässig verursachten Schäden ist der Eigenanteil des anbindungsverpflichteten Übertragungsnetzbetreibers nach Satz 2 auf 17,5 Millionen Euro je Schadensereignis begrenzt. [5] Soweit der Betreiber einer Windenergieanlage auf See einen Schaden auf Grund der nicht rechtzeitigen Herstellung oder der Störung der Netzanbindung erleidet, wird vermutet, dass zumindest grobe Fahrlässigkeit des anbindungsverpflichteten Übertragungsnetzbetreibers vorliegt.

(3) [1] Der anbindungsverpflichtete Übertragungsnetzbetreiber hat alle möglichen und zumutbaren Maßnahmen zu ergreifen, um einen Schadenseintritt zu verhindern, den eingetretenen Schaden unverzüglich zu beseitigen und weitere Schäden abzuwenden oder zu mindern. [2] Der anbindungsverpflichtete Übertragungsnetzbetreiber hat bei Schadenseintritt unverzüglich der Bundesnetzagentur ein Konzept mit den geplanten Schadensminderungsmaßnahmen nach Satz 1 vorzulegen und dieses bis zur vollständigen Beseitigung des eingetretenen Schadens regelmäßig zu aktualisieren. [3] Die Bundesnetzagentur kann bis zur vollständigen Beseitigung des eingetretenen Schadens Änderungen am Schadensminderungskonzept nach Satz 2 verlangen. [4] Eine Erstattung der Kosten nach Absatz 1 findet nur statt, soweit der anbindungsverpflichtete Übertragungsnetzbetreiber nachweist, dass er alle möglichen zumutbaren Schadensminderungsmaßnahmen nach Satz 1 ergriffen hat. [5] Der anbindungsverpflichtete Übertragungsnetzbetreiber hat

den Schadenseintritt, das der Bundesnetzagentur vorgelegte Schadensminderungskonzept nach Satz 2 und die ergriffenen Schadensminderungsmaßnahmen zu dokumentieren und darüber auf seiner Internetseite zu informieren.

(4) [1] Der rechnerische Anteil an der zur Erstattung der Kosten nach Absatz 1 nach § 12 Absatz 1 des Energiefinanzierungsgesetzes erhobenen Umlage, der auf die Kosten nach Absatz 1 Satz 1 Nummer 1 entfällt, darf höchstens 0,25 Cent pro Kilowattstunde betragen. [2] Entschädigungszahlungen nach § 17e, die wegen einer Überschreitung des zulässigen Höchstwerts nach Satz 1 in einem Kalenderjahr nicht erstattet werden können, werden einschließlich der Kosten des betroffenen anbindungsverpflichteten Übertragungsnetzbetreibers für eine Zwischenfinanzierung in den folgenden Kalenderjahren erstattet.

**§ 17g[1]) Haftung für Sachschäden an Windenergieanlagen auf See.** [1] Die Haftung des anbindungsverpflichteten Übertragungsnetzbetreibers gegenüber Betreibern von Windenergieanlagen auf See für nicht vorsätzlich verursachte Sachschäden ist je Schadensereignis insgesamt begrenzt auf 100 Millionen Euro. [2] Übersteigt die Summe der Einzelschäden bei einem Schadensereignis die Höchstgrenze nach Satz 1, so wird der Schadensersatz im Verhältnis gekürzt, in dem die Summe aller Schadensersatzansprüche zur Höchstgrenze steht.

**§ 17h[2]) Abschluss von Versicherungen.** [1] Anbindungsverpflichtete Übertragungsnetzbetreiber sollen Versicherungen zur Deckung von Vermögens- und Sachschäden, die beim Betreiber von Offshore-Anlagen auf Grund einer nicht rechtzeitig fertiggestellten oder gestörten Anbindung der Offshore-Anlage an das Übertragungsnetz des anbindungsverpflichteten Übertragungsnetzbetreibers entstehen, abschließen. [2] Der Abschluss einer Versicherung nach Satz 1 ist der Regulierungsbehörde nachzuweisen.

**§ 17i[3]) Ermittlung der umlagefähigen Netzkosten von Offshore-Anbindungsleitungen.** (1) [1] Die Ermittlung der nach § 17f Absatz 1 Satz 1 Nummer 3 bis 6 umlagefähigen Netzkosten für die Errichtung und den Betrieb von Offshore-Anbindungsleitungen erfolgt nach den von der Regulierungsbehörde gemäß den §§ 21 und 21a festgelegten Regelungen zur Netzkostenermittlung mit den Maßgaben des Absatzes 2, solange und sofern die Regulierungsbehörde nicht eine Festlegung nach § 21 Absatz 3 Nummer 1 Buchstabe g erlassen hat. [2] Die Ermittlung der Kosten nach Satz 1 hat getrennt von den sonstigen Netzkosten zu erfolgen, die nicht die Errichtung und den Betrieb von Offshore-Anbindungsleitungen betreffen, solange und sofern die Regulierungsbehörde nicht eine Festlegung nach § 21 Absatz 3 Satz 4 Nummer 1 Buchstabe g erlassen hat.

(2) [1] Netzkosten für die Errichtung und den Betrieb von Offshore-Anbindungsleitungen, die nicht oder nicht vollständig in einer separaten Gewinn- und Verlustrechnung für die Elektrizitätsübertragung oder Elektrizitätsverteilung des letzten abgeschlossenen Geschäftsjahres nach § 6b Absatz 3 erfasst sind, hat der Netzbetreiber in vergleichbarer Weise darzulegen und auf Verlangen der Bundesnetzagentur nachzuweisen. [2] Bei der Ermittlung der Netzkosten nach Absatz 1 ist im jeweiligen Kalenderjahr der Eigenkapitalzinssatz zugrunde zu legen, der von der

---

[1]) § 17g eingef. mWv 28.12.2012 durch G v. 20.12.2012 (BGBl. I S. 2730); Überschrift, Satz 1 geänd. mWv 1.8.2014 durch G v. 21.7.2014 (BGBl. I S. 1066).
[2]) § 17h eingef. mWv 28.12.2012 durch G v. 20.12.2012 (BGBl. I S. 2730).
[3]) § 17i neu gef. mWv 29.12.2023 durch G v. 22.12.2023 (BGBl. 2023 I Nr. 405).

Regulierungsbehörde gemäß den §§ 21 und 21a für die jeweilige Regulierungsperiode für alle Netzbetreiber festgelegt worden ist.

(3) Die für ein folgendes Kalenderjahr zu erwartenden Kosten sind durch die Übertragungsnetzbetreiber unter Anwendung der Grundsätze des Absatzes 1 und des § 17f Absatz 1 Satz 1 Nummer 1 und 2 nachvollziehbar zu prognostizieren.

(4) Die Ausgaben folgen aus den nach Absatz 1 und § 17f Absatz 1 Satz 1 Nummer 1 und 2 ermittelten Kosten des jeweils vorangegangenen Kalenderjahres.

(5) In die Einnahmen fließen insbesondere tatsächliche Erlöse ein

1. auf Grund der finanziellen Verrechnung zwischen den Übertragungsnetzbetreibern nach § 17d Absatz 1 Satz 1 Nummer 1 bis 5 sowie aus den vereinnahmten Aufschlägen auf die Netzentgelte für die Netzkosten nach § 17d Absatz 1 und den §§ 17a und 17b in der bis zum Ablauf des 28. Dezember 2023 geltenden Fassung sowie

2. für Kosten nach § 12b Absatz 1 Satz 3 Nummer 7 und des Flächenentwicklungsplans nach § 5 des Windenergie-auf-See-Gesetzes nach § 17f Absatz 1 Satz 1 Nummer 6.

(6) [1] Der Übertragungsnetzbetreiber ermittelt jährlich den Saldo zwischen den zulässigen Einnahmen nach Absatz 5 und den tatsächlichen Ausgaben nach Absatz 4. [2] Sofern bilanzielle oder kalkulatorische Netzkosten für die Ermittlung der tatsächlichen Ausgaben nach Absatz 4 im Folgejahr noch nicht vorliegen, sind diese Netzkosten in dem Jahr abzugleichen, in dem die für die Ermittlung der tatsächlichen Netzkosten vorliegenden Daten zur Verfügung stehen. [3] Der Saldo einschließlich der Kosten für eine Zwischenfinanzierung wird gemäß § 17f im Folgejahr oder im Falle des Satzes 2 in einem der Folgejahre über den Belastungsausgleich ausgeglichen.

**§ 17j**[1] **Verordnungsermächtigung.** [1] Das Bundesministerium für Wirtschaft und Klimaschutz wird ermächtigt, im Einvernehmen mit dem Bundesministerium der Justiz durch Rechtsverordnung ohne Zustimmung des Bundesrates die Haftung des anbindungsverpflichteten Übertragungsnetzbetreibers und Vorgaben an Versicherungen nach § 17h zu regeln. [2] Durch Rechtsverordnung nach Satz 1 können insbesondere Regelungen getroffen werden

1. zu näheren Anforderungen an Schadensminderungsmaßnahmen einschließlich Regelungen zur Zumutbarkeit dieser Maßnahmen und zur Tragung der aus ihnen resultierenden Kosten;

2. zu Veröffentlichungspflichten der anbindungsverpflichteten Übertragungsnetzbetreiber hinsichtlich eingetretener Schäden nach § 17e Absatz 1 und 2, der durchgeführten Schadensminderungsmaßnahmen und der dem Belastungsausgleich unterliegenden Entschädigungszahlungen;

3. zu Anforderungen an die Versicherungen nach § 17h hinsichtlich der Mindestversicherungssumme und des Umfangs des notwendigen Versicherungsschutzes.

**§ 18**[2] **Allgemeine Anschlusspflicht.** (1) [1] Abweichend von § 17 haben Betreiber von Energieversorgungsnetzen für Gemeindegebiete, in denen sie Energieversorgungsnetze der allgemeinen Versorgung von Letztverbrauchern betreiben, allgemeine Bedingungen für den Netzanschluss von Letztverbrauchern in Nieder-

---

[1] § 17j neu gef. mWv 29.12.2023 durch G v. 22.12.2023 (BGBl. 2023 I Nr. 405).
[2] § 18 Abs. 2 Satz 1 geänd. mWv 4.8.2011 durch G v. 26.7.2011 (BGBl. I S. 1554); Abs. 2 Satz 2 neu gef., Sätze 3 und 4 angef. mWv 21.12.2018 durch G v. 17.12.2018 (BGBl. I S. 2549).

spannung oder Niederdruck und für die Anschlussnutzung durch Letztverbraucher zu veröffentlichen sowie zu diesen Bedingungen jedermann an ihr Energieversorgungsnetz anzuschließen und die Nutzung des Anschlusses zur Entnahme von Energie zu gestatten. [2] Diese Pflichten bestehen nicht, wenn

1. der Anschluss oder die Anschlussnutzung für den Betreiber des Energieversorgungsnetzes aus wirtschaftlichen Gründen nicht zumutbar ist oder
2. ab dem 21. Dezember 2018 der Anschluss an ein L-Gasversorgungsnetz beantragt wird und der Betreiber des L-Gasversorgungsnetzes nachweist, dass der beantragenden Partei auch der Anschluss an ein H-Gasversorgungsnetz technisch möglich und wirtschaftlich zumutbar ist.

[3] In der Regel sind die Kosten für die Herstellung eines Anschlusses an ein H-Gasversorgungsnetz wirtschaftlich zumutbar im Sinne von Satz 2 Nummer 2, wenn sie die Kosten für die Herstellung eines Anschlusses an ein L-Gasversorgungsnetz nicht wesentlich übersteigen. [4] Satz 2 Nummer 2 und Satz 3 sind nicht anzuwenden, wenn der technische Umstellungstermin gemäß § 19a Absatz 1 Satz 5 im Gebiet des beantragten Anschlusses bereits zu veröffentlichen ist und der Gesamtbedarf an L-Gas in dem betreffenden L-Gasversorgungsnetz durch den Anschluss nur unwesentlich erhöht wird.

(2) [1] Wer zur Deckung des Eigenbedarfs eine Anlage zur Erzeugung von Elektrizität auch in Verbindung mit einer Anlage zur Speicherung elektrischer Energie betreibt oder sich von einem Dritten an das Energieversorgungsnetz anschließen lässt, kann sich nicht auf die allgemeine Anschlusspflicht nach Absatz 1 Satz 1 berufen. [2] Er kann aber einen Netzanschluss unter den Voraussetzungen des § 17 verlangen. [3] Satz 1 gilt nicht für die Deckung des Eigenbedarfs von Letztverbrauchern aus Anlagen der Kraft-Wärme-Kopplung bis 150 Kilowatt elektrischer Leistung und aus erneuerbaren Energien.

(3) [1] Die Bundesregierung kann durch Rechtsverordnung mit Zustimmung des Bundesrates die Allgemeinen Bedingungen für den Netzanschluss und dessen Nutzung bei den an das Niederspannungs- oder Niederdrucknetz angeschlossenen Letztverbrauchern angemessen festsetzen und hierbei unter Berücksichtigung der Interessen der Betreiber von Energieversorgungsnetzen und der Anschlussnehmer

1. die Bestimmungen über die Herstellung und Vorhaltung des Netzanschlusses sowie die Voraussetzungen der Anschlussnutzung einheitlich festsetzen,
2. Regelungen über den Vertragsabschluss und die Begründung des Rechtsverhältnisses der Anschlussnutzung, den Übergang des Netzanschlussvertrages im Falle des Überganges des Eigentums an der angeschlossenen Kundenanlage, den Gegenstand und die Beendigung der Verträge oder der Rechtsverhältnisse der Anschlussnutzung treffen und
3. die Rechte und Pflichten der Beteiligten einheitlich festlegen.

[2] Das Interesse des Anschlussnehmers an kostengünstigen Lösungen ist dabei besonders zu berücksichtigen. [3] Die Sätze 1 und 2 gelten entsprechend für Bedingungen öffentlich-rechtlich gestalteter Versorgungsverhältnisse mit Ausnahme der Regelung des Verwaltungsverfahrens.

**§ 19**[1]) **Technische Vorschriften.** (1) Betreiber von Elektrizitätsversorgungsnetzen sind verpflichtet, unter Berücksichtigung der nach § 17 festgelegten Bedin-

---

[1]) § 19 Abs. 3 Satz 5 geänd. mWv 17.12.2006 durch G v. 9.12.2006 (BGBl. I S. 2833); Abs. 1 geänd., Abs. 4 angef. mWv 4.8.2011 durch G v. 26.7.2011 (BGBl. I S. 1554); Abs. 3 Satz 5 geänd. mWv 8.9.2015 durch VO v. 31.8.2015 (BGBl. I S. 1474); Abs. 3 Sätze 4 und 5 aufgeh., Abs. 4 neu gef., Abs. 5 angef. →

gungen und der allgemeinen technischen Mindestanforderungen nach Absatz 4 für den Netzanschluss von Erzeugungsanlagen, Anlagen zur Speicherung elektrischer Energie, Elektrizitätsverteilernetzen, Anlagen direkt angeschlossener Kunden, Verbindungsleitungen und Direktleitungen technische Mindestanforderungen an deren Auslegung und deren Betrieb festzulegen und im Internet zu veröffentlichen.

(2) [1]Betreiber von Gasversorgungsnetzen sind verpflichtet, unter Berücksichtigung der nach § 17 festgelegten Bedingungen für den Netzanschluss von LNG-Anlagen, dezentralen Erzeugungsanlagen und Gasspeicheranlagen, von anderen Fernleitungs- oder Gasverteilernetzen und von Direktleitungen technische Mindestanforderungen an die Auslegung und den Betrieb festzulegen und im Internet zu veröffentlichen. [2]Betreiber von Gasversorgungsnetzen, an deren Gasversorgungsnetz mehr als 100 000 Kunden unmittelbar oder mittelbar angeschlossen sind oder deren Netz über das Gebiet eines Landes hinausreicht, haben die technischen Mindestanforderungen rechtzeitig durch Veröffentlichung auf ihrer Internetseite öffentlich zu konsultieren.

(3) [1]Die technischen Mindestanforderungen nach den Absätzen 1 und 2 müssen die Interoperabilität der Netze sicherstellen sowie sachlich gerechtfertigt und nichtdiskriminierend sein. [2]Die Interoperabilität umfasst insbesondere die technischen Anschlussbedingungen und die Bedingungen für netzverträgliche Gasbeschaffenheiten unter Einschluss von Gas aus Biomasse oder anderen Gasarten, soweit sie technisch und ohne Beeinträchtigung der Sicherheit in das Gasversorgungsnetz eingespeist oder durch dieses Netz transportiert werden können. [3]Für die Gewährleistung der technischen Sicherheit gilt § 49 Absatz 2 bis 4.

(4) [1]Die Betreiber von Elektrizitätsversorgungsnetzen erstellen gemeinsam allgemeine technische Mindestanforderungen. [2]Der Verband der Elektrotechnik Elektronik Informationstechnik e.V. wird als beauftragte Stelle bestimmt, um die allgemeinen technischen Mindestanforderungen zu verabschieden

1. nach Artikel 7 Absatz 1 der Verordnung (EU) 2016/631 der Kommission vom 14. April 2016 zur Festlegung eines Netzkodex mit Netzanschlussbestimmungen für Stromerzeuger (ABl. L 112 vom 27.4.2016, S. 1),

2. nach Artikel 6 Absatz 1 der Verordnung (EU) 2016/1388 der Kommission vom 17. August 2016 zur Festlegung eines Netzkodex für den Lastanschluss (ABl. L 223 vom 18.8.2016, S. 10) und

3. nach Artikel 5 Absatz 1 der Verordnung (EU) 2016/1447 der Kommission vom 26. August 2016 zur Festlegung eines Netzkodex mit Netzanschlussbestimmungen für Hochspannungs-Gleichstrom-Übertragungssysteme und nichtsynchrone Stromerzeugungsanlagen mit Gleichstromanbindung (ABl. L 241 vom 8.9.2016, S. 1).

(5) [1]Die Mindestanforderungen nach Absatz 4 sind der Regulierungsbehörde und dem Bundesministerium für Wirtschaft und Energie vor deren Verabschiedung mitzuteilen. [2]Das Bundesministerium für Wirtschaft und Energie unterrichtet die Europäische Kommission nach Artikel 4 und Artikel 5 der Richtlinie (EU) 2015/1535 des Europäischen Parlaments und des Rates vom 9. September 2015 über ein Informationsverfahren auf dem Gebiet der technischen Vorschriften

---

*(Fortsetzung der Anm. von voriger Seite)*
mWv 1.1.2017 durch G v. 13.10.2016 (BGBl. I S. 2258); Abs. 1 geänd., Abs. 2 Satz 2 angef., Abs. 3 Satz 3 geänd., Abs. 4 neu gef., Abs. 5 Sätze 1 und 3 geänd. mWv 21.12.2018 durch G v. 17.12.2018 (BGBl. I S. 2549); Abs. 2 Sätze 1 und 2, Abs. 5 Satz 1 geänd. mWv 27.7.2021 durch G v. 16.7.2021 (BGBl. I S. 3026).

und der Vorschriften für die Dienste der Informationsgesellschaft (ABl. L 241 vom 17.9.2015, S. 1). [3]Die Verabschiedung der Mindestanforderungen darf nicht vor Ablauf der jeweils maßgeblichen Fristen nach Artikel 6 dieser Richtlinie erfolgen.

**§ 19a**[1) ] **Umstellung   der   Gasqualität;   Verordnungsermächtigung.**
(1) [1]Stellt der Betreiber eines Gasversorgungsnetzes die in seinem Netz einzuhaltende Gasqualität auf Grund eines von einem oder mehreren Fernleitungsnetzbetreibern veranlassten und netztechnisch erforderlichen Umstellungsprozesses dauerhaft von L-Gas auf H-Gas um, hat er die notwendigen technischen Anpassungen der Netzanschlüsse, Kundenanlagen und Verbrauchsgeräte auf eigene Kosten vorzunehmen. [2]Diese Kosten werden bis einschließlich 31. Dezember 2016 auf alle Gasversorgungsnetze innerhalb des Marktgebiets umgelegt, in dem das Gasversorgungsnetz liegt. [3]Ab dem 1. Januar 2017 sind diese Kosten bundesweit auf alle Gasversorgungsnetze unabhängig vom Marktgebiet umzulegen. [4]Die näheren Modalitäten der Berechnung sind der Kooperationsvereinbarung nach § 20 Absatz 1b und § 8 Absatz 6 der Gasnetzzugangsverordnung oder einer Festlegung nach § 20 Absatz 4 vorbehalten. [5]Betreiber von Gasversorgungsnetzen haben den jeweiligen technischen Umstellungstermin zwei Jahre vorher auf ihrer Internetseite zu veröffentlichen und die betroffenen Anschlussnehmer entsprechend schriftlich zu informieren; hierbei ist jeweils auch auf den Kostenerstattungsanspruch nach Absatz 3 hinzuweisen.

(2) [1]Der Netzbetreiber teilt der zuständigen Regulierungsbehörde jährlich bis zum 31. August mit, welche notwendigen Kosten ihm im vorherigen Kalenderjahr durch die Umstellung entstanden sind und welche notwendigen Kosten ihm im folgenden Kalenderjahr planmäßig entstehen werden. [2]Die Regulierungsbehörde kann Entscheidungen durch Festlegung nach § 29 Absatz 1 darüber treffen, in welchem Umfang technische Anpassungen der Netzanschlüsse, Kundenanlagen und Verbrauchsgeräte notwendig im Sinne des Absatzes 1 Satz 1 sind. [3]Daneben ist die Regulierungsbehörde befugt, gegenüber einem Netzbetreiber festzustellen, dass bestimmte Kosten nicht notwendig waren. [4]Der Netzbetreiber hat den erforderlichen Nachweis über die Notwendigkeit zu führen. [5]Kosten, deren fehlende Notwendigkeit die Regulierungsbehörde festgestellt hat, dürfen nicht umgelegt werden.

(3) [1]Installiert der Eigentümer einer Kundenanlage oder eines Verbrauchsgeräts mit ordnungsgemäßem Verwendungsnachweis auf Grund des Umstellungsprozesses nach Absatz 1 ein Neugerät, welches im Rahmen der Umstellung nicht mehr angepasst werden muss, so hat der Eigentümer gegenüber dem Netzbetreiber, an dessen Netz die Kundenanlage oder das Verbrauchsgerät angeschlossen ist, einen Kostenerstattungsanspruch. [2]Dieser Erstattungsanspruch entsteht nur dann, wenn die Installation nach dem Zeitpunkt der Veröffentlichung gemäß Absatz 1 Satz 5 und vor der Anpassung des Verbrauchsgeräts auf die neue Gasqualität im jeweiligen Netzgebiet erfolgt. [3]Der Erstattungsanspruch beträgt 100 Euro für jedes Neugerät. [4]Der Eigentümer hat gegenüber dem Netzbetreiber die ordnungsgemäße Verwendung des Altgeräts und die Anschaffung des Neugeräts nachzuweisen. [5]Absatz 1 Satz 3 und Absatz 2 sind entsprechend anzuwenden. [6]Das Bundesministerium für Wirtschaft und Energie wird ermächtigt, im Einvernehmen mit dem

---

[1) ] § 19a eingef. mWv 4.8.2011 durch G v. 26.7.2011 (BGBl. I S. 1554); Satz 1 geänd. mWv 28.12.2012 durch G v. 20.12.2012 (BGBl. I S. 2730); Überschrift, Abs. 1 Sätze 1 und 2 geänd., Sätze 3–5, Abs. 2–4 angef. mWv 1.1.2017 durch G v. 14.12.2016 (BGBl. I S. 2874); Abs. 3 Satz 8 neu gef. mWv 1.11.2020 durch G v. 8.8.2020 (BGBl. I S. 1728); Abs. 1 Satz 4, Abs. 3 Satz 6 geänd. mWv 29.12.2023 durch G v. 22.12.2023 (BGBl. 2023 I Nr. 405).

Bundesministerium für Umwelt, Naturschutz, nukleare Sicherheit und Verbraucherschutz durch Rechtsverordnung das Nähere zu darüber hinausgehenden Kostenerstattungsansprüchen für technisch nicht anpassbare Kundenanlagen oder Verbrauchsgeräte zu regeln. [7] Das Bundesministerium für Wirtschaft und Energie kann die Ermächtigung nach Satz 6 durch Rechtsverordnung unter Sicherstellung der Einvernehmensregelung auf die Bundesnetzagentur übertragen. [8] Die Pflichten nach den §§ 72 und 73 des Gebäudeenergiegesetzes[1]) vom 8. August 2020 (BGBl. I S. 1728) bleiben unberührt.

(4) [1] Anschlussnehmer oder -nutzer haben dem Beauftragten oder Mitarbeiter des Netzbetreibers den Zutritt zu ihrem Grundstück und zu ihren Räumen zu gestatten, soweit dies für die nach Absatz 1 durchzuführenden Handlungen erforderlich ist. [2] Die Anschlussnehmer und -nutzer sind vom Netzbetreiber vorab zu benachrichtigen. [3] Die Benachrichtigung kann durch schriftliche Mitteilung an die jeweiligen Anschlussnehmer oder -nutzer oder durch Aushang am oder im jeweiligen Haus erfolgen. [4] Sie muss mindestens drei Wochen vor dem Betretungstermin erfolgen; mindestens ein kostenfreier Ersatztermin ist anzubieten. [5] Der Beauftragte oder Mitarbeiter des Netzbetreibers muss sich entsprechend ausweisen. [6] Die Anschlussnehmer und -nutzer haben dafür Sorge zu tragen, dass die Netzanschlüsse, Kundenanlagen und Verbrauchsgeräte während der durchzuführenden Handlungen zugänglich sind. [7] Soweit und solange Netzanschlüsse, Kundenanlagen oder Verbrauchsgeräte zum Zeitpunkt der Umstellung aus Gründen, die der Anschlussnehmer oder -nutzer zu vertreten hat, nicht angepasst werden können, ist der Betreiber des Gasversorgungsnetzes berechtigt, den Netzanschluss und die Anschlussnutzung zu verweigern. [8] Hinsichtlich der Aufhebung der Unterbrechung des Anschlusses und der Anschlussnutzung ist § 24 Absatz 5 der Niederdruckanschlussverordnung[2]) entsprechend anzuwenden. [9] Das Grundrecht der Unverletzlichkeit der Wohnung (Artikel 13 des Grundgesetzes[3])) wird durch Satz 1 eingeschränkt.

### Abschnitt 3. Netzzugang

**§ 20**[4) 5)] **Zugang zu den Energieversorgungsnetzen; Festlegungskompetenz.** (1) [1] Betreiber von Energieversorgungsnetzen haben jedermann nach sachlich gerechtfertigten Kriterien diskriminierungsfrei Netzzugang zu gewähren sowie die Bedingungen, einschließlich möglichst bundesweit einheitlicher Musterverträge, Konzessionsabgaben und unmittelbar nach deren Ermittlung, aber spätestens zum 15. Oktober eines Jahres für das Folgejahr Entgelte für diesen Netzzugang im Internet zu veröffentlichen. [2] Sind die Entgelte für den Netzzugang bis zum 15. Oktober eines Jahres nicht ermittelt, veröffentlichen die Betreiber von

---

[1]) **Sartorius ErgBd. Nr. 832.**
[2]) **Sartorius ErgBd. Nr. 830c.**
[3]) Nr. 1.
[4]) § 20 Abs. 1 Satz 1 geänd., Satz 2 eingef., bish. Sätze 2–4 weden Sätze 3–5, Abs. 1c und 1d eingef. mWv 4.8.2011 durch G v. 26.7.2011 (BGBl. I S. 1554); Abs. 2 Satz 1 geänd. mWv 30.7.2016 durch G v. 26.7.2016 (BGBl. I S. 1786); Abs. 1c geänd. mWv 2.9.2016 durch G v. 29.8.2016 (BGBl. I S. 2034); Abs. 1d neu gef. mWv 25.7.2017 durch G v. 17.7.2017 (BGBl. I S. 2532); Abs. 1c Satz 2 angef., Abs. 1d Satz 3 geänd. mWv 27.7.2021 durch G v. 16.7.2021 (BGBl. I S. 3026); Abs. 1c Satz 2 geänd. mWv 29.7. 2022 durch G v. 19.7.2022 (BGBl. I S. 1214); Abs. 1d Satz 3 eingef., Satz 3 wird Satz 4 mWv 27.5. 2023 durch G v. 22.5.2023 (BGBl. 2023 I Nr. 133); Überschrift, Abs. 1a Satz 2 geänd., Satz 4 eingef., bish. Sätze 4 und 5 werden Sätze 5 und 6, neuer Satz 6 geänd., Sätze 7 und 8 angef., Abs. 1b Sätze 5, 7, 10 und 11, Abs. 1d Satz 4 geänd., Abs. 3 und 4 angef. mWv 29.12.2023 durch G v. 22.12.2023 (BGBl. 2023 I Nr. 405).
[5]) Siehe zu § 20 Abs. 1b die Überleitungsregelung des § 118.

Energieversorgungsnetzen die Höhe der Entgelte, die sich voraussichtlich auf Basis der für das Folgejahr geltenden Erlösobergrenze ergeben wird. [3] Sie haben in dem Umfang zusammenzuarbeiten, der erforderlich ist, um einen effizienten Netzzugang zu gewährleisten. [4] Sie haben ferner den Netznutzern die für einen effizienten Netzzugang erforderlichen Informationen zur Verfügung zu stellen. [5] Die Netzzugangsregelung soll massengeschäftstauglich sein.

(1a) [1] Zur Ausgestaltung des Rechts auf Zugang zu Elektrizitätsversorgungsnetzen nach Absatz 1 haben Letztverbraucher von Elektrizität oder Lieferanten Verträge mit denjenigen Energieversorgungsunternehmen abzuschließen, aus deren Netzen die Entnahme und in deren Netze die Einspeisung von Elektrizität erfolgen soll (Netznutzungsvertrag). [2] Werden die Netznutzungsverträge von Lieferanten abgeschlossen, so brauchen sie sich nicht auf bestimmte Einspeise- oder Entnahmestellen zu beziehen (Lieferantenrahmenvertrag). [3] Netznutzungsvertrag oder Lieferantenrahmenvertrag vermitteln den Zugang zum gesamten Elektrizitätsversorgungsnetz. [4] Die Netzbetreiber sind verpflichtet, gemeinsam mit den anderen Netzbetreibern einheitliche, für Letztverbraucher und Lieferanten einfach umsetzbare Bedingungen des Netzzugangs zu schaffen, um die Transaktionskosten des Zugangs zum gesamten Elektrizitätsversorgungsnetz so gering wie möglich zu halten, untereinander die zur effizienten Organisation des Netzzugangs erforderlichen Verträge abzuschließen und die notwendigen Daten unverzüglich auszutauschen. [5] Alle Betreiber von Elektrizitätsversorgungsnetzen sind verpflichtet, in dem Ausmaß zusammenzuarbeiten, das erforderlich ist, damit durch den Betreiber von Elektrizitätsversorgungsnetzen, der den Netznutzungs- oder Lieferantenrahmenvertrag abgeschlossen hat, der Zugang zum gesamten Elektrizitätsversorgungsnetz gewährleistet werden kann. [6] Der Netzzugang durch die Letztverbraucher und Lieferanten setzt voraus, dass über einen Bilanzkreis, der in ein vertraglich begründetes Bilanzkreissystem nach Maßgabe einer Rechtsverordnung über den Zugang zu Elektrizitätsversorgungsnetzen oder einer Festlegung der Regulierungsbehörde nach Absatz 3 Satz 2 Nummer 1 einbezogen ist, ein Ausgleich zwischen Einspeisung und Entnahme stattfindet. [7] Zwischen dem Bilanzkreisverantwortlichen und dem jeweils regelzonenverantwortlichen Übertragungsnetzbetreiber muss ein Vertrag über die Führung, Abwicklung und Abrechnung von Bilanzkreisen (Bilanzkreisvertrag) geschlossen werden. [8] Der Bilanzkreisverantwortliche trägt die finanzielle Verantwortung für Bilanzkreisabweichungen.

(1b) [1] Zur Ausgestaltung des Zugangs zu den Gasversorgungsnetzen müssen Betreiber von Gasversorgungsnetzen Einspeise- und Ausspeisekapazitäten anbieten, die den Netzzugang ohne Festlegung eines transaktionsabhängigen Transportpfades ermöglichen und unabhängig voneinander nutzbar und handelbar sind. [2] Zur Abwicklung des Zugangs zu den Gasversorgungsnetzen ist ein Vertrag mit dem Netzbetreiber, in dessen Netz eine Einspeisung von Gas erfolgen soll, über Einspeisekapazitäten erforderlich (Einspeisevertrag). [3] Zusätzlich muss ein Vertrag mit dem Netzbetreiber, aus dessen Netz die Entnahme von Gas erfolgen soll, über Ausspeisekapazitäten abgeschlossen werden (Ausspeisevertrag). [4] Wird der Ausspeisevertrag von einem Lieferanten mit einem Betreiber eines Verteilernetzes abgeschlossen, braucht er sich nicht auf bestimmte Entnahmestellen zu beziehen. [5] Alle Betreiber von Gasversorgungsnetzen sind verpflichtet, insbesondere im Rahmen einer Kooperationsvereinbarung untereinander in dem Ausmaß verbindlich zusammenzuarbeiten, das erforderlich ist, damit der Transportkunde zur Abwicklung eines Transports auch über mehrere, durch Netzkopplungspunkte miteinander verbundene Netze nur einen Einspeise- und einen Ausspeisevertrag abschließen muss, es sei denn, diese Zusammenarbeit ist technisch nicht möglich oder wirtschaftlich nicht zumutbar. ⁶Sie sind zu dem in Satz 5 genannten Zweck verpflichtet, bei der Berechnung und dem Angebot von Kapazitäten, der Erbringung von Systemdienstleistungen und der Kosten- oder Entgeltwälzung eng zusammenzuarbeiten. ⁷Sie haben gemeinsame Vertragsstandards für den Netzzugang zu entwickeln und unter Berücksichtigung von technischen Einschränkungen und wirtschaftlicher Zumutbarkeit alle Kooperationsmöglichkeiten mit anderen Netzbetreibern auszuschöpfen, mit dem Ziel, die Zahl der Netze oder Teilnetze möglichst gering zu halten; die Betreiber von Fernleitungsnetzen fassen die gleichgelagerten und nachgelagerten Netze zu einem gemeinsamen Marktgebiet zusammen, in dem Transportkunden Kapazität frei zuordnen, Gas an Letztverbraucher ausspeisen und in andere Bilanzkreise übertragen. ⁸Betreiber von über Netzkopplungspunkte verbundenen Netzen haben bei der Berechnung und Ausweisung von technischen Kapazitäten mit dem Ziel zusammenzuarbeiten, in möglichst hohem Umfang aufeinander abgestimmte Kapazitäten in den miteinander verbundenen Netzen ausweisen zu können. ⁹Bei einem Wechsel des Lieferanten kann der neue Lieferant vom bisherigen Lieferanten die Übertragung der für die Versorgung des Kunden erforderlichen, vom bisherigen Lieferanten gebuchten Ein- und Ausspeisekapazitäten verlangen, wenn ihm die Versorgung des Kunden entsprechend der von ihm eingegangenen Lieferverpflichtung ansonsten nicht möglich ist und er dies gegenüber dem bisherigen Lieferanten begründet. ¹⁰Betreiber von Fernleitungsnetzen sind verpflichtet, die Rechte an gebuchten Kapazitäten so auszugestalten, dass sie den Transportkunden berechtigen, Gas an jedem Einspeisepunkt des Marktgebietes für die Ausspeisung an jedem Ausspeisepunkt des Marktgebietes bereitzustellen (entry-exit System). ¹¹Betreiber eines örtlichen Verteilernetzes haben den Netzzugang nach Maßgabe einer Rechtsverordnung nach § 24 über den Zugang zu Gasversorgungsnetzen oder einer Festlegung der Regulierungsbehörde nach Absatz 4 durch Übernahme des Gases an Einspeisepunkten ihrer Netze für alle angeschlossenen Ausspeisepunkte zu gewähren.

(1c) ¹Verträge nach den Absätzen 1a und 1b dürfen das Recht zum Wechsel des Messstellenbetreibers nach den Vorschriften des Messstellenbetriebsgesetzes weder behindern noch erschweren. ²Verträge nach Absatz 1a müssen Verträge mit Aggregatoren nach den §§ 41d und 41e ermöglichen, sofern dem die technischen Anforderungen des Netzbetreibers nicht entgegenstehen.

(1d) ¹Der Betreiber des Energieversorgungsnetzes, an das eine Kundenanlage oder eine Kundenanlage zur betrieblichen Eigenversorgung angeschlossen ist, hat den Zählpunkt zur Erfassung der durch die Kundenanlage aus dem Netz der allgemeinen Versorgung entnommenen und in das Netz der allgemeinen Versorgung eingespeisten Strommenge (Summenzähler) sowie alle Zählpunkte bereitzustellen, die für die Gewährung des Netzgangs für Unterzähler innerhalb der Kundenanlage im Wege der Durchleitung (bilanzierungsrelevante Unterzähler) erforderlich sind. ²Bei der Belieferung der Letztverbraucher durch Dritte findet im erforderlichen Umfang eine Verrechnung der Zählwerte über Unterzähler statt. ³Einem Summenzähler nach Satz 1 stehen durch einen virtuellen Summenzähler rechnerisch ermittelte Summenmesswerte eines Netzanschlusspunktes gleich, wenn alle Messeinrichtungen, deren Werte in die Saldierung eingehen, mit intelligenten Messsystemen nach § 2 Satz 1 Nummer 7 des Messstellenbetriebsgesetzes ausgestattet sind. ⁴Bei an ein Smart-Meter-Gateway angebundenen Unterzählern ist eine Verrechnung von Leistungswerten, die durch standardisierte Lastprofile ermittelt werden, mit am Summenzähler erhobenen 15-minütigen Leistungswerten des Summenzählers aus einer registrierenden Lastgangmessung zulässig.

(2) [1]Betreiber von Energieversorgungsnetzen können den Zugang nach Absatz 1 verweigern, soweit sie nachweisen, dass ihnen die Gewährung des Netzzugangs aus betriebsbedingten oder sonstigen Gründen unter Berücksichtigung des Zwecks des § 1 nicht möglich oder nicht zumutbar ist. [2]Die Ablehnung ist in Textform zu begründen und der Regulierungsbehörde unverzüglich mitzuteilen. [3]Auf Verlangen der beantragenden Partei muss die Begründung im Falle eines Kapazitätsmangels auch aussagekräftige Informationen darüber enthalten, welche Maßnahmen und damit verbundene Kosten zum Ausbau des Netzes erforderlich wären, um den Netzzugang zu ermöglichen; die Begründung kann nachgefordert werden. [4]Für die Begründung nach Satz 3 kann ein Entgelt, das die Hälfte der entstandenen Kosten nicht überschreiten darf, verlangt werden, sofern auf die Entstehung von Kosten zuvor hingewiesen worden ist.

(3) [1]Die Regulierungsbehörde kann gegenüber einzelnen oder mehreren Betreibern von Elektrizitätsversorgungsnetzen, Bilanzkreisverantwortlichen, Netznutzern oder Lieferanten anhand transparenter Kriterien die Bedingungen für den Zugang zu Elektrizitätsversorgungsnetzen, einschließlich der Beschaffung und Erbringung von Ausgleichsleistungen, oder die Methoden zur Bestimmung dieser Bedingungen in einem Verfahren nach § 29 Absatz 1 festlegen. [2]Sie kann dabei insbesondere Regelungen treffen zu

1. der vertraglichen Ausgestaltung des Netzzugangs in Bezug auf Entnahme- und Einspeisestellen, insbesondere zu den Inhalten des Netznutzungs- und Bilanzkreisvertrags,

2. der Abwicklung des Netzzugangs nach den Absätzen 1 und 1a, insbesondere zur bundesweit standardisierten massengeschäftstauglichen Abwicklung des Netzzugangs; dabei kann sie standardisierte Lastprofile für einzelne Gruppen von Letztverbrauchern vorsehen,

3. erforderlichen Informations- und Zusammenarbeitspflichten der an der Abwicklung des Netzzugangs Beteiligten,

4. der Bestimmung des Bedarfs, der Beschaffung, der Vergütung, dem Einsatz, der Preisbildung und der Abrechnung von Ausgleichsleistungen, insbesondere für Regelreserve, Ausgleichsenergie und Verlustenergie,

5. der Ausgestaltung des Bilanzierungssystems, insbesondere zur Einrichtung und Abwicklung von Bilanzkreisen, der bilanziellen Zuordnung von Energiemengen, den Verfahren und den Bedingungen der Abwicklung von Energielieferungen, der Abrechnung und dem Ausgleich der Energiemengen in Bilanzkreisen, den Kriterien einer missbräuchlichen Über- oder Unterspeisung von Bilanzkreisen und der Energiemengenprognose sowie

6. der die Gebotszone betreffenden Ausgestaltungsfragen, insbesondere zur Kapazitätsberechnung und -vergabe sowie zur Verwendung der Erlöse, die Netzbetreiber aus der Durchführung der Kapazitätsvergabe (Engpasserlöse) erzielen.

[3]Die Regulierungsbehörde kann dabei von den Vorgaben einer Rechtsverordnung nach § 24 in der bis zum Ablauf des 28. Dezember 2023 geltenden Fassung abweichen oder ergänzende Regelungen treffen.

(4) [1]Die Regulierungsbehörde kann gegenüber einzelnen oder mehreren Betreibern von Gasversorgungsnetzen, Marktgebietsverantwortlichen, Netznutzern, Bilanzkreisverantwortlichen oder Lieferanten anhand transparenter Kriterien die Bedingungen für den Zugang zu den Gasversorgungsnetzen oder die Methoden zur Bestimmung dieser Bedingungen in einem Verfahren nach § 29 Absatz 1 festlegen. [2]Sie kann insbesondere Regelungen treffen über

1. die vertragliche Ausgestaltung des Netzzugangs, insbesondere zu Inhalten des Ein- und Ausspeisevertrags oder des Bilanzkreisvertrags, zu den allgemeinen Vertragsbedingungen für diese Verträge sowie zu Verfahren und Anforderungen an eine Registrierung von Interessenten, die diese Verträge schließen wollen,

2. die Abwicklung des Netzzugangs nach Absatz 1b, insbesondere zu Inhalt und Umfang der erforderlichen Zusammenarbeit der Netzbetreiber bei der Abwicklung netzübergreifender Transporte, über die Rechte und Pflichten des Marktgebietsverantwortlichen und der Fernleitungsnetzbetreiber, die das Marktgebiet bilden, sowie über die Voraussetzungen und Grenzen für technische Ausspeisemeldungen,

3. die Art und Weise der Ermittlung und über das Angebot von Ein- und Ausspeisekapazität, insbesondere zu Regelungen zum Einsatz kapazitätserhöhender Maßnahmen, zur Zusammenarbeit der Netzbetreiber mit dem Ziel einer bedarfsgerechten Maximierung von Ein- und Ausspeisekapazität, zu Kapazitätsprodukten und den Verfahren für deren Zuweisung sowie zur Verwendung von Kapazitätsplattformen,

4. den Handel mit Transportrechten sowie zu Art, Umfang und Voraussetzungen von Engpassmanagementmaßnahmen,

5. das Verfahren und die Bedingungen für die Beschaffung, den Einsatz und die Abrechnung von Regelenergie, insbesondere zu den Mindestangebotsgrößen, Ausschreibungszeiträumen sowie zu den einheitlichen Bedingungen, die Anbieter von Regelenergie erfüllen müssen,

6. das Bilanzierungssystem und dessen Ausgestaltung, insbesondere zur Bemessung der Toleranzmenge bei Bilanzkreisabrechnungen, zu den Anforderungen an die zu verwendenden Datenformate für den Informations- und Datenaustausch im Rahmen der Bilanzierung, zu Inhalten sowie zu den Fristen im Zusammenhang mit der Datenübermittlung, zur Methodik, nach der die Entgelte für die Ausgleichsenergie ermittelt und abgerechnet werden, sowie zu Entgelten und Gebühren für die Nutzung des Virtuellen Handelspunkts,

7. die besonderen Bedingungen des Netzzugangs für Transportkunden von Biogas, insbesondere zu den Voraussetzungen und zur Ausgestaltung einer vorrangigen Gewährleistung von Netzzugang für diese Transportkunden, zur spezifischen Ausgestaltung eines erweiterten Bilanzausgleichs sowie zu Qualitätsanforderungen für Biogas am Einspeisepunkt und während der Einspeisung in das Erdgasnetz,

8. Bedingungen des Netzzugangs bei projektierten Anlagen oder bei projektierten Erweiterungen bestehender Anlagen, insbesondere zu Voraussetzungen und Verfahren von Kapazitätsreservierungen und Kapazitätsausbauansprüchen,

9. die Veröffentlichung von Informationen, die für den Wettbewerb im Gashandel oder bei der Belieferung der Kunden erforderlich sind, oder zur Übermittlung von diesen Informationen an die Regulierungsbehörde sowie zur Einhaltung bestimmter einheitlicher Formate bei der Erfüllung von Veröffentlichungs- und Datenübermittlungspflichten,

10. die Abwicklung des Lieferantenwechsels nach § 20a, insbesondere zu den Anforderungen an den elektronischen Datenaustausch, zum Format des elektronischen Datenaustauschs sowie zu den Kriterien, anhand derer Entnahmestellen identifiziert werden können.

³ Die Regulierungsbehörde kann dabei von den Vorgaben einer Rechtsverordnung nach § 24 in der bis zum Ablauf des 28. Dezember 2023 geltenden Fassung abweichen oder ergänzende Regelungen treffen.

**§ 20a**¹⁾ **Lieferantenwechsel.** (1) Bei einem Lieferantenwechsel hat der neue Lieferant dem Letztverbraucher unverzüglich in Textform zu bestätigen, ob und zu welchem Termin er eine vom Letztverbraucher gewünschte Belieferung aufnehmen kann.

(2) ¹ Das Verfahren für den Wechsel des Lieferanten oder des Aggregators darf drei Wochen, gerechnet ab dem Zeitpunkt des Zugangs der Anmeldung zur Netznutzung durch den neuen Lieferanten bei dem Netzbetreiber, an dessen Netz die Entnahmestelle angeschlossen ist, nicht überschreiten. ² Der Netzbetreiber ist verpflichtet, den Zeitpunkt des Zugangs zu dokumentieren. ³ Eine von Satz 1 abweichende längere Verfahrensdauer ist nur zulässig, soweit die Anmeldung zur Netznutzung sich auf einen weiter in der Zukunft liegenden Liefertermin bezieht. ⁴ Ab dem 1. Januar 2026 muss der technische Vorgang des Stromlieferantenwechsels binnen 24 Stunden vollzogen und an jedem Werktag möglich sein.

(3) Der Lieferantenwechsel oder der Wechsel des Aggregators dürfen für den Letztverbraucher mit keinen zusätzlichen Kosten verbunden sein.

(4) ¹ Erfolgt der Lieferantenwechsel nicht innerhalb der in Absatz 2 vorgesehenen Frist, so kann der Letztverbraucher von dem Lieferanten oder dem Netzbetreiber, der die Verzögerung zu vertreten hat, Schadensersatz nach den §§ 249 ff. des Bürgerlichen Gesetzbuchs²⁾ verlangen. ² Der Lieferant oder der Netzbetreiber trägt die Beweislast, dass er die Verzögerung nicht zu vertreten hat. ³ Nimmt der bisherige Lieferant die Abmeldung von der Belieferung nicht unverzüglich nach Vertragsbeendigung vor oder gibt er auf Nachfrage des Netzbetreibers die Entnahmestelle bei Vertragsbeendigung nicht frei, kann der Letztverbraucher vom Energielieferanten Schadensersatz nach Maßgabe des Satzes 1 verlangen.

**§ 21**³⁾ **Bedingungen und Entgelte für den Netzzugang; Festlegungskompetenz.** (1) Die Bedingungen und Entgelte für den Netzzugang müssen angemessen, diskriminierungsfrei, transparent und dürfen nicht ungünstiger sein, als sie von den Betreibern der Energieversorgungsnetze in vergleichbaren Fällen für Leistungen innerhalb ihres Unternehmens oder gegenüber verbundenen oder assoziierten Unternehmen angewendet und tatsächlich oder kalkulatorisch in Rechnung gestellt werden.

(2) ¹ Die Entgelte werden auf der Grundlage der Kosten einer Betriebsführung, die denen eines effizienten und strukturell vergleichbaren Netzbetreibers entsprechen müssen, unter Berücksichtigung von Anreizen für eine effiziente Leistungserbringung und einer angemessenen, wettbewerbsfähigen und risikoangepassten Verzinsung des eingesetzten Kapitals gebildet, soweit in einer Rechtsverordnung nach § 24 oder in einer Festlegung nach Absatz 3 oder nach § 21a nicht eine Abweichung von der kostenorientierten Entgeltbildung bestimmt ist. ² Dabei

---

¹⁾ § 20a eingef. mWv 4.8.2011 durch G v. 26.7.2011 (BGBl. I S. 1554); Abs. 2 Satz 1 geänd., Satz 4 angef., Abs. 3 geänd. mWv 27.7.2021 durch G v. 16.7.2021 (BGBl. I S. 3026); Abs. 4 Satz 3 angef. mWv 29.7.2022 durch G v. 19.7.2022 (BGBl. I S. 1214).
²⁾ **Habersack Nr. 20.**
³⁾ § 21 Abs. 2 Satz 3 angef., Abs. 3 neu gef., Abs. 4 aufgeh. mWv 27.7.2021 durch G v. 16.7.2021 (BGBl. I S. 3026); Überschrift, Abs. 2 Satz 1 geänd., Satz 2 eingef., bish. Sätze 2 und 3 werden Sätze 3 und 4, Sätze 5 und 6 angef., Abs. 3 eingef., bish. Abs. 3 wird Abs. 4 mWv 29.12.2023 durch G v. 22.12. 2023 (BGBl. 2023 I Nr. 405).

können auch zukünftig wirkende Kostenänderungen aus netzbezogenen Maßnahmen berücksichtigt werden, die aus der Integration von erneuerbaren Energien in das Energieversorgungssystem folgen. [3]Soweit die Entgelte kostenorientiert gebildet werden, dürfen Kosten und Kostenbestandteile, die sich ihrem Umfang nach im Wettbewerb nicht einstellen würden, nicht berücksichtigt werden. [4]Die notwendigen Investitionen in die Netze müssen so vorgenommen werden können, dass die Lebensfähigkeit der Netze gewährleistet ist. [5]Bei der Bildung von Entgelten nach Satz 1 sollen auch Kosten eines vorausschauenden Netzausbaus zur Verfolgung des Zwecks und der Ziele des § 1 sowie das überragende öffentliche Interesse an der Errichtung und dem Betrieb von Elektrizitätsversorgungsnetzen nach § 1 Satz 3 des Netzausbaubeschleunigungsgesetzes Übertragungsnetz[1]) und nach § 14d Absatz 10 dieses Gesetzes sowie Kosten neuer gesetzlicher oder behördlich angeordneter Aufgaben der Netzbetreiber berücksichtigt werden. [6]Die Entgelte sollen die Auswirkungen angemessen berücksichtigen, die das Verhalten der Netznutzer auf die Kosten der Energieversorgung insgesamt oder auf die Kosten eines stabilen Betriebs der Energieversorgungsnetze hat, insbesondere durch ein für ein bestimmtes Netznutzungsverhalten zu entrichtendes individuell ermäßigtes oder erhöhtes Entgelt oder durch ein last- oder zeitvariables Entgelt.

(3) [1]Die Regulierungsbehörde kann in einem Verfahren nach § 29 Absatz 1 die Entgelte für den Zugang zu den Energieversorgungsnetzen oder die Methoden zur Bestimmung dieser Entgelte oder beides gegenüber den Betreibern von Energieversorgungsnetzen festlegen oder diese auf Antrag genehmigen. [2]Die nach Satz 1 festgelegten Methoden müssen dem Stand der Wissenschaft berücksichtigen. [3]Dabei stellt die Regulierungsbehörde sicher, dass eine Quersubventionierung zwischen den Transport-, Verteilungs- und Versorgungstätigkeiten oder anderen Tätigkeiten inner- oder außerhalb des einschlägigen Sektors verhindert wird. [4]Sie kann insbesondere Regelungen treffen

1. zu den Kosten für die Netzentgeltermittlung hinsichtlich des Zugangs zu den Gasversorgungsnetzen und den Elektrizitätsversorgungsnetzen, insbesondere

   a) zur Bestimmung betriebsnotwendiger Netzkosten ausgehend von den Tätigkeitsabschlüssen nach § 6b Absatz 3, beispielsweise zu aufwandsgleichen Kostenpositionen, zu kalkulatorischen Abschreibungen, zu einer angemessenen, wettbewerbsfähigen und risikoangepassten kalkulatorischen Eigenkapitalverzinsung, zur kalkulatorischen Gewerbesteuer und zu kostenmindernden Erlösen und Erträgen,

   b) zum maßgeblichen Bezugsjahr für die Prüfung der Netzkosten,

   c) zu Einzel- und Gemeinkosten einschließlich der Sachgerechtigkeit von Schlüsselungen,

   d) zur Bestimmung von Kosten oder Kostenbestandteilen, die auf Grund einer Überlassung betriebsnotwendiger Anlagegüter beziehungsweise auf Grund einer Dienstleistungserbringung anfallen,

   e) darüber, inwieweit und wie Kosten, die auf Grundlage einer Vereinbarung eines Betreibers von Übertragungsnetzen mit Dritten, die im Zusammenhang mit dem Bundesbedarfsplangesetz oder dem Energieleitungsausbaugesetz entstehen, bei der Bestimmung der Netzkosten zu berücksichtigen sind,

   f) zu Dokumentations-, Mitteilungs- und Aufbewahrungspflichten der Betreiber von Energieversorgungsnetzen,

---

[1]) **Sartorius III Nr. 511.**

g) zur Ermittlung der umlagefähigen Kosten von Offshore-Anbindungsleitungen,

h) zur Ermittlung der Netzkosten von grenzüberschreitenden Elektrizitätsverbindungsleitungen nach § 28d, einschließlich der Regelungen zur Ausgestaltung des Ermittlungs-, Antrags- und Genehmigungsverfahrens,

2. zu den Entgelten für den Zugang zu Gasversorgungsnetzen, insbesondere

a) zur Ermittlung der Fernleitungsnetzentgelte,

b) zur Ermittlung der Verteilernetzentgelte,

c) zu Sondernetzentgelten zur Vermeidung von Direktleitungsbauten in Verteilernetzen,

d) zu Ermäßigungen für die Einspeisung von Biogas in das Erdgasnetz,

3. zu den Entgelten für den Zugang zu den Elektrizitätsversorgungsnetzen, insbesondere

a) zur verursachungsgerechten und sachgerechten Verteilung von Netzkosten auf verschiedene Nutzergruppen sowie zur Setzung von Anreizen zu Netzentlastung und zur Beschleunigung des Netzausbaus, zur Effizienz und Flexibilität bei Energieeinspeisung und –verbrauch,

b) zur Zuordnung der Netzkosten auf Kostenstellen des Netzbetriebs,

c) zu den Parametern, die für die Kostenallokation auf die Netznutzer über die Entgelte maßgeblich sind,

d) zu verschiedenen Entgeltkomponenten, einschließlich Entgelten für den Anschluss an das Netz der allgemeinen Versorgung sowie Elementen, die auf die Netzanschlusskapazität bezogen sind,

e) zur Struktur der Übertragungsnetzentgelte, auch in Abweichung von den Vorgaben nach § 24 Absatz 1,

f) zu individuellen Netzentgelten bei Sonderformen der Netznutzung sowie zur Vermeidung von Direktleitungsbauten, insbesondere Bestimmungen zu

aa) möglichen Ausprägungen von Sonderformen der Netznutzung,

bb) den Voraussetzungen für die Ermittlung von individuellen Netzentgelten sowie einer Genehmigung und Untersagung,

cc) Art, Inhalt, Umfang und Format der Informationen, die vom Netzbetreiber oder Netznutzer bei der Beantragung individueller Netzentgelte zu übermitteln sind,

dd) Art, Inhalt, Umfang und Format der Informationen, die vom Netzbetreiber im Falle einer Genehmigung individueller Netzentgelte zu veröffentlichen sind,

g) zur Ausgestaltung last- oder zeitvariabler Netzentgelte, wobei deren Variabilität auch am erwarteten Umfang der Einspeisung von Elektrizität ausgerichtet sein kann,

h) zur Ermittlung besonderer Kostenbelastungen einzelner Netzbetreiber oder einer Gruppe von Netzbetreibern, insbesondere auch im Zusammenhang mit dem Ausbau der Stromerzeugung aus erneuerbaren Energien,

i) zur Methodik, nach der Mindererlöse von Betreibern von Elektrizitätsversorgungsnetzen auf Grund von Festlegungen nach Buchstabe f oder besondere Kostenbelastungen, die auf Grund einer Festlegung nach Buchstabe h ermittelt werden, bundesweit anteilig verteilt werden können, wobei sowohl festgelegt werden kann, ob und wie die Mindererlöse oder Kostenbelastungen bei der Ermittlung der netzebenenspezifischen Kosten der Betreiber von

117

Elektrizitätsverteilernetzen zu berücksichtigen sind, als auch, wie diese anderweitig angemessen anteilig auf die Netznutzer zu verteilen sind. [5] Die Regulierungsbehörde kann dabei von den Vorgaben einer Rechtsverordnung nach § 24 in der bis zum Ablauf des 28. Dezember 2023 geltenden Fassung abweichen oder ergänzende Regelungen treffen.

(4) [1] Betreiber von Energieversorgungsnetzen sind verpflichtet, die für ihr Netz geltenden Netzentgelte auf ihren Internetseiten zu veröffentlichen und auf Anfrage jedermann unverzüglich in Textform mitzuteilen. [2] Die Veröffentlichung der geltenden Netzentgelte hat in einem Format zu erfolgen, das eine automatisierte Auslesung der veröffentlichten Daten ermöglicht.

**§ 21a**[1]) **Regulierungsvorgaben für Anreize für eine effiziente Leistungserbringung; Festlegungskompetenz.** (1) [1] Nach Maßgabe von Festlegungen oder Genehmigungen der Regulierungsbehörde nach § 29 Absatz 1 können Entgelte für den Netzzugang der Betreiber von Energieversorgungsnetzen ergänzend zu einer Entgeltbildung nach § 21 auch durch eine Methode bestimmt werden, die Anreize für eine effiziente Leistungserbringung setzt (Anreizregulierung). [2] Die Anreizregulierung kann insbesondere Vorgaben von Obergrenzen, die in der Regel für die Höhe der Entgelte für den Netzzugang oder die Gesamterlöse aus Entgelten für den Netzzugang gebildet werden, für die eine Regulierungsperiode unter Berücksichtigung von Effizienzvorgaben beinhalten. [3] Die Obergrenzen und Effizienzvorgaben sind auf einzelne Netzbetreiber bezogen, sofern die Regulierungsbehörde in einer Festlegung nach Absatz 3 Satz 1 nichts anderes bestimmt. [4] Bei der Ermittlung von Obergrenzen sollen die durch den jeweiligen Netzbetreiber beeinflussbaren Kostenanteile und die von ihm nicht beeinflussbaren Kostenanteile unterschieden werden. [5] Die Effizienzvorgaben sollen so gestaltet und über die Regulierungsperiode verteilt sein, dass der betroffene Netzbetreiber die Vorgaben unter Nutzung der ihm möglichen und zumutbaren Maßnahmen erreichen und übertreffen kann. [6] Sie sollen objektive strukturelle Unterschiede berücksichtigen und sich nur auf den beeinflussbaren Kostenteil beziehen. [7] Die Methode zur Ermittlung von Effizienzvorgaben muss so gestaltet sein, dass eine geringfügige Änderung einzelner Parameter der zugrunde gelegten Methode nicht zu einer, insbesondere im Vergleich zur Bedeutung, überproportionalen Änderung der Vorgaben führt.

(2) Im Einklang mit dem Zweck des Gesetzes nach § 1 Absatz 1 kann die Regulierungsbehörde insbesondere Entscheidungen durch Festlegungen oder Genehmigungen nach § 29 Absatz 1 treffen zur Entwicklung und Ausgestaltung eines Anreizregulierungsmodells unter Anwendung ökonomischer, ökonometrischer und regulatorischer Methoden, die dem Stand der Wissenschaft entsprechen müssen.

(3) [1] Die Bundesnetzagentur kann zur näheren Ausgestaltung des Anreizregulierungsmodells Festlegungen treffen und Maßnahmen des Netzbetreibers auf Antrag genehmigen. [2] Dabei soll auch ein vorausschauender Netzausbau zur Verfolgung des Zwecks und der Ziele des § 1 berücksichtigt werden. [3] Im Rahmen ihrer Befugnisse kann die Regulierungsbehörde insbesondere Regelungen treffen

1. zur zeitlichen Dauer und Abfolge von Regulierungsperioden, wobei deren Dauer fünf Jahre nicht überschreiten sollte, und zum hierfür relevanten Bezugsjahr,

---

[1]) § 21a neu gef. mWv 29.12.2023 durch G v. 22.12.2023 (BGBl. 2023 I Nr. 405).

2. zur Bestimmung eines Ausgangsniveaus oder einer Kostenbasis,

3. zur Unterscheidung von beeinflussbaren Kostenanteilen und solchen Kostenanteilen, bei denen keine Effizienzvorgaben umsetzbar oder die einer gesonderten nationalen oder europäischen Verfahrensregulierung unterworfen sind, einschließlich ihrer Anpassbarkeit im Verlauf einer Regulierungsperiode; sie kann dabei insbesondere Kostenanteile als nicht beeinflussbar ansehen, die sich aus tatsächlich entstehenden Betriebssteuern und Abgaben sowie aus gesetzlichen Abnahme- und Vergütungspflichten ergeben können, sowie Kosten, die sich aus anderen gesetzlichen Übernahmeverpflichtungen des Netzbetreibers im Zusammenhang mit dem Netzbetrieb einschließlich Digitalisierungsmaßnahmen ergeben können,

4. zu Effizienzvorgaben durch Bestimmung von Effizienzzielen, die die objektiven strukturellen Unterschiede der einzelnen Netzbetreiber angemessen berücksichtigen, auf Grundlage eines oder mehrerer Verfahren zur Effizienzmessung,

5. zur Ermittlung und näheren Ausgestaltung von Qualitätsvorgaben, die etwa auf der Grundlage einer Bewertung von Netzzuverlässigkeitskenngrößen oder Netzleistungsfähigkeitskenngrößen ermittelt werden, unter Berücksichtigung von objektiven strukturellen Unterschieden der einzelnen Netzbetreiber,

6. zu einem Ausgleichsmechanismus, der insbesondere die Auswirkungen jährlich schwankender Mengen sowie Abweichungen zwischen tatsächlich entstandenen Kosten und zulässigen Erlösen abzubilden hat (Regulierungskonto),

7. zum Verfahren bei der Berücksichtigung der Inflationsrate unter Einbeziehung der Besonderheiten der Einstandspreisentwicklung und des Produktivitätsfortschritts in der Netzwirtschaft,

8. zur Ausgestaltung von Anreizen für die Verringerung von Kosten für Engpassmanagement,

9. zu Verfahren zur Berücksichtigung von Netzübergängen,

10. zu vereinfachten Verfahren für kleinere Netzbetreiber,

11. zur Erhebung der für die Durchführung einer Anreizregulierung erforderlichen Daten durch die Regulierungsbehörde einschließlich Umfang, Zeitpunkt und Form, insbesondere zu den zulässigen Datenträgern und Übertragungswegen, sowie

12. zu einem Aufschlag auf die Erlösobergrenze für solche Kapitalkosten, die im Laufe einer Regulierungsperiode auf Grund getätigter Investitionen in den Bestand betriebsnotwendiger Anlagegüter entstehen.

[4]Die Regulierungsbehörde kann dabei von einer Rechtsverordnung nach § 21a Absatz 6 in der bis zum Ablauf des 28. Dezember 2023 geltenden Fassung abweichen oder ergänzende Regelungen treffen.

**§ 21b**[1]**) Sondervorschriften für regulatorische Ansprüche und Verpflichtungen der Transportnetzbetreiber; Festlegungskompetenz.** (1) [1]Bei Betreibern von Transportnetzen gilt im Rahmen des Anreizregulierungssystems der regulatorische Anspruch, der sich aus einer negativen Differenz auf dem Regulierungskonto zwischen den tatsächlich erzielbaren Erlösen und den geplanten Kosten eines Kalenderjahres einerseits sowie den zulässigen Erlösen und den tatsächlich entstandenen Kosten eines Kalenderjahres andererseits ergibt, als Vermögens-

---

[1]) § 21b neu gef. mWv 29.7.2022 durch G v. 19.7.2022 (BGBl. I S. 1214).

gegenstand im Sinne von § 246 Absatz 1 Satz 1 des Handelsgesetzbuchs[1]. [2]Der Betrag eines regulatorischen Anspruchs nach Satz 1 ist bei Transportnetzbetreibern, die nicht die Einstufung als klein im Sinne von § 267 des Handelsgesetzbuchs erfüllen, in der Bilanz unter dem Posten „sonstige Vermögensgegenstände" gesondert auszuweisen und im Anhang des Jahresabschlusses zu erläutern. [3]Bei Transportnetzbetreibern, die einen Konzernabschluss nach den Vorschriften des Dritten Buchs Zweiter Abschnitt Zweiter Unterabschnitt Zweiter bis Achter Titel des Handelsgesetzbuchs aufstellen, ist Satz 2 auf die Konzernbilanz und den Konzernanhang entsprechend anzuwenden.

(2) [1]Betreiber von Transportnetzen haben im Fall der dauerhaften Einstellung ihres Geschäftsbetriebs die regulatorischen Ansprüche und Verpflichtungen im Rahmen des Anreizregulierungssystems, die sich aus Differenzen zwischen den tatsächlich erzielbaren Erlösen und den geplanten Kosten eines Kalenderjahres einerseits sowie den zulässigen Erlösen und den tatsächlich entstandenen Kosten eines Kalenderjahres andererseits ergeben, über die Erlösobergrenze des Jahres der dauerhaften Einstellung des Geschäftsbetriebs an die Kunden dieses Jahres abzurechnen. [2]Die Bundesnetzagentur trifft durch Festlegung nach § 29 Absatz 1 nähere Bestimmungen zur Abrechnung nach Satz 1.

## §§ 21c–21i[2] *(aufgehoben)*

**§ 22[3] Beschaffung der Energie zur Erbringung von Ausgleichsleistungen.** (1) [1]Betreiber von Energieversorgungsnetzen haben die Energie, die sie zur Deckung von Verlusten und für den Ausgleich von Differenzen zwischen Ein- und Ausspeisung benötigen, nach transparenten, auch in Bezug auf verbundene oder assoziierte Unternehmen nichtdiskriminierenden und marktorientierten Verfahren zu beschaffen. [2]Dem Ziel einer möglichst preisgünstigen Energieversorgung ist bei der Ausgestaltung der Verfahren, zum Beispiel durch die Nutzung untertäglicher Beschaffung, besonderes Gewicht beizumessen, sofern hierdurch nicht die Verpflichtungen nach den §§ 13, 16 und 16a gefährdet werden.

(2) [1]Die Betreiber von Übertragungsnetzen mit Regelzonenverantwortung haben Regelenergie nach den geltenden unionsrechtlichen Vorgaben sowie nach den auf deren Basis ergangenen Entscheidungen der jeweils zuständigen Regulierungsbehörde oder der jeweils zuständigen Regulierungsbehörden zu beschaffen. [2]Die Anforderungen, die Anbieter von Regelenergie für die Teilnahme erfüllen müssen, haben die Betreiber von Übertragungsnetzen so weit wie möglich zu vereinheitlichen. [3]Die Beschaffung hat regelzonenübergreifend auf einer gemeinsamen Internetplattform zu erfolgen. [4]Die Betreiber von Übertragungsnetzen sind unter Beachtung ihrer jeweiligen Systemverantwortung verpflichtet, zur Senkung des Aufwands für Regelenergie unter Berücksichtigung der Netzbedingungen zusammenzuarbeiten.

(3) Die Betreiber von Übertragungsnetzen sind zum Zweck der Erfüllung ihrer Verpflichtungen nach § 12 Absatz 1 und 3 sowie § 13 Absatz 1 berechtigt, einen technisch notwendigen Anteil an Regelenergie aus Kraftwerken in ihrer Regelzone auszuschreiben, soweit dies zur Gewährleistung der Versorgungssicherheit in

---

[1] **Habersack Nr. 50.**
[2] §§ 21c–21i aufgeh. mWv 2.9.2016 durch G v. 29.8.2016 (BGBl. I S. 2034).
[3] § 22 Abs. 1 Satz 2 geänd. mWv 1.11.2008 durch G v. 25.10.2008 (BGBl. I S. 2101); Abs. 2 Satz 5 angef. mWv 4.8.2011 durch G v. 26.7.2011 (BGBl. I S. 1554); Abs. 2 neu gef., Abs. 3 und 4 angef. mWv 29.12.2023 durch G v. 22.12.2023 (BGBl. 2023 I Nr. 405).

ihrer jeweiligen Regelzone, insbesondere zur Aufrechterhaltung der Versorgung im Inselbetrieb nach Störungen, erforderlich ist.

(4) ¹Betreiber von Übertragungsnetzen sind berechtigt, Mindestangebote festzulegen. ²Die Anbieter sind berechtigt, zeitlich und mengenmäßig Teilleistungen anzubieten. ³Dabei dürfen die Teilleistungen nicht das jeweilige Mindestangebot unterschreiten. ⁴Die Bildung einer Anbietergemeinschaft ist auch zur Erreichung der Mindestangebote zulässig.

**§ 23**[1] **Erbringung von Ausgleichsleistungen.** (1) ¹Sofern den Betreibern von Energieversorgungsnetzen der Ausgleich des Energieversorgungsnetzes obliegt, müssen die von ihnen zu diesem Zweck festgelegten Regelungen einschließlich der von den Netznutzern für Energieungleichgewichte zu zahlenden Entgelte sachlich gerechtfertigt, transparent, nichtdiskriminierend und dürfen nicht ungünstiger sein, als sie von den Betreibern der Energieversorgungsnetze in vergleichbaren Fällen für Leistungen innerhalb ihres Unternehmens oder gegenüber verbundenen oder assoziierten Unternehmen angewendet und tatsächlich oder kalkulatorisch in Rechnung gestellt werden. ²Die Entgelte sind auf der Grundlage einer Betriebsführung nach § 21 Abs. 2 kostenorientiert festzulegen und zusammen mit den übrigen Regelungen im Internet zu veröffentlichen.

(2) Die Betreiber von Übertragungsnetzen mit Regelzonenverantwortung haben die bei ihnen zum Einsatz kommenden Regelenergieprodukte nach den geltenden unionsrechtlichen Vorgaben sowie nach der auf deren Basis ergangenen Entscheidungen der jeweils zuständigen Regulierungsbehörde oder der jeweils zuständigen Regulierungsbehörden einzusetzen.

(3) ¹Betreiber von Übertragungsnetzen müssen die Kosten für Primärregelleistung und -arbeit, für die Vorhaltung von Sekundärregelleistung und Minutenreserveleistung sowie die Kosten für weitere beschaffte und eingesetzte Regelenergieprodukte als eigenständige Systemdienstleistungen den Nutzern der Übertragungsnetze in Rechnung stellen, soweit nicht durch Entscheidung der zuständigen Regulierungsbehörde etwas anderes bestimmt ist. ²Für jedes Regelleistungs- und Regelarbeitsangebot, das zum Zuge kommt, bemisst sich die zu zahlende Vergütung nach dem im jeweiligen Angebot geforderten Preis, soweit nicht durch Entscheidung der zuständigen Regulierungsbehörde oder der zuständigen Regulierungsbehörden etwas anderes bestimmt ist.

(4) ¹Die Betreiber von Übertragungsnetzen mit Regelzonenverantwortung haben mit den Bilanzkreisverantwortlichen die in jedem Abrechnungszeitintervall angefallenen Bilanzkreisabweichungen mit einem Ausgleichsenergiepreis abzurechnen. ²Der Ausgleichsenergiepreis ist nach den geltenden europäischen Vorgaben sowie nach der auf deren Basis ergangenen Entscheidungen der jeweils zuständigen Regulierungsbehörde oder der jeweils zuständigen Regulierungsbehörden zu bestimmen.

**§ 23a**[2] **Genehmigung der Entgelte für den Netzzugang.** (1) Soweit eine kostenorientierte Entgeltbildung im Sinne des § 21 Abs. 2 Satz 1 erfolgt, bedürfen Entgelte für den Netzzugang nach § 21 einer Genehmigung, es sei denn, dass die Bestimmung der Entgelte für den Netzzugang im Wege einer Anreizregulierung

---

[1] § 23 Abs. 2–4 angef. mWv 29.12.2023 durch G v. 22.12.2023 (BGBl. 2023 I Nr. 405).
[2] § 23a Abs. 3 Satz 7 geänd. mWv 17.12.2006 durch G v. 9.12.2006 (BGBl. I S. 2833); Abs. 3 Satz 7 geänd. mWv 8.9.2015 durch VO v. 31.8.2015 (BGBl. I S. 1474); Abs. 3 Sätze 1 und 5 geänd. mWv 5.4. 2017 durch G v. 29.3.2017 (BGBl. I S. 626); Abs. 1 und 2 Satz 1 geänd., Abs. 3 Sätze 4–7 neu gef., Sätze 8 und 9 angef., Abs. 5 Satz 2 geänd. mWv 29.12.2023 durch G v. 22.12.2023 (BGBl. 2023 I Nr. 405).

in einer Rechtsverordnung nach § 21a Absatz 6 in der bis zum Ablauf des 28. Dezember 2023 geltenden Fassung oder in einer Festlegung der Regulierungsbehörde nach § 21a Absatz 3 angeordnet worden ist.

(2) [1] Die Genehmigung ist zu erteilen, soweit die Entgelte den Anforderungen dieses Gesetzes und den auf Grund des § 24 in der bis zum Ablauf des 28. Dezember 2023 geltenden Fassung oder einer Festlegung der Bundesnetzagentur nach § 21 erlassenen Rechtsverordnungen entsprechen. [2] Die genehmigten Entgelte sind Höchstpreise und dürfen nur überschritten werden, soweit die Überschreitung ausschließlich auf Grund der Weitergabe nach Erteilung der Genehmigung erhöhter Kostenwälzungssätze einer vorgelagerten Netz- oder Umspannstufe erfolgt; eine Überschreitung ist der Regulierungsbehörde unverzüglich anzuzeigen.

(3) [1] Die Genehmigung ist mindestens sechs Monate vor dem Zeitpunkt schriftlich oder elektronisch zu beantragen, an dem die Entgelte wirksam werden sollen. [2] Dem Antrag sind die für eine Prüfung erforderlichen Unterlagen beizufügen; auf Verlangen der Regulierungsbehörde haben die Antragsteller Unterlagen auch elektronisch zu übermitteln. [3] Die Regulierungsbehörde kann ein Muster und ein einheitliches Format für die elektronische Übermittlung vorgeben. [4] Sie kann auch vorgeben, welche Mindestangaben im Antrag enthalten sein müssen. [5] Die Regulierungsbehörde hat dem Antragsteller den Eingang des Antrags schriftlich oder elektronisch zu bestätigen; dies ist auch anzuwenden, wenn und soweit die Regulierungsbehörde Angaben oder Unterlagen nachfordert, die zur Prüfung des Antrags erforderlich sind. [6] Die Regulierungsbehörde ist befugt, in einem Verfahren nach § 29 Absatz 1 das Verfahren und die Anforderungen an die vorzulegenden Unterlagen näher auszugestalten. [7] Abweichend von Satz 1 kann die Regulierungsbehörde über einen Antrag zur Genehmigung von Entgelten auch dann entscheiden, wenn dieser weniger als sechs Monate vor dem geplanten Wirksamwerden der Entgelte gestellt wurde und das Genehmigungsverfahren nach pflichtgemäßer Einschätzung der Regulierungsbehörde in diesem Zeitraum abgeschlossen werden kann. [8] Die Regulierungsbehörde ist verpflichtet, dem Antragsteller mitzuteilen, dass sie beabsichtigt, den Zeitraum zwischen Antragstellung und voraussichtlichem Wirksamwerden der Entgelte zu verkürzen. [9] Die Regulierungsbehörde muss den Antragsteller in diesem Fall zudem unverzüglich informieren, sobald seine Antragsunterlagen vollständig sind.

(4) [1] Die Genehmigung ist zu befristen und mit einem Vorbehalt des Widerrufs zu versehen; sie kann unter Bedingungen erteilt und mit Auflagen verbunden werden. [2] Trifft die Regulierungsbehörde innerhalb von sechs Monaten nach Vorliegen der vollständigen Unterlagen nach Absatz 3 keine Entscheidung, so gilt das beantragte Entgelt als unter dem Vorbehalt des Widerrufs für einen Zeitraum von einem Jahr genehmigt. [3] Satz 2 gilt nicht, wenn

1. das beantragende Unternehmen einer Verlängerung der Frist nach Satz 2 zugestimmt hat oder

2. die Regulierungsbehörde wegen unrichtiger Angaben oder wegen einer nicht rechtzeitig erteilten Auskunft nicht entscheiden kann und dies dem Antragsteller vor Ablauf der Frist unter Angabe der Gründe mitgeteilt hat.

(5) [1] Ist vor Ablauf der Befristung oder vor dem Wirksamwerden eines Widerrufs nach Absatz 4 Satz 1 oder 2 eine neue Genehmigung beantragt worden, so können bis zur Entscheidung über den Antrag die bis dahin genehmigten Entgelte beibehalten werden. [2] Ist eine neue Entscheidung nicht rechtzeitig beantragt, kann die Regulierungsbehörde unter Berücksichtigung der §§ 21 und 30 sowie der auf Grund des § 24 in der bis zum Ablauf des 28. Dezember 2023 geltenden Fassung

erlassenen Rechtsverordnungen oder einer Festlegung nach den §§ 20 oder 21 ein Entgelt als Höchstpreis vorläufig festsetzen.

**§ 23b**[1]**) Veröffentlichungen der Regulierungsbehörde; Festlegungskompetenz.** (1) [1] Die Regulierungsbehörde veröffentlicht auf ihrer Internetseite, einschließlich etwaiger darin enthaltener Betriebs- und Geschäftsgeheimnisse, unternehmensbezogen in nicht anonymisierter, frei zugänglicher Form:

1. die gemäß § 21a Absatz 2 durch die Regulierungsbehörde für eine Regulierungsperiode vorgegebenen kalenderjährlichen Erlösobergrenzen und, sofern abweichend, die zur Entgeltbildung vom Netzbetreiber herangezogene angepasste kalenderjährliche Erlösobergrenze jeweils als Summenwert,

2. den jährlichen Aufschlag auf die Erlösobergrenze für Kapitalkosten, die aufgrund von nach dem Basisjahr getätigten Investitionen in den Bestand betriebsnotwendiger Anlagegüter entstehen, als Summenwert,

3. die nach § 21a Absatz 4 in der vorgegebenen kalenderjährlichen Erlösobergrenze enthaltenen dauerhaft nicht beeinflussbaren sowie volatilen Kostenanteile sowie jeweils deren jährliche Anpassung durch den Netzbetreiber als Summenwert,

4. die nach § 21a Absatz 4 zu berücksichtigenden jährlichen beeinflussbaren und vorübergehend nicht beeinflussbaren Kostenbestandteile als Summenwert,

5. die in der vorgegebenen kalenderjährlichen Erlösobergrenze enthaltenen Kosten aufgrund von Forschungs- und Entwicklungsvorhaben im Rahmen der staatlichen Energieforschungsförderung, welche durch eine zuständige Behörde eines Landes oder des Bundes, insbesondere das Bundesministeriums für Wirtschaft und Energie oder das Bundesministeriums für Bildung und Forschung bewilligt wurde und fachlich betreut werden, sowie deren jährliche Anpassung durch den Netzbetreiber als Summenwert,

6. die Werte der nach § 21a Absatz 3 Satz 4 zu berücksichtigenden Mengeneffekte,

7. die gemäß § 21a Absatz 5 ermittelten unternehmensindividuellen Effizienzwerte sowie die hierbei erhobenen, geprüften und verwendeten Parameter zur Abbildung struktureller Unterschiede und die Aufwandsparameter,

8. das in den Entscheidungen nach § 21a ermittelte Ausgangsniveau, die bei der Ermittlung der kalkulatorischen Eigenkapitalverzinsung eingeflossenen Bilanzpositionen sowie die bei der Ermittlung der kalkulatorischen Gewerbesteuer verwendete Messzahl sowie den Hebesatz, dabei ist gleiches anzuwenden für die in das Ausgangsniveau nach § 21a eingeflossenen Kosten oder Kostenbestandteile, die aufgrund einer Überlassung *betriebsnotweniger*[2]**)** Anlagegüter durch Dritte anfallen,

9. jährliche tatsächliche Kosten der genehmigten Investitionsmaßnahmen für die Erweiterung und Umstrukturierung in die Transportnetze jeweils als Summenwert,

10. die ermittelten Kennzahlen zur Versorgungsqualität sowie die ermittelten Kennzahlenvorgaben zur Netzzuverlässigkeit und Netzleistungsfähigkeit einschließlich der zur Bestimmung der Strukturparameter erhobenen, geprüften und verwendeten Größen und der daraus abgeleiteten Strukturparameter selbst

---

[1]) § 23b eingef. mWv 27.7.2021, Abs. 1 Satz 1 Nr. 11 neu gef. mWv 1.10.2021 durch G v. 16.7.2021 (BGBl. I S. 3026); Abs. 1 Satz 1 einl. Satzteil, Nr. 10 und 12 Buchst. a geänd. mWv 29.12.2023 durch G v. 22.12.2023 (BGBl. 2023 I Nr. 405).

[2]) Richtig wohl: „betriebsnotwendiger".

und die Abweichungen der Netzbetreiber von diesen Kennzahlenvorgaben wie auch die daraus resultierenden Zu- oder Abschläge auf die Erlösobergrenzen,

11. Summe der Kosten für das Engpassmanagement nach § 21a Absatz 5a, einschließlich der Summe der saldierten geleisteten und erhaltenen Zahlungen für den finanziellen Ausgleich nach § 13a Absatz 2 und 5 Satz 3 sowie für den finanziellen Ersatz nach § 14 Absatz 1c Satz 2,

12. die jährliche Entwicklung der Summe der Kosten für die folgenden Systemdienstleistungen der Übertragungsnetzbetreiber,

   a) für Kraftwerksreserven der Transportnetzbetreiber Strom nach den §§ 13b, 13d, 13e, 13g und 50 des Kohleverstromungsbeendigungsgesetzes[1] vom 8. August 2020 (BGBl. I S. 1818), das zuletzt durch Artikel 14 des Gesetzes vom 22. Dezember 2023 (BGBl. 2023 I Nr. 405) geändert worden ist, sowie

   b) für die gesicherte Versorgung von Kraftwerken mit Gas außerhalb der Netzreserve nach § 13f,

13. die Daten, die bei der Ermittlung des generellen sektoralen Produktivitätsfaktors Verwendung finden,

14. die in der Entscheidung nach § 23 der Anreizregulierungsverordnung genannten Daten, ausgenommen Betriebs- und Geschäftsgeheimnisse Dritter,

15. Kosten für die erforderliche Inanspruchnahme vorgelagerter Netzebenen als Summenwert und

16. Kosten für die an Betreiber einer dezentralen Erzeugungsanlage und an vorgelagerte Netzbetreiber aufgrund von dezentraler Einspeisung gezahlten vermiedenen Netzentgelte als Summenwert.

[2] Von einer Veröffentlichung der Daten nach Satz 1 Nummer 7, 8 und 12 ist abzusehen, wenn durch die Veröffentlichung Rückschlüsse auf Kosten oder Preise Dritter möglich sind.

(2) Sonstige Befugnisse der Regulierungsbehörde, Informationen und Daten zu veröffentlichen sowie im Einzelfall oder durch Festlegung nach § 29 Absatz 1 die Veröffentlichung von Informationen und Daten anzuordnen, bleiben unberührt.

(3) Die Regulierungsbehörde kann die Betreiber von Energieversorgungsnetzen durch Festlegungen nach § 29 Absatz 1 verpflichten, die Daten nach Absatz 1 an sie zu übermitteln sowie Vorgaben zu Umfang, Zeitpunkt und Form der mitzuteilenden Daten, insbesondere zu den zulässigen Datenformaten, Datenträgern und Übertragungswegen treffen.

**§ 23c[2] Veröffentlichungspflichten der Netzbetreiber.** (1) Betreiber von Elektrizitätsversorgungsnetzen haben jeweils zum 1. April eines Jahres folgende Strukturmerkmale ihres Netzes und netzrelevanten Daten auf ihrer Internetseite zu veröffentlichen:

1. die Stromkreislänge jeweils der Kabel- und Freileitungen in der Niederspannungs-, Mittelspannungs-, Hoch- und Höchstspannungsebene zum 31. Dezember des Vorjahres,

2. die installierte Leistung der Umspannebenen zum 31. Dezember des Vorjahres,

---

[1] Sartorius III Nr. 340.
[2] § 23c eingef. mWv 27.7.2021 durch G v. 16.7.2021 (BGBl. I S. 3026); Abs. 6 Nr. 3 und 4 u. geänd. mWv 29.7.2022 durch G v. 19.7.2022 (BGBl. I S. 1214); Abs. 1 Nr. 4a–4d eingef., Abs. 4 Nr. 6 neu gef., Abs. 5a eingef. mWv 29.12.2023 durch G v. 22.12.2023 (BGBl. 2023 I Nr. 405).

3. die im Vorjahr entnommene Jahresarbeit in Kilowattstunden pro Netz- und Umspannebene,

4. die Anzahl der Entnahmestellen jeweils für alle Netz- und Umspannebenen,

4a. soweit ihnen bekannt, die Anzahl der zum Ablauf des 31. Dezember des Vorjahres bei Netzanschlüssen in Niederspannung vorhandenen intelligenten Messsysteme,

4b. soweit ihnen bekannt, die Anzahl der Entnahmestellen, die zum Ablauf des 31. Dezember des Vorjahres über Netzanschlüsse in Niederspannung an ein intelligentes Messsystem angeschlossen sind,

4c. jeweils die Anzahl der Netzanschlüsse, die im vorangegangenen Kalenderjahr länger als drei Monate und länger als sechs Monate ab dem Erhalt des Netzanschlussbegehrens nicht durchgeführt wurden, aufgeteilt nach den betroffenen Spannungsebenen,

4d. die Anzahl der zum Ablauf des 31. Dezember des Vorjahres abgeschlossenen Vereinbarungen nach § 14a Absatz 1 Satz 1,

5. die Einwohnerzahl im Netzgebiet von Betreibern von Elektrizitätsversorgungsnetzen der Niederspannungsebene zum 31. Dezember des Vorjahres,

6. die versorgte Fläche zum 31. Dezember des Vorjahres,

7. die geographische Fläche des Netzgebietes zum 31. Dezember des Vorjahres,

8. jeweils zum 31. Dezember des Vorjahres die Anzahl der Entnahmestellen mit einer viertelstündlichen registrierenden Leistungsmessung oder einer Zählerstandsgangmessung und die Anzahl der sonstigen Entnahmestellen,

9. den Namen des grundzuständigen Messstellenbetreibers sowie

10. Ansprechpartner im Unternehmen für Netzzugangsfragen.

(2) Betreiber von Übertragungsnetzen sind ferner verpflichtet, folgende netzrelevanten Daten unverzüglich und in geeigneter Weise, zumindest auf ihrer Internetseite, zu veröffentlichen und zwei Jahre verfügbar zu halten:

1. die Summe der Stromabgaben aus dem Übertragungsnetz über direkt angeschlossene Transformatoren und Leitungen an Elektrizitätsverteilernetze und Letztverbraucher (vertikale Netzlast) viertelstundenscharf in Megawatt pro Viertelstunde,

2. die Jahreshöchstlast pro Netz- und Umspannebene sowie den Lastverlauf als viertelstündige Leistungsmessung,

3. die Netzverluste,

4. den viertelstündigen Regelzonensaldo in Megawattstunden pro Viertelstunde sowie die tatsächlich abgerufene Minutenreserve,

5. die grenzüberschreitenden Lastflüsse zusammengefasst je Kuppelstelle inklusive einer Vorschau auf die Kapazitätsvergabe,

6. die marktrelevanten Ausfälle und Planungen für Revisionen der Übertragungsnetze,

7. die Mengen und die durchschnittlichen jährlichen Beschaffungspreise der Verlustenergie und

8. Daten zur prognostizierten Einspeisung von Windenergie und Solarenergie auf Grundlage der vortägigen Prognosen, die auch die Betreiber von Übertragungsnetzen verwenden, und zur tatsächlichen Einspeisung anhand der Daten, die die Betreiber von Übertragungsnetzen untereinander verrechnen in Megawatt pro Viertelstunde.

(3) Betreiber von Elektrizitätsverteilernetzen sind ferner verpflichtet, folgende netzrelevanten Daten unverzüglich in geeigneter Weise, zumindest auf ihrer Internetseite, zu veröffentlichen:

1. die Jahreshöchstlast pro Netz- und Umspannebene sowie den Lastverlauf als viertelstündige Leistungsmessung,
2. die Netzverluste,
3. die Summenlast der nicht leistungsgemessenen Kunden und die Summenlast der Netzverluste,
4. die Summenlast der Fahrplanprognosen für Lastprofilkunden und die Restlastkurve der Lastprofilkunden bei Anwendung des analytischen Verfahrens,
5. die Höchstentnahmelast und der Bezug aus der vorgelagerten Netzebene,
6. die Summe aller Einspeisungen pro Spannungsebene und im zeitlichen Verlauf und
7. die Mengen und Preise der Verlustenergie.

(4) Betreiber von Gasversorgungsnetzen haben jeweils zum 1. April eines Jahres folgende Strukturmerkmale ihres Netzes und netzrelevanten Daten auf ihrer Internetseite zu veröffentlichen:

1. die Länge des Gasleitungsnetzes jeweils getrennt für die Niederdruck-, Mitteldruck- und Hochdruckebene zum 31. Dezember des Vorjahres,
2. die Länge des Gasleitungsnetzes in der Hochdruckebene nach Leitungsdurchmesserklassen,
3. die im Vorjahr durch Weiterverteiler und Letztverbraucher entnommene Jahresarbeit in Kilowattstunden oder in Kubikmetern,
4. die Anzahl der Ausspeisepunkte jeweils für alle Druckstufen,
5. die zeitgleiche Jahreshöchstlast aller Entnahmen in Megawatt oder Kubikmetern pro Stunde und den Zeitpunkt des jeweiligen Auftretens,
6. (weggefallen)
7. die Mindestanforderungen an allgemeine Geschäftsbedingungen für Ein- oder Ausspeiseverträge und an Bilanzkreisverträge sowie die Kooperationsvereinbarungen zum Netzzugang sowie
8. für den Netzanschluss von Biogas- und LNG-Anlagen neben den in § 19 Absatz 2 aufgeführten Angaben ferner, unter Wahrung von Betriebs- und Geschäftsgeheimnissen, die für die Prüfung des Netzanschlussbegehrens erforderlichen Angaben, die standardisierten Bedingungen für den Netzanschluss und eine laufend aktualisierte, übersichtliche Darstellung der Netzauslastung in ihrem gesamten Netz einschließlich der Kennzeichnung tatsächlicher oder zu erwartender Engpässe.

(5) ¹Betreiber von Fernleitungsnetzen sind ferner verpflichtet, folgende netzrelevanten Daten unverzüglich und in geeigneter Weise, zumindest auf ihrer Internetseite, zu veröffentlichen:

1. eine unter Betreibern angrenzender Netze abgestimmte einheitliche Bezeichnung für Netzkopplungspunkte oder Ein- oder Ausspeisezonen, unter denen dort Kapazität gebucht werden kann,
2. einmal jährlich Angaben über Termine von Kapazitätsversteigerungen auf der Kapazitätsbuchungsplattform, mindestens für die nächsten fünf Jahre im Voraus,
3. Angaben zu den Erlösen aus der Vermarktung von Kapazitäten mittels einer Auktionierung auf der Kapazitätsbuchungsplattform sowie

4. Angaben über die Ermittlung und Berechnung der Lastflusssimulation sowie mindestens einmal jährlich eine Dokumentation der durchgeführten kapazitätserhöhenden Maßnahmen und ihrer jeweiligen Kosten. [2] Die Veröffentlichungspflichten der Fernleitungsnetzbetreiber nach Anhang I zur Verordnung (EG) Nr. 715/2009 bleiben unberührt.

(5a) [1] Marktgebietsverantwortliche haben auf ihrer Internetseite Folgendes zu veröffentlichen:

1. die Methoden, nach denen die Ausgleichs- und Regelenergieentgelte berechnet werden,
2. unverzüglich nach der Bilanzierungsperiode die verwendeten Entgelte für Ausgleichsenergie sowie
3. jeweils am Folgetag des Einsatzes der Regelenergie und mindestens für die zwölf zurückliegenden Monate Informationen über den Einsatz interner und externer Regelenergie.

[2] Im Falle des Satzes 1 Nummer 3 haben die Marktgebietsverantwortlichen bei externer Regelenergie zwischen externen Flexibilitäten und externen Gasmengen zu unterscheiden sowie anzugeben, welcher Anteil der externen Regelenergie auf Grund lokaler oder räumlich begrenzter Ungleichgewichte eingesetzt wird.

(6) Betreiber von Gasverteilernetzen sind ferner verpflichtet, folgende netzrelevanten Daten unverzüglich und in geeigneter Weise, zumindest auf ihrer Internetseite, zu veröffentlichen:

1. die Gasbeschaffenheit bezüglich des Brennwerts „$H_{s,n}$" sowie am zehnten Werktag des Monats den Abrechnungsbrennwert des Vormonats an allen Ein- und Ausspeisepunkten,
2. Regeln für den Anschluss anderer Anlagen und Netze an das vom Netzbetreiber betriebene Netz sowie Regeln für den Zugang solcher Anlagen und Netze zu dem vom Netzbetreiber betriebenen Netz,
3. im örtlichen Verteilernetz die zur Anwendung kommenden Standardlastprofile sowie
4. im örtlichen Verteilernetz eine Karte, auf der schematisch erkennbar ist, welche Bereiche in einem Gemeindegebiet an das örtliche Gasverteilernetz angeschlossen sind.

(7) [1] Die Veröffentlichung der Angaben nach den Absätzen 1 bis 6 hat in einem gängigen Format zu erfolgen, für Angaben nach Absatz 5 ist zudem eine automatisierte Auslesung der veröffentlichten Daten von der Internetseite zu ermöglichen. [2] Die Angaben nach den Absätzen 2, 3, Absatz 4 Nummer 7 und 8 sowie den Absätzen 5 und 6 sind bei Änderungen unverzüglich anzupassen, mindestens monatlich oder, falls es die Verfügbarkeit kurzfristiger Dienstleistungen erfordert, täglich. [3] Fernleitungsnetzbetreiber haben die Angaben auf ihrer Internetseite zusätzlich in englischer Sprache zu veröffentlichen.

**§ 23d**[1]) **Verordnungsermächtigung zur Transparenz der Kosten und Entgelte für den Zugang zu Energieversorgungsnetzen.** Das Bundesministerium für Wirtschaft und Energie wird ermächtigt, durch Rechtsverordnung, die der Zustimmung des Bundesrates bedarf, Regelungen zur Veröffentlichung weiterer Daten zu den Kosten und Entgelten für den Zugang zu Gas- und Elektrizitätsversorgungsnetzen, einschließlich etwaiger Betriebs- und Geschäftsgeheimnisse,

---

[1]) § 23d eingef. mWv 27.7.2021 durch G v. 16.7.2021 (BGBl. I S. 3026).

durch die Regulierungsbehörde, Unternehmen oder Vereinigungen von Unternehmen zu treffen, soweit die Veröffentlichung die Interessen der Betroffenen am Schutz ihrer Betriebs- und Geschäftsgeheimnisse nicht unangemessen beeinträchtigt und erforderlich ist für die Nachvollziehbarkeit der Regulierung, insbesondere des Effizienzvergleichs sowie der Kosten der Energiewende.

§ 24[1] **Bundeseinheitliche Übertragungsnetzentgelte.** (1) [1]Die Betreiber von Übertragungsnetzen mit Regelzonenverantwortung haben bundeseinheitliche Netzentgelte zu bilden sowie das gemeinsame bundeseinheitliche Preisblatt und die diesem Preisblatt zugrunde liegende gemeinsame Jahreshöchstlast auf ihrer gemeinsamen Internetseite nach § 77 Absatz 2 des Erneuerbare-Energien-Gesetzes[2] zu veröffentlichen. [2]Nicht vereinheitlicht werden die Entgelte für den Messstellenbetrieb und, soweit nicht vorhanden, für von einem Netznutzer genutzte Betriebsmittel in einer Netz- oder Umspannebene oberhalb der Umspannung von Mittel- zu Niederspannung, die sämtlich von einem Netznutzer ausschließlich selbst genutzt werden. [3]Die Betreiber von Übertragungsnetzen mit Regelzonenverantwortung haben jeweils ein bundeseinheitliches Netzentgelt für die Netzebene Höchstspannungsnetz und die Umspannebene von Höchst- zu Hochspannung zu bestimmen.

(2) [1]Grundlage der Ermittlung der bundeseinheitlichen Übertragungsnetzentgelte sind jeweils die unter Beachtung der Entscheidungen der Regulierungsbehörde nach § 21 durch die Regulierungsbehörde für eine Regulierungsperiode vorgegebenen kalenderjährlichen Erlösobergrenzen oder, sofern abweichend, die zur Entgeltbildung vom Netzbetreiber herangezogene angepasste kalenderjährliche Erlösobergrenze, die kostenorientiert für jeden Betreiber von Übertragungsnetzen mit Regelzonenverantwortung getrennt ermittelt wird. [2]Von diesen Erlösobergrenzen werden die Anteile in Abzug gebracht, die für die Entgelte für den Messstellenbetrieb und, soweit vorhanden, für Betriebsmittel in einer Netz- oder Umspannebene oberhalb der Umspannung von Mittel- zu Niederspannung, die sämtlich von einem Netznutzer ausschließlich selbst genutzt werden, anfallen.

(3) [1]Die Betreiber von Übertragungsnetzen mit Regelzonenverantwortung bilden für die Zwecke der Ermittlung der bundeseinheitlichen Netzentgelte jeweils einen gemeinsamen Kostenträger nach den Vorgaben einer Festlegung nach § 21 Absatz 3 Satz 4 Nummer 3 Buchstabe b für die Höchstspannungsebene und für die Umspannebenen von Höchst- zu Hochspannung. [2]Ausgangspunkt der Zuordnung auf diese gemeinsamen bundeseinheitlichen Kostenträger ist die Kostenstellenrechnung jedes Betreibers von Übertragungsnetzen mit Regelzonenverantwortung. [3]Bei der Zuordnung bleiben die Anteile nach Absatz 2 Satz 2 unberücksichtigt.

(4) Auf Grundlage der Kosten, die auf dem gemeinsamen Kostenträger nach Absatz 3 addiert worden sind, und einer nach § 21 festzulegenden bundeseinheitlichen Gleichzeitigkeitsfunktion werden die bundeseinheitlichen Übertragungsnetzentgelte für die betroffene Netz- und Umspannebene ermittelt.

(5) [1]Die Betreiber von Übertragungsnetzen mit Regelzonenverantwortung haben Mehr- oder Mindereinnahmen, die sich auf Grund des bundeseinheitlichen Übertragungsnetzentgelts gegenüber ihren der Vereinheitlichung zugrunde liegenden Erlösobergrenzen nach Absatz 2 ergeben, untereinander auszugleichen. [2]Der Ausgleich erfolgt auf Grundlage der prognostizierten Erlöse, die sich aus den für das Folgejahr ermittelten bundeseinheitlichen Übertragungsnetzentgelten ergeben.

---

[1] § 24 neu gef. mWv 29.12.2023 durch G v. 22.12.2023 (BGBl. 2023 I Nr. 405).
[2] **Sartorius ErgBd. Nr. 833.**

³ Die Betreiber von Übertragungsnetzen mit Regelzonenverantwortung, die Mehreinnahmen erzielen, haben diese Mehreinnahmen durch Zahlungen in zwölf gleichen Raten bis spätestens zum 15. ⁴ des jeweiligen Folgemonats anteilig an die Betreiber von Übertragungsnetzen mit Regelzonenverantwortung, die Mindereinnahmen erzielen, auszugleichen.

(6) ¹ Durch die Ausgleichszahlungen nach Absatz 5 Satz 3 erlöschen jeweils insoweit die Ansprüche nach Absatz 5 Satz 1. ² Ein Abgleich auf Grundlage der tatsächlich erzielbaren Erlöse erfolgt nicht. ³ Abweichungen zwischen den auf der Grundlage des § 21a getroffenen Entscheidungen der Regulierungsbehörde über zulässige Erlöse und den erzielbaren Erlösen werden unter Einbeziehung der erhaltenen oder geleisteten Ausgleichszahlungen unternehmensindividuell über das jeweilige Regulierungskonto des Betreibers von Übertragungsnetzen mit Regelzonenverantwortung ausgeglichen, bei dem sich eine Abweichung ergibt.

(7) ¹ Betreiber von Übertragungsnetzen mit Regelzonenverantwortung haben zur Ermittlung der bundeseinheitlichen Übertragungsnetzentgelte rechtzeitig für das jeweilige Folgejahr alle hierfür notwendigen Daten in anonymisierter Form untereinander elektronisch auszutauschen. ² Die Daten müssen einheitlich ermittelt werden.

**§ 24a¹⁾ Bundeszuschüsse; Festlegungskompetenz.** ¹ Die Übertragungsnetzbetreiber mit Regelzonenverantwortung haben bei der Ermittlung der bundeseinheitlichen Übertragungsnetzentgelte für ein nachfolgendes Kalenderjahr rechnerisch einen Bundeszuschuss von dem Gesamtbetrag der in die Ermittlung der bundeseinheitlichen Übertragungsnetzentgelte einfließenden Erlösobergrenzen abzuziehen, sofern

1. das Haushaltsgesetz für das laufende Kalenderjahr eine Verpflichtungsermächtigung zum Zweck der Absenkung der Übertragungsnetzentgelte im nachfolgenden Kalenderjahr enthält oder

2. das Haushaltsgesetz für das nachfolgende Kalenderjahr Haushaltsansätze zur Absenkung der Übertragungsnetzentgelte enthält.

² Sofern im Haushaltsgesetz des Kalenderjahres, das dem Kalenderjahr vorangeht, in dem der Bundeszuschuss erfolgen soll, eine Verpflichtungsermächtigung zum Zweck der Absenkung der Übertragungsnetzentgelte veranschlagt wurde, richtet sich die Höhe des Zuschusses nach dem Betrag, der von der Bundesrepublik Deutschland in einem Bescheid an die Übertragungsnetzbetreiber mit Regelzonenverantwortung festgesetzt worden ist, wenn der Bescheid den Übertragungsnetzbetreibern mit Regelzonenverantwortung spätestens am 30. September des Kalenderjahres, das dem Kalenderjahr vorangeht, in dem der Zuschuss erfolgen soll, bekannt gegeben wird; dabei besteht keine Pflicht zum Erlass eines Bescheides, ³ Die Aufteilung der Zahlungen zur Absenkung der Übertragungsnetzentgelte auf die Übertragungsnetzbetreiber mit Regelzonenverantwortung erfolgt entsprechend dem jeweiligen Anteil ihrer Erlösobergrenze an der Summe der Erlösobergrenzen aller Übertragungsnetzbetreiber mit Regelzonenverantwortung. ⁴ Zwischen den Übertragungsnetzbetreibern mit Regelzonenverantwortung und der Bundesrepublik Deutschland, vertreten durch das Bundesministerium für Wirtschaft und Klimaschutz, wird vor der Bereitstellung eines Bundeszuschusses zum

---

¹⁾ § 24a eingef. mWv 22.7.2017 durch G v. 17.7.2017 (BGBl. I S. 2503); Überschrift neu gef., Abs. 2 angef. mWv 1.1.2021 durch G v. 8.8.2020 (BGBl. I S. 1818); Überschrift geänd., Abs. 2 neu gef. mWv 29.7.2022 durch G v. 19.7.2022 (BGBl. I S. 1214); Überschrift geänd., Abs. 1 aufgeh., bish. Abs. 2 Satz 1 einl. Satzteil geänd. mWv 29.12.2023 durch G v. 22.12.2023 (BGBl. 2023 I Nr. 405).

Zweck der Absenkung der Übertragungsnetzentgelte im Einvernehmen mit dem Bundesministerium der Finanzen ein öffentlich-rechtlicher Vertrag abgeschlossen. [5] Die Bundesnetzagentur ist berechtigt, durch Festlegung nach § 29 Absatz 1 nähere Vorgaben zur Berücksichtigung des Bundeszuschusses bei der Ermittlung der bundeseinheitlichen Übertragungsnetzentgelte zu machen.

**§ 24b[1] Zuschuss zur anteiligen Finanzierung der Übertragungsnetzkosten; Zahlungsmodalitäten.** (1) [1] Die Netzkosten des Kalenderjahres 2023 der Übertragungsnetzbetreiber mit Regelzonenverantwortung werden anteilig durch einen Zuschuss in Höhe von insgesamt 12,84 Milliarden Euro gedeckt. [2] Der Zuschuss wird aus dem Bankkonto nach § 26 Absatz 1 Satz 1 des Strompreisbremsegesetzes finanziert. [3] Zu diesem Zweck sind die Übertragungsnetzbetreiber mit Regelzonenverantwortung berechtigt, den nach Absatz 2 für sie berechneten Anteil an dem Zuschuss von dem Bankkonto nach § 26 Absatz 1 Satz 1 des Strompreisbremsegesetzes abzubuchen. [4] Macht ein Übertragungsnetzbetreiber mit Regelzonenverantwortung von seiner Berechtigung zur Abbuchung nach Satz 3 Gebrauch, hat diese in Höhe seines Anteils nach Absatz 2 an dem Betrag von 1,07 Milliarden Euro zum 15. eines Kalendermonats zu erfolgen, wobei sich die Berechtigung auf den Zeitraum beginnend mit dem 15. Februar 2023 und endend mit dem 15. Januar 2024 beschränkt.

(2) [1] Die Aufteilung der monatlichen Zuschussbeträge auf die Übertragungsnetzbetreiber mit Regelzonenverantwortung erfolgt entsprechend dem jeweiligen Anteil des Anstiegs ihrer Erlösobergrenze des Kalenderjahres 2023 gegenüber ihrer Erlösobergrenze des Kalenderjahres 2022 an der Summe des Anstiegs der Erlösobergrenzen aller Übertragungsnetzbetreiber mit Regelzonenverantwortung. [2] Die Abbuchung der monatlichen Zuschussbeträge zu den Übertragungsnetzkosten von dem Bankkonto nach § 26 Absatz 1 Satz 1 des Strompreisbremsegesetzes an die Übertragungsnetzbetreiber mit Regelzonenverantwortung erfolgt entsprechend diesem Verhältnis.

(3) [1] Die Übertragungsnetzbetreiber mit Regelzonenverantwortung haben den Zuschuss nach Absatz 1 Satz 1 bei der Ermittlung der bundeseinheitlichen Übertragungsnetzentgelte, die auf Grundlage der Rechtsverordnung nach § 24 Satz 2 Nummer 4 Buchstabe b erfolgt, für das Kalenderjahr 2023 rechnerisch von dem Gesamtbetrag der in die Ermittlung der bundeseinheitlichen Übertragungsnetzentgelte einfließenden Erlösobergrenzen abziehend und entsprechend der Netzentgelte mindernd einzusetzen. [2] Die Bundesnetzagentur ist berechtigt, durch Festlegung nach § 29 Absatz 1 nähere Vorgaben zur Berücksichtigung des Zuschusses bei der Ermittlung der bundeseinheitlichen Übertragungsnetzentgelte zu machen.

(4) Soweit das Bankkonto nach § 26 Absatz 1 Satz 1 des Strompreisbremsegesetzes bis zum zehnten Tag eines Kalendermonats kein ausreichendes Guthaben aufweist, damit eine Auszahlung nach Absatz 1 Satz 3 getätigt werden kann, ist eine Buchung in entsprechender Höhe von dem separaten Bankkonto für die Aufgaben nach dem Erneuerbare-Energien-Gesetz[2] nach § 47 Absatz 1 Satz 1 des Energiefinanzierungsgesetzes auf das Bankkonto nach § 26 Absatz 1 Satz 1 des Strompreisbremsegesetzes zulässig und vorzunehmen, soweit die Gesamtsumme dieser Buchungen den Betrag, den die Bundesrepublik Deutschland auf Grund des

---

[1] § 24b eingef. mWv 24.12.2022 durch G v. 20.12.2022 (BGBl. I S. 2512).
[2] **Sartorius ErgBd. Nr. 833.**

Bescheides vom 9. Oktober 2020 als Zuschuss zur Absenkung der EEG-Umlage geleistet hat, nicht übersteigt.

(5) [1] Wenn das Bankkonto nach § 26 Absatz 1 Satz 1 des Strompreisbremsegesetzes auch nach den Buchungen nach Absatz 4 zur Gewährung der monatlichen Rate nach Absatz 1 Satz 3 nicht ausreichend gedeckt ist oder eine Abbuchung nach Absatz 1 Satz 2 aus rechtlichen Gründen nicht möglich ist, sind die Übertragungsnetzbetreiber mit Regelzonenverantwortung abweichend von § 20 Absatz 1 berechtigt, ihre Netzentgelte im Kalenderjahr 2023 einmalig unterjährig zum ersten Tag eines Monats anzupassen. [2] Die Entscheidung zur Neukalkulation der Übertragungsnetzentgelte nach Satz 1 ist von allen Übertragungsnetzbetreibern mit Regelzonenverantwortung gemeinsam zu treffen. [3] Die beabsichtigte Anpassung ist sechs Wochen vor ihrem Wirksamwerden der Bundesnetzagentur mitzuteilen und auf der gemeinsamen Internetseite der Übertragungsnetzbetreiber mit Regelzonenverantwortung zu veröffentlichen. [4] Sofern die Übertragungsnetzbetreiber mit Regelzonenverantwortung das Recht nach Satz 1 zur einmaligen unterjährigen Anpassung ihrer Netzentgelte nutzen, sind auch die Betreiber von Elektrizitätsverteilernetzen abweichend von § 20 Absatz 1 berechtigt, auf dieser Grundlage ihre Netzentgelte zu demselben Datum anzupassen.

**§ 24c**[1] *(aufgehoben)*

**§ 25**[2] **Ausnahmen vom Zugang zu den Gasversorgungsnetzen im Zusammenhang mit unbedingten Zahlungsverpflichtungen.** [1] Die Gewährung des Zugangs zu den Gasversorgungsnetzen ist im Sinne des § 20 Abs. 2 insbesondere dann nicht zumutbar, wenn einem Gasversorgungsunternehmen wegen seiner im Rahmen von Gaslieferverträgen eingegangenen unbedingten Zahlungsverpflichtungen ernsthafte wirtschaftliche und finanzielle Schwierigkeiten entstehen würden. [2] Auf Antrag des betroffenen Gasversorgungsunternehmens entscheidet die Regulierungsbehörde, ob dem Antragsteller nachzuweisenden Voraussetzungen des Satzes 1 vorliegen. [3] Die Prüfung richtet sich nach Artikel 48 der Richtlinie 2009/73/EG (ABl. L 211 vom 14.8.2009, S. 94). [4] Das Bundesministerium für Wirtschaft und Energie wird ermächtigt, durch Rechtsverordnung[3], die nicht der Zustimmung des Bundesrates bedarf, die bei der Prüfung nach Artikel 48 der Richtlinie 2009/73/EG anzuwendenden Verfahrensregeln festzulegen. [5] In der Rechtsverordnung nach Satz 4 kann vorgesehen werden, dass eine Entscheidung der Regulierungsbehörde, auch abweichend von den Vorschriften dieses Gesetzes, ergehen kann, soweit dies in einer Entscheidung der Kommission der Europäischen Gemeinschaften vorgesehen ist.

**§ 26**[4] **Zugang zu LNG-Anlagen, vorgelagerten Rohrleitungsnetzen und Gasspeicheranlagen im Bereich der leitungsgebundenen Versorgung mit Erdgas.** (1) [1] Soweit es zur Berücksichtigung von Besonderheiten von LNG-Anlagen erforderlich ist, kann die Bundesnetzagentur durch Festlegung oder

---

[1] § 24c eingef. mWv 29.12.2023 durch G v. 22.12.2023 (BGBl. 2023 I Nr. 405) und aufgeh. mWv 29.12.2023 durch G v. 22.12.2023 (BGBl. 2023 I Nr. 406).
[2] § 25 Satz 4 geänd. mWv 17.12.2006 durch G v. 9.12.2006 (BGBl. I S. 2833); Sätze 3 und 4 geänd. mWv 4.8.2011 durch G v. 26.7.2011 (BGBl. I S. 1554); Satz 4 geänd. mWv 8.9.2015 durch VO v. 31.8. 2015 (BGBl. I S. 1474).
[3] Siehe die GasnetzzugangsVO v. 3.9.2010 (BGBl. I S. 1261), zuletzt geänd. durch G v. 22.12.2023 (BGBl. 2023 I Nr. 405).
[4] § 26 neu gef. mWv 22.5.2022 durch G v. 20.5.2022 (BGBl. I S. 730).

Genehmigung nach § 29 Absatz 1 Regelungen für den Zugang zu LNG-Anlagen treffen. [2] Diese Regelungen können zum Gegenstand haben:
1. die Rechte und Pflichten eines Betreibers von LNG-Anlagen,
2. die Bedingungen, unter denen der Betreiber der LNG-Anlage Zugang zur LNG-Anlage gewähren muss,
3. die nähere Ausgestaltung der Ermittlung der Kosten und Entgelte des Anlagenbetriebs sowie
4. die Anwendbarkeit der Anreizregulierung nach § 21a.

[3] Die Regelungen und Entscheidungen können von Rechtsverordnungen nach § 24 abweichen oder diese ergänzen.

(2) Der Zugang zu den vorgelagerten Rohrleitungsnetzen und zu Gasspeicheranlagen erfolgt abweichend von den §§ 20 bis 24 auf vertraglicher Grundlage nach Maßgabe der §§ 27 und 28.

**§ 27[1]) Zugang zu den vorgelagerten Rohrleitungsnetzen.** (1) [1] Betreiber von vorgelagerten Rohrleitungsnetzen haben anderen Unternehmen das vorgelagerte Rohrleitungsnetz für Durchleitungen zu Bedingungen zur Verfügung zu stellen, die angemessen und nicht ungünstiger sind, als sie von ihnen in vergleichbaren Fällen für Leistungen innerhalb ihres Unternehmens oder gegenüber verbundenen oder assoziierten Unternehmen tatsächlich oder kalkulatorisch in Rechnung gestellt werden. [2] Dies gilt nicht, soweit der Betreiber nachweist, dass ihm die Durchleitung aus betriebsbedingten oder sonstigen Gründen unter Berücksichtigung des Zwecks des § 1 nicht möglich oder nicht zumutbar ist. [3] Die Ablehnung ist in Textform zu begründen. [4] Die Verweigerung des Netzzugangs nach Satz 2 ist nur zulässig, wenn einer der in Artikel 20 Abs. 2 Satz 3 Buchstabe a bis d der Richtlinie 2003/55/EG genannten Gründe vorliegt. [5] Das Bundesministerium für Wirtschaft und Energie wird ermächtigt, durch Rechtsverordnung mit Zustimmung des Bundesrates die Bedingungen des Zugangs zu den vorgelagerten Rohrleitungsnetzen und die Methoden zur Berechnung der Entgelte für den Zugang zu den vorgelagerten Rohrleitungsnetzen unter Berücksichtigung des Zwecks des § 1 festzulegen.

(2) Bei grenzüberschreitenden Streitigkeiten über den Zugang zu vorgelagerten Rohrleitungsnetzen konsultiert die Regulierungsbehörde betroffene Mitgliedstaaten und Drittstaaten nach Maßgabe des Verfahrens nach Artikel 34 Absatz 4 der Richtlinie 2009/73/EG in der Fassung der Richtlinie (EU) 2019/692 des Europäischen Parlaments und des Rates vom 17. April 2019 zur Änderung der Richtlinie 2009/73/EG des Europäischen Parlaments und des Rates vom 13. Juli 2009 über gemeinsame Vorschriften für den Erdgasbinnenmarkt und zur Aufhebung der Richtlinie 2003/55/EG (ABl. L 211 vom 14.8.2009, S. 94), die zuletzt durch die Richtlinie (EU) 2019/692 (ABl. L 117 vom 3.5.2019, S. 1) geändert worden ist.

**§ 28[2]) Zugang zu Gasspeicheranlagen; Verordnungsermächtigung.**

(1) [1] Betreiber von Gasspeicheranlagen haben anderen Unternehmen den Zugang zu ihren Gasspeicheranlagen und Hilfsdiensten zu angemessenen und dis-

---

[1]) § 27 Satz 5 geänd. mWv 17.12.2006 durch G v. 9.12.2006 (BGBl. I S. 2833); Satz 5 geänd. mWv 8.9. 2015 durch VO v. 31.8.2015 (BGBl. I S. 1474); Sätze 2 und 5 geänd. mWv 30.7.2016 durch G v. 26.7. 2016 (BGBl. I S. 1786); Abs. 2 angef. mWv 12.12.2019 durch G v. 5.12.2019 (BGBl. I S. 2002).
[2]) § 28 Abs. 4 geänd. mWv 17.12.2006 durch G v. 9.12.2006 (BGBl. I S. 2833); Abs. 1 Sätze 2 und 3 angef., Abs. 3 Satz 1 geänd., Satz 3 angef. mWv 4.8.2011 durch G v. 26.7.2011 (BGBl. I S. 1554); Abs. 4 geänd. mWv 8.9.2015 durch VO v. 31.8.2015 (BGBl. I S. 1474); Abs. 2 Satz 1 geänd. mWv 30.7.2016 ➡

kriminierungsfreien technischen und wirtschaftlichen Bedingungen zu gewähren, sofern der Zugang für einen effizienten Netzzugang im Hinblick auf die Belieferung der Kunden technisch oder wirtschaftlich erforderlich ist. [2]Der Zugang zu einer Gasspeicheranlage gilt als technisch oder wirtschaftlich erforderlich für einen effizienten Netzzugang im Hinblick auf die Belieferung von Kunden, wenn es sich bei der Gasspeicheranlage um einen Untergrundspeicher, mit Ausnahme von unterirdischen Röhrenspeichern, handelt. [3]Der Zugang ist im Wege des verhandelten Zugangs zu gewähren.

(2) [1]Betreiber von Gasspeicheranlagen können den Zugang nach Absatz 1 verweigern, soweit sie nachweisen, dass ihnen der Zugang aus betriebsbedingten oder sonstigen Gründen unter Berücksichtigung des Zwecks des § 1 nicht möglich oder nicht zumutbar ist. [2]Die Ablehnung ist in Textform zu begründen.

(3) [1]Betreiber von Gasspeicheranlagen sind verpflichtet, den Standort der Gasspeicheranlage, Informationen über verfügbare Kapazitäten, darüber, zu welchen Gasspeicheranlagen verhandelter Zugang zu gewähren ist, sowie ihre wesentlichen Geschäftsbedingungen für den Speicherzugang im Internet zu veröffentlichen. [2]Dies betrifft insbesondere die verfahrensmäßige Behandlung von Speicherzugangsanfragen, die Beschaffenheit des zu speichernden Gases, die nominale Arbeitsgaskapazität, die Ein- und Ausspeicherungsperiode, soweit für ein Angebot der Betreiber von Gasspeicheranlagen erforderlich, sowie die technisch minimal erforderlichen Volumen für die Ein- und Ausspeicherung. [3]Die Betreiber von Gasspeicheranlagen konsultieren bei der Ausarbeitung der wesentlichen Geschäftsbedingungen die Speichernutzer.

(4) Das Bundesministerium für Wirtschaft und Energie wird ermächtigt, durch Rechtsverordnung mit Zustimmung des Bundesrates die technischen und wirtschaftlichen Bedingungen sowie die inhaltliche Gestaltung der Verträge über den Zugang zu den Gasspeicheranlagen zu regeln.

**§ 28a**[1)] **Neue Infrastrukturen.** (1) Verbindungsleitungen zwischen Deutschland und anderen Staaten oder LNG- und Gasspeicheranlagen können von der Anwendung der §§ 8 bis 10e sowie §§ 20 bis 28 befristet ausgenommen werden, wenn

1. durch die Investition der Wettbewerb bei der Gasversorgung und die Versorgungssicherheit verbessert werden,

2. es sich um größere neue Infrastrukturanlagen im Sinne des Artikel 36 Absatz 1 der Richtlinie 2009/73/EG handelt, bei denen insbesondere das mit der Investition verbundene Risiko so hoch ist, dass die Investition ohne eine Ausnahmegenehmigung nicht getätigt würde,

3. die Infrastruktur Eigentum einer natürlichen oder juristischen Person ist, die entsprechend der §§ 8 bis 10e von den Netzbetreibern getrennt ist, in deren Netzen die Infrastruktur geschaffen wird,

4. von den Nutzern dieser Infrastruktur Entgelte erhoben werden und

---

*(Fortsetzung der Anm. von voriger Seite)*
durch G v. 26.7.2016 (BGBl. I S. 1786); Überschrift, Abs. 1 Sätze 1 und 2, Abs. 2 Satz 1, Abs. 3 Sätze 1–3, Abs. 4 geänd. mWv 27.7.2021 durch G v. 16.7.2021 (BGBl. I S. 3026).
[1)] § 28a Abs. 1 einl. Satzteil, Nr. 2 und 3 geänd., Abs. 3 neu gef. mWv 4.8.2011 durch G v. 26.7.2011 (BGBl. I S. 1554); Abs. 1 Nr. 5, Abs. 3 Satz 2 neu gef., Satz 3 aufgeh., bish. Satz 4 wird Satz 3 mWv 12.12.2019 durch G v. 5.12.2019 (BGBl. I S. 2002); Abs. 1 einl. Satzteil geänd. mWv 27.7.2021 durch G v. 16.7.2021 (BGBl. I S. 3026).

5. die Ausnahme sich nicht nachteilig auf den Wettbewerb auf den jeweiligen Märkten, die wahrscheinlich von der Investition betroffen sein werden, auf das effiziente Funktionieren des Erdgasbinnenmarktes, auf das effiziente Funktionieren der betroffenen regulierten Netze oder auf die Erdgasversorgungssicherheit der Europäischen Union auswirkt.

(2) Absatz 1 gilt auch für Kapazitätsaufstockungen bei vorhandenen Infrastrukturen, die insbesondere hinsichtlich ihres Investitionsvolumens und des zusätzlichen Kapazitätsvolumens bei objektiver Betrachtung wesentlich sind, und für Änderungen dieser Infrastrukturen, die die Erschließung neuer Gasversorgungsquellen ermöglichen.

(3) ¹Auf Antrag des betroffenen Gasversorgungsunternehmens entscheidet die Regulierungsbehörde, ob die vom Antragsteller nachzuweisenden Voraussetzungen nach Absatz 1 oder 2 vorliegen. ²Die Prüfung und das Verfahren richten sich nach Artikel 36 Absatz 3 bis 9 der Richtlinie 2009/73/EG. ³Die Regulierungsbehörde hat eine Entscheidung über einen Antrag nach Satz 1 nach Maßgabe einer endgültigen Entscheidung der Kommission nach Artikel 36 Absatz 9 der Richtlinie 2009/73/EG zu ändern oder aufzuheben; die §§ 48 und 49 des Verwaltungsverfahrensgesetzes¹⁾ bleiben unberührt.

(4) Die Entscheidungen werden von der Regulierungsbehörde auf ihrer Internetseite veröffentlicht.

**§ 28b²⁾ Bestandsleitungen zwischen Deutschland und einem Drittstaat.**

(1) ¹Gasverbindungsleitungen mit einem Drittstaat im Sinne des Artikels 49a der Richtlinie 2009/73/EG, die vor dem 23. Mai 2019 fertiggestellt wurden, werden von der Regulierungsbehörde auf Antrag des Betreibers dieser Gasverbindungsleitung in Bezug auf die im Hoheitsgebiet Deutschlands befindlichen Leitungsabschnitte von der Anwendung der §§ 8 bis 10e sowie der §§ 20 bis 28 befristet freigestellt, wenn

1. der erste Kopplungspunkt der Leitung mit dem Netz eines Mitgliedstaates in Deutschland liegt,
2. objektive Gründe für eine Freistellung vorliegen, insbesondere
   a) die Ermöglichung der Amortisierung der getätigten Investitionen oder
   b) Gründe der Versorgungssicherheit, und
3. die Freistellung sich nicht nachteilig auf den Wettbewerb auf dem Erdgasbinnenmarkt in der Europäischen Union und dessen effektives Funktionieren auswirkt und die Versorgungssicherheit in der Europäischen Union nicht beeinträchtigt wird.

²Satz 1 ist nicht anzuwenden auf Fernleitungen mit Drittstaaten, die im Rahmen einer mit der Europäischen Union geschlossenen Vereinbarung zur Umsetzung der Richtlinie 2009/73/EG verpflichtet sind und diese Richtlinie wirksam umgesetzt haben.

(2) ¹Der Antragsteller hat dem Antrag alle zur Prüfung des Antrags erforderlichen Unterlagen beizufügen. ²Mit dem Antrag sind zum Nachweis der Voraussetzungen nach Absatz 1 Satz 1 Nummer 2 und 3 Gutachten einzureichen, die durch fachkundige und unabhängige Sachverständige erstellt worden sein müssen. ³Die Gutachten sollen insbesondere zu der Frage Stellung nehmen, ob Neben-

¹⁾ Nr. **100.**
²⁾ § 28b eingef. mWv 12.12.2019 durch G v. 5.12.2019 (BGBl. I S. 2002).

bestimmungen nach Absatz 7 zur Einhaltung der Voraussetzungen nach Absatz 1 Satz 1 Nummer 2 und 3 beitragen können. [4]Die Fachkunde und Unabhängigkeit der Sachverständigen sind im Rahmen der Antragstellung gesondert nachzuweisen. [5]Der Antrag und die für die Entscheidung erforderlichen Nachweise müssen spätestens 30 Tage nach dem 12. Dezember 2019 bei der Regulierungsbehörde eingehen. [6]Verspätet eingereichte oder unvollständige Antragsunterlagen können zur Ablehnung des Antrags führen. [7]Die Antragsunterlagen sind der Regulierungsbehörde auf Anforderung auch elektronisch zur Verfügung zu stellen.

(3) Die Entscheidung über den Antrag auf Freistellung nach Absatz 1 Satz 1 ist bis zum 24. Mai 2020 zu treffen.

(4) [1]Die Dauer der Freistellung nach Absatz 1 Satz 1 bemisst sich nach den objektiven Gründen nach Absatz 1 Satz 1 Nummer 3. [2]Sie darf 20 Jahre nicht überschreiten.

(5) [1]Die Freistellung nach Absatz 1 Satz 1 kann auf Antrag über die Dauer nach Absatz 4 hinaus verlängert werden, wenn dies nach Absatz 1 Satz 1 Nummer 2 und 3 gerechtfertigt ist. [2]Absatz 2 Satz 1 bis 4, 6 und 7 ist entsprechend anzuwenden. [3]Der Antrag auf Verlängerung und die für die Entscheidung erforderlichen Nachweise müssen spätestens ein Jahr vor Ablauf der Freistellungsregelung bei der Regulierungsbehörde eingegangen sein.

(6) Das Verfahren richtet sich im Übrigen nach Artikel 49a Absatz 2 der Richtlinie 2009/73/EG.

(7) [1]Entscheidungen über Anträge auf Freistellung nach Absatz 1 Satz 1 oder auf Verlängerung der Freistellung nach Absatz 5 Satz 1 können mit Nebenbestimmungen versehen werden, die zur Einhaltung der Voraussetzungen nach Absatz 1 Satz 1 Nummer 2 und 3 erforderlich sind. [2]Die §§ 48 und 49 des Verwaltungsverfahrensgesetzes[1] bleiben unberührt.

(8) Entscheidungen über Anträge auf Freistellung nach Absatz 1 Satz 1 oder auf Verlängerung der Freistellung nach Absatz 5 Satz 1 sind von der Regulierungsbehörde an die Kommission zu übermitteln und auf der Internetseite der Regulierungsbehörde zu veröffentlichen.

**§ 28c[2] Technische Vereinbarungen über den Betrieb von Gasverbindungsleitungen mit Drittstaaten.** [1]Betreiber von Fernleitungsnetzen können technische Vereinbarungen über den Betrieb von Fernleitungen mit Fernleitungsnetzbetreibern in Drittstaaten abschließen, sofern diese deutschem oder europäischem Recht nicht widersprechen. [2]Bestehende und neu abgeschlossene Vereinbarungen sind der Regulierungsbehörde anzuzeigen.

### Abschnitt 3a.[3] Sondervorschriften für selbstständige Betreiber von grenzüberschreitenden Elektrizitätsverbindungsleitungen

**§ 28d[4] Anwendungsbereich.** (1) Die Vorschriften dieses Abschnitts sind für grenzüberschreitende Elektrizitätsverbindungsleitungen eines selbstständigen Betreibers anzuwenden, die Bestandteil eines durch die Bundesnetzagentur nach § 12c Absatz 4 Satz 1, Absatz 1 Satz 1 in Verbindung mit § 12b Absatz 1, 2 und 4 bestätigten Netzentwicklungsplans sind.

---

[1] Nr. **100**.
[2] § 28c eingef. mWv 12.12.2019 durch G v. 5.12.2019 (BGBl. 1 S. 2002).
[3] Abschnitt 3a (§§ 28d–28i) eingef. mWv 27.7.2021 durch G v. 16.7.2021 (BGBl. I S. 3026).
[4] § 28d eingef. mWv 27.7.2021 durch G v. 16.7.2021 (BGBl. I S. 3026); Abs. 2 angef. mWv 29.12.2023 durch G v. 22.12.2023 (BGBl. 2023 I Nr. 405).

(2) ¹Zusätzlich zu den von Absatz 1 erfassten Fällen sind die Vorschriften dieses Abschnitts auch anzuwenden auf eine grenzüberschreitende Elektrizitätsverbindungsleitung eines selbständigen Betreibers, die vor dem 4. August 2011 in Betrieb genommen wurde, wenn der selbständige Betreiber dies nach Satz 2 bei der Bundesnetzagentur beantragt und wenn die Bundesnetzagentur den Antrag nach Satz 3 genehmigt hat. ²Der selbständige Betreiber kann gegenüber der Bundesnetzagentur schriftlich oder durch Übermittlung in elektronischer Form die Genehmigung beantragen, dass eine grenzüberschreitende Elektrizitätsverbindungsleitung den Vorschriften dieses Abschnitts unwiderruflich mit Wirkung für die Zukunft unterfallen soll. ³Die Bundesnetzagentur kann die Genehmigung erteilen, wenn keine rechtlichen Gründe entgegenstehen. ⁴Die Bundesnetzagentur hat eine nach Satz 3 erteilte Genehmigung auf ihrer Internetseite zu veröffentlichen.

**§ 28e**¹⁾ **Grundsätze der Netzkostenermittlung.** Für die Ermittlung der Netzkosten für die Errichtung und den Betrieb von grenzüberschreitenden Elektrizitätsverbindungsleitungen sind die Grundsätze des § 21 Absatz 2 anzuwenden.

**§ 28f**²⁾ **Feststellung der Netzkosten durch die Bundesnetzagentur.** (1) ¹Die Bundesnetzagentur stellt auf Antrag die Höhe der Netzkosten des selbstständigen Betreibers von grenzüberschreitenden Elektrizitätsverbindungsleitungen für ein abgelaufenes Kalenderjahr fest. ²Die Feststellung erfolgt nach Maßgabe des § 28e oder einer Festlegung nach § 21 Absatz 3 Satz 4 Nummer 1 Buchstabe g. ³Bei der Feststellung kann die Bundesnetzagentur nachweislich vorliegende wirtschaftliche, technische oder betriebliche Besonderheiten bei der Errichtung oder dem Betrieb von grenzüberschreitenden Elektrizitätsverbindungsleitungen berücksichtigen.

(2) ¹Der selbstständige Betreiber von grenzüberschreitenden Elektrizitätsverbindungsleitungen hat die Feststellung für ein abgelaufenes Kalenderjahr spätestens sechs Monate nach dem Ablauf des entsprechenden Kalenderjahres schriftlich oder elektronisch zu beantragen. ²Der Antrag muss alle für eine Prüfung erforderlichen Unterlagen einschließlich einer nachvollziehbaren Darlegung über die Höhe der Netzkosten enthalten. ³Zur Darlegung der Höhe der Netzkosten ist insbesondere für jede grenzüberschreitende Elektrizitätsverbindungsleitung ein separater Tätigkeitsabschluss vorzulegen. ⁴§ 6b Absatz 1 bis 3 und Absatz 5 bis 7 ist entsprechend anzuwenden. ⁵Auf Verlangen der Regulierungsbehörde hat der Antragsteller die Unterlagen elektronisch zu übermitteln. ⁶Die Regulierungsbehörde kann die Vorlage weiterer Angaben oder Unterlagen verlangen, soweit sie diese für ihre Prüfung benötigt.

(3) ¹Bei der Feststellung geht die Bundesnetzagentur von einer gleichmäßigen Tragung der Kosten für die Errichtung und den Betrieb grenzüberschreitender Elektrizitätsverbindungsleitungen zwischen den Ländern aus, die mittels einer grenzüberschreitenden Elektrizitätsverbindungsleitung verbunden sind, soweit nicht eine abweichende Vereinbarung zwischen diesen Ländern getroffen wurde. ²Eine der Kostentragung zu gleichen Teilen abweichende Aufteilung der Kosten bedarf einer Vereinbarung zwischen der Bundesnetzagentur und den zuständigen Regulierungsbehörden der betroffenen Mitgliedstaaten oder Drittstaaten.

---

¹⁾ Abschnitt 3a (§§ 28d–28i) eingef. mWv 27.7.2021 durch G v. 16.7.2021 (BGBl. I S. 3026).
²⁾ § 28f eingef. mWv 27.7.2021 durch G v. 16.7.2021 (BGBl. I S. 3026); Abs. 1 Satz 2 geänd. mWv 29.12.2023 durch G v. 22.12.2023 (BGBl. 2023 I Nr. 405).

**§ 28g**[1] **Zahlungsanspruch zur Deckung der Netzkosten.** (1) [1] Dem selbstständigen Betreiber von grenzüberschreitenden Elektrizitätsverbindungsleitungen steht jährlich ein Zahlungsanspruch gegen den Betreiber von Übertragungsnetzen mit Regelzonenverantwortung zu, an dessen Netz die grenzüberschreitenden Elektrizitätsverbindungsleitungen angeschlossen sind. [2] Die Höhe des Zahlungsanspruchs richtet sich nach den zu erwartenden anerkennungsfähigen Netzkosten der grenzüberschreitenden Elektrizitätsverbindungsleitung für das folgende Kalenderjahr und dem Saldo nach Absatz 3. [3] Mindestens sechs Monate vor Beginn des jeweiligen Kalenderjahres übermittelt der selbstständige Betreiber von grenzüberschreitenden Elektrizitätsverbindungsleitungen dem betroffenen Betreiber von Übertragungsnetzen mit Regelzonenverantwortung eine nachvollziehbare Prognose über die Höhe der Kosten nach Satz 2 sowie einen Nachweis über die festgestellten Kosten nach Absatz 3. [4] Die Regelung des § 28f Absatz 3 ist auf die zu erwartenden Kosten nach Satz 2 entsprechend anzuwenden.

(2) [1] Der Zahlungsanspruch entsteht mit Beginn des Kalenderjahres. [2] Er ist in zwölf monatlichen Raten zu erfüllen, die jeweils am 15. [3] des Folgemonats fällig werden.

(3) [1] Der in Höhe des durchschnittlich gebundenen Kapitals verzinste Saldo der nach § 28f Absatz 1 festgestellten Netzkosten eines Kalenderjahres und der für dieses Kalenderjahr an den selbstständigen Betreiber einer grenzüberschreitenden Elektrizitätsverbindungsleitung nach Absatz 1 ausgezahlten Summe ist im auf die Feststellung folgenden oder im nächstmöglichen Kalenderjahr unter Verzinsung durch gleichmäßige Auf- oder Abschläge auf die Raten nach Absatz 2 Satz 2 zu verrechnen. [2] Der durchschnittlich gebundene Betrag ergibt sich aus dem Mittelwert von Jahresanfangs- und Jahresendbestand. [3] Die Verzinsung nach Satz 1 richtet sich nach dem auf die letzten zehn abgeschlossenen Kalenderjahre bezogenen Durchschnitt der von der Deutschen Bundesbank veröffentlichten Umlaufrendite festverzinslicher Wertpapiere inländischer Emittenten.

(4) Ist eine grenzüberschreitende Elektrizitätsverbindungsleitung eines selbstständigen Betreibers an die Netze mehrerer Betreiber von Übertragungsnetzen mit Regelzonenverantwortung angeschlossen, hat jeder einzelne von ihnen nur den Anteil der nach § 28f festgestellten Netzkosten auszuzahlen, der auf seine Regelzone entfällt.

(5) Der Betreiber von Übertragungsnetzen mit Regelzonenverantwortung bringt die Kosten, die ihm durch die Erfüllung des Zahlungsanspruchs nach Absatz 1 entstehen, nach Maßgabe einer Festlegung nach § 21 Absatz 3 Satz 4 Nummer 1 Buchstabe g, als Teil seiner Erlösobergrenze in die Netzentgeltbildung ein.

**§ 28h**[2] **Anspruch auf Herausgabe von Engpasserlösen.** (1) [1] Der selbstständige Betreiber von grenzüberschreitenden Elektrizitätsverbindungsleitungen ist verpflichtet, die in einem Kalenderjahr eingenommenen Erlöse aus der Bewirtschaftung von Engpässen in Höhe der Quote nach § 28f Absatz 3 zur Verwendung im Sinne von Artikel 19 Absatz 2 und 3 der Verordnung (EU) 2019/943 an den nach § 28g Absatz 1 zahlungspflichtigen Betreiber von Übertragungsnetzen mit Regelzonenverantwortung herauszugeben. [2] Durch den Erhalt oder die Verwendung der nach Satz 1 herausgegebenen Engpasserlöse darf den Betreibern von

---

[1] § 28g eingef. mWv 27.7.2021 durch G v. 16.7.2021 (BGBl. I S. 3026); Abs. 5 geänd. mWv 29.12.2023 durch G v. 22.12.2023 (BGBl. 2023 I Nr. 405).
[2] Abschnitt 3a (§§ 28d–28i) eingef. mWv 27.7.2021 durch G v. 16.7.2021 (BGBl. I S. 3026).

Übertragungsnetzen mit Regelzonenverantwortung weder ein wirtschaftlicher Vorteil noch ein wirtschaftlicher Nachteil erwachsen; insbesondere sind sie bei der Berechnung des zu verzinsenden eingesetzten Kapitals nach § 21 Absatz 2 so zu stellen, als hätten sie die Engpasserlöse nicht erhalten.

(2) Der sich aus der Pflicht nach Absatz 1 ergebende Anspruch des regelzonenverantwortlichen Übertragungsnetzbetreibers wird mit Beginn des Jahres fällig, welches auf das Jahr folgt, in dem der selbstständige Betreiber von grenzüberschreitenden Elektrizitätsverbindungsleitungen die Engpasserlöse erzielt hat.

(3) Der selbstständige Betreiber von grenzüberschreitenden Elektrizitätsverbindungsleitungen teilt der Bundesnetzagentur und dem Betreiber von Übertragungsnetzen mit Regelzonenverantwortung jährlich spätestens bis zum 30. September eines Jahres die voraussichtliche Höhe der im laufenden Kalenderjahr vereinnahmten Erlöse aus Engpässen mit.

(4) Sind mehrere Betreiber von Übertragungsnetzen mit Regelzonenverantwortung gegenüber dem selbstständigen Betreiber von grenzüberschreitenden Elektrizitätsverbindungsleitungen nach § 28g Absatz 4 zahlungspflichtig, hat jeder einzelne von ihnen nur Anspruch auf die Herausgabe des auf seine Regelzone entfallenden Anteils der Engpasserlöse.

## § 28i[1]) (weggefallen)

### Abschnitt 3b.[2]) Regulierung von Wasserstoffnetzen
### § 28j[3]) Anwendungsbereich der Regulierung von Wasserstoffnetzen.

(1) [1]Auf Errichtung, Betrieb und Änderung von Wasserstoffnetzen sind die Teile 5, 7 und 8, die §§ 113a bis 113c sowie, sofern der Betreiber eine wirksame Erklärung nach Absatz 3 gegenüber der Bundesnetzagentur abgegeben hat, die §§ 28k bis 28q anzuwenden. [2]Im Übrigen ist dieses Gesetz nur anzuwenden, sofern dies ausdrücklich bestimmt ist.

(2) [1]§ 28n ist für die Betreiber von Wasserstoffspeicheranlagen entsprechend anzuwenden, sofern der Betreiber eine Erklärung entsprechend Absatz 3 Satz 1 gegenüber der Bundesnetzagentur abgegeben hat. [2]§ 28j Absatz 3 Satz 3 und 4 ist entsprechend anzuwenden.

(3) [1]Betreiber von Wasserstoffnetzen können gegenüber der Bundesnetzagentur schriftlich oder durch Übermittlung in elektronischer Form erklären, dass ihre Wasserstoffnetze der Regulierung nach diesem Teil unterfallen sollen. [2]Die Erklärung wird wirksam, wenn erstmalig eine positive Prüfung der Bedarfsgerechtigkeit nach § 28p oder eine Genehmigung nach § 28r Absatz 8 oder ein Entwurf eines Wasserstoff-Kernnetzes durch die Bundesnetzagentur nach § 28r Absatz 3 vorliegt. [3]Die Erklärung ist unwiderruflich und gilt ab dem Zeitpunkt der Wirksamkeit unbefristet für alle Wasserstoffnetze des erklärenden Betreibers. [4]Die Bundesnetzagentur veröffentlicht die Liste der regulierten Betreiber von Wasserstoffnetzen auf ihrer Internetseite.

(4) Betreiber von Wasserstoffnetzen sind verpflichtet, untereinander in dem Ausmaß zusammenzuarbeiten, das erforderlich ist, um eine betreiberübergreifende

---

[1]) § 28i neu gef. mWv 29.12.2023 durch G v. 22.12.2023 (BGBl. 2023 I Nr. 405).
[2]) Abschnitt 3b (§§ 28j–28q) eingef. mWv 27.7.2021 durch G v. 16.7.2021 (BGBl. I S. 3026).
[3]) § 28j eingef. mWv 27.7.2021 durch G v. 16.7.2021 (BGBl. I S. 3026); Abs. 3 Satz 2 geänd. mWv 29.12.2023 durch G v. 22.12.2023 (BGBl. 2023 I Nr. 405).

Leitungs- und Speicherinfrastruktur für Wasserstoff sowie deren Nutzung durch Dritte zu realisieren.

**§ 28k[1) Rechnungslegung und Buchführung.** (1) [1]Betreiber von Wasserstoffnetzen haben, auch wenn sie nicht in der Rechtsform einer Kapitalgesellschaft oder Personenhandelsgesellschaft im Sinne des § 264a Absatz 1 des Handelsgesetzbuchs[2) betrieben werden, einen Jahresabschluss und Lagebericht nach den für Kapitalgesellschaften geltenden Vorschriften des Ersten, Dritten und Vierten Unterabschnitts des Zweiten Abschnitts des Dritten Buchs des Handelsgesetzbuchs aufzustellen, prüfen zu lassen und offenzulegen. [2]§ 264 Absatz 3 und § 264b des Handelsgesetzbuchs sind insoweit nicht anzuwenden. [3]§ 6b Absatz 1 Satz 2, Absatz 2, 6 und 7 ist entsprechend anzuwenden.

(2) [1]Betreiber von Wasserstoffnetzen, die neben dem Betrieb von Wasserstoffnetzen weitere Tätigkeiten ausüben, haben zur Vermeidung von Diskriminierung und Quersubventionierung in ihrer internen Rechnungslegung ein eigenes Konto für die Tätigkeit des Betriebs von Wasserstoffnetzen so zu führen, wie dies erforderlich wäre, wenn diese Tätigkeit von rechtlich selbständigen Unternehmen ausgeführt würde. [2]Tätigkeit im Sinne dieser Bestimmung ist auch die wirtschaftliche Nutzung eines Eigentumsrechts. [3]Mit der Aufstellung des Jahresabschlusses ist für den Betrieb von Wasserstoffnetzen ein den in Absatz 1 Satz 1 genannten Vorschriften entsprechender Tätigkeitsabschluss aufzustellen und dem Abschlussprüfer des Jahresabschlusses zur Prüfung vorzulegen. [4]§ 6b Absatz 3 bis 7 ist entsprechend anzuwenden.

**§ 28l[3) Ordnungsgeldvorschriften.** (1) [1]Die Ordnungsgeldvorschriften der §§ 335 bis 335b des Handelsgesetzbuchs[2) sind auf die Verletzung der Pflichten zur Offenlegung des Jahresabschlusses und Lageberichts nach § 28k Absatz 1 Satz 1 oder des Tätigkeitsabschlusses nach § 28k Absatz 2 Satz 4 in Verbindung mit § 6b Absatz 4 entsprechend anzuwenden. [2]§ 6c Absatz 1 Satz 2 und 3 ist entsprechend anzuwenden.

(2) Die Bundesnetzagentur übermittelt der das Unternehmensregister führenden Stelle einmal pro Kalenderjahr Name und Anschrift der ihr bekanntwerdenden Unternehmen, die

1. nach § 28k Absatz 1 Satz 1 zur Offenlegung eines Jahresabschlusses und Lageberichts verpflichtet sind;

2. nach § 28k Absatz 2 Satz 4 in Verbindung mit § 6b Absatz 4 zur Offenlegung eines Tätigkeitsabschlusses verpflichtet sind.

**§ 28m[1) Entflechtung.** (1) [1]Betreiber von Wasserstoffnetzen sind zur Gewährleistung von Transparenz sowie diskriminierungsfreier Ausgestaltung und Abwicklung des Netzbetriebs verpflichtet. [2]Um dieses Ziel zu erreichen, haben sie die Unabhängigkeit des Netzbetriebs von der Wasserstofferzeugung, der Wasserstoffspeicherung sowie vom Wasserstoffvertrieb sicherzustellen. [3]Betreibern von Wasserstoffnetzen ist es nicht gestattet, Eigentum an Anlagen zur Wasserstofferzeugung, zur Wasserstoffspeicherung oder zum Wasserstoffvertrieb zu halten oder diese zu errichten oder zu betreiben.

---

[1) Abschnitt 3b (§§ 28j–28q) eingef. mWv 27.7.2021 durch G v. 16.7.2021 (BGBl. I S. 3026).
[2) **Habersack Nr. 50.**
[3) § 28l eingef. mWv 27.7.2021 durch G v. 16.7.2021 (BGBl. I S. 3026); Abs. 1 Satz 2, Abs. 2 einl. Satzteil geänd. mWv 1.8.2022 durch G v. 5.7.2021 (BGBl. I S. 3338).

(2) [1] Unbeschadet gesetzlicher Verpflichtungen zur Offenbarung von Informationen haben Betreiber von Wasserstoffnetzen sicherzustellen, dass die Vertraulichkeit wirtschaftlich sensibler Informationen gewahrt wird, von denen sie in Ausübung ihrer Geschäftstätigkeit Kenntnis erlangen. [2] Legen Betreiber von Wasserstoffnetzen Informationen über die eigenen Tätigkeiten offen, haben sie zu gewährleisten, dass dies diskriminierungsfrei erfolgt. [3] Sie haben insbesondere sicherzustellen, dass wirtschaftlich sensible Informationen gegenüber verbundenen Unternehmen vertraulich behandelt werden.

**§ 28n**[1]) **Anschluss und Zugang zu den Wasserstoffnetzen; Verordnungsermächtigung.** (1) [1] Betreiber von Wasserstoffnetzen haben Dritten den Anschluss und den Zugang zu ihren Wasserstoffnetzen zu angemessenen und diskriminierungsfreien Bedingungen zu gewähren, sofern der Anschluss oder der Zugang für Dritte erforderlich sind. [2] Der Netzzugang, einschließlich der damit zusammenhängenden Aspekte des Netzanschlusses, ist im Wege des verhandelten Zugangs zu gewähren.

(2) [1] Betreiber von Wasserstoffnetzen können den Anschluss oder den Zugang verweigern, soweit sie nachweisen, dass ihnen der Anschluss oder der Zugang aus betriebsbedingten oder sonstigen wirtschaftlichen oder technischen Gründen nicht möglich oder nicht zumutbar ist. [2] Die Ablehnung ist in Textform zu begründen.

(3) [1] Die Betreiber von Wasserstoffnetzen sind verpflichtet, ihre geltenden Geschäftsbedingungen für den Netzzugang auf der Internetseite des jeweiligen Betreibers zu veröffentlichen. [2] Dies umfasst insbesondere

1. die Entgelte für den Netzzugang,
2. die verfahrensmäßige Behandlung von Netzzugangsanfragen.

[3] Auf Anfrage haben die Betreiber von Wasserstoffnetzen Angaben über die für die Dauer des begehrten Netzzugangs nutzbaren Kapazitäten und absehbaren Engpässe zu machen sowie ausreichende Informationen an den Zugangsbegehrenden zu übermitteln, damit der Transport, die Entnahme oder die Einspeisung von Wasserstoff unter Gewährleistung eines sicheren und leistungsfähigen Betriebs des Wasserstoffnetzes durchgeführt werden kann.

(4) Die Bundesregierung wird ermächtigt, durch Rechtsverordnung[2]) mit Zustimmung des Bundesrates

1. Vorschriften über die technischen und wirtschaftlichen Bedingungen für den Anschluss und Zugang zu den Wasserstoffnetzen einschließlich der Regelungen zum Ausgleich des Wasserstoffnetzes zu erlassen und
2. zu regeln, in welchen Fällen und unter welchen Voraussetzungen die Regulierungsbehörde diese Bedingungen festlegen oder auf Antrag des Netzbetreibers genehmigen kann.

**§ 28o**[3]) **Bedingungen und Entgelte für den Netzzugang; Verordnungsermächtigung.** (1) [1] Für die Bedingungen und Entgelte für den Netzzugang zu Wasserstoffnetzen ist § 21 nach Maßgabe der Sätze 2 bis 5 entsprechend anzuwenden. [2] Die Anreizregulierung nach § 21a sowie die Genehmigung von Entgelten nach § 23a ist auf Betreiber von Wasserstoffnetzen nicht anzuwenden. [3] Ihre

---

[1]) Abschnitt 3b (§§ 28j–28q) eingef. mWv 27.7.2021 durch G v. 16.7.2021 (BGBl. I S. 3026).
[2]) Siehe die WasserstoffnetzentgeltVO v. 23.11.2021 (BGBl. I S. 4955).
[3]) § 28o eingef. mWv 27.7.2021 durch G v. 16.7.2021 (BGBl. I S. 3026); Abs. 1 Satz 4, Abs. 2 Nr. 1 und 2 geänd., Nr. 3–5, Abs. 3 angef. mWv 29.12.2023 durch G v. 22.12.2023 (BGBl. 2023 I Nr. 405).

Kosten werden jährlich anhand der zu erwartenden Kosten für das folgende Kalenderjahr sowie der Differenz zwischen den erzielten Erlösen und den tatsächlichen Kosten aus Vorjahren ermittelt und über Entgelte erlöst. [4] Kosten dürfen nur insoweit geltend gemacht werden, als eine positive Bedarfsprüfung nach § 28p oder eine Genehmigung nach § 28r Absatz 8 oder ein Entwurf eines Wasserstoff-Kernnetzes durch die Bundesnetzagentur nach § 28r Absatz 3 vorliegt. [5] Die Kosten nach Satz 3 werden durch die Bundesnetzagentur nach § 29 Absatz 1 festgelegt oder genehmigt.

(2) Die Bundesregierung wird ermächtigt, durch Rechtsverordnung[1] mit Zustimmung des Bundesrates

1. die Bedingungen und Methoden zur Ermittlung der Kosten und Entgelte nach Absatz 1 näher auszugestalten,

2. Regelungen darüber zu treffen, welche netzbezogenen und sonst für die Kalkulation der Kosten erforderlichen Daten die Betreiber von Wasserstoffnetzen erheben und für welchen Zeitraum sie diese aufbewahren müssen,

3. abweichend von Absatz 1 Satz 3 Regelungen darüber zu treffen, dass Entgelte, die zur Abdeckung aller notwendigen jährlichen Kosten des Netzbetriebs erforderlich sind, während des Markthochlaufs noch nicht in voller Höhe von den Netzbetreibern vereinnahmt werden und der nicht vereinnahmte Teil erst zu einem späteren Zeitpunkt in der Entgeltbildung berücksichtigt wird,

4. Regelungen zu treffen, die die Betreiber von Wasserstoffnetzen zur Bildung einheitlicher Netzentgelte verpflichten, sowie

5. Regelungen über wirtschaftliche Ausgleichsmechanismen zwischen Betreibern von Wasserstoffnetzen zu treffen.

(3) [1] Die Bundesnetzagentur kann durch Festlegung oder Genehmigung nach § 29 Absatz 1 Regelungen zu allen in Absatz 2 genannten Bereichen treffen. [2] Diese Regelungen und Entscheidungen können von Rechtsverordnungen nach Absatz 2 abweichen oder diese ergänzen.

**§ 28p**[2] **Ad-hoc Prüfung der Bedarfsgerechtigkeit von Wasserstoffnetzinfrastrukturen.** (1) [1] Die Betreiber von Wasserstoffnetzen haben der Bundesnetzagentur schriftlich oder durch Übermittlung in elektronischer Form die Unterlagen vorzulegen, die für die Prüfung der Bedarfsgerechtigkeit von einzelnen Wasserstoffnetzinfrastrukturen erforderlich sind. [2] Die Bundesnetzagentur kann die Vorlage ergänzender Unterlagen anfordern.

(2) [1] Grundlage der Prüfung der Bedarfsgerechtigkeit der Wasserstoffnetzinfrastrukturen durch die Bundesnetzagentur ist insbesondere ein zwischen Netznutzer und Netzbetreiber abgestimmter Realisierungsfahrplan bezüglich der Wasserstofffinfrastruktur im Rahmen eines verhandelten Netzzugangs. [2] Aus der Feststellung der Bedarfsgerechtigkeit nach Satz 1 folgt die energiewirtschaftliche Notwendigkeit der Wasserstoffinfrastruktur.

(3) [1] Bei Wasserstoffnetzinfrastruktur, für die ein positiver Förderbescheid nach den Förderkriterien der nationalen Wasserstoffstrategie der Bundesregierung ergangen ist, liegt in der Regel eine Bedarfsgerechtigkeit vor. [2] Gleiches ist anzuwenden bezüglich einer möglichen Wasserstoffnetzinfrastruktur, die im Zusammenhang mit der Festlegung von sonstigen Energiegewinnungsbereichen im Sinne des

---

[1] Siehe die WasserstoffnetzentgeltVO v. 23.11.2021 (BGBl. I S. 4955).
[2] § 28p eingef. mWv 27.7.2021 durch G v. 16.7.2021 (BGBl. I S. 3026); Abs. 2 Satz 2 neu gef., Abs. 3 Sätze 3 und 4 angef. mWv 29.12.2023 durch G v. 22.12.2023 (BGBl. 2023 I Nr. 405).

§ 3 Nummer 8 des Windenergie-auf-See-Gesetzes entsteht. [3] Eine Bedarfsgerechtigkeit liegt in der Regel auch bei Wasserstoffnetzinfrastrukturen vor,

1. die dem Zweck der Belieferung von großen industriellen Nachfragern und Industrieclustern, Wasserstoffkraftwerken oder für den Betrieb mit Wasserstoff vorbereiteten Kraftwerken im Sinne des § 28r Absatz 4 Nummer 4c mit Wasserstoff dienen,

2. die nicht Teil des nach § 28r Absatz 8 Satz 1 genehmigten Wasserstoff-Kernnetzes sind, sondern sich an dieses unmittelbar anschließen, und

3. deren planerische Inbetriebnahme bis zum 31. Dezember 2032 vorgesehen ist.

[4] Die Betreiber von Fernleitungsnetzen, die Betreiber von Wasserstoffnetzen und die Betreiber von sonstigen Rohrleitungsinfrastrukturen, die für den Transport von Wasserstoff umgestellt werden können, sind verpflichtet, in dem Umfang mit den Betreibern von Wasserstoffinfrastrukturen nach Satz 3 zusammenzuarbeiten, der erforderlich ist, um einen Netzzugang nach § 28n Absatz 1 der Wasserstoffinfrastruktur nach Satz 3 an das Kernnetz zu gewährleisten; dabei sind sie insbesondere verpflichtet, alle hierzu erforderlichen Informationen und Daten unverzüglich nach Aufforderung den Betreibern von Wasserstoffinfrastrukturen nach Satz 3 zur Verfügung zu stellen.

(4) Im Fall der Umstellung einer Erdgasinfrastruktur im Fernleitungsnetz muss bezüglich der umzustellenden Wasserstoffnetzinfrastruktur nachgewiesen worden sein, dass die Erdgasinfrastruktur aus dem Fernleitungsnetz herausgenommen werden kann.

(5) [1] Die Bundesnetzagentur hat über die Bedarfsgerechtigkeit der Wasserstoffnetzinfrastruktur innerhalb von vier Monaten nach Eingang der in Absatz 1 genannten Informationen zu entscheiden. [2] Ist nach Ablauf der Frist nach Satz 1 keine Entscheidung der Bundesnetzagentur erfolgt, ist die Bedarfsgerechtigkeit als gegeben anzusehen.

**§ 28q**[1]**) Bericht zur erstmaligen Erstellung des Netzentwicklungsplans Wasserstoff.** (1) [1] Die Betreiber von Wasserstoffnetzen, die eine Erklärung nach § 28j Absatz 3 abgegeben haben, und die Betreiber von Fernleitungsnetzen haben der Bundesnetzagentur in jedem geraden Kalenderjahr erstmals drei Monate nach Vorlage des Netzentwicklungsplans Gas im Jahr 2022, spätestens aber zum 1. September 2022, gemeinsam einen Bericht zum aktuellen Ausbaustand des Wasserstoffnetzes und zur Entwicklung einer zukünftigen Netzplanung Wasserstoff mit dem Zieljahr 2035 vorzulegen. [2] Betreiber von Wasserstoffnetzen, die keine Erklärung nach § 28j Absatz 3 abgegeben haben, sind verpflichtet, mit den nach Satz 1 verpflichteten Betreibern von Wasserstoffnetzen in dem Umfang zusammenzuarbeiten, der erforderlich ist, um eine sachgerechte Erstellung dieses Berichts zu gewährleisten; sie sind insbesondere verpflichtet, den nach Satz 1 verpflichteten Betreibern von Wasserstoffnetzen die für die Erstellung des Berichts erforderlichen Informationen unverzüglich zur Verfügung zu stellen.

(2) [1] Der Bericht umfasst mögliche Kriterien zur Berücksichtigung von Wasserstoff-Projekten sowie Anforderungen zur Ermittlung von Ausbaumaßnahmen. [2] Diese Kriterien enthalten insbesondere die Anforderungen einer zukünftigen Bestimmung von Standorten für Power-to-Gas-Anlagen sowie Aufkommensquellen und Abnahmeregionen für Wasserstoff, wobei auch Wasserstoffspeicheranlagen zu berücksichtigen sind. [3] In dem Bericht wird auch auf etwaige Wechselwirkun-

---

[1]) Abschnitt 3b (§§ 28j–28q) eingef. mWv 27.7.2021 durch G v. 16.7.2021 (BGBl. I S. 3026).

gen und Schnittstellen mit dem Netzentwicklungsplan Gas der Fernleitungsnetzbetreiber einschließlich der notwendigen Umrüstung von Erdgasleitungen sowie auf etwaige Wechselwirkungen und Schnittstellen mit dem Netzentwicklungsplan Strom der Übertragungsnetzbetreiber eingegangen.

(3) Die Bundesnetzagentur kann auf der Grundlage des Berichts Empfehlungen für die rechtliche Implementierung eines verbindlichen Netzentwicklungsplans Wasserstoff abgeben.

### Abschnitt 3c.[1]) Regelungen zum Wasserstoff-Kernnetz

**§ 28r**[1]) **Wasserstoff-Kernnetz.** (1) [1]Gegenstand dieser Regelung ist die zeitnahe Schaffung eines Wasserstoff-Kernnetzes in der Bundesrepublik Deutschland, um den zügigen Hochlauf des Wasserstoffmarktes zu ermöglichen. [2]Ziel ist der Aufbau eines deutschlandweiten, effizienten, schnell realisierbaren und ausbaufähigen Wasserstoff-Kernnetzes, das alle wirksamen Maßnahmen enthält, um die zukünftigen wesentlichen Wasserstoffproduktionsstätten und die potenziellen Importpunkte mit den zukünftigen wesentlichen Wasserstoffverbrauchspunkten und Wasserstoffspeichern zu verbinden. [3]Das Wasserstoff-Kernnetz ist auf Grundlage eines einzigen deutschlandweiten Berechnungsmodells herzuleiten und soll vorwiegend der Ermöglichung eines überregionalen Transports von Wasserstoff dienen.

(2) [1]Die Betreiber von Fernleitungsnetzen haben der Bundesnetzagentur drei Kalenderwochen nach dem 29. Dezember 2023 einen gemeinsamen Antrag auf ein den Anforderungen nach Absatz 1 entsprechendes Wasserstoff-Kernnetz zur Genehmigung vorzulegen. [2]Die Bundesnetzagentur kann die Antragsfrist nach Satz 1 um höchstens vier Kalendermonate verlängern. [3]Die Antragsteller haben mit dem Antrag anzugeben, zu welchem Zeitpunkt die im beantragten Wasserstoff-Kernnetz enthaltenen Wasserstoffnetzinfrastrukturen in Betrieb genommen werden sollen, welche Investitions- und Betriebskosten die jeweilige Wasserstoffnetzinfrastruktur voraussichtlich verursacht und inwiefern es sich hierbei jeweils im Vergleich zu möglichen Alternativen um die langfristig kosten- und zeiteffizienteste Lösung handelt. [4]Die Möglichkeit der Umstellung von vorhandenen Leitungsinfrastrukturen ist dabei vorrangig zu prüfen und darzulegen; hierfür kann der Antrag zum Wasserstoff-Kernnetz zusätzliche Ausbaumaßnahmen des bestehenden Erdgasnetzes in einem geringfügigen Umfang beinhalten. [5]Die zu beantragenden Projekte nach Absatz 4 Satz 1 sind, wo dies möglich und wirtschaftlich sinnvoll ist und sofern es dem Ziel nach Absatz 1 Satz 2 dient, auf Basis vorhandener Leitungsinfrastrukturen zu realisieren. [6]Im Falle der Umstellung einer Erdgasinfrastruktur im Fernleitungsnetz auf Wasserstoffnutzung müssen die Betreiber von Fernleitungsnetzen nachweisen, dass die Erdgasinfrastruktur aus dem Fernleitungsnetz herausgelöst werden kann und das verbleibende Fernleitungsnetz die zum Zeitpunkt der Umstellung voraussichtlich verbleibenden Erdgasbedarfe erfüllen kann. [7]Die Betreiber von Fernleitungsnetzen haben etwaige Abweichungen zu den Kapazitätsbedarfen, die dem Szenariorahmen des Netzentwicklungsplans Gas 2022-2032 nach § 15a zugrunde lagen, unverzüglich in den Prozess des Netzentwicklungsplans Gas 2022-2032 einzubringen. [8]Die Betreiber von Fernleitungsnetzen sind verpflichtet, der Bundesnetzagentur in ihrem Antrag alle für die Genehmigung erforderlichen Informationen und Daten zur Verfügung zu stellen. [9]Die Bundesnetzagentur kann die Vorlage weiterer Angaben oder Unterlagen

---

[1]) Abschnitt 3c (§ 28r) eingef. mWv 29.12.2023 durch G v. 22.12.2023 (BGBl. 2023 I Nr. 405).

verlangen, soweit dies hierfür erforderlich ist, und kann Vorgaben zur Art der Bereitstellung der Antragsunterlagen nach Satz 1 treffen.

(3) [1]Sofern die Betreiber von Fernleitungsnetzen innerhalb der Frist nach Absatz 2 Satz 1 keinen gemeinsamen Antrag vorlegen, ist die Bundesnetzagentur verpflichtet, innerhalb von vier Monaten nach Ablauf dieser Frist ein Wasserstoff-Kernnetz im Sinne des Absatzes 1 zu bestimmen und zu veröffentlichen, wobei die materiellen Voraussetzungen nach Absatz 2 Satz 4 und 5 und Absatz 4 Satz 1 zu beachten sind. [2]Die Betreiber von Fernleitungsnetzen, die Betreiber von Gasverteilernetzen, die Betreiber von Wasserstoffnetzen, die Betreiber von sonstigen Rohrleitungsinfrastrukturen, die für einen Transport von Wasserstoff umgestellt werden können, sowie Unternehmen, die Wasserstoffprojekte bei Betreibern von Fernleitungsnetzen angemeldet haben, sind verpflichtet, der Bundesnetzagentur alle für die Bestimmung nach Satz 1 erforderlichen Informationen und Daten unverzüglich nach Aufforderung durch die Bundesnetzagentur zur Verfügung zu stellen. [3]Absatz 6 Satz 3 bis 5 ist hinsichtlich der öffentlichen Beteiligung entsprechend anzuwenden, wobei Absatz 6 Satz 4 mit der Maßgabe anzuwenden ist, dass neben Dritten auch Fernleitungsnetzbetreiber angehört und aufgefordert werden. [4]Im Rahmen der Bestimmung des Wasserstoff-Kernnetzes nach Satz 1 bestimmt die Bundesnetzagentur für jedes Projekt zur Schaffung einer Wasserstoff-netzinfrastruktur im Rahmen des Wasserstoff-Kernnetzes nach Absatz 1 ein geeignetes oder mehrere geeignete Unternehmen, das oder die für die Durchführung des jeweiligen Projektes verantwortlich ist oder sind. [5]Zur Durchführung eines Projektes verpflichtet werden können nur solche Unternehmen, die im Rahmen der Anhörung nach Satz 3 erklärt haben, dass sie mit der Aufnahme ihrer Infrastruktureinrichtungen in das Wasserstoff-Kernnetz einverstanden sind. [6]Absatz 7 Satz 3, 4 und 6 ist entsprechend anzuwenden. [7]Absatz 8 Satz 3 bis 6 ist mit der Maßgabe entsprechend anzuwenden, dass an die Stelle der Genehmigung die Bestimmung eines Wasserstoff-Kernnetzes tritt.

(4) Um genehmigungsfähiger Teil des Wasserstoff-Kernnetzes nach Absatz 1 zu sein, muss eine Wasserstoffnetzinfrastruktur folgende Voraussetzungen erfüllen:

1. sie muss dem Ziel nach Absatz 1 Satz 2 dienen,

2. sie muss innerhalb der Bundesrepublik Deutschland liegen,

3. ihre planerische Inbetriebnahme muss bis zum Ablauf des 31. Dezember 2032 vorgesehen sein und

4. sie muss mindestens zu einem der folgenden Projekttypen gehören:

   a) Projekte, die wichtige Vorhaben von gemeinsamem europäischem Interesse sind, sofern diese Leitungsinfrastrukturen und soweit diese Vorhaben im Zeitpunkt der Antragstellung nach Absatz 2 Satz 1 entweder von der Europäischen Kommission genehmigt oder bei der Europäischen Kommission pränotifiziert oder notifiziert sind,

   b) Projekte zur Herstellung eines europäischen Wasserstoffnetzes, insbesondere Projekte von gemeinsamem Interesse,

   c) Projekte mit überregionalem Charakter zur Schaffung eines deutschlandweiten Wasserstoffnetzes, insbesondere solche Infrastrukturen, die den Anschluss von großen industriellen Nachfragern, Wasserstoffkraftwerken oder für den Betrieb mit Wasserstoff vorbereiteten Kraftwerken, Wasserstoffspeichern und Erzeugern von Wasserstoff ermöglichen,

   d) Projekte, die die Importmöglichkeiten von Wasserstoff oder die Einbindung von Wasserstoffelektrolyseuren verbessern, oder

e) Projekte, die vorhandene Wasserstoff-Leitungsinfrastrukturen mit Wasserstoff-netzinfrastrukturen vernetzen, die eine der Voraussetzungen der Buchstaben a bis d erfüllen.

(5) [1]Die Betreiber von Gasverteilernetzen, die Betreiber von Wasserstoffnetzen, die Betreiber von sonstigen Rohrleitungsinfrastrukturen, die für einen Transport von Wasserstoff umgestellt werden können, sowie Unternehmen, die Wasserstoff-projekte bei Betreibern von Fernleitungsnetzen angemeldet haben, sind verpflichtet, in dem Umfang mit den Betreibern von Fernleitungsnetzen zusammenzuarbeiten, der erforderlich ist, um ein den Zielen des Absatzes 1 Satz 2 entsprechendes Wasserstoff-Kernnetz zu gewährleisten, dabei sind sie insbesondere verpflichtet, alle für die Antragstellung erforderlichen Informationen und Daten unverzüglich nach Aufforderung den Betreibern von Fernleitungsnetzen zur Verfügung zu stellen. [2]Entsprechende Informations- und Zusammenarbeitspflichten gelten für Wasserstoffspeicherbetreiber und Unternehmen, die Wasserstoffprojekte bei Betreibern von Fernleitungsnetzen angemeldet haben. [3]Die Betreiber von Fernleitungsnetzen sind im Rahmen der Beantragung des Wasserstoff-Kernnetzes nach Absatz 2 Satz 1 zur Zusammenarbeit verpflichtet. [4]Insbesondere sind sie berechtigt und verpflichtet, die ihnen bekannten Informationen untereinander auszutauschen, soweit dies für die Planung und Erstellung des Wasserstoff-Kernnetzes erforderlich ist. [5]Die Betreiber von Fernleitungsnetzen haben den Betreibern von Gasverteilernetzen, den Betreibern von Wasserstoffnetzen und den Betreibern von sonstigen Rohrleitungsinfrastrukturen vor der Antragstellung Gelegenheit zur Stellungnahme zu geben und dies zu dokumentieren.

(6) [1]Die Bundesnetzagentur kann entsprechend den Voraussetzungen der Absätze 1, 2, 4, 5 sowie 7 Änderungen des Antrags nach Absatz 2 Satz 1 verlangen. [2]Werden diese Änderungen von den Antragstellern nicht innerhalb einer von der Bundesnetzagentur gesetzten Frist umgesetzt, ist Absatz 3 entsprechend anzuwenden. [3]Die Bundesnetzagentur gibt allen betroffenen Kreisen und der Öffentlichkeit Gelegenheit zur Stellungnahme. [4]Dritte, die keine Fernleitungsnetzbetreiber sind und deren Infrastruktureinrichtungen als Teil des Wasserstoff-Kernnetzes aufgenommen wurden, werden von der Bundesnetzagentur angehört und aufgefordert, binnen einer angemessenen, von der Bundesnetzagentur zu bestimmenden Frist zu erklären, ob sie mit der Aufnahme ihrer Infrastruktureinrichtungen in das Wasserstoff-Kernnetz einverstanden sind. [5]Darüber hinaus hat die Bundesnetzagentur alle eingegangenen Unterlagen nach Absatz 2 dem Bundesministerium für Wirtschaft und Klimaschutz zu übermitteln und diesem die Gelegenheit zur Stellungnahme zu geben. [6]Im Falle des Absatzes 3 eröffnet die Bundesnetzagentur das Konsultationsverfahren unverzüglich nach Ablauf der dort genannten Frist.

(7) [1]Die Betreiber von Fernleitungsnetzen haben in Abstimmung mit den jeweils betroffenen Betreibern von Gasverteilernetzen, Betreibern von Wasserstoffnetzen sowie gegebenenfalls den Betreibern von sonstigen Rohrleitungsinfrastrukturen für jedes Projekt zur Schaffung einer Wasserstoffnetzinfrastruktur im Rahmen des Wasserstoff-Kernnetzes nach Absatz 1 ein oder mehrere Unternehmen vorzuschlagen, das oder die für die Durchführung des Projektes verantwortlich ist oder sind. [2]Hierbei müssen sie darstellen, dass der Vorschlag die effizienteste Lösung darstellt. [3]Sofern kein Unternehmen einvernehmlich vorgeschlagen wird oder wenn der Vorschlag aus Gründen der Effizienz, der Realisierungsgeschwindigkeit oder aus anderen im öffentlichen Interesse liegenden Erwägungen von der Bundesnetzagentur als nicht zweckmäßig erachtet wird, kann die Bundesnetzagentur im Rahmen der Genehmigung nach Absatz 8 Satz 1 geeignete Unternehmen bestimmen. [4]Geeignet ist ein Unternehmen, wenn es über die personelle,

technische und wirtschaftliche Leistungsfähigkeit und Zuverlässigkeit verfügt, um den Netzbetrieb auf Dauer zu gewährleisten. [5] Die mit der Genehmigung nach Absatz 8 Satz 1 zur Durchführung bestimmten Unternehmen sind zur Umsetzung der Projekte verpflichtet. [6] § 65 Absatz 2a ist entsprechend anzuwenden. [7] Satz 5 ist nur für solche Unternehmen anzuwenden, die erklärt haben, dass sie mit der Aufnahme ihrer Infrastruktureinrichtungen in das Wasserstoff-Kernnetz einverstanden sind.

(8) [1] Sind die Voraussetzungen der Absätze 1, 2, 4, 5, 6 Satz 1 sowie des Absatzes 7 erfüllt, genehmigt die Bundesnetzagentur das Wasserstoff-Kernnetz. [2] Die Genehmigung erfolgt innerhalb von zwei Monaten nach vollständiger Antragstellung und ist durch die Bundesnetzagentur zu veröffentlichen. [3] Die Genehmigung nach Satz 1 ergeht ausschließlich im öffentlichen Interesse. [4] § 113b ist für erforderliche Ausbaumaßnahmen des Erdgasnetzes entsprechend anzuwenden. [5] Für die genehmigten Projekte gilt, sofern in einem zukünftigen Netzentwicklungsplan nicht etwas anderes festgestellt wird und sie bis 2030 in Betrieb genommen werden, dass sie energiewirtschaftlich notwendig und vordringlich sind sowie dass sie im überragenden öffentlichen Interesse liegen. [6] Projekte, deren planerische Inbetriebnahme vor dem Ablauf des 31. Dezember 2027 erfolgen soll, werden im Netzentwicklungsplan nur überprüft, sofern mit ihrer Durchführung bis zum Ablauf des 31. Dezember 2025 noch nicht begonnen worden ist.

### Abschnitt 4. Befugnisse der Regulierungsbehörde, Sanktionen

**§ 29[1]) Verfahren zur Festlegung und Genehmigung.** (1) Die Regulierungsbehörde trifft Entscheidungen in den in diesem Gesetz benannten Fällen *und über die Bedingungen und Methoden für den Netzanschluss oder den Netzzugang nach den in § 17 Abs. 3, § 21a Abs. 6 und § 24 genannten Rechtsverordnungen[2])* durch Festlegung gegenüber einem Netzbetreiber, einer Gruppe von oder allen Netzbetreibern oder den sonstigen in der jeweiligen Vorschrift Verpflichteten oder durch Genehmigung gegenüber dem Antragsteller.

(2) [1] Die Regulierungsbehörde ist befugt, die nach Absatz 1 von ihr festgelegten oder genehmigten Bedingungen und Methoden nachträglich zu ändern, soweit dies erforderlich ist, um sicherzustellen, dass sie weiterhin den Voraussetzungen für eine Festlegung oder Genehmigung genügen. [2] Die §§ 48 und 49 des Verwaltungsverfahrensgesetzes[3]) bleiben unberührt.

(3) [1] Die Bundesregierung kann das Verfahren zur Festlegung oder Genehmigung nach Absatz 1 sowie das Verfahren zur Änderung der Bedingungen und Methoden nach Absatz 2 durch Rechtsverordnung[4]) mit Zustimmung des Bundesrates näher ausgestalten. [2] Dabei kann insbesondere vorgesehen werden, dass Ent-

---

[1]) § 29 Abs. 1 geänd. mWv 9.9.2008 durch G v. 29.8.2008 (BGBl. I S. 1790); Abs. 1 geänd. mWv 4.8. 2011 durch G v. 26.7.2011 (BGBl. I S. 1554); Abs. 1 geänd. mWv 28.12.2012 durch G v. 20.12.2012 (BGBl. I S. 2730); Abs. 1 geänd. mWv 2.9.2016 durch G v. 29.8.2016 (BGBl. I S. 2034); Abs. 1 geänd. (mangels Textübereinstimmung nicht ausführbar) mWv 29.12.2023 durch G v. 22.12.2023 (BGBl. 2023 I Nr. 405).
[2]) Nach der Änd. durch G v. 22.12.2023 (BGBl. 2023 I Nr. 405) jetzt wohl ohne kursiven Text.
[3]) Nr. **100**.
[4]) Siehe die StromnetzzugangsVO v. 25.7.2005 (BGBl. I S. 2243), aufgeh. durch G v. 22.12.2023 (BGBl. 2023 I Nr. 405), die StromnetzentgeltVO v. 25.7.2005 (BGBl. I S. 2225), aufgeh. durch G v. 22.12.2023 (BGBl. 2023 I Nr. 405), die GasnetzzugangsVO v. 3.9.2010 (BGBl. I S. 1261), zuletzt geänd. durch G v. 22.12.2023 (BGBl. 2023 I Nr. 405), die GasnetzentgeltVO v. 25.7.2005 (BGBl. I S. 2197), aufgeh. durch G v. 22.12.2023 (BGBl. 2023 I Nr. 405) und die AnreizregulierungsVO v. 29.10.2007 (BGBl. I S. 2529), aufgeh. durch G v. 22.12.2023 (BGBl. 2023 I Nr. 405).

scheidungen der Regulierungsbehörde im Einvernehmen mit dem Bundeskartellamt ergehen.

**§ 30[1] Missbräuchliches Verhalten eines Netzbetreibers.** (1) [1]Betreibern
von Energieversorgungsnetzen ist ein Missbrauch ihrer Marktstellung verboten.
[2]Ein Missbrauch liegt insbesondere vor, wenn ein Betreiber von Energieversorgungsnetzen

1. Bestimmungen der Abschnitte 2 und 3 oder der auf Grund dieser Bestimmungen erlassenen Rechtsverordnungen oder die nach § 29 Absatz 1 festgelegten
   oder genehmigten Bedingungen und Methoden nicht einhält,

2. andere Unternehmen unmittelbar oder mittelbar unbillig behindert oder deren
   Wettbewerbsmöglichkeiten ohne sachlich gerechtfertigten Grund erheblich beeinträchtigt,

3. andere Unternehmen gegenüber gleichartigen Unternehmen ohne sachlich
   gerechtfertigten Grund unmittelbar oder mittelbar unterschiedlich behandelt,

4. sich selbst oder mit ihm nach § 3 Nr. 38 verbundenen Unternehmen den
   Zugang zu seinen intern genutzten oder am Markt angebotenen Waren und
   Leistungen zu günstigeren Bedingungen oder Entgelten ermöglicht, als er sie
   anderen Unternehmen bei der Nutzung der Waren und Leistungen oder mit
   diesen in Zusammenhang stehenden Waren oder gewerbliche Leistungen ein-
   räumt, sofern der Betreiber des Energieversorgungsnetzes nicht nachweist, dass
   die Einräumung ungünstigerer Bedingungen sachlich gerechtfertigt ist,

5. ohne sachlich gerechtfertigten Grund Entgelte oder sonstige Geschäftsbedingungen für den Netzzugang fordert, die von denjenigen abweichen, die sich bei
   wirksamem Wettbewerb mit hoher Wahrscheinlichkeit ergeben würden; hierbei
   sind insbesondere die Verhaltensweisen von Unternehmen auf vergleichbaren
   Märkten und die Ergebnisse von Vergleichsverfahren nach § 21 zu berücksichtigen; Entgelte, die die Obergrenzen einer dem betroffenen Unternehmen
   erteilten Genehmigung nach § 23a nicht überschreiten, und im Falle der Durchführung einer Anreizregulierung nach § 21a Entgelte, die für das betroffene
   Unternehmen für eine Regulierungsperiode vorgegebene Obergrenzen nicht
   überschreiten, gelten als sachlich gerechtfertigt oder

6. ungünstigere Entgelte oder sonstige Geschäftsbedingungen fordert, als er sie
   selbst auf vergleichbaren Märkten von gleichartigen Abnehmern fordert, es sei
   denn, dass der Unterschied sachlich gerechtfertigt ist.

[3]Satz 2 Nummer 5 ist auch anzuwenden auf die Netze, in denen nach einer
Rechtsverordnung nach § 24 Satz 2 Nummer 5 in der bis zum Ablauf des
28. Dezember 2023 geltenden Fassung oder durch eine Festlegung nach § 21
Absatz 3 Satz 4 Nummer 3 vom Grundsatz der Kostenorientierung abgewichen
wird. [4]Besondere Rechtsvorschriften über den Missbrauch der Marktstellung in
solchen Netzen bleiben unberührt.

(2) [1]Die Regulierungsbehörde kann einen Betreiber von Energieversorgungsnetzen, der seine Stellung missbräuchlich ausnutzt, verpflichten, eine Zuwiderhandlung gegen Absatz 1 abzustellen. [2]Sie kann den Unternehmen alle Maßnahmen aufgeben, die erforderlich sind, um die Zuwiderhandlung wirksam abzustellen. [3]Sie kann insbesondere

---

[1] § 30 Abs. 3 angef. mWv 27.7.2021 durch G v. 16.7.2021 (BGBl. I S. 3026); Abs. 1 Satz 2 Nr. 1,
Satz 3, Abs. 2 Satz 3 Nr. 1 geänd. mWv 29.12.2023 durch G v. 22.12.2023 (BGBl. 2023 I Nr. 405).

1. Änderungen verlangen, soweit die gebildeten Entgelte oder deren Anwendung sowie die Anwendung der Bedingungen für den Anschluss an das Netz und die Gewährung des Netzzugangs von der genehmigten oder festgelegten Methode, den genehmigten oder festgelegten Bedingungen oder den hierfür bestehenden gesetzlichen Vorgaben abweichen, oder

2. in Fällen rechtswidrig verweigerten Netzanschlusses oder Netzzugangs den Netzanschluss oder Netzzugang anordnen.

(3) Soweit ein berechtigtes Interesse besteht, kann die Regulierungsbehörde auch eine Zuwiderhandlung feststellen, nachdem diese beendet ist.

### § 31[1] Besondere Missbrauchsverfahren der Regulierungsbehörde.

(1) [1] Personen und Personenvereinigungen, deren Interessen durch das Verhalten eines Betreibers von Energieversorgungsnetzen erheblich berührt werden, können bei der Regulierungsbehörde einen Antrag auf Überprüfung dieses Verhaltens stellen. [2] Diese hat zu prüfen, inwieweit das Verhalten des Betreibers von Energieversorgungsnetzen mit den Vorgaben in den Bestimmungen der Abschnitte 2 und 3 oder der auf dieser Grundlage erlassenen Rechtsverordnungen sowie den nach § 29 Abs. 1 festgelegten oder genehmigten Bedingungen und Methoden übereinstimmt. [3] Soweit das Verhalten des Betreibers von Energieversorgungsnetzen nach § 23a genehmigt ist, hat die Regulierungsbehörde darüber hinaus zu prüfen, ob die Voraussetzungen für eine Aufhebung der Genehmigung vorliegen. [4] Interessen der Verbraucherzentralen und anderer Verbraucherverbände, die mit öffentlichen Mitteln gefördert werden, werden im Sinne des Satzes 1 auch dann erheblich berührt, wenn sich die Entscheidung auf eine Vielzahl von Verbrauchern auswirkt und dadurch die Interessen der Verbraucher insgesamt erheblich berührt werden.

(2) [1] Ein Antrag nach Absatz 1 bedarf neben dem Namen, der Anschrift und der Unterschrift des Antragstellers folgender Angaben:

1. Firma und Sitz des betroffenen Netzbetreibers,

2. das Verhalten des betroffenen Netzbetreibers, das überprüft werden soll,

3. die im Einzelnen anzuführenden Gründe, weshalb ernsthafte Zweifel an der Rechtmäßigkeit des Verhaltens des Netzbetreibers bestehen und

4. die im Einzelnen anzuführenden Gründe, weshalb der Antragsteller durch das Verhalten des Netzbetreibers betroffen ist.

[2] Sofern ein Antrag nicht die Voraussetzungen des Satzes 1 erfüllt, weist die Regulierungsbehörde den Antrag als unzulässig ab.

(3) [1] Die Regulierungsbehörde entscheidet innerhalb einer Frist von zwei Monaten nach Eingang des vollständigen Antrags. [2] Diese Frist kann um zwei Monate verlängert werden, wenn die Regulierungsbehörde zusätzliche Informationen anfordert. [3] Mit Zustimmung des Antragstellers ist eine weitere Verlängerung dieser Frist möglich. [4] Betrifft ein Antrag nach Satz 1 die Entgelte für den Anschluss größerer neuer Erzeugungsanlagen oder Anlagen zur Speicherung elektrischer Energie sowie Gasspeicheranlagen, so kann die Regulierungsbehörde die Fristen nach den Sätzen 1 und 2 verlängern.

---

[1] § 31 Abs. 3 Satz 4 geänd. mWv 4.8.2011 durch G v. 26.7.2011 (BGBl. I S. 1554); Abs. 3 Satz 4 geänd. mWv 28.12.2012 durch G v. 20.12.2012 (BGBl. I S. 2730); Abs. 3 Satz 4 geänd. mWv 27.7.2021 durch G v. 16.7.2021 (BGBl. I S. 3026).

(4) [1]Soweit ein Verfahren nicht mit einer den Beteiligten zugestellten Entscheidung nach § 73 Abs. 1 abgeschlossen wird, ist seine Beendigung den Beteiligten schriftlich oder elektronisch mitzuteilen. [2]Die Regulierungsbehörde kann die Kosten einer Beweiserhebung den Beteiligten nach billigem Ermessen auferlegen.

**§ 32 Unterlassungsanspruch, Schadensersatzpflicht.** (1) [1]Wer gegen eine Vorschrift der Abschnitte 2 und 3, eine auf Grund der Vorschriften dieser Abschnitte erlassene Rechtsverordnung oder eine auf Grundlage dieser Vorschriften ergangene Entscheidung der Regulierungsbehörde verstößt, ist dem Betroffenen zur Beseitigung einer Beeinträchtigung und bei Wiederholungsgefahr zur Unterlassung verpflichtet. [2]Der Anspruch besteht bereits dann, wenn eine Zuwiderhandlung droht. [3]Die Vorschriften der Abschnitte 2 und 3 dienen auch dann dem Schutz anderer Marktbeteiligter, wenn sich der Verstoß nicht gezielt gegen diese richtet. [4]Ein Anspruch ist nicht deswegen ausgeschlossen, weil der andere Marktbeteiligte an dem Verstoß mitgewirkt hat.

(2) Die Ansprüche aus Absatz 1 können auch von rechtsfähigen Verbänden zur Förderung gewerblicher oder selbständiger beruflicher Interessen geltend gemacht werden, soweit ihnen eine erhebliche Zahl von Unternehmen angehört, die Waren oder Dienstleistungen gleicher oder verwandter Art auf demselben Markt vertreiben, soweit sie insbesondere nach ihrer personellen, sachlichen und finanziellen Ausstattung imstande sind, ihre satzungsmäßigen Aufgaben der Verfolgung gewerblicher oder selbständiger beruflicher Interessen tatsächlich wahrzunehmen und soweit die Zuwiderhandlung die Interessen ihrer Mitglieder berührt.

(3) [1]Wer einen Verstoß nach Absatz 1 vorsätzlich oder fahrlässig begeht, ist zum Ersatz des daraus entstehenden Schadens verpflichtet. [2]Geldschulden nach Satz 1 hat das Unternehmen ab Eintritt des Schadens zu verzinsen. [3]Die §§ 288 und 289 Satz 1 des Bürgerlichen Gesetzbuchs[1]) finden entsprechende Anwendung.

(4) [1]Wird wegen eines Verstoßes gegen eine Vorschrift der Abschnitte 2 und 3 Schadensersatz begehrt, ist das Gericht insoweit an die Feststellung des Verstoßes gebunden, wie sie in einer bestandskräftigen Entscheidung der Regulierungsbehörde getroffen wurde. [2]Das Gleiche gilt für entsprechende Feststellungen in rechtskräftigen Gerichtsentscheidungen, die infolge der Anfechtung von Entscheidungen nach Satz 1 ergangen sind.

(5) [1]Die Verjährung eines Schadensersatzanspruchs nach Absatz 3 wird gehemmt, wenn die Regulierungsbehörde wegen eines Verstoßes im Sinne des Absatzes 1 ein Verfahren einleitet. [2]§ 204 Abs. 2 des Bürgerlichen Gesetzbuchs gilt entsprechend.

**§ 33[2]) Vorteilsabschöpfung durch die Regulierungsbehörde.** (1) Hat ein Unternehmen vorsätzlich oder fahrlässig gegen eine Vorschrift der Abschnitte 2 und 3, eine auf Grund der Vorschriften dieser Abschnitte erlassene Rechtsverordnung oder eine auf Grundlage dieser Vorschriften ergangene Entscheidung der Regulierungsbehörde verstoßen und dadurch einen wirtschaftlichen Vorteil erlangt, kann die Regulierungsbehörde die Abschöpfung des wirtschaftlichen Vorteils anordnen und dem Unternehmen die Zahlung des entsprechenden Geldbetrags auferlegen.

---

[1]) **Habersack Nr. 20.**
[2]) § 33 Abs. 6 angef. mWv 12.12.2012 durch G v. 5.12.2012 (BGBl. I S. 2403); Abs. 2 Satz 1 geänd. mWv 1.7.2017 durch G v. 13.4.2017 (BGBl. I S. 872).

(2) [1] Absatz 1 gilt nicht, sofern der wirtschaftliche Vorteil durch Schadensersatzleistungen oder durch die Verhängung der Geldbuße oder die Anordnung der Einziehung von Taterträgen abgeschöpft ist. [2] Soweit das Unternehmen Leistungen nach Satz 1 erst nach der Vorteilsabschöpfung erbringt, ist der abgeführte Geldbetrag in Höhe der nachgewiesenen Zahlungen an das Unternehmen zurückzuerstatten.

(3) [1] Wäre die Durchführung der Vorteilsabschöpfung eine unbillige Härte, soll die Anordnung auf einen angemessenen Geldbetrag beschränkt werden oder ganz unterbleiben. [2] Sie soll auch unterbleiben, wenn der wirtschaftliche Vorteil gering ist.

(4) [1] Die Höhe des wirtschaftlichen Vorteils kann geschätzt werden. [2] Der abzuführende Geldbetrag ist zahlenmäßig zu bestimmen.

(5) Die Vorteilsabschöpfung kann nur innerhalb einer Frist von bis zu fünf Jahren seit Beendigung der Zuwiderhandlung und längstens für einen Zeitraum von fünf Jahren angeordnet werden.

(6) Die Absätze 1 bis 5 gelten entsprechend für Verstöße gegen die Artikel 3 und 5 der Verordnung (EU) Nr. 1227/2011 oder gegen eine auf Grundlage dieser Vorschriften ergangene Entscheidung der Bundesnetzagentur.

## § 34 (aufgehoben)

## § 35[1] Monitoring und ergänzende Informationen. (1) Die Regulierungsbehörde führt zur Wahrnehmung ihrer Aufgaben nach diesem Gesetz, insbesondere zur Herstellung von Markttransparenz sowie zur Wahrnehmung ihrer Aufgaben nach dem Kohleverstromungsbeendigungsgesetz[2] vom 8. August 2020 (BGBl. I S. 1818), ein Monitoring durch über

1. die Regeln für das Management und die Zuweisung von Verbindungskapazitäten; dies erfolgt in Abstimmung mit der Regulierungsbehörde oder den Regulierungsbehörden der Mitgliedstaaten, mit denen ein Verbund besteht;
2. die Mechanismen zur Behebung von Kapazitätsengpässen im nationalen Elektrizitäts- und Gasversorgungsnetz und bei den Verbindungsleitungen;
3. die Zeit, die von Betreibern von Übertragungs-, Fernleitungs- und Verteilernetzen für die Herstellung von Anschlüssen und Reparaturen benötigt wird;
4. die Veröffentlichung angemessener Informationen über Verbindungsleitungen, Netznutzung und Kapazitätszuweisung für interessierte Parteien durch die Betreiber von Übertragungs-, Fernleitungs- und Verteilernetzen unter Berücksichtigung der Notwendigkeit, nicht statistisch aufbereitete Einzeldaten als Geschäftsgeheimnisse zu behandeln;

---

[1] § 35 Abs. 1 Nr. 12 geänd. mWv 9.9.2008 durch G v. 29.8.2008 (BGBl. I S. 1790); Abs. 1 Nr. 8 geänd. mWv 1.11.2008 durch G v. 25.10.2008 (BGBl. I S. 2101); Abs. 1 Nr. 2 geänd., Nr. 5 neu gef., Nr. 7 geänd., Nr. 10 aufgeh., bish. Nr. 11 wird Nr. 10 und neu gef., bish. Nr. 12 wird Nr. 11 und geänd., Nr. 12 und 13 angef. mWv 4.8.2011 durch G v. 26.7.2011 (BGBl. I S. 1554); Abs. 1 Nr. 7 geänd. mWv 1.8.2015 durch G v. 28.7.2015 (BGBl. I S. 1400); Abs. 1 Nr. 7 geänd. mWv 8.9.2015 durch VO v. 31.8. 2015 (BGBl. I S. 1474); Abs. 1 Nr. 12 geänd. mWv 30.7.2016 durch G v. 26.7.2016 (BGBl. I S. 1786); Abs. 1 Nr. 11 aufgeh., bish. Nr. 12 und 13 werden Nr. 11 und 12 mWv 2.9.2016 durch G v. 29.8.2016 (BGBl. I S. 2034); Abs. 1 Nr. 12 geänd., Nr. 13 angef. mWv 1.1.2017 durch G v. 13.10.2016 (BGBl. I S. 2258); Überschrift neu gef., Abs. 1a eingef., Abs. 2 geänd. mWv 21.12.2018 durch G v. 17.12.2018 (BGBl. I S. 2549); Abs. 1 einl. Satzteil geänd. mWv 14.8.2020 durch G v. 8.8.2020 (BGBl. I S. 1818); Abs. 1 Nr. 7 und 10 geänd. mWv 27.7.2021 durch G v. 16.7.2021 (BGBl. I S. 3026); Abs. 1 Nr. 10 geänd. mWv 29.7.2022 durch G v. 19.7.2022 (BGBl. I S. 1214); Abs. 1 Nr. 11–13 geänd., Nr. 14 angef., Abs. 1b eingef. mWv 29.12.2023 durch G v. 22.12.2023 (BGBl. 2023 I Nr. 405).
[2] Sartorius III Nr. 340.

5. die technische Zusammenarbeit zwischen Betreibern von Übertragungsnetzen innerhalb und außerhalb der Europäischen Gemeinschaft;

6. die Bedingungen und Tarife für den Anschluss neuer Elektrizitätserzeuger unter besonderer Berücksichtigung der Kosten und der Vorteile der verschiedenen Technologien zur Elektrizitätserzeugung aus erneuerbaren Energien, der dezentralen Erzeugung und der Kraft-Wärme-Kopplung;

7. die Bedingungen für den Zugang zu Gasspeicheranlagen nach den §§ 26 und 28, und insbesondere über Veränderungen der Situation auf dem Speichermarkt, mit dem Ziel, dem Bundesministerium für Wirtschaft und Energie eine Überprüfung der Regelungen im Hinblick auf den Zugang zu Gasspeicheranlagen zu ermöglichen, sowie die Netzzugangsbedingungen für Anlagen zur Erzeugung von Biogas und die Zahl der Biogas in das Erdgasnetz einspeisenden Anlagen, die eingespeiste Biogasmenge in Kilowattstunden und die nach § 20b der Gasnetzentgeltverordnung bundesweit umgelegten Kosten;

8. den Umfang, in dem die Betreiber von Übertragungs-, Fernleitungs- und Verteilernetzen ihren Aufgaben nach den §§ 11 bis 16a nachkommen;

9. die Erfüllung der Verpflichtungen nach § 42;

10. Preise für Haushaltskunden, einschließlich von Vorauszahlungssystemen, Marktangebot von und Preisvolatilität bei Verträgen mit dynamischen Stromtarifen, Lieferanten- und Produktwechsel, Unterbrechung der Versorgung gemäß § 19 der Stromgrundversorgungsverordnung oder der Gasgrundversorgungsverordnung, die Beziehungen zwischen Haushalts- und Großhandelspreisen, Beschwerden von Haushaltskunden, die Wirksamkeit und die Durchsetzung von Maßnahmen zum Verbraucherschutz im Bereich Elektrizität oder Gas, Wartungsdienste am Hausanschluss oder an Messeinrichtungen sowie die Dienstleistungsqualität der Netze;

11. den Bestand und die geplanten Stilllegungen von Erzeugungskapazitäten, die Möglichkeit und die vorhandenen Kapazitäten für einen Brennstoffwechsel zur Absicherung der Leistung der Erzeugungskapazitäten, die Investitionen in die Erzeugungskapazitäten mit Blick auf die Versorgungssicherheit sowie den Bestand, die bereitgestellte Leistung, die gelieferte Strommenge sowie den voraussichtlichen Zeitpunkt der Außerbetriebnahme von Speichern mit einer Nennleistung von mehr als 10 Megawatt je Standort;

12. den Grad der Transparenz, auch der Großhandelspreise, sowie den Grad und die Wirksamkeit der Marktöffnung und den Umfang des Wettbewerbs auf Großhandels- und Endkundenebene sowie an Elektrizitäts- und Erdgasbörsen, soweit diese Aufgabe nicht durch Gesetz einer anderen Stelle übertragen wurde;

13. die Entwicklung der Ausschreibungen abschaltbarer Lasten durch die Betreiber von Übertragungsnetzen nach § 13 Absatz 6 Satz 1;

14. den Bestand nicht öffentlich zugänglicher Ladepunkte.

(1a) Die Regulierungsbehörde kann für die Erstellung des Berichts nach § 63 Absatz 3a sowie zur Überwachung von Verpflichtungen nach § 13, insbesondere ob eine Abweichung nach § 13 Absatz 3 vorliegt, von den Betreibern von Erzeugungsanlagen und von Anlagen zur Speicherung elektrischer Energie ergänzende Informationen erheben, insbesondere

1. Betriebskenndaten der Anlagen sowie

2. Daten zur Bereitstellung von elektrischer Leistung auf Grund sonstiger Verdienstmöglichkeiten.

(1b) ¹Die Betreiber von Elektrizitätsversorgungsnetzen haben der Regulierungsbehörde zum Zweck des Monitorings nach Absatz 1 Nummer 14 Informationen zum Bestand nicht öffentlich zugänglicher sowie öffentlich zugänglicher Ladepunkte mitzuteilen. ²Die Regulierungsbehörde kann Vorgaben zu Art und Weise und Format der Mitteilung machen.

(2) Zur Durchführung des Monitoring und zur Erhebung der ergänzenden Informationen gelten die Befugnisse nach § 69 entsprechend.

## Teil 3a.[1] Füllstandsvorgaben für Gasspeicheranlagen und Gewährleistung der Versorgungssicherheit

**§ 35a[2] Allgemeines.** (1) ¹Der Marktgebietsverantwortliche wirkt im Rahmen der Gewährleistung der Versorgungssicherheit mit und kann in diesem Rahmen nach Maßgabe der §§ 35b bis 35d angemessene Maßnahmen ergreifen. ²Das Bundesministerium für Wirtschaft und Klimaschutz erteilt die Zustimmung im angemessenen Umfang.

(2) ¹Die Vorschriften dieses Teils sind nur für Gasspeicheranlagen anzuwenden, die mindestens einen Einspeisepunkt an das deutsche Fernleitungsnetz haben. ²Die zu Speicherzwecken genutzten Teile von LNG Anlagen sind von den Vorschriften dieses Teils ausgenommen.

**§ 35b[3] [4] Füllstandsvorgaben; Bereitstellung ungenutzter Speicherkapazitäten; Verordnungsermächtigung.** (1) ¹Der Betreiber einer Gasspeicheranlage hat vertragliche Regelungen aufzunehmen, welche die jeweiligen Rahmenbedingungen zur Erreichung der nachfolgend dargestellten Füllstandsvorgaben definieren, wonach jeweils im Zeitraum vom 1. Oktober eines Kalenderjahres bis zum 1. Februar des Folgejahres die von ihm betriebenen Gasspeicheranlagen einen Füllstand nach Satz 2 aufweisen sollen. ²Hierbei sind in jeder Gasspeicheranlage die nachfolgend angegebenen Füllstände als prozentualer Anteil am Arbeitsgasvolumen der Gasspeicheranlage zu den genannten Stichtagen vorzuhalten (Füllstandsvorgaben):

1. am 1. Oktober: 80 Prozent.
2. am 1. November: 90 Prozent.
3. am 1. Februar: 30 Prozent.

(2) Um die Einhaltung der Füllstandsvorgaben nach Absatz 1 Satz 2 zu gewährleisten, hat der Betreiber einer Gasspeicheranlage bereits am 1. August eines Kalenderjahres einen Füllstand nachzuweisen, der die Erreichung der Füllstandsvorgaben nicht gefährdet.

(3) Das Bundesministerium für Wirtschaft und Klimaschutz kann durch Rechtsverordnung[5] ohne Zustimmung des Bundesrates abweichende Regelungen zu den relevanten Stichtagen und Füllstandsvorgaben nach Absatz 1 Satz 2 und

---

[1] Teil 3a (§§ 35a–35g) eingef. mWv 30.4.2022 durch G v. 26.4.2022 (BGBl. I S. 674).
[2] § 35a eingef. mWv 30.4.2022–31.3.2025 durch G v. 26.4.2022 (BGBl. I S. 674); Abs. 2 Satz 1 geänd. mWv 12.7.2022 durch G v. 8.7.2022 (BGBl. I S. 1054); Abs. 2 Satz 1 geänd. mWv 1.12.2022 durch G v. 25.11.2022 (BGBl. I S. 2102).
[3] §§ 35a–35f sind bis zum Ablauf des 31.3.2027 anzuwenden, vgl. § 35g Abs. 2.
[4] § 35b eingef. mWv 30.4.2022 durch G v. 26.4.2022 (BGBl. I S. 674); Abs. 4 Satz 5 angef. mWv 1.12.2022 durch G v. 25.11.2022 (BGBl. I S. 2102); Abs. 1 Satz 2 Nr. 3 geänd., Abs. 4 und 5 neu gef. mWv 9.2.2024 durch G v. 5.2.2024 (BGBl. 2024 I Nr. 32).
[5] Siehe die GasspeicherfüllstandsVO v. 27.7.2022 (BAnz AT 28.07.2022 V1).

Absatz 2 festlegen, soweit die Sicherheit der Gasversorgung dabei angemessen berücksichtigt bleibt.

(4) [1] Der Betreiber einer Gasspeicheranlage hat den Nachweis über die Einhaltung der Vorgaben aus Absatz 1 Satz 2 und Absatz 2 sowie, soweit eine Rechtsverordnung nach Absatz 3 erlassen wurde, die Einhaltung der darin enthaltenen Vorgaben, gegenüber dem Bundesministerium für Wirtschaft und Klimaschutz, der Bundesnetzagentur und dem Marktgebietsverantwortlichen schriftlich oder elektronisch zu erbringen. [2] Der Betreiber einer Gasspeicheranlage muss im Rahmen von Satz 1 nachweisen, ob Gas physisch in den Gasspeicheranlagen in entsprechender Menge eingelagert ist; gegenüber der Bundesnetzagentur sind die entsprechenden technischen Kennlinien vorzulegen, die beschreiben, welcher Füllstand zu welchem Zeitpunkt notwendig ist, um die Füllstandsvorgaben erreichen zu können (Füllstandskennlinie). [3] Wird diese Füllstandskennlinie erreicht oder unterschritten, ist der Betreiber einer Gasspeicheranlage verpflichtet, die nachfolgenden Angaben entsprechend gesondert je betroffenem Nutzer einer Gasspeicherspeicheranlage elektronisch an die Bundesnetzagentur zu übermitteln:

1. die prozentualen Füllstände sowie Füllstände in Kilowattstunden,

2. den Nachweis darüber, dass der jeweilige Gasspeicher die Voraussetzungen nach § 35a Absatz 2 Satz 1 erfüllt, sowie

3. sonstige im Zusammenhang mit der Erfüllung der Füllstandsvorgaben relevante Informationen.

[4] Satz 3 ist entsprechend für Maßnahmen nach § 35c Absatz 2 Satz 3 anzuwenden. [5] Die Bundesnetzagentur kann die Daten nach Satz 3 dem Marktgebietsverantwortlichen sowie dem Bundesministerium für Wirtschaft und Klimaschutz zur Verfügung stellen, wobei die Betriebs- und Geschäftsgeheimnisse der Nutzer der Gasspeicheranlagen angemessen zu wahren sind.

(5) [1] Wenn erkennbar ist, dass die Füllstandsvorgaben nach Absatz 1 Satz 2, soweit eine Rechtsverordnung nach Absatz 3 erlassen wurde, die darin enthaltenen Vorgaben, technisch nicht erreicht werden können, weil der Nutzer einer Gasspeicheranlage die von ihm auf fester Basis gebuchten Arbeitsgasvolumina (Speicherkapazitäten) nicht nutzt, ist der Betreiber einer Gasspeicheranlage verpflichtet, dem Marktgebietsverantwortlichen die nicht genutzten Speicherkapazitäten der Nutzer der Gasspeicheranlage rechtzeitig anteilig nach dem Maß der Nichtnutzung des Nutzers in dem zur Erreichung der Füllstandsvorgaben erforderlichen Umfang bis zum Ablauf des Speicherjahres zur Verfügung zu stellen. [2] Im Fall des Satzes 1 sind auch die Ein- und Ausspeicherleistung anteilig zur Verfügung zu stellen.

(6) [1] Der Betreiber einer Gasspeicheranlage hat in einem Vertrag über die Nutzung einer Gasspeicheranlage vertragliche Bestimmungen aufzunehmen, welche ihn berechtigen, von dem Nutzer nicht genutzte Speicherkapazitäten dem Marktgebietsverantwortlichen zur Verfügung zu stellen, soweit hinsichtlich des Nutzers die Voraussetzungen nach Absatz 5 vorliegen. [2] Der Nutzer einer Gasspeicheranlage, dessen Speicherkapazitäten der Betreiber der Gasspeicheranlage dem Marktgebietsverantwortlichen zur Verfügung gestellt hat, bleibt zur Zahlung der Entgelte für die Speichernutzung verpflichtet mit Ausnahme der variablen Speicherentgelte für die Ein- und Ausspeisung. [3] Eine von Satz 2 abweichende vertragliche Vereinbarung ist unwirksam. [4] Auf Aufforderung der Bundesnetzagentur weist der Betreiber einer Gasspeicheranlage die Umsetzung der Verpflichtung nach Absatz 5 nach.

(7) [1] Das Bundesministerium für Wirtschaft und Klimaschutz kann ohne Zustimmung des Bundesrates durch Rechtsverordnung ein von Absatz 5 und 6 abweichendes Verfahren über die Zurverfügungstellung vom Nutzer einer Gasspeicheranlage ungenutzter Kapazitäten an den Marktgebietsverantwortlichen regeln, soweit dies zur Gewährleistung der Versorgungssicherheit erforderlich ist. [2] Hierzu kann unter Berücksichtigung der technischen und wirtschaftlichen Rahmenbedingungen insbesondere geregelt werden, ob die vom Nutzer einer Gasspeicheranlage ungenutzten Speicherkapazitäten als unterbrechbare Kapazitäten durch den Marktgebietsverantwortlichen genutzt werden dürfen.

**§ 35c**[1)2)] **Kontrahierung von Befüllungsinstrumenten; ergänzende Maßnahmen zur Gewährleistung der Versorgungssicherheit.** (1) Zur Gewährleistung der Versorgungssicherheit hat der Marktgebietsverantwortliche nach Zustimmung des Bundesministeriums für Wirtschaft und Klimaschutz im Einvernehmen mit der Bundesnetzagentur in marktbasierten, transparenten und nichtdiskriminierenden öffentlichen Ausschreibungsverfahren strategische Instrumente zur Förderung der Erreichung der Füllstandsvorgaben (Befüllungsinstrumente) in angemessenem Umfang zur Gewährleistung der Erreichung der Füllstände nach § 35b zu beschaffen.

(2) [1] Sollten Maßnahmen nach Absatz 1 sowie Einspeicherungen der Nutzer einer Gasspeicheranlage zur Erreichung der Füllstände nach § 35b Absatz 1 sowie Absatz 3 nicht ausreichen, so ergreift der Marktgebietsverantwortliche nach Zustimmung des Bundesministeriums für Wirtschaft und Klimaschutz im Einvernehmen mit der Bundesnetzagentur in dem zur Erreichung der Füllstandsvorgaben erforderlichen Umfang zusätzliche Maßnahmen. [2] Diese umfassen die zusätzliche, auch kurzfristige Ausschreibung von Befüllungsinstrumenten für die nach § 35b Absatz 5 zur Verfügung gestellten Kapazitäten in einem marktbasierten, transparenten und nichtdiskriminierenden öffentlichen Ausschreibungsverfahren sowie den Erwerb physischen Gases und dessen Einspeicherung. [3] Sofern die nach § 35b Absatz 5 zur Verfügung gestellten Kapazitäten hierzu nicht ausreichen, kann der Marktgebietsverantwortliche die benötigten Speicherkapazitäten buchen, wobei der Marktgebietsverantwortliche hierfür ein Speicherentgelt zu zahlen hat, das sich rechnerisch ergibt, indem für die jeweilige Gasspeicheranlage für die letzten drei abgeschlossenen Speicherjahre jeweils ein durchschnittliches Speicherentgelt ermittelt und das niedrigste dieser drei durchschnittlichen Speicherentgelte herangezogen wird.

**§ 35d**[1)3)] **Freigabeentscheidung.** (1) [1] Das Bundesministerium für Wirtschaft und Klimaschutz kann im Einvernehmen mit der Bundesnetzagentur und nach Anhörung des Marktgebietsverantwortlichen anordnen, dass der Marktgebietsverantwortliche nach § 35c kontrahierte Befüllungsinstrumente ganz oder teilweise ausüben darf, sofern sie abrufbare Mengen beinhalten, und dass er nach § 35c Absatz 2 erworbene Gasmengen ganz oder teilweise ausspeichern darf, insbesondere

1. zur Verhütung unmittelbar drohender oder zur Behebung eingetretener Störungen in der Energieversorgung

---

[1)] §§ 35a–35f sind bis zum Ablauf des 31.3.2027 anzuwenden, vgl. § 35g Abs. 2.
[2)] § 35c eingef. mWv 30.4.2022 durch G v. 26.4.2022 (BGBl. I S. 674); Überschrift, Abs. 1 und 2 Sätze 2 und 3 geänd. mWv 9.2.2024 durch G v. 5.2.2024 (BGBl. 2024 I Nr. 32).
[3)] § 35d eingef. mWv 30.4.2022 durch G v. 26.4.2022 (BGBl. I S. 674); Abs. 1 Satz 1 einl. Satzteil geänd. mWv 9.2.2024 durch G v. 5.2.2024 (BGBl. 2024 I Nr. 32).

2. zum Ausgleich eines erheblichen und unerwarteten Rückgangs von Lieferungen von Gas oder

3. zur Behebung regionaler Engpasssituationen.

[2] Satz 1 gilt entsprechend für die Anordnung, dass vorübergehend und in Abweichung von § 35b Absatz 1 Satz 2 einschließlich einer Rechtsverordnung nach § 35b Absatz 3 geringere Füllstände vorgehalten werden dürfen.

(2) [1] Die Anordnungen nach Absatz 1 sind jeweils mit Wirkung für die Zukunft zu widerrufen, sobald die sie begründenden Umstände nicht mehr vorliegen. [2] Das Bundesministerium für Wirtschaft und Klimaschutz kann im Einvernehmen mit der Bundesnetzagentur und nach Anhörung des Marktgebietsverantwortlichen bestimmen, ob und in welchem Umfang nach erfolgtem Widerruf einer Anordnung nach Absatz 1 eine Befüllung der Speicher zu erfolgen hat.

(3) Artikel 13 der Verordnung (EU) 2017/1938 des Europäischen Parlaments und des Rates vom 25. Oktober 2017 über Maßnahmen zur Gewährleistung der sicheren Gasversorgung und zur Aufhebung der Verordnung (EU) Nr. 994/2010 (ABl. L 280 vom 28.10.2017, S. 1), die §§ 16, 16a und 53a dieses Gesetzes, die Vorschriften des Energiesicherungsgesetzes 1975 vom 20. Dezember 1974 (BGBl. I S. 3681), das zuletzt durch Artikel 86 des Gesetzes vom 10. August 2021 (BGBl. I S. 3436) geändert worden ist, sowie die Vorschriften der Gassicherungsverordnung vom 26. April 1982 (BGBl. I S. 517), die zuletzt durch Artikel 3 Absatz 48 des Gesetzes vom 7. Juli 2005 (BGBl. I S. 1970) geändert worden ist, in der jeweils geltenden Fassung, bleiben hiervon unberührt.

(4) [1] Der Marktgebietsverantwortliche hat die nach § 35c Absatz 2 physisch erworbenen Gasmengen spätestens ab dem 1. Januar eines Jahres bis zum Ende des Speicherjahres gleichmäßig zu veräußern. [2] Der Marktgebietsverantwortliche hat das Bundesministerium für Wirtschaft und Klimaschutz sowie die Bundesnetzagentur mindestens zwei Wochen vor dem Beginn der Veräußerungen nach Satz 1 schriftlich oder elektronisch zu informieren. [3] Satz 1 gilt nicht, wenn zu erwarten ist, dass die Füllstandsvorgaben nach § 35b Absatz 1 oder nach der Rechtsverordnung nach § 35b Absatz 3 in der Folgeperiode nicht ohne Maßnahmen nach § 35c Absatz 2 gewährleistet werden können oder das Bundesministerium für Wirtschaft und Klimaschutz im Einvernehmen mit der Bundesnetzagentur der Veräußerung widersprochen hat. [4] Absatz 1 bleibt unberührt.

## § 35e[1] Umlage der Kosten des Marktgebietsverantwortlichen; Finanzierung.

[1] Die dem Marktgebietsverantwortlichen im Zusammenhang mit seinen Aufgaben zur Sicherstellung der Versorgungssicherheit entstehenden Kosten werden diskriminierungsfrei und in einem transparenten Verfahren auf die Bilanzkreisverantwortlichen im Marktgebiet umgelegt. [2] Hierzu hat der Marktgebietsverantwortliche die Kosten und Erlöse, die im Rahmen der ergriffenen Maßnahmen nach diesem Teil, insbesondere nach den §§ 35c und 35d, entstehen, transparent und für Dritte nachvollziehbar zu ermitteln. [3] Die Kosten und Erlöse sind zu saldieren. [4] Der Marktgebietsverantwortliche ist berechtigt, von den Bilanzkreisverantwortlichen Abschlagszahlungen zur Deckung der voraussichtlichen Kosten zu verlangen. [5] Die Einzelheiten genehmigt die Bundesnetzagentur im Einvernehmen mit dem Bundesministerium für Wirtschaft und Klimaschutz und dem Bundesministerium der Finanzen nach § 29 Absatz 1; dem Marktgebietsverantwortlichen ist Gelegenheit zur Stellungnahme zu geben.

---

[1] § 35e eingef. mWv 30.4.2022–31.3.2025 durch G v. 26.4.2022 (BGBl. I S. 674).

**§ 35f**[1] **Evaluierung.** [1]Das Bundesministerium für Wirtschaft und Klimaschutz bewertet bis zum 15. Dezember 2022 die Umsetzung der Vorschriften dieses Teils und evaluiert bis zum 1. April 2023 die Vorschriften dieses Teils und deren Auswirkungen. [2]Die Berichte sind unverzüglich dem Deutschen Bundestag vorzulegen.

**§ 35g**[2] **Anwendungsbestimmungen.** *(1)*[3] *Der § 35b Absatz 5 Satz 3 ist ab dem 1. April 2024 anzuwenden.*

(2) Die §§ 35a bis 35f sind bis zum Ablauf des 31. März 2027 anzuwenden.

**§ 35h**[4] **Außerbetriebnahme und Stilllegung von Gasspeichern.** (1) [1]Der Betreiber einer Gasspeicheranlage im Sinne des § 35a Absatz 2 ist verpflichtet, der Bundesnetzagentur eine vorläufige oder endgültige Außerbetriebnahme oder Stilllegung einer Gasspeicheranlage, von Teilen einer Gasspeicheranlage oder des betreffenden Netzanschlusses am Fernleitungsnetz mindestens zwölf Monate im Voraus anzuzeigen. [2]Der Betreiber einer Gasspeicheranlage hat die Gründe hierfür anzugeben.

(2) [1]Die vorläufige oder endgültige Außerbetriebnahme oder Stilllegung einer Gasspeicheranlage, von Teilen einer Gasspeicheranlage oder des betreffenden Netzanschlusses am Fernleitungsnetz bedarf der vorherigen Genehmigung durch die Bundesnetzagentur. [2]Der Betreiber einer Gasspeicheranlage hat im Rahmen seines Antrags nach Satz 1 anzugeben und nachzuweisen, ob und inwieweit die Stilllegung aus rechtlichen, technischen oder betriebswirtschaftlichen Gründen erfolgt. [3]Im Rahmen des Genehmigungsverfahrens hat die Bundesnetzagentur den Fernleitungsnetzbetreiber, an dessen Netz die Gasspeicheranlage angeschlossen ist, anzuhören.

(3) [1]Die Genehmigung kann nur erteilt werden, wenn hiervon keine nachteiligen Auswirkungen auf die Versorgungssicherheit der Bundesrepublik Deutschland oder der Europäischen Union ausgehen oder wenn der Weiterbetrieb technisch nicht möglich ist. [2]Nur unerhebliche nachteilige Auswirkungen auf die Versorgungssicherheit der Bundesrepublik Deutschland oder der Europäischen Union sind im Rahmen des Satzes 1 unbeachtlich. [3]Der Betreiber einer Gasspeicheranlage hat im Rahmen der ihm zur Verfügung stehenden Möglichkeiten den Nachweis für das Vorliegen der Genehmigungsvoraussetzungen zu erbringen.

(4) [1]Wird die Genehmigung versagt oder werden die Gasspeicheranlage, Teile einer Gasspeicheranlage oder Teile des betreffenden Netzanschlusses ohne die nach Absatz 2 Satz 1 hierfür erforderliche Genehmigung ganz oder teilweise außer Betrieb genommen oder stillgelegt, so bleibt der Betreiber einer Gasspeicheranlage zum Betrieb nach § 11 Absatz 1 Satz 1 verpflichtet. [2]Der Betreiber einer Gasspeicheranlage kann die vorläufige oder endgültige Außerbetriebnahme oder Stilllegung frühestens wieder nach Ablauf von 24 Monaten beantragen. [3]Überträgt der Betreiber einer Gasspeicheranlage den Betrieb einem Dritten, so ist er so lange

---

[1] § 35f eingef. mWv 30.4.2022–31.3.2025 durch G v. 26.4.2022 (BGBl. I S. 674).
[2] § 35g neu gef. mWv 9.2.2024 durch G v. 5.2.2024 (BGBl. 2024 I Nr. 32).
[3] Obsolet; der im Gesetzentwurf (BT-Drs. 20/9094) enthaltene § 35b Abs. 5 Satz 3 wurde gemäß der Ausschussempfehlung (BT-Drs. 20/10094) aus dem Gesetzestext gestrichen, § 35g allerdings nicht entsprechend angepasst.
[4] § 35h eingef. mWv 22.5.2022 durch G v. 20.5.2022 (BGBl. I S. 730); Abs. 6 und 7 angef. mWv 13.10.2022 durch G v. 8.10.2022 (BGBl. I S. 1726); Abs. 5 Satz 4 eingef., bish. Satz 4 wird Satz 5 mWv 1.12.2022 durch G v. 25.11.2022 (BGBl. I S. 2102); Abs. 4 Satz 1 geänd. mWv 9.2.2024 durch G v. 5.2. 2024 (BGBl. 2024 I Nr. 32).

zum Weiterbetrieb verpflichtet, bis der Dritte in der Lage ist, den Betrieb im Sinne des § 11 Absatz 1 Satz 1 ohne zeitliche Unterbrechung fortzuführen. [4]Kann der Betreiber einer Gasspeicheranlage den Betrieb im Sinne des § 11 Absatz 1 Satz 1 selbst nicht mehr gewährleisten, so hat er unverzüglich durch geeignete Maßnahmen, wie etwa eine Betriebsübertragung auf Dritte oder die Erbringung der Betriebsführung als Dienstleistung für einen Dritten oder durch einen Dritten, den Weiterbetrieb zu gewährleisten. [5]Bleiben Maßnahmen nach Satz 4 erfolglos, kann die Bundesnetzagentur im Einzelfall die zur Sicherstellung des Weiterbetriebs erforderlichen Maßnahmen gegenüber dem Betreiber einer Gasspeicheranlage treffen. [6]Tragen Dritte zum sicheren Betrieb der Gasspeicheranlage bei und ist der Weiterbetrieb ohne sie nicht möglich, so gilt die Befugnis nach Satz 5 auch gegenüber diesen Dritten.

(5) [1]Soweit bei Vorhaben nach § 2 Absatz 2 Satz 1 Nummer 1 und 2 des Bundesberggesetzes[1]) vom 13. August 1980 (BGBl. I S. 1310), das zuletzt durch Artikel 1 des Gesetzes vom 14. Juni 2021 (BGBl. I S. 1760) geändert worden ist, zur Abwehr dringender Gefahren für Leib und Leben oder eines Umweltschadens im Sinne des § 2 Nummer 1 des Umweltschadensgesetzes[2]) in der Fassung der Bekanntmachung vom 5. März 2021 (BGBl. I S. 346) oder zur weiteren dauerhaften Aufrechterhaltung der Funktionsfähigkeit eine vorläufige oder endgültige Außerbetriebnahme oder Stilllegung aufgrund einer Anordnung der zuständigen Behörde nach § 142 des Bundesberggesetzes notwendig ist, kann die zuständige Behörde abweichend von den Absätzen 1 bis 3 eine entsprechende Anordnung treffen. [2]Die zuständige Behörde konsultiert vor ihrer Anordnung die Bundesnetzagentur. [3]Satz 2 gilt nicht, wenn aufgrund von Gefahr in Verzug eine sofortige Anordnung notwendig ist; in diesem Fall wird die Bundesnetzagentur unverzüglich von der zuständigen Behörde über die Anordnung in Kenntnis gesetzt. [4]Die nach § 61 Absatz 1 Satz 2 Nummer 2 des Bundesberggesetzes resultierenden Pflichten des Unternehmers gelten unbeschadet der Regelungen der Absätze 1 bis 4. [5]Der Betreiber einer Gasspeicheranlage ist verpflichtet, nach einer Anordnung nach Satz 1 den Speicher oder die Einrichtung unverzüglich wieder in einen betriebsbereiten Zustand zu versetzen, soweit dies technisch möglich ist.

(6) [1]Der Betreiber einer Gasspeicheranlage kann bei der Bundesnetzagentur eine Entschädigung für den Fall einer anderweitig nicht ausgleichbaren, unbilligen wirtschaftlichen Härte, die ihm infolge der Genehmigungsversagung nach Absatz 4 entstanden ist, beantragen. [2]Im Rahmen des Antrags hat der Betreiber einer Gasspeicheranlage insbesondere Folgendes darzulegen:

1. die Gründe, aus denen sich für ihn eine unbillige wirtschaftliche Härte aus der Versagung der Genehmigung nach Absatz 4 ergibt,

2. Art und Umfang der voraussichtlichen Kosten für den Unterhalt und Weiterbetrieb der Gasspeicheranlage, für die eine Entschädigung verlangt wird, und

3. die Gründe dafür, dass die unter Nummer 2 genannten Positionen nicht anderweitig ausgeglichen werden können.

[3]Über den Antrag nach Satz 1 entscheidet die Bundesnetzagentur nach § 29 Absatz 1 im Einvernehmen mit dem Bundesministerium für Wirtschaft und Klimaschutz nach billigem Ermessen. [4]Zur Leistung der Entschädigung ist der Bund verpflichtet. [5]Die Entschädigung soll in Form von Wochen-, Monats- oder Jahresbeträgen für die Dauer des voraussichtlichen Weiterbetriebs der Anlage fest-

---

[1]) Sartorius III Nr. 460.
[2]) Sartorius III Nr. 310.

gesetzt werden. [6] Sie muss insgesamt zur Abwendung unbilliger wirtschaftlicher Härten erforderlich sein und darf die Summe der voraussichtlich notwendigen Kosten der Unterhaltung und des Weiterbetriebs der Anlage im relevanten Zeitraum abzüglich der voraussichtlich erzielbaren Einnahmen und sonstiger Ausgleichszahlungen nicht überschreiten. [7] Der Betreiber ist verpflichtet, Nachweis über die Verwendung erhaltener Entschädigungszahlungen zu führen und diese mindestens einmal jährlich abzurechnen. [8] Die Bundesnetzagentur kann Vorgaben zu Inhalt und Format der erforderlichen Nachweise machen. [9] Überzahlungen, denen keine tatsächlich angefallenen notwendigen Kosten, die nicht anderweitig ausgeglichen werden konnten, gegenüberstehen, sind zurückzuerstatten. [10] Eine Erhöhung der Entschädigung findet auf Antrag des Betreibers nur statt, wenn andernfalls eine unbillige wirtschaftliche Härte einträte.

(7) [1] Die Umstellung einer Gasspeicheranlage von L-Gas auf H-Gas, sofern diese Umstellung nicht nach § 19a durch den Betreiber eines Fernleitungsnetzes veranlasst worden ist, oder die Reduzierung von L-Gas-Speicherkapazitäten in einer Gasspeicheranlage bedarf der Genehmigung der Bundesnetzagentur im Einvernehmen mit dem Bundesministerium für Wirtschaft und Klimaschutz. [2] Die Genehmigung nach Satz 1 darf nur versagt werden, wenn die Umstellung der Gasspeicheranlage oder die Reduzierung der L-Gas-Speicherkapazitäten zu einer Einschränkung der Versorgungssicherheit mit L-Gas führen würde. [3] Im Rahmen der Prüfung sind die Fernleitungsnetzbetreiber, an deren Netz die Gasspeicheranlage angeschlossen ist, anzuhören. [4] Die Versagung ist zu befristen. [5] Nach Ablauf der Frist, spätestens jedoch nach 24 Monaten, kann der Betreiber einer Gasspeicheranlage einen erneuten Antrag stellen.

## Teil 4. Energielieferung an Letztverbraucher

## § 36[1] Grundversorgungspflicht. (1) [1] Energieversorgungsunternehmen haben für Netzgebiete, in denen sie die Grundversorgung von Haushaltskunden durchführen, Allgemeine Bedingungen und Allgemeine Preise für die Versorgung in Niederspannung oder Niederdruck öffentlich bekannt zu geben und im Internet zu veröffentlichen und zu diesen Bedingungen und Preisen jeden Haushaltskunden zu versorgen. [2] Energieversorgungsunternehmen dürfen bei den Allgemeinen Bedingungen und Allgemeinen Preisen nicht nach dem Zeitpunkt des Zustandekommens des Grundversorgungsvertrages unterscheiden. [3] Die Veröffentlichungen im Internet müssen einfach auffindbar sein und unmissverständlich verdeutlichen, dass es sich um die Preise und Bedingungen der Belieferung in der Grundversorgung handelt. [4] Die Pflicht zur Grundversorgung besteht nicht, wenn die Versorgung für das Energieversorgungsunternehmen aus wirtschaftlichen Gründen nicht zumutbar ist. [5] Die Pflicht zur Grundversorgung besteht zudem nicht für die Dauer von drei Monaten seit dem Beginn einer Ersatzversorgung nach § 38 Absatz 1, sofern der Haushaltskunde bereits zuvor an der betroffenen Entnahmestelle beliefert wurde und die Entnahmestelle dem bisherigen Lieferanten aufgrund einer Kündigung des Netznutzungs- oder Bilanzkreisvertrages nicht mehr zugeordnet werden konnte. [6] Ein konkludenter Vertragsschluss durch Entnahme von Energie ist für die betroffene Entnahmestelle für diesen Zeitraum ausgeschlossen.

---

[1] § 36 Abs. 2 Satz 3 eingef., bish. Sätze 3 und 4 werden Sätze 4 und 5 mWv 12.11.2010 durch G v. 4.11.2010 (BGBl. I S. 1483); Abs. 4 angef. mWv 4.8.2011 durch G v. 26.7.2011 (BGBl. I S. 1554); Abs. 1 Satz 2 eingef., bish. Satz 2 wird Satz 3 mWv 27.7.2021 durch G v. 16.7.2021 (BGBl. I S. 3026); Abs. 1 Satz 2 eingef., bish. Sätze 2 und 3 werden Sätze 3 und 4, Sätze 5 und 6 angef. mWv 29.7.2022 durch G v. 19.7.2022 (BGBl. I S. 1214).

(2) ¹ Grundversorger nach Absatz 1 ist jeweils das Energieversorgungsunternehmen, das die meisten Haushaltskunden in einem Netzgebiet der allgemeinen Versorgung beliefert. ² Betreiber von Energieversorgungsnetzen der allgemeinen Versorgung nach § 18 Abs. 1 sind verpflichtet, alle drei Jahre jeweils zum 1. Juli, erstmals zum 1. Juli 2006, nach Maßgabe des Satzes 1 den Grundversorger für die nächsten drei Kalenderjahre festzustellen sowie dies bis zum 30. September des Jahres im Internet zu veröffentlichen und der nach Landesrecht zuständigen Behörde schriftlich mitzuteilen. ³ Die nach Landesrecht zuständige Behörde kann die zur Sicherstellung einer ordnungsgemäßen Durchführung des Verfahrens nach den Sätzen 1 und 2 erforderlichen Maßnahmen treffen. ⁴ Über Einwände gegen das Ergebnis der Feststellungen nach Satz 2, die bis zum 31. Oktober des jeweiligen Jahres bei der nach Landesrecht zuständigen Behörde einzulegen sind, entscheidet diese nach Maßgabe der Sätze 1 und 2. ⁵ Stellt der Grundversorger nach Satz 1 seine Geschäftstätigkeit ein, so gelten die Sätze 2 und 3 entsprechend.

(3) Im Falle eines Wechsels des Grundversorgers infolge einer Feststellung nach Absatz 2 gelten die von Haushaltskunden mit dem bisherigen Grundversorger auf der Grundlage des Absatzes 1 geschlossenen Energielieferverträge zu den im Zeitpunkt des Wechsels geltenden Bedingungen und Preisen fort.

(4) Die Absätze 1 bis 3 gelten nicht für geschlossene Verteilernetze.

**§ 37**[1]) **Ausnahmen von der Grundversorgungspflicht.** (1) ¹ Wer zur Deckung des Eigenbedarfs eine Anlage zur Erzeugung von Energie betreibt oder sich von einem Dritten versorgen lässt, hat keinen Anspruch auf eine Grundversorgung zu dem Allgemeinen Preis nach § 36 Absatz 1 Satz 1. ² Er kann aber eine Grundversorgung durch eine Zusatz- und Reserveversorgung in dem Umfang und zu den Bedingungen verlangen, die für den Grundversorger wirtschaftlich zumutbar sind. ³ Satz 1 gilt nicht für Eigenanlagen, die ausschließlich der Sicherstellung des Energiebedarfs bei Aussetzen der öffentlichen Energieversorgung dienen, wenn sie außerhalb ihrer eigentlichen Bestimmung nicht mehr als 15 Stunden monatlich zur Erprobung betrieben werden.

(2) ¹ Reserveversorgung ist für den Grundversorger im Sinne des Absatzes 1 Satz 2 nur zumutbar, wenn sie den laufend durch Eigenanlagen gedeckten Bedarf für den gesamten Haushalt umfasst und ein fester, von der jeweils gebrauchten Energiemenge unabhängiger angemessener Leistungspreis mindestens für die Dauer eines Jahres bezahlt wird. ² Hierbei ist von der Möglichkeit gleichzeitiger Inbetriebnahme sämtlicher an das Leitungsnetz im Grundversorgungsgebiet nach § 36 Absatz 1 Satz 1 angeschlossener Reserveanschlüsse auszugehen und der normale, im gesamten Niederspannungs- oder Niederdruckleitungsnetz des Grundversorgungsgebietes vorhandene Ausgleich der Einzelbelastungen zugrunde zu legen.

(3) ¹ Das Bundesministerium für Wirtschaft und Energie kann durch Rechtsverordnung mit Zustimmung des Bundesrates regeln, in welchem Umfang und zu welchen Bedingungen eine Grundversorgung nach Absatz 1 Satz 2 wirtschaftlich zumutbar ist. ² Dabei sind die Interessen der Energieversorgungsunternehmen und der Haushaltskunden unter Beachtung des Zwecks des § 1 angemessen zu berücksichtigen.

---

[1]) § 37 Abs. 3 Satz 1 geänd. mWv 17.12.2006 durch G v. 9.12.2006 (BGBl. I S. 2833); Abs. 3 Satz 1 geänd. mWv 8.9.2015 durch VO v. 31.8.2015 (BGBl. I S. 1474); Abs. 1 neu gef., Abs. 2 Sätze 1 und 2, Abs. 3 Sätze 1 und 2 geänd. mWv 30.7.2016 durch G v. 26.7.2016 (BGBl. I S. 1786).

**§ 38[1) **Ersatzversorgung mit Energie.** (1) [1] Sofern Letztverbraucher über das Energieversorgungsnetz der allgemeinen Versorgung in Niederspannung oder Niederdruck Energie beziehen, ohne dass dieser Bezug einer Lieferung oder einem bestimmten Liefervertrag zugeordnet werden kann, gilt die Energie als von dem Unternehmen geliefert, das nach § 36 Abs. 1 berechtigt und verpflichtet ist. [2] Die Bestimmungen dieses Teils gelten für dieses Rechtsverhältnis mit der Maßgabe, dass der Grundversorger berechtigt ist, für diese Energielieferung gesonderte Allgemeine Preise zu veröffentlichen und für die Energielieferung in Rechnung zu stellen. [3] In den Fällen des § 36 Absatz 1 Satz 5 besteht ein Anspruch des Haushaltskunden auf Ersatzversorgung.

(2) [1] Sofern ein Grundversorger für Haushaltskunden höhere Allgemeine Preise der Ersatzversorgung ausweist, hat er bei deren Bemessung die Sätze 2 und 3 zu beachten. [2] Wird von der Möglichkeit nach Satz 1 Gebrauch gemacht, hat der Grundversorger die bei der Ermittlung der Allgemeinen Preise der Ersatzversorgung für Haushaltskunden berücksichtigten Beschaffungskosten gesondert auszuweisen. [3] Die Beschaffungskosten der Ersatzversorgung dürfen kalkulatorisch nicht höher angesetzt werden als sie sich für den Grundversorger im Falle einer kurzfristigen Beschaffung der für die durch ihn durchgeführten Ersatzversorgung erforderlichen Energiemengen über Börsenprodukte ergeben würden.

(3) [1] Der Grundversorger ist unter Beachtung der gesetzlichen Bestimmungen berechtigt, die Allgemeinen Preise der Ersatzversorgung jeweils zum ersten und zum 15. Tag eines Kalendermonats neu zu ermitteln und ohne Einhaltung einer Frist anzupassen. [2] Die Änderung wird nach Veröffentlichung auf der Internetseite des Grundversorgers wirksam. [3] Der Grundversorger ist verpflichtet, auf seiner Internetseite die Allgemeinen Preise der Ersatzversorgung der mindestens letzten sechs Monate vorzuhalten.

(4) [1] Das Rechtsverhältnis nach Absatz 1 endet, wenn die Energielieferung auf der Grundlage eines Energieliefervertrages des Kunden erfolgt, spätestens aber drei Monate nach Beginn der Ersatzenergieversorgung. [2] Das Energieversorgungsunternehmen kann den Energieverbrauch, der auf die nach Absatz 1 bezogenen Energiemengen entfällt, auf Grund einer rechnerischen Abgrenzung schätzen und den ermittelten anteiligen Verbrauch in Rechnung stellen.

**§ 39[2) **Allgemeine Preise und Versorgungsbedingungen.** (1) [1] Das Bundesministerium für Wirtschaft und Energie kann im Einvernehmen mit dem Bundesministerium für Umwelt, Naturschutz, nukleare Sicherheit und Verbraucherschutz durch Rechtsverordnung mit Zustimmung des Bundesrates die Gestaltung der Allgemeinen Preise nach § 36 Abs. 1 und § 38 Abs. 1 des Grundversorgers unter Berücksichtigung des § 1 Abs. 1 regeln. [2] Es kann dabei Bestimmungen über Inhalt und Aufbau der Allgemeinen Preise treffen sowie die tariflichen Rechte und Pflichten der Elektrizitätsversorgungsunternehmen und ihrer Kunden regeln.

(2) [1] Das Bundesministerium für Wirtschaft und Energie kann im Einvernehmen mit dem Bundesministerium für Umwelt, Naturschutz, nukleare Sicherheit und Verbraucherschutz durch Rechtsverordnung mit Zustimmung des Bundesrates die allgemeinen Bedingungen für die Belieferung von Haushaltskunden in Nieder-

---

[1) § 38 Abs. 1 Satz 3 neu gef., Abs. 2 und 3 eingef., bish. Abs. 2 wird Abs. 4 mWv 29.7.2022 durch G v. 19.7.2022 (BGBl. I S. 1214).
[2) § 39 Abs. 1 Satz 1, Abs. 2 Satz 1 geänd. mWv 17.12.2006 durch G v. 9.12.2006 (BGBl. I S. 2833); Abs. 1 Satz 1, Abs. 2 Satz 1 geänd. mWv 8.9.2015 durch VO v. 31.8.2015 (BGBl. I S. 1474); Abs. 1 Satz 1, Abs. 2 Satz 1 geänd. mWv 29.12.2023 durch G v. 22.12.2023 (BGBl. 2023 I Nr. 405).

spannung oder Niederdruck mit Energie im Rahmen der Grund- oder Ersatzversorgung angemessen gestalten und dabei die Bestimmungen der Verträge einheitlich festsetzen und Regelungen über den Vertragsabschluss, den Gegenstand und die Beendigung der Verträge treffen sowie Rechte und Pflichten der Vertragspartner festlegen. ²Hierbei sind die beiderseitigen Interessen angemessen zu berücksichtigen. ³Die Sätze 1 und 2 gelten entsprechend für Bedingungen öffentlich-rechtlich gestalteter Versorgungsverhältnisse mit Ausnahme der Regelung des Verwaltungsverfahrens.

**§ 40**[1] **Inhalt von Strom- und Gasrechnungen; Festlegungskompetenz.**
(1) ¹Rechnungen für Energielieferungen an Letztverbraucher müssen einfach und verständlich sein. ²Sie sind dem Letztverbraucher auf dessen Wunsch verständlich und unentgeltlich zu erläutern. ³Der Rechnungsbetrag und das Datum der Fälligkeit des Rechnungsbetrages müssen deutlich erkennbar und hervorgehoben sein.

(2) ¹Energielieferanten sind verpflichtet, in ihren Rechnungen für Energielieferungen an Letztverbraucher gesondert auszuweisen

1. ihren Namen, ihre ladungsfähige Anschrift und das zuständige Registergericht sowie Angaben, die eine unverzügliche telefonische und elektronische Kontaktaufnahme ermöglichen, einschließlich der Adresse der elektronischen Post und einer Telefonnummer der Kunden-Hotline,

2. die belieferte Verbrauchsstelle des Letztverbrauchers einschließlich der zur Bezeichnung der Entnahmestelle verwendeten Identifikationsnummer,

3. die Vertragsdauer und die geltenden Preise,

4. den nächstmöglichen Kündigungstermin und die Kündigungsfrist,

5. den zuständigen Messstellenbetreiber sowie die für die Belieferung maßgebliche Identifikationsnummer und die Codenummer des Netzbetreibers,

6. bei einer Verbrauchsabrechnung den Anfangszählerstand und den Endzählerstand des abgerechneten Zeitraums, den ermittelten Verbrauch im Abrechnungszeitraum sowie die Art, wie die Zählerstand ermittelt wurde,

7. den auch in grafischer Form dargestellten Vergleich des ermittelten Verbrauchs zu dem Verbrauch des vergleichbaren Vorjahreszeitraums,

8. den auch in grafischer Form dargestellten Vergleich des eigenen Jahresverbrauchs zu dem Jahresverbrauch von Vergleichskundengruppen,

9. die Rechte der Letztverbraucher im Hinblick auf Streitbeilegungsverfahren, die ihnen im Streitfall zur Verfügung stehen, einschließlich der für Verbraucherbeschwerden nach § 111b einzurichtenden Schlichtungsstelle und deren Anschrift,

10. die Kontaktdaten des Verbraucherservice der Bundesnetzagentur für den Bereich Elektrizität und Gas,

11. Informationen über Kontaktstellen, darunter Internetadressen, zur Beratung in Energieangelegenheiten,

12. Hinweise zu der Verfügbarkeit und den Möglichkeiten eines Lieferantenwechsels sowie Informationen über mit einem Vertrauenszeichen versehene Preisvergleichsinstrumente für Vertragsangebote der Stromlieferanten nach § 41c sowie

---

[1] § 40 neu gef. mWv 27.7.2021 durch G v. 16.7.2021 (BGBl. I S. 3026); Abs. 3 Nr. 3 geänd. mWv 1.1.2023 durch G v. 20.7.2022 (BGBl. I S. 1237); Abs. 3 Nr. 5 geänd. mWv 13.10.2022 durch G v. 8.10. 2022 (BGBl. I S. 1726).

13. die einschlägige Tarif- oder Produktbezeichnung sowie den Hinweis, ob die Belieferung im Rahmen der Grundversorgung oder außerhalb der Grundversorgung erfolgt ist.

[2] Wenn der Energielieferant den Letztverbraucher im Vorjahreszeitraum nicht beliefert hat, ist der vormalige Energielieferant verpflichtet, dem neuen Energielieferanten den Verbrauch des vergleichbaren Vorjahreszeitraums mitzuteilen.

(3) Energielieferanten sind verpflichtet, in den Rechnungen folgende Belastungen gesondert auszuweisen, soweit sie Kalkulationsbestandteile der in die Rechnung einfließenden Preise sind:

1. die Stromsteuer nach § 3 des Stromsteuergesetzes vom 24. März 1999 (BGBl. I S. 378; 2000 I S. 147) oder die Energiesteuer nach § 2 des Energiesteuergesetzes vom 15. Juli 2006 (BGBl. I S. 1534; 2008 I S. 660, 1007) in der jeweils geltenden Fassung,

2. die Konzessionsabgabe nach Maßgabe des § 4 Absatz 1 und 2 der Konzessionsabgabenverordnung vom 9. Januar 1992 (BGBl. I S. 12, 407), die zuletzt durch Artikel 3 Absatz 4 der Verordnung vom 1. November 2006 (BGBl. I S. 2477) geändert worden ist,

3. jeweils gesondert die Umlagen und Aufschläge nach § 12 Absatz 1 des Energiefinanzierungsgesetzes, § 19 Absatz 2 der Stromnetzentgeltverordnung und § 18 der Verordnung zu abschaltbaren Lasten vom 28. Dezember 2012 (BGBl. I S. 2998) in der jeweils geltenden Fassung,

4. jeweils gesondert die Netzentgelte und, soweit sie Gegenstand des Liefervertrages sind, die Entgelte des Messstellenbetreibers oder des Betreibers von Energieversorgungsnetzen für den Messstellenbetrieb und die Messung,

5. bei Gasrechnungen bis zum 31. Dezember 2025 die Kosten in Cent pro Kilowattstunde für den Erwerb von Emissionszertifikaten nach dem Brennstoffemissionshandelsgesetz[1] vom 12. Dezember 2019 (BGBl. I S. 2728) in der jeweils geltenden Fassung, die Umlegung saldierter Kosten nach § 35e sowie die saldierte Preisanpassung aufgrund einer Rechtsverordnung nach § 26 Absatz 1 des Energiesicherungsgesetzes[2].

(4) Energielieferanten haben für Letztverbraucher die für die Forderungen maßgeblichen Berechnungsfaktoren in Rechnungen vollständig und in allgemein verständlicher Form unter Verwendung standardisierter Begriffe und Definitionen auszuweisen.

(5) Die Bundesnetzagentur kann Entscheidungen über die Konkretisierung des Mindestinhalts von Rechnungen nach den Absätzen 1 bis 3 sowie Näheres zum standardisierten Format nach Absatz 4 durch Festlegung nach § 29 Absatz 1 gegenüber den Energielieferanten treffen.

**§ 40a**[3] **Verbrauchsermittlung für Strom- und Gasrechnungen.** (1) [1] Der Energielieferant ist berechtigt, zur Ermittlung des Verbrauchs nach § 40 Absatz 2 Satz 1 Nummer 6 für die Zwecke der Abrechnung

1. die Ablesewerte oder rechtmäßig ermittelte Ersatzwerte zu verwenden, die er vom Messstellenbetreiber oder Netzbetreiber erhalten hat,

2. die Messeinrichtung selbst abzulesen oder

---

[1] Sartorius III Nr. 335.
[2] Sartorius III Nr. 500.
[3] § 40a eingef. mWv 27.7.2021 durch G v. 16.7.2021 (BGBl. I S. 3026).

3. die Ablesung der Messeinrichtung vom Letztverbraucher mittels eines Systems der regelmäßigen Selbstablesung und Übermittlung der Ablesewerte durch den Letztverbraucher zu verlangen, sofern keine Fernübermittlung der Verbrauchsdaten erfolgt.

² Haushaltskunden können einer Selbstablesung im Einzelfall widersprechen, wenn sie ihnen nicht zumutbar ist. ³ Der Energielieferant hat bei einem berechtigten Widerspruch nach Satz 2 eine eigene Ablesung der Messeinrichtung nach Satz 1 Nummer 2 vorzunehmen und darf hierfür kein gesondertes Entgelt verlangen. ⁴ Bei einer Messung mit einem intelligenten Messsystem nach § 2 Satz 1 Nummer 7 des Messstellenbetriebsgesetzes und bei registrierender Lastgangmessung sind die Werte nach Satz 1 Nummer 1 vorrangig zu verwenden. ⁵ Der Energielieferant hat in der Rechnung anzugeben, wie ein von ihm verwendeter Zählerstand ermittelt wurde.

(2) ¹ Soweit ein Letztverbraucher für einen bestimmten Abrechnungszeitraum trotz entsprechender Verpflichtung keine Ablesedaten übermittelt hat oder der Energielieferant aus anderen Gründen, die er nicht zu vertreten hat, den tatsächlichen Verbrauch nicht ermitteln kann, dürfen die Abrechnung oder die Abrechnungsinformation auf einer Verbrauchsschätzung beruhen, die unter angemessener Berücksichtigung der tatsächlichen Verhältnisse zu erfolgen hat. ² In diesem Fall hat der Energielieferant den geschätzten Verbrauch unter ausdrücklichem und optisch besonders hervorgehobenem Hinweis auf die erfolgte Verbrauchsabschätzung und den einschlägigen Grund für deren Zulässigkeit sowie die der Schätzung zugrunde gelegten Faktoren in der Rechnung anzugeben und auf Wunsch des Letztverbrauchers in Textform und unentgeltlich zu erläutern.

**§ 40b**¹⁾ **Rechnungs- und Informationszeiträume.** (1) ¹ Energielieferanten sind verpflichtet, den Energieverbrauch nach ihrer Wahl in Zeitabschnitten abzurechnen, die ein Jahr nicht überschreiten dürfen, ohne hierfür ein Entgelt in Rechnung zu stellen. ² Sie sind verpflichtet, allen Letztverbrauchern anzubieten

1. eine monatliche, vierteljährliche oder halbjährliche Abrechnung,
2. die unentgeltliche elektronische Übermittlung der Abrechnungen und Abrechnungsinformationen sowie
3. mindestens einmal jährlich die unentgeltliche Übermittlung der Abrechnungen und Abrechnungsinformationen in Papierform.

³ Sofern der Letztverbraucher keinen Abrechnungszeitraum bestimmt, bleibt es bei der Wahl des Zeitraums durch den Energielieferanten. ⁴ Im Falle einer Beendigung des Lieferverhältnisses sind Energielieferanten zur unentgeltlichen Erstellung einer Abschlussrechnung verpflichtet. ⁵ Auf Wunsch des Letztverbrauchers sind Abrechnungen oder Abrechnungsinformationen elektronisch zu übermitteln.

(2) Energielieferanten haben Letztverbrauchern, bei denen keine Fernübermittlung der Verbrauchsdaten erfolgt und die sich für eine elektronische Übermittlung nach Absatz 1 Satz 2 Nummer 2 entschieden haben, Abrechnungsinformationen mindestens alle sechs Monate oder auf Verlangen einmal alle drei Monate unentgeltlich zur Verfügung zu stellen.

(3) Energielieferanten haben Letztverbrauchern, bei denen eine Fernübermittlung der Verbrauchsdaten erfolgt, eine monatliche Abrechnungsinformation unentgeltlich zur Verfügung zu stellen, dabei kann dies über das Internet oder andere geeignete elektronische Medien erfolgen.

---

¹⁾ § 40b eingef. mWv 27.7.2021 durch G v. 16.7.2021 (BGBl. I S. 3026).

(4) Abrechnungsinformationen erfolgen auf Grundlage des nach § 40a ermittelten Verbrauchs.

(5) [1] Energielieferanten sind auf Verlangen eines von ihnen belieferten Letztverbrauchers verpflichtet, ergänzende Informationen zu dessen Verbrauchshistorie, soweit verfügbar, dem Letztverbraucher selbst und zusätzlich auch einem vom Letztverbraucher benannten Dritten zur Verfügung zu stellen. [2] Die ergänzenden Informationen müssen kumulierte Daten mindestens für die vorangegangenen drei Jahre umfassen, längstens für den Zeitraum seit Beginn des Energieliefervertrages, und den Intervallen der Abrechnungsinformationen entsprechen.

**§ 40c[1] Zeitpunkt und Fälligkeit von Strom- und Gasrechnungen.**

(1) Rechnungsbeträge und Abschläge werden zu dem von dem Energielieferanten angegebenen Zeitpunkt, frühestens jedoch zwei Wochen nach Zugang der Zahlungsaufforderung fällig.

(2) [1] Energielieferanten sind verpflichtet, dem Letztverbraucher die Rechnung spätestens sechs Wochen nach Beendigung des abzurechnenden Zeitraums und eine Abschlussrechnung spätestens sechs Wochen nach Beendigung des Lieferverhältnisses zur Verfügung zu stellen. [2] Erfolgt eine Stromabrechnung nach § 40b Absatz 1 monatlich, beträgt die Frist für diese Abrechnung drei Wochen.

(3) [1] Ergibt sich aus der Abrechnung ein Guthaben für den Letztverbraucher, ist dieses von dem Energielieferanten vollständig mit der nächsten Abschlagszahlung zu verrechnen oder binnen zwei Wochen auszuzahlen. [2] Guthaben, die aus einer Abschlussrechnung folgen, sind binnen zwei Wochen auszuzahlen.

**§ 41[2] Energielieferverträge mit Letztverbrauchern.** (1) [1] Verträge über die Belieferung von Letztverbrauchern mit Energie müssen einfach und verständlich sein. [2] Die Verträge müssen insbesondere Angaben enthalten über

1. den Namen und die Anschrift des Energielieferanten,

2. die belieferte Verbrauchsstelle des Letztverbrauchers einschließlich der zur Bezeichnung der Entnahmestelle verwendeten Identifikationsnummer,

3. den Vertragsbeginn, die Vertragsdauer sowie die Bedingungen für eine Verlängerung und Beendigung des Vertrags,

4. zu erbringende Leistungen einschließlich damit gebündelter Produkte oder Leistungen sowie angebotener Wartungsdienste, wobei insbesondere anzugeben ist, ob der Messstellenbetrieb und hierfür anfallende Entgelte von den vertraglichen Leistungen umfasst sind,

5. die Preise, Preisanpassung, Kündigungstermine und Kündigungsfristen sowie das Rücktrittsrecht des Kunden,

6. die einschlägige Tarif- bzw. Produktbezeichnung sowie den Hinweis, ob die Belieferung im Rahmen der Grundversorgung oder außerhalb der Grundversorgung erfolgt ist,

7. den Zeitpunkt der Abrechnungen und die Zahlungsweise,

8. Haftungs- und Entschädigungsregelungen bei Nichteinhaltung vertraglich vereinbarter Leistungen, wozu auch ungenaue oder verspätete Abrechnungen zählen,

---

[1] § 40c eingef. mWv 27.7.2021 durch G v. 16.7.2021 (BGBl. I S. 3026).
[2] § 41 neu gef. mWv 27.7.2021 durch G v. 16.7.2021 (BGBl. I S. 3026); Abs. 6 geänd. mWv 28.5. 2022 durch G v. 23.5.2022 (BGBl. I S. 747); Abs. 6 geänd. mWv 13.10.2022 durch G v. 8.10.2022 (BGBl. I S. 1726); Abs. 8 angef. mWv 29.12.2023 durch G v. 22.12.2023 (BGBl. 2023 I Nr. 405).

9. den unentgeltlichen und zügigen Lieferantenwechsel,

10. die Art und Weise, wie aktuelle Informationen über die geltenden Tarife, Wartungsentgelte und gebündelte Produkte oder Leistungen erhältlich sind,

11. Informationen über die Rechte der Letztverbraucher im Hinblick auf Verbraucherbeschwerden und Streitbeilegungsverfahren, die ihnen im Streitfall zur Verfügung stehen, einschließlich der für Verbraucherbeschwerden nach § 111b einzurichtenden Schlichtungsstelle mit deren Anschrift und Webseite, und Informationen über die Verpflichtung des Energielieferanten zur Teilnahme am Schlichtungsverfahren sowie

12. die Kontaktdaten des Verbraucherservice der Bundesnetzagentur für den Bereich Elektrizität und Gas.

[3]Die Informationspflichten nach den Artikeln 246 und 246a des Einführungsgesetzes zum Bürgerlichen Gesetzbuche[1]) bleiben unberührt.

(2) [1]Den Letztverbrauchern sind vor Vertragsschluss verschiedene Zahlungsmöglichkeiten anzubieten. [2]Unterschiede bei Zahlungsarten oder Vorauszahlungssystemen müssen objektiv, diskriminierungsfrei und verhältnismäßig sein. [3]Letztverbrauchern in Rechnung gestellte Kosten für die Nutzung der unterschiedlichen Zahlungsarten oder Vorauszahlungssysteme dürfen die unmittelbaren Kosten, die dem Zahlungsempfänger für die Nutzung der jeweiligen Zahlungsart oder eines Vorauszahlungssystems entstehen, nicht übersteigen.

(3) Energielieferanten sind verpflichtet, in an Letztverbraucher gerichtetem Werbematerial sowie auf ihrer Internetseite allgemeine Informationen zu den Bestimmungen nach Absatz 1 Satz 2 anzugeben.

(4) [1]Den Letztverbrauchern ist innerhalb einer angemessenen Frist nach dem Vertragsschluss eine knappe, leicht verständliche und klar gekennzeichnete Zusammenfassung der wichtigsten Vertragsbedingungen zur Verfügung zu stellen. [2]Die Zusammenfassung hat insbesondere zu enthalten

1. die Kontaktdaten des Energielieferanten,

2. die Verbrauchsstelle,

3. geltende Preise,

4. den voraussichtlichen Belieferungsbeginn,

5. die Kündigungsfrist sowie

6. etwaige Bonusvereinbarungen und Mindestvertragslaufzeiten.

(5) [1]Energielieferanten, die sich im Vertrag das Recht vorbehalten haben, die Vertragsbedingungen einseitig zu ändern, haben Letztverbraucher rechtzeitig, in jedem Fall vor Ablauf einer Abrechnungsperiode, auf einfache und verständliche Weise über die beabsichtigte Ausübung eines Rechts auf Änderung der Preise oder sonstiger Vertragsbedingungen und über die Rechte der Letztverbraucher zur Vertragsbeendigung zu unterrichten. [2]Über Preisänderungen ist spätestens zwei Wochen, bei Haushaltskunden spätestens einen Monat, vor Eintritt der beabsichtigten Änderung zu unterrichten. [3]Die Unterrichtung hat unmittelbar zu erfolgen sowie auf verständliche und einfache Weise unter Hinweis auf Anlass, Voraussetzungen und Umfang der Preisänderungen. [4]Übt der Energielieferant ein Recht zur Änderung der Preise oder sonstigen Vertragsbedingungen aus, kann der Letztverbraucher den Vertrag ohne Einhaltung einer Frist zum Zeitpunkt des Wirksamwerdens der Änderungen kündigen, ohne dass vom Energielieferanten hierfür ein

---

[1]) **Habersack Nr. 21.**

gesondertes Entgelt verlangt werden darf. [5] Eine Änderung der Vertragsbedingungen liegt auch bei einer Anpassung der vertraglichen Leistungen vor.

(6) Bei unveränderter Weitergabe von umsatzsteuerlichen Mehr- oder Minderbelastungen, die sich aus einer gesetzlichen Änderung der geltenden Umsatzsteuersätze ergeben sowie bei unveränderter Weitergabe von Minderbelastungen aufgrund einer Absenkung des Saldos der Kalkulationsbestandteile nach § 40 Absatz 3 Nummer 3 oder Nummer 5, bedarf es keiner Unterrichtung nach Absatz 5 Satz 1 und 2; dabei entsteht kein außerordentliches Kündigungsrecht nach Absatz 5 Satz 4.

(7) [1] Stromlieferverträge dürfen keine vertraglichen Regelungen enthalten, die dem Letztverbraucher den Erwerb oder die Veräußerung von Stromdienstleistungen, die nicht Vertragsgegenstand sind, von einem anderen oder an ein anderes Elektrizitätsversorgungsunternehmen untersagen. [2] Stromdienstleistungen nach Satz 1 umfassen auch vertragliche Vereinbarungen über eine Aggregierung. [3] Letztverbraucher sind verpflichtet, ihren Stromlieferanten den Abschluss einer vertraglichen Vereinbarung mit einem Dritten über eine Aggregierung unverzüglich mitzuteilen.

(8) Im Falle eines Lieferantenwechsels ist der bisherige Lieferant verpflichtet, unverzüglich

1. dem Betreiber des Energieversorgungsnetzes die Abmeldung seines Kunden mitzuteilen,

2. dem Kunden in Textform den Zugang der Kündigung zu bestätigen und

3. dem neuen Lieferanten in einem einheitlichen Format elektronisch eine Kündigungsbestätigung zu übersenden, wenn der neue Lieferant die Kündigung in Vertretung für den Kunden ausgesprochen hat.

### § 41a[1]) Lastvariable, tageszeitabhängige oder dynamische und sonstige Stromtarife.

(1) [1] Stromlieferanten haben, soweit technisch machbar und wirtschaftlich zumutbar, für Letztverbraucher von Elektrizität einen Tarif anzubieten, der einen Anreiz zu Energieeinsparung oder Steuerung des Energieverbrauchs setzt. [2] Tarife im Sinne von Satz 1 sind insbesondere lastvariable oder tageszeitabhängige Tarife. [3] Stromlieferanten haben daneben für Haushaltskunden mindestens einen Tarif anzubieten, für den die Datenaufzeichnung und –übermittlung auf die Mitteilung der innerhalb eines bestimmten Zeitraums verbrauchten Gesamtstrommenge begrenzt bleibt.

(2) [1] Stromlieferanten, die zum 31. Dezember eines Jahres mehr als 100 000 Letztverbraucher beliefern, sind im Folgejahr verpflichtet, den Abschluss eines Stromliefervertrages mit dynamischen Tarifen für Letztverbraucher anzubieten, die über ein intelligentes Messsystem im Sinne des Messstellenbetriebsgesetzes verfügen. [2] Die Stromlieferanten haben die Letztverbraucher über die Kosten sowie die Vor- und Nachteile des Vertrags nach Satz 1 umfassend zu unterrichten sowie Informationen über den Einbau eines intelligenten Messsystems im Sinne des Messstellenbetriebsgesetzes anzubieten. [3] Die Verpflichtung nach Satz 1 gilt ab dem 1. Januar 2025 für alle Stromlieferanten.

(3) Stromlieferanten, die Letztverbrauchern nach Absatz 2 den Abschluss eines Stromliefervertrages mit dynamischen Tarifen anzubieten haben, sind ab dem

---

[1]) § 41a eingef. mWv 27.7.2021 durch G v. 16.7.2021 (BGBl. I S. 3026); Abs. 2 Satz 3 geänd. mWv 27.5.2023 durch G v. 22.5.2023 (BGBl. 2023 I Nr. 133); Abs. 2 Sätze 1 und 3 geänd., Abs. 3 angef. mWv 29.12.2023 durch G v. 22.12.2023 (BGBl. 2023 I Nr. 405).

1. Januar 2025 verpflichtet, diesen Stromliefervertrag nach Wahl des Letztverbrauchers auch ohne Einbeziehung der Netznutzung und des Messstellenbetriebs unter der Bedingung anzubieten, dass der Letztverbraucher die Netznutzung nach § 20 oder den Messstellenbetrieb nach § 9 Absatz 1 Nummer 1 des Messstellenbetriebsgesetzes selbst vereinbart hat.

**§ 41b**[1]**) Energielieferverträge mit Haushaltskunden außerhalb der Grundversorgung; Verordnungsermächtigung.** (1) [1]Energielieferverträge mit Haushaltskunden außerhalb der Grundversorgung und deren Kündigung durch den Energielieferanten bedürfen der Textform. [2]Der Energielieferant hat dem Haushaltskunden dessen Kündigung innerhalb einer Woche nach Zugang unter Angabe des Vertragsendes in Textform zu bestätigen.

(2) [1]Haushaltskunden sind vier Wochen vor einer geplanten Versorgungsunterbrechung wegen Nichtzahlung in geeigneter Weise über Möglichkeiten zur Vermeidung der Versorgungsunterbrechung zu informieren, die für den Haushaltskunden keine Mehrkosten verursachen. [2]Dazu können gehören

1. Hilfsangebote zur Abwendung einer Versorgungsunterbrechung wegen Nichtzahlung,

2. Vorauszahlungssysteme,

3. Informationen zu Energieaudits,

4. Informationen zu Energieberatungsdiensten,

5. alternative Zahlungspläne verbunden mit einer Stundungsvereinbarung,

6. Hinweis auf staatliche Unterstützungsmöglichkeiten der sozialen Mindestsicherung oder

7. eine Schuldnerberatung.

[3]Die Informationen müssen deutlich und leicht verständlich die Maßnahme selbst sowie die Konsequenzen aufzeigen.

(3) [1]Wird eine Voraus- oder Abschlagszahlung vereinbart, muss sich diese nach dem Verbrauch des vorhergehenden Abrechnungszeitraums oder dem durchschnittlichen Verbrauch vergleichbarer Kunden richten. [2]Macht der Haushaltskunde glaubhaft, dass sein Verbrauch erheblich geringer ist, so ist dies bei der Bemessung angemessen zu berücksichtigen. [3]Eine bei Vertragsabschluss vereinbarte Voraus- oder Abschlagszahlung wird bei der Belieferung von Haushaltskunden nicht vor Beginn der Lieferung fällig.

(4) Bei einer Unterrichtung nach § 41 Absatz 5 Satz 1 ist bei Stromlieferverträgen mit Haushaltskunden außerhalb der Grundversorgung darauf hinzuweisen, in welchem Umfang sich der Versorgeranteil geändert hat.

(5) [1]Haushaltskunden sind im Falle eines Wohnsitzwechsels zu einer außerordentlichen Kündigung ihres bisherigen Liefervertrages unter Einhaltung einer Kündigungsfrist von sechs Wochen berechtigt. [2]Die Kündigung kann mit Wirkung zum Zeitpunkt des Auszugs oder mit Wirkung zu einem späteren Zeitpunkt erklärt werden. [3]Die Sätze 1 und 2 sind nicht anzuwenden, wenn der bisherige Energielieferant dem Haushaltskunden binnen zwei Wochen nach Erhalt der Kündigung in Textform eine Fortsetzung des Liefervertrages an dessen neuem Wohnsitz zu den bisherigen Vertragsbedingungen anbietet und die Belieferung an der neuen Entnahmestelle möglich ist. [4]Zu diesem Zwecke hat der Haushalts-

---

[1]) § 41b eingef. mWv 27.7.2021 durch G v. 16.7.2021 (BGBl. I S. 3026); Abs. 4 eingef., bish. Abs. 4 und 5 werden Abs. 5 und 6. Abs. 7 angef. mWv 29.7.2022 durch G v. 19.7.2022 (BGBl. I S. 1214); Abs. 6 Satz 1 einl. Satzteil geänd. mWv 29.12.2023 durch G v. 22.12.2023 (BGBl. 2023 I Nr. 405).

kunde in seiner außerordentlichen Kündigung seine zukünftige Anschrift oder eine zur Bezeichnung seiner zukünftigen Entnahmestelle verwendete Identifikationsnummer mitzuteilen.

(6) [1] Das Bundesministerium für Wirtschaft und Energie kann im Einvernehmen mit dem Bundesministerium für Umwelt, Naturschutz, nukleare Sicherheit und Verbraucherschutz durch Rechtsverordnung mit Zustimmung des Bundesrates

1. nähere Regelungen für die Belieferung von Haushaltskunden mit Energie außerhalb der Grundversorgung treffen,

2. die Bestimmungen der Verträge einheitlich festsetzen und insbesondere Regelungen über den Vertragsabschluss, den Gegenstand und die Beendigung der Verträge treffen sowie

3. Rechte und Pflichten der Vertragspartner festlegen.

[2] Hierbei sind die beiderseitigen Interessen angemessen zu berücksichtigen. [3] Die jeweils in Anhang I der Richtlinie (EU) 2019/944 und der Richtlinie 2009/73/EG vorgesehenen Maßnahmen sind zu beachten.

(7) Die Bundesregierung wird ermächtigt, durch Rechtsverordnung mit Zustimmung des Bundesrates den Mindestbetrag des Anspruchs zu bestimmen, den ein Haushaltkunde gegenüber dem Energielieferanten auf Schadensersatz wegen einer vertragswidrigen Beendigung der Belieferung geltend machen kann.

**§ 41c[1] Vergleichsinstrumente bei Energielieferungen.** (1) Die Bundesnetzagentur stellt nach den Absätzen 3 und 4 sicher, dass Haushaltskunden und Kleinstunternehmen, die einen voraussichtlichen Jahresverbrauch von weniger als 100 000 Kilowattstunden haben, unentgeltlich Zugang zu mindestens einem unabhängigen Vergleichsinstrument haben, mit dem sie verschiedene Stromlieferanten und deren Angebote, einschließlich der Angebote für Verträge mit dynamischen Stromtarifen, in Bezug auf die Preise und die Vertragsbedingungen vergleichen und beurteilen können.

(2) Das Vergleichsinstrument nach Absatz 1 muss

1. unabhängig von den Energielieferanten und -erzeugern betrieben werden und sicherstellen, dass die Energielieferanten bei den Suchergebnissen gleichbehandelt werden;

2. die Inhaber und Betreiber des Vergleichsinstruments sowie dessen Finanzierung und eventuelle Kontrolleure eindeutig offenlegen;

3. klare und objektive Kriterien enthalten, auf die sich der Vergleich stützt, und diese offenlegen;

4. eine leicht verständliche und eindeutige Sprache verwenden sowie barrierefrei zugänglich sein;

5. korrekte und aktuelle Informationen bereitstellen und den Zeitpunkt der letzten Aktualisierung angeben;

6. allen Energielieferanten offenstehen und eine breite Palette an Angeboten umfassen, die den Gesamtmarkt abdeckt; falls die angebotenen Informationen keine vollständige Marktübersicht darstellen, ist eine eindeutige diesbezügliche Erklärung auszugeben, bevor die Ergebnisse angezeigt werden;

---

[1] § 41c eingef. mWv 27.7.2021 durch G v. 16.7.2021 (BGBl. I S. 3026).

7. ein wirksames Verfahren für die Meldung falscher Informationen zu veröffentlichten Angeboten und weiteren Angaben und deren zügiger Korrektur vorsehen;

8. unentgeltlich Preise, Tarife und Vertragsbedingungen von den verschiedenen Angeboten verschiedener Stromlieferanten vergleichen, die Kunden zur Verfügung stehen;

9. den Schutz personenbezogener Daten gewährleisten.

(3) [1] Vergleichsinstrumente, die den Anforderungen nach Absatz 2 entsprechen, erhalten auf Antrag des Anbieters des Vergleichsinstruments von der Bundesnetzagentur ein Vertrauenszeichen. [2] Die Bundesnetzagentur überprüft die fortlaufende Erfüllung der Voraussetzungen und entzieht das Vertrauenszeichen bei gravierenden Verstößen, denen innerhalb einer angemessenen Frist nicht abgeholfen wird. [3] Die Bundesnetzagentur kann die Vergabe des Vertrauenszeichens nach Satz 1 und die Überprüfung und die Entziehung nach Satz 2 an einen geeigneten Dritten übertragen; dabei ist die Bundesnetzagentur berechtigt, den beliehenen Dritten im Weisungswege zur rechtmäßigen Aufgabenerfüllung anzuhalten. [4] Falls derartige Vergleichsinstrumente im Markt nicht angeboten werden oder ein Vertrauenszeichen hierfür nicht beantragt wurde, schreibt die Bundesnetzagentur die Leistung aus.

(4) Die Bundesnetzagentur kann Absatz 3 analog auch auf Vergleichsinstrumente anwenden, die den Vergleich von verschiedenen Energielieferanten und deren Angeboten in Bezug auf die Preise und die Vertragsbedingungen für die Lieferung von Erdgas an Haushaltskunden und Kleinstunternehmen betreffen, um sicherzustellen, dass Haushaltskunden und Kleinstunternehmen unentgeltlich Zugang zu mindestens einem solchen unabhängigen Vergleichsinstrument haben.

(5) [1] Dritte dürfen Informationen, die von Energielieferanten veröffentlicht werden, zur Bereitstellung unabhängiger Vergleichsinstrumente nutzen. [2] Energielieferanten müssen eine kostenlose Nutzung unmittelbar angebotsrelevanter Informationen in offenen Datenformaten ermöglichen.

**§ 41d**[1]) **Erbringung von Dienstleistungen außerhalb bestehender Liefer- oder Bezugsverträge; Festlegungskompetenz.** (1) [1] Großhändler und Lieferanten von Elektrizität sowie betroffene Bilanzkreisverantwortliche haben es Betreibern einer Erzeugungsanlage und Letztverbrauchern, sofern deren Stromeinspeisung und Stromentnahme jeweils durch eine Zählerstandsgangmessung im Sinne des § 2 Satz 2 Nummer 27 des Messstellenbetriebsgesetzes oder durch eine viertelstündige registrierende Leistungsmessung gemessen wird, auf Verlangen gegen angemessenes Entgelt zu ermöglichen, Dienstleistungen hinsichtlich von Mehr- oder Mindererzeugung sowie von Mehr- oder Minderverbrauch elektrischer Arbeit unabhängig von einem bestehenden Liefer- oder Bezugsvertrag gegenüber Dritten und über einen anderen Bilanzkreis zu erbringen. [2] Ein Entgelt ist angemessen, wenn es den Großhändler und Lieferanten von Elektrizität und den Bilanzkreisverantwortlichen, dessen Bilanzkreis die Einspeise- oder Entnahmestelle des Betreibers einer Erzeugungsanlage oder des Letztverbrauchers zugeordnet ist, wirtschaftlich so stellt, wie sie ohne der Erbringung der Dienstleistungen durch Betreiber einer Erzeugungsanlage oder den Letztverbraucher stünden.

---

[1]) § 41d eingef. mWv 27.7.2021 durch G v. 16.7.2021 (BGBl. I S. 3026).

(2) [1] Ein vertraglicher Ausschluss der Rechte nach Absatz 1 Satz 1 ist unwirksam. [2] Wird von den Rechten nach Absatz 1 Satz 1 im Rahmen eines Vertragsverhältnisses erstmalig Gebrauch gemacht, ist ein Großhändler oder Lieferant von Elektrizität berechtigt, den Liefer- oder Bezugsvertrag außerordentlich mit einer Frist von drei Kalendermonaten zum Monatsende zu kündigen. [3] Das außerordentliche Kündigungsrecht nach Satz 2 ist ausgeschlossen, sofern eine Belieferung von Haushaltskunden erfolgt.

(3) Die Bundesnetzagentur ist berechtigt, durch Festlegung nach § 29 Absatz 1 die in den Absätzen 1 und 2 geregelten Rechte und Pflichten, auch in Bezug auf die Einbeziehung eines Aggregators, näher zu konkretisieren, insbesondere

1. zum Austausch erforderlicher Informationen,
2. zur Bilanzierung der Energiemengen, wobei sie insbesondere festlegen kann, dass durch Dienstleistungen im Sinne von Absatz 1 Satz 1 verursachte Bilanzkreisabweichungen bilanziell auszugleichen sind,
3. zu technischen und administrativen Anforderungen oder Verfahren und
4. zum angemessenen Entgelt nach Absatz 1 Satz 2, wobei sie insbesondere festlegen kann, dass ein Entgelt angemessen ist, wenn es auch einen administrativen Aufwand umfasst.

**§ 41e[1]) Verträge zwischen Aggregatoren und Betreibern einer Erzeugungsanlage oder Letztverbrauchern.** (1) [1] Verträge zwischen Aggregatoren und Betreibern einer Erzeugungsanlage oder Letztverbrauchern über Dienstleistungen hinsichtlich von Mehr- oder Mindererzeugung sowie von Mehr- oder Minderverbrauch elektrischer Arbeit nach § 41d Absatz 1 Satz 1 bedürfen der Textform. [2] Der Aggregator hat den Betreiber der Erzeugungsanlage oder Letztverbraucher vor Vertragsschluss umfassend über die Bedingungen zu informieren, die sich aus einem Vertragsschluss nach § 41d Absatz 1 ergeben.

(2) Letztverbraucher haben das Recht, von dem Aggregator auf Verlangen mindestens einmal in jedem Abrechnungszeitraum unentgeltlich alle sie betreffenden Laststeuerungsdaten oder Daten über die gelieferte und verkaufte Energie zu erhalten.

**§ 42[2]) Stromkennzeichnung, Transparenz der Stromrechnungen, Verordnungsermächtigung.** (1) Stromlieferanten sind verpflichtet, in oder als Anlage zu ihren Rechnungen an Letztverbraucher und in an diese gerichtetem Werbematerial sowie auf ihrer Website für den Verkauf von Elektrizität anzugeben:

1. den Anteil der einzelnen Energieträger (Kernkraft, Kohle, Erdgas und sonstige fossile Energieträger, Mieterstrom, gefördert nach dem EEG[3]), erneuerbare

---

[1]) § 41e eingef. mWv 27.7.2021 durch G v. 16.7.2021 (BGBl. I S. 3026).
[2]) § 42 neu gef. mWv 4.8.2011 durch G v. 26.7.2011 (BGBl. I S. 1554); Abs. 8 Satz 2 geänd. mWv 28.12.2012 durch G v. 20.12.2012 (BGBl. I S. 2730); Abs. 5 Nr. 1 geänd. mWv 1.8.2014 durch G v. 21.7. 2014 (BGBl. I S. 1066); Abs. 1 Nr. 1, Abs. 5 Satz 1 Nr. 2 geänd., Satz 2 angef. mWv 1.1.2017 durch G v. 13.10.2016 (BGBl. I S. 2258); Abs. 1 Nr. 1, Abs. 5 Satz 2 geänd. mWv 25.7.2017 durch G v. 17.7.2017 (BGBl. I S. 2532); Abs. 1 Nr. 1, Abs. 3 Satz 1 geänd., Satz 2 eingef., bish. Satz 2 wird Satz 3, Abs. 7 Satz 2 neu gef., Abs. 8 geänd. mWv 27.7.2021 durch G v. 16.7.2021 (BGBl. I S. 3026); Abs. 1 einl. Satzteil, Nr. 1 und 2 geänd., Nr. 3 angef., Abs. 3 Sätze 1 und 2 geänd. (mangels Textübereinstimmung teilweise nicht ausführbar) geänd., Abs. 3a eingef., Abs. 5 Satz 1 einl. Satzteil, Nr. 1, Satz 2, Abs. 7 Satz 1 geänd., Sätze 3 und 4 eingef., Satz 3 und 4 werden Sätze 5 und 6, Abs. 8 Satz 1 geänd. mWv 1.1.2023 durch G v. 20.7. 2022 (BGBl. I S. 1237).
[3]) **Sartorius ErgBd. Nr. 833.**

Energien mit Herkunftsnachweis, nicht gefördert nach dem EEG) an dem Gesamtenergieträgermix, den der Lieferant im Land des Liefervertrags im letzten oder vorletzten Jahr verwendet hat; spätestens ab 1. November eines Jahres sind jeweils die Werte des vorangegangenen Kalenderjahres anzugeben;

2. Informationen über die Umweltauswirkungen zumindest in Bezug auf Kohlendioxidemissionen ($CO_2$-Emissionen) und radioaktiven Abfall, die auf den in Nummer 1 genannten Gesamtenergieträgermix zur Stromerzeugung zurückzuführen sind;

3. hinsichtlich der erneuerbaren Energien mit Herkunftsnachweis, nicht gefördert nach dem EEG, die Information, in welchen Staaten die den entwerteten Herkunftsnachweisen zugrunde liegende Strommenge erzeugt worden ist und deren Anteil an der Liefermenge erneuerbarer Energien mit Herkunftsnachweis.

(2) Die Informationen zu Energieträgermix und Umweltauswirkungen sind mit den entsprechenden Durchschnittswerten der Stromerzeugung in Deutschland zu ergänzen und verbraucherfreundlich und in angemessener Größe in grafisch visualisierter Form darzustellen.

(3) [1] Sofern ein Stromlieferant im Rahmen des Verkaufs an Letztverbraucher eine Produktdifferenzierung mit unterschiedlichem Energieträgermix vornimmt, gelten für diese Produkte sowie für den verbleibenden Energieträgermix die Absätze 1 und 2 entsprechend mit der Maßgabe, dass zusätzlich zu den Energieträgern nach Absatz 1 Nummer 1 der Anteil der erneuerbaren Energien, gefördert nach dem EEG, als Energieträger anzugeben ist. [2] Stromlieferanten, die keine Produktdifferenzierung mit unterschiedlichen Energieträgermixen vornehmen, weisen den Gesamtenergieträgermix unter Einbeziehung des Anteils der *„erneuerbaren Energien, finanziert aus der EEG-Umlage"*[1] als „Unternehmensverkaufsmix" aus. [3] Die Verpflichtungen nach den Absätzen 1 und 2 bleiben davon unberührt.

(3a) Die Anteile der nach Absatz 3 anzugebenden Energieträger mit Ausnahme des Anteils für Strom aus erneuerbaren Energien, gefördert nach dem EEG, sind entsprechend anteilig für den jeweiligen Letztverbraucher um den Anteil des Stroms aus erneuerbaren Energien, gefördert nach dem EEG, an der Stromerzeugung in Deutschland zu reduzieren.

(4) [1] Bei Strommengen, die nicht eindeutig erzeugungsseitig einem der in Absatz 1 Nummer 1 genannten Energieträger zugeordnet werden können, ist der ENTSO-E-Energieträgermix für Deutschland unter Abzug der nach Absatz 5 Nummer 1 und 2 auszuweisenden Anteile an Strom aus erneuerbaren Energien zu Grunde zu legen. [2] Soweit mit angemessenem Aufwand möglich, ist der ENTSO-E-Mix vor seiner Anwendung so weit zu bereinigen, dass auch sonstige Doppelzählungen von Strommengen vermieden werden. [3] Zudem ist die Zusammensetzung des nach Satz 1 und 2 berechneten Energieträgermixes aufgeschlüsselt nach den in Absatz 1 Nummer 1 genannten Kategorien zu benennen.

(5) [1] Eine Verwendung von Strom aus erneuerbaren Energien zum Zweck der Stromkennzeichnung nach Absatz 1 Nummer 1 und Absatz 3 liegt nur vor, wenn der Stromlieferant

1. Herkunftsnachweise für Strom aus erneuerbaren Energien verwendet, die durch die zuständige Behörde nach § 79 Absatz 4 des Erneuerbare-Energien-Gesetzes entwertet wurden,

---

[1] Nach der Änd. durch G v. 20.7.2022 (BGBl. I S. 1237) jetzt wohl richtig: „erneuerbaren Energien, gefördert nach dem EEG".

2. Strom, der nach dem EEG gefördert wird, unter Beachtung der Vorschriften des Erneuerbare-Energien-Gesetzes ausweist oder

3. Strom aus erneuerbaren Energien als Anteil des nach Absatz 4 berechneten Energieträgermixes nach Maßgabe des Absatz 4 ausweist.

[2] Stromlieferanten sind berechtigt, für den Anteil von Strom aus erneuerbaren Energien, gefördert nach dem EEG, unter Beachtung der Vorschriften des Erneuerbare-Energien-Gesetzes in der Stromkennzeichnung auszuweisen, in welchem Umfang dieser Stromanteil in regionalem Zusammenhang zum Stromverbrauch erzeugt worden ist, wenn Regionalnachweise durch die zuständige Behörde nach § 79a Absatz 4 des Erneuerbare-Energien-Gesetzes entwertet wurden.

(6) Erzeuger und Vorlieferanten von Strom haben im Rahmen ihrer Lieferbeziehungen den nach Absatz 1 Verpflichteten auf Anforderung die Daten so zur Verfügung zu stellen, dass diese ihren Informationspflichten genügen können.

(7) [1] Stromlieferanten sind verpflichtet, einmal jährlich zur Überprüfung der Richtigkeit der Stromkennzeichnung die nach den Absätzen 1 bis 4 gegenüber den Letztverbrauchern anzugebenden Daten sowie die der Stromkennzeichnung zugrunde liegenden Strommengen der Bundesnetzagentur zu melden. [2] Die Bundesnetzagentur übermittelt die Daten zum Zwecke der Überprüfung des Anteils an erneuerbaren Energien einschließlich unternehmensbezogener Daten und Betriebs- und Geschäftsgeheimnissen an das Umweltbundesamt. [3] Das Umweltbundesamt ist befugt, die Richtigkeit der Stromkennzeichnung zu überprüfen, soweit diese die Ausweisung von Strom aus erneuerbaren Energien betrifft. [4] Im Fall einer Unrichtigkeit dieses Teils der Stromkennzeichnung kann das Umweltbundesamt gegenüber dem betreffenden Stromlieferanten die erforderlichen Maßnahmen zur Sicherstellung der Richtigkeit der Stromkennzeichnung anordnen. [5] Die Bundesnetzagentur kann Vorgaben zum Format, Umfang und Meldezeitpunkt machen. [6] Stellt sie Formularvorlagen bereit, sind die Daten in dieser Form elektronisch zu übermitteln.

(8) [1] Das Bundesministerium für Wirtschaft und Klimaschutz wird ermächtigt, im Einvernehmen mit dem Bundesministerium für Umwelt, Naturschutz, nukleare Sicherheit und Verbraucherschutz durch Rechtsverordnung, die nicht der Zustimmung des Bundesrates bedarf, Vorgaben zur Darstellung der Informationen nach den Absätzen 1 bis 4, insbesondere für eine bundesweit vergleichbare Darstellung, und zur Bestimmung des Energieträgermixes für Strom, der nicht eindeutig erzeugungsseitig zugeordnet werden kann, abweichend von Absatz 4 sowie die Methoden zur Erhebung und Weitergabe von Daten zur Bereitstellung der Informationen nach den Absätzen 1 bis 4 festzulegen. [2] Solange eine Rechtsverordnung nicht erlassen wurde, ist die Bundesnetzagentur berechtigt, die Vorgaben nach Satz 1 durch Festlegung nach § 29 Absatz 1 zu bestimmen.

## § 42a[1]) Mieterstromverträge.

(1) Für die Belieferung von Letztverbrauchern mit Mieterstrom im Sinn von § 21 Absatz 3 des Erneuerbare-Energien-Gesetzes[2]) sind vorbehaltlich der Absätze 2 bis 4 die Vorschriften dieses Gesetzes anzuwenden.

(2) [1] Ein Vertrag über die Belieferung von Letztverbrauchern mit Mieterstrom (Mieterstromvertrag) darf nicht Bestandteil eines Vertrags über die Miete von Wohnräumen sein. [2] Bei einem Verstoß gegen dieses Verbot ist der Mieterstrom-

---

[1]) § 42a eingef. mWv 25.7.2017 durch G v. 17.7.2017 (BGBl. I S. 2532); Abs. 5 angef. mWv 1.1.2023 durch G v. 20.7.2022 (BGBl. I S. 1237).
[2]) **Sartorius ErgBd. Nr. 833.**

vertrag nichtig. [3] Die §§ 814 und 817 Satz 2 des Bürgerlichen Gesetzbuchs[1] sind nicht anzuwenden. [4] Sofern der Mieter dem Vermieter Wertersatz für den gelieferten Strom zu leisten hat, beträgt der Wert höchstens 75 Prozent des in dem jeweiligen Netzgebiet geltenden Grundversorgungstarifs, auf Basis des Grund- und Arbeitspreises, und nicht mehr als der im Mieterstromvertrag vereinbarte Preis. [5] Satz 1 gilt nicht

1. für Mietverhältnisse nach § 549 Absatz 2 Nummer 1 und 2 des Bürgerlichen Gesetzbuchs in der am 1. Juni 2015 gültigen Fassung,
2. für Mietverhältnisse, auf die die Ausnahmen des § 11 Absatz 1 Nummer 2 der Heizkostenverordnung[2] in der Fassung der Bekanntmachung vom 5. Oktober 2009 (BGBl. I S. 3250) Anwendung finden.

[6] Der Mieterstromvertrag muss die umfassende Versorgung des Letztverbrauchers mit Strom auch für die Zeiten vorsehen, in denen kein Mieterstrom geliefert werden kann. [7] Bei einer Beendigung des Vertrags über die Miete von Wohnräumen endet der Mieterstromvertrag, ohne dass es einer ausdrücklichen Kündigung bedarf, mit der Rückgabe der Wohnung.

(3) [1] Bei einem Mieterstromvertrag ist eine die andere Vertragspartei länger als ein Jahr bindende Laufzeit des Vertrags unwirksam. [2] Die stillschweigende Verlängerung des Vertragsverhältnisses um mehr als ein Jahr oder eine längere Kündigungsfrist als drei Monate vor Ablauf der zunächst vorgesehenen oder stillschweigend verlängerten Vertragsdauer sind unwirksam. [3] Eine Bestimmung, durch die das Kündigungsrecht während der Dauer des Mietverhältnisses ausgeschlossen oder beschränkt wird, ist unwirksam.

(4) [1] Der für den Mieterstrom und den zusätzlichen Strombezug nach Absatz 2 Satz 6 zu zahlende Preis darf 90 Prozent des in dem jeweiligen Netzgebiet geltenden Grundversorgungstarifs, auf Basis des Grund- und Arbeitspreises, nicht übersteigen. [2] Wird der Höchstpreis nach Satz 1 überschritten, erfolgt eine Herabsetzung auf den Preis, der diesem Höchstpreis entspricht.

(5) [1] Im Fall der Belieferung von Letztverbrauchern mit Mieterstrom nach § 21 Absatz 3 des Erneuerbare-Energien-Gesetzes ist § 42 Absatz 3a nur für den Teil des gelieferten Stroms anzuwenden, der nicht über den Mieterstromzuschlag nach § 21 Absatz 3 des Erneuerbare-Energien-Gesetzes gefördert wird. [2] Der in einem Kalenderjahr gelieferte und mit dem Mieterstromzuschlag nach § 21 Absatz 3 des Erneuerbare-Energien-Gesetzes geförderte Strom ist zu Zwecken der Stromkennzeichnung auf die jeweiligen Letztverbraucher nach dem Verhältnis ihrer Jahresstromverbräuche zu verteilen und den Letztverbrauchern entsprechend auszuweisen. [3] Der Strom nach Satz 2 ist als Mieterstrom, gefördert nach dem EEG, zu kennzeichnen.

## Teil 5. Planfeststellung, Wegenutzung

**§ 43**[3] **Erfordernis der Planfeststellung.** (1) [1] Die Errichtung und der Betrieb sowie die Änderung von folgenden Anlagen bedürfen der Planfeststellung durch die nach Landesrecht zuständige Behörde:

---

[1] **Habersack Nr. 20.**
[2] **Sartorius ErgBd. Nr. 832b.**
[3] § 43 neu gef. mWv 17.5.2019 durch G v. 13.5.2019 (BGBl. I S. 706); Abs. 1 Satz 1 Nr. 2, Abs. 2 Satz 1 Nr. 1 geänd. mWv 1.1.2023 durch G v. 20.7.2022 (BGBl. I S. 1325); Abs. 2 Satz 1 Nr. 1 geänd. mWv 13.10.2022 durch G v. 8.10.2022 (BGBl. I S. 1726); Abs. 2 Satz 1 Nr. 7 und 8 geänd., Nr. 9 angef. mWv 15.7.2023 durch G v. 12.7.2023 (BGBl. 2023 I Nr. 184); Abs. 1 Satz 1 Nr. 1 neu gef., Sätze 3 und 4 ➡

1. Hochspannungsfreileitungen mit einer Nennspannung von 110 Kilovolt oder mehr, ausgenommen

    a) Bahnstromfernleitungen und

    b) Hochspannungsfreileitungen mit einer Gesamtlänge von bis zu 200 Metern, die nicht in einem Natura 2000-Gebiet nach § 7 Absatz 1 Nummer 8 des Bundesnaturschutzgesetzes[1] liegen,

2. Hochspannungsleitungen, die zur Netzanbindung von Windenergieanlagen auf See im Sinne des § 3 Nummer 49 des Erneuerbare-Energien-Gesetzes[2] im Küstenmeer als Seekabel und landeinwärts als Freileitung oder Erdkabel bis zu dem technisch und wirtschaftlich günstigsten Verknüpfungspunkt des nächsten Übertragungs- oder Verteilernetzes verlegt werden sollen, mit Ausnahme von Nebeneinrichtungen zu Offshore-Anbindungsleitungen,

3. grenzüberschreitende Gleichstrom-Hochspannungsleitungen, die nicht unter Nummer 2 fallen und die im Küstenmeer als Seekabel verlegt werden sollen, sowie deren Fortführung landeinwärts als Freileitung oder Erdkabel bis zu dem technisch und wirtschaftlich günstigsten Verknüpfungspunkt des nächsten Übertragungs- oder Verteilernetzes,

4. Hochspannungsleitungen nach § 2 Absatz 5 und 6 des Bundesbedarfsplangesetzes[3],

5. Gasversorgungsleitungen mit einem Durchmesser von mehr als 300 Millimetern und

6. Anbindungsleitungen von LNG-Anlagen an das Fernleitungsnetz mit einem Durchmesser von mehr als 300 Millimetern.

[2] Leitungen nach § 2 Absatz 1 des Netzausbaubeschleunigungsgesetzes Übertragungsnetz[4] bleiben unberührt. [3] Die Errichtung, der Betrieb oder die Änderung eines Provisoriums selbst stellen keine Errichtung, keinen Betrieb und keine Änderung einer Hochspannungsfreileitung im energiewirtschaftlichen Sinne dar. [4] Der Betreiber zeigt der zuständigen Immissionsschutzbehörde die Einhaltung der Vorgaben nach den §§ 3 und 3a der Verordnung über elektromagnetische Felder[5], in der jeweils geltenden Fassung, mindestens zwei Wochen vor der Errichtung, der Inbetriebnahme oder einer Änderung mit geeigneten Unterlagen an.

(2) [1] Auf Antrag des Trägers des Vorhabens können durch Planfeststellung durch die nach Landesrecht zuständige Behörde zugelassen werden:

1. die für den Betrieb von Energieleitungen notwendigen Anlagen, insbesondere Konverterstationen, Phasenschieber, Verdichterstationen, Umspannanlagen und Netzverknüpfungspunkte, die auch in das Planfeststellungsverfahren für die Energieleitung integriert werden können, einschließlich Nebeneinrichtungen zu Offshore-Anbindungsleitungen; dabei ist eine nachträgliche Integration in die Entscheidung zur Planfeststellung durch Planergänzungsverfahren möglich, solange die Entscheidung zur Planfeststellung gilt,

*(Fortsetzung der Anm. von voriger Seite)*
angef., Abs. 2 Satz 1 Nr. 5, 8 und 9 geänd., Nr. 10, Abs. 3 Sätze 2–6 angef., Abs. 3a–3c eingef. mWv 29.12.2023 durch G v. 22.12.2023 (BGBl. 2023 I Nr. 405).
[1] Nr. **880.**
[2] **Sartorius ErgBd. Nr. 833.**
[3] **Sartorius III Nr. 512.**
[4] **Sartorius III Nr. 511.**
[5] **Sartorius ErgBd. Nr. 296/26.**

2. die Errichtung und der Betrieb sowie die Änderung eines Erdkabels für Hochspannungsleitungen mit einer Nennspannung von 110 Kilovolt im Küstenbereich von Nord- und Ostsee, die in einem 20 Kilometer breiten Korridor, der längs der Küstenlinie landeinwärts verläuft, verlegt werden sollen; Küstenlinie ist die in der Seegrenzkarte Nummer 2920 „Deutsche Nordseeküste und angrenzende Gewässer", Ausgabe 1994, XII, und in der Seegrenzkarte Nummer 2921 „Deutsche Ostseeküste und angrenzende Gewässer", Ausgabe 1994, XII, des Bundesamtes für Seeschifffahrt und Hydrographie jeweils im Maßstab 1 : 375 000 dargestellte Küstenlinie,[1]

3. die Errichtung und der Betrieb sowie die Änderung eines Erdkabels mit einer Nennspannung von 110 Kilovolt oder mehr zur Anbindung von Kraftwerken oder Pumpspeicherkraftwerken an das Elektrizitätsversorgungsnetz,

4. die Errichtung und der Betrieb sowie die Änderung eines sonstigen Erdkabels für Hochspannungsleitungen mit einer Nennspannung von 110 Kilovolt oder weniger, ausgenommen Bahnstromfernleitungen,

5. die Errichtung und der Betrieb sowie die Änderung einer Freileitung mit einer Nennspannung von unter 110 Kilovolt, einer Hochspannungsfreileitung mit einer Nennspannung von 110 Kilovolt oder mehr und einer Gesamtlänge von bis zu 200 Metern, die nicht in einem Natura 2000-Gebiet liegt, oder einer Bahnstromfernleitung, sofern diese Leitungen mit einer Leitung nach Absatz 1 Satz 1 Nummer 1, 2 oder 3 auf einem Mehrfachgestänge geführt werden und in das Planfeststellungsverfahren für diese Leitung integriert werden; Gleiches gilt für Erdkabel mit einer Nennspannung von unter 110 Kilovolt, sofern diese im räumlichen und zeitlichen Zusammenhang mit der Baumaßnahme eines Erdkabels nach Absatz 1 Satz 1 Nummer 2 bis 4 oder nach den Nummern 2 bis 4 mit verlegt werden,

6. Leerrohre, die im räumlichen und zeitlichen Zusammenhang mit der Baumaßnahme eines Erdkabels nach Absatz 1 Satz 1 Nummer 2 bis 4 oder nach den Nummern 2 bis 4 mit verlegt werden,

7. die Errichtung und der Betrieb sowie die Änderung von Energiekopplungsanlagen,

8. die Errichtung und der Betrieb sowie die Änderung von Großspeicheranlagen mit einer Nennleistung ab 50 Megawatt, soweit sie nicht § 126 des Bundesberggesetzes[2] unterfallen,

9. die Errichtung und der Betrieb von Anlagen nach § 2 Absatz 1 Nummer 1 des LNG-Beschleunigungsgesetzes[3] einschließlich erforderlicher Nebenanlagen und technischer und baulicher Nebeneinrichtungen, dabei kann auch eine Verbindung mit einem nach Absatz 1 Satz 1 Nummer 6 durchzuführenden Planfeststellungsverfahren erfolgen und

10. die Errichtung und der Betrieb sowie die Änderung von Provisorien, die auch in das Planfeststellungsverfahren für die Energieleitungen integriert werden können; dabei ist eine nachträgliche Integration in die Entscheidung zur Planfeststellung durch Planergänzungsverfahren möglich, solange die Entscheidung zur Planfeststellung gilt.

---

[1] **Amtlicher Hinweis:** Zu beziehen beim Bundesamt für Seeschifffahrt und Hydrographie, Bernhard-Nocht-Straße 78, 20359 Hamburg und in der Deutschen Nationalbibliothek archivmäßig gesichert niedergelegt.

[2] **Sartorius III Nr. 460.**

[3] **Sartorius III Nr. 525.**

[2] Satz 1 ist für Erdkabel auch bei Abschnittsbildung anzuwenden, wenn die Erdverkabelung in unmittelbarem Zusammenhang mit dem beantragten Abschnitt einer Freileitung steht.

(3) [1] Bei der Planfeststellung sind die von dem Vorhaben berührten öffentlichen und privaten Belange im Rahmen der Abwägung zu berücksichtigen. [2] Soweit bei einem Vorhaben im Sinne des Absatzes 1 Satz 1 Nummer 1 bis 4 eine Änderung oder Erweiterung einer Leitung im Sinne von § 3 Nummer 1 des Netzausbaubeschleunigungsgesetzes Übertragungsnetz, ein Ersatzneubau im Sinne des § 3 Nummer 4 des Netzausbaubeschleunigungsgesetzes Übertragungsnetz oder ein Parallelneubau im Sinne des § 3 Nummer 5 des Netzausbaubeschleunigungsgesetzes Übertragungsnetz beantragt wird, ist eine Prüfung in Frage kommender Alternativen für den beabsichtigten Verlauf der Trasse auf den Raum in und unmittelbar neben der Bestandstrasse beschränkt. [3] Eine Prüfung außerhalb dieses Raumes ist nur aus zwingenden Gründen durchzuführen. [4] Sie ist insbesondere dann erforderlich, wenn das Vorhaben einzeln oder im Zusammenwirken mit der Hochspannungsleitung der Bestandstrasse

1. nach § 34 Absatz 2 des Bundesnaturschutzgesetzes unzulässig wäre oder

2. gegen die Verbote des § 44 Absatz 1 auch in Verbindung mit Absatz 5 des Bundesnaturschutzgesetzes verstoßen würde.

[5] Ziele der Raumordnung, die den Abstand von Hochspannungsleitungen zu Gebäuden oder überbaubaren Grundstücksflächen regeln, sind keine zwingenden Gründe im Sinne von Satz 3. [6] Die Sätze 2 bis 5 sind bei Offshore-Anbindungsleitungen nur für den landseitigen Teil anzuwenden.

(3a) [1] Die Errichtung und der Betrieb sowie die Änderung von Hochspannungsleitungen nach Absatz 1 Satz 1 Nummer 1 bis 4 einschließlich der für den Betrieb notwendigen Anlagen liegen im überragenden öffentlichen Interesse und dienen der öffentlichen Sicherheit. [2] Bis die Stromversorgung im Bundesgebiet nahezu treibhausgasneutral ist, soll der beschleunigte Ausbau der Hochspannungsleitungen nach Absatz 1 Satz 1 Nummer 1 bis 4 und der für den Betrieb notwendigen Anlagen als vorrangiger Belang in die jeweils durchzuführende Schutzgüterabwägung eingebracht werden. [3] Satz 2 ist nicht gegenüber Belangen der Landes- und Bündnisverteidigung anzuwenden.

(3b) [1] Die nach Landesrecht zuständige Behörde ist zu einer detaillierten Prüfung von Alternativen nur verpflichtet, wenn es sich um Ausführungsvarianten handelt, die sich nach den in dem jeweiligen Stadium des Planungsprozesses angestellten Sachverhaltsermittlungen auf Grund einer überschlägigen Prüfung der insoweit abwägungsrelevanten Belange nach Absatz 3 Satz 1 und Absatz 3a als eindeutig vorzugswürdig erweisen könnten. [2] Der Plan enthält auch Erläuterungen zur Auswahlentscheidung des Vorhabenträgers einschließlich einer Darstellung der hierzu ernsthaft in Betracht gezogenen Alternativen.

(3c) [1] Bei der Planfeststellung von Vorhaben nach Absatz 1 Satz 1 Nummer 1 bis 4 sind bei der Abwägung nach Absatz 3 insbesondere folgende Belange mit besonderem Gewicht zu berücksichtigen:

1. eine möglichst frühzeitige Inbetriebnahme des Vorhabens,

2. ein möglichst geradliniger Verlauf zwischen dem Anfangs- und dem Endpunkt des Vorhabens,

3. eine möglichst wirtschaftliche Errichtung und ein möglichst wirtschaftlicher Betrieb des Vorhabens.

[2]Satz 1 Nummer 2 ist nicht anzuwenden, soweit eine Bündelung mit anderer linearer Infrastruktur beantragt wird, insbesondere in den Fällen des Absatzes 3 Satz 2. [3]Absatz 3a Satz 2 bleibt unberührt.

(4) Für das Planfeststellungsverfahren sind die §§ 72 bis 78 des Verwaltungsverfahrensgesetzes[1] nach Maßgabe dieses Gesetzes anzuwenden.

(5) Die Maßgaben sind entsprechend anzuwenden, soweit das Verfahren landesrechtlich durch ein Verwaltungsverfahrensgesetz geregelt ist.

**§ 43a**[2][3] **Anhörungsverfahren.** [1]Für das Anhörungsverfahren gilt § 73 des Verwaltungsverfahrensgesetzes[1] mit folgenden Maßgaben:

1. Der Plan ist gemäß § 73 Absatz 2 des Verwaltungsverfahrensgesetzes innerhalb von zwei Wochen nach Zugang auszulegen.

2. Die Einwendungen und Stellungnahmen sind dem Vorhabenträger und den von ihm Beauftragten zur Verfügung zu stellen, um eine Erwiderung zu ermöglichen; datenschutzrechtliche Bestimmungen sind zu beachten; auf Verlangen des Einwenders sollen dessen Name und Anschrift unkenntlich gemacht werden, wenn diese zur ordnungsgemäßen Durchführung des Verfahrens nicht erforderlich sind; auf diese Möglichkeit ist in der öffentlichen Bekanntmachung hinzuweisen.

3. [1]Die Anhörungsbehörde kann auf eine Erörterung im Sinne des § 73 Absatz 6 des Verwaltungsverfahrensgesetzes und des § 18 Absatz 1 Satz 4 des Gesetzes über die Umweltverträglichkeitsprüfung[4] verzichten. [2]Ein Erörterungstermin findet nicht statt, wenn

   a) Einwendungen gegen das Vorhaben nicht oder nicht rechtzeitig erhoben worden sind,

   b) die rechtzeitig erhobenen Einwendungen zurückgenommen worden sind,

   c) ausschließlich Einwendungen erhoben worden sind, die auf privatrechtlichen Titeln beruhen, oder

   d) alle Einwender auf einen Erörterungstermin verzichten.

   [3]Findet keine Erörterung statt, so hat die Anhörungsbehörde ihre Stellungnahme innerhalb von sechs Wochen nach Ablauf der Einwendungsfrist abzugeben und sie der Planfeststellungsbehörde zusammen mit den sonstigen in § 73 Absatz 9 des Verwaltungsverfahrensgesetzes aufgeführten Unterlagen zuzuleiten.

4. Soll ein ausgelegter Plan geändert werden, so kann im Regelfall von der Erörterung im Sinne des § 73 Absatz 6 des Verwaltungsverfahrensgesetzes und des § 18 Absatz 1 Satz 4 des Gesetzes über die Umweltverträglichkeitsprüfung abgesehen werden.

---

[1] Nr. **100.**
[2] § 43a eingef. mWv 17.12.2006 durch G v. 9.12.2006 (BGBl. I S. 2833); Nr. 2 geänd. mWv 1.3.2010 durch G v. 29.7.2009 (BGBl. I S. 2542); Nr. 5 geänd. mWv 5.8.2011 durch G v. 28.7.2011 (BGBl. I S. 1690); Nr. 1 neu gef., Nr. 2–4 aufgeh., bish. Nr. 5 und 6 werden Nr. 2 und 3 und neu gef., Nr. 7 aufgeh. mWv 1.6.2015 durch G v. 31.5.2013 (BGBl. I S. 1388, geänd. durch G v. 24.5.2014, BGBl. I S. 538); Nr. 3 geänd. mWv 2.6.2017 durch G v. 29.5.2017 (BGBl. I S. 1298); Nr. 3 geänd. mWv 29.7. 2017 durch G v. 20.7.2017 (BGBl. I S. 2808; 2018 I S. 472); Nr. 2 eingef., bish. Nr. 2 und 3 werden Nr. 3 und 4 mWv 17.5.2019 durch G v. 13.5.2019 (BGBl. I S. 706); Nr. 3 neu gef. mWv 13.10.2022 durch G v. 8.10.2022 (BGBl. I S. 1726); Sätze 2 und 3 angef. mWv 29.12.2023 durch G v. 22.12.2023 (BGBl. 2023 I Nr. 405).
[3] Beachte zur Anwendung von § 43a hinsichtlich der Zulassung einer Anlage nach § 2 LNGG **(Sartorius III Nr. 525)** die Maßgaben gem. § 8 LNGG **(Sartorius III Nr. 525)** iVm § 13 LNGG **(Sartorius III Nr. 525).**
[4] Nr. **295.**

[2] Die Auslegung nach Satz 1 Nummer 1 wird dadurch bewirkt, dass die Dokumente auf der Internetseite der für die Auslegung zuständigen Behörde zugänglich gemacht werden. [3] Auf Verlangen eines Beteiligten, das während der Dauer der Auslegung an die zuständige Behörde zu richten ist, wird ihm eine alternative, leicht zu erreichende Zugangsmöglichkeit zur Verfügung gestellt; dies ist in der Regel die Übersendung eines gängigen elektronischen Speichermediums, auf dem die auszulegenden Unterlagen gespeichert sind.

**§ 43b**[1]) **Planfeststellungsbeschluss, Plangenehmigung.** (1) Für Planfeststellungsbeschluss und Plangenehmigung gelten die §§ 73 und 74 des Verwaltungsverfahrensgesetzes[2]) mit folgenden Maßgaben:

1. Bei Planfeststellungen für Vorhaben im Sinne des § 43 Absatz 1 Satz 1 wird

   a) für ein bis zum 31. Dezember 2010 beantragtes Vorhaben für die Errichtung und den Betrieb sowie die Änderung von Hochspannungsfreileitungen oder Gasversorgungsleitungen, das der im Hinblick auf die Gewährleistung der Versorgungssicherheit dringlichen Verhinderung oder Beseitigung längerfristiger Übertragungs-, Transport- oder Verteilungsengpässe dient,

   b) für ein Vorhaben, das in der Anlage zum Energieleitungsausbaugesetz[3]) vom 21. August 2009 (BGBl. I S. 2870) in der jeweils geltenden Fassung aufgeführt ist,

   die Öffentlichkeit einschließlich der Vereinigungen im Sinne von § 73 Absatz 4 Satz 5 des Verwaltungsverfahrensgesetzes ausschließlich entsprechend § 18 Absatz 2 des Gesetzes über die Umweltverträglichkeitsprüfung[4]) mit der Maßgabe einbezogen, dass die Gelegenheit zur Äußerung einschließlich Einwendungen und Stellungnahmen innerhalb eines Monats nach der Einreichung des vollständigen Plans für eine Frist von sechs Wochen zu gewähren ist.

2. Verfahren zur Planfeststellung oder Plangenehmigung bei Vorhaben, deren Auswirkungen über das Gebiet eines Landes hinausgehen, sind zwischen den zuständigen Behörden der beteiligten Länder abzustimmen.

3. Der Planfeststellungsbeschluss wird dem Vorhabenträger zugestellt. Im Übrigen wird der Planfeststellungsbeschluss öffentlich bekanntgegeben, indem er für die Dauer von zwei Wochen auf der Internetseite der Planfeststellungsbehörde mit der Rechtsbehelfsbelehrung zugänglich gemacht wird und zusätzlich mit seinem verfügenden Teil und der Rechtsbehelfsbelehrung sowie einem Hinweis auf die Zugänglichmachung im Internet in örtlichen Tageszeitungen, die in dem Gebiet, auf das sich das Vorhaben voraussichtlich auswirken wird, verbreitet sind, bekanntgemacht wird. Nach Ablauf von zwei Wochen seit der Zugänglichmachung auf der Internetseite der Planfeststellungsbehörde gilt der Planfeststellungsbeschluss gegenüber den Betroffenen und demjenigen, der Einwendungen erhoben hat, als bekanntgegeben. Hierauf ist in der Bekanntmachung hinzuweisen. Einem Betroffenen oder demjenigen, der Einwendungen erhoben hat, wird

---

[1]) § 43b eingef. mWv 17.12.2006 durch G v. 9.12.2006 (BGBl. I S. 2833); Nr. 1 Satz 1 neu gef. mWv 26.8.2009 durch G v. 21.8.2009 (BGBl. I S. 2870); einl. Satzteil, Nr. 1 Satz 1 abschl. Satzteil geänd., Sätze 2–5 aufgeh., Nr. 2 und 3 aufgeh., bish. Nr. 4 wird Nr. 2, Nr. 5 aufgeh. mWv 1.6.2015 durch G v. 31.5. 2013 (BGBl. I S. 1388, geänd. durch G v. 24.5.2014, BGBl. I S. 538); Nr. 1 abschl. Satzteil geänd. mWv 29.7.2017 durch G v. 20.7.2017 (BGBl. I S. 2808); Nr. 1 einl. Satzteil geänd. mWv 17.5.2019 durch G v. 13.5.2019 (BGBl. I S. 706); Abs. 2 angef. mWv 13.10.2022 durch G v. 8.10.2022 (BGBl. I S. 1726); Abs. 1 Nr. 3 angef. mWv 29.12.2023 durch G v. 22.12.2023 (BGBl. 2023 I Nr. 405).
[2]) Nr. **100.**
[3]) **Sartorius III Nr. 510.**
[4]) Nr. **295.**

eine leicht zu erreichende Zugangsmöglichkeit zur Verfügung gestellt, wenn er oder sie während der Dauer der Veröffentlichung ein entsprechendes Verlangen an die Planfeststellungsbehörde gerichtet hat. Dies ist in der Regel die Übersendung eines gängigen elektronischen Speichermediums, auf dem die auszulegenden Unterlagen gespeichert sind. Auf die andere Zugangsmöglichkeit ist in der Bekanntgabe nach Satz 2 hinzuweisen.

(2) ¹Die nach Landesrecht zuständige Behörde soll einen Planfeststellungsbeschluss in den Fällen des § 43 Absatz 1 Satz 1 Nummer 2 und 4 für Offshore-Anbindungsleitungen nach Eingang der Unterlagen innerhalb von zwölf Monaten fassen. ²Die nach Landesrecht zuständige Behörde kann die Frist um drei Monate verlängern, wenn dies wegen der Schwierigkeit der Prüfung oder aus Gründen, die dem Antragsteller zuzurechnen sind, erforderlich ist. ³Die Fristverlängerung soll gegenüber dem Antragsteller begründet werden.

## § 43c[1]) Rechtswirkungen der Planfeststellung und Plangenehmigung.

Für die Rechtswirkungen der Planfeststellung und Plangenehmigung gilt § 75 des Verwaltungsverfahrensgesetzes[2]) mit folgenden Maßgaben:

1. Wird mit der Durchführung des Plans nicht innerhalb von zehn Jahren nach Eintritt der Unanfechtbarkeit begonnen, so tritt er außer Kraft, es sei denn, er wird vorher auf Antrag des Trägers des Vorhabens von der Planfeststellungsbehörde um höchstens fünf Jahre verlängert.

2. Vor der Entscheidung nach Nummer 1 ist eine auf den Antrag begrenzte Anhörung nach den für die Planfeststellung oder für die Plangenehmigung vorgeschriebenen Verfahren durchzuführen.

3. Für die Zustellung und Auslegung sowie die Anfechtung der Entscheidung über die Verlängerung sind die Bestimmungen über den Planfeststellungsbeschluss entsprechend anzuwenden.

4. Wird eine Planergänzung oder ein ergänzendes Verfahren nach § 75 Absatz 1a Satz 2 des Verwaltungsverfahrensgesetzes erforderlich und wird diese Planergänzung oder dieses ergänzende Verfahren unverzüglich betrieben, so bleibt die Durchführung des Vorhabens zulässig, soweit es von der Planergänzung oder dem Ergebnis des ergänzenden Verfahrens offensichtlich nicht berührt ist.

## § 43d[3]) Planänderung vor Fertigstellung des Vorhabens. ¹Für die Planergänzung und das ergänzende Verfahren im Sinne des § 75 Abs. 1a Satz 2 des Verwaltungsverfahrensgesetzes[2]) und für die Planänderung vor Fertigstellung des Vorhabens gilt § 76 des Verwaltungsverfahrensgesetzes mit der Maßgabe, dass im Falle des § 76 Abs. 1 des Verwaltungsverfahrensgesetzes von einer Erörterung im Sinne des § 73 Abs. 6 des Verwaltungsverfahrensgesetzes und des § 18 Absatz 1 Satz 4 des Gesetzes über die Umweltverträglichkeitsprüfung[4]) abgesehen werden soll. ²Im Übrigen gelten für das neue Verfahren die Vorschriften dieses Gesetzes.

---

[1]) § 43c eingef. mWv 17.12.2006 durch G v. 9.12.2006 (BGBl. I S. 2833); Nr. 4 aufgeh. mWv 1.6.2015 durch G v. 31.5.2013 (BGBl. I S. 1388, geänd. durch G v. 24.5.2014, BGBl. I S. 538); Nr. 4 neu gef. mWv 29.12.2023 durch G v. 22.12.2023 (BGBl. 2023 I Nr. 405).
[2]) Nr. **100**.
[3]) § 43d eingef. mWv 17.12.2006 durch G v. 9.12.2006 (BGBl. I S. 2833); Satz 1 geänd. mWv 2.6.2017 durch G v. 29.5.2017 (BGBl. I S. 1298); Satz 1 geänd. mWv 29.7.2017 durch G v. 20.7.2017 (BGBl. I S. 2808; 2018 I S. 472); Satz 1 geänd. mWv 29.12.2023 durch G v. 22.12.2023 (BGBl. 2023 I Nr. 405).
[4]) Nr. **295**.

**§ 43e[1] Rechtsbehelfe.** (1) [1]Die Anfechtungsklage gegen einen Planfeststellungsbeschluss oder eine Plangenehmigung hat keine aufschiebende Wirkung. [2]Der Antrag auf Anordnung der aufschiebenden Wirkung der Anfechtungsklage gegen einen Planfeststellungsbeschluss oder eine Plangenehmigung nach § 80 Abs. 5 Satz 1 der Verwaltungsgerichtsordnung[2] kann nur innerhalb eines Monats nach der Zustellung des Planfeststellungsbeschlusses oder der Plangenehmigung gestellt und begründet werden. [3]Darauf ist in der Rechtsbehelfsbelehrung hinzuweisen. [4]§ 58 der Verwaltungsgerichtsordnung gilt entsprechend.

(2) [1]Treten später Tatsachen ein, die die Anordnung der aufschiebenden Wirkung rechtfertigen, so kann der durch den Planfeststellungsbeschluss oder die Plangenehmigung Beschwerte einen hierauf gestützten Antrag nach § 80 Abs. 5 Satz 1 der Verwaltungsgerichtsordnung innerhalb einer Frist von einem Monat stellen und begründen. [2]Die Frist beginnt mit dem Zeitpunkt, in dem der Beschwerte von den Tatsachen Kenntnis erlangt.

(3) [1]Der Kläger hat innerhalb einer Frist von zehn Wochen ab Klageerhebung die zur Begründung seiner Klage dienenden Tatsachen und Beweismittel anzugeben. [2]Erklärungen und Beweismittel, die erst nach Ablauf dieser Frist vorgebracht werden, sind nur zuzulassen, wenn der Kläger die Verspätung genügend entschuldigt. [3]Der Entschuldigungsgrund ist auf Verlangen des Gerichts glaubhaft zu machen. [4]Satz 2 gilt nicht, wenn es mit geringem Aufwand möglich ist, den Sachverhalt auch ohne Mitwirkung des Klägers zu ermitteln. [5]Die Frist nach Satz 1 kann durch den Vorsitzenden oder den Berichterstatter auf Antrag verlängert werden, wenn der Kläger in dem Verfahren, in dem die angefochtene Entscheidung ergangen ist, keine Möglichkeit der Beteiligung hatte.

(4) [1]Für Energieleitungen, die nach § 43 Absatz 1 Satz 1 Nummer 2 planfestgestellt werden, sowie für Anlagen, die für den Betrieb dieser Energieleitungen notwendig sind und die nach § 43 Absatz 2 Satz 1 Nummer 1 planfestgestellt werden, ist § 50 Absatz 1 Nummer 6 der Verwaltungsgerichtsordnung anzuwenden. [2]§ 50 Absatz 1 Nummer 6 der Verwaltungsgerichtsordnung ist auch anzuwenden für diese Energieleitungen und auf für deren Betrieb notwendige Anlagen bezogene Zulassungen des vorzeitigen Baubeginns und Anzeigeverfahren sowie für Genehmigungen nach dem Bundes-Immissionsschutzgesetz[3] für Anlagen, die für den Betrieb dieser Energieleitungen notwendig sind.

**§ 43f[4] Änderungen im Anzeigeverfahren.** (1) [1]Unwesentliche Änderungen oder Erweiterungen können anstelle des Planfeststellungsverfahrens durch ein Anzeigeverfahren zugelassen werden. [2]Eine Änderung oder Erweiterung ist nur dann unwesentlich, wenn

---

[1] § 43e eingef. mWv 17.12.2006 durch G v. 9.12.2006 (BGBl. I S. 2833); Abs. 1 Satz 1 geänd., Abs. 4 aufgeh. mWv 1.6.2015 durch G v. 31.5.2013 (BGBl. I S. 1388, geänd. durch G v. 24.5.2014, BGBl. I S. 538); Abs. 4 angef. mWv 10.12.2020 durch G v. 3.12.2020 (BGBl. I S. 2682); Abs. 3 neu gef. mWv 21.3.2023 durch G v. 14.3.2023 (BGBl. 2023 I Nr. 71).
[2] Nr. **600**.
[3] Nr. **296**.
[4] § 43f neu gef. mWv 17.5.2019 durch G v. 13.5.2019 (BGBl. I S. 706); Abs. 2 Satz 2, Abs. 3 geänd. mWv 4.3.2021 durch G v. 25.2.2021 (BGBl. I S. 298); Abs. 2 Satz 3 eingef., bish. Sätze 3 und 4 werden Sätze 4 und 5, Abs. 3 Satz 2 angef. mWv 29.7.2022 durch G v. 19.7.2022 (BGBl. I S. 1214); Abs. 2 Satz 1 Nr. 1 neu gef., Nr. 2 und 3 geänd., Nr. 4 angef., Sätze 2–5, Abs. 4 Satz 5 und Abs. 5 geänd. mWv 13.10. 2022 durch G v. 8.10.2022 (BGBl. I S. 1726); Abs. 6 angef. mWv 21.3.2023 durch G v. 14.3.2023 (BGBl. 2023 I Nr. 71); Abs. 5 Satz 1 geänd., Satz 2 angef. mWv 29.12.2023 durch G v. 22.12.2023 (BGBl. 2023 I Nr. 405).

1. nach dem Gesetz über die Umweltverträglichkeitsprüfung[1]) oder nach Absatz 2 hierfür keine Umweltverträglichkeitsprüfung durchzuführen ist,

2. andere öffentliche Belange nicht berührt sind oder die erforderlichen behördlichen Entscheidungen vorliegen und sie dem Plan nicht entgegenstehen und

3. Rechte anderer nicht beeinträchtigt werden oder mit den vom Plan Betroffenen entsprechende Vereinbarungen getroffen werden.

(2) [1] Abweichend von den Vorschriften des Gesetzes über die Umweltverträglichkeitsprüfung ist eine Umweltverträglichkeitsprüfung für die Änderung oder Erweiterung nicht durchzuführen bei

1. Änderungen oder Erweiterungen von Gasversorgungsleitungen zur Ermöglichung des Transports von Wasserstoff nach § 43l Absatz 4,

2. Umbeseilungen,

3. Zubeseilungen oder

4. standortnahen Maständerungen.

[2] Satz 1 Nummer 2 und 3 ist nur anzuwenden, wenn die nach Landesrecht zuständige Behörde feststellt, dass die Vorgaben der §§ 3, 3a und 4 der Verordnung über elektromagnetische Felder[2]) und die Vorgaben der Technischen Anleitung zum Schutz gegen Lärm vom 26. August 1998 (GMBl S. 503) in der jeweils geltenden Fassung eingehalten sind. [3] Einer Feststellung, dass die Vorgaben der Technischen Anleitung zum Schutz gegen Lärm vom 26. August 1998 (GMBl S. 503) in der jeweils geltenden Fassung eingehalten sind, bedarf es bei Änderungen, welche nicht zu Änderungen der Beurteilungspegel im Sinne der Technischen Anleitung zum Schutz gegen Lärm in der jeweils geltenden Fassung führen. [4] Satz 1 Nummer 2 bis 4 ist ferner jeweils nur anzuwenden, sofern einzeln oder im Zusammenwirken mit anderen Vorhaben eine erhebliche Beeinträchtigung eines Natura 2000-Gebiets oder eines bedeutenden Brut- oder Rastgebiets geschützter Vogelarten nicht zu erwarten ist. [5] Satz 1 Nummer 2 bis 4 ist bei Höchstspannungsfreileitungen mit einer Nennspannung von 220 Kilovolt oder mehr ferner nur anzuwenden, wenn die Zubeseilung eine Länge von höchstens 15 Kilometern hat, oder die standortnahen Maständerungen oder die bei einer Umbeseilung erforderlichen Masterhöhungen räumlich zusammenhängend auf einer Länge von höchstens 15 Kilometern erfolgen.

(3) [1] Abweichend von Absatz 1 Satz 2 Nummer 2 kann eine Änderung oder Erweiterung auch dann im Anzeigeverfahren zugelassen werden, wenn die nach Landesrecht zuständige Behörde im Einvernehmen mit der zuständigen Immissionsschutzbehörde feststellt, dass die Vorgaben nach den §§ 3, 3a und 4 der Verordnung über elektromagnetische Felder und die Vorgaben der Technischen Anleitung zum Schutz gegen Lärm vom 26. August 1998 (GMBl S. 503) in der jeweils geltenden Fassung eingehalten sind, und wenn weitere öffentliche Belange nicht berührt sind oder die hierfür erforderlichen behördlichen Entscheidungen vorliegen und sie dem Plan nicht entgegenstehen. [2] Absatz 2 Satz 3 ist entsprechend anzuwenden.

(4) [1] Der Vorhabenträger zeigt gegenüber der nach Landesrecht zuständigen Behörde die von ihm geplante Maßnahme an. [2] Der Anzeige sind in ausreichender Weise Erläuterungen beizufügen, aus denen sich ergibt, dass die geplante Änderung oder Erweiterung den Voraussetzungen der Absätze 1 bis 3 genügt. [3] Ins-

---

[1]) Nr. 295.
[2]) **Sartorius ErgBd. Nr. 296/26.**

besondere bedarf es einer Darstellung zu den zu erwartenden Umweltauswirkungen. [4] Die nach Landesrecht zuständige Behörde entscheidet innerhalb eines Monats, ob anstelle des Anzeigeverfahrens ein Plangenehmigungs- oder Planfeststellungsverfahren durchzuführen ist oder die Maßnahme von einem förmlichen Verfahren freigestellt ist. [5] Prüfgegenstand ist nur die jeweils angezeigte Änderung oder Erweiterung; im Falle des Absatzes 2 Satz 1 Nummer 1 bedarf es keiner Prüfung der dinglichen Rechte anderer; im Fall der standortnahen Maständerung bleibt es unabhängig von den Vorgaben der §§ 3, 3a und 4 der Verordnung über elektromagnetische Felder und den Vorgaben der Technischen Anleitung zum Schutz gegen Lärm vom 26. August 1998 (GMBl S. 503) in der jeweils geltenden Fassung beim Anzeigeverfahren. [6] Die Entscheidung ist dem Vorhabenträger bekannt zu machen.

(5) [1] Für die Zwecke des § 43 und dieses Paragrafen sind die Begriffsbestimmungen des § 3 Nummer 1, 2 und 4 bis 6 des Netzausbaubeschleunigungsgesetzes Übertragungsnetz[1]) sowie im Anwendungsbereich der Verordnung über elektromagnetische Felder in der jeweils geltenden Fassung die Begriffsbestimmungen des § 3 Nummer 2 und 6 des Netzausbaubeschleunigungsgesetzes Übertragungsnetz entsprechend anzuwenden. [2] Im Anwendungsbereich der Verordnung über elektromagnetische Felder in der jeweils geltenden Fassung stellt es keine neue Trasse dar, wenn der Schutzstreifen der geänderten oder erweiterten Leitung den Schutzstreifen der bisherigen Leitung auf jeder Seite um nicht mehr als 20 Meter überschreitet.

(6) § 43e ist entsprechend anzuwenden.

**§ 43g**[2]) **Projektmanager.** (1) Die nach Landesrecht zuständige Behörde kann einen Dritten, der als Verwaltungshelfer beschäftigt werden kann, auf Vorschlag oder mit Zustimmung des Trägers des Vorhabens und auf dessen Kosten mit der Vorbereitung und Durchführung von Verfahrensschritten beauftragen wie

1. der Erstellung von Verfahrensleitplänen unter Bestimmung von Verfahrensabschnitten und Zwischenterminen,

2. der Fristenkontrolle,

3. der Koordinierung von erforderlichen Sachverständigengutachten,

4. dem Qualitätsmanagement der Anträge und Unterlagen der Vorhabenträger,

5. der Koordinierung der Enteignungs- und Entschädigungsverfahren nach den §§ 45 und 45a,

6. dem Entwurf eines Anhörungsberichtes,

7. der ersten Auswertung der eingereichten Stellungnahmen,

8. der organisatorischen Vorbereitung eines Erörterungstermins,

9. der Leitung des Erörterungstermins und

10. dem Entwurf von Entscheidungen.

(2) [1] Die nach Landesrecht zuständige Behörde soll im Falle einer Beauftragung des Projektmanagers mit diesem vereinbaren, dass die Zahlungspflicht unmittelbar zwischen Vorhabenträger und Projektmanager entsteht und eine Abrechnung zwischen diesen erfolgt; Voraussetzung ist, dass der Vorhabenträger einer solchen zugestimmt hat. [2] Der Projektmanager ist verpflichtet, die Abrechnungsunterlagen ebenfalls der zuständigen Behörde zu übermitteln. [3] Die zuständige Behörde prüft,

---

[1]) **Sartorius III Nr. 511.**
[2]) § 43g neu gef. mWv 29.7.2022 durch G v. 19.7.2022 (BGBl. I S. 1214).

ob die vom Projektmanager abgerechneten Leistungen dem jeweiligen Auftrag entsprechen, und teilt dem Vorhabenträger das Ergebnis dieser Prüfung unverzüglich mit.

(3) Die Entscheidung über den Planfeststellungsantrag liegt allein bei der zuständigen Behörde.

**§ 43h[1] Ausbau des Hochspannungsnetzes.** [1]Hochspannungsleitungen auf neuen Trassen mit einer Nennspannung von 110 Kilovolt oder weniger sind als Erdkabel auszuführen, soweit die Gesamtkosten für Errichtung und Betrieb des Erdkabels die Gesamtkosten der technisch vergleichbaren Freileitung den Faktor 2,75 nicht überschreiten und naturschutzfachliche Belange nicht entgegenstehen; die für die Zulassung des Vorhabens zuständige Behörde kann auf Antrag des Vorhabenträgers die Errichtung als Freileitung zulassen, wenn öffentliche Interessen nicht entgegenstehen. [2]Soll der Neubau einer Hochspannungsleitung weit überwiegend in oder unmittelbar neben einer Bestandstrasse durchgeführt werden, handelt es sich nicht um eine neue Trasse im Sinne des Satzes 1.

**§ 43i[2] Überwachung.** (1) [1]Die für die Zulassung des Vorhabens zuständige Behörde hat durch geeignete Überwachungsmaßnahmen sicherzustellen, dass das Vorhaben im Einklang mit den umweltbezogenen Bestimmungen des Planfeststellungsbeschlusses oder der Plangenehmigung durchgeführt wird; dies gilt insbesondere für Bestimmungen zu umweltbezogenen Merkmalen des Vorhabens, dem Standort des Vorhabens, für Maßnahmen, mit denen erhebliche nachteilige Umweltauswirkungen ausgeschlossen, vermindert oder ausgeglichen werden sollen, für bodenschonende Maßnahmen sowie für Ersatzmaßnahmen bei Eingriffen in Natur und Landschaft. [2]Die Überwachung nach diesem Absatz kann dem Vorhabenträger aufgegeben werden. [3]Bereits bestehende Überwachungsmechanismen, Daten und Informationsquellen können für die Überwachungsmaßnahmen genutzt werden.

(2) Die für die Zulassung des Vorhabens zuständige Behörde kann die erforderlichen Maßnahmen treffen, um sicherzustellen, dass das Vorhaben im Einklang mit den umweltbezogenen Bestimmungen des Planfeststellungsbeschlusses oder der Plangenehmigung durchgeführt wird.

(3) § 28 des Gesetzes über die Umweltverträglichkeitsprüfung[3] ist nicht anzuwenden.

**§ 43j[4] Leerrohre für Hochspannungsleitungen.** [1]Bei Vorhaben im Sinne von § 43 Absatz 1 Satz 1 Nummer 2 bis 4 oder Absatz 2 Satz 1 Nummer 2 bis 4 können Leerrohre nach § 43 Absatz 2 Satz 1 Nummer 6 in ein Planfeststellungsverfahren einbezogen werden, wenn

1. die Leerrohre im räumlichen und zeitlichen Zusammenhang mit der Baumaßnahme eines Erdkabels verlegt werden und

2. die zuständige Behörde anhand der Umstände des Einzelfalls davon ausgehen kann, dass die Leerrohre innerhalb von 15 Jahren nach der Planfeststellung zur

---

[1] § 43h eingef. mWv 5.8.2011 durch G v. 28.7.2011 (BGBl. I S. 1690); Satz 2 angef. mWv 17.5.2019 durch G v. 13.5.2019 (BGBl. I S. 706).
[2] § 43i eingef. mWv 29.7.2017 durch G v. 20.7.2017 (BGBl. I S. 2808); Abs. 1 Satz 1 geänd. mWv 17.5.2019 durch G v. 13.5.2019 (BGBl. I S. 706).
[3] Nr. **295**.
[4] § 43j eingef. mWv 17.5.2019 durch G v. 13.5.2019 (BGBl. I S. 706).

Durchführung einer Stromleitung im Sinne von § 43 Absatz 1 Satz 1 Nummer 2 bis 4 oder Absatz 2 Satz 1 Nummer 2 bis 4 genutzt werden. [2] Gegenstand des Planfeststellungsverfahrens und des Planfeststellungsbeschlusses sind die Verlegung der Leerrohre, die spätere Durchführung der Stromleitung und deren anschließender Betrieb. [3] Für die Nutzung der Leerrohre zur Durchführung einer Stromleitung und zu deren anschließendem Betrieb bedarf es keines weiteren Genehmigungsverfahrens, wenn mit der Durchführung der Stromleitung innerhalb der Frist des § 43c Nummer 1 begonnen wird und sich die im Planfeststellungsverfahren zugrunde gelegten Merkmale des Vorhabens nicht geändert haben. [4] Die Einbeziehung von Leerrohren nach Satz 1 kann auf einzelne Abschnitte des betroffenen Vorhabens beschränkt werden.

**§ 43k**[1] **Zurverfügungstellung von Geodaten.** [1] Soweit für die Planfeststellung, die Plangenehmigung oder das Anzeigeverfahren Geodaten, die bei einer Behörde oder einem Dritten zur Erfüllung öffentlicher Aufgaben vorhanden sind, benötigt werden, sind diese Daten auf Verlangen dem Vorhabenträger, den von ihm Beauftragten oder den zuständigen Planfeststellungsbehörden der Länder für die Zwecke der Planfeststellung, der Plangenehmigung oder des Anzeigeverfahrens zur Verfügung zu stellen. [2] Der Betreiber von Einheiten Kritischer Infrastrukturen im Sinne von § 2 Absatz 5 der Verordnung zur Bestimmung Kritischer Infrastrukturen nach dem BSI-Gesetz[2] kann die Herausgabe von Geodaten verweigern, wenn diese Daten besonders schutzbedürftig sind. [3] Der Betreiber kann in diesem Fall die Geodaten über ein geeignetes Verfahren zur Verfügung stellen, wenn ihm die Datenhoheit über seine Geodaten garantiert wird. [4] Die §§ 8 und 9 des Umweltinformationsgesetzes[3] und entsprechende Regelungen des Landesrechts bleiben unberührt.

**§ 43l**[4] **Regelungen zum Auf- und Ausbau von Wasserstoffnetzen.**

(1) [1] Der Begriff der Gasversorgungsleitung in Teil 5 dieses Gesetzes umfasst auch Wasserstoffnetze. [2] Die Errichtung von Wasserstoffleitungen liegt bis zum 31. Dezember 2025 im überragenden öffentlichen Interesse.

(2) [1] Die Errichtung und der Betrieb sowie die Änderung von Wasserstoffleitungen einschließlich der Anbindungsleitungen von Anlandungsterminals für Wasserstoff mit einem Durchmesser von mehr als 300 Millimetern bedürfen der Planfeststellung durch die nach Landesrecht für Verfahren nach § 43 Absatz 1 Satz 1 Nummer 5 zuständige Behörde. [2] Anlage 1 Nummer 19.2 des Gesetzes über die Umweltverträglichkeitsprüfung[5] ist auf Wasserstoffnetze entsprechend anzuwenden.

(3) [1] Auf Antrag des Trägers des Vorhabens kann die nach Landesrecht für Verfahren nach § 43 Absatz 1 Satz 1 Nummer 5 zuständige Behörde die Errichtung und den Betrieb sowie die Änderung von Wasserstoffleitungen einschließlich der Anbindungsleitungen von Anlandungsterminals für Wasserstoff mit einem Durchmesser von 300 Millimeter oder weniger durch Planfeststellung zulassen. [2] § 43 Absatz 2 Satz 1 Nummer 1 bleibt unberührt.

---

[1] § 43k eingef. mWv 17.5.2019 durch G v. 13.5.2019 (BGBl. I S. 706).
[2] **Sartorius III Nr. 710b.**
[3] Nr. **294.**
[4] § 43l eingef. mWv 27.7.2021 durch G v. 16.7.2021 (BGBl. I S. 3026); Abs. 1 Satz 2 angef. mWv 29.7.2022 durch G v. 19.7.2022 (BGBl. I S. 1214); Abs. 4 Satz 5 aufgeh. mWv 13.10.2022 durch G v. 8.10.2022 (BGBl. I S. 1726); Abs. 7 geänd. mWv 28.9.2023 durch G v. 22.3.2023 (BGBl. 2023 I Nr. 88).
[5] Nr. **295.**

(4) ¹Behördliche Zulassungen für die Errichtung, die Änderung und den Betrieb einer Gasversorgungsleitung für Erdgas einschließlich der für den Betrieb notwendigen Anlagen, soweit sie in ein Planfeststellungsverfahren integriert wurden und keine nach dem Bundes-Immissionsschutzgesetz genehmigungsbedürftigen Anlagen sind, gelten auch als Zulassung für den Transport von Wasserstoff. ²Das Gleiche ist für Gasversorgungsleitungen für Erdgas anzuwenden, für die zum Zeitpunkt der Errichtung ein Anzeigenvorbehalt bestand. ³Die §§ 49 und 113c bleiben unberührt. ⁴Für erforderliche Änderungen oder Erweiterungen von Gasversorgungsleitungen zur Ermöglichung des Transports von Wasserstoff bleibt § 43f unberührt.

(5) Absatz 4 ist entsprechend anzuwenden auf behördliche Zulassungen und Anzeigenvorbehalte für Gas-, Wasserstoff- und Produktleitungen auf Grundlage eines anderen Gesetzes.

(6) Die anlagenbezogenen Regelungen des Bundes-Immissionsschutzgesetzes bleiben unberührt.

(7) Der in § 35 Absatz 1 Nummer 3 des Baugesetzbuches[1]) verwendete Begriff des Gases sowie der in § 1 Satz 1 Nummer 14 der Raumordnungsverordnung[2]) genannte Begriff der Gasleitungen umfassen auch Wasserstoffnetze.

(8) Die Absätze 1 bis 7 sind entsprechend anzuwenden für Maßnahmen bei Errichtung und Betrieb sowie bei Änderungen und Erweiterungen von Gasversorgungsleitungen einschließlich der Anbindungsleitungen von LNG-Terminals sowie Nebenanlagen, die der Vorbereitung auf einen Transport von Wasserstoff dienen.

### § 43m[3]) Anwendbarkeit von Artikel 6 der Verordnung (EU) 2022/2577.

(1) ¹Bei Vorhaben, für die die Bundesfachplanung nach § 12 des Netzausbaubeschleunigungsgesetzes Übertragungsnetz[4]) abgeschlossen wurde oder für die ein Präferenzraum nach § 12c Absatz 2a ermittelt wurde und für sonstige Vorhaben im Sinne des § 43 Absatz 1 Satz 1 Nummer 1 bis 4 und des § 1 des Bundesbedarfsplangesetzes[5]) und des § 1 des Energieleitungsausbaugesetzes[6]), die in einem für sie vorgesehenen Gebiet liegen, für das eine Strategische Umweltprüfung durchgeführt wurde, ist von der Durchführung einer Umweltverträglichkeitsprüfung und einer Prüfung des Artenschutzes nach den Vorschriften des § 44 Absatz 1 des Bundesnaturschutzgesetzes[7]) abzusehen. ²Die Untersuchungsräume des Umweltberichts nach § 12c Absatz 2 sind vorgesehene Gebiete im Sinne von Satz 1. ³§ 18 Absatz 4 Satz 1 des Netzausbaubeschleunigungsgesetzes Übertragungsnetz und § 43 Absatz 3 sind mit der Maßgabe anzuwenden, dass Belange, die nach Satz 1 nicht zu ermitteln, zu beschreiben und zu bewerten sind, nur insoweit im Rahmen der Abwägung zu berücksichtigen sind, als diese Belange im Rahmen der zuvor durchgeführten Strategischen Umweltprüfung ermittelt, beschrieben und bewertet wurden.

(2) ¹Die zuständige Behörde stellt sicher, dass auf Grundlage der vorhandenen Daten geeignete und verhältnismäßige Minderungsmaßnahmen ergriffen werden,

---

[1]) Nr. **300**.
[2]) Nr. **340a**.
[3]) § 43m eingef. mWv 29.3.2023 durch G v. 22.3.2023 (BGBl. 2023 I Nr. 88); Abs. 1 Satz 2 eingef., bish. Satz 2 wird Satz 3 mWv 29.12.2023 durch G v. 22.12.2023 (BGBl. 2023 I Nr. 405).
[4]) **Sartorius III Nr. 511**.
[5]) **Sartorius III Nr. 512**.
[6]) **Sartorius III Nr. 510**.
[7]) Nr. **880**.

um die Einhaltung der Vorschriften des § 44 Absatz 1 des Bundesnaturschutzgesetzes zu gewährleisten, soweit solche Maßnahmen verfügbar und geeignet Daten vorhanden sind. ²Der Betreiber hat ungeachtet des Satzes 1 einen finanziellen Ausgleich für nationale Artenhilfsprogramme nach § 45d Absatz 1 des Bundesnaturschutzgesetzes zu zahlen, mit denen der Erhaltungszustand der betroffenen Arten gesichert oder verbessert wird. ³Die Zahlung ist von der zuständigen Behörde zusammen mit der Zulassungsentscheidung als einmalig zu leistender Betrag festzusetzen. ⁴Die Höhe der Zahlung beträgt 25 000 Euro je angefangenem Kilometer Trassenlänge. ⁵Sie ist von dem Betreiber als zweckgebundene Abgabe an den Bund zu leisten. ⁶Die Mittel werden vom Bundesministerium für Umwelt, Naturschutz, nukleare Sicherheit und Verbraucherschutz bewirtschaftet. ⁷Sie sind für Maßnahmen nach § 45d Absatz 1 des Bundesnaturschutzgesetzes zu verwenden, für die nicht bereits nach anderen Vorschriften eine rechtliche Verpflichtung besteht. ⁸Eine Ausnahme nach § 45 Absatz 7 des Bundesnaturschutzgesetzes ist nicht erforderlich.

(3) ¹Die Bestimmungen der Absätze 1 und 2 sind auf alle Planfeststellungs- und Plangenehmigungsverfahren anzuwenden, bei denen der Antragsteller den Antrag bis zum Ablauf des 30. Juni 2024 stellt. ²Sie sind ebenfalls auf bereits laufende Planfeststellungs- und Plangenehmigungsverfahren anzuwenden, bei denen der Antragsteller den Antrag vor dem 29. März 2023 gestellt hat und noch keine endgültige Entscheidung ergangen ist, wenn der Antragsteller dies gegenüber der zuständigen Behörde verlangt. ³Die Sätze 1 und 2 sind für das gesamte Planfeststellungs- und Plangenehmigungsverfahren anzuwenden, ungeachtet dessen, ob es bis zum Ablauf des 30. Juni 2024 abgeschlossen wird.

(4) ¹Bei Vorhaben nach Absatz 1 Satz 1 ist auch im Sinne von § 25 Absatz 1 Satz 2 Nummer 1 des Netzausbaubeschleunigungsgesetzes Übertragungsnetz und § 43f Absatz 1 Satz 2 Nummer 1 keine Prüfung durchzuführen, ob eine Umweltverträglichkeitsprüfung erforderlich ist. ²Absatz 3 ist entsprechend anzuwenden.

**§ 44**¹⁾ ²⁾ **Vorarbeiten.** (1) Eigentümer und sonstige Nutzungsberechtigte haben zur Vorbereitung der Planung und der Baudurchführung eines Vorhabens oder von Unterhaltungsmaßnahmen notwendige Vermessungen, Boden- und Grundwasseruntersuchungen einschließlich der vorübergehenden Anbringung von Markierungszeichen, bauvorbereitende Maßnahmen zur bodenschonenden Bauausführung, Kampfmitteluntersuchungen und archäologische Voruntersuchungen einschließlich erforderlicher Bergungsmaßnahmen sowie sonstige Vorarbeiten durch den Träger des Vorhabens oder von ihm Beauftragte zu dulden.

(2) ¹Die Absicht, solche Arbeiten auszuführen, ist dem Eigentümer oder sonstigen Nutzungsberechtigten mindestens zwei Wochen vor dem vorgesehenen Zeitpunkt unmittelbar oder durch ortsübliche Bekanntmachung in den Gemeinden, in denen die Vorarbeiten durchzuführen sind, durch den Träger des Vorhabens bekannt zu geben. ²Auf Antrag des Trägers des Vorhabens soll die Planfeststellungsbehörde die Duldung der Vorarbeiten anordnen. ³Eine durch Allgemeinverfügung erlassene Duldungsanordnung ist öffentlich bekannt zu geben.

---

¹⁾ § 44 neu gef. mWv 17.12.2006 durch G v. 9.12.2006 (BGBl. I S. 2833); Abs. 1 Satz 1 geänd. mWv 17.5.2019 durch G v. 13.5.2019 (BGBl. I S. 706); Abs. 1 bish. Satz 1 geänd., Satz 2 aufgeh., Abs. 2 Sätze 2 und 3, Abs. 4 angef. mWv 29.7.2022 durch G v. 19.7.2022 (BGBl. I S. 1214).
²⁾ Beachte zur Anwendung von § 44 hinsichtlich der Zulassung einer Anlage nach § 2 LNGG **(Sartorius III Nr. 525)** die Maßgaben gem. § 8 LNGG **(Sartorius III Nr. 525)** iVm § 13 LNGG **(Sartorius III Nr. 525)**.

(3) [1] Entstehen durch eine Maßnahme nach Absatz 1 einem Eigentümer oder sonstigen Nutzungsberechtigten unmittelbare Vermögensnachteile, so hat der Träger des Vorhabens eine angemessene Entschädigung in Geld zu leisten. [2] Kommt eine Einigung über die Geldentschädigung nicht zustande, so setzt die nach Landesrecht zuständige Behörde auf Antrag des Trägers des Vorhabens oder des Berechtigten die Entschädigung fest. [3] Vor der Entscheidung sind die Beteiligten zu hören.

(4) [1] Ein Rechtsbehelf gegen eine Duldungsanordnung nach Absatz 2 Satz 2 einschließlich damit verbundener Vollstreckungsmaßnahmen nach dem Verwaltungsvollstreckungsgesetz hat keine aufschiebende Wirkung. [2] Der Antrag auf Anordnung der aufschiebenden Wirkung des Rechtsbehelfs nach § 80 Absatz 5 Satz 1 der Verwaltungsgerichtsordnung[1)] gegen eine Duldungsanordnung kann nur innerhalb eines Monats nach der Zustellung der Bekanntgabe der Duldungsanordnung gestellt und begründet werden. [3] Darauf ist in der Rechtsbehelfsbelehrung hinzuweisen. [4] § 58 der Verwaltungsgerichtsordnung ist entsprechend anzuwenden.

**§ 44a**[2)] **Veränderungssperre, Vorkaufsrecht.** (1) [1] Vom Beginn der Auslegung der Pläne im Planfeststellungsverfahren oder von dem Zeitpunkt an, zu dem den Betroffenen Gelegenheit gegeben wird, den Plan einzusehen, dürfen auf den vom Plan betroffenen Flächen bis zu ihrer Inanspruchnahme wesentlich wertsteigernde oder die geplante Baumaßnahme erheblich erschwerende Veränderungen nicht vorgenommen werden (Veränderungssperre). [2] Veränderungen, die in rechtlich zulässiger Weise vorher begonnen worden sind, Unterhaltungsarbeiten und die Fortführung einer bisher ausgeübten Nutzung werden davon nicht berührt. [3] Unzulässige Veränderungen bleiben bei Anordnungen nach § 74 Abs. 2 Satz 2 des Verwaltungsverfahrensgesetzes[3)] und im Entschädigungsverfahren unberücksichtigt.

(2) [1] Dauert die Veränderungssperre über vier Jahre, im Falle von Hochspannungsleitungen über fünf Jahre, können die Eigentümer für die dadurch entstandenen Vermögensnachteile Entschädigung verlangen. [2] Sie können ferner die Vereinbarung einer beschränkt persönlichen Dienstbarkeit für die vom Plan betroffenen Flächen verlangen, wenn es ihnen mit Rücksicht auf die Veränderungssperre wirtschaftlich nicht zuzumuten ist, die Grundstücke in der bisherigen oder einer anderen zulässigen Art zu benutzen. [3] Kommt keine Vereinbarung nach Satz 2 zustande, so können die Eigentümer die entsprechende Beschränkung des Eigentums an den Flächen verlangen. [4] Im Übrigen gilt § 45.

(3) In den Fällen des Absatzes 1 Satz 1 steht dem Träger des Vorhabens an den betroffenen Flächen ein Vorkaufsrecht zu.

**§ 44b**[4) 5)] **Vorzeitige Besitzeinweisung.** (1) [1] Ist der sofortige Beginn von Bauarbeiten geboten und weigert sich der Eigentümer oder Besitzer, den Besitz eines

---

[1)] Nr. **600**.
[2)] § 44a eingef. mWv 17.12.2006 durch G v. 9.12.2006 (BGBl. I S. 2833); Abs. 2 Satz 1 geänd. mWv 4.3.2021 durch G v. 25.2.2021 (BGBl. I S. 298).
[3)] Nr. **100**.
[4)] § 44b eingef. mWv 17.12.2006 durch G v. 9.12.2006 (BGBl. I S. 2833); Abs. 1a eingef. mWv 5.8. 2011 durch G v. 28.7.2011 (BGBl. I S. 1690); Abs. 1 Satz 1 geänd., Sätze 4 und 5 angef. mWv 29.12.2023 durch G v. 22.12.2023 (BGBl. 2023 I Nr. 405).
[5)] Beachte zur Anwendung von § 44b hinsichtlich der Zulassung einer Anlage nach § 2 LNGG **(Sartorius III Nr. 525)** die Maßgaben gem. § 8 LNGG **(Sartorius III Nr. 525)** iVm § 13 LNGG **(Sartorius III Nr. 525)**.

für den Bau, die Inbetriebnahme und den Betrieb sowie die Änderung oder Betriebsänderung von Hochspannungsfreileitungen, Erdkabeln oder Gasversorgungsleitungen im Sinne des § 43 benötigten Grundstücks durch Vereinbarung unter Vorbehalt aller Entschädigungsansprüche zu überlassen, so hat die Enteignungsbehörde den Träger des Vorhabens auf Antrag nach Feststellung des Plans oder Erteilung der Plangenehmigung in den Besitz einzuweisen. [2] Der Planfeststellungsbeschluss oder die Plangenehmigung müssen vollziehbar sein. [3] Weiterer Voraussetzungen bedarf es nicht. [4] Auf Anlagen im Sinne des § 43 Absatz 1 und 2, die vor dem 28. Juli 2001 angezeigt, errichtet oder betrieben wurden, sind die Sätze 1 und 3 mit der Maßgabe anzuwenden, dass der vorzeitigen Besitzeinweisung anstelle des festgestellten oder genehmigten Plans ein Bestandsplan nach den aktuell gültigen technischen Regeln zugrunde zu legen ist und die Eilbedürftigkeit widerleglich vermutet wird. [5] Für sonstige Vorhaben zum Zwecke der Energieversorgung im Sinne des § 45 Absatz 1 Nummer 3 sind die Sätze 1 und 3 mit der Maßgabe anzuwenden, dass der vorzeitigen Besitzeinweisung anstelle des festgestellten oder genehmigten Plans der Plan der Enteignungszulässigkeit gemäß § 45 Absatz 2 Satz 3 zugrunde zu legen ist.

(1a) [1] Der Träger des Vorhabens kann verlangen, dass nach Abschluss des Anhörungsverfahrens gemäß § 43a eine vorzeitige Besitzeinweisung durchgeführt wird. [2] In diesem Fall ist der nach dem Verfahrensstand zu erwartende Planfeststellungsbeschluss dem vorzeitigen Besitzeinweisungsverfahren zugrunde zu legen. [3] Der Besitzeinweisungsbeschluss ist mit der aufschiebenden Bedingung zu erlassen, dass sein Ergebnis durch den Planfeststellungsbeschluss bestätigt wird. [4] Anderenfalls ist das vorzeitige Besitzeinweisungsverfahren auf der Grundlage des ergangenen Planfeststellungsbeschlusses zu ergänzen.

(2) [1] Die Enteignungsbehörde hat spätestens sechs Wochen nach Eingang des Antrags auf Besitzeinweisung mit den Beteiligten mündlich zu verhandeln. [2] Hierzu sind der Antragsteller und die Betroffenen zu laden. [3] Dabei ist den Betroffenen der Antrag auf Besitzeinweisung mitzuteilen. [4] Die Ladungsfrist beträgt drei Wochen. [5] Mit der Ladung sind die Betroffenen aufzufordern, etwaige Einwendungen gegen den Antrag vor der mündlichen Verhandlung bei der Enteignungsbehörde einzureichen. [6] Die Betroffenen sind außerdem darauf hinzuweisen, dass auch bei Nichterscheinen über den Antrag auf Besitzeinweisung und andere im Verfahren zu erledigende Anträge entschieden werden kann.

(3) [1] Soweit der Zustand des Grundstücks von Bedeutung ist, hat die Enteignungsbehörde diesen bis zum Beginn der mündlichen Verhandlung in einer Niederschrift festzustellen oder durch einen Sachverständigen ermitteln zu lassen. [2] Den Beteiligten ist eine Abschrift der Niederschrift oder des Ermittlungsergebnisses zu übersenden.

(4) [1] Der Beschluss über die Besitzeinweisung ist dem Antragsteller und den Betroffenen spätestens zwei Wochen nach der mündlichen Verhandlung zuzustellen. [2] Die Besitzeinweisung wird in dem von der Enteignungsbehörde bezeichneten Zeitpunkt wirksam. [3] Dieser Zeitpunkt soll auf höchstens zwei Wochen nach Zustellung der Anordnung über die vorzeitige Besitzeinweisung an den unmittelbaren Besitzer festgesetzt werden. [4] Durch die Besitzeinweisung wird dem Besitzer der Besitz entzogen und der Träger des Vorhabens Besitzer. [5] Der Träger des Vorhabens darf auf dem Grundstück das im Antrag auf Besitzeinweisung bezeichnete Bauvorhaben durchführen und die dafür erforderlichen Maßnahmen treffen.

(5) [1] Der Träger des Vorhabens hat für die durch die vorzeitige Besitzeinweisung entstehenden Vermögensnachteile Entschädigung zu leisten, soweit die Nachteile nicht durch die Verzinsung der Geldentschädigung für die Entziehung oder Be-

schränkung des Eigentums oder eines anderen Rechts ausgeglichen werden. ²Art und Höhe der Entschädigung sind von der Enteignungsbehörde in einem Beschluss festzusetzen.

(6) ¹Wird der festgestellte Plan oder die Plangenehmigung aufgehoben, so sind auch die vorzeitige Besitzeinweisung aufzuheben und der vorherige Besitzer wieder in den Besitz einzuweisen. ²Der Träger des Vorhabens hat für alle durch die Besitzeinweisung entstandenen besonderen Nachteile Entschädigung zu leisten.

(7) ¹Ein Rechtsbehelf gegen eine vorzeitige Besitzeinweisung hat keine aufschiebende Wirkung. ²Der Antrag auf Anordnung der aufschiebenden Wirkung nach § 80 Abs. 5 Satz 1 der Verwaltungsgerichtsordnung¹⁾ kann nur innerhalb eines Monats nach der Zustellung des Besitzeinweisungsbeschlusses gestellt und begründet werden.

**§ 44c²⁾ ³⁾ Zulassung des vorzeitigen Baubeginns.** (1) ¹In einem Planfeststellungs- oder Plangenehmigungsverfahren soll die für die Feststellung des Plans oder für die Erteilung der Plangenehmigung zuständige Behörde vorläufig zulassen, dass bereits vor Feststellung des Plans oder der Erteilung der Plangenehmigung in Teilen mit der Errichtung oder Änderung eines Vorhabens im Sinne des § 43 Absatz 1 Satz 1 Nummer 1 bis 6 und Absatz 2 einschließlich der Vorarbeiten begonnen wird, wenn

1. unter Berücksichtigung der Stellungnahmen der Träger öffentlicher Belange einschließlich der Gebietskörperschaften bei einer summarischen Prüfung mit einer Entscheidung im Planfeststellungs- oder Plangenehmigungsverfahren zugunsten des Vorhabenträgers gerechnet werden kann,

2. der Vorhabenträger ein berechtigtes oder ein öffentliches Interesse an der Zulassung des vorzeitigen Baubeginns darlegt,

3. der Vorhabenträger nur Maßnahmen durchführt, die reversibel sind und

4. der Vorhabenträger sich verpflichtet,

   a) alle Schäden zu ersetzen, die bis zur Entscheidung im Planfeststellungs- oder Plangenehmigungsverfahren durch die Maßnahmen verursacht worden sind, und

   b) sofern kein Planfeststellungsbeschluss oder keine Plangenehmigung erfolgt, einen im Wesentlichen gleichartigen Zustand herzustellen.

²Bei Infrastrukturvorhaben im Sinne des Artikels 3 Absatz 1 der Verordnung (EU) 2022/2577 des Rates vom 22. Dezember 2022 zur Festlegung eines Rahmens für einen beschleunigten Ausbau der Nutzung erneuerbarer Energien sowie bei Vorhaben im Sinne des § 1 Absatz 1 des Bundesbedarfsplangesetzes⁴⁾, des § 1 Absatz 2

---

¹⁾ Nr. **600.**
²⁾ § 44c eingef. mWv 17.5.2019 durch G v. 13.5.2019 (BGBl. I S. 706); Abs. 1 Satz 1 einl. Satzteil geänd. mWv 4.3.2021 durch G v. 25.2.2021 (BGBl. I S. 298); Abs. 1 Satz 1 einl. Satzteil, Nr. 3 geänd., Nr. 4 aufgeh., bish. Nr. 5 wird Nr. 4, Abs. 2 Satz 1 geänd., Abs. 4 neu gef. mWv 29.7.2022 durch G v. 19.7.2022 (BGBl. I S. 1214); Abs. 1 Satz 1 Nr. 1 und 4 Buchst. b geänd., Satz 2 eingef., bish. Sätze 2–4 werden Sätze 3–5, Abs. 2 Satz 2 geänd. mWv 13.10.2022 durch G v. 8.10.2022 (BGBl. I S. 1726); Abs. 4 Satz 5 angef. mWv 21.3.2023 durch G v. 14.3.2023 (BGBl. 2023 I Nr. 71); Abs. 1 Satz 2 eingef., bish. Sätze 2–5 werden Sätze 3–6 mWv 3.8.2023 durch G v. 26.7.2023 (BGBl. 2023 I Nr. 202); Abs. 2 Satz 1 geänd. mWv 29.12.2023 durch G v. 22.12.2023 (BGBl. 2023 I Nr. 405).
³⁾ Beachte zur Anwendung von § 44c hinsichtlich der Zulassung einer Anlage nach § 2 LNGG **(Sartorius III Nr. 525)** die Maßgaben gem. § 8 LNGG **(Sartorius III Nr. 525)** iVm § 13 LNGG **(Sartorius III Nr. 525)**.
⁴⁾ **Sartorius III Nr. 512.**

des Energieleitungsausbaugesetzes[1] und des § 1 des Netzausbaubeschleunigungsgesetzes Übertragungsnetz[2] ist es für die Berücksichtigung der Stellungnahmen der Träger öffentlicher Belange einschließlich der Gebietskörperschaften nach Satz 1 Nummer 1 ausreichend, wenn die Stellungnahmen derjenigen Träger öffentlicher Belange und Gebietskörperschaften berücksichtigt werden, deren Belange am Ort der konkreten Maßnahme, die durch den vorzeitigen Baubeginn zugelassen wird, berührt sind. [3]Maßnahmen sind reversibel gemäß Satz 1 Nummer 3, wenn ein im Wesentlichen gleichartiger Zustand hergestellt werden kann und die hierfür notwendigen Maßnahmen in einem angemessenen Zeitraum umgesetzt werden können. [4]Ausnahmsweise können irreversible Maßnahmen zugelassen werden, wenn sie nur wirtschaftliche Schäden verursachen und für diese Schäden eine Entschädigung in Geld geleistet wird. [5]Die Zulassung des vorzeitigen Baubeginns erfolgt auf Antrag des Vorhabenträgers und unter dem Vorbehalt des Widerrufs. [6]§ 44 bleibt unberührt.

(2) [1]Die für die Feststellung des Plans oder für die Erteilung der Plangenehmigung zuständige Behörde kann die Leistung einer Sicherheit verlangen, soweit dies erforderlich ist, um die Erfüllung der Verpflichtungen des Vorhabenträgers nach Absatz 1 Satz 1 Nummer 4 sowie Absatz 1 Satz 3 zu sichern. [2]Soweit die zugelassenen Maßnahmen durch die Planfeststellung oder Plangenehmigung für unzulässig erklärt sind, ordnet die Behörde gegenüber dem Träger des Vorhabens an, einen im Wesentlichen gleichartigen Zustand herzustellen. [3]Dies gilt auch, wenn der Antrag auf Planfeststellung oder Plangenehmigung zurückgenommen wurde.

(3) Die Entscheidung über die Zulassung des vorzeitigen Baubeginns ist den anliegenden Gemeinden und den Beteiligten zuzustellen.

(4) [1]Ein Rechtsbehelf gegen die Zulassung des vorzeitigen Baubeginns einschließlich damit verbundener Vollstreckungsmaßnahmen nach dem Verwaltungsvollstreckungsgesetz hat keine aufschiebende Wirkung. [2]Der Antrag auf Anordnung der aufschiebenden Wirkung des Rechtsbehelfs nach § 80 Absatz 5 Satz 1 der Verwaltungsgerichtsordnung[3] gegen die Zulassung des vorzeitigen Baubeginns kann nur innerhalb eines Monats nach der Zustellung oder Bekanntgabe der Zulassung des vorzeitigen Baubeginns gestellt und begründet werden. [3]Darauf ist in der Rechtsbehelfsbelehrung hinzuweisen. [4]§ 58 der Verwaltungsgerichtsordnung ist entsprechend anzuwenden. [5]Im Übrigen ist § 43e Absatz 3 entsprechend anzuwenden.

**§ 45**[4] **Enteignung.** (1) Die Entziehung oder die Beschränkung von Grundeigentum oder von Rechten am Grundeigentum im Wege der Enteignung ist zulässig, soweit sie zur Durchführung

1. eines Vorhabens nach § 43 oder § 43b Nr. 1, für das der Plan festgestellt oder genehmigt ist,

---

[1] **Sartorius III Nr. 510.**
[2] **Sartorius III Nr. 511.**
[3] Nr. **600.**
[4] § 45 neu gef. mWv 17.12.2006 durch G v. 9.12.2006 (BGBl. I S. 2833); Abs. 2 Satz 1 geänd. mWv 4.8.2011 durch G v. 26.7.2011 (BGBl. I S. 1554); Abs. 1 Nr. 1 geänd. mWv 1.6.2015 durch G v. 31.5. 2013 (BGBl. I S. 1388, geänd. durch G v. 24.5.2014, BGBl. I S. 538); Abs. 1 Nr. 1 geänd., Nr. 2 eingef., bish. Nr. 2 wird Nr. 3, Abs. 1a eingef., Abs. 2 Sätze 1 und 3 geänd., Sätze 4 und 5 angef. mWv 29.12. 2023 durch G v. 22.12.2023 (BGBl. 2023 I Nr. 405).

2. einer nachträglichen grundstücksrechtlichen Sicherung von Anlagen im Sinne des § 43 Absatz 1 und 2, die vor dem 28. Juli 2001 angezeigt, errichtet oder betrieben wurden, mittels dinglicher Rechte oder

3. eines sonstigen Vorhabens zum Zwecke der Energieversorgung erforderlich ist.

(1a) Soweit im Anwendungsbereich des § 49c Absatz 5 eine einvernehmliche Regelung zwischen dem Übertragungsnetzbetreiber oder dem betroffenen Betreiber technischer Infrastrukturen und dem Eigentümer oder sonstigen Nutzungsberechtigten über eine Beschränkung oder Übertragung der in Absatz 1 genannten Rechte innerhalb eines angemessenen Zeitraums nicht zustande kommt, können, sofern dies erforderlich ist, um auch unter den durch die §§ 49a und 49b geschaffenen technischen Rahmenbedingungen einen sicheren Betrieb der betroffenen technischen Infrastrukturen zu gewährleisten, das Grundeigentum oder Rechte an diesem im Wege der Enteignung beschränkt oder dem Eigentümer oder sonstigen Nutzungsberechtigten entzogen werden.

(2) ¹Einer weiteren Feststellung der Zulässigkeit der Enteignung bedarf es in den Fällen des Absatzes 1 Nummer 1 und 2 nicht; der festgestellte oder genehmigte Plan oder, in den Fällen des Absatzes 1 Nummer 2, auch der Bestandsplan nach den aktuell gültigen technischen Regeln ist dem Enteignungsverfahren zugrunde zu legen und für die Enteignungsbehörde bindend. ²Hat sich ein Beteiligter mit der Übertragung oder Beschränkung des Eigentums oder eines anderen Rechtes schriftlich einverstanden erklärt, kann das Entschädigungsverfahren unmittelbar durchgeführt werden. ³Die Zulässigkeit der Enteignung in den Fällen des Absatzes 1 Nummer 3 und des Absatzes 1a stellt die nach Landesrecht zuständige Behörde fest. ⁴In den Fällen des Absatzes 1a bedarf es weder einer Planfeststellung noch einer Plangenehmigung. ⁵Der Inhalt der Leitungs- und Anlagenrechte wird durch entsprechende Anwendung des § 4 der Sachenrechts-Durchführungsverordnung¹⁾ vom 20. Dezember 1994 (BGBl. I S. 3900) bestimmt.

(3) Das Enteignungsverfahren wird durch Landesrecht geregelt.

**§ 45a²⁾ Entschädigungsverfahren.** Soweit der Vorhabenträger auf Grund eines Planfeststellungsbeschlusses oder einer Plangenehmigung verpflichtet ist, eine Entschädigung in Geld zu leisten, und über die Höhe der Entschädigung keine Einigung zwischen dem Betroffenen und dem Träger des Vorhabens zustande kommt, entscheidet auf Antrag eines der Beteiligten die nach Landesrecht zuständige Behörde; für das Verfahren und den Rechtsweg gelten die Enteignungsgesetze der Länder entsprechend.

**§ 45b³⁾ Parallelführung von Planfeststellungs- und Enteignungsverfahren.** ¹Der Träger des Vorhabens kann verlangen, dass nach Abschluss der Anhörung ein vorzeitiges Enteignungsverfahren durchgeführt wird. ²Dabei ist der nach dem Verfahrensstand zu erwartende Planfeststellungsbeschluss dem Enteignungsverfahren zugrunde zu legen. ³Der Enteignungsbeschluss ist mit der aufschiebenden Bedingung zu erlassen, dass sein Ergebnis durch den Planfeststellungsbeschluss bestätigt wird. ⁴Anderenfalls ist das Enteignungsverfahren auf der Grundlage des ergangenen Planfeststellungsbeschlusses zu ergänzen.

---

¹⁾ Sartorius III Nr. 72a.
²⁾ § 45a eingef. mWv 17.12.2006 durch G v. 9.12.2006 (BGBl. I S. 2833).
³⁾ § 45b eingef. mWv 5.8.2011 durch G v. 28.7.2011 (BGBl. I S. 1690).

**§ 46**[1]) **Wegenutzungsverträge.** (1) [1] Gemeinden haben ihre öffentlichen Verkehrswege für die Verlegung und den Betrieb von Leitungen, einschließlich Fernwirkleitungen zur Netzsteuerung und Zubehör, zur unmittelbaren Versorgung von Letztverbrauchern im Gemeindegebiet diskriminierungsfrei durch Vertrag zur Verfügung zu stellen. [2] Unbeschadet ihrer Verpflichtungen nach Satz 1 können die Gemeinden den Abschluss von Verträgen ablehnen, solange das Energieversorgungsunternehmen die Zahlung von Konzessionsabgaben in Höhe der Höchstsätze nach § 48 Absatz 2 verweigert und eine Einigung über die Höhe der Konzessionsabgaben noch nicht erzielt ist.

(2) [1] Verträge von Energieversorgungsunternehmen mit Gemeinden über die Nutzung öffentlicher Verkehrswege für die Verlegung und den Betrieb von Leitungen, die zu einem Energieversorgungsnetz der allgemeinen Versorgung im Gemeindegebiet gehören, dürfen höchstens für eine Laufzeit von 20 Jahren abgeschlossen werden. [2] Werden solche Verträge nach ihrem Ablauf nicht verlängert, so ist der bisher Nutzungsberechtigte verpflichtet, seine für den Betrieb der Netze der allgemeinen Versorgung im Gemeindegebiet notwendigen Verteilungsanlagen dem neuen Energieversorgungsunternehmen gegen Zahlung einer wirtschaftlich angemessenen Vergütung zu übereignen. [3] Das neue Energieversorgungsunternehmen kann statt der Übereignung verlangen, dass ihm der Besitz hieran eingeräumt wird. [4] Für die wirtschaftlich angemessene Vergütung ist der sich nach den zu erzielenden Erlösen bemessende objektivierte Ertragswert des Energieversorgungsnetzes maßgeblich. [5] Die Möglichkeit zur Einigung auf eine anderweitig basierte Vergütung bleibt unberührt.

(3) [1] Die Gemeinden machen spätestens zwei Jahre vor Ablauf von Verträgen nach Absatz 2 das Vertragsende und einen ausdrücklichen Hinweis auf die nach § 46a von der Gemeinde in geeigneter Form zu veröffentlichenden Daten sowie den Ort der Veröffentlichung durch Veröffentlichung im Bundesanzeiger bekannt. [2] Wenn im Gemeindegebiet mehr als 100 000 Kunden unmittelbar oder mittelbar an das Versorgungsnetz angeschlossen sind, hat die Bekanntmachung zusätzlich im Amtsblatt der Europäischen Union zu erfolgen. [3] Beabsichtigen Gemeinden eine Verlängerung von Verträgen nach Absatz 2 vor Ablauf der Vertragslaufzeit, so sind die bestehenden Verträge zu beenden und die vorzeitige Beendigung sowie das Vertragsende nach Maßgabe der Sätze 1 und 2 öffentlich bekannt zu geben.

(4) [1] Die Gemeinde ist bei der Auswahl des Unternehmens den Zielen des § 1 Absatz 1 verpflichtet. [2] Unter Wahrung netzwirtschaftlicher Anforderungen, insbesondere der Versorgungssicherheit und der Kosteneffizienz, können auch Angelegenheiten der örtlichen Gemeinschaft berücksichtigt werden. [3] Bei der Gewichtung der einzelnen Auswahlkriterien ist die Gemeinde berechtigt, den Anforderungen des jeweiligen Netzgebietes Rechnung zu tragen. [4] Die Gemeinde hat jedem Unternehmen, das innerhalb einer von der Gemeinde in der Bekanntmachung nach Absatz 3 Satz 1 oder 3 gesetzten Frist von mindestens drei Kalendermonaten ein Interesse an der Nutzung der öffentlichen Verkehrswege bekundet, die Auswahlkriterien und deren Gewichtung in Textform mitzuteilen.

(5) [1] Die Gemeinde hat die Unternehmen, deren Angebote nicht angenommen werden sollen, über die Gründe der vorgesehenen Ablehnung ihres Angebots und über den frühesten Zeitpunkt des beabsichtigten Vertragsschlusses in Textform zu informieren. [2] Die Gemeinde macht bei Neuabschluss oder Verlängerung von Verträgen nach Absatz 2 ihre Entscheidung unter Angabe der maßgeblichen Gründe öffentlich bekannt.

---

[1]) § 46 neu gef. mWv 3.2.2017 durch G v. 27.1.2017 (BGBl. I S. 130).

(6) Die Absätze 2 bis 5 finden für Eigenbetriebe der Gemeinden entsprechende Anwendung.

(7) Die Aufgaben und Zuständigkeiten der Kartellbehörden nach dem Gesetz gegen Wettbewerbsbeschränkungen[1] bleiben unberührt.

**§ 46a[2] Auskunftsanspruch der Gemeinde.** [1]Der bisherige Nutzungsberechtigte ist verpflichtet, der Gemeinde spätestens ein Jahr vor Bekanntmachung der Gemeinde nach § 46 Absatz 3 diejenigen Informationen über die technische und wirtschaftliche Situation des Netzes zur Verfügung zu stellen, die für eine Bewertung des Netzes im Rahmen einer Bewerbung um den Abschluss eines Vertrages nach § 46 Absatz 2 Satz 1 erforderlich sind. [2]Zu den Informationen über die wirtschaftliche Situation des Netzes gehören insbesondere

1. die im Zeitpunkt der Errichtung der Verteilungsanlagen jeweils erstmalig aktivierten Anschaffungs- und Herstellungskosten gemäß § 255 des Handelsgesetzbuchs[3],

2. das Jahr der Aktivierung der Verteilungsanlagen,

3. die jeweils in Anwendung gebrachten betriebsgewöhnlichen Nutzungsdauern und

4. die jeweiligen kalkulatorischen Restwerte und Nutzungsdauern laut den betreffenden Bescheiden der jeweiligen Regulierungsbehörde.

[3]Die Bundesnetzagentur kann im Einvernehmen mit dem Bundeskartellamt Entscheidungen über den Umfang und das Format der zur Verfügung zu stellenden Daten durch Festlegung gegenüber den Energieversorgungsunternehmen treffen.

**§ 47[4] Rügeobliegenheit, Präklusion.** (1) [1]Jedes beteiligte Unternehmen kann eine Rechtsverletzung durch Nichtbeachtung der Grundsätze eines transparenten und diskriminierungsfreien Verfahrens nach § 46 Absatz 1 bis 4 nur geltend machen, soweit es diese nach Maßgabe von Absatz 2 gerügt hat. [2]Die Rüge ist in Textform gegenüber der Gemeinde zu erklären und zu begründen.

(2) [1]Rechtsverletzungen, die aufgrund einer Bekanntmachung nach § 46 Absatz 3 erkennbar sind, sind innerhalb der Frist aus § 46 Absatz 4 Satz 4 zu rügen. [2]Rechtsverletzungen, die aus der Mitteilung nach § 46 Absatz 4 Satz 4 erkennbar sind, sind innerhalb von 15 Kalendertagen ab deren Zugang zu rügen. [3]Rechtsverletzungen im Rahmen der Auswahlentscheidung, die aus der Information nach § 46 Absatz 5 Satz 1 erkennbar sind, sind innerhalb von 30 Kalendertagen ab deren Zugang zu rügen. [4]Erfolgt eine Akteneinsicht nach Absatz 3, beginnt die Frist nach Satz 3 für den Antragsteller erneut ab dem ersten Tag, an dem die Gemeinde die Akten zur Einsichtnahme bereitgestellt hat.

(3) [1]Zur Vorbereitung einer Rüge nach Absatz 2 Satz 3 hat die Gemeinde jedem beteiligten Unternehmen auf Antrag Einsicht in die Akten zu gewähren und auf dessen Kosten Ausfertigungen, Auszüge oder Abschriften zu erteilen. [2]Der Antrag auf Akteneinsicht ist in Textform innerhalb einer Woche ab Zugang der Information nach § 46 Absatz 5 Satz 1 zu stellen. [3]Die Gemeinde hat die Einsicht in die Unterlagen zu versagen, soweit dies zur Wahrung von Betriebs- oder Geschäftsgeheimnissen geboten ist.

---

[1] **Habersack Nr. 74.**
[2] § 46a eingef. mWv 3.2.2017 durch G v. 27.1.2017 (BGBl. I S. 130).
[3] **Habersack Nr. 50.**
[4] § 47 neu gef. mWv 3.2.2017 durch G v. 27.1.2017 (BGBl. I S. 130).

(4) Hilft die Gemeinde der Rüge nicht ab, so hat sie das rügende Unternehmen hierüber in Textform zu informieren und ihre Entscheidung zu begründen.

(5) [1]Beteiligte Unternehmen können gerügte Rechtsverletzungen, denen die Gemeinde nicht abhilft, nur innerhalb von 15 Kalendertagen ab Zugang der Information nach Absatz 4 vor den ordentlichen Gerichten geltend machen. [2]Es gelten die Vorschriften der Zivilprozessordnung[1]) über das Verfahren auf Erlass einer einstweiligen Verfügung. [3]Ein Verfügungsgrund braucht nicht glaubhaft gemacht zu werden.

(6) Ein Vertrag nach § 46 Absatz 2 darf erst nach Ablauf der Fristen aus Absatz 2 Satz 3 und Absatz 5 Satz 1 geschlossen werden.

**§ 48**[2]) **Konzessionsabgaben.** (1) [1]Konzessionsabgaben sind Entgelte, die Energieversorgungsunternehmen für die Einräumung des Rechts zur Benutzung öffentlicher Verkehrswege für die Verlegung und den Betrieb von Leitungen, die der unmittelbaren Versorgung von Letztverbrauchern im Gemeindegebiet mit Energie dienen, entrichten. [2]Eine Versorgung von Letztverbrauchern im Sinne dieser Vorschrift liegt auch vor, wenn ein Weiterverteiler über öffentliche Verkehrswege mit Elektrizität oder Gas beliefert wird, der diese Energien ohne Benutzung solcher Verkehrswege an Letztverbraucher weiterleitet.

(2) [1]Die Bundesregierung kann durch Rechtsverordnung[3]) mit Zustimmung des Bundesrates die Zulässigkeit und Bemessung der Konzessionsabgaben regeln. [2]Es kann dabei jeweils für Elektrizität oder Gas, für verschiedene Kundengruppen und Verwendungszwecke und gestaffelt nach der Einwohnerzahl der Gemeinden unterschiedliche Höchstsätze in Cent je gelieferter Kilowattstunde festsetzen.

(3) Konzessionsabgaben sind in der vertraglich vereinbarten Höhe von dem Energieversorgungsunternehmen zu zahlen, dem das Wegerecht nach § 46 Abs. 1 eingeräumt wurde.

(4) [1]Die Pflicht zur Zahlung der vertraglich vereinbarten Konzessionsabgaben besteht auch nach Ablauf des Wegenutzungsvertrages bis zur Übertragung der Verteilungsanlagen auf einen neuen Vertragspartner nach § 46 Absatz 2 fort. [2]Satz 1 gilt nicht, wenn die Gemeinde es unterlassen hat, ein Verfahren nach § 46 Absatz 3 bis 5 durchzuführen.

**§ 48a**[4]) **Duldungspflicht bei Transporten.** [1]Eigentümer und sonstige Nutzungsberechtigte eines Grundstücks haben die Überfahrt und Überschwenkung des Grundstücks durch den Träger des Vorhabens oder von ihm Beauftragte zum Transport von Großtransformatoren, Kabelrollen oder sonstigen Bestandteilen von Stromnetzen oder Hilfsmitteln zur Errichtung, Instandhaltung oder zum Betrieb von Stromnetzen zu dulden. [2]Der Träger des Vorhabens oder von ihm Beauftragte dürfen nur die Grundstücke nutzen, die für den Transport benötigt werden. [3]Die Duldungspflicht besteht nicht, soweit dadurch die Nutzung des Grundstücks unzumutbar beeinträchtigt wird oder Belange der Landes- oder Bündnisverteidigung dem entgegenstehen. [4]Die Duldungspflicht erstreckt sich auch auf die Ertüchtigung des Grundstücks für die Überfahrt und Überschwenkung. [5]Der Träger des

---

[1]) **Habersack Nr. 100.**
[2]) § 48 Abs. 2 Satz 1 geänd. mWv 17.12.2006 durch G v. 9.12.2006 (BGBl. I S. 2833); Abs. 2 Satz 1 geänd. mWv 4.8.2011 durch G v. 26.7.2011 (BGBl. I S. 1554); Abs. 4 neu gef. mWv 3.2.2017 durch G v. 27.1.2017 (BGBl. I S. 130).
[3]) Siehe die KonzessionsabgabenVO v. 9.1.1992 (BGBl. I S. 12), zuletzt geänd. durch VO v. 1.11.2006 (BGBl. I S. 2477).
[4]) § 48a eingef. mWv 29.12.2023 durch G v. 22.12.2023 (BGBl. 2023 I Nr. 405).

Vorhabens hat nach dem letzten Transport einen dem ursprünglichen Zustand im Wesentlichen gleichartigen Zustand herzustellen. [6] § 44 Absatz 2 bis 4 ist entsprechend anzuwenden. [7] An die Stelle der Planfeststellungsbehörde nach § 44 Absatz 2 tritt, soweit nichts anderes bestimmt ist, die Enteignungsbehörde. [8] Die Enteignungsbehörde soll die Duldung auf Antrag des Trägers des Vorhabens innerhalb von einem Monat anordnen. [9] Eine etwaige Verpflichtung zur Einholung öffentlich-rechtlicher Genehmigungen, Gestattungen oder Erlaubnisse, die nach anderen Rechtsvorschriften erforderlich sind, bleibt unberührt. [10] Die Sätze 1 bis 8 gelten nicht für die Nutzung öffentlicher Verkehrswege, diese richtet sich nach den hierfür geltenden Bestimmungen.

## Teil 6. Sicherheit und Zuverlässigkeit der Energieversorgung

### § 49[1] Anforderungen an Energieanlagen; Festlegungskompetenz.

(1) [1] Energieanlagen sind so zu errichten und zu betreiben, dass die technische Sicherheit gewährleistet ist. [2] Dabei sind vorbehaltlich sonstiger Rechtsvorschriften die allgemein anerkannten Regeln der Technik zu beachten.

(2) [1] Die Einhaltung der allgemein anerkannten Regeln der Technik wird vermutet, wenn bei Anlagen zur Erzeugung, Fortleitung und Abgabe von

1. Elektrizität die technischen Regeln des Verbandes der Elektrotechnik Elektronik Informationstechnik e.V.,
2. Gas und Wasserstoff die technischen Regeln des Deutschen Vereins des Gas- und Wasserfaches e.V.

eingehalten worden sind. [2] Die Bundesnetzagentur kann durch Festlegung nach § 29 Absatz 1 zu Grundsätzen und Verfahren der Einführung technischer Sicherheitsregeln nähere Bestimmungen treffen, soweit die technischen Sicherheitsregeln den Betrieb von Energieanlagen betreffen. [3] Die Festlegungsbefugnis nach Satz 2 umfasst insbesondere den Erlass von Vorgaben zu den Verfahrensschritten, zum zeitlichen Ablauf der Verfahren, zum Verfahren der Entscheidungsfindung und zur Ausgestaltung und Wirkung von verbandsinternen Rechtsbehelfen. [4] Die Bundesnetzagentur ist befugt, sich jederzeit an den Beratungen im Rahmen der Verfahren zur Erstellung der technischen Regeln nach Satz 1 zu beteiligen, Auskünfte und Stellungnahmen zum Stand der Beratungen einzuholen und den in Satz 1 bezeichneten Verbänden aufzugeben, binnen einer *angemessener*[2] Frist einen Entwurf der technischen Sicherheitsregeln zur verbandsinternen Entscheidung einzubringen. [5] Teil 8 dieses Gesetzes ist anzuwenden.

---

[1] § 49 Abs. 4 geänd. mWv 17.12.2006 durch G v. 9.12.2006 (BGBl. I S. 2833); Abs. 6 Satz 1, Abs. 7 geänd. mWv 1.11.2008 durch G v. 25.10.2008 (BGBl. I S. 2101); Abs. 4 Satz 2 angef. mWv 26.8.2009 durch G v. 21.8.2009 (BGBl. I S. 2870); Abs. 4 neu gef., Abs. 4a eingef. mWv 12.3.2011 durch G v. 7.3. 2011 (BGBl. I S. 338); Abs. 2 Sätze 2 und 3, Abs. 4 Satz 2 angef., Satz 1 einl. Satzteil, Nr. 7 geänd., Nr. 8 angef. mWv 4.8.2011 durch G v. 26.7.2011 (BGBl. I S. 1554); Abs. 4 Satz 1 neu gef., Abs. 4a Sätze 1 und 3 geänd. mWv 1.8.2014 durch G v. 21.7.2014 (BGBl. I S. 1066); Abs. 4 Satz 1 einl. Satzteil geänd. mWv 30.7.2016 durch G v. 26.7.2016 (BGBl. I S. 1786); Abs. 2a eingef. mWv 18.11.2017 durch G v. 13.5.2019 (BGBl. I S. 706); Abs. 2 Nr. 2 geänd. mWv 27.7.2021 durch G v. 16.7.2021 (BGBl. I S. 3026); Abs. 2b eingef., Abs. 4 Satz 1 Nr. 8 geänd., Nr. 9 angef. mWv 29.7.2022 durch G v. 19.7.2022 (BGBl. I S. 1214); Überschrift geänd., Abs. 2 Sätze 2 und 3 neu gef., Sätze 4 und 5 angef., Abs. 4 Satz 1 einl. Satzteil, Nr. 1 geänd., Nr. 2 neu gef., Nr. 3 und 4 geänd., Nr. 5 neu gef., Nr. 8 geänd., Nr. 9 eingef., bish. Nr. 9 wird Nr. 10 geänd., Abs. 2 Satz 3 aufgeh., Abs. 4a Sätze 1 und 3 geänd. mWv 29.12.2023 durch G v. 22.12.2023 (BGBl. 2023 I Nr. 405).

[2] Richtig wohl: „angemessenen".

(2a) Unbeschadet sonstiger Anforderungen nach Absatz 1 müssen bei der Errichtung oder Erneuerung von Anlagen zur landseitigen Stromversorgung für den Seeverkehr die technischen Spezifikationen der Norm IEC/ISO/IEEE 80005-1, Edition 1.0, Juli 2012,[1] eingehalten werden, soweit sie auf die landseitige Stromversorgung anwendbar sind.

(2b) [1] Witterungsbedingte Anlagengeräusche von Höchstspannungsnetzen gelten unabhängig von der Häufigkeit und Zeitdauer der sie verursachenden Wetter- und insbesondere Niederschlagsgeschehen bei der Beurteilung des Vorliegens schädlicher Umwelteinwirkungen im Sinne von § 3 Absatz 1 und § 22 des Bundes-Immissionsschutzgesetzes[2] als seltene Ereignisse im Sinne der Sechsten Allgemeinen Verwaltungsvorschrift zum Bundes-Immissionsschutzgesetz (Technische Anleitung zum Schutz gegen Lärm). [2] Bei diesen seltenen Ereignissen kann der Nachbarschaft eine höhere als die nach Nummer 6.1 der Technischen Anleitung zum Schutz gegen Lärm zulässige Belastung zugemutet werden. [3] Die in Nummer 6.3 der Technischen Anleitung zum Schutz gegen Lärm genannten Werte dürfen nicht überschritten werden. [4] Nummer 7.2 Absatz 2 Satz 3 der Technischen Anleitung zum Schutz gegen Lärm ist nicht anzuwenden.

(3) [1] Bei Anlagen oder Bestandteilen von Anlagen, die nach den in einem anderen Mitgliedstaat der Europäischen Union oder in einem anderen Vertragsstaat des Abkommens über den Europäischen Wirtschaftsraum geltenden Regelungen oder Anforderungen rechtmäßig hergestellt und in den Verkehr gebracht wurden und die gleiche Sicherheit gewährleisten, ist davon auszugehen, dass die Anforderungen nach Absatz 1 an die Beschaffenheit der Anlagen erfüllt sind. [2] In begründeten Einzelfällen ist auf Verlangen der nach Landesrecht zuständigen Behörde nachzuweisen, dass die Anforderungen nach Satz 1 erfüllt sind.

(4) [1] Das Bundesministerium für Wirtschaft und Klimaschutz wird ermächtigt, zur Gewährleistung der technischen Sicherheit und der technischen und betrieblichen Flexibilität von Energieanlagen und Energieanlagenteilen sowie der Interoperabilität von Ladepunkten für Elektromobile durch Rechtsverordnung mit Zustimmung des Bundesrates

1. Anforderungen an die technische Sicherheit dieser Anlagen und Anlagenteile, ihre Errichtung und ihren Betrieb festzulegen;
2. das Verfahren zur Sicherstellung der Anforderungen nach Nummer 1 zu regeln, insbesondere zu bestimmen,
    a) dass und wo die Errichtung solcher Anlagen und Anlagenteile, ihre Inbetriebnahme, die Vornahme von Änderungen oder Erweiterungen und sonstige die Anlagen und Anlagenteile betreffenden Umstände angezeigt werden müssen,
    b) dass der Anzeige nach Buchstabe a bestimmte Nachweise beigefügt werden müssen,
    c) dass mit der Errichtung und dem Betrieb der Anlagen erst nach Ablauf bestimmter Registrierungen, Prüfungen oder Prüffristen begonnen werden darf und
    d) unter welchen Voraussetzungen schriftliche und elektronische Nachweisedokumente gültig sind;
3. Prüfungen vor Errichtung und Inbetriebnahme und Überprüfungen der Anlagen und Anlagenteile vorzusehen und festzulegen, dass diese Prüfungen und

---

[1] **Amtlicher Hinweis:** Die Norm ist bei der Beuth Verlag GmbH, Berlin, zu beziehen.
[2] Nr. **296**.

Überprüfungen durch behördlich anerkannte Sachverständige zu erfolgen haben;[1]

4. Anordnungsbefugnisse festzulegen, insbesondere die behördliche Befugnis, den Bau und den Betrieb von Energieanlagen zu untersagen, wenn das Vorhaben nicht den in der Rechtsverordnung geregelten Anforderungen entspricht;

5. zu bestimmen, welche Auskünfte die zuständige Behörde vom Betreiber der Energieanlage gemäß Absatz 6 Satz 1 und von sonstigen zuständigen Stellen verlangen kann;

6. die Einzelheiten des Verfahrens zur Anerkennung von Sachverständigen, die bei der Prüfung der Energieanlagen tätig werden, sowie der Anzeige der vorübergehenden Tätigkeit von Sachverständigen aus anderen Mitgliedstaaten der Europäischen Union oder eines Vertragsstaates des Abkommens über den Europäischen Wirtschaftsraum zu bestimmen;

7. Anforderungen sowie Meldepflichten festzulegen, die Sachverständige nach Nummer 6 und die Stellen, denen sie angehören, erfüllen müssen, insbesondere zur Gewährleistung ihrer fachlichen Qualifikation, Unabhängigkeit und Zuverlässigkeit;

8. Anforderungen an die technische und betriebliche Flexibilität neuer Anlagen und Anlagenteile zur Erzeugung von Energie zu treffen;

9. Rechte und Pflichten fachlich qualifizierter Stellen zur Errichtung, zu Inhalten, zum Betrieb, zur Pflege und zur Weiterentwicklung von Datenbanken, in denen Nachweise nach Nummer 2 gespeichert werden, und zur Überprüfung und Sicherstellung der Korrektheit der gespeicherten Informationen festzulegen sowie die Rechtswirkungen der gespeicherten Informationen festzulegen;

10. Rechte und Pflichten der Betreiber von Elektrizitätsversorgungsnetzen, der Betreiber von Energieanlagen und der sonstigen zuständigen Stellen für den Fall festzulegen, dass an das jeweilige Elektrizitätsversorgungsnetz angeschlossene Energieanlagen nicht den Anforderungen einer nach den Nummern 1 bis 8 erlassenen Rechtsverordnung entsprechen, und dabei insbesondere vorzusehen, dass diese Energieanlagen vom Elektrizitätsversorgungsnetz zu trennen sind, und festzulegen, unter welchen Bedingungen sie wieder in Betrieb genommen werden können, sowie Regelungen zur Erstattung der dem Betreiber von Elektrizitätsversorgungsnetzen durch die Netztrennung und die etwaige Wiederherstellung des Anschlusses entstandenen Kosten durch den Betreiber der Energieanlage zu treffen.

[2] Die Regelungen des Erneuerbare-Energien-Gesetzes[2] und des Kraft-Wärme-Kopplungsgesetzes[3] bleiben davon unberührt.

(4a) [1] Das Bundesministerium für Wirtschaft und Klimaschutz wird ermächtigt, durch Rechtsverordnung mit Zustimmung des Bundesrates einen Ausschuss zur Beratung in Fragen der technischen Sicherheit von Gasversorgungsnetzen und Gas-Direktleitungen einschließlich der dem Leitungsbetrieb dienenden Anlagen einzusetzen. [2] Diesem Ausschuss kann insbesondere die Aufgabe übertragen werden, vorzuschlagen, welches Anforderungsprofil Sachverständige, die die technische Sicherheit dieser Energieanlagen prüfen, erfüllen müssen, um den in einer Verordnung nach Absatz 4 festgelegten Anforderungen zu genügen. [3] Das Bundes-

---

[1] Siehe die Elektrotechnische-Eigenschaften-Nachweis-VO v. 12.6.2017 (BGBl. I S. 1651), geänd. durch G v. 19.7.2022 (BGBl. I S. 1214).
[2] **Sartorius ErgBd. Nr. 833.**
[3] **Sartorius ErgBd. Nr. 834.**

ministerium für Wirtschaft und Klimaschutz kann das Anforderungsprofil im Bundesanzeiger veröffentlichen. [4]In den Ausschuss sind sachverständige Personen zu berufen, insbesondere aus dem Kreis

1. der Sachverständigen, die bei der Prüfung der Energieanlagen tätig werden,
2. der Stellen, denen Sachverständige nach Nummer 1 angehören,
3. der zuständigen Behörden und
4. der Betreiber von Energieanlagen.

(5) Die nach Landesrecht zuständige Behörde kann im Einzelfall die zur Sicherstellung der Anforderungen an die technische Sicherheit von Energieanlagen erforderlichen Maßnahmen treffen.

(6) [1]Die Betreiber von Energieanlagen haben auf Verlangen der nach Landesrecht zuständigen Behörde Auskünfte über technische und wirtschaftliche Verhältnisse zu geben, die zur Wahrnehmung der Aufgaben nach Absatz 5 erforderlich sind. [2]Der Auskunftspflichtige kann die Auskunft auf solche Fragen verweigern, deren Beantwortung ihn selbst oder einen der in § 383 Abs. 1 Nr. 1 bis 3 der Zivilprozessordnung[1]) bezeichneten Angehörigen der Gefahr strafrechtlicher Verfolgung oder eines Verfahrens nach dem Gesetz über Ordnungswidrigkeiten[2]) aussetzen würde.

(7) Die von der nach Landesrecht zuständigen Behörde mit der Aufsicht beauftragten Personen sind berechtigt, Betriebsgrundstücke, Geschäftsräume und Einrichtungen der Betreiber von Energieanlagen zu betreten, dort Prüfungen vorzunehmen sowie die geschäftlichen und betrieblichen Unterlagen der Betreiber von Energieanlagen einzusehen, soweit dies zur Wahrnehmung der Aufgaben nach Absatz 5 erforderlich ist.

**§ 49a**[3]) **Elektromagnetische Beeinflussung.** (1) [1]Besteht die Gefahr, dass der Ausbau oder die Ertüchtigung, Umbeseilungen oder Zubeseilungen, Änderungen des Betriebskonzepts eines Übertragungsnetzes oder der Seiltausch technische Infrastrukturen elektromagnetisch beeinflussen können, so hat der Betreiber technischer Infrastrukturen

1. dem verantwortlichen Übertragungsnetzbetreiber auf dessen Anfrage unverzüglich Auskunft zu erteilen über
   a) den Standort der technischen Infrastrukturen,
   b) die technischen Eigenschaften der technischen Infrastrukturen und
   c) getroffene technische Vorkehrungen zur Vermeidung einer elektromagnetischen Beeinflussung und
2. Messungen des verantwortlichen Übertragungsnetzbetreibers zu dulden.

[2]Zur Ermittlung der potenziell von der elektromagnetischen Beeinflussung betroffenen Betreiber technischer Infrastrukturen genügt eine Anfrage und die Nachweisführung durch den Übertragungsnetzbetreiber unter Verwendung von Informationssystemen zur Leitungsrecherche, die allen Betreibern technischer Infrastrukturen für die Eintragung eigener Infrastrukturen und für die Auskunft über fremde Infrastrukturen diskriminierungsfrei zugänglich sind. [3]Zusätzlich hat der

---

[1]) **Habersack Nr. 100.**
[2]) **Habersack Nr. 94.**
[3]) § 49a eingef. mWv 13.10.2022 durch G v. 8.10.2022 (BGBl. I S. 1726); Abs. 1 Satz 5 neu gef. mWv 1.12.2022 durch G v. 25.11.2022 (BGBl. I S. 2102); Abs. 1 Satz 1 einl. Satzteil, Satz 6, Abs. 3 Satz 1 einl. Satzteil, Satz 5 geänd. mWv 29.12.2023 durch G v. 22.12.2023 (BGBl. 2023 I Nr. 405).

Übertragungsnetzbetreiber Maßnahmen nach Satz 1 im Bundesanzeiger zu veröffentlichen und die betroffenen Gemeinden zu informieren. [4] Betroffene Gemeinden sind solche, auf deren Gebiet eine elektromagnetische Beeinflussung oder Maßnahmen nach Satz 1 wirksam werden können. [5] Den Betreibern technischer Infrastrukturen ist die Gelegenheit zu geben, sich innerhalb von zwei Wochen ab Veröffentlichung im Bundesanzeiger oder nach Information an die Gemeinde als betroffener Betreiber technischer Infrastrukturen bei dem Übertragungsnetzbetreiber zu melden. [6] Der Übertragungsnetzbetreiber hat die so ermittelten Betreiber technischer Infrastrukturen über den Ausbau oder die Ertüchtigung, über Umbeseilungen oder Zubeseilungen, über Änderungen des Betriebskonzepts eines Übertragungsnetzes sowie den Seiltausch zu informieren.

(2) Der verantwortliche Übertragungsnetzbetreiber hat dem betroffenen Betreiber technischer Infrastrukturen auf dessen Nachfrage unverzüglich Auskunft zu erteilen über alle für die Beurteilung der elektromagnetischen Beeinflussung nötigen technischen, betrieblichen und organisatorischen Parameter.

(3) [1] Werden durch den Ausbau oder die Ertüchtigung, durch Umbeseilungen oder Zubeseilungen, durch Änderungen des Betriebskonzepts eines Übertragungsnetzes oder durch den Seiltausch technische Infrastrukturen erstmals oder stärker elektromagnetisch beeinflusst, so haben der Übertragungsnetzbetreiber und der betroffene Betreiber technischer Infrastrukturen

1. Maßnahmen zur Reduzierung und Sicherung der auftretenden Beeinflussung zu prüfen,
2. die technisch und wirtschaftlich vorzugswürdige Lösung gemeinsam zu bestimmen und
3. die gemeinsam bestimmte Lösung in ihrem jeweiligen Verantwortungsbereich unverzüglich umzusetzen.

[2] Wenn neue oder weitergehende technische Schutzmaßnahmen an den beeinflussten technischen Infrastrukturen erforderlich sind oder die Maßnahmen an den beeinflussten technischen Infrastrukturen den Maßnahmen am Übertragungsnetz wegen der Dauer der Umsetzung oder wegen der Wirtschaftlichkeit vorzuziehen sind, hat der Übertragungsnetzbetreiber dem Betreiber technischer Infrastrukturen die notwendigen Kosten für die betrieblichen, organisatorischen und technischen Schutzmaßnahmen einschließlich der notwendigen Kosten für Unterhaltung und Betrieb für eine Dauer, die der zu erwartenden Nutzungsdauer der technischen Schutzmaßnahme entspricht, im Wege einer einmaligen Ersatzzahlung zu erstatten. [3] Auf die zu erstattenden Kosten ist ein Aufschlag in Höhe von 5 Prozent zu gewähren, wenn der Betreiber technischer Infrastrukturen binnen sechs Monaten nach Anfrage durch den Übertragungsnetzbetreiber in Textform gegenüber diesem die unbedingte Freigabe zur Inbetriebnahme der Maßnahmen nach Satz 1 erklärt. [4] Ein weitergehender Ersatzanspruch gegen den Übertragungsnetzbetreiber ist ausgeschlossen. [5] Wird erst nach der Durchführung einer Maßnahme zum Ausbau oder zur Ertüchtigung, zu Umbeseilungen oder Zubeseilungen, zur Änderung des Betriebskonzepts eines Übertragungsnetzes oder durch den Seiltausch bekannt, dass durch die Maßnahme die technischen Infrastrukturen elektromagnetisch beeinflusst werden, bleiben die Rechte und Pflichten des Betreibers technischer Infrastrukturen unberührt.

(4) [1] Besteht Uneinigkeit zwischen dem Übertragungsnetzbetreiber und dem betroffenen Betreiber technischer Infrastrukturen über das Ausmaß der elektromagnetischen Beeinflussung oder über die technisch und wirtschaftlich vorzugswürdige Lösung der zu ergreifenden Schutzmaßnahmen nach Absatz 3 Satz 1 oder

über die für die Schutzmaßnahmen und für deren Unterhaltung und Betrieb notwendigen Kosten, so ist über die offenen Streitfragen spätestens sechs Monate nach Beginn der Uneinigkeit ein Gutachten eines unabhängigen technischen Sachverständigen auf Kosten des Übertragungsnetzbetreibers einzuholen. [2] Der unabhängige technische Sachverständige soll im Einvernehmen von dem Übertragungsnetzbetreiber und dem Betreiber technischer Infrastrukturen bestimmt werden. [3] Kann kein Einvernehmen erzielt werden, schlägt der Übertragungsnetzbetreiber drei unabhängige technische Sachverständige vor und der Betreiber technischer Infrastrukturen benennt binnen zwei Wochen ab Übermittlung des Vorschlags in Textform einen dieser Sachverständigen für die Klärung.

(5) [1] Haben sich der Übertragungsnetzbetreiber und der Betreiber technischer Infrastrukturen darüber geeinigt, ob und welche Schutzmaßnahmen die technisch und wirtschaftlich vorzugswürdige Lösung darstellen, so haben sie unverzüglich die Durchführung der erforderlichen technischen Schutzmaßnahmen sicherzustellen, auch durch vorübergehende Schutzmaßnahmen betrieblicher oder organisatorischer Art. [2] Besteht zwischen dem Übertragungsnetzbetreiber und dem Betreiber technischer Infrastrukturen kein Einvernehmen, so erstreckt sich das Gutachten des technischen Sachverständigen auch auf die Frage, ob und welche Schutzmaßnahmen technisch und wirtschaftlich vorzugswürdig sind und welche Kosten bei der Bemessung des Ersatzanspruches nach Absatz 3 Satz 2 als notwendig zu berücksichtigen sind. [3] In diesem Fall haben der Übertragungsnetzbetreiber und der Betreiber technischer Infrastrukturen unverzüglich nach dem Vorliegen des Sachverständigengutachtens die Umsetzung der erforderlichen Schutzmaßnahmen sicherzustellen, auch durch vorübergehende Schutzmaßnahmen betrieblicher oder organisatorischer Art.

(6) Für die Zwecke dieses Paragrafen sind die Begriffsbestimmungen des § 3 Nummer 1 des Netzausbaubeschleunigungsgesetzes Übertragungsnetz[1]) entsprechend anzuwenden.

**§ 49b**[2]) **Temporäre Höherauslastung.** (1) [1] Bis zum Ablauf des 31. März 2027 dürfen Betreiber von Übertragungsnetzen das Höchstspannungsnetz ohne vorherige Genehmigung betrieblich höher auslasten (temporäre Höherauslastung). [2] Die Höherauslastung im Sinne dieser Vorschrift ist die Erhöhung der Stromtragfähigkeit ohne Erhöhung der zulässigen Betriebsspannung. [3] Maßnahmen, die für eine temporäre Höherauslastung erforderlich sind und die unter Beibehaltung der Masten lediglich die Auslastung der Leitung anpassen und keine oder allenfalls geringfügige und punktuelle bauliche Änderungen erfordern, sind zulässig. [4] § 4 Absatz 1 und 2 der Verordnung über elektromagnetische Felder[3]) in der Fassung der Bekanntmachung vom 14. August 2013 (BGBl. I S. 3266) ist bei Änderungen von Niederfrequenzanlagen, die durch den Beginn oder die Beendigung der temporären Höherauslastung bedingt sind, nicht anzuwenden.

(2) [1] Der zuständigen Behörde ist die temporäre Höherauslastung vor deren Beginn anzuzeigen. [2] Der Anzeige ist ein Nachweis über die Einhaltung der Anforderungen an die magnetische Flussdichte nach den §§ 3 und 3a der Verordnung über elektromagnetische Felder beizufügen. [3] Anzeige und Nachweis ersetzen die Anzeige nach § 7 Absatz 2 der Verordnung über elektromagnetische

---

[1]) **Sartorius III Nr. 511.**
[2]) § 49b eingef. mWv 13.10.2022 durch G v. 8.10.2022 (BGBl. I S. 1726); Abs. 1 Satz 1 neu gef. mWv 9.2.2024 durch G v. 5.2.2024 (BGBl. 2024 I Nr. 32).
[3]) **Sartorius ErgBd. Nr. 296/26.**

Felder. [4]Die Beendigung der temporären Höherauslastung ist der zuständigen Behörde ebenfalls anzuzeigen.

(3) [1]Durch eine temporäre Höherauslastung verursachte oder verstärkte elektromagnetische Beeinflussungen technischer Infrastrukturen hat der Betreiber technischer Infrastrukturen zu dulden. [2]Der Übertragungsnetzbetreiber hat die betroffenen Betreiber technischer Infrastrukturen rechtzeitig über eine geplante temporäre Höherauslastung und über den voraussichtlichen Beginn der temporären Höherauslastung zu informieren und die Betreiber aufzufordern, die wegen der temporären Höherauslastung erforderlichen Schutz- und Sicherungsmaßnahmen im Verantwortungsbereich des Betreibers technischer Infrastrukturen zu ergreifen. [3]Zur Ermittlung der potenziell von der elektromagnetischen Beeinflussung betroffenen Betreiber technischer Infrastrukturen genügt eine Anfrage und die Nachweisführung durch den Übertragungsnetzbetreiber unter Verwendung von Informationssystemen zur Leitungsrecherche, die allen Betreibern technischer Infrastrukturen für die Eintragung eigener Infrastrukturen und für die Auskunft über fremde Infrastrukturen diskriminierungsfrei zugänglich sind. [4]Über den tatsächlichen Beginn der temporären Höherauslastung hat der Übertragungsnetzbetreiber die betroffenen Betreiber technischer Infrastrukturen mindestens zwei Wochen vor dem voraussichtlichen Beginn der temporären Höherauslastung zu informieren, es sei denn, dass in der Information nach Satz 2 ein konkreter Zeitpunkt für den Beginn der temporären Höherauslastung genannt wurde und diese Information mindestens vier Wochen und nicht länger als zehn Wochen vor dem Beginn der temporären Höherauslastung erfolgt ist. [5]Der Übertragungsnetzbetreiber hat den Betreiber technischer Infrastrukturen unverzüglich nach Beendigung der temporären Höherauslastung zu informieren.

(4) [1]Der Betreiber technischer Infrastrukturen hat den Übertragungsnetzbetreiber unverzüglich nach Umsetzung der wegen der temporären Höherauslastung erforderlichen Schutz- und Sicherungsmaßnahmen nach Absatz 3 Satz 2 über die hinreichende Wirksamkeit der Maßnahmen insbesondere zur Sicherstellung des Personenschutzes zu informieren. [2]Der Übertragungsnetzbetreiber hat dem Betreiber technischer Infrastrukturen die notwendigen Kosten, die diesem wegen der aufgrund der temporären Höherauslastung ergriffenen betrieblichen, organisatorischen und technischen Schutzmaßnahmen entstanden sind, einschließlich der notwendigen Kosten für Unterhaltung und Betrieb zu erstatten. [3]§ 49a Absatz 2 ist entsprechend anzuwenden.

(5) [1]Der Übertragungsnetzbetreiber hat die Höherauslastung im Bundesanzeiger zu veröffentlichen und die betroffenen Gemeinden über die temporäre Höherauslastung zu informieren. [2]Die Veröffentlichung und die Information müssen mindestens Angaben über den voraussichtlichen Beginn, das voraussichtliche Ende, den voraussichtlichen Umfang sowie die voraussichtlich betroffenen Leitungen beinhalten. [3]Betroffene Gemeinden sind solche, auf deren Gebiet eine elektromagnetische Beeinflussung nach Absatz 3 Satz 1 oder Schutz- und Sicherungsmaßnahmen nach Absatz 4 Satz 1 wirksam werden können.

(6) Die Zulassung einer dauerhaften Höherauslastung nach den gesetzlichen Vorschriften bleibt von der Zulässigkeit der temporären Höherauslastung unberührt.

(7) Zuständige Behörde im Sinne des Absatzes 2 ist die zuständige Immissionsschutzbehörde.

**§ 49c**[1]**) Beschleunigte Umsetzung von Schutz- und Sicherungsmaßnahmen.** (1) [1]Bezogen auf Anlagen des Übertragungsnetzes sowie bezogen auf Anlagen der technischen Infrastruktur, die von der von der Höherauslastung des Übertragungsnetzes ausgehenden elektromagnetischen Beeinflussung im Sinne des § 49a betroffen und die jeweils am 31. März 2023 bereits in Betrieb sind, sind § 1 Absatz 1 Satz 2 des Bundesbedarfsplangesetzes[2]), § 1 Absatz 2 Satz 3 des Energieleitungsausbaugesetzes[3]) und § 1 Satz 3 des Netzausbaubeschleunigungsgesetzes Übertragungsnetz[4]) entsprechend anzuwenden auf

1. die temporäre Höherauslastung im Sinne des § 49b Absatz 1,

2. die in § 49a Absatz 1 Satz 1 genannten Maßnahmen, mit Ausnahme des Ausbaus, insbesondere die Einrichtung und Durchführung des witterungsabhängigen Freileitungsbetriebs, und

3. die durch die Maßnahmen nach den Nummern 1 und 2 jeweils erforderlichen betrieblichen, organisatorischen und technischen Schutz- und Sicherungsmaßnahmen im Sinne der §§ 49a und 49b sowohl der Übertragungsnetzbetreiber als auch der von der elektromagnetischen Beeinflussung betroffenen Betreiber technischer Infrastrukturen.

[2]Satz 1 Nummer 1 ist anzuwenden bis zum Ende des Zeitraums, der sich aus § 49b Absatz 1 Satz 1 in Verbindung mit § 50a Absatz 1 und § 1 Absatz 3 der Stromangebotsausweitungsverordnung vom 13. Juli 2022 (BAnz AT 13.07.2022 V1), die durch Artikel 1 der Verordnung vom 29. September 2022 (BAnz AT 30.09.2022 V1) geändert worden ist, ergibt. [3]Satz 1 Nummer 2 und 3 ist anzuwenden bis zum Ablauf des 31. Dezember 2027. [4]Bis zu den in den Sätzen 2 und 3 genannten Zeitpunkten sollen die in Satz 1 genannten Maßnahmen als vorrangiger Belang in die jeweils durchzuführenden Interessen- und Schutzgüterabwägungen eingebracht werden. [5]Satz 4 ist nicht anzuwenden auf das Verhältnis zwischen Netzbetreibern und betroffenen Betreibern technischer Infrastruktur, gegenüber der Personensicherheit der an der betroffenen technischen Infrastruktur tätigen Personen oder gegenüber den Belangen nach § 1 des Bundesbedarfsplangesetzes, § 1 des Energieleitungsausbaugesetzes, § 1 des Erneuerbare-Energien-Gesetzes[5]) und § 1 des Netzausbaubeschleunigungsgesetzes Übertragungsnetz sowie auf Belange des Landes- und Bündnisverteidigung.

(2) [1]Schutz- und Sicherungsmaßnahmen im Sinne des Absatzes 1 Satz 1 Nummer 3 in Gestalt der Errichtung, des Betriebs oder der Änderung von Flächen- oder Tiefenerdern oder Tiefenanoden stellen keine Errichtung, keinen Betrieb und keine Änderung von Anlagen im Sinne von § 43 Absatz 1 Satz 1 dar. [2]Sonstige Schutz- und Sicherungsmaßnahmen im Sinne des Absatzes 1 Satz 1 Nummer 3 gelten, soweit sie nach Art und Umfang und nach den typischerweise mit ihrem Betrieb und ihrer Errichtung verbundenen Auswirkungen auf die Umwelt nicht über die in Satz 1 genannten Maßnahmen hinausgehen, in der Regel weder als umweltverträglichkeitsprüfungspflichtige Neuvorhaben im Sinne des § 7 in Verbindung mit § 2 Absatz 4 Nummer 1 des Gesetzes über die Umweltverträglichkeitsprüfung[6]) noch als umweltverträglichkeitsprüfungspflichtige Änderungsvor-

---

[1]) § 49c eingef. mWv 29.12.2023 durch G v. 22.12.2023 (BGBl. 2023 I Nr. 405).
[2]) **Sartorius III Nr. 512.**
[3]) **Sartorius III Nr. 510.**
[4]) **Sartorius III Nr. 511.**
[5]) **Sartorius ErgBd. Nr. 833.**
[6]) Nr. **295.**

haben im Sinne des § 9 in Verbindung mit § 2 Absatz 4 Nummer 2 des Gesetzes über die Umweltverträglichkeitsprüfung.

(3) [1] Für Bohrungen, die für die Umsetzung von Schutz- und Sicherungsmaßnahmen im Sinne des Absatzes 1 Satz 1 Nummer 3 in Gestalt des Baus von Tiefenerdern oder Tiefenanoden erforderlich sind, gilt die bergrechtliche Betriebsplanpflicht gemäß § 127 Absatz 1 in Verbindung mit § 51 des Bundesberggesetzes[1]) auch dann nicht, wenn die Bohrungen mehr als 100 Meter in den Boden eindringen sollen. [2] Satz 1 ist nicht in Gebieten anzuwenden, in denen Aufsuchungs- und Gewinnungstätigkeiten im Sinne des § 4 Absatz 1 und 2 des Bundesberggesetzes stattfinden oder stattgefunden haben. [3] Die Anzeigepflicht gemäß § 127 Absatz 1 Satz 1 des Bundesberggesetzes bleibt unberührt. [4] Ist bei Bohrungen eine Beeinträchtigung der in § 1 des Bundesberggesetzes genannten Schutzgüter zu besorgen, kann die zuständige Behörde die Vorlage der für die Beurteilung der möglichen Beeinträchtigung erforderlichen Unterlagen verlangen. [5] Das Verlangen ist zu begründen. [6] In diesem Fall ist nach Eingang der Unterlagen bei der zuständigen Behörde die Frist gemäß § 127 Absatz 1 Satz 1 Nummer 1 Satz 1 des Bundesberggesetzes vor Aufnahme der Bohrarbeiten einzuhalten. [7] Eine Untersagung von Baumaßnahmen soll nur erfolgen, wenn durch die Bohrung erhebliche Beeinträchtigungen der in § 1 des Bundesberggesetzes genannten Schutzgüter zu besorgen sind, bei denen eine Entschädigung in Geld unangemessen ist.

(4) [1] Anträge auf öffentlich-rechtliche Zulassungen, insbesondere Genehmigungen, Erlaubnisse, Bewilligungen, Ausnahmen und Befreiungen sowie Zustimmungen, die für die Umsetzung von Schutz- und Sicherungsmaßnahmen im Sinne des Absatzes 1 Satz 1 Nummer 3 erforderlich sind, sind innerhalb eines Monats ab Eingang der vollständigen Unterlagen bei der zuständigen Behörde zu bescheiden. [2] Die Frist nach Satz 1 kann in Ausnahmefällen einmalig um höchstens zwei weitere Monate verlängert werden, wenn dies wegen der besonderen Schwierigkeit der Angelegenheit oder aus Gründen, die dem Antragsteller zuzurechnen sind, erforderlich ist. [3] Die Fristverlängerung ist dem Antragsteller rechtzeitig, spätestens aber eine Woche vor Ablauf der in Satz 1 genannten Frist durch Zwischenbescheid mitzuteilen und zu begründen. [4] Nach Ablauf der Frist gilt die Genehmigung, Erlaubnis, Bewilligung, Ausnahme, Befreiung oder Zustimmung als erteilt, wenn der Antrag hinreichend bestimmt ist.

(5) [1] Schutz- und Sicherungsmaßnahmen im Sinne des Absatzes 1 Satz 1 Nummer 3 sind so weit wie möglich im Schutzstreifen der eigenen Infrastruktur durchzuführen. [2] Dort, wo sich die Schutzstreifen mehrerer Betreiber berühren oder überdecken, tritt die Gesamtfläche dieser Schutzstreifen an die Stelle des Schutzstreifens der eigenen Infrastruktur im Sinne des Satzes 1. [3] Soweit der Schutzstreifen zur Ausführung von Vorarbeiten im Sinne von § 44 Absatz 1, die für die Umsetzung der Schutz- und Sicherungsmaßnahmen notwendig sind, nicht ausreicht, sind Eigentümer und sonstige Nutzungsberechtigte der an den Schutzstreifen mittelbar oder unmittelbar angrenzenden geeigneten Grundstücke und sonstigen geeigneten Flächen (angrenzende Flächen) verpflichtet, die Vorarbeiten der Übertragungsnetzbetreiber, der betroffenen Betreiber technischer Infrastrukturen oder ihrer jeweiligen Beauftragten zu dulden. [4] Die Inanspruchnahme der angrenzenden Flächen auf Grundlage von Satz 3 ist nur innerhalb eines Abstands von bis zu 300 Metern, berechnet von der äußeren Grenze des Schutzstreifens, möglich. [5] Im Übrigen ist bezogen auf Vorarbeiten § 44 Absatz 2 bis 4 im Ver-

---

[1]) **Sartorius III Nr. 460.**

hältnis zwischen Übertragungsnetzbetreibern oder betroffenen Betreibern technischer Infrastrukturen und Nutzungsberechtigten entsprechend anzuwenden.

**§ 50**[1] **Vorratshaltung zur Sicherung der Energieversorgung.** Das Bundesministerium für Wirtschaft und Energie wird ermächtigt, zur Sicherung der Energieversorgung durch Rechtsverordnung ohne Zustimmung des Bundesrates

1. Vorschriften zu erlassen über die Verpflichtung von Energieversorgungsunternehmen sowie solcher Eigenerzeuger von Elektrizität, deren Kraftwerke eine elektrische Nennleistung von mindestens 100 Megawatt aufweisen, für ihre Anlagen zur Erzeugung von

   a) Elektrizität ständig diejenigen Mengen an Mineralöl, Kohle oder sonstigen fossilen Brennstoffen,

   b) Gas aus Flüssiggas ständig diejenigen Mengen an Flüssiggas

   als Vorrat zu halten, die erforderlich sind, um bei Betrieb der Anlage zur Erzeugung elektrischer Energie mit der maximal möglichen Nettonennleistung bis zu 60 Tage ihre Abgabeverpflichtungen an Elektrizität oder Gas erfüllen oder ihren eigenen Bedarf an Elektrizität decken zu können,

2. Vorschriften zu erlassen über die Freistellung von einer solchen Vorratspflicht und die zeitlich begrenzte Freigabe von Vorratsmengen, soweit dies erforderlich ist, um betriebliche Schwierigkeiten zu vermeiden oder die Brennstoffversorgung aufrechtzuerhalten,

3. den für die Berechnung der Vorratsmengen maßgeblichen Zeitraum zu verlängern, soweit dies erforderlich ist, um die Vorratspflicht an Rechtsakte der Europäischen Gemeinschaften über Mindestvorräte fossiler Brennstoffe anzupassen.

**§ 50a**[2] **Maßnahmen zur Ausweitung des Stromerzeugungsangebots, befristete Teilnahme am Strommarkt von Anlagen aus der Netzreserve; Verordnungsermächtigung.** (1) [1]Die Bundesregierung kann nach Ausrufung der Alarmstufe oder Notfallstufe nach Artikel 8 Absatz 2 Buchstabe b und Artikel 11 Absatz 1 der Verordnung (EU) 2017/1938 des Europäischen Parlaments und des Rates vom 25. Oktober 2017 über Maßnahmen zur Gewährleistung der sicheren Gasversorgung und zur Aufhebung der Verordnung (EU) Nr. 994/2010 (ABl. L 280 vom 28.10.2017, S. 1), die durch die Delegierte Verordnung (EU) 2022/517 (ABl. L 104 vom 1.4.2022, S. 53) geändert worden ist, in Verbindung mit dem Notfallplan Gas des Bundesministeriums für Wirtschaft und Energie vom September 2019, der auf der Internetseite des Bundesministeriums für Wirtschaft und Klimaschutz veröffentlicht ist, durch Rechtsverordnung ohne Zustimmung des Bundesrates zulassen, dass die Betreiber solcher Anlagen, die nach § 13b Absatz 4 und 5 und § 13d sowie nach Maßgabe der Netzreserveverordnung in der Netzreserve vorgehalten werden und die kein Erdgas zur Erzeugung elektrischer Energie einsetzen, befristet am Strommarkt teilnehmen. [2]In der Rechtsverordnung nach Satz 1 ist zugleich der Zeitraum für die befristete Teilnahme am Strommarkt nach Satz 1 festzulegen, die längstens bis zum Ablauf des 31. März 2024 zulässig ist.

(2) Die befristete Teilnahme am Strommarkt nach Absatz 1 ist durch den Anlagenbetreiber mindestens fünf Werktage vor Beginn gegenüber der Bundes-

---

[1] § 50 einl. Satzteil geänd. mWv 17.12.2006 durch G v. 9.12.2006 (BGBl. I S. 2833); einl. Satzteil geänd. mWv 8.9.2015 durch VO v. 31.8.2015 (BGBl. I S. 1474); einl. Satzteil, Nr. 1 abschl. Satzteil geänd. mWv 12.7.2022 durch G v. 8.7.2022 (BGBl. I S. 1054).

[2] § 50a eingef. mWv 12.7.2022–31.3.2024 durch G v. 8.7.2022 (BGBl. I S. 1054).

netzagentur und dem Betreiber des Übertragungsnetzes mit Regelzonenverantwortung, in dessen Regelzone sich die Anlage befindet, anzuzeigen.

(3) [1] Während der befristeten Teilnahme am Strommarkt nach Absatz 1 darf der Betreiber

1. die elektrische Leistung oder Arbeit und die thermische Leistung der Anlage ganz oder teilweise veräußern und

2. Kohle verfeuern.

[2] Der Betreiber der Anlage ist insoweit von den Beschränkungen des § 13c Absatz 2 Satz 1, Absatz 4 Satz 1, des § 13d Absatz 3 und des § 7 Absatz 1 der Netzreserveverordnung und von dem Verbot der Kohleverfeuerung nach § 51 Absatz 1 Satz 1 des Kohleverstromungsbeendigungsgesetzes[1]) ausgenommen. [3] § 13b Absatz 4 und 5 sowie § 13d sind entsprechend anzuwenden.

(4) [1] Endgültige Stilllegungen von Anlagen, für die nach § 51 Absatz 1 und 2 Nummer 1 Buchstabe c und d des Kohleverstromungsbeendigungsgesetzes in den Jahren 2022 und 2023 ein Verbot der Kohleverfeuerung wirksam wird, sind bis zum 31. März 2024 verboten, soweit ein Weiterbetrieb technisch und rechtlich möglich ist. [2] Anlagen nach Satz 1 werden durch die Betreiber von Übertragungsnetzen ab dem Zeitpunkt, zu dem das Verbot der Kohleverfeuerung wirksam wird, in entsprechender Anwendung von § 13d zum Zweck der Vorsorge vor einer möglichen Gefährdung der Gasversorgung in der Netzreserve vorgehalten. [3] § 13b Absatz 4 Satz 4, § 13b Absatz 5 Satz 11, die §§ 13c und 13d und die Netzreserveverordnung sind entsprechend anzuwenden. [4] Auf die Anlagen nach Satz 1 sind die Absätze 1 bis 3 sowie die §§ 50b und 50c ebenfalls anwendbar. [5] Das Verbot der Kohleverfeuerung nach § 51 des Kohleverstromungsbeendigungsgesetzes ist für eine Anlage unwirksam, solange sie nach Satz 2 in der Netzreserve vorgehalten wird.

(5) [1] Vorläufige und endgültige Stilllegungen von Anlagen, die am 12. Juli 2022 nach § 13b Absatz 4 und 5 und § 13d sowie nach Maßgabe der Netzreserveverordnung in der Netzreserve vorgehalten werden, sind bis zum 31. März 2024 verboten, soweit ein Weiterbetrieb rechtlich und technisch möglich ist. [2] § 13b Absatz 4 Satz 4, Absatz 5 Satz 11, die §§ 13c und 13d und die Netzreserveverordnung sind entsprechend anzuwenden.

**§ 50b**[2]) **Maßnahmen zur Ausweitung des Stromerzeugungsangebots, Pflicht zur Betriebsbereitschaft und Brennstoffbevorratung für die befristete Teilnahme am Strommarkt von Anlagen aus der Netzreserve.**

(1) Der Betreiber einer Anlage, die nach § 13b Absatz 4 und 5 und § 13d sowie nach Maßgabe der Netzreserveverordnung in der Netzreserve vorgehalten wird, muss die Anlage während des Zeitraums, in dem die Frühwarnstufe, Alarmstufe oder Notfallstufe nach Artikel 8 Absatz 2 Buchstabe b und Artikel 11 Absatz 1 der Verordnung (EU) 2017/1938 des Europäischen Parlaments und des Rates vom 25. Oktober 2017 über Maßnahmen zur Gewährleistung der sicheren Gasversorgung und zur Aufhebung der Verordnung (EU) Nr. 994/2010 (ABl. L 280 vom 28.10.2017, S. 1), die durch die Delegierte Verordnung (EU) 2022/517 (ABl. L 104 vom 1.4.2022, S. 53) geändert worden ist, in Verbindung mit dem Notfallplan Gas des Bundesministeriums für Wirtschaft und Energie vom September 2019, der

---

[1]) **Sartorius III Nr. 340.**
[2]) § 50b eingef. mWv 12.7.2022–31.3.2024 durch G v. 8.7.2022 (BGBl. I S. 1054); Abs. 4 Sätze 3 und 4 angef. mWv 13.10.2022 durch G v. 8.10.2022 (BGBl. I S. 1726).

auf der Internetseite des Bundesministeriums für Wirtschaft und Klimaschutz veröffentlicht ist, ausgerufen ist, frühestens aber ab dem 1. November 2022 für die befristete Teilnahme am Strommarkt im Dauerbetrieb betriebsbereit halten.

(2) Zur Einhaltung der Verpflichtung zur Betriebsbereitschaft der Anlage nach Absatz 1 muss der Betreiber insbesondere

1. jeweils zum 1. November der Jahre 2022 und 2023 und jeweils zum 1. Februar der Jahre 2023 und 2024 Brennstoffvorräte in einem Umfang bereithalten, die es ermöglichen,

a) bei Einsatz von Kohle zur Erzeugung elektrischer Energie für 30 Kalendertage die Abgabeverpflichtungen an Elektrizität bei Betrieb der Anlage mit der maximal möglichen Nettonennleistung zu decken oder

b) bei Einsatz von Mineralöl zur Erzeugung elektrischer Energie für zehn Kalendertage die Abgabeverpflichtung an Elektrizität bei Betrieb der Anlage mit der maximal möglichen Nettonennleistung zu decken,

2. die Brennstoffversorgung für einen Dauerbetrieb auch bei einer befristeten Teilnahme am Strommarkt nach § 50a sicherstellen und

3. der Bundesnetzagentur und dem Betreiber des Übertragungsnetzes mit Regelzonenverantwortung ab dem 1. November 2022 monatlich nachweisen, dass die Verpflichtungen nach den Nummern 1 und 2 eingehalten werden.

(3) ¹Die Brennstoffvorräte nach Absatz 2 Nummer 1 müssen am Standort der Anlage gelagert werden. ²Die Lagerung an einem anderen Lagerort ist zulässig, wenn

1. es sich hierbei um ein ergänzendes Lager zu dem Lager am Standort der Anlage handelt und

2. der Transport der weiteren Brennstoffvorräte zu dem Standort der Anlage innerhalb von zehn Kalendertagen gewährleistet ist.

³Ist die Einhaltung der Anforderungen an Bevorratung und Lagerung nach Satz 1 und Absatz 2 Nummer 1 für den Betreiber der Erzeugungsanlage im Einzelfall unmöglich, kann die Bundesnetzagentur auf Antrag zulassen, dass die Verpflichtung zur Betriebsbereitschaft als erfüllt gilt, wenn der Betreiber der Erzeugungsanlage in jedem Kalendermonat nachweist, dass die vorhandenen Lagerkapazitäten vollständig mit Brennstoffen befüllt sind.

(4) ¹Die Verpflichtung zur Betriebsbereitschaft der Anlage nach Absatz 1 umfasst auch, dass die Anlage während der befristeten Teilnahme am Strommarkt in einem Zustand erhalten wird, der eine Anforderung zur weiteren Vorhaltung der Betriebsbereitschaft nach § 13b Absatz 4 sowie für Anforderungen für Anpassungen der Einspeisung durch die Übertragungsnetzbetreiber nach § 13 Absatz 1 und 2 und § 13a Absatz 1 jederzeit während der befristeten Teilnahme am Strommarkt ermöglicht. ²Dies ist auch anzuwenden für die Zeit nach der befristeten Teilnahme am Strommarkt, wenn die Anlage weiterhin in der Netzreserve vorgehalten wird. ³Absatz 2 Nummer 1 und Absatz 3 sind für eine Anlage während der Dauer der befristeten Teilnahme am Strommarkt nicht anzuwenden. ⁴Der jeweilige Betreiber des Übertragungsnetzes mit Regelzonenverantwortung ist in den Fällen des Satzes 3 berechtigt, gegenüber dem Betreiber einer Anlage Vorgaben zur Brennstoffbevorratung zu machen, sofern dies für die Sicherheit oder Zuverlässigkeit des Elektrizitätsversorgungsnetzes erforderlich ist.

(5) ¹Die Absätze 1 bis 3 sind auch für Betreiber von Anlagen anzuwenden, die erst ab dem 1. November 2022 in der Netzreserve vorgehalten werden. ²§ 13c Absatz 3 Satz 1 Nummer 2 ist für Maßnahmen, die zur Herstellung oder Aufrecht-

erhaltung der Betriebsbereitschaft der Anlage vor dem 1. November 2022 vorgenommen werden, entsprechend anzuwenden.

(6) [1] Der Betreiber einer Anlage, die nach § 13b Absatz 4 und 5 und nach § 13d sowie nach Maßgabe der Netzreserveverordnung in der Netzreserve vorgehalten wird und die vor dem 1. Januar 1970 in Betrieb genommen wurde, kann dem Betreiber des Übertragungsnetzes mit Regelzonenverantwortung, in dessen Regelzone sich die Anlage befindet, und der Bundesnetzagentur bis zum 9. August 2022 anzeigen, dass er von den Regelungen nach den Absätzen 1 bis 3 ausgenommen werden möchte. [2] Eine befristete Teilnahme am Strommarkt nach § 50a ist nach einer Anzeige nach Satz 1 ausgeschlossen und § 50a Absatz 5 ist nicht anwendbar.

**§ 50c[1) Maßnahmen zur Ausweitung des Stromerzeugungsangebots, Ende der befristeten Teilnahme am Strommarkt und ergänzende Regelungen zur Kostenerstattung.** (1) Die befristete Teilnahme am Strommarkt endet spätestens zu dem in der Rechtsverordnung nach § 50a Absatz 1 Satz 2 festgelegten Datum.

(2) [1] Der Anlagenbetreiber kann die befristete Teilnahme am Strommarkt für eine Anlage vorzeitig beenden. [2] Der Anlagenbetreiber hat den Zeitpunkt der vorzeitigen Beendigung gegenüber der Bundesnetzagentur und dem Betreiber des Übertragungsnetzes mit Regelzonenverantwortung, in dessen Regelzone sich die Anlage befindet, unter Einhaltung einer Frist von vier Wochen vor der Beendigung anzuzeigen. [3] Nach einer vorzeitigen Beendigung ist eine erneute befristete Teilnahme dieser Anlage am Strommarkt ausgeschlossen. [4] Wird durch Rechtsverordnung nach § 50a Absatz 1 Satz 1 und 2 ein weiterer Zeitraum zur befristeten Teilnahme am Strommarkt bestimmt, darf der Betreiber der Anlage abweichend von Satz 3 auch in diesem weiteren Zeitraum befristet am Strommarkt teilnehmen.

(3) [1] Mit der Beendigung oder der vorzeitigen Beendigung der befristeten Teilnahme am Strommarkt gelten wieder die Rechte und Pflichten, die aufgrund der Vorhaltung in der Netzreserve gemäß § 13c Absatz 2 Satz 1, Absatz 4 Satz 1, § 13d Absatz 3 und § 7 der Netzreserveverordnung bestehen. [2] Dies gilt nur, wenn die Anlage noch als systemrelevant ausgewiesen ist. [3] Sofern die Systemrelevanz einer Anlage am 31. März 2024 im Fall einer angezeigten endgültigen Stilllegung nicht mehr ausgewiesen ist, hat der Betreiber die Anlage endgültig stillzulegen.

(4) [1] Die befristete Teilnahme am Strommarkt nach § 50a wird bei der Bestimmung des Zeitpunktes für die Ermittlung der Rückerstattung investiver Vorteile nach § 13c Absatz 4 Satz 3 im Fall einer endgültigen Stilllegung und nach § 13c Absatz 2 Satz 3 im Fall einer vorläufigen Stilllegung nicht berücksichtigt. [2] Wiederherstellungskosten, die nach dem 1. Juni 2022 entstanden sind, können zeitanteilig der Netzreserve und dem Zeitraum der befristeten Teilnahme am Strommarkt zugeordnet und erstattet werden. [3] Im Übrigen findet während der befristeten Teilnahme am Strommarkt keine Kostenerstattung nach § 13c sowie nach § 9 Absatz 2 und § 10 der Netzreserveverordnung statt.

---

[1] § 50c eingef. mWv 12.7.2022–31.3.2024 durch G v. 8.7.2022 (BGBl. I S. 1054).

**§ 50d**[1]) **Maßnahmen zur Ausweitung des Stromerzeugungsangebots, befristete Versorgungsreserve Braunkohle; Verordnungsermächtigung.**

(1) [1]Die in § 13g Absatz 1 Satz 1 Nummer 3 und 4 genannten Erzeugungsanlagen (Reserveanlagen) werden ab dem 1. Oktober 2022 bis zum 31. März 2024 in eine Reserve (Versorgungsreserve) überführt. [2]Die Reserveanlagen dürfen bis zum 31. März 2024 nicht endgültig stillgelegt werden. [3]Mit Ablauf des 31. März 2024 müssen sie endgültig stillgelegt werden. [4]§ 13g Absatz 1 Satz 3 ist nicht anwendbar.

(2) [1]Die Reserveanlagen dienen dem Zweck, dem Elektrizitätsversorgungssystem kurzfristig zusätzliche Erzeugungskapazitäten, insbesondere zur Einsparung von Erdgas in der Stromerzeugung, zur Verfügung zu stellen. [2]Die Bundesregierung kann nach Ausrufung der Alarmstufe oder Notfallstufe nach Artikel 8 Absatz 2 Buchstabe b und Artikel 11 Absatz 1 der Verordnung (EU) 2017/1938 des Europäischen Parlaments und des Rates vom 25. Oktober 2017 über Maßnahmen zur Gewährleistung der sicheren Gasversorgung und zur Aufhebung der Verordnung (EU) Nr. 994/2010 (ABl. L 280 vom 28.10.2017, S. 1), die durch die Delegierte Verordnung (EU) 2022/517 (ABl. L 104 vom 1.4.2022, S. 53) geändert worden ist, in Verbindung mit dem Notfallplan Gas des Bundesministeriums für Wirtschaft und Energie vom September 2019, der auf der Internetseite des Bundesministeriums für Wirtschaft und Klimaschutz veröffentlicht ist, durch Rechtsverordnung[2]) ohne Zustimmung des Bundesrates zulassen, dass die Betreiber die Reserveanlagen befristet am Strommarkt einsetzen. [3]Voraussetzung für den Erlass der Rechtsverordnung nach Satz 2 ist die Prüfung und Berücksichtigung der Auswirkungen auf die Trinkwasserversorgung sowie die Feststellung, dass die Rückkehr der Anlagen, die aufgrund von § 50a befristet am Strommarkt teilnehmen, nicht ausreicht, um die Versorgung mit Gas gewährleisten zu können. [4]In der Rechtsverordnung ist zu regeln, für welchen Zeitraum der befristete Einsatz am Strommarkt erlaubt ist (Abrufzeitraum), jedoch längstens bis zum Ablauf des 31. März 2024.

(3) Während der Versorgungsreserve müssen die Anlagenbetreiber jederzeit sicherstellen, dass die Reserveanlagen innerhalb von 240 Stunden nach Inkrafttreten der Rechtsverordnung nach Absatz 2 betriebsbereit sind.

(4) [1]Während der Abrufzeiträume entscheiden die Anlagenbetreiber eigenverantwortlich über die Fahrweise der Reserveanlagen. [2]Die Anlagenbetreiber veräußern den Strom am Strommarkt.

(5) [1]Die Betreiber der Reserveanlagen erhalten für den Zeitraum in der Versorgungsreserve außerhalb der Abrufzeiträume eine Vergütung. [2]Diese Vergütung umfasst

1. die nachgewiesenen notwendigen Kosten, die für die betreffenden Reserveanlagen zur Herstellung der Versorgungsreserve entstanden sind, sofern sie über die Maßnahmen der Sicherheitsbereitschaft hinausgehen, und

2. die nachgewiesenen notwendigen Kosten für die Vorhaltung der betreffenden Reserveanlagen, insbesondere für das Personal, die Instandhaltung und Wartung.

---

[1]) § 50d eingef. mWv 30.9.2022 durch G v. 8.7.2022 (BGBl. I S. 1054 iVm Bek. v. 20.1.2023, BGBl. 2023 I Nr. 2).
[2]) Siehe die VersorgungsreserveabrufVO v. 30.9.2022 (BAnz AT 30.09.2022 V3), geänd. durch VO v. 4.10.2023 (BGBl. 2023 I Nr. 268).

³Im Fall der Reserveanlagen nach § 13g Absatz 1 Satz 1 Nummer 4 richtet sich die Vergütung für die Vorhaltung nach Satz 2 Nummer 2 bis zum 1. Oktober 2023 ausschließlich nach § 13g Absatz 5 Satz 1 und 2 und ab dem 1. Oktober 2023 ausschließlich nach Satz 2 Nummer 2. ⁴Weitergehende Kosten, insbesondere sonstige Vergütungsbestandteile der Sicherheitsbereitschaft, sind nicht erstattungsfähig. ⁵§ 13g Absatz 5 Satz 3 ist für Reserveanlagen ab dem 1. Dezember 2022 entsprechend anzuwenden. ⁶Während der Abrufzeiträume besteht kein Vergütungsanspruch.

(6) Nach Ablauf der Versorgungsreserve

1. haben die Betreiber einen Anspruch auf Zahlung der Vergütung nach Absatz 5, soweit die ihnen zustehende Vergütung nach Absatz 5 größer ist als die Hälfte der von den Betreibern in den Abrufzeiträumen mit den Reserveanlagen erwirtschafteten Überschüsse, und

2. ist der Restwert der investiven Vorteile bei wiederverwertbaren Anlagenteilen, die der Betreiber der Reserveanlage im Rahmen der Vergütung nach Absatz 5 erhalten hat, von dem Betreiber zu erstatten; maßgeblich ist der Restwert zu dem Zeitpunkt, ab dem sich die Reserveanlage nicht mehr in der Versorgungsreserve befindet.

(7) ¹Die Höhe der am Ende der Versorgungsreserve nach den Absätzen 5 und 6 zu zahlenden Vergütung wird durch die Bundesnetzagentur nach Beendigung der Versorgungsreserve auf Verlangen eines Betreibers für diesen festgesetzt. ²Der Betreiber der Reserveanlage hat gegen den zuständigen Betreiber eines Übertragungsnetzes mit Regelzonenverantwortung einen Vergütungsanspruch in der von der Bundesnetzagentur festgesetzten Höhe. ³Die Bundesnetzagentur kann zur geeigneten und angemessenen Berücksichtigung der bei den Betreibern von Übertragungsnetzen anfallenden Kosten in den Netzentgelten Festlegungen nach § 29 Absatz 1 treffen.

(8) Für die Reserveanlagen ist § 13g ab dem 1. Oktober 2022 nicht mehr anzuwenden, soweit in den Absätzen 1 bis 7 nichts anderes geregelt ist.

(9) Die Absätze 1 bis 8 dürfen nur nach Maßgabe und für die Dauer einer beihilferechtlichen Genehmigung der Europäischen Kommission angewendet werden.

**§ 50e¹⁾ Verordnungsermächtigung zu Maßnahmen zur Ausweitung des Stromerzeugungsangebots und Festlegungskompetenz der Bundesnetzagentur.** (1) Die Bundesregierung wird ermächtigt, durch Rechtsverordnung, die nicht der Zustimmung des Bundesrates bedarf, nähere Bestimmungen zu erlassen über Einzelheiten des Verfahrens zur befristeten Teilnahme am Strommarkt von Anlagen aus der Netzreserve nach den §§ 50a bis 50c und zur befristeten Versorgungsreserve Braunkohle nach § 50d.

(2) ¹Die Bundesregierung kann nach Ausrufung der Alarmstufe oder Notfallstufe nach Artikel 8 Buchstabe b und Artikel 11 Absatz 1 der Verordnung (EU) 2017/1938 des Europäischen Parlaments und des Rates vom 25. Oktober 2017 über Maßnahmen zur Gewährleistung der sicheren Gasversorgung und zur Aufhebung der Verordnung (EU) Nr. 994/2010 (ABl. L 280 vom 28.10.2017, S. 1), die durch die Delegierte Verordnung (EU) 2022/517 (ABl. L 104 vom 1.4. 2022, S. 53) geändert worden ist, in Verbindung mit dem Notfallplan Gas des

---

¹⁾ § 50e eingef. mWv 12.7.2022–31.3.2024 durch G v. 8.7.2022 (BGBl. I S. 1054); Abs. 2 eingef., bish. Abs. 2 wird Abs. 3 mWv 24.12.2022 durch G v. 20.12.2022 (BGBl. I S. 2512).

Bundesministeriums für Wirtschaft und Energie vom September 2019, der auf der Internetseite des Bundesministeriums für Wirtschaft und Klimaschutz veröffentlicht ist, oder nach Übermittlung einer Frühwarnung gemäß Artikel 14 Absatz 1 der Verordnung (EU) 2019/941 des Europäischen Parlaments und des Rates vom 5. Juni 2019 über die Risikovorsorge im Elektrizitätssektor und zur Aufhebung der Richtlinie 2005/89/EG, durch Deutschland oder einen Mitgliedsstaat, dessen Übertragungsnetzbetreiber mit den deutschen Übertragungsnetzbetreibern dasselbe regionale Koordinierungszentrum nach Maßgabe von Artikel 36 der Verordnung (EU) 2019/943 teilt, durch Rechtsverordnung, die nicht der Zustimmung des Bundesrates bedarf, zulassen, dass die Betreiber von Übertragungsnetzen mit Regelzonenverantwortung befristet Anlagen, die nach § 13b Absatz 4 und 5, § 13d oder § 50a Absatz 4 Satz 2 sowie nach Maßgabe der Netzreserveverordnung in der Netzreserve im Inland vorgehalten werden, zur Veräußerung von Strommengen aus diesen Anlagen am Strommarkt einsetzen oder die Betreiber dieser Anlagen zu einer Veräußerung dieser Strommengen auffordern (Vermarktung von Reserveanlagen). [2]In der Rechtsverordnung sollen insbesondere Regelungen getroffen werden

1. zur Regelung konkretisierender Einsatzkriterien,

2. zur näheren Bestimmung der nach Satz 1 einzusetzenden Anlagen der Netzreserve, deren Erzeugungsmengen am Strommarkt eingesetzt werden können, insbesondere zur Regelung einer Ausnahme für die Anlagen, die nach § 50a Absatz 1 in Verbindung mit der Stromangebotsausweitungsverordnung befristet am Strommarkt teilnehmen,

3. zu den Einzelheiten und der operativen Ausgestaltung der Vermarktung gemäß derer die Übertragungsnetzbetreiber mit Regelzonenverantwortung die erzeugten Strommengen am Strommarkt einsetzen dürfen und deren Verhältnis zu den bestehenden Netzreserveverträgen, dies schließt die Vermarktung von Strommengen durch die Anlagenbetreiber auf Anweisung des Übertragungsnetzbetreibers mit Regelzonenverantwortung ein,

4. zur Konkretisierung des Zeitraums in dem die Vermarktung zugelassen wird, die längstens bis zum Ablauf des 31. März 2024 zulässig ist,

5. zur Regelung der Erstattung von Kosten, die durch den Einsatz in der Vermarktung von Reserveanlagen entstehen, soweit diese nicht bereits anderweitig ersetzt werden,

6. zum Verhältnis der Vergütungsregelungen in den Reserven nach § 13c dieses Gesetzes sowie § 6 der Netzreserveverordnung,

7. zur Verwendung von Strommarkterlösen, soweit diese durch die Vermarktung erzielt werden und

8. zur Einhaltung und Herstellung von Transparenz für die Regulierungsbehörde und alle Marktteilnehmer.

[3]Während der Vermarktung von Reserveanlagen nach Satz 1 darf der Betreiber, in dem Fall, dass dieser die Mengen veräußert, die elektrische Leistung oder Arbeit und die thermische Leistung der Anlage ganz oder teilweise am Strommarkt veräußern und Kohle verfeuern.

(3) Die Bundesnetzagentur kann durch Festlegungen nach § 29 Absatz 1 nähere Bestimmungen zu den Nachweisen nach § 50b Absatz 2 Nummer 3 erlassen.

**§ 50f**[1]) **Verordnungsermächtigung für Maßnahmen zur Reduzierung der Gasverstromung zur reaktiven und befristeten Gaseinsparung.** (1) [1]Die Bundesregierung kann nach Ausrufung der Alarmstufe oder Notfallstufe nach Artikel 8 Absatz 2 Buchstabe b und Artikel 11 Absatz 1 der Verordnung (EU) 2017/1938 des Europäischen Parlaments und des Rates vom 25. Oktober 2017 über Maßnahmen zur Gewährleistung der sicheren Gasversorgung und zur Aufhebung der Verordnung (EU) Nr. 994/2010 (ABl. L 280 vom 28.10.2017, S. 1), die durch die Delegierte Verordnung (EU) 2022/517 (ABl. L 104 vom 1.4.2022, S. 53) geändert worden ist, in Verbindung mit dem Notfallplan Gas des Bundesministeriums für Wirtschaft und Energie vom September 2019, der auf der Internetseite des Bundesministeriums für Wirtschaft und Klimaschutz veröffentlicht ist, durch Rechtsverordnung ohne Zustimmung des Bundesrates Regelungen zur Verringerung oder zum vollständigen Ausschluss der Erzeugung elektrischer Energie durch den Einsatz von Erdgas für einen Zeitraum von längstens neun Monaten erlassen. [2]Insbesondere können durch Rechtsverordnung Regelungen getroffen werden

1. zu den Anlagen, auf die die Rechtsverordnung anzuwenden ist; hierfür kann auf die Größe der Anlage und zu deren Ermittlung insbesondere auf die elektrische Nettonennleistung der Anlagen zur Erzeugung elektrischer Energie durch den Einsatz von Erdgas abgestellt werden,

2. zur rechtlichen Begrenzung oder zum rechtlichen Ausschluss des Betriebs der Anlagen, in denen elektrische Energie durch den Einsatz von Erdgas erzeugt wird,

3. zur Sicherstellung, dass die Anlagen, auf die die Rechtsverordnung nach Satz 1 anzuwenden ist, auf Anforderung der Betreiber von Übertragungsnetzen für Maßnahmen nach § 13 zur Verfügung stehen,

4. zur Ermittlung und zur Höhe eines angemessenen Ausgleichs für den Ausschluss oder die Begrenzung der Vollbenutzungsstunden für die Erzeugung elektrischer Energie durch den Einsatz von Erdgas,

5. zur Sicherstellung, dass Erdgas, das durch die Verringerung oder den Ausschluss der Erzeugung elektrischer Energie durch den Einsatz von Erdgas eingespart wird, in vorhandenen Gasspeicheranlagen eingespeichert wird, insbesondere durch ein Vorkaufsrecht des Marktgebietsverantwortlichen, und

6. zu den Entscheidungsbefugnissen der Bundesnetzagentur.

[3]In der Rechtsverordnung nach Satz 1 muss die Bundesregierung

1. Anlagen, soweit darin Wärme erzeugt wird, die nicht dauerhaft auf andere Weise erzeugt werden kann,

2. Anlagen der Bundeswehr einschließlich ihrer Unternehmen zur Erfüllung ihrer außerhalb einer Teilnahme am Strommarkt liegenden Aufgaben und

3. Anlagen, soweit sie Fahrstrom für Eisenbahnen erzeugen,

von der rechtlichen Begrenzung oder dem Ausschluss des Betriebs der Anlagen ausnehmen.

(2) Die Versorgung geschützter Kunden im Sinne der Verordnung (EU) 2017/1938 darf durch eine Rechtsverordnung nach Absatz 1 nicht beeinträchtigt werden.

---

[1]) § 50f eingef. mWv 12.7.2022–31.3.2024 durch G v. 8.7.2022 (BGBl. I S. 1054).

**§ 50g**[1][2] **Flexibilisierung der Gasbelieferung.** (1) In einem Vertrag, der die Mindestbelieferung eines Letztverbrauchers mit Gas in einem bestimmten Zeitraum zum Gegenstand hat, sind Vereinbarungen, die eine Weiterveräußerung nicht verbrauchter Mindestabnahmemengen untersagen, unwirksam.

(2) [1]Verzichtet ein Letztverbraucher mit registrierender Leistungsmessung in einem Vertrag, der die Mindestbelieferung einer Anlage mit Gas zum Gegenstand hat, ganz oder teilweise auf den Bezug der Mindestabnahmemengen, hat der Letztverbraucher gegenüber dem Lieferanten einen Anspruch auf Verrechnung der entsprechenden Abnahmemengen. [2]Der Anspruch auf Verrechnung besteht für den jeweils zu dem nach dem Zeitraum korrespondierenden, börslichen Großhandelspreis abzüglich einer Aufwandspauschale in Höhe von 10 Prozent der nicht bezogenen Gasmengen.

**§ 50h**[3] **Vertragsanalyse der Gaslieferanten für Letztverbraucher.** (1) Gaslieferanten stellen den von ihnen belieferten Letztverbrauchern mit registrierender Leistungsmessung jährlich zum 1. Oktober eine Vertragsanalyse zur Verfügung.

(2) [1]Die Vertragsanalyse nach Absatz 1 hat alle erforderlichen Informationen zu enthalten, damit Gaslieferanten und Letztverbraucher bewerten können, inwieweit auf die jeweils relevanten Gasgroßhandelspreise an der Börse reagiert werden kann und inwieweit das Potenzial besteht, sich über den Gaslieferanten oder direkt am Gasgroßhandelsmarkt zu beteiligen. [2]Die Vertragsanalyse muss insbesondere Angaben enthalten

1. zu den jeweils relevanten Gasgroßhandelspreisen an der Börse,
2. zu den Möglichkeiten eines Weiterverkaufs der kontrahierten Mengen durch den Gaslieferanten und den Letztverbraucher,
3. zu den Möglichkeiten einer Partizipation des Letztverbrauchers an dem Verkaufserlös, wenn er zu Gunsten eines Weiterverkaufs seinen Bezug an Gas einstellt oder verringert und
4. zu den möglichen Vertragsänderungen, um eine Partizipation wie unter den Nummern 2 und 3 dargestellt zu ermöglichen.

(3) Um die Einhaltung der Verpflichtung nach Absatz 1 zu überprüfen, kann die Bundesnetzagentur den Gaslieferanten auffordern, die Vertragsanalyse vorzulegen.

**§ 50i**[4] **Verhältnis zum Energiesicherungsgesetz.** Die Vorschriften des Energiesicherungsgesetzes[5] vom 20. Dezember 1974 (BGBl. I S. 3681), das zuletzt durch Artikel 1 des Gesetzes vom 20. Mai 2022 (BGBl. I S. 730) geändert worden ist, bleiben von den §§ 50a bis 50h unberührt.

**§ 50j**[6] **Evaluierung der Maßnahmen nach den §§ 50a bis 50h.** (1) [1]Die Bundesregierung berichtet dem Bundestag zum 12. Juli 2023, ob es erforderlich und angemessen ist, die Maßnahmen nach den §§ 50a bis 50h insbesondere in Bezug auf ihre Auswirkungen auf die Energiewirtschaft und den Klimaschutz beizubehalten. [2]Die Bundesregierung veröffentlicht den Bericht.

---

[1] § 50g eingef. mWv 12.7.2022 durch G v. 8.7.2022 (BGBl. I S. 1054); Abs. 2 Satz 1 geänd. mWv 29.12.2023 durch G v. 22.12.2023 (BGBl. 2023 I Nr. 405).
[2] § 50g tritt gem. § 121 Satz 1 mit Ablauf des 30.4.2024 außer Kraft.
[3] § 50h eingef. mWv 12.7.2022–31.3.2024 durch G v. 8.7.2022 (BGBl. I S. 1054).
[4] § 50i eingef. mWv 12.7.2022–31.3.2024 durch G v. 8.7.2022 (BGBl. I S. 1054).
[5] **Sartorius III Nr. 500.**
[6] § 50j eingef. mWv 12.7.2022–30.6.2024 durch G v. 8.7.2022 (BGBl. I S. 1054).

(2) [1] Die Bundesregierung berichtet dem Bundestag zum 12. Juli 2023 über die globalen Auswirkungen von Steinkohleimporten aus Abbauregionen außerhalb Deutschlands aufgrund der Maßnahmen nach den §§ 50a bis 50h auf die Abbauregionen in Bezug auf die lokale Umwelt, die Wasserversorgung, die Menschenrechte und den Stand von Strukturwandelprojekten in den Abbauregionen. [2] Die Bundesregierung veröffentlicht den Bericht.

(3) [1] Nach Ablauf des 31. März 2024 prüft das Bundesministerium für Wirtschaft und Klimaschutz, ob und wie viele zusätzliche Treibhausgasemissionen im Rahmen der Gesetzesanwendung ausgestoßen wurden und macht bis spätestens zum Ablauf des 30. Juni 2024 Vorschläge, mit welchen Maßnahmen diese zusätzlichen Emissionen kompensiert werden können. [2] Eine Kombination mehrerer ergänzender Maßnahmen zur Kompensation ist möglich, wenn die vollständige Kompensation der zusätzlichen Emissionen dadurch sichergestellt wird.

**§ 51** [1] **Monitoring der Versorgungssicherheit.** (1) [1] Die Bundesnetzagentur führt in Abstimmung mit dem Bundesministerium für Wirtschaft und Energie fortlaufend ein Monitoring der Versorgungssicherheit nach den Absätzen 2 bis 4 durch. [2] Die §§ 73, 75 bis 89 und 106 bis 108 sind entsprechend anzuwenden. [3] Bei der Durchführung des Monitorings nach den Absätzen 3 und 4 berücksichtigt die Bundesnetzagentur die nach § 12 Absatz 4 und 5 übermittelten Informationen.

(2) Das Monitoring nach Absatz 1 betrifft im Bereich der Versorgung mit Erdgas insbesondere

1. das heutige und künftige Verhältnis zwischen Angebot und Nachfrage auf dem deutschen Markt und auf dem internationalen Markt,

2. bestehende sowie in der Planung und im Bau befindliche Produktionskapazitäten und Transportleitungen,

3. die erwartete Nachfrageentwicklung,

4. die Qualität und den Umfang der Netzwartung,

5. eine Analyse von Netzstörungen und von Maßnahmen der Netzbetreiber zur kurz- und längerfristigen Gewährleistung der Sicherheit und Zuverlässigkeit des Gasversorgungssystems,

6. Maßnahmen zur Bedienung von Nachfragespitzen und zur Bewältigung von Ausfällen eines oder mehrerer Versorger sowie

7. das verfügbare Angebot auch unter Berücksichtigung der Bevorratungskapazität und des Anteils von Einfuhrverträgen mit einer Lieferzeit von mehr als zehn Jahren (langfristiger Erdgasliefervertrag) sowie deren Restlaufzeit.

(3) [1] Das Monitoring nach Absatz 1 betrifft im Bereich der Versorgung mit Elektrizität insbesondere

1. das heutige und künftige Verhältnis zwischen Angebot und Nachfrage auf den europäischen Strommärkten mit Auswirkungen auf das Gebiet der Bundesrepublik Deutschland als Teil des Elektrizitätsbinnenmarktes,

2. bestehende sowie in der Planung und im Bau befindliche Erzeugungskapazitäten unter Berücksichtigung von Erzeugungskapazitäten für die Netzreserve nach § 13d sowie die Kapazitätsreserve nach § 13e und Anlagen zur Speicherung von elektrischer Energie,

---

[1] § 51 neu gef. mWv 1.1.2017 durch G v. 26.7.2016 (BGBl. I S. 1786); Abs. 5 Sätze 2 und 3 angef. mWv 1.1.2017 durch G v. 22.12.2016 (BGBl. I S. 3106); Abs. 1 und 3 Satz 1 Nr. 2 neu gef., Abs. 4 neu gef., Abs. 4a und 4b eingef., Abs. 5 Satz 1 neu gef. mWv 1.1.2021 durch G v. 8.8.2020 (BGBl. I S. 1818).

3. bestehende Verbindungsleitungen sowie in der Planung oder im Bau befindliche Vorhaben einschließlich der in den Anlagen zum Energieleitungsausbaugesetz und zum Bundesbedarfsplangesetz genannten Vorhaben,
4. die erwartete Nachfrageentwicklung,
5. die Qualität und den Umfang der Netzwartung,
6. eine Analyse von Netzstörungen und von Maßnahmen der Betreiber von Elektrizitätsversorgungsnetzen zur kurz- und längerfristigen Gewährleistung der Sicherheit und Zuverlässigkeit des Elektrizitätsversorgungssystems einschließlich des Einsatzes von Erzeugungskapazität im Rahmen der Netzreserve nach § 13d sowie der Kapazitätsreserve nach § 13e und
7. Maßnahmen zur Bedienung von Nachfragespitzen und zur Bewältigung von Ausfällen eines oder mehrerer Versorger.

[2] Bei dem Monitoring sind auch grenzüberschreitende Ausgleichseffekte bei erneuerbaren Energien, Lasten und Kraftwerksausfällen sowie der heutige und künftige Beitrag von Lastmanagement und von Netzersatzanlagen zur Versorgungssicherheit sowie Anpassungsprozesse an den Strommärkten auf Basis von Preissignalen zu analysieren und zu berücksichtigen. [3] Zudem sollen mögliche Hemmnisse für die Nutzung von Lastmanagement und von Netzersatzanlagen dargestellt werden.

(4) Das Monitoring nach Absatz 3 umfasst Märkte und Netze und wird in den Berichten nach § 63 integriert dargestellt.

(4a) [1] Das Monitoring der Versorgungssicherheit an den Strommärkten nach Absatz 3 erfolgt auf Basis von
1. Indikatoren, die zur Messung der Versorgungssicherheit an den europäischen Strommärkten mit Auswirkungen auf das Gebiet der Bundesrepublik Deutschland als Teil des Elektrizitätsbinnenmarktes geeignet sind, sowie
2. Schwellenwerten, bei deren Überschreiten oder Unterschreiten eine Prüfung und bei Bedarf eine Umsetzung angemessener Maßnahmen zur Gewährleistung der Versorgungssicherheit erfolgt.

[2] Die Messung der Versorgungssicherheit an den Strommärkten nach Satz 1 erfolgt auf Grundlage wahrscheinlichkeitsbasierter Analysen. [3] Die Anforderungen der Verordnung (EU) 2019/943, insbesondere nach den Artikeln 23 und 24 für Abschätzungen der Angemessenheit der Ressourcen, sind einzuhalten. [4] Die Analysen nach Satz 2 erfolgen nach dem Stand der Wissenschaft. [5] Sie erfolgen insbesondere auf Basis eines integrierten Investitions- und Einsatzmodells, das wettbewerbliches Marktverhalten und Preisbildung am deutschen und europäischen Strommarkt abbildet; dabei sind auch kritische historische Wetter- und Lastjahre, ungeplante Kraftwerksausfälle sowie zeitliche und technische Restriktionen beim Kraftwerkszubau zu berücksichtigen.

(4b) [1] Zum Monitoring der Versorgungssicherheit nach Absatz 3 mit Bezug auf die Netze erfolgt eine Analyse, inwieweit aktuell und zukünftig die Sicherheit, Zuverlässigkeit und Leistungsfähigkeit der Elektrizitätsversorgungsnetze gewährleistet ist und ob Maßnahmen zur kurz- und längerfristigen Gewährleistung der Sicherheit und Zuverlässigkeit des Elektrizitätsversorgungssystems im Sinne von § 12 Absatz 1 Satz 1 und Absatz 3 erforderlich sind. [2] Bei der Analyse nach Satz 1 ist die langfristige Netzanalyse der Betreiber der Übertragungsnetze nach § 34 Absatz 1 des Kohleverstromungsbeendigungsgesetzes[1]) zu berücksichtigen, soweit

---

[1]) Sartorius III Nr. 340.

diese vorliegt. [3] In diesem Rahmen ist auch zu untersuchen, inwieweit netztechnische Aspekte die Ergebnisse der Analysen nach Absatz 4a beeinflussen. [4] Die Bundesnetzagentur legt dem Bundesministerium für Wirtschaft und Energie bis zum 31. Oktober 2020 einen Bericht über die auf die Netze bezogene Analyse nach Satz 1 vor.

(5) [1] Bei dem Monitoring nach den Absätzen 3 und 4 werden die Betreiber von Übertragungsnetzen sowie das Bundesministerium für Wirtschaft und Energie regelmäßig bei allen wesentlichen Verfahrensschritten einbezogen. [2] Die Regulierungsbehörde übermittelt auf Verlangen dem Bundesministerium für Wirtschaft und Energie die bei ihr verfügbaren und zur Beobachtung und Bewertung der Versorgungssicherheit notwendigen Daten. [3] Das Bundesministerium für Wirtschaft und Energie darf diese Daten einschließlich der unternehmensbezogenen Daten an beauftragte Dritte zu Zwecken der Aus- und Bewertung übermitteln, sofern die vertrauliche Behandlung der Daten gewährleistet ist.

**§ 51a**[1]) **Monitoring des Lastmanagements.** (1) [1] Die Regulierungsbehörde kann zur Durchführung des Monitorings nach § 51 ein Monitoring des Beitrags von Lastmanagement zur Versorgungssicherheit durchführen. [2] Dazu kann die Regulierungsbehörde von Unternehmen und Vereinigungen von Unternehmen, die einen jährlichen Stromverbrauch von mehr als 50 Gigawattstunden haben, Informationen verlangen, die erforderlich sein können, um den heutigen und künftigen Beitrag von Lastmanagement im Adressatenkreis für die Versorgungssicherheit an den Strommärkten zu analysieren. [3] Auf Verlangen des Bundesministeriums für Wirtschaft und Energie muss die Regulierungsbehörde die Informationen einholen und diesem in angemessener Frist sowie in geeigneter Form zur Verfügung stellen.

(2) Die Regulierungsbehörde soll das Marktstammdatenregister nach § 111e nutzen, sobald und soweit darin Daten im Sinne des Absatzes 1 gespeichert sind.

**§ 52**[2]) **Meldepflichten bei Versorgungsstörungen.** [1] Betreiber von Energieversorgungsnetzen haben der Bundesnetzagentur bis zum 30. April eines Jahres über alle in ihrem Netz im letzten Kalenderjahr aufgetretenen Versorgungsunterbrechungen einen Bericht vorzulegen. [2] Dieser Bericht hat mindestens folgende Angaben für jede Versorgungsunterbrechung zu enthalten:

1. den Zeitpunkt und die Dauer der Versorgungsunterbrechung,
2. das Ausmaß der Versorgungsunterbrechung und
3. die Ursache der Versorgungsunterbrechung.

[3] In dem Bericht hat der Netzbetreiber die auf Grund des Störungsgeschehens ergriffenen Maßnahmen zur Vermeidung künftiger Versorgungsstörungen darzulegen. [4] Darüber hinaus ist in dem Bericht die durchschnittliche Versorgungsunterbrechung in Minuten je angeschlossenem Letztverbraucher für das letzte Kalenderjahr anzugeben. [5] Die Bundesnetzagentur kann Vorgaben zur formellen Gestaltung des Berichts machen sowie Ergänzungen und Erläuterungen des Berichts verlangen, soweit dies zur Prüfung der Versorgungszuverlässigkeit des Netzbetreibers erforderlich ist. [6] Sofortige Meldepflichten für Störungen mit überregionalen Auswirkungen richten sich nach § 13 Absatz 8.

---

[1]) § 51a eingef. mWv 30.7.2016 durch G v. 26.7.2016 (BGBl. I S. 1786).
[2]) § 52 Satz 1 geänd. mWv 4.8.2011 durch G v. 26.7.2011 (BGBl. I S. 1554); Satz 6 geänd. mWv 30.7.2016 durch G v. 26.7.2016 (BGBl. I S. 1786).

**§ 53**[1]**) Ausschreibung neuer Erzeugungskapazitäten im Elektrizitäts-bereich.** Sofern die Versorgungssicherheit im Sinne des § 1 durch vorhandene Erzeugungskapazitäten oder getroffene Energieeffizienz- und Nachfragesteuerungsmaßnahmen allein nicht gewährleistet ist, kann die Bundesregierung durch Rechtsverordnung mit Zustimmung des Bundesrates ein Ausschreibungsverfahren oder ein diesem hinsichtlich Transparenz und Nichtdiskriminierung gleichwertiges Verfahren auf der Grundlage von Kriterien für neue Kapazitäten oder Energieeffizienz- und Nachfragesteuerungsmaßnahmen vorsehen, die das Bundesministerium für Wirtschaft und Energie im Bundesanzeiger veröffentlicht.

**§ 53a**[2]**) Sicherstellung der Versorgung von Haushaltskunden mit Erdgas.**
[1] Gasversorgungsunternehmen haben zu gewährleisten, dass mindestens in den in Artikel 6 Absatz 1 der Verordnung (EU) 2017/1938 des Europäischen Parlaments und des Rates vom 25. Oktober 2017 über Maßnahmen zur Gewährleistung der sicheren Gasversorgung und zur Abschaffung der Verordnung (EU) Nr. 994/2010 (ABl. L 280 vom 28.10.2017, S. 1) genannten Fällen versorgt werden die von ihnen direkt belieferten

1. Haushaltskunden sowie weitere Letztverbraucher im Erdgasverteilernetz, bei denen standardisierte Lastprofile anzuwenden sind, oder Letztverbraucher im Erdgasverteilernetz, die Haushaltskunden zum Zwecke der Wärmeversorgung beliefern und zwar zu dem Teil, der für die Wärmelieferung benötigt wird,

2. grundlegenden *soziale*[3]) Dienste im Sinne des Artikels 2 Nummer 4 der Verordnung (EU) 2017/1938 des Europäischen Parlaments und des Rates vom 25. Oktober 2017 im Erdgasverteilernetz und im Fernleitungsnetz,

3. Fernwärmeanlagen, soweit sie Wärme an Kunden im Sinne der Nummern 1 und 2 liefern, an ein Erdgasverteilernetz oder ein Fernleitungsnetz angeschlossen sind und keinen Brennstoffwechsel vornehmen können, und zwar zu dem Teil, der für die Wärmelieferung benötigt wird.

[2] Darüber hinaus haben Gasversorgungsunternehmen im Falle einer teilweisen Unterbrechung der Versorgung mit Erdgas oder im Falle außergewöhnlich hoher Gasnachfrage Kunden im Sinne des Satzes 1 Nummer 1 bis 3 mit Erdgas zu versorgen, solange die Versorgung aus wirtschaftlichen Gründen zumutbar ist.
[3] Zur Gewährleistung einer sicheren Versorgung von Kunden im Sinne des Satzes 1 Nummer 1 und 2 mit Erdgas kann insbesondere auf marktbasierte Maßnahmen zurückgegriffen werden.

**§ 53b**[4]**) Transport von Großtransformatoren auf Schienenwegen; Verordnungsermächtigung.** (1) Um die Energiewende zu ermöglichen, ist auf der Eisenbahninfrastruktur des Bundes Vorsorge für den Transport von Großtransformatoren zu treffen.

(2) [1] Die Eisenbahninfrastrukturunternehmen des Bundes stellen durch geeignete, nach Absatz 3 festzulegende Maßnahmen sicher, dass der für den Betrieb des bestehenden Übertragungsnetzes und für die Vorhaben nach dem Gesetz zum Ausbau von Energieleitungen und dem Gesetz über den Bundesbedarfsplan in der jeweils geltenden Fassung erforderliche Transport eines Großtransformators mittels

---

[1]) § 53 geänd. mWv 17.12.2006 durch G v. 9.12.2006 (BGBl. I S. 2833); geänd. mWv 1.4.2012 durch G v. 22.12.2011 (BGBl. I S. 3044); geänd. mWv 8.9.2015 durch VO v. 31.8.2015 (BGBl. I S. 1474).
[2]) § 53a neu gef. mWv 27.7.2021 durch G v. 16.7.2021 (BGBl. I S. 3026).
[3]) Richtig wohl: „sozialen".
[4]) § 53b neu gef. mWv 29.12.2023 durch G v. 22.12.2023 (BGBl. 2023 I Nr. 405).

geeigneter Transportwagen über ein gemäß Absatz 3 zu definierendes Netz (Transformatorennetz) möglich und zulässig ist. [2]Diese Verpflichtung nehmen die Eisenbahninfrastrukturunternehmen des Bundes wahr

1. im Rahmen von Investitionen, Ersatzinvestitionen und Instandhaltungsmaßnahmen in die Bundesschienenwege und
2. im Rahmen von sonstigen, anstehenden Einzelmaßnahmen mit Bezug zur Infrastruktur.

(3) [1]Das Bundesministerium für Digitales und Verkehr wird ermächtigt, im Einvernehmen mit dem Bundesministerium für Wirtschaft und Klimaschutz, und unter Einbeziehung der Eisenbahninfrastrukturunternehmen des Bundes durch Rechtsverordnung mit Zustimmung des Bundesrates Folgendes festzulegen:

1. das Transformatorennetz nach Absatz 2 Satz 1,
2. die für den Schienentransport maßgeblichen technischen Parameter eines Großtransformators und eines geeigneten Transportwagens,
3. die geeigneten Maßnahmen nach Absatz 2,
4. die Reihenfolge und Dringlichkeit der geeigneten Maßnahmen nach Absatz 2 und Satz 3,
5. die Zeitpunkte, bis zu denen die jeweiligen geeigneten Maßnahmen nach Nummer 3 jeweils umzusetzen sind.

[2]Sowohl die Relevanz des betroffenen Abschnittes für den allgemeinen Schienenverkehr als auch der Vereinbarkeit mit bisher geplanten Maßnahmen zum Ausbau und zur Instandhaltung des Schienennetzes des Bundes sind bei der Auswahl der Maßnahmen, der Reihenfolge ihrer Erledigung und der Festlegung ihrer Dringlichkeit in geeigneter Weise zu berücksichtigen. [3]Besonders dringliche Maßnahmen nach Absatz 2 setzen die Eisenbahninfrastrukturunternehmen des Bundes bis zum Ablauf des 31. Dezember 2030 um. [4]Bei der Planung und der Herstellung des Transformatorennetzes ist grundsätzlich sicherzustellen, dass weder der bestehende Zustand in Bezug auf die Barrierefreiheit noch der zukünftige barrierefreie Ausbau an Verkehrsstationen und Bahnhöfen beeinträchtigt wird.

(4) [1]Die Eisenbahninfrastrukturunternehmen des Bundes sind verpflichtet, bei der Festlegung des Transformatorennetzes mitzuwirken und hierfür alle erforderlichen Informationen bereitzustellen. [2]Darüber hinaus sind die Eisenbahninfrastrukturunternehmen des Bundes verpflichtet, auf Anforderung des Bundesministeriums für Digitales und Verkehr eine Analyse der Engpässe für Transporte von Großtransformatoren vorzulegen, die insbesondere folgende Informationen enthalten soll:

1. welche Strecken werden derzeit für Transporte von Großtransformatoren genutzt,
2. welche Transportanforderungen konnten auf Grund mangelnder Geeignetheit des Schienennetzes bislang nicht erfüllt werden,
3. welche Abschnitte des Schienennetzes stellen demzufolge Engpässe dar.

(5) [1]Das Bundesministerium für Digitales und Verkehr überprüft im Einvernehmen mit dem Bundesministerium für Wirtschaft und Klimaschutz und unter Einbeziehung der Eisenbahninfrastrukturunternehmen des Bundes das Transformatorennetz. [2]Die Überarbeitung erfolgt mindestens alle fünf Jahre, erstmalig spätestens bis zum Ablauf des 31. Dezember 2028. [3]Absatz 4 ist entsprechend anzuwenden. [4]Im Ergebnis der Überprüfung erforderliche Anpassungen des Transformatorennetzes werden durch Rechtsverordnung nach Absatz 3 festgelegt.

## Teil 7. Behörden

### Abschnitt 1. Allgemeine Vorschriften

**§ 54[1] Allgemeine Zuständigkeit.** (1) Die Aufgaben der Regulierungsbehörde nehmen die Bundesnetzagentur für Elektrizität, Gas, Telekommunikation, Post und Eisenbahnen (Bundesnetzagentur) und nach Maßgabe des Absatzes 2 die Landesregulierungsbehörden wahr.

(2) ¹Den Landesregulierungsbehörden[2] obliegt

1. die Genehmigung der Entgelte für den Netzzugang nach § 23a,

2. die Genehmigung oder Festlegung im Rahmen der Bestimmung der Entgelte für den Netzzugang im Wege einer Anreizregulierung nach § 21a,

3. die Genehmigung oder Untersagung individueller Entgelte für den Netzzugang, soweit diese in einer nach § 24 Satz 1 Nummer 3 erlassenen Rechtsverordnung in der bis zum Ablauf des 28. Dezember 2023 geltenden Fassung oder durch eine Festlegung der Bundesnetzagentur nach § 21 Absatz 3 Satz 4 Nummer 2 Buchstabe c oder Nummer 3 Buchstabe e oder f vorgesehen sind,

4. die Überwachung der Vorschriften zur Entflechtung nach § 6 Abs. 1 in Verbindung mit den §§ 6a bis 7a,

5. die Überwachung der Vorschriften zur Systemverantwortung der Betreiber von Energieversorgungsnetzen nach § 14 Absatz 1, §§ 14a, 14b und 15 bis 16a,

6. die Überwachung der Vorschriften zum Netzanschluss nach den §§ 17 und 18 mit Ausnahme der Vorschriften zur Festlegung oder Genehmigung der technischen und wirtschaftlichen Bedingungen für einen Netzanschluss oder die Methoden für die Bestimmung dieser Bedingungen durch die Regulierungsbehörde, soweit derartige Vorschriften in einer nach § 17 Absatz 3 Satz 1 Nummer 2 in der bis zum Ablauf des 28. Dezember 2023 geltenden Fassung erlassenen Rechtsverordnung oder durch eine Festlegung der Bundesnetzagentur nach § 17 Absatz 4 vorgesehen sind,

7. die Überwachung der technischen Vorschriften nach § 19,

8. die Missbrauchsaufsicht nach den §§ 30 und 31 sowie die Vorteilsabschöpfung nach § 33,

9. die Entscheidung über das Vorliegen der Voraussetzungen nach § 110 Absatz 2 und 4,

10. die Festlegung und Feststellung der notwendigen technischen Anpassungen und Kosten im Rahmen der Umstellung der Gasqualität nach § 19a Absatz 2,

---

[1] § 54 Abs. 2 Satz 1 Nr. 9 neu gef., Satz 3 eingef., bish. Sätze 3 und 4 werden Sätze 4 und 5, Abs. 3 Sätze 2 und 3 angef. mWv 4.8.2011 durch G v. 26.7.2011 (BGBl. I S. 1554); Abs. 2 Nr. 4 geänd., Abs. 3 Sätze 4 und 5 angef. mWv 28.12.2012 durch G v. 20.12.2012 (BGBl. I S. 2730); Abs. 2 Satz 1 Nr. 8 und 9 geänd., Nr. 10 angef. mWv 1.1.2017 durch G v. 14.12.2016 (BGBl. I S. 2874); Abs. 3 Satz 3 neu gef. mWv 22.7.2017 durch G v. 17.7.2017 (BGBl. I S. 2503); Abs. 2 Satz 1 Nr. 5 geänd. mWv 1.10.2021 (aufgrund der nachfolgenden Änd. nicht ausführbar) durch G v. 13.5.2019 (BGBl. I S. 706); Abs. 2 Satz 1 Nr. 5 neu gef., Nr. 9 geänd., Nr. 11 und 12 angef., Abs. 3 Satz 3 Nr. 3 und 4 geänd., Nr. 5 und 6 angef. mWv 27.7.2021 durch G v. 16.7.2021 (BGBl. I S. 3026); Abs. 2 Satz 1 Nr. 5 geänd. mWv 29.7.2022 durch G v. 19.7.2022 (BGBl. I S. 1214); Abs. 2 Satz 1 Nr. 3 und 6 geänd., Abs. 3 Sätze 3–5 neu gef., Sätze 6 und 7 angef. mWv 29.12.2023 durch G v. 22.12.2023 (BGBl. 2023 I Nr. 405).
[2] Siehe hierzu ua das G zur Einrichtung einer Regulierungskammer Rheinland-Pfalz v. 8.10.2013 (GVBl. S. 355) und das Energiewirtschaftsgesetz-Verwaltungsabkommen BRD/SH v. 11.8.2015.

11. die Veröffentlichung nach § 23b Absatz 1, mit Ausnahme von § 23b Absatz 1 Satz 1 Nummer 7 und 10 bis 13, die zugleich auch die Bundesnetzagentur wahrnehmen kann, und

12. die Genehmigung der vollständig integrierten Netzkomponenten nach § 11b Absatz 1 Nummer 2 zweiter Halbsatz,[1)]

soweit Energieversorgungsunternehmen betroffen sind, an deren Elektrizitäts- oder Gasverteilernetz jeweils weniger als 100 000 Kunden unmittelbar oder mittelbar angeschlossen sind. [2]Satz 1 gilt nicht, wenn ein Elektrizitäts- oder Gasverteilernetz über das Gebiet eines Landes hinausreicht. [3]Satz 1 Nummer 6, 7 und 8 gilt nicht, soweit die Erfüllung der Aufgaben mit dem Anschluss von Biogasanlagen im Zusammenhang steht. [4]Für die Feststellung der Zahl der angeschlossenen Kunden sind die Verhältnisse am 13. Juli 2005 für das Jahr 2005 und das Jahr 2006 und danach diejenigen am 31. Dezember eines Jahres jeweils für die Dauer des folgenden Jahres maßgeblich. [5]Begonnene behördliche oder gerichtliche Verfahren werden von der Behörde beendet, die zu Beginn des behördlichen Verfahrens zuständig war.

(3) [1]Weist eine Vorschrift dieses Gesetzes eine Zuständigkeit nicht einer bestimmten Behörde zu, so nimmt die Bundesnetzagentur die in diesem Gesetz der Behörde übertragenen Aufgaben und Befugnisse wahr. [2]Ist zur Wahrung gleichwertiger wirtschaftlicher Verhältnisse im Bundesgebiet eine bundeseinheitliche Festlegung nach § 29 Absatz 1 erforderlich, so nimmt die Bundesnetzagentur die in diesem Gesetz oder auf Grund dieses Gesetzes vorgesehenen Festlegungsbefugnisse wahr. [3]Sie ist zuständig für die bundesweit einheitliche Festlegung der Bedingungen und Methoden für den Netzzugang, der Bedingungen und Methoden zur Ermittlung der dafür erhobenen Entgelte nach den §§ 20 bis 23a sowie nach den §§ 24 bis 24b sowie für Vorgaben betreffend das Verfahren für die Genehmigung von vollständig integrierten Netzkomponenten nach § 11b Absatz 5 zweite Alternative in Verbindung mit § 11b Absatz 1 Nummer 2 zweiter Halbsatz. [4]Beabsichtigt die Bundesnetzagentur, bundeseinheitliche Festlegungen im Sinne der Sätze 2 und 3 zu treffen, hat sie das Benehmen mit dem Länderausschuss herzustellen. [5]Hierzu hat die Bundesnetzagentur vor einer solchen Festlegung den Länderausschuss bei der Bundesnetzagentur mit angemessener Frist, die mindestens zwei Wochen beträgt, mit dem geplanten Inhalt der angestrebten Festlegung zu befassen. [6]Ist zwei Wochen nach der Befassung des Länderausschusses ein Benehmen nicht hergestellt, hat die Bundesnetzagentur die mehrheitliche Auffassung des Länderausschusses bei ihrer Festlegung zu berücksichtigen und, soweit sie dessen Auffassung nicht folgt, im Rahmen ihrer Festlegung zu begründen, warum eine Berücksichtigung der mehrheitlichen Auffassung des Länderausschusses nicht erfolgen konnte. [7]Die Vorgaben der bundesweit einheitlichen Festlegungen berühren nicht das Verwaltungsverfahren der Landesregulierungsbehörden.

**§ 54a**[2)] **Zuständigkeiten gemäß der Verordnung (EU) Nr. 2017/1938, Verordnungsermächtigung.** (1) [1]Das Bundesministerium für Wirtschaft und Klimaschutz ist zuständige Behörde für die Durchführung der in der Verordnung

---

[1)] Zeichensetzung nichtamtlich.
[2)] § 54a eingef. mWv 4.8.2011 durch G v. 26.7.2011 (BGBl. I S. 1554); Abs. 1 Satz 1, Abs. 2 Sätze 2 und 3, Abs. 3 Satz 1, Abs. 4 einl. Satzteil geänd. mWv 8.9.2015 durch VO v. 31.8.2015 (BGBl. I S. 1474); Abs. 1 Satz 1, Abs. 2 Satz 1 einl. Satzteil, Nr. 1–3, Satz 3, Abs. 3 Sätze 1 und 2, Abs. 4 Nr. 1–3 geänd. mWv 21.12.2018 durch G v. 17.12.2018 (BGBl. I S. 2549); Überschrift geänd. mWv 17.5.2019 durch G v. 13.5.2019 (BGBl. I S. 706); Abs. 1 Sätze 1 und 2, Abs. 2 Satz 1 Nr. 2 und 3 geänd., Nr. 4 angef., Sätze 2 und 3, Abs. 3 Satz 1, Abs. 4 einl. Satzteil geänd. mWv 22.5.2022 durch G v. 20.5.2022 (BGBl. I S. 730).

(EU) 2017/1938 festgelegten Maßnahmen. [2]Die §§ 3, 4 und 16 des Energiesicherungsgesetzes[1]) und die §§ 5, 8 und 21 des Wirtschaftssicherstellungsgesetzes in der Fassung der Bekanntmachung vom 3. Oktober 1968 (BGBl. I S. 1069), das zuletzt durch Artikel 134 der Verordnung vom 31. Oktober 2006 (BGBl. I S. 2407) geändert worden ist, bleiben hiervon unberührt.

(2) [1]Folgende in der Verordnung (EU) 2017/1938 bestimmte Aufgaben werden auf die Bundesnetzagentur übertragen:

1. die Durchführung der Risikobewertung gemäß Artikel 7,
2. folgende Aufgaben betreffend den Ausbau bidirektionaler Lastflüsse: die Aufgaben im Rahmen des Verfahrens gemäß Anhang III, die Überwachung der Erfüllung der Verpflichtung nach Artikel 5 Absatz 4, Aufgaben gemäß Artikel 5 Absatz 8,
3. die in Artikel 5 Absatz 1 und 8 Unterabsatz 1 genannten Aufgaben sowie
4. die nationale Umsetzung von Solidaritätsmaßnahmen nach Artikel 13.

[2]Die Bundesnetzagentur nimmt diese Aufgaben unter der Aufsicht des Bundesministeriums für Wirtschaft und Klimaschutz wahr. [3]Die Zuständigkeit des Bundesministeriums für Wirtschaft und Klimaschutz gemäß Absatz 1 für Regelungen im Hinblick auf die in Artikel 5 Absatz 1 bis 3 und Artikel 6 in Verbindung mit Artikel 2 Nummer 5 der Verordnung (EU) 2017/1938 genannten Standards bleibt hiervon unberührt.

(3) [1]Die Bestimmung der wesentlichen Elemente, die im Rahmen der Risikobewertung zu berücksichtigen und zu untersuchen sind, einschließlich der Szenarien, die gemäß Artikel 7 Absatz 4 Buchstabe c der Verordnung (EU) 2017/1938 zu analysieren sind, bedarf der Zustimmung des Bundesministeriums für Wirtschaft und Klimaschutz. [2]Die Bundesnetzagentur kann durch Festlegung gemäß § 29 Einzelheiten zu Inhalt und Verfahren der Übermittlung von Informationen gemäß Artikel 7 Absatz 6, zum Verfahren gemäß Anhang III sowie zur Kostenaufteilung gemäß Artikel 5 Absatz 7 der Verordnung (EU) 2017/1938 regeln.

(4) Das Bundesministerium für Wirtschaft und Klimaschutz wird ermächtigt, durch Rechtsverordnung, die nicht der Zustimmung des Bundesrates bedarf:

1. zum Zwecke der Durchführung der Verordnung (EU) 2017/1938 weitere Aufgaben an die Bundesnetzagentur zu übertragen,
2. Verfahren und Zuständigkeiten von Bundesbehörden bezüglich der Übermittlung von Daten gemäß Artikel 14 der Verordnung (EU) 2017/1938 festzulegen sowie zu bestimmen, welchen Erdgasunternehmen die dort genannten Informationspflichten obliegen,
3. Verfahren und Inhalt der Berichtspflichten gemäß Artikel 10 Absatz 1 Buchstabe k der Verordnung (EU) 2017/1938 festzulegen sowie
4. weitere Berichts- und Meldepflichten zu regeln, die zur Bewertung der Gasversorgungssicherheitslage erforderlich sind.

**§ 54b**[2]) **Zuständigkeiten gemäß der Verordnung (EU) 2019/941, Verordnungsermächtigung.** (1) [1]Das Bundesministerium für Wirtschaft und Klimaschutz ist zuständige Behörde für die Durchführung der in der Verordnung (EU) 2019/941 des Europäischen Parlaments und des Rates vom 5. Juni 2019 über die

---

[1]) Sartorius III Nr. 500.
[2]) § 54b eingef. mWv 14.8.2020 durch G v. 8.8.2020 (BGBl. I S. 1818); Abs. 1 Sätze 1 und 2, Abs. 3, 4 Sätze 1 und 2 geänd. mWv 22.5.2022 durch G v. 20.5.2022 (BGBl. I S. 730).

Risikovorsorge im Elektrizitätssektor und zur Aufhebung der Richtlinie 2005/89/ EG (ABl. L 158 vom 14.6.2019, S. 1) festgelegten Maßnahmen. [2] Die §§ 3, 4 und 16 des Energiesicherungsgesetzes[1] und die §§ 5, 8 und 21 des Wirtschaftssicherstellungsgesetzes bleiben hiervon unberührt.

(2) Folgende in der Verordnung (EU) 2019/941 bestimmte Aufgaben werden auf die Bundesnetzagentur übertragen:

1. die Mitwirkung an der Bestimmung regionaler Szenarien für Stromversorgungskrisen nach Artikel 6 der Verordnung (EU) 2019/941 und

2. die Bestimmung von nationalen Szenarien für Stromversorgungskrisen nach Artikel 7 der Verordnung (EU) 2019/941.

(3) Das Bundesministerium für Wirtschaft und Klimaschutz wird ermächtigt, durch Rechtsverordnung, die nicht der Zustimmung des Bundesrates bedarf, zum Zwecke der Durchführung der Verordnung (EU) 2019/941 weitere Aufgaben an die Bundesnetzagentur zu übertragen.

(4) [1] Die Bundesnetzagentur nimmt diese Aufgaben unter der Aufsicht des Bundesministeriums für Wirtschaft und Klimaschutz wahr. [2] Die Bestimmung der im Sinne des Artikels 7 der Verordnung (EU) 2019/941 wichtigsten nationalen Szenarien für Stromversorgungskrisen bedarf der Zustimmung des Bundesministeriums für Wirtschaft und Klimaschutz.

**§ 55**[2] **Bundesnetzagentur, Landesregulierungsbehörde und nach Landesrecht zuständige Behörde.** (1) [1] Für Entscheidungen der Regulierungsbehörde nach diesem Gesetz gelten hinsichtlich des behördlichen und gerichtlichen Verfahrens die Vorschriften des Teiles 8, soweit in diesem Gesetz nichts anderes bestimmt ist. [2] Leitet die Bundesnetzagentur ein Verfahren ein, führt sie Ermittlungen durch oder schließt sie ein Verfahren ab, so benachrichtigt sie gleichzeitig die Landesregulierungsbehörden, in deren Gebiet die betroffenen Unternehmen ihren Sitz haben.

(2) Leitet die nach Landesrecht zuständige Behörde ein Verfahren nach § 4 oder § 36 Abs. 2 ein, führt sie nach diesen Bestimmungen Ermittlungen durch oder schließt sie ein Verfahren ab, so benachrichtigt sie unverzüglich die Bundesnetzagentur, sofern deren Aufgabenbereich berührt ist.

(3) [1] Die Bundesnetzagentur und die Landesregulierungsbehörden können untereinander die zur Durchführung ihrer Aufgaben nach diesem Gesetz notwendigen Daten austauschen und sind deshalb befugt, diese Daten zu erheben, zu speichern und für den im ersten Halbsatz genannten Zweck zu verwenden. [2] Dies umfasst auch Betriebs- und Geschäftsgeheimnisse der Netzbetreiber. [3] Eine Verpflichtung der Landesregulierungsbehörden zur Datenübermittlung an die Bundesnetzagentur nach den Sätzen 1 und 2 besteht nicht. [4] Die Bundesnetzagentur hat die von ihr auf Grundlage einer Festlegung nach § 20 Absatz 3 und 4, § 21 Absatz 3 und 4 oder § 21a erhobenen Daten auf Ersuchen der Landesregulierungsbehörden zu übermitteln, soweit dies zur Erfüllung derer Aufgaben nach diesem Gesetz erforderlich ist. [5] Die Landesregulierungsbehörden sind befugt, die in Satz 4 genannten Daten zu dem in Satz 4 genannten Zweck zu erheben, zu speichern und zu verwenden. [6] Die Bundesnetzagentur kann insbesondere mit den von ihr erhobenen Daten zu Netzanschlüssen, Netzentgelten und Erlösobergrenzen sowie

---

[1] **Sartorius III Nr. 500.**
[2] § 55 Abs. 2 geänd. mWv 1.11.2008 durch G v. 25.10.2008 (BGBl. I S. 2101); Abs. 3 angef. mWv 29.12.2023 durch G v. 22.12.2023 (BGBl. 2023 I Nr. 405).

mit deren Ermittlungsgrundlagen eine bundesweite Datenbank errichten, auf die auch die Landesregulierungsbehörden Zugriff haben, welche deshalb befugt sind, die in der Datenbank enthaltenen Daten für den in Satz 7 genannten Zweck zu erheben, zu speichern und zu verwenden. [7] Der Zugriff beschränkt sich auf die Daten, die zur Aufgabenerfüllung der Landesregulierungsbehörden nach diesem Gesetz erforderlich sind. [8] Die durch die Zugriffe der Landesregulierungsbehörden entstehenden Protokolldaten sind von der Bundesnetzagentur durch geeignete Vorkehrungen gegen zweckfremde Verwendung und gegen sonstigen Missbrauch zu schützen und nach sechs Monaten zu löschen.

**§ 56**[1]) **Tätigwerden der Bundesnetzagentur beim Vollzug des europäischen Rechts.** (1) [1] Die Bundesnetzagentur nimmt die Aufgaben wahr, die den Regulierungsbehörden der Mitgliedstaaten mit folgenden Rechtsakten übertragen sind:

1. Verordnung (EU) 2019/943 des Europäischen Parlaments und des Rates vom 5. Juni 2019 über den Elektrizitätsbinnenmarkt und den auf Grundlage dieser Verordnung erlassenen Verordnungen der Europäischen Kommission sowie den auf Grundlage des Artikels 6 oder des Artikels 18 der Verordnung (EG) Nr. 714/2009 erlassenen Verordnungen der Europäischen Kommission,

2. Verordnung (EG) Nr. 715/2009 und den auf Grundlage des Artikels 6 oder Artikels 23 dieser Verordnung erlassenen Verordnungen der Europäischen Kommission,

3. Verordnung (EU) 2017/1938,

4. Verordnung (EU) Nr. 1227/2011,

5. Verordnung (EU) Nr. 347/2013,

6. Verordnung (EU) 2019/941 und

7. Verordnung (EU) 2019/942 des Europäischen Parlaments und des Rates vom 5. Juni 2019 zur Gründung einer Agentur der Europäischen Union für die Zusammenarbeit der Energieregulierungsbehörden.

[2] Die Bundesnetzagentur ist befugt, die auf Grundlage der in Satz 1 genannten Rechtsakte ergangenen Entscheidungen der Agentur der Europäischen Union für die Zusammenarbeit der Energieregulierungsbehörden zu vollstrecken. [3] Zur Erfüllung dieser Aufgaben hat die Bundesnetzagentur die Befugnisse, die ihr auf Grund der in Satz 1 genannten Verordnungen und bei der Anwendung dieses Gesetzes zustehen. [4] Es sind die Verfahrensvorschriften dieses Gesetzes anzuwenden.

(2) [1] Die Bundesnetzagentur nimmt die Aufgaben wahr, die den Mitgliedstaaten übertragen worden sind mit

1. Artikel 9 Absatz 2 und 3 der Verordnung (EU) 2015/1222 der Kommission vom 24. Juli 2015 zur Festlegung einer Leitlinie für die Kapazitätsvergabe und das Engpassmanagement (ABl. L 197 vom 25.7.2015, S. 24), die zuletzt durch die Durchführungsverordnung (EU) 2021/280 (ABl. L 62 von[2]) 23.2.2021, S. 24) geändert worden ist,

---

[1]) § 56 neu gef. mWv 30.7.2016 durch G v. 26.7.2016 (BGBl. I S. 1786); Abs. 1 Satz 1 Nr. 3 geänd. mWv 21.12.2018 durch G v. 17.12.2018 (BGBl. I S. 2549); Abs. 1 Satz 1 Nr. 1, 4 und 5 neu gef., Nr. 6 und 7 angef., Abs. 2 neu gef. mWv 14.8.2020 durch G v. 8.8.2020 (BGBl. I S. 1818); Abs. 1 Satz 2 eingef., bish. Abs. 2 Satz 3 werden Sätze 3 und 4, Abs. 2 neu gef. mWv 29.12.2023 durch G v. 22.12. 2023 (BGBl. 2023 I Nr. 405).

[2]) Richtig wohl: „vom".

2. Artikel 4 Absatz 2 und 3 der Verordnung (EU) 2016/1719 der Kommission vom 25. September 2016 zur Festlegung einer Leitlinie für die Vergabe langfristiger Kapazität (ABl. L 259 vom 27.9.2016, S. 42), die zuletzt durch die Durchführungsverordnung (EU) 2021/280 (ABl. L 62 vom 23.2.2021, S. 24) geändert worden ist,

3. Artikel 5 Absatz 8 der Verordnung (EU) 2017/1485 der Kommission vom 2. August 2017 zur Festlegung einer Leitlinie für den Übertragungsnetzbetrieb (ABl. L 220 vom 25.8.2017, S. 1) die zuletzt durch die Durchführungsverordnung (EU) 2021/280 (ABl. L 62 vom 23.2.2021, S. 24) geändert worden ist,

4. Artikel 4 Absatz 6 der Verordnung (EU) 2017/2195 *Kommission*[1] vom 23. November 2017 zur Festlegung einer Leitlinie über den Systemausgleich im Elektrizitätsversorgungssystem (ABl. L 312 vom 28.11.2017, S. 6), die zuletzt durch die Durchführungsverordnung (EU) 2021/280 (ABl. L 62 vom 23.2.2021, S. 24) geändert worden ist, und

5. Artikel 15 Absatz 2 der Verordnung (EU) 2019/943 des Europäischen Parlaments und des Rates vom 5. Juni 2019 über den Elektrizitätsbinnenmarkt (ABl. L 158 vom 14.6.2019, S. 54), die zuletzt durch die Verordnung (EU) 2022/869 (ABl. L 152 vom 3.6.2022, S. 45) geändert worden ist.

[2] Absatz 1 Satz 2 und 3 ist entsprechend anzuwenden.

**§ 57**[2] **Zusammenarbeit mit Regulierungsbehörden anderer Mitgliedstaaten, der Agentur für die Zusammenarbeit der Energieregulierungsbehörden und der Europäischen Kommission.** (1) [1] Die Bundesnetzagentur arbeitet zum Zwecke der Anwendung energierechtlicher Vorschriften mit den Regulierungsbehörden anderer Mitgliedstaaten, der Agentur für die Zusammenarbeit der Energieregulierungsbehörden und der Europäischen Kommission zusammen. [2] Bei Fragen der Gasinfrastruktur, die in einen Drittstaat hinein- oder aus einem Drittstaat herausführt, kann die Regulierungsbehörde, wenn der erste Kopplungspunkt im Hoheitsgebiet Deutschlands liegt, mit den zuständigen Behörden des betroffenen Drittstaates nach Maßgabe des Verfahrens nach Artikel 41 Absatz 1 der Richtlinie 2009/73/EG zusammenarbeiten.

(2) [1] Bei der Wahrnehmung der Aufgaben nach diesem Gesetz oder den auf Grund dieses Gesetzes erlassenen Verordnungen kann die Bundesnetzagentur Sachverhalte und Entscheidungen von Regulierungsbehörden anderer Mitgliedstaaten berücksichtigen, soweit diese Auswirkungen im Geltungsbereich dieses Gesetzes haben können. [2] Die Bundesnetzagentur kann auf Antrag eines Netzbetreibers und mit Zustimmung der betroffenen Regulierungsbehörden anderer Mitgliedstaaten von der Regulierung von Anlagen oder Teilen eines grenzüberschreitenden Energieversorgungsnetzes absehen, soweit dieses Energieversorgungsnetz zu einem weit überwiegenden Teil außerhalb des Geltungsbereichs dieses Gesetzes liegt und die Anlage oder der im Geltungsbereich dieses Gesetzes liegende Teil des Energieversorgungsnetzes keine hinreichende Bedeutung für die Energieversorgung im Inland hat. [3] Satz 2 gilt nur, soweit die Anlage oder der im Geltungsbereich dieses Gesetzes liegende Teil der Regulierung durch eine Regulierungsbehörde eines anderen Mitgliedstaates unterliegt und dies zu keiner we-

---

[1] Richtig wohl: „der Kommission".
[2] § 57 neu gef. mWv 4.8.2011 durch G v. 26.7.2011 (BGBl. I S. 1554); Abs. 3 geänd. mWv 8.9.2015 durch VO v. 31.8.2015 (BGBl. I S. 1474); Abs. 1 Satz 2 angef. mWv 12.12.2019 durch G v. 5.12.2019 (BGBl. I S. 2002); Abs. 4 Satz 2 wird Satz 3 und geänd., Satz 4 angef. mWv 29.12.2023 durch G v. 22.12.2023 (BGBl. 2023 I Nr. 405).

sentlichen Schlechterstellung der Betroffenen führt. [4] Ebenso kann die Bundesnetzagentur auf Antrag eines Netzbetreibers und mit Zustimmung der betroffenen Regulierungsbehörden anderer Mitgliedstaaten die Vorschriften dieses Gesetzes auf Anlagen oder Teile eines grenzüberschreitenden Energieversorgungsnetzes, die außerhalb des Geltungsbereichs dieses Gesetzes liegen und eine weit überwiegende Bedeutung für die Energieversorgung im Inland haben, anwenden, soweit die betroffenen Regulierungsbehörden anderer Mitgliedstaaten von einer Regulierung absehen und dies zu keiner wesentlichen Schlechterstellung der Betroffenen führt.

(3) Um die Zusammenarbeit bei der Regulierungstätigkeit zu verstärken, kann die Bundesnetzagentur mit Zustimmung des Bundesministeriums für Wirtschaft und Energie allgemeine Kooperationsvereinbarungen mit Regulierungsbehörden anderer Mitgliedstaaten schließen.

(4) [1] Die Bundesnetzagentur kann im Rahmen der Zusammenarbeit nach Absatz 1 den Regulierungsbehörden anderer Mitgliedstaaten, der Agentur für die Zusammenarbeit der Energieregulierungsbehörden und der Europäischen Kommission die für die Aufgabenerfüllung dieser Behörden aus dem Recht der Europäischen Union erforderlichen Informationen übermitteln, soweit dies erforderlich ist, damit diese Behörden ihre Aufgaben aus dem Recht der Europäischen Union erfüllen können. [2] Eine Übermittlung nach Satz 1 kann auch an Dritte erfolgen, die von den in Satz 1 genannten Behörden beauftragt wurden. [3] Bei der Übermittlung nach den Sätzen 1 und 2 kennzeichnet die Bundesnetzagentur vertrauliche Informationen. [4] Die empfangenden Stellen müssen sicherstellen, dass die unbefugte Offenbarung von Betriebs- und Geschäftsgeheimnissen und sonstigen geheimhaltungsbedürftigen Informationen, die ihnen nach Satz 1 oder Satz 2 zur Kenntnis gelangen, ausgeschlossen ist.

(5) [1] Soweit die Bundesnetzagentur im Rahmen der Zusammenarbeit nach Absatz 1 Informationen von den Regulierungsbehörden anderer Mitgliedstaaten, der Agentur für die Zusammenarbeit der Energieregulierungsbehörden oder der Europäischen Kommission erhält, stellt sie eine vertrauliche Behandlung aller als vertraulich gekennzeichneten Informationen sicher. [2] Die Bundesnetzagentur ist dabei an dasselbe Maß an Vertraulichkeit gebunden wie die übermittelnde Behörde oder die Behörde, welche die Informationen erhoben hat. [3] Die Regelungen über die Rechtshilfe in Strafsachen sowie Amts- und Rechtshilfeabkommen bleiben unberührt.

**§ 57a**[1]) **Überprüfungsverfahren.** (1) Die Bundesnetzagentur kann die Agentur für die Zusammenarbeit der Energieregulierungsbehörden um eine Stellungnahme dazu ersuchen, ob eine von einer anderen nationalen Regulierungsbehörde getroffene Entscheidung im Einklang mit der Richtlinie (EU) 2019/944, der Richtlinie 2009/73/EG, der Verordnung (EU) 2019/943, der Verordnung (EG) Nr. 715/2009 oder den nach diesen Vorschriften erlassenen Leitlinien steht.

(2) Die Bundesnetzagentur kann der Europäischen Kommission jede Entscheidung einer Regulierungsbehörde eines anderen Mitgliedstaates mit Belang für den grenzüberschreitenden Handel innerhalb von zwei Monaten ab dem Tag, an dem die fragliche Entscheidung ergangen ist, zur Prüfung vorlegen, wenn die Bundesnetzagentur der Auffassung ist, dass die Entscheidung der anderen Regulierungsbehörde nicht mit den gemäß der Richtlinie 2009/73/EG oder der Verordnung (EG) Nr. 715/2009 erlassenen Leitlinien oder mit den gemäß der Richtlinie (EU)

---

[1]) § 57a eingef. mWv 4.8.2011 durch G v. 26.7.2011 (BGBl. I S. 1554); Abs. 1–4 neu gef. mWv 27.7.2021 durch G v. 16.7.2021 (BGBl. I S. 3026).

2019/944 oder Kapitel VII der Verordnung (EU) 2019/943 erlassenen Netzkodizes und Leitlinien in Einklang steht.

(3) [1] Die Bundesnetzagentur ist befugt, eine eigene Entscheidung nachträglich zu ändern, soweit dies erforderlich ist, um einer Stellungnahme der Agentur für die Zusammenarbeit der Energieregulierungsbehörden zu genügen nach
1. Artikel 63 Absatz 2 der Richtlinie (EU) 2019/944,
2. Artikel 43 Absatz 2 der Richtlinie 2009/73/EG oder
3. Artikel 6 Absatz 5 der Verordnung (EU) 2019/942.
[2] Die §§ 48 und 49 des Verwaltungsverfahrensgesetzes[1] bleiben unberührt.

(4) Die Bundesnetzagentur ist befugt, jede eigene Entscheidung auf das Verlangen der Europäischen Kommission nach Artikel 63 Absatz 6 Buchstabe b der Richtlinie (EU) 2019/944 oder Artikel 43 Absatz 6 Buchstabe b der Richtlinie 2009/73/EG nachträglich zu ändern oder aufzuheben.

(5) Die Regelungen über die Rechtshilfe in Strafsachen sowie Amts- und Rechtshilfeabkommen bleiben unberührt.

**§ 57b**[2] **Zuständigkeit für regionale Koordinierungszentren; Festlegungskompetenz.** (1) Die Bundesnetzagentur ist die zuständige Behörde für die in der Netzregion eingerichteten regionalen Koordinierungszentren im Sinne des Artikels 35 in Verbindung mit Artikel 37 der Verordnung (EU) 2019/943 des Europäischen Parlaments und des Rates vom 5. Juni 2019 über den Elektrizitätsbinnenmarkt.

(2) Folgende Aufgaben werden auf die Bundesnetzagentur übertragen:
1. Billigung des Vorschlags zur Einrichtung eines regionalen Koordinierungszentrums,
2. Genehmigung der Ausgaben, die im Zusammenhang mit den Tätigkeiten der regionalen Koordinierungszentren von den Übertragungsnetzbetreibern entstehen und bei der Entgeltberechnung berücksichtigt werden, soweit sie vernünftig und angemessen sind,
3. Genehmigung des Verfahrens zur kooperativen Entscheidungsfindung,
4. Sicherstellung entsprechender personeller, technischer, materieller und finanzieller Ausstattung der regionalen Koordinierungszentren, die zur Erfüllung ihrer Pflichten und zur unabhängigen und unparteiischen Wahrnehmung ihrer Aufgaben erforderlich sind,
5. Unterbreitung von Vorschlägen zur Übertragung etwaiger zusätzlichen Aufgaben oder Befugnisse an die regionalen Koordinierungszentren,
6. Sicherstellung der Erfüllung der Verpflichtungen durch die regionalen Koordinierungszentren, die sich aus den einschlägigen Rechtsakten ergeben,
7. Überwachung der Netzkoordination, die durch die regionalen Koordinierungszentren geleistet wird und Berichterstattung an die Agentur für die Zusammenarbeit der Energieregulierungsbehörden.

(3) Die Bundesnetzagentur kann zur Durchführung der ihr nach Absatz 2 dieser Vorschrift übertragenen Aufgaben nach § 29 Absatz 1 Festlegungen treffen und Genehmigungen erteilen.

[1] Nr. **100**.
[2] § 57b eingef. mWv 27.7.2021 durch G v. 16.7.2021 (BGBl. I S. 3026).

**§ 58[1] Zusammenarbeit mit den Kartellbehörden.** (1) [1] In den Fällen des § 65 in Verbindung mit den §§ 6 bis 6b, 7 bis 7b und 9 bis 10e, des § 25 Satz 2, des § 28a Abs. 3 Satz 1, des § 56 in Verbindung mit Artikel 17 Absatz 1 Buchstabe a der Verordnung (EG) Nr. 714/2009 und von Entscheidungen, die nach einer Rechtsverordnung nach § 24 Satz 1 Nr. 2 in Verbindung mit Satz 2 Nr. 5 vorgesehen sind, entscheidet die Bundesnetzagentur im Einvernehmen mit dem Bundeskartellamt, wobei jedoch hinsichtlich der Entscheidung nach § 65 in Verbindung mit den §§ 6 bis 6a, 7 bis 7b und 9 bis 10e das Einvernehmen nur bezüglich der Bestimmung des Verpflichteten und hinsichtlich der Entscheidung nach § 28a Abs. 3 Satz 1 das Einvernehmen nur bezüglich des Vorliegens der Voraussetzungen des § 28a Absatz 1 Nummer 1 und 5, jeweils ausgenommen die Voraussetzung der Versorgungssicherheit, des effizienten Funktionierens der betroffenen regulierten Netze sowie der Erdgasversorgungssicherheit der Europäischen Union erforderlich ist. [2] Trifft die Bundesnetzagentur Entscheidungen nach den Bestimmungen des Teiles 3, gibt sie dem Bundeskartellamt und der Landesregulierungsbehörde, in deren Bundesland der Sitz des betroffenen Netzbetreibers belegen ist, rechtzeitig vor Abschluss des Verfahrens Gelegenheit zur Stellungnahme.

(2) Führt die nach dem Gesetz gegen Wettbewerbsbeschränkungen[2] zuständige Kartellbehörde im Bereich der leitungsgebundenen Versorgung mit Elektrizität und Gas Verfahren nach den §§ 19, 20 und 29 des Gesetzes gegen Wettbewerbsbeschränkungen, Artikel 102 des Vertrages über die Arbeitsweise der Europäischen Union[3] oder nach § 40 Abs. 2 des Gesetzes gegen Wettbewerbsbeschränkungen durch, gibt sie der Bundesnetzagentur rechtzeitig vor Abschluss des Verfahrens Gelegenheit zur Stellungnahme.

(2a) Absatz 2 gilt entsprechend, wenn die Bundesanstalt für Finanzdienstleistungsaufsicht ein Verfahren im Bereich der leitungsgebundenen Versorgung mit Elektrizität oder Gas einleitet.

(2b) Die Bundesnetzagentur arbeitet mit der Europäischen Kommission bei der Durchführung von wettbewerblichen Untersuchungen durch die Europäische Kommission im Bereich der leitungsgebundenen Versorgung mit Elektrizität und Gas zusammen.

(3) Bundesnetzagentur und Bundeskartellamt wirken auf eine einheitliche und den Zusammenhang mit dem Gesetz gegen Wettbewerbsbeschränkungen wahrende Auslegung dieses Gesetzes hin.

(4) [1] Die Regulierungsbehörden und die Kartellbehörden können unabhängig von der jeweils gewählten Verfahrensart untereinander Informationen einschließlich personenbezogener Daten und Betriebs- und Geschäftsgeheimnisse austauschen, soweit dies zur Erfüllung ihrer jeweiligen Aufgaben erforderlich ist, sowie diese in ihren Verfahren verwerten. [2] Beweisverwertungsverbote bleiben unberührt.

---

[1] § 58 Abs. 2 geänd. mWv 22.12.2007 durch G v. 18.12.2007 (BGBl. I S. 2966); Abs. 1 Satz 2, Abs. 4 Satz 1 geänd. mWv 1.11.2008 durch G v. 25.10.2008 (BGBl. I S. 2101); Abs. 1 Satz 1, Abs. 2 geänd., Abs. 2a und 2b eingef. mWv 4.8.2011 durch G v. 26.7.2011 (BGBl. I S. 1554); Abs. 1 Satz 1 geänd. mWv 28.12.2012 durch G v. 20.12.2012 (BGBl. I S. 2730); Abs. 1 Satz 1 geänd. mWv 12.12.2019 durch G v. 5.12.2019 (BGBl. I S. 2002).
[2] **Habersack Nr. 74.**
[3] Nr. **1001.**

**§ 58a[1]) Zusammenarbeit zur Durchführung der Verordnung (EU) Nr. 1227/2011.** (1) Zur Durchführung der Verordnung (EU) Nr. 1227/2011 arbeitet die Bundesnetzagentur mit der Bundesanstalt für Finanzdienstleistungsaufsicht, mit dem Bundeskartellamt sowie mit den Börsenaufsichtsbehörden und den Handelsüberwachungsstellen zusammen.

(2) [1]Die Bundesnetzagentur und die dort eingerichtete Markttransparenzstelle, die Bundesanstalt für Finanzdienstleistungsaufsicht, das Bundeskartellamt, die Börsenaufsichtsbehörden und die Handelsüberwachungsstellen haben einander unabhängig von der jeweils gewählten Verfahrensart solche Informationen, Beobachtungen und Feststellungen einschließlich personenbezogener Daten sowie Betriebs- und Geschäftsgeheimnisse mitzuteilen, die für die Erfüllung ihrer jeweiligen Aufgaben erforderlich sind. [2]Sie können diese Informationen, Beobachtungen und Feststellungen in ihren Verfahren verwerten. [3]Beweisverwertungsverbote bleiben unberührt.

(3) Ein Anspruch auf Zugang zu den in Absatz 2 und in Artikel 17 der Verordnung (EU) Nr. 1227/2011 genannten amtlichen Informationen besteht über den in Artikel 17 Absatz 3 der Verordnung (EU) Nr. 1227/2011 bezeichneten Fall hinaus nicht.

(4) [1]Die Bundesnetzagentur kann zur Durchführung der Verordnung (EU) Nr. 1227/2011 durch Festlegungen nach § 29 Absatz 1 nähere Bestimmungen treffen, insbesondere zur Verpflichtung zur Veröffentlichung von Informationen nach Artikel 4 der Verordnung (EU) Nr. 1227/2011, zur Registrierung der Marktteilnehmer nach Artikel 9 Absatz 4 und 5 und zur Datenmeldung nach Artikel 8 Absatz 1 und Absatz 5 der Verordnung (EU) Nr. 1227/2011, soweit nicht die Europäische Kommission entgegenstehende Vorschriften nach Artikel 8 Absatz 2 oder Absatz 6 der Verordnung (EU) Nr. 1227/2011 erlassen hat. [2]Festlegungen, die nähere Bestimmungen zu den Datenmeldepflichten nach Artikel 8 der Verordnung (EU) Nr. 1227/2011 treffen, erfolgen mit Zustimmung der Markttransparenzstelle.

**§ 58b[2]) Beteiligung der Bundesnetzagentur und Mitteilungen in Strafsachen.** (1) [1]Die Staatsanwaltschaft informiert die Bundesnetzagentur über die Einleitung eines Ermittlungsverfahrens, welches Straftaten nach § 95a oder § 95b betrifft. [2]Werden im Ermittlungsverfahren Sachverständige benötigt, können fachkundige Mitarbeiter der Bundesnetzagentur herangezogen werden. [3]Erwägt die Staatsanwaltschaft, das Verfahren einzustellen, so hat sie die Bundesnetzagentur zu hören.

(2) Das Gericht teilt der Bundesnetzagentur in einem Verfahren, welches Straftaten nach § 95a oder § 95b betrifft, den Termin zur Hauptverhandlung mit.

(3) Der Bundesnetzagentur ist auf Antrag Akteneinsicht zu gewähren, es sei denn, schutzwürdige Interessen der Betroffenen stehen dem entgegen oder der Untersuchungserfolg der Ermittlungen wird dadurch gefährdet.

(4) [1]In Strafverfahren, die Straftaten nach § 95a oder § 95b zum Gegenstand haben, ist der Bundesnetzagentur im Fall der Erhebung der öffentlichen Klage Folgendes zu übermitteln:

1. die Anklageschrift oder eine an ihre Stelle tretende Antragsschrift,

---

[1]) § 58a eingef. mWv 12.12.2012 durch G v. 5.12.2012 (BGBl. I S. 2403); Abs. 1 Satz 1 geänd., Satz 2 aufgeh., Abs. 2 Satz 1 neu gef. mWv 27.7.2013 durch G v. 23.7.2013 (BGBl. I S. 2543).
[2]) § 58b eingef. mWv 12.12.2012 durch G v. 5.12.2012 (BGBl. I S. 2403).

2. der Antrag auf Erlass eines Strafbefehls und

3. die das Verfahren abschließende Entscheidung mit Begründung; ist gegen die Entscheidung ein Rechtsmittel eingelegt worden, ist sie unter Hinweis darauf zu übermitteln.

[2] In Verfahren wegen leichtfertig begangener Straftaten wird die Bundesnetzagentur über die in den Nummern 1 und 2 bestimmten Übermittlungen nur dann informiert, wenn aus der Sicht der übermittelnden Stelle unverzüglich Entscheidungen oder andere Maßnahmen der Bundesnetzagentur geboten sind.

## Abschnitt 2. Bundesbehörden

**§ 59**[1]**) Organisation.** (1) [1] Die Entscheidungen der Bundesnetzagentur nach diesem Gesetz werden von den Beschlusskammern getroffen. [2] Satz 1 gilt nicht für

1. die Überprüfung der Einhaltung der Vorgaben des § 5 sowie für alle auf dessen Grundlage gegenüber einem Energielieferanten zu treffenden Entscheidungen,

1a. die Erstellung und Überprüfung von Katalogen von Sicherheitsanforderungen nach § 11 Absatz 1a und 1b sowie die Festlegung nach § 11 Absatz 1g,

2. die Aufgaben nach § 11 Absatz 2,

2a. die Anforderung der Berichte und die Überwachung der Berichtspflichten nach § 12 Absatz 3b und 3c,

3. die Datenerhebung zur Erfüllung von Berichtspflichten einschließlich der Anforderung von Angaben nach § 12 Absatz 5 Satz 1 Nummer 4,

4. die Aufgaben nach den §§ 12a bis 12f,

4a. die Überwachung der Vorgaben nach § 13 Absatz 3 Satz 4 und 5,

5. Entscheidungen nach § 13b Absatz 5, § 13e Absatz 5, § 13f Absatz 1, § 13g Absatz 6, auf Grund einer Verordnung nach § 13h Absatz 1 Nummer 1 bis 8, 10 und 11 sowie 12 bis 23, Festlegungen auf Grund § 13h Absatz 2 zur näheren Bestimmung der Regelungen nach § 13h Absatz 1 Nummer 1 bis 8, 10 und 11 sowie 12 bis 20,

---

[1]) § 59 Abs. 1 Satz 3 geänd. mWv 17.12.2006 durch G v. 9.12.2006 (BGBl. I S. 2833); Abs. 1 Satz 2 neu gef., Abs. 3 geänd. mWv 4.8.2011 durch G v. 26.7.2011 (BGBl. I S. 1554); Abs. 1 Satz 2 geänd. mWv 12.12.2012 durch G v. 5.12.2012 (BGBl. I S. 2403); Abs. 1 Satz 2 geänd. mWv 28.12.2012 durch G v. 20.12.2012 (BGBl. I S. 2730); Abs. 1 Satz 2 geänd. mWv 27.7.2013 durch G v. 23.7.2013 (BGBl. I S. 2543); Abs. 1 Satz 2 geänd. mWv 25.7.2015 durch G v. 17.7.2015 (BGBl. I S. 1324); Abs. 1 Satz 3 geänd. mWv 8.9.2015 durch VO v. 31.8.2015 (BGBl. I S. 1474); Abs. 1 Satz 2 geänd. mWv 1.1.2016 durch G v. 10.12.2015 (BGBl. I S. 2194); Abs. 1 neu gef. mWv 30.7.2016 durch G v. 26.7.2016 (BGBl. I S. 1786); Abs. 1 Satz 2 Nr. 5 und 7 geänd. mWv 1.1.2017 durch G v. 13.10.2016 (BGBl. I S. 2258); Abs. 1 Satz 2 Nr. 17 und 18 geänd., Nr. 19 angef. mWv 1.1.2017 durch G v. 22.12.2016 (BGBl. I S. 3106); Abs. 1 Satz 2 Nr. 5 geänd. mWv 22.7.2017 durch G v. 17.7.2017 (BGBl. I S. 2503); Abs. 1 Satz 2 Nr. 4a eingef., Nr. 5 und 12 geänd. mWv 21.12.2018 durch G v. 17.12.2018 (BGBl. I S. 2549); Abs. 1 Satz 2 Nr. 2a eingef. mWv 17.5.2019 durch G v. 1.10.2021 (aufgrund der Änd. durch G v. 16.7.2021, BGBl. I S. 3026, nicht ausführbar) durch G v. 13.5.2019 (BGBl. I S. 706); Abs. 1 Satz 2 Nr. 14 neu gef., Nr. 18 und 19 geänd., Nr. 20–25 angef. mWv 4.3.2021 durch G v. 25.2.2021 (BGBl. I S. 298); Abs. 1 Satz 2 Nr. 7 geänd., Nr. 8 und 11 neu gef., Nr. 25 geänd. mWv 27.7.2021 durch G v. 16.7.2021 (BGBl. I S. 3026); Abs. 1 Satz 2 Nr. 1 geänd. mWv 25.5.2022 durch G v. 20.5.2022 (BGBl. I S. 730); Abs. 1 Satz 2 Nr. 24 und 25 geänd., Nr. 26 und 27 angef. mWv 12.7.2022 durch G v. 8.7.2022 (BGBl. I S. 1054); Abs. 1 Satz 2 Nr. 1 eingef., bish. Nr. 1 wird Nr. 1a, Nr. 7a und 9a eingef., Nr. 11 geänd., Nr. 11a und 19a eingef., Nr. 26 und 27 geänd., Nr. 28 angef., Satz 3 geänd., Satz 4 angef., Abs. 2 Satz 1 geänd., Abs. 3 eingef., bish. Abs. 3 wird Abs. 4 mWv 29.12.2023 durch G v. 22.12.2023 (BGBl. 2023 I Nr. 405).

6. Entscheidungen, die auf Grund von Verordnungen nach § 13i Absatz 3 Nummer 1 Buchstabe a, b, c, f sowie Nummer 2 und Absatz 4 getroffen werden, mit Ausnahme der Kriterien einer angemessenen Vergütung,

7. Festlegungen nach § 13j Absatz 2 Nummer 3, 5 bis 7 und 9, Absatz 3 Satz 1 in Verbindung mit § 13i Absatz 3 Nummer 1 Buchstabe a, b, c und f, § 13j Absatz 3 Satz 2 hinsichtlich des § 13b sowie nach § 13j Absatz 4, 5 und 7,

7a. Entscheidungen und Aufgaben nach § 13k,

8. Aufgaben nach § 14 Absatz 2 und den §§ 14c bis 14e,

9. die Aufgaben nach den §§ 15a, 15b,

9a. Festlegungen nach § 17 Absatz 4 über die technischen Bedingungen für einen Netzanschluss an ein Elektrizitätsversorgungsnetz oder Methoden für die Bestimmung dieser Bedingungen,

10. die Aufgaben nach den §§ 17a bis 17c,

11. Aufgaben nach den §§ 28p, 28q und 28r,

11a. die Überprüfung der Einhaltung der Vorgaben aus den Bestimmungen der §§ 20a, 36 bis 41c, 42, 42a, 111a und 111b und aus den auf dieser Grundlage erlassenen Rechtsverordnungen sowie alle zur Durchsetzung dieser Vorgaben zu treffenden Entscheidungen,

12. Datenerhebungen zur Wahrnehmung der Aufgaben nach § 54a Absatz 2, Entscheidungen im Zusammenhang mit dem Ausbau bidirektionaler Gasflüsse nach § 54a Absatz 2 in Verbindung mit Artikel 5 Absatz 4 und 8 Unterabsatz 1 sowie Anhang III der Verordnung (EU) 2017/1938 sowie Festlegungen gemäß § 54a Absatz 3 Satz 2 mit Ausnahme von Festlegungen zur Kostenaufteilung,

13. Entscheidungen im Zusammenhang mit der Überwachung der Energiegroßhandelsmärkte nach § 56 Absatz 1 Satz 1 Nummer 4 in Verbindung mit der Verordnung (EU) Nr. 1227/2011 sowie Festlegungen gemäß § 5b Absatz 1 Satz 2 und § 58a Absatz 4,

14. Entscheidungen auf der Grundlage der Artikel 9, 65 und 68 der Verordnung (EU) 2015/1222 der Kommission vom 24. Juli 2015 zur Festlegung einer Leitlinie für die Kapazitätsvergabe und das Engpassmanagement (ABl. L 197 vom 25.7.2015, S. 24),

15. Entscheidungen zur Durchsetzung der Verpflichtungen für Datenlieferanten nach Artikel 4 Absatz 6 der Verordnung (EU) Nr. 543/2013,

16. die Erhebung von Gebühren nach § 91,

17. Vollstreckungsmaßnahmen nach § 94,

18. die Aufgaben und Festlegungen im Zusammenhang mit der nationalen Informationsplattform nach § 111d,

19. die Aufgaben im Zusammenhang mit dem Marktstammdatenregister nach den §§ 111e und 111f,

19a. die Aufgaben und Festlegungen im Zusammenhang mit der Datenerhebung und Datenveröffentlichung und der nationalen Transparenzplattform nach § 111g,

20. Entscheidungen auf der Grundlage der Artikel 4, 30 und 36 der Verordnung (EU) 2016/1719 der Kommission vom 26. September 2016 zur Festlegung einer Leitlinie für die Vergabe langfristiger Kapazität (ABl. L 259 vom 27.9. 2016, S. 42; L 267 vom 18.10.2017, S. 17),

21. Entscheidungen auf der Grundlage der Artikel 6 und 7 der Verordnung (EU) 2017/1485 der Kommission vom 2. August 2017 zur Festlegung einer Leit-

linie für den Übertragungsnetzbetrieb (ABl. L 220 vom 25.8.2017, S. 1), mit Ausnahme der Durchführung von Streitbeilegungsverfahren gemäß Artikel 6 Absatz 10 der Verordnung (EU) 2017/1485,

22. Entscheidungen auf der Grundlage des Artikels 4 der Verordnung (EU) 2017/2196 der Kommission vom 24. November 2017 zur Festlegung eines Netzkodex über den Notzustand und den Netzwiederaufbau des Übertragungsnetzes (ABl. L 312 vom 28.11. 2017, S. 54; L 31 vom 1.2.2019, S. 108), mit Ausnahme der Durchführung von Streitbeilegungsverfahren gemäß Artikel 4 Absatz 8 der Verordnung (EU) 2017/2196,

23. Entscheidungen auf der Grundlage der Artikel 11, 13, 15, 16, 17 und 35 der Verordnung (EU) 2019/943,

24. die Überprüfung der Einhaltung der Vorgaben, die sich aus einer Verordnung aufgrund von § 49 Absatz 4 hinsichtlich der technischen Sicherheit und Interoperabilität von Ladepunkten ergeben,

25. Entscheidungen nach den §§ 11a und 11b,

26. Entscheidungen nach § 50b Absatz 3 Satz 3,

27. Festlegungen nach § 50e Absatz 2 und

28. Entscheidungen auf der Grundlage des Artikels 4 Absatz 6 der Verordnung (EU) 2017/2195.

³Die Beschlusskammern werden nach Bestimmung des Bundesministeriums für Wirtschaft und Klimaschutz gebildet. ⁴Entscheidungen der Bundesnetzagentur nach Satz 2 können auch von den Beschlusskammern getroffen werden.

(2) ¹Die Beschlusskammern entscheiden in der Besetzung mit einem oder einer Vorsitzenden und mindestens zwei Beisitzenden. ²Vorsitzende und Beisitzende müssen Beamte sein und die Befähigung zum Richteramt oder für eine Laufbahn des höheren Dienstes haben.

(3) ¹Bei der Bundesnetzagentur wird eine Große Beschlusskammer eingerichtet. ²Sie besteht aus dem Präsidium der Bundesnetzagentur sowie den sachlich zuständigen Beschlusskammervorsitzenden und Abteilungsleitungen der Bundesnetzagentur. ³Die Große Beschlusskammer trifft bundesweit einheitliche Festlegungen zu den Bedingungen und Methoden für den Netzzugang und zu den Bedingungen und Methoden zur Ermittlung der dafür erhobenen Entgelte nach den §§ 20 bis 23a, 24 bis 24b sowie 28o Absatz 3. ⁴Die Große Beschlusskammer kann die Festlegung einer zuständigen Beschlusskammer nach Absatz 1 übertragen. ⁵Die Große Beschlusskammer entscheidet jeweils in der Besetzung mit dem Präsidenten oder seiner Vertretung als Vorsitzenden und fünf Beisitzenden. ⁶Ihre Entscheidungen werden mit der Mehrheit der zur jeweiligen Entscheidung stimmberechtigten Mitglieder getroffen. ⁷Bei Stimmengleichheit entscheidet die Stimme des Vorsitzenden.

(4) Die Mitglieder der Beschlusskammern dürfen weder ein Unternehmen der Energiewirtschaft innehaben oder leiten noch dürfen sie Mitglied des Vorstandes oder Aufsichtsrates eines Unternehmens der Energiewirtschaft sein oder einer Regierung oder einer gesetzgebenden Körperschaft des Bundes oder eines Landes angehören.

**§ 60¹⁾ Aufgaben des Beirates.** ¹Der Beirat nach § 5 des Gesetzes über die Bundesnetzagentur für Elektrizität, Gas, Telekommunikation, Post und Eisenbah-

---

1) § 60 Satz 1 geänd. mWv 4.8.2011 durch G v. 26.7.2011 (BGBl. I S. 1554).

nen[1] hat die Aufgabe, die Bundesnetzagentur bei der Erstellung der Berichte nach § 63 Absatz 3 zu beraten. [2]Er ist gegenüber der Bundesnetzagentur berechtigt, Auskünfte und Stellungnahmen einzuholen. [3]Die Bundesnetzagentur ist insoweit auskunftspflichtig.

**§ 60a[2] Aufgaben des Länderausschusses.** (1) Der Länderausschuss nach § 8 des Gesetzes über die Bundesnetzagentur für Elektrizität, Gas, Telekommunikation, Post und Eisenbahnen[1] (Länderausschuss) dient der Abstimmung zwischen der Bundesnetzagentur und den Landesregulierungsbehörden mit dem Ziel der Sicherstellung eines bundeseinheitlichen Vollzugs.

(2) [1]Vor dem Erlass von Allgemeinverfügungen, insbesondere von Festlegungen nach § 29 Abs. 1, und Verwaltungsvorschriften, Leitfäden und vergleichbaren informellen Regelungen durch die Bundesnetzagentur nach den Teilen 2 und 3 ist dem Länderausschuss Gelegenheit zur Stellungnahme zu geben. [2]Die dem Länderausschuss für die Abgabe einer Stellungnahme gewährte Frist muss angemessen sein, mindestens aber zwei Wochen ab Übersendung des Festlegungsentwurfs betragen. [3]Weicht die Bundesnetzagentur von der Stellungnahme des Länderausschusses ab, so hat sie dies schriftlich zu begründen. [4]Die Begründung ist dem Länderausschuss zur Verfügung zu stellen. [5]In dringlichen Fällen kann bei Allgemeinverfügungen die Frist für eine Stellungnahme des Länderausschusses in Abweichung von Satz 2 eine Woche betragen, dabei sind die Sätze 3 und 4 entsprechend anzuwenden.

(3) [1]Der Länderausschuss ist berechtigt, im Zusammenhang mit dem Erlass von Allgemeinverfügungen im Sinne des Absatzes 2 Auskünfte und Stellungnahmen von der Bundesnetzagentur einzuholen. [2]Die Bundesnetzagentur ist insoweit auskunftspflichtig.

(4) [1]Der Bericht der Bundesnetzagentur nach § 112a Abs. 1 zur Einführung einer Anreizregulierung ist im Benehmen mit dem Länderausschuss zu erstellen. [2]Der Länderausschuss ist zu diesem Zwecke durch die Bundesnetzagentur regelmäßig über Stand und Fortgang der Arbeiten zu unterrichten. [3]Absatz 3 gilt entsprechend.

**§ 61[3] Veröffentlichung allgemeiner Weisungen des Bundesministeriums für Wirtschaft und Energie.** Soweit das Bundesministerium für Wirtschaft und Energie der Bundesnetzagentur allgemeine Weisungen für den Erlass oder die Unterlassung von Verfügungen nach diesem Gesetz erteilt, sind diese Weisungen mit Begründung im Bundesanzeiger zu veröffentlichen.

**§ 62[4] Gutachten der Monopolkommission.** (1) [1]Die Monopolkommission erstellt alle zwei Jahre ein Gutachten, in dem sie den Stand und die absehbare Entwicklung des Wettbewerbs und die Frage beurteilt, ob funktionsfähiger Wettbewerb auf den Märkten der leitungsgebundenen Versorgung mit Elektrizität und Gas in der Bundesrepublik Deutschland besteht, die Anwendung der Vorschriften dieses Gesetzes über die Regulierung und Wettbewerbsaufsicht würdigt und zu sonstigen aktuellen wettbewerbspolitischen Fragen der leitungsgebundenen Ver-

---

[1] **Sartorius ErgBd. Nr. 901.**
[2] § 60a Abs. 2 Satz 1 geänd. mWv 4.8.2011 durch G v. 26.7.2011 (BGBl. I S. 1554); Abs. 2 Sätze 2–4 eingef., bish. Satz 2 wird Satz 5 und neu gef. mWv 29.12.2023 durch G v. 22.12.2023 (BGBl. 2023 I Nr. 405).
[3] § 61 Überschrift und Wortlaut geänd. mWv 17.12.2006 durch G v. 9.12.2006 (BGBl. I S. 2833); Überschrift und Wortlaut geänd. mWv 8.9.2015 durch VO v. 31.8.2015 (BGBl. I S. 1474).
[4] § 62 Abs. 1 Sätze 3 und 4 angef. mWv 4.8.2011 durch G v. 26.7.2011 (BGBl. I S. 1554).

sorgung mit Elektrizität und Gas Stellung nimmt. ²Das Gutachten soll in dem Jahr abgeschlossen sein, in dem kein Hauptgutachten nach § 44 des Gesetzes gegen Wettbewerbsbeschränkungen[1] vorgelegt wird. ³Die Monopolkommission kann Einsicht nehmen in die bei der Bundesnetzagentur geführten Akten einschließlich der Betriebs- und Geschäftsgeheimnisse, soweit dies zur ordnungsgemäßen Erfüllung ihrer Aufgaben erforderlich ist. ⁴Für den vertraulichen Umgang mit den Akten gilt § 46 Absatz 3 des Gesetzes gegen Wettbewerbsbeschränkungen entsprechend.

(2) ¹Die Monopolkommission leitet ihre Gutachten der Bundesregierung zu. ²Die Bundesregierung legt Gutachten nach Absatz 1 Satz 1 den gesetzgebenden Körperschaften unverzüglich vor und nimmt zu ihnen in angemessener Frist Stellung. ³Die Gutachten werden von der Monopolkommission veröffentlicht. ⁴Bei Gutachten nach Absatz 1 Satz 1 erfolgt dies zu dem Zeitpunkt, zu dem sie von der Bundesregierung der gesetzgebenden Körperschaft vorgelegt werden.

**§ 63[2] Berichterstattung.** (1) ¹Die Bundesregierung berichtet dem Bundestag jährlich über den Netzausbau, den Kraftwerksbestand sowie Energieeffizienz und die sich daraus ergebenden Herausforderungen und legt erforderliche Handlungsempfehlungen vor (Monitoringbericht). ²Bei der Erstellung des Berichts nach Satz 1 hat das Bundesministerium für Wirtschaft und Energie die Befugnisse nach den §§ 12a, 12b, 14 Absatz 1a und 1b, den §§ 68, 69 und 71.

(2) ¹Die Bundesnetzagentur erstellt bis zum 31. Oktober 2022 und dann mindestens alle zwei Jahre jeweils die folgenden Berichte:
1. einen Bericht zum Stand und zur Entwicklung der Versorgungssicherheit im Bereich der Versorgung mit Erdgas sowie
2. einen Bericht zum Stand und zur Entwicklung der Versorgungssicherheit im Bereich der Versorgung mit Elektrizität.

²Zusätzlich zu den Berichten nach Satz 1 veröffentlicht das Bundesministerium für Wirtschaft und Energie einmalig zum 31. Oktober 2020 eine Abschätzung der Angemessenheit der Ressourcen gemäß den Anforderungen der Verordnung (EU) 2019/943. ³Diese Analyse ist ab 2022 in den Bericht nach Satz 1 Nummer 2 zu integrieren. ⁴In die Berichte nach Satz 1 sind auch die Erkenntnisse aus dem Monitoring der Versorgungssicherheit nach § 51 sowie getroffene oder geplante Maßnahmen aufzunehmen. ⁵In den Berichten nach Satz 1 stellt die Bundesnetzagentur jeweils auch dar, inwieweit Importe zur Sicherstellung der Versorgungssicherheit in Deutschland beitragen. ⁶Das Bundesministerium für Wirtschaft und Energie stellt zu den Berichten nach Satz 1 Einvernehmen innerhalb der Bundes-

---

¹⁾ **Habersack Nr. 74.**
²⁾ § 63 Abs. 1, 2 und 3 Satz 2 geänd. mWv 17.12.2006 durch G v. 9.12.2006 (BGBl. I S. 2833); Abs. 3 Satz 2 geänd. mWv 1.11.2008 durch G v. 25.10.2008 (BGBl. I S. 2101); Abs. 1 eingef., bish. Abs. 1 wird Abs. 1a, Abs. 3 und 4 neu gef., Abs. 4a und 5 aufgeh., bish. Abs. 6 wird Abs. 5 mWv 4.8.2011 durch G v. 26.7.2011 (BGBl. I S. 1554); Abs. 2a eingef. mWv 28.12.2012 durch G v. 20.12.2012 (BGBl. I S. 2730); Abs. 1 Satz 1 neu gef., Satz 2 aufgeh., bish. Satz 3 wird Satz 2, neuer Satz 2, Abs. 1a, 2, 2a und 3 Satz 3 geänd. mWv 1.8.2014 durch G v. 21.7.2014 (BGBl. I S. 1066); Abs. 1 Satz 2 geänd. und 2a neu gef., Abs. 3 Satz 2 geänd., Abs. 3a eingef. mWv 30.7.2016, Abs. 1 Satz 1 geänd. mWv 1.1.2017 durch G v. 26.7.2016 (BGBl. I S. 1786); Abs. 1 Satz 1 neu gef., Abs. 3 Satz 2, Abs. 3a Satz 1 geänd. mWv 1.1.2017 durch G v. 13.10.2016 (BGBl. I S. 2258); Abs. 2a Satz 1 geänd. mWv 1.1.2017 durch G v. 22.12.2016 (BGBl. I S. 3106); Abs. 2a Satz 2, Abs. 3a Satz 1 geänd. mWv 21.12.2018 durch G v. 17.12. 2018 (BGBl. I S. 2549); Abs. 2 neu gef. mWv 14.8.2020 durch G v. 8.8.2020 (BGBl. I S. 1818); Abs. 2 Satz 8 aufgeh. mWv 27.7.2021 durch G v. 16.7.2021 (BGBl. I S. 3026); Abs. 2 Satz 1, 3 und 7, Abs. 3a Satz 1 geänd. mWv 29.7.2022 durch G v. 19.7.2022 (BGBl. I S. 1214); Abs. 2b eingef., Abs. 4 Sätze 3–5 angef. mWv 29.12.2023 durch G v. 22.12.2023 (BGBl. 2023 I Nr. 405).

regierung her. [7]Die Bundesregierung veröffentlicht die Berichte der Bundesnetzagentur nach Satz 1 und legt dem Bundestag erstmals zum 31. Januar 2023 und dann mindestens alle vier Jahre Handlungsempfehlungen vor.

(2a) [1]Das Bundesministerium für Wirtschaft und Energie veröffentlicht jeweils bis zum 31. Juli 2017 und 31. Dezember 2018 sowie für die Dauer des Fortbestehens der Maßnahmen nach den §§ 13a bis 13d sowie 13f, 13i und 13j sowie § 16 Absatz 2a mindestens alle zwei Jahre jeweils einen Bericht über die Wirksamkeit und Notwendigkeit dieser Maßnahmen einschließlich der dafür entstehenden Kosten. [2]Ab dem Jahr 2020 umfasst der Bericht auch auf Grundlage der Überprüfungen nach § 13e Absatz 5 die Wirksamkeit und Notwendigkeit von Maßnahmen nach § 13e oder der Rechtsverordnung nach § 13h einschließlich der für die Maßnahmen entstehenden Kosten. [3]Das Bundesministerium für Wirtschaft und Energie evaluiert in dem zum 31. Dezember 2022 zu veröffentlichenden Bericht auch, ob eine Fortgeltung der Regelungen nach Satz 1 und der Netzreserveverordnung über den 31. Dezember 2023 hinaus zur Gewährleistung der Sicherheit oder Zuverlässigkeit des Elektrizitätsversorgungssystems weiterhin notwendig ist.

(2b) [1]Die Bundesnetzagentur informiert das Bundesministerium für Wirtschaft und Klimaschutz jeweils zum 1. April und zum 1. Oktober eines jeden Jahres schriftlich oder elektronisch darüber, inwieweit diejenigen laufenden und abgeschlossenen Festlegungsverfahren nach § 29 Absatz 1, die das Bundesministerium für Wirtschaft und Klimaschutz jeweils spätestens sechs Monate zuvor benannt hat, dazu beitragen können, die in § 1 genannten klima- und energiepolitischen Ziele zu erreichen. [2]Die Information soll auch Angaben zum Stand und zum weiteren Verfahren, insbesondere zu den Zeitplänen, enthalten. [3]Das Bundesministerium für Wirtschaft und Klimaschutz leitet die nach Satz 1 erhaltenen Informationen schriftlich oder elektronisch an den Bundestag weiter.

(3) [1]Die Bundesnetzagentur veröffentlicht jährlich einen Bericht über ihre Tätigkeit sowie im Einvernehmen mit dem Bundeskartellamt, soweit wettbewerbliche Aspekte betroffen sind, über das Ergebnis ihrer Monitoring-Tätigkeit und legt ihn der Europäischen Kommission und der Europäischen Agentur für die Zusammenarbeit der Energieregulierungsbehörden vor. [2]In den Bericht ist der vom Bundeskartellamt im Einvernehmen mit der Bundesnetzagentur, soweit Aspekte der Regulierung der Leitungsnetze betroffen sind, erstellte Bericht über das Ergebnis seiner Monitoring-Tätigkeit nach § 48 Absatz 3 in Verbindung mit § 53 Absatz 3 Satz 1 des Gesetzes gegen Wettbewerbsbeschränkungen[1]) aufzunehmen (Monitoringbericht Elektrizitäts- und Gasmarkt). [3]In den Bericht sind allgemeine Weisungen des Bundesministeriums für Wirtschaft und Energie nach § 61 aufzunehmen.

(3a) [1]Die Regulierungsbehörde veröffentlicht bis zum 31. März 2017, 30. Juni 2019, 30. Juni 2021, 30. Juni 2024 und dann mindestens alle zwei Jahre auf Grundlage der Informationen und Analysen nach § 12 Absatz 5 Satz 1 Nummer 4 und nach § 35 Absatz 1a jeweils einen Bericht über die Mindesterzeugung, über die Faktoren, die die Mindesterzeugung in den Jahren des jeweiligen Betrachtungszeitraums maßgeblich beeinflusst haben, sowie über den Umfang, in dem die Einspeisung aus erneuerbaren Energien durch diese Mindesterzeugung beeinflusst worden ist (Bericht über die Mindesterzeugung). [2]In den Bericht nach Satz 1 ist auch die zukünftige Entwicklung der Mindesterzeugung aufzunehmen.

---

[1]) **Habersack Nr. 74.**

(4) [1] Die Bundesnetzagentur kann in ihrem Amtsblatt oder auf ihrer Internetseite jegliche Information veröffentlichen, die für Haushaltskunden Bedeutung haben kann, auch wenn dies die Nennung von Unternehmensnamen beinhaltet. [2] Sonstige Rechtsvorschriften, namentlich zum Schutz personenbezogener Daten und zum Presserecht, bleiben unberührt. [3] Die Bundesnetzagentur stellt dem Bundesministerium für Digitales und Verkehr erstmals zum 1. Juli 2024 und dann vierteljährlich aggregierte Daten, getrennt nach Ladeleistung von höchstens 22 Kilowatt und mehr als 22 Kilowatt, über die aktuelle Anzahl und die aktuelle kumulierte Ladeleistung nicht öffentlich zugänglicher Ladepunkte aller Netzanschlussebenen sowie deren jeweilige räumliche Verteilung nach Postleitzahl und Ort zur Verfügung. [4] Die Bundesnetzagentur veröffentlicht auf ihrer Internetseite Informationen zu öffentlich zugänglichen Ladepunkten, die ihr nach § 5 der Ladesäulenverordnung angezeigt worden sind. [5] Die Informationen können insbesondere Angaben zu Betreiber, Standort, technischer Ausstattung und Zugänglichkeit des öffentlich zugänglichen Ladepunktes umfassen.

(5) Das Statistische Bundesamt unterrichtet die Europäische Kommission alle drei Monate über in den vorangegangenen drei Monaten getätigte Elektrizitätseinfuhren in Form physikalisch geflossener Energiemengen aus Ländern außerhalb der Europäischen Union.

**§ 64 Wissenschaftliche Beratung.** (1) [1] Die Bundesnetzagentur kann zur Vorbereitung ihrer Entscheidungen oder zur Begutachtung von Fragen der Regulierung wissenschaftliche Kommissionen einsetzen. [2] Ihre Mitglieder müssen auf dem Gebiet der leitungsgebundenen Energieversorgung über besondere volkswirtschaftliche, betriebswirtschaftliche, verbraucherpolitische, technische oder rechtliche Erfahrungen und über ausgewiesene wissenschaftliche Kenntnisse verfügen.

(2) [1] Die Bundesnetzagentur darf sich bei der Erfüllung ihrer Aufgaben fortlaufend wissenschaftlicher Unterstützung bedienen. [2] Diese betrifft insbesondere

1. die regelmäßige Begutachtung der volkswirtschaftlichen, betriebswirtschaftlichen, technischen und rechtlichen Entwicklung auf dem Gebiet der leitungsgebundenen Energieversorgung,

2. die Aufbereitung und Weiterentwicklung der Grundlagen für die Gestaltung der Regulierung des Netzbetriebs, die Regeln über den Netzanschluss und -zugang sowie den Kunden- und Verbraucherschutz.

**§ 64a Zusammenarbeit zwischen den Regulierungsbehörden.** (1) [1] Die Bundesnetzagentur und die Landesregulierungsbehörden unterstützen sich gegenseitig bei der Wahrnehmung der ihnen nach § 54 obliegenden Aufgaben. [2] Dies gilt insbesondere für den Austausch der für die Wahrnehmung der Aufgaben nach Satz 1 notwendigen Informationen.

(2) [1] Die Landesregulierungsbehörden unterstützen die Bundesnetzagentur bei der Wahrnehmung der dieser nach den §§ 35, 60, 63 und 64 obliegenden Aufgaben; soweit hierbei Aufgaben der Landesregulierungsbehörden berührt sind, gibt die Bundesnetzagentur den Landesregulierungsbehörden auf geeignete Weise Gelegenheit zur Mitwirkung. [2] Dies kann auch über den Länderausschuss nach § 60a erfolgen.

## Teil 8.[1] Verfahren und Rechtsschutz bei überlangen Gerichtsverfahren

### Abschnitt 1. Behördliches Verfahren

**§ 65[2] Aufsichtsmaßnahmen.** (1) [1]Die Regulierungsbehörde kann Unternehmen oder Vereinigungen von Unternehmen verpflichten, ein Verhalten abzustellen, das den Bestimmungen dieses Gesetzes sowie den auf Grund dieses Gesetzes ergangenen Rechtsvorschriften oder den nach § 29 Absatz 1 festgelegten oder genehmigten Bedingungen und Methoden entgegensteht. [2]Sie kann hierzu alle erforderlichen Abhilfemaßnahmen verhaltensorientierter oder struktureller Art vorschreiben, die gegenüber der festgestellten Zuwiderhandlung verhältnismäßig und für eine wirksame Abstellung der Zuwiderhandlung erforderlich sind. [3]Abhilfemaßnahmen struktureller Art können nur in Ermangelung einer verhaltensorientierten Abhilfemaßnahme von gleicher Wirksamkeit festgelegt werden oder wenn letztere im Vergleich zu Abhilfemaßnahmen struktureller Art mit einer größeren Belastung für die beteiligten Unternehmen verbunden wäre.

(2) Kommt ein Unternehmen oder eine Vereinigung von Unternehmen seinen Verpflichtungen nach diesem Gesetz, nach den auf Grund dieses Gesetzes erlassenen Rechtsverordnungen in der bis zum 28. Dezember 2023 geltenden Fassung oder nach den nach § 29 Absatz 1 festgelegten oder genehmigten Bedingungen und Methoden nicht nach, so kann die Regulierungsbehörde die Maßnahmen zur Einhaltung der Verpflichtungen anordnen.

(2a) [1]Hat ein Betreiber von Transportnetzen aus anderen als zwingenden, von ihm nicht zu beeinflussenden Gründen eine Investition, die nach dem Netzentwicklungsplan nach § 12c Absatz 4 Satz 1 und 3 oder § 15a in den folgenden drei Jahren nach Eintritt der Verbindlichkeit nach § 12c Absatz 4 Satz 1 oder § 15a Absatz 3 Satz 8 durchgeführt werden musste, nicht durchgeführt, fordert die Regulierungsbehörde ihn mit Fristsetzung zur Durchführung der betreffenden Investition auf, sofern die Investition unter Zugrundelegung des jüngsten Netzentwicklungsplans noch relevant ist. [2]Um die Durchführung einer solchen Investition sicherzustellen, kann die Regulierungsbehörde nach Ablauf der Frist nach Satz 1 ein Ausschreibungsverfahren zur Durchführung der betreffenden Investition durchführen oder den Transportnetzbetreiber verpflichten, eine Kapitalerhöhung im Hinblick auf die Finanzierung der notwendigen Investitionen durchzuführen und dadurch unabhängigen Investoren eine Kapitalbeteiligung zu ermöglichen. [3]Die Regulierungsbehörde kann durch Festlegung nach § 29 Absatz 1 zum Ausschreibungsverfahren nähere Bestimmungen treffen.

(3) Soweit ein berechtigtes Interesse besteht, kann die Regulierungsbehörde auch eine Zuwiderhandlung feststellen, nachdem diese beendet ist.

(4) § 30 Abs. 2 bleibt unberührt.

(5) Die Absätze 1 und 2 sowie die §§ 68, 69 und 71 sind entsprechend anzuwenden auf die Überwachung von Bestimmungen dieses Gesetzes und von auf Grund dieser Bestimmungen ergangenen Rechtsvorschriften durch die nach Landesrecht zuständige Behörde, soweit diese für die Überwachung der Einhal-

---

[1] Teil 8 Überschrift geänd. mWv 3.12.2011 durch G v. 24.11.2011 (BGBl. I S. 2302).
[2] § 65 Abs. 1 Sätze 2 und 3 angef., Abs. 2a eingef., Abs. 5 angef. mWv 4.8.2011 durch G v. 26.7.2011 (BGBl. I S. 1554); Abs. 6 angef. mWv 12.12.2012 durch G v. 5.12.2012 (BGBl. I S. 2403); Abs. 2a Satz 1 geänd., Satz 2 neu gef. mWv 27.7.2021 durch G v. 16.7.2021 (BGBl. I S. 3026); Abs. 1 Satz 1, Abs. 2 geänd. mWv 29.12.2023 durch G v. 22.12.2023 (BGBl. 2023 I Nr. 405).

tung dieser Vorschriften zuständig ist und dieses Gesetz im Einzelfall nicht speziellere Vorschriften über Aufsichtsmaßnahmen enthält.

(6) Die Bundesnetzagentur kann gegenüber Personen, die gegen Vorschriften der Verordnung (EU) Nr. 1227/2011 verstoßen, sämtliche Maßnahmen nach den Absätzen 1 bis 3 ergreifen, soweit sie zur Durchsetzung der Vorschriften der Verordnung (EU) Nr. 1227/2011 erforderlich sind.

**§ 66[1]) Einleitung des Verfahrens, Beteiligte.** (1) Die Regulierungsbehörde leitet ein Verfahren von Amts wegen oder auf Antrag ein.

(2) An dem Verfahren vor der Regulierungsbehörde sind beteiligt,

1. wer die Einleitung eines Verfahrens beantragt hat,

2. natürliche und juristische Personen, gegen die sich das Verfahren richtet,

3. Personen und Personenvereinigungen, deren Interessen durch die Entscheidung erheblich berührt werden und die die Regulierungsbehörde auf ihren Antrag zu dem Verfahren beigeladen hat, wobei Interessen der Verbraucherzentralen und anderer Verbraucherverbände, die mit öffentlichen Mitteln gefördert werden, auch dann erheblich berührt werden, wenn sich die Entscheidung auf eine Vielzahl von Verbrauchern auswirkt und dadurch die Interessen der Verbraucher insgesamt erheblich berührt werden.

(3) An Verfahren vor den nach Landesrecht zuständigen Behörden ist auch die Regulierungsbehörde beteiligt.

**§ 66a[2]) Vorabentscheidung über Zuständigkeit.** (1) [1]Macht ein Beteiligter die örtliche oder sachliche Unzuständigkeit der Regulierungsbehörde geltend, so kann die Regulierungsbehörde über die Zuständigkeit vorab entscheiden. [2]Die Verfügung kann selbständig mit der Beschwerde angefochten werden.

(2) Hat ein Beteiligter die örtliche oder sachliche Unzuständigkeit der Regulierungsbehörde nicht geltend gemacht, so kann eine Beschwerde nicht darauf gestützt werden, dass die Regulierungsbehörde ihre Zuständigkeit zu Unrecht angenommen hat.

**§ 67[3]) Anhörung, Akteneinsicht, mündliche Verhandlung.** (1) Die Regulierungsbehörde hat den Beteiligten Gelegenheit zur Stellungnahme zu geben.

(2) Vertretern der von einem Verfahren berührten Wirtschaftskreise kann die Regulierungsbehörde in geeigneten Fällen Gelegenheit zur Stellungnahme geben.

(3) [1]Auf Antrag eines Beteiligten oder von Amts wegen kann die Regulierungsbehörde eine öffentliche mündliche Verhandlung durchführen. [2]Für die Verhandlung oder für einen Teil davon ist die Öffentlichkeit auszuschließen, wenn sie eine Gefährdung der öffentlichen Ordnung, insbesondere der Sicherheit des Staates, oder die Gefährdung eines wichtigen Betriebs- oder Geschäftsgeheimnisses besorgen lässt.

(4) Die §§ 45 und 46 des Verwaltungsverfahrensgesetzes[4]) sind anzuwenden.

(5) [1]Die Bundesnetzagentur kann Dritten Auskünfte aus den ein Verfahren betreffenden Akten erteilen oder Einsicht in diese gewähren, soweit diese hierfür

---

[1]) § 66 Abs. 2 Nr. 3 geänd. mWv 1.11.2008 durch G v. 25.10.2008 (BGBl. I S. 2101); Abs. 2 Nr. 2 geänd. mWv 12.12.2012 durch G v. 5.12.2012 (BGBl. I S. 2403).
[2]) § 66a eingef. mWv 22.12.2007 durch G v. 18.12.2007 (BGBl. I S. 2966).
[3]) § 67 Überschrift geänd., Abs. 5 angef. mWv 29.12.2023 durch G v. 22.12.2023 (BGBl. 2023 I Nr. 405).
[4]) Nr. **100**.

ein berechtigtes Interesse darlegen. [2] Die Bundesnetzagentur hat die Einsicht in die Unterlagen zu versagen, soweit dies aus wichtigen Gründen, insbesondere zur Sicherstellung der ordnungsgemäßen Erfüllung der Aufgaben der Behörde sowie zur Wahrung des Geheimschutzes oder von Betriebs- oder Geschäftsgeheimnissen oder sonstigen schutzwürdigen Interessen des Betroffenen, geboten ist. [3] In Entwürfe zu Entscheidungen, die Arbeiten zu ihrer Vorbereitung und die Dokumente, die Abstimmungen betreffen, wird keine Akteneinsicht gewährt.

**§ 68**[1] **Ermittlungen.** (1) Die Regulierungsbehörde kann alle Ermittlungen führen und alle Beweise erheben, die erforderlich sind.

(2) [1] Für den Beweis durch Augenschein, Zeugen und Sachverständige sind § 372 Abs. 1, §§ 376, 377, 378, 380 bis 387, 390, 395 bis 397, 398 Abs. 1, §§ 401, 402, 404, 404a, 406 bis 409, 411 bis 414 der Zivilprozessordnung[2] sinngemäß anzuwenden; Haft darf nicht verhängt werden. [2] Für die Entscheidung über die Beschwerde ist das Oberlandesgericht zuständig.

(3) [1] Über die Zeugenaussage soll eine Niederschrift aufgenommen werden, die von dem ermittelnden Mitglied der Regulierungsbehörde und, wenn ein Urkundsbeamter zugezogen ist, auch von diesem zu unterschreiben ist. [2] Die Niederschrift soll Ort und Tag der Verhandlung sowie die Namen der Mitwirkenden und Beteiligten ersehen lassen.

(4) [1] Die Niederschrift ist dem Zeugen zur Genehmigung vorzulesen oder zur eigenen Durchsicht vorzulegen. [2] Die erteilte Genehmigung ist zu vermerken und von den Zeugen zu unterschreiben. [3] Unterbleibt die Unterschrift, so ist der Grund hierfür anzugeben.

(5) Bei der Vernehmung von Sachverständigen sind die Bestimmungen der Absätze 3 und 4 anzuwenden.

(6) [1] Die Regulierungsbehörde kann das Amtsgericht um die Beeidigung von Zeugen ersuchen, wenn sie die Beeidigung zur Herbeiführung einer wahrheitsgemäßen Aussage für notwendig erachtet. [2] Über die Beeidigung entscheidet das Gericht.

(7) Die Bundesnetzagentur darf personenbezogene Daten, die ihr zur Durchführung der Verordnung (EU) Nr. 1227/2011 mitgeteilt werden, nur verarbeiten, soweit dies zur Erfüllung der in ihrer Zuständigkeit liegenden Aufgaben und für die Zwecke der Zusammenarbeit nach Artikel 7 Absatz 2 und Artikel 16 der Verordnung (EU) Nr. 1227/2011 erforderlich ist.

(8) Die Bundesnetzagentur kann zur Erfüllung ihrer Aufgaben auch Wirtschaftsprüfer oder Sachverständige als Verwaltungshelfer bei Ermittlungen oder Überprüfungen einsetzen.

**§ 68a**[3] **Zusammenarbeit mit der Staatsanwaltschaft.** [1] Die Bundesnetzagentur hat Tatsachen, die den Verdacht einer Straftat nach § 95a oder § 95b begründen, der zuständigen Staatsanwaltschaft unverzüglich anzuzeigen. [2] Sie kann die personenbezogenen Daten der betroffenen Personen, gegen die sich der Verdacht richtet oder die als Zeugen in Betracht kommen, der Staatsanwaltschaft

---

[1] § 68 Abs. 7 und 8 angef. mWv 12.12.2012 durch G v. 5.12.2012 (BGBl. I S. 2403); Abs. 7 geänd. mWv 26.11.2019 durch G v. 20.11.2019 (BGBl. I S. 1626).
[2] **Habersack Nr. 100.**
[3] § 68a eingef. mWv 12.12.2012 durch G v. 5.12.2012 (BGBl. I S. 2403); Satz 4 einl. Satzteil geänd. mWv 30.7.2016 durch G v. 26.7.2016 (BGBl. I S. 1786); Satz 2 geänd. mWv 26.11.2019 durch G v. 20.11.2019 (BGBl. I S. 1626).

übermitteln, soweit dies für Zwecke der Strafverfolgung erforderlich ist. [3] Die Staatsanwaltschaft entscheidet über die Vornahme der erforderlichen Ermittlungsmaßnahmen, insbesondere über Durchsuchungen, nach den Vorschriften der Strafprozessordnung. [4] Die Befugnisse der Bundesnetzagentur nach § 56 Absatz 1 Satz 2 und § 69 Absatz 3 und 11 bleiben hiervon unberührt, soweit

1. sie für die Durchführung von Verwaltungsmaßnahmen oder die Zusammenarbeit nach Artikel 7 Absatz 2 und Artikel 16 der Verordnung (EU) Nr. 1227/2011 erforderlich sind und

2. eine Gefährdung des Untersuchungszwecks von Ermittlungen der Strafverfolgungsbehörden oder der für Strafsachen zuständigen Gerichte nicht zu erwarten ist.

**§ 69[1]) Auskunftsverlangen, Betretungsrecht.** (1) [1] Soweit es zur Erfüllung der in diesem Gesetz der Regulierungsbehörde übertragenen Aufgaben erforderlich ist, kann die Regulierungsbehörde bis zur Bestandskraft ihrer Entscheidung

1. von Unternehmen und Vereinigungen von Unternehmen Auskunft über ihre technischen und wirtschaftlichen Verhältnisse sowie die Herausgabe von Unterlagen verlangen; dies umfasst auch allgemeine Marktstudien, die der Regulierungsbehörde bei der Erfüllung der ihr übertragenen Aufgaben, insbesondere bei der Einschätzung oder Analyse der Wettbewerbsbedingungen oder der Marktlage, dienen und sich im Besitz des Unternehmens oder der Vereinigung von Unternehmen befinden;

2. von Unternehmen und Vereinigungen von Unternehmen Auskunft über die wirtschaftlichen Verhältnisse von mit ihnen nach Artikel 3 Abs. 2 der Verordnung (EG) Nr. 139/2004 verbundenen Unternehmen sowie die Herausgabe von Unterlagen dieser Unternehmen verlangen, soweit sie die Informationen zur Verfügung haben oder soweit sie auf Grund bestehender rechtlicher Verbindungen zur Beschaffung der verlangten Informationen über die verbundenen Unternehmen in der Lage sind;

3. bei Unternehmen und Vereinigungen von Unternehmen innerhalb der üblichen Geschäftszeiten die geschäftlichen Unterlagen einsehen und prüfen.

[2] Gegenüber Wirtschafts- und Berufsvereinigungen der Energiewirtschaft gilt Satz 1 Nr. 1 und 3 entsprechend hinsichtlich ihrer Tätigkeit, Satzung und Beschlüsse sowie Anzahl und Namen der Mitglieder, für die die Beschlüsse bestimmt sind.

(2) Die Inhaber der Unternehmen oder die diese vertretenden Personen, bei juristischen Personen, Gesellschaften und nichtrechtsfähigen Vereinen die nach Gesetz oder Satzung zur Vertretung berufenen Personen, sind verpflichtet, die verlangten Unterlagen herauszugeben, die verlangten Auskünfte zu erteilen, die geschäftlichen Unterlagen zur Einsichtnahme vorzulegen und die Prüfung dieser geschäftlichen Unterlagen sowie das Betreten von Geschäftsräumen und -grundstücken während der üblichen Geschäftszeiten zu dulden.

(3) [1] Personen, die von der Regulierungsbehörde mit der Vornahme von Prüfungen beauftragt sind, dürfen Betriebsgrundstücke, Büro- und Geschäftsräume und Einrichtungen der Unternehmen und Vereinigungen von Unternehmen

---

[1]) § 69 Abs. 4 Satz 2 eingef., bish. Sätze 2–4 werden Sätze 3–5, Satz 6, Abs. 5 Satz 2 angef. mWv 22.12. 2007 durch G v. 18.12.2007 (BGBl. I S. 2966); Abs. 6 Satz 3, Abs. 7 Satz 1, Abs. 8 Satz 1, Abs. 10 Satz 3 geänd. mWv 1.11.2008 durch G v. 25.10.2008 (BGBl. I S. 2101); Abs. 3 Sätze 2 und 3, Abs. 11 angef. mWv 12.12.2012 durch G v. 5.12.2012 (BGBl. I S. 2403).

während der üblichen Geschäftszeiten betreten. [2] Das Betreten ist außerhalb dieser Zeit oder wenn die Geschäftsräume sich in einer Wohnung befinden ohne Einverständnis nur insoweit zulässig und zu dulden, wie dies zur Verhütung von dringenden Gefahren für die öffentliche Sicherheit und Ordnung erforderlich ist und wie bei der auskunftspflichtigen Person Anhaltspunkte für einen Verstoß gegen Artikel 3 oder 5 der Verordnung (EU) Nr. 1227/2011 vorliegen. [3] Das Grundrecht des Artikels 13 des Grundgesetzes[1] wird insoweit eingeschränkt.

(4) [1] Durchsuchungen können nur auf Anordnung des Amtsgerichts, in dessen Bezirk die Durchsuchung erfolgen soll, vorgenommen werden. [2] Durchsuchungen sind zulässig, wenn zu vermuten ist, dass sich in den betreffenden Räumen Unterlagen befinden, die die Regulierungsbehörde nach Absatz 1 einsehen, prüfen oder herausverlangen darf. [3] Auf die Anfechtung dieser Anordnung finden die §§ 306 bis 310 und 311a der Strafprozessordnung[2] entsprechende Anwendung. [4] Bei Gefahr im Verzuge können die in Absatz 3 bezeichneten Personen während der Geschäftszeit die erforderlichen Durchsuchungen ohne richterliche Anordnung vornehmen. [5] An Ort und Stelle ist eine Niederschrift über die Durchsuchung und ihr wesentliches Ergebnis aufzunehmen, aus der sich, falls keine richterliche Anordnung ergangen ist, auch die Tatsachen ergeben, die zur Annahme einer Gefahr im Verzuge geführt haben. [6] Das Grundrecht der Unverletzlichkeit der Wohnung (Artikel 13 Abs. 1 des Grundgesetzes) wird insoweit eingeschränkt.

(5) [1] Gegenstände oder geschäftliche Unterlagen können im erforderlichen Umfang in Verwahrung genommen werden oder, wenn sie nicht freiwillig herausgegeben werden, beschlagnahmt werden. [2] Dem von der Durchsuchung Betroffenen ist nach deren Beendigung auf Verlangen ein Verzeichnis der in Verwahrung oder Beschlag genommenen Gegenstände, falls dies nicht der Fall ist, eine Bescheinigung hierüber zu geben.

(6) [1] Zur Auskunft Verpflichtete können die Auskunft auf solche Fragen verweigern, deren Beantwortung sie selbst oder in § 383 Abs. 1 Nr. 1 bis 3 der Zivilprozessordnung[3] bezeichnete Angehörige der Gefahr strafrechtlicher Verfolgung oder eines Verfahrens nach dem Gesetz über Ordnungswidrigkeiten[4] aussetzen würde. [2] Die durch Auskünfte oder Maßnahmen nach Absatz 1 erlangten Kenntnisse und Unterlagen dürfen für ein Besteuerungsverfahren oder ein Bußgeldverfahren wegen einer Steuerordnungswidrigkeit oder einer Devisenzuwiderhandlung sowie für ein Verfahren wegen einer Steuerstraftat oder einer Devisenstraftat nicht verwendet werden; die §§ 93, 97, 105 Abs. 1, § 111 Abs. 5 in Verbindung mit § 105 Abs. 1 sowie § 116 Abs. 1 der Abgabenordnung sind insoweit nicht anzuwenden. [3] Satz 2 gilt nicht für Verfahren wegen einer Steuerstraftat sowie eines damit zusammenhängenden Besteuerungsverfahrens, wenn an deren Durchführung ein zwingendes öffentliches Interesse besteht, oder bei vorsätzlich falschen Angaben der Auskunftspflichtigen oder der für sie tätigen Personen.

(7) [1] Die Bundesnetzagentur fordert die Auskünfte nach Absatz 1 Nr. 1 durch Beschluss, die Landesregulierungsbehörde fordert sie durch schriftliche Einzelverfügung an. [2] Darin sind die Rechtsgrundlage, der Gegenstand und der Zweck des

---

[1] Nr. **1**.
[2] **Habersack Nr. 90.**
[3] **Habersack Nr. 100.**
[4] **Habersack Nr. 94.**

Auskunftsverlangens anzugeben und eine angemessene Frist zur Erteilung der Auskunft zu bestimmen.

(8) [1] Die Bundesnetzagentur ordnet die Prüfung nach Absatz 1 Satz 1 Nr. 3 durch Beschluss mit Zustimmung des Präsidenten oder der Präsidentin, die Landesregulierungsbehörde durch schriftliche Einzelverfügung an. [2] In der Anordnung sind Zeitpunkt, Rechtsgrundlage, Gegenstand und Zweck der Prüfung anzugeben.

(9) Soweit Prüfungen einen Verstoß gegen Anordnungen oder Entscheidungen der Regulierungsbehörde ergeben haben, hat das Unternehmen der Regulierungsbehörde die Kosten für diese Prüfungen zu erstatten.

(10) [1] Lassen Umstände vermuten, dass der Wettbewerb im Anwendungsbereich dieses Gesetzes beeinträchtigt oder verfälscht ist, kann die Regulierungsbehörde die Untersuchung eines bestimmten Wirtschaftszweiges oder einer bestimmten Art von Vereinbarungen oder Verhalten durchführen. [2] Im Rahmen dieser Untersuchung kann die Regulierungsbehörde von den betreffenden Unternehmen die Auskünfte verlangen, die zur Durchsetzung dieses Gesetzes und der Verordnung (EG) Nr. 1228/2003 erforderlich sind und die dazu erforderlichen Ermittlungen durchführen. [3] Die Absätze 1 bis 9 sowie die §§ 68 und 71 sowie 72 bis 74 gelten entsprechend.

(11) [1] Die Bundesnetzagentur kann von allen natürlichen und juristischen Personen Auskünfte und die Herausgabe von Unterlagen verlangen sowie Personen laden und vernehmen, soweit Anhaltspunkte dafür vorliegen, dass dies für die Überwachung der Einhaltung der Artikel 3 und 5 der Verordnung (EU) Nr. 1227/2011 erforderlich ist. [2] Sie kann insbesondere die Angabe von Bestandsveränderungen in Energiegroßhandelsprodukten sowie Auskünfte über die Identität weiterer Personen, insbesondere der Auftraggeber und der aus Geschäften berechtigten oder verpflichteten Personen, verlangen. [3] Die Absätze 1 bis 9 sowie die §§ 68 und 71 sowie 72 bis 74 sind anzuwenden. [4] Gesetzliche Auskunfts- oder Aussageverweigerungsrechte sowie gesetzliche Verschwiegenheitspflichten bleiben unberührt.

**§ 70 Beschlagnahme.** (1) [1] Die Regulierungsbehörde kann Gegenstände, die als Beweismittel für die Ermittlung von Bedeutung sein können, beschlagnahmen. [2] Die Beschlagnahme ist dem davon Betroffenen unverzüglich bekannt zu geben.

(2) Die Regulierungsbehörde hat binnen drei Tagen um die richterliche Bestätigung des Amtsgerichts, in dessen Bezirk die Beschlagnahme vorgenommen ist, nachzusuchen, wenn bei der Beschlagnahme weder der davon Betroffene noch ein erwachsener Angehöriger anwesend war oder wenn der Betroffene und im Falle seiner Abwesenheit ein erwachsener Angehöriger des Betroffenen gegen die Beschlagnahme ausdrücklich Widerspruch erhoben hat.

(3) [1] Der Betroffene kann gegen die Beschlagnahme jederzeit um die richterliche Entscheidung nachsuchen. [2] Hierüber ist er zu belehren. [3] Über den Antrag entscheidet das nach Absatz 2 zuständige Gericht.

(4) [1] Gegen die richterliche Entscheidung ist die Beschwerde zulässig. [2] Die §§ 306 bis 310 und 311a der Strafprozessordnung[1]) gelten entsprechend.

**§ 71 Betriebs- oder Geschäftsgeheimnisse.** [1] Zur Sicherung ihrer Rechte nach § 30 des Verwaltungsverfahrensgesetzes[2]) haben alle, die nach diesem Gesetz

---

[1]) **Habersack Nr. 90.**
[2]) Nr. 100.

zur Vorlage von Informationen verpflichtet sind, unverzüglich nach der Vorlage diejenigen Teile zu kennzeichnen, die Betriebs- oder Geschäftsgeheimnisse enthalten. [2] In diesem Fall müssen sie zusätzlich eine Fassung vorlegen, die aus ihrer Sicht ohne Preisgabe von Betriebs- oder Geschäftsgeheimnissen eingesehen werden kann. [3] Erfolgt dies nicht, kann die Regulierungsbehörde von ihrer Zustimmung zur Einsicht ausgehen, es sei denn, ihr sind besondere Umstände bekannt, die eine solche Vermutung nicht rechtfertigen. [4] Hält die Regulierungsbehörde die Kennzeichnung der Unterlagen als Betriebs- oder Geschäftsgeheimnisse für unberechtigt, so muss sie vor der Entscheidung über die Gewährung von Einsichtnahme an Dritte die vorlegenden Personen hören.

**§ 71a Netzentgelte vorgelagerter Netzebenen.** Soweit Entgelte für die Nutzung vorgelagerter Netzebenen im Netzentgelt des Verteilernetzbetreibers enthalten sind, sind diese von den Landesregulierungsbehörden zugrunde zu legen, soweit nicht etwas anderes durch eine sofort vollziehbare oder bestandskräftige Entscheidung der Bundesnetzagentur oder ein rechtskräftiges Urteil festgestellt worden ist.

**§ 72 Vorläufige Anordnungen.** Die Regulierungsbehörde kann bis zur endgültigen Entscheidung vorläufige Anordnungen treffen.

**§ 73[1) Verfahrensabschluss, Begründung der Entscheidung, Zustellung.**

(1) [1] Entscheidungen der Regulierungsbehörde sind zu begründen und mit einer Belehrung über das zulässige Rechtsmittel den Beteiligten nach den Vorschriften des Verwaltungszustellungsgesetzes[2)] zuzustellen. [2] § 5 Abs. 4 des Verwaltungszustellungsgesetzes und § 178 Abs. 1 Nr. 2 der Zivilprozessordnung[3)] sind entsprechend anzuwenden auf Unternehmen und Vereinigungen von Unternehmen. [3] Entscheidungen, die gegenüber einem Unternehmen mit Sitz im Ausland ergehen, stellt die Regulierungsbehörde der Person zu, die das Unternehmen der Regulierungsbehörde als im Inland zustellungsbevollmächtigt benannt hat. [4] Hat das Unternehmen keine zustellungsbevollmächtigte Person im Inland benannt, so stellt die Regulierungsbehörde die Entscheidungen durch Bekanntmachung im Bundesanzeiger zu.

(1a) [1] Werden Entscheidungen der Regulierungsbehörde durch Festlegung nach § 29 Absatz 1 oder durch Änderungsbeschluss nach § 29 Absatz 2 gegenüber allen oder einer Gruppe von Netzbetreibern oder von sonstigen Verpflichteten einer Vorschrift getroffen, kann die Zustellung nach Absatz 1 Satz 1 durch öffentliche Bekanntmachung ersetzt werden. [2] Die öffentliche Bekanntmachung wird dadurch bewirkt, dass der verfügende Teil der Festlegung oder des Änderungsbeschlusses, die Rechtsbehelfsbelehrung und ein Hinweis auf die Veröffentlichung der vollständigen Entscheidung auf der Internetseite der Regulierungsbehörde im Amtsblatt der Regulierungsbehörde bekannt gemacht werden. [3] Die Festlegung oder der Änderungsbeschluss gilt mit dem Tag als zugestellt, an dem seit dem Tag der Bekanntmachung im Amtsblatt der Regulierungsbehörde zwei Wochen verstri-

---

[1)] § 73 Abs. 1 Satz 2 geänd. mWv 22.12.2007 durch G v. 18.12.2007 (BGBl. I S. 2966); Abs. 1a eingef. mWv 4.8.2011 durch G v. 26.7.2011 (BGBl. I S. 1554); Abs. 1a Satz 4 geänd. mWv 28.12.2012 durch G v. 20.12.2012 (BGBl. I S. 2730); Abs. 1a Sätze 1–3 und 5 geänd. mWv 30.7.2016 durch G v. 26.7.2016 (BGBl. I S. 1786); Abs. 2 geänd. mWv 5.4.2017 durch G v. 29.3.2017 (BGBl. I S. 626); Abs. 1a Satz 2 geänd. mWv 17.5.2019 durch G v. 13.5.2019 (BGBl. I S. 706); Abs. 1b eingef. mWv 29.12.2023 durch G v. 22.12.2023 (BGBl. 2023 I Nr. 405).
[2)] Nr. **110**.
[3)] **Habersack** Nr. **100**.

chen sind; hierauf ist in der Bekanntmachung hinzuweisen. [4] § 41 Absatz 4 Satz 4 des Verwaltungsverfahrensgesetzes[1] gilt entsprechend. [5] Für Entscheidungen der Regulierungsbehörde in Auskunftsverlangen gegenüber einer Gruppe von Unternehmen gelten die Sätze 1 bis 5 entsprechend, soweit den Entscheidungen ein einheitlicher Auskunftszweck zugrunde liegt.

(1b) [1] Die Bundesnetzagentur hat eine Festlegung nach § 29 Absatz 1 und 2 umfassend zu begründen, so dass die sie tragenden Teile der Begründung von einem sachkundigen Dritten ohne weitere Informationen und ohne sachverständige Hilfe aus sich heraus nachvollzogen werden können. [2] Liegen der Festlegung der Bundesnetzagentur nach § 29 Absatz 1 und 2 ökonomische Analysen zugrunde, müssen diese dem Stand der Wissenschaft entsprechen.

(2) Soweit ein Verfahren nicht mit einer Entscheidung abgeschlossen wird, die den Beteiligten nach Absatz 1 zugestellt wird, ist seine Beendigung den Beteiligten mitzuteilen.

(3) Die Regulierungsbehörde kann die Kosten einer Beweiserhebung den Beteiligten nach billigem Ermessen auferlegen.

## § 74[2] Veröffentlichung von Verfahrenseinleitungen und Entscheidungen.

[1] Die Einleitung von Verfahren nach § 29 Absatz 1 und 2 sowie Entscheidungen der Regulierungsbehörde auf der Grundlage des Teils 3 sind auf der Internetseite der Regulierungsbehörde zu veröffentlichen. [2] Entscheidungen der Bundesnetzagentur auf der Grundlage des Teils 3 und des § 65 sind einschließlich der Begründungen auf der Internetseite der Bundesnetzagentur zu veröffentlichen. [3] Im Übrigen können Verfahrenseinleitungen und Entscheidungen sowie deren Begründung von der Regulierungsbehörde veröffentlicht werden. [4] Die Veröffentlichungen nach den Sätzen 1 bis 3 schließen auch die Veröffentlichung der Firmen betroffener Unternehmen mit ein. [5] Satz 2 ist nicht anzuwenden auf Verfahren nach § 65 auf Grund einer Verordnung nach § 111f.

## Abschnitt 2. Beschwerde

**§ 75[3] Zulässigkeit, Zuständigkeit.** (1) [1] Gegen Entscheidungen der Regulierungsbehörde ist die Beschwerde zulässig. [2] Sie kann auch auf neue Tatsachen und Beweismittel gestützt werden.

(2) Die Beschwerde steht den am Verfahren vor der Regulierungsbehörde Beteiligten zu.

(3) [1] Die Beschwerde ist auch gegen die Unterlassung einer beantragten Entscheidung der Regulierungsbehörde zulässig, auf deren Erlass der Antragsteller einen Rechtsanspruch geltend macht. [2] Als Unterlassung gilt es auch, wenn die Regulierungsbehörde den Antrag auf Erlass der Entscheidung ohne zureichenden Grund in angemessener Frist nicht beschieden hat. [3] Die Unterlassung ist dann einer Ablehnung gleich zu achten.

(4) Über die Beschwerde entscheidet ausschließlich das für den Sitz der Regulierungsbehörde zuständige Oberlandesgericht, in den Fällen des § 51 ausschließlich das für den Sitz der Bundesnetzagentur zuständige Oberlandesgericht, und zwar auch dann, wenn sich die Beschwerde gegen eine Verfügung des

---

[1] Nr. **100**.
[2] § 74 neu gef. mWv 29.12.2023 durch G v. 22.12.2023 (BGBl. 2023 I Nr. 405).
[3] § 75 Abs. 4 Satz 1 geänd. mWv 17.12.2006 durch G v. 9.12.2006 (BGBl. I S. 2833); Abs. 4 Satz 1 geänd. mWv 8.9.2015 durch VO v. 31.8.2015 (BGBl. I S. 1474).

Bundesministeriums für Wirtschaft und Energie richtet. ²§ 36 der Zivilprozessordnung¹⁾ gilt entsprechend.

**§ 76²⁾ Aufschiebende Wirkung.** (1) Die Beschwerde hat keine aufschiebende Wirkung, soweit durch die angefochtene Entscheidung nicht eine Entscheidung zur Durchsetzung der Verpflichtungen nach den §§ 7 bis 7b und 8 bis 10d getroffen wird.

(2) ¹Wird eine Entscheidung, durch die eine vorläufige Anordnung nach § 72 getroffen wurde, angefochten, so kann das Beschwerdegericht anordnen, dass die angefochtene Entscheidung ganz oder teilweise erst nach Abschluss des Beschwerdeverfahrens oder nach Leistung einer Sicherheit in Kraft tritt. ²Die Anordnung kann jederzeit aufgehoben oder geändert werden.

(3) ¹§ 72 gilt entsprechend für das Verfahren vor dem Beschwerdegericht. ²Dies gilt nicht für die Fälle des § 77.

**§ 77 Anordnung der sofortigen Vollziehung und der aufschiebenden Wirkung.** (1) Die Regulierungsbehörde kann in den Fällen des § 76 Abs. 1 die sofortige Vollziehung der Entscheidung anordnen, wenn dies im öffentlichen Interesse oder im überwiegenden Interesse eines Beteiligten geboten ist.

(2) Die Anordnung nach Absatz 1 kann bereits vor der Einreichung der Beschwerde getroffen werden.

(3) ¹Auf Antrag kann das Beschwerdegericht die aufschiebende Wirkung ganz oder teilweise wiederherstellen, wenn

1. die Voraussetzungen für die Anordnung nach Absatz 1 nicht vorgelegen haben oder nicht mehr vorliegen oder

2. ernstliche Zweifel an der Rechtmäßigkeit der angefochtenen Verfügung bestehen oder

3. die Vollziehung für den Betroffenen eine unbillige, nicht durch überwiegende öffentliche Interessen gebotene Härte zur Folge hätte.

²In den Fällen, in denen die Beschwerde keine aufschiebende Wirkung hat, kann die Regulierungsbehörde die Vollziehung aussetzen. ³Die Aussetzung soll erfolgen, wenn die Voraussetzungen des Satzes 1 Nr. 3 vorliegen. ⁴Das Beschwerdegericht kann auf Antrag die aufschiebende Wirkung ganz oder teilweise anordnen, wenn die Voraussetzungen des Satzes 1 Nr. 2 oder 3 vorliegen.

(4) ¹Der Antrag nach Absatz 3 Satz 1 oder 4 ist schon vor Einreichung der Beschwerde zulässig. ²Die Tatsachen, auf die der Antrag gestützt wird, sind vom Antragsteller glaubhaft zu machen. ³Ist die Entscheidung der Regulierungsbehörde schon vollzogen, kann das Gericht auch die Aufhebung der Vollziehung anordnen. ⁴Die Wiederherstellung und die Anordnung der aufschiebenden Wirkung können von der Leistung einer Sicherheit oder von anderen Auflagen abhängig gemacht werden. ⁵Sie können auch befristet werden.

(5) Entscheidungen nach Absatz 3 Satz 1 und Beschlüsse über Anträge nach Absatz 3 Satz 4 können jederzeit geändert oder aufgehoben werden.

---

¹⁾ **Habersack Nr. 100.**
²⁾ § 76 Abs. 1 geänd. mWv 28.12.2012 durch G v. 20.12.2012 (BGBl. I S. 2730).

**§ 78**[1]**) Frist und Form.** (1) [1]Die Beschwerde ist binnen einer Frist von einem Monat bei dem Beschwerdegericht schriftlich einzureichen. [2]Die Frist beginnt mit der Zustellung der Entscheidung der Regulierungsbehörde.

(2) Ergeht auf einen Antrag keine Entscheidung, so ist die Beschwerde an keine Frist gebunden.

(3) [1]Die Beschwerde ist zu begründen. [2]Die Frist für die Beschwerdebegründung beträgt einen Monat; sie beginnt mit der Einlegung der Beschwerde und kann auf Antrag von dem oder der Vorsitzenden des Beschwerdegerichts verlängert werden.

(4) [1]Die Beschwerdebegründung muss enthalten

1. die Erklärung, inwieweit die Entscheidung angefochten und ihre Abänderung oder Aufhebung beantragt wird,

2. die Angabe der Tatsachen und Beweismittel, auf die sich die Beschwerde stützt.

[2]§ 87b Absatz 3 der Verwaltungsgerichtsordnung[2]) ist entsprechend anzuwenden.

(5) Die Beschwerdeschrift und die Beschwerdebegründung müssen durch einen Rechtsanwalt unterzeichnet sein; dies gilt nicht für Beschwerden der Regulierungsbehörde.

**§ 78a**[3]**) Musterverfahren.** (1) [1]Ist die Rechtmäßigkeit einer behördlichen Maßnahme Gegenstand von fünf oder mehr Verfahren, kann das Gericht eines oder mehrere geeignete Verfahren vorab durchführen (Musterverfahren) und die übrigen Verfahren aussetzen. [2]Die Beteiligten sind vorher zu hören. [3]Der Beschluss ist unanfechtbar.

(2) [1]Ist über die durchgeführten Musterverfahren rechtskräftig entschieden worden, kann das Gericht nach Anhörung der Beteiligten über die ausgesetzten Verfahren ohne mündliche Verhandlung entscheiden, wenn es einstimmig der Auffassung ist, dass die ausgesetzten Verfahren gegenüber den rechtskräftig entschiedenen Musterverfahren keine wesentlichen Besonderheiten tatsächlicher oder rechtlicher Art aufweisen und der Sachverhalte geklärt sind. [2]Das Gericht kann in einem Musterverfahren erhobene Beweise in ausgesetzte Verfahren einführen; es kann nach seinem Ermessen die wiederholte Vernehmung eines Zeugen oder eine neue Begutachtung durch denselben Sachverständigen oder andere Sachverständige anordnen. [3]Beweisanträge zu Tatsachen, über die bereits im Musterverfahren Beweis erhoben wurde, kann das Gericht ablehnen, wenn ihre Zulassung nach seiner freien Überzeugung nicht zum Nachweis neuer entscheidungserheblicher Tatsachen beitragen würde und die Erledigung des Rechtsstreits verzögern würde. [4]Die Ablehnung kann in einer Entscheidung nach Satz 1 erfolgen.

(3) [1]Das Gericht kann die Absätze 1 und 2 auch dann anwenden, wenn alle Beteiligten sich auf die Durchführung von Musterverfahren geeinigt haben und dies dem Gericht mitteilen. [2]Die Einigung zur Durchführung des Musterverfahrens wird vom Gericht im Beschluss nach Absatz 1 bestätigt.

**§ 79**[4]**) Beteiligte am Beschwerdeverfahren.** (1) An dem Verfahren vor dem Beschwerdegericht sind beteiligt

---

[1]) § 78 Abs. 5 geänd. mWv 1.6.2007 durch G v. 26.3.2007 (BGBl. I S. 358); Abs. 1 Satz 1 geänd., Satz 3 aufgeh., Abs. 4 Satz 2 angef. mWv 29.12.2023 durch G v. 22.12.2023 (BGBl. 2023 I Nr. 405).
[2]) Nr. 600.
[3]) § 78a eingef. mWv 29.12.2023 durch G v. 22.12.2023 (BGBl. 2023 I Nr. 405).
[4]) § 79 Abs. 2 geänd., Abs. 3 angef. mWv 29.12.2023 durch G v. 22.12.2023 (BGBl. 2023 I Nr. 405).

1. der Beschwerdeführer,
2. die Regulierungsbehörde,
3. Personen und Personenvereinigungen, deren Interessen durch die Entscheidung erheblich berührt werden und die die Regulierungsbehörde auf ihren Antrag zu dem Verfahren beigeladen hat.

(2) Richtet sich die Beschwerde gegen eine Entscheidung einer Landesregulierungsbehörde, ist auch die Bundesnetzagentur an dem Verfahren beteiligt.

(3) [1] Richtet sich die Beschwerde gegen eine Entscheidung der Bundesnetzagentur, zu der der Länderausschuss bei der Bundesnetzagentur mehrheitlich eine ablehnende Stellungnahme abgegeben hat, so ist auch der Länderausschuss, vertreten durch den Vorsitz, am Beschwerdeverfahren beteiligt. [2] Der Vorsitz des Länderausschusses kann sich durch ein anderes Mitglied des Länderausschusses vertreten lassen.

**§ 80[1) Anwaltszwang.** [1] Vor dem Beschwerdegericht müssen die Beteiligten sich durch einen Rechtsanwalt als Bevollmächtigten vertreten lassen. [2] Die Regulierungsbehörde kann sich durch ein Mitglied der Behörde vertreten lassen. [3] Der Vorsitz des Länderausschusses oder ein ihn vertretendes Mitglied des Länderausschusses müssen sich nicht anwaltlich vertreten lassen.

**§ 81 Mündliche Verhandlung.** (1) Das Beschwerdegericht entscheidet über die Beschwerde auf Grund mündlicher Verhandlung; mit Einverständnis der Beteiligten kann ohne mündliche Verhandlung entschieden werden.

(2) Sind die Beteiligten in dem Verhandlungstermin trotz rechtzeitiger Benachrichtigung nicht erschienen oder gehörig vertreten, so kann gleichwohl in der Sache verhandelt und entschieden werden.

**§ 82 Untersuchungsgrundsatz.** (1) Das Beschwerdegericht erforscht den Sachverhalt von Amts wegen.

(2) Der oder die Vorsitzende hat darauf hinzuwirken, dass Formfehler beseitigt, unklare Anträge erläutert, sachdienliche Anträge gestellt, ungenügende tatsächliche Angaben ergänzt, ferner alle für die Feststellung und Beurteilung des Sachverhalts wesentlichen Erklärungen abgegeben werden.

(3) [1] Das Beschwerdegericht kann den Beteiligten aufgeben, sich innerhalb einer zu bestimmenden Frist über aufklärungsbedürftige Punkte zu äußern, Beweismittel zu bezeichnen und in ihren Händen befindliche Urkunden sowie andere Beweismittel vorzulegen. [2] Bei Versäumung der Frist kann nach Lage der Sache ohne Berücksichtigung der nicht beigebrachten Unterlagen entschieden werden.

(4) [1] Wird die Anforderung nach § 69 Abs. 7 oder die Anordnung nach § 69 Abs. 8 mit der Beschwerde angefochten, hat die Regulierungsbehörde die tatsächlichen Anhaltspunkte glaubhaft zu machen. [2] § 294 Abs. 1 der Zivilprozessordnung[2) findet Anwendung.

**§ 83[3) Beschwerdeentscheidung.** (1) [1] Das Beschwerdegericht entscheidet durch Beschluss nach seiner freien, aus dem Gesamtergebnis des Verfahrens gewonnenen Überzeugung. [2] Der Beschluss darf nur auf Tatsachen und Beweismittel

---

[1)] § 80 Satz 1 geänd. mWv 1.6.2007 durch G v. 26.3.2007 (BGBl. I S. 358); Satz 3 angef. mWv 29.12. 2023 durch G v. 22.12.2023 (BGBl. 2023 I Nr. 405).
[2)] **Habersack** Nr. 100.
[3)] § 83 Abs. 3 geänd. mWv 4.8.2011 durch G v. 26.7.2011 (BGBl. I S. 1554).

gestützt werden, zu denen die Beteiligten sich äußern konnten. [3] Das Beschwerdegericht kann hiervon abweichen, soweit Beigeladenen aus wichtigen Gründen, insbesondere zur Wahrung von Betriebs- oder Geschäftsgeheimnissen, Akteneinsicht nicht gewährt und der Akteninhalt aus diesen Gründen auch nicht vorgetragen worden ist. [4] Dies gilt nicht für solche Beigeladene, die an dem streitigen Rechtsverhältnis derart beteiligt sind, dass die Entscheidung auch ihnen gegenüber nur einheitlich ergehen kann.

(2) [1] Hält das Beschwerdegericht die Entscheidung der Regulierungsbehörde für unzulässig oder unbegründet, so hebt es sie auf. [2] Hat sich die Entscheidung vorher durch Zurücknahme oder auf andere Weise erledigt, so spricht das Beschwerdegericht auf Antrag aus, dass die Entscheidung der Regulierungsbehörde unzulässig oder unbegründet gewesen ist, wenn der Beschwerdeführer ein berechtigtes Interesse an dieser Feststellung hat.

(3) Hat sich eine Entscheidung nach den §§ 29 bis 31 wegen nachträglicher Änderung der tatsächlichen Verhältnisse oder auf andere Weise erledigt, so spricht das Beschwerdegericht auf Antrag aus, ob, in welchem Umfang und bis zu welchem Zeitpunkt die Entscheidung begründet gewesen ist.

(4) Hält das Beschwerdegericht die Ablehnung oder Unterlassung der Entscheidung für unzulässig oder unbegründet, so spricht es die Verpflichtung der Regulierungsbehörde aus, die beantragte Entscheidung vorzunehmen.

(5) Die Entscheidung ist auch dann unzulässig oder unbegründet, wenn die Regulierungsbehörde von ihrem Ermessen fehlsamen Gebrauch gemacht hat, insbesondere wenn sie die gesetzlichen Grenzen des Ermessens überschritten oder durch die Ermessensentscheidung Sinn und Zweck dieses Gesetzes verletzt hat.

(6) Der Beschluss ist zu begründen und mit einer Rechtsmittelbelehrung den Beteiligten zuzustellen.

### § 83a[1] Abhilfe bei Verletzung des Anspruchs auf rechtliches Gehör.

(1) [1] Auf die Rüge eines durch eine gerichtliche Entscheidung beschwerten Beteiligten ist das Verfahren fortzuführen, wenn

1. ein Rechtsmittel oder ein anderer Rechtsbehelf gegen die Entscheidung nicht gegeben ist und
2. das Gericht den Anspruch dieses Beteiligten auf rechtliches Gehör in entscheidungserheblicher Weise verletzt hat.

[2] Gegen eine der Entscheidung vorausgehende Entscheidung findet die Rüge nicht statt.

(2) [1] Die Rüge ist innerhalb von zwei Wochen nach Kenntnis von der Verletzung des rechtlichen Gehörs zu erheben; der Zeitpunkt der Kenntniserlangung ist glaubhaft zu machen. [2] Nach Ablauf eines Jahres seit Bekanntgabe der angegriffenen Entscheidung kann die Rüge nicht mehr erhoben werden. [3] Formlos mitgeteilte Entscheidungen gelten mit dem dritten Tage nach Aufgabe zur Post als bekannt gegeben. [4] Die Rüge ist schriftlich oder zur Niederschrift des Urkundsbeamten der Geschäftsstelle bei dem Gericht zu erheben, dessen Entscheidung angegriffen wird. [5] Die Rüge muss die angegriffene Entscheidung bezeichnen und das Vorliegen der in Absatz 1 Satz 1 Nr. 2 genannten Voraussetzungen darlegen.

(3) Den übrigen Beteiligten ist, soweit erforderlich, Gelegenheit zur Stellungnahme zu geben.

---

[1] § 83a eingef. mWv 22.12.2007 durch G v. 18.12.2007 (BGBl. I S. 2966).

(4) [1] Ist die Rüge nicht statthaft oder nicht in der gesetzlichen Form oder Frist erhoben, so ist sie als unzulässig zu verwerfen. [2] Ist die Rüge unbegründet, weist das Gericht sie zurück. [3] Die Entscheidung ergeht durch unanfechtbaren Beschluss. [4] Der Beschluss soll kurz begründet werden.

(5) [1] Ist die Rüge begründet, so hilft ihr das Gericht ab, indem es das Verfahren fortführt, soweit dies aufgrund der Rüge geboten ist. [2] Das Verfahren wird in die Lage zurückversetzt, in der es sich vor dem Schluss der mündlichen Verhandlung befand. [3] Im schriftlichen Verfahren tritt an die Stelle des Schlusses der mündlichen Verhandlung der Zeitpunkt, bis zu dem Schriftsätze eingereicht werden können. [4] Für den Ausspruch des Gerichts ist § 343 der Zivilprozessordnung[1]) anzuwenden.

(6) § 149 Abs. 1 Satz 2 der Verwaltungsgerichtsordnung[2]) ist entsprechend anzuwenden.

**§ 84[3]) Akteneinsicht.** (1) [1] Die in § 79 Absatz 1 Nummer 1 und 2 sowie Absatz 2 und 3 bezeichneten Beteiligten können die Akten des Gerichts einsehen und sich durch die Geschäftsstelle auf ihre Kosten Ausfertigungen, Auszüge und Abschriften erteilen lassen. [2] § 299 Abs. 3 der Zivilprozessordnung[1]) gilt entsprechend.

(2) [1] Einsicht in Vorakten, Beiakten, Gutachten und Auskünfte sind nur mit Zustimmung der Stellen zulässig, denen die Akten gehören oder die die Äußerung eingeholt haben. [2] Die Regulierungsbehörde hat die Zustimmung zur Einsicht in ihre Unterlagen zu versagen, soweit dies aus wichtigen Gründen, insbesondere zur Wahrung von Betriebs- oder Geschäftsgeheimnissen, geboten ist. [3] Wird die Einsicht abgelehnt oder ist sie unzulässig, dürfen diese Unterlagen der Entscheidung nur insoweit zugrunde gelegt werden, als ihr Inhalt vorgetragen worden ist. [4] Das Beschwerdegericht kann die Offenlegung von Tatsachen oder Beweismitteln, deren Geheimhaltung aus wichtigen Gründen, insbesondere zur Wahrung von Betriebs- oder Geschäftsgeheimnissen, verlangt wird, nach Anhörung des von der Offenlegung Betroffenen durch Beschluss anordnen, soweit es für die Entscheidung auf diese Tatsachen oder Beweismittel ankommt, andere Möglichkeiten der Sachaufklärung nicht bestehen und nach Abwägung aller Umstände des Einzelfalles die Bedeutung der Sache das Interesse des Betroffenen an der Geheimhaltung überwiegt. [5] Der Beschluss ist zu begründen. [6] In dem Verfahren nach Satz 4 muss sich der Betroffene nicht anwaltlich vertreten lassen.

(3) Den in § 79 Absatz 1 Nummer 3 und Absatz 4 bezeichneten Beteiligten kann das Beschwerdegericht nach Anhörung des Verfügungsberechtigten Akteneinsicht in gleichem Umfang gewähren.

**§ 85[4]) Geltung von Vorschriften des Gerichtsverfassungsgesetzes und der Zivilprozessordnung.** Für Verfahren vor dem Beschwerdegericht gelten, soweit nicht anderes bestimmt ist, entsprechend

1. die Vorschriften der §§ 169 bis 201 des Gerichtsverfassungsgesetzes[5]) über Öffentlichkeit, Sitzungspolizei, Gerichtssprache, Beratung und Abstimmung sowie über den Rechtsschutz bei überlangen Gerichtsverfahren;

---

[1]) **Habersack Nr. 100.**
[2]) Nr. **600**.
[3]) § 84 Abs. 1 Satz 1, Abs. 3 geänd. mWv 29.12.2023 durch G v. 22.12.2023 (BGBl. 2023 I Nr. 405).
[4]) § 85 einl. Satzteil und Nr. 1 geänd. mWv 3.12.2011 durch G v. 24.11.2011 (BGBl. I S. 2302); Nr. 2 geänd. mWv 22.7.2017 durch G v. 17.7.2017 (BGBl. I S. 2503).
[5]) **Habersack Nr. 95.**

2. die Vorschriften der Zivilprozessordnung[1] über Ausschließung und Ablehnung eines Richters, über Prozessbevollmächtigte und Beistände, über die Zustellung von Amts wegen, über Ladungen, Termine und Fristen, über die Anordnung des persönlichen Erscheinens der Parteien, über die Verbindung mehrerer Prozesse, über die Erledigung des Zeugen- und Sachverständigenbeweises sowie über die sonstigen Arten des Beweisverfahrens, über die Wiedereinsetzung in den vorigen Stand gegen die Versäumung einer Frist sowie über den elektronischen Rechtsverkehr.

**§ 85a**[2] **Entsprechende Anwendung auf fachlich qualifizierte Stellen.** [1] Gegen Entscheidungen einer fachlich qualifizierten Stelle im Sinne einer Rechtsverordnung nach § 49 Absatz 4 Satz 1 Nummer 9, die auf Grund einer Rechtsverordnung nach § 49 Absatz 4 Satz 1 ergehen, ist die Beschwerde zulässig. [2] Über die Beschwerde entscheidet ausschließlich das für den Sitz der Bundesnetzagentur zuständige Oberlandesgericht. [3] Auf die Beschwerde sind die §§ 75 bis 85, 89, 90, 106 und 108 entsprechend anzuwenden. [4] Eine Rechtsbeschwerde findet nicht statt.

### Abschnitt 3. Rechtsbeschwerde

**§ 86 Rechtsbeschwerdegründe.** (1) Gegen die in der Hauptsache erlassenen Beschlüsse der Oberlandesgerichte findet die Rechtsbeschwerde an den Bundesgerichtshof statt, wenn das Oberlandesgericht die Rechtsbeschwerde zugelassen hat.

(2) Die Rechtsbeschwerde ist zuzulassen, wenn

1. eine Rechtsfrage von grundsätzlicher Bedeutung zu entscheiden ist oder

2. die Fortbildung des Rechts oder die Sicherung einer einheitlichen Rechtsprechung eine Entscheidung des Bundesgerichtshofs erfordert.

(3) [1] Über die Zulassung oder Nichtzulassung der Rechtsbeschwerde ist in der Entscheidung des Oberlandesgerichts zu befinden. [2] Die Nichtzulassung ist zu begründen.

(4) Einer Zulassung zur Einlegung der Rechtsbeschwerde gegen Entscheidungen des Beschwerdegerichts bedarf es nicht, wenn einer der folgenden Mängel des Verfahrens vorliegt und gerügt wird:

1. wenn das beschließende Gericht nicht vorschriftsmäßig besetzt war,

2. wenn bei der Entscheidung ein Richter mitgewirkt hat, der von der Ausübung des Richteramtes kraft Gesetzes ausgeschlossen oder wegen Besorgnis der Befangenheit mit Erfolg abgelehnt war,

3. wenn einem Beteiligten das rechtliche Gehör versagt war,

4. wenn ein Beteiligter im Verfahren nicht nach Vorschrift des Gesetzes vertreten war, sofern er nicht der Führung des Verfahrens ausdrücklich oder stillschweigend zugestimmt hat,

5. wenn die Entscheidung auf Grund einer mündlichen Verhandlung ergangen ist, bei der die Vorschriften über die Öffentlichkeit des Verfahrens verletzt worden sind, oder

6. wenn die Entscheidung nicht mit Gründen versehen ist.

---

[1] **Habersack Nr. 100.**
[2] § 85a eingef. mWv 29.12.2023 durch G v. 22.12.2023 (BGBl. 2023 I Nr. 405).

**§ 87[1) Nichtzulassungsbeschwerde.** (1) Die Nichtzulassung der Rechtsbeschwerde kann selbständig durch Nichtzulassungsbeschwerde angefochten werden.

(2) [1] Über die Nichtzulassungsbeschwerde entscheidet der Bundesgerichtshof durch Beschluss, der zu begründen ist. [2] Der Beschluss kann ohne mündliche Verhandlung ergehen.

(3) [1] Die Nichtzulassungsbeschwerde ist binnen einer Frist von einem Monat schriftlich bei dem Oberlandesgericht einzulegen. [2] Die Frist beginnt mit der Zustellung der angefochtenen Entscheidung.

(4) [1] Für die Nichtzulassungsbeschwerde gelten die §§ 77, 78 Abs. 3, 4 Nr. 1 und Abs. 5, §§ 79, 80, 84 und 85 Nr. 2 dieses Gesetzes sowie die §§ 192 bis 201 des Gerichtsverfassungsgesetzes[2) über die Beratung und Abstimmung sowie über den Rechtsschutz bei überlangen Gerichtsverfahren entsprechend. [2] Für den Erlass einstweiliger Anordnungen ist das Beschwerdegericht zuständig.

(5) [1] Wird die Rechtsbeschwerde nicht zugelassen, so wird die Entscheidung des Oberlandesgerichts mit der Zustellung des Beschlusses des Bundesgerichtshofs rechtskräftig. [2] Wird die Rechtsbeschwerde zugelassen, so beginnt mit der Zustellung des Beschlusses des Bundesgerichtshofs der Lauf der Beschwerdefrist.

**§ 88 Beschwerdeberechtigte, Form und Frist.** (1) Die Rechtsbeschwerde steht der Regulierungsbehörde sowie den am Beschwerdeverfahren Beteiligten zu.

(2) Die Rechtsbeschwerde kann nur darauf gestützt werden, dass die Entscheidung auf einer Verletzung des Rechts beruht; die §§ 546, 547 der Zivilprozessordnung[3) gelten entsprechend.

(3) [1] Die Rechtsbeschwerde ist binnen einer Frist von einem Monat schriftlich bei dem Oberlandesgericht einzulegen. [2] Die Frist beginnt mit der Zustellung der angefochtenen Entscheidung.

(4) Der Bundesgerichtshof ist an die in der angefochtenen Entscheidung getroffenen tatsächlichen Feststellungen gebunden, außer wenn in Bezug auf diese Feststellungen zulässige und begründete Rechtsbeschwerdegründe vorgebracht sind.

(5) [1] Für die Rechtsbeschwerde gelten im Übrigen die §§ 76, 78 Abs. 3, 4 Nr. 1 und Abs. 5, §§ 79 bis 81 sowie §§ 83 bis 85 entsprechend. [2] Für den Erlass einstweiliger Anordnungen ist das Beschwerdegericht zuständig.

### Abschnitt 4. Gemeinsame Bestimmungen

**§ 89[4) Beteiligtenfähigkeit.** Fähig, am Verfahren vor der Regulierungsbehörde, am Beschwerdeverfahren und am Rechtsbeschwerdeverfahren beteiligt zu sein, sind außer natürlichen und juristischen Personen auch sonstige Personenvereinigungen.

**§ 90[5) Kostentragung und -festsetzung.** [1] Im Beschwerdeverfahren und im Rechtsbeschwerdeverfahren kann das Gericht anordnen, dass die Kosten, die zur zweckentsprechenden Erledigung der Angelegenheit notwendig waren, von einem Beteiligten ganz oder teilweise zu erstatten sind, wenn dies der Billigkeit ent-

---

[1)] § 87 Abs. 4 Satz 1 geänd. mWv 3.12.2011 durch G v. 24.11.2011 (BGBl. I S. 2302).
[2)] *Habersack Nr. 95.*
[3)] *Habersack Nr. 100.*
[4)] § 89 geänd. mWv 1.1.2024 durch G v. 10.8.2021 (BGBl. I S. 3436).
[5)] § 90 Satz 3 eingef., bish. Satz 3 wird Satz 4 mWv 27.7.2021 durch G v. 16.7.2021 (BGBl. I S. 3026).

spricht. [2]Hat ein Beteiligter Kosten durch ein unbegründetes Rechtsmittel oder durch grobes Verschulden veranlasst, so sind ihm die Kosten aufzuerlegen. [3]Juristische Personen des öffentlichen Rechts und Behörden können an Stelle ihrer tatsächlichen notwendigen Aufwendungen für Post- und Telekommunikationsdienstleistungen den in Nummer 7002 der Anlage 1 des Rechtsanwaltsvergütungsgesetzes[1] vom 5. Mai 2004 (BGBl. I S. 718, 788), das zuletzt durch Artikel 24 Absatz 8 des Gesetzes vom 25. Juni 2021 (BGBl. I S. 2154) geändert worden ist, bestimmten Höchstsatz der Pauschale fordern. [4]Im Übrigen gelten die Vorschriften der Zivilprozessordnung[2] über das Kostenfestsetzungsverfahren und die Zwangsvollstreckung aus Kostenfestsetzungsbeschlüssen entsprechend.

**§ 90a**[3] *(aufgehoben)*

**§ 91**[4] **Gebührenpflichtige Handlungen.** (1) [1]Die Regulierungsbehörde erhebt Kosten (Gebühren und Auslagen) für folgende gebührenpflichtige Leistungen:

1. Amtshandlungen auf Grund des § 4a Absatz 1, § 4b Absatz 5 und § 4d;
2. Untersagungen nach § 5 Absatz 5 Satz 1;
3. Amtshandlungen auf Grund von § 33 Absatz 1 und § 36 Absatz 2 Satz 3;
4. Amtshandlungen auf Grund der §§ 7c, 11a, 11b, 12a, 12c, 12d, 12h Absatz 6 Satz 2, der §§ 13b, 13f Absatz 1 Satz 4, von § 13g Absatz 6 Satz 4, § 14 Absatz 2, § 14c Absatz 2 bis 4, § 14e Absatz 5, der §§ 15a, 15b, 17d, 19a Absatz 2, der §§ 20, 21, 21a, 23a, 28a Absatz 3, von § 28b Absatz 1 und 5, § 28f Absatz 1, § 28o Absatz 1 und 2, § 28p Absatz 1 und 5, der §§ 28r, 29, 30 Absatz 2 und 3, der §§ 41c, 57 Absatz 2 Satz 2 und 4 sowie der §§ 57b, 65, 110 Absatz 2 und 4 und Amtshandlungen auf Grund einer Verordnung nach § 21a in der bis zum Ablauf des 28. Dezember 2023 geltenden Fassung dieses Gesetzes oder einer Verordnung nach § 24 in der bis zum Ablauf des 28. Dezember 2023 geltenden Fassung dieses Gesetzes.
5. Amtshandlungen auf Grund des § 31 Absatz 2 und 3;

---

[1] **Habersack Nr. 117.**
[2] **Habersack Nr. 100.**
[3] § 90a aufgeh. mWv 22.7.2017 durch G v. 17.7.2017 (BGBl. I S. 2503).
[4] § 91 Abs. 8 Satz 1, Abs. 9 geänd. mWv 17.12.2006 durch G v. 9.12.2006 (BGBl. I S. 2833); Abs. 1 Satz 1 Nr. 3a eingef. mWv 22.12.2007 durch G v. 18.12.2007 (BGBl. I S. 2966); Abs. 6 Satz 1 Nr. 1 aufgeh. mWv 1.11.2008 durch G v. 25.10.2008 (BGBl. I S. 2101); Abs. 1 neu gef., Abs. 2 Satz 2, Abs. 3 Satz 2 geänd., Abs. 6 Satz 1 Nr. 2a eingef., Abs. 8 Satz 2 neu gef., Abs. 9 angef. mWv 4.8.2011 durch G v. 26.7.2011 (BGBl. I S. 1554); Abs. 1 Satz 1 Nr. 8 geänd., Nr. 9 angef. mWv 12.12.2012 durch G v. 5.12. 2012 (BGBl. I S. 2403); Abs. 1 Satz 1 Nr. 8, Abs. 6 Satz 1 Nr. 2 und 3 geänd. mWv 28.12.2012 durch G v. 20.12.2012 (BGBl. I S. 2730); Abs. 7 Satz 4 geänd. mWv 15.8.2013 durch G v. 7.8.2013 (BGBl. I S. 3154); Abs. 1 Satz 1 Nr. 4 geänd., Abs. 10 angef. mWv 1.8.2014 durch G v. 21.7.2014 (BGBl. I S. 1066); Abs. 8 Satz 1, Abs. 9 geänd. mWv 8.9.2015 durch VO v. 31.8.2015 (BGBl. I S. 1474); Abs. 1 Satz 1 Nr. 4 geänd. mWv 1.1.2016 durch G v. 10.12.2015 (BGBl. I S. 2194); Abs. 1 Satz 1 Nr. 4 geänd., Nr. 7 neu gef., Sätze 3 und 4 angef., Abs. 6 Nr. 3 geänd., Nr. 4 angef. mWv 30.7.2016 durch G v. 26.7. 2016 (BGBl. I S. 1786); Abs. 1 Satz 1 Nr. 6 geänd., Nr. 7 eingef., bish. Nr. 7–9 werden Nr. 8–10 mWv 2.9.2016 durch G v. 29.8.2016 (BGBl. I S. 2034); Abs. 1 Satz 1 Nr. 4, Abs. 6 Satz 1 Nr. 2 und 3 geänd. mWv 22.7.2017 durch G v. 17.7.2017 (BGBl. I S. 2503); Abs. 2a eingef., Abs. 6 Satz 1 Nr. 4 geänd., Nr. 5 angef. mWv 21.12.2018 durch G v. 17.12.2018 (BGBl. I S. 2549); Abs. 1 Satz 1 Nr. 4 geänd. mWv 12.12. 2019 durch G v. 5.12.2019 (BGBl. I S. 2002); Abs. 1 Satz 1 Nr. 4 geänd. mWv 4.3.2021 durch G v. 25.2. 2021 (BGBl. I S. 298); Abs. 1 Satz 1 Nr. 4 neu gef. mWv 27.7.2021, Nr. 7 aufgeh., bish. Nr. 8–10 werden Nr. 7–9 mWv 1.10.2021 durch G v. 16.7.2021 (BGBl. I S. 3026); Abs. 1 Satz 1 Nr. 1 neu gef., Nr. 2 geänd., Nr. 4, Abs. 3 Satz 3 neu gef., Abs. 6 Satz 1 Nr. 2 und 3 geänd., Abs. 7 Satz 1 neu gef., Sätze 2–8 eingef., bish. Sätze 2–4 werden Sätze 9–11 mWv 29.12.2023 durch G v. 22.12.2023 (BGBl. 2023 I Nr. 405).

6. Amtshandlungen auf Grund einer Rechtsverordnung nach § 12g Absatz 3 und § 24 Satz 1 Nummer 3;

7. Amtshandlungen auf Grund des § 56;

8. Erteilung von beglaubigten Abschriften aus den Akten der Regulierungsbehörde und die Herausgabe von Daten nach § 12f Absatz 2;

9. Registrierung der Marktteilnehmer nach Artikel 9 Absatz 1 der Verordnung (EU) Nr. 1227/2011.

[2] Daneben werden als Auslagen die Kosten für weitere Ausfertigungen, Kopien und Auszüge sowie die in entsprechender Anwendung des Justizvergütungs- und -entschädigungsgesetzes[1] zu zahlenden Beträge erhoben. [3] Für Entscheidungen, die durch öffentliche Bekanntmachung nach § 73 Absatz 1a zugestellt werden, werden keine Gebühren erhoben. [4] Abweichend von Satz 3 kann eine Gebühr erhoben werden, wenn die Entscheidung zu einem überwiegenden Anteil an einen bestimmten Adressatenkreis gerichtet ist und die Regulierungsbehörde diesem die Entscheidung oder einen schriftlichen Hinweis auf die öffentliche Bekanntmachung förmlich zustellt.

(2) [1] Gebühren und Auslagen werden auch erhoben, wenn ein Antrag auf Vornahme einer in Absatz 1 bezeichneten Amtshandlung abgelehnt wird. [2] Wird ein Antrag zurückgenommen oder im Falle des Absatzes 1 Satz 1 Nummer 5 beiderseitig für erledigt erklärt, bevor darüber entschieden ist, so ist die Hälfte der Gebühr zu entrichten.

(2a) Tritt nach Einleitung eines Missbrauchsverfahrens nach § 30 Absatz 2 dadurch Erledigung ein, dass die Zuwiderhandlung abgestellt wird, bevor eine Verfügung der Regulierungsbehörde ergangen ist, so ist die Hälfte der Gebühr zu entrichten.

(3) [1] Die Gebührensätze sind so zu bemessen, dass die mit den Amtshandlungen verbundenen Kosten gedeckt sind. [2] Darüber hinaus kann der wirtschaftliche Wert, den der Gegenstand der gebührenpflichtigen Handlung hat, berücksichtigt werden. [3] Die Gebühr kann aus Gründen der Billigkeit ermäßigt werden.

(4) Zur Abgeltung mehrfacher gleichartiger Amtshandlungen können Pauschalgebührensätze, die den geringen Umfang des Verwaltungsaufwandes berücksichtigen, vorgesehen werden.

(5) Gebühren dürfen nicht erhoben werden

1. für mündliche und schriftliche Auskünfte und Anregungen;

2. wenn sie bei richtiger Behandlung der Sache nicht entstanden wären.

(6) [1] Kostenschuldner ist

1. *(aufgehoben)*

2. in den Fällen des Absatzes 1 Satz 1 Nummer 1 bis 4, 6, 7 und 9, wer durch einen Antrag die Tätigkeit der Regulierungsbehörde veranlasst hat, oder derjenige, gegen den eine Verfügung der Regulierungsbehörde ergangen ist;

2a. in den Fällen des Absatzes 1 Satz 1 Nummer 5 der Antragsteller, wenn der Antrag abgelehnt wird, oder der Netzbetreiber, gegen den eine Verfügung nach § 31 Absatz 3 ergangen ist; wird der Antrag teilweise abgelehnt, sind die Kosten verhältnismäßig zu teilen; einem Beteiligten können die Kosten ganz auferlegt werden, wenn der andere Beteiligte nur zu einem geringen Teil unterlegen ist;

---

[1] **Habersack Nr. 116.**

erklären die Beteiligten übereinstimmend die Sache für erledigt, tragen sie die Kosten zu gleichen Teilen;

3. in den Fällen des Absatzes 1 Satz 1 Nummer 8, wer die Herstellung der Abschriften oder die Herausgabe von Daten nach § 12f Absatz 2 veranlasst hat;

4. in den Fällen des Absatzes 1 Satz 4 derjenige, dem die Regulierungsbehörde die Entscheidung oder einen schriftlichen Hinweis auf die öffentliche Bekanntmachung förmlich zugestellt hat;

5. in den Fällen des Absatzes 2a der Betreiber von Energieversorgungsnetzen, gegen den ein Missbrauchsverfahren nach § 30 Absatz 2 bereits eingeleitet war.

[2]Kostenschuldner ist auch, wer die Zahlung der Kosten durch eine vor der Regulierungsbehörde abgegebene oder ihr mitgeteilte Erklärung übernommen hat oder wer für die Kostenschuld eines anderen kraft Gesetzes haftet. [3]Mehrere Kostenschuldner haften als Gesamtschuldner.

(7) [1]Gebühren werden von Amts wegen schriftlich oder elektronisch festgesetzt. [2]Die Gebührenfestsetzung soll, soweit möglich, zusammen mit der Sachentscheidung erfolgen. [3]§ 78 ist mit der Maßgabe anzuwenden, dass die Rechtsbehelfsfrist abweichend von § 78 Absatz 1 Satz 2 mit der Bekanntgabe der Gebührenentscheidung beginnt. [4]§ 73 Absatz 1 Satz 1 ist nicht anzuwenden. [5]Eine Festsetzung von Kosten ist bis zum Ablauf des vierten Kalenderjahres nach Entstehung der Schuld zulässig. [6]Die Gebührenschuld entsteht mit Beendigung der Amtshandlung. [7]Bedarf die Amtshandlung einer Zustellung, Eröffnung oder sonstigen Bekanntgabe, so gelten die Zustellung, Eröffnung oder sonstige Bekanntgabe als die Beendigung der Amtshandlung. [8]Abweichend von Satz 4 entsteht die Gebührenschuld, wenn ein Antrag zurückgenommen wird oder sich auf sonstige Weise erledigt, mit der Zurücknahme oder der sonstigen Erledigung. [9]Wird vor Ablauf der Frist ein Antrag auf Aufhebung oder Änderung der Festsetzung gestellt, ist die Festsetzungsfrist so lange gehemmt, bis über den Antrag unanfechtbar entschieden wurde. [10]Der Anspruch auf Zahlung von Kosten verjährt mit Ablauf des fünften Kalenderjahres nach der Festsetzung (Zahlungsverjährung). [11]Im Übrigen gilt § 20 des Verwaltungskostengesetzes in der bis zum 14. August 2013 geltenden Fassung.

(8) [1]Das Bundesministerium für Wirtschaft und Energie wird ermächtigt, im Einvernehmen mit dem Bundesministerium der Finanzen durch Rechtsverordnung[1]) mit Zustimmung des Bundesrates die Gebührensätze und die Erhebung der Gebühren vom Gebührenschuldner in Durchführung der Vorschriften der Absätze 1 bis 6 sowie die Erstattung der Auslagen für die in § 73 Abs. 1 Satz 4 und § 74 Satz 1 bezeichneten Bekanntmachungen und Veröffentlichungen zu regeln, soweit es die Bundesnetzagentur betrifft. [2]Hierbei kann geregelt werden, auf welche Weise der wirtschaftliche Wert des Gegenstandes der jeweiligen Amtshandlung zu ermitteln ist. [3]Des Weiteren können in der Verordnung auch Vorschriften über die Kostenbefreiung von juristischen Personen des öffentlichen Rechts, über die Verjährung sowie über die Kostenerhebung vorgesehen werden.

(8a) Für die Amtshandlungen der Landesregulierungsbehörden werden die Bestimmungen nach Absatz 8 durch Landesrecht getroffen.

(9) Das Bundesministerium für Wirtschaft und Energie wird ermächtigt, durch Rechtsverordnung mit Zustimmung des Bundesrates das Nähere über die Erstattung der durch das Verfahren vor der Regulierungsbehörde entstehenden Kosten nach den Grundsätzen des § 90 zu bestimmen.

---

[1]) Siehe die EnergiewirtschaftskostenVO v. 14.3.2006 (BGBl. I S. 540), zuletzt geänd. durch VO v. 12.12.2022 (BGBl. I S. 2277).

(10) Für Leistungen der Regulierungsbehörde in Bundeszuständigkeit gilt im Übrigen das Verwaltungskostengesetz in der bis zum 14. August 2013 geltenden Fassung.

**§ 92**[1]) *(aufgehoben)*

**§ 93 Mitteilung der Bundesnetzagentur.** [1] Die Bundesnetzagentur veröffentlicht einen jährlichen Überblick über ihre Verwaltungskosten und die insgesamt eingenommenen Abgaben. [2] Soweit erforderlich, werden Gebühren- und Beitragssätze in den Verordnungen nach § 91 Abs. 8 und § 92 Abs. 3 für die Zukunft angepasst.

## Abschnitt 5. Sanktionen, Bußgeldverfahren

**§ 94**[2]) **Zwangsgeld.** [1] Die Regulierungsbehörde kann ihre Anordnungen und auf Grundlage der in § 56 Absatz 1 genannten Rechtsakte getroffenen Entscheidungen der Agentur für die Zusammenarbeit der Energieregulierungsbehörden nach den für die Vollstreckung von Verwaltungsmaßnahmen geltenden Vorschriften durchsetzen. [2] Sie kann auch Zwangsmittel gegen juristische Personen des öffentlichen Rechts anwenden. [3] Die Höhe des Zwangsgeldes beträgt mindestens 1000 Euro und höchstens zehn Millionen Euro.

**§ 95**[3]) **Bußgeldvorschriften.** (1) Ordnungswidrig handelt, wer vorsätzlich oder fahrlässig

1. ohne Genehmigung nach § 4 Abs. 1 ein Energieversorgungsnetz betreibt,

1a. ohne eine Zertifizierung nach § 4a Absatz 1 Satz 1 ein Transportnetz betreibt,

1b. entgegen § 4c Satz 1 oder Satz 2 die Regulierungsbehörde nicht, nicht richtig, nicht vollständig oder nicht rechtzeitig unterrichtet,

1c. entgegen § 5 Absatz 1 Satz 1 erster Halbsatz, § 13b Absatz 1 Satz 1 erster Halbsatz oder § 113c Absatz 3 Satz 1 eine Anzeige nicht, nicht richtig, nicht vollständig oder nicht rechtzeitig erstattet,

1d. entgegen § 5 Absatz 2 Satz 3 die Tätigkeit beendet,

---

[1]) § 92 aufgeh. mWv 4.8.2011 durch G v. 26.7.2011 (BGBl. I S. 1554).
[2]) § 94 Satz 2 eingef., bish. Satz 2 wird Satz 3 mWv 27.7.2021 durch G v. 16.7.2021 (BGBl. I S. 3026); Satz 1 geänd. mWv 29.12.2023 durch G v. 22.12.2023 (BGBl. 2023 I Nr. 405).
[3]) § 95 Abs. 1 Nr. 5 Buchst. b geänd. mWv 1.11.2008 durch G v. 25.10.2008 (BGBl. I S. 2101); Abs. 1 Nr. 1a–1d, 2a und 3a eingef., Nr. 3 Buchst. a, Abs. 1a und 2 Satz 1 geänd. mWv 4.8.2011 durch G v. 26.7.2011 (BGBl. I S. 1554); Abs. 1 Nr. 1b neu gef., Nr. 1c, 1d und 2a aufgeh., Nr. 3 Buchst. a geänd., Nr. 3a neu gef., Nr. 3b–3d angef., Abs. 1a geänd. mWv 1.4.2012 durch G v. 16.1.2012 (BGBl. I S. 74); Abs. 1 Nr. 3 Buchst. a geänd., Abs. 1a neu gef., Abs. 1b–1d eingef., Abs. 2 Satz 1 geänd. mWv 12.12. 2012 durch G v. 5.12.2012 (BGBl. I S. 2403); Abs. 1 Nr. 3e und 3f angef., Abs. 2 Satz 1 geänd. mWv 28.12.2012 durch G v. 20.12.2012 (BGBl. I S. 2730); Abs. 1 Nr. 3e und 3f geänd., Nr. 3g–3i eingef., Nr. 5 Buchst. b und c geänd., Buchst. d und e angef., Abs. 1a Nr. 2 neu gef., Abs. 2 Satz 1 geänd. mWv 30.7. 2016 durch G v. 26.7.2016 (BGBl. I S. 1786); Abs. 1 Nr. 2a und 2b geänd., Abs. 1 Nr. 5 neu gef. mWv 30.6. 2017 durch G v. 23.6.2017 (BGBl. I S. 1885); Abs. 2 Sätze 3–5 angef., Abs. 4 Satz 2 geänd. mWv 22.7. 2017 durch G v. 17.7.2017 (BGBl. I S. 2503); Abs. 2 Satz 2 geänd. mWv 21.12.2018 durch G v. 17.12. 2018 (BGBl. I S. 2549); Abs. 1e eingef., Abs. 2 Satz 3 neu gef., bish. Sätze 3 und 4 werden Sätze 5 und 6 mWv 14.8.2020 durch G v. 8.8.2020 (BGBl. I S. 1818); Abs. 1 Nr. 2 geänd., Nr. 3e aufgeh. mWv 27.7.2021 durch G v. 16.7.2021 (BGBl. I S. 3026); Abs. 1 Nr. 5 Buchst. d eingef., bish. Buchst. d und e werden Buchst. e und f, Abs. 2 Satz 1 geänd. mWv 12.7.2022 durch G v. 8.7.2022 (BGBl. I S. 1054); Abs. 1 Nr. 1c, 1d und 2 neu gef., Nr. 3 Buchst. a, Abs. 2 Sätze 1, 3, 4 Nr. 1 und 2 geänd. mWv 29.7.2022 durch G v. 19.7.2022 (BGBl. I S. 1214); Abs. 2 Satz 4 Nr. 2 geänd. mWv 1.1.2023 durch G v. 20.7.2022 (BGBl. I S. 1237); Abs. 1 Nr. 5 Buchst. a geänd., Buchst. b neu gef. mWv 29.12.2023 durch G v. 22.12. 2023 (BGBl. 2023 I Nr. 405); Abs. 1 Nr. 4 geänd., Nr. 4a–4c eingef. mWv 9.2.2024 durch G v. 5.2.2024 (BGBl. 2024 I Nr. 32).

2. entgegen § 5 Absatz 3 Satz 1 eine Information nicht, nicht richtig, nicht vollständig oder nicht rechtzeitig vornimmt,

2a. entgegen § 11 Absatz 1a oder 1b den Katalog von Sicherheitsanforderungen nicht, nicht richtig, nicht vollständig oder nicht rechtzeitig einhält,

2b. entgegen § 11 Absatz 1c eine Meldung nicht, nicht richtig, nicht vollständig oder nicht rechtzeitig vornimmt,

3. einer vollziehbaren Anordnung nach
   a) § 5 Absatz 4 Satz 3 oder Absatz 5 Satz 1, § 12c Absatz 1 Satz 2, § 15a Absatz 3 Satz 5, § 65 Abs. 1 oder 2 oder § 69 Absatz 7 Satz 1, Absatz 8 Satz 1 oder Absatz 11 Satz 1 oder Satz 2 oder
   b) § 30 Abs. 2 zuwiderhandelt,

3a. entgegen § 5a Absatz 1 Satz 1 *dort genannten*[1] Daten nicht, nicht richtig, nicht vollständig oder nicht rechtzeitig übermittelt,

3b. entgegen § 12b Absatz 5, § 12c Absatz 5 oder § 15a Absatz 1 Satz 1 einen Entwurf oder einen Netzentwicklungsplan nicht oder nicht rechtzeitig vorlegt,

3c. entgegen § 12g Absatz 1 Satz 3 in Verbindung mit einer Rechtsverordnung nach Absatz 3 einen Bericht nicht, nicht richtig, nicht vollständig oder nicht rechtzeitig vorlegt,

3d. entgegen § 12g Absatz 2 in Verbindung mit einer Rechtsverordnung nach Absatz 3 einen Sicherheitsplan nicht, nicht richtig, nicht vollständig oder nicht rechtzeitig erstellt oder einen Sicherheitsbeauftragten nicht oder nicht rechtzeitig bestimmt,

3e. *(aufgehoben)*

3f. entgegen § 13b Absatz 1 Satz 2 oder Absatz 5 Satz 1 eine dort genannte Anlage stilllegt,

3g. entgegen § 13e Absatz 4 Satz 1 Nummer 1 Erzeugungsleistung oder Erzeugungsarbeit veräußert,

3h. entgegen § 13e Absatz 4 Satz 1 Nummer 2 oder § 13g Absatz 1 Satz 1 oder 3 eine dort genannte Anlage nicht oder nicht rechtzeitig stilllegt,

3i. entgegen § 13g Absatz 4 Satz 1 Strom erzeugt,

4. entgegen § 30 Abs. 1 Satz 1 eine Marktstellung missbraucht,

4a. entgegen § 35b Absatz 5 Satz 1 oder Satz 2 die Speicherkapazitäten oder die Ein- und Ausspeicherleistung nicht, nicht vollständig oder nicht rechtzeitig zur Verfügung stellt,

4b. ohne Genehmigung nach § 35h Absatz 2 Satz 1 eine Gasspeicheranlage, einen Teil einer solchen Anlage oder einen Netzanschluss außer Betrieb nimmt oder stilllegt,

4c. ohne Genehmigung nach § 35h Absatz 7 Satz 1 eine Gasspeicheranlage von L-Gas auf H-Gas umstellt oder L-Gas-Speicherkapazitäten reduziert oder

5. einer Rechtsverordnung nach
   a) § 17 Abs. 3 Satz 1 oder § 27 Satz 5, soweit die Rechtsverordnung Verpflichtungen zur Mitteilung, Geheimhaltung, Mitwirkung oder Veröffentlichung enthält,
   b) § 29 Absatz 3,
   c) § 49 Abs. 4 oder § 50,
   d) § 50f Absatz 1,

---

[1] Wortlaut amtlich.

e) § 111f Nummer 1 bis 3, 5 bis 7, 10 oder Nummer 14 Buchstabe b oder

f) § 111f Nummer 8 Buchstabe a oder Buchstabe b, Nummer 9 oder Nummer 13

oder einer vollziehbaren Anordnung auf Grund einer solchen Rechtsverordnung zuwiderhandelt, soweit die Rechtsverordnung für einen bestimmten Tatbestand auf diese Bußgeldvorschrift verweist.

(1a) Ordnungswidrig handelt, wer vorsätzlich oder leichtfertig

1. entgegen § 5b Absatz 1 Satz 1 oder Absatz 2 eine andere Person in Kenntnis setzt oder

2. entgegen § 12 Absatz 5 Satz 1 Nummer 2 oder Nummer 3 eine dort genannte Information nicht, nicht richtig, nicht vollständig oder nicht rechtzeitig übermittelt.

(1b) Ordnungswidrig handelt, wer entgegen Artikel 5 in Verbindung mit Artikel 2 Nummer 2 Buchstabe a der Verordnung (EU) Nr. 1227/2011 des Europäischen Parlaments und des Rates vom 25. Oktober 2011 über die Integrität und Transparenz des Energiegroßhandelsmarkts (ABl. L 326 vom 8.12.2011, S. 1) eine Marktmanipulation auf einem Energiegroßhandelsmarkt vornimmt.

(1c) Ordnungswidrig handelt, wer gegen die Verordnung (EU) Nr. 1227/2011 verstößt, indem er vorsätzlich oder leichtfertig

1. als Person nach Artikel 3 Absatz 2 Buchstabe e

a) entgegen Artikel 3 Absatz 1 Buchstabe b eine Insiderinformation an Dritte weitergibt oder

b) entgegen Artikel 3 Absatz 1 Buchstabe c einer anderen Person empfiehlt oder sie dazu verleitet, ein Energiegroßhandelsprodukt zu erwerben oder zu veräußern,

2. entgegen Artikel 4 Absatz 1 Satz 1 eine Insiderinformation nicht, nicht richtig, nicht vollständig oder nicht unverzüglich nach Kenntniserlangung bekannt gibt,

3. entgegen Artikel 4 Absatz 2 Satz 2 eine Insiderinformation nicht, nicht richtig, nicht vollständig oder nicht rechtzeitig übermittelt,

4. entgegen Artikel 4 Absatz 3 Satz 1 die Bekanntgabe einer Insiderinformation nicht sicherstellt,

5. entgegen Artikel 4 Absatz 3 Satz 2 nicht dafür sorgt, dass eine Insiderinformation bekannt gegeben wird,

6. entgegen Artikel 5 in Verbindung mit Artikel 2 Nummer 2 Buchstabe b Satz 1 eine Marktmanipulation auf einem Energiegroßhandelsmarkt vornimmt,

7. entgegen Artikel 8 Absatz 1 Satz 1 in Verbindung mit einer Verordnung nach Artikel 8 Absatz 2 Satz 1 eine dort genannte Aufzeichnung nicht, nicht richtig, nicht vollständig oder nicht rechtzeitig übermittelt,

8. entgegen Artikel 8 Absatz 5 Satz 1 in Verbindung mit einer Verordnung nach Artikel 8 Absatz 6 Satz 1 eine dort genannte Information nicht, nicht richtig, nicht vollständig oder nicht rechtzeitig übermittelt oder

9. entgegen Artikel 15 Absatz 1 die Bundesnetzagentur als nationale Regulierungsbehörde nicht, nicht richtig, nicht vollständig oder nicht rechtzeitig informiert.

(1d) Ordnungswidrig handelt, wer gegen die Verordnung (EU) Nr. 1227/2011 verstößt, indem er vorsätzlich oder fahrlässig

1. entgegen Artikel 9 Absatz 1 Satz 1 sich nicht oder nicht rechtzeitig bei der Bundesnetzagentur registrieren lässt oder

2. entgegen Artikel 9 Absatz 1 Satz 2 sich bei mehr als einer nationalen Regulierungsbehörde registrieren lässt.

(1e) Ordnungswidrig handelt, wer gegen die Verordnung (EU) 2019/943 des Europäischen Parlaments und des Rates verstößt, indem er vorsätzlich oder fahrlässig die den Marktteilnehmern zur Verfügung zu stellende Verbindungskapazität zwischen Gebotszonen über das nach Artikel 15 Absatz 2 und Artikel 16 Absatz 3, 4, 8 und 9 der Verordnung (EU) 2019/943 des Europäischen Parlaments und des Rates vorgesehene Maß hinaus einschränkt.

(2) ¹Die Ordnungswidrigkeit kann in den Fällen des Absatzes 1 Nummer 3f bis 3i mit einer Geldbuße bis zu fünf Millionen Euro, in den Fällen des Absatzes 1 Nummer 1a, 1d, 3 Buchstabe b, Nummer 4 und 5 Buchstabe b, der Absätze 1b und 1c Nummer 2 und 6 mit einer Geldbuße bis zu einer Million Euro, über diesen Betrag hinaus bis zur dreifachen Höhe des durch die Zuwiderhandlung erlangten Mehrerlöses, in den Fällen des Absatzes 1 Nummer 5 Buchstabe f mit einer Geldbuße bis zu dreihunderttausend Euro, in den Fällen des Absatzes 1 Nummer 2 und 5 Buchstabe e mit einer Geldbuße bis zu fünfzigtausend Euro, in den Fällen des Absatzes 1 Nr. 5 Buchstabe a sowie des Absatzes 1a Nummer 2 und des Absatzes 1c Nummer 7 und 8 mit einer Geldbuße bis zu zehntausend Euro und in den übrigen Fällen mit einer Geldbuße bis zu hunderttausend Euro geahndet werden. ²Die Höhe des Mehrerlöses kann geschätzt werden. ³Gegenüber einem Transportnetzbetreiber oder gegenüber einem vertikal integrierten Unternehmen kann über Satz 1 hinaus in Fällen des Absatzes 1 Nummer 3 Buchstabe b und des Absatzes 1e eine höhere Geldbuße verhängt werden. ⁴Diese darf

1. in Fällen des Absatzes 1 Nummer 3 Buchstabe b 10 Prozent des Gesamtumsatzes, den der Transportnetzbetreiber oder das vertikal integrierte Unternehmen in dem der Behördenentscheidung vorausgegangenen Geschäftsjahr weltweit erzielt hat, nicht übersteigen oder

2. in Fällen des Absatzes 1e 10 Prozent des Gesamtumsatzes, den der Transportnetzbetreiber oder das vertikal integrierte Unternehmen in dem der Behördenentscheidung vorausgegangenen Geschäftsjahr weltweit erzielt hat, abzüglich der Umlagen nach § 12 des Energiefinanzierungsgesetzes nicht übersteigen.

⁵Die Höhe des Gesamtumsatzes kann geschätzt werden. ⁶Ein durch die Zuwiderhandlung erlangter Mehrerlös bleibt unberücksichtigt.

(3) Die Regulierungsbehörde kann allgemeine Verwaltungsgrundsätze über die Ausübung ihres Ermessens bei der Bemessung der Geldbuße festlegen.

(4) ¹Die Verjährung der Verfolgung von Ordnungswidrigkeiten nach Absatz 1 richtet sich nach den Vorschriften des Gesetzes über Ordnungswidrigkeiten[1]. ²Die Verfolgung der Ordnungswidrigkeiten nach Absatz 1 Nummer 3 Buchstabe b und Nummer 4 und 5 verjährt in fünf Jahren.

(5) Verwaltungsbehörde im Sinne des § 36 Absatz 1 Nummer 1 des Gesetzes über Ordnungswidrigkeiten ist in den Fällen des Absatzes 1 Nummer 2b das Bundesamt für Sicherheit in der Informationstechnik, im Übrigen die nach § 54 zuständige Behörde.

**§ 95a**[2] **Strafvorschriften.** (1) Mit Freiheitsstrafe bis zu fünf Jahren oder mit Geldstrafe wird bestraft, wer eine in § 95 Absatz 1b oder Absatz 1c Nummer 6

---

[1] Habersack Nr. 94.
[2] § 95a eingef. mWv 12.12.2012 durch G v. 5.12.2012 (BGBl. I S. 2403).

bezeichnete vorsätzliche Handlung begeht und dadurch auf den Preis eines Energiegroßhandelsprodukts einwirkt.

(2) Ebenso wird bestraft, wer gegen die Verordnung (EU) Nr. 1227/2011 des Europäischen Parlaments und des Rates vom 25. Oktober 2011 über die Integrität und Transparenz des Energiegroßhandelsmarkts (ABl. L 326 vom 8.12.2011, S. 1) verstößt, indem er

1. entgegen Artikel 3 Absatz 1 Buchstabe a eine Insiderinformation nutzt oder
2. als Person nach Artikel 3 Absatz 2 Buchstabe a, b, c oder Buchstabe d oder Absatz 5
   a) entgegen Artikel 3 Absatz 1 Buchstabe b eine Insiderinformation an Dritte weitergibt oder
   b) entgegen Artikel 3 Absatz 1 Buchstabe c einer anderen Person empfiehlt oder sie dazu verleitet, ein Energiegroßhandelsprodukt zu erwerben oder zu veräußern.

(3) In den Fällen des Absatzes 2 ist der Versuch strafbar.

(4) Handelt der Täter in den Fällen des Absatzes 2 Nummer 1 leichtfertig, so ist die Strafe Freiheitsstrafe bis zu einem Jahr oder Geldstrafe.

**§ 95b[1]) Strafvorschriften.** Mit Freiheitsstrafe bis zu einem Jahr oder mit Geldstrafe wird bestraft, wer

1. entgegen § 12 Absatz 5 Satz 1 Nummer 1 nicht sicherstellt, dass ein Betriebs- und Geschäftsgeheimnis ausschließlich in der dort genannten Weise genutzt wird, oder
2. eine in § 95 Absatz 1b oder Absatz 1c Nummer 2 oder Nummer 6 bezeichnete vorsätzliche Handlung beharrlich wiederholt.

**§ 96 Zuständigkeit für Verfahren wegen der Festsetzung einer Geldbuße gegen eine juristische Person oder Personenvereinigung.** [1]Die Regulierungsbehörde ist für Verfahren wegen der Festsetzung einer Geldbuße gegen eine juristische Person oder Personenvereinigung (§ 30 des Gesetzes über Ordnungswidrigkeiten[2])) in Fällen ausschließlich zuständig, denen

1. eine Straftat, die auch den Tatbestand des § 95 Abs. 1 Nr. 4 verwirklicht, oder
2. eine vorsätzliche oder fahrlässige Ordnungswidrigkeit nach § 130 des Gesetzes über Ordnungswidrigkeiten, bei der eine mit Strafe bedrohte Pflichtverletzung auch den Tatbestand des § 95 Abs. 1 Nr. 4 verwirklicht,

zugrunde liegt. [2]Dies gilt nicht, wenn die Behörde das § 30 des Gesetzes über Ordnungswidrigkeiten betreffende Verfahren an die Staatsanwaltschaft abgibt.

**§ 97[3]) Zuständigkeiten im gerichtlichen Bußgeldverfahren.** [1]Sofern die Regulierungsbehörde als Verwaltungsbehörde des Vorverfahrens tätig war, erfolgt die Vollstreckung der Geldbuße und des Geldbetrages, dessen Einziehung nach § 29a des Gesetzes über Ordnungswidrigkeiten[2]) angeordnet wurde, durch die Regulierungsbehörde als Vollstreckungsbehörde auf Grund einer von dem Urkundsbeamten der Geschäftsstelle des Gerichts zu erteilenden, mit der Bescheinigung der Vollstreckbarkeit versehenen beglaubigten Abschrift der Urteilsformel entsprechend den Vorschriften über die Vollstreckung von Bußgeldbescheiden.

---

[1]) § 95b neu gef. mWv 30.7.2016 durch G v. 26.7.2016 (BGBl. I S. 1786).
[2]) **Habersack Nr. 94.**
[3]) § 97 Sätze 1 und 2 geänd. mWv 1.7.2017 durch G v. 13.4.2017 (BGBl. I S. 872).

² Die Geldbußen und die Geldbeträge, deren Einziehung nach § 29a des Gesetzes über Ordnungswidrigkeiten angeordnet wurde, fließen der Bundeskasse zu, die auch die der Staatskasse auferlegten Kosten trägt.

**§ 98 Zuständigkeit des Oberlandesgerichts im gerichtlichen Verfahren.**

(1) ¹ Im gerichtlichen Verfahren wegen einer Ordnungswidrigkeit nach § 95 entscheidet das Oberlandesgericht, in dessen Bezirk die zuständige Regulierungsbehörde ihren Sitz hat; es entscheidet auch über einen Antrag auf gerichtliche Entscheidung (§ 62 des Gesetzes über Ordnungswidrigkeiten[1]) in den Fällen des § 52 Abs. 2 Satz 3 und des § 69 Abs. 1 Satz 2 des Gesetzes über Ordnungswidrigkeiten. ² § 140 Abs. 1 Nr. 1 der Strafprozessordnung[2] in Verbindung mit § 46 Abs. 1 des Gesetzes über Ordnungswidrigkeiten findet keine Anwendung.

(2) Das Oberlandesgericht entscheidet in der Besetzung von drei Mitgliedern mit Einschluss des vorsitzenden Mitglieds.

**§ 99 Rechtsbeschwerde zum Bundesgerichtshof.** ¹ Über die Rechtsbeschwerde (§ 79 des Gesetzes über Ordnungswidrigkeiten[1]) entscheidet der Bundesgerichtshof. ² Hebt er die angefochtene Entscheidung auf, ohne in der Sache selbst zu entscheiden, so verweist er die Sache an das Oberlandesgericht, dessen Entscheidung aufgehoben wird, zurück.

**§ 100 Wiederaufnahmeverfahren gegen Bußgeldbescheid.** Im Wiederaufnahmeverfahren gegen den Bußgeldbescheid der Regulierungsbehörde (§ 85 Abs. 4 des Gesetzes über Ordnungswidrigkeiten[1]) entscheidet das nach § 98 zuständige Gericht.

**§ 101 Gerichtliche Entscheidungen bei der Vollstreckung.** Die bei der Vollstreckung notwendig werdenden gerichtlichen Entscheidungen (§ 104 des Gesetzes über Ordnungswidrigkeiten[1]) werden von dem nach § 98 zuständigen Gericht erlassen.

### Abschnitt 6. Bürgerliche Rechtsstreitigkeiten

**§ 102 Ausschließliche Zuständigkeit der Landgerichte.** (1) ¹ Für bürgerliche Rechtsstreitigkeiten, die sich aus diesem Gesetz ergeben, sind ohne Rücksicht auf den Wert des Streitgegenstandes die Landgerichte ausschließlich zuständig. ² Satz 1 gilt auch, wenn die Entscheidung eines Rechtsstreits ganz oder teilweise von einer Entscheidung abhängt, die nach diesem Gesetz zu treffen ist.

(2) Die Rechtsstreitigkeiten sind Handelssachen im Sinne der §§ 93 bis 114 des Gerichtsverfassungsgesetzes[3].

**§ 103 Zuständigkeit eines Landgerichts für mehrere Gerichtsbezirke.**

(1) ¹ Die Landesregierungen werden ermächtigt, durch Rechtsverordnung bürgerliche Rechtsstreitigkeiten, für die nach § 102 ausschließlich die Landgerichte zuständig sind, einem Landgericht für die Bezirke mehrerer Landgerichte zuzuweisen, wenn eine solche Zusammenfassung der Rechtspflege, insbesondere der Sicherung einer einheitlichen Rechtsprechung, dienlich ist. ² Die Landesregierungen können die Ermächtigung auf die Landesjustizverwaltungen übertragen.

---

[1] **Habersack Nr. 94.**
[2] **Habersack Nr. 90.**
[3] **Habersack Nr. 95.**

(2) Durch Staatsverträge zwischen Ländern kann die Zuständigkeit eines Landgerichts für einzelne Bezirke oder das gesamte Gebiet mehrerer Länder begründet werden.

(3) Die Parteien können sich vor den nach den Absätzen 1 und 2 bestimmten Gerichten auch anwaltlich durch Personen vertreten lassen, die bei dem Gericht zugelassen sind, vor das der Rechtsstreit ohne die Regelung nach den Absätzen 1 und 2 gehören würde.

## § 104[1]) Benachrichtigung und Beteiligung der Regulierungsbehörde.

(1) [1]Das Gericht hat die Regulierungsbehörde über alle Rechtsstreitigkeiten nach § 102 Abs. 1 zu unterrichten. [2]Das Gericht hat der Regulierungsbehörde auf Verlangen Abschriften von allen Schriftsätzen, Protokollen, Verfügungen und Entscheidungen zu übersenden.

(2) [1]Der Präsident oder die Präsidentin der Regulierungsbehörde kann, wenn er oder sie es zur Wahrung des öffentlichen Interesses als angemessen erachtet, aus den Mitgliedern der Regulierungsbehörde eine Vertretung bestellen, die befugt ist, dem Gericht schriftliche Erklärungen abzugeben, auf Tatsachen und Beweismittel hinzuweisen, den Terminen beizuwohnen, in ihnen Ausführungen zu machen und Fragen an Parteien, Zeugen und Sachverständige zu richten. [2]Schriftliche Erklärungen der vertretenden Personen sind den Parteien von dem Gericht mitzuteilen.

(3) Darüber hinaus sind Absatz 1 Satz 2 und Absatz 2 auch hinsichtlich aller sonstigen bürgerlichen Rechtsstreitigkeiten anzuwenden, sofern die Regulierungsbehörde einen entsprechenden Antrag stellt und es für die Wahrnehmung der gesetzlichen Aufgaben der Regulierungsbehörde erforderlich ist.

## § 105 Streitwertanpassung. (1) [1]Macht in einer Rechtsstreitigkeit, in der ein Anspruch nach dem § 32 geltend gemacht wird, eine Partei glaubhaft, dass die Belastung mit den Prozesskosten nach dem vollen Streitwert ihre wirtschaftliche Lage erheblich gefährden würde, so kann das Gericht auf ihren Antrag anordnen, dass die Verpflichtung dieser Partei zur Zahlung von Gerichtskosten sich nach einem ihrer Wirtschaftslage angepassten Teil des Streitwerts bemisst. [2]Das Gericht kann die Anordnung davon abhängig machen, dass die Partei glaubhaft macht, dass die von ihr zu tragenden Kosten des Rechtsstreits weder unmittelbar noch mittelbar von einem Dritten übernommen werden. [3]Die Anordnung hat zur Folge, dass die begünstigte Partei die Gebühren ihres Rechtsanwalts ebenfalls nur nach diesem Teil des Streitwerts zu entrichten hat. [4]Soweit ihr Kosten des Rechtsstreits auferlegt werden oder soweit sie diese übernimmt, hat sie die von dem Gegner entrichteten Gerichtsgebühren und die Gebühren seines Rechtsanwalts nur nach dem Teil des Streitwerts zu erstatten. [5]Soweit die außergerichtlichen Kosten dem Gegner auferlegt oder von ihm übernommen werden, kann der Rechtsanwalt der begünstigten Partei seine Gebühren von dem Gegner nach dem für diesen geltenden Streitwert beitreiben.

(2) [1]Der Antrag nach Absatz 1 kann vor der Geschäftsstelle des Gerichts zur Niederschrift erklärt werden. [2]Er ist vor der Verhandlung zur Hauptsache anzubringen. [3]Danach ist er nur zulässig, wenn der angenommene oder festgesetzte Streitwert später durch das Gericht heraufgesetzt wird. [4]Vor der Entscheidung über den Antrag ist der Gegner zu hören.

---

[1]) § 104 Abs. 3 angef. mWv 29.12.2023 durch G v. 22.12.2023 (BGBl. 2023 I Nr. 405).

### Abschnitt 7. Gemeinsame Bestimmungen für das gerichtliche Verfahren

**§ 106**[1]) **Zuständiger Senat beim Oberlandesgericht.** (1) Die nach § 91 des Gesetzes gegen Wettbewerbsbeschränkungen[2]) bei den Oberlandesgerichten gebildeten Kartellsenate entscheiden über die nach diesem Gesetz den Oberlandesgerichten zugewiesenen Rechtssachen, in den Fällen des § 102 über die Berufung gegen Endurteile und die Beschwerde gegen sonstige Entscheidungen in bürgerlichen Rechtsstreitigkeiten sowie über Verbandsklagen nach dem Verbraucherrechtedurchsetzungsgesetz[3]), die Ansprüche und Rechtsverhältnisse in den in § 102 aufgeführten bürgerlichen Rechtsstreitigkeiten betreffen.

(2) Die §§ 92 und 93 des Gesetzes gegen Wettbewerbsbeschränkungen gelten entsprechend.

**§ 107**[4]) **Zuständiger Senat beim Bundesgerichtshof.** (1) Der nach § 94 des Gesetzes gegen Wettbewerbsbeschränkungen[2]) beim Bundesgerichtshof gebildete Kartellsenat entscheidet über folgende Rechtsmittel:

1. in Verwaltungssachen über die Rechtsbeschwerde gegen Entscheidungen der Oberlandesgerichte (§§ 86 und 88) und über die Nichtzulassungsbeschwerde (§ 87);
2. in Bußgeldverfahren über die Rechtsbeschwerde gegen Entscheidungen der Oberlandesgerichte (§ 99);
3. in bürgerlichen Rechtsstreitigkeiten, die sich aus diesem Gesetz ergeben,
   a) über die Revision einschließlich der Nichtzulassungsbeschwerde gegen Endurteile der Oberlandesgerichte,
   b) über die Sprungrevision gegen Endurteile der Landgerichte,
   c) über die Rechtsbeschwerde gegen Beschlüsse der Oberlandesgerichte in den Fällen des § 574 Abs. 1 der Zivilprozessordnung[5]);
4. in Verbandsklageverfahren nach dem Verbraucherrechtedurchsetzungsgesetz[3]), die Ansprüche und Rechtsverhältnisse in den in § 102 aufgeführten bürgerlichen Rechtsstreitigkeiten betreffen,
   a) über die Revision gegen Urteile der Oberlandesgerichte und
   b) über die Rechtsbeschwerde gegen Beschlüsse der Oberlandesgerichte in den Fällen des § 574 Absatz 1 der Zivilprozessordnung.

(2) § 94 Abs. 2 des Gesetzes gegen Wettbewerbsbeschränkungen gilt entsprechend.

**§ 108 Ausschließliche Zuständigkeit.** Die Zuständigkeit der nach diesem Gesetz zur Entscheidung berufenen Gerichte ist ausschließlich.

### Teil 9. Sonstige Vorschriften

**§ 109 Unternehmen der öffentlichen Hand, Geltungsbereich.** (1) Dieses Gesetz findet auch Anwendung auf Unternehmen, die ganz oder teilweise im

---

[1]) § 106 Abs. 1 geänd. mWv 13.10.2023 durch G v. 8.10.2023 (BGBl. 2023 I Nr. 272).
[2]) **Habersack Nr. 74.**
[3]) **Habersack Nr. 105a.**
[4]) § 107 Abs. 1 Nr. 3 Buchst. c geänd., Nr. 4 angef. mWv 13.10.2023 durch G v. 8.10.2023 (BGBl. 2023 I Nr. 272).
[5]) **Habersack Nr. 100.**

Eigentum der öffentlichen Hand stehen oder die von ihr verwaltet oder betrieben werden.

(2) Dieses Gesetz findet Anwendung auf alle Verhaltensweisen, die sich im Geltungsbereich dieses Gesetzes auswirken, auch wenn sie außerhalb des Geltungsbereichs dieses Gesetzes veranlasst werden.

**§ 110**[1]) **Geschlossene Verteilernetze.** (1) § 7 Absatz 1 Satz 2, § 7c Absatz 1, die §§ 12h, 14 Absatz 2, die §§ 14a, 14c, 14d, 14e, 18, 19, 21a, 22 Absatz 1, die §§ 23a und 32 Absatz 2 sowie die §§ 33, 35 und 52 sind auf den Betrieb eines geschlossenen Verteilernetzes nicht anzuwenden.

(2) [1]Die Regulierungsbehörde stuft ein Energieversorgungsnetz, mit dem Energie zum Zwecke der Ermöglichung der Versorgung von Kunden in einem geografisch begrenzten Industrie- oder Gewerbegebiet oder einem Gebiet verteilt wird, in dem Leistungen gemeinsam genutzt werden, als geschlossenes Verteilernetz ein, wenn

1. die Tätigkeiten oder Produktionsverfahren der Anschlussnutzer dieses Netzes aus konkreten technischen oder sicherheitstechnischen Gründen verknüpft sind oder

2. mit dem Netz in erster Linie Energie an den Netzeigentümer oder -betreiber oder an mit diesen verbundene Unternehmen verteilt wird; maßgeblich ist der Durchschnitt der letzten drei Kalenderjahre; gesicherte Erkenntnisse über künftige Anteile sind zu berücksichtigen.

[2]Die Einstufung erfolgt nur, wenn keine Letztverbraucher, die Energie für den Eigenverbrauch im Haushalt kaufen, über das Netz versorgt werden oder nur eine geringe Zahl von solchen Letztverbrauchern, wenn diese ein Beschäftigungsverhältnis oder eine vergleichbare Beziehung zum Eigentümer oder Betreiber des Netzes unterhalten.

(3) [1]Die Einstufung erfolgt auf Antrag des Netzbetreibers. [2]Der Antrag muss folgende Angaben enthalten:

1. Firma und Sitz des Netzbetreibers und des Netzeigentümers,

2. Angaben nach § 23c Absatz 1 oder § 23c Absatz 4 Nummer 1 bis 5,

3. Anzahl der versorgten Haushaltskunden,

4. vorgelagertes Netz einschließlich der Spannung oder des Drucks, mit der oder dem das Verteilernetz angeschlossen ist,

5. weitere Verteilernetze, die der Netzbetreiber betreibt.

[3]Das Verteilernetz gilt ab vollständiger Antragstellung bis zur Entscheidung der Regulierungsbehörde als geschlossenes Verteilernetz.

(4) [1]Jeder Netznutzer eines geschlossenen Verteilernetzes kann eine Überprüfung der Entgelte durch die Regulierungsbehörde verlangen; § 31 findet insoweit keine Anwendung. [2]Es wird vermutet, dass die Bestimmung der Netznutzungsentgelte den rechtlichen Vorgaben entspricht, wenn der Betreiber des geschlossenen Verteilernetzes kein höheres Entgelt fordert als der Betreiber des vorgelagerten Energieversorgungsnetzes für die Nutzung des an das geschlossene Verteilernetz angrenzenden Energieversorgungsnetzes der allgemeinen Versorgung auf gleicher Netz- oder Umspannebene; grenzen mehrere Energieversorgungsnetze der all-

---

[1]) § 110 neu gef. mWv 4.8.2011 durch G v. 26.7.2011 (BGBl. I S. 1554); Abs. 1 geänd. mWv 27.11. 2020 durch G v. 22.11.2020 (BGBl. I S. 2464); Abs. 1 und 3 Satz 2 Nr. 2 neu gef. mWv 27.7.2021 durch G v. 16.7.2021 (BGBl. I S. 3026).

gemeinen Versorgung auf gleicher Netz- oder Umspannebene an, ist das niedrigste Entgelt maßgeblich. ³§ 31 Absatz 1, 2 und 4 sowie § 32 Absatz 1 und 3 bis 5 finden entsprechend Anwendung.

**§ 111**[1] **Verhältnis zum Gesetz gegen Wettbewerbsbeschränkungen.**

(1) ¹Die §§ 19, 20 und 29 des Gesetzes gegen Wettbewerbsbeschränkungen[2] sind nicht anzuwenden, soweit durch dieses Gesetz oder auf Grund dieses Gesetzes erlassener Rechtsverordnungen ausdrücklich abschließende Regelungen getroffen werden. ²Die Aufgaben und Zuständigkeiten der Kartellbehörden bleiben unberührt.

(2) Die Bestimmungen des Teiles 3 und die auf Grundlage dieser Bestimmungen erlassenen Rechtsverordnungen sind abschließende Regelungen im Sinne des Absatzes 1 Satz 1.

(3) In Verfahren der Kartellbehörden nach den §§ 19, 20 und 29 des Gesetzes gegen Wettbewerbsbeschränkungen, die Preise von Energieversorgungsunternehmen für die Belieferung von Letztverbrauchern betreffen, deren tatsächlicher oder kalkulatorischer Bestandteil Netzzugangsentgelte im Sinne des § 20 Abs. 1 sind, sind die von Betreibern von Energieversorgungsnetzen nach § 20 Abs. 1 veröffentlichten Netzzugangsentgelte als rechtmäßig zugrunde zu legen, soweit nicht ein anderes durch eine sofort vollziehbare oder bestandskräftige Entscheidung der Regulierungsbehörde oder ein rechtskräftiges Urteil festgestellt worden ist.

**§ 111a**[3] **Verbraucherbeschwerden.** ¹Energieversorgungsunternehmen, Messstellenbetreiber und Messdienstleister (Unternehmen) sind verpflichtet, Beanstandungen von Verbrauchern im Sinne des § 13 des Bürgerlichen Gesetzbuchs[4] (Verbraucher) insbesondere zum Vertragsabschluss oder zur Qualität von Leistungen des Unternehmens (Verbraucherbeschwerden), die den Anschluss an das Versorgungsnetz, die Belieferung mit Energie sowie die Messung der Energie betreffen, innerhalb einer Frist von vier Wochen ab Zugang beim Unternehmen zu beantworten. ²Wird der Verbraucherbeschwerde durch das Unternehmen nicht abgeholfen, hat das Unternehmen die Gründe in Textform darzulegen und auf das Schlichtungsverfahren nach § 111b unter Angabe der Anschrift und der Webseite der Schlichtungsstelle hinzuweisen. ³Das Unternehmen hat zugleich anzugeben, dass es zur Teilnahme am Schlichtungsverfahren verpflichtet ist. ⁴Das Unternehmen hat auf seiner Webseite auf das Schlichtungsverfahren nach § 111b, die Anschrift und die Webseite der Schlichtungsstelle sowie seine Pflicht zur Teilnahme am Schlichtungsverfahren hinzuweisen. ⁵Das mit der Beanstandung befasste Unternehmen hat andere Unternehmen, die an der Belieferung des beanstandenden Verbrauchers bezüglich des Anschlusses an das Versorgungsnetz, der Belieferung mit Energie oder der Messung der Energie beteiligt sind, über den Inhalt der Beschwerde zu informieren, wenn diese Unternehmen der Verbraucherbeschwerde abhelfen können.

---

[1] § 111 Abs. 1 Satz 1, Abs. 3 geänd. mWv 22.12.2007 durch G v. 18.12.2007 (BGBl. I S. 2966); Abs. 2 neu gef. mWv 1.11.2008 durch G v. 25.10.2008 (BGBl. I S. 2101).
[2] **Habersack Nr. 74.**
[3] § 111a eingef. mWv 4.8.2011 durch G v. 26.7.2011 (BGBl. I S. 1554); Satz 3 angef. mWv 1.4.2012 durch G v. 16.1.2012 (BGBl. I S. 74); Satz 2 geänd., Sätze 3 und 4 eingef., bish. Satz 3 wird Satz 5 mWv 1.4.2016 durch G v. 19.2.2016 (BGBl. I S. 254).
[4] **Habersack Nr. 20.**

**§ 111b**[1]**) Schlichtungsstelle, Verordnungsermächtigung.** (1) [1]Zur Beilegung von Streitigkeiten zwischen Unternehmen und Verbrauchern über den Anschluss an das Versorgungsnetz, die Belieferung mit Energie sowie die Messung der Energie kann die anerkannte oder beauftragte Schlichtungsstelle angerufen werden. [2]Sofern ein Verbraucher eine Schlichtung bei der Schlichtungsstelle beantragt, ist das Unternehmen verpflichtet, an dem Schlichtungsverfahren teilzunehmen. [3]Der Antrag des Verbrauchers auf Einleitung des Schlichtungsverfahrens ist erst zulässig, wenn das Unternehmen im Verfahren nach § 111a der Verbraucherbeschwerde nicht abgeholfen hat. [4]Die Schlichtungsstelle kann andere Unternehmen, die an der Belieferung des den Antrag nach Satz 2 stellenden Verbrauchers bezüglich des Anschlusses an das Versorgungsnetz, der Belieferung mit Energie oder der Messung der Energie beteiligt sind, als Beteiligte im Schlichtungsverfahren hinzuziehen. [5]Das Recht der Beteiligten, die Gerichte anzurufen oder ein anderes Verfahren nach diesem Gesetz zu beantragen, bleibt unberührt.

(2) Sofern wegen eines Anspruchs, der durch das Schlichtungsverfahren betroffen ist, ein Mahnverfahren eingeleitet wurde, soll der das Mahnverfahren betreibende Beteiligte auf Veranlassung der Schlichtungsstelle das Ruhen des Mahnverfahrens bewirken.

(3) [1]Das Bundesministerium für Wirtschaft und Klimaschutz kann im Einvernehmen mit dem Bundesministerium der Justiz eine privatrechtlich organisierte Einrichtung als zentrale Schlichtungsstelle zur außergerichtlichen Beilegung von Streitigkeiten nach Absatz 1 anerkennen. [2]Für die Anerkennung einer privatrechtlich organisierten Einrichtung als zentrale Schlichtungsstelle nach Satz 1, die nach dem 29. Dezember 2023 erfolgt, bedarf es abweichend von Satz 1 sowohl des Einvernehmens mit dem Bundesministerium der Justiz als auch des Einvernehmens mit dem Bundesministerium für Umwelt, Naturschutz, nukleare Sicherheit und Verbraucherschutz. [3]Die Anerkennung ist im Bundesanzeiger bekannt zu machen und der Zentralen Anlaufstelle für Verbraucherschlichtung nach § 32 Absatz 2 und 4 des Verbraucherstreitbeilegungsgesetzes[2]) vom 19. Februar 2016 (BGBl. I S. 254), das durch Artikel 1 des Gesetzes vom 30. November 2019 (BGBl. I S. 1942) geändert worden ist, mitzuteilen.

(4) Eine privatrechtlich organisierte Einrichtung kann nach Absatz 3 Satz 1 als Schlichtungsstelle anerkannt werden, wenn sie die Voraussetzungen für eine Anerkennung als Verbraucherschlichtungsstelle nach dem Verbraucherstreitbeilegungsgesetz erfüllt, soweit das Energiewirtschaftsgesetz keine abweichenden Regelungen trifft.

(5) [1]Die anerkannte Schlichtungsstelle hat dem Bundesministerium für Wirtschaft und Klimaschutz, dem Bundesministerium der Justiz und dem Bundesministerium für Umwelt, Naturschutz, nukleare Sicherheit und Verbraucherschutz jährlich über ihre Organisations- und Finanzstruktur zu berichten. [2]§ 34 des Verbraucherstreitbeilegungsgesetzes bleibt unberührt.

---

[1]) § 111b eingef. mWv 4.8.2011 durch G v. 26.7.2011 (BGBl. I S. 1554); Abs. 1 Satz 4 eingef., bish. Sätze 4 und 5 werden Sätze 5 und 6, Abs. 6 Satz 1 neu gef. mWv 1.4.2012 durch G v. 16.1.2012 (BGBl. I S. 74); Abs. 1 Satz 5 aufgeh., bish. Satz 6 wird Satz 5, Abs. 3 Sätze 1 und 2 geänd., Abs. 4 und 5 neu gef., Abs. 6 Satz 2, Abs. 7 Satz 1 geänd., Satz 2 neu gef., Abs. 8 eingef., bish. Abs. 8 wird Abs. 9 mWv 1.4.2016 durch G v. 19.2.2016 (BGBl. I S. 254); Abs. 6 Sätze 2 und 3 neu gef., Sätze 4 und 5 angef. mWv 22.7. 2017 durch G v. 17.7.2017 (BGBl. I S. 2503); Abs. 3 Satz 2 geänd. mWv 1.1.2020 durch G v. 30.11.2019 (BGBl. I S. 1942); Abs. 3 Satz 1 geänd., Satz 2 eingef., bish. Satz 2 wird Satz 3, Abs. 5 Satz 1, Abs. 7 Satz 1 geänd. mWv 29.12.2023 durch G v. 22.12.2023 (BGBl. 2023 I Nr. 405).
[2]) **Habersack** ErgBd. Nr. 107.

(6) [1] Die anerkannte Schlichtungsstelle kann für ein Schlichtungsverfahren von den nach Absatz 1 Satz 2 und 4 beteiligten Unternehmen ein Entgelt erheben. [2] Die Höhe des Entgelts nach Satz 1 muss im Verhältnis zum Aufwand der anerkannten Schlichtungsstelle angemessen sein und den ordnungsgemäßen Geschäftsbetrieb sicherstellen. [3] Bei offensichtlich missbräuchlichen Anträgen nach Absatz 1 Satz 2 kann auch von dem Verbraucher ein Entgelt verlangt werden, welches 30 Euro nicht überschreiten darf. [4] Einwände gegen Rechnungen berechtigen gegenüber der anerkannten Schlichtungsstelle zum Zahlungsaufschub oder zur Zahlungsverweigerung nur, soweit die ernsthafte Möglichkeit eines offensichtlichen Fehlers besteht. [5] Für Streitigkeiten über Schlichtungsentgelte ist örtlich ausschließlich das Gericht zuständig, in dessen Bezirk die anerkannte Schlichtungsstelle ihren Sitz hat.

(7) [1] Solange keine privatrechtlich organisierte Einrichtung als Schlichtungsstelle nach Absatz 4 anerkannt worden ist, hat das Bundesministerium für Wirtschaft und Klimaschutz die Aufgaben der Schlichtungsstelle durch Rechtsverordnung im Einvernehmen mit dem Bundesministerium der Justiz und dem Bundesministerium für Umwelt, Naturschutz, nukleare Sicherheit und Verbraucherschutz ohne Zustimmung des Bundesrates einer Bundesoberbehörde oder Bundesanstalt (beauftragte Schlichtungsstelle) zuzuweisen und deren Verfahren sowie die Erhebung von Gebühren und Auslagen zu regeln. [2] Soweit dieses Gesetz keine abweichenden Regelungen trifft, muss die beauftragte Schlichtungsstelle die Anforderungen nach dem Verbraucherstreitbeilegungsgesetz erfüllen.

(8) [1] Die anerkannte und die beauftragte Schlichtungsstelle sind Verbraucherschlichtungsstellen nach dem Verbraucherstreitbeilegungsgesetz. [2] Das Verbraucherstreitbeilegungsgesetz ist anzuwenden, soweit das Energiewirtschaftsgesetz keine abweichenden Regelungen trifft. [3] Die Schlichtungsstellen sollen regelmäßig Schlichtungsvorschläge von allgemeinem Interesse für den Verbraucher auf ihrer Webseite veröffentlichen.

(9) Die Befugnisse der Regulierungsbehörden auf der Grundlage dieses Gesetzes sowie der Kartellbehörden auf Grundlage des Gesetzes gegen Wettbewerbsbeschränkungen[1] bleiben unberührt.

**§ 111c[2] Zusammentreffen von Schlichtungsverfahren und Missbrauchs- oder Aufsichtsverfahren.** (1) [1] Erhält die Schlichtungsstelle Kenntnis davon, dass gegen den Betreiber eines Energieversorgungsnetzes im Zusammenhang mit dem Sachverhalt, der einem Antrag auf Durchführung eines Schlichtungsverfahrens nach § 111b zugrunde liegt, ein Missbrauchsverfahren nach § 30 Absatz 2 oder ein besonderes Missbrauchsverfahren nach § 31 oder gegen ein Unternehmen (§ 111a Satz 1) ein Aufsichtsverfahren nach § 65 eingeleitet worden ist, ist das Schlichtungsverfahren auszusetzen. [2] Die Schlichtungsstelle teilt den Parteien mit, dass sich die Dauer des Schlichtungsverfahrens wegen besonderer Schwierigkeit der Streitigkeit verlängert.

(2) Das nach Absatz 1 ausgesetzte Schlichtungsverfahren ist mit Abschluss des Missbrauchsverfahrens oder Aufsichtsverfahrens unverzüglich fortzusetzen.

(3) [1] Die Schlichtungsstelle und die Regulierungsbehörden können untereinander Informationen einschließlich personenbezogener Daten über anhängige

---

[1] **Habersack Nr. 74.**
[2] § 111c eingef. mWv 4.8.2011 durch G v. 26.7.2011 (BGBl. I S. 1554); Abs. 1 Satz 2 angef. mWv 1.4. 2016 durch G v. 19.2.2016 (BGBl. I S. 254); Abs. 3 Satz 1 geänd. mWv 26.11.2019 durch G v. 20.11. 2019 (BGBl. I S. 1626).

Schlichtungs- und Missbrauchsverfahren austauschen, soweit dies zur Erfüllung ihrer jeweiligen Aufgaben erforderlich ist. [2] Es ist sicherzustellen, dass die Vertraulichkeit wirtschaftlich sensibler Daten im Sinne des § 6a gewahrt wird.

## Teil 9a.[1] Transparenz

**§ 111d[1] Einrichtung einer nationalen Informationsplattform.** (1) [1] Die Bundesnetzagentur errichtet und betreibt spätestens ab dem 1. Juli 2017 eine elektronische Plattform, um der Öffentlichkeit jederzeit die aktuellen Informationen insbesondere zu der Erzeugung von Elektrizität, der Last, der Menge der Im- und Exporte von Elektrizität, der Verfügbarkeit von Netzen und von Energieerzeugungsanlagen sowie zu Kapazitäten und der Verfügbarkeit von grenzüberschreitenden Verbindungsleitungen zur Verfügung zu stellen (nationale Informationsplattform). [2] Zu dem Zweck nach Satz 1 veröffentlicht sie auf der nationalen Informationsplattform in einer für die Gebotszone der Bundesrepublik Deutschland aggregierten Form insbesondere die Daten, die

1. von den Betreibern von Übertragungsnetzen nach Artikel 4 Absatz 1 in Verbindung mit den Artikeln 6 bis 17 der Verordnung (EU) Nr. 543/2013 der Kommission vom 14. Juni 2013 über die Übermittlung und die Veröffentlichung von Daten in Strommärkten und zur Änderung des Anhangs I der Verordnung (EG) Nr. 714/2009 des Europäischen Parlaments und des Rates (ABl. L 163 vom 15.6.2013, S. 1; Transparenzverordnung) an den Europäischen Verbund der Übertragungsnetzbetreiber (ENTSO-Strom) übermittelt und von ENTSO-Strom veröffentlicht werden oder

2. von Primäreigentümern im Sinne von Artikel 2 Nummer 23 nach Artikel 4 Absatz 2 der Transparenzverordnung an ENTSO-Strom übermittelt und von ENTSO-Strom veröffentlicht werden.

[3] Die Bundesnetzagentur kann über die Daten nach Satz 2 hinaus zusätzliche ihr vorliegende Daten veröffentlichen, um die Transparenz im Strommarkt zu erhöhen.

(2) [1] Die Bundesnetzagentur kann die Übermittlung der Daten nach Absatz 1 Satz 2 von den Betreibern von Übertragungsnetzen sowie den Primäreigentümern im Sinne von Absatz 1 Satz 2 verlangen. [2] In diesem Fall müssen die Betreiber von Übertragungsnetzen sowie die Primäreigentümer auf Verlangen der Bundesnetzagentur dieser die Daten nach Absatz 1 Satz 2 über eine zum automatisierten Datenaustausch eingerichtete Schnittstelle innerhalb der von der Bundesnetzagentur gesetzten Frist zur Verfügung stellen. [3] Die Möglichkeit der Betreiber von Übertragungsnetzen, Informationen zu Anlagen und deren Standorten nach Artikel 10 Absatz 4 und nach Artikel 11 Absatz 4 Satz 2 der Transparenzverordnung nicht anzugeben, bleibt hiervon unberührt. [4] Die Bundesnetzagentur darf die ihr nach Satz 1 zur Kenntnis gelangten Daten, die Betriebs- und Geschäftsgeheimnisse enthalten, nur in anonymisierter Form veröffentlichen. [5] Die Bundesnetzagentur darf Daten, die geeignet sind, die Sicherheit oder Zuverlässigkeit des Elektrizitätsversorgungssystems oder die Sicherheit und Ordnung zu gefährden, oder die europäische kritische Anlagen betreffen, nur im Einvernehmen mit den Betreibern der Übertragungsnetze veröffentlichen; Absatz 4 Satz 1 bleibt hiervon unberührt.

(3) [1] Die Bundesnetzagentur soll die in Absatz 1 Satz 2 und 3 genannten Daten in einer für die Gebotszone der Bundesrepublik Deutschland aggregierten Form

---

[1] Teil 9a (§§ 111d–111f) eingef. mWv 30.7.2016 durch G v. 26.7.2016 (BGBl. I S. 1786).

und in deutscher Sprache unter Berücksichtigung der in der Transparenzverordnung festgelegten Zeitpunkte veröffentlichen, soweit dies jeweils technisch möglich ist. [2] Die Art der Veröffentlichung der Daten soll in einer für die Öffentlichkeit verständlichen Darstellung und in leicht zugänglichen Formaten erfolgen, um die Öffentlichkeit besser in die Lage zu versetzen, die Informationen des Strommarktes und die Wirkungszusammenhänge nachvollziehen zu können. [3] Die Daten müssen frei zugänglich sein und von den Nutzern gespeichert werden können.

(4) Die Bundesnetzagentur wird ermächtigt, wenn die nach den Nummern 1 und 3 zu übermittelnden Daten für den Zweck der nationalen Informationsplattform erforderlich sind und soweit diese Daten bei den Betreibern der Elektrizitätsversorgungsnetze vorliegen, Festlegungen nach § 29 Absatz 1 zu treffen insbesondere

1. zur Übermittlung von Daten und zu der Form der Übermittlung durch die Betreiber von Elektrizitätsversorgungsnetzen,
2. zu den Zeitpunkten der Übermittlung der Daten unter Berücksichtigung der in der Transparenzverordnung festgelegten Zeitpunkte sowie
3. zur Übermittlung von Daten zu Erzeugungseinheiten mit einer installierten Erzeugungskapazität zwischen 10 Megawatt und 100 Megawatt.

**§ 111e[1] Marktstammdatenregister.** (1) [1] Die Bundesnetzagentur errichtet und betreibt ein elektronisches Verzeichnis mit energiewirtschaftlichen Daten (Marktstammdatenregister). [2] Das Marktstammdatenregister dient dazu,

1. die Verfügbarkeit und Qualität der energiewirtschaftlichen Daten zur Unterstützung des Zwecks und der Ziele nach § 1 für die im Energieversorgungssystem handelnden Personen sowie für die zuständigen Behörden zur Wahrnehmung ihrer gesetzlichen Aufgaben zu verbessern,
2. den Aufwand zur Erfüllung von Meldepflichten zu verringern und
2a. die Prozesse der Energieversorgung durchgängig zu digitalisieren und dafür insbesondere den Netzanschluss und den Anlagenbetrieb im Hinblick auf Energievermarktung, Förderung, Abrechnung und die Besteuerung auf eine einheitliche Datenbasis zu stellen,
3. die Transformation des Energieversorgungssystems gegenüber der Öffentlichkeit transparent darzustellen.

[3] Die Bundesnetzagentur stellt durch fortlaufende Weiterentwicklung sicher, dass das Marktstammdatenregister jederzeit dem Stand der digitalen Technik und den Nutzungsgewohnheiten in Onlinesystemen entspricht.

(2) Das Marktstammdatenregister umfasst folgende Daten über die Unternehmen und Anlagen der Elektrizitäts- und Gaswirtschaft:

1. in der Elektrizitätswirtschaft insbesondere Daten über

   a) Anlagen zur Erzeugung und Speicherung von elektrischer Energie sowie deren Betreiber,

   b) Betreiber von Elektrizitätsversorgungsnetzen und

   c) Bilanzkreisverantwortliche und

---

[1] § 111e eingef. mWv 30.7.2016 durch G v. 26.7.2016 (BGBl. I S. 1786); Abs. 3 neu gef. mWv 26.11. 2019 durch G v. 20.11.2019 (BGBl. I S. 1626); Abs. 1 Satz 2 Nr. 2 geänd., Nr. 2a eingef., Satz 3 angef., Abs. 6 neu gef. mWv 1.1.2021 durch G v. 21.12.2020 (BGBl. I S. 3138); Abs. 2 Nr. 2 Buchst. a geänd. mWv 27.7.2021 durch G v. 16.7.2021 (BGBl. I S. 3026); Abs. 7 angef. mWv 1.1.2023 durch G v. 20.7. 2022 (BGBl. I S. 1237).

2. in der Gaswirtschaft insbesondere Daten über
   a) Gasproduktionsanlagen und Gasspeicheranlagen sowie deren Betreiber,
   b) Betreiber von Gasversorgungsnetzen,
   c) Marktgebietsverantwortliche und
   d) Bilanzkreisverantwortliche.

(3) Die Bundesnetzagentur muss bei der Errichtung und bei dem Betrieb des Marktstammdatenregisters

1. europarechtliche und nationale Regelungen hinsichtlich der Vertraulichkeit, des Datenschutzes und der Datensicherheit beachten sowie
2. die erforderlichen technischen und organisatorischen Maßnahmen zur Sicherstellung von Datenschutz und Datensicherheit ergreifen, und zwar
   a) unter Beachtung der Artikel 24, 25 und 32 der Verordnung (EU) 2016/679[1] des Europäischen Parlaments und des Rates vom 27. April 2016 zum Schutz natürlicher Personen bei der Verarbeitung personenbezogener Daten, zum freien Datenverkehr und zur Aufhebung der Richtlinie 95/46/EG (Datenschutz-Grundverordnung) (ABl. L 119 vom 4.5.2016, S. 1; L 314 vom 22.11. 2016, S. 72; L 127 vom 23.5.2018, S. 2) in der jeweils geltenden Fassung und
   b) unter Berücksichtigung der einschlägigen Standards und Empfehlungen des Bundesamtes für Sicherheit in der Informationstechnik.

(4) [1]Die Bundesnetzagentur muss in einem nach der Rechtsverordnung nach § 111f Nummer 8 Buchstabe c zu bestimmenden Umfang Behörden den Zugang zum Marktstammdatenregister eröffnen, soweit diese Behörden die gespeicherten Daten zur Erfüllung ihrer jeweiligen Aufgaben benötigen. [2]Daten, die im Marktstammdatenregister erfasst sind, sollen von Organisationseinheiten in Behörden, die für die Überwachung und den Vollzug energierechtlicher Bestimmungen zuständig sind oder Daten zu energiestatistischen Zwecken benötigen, nicht erneut erhoben werden, soweit

1. die organisatorischen und technischen Voraussetzungen für den Zugriff auf das Marktstammdatenregister gewährleistet sind,
2. nicht zur Umsetzung europäischen Rechts eine eigenständige Datenerhebung erforderlich ist und
3. die jeweils benötigten Daten nach Maßgabe der Rechtsverordnung nach § 111f vollständig und richtig an das Marktstammdatenregister übermittelt worden sind.

(5) Die Bundesnetzagentur nimmt ihre Aufgaben und Befugnisse nach den Absätzen 1 bis 4 sowie nach der Rechtsverordnung nach § 111f nur im öffentlichen Interesse wahr.

(6) [1]Die Bundesnetzagentur berichtet der Bundesregierung erstmals zum 31. Dezember 2022 und danach alle zwei Jahre über den aktuellen Stand und Fortschritt des Marktstammdatenregisters. [2]Im Bericht ist insbesondere darauf einzugehen, wie das Marktstammdatenregister technisch weiterentwickelt wurde, wie die Nutzung des Registers und der registrierten Daten zur Erfüllung von Meldepflichten beigetragen haben, wie durch die Digitalisierung die Prozesse der Energieversorgung vereinfacht wurden und welche organisatorischen und technischen Maßnahmen zur Verbesserung der öffentlichen Datenverfügbarkeit getroffen wurden.

---

[1] Nr. **246.**

(7) Die Übertragungsnetzbetreiber erstatten der Bundesnetzagentur die Sachmittel für den Betrieb, die Erhaltung und die Weiterentwicklung des Registers, soweit diese von der Bundesnetzagentur für externe Dienstleistungen zu entrichten sind, als Gesamtschuldner.

### § 111f[1] Verordnungsermächtigung zum Marktstammdatenregister.

Zur näheren Ausgestaltung des Marktstammdatenregisters wird das Bundesministerium für Wirtschaft und Energie ermächtigt, durch Rechtsverordnung[2] ohne Zustimmung des Bundesrates zu regeln:

1. zur Umsetzung des § 111e Absatz 2 die registrierungspflichtigen Personen und die zu erfassenden Energieanlagen,

2. welche weiteren Personen registriert und welche weiteren Anlagen zur Erreichung der Zwecke nach § 111e Absatz 1 erfasst werden müssen oder können; dies sind insbesondere:

   a) Personen:

   aa) Betreiber von geschlossenen Verteilernetzen,

   bb) Direktvermarktungsunternehmer nach § 3 Nummer 17 des Erneuerbare-Energien-Gesetzes[3],

   cc) Strom- und Gaslieferanten, die Letztverbraucher beliefern,

   dd) Messstellenbetreiber,

   ee) Marktteilnehmer nach Artikel 2 Nummer 7 der Verordnung (EU) Nr. 1227/2011 des Europäischen Parlaments und des Rates über die Integrität und Transparenz des Energiegroßhandelsmarkts,

   ff) Betreiber von organisierten Marktplätzen nach Artikel 2 Nummer 4 der Durchführungsverordnung (EU) Nr. 1348/2014 der Kommission vom 17. Dezember 2014 über die Datenmeldung gemäß Artikel 8 Absatz 2 und 6 der Verordnung (EU) Nr. 1227/2011 des Europäischen Parlaments und des Rates über die Integrität und Transparenz des Energiegroßhandelsmarkts (ABl. L 363 vom 18.12.2014, S. 121),

   b) Anlagen, wobei auch ihre Betreiber zur Registrierung verpflichtet werden können:

   aa) energiewirtschaftlich relevante Energieverbrauchsanlagen,

   bb) Netzersatzanlagen,

   cc) Ladepunkte für Elektromobile,

3. die Erfassung öffentlich-rechtlicher Zulassungen für Anlagen und die Registrierung ihrer Inhaber,

4. die Registrierung von Behörden, die energiewirtschaftliche Daten zur Erfüllung ihrer jeweiligen Aufgaben benötigen,

5. die Voraussetzungen und den Umfang einer freiwilligen Registrierung von Personen, die nicht nach den Nummern 1 bis 3 hierzu verpflichtet sind,

---

[1] § 111f eingef. mWv 30.7.2016 durch G v. 26.7.2016 (BGBl. I S. 1786); Nr. 7a eingef. mWv 1.1.2017 durch G v. 22.12.2016 (BGBl. I S. 3106); Nr. 6 einl. Satzteil, Buchst. a, Nr. 7 Buchst. c, Nr. 10 geänd. mWv 26.11.2019 durch G v. 20.11.2019 (BGBl. I S. 1626); Nr. 2 Buchst. a Doppelbuchst. bb geänd., Nr. 11 Buchst. d Doppelbuchst. aa und bb aufgeh., bish. Doppelbuchst. cc–ff werden Doppelbuchst. aa–dd mWv 1.1.2023 durch G v. 20.7.2022 (BGBl. I S. 1237).
[2] Siehe die Biomassestrom-NachhaltigkeitsVO v. 2.12.2021 (BGBl. I S. 5126), geänd. durch VO v. 13.12.2022 (BGBl. I S. 2286).
[3] **Sartorius ErgBd. Nr. 833.**

6. welche Daten übermittelt werden müssen und wer zur Übermittlung verpflichtet ist, wobei mindestens folgende Daten zu übermitteln sind, soweit diese nicht bereits der Bundesnetzagentur vorliegen; in diesen Fällen kann eine Speicherung der Daten im Marktstammdatenregister ohne ihre Übermittlung geregelt werden:

   a) der Name des Übermittelnden, seine Anschrift, seine Telefonnummer und seine E-Mail-Adresse,

   b) der Standort der Anlage,

   c) die genutzten Energieträger,

   d) die installierte Leistung der Anlage,

   e) technische Eigenschaften der Anlage,

   f) Daten zum Energieversorgungsnetz, an das die Anlage angeschlossen ist,

7. das Verfahren der Datenübermittlung einschließlich

   a) Anforderungen an die Art, die Formate und den Umfang der zu übermittelnden Daten,

   b) der anzuwendenden Fristen und Übergangfristen,

   c) Regelungen zur Übernahme der Verantwortung für die Richtigkeit der Daten in Fällen, in denen nach Nummer 6 zweiter Halbsatz die Daten ohne ihre vorherige Übermittlung im Marktstammdatenregister gespeichert werden,

7a. die Überprüfung der im Marktstammdatenregister gespeicherten Daten einschließlich der hierzu erforderlichen Mitwirkungspflichten von Personen nach Nummer 1 und 2,

8. die Nutzung des Marktstammdatenregisters einschließlich der Möglichkeit zum automatisierten Abruf von Daten durch

   a) die zur Registrierung verpflichteten Personen einschließlich ihrer Rechte, bestimmte Daten einzusehen und diese zu bestimmten Zwecken zu nutzen,

   b) freiwillig registrierte Personen,

   c) Behörden einschließlich

      aa) ihrer Befugnis, bestimmte Daten einzusehen und zum Abgleich mit eigenen Registern und Datensätzen oder sonst zur Erfüllung ihrer Aufgaben zu nutzen,

      bb) der Regelung, welche Behörden in den Anwendungsbereich des § 111e Absatz 4 fallen, sowie bei Behörden nach § 111e Absatz 4 Satz 2 die Rechte der Dateninhaber, die Übermittlung von Daten an diese Behörden zu verweigern, wenn die Voraussetzungen des § 111e Absatz 4 Satz 2 erfüllt sind; hierfür sind angemessene Übergangsfristen vorzusehen, die es den betroffenen Behörden erlauben, ihrerseits die organisatorischen und technischen Maßnahmen zur Anpassung eigener Prozesse, Register und Datenbanken zu ergreifen,

9. die Art und den Umfang der Veröffentlichung der im Marktstammdatenregister gespeicherten Daten unter Beachtung datenschutzrechtlicher Anforderungen, der Anforderungen an die Sicherheit und Zuverlässigkeit des Energieversorgungssystems sowie unter Wahrung von Betriebs- und Geschäftsgeheimnissen,

10. die Pflichten der für die Übermittlung der Daten Verantwortlichen, die im Marktstammdatenregister gespeicherten Daten bei Änderungen zu aktualisieren,

11. die Rechtsfolgen in Fällen der Nichteinhaltung von Verpflichtungen auf Grund einer Rechtsverordnung nach den Nummern 1, 2, 3, 6 und 7; dies umfasst insbesondere Regelungen, wonach die Inanspruchnahme einzelner oder sämtlicher der folgenden Förderungen und Begünstigungen die Datenübermittlung an das Marktstammdatenregister voraussetzt, wenn und soweit die betreffenden Bestimmungen dies zulassen, wobei angemessene Übergangsfristen vorzusehen sind:

a) die finanzielle Förderung nach § 19 des Erneuerbare-Energien-Gesetzes,

b) die Zahlung des Zuschlags nach § 7 des Kraft-Wärme-Kopplungsgesetzes[1]),

c) die Zahlung vermiedener Netznutzungsentgelte nach § 18 der Stromnetzentgeltverordnung,

d) Begünstigungen

aa) nach § 19 Absatz 2 und 3 der Stromnetzentgeltverordnung,

bb) nach den §§ 20 und 20a der Gasnetzentgeltverordnung und nach § 35 der Gasnetzzugangsverordnung,

cc) nach den §§ 3, 3a, 44, 46, 47, 53a und 53b des Energiesteuergesetzes sowie

dd) nach § 9 des Stromsteuergesetzes,

12. nähere Vorgaben zu den Folgen fehlerhafter Eintragungen einschließlich Regelungen über Aufgaben und Befugnisse der Bundesnetzagentur zur Sicherung der Datenqualität,

13. nähere Vorgaben zur Gewährleistung von Datensicherheit und Datenschutz; dies umfasst insbesondere Regelungen zum Schutz personenbezogener Daten im Zusammenhang mit den nach Nummer 6 zu übermittelnden Daten einschließlich Aufklärungs-, Auskunfts- und Löschungspflichten,

14. die Ermächtigung der Bundesnetzagentur, durch Festlegung nach § 29 Absatz 1 unter Beachtung der Zwecke des § 111e Absatz 1 sowie der Anforderungen des Datenschutzes zu regeln:

a) Definitionen der registrierungspflichtigen Personen sowie der zu übermittelnden Daten,

b) weitere zu übermittelnde Daten, einschließlich der hierzu Verpflichteten,

c) dass abweichend von einer Rechtsverordnung nach Nummer 3 oder einer Festlegung nach Buchstabe a bestimmte Daten nicht mehr zu übermitteln sind oder bestimmte Personen, Einrichtungen oder öffentlich-rechtliche Zulassungen nicht mehr registriert werden müssen, soweit diese nicht länger zur Erreichung der Ziele nach § 111e Absatz 1 Satz 2 erforderlich sind; hiervon ausgenommen sind die nach Nummer 6 zweiter Halbsatz mindestens zu übermittelnden Daten.

**§ 111g**[2]) **Festlegungskompetenz, Datenerhebung und -verarbeitung; Einrichtung und Betrieb einer nationalen Transparenzplattform.** (1) [1]Die Bundesnetzagentur kann juristische Personen oder nichtrechtsfähige Personenvereinigungen, durch Festlegung nach § 29 Absatz 1 verpflichten, der Bundesnetzagentur nicht personenbezogene, energiewirtschaftliche Daten, insbesondere zu Erzeugung, Transport, Handel, Vertrieb oder Verbrauch von Elektrizität, Gas oder Wasserstoff, bereitzustellen, die erforderlich sind, um die Erreichung der Ziele des

---

[1]) **Sartorius ErgBd. Nr. 834.**

[2]) § 111g eingef. mWv 29.12.2023 durch G v. 22.12.2023 (BGBl. 2023 I Nr. 405).

§ 1 und die Verwirklichung der Zwecke des § 1 zu überwachen. [2]Die Bundesnetzagentur soll im Rahmen von Satz 1 insbesondere verpflichten:

1. Energieversorgungsunternehmen,
2. Marktgebietsverantwortliche,
3. Betreiber von Erzeugungs- und Verbrauchsanlagen mit einer installierten Leistung von über 1 Megawatt oder
4. Betreiber von Börsen zum Handel oder zur Allokation von Energiemarktprodukten.

[3]Die Bundesnetzagentur kann Vorgaben *zur*[1]) Art und Zeitpunkt der Bereitstellung der Daten nach Satz 1 treffen, etwa zur Übermittlung über eine durch die Bundesnetzagentur vorgegebene Schnittstelle zum automatisierten Datenaustausch. [4]Die nach Satz 1 durch die Bundesnetzagentur Verpflichteten haben bei der Übermittlung von Daten an die Bundesnetzagentur Betriebs- oder Geschäftsgeheimnisse zu kennzeichnen. [5]Erfolgt eine Kennzeichnung nicht, kann die Bundesnetzagentur von ihrer Zustimmung zur Veröffentlichung ausgehen, es sei denn, ihr sind besondere Umstände bekannt, die eine solche Vermutung nicht rechtfertigen.

(2) [1]Die Bundesnetzagentur kann die ihr vorliegenden energiewirtschaftlichen Daten, insbesondere die nach Absatz 1 erhobenen Daten, insbesondere auf der Transparenzplattform nach Absatz 3 veröffentlichen. [2]Personenbezogene Daten sind hiervon nicht umfasst. [3]Betriebs- und Geschäftsgeheimnisse werden in der Regel nicht veröffentlicht. [4]Die Bundesnetzagentur kann Betriebs- und Geschäftsgeheimnisse veröffentlichen, sofern ein überwiegendes öffentliches Interesse an der Veröffentlichung besteht und soweit nicht an anderer Stelle die Veröffentlichung von Betriebs- und Geschäftsgeheimnissen besonders geregelt wird. [5]Ein überwiegendes öffentliches Interesse ist insbesondere dann anzunehmen, wenn,

1. die Veröffentlichung unerlässlich ist, um Versorgungslücken vorzubeugen,
2. andernfalls der Informationsgehalt der Daten insgesamt verzerrt werden würde,
3. dies zur Marktdisziplinierung unerlässlich ist.

[6]Eine Veröffentlichung von Betriebs- und Geschäftsgeheimnissen darf nicht zu einem Nachteil führen, der zu dem erstrebten Erfolg außer Verhältnis steht. [7]Die Bundesnetzagentur hat Maßnahmen zu ergreifen, um die Wahrung von Betriebs- und Geschäftsgeheimnissen möglichst weitgehend durch insbesondere die Aggregierung, die Anonymisierung sowie eine zeitlich verzögerte Veröffentlichung,[2]) sicherzustellen. [8]Von mehreren möglichen und geeigneten Maßnahmen hat die Bundesnetzagentur diejenige zu treffen, die den Einzelnen voraussichtlich am wenigsten beeinträchtigt. [9]Die Bundesnetzagentur darf Daten, die geeignet sind, die Sicherheit oder Zuverlässigkeit des Elektrizitätsversorgungssystems oder die Sicherheit und Ordnung zu gefährden, oder die europäische kritische Anlagen betreffen, nur im Einvernehmen mit den Betreibern der Übertragungsnetze veröffentlichen; Absatz 1 Satz 1 bleibt hiervon unberührt.

(3) [1]Um die Transparenz in den Energiemärkten zu erhöhen, die Versorgungssicherheit zu erhöhen und die Verbraucher zu informieren, errichtet und betreibt die Bundesnetzagentur spätestens ab dem 29. Dezember 2026 eine elektronische Plattform, die der Öffentlichkeit jederzeit aktuelle energiewirtschaftliche Daten, insbesondere zu Erzeugung, Transport, Handel, Vertrieb oder Verbrauch von

---

[1]) Richtig wohl: „zu".
[2]) Zeichensetzung amtlich.

Elektrizität, Gas oder Wasserstoff, zur Verfügung stellt (nationale Transparenzplattform). [2] Die Bundesnetzagentur veröffentlicht auf der nationalen Transparenzplattform auch die nach § 111d Absatz 1 veröffentlichten Daten. [3] Zu dem Zweck nach Satz 1 veröffentlicht sie auf der nationalen Transparenzplattform energiewirtschaftliche Daten nach Satz 1 in einer für die Öffentlichkeit verständlichen Darstellung und in leicht zugänglichen Formaten. [4] Personenbezogene Daten sind hiervon nicht umfasst. [5] Die Daten sollen frei zugänglich sein und von den Nutzern gespeichert werden können.

(4) [1] Die Bundesnetzagentur übermittelt anderen Behörden des Bundes oder der Länder auf Anfrage die nach Absatz 1 erhobenen energiewirtschaftlichen Daten, einschließlich Betriebs- und Geschäftsgeheimnissen, soweit dies zur Wahrnehmung ihrer jeweiligen gesetzlichen Aufgaben erforderlich ist. [2] Personenbezogene Daten sind hiervon nicht umfasst.

### Teil 10. Evaluierung, Schlussvorschriften

**§ 112, 112a**[1]) (weggefallen)

**§ 112b**[2]) **Berichte des Bundesministeriums für Wirtschaft und Klimaschutz sowie der Bundesnetzagentur zur Evaluierung der Wasserstoffnetzregulierung.** (1) [1] Das Bundesministerium für Wirtschaft und Klimaschutz veröffentlicht bis zum 31. Dezember 2023 ein Konzept zum weiteren Aufbau des deutschen Wasserstoffnetzes. [2] Bis zum 30. Juni 2023 ist ein validierter Zwischenbericht vorzulegen. [3] Das Konzept soll im Lichte sich entwickelnder unionsrechtlicher Grundlagen vor dem Hintergrund des Ziels einer Anpassung des regulatorischen Rahmens zur gemeinsamen Regulierung und Finanzierung der Gas- und der Wasserstoffnetze Überlegungen zu einer Transformation von Gasnetzen zu Wasserstoffnetzen einschließlich einer schrittweise integrierten Systemplanung beinhalten.

(2) [1] Die Bundesnetzagentur hat der Bundesregierung bis zum 30. Juni 2025 einen Bericht über die Erfahrungen und Ergebnisse mit der Regulierung von Wasserstoffnetzen sowie Vorschläge zu deren weiterer Ausgestaltung vorzulegen. [2] In diesem Bericht ist darauf einzugehen, welche Erfahrungen mit der Regulierung von Gasversorgungsnetzen im Hinblick auf die Beimischung von Wasserstoff gesammelt wurden und insbesondere welche Auswirkungen auf die Netzentgelte sich hieraus ergeben haben.

**§ 113 Laufende Wegenutzungsverträge.** Laufende Wegenutzungsverträge, einschließlich der vereinbarten Konzessionsabgaben, bleiben unbeschadet ihrer Änderung durch die §§ 36, 46 und 48 im Übrigen unberührt.

**§ 113a**[3]) **Überleitung von Wegenutzungsrechten auf Wasserstoffleitungen.** (1) [1] Ist nach bestehenden Gestattungsverträgen, beschränkt persönlichen Dienstbarkeiten oder sonstigen Vereinbarungen, die keine Eintragung einer beschränkt persönlichen Dienstbarkeit vorsehen, für Grundstücke, die die Errichtung und der Betrieb von Gasversorgungsleitungen gestattet, so sind diese im Zweifel so auszulegen, dass von ihnen auch die Errichtung und der Betrieb der Leitungen

---

[1]) §§ 112, 112a neu gef. mWv 29.12.2023 durch G v. 22.12.2023 (BGBl. 2023 I Nr. 405).
[2]) § 112b eingef. mWv 27.7.2021 durch G v. 16.7.2021 (BGBl. I S. 3026); Überschrift und Abs. 1 Satz 1 geänd., Satz 2 eingef., bish. Satz 2 wird Satz 3 mWv 1.12.2022 durch G v. 25.11.2022 (BGBl. I S. 2102).
[3]) § 113a eingef. mWv 27.7.2021 durch G v. 16.7.2021 (BGBl. I S. 3026).

zum Transport von Wasserstoff umfasst ist. [2]Dies umfasst auch die Begriffe „Gasleitung", „Ferngasleitung" oder „Erdgasleitung".

(2) Solange zugunsten der Betreiber von Energieversorgungsnetzen Wegenutzungsverträge im Sinne des § 46 für Gasleitungen einschließlich Fernwirkleitungen zur Netzsteuerung und Zubehör bestehen, gelten diese auch für Transport
und Verteilung von Wasserstoff bis zum Ende ihrer vereinbarten Laufzeit fort.

(3) Werden die Voraussetzungen nach Absatz 2 Satz 1 nicht mehr erfüllt, haben
die Gemeinden dem Betreiber des Wasserstoffnetzes ihre öffentlichen Verkehrswege auf Basis von Wegenutzungsverträgen nach § 46 zur Verfügung zu stellen,
die für einzelne oder alle Gase im Sinne dieses Gesetzes gelten, einschließlich der
Gestattungen nach § 46 Absatz 1 Satz 1 für Wasserstoffleitungen, und deren
Bedingungen nicht schlechter sein dürfen als die der Verträge nach Absatz 2
Satz 1.

**§ 113b**[1]) **Umstellung von Erdgasleitungen im Netzentwicklungsplan Gas
der Fernleitungsnetzbetreiber.** [1]Fernleitungsnetzbetreiber können im Rahmen
des Netzentwicklungsplans Gas gemäß § 15a Gasversorgungsleitungen kenntlich
machen, die perspektivisch auf eine Wasserstoffnutzung umgestellt werden könnten. [2]Es ist darzulegen, dass im Zeitpunkt einer Umstellung solcher Leitungen auf
Wasserstoff sichergestellt ist, dass das verbleibende Fernleitungsnetz die dem Szenariorahmen zugrunde gelegten Kapazitätsbedarfe erfüllen kann; hierfür kann der
Netzentwicklungsplan Gas zusätzliche Ausbaumaßnahmen des Erdgasnetzes in
einem geringfügigen Umfang ausweisen. [3]Die Entscheidung nach § 15a Absatz 3
Satz 5 kann mit Nebenbestimmungen verbunden werden, soweit dies erforderlich
ist, um zu gewährleisten, dass die Vorgaben des Satzes 2 erfüllt werden.

**§ 113c**[2]) **Übergangsregelungen zu Sicherheitsanforderungen; Anzeige-
pflicht und Verfahren zur Prüfung von Umstellungsvorhaben.** (1) Für Was-
serstoffleitungen, die für einen maximal zulässigen Betriebsdruck von mehr als 16
Bar ausgelegt sind, ist die Gashochdruckleitungsverordnung vom 18. Mai 2011
(BGBl. I S. 928), die zuletzt durch Artikel 24 des Gesetzes vom 13. Mai 2019
(BGBl. I S. 706) geändert worden ist, entsprechend anzuwenden.

(2) [1]Bis zum Erlass von technischen Regeln für Wasserstoffanlagen ist § 49
Absatz 2 entsprechend anzuwenden, wobei die technischen Regeln des Deutschen
Vereins des Gas- und Wasserfaches e.V. auf Wasserstoffanlagen unter Beachtung der
spezifischen Eigenschaften des Wasserstoffes sinngemäß anzuwenden sind. [2]Die
zuständige Behörde kann die Einhaltung der technischen Anforderungen nach
§ 49 Absatz 1 regelmäßig überprüfen. [3]§ 49 Absatz 5 bis 7 bleibt unberührt.

(3) [1]Die Umstellung einer Leitung für den Transport von Erdgas auf den Transport von Wasserstoff ist der zuständigen Behörde mindestens acht Wochen vor
dem geplanten Beginn der Umstellung unter Beifügung aller für die Beurteilung
der Sicherheit erforderlichen Unterlagen schriftlich oder durch Übermittlung in
elektronischer Form anzuzeigen und zu beschreiben. [2]Der Anzeige ist die gutachterliche Äußerung eines Sachverständigen beizufügen, aus der hervorgeht, dass
die angegebene Beschaffenheit der genutzten Leitung den Anforderungen des § 49
Absatz 1 entspricht. [3]Die zuständige Behörde kann die geplante Umstellung
innerhalb einer Frist von acht Wochen beanstanden, wenn die angegebene Beschaffenheit der zu nutzenden Leitung nicht den Anforderungen des § 49 Absatz 1

---

[1]) § 113b eingef. mWv 27.7.2021 durch G v. 16.7.2021 (BGBl. I S. 3026).
[2]) § 113c eingef. mWv 27.7.2021 durch G v. 16.7.2021 (BGBl. I S. 3026).

entspricht. [4]Die Frist beginnt, sobald die vollständigen Unterlagen und die gutachterliche Äußerung der zuständigen Behörde vorliegen.

**§ 114 Wirksamwerden der Entflechtungsbestimmungen.** [1]Auf Rechnungslegung und interne Buchführung findet § 10 erstmals zu Beginn des jeweils ersten vollständigen Geschäftsjahres nach Inkrafttreten dieses Gesetzes Anwendung. [2]Bis dahin sind die §§ 9 und 9a des Energiewirtschaftsgesetzes vom 24. April 1998 (BGBl. I S. 730), das zuletzt durch Artikel 1 des Gesetzes vom 20. Mai 2003 (BGBl. I S. 686) geändert worden ist, weiter anzuwenden.

**§ 115[1]) Bestehende Verträge.** (1) [1]Bestehende Verträge über den Netzanschluss an und den Netzzugang zu den Energieversorgungsnetzen mit einer Laufzeit bis zum Ablauf von sechs Monaten nach Inkrafttreten dieses Gesetzes bleiben unberührt. [2]Verträge mit einer längeren Laufzeit sind spätestens sechs Monate nach Inkrafttreten einer zu diesem Gesetz nach den §§ 17, 18 oder 24 erlassenen Rechtsverordnung an die jeweils entsprechenden Vorschriften dieses Gesetzes und die jeweilige Rechtsverordnung nach Maßgabe dieser Rechtsverordnung anzupassen, soweit eine Vertragspartei dies verlangt. [3]§ 19 Absatz 1 in Verbindung mit Absatz 2 Nummer 1 des Gesetzes gegen Wettbewerbsbeschränkungen[2]) findet nach Maßgabe des § 111 Anwendung.

(1a) Abweichend von Absatz 1 Satz 2 sind die dort genannten Verträge hinsichtlich der Entgelte, soweit diese nach § 23a zu genehmigen sind, unabhängig von einem Verlangen einer Vertragspartei anzupassen.

(2) [1]Bestehende Verträge über die Belieferung von Letztverbrauchern mit Energie im Rahmen der bis zum Inkrafttreten dieses Gesetzes bestehenden allgemeinen Versorgungspflicht mit einer Laufzeit bis zum Ablauf von sechs Monaten nach Inkrafttreten dieses Gesetzes bleiben unberührt. [2]Bis dahin gelten die Voraussetzungen des § 310 Abs. 2 des Bürgerlichen Gesetzbuchs[3]) als erfüllt, sofern die bestehenden Verträge im Zeitpunkt des Inkrafttretens dieses Gesetzes diese Voraussetzungen erfüllt haben. [3]Verträge mit einer längeren Laufzeit sind spätestens sechs Monate nach Inkrafttreten einer zu diesem Gesetz nach § 39 oder § 41 erlassenen Rechtsverordnung an die jeweils entsprechenden Vorschriften dieses Gesetzes und die jeweilige Rechtsverordnung nach Maßgabe dieser Rechtsverordnung anzupassen.

(3) [1]Bestehende Verträge über die Belieferung von Haushaltskunden mit Energie außerhalb der bis zum Inkrafttreten dieses Gesetzes bestehenden allgemeinen Versorgungspflicht mit einer Restlaufzeit von zwölf Monaten nach Inkrafttreten dieses Gesetzes bleiben unberührt. [2]Bis dahin gelten die Voraussetzungen des § 310 Abs. 2 des Bürgerlichen Gesetzbuchs als erfüllt, sofern die bestehenden Verträge im Zeitpunkt des Inkrafttretens dieses Gesetzes diese Voraussetzungen erfüllt haben. [3]Verträge mit einer längeren Laufzeit sind spätestens zwölf Monate nach Inkrafttreten einer zu diesem Gesetz nach § 39 oder § 41 erlassenen Rechtsverordnung an die entsprechenden Vorschriften dieses Gesetzes und die jeweilige Rechtsverordnung nach Maßgabe dieser Rechtsverordnung anzupassen. [4]Sonstige bestehende Lieferverträge bleiben im Übrigen unberührt.

**§ 116 Bisherige Tarifkundenverträge.** [1]Unbeschadet des § 115 sind die §§ 10 und 11 des Energiewirtschaftsgesetzes vom 24. April 1998 (BGBl. I S. 730), das

---

[1]) § 115 Abs. 1 Satz 3 geänd. mWv 30.6.2013 durch G v. 26.6.2013 (BGBl. I S. 1738).
[2]) **Habersack Nr. 74.**
[3]) **Habersack Nr. 20.**

zuletzt durch Artikel 126 der Verordnung vom 25. November 2003 (BGBl. I S. 2304) geändert worden ist, sowie die Verordnung über Allgemeine Bedingungen für die Elektrizitätsversorgung von Tarifkunden vom 21. Juni 1979 (BGBl. I S. 684), zuletzt geändert durch Artikel 17 des Gesetzes vom 9. Dezember 2004 (BGBl. I S. 3214), und die Verordnung über Allgemeine Bedingungen für die Gasversorgung von Tarifkunden vom 21. Juni 1979 (BGBl. I S. 676), zuletzt geändert durch Artikel 18 des Gesetzes vom 9. Dezember 2004 (BGBl. I S. 3214), auf bestehende Tarifkundenverträge, die nicht mit Haushaltskunden im Sinne dieses Gesetzes abgeschlossen worden sind, bis zur Beendigung der bestehenden Verträge weiter anzuwenden. [2] Bei Änderungen dieser Verträge und bei deren Neuabschluss gelten die Bestimmungen dieses Gesetzes sowie der auf Grund dieses Gesetzes erlassenen Rechtsverordnungen.

**§ 117 Konzessionsabgaben für die Wasserversorgung.** Für die Belieferung von Letztverbrauchern im Rahmen der öffentlichen Wasserversorgung gilt § 48 entsprechend.

**§ 117a[1] Regelung bei Stromeinspeisung in geringem Umfang.** [1] Betreiber

1. von Anlagen im Sinne des § 3 Nummer 1 des Erneuerbare-Energien-Gesetzes[2] mit einer elektrischen Leistung von bis zu 500 Kilowatt oder
2. von Anlagen im Sinne des § 2 Nummer 14 des Kraft-Wärme-Kopplungsgesetzes[3] mit einer elektrischen Leistung von bis zu 500 Kilowatt,

die nur deswegen als Energieversorgungsunternehmen gelten, weil sie Elektrizität nach den Vorschriften des Erneuerbare-Energien-Gesetzes oder des Kraft-Wärme-Kopplungsgesetzes in ein Netz einspeisen oder im Sinne des § 3 Nummer 16 des Erneuerbare-Energien-Gesetzes direkt vermarkten, sind hinsichtlich dieser Anlagen von den Bestimmungen des § 10 Abs. 1 ausgenommen. [2] Mehrere Anlagen zur Erzeugung von Strom aus solarer Strahlungsenergie gelten unabhängig von den Eigentumsverhältnissen und ausschließlich zum Zweck der Ermittlung der elektrischen Leistung im Sinne des Satzes 1 Nummer 1 als eine Anlage, wenn sie sich auf demselben Grundstück oder sonst in unmittelbarer räumlicher Nähe befinden und innerhalb von zwölf aufeinanderfolgenden Kalendermonaten in Betrieb genommen worden sind. [3] Satz 1 gilt nicht, wenn der Betreiber ein vertikal integriertes Unternehmen ist oder im Sinne des § 3 Nr. 38 mit einem solchen verbunden ist. [4] Bilanzierungs-, Prüfungs- und Veröffentlichungspflichten aus sonstigen Vorschriften bleiben unberührt. [5] Mehrere Anlagen im Sinne des Satzes 1 Nr. 1 und 2, die unmittelbar an einem Standort miteinander verbunden sind, gelten als eine Anlage, wobei die jeweilige elektrische Leistung zusammenzurechnen ist.

**§ 117b[4] Verwaltungsvorschriften.** Die Bundesregierung erlässt mit Zustimmung des Bundesrates allgemeine Verwaltungsvorschriften über die Durchführung der Verfahren nach den §§ 43 bis 43d sowie 43f und 43g, insbesondere über

---

[1] § 117a eingef. mWv 26.8.2009 durch G v. 21.8.2009 (BGBl. I S. 2870); Satz 1 abschl. Satzteil geänd., Satz 2 eingef., bish. Sätze 2–4 werden Sätze 3–5 mWv 1.1.2012 durch G v. 28.7.2011 (BGBl. I S. 1634); Satz 1 Nr. 1, abschl. Satzteil geänd. mWv 8.8.2014 durch G v. 21.7.2014 (BGBl. I S. 1066); Satz 1 Nr. 2 geänd. mWv 1.1.2016 durch G v. 21.12.2015 (BGBl. I S. 2498); Satz 1 Nr. 1, abschl. Satzteil geänd. mWv 1.1.2017 durch G v. 13.10.2016 (BGBl. I S. 2258).
[2] **Sartorius ErgBd. Nr. 833.**
[3] **Sartorius ErgBd. Nr. 834.**
[4] § 117b eingef. mWv 5.8.2011 durch G v. 28.7.2011 (BGBl. I S. 1690).

1. die Vorbereitung des Verfahrens,
2. den behördlichen Dialog mit dem Vorhabenträger und der Öffentlichkeit,
3. die Festlegung des Prüfungsrahmens,
4. den Inhalt und die Form der Planunterlagen,
5. die Einfachheit, Zweckmäßigkeit und Zügigkeit der Verfahrensabläufe und der vorzunehmenden Prüfungen,
6. die Durchführung des Anhörungsverfahrens,
7. die Einbeziehung der Umweltverträglichkeitsprüfung in das Verfahren,
8. die Beteiligung anderer Behörden und
9. die Bekanntgabe der Entscheidung.

**§ 117c**[1]) **Umgang mit geheimhaltungsbedürftigen Informationen.** [1] In Bezug auf die Erhebung, Weitergabe und Veröffentlichung geheimhaltungsbedürftiger Informationen, die die Bundeswehr, den Militärischen Abschirmdienst, verbündete Streitkräfte oder von diesen Stellen beauftragte Dritte betreffen, stimmt sich die Regulierungsbehörde mit dem Bundesministerium der Verteidigung oder, für die Gaststreitkräfte, mit dem Bundesministerium für Wohnen, Stadtentwicklung und Bauwesen ab. [2] Von der Erhebung, Weitergabe und Veröffentlichung nach diesem Gesetz sind solche Informationen ausgenommen, bei deren Verarbeitung eine Gefährdung der öffentlichen und nationalen Sicherheit nicht auszuschließen ist und bei denen das Interesse am Schutz dieser Informationen das allgemeine Interesse an deren Bekanntgabe überwiegt.

**§ 118**[2]) **Übergangsregelungen.** (1)-(5) (weggefallen)

---

[1]) § 117c eingef. mWv 29.12.2023 durch G v. 22.12.2023 (BGBl. 2023 I Nr. 405).
[2]) § 118 Abs. 7 und 8 angef. mWv 17.12.2006 durch G v. 9.12.2006 (BGBl. I S. 2833); Abs. 7 geänd. mWv 1.1.2009 durch G v. 25.10.2008 (BGBl. I S. 2074); Abs. 1–4 aufgeh., bish. Abs. 5–8 werden Abs. 1–4 mWv 1.11.2008 durch G v. 25.10.2008 (BGBl. I S. 2101); Abs. 5 angef. mWv 26.8.2009 durch G v. 21.8.2009 (BGBl. I S. 2870); Abs. 4 Satz 2 angef., Abs. 7 neu gef., Abs. 8–11 angef. mWv 4.8. 2011 durch G v. 26.7.2011 (BGBl. I S. 1554); Abs. 3 aufgeh., bish. Abs. 4–11 werden Abs. 3–10, Abs. 11 angef. mWv 5.8.2011 durch G v. 28.7.2011 (BGBl. I S. 1690); Abs. 9 Satz 2 geänd. mWv 1.4.2012 durch G v. 22.12.2011 (BGBl. I S. 3044); Abs. 6 Satz 2 geänd., Satz 3 neu gef., Abs. 12 angef. mWv 28.12.2012 durch G v. 20.12.2012 (BGBl. I S. 2730); Abs. 2 neu gef. mWv 5.3.2013 durch G v. 21.2.2013 (BGBl. I S. 346); Abs. 13 angef. mWv 10.10.2013 durch G v. 4.10.2013 (BGBl. I S. 3746); Abs. 9 aufgeh., Abs. 12 geänd., Abs. 13 und 14 eingef., bish. Abs. 13 wird Abs. 15 mWv 1.8.2014 durch G v. 21.7.2014 (BGBl. I S. 1066); Abs. 16 und 17 angef. mWv 1.1.2016 durch G v. 10.12.2015 (BGBl. I S. 2194); Abs. 9 neu gef., Abs. 18 angef. mWv 30.7.2016 durch G v. 26.7.2016 (BGBl. I S. 1786); Abs. 16 neu gef., Abs. 19 angef. mWv 19.10.2016, Abs. 13 Sätze 1 und 2, Abs. 14 geänd., Abs. 20–22 angef. mWv 1.1.2017 durch G v. 13.10.2016 (BGBl. I S. 2258); Abs. 23 (in BGBl. wohl irrtümlich „Abs. 20") angef. mWv 3.2.2017 durch G v. 27.1.2017 (BGBl. I S. 130); Abs. 18 Satz 1 Nr. 1 und 2 geänd., Nr. 3 angef., Abs. 20 neu gef., Abs. 23 und 24 angef. mWv 22.7.2017 durch G v. 17.7.2017 (BGBl. I S. 2503); Abs. 25 angef. mWv 21.12.2018 durch G v. 17.12.2018 (BGBl. I S. 2549); Abs. 5 Satz 1 und 2 geänd., Abs. 26 angef. mWv 17.5.2019, Abs. 25a eingef. mWv 1.10.2021 durch G v. 13.5.2019 (BGBl. I S. 706); Abs. 6 Satz 7 neu gef. mWv 17.5.2019, Abs. 18 aufgeh. mWv 26.11.2019 durch G v. 20.11.2019 (BGBl. I S. 1719); Abs. 27 angef. mWv 12.12.2019 durch G v. 5.12.2019 (BGBl. I S. 2002); Abs. 25 Satz 1 geänd., Satzteil geänd. mWv 29.5.2020 durch G v. 25.5.2020 (BGBl. I S. 1070); Abs. 1–5 neu gef., Abs. 6 Sätze 9–11 angef., Abs. 7– 11, 13, 14, 16, 17 und 19 neu gef., Abs. 22 Satz 3, Abs. 28–34 angef. mWv 27.7.2021 durch G v. 16.7. 2021 (BGBl. I S. 3026); Abs. 35 angef. mWv 1.8.2022 durch G v. 5.7.2021 (BGBl. I S. 3338); Abs. 36 angef. mWv 30.4.2022 durch G v. 26.4.2022 (BGBl. I S. 674); Abs. 37–40 angef. mWv 28.5.2022 durch G v. 23.5.2022 (BGBl. I S. 747); Abs. 46 angef. mWv 12.7.2022 durch G v. 8.7.2022 (BGBl. I S. 1054); Abs. 22 Satz 1 geänd., Abs. 41–45 angef. mWv 29.7.2022 durch G v. 19.7.2022 (BGBl. I S. 1214); Abs. 47 angef. mWv 1.1.2023 durch G v. 20.7.2022 (BGBl. I S. 1325); Abs. 46a–46c angef. mWv 13.10.2022 durch G v. 8.10.2022 (BGBl. I S. 1726); Abs. 46d angef. mWv 24.12.2022 durch G v. 20.12.2022 (BGBl. I S. 2512); Abs. 46a Sätze 1 und 3 geänd. mWv 14.1.2023 durch G v. 4.1.2023 (BGBl. 2023 I Nr. 9); Abs. 46e eingef. mWv 27.5.2023 durch G v. 22.5.2023 (BGBl. 2023 I Nr. 133); Abs. 6 Sätze 1, 5 und 10 ➔

(6) [1]Nach dem 31. Dezember 2008 neu errichtete Anlagen zur Speicherung elektrischer Energie, die ab 4. August 2011,[1] innerhalb von 18 Jahren in Betrieb genommen werden, sind für einen Zeitraum von 20 Jahren ab Inbetriebnahme hinsichtlich des Bezugs der zu speichernden elektrischen Energie von den Entgelten für den Netzzugang freigestellt. [2]Pumpspeicherkraftwerke, deren elektrische Pump- oder Turbinenleistung nachweislich um mindestens 7,5 Prozent oder deren speicherbare Energiemenge nachweislich um mindestens 5 Prozent nach dem 4. August 2011 erhöht wurden, sind für einen Zeitraum von zehn Jahren ab Inbetriebnahme hinsichtlich des Bezugs der zu speichernden elektrischen Energie von den Entgelten für den Netzzugang freigestellt. [3]Die Freistellung nach Satz 1 wird nur gewährt, wenn die elektrische Energie zur Speicherung in einem elektrischen, chemischen, mechanischen oder physikalischen Stromspeicher aus einem Transport- oder Verteilernetz entnommen und die zur Ausspeisung zurückgewonnene elektrische Energie zeitlich verzögert wieder in dasselbe Netz eingespeist wird. [4]Die Freistellung nach Satz 2 setzt voraus, dass auf Grund vorliegender oder prognostizierter Verbrauchsdaten oder auf Grund technischer oder vertraglicher Gegebenheiten offensichtlich ist, dass der Höchstlastbeitrag der Anlage vorhersehbar erheblich von der zeitgleichen Jahreshöchstlast aller Entnahmen aus dieser Netz- oder Umspannebene abweicht. [5]Sie erfolgt durch Genehmigung in entsprechender Anwendung der verfahrensrechtlichen Vorgaben nach § 19 Absatz 2 Satz 3 bis 5 und 8 bis 10 der Stromnetzentgeltverordnung in der bis zum Ablauf des 31. Dezember 2028 geltenden Fassung. [6]Als Inbetriebnahme gilt der erstmalige Bezug von elektrischer Energie für den Probebetrieb, bei bestehenden Pumpspeicherkraftwerken der erstmalige Bezug nach Abschluss der Maßnahme zur Erhöhung der elektrischen Pump- oder Turbinenleistung und der speicherbaren Energiemenge. [7]Die Sätze 2 und 3 gelten nicht für Anlagen anzuwenden, in denen durch Wasserelektrolyse Wasserstoff erzeugt oder in denen Gas oder Biogas durch wasserelektrolytisch erzeugten Wasserstoff und anschließende Methanisierung hergestellt worden ist. [8]Diese Anlagen sind zudem von den Einspeiseentgelten in das Gasnetz, an das sie angeschlossen sind, befreit. [9]Die Betreiber von Übertragungsnetzen haben ab dem 1. Januar 2023 nachgelagerten Betreibern von Elektrizitätsverteilernetzen entgangene Erlöse zu erstatten, die aus der Freistellung von den Entgelten für den Netzzugang von Anlagen nach Satz 7 resultieren, soweit sie durch Wasserelektrolyse Wasserstoff erzeugen. [10]Satz 9 ist für nach dem 1. Januar 2023 neu errichtete Anlagen nur anzuwenden, wenn der zuständige Betreiber von Übertragungsnetzen dem Anschluss der Anlage an das Verteilernetz zugestimmt hat, wenn keine negativen Auswirkungen auf das Übertragungsnetz zu befürchten sind. [11]§ 19 Absatz 2 Satz 14 und 15 der Stromnetzentgeltverordnung ist für die Zahlungen nach Satz 9 entsprechend anzuwenden. [12]Auf Grundlage von § 21 Absatz 3 Satz 3 Nummer 3 kann die Regulierungsbehörde von den Sätzen 1 bis 11 abweichende Regelungen treffen, insbesondere zum zeitlichen Anwendungsbereich, zu den zu erfüllenden Voraussetzungen und zum Ausgleich entgangener Erlöse, die Netzbetreiber auf Grund der Freistellung von den Entgelten für den Netzzugang haben.

(7)–(14) (weggefallen)

---

*(Fortsetzung der Anm. von voriger Seite)*
geänd., Satz 12 angef., Abs. 12 neu gef., Abs. 22 Satz 1 geänd., Abs. 23 neu gef., Abs. 34 Sätze 3 und 4 eingef., bish. Satz 3 wird Satz 5 und geänd., Abs. 46b neu gef., Abs. 48–52 angef. mWv 29.12.2023 durch G v. 22.12.2023 (BGBl. 2023 I Nr. 405).
  [1] Zeichensetzung amtlich.

(15) Für § 6c in der durch das Gesetz zur Änderung des Handelsgesetzbuchs vom 4. Oktober 2013 (BGBl. I S. 3746) geänderten Fassung gilt Artikel 70 Absatz 3 des Einführungsgesetzes zum Handelsgesetzbuch[1] entsprechend.

(16), (17) (weggefallen)

(18) *(aufgehoben)*

(19) (weggefallen)

(20) [1] Der Offshore-Netzentwicklungsplan für das Zieljahr 2025 enthält alle Maßnahmen, die erforderlich sind, um einen hinreichenden Wettbewerb unter den bestehenden Projekten im Rahmen der Ausschreibung nach § 26 des Windenergie-auf-See-Gesetzes zu gewährleisten. [2] Der Offshore-Netzentwicklungsplan für das Zieljahr 2025 soll für die Ostsee die zur Erreichung der in § 27 Absatz 3 und 4 des Windenergie-auf-See-Gesetzes festgelegten Menge erforderlichen Maßnahmen mit einer geplanten Fertigstellung ab dem Jahr 2021 vorsehen, jedoch eine Übertragungskapazität von 750 Megawatt insgesamt nicht überschreiten. [3] Der Offshore-Netzentwicklungsplan für das Zieljahr 2025 soll für die Nordsee die zur Erreichung der Verteilung nach § 27 Absatz 4 des Windenergie-auf-See-Gesetzes erforderlichen Maßnahmen mit einer geplanten Fertigstellung ab dem Jahr 2022 vorsehen.

(21) Für Windenergieanlagen auf See, die eine unbedingte Netzanbindungszusage nach Absatz 12 oder eine Kapazitätszuweisung nach § 17d Absatz 3 Satz 1 in der am 31. Dezember 2016 geltenden Fassung erhalten haben, sind die §§ 17d und 17e in der am 31. Dezember 2016 geltenden Fassung anzuwenden.

(22) [1] § 13 Absatz 6a ist nach dem 30. Juni 2028 nicht mehr anzuwenden. [2] Zuvor nach § 13 Absatz 6a geschlossene Verträge laufen bis zum Ende der vereinbarten Vertragslaufzeit weiter. [3] Nach § 13 Absatz 6a in der Fassung bis zum 27. Juli 2021 geschlossene Verträge laufen bis zum Ende der vereinbarten Vertragslaufzeit weiter.

(23) (weggefallen)

(24) § 17f Absatz 5 Satz 2 darf erst nach der beihilferechtlichen Genehmigung durch die Europäische Kommission und für die Dauer der Genehmigung angewendet werden.

(25) [1] Stromerzeugungsanlagen im Sinne der Verordnung (EU) 2016/631 sind als bestehend anzusehen, sofern sie bis zum 31. Dezember 2020 in Betrieb genommen wurden und für sie vor dem 27. April 2019

1. eine Baugenehmigung oder eine Genehmigung nach dem Bundes-Immissionsschutzgesetz[2] erteilt wurde oder
2. der Anschluss an das Netz begehrt wurde und eine Baugenehmigung oder eine Genehmigung nach dem Bundes-Immissionsschutzgesetz nicht erforderlich ist.

[2] Der Betreiber der Anlage kann auf die Einstufung als Bestandsanlage verzichten. [3] Der Verzicht ist schriftlich gegenüber dem Netzbetreiber zu erklären.

(25a) [1] Auf Maßnahmen nach § 13 Absatz 1, die vor dem 1. Oktober 2021 durchgeführt worden sind, ist § 13a in der bis zum 30. September 2021 geltenden Fassung anzuwenden. [2] Für Anlagen nach § 3 Nummer 1 des Erneuerbare-Energien-Gesetzes[3], die nach dem am 31. Dezember 2011 geltenden Inbetriebnahmebegriff nach dem Erneuerbare-Energien-Gesetz vor dem 1. Januar 2012 in Betrieb

---

[1] **Habersack Nr. 50a.**
[2] Nr. 296.
[3] **Sartorius ErgBd. Nr. 833.**

genommen worden sind, und für KWK-Anlagen, die vor dem 1. Januar 2012 in Betrieb genommen worden sind, ist § 13a Absatz 2 Satz 3 Nummer 5 mit der Maßgabe anzuwenden, dass für die Bestimmung des angemessenen finanziellen Ausgleichs 100 Prozent der entgangenen Einnahmen anzusetzen sind.

(26) Bis zum 31. Dezember 2023 ist in dem Netzentwicklungsplan nach § 12b höchstens eine Testfeld-Anbindungsleitung mit einer Anschlusskapazität von höchstens 300 Megawatt erforderlich.

(27) Auf Anträge nach § 28a Absatz 3 Satz 1, die vor dem 12. Dezember 2019 bei der Regulierungsbehörde eingegangen sind, sind die bis zum Ablauf des 11. Dezember 2019 geltenden Vorschriften weiter anzuwenden.

(28) Die Verpflichtung nach § 14c Absatz 1 ist für die jeweilige Flexibilitäts-dienstleistung ausgesetzt, bis die Bundesnetzagentur hierfür erstmals Spezifikatio-nen nach § 14c Absatz 2 genehmigt oder nach § 14c Absatz 3 festgelegt hat.

(29) Bis zur erstmaligen Erstellung der Netzausbaupläne nach § 14d ab dem Jahr 2022 kann die Regulierungsbehörde von den nach § 14d verpflichteten Betreibern von Elektrizitätsverteilernetzen Netzausbaupläne nach § 14d Absatz 1 und 3 ver-langen.

(30) Die Bundesnetzagentur soll eine Festlegung nach § 41d Absatz 3 erstmalig bis zum 31. Dezember 2022 erlassen.

(31) Die bundesweit einheitliche Festlegung von Methoden zur Bestimmung des Qualitätselements nach § 54 Absatz 3 Satz 3 Nummer 4 ist erstmals zum 1. Januar 2024 durchzuführen.

(32) § 6b Absatz 3 sowie die §§ 28k und 28l in der ab dem 27. Juli 2021 geltenden Fassung sind erstmals auf Jahresabschlüsse sowie Tätigkeitsabschlüsse für das nach dem 31. Dezember 2020 beginnende Geschäftsjahr anzuwenden.

(33) [1] Für besondere netztechnische Betriebsmittel, für die bis zum 30. Novem-ber 2020 ein Vergabeverfahren begonnen wurde, ist § 11 Absatz 3 in der bis zum 27. Juli 2021 geltenden Fassung anzuwenden. [2] Satz 1 ist auch anzuwenden, wenn ein bereits vor dem 30. November 2020 begonnenes Vergabeverfahren aufgrund rechtskräftiger Entscheidung nach dem 30. November 2020 neu durchgeführt werden muss.

(34) [1] Ladepunkte, die von Betreibern von Elektrizitätsverteilernetzen bereits vor dem 27. Juli 2021 entwickelt, verwaltet oder betrieben worden sind, gelten bis zum 31. Dezember 2023 als aufgrund eines regionalen Marktversagens im Sinne von § 7c Absatz 2 Satz 1 genehmigt. [2] Betreiber von Elektrizitätsverteilernetzen haben ihre Tätigkeiten in Bezug auf diese Ladepunkte der Bundesnetzagentur in Textform bis zum 31. Dezember 2023 anzuzeigen und bis zum 31. Dezember 2023 einzustellen, wenn nicht die Bundesnetzagentur zuvor eine Genehmigung nach § 7c Absatz 2 erteilt hat. [3] Soweit Betreiber von Elektrizitätsverteilernetzen, die von § 7 Absatz 2 Satz 1 erfasst sind, betroffen sind, gelten Ladepunkte bis zum Ablauf des 31. Dezember 2024 als im Sinne des Satzes 1 genehmigt. [4] Im Falle des Satzes 3 haben die Anzeige und die Einstellung der Tätigkeit nach Satz 2 bis zum Ablauf des 31. Dezember 2024 zu erfolgen. [5] Der Zugang zu Ladepunkten nach Satz 1 ist Dritten zu angemessenen und diskriminierungsfreien Bedingungen zu gewähren.

(35) [1] § 6b Absatz 4 und § 6c Absatz 1 und 2 in der ab dem 1. August 2022 geltenden Fassung sind erstmals auf Rechnungslegungsunterlagen für das nach dem 31. Dezember 2021 beginnende Geschäftsjahr anzuwenden. [2] Die in Satz 1 bezeichneten Vorschriften in der bis einschließlich 31. Juli 2022 geltenden Fassung

sind letztmals anzuwenden auf Rechnungslegungsunterlagen für das vor dem 1. Januar 2022 beginnende Geschäftsjahr.

(36) [1] § 35b Absatz 6 ist auf Nutzungsverträge zwischen Betreibern und Nutzern von Gasspeicheranlagen, die vor dem 30. April 2022 geschlossen wurden und keine Bestimmungen nach § 35b Absatz 6 enthalten, erst nach dem 14. Juli 2022 anzuwenden. [2] Stimmt der Nutzer der Gasspeicheranlage der Aufnahme von Bestimmungen nach § 35b Absatz 6 in den Vertrag bis zum 1. Juli 2022 nicht zu, kann der Betreiber den Vertrag ohne Einhaltung einer Frist kündigen.

(37) [1] Grundversorger sind verpflichtet, zum 1. Juli 2022 ihre Allgemeinen Preise für die Versorgung in Niederspannung und für die Ersatzversorgung in Niederspannung nach § 38 Absatz 1 Satz 2 vor Umsatzsteuer um den Betrag zu mindern, um den die Umlage nach § 60 Absatz 1 des Erneuerbare-Energien-Gesetzes gemäß § 60 Absatz 1a des Erneuerbare-Energien-Gesetzes zum 1. Juli 2022 gesenkt wird. [2] § 41 Absatz 6 ist anzuwenden. [3] Eine öffentliche Bekanntmachung ist nicht erforderlich; es genügt eine Veröffentlichung auf der Internetseite des Grundversorgers.

(38) [1] Soweit die Umlage nach § 60 Absatz 1 des Erneuerbare-Energien-Gesetzes in die Kalkulation der Preise von Stromlieferverträgen außerhalb der Grundversorgung einfließt und dem Energielieferanten ein Recht zu einer Preisänderung, das den Fall einer Änderung dieser Umlage umfasst, zusteht, ist der Energielieferant verpflichtet, für diese Stromlieferverträge zum 1. Juli 2022 die Preise vor Umsatzsteuer um den Betrag zu mindern, um den die Umlage nach § 60 Absatz 1 des Erneuerbare-Energien-Gesetzes gemäß § 60 Absatz 1a des Erneuerbare-Energien-Gesetzes für den betreffenden Letztverbraucher zum 1. Juli 2022 gesenkt wird. [2] § 41 Absatz 6 ist anzuwenden. [3] Es wird vermutet, dass die Umlage nach § 60 Absatz 1 des Erneuerbare-Energien-Gesetzes in die Kalkulation der Preise eingeflossen ist, es sei denn, der Stromlieferant weist nach, dass dies nicht erfolgt ist.

(39) [1] Bei Stromlieferverträgen außerhalb der Grundversorgung, die nicht unter Absatz 38 fallen, ist der Energielieferant verpflichtet, die Preise vor Umsatzsteuer für den Zeitraum vom 1. Juli 2022 bis zum 31. Dezember 2022 um den Betrag pro Kilowattstunde zu mindern, um den die Umlage nach § 60 Absatz 1 des Erneuerbare-Energien-Gesetzes gemäß § 60 Absatz 1a des Erneuerbare-Energien-Gesetzes für den betreffenden Letztverbraucher zum 1. Juli 2022 gesenkt wird, sofern

1. die Umlage nach § 60 Absatz 1 des Erneuerbare-Energien-Gesetzes ein Kalkulationsbestandteil dieser Preise ist und

2. die Stromlieferverträge vor dem 23. Februar 2022 geschlossen worden sind.

[2] § 41 Absatz 6 ist entsprechend anzuwenden. [3] Es wird vermutet, dass die Umlage nach § 60 Absatz 1 des Erneuerbare-Energien-Gesetzes gemäß Satz 1 Nummer 1 Kalkulationsbestandteil ist, es sei denn, der Stromlieferant weist nach, dass dies nicht erfolgt ist. [4] Endet ein Stromliefervertrag vor dem 31. Dezember 2022, endet die Verpflichtung nach Satz 1 zu dem Zeitpunkt, an dem der bisherige Stromliefervertrag endet.

(40) [1] Sofern in den Fällen der Absätze 37 bis 39 zum 1. Juli 2022 keine Verbrauchsermittlung erfolgt, wird für den ab dem 1. Juli 2022 geltenden Preis maßgebliche Verbrauch zeitanteilig berechnet, dabei sind jahreszeitliche Verbrauchsschwankungen auf der Grundlage der maßgeblichen Erfahrungswerte angemessen zu berücksichtigen. [2] Der Betrag, um den die Stromrechnung nach den Absätzen 37 bis 39 gemindert hat, ist durch den Energielieferanten in den Stromrechnungen transparent auszuweisen. [3] Eine zeitgleiche Preisanpassung aus

einem anderen Grund in Verbindung mit einer Preisanpassung nach den Absätzen 37 bis 39 zum 1. Juli 2022 ist nicht zulässig; im Übrigen bleiben vertragliche Rechte der Energielieferanten zu Preisanpassungen unberührt.

(41) Bei der Prüfung und der Bestätigung des Netzentwicklungsplans nach den §§ 12b und 12c, der sich an die Genehmigung des am 10. Januar 2022 von den Betreibern von Übertragungsnetzen mit Regelzonenverantwortung vorgelegten Szenariorahmens anschließt, werden die erweiterten Betrachtungszeiträume im Sinne des § 12a Absatz 1 einbezogen.

(42) [1] § 10c Absatz 4 Satz 1 ist für die übrigen Beschäftigten des Unabhängigen Transportnetzbetreibers mit der Maßgabe anzuwenden, dass Beteiligungen an Unternehmensteilen des vertikal integrierten Unternehmens, die vor dem 3. März 2012 erworben wurden, bis zum Ablauf des 30. September 2025 zu veräußern sind. [2] Für Beteiligungen an Unternehmensteilen des vertikal integrierten Unternehmens im Sinne des § 3 Nummer 38, die ab dem 3. März 2012 durch die übrigen Beschäftigten erworben wurden und die solche Unternehmensteile betreffen, die erst mit Inkrafttreten der Anpassung von § 3 Nummer 38 am 29. Juli 2022 der Begriffsbestimmung des § 3 Nummer 38 unterfallen, ist die Frist zur Veräußerung nach Satz 1 entsprechend anzuwenden.

(43) § 13 Absatz 6b Satz 7 darf erst nach der beihilferechtlichen Genehmigung durch die Europäische Kommission und nur für die Dauer der Genehmigung angewendet werden.

(44) Grundversorger sind verpflichtet, die Allgemeinen Bedingungen und Allgemeinen Preise ihrer Grundversorgungsverträge, die am 28. Juli 2022 bestanden haben, spätestens bis zum 1. November 2022 an die ab dem 29. Juli 2022 geltenden Vorgaben nach § 36 anzupassen.

(45) § 21b Absatz 1 in der ab dem 29. Juli 2022 geltenden Fassung ist anzuwenden auf Jahresabschlüsse, Tätigkeitsabschlüsse und Konzernabschlüsse, die sich jeweils auf Geschäftsjahre mit einem nach dem 30. Dezember 2022 liegenden Abschlussstichtag beziehen.

(46) [1] Die Regulierungsbehörde kann für Unternehmen, die im Zusammenhang mit erheblich reduzierten Gesamtimportmengen nach Deutschland ihre Produktion aufgrund einer Verminderung ihres Gasbezuges reduzieren, durch Festlegung nach § 29 Absatz 1 bestimmen, dass für das Kalenderjahr 2022 ein Anspruch auf Weitergeltung der Vereinbarung individueller Netzentgelte nach § 19 Absatz 2 Satz 2 bis 4 der Stromnetzentgeltverordnung besteht, sofern

1. eine solche Vereinbarung bis zum 30. September 2021 bei der Regulierungsbehörde angezeigt worden und die angezeigte Vereinbarung rechtmäßig ist,

2. die Voraussetzungen für diese Vereinbarung im Kalenderjahr 2021 erfüllt worden sind und

3. die Alarmstufe oder Notfallstufe nach Artikel 8 Absatz 2 Buchstabe b und Artikel 11 Absatz 1 der Verordnung (EU) 2017/1938 des Europäischen Parlaments und des Rates vom 25. Oktober 2017 über Maßnahmen zur Gewährleistung der sicheren Gasversorgung und zur Aufhebung der Verordnung (EU) Nr. 994/2010 (ABl. L 280 vom 28.10.2017, S. 1), die durch die Delegierte Verordnung (EU) 2022/517 (ABl. L 104 vom 1.4.2022, S. 53) geändert worden ist, in Verbindung mit dem Notfallplan Gas der Bundesministeriums für Wirtschaft und Energie vom September 2019, der auf die Internetseite des Bundesministeriums für Wirtschaft und Klimaschutz veröffentlicht ist, ausgerufen worden ist.

[2] Wird im Fall einer Festlegung nach Satz 1 der Anspruch geltend gemacht, ist für die tatsächliche Erfüllung der Voraussetzungen eines solchen individuellen Netzentgeltes auf das Kalenderjahr 2021 abzustellen. [3] Die Regulierungsbehörde kann in der Festlegung nach Satz 1 insbesondere auch vorgeben, wie Unternehmen eine Verminderung ihres Gasbezugs als Voraussetzung zur Weitergeltung der Vereinbarung individueller Netzentgelte nachzuweisen haben.

(46a) [1] Um die Flexibilisierung der Netznutzung zu fördern sowie Beiträge zur Stützung der netztechnischen Leistungsbilanz oder zur Gewährleistung des sicheren Netzbetriebs zu ermöglichen, kann die Regulierungsbehörde durch Festlegung nach § 29 Absatz 1 für den Zeitraum bis zum 31. Dezember 2025 Regelungen zu den Sonderfällen der Netznutzung und den Voraussetzungen für die Vereinbarung individueller Entgelte für den Netzzugang treffen, die von einer Rechtsverordnung nach § 24 abweichen oder eine Rechtsverordnung nach § 24 ergänzen. [2] Im Rahmen einer Festlegung nach Satz 1 kann die Regulierungsbehörde insbesondere

1. die Methoden zur Ermittlung sachgerechter individueller Netzentgelte näher ausgestalten und

2. die Voraussetzungen anpassen oder ergänzen, unter denen im Einzelfall individuelle Entgelte für den Netzzugang vorgesehen werden können.

[3] Voraussetzungen nach Satz 2 Nummer 2 können insbesondere auch auf eine von den Unternehmen bei ihrem Strombezug zu erreichende Benutzungsstundenzahl bezogen sein sowie Vorgaben dazu sein, wie bei der Bemessung oder Ermittlung einer erforderlichen Benutzungsstundenzahl eine Teilnahme von Unternehmen am Regelleistungsmarkt oder eine Reduzierung sowie spätere Erhöhung oder eine Erhöhung sowie spätere Reduzierung ihres Strombezugs bei in der Festlegung bestimmten Preishöhen am börslichen Großhandelsmarkt für Strom zu berücksichtigen ist. [4] Sofern eine Vereinbarung über individuelle Netzentgelte bis zum 30. September 2021 oder bis zum 30. September 2022 bei der Regulierungsbehörde angezeigt wurde, die angezeigte Vereinbarung rechtmäßig ist und die Voraussetzungen der Vereinbarung im Jahr 2021 oder 2022 erfüllt worden sind, darf die Regulierungsbehörde nicht zu Lasten der betroffenen Unternehmen von den Voraussetzungen abweichen. [5] Sonstige Festlegungsbefugnisse, die sich für die Regulierungsbehörde aus einer Rechtsverordnung nach § 24 ergeben, bleiben unberührt.

(46b) § 23a Absatz 3 ist auch auf Verfahren zur Genehmigung von Entgelten für den Zugang zu Energieversorgungsnetzen anzuwenden, die vor dem 29. Dezember 2023 begonnen und bis zum Inkrafttreten dieses Gesetzes noch nicht abgeschlossen wurden.

(46c) Auf Planfeststellungsverfahren von Offshore-Anbindungsleitungen nach § 43 Absatz 1 Satz 1 Nummer 2 und 4, für die der Antrag auf Planfeststellung vor dem 13. Oktober 2022 gestellt wurde, ist § 43b Absatz 2 nicht anzuwenden.

(46d) [1] Die Bundesnetzagentur kann zur Sicherstellung der Investitionsfähigkeit der Betreiber von Verteilernetzen oder zur Wahrung der Grundsätze insbesondere einer preisgünstigen Versorgung nach § 1 durch Festlegung nach § 29 Absatz 1 Regelungen für die Bestimmung des kalkulatorischen Fremdkapitalzinssatzes treffen, die von einer Rechtsverordnung nach § 21a in Verbindung mit § 24 abweichen oder diese ergänzen. [2] Die Bundesnetzagentur kann dabei insbesondere

1. davon absehen, eine Bestimmung des Fremdkapitalzinssatzes für die jeweilige Regulierungsperiode insgesamt vorzunehmen,

2. die Festlegung auf neue Investitionen begrenzen sowie

3. einen Bezugszeitraum oder Bezugsgrößen für die Ermittlung kalkulatorischer Fremdkapitalzinsen bestimmen.

(46e) [1] Die Bundesnetzagentur kann im Interesse der Digitalisierung der Energiewende nach dem Messstellenbetriebsgesetz durch Festlegung nach § 29 Absatz 1 Regelungen für die Anerkennung der den Betreibern von Elektrizitätsversorgungsnetzen nach § 3 Absatz 1 in Verbindung mit § 7 des Messstellenbetriebsgesetzes vom 27. Mai 2023 entstehenden Kosten treffen, die von einer Rechtsverordnung nach § 21a in Verbindung mit § 24 oder von einer Rechtsverordnung nach § 24 abweichen oder diese ergänzen. [2] Sie kann dabei insbesondere entscheiden, dass Kosten oder Kostenanteile als dauerhaft nicht beeinflussbar angesehen werden.

(47) Auf Zuschläge, die in den Jahren 2021 und 2022 nach § 23 des Windenergie-auf-See-Gesetzes in der Fassung vom 10. Dezember 2020 erteilt wurden, ist das Energiewirtschaftsgesetz in der am 31. Dezember 2022 geltenden Fassung anzuwenden.

(48) Abweichend von § 17i Absatz 1 werden, soweit § 34 Absatz 13 und 14 der Anreizregulierungsverordnung in der bis zum 28. Dezember 2023 dies regelt, auf die Ermittlung des Kapitalkostenanteils der Netzkosten von Offshore-Anbindungsleitungen ergänzend die Vorschriften der Anreizregulierungsverordnung in der bis zum Ablauf des 31. Juli 2021 geltenden Fassung angewendet, sofern

1. die Offshore-Anbindungsleitungen bis zum Ablauf des 31. Dezember 2019 fertiggestellt und in Betrieb genommen worden sind und

2. ein betroffener Übertragungsnetzbetreiber bis zum Ablauf des 30. April 2019 einheitlich auch für die mit ihm konzernrechtlich verbundenen Unternehmen, die Offshore-Anbindungsleitungen nach Nummer 1 betreiben, schriftlich oder elektronisch gegenüber der Bundesnetzagentur erklärt, dass er für alle betroffenen Offshore-Anbindungsleitungen diese Übergangsregelung in Anspruch nehmen möchte.

(49) [1] Der Träger des Vorhabens kann einen Antrag auf Nichtanwendung des § 43 Absatz 3 Satz 2 bis 6 stellen. [2] Wird ein solcher Antrag bis zum Ablauf des 29. Februar 2024 nicht gestellt, ist § 43 Absatz 3 Satz 2 bis 6 im Planfeststellungsverfahren anzuwenden.

(50) [1] Der Träger des Vorhabens kann einen gesamthaften Antrag auf Nichtanwendung des § 43 Absatz 3a, 3b Satz 1 und Absatz 3c stellen. [2] Wird ein solcher Antrag bis zum Ablauf des 29. Februar 2024 nicht gestellt, ist § 43 Absatz 3a, 3b Satz 1 und Absatz 3c im Planfeststellungsverfahren anzuwenden.

(51) Zur Aufrechterhaltung der Bußgeldbewehrungen in § 31 der Gasnetzentgeltverordnung, in § 31 der Stromnetzentgeltverordnung, in § 29 der Stromnetzzugangsverordnung und in § 51 der Gasnetzzugangsverordnung ist § 95 Absatz 1 Nummer 5 Buchstabe a und b in der bis zum Ablauf des 28. Dezember 2023 geltenden Fassung weiter anzuwenden.

(52) [1] Die nach § 111d Absatz 1 auf der nationalen Informationsplattform veröffentlichten Daten werden spätestens ab dem 29. Dezember 2026 auf der nationalen Transparenzplattform nach § 111g Absatz 3 durch die Bundesnetzagentur veröffentlicht. [2] Die §§ 111d und 111g Absatz 3 Satz 2 sind bis zum Ablauf des 29. Dezember 2024 anzuwenden.

**§ 118a**[1]) **Regulatorische Rahmenbedingungen für LNG-Anlagen; Verordnungsermächtigung und Subdelegation.** [1]Das Bundesministerium für Wirtschaft und Klimaschutz wird ermächtigt, durch Rechtsverordnung, die nicht der Zustimmung des Bundesrates bedarf, Regelungen zu erlassen zu

1. den Rechten und Pflichten eines Betreibers von ortsfesten oder ortsungebundenen LNG-Anlagen,

2. den Bedingungen für den Zugang zu ortsfesten oder ortsungebundenen LNG-Anlagen, den Methoden zur Bestimmung dieser Bedingungen, den Methoden zur Bestimmung der Entgelte für den Zugang zu ortsfesten oder ortsungebundenen LNG-Anlagen,

3. der Ermittlung der Kosten des Anlagenbetriebs und

4. der Anwendbarkeit der Anreizregulierung nach § 21a.

[2]Das Bundesministerium für Wirtschaft und Klimaschutz kann die Ermächtigung nach Satz 1 durch Rechtsverordnung[2]) auf die Bundesnetzagentur übertragen. [3]Die Sätze 1 und 2 treten mit Ablauf des 31. Dezember 2027 außer Kraft.

**§ 118b**[3]) **Befristete Sonderregelungen für Energielieferverträge mit Haushaltskunden außerhalb der Grundversorgung bei Versorgungsunterbrechungen wegen Nichtzahlung.** (1) [1]Bis zum Ablauf des 30. April 2024 ist § 41b Absatz 2 auf Energielieferverträge mit Haushaltskunden außerhalb der Grundversorgung mit den Maßgaben der Absätze 2 bis 9 anzuwenden. [2]Von den Vorgaben der Absätze 2 bis 9 abweichende vertragliche Vereinbarungen sind unwirksam. [3]Im Übrigen ist § 41b unverändert anzuwenden.

(2) [1]Bei der Nichterfüllung einer Zahlungsverpflichtung des Haushaltskunden trotz Mahnung ist der Energielieferant berechtigt, die Energieversorgung vier Wochen nach vorheriger Androhung unterbrechen zu lassen und die Unterbrechung beim zuständigen Netzbetreiber zu beauftragen. [2]Der Energielieferant kann mit der Mahnung zugleich die Unterbrechung der Energieversorgung androhen, sofern die Folgen einer Unterbrechung nicht außer Verhältnis zur Schwere der Zuwiderhandlung stehen oder der Haushaltskunde darlegt, dass hinreichende Aussicht besteht, dass er seinen Zahlungsverpflichtungen nachkommt. [3]Im Falle einer Androhung nach Satz 1 hat der Energielieferant den Haushaltskunden einfach verständlich zu informieren, wie er dem Energielieferanten das Vorliegen von Voraussetzungen nach Absatz 3 in Textform mitteilen kann. [4]Der Energielieferant hat dem Haushaltskunden die Kontaktadresse anzugeben, an die der Haushaltskunde die Mitteilung zu übermitteln hat.

(3) [1]Die Verhältnismäßigkeit einer Unterbrechung im Sinne des Absatzes 2 Satz 2 ist insbesondere dann nicht gewahrt, wenn infolge der Unterbrechung eine konkrete Gefahr für Leib oder Leben der dadurch Betroffenen zu besorgen ist. [2]Der Energielieferant hat den Haushaltskunden mit der Androhung der Unterbrechung über die Möglichkeit zu informieren, Gründe für eine Unverhältnismäßigkeit der Unterbrechung, insbesondere eine Gefahr für Leib und Leben, in Textform mitzuteilen und auf Verlangen des Energielieferanten glaubhaft zu machen.

---

[1]) § 118a eingef. mWv 13.10.2022 durch G v. 8.10.2022 (BGBl. I S. 1726).
[2]) Siehe die § 118a EnWG-SubdelegationsVO v. 7.11.2022 (BGBl. I S. 2002).
[3]) § 118b eingef. mWv 24.12.2022 durch G v. 20.12.2022 (BGBl. I S. 2512).

(4) [1] Der Energielieferant darf eine Unterbrechung wegen Zahlungsverzugs nur durchführen lassen, wenn der Haushaltskunde nach Abzug etwaiger Anzahlungen in Verzug ist

1. mit Zahlungsverpflichtungen in Höhe des Doppelten der rechnerisch auf den laufenden Kalendermonat entfallenden Abschlags- oder Vorauszahlung oder
2. für den Fall, dass keine Abschlags- oder Vorauszahlungen zu entrichten sind, mit mindestens einem Sechstel des voraussichtlichen Betrages der Jahresrechnung.

[2] Der Zahlungsverzug des Haushaltskunden muss mindestens 100 Euro betragen. [3] Bei der Berechnung der Höhe des Betrages nach den Sätzen 1 und 2 bleiben diejenigen nicht titulierten Forderungen außer Betracht, die der Haushaltskunde form- und fristgerecht sowie schlüssig begründet beanstandet hat. [4] Ferner bleiben diejenigen Rückstände außer Betracht, die wegen einer Vereinbarung zwischen Energielieferant und Haushaltskunde noch nicht fällig sind oder die aus einer streitigen und noch nicht rechtskräftig entschiedenen Preiserhöhung des Energielieferanten resultieren.

(5) [1] Der Energielieferant ist verpflichtet, den betroffenen Haushaltskunden mit der Androhung einer Unterbrechung der Energielieferung wegen Zahlungsverzuges nach Absatz 2 zugleich in Textform über Möglichkeiten zur Vermeidung der Unterbrechung zu informieren, die für den Haushaltskunden keine Mehrkosten verursachen. [2] Dazu können beispielsweise gehören:

1. örtliche Hilfsangebote zur Abwendung einer Versorgungsunterbrechung wegen Nichtzahlung,
2. Vorauszahlungssysteme,
3. Informationen zu Energieaudits und zu Energieberatungsdiensten und
4. Hinweise auf staatliche Unterstützungsmöglichkeiten der sozialen Mindestsicherung und bei welcher Behörde diese beantragt werden können oder auf eine anerkannte Schuldner- und Verbraucherberatung.

[3] Ergänzend ist auf die Pflicht des Energielieferanten nach Absatz 7 hinzuweisen, dem Haushaltskunden auf dessen Verlangen innerhalb einer Woche sowie unabhängig von einem solchen Verlangen spätestens mit der Ankündigung der Unterbrechung eine Abwendungsvereinbarung anzubieten, und dem Haushaltskunden ein standardisiertes Antwortformular zu übersenden, mit dem der Haushaltskunde die Übersendung einer Abwendungsvereinbarung anfordern kann. [4] Die Informationen nach den Sätzen 1 bis 3 sind in einfacher und verständlicher Weise zu erläutern.

(6) [1] Der Beginn der Unterbrechung der Energielieferung ist dem Haushaltskunden acht Werktage im Voraus durch briefliche Mitteilung anzukündigen. [2] Zusätzlich soll die Ankündigung nach Möglichkeit auch auf elektronischem Wege in Textform erfolgen.

(7) [1] Der betroffene Haushaltskunde ist ab dem Erhalt einer Androhung der Unterbrechung nach Absatz 2 Satz 1 berechtigt, von dem Energielieferanten die Übermittlung des Angebots für eine Abwendungsvereinbarung zu verlangen. [2] Der Energielieferant ist verpflichtet, dem betroffenen Haushaltskunden im Falle eines Verlangens nach Satz 1 innerhalb einer Woche und ansonsten spätestens mit der Ankündigung einer Unterbrechung der Energielieferung nach Absatz 6 zugleich in Textform den Abschluss einer Abwendungsvereinbarung anzubieten. [3] Das Angebot für die Abwendungsvereinbarung hat zu beinhalten:

1. eine Vereinbarung über zinsfreie monatliche Ratenzahlungen zur Tilgung der nach Absatz 4 ermittelten Zahlungsrückstände sowie

2. eine Verpflichtung des Energielieferanten zur Weiterversorgung nach Maßgabe der mit dem Haushaltskunden vereinbarten Vertragsbedingungen, solange der Kunde seine laufenden Zahlungsverpflichtungen erfüllt, und

3. allgemein verständliche Erläuterungen der Vorgaben für Abwendungsvereinbarungen.

[4]Unabhängig vom gesetzlichen Widerrufsrecht des Haushaltskunden darf nicht ausgeschlossen werden, dass er innerhalb eines Monats nach Abschluss der Abwendungsvereinbarung Einwände gegen die der Ratenzahlung zugrunde liegenden Forderungen in Textform erheben kann. [5]Die Ratenzahlungsvereinbarung nach Satz 3 Nummer 1 muss so gestaltet sein, dass der Haushaltskunde sich dazu verpflichtet, die Zahlungsrückstände in einem für den Energielieferanten sowie für den Haushaltskunden wirtschaftlich zumutbaren Zeitraum vollständig auszugleichen. [6]Als in der Regel zumutbar ist je nach Höhe der Zahlungsrückstände ein Zeitraum von sechs bis 18 Monaten anzusehen. [7]Überschreiten die Zahlungsrückstände die Summe von 300 Euro, beträgt dieser Zeitraum mindestens zwölf bis höchstens 24 Monate. [8]In die Bemessung der Zeiträume nach den Sätzen 6 und 7 soll die Höhe der jeweiligen Zahlungsrückstände maßgeblich einfließen. [9]Nimmt der Haushaltskunde das Angebot vor Durchführung der Unterbrechung in Textform an, darf die Energielieferung durch den Energielieferanten nicht unterbrochen werden. [10]Der Haushaltskunde kann in dem Zeitraum, den die Abwendungsvereinbarung umfasst, von dem Energielieferanten eine Aussetzung der Verpflichtungen nach Satz 3 Nummer 1 hinsichtlich der monatlichen Ratenzahlungsvereinbarung in Höhe von bis zu drei Monatsraten verlangen, solange er im Übrigen seine laufenden Zahlungsverpflichtungen aus dem Liefervertrag erfüllt. [11]Darüber hat der Haushaltskunde den Energielieferanten vor Beginn des betroffenen Zeitraums in Textform zu informieren. [12]Im Falle eines Verlangens auf Aussetzung nach Satz 10 verlängert sich der nach den Sätzen 6 und 7 bemessene Zeitraum entsprechend. [13]Kommt der Haushaltskunde seinen Verpflichtungen aus der Abwendungsvereinbarung nicht nach, ist der Energielieferant berechtigt, die Energielieferung unter Beachtung des Absatzes 6 zu unterbrechen.

(8) In einer Unterbrechungsandrohung nach Absatz 2 Satz 1 und in einer Ankündigung des Unterbrechungsbeginns nach Absatz 6 ist klar und verständlich sowie in hervorgehobener Weise auf den Grund der Unterbrechung sowie darauf hinzuweisen, welche voraussichtlichen Kosten dem Haushaltskunden infolge der Unterbrechung nach Absatz 2 Satz 1 und einer nachfolgenden Wiederherstellung der Energielieferung nach Absatz 9 in Rechnung gestellt werden können.

(9) [1]Der Energielieferant hat die Energielieferung unverzüglich wiederherstellen zu lassen, sobald die Gründe für ihre Unterbrechung entfallen sind und der Haushaltskunde die Kosten der Unterbrechung und Wiederherstellung der Belieferung ersetzt hat. [2]Die Kosten können für strukturell vergleichbare Fälle pauschal berechnet werden. [3]Dabei muss die pauschale Berechnung einfach nachvollziehbar sein. [4]Die Pauschale darf die nach dem gewöhnlichen Lauf der Dinge zu erwartenden Kosten nicht übersteigen. [5]Auf Verlangen des Haushaltskunden ist die Berechnungsgrundlage nachzuweisen. [6]Der Nachweis geringerer Kosten ist dem Haushaltskunden zu gestatten. [7]Die in Rechnung gestellten Kosten dürfen, auch im Falle einer Pauschalierung, die tatsächlich entstehenden Kosten nicht überschreiten.

(10) [1]Das Bundesministerium für Wirtschaft und Klimaschutz überprüft im Einvernehmen mit dem Bundesministerium für Umwelt, Naturschutz, nukleare Sicherheit und Verbraucherschutz bis zum 31. Dezember 2023 die praktische

Anwendung dieser Vorschrift und die Notwendigkeit einer Weitergeltung über den 30. April 2024 hinaus. [2] In die Überprüfung sollen die Regelungen in den Rechtsverordnungen nach § 39 Absatz 2 einbezogen werden, soweit diese bis zum 30. April 2024 befristet sind.

**§ 118c[1] Befristete Notversorgung von Letztverbrauchern im Januar und Februar des Jahres 2023.** (1) [1] Die Betreiber von Verteilernetzen sind berechtigt, Entnahmestellen von Letztverbrauchern, die ab dem 1. Januar 2023 keinem Energielieferanten zugeordnet sind, ab dem 1. Januar 2023 befristet bis spätestens zum 28. Februar 2023 dem Bilanzkreis des Energielieferanten zuzuordnen, der den betroffenen Letztverbraucher bis zum 31. Dezember 2022 an der jeweiligen Entnahmestelle mit Energie beliefert hat. [2] Satz 1 ist nur für Letztverbraucher anzuwenden, die an das Energieversorgungsnetz in Mittelspannung oder Mitteldruck oder, soweit nicht die Ersatzversorgung nach § 38 anwendbar ist, in der Umspannung von Nieder- zu Mittelspannung angeschlossen sind.

(2) [1] Energielieferanten, denen nach Absatz 1 Satz 1 eine Entnahmestelle zugeordnet wurde, sind verpflichtet, Letztverbraucher im Sinne des Absatzes 1 Satz 2, die sie aufgrund eines in dem Zeitraum vom 31. Dezember 2022 bis zum 31. Januar 2023 beendeten oder auslaufenden Energieliefervertrages bis zu diesem Datum beliefert haben, bis längstens zum 28. Februar 2023 vorbehaltlich der Absätze 3 bis 5 entsprechend der bis zum 31. Dezember 2022 geltenden Vertragsbedingungen weiter zu beliefern, sofern die betroffenen Letztverbraucher für die von dem bisherigen Liefervertrag erfasste Entnahmestelle ab dem 1. Januar 2023 noch keinen neuen Energieliefervertrag abgeschlossen haben (Notversorgung). [2] Schließt der betroffene Letztverbraucher einen neuen Energieliefervertrag, endet die Notversorgung nach Satz 1 mit dem Tag des Beginns der Energielieferung auf der Grundlage des neuen Energieliefervertrages.

(3) Der zur Notversorgung verpflichtete Energielieferant ist berechtigt, hierfür ein angemessenes Entgelt zu verlangen, das nicht höher sein darf als die Summe

1. der Kosten einer kurzfristigen Beschaffung der für die Notversorgung erforderlichen Energiemengen über Börsenprodukte sowie Beschaffungsnebenkosten zuzüglich eines Aufschlags von 10 Prozent,

2. der für die Belieferung des betroffenen Letztverbrauchers anfallenden Kosten für Netzentgelte und staatlich veranlasste Preisbestandteile sowie

3. sonstiger, in dem bisherigen Liefervertrag vereinbarten Preis- und Kostenbestandteile.

(4) [1] Der zur Notversorgung verpflichtete Energielieferant ist berechtigt, den Energieverbrauch des Letztverbrauchers in Zeitabschnitten nach seiner Wahl abzurechnen, die einen Tag nicht unterschreiten dürfen. [2] Er ist berechtigt, von dem Letztverbraucher eine Zahlung bis zu fünf Werktage im Voraus oder eine Sicherheit zu verlangen. [3] Sofern der Letztverbraucher eine fällige Forderung nicht innerhalb von zwei Werktagen begleicht, ist der Energielieferant berechtigt, die Notversorgung nach Absatz 2 fristlos zu beenden. [4] Der Energielieferant hat den Verteilernetzbetreiber über den Zeitpunkt der Beendigung der Notversorgung nach Satz 3 des betreffenden Letztverbrauchers zu informieren. [5] Im Fall des Satzes 3 und nach der Information nach Satz 4 entfällt das Recht des Verteilernetzbetreibers nach Absatz 1 Satz 1.

---

[1] § 118c eingef. mWv 24.12.2022 durch G v. 20.12.2022 (BGBl. I S. 2512).

(5) Die Betreiber von Verteilernetzen haben den zur Notversorgung verpflichteten Energielieferanten unverzüglich nach dem 24. Dezember 2022 zu informieren, welche Entnahmestellen ab dem 1. Januar 2023 bisher keinem Energieliefervertrag zugeordnet werden können.

(6) Das Recht der Betreiber von Verteilernetzen nach Absatz 1 und die Pflicht des Energielieferanten zur befristeten Notversorgung nach den Absätzen 2 bis 4 bestehen nicht

1. für Energielieferanten, die ihre Geschäftstätigkeit als Energielieferant vollständig und ordnungsgemäß zum 31. Dezember 2022 beendet haben, oder

2. sofern die Versorgung für den zur Notversorgung verpflichteten Energielieferanten aus wirtschaftlichen Gründen, die für die Zwecke dieser Vorschrift insbesondere in der Zahlungsfähigkeit des Letztverbrauchers liegen können, nicht zumutbar ist.

**§ 119**[1] **Verordnungsermächtigung für das Forschungs- und Entwicklungsprogramm „Schaufenster intelligente Energie – Digitale Agenda für die Energiewende".** (1) [1]Die Bundesregierung wird ermächtigt, durch Rechtsverordnung ohne Zustimmung des Bundesrates für Teilnehmer an dem von der Bundesregierung geförderten Forschungs- und Entwicklungsprogramm „Schaufenster intelligente Energie – Digitale Agenda für die Energiewende" Regelungen zu treffen, die von den in Absatz 2 Nummer 1 bis 3 genannten Vorschriften abweichen oder Zahlungen im Rahmen dieser Vorschriften erstatten. [2]Die Regelungen dürfen in folgenden Fällen getroffen werden:

1. im Fall von Maßnahmen zur Gewährleistung der Sicherheit oder Zuverlässigkeit des Elektrizitätsversorgungssystems nach § 13 Absatz 1 bis 2 und § 14 Absatz 1,

2. im Fall von Maßnahmen, die netzbezogene oder marktbezogene Maßnahmen des Netzbetreibers nach § 13 Absatz 1 bis 2 und § 14 Absatz 1 vermeiden, oder

3. in Bezug auf Zeiträume, in denen der Wert der Stundenkontrakte für die Preiszone Deutschland am Spotmarkt der Strombörse im Sinn des § 3 Nummer 43a des Erneuerbare-Energien-Gesetzes[2] in der Auktion des Vortages oder des laufenden Tages null oder negativ ist.

(1a) Die Bundesregierung wird ermächtigt, durch Rechtsverordnung ohne Zustimmung des Bundesrates in den in Absatz 1 genannten Fällen und unter den in den Absätzen 3 bis 5 genannten Voraussetzungen zu regeln, dass

1. bei Netzengpässen im Rahmen von § 13 Absatz 1 die Einspeiseleistung nicht durch die Reduzierung der Erzeugungsleistung der Anlage, sondern durch die Nutzung von Strom in einer zuschaltbaren Last reduziert werden kann, sofern die eingesetzte Last den Strombezug nicht nur zeitlich verschiebt und die entsprechende entlastende physikalische Wirkung für das Stromnetz gewahrt ist, oder

2. von der Berechnung der Entschädigung nach § 13a Absatz 2 Satz 3 Nummer 5 abgewichen werden kann.

---

[1] § 119 angef. mWv 1.1.2017 durch G v. 22.12.2016 (BGBl. I S. 3106); Abs. 1 Satz 2 Nr. 1 und 2 geänd., Abs. 1a eingef. mWv 1.10.2021 durch G v. 13.5.2019 (BGBl. I S. 706); Abs. 4 Nr. 5 geänd. mWv 29.7.2022 durch G v. 19.7.2022 (BGBl. I S. 1214).
[2] Sartorius ErgBd. **Nr. 833.**

(2) In der Rechtsverordnung können von den in den Nummern 1 bis 3 genannten Vorschriften abweichende Regelungen oder Regelungen zur Erstattung von Zahlungen im Rahmen dieser Verordnung getroffen werden

1. zur Erstattung von Netznutzungsentgelten oder einer abweichenden Ermittlung der Netznutzungsentgelte durch den Netzbetreiber bei einem Letztverbraucher, soweit es um die Anwendung von § 17 Absatz 2 sowie von § 19 Absatz 2 Satz 1 und 2 der Stromnetzentgeltverordnung geht,

2. für Anlagen zur Stromspeicherung oder zur Umwandlung elektrischer Energie in einen anderen Energieträger eine Befreiung von der Pflicht zur Zahlung oder eine Erstattung

   a) der Netzentgelte nach § 17 Absatz 1 und § 19 Absatz 2 Satz 15 und Absatz 4 der Stromnetzentgeltverordnung,

   b) eines Aufschlags auf Netzentgelte nach § 17f Absatz 5 Satz 1 und

   c) der Umlage nach § 18 Absatz 1 Satz 2 der Verordnung zu abschaltbaren Lasten

   vorzusehen,

3. zur Beschaffung von ab- und zuschaltbaren Lasten auch ohne Einrichtung einer gemeinsamen Internetplattform aller Verteilernetzbetreiber nach § 14 Absatz 1 Satz 1 in Verbindung mit § 13 Absatz 6.

(3) Regelungen nach Absatz 2 dürfen nur getroffen werden, wenn

1. sie zur Sammlung von Erfahrungen und Lerneffekten im Sinn der Ziele des Förderprogramms nach Absatz 4 beitragen,

2. sichergestellt wird, dass bei Anwendung dieser abweichenden Regelungen

   a) resultierende finanzielle Veränderungen auf den Ausgleich von wirtschaftlichen Nachteilen der Teilnehmer nach Absatz 1 beschränkt werden, die bei der Anwendung des Rechts ohne diese abweichende Regelung entstanden wären,

   b) beim Ausgleich von wirtschaftlichen Vor- und Nachteilen gegebenenfalls entstandene wirtschaftliche Vorteile und daraus folgende Gewinne an den Netzbetreiber zur Minderung seines Netzentgelts abgeführt werden, an dessen Netz die jeweilige Anlage angeschlossen ist, und

3. diese Regelungen auf die Teilnehmer an dem Förderprogramm beschränkt sind und spätestens am 30. Juni 2022 auslaufen.

(4) Die Ziele des Förderprogramms im Sinn des Absatzes 3 Nummer 1 sind

1. ein effizienter und sicherer Netzbetrieb bei hohen Anteilen erneuerbarer Energien,

2. die Hebung von Effizienz- und Flexibilitätspotenzialen markt- und netzseitig,

3. ein effizientes und sicheres Zusammenspiel aller Akteure im intelligenten Energienetz,

4. die effizientere Nutzung der vorhandenen Netzstruktur sowie

5. die Verringerung von Netzausbaubedarf auf der Verteilernetzebene.

(5) In der Rechtsverordnung darf die Bundesregierung die Anzeige, Überwachung und Kontrolle der Befreiungen oder Erstattungen aufgrund von abweichenden Regelungen im Rahmen des Forschungs- und Entwicklungsprogramms „Schaufenster intelligente Energie – Digitale Agenda für die Energiewende" sowie die mit Absatz 3 Nummer 2 verbundenen Aufgaben der Bundesnetzagentur oder Netzbetreibern übertragen.

**§ 120**[1] **Schrittweiser Abbau der Entgelte für dezentrale Einspeisung; Übergangsregelung.** (1) Bei Einspeisungen von Elektrizität aus dezentralen Erzeugungsanlagen darf in einer Rechtsverordnung nach § 24 Satz 5 keine Erstattung eingesparter Entgelte für den Netzzugang vorgesehen werden

1. für Erzeugungsanlagen, die ab dem 1. Januar 2023 in Betrieb genommen worden sind,
2. für Anlagen mit volatiler Erzeugung, die ab dem 1. Januar 2018 in Betrieb genommen worden sind.

(2) [1] Wird eine Erzeugungsanlage nach dem für sie maßgeblichen in Absatz 1 genannten Zeitpunkt an eine Netz- oder Umspannebene angeschlossen, die ihrer bisherigen Anschlussebene nachgelagert ist, erhält sie keine Entgelte für dezentrale Einspeisung mehr. [2] Eine Erzeugungsanlage, die am 31. Dezember 2016 allein an die Höchstspannungsebene angeschlossen war, erhält ab dem 22. Juli 2017 auch dann keine Entgelte für dezentrale Einspeisung, wenn sie nach dem 31. Dezember 2016 an eine nachgelagerte Netz- oder Umspannebene angeschlossen worden ist oder wird.

(3) [1] Für Anlagen mit volatiler Erzeugung dürfen ab dem 1. Januar 2020 keine Entgelte für dezentrale Erzeugung mehr gezahlt werden. [2] Die Rechtsverordnung nach § 24 kann vorsehen, dass die Höhe der Entgelte für dezentrale Einspeisungen aus solchen Anlagen bis dahin stufenweise abgesenkt wird und dies näher ausgestalten. [3] Die Absenkung kann, ausgehend von dem sich unter Beachtung der Absätze 4 und 5 ergebenden Wert, in prozentualen Schritten oder anteilig erfolgen.

(4) [1] Bei der Ermittlung der Entgelte für dezentrale Einspeisungen, die für den Zeitraum ab dem 1. Januar 2018 gezahlt werden, sind als Obergrenze diejenigen Netzentgelte der vorgelagerten Netz- oder Umspannebene zugrunde zu legen, die für diese Netz- oder Umspannebene am 31. Dezember 2016 anzuwenden waren. [2] Satz 1 ist auch für Erzeugungsanlagen anzuwenden, die nach dem 31. Dezember 2016 in Betrieb genommen worden sind oder werden.

(5) [1] Bei der Ermittlung der Obergrenzen nach Absatz 4 sind ab dem 1. Januar 2018 von den Erlösobergrenzen der jeweiligen Übertragungsnetzbetreiber, so wie sie den jeweiligen Netzentgelten für das Kalenderjahr 2016 zugrunde lagen, die Kostenbestandteile nach § 17d Absatz 7 dieses Gesetzes und § 2 Absatz 5 des Energieleitungsausbaugesetzes[2] in der bis zum Ablauf des 28. Dezember 2023 geltenden Fassung in Abzug zu bringen, die in die Netzentgelte eingeflossen sind. [2] Für die Zwecke der Berechnungsgrundlage zur Ermittlung der Entgelte für dezentrale Einspeisungen sind die Netzentgelte für das Kalenderjahr 2016 auf dieser Grundlage neu zu berechnen. [3] Die Übertragungsnetzbetreiber sind verpflichtet, diese fiktiven Netzentgelte gemeinsam mit der Veröffentlichung ihrer Netzentgelte nach § 20 Absatz 1 Satz 1 und 2 auf ihrer Internetseite zu veröffentlichen und als Berechnungsgrundlage für die Ermittlung der Entgelte für dezentrale Einspeisung zu kennzeichnen.

(6) [1] Für die Höhe der Obergrenze, die bei der Ermittlung der Entgelte für dezentrale Einspeisung nach Absatz 4 zugrunde zu legen ist, sind die Netzentgelte des Netzbetreibers maßgebend, an dessen Netz der Anlagenbetreiber am 31. Dezember 2016 angeschlossen war.

---

[1] § 120 angef. mWv 22.7.2017 durch G v. 17.7.2017 (BGBl. I S. 2503, 3343); Abs. 5 Satz 1 geänd. mWv 29.12.2023 durch G v. 22.12.2023 (BGBl. 2023 I Nr. 405).
[2] **Sartorius III Nr. 510.**

(7) [1]Die für den jeweiligen Verteilernetzbetreiber nach Absatz 4 geltenden Obergrenzen sind je Netz- und Umspannebene den nach Absatz 5 ermittelten Obergrenzen der Übertragungsnetzbetreiber entsprechend anzupassen und unter Berücksichtigung dieser Absenkungen ebenfalls neu zu ermitteln. [2]Nachgelagerte Verteilernetzbetreiber berücksichtigen dabei ebenfalls die Obergrenzen nach Satz 1 eines vorgelagerten Verteilernetzbetreibers. [3]Die Netzbetreiber sind verpflichtet, ihre jeweiligen nach Satz 1 ermittelten Netzentgelte je Netz- und Umspannebene gemeinsam mit ihren Netzentgelten nach § 20 Absatz 1 Satz 1 und 2 auf ihrer Internetseite zu veröffentlichen und als Berechnungsgrundlage für die Ermittlung der Entgelte für dezentrale Einspeisungen zu kennzeichnen und für die Kalkulation der vermiedenen gewälzten Kosten heranzuziehen.

(8) [1]In einer Rechtsverordnung nach § 24 Satz 5 kann die Ermittlung der Entgelte für dezentrale Einspeisung nach den Absätzen 1 bis 7 und 9 näher geregelt werden. [2]Insbesondere können in der Rechtsverordnung die Ergebnisse der fiktiven Ermittlung nach Absatz 5 für Übertragungsnetzbetreiber festgelegt werden. [3]Dabei können kaufmännisch gerundete Prozentangaben festgelegt werden.

## § 121[1]) Außerkrafttreten der §§ 50a bis 50c und 50e bis 50j.

[1]§ 50g tritt mit Ablauf des 30. April 2024 außer Kraft. [2]Die §§ 50a bis 50c sowie 50e, 50f, 50h und 50i treten mit Ablauf des 31. März 2024 außer Kraft. [3]§ 50j tritt mit Ablauf des 30. Juni 2024 außer Kraft.

**Anlage[2])**
(zu § 13g)

### Berechnung der Vergütung

1. Die Entschädigung der Betreiber von stillzulegenden Anlagen nach § 13g wird nach folgender Formel festgesetzt:

$$V_{it} = \left[ P_i + RD_i + RE_i + O_i + W_i - \left( RHB_i + \frac{C_i}{E_i} * EUA_i \right) \right] * E_i + (H_{it} + FSB_{it} - FHIST_i)$$

2. Ergibt sich bei der Berechnung der Summe aus $H_{it} + FSB_{it} - FHIST_i$ ein Wert kleiner null, wird der Wert der Summe mit null festgesetzt.

3. Im Sinne dieser Anlage ist oder sind:

$V_{it}$      die Vergütung, die ein Betreiber für eine stillzulegende Anlage i in einem Jahr t der Sicherheitsbereitschaft erhält, in Euro,

$P_t$      der rechnerisch ermittelte jahresdurchschnittliche Preis aller verfügbaren Handelstage im Zeitraum vom 1. Oktober 2014 bis zum 30. September 2015 für die beiden für das jeweilige Jahr der Sicherheitsbereitschaft t relevanten Phelix-Base-Futures am Terminmarkt der Energiebörse European Energy Exchange AG in Leipzig für die jeweilige Preiszone in Euro je Megawattstunde; der Preis für die Lieferung im ersten für das jeweilige Sicherheitsbereitschaftsjahr relevanten Kalenderjahr geht dabei zu einem Viertel und der Preis für die Lieferung im darauffolgenden Kalenderjahr zu drei Vierteln in die Berechnung ein; soweit an der Energiebörse noch kein Preis des Futures für ein relevantes Lieferjahr ermittelt wurde, wird der Preis für das letzte verfügbare relevante Lieferjahr in Ansatz gebracht,

$RD_i$      die für eine stillzulegende Anlage i von dem Betreiber nachgewiesenen Erlöse für Anpassungen der Einspeisung nach § 13a als jährlicher Durchschnitt der Jahre 2012 bis 2014 in Euro je Megawattstunde,

$RE_i$      die für eine stillzulegende Anlage i von dem Betreiber nachgewiesenen Regelenergieerlöse als jährlicher Durchschnitt der Jahre 2012 bis 2014 in Euro je Megawattstunde,

---

[1]) § 121 neu gef. mWv 24.12.2022 durch G v. 20.12.2022 (BGBl. I S. 2560).
[2]) Anl. angef. mWv 30.7.2016 durch G v. 26.7.2016 (BGBl. I S. 1786).

| | |
|---|---|
| $O_i$ | die für eine stillzulegende Anlage i von dem Betreiber nachgewiesenen Optimierungsmehrerlöse in den Jahren 2012 bis 2014 gegenüber dem jahresdurchschnittlichen Spotmarktpreis als jährlicher Durchschnitt der Jahre 2012 bis 2014 in Euro je Megawattstunde, |
| $W_i$ | die für eine stillzulegende Anlage i von dem Betreiber nachgewiesenen Wärmelieferungserlöse als jährlicher Durchschnitt der Jahre 2012 bis 2014 in Euro je Megawattstunde, |
| $RHB_i$ | die für eine stillzulegende Anlage i von dem Betreiber nachgewiesenen kurzfristig variablen Betriebskosten für Brennstoffe, Logistik sowie sonstige Roh-, Hilfs- und Betriebsstoffe zur Erzeugung einer Megawattstunde Strom als jährlicher Durchschnitt der Jahre 2012 bis 2014 in Euro je Megawattstunde; bei konzernintern bezogenen Lieferungen und Leistungen bleiben etwaige Margen außer Betracht (Zwischenergebniseliminierung); wenn Kraftwerksbetrieb und Tagebaubetrieb bei verschiedenen Gesellschaften liegen, sind für Brennstoffe und Logistik die variablen Förder- und Logistikkosten der Tagebaugesellschaften zu berücksichtigen; im Falle eines Eigentümerwechsels in den Jahren 2012 oder 2013 kann der Betreiber auf die Daten aus dem Jahr 2014 abstellen, wobei konzerninterne Eigentümerwechsel nicht berücksichtigt werden; bei den variablen Logistikkosten kann ausnahmsweise auf die Belieferung mit Braunkohle aus dem nächstgelegenen Tagebau abgestellt werden, sofern die Belieferung in dem maßgeblichen Zeitraum zu mehr als 60 Prozent aus diesem Tagebau erfolgte; bei den variablen Brennstoffkosten kann bei einer Mischbelieferung aus verschiedenen Tagebauen ein Tagebau unberücksichtigt bleiben, wenn dieser Tagebau im maßgeblichen Zeitraum zu mehr als 90 Prozent ausgekohlt war, |
| $C_i$ | die für eine stillzulegende Anlage i von dem Betreiber nachgewiesenen Kohlendioxidemissionen als jährlicher Durchschnitt der Jahre 2012 bis 2014 in Tonnen Kohlendioxid; im Falle eines Eigentümerwechsels in den Jahren 2012 oder 2013 kann der Betreiber auf die Daten aus dem Jahr 2014 abstellen, wobei konzerninterne Eigentümerwechsel nicht berücksichtigt werden, |
| $E_i$ | die für eine stillzulegende Anlage i von dem Betreiber nachgewiesene an das Netz der allgemeinen Versorgung und in Eigenversorgungsnetze abgegebene Strommenge der stillzulegenden Anlage (Netto-Stromerzeugung) als jährlicher Durchschnitt der Jahre 2012 bis 2014 in Megawattstunden; im Falle eines Eigentümerwechsels in den Jahren 2012 oder 2013 kann der Betreiber auf die Daten aus dem Jahr 2014 abstellen, wobei konzerninterne Eigentümerwechsel nicht berücksichtigt werden, |
| $EUA_t$ | der rechnerisch ermittelte jahresdurchschnittliche Preis aller verfügbaren Handelstage im Zeitraum vom 1. Oktober 2014 bis zum 30. September 2015 für die beiden für das jeweilige Jahr der Sicherheitsbereitschaft t relevanten Jahresfutures für Emissionsberechtigungen (EUA) am Terminmarkt der Energiebörse European Energy Exchange AG in Leipzig für die jeweilige Preiszone in Euro je Tonne Kohlendioxid; der Preis für die Lieferung im ersten für das jeweilige Sicherheitsbereitschaftsjahr relevanten Kalenderjahr geht dabei zu einem Viertel und der Preis für die Lieferung im darauffolgenden Kalenderjahr zu drei Vierteln in die Berechnung ein; soweit an der Energiebörse noch kein Preis des Jahresfutures für ein relevantes Lieferjahr ermittelt wurde, wird der Preis für das letzte verfügbare relevante Lieferjahr in Ansatz gebracht, |
| $H_{it}$ | die für eine stillzulegende Anlage i in einem Jahr t der Sicherheitsbereitschaft von dem Betreiber nachgewiesene Kosten zur Herstellung der Sicherheitsbereitschaft mit Blick auf die Stilllegung in Euro; in der Sicherheitsbereitschaft werden auch nachgewiesene Kosten zur Herstellung der Sicherheitsbereitschaft berücksichtigt, die vor Beginn der Sicherheitsbereitschaft entstanden sind, |
| $FSB_{it}$ | die für eine stillzulegende Anlage i in einem Jahr t der Sicherheitsbereitschaft von dem Betreiber nachgewiesenen fixen Betriebskosten während der Sicherheitsbereitschaft in Euro; in der Sicherheitsbereitschaft werden auch nachgewiesene Fixkosten der Sicherheitsbereitschaft berücksichtigt, die vor Beginn der Sicherheitsbereitschaft entstanden sind, |
| $FHIST_i$ | die für eine stillzulegende Anlage i von dem Betreiber nachgewiesenen fixen Betriebskosten ohne Tagebau und Logistik als jährlicher Durchschnitt der Jahre 2012 bis 2014 in Euro; im Falle eines Eigentümerwechsels in den Jahren 2012 oder 2013 kann der Betreiber auf die Daten aus dem Jahr 2014 abstellen, wobei konzerninterne Eigentümerwechsel nicht berücksichtigt werden, |
| $i$ | die jeweilige stillzulegende Anlage und |
| $t$ | das jeweilige Jahr der Sicherheitsbereitschaft, das sich jeweils auf den Zeitraum vom 1. Oktober bis 30. September erstreckt. |

**Anlage 2**[1] *(aufgehoben)*

---

[1] Anl. 2 aufgeh. mWv 1.1.2021 durch G v. 21.12.2020 (BGBl. I S. 3138).

## 845. Gesetz zur Ordnung des Wasserhaushalts (Wasserhaushaltsgesetz – WHG) [1) 2) 3)]

Vom 31. Juli 2009

(BGBl. I S. 2585)

FNA 753-13

geänd. durch Art. 12 G zur Umsetzung der DienstleistungsRL auf dem Gebiet des Umweltrechts sowie zur Änd. umweltrechtlicher Vorschriften v. 11.8.2010 (BGBl. I S. 1163), Art. 1 G zur Umsetzung der Meeresstrategie-RahmenRL sowie zur Änd. des WaStrG und des KrW-/AbfG v. 6.10.2011 (BGBl. I S. 1986), Art. 2 Abs. 67 G zur Änd. von Vorschriften über Verkündung und Bekanntmachungen sowie der ZPO, des EGZPO und der AO v. 22.12.2011 (BGBl. I S. 3044), Art. 5 Abs. 9 G zur Neuordnung des Kreislaufwirtschafts- und Abfallrechts v. 24.2.2012 (BGBl. I S. 212), Art. 3 G zur Anpassung des Bauprodukten G und weiterer Rechtsvorschriften an die VO (EU) Nr. 305/2011 zur Festlegung harmonisierter Bedingungen für die Vermarktung von Bauprodukten v. 5.12.2012 (BGBl. I S. 2449), Art. 6 G zur Änd. des Umwelt-RechtsbehelfsG und anderer umweltrechtlicher Vorschriften v. 21.1.2013 (BGBl. I S. 95), Art. 2 G zur Umsetzung der RL über Industrieemissionen v. 8.4.2013 (BGBl. I S. 734), Art. 2 Abs. 100, Art. 4 Abs. 76 G zur Strukturreform des Gebührenrechts des Bundes v. 7.8.2013 (BGBl. I S. 3154, geänd. durch G v. 18.7.2016, BGBl. I S. 1666), Art. 2 G zur Änd. des UmweltstatistikG und des WasserhaushaltsG v. 15.11.2014 (BGBl. I S. 1724), Art. 320 Zehnte ZuständigkeitsanpassungsVO v. 31.8. 2015 (BGBl. I S. 1474), Art. 1 G zur Änd. des WasserhaushaltsG zur Einführung von Grundsätzen für die Kosten von Wasserdienstleistungen und Wassernutzungen sowie zur Änd. des AbwasserabgabenG v. 11.4. 2016 (BGBl. I S. 745), Art. 12 WSV-ZuständigkeitsanpassungsG v. 24.5.2016 (BGBl. I S. 1217), Art. 4 Abs. 73 G zur Aktualisierung der Strukturreform des Gebührenrechts des Bundes v. 18.7.2016 (BGBl. I S. 1666), Art. 3 G zur Änd. berg-, umweltschadens- und wasserrechtlicher Vorschriften zur Umsetzung der RL 2013/30/EU über die Sicherheit von Offshore-Erdöl- und -Erdgasaktivitäten v. 21.7.2016 (BGBl. I S. 1764), Art. 4 G zur Änd. des UmweltstatistikG, des HochbaustatistikG sowie immissionsschutz- und wasserrechtlicher Vorschriften v. 26.7.2016 (BGBl. I S. 1839), Art. 1 G zur Änd.

---

[1)] **Amtl. Anm.:** Dieses Gesetz dient der Umsetzung der
– Richtlinie 80/68/EWG des Rates vom 17. Dezember 1979 über den Schutz des Grundwassers gegen Verschmutzung durch bestimmte gefährliche Stoffe (ABl. L 20 vom 26.1.1980, S. 43), die durch die Richtlinie 2000/60/EG (ABl. L 327 vom 22.12.2000, S. 1) geändert worden ist,
– Richtlinie 91/271/EWG des Rates vom 21. Mai 1991 über die Behandlung von kommunalem Abwasser (ABl. L 135 vom 30.5.1991, S. 40), die zuletzt durch die Verordnung (EG) Nr. 1137/2008 (ABl. L 311 vom 21.11.2008, S. 1) geändert worden ist,
– Richtlinie 2000/60/EG des Europäischen Parlaments und des Rates vom 23. Oktober 2000 zur Schaffung eines Ordnungsrahmens für Maßnahmen der Gemeinschaft im Bereich der Wasserpolitik (ABl. L 327 vom 22.12.2000, S. 1), die zuletzt durch die Richtlinie 2008/105/EG (ABl. L 348 vom 24.12.2008, S. 84) geändert worden ist,
– Richtlinie 2004/35/EG des Europäischen Parlaments und des Rates vom 21. April 2004 über Umwelthaftung zur Vermeidung und Sanierung von Umweltschäden (ABl. L 143 vom 30.4.2004, S. 56), die durch die Richtlinie 2006/21/EG (ABl. L 102 vom 11.4.2006, S. 15) geändert worden ist,
– Richtlinie 2006/11/EG des Europäischen Parlaments und des Rates vom 15. Februar 2006 betreffend die Verschmutzung infolge der Ableitung bestimmter gefährlicher Stoffe in die Gewässer der Gemeinschaft (ABl. L 64 vom 4.3.2006, S. 52),
– Richtlinie 2006/118/EG des Europäischen Parlaments und des Rates vom 12. Dezember 2006 zum Schutz des Grundwassers vor Verschmutzung und Verschlechterung (ABl. L 372 vom 27.12.2006, S. 19, L 53 vom 22.2.2007, S. 30, L 139 vom 31.5.2007, S. 39),
– Richtlinie 2007/60/EG des Europäischen Parlaments und des Rates vom 23. Oktober 2007 über die Bewertung und das Management von Hochwasserrisiken (ABl. L 288 vom 6.11.2007, S. 27).
[2)] **Amtl. Anm.:** Die Verpflichtungen aus der Richtlinie 98/34/EG des Europäischen Parlaments und des Rates vom 22. Juni 1998 über ein Informationsverfahren auf dem Gebiet der Normen und technischen Vorschriften und der Vorschriften für die Dienste der Informationsgesellschaft (ABl. L 204 vom 21.7.1998, S. 37), die zuletzt durch die Richtlinie 2006/96/EG (ABl. L 363 vom 20.12.2006, S. 81) geändert worden ist, sind beachtet worden.
[3)] Verkündet als Art. 1 G zur Neuregelung des Wasserrechts v. 31.7.2009 (BGBl. I S. 2585); Inkrafttreten gem. Art. 24 Abs. 2 Satz 1 dieses G am 1.3.2010 mit Ausnahme der §§ 23, 48 Abs. 1 Satz 2 und Abs. 2 Satz 3, § 57 Abs. 2, § 58 Abs. 1 Satz 2, § 61 Abs. 3, § 62 Abs. 4 und 7 Satz 2 und § 63 Abs. 2 Satz 2, die gem. Art. 24 Abs. 1 bereits am 7.8.2009 in Kraft getreten sind.

wasser- und naturschutzrechtlicher Vorschriften zur Untersagung und zur Risikominimierung bei den Verfahren der Fracking-Technologie v. 4.8.2016 (BGBl. I S. 1972), Art. 122 G zum Abbau verzichtbarer Anordnungen der Schriftform im Verwaltungsrecht des Bundes v. 29.3.2017 (BGBl. I S. 626), Art. 1 HochwasserschutzG II v. 30.6.2017 (BGBl. I S. 2193), Art. 1 G zur Einführung einer wasserrechtlichen Genehmigung für Behandlungsanlagen für Deponiesickerwasser, zur Änd. der Vorschriften zur Eignungsfeststellung für Anlagen zum Lagern, Abfüllen oder Umschlagen wassergefährdender Stoffe und zur Änd. des Bundes-ImmissionsschutzG v. 18.7.2017 (BGBl. I S. 2771), Art. 2 G zur Beschränkung des marinen Geo-Engineerings v. 4.12.2018 (BGBl. I S. 2254), Art. 253 Elfte ZuständigkeitsanpassungsVO v. 19.6. 2020 (BGBl. I S. 1328), Art. 1 Erstes G zur Änd. des WasserhaushaltsG v. 19.6.2020 (BGBl. I S. 1408), Art. 2 G über den wasserwirtschaftlichen Ausbau an Bundeswasserstraßen zur Erreichung der Bewirtschaftungsziele der WasserrahmenRL v. 2.6.2021 (BGBl. I S. 1295), Art. 3 G zur Umsetzung von Vorgaben der EinwegkunststoffRL und der AbfallrahmenRL im VerpackungsG und in anderen Gesetzen v. 9.6.2021 (BGBl. I S. 1699), Art. 2 G zur Umsetzung von Vorgaben der RL (EU) 2018/2001 für Zulassungsverfahren nach dem Bundes-ImmissionsschutzG, dem WasserhaushaltsG und dem BundeswasserstraßenG v. 18.8.2021 (BGBl. I S. 3901), Art. 12 G zu Sofortmaßnahmen für einen beschleunigten Ausbau der erneuerbaren Energien und weiteren Maßnahmen im Stromsektor v. 20.7.2022 (BGBl. I S. 1237), Art. 1 Zweites ÄndG v. 4.1.2023 (BGBl. 2023 I Nr. 5), Art. 5 G zur Stärkung der Digitalisierung im Bauleitplanverfahren und zur Änd. weiterer Vorschriften v. 3.7.2023 (BGBl. 2023 I Nr. 176) und Art. 7 G zur Beschleunigung von Genehmigungsverfahren im Verkehrsbereich und zur Umsetzung der RL (EU) 2021/1187 über die Straffung von Maßnahmen zur rascheren Verwirklichung des transeuropäischen Verkehrsnetzes v. 22.12.2023 (BGBl. 2023 I Nr. 409)

**Zum WHG wurden ua folgende Vorschriften erlassen:**
– Abwasserverordnung – AbwV **(Sartorius ErgBd. Nr. 845a)**
– VO über Anlagen zum Umgang mit wassergefährdenden Stoffen – AwSV v. 18.4.2017 (BGBl. I S. 905), geänd. durch VO v. 19.6.2020 (BGBl. I S. 1328)
– Grundwasserverordnung – GrwV **(Sartorius ErgBd. Nr. 845b)**
– Oberflächengewässerverordnung – OGewV v. 20.6.2016 (BGBl. I S. 1373), zuletzt geänd. durch G v. 9.12.2020 (BGBl. I S. 2873)
– Industriekläranlagen-Zulassungs- und Überwachungsverordnung – IZÜV v. 2.5.2013 (BGBl. I S. 973, 1011, 3756), zuletzt geänd. durch G v. 9.12.2020 (BGBl. I S. 2873)
– Deponieverordnung – DepV **(Sartorius ErgBd. Nr. 298h)**
– VO über Anlagen zur biologischen Behandlung von Abfällen – 30. BImSchV **(Sartorius ErgBd. Nr. 296/30)**

**Zur Ausführung und Durchführung des WHG haben die Länder ua folgende Vorschriften erlassen:**
– **Baden-Württemberg:** WasserG v. 3.12.2013 (GBl. S. 389), zuletzt geänd. durch G v. 7.2.2023 (GBl. S. 26)
– **Bayern:** WasserG v. 25.2.2010 (GVBl. S. 66, 130), zuletzt geänd. durch G v. 9.11.2021 (GVBl. S. 608)
– **Berlin:** WasserG idF der Bek. v. 17.6.2005 (GVBl. S. 357; 2006 S. 248; 2007 S. 48), zuletzt geänd. durch G v. 25.9.2019 (GVBl. S. 612)
– **Brandenburg:** WasserG idF der Bek. v. 2.3.2012 (GVBl. I Nr. 20), zuletzt geänd. durch G v. 4.12.2017 (GVBl. I Nr. 28)
– **Bremen:** WasserG v. 12.4.2011 (Brem.GBl. S. 262), zuletzt geänd. durch G v. 24.11.2020 (Brem.GBl. S. 1486)
– **Hamburg:** WasserG idF der Bek. v. 29.3.2005 (HmbGVBl. S. 97), zuletzt geänd. durch G v. 4.12.2012 (HmbGVBl. S. 510)
– **Hessen:** WasserG v. 14.12.2010 (GVBl. I S. 548), zuletzt geänd. durch G v. 28.6.2023 (GVBl. S. 473)
– **Mecklenburg-Vorpommern:** WasserG v. 30.11.1992 (GVOBl. M-V S. 669), zuletzt geänd. durch G v. 8.6.2021 (GVOBl. M-V S. 866)
– **Niedersachsen:** WasserG v. 19.2.2010 (Nds. GVBl. S. 64), zuletzt geänd. durch VO v. 6.12.2023 (Nds. GVBl. S. 339)
– **Nordrhein-Westfalen:** LandeswasserG idF der Bek. v. 25.6.1995 (GV. NRW. S. 926), zuletzt geänd. durch G v. 17.12.2021 (GV. NRW. S. 1470)
– **Rheinland-Pfalz:** LandeswasserG v. 14.7.2015 (GVBl. S. 127), zuletzt geänd. durch G v. 8.4.2022 (GVBl. S. 118)
– **Saarland:** WasserG idF der Bek. v. 30.7.2004 (Amtsbl. S. 1994), zuletzt geänd. durch G v. 8.12.2021 (Amtsbl. I S. 2629)
– **Sachsen:** WasserG v. 12.7.2013 (SächsGVBl. S. 503), zuletzt geänd. durch G v. 20.12.2022 (SächsGVBl. S. 705)
– **Sachsen-Anhalt:** WasserG v. 16.3.2011 (GVBl. LSA S. 492), zuletzt geänd. durch G v. 7.7.2020 (GVBl. LSA S. 372)
– **Schleswig-Holstein:** LandeswasserG v. 13.11.2019 (GVOBl. Schl.-H. S. 425, 426), zuletzt geänd. durch G v. 6.12.2022 (GVOBl. Schl.-H. S. 1002)

– **Thüringen:** WasserG v. 28.5.2019 (GVBl. S. 74), geänd. durch G v. 11.6.2020 (GVBl. S. 277)
**Zu abweichendem Landesrecht siehe:**
– **Bayern:** Abweichungen im WasserG v. 25.2.2010 (GVBl. S. 66, 130), zuletzt geänd. durch G v. 9.11.
2021 (GVBl. S. 608) mWv 1.3.2010, vgl. Hinweis v. 17.3.2010 (BGBl. I S. 275) v. 17.3.2010 (BGBl. I
S. 275); mWv 29.2.2012, vgl. Hinweis v. 24.10.2012 (BGBl. I S. 2176) v. 24.10.2012 (BGBl. I S. 2176)
und Hinweis v. 19.2.2015 (BGBl. I S. 153) v. 19.2.2015 (BGBl. I S. 153); mWv 1.8.2019, vgl. Hinweis
v. 5.3.2020 (BGBl. I S. 319) v. 5.3.2020 (BGBl. I S. 319, 320);
– **Bremen:** Abweichungen im WasserG v. 12.4.2011 (Brem.GBl. S. 262), zuletzt geänd. durch G v. 24.11.
2020 (Brem.GBl. S. 1486) mWv 29.4.2011, vgl. Hinweis v. 16.6.2011 (BGBl. I S. 1047) v. 16.6.2011
(BGBl. I S. 1047);
– **Hessen:** Abweichungen im WasserG v. 14.12.2010 (GVBl. I S, 548), zuletzt geänd. durch G v. 28.6.
2023 (GVBl. S. 473) mWv 24.12.2010, vgl. Hinweis v. 13.4.2011 (BGBl. I S. 607a) v. 13.4.2011
(BGBl. I S. 607);
– **Niedersachsen:** Abweichungen im WasserG v. 19.2.2010 (Nds. GVBl. S. 64), zuletzt geänd. durch VO
v. 6.12.2023 (Nds. GVBl. S. 339) mWv 1.3.2010, vgl. Hinweis v. 26.7.2010 (BGBl. I S. 970) v. 26.7.
2010 (BGBl. I S. 970);
– **Nordrhein-Westfalen:** Abweichungen im LandeswasserG idF der Bek. v. 25.6.1995 (GV. NRW.
S. 926), zuletzt geänd. durch G v. 17.12.2021 (GV. NRW. S. 1470) mWv 18.5.2021, vgl. Hinweis v.
31.8.2023 (BGBl. 2023 I Nr. 232) v. 31.8.2023 (BGBl. 2023 I Nr. 232);
– **Rheinland-Pfalz:** Abweichungen im LandeswasserG v. 14.7.2015 (GVBl. S. 127), zuletzt geänd. durch
G v. 8.4.2022 (GVBl. S. 118) mWv 30.7.2015, vgl. Hinweis v. 14.4.2016 (BGBl. I S. 715) v. 14.4.2016
(BGBl. I S. 715);
– **Sachsen:** Abweichungen im WasserG v. 12.7.2013 (SächsGVBl. S. 503), zuletzt geänd. durch G v.
20.12.2022 (SächsGVBl. S. 705) mWv 15.5.2010, vgl. Hinweis v. 19.2.2014 (BGBl. I S. 112) v. 19.2.2014 (BGBl. I
S. 112);
– **Sachsen-Anhalt:** Abweichungen im WasserG v. 16.3.2011 (GVBl. LSA S. 492), zuletzt geänd. durch G
v. 7.7.2020 (GVBl. LSA S. 372) mWv 1.4.2011, vgl. Hinweis v. 11.4.2011 (BGBl. I S. 567) 11.4.2011
(BGBl. I S. 567);
– **Schleswig-Holstein:** Abweichungen im LandeswasserG v. 13.11.2019 (GVOBl. Schl.-H. S. 425, 426),
zuletzt geänd. durch G v. 6.12.2022 (GVOBl. Schl.-H. S. 1002) mWv 26.3.2010, vgl. Hinweis v. 11.11.
2010 (BGBl. I S. 1501) v. 11.11.2010 (BGBl. I S. 1501); mWv 1.1.2020, vgl. Hinweis v. 18.12.2019
(BGBl. I S. 2595) v. 18.12.2019 (BGBl. I S. 2595);
– **Thüringen:** Abweichungen im Thüringer WasserG v. 28.5.2019 (GVBl. S. 74), geänd. durch G v. 11.6.
2020 (GVBl. S. 277) mWv 1.3.2020, vgl. Hinweis v. 6.3.2020 (BGBl. I S. 422) v. 6.3.2020 (BGBl. I
S. 422).

## Inhaltsübersicht[1]

### Kapitel 1. Allgemeine Bestimmungen

### Kapitel 2. Bewirtschaftung von Gewässern
#### Abschnitt 1. Gemeinsame Bestimmungen

---

[1] Inhaltsübersicht geänd. mWv 14.10.2011 durch G v. 6.10.2011 (BGBl. I S. 1986); geänd. mWv 1.8.
2013 durch G v. 21.1.2013 (BGBl. I S. 95); geänd. mWv 2.5.2013 durch G v. 8.4.2013 (BGBl. I S. 734);
geänd. mWv 18.10.2016 durch G v. 11.4.2016 (BGBl. I S. 745); geänd. mWv 5.1.2018 durch G v. 30.6.
2017 (BGBl. I S. 2193); geänd. mWv 30.6.2020 durch G v. 19.6.2020 (BGBl. I S. 1408); geänd. mWv
31.8.2021 durch G v. 18.8.2021 (BGBl. I S. 3901); geänd. mWv 12.1.2023 durch G v. 4.1.2023
(BGBl. 2023 I Nr. 5); geänd. mWv 29.12.2023 durch G v. 22.12.2023 (BGBl. 2023 I Nr. 409).

# Kapitel 1. Allgemeine Bestimmungen

**§ 1 Zweck.** Zweck dieses Gesetzes ist es, durch eine nachhaltige Gewässerbewirtschaftung die Gewässer als Bestandteil des Naturhaushalts, als Lebensgrundlage des Menschen, als Lebensraum für Tiere und Pflanzen sowie als nutzbares Gut zu schützen.

**§ 2[1) Anwendungsbereich.** (1) [1]Dieses Gesetz gilt für folgende Gewässer:

1. oberirdische Gewässer,

2. Küstengewässer,

3. Grundwasser.

[2]Es gilt auch für Teile dieser Gewässer.

(1a) [1]Für Meeresgewässer gelten die Vorschriften des § 23, des Kapitels 2 Abschnitt 3a und des § 90. [2]Die für die Bewirtschaftung der Küstengewässer geltenden Vorschriften bleiben unberührt.

(2) [1]Die Länder können kleine Gewässer von wasserwirtschaftlich untergeordneter Bedeutung, insbesondere Straßenseitengräben als Bestandteil von Straßen, Be- und Entwässerungsgräben, sowie Heilquellen von den Bestimmungen dieses Gesetzes ausnehmen. [2]Dies gilt nicht für die Haftung für Gewässerveränderungen nach den §§ 89 und 90.

---

[1)] § 2 Abs. 1a eingef. mWv 14.10.2011 durch G v. 6.10.2011 (BGBl. I S. 1986); Abs. 1a Satz 1 geänd. mWv 27.7.2016 durch G v. 21.7.2016 (BGBl. I S. 1764).

**§ 3[1) Begriffsbestimmungen.** Für dieses Gesetz gelten folgende Begriffsbestimmungen:

1. Oberirdische Gewässer
   das ständig oder zeitweilig in Betten fließende oder stehende oder aus Quellen wild abfließende Wasser;
2. Küstengewässer
   das Meer zwischen der Küstenlinie bei mittlerem Hochwasser oder zwischen der seewärtigen Begrenzung der oberirdischen Gewässer und der seewärtigen Begrenzung des Küstenmeeres; die seewärtige Begrenzung von oberirdischen Gewässern, die nicht Binnenwasserstraßen des Bundes sind, richtet sich nach den landesrechtlichen Vorschriften;
2a. Meeresgewässer
   die Küstengewässer sowie die Gewässer im Bereich der deutschen ausschließlichen Wirtschaftszone und des Festlandsockels, jeweils einschließlich des Meeresgrundes und des Meeresuntergrundes;
3. Grundwasser
   das unterirdische Wasser in der Sättigungszone, das in unmittelbarer Berührung mit dem Boden oder dem Untergrund steht;
4. Künstliche Gewässer
   von Menschen geschaffene oberirdische Gewässer oder Küstengewässer;
5. Erheblich veränderte Gewässer
   durch den Menschen in ihrem Wesen physikalisch erheblich veränderte oberirdische Gewässer oder Küstengewässer;
6. Wasserkörper
   einheitliche und bedeutende Abschnitte eines oberirdischen Gewässers oder Küstengewässers (Oberflächenwasserkörper) sowie abgegrenzte Grundwasservolumen innerhalb eines oder mehrerer Grundwasserleiter (Grundwasserkörper);
7. Gewässereigenschaften
   die auf die Wasserbeschaffenheit, die Wassermenge, die Gewässerökologie und die Hydromorphologie bezogenen Eigenschaften von Gewässern und Gewässerteilen;
8. Gewässerzustand
   die auf Wasserkörper bezogenen Gewässereigenschaften als ökologischer, chemischer oder mengenmäßiger Zustand eines Gewässers; bei als künstlich oder erheblich verändert eingestuften Gewässern tritt an die Stelle des ökologischen Zustands das ökologische Potenzial;
9. Wasserbeschaffenheit
   die physikalische, chemische oder biologische Beschaffenheit des Wassers eines oberirdischen Gewässers oder Küstengewässers sowie des Grundwassers;
10. Schädliche Gewässerveränderungen
   Veränderungen von Gewässereigenschaften, die das Wohl der Allgemeinheit, insbesondere die öffentliche Wasserversorgung, beeinträchtigen oder die nicht den Anforderungen entsprechen, die sich aus diesem Gesetz, aus auf Grund dieses Gesetzes erlassenen oder aus sonstigen wasserrechtlichen Vorschriften ergeben;

---

[1) § 3 Nr. 2a eingef. mWv 14.10.2011 durch G v. 6.10.2011 (BGBl. I S. 1986); Nr. 12 geänd. mWv 2.5.2013 durch G v. 8.4.2013 (BGBl. I S. 734); Nr. 15 geänd., Nr. 16 und 17 angef. mWv 18.10.2016 durch G v. 11.4.2016 (BGBl. I S. 745).

11. Stand der Technik
   der Entwicklungsstand fortschrittlicher Verfahren, Einrichtungen oder Betriebsweisen, der die praktische Eignung einer Maßnahme zur Begrenzung von Emissionen in Luft, Wasser und Boden, zur Gewährleistung der Anlagensicherheit, zur Gewährleistung einer umweltverträglichen Abfallentsorgung oder sonst zur Vermeidung oder Verminderung von Auswirkungen auf die Umwelt zur Erreichung eines allgemein hohen Schutzniveaus für die Umwelt insgesamt gesichert erscheinen lässt; bei der Bestimmung des Standes der Technik sind insbesondere die in der Anlage 1 aufgeführten Kriterien zu berücksichtigen;

12. EMAS-Standort
   diejenige Einheit einer Organisation, die nach § 32 Absatz 1 Satz 1 des Umweltauditgesetzes in der Fassung der Bekanntmachung vom 4. September 2002 (BGBl. I S. 3490), das zuletzt durch Artikel 1 des Gesetzes vom 6. Dezember 2011 (BGBl. I S. 2509) geändert worden ist, in der jeweils geltenden Fassung in das EMAS-Register eingetragen ist;

13. Einzugsgebiet
   ein Gebiet, aus dem über oberirdische Gewässer der gesamte Oberflächenabfluss an einer einzigen Flussmündung, einem Ästuar oder einem Delta ins Meer gelangt;

14. Teileinzugsgebiet
   ein Gebiet, aus dem über oberirdische Gewässer der gesamte Oberflächenabfluss an einem bestimmten Punkt in ein oberirdisches Gewässer gelangt;

15. Flussgebietseinheit
   ein als Haupteinheit für die Bewirtschaftung von Einzugsgebieten festgelegtes Land- oder Meeresgebiet, das aus einem oder mehreren benachbarten Einzugsgebieten, dem ihnen zugeordneten Grundwasser und den ihnen zugeordneten Küstengewässern im Sinne des § 7 Absatz 5 Satz 2 besteht;

16. Wasserdienstleistungen sind folgende Dienstleistungen für Haushalte, öffentliche Einrichtungen oder wirtschaftliche Tätigkeiten jeder Art:

   a) Entnahme, Aufstauung, Speicherung, Behandlung und Verteilung von Wasser aus einem Gewässer;

   b) Sammlung und Behandlung von Abwasser in Abwasseranlagen, die anschließend in oberirdische Gewässer einleiten;

17. Wassernutzungen sind alle Wasserdienstleistungen sowie andere Handlungen mit Auswirkungen auf den Zustand eines Gewässers, die im Hinblick auf die Bewirtschaftungsziele nach den §§ 27 bis 31, 44 und 47 signifikant sind.

**§ 4 Gewässereigentum, Schranken des Grundeigentums.** (1) [1]Das Eigentum an den Bundeswasserstraßen steht dem Bund nach Maßgabe der wasserstraßenrechtlichen Vorschriften zu. [2]Soweit sich aus diesem Gesetz, auf Grund dieses Gesetzes erlassener oder sonstiger wasserrechtlicher Vorschriften Verpflichtungen aus dem Gewässereigentum ergeben, treffen diese auch den Bund als Eigentümer der Bundeswasserstraßen.

(2) Wasser eines fließenden oberirdischen Gewässers und Grundwasser sind nicht eigentumsfähig.

(3) Das Grundeigentum berechtigt nicht

1. zu einer Gewässerbenutzung, die einer behördlichen Zulassung bedarf,

2. zum Ausbau eines Gewässers.

(4) [1] Eigentümer und Nutzungsberechtigte von Gewässern haben die Benutzung durch Dritte zu dulden, soweit für die Benutzung eine behördliche Zulassung erteilt worden oder eine behördliche Zulassung nicht erforderlich ist. [2] Dies gilt nicht im Fall des § 9 Absatz 1 Nummer 3.

(5) Im Übrigen gelten für das Eigentum an Gewässern die landesrechtlichen Vorschriften.

**§ 5 Allgemeine Sorgfaltspflichten.** (1) Jede Person ist verpflichtet, bei Maßnahmen, mit denen Einwirkungen auf ein Gewässer verbunden sein können, die nach den Umständen erforderliche Sorgfalt anzuwenden, um

1. eine nachteilige Veränderung der Gewässereigenschaften zu vermeiden,

2. eine mit Rücksicht auf den Wasserhaushalt gebotene sparsame Verwendung des Wassers sicherzustellen,

3. die Leistungsfähigkeit des Wasserhaushalts zu erhalten und

4. eine Vergrößerung und Beschleunigung des Wasserabflusses zu vermeiden.

(2) Jede Person, die durch Hochwasser betroffen sein kann, ist im Rahmen des ihr Möglichen und Zumutbaren verpflichtet, geeignete Vorsorgemaßnahmen zum Schutz vor nachteiligen Hochwasserfolgen und zur Schadensminderung zu treffen, insbesondere die Nutzung von Grundstücken den möglichen nachteiligen Folgen für Mensch, Umwelt oder Sachwerte durch Hochwasser anzupassen.

## Kapitel 2. Bewirtschaftung von Gewässern

### Abschnitt 1. Gemeinsame Bestimmungen

**§ 6 Allgemeine Grundsätze der Gewässerbewirtschaftung.** (1) [1] Die Gewässer sind nachhaltig zu bewirtschaften, insbesondere mit dem Ziel,

1. ihre Funktions- und Leistungsfähigkeit als Bestandteil des Naturhaushalts und als Lebensraum für Tiere und Pflanzen zu erhalten und zu verbessern, insbesondere durch Schutz vor nachteiligen Veränderungen von Gewässereigenschaften,

2. Beeinträchtigungen auch im Hinblick auf den Wasserhaushalt der direkt von den Gewässern abhängenden Landökosysteme und Feuchtgebiete zu vermeiden und unvermeidbare, nicht nur geringfügige Beeinträchtigungen so weit wie möglich auszugleichen,

3. sie zum Wohl der Allgemeinheit und im Einklang mit ihm auch im Interesse Einzelner zu nutzen,

4. bestehende oder künftige Nutzungsmöglichkeiten insbesondere für die öffentliche Wasserversorgung zu erhalten oder zu schaffen,

5. möglichen Folgen des Klimawandels vorzubeugen,

6. an oberirdischen Gewässern so weit wie möglich natürliche und schadlose Abflussverhältnisse zu gewährleisten und insbesondere durch Rückhaltung des Wassers in der Fläche der Entstehung von nachteiligen Hochwasserfolgen vorzubeugen,

7. zum Schutz der Meeresumwelt beizutragen.

[2] Die nachhaltige Gewässerbewirtschaftung hat ein hohes Schutzniveau für die Umwelt insgesamt zu gewährleisten; dabei sind mögliche Verlagerungen nachteiliger Auswirkungen von einem Schutzgut auf ein anderes sowie die Erfordernisse des Klimaschutzes zu berücksichtigen.

(2) Gewässer, die sich in einem natürlichen oder naturnahen Zustand befinden, sollen in diesem Zustand erhalten bleiben und nicht naturnah ausgebaute natürliche Gewässer sollen so weit wie möglich wieder in einen naturnahen Zustand zurückgeführt werden, wenn überwiegende Gründe des Wohls der Allgemeinheit dem nicht entgegenstehen.

**§ 6a[1] Grundsätze für die Kosten von Wasserdienstleistungen und Wassernutzungen.** (1) [1]Bei Wasserdienstleistungen ist zur Erreichung der Bewirtschaftungsziele nach den §§ 27 bis 31, 44 und 47 der Grundsatz der Kostendeckung zu berücksichtigen. [2]Hierbei sind auch die Umwelt- und Ressourcenkosten zu berücksichtigen. [3]Es sind angemessene Anreize zu schaffen, Wasser effizient zu nutzen, um so zur Erreichung der Bewirtschaftungsziele beizutragen.

(2) Wenn bestimmte Wassernutzungen die Erreichung der in Absatz 1 genannten Bewirtschaftungsziele gefährden, haben Wassernutzungen, insbesondere in den Bereichen Industrie, Haushalte und Landwirtschaft, zur Deckung der Kosten der Wasserdienstleistungen angemessen beizutragen.

(3) Im Rahmen der Absätze 1 und 2 sind das Verursacherprinzip sowie die wirtschaftliche Analyse der Wassernutzungen nach der Oberflächengewässerverordnung und der Grundwasserverordnung[2] zugrunde zu legen.

(4) Von den Grundsätzen nach den Absätzen 1 und 2 kann im Hinblick auf soziale, ökologische und wirtschaftliche Auswirkungen der Kostendeckung sowie im Hinblick auf regionale geografische oder klimatische Besonderheiten abgewichen werden.

(5) Weitergehende Regelungen des Bundes und der Länder zur Erhebung von Kosten und Entgelten im Bereich der Bewirtschaftung von Gewässern bleiben unberührt.

**§ 7[3] Bewirtschaftung nach Flussgebietseinheiten.** (1) [1]Die Gewässer sind nach Flussgebietseinheiten zu bewirtschaften. [2]Die Flussgebietseinheiten sind:

1. Donau,
2. Rhein,
3. Maas,
4. Ems,
5. Weser,
6. Elbe,
7. Eider,
8. Oder,
9. Schlei/Trave,
10. Warnow/Peene.

[3]Die Flussgebietseinheiten sind in der Anlage 2 in Kartenform dargestellt.

---

[1] § 6a eingef. mWv 18.10.2016 durch G v. 11.4.2016 (BGBl. I S. 745); Abs. 5 angef. mWv 29.1.2017 durch G v. 26.7.2016 (BGBl. I S. 1839).
[2] Sartorius ErgBd. **Nr. 845b.**
[3] § 7 Abs. 4 Satz 2 geänd. mWv 8.9.2015 durch VO v. 31.8.2015 (BGBl. I S. 1474); Abs. 4 Satz 1 geänd. mWv 1.6.2016 durch G v. 24.5.2016 (BGBl. I S. 1217); Abs. 4 Satz 2 geänd. mWv 27.6.2020 durch VO v. 19.6.2020 (BGBl. I S. 1328); Abs. 4 Satz 2 geänd. mWv 29.12.2023 durch G v. 22.12.2023 (BGBl. 2023 I Nr. 409).

(2) Die zuständigen Behörden der Länder koordinieren untereinander ihre wasserwirtschaftlichen Planungen und Maßnahmen, soweit die Belange der flussgebietsbezogenen Gewässerbewirtschaftung dies erfordern.

(3) Zur Erreichung der in diesem Gesetz festgelegten Bewirtschaftungsziele

1. koordinieren die zuständigen Behörden der Länder die Maßnahmenprogramme und Bewirtschaftungspläne mit den zuständigen Behörden anderer Mitgliedstaaten der Europäischen Union, in deren Hoheitsgebiet die Flussgebietseinheiten ebenfalls liegen,

2. bemühen sich die zuständigen Behörden der Länder um eine der Nummer 1 entsprechende Koordinierung mit den zuständigen Behörden von Staaten, die nicht der Europäischen Union angehören.

(4) [1] Soweit die Verwaltung der Bundeswasserstraßen berührt ist, ist bei der Koordinierung nach den Absätzen 2 und 3 das Einvernehmen der Generaldirektion Wasserstraßen und Schifffahrt einzuholen. [2] Soweit gesamtstaatliche Belange der Pflege der Beziehungen zur Europäischen Union, zu auswärtigen Staaten oder zu internationalen Organisationen berührt sind, ist bei der Koordinierung nach Absatz 3 das Einvernehmen des Bundesministeriums für Umwelt, Naturschutz, nukleare Sicherheit und Verbraucherschutz einzuholen.

(5) [1] Die zuständigen Behörden der Länder ordnen innerhalb der Landesgrenzen die Einzugsgebiete oberirdischer Gewässer sowie Küstengewässer und das Grundwasser einer Flussgebietseinheit zu. [2] Bei Küstengewässern gilt dies für die Flächen auf der landwärtigen Seite einer Linie, auf der sich jeder Punkt eine Seemeile seewärts vom nächsten Punkt der Basislinie befindet, von der aus die Breite der Hoheitsgewässer gemessen wird, mindestens bis zur äußeren Grenze der Gewässer, die im Wesentlichen von Süßwasserströmungen beeinflusst sind. [3] Die Länder können die Zuordnung auch durch Gesetz regeln.

**§ 8 Erlaubnis, Bewilligung.** (1) Die Benutzung eines Gewässers bedarf der Erlaubnis oder der Bewilligung, soweit nicht durch dieses Gesetz oder auf Grund dieses Gesetzes erlassener Vorschriften etwas anderes bestimmt ist.

(2) [1] Keiner Erlaubnis oder Bewilligung bedürfen Gewässerbenutzungen, die der Abwehr einer gegenwärtigen Gefahr für die öffentliche Sicherheit dienen, sofern der drohende Schaden schwerer wiegt als die mit der Benutzung verbundenen nachteiligen Veränderungen von Gewässereigenschaften. [2] Die zuständige Behörde ist unverzüglich über die Benutzung zu unterrichten.

(3) [1] Keiner Erlaubnis oder Bewilligung bedürfen ferner bei Übungen und Erprobungen für Zwecke der Verteidigung oder der Abwehr von Gefahren für die öffentliche Sicherheit

1. das vorübergehende Entnehmen von Wasser aus einem Gewässer,

2. das Wiedereinleiten des Wassers in ein Gewässer mittels beweglicher Anlagen und

3. das vorübergehende Einbringen von Stoffen in ein Gewässer,

wenn durch diese Benutzungen andere nicht oder nur geringfügig beeinträchtigt werden und keine nachteilige Veränderung der Gewässereigenschaften zu erwarten ist. [2] Die Gewässerbenutzung ist der zuständigen Behörde rechtzeitig vor Beginn der Übung oder der Erprobung anzuzeigen.

(4) Ist bei der Erteilung der Erlaubnis oder der Bewilligung nichts anderes bestimmt worden, geht die Erlaubnis oder die Bewilligung mit der Wasserbenut-

zungsanlage oder, wenn sie für ein Grundstück erteilt worden ist, mit diesem auf den Rechtsnachfolger über.

**§ 9[1] Benutzungen.** (1) Benutzungen im Sinne dieses Gesetzes sind

1. das Entnehmen und Ableiten von Wasser aus oberirdischen Gewässern,
2. das Aufstauen und Absenken von oberirdischen Gewässern,
3. das Entnehmen fester Stoffe aus oberirdischen Gewässern, soweit sich dies auf die Gewässereigenschaften auswirkt,
4. das Einbringen und Einleiten von Stoffen in Gewässer,
5. das Entnehmen, Zutagefördern, Zutageleiten und Ableiten von Grundwasser.

(2) Soweit nicht bereits eine Benutzung nach Absatz 1 vorliegt, gelten als Benutzungen auch

1. das Aufstauen, Absenken und Umleiten von Grundwasser durch Anlagen, die hierfür bestimmt oder geeignet sind,
2. Maßnahmen, die geeignet sind, dauernd oder in einem nicht nur unerheblichen Ausmaß nachteilige Veränderungen der Wasserbeschaffenheit herbeizuführen,
3. das Aufbrechen von Gesteinen unter hydraulischem Druck zur Aufsuchung oder Gewinnung von Erdgas, Erdöl oder Erdwärme, einschließlich der zugehörigen Tiefbohrungen,
4. die untertägige Ablagerung von Lagerstättenwasser, das bei Maßnahmen nach Nummer 3 oder anderen Maßnahmen zur Aufsuchung oder Gewinnung von Erdgas oder Erdöl anfällt.

(3) [1] Keine Benutzungen sind Maßnahmen, die dem Ausbau eines Gewässers im Sinne des § 67 Absatz 2 dienen. [2] Das Gleiche gilt für Maßnahmen der Unterhaltung eines Gewässers, soweit hierbei keine chemischen Mittel verwendet werden.

**§ 10 Inhalt der Erlaubnis und der Bewilligung.** (1) Die Erlaubnis gewährt die Befugnis, die Bewilligung das Recht, ein Gewässer zu einem bestimmten Zweck in einer nach Art und Maß bestimmten Weise zu benutzen.

(2) Erlaubnis und Bewilligung geben keinen Anspruch auf Zufluss von Wasser in einer bestimmten Menge und Beschaffenheit.

**§ 11 Erlaubnis-, Bewilligungsverfahren.** (1) Erlaubnis und Bewilligung können für ein Vorhaben, das nach dem Gesetz über die Umweltverträglichkeitsprüfung[2] einer Umweltverträglichkeitsprüfung unterliegt, nur in einem

*(Fortsetzung nächstes Blatt)*

---

[1] § 9 Abs. 2 einl. Satzteil neu gef., Nr. 2 geänd., Nr. 3 und 4 angef. mWv 11.2.2017 durch G v. 4.8. 2016 (BGBl. I S. 1972).
[2] Nr. **295**.

sowohl untereinander als auch mit den zuständigen Behörden im Bereich der deutschen ausschließlichen Wirtschaftszone und des Festlandsockels sowie mit den zuständigen Behörden anderer Mitgliedstaaten der Europäischen Union. [2] Die zuständigen Behörden bemühen sich um eine dem Satz 1 entsprechende Koordinierung mit den zuständigen Behörden von Staaten, die nicht der Europäischen Union angehören. [3] Die zuständigen Behörden sollen die Organisationseinheiten internationaler Meeresübereinkommen und internationaler Flussgebietsübereinkommen nutzen. [4] Für die Koordinierung nach den Sätzen 1 bis 3 gilt § 7 Absatz 4 Satz 2 entsprechend.

(2) [1] Ergreifen andere Mitgliedstaaten der Europäischen Union Maßnahmen nach der Richtlinie 2008/56/EG, wirken die zuständigen Behörden hieran auch insoweit mit, als diese Maßnahmen im Zusammenhang damit stehen, dass der Oberflächenabfluss einer Flussgebietseinheit in das Meeresgewässer gelangt, für das die Maßnahmen ergriffen werden. [2] Absatz 1 Satz 2 bis 4 gilt entsprechend.

**§ 45l**[1]**) Zuständigkeit im Bereich der deutschen ausschließlichen Wirtschaftszone und des Festlandsockels.** Das Bundesministerium für Umwelt, Naturschutz, nukleare Sicherheit und Verbraucherschutz wird ermächtigt, im Einvernehmen mit dem Bundesministerium für Ernährung und Landwirtschaft, dem Bundesministerium für Verkehr und digitale Infrastruktur und dem Bundesministerium der Finanzen durch Rechtsverordnung ohne Zustimmung des Bundesrates die Zuständigkeit von Bundesbehörden im Geschäftsbereich der genannten Bundesministerien für die Durchführung der Vorschriften dieses Abschnitts und der auf Grund des § 23 für Meeresgewässer erlassenen Vorschriften im Bereich der deutschen ausschließlichen Wirtschaftszone und des Festlandsockels sowie das Zusammenwirken von Bundesbehörden bei der Durchführung dieser Vorschriften in diesem Bereich zu regeln.

## Abschnitt 4. Bewirtschaftung des Grundwassers

**§ 46 Erlaubnisfreie Benutzungen des Grundwassers.** (1) [1] Keiner Erlaubnis oder Bewilligung bedarf das Entnehmen, Zutagefördern, Zutageleiten oder Ableiten von Grundwasser

1. für den Haushalt, für den landwirtschaftlichen Hofbetrieb, für das Tränken von Vieh außerhalb des Hofbetriebs oder in geringen Mengen zu einem vorübergehenden Zweck,

2. für Zwecke der gewöhnlichen Bodenentwässerung landwirtschaftlich, forstwirtschaftlich oder gärtnerisch genutzter Grundstücke,

soweit keine signifikanten nachteiligen Auswirkungen auf den Wasserhaushalt zu besorgen sind. [2] Wird in den Fällen und unter den Voraussetzungen des Satzes 1 Nummer 2 das Wasser aus der Bodenentwässerung in ein oberirdisches Gewässer eingeleitet, findet § 25 Satz 2 keine Anwendung.

(2) Keiner Erlaubnis bedarf ferner das Einleiten von Niederschlagswasser in das Grundwasser durch schadlose Versickerung, soweit dies in einer Rechtsverordnung nach § 23 Absatz 1 bestimmt ist.

(3) Durch Landesrecht kann bestimmt werden, dass weitere Fälle von der Erlaubnis- oder Bewilligungspflicht ausgenommen sind oder eine Erlaubnis oder eine Bewilligung in den Fällen der Absätze 1 und 2 erforderlich ist.

---

[1]) § 45l eingef. mWv 14.10.2011 durch G v. 6.10.2011 (BGBl. I S. 1986); geänd. mWv 8.9.2015 durch VO v. 31.8.2015 (BGBl. I S. 1474); geänd. mWv 27.6.2020 durch VO v. 19.6.2020 (BGBl. I S. 1328); geänd. mWv 29.12.2023 durch G v. 22.12.2023 (BGBl. 2023 I Nr. 409).

**§ 47 Bewirtschaftungsziele für das Grundwasser.** (1) Das Grundwasser ist so zu bewirtschaften, dass

1. eine Verschlechterung seines mengenmäßigen und seines chemischen Zustands vermieden wird;

2. alle signifikanten und anhaltenden Trends ansteigender Schadstoffkonzentrationen auf Grund der Auswirkungen menschlicher Tätigkeiten umgekehrt werden;

3. ein guter mengenmäßiger und ein guter chemischer Zustand erhalten oder erreicht werden; zu einem guten mengenmäßigen Zustand gehört insbesondere ein Gleichgewicht zwischen Grundwasserentnahme und Grundwasserneubildung.

(2) [1]Die Bewirtschaftungsziele nach Absatz 1 Nummer 3 sind bis zum 22. Dezember 2015 zu erreichen. [2]Fristverlängerungen sind in entsprechender Anwendung des § 29 Absatz 2 bis 4 zulässig.

(3) [1]Für Ausnahmen von den Bewirtschaftungszielen nach Absatz 1 gilt § 31 Absatz 1, 2 Satz 1 und Absatz 3 entsprechend. [2]Für die Bewirtschaftungsziele nach Absatz 1 Nummer 3 gilt darüber hinaus § 30 entsprechend mit der Maßgabe, dass nach Satz 1 Nummer 4 der bestmögliche mengenmäßige und chemische Zustand des Grundwassers zu erreichen ist.

**§ 48 Reinhaltung des Grundwassers.** (1) [1]Eine Erlaubnis für das Einbringen und Einleiten von Stoffen in das Grundwasser darf nur erteilt werden, wenn eine nachteilige Veränderung der Wasserbeschaffenheit nicht zu besorgen ist. [2]Durch Rechtsverordnung nach § 23 Absatz 1 Nummer 3 kann auch festgelegt werden, unter welchen Voraussetzungen die Anforderung nach Satz 1, insbesondere im Hinblick auf die Begrenzung des Eintrags von Schadstoffen, als erfüllt gilt. [3]Die Verordnung bedarf der Zustimmung des Bundestages. [4]Die Zustimmung gilt als erteilt, wenn der Bundestag nicht innerhalb von drei Sitzungswochen nach Eingang der Vorlage der Bundesregierung die Zustimmung verweigert hat.

(2) [1]Stoffe dürfen nur so gelagert oder abgelagert werden, dass eine nachteilige Veränderung der Grundwasserbeschaffenheit nicht zu besorgen ist. [2]Das Gleiche gilt für das Befördern von Flüssigkeiten und Gasen durch Rohrleitungen. [3]Absatz 1 Satz 2 bis 4 gilt entsprechend.

**§ 49 Erdaufschlüsse.** (1) [1]Arbeiten, die so tief in den Boden eindringen, dass sie sich unmittelbar oder mittelbar auf die Bewegung, die Höhe oder die Beschaffenheit des Grundwassers auswirken können, sind der zuständigen Behörde einen Monat vor Beginn der Arbeiten anzuzeigen. [2]Werden bei diesen Arbeiten Stoffe in das Grundwasser eingebracht, ist abweichend von § 8 Absatz 1 in Verbindung mit § 9 Absatz 1 Nummer 4 anstelle der Anzeige eine Erlaubnis nur erforderlich, wenn sich das Einbringen nachteilig auf die Grundwasserbeschaffenheit auswirken kann. [3]Die zuständige Behörde kann für bestimmte Gebiete die Tiefe nach Satz 1 näher bestimmen.

(2) Wird unbeabsichtigt Grundwasser erschlossen, ist dies der zuständigen Behörde unverzüglich anzuzeigen.

(3) [1]In den Fällen der Absätze 1 und 2 hat die zuständige Behörde die Einstellung oder die Beseitigung der Erschließung anzuordnen, wenn eine nachteilige Veränderung der Grundwasserbeschaffenheit zu besorgen ist oder eingetreten ist und der Schaden nicht anderweitig vermieden oder ausgeglichen werden kann; die zuständige Behörde hat die insoweit erforderlichen Maßnahmen anzuordnen. [2]Satz 1 gilt entsprechend, wenn unbefugt Grundwasser erschlossen wird.

einer Anzeige oder Genehmigung bedürfen. [2] Genehmigungserfordernisse nach anderen öffentlich-rechtlichen Vorschriften bleiben unberührt.

### § 61 Selbstüberwachung bei Abwassereinleitungen und Abwasseranlagen.

(1) Wer Abwasser in ein Gewässer oder in eine Abwasseranlage einleitet, ist verpflichtet, das Abwasser nach Maßgabe einer Rechtsverordnung nach Absatz 3 oder der die Abwassereinleitung zulassenden behördlichen Entscheidung durch fachkundiges Personal zu untersuchen oder durch eine geeignete Stelle untersuchen zu lassen (Selbstüberwachung).

(2) [1] Wer eine Abwasseranlage betreibt, ist verpflichtet, ihren Zustand, ihre Funktionsfähigkeit, ihre Unterhaltung und ihren Betrieb sowie Art und Menge des Abwassers und der Abwasserinhaltsstoffe selbst zu überwachen. [2] Er hat nach Maßgabe einer Rechtsverordnung nach Absatz 3 hierüber Aufzeichnungen anzufertigen, aufzubewahren und auf Verlangen der zuständigen Behörde vorzulegen.

(3) Durch Rechtsverordnung nach § 23 Absatz 1 Nummer 8, 9 und 11 können insbesondere Regelungen über die Ermittlung der Abwassermenge, die Häufigkeit und die Durchführung von Probenahmen, Messungen und Analysen einschließlich der Qualitätssicherung, Aufzeichnungs- und Aufbewahrungspflichten sowie die Voraussetzungen getroffen werden, nach denen keine Pflicht zur Selbstüberwachung besteht.

### Abschnitt 3. Umgang mit wassergefährdenden Stoffen

### § 62[1]) Anforderungen an den Umgang mit wassergefährdenden Stoffen.

(1) [1] Anlagen zum Lagern, Abfüllen, Herstellen und Behandeln wassergefährdender Stoffe sowie Anlagen zum Verwenden wassergefährdender Stoffe im Bereich der gewerblichen Wirtschaft und im Bereich öffentlicher Einrichtungen müssen so beschaffen sein und so errichtet, unterhalten, betrieben und stillgelegt werden, dass eine nachteilige Veränderung der Eigenschaften von Gewässern nicht zu besorgen ist. [2] Das Gleiche gilt für Rohrleitungsanlagen, die

1. den Bereich eines Werksgeländes nicht überschreiten,

2. Zubehör einer Anlage zum Umgang mit wassergefährdenden Stoffen sind oder

3. Anlagen verbinden, die in engem räumlichen und betrieblichen Zusammenhang miteinander stehen.

[3] Für Anlagen zum Umschlagen wassergefährdender Stoffe sowie zum Lagern und Abfüllen von Jauche, Gülle und Silagesickersäften sowie von vergleichbaren in der Landwirtschaft anfallenden Stoffen gilt Satz 1 entsprechend mit der Maßgabe, dass der bestmögliche Schutz der Gewässer vor nachteiligen Veränderungen ihrer Eigenschaften erreicht wird.

(2) Anlagen im Sinne des Absatzes 1 dürfen nur entsprechend den allgemein anerkannten Regeln der Technik beschaffen sein sowie errichtet, unterhalten, betrieben und stillgelegt werden.

---

[1]) § 62 Abs. 4 Nr. 4 neu gef. mWv 18.8.2010 durch G v. 11.8.2010 (BGBl. I S. 1163); Abs. 4 Nr. 1–3 neu gef., Nr. 4–6 eingef., bish. Nr. 4 wird Nr. 7 mWv 14.10.2011 durch G v. 6.10.2011 (BGBl. I S. 1986); Abs. 7 Sätze 1–3 geänd. mWv 15.8.2013 durch G v. 7.8.2013 (BGBl. I S. 3154); Abs. 4 Nr. 2 geänd. mWv 8.9. 2015 durch VO v. 31.8.2015 (BGBl. I S. 1474); Abs. 7 aufgeh. mWv 11.10.2021 durch G v. 18.7.2016 (BGBl. I S. 1666); Abs. 4 Nr. 2 geänd. mWv 27.6.2020 durch VO v. 19.6.2020 (BGBl. I S. 1328); Abs. 4 Nr. 2 geänd. mWv 29.12.2023 durch G v. 22.12.2023 (BGBl. 2023 I Nr. 409).

(3) Wassergefährdende Stoffe[1] im Sinne dieses Abschnitts sind feste, flüssige und gasförmige Stoffe, die geeignet sind, dauernd oder in einem nicht nur unerheblichen Ausmaß nachteilige Veränderungen der Wasserbeschaffenheit herbeizuführen.

(4) Durch Rechtsverordnung nach § 23 Absatz 1 Nummer 5 bis 11 können nähere Regelungen erlassen werden über

1. die Bestimmung der wassergefährdenden Stoffe und ihre Einstufung entsprechend ihrer Gefährlichkeit, über eine hierbei erforderliche Mitwirkung des Umweltbundesamtes und anderer Stellen sowie über Mitwirkungspflichten von Anlagenbetreibern im Zusammenhang mit der Einstufung von Stoffen,
2. die Einsetzung einer Kommission zur Beratung des Bundesministeriums für Umwelt, Naturschutz, nukleare Sicherheit und Verbraucherschutz in Fragen der Stoffeinstufung einschließlich hiermit zusammenhängender organisatorischer Fragen,
3. Anforderungen an die Beschaffenheit und Lage von Anlagen nach Absatz 1,
4. technische Regeln, die den allgemein anerkannten Regeln der Technik entsprechen,
5. Pflichten bei der Planung, der Errichtung, dem Betrieb, dem Befüllen, dem Entleeren, der Instandhaltung, der Instandsetzung, der Überwachung, der Überprüfung, der Reinigung, der Stilllegung und der Änderung von Anlagen nach Absatz 1 sowie Pflichten beim Austreten wassergefährdender Stoffe aus derartigen Anlagen; in der Rechtsverordnung kann die Durchführung bestimmter Tätigkeiten Sachverständigen oder Fachbetrieben vorbehalten werden,
6. Befugnisse der zuständigen Behörde, im Einzelfall Anforderungen an Anlagen nach Absatz 1 festzulegen und den Betreibern solcher Anlagen bestimmte Maßnahmen aufzuerlegen,
7. Anforderungen an Sachverständige und Sachverständigenorganisationen sowie an Fachbetriebe und Güte- und Überwachungsgemeinschaften.

(5) Weitergehende landesrechtliche Vorschriften für besonders schutzbedürftige Gebiete bleiben unberührt.

(6) Die §§ 62 und 63 gelten nicht für Anlagen im Sinne des Absatzes 1 zum Umgang mit

1. Abwasser,
2. Stoffen, die hinsichtlich der Radioaktivität die Freigrenzen des Strahlenschutzrechts überschreiten.

**§ 62a**[2] **Nationales Aktionsprogramm zum Schutz von Gewässern vor Nitrateinträgen aus Anlagen.** [1]Das Bundesministerium für Umwelt, Naturschutz, nukleare Sicherheit und Verbraucherschutz erarbeitet im Einvernehmen mit dem Bundesministerium für Ernährung und Landwirtschaft ein nationales Aktionsprogramm im Sinne des Artikels 5 Absatz 1 in Verbindung mit Absatz 4 Buchstabe b, Artikel 4 Absatz 1 Buchstabe a und Anhang II Buchstabe A Nummer 5 der Richtlinie 91/676/EWG des Rates vom 12. Dezember 1991 zum Schutz der Gewässer vor Verunreinigung durch Nitrat aus landwirtschaftlichen Quellen (ABl. L 375 vom 31.12.1991, S. 1), die zuletzt durch die Verordnung (EG) Nr. 1137/2008 (ABl. L

---

[1] Siehe die VO über Anlagen zum Umgang mit wassergefährdenden Stoffen v. 18.4.2017 (BGBl. I S. 905), geänd. durch VO v. 19.6.2020 (BGBl. I S. 1328).
[2] § 62a eingef. mWv 29.1.2013 durch G v. 21.1.2013 (BGBl. I S. 95); Satz 1 geänd. mWv 8.9.2015 durch VO v. 31.8.2015 (BGBl. I S. 1474); Satz 1 geänd. mWv 27.6.2020 durch VO v. 19.6.2020 (BGBl. I S. 1328); Satz 1 geänd. mWv 29.12.2023 durch G v. 22.12.2023 (BGBl. 2023 I Nr. 409).

(4) Maßnahmen zur wesentlichen Umgestaltung einer Binnenwasserstraße des Bundes oder ihrer Ufer nach § 67 Absatz 2 Satz 1 und 2 führt, soweit sie erforderlich sind, um die Bewirtschaftungsziele nach Maßgabe der §§ 27 bis 31 zu erreichen, die Wasserstraßen- und Schifffahrtsverwaltung des Bundes im Rahmen ihrer Aufgaben nach dem Bundeswasserstraßengesetz[1]) hoheitlich durch.

**§ 69 Abschnittsweise Zulassung, vorzeitiger Beginn.** (1) Gewässerausbauten einschließlich notwendiger Folgemaßnahmen, die wegen ihres räumlichen oder zeitlichen Umfangs in selbständigen Abschnitten oder Stufen durchgeführt werden, können in entsprechenden Teilen zugelassen werden, wenn dadurch die erforderliche Einbeziehung der erheblichen Auswirkungen des gesamten Vorhabens auf die Umwelt nicht ganz oder teilweise unmöglich wird.

(2) § 17 gilt entsprechend für die Zulassung des vorzeitigen Beginns in einem Planfeststellungsverfahren und einem Plangenehmigungsverfahren nach § 68.

**§ 70[2]) Anwendbare Vorschriften, Verfahren.** (1) [1]Für die Planfeststellung und die Plangenehmigung gelten § 13 Absatz 1 und § 14 Absatz 3 bis 6 entsprechend; im Übrigen gelten die §§ 72 bis 78 des Verwaltungsverfahrensgesetzes[3]).[4] [2]Für die Erteilung von Planfeststellungen und Plangenehmigungen im Zusammenhang mit der Errichtung, dem Betrieb und der Modernisierung von Anlagen zur Nutzung von Wasserkraft, ausgenommen Pumpspeicherkraftwerke, gilt § 11a Absatz 1 Satz 2 und Absatz 2 bis 5 entsprechend; die §§ 71a bis 71e des Verwaltungsverfahrensgesetzes sind anzuwenden.

(2) Das Planfeststellungsverfahren für einen Gewässerausbau, für den nach dem Gesetz über die Umweltverträglichkeitsprüfung[5]) eine Verpflichtung zur Durchführung einer Umweltverträglichkeitsprüfung besteht, muss den Anforderungen des Gesetzes über die Umweltverträglichkeitsprüfung entsprechen.

(3) Erstreckt sich ein beabsichtigter Ausbau auf ein Gewässer, das der Verwaltung mehrerer Länder untersteht, und ist ein Einvernehmen über den Ausbauplan nicht zu erreichen, so soll die Bundesregierung auf Antrag eines beteiligten Landes zwischen den Ländern vermitteln.

**§ 70a[6]) Planfeststellungsverfahren bei Häfen im transeuropäischen Verkehrsnetz.** (1) [1]Wird ein Planfeststellungsverfahren oder ein Plangenehmigungsverfahren für einen Gewässerausbau nach § 68 durchgeführt, ist dieses innerhalb von vier Jahren abzuschließen, wenn

1. der Gewässerausbau der Erweiterung eines Seehafens oder Binnenhafens für den Güterverkehr nach Anlage 3 dient und
2. die geschätzten Gesamtkosten der Erweiterung zum Zeitpunkt der Einleitung des Planfeststellungsverfahrens oder des Plangenehmigungsverfahrens 300 000 000 Euro überschreiten.

[2]Die Frist beginnt mit dem Eingang des vollständigen Plans bei der einheitlichen Stelle nach Absatz 2 oder bei der Anhörungsbehörde und der Planfeststellungs-

---

[1]) Nr. **971**.
[2]) § 70 Abs. 1 Satz 2 angef. mWv 31.8.2021 durch G v. 18.8.2021 (BGBl. I S. 3901).
[3]) Nr. **100**.
[4]) Beachte zur Anwendung von § 70 Abs. 1 Satz 1 Halbsatz 2 hinsichtlich der Zulassung einer Anlage nach § 2 Abs. 1 Nr. 1, 3, 4 und 5 LNGG **(Sartorius III Nr. 525)** die Maßgaben gem. § 7 Nr. 1–3 LNGG **(Sartorius III Nr. 525)** iVm § 13 LNGG **(Sartorius III Nr. 525)**.
[5]) Nr. **295**.
[6]) § 70a eingef. mWv 29.12.2023 durch G v. 22.12.2023 (BGBl. 2023 I Nr. 409).

behörde. [3]Diese sowie alle am Planfeststellungsverfahren oder am Plangenehmigungsverfahren beteiligten Behörden sind bestrebt, den Planfeststellungsverfahren oder Plangenehmigungsverfahren nach Satz 1 Vorrang bei der Bearbeitung einzuräumen. [4]Dabei ist das Beschleunigungsinteresse an anderen Vorhaben, die im überragenden öffentlichen Interesse stehen oder der öffentlichen Sicherheit dienen, zu beachten.

(2) [1]Auf Antrag des Trägers eines Vorhabens nach Absatz 1 Satz 1 sind das Planfeststellungsverfahren oder Plangenehmigungsverfahren sowie alle sonstigen Zulassungsverfahren, die für die Erweiterung des Seehafens oder Binnenhafens für den Güterverkehr nach Anlage 3 nach Bundesrecht oder Landesrecht erforderlich sind, über eine einheitliche Stelle abzuwickeln. [2]Die einheitliche Stelle hat im Internet Informationen dazu zu veröffentlichen, für welche Vorhaben sie zuständig ist und welche weiteren einheitlichen Stellen im jeweiligen Land für Vorhaben nach Absatz 1 Satz 1 zuständig sind.

(3) [1]Die Planfeststellungsbehörde oder die einheitliche Stelle hat dem Vorhabenträger auf dessen Antrag Auskunft zu erteilen über

1. sämtliche für die Erteilung des Planfeststellungsbeschlusses oder der Plangenehmigung beizubringende Informationen und Unterlagen, einschließlich aller Stellungnahmen, die für den Planfeststellungsbeschluss oder die Plangenehmigung eingeholt und vorgelegt werden müssen,

2. weitere Zulassungen, die für die Erweiterung des Seehafens oder Binnenhafens erforderlich sind, und die für die Erteilung dieser Zulassungen zuständigen Behörden.

[2]Weist das Vorhaben nicht die erforderliche Reife auf, so ist der Antrag spätestens vier Monate nach seinem Eingang bei der zuständigen Behörde abzulehnen.

(4) [1]Auf Antrag der Planfeststellungsbehörde kann die zuständige oberste Landesbehörde oder eine andere von ihr bestimmte Behörde die Frist nach Absatz 1 Satz 1 verlängern. [2]Im Antrag sind die Gründe für die Fristüberschreitung darzulegen. Eine weitere Verlängerung kann unter denselben Bedingungen einmal gewährt werden.

(5) Die Absätze 1 bis 4 finden keine Anwendung auf Vorhaben, deren Plan vor dem 10. August 2023 bei der Anhörungsbehörde und Planfeststellungsbehörde oder bei der einheitlichen Stelle eingereicht wurde.

(6) Zur Vorbereitung der Berichterstattung an die Europäische Kommission gilt für Planfeststellungsverfahren und Plangenehmigungsverfahren für Gewässerausbauten nach Absatz 1 Satz 1 § 10c des Luftverkehrsgesetzes[1)] entsprechend.

(7) Die Absätze 1 bis 6 finden keine Anwendung, wenn für die Erweiterung eines Seehafens oder Binnenhafens für den Güterverkehr nach Anlage 3 anstelle eines Planfeststellungsverfahrens oder Plangenehmigungsverfahrens nach § 68 nach landesrechtlichen Vorschriften ein anderes Zulassungsverfahren durchzuführen ist.

*(Fortsetzung nächstes Blatt)*

---

[1)] **Sartorius ErgBd. Nr. 975.**

**§ 106 Überleitung bestehender Schutzgebietsfestsetzungen.** (1) Vor dem 1. März 2010 festgesetzte Wasserschutzgebiete gelten als festgesetzte Wasserschutzgebiete im Sinne von § 51 Absatz 1.

(2) Vor dem 1. März 2010 festgesetzte Heilquellenschutzgebiete gelten als festgesetzte Heilquellenschutzgebiete im Sinne von § 53 Absatz 4.

(3) Vor dem 1. März 2010 festgesetzte, als festgesetzt geltende oder vorläufig gesicherte Überschwemmungsgebiete gelten als festgesetzte oder vorläufig gesicherte Überschwemmungsgebiete im Sinne von § 76 Absatz 2 oder Absatz 3.

**§ 107[1) ]Übergangsbestimmung für industrielle Abwasserbehandlungsanlagen und Abwassereinleitungen aus Industrieanlagen.** (1) [1 ]Eine Zulassung, die vor dem 2. Mai 2013 nach landesrechtlichen Vorschriften für Abwasserbehandlungsanlagen im Sinne des § 60 Absatz 3 Satz 1 Nummer 2 erteilt worden ist, gilt als Genehmigung nach § 60 Absatz 3 Satz 1 fort. [2 ]Bis zum 7. Juli 2015 müssen alle in Satz 1 genannten Anlagen den Anforderungen nach § 60 Absatz 1 bis 3 entsprechen.

(1a) [1 ]Ist eine Anlage im Sinne von § 60 Absatz 3 Satz 1 Nummer 3 vor dem 28. Januar 2018 nach landesrechtlichen Vorschriften nicht im Rahmen einer Deponiezulassung, sondern anderweitig zugelassen worden, gilt diese Zulassung als Genehmigung nach § 60 Absatz 3 Satz 1 fort. [2 ]Bis zum 28. Januar 2020 müssen alle in Satz 1 genannten Anlagen den Anforderungen nach § 60 Absatz 1 bis 3 entsprechen.

(2) [1 ]Soweit durch Artikel 2 des Gesetzes zur Umsetzung der Richtlinie über Industrieemissionen vom 8. April 2013 (BGBl. I S. 734) neue Anforderungen festgelegt worden sind, sind diese Anforderungen von Einleitungen aus Anlagen nach § 3 der Verordnung über genehmigungsbedürftige Anlagen[2)], die sich zum Zeitpunkt des Inkrafttretens des genannten Gesetzes in Betrieb befanden, ab dem 7. Januar 2014 zu erfüllen, wenn vor diesem Zeitpunkt

1. eine Genehmigung nach § 4 des Bundes-Immissionsschutzgesetzes[3)] für die Anlage erteilt wurde oder

2. von ihrem Betreiber ein vollständiger Genehmigungsantrag gestellt wurde.

[2 ]Einleitungen aus bestehenden Anlagen nach Satz 1, die nicht von Anhang I der Richtlinie 2008/1/EG des Europäischen Parlaments und des Rates vom 15. Januar 2008 über die integrierte Vermeidung und Verminderung der Umweltverschmutzung (ABl. L 24 vom 29.1.2008, S. 8), die durch die Richtlinie 2009/31/EG (ABl. L 140 vom 5.6.2009, S. 114) geändert worden ist, erfasst wurden, haben abweichend von Satz 1 die dort genannten Anforderungen ab dem 7. Juli 2015 zu erfüllen.

**§ 108[4) ]Übergangsbestimmung für Verfahren zur Zulassung von Vorhaben zur Erzeugung von Energie aus erneuerbaren Quellen.** Wurde vor dem 31. August 2021 ein Zulassungs- oder Befreiungsverfahren eingeleitet, auf das die Vorschriften des § 11a, auch in Verbindung mit § 38 Absatz 5 Satz 3, § 52 Absatz 1 Satz 4, § 70 Absatz 1 Satz 2 oder § 78 Absatz 5 Satz 3 Anwendung fänden,

---

[1) ] § 107 angef. mWv 2.5.2013 durch G v. 8.4.2013 (BGBl. I S. 734); Abs. 1a eingef. mWv 28.1.2018 durch G v. 18.7.2017 (BGBl. I S. 2771).
[2) ] Nr. **296a.**
[3) ] Nr. **296.**
[4) ] § 108 angef. mWv 31.8.2021 durch G v. 18.8.2021 (BGBl. I S. 3901).

so führt die zuständige Behörde dieses Verfahren nach dem vor dem 31. August 2021 geltenden Recht fort.

**Anlage 1[1)]**
(zu § 3 Nummer 11)
### Kriterien zur Bestimmung des Standes der Technik

Bei der Bestimmung des Standes der Technik sind unter Berücksichtigung der Verhältnismäßigkeit zwischen Aufwand und Nutzen möglicher Maßnahmen sowie des Grundsatzes der Vorsorge und der Vorbeugung, jeweils bezogen auf Anlagen einer bestimmten Art, insbesondere folgende Kriterien zu berücksichtigen:

1. Einsatz abfallarmer Technologie,
2. Einsatz weniger gefährlicher Stoffe,
3. Förderung der Rückgewinnung und Wiederverwertung der bei den einzelnen Verfahren erzeugten und verwendeten Stoffe und gegebenenfalls der Abfälle,
4. vergleichbare Verfahren, Vorrichtungen und Betriebsmethoden, die mit Erfolg im Betrieb erprobt wurden,
5. Fortschritte in der Technologie und in den wissenschaftlichen Erkenntnissen,
6. Art, Auswirkungen und Menge der jeweiligen Emissionen,
7. Zeitpunkte der Inbetriebnahme der neuen oder der bestehenden Anlagen,
8. die für die Einführung einer besseren verfügbaren Technik erforderliche Zeit,
9. Verbrauch an Rohstoffen und Art der bei den einzelnen Verfahren verwendeten Rohstoffe (einschließlich Wasser) sowie Energieeffizienz,
10. Notwendigkeit, die Gesamtwirkung der Emissionen und die Gefahren für den Menschen und die Umwelt so weit wie möglich zu vermeiden oder zu verringern,
11. Notwendigkeit, Unfällen vorzubeugen und deren Folgen für den Menschen und die Umwelt zu verringern,
12. Informationen, die von internationalen Organisationen veröffentlicht werden,
13. Informationen, die in BVT-Merkblättern enthalten sind.

**Anlage 2**
(zu § 7 Absatz 1 Satz 3)
**[Flussgebietseinheiten in der Bundesrepublik Deutschland (RL 2000/60/EG – Wasserrahmenrichtlinie)]**

*(hier nicht abgedruckt)*

**Anlage 3[2)]**
(zu § 70a Absatz 1 Satz 1 Nummer 1, Absatz 2 Satz 1 und Absatz 7)
**Seehäfen und Binnenhäfen für den Güterverkehr**

*(hier nicht abgedruckt)*

---

[1)] Anl. 1 geänd. mWv 18.8.2010 durch G v. 11.8.2010 (BGBl. I S. 1163); geänd. mWv 2.5.2013 durch G v. 8.4.2013 (BGBl. I S. 734).
[2)] Anl. 3 angef. mWv 29.12.2023 durch G v. 22.12.2023 (BGBl. 2023 I Nr. 409).

# 932. Bundesfernstraßengesetz (FStrG)

In der Fassung der Bekanntmachung vom 28. Juni 2007[1])
(BGBl. I S. 1206)

**FNA 911-1**

geänd. durch Art. 6 G zur Neuregelung des Rechts des Naturschutzes und der Landschaftspflege v. 29.7. 2009 (BGBl. I S. 2542), Art. 6 G zur Neuregelung des Wasserrechts v. 31.7.2009 (BGBl. I S. 2585), Art. 7 Planfeststellungsverfahren-VereinheitlichungsG v. 31.5.2013 (BGBl. I S. 1388, geänd. durch Art. 1b G v. 24.5.2014, BGBl. I S. 538), Art. 1 Sechstes ÄndG v. 24.8.2015 (BGBl. I S. 1442), Art. 466 Zehnte ZuständigkeitsanpassungsVO v. 31.8.2015 (BGBl. I S. 1474), Art. 9 G zur Anpassung des Umwelt-RechtsbehelfsG und anderer Vorschriften an europa- und völkerrechtliche Vorgaben v. 29.5.2017 (BGBl. I S. 1298), Art. 1 Siebtes ÄndG v. 27.6.2017 (BGBl. I S. 2082), Art. 2 Abs. 7 G zur Modernisierung des Rechts der Umweltverträglichkeitsprüfung v. 20.7.2017 (BGBl. I S. 2808, ber. 2018 S. 472), Art. 17 G zur Neuregelung des bundesstaatlichen Finanzausgleichssystems ab dem Jahr 2020 und zur Änd. haushaltsrechtlicher Vorschriften v. 14.8.2017 (BGBl. I S. 3122), Art. 1 G zur Beschleunigung von Planungs- und Genehmigungsverfahren im Verkehrsbereich v. 29.11.2018 (BGBl. I S. 2237), Art. 2 G zur weiteren Beschleunigung von Planungs- und Genehmigungsverfahren im Verkehrsbereich v. 3.3.2020 (BGBl. I S. 433), Art. 1 Achtes G zur Änd. des BundesfernstraßenG und zur Änd. weiterer Vorschriften v. 29.6. 2020 (BGBl. I S. 1528), Art. 2 Strukturstärkungsgesetz Kohleregionen v. 8.8.2020 (BGBl. I S. 1795), Art. 2a Investitionen-Beschleunigungsgesetz v. 3.12.2020 (BGBl. I S. 2694), Art. 1 Neuntes G zur Änd. des BundesfernstraßenG und zur Änd. weiterer Vorschriften v. 31.5.2021 (BGBl. I S. 1221), Art. 11 Aufbauhilfegesetz 2021 v. 10.9.2021 (BGBl. I S. 4147), Art. 1 Zehntes G zur Änd. des Bundesfernstraßen G v. 19.6.2022 (BGBl. I S. 922), Art. 14 G zur Anpassung von Gesetzen und Verordnungen an die neue Behördenbezeichnung des Bundesamtes für Güterverkehr v. 2.3.2023 (BGBl. 2023 I Nr. 56), Art. 6 G zur Änd. des RaumordnungsG und anderer Vorschriften v. 22.3.2023 (BGBl. 2023 I Nr. 88) und Art. 1 G zur Beschleunigung von Genehmigungsverfahren im Verkehrsbereich und zur Umsetzung der RL (EU) 2021/1187 über die Straffung von Maßnahmen zur rascheren Verwirklichung des transeuropäischen Verkehrsnetzes v. 22.12.2023 (BGBl. 2023 I Nr. 409)

**§ 1[2]) Einteilung der Bundesstraßen des Fernverkehrs.** (1) [1]Bundesstraßen des Fernverkehrs (Bundesfernstraßen) sind öffentliche Straßen, die ein zusammenhängendes Verkehrsnetz bilden und einem weiträumigen Verkehr dienen oder zu dienen bestimmt sind. [2]In der geschlossenen Ortslage (§ 5 Abs. 4) gehören zum zusammenhängenden Verkehrsnetz die zur Aufnahme des weiträumigen Verkehrs notwendigen Straßen.

(2) Sie gliedern sich in

1. Bundesautobahnen,

2. Bundesstraßen mit den Ortsdurchfahrten (§ 5 Abs. 4).

(3) [1]Bundesautobahnen sind Bundesfernstraßen, die nur für den Schnellverkehr mit Kraftfahrzeugen bestimmt und so angelegt sind, dass sie frei von höhengleichen Kreuzungen und für Zu- und Abfahrt mit besonderen Anschlussstellen ausgestattet sind. [2]Sie sollen getrennte Fahrbahnen für den Richtungsverkehr haben.

(4) Zu den Bundesfernstraßen gehören

1. der Straßenkörper; das sind besonders der Straßengrund, der Straßenunterbau, die Straßendecke, die Brücken, Tunnel, Durchlässe, Dämme, Gräben, Entwässerungsanlagen, Böschungen, Stützmauern, Lärmschutzanlagen, Trenn-, Seiten-, Rand- und Sicherheitsstreifen;

2. der Luftraum über dem Straßenkörper;

---

[1]) Neubekanntmachung des FStrG idF der Bek. v. 20.2.2003 (BGBl. I S. 286) in der ab 17.12.2006 geltenden Fassung.
[2]) § 1 Abs. 5 Satz 2 geänd. mWv 8.9.2015 durch VO v. 31.8.2015 (BGBl. I S. 1474); Abs. 5 Satz 2 geänd. mWv 1.1.2021 durch G v. 14.8.2017 (BGBl. I S. 3122).

3. das Zubehör; das sind die Verkehrszeichen, die Verkehrseinrichtungen und -anlagen aller Art, die der Sicherheit oder Leichtigkeit des Straßenverkehrs oder dem Schutz der Anlieger dienen, und die Bepflanzung;

3a. Einrichtungen zur Erhebung von Maut und zur Kontrolle der Einhaltung der Mautpflicht;

4. die Nebenanlagen; das sind solche Anlagen, die überwiegend den Aufgaben der Straßenbauverwaltung der Bundesfernstraßen dienen, z.B. Straßenmeistereien, Gerätehöfe, Lager, Lagerplätze, Entnahmestellen, Hilfsbetriebe und -einrichtungen;

5. die Nebenbetriebe an den Bundesautobahnen (§ 15 Abs. 1).

(5) ¹Für die Bundesfernstraßen werden Straßenverzeichnisse geführt. ²Das Fernstraßen-Bundesamt bestimmt die Nummerung und Bezeichnung der Bundesfernstraßen.

**§ 2¹⁾ Widmung, Umstufung, Einziehung.** (1) Eine Straße erhält die Eigenschaft einer Bundesfernstraße durch Widmung.

(2) Voraussetzung für die Widmung ist, dass der Träger der Straßenbaulast Eigentümer des der Straße dienenden Grundstücks ist, oder der Eigentümer und ein sonst zur Nutzung dinglich Berechtigter der Widmung zugestimmt hat, oder der Träger der Straßenbaulast den Besitz durch Vertrag, durch Einweisung nach § 18f Abs. 1 oder in einem sonstigen gesetzlichen Verfahren erlangt hat.

(3) Durch privatrechtliche Verfügungen oder durch Verfügungen im Wege der Zwangsvollstreckung über die der Straße dienenden Grundstücke oder Rechte an ihnen wird die Widmung nicht berührt.

(3a) Eine öffentliche Straße, die die Voraussetzungen des § 1 Abs. 1 oder 3 erfüllt, ist zur Bundesautobahn oder Bundesstraße, eine Bundesstraße, die die Voraussetzungen des § 1 Abs. 3 erfüllt, zur Bundesautobahn aufzustufen.

(4) Eine Bundesfernstraße, bei der sich die Verkehrsbedeutung geändert hat und bei der die Voraussetzungen des § 1 Abs. 1 weggefallen sind, ist entweder unverzüglich einzuziehen, wenn sie jede Verkehrsbedeutung verloren hat oder überwiegende Gründe des öffentlichen Wohls vorliegen (Einziehung), oder unverzüglich dem Träger der Straßenbaulast zu überlassen, der sich nach Landesrecht bestimmt (Abstufung).

(5) ¹Die Absicht der Einziehung ist drei Monate vorher in den Gemeinden, die die Straße berührt, öffentlich bekannt zu machen, um Gelegenheit zu Einwendungen zu geben. ²Von der Bekanntmachung kann abgesehen werden, wenn die zur Einziehung vorgesehenen Teilstrecken in den in einem Planfeststellungsverfahren im Internet veröffentlichten oder ausgelegten Plänen als solche kenntlich gemacht worden sind oder Teilstrecken im Zusammenhang mit Änderungen von unwesentlicher Bedeutung (§ 74 Abs. 7 des Verwaltungsverfahrensgesetzes²⁾) eingezogen werden sollen. ³Die Abstufung soll nur zum Ende eines Rechnungsjahres ausgesprochen und drei Monate vorher angekündigt werden.

(6) ¹Über Widmung, Umstufung und Einziehung einer Bundesfernstraße entscheidet das Fernstraßen-Bundesamt, soweit dem Bund die Verwaltung einer

---

¹⁾ § 2 Abs. 5 Satz 2 geänd. mWv 1.6.2015 durch G v. 31.5.2013 (BGBl. I S. 1388, geänd. durch G v. 24.5.2014, BGBl. I S. 538); Abs. 6 Satz 3 geänd. mWv 8.9.2015 durch VO v. 31.8.2015 (BGBl. I S. 1474); Abs. 6 neu gef. mWv 1.1.2021 durch G v. 14.8.2017 (BGBl. I S. 3122); Abs. 5 Satz 2 und Abs. 6 Satz 7 geänd. mWv 29.12.2023 durch G v. 22.12.2023 (BGBl. 2023 I Nr. 409).
²⁾ Nr. **100**.

Bundesfernstraße zusteht. ²Im Übrigen entscheidet die oberste Landesstraßenbaubehörde. ³Abstufungen in eine Straße nach Landesrecht können nur nach vorheriger Zustimmung der betroffenen obersten Landesstraßenbaubehörde erfolgen. ⁴Die Entscheidung kann auch in einem Planfeststellungsbeschluss nach § 17 mit der Maßgabe erfolgen, dass die Widmung mit der Verkehrsübergabe, die Umstufung mit der Ingebrauchnahme für den neuen Verkehrszweck und die Einziehung mit der Sperrung wirksam wird. ⁵Die oberste Landesstraßenbaubehörde hat vor einer Widmung oder Aufstufung das Einverständnis des Fernstraßen-Bundesamtes einzuholen. ⁶Die Entscheidung ist in einem vom Land zu bestimmenden Amtsblatt bekannt zu geben. ⁷Die Bekanntmachung nach Satz 6 ist entbehrlich, wenn die zur Widmung, Umstufung oder Einziehung vorgesehenen Straßen in den im Planfeststellungsverfahren im Internet veröffentlichten oder ausgelegten Plänen als solche kenntlich und die Entscheidung mit dem Planfeststellungsbeschluss bekannt gemacht worden ist.

(6a) ¹Wird eine Bundesfernstraße verbreitert, begradigt, unerheblich verlegt oder ergänzt, so gilt der neue Straßenteil durch die Verkehrsübergabe als gewidmet, sofern die Voraussetzungen des Absatzes 2 vorliegen. ²Wird im Zusammenhang mit einer Maßnahme nach Satz 1 der Teil einer Bundesfernstraße dem Verkehr auf Dauer entzogen, so gilt dieser Straßenteil durch die Sperrung als eingezogen. ³In diesen Fällen bedarf es keiner Ankündigung (Absatz 5) und keiner öffentlichen Bekanntmachung (Absatz 6).

(7) ¹Mit der Einziehung entfallen Gemeingebrauch (§ 7) und widerrufliche Sondernutzungen (§ 8). ²Bei Umstufung gilt § 6 Abs. 1.

**§ 3¹⁾ Straßenbaulast.** (1) ¹Die Straßenbaulast umfasst alle mit dem Bau und der Unterhaltung der Bundesfernstraßen zusammenhängenden Aufgaben. ²Die Träger der Straßenbaulast haben nach ihrer Leistungsfähigkeit die Bundesfernstraßen in einem dem regelmäßigen Verkehrsbedürfnis genügenden Zustand zu bauen, zu unterhalten, zu erweitern oder sonst zu verbessern; dabei sind die sonstigen öffentlichen Belange einschließlich des Umweltschutzes sowie *sowie²⁾* die Belange der Menschen mit Behinderungen und der Menschen mit Mobilitätsbeeinträchtigungen mit dem Ziel, möglichst weitreichende Barrierefreiheit zu erreichen, zu berücksichtigen. ³Betriebswege auf Brücken im Zuge von Bundesautobahnen und Betriebswege auf Brücken im Zuge von Bundesstraßen, die als Kraftfahrstraßen ausgewiesen sind, sind bedarfsabhängig durch den Träger der Straßenbaulast so zu bauen und zu unterhalten, dass auf ihnen auch öffentlicher Radverkehr abgewickelt werden kann.

(1a) ¹Bei dem Bau oder der Änderung von Bundesautobahnen sind die Möglichkeiten der Erzeugung erneuerbarer Energien auf nutzbaren Flächen oder auf nutzbaren Anlagen auszuschöpfen; ausgenommen ist der Straßengrund. ²Dabei sind die Grundsätze der Wirtschaftlichkeit ebenso wie die technische Umsetzbarkeit zu beachten.

(1b) Nutzbare Flächen und nutzbare Anlagen sind vom Träger der Straßenbaulast innerhalb von fünf Jahren in einem Kataster festzuhalten.

(2) ¹Soweit die Träger der Straßenbaulast unter Berücksichtigung ihrer Leistungsfähigkeit zur Durchführung von Maßnahmen nach Absatz 1 Satz 2 außer-

---

¹⁾ § 3 Abs. 1 Satz 3 angef. mWv 1.10.2020 durch G v. 29.6.2020 (BGBl. I S. 1528); Abs. 2 Satz 2 geänd. mWv 1.1.2021 durch G v. 14.8.2017 (BGBl. I S. 3122); Abs. 1 Satz 2 geänd., Abs. 1a und 1b eingef. mWv 29.12.2023 durch G v. 22.12.2023 (BGBl. 2023 I Nr. 409).
²⁾ Doppelung amtlich.

stande sind, haben sie auf einen nicht verkehrssicheren Zustand durch Verkehrszeichen hinzuweisen. [2]Diese hat die Straßenbaubehörde oder auf Bundesautobahnen die Gesellschaft privaten Rechts im Sinne des Infrastrukturgesellschaftserrichtungsgesetzes[1] vorbehaltlich anderweitiger Maßnahmen der Straßenverkehrsbehörde aufzustellen.

(3) [1]Die Träger der Straßenbaulast sollen nach besten Kräften über die ihnen nach Absatz 1 obliegenden Aufgaben hinaus die Bundesfernstraßen bei Schnee- und Eisglätte räumen und streuen. [2]Landesrechtliche Vorschriften über die Pflichten Dritter zum Schneeräumen und Streuen sowie zur polizeimäßigen Reinigung bleiben unberührt.

**§ 3a[2] Duldungspflichten im Interesse der Unterhaltung.** (1) [1]Soweit es zur Unterhaltung einer Bundesfernstraße erforderlich ist, haben Dritte, insbesondere die Anlieger und die Hinterlieger, zu dulden, dass die Straßenbaubehörde oder von ihr Beauftragte die Grundstücke betreten oder vorübergehend benutzen. [2]Die Arbeiten zur Unterhaltung müssen dem Dritten angekündigt werden.

(2) Entstehen durch Handlungen nach Absatz 1 Schäden, hat der Geschädigte Anspruch auf Schadensersatz.

(3) [1]Der Inhaber einer Sondernutzungserlaubnis hat, ohne Anspruch auf Entschädigung, zu dulden, dass die Ausübung seines Rechts durch Arbeiten zur Unterhaltung vorübergehend behindert oder unterbrochen wird. [2]Auf die Interessen des Inhabers einer Sondernutzungserlaubnis ist Rücksicht zu nehmen.

**§ 4[3] Sicherheitsvorschriften.** [1]Die Träger der Straßenbaulast haben dafür einzustehen, dass ihre Bauten allen Anforderungen der Sicherheit und Ordnung genügen. [2]Behördlicher Genehmigungen, Erlaubnisse und Abnahmen durch andere als die Straßenbaubehörden bedarf es nicht. [3]Straßenbaubehörde im Sinne dieses Gesetzes ist auch das Fernstraßen-Bundesamt, soweit dem Bund die Verwaltung einer Bundesfernstraße zusteht. [4]Für Baudenkmäler gilt Satz 2 nur, soweit ein Planfeststellungsverfahren durchgeführt worden ist.

**§ 5[4] Träger der Straßenbaulast.** (1) [1]Der Bund ist Träger der Straßenbaulast für die Bundesfernstraßen, soweit nicht die Baulast anderen nach gesetzlichen Vorschriften oder öffentlich-rechtlichen Verpflichtungen obliegt. [2]Bürgerlich-rechtliche Verpflichtungen Dritter bleiben unberührt.

(2) [1]Die Gemeinden mit mehr als 80 000 Einwohnern sind Träger der Straßenbaulast für die Ortsdurchfahrten im Zuge von Bundesstraßen. [2]Maßgebend ist die bei der Volkszählung festgestellte Einwohnerzahl. [3]Das Ergebnis einer Volkszählung wird mit Beginn des dritten Haushaltsjahres nach dem Jahr verbindlich, in dem die Volkszählung stattgefunden hat. [4]Werden Gemeindegrenzen geändert oder neue Gemeinden gebildet, so ist die bei der Volkszählung festgestellte Einwohnerzahl der neuen Gemeindegebiete maßgebend. [5]In diesen Fällen wechselt die Straßenbaulast für die Ortsdurchfahrten, wenn sie bisher dem Bund oblag, mit Beginn des dritten Haushaltsjahres nach dem Jahr der Gebietsänderung, sonst mit der Gebietsänderung.

---

[1] **Sartorius III Nr. 152.**
[2] § 3a eingef. mWv 13.3.2020 durch G v. 3.3.2020 (BGBl. I S. 433).
[3] § 4 Satz 3 eingef., bish. Satz 3 wird Satz 4 mWv 1.1.2021 durch G v. 14.8.2017 (BGBl. I S. 3122).
[4] § 5 Abs. 4 Satz 4 geänd. mWv 8.9.2015 durch VO v. 31.8.2015 (BGBl. I S. 1474); Abs. 2a Satz 4 angef. mWv 1.1.2021 durch G v. 14.8.2017 (BGBl. I S. 3122); Abs. 4 Satz 3 geänd. mWv 29.12.2023 durch G v. 22.12.2023 (BGBl. 2023 I Nr. 409).

(2a) [1] Die Gemeinde bleibt abweichend von Absatz 2 Träger der Straßenbaulast für die Ortsdurchfahrten im Zuge der Bundesstraßen, wenn sie es mit Zustimmung der obersten Kommunalaufsichtsbehörde gegenüber der obersten Landesstraßenbaubehörde erklärt. [2] Eine Gemeinde mit mehr als 50 000, aber weniger als 80 000 Einwohnern wird Träger der Straßenbaulast für die Ortsdurchfahrten im Zuge der Bundesstraßen, wenn sie es mit Zustimmung der obersten Kommunalaufsichtsbehörde gegenüber der obersten Landesstraßenbaubehörde verlangt. [3] Absatz 2 Satz 2 und 4 gilt entsprechend. [4] Die oberste Landesstraßenbaubehörde unterrichtet das Fernstraßen-Bundesamt über die Erklärung der Gemeinde nach Satz 1 oder das Verlangen der Gemeinde nach Satz 2.

(3) In den Ortsdurchfahrten der übrigen Gemeinden ist die Gemeinde Träger der Straßenbaulast für Gehwege und Parkplätze.

(3a) [1] Führt die Ortsdurchfahrt über Straßen und Plätze, die erheblich breiter angelegt sind als die Bundesstraße, so ist von der Straßenbaubehörde im Einvernehmen mit der Gemeinde die seitliche Begrenzung der Ortsdurchfahrten besonders festzulegen. [2] Kommt ein Einvernehmen nicht zustande, so entscheidet die oberste Landesstraßenbaubehörde.

(4) [1] Eine Ortsdurchfahrt ist der Teil einer Bundestraße, der innerhalb der geschlossenen Ortslage liegt und auch der Erschließung der anliegenden Grundstücke oder der mehrfachen Verknüpfung des Ortsstraßennetzes dient. [2] Geschlossene Ortslage ist der Teil des Gemeindebezirkes, der in geschlossener oder offener Bauweise zusammenhängend bebaut ist. [3] Einzelne unbebaute Grundstücke, zur Bebauung ungeeignetes oder ihr entzogenes Gelände oder einseitige Bebauung unterbrechen den Zusammenhang nicht. [4] Die oberste Landesstraßenbaubehörde setzt im Benehmen mit der höheren Verwaltungsbehörde nach Anhörung der Gemeinde die Ortsdurchfahrt fest und kann dabei mit Zustimmung des Bundesministeriums für Digitales und Verkehr und der Kommunalaufsichtsbehörde von der Regel der Sätze 1 und 2 abweichen. [5] Die Landesregierungen werden ermächtigt, durch Rechtsverordnung zu bestimmen, dass abweichend von Satz 4 an Stelle der höheren Verwaltungsbehörde eine andere Behörde zuständig ist. [6] Sie können diese Ermächtigung auf oberste Landesbehörden übertragen.

## § 5a Zuwendungen für fremde Träger der Straßenbaulast.

[1] Zum Bau oder Ausbau von Ortsdurchfahrten im Zuge von Bundesstraßen und zum Bau oder Ausbau von Gemeinde- und Kreisstraßen, die Zubringer zu Bundesfernstraßen in der Baulast des Bundes sind, kann der Bund Zuwendungen gewähren. [2] Im Saarland werden die Straßen, für die das Land auf Grund des § 46 des Saarländischen Straßengesetzes an Stelle von Landkreisen Träger der Baulast ist, den Kreisstraßen gleichgestellt.

## § 5b[1]) Finanzhilfen für Radschnellwege in Straßenbaulast der Länder, Gemeinden und Gemeindeverbände.

(1) [1] Zum Bau von Radschnellwegen in der Straßenbaulast der Länder, Gemeinden und Gemeindeverbände kann der Bund den Ländern insbesondere zur Förderung des wirtschaftlichen Wachstums bis zum Ablauf des Jahres 2030 Finanzhilfen gewähren. [2] Die Finanzhilfen verringern sich beginnend mit dem Haushaltsjahr 2022 um 3 vom Hundert. [3] Das Bundesministerium für Digitales und Verkehr überprüft jährlich die Verwendung der Mittel nach Satz 1.

---

[1]) § 5b eingef. mWv 5.7.2017 durch G v. 27.6.2017 (BGBl. I S. 2082); Abs. 1 Satz 3 und Abs. 3 geänd. mWv 29.12.2023 durch G v. 22.12.2023 (BGBl. 2023 I Nr. 409).

(2) [1] Die Länder zahlen die Finanzhilfen zurück, wenn geförderte Maßnahmen nicht die Voraussetzungen des Absatzes 1 sowie der Verwaltungsvereinbarung im Sinne von Absatz 4 erfüllen. [2] Nach Satz 1 zurückzuzahlende Mittel sind zu verzinsen. [3] Werden Mittel zu früh angewiesen, so sind für die Zeit der Auszahlung bis zur zweckentsprechenden Verwendung Zinsen zu zahlen.

(3) Bestehen tatsächliche Anhaltspunkte, die eine Rückforderung von Bundesmitteln möglich erscheinen lassen, haben das Bundesministerium für Digitales und Verkehr sowie der Bundesrechnungshof ein Recht auf einzelfallbezogene Informationsbeschaffung einschließlich örtlicher Erhebungsbefugnisse.

(4) [1] Die Einzelheiten insbesondere der Verteilung der Mittel auf die Länder, des Eigenanteils der Länder, der Förderbereiche, der Förderquote des Bundes, der Bewirtschaftung der Mittel, der Prüfung der Mittelverwendung sowie des Verfahrens zur Durchführung dieser Vorschrift werden durch Verwaltungsvereinbarung geregelt. [2] Die Inanspruchnahme der Finanzhilfen ist an das Inkrafttreten der Verwaltungsvereinbarung gebunden.

**§ 6**[1] **Eigentum und andere Rechte.** (1) [1] Wechselt der Träger der Straßenbaulast, so gehen mit der Straßenbaulast das Eigentum des bisherigen Trägers der Straßenbaulast an der Straße und an den zu ihr gehörigen Anlagen (§ 1 Abs. 4) und alle Rechte und Pflichten, die mit der Straße in Zusammenhang stehen, ohne Entschädigung auf den neuen Träger der Straßenbaulast über. [2] Verbindlichkeiten, die zur Durchführung früherer Bau- und Unterhaltungsmaßnahmen eingegangen sind, sind vom Übergang ausgeschlossen.

(1a) Der bisherige Träger der Straßenbaulast hat dem neuen Träger der Straßenbaulast dafür einzustehen, dass er die Straße in dem durch die Verkehrsbedeutung gebotenen Umfang ordnungsgemäß unterhalten und den notwendigen Grunderwerb durchgeführt hat.

(1b) [1] Hat der bisherige Träger der Straßenbaulast für den Bau oder die Änderung der Straße das Eigentum an einem Grundstück erworben, so hat der neue Träger der Straßenbaulast einen Anspruch auf Übertragung des Eigentums. [2] Steht dem bisherigen Träger der Straßenbaulast ein für Zwecke des Satzes 1 erworbener Anspruch auf Übertragung des Eigentums an einem Grundstück zu, so ist er verpflichtet, das Eigentum an dem Grundstück zu erwerben und nach Erwerb auf den neuen Träger der Straßenbaulast zu übertragen. [3] Die Verpflichtungen nach den Sätzen 1 und 2 bestehen nur insoweit, als das Grundstück dauernd für die Straße benötigt wird. [4] Dem bisherigen Träger der Straßenbaulast steht für Verbindlichkeiten, die nach dem Wechsel der Straßenbaulast fällig werden, gegen den neuen Träger der Straßenbaulast ein Anspruch auf Erstattung der Aufwendungen zu. [5] Im Übrigen wird das Eigentum ohne Entschädigung übertragen.

(2) Bei der Einziehung einer Straße kann der frühere Träger der Straßenbaulast innerhalb eines Jahres verlangen, dass ihm das Eigentum an Grundstücken mit den in Absatz 1 genannten Rechten und Pflichten ohne Entschädigung übertragen wird, wenn es vorher nach Absatz 1 übergegangen war.

(3) [1] Beim Übergang des Eigentums an öffentlichen Straßen nach Absatz 1 ist der Antrag auf Berichtigung des Grundbuches von der vom Land bestimmten Behörde zu stellen, in deren Bezirk das Grundstück liegt. [2] Betrifft der Übergang des Eigentums eine Bundesfernstraße in Bundesverwaltung, stellt die Gesellschaft

---

[1] § 6 Abs. 3 Satz 2 eingef., bish. Sätze 2 und 3 werden Sätze 3 und 4, neuer Satz 3 geänd. mWv 1.1. 2021 durch G v. 14.8.2017 (BGBl. I S. 3122); Abs. 3 Satz 2 geänd., Satz 4 eingef., bish. Satz wird Satz 5, Abs. 4 neu gef. mWv 29.12.2023 durch G v. 22.12.2023 (BGBl. 2023 I Nr. 409).

privaten Rechts im Sinne des Infrastrukturgesellschaftserrichtungsgesetzes[1] den Antrag auf Berichtigung des Grundbuches. [3]Der Antrag der vom Land bestimmten Behörde muss vom Leiter der Behörde oder seinem Vertreter unterschrieben und mit dem Amtssiegel oder Amtsstempel versehen sein. [4]Der Antrag der Gesellschaft privaten Rechts im Sinne des Infrastrukturgesellschaftserrichtungsgesetzes muss von der Geschäftsführung nach Maßgabe der im Handelsregister eingetragenen Vertretungsbefugnisse oder von einer von der Geschäftsführung bevollmächtigten Person unterschrieben und mit dem in § 5 Absatz 5 Satz 3 des Infrastrukturgesellschaftserrichtungsgesetzes bezeichneten Siegel versehen werden. [5]Zum Nachweis des Eigentums gegenüber dem Grundbuchamt genügt die in den Antrag aufzunehmende Erklärung, dass das Grundstück dem neuen Träger der Straßenbaulast zusteht.

(4) [1]Das Eigentum des Bundes an Bundesstraßen ist einzutragen für die „Bundesrepublik Deutschland (Bundesstraßenverwaltung)". [2]Das Eigentum des Bundes an Bundesautobahnen und Bundesstraßen in Bundesverwaltung ist einzutragen für die „Bundesrepublik Deutschland (Bundesautobahnverwaltung)".

**§ 7**[2] **Gemeingebrauch.** (1) [1]Der Gebrauch der Bundesfernstraßen ist jedermann im Rahmen der Widmung und der verkehrsbehördlichen Vorschriften zum Verkehr gestattet (Gemeingebrauch). [2]Hierbei hat der fließende Verkehr den Vorrang vor dem ruhenden Verkehr. [3]Kein Gemeingebrauch liegt vor, wenn jemand die Straße nicht vorwiegend zum Verkehr, sondern zu anderen Zwecken benutzt. [4]Die Erhebung von Gebühren für den Gemeingebrauch bedarf einer besonderen gesetzlichen Regelung.

(2) [1]Der Gemeingebrauch kann beschränkt werden, wenn dies wegen des baulichen Zustandes zur Vermeidung außerordentlicher Schäden an der Straße oder für die Sicherheit oder Leichtigkeit des Verkehrs notwendig ist. [2]Die Beschränkungen sind durch Verkehrszeichen kenntlich zu machen.

(2a) Macht die dauernde Beschränkung des Gemeingebrauchs durch die Straßenbaubehörde oder auf Bundesautobahnen durch die Gesellschaft privaten Rechts im Sinne des Infrastrukturgesellschaftserrichtungsgesetzes[1] die Herstellung von Ersatzstraßen oder -wegen notwendig, so ist der Träger der Straßenbaulast der Bundesfernstraße zur Erstattung der Herstellungskosten verpflichtet, es sei denn, dass er die Herstellung auf Antrag des zuständigen Trägers der Straßenbaulast selbst übernimmt.

(3) Wer eine Bundesfernstraße aus Anlass des Gemeingebrauchs über das übliche Maß hinaus verunreinigt, hat die Verunreinigung ohne Aufforderung unverzüglich zu beseitigen; andernfalls kann die Straßenbaubehörde oder auf Bundesautobahnen *durch*[3] die Gesellschaft privaten Rechts im Sinne des Infrastrukturgesellschaftserrichtungsgesetzes die Verunreinigung auf seine Kosten beseitigen.

**§ 7a Vergütung von Mehrkosten.** [1]Wenn eine Bundesfernstraße wegen der Art des Gebrauchs durch einen anderen aufwendiger hergestellt oder ausgebaut werden muss, als es dem regelmäßigen Verkehrsbedürfnis entspricht, hat der andere dem Träger der Straßenbaulast die Mehrkosten für den Bau und die Unterhaltung zu vergüten. [2]Das gilt nicht für Haltestellenbuchten für den Linienverkehr. [3]Der

---

[1] Sartorius III Nr. 152.
[2] § 7 Abs. 2a und 3 geänd. mWv 1.1.2021 durch G v. 14.8.2017 (BGBl. I S. 3122).
[3] Wortlaut amtlich.

Träger der Straßenbaulast kann angemessene Vorschüsse oder Sicherheiten verlangen.

**§ 8[1] Sondernutzungen; Verordnungsermächtigung.** (1) [1]Die Benutzung der Bundesfernstraßen über den Gemeingebrauch hinaus ist Sondernutzung. [2]Sie bedarf der Erlaubnis der Straßenbaubehörde, auf Bundesautobahnen der Erlaubnis der Gesellschaft privaten Rechts im Sinne des Infrastrukturgesellschaftserrichtungsgesetzes[2], in Ortsdurchfahrten der Erlaubnis der Gemeinde. [3]Soweit die Gemeinde nicht Träger der Straßenbaulast ist, darf sie die Erlaubnis nur mit Zustimmung der Straßenbaubehörde erteilen. [4]Die Gemeinde kann durch Satzung bestimmte Sondernutzungen in den Ortsdurchfahrten von der Erlaubnis befreien und die Ausübung regeln. [5]Soweit die Gemeinde nicht Träger der Straßenbaulast ist, bedarf die Satzung der Zustimmung der obersten Landesstraßenbaubehörde. [6]Eine Erlaubnis soll nicht erteilt werden, wenn behinderte Menschen durch die Sondernutzung in der Ausübung des Gemeingebrauchs erheblich beeinträchtigt würden.

(2) [1]Die Erlaubnis darf nur auf Zeit oder Widerruf erteilt werden. [2]Sie kann mit Bedingungen und Auflagen verbunden werden. [3]Soweit die Gemeinde nicht Träger der Straßenbaulast ist, hat sie eine widerruflich erteilte Erlaubnis zu widerrufen, wenn die Straßenbaubehörde dies aus Gründen des Straßenbaus oder der Sicherheit oder Leichtigkeit des Verkehrs verlangt.

(2a) [1]Der Erlaubnisnehmer hat Anlagen so zu errichten und zu unterhalten, dass sie den Anforderungen der Sicherheit und Ordnung sowie den anerkannten Regeln der Technik genügen. [2]Arbeiten an der Straße bedürfen der Zustimmung der Straßenbaubehörde oder auf Bundesautobahnen der Zustimmung der Gesellschaft privaten Rechts im Sinne des Infrastrukturgesellschaftserrichtungsgesetzes. [3]Der Erlaubnisnehmer hat auf Verlangen der für die Erlaubnis zuständigen Behörde oder auf Bundesautobahnen der Gesellschaft privaten Rechts im Sinne des Infrastrukturgesellschaftserrichtungsgesetzes die Anlagen auf seine Kosten zu ändern und alle Kosten zu ersetzen, die dem Träger der Straßenbaulast durch die Sondernutzung entstehen. [4]Hierfür kann der Träger der Straßenbaulast angemessene Vorschüsse und Sicherheiten verlangen.

(3) [1]Für Sondernutzungen können Sondernutzungsgebühren erhoben werden. [2]Sie stehen in Ortsdurchfahrten den Gemeinden, im Übrigen dem Träger der Straßenbaulast zu. [3]*Das Bundesministerium für Verkehr und digitale Infrastruktur*[3] wird ermächtigt, durch Rechtsverordnung ohne Zustimmung des Bundesrates für Sondernutzungen der Bundesfernstraßen eine Gebührenordnung zu erlassen, soweit dem Bund die Verwaltung einer Bundesfernstraße zusteht. [4]Im Übrigen werden die Landesregierungen ermächtigt, durch Rechtsverordnung Gebührenordnungen für die Sondernutzungen zu erlassen. [5]Die Ermächtigung des Satzes 3 kann durch Rechtsverordnung des Bundesministeriums für Digitales und Verkehr ohne Zustimmung des Bundesrates auf das Fernstraßen-Bundesamt übertragen werden. [6]Die Ermächtigung des Satzes 4 kann durch Rechtsverordnung der zuständigen

---

[1] § 8 Abs. 3 Sätze 3 und 4 neu gef., Sätze 5 und 6 eingef., bish. Sätze 5 und 6 werden Sätze 7 und 8 mWv 1.1.2020, Überschrift neu gef., Abs. 1 Satz 2, Abs. 2a Sätze 2, 3 und Abs. 7a Satz 1 geänd., Abs. 6 Satz 2 neu gef., Abs. 11 angef. mWv 1.1.2021 durch G v. 14.8.2017 (BGBl. I S. 3122); Abs. 3 Satz 2 (mangels Textübereinstimmung nicht ausführbar) und Satz 5 geänd. mWv 29.12.2023 durch G v. 22.12. 2023 (BGBl. 2023 I Nr. 409).

[2] **Sartorius III Nr. 152.**

[3] Nach den Änd. durch das G v. 22.12.2023 (BGBl. 2023 I Nr. 409) jetzt wohl richtig: „Das Bundesministerium für Digitales und Verkehr".

Landesregierung auf die oberste Landesstraßenbaubehörde übertragen werden. [7] Die Gemeinden können die Gebühren durch Satzung regeln, soweit ihnen die Sondernutzungsgebühren zustehen. [8] Bei Bemessung der Gebühren sind Art und Ausmaß der Einwirkung auf die Straße und den Gemeingebrauch sowie das wirtschaftliche Interesse des Gebührenschuldners zu berücksichtigen.

(4) (weggefallen)

(4a) (weggefallen)

(5) (weggefallen)

(6) [1] Ist nach den Vorschriften des Straßenverkehrsrechts eine Erlaubnis für eine übermäßige Straßenbenutzung oder eine Ausnahmegenehmigung erforderlich, so bedarf es keiner Erlaubnis nach Absatz 1. [2] Vor ihrer Entscheidung hat die hierfür zuständige Behörde die sonst für die Sondernutzungserlaubnis zuständige Behörde oder auf Bundesfernstraßen, soweit dem Bund die Verwaltung einer Bundesfernstraße zusteht, die Gesellschaft privaten Rechts im Sinne des Infrastrukturgesellschaftserrichtungsgesetzes zu hören. [3] Die von dieser geforderten Bedingungen, Auflagen und Sondernutzungsgebühren sind dem Antragsteller in der Erlaubnis oder Ausnahmegenehmigung aufzuerlegen.

(7) (weggefallen)

(7a) [1] Wird eine Bundesfernstraße ohne die erforderliche Erlaubnis benutzt oder kommt der Erlaubnisnehmer seinen Verpflichtungen nicht nach, so kann die für die Erteilung der Erlaubnis zuständige Behörde oder auf Bundesfernstraßen, soweit dem Bund die Verwaltung einer Bundesfernstraße zusteht, die Gesellschaft privaten Rechts im Sinne des Infrastrukturgesellschaftserrichtungsgesetzes die erforderlichen Maßnahmen zur Beendigung der Benutzung oder zur Erfüllung der Auflagen anordnen. [2] Sind solche Anordnungen nicht oder nur unter unverhältnismäßigem Aufwand möglich oder nicht erfolgversprechend, so kann sie den rechtswidrigen Zustand auf Kosten des Pflichtigen beseitigen oder beseitigen lassen.

(8) Der Erlaubnisnehmer hat gegen den Träger der Straßenbaulast keinen Ersatzanspruch bei Widerruf oder bei Sperrung, Änderung oder Einziehung der Straße.

(9) [1] Unwiderrufliche Nutzungsrechte, die von früher her bestehen, können zur Sicherheit oder Leichtigkeit des Verkehrs durch Enteignung aufgehoben werden. [2] § 19 gilt entsprechend.

(10) Die Einräumung von Rechten zur Benutzung des Eigentums der Bundesfernstraßen richtet sich nach bürgerlichem Recht, wenn sie den Gemeingebrauch nicht beeinträchtigt, wobei eine Beeinträchtigung von nur kurzer Dauer für Zwecke der öffentlichen Versorgung außer Betracht bleibt.

(11) Das Carsharing-Gesetz[1)] bleibt unberührt.

**§ 8a**[2)] **Straßenanlieger.** (1) [1] Zufahrten und Zugänge zu Bundesstraßen außerhalb der zur Erschließung der anliegenden Grundstücke bestimmten Teile der Ortsdurchfahrten gelten als Sondernutzung im Sinne des § 8, wenn sie neu angelegt oder geändert werden. [2] Eine Änderung liegt auch vor, wenn eine Zufahrt oder ein Zugang gegenüber dem bisherigen Zustand einem erheblich größeren oder einem andersartigen Verkehr als bisher dienen soll. [3] Den Zufahrten oder Zugängen stehen die Anschlüsse nicht öffentlicher Wege gleich.

---

[1)] Sartorius III Nr. 285.
[2)] § 8a Abs. 2 Nr. 1 neu gef. mWv 1.1.2021 durch G v. 14.8.2017 (BGBl. I S. 3122).

(2) Einer Erlaubnis nach § 8 Abs. 1 Satz 2 bedarf es nicht für die Anlage neuer oder die Änderung bestehender Zufahrten oder Zugänge

1. im Zusammenhang mit der Errichtung oder erheblichen Änderung baulicher Anlagen, wenn die oberste Landesstraßenbaubehörde oder, soweit dem Bund die Verwaltung einer Bundesfernstraße zusteht, das Fernstraßen-Bundesamt nach § 9 Absatz 2 zugestimmt oder nach § 9 Absatz 8 eine Ausnahme zugelassen haben,

2. in einem Flurbereinigungsverfahren auf Grund des Wege- und Gewässerplans.

(3) Für die Unterhaltung der Zufahrten und Zugänge, die nicht auf einer Erlaubnis nach § 8 Abs. 1 beruhen, gilt § 8 Abs. 2a Satz 1 und 2 und Abs. 7a entsprechend.

(4) ¹Werden auf Dauer Zufahrten oder Zugänge durch die Änderung oder die Einziehung von Bundesstraßen unterbrochen oder wird ihre Benutzung erheblich erschwert, so hat der Träger der Straßenbaulast einen angemessenen Ersatz zu schaffen oder, soweit dies nicht zumutbar ist, eine angemessene Entschädigung in Geld zu leisten. ²Mehrere Anliegergrundstücke können durch eine gemeinsame Zufahrt angeschlossen werden, deren Unterhaltung nach Absatz 3 den Anliegern gemeinsam obliegt. ³Die Verpflichtung nach Satz 1 entsteht nicht, wenn die Grundstücke eine anderweitige ausreichende Verbindung zu dem öffentlichen Wegenetz besitzen oder wenn die Zufahrten oder Zugänge auf einer widerruflichen Erlaubnis beruhen.

(5) ¹Werden für längere Zeit Zufahrten oder Zugänge durch Straßenarbeiten unterbrochen oder wird ihre Benutzung erheblich erschwert, ohne dass von Behelfsmaßnahmen eine wesentliche Entlastung ausgeht, und wird dadurch die wirtschaftliche Existenz eines anliegenden Betriebs gefährdet, so kann dessen Inhaber eine Entschädigung in der Höhe des Betrages beanspruchen, der erforderlich ist, um das Fortbestehen des Betriebs bei Anspannung der eigenen Kräfte und unter Berücksichtigung der gegebenen Anpassungsmöglichkeiten zu sichern. ²Der Anspruch richtet sich gegen den, zu dessen Gunsten die Arbeiten im Straßenbereich erfolgen. ³Absatz 4 Satz 3 gilt entsprechend.

(6) ¹Soweit es die Sicherheit oder Leichtigkeit des Verkehrs erfordert, kann die Straßenbaubehörde nach Anhörung der Betroffenen anordnen, dass Zufahrten oder Zugänge geändert oder verlegt oder, wenn das Grundstück eine anderweitige ausreichende Verbindung zu dem öffentlichen Wegenetz besitzt, geschlossen werden. ²Absatz 4 gilt entsprechend. ³Die Befugnis zum Widerruf einer Erlaubnis nach § 8 Abs. 2 bleibt unberührt.

(7) Wird durch den Bau oder die Änderung einer Bundesfernstraße der Zutritt von Licht oder Luft zu einem Grundstück auf Dauer entzogen oder erheblich beeinträchtigt, so hat der Träger der Straßenbaulast für dadurch entstehende Vermögensnachteile eine angemessene Entschädigung in Geld zu gewähren.

(8) Hat der Entschädigungsberechtigte die Entstehung eines Vermögensnachteils mitverursacht, so gilt § 254 des Bürgerlichen Gesetzbuchs¹⁾ entsprechend.

**§ 9²⁾ Bauliche Anlagen an Bundesfernstraßen.** (1) ¹Längs der Bundesfernstraßen dürfen nicht errichtet werden

---

¹⁾ **Habersack Nr. 20.**
²⁾ § 9 Abs. 1 Satz 3 eingef., bish. Satz 3 wird Satz 4 mWv 1.10.2020 durch G v. 29.6.2020 (BGBl. I S. 1528); Abs. 2 Satz 1 einl. Satzteil, Abs. 5 und Abs. 8 Satz 1 geänd. mWv 1.1.2021 durch G v. 14.8.2017 ➔

1. Hochbauten jeder Art in einer Entfernung bis zu 40 Meter bei Bundesautobahnen und bis zu 20 Meter bei Bundesstraßen außerhalb der zur Erschließung der anliegenden Grundstücke bestimmten Teile der Ortsdurchfahrten, jeweils gemessen vom äußeren Rand der befestigten Fahrbahn,

2. bauliche Anlagen, die außerhalb der zur Erschließung der anliegenden Grundstücke bestimmten Teile der Ortsdurchfahrten über Zufahrten oder Zugänge an Bundesstraßen unmittelbar oder mittelbar angeschlossen werden sollen. [2] Satz 1 Nr. 1 gilt entsprechend für Aufschüttungen oder Abgrabungen größeren Umfangs. [3] Satz 1 Nummer 1 gilt nicht für technische Einrichtungen, die für das Erbringen von öffentlich zugänglichen Telekommunikationsdiensten erforderlich sind. [4] Weitergehende bundes- oder landesrechtliche Vorschriften bleiben unberührt.

(2) [1] Im Übrigen bedürfen Baugenehmigungen oder nach anderen Vorschriften notwendige Genehmigungen der Zustimmung der obersten Landesstraßenbaubehörde an Bundesfernstraßen, soweit dem Bund die Verwaltung einer Bundesfernstraße zusteht, der Zustimmung des Fernstraßen-Bundesamtes, wenn

1. bauliche Anlagen längs der Bundesautobahnen in einer Entfernung bis zu 100 Meter und längs der Bundesstraßen außerhalb der zur Erschließung der anliegenden Grundstücke bestimmten Teile der Ortsdurchfahrten bis zu 40 Meter, gemessen vom äußeren Rand der befestigten Fahrbahn, errichtet, erheblich geändert oder anders genutzt werden sollen,

2. bauliche Anlagen auf Grundstücken, die außerhalb der zur Erschließung der anliegenden Grundstücke bestimmten Teile der Ortsdurchfahrten über Zufahrten oder Zugänge an Bundesstraßen unmittelbar oder mittelbar angeschlossen sind, erheblich geändert oder anders genutzt werden sollen.

[2] Die Zustimmungsbedürftigkeit nach Satz 1 gilt entsprechend für bauliche Anlagen, die nach Landesrecht anzeigepflichtig sind. [3] Weitergehende bundes- oder landesrechtliche Vorschriften bleiben unberührt.

(2a) [1] Die im Fall des Absatzes 2 erforderliche Zustimmung gilt nach Ablauf einer Frist von zwei Monaten nach Eingang aller für die straßenrechtliche Prüfung erforderlichen Unterlagen bei der zuständigen Straßenbaubehörde als erteilt. [2] Diese Frist beginnt nicht, wenn der Antrag unvollständig ist und die für die Zustimmung zuständige Straßenbaubehörde dies innerhalb von zehn Arbeitstagen nach Eingang des Antrags der zuständigen Genehmigungsbehörde schriftlich oder elektronisch mitteilt. [3] Im Fall der Ergänzung oder Änderung des Antrags beginnen die Fristen nach den Sätzen 1 und 2 neu zu laufen, sofern durch die Ergänzung oder Änderung des Antrags die Belange nach Absatz 3 betroffen sind. [4] Die Zustimmungsfrist kann von der für die Zustimmung zuständigen Straßenbaubehörde um einen Monat verlängert werden, wenn dies wegen der Schwierigkeit der Angelegenheit erforderlich ist. [5] Die Fristverlängerung ist zu begründen und der Genehmigungsbehörde rechtzeitig vor Fristablauf mitzuteilen.

(2b) [1] Die Absätze 2 und 2a gelten nicht für Windenergieanlagen, wenn nur deren Rotor in die Anbaubeschränkungszone hineinragt. In diesem Fall ist die oberste Landesstraßenbaubehörde an Bundesfernstraßen und, soweit dem Bund die Verwaltung der Bundesfernstraßen zusteht, das Fernstraßen-Bundesamt in den

---

*(Fortsetzung der Anm. von voriger Seite)*
(BGBl. I S. 3122); Abs. 2a–2c eingef., Abs. 4 neu gef. mWv 29.12.2023 durch G v. 22.12.2023 (BGBl. 2023 I Nr. 409).

Genehmigungs- oder Anzeigeverfahren für die Anlage zu beteiligen. [2] Die für die Erteilung der Genehmigung oder für die Anzeige zuständige Behörde hat im Rahmen der Beteiligung die Stellungnahme der jeweiligen Behörde nach Satz 2 einzuholen. [3] Bedarf es keiner Genehmigung oder Anzeige der Anlage, hat der Vorhabenträger die in Satz 2 genannten Behörden um eine Stellungnahme zu dem Vorhaben zu ersuchen. [4] Bei der Errichtung und dem Betrieb einer in Satz 1 bezeichneten Anlage sind die in Absatz 3 und in § 2 des Erneuerbare-Energien-Gesetzes[1] genannten Belange zu beachten.

(2c) [1] Absatz 1 Satz 1 Nummer 1 und Absatz 2 gelten nicht für Anlagen zur Erzeugung von Strom aus solarer Strahlungsenergie. [2] Die oberste Landesstraßenbaubehörde oder, soweit dem Bund die Verwaltung einer Bundesfernstraße zusteht, das Fernstraßen-Bundesamt ist im Genehmigungsverfahren für eine Anlage nach Satz 1 zu beteiligen, wenn eine solche Anlage längs einer Bundesautobahn in Entfernung bis zu 100 Meter oder längs einer Bundesstraße außerhalb der zur Erschließung der anliegenden Grundstücke bestimmten Teile der Ortsdurchfahrten bis zu 40 Meter, jeweils gemessen vom äußeren Rand der befestigten Fahrbahn, errichtet oder erheblich geändert werden soll. [3] Bedarf eine Anlage nach Satz 1 keiner Genehmigung, hat der Vorhabenträger das Vorhaben vor Baubeginn bei der jeweils zuständigen Behörde nach Satz 2 anzuzeigen. [4] Bei der Genehmigung, der Errichtung und dem Betrieb einer Anlage nach Satz 1 sind die in Absatz 3 und in § 2 des Erneuerbare-Energien-Gesetzes genannten Belange zu beachten.

(3) Die Zustimmung nach Absatz 2 darf nur versagt oder mit Bedingungen und Auflagen erteilt werden, soweit dies wegen der Sicherheit oder Leichtigkeit des Verkehrs, der Ausbauabsichten oder der Straßenbaugestaltung nötig ist.

(3a) Die Belange nach Absatz 3 sind auch bei Erteilung von Baugenehmigungen innerhalb der zur Erschließung der anliegenden Grundstücke bestimmten Teile der Ortsdurchfahrten von Bundesstraßen zu beachten.

(4) Bei geplanten Bundesfernstraßen gelten die Beschränkungen der Absätze 1 und 2 vom Beginn der Veröffentlichung der Pläne im Internet oder ihrer Auslegung im Rahmen des Planfeststellungsverfahrens oder von dem Zeitpunkt an, zu dem den Betroffenen Gelegenheit gegeben wird, den Plan einzusehen oder er ihnen zugänglich gemacht wird.

(5) Bedürfen die baulichen Anlagen im Sinne des Absatzes 2 außerhalb der zur Erschließung der anliegenden Grundstücke bestimmten Teile der Ortsdurchfahrten keiner Baugenehmigung oder keiner Genehmigung nach anderen Vorschriften, so tritt an die Stelle der Zustimmung die Genehmigung der obersten Landesstraßenbaubehörde, an Bundesstraßen, soweit dem Bund die Verwaltung einer Bundesfernstraße zusteht, die Genehmigung des Fernstraßen-Bundesamtes.

(5a) Als bauliche Anlagen im Sinne dieses Gesetzes gelten auch die im Landesbaurecht den baulichen Anlagen gleichgestellten Anlagen.

(6) [1] Anlagen der Außenwerbung stehen außerhalb der zur Erschließung der anliegenden Grundstücke bestimmten Teile der Ortsdurchfahrten den Hochbauten des Absatzes 1 und den baulichen Anlagen des Absatzes 2 gleich. [2] An Brücken über Bundesfernstraßen außerhalb dieser Teile der Ortsdurchfahrten dürfen Anlagen der Außenwerbung nicht angebracht werden. [3] Weitergehende bundes- oder landesrechtliche Vorschriften bleiben unberührt.

---

[1] Sartorius ErgBd. Nr. 833.

(7) Die Absätze 1 bis 5 gelten nicht, soweit das Bauvorhaben den Festsetzungen eines Bebauungsplans entspricht (§ 9 des Baugesetzbuchs[1])), der mindestens die Begrenzung der Verkehrsflächen sowie an diesen gelegene überbaubare Grundstücksflächen enthält und unter Mitwirkung des Trägers der Straßenbaulast zustande gekommen ist.

(8) [1] Die oberste Landesstraßenbaubehörde oder das Fernstraßen-Bundesamt an den Bundesfernstraßen, soweit dem Bund die Verwaltung einer Bundesfernstraße zusteht, kann im Einzelfall Ausnahmen von den Verboten der Absätze 1, 4 und 6 zulassen, wenn die Durchführung der Vorschriften im Einzelfall zu einer offenbar nicht beabsichtigten Härte führen würde und die Abweichung mit den öffentlichen Belangen vereinbar ist oder wenn Gründe des Wohls der Allgemeinheit die Abweichungen erfordern. [2] Ausnahmen können mit Bedingungen und Auflagen versehen werden.

(9) [1] Wird infolge der Anwendung der Absätze 1, 2, 4 und 5 die bauliche Nutzung eines Grundstücks, auf deren Zulassung bisher ein Rechtsanspruch bestand, ganz oder teilweise aufgehoben, so kann der Eigentümer insoweit eine angemessene Entschädigung in Geld verlangen, als seine Vorbereitungen zur baulichen Nutzung des Grundstücks in dem bisher zulässigen Umfang für ihn an Wert verlieren oder eine wesentliche Wertminderung des Grundstücks eintritt. [2] Zur Entschädigung ist der Träger der Straßenbaulast verpflichtet.

(10) Im Fall des Absatzes 4 entsteht der Anspruch nach Absatz 9 erst, wenn der Plan rechtskräftig festgestellt oder genehmigt oder mit der Ausführung begonnen worden ist, spätestens jedoch nach Ablauf von vier Jahren, nachdem die Beschränkungen der Absätze 1 und 2 in Kraft getreten sind.

**§ 9a[2]) Veränderungssperre, Vorkaufsrecht.** (1) [1] Vom Beginn der Veröffentlichung der Pläne im Internet oder ihrer Auslegung im Rahmen des Planfeststellungsverfahrens oder von dem Zeitpunkt an, zu dem den Betroffenen Gelegenheit gegeben wird, den Plan einzusehen oder er ihnen zugänglich gemacht wird, dürfen auf den vom Plan betroffenen Flächen bis zu ihrer Übernahme durch den Träger der Straßenbaulast wesentlich wertsteigernde oder den geplanten Straßenbau erheblich erschwerende Veränderungen nicht vorgenommen werden. [2] Veränderungen, die in rechtlich zulässiger Weise vorher begonnen worden sind, Unterhaltungsarbeiten und die Fortführung einer bisher ausgeübten Nutzung werden hiervon nicht berührt.

(2) [1] Dauert die Veränderungssperre länger als vier Jahre, so können die Eigentümer für die dadurch entstandenen Vermögensnachteile vom Träger der Straßenbaulast eine angemessene Entschädigung in Geld verlangen. [2] Sie können ferner die Übernahme der vom Plan betroffenen Flächen verlangen, wenn es ihnen mit Rücksicht auf die Veränderungssperre wirtschaftlich nicht zuzumuten ist, die Grundstücke in der bisherigen oder einer anderen zulässigen Art zu benutzen. [3] Kommt keine Einigung über die Übernahme zustande, so können die Eigentümer die Entziehung des Eigentums an den Flächen verlangen. [4] Im Übrigen gilt § 19 (Enteignung).

---

[1] Nr. **300.**
[2] § 9a Abs. 3 Satz 1 neu gef., Sätze 4 und 5 eingef., bish. Sätze 4–7 werden Sätze 6–9, Abs. 5 geänd. mWv 1.1.2021 durch G v. 14.8.2017 (BGBl. I S. 3122); Abs. 3 Satz 1 geänd. mWv 23.6.2022 durch G v. 19.6.2022 (BGBl. I S. 922); Abs. 1 Satz 1 neu gef., Abs. 3 Sätze 1, 4 und 5 geänd., Satz 8 neu gef. mWv 29.12.2023 durch G v. 22.12.2023 (BGBl. 2023 I Nr. 409).

(3) ¹Um die Planung der Bundesfernstraßen zu sichern, können die Landesregierungen und kann an Stelle der Landesregierungen zur Sicherung der Planung von Bundesfernstraßen in Bundesverwaltung das Bundesministerium für Digitales und Verkehr, sofern das Fernstraßen-Bundesamt nach § 2 Absatz 1 Satz 1 Nummer 4 und Absatz 2 des Fernstraßen-Bundesamt-Errichtungsgesetzes¹⁾ zuständige Planfeststellungsbehörde ist, durch Rechtsverordnung für die Dauer von höchstens zwei Jahren Planungsgebiete festlegen. ²Die Gemeinden und Kreise, deren Bereich durch die festzulegenden Planungsgebiete betroffen wird, sind vorher zu hören. ³Die Ermächtigung kann durch Rechtsverordnung weiter übertragen werden. ⁴Die Rechtsverordnung des Bundesministeriums für Digitales und Verkehr auf Grund von Satz 1 bedarf nicht der Zustimmung des Bundesrates. ⁵Das Bundesministerium für Digitales und Verkehr kann die Ermächtigung nach Satz 1 durch Rechtsverordnung auf das Fernstraßen-Bundesamt übertragen. ⁶Auf die Planungsgebiete ist Absatz 1 sinngemäß anzuwenden. ⁷Die Frist kann, wenn besondere Umstände es erfordern, durch Rechtsverordnung auf höchstens vier Jahre verlängert werden. ⁸Die Festlegung tritt mit Beginn der Veröffentlichung der Pläne im Internet oder ihrer Auslegung im Rahmen des Planfeststellungsverfahrens außer Kraft. ⁹Ihre Dauer ist auf die Vierjahresfrist nach Absatz 2 anzurechnen.

(4) ¹Auf die Festlegung eines Planungsgebietes ist in Gemeinden, deren Bereich betroffen wird, hinzuweisen. ²Planungsgebiete sind außerdem in Karten kenntlich zu machen, die in den Gemeinden während der Geltungsdauer der Festlegung zur Einsicht auszulegen sind.

(5) Die oberste Landesstraßenbaubehörde oder bei der Planfeststellung für den Bau oder die Änderung von Bundesfernstraßen, soweit dem Bund die Verwaltung einer Bundesfernstraße zusteht, das Fernstraßen-Bundesamt im Rahmen seiner Zuständigkeit gemäß § 2 Absatz 1 Satz 1 Nummer 4 und Absatz 2 und 3 und § 3 Absatz 3 Sätze 7 bis 11 des Fernstraßen-Bundesamt-Errichtungsgesetzes kann Ausnahmen von der Veränderungssperre zulassen, wenn überwiegende öffentliche Belange nicht entgegenstehen.

(6) In den Fällen des Absatzes 1 Satz 1 steht dem Träger der Straßenbaulast an den betroffenen Flächen ein Vorkaufsrecht zu.

**§ 10²⁾ Schutzwaldungen.** (1) ¹Waldungen und Gehölze längs der Bundesstraße können von der nach Landesrecht zuständigen Straßenbaubehörde im Einvernehmen mit der nach Landesrecht für Schutzwaldungen zuständigen Behörde in einer Breite von 40 Metern, gemessen vom äußeren Rand der befestigten Fahrbahn, zu Schutzwaldungen erklärt werden. ²Im Fall einer Bundesautobahn oder einer Bundesfernstraße, soweit dem Bund die Verwaltung der Bundesfernstraße zusteht, kann die Gesellschaft privaten Rechts im Sinne des Infrastrukturgesellschaftserrichtungsgesetzes³⁾ Waldungen und Gehölze längs solcher Straßen im Benehmen mit der nach Landesrecht für Schutzwaldungen zuständigen Behörde in einer Breite von 40 Metern, gemessen vom äußeren Rand der befestigten Fahrbahn, zu Schutzwaldungen erklären.

(2) ¹Die Schutzwaldungen sind vom Eigentümer oder Nutznießer zu erhalten und ordnungsgemäß zu unterhalten. ²Die Aufsicht hierüber obliegt der nach Landesrecht für Schutzwaldungen zuständigen Behörde.

---

¹⁾ **Sartorius III Nr. 155.**
²⁾ § 10 neu gef. mWv 1.1.2021 durch G v. 14.8.2017 (BGBl. I S. 3122); Abs. 2 Satz 2 neu gef. mWv 1.1.2021 durch G v. 29.11.2018 (BGBl. I S. 2237).
³⁾ **Sartorius III Nr. 152.**

**§ 11[1] Schutzmaßnahmen.** (1) Zum Schutze der Bundesfernstraßen vor nachteiligen Einwirkungen der Natur (z.B. Schneeverwehungen, Steinschlag, Vermurungen) haben die Eigentümer von Grundstücken an den Bundesfernstraßen die Anlage vorübergehender Einrichtungen zu dulden.

(2) [1]Anpflanzungen, Zäune, Stapel, Haufen und andere mit dem Grundstück nicht fest verbundene Einrichtungen dürfen nicht angelegt werden, wenn sie die Verkehrssicherheit beeinträchtigen. [2]Soweit sie bereits vorhanden sind, haben die Eigentümer ihre Beseitigung zu dulden.

(3) [1]Die Straßenbaubehörde oder an den Bundesfernstraßen, soweit dem Bund die Verwaltung einer Bundesfernstraße zusteht, die Gesellschaft privaten Rechts im Sinne des Infrastrukturgesellschaftserrichtungsgesetzes[2] hat den Eigentümern die Durchführung dieser Maßnahme 14 Tage vorher schriftlich anzuzeigen, es sei denn, dass Gefahr im Verzuge ist. [2]Die Eigentümer können die Maßnahmen im Benehmen mit der Straßenbaubehörde oder an den Bundesfernstraßen, soweit dem Bund die Verwaltung einer Bundesfernstraße zusteht, im Benehmen mit der Gesellschaft privaten Rechts im Sinne des Infrastrukturgesellschaftserrichtungsgesetzes selbst durchführen.

(4) Diese Verpflichtungen liegen auch den Besitzern ob.

(5) Der Träger der Straßenbaulast hat den Eigentümern oder Besitzern die hierdurch verursachten Aufwendungen und Schäden in Geld zu ersetzen.

**§ 12[3] Kreuzungen und Einmündungen öffentlicher Straßen.** (1) [1]Beim Bau einer neuen Kreuzung mehrerer öffentlicher Straßen hat der Träger der Straßenbaulast der hinzugekommenen Straße die Kosten der Kreuzung zu tragen. [2]Zu ihnen gehören auch die Kosten der Änderungen, die durch die neue Kreuzung an den anderen öffentlichen Straßen unter Berücksichtigung der übersehbaren Verkehrsentwicklung notwendig sind. [3]Die Änderung einer bestehenden Kreuzung ist als neue Kreuzung zu behandeln, wenn ein öffentlicher Weg, der nach der Beschaffenheit seiner Fahrbahn nicht geeignet und nicht dazu bestimmt war, einen allgemeinen Kraftfahrzeugverkehr aufzunehmen, zu einer diesem Verkehr dienenden Straße ausgebaut wird.

(2) [1]Werden mehrere Straßen gleichzeitig neu angelegt oder an bestehenden Kreuzungen Anschlussstellen neu geschaffen, so haben die Träger der Straßenbaulast die Kosten der Kreuzungsanlage im Verhältnis der Fahrbahnbreiten der an der Kreuzung beteiligten Straßenäste zu tragen. [2]Bei der Bemessung der Fahrbahnbreiten sind die Rad- und Gehwege, die Trennstreifen und befestigten Seitenstreifen einzubeziehen.

(3) [1]Wird eine höhenungleiche Kreuzung geändert, so fallen die dadurch entstehenden Kosten

1. demjenigen Träger der Straßenbaulast zur Last, der die Änderung verlangt oder hätte verlangen müssen,

2. den beteiligten Trägern der Straßenbaulast zur Last, die die Änderung verlangen oder hätten verlangen müssen, und zwar im Verhältnis der Fahrbahnbreiten der an der Kreuzung beteiligten Straßenäste nach der Änderung.

---

[1] § 11 Abs. 3 Sätze 1 und 2 geänd. mWv 1.1.2021 durch G v. 14.8.2017 (BGBl. I S. 3122).
[2] **Sartorius III Nr. 152.**
[3] § 12 Abs. 3 Satz 2 angef. mWv 1.7.2021 durch G v. 31.5.2021 (BGBl. I S. 1221).

² Bei Kreuzungen mit einer kommunalen Straße sind die Vorteile, die dem Träger der Straßenbaulast der Bundesfernstraße durch die Änderung nach Satz 1 entstehen, auszugleichen.

(3a) ¹ Wird eine höhengleiche Kreuzung geändert, so gilt für die dadurch entstehenden Kosten der Änderung Absatz 2. ² Beträgt der durchschnittliche tägliche Verkehr mit Kraftfahrzeugen auf einem der an der Kreuzung beteiligten Straßenäste nicht mehr als 20 vom Hundert des Verkehrs auf anderen beteiligten Straßenästen, so haben die Träger der Straßenbaulast der verkehrsstärkeren Straßenäste im Verhältnis der Fahrbahnbreiten den Anteil der Änderungskosten mitzutragen, der auf den Träger der Straßenbaulast des verkehrsschwächeren Straßenastes entfallen würde.

(4) ¹ Über die Errichtung neuer sowie die wesentliche Änderung bestehender Kreuzungen zwischen Bundesfernstraßen und anderen öffentlichen Straßen wird durch die Planfeststellung entschieden. ² Diese soll zugleich die Aufteilung der Kosten regeln.

(5) Ergänzungen an Kreuzungsanlagen sind wie Änderungen zu behandeln.

(6) ¹ Diese Vorschriften gelten auch für Einmündungen. ² Münden mehrere Straßen an einer Stelle in eine andere Straße ein, so gelten diese Einmündungen als Kreuzung aller beteiligten Straßen.

**§ 12a[1] Kreuzungen mit Gewässern.** (1) ¹ Werden Bundesfernstraßen neu angelegt oder ausgebaut und müssen dazu Kreuzungen mit Gewässern (Brücken oder Unterführungen) hergestellt oder bestehende Kreuzungen geändert werden, so hat der Träger der Straßenbaulast die dadurch entstehenden Kosten zu tragen. ² Die Kreuzungsanlagen sind so auszuführen, dass unter Berücksichtigung der übersehbaren Entwicklung der wasserwirtschaftlichen Verhältnisse der Wasserabfluss nicht nachteilig beeinflusst wird.

(2) ¹ Werden Gewässer ausgebaut (§ 67 Absatz 2 des Wasserhaushaltsgesetzes[2]) und werden dazu Kreuzungen mit Bundesfernstraßen hergestellt oder bestehende Kreuzungen geändert, so hat der Träger des Ausbauvorhabens die dadurch entstehenden Kosten zu tragen. ² Wird eine neue Kreuzung erforderlich, weil ein Gewässer hergestellt wird, so ist die übersehbare Verkehrsentwicklung auf der Bundesfernstraße zu berücksichtigen. ³ Wird die Herstellung oder Änderung einer Kreuzung erforderlich, weil das Gewässer wesentlich umgestaltet wird, so sind die gegenwärtigen Verkehrsbedürfnisse zu berücksichtigen. ⁴ Verlangt der Träger der Straßenbaulast weitergehende Änderungen, so hat er die Mehrkosten hierfür zu tragen.

(3) Wird eine Bundesfernstraße neu angelegt und wird gleichzeitig ein Gewässer hergestellt oder aus anderen als straßenbaulichen Gründen wesentlich umgestaltet, so dass eine neue Kreuzung entsteht, so haben der Träger der Straßenbaulast und der Unternehmer des Gewässerausbaus die Kosten der Kreuzung je zur Hälfte zu tragen.

(4) Kommt über die Kreuzungsmaßnahme oder ihre Kosten keine Einigung zustande, so ist darüber durch Planfeststellung zu entscheiden.

(5) § 41 des Bundeswasserstraßengesetzes[3] bleibt unberührt.

---

[1] § 12a Abs. 2 Satz 1 geänd. mWv 1.3.2010 durch G v. 31.7.2009 (BGBl. I S. 2585).
[2] Nr. **845**.
[3] Nr. **971**.

**§ 13 Unterhaltung der Straßenkreuzungen.** (1) Bei höhengleichen Kreuzungen hat der Träger der Straßenbaulast der Bundesfernstraße die Kreuzungsanlage zu unterhalten.

(2) Bei Über- oder Unterführungen hat das Kreuzungsbauwerk der Träger der Straßenbaulast der Bundesfernstraße, die übrigen Teile der Kreuzungsanlage der Träger der Straßenbaulast der Straße, zu der sie gehören, zu unterhalten.

(3) [1] In den Fällen des § 12 Abs. 1 hat der Träger der Straßenbaulast der neu hinzugekommenen Straße dem Träger der Straßenbaulast der vorhandenen Straße die Mehrkosten für die Unterhaltung zu erstatten, die ihm durch die Regelung nach den Absätzen 1 und 2 entstehen. [2] Die Mehrkosten sind auf Verlangen eines Beteiligten abzulösen.

(4) Nach einer wesentlichen Änderung einer bestehenden Kreuzung haben die Träger der Straßenbaulast ihre veränderten Kosten für Unterhaltung und Erneuerung sowie für Wiederherstellung im Fall der Zerstörung durch höhere Gewalt ohne Ausgleich zu tragen.

(5) Abweichende Regelungen werden in dem Zeitpunkt hinfällig, in dem nach Inkrafttreten dieses Gesetzes eine wesentliche Änderung an der Kreuzung durchgeführt ist.

(6) Die Vorschriften der Absätze 1 bis 4 gelten nicht, soweit etwas anderes vereinbart wird.

(7) Wesentliche Ergänzungen an Kreuzungsanlagen sind wie wesentliche Änderungen zu behandeln.

(8) § 12 Abs. 6 gilt entsprechend.

**§ 13a Unterhaltung der Kreuzungen mit Gewässern.** (1) [1] Der Träger der Straßenbaulast hat die Kreuzungsanlagen von Bundesfernstraßen und Gewässern auf seine Kosten zu unterhalten, soweit nichts anderes vereinbart oder durch Planfeststellung bestimmt wird. [2] Die Unterhaltungspflicht des Trägers der Straßenbaulast erstreckt sich nicht auf Leitwerke, Leitpfähle, Dalben, Absetzpfähle oder ähnliche Einrichtungen zur Sicherung der Durchfahrt unter Brücken im Zuge von Bundesfernstraßen für die Schifffahrt sowie auf Schifffahrtszeichen. [3] Soweit diese Einrichtungen auf Kosten des Trägers der Straßenbaulast herzustellen waren, hat dieser dem Unterhaltungspflichtigen die Unterhaltungskosten und die Kosten des Betriebs dieser Einrichtungen zu ersetzen oder abzulösen.

(2) [1] Wird im Fall des § 12a Abs. 2 eine neue Kreuzung hergestellt, hat der Träger des Ausbauvorhabens die Mehrkosten für die Unterhaltung und den Betrieb der Kreuzungsanlage zu erstatten oder abzulösen. [2] Ersparte Unterhaltungskosten für den Fortfall vorhandener Kreuzungsanlagen sind anzurechnen.

(3) Die Absätze 1 und 2 gelten nicht, wenn bei dem Inkrafttreten dieses Gesetzes die Tragung der Kosten auf Grund eines bestehenden Rechts anders geregelt ist.

(4) Die §§ 42 und 43 des Bundeswasserstraßengesetzes[1)] bleiben unberührt.

**§ 13b[2)] Ermächtigung zu Rechtsverordnungen.** Das Bundesministerium für Digitales und Verkehr kann mit Zustimmung des Bundesrates Rechtsverordnungen erlassen, durch die

---

[1)] Nr. **971**.
[2)] § 13b einl. Satzteil geänd. mWv 8.9.2015 durch VO v. 31.8.2015 (BGBl. I S. 1474); einl. Satzteil geänd. mWv 29.12.2023 durch G v. 22.12.2023 (BGBl. 2023 I S. 409).

1. der Umfang der Kosten nach den §§ 12 und 12a näher bestimmt wird;
2. näher bestimmt wird, welche Teile der Kreuzungsanlage nach § 13 Abs. 1 und 2 zu der einen oder anderen Straße gehören;
3. die Berechnung und die Zahlung von Ablösungsbeträgen nach § 13 Abs. 3 und nach § 13a Abs. 2 näher bestimmt sowie dazu ein Verfahren zur gütlichen Beilegung von Streitigkeiten festgelegt werden.

**§ 14[1] Umleitungen.** (1) Bei Sperrung von Bundesfernstraßen wegen vorübergehender Behinderung sind die Träger der Straßenbaulast anderer öffentlicher Straßen verpflichtet, die Umleitung des Verkehrs auf ihren Straßen zu dulden.

(2) Der Träger der Straßenbaulast der Umleitungsstrecke und die Straßenverkehrsbehörden sind vor der Sperrung zu unterrichten.

(3) [1] Im Benehmen mit dem Träger der Straßenbaulast der Umleitungsstrecke ist festzustellen, was notwendig ist, um die Umleitungsstrecke für die Aufnahme des zusätzlichen Verkehrs verkehrssicher zu machen. [2] Die hierfür nötigen Mehraufwendungen sind dem Träger der Straßenbaulast der Umleitungsstrecke zu erstatten. [3] Das gilt auch für Aufwendungen, die der Träger der Straßenbaulast der Umleitungsstrecke zur Beseitigung wesentlicher durch die Umleitung verursachter Schäden machen muss.

(4) [1] Muss die Umleitung ganz oder zum Teil über private Wege geleitet werden, die dem öffentlichen Verkehr dienen, so ist der Eigentümer zur Duldung der Umleitung auf schriftliche Anforderung durch die Straßenbaubehörde oder bei Umleitung von einer Bundesfernstraße, soweit dem Bund die Verwaltung einer Bundesfernstraße zusteht, durch die Gesellschaft privaten Rechts im Sinne des Infrastrukturgesellschaftserrichtungsgesetzes[2] verpflichtet. [2] Absatz 3 Satz 1 und 2 gilt entsprechend. [3] Der Träger der Straßenbaulast ist verpflichtet, nach Aufhebung der Umleitung auf Antrag des Eigentümers den früheren Zustand des Weges wiederherzustellen.

(5) Die Abätze 1 bis 4 gelten entsprechend, wenn neue Bundesfernstraßen vorübergehend über andere öffentliche Straßen an das Bundesfernstraßennetz angeschlossen werden müssen.

(6) [1] Der Eigentümer einer baulichen Anlage, die an einer ausgewiesenen Umleitungsstrecke gelegen ist, kann vom Träger der Straßenbaulast für die gesperrte Bundesfernstraße in der Baulast des Bundes Ersatz der erbrachten notwendigen Aufwendungen für Schallschutzmaßnahmen an der baulichen Anlage auf Antrag verlangen, wenn durch die Sperrung der Hauptfahrbahn der Bundesfernstraße in der Baulast des Bundes

1. der vom Straßenverkehr auf der Umleitungsstrecke ausgehende Lärm um mindestens 3 Dezibel (A) erhöht wird,
2. der Beurteilungspegel 64 Dezibel (A) am Tage (6.00 Uhr bis 22.00 Uhr) oder 54 Dezibel (A) in der Nacht (22.00 Uhr bis 6.00 Uhr) überschreitet und
3. eine Verkehrszunahme verursacht wird, die ab Sperrung der Bundesfernstraße voraussichtlich länger als zwei Jahre andauern wird.

[2] Ein Anspruch besteht nicht, wenn die Lärmerhöhung insbesondere wegen der besonderen Art der Nutzung der baulichen Anlage zumutbar ist oder zugunsten

---

[1] § 14 Abs. 4 Satz 1 geänd. mWv 1.1.2021 durch G v. 14.8.2017 (BGBl. I S. 3122); Abs. 6 angef. mWv 23.6.2022 durch G v. 19.6.2022 (BGBl. I S. 922).
[2] **Sartorius III Nr. 152.**

des Betroffenen innerhalb eines angemessenen Zeitraums nach der Sperrung sonstige Lärmschutzmaßnahmen an der Umleitungsstrecke umgesetzt werden. [3] Wird die zu schützende Nutzung nur am Tage oder nur in der Nacht ausgeübt, so ist nur der Immissionsgrenzwert für den jeweiligen Zeitraum anzuwenden. [4] Sofern nicht abweichend geregelt, muss der Beurteilungspegel nach Satz 1 Nummer 2 durch den Träger der Straßenbaulast für die Bundesfernstraße in der Baulast des Bundes nach den Vorgaben der nach § 43 Absatz 1 Satz 1 Nummer 1 des Bundes-Immissionsschutzgesetzes[1] erlassenen Verordnung berechnet werden. [5] Die Berechnung kann auf repräsentative Immissionsorte entlang der betroffenen Umleitungsstrecke begrenzt werden. [6] Notwendig sind erbrachte Aufwendungen, soweit durch sie die Vorgaben zum Umfang von Schallschutzmaßnahmen in der nach § 43 Absatz 1 Satz 1 Nummer 3 des Bundes-Immissionsschutzgesetzes erlassenen Verordnung eingehalten werden; nicht notwendige Aufwendungen sind bauliche Verbesserungen an Wänden und Dächern sowie an Decken unter nicht ausgebauten Dachräumen. [7] Im Einzelfall kann das erforderliche Schalldämmmaß ohne Berechnung der einzelnen Umfassungsbauteile anhand eines repräsentativen Gebäudes an der Umleitungsstrecke festgelegt werden.

**§ 15[2] Nebenbetriebe an den Bundesautobahnen.** (1) Betriebe an den Bundesautobahnen, die den Belangen der Verkehrsteilnehmer der Bundesautobahnen dienen (z.B. Tankstellen, bewachte Parkplätze, Werkstätten, Verlade- und Umschlagsanlagen, Raststätten) und eine unmittelbare Zufahrt zu den Bundesautobahnen haben, sind Nebenbetriebe.

(2) [1] Der Bau von Nebenbetrieben kann auf Dritte übertragen werden. [2] Der Betrieb von Nebenbetrieben ist auf Dritte zu übertragen, soweit nicht öffentliche Interessen oder besondere betriebliche Gründe entgegenstehen. [3] Die Übertragung von Bau und Betrieb kann unter Auflagen und Bedingungen sowie befristet erfolgen; der Vorbehalt der nachträglichen Aufnahme, Änderung oder Ergänzung einer Auflage (§ 36 des Verwaltungsverfahrensgesetzes[3]) ist ausgeschlossen. [4] Die Übertragung erfolgt unter Voraussetzungen, die für jeden Dritten gleichwertig sind. [5] Dies gilt besonders für Betriebszeiten, das Vorhalten von betrieblichen Einrichtungen sowie Auflagen für die Betriebsführung. [6] Hoheitliche Befugnisse gehen nicht über; die §§ 4, 17 und 18f bis 19a finden Anwendung.

(3) [1] Für das Recht, einen Nebenbetrieb an der Bundesautobahn zu betreiben, hat der Konzessionsinhaber eine umsatz- oder absatzabhängige Konzessionsabgabe an den Bund zu entrichten. [2] Das Bundesministerium für Digitales und Verkehr wird ermächtigt, durch Rechtsverordnung[4] im Einvernehmen mit dem Bundesministerium der Finanzen ohne Zustimmung des Bundesrates die Höhe der Konzessionsabgabe festzusetzen und die Voraussetzungen sowie das Verfahren zur Erhebung der Konzessionsabgabe zu regeln. [3] Die Höhe der Konzessionsabgabe hat sich an dem Wert des wirtschaftlichen Vorteils auszurichten, der dem Konzessionsinhaber durch das Recht zuwächst, einen Nebenbetrieb an der Bundesautobahn zu betreiben; sie darf höchstens 1,53 Euro pro einhundert Liter abgegebenen Kraftstoffs und höchstens 3 vom Hundert von anderen Umsätzen betra-

---

[1] Nr. **296**.
[2] § 15 Abs. 3 Satz 2 geänd. mWv 8.9.2015 durch VO v. 31.8.2015 (BGBl. I S. 1474); Abs. 3 Satz 4 geänd. mWv 9.3.2023 durch G v. 2.3.2023 (BGBl. 2023 I Nr. 56); Abs. 3 Satz 2 geänd. mWv 29.12.2023 durch G v. 22.12.2023 (BGBl. 2023 I Nr. 409).
[3] Nr. **100**.
[4] Siehe die BAB-KonzessionsabgabenVO v. 24.6.1997 (BGBl. I S. 1513), zuletzt geänd. durch G v. 2.3.2023 (BGBl. I Nr. 56).

gen. [4]Die Konzessionsabgabe ist an das Bundesamt für Logistik und Mobilität zu entrichten.

(4) [1]Vorschriften über Sperrzeiten gelten nicht für Nebenbetriebe. [2]Alkoholhaltige Getränke dürfen in der Zeit von 0.00 Uhr bis 7.00 Uhr weder ausgeschenkt noch verkauft werden.

**§ 16[1]) Planungen.** (1) [1]Das Fernstraßen-Bundesamt bestimmt im Benehmen mit den Landesplanungsbehörden der beteiligten Länder die Planung und Linienführung der Bundesfernstraßen. [2]Dies gilt nicht für den Neubau von Ortsumgehungen. [3]Eine Ortsumgehung ist der Teil einer Bundesstraße, der der Beseitigung einer Ortsdurchfahrt dient.

(2) [1]Bei der Bestimmung der Linienführung sind die von dem Vorhaben berührten öffentlichen Belange einschließlich der Umweltverträglichkeit und des Ergebnisses der Raumverträglichkeitsprüfung im Rahmen der Abwägung zu berücksichtigen. [2]Die Bestimmung der Linienführung ist innerhalb einer Frist von drei Monaten abzuschließen.

(3) [1]Wenn Ortsplanungen oder Landesplanungen die Änderung bestehender oder die Schaffung neuer Bundesfernstraßen zur Folge haben können, ist die zuständige Straßenbaubehörde des Landes oder das Fernstraßen-Bundesamt, soweit dem Bund die Verwaltung einer Bundesfernstraße zusteht, zu beteiligen. [2]Sie haben die Belange der Bundesfernstraßen in dem Verfahren zu vertreten. [3]Bundesplanungen haben grundsätzlich Vorrang vor Orts- und Landesplanungen.

**§ 16a[2]) Vorarbeiten.** (1) [1]Eigentümer und sonstige Nutzungsberechtigte haben zur Vorbereitung der Planung und der Baudurchführung notwendige Kampfmittelräumungen, archäologische Untersuchungen und Bergungen sowie Vermessungen, Boden- und Grundwasseruntersuchungen einschließlich der vorübergehenden Anbringung von Markierungszeichen und sonstigen Vorarbeiten durch die Straßenbaubehörde oder die Gesellschaft privaten Rechts im Sinne des Infrastrukturgesellschaftserrichtungsgesetzes[3]) im Rahmen ihrer jeweiligen Zuständigkeiten oder von den zuständigen Behörden Beauftragte zu dulden. [2]Wohnungen dürfen nur mit Zustimmung des Wohnungsinhabers betreten werden. [3]Satz 2 gilt nicht für Arbeits-, Betriebs- oder Geschäftsräume während der jeweiligen Arbeits-, Geschäfts- oder Aufenthaltszeiten.

(2) Die Absicht, solche Arbeiten auszuführen, ist dem Eigentümer oder sonstigen Nutzungsberechtigten mindestens zwei Wochen vorher unmittelbar oder durch ortsübliche Bekanntmachung in den Gemeinden, in deren Bereich die Vorarbeiten durchzuführen sind, bekannt zu geben.

(3) [1]Entstehen durch eine Maßnahme nach Absatz 1 einem Eigentümer oder sonstigen Nutzungsberechtigten unmittelbare Vermögensnachteile, so hat der Träger der Straßenbaulast eine angemessene Entschädigung in Geld zu leisten. [2]Kommt eine Einigung über die Geldentschädigung nicht zustande, setzt die nach Landesrecht zuständige Behörde auf Antrag der Straßenbaubehörde, der Gesellschaft privaten Rechts im Sinne des Infrastrukturgesellschaftserrichtungs-

---

[1]) § 16 Abs. 1 Satz 1 geänd. mWv 8.9.2015 durch VO v. 31.8.2015 (BGBl. I S. 1474); Abs. 1 Satz 1 und Abs. 3 Satz 2 geänd., Abs. 3 Satz 1 neu gef. mWv 1.1.2021 durch G v. 14.8.2017 (BGBl. I S. 3122); Abs. 2 Satz 1 geänd. mWv 28.9.2023 durch G v. 22.3.2023 (BGBl. 2023 I Nr. 88).
[2]) § 16a Abs. 1 Satz 1 neu gef., Abs. 3 Satz 2 geänd. mWv 1.1.2021 durch G v. 14.8.2017 (BGBl. I S. 3122); Abs. 1 Satz 1 geänd. mWv 29.12.2023 durch G v. 22.12.2023 (BGBl. 2023 I Nr. 409).
[3]) **Sartorius III Nr. 152.**

gesetzes oder des Berechtigten die Entschädigung fest. ³Vor der Entscheidung sind die Beteiligten zu hören.

### § 17¹⁾ Erfordernis der Planfeststellung und vorläufige Anordnung.

(1) ¹Bundesfernstraßen dürfen nur gebaut oder geändert werden, wenn der Plan vorher festgestellt ist. ²Eine Änderung liegt vor, wenn eine Bundesfernstraße

1. um einen oder mehrere durchgehende Fahrstreifen für den Kraftfahrzeugverkehr baulich erweitert wird oder
2. in sonstiger Weise erheblich baulich umgestaltet wird.

³Eine Änderung im Sinne des Satzes 2 liegt insbesondere nicht vor, wenn die Änderung der Bundesfernstraße

1. im Zuge des Wiederaufbaus nach einer Naturkatastrophe erforderlich ist, um die Bundesfernstraße vor Naturereignissen zu schützen, und in einem räumlich begrenzten Korridor entlang des Trassenverlaufs erfolgt oder
2. unselbständiger Teil einer Ausbaumaßnahme ist, eine durchgehende Länge von höchstens 1 500 Metern hat und deren vorgezogene Durchführung zur unterhaltungsbedingten Erneuerung eines Brückenbauwerks erforderlich ist.

⁴Als unselbständiger Teil einer Ausbaumaßnahme im Sinne des Satzes 3 Nummer 2 gilt eine Änderung der Bundesfernstraße, die im Vorgriff auf den Ausbau einer Strecke durchgeführt werden soll, und keine unmittelbare verkehrliche Kapazitätserweiterung bewirkt. ⁵Der Träger des Vorhabens kann die Feststellung des Plans nach Absatz 1 Satz 1 beantragen. ⁶Bei der Planfeststellung sind die von dem Vorhaben berührten öffentlichen und privaten Belange einschließlich der Umweltverträglichkeit im Rahmen der Abwägung zu berücksichtigen. ⁷Für das Planfeststellungsverfahren gelten die §§ 72 bis 78 des Verwaltungsverfahrensgesetzes²⁾ nach Maßgabe dieses Gesetzes. ⁸Die Maßgaben gelten entsprechend, soweit das Verfahren landesrechtlich durch ein Verwaltungsverfahrensgesetz geregelt ist.

(2) ¹Ist das Planfeststellungsverfahren eingeleitet, kann die Planfeststellungsbehörde nach Anhörung der betroffenen Gemeinde eine vorläufige Anordnung erlassen, in der vorbereitende Maßnahmen oder Teilmaßnahmen zum Bau oder zur Änderung festgesetzt werden,

1. soweit es sich um reversible Maßnahmen handelt,
2. wenn an dem vorzeitigen Beginn ein öffentliches Interesse besteht,
3. wenn mit einer Entscheidung zugunsten des Trägers des Vorhabens gerechnet werden kann und
4. wenn die nach § 74 Absatz 2 des Verwaltungsverfahrensgesetzes zu berücksichtigenden Interessen gewahrt werden.

²In der vorläufigen Anordnung sind die Auflagen zur Sicherung dieser Interessen und der Umfang der vorläufig zulässigen Maßnahmen festzulegen. ³Sie ist den anliegenden Gemeinden sowie den Beteiligten zuzustellen oder ortsüblich bekannt zu machen. ⁴Sie ersetzt nicht die Planfeststellung. ⁵§ 16a bleibt unberührt. ⁶So-

---

¹⁾ § 17 Überschrift neu gef., bish. Wortlaut wird Abs. 1, Abs. 2 angef. mWv 7.12.2018 durch G v. 29.11.2018 (BGBl. I S. 2237); Abs. 1 Satz 2 eingef., bish. Sätze 2–4 werden Sätze 3–5 mWv 13.3.2020 durch G v. 3.3.2020 (BGBl. I S. 433); Abs. 1 Satz 3 eingef., bish. Sätze 3–5 werden Sätze 4–6 mWv 15.9. 2021 durch G v. 10.9.2021 (BGBl. I S. 4147); Abs. 1 Satz 3 neu gef., Sätze 4 und 5 eingef., bish. Sätze 4–6 werden Sätze 6–8, Abs. 2 Satz 10 neu gef. mWv 29.12.2023 durch G v. 22.12.2023 (BGBl. 2023 I Nr. 409).
²⁾ Nr. **100.**

weit die vorbereitenden Maßnahmen oder Teilmaßnahmen zum Bau oder zur Änderung durch die Planfeststellung für unzulässig erklärt sind, ordnet die Planfeststellungsbehörde gegenüber dem Träger des Vorhabens an, den früheren Zustand wiederherzustellen. [7] Dies gilt auch, wenn der Antrag auf Planfeststellung zurückgenommen wurde. [8] Der Betroffene ist durch den Träger der Straßenbaulast zu entschädigen, soweit die Wiederherstellung des früheren Zustands nicht möglich oder mit unverhältnismäßig hohem Aufwand verbunden oder ein Schaden eingetreten ist, der durch die Wiederherstellung des früheren Zustandes nicht ausgeglichen wird. [9] Rechtsbehelfe gegen die vorläufige Anordnung haben keine aufschiebende Wirkung; ein Vorverfahren findet nicht statt. [10] § 17e gilt entsprechend.

**§ 17a**[1] **Anhörungsverfahren.** (1) Für das Anhörungsverfahren und das Beteiligungsverfahren gelten § 73 des Verwaltungsverfahrensgesetzes[2] und die §§ 17 bis 19 sowie 21 des Gesetzes über die Umweltverträglichkeitsprüfung[3] nach Maßgabe der folgenden Absätze.

(2) Die Anhörungsbehörde soll

1. von dem Träger des Vorhabens verlangen, den Plan ausschließlich oder ergänzend in einem verkehrsüblichen und von der Anhörungsbehörde vorgegebenen elektronischen Format einzureichen;

2. den Behörden, deren Aufgabenbereich durch das Vorhaben berührt wird, den Plan auch ausschließlich elektronisch zugänglich machen;

3. von den Behörden, deren Aufgabenbereich durch das Vorhaben berührt wird, verlangen, ihre Stellungnahmen nach § 73 Absatz 2 und 3a des Verwaltungsverfahrensgesetzes sowie nach § 17 Absatz 2 des Gesetzes über die Umweltverträglichkeitsprüfung elektronisch zu übermitteln.

(3) [1] Die Anhörungsbehörde soll die Auslegung des Plans und der Unterlagen nach § 19 Absatz 2 des Gesetzes über die Umweltverträglichkeitsprüfung durch die Veröffentlichung der Unterlagen auf ihrer Internetseite bewirken. [2] Auf Verlangen eines Beteiligten, das während der Dauer der Beteiligung an die Anhörungsbehörde zu richten ist, wird ihm eine leicht zu erreichende Zugangsmöglichkeit zur Verfügung gestellt. [3] Abweichend von § 73 Absatz 5 Satz 1 des Verwaltungsverfahrensgesetzes erfolgt die Bekanntmachung durch die Anhörungsbehörde; Satz 1 gilt entsprechend. [4] Die Bekanntmachung erfolgt zusätzlich in örtlichen Tageszeitungen, in deren Verbreitungsgebiet sich das Vorhaben voraussichtlich auswirken wird. [5] Die Anhörungsbehörde hat in der Bekanntmachung darauf hinzuweisen, dass und wo der Plan elektronisch veröffentlicht wird und dass eine leicht zu erreichende Zugangsmöglichkeit zur Verfügung gestellt werden kann.

(4) [1] Einwendungen und Stellungnahmen sind gegenüber der Anhörungsbehörde abzugeben. [2] Sie sollen elektronisch übermittelt werden. [3] Eine schriftliche Übermittlung ist ebenfalls möglich. [4] Die Anhörungsbehörde hat in der Bekanntmachung darauf hinzuweisen.

(5) [1] Die Anhörungsbehörde kann auf eine Erörterung nach § 73 Absatz 6 des Verwaltungsverfahrensgesetzes und § 18 Absatz 1 Satz 4 des Gesetzes über die Umweltverträglichkeitsprüfung verzichten. [2] Soll ein im Internet veröffentlichter

---

[1] § 17a neu gef. mWv 29.12.2023 durch G v. 22.12.2023 (BGBl. 2023 I Nr. 409).
[2] Nr. **100.**
[3] Nr. **295.**

oder ausgelegter Plan geändert werden, so soll von der Erörterung im Sinne des § 73 Absatz 6 des Verwaltungsverfahrensgesetzes und des § 18 Absatz 1 Satz 4 des Gesetzes über die Umweltverträglichkeitsprüfung abgesehen werden. [3] Findet keine Erörterung statt, so hat die Anhörungsbehörde ihre Stellungnahme innerhalb von sechs Wochen nach Ablauf der Einwendungsfrist abzugeben und zusammen mit den sonstigen in § 73 Absatz 9 des Verwaltungsverfahrensgesetzes aufgeführten Unterlagen der Planfeststellungsbehörde zuzuleiten.

(6) [1] Die Anhörungsbehörde kann eine Erörterung nach § 73 Absatz 6 des Verwaltungsverfahrensgesetzes und § 18 Absatz 1 Satz 4 des Gesetzes über die Umweltverträglichkeitsprüfung ganz oder teilweise in digitalen Formaten durchführen. [2] In diesem Fall hat sie in der Bekanntmachung darauf hinzuweisen, dass und wie die Erörterung in einem digitalen Format durchgeführt wird.

(7) Soweit Stellungnahmen, Einwendungen oder sonstige Erklärungen elektronisch übermittelt werden oder der Plan oder sonstige Unterlagen in einem elektronischen Format veröffentlicht oder zugänglich gemacht werden, haben die Anhörungsbehörde und die Planfeststellungsbehörde die technische Ausgestaltung zu bestimmen.

(8) [1] Die Durchführung informeller Beteiligungsformate ist möglich. [2] Diese Beteiligungsformate sind von dem Planfeststellungsverfahren unabhängig und dürfen sein Ergebnis nicht vorwegnehmen.

### § 17b[1]) Planfeststellungsbeschluss, Plangenehmigung. (1) Für den Planfeststellungsbeschluss und die Plangenehmigung gelten § 74 des Verwaltungsverfahrensgesetzes[2]) und § 27 des Gesetzes über die Umweltverträglichkeitsprüfung[3]) nach Maßgabe der folgenden Absätze.

(2) [1] Abweichend von § 74 Absatz 6 Satz 1 Nummer 3 des Verwaltungsverfahrensgesetzes kann für ein Vorhaben, für das nach dem Gesetz über die Umweltverträglichkeitsprüfung eine Umweltverträglichkeitsprüfung durchzuführen ist, an Stelle eines Planfeststellungsbeschlusses eine Plangenehmigung erteilt werden. [2] § 17a gilt entsprechend. [3] Im Übrigen findet das Gesetz über die Umweltverträglichkeitsprüfung mit Ausnahme des § 21 Absatz 3 Anwendung.

(3) [1] Abweichend von § 74 Absatz 4, 5 und 6 Satz 2 dritter Halbsatz des Verwaltungsverfahrensgesetzes und § 27 Absatz 1 Satz 1 des Gesetzes über die Umweltverträglichkeitsprüfung können die Zustellung, Auslegung und Bekanntmachung der Auslegung des Planfeststellungsbeschlusses oder der Plangenehmigung dadurch erfolgen, dass die Entscheidung mit einer Rechtsbehelfsbelehrung und dem festgestellten Plan für zwei Wochen auf der Internetseite der Planfeststellungsbehörde veröffentlicht wird. [2] Zusätzlich ist der verfügende Teil des Planfeststellungsbeschlusses, die Rechtsbehelfsbelehrung und ein Hinweis auf die Veröffentlichung auf der Internetseite der Planfeststellungsbehörde verbunden mit dem Hinweis auf leicht zu erreichende Zugangsmöglichkeiten in den örtlichen Tageszeitungen bekanntzumachen, in deren Verbreitungsgebiet sich das Vorhaben voraussichtlich auswirken wird; auf Auflagen ist hinzuweisen. [3] Auf Verlangen eines Beteiligten, das bis zum Ablauf der Rechtsbehelfsfrist an die Planfeststellungsbehörde zu richten ist, ist ihm eine leicht zu erreichende Zugangsmöglichkeit zur Verfügung zu stellen. [4] Im Fall des elektronischen Zugänglichmachens gilt mit dem Ende der Veröffentlichungsfrist die Entscheidung dem Träger des Vorhabens, den

---

[1]) § 17b neu gef. mWv 29.12.2023 durch G v. 22.12.2023 (BGBl. 2023 I Nr. 409).
[2]) Nr. **100**.
[3]) Nr. **295**.

Betroffenen und denjenigen gegenüber, die Einwendungen erhoben haben, als zugestellt; hierauf ist in der Bekanntmachung hinzuweisen. [5] Die Unterlagen nach Satz 1 sollen nach Ende der Veröffentlichungsfrist bis zum Ende der Rechtsbehelfsfrist zur Information im Internet veröffentlicht werden.

(4) [1] Die oberste Landesstraßenbaubehörde stellt den Plan fest, erteilt die Plangenehmigung und trifft die Entscheidung nach § 74 Absatz 7 des Verwaltungsverfahrensgesetzes, soweit sich aus den Absätzen 5 bis 7 sowie aus § 2 Absatz 1 Satz 1 Nummer 4, Absatz 2 und 3 und § 3 Absatz 4 des Fernstraßen-Bundesamt-Errichtungsgesetzes keine Zuständigkeit des Fernstraßen-Bundesamtes als Planfeststellungsbehörde und Plangenehmigungsbehörde ergibt. [2] Bestehen zwischen der obersten Landesstraßenbaubehörde oder dem Fernstraßen-Bundesamt, die den Plan im Rahmen ihrer jeweiligen Zuständigkeiten feststellen, und einer Bundesbehörde Meinungsverschiedenheiten, so ist vor der Planfeststellung die Weisung des Bundesministeriums für Digitales und Verkehr einzuholen.

(5) [1] Für ein Vorhaben, das teilweise von einer obersten Landesstraßenbaubehörde und teilweise vom Fernstraßen-Bundesamt durch Planfeststellungsbeschluss oder Plangenehmigung zugelassen werden muss, ist nur ein Verfahren durchzuführen, wenn für dieses Vorhaben oder für Teile davon nur eine einheitliche Entscheidung möglich ist. [2] Zuständig ist die Behörde, in deren Zuständigkeitsbereich das Vorhaben den größeren Kreis öffentlich-rechtlicher Beziehungen berührt. [3] Sie hat das Verfahren nach den für sie geltenden Rechtsvorschriften durchzuführen.

(6) Bestehen Zweifel, welche Behörde nach Absatz 5 zuständig ist, führen das Bundesministerium für Digitales und Verkehr und die oberste Landesstraßenbaubehörde das Benehmen darüber herbei, welche Behörde für das Vorhaben zuständig ist.

(7) Die Absätze 5 und 6 gelten entsprechend für die Entscheidung nach § 74 Absatz 7 des Verwaltungsverfahrensgesetzes.

(8) [1] Bebauungspläne nach § 9 des Baugesetzbuchs[1]) ersetzen die Planfeststellung nach § 17. [2] Wird eine Ergänzung notwendig oder soll von Festsetzungen des Bebauungsplans abgewichen werden, so ist die Planfeststellung insoweit zusätzlich durchzuführen. [3] In diesen Fällen gelten die §§ 40, 43 Absatz 1, 2, 4 und 5 sowie § 44 Absatz 1 bis 4 des Baugesetzbuchs.

**§ 17c**[2]) **Rechtswirkungen der Planfeststellung und der Plangenehmigung.** Für die Rechtswirkungen der Planfeststellung und Plangenehmigung gilt § 75 des Verwaltungsverfahrensgesetzes[3]) mit folgenden Maßgaben:

1. Wird mit der Durchführung des Plans nicht innerhalb von zehn Jahren nach Eintritt der Unanfechtbarkeit begonnen, so tritt er außer Kraft, es sei denn, er wird vorher auf Antrag des Trägers des Vorhabens von der Planfeststellungsbehörde um höchstens fünf Jahre verlängert.

2. Vor der Entscheidung nach Nummer 1 ist eine auf den Antrag begrenzte Anhörung nach dem für die Planfeststellung oder für die Plangenehmigung vorgeschriebenen Verfahren durchzuführen.

---

[1]) Nr. **300**.
[2]) § 17c Nr. 4 aufgeh. mWv 1.6.2015 durch G v. 31.5.2013 (BGBl. I S. 1388, geänd. durch G v. 24.5. 2014, BGBl. I S. 538); Nr. 4 angef. mWv 10.12.2020 durch G v. 3.12.2020 (BGBl. I S. 2694); Nr. 3 geänd. mWv 29.12.2023 durch G v. 22.12.2023 (BGBl. 2023 I Nr. 409).
[3]) Nr. **100**.

3. Für die Zustellung und Veröffentlichung im Internet oder Auslegung sowie die Anfechtung der Entscheidung über die Verlängerung sind die Bestimmungen über den Planfeststellungsbeschluss entsprechend anzuwenden.

4. Wird eine Planergänzung oder ein ergänzendes Verfahren nach § 75 Absatz 1a Satz 2 des Verwaltungsverfahrensgesetzes erforderlich und wird diese Planergänzung oder dieses ergänzende Verfahren unverzüglich betrieben, so bleibt die Durchführung des Vorhabens zulässig, soweit es von der Planergänzung oder dem Ergebnis des ergänzenden Verfahrens offensichtlich nicht berührt ist.

**§ 17d**[1] **Planänderung vor Fertigstellung des Vorhabens.** [1] Für die Planergänzung und das ergänzende Verfahren im Sinne des § 75 Abs. 1a Satz 2 des Verwaltungsverfahrensgesetzes[2] und für die Planänderung vor Fertigstellung des Vorhabens gilt § 76 des Verwaltungsverfahrensgesetzes mit der Maßgabe, dass im Fall des § 76 Abs. 1 des Verwaltungsverfahrensgesetzes von einer Erörterung im Sinne des § 73 Abs. 6 des Verwaltungsverfahrensgesetzes und des § 18 Absatz 1 Satz 4 des Gesetzes über die Umweltverträglichkeitsprüfung[3] abgesehen werden kann. [2] Im Übrigen gelten für das neue Verfahren die Vorschriften dieses Gesetzes.

**§ 17e**[4] **Rechtsbehelfe.** (1) [1] § 50 Absatz 1 Nummer 6 der Verwaltungsgerichtsordnung[5] gilt für Planfeststellungsverfahren, Plangenehmigungsverfahren und Verfahren zu Entfallensentscheidungen nach § 17b Absatz 1 in Verbindung mit Absatz 4 und § 74 Absatz 7 des Verwaltungsverfahrensgesetzes[2] für Vorhaben im Sinne des § 17 Absatz 1, soweit diese Bundesfernstraßen betreffen, die wegen

1. der Herstellung der Deutschen Einheit,

2. der Einbindung der neuen Mitgliedstaaten in die Europäische Union,

3. der Verbesserung der Hinterlandanbindung der deutschen Seehäfen,

4. ihres sonstigen internationalen Bezuges,

5. der besonderen Funktion zur Beseitigung schwerwiegender Verkehrsengpässe oder

6. ihrer Bedeutung bei der Verbesserung der Infrastruktur in den Revieren nach § 2 des Investitionsgesetzes Kohleregionen[6] vom 8. August 2020 (BGBl. I S. 1795)

in der Anlage 1 aufgeführt sind. [2] Satz 1 gilt auch für nach § 17 Absatz 1 von der Planfeststellungspflicht freigestellte Vorhaben, auch dann, wenn auf Antrag des Vorhabenträgers ein Planfeststellungsverfahren oder Plangenehmigungsverfahren durchgeführt wird.

(2) [1] Der Antrag auf Anordnung der aufschiebenden Wirkung der Anfechtungsklage gegen einen Planfeststellungsbeschluss oder eine Plangenehmigung nach § 80 Absatz 5 Satz 1 der Verwaltungsgerichtsordnung kann nur innerhalb eines Monats nach der Zustellung des Planfeststellungsbeschlusses oder der Plangeneh-

---

[1] § 17d Satz 1 geänd. mWv 2.6.2017 durch G v. 29.5.2017 (BGBl. I S. 1298); Satz 1 geänd. mWv 29.7. 2017 durch G v. 20.7.2017 (BGBl. I S. 2808, ber. 2018 S. 472).

[2] Nr. **100**.

[3] Nr. **295**.

[4] § 17e Abs. 6 aufgeh. mWv 1.6.2015 durch G v. 31.5.2013 (BGBl. I S. 1388, geänd. durch G v. 24.5. 2014, BGBl. I S. 538); Abs. 1 einl. Satzteil geänd., Abs. 5 neu gef. mWv 7.12.2018 durch G v. 29.11.2018 (BGBl. I S. 2237); Abs. 1 Nr. 4 und 5 geänd., Nr. 6 angef. mWv 14.8.2020 durch G v. 8.8.2020 (BGBl. I S. 1795); Abs. 1, 2 neu gef., Abs. 3, 4 aufgeh., bish. Abs. 5 wird Abs. 3 mWv 29.12.2023 durch G v. 22.12.2023 (BGBl. 2023 I Nr. 409).

[5] Nr. **600**.

[6] **Sartorius III Nr. 116.**

migung gestellt und begründet werden. [2]Darauf ist in der Rechtsbehelfsbelehrung hinzuweisen. [3]§ 58 der Verwaltungsgerichtsordnung gilt entsprechend. [4]Treten später Tatsachen ein, die die Anordnung der aufschiebenden Wirkung rechtfertigen, so kann der durch den Planfeststellungsbeschluss oder die Plangenehmigung Beschwerte einen hierauf gestützten Antrag nach § 80 Absatz 5 Satz 1 der Verwaltungsgerichtsordnung innerhalb einer Frist von einem Monat stellen und begründen. [5]Die Frist beginnt mit dem Zeitpunkt, in dem der Beschwerte von den Tatsachen Kenntnis erlangt.

(3) [1]Der Kläger hat innerhalb einer Frist von zehn Wochen ab Klageerhebung die zur Begründung seiner Klage dienenden Tatsachen und Beweismittel anzugeben. [2]Erklärungen und Beweismittel, die erst nach Ablauf dieser Frist vorgebracht werden, sind nur zuzulassen, wenn der Kläger die Verspätung genügend entschuldigt. [3]Der Entschuldigungsgrund ist auf Verlangen des Gerichts glaubhaft zu machen. [4]Satz 2 gilt nicht, wenn es mit geringem Aufwand möglich ist, den Sachverhalt auch ohne Mitwirkung des Klägers zu ermitteln. [5]Die Frist nach Satz 1 kann durch den Vorsitzenden oder den Berichterstatter auf Antrag verlängert werden, wenn der Kläger in dem Verfahren, in dem die angefochtene Entscheidung ergangen ist, keine Möglichkeit der Beteiligung hatte. [6]§ 6 des Umwelt-Rechtsbehelfsgesetzes[1]) ist nicht anzuwenden.

### § 17f Anlagen der Verkehrsüberwachung, der Unfallhilfe und des Zolls.

[1]Die der Sicherheit und Ordnung dienenden Anlagen an Bundesfernstraßen, wie Polizeistationen, Einrichtungen der Unfallhilfe, Hubschrauberlandeplätze, können, wenn sie eine unmittelbare Zufahrt zu den Bundesfernstraßen haben, zur Festsetzung der Flächen in die Planfeststellung einbezogen werden. [2]Das Gleiche gilt für Zollanlagen an Bundesfernstraßen.

### § 17g[2]) Veröffentlichung im Internet.

[1]Wird der Plan nicht nach § 17a Absatz 3 Satz 1, § 27a Absatz 1 des Verwaltungsverfahrensgesetzes[3]) oder § 20 des Gesetzes über die Umweltverträglichkeitsprüfung[4]) im Internet veröffentlicht, ist dieser vom Träger des Vorhabens auf seiner Internetseite zu veröffentlichen. [2]§ 23 des Gesetzes über die Umweltverträglichkeitsprüfung gilt entsprechend. [3]Maßgeblich ist der Inhalt des im Rahmen des Genehmigungsverfahrens zur Einsicht ausgelegten Plans. [4]Hierauf ist bei der Veröffentlichung hinzuweisen.

### § 17h[5]) Projektmanager.

[1]Die Anhörungsbehörde kann einen Dritten mit der Vorbereitung und Durchführung von Verfahrensschritten, insbesondere

1. der Erstellung von Verfahrensleitplänen unter Bestimmung von Verfahrensabschnitten und Zwischenterminen,
2. der Fristenkontrolle,
3. der Koordinierung von erforderlichen Sachverständigengutachten,
4. dem Entwurf eines Anhörungsberichts,
5. der ersten Auswertung der eingereichten Stellungnahmen,
6. der organisatorischen Vorbereitung eines Erörterungstermins und

---

[1]) Nr. 293.
[2]) § 17g eingef. mWv 7.12.2018 durch G v. 29.11.2018 (BGBl. I S. 2237); Satz 1 neu gef., Satz 4 geänd. mWv 29.12.2023 durch G v. 22.12.2023 (BGBl. 2023 I Nr. 409).
[3]) Nr. 100.
[4]) Nr. 295.
[5]) § 17h eingef. mWv 7.12.2018 durch G v. 29.11.2018 (BGBl. I S. 2237).

7. der Leitung eines Erörterungstermins

auf Vorschlag oder mit Zustimmung des Vorhabenträgers beauftragen. [2] § 73 Absatz 9 des Verwaltungsverfahrensgesetzes[1] bleibt unberührt. [3] Die Entscheidung über den Planfeststellungsantrag verbleibt bei der zuständigen Behörde.

**§ 17i[2] Planfeststellungsverfahren bei Vorhaben im transeuropäischen Verkehrsnetz.** (1) [1] Wird ein Planfeststellungsverfahren oder ein Plangenehmigungsverfahren für ein Vorhaben durchgeführt, das

1. im Abschnitt der Festen Fehmarnbeltquerung zwischen Puttgarden und Rodby gelegen ist oder

2. auf einem Kernnetzkorridor nach Anlage 2 gelegen ist und dessen geschätzte Gesamtkosten zum Zeitpunkt der Einleitung des Planfeststellungsverfahrens oder des Plangenehmigungsverfahrens 300 000 000 Euro überschreiten,

ist dieses innerhalb von vier Jahren abzuschließen. [2] Die Frist beginnt mit dem Eingang des Plans nach § 73 Absatz 1 des Verwaltungsverfahrensgesetzes[1] bei der Anhörungsbehörde und Planfeststellungsbehörde. [3] Diese sowie alle am Planfeststellungsverfahren oder am Plangenehmigungsverfahren beteiligten Behörden des Bundes und der Länder sind bestrebt, den Planfeststellungsverfahren oder Plangenehmigungsverfahren nach Satz 1 Vorrang bei der Bearbeitung einzuräumen. [4] Dabei ist das Beschleunigungsinteresse an anderen Vorhaben, die im überragenden öffentlichen Interesse stehen oder der öffentlichen Sicherheit dienen, zu beachten.

(2) [1] Die Planfeststellungsbehörde hat dem Vorhabenträger auf dessen Antrag Auskunft über die bei Vorlage des Plans nach § 73 Absatz 1 des Verwaltungsverfahrensgesetzes beizubringenden Informationen und Unterlagen zu erteilen. [2] Weist das Vorhaben bei Eingang des Plans nach § 73 Absatz 1 des Verwaltungsverfahrensgesetzes nicht die erforderliche Reife auf, so ist der Antrag auf Einleitung des Verfahrens zur Planfeststellung oder Plangenehmigung spätestens vier Monate nach seinem Eingang bei der zuständigen Behörde abzulehnen.

(3) [1] Auf Antrag der Planfeststellungsbehörde kann das Bundesministerium für Digitales und Verkehr die Frist nach Absatz 1 Satz 1 verlängern. [2] Im Antrag sind die Gründe für die Fristüberschreitung darzulegen. [3] Eine weitere Verlängerung kann unter denselben Bedingungen einmal gewährt werden.

(4) Die Absätze 1 bis 3 sind nicht anzuwenden auf Vorhaben, deren Plan vor dem 10. August 2023 bei der Anhörungsbehörde und Planfeststellungsbehörde eingereicht wurde.

**§ 17j[2] Grenzüberschreitende Vorhaben im transeuropäischen Verkehrsnetz.** (1) Bei grenzüberschreitenden Vorhaben nach § 17i Absatz 1 Satz 1 sollen die zuständigen Behörden zusammenarbeiten, erforderliche Informationen, Unterlagen und Dokumente austauschen und die nationalen Zeitpläne ihrer Genehmigungsverfahren abstimmen.

(2) Das Bundesministerium für Digitales und Verkehr hat die nach Artikel 45 der Verordnung (EU) Nr. 1315/2013 des Europäischen Parlaments und des Rates vom 11. Dezember 2013 über Leitlinien der Union für den Aufbau eines transeuropäischen Verkehrsnetzes und zur Aufhebung des Beschlusses Nr. 661/2010/ EU (ABl. L 348 vom 20.12.2013, S. 1) benannten Europäischen Koordinatoren

---

[1] Nr. **100.**
[2] §§ 17i, 17j eingef. mWv 29.12.2023 durch G v. 22.12.2023 (BGBl. 2023 I Nr. 409).

auf deren Ersuchen über den Sachstand des grenzüberscheitenden Vorhabens zu unterrichten.

(3) Wird die Frist nach § 17i Absatz 1 Satz 1 nicht eingehalten, hat das Bundesministerium für Digitales und Verkehr bei grenzüberschreitenden Vorhaben nach Absatz 1 die Europäischen Koordinatoren auf deren Ersuchen über Maßnahmen zum zügigen Abschluss des *Planfeststellungsverfahrens*[1] oder Plangenehmigungsverfahrens zu unterrichten.

**§ 17k**[2] **Berichterstattung an die Europäische Kommission.** Zur Vorbereitung der Berichterstattung an die Europäische Kommission haben die obersten Landesstraßenbaubehörden und das Fernstraßen-Bundesamt dem Bundesministerium für Digitales und Verkehr erstmals zum 30. April 2026 und sodann alle zwei Jahre für ihren Zuständigkeitsbereich folgende Angaben aus dem Berichtszeitraum mitzuteilen:
1. Die Anzahl der laufenden sowie abgeschlossenen Planfeststellungsverfahren oder Plangenehmigungsverfahren nach § 17i Absatz 1 und § 17j Absatz 1,
2. die durchschnittliche Verfahrensdauer der abgeschlossenen Planfeststellungsverfahren oder Plangenehmigungsverfahren,
3. die Anzahl der Planfeststellungsverfahren oder Plangenehmigungsverfahren, die über einen Zeitraum von mehr als vier Jahren seit Fristbeginn andauern,
4. die Anzahl der Planfeststellungsverfahren oder Plangenehmigungsverfahren mit Fristüberschreitung sowie
5. die Einrichtung gemeinsamer Behörden für grenzüberschreitende Vorhaben.

**§§ 18 bis 18e** (weggefallen)

**§ 18f**[3] **Vorzeitige Besitzeinweisung.** (1) ¹Ist der sofortige Beginn von Bauarbeiten geboten und weigert sich der Eigentümer oder Besitzer, den Besitz eines für die Straßenbaumaßnahme benötigten Grundstücks durch Vereinbarung unter Vorbehalt aller Entschädigungsansprüche zu überlassen, so hat die Enteignungsbehörde den Träger der Straßenbaulast auf Antrag nach Feststellung des Plans oder Erteilung der Plangenehmigung in den Besitz einzuweisen. ²Der Planfeststellungsbeschluss oder die Plangenehmigung müssen vollziehbar sein. ³Weiterer Voraussetzungen bedarf es nicht.

(1a) ¹Der Träger des Vorhabens kann verlangen, dass bereits nach Ablauf der Einwendungsfrist nach § 73 Absatz 4 des Verwaltungsverfahrensgesetzes[4] das Verfahren zur vorzeitigen Besitzeinweisung in das Grundstück eines Dritten durchgeführt wird. ²In diesem Fall ist der nach dem Verfahrensstand zu erwartende Planfeststellungsbeschluss oder die zu erwartende Plangenehmigung dem Verfahren zur vorzeitigen Besitzeinweisung zugrunde zu legen. ³Der Besitzeinweisungsbeschluss ist mit der aufschiebenden Bedingung zu verbinden, dass sein Ergebnis durch den Planfeststellungsbeschluss oder die Plangenehmigung bestätigt wird. ⁴Wird das Ergebnis des Besitzeinweisungsbeschlusses durch den Planfeststellungsbeschluss oder die Plangenehmigung nicht bestätigt, ist ein neuer Besitzeinwei-

---

[1] Richtig wohl: „Planfeststellungsverfahrens“.
[2] § 17k eingef. mWv 29.12.2023 durch G v. 22.12.2023 (BGBl. 2023 I Nr. 409).
[3] § 18f Abs. 7 Satz 1 geänd., Satz 2 angef. mWv 13.3.2020 durch G v. 3.3.2020 (BGBl. I S. 433); Abs. 2 Satz 2 geänd. mWv 1.1.2021 durch G v. 14.8.2017 (BGBl. I S. 3122); Abs. 8 angef. mWv 1.7.2021 durch G v. 31.5.2021 (BGBl. I S. 1221); Abs. 1a eingef. mWv 29.12.2023 durch G v. 22.12.2023 (BGBl. 2023 I Nr. 409).
[4] Nr. **100**.

sungsbeschluss auf der Grundlage des ergangenen Planfeststellungsbeschlusses oder der ergangenen Plangenehmigung herbeizuführen.

(2) [1] Die Enteignungsbehörde hat spätestens sechs Wochen nach Eingang des Antrages auf Besitzeinweisung mit den Beteiligten mündlich zu verhandeln. [2] Hierzu sind die Straßenbaubehörde, sofern eine Bundesfernstraße, soweit dem Bund die Verwaltung einer Bundesfernstraße zusteht, betroffen ist, die Gesellschaft privaten Rechts im Sinne des Infrastrukturgesellschaftserrichtungsgesetzes[1]) und die Betroffenen zu laden. [3] Dabei ist den Betroffenen der Antrag auf Besitzeinweisung mitzuteilen. [4] Die Ladungsfrist beträgt drei Wochen. [5] Mit der Ladung sind die Betroffenen aufzufordern, etwaige Einwendungen gegen den Antrag möglichst vor der mündlichen Verhandlung bei der Enteignungsbehörde einzureichen. [6] Sie sind außerdem darauf hinzuweisen, dass auch bei Nichterscheinen über den Antrag auf Besitzeinweisung und andere im Verfahren zu erledigende Anträge entschieden werden kann.

(3) [1] Soweit der Zustand des Grundstücks von Bedeutung ist, hat ihn die Enteignungsbehörde vor der Besitzeinweisung in einer Niederschrift festzustellen oder durch einen Sachverständigen ermitteln zu lassen. [2] Den Beteiligten ist eine Abschrift der Niederschrift oder des Ermittlungsergebnisses zu übersenden.

(4) [1] Der Beschluss über die Besitzeinweisung ist dem Antragsteller und den Betroffenen spätestens zwei Wochen nach der mündlichen Verhandlung zuzustellen. [2] Die Besitzeinweisung wird in dem von der Enteignungsbehörde bezeichneten Zeitpunkt wirksam. [3] Dieser Zeitpunkt soll auf höchstens zwei Wochen nach Zustellung der Anordnung über die vorzeitige Besitzeinweisung an den unmittelbaren Besitzer festgesetzt werden. [4] Durch die Besitzeinweisung wird dem Besitzer der Besitz entzogen und der Träger der Straßenbaulast Besitzer. [5] Der Träger der Straßenbaulast darf auf dem Grundstück das im Antrag auf Besitzeinweisung bezeichnete Bauvorhaben ausführen und die dafür erforderlichen Maßnahmen treffen.

(5) [1] Der Träger der Straßenbaulast hat für die durch die vorzeitige Besitzeinweisung entstehenden Vermögensnachteile Entschädigung zu leisten, soweit die Nachteile nicht durch die Verzinsung der Geldentschädigung für die Entziehung oder Beschränkung des Eigentums oder eines anderen Rechts ausgeglichen werden. [2] Art und Höhe der Entschädigung sind von der Enteignungsbehörde in einem Beschluss festzusetzen.

(6) [1] Wird der festgestellte Plan oder die Plangenehmigung aufgehoben, so ist auch die vorzeitige Besitzeinweisung aufzuheben und der vorherige Besitzer wieder in den Besitz einzuweisen. [2] Der Träger der Straßenbaulast hat für die durch die vorzeitige Besitzeinweisung entstandenen besonderen Nachteile Entschädigung zu leisten.

(6a) [1] Ein Rechtsbehelf gegen eine vorzeitige Besitzeinweisung hat keine aufschiebende Wirkung. [2] Der Antrag auf Anordnung der aufschiebenden Wirkung nach § 80 Abs. 5 Satz 1 der Verwaltungsgerichtsordnung[2]) kann nur innerhalb eines Monats nach der Zustellung des Besitzeinweisungsbeschlusses gestellt und begründet werden.

(7) [1] Die Absätze 1 bis 6a gelten entsprechend für Grundstücke, die für die in § 17f genannten Anlagen oder für Unterhaltungsmaßnahmen benötigt werden.

---

[1]) **Sartorius III Nr. 152.**
[2]) Nr. **600.**

²Bei Unterhaltungsmaßnahmen bedarf es nicht der vorherigen Planfeststellung oder Plangenehmigung.

(8) Im Übrigen gelten die Enteignungsgesetze der Länder.

**§ 19[1] Enteignung.** (1) ¹Die Träger der Straßenbaulast der Bundesfernstraßen haben zur Erfüllung ihrer Aufgaben das Enteignungsrecht. ²Die Enteignung ist zulässig, soweit sie zur Unterhaltung oder Ausführung eines nach § 17 Absatz 1 festgestellten oder genehmigten Bauvorhabens notwendig ist. ³Einer weiteren Feststellung der Zulässigkeit der Enteignung bedarf es nicht.

(2) Der festgestellte oder genehmigte Plan ist dem Enteignungsverfahren zugrunde zu legen und für die Enteignungsbehörde bindend.

(2a) Hat sich ein Beteiligter mit der Übertragung oder Beschränkung des Eigentums oder eines anderen Rechts schriftlich einverstanden erklärt, kann das Entschädigungsverfahren unmittelbar durchgeführt werden.

(2b) Die Absätze 1, 2 und 2a gelten für die in § 17f genannten Anlagen entsprechend.

(3) (weggefallen)

(4) (weggefallen)

(5) Im Übrigen gelten die für öffentliche Straßen geltenden Enteignungsgesetze der Länder.

**§ 19a[2] Entschädigungsverfahren.** Soweit der Träger der Straßenbaulast nach §§ 8a, 9, 17 Absatz 2 oder auf Grund eines Planfeststellungsbeschlusses oder einer Plangenehmigung verpflichtet ist, eine Entschädigung in Geld zu leisten, und über die Höhe der Entschädigung keine Einigung zwischen dem Betroffenen und dem Träger der Straßenbaulast zustande kommt, entscheidet auf Antrag eines der Beteiligten die nach Landesrecht zuständige Behörde; für das Verfahren und den Rechtsweg gelten die Enteignungsgesetze der Länder entsprechend.

**§ 20[3] Straßenaufsicht.** (1) ¹Die Erfüllung der Aufgaben, die den Trägern der Straßenbaulast für die Bundesfernstraßen obliegen, wird durch die Straßenaufsicht sichergestellt. ²Die Länder üben die Straßenaufsicht für die Bundesstraßen im Auftrag des Bundes aus, im Bereich der Bundesfernstraßen, soweit dem Bund die Verwaltung einer Bundesfernstraße zusteht, übt sie das Fernstraßen-Bundesamt aus.

(2) ¹Die Straßenaufsichtsbehörde kann die Durchführung der notwendigen Maßnahmen unter Setzung einer angemessenen Frist anordnen. ²Sie soll Maßnahmen, die mehrere Träger der Straßenbaulast durchzuführen haben, diesen rechtzeitig bekannt geben, damit sie möglichst zusammenhängend ausgeführt werden. ³Kommt ein Träger der Straßenbaulast der Anordnung nicht nach, kann die Straßenaufsichtsbehörde die notwendigen Maßnahmen an seiner Stelle und auf seine Kosten verfügen und vollziehen.

**§ 21 Verwaltung der Bundesstraßen in den Ortsdurchfahrten.** ¹Soweit die Gemeinden nach § 5 Abs. 2 und 3 Träger der Straßenbaulast sind, richtet sich die Zuständigkeit zur Verwaltung der Ortsdurchfahrten nach Landesrecht. ²Dieses

---

[1] § 19 Abs. 1 Satz 2 geänd. mWv 7.12.2018 durch G v. 29.11.2018 (BGBl. I S. 2237); Abs. 1 Satz 2 geänd. mWv 13.3.2020 durch G v. 3.3.2020 (BGBl. I S. 433).
[2] § 19a geänd. mWv 1.6.2015 durch G v. 31.5.2013 (BGBl. I S. 1388, geänd. durch G v. 24.5.2014, BGBl. I S. 538); geänd. mWv 7.12.2018 durch G v. 29.11.2018 (BGBl. I S. 2237).
[3] § 20 Abs. 1 Satz 2 neu gef. mWv 1.1.2021 durch G v. 14.8.2017 (BGBl. I S. 3122).

regelt auch, wer insoweit zuständige Straßenbaubehörde im Sinne dieses Gesetzes ist.

**§ 22**[1]) **Zuständigkeit; Verordnungsermächtigung.** (1) Das Bundesministerium für Digitales und Verkehr wird ermächtigt, durch Rechtsverordnung ohne Zustimmung des Bundesrates die dem Fernstraßen-Bundesamt und der Gesellschaft privaten Rechts im Sinne des Infrastrukturgesellschaftserrichtungsgesetzes[2]) nach dem Bundesfernstraßengesetz zugewiesenen Befugnisse und Aufgaben auf andere Bundesbehörden oder andere vom Bund gegründete Gesellschaften, die im ausschließlichen Eigentum des Bundes stehen müssen, zu übertragen.

(2) [1] Im Fall des Artikels 90 Absatz 4 oder des Artikels 143e Absatz 2 des Grundgesetzes[3]) treten an die Stelle der im Gesetz genannten Straßenbaubehörden der Länder die vom Bundesministerium für Digitales und Verkehr bestimmten Bundesbehörden oder die Gesellschaft privaten Rechts im Sinne des Infrastrukturgesellschaftserrichtungsgesetzes. [2] Dies gilt auch für die nach § 36 des Gesetzes über Ordnungswidrigkeiten[4]) zu bestimmende Behörde.

(3) [1] Im Rahmen der Auftragsverwaltung richtet sich das Verfahren für die Beitreibung von Ersatzleistungen (§ 7), Sondernutzungsgebühren sowie Vorschüssen und Sicherheiten (§ 8) und das Verfahren in den Fällen, in denen die Behörde Maßnahmen nach § 8 Abs. 7a trifft oder in denen jemand zur Duldung oder Unterlassung verpflichtet ist (§§ 11 und 14), nach Landesrecht. [2] Im Übrigen gilt Bundesrecht.

(4) [1] Soweit nach diesem Gesetz die Zuständigkeit von Landesbehörden begründet ist, bestimmen die Länder die zuständigen Behörden. [2] Sie sind ermächtigt, die Zuständigkeit der obersten Straßenbaubehörden der Länder, soweit sie nach diesem Gesetz begründet ist, auf nachgeordnete Behörden zu übertragen. [3] Das Bundesministerium für Digitales und Verkehr ist hiervon zu unterrichten.

(5) Soweit Selbstverwaltungskörperschaften in der Auftragsverwaltung tätig werden (Artikel 90 Absatz 3 des Grundgesetzes), sind ihre Behörden nach Maßgabe des Landesrechts an Stelle der Behörden des Landes zuständig.

**§ 23**[5]) **Ordnungswidrigkeiten.** (1) Ordnungswidrig handelt, wer vorsätzlich oder fahrlässig

1. entgegen § 8 Abs. 1 eine Bundesfernstraße über den Gemeingebrauch hinaus ohne Erlaubnis benutzt,

2. nach § 8 Abs. 2 erteilten vollziehbaren Auflagen nicht nachkommt,

3. entgegen § 8 Abs. 2a

   a) Anlagen nicht vorschriftsmäßig errichtet oder unterhält oder

   b) auf vollziehbares Verlangen der zuständigen Behörde Anlagen auf seine Kosten nicht ändert,

---

[1]) § 22 Abs. 1 und 2 Satz 1, Abs. 4 Satz 3 geänd. mWv 8.9.2015 durch VO v. 31.8.2015 (BGBl. I S. 1474); Abs. 1 neu gef. mWv 1.1.2020, Überschrift neu gef., Abs. 2 Satz 1 geänd., Abs. 3 Satz 2 geänd. mWv 1.1.2021 durch G v. 14.8.2017 (BGBl. I S. 3122); Abs. 2 Satz 1 neu gef., Abs. 5 geänd. mWv 7.12. 2018 durch G v. 29.11.2018 (BGBl. I S. 2237); Abs. 1, Abs. 2 Satz 1 und Abs. 4 Satz 3 geänd. mWv 29.12.2023 durch G v. 22.12.2023 (BGBl. 2023 I Nr. 409).
[2]) **Sartorius III Nr. 152.**
[3]) Nr. **1.**
[4]) **Habersack Nr. 94.**
[5]) § 23 Abs. 3 angef. mWv 1.1.2021 durch G v. 14.8.2017 (BGBl. I S. 3122).

4. entgegen § 8a Abs. 1 in Verbindung mit § 8 Abs. 1 Zufahrten oder Zugänge ohne Erlaubnis anlegt oder ändert,

5. entgegen § 8a Abs 3 in Verbindung mit § 8 Abs. 2a Zufahrten oder Zugänge nicht vorschriftsmäßig unterhält,

6. einer nach § 8a Abs. 6 ergangenen vollziehbaren Anordnung nicht nachkommt,

7. entgegen § 9 Abs. 1 oder 4 Hochbauten oder bauliche Anlagen errichtet oder Aufschüttungen oder Abgrabungen größeren Umfangs vornimmt,

8. Anlagen der Außenwerbung entgegen § 9 Abs. 6 Satz 1 in Verbindung mit den Absätzen 1 und 2 errichtet oder entgegen § 9 Abs. 6 Satz 2 an Brücken über Bundesfernstraßen anbringt,

9. vollziehbaren Auflagen nicht nachkommt, unter denen eine Ausnahme nach § 9 Abs. 8 von den Verboten des § 9 Abs. 1, 4 und 6 zugelassen wurde,

10. entgegen § 9a Abs. 1 Satz 1 auf der vom Plan betroffenen Fläche oder in dem Planungsgebiet nach Absatz 3 Veränderungen vornimmt,

11. entgegen § 10 Abs 2 Satz 1 Schutzwaldungen nicht erhält oder nicht ordnungsgemäß unterhält,

12. entgegen § 11 Abs. 1 die Anlage vorübergehender Einrichtungen nicht duldet oder entgegen § 11 Abs. 2 Satz 1 Einrichtungen, die die Verkehrssicherheit beeinträchtigen, anlegt oder entgegen § 11 Abs. 2 Satz 2 ihre Beseitigung nicht duldet,

13. entgegen § 16a Abs. 1 Satz 1 notwendige Vorarbeiten oder die vorübergehende Anbringung von Markierungszeichen nicht duldet.

(2) Ordnungswidrigkeiten nach Absatz 1 Nr. 1 bis 6 und 11 bis 13 können mit einer Geldbuße bis zu fünfhundert Euro, Ordnungswidrigkeiten nach Absatz 1 Nr. 7 bis 10 können mit einer Geldbuße bis zu fünftausend Euro geahndet werden.

(3) Verwaltungsbehörde im Sinne des § 36 Absatz 1 Nummer 1 des Gesetzes über Ordnungswidrigkeiten[1] ist das Fernstraßen-Bundesamt für Ordnungswidrigkeiten nach Absatz 1 auf oder an Bundesfernstraßen, soweit dem Bund die Verwaltung einer Bundesfernstraße zusteht.

**§ 23a**[2] **Gebühren, Verordnungsermächtigung.** (1) [1]Für individuell zurechenbare öffentliche Leistungen des Bundes in den Fällen nach § 8 Absatz 1, 2, 2a, 6 und 7a, § 9 Absatz 2 bis 2c, 5 und 8 ist das Bundesgebührengesetz[3] anzuwenden. [2]Das Bundesministerium für Digitales und Verkehr wird ermächtigt, durch Rechtsverordnung ohne Zustimmung des Bundesrates seine Befugnisse nach § 22 Absatz 4 des Bundesgebührengesetzes auf das Fernstraßen-Bundesamt zu übertragen, soweit dem Bund die Verwaltung einer Bundesfernstraße zusteht.

(2) [1]Für individuell zurechenbare öffentliche Leistungen der Länder in den Fällen nach § 8 Absatz 1, 2, 2a, 6 und 7a, § 9 Absatz 2 bis 2c, 5 und 8 ist das Bundesgebührengesetz mit der Maßgabe anzuwenden, dass die Rechtsverordnungen nach § 22 des Bundesgebührengesetzes von den Landesregierungen erlassen werden. [2]Die zuständige Landesregierung wird ermächtigt, durch Rechtsverordnung ihre Befugnisse nach Satz 3 auf eine oberste Landesbehörde zu übertragen.

---

[1] **Habersack Nr. 94.**
[2] § 23a eingef. mWv 29.12.2023 durch G v. 22.12.2023 (BGBl. 2023 I Nr. 409).
[3] Nr. **120.**

**§ 24**[1)] **Übergangs- und Schlussbestimmungen.** (1) [1]Vor dem 17. Dezember 2006 beantragte Planfeststellungsverfahren oder Plangenehmigungsverfahren werden nach den Vorschriften dieses Gesetzes in der ab dem 17. Dezember 2006 geltenden Fassung weitergeführt. [2]§ 11 Abs. 2 des Verkehrswegeplanungsbeschleunigungsgesetzes bleibt unberührt.

(2) § 17c gilt auch für Planfeststellungsbeschlüsse und Plangenehmigungen, die vor dem 17. Dezember 2006 erlassen worden sind, soweit der Plan noch nicht außer Kraft getreten ist.

(3) (weggefallen)

(4) Die bisherigen Reichsautobahnen und Reichsstraßen, die nach dem Gesetz über die vermögensrechtlichen Verhältnisse der Bundesautobahnen und sonstigen Bundesstraßen des Fernverkehrs[2)] vom 2. März 1951 (BGBl. I S. 157) Bundesautobahnen und Bundesstraßen sind, sind Bundesautobahnen und Bundesstraßen im Sinne dieses Gesetzes.

(5) (weggefallen)

(6) Beginn und Ende der Ortsdurchfahrten bemessen sich nach ihrer Festsetzung nach §§ 13 ff. der Verordnung zur Durchführung des Gesetzes über die einstweilige Neuregelung des Straßenwesens und der Straßenverwaltung vom 7. Dezember 1934 (RGBl. I S. 1237), bis sie nach § 5 Abs. 4 neu festgesetzt werden.

(7) Waldungen, die Schutzwaldungen nach § 9 des Reichsautobahngesetzes vom 29. Mai 1941 (RGBl. I S. 313) sind, gelten als Schutzwaldungen nach § 10.

(8) (weggefallen)

(9) Sind in Rechtsvorschriften aus der Zeit vor dem 23. Mai 1949 die Worte „Reichsautobahnen" oder „Reichsstraßen" gebraucht, so treten an ihre Stelle die Worte „Bundesautobahnen" oder „Bundesstraßen".

(10) Wo in anderen Gesetzen für das Unternehmen „Reichsautobahnen" besondere Rechte und Pflichten begründet sind, tritt an seine Stelle der Bund.

(11) [1]Das Bundesministerium für Digitales und Verkehr ist ermächtigt, im Einvernehmen mit dem Bundesministerium der Finanzen durch Rechtsverordnung, die der Zustimmung des Bundesrates bedarf, Brücken im Zuge von Bundesfernstraßen, die in der Baulast der Länder oder öffentlich-rechtlicher Selbstverwaltungskörperschaften stehen, in die Baulast des Bundes zu übernehmen und die zur Überleitung notwendigen Maßnahmen zu treffen. [2]In der Rechtsverordnung können auch die nach den üblichen Berechnungsarten zu ermittelnden Ablösungsbeträge festgesetzt werden.

(12) Für Sondernutzungen, die bei Inkrafttreten dieses Gesetzes durch bürgerlich-rechtliche Verträge vereinbart sind, gelten die Vorschriften über Sondernutzungen (§ 8) von dem Zeitpunkt an, zu dem die Verträge erstmals nach Inkrafttreten dieses Gesetzes kündbar sind.

(13) Vor dem 13. März 2020 beantragte Planfeststellungsverfahren oder Plangenehmigungsverfahren werden nach den Vorschriften dieses Gesetzes in der vor dem 13. März 2020 geltenden Fassung weitergeführt.

---

[1)] § 24 Abs. 11 Satz 1 geänd. mWv 8.9.2015 durch VO v. 31.8.2015 (BGBl. I S. 1474); Abs. 13 angef. mWv 13.3.2020 durch G v. 3.3.2020 (BGBl. I S. 433); Abs. 11 Satz 1 geänd., Abs. 14–16 angef. mWv 29.12.2023 durch G v. 22.12.2023 (BGBl. 2023 I Nr. 409).
[2)] Nr. **930**.

(14) Abweichend von § 23a Absatz 2 gelten für Bundesstraßen, die in Auftragsverwaltung verwaltet werden, für die Erhebung von Gebühren und Auslagen für die Entscheidungen nach § 8 Absatz 1, 2, 2a, 6 und 7a, § 9 Absatz 2 bis 2c, 5 und 8 die landesrechtlichen Regelungen längstens bis zum 31. Dezember 2026 fort.

(15) § 3 Absatz 1 Satz 4 ist nicht für den Bau oder die Änderung von Bundesautobahnen anzuwenden, wenn das Planfeststellungsverfahren oder Plangenehmigungsverfahren vor dem 1. Januar 2024 eingeleitet worden ist.

(16) [1] Für das Planfeststellungsverfahren gilt das Verwaltungsverfahrensgesetz[1] in der Fassung der Bekanntmachung vom 23. Januar 2003 (BGBl. I S. 102), das zuletzt durch Artikel 24 Absatz 3 des Gesetzes vom 25. Juni 2021 (BGBl. I S. 2154) geändert worden ist, das nach Maßgabe dieses Gesetzes anzuwenden ist. [2] Satz 1 gilt entsprechend, soweit das Verfahren landesrechtlich durch ein Verwaltungsverfahrensgesetz geregelt ist. [3] Die Sätze 1 und 2 gelten entsprechend, wenn das Gesetz über die Umweltverträglichkeitsprüfung[2] anzuwenden ist und dieses auf das Verwaltungsverfahrensgesetz verweist.

## § 25 (Aufhebung von Vorschriften)

## § 26 (weggefallen)

## § 27 (Inkrafttreten)

**Anlage 1[3]**
(zu § 1 Absatz 1 Nummer 1 und Absatz 7 und § 2 Absatz 2)

**[Bundesfernstraßen mit erst- und letztinstanzlicher Zuständigkeit des Bundesverwaltungsgerichts]**

*(hier nicht abgedruckt)*

**Anlage 2[3]**
(zu § 17i Absatz 1 Satz 1 Nummer 2)

**[Auf einem Kernnetzkorridor gelegene Vorhaben]**

*(hier nicht abgedruckt)*

---

[1] Nr. **100**.
[2] Nr. **295**.
[3] Anl. 1 neu gef., Anl. 2 angef. mWv 29.12.2023 durch G v. 22.12.2023 (BGBl. 2023 I Nr. 409).

# 971. Bundeswasserstraßengesetz (WaStrG)

In der Fassung der Bekanntmachung vom 23. Mai 2007[1])
(BGBl. I S. 962, ber. BGBl. I 2008, S. 1980)

**FNA 940-9**

geänd. durch § 2 Bundeswasserstraßen-ÜbergangsVO Trave Lübeck v. 29.6.2007 (BGBl. I S. 1241), § 5 Abs. 2 G zur Umbenennung von Behörden und Übernahme von Beschäftigten im Geschäftsbereich des BMELV v. 13.12.2007 (BGBl. I S. 2930), § 2 Nebenstrecke Obereidersee-ÜbergangsVO v. 18.3.2008 (BGBl. I S. 449), Art. 5 G zur Neuregelung des Rechts des Naturschutzes und der Landschaftspflege v. 29.7.2009 (BGBl. I S. 2542), Art. 5 G zur Neuregelung des Wasserrechts v. 31.7.2009 (BGBl. I S. 2585), § 2 VO zum Übergang einer Teilstrecke der Bundeswasserstraße Oste auf das Land Niedersachsen v. 27.4. 2010 (BGBl. I S. 540), Art. 4 G zur Umsetzung der Meeresstrategie-RahmenRL sowie zur Änd. des WaStrG und des KrW-/AbfG v. 6.10.2011 (BGBl. I S. 1986), Art. 13 G zur Reform des Seehandelsrechts v. 20.4.2013 (BGBl. I S. 831), Art. 11 G zur Verbesserung der Öffentlichkeitsbeteiligung und Vereinheitlichung von Planfeststellungsverfahren v. 31.5.2013 (BGBl. I S. 1388), Art. 26 G zur Förderung der elektronischen Verwaltung sowie zur Änd. weiterer Vorschriften v. 25.7.2013 (BGBl. I S. 2749), Art. 2 Abs. 158 und Art. 4 Abs. 125 G zur Strukturreform des Gebührenrechts des Bundes v. 7.8.2013 (BGBl. I S. 3154, geänd. durch G v. 18.7.2016, BGBl. I S. 1666), Art. 522 Zehnte ZuständigkeitsanpassungsVO v. 31.8.2015 (BGBl. I S. 1474), § 2 VO über den Übergang einer Teilstrecke der Bundeswasserstraße Oste auf den Unterhaltungsverband Nummer 15 Aue, den Deichverband der I. Meile Altenlandes, den Deichverband der II. Meile Alten Landes und den Flecken Horneburg v. 15.1.2016 (BGBl. I S. 156), Art. 17 WSV-ZuständigkeitsanpassungsG v. 24.5.2016 (BGBl. I S. 1217), Art. 6 Zweites G zur Änd. der Haftungsbeschränkung in der Binnenschifffahrt v. 5.7.2016 (BGBl. I S. 1578 iVm Bek. v. 20.2.2019, BGBl. I S. 196), Art. 4 Abs. 118 G zur Aktualisierung der Strukturreform des Gebührenrechts des Bundes v. 18.7.2016 (BGBl. I S. 1474), Art. 2 G über den Ausbau der Bundeswasserstraßen und zur Änd. des BundeswasserstraßenG v. 23.12.2016 (BGBl. I S. 3224), Art. 6 Abs. 42 G zur Reform der strafrechtlichen Vermögensabschöpfung v. 13.4.2017 (BGBl. I S. 872), Art. 10 G zur Anpassung des Umwelt-RechtsbehelfsG und weiterer Vorschriften an europa- und völkerrechtliche Vorgaben v. 29.5.2017 (BGBl. I S. 1298), Art. 1 Erste ÄndVO v. 27.6.2017 (BGBl. I S. 2089), Art. 2 Abs. 8 G zur Modernisierung des Rechts der Umweltverträglichkeitsprüfung v. 20.7.2017 (BGBl. I S. 2808, ber. 2018 S. 472), Art. 4 G zur Beschleunigung von Planungs- und Genehmigungsverfahren im Verkehrsbereich v. 29.11.2018 (BGBl. I S. 2237), Art. 335 Elfte ZuständigkeitsanpassungsVO v. 19.6.2020 (BGBl. I S. 1328), Art. 2b Investitionen-BeschleunigungsgesetzG v. 3.12.2020 (BGBl. I S. 2694), Art. 1 G über den wasserwirtschaftlichen Ausbau an Bundeswasserstraßen zur Erreichung der Bewirtschaftungsziele der WasserrahmenRL v. 2.6. 2021 (BGBl. I S. 1295), Art. 2 G zur Änd. gebührenrechtlicher und weiterer Vorschriften über das Befahren der Bundeswasserstraßen durch die Schifffahrt v. 3.6.2021 (BGBl. I S. 1465), Art. 57 Telekommunikationsmodernisierungsgesetz v. 23.6.2021 (BGBl. I S. 1858), Art. 3 G zur Umsetzung von Vorgaben der RL (EU) 2018/2001 für Zulassungsverfahren nach dem Bundes-Immissionsschutzgesetz, dem Wasserhaushaltsgesetz und dem Bundeswasserstraßengesetz v. 18.8.2021 (BGBl. I S. 3901) und Art. 5 G zur Beschleunigung von Genehmigungsverfahren im Verkehrsbereich und zur Umsetzung der RL (EU) 2021/1187 über die Straffung von Maßnahmen zur rascheren Verwirklichung des transeuropäischen Verkehrsnetzes v. 22.12.2023 (BGBl. 2023 I Nr. 409)

## Abschnitt 1. Bundeswasserstraßen

**§ 1**[2]) **Binnenwasserstraßen, Seewasserstraßen.** (1) Bundeswasserstraßen nach diesem Gesetz sind

1. die Binnenwasserstraßen des Bundes, die dem Verkehr mit Güter- und Fahrgastschiffen oder der Sport- und Freizeitschifffahrt mit Wasserfahrzeugen dienen; als

---

[1]) Neubekanntmachung des WaStrG idF der Bek. v. 4.11.1998 (BGBl. I S. 3294) in der ab 17.12.2006 geltenden Fassung.

[2]) § 1 Abs. 4 Nr. 2 geänd., Nr. 3 angef. mWv 14.10.2011 durch G v. 6.10.2011 (BGBl. I S. 1986); Abs. 5 geänd. mWv 8.9.2015 durch VO v. 31.8.2015 (BGBl. I S. 1474); Abs. 4 Nr. 3 geänd. mWv 1.6.2016 durch G v. 24.5.2016 (BGBl. I S. 1217); Abs. 1 Nr. 1 neu gef., Abs. 2 und 3 eingef., bish. Abs. 2–5 werden Abs. 4–7 mWv 9.6.2021 durch G v. 2.6.2021 (BGBl. I S. 1295); Abs. 7 geänd. mWv 29.12.2023 durch G v. 22.12.2023 (BGBl. 2023 I Nr. 409).

solche gelten die in der Anlage 1 aufgeführten Wasserstraßen, dazu gehören auch alle Gewässerteile,

a) die mit der Bundeswasserstraße in ihrem Erscheinungsbild als natürliche Einheit anzusehen sind,

b) die mit der Bundeswasserstraße durch einen Wasserzufluss oder Wasserabfluss in Verbindung stehen und

c) die im Eigentum des Bundes stehen,

2. die Seewasserstraßen.

(2) [1] Unbeschadet der Regelung in Absatz 6 wird die seitliche Abgrenzung der Binnenwasserstraßen des Bundes durch die Uferlinie gebildet. [2] Die Uferlinie ist die Linie des Mittelwasserstandes, bei stauregelten Bundeswasserstraßen die Linie des Stauziels oder bei tidebeeinflussten Binnenwasserstraßen die Linie des mittleren Tidehochwasserstandes.

(3) [1] Ufer einer Binnenwasserstraße des Bundes ist der Bereich zwischen der Uferlinie gemäß Absatz 2 und der Linie des mittleren Hochwasserstandes. [2] Davon ausgenommen sind die tidebeeinflussten Binnenwasserstraßen, in denen das Ufer zwischen der Linie des mittleren Tideniedrigwasserstandes und der Linie des mittleren Tidehochwasserstandes verläuft. [3] Befindet sich unterhalb der Linie des mittleren Hochwasserstandes oder des Tidehochwasserstandes eine Böschungskante als natürliche landseitige Abgrenzung, tritt diese an die Stelle der Linie des mittleren Hochwasserstandes.

(4) [1] Seewasserstraßen sind die Flächen zwischen der Küstenlinie bei mittlerem Hochwasser oder der seewärtigen Begrenzung der Binnenwasserstraßen und der seewärtigen Begrenzung des Küstenmeeres. [2] Zu den Seewasserstraßen gehören nicht die Hafeneinfahrten, die von Leitdämmen oder Molen ein- oder beidseitig begrenzt sind, die Außentiefs, die Küstenschutz-, Entwässerungs-, Landgewinnungsbauwerke, Badeanlagen und der trockenfallende Badestrand.

(5) [1] Soweit die Erfüllung der Verwaltungsaufgaben des Bundes nicht beeinträchtigt wird, kann das jeweilige Land das Eigentum des Bundes an den Seewasserstraßen und an den angrenzenden Mündungstrichtern der Binnenwasserstraßen unentgeltlich nutzen,

1. wenn die Nutzung öffentlichen Interessen dient, insbesondere zur Landgewinnung, Boden- und Wasserentnahme, Errichtung von Hafenanlagen, zu Maßnahmen für den Küstenschutz und für den Wasserabfluss sowie für die Durchführung des Badebetriebes,

2. zur Ausübung des Jagdrechts, der Muschelfischerei, der Schillgewinnung, der Landwirtschaft sowie der aus dem Eigentum sich ergebenden Befugnisse zur Nutzung von Bodenschätzen.

[2] Das Land wird Eigentümer der nach Nummer 1 gewonnenen Land- und Hafenflächen und errichteten Bauwerke. [3] Es kann die Nutzungsbefugnisse nach Nummer 1 und 2 im Einzelfall auf einen Dritten übertragen. [4] Rechte Dritter bleiben unberührt.

(6) Zu den Bundeswasserstraßen gehören auch

1. die bundeseigenen Schifffahrtsanlagen, besonders Schleusen, Schiffshebewerke, Wehre, Schutz-, Liege- und Bauhäfen sowie bundeseigene Talsperren, Speicherbecken und andere Speisungs- und Entlastungsanlagen,

2. die ihrer Unterhaltung dienenden bundeseigenen Ufergrundstücke, Bauhöfe und Werkstätten,

3. bundeseigene Einrichtungen oder Gewässerteile, die der Erhaltung oder Wiederherstellung der Durchgängigkeit bei Stauanlagen, die von der Wasserstraßen- und Schifffahrtsverwaltung des Bundes errichtet oder betrieben werden, dienen.

(7) Das Bundesministerium für Digitales und Verkehr wird vorbehaltlich des § 2 ermächtigt, die Anlage 1 durch Rechtsverordnung mit Zustimmung des Bundesrates so zu ändern, dass dort aufgeführte Bundeswasserstraßen ganz oder teilweise zusammengefasst oder getrennt, Bezeichnungen für sie festgesetzt oder geändert werden.

**§ 2**[1]) **Bestandsänderung.** (1) [1]Soll ein Gewässer Bundeswasserstraße werden oder soll ein Gewässer die Eigenschaft als Bundeswasserstraße verlieren, bedarf es einer Vereinbarung zwischen dem Bund, dem Land und dem bisherigen oder dem künftigen Eigentümer. [2]Den Übergang bewirkt ein Bundesgesetz; das Bundesministerium für Digitales und Verkehr wird ermächtigt, im Einvernehmen mit dem Bundesministerium der Finanzen den Übergang von Gewässern oder Gewässerstrecken mit nur örtlicher Bedeutung durch Rechtsverordnung zu bewirken.

(2) In Rechtsvorschriften nach Absatz 1 ist die Anlage 1 zu ändern.

**§ 3**[2]) **Erweiterung und Durchstiche.** (1) Werden Landflächen an einer Bundeswasserstraße zum Gewässer und wird dadurch das Gewässerbett der Bundeswasserstraße für dauernd erweitert, so ist das Gewässer ein Teil der Bundeswasserstraße.

(2) [1]Das Eigentum an der Erweiterung wächst dem Bund lastenfrei zu. [2]Ist die Erweiterung künstlich herbeigeführt, hat derjenige, der sie veranlasst hat, den bisherigen Eigentümer zu entschädigen.

(3) Die Absätze 1 und 2 gelten auch für Durchstiche an Bundeswasserstraßen.

## Abschnitt 2. Wahrung der Bedürfnisse der Landeskultur und der Wasserwirtschaft

**§ 4 Einvernehmen mit den Ländern.** Bei der Verwaltung, dem Ausbau und dem Neubau von Bundeswasserstraßen sind die Bedürfnisse der Landeskultur und der Wasserwirtschaft im Einvernehmen mit den Ländern zu wahren.

## Abschnitt 3. Befahren mit Wasserfahrzeugen und Gemeingebrauch

**§ 5**[3]) **Befahren mit Wasserfahrzeugen.** [1]Jedermann darf im Rahmen der Vorschriften des Schifffahrtsrechts sowie der Vorschriften dieses Gesetzes die Bundeswasserstraßen mit Wasserfahrzeugen befahren. [2]Das Befahren der bundeseigenen Talsperren und Speicherbecken ist nur zulässig, soweit es durch Rechtsverordnung nach § 46 Nr. 2 gestattet wird. [3]Das Befahren der Bundeswasserstraßen in Naturschutzgebieten und Nationalparken nach den §§ 23 und 24 des Bundesnaturschutzgesetzes[4]) kann durch Rechtsverordnung, die das Bundesministerium für Digitales und Verkehr im Einvernehmen mit dem Bundesministerium für Um-

---

[1]) § 2 Abs. 1 Satz 2 geänd. mWv 8.9.2015 durch VO v. 31.8.2015 (BGBl. I S. 1474); Abs. 1 Satz 2 geänd. mWv 29.12.2023 durch G v. 22.12.2023 (BGBl. 2023 I Nr. 409).
[2]) § 3 Abs. 2 Satz 1 geänd. mWv 7.12.2018 durch G v. 29.11.2018 (BGBl. I S. 2237).
[3]) § 5 Satz 3 geänd. mWv 8.9.2015 durch VO v. 31.8.2015 (BGBl. I S. 1474); Satz 3 geänd. mWv 27.6.2020 durch VO v. 19.6.2020 (BGBl. I S. 1328); Satz 1 geänd. mWv 1.7.2021 durch G v. 3.6.2021 (BGBl. I S. 1465); Satz 3 geänd. mWv 29.12.2023 durch G v. 22.12.2023 (BGBl. 2023 I Nr. 409).
[4]) Nr. **880**.

welt, Naturschutz, nukleare Sicherheit und Verbraucherschutz erlässt, geregelt, eingeschränkt oder untersagt werden, soweit dies zur Erreichung des Schutzzweckes erforderlich ist.

**§ 6**[1] **Gemeingebrauch.** [1]Durch Rechtsverordnung nach § 46 Nr. 3 kann der Gemeingebrauch geregelt, beschränkt oder untersagt werden, soweit es zur Erhaltung der Bundeswasserstraßen in einem für die Schifffahrt erforderlichen Zustand notwendig ist. [2]Unter der gleichen Voraussetzung können die Behörden der Wasserstraßen- und Schifffahrtsverwaltung des Bundes durch Verfügung den Gemeingebrauch regeln, beschränken oder untersagen.

## Abschnitt 4. Unterhaltung der Bundeswasserstraßen und Betrieb der bundeseigenen Schifffahrtsanlagen

**§ 7**[2] **Allgemeine Vorschriften über Unterhaltung und Betrieb.** (1) Die Unterhaltung der Bundeswasserstraßen und der Betrieb der bundeseigenen Schifffahrtsanlagen sind Hoheitsaufgaben des Bundes.

(2) Die Unterhaltung der Bundeswasserstraßen und der Betrieb der bundeseigenen Schifffahrtsanlagen kann im Einzelfall Dritten zur Ausführung übertragen werden; dabei gehen hoheitliche Befugnisse des Bundes nicht über.

(3) [1]Maßnahmen innerhalb der Bundeswasserstraßen, die der Unterhaltung der Bundeswasserstraßen oder der Errichtung oder dem Betrieb der bundeseigenen Schifffahrtsanlagen dienen, bedürfen keiner Erlaubnis, Bewilligung oder Genehmigung. [2]Die in diesem Gesetz und anderen bundesrechtlichen Vorschriften geregelten Beteiligungspflichten bleiben hiervon unberührt.

(4) Bei der Unterhaltung der Bundeswasserstraßen sowie der Errichtung und dem Betrieb der bundeseigenen Schifffahrtsanlagen sind die Erfordernisse des Denkmalschutzes zu berücksichtigen.

**§ 8**[3] **Umfang der Unterhaltung.** (1) [1]Die Unterhaltung der Binnenwasserstraßen (§ 1 Abs. 1 Nr. 1) umfasst die Erhaltung eines ordnungsgemäßen Zustands für den Wasserabfluss und die Erhaltung der Schiffbarkeit. [2]Zur Unterhaltung gehört auch die Erhaltung von Einrichtungen und Gewässerteilen im Sinne des § 1 Absatz 6 Nummer 3. [3]Bei der Unterhaltung ist den Belangen des Naturhaushalts Rechnung zu tragen; Bild und Erholungswert der Gewässerlandschaft sind zu berücksichtigen. [4]Die natürlichen Lebensgrundlagen sind zu bewahren. [5]Unterhaltungsmaßnahmen müssen die §§ 27 bis 31 des Wasserhaushaltsgesetzes[4] maßgebenden Bewirtschaftungsziele beachten und werden so durchgeführt, dass mehr als nur geringfügige Auswirkungen auf den Hochwasserschutz vermieden werden.

(2) [1]Wenn es die Erhaltung des ordnungsgemäßen Zustands nach Absatz 1 erfordert, gehören zur Unterhaltung besonders die Räumung, die Freihaltung, der

---

[1] § 6 Satz 2 geänd. mWv 1.6.2016 durch G v. 24.5.2016 (BGBl. I S. 1217).
[2] § 7 Abs. 3 Satz 1 geänd., Satz 2 angef. mWv 14.10.2011 durch G v. 6.10.2011 (BGBl. I S. 1986).
[3] § 8 Abs. 1 Satz 4 geänd. mWv 1.3.2010 durch G v. 31.7.2009 (BGBl. I S. 2585); Abs. 1 Satz 2 eingef., bish. Sätze 2–4 werden Sätze 3–5 mWv 14.10.2011 durch G v. 6.10.2011 (BGBl. I S. 1986); Abs. 5 Satz 2 geänd. mWv 7.6.2013 durch G v. 31.5.2013 (BGBl. I S. 1388); Abs. 5 Satz 1 geänd. mWv 1.6.2016 durch G v. 24.5.2016 (BGBl. I S. 1217); Abs. 1 Sätze 2 und 5 geänd. mWv 9.6.2021 durch G v. 2.6.2021 (BGBl. I S. 1295).
[4] Nr. **845**.

Schutz und die Pflege des Gewässerbettes mit seinen Ufern. [2] Dabei ist auf die Belange der Fischerei Rücksicht zu nehmen.

(3) Die Erhaltung der Schiffbarkeit umfasst nicht die Zufahrten zu den Lösch-, Lade- und Anlegestellen sowie zu den Häfen außer den bundeseigenen Schutz-, Liege- und Bauhäfen.

(4) Zur Unterhaltung gehören auch Arbeiten zur Beseitigung oder Verhütung von Schäden an Ufergrundstücken, die durch die Schifffahrt entstanden sind oder entstehen können, soweit die Schäden den Bestand der Ufergrundstücke gefährden.

(5) [1] Die Unterhaltung der Seewasserstraßen (§ 1 Abs. 1 Nr. 2) umfasst nur die Erhaltung der Schiffbarkeit der von der Wasserstraßen- und Schifffahrtsverwaltung des Bundes gekennzeichneten Schifffahrtswege, soweit es wirtschaftlich zu vertreten ist. [2] Hierzu gehören auch Arbeiten und Maßnahmen zur Sicherung des Bestandes der Inseln Helgoland (ohne Düne), Wangerooge und Borkum. [3] Absatz 1 Satz 3 und 4 ist anzuwenden.

(6) Weitergehende Verpflichtungen zur Unterhaltung nach dem Nachtrag zu dem Gesetz über den Staatsvertrag betreffend den Übergang der Wasserstraßen von den Ländern auf das Reich vom 18. Februar 1922 (RGBl. I S. 222) bleiben unberührt.

**§ 9 Maßnahmen in Landflächen an Bundeswasserstraßen.** (1) [1] Maßnahmen in Landflächen an Bundeswasserstraßen, die notwendig sind, um für die Schifffahrt nachteilige Veränderungen des Gewässerbettes zu verhindern oder zu beseitigen, bedürfen der vorherigen Planfeststellung. [2] Die §§ 14 bis 21 sind anzuwenden.

(2) (aufgehoben)

**§ 10 Anlagen und Einrichtungen Dritter.** Anlagen und Einrichtungen in, über oder unter einer Bundeswasserstraße oder an ihrem Ufer sind von ihren Eigentümern und Besitzern so zu unterhalten und zu betreiben, dass die Unterhaltung der Bundeswasserstraße, der Betrieb der bundeseigenen Schifffahrtsanlagen oder der Schifffahrtszeichen sowie die Schifffahrt nicht beeinträchtigt werden.

**§ 11[1] Besondere Pflichten im Interesse der Unterhaltung.** (1) Soweit es zur Unterhaltung einer Bundeswasserstraße erforderlich ist, haben die Anlieger und die Hinterlieger nach vorheriger Ankündigung zu dulden, dass Beauftragte des Bundes die Grundstücke betreten, vorübergehend benutzen und aus ihren Bestandteile entnehmen, wenn diese sonst nur mit unverhältnismäßig hohen Kosten beschafft werden können.

(2) [1] Die Anlieger haben das Bepflanzen der Ufer zu dulden, soweit es für die Unterhaltung der Bundeswasserstraße erforderlich ist. [2] Die Anlieger können durch Verfügung der Behörden der Wasserstraßen- und Schifffahrtsverwaltung des Bundes verpflichtet werden, die Ufergrundstücke in erforderlicher Breite so zu bewirtschaften, dass die Unterhaltung nicht beeinträchtigt wird; sie haben bei der Nutzung die Erfordernisse des Uferschutzes zu beachten.

(3) Entstehen durch Handlungen nach Absatz 1 oder 2 Schäden, hat der Geschädigte Anspruch auf Schadenersatz.

(4) [1] Der Inhaber einer strom- und schifffahrtspolizeilichen Genehmigung (§ 31) hat ohne Anspruch auf Entschädigung zu dulden, dass die Ausübung der Geneh-

---

[1] § 11 Abs. 2 Satz 2 geänd. mWv 1.6.2016 durch G v. 24.5.2016 (BGBl. I S. 1217).

migung durch Arbeiten zur Unterhaltung vorübergehend behindert oder unterbrochen wird. [2] Auf die Interessen des zur Duldung Verpflichteten ist Rücksicht zu nehmen.

## Abschnitt 5. Ausbau und Neubau der Bundeswasserstraßen

**§ 12[1] Allgemeine Vorschriften über Ausbau und Neubau.** (1) Der Ausbau und der Neubau der Bundeswasserstraßen sind Hoheitsaufgaben des Bundes.

(2) [1] Ausbau sind die über die Unterhaltung hinausgehenden Maßnahmen

1. zur wesentlichen Umgestaltung einer Bundeswasserstraße, einer Kreuzung mit einer Bundeswasserstraße, eines oder beider Ufer, die die Bundeswasserstraße als Verkehrsweg betreffen,

2. zur Herstellung oder zur wesentlichen Umgestaltung von Einrichtungen oder von Gewässerteilen im Sinne des § 1 Absatz 6 Nummer 3,

3. zur wesentlichen Umgestaltung einer Binnenwasserstraße des Bundes (§ 1 Absatz 1 Nummer 1) oder ihrer Ufer (§ 1 Absatz 3) im Sinne des § 67 Absatz 2 Satz 1 und 2 des Wasserhaushaltsgesetzes[2], soweit die Maßnahmen erforderlich sind, um die Bewirtschaftungsziele nach Maßgabe der §§ 27 bis 31 des Wasserhaushaltsgesetzes zu erreichen; hierzu gehören nicht Maßnahmen, die überwiegend zum Zwecke des Hochwasserschutzes oder der Verbesserung der physikalischen oder chemischen Beschaffenheit des Wassers durchgeführt werden.

[2] Zu den Maßnahmen nach Satz 1 Nummer 3 gehören auch solche Maßnahmen, bei denen Gewässerteile nach § 1 Absatz 1 Nummer 1 letzter Halbsatz entstehen, die einen räumlichen Zusammenhang mit der Binnenwasserstraße aufweisen, auch wenn sie sich vor der Ausbaumaßnahme außerhalb des Ufers der Binnenwasserstraße befanden. [3] Ausbaumaßnahmen nach Satz 1 Nummer 3 sind durchzuführen, soweit es die dort genannten Bewirtschaftungsziele nach Maßgabe der §§ 27 bis 31 des Wasserhaushaltsgesetzes erfordern. [4] Für die Beseitigung einer Bundeswasserstraße gelten die Vorschriften über den Ausbau entsprechend.

(3) Gesetzliche oder vertragliche Bestimmungen, die zum Ausbau oder Neubau Beitragsleistungen Dritter vorsehen oder nach denen die Leistungen Dritten auferlegt werden können, bleiben unberührt.

(4) Ausbauverpflichtungen des Bundes nach dem Nachtrag zu dem Gesetz über den Staatsvertrag betreffend den Übergang der Wasserstraßen von den Ländern auf das Reich vom 18. Februar 1922 (RGBl. I S. 222) bleiben unberührt.

(5) Der Ausbau oder der Neubau kann im Einzelfall Dritten zur Ausführung übertragen werden; dabei gehen hoheitliche Befugnisse des Bundes nicht über.

(6) [1] Maßnahmen, die dem Ausbau oder dem Neubau einer Bundeswasserstraße dienen, bedürfen keiner Erlaubnis, Bewilligung oder Genehmigung. [2] Die in diesem Gesetz und anderen bundesrechtlichen Vorschriften geregelten Beteiligungspflichten bleiben hiervon unberührt.

(7) [1] Beim Ausbau einer Bundeswasserstraße nach Absatz 2 Satz 1 Nummer 1 und 2 oder beim Neubau einer Bundeswasserstraße sind die Bewirtschaftungsziele nach Maßgabe der §§ 27 bis 31 des Wasserhaushaltsgesetzes und in Linienführung

---

[1] § 12 Abs. 7 Satz 3 geänd. mWv 1.3.2010 durch G v. 31.7.2009 (BGBl. I S. 2585); Abs. 2 Satz 2 eingef., bish. Satz 2 wird Satz 3, Abs. 6 Satz 1 geänd., Satz 2 angef. mWv 14.10.2011 durch G v. 6.10. 2011 (BGBl. I S. 1986); Abs. 1 geänd., Abs. 2 und Abs. 7 neu gef. mWv 9.6.2021 durch G v. 2.6.2021 (BGBl. I S. 1295).
[2] Nr. **845**.

und Bauweise Bild und Erholungseignung der Gewässerlandschaft sowie die Erhaltung und Verbesserung des Selbstreinigungsvermögens des Gewässers zu beachten. [2] Die natürlichen Lebensgrundlagen sind zu bewahren. [3] Bei Ausbaumaßnahmen nach Absatz 2 Satz 1 Nummer 3 sind die Anforderungen nach § 67 Absatz 1 des Wasserhaushaltsgesetzes zu beachten. [4] Ausbau- oder Neubaumaßnahmen werden so durchgeführt, dass mehr als nur geringfügige Auswirkungen auf den Hochwasserschutz vermieden werden.

**§ 13[1] Planungen.** (1) [1] Das Bundesministerium für Digitales und Verkehr bestimmt im Einvernehmen mit der zuständigen Landesbehörde die Planung und Linienführung der Bundeswasserstraßen. [2] Bei der Bestimmung der Linienführung sind die von dem Vorhaben berührten öffentlichen Belange einschließlich der Umweltverträglichkeit im Rahmen der Abwägung zu berücksichtigen.

(2) (weggefallen)

(3) [1] Diese Bundesplanung hat Vorrang vor der Ortsplanung. [2] Entstehen der Gemeinde infolge der Durchführung von Maßnahmen nach Absatz 1 Aufwendungen für Entschädigungen, so sind sie ihr vom Träger der Maßnahmen zu ersetzen. [3] Muss infolge dieser Maßnahmen ein Bebauungsplan aufgestellt, geändert, ergänzt oder aufgehoben werden, so sind ihr auch die dadurch entstandenen Kosten zu ersetzen.

**§ 14[2] Planfeststellung, vorläufige Anordnung.** (1) [1] Der Ausbau, der Neubau oder die Beseitigung von Bundeswasserstraßen bedarf der vorherigen Planfeststellung. [2] Bei der Planfeststellung sind die von dem Vorhaben berührten öffentlichen und privaten Belange einschließlich der Umweltverträglichkeit im Rahmen der Abwägung zu berücksichtigen. [3] Anhörungs- und Planfeststellungsbehörde ist die Generaldirektion Wasserstraßen und Schifffahrt; sie ist auch Genehmigungsbehörde. [4] Für das Planfeststellungsverfahren gelten die §§ 72 bis 78 des Verwaltungsverfahrensgesetzes[3] nach Maßgabe dieses Gesetzes.

(1a) (weggefallen)

(1b) (weggefallen)

(2) [1] Ist das Planfeststellungsverfahren eingeleitet, kann die Generaldirektion Wasserstraßen und Schifffahrt nach Anhörung der zuständigen Landesbehörde und der anliegenden Gemeinden und Gemeindeverbände eine vorläufige Anordnung erlassen, in der vorbereitende Maßnahmen oder Teilmaßnahmen zum Ausbau oder Neubau festgesetzt werden,

1. soweit es sich um reversible Maßnahmen handelt,

2. wenn Gründe des Wohls der Allgemeinheit den alsbaldigen Beginn der Arbeiten erfordern,

3. wenn mit einer Entscheidung zugunsten des Trägers des Vorhabens gerechnet werden kann und

---

[1] § 13 Abs. 1 Satz 1 geänd. mWv 8.9.2015 durch VO v. 31.8.2015 (BGBl. I S. 1474); Abs. 1 Satz 1 geänd. mWv 29.12.2023 durch G v. 22.12.2023 (BGBl. 2023 I Nr. 409).
[2] § 14 Abs. 2 Satz 1 geänd. mWv 7.6.2013 durch G v. 31.5.2013 (BGBl. I S. 1388); Abs. 1 Satz 4 und Abs. 2 Satz 1 geänd. mWv 8.9.2015 durch VO v. 31.8.2015 (BGBl. I S. 1474); Abs. 1 Satz 3 geänd., Satz 4 aufgeh., bish. Satz 5 wird Satz 4, Abs. 2 Satz 1 geänd. mWv 1.6.2016 durch G v. 24.5.2016 (BGBl. I S. 1217); Abs. 2 Satz 1 neu gef., Satz 2 geänd., Satz 5 aufgeh., bish. Satz 6 wird Satz 5, bish. Satz 7 wird Satz 6 und geänd., Satz 7 eingef., Sätze 9 und 10 angef. mWv 7.12.2018 durch G v. 29.11.2018 (BGBl. I S. 2237); Abs. 2 Satz 10 neu gef. mWv 29.12.2023 durch G v. 22.12.2023 (BGBl. 2023 I Nr. 409).
[3] Nr. **100**.

4. wenn die nach § 74 Absatz 2 des Verwaltungsverfahrensgesetzes und nach § 14b Nummer 1 zu berücksichtigenden Interessen gewahrt werden.

[2] In der vorläufigen Anordnung sind die Auflagen zur Sicherung dieser Interessen und der Umfang der vorläufig zulässigen Maßnahmen festzulegen. [3] Die vorläufige Anordnung berechtigt nicht zu einer wesentlichen Veränderung des Wasserstandes oder der Strömungsverhältnisse. [4] Sie ist den anliegenden Gemeinden und Gemeindeverbänden sowie den Beteiligten zuzustellen und ortsüblich öffentlich bekannt zu machen. [5] Sie ersetzt nicht die Planfeststellung. [6] Soweit die Maßnahmen durch die Planfeststellung für unzulässig erklärt sind, ist der frühere Zustand wiederherzustellen. [7] Dies gilt auch, wenn der Antrag auf Planfeststellung zurückgenommen wurde. [8] Der Betroffene ist zu entschädigen, soweit ein Schaden eingetreten ist, der durch die Wiederherstellung des früheren Zustandes nicht ausgeglichen wird. [9] Rechtsbehelfe gegen die vorläufige Anordnung haben keine aufschiebende Wirkung; ein Vorverfahren findet nicht statt. [10] § 14e gilt entsprechend.

(3) [1] Soweit das Vorhaben Belange der Landeskultur oder der Wasserwirtschaft berührt, bedürfen die Feststellung des Planes, die Genehmigung und die vorläufige Anordnung des Einvernehmens mit der zuständigen Landesbehörde. [2] Über die Erteilung des Einvernehmens ist innerhalb von drei Monaten nach Übermittlung des Entscheidungsentwurfs zu entscheiden.

**§ 14a**[1]) **Anhörungsverfahren.** (1) [1] Für das Anhörungsverfahren und das Beteiligungsverfahren gelten § 73 des Verwaltungsverfahrensgesetzes[2]) und die §§ 17 bis 19 sowie 21 des Gesetzes über die Umweltverträglichkeitsprüfung[3]) nach Maßgabe der folgenden Absätze. [2] Das Gleiche gilt für die Behörden- und Öffentlichkeitsbeteiligung nach den §§ 58 und 59 sowie den §§ 62 und 63 des Gesetzes über die Umweltverträglichkeitsprüfung.

(2) Die Anhörungsbehörde soll

1. von dem Träger des Vorhabens verlangen, den Plan ausschließlich oder ergänzend in einem verkehrsüblichen und von der Anhörungsbehörde vorgegebenen elektronischen Format einzureichen;

2. den Behörden, deren Aufgabenbereich durch das Vorhaben berührt wird, den Plan auch ausschließlich elektronisch zugänglich machen;

3. von den Behörden, deren Aufgabenbereich durch das Vorhaben berührt wird, verlangen, ihre Stellungnahmen nach § 73 Absatz 2 und 3a des Verwaltungsverfahrensgesetzes sowie nach § 17 Absatz 2 des Gesetzes über die Umweltverträglichkeitsprüfung elektronisch zu übermitteln.

(3) [1] Die Anhörungsbehörde soll die Auslegung des Plans und der Unterlagen nach § 19 Absatz 2 des Gesetzes über die Umweltverträglichkeitsprüfung durch die Veröffentlichung der Unterlagen auf ihrer Internetseite bewirken. [2] Auf Verlangen eines Beteiligten, das während der Dauer der Beteiligung an die Anhörungsbehörde zu richten ist, ist ihm eine leicht zu erreichende Zugangsmöglichkeit zur Verfügung zu stellen. [3] Abweichend von § 73 Absatz 5 Satz 1 des Verwaltungsverfahrensgesetzes erfolgt die Bekanntmachung durch die Anhörungsbehörde; Satz 1 gilt entsprechend. [4] Die Bekanntmachung erfolgt zusätzlich in örtlichen Tageszeitungen, in deren Verbreitungsgebiet sich das Vorhaben voraus-

---

[1]) § 14a neu gef. mWv 29.12.2023 durch G v. 22.12.2023 (BGBl. 2023 I Nr. 409).
[2]) Nr. **100**.
[3]) Nr. **295**.

sichtlich auswirken wird. [5] Die Anhörungsbehörde hat in der Bekanntmachung darauf hinzuweisen, dass und wo der Plan elektronisch veröffentlicht wird und dass eine leicht zu erreichende Zugangsmöglichkeit zur Verfügung gestellt werden kann.

(4) [1] Einwendungen und Stellungnahmen sind gegenüber der Anhörungsbehörde abzugeben. [2] Sie sollen elektronisch übermittelt werden. [3] Eine schriftliche Übermittlung ist ebenfalls möglich. [4] Die Anhörungsbehörde hat in der Bekanntmachung darauf hinzuweisen.

(5) [1] Die Anhörungsbehörde kann auf eine Erörterung nach § 73 Absatz 6 des Verwaltungsverfahrensgesetzes und § 18 Absatz 1 Satz 4 des Gesetzes über die Umweltverträglichkeitsprüfung verzichten. [2] Soll ein im Internet veröffentlichter oder ausgelegter Plan geändert werden, so soll von der Erörterung im Sinne des § 73 Absatz 6 des Verwaltungsverfahrensgesetzes und des § 18 Absatz 1 Satz 4 des Gesetzes über die Umweltverträglichkeitsprüfung abgesehen werden.

(6) [1] Die Anhörungsbehörde kann eine Erörterung nach § 73 Absatz 6 des Verwaltungsverfahrensgesetzes und § 18 Absatz 1 Satz 4 des Gesetzes über die Umweltverträglichkeitsprüfung ganz oder teilweise in digitalen Formaten durchführen. [2] In diesem Fall hat sie in der Bekanntmachung darauf hinzuweisen, dass und wie die Erörterung in einem digitalen Format durchgeführt wird.

(7) Soweit Stellungnahmen, Einwendungen oder sonstige Erklärungen elektronisch übermittelt werden können oder der Plan oder sonstige Unterlagen in einem elektronischen Format veröffentlicht oder zugänglich gemacht werden, haben die Anhörungsbehörde und die Planfeststellungsbehörde die technische Ausgestaltung zu bestimmen.

(8) [1] Die Durchführung informeller Beteiligungsformate ist möglich. [2] Diese Beteiligungsformate sind von dem Planfeststellungsverfahren unabhängig und dürfen sein Ergebnis nicht vorwegnehmen.

**§ 14b**[1]) **Planfeststellungsbeschluss, Plangenehmigung.** (1) [1] Für Planfeststellungsbeschluss und Plangenehmigung gilt § 74 des Verwaltungsverfahrensgesetzes[2]) mit folgenden Maßgaben:

1. Die Planfeststellungsbehörde hat dem Träger des Vorhabens Vorkehrungen oder die Errichtung und Unterhaltung von Anlagen auch dann aufzuerlegen, wenn erhebliche Nachteile dadurch zu erwarten sind, dass

   a) der Wasserstand verändert wird oder

   b) eine Gewässerbenutzung, die auf einer Erlaubnis oder anderen Befugnis beruht, beeinträchtigt wird.

2. Die Regelung einer Entschädigung bleibt dem Entschädigungsverfahren vorbehalten.

3. Müssen vorhandene Anlagen infolge des Planfeststellungsbeschlusses oder der Plangenehmigung ersetzt oder geändert werden, hat der Träger des Vorhabens die Mehrkosten der Unterhaltung zu tragen.

---

[1]) § 14b Nr. 1–5 aufgeh., bish. Nr. 6–11 werden Nr. 1–6 mWv 7.6.2013 durch G v. 31.5.2013 (BGBl. I S. 1388); Nr. 6 Buchst. b geänd. mWv 29.12.2016 durch G v. 23.12.2016 (BGBl. I S. 3224); Abs. 2 angef. mWv 7.12.2018 durch G v. 29.11.2018 (BGBl. I S. 2237); Abs. 1 Satz 2 angef. mWv 9.6.2021 durch G v. 2.6.2021 (BGBl. I S. 1295); Abs. 2 Satz 2 geänd., Abs. 3 angef. mWv 29.12.2023 durch G v. 22.12.2023 (BGBl. 2023 I S. 409).
[2]) Nr. **100**.

4. Zur Sicherung des Beweises von Tatsachen, die für den Planfeststellungsbeschluss oder eine Plangenehmigung von Bedeutung sein können, besonders zur Feststellung des Zustandes einer Sache, kann die Planfeststellungsbehörde – auch vor Erlass des Planfeststellungsbeschlusses oder der Plangenehmigung – durch eine selbständige Beweissicherungsanordnung die erforderlichen Maßnahmen anordnen, wenn sonst die Feststellung unmöglich oder wesentlich erschwert werden würde.

5. Für Anträge auf Fortsetzung des Verfahrens bei vorbehaltenen Entscheidungen ist § 75 Abs. 3 des Verwaltungsverfahrensgesetzes anzuwenden.

6. Die Planfeststellung ist zu versagen, wenn von dem Ausbau oder Neubau

a) eine Beeinträchtigung des Wohls der Allgemeinheit zu erwarten ist, die nicht durch Auflagen verhütet oder ausgeglichen werden kann, oder

b) nachteilige Wirkungen auf das Recht eines anderen oder der in Nummer 1 bezeichneten Art zu erwarten sind, die nicht durch Auflagen verhütet oder ausgeglichen werden können, der Berechtigte fristgemäß Einwendungen erhoben hat und der Ausbau oder Neubau nicht dem Wohl der Allgemeinheit dient.

[2] Die Planfeststellung für einen Ausbau nach § 12 Absatz 2 Satz 1 Nummer 3 darf im Übrigen nur erfolgen, wenn die Voraussetzungen des § 68 Absatz 3 des Wasserhaushaltsgesetzes[1] vorliegen.

(2) [1] Abweichend von § 74 Absatz 6 Satz 1 Nummer 3 des Verwaltungsverfahrensgesetzes kann für ein Vorhaben, für das nach dem Gesetz über die Umweltverträglichkeitsprüfung[2] eine Umweltverträglichkeitsprüfung durchzuführen ist, an Stelle eines Planfeststellungsbeschlusses eine Plangenehmigung erteilt werden. [2] § 14a gilt entsprechend. [3] Im Übrigen findet das Gesetz über die Umweltverträglichkeitsprüfung mit Ausnahme des § 21 Absatz 3 Anwendung.

(3) [1] Abweichend von § 74 Absatz 4, 5 und 6 Satz 2 dritter Halbsatz des Verwaltungsverfahrensgesetzes und § 27 Absatz 1 Satz 1 des Gesetzes über die Umweltverträglichkeitsprüfung können die Zustellung, Auslegung und Bekanntmachung der Auslegung des Planfeststellungsbeschlusses oder der Plangenehmigung dadurch erfolgen, dass die Entscheidung mit einer Rechtsbehelfsbelehrung und dem festgestellten Plan für zwei Wochen auf der Internetseite der Planfeststellungsbehörde veröffentlicht wird. [2] Zusätzlich ist der verfügende Teil des Planfeststellungsbeschlusses, die Rechtsbehelfsbelehrung und ein Hinweis auf die Veröffentlichung auf der Internetseite der Planfeststellungsbehörde verbunden mit dem Hinweis auf leicht zu erreichende Zugangsmöglichkeiten in den örtlichen Tageszeitungen bekanntzumachen, in deren Verbreitungsgebiet sich das Vorhaben voraussichtlich auswirken wird; auf Auflagen ist hinzuweisen. [3] Auf Verlangen eines Beteiligten, das bis zum Ablauf der Rechtsbehelfsfrist an die Planfeststellungsbehörde zu richten ist, ist ihm eine leicht zu erreichende Zugangsmöglichkeit zur Verfügung zu stellen. [4] Im Fall des elektronischen Zugänglichmachens gilt mit dem Ende der Veröffentlichungsfrist die Entscheidung dem Träger des Vorhabens, den Betroffenen und denjenigen gegenüber, die Einwendungen erhoben haben, als zugestellt; hierauf ist in der Bekanntmachung hinzuweisen. [5] Die Unterlagen nach Satz 1 sollen nach Ablauf der Veröffentlichungsfrist bis zum Ende der Rechtsbehelfsfrist zur Information im Internet veröffentlicht werden.

---

[1] Nr. **845**.
[2] Nr. **295**.

**§ 14c[1] Rechtswirkungen der Planfeststellung und der Plangenehmigung.** Für die Rechtswirkungen der Planfeststellung und Plangenehmigung gilt § 75 des Verwaltungsverfahrensgesetzes[2] mit folgenden Maßgaben:

1. Wird mit der Durchführung des Plans nicht innerhalb von zehn Jahren nach Eintritt der Unanfechtbarkeit begonnen, so tritt er außer Kraft, es sei denn, er wird vorher auf Antrag des Trägers des Vorhabens von der Planfeststellungsbehörde um höchstens fünf Jahre verlängert.

2. Vor der Entscheidung nach Nummer 1 ist eine auf den Antrag begrenzte Anhörung nach dem für die Planfeststellung oder für die Plangenehmigung vorgeschriebenen Verfahren durchzuführen.

3. Für die Zustellung, Veröffentlichung im Internet oder Auslegung sowie die Anfechtung der Entscheidung über die Verlängerung sind die Bestimmungen über den Planfeststellungsbeschluss entsprechend anzuwenden.

4. Wird eine Planergänzung oder ein ergänzendes Verfahren nach § 75 Absatz 1a Satz 2 des Verwaltungsverfahrensgesetzes erforderlich und wird diese Planergänzung oder dieses ergänzende Verfahren unverzüglich betrieben, so bleibt die Durchführung des Vorhabens zulässig, soweit es von der Planergänzung oder dem Ergebnis des ergänzenden Verfahrens offensichtlich nicht berührt ist.

**§ 14d[3] Planänderung vor Fertigstellung des Vorhabens.** [1] Für die Planergänzung und das ergänzende Verfahren im Sinne des § 75 Abs. 1a Satz 2 des Verwaltungsverfahrensgesetzes[2] und für die Planänderung vor Fertigstellung des Vorhabens gilt § 76 des Verwaltungsverfahrensgesetzes mit der Maßgabe, dass im Falle des § 76 Abs. 1 des Verwaltungsverfahrensgesetzes von einer Erörterung im Sinne des § 73 Abs. 6 des Verwaltungsverfahrensgesetzes und des § 18 Absatz 1 Satz 4 des Gesetzes über die Umweltverträglichkeitsprüfung[4] abgesehen werden kann. [2] Im Übrigen gelten für das neue Verfahren die Vorschriften dieses Gesetzes.

**§ 14e[5] Rechtsbehelfe.** (1) § 50 Abs. 1 Nr. 6 der Verwaltungsgerichtsordnung[6] gilt für Vorhaben im Sinne des § 14 Abs. 1 Satz 1, soweit die Vorhaben Bundeswasserstraßen betreffen, die wegen

1. der Herstellung der Deutschen Einheit,

2. der Einbindung der neuen Mitgliedstaaten in die Europäische Union,

3. der Verbesserung der seewärtigen Zufahrten zu den deutschen Seehäfen und deren Hinterlandanbindung,

4. ihres sonstigen internationalen Bezuges oder

5. der besonderen Funktion zur Beseitigung schwerwiegender Verkehrsengpässe

in der Anlage 2 aufgeführt sind.

---

[1] § 14c Nr. 4 aufgeh. mWv 7.6.2013 durch G v. 31.5.2013 (BGBl. I S. 1388); Nr. 4 neu gef. mWv 10.12.2020 durch G v. 3.12.2020 (BGBl. I S. 2694); Nr. 3 geänd. mWv 29.12.2023 durch G v. 22.12. 2023 (BGBl. 2023 I Nr. 409).

[2] Nr. **100**.

[3] § 14d Satz 1 geänd. mWv 2.6.2017 durch G v. 29.5.2017 (BGBl. I S. 1298); Satz 1 geänd. mWv 29.7. 2017 durch G v. 20.7.2017 (BGBl. I S. 2808, ber. 2018 S. 472).

[4] Nr. **295**.

[5] § 14e Abs. 6 aufgeh. mWv 7.6.2013 durch G v. 31.5.2013 (BGBl. I S. 1388); Abs. 5 neu gef. mWv 7.12.2018 durch G v. 29.11.2018 (BGBl. I S. 2237); Abs. 2 neu gef., Abs. 3 und 4 aufgeh., bish. Abs. 5 wird Abs. 3 mWv 29.12.2023 durch G v. 22.12.2023 (BGBl. 2023 I Nr. 409).

[6] Nr. **600**.

(2) [1] Der Antrag auf Anordnung der aufschiebenden Wirkung der Anfechtungsklage gegen einen Planfeststellungsbeschluss oder eine Plangenehmigung nach § 80 Absatz 5 Satz 1 der Verwaltungsgerichtsordnung kann nur innerhalb eines Monats nach der Zustellung des Planfeststellungsbeschlusses oder der Plangenehmigung gestellt und begründet werden. [2] Darauf ist in der Rechtsbehelfsbelehrung hinzuweisen. [3] § 58 der Verwaltungsgerichtsordnung gilt entsprechend. [4] Treten später Tatsachen ein, die die Anordnung der aufschiebenden Wirkung rechtfertigen, so kann der durch den Planfeststellungsbeschluss oder die Plangenehmigung Beschwerte einen hierauf gestützten Antrag nach § 80 Absatz 5 Satz 1 der Verwaltungsgerichtsordnung innerhalb einer Frist von einem Monat stellen und begründen. [5] Die Frist beginnt mit dem Zeitpunkt, in dem der Beschwerte von den Tatsachen Kenntnis erlangt.

(3) [1] Der Kläger hat innerhalb einer Frist von zehn Wochen ab Klageerhebung die zur Begründung seiner Klage dienenden Tatsachen und Beweismittel anzugeben. [2] Erklärungen und Beweismittel, die erst nach Ablauf dieser Frist vorgebracht werden, sind nur zuzulassen, wenn der Kläger die Verspätung genügend entschuldigt. [3] Der Entschuldigungsgrund ist auf Verlangen des Gerichts glaubhaft zu machen. [4] Satz 2 gilt nicht, wenn es mit geringem Aufwand möglich ist, den Sachverhalt auch ohne Mitwirkung des Klägers zu ermitteln. [5] Die Frist nach Satz 1 kann durch den Vorsitzenden oder den Berichterstatter auf Antrag verlängert werden, wenn der Kläger in dem Verfahren, in dem die angefochtene Entscheidung ergangen ist, keine Möglichkeit der Beteiligung hatte. [6] § 6 des Umwelt-Rechtsbehelfsgesetzes[1)] ist nicht anzuwenden.

**§ 14f[2)] Projektmanager.** [1] Die Generaldirektion Wasserstraßen und Schifffahrt kann einen Dritten mit der Vorbereitung und Durchführung von Verfahrensschritten, insbesondere

1. der Erstellung von Verfahrensleitplänen unter Bestimmung von Verfahrensabschnitten und Zwischenterminen,
2. der Fristenkontrolle,
3. der Koordinierung von erforderlichen Sachverständigengutachten,
4. der ersten Auswertung der eingereichten Stellungnahmen,
5. der organisatorischen Vorbereitung eines Erörterungstermins und
6. der Leitung eines Erörterungstermins,

auf Vorschlag oder mit Zustimmung des Vorhabenträgers und auf dessen Kosten beauftragen. [2] Die Entscheidung über den Planfeststellungsantrag verbleibt bei der zuständigen Behörde.

**§ 15[3)] Veränderungssperre, Vorkaufsrecht.** (1) [1] Sobald der Plan auf der Internetseite der Planfeststellungsbehörde veröffentlicht, ausgelegt oder andere Gelegenheit gegeben ist, den Plan einzusehen (§ 73 Absatz 3 des Verwaltungsverfahrensgesetzes[4)]), dürfen auf den vom Plan betroffenen Flächen bis zu ihrer Inanspruchnahme wesentlich wertsteigernde oder die geplanten Baumaßnahmen erheblich erschwerende Veränderungen nicht vorgenommen werden (Veränderungssperre). [2] Veränderungen, die in rechtlich zulässiger Weise vorher begonnen

---

[1)] Nr. **293**.
[2)] § 14f eingef. mWv 7.12.2018 durch G v. 29.11.2018 (BGBl. I S. 2237).
[3)] § 15 Abs. 1 Satz 3 geänd. mWv 7.6.2013 durch G v. 31.5.2013 (BGBl. I S. 1388); Abs. 1 neu gef. mWv 29.12.2023 durch G v. 22.12.2023 (BGBl. 2023 I Nr. 409).
[4)] Nr. **100**.

worden sind, Unterhaltungsarbeiten und die Fortführung einer bisher ausgeübten Nutzung werden davon nicht berührt. [3] Unzulässige Veränderungen bleiben bei der Anordnung von Vorkehrungen und Anlagen (§ 74 Absatz 2 des Verwaltungsverfahrensgesetzes) und im Entschädigungsverfahren unberücksichtigt.

(2) Dauert die Veränderungssperre über vier Jahre, können die Eigentümer für die dadurch entstandenen Vermögensnachteile Entschädigung verlangen.

(3) In den Fällen des Absatzes 1 Satz 1 steht dem Bund an den betroffenen Flächen ein Vorkaufsrecht zu.

**§ 16**[1)] **Besondere Pflichten im Interesse des Vorhabens.** (1) [1] Eigentümer und sonstige Nutzungsberechtigte haben zur Vorbereitung der Planung und der Baudurchführung notwendige Kampfmittelräumungen, archäologische Untersuchungen und Bergungen sowie Vermessungen, Boden- und Grundwasseruntersuchungen einschließlich der vorübergehenden Anbringung von Markierungszeichen und sonstige Vorarbeiten durch den Träger des Vorhabens oder von ihm Beauftragte zu dulden. [2] Wohnungen dürfen nur mit Zustimmung des Wohnungsinhabers betreten werden. [3] Satz 2 gilt nicht für Arbeits-, Betriebs- oder Geschäftsräume während der jeweiligen Arbeits-, Geschäfts- oder Aufenthaltszeiten.

(2) Die Absicht, Vorarbeiten im Sinne des Absatzes 1 Satz 1 auszuführen, ist dem Eigentümer oder sonstigen Nutzungsberechtigten mindestens zwei Wochen vorher unmittelbar oder durch ortsübliche Bekanntmachung in den Gemeinden, in deren Bereich die Vorarbeiten durchzuführen sind, bekannt zu geben.

(3) Ein Eigentümer oder sonstiger Nutzungsberechtigter kann eine Entschädigung verlangen, wenn ihm durch eine Maßnahme nach Absatz 1 unmittelbare Vermögensnachteile entstehen.

(4) § 11 Abs. 4 gilt entsprechend.

**§ 17**[2)] **Veröffentlichung im Internet.** [1] Wird der Plan nicht nach § 14a Absatz 3 Satz 1 dieses Gesetzes, § 27a Absatz 1 des Verwaltungsverfahrensgesetzes[3)] oder § 20 des Gesetzes über die Umweltverträglichkeitsprüfung[4)] im Internet veröffentlicht, ist dieser vom Träger des Vorhabens auf seiner Internetseite zu veröffentlichen. [2] § 23 des Gesetzes über die Umweltverträglichkeitsprüfung gilt entsprechend. [3] Maßgeblich ist der Inhalt des im Rahmen des Genehmigungsverfahrens zur Einsicht ausgelegten Plans. [4] Hierauf ist bei der Veröffentlichung hinzuweisen.

**§ 18**[5)] **Planfeststellungsverfahren bei Vorhaben im transeuropäischen Verkehrsnetz.** (1) [1] Wird ein Planfeststellungsverfahren oder ein Plangenehmigungsverfahren für ein Vorhaben durchgeführt, das

1. im Kernnetzkorridor nach Anlage 3 gelegen ist, oder
2. im Kernnetzkorridor nach Anlage 4 gelegen ist und dessen geschätzte Gesamtkosten zum Zeitpunkt der Einleitung des Planfeststellungsverfahrens oder des Plangenehmigungsverfahrens 300 000 000 Euro überschreiten,

ist dieses innerhalb von vier Jahren abzuschließen. [2] Die Frist beginnt mit dem Eingang des Plans nach § 73 Absatz 1 des Verwaltungsverfahrensgesetzes[3)] bei der

---

[1)] § 16 Abs. 1 Satz 1 geänd. mWv 29.12.2023 durch G v. 22.12.2023 (BGBl. 2023 I Nr. 409).
[2)] § 17 eingef. mWv 7.12.2018 durch G v. 29.11.2018 (BGBl. I S. 2237); Satz 1 neu gef., Satz 4 geänd. mWv 29.12.2023 durch G v. 22.12.2023 (BGBl. 2023 I Nr. 409).
[3)] Nr. **100**.
[4)] Nr. **295**.
[5)] § 18 eingef. mWv 29.12.2023 durch G v. 22.12.2023 (BGBl. 2023 I Nr. 409).

Anhörungsbehörde und Planfeststellungsbehörde. ³Diese sowie alle am Planfeststellungsverfahren oder am Plangenehmigungsverfahren beteiligten Behörden des Bundes und der Länder sind bestrebt, den Planfeststellungsverfahren oder Plangenehmigungsverfahren nach Satz 1 Vorrang bei der Bearbeitung einzuräumen. ⁴Dabei ist das Beschleunigungsinteresse an anderen Vorhaben, die im überragenden öffentlichen Interesse stehen oder der öffentlichen Sicherheit dienen, zu beachten.

(2) ¹Die Planfeststellungsbehörde hat dem Vorhabenträger auf dessen Antrag Auskunft über die bei Vorlage des Plans nach § 73 Absatz 1 des Verwaltungsverfahrensgesetzes beizubringenden Informationen und Unterlagen zu erteilen. ²Weist das Vorhaben bei Eingang des Plans nach § 73 Absatz 1 des Verwaltungsverfahrensgesetzes nicht die erforderliche Reife auf, so ist der Antrag auf Einleitung des Verfahrens zur Planfeststellung oder Plangenehmigung spätestens vier Monate nach seinem Eingang bei der zuständigen Behörde abzulehnen.

(3) ¹Auf Antrag der Planfeststellungsbehörde kann das Bundesministerium für Digitales und Verkehr die Frist nach Absatz 1 Satz 1 verlängern. ²Im Antrag sind die Gründe für die Fristüberschreitung darzulegen. ³Eine weitere Verlängerung kann unter denselben Bedingungen einmal gewährt werden.

(4) Die Absätze 1 bis 3 finden keine Anwendung auf Vorhaben, deren Plan vor dem 10. August 2023 bei der Anhörungsbehörde und Planfeststellungsbehörde eingereicht wurde.

**§ 18a¹⁾ Grenzüberschreitende Vorhaben im transeuropäischen Verkehrsnetz.** (1) Bei grenzüberschreitenden Vorhaben nach § 18 Absatz 1 Satz 1 sollen die zuständigen Behörden zusammenarbeiten, erforderliche Informationen, Unterlagen und Dokumente austauschen und die nationalen Zeitpläne ihrer Genehmigungsverfahren abstimmen.

(2) Das Bundesministerium für Digitales und Verkehr hat die nach Artikel 45 der Verordnung (EU) Nr. 1315/2013 des Europäischen Parlaments und des Rates vom 11. Dezember 2013 über Leitlinien der Union für den Aufbau eines transeuropäischen Verkehrsnetzes und zur Aufhebung des Beschlusses Nr. 661/2010/EU (ABl. L 348 vom 20.12.2013, S. 1) benannten Europäischen Koordinatoren auf deren Ersuchen über den Sachstand des grenzüberschreitenden Vorhabens zu unterrichten.

(3) Wird die Frist nach § 18 Absatz 1 Satz 1 und 2 nicht eingehalten, hat das Bundesministerium für Digitales und Verkehr bei grenzüberschreitenden Vorhaben nach Absatz 1 die Europäischen Koordinatoren auf deren Ersuchen über Maßnahmen zum zügigen Abschluss des *Planfeststellungsverfahren*²⁾ oder Plangenehmigungsverfahrens zu unterrichten.

**§ 18b³⁾ Berichterstattung an die Europäische Kommission.** Zur Vorbereitung der Berichterstattung an die Europäische Kommission hat die Planfeststellungsbehörde dem Bundesministerium für Digitales und Verkehr erstmals zum 30. April 2026 und sodann alle zwei Jahre für ihren Zuständigkeitsbereich folgende Angaben aus dem Berichtszeitraum mitzuteilen:

1. Die Anzahl der laufenden sowie abgeschlossenen Planfeststellungsverfahren oder Plangenehmigungsverfahren nach § 18 Absatz 1 und § 18a Absatz 1,

---

¹⁾ §§ 18a, 18b eingef. mWv 29.12.2023 durch G v. 22.12.2023 (BGBl. 2023 I Nr. 409).
²⁾ Richtig wohl: „Planfeststellungsverfahrens".
³⁾ § 18b eingef. mWv 29.12.2023 durch G v. 22.12.2023 (BGBl. 2023 I Nr. 409).

2. die durchschnittliche Verfahrensdauer der abgeschlossenen Planfeststellungsverfahren oder Plangenehmigungsverfahren,
3. die Anzahl der Planfeststellungsverfahren oder Plangenehmigungsverfahren, die über einen Zeitraum von mehr als vier Jahren seit Fristbeginn andauern,
4. die Anzahl der Planfeststellungsverfahren oder Plangenehmigungsverfahren mit Fristüberschreitung sowie
5. die Einrichtung gemeinsamer Behörden.

## § 19 (weggefallen)

## § 20[1]) Vorzeitige Besitzeinweisung.

(1) [1]Ist der sofortige Beginn von Bauarbeiten geboten und weigert sich der Eigentümer oder Besitzer, den Besitz eines für den Neubau oder den Ausbau einer Bundeswasserstraße benötigten Grundstücks durch Vereinbarung unter Vorbehalt aller Entschädigungsansprüche zu überlassen, so hat die Enteignungsbehörde den Träger des Vorhabens auf Antrag nach Feststellung des Planes oder Erteilung der Plangenehmigung in den Besitz einzuweisen. [2]Der Planfeststellungsbeschluss oder die Plangenehmigung müssen vollziehbar sein. [3]Weiterer Voraussetzungen bedarf es nicht.

(1a) [1]Der Träger des Vorhabens kann verlangen, dass bereits nach Ablauf der Einwendungsfrist nach § 73 Absatz 4 des Verwaltungsverfahrensgesetzes[2]) das Verfahren zur vorzeitigen Besitzeinweisung in das Grundstück eines Dritten durchgeführt wird. [2]In diesem Fall ist die nach dem Verfahrensstand zu erwartende Feststellung des Plans oder die zu erwartende Plangenehmigung dem Verfahren zur vorzeitigen Besitzeinweisung zugrunde zu legen. [3]Der Besitzeinweisungsbeschluss ist mit der aufschiebenden Bedingung zu verbinden, dass sein Ergebnis durch den Planfeststellungsbeschluss oder die Plangenehmigung bestätigt wird. [4]Wird das Ergebnis des Besitzeinweisungsbeschlusses durch den Planfeststellungsbeschluss oder die Plangenehmigung nicht bestätigt, ist die vorzeitige Besitzeinweisung auf der Grundlage des ergangenen Planfeststellungsbeschlusses oder der ergangenen Plangenehmigung herbeizuführen.

(2) [1]Die Enteignungsbehörde hat spätestens sechs Wochen nach Eingang des Antrags auf Besitzeinweisung mit den Beteiligten mündlich zu verhandeln. [2]Hierzu sind der Träger des Vorhabens und die Betroffenen zu laden. [3]Dabei ist den Betroffenen der Antrag auf Besitzeinweisung mitzuteilen. [4]Die Ladungsfrist beträgt drei Wochen. [5]Mit der Ladung sind die Betroffenen aufzufordern, etwaige Einwendungen gegen den Antrag vor der mündlichen Verhandlung bei der Enteignungsbehörde einzureichen. [6]Sie sind außerdem darauf hinzuweisen, dass auch bei Nichterscheinen über den Antrag auf Besitzeinweisung und andere im Verfahren zu erledigende Anträge entschieden werden kann.

(3) [1]Soweit der Zustand des Grundstücks von Bedeutung ist, hat die Enteignungsbehörde diesen bis zum Beginn der mündlichen Verhandlung in einer Niederschrift festzustellen oder durch einen Sachverständigen ermitteln zu lassen. [2]Den Beteiligten ist eine Abschrift der Niederschrift oder des Ermittlungsergebnisses zu übersenden.

(4) [1]Der Beschluss über die Besitzeinweisung ist dem Träger des Vorhabens und den Betroffenen spätestens zwei Wochen nach der mündlichen Verhandlung zuzustellen. [2]Die Besitzeinweisung wird in dem von der Enteignungsbehörde bezeichneten Zeitpunkt wirksam. [3]Dieser Zeitpunkt soll auf höchstens zwei Wochen

---

[1]) § 20 Abs. 1a eingef. mWv 29.12.2023 durch G v. 22.12.2023 (BGBl. 2023 I Nr. 409).
[2]) Nr. **100**.

nach Zustellung der Anordnung über die vorzeitige Besitzeinweisung an den unmittelbaren Besitzer festgesetzt werden. [4]Durch die Besitzeinweisung wird dem Besitzer der Besitz entzogen und der Träger des Vorhabens Besitzer. [5]Der Träger des Vorhabens darf auf dem Grundstück das im Antrag auf Besitzeinweisung bezeichnete Bauvorhaben durchführen und die dafür erforderlichen Maßnahmen treffen.

(5) [1]Der Träger des Vorhabens hat für die durch die vorzeitige Besitzeinweisung entstehenden Vermögensnachteile Entschädigung zu leisten, soweit die Nachteile nicht durch die Verzinsung der Geldentschädigung für die Entziehung oder Beschränkung des Eigentums oder eines anderen Rechts ausgeglichen werden. [2]Art und Höhe der Entschädigung sind von der Enteignungsbehörde in einem Beschluss festzusetzen.

(6) [1]Wird der festgestellte Plan oder die Plangenehmigung aufgehoben, so ist auch die vorzeitige Besitzeinweisung aufzuheben und der vorherige Besitzer wieder in den Besitz einzuweisen. [2]Der Träger des Vorhabens hat für alle durch die Besitzeinweisung entstandenen besonderen Nachteile Entschädigung zu leisten.

(7) [1]Ein Rechtsbehelf gegen eine vorzeitige Besitzeinweisung hat keine aufschiebende Wirkung. [2]Der Antrag auf Anordnung der aufschiebenden Wirkung nach § 80 Abs. 5 Satz 1 der Verwaltungsgerichtsordnung[1]) kann nur innerhalb eines Monats nach der Zustellung des Besitzeinweisungsbeschlusses gestellt und begründet werden.

**§ 21[2]) Ausschluss von Ansprüchen.** (1) [1]Dient der Ausbau oder der Neubau dem Wohl der Allgemeinheit und ist der festgestellte Plan unanfechtbar, sind Ansprüche wegen nachteiliger Wirkungen gegen den Inhaber des festgestellten Plans, die auf die Unterlassung oder Beseitigung der Aus- oder Neubaumaßnahme, auf die Herstellung von Schutzeinrichtungen oder auf Schadenersatz gerichtet sind, ausgeschlossen. [2]Hierdurch werden Schadenersatzansprüche wegen nachteiliger Wirkungen nicht ausgeschlossen, die darauf beruhen, dass der Inhaber des festgestellten Plans angeordnete Auflagen nicht erfüllt hat.

(2) Absatz 1 Satz 1 gilt nicht für vertragliche Ansprüche.

**§ 22** (weggefallen)

**§ 23** (weggefallen)

### Abschnitt 6. Ordnungsvorschriften

**§ 24[3]) Strompolizei.** (1) Die Behörden der Wasserstraßen- und Schifffahrtsverwaltung des Bundes haben die Aufgabe, zur Gefahrenabwehr Maßnahmen zu treffen, die nötig sind, um die Bundeswasserstraßen in einem für die Schifffahrt erforderlichen Zustand zu erhalten (Strompolizei).

(2) [1]Zur strompolizeilichen Überwachung der Bundeswasserstraßen dürfen Beauftragte der Wasserstraßen- und Schifffahrtsverwaltung Grundstücke, Anlagen und Einrichtungen sowie Wasserfahrzeuge betreten. [2]Das Grundrecht auf Unver-

---

[1]) Nr. **600**.
[2]) § 21 neu gef. mWv 1.3.2010 durch G v. 31.7.2009 (BGBl. I S. 2585).
[3]) § 24 Abs. 1 und Abs. 2 Satz 1 geänd. mWv 1.6.2016 durch G v. 24.5.2016 (BGBl. I S. 1217).

letzlichkeit der Wohnung (Artikel 13 Abs. 1 des Grundgesetzes[1]) wird insoweit eingeschränkt.

(3) Die Hafenaufsicht (Hafenpolizei) bleibt unberührt.

**§ 25[2] Verantwortliche Personen.** (1) [1] Strompolizeiliche Maßnahmen, die durch das Verhalten von Personen erforderlich werden, sind gegen die Personen zu richten, die die Gefahr oder die Störung verursacht haben. [2] Sie können auch gegen diejenigen gerichtet werden, die für die Personen aufsichtspflichtig sind.

(2) Wer einen anderen zu einer Verrichtung bestellt, ist neben diesem dafür verantwortlich, dass sich der andere bei der Ausführung der Verrichtung ordnungsgemäß verhält.

(3) [1] Strompolizeiliche Maßnahmen, die durch das Verhalten oder den Zustand eines Tieres oder durch den Zustand einer Sache erforderlich werden, sind gegen den Eigentümer zu richten. [2] Strompolizeiliche Maßnahmen können auch gegen den gerichtet werden, der die tatsächliche Gewalt ausübt; die Maßnahmen sind nur gegen diesen zu richten, wenn er die tatsächliche Gewalt gegen den Willen des Eigentümers oder eines anderen Verfügungsberechtigten ausübt, oder wenn er auf einen im Einverständnis mit dem Eigentümer schriftlich oder elektronisch gestellten Antrag als allein verantwortlich anerkannt worden ist.

**§ 26[3] Inanspruchnahme nicht verantwortlicher Personen.** (1) [1] Zur Abwehr einer unmittelbar bevorstehenden Gefahr oder zur Beseitigung einer bereits eingetretenen Störung können die Behörden der Wasserstraßen- und Schifffahrtsverwaltung des Bundes strompolizeiliche Maßnahmen auch gegen andere als die in § 25 bezeichneten Personen treffen und sie besonders zur Hilfeleistung anhalten, wenn

a) nach § 25 verantwortliche Personen nicht in Anspruch genommen werden können,

b) Maßnahmen durch die Behörden der Wasserstraßen- und Schifffahrtsverwaltung des Bundes selbst oder durch beauftragte Dritte nicht möglich oder ausreichend sind und

c) die heranzuziehenden Personen ohne erhebliche eigene Gefahr oder Verletzung überwiegender anderweitiger Verpflichtungen in Anspruch genommen werden können.

[2] Der Betroffene kann für den ihm durch die Maßnahme entstandenen Schaden eine angemessene Entschädigung in Geld verlangen.

(2) Maßnahmen nach Absatz 1 dürfen nur solange und soweit getroffen und aufrechterhalten werden, als nicht andere Maßnahmen zur Beseitigung der Gefahr oder der Störung getroffen werden können.

**§ 27[4] Strompolizeiverordnungen.** (1) Das Bundesministerium für Digitales und Verkehr wird ermächtigt, Rechtsverordnungen zur Gefahrenabwehr nach § 24 Abs. 1 (Strompolizeiverordnungen) zu erlassen.

---

[1] Nr. **1.**
[2] § 25 Abs. 3 Satz 2 geänd. mWv 1.7.2021 durch G v. 3.6.2021 (BGBl. I S. 1465).
[3] § 26 Abs. 1 Satz 1 einl. Satzteil und Buchst. b geänd. mWv 1.6.2016 durch G v. 24.5.2016 (BGBl. I S. 1217).
[4] § 27 Abs. 1 und 2 geänd. mWv 8.9.2015 durch VO v. 31.8.2015 (BGBl. I S. 1474); Abs. 2 geänd. mWv 1.6.2016 durch G v. 24.5.2016 (BGBl. I S. 1217); Abs. 1 und 2 geänd. mWv 29.12.2023 durch G v. 22.12.2023 (BGBl. 2023 I Nr. 409).

(2) Das Bundesministerium für Digitales und Verkehr kann durch Rechtsverordnung die Ermächtigung nach Absatz 1 auf die Generaldirektion Wasserstraßen und Schifffahrt übertragen.

(3) Strompolizeiverordnungen müssen in ihrem Inhalt bestimmt sein.

(4) Zuständig für die Änderung oder Aufhebung einer Strompolizeiverordnung ist die im Zeitpunkt der Änderung oder Aufhebung für ihren Erlass zuständige Behörde.

**§ 28[1] Strompolizeiliche Verfügungen.** (1) Die Wasserstraßen- und Schifffahrtsämter können zur Erfüllung der Aufgabe nach § 24 Abs. 1 Anordnungen erlassen, die an bestimmte Personen oder an einen bestimmten Personenkreis gerichtet sind und ein Gebot oder Verbot enthalten (Strompolizeiliche Verfügungen).

(2) [1] Strompolizeiliche Verfügungen können mündlich, schriftlich, elektronisch oder durch Zeichen erlassen werden. [2] Sie müssen inhaltlich hinreichend bestimmt sein.

(3) [1] Ist der nach § 25 Verantwortliche nicht oder nicht rechtzeitig zu erreichen, kann das Wasserstraßen- und Schifffahrtsamt die notwendige Maßnahme ausführen. [2] Der Verantwortliche ist von der Maßnahme unverzüglich zu unterrichten. [3] Entstehen durch die Maßnahme Kosten[2], können sie ihm auferlegt werden.

(4) Die Vorschriften der §§ 611 bis 617 des Handelsgesetzbuchs[2] sowie der §§ 4 bis 5n des Binnenschifffahrtsgesetzes bleiben unberührt.

**§ 29[3] Verhältnismäßigkeit, Wahl der Mittel.** (1) [1] Eine strompolizeiliche Verfügung darf nicht zu einem Schaden führen, der zu dem beabsichtigten Erfolg erkennbar außer Verhältnis steht. [2] Die Wasserstraßen- und Schifffahrtsämter sollen das Mittel zur Abwehr der Gefahr oder zur Beseitigung der Störung bestimmen, wenn dieses für den Betroffenen nach den Umständen nicht ohne weiteres erkennbar ist. [3] Kommen für die Erfüllung einer Aufgabe mehrere Maßnahmen in Betracht, haben die Wasserstraßen- und Schifffahrtsämter nach pflichtgemäßem Ermessen die Maßnahmen zu wählen, die den Einzelnen und die Allgemeinheit am wenigsten beeinträchtigen.

(2) [1] Dem Betroffenen ist auf Antrag zu gestatten, an Stelle eines durch strompolizeiliche Verfügung angedrohten oder festgesetzten Mittels ein von ihm angebotenes anderes Mittel anzuwenden, das die Gefahr ohne Beeinträchtigung der Allgemeinheit ebenso wirksam abwehren kann. [2] Der Antrag kann nur bis zum Ablauf einer Frist gestellt werden, die dem Betroffenen zur Ausführung der Verfügung gesetzt wird, spätestens bis zum Ablauf der Frist für die Erhebung der verwaltungsgerichtlichen Anfechtungsklage.

**§ 30[4] Besondere Befugnisse zur Beseitigung von Schifffahrtshindernissen.** (1) Wird der für die Schifffahrt erforderliche Zustand einer Bundeswasser-

---

[1] § 28 Abs. 4 geänd. mWv 25.4.2013 durch G v. 20.4.2013 (BGBl. I S. 831); Abs. 2 Satz 1 geänd., Satz 3 aufgeh. mWv 1.8.2013 durch G v. 25.7.2013 (BGBl. I S. 2749); Abs. 1 und Abs. 3 Satz 1 geänd. mWv 1.6.2016 durch G v. 24.5.2016 (BGBl. I S. 1217); Abs. 4 geänd. mWv 1.7.2019 durch G v. 5.7.2016 (BGBl. I S. 1578).
[2] **Habersack Nr. 50.**
[3] § 29 Abs. 1 Sätze 2 und 3 geänd. mWv 1.6.2016 durch G v. 24.5.2016 (BGBl. I S. 1217).
[4] § 30 Abs. 12 Satz 3 geänd. mWv 25.4.2013 durch G v. 20.4.2013 (BGBl. I S. 831); Abs. 1, Abs. 2 Satz 1, Abs. 3, Abs. 5 Satz 2, Abs. 7 Satz 1 und Abs. 10 geänd. mWv 1.6.2016 durch G v. 24.5.2016 (BGBl. I S. 1217); Abs. 12 Satz 3 geänd. mWv 1.7.2019 durch G v. 5.7.2016 (BGBl. I S. 1578).

straße oder die Sicherheit oder Leichtigkeit des Verkehrs auf einer Bundeswasser-straße durch in der Bundeswasserstraße hilflos treibende, festgekommene, gestrandete oder gesunkene Fahrzeuge oder schwimmende Anlagen oder durch andere treibende oder auf Grund geratene Gegenstände beeinträchtigt, können die Behörden der Wasserstraßen- und Schifffahrtsverwaltung des Bundes das Hindernis beseitigen, wenn ein sofortiges Einschreiten erforderlich ist und wenn ein nach § 25 Verantwortlicher nicht oder nicht rechtzeitig herangezogen werden kann oder wenn zu besorgen ist, dass dieser Verantwortliche das Hindernis nicht oder nicht wirksam beseitigen wird.

(2) ¹Hat das Wasserstraßen- und Schifffahrtsamt erkennbar mit der Beseitigung begonnen, so dürfen ohne seine Zustimmung das Hindernis nicht mehr beseitigt und Gegenstände nicht mehr von diesem fortgeschafft werden. ²Soweit möglich, sind die nach § 25 Verantwortlichen und die Eigentümer der beseitigten Gegenstände darüber unverzüglich zu unterrichten.

(3) Ist das Hindernis beseitigt, ist den nach § 25 Verantwortlichen, den Eigentümern der beseitigten Gegenstände und den Inhabern von Rechten an den Gegenständen, soweit sie bekannt und alsbald zu erreichen sind, von der Generaldirektion Wasserstraßen und Schifffahrt anheimzugeben, binnen einer von ihr zu bestimmenden Frist zur Vermeidung der Zwangsvollstreckung die Kosten der Beseitigung zu erstatten oder für sie Sicherheit zu leisten.

(4) ¹Soweit die Kosten der Beseitigung nicht erstattet werden oder nicht Sicherheit für sie geleistet wird, sind sie aus den beseitigten Gegenständen zu zahlen. ²Absatz 12 bleibt unberührt.

(5) ¹Die Vollstreckung in die Gegenstände erfolgt im Wege des Verwaltungszwangsverfahrens. ²Vollstreckungsbehörde ist die Generaldirektion Wasserstraßen und Schifffahrt. ³Vollstreckungsschuldner sind die Eigentümer der beseitigten Gegenstände, die als solche jedoch nur zur Duldung der Zwangsvollstreckung in die Gegenstände verpflichtet sind. ⁴Der Anspruch des Bundes wegen der Kosten der Beseitigung und der Verwertung geht allen anderen Rechten an dem Erlös vor.

(6) Die Vollstreckung darf, wenn eine Aufforderung nach Absatz 3 ergangen ist, nicht vor dem Ablauf der Frist angeordnet werden, die den in Absatz 3 genannten Personen zur Abwendung der Zwangsvollstreckung gesetzt ist.

(7) ¹Beseitigte Gegenstände, die nicht der Zwangsvollstreckung in das unbewegliche Vermögen unterliegen, kann die Generaldirektion Wasserstraßen und Schifffahrt auch öffentlich versteigern lassen. ²Die §§ 979 und 980 des Bürgerlichen Gesetzbuches¹⁾ gelten entsprechend. ³Aus dem Erlös sind die Kosten der Beseitigung und der Verwertung vorweg zu entnehmen.

(8) Ein Überschuss bei der Verwertung der beseitigten Gegenstände ist unter Verzicht auf das Recht der Rücknahme zu hinterlegen.

(9) Die Absätze 2 bis 7 gelten nicht für die Habe der Besatzung, für das Reisegut der Reisenden und die Post.

(10) Verfahren die Behörden der Wasserstraßen- und Schifffahrtsverwaltung des Bundes nach den Vorschriften der Absätze 2 bis 8, ist § 28 Abs. 3 Sätze 2 und 3 nicht anzuwenden.

(11) (weggefallen)

(12) ¹Für die Kosten der Beseitigung haften persönlich

---

¹⁾ **Habersack Nr. 20.**

1. der nach § 25 Abs. 1 Verantwortliche, sofern er Schiffseigentümer, Schiffseigner, Charterer, Reeder oder Ausrüster eines Schiffes ist und das Hindernis in unmittelbarem Zusammenhang mit dem Betrieb eines Schiffes verursacht worden ist,
2. der nach § 25 Abs. 3 Verantwortliche, sofern es sich bei dem beseitigten Gegenstand um ein Schiff handelt und der Verantwortliche Schiffseigentümer, Schiffseigner, Charterer, Reeder oder Ausrüster des Schiffes ist.

[2] Mehrere Verpflichtete haften als Gesamtschuldner. [3] Die Vorschriften der §§ 611 bis 617 des Handelsgesetzbuchs[1]) sowie der §§ 4 bis 5n des Binnenschifffahrtsgesetzes bleiben unberührt.

**§ 31[2]) Strom- und schifffahrtspolizeiliche Genehmigung.** (1) Einer strom- und schifffahrtspolizeilichen Genehmigung des Wasserstraßen- und Schifffahrtsamtes bedürfen
1. Benutzungen (§ 9 des Wasserhaushaltsgesetzes[3])) einer Bundeswasserstraße,
2. die Errichtung, die Veränderung und der Betrieb von Anlagen einschließlich des Verlegens, der Veränderung und des Betriebs von Seekabeln in, über oder unter einer Bundeswasserstraße oder an ihrem Ufer,

wenn durch die beabsichtigte Maßnahme eine Beeinträchtigung des für die Schifffahrt erforderlichen Zustandes der Bundeswasserstraße oder der Sicherheit und Leichtigkeit des Verkehrs zu erwarten ist.

(2) [1] Wer eine Bundeswasserstraße benutzen oder Anlagen in, über oder unter einer solchen Wasserstraße oder an ihrem Ufer errichten, verändern oder betreiben will, hat dies dem Wasserstraßen- und Schifffahrtsamt anzuzeigen. [2] Die Maßnahme bedarf keiner strom- und schifffahrtspolizeilichen Genehmigung, wenn das Wasserstraßen- und Schifffahrtsamt binnen eines Monats nach Eingang der Anzeige nichts anderes mitteilt. [3] Telekommunikationslinien im Sinne des § 3 Nummer 64 sind anzeigepflichtig, aber genehmigungsfrei. [4] Ist eine strom- und schifffahrtspolizeiliche Genehmigung erforderlich, ersetzt die Anzeige den Antrag auf Erteilung dieser Genehmigung. [5] Für die Erteilung der Genehmigung gelten § 11a Absatz 4 und 5 Satz 1 bis 6 sowie § 108 des Wasserhaushaltsgesetzes entsprechend, wenn es sich um eine Anlage zur Erzeugung von Energie aus erneuerbaren Quellen handelt.

(3) [1] Eine Anzeige oder eine strom- und schifffahrtspolizeiliche Genehmigung ist nicht erforderlich
1. für das Einbringen von Stoffen zu Zwecken der Fischerei,
2. für Benutzungen, die beim Inkrafttreten dieses Gesetzes in zulässiger Weise ausgeübt werden,
3. für Anlagen, die beim Inkrafttreten dieses Gesetzes rechtmäßig vorhanden sind,
4. für Maßnahmen im Rahmen des Gemeingebrauchs.

[2] Eine Anzeige oder eine strom- und schifffahrtspolizeiliche Genehmigung ist ebenfalls nicht erforderlich für Benutzungen und für Anlagen an den Bundes-

---

[1]) **Habersack Nr. 50.**
[2]) § 31 Abs. 1 Nr. 1 geänd. mWv 1.3.2010 durch G v. 31.7.2009 (BGBl. I S. 2585); Abs. 4 geänd. mWv 14.10.2011 durch G v. 6.10.2011 (BGBl. I S. 1986); Abs. 1a aufgeh., Abs. 2 Sätze 1 und 2 geänd. mWv 1.6.2016 durch G v. 24.5.2016 (BGBl. I S. 1217); Abs. 3 Satz 2 angef. mWv 9.6.2021 durch G v. 2.6.2021 (BGBl. I S. 1295); Abs. 2 Satz 3 geänd. mWv 1.12.2021 durch G v. 23.6.2021 (BGBl. I S. 1858); Abs. 2 Satz 5 angef. mWv 31.8.2021 durch G v. 18.8.2021 (BGBl. I S. 3901).
[3]) Nr. **845.**

wasserstraßen, welche am 9. Juni 2021 erstmals in Anlage 1 aufgenommen wurden, soweit die Benutzung oder Anlage vor dem 9. Juni 2021 in zulässiger Weise ausgeübt wurde oder rechtmäßig vorhanden war.

(4) Die Genehmigung kann unter Bedingungen und Auflagen erteilt werden, die eine Beeinträchtigung des für die Schifffahrt erforderlichen Zustandes der Bundeswasserstraße oder der Sicherheit und Leichtigkeit des Verkehrs verhüten oder ausgleichen.

(5) ¹Die Genehmigung darf nur versagt werden, wenn durch die beabsichtigte Maßnahme eine Beeinträchtigung des für die Schifffahrt erforderlichen Zustandes der Bundeswasserstraße oder der Sicherheit und Leichtigkeit des Verkehrs zu erwarten ist, die durch Bedingungen und Auflagen weder verhütet noch ausgeglichen werden kann. ²Sind diese Bedingungen und Auflagen nicht möglich, darf die Genehmigung gleichwohl aus Gründen des Wohls der Allgemeinheit erteilt werden.

(6) Die Genehmigung ersetzt nicht die nach anderen Rechtsvorschriften erforderlichen Verwaltungsakte.

**§ 32¹⁾ Rücknahme und Widerruf der strom- und schifffahrtspolizeilichen Genehmigung.** (1) ¹Das Wasserstraßen- und Schifffahrtsamt kann die strom- und schifffahrtspolizeiliche Genehmigung ganz oder teilweise widerrufen, wenn es zur Erhaltung der Bundeswasserstraße in einem für die Schifffahrt erforderlichen Zustand oder zur Abwehr von Gefahren für die Sicherheit und Leichtigkeit des Verkehrs notwendig ist. ²Wenn ein Verwaltungsakt, der nach anderen Rechtsvorschriften für die Maßnahme erlassen ist (§ 31 Abs. 6), nur gegen Entschädigung ganz oder teilweise widerrufen werden kann, ist auch bei gänzlichem oder teilweisem Widerruf der strom- und schifffahrtspolizeilichen Genehmigung Entschädigung zu leisten.

(2) Das Wasserstraßen- und Schifffahrtsamt kann die Genehmigung ferner ohne Entschädigung ganz oder teilweise zurücknehmen, wenn der Unternehmer den Zweck der Maßnahme so geändert hat, dass er mit den Antragsunterlagen nicht mehr übereinstimmt.

(3) Das Wasserstraßen- und Schifffahrtsamt kann die Genehmigung ferner ohne Entschädigung widerrufen, wenn der Unternehmer

1. die Benutzung über den Rahmen der Genehmigung erheblich ausgedehnt hat,
2. ihre Ausübung binnen einer ihm gesetzten angemessenen Frist nicht begonnen oder die Genehmigung drei Jahre ununterbrochen nicht ausgeübt hat.

**§ 33²⁾ Besondere Pflichten im Interesse der Überwachung.** (1) Überprüft das Wasserstraßen- und Schifffahrtsamt, ob die Bedingungen und Auflagen der strom- und schifffahrtspolizeilichen Genehmigung erfüllt werden, hat der Inhaber der Genehmigung das Betreten von Grundstücken zu gestatten, die Anlagen und Einrichtungen zugänglich zu machen, Auskünfte zu erteilen, die erforderlichen Arbeitskräfte, Unterlagen und Werkzeuge zur Verfügung zu stellen und technische Ermittlungen und Prüfungen zu dulden.

(2) Werden besondere Überwachungsmaßnahmen, vor allem fachtechnische Untersuchungen, erforderlich, können dem Inhaber der strom- und schifffahrts-

---

¹⁾ § 32 Abs. 1 Satz 1, Abs. 2 und 3 geänd. mWv 1.6.2016 durch G v. 24.5.2016 (BGBl. I S. 1217).
²⁾ § 33 Abs. 1 geänd. mWv 1.6.2016 durch G v. 24.5.2016 (BGBl. I S. 1217).

polizeilichen Genehmigung die Kosten dieser Maßnahmen auferlegt oder die Untersuchungen auf seine Kosten aufgegeben werden.

(3) Der zur Erteilung einer Auskunft Verpflichtete kann die Auskunft auf solche Fragen verweigern, deren Beantwortung ihm selbst oder einen der in § 383 Abs. 1 Nr. 1 bis 3 der Zivilprozessordnung[1] bezeichneten Angehörigen der Gefahr strafgerichtlicher Verfolgung oder eines Verfahrens nach dem Gesetz über Ordnungswidrigkeiten aussetzen würde.

(4) [1] Auf die nach Absatz 1 erlangten Kenntnisse und Unterlagen sind die §§ 93, 97, 105 Abs. 1, § 111 Abs. 5 in Verbindung mit § 105 Abs. 1 sowie § 116 Abs. 1 der Abgabenordnung nicht anzuwenden. [2] Dies gilt nicht, soweit die Finanzbehörden die Kenntnisse für die Durchführung eines Verfahrens wegen einer Steuerstraftat sowie eines damit zusammenhängenden Besteuerungsverfahrens benötigen, an deren Verfolgung ein zwingendes öffentliches Interesse besteht, oder soweit es sich um vorsätzlich falsche Angaben des Auskunftspflichtigen oder der für ihn tätigen Personen handelt.

## Abschnitt 7. Besondere Aufgaben

**§ 34**[2] **Schifffahrtszeichen.** (1) Das Setzen und Betreiben von Schifffahrtszeichen, die für die Schifffahrt auf Bundeswasserstraßen gelten, sind Hoheitsaufgaben des Bundes.

(2) [1] Rechtliche Verpflichtungen Dritter, bestimmte Schifffahrtszeichen zu setzen oder zu betreiben, bleiben unberührt. [2] Wer ein Schifffahrtszeichen setzen oder betreiben will, ohne dazu rechtlich verpflichtet zu sein, bedarf einer Genehmigung der Generaldirektion Wasserstraßen und Schifffahrt. [3] Die Generaldirektion Wasserstraßen und Schifffahrt kann die Zuständigkeit zur Erteilung der Genehmigung auf das Wasserstraßen- und Schifffahrtsamt übertragen. [4] Die Genehmigung kann unter Bedingungen und Auflagen erteilt werden, die eine Beeinträchtigung der Sicherheit und Leichtigkeit des Verkehrs oder des für die Schifffahrt erforderlichen Zustandes der Bundeswasserstraße verhüten oder ausgleichen. [5] Die Genehmigung kann befristet werden. [6] Für die Überwachung gilt § 33 entsprechend.

(3) Wer auf Grund einer rechtlichen Verpflichtung oder einer Genehmigung ein Schifffahrtszeichen setzt oder betreibt, nimmt damit keine hoheitliche Befugnis des Bundes wahr.

(4) [1] Anlagen und ortsfeste Einrichtungen aller Art dürfen weder durch ihre Ausgestaltung noch durch ihren Betrieb zu Verwechslungen mit Schifffahrtszeichen Anlass geben, deren Wirkung beeinträchtigen, deren Betrieb behindern oder die Schiffsführer durch Blendwirkungen, Spiegelungen oder anders irreführen oder behindern. [2] Wirtschaftswerbung in Verbindung mit Schifffahrtszeichen ist unzulässig.

(5) Für Maßnahmen zum Setzen, zur Unterhaltung oder zum Betrieb von Schifffahrtszeichen gelten § 7 Abs. 3 und § 16 entsprechend.

(6) Für die Ablieferung besitzlos gewordener bundeseigener Schifffahrtszeichen einschließlich Zubehör und Anlageteile sowie bundeseigener meereskundlicher Messgeräte setzt das zuständige Wasserstraßen- und Schifffahrtsamt auf Antrag des

---

[1] **Habersack Nr. 100.**
[2] § 34 Abs. 6 geänd. mWv 8.9.2015 durch VO v. 31.8.2015 (BGBl. I S. 1474); Abs. 2 Sätze 2 und 3, Abs. 6 geänd. mWv 1.6.2016 durch G v. 24.5.2016 (BGBl. I S. 1217); Abs. 6 geänd. mWv 29.12.2023 durch G v. 22.12.2023 (BGBl. 2023 I Nr. 409).

Bergers dieser Gegenstände einen von dem Amt zu erstattenden Bergelohn nach Maßgabe der das Bundesministerium für Digitales und Verkehr im Einvernehmen mit dem Bundesministerium der Finanzen und dem Bundesministerium für Wirtschaft und Klimaschutz festgelegten Vergütungssätze fest.

**§ 35[1] Wasserstands- und Hochwassermeldedienst, Eisbekämpfung und Feuerschutz.** (1) [1]Die Wasserstraßen- und Schifffahrtsverwaltung des Bundes unterhält neben der ihr nach § 8 obliegenden Unterhaltung, soweit möglich und zumutbar, einen Wasserstands- und Hochwassermeldedienst mit den Ländern, auch um zu einer rechtzeitigen und zuverlässigen Hochwasserwarnung und -vorhersage beizutragen. [2]Sie soll, unbeschadet anderer besonderer Verpflichtungen, für die Eisbekämpfung auf den Bundeswasserstraßen sorgen, soweit sie wirtschaftlich zu vertreten ist.

(2) Soweit Brände auf den Seewasserstraßen und den angrenzenden Mündungstrichtern der Binnenwasserstraßen den Verkehr behindern können, ist der Bund zur Unterhaltung des Feuerschutzes nach Maßgabe einer mit den Ländern zu schließenden Vereinbarung zuständig.

## Abschnitt 8. Entschädigung

**§ 36 Allgemeine Vorschriften über Entschädigung.** (1) [1]Eine Entschädigung nach diesem Gesetz bemisst sich nach dem Entgelt, das für eine vergleichbare Leistung im Wirtschaftsverkehr üblich ist. [2]Fehlt es an einer vergleichbaren Leistung oder ist ein übliches Entgelt nicht zu ermitteln, ist die Entschädigung unter gerechter Abwägung der Interessen der Allgemeinheit und der Beteiligten zu bemessen. [3]Wenn zur Zeit des Vorgangs, der die Entschädigungspflicht auslöst, Nutzungen gezogen werden, ist die Entschädigung nach deren Beeinträchtigung zu bemessen; der Entschädigungsberechtigte kann ferner eine angemessene Entschädigung verlangen, soweit durch den die Entschädigungspflicht auslösenden Vorgang Aufwendungen an Wert verlieren, mit denen er die Nutzung seines Grundstücks vorbereitet und die er im Vertrauen auf den Fortbestand des bisherigen Zustandes gemacht hat. [4]Auch ist eine durch den entschädigungspflichtigen Vorgang eingetretene Minderung des Verkehrswertes des Grundstücks zu berücksichtigen, soweit sie nicht nach Satz 3 bereits berücksichtigt ist.

(2) [1]Die Entschädigung ist in Geld festzusetzen. [2]Als Entschädigung können auch andere Maßnahmen festgesetzt werden, wenn sie mit wirtschaftlich zumutbaren Mitteln durchgeführt werden können und der Entschädigungsberechtigte zustimmt. [3]Ist die Entschädigung in wiederkehrenden Leistungen festgesetzt und haben sich die tatsächlichen Verhältnisse, die der Festsetzung der Entschädigung zugrunde lagen, wesentlich geändert, kann die Höhe der wiederkehrenden Leistungen neu festgesetzt werden, wenn es notwendig ist, um eine offenbare Unbilligkeit zu vermeiden.

(3) Wird die Nutzung eines Grundstückes durch den entschädigungspflichtigen Vorgang unmöglich gemacht oder erheblich erschwert oder kann das Grundstück nach seiner bisherigen Bestimmung nicht mehr zweckmäßig genutzt werden, kann der Grundstückseigentümer statt einer Entschädigung verlangen, dass der Entschädigungspflichtige das Grundstück zum Verkehrswert erwirbt.

---

[1] § 35 Abs. 1 Satz 1 geänd. mWv 1.6.2016 durch G v. 24.5.2016 (BGBl. I S. 1217); Abs. 1 Satz 1 neu gef. mWv 29.12.2016 durch G v. 23.12.2016 (BGBl. I S. 3224).

**§ 37[1] Einigung, Festsetzungsbescheid.** (1) [1]Zuständig für die Festsetzung der Entschädigung ist die Generaldirektion Wasserstraßen und Schifffahrt. [2]Sie hat auf eine gütliche Einigung hinzuwirken. [3]Kommt vor Festsetzung der Entschädigung eine Einigung zustande, ist eine Niederschrift aufzunehmen. [4]Die Niederschrift enthält:

1. Ort und Zeit der Verhandlung;
2. die Bezeichnung der Beteiligten (Entschädigungsberechtigter und Entschädigungspflichtiger), ihrer gesetzlichen Vertreter und ihrer Bevollmächtigten;
3. die Erklärungen der Beteiligten.

[5]Die Niederschrift ist den Beteiligten vorzulesen oder zur Durchsicht vorzulegen. [6]In der Niederschrift ist zu vermerken, dass es geschehen und die Genehmigung erteilt ist.

(2) [1]Kommt keine Einigung zustande, setzt die Generaldirektion Wasserstraßen und Schifffahrt die Entschädigung fest. [2]In den Festsetzungsbescheid sind die Angaben nach Absatz 1 Satz 4 Nr. 2 aufzunehmen. [3]Er ist zu begründen und den Beteiligten mit einer Belehrung über den Rechtsweg (§ 39) zuzustellen; § 58 der Verwaltungsgerichtsordnung[2] gilt entsprechend.

**§ 38[3] Vollstreckung.** (1) Die Zwangsvollstreckung nach der Zivilprozessordnung findet statt

1. aus der Niederschrift über die Einigung, wenn die vollstreckbare Ausfertigung mindestens eine Woche vorher zugestellt ist;
2. aus dem Festsetzungsbescheid, wenn die vollstreckbare Ausfertigung bereits zugestellt ist oder gleichzeitig zugestellt wird.

(2) [1]Die vollstreckbare Ausfertigung wird von dem Urkundsbeamten der Geschäftsstelle des Amtsgerichts erteilt, in dessen Bezirk die Generaldirektion Wasserstraßen und Schifffahrt ihren Sitz hat. [2]In den Fällen der §§ 731, 767 bis 770, 785, 786 und 791 der Zivilprozessordnung[4] entscheidet das in Satz 1 bezeichnete Gericht.

(3) Die vollstreckbare Ausfertigung des Festsetzungsbescheides wird nur erteilt, wenn und soweit er für die Beteiligten unanfechtbar ist.

**§ 39[5] Rechtsweg.** (1) [1]Wegen der Festsetzung der Entschädigung können die Beteiligten binnen einer Frist von drei Monaten nach Zustellung des Bescheides Klage vor den ordentlichen Gerichten erheben. [2]Diese Frist ist eine Notfrist im Sinne der Zivilprozeßordnung. [3]Die Klage kann auch erhoben werden, wenn die Generaldirektion Wasserstraßen und Schifffahrt binnen sechs Monaten nach Erlass des Verwaltungsaktes oder nach dem Vorgang, der die Beeinträchtigung herbeigeführt hat, eine Entschädigung nicht festgesetzt hat; ist eine Entschädigung nach § 75 Absatz 2 Satz 4 des Verwaltungsverfahrensgesetzes[6] festzusetzen, beginnt die Frist von sechs Monaten mit der Antragstellung.

---

[1] § 37 Abs. 1 Satz 1 und Abs. 2 Satz 1 geänd. mWv 1.6.2016 durch G v. 24.5.2016 (BGBl. I S. 1217).
[2] Nr. **600**.
[3] § 38 Abs. 2 Satz 1 geänd. mWv 1.6.2016 durch G v. 24.5.2016 (BGBl. I S. 1217).
[4] **Habersack Nr. 100**.
[5] § 39 Abs. 1 Satz 3 geänd. mWv 1.6.2016 durch G v. 24.5.2016 (BGBl. I S. 1217); Abs. 1 Satz 3 und Abs. 2 Satz 2 geänd. mWv 29.12.2016 durch G v. 23.12.2016 (BGBl. I S. 3224).
[6] Nr. **100**.

(2) [1] Für die Klage ist das Landgericht ohne Rücksicht auf den Wert des Streitgegenstandes ausschließlich zuständig. [2] Örtlich zuständig ist ausschließlich das Landgericht, in dessen Bezirk die Beeinträchtigung eintritt; § 36 Absatz 1 Nummer 4 der Zivilprozessordnung[1] gilt entsprechend.

(3) [1] Die Klage gegen den Entschädigungspflichtigen wegen der Entschädigung in Geld ist auf Zahlung des verlangten Betrages oder Mehrbetrages zu richten. [2] Die Klage gegen den Entschädigungsberechtigten ist darauf zu richten, dass die Entschädigung unter Aufhebung oder Abänderung des Bescheides anders festgesetzt wird.

(4) Das Gericht kann im Falle des Absatzes 3 Satz 2 auf Antrag des Berechtigten den Bescheid für vorläufig vollstreckbar erklären.

## Abschnitt 9. Kreuzungen mit öffentlichen Verkehrswegen

**§ 40 Duldungspflicht.** (1) [1] Erfordert die Linienführung einer neu zu bauenden Bundeswasserstraße oder eines anderen neuen öffentlichen Verkehrsweges eine Kreuzung, hat der andere Beteiligte die Kreuzungsanlage zu dulden. [2] Seine verkehrlichen und betrieblichen Belange sind angemessen zu berücksichtigen. [3] Dies gilt auch für die Änderung bestehender Kreuzungsanlagen.

(2) Öffentliche Verkehrswege sind

1. die Eisenbahnen, die dem öffentlichen Verkehr dienen, sowie die Eisenbahnen, die nicht dem öffentlichen Verkehr dienen, wenn die Betriebsmittel auf Eisenbahnen des öffentlichen Verkehrs übergehen können (Anschlussbahnen), und ferner die den Anschlußbahnen gleichgestellten Eisenbahnen,
2. die öffentlichen Straßen, Wege und Plätze,
3. die sonstigen öffentlichen Bahnen auf besonderen Bahnkörpern.

**§ 41[2] Kosten der Herstellung von Kreuzungsanlagen.** (1) Werden Bundeswasserstraßen ausgebaut oder neu gebaut und müssen neue Kreuzungen mit öffentlichen Verkehrswegen hergestellt oder bestehende geändert werden, hat die Wasserstraßen- und Schifffahrtsverwaltung des Bundes die Kosten der Kreuzungsanlagen oder ihrer Änderung zu tragen, soweit nicht ein anderer auf Grund eines bestehenden Rechtsverhältnisses dazu verpflichtet ist.

(2) Werden öffentliche Verkehrswege verändert oder neu angelegt und müssen neue Kreuzungen mit Bundeswasserstraßen hergestellt oder bestehende geändert werden, hat der Baulastträger des öffentlichen Verkehrsweges die Kosten der Kreuzungsanlagen oder ihrer Änderung zu tragen, soweit nicht ein anderer auf Grund eines bestehenden Rechtsverhältnisses dazu verpflichtet ist.

(3) Zu den Kosten neuer Kreuzungen gehören auch die Kosten der Änderungen, die durch die neue Kreuzung an dem Verkehrsweg des anderen Beteiligten unter Berücksichtigung der übersehbaren Verkehrsentwicklung notwendig sind.

(4) Werden eine Bundeswasserstraße und ein öffentlicher Verkehrsweg gleichzeitig neu angelegt, haben die Beteiligten die Kosten der Kreuzungsanlage je zur Hälfte zu tragen.

---

[1] **Habersack Nr. 100.**
[2] § 41 Abs. 7 einl. Satzteil geänd. mWv 8.9.2015 durch VO v. 31.8.2015 (BGBl. I S. 1474); Abs. 1 geänd. mWv 1.6.2016 durch G v. 24.5.2016 (BGBl. I S. 1217); Abs. 7 einl. Satzteil geänd. mWv 29.12. 2023 durch G v. 22.12.2023 (BGBl. 2023 I Nr. 409).

(5) [1] Wird eine Bundeswasserstraße ausgebaut und wird gleichzeitig ein öffentlicher Verkehrsweg geändert, haben die beiden Beteiligten die dadurch entstehenden Kosten in dem Verhältnis zu tragen, in dem die Kosten bei getrennter Durchführung der Maßnahmen zueinander stehen würden. [2] Als gleichzeitig gelten die Maßnahmen, wenn beide Beteiligte sie verlangen oder hätten verlangen müssen.

(5a) Vorteile, die dem anderen Beteiligten durch Änderungen im Sinne der Absätze 1, 2 oder 5 erwachsen, sind auszugleichen (Vorteilsausgleich).

(6) [1] Zu den Kosten der Kreuzungsanlage gehören die Kosten, die mit der Herstellung oder Änderung des Kreuzungsbauwerks, sowie die Kosten, die mit der durch die Kreuzung notwendig gewordenen Änderung oder Beseitigung öffentlicher Verkehrswege verbunden sind. [2] Kommt über die Aufteilung der Kosten keine Einigung zustande, so ist hierüber im Planfeststellungsbeschluss (§ 14b) zu entscheiden.

(7) Das Bundesministerium für Digitales und Verkehr kann mit Zustimmung des Bundesrates Rechtsverordnungen erlassen, durch die

1. der Umfang der Kosten näher bestimmt wird und für die Verwaltungskosten Pauschalbeträge festgesetzt werden;
2. bestimmt wird, wie die bei getrennter Durchführung der Maßnahmen nach Absatz 5 entstehenden Kosten unter Anwendung von Erfahrungswerten für die Baukosten in vereinfachter Form ermittelt werden.

**§ 42**[1]) **Unterhaltung der Kreuzungsanlagen.** (1) [1] Die Kreuzungsanlagen im Zuge öffentlicher Verkehrswege hat der Beteiligte zu unterhalten, der die Kosten der Herstellung der Kreuzungsanlage ganz oder überwiegend getragen hat. [2] Die Unterhaltung umfasst auch spätere Erneuerungen und den Betrieb der beweglichen Bestandteile der Kreuzungsanlagen.

(2) [1] Hat ein Beteiligter nach § 41 Abs. 4 Herstellungskosten anteilig getragen, ist er verpflichtet, im Verhältnis seines Anteils zu den Unterhaltungskosten beizutragen. [2] Hat ein Beteiligter nach § 41 Abs. 1 oder 2 Änderungskosten getragen, ist er verpflichtet, dem anderen Beteiligten die Mehrkosten für die Unterhaltung zu erstatten, die diesem durch die Änderung entstehen. [3] Hat ein Beteiligter nach § 41 Abs. 5 Änderungskosten anteilig getragen, ist er verpflichtet, dem anderen Beteiligten im Verhältnis seines Anteils die Mehrkosten für die Unterhaltung zu erstatten, die diesem durch die Änderung entstehen.

(3) Der nach Absatz 1 Satz 1 zur Unterhaltung Verpflichtete hat die Mehrkosten zu erstatten, die anderen bei der Erfüllung ihrer Unterhaltungsaufgaben durch die Kreuzungsanlagen erwachsen.

(4) [1] Ist die Wasserstraßen- und Schifffahrtsverwaltung des Bundes zur Unterhaltung nach Absatz 1 verpflichtet, erstreckt sich ihre Verpflichtung nur auf das Kreuzungsbauwerk. [2] Die übrigen Teile der Kreuzungsanlagen haben die Beteiligten zu unterhalten, zu deren öffentlichen Verkehrswegen sie gehören. [3] Die Wasserstraßen- und Schifffahrtsverwaltung des Bundes hat den Beteiligten die Mehrkosten der Unterhaltung an den Kreuzungsanlagen außerhalb des Kreuzungsbauwerks zu erstatten.

(4a) [1] In den Fällen der Absätze 2, 3 und 4 Satz 3 sind die Mehrkosten und die anteiligen Unterhaltungskosten auf Verlangen eines Beteiligten abzulösen. [2] Das

---

[1]) § 42 Abs. 4a Satz 2 geänd. mWv 8.9.2015 durch VO v. 31.8.2015 (BGBl. I S. 1474); Abs. 4 Sätze 1 und 3 geänd. mWv 1.6.2016 durch G v. 24.5.2016 (BGBl. I S. 1217); Abs. 4a Satz 2 geänd. mWv 29.12. 2023 durch G v. 22.12.2023 (BGBl. 2023 I Nr. 409).

Bundesministerium für Digitales und Verkehr wird ermächtigt, mit Zustimmung des Bundesrates durch Rechtsverordnung die Berechnung und die Zahlung von Ablösungsbeträgen näher zu bestimmen sowie dazu ein Verfahren zur gütlichen Beilegung von Streitigkeiten festzulegen.

(5) Die Absätze 1 bis 4 gelten nicht, wenn bei dem Inkrafttreten dieses Gesetzes die Tragung der Kosten nach bestehenden Rechtsverhältnissen anders geregelt ist oder wenn etwas anderes vereinbart wird.

### § 43[1]) Durchfahrten unter Brücken im Zuge öffentlicher Verkehrswege.

(1) Ist die Durchfahrt unter Brücken im Zuge öffentlicher Verkehrswege durch Leitwerke, Leitpfähle, Dalben, Absetzpfähle oder ähnliche Einrichtungen zu sichern oder durch Schifffahrtszeichen zu bezeichnen, hat der Rechtsträger, auf dessen Kosten die Brücke errichtet oder geändert wird, auch die Kosten der Herstellung dieser Einrichtungen zu tragen.

(2) [1]Die Unterhaltung der Einrichtungen obliegt der Wasserstraßen- und Schifffahrtsverwaltung des Bundes. [2]Die Unterhaltung umfasst auch spätere Erneuerungen und den Betrieb der Einrichtungen. [3]Der Rechtsträger, auf dessen Kosten die Einrichtungen hergestellt sind, hat der Wasserstraßen- und Schifffahrtsverwaltung des Bundes. die Unterhaltungskosten zu erstatten.

(3) [1]Sind die Einrichtungen wegen der Entwicklung der Schifffahrt oder bei einer Änderung von Rechtsvorschriften durch andere Einrichtungen zu ersetzen, hat die Wasserstraßen- und Schifffahrtsverwaltung des Bundes. die neuen Einrichtungen auf ihre Kosten herzustellen und zu unterhalten. [2]Der nach Absatz 2 Satz 3 Verpflichtete hat zu den weiteren Unterhaltungskosten bis zur Höhe seiner bisherigen Verpflichtungen beizutragen.

(4) Werden die Einrichtungen erst nach der Errichtung der Brücke notwendig, hat sie die Wasserstraßen- und Schifffahrtsverwaltung des Bundes. auf ihre Kosten herzustellen und zu unterhalten.

(5) Die Absätze 1 bis 4 gelten nicht, wenn bei dem Inkrafttreten dieses Gesetzes die Tragung der Kosten nach bestehenden Rechtsverhältnissen anders geregelt ist.

(6) [1]Wenn es die besonderen Verhältnisse einer Brücke erfordern, kann die Wasserstraßen- und Schifffahrtsverwaltung des Bundes mit dem für die Brücke zuständigen Rechtsträger vereinbaren, dass dieser Einrichtungen ganz oder teilweise herstellt, betreibt oder andere Aufgaben der Wasserstraßen- und Schifffahrtsverwaltung des Bundes zu ihrer Unterhaltung wahrnimmt. [2]Durch die Vereinbarung werden die Obliegenheiten der Wasserstraßen- und Schifffahrtsverwaltung des Bundes. nach den Absätzen 2 bis 4 nicht berührt.

## Abschnitt 10. Durchführung des Gesetzes

### § 44 Enteignung für Zwecke der Bundeswasserstraßen. (1) [1]Für Zwecke der Unterhaltung, des Ausbaus oder des Neubaus von Bundeswasserstraßen durch den Bund, für die Errichtung von bundeseigenen Schifffahrtsanlagen und bundeseigenen Schifffahrtszeichen sowie für Maßnahmen in Landflächen an Bundeswasserstraßen nach § 9 ist die Enteignung zulässig, soweit sie zur Ausführung des Vorhabens notwendig ist. [2]Einer weiteren Feststellung der Zulässigkeit bedarf es nicht.

---

[1]) § 43 Abs. 2 Sätze 1 und 3, Abs. 3 Satz 1, Abs. 4, Abs. 6 Sätze 1 und 2 geänd. mWv 1.6.2016 durch G v. 24.5.2016 (BGBl. I S. 1217).

(2) Ist nach diesem Gesetz für das Vorhaben eine Planfeststellung durchzuführen, ist dem Enteignungsverfahren der festgestellte Plan zugrunde zu legen; er ist für die Enteignungsbehörde bindend.

(3) Die Enteignung wird von den zuständigen Landesbehörden nach Landesrecht durchgeführt.

**§ 45[1] Zuständigkeiten.** (1) Die Behörden der Wasserstraßen- und Schifffahrtsverwaltung des Bundes führen dieses Gesetz durch, wenn es nichts anderes bestimmt.

(2) (weggefallen)

(3) Als fachtechnische Behörden stehen der Wasserstraßen- und Schifffahrtsverwaltung des Bundes die Bundesanstalt für Wasserbau, die Bundesanstalt für Gewässerkunde und, soweit Fragen der Fischerei berührt werden, auch die Bundesforschungsanstalt für Fischerei zur Verfügung.

(4) [1] Die nach diesem Gesetz begründeten Zuständigkeiten bestehen auch in den Teilen einer Bundeswasserstraße, die in einen Hafen einbezogen sind, der nicht vom Bund betrieben wird. [2] Die Zuständigkeiten für die Hafenaufsicht (Hafenpolizei) bleiben unberührt.

(5) Die Aufgaben und Zuständigkeiten der Freien und Hansestadt Hamburg nach den mit Hamburg und Preußen abgeschlossenen Zusatzverträgen zum Staatsvertrag betreffend den Übergang der Wasserstraßen von den Ländern auf das Reich und ihre Ergänzungen – Nachtrag zu dem Gesetz über den Staatsvertrag betreffend den Übergang der Wasserstraßen von den Ländern auf das Reich vom 18. Februar 1922 (RGBl. I S. 222) – Zusatzvertrag mit Hamburg – und Zweiter Nachtrag zu dem Gesetz über den Staatsvertrag betreffend den Übergang der Wasserstraßen von den Ländern auf das Reich vom 22. Dezember 1928 (RGBl. 1929 II S. 1) – Nachtrag zum Zusatzvertrag mit Hamburg – in Verbindung mit § 1 Abs. 1 Satz 4 des Gesetzes über die vermögensrechtlichen Verhältnisse der Bundeswasserstraßen[2] vom 21. Mai 1951 (BGBl. I S. 352), § 1 der Verordnung über die Verwaltung der Elbe im Gebiete Groß-Hamburg vom 30. Juni 1937 (RGBl. I S. 727) und § 1 der Verordnung über die Verwaltung der Elbe und anderer Reichswasserstraßen durch die Hansestadt Hamburg vom 31. Dezember 1938 (RGBl. 1939 I S. 3) – bleiben unberührt.

**§ 46[3] Rechtsverordnungen.** [1] Das Bundesministerium für Digitales und Verkehr wird ermächtigt, Rechtsverordnungen zu erlassen über

1. die Regelung des Betriebs von Anlagen nach § 1 Absatz 6 Nummer 1,
2. die Zulassung des Befahrens von Talsperren und Speicherbecken mit Wasserfahrzeugen (§ 5),
3. die Regelung, Beschränkung oder Untersagung des Gemeingebrauchs im Rahmen des § 6,
4. die Zuständigkeiten der Behörden der Wasserstraßen- und Schifffahrtsverwaltung des Bundes, wenn ihre Zuständigkeiten nicht bereits im Gesetz festgelegt sind.

---

[1] § 45 Abs. 1 und Abs. 3 geänd. mWv 1.6.2016 durch G v. 24.5.2016 (BGBl. I S. 1217).
[2] Nr. **970.**
[3] § 46 Satz 1 einl. Satzteil und Satz 2 geänd. mWv 8.9.2015 durch VO v. 31.8.2015 (BGBl. I S. 1474); Satz 1 Nr. 4 und Satz 2 geänd. mWv 1.6.2016 durch G v. 24.5.2016 (BGBl. I S. 1217); Satz 1 Nr. 1 geänd. mWv 9.6.2021 durch G v. 2.6.2021 (BGBl. I S. 1295); Satz 1 einl. Satzteil und Satz 2 geänd. mWv 29.12. 2023 durch G v. 22.12.2023 (BGBl. 2023 I Nr. 409).

[2] Das Bundesministerium für Digitales und Verkehr kann durch Rechtsverordnung diese Ermächtigung auf die Generaldirektion Wasserstraßen und Schifffahrt übertragen.

**§ 47[1)]** *(aufgehoben)*

**§ 48[2)] Anforderungen der Sicherheit und Ordnung.** [1] Die Wasserstraßen- und Schifffahrtsverwaltung des Bundes ist dafür verantwortlich, dass die bundeseigenen Schifffahrtsanlagen und Schifffahrtszeichen sowie die bundeseigenen wasserbaulichen Anlagen allen Anforderungen der Sicherheit und Ordnung genügen. [2] Behördlicher Genehmigungen, Erlaubnisse und Abnahmen bedarf es nicht.

### Abschnitt 11. Bußgeldvorschriften, Schlussvorschriften

**§ 49** (weggefallen)

**§ 50[3)] Ordnungswidrigkeiten.** (1) Ordnungswidrig handelt, wer vorsätzlich oder fahrlässig

1. entgegen § 5 eine Talsperre oder ein Speicherbecken mit Wasserfahrzeugen befährt,

2. einer Vorschrift einer nach § 5 Satz 3, § 27 oder § 46 Nr. 1 bis 3 ergangenen Rechtsverordnung, einer auf Grund einer solchen Rechtsverordnung ergangenen vollziehbaren Anordnung oder einer vollziehbaren Auflage einer auf Grund einer solchen Rechtsverordnung ergangenen Genehmigung zuwiderhandelt, soweit die Rechtsverordnung für einen bestimmten Tatbestand auf diese Bußgeldvorschrift verweist,

3. entgegen der Vorschrift des § 30 Abs. 2 ein Hindernis beseitigt oder Gegenstände von diesem fortschafft,

4. entgegen § 31 Abs. 1 ohne strom- und schifffahrtspolizeiliche Genehmigung eine Bundeswasserstraße benutzt oder Anlagen errichtet, verändert oder betreibt oder einer nach § 31 Abs. 4 erteilten Auflage nicht nachkommt,

5. entgegen der Vorschrift des § 33 Abs. 1

   a) das Betreten von Grundstücken nicht gestattet, Anlagen oder Einrichtungen nicht zugänglich macht oder technische Ermittlungen oder Prüfungen nicht duldet,

   b) die erforderlichen Arbeitskräfte, Unterlagen oder Werkzeuge nicht zur Verfügung stellt oder

   c) die Auskunft nicht, unrichtig, unvollständig oder nicht rechtzeitig erteilt,

6. ohne die nach § 34 Abs. 2 erforderliche Genehmigung ein Schifffahrtszeichen setzt oder betreibt oder

7. der Vorschrift des § 34 Abs. 4 über die Ausgestaltung oder den Betrieb von Anlagen, ortsfesten Einrichtungen oder Schifffahrtszeichen zuwiderhandelt.

(2) Die Ordnungswidrigkeit kann mit einer Geldbuße bis zu fünftausend Euro geahndet werden.

---

[1)] § 47 aufgeh. mWv 1.10.2021 durch G v. 18.7.2016 (BGBl. I S. 1666).
[2)] § 48 Satz 1 geänd. mWv 1.6.2016 durch G v. 24.5.2016 (BGBl. I S. 1217).
[3)] § 50 Abs. 3 geänd. mWv 1.6.2016 durch G v. 24.5.2016 (BGBl. I S. 1217); Abs. 1 Nr. 2 geänd. mWv 7.12.2018 durch G v. 29.11.2018 (BGBl. I S. 2237).

(3) Verwaltungsbehörde im Sinne des § 36 Abs. 1 Nr. 1 des Gesetzes über Ordnungswidrigkeiten[1]) ist die Generaldirektion Wasserstraßen und Schifffahrt.

**§ 51[2]) Ordnungswidrigkeitendatei.** (1) Die Generaldirektion Wasserstraßen und Schifffahrt führt eine Datei über die von ihr verfolgten Ordnungswidrigkeiten gemäß § 50 zum Zweck der Bearbeitung von Ordnungswidrigkeitenverfahren und der Vorgangsverwaltung.

(2) Zu den in Absatz 1 genannten Zwecken können folgende Daten gespeichert werden:
1. zum Betroffenen:
   a) Familienname, Geburtsname und Vornamen,
   b) Tag und Ort der Geburt,
   c) Anschrift,
   d) gegebenenfalls Name und Anschrift des gesetzlichen Vertreters,
   e) gegebenenfalls Name und Anschrift des Unternehmens sowie
   f) gegebenenfalls Name und Anschrift des Zustellungsbevollmächtigten,
2. die zuständige Bußgeldstelle und das Aktenzeichen,
3. die Tatzeiten und Tatorte sowie Merkmale von Tatwerkzeugen,
4. die Tatvorwürfe durch Angabe der gesetzlichen Vorschriften und die nähere Bezeichnung der Ordnungswidrigkeiten,
5. das Datum der Einleitung des Verfahrens sowie das Datum der Verfahrenserledigung durch die Bußgeldstelle, die Staatsanwaltschaft und das Gericht unter Angabe der gesetzlichen Vorschriften,
6. die für die ordnungsgemäße Vorgangsverwaltung erforderlichen Daten, insbesondere die Höhe der Geldbuße.

(3) Das Bundesministerium für Digitales und Verkehr wird ermächtigt, durch Rechtsverordnung Folgendes zu bestimmen:
1. das Nähere über Art und Umfang der zu speichernden Daten nach Absatz 2 Nummer 3 bis 6,
2. Verfahren von besonderer Bedeutung nach Absatz 5 und die dabei einzuhaltenden Löschungsfristen.

(4) Die nach Absatz 2 gespeicherten personenbezogenen Daten dürfen, soweit dies erforderlich ist, zu folgenden Zwecken folgenden Stellen auch in elektronischer Form übermittelt werden:
1. zur Durchführung von Verwaltungsaufgaben
   a) nach diesem Gesetz oder
   b) nach Rechtsvorschriften, die auf Grund dieses Gesetzes erlassen wurden,
   den Dienststellen der Wasserstraßen- und Schifffahrtsverwaltung des Bundes und der Wasserschutzpolizeien der Länder sowie der Bundeskasse,
2. zur Verfolgung von Straftaten oder Ordnungswidrigkeiten, die im Zusammenhang mit der als Ordnungswidrigkeit verfolgten Tat stehen, den Gerichten,

---

[1]) **Habersack Nr. 94.**
[2]) § 51 neu eingef. mWv 7.6.2013 durch G v. 31.5.2013 (BGBl. I S. 1388); Abs. 3 einl. Satzteil geänd. mWv 8.9.2015 durch VO v. 31.8.2015 (BGBl. I S. 1474); Abs. 1 und Abs. 4 Nr. 1 und Nr. 2 geänd. mWv 1.6.2016 durch G v. 24.5.2016 (BGBl. I S. 1217); Abs. 4 Nr. 3 geänd. mWv 1.7.2017 durch G v. 13.4. 2017 (BGBl. I S. 872); Abs. 3 einl. Satzteil geänd. mWv 29.12.2023 durch G v. 22.12.2023 (BGBl. 2023 I Nr. 409).

Staatsanwaltschaften sowie den Dienststellen der Wasserstraßen- und Schiff-fahrtsverwaltung des Bundes und der Wasserschutzpolizeien der Länder oder

3. zur Vollstreckung von Bußgeldbescheiden oder von Anordnungen der Einziehung des Wertes von Taterträgen im Sinne des § 29a des Gesetzes über Ordnungswidrigkeiten[1] den Gerichten, Staatsanwaltschaften und Hauptzollämtern.

(5) [1] Die nach Absatz 2 gespeicherten personenbezogenen Daten sind zu löschen, soweit sie für die Aufgaben nach Absatz 1 nicht mehr erforderlich sind, spätestens jedoch nach dem Ende der Vollstreckungsverjährung. [2] Dies gilt nicht, soweit bei Verfahren von besonderer Bedeutung eine längere Frist erforderlich ist.

## § 56[2] Überleitungs- und Schlussbestimmungen.
(1) Wenn bei dem Inkrafttreten dieses Gesetzes Talsperren und Speicherbecken mit Wasserfahrzeugen befahren werden dürfen, ist eine neue Zulassung nach der auf Grund des § 46 Nr. 2 erlassenen Rechtsverordnung nicht nötig.

(2) Für die Fortführung der beim Inkrafttreten dieses Gesetzes anhängigen Verfahren zum Ausbau oder Neubau einer Bundeswasserstraße gelten die Bestimmungen dieses Gesetzes, wenn eine Sachentscheidung bis zum Inkrafttreten dieses Gesetzes noch nicht ergangen ist.

(3) Soweit bei dem Inkrafttreten dieses Gesetzes die Rhein-Main-Donau Aktiengesellschaft, die Neckar Aktiengesellschaft, die Donaukraftwerk Jochenstein Aktiengesellschaft und die Mittelweser-Aktiengesellschaft vertraglich verpflichtet sind, Bundeswasserstraßen auszubauen oder neu zu bauen, ist eine neue Übertragung nach § 12 Abs. 5 nicht nötig.

(4) Die der Rhein-Main-Donau Aktiengesellschaft in Durchführung des Main-Donau-Staatsvertrages vom 13. Juni 1921 übertragene Aufgabe wird durch die Aufhebung des Rhein-Main-Donau-Gesetzes vom 11. Mai 1938 (§ 57 Abs. 1 Nr. 5) nicht berührt.

(5) [1] Vor dem 17. Dezember 2006 beantragte Planfeststellungsverfahren und Plangenehmigungsverfahren werden nach den Vorschriften dieses Gesetzes in der ab dem 17. Dezember 2006 geltenden Fassung weitergeführt. [2] § 11 Abs. 2 des Verkehrswegeplanungsbeschleunigungsgesetzes bleibt unberührt.

(6) § 14c gilt auch für Planfeststellungsbeschlüsse und Plangenehmigungen, die vor dem 17. Dezember 2006 erlassen worden sind, soweit der Plan noch nicht außer Kraft getreten ist.

(7) Wurde für eine Maßnahme nach § 12 Absatz 2 Satz 1 Nummer 3 vor dem 9. Juni 2021 ein Verfahren zur Unterrichtung über den Untersuchungsrahmen nach § 15 des Gesetzes über die Umweltverträglichkeitsprüfung[3] oder ein Planfeststellungs- oder Plangenehmigungsverfahren nach § 68 des Wasserhaushaltsgesetzes[4] eingeleitet, so führt die zuständige Landesbehörde dieses Verfahren nach dem bis zum 9. Juni 2021 geltenden Recht fort.

(8) Sind dem bisherigen Träger einer Maßnahme nach § 12 Absatz 2 Satz 1 Nummer 3, für die vor dem 9. Juni 2021 noch kein Verfahren zur Unterrichtung über den Untersuchungsrahmen nach § 15 des Gesetzes über die Umweltverträglichkeitsprüfung oder kein Planfeststellungs- oder Plangenehmigungsverfahren

---

[1] **Habersack Nr. 94.**
[2] § 56 Abs. 7 und 8 angef. mWv 9.6.2021 durch G v. 2.6.2021 (BGBl. I S. 1295); Überschrift geänd., Abs. 9 angef. mWv 29.12.2023 durch G v. 22.12.2023 (BGBl. 2023 I Nr. 409).
[3] Nr. **295.**
[4] Nr. **845.**

nach § 68 des Wasserhaushaltsgesetzes eingeleitet worden ist, Kosten entstanden, so kann er hierfür keine Erstattung vom Bund verlangen.

(9) [1] Für das Planfeststellungsverfahren gilt das Verwaltungsverfahrensgesetz[1] in der Fassung der Bekanntmachung vom 23. Januar 2003 (BGBl. I S. 102), das zuletzt durch Artikel 24 Absatz 3 des Gesetzes vom 25. Juni 2021 (BGBl. I S. 2154) geändert worden ist, das nach Maßgabe dieses Gesetzes anzuwenden ist. [2] Satz 1 gilt entsprechend, wenn das Gesetz über die Umweltverträglichkeitsprüfung anzuwenden ist und dieses auf das Verwaltungsverfahrensgesetz verweist.

## § 57[2] *(aufgehoben)*

## § 58 *(weggefallen)*

## § 59 *(Inkrafttreten)*

**Anlage 1**[3]
(zu § 1 Absatz 1 Nummer 1 und Absatz 7 und § 2 Absatz 2)

**Verzeichnis der dem allgemeinen Verkehr dienenden Binnenwasserstraßen des Bundes**

*(hier nicht abgedruckt)*

**Anlage 2**[4]
(zu § 14e Abs. 1)

**Bundeswasserstraßen mit erstinstanzlicher Zuständigkeit des Bundesverwaltungsgerichts**

*(hier nicht abgedruckt)*

**Anlage 3, 4**[5]
(zu § 18 Absatz 1 Satz 1 und § 18 Absatz 1 Satz 2)

**[Planfeststellungsverfahren bei Vorhaben im transeuropäischen Verkehrsnetz im Kernnetzkorridor]**

*(hier nicht abgedruckt)*

---

[1] Nr. **100**.
[2] § 57 aufgeh. mWv 1.2.2008 durch G v. 13.12.2007 (BGBl. I S. 2930).
[3] Anl. 1 neu gef. mWv 9.6.2021 durch G v. 2.6.2021 (BGBl. I S. 1295).
[4] Anl. 2 geänd. mWv 7.12.2018 durch G v. 29.11.2018 (BGBl. I S. 2237); geänd. mWv 29.12.2023 durch G v. 22.12.2023 (BGBl. 2023 I Nr. 409).
[5] Anl. 3 und 4 angef. mWv 29.12.2023 durch G v. 22.12.2023 (BGBl. 2023 I Nr. 409).

# Sachverzeichnis

Stand Februar 2024

Die **fett** gedruckten Ziffern bezeichnen die **Nummern** der Gesetze,
die mageren deren Artikel oder Paragraphen.

44 ff.; Unterlagenverwahrung durch Behörden **567** 21; Verfahren **567** 12 ff., beim BAMF **567** 23 ff., beschleunigte **567** 30a, Einleitung **567** 18 ff., bei Einreise auf dem Luftweg **567** 18a, vor den Gerichten **567** 74 ff., Ruhen wegen Schutzes nach § 24 AufenthaltG **567** 32a; und VO (EU) 604/2013 **567** 29; Zuständigkeit des Verwaltungsgerichts **600** 52; Zustellungsvorschriften **567** 10

**Asylpolitik** der EU **1001** 78

**Asylrecht 1** 16; Schutz durch EU-Grundrechte-Charta **1002** 18 f.; Verwirkung bei Missbrauch **1** 18

**Asylsuchende,** Ankunftsnachweis **567** 63a; Meldepflicht **256** 23

**Asylverfahren 567** 12 ff.; Beratung im **567** 12a; Einleitung **567** 18 ff.

**Asylverfahrensberatung 567** 12a

**Atomenergie,** Erzeugung und Nutzung **1** 87c

**AtomG 835;** Auflagen **835** 17; Aufsicht **835** 19; Ausgleich für Elektrizitätsmengen und Investitionen **835** 7e, öffentlich-rechtliche Verträge **835** 7g; Beförderung von Kernbrennstoffen **835** 4 ff.; Begriffsbestimmungen **835** 2, Anl. 1; Beiträge zur Aufwandsdeckung **835** 21b; und BImSchG **835** 8; Deckungsfreigrenzen **835** Anl. 2; Deckungsvorsorge **835** 4a, behördliche Festsetzung **835** 13; Duldungspflichten **835** 9f; Ein- und Ausfuhr **835** 3; Elektrizitätsmengen **835** Anl. 3; elektronische Kommunikation **835** 2b; Enteignung **835** 9d f.; Entschädigung für seelisches Leid **835** 28, bei Widerruf der Genehmigung **835** 18; nationales Entsorgungsprogramm **835** 2c f.; Entsorgungsvorsorgenachweis **835** 9a; Freistellungsverpflichtung **835** 34, 37; Genehmigung von Anlagen **835** 7 ff., zur Aufbewahrung **835** 6, durch die ehemalige DDR **835** 57a, auf Grund Landesrechts **835** 56, der Stillegung von Anlagen **835** 7; Haftpflichtversicherung **835** 14; Haftungsfreigrenzen **835** Anl. 2; Haftungshöchstgrenzen **835** 31; Haftungsvorschriften **835** 25 ff.; Informationsübermittlung **835** 24a; Kosten **835** 21 f.; Landessammelstellen **835** 9a, 9c; nukleare Sicherheit **835** 2; Ordnungswidrigkeiten **835** 46; Planfeststellungsverfahren **835** 9b; und ProduktsicherheitsG **835** 8; radioaktive Abfälle **835** 9a; Risikovorsorge **835** 7d; Sachverständige **835** 20; Sammelnachweis **835** 9a; Schäden aus ungeklärter Ursache **835** 53; Schadensersatz bei Tötung **835** 28, bei Verletzung **835** 26, 29 ff.; Schutzmaßnah-

men **835** 12; Selbstbewertung und internationale Prüfung **835** 24b; Sicherheitsüberprüfung **835** Anl. 4; Sicherungs- und Schutzkonzept **835** 41 ff.; staatliche Verwahrung **835** 5; Stillegung der Schachtanlage Asse II **835** 57b; Überprüfung der Zuverlässigkeit **835** 12b; Überprüfung, Bewertung, Verbesserung kerntechnischer Anlagen **835** 19a; Übertragung von Elektrizitätsmengen **835** 7, 7f; und Umweltverträglichkeitsprüfung **835** 2a; Unterrichtung der Öffentlichkeit **835** 24a; Veränderungssperre **835** 9g; Verwertung radioaktiver Reststoffe **835** 9a ff.; Zuständigkeit **835** 22 ff.

**Atomwaffen 823** 16 f.; KriegswaffenkontrollG **823** 1 ff.

**Auditierte Unternehmensstandorte 296** 58e; **298** 61; **845** 3, 24

**Aufenthaltsbeendigung** nach AsylG **567** 34 ff.; nach AufenthG **565** 50 ff.

**Aufenthaltsberechtigung** nach altem Recht **565** 101

**Aufenthaltserlaubnis 565** 7 f.; bei Abschiebungsverbot **565** 25; nach altem Recht **565** 101; zur Anerkennung der Berufsqualifikation **565** 16d; zur Arbeitsplatz-/Ausbildungsplatzsuche **565** 17, von Fachkräften **565** 20; für Asylberechtigte **565** 25; bei Aufenthaltsrecht in anderem EU-Staat **565** 38a; als Aufenthaltstitel **565** 4; zur Ausbildung **565** 16 ff., bei Ausreisepflicht **565** 16g; Ausreisepflicht, Überwachung **565** 56 f.; für Bürger der Türkei **565** 4; Dauer **565** 26; für Ehegatten von Ausländern **565** 31; für Eltern **565** 25a; Erteilung **565** 7; zur Erwerbstätigkeit, Ablehnungsgründe **565** 19f; für EU-Bürger **560;** für Fachkräfte iSd AufenthG **565** 18 ff.; aus familiären Gründen **565** 27 ff.; Fiktionsbescheinigung nach Antrag **565** 81; für Flüchtlinge **565** 25; zur Forschung, Anerkennung von Forschungseinrichtungen **566** 38a ff.; Gebühren **566** 45; aus humanitären Gründen **565** 25; bei nachhaltiger Integration **565** 25b; für Jugendliche und Heranwachsende **565** 25a; für Kinder von Ausländern **565** 32 ff.; Kosten **565** 69; für Opfer einer Straftat **565** 25; für qualifizierte Geduldete **565** 19d; für studienbezogenes Praktikum EU **565** 16e; für Studium **565** 16b f.; für Teilnahme am europäischen Freiwilligendienst **565** 19e, an Sprachkursen **565** 16f; Verlängerung **565** 8; aus völkerrechtlichen, humanitären oder politischen Gründen **565** 22 ff.; **566** 42 f.; zum vorübergehenden Schutz **565** 24; zur Ge-

**Auflagen** bei Erlaubniserteilung nach BtMG **275** 9; bei Gaststättenbetrieb **810** 5; bei Genehmigungen nach dem BImSchG **296** 12; bei Veranstaltung von Messen, Ausstellungen und Märkten **800** 69a; zum Verwaltungsakt **100** 36

**Auflösung** des Bundestages **1** 63, 68, 115h; von Versammlungen **435** 13

**Aufnahmeeinrichtungen** nach dem AsylG **567** 44 ff., Beschäftigte in **567** 44, besondere **567** 5, Bestimmung der zuständigen **567** 44, Entlassung **567** 49, Pflicht zum Aufenthalt in **567** 47 ff., Schaffung und Unterhaltung **567** 44, Schutz von Frauen **567** 44, zuständige **567** 46

**Aufschiebende Wirkung** des Antrags auf gerichtliche Entscheidung nach BauGB, Entfall **300** 224; der Beschwerde nach VwGO **600** 149; der Klage nach AsylG **567** 75, nach FStrG **932** 17e

**Aufschiebende Wirkung der Anfechtungsklage 600** 80 ff.; nach AufenthG nach AufenthG **565** 84; Ausschluss nach BauGB **300** 212a, nach BHO **700** 95a, nach BImSchG (Windenergieanlagen) **296** 63, nach BundesfernstraßenG **932** 18f, nach dem TiergesundheitsG **870** 37, nach WehrpflichtG **620** 35, nach ZivildienstG **625** 74

**Aufschiebende Wirkung des Widerspruchs 600** 80 ff.; nach AufenthG **565** 84, Wohnsitzregelung **565** 12a; Ausschluss nach BauGB **300** 212a, nach BImSchG (Windenergieanlagen) **296** 63; gegen Musterungsbescheid **620** 33; nach PAuswG **255** 30

**Aufsicht** nach AtomG über Kernanlagen und -brennstoffe **835** 19; über Betreiber von Schienenwegen **962;** der Bundesregierung über Länder **1** 84 ff., Verfahren bei Streitigkeiten **40** 68 ff.; nach EnWG, Verfahren der Regulierungsbehörde **830** 65 ff.; nach GüKG **952** 21a; der Handwerkskammer über Innungen **815** 75; über Handwerkskammer **815** 115; der Länder über die Hochschulen **500** 59; über Verkaufsstellen nach LadenschlussG **805** 22

**Aufsichtsbehörde,** gewerbliche **800** 139b; nach LadenschlussG **805** 22

**Aufsichtsbehörde iSd BDSG/DSGVO 245** 46; **246** 4, 51 ff.; Amtshilfe **246** 61; Aufgaben **245** 57; Befugnisse **246** 58; Beschwerden Betroffener bei der **246** 77; für Datenverarbeitung durch nichtöffentliche Stellen **245** 40; Errichtung **246** 56; Geldbußen **246** 83; internationale Zusammenarbeit **246** 50; Kohärenzverfahren **246** 63 ff., Dringlichkeitsverfahren **246** 66; vorherige Konsultation **245** 69; **246** 36; gemeinsame Maßnahmen **246** 62; Mitglieder **246** 53; Rechtsbehelf gegen Maßnahmen der **246** 78; Tätigkeitsbericht **246** 59; Unabhängigkeit **246** 52; verbindliche interne Datenschutzvorschriften **246** 47; Zusammenarbeit mit **246** 31; Zusammenarbeit zwischen den **245** 18; **246** 60; Zuständigkeit **246** 55 f.; *s. a. dort*

**Auftragsverarbeiter** iSd BDSG/DSGVO **245** 46; **246** 4, Datenschutzbeauftragte **245** 38; **246** 37 ff., Haftung **246** 82, Meldepflicht bei Verletzungen **246** 33 f., Pflichten **245** 62 ff.; **246** 28, Rechtsbehelfe gegen **246** 79, mit Sitz außerhalb der EU **246** 27, Zusammenarbeit mit Aufsichtsbehörden **246** 31

**Auftragsverwaltung 1** 85 ff.; im Zivilschutz **680** 2

**Aufwandsentschädigung** für Beamte, Richter und Soldaten **230** 17

**Aufzeichnungspflicht** nach BImSchG **296** 52; nach BtMG **275** 17; bei Tierzucht, -haltung **873** 11a

**Aufzüge,** besondere Vorschriften nach VersammlungsG **435** 19

**Ausbildung** von Ausländern, Aufenthaltserlaubnis **565** 16 ff., bei Ausreisepflicht **565** 16g, Niederlassungserlaubnis **565** 9; ausländische *s. Ausländische Ausbildung;* iSd BAföG **420** 2, Aufnahme, Beendigung **420** 15b, Erstausbildung **420** 7, nahme **420** 7; Förderung durch Maßnahmen der EU **1001** 6, 165 f.; individuelle Förderung *s. BundesausbildungsförderungsG;* für Katastrophenschutz **680** 14; Vorbereitung für Menschen mit Behinderungen **815** 42u ff.; Zurückstellung vom Wehrdienst **620** 12, 20

**Ausbildungsförderung** *s. BundesausbildungsförderungsG*

**Ausbildungsordnungen** für Handwerksberufe **815** 25 ff.

**Ausbildungsstätten** im Handwerk **815** 21 ff.

**Ausbildungszeit** für Handwerksberufe **815** 27a ff.; als ruhegehaltsfähige Dienstzeit **155** 10

**Ausbürgerung,** Verbot der **1** 16

**Ausfertigung** der Bundesgesetze **1** 82

**Ausfuhr** von Anlagen und Stoffen nach BImSchG **296** 36; von Betäubungsmitteln **275** 11; von Kernbrennstoffen und Brennelementen **835** 3; von Pflanzenschutzmitteln **863** 25; von Tieren **873** 14; von Waffen und Munition **820** 29 ff.

# Automatisierter Datenabruf

# Automatisierter Erlass

enthG **566** 61f; nach dem BKAG **450** 25; durch die Bundespolizei **90** 33, bei Fahndung **90** 30; durch die Meldebehören **256** 38 ff., Auskunftsanspruch des Betroffenen **256** 45, Personensuche und freie Suche **256** 34a, Protokollierungspflicht **256** 40; Melderegisterauskünfte **256** 49; nach dem PaßG **250** 16b f., Lichtbilder **250** 22a; nach dem PAuswG zur Identitätsfeststellung **255** 15; nach dem PStG **260** 68; **261** 64; nach dem WohngeldG **386** 16 ff.

**Automatisierter Erlass** eines Verwaltungsaktes **100** 35a

**Bachelor Professional 815** 51, 51f
**Bachelor- und Master-Studiengänge 500** 19
**Bäckereien,** Ladenschluss **805** 3, Ausnahmen **806** 1
**Baden-Württemberg,** Neugliederung **1** 118
**BAföG 420**
**Bahnhofgaststätten 810** 25
**Bahnhofverkaufsstellen,** Geltung des LadenschlussG **805** 1, 8
**Bahnpolizei,** Bundespolizei als **90** 3
**Bahnübergänge,** Herstellung und Unterhaltung **936**
**Banken,** Auskunftpflicht nach dem WohngeldG **385** 23; Rückzahlungspflicht bei Geldleistungen an Beamte **230** 12, nach dem WoGG **385** 30; *s. a. Bundesbank*
**Bannkreise** für Versammlungen im Freien **435** 16, *s. a. Befriedete Bezirke*
**BannmeilenG 434,** *s. Befriedete Bezirke*
**Bau-/Abbruchabfälle** iSd KrWG **298** 3, Recycling **298** 14
**Bauartzulassung** nach BImSchG **296** 33; von Spielgeräten **800** 33e f.
**Baubetreuer 800** 34c, 160 f.; gewerberechtliche Erlaubnispflicht **800** 34c, 71b, 157, 160 f.; Untersagung der Teilnahme an Veranstaltung **800** 70a; Weiterbildungspflicht **800** 34c, 144, 160 f.
**Bauflächen 311** 1
**Baugebiete 311** 1; Campingplätze **311** 10; Dorfgebiete **311** 5 f.; Erholungsgebiete **311** 10; Ferienhäuser **311** 10; Gewerbegebiete **311** 8; Industriegebiete **311** 9; Kerngebiete **311** 7; Kleinsiedlungsgebiete **311** 2; Mischgebiete **311** 6; urbane Gebiete **311** 6a; Wohngebiete **311** 3 ff.
**Baugebot** nach BauGB **300** 175 f., 236; Enteignung bei Nichterfüllung **300** 176
**Baugesetzbuch,** Abweichungen im Katastrophenfall **300** 246c; Anfechtung von Ermessensentscheidungen **300** 223; Aufhebung von Miet- und Pachtverhältnissen

**300** 182 ff.; Bauen im Außenbereich **300** 35, 245b; Baugebot **300** 236; Baulandkataster **300** 200; Bauleitplanung **300** 1 ff., *s. a. dort;* Bebauungsplan **300** 8 ff.; besonderes Städtebaurecht **300** 136 ff.; Biogasanlagen **300** 246d; und BNatSchG **300** 1; **880** 18; Bodenordnung **300** 45 ff.; Bodenrichtwerte **300** 196; Enteignung **300** 85 ff.; Enteignungsverfahren **300** 104 ff., Entscheidung **300** 112, Aufhebung **300** 120; Entschädigung bei Änderung des Bebauungsplans **300** 39 ff., 238, bei Enteignung **300** 93 ff., bei Veränderungssperre **300** 18; Erhaltungssatzung **300** 172 ff.; Ersatzlandbeschaffung **300** 189; Erschließung **300** 123 ff., 242; Erschließungsbeitrag **300** 127 ff.; Europarechtsanpassung **300** 244; Flächennutzungsplan **300** 5 ff., gemeinsamer **300** 204; und G zur Mobilisierung von Bauland **300** 245d; Gebiete mit Fremdverkehrsfunktionen **300** 22, 173; im Zusammenhang bebaute Gebiete **300** 34, Anpassungsgebiete **300** 170; Grenzregelung **300** 82 ff., 239; Gutachterausschüsse **300** 192 ff.; Härteausgleich **300** 181; Innenentwicklung **300** 13a, Anlage 2; **311** 25d; Kaufpreissammlung **300** 195; Kosten des Enteignungsverfahrens **300** 121, des Gerichtsverfahrens **300** 228, des Umlegungsverfahrens **300** 78; Maßnahmen zur Verbesserung der Agrarstruktur **300** 187 ff.; Modernisierungs- und Instandsetzungsgebot **300** 177; Naturschutz **300** 135a ff.; Nutzungsbeschränkungen **300** 32; Ordnungsmaßnahmen bei Sanierung **300** 147; Ordnungswidrigkeiten **300** 213; Pflanzgebot **300** 178; Planerhaltung **300** 214; private Initiativen zur Stadtentwicklung **300** 171f; Rechtsbehelfsbelehrung **300** 211; Rechtsmittel **300** 229 ff.; Regelung der baulichen und sonstigen Nutzung **300** 29 ff.; Rückbau- und Entsiegelungsgebot **300** 179; Rückenteignung **300** 102 f.; Sanierungssatzung **300** 142 ff.; Satzungen, Kontrolle durch OVG **600** 47; Schutz des Mutterbodens **300** 202; Sicherung der Bauleitplanung **300** 14 ff.; Sonderregelungen für einzelne Länder **300** 246; soziale Stadt **300** 171e, 245; Sozialplan **300** 180; Städtebauförderung **300** 164a f.; städtebauliche Entwicklungsmaßnahmen **300** 165 ff., *s. a. dort;* städtebauliche Gebote **300** 175 ff.; städtebauliche Sanierungsmaßnahmen **300** 136 ff., *s. a. dort;* städtebaulicher Vertrag **300** 11; Stadtumbau **300** 171a ff., 245; Überleitungsvorschriften **300** 233; Umlegung *s. a. dort;* Umweltbericht **300** 2a, Anlage 1;

**160** 75; **210;** Hinterbliebenenversorgung **155** 16 ff., Entzug **155** 64, Erlöschen **155** 61; und Hinweisgeberschutz **150** 125; **160** 67; höherer Dienst **160** 17; **180** 21, 23 f.; **230** 23; internationale Erfahrungen **180** 45; Jubiläumszuwendung **160** 84; Jugendarbeitsschutz **160** 79; Kindererziehungszuschlag **155** 50a f.; Koalitionsfreiheit **160** 116; Langzeitkonten **170** 7a ff.; Laufbahnbefähigung **180** 7 f.; Laufbahnen **160** 16 ff., 26; **180,** s. a. *Bundeslaufbahn-VO;* Laufbahnprüfungen **160** 17; Laufbahnwechsel **180** 42 ff.; Mehrarbeitsvergütung **230** 48; mittlerer Dienst **160** 17; **180** 19; **230** 23, Übergangszahlung **230** 75; Nachtdienst **170** 14; Nebentätigkeit **160** 97 ff.; **177,** nach Beendigung des Beamtenverhältnisses **160** 105, Haftung aus angeordneter **160** 102; Nichtigkeit der Ernennung **160** 15; oberste Dienstbehörde **160** 3; bei den obersten Bundesorganen **160** 129; Personalakten **160** 106 ff., Entfernung von Disziplinarmaßnahmen **220** 16; Personalvertretung **160** 117, s. a. *Bundespersonalvertretungs G;* politische Ämter/Mandate **160** 40, Urlaub bei Bewerbung um **160** 90; auf Probe **160** 6, 53, s. a. *Beamte auf Probe;* Rechtsstellung **160** 60 ff.; Rechtsweg bei Rechtsstreitigkeiten **160** 126 ff.; Reisekosten **160** 81, im Rahmen der Unfallfürsorge **155** 33; Reisekostenvergütung **235,** s. a. *BundesreisekostenG;* Rückzahlungspflicht **160** 84a; Rufbereitschaft **170** 12; Ruhegehalt s. dort; Ruhepausen und Ruhezeit **170** 5; Ruhestand **160** 50 ff., Anhebung des Eintrittsalters **155** 69h, einstweiliger **160** 54 ff., Besoldung **230** 4, Hinausschieben **160** 53; **230** 7a; Schmerzensgeldzahlung durch Dienstherrn **160** 78a; schwerbehinderte **180** 5; Sonderurlaub **173,** s. a. dort; Sonderzahlung wegen COVID-19 **230** 14; im Spannungs- und Verteidigungsfall **160** 138 ff.; Strafverfahren gegen **160** 115, Erlöschen der Versorgungsansprüche **155** 59 f.; Teilzeitbeschäftigung **160** 91 ff., Besoldung **230** 6, familienbedingte **160** 92 f., und Urlaubsanspruch **172** 5a; **230** 5a; Trennungsgeld **160** 83; Übergangsgeld **155** 47 f.; Umbildung einer Körperschaft und Beamtenstatus **160** 134 ff.; Umzugskosten **160** 82; Unfallfürsorge **155** 30 ff., s. a. dort; Unfall-Hinterbliebenenversorgung **155** 39 ff.; Unfallruhegehalt **155** 36 f.; Unterhaltsbeitrag **155** 15 f., 25, 27, nach Dienstunfall **155** 38 f., bei Übergang aus dem Beamtenverhältnis **220** 79 ff.; Urlaub **160** 89 f.; **172,** Abgeltung **172** 10, ohne

Besoldung **160** 95, familienbedingter **160** 92 f.; s. a. *ErholungsurlaubsVO;* Verantwortung für rechtmäßiges Handeln **160** 63; Verbot der Führung von Dienstgeschäften **160** 66, der Vorteilsannahme **160** 71; Vergütung für Vollziehungsbeamte **230** 49; Verhüllungsverbot **150** 34; **160** 34; Verlust der Beamtenrechte **160** 41 ff.; Verschwiegenheitspflicht **160** 67; Versetzung **160** 27, 136; Versorgung **155,** s. a. dort; Versorgungsauskunft **155** 49; Versorgungsbezüge s. dort; im Vollzug s. *Vollzugsbeamte;* Vorbereitungsdienste **160** 11a; **180** 52, Auswahlverfahren **180** 10a; Vorgesetzte **160** 3; Waisengeld **155** 23 ff.; auf Widerruf **160** 6, s. a. *Beamte auf Widerruf;* als Wissenschaftler **180** 43; wissenschaftliches Personal **160** 130 ff.; Witwen-/Witwergeld **155** 25, 27; Wohnsitz **160** 72 f.; auf Zeit **160** 6, s. a. *Beamte auf Zeit;* Zulagen und Prämien **230** 42 ff., Erschwerniszulagen **230** 47, Personalgewinnungs- und bindungsprämie **230** 43, Prämien für besondere Einsatzbereitschaft **230** 42b, für besondere Leistungen **230** 42a, bei Verpflichtung ins Ausland **230** 57, Zulage bei befristete Funktionen **230** 45, für Botschaftskanzler **230** 58; Zurückstufung als Disziplinarmaßnahme **220** 9; Zuweisung von **160** 29; in zwischen- oder überstaatliche Einrichtungen, Versorgung **155** 6a, 56, 90

**Beamtenlaufbahn 160** 16 ff., 26; VO für Bundesbeamten **180,** s. *BundeslaufbahnVO*

**BeamtenrechtsrahmenG 150a**

**BeamtenstatusG 150;** Beamte im Ausland **150** 60, s. a. *Auslandsbeamte;* Beamtenverhältnis **150** 3 ff., s. a. dort; Beteiligung der Spitzenorganisationen der Beamten **150** 53; Dienstherrenfähigkeit **150** 2; Dienstvergehen **150** 47; Ehrenbeamte **150** 5; Ernennung der Beamten **150** 8 ff., Rücknahme **150** 12; Fürsorgepflicht des Dienstherrn **150** 45; Haftung der Beamten **150** 48; Hochschullehrer **150** 61; länderübergreifender Wechsel **150** 13 ff.; Pflichten der Beamten **150** 33 ff.; rechtliche Stellung der Beamten **150** 33 ff.; Rechtsweg für Klagen der Beamten **150** 54; Ruhestand **150** 25 ff.; Spannungs- und Verteidigungsfall **150** 55 ff.; Umbildung einer Körperschaft und Beamtenstatus **150** 16 ff.; Zuweisung von Beamten **150** 20

**Beamtenverhältnis 150** 3 ff.; Ausscheiden und Wiedereintritt bei Ernennung zum Bundesminister **45** 18 ff.; Beendigung **150** 21 ff.; Berufung in das **150** 3, 7; der Bundesbeamten **160** 4 ff., Beendigung **160** 30 ff.

# BeamtenversorgungsG

**BeamtenversorgungsG 155;** Abfindung entlassener verheirateter Beamtinnen **155** 88; Abzug für Pflegeleistungen **155** 50f; Antragserfordernis für Unterhaltsbeitrag der Hinterbliebenen **155** 26, für Waisengeld **155** 61; Anwendung auf Beamten der Länder **155** 108; Anzeigepflicht **155** 62; Ausschlussfristen **155** 32, 45; Dienstbezüge bei Verschollenheit **155** 29; Familienzuschlag **155** 50; Gesetzesvorbehalt **155** 3; Hinterbliebenenversorgung **155** 16ff., 86, Entzug **155** 64; Erlöschen **155** 61; Kindererziehungszuschlag **155** 50a f.; Pflege- und Kinderpflegeergänzungszuschlag **155** 50d; Ruhegehalt **155** 4ff., Höhe **155** 14f., ruhegehaltfähige Dienstbezüge **155** 5, ruhegehaltfähige Dienstzeit **155** 6ff., 84; Übergangsgeld **155** 47f.; Unfallentschädigung **155** 43f., 69i; Unfallfürsorge **155** 30ff., *s. a. dort;* Unfallruhegehalt **155** 36f.; Unterhaltsbeitrag **155** 15f., 27, nach Dienstunfall **155** 38f., für Hinterbliebene **155** 26, für Witwen und frühere Ehefrauen **155** 25; Versorgung besonderer Beamtengruppen **155** 66ff.; Versorgungsauskunft **155** 49; Versorgungsbezüge *s. dort;* Verteilung der Versorgungslasten **155** 107b f.; vorhandene Versorgungsempfänger **155** 69ff., 85; Waisengeld **155** 23ff.; Witwen-/Witwergeld **155** 19ff., 25, 27; Zuschläge **155** 50e

**Beamtinnen des Bundes,** Beschäftigungsverbote, Besoldung **171** 3, Zuschuss während der Elternzeit **171** 3; in Elternzeit, Zuschuss vor Entbindung **171** 5; keine Entlassung während Schwangerschaft, nach Entbindung oder Fehlgeburt **171** 4; Mutterschutz **160** 79; **171**

**Beauftragte für den Haushalt 700** 9

**Beauftragte für Migration, Flüchtlinge und Integration 565** 92ff.

**Bebauungsplan 300** 8ff.; Änderung oder Ergänzung, vereinfachtes Verfahren **300** 13; Ausnahmen von den Festsetzungen **300** 31; Beendigung des Verfahrens **300** 215a; beschleunigtes Verfahren **300** 13a; Entschädigung bei Änderung **300** 39ff., 238; zusammenfassende Erklärung zum **300** 10a; und Erschließung **300** 125ff.; Festsetzungen im **300** 9, Baugebiete **311** 1; Fortführung **311** 25f.; Genehmigung **300** 10; Inhalt **300** 9; der Innenentwicklung **300** 13a, Anlage 2; **311** 25d; und land- und forstwirtschaftliche Grundstücke **300** 191; und die RL 2014/52/EU **300** 245c; Sicherung **300** 14ff.; Sonderregelung zur sparsamen und effizienten Nutzung von Energie **300** 248; Sozialplan

bei nachteiliger Wirkung **300** 180; und Teilung von Grundstücken **300** 19; Umweltverträglichkeitsprüfung **300** 214; UVP-pflichtige Vorhaben **295** 1, Anlage 1; Vorhaben- und Erschließungsplan **300** 12; Zulässigkeit von Vorhaben **300** 30ff.

**Befangenheit** im Verfahren vor der Bundesprüfstelle für jugendgefährdende Medien **400a** 6; im Verwaltungsverfahren **100** 21

**Befehlsgewalt** des Bundeskanzlers im Verteidigungsfall **1** 115b; über Streitkräfte **1** 65a

**Beförderung** von Abfällen **298** 3, Anzeigepflichten **298** 53f., 72, Überwachung **298** 47; von Gütern mit Kraftfahrzeugen **952**; von Kernbrennstoffen **835** 4ff.; von Kriegswaffen, Genehmigungspflicht **823** 3f.; von Personen **950,** *s. a. PersonenbeförderungsG*

**Beförderungsunternehmer 950;** Aufsicht **950** 54; Beförderungspflicht **950** 22; Befreiung von der Erfordernis eines Aufenthaltstitels der Bediensteten **566** 23ff.; Betriebspflicht **950** 21; Datenerhebung aus dem Pass **250** 18; Haftung **950** 23, nach AufenthG **565** 63ff.; Pflichten **950** 22

**Befreiungsgesetz** und Grundgesetz **1** 139

**Befriedete Bezirke** für Verfassungsorgane des Bundes **434**; für Versammlungen im Freien **435** 16

**Befristung** des Verwaltungsaktes **100** 36

**Beglaubigung** nach VwVfG **100** 33f.

**Begnadigungsrecht** des Bundespräsidenten **1** 60, AO über die Ausübung **615,** in Disziplinarsachen **220** 81; *s. a. Gnadenrecht*

**Beherbergungsstätten,** Meldepflichten **256** 29f.

**Behinderte Menschen** *s. Menschen mit Behinderung*

**Behörden,** Amtshilfe **100** 4ff., *s. a. dort;* Anwendung des VwVfG **100** 1f.; Aufsichtsbehörden *s. dort;* Beteiligte an der Bauleitplanung **300** 3ff., am Verwaltungsverfahren **100** 13; Bundesoberbehörde nach dem PflSchG **863** 57; Bundespolizeibehörden **90** 57ff.; Datenübermittlung an Ausländerbehörden **566** 72ff.; Ermessen **100** 40, nach BauGB **300** 223, gerichtliche Überprüfung **600** 114; im Planfeststellungsverfahren **100** 73; Katastrophenschutzbehörden **680** 15; Meldebehörden *s. dort;* Polizeibehörden *s. dort;* Veröffentlichungspflichten nach dem InformationsfreiheitsG **113** 11; Vorlage- und Auskunftspflicht im Verwaltungsgerichtsverfahren **600** 99; Widerspruchsbehörden **600** 78

# Beschlüsse

**Beschlüsse** des Bundestages, Bekanntgabe **71,** Beurkundung und Vollzug **35** 116 ff.; im Verwaltungsverfahren **600** 122

**Beschwerde,** Ausschluss nach AsylG **567** 80; in Baulandsachen **300** 229; im beamtenrechtlichen Disziplinarverfahren **220** 67 f.; im Disziplinarverfahren nach ZDG **625** 65; gegen Entscheidungen nach der BundeswahlO **31** 37, 42; **32** 1; **40** 13, 48, 96a ff.; nach dem EnWG **830** 75 ff., Musterverfahren **830** 78a; zum Europäischen Gerichtshof für Menschenrechte **1003** 33 ff.; im verwaltungsgerichtlichen Verfahren **600** 146 ff., aufschiebende Wirkung **600** 149, gegen Nichtzulassung der Revision **600** 133; an Volksvertretung **1** 17

**Beschwerderecht** an den Wehrbeauftragten **635** 7

**Beschwerdeverfahren,** Ersatz durch Widerspruchsverfahren **600** 77

**Besitzeinweisung,** vorzeitige *s. dort*

**Besitzer von Abfällen 298** 3; Hersteller und Vertreiber von Produkten als **298** 27, 58; Pflichten **298** 7, 50, 52, Befugnis bei Rücknahme **298** 26a; Überlassungspflicht **298** 17 ff.; Überwachung **298** 47

**Besoldung** der Beamten, Richter und Soldaten **230,** Rückforderungen **160** 84a, bei vorzeitiger Beendigung der Elternzeit **171** 3; *s. BundesbesoldungsG;* der Bundesbeamten bei Beschäftigungsverboten **171** 3, Rückforderungen **160** 84a; Gesetzgebung des Bundes bzw. der Länder **1** 74a; während des Sonderurlaubs **173** 26

**Besoldungsordnungen 230** 20, Anl. I, Anl. II; für Hochschullehrer **230** 32; Obergrenzen für Beförderungsämter **700** 17a, bei den Sozialversicherungsträgern **700** 112; für Richter und Staatsanwälte **230** 37

**Bestandskarte** des Umlegungsgebiets **300** 53

**Betäubungsmittel,** Abgabe durch Notfallsanitäter **275** 13, auf Verschreibung **275** 13; Ausfuhr **275** 11; Begriff **275** 1; Durchfuhr **275** 11; Einfuhr **275** 11; Erlaubnis zum Betrieb von Drogenkonsumräumen **275** 10a, 19, 39; Erlaubnis zum Verkehr mit **275** 3 ff., Auflagen **275** 9, Bedingungen **275** 9, Befristung **275** 9, Beschränkungen **275** 9, Widerruf **275** 10; Erwerb **275** 12; Kennzeichnung **275** 14; Sicherungsmaßnahmen **275** 15; Vernichtung **275** 16; Werbeverbot **275** 14

**BetäubungsmittelG 275;** abhängige Straftäter **275** 35 ff.; Aufzeichnungspflichten **275** 17; Ausnahmen von Erlaubnispflicht **275** 4; Begriffe **275** 1 f.; Einziehung **275** 33; Erlaubnis zum Betrieb von Drogenkonsumräumen **275** 10a, 19, 39, zum Verkehr mit Betäubungsmitteln **275** 3 ff.; Führungsaufsicht **275** 34; Jugendliche und Heranwachsende **275** 38; Meldepflichten **275** 17; Meldungen und Auskünfte an das Bundesgesundheitsamt **275** 27; Modellvorhaben **275** 10b; Pflichten im Betäubungsmittelverkehr **275** 11 ff.; Sachkenntnis **275** 6; Spannungs- und Verteidigungsfall **275** 20; Straftaten **275** 29 ff., Absehen von Erhebung der öffentlichen Klage **275** 37, Strafmilderung **275** 31, Zurückstellung der Strafvollstreckung **275** 35; Überwachung **275** 19 ff., der Drogenkonsumräume **275** 19; Versagung der Erlaubnis **275** 5; Werbeverbot **275** 14

**Beteiligte** nach AufenthG **565** 72 ff.; am Baulandverfahren **300** 222; bei städtebaulichen Sanierungsmaßnahmen **300** 139; im Umlegungsverfahren nach BauGB **300** 48; am Verfahren vor der Bundesprüfstelle für jugendgefährdende Medien **400a** 4; am Verwaltungsgerichtsverfahren **600** 63, Akteneinsicht **600** 100, persönliches Erscheinen **600** 95; am Verwaltungsverfahren **100** 13, Akteneinsicht **100** 29, Anhörung **100** 28, 66, Empfangsbevollmächtigte **100** 15, bei gleichem Interesse **100** 18 ff., Pflicht zum persönlichen Erscheinen **100** 26, Vertreter von Amts wegen **100** 16

**Betreiber** von Abfallbeseitigungsanlagen **298** 29, Betriebsbeauftragte für Abfall **298** 59 ff., Registerpflichten **298** 49, 52; von Deponien, Anzeigepflichten **298** 40, Emissionserklärung **298** 41; kerntechnischer Anlagen, Entsorgungspflicht **835** 9a; von Rohrfernleitungsanlagen, Pflichten **295a** 4, im Schadensfall **295a** 7, Schadensfallvorsorge **295a** 8

**Betreiber technischer Infrastrukturen iSd EnWG 830** 3; Pflichten bei elektromagnetischer Beeinflussung **830** 49a; temporäre Höherauslastung **830** 49b

**Betreiber von Anlagen iSd BImSchG,** Anzeigepflichten **296** 12; **298** 58; Auskunftspflichten **296** 52; Betriebsbeauftragte für Abfall **298** 59 ff.; Duldungspflichten **296** 52; Mitteilungspflichten **296** 52b; Pflichten **296** 5, 22, 55; Sicherstellung der Zustellungsmöglichkeit **296** 51b

**Betreiber von Elektrizitätsversorgungsnetzen 830** 3; Aufgaben **830** 12; Energiespeicheranlagen **830** 11a f.; im Marktstammdatenregister **830** 111e f.

**Betreiber von Elektrizitätsverteilernetzen 830** 3; Aufgaben **830** 14 ff.; Entflechtung **830** 6 ff., 7 f.; geschlossene Verteilernetze **830** 110; grenzüberschreitende Elektrizitätsverbindungsleitungen **830** 28d ff.; gemeinsame Internetplattform **830** 14e; Kennzeichnung von Strom **830** 42; Ladepunkte für Elektromobile **830** 7 f.; Netzausbaupläne **830** 14d; netzorientierte Steuerungen **830** 14a; Veröffentlichungen **830** 23c; Verschwiegenheitspflichten **830** 6a

**Betreiber von Energieversorgungsnetzen 830** 3; Anschlusspflicht **830** 18; Aufgaben **830** 11 ff.; Ausgleichsleistungen **830** 22 f.; Meldepflichten **830** 52; missbräuchliches Verhalten, Sanktionen **830** 30 ff., Vorteilsabschöpfung **830** 33; Missbrauchsverfahren und Schlichtungsverfahren **830** 111c; Netzanschluss **830** 19; Netzanschlusspflicht **830** 17; Netzzugang **830** 20 ff., effiziente Leistungen **830** 21a, Entgelte **830** 23a; Objektnetze **830** 110

**Betreiber von Fernleitungsnetzen 830** 3; Aufgaben **830** 15 ff.; Marktgebietsverantwortliche **830** 3; Systemverantwortung **830** 16

**Betreiber von Gasspeicheranlagen 830** 3; Entflechtung **830** 7 ff.; Füllstandsvorgaben **830** 35a ff., 118

**Betreiber von Gasversorgungsnetzen 830** 3; im Marktstammdatenregister **830** 111e f.; Netzanschluss **830** 19 f.

**Betreiber von Gasverteilernetzen 830** 3; Aufgaben **830** 16a; Entflechtung **830** 6 ff., 7 f.; geschlossene Verteilernetze **830** 110; Steuerung von Abschaltvereinbarungen **830** 14b; Verschwiegenheitspflichten **830** 6a

**Betreiber von LNG-Anlagen 830** 3

**Betreiber von Speicheranlagen iSd EnWG,** Verschwiegenheitspflichten **830** 6a; Zugang **830** 28 ff.

**Betreiber von Stromerzeugungs- und -speicherungsanlagen,** Anpassung der Einspeisung **830** 13a; Stilllegung von Anlagen **830** 13b f.

**Betreiber von Transportnetzen iSd EnWG 830** 3; aus Drittstaaten **830** 4b; Entflechtung **830** 6 ff., 8 ff.; Pflichten **830** 4c; Unabhängige Transportnetzbetreiber **830** 10 ff.; Verschwiegenheitspflichten **830** 6a; Zertifizierung und Benennung **830** 4a ff.

**Betreiber von Übertragungsnetzen iSd EnWG 830** 3; Aufgaben **830** 12; Belastungsausgleich **830** 17f; Beschaffungsverfahren **830** 13d; bundesweite Übertragungsentgelte **830** 24 f.; mit frequenzgebundene Systemdienstleistungen **830** 12h; Kapazitätsreserve **830** 13e, 13h f.;

Kosten der Übertragungsnetze 2023 **830** 24b; Netzentwicklungspläne **830** 12a ff., Bundesbedarfsplan **830** 12e; Netzreserve **830** 13d; Nutzen statt Abregeln **830** 13k; Pflichten bei elektromagnetischer Beeinflussung **830** 49a; Schutz europäisch kritischer Anlagen **830** 12g; systemrelevante Gaskraftwerke **830** 13f; Systemverantwortung **830** 13 ff.

**Betreiber von Wasserstoffnetzen iSd EnWG 830** 3; Entflechtung **830** 28m; Regulierung **830** 28j ff.

**Betreiber von Wasserstoffspeicheranlagen iSd EnWG 830** 3; Regulierung **830** 28j ff.

**Betreiber von Windenergieanlagen auf See,** Entschädigungen **830** 17e; Netzentwicklungspläne, Umsetzung **830** 17d; umlagefähige Netzkosten **830** 17i

**Betriebe, Anzeigepflicht** bei Verlegung des **800** 14; an Bundesautobahnen **932** 15; zur Tierhaltung, Bauen im Außenbereich **300** 35, 245a; *s. a. Gewerbebetriebe, s. a. Handwerksbetriebe*

**Betriebe des Bundes,** Buchführung **700** 74; oder der Länder, Wirtschaftsplan **699** 18; für Rechnungslegung **700** 87; Wirtschaftsplan **700** 26

**Betriebsbeauftragte** für Abfall **298** 59 ff.; für Immissionsschutz **296** 53 ff.

**Betriebsbereich** nach BImSchG **296** 3, nicht genehmigungsbedürftiger Anlagen **296** 22 ff., Untersagung **296** 20, 25

**Betriebskosten,** Berücksichtigung nach WoGG **386** 5; iSd WohnraumförderungsG **355** 19

**Betriebspflicht** des Beförderungsunternehmers **950** 21

**Betriebsplanzulassung** nach dem BBergG und BImSchG **296** 23c

**Betroffene Person iSd BDSG/DSGVO,** Einwilligung **245** 46, 51; Entschädigung **245** 83; Kategorien von **245** 72; Recht **245** 55 ff., Anrufung des Bundesbeauftragten **245** 60, Anspruch auf Datenlöschung **245** 35, Auskunftsanspruch **245** 34, 57; **246** 15, und Geheimhaltungspflichten **245** 29, bei Verbraucherkrediten **245** 30, Ausübung **245** 59 ff., Benachrichtigung bei Verletzung des Datenschutzes **245** 66; **246** 34, und Geheimhaltungspflichten **245** 29, Benachrichtigungsanspruch **245** 56, Berichtigung der Daten **245** 58, 75; **246** 16, Beschwerderecht bei einer Aufsichtsbehörde **246** 77, auf Datenübertragbarkeit **245** 58; Einschränkung der Datenverarbeitung **245** 58; **246** 18, Informationsanspruch **245** 32, bei Ge-

öffentlichen Rechts **700** 105 ff.; Bürgschaften **700** 39; Deckungsfähigkeit **700** 20, 46; Einnahmeerhebung **700** 34; Einzelpläne **700** 13; Entlastung der Bundesregierung **700** 114; Entwicklungsmaßnahmen **700** 24; Entwurf **700** 28 ff., Ergänzungen **700** 32, Finanzbericht **700** 31; Fehlbetrag **700** 25; Funktionenplan **700** 14; Geltungsdauer des Haushaltsplans **700** 12; Gesamtplan **700** 13; Gewährleistungen **700** 39; größere Beschaffungen **700** 24; Grundsatz der Gesamtdeckung **700** 8; Grundstücke **700** 64; Gruppierungsplan **700** 13; Haushaltsabschluss **700** 83; Haushaltsjahr **700** 4; Haushaltsplan **700** 1 ff., Übersichten **700** 14; haushaltswirtschaftliche Sperre **700** 41; kassenmäßiger Abschluss **700** 82; Kassenmittel **700** 43; Kassensicherheit **700** 77; Kassenverstärkungsrücklage **700** 62; konjunkturpolitische Ausgaben **700** 42; Kosten- und Leistungsrechnung **700** 7; Kreditermächtigungen **700** 18; Kreditzusagen **700** 39; Mitwirkung des Parlamentarischen Kontrollgremiums **81** 9; **700** 10; Nachtragshaushaltsgesetze **700** 33, 37 f.; Nutzungen und Sachbezüge **700** 52; öffentliche Ausschreibung **700** 55; Planstellen **700** 17; Prüfungsämter **700** 100; **705** 20a; Rechnungslegung **700** 80 ff.; Rechnungsprüfung **700** 88 ff.; Selbstbewirtschaftungsmittel **700** 15; Sondervermögen **700** 26, 113; Sperrvermerk **700** 22; Überschuss **700** 25; Übertragbarkeit der Ausgaben **700** 19; Vergleiche **700** 58; Vermögensgegenstände **700** 63; Vermögensrechnung **700** 86; Verpflichtungsermächtigung **700** 38; Verrechnungen **700** 61; Verträge mit Angehörigen des öffentlichen Dienstes **700** 57; Vertrauensgremium **700** 10a; Voranschläge **700** 27; Vorlagefrist **700** 30; Vorleistungen **700** 56; Vorschüsse **700** 60; Zahlungen **700** 70; Zuwendungen **700** 23, 44

**Bundes-ImmissionsschutzG 296;** Anlagen **296** 3, 32 f., Bauartzulassung **296** 33, der Landesverteidigung **296** 59 f., nicht genehmigungsbedürftige **296** 22 ff., Untersagung **296** 25; und AtomG **835** 8; auditierte Unternehmensstandorte **296** 58e; Auskunftspflichten **296** 52; Bericht der Bundesregierung **296** 37f; Berichterstattung an die Europäische Kommission **296** 61; Beschaffenheit von Anlagen **296** 23, 32 ff., von Fahrzeugen **296** 38 ff., von Stoffen und Erzeugnissen **296** 35; beteiligte Kreise **296** 51; Betriebsbeauftragte für Immissionsschutz **296** 53 ff.; Brenn-

stoffe **296** 34; BVT-Merkblätter **296** 3; BVT-Schlussfolgerungen **296** 3; Einwendungen Dritter **296** 11; Emissionen **296** 3, Ermittlung **296** 26 ff.; Emissionserklärung **296** 27; Emissionskataster **296** 46; Fahrverbote **296** 47; und Gasmangellagen **296** 31a ff.; gebührenpflichtige Handlungen **296** 37e; gefährliche Stoffe **296** 3; Geltungsbereich **296** 2; genehmigungsbedürftige Anlagen **296** 4 ff.; **296a, 296b,** Änderungen **296** 15 ff., 31g, 31l, Anforderungen **296** 7, Erlöschen der Genehmigung **296** 18, nachträgliche Anordnungen **296** 17, Untersagung, Stilllegung, Beseitigung **296** 20, vereinfachtes Verfahren **296** 19, Widerruf der Genehmigung **296** 21; Genehmigungsverfahren **296** 10; **296b,** bei Gasmangellagen **296** 31a ff., und Umweltverträglichkeitsprüfung **296a** 2 f.; *s. a. dort;* Immissionen **296** 3, Ermittlung **296** 26 ff.; Immissionsschutzbeauftragter **296** 53 ff.; Kommission für Anlagensicherheit **296** 51a; Kraftstoffe, Treibhausgasmindernde **296** 37a ff.; und KrWG **298** 13; Lärmaktionspläne **296** 47d; Lärmminderungsplanung **296** 47a ff.; Luftreinhaltepläne **296** 44 ff., 47; Luftreinhalteplan **296** 44 ff.; Luftverunreinigungen **296** 3; Messungen **296** 26, 28 f., Kosten **296** 30, Veröffentlichung **296** 31; Mitteilungs- und Anzeigepflichten **296** 15, 37c, 52b; Ordnungswidrigkeiten **296** 62; und PflSchG **863** 70; Rechtsbehelfe **293** 1; relevante gefährliche Stoffe **296** 3; Schallschutzmaßnahmen **296** 42; Schienenwege **296** 38 ff., 41; Schmierstoffe **296** 34; Schutz bestimmter Gebiete **296** 49; schwere Unfälle iS der RL 2012/18/EU **296** 50, und Bauleitplanung **300** 13, 35, und Bebauungspläne **300** 13a; sicherheitstechnische Prüfungen **296** 29a f.; Stand der Technik **296** 3, Anh.; Störfallbeauftragte **296** 58a ff.; Straßen **296** 41 f.; Treibstoffe **296** 34; Überwachung **296** 52 ff.; Unterrichtung der Öffentlichkeit über Luftqualität **296** 46a; Untersuchungsgebiete **296** 3; vereinfachte Klageerhebung **296** 14a; Verkehrsbeschränkungen **296** 40; Widerruf der Genehmigung **296** 21; Zukunftstechniken **296** 3; Zulassung vorzeitigen Beginns **296** 8a, 31e, 31l; **296b** 24a

**Bundesinstitut für Arzneimittel und Medizinprodukte,** Aufgaben nach BtMG **275** 3 ff., 6 ff., 11, 15 f., 18 f., 27; Besoldung **230** Anl. I; Gebühren und Auslagen nach BtMG **275** 25

**Bundesinstitut für Risikobewertung,** Aufgaben nach dem PflSchG **863** 34, nach

führer **37** 10; Schutz durch Bundespolizei
**90** 5; Sitzungen *s. Bundesratssitzungen;*
ständiger Beirat **37** 9; Subsidiaritätsklage
zum EuGH **98** 12, gegen Gesetzgebungs-
akt der EU **1** 23; Tagesordnung **37** 23;
Teilnahme an Verhandlungen des Bundestages **37** 33; Unterrichtung nach BHO
**700** 10; Verhandlungen **37** 17 ff.; Vermittlungsausschuss **1** 77; **36; 37** 31; im Verteidigungsfall **1** 115d, 115e; Wahl der
Richter des Bundesverfassungsgerichts **40**
5 ff.; Zusammensetzung **1** 51; Zustimmung zu Steuergesetzen **1** 105, zu Verwaltungsvorschriften des Bundes **1** 85
**Bundesratspräsident 1** 52; **37** 5 ff.; Einberufung des Bundesrats **37** 15; Leitung
der Bundesratssitzungen **37** 20 f.; Ord-
nungsbefugnisse **37** 22 ff.; Stellung **37** 6
**Bundesratssitzungen 37** 15 ff., 23 ff.; Anträge **37** 26; Öffentlichkeit **1** 52; **37** 17,
Ausschluss **1** 52; **37** 17; Redebeiträge **37**
24; Unterbrechung bei Störungen **37** 22f
**Bundesrechnungshof 1** 114; Akteneinsicht **700** 96; Aufgaben **699** 42 ff.; **700**
88 ff.; Entscheidungen **705** 8; Errichtung
und Aufgaben **705**; Geschäftsverteilung
**705** 7; Organisation **705** 2; Prüfung, gemeinsame **700** 93, der Parteienfinanzierung **58** 21, der Rechnungslegung der
Bundestagsfraktionen **48** 61; Prüfungsämter **700** 100; **705** 20a; Prüfungsanord-
nungen **700** 94 ff.; Senate **705** 11 ff.; Unterrichtung über Beteiligungen des Bundes an Privatunternehmen **700** 66 ff.;
Veröffentlichung der Berichte **700** 99;
Wahl des Präsidenten **705** 5
**Bundesrecht,** Ausführung durch die Länder **1** 83; **40** 68 ff.; bricht Landesrecht **1**
31; Verfassungswidrigkeit **40** 13
**Bundesregierung 1** 62 ff.; **45;** Anfragen **35**
100 ff.; Angelegenheiten von frauenpoliti-
scher Bedeutung **38** 15a; Anwesenheit im
Bundestag **1** 43; Befragung **35** 106,
Anl. 7; beratendes Gremium nach § 6c
BMinG **45** 6c; Beratung und Beschlussfassung **38** 15 ff.; Beschlüsse **38** 20, 25 f.;
Beschlussfähigkeit **38** 24; Bundeskanzler
**38** 1 ff., *s. a. dort;* Bundesminister **38** 9 ff.,
*s. a. dort;* ehemalige Mitglieder **45** 21a;
Einladung von Mitgliedern der Landesregierungen **38** 31; Entlastung **699** 47;
**700** 114; Fragen an die **35** Anl. 4; Geschäftsordnung **1** 65; **38;** Gesetzesvorlagen
**1** 76; Konjunkturrat **720** 18; parlamentarische Kontrolle **81;** Parlamentarische
Staatssekretäre **38** 14a; **47;** Rechnungslegung **1** 114; Sitzungen **38** 21 ff.; Unterrichtungspflicht in EU-Angelegenheiten

**96** 3 ff.; **97** 2, gegenüber dem Parlamentarischen Kontrollgremium **81** 4, 6; Unterzeichnung von Verordnungen **38** 30; Weisungsrecht nach dem AufenthG **565** 74,
nach dem BVerfSchG **80** 7; Zustimmung
zur Ausgabenerhöhung **1** 113
**BundesreisekostenG 235;** Aufwands- und
Pauschvergütung **235** 9; Auslagenerstattung **235** 8; Auslandsdienstreisen **235** 14;
besondere Fälle **235** 11 ff.; Fahrt- und
Flugkostenerstattung **235** 4; Reisekostenvergütung **235** 3; sonstige Kosten **235** 10;
Tagegeld **235** 6; Trennungsgeld **235** 15;
Übernachtungsgeld **235** 7; Wegstrecken-
entschädigung **235** 5
**Bundesrepublik Deutschland,** demokratische Verfassung **1** 20; humanitäre Verpflichtungen **565** 1; Schutz lebenswichti-
ger Einrichtungen durch Grundrechtseinschränkungen **7** 3; Staatsform **1** 20; *s. a.
Bund*
**Bundessozialgericht 1** 95
**Bundesstraßen 932;** unveräußerliches Eigentum an **1** 90; Ortsdurchfahrten **932** 5,
Verwaltung **932** 21; vermögensrechtliche
Verhältnisse **930; 932** 6; Verwaltung durch
Gesellschaften privaten Rechts **1** 90,
durch Länder **1** 90, 143e; *s. a. Bundesfernstraßen*
**Bundestag 1** 38 ff.; Abgeordnete des **35**,
*s. a. dort;* Abstimmungsregeln **35** 48 ff.;
Akteneinsichtsrecht für Abgeordnete **35**
16; Aktuelle Stunde **35** 106, Richtlinien
**35** Anl. 5; Ältestenrat **35** 6; Auflösung **1**
63, 68; Ausgabenerhöhung **35** 87; Ausschluss von Abgeordneten **35** 38 f.; Ausschuss für die Angelegenheiten der Europäischen Union **1** 45; **35** 93b, Übersendung von EU-Dokumenten **35** 93;
Ausschüsse **1** 44 ff.; **35** 54 ff., *s. a. Ausschüsse des Bundestages;* Befragung der
Bundesregierung **35** Anl. 7; befriedeter
Bezirk **434** 2; Beratungen **35** 78 ff.; Beschlüsse **35** 116 ff.; Beschlussfähigkeit **35**
45; Einberufung durch Ausschussvorsit-
zenden **35** 96a; Einspruch des Bundesrates
**35** 91; elektronische Dokumente **35** 122a;
Enquête-Kommission **35** 56; Entscheidung über Gültigkeit der Wahl **32;** Ent-
schließungsanträge **35** 88; Erklärungen **35**
30 ff.; Finanzvorlagen **35** 96; Fragestellung
bei Abstimmungen **35** 46 f.; Fragestunde,
Richtlinien **35** Anl. 4; Fraktionen **35**
10 ff.; **48** 53 ff., *s. a. dort;* Geheimschutz-
ordnung **35** 17, Anl. 3; Gemeinsamer
Ausschuss **1** 53a, *s. a. dort;* Geschäftsordnung **1** 39; **35,** *s. a. dort;* Gesetzentwürfe,
Beratung **35** 78 ff.; Gesetzesvorlagen **1** 76;

Gesetzgebungsnotstand **35** 99; Große Anfragen **35** 100 ff.; Haushaltsvorlagen **35** 95; Immunitätsangelegenheiten **35** 107, Grundsätze **35** Anl. 6; Informations- und Kommunikationssysteme, Leistungen an Abgeordnete **48** 12; Kleine Anfragen **35** 104; Konstituierung **35** 1; Lobbyisten im **35** Anl. 2a; Misstrauensantrag gegen Bundeskanzler **35** 97; Mitglieder **48**, *s. Abgeordnete;* Mitgliedschaft, Erwerb und Verlust **30** 45 ff., Verlust und Anfechtung **35** 15; Mitwirkung in EU-Angelegenheiten **96** 1; **1000** 12, 96, Datenzugang **96** 10, Integrationsverantwortung **98**, Stellungnahmen **96** 8 ff., Unterrichtungspflicht der Bundesregierung **96** 3 ff., Verbindungsbüro **96** 11; Notstandsgesetze **35** 99; Ordnungsgeld **35** 37; Ordnungsmaßnahmen **35** 41; Ordnungsruf **35** 36; parlamentarische Kontrollkommission **81**; Petitionen **35** 108 ff.; Petitionsausschuss **5** 1 ff.; **35** 108; Plenarprotokolle **35** 116; Präsident *s. Bundestagspräsident;* Präsidium **35** 5 ff.; Rechtsverordnungen der Bundesregierung **35** 92; Reden **35** 33 ff.; Schriftführer **35** 3, 9; Schutz durch Bundespolizei **90** 5; Sitzungen **35** 19 ff., *s. a. Bundestagssitzungen;* Sitzungsvorstand **35** 8; Stabilitätsvorlagen **35** 94; Subsidiaritätsklage zum EuGH **1** 23; **35** 93d; **98** 12; Subsidiaritätsrüge **35** 93c; Technikfolgenanalysen **35** 56a; unerledigte Gegenstände **35** 125; Unionsdokumente, Ausschussberatungen **35** 93a, Übersendung **35** 93; Unionsvorlagen, Bedenken des Haushaltsausschusses **35** 80; Unterbrechung der Sitzung **35** 40; Unterrichtung nach BHO **700** 10; Untersuchungsausschüsse **1** 44 f., *s. a. dort;* Vermittlungsausschuss **1** 77; **35** 89 f.; **36**; im Verteidigungsfall **1** 115d, 115e; Vertrauensantrag des Bundeskanzlers **35** 98; Vorlagen **35** 75 ff.; Wahl des Bundeskanzlers **35**, des Präsidenten **35** 2, der Richter des Bundesverfassungsgerichts **40** 5 ff.; Wahlperiode **1** 39; Wehrbeauftragte **35** 113 ff.; **635;** Worterteilung **35** 27; Zusammenarbeit mit der Bundesregierung in EU-Angelegenheiten **96;** Zusammensetzung **30** 1; Zusammentritt **1** 39

**Bundestagsabgeordnete 48,** *s. Abgeordnete*
**Bundestagspräsident 1** 40; Aufgaben **35** 7; Einberufung der Bundesversammlung **33** 1; Einberufung und Leitung der Bundestagssitzungen **35** 21 ff.; Einspruch gegen Gültigkeit der Wahl **32** 14; Hausrecht **35** 7; Leistungen **48** 11 f., 32; Prüfung der Rechenschaftsberichte der Parteien **58**

23; Unterstützung durch Bundespolizei **90** 9; Vorsitz im Gemeinsamen Ausschuss **39** 7; Wahl **35** 2; Zwangsmittel gegen Parteien **58** 38
**Bundestagssitzungen 35** 19 ff.; Anwesenheitsliste **35** 13; Ausschluss von Abgeordneten **35** 38 f.; Einberufung **35** 21; Erklärungen **35** 30 ff.; Geschäftsordnungsanträge **35** 29; Öffentlichkeit **1** 42; Ordnungsgeld **35** 37; Ordnungsmaßnahmen **35** 41; Ordnungsruf **35** 36; Reden **35** 33 ff.; Tagesordnung **35** 20; Vertagungen **35** 26; Wortentziehung **35** 36; Worterteilung, Worterteilung **35** 27
**Bundestagswahlen 30;** Feststellung von Rechtsverletzungen **32** 1, 5, 11; Kosten der **30** 50; Prüfung **32;** Vorbereitung **30** 16 ff.; Wählbarkeit **30** 15; Wahlrecht **30** 12 ff.; *s. a. BundeswahlG*
**Bundesverfassungsgericht 40;** Ablehnung eines Richters **40** 19; Akteneinsicht **40** 35a ff.; a-liminé-Abweisung **40** 24; Amtszeit der Richter **40** 4; Anklage gegen Bundespräsidenten **1** 61; **40** 49 ff.; Ausschließung eines Richters **40** 18; Ausschluss politischer Parteien von der staatlichen Finanzierung **40** 13, 15, 43 ff.; befriedeter Bezirk **434** 41; besondere Verfahrensvorschriften **40** 36 ff.; Beweiserhebung **40** 26; Einleitung des Verfahrens **40** 23; einstweilige Anordnungen **40** 32; Entscheidungen **40** 30, über Ausschluss politischer Parteien von der staatlichen Finanzierung **40** 46a, Verbindlichkeit **40** 31, über Verfassungswidrigkeit einer politischen Partei **40** 46; Fortgeltung alten Rechts **1** 126; Gültigkeit der Bundestagswahl **40** 48, Beschwerden gegen Entscheidung des Bundestages **32** 1; **40** 13, 48, 96a ff.; Klage von Parteien wegen Nichtanerkennung **1** 93; **40** 13; Kostenfreiheit des Verfahrens **40** 34; mündliche Verhandlung **40** 25; öffentliche Sitzung **40** 17a; Plenarentscheidungen **40** 16; PräsidentIn **40** 9; Prozessvertretung **40** 22; Rechtsstellung der Richter **40** 98 ff.; Richteranklage **40** 58 ff.; Schutz durch Bundespolizei **90** 5; Sitz **40** 1; Stellungnahme sachkundiger Dritter **40** 27a; unangemessene Verfahrensdauer **40** 97a, Verzögerungsbeschwerde, -rüge **40** 97b; Verfahren nach dem NachrichtendienstkontrollG **40** 66a, nach dem UntersuchungsausschussG **40** 66a, 82a; Verfahrensvorschriften **40** 17 ff., 36 ff.; Verfassung **40** 1 ff.; Verfassungsbeschwerden **40** 90 ff.; Verfassungsstreit innerhalb eines Landes **1** 99; Verfassungswidrigkeit von

# Bundeswasserstraßen

37 f.; forstwirtschaftliche Zusammenschlüsse **875** 15 ff., 39 f.; Inventur **875** 41a; Sicherung der Funktionen des Waldes **875** 8; Wald, Begriff **875** 2, Eigentum an **875** 3; Waldbesitzer **875** 4
**Bundeswasserstraßen 1** 89; **971** 1; Ausbau **971** 12 ff.; Befahren **971** 5; Berichterstattung an EU **971** 18b; Bestandsänderung **971** 2; Binnenwasserstraßen **971** Anlage 1; Brückendurchfahrt **971** 43; Durchstiche **971** 3; Eisbekämpfung **971** 35; Feuerschutz **971** 35; Gemeingebrauch **971** 6; Genehmigungspflicht für Benutzungen **971** 31 ff.; Hochwassermeldedienst **971** 35; Hochwasserschutz beim Ausbau **971** 12; Kreuzungen **971** 40 ff.; und Naturschutz **880** 36; Neubau **971** 12 ff.; Planfeststellung **971** 14 ff., Projektmanager **971** 14f, Veröffentlichungen im Internet **971** 17, Zuständigkeit des OVG **600** 48; Raumordnungsverfahren **340a** 1; Schifffahrtshindernisse **971** 30; Schifffahrtszeichen **971** 34; Sicherheit und Ordnung **971** 48; im transeuropäischen Verkehrsnetz **971** 18 f., Anlagen 3, 4; Umweltverträglichkeitsprüfung **971** 14a; Unterhaltung **971** 7 ff.; UVP-pflichtige Vorhaben **295** 1, Anlage 1; Veränderungssperre und Vorkaufsrecht **971** 15; vermögensrechtliche Verhältnisse **970**; Zuständigkeit des BVerwG **971** Anlage 2
**BundeswasserstraßenG 971**; Enteignung **971** 44; Entschädigung **971** 36 ff., Ausschluss **971** 21; Ordnungswidrigkeiten **971** 50 f.; Planfeststellung **971** 14 ff.; Rechtsweg im Entschädigungsverfahren **971** 39; Strompolizei **971** 24 ff.; vorzeitige Besitzeinweisung **971** 20 f.
**Bundeswehr,** Anhalterecht **117** 4; Anwendung unmittelbaren Zwanges **117** 10 ff.; Befehls- und Kommandogewalt **1** 65a; Durchführung des TiergesundheitsG **870** 28; Einsatz bei Katastrophen **1** 35; und GaststättenG **810** 25; Grundrechtseinschränkungen durch **117** 19; und KrWG **298** 66; militärische Bereiche **117** 2; Personenüberprüfung **117** 4 f.; Schusswaffengebrauch **117** 15 ff.; Sicherheitsbereiche **117** 2; Sondervermögen zur Stärkung **1** 87a; Straftaten gegen die **117** 3; Verweigerung des Informationszugangs nach IFG **113** 3; Wehrersatzbehörden **620** 14 ff.; Zuständigkeit nach BtMG **275** 26
**Bundeswehrfeuerwehren,** Vergütung **230** 50c
**Bundeswehrverwaltung 1** 87b
**Bundeszentralstelle für Kinder- und Jugendmedienschutz 400** 17 ff.; Prüfstelle

für jugendgefährdende Medien **400** 19 f.; Verfahren vor der **400** 21 ff.
**Bundeszwang 1** 37
**Bürgerbeauftragter** des Europäischen Parlaments **1001** 228
**Bürgerschaftliches Engagement,** Jugendfreiwilligendienste **390**
**Bürgschaften** des Bundes **699** 23; **700** 39

**Cannabis,** Anbau **275** 19, 24a
**Charta der Menschenrechte der EU 1002**; Anwendungsbereich **1002** 51; Bürgerrechte **1002** 39 ff.; Freiheitsgarantien **1002** 6 ff.; Gleichheitsgebote **1002** 20 ff.; justizielle Rechte **1002** 47 ff.; Schutz der Menschenwürde **1002** 1 ff.; Solidarität in der Arbeitswelt **1002** 27 ff.
**Chemische Anlagen,** genehmigungsbedürftige Anlagen nach BImSchG **296a** Anh.
**Chemische Waffen,** KriegswaffenkontrollG **823** 1 ff.; Strafvorschriften **823** 20; Verbot **823** 18
**COVID-19,** Ausgleich für Mindereinnahmen von Gemeinden und Ländern (außer Kraft) **1** 143h; Beschäftigung zur Krisenbewältigung und Ausbildungsförderung **420** 21, 66a, und Ruhegehalt der Ruhestandsbeamten **155** 107e; Sonderzahlungen für Beamten und Soldaten **230** 14; und Vorschriften des BauGB **300** 246b

**Darlehen** zur Ausbildungsförderung **420** 18 ff.; Vermittlung von **800** 71b, 157, 160, gewerberechtliche Erlaubnispflicht **800** 34c, 34i f., 157, 160 f., Teilnahme an Veranstaltungen **800** 70a
**Darlehensvermittler 800** 34c, 160 f.; Weiterbildungspflicht **800** 34c, 144, 160 f.
**Dateien,** gemeinsame mit ausländischen Nachrichtendiensten **80** 22b f., Minderjährigenschutz **80** 24; projektbezogene gemeinsame beim BfV **80** 22a, beim BKA **450** 17
**Dateisysteme** bei den Ausländerbehörden **566** 62 ff., automatischer Abruf aus den **566** 61 f., über Passersatzpapiere **566** 66, Visadateien bei den Auslandsvertretungen **566** 69; im Sinne des BDSG/DSGVO **245** 46, Anhörung vor Inbetriebnahme **245** 69
**Daten,** biometrische s. dort
**Datenabgleich** nach dem AufenthG **565** 90b; durch Bundespolizei, automatische Kennzeichenerfassung **90** 27b; nach dem WohngeldG **385** 33; **386** 16 ff.
**Datenbanken 250** 17

**Datenberichtigung,** Anspruch der Betroffenen auf **245** 58, 75; **246** 16; **256** 12, nach dem BKAG **450** 78; nach dem AntiterrordateiG **82** 11; Pflicht des Verantwortlichen **245** 58, 75; **246** 16
**Datenerhebung** nach dem AsylG **567** 7; für die Aufenthaltsermittlung nach dem VwVG **112** 5a f.; nach dem AufenthG **565** 86 f.; besondere Mittel der **90** 28; bei der betroffenen Person **245** 32; durch das BfV **80** 8 ff., besonderes Auskunftsverlangen **80** 8a, personenbezogene Daten **80** 9; biometrischer Daten nach dem AsylG **567** 16, nach dem AufenthG **565** 49; **566** 61a ff., 76b f., bei EU-Bürgern **560** 8, nach dem PassG **250** 16a; durch BKA mit Hilfe technischer Mittel zur Eigensicherung **450** 34 ff., 74; durch das BKA **450** 9 ff., mit besonderen Mitteln **450** 45 f., 64, Protollierung **450** 81 f., Telekommunikationsdaten **450** 51 ff., 74, bei der Terrorismusbekämpfung **450** 39 ff.; nach dem BMG **256** 24; durch Bundespolizei **90** 21, automatische Kennzeichenerfassung **90** 27b, mit besonderen Mitteln **90** 28, Gesprächsaufzeichnung **90** 27c, bei öffentlichen Versammlungen **90** 26; bei Dritten **245** 33; nach der GewO **800** 11, 14; nach dem PflSchG **863** 21; und Verarbeitung zu anderen Zwecken **245** 48 ff.
**Datengeheimnis 245** 53
**Datenlöschung,** Anspruch auf **245** 58, 75; **246** 17; Anspruch gem. BDSG/DSGVO **245** 35; nach dem AntiterrordateiG **82** 5, 11; nach dem AsylG **567** 7; durch das BKA **450** 79, Aussonderungsprüfung **450** 77; nach dem BMG **256** 14; nach dem BVerfSchG **80** 6, 11; Pflicht des Verantwortlichen **245** 58, 75; **246** 17; nach Videoüberwachung **245** 4
**Datennutzung** nach dem AntiterrordateiG **82** 5 ff., 11, verantwortliche Behörde **82** 8, verfassungswidrig **82** 6a; durch das BfV **80** 10 f.; nach BVerfGG **40** 35c; Personalakten der Beamten **160** 106 ff., 111a; durch Wehrersatzbehörden **620** 15; nach WehrpflichtG **620** 24b
**Datenschutz** und AntiterrordateiG **82;** nach dem AsylG **567** 7 f.; nach AufenthaltsVO **566** 61a ff., 62 ff.; nach AufenthG **565** 86 ff.; in Aufnahmeeinrichtungen **567** 44; automatisierte Abrufverfahren nach dem AufenthG **566** 61f; im Beschäftigungsverhältnis **245** 26; **246** 88; nach dem BFDG **627** 12; nach dem BMG **256** 5, und Regelungsbefugnisse der Länder **256** 55; Bundesbeauftragter für *s. a. dort;* bei der Datenerhebung durch das BKA zur Eigen-

sicherung **450** 34 ff., 74; durch Datenschutz-Grundverordnung **246** 1; Datenübermittlungen der Meldebehörden **256** 23; Dokumente mit elektronischen Speicher- und Verarbeitungsmedien nach dem AufenthG **565** 78; **566** 61a ff.; nach dem EnWG **830** 5a; in der EU **1000** 39; **1001** 16; **1002** 8; nach dem IHK-G **818** 9; nach dem InformationsfreiheitsG **113** 5; im Informationssystem des BKA **450** 13 ff.; nach dem KrWG **298** 63; Lehrlingsrolle **815** 28; Melderegisterauskunft **256** 44 ff.; bei Öffentlichkeitsbeteiligung iSd UVPG **295** 23; im Rahmen des PassG **250** 16 f., 22 f.; nach PAuswG **255** 14 ff., 24 ff.; Personalakten der Beamten **150** 50; **160** 106 ff., 111a, der Zivildienstpflichtigen **625** 36; bei Personenstandsregistern **261** 10 ff., Herstellererklärung **261** 12; Protokollpflichten nach dem AntiterrordateiG **82** 9; Rechte der Betroffenen nach dem BMG **256** 8 ff.; durch Technikgestaltung und Voreinstellungen **245** 71; **246** 25; Träger des freiwilligen sozialen Jahres **390** 12; bei Überwachung des Fernmeldeverkehrs **7** 3, 7; **80** 9 ff.; Verletzungen und Benachrichtigungspflichten **450** 83; nach WasserhaushaltsG **845** 88; *s. a. BundesdatenschutzG, s. a. Datenschutz-Grundverordnung*
**Datenschutzbeauftragte 246** 37 ff.; der Auftragsverarbeiter **245** 38; des BKA **450** 70 ff.; nichtöffentlicher Stellen **245** 38; öffentlicher Stellen **245** 7 ff., Aufgaben **245** 7, Stellung **245** 6; *s. a. Bundesbeauftragte für den Datenschutz und die Informationsfreiheit*
**Datenschutz-Grundverordnung 246;** Amtshilfe **246** 61; Archivzwecke im öffentlichen Interesse **246** 89; Auftragsverarbeiter **246** 4, mit Sitz außerhalb der EU **246** 27; und BDSG **245** 1; Begriffe **246** 2, 4; Berufsgeheimnis **245** 29; **246** 90; Datenschutzbeauftragte **246** 37 ff.; Datenschutz-Folgenabschätzung **246** 35, 69, und vorherige Konsultation **246** 36; Datenübermittlung an Drittländer oder internationale Organisationen **246** 44 ff., unzulässige **246** 48 f.; Datenverarbeitung im Arbeitsverhältnis **246** 88; Einwilligung in Datenverarbeitung **246** 4, 7 f.; europäischer Datenschutzausschuss **246** 68 ff.; Geldbußen **245** 41; **246** 83; internationale Übereinkommen **246** 96; internationale Zusammenarbeit zum Schutz personenbezogener Daten **246** 50; und kirchliche Datenschutzvorschriften **246** 91; Kohärenzverfahren **246** 63 ff.; Meldepflicht bei Verletzung des Datenschutzes **245** 65; **246** 33 f., und Geheimhaltungspflichten **245**

29; nationale Beschränkungen **246** 23; nationale Kennziffern **246** 87; räumlicher Geltungsbereich **246** 3; Rechte Betroffener **246** 12 ff., „Recht auf Vergessenwerden" **246** 17, Widerspruchsrechte **245** 36; **246** 21 f.; und RL 2002/58/EG **246** 95; Sanktionen **246** 84; statistische Zwecke **246** 89; Übertragung von Befugnissen auf Kommission **246** 92; Verantwortliche **246** 4, Pflichten **245** 32 ff.; **246** 12 ff., mit Sitz außerhalb der EU **246** 27; verbindliche interne Datenschutzvorschriften **246** 4, 47; Verhaltensregeln **246** 40 f.; wissenschaftliche/historische Forschungszwecke **246** 89; Zertifizierung **245** 39; **246** 42 f.

**Datensparsamkeit 245** 71

**Datenspeicherung** nach dem AntiterrordateiG, beschränkte und verdeckte **82** 4; nach dem AtomG **835** 12b; nach dem AufenthG **565** 90 ff.; automatisierte **566** 61 f.; durch das BfV **80** 10 f.; nach dem BMG **256** 13 f.; Handwerksrolle **815** Anl. D; Lehrlingsrolle **815** Anl. D; durch Meldebehörden **256** 3 f.; nach PAuswG **255** 5; Personalakten der Beamten **160** 106 ff., 111a; nach dem StAG **15** 33; nach WehrpflichtG **620** 24b

**Datenübermittlung** nach dem AntiterrordateiG **82** 5; nach Artikel 10-G durch den BND **7** 7, Zweckbindung **7** 4, 6; nach dem AsylG **567** 8 f.; nach der AufenthaltsVO **566** 71 ff., 76a; nach dem AufenthG **565** 72a, 86 ff., 88, 90 ff., 91a f.; ins Ausland **245** 78 ff., 85; **246** 44 ff., unzulässige **246** 48 f.; an ausländische Stellen nach dem Artikel 10-G **7** 7a f.; und automatisierter Abruf von Lichtbildern nach dem PassG **250** 22a; nach dem BBG **160** 108, 111 f.; an oder durch das BfV **80** 8 ff., 17 ff., an ausländische Stellen **80** 25a, zum Schutz Betroffener **80** 25b, Verbote **80** 23, Verfahrensregeln **80** 25c; nach BImSchG **296** 31; an das BKA **450** 9 ff.; durch das BKA **450** 25 ff., Verbote **450** 28; nach dem BMG **256** 33 ff., ins Ausland **256** 35, zwischen den Meldebehörden **256** 23, an Religionsgemeinschaften **256** 42, Zweckbindung **256** 40; nach BodenschutzG **299** 19; an oder durch die Bundespolizei **90** 32 ff., Fluggastdaten **90** 31a; nach dem BVerfGG **40** 35a ff.; nach dem EnWG an die Informationsplattform **830** 111d, an das Marktstammdatenregister **830** 111e f.; nach der GewO **800** 14, innerhalb der EU **800** 11c; nach der HandwerksO **815** 5a, 6, 28 ff.; nach dem IHK-G **818** 5; nach dem KrWaffG **823** 11a, 14; an oder durch das Landesverfassungsschutzbehörden **80**

26a; durch öffentliche Stellen **245** 25; nach dem PersonenstandsG **261** 61, 63 f.; nach PflSchG **863** 66; nach dem StAG **15** 33; bei Strafverfahren gegen Beamte **150** 49; **150a** 125c; **160** 115, gegen Zivildienstleistende **625** 45a; nach dem TiergesundheitsG **870** 35; bei Verbraucherkrediten **245** 30; Verfahren **245** 74; nach der VwGO **600** 55c; nach WaffenG **820** 43 ff.; nach WehrpflichtG **620** 24a ff.; nach dem WohngeldG **385** 33, 34 ff.; **386** 16 ff.; nach ZDG **625** 69

**Datenveränderung** durch das BfV **80** 10 f.

**Datenverarbeitung** zu anderen Zwecken durch nichtöffentliche Stellen **245** 24, durch öffentliche Stellen **245** 23; nach dem AntiterrordateiG **82** 5 ff., Zustimmung der G 10-Kommission **82** 6a; nach der AufenthaltsVO **566** 61a ff., 62 f.; nach dem AufenthG **565** 86 ff., bei Integrationsmaßnahmen **566** 88a; automatisierte Verarbeitung nach dem AufenthG **566** 61f, nach dem BBG **160** 114, 147, durch Verfassungsschutzbehörden **80** 6; nach dem BBG **160** 106 ff., 108, 111a; biometrischer Daten nach dem AufenthG **566** 61a ff.; durch BKA, Einschränkung **450** 78, Rasterfahndung **450** 48, 74; nach dem BMG **256** 2; durch Bundespolizei **90** 29 ff., Errichtungsanordnung **90** 36; nach dem BVerfSchG **80** 11; Einschränkung der nach dem BMG **256** 31; durch europäische Stellen **90** 33a; nach der GewO **800** 11; nach dem GüKG **952** 15 ff.; im Informationssystem des BKA **450** 16; nach dem PassG **250** 6a; nach dem PAuswG **255** 12 f., 14 ff., 19a; Personenbeförderung **950** 3a ff.; personenbezogener Daten für Zwecke staatlicher Auszeichnungen und Ehrungen **245** 86; nach dem PersonenstandsG **261** 11 ff., Berechtigungskonzept **261** 14, Herstellererklärung **261** 12; nach StaatsangehörigkeitsG **15** 31 ff.; nach dem TiergesundheitsG **870** 23; nach dem TierschutzG **873** 16; nach WehrpflichtG **620** 24b; für die wissenschaftliche Forschung **450** 21; nach dem WohnraumförderungsG **355** 32; nach dem WohnungsbindungsG **387** 2; nach ZivilschutzG **680** 17; Zweckbindung nach dem BMG **256** 5

**Datenverarbeitung iSd BDSG/DSGVO,** Anspruch auf Datenübertragbarkeit **246** 20, auf Einschränkung der **245** 58; **246** 18; für Archive **245** 28, 50; **246** 89; durch Aufsichtsbehörden **245** 40; durch Auftragsverarbeiter **246** 28 f.; Begriff **245** 46; **246** 4; im Beschäftigungsverhältnis **245** 26;

**Entwicklungsdienst,** berücksichtigungsfähige Zeit iSd BBesG **230** 28

**Entwicklungshelfer,** Ausbildungsförderung **420** 27; Benachteiligungsverbot bei Studienplatzvergabe **500** 34; keine Wehrdienstpflicht **620** 13b; keine Zivildienstpflicht **625** 14a

**Entwicklungssatzung 300** 165

**Entwicklungsvorhaben 500** 26, *s. a. Forschung*

**Erbrecht,** Gewährleistung **1** 14

**Ergänzungszuweisungen 1** 107, 143ff.

**Erhaltungssatzung** nach BauGB **300** 172 ff.

**Erholungsgebiete,** Bebauung **311** 10

**Erholungsorte,** Ladenschluss **805** 10

**ErholungsurlaubsVO 172;** Abgeltung des Urlaubs **172** 10; Ansparung des Urlaubs zur Kinderbetreuung **172** 7a; Auslandsbeamte **172** 16; Bemessungsgrundlage **172** 4; Erkrankung im Urlaub **172** 9; Urlaubsdauer **172** 5; Urlaubsjahr **172** 1; Verfall des Urlaubs **172** 7; Widerruf des Urlaubs **172** 8; Zusatzurlaub **172** 12, 14

**Erkennungsdienstliche Maßnahmen** nach dem AsylG **567** 16ff., Auswertung von Datenträgern **567** 15a; nach dem AufenthG **566** 76b f.; des BKA **450** 43; der Bundespolizei **90** 24 f.

**Erlaubnis** für Gaststättengewerbe **810** 2 ff.; zur Gewässerbenutzung **845** 8 ff., 10 ff., 43, 46, 104; nach GüterkraftverkehrsG **952** 3 ff., Gemeinschaftslizenz **952** 5; zur Haltung und Züchtung von Tieren **873** 11 f.; für Sammler, Beförderer, Händler und Makler von gefährlichen Abfällen **298** 54; zur Sondernutzung von Fernstraßen **932** 8; Umgang mit Waffen und Munition, Ausnahmen **820** 12, Rücknahme, Widerruf **820** 45 f.; im Verkehr mit Betäubungsmitteln **275** 3 ff.; nach dem WaffenG, Herstellung von Waffen **820** 21 ff., Umgang mit Waffen und Munition **820** 4 ff.

**Erlaubnis zum Daueraufenthalt-EU** als Aufenthaltstitel, unbefristeter **565** 2, 9a ff.; Erteilung **565** 5, 9a

**Erledigung** der Hauptsache im Verwaltungsgerichtsverfahren **600** 113, Kosten **600** 161

**Erlöschen** der Erlaubnis nach GaststättenG **810** 8, nach GewO **800** 49; der Genehmigung gem. BImSchG **296** 18

**Ermächtigungen** zum Erlass von Rechtsverordnungen **1** 129, durch Gesetz **1** 80; Fortgeltung **1** 129

**Ernennung** der Beamten **150** 8 ff., Rücknahme **150** 12; der Bundesbeamten **160** 10 ff., Rücknahme **160** 14 f.

**Erneuerbare Energien,** Anlagen zur Erzeugung von Strom, Wärme, Kälte aus in der Bauleitplanung **300** 1, 9, 35, Baumaßnahmen **300** 148, an Bundesfernstraßen **932** 3, 9, als Gegenstand städtebaulicher Verträge **300** 11, UVP-pflichtige **295** 1, Anlage 1; Ausbau im Bereich des Braunkohletagebaus **300** 249b; iSd EnWG **830** 3; Gewässerbenutzung zur Energieerzeugung **845** 11a, 13a, 52, 70, 108; im Städtebaurecht **311** 25f

**Ersatzdienst** für Kriegsdienstverweigerer **1** 12a, *s. a. Zivildienst*

**Ersatzland,** Beschaffung bei städtebaulichen Maßnahmen **300** 189

**Ersatz-Personalausweis 255** 2; Angaben im **255** 5; Gültigkeitsausdauer **255** 6; Gültigkeitsdauer **255** 6; bei Versagung/Entziehung eines Personalausweises **255** 6a

**Ersatzvornahme** im Rahmen des Verwaltungsvollstreckungsverfahrens **112** 10

**Ersatzzwangshaft 112** 16

**Erschließung** nach BauGB **300** 123 ff., 242

**Erschließungsbeitrag 300** 127 ff.

**Erschließungsvertrag 300** 12

**Erschütterungen,** Schutz vor **296**

**Erstattung** von Wahlkampfkosten für Bundestagswahlen **58** 18 ff.

**Erwerbstätigkeit** von Asylbewerbern **567** 61, 87d; von Ausländern nur mit Aufenthaltstitel **565** 4; von Ausländern., Fachkräfte **565** 18 ff.; von Ausländern bei Kurzaufenthalt **566** 17; Begriff nach AufenthG **565** 2; Zugang für Ausländer **565** 4a

**Erzeuger** von Abfällen *s. a. Abfallerzeuger*

**Erzeugungsanlage** iSd EnWG **830** 3, schrittweiser Abbau der Entgelte **830** 120

**Erzgewinnungsanlagen,** genehmigungsbedürftige Anlagen nach BImSchG **296a** Anh.

**Erziehungsberechtigte 1** 6

**EU-Bürger** als Bundesbeamte **160** 7, 18; Bürgerrechte **1002** 39 ff.; diplomatischer und konsularischer Schutz **1001** 23; Einbürgerung **15** 10; Eintragung in Handwerksrolle **815** 9; Freizügigkeit **1002** 45; justizielle Rechte **1002** 47 ff.; Kinder von, Erwerb der deutschen Staatsangehörigkeit **15** 4; Petitionsrecht **1002** 44, 227; **1002** 44; Rechtsschutz **1002** 47 ff.; Wahlrechte **1001** 22; **1002** 39 ff., bei Europawahl, Registrierung **256** 3; Zulassung zum Hochschulstudium **500** 27; *s. a. Unionsbürger*

**EU-Datenschutzgrundverordnung** *s. Datenschutz-Grundverordnung*

**EU-Richtlinien,** aufenthalts- und asylrechtliche RL **566** 82a; **567** 1; Industrieemissions-Richtlinie *s. dort;* Meeresstrategie-RahmenRL, Beobachtungen nach dem BNatSchG **880** 6; Rechtsbehelfe in Umweltangelegenheiten **293** 1; RL (EU) 2015/2193 und Gasmangellagen **296** 31c f.; RL (EU) 2016/97, Umsetzung **800** 34e; RL (EU) 2016/680, Datenschutz und Strafverfolgung **450;** RL (EU) 2016/801, Aufgaben des BAMF **565** 91d; RL (EU) 2021/1883, Aufgaben des BAMF **565** 91f; RL 85/46/EG, Aufhebung **246** 94; RL 2003/54/EG, Elektrizitätsbinnenmarkt **830;** RL 2003/55/EG, Erdgasbinnenmarkt **830;** RL 2003/109/EG, Aufgaben des BAMF **565** 91c; RL 2005/36/EG, Berufsreglementierung gem. HwO **815** 106, Anlage E, Informationen über Disziplinarverfahren **220** 29a, Umsetzung **800** 34e; RL 2010/63/EU, Umsetzung **873** 15a; RL 2010/75/EU und Gasmangellagen **296** 31a f., Umsetzung **296** 61; RL 2012/18/EU und nicht genehmigungsbedürftige Anlagen iSd BImSchG **296** 25, Planungen von Anlagen nach dem BImSchG **296** 25, schwere Unfälle **296** 25; RL 2012/34/EU und Straßenbahnen **950** 65; RL 2014/52/EU und Bebauungspläne **300** 245c; RL 2014/66/EU, Aufgaben des BAMF **565** 91g; Umsetzung durch das KrWG **298** 1; zur Vergabe und Finanzierung von Personenverkehrsleistungen, Umsetzung **950** 8a f., 13, 18

**Eurojust 1001** 85
**Europäische Bürgerbeauftragte 1002** 43
**Europäische Investitionsbank 1001** 175, 308 f.
**Europäische Kommission 1000** 17; **1001** 244 ff.; Befugnisse nach der EU-DSGVO **246** 92; beratender Ausschuss zur Verkehrspolitik **1001** 99; Berichterstattung an die nach dem BImSchG **296** 61, nach dem UVPG **295** 73; Berichtspflicht nach der EU-DSGVO **246** 97 f.; Entlastung **1001** 319; Rechnungslegung **1001** 318; Vorschläge der **1001** 293 ff.; Zertifizierung von Transportnetzbetreibern iSd EnWG **830** 4a ff.; Zusammenarbeit mit Regulierungsbehörden iSd EnWG **830** 57
**Europäische Menschenrechtskonvention 1003;** Abschiebeverbot **565** 60; Angeklagter, Grundrechte **1003** 6; Ausländer, politische Betätigung **1003** 16; Briefgeheimnis **1003** 8; Diskriminierung, Verbot der **1003** 14; Eheschließungen, Recht auf **1003** 12; Europäischer Gerichtshof für Menschenrechte **1003** 19 ff., *s. a. dort;* Fernmeldegeheimnis **1003** 8; Folter, Ver-

bot **1003** 3; Freiheit der Person **1003** 5; Geltungsbereich **1003** 56; Gerichte, Grundrechte vor **1003** 6; Gewissensfreiheit **1003** 9; Gleichberechtigung von Frauen und Männern **1003** 14; Gleichheit vor dem Gesetz **1003** 6; Kündigung **1003** 58; Meinungsfreiheit **1003** 10; Menschenrechte im Notstandsfall **1003** 15; ne bis in idem **1003** 7; nulla poena sine lege **1003** 7; Petitionsrecht **1003** 13; Recht auf Leben **1003** 2; Rechtliches Gehör, Anspruch von jedermann **1003** 6; Rechtsprechung, Bindung an Gesetz und Recht **1003** 6; Religionsfreiheit **1003** 9; Sicherheit, Recht auf **1003** 5; Sklaverei, Verbot **1003** 4; Vereinigungsfreiheit **1003** 11; Versammlungsfreiheit **1003** 11; Wohnung, Unverletzlichkeit **1003** 8; Zwangsarbeit, Verbot **1003** 4
**Europäische Reisedokumente** nach der VO (EU) 2016/1953 **566** 1, als Passersatzpapiere **566** 4
**Europäische Union (EU) 1000;** Agrar- und Fischereipolitik **1001** 38 ff.; Anerkennung der EMRK **1000** 6, der Grundrechte-Charta **1000** 6; Angelegenheiten der EU **96** 1; Assoziierung überseeischer Gebiete **1001** 198 ff.; Asylpolitik **1001** 78; Aufgaben der Deutschen Bundesbank **1** 88; Auskünfte aus dem Gewerbezentralregister an Behörden von Mitgliedstaaten **800** 150c f.; Ausschuss des Bundestages **1** 45, *s. a. dort;* Ausschüsse **1001** 300, Ausschuss der Regionen **1001** 305 ff.; Gemeinsame Außen- und Sicherheitspolitik, Kompetenzabgrenzung **1000** 40; **1001** 2, Unterrichtung des Bundestages **1** 7; Austritt aus der **1000** 50; auswärtiges Handeln **1001** 205 ff.; Behördenbeteiligung bei Genehmigungsverfahren nach BImSchG **296b** 11a; staatliche Beihilfen **1001** 107 ff.; Beitritt zur **1000** 49, Aufenthaltsrecht der Staatsangehörigen **560** 13; Beschäftigungspolitik **1001** 2, 5, 145 ff.; Beschlüsse, Beschlussfassung **1000** 31; Beteiligung der Bürger **1000** 11, der nationalen Parlamente **1000** 12; Betrugsbekämpfung **1001** 325; Bildungspolitik **1001** 165 f.; Binnenmarkt in der **1000** 3; **1001** 26 f.; Bodenschutz **299** 22; Bürgerrechte **1002** 39 ff.; Datenbanken der EU **96** 10; Datenschutz **1000** 39; **1001** 16, *s. a. Datenschutz-Grundverordnung;* Datenübermittlung an europäische Aufsichtsbehörden nach der GewO **800** 11c, an europäische Stellen durch das BKA **450** 26 f., durch Bundespolizei **90** 32a, 33a; demokratische Grundsätze **1000** 9 ff.; Dienst-

leistungsfreiheit **1001** 56 ff., und Freizügigkeit **560** 2; Diskriminierungsverbot **1001** 10, 18 f.; Einreise und Aufenthalt von EU-Bürgern **560;** Einstimmigkeit bei Beschlüssen **1001** 353; Einwanderungspolitik **1001** 79; Energiepolitik **1001** 194, Vollzug **830** 1; Entwicklungspolitik **1001** 208 f.; europäische Außenpolitik **1000** 21; europäische Staatsanwaltschaft **1001** 86; europäische Verwaltungszusammenarbeit **100** 8a ff.; **1001** 74, 197; Europäischer Gerichtshof **1000** 19; Europäischer Rat **1000** 10; Europäisches Netz „Natura 2000" *s. dort;* Europakammer des Bundesrates **1** 52; **37** 45b ff.; Euro-Staaten, Stabilitätsmechanismus **1001** 136; Finanzierung **1000** 41; **1001** 311 f; Finanzvorschriften **1001** 310, 310 ff.; Forschung und technologische Entwicklung **1001** 179 ff.; freier Warenverkehr **1001** 28 ff.; Freizügigkeit der Arbeitnehmer **1001** 45 ff., der Unionsbürger **1001** 21; Gesundheitswesen **1001** 168; Grenzschutzpolitik **1001** 77; Gründung **1000** 1; Grundwerte **1001** 7 ff.; Haftung **1001** 340; Handelspolitik **1001** 206 f.; Haushaltsdisziplin **1001** 126, 310, im Rahmen der Europäischen Wirtschafts- und Währungsunion **1** 109; **699** 51, der Euro-Staaten **1001** 136; Hoher Vertreter für Außen- und Sicherheitspolitik **1000** 18, Kompetenzen **1000** 27; humanitäre Hilfe **1001** 214; Informationsaustausch über Güterkraftverkehr **952** 17; Integrationsverantwortung von Bundestag und Bundesrat **98;** und internationale Organisationen **1001** 220 f.; und internationale Verträge **1001** 216 ff.; Investitionsbank **1001** 175, 308 f.; Jugend und Sport **1001** 165; justizielle Rechte der EU-Bürger **1002** 47 ff.; justizielle Zusammenarbeit **1001** 81 ff.; Kapital- und Zahlungsverkehrsfreiheit **1001** 55, 58, 63 ff., und nationale Steuern **1001** 65; Katastrophenschutz **1001** 6, 196; Kohärenzprinzip **1001** 7, 334; Kommissionsvorschläge **1001** 293 ff.; Kompetenzergänzungsklausel **1001** 352; Kriminalprävention **1001** 84 ff.; Kulturpolitik **1001** 167; Länderbüros **97** 8; Maßnahmen der EU **1001** 6; Menschenrechte **1000** 2, 6; Missionen der GSVP **1000** 43 f.; Mitwirkung des Bundesrats in Angelegenheiten der **97,** des Bundestages in Angelegenheiten der **97;** Niederlassungsfreiheit **1001** 49 ff.; Notstandsvorbehalt **1001** 347; Offenheitsprinzip **1001** 15; operatives Vorgehen, Beschlussfassung **1000** 28; Organe **1000** 13 ff.; **1001** 223 ff., Sitz **1001** 341; politi-

sches und sicherheitspolitisches Komitee **1000** 38; polizeiliche Zusammenarbeit **1001** 87 ff.; Raum der Freiheit, Sicherheit und des Rechts **1001** 67 ff.; Raumfahrtpolitik **1001** 189; Rechnungshof **1001** 285 ff.; Rechts- und Geschäftsfähigkeit **1001** 335; Rechtsakte der **1001** 288 ff., *s. a. dort;* Rechtspersönlichkeit der **1000** 47; Angleichung von Rechtsvorschriften **1001** 114 ff.; Religions- und Weltanschauungsfreiheit **1001** 17; restriktive Maßnahmen **1001** 215; Gemeinsame Sicherheits- und Verteidigungspolitik, Unterrichtung des Bundestages **96** 7; Solidaritätsklausel **1001** 222; Sozialfonds **1001** 162 ff.; Sozialpolitik **1001** 5, 151 ff.; Standpunkte der, Beschlussfassung **1000** 29; steuerliche Vorschriften **1001** 110 ff.; Stimmrechtsaussetzung **1001** 354; strategische Interessen und Ziele **1000** 22; Strukturpolitik **1001** 174 ff., Fonds **1001** 175 ff.; Subsidiaritäts- und Verhältnismäßigkeitsgrundsatz **1000** 5; Subsidiaritätsklage zum EuGH **1** 23; **98** 12; Subsidiaritätsprinzip **1001** 9; Terrorismusbekämpfung **1001** 75; Tourismus in der **1001** 195; transeuropäische Netze **1001** 170 ff.; Umweltpolitik **1001** 191; Umweltschutz in der **296** 39; Unionsbürgerschaft **1001** 20 ff., *s. a. dort;* Unionsdokumente, Ausschussberatungen **35** 93a, Übersendung **35** 93; Verbraucherschutz **1001** 169; **1002;** Verfahren vor dem Bundesrat **37** 45a ff.; Verkehrspolitik **1001** 90 ff.; Verletzung fundamentaler Grundsätze durch Mitgliedsstaat **1000** 7; verstärkte Zusammenarbeit innerhalb der **1000** 20; gemeinsame Verteidigungspolitik **1000** 42 ff., und NATO-Mitgliedstaaten **1000** 42; Vertrag über die Arbeitsweise **1001;** Vertrag über die EU **1000,** *s. dort;* Verträge über Kriegswaffen, Genehmigungspflicht **823** 4a; Verwaltung **1001** 298; Verwirklichung **1** 23; Vorhaben der **96** 5; Währungspolitik **1001** 127 ff.; grundlegende Werte **1000** 2; Förderung der Wettbewerbsfähigkeit **1001** 173; Wettbewerbspolitik **1001** 101 ff.; Wirtschafts- und Finanzausschuss **1001** 134 f.; Wirtschafts- und Sozialausschuss **1001** 300 ff.; Wirtschaftspolitik **1001** 2, 5, 120 ff., der Euro-Staaten **1001** 136 ff.; Wirtschaftsverfassung **1001** 119 ff.; Zentralbank **1001** 282 ff.; Ziel der EU **1000** 3; Zollunion **1001** 28 ff.; Zusammenarbeit im Aufenthaltsrecht **565** 91c ff., mit Drittländern **1001** 208 ff., verstärkte **1001** 326 ff.; *s. a. Schengen-Staaten*

Fälligkeit **120** 14, Säumniszuschlag **120** 16; Festsetzung **120** 13, Rechtsbehelfe **120** 20; Gebührenfreiheit **120** 7 f.; Gebührengläubiger **120** 5; Gebührenschuld **120** 4; Gebührenschuldner **120** 6; Gebührenverordnungen **120** 22 f.; Sicherheitsleistungen **120** 15; Stundung, Niederschlagung, Erlass **120** 17; Verjährung **120** 18 f.; Vorschusszahlungen **120** 15; *s. a. Kosten, s. a. Kostenverordnungen*

**Geburt** und Staatsangehörigkeitserwerb **15** 4; vertrauliche *s. dort*

**Geburten,** Anzeigepflichten **260** 18 ff.; im Ausland **260** 36; Beurkundung **261** 31 ff.; Eintragung in Geburtenregister **260** 21; auf Seeschiffen **260** 37

**Geburtenregister 260** 21 ff., 27; **261** 36; Berichtigungen **260** 46 ff.; **261** 47; Beurkundung eines diversen Geschlechts **260** 22; Mitteilungen des Standesamtes **261** 57

**Geburtsurkunden 260** 59

**Gefahr** für den Bestand des Bundes, Abwehr **1** 91; für den Boden, Abwehrpflicht **299** 4; im Sinne des BundespolizeiG **90** 14

**Gefahr im Verzug** und Beschränkungen des Brief-, Post- und Fernmeldegeheimnisses **7** 15

**Gefahrenabwehr** durch Bundespolizei **90** 14 ff.; und Datenschutz **245** 22

**Geflüchtete** *s. Flüchtlinge*

**Gegenzeichnung** von Anordnungen und Verfügungen des Bundespräsidenten **1** 58; von Gesetzen **38** 29

**Gehalt** der Beamten *s. BundesbesoldungsG*

**Gehaltskürzung,** Disziplinarmaßnahme gegen Bundesbeamte **220** 5

**Gehegewild,** Anzeigepflicht bei Haltung **873** 11; Begriff **870** 2

**Geheimhaltungspflicht** nach dem AufenthG **565** 97a; der Behörden nach dem PflSchG **863** 65; der Bundesminister **45** 6; der Organe der EU **1001** 339; der Personalvertreter **240** 11; im Verwaltungsverfahren **100** 30

**Geheimnisse,** Schutz nach dem EnWG **830** 71, nach dem IfG **113** 5; *s. Briefgeheimnis, s. Datengeheimnis, s. Fernmeldegeheimnis, s. Meldegeheimnis, s. Postgeheimnis, s. Steuergeheimnis, s. Wahlgeheimnis*

**GeheimschutzO** des Bundestages **35** 17, Anl. 3, Anwendbarkeit für Untersuchungsausschüsse **6** 15 f.

**Geistliche,** Befreiung vom Wehrdienst **620** 11, vom Zivildienst **625** 10

**Gemeinden** als Anteilseigner an privaten Unternehmen **699** 53 f.; Aufgaben nach der BundeswahlO **31** 12, 14 ff.; 26 ff., 48,

49 ff., nach dem Wohnraumförderungsgesetz **355** 3, im Zivilschutz **680** 2; Ausgleich für Mindereinnahmen während der COVID-19-Krise **1** 143h; Auskunftsanspruch nach dem EnWG **830** 46a; Bauleitplanung **300** 1 ff.; Beteiligung bei Ausnahmen nach BauGB **300** 36; Dienstherrenfähigkeit **150** 2; Eigenbetriebe **815** 2; Erschließung von Bauland **300** 123 ff., 242, Pflicht zur **300** 124; Finanzhilfen für kommunale Bildungsinfrastruktur **1** 104c, Prüfung durch Bundesrechnungshof **1** 114; Gebiete mit Fremdenverkehrsfunktionen **300** 22, 109, 173; gemeinsamer Flächennutzungsplan **300** 204; Haushaltswirtschaft **720** 16; Kooperationsverträge nach WohnraumförderungsG **355** 14 f.; Planungsverbände **300** 205; Rechnungsprüfungsbehörden **699** 53 ff.; Recht zur Selbstverwaltung **1** 28; Satzungsrecht nach BauGB, Erhaltungssatzung **300** 135c, Umweltschutz **300** 135c; soziale Stadt **300** 171e, 245; städtebauliche Entwicklungsmaßnahmen **300** 165 ff., Beauftragung eines Entwicklungsträgers **300** 167; städtebauliche Sanierungsmaßnahmen **300** 140 ff., Beauftragung eines Sanierungsträgers **300** 157 ff.; Stadtumbau **300** 171a ff., 245; Steuern **1** 28; Teilnahme an Bundestagsausschusssitzung **35** 69 f.; Träger der Straßenbaulast **932** 5; Übertragung von Aufgaben nach VwVfG **100** 94; Umlegung nach BauGB **300** 45 ff., 239; Veräußerungspflicht nach BauGB **300** 89; Vorkaufsrechte nach BauGB **300** 24 ff., 234; Wegenutzungsverträge mit Energieversorgungsunternehmen **830** 46 ff., 113; wesentliche Belange **35** 69 f.

**Gemeindeverbände,** Dienstherrenfähigkeit **150** 2; Finanzhilfen für kommunale Bildungsinfrastruktur **1** 104c, Prüfung durch Bundesrechnungshof **1** 114; Recht zur Selbstverwaltung **1** 28

**Gemeindeverkehrsfinanzierung 1** 125c

**Gemeingebrauch** der Bundesfernstraßen **932** 7; der Bundeswasserstraßen **971** 6; oberirdischer Gewässer **845** 25

**Gemeinsamer Ausschuss 1** 53a, 115a; Aufhebung der Gesetze durch Bundestag im Verteidigungsfall **1** 115l; Bestimmung der Mitglieder **39** 2 ff.; Einberufung **39** 8; Geschäftsordnung **39;** nichtöffentliche Beratungen **39** 10; Präsenzpflicht **39** 6; Rechte im Verteidigungsfall **1** 115e; Verfahrensbestimmungen **39** 10 ff.; Vorsitz **39** 7; Zusammensetzung **39** 1

**Gemeinsamer Senat** der obersten Bundesgerichtshöfe **1** 95

**Gemeinschaftsanlagen** iSd BauNVO **311** 21a

**Gemeinschaftsaufgaben 1** 91a

**Gemeinschaftslizenz** im Güterkraftverkehr **952** 5

**Gemeinschaftsunterkünfte** für Asylbegehrende **567** 53

**Genehmigung** von Abfallbeseitigungsanlagen **298** 35 ff.; von Anlagen nach dem BImSchG **296** 4 ff., 6, 11 ff.; **296b**; **296b** 20 ff., bei Änderungen **296** 16 f., Auflagen **296** 12, Erlöschen **296** 18, nachträgliche Anordnungen **296** 17, Rechtsbehelfe **293** 1, bei Repowering von EEG-Anlagen **296** 16b, Teilgenehmigung **296** 8, 11, Umfang **296** 13, und Umweltverträglichkeitsprüfung **296a** 2, Vorbescheid **296** 9, 11, Widerruf **296** 21; von Bauvorhaben im Enteignungsverfahren **300** 109, im Sanierungsgebiet **300** 144 f.; des Bebauungsplans **300** 10; für die Beförderung von Kriegswaffen **823** 3 f.; für die Einfuhr, Ausfuhr, Durchfuhr von Betäubungsmitteln **275** 11; Energieversorgungsnetze **830** 4; Fiktion der durch Fristablauf **100** 42a; des Flächennutzungsplans **300** 6; von Grundstücksteilungen im Enteignungsverfahren **300** 109; von Kernanlagen **835** 7 ff.; für Kernbrennstoffe **835** 3 ff., 6; für Kriegswaffen, Versagung **823** 6, Widerruf **823** 7; für Nebentätigkeit von Bundesbeamten **160** 99, von Bundesbeamten und Soldaten **177** 5, 9 ff.; zur Personenbeförderung **950** 2, 9 ff.; im Planfeststellungsverfahren **100** 74; stehender Gewerbebetriebe **800** 15; von Tierversuchen **873** 8, 21

**Genehmigungsverfahren,** Beschleunigung **100** 71a ff., Sternverfahren **100** 71d; Genehmigungsfiktion **100** 42a

**Genehmigungsverfahren nach BImSchG 296** 10; **296b**; Akteneinsicht **296b** 10a; Beteiligung Dritter **296b** 8 ff.; elektronischer Antrag **296b** 2; Entscheidung **296b** 20 ff.; Erörterungstermin **296b** 14 ff.; grenzüberschreitende Behördenbeteiligung **296b** 11a; Interessenkonflikte **296b** 24c; und Raumordnungsverfahren **296b** 23a; Schutzmaßnahmen **296b** 4b; Teilgenehmigung **296b** 22; und Umweltverträglichkeitsprüfung **296a** 2; **296b** 1 f., 2a ff., 4e; verbundene Verfahren **296b** 24b; vereinfachtes Verfahren **296** 19; **296b** 24; Vorbescheid **296b** 19

**Genetische Daten** als personenbezogene Daten **245** 46; Speicherung durch BKA **450** 24

**Genfer Flüchtlingskonvention 568;** Abschiebeverbot **565** 60

**Genossenschaften,** Geltung des LadenschlussG **805** 1

**Genossenschaftswohnung,** Förderung nach WohnraumförderungsG **355** 12

**GentechnikG** und PflSchG **863** 70; Verbot von Qualzüchtungen **873** 11b

**Gentechnisch veränderte Organismen,** Freisetzung **880** 35

**Gentechnische Anlagen,** Betreiber *s. a. dort;* Genehmigung nach BImSchG **296** 67

**Geo-Engineering** in Küstengewässern **845** 45

**Geräusche,** Kinderlärm keine schädlichen Geräuscheinwirkungen **296** 22; Schutz vor **296**

**Gerichte,** Bundesverfassungsgericht **40,** *s. a. dort;* Grundrechte vor **1** 103; **1003** 6; Kammern für Baulandsachen bei den Landgerichten **300** 217 ff.; Senate für Baulandsachen an den Oberlandesgerichten **300** 229, 232; der Verwaltungsgerichtsbarkeit **600** 1 ff., *s. a. Verwaltungsgerichte*

**Gerichtsbescheid** im Verwaltungsgerichtsverfahren **600** 84

**Gerichtskosten** im beamtenrechtlichen Disziplinarverfahren **220** 78

**Gerichtsorganisation 1** 92

**GerichtsverfassungsG,** Anwendung auf Verfahren vor dem Bundesverfassungsgericht **40** 17, auf verwaltungsgerichtliche Verfahren **600** 4, 49, 55, 67, 82 f., 173

**Geschäftsordnung** des Bundesrates **1** 52; **37;** der Bundesregierung **1** 65; **38;** des Bundestages **1** 40; **35;** des Gemeinsamen Ausschusses **35;** des Vermittlungsausschusses **1** 77; **36,** Geltung bei Beratungen im Bundestag über Beschlussempfehlungen **35** 90

**Geschlecht,** Diskriminierungsverbot **1** 3; diverses, Beurkundung im Geburtenregister **260** 22; Gleichheit der **1** 3, 117; Varianten der Geschlechtsentwicklung **260** 45b

**Gesellenprüfung 815** 31 ff.; Bewertung der Prüfungsleistungen **815** 35a; Prüfungsausschuss **815** 33 ff.; Prüfungsordnung **815** 38 ff., Zwischenprüfung **815** 39; Zulassung **815** 36 ff.

**Gesellschaften,** Niederlassungsfreiheit in der EU **1001** 54

**Gesetze,** Angleichung innerhalb der Europäischen Union **1001** 114 ff.; Behandlung im Bundestag **35** 75 ff.; Beratung durch die Bundesregierung **38** 15 ff.; Einspruch des Bundesrates **35** 91; Entscheidungen des Bundesverfassungsgerichts **40** 31; Ge-

**Grundsatz der Subsidiarität** in der EU **1000** 5

**Grundsatz der Verhältnismäßigkeit** bei der Anwendung unmittelbaren Zwanges **115** 4; **117** 12; in der EU **1000** 5; **1002** 49, und GewerbeO **800** 36a; bei Maßnahmen der Bundespolizei **90** 15

**Grundstücke,** Aufhebung von Miet- und Pachtverhältnissen nach BauGB **300** 182 ff.; Ausgleichsbetrag bei städtebaulicher Sanierung **300** 154 f.; Duldungspflicht nach dem BImSchG **296** 52, nach dem BundespolizeiG **90** 62, nach dem FStrG **932** 3a, 16 f., nach dem KrWG **298** 19, 34, nach dem PBefG **950** 32, 36a, nach dem PflSchG **863** 63, von Vorarbeiten nach BauGB **300** 209, nach dem WHG **845** 91 ff.; Eigentumsrechte und Gewässerschutz **845** 4; Einwirkungen durch Anlagen nach BImSchG **296** 14; Entsiegelung **299** 5; Gefahrenabwehr durch Eigentümer und Besitzer **299** 4; Kauf und Verkauf durch den Bund **700** 64; Rechte an **300** 200; überbaubare Grundstücksflächen **311** 23; Übernahmeverlangen des Eigentümers bei städtebaulichen Entwicklungsmaßnahmen **300** 168; Veräußerungspflicht der Gemeinden **300** 89; Verfügungssperre während des Umlegungsverfahrens **300** 51; Wertausgleich nach BodenschutzG **299** 25; Wertermittlung nach BauGB **300** 192 ff.

**Grundstücksvermittlung,** gewerberechtliche Genehmigung **800** 34c, 157, 160 f.

**Grundwasser,** Begriff **845** 3; Bewirtschaftung **845** 46 ff.

**Grundwehrdienst** **620** 5; Anrechnung von freiwillig geleistetem Wehrdienst **620** 7; und Antrag auf Anerkennung als Kriegsdienstverweigerer **626** 3

**Grünflächen,** Begriff iSd BBodSchV **299a** 2

**Grünordnungspläne** nach dem BNatSchG **880** 11

**Gutachtenerstattung** durch Bundesbeamte **160** 69; **177** 6 f.; durch Bundesminister **45** 7

**Gutachterausschuss** für Wertermittlungen nach BauGB **300** 192 ff., oberer **300** 198

**Güterkraftverkehr 952;** Aufsicht **952** 21a; Begriff **952** 1; Datei über abgeschlossene Bußgeldverfahren **952** 16; Datensammlungen beim Bundesamt für Logistik und Mobilität **952** 15 ff.; europäischer Informationsaustausch **952** 17; Fahrpersonal, Kontrollbefugnisse des Bundesamtes **952** 12, ordnungsgemäß beschäftigtes **952** 7b; gewerblicher, Begriff **952** 1, Erlaubnispflicht **952** 3 ff., Gemeinschaftslizenz **952** 5, Haftpflichtversicherung **952** 7a; grenzüberschreitender **952** 6; Mitführungs- und Aushändigungspflicht **952** 7; Tod des Unternehmers **952** 8; Untersagung der Weiterfahrt **952** 13; Verantwortung des Auftraggebers **952** 7c

**GüterkraftverkehrsG 952;** Bundesamt für Logistik und Mobilität **952** 10 ff., s. a. dort; Gebühren und Auslagen **952** 22; Grenzkontrollen **952** 18; Ordnungswidrigkeiten **952** 19; Überwachung **952** 18; Werkverkehr **952** 9

**Häfen** im transeuropäischen Verkehrsnetz **845** 70a, Anlage 3

**Haftbefehl 1** 104

**Haftpflichtversicherung** für Bewachungsgewerbe **800** 34a, 159; im gewerblichen Güterkraftverkehr **952** 7a; für grenzüberschreitende Beförderung von Kernbrennstoffen **835** 4a; für Kernanlagen **835** 14; für Reisegewerbetreibende **800** 55f

**Haftung** des Arbeitgebers bei Beschäftigung von Ausländern **565** 66; für Beamte **1** 34; der Beamten **150** 48, des Bundes **160** 75; des Beförderungsunternehmens **950** 23, nach AufenthG **565** 63 ff.; der EU **1001** 340; für Freiwillige nach dem BFDG **627** 9; der Handwerksinnung **815** 74; für Kernanlagen **835** 25 ff.; für den Lebensunterhalt von Ausländern **565** 68 f.; für Reaktorschiffe **835** 25a; bei Sachschäden an Offshore-Anlagen **830** 17g f.; des Staates **1** 34; bei Wasserveränderung **845** 89 f.; der Zivildienstleistenden **625** 34

**Hamburg,** Industrie- und Handelskammer in **818** 13; Sonderregelungen nach dem AufenthG **565** 107, im BauGB **300** 246, in der BundeswahlO **31** 10

**Handel** mit Kriegswaffen, Genehmigungspflicht **823** 2; mit Tieren **873** 11 f.; mit Waffen, Erlaubnispflicht **820** 21 ff.

**Handelsflotte 1** 27

**Handelspolitik** der EU **1001** 206 f.

**Händler** von Abfällen **298** 3, Anzeigepflichten **298** 53 f., Nachweispflichten **298** 50, 52, Befreiung bei Rücknahme **298** 26a, Überwachung **298** 47

**Handwerk,** Ausbildung **815** 21 ff.; Gesellenprüfung **815** 31 ff.; handwerksähnliche Gewerbe **815** 18 ff., s. a. dort; Meisterprüfung im zulassungsfreien **815** 51a ff., in zulassungspflichtigem **815** 45 ff.; Meistertitel **815** 51; Organisation **815** 52 ff., 124; verwandte Handwerke **815** 7; zulassungsfreie **815** 18 ff.; zulassungspflichtige **815** 1,

Zahlungen **699** 32; Zuwendungen **699** 14, 26; *s. a. BundeshaushaltsO*
**Haushaltshilfe** im Rahmen der Unfallfürsorge für Beamte **155** 33
**Haushaltsjahr 699** 4; **700** 15; Buchungen **700** 72; Buchungen nach **699** 34; der EU **1001** 313 ff.
**Haushaltskunden iSd EnWG 830** 3; Energielieferung an **830** 36 ff., Preisregulierung **830** 39, Sonderregelungen bis 30.4.2024 **830** 118b; variable Tarife **830** 41a; Information über Energieträgermix **830** 42; Mieterstromverträge **830** 42a; Sicherstellung der Gasversorgung von **830** 53a; Vergleichsinstrumente **830** 41c
**Haushaltsmitglieder** iSd WohngeldG **385** 5 ff.
**Haushaltsnotlagen 1** 109a
**Haushaltsplan 699** 2 ff.; Aufstellung **699** 7 ff.; Ausführung **699** 19 ff.; Baumaßnahmen u. ä. **699** 29; Berechnung der zulässigen Kredithöhe **700** 14; Budgetierung **699** 6a; des Bundes **1** 110; **700,** Leertitel **720** 8, Vertrauensgremium **700** 10a; Geltungsdauer **699** 9; **700** 12; Gliederung **699** 10; Grundsatz der Gesamtdeckung **699** 7; Grundsätze der staatlichen Doppik **699** 7a; haushaltswirtschaftliche Sperre **699** 25; Kreditermächtigungen **700** 18; Kreditzusagen, Bürgschaften, Gewährleistungen **699** 23; personalwirtschaftliche Grundsätze **699** 28; Rücklagen **699** 15, 27; Übertragbarkeit von Ausgaben **699** 15; Verpflichtungsermächtigungen, Genehmigung durch Bundesfinanzminister **699** 22; zeitliche Bindung **699** 27
**Haushaltsplan der EU 1001** 310, 313 ff.
**Haushaltsvorlagen 35** 95
**Haushaltswirtschaft** von Bund und Ländern **1** 109 ff.; **699** 1a, Berichtspflichten **699** 49b, gemeinsames Gremium zur Standardisierung **699** 49a
**Haustiere 870** 2
**Hegegemeinschaften 890** 10a
**Heilbehandlung** für Zivildienstleistende **625** 48
**Heiligabend,** Ladenschluss **805** 3, 15, 19
**Heilquellen 845** 53
**Heimatlose Ausländer** und Asylgesetz **567** 1; Ausbildungsförderung **420** 8; Rechtsstellung **563**
**Heiratseinträge 261** 67 f.
**Heranwachsende,** Abschiebung **565** 58, 62 ff.; Aufenthaltserlaubnis **565** 25a, und Familiennachzug **565** 29; betäubungsmittelabhängige Straftäter **275** 38
**Herstellen** immunologischer Tierarzneimittel **870** 11 f.; von In-vitro-Diagnostika

**870** 11 f.; von Kriegswaffen, Genehmigungspflicht **823** 2; von Waffen **820** Anl. 1, Auskunfts-, Vorzeigepflicht **820** 39, Erlaubnispflicht **820** 21 ff., Nachschau **820** 39
**Hersteller** von Pflanzenschutzmitteln **863** 9 ff.; von Produkten, Pflichten nach dem KreislaufwirtschaftsG **298** 23, Produktverantwortung **298** 23 ff., 26, Rücknahme- und Rückgabepflichten **298** 25 f.
**H-Gasversorgungsnetze 830** 3
**Hieb- und Stoßwaffen 820** 1
**Hilfe zum Lebensunterhalt** und Wohngeld **385** 7 f.
**Hilfeleistung** für Verletzte **115** 5; **117** 13
**Hinterbliebenenversorgung** für Abgeordnete **48** 25; für Beamte **155** 16 ff., 86, nach Dienstunfall **155** 39 ff., Entzug **155** 64, Erlöschen **155** 61; für Bundesminister **45** 16 f.
**Hochschulen,** Abschlussgrade **500** 18; Aufgaben **500** 2 ff.; Aufsicht durch Länder **500** 59; Aus- und Neubau **1** 91a; Ausbildungskapazität **500** 29 f.; Ausbildungsstätten iSd BAföG **420** 2; Begriff **500** 1; Bewertung von Forschung, Lehre **500** 6; Freiheit von Kunst und Wissenschaft **500** 4; Lehrbeauftragte **500** 55; Mitglieder **500** 36 ff.; Personal **500** 42 ff., 53 ff.; Rechtsform **500** 58; Rechtsstellung **500** 58; Selbstverwaltung **500** 37 ff., 58; Sondergebiete für den Bau von **311** 11; staatliche Anerkennung **500** 70 f.; staatliche Finanzierung **500** 4; Studierendenschaft **500** 41; wissenschaftliche und künstlerische Mitarbeiter **500** 53; *s. a. HochschulrahmenG, s. a. Studium*
**Hochschullehrer** als Abgeordnete **48** 9; beamtenrechtliche Stellung **150** 7, 61; **160** 130 ff.; Besoldung **230; 230** 32 ff., 77 f., Anl. II, Grundgehalt **230** 32a f., Leistungsbezüge **230** 33; *s. a. BundesbesoldungsG;* dienstliche Aufgaben **500** 43; dienstrechtliche Stellung **500** 50; Juniorprofessoren *s. dort;* Professoren **500** 44 ff., *s. a. dort;* als Richter **600** 16; Stellenausschreibung **500** 45; Urlaub **172** 5; Versorgung **155** 67, 69j, 91
**HochschulrahmenG 500;** Anpassung des Landesrechts **500** 72 ff.; Aufgaben der Hochschulen **500** 2 ff.; Ausbildungskapazität **500** 29, Zulassungszahlen **500** 30; Auslandsstudium **500** 20; Bachelor- und Master-Studiengänge **500** 19; Fernstudium **500** 13; Forschung **500** 22 ff.; Hochschulgrade **500** 18; Hochschullehrer **500** 43 ff.; künstlerische Mitarbeiter **500** 53; Lehrbeauftragte **500** 55; Lehrkräfte für

# Inflationsausgleichsprämie

tung usw. außerhalb genehmigungspflichtiger Anlagen **835** 9

**Kernenergie,** Erzeugung und Nutzung **1** 87c, Beendigung **835** 1; G über friedliche Verwendung und Schutz vor Gefahren der **835;** Verletzungen durch, Schadensersatz **835** 26, 29 ff.

**Kernmaterialien,** Begriff **835** Anl. 1

**Kerntechnische Anlagen,** Raumordnungsverfahren **340a** 1; UVP-pflichtige Vorhaben **295** Anlage 1

**Kerntechnische Anlagen iSd AtomG 835** 2; Bauen im Außenbereich **300** 35; Genehmigung der Stilllegung **835** 7; Genehmigungspflicht **835** 7 ff.; Genehmigung **835** 7c; Pflichten des Inhabers **835** 7c f.; Risikovorsorge **835** 7d; Sicherungs- und Schutzkonzept **835** 41 ff., Anl. 4; Überprüfung, Bewertung, Verbesserung **835** 19a; *s. a. Kernanlagen*

**Kinder** als Asylberechtigte **567** 26, Entscheidung des Bundesamts **567** 31 ff.; von Ausländern, Abschiebung **565** 58, Abschiebungshaft **565** 62 ff., Aufenthaltsrecht **565** 34 f., 104b, Chancen-Aufenthaltsrecht **565** 104c; Berücksichtigung nach BAföG **420** 18a; Betreuung von und Baurecht **300** 245a; Eintragung in Geburtenregister **260** 21 f.; Einwilligung zur Datenverarbeitung nach der DSGVO **246** 8; Erhebung personenbezogener Daten von **450** 75; Erklärung zur Namensführung **260** 45; familienrechtliche Zuordnung im Personenstandsregister **261** 42; Kinderlärm keine schädlichen Geräuscheinwirkungen iSd BImSchG **296** 22; als Öffentlichkeit iSd BauGB **300** 3; Recht der **1002** 24; und Schusswaffengebrauch **115** 12; **117** 16; Schutz **1** 6; **1002** 24; Schutz in der Öffentlichkeit **400** 4 ff.; Staatsangehörigkeit **15** 4 f., Einbürgerung **15** 40b; Umgang mit Waffen **820** 3, 27; Unterhaltsbeitrag bei Schädigung durch Dienstunfall **155** 30, 38a; Verbot der Abgabe von Tieren an **873** 11c; Vornamensortierung **260** 45a

**Kinder- und Jugendhilfe,** Einsatzbereich des Bundesfreiwilligendiensts **627** 1, 6

**Kinderarbeit,** Verbot **1002** 32

**Kinderbetreuungszeit** für Beamte als berücksichtigungsfähige Zeit iSd BBesG **230** 28

**Kindererziehung,** Recht der Eltern **1** 6; Schutz der Kinder **1** 6

**Kindererziehungszuschlag** nach BeamtVG **155** 50a f.

**Kinderreisepass,** Gültigkeitsdauer/Verlängerung **250** 28; **251** 18

**Kirchen,** Anwendbarkeit des BBG **160** 146, des BRRG **150a** 135, der DSGVO **246** 91; keine Anwendung des VwVfG **100** 2; Rechtsstellung **1** 140

**Klageänderung** im Verwaltungsgerichtsverfahren **600** 91

**Klageerhebung** in Disziplinarsachen **220** 52; vor dem EuGH, Subsidiaritätsklage **1** 23; **98** 12; im Verwaltungsgerichtsverfahren **600** 81 ff., in elektronischer Form **600** 82

**Klagefrist** für Anfechtungsklagen **600** 74; in Disziplinarsachen **220** 52

**Klagerücknahme** im Verwaltungsgerichtsverfahren **600** 92

**Klärschlamm** in der Kreislaufwirtschaft **298** 11 f.

**Kleinfeuerungsanlagen,** Genehmigungsbedürftigkeit **296a** Anh.

**Kleingärten,** Erschließungsbeiträge **300** 135

**Kleinsiedlungsgebiete 311** 2

**Klimaschutz** durch Bauleitplanung **300** 1 f., im Flächennutzungsplan **300** 5; und Personenbeförderung **950** 1, 8; durch Raumordnung **340** 2; und Stadtumbaumaßnahmen **300** 171a; durch Stilllegung von Braunkohlekraftwerken **830** 13g, Anlage

**KlimaschutzG 290** 1; Begriffe **290** 2; Expertenrat für Klimafragen **290** 11 f.; Klimaschutzplanungen **290** 9; Ordnungswidrigkeite **290** 6; Sektoren der Emissionsquellen **290** 4 f., Anlage 1; Sofortmaßnahmen **290** 8; Ziele **290** 3 ff.

**KlimaschutzVO,** VO (EU) 2018/842 **290** 2, Durchführungsvorschriften **290** 7

**Koalitionsfreiheit 1** 9; der Beamten **150** 52; **160** 116

**Kokereien,** genehmigungsbedürftige Anlagen nach BImSchG **296a** Anh.

**Kommission für Anlagensicherheit** nach BImSchG **296** 51a

**Kommission für die Biologische Sicherheit** *s. Zentrale Kommission für die Biologische Sicherheit*

**Kommission zum Schutz der Zivilbevölkerung 680** 19

**Konditorwaren,** Verkauf an Feiertagen **806** 1

**Konjunkturausgleichsrücklage 720** 5 ff.; Mittelzuführung **720** 15

**Kontrahierungszwang** der Energieversorgungsunternehmen **830** 18

**KontrollgremiumG 81**

**Konzertierte Aktion,** Orientierungsdaten für **720** 3

**Körperliche Gewalt,** Begriff **115** 2

**Menschenrechte 1** 1 ff.; Europäische Konvention der **1003;** in der Europäischen Union **1000** 2, 6; im Notstandsfall **1003** 15; Schutz durch EU-GR-Charta **1002; 1002** 52

**Menschenwürde,** Unantastbarkeit **1** 1, Schutz durch EU-Grundrechte-Charta **1002** 1 ff.; Verantwortung der Beamten **150** 36; **160** 63; Verletzung durch Vollzugsbeamte **115** 7

**Messen** im Sinne der GewO **800** 64, 71b

**Messstellenbetreiber** iSd EnWG **830** 3, Verbraucherbeschwerden **830** 111a

**Messungen** nach BImSchG **296** 26, 28 f.

**Miete** iSd WohngeldG **385** 9, 10 ff., Ermittlung **386** 1 ff., Mietwert **386** 7; nach WohnungsbindungsG **387** 8 ff.; *s. a. Kostenmiete, s. a. Vergleichsmiete*

**Mieterhöhungen** bei Sozialwohnungen **387** 10, 18f

**Mieterstromverträge 830** 42a

**Mietverhältnisse,** Aufhebung nach BauGB **300** 182 ff.; Verbot von Mieterstromverträgen im Mietvertrag **830** 42a; Verlängerung nach BauGB **300** 186

**Mietwohnungen,** Förderungsgrundsätze des WohnraumförderungsG **355** 7; Mietbindung nach dem WohnraumförderungsG **355** 25 ff.

**Mietzuschuss** nach WohngeldG *s. Wohngeld*

**Milch,** erlaubnisfreier Verkauf **810** 2; Verkauf an Feiertagen **806** 1

**Militärische Bereiche 117** 2

**Militärischer Abschirmdienst,** Antiterrordatei **82;** Beteiligung am Visumverfahren nach AufenthG **565** 73, 73b; Eingaben von Angehörigen des **81** 8; Kontrolle durch Parlamentarisches Kontrollgremium **81** 1, öffentliche Anhörungen **81** 10; projektbezogene Zusammenarbeit mit dem BfV **80** 22a, mit dem BKA **450** 17

**Minderjährige,** Einwilligung zur Datenverarbeitung nach der EU-DSGVO **246** 8; Handlungsfähigkeit nach AufenthG **565** 80, nach StAG **15** 37; Schutz vor Datenerfassung durch Bundesamt für Verfassungsschutz **80** 24

**Minen 823** 1 ff., *s. a. Antipersonenminen*

**Minister 38** 9 ff., *s. a. Bundesminister*

**Ministerpräsidenten** der Länder, Einladung zu Besprechungen der Bundesregierung **38** 31

**Misstrauensantrag** gegen Bundeskanzler **1** 67; **35** 97

**Mitglieder** des deutschen Bundestages, G über die Rechtsverhältnisse **48,** *s. a. Abgeordnete;* der Hochschulen **500** 36 ff., Mit-

wirkung bei der Selbstverwaltung **500** 37 ff.; der Parteien **58** 10

**Mitgliedschaft** im Deutschen Bundestag, Gültigkeit **40** 48

**Mitteilungspflicht** nach BImSchG **296** 37c, 52b; nach BundesjagdG **890** 18a; nach der EU-DSGVO **246** 19; nach WaffenG **820** 37i; nach WohngeldG **385** 24

**Mobile Endgeräte** iSd PAuswG **155** 2, elektronischer Identitätsnachweis mit **155** 10a

**Mobiler-ICT-Karte 565** 19b; als Aufenthaltstitel **565** 4; Aufgaben des BAMF nach der RL 2014/66/EU **565** 91g; Ehegattennachzug **565** 30; Erlöschen der Gültigkeit **565** 51; Familiennachzug **565** 27, 29; Gebühren **566** 45; Informationspflichten **565** 77; Kindernachzug **565** 32; Mitteilungspflichten **565** 82; Mitwirkungspflichten **565** 82; Schriftformerfordernis **565** 77; Verlängerung **566** 39; Versagung **565** 40 f.; Widerruf **565** 52

**Mobilfunk,** Ausbau **300** 1; **311** 14; Identifizierung und Lokalisierung durch das BKA **450** 53, 74

**Modernisierung,** Begriff iSd WohnraumförderungsG **355** 16

**Modernisierungs- und Instandsetzungsgebot** nach BauGB **300** 177

**Monitoring** nach dem EnWG **830** 12d, 35, 51 f., zum Lastmanagement **830** 51a, zur Versorgungssicherheit **830** 51; gem. TiergesundheitsG **870** 10

**Monopole** *s. Finanzmonopole*

**Monopolkommission,** Aufgaben nach dem EnWG **830** 62

**Multimedia** im Studium **500** 13

**Munition 820** Anl. 1; Begriff **820** 1; Einfuhr, Ausfuhr **820** 29 ff.; Einteilung **820** Anl. 1; Obhutspflichten **820** 34 ff.; Umgang mit **820** 2 f., Erlaubnis **820** 4 ff., für gefährdete Personen **820** 19, für Jäger **820** 13, Rücknahme, Widerruf **820** 45 f., für Sachverständige **820** 18, für Sammler **820** 17, Erwerb und Besitz **820** 11, persönliche Eignung **820** 6; *s. a. Waffen*

**Mutter,** Schutz der **1** 6

**Mutterboden,** Schutz nach BauGB **300** 202

**Mutterschaftsanerkennung 260** 44

**Mutterschutz** für Beamtinnen **150** 46, und Laufbahn **150a** 125b; für Bundesbeamtinnen **160** 79; **171;** für Studierende **500** 16

**NachrichtendienstkontrollG,** Entscheidungen des BVerfG **40** 66a

**Nachweispflichten** nach dem KrWG **298** 49; nach dem Personenstandsgesetz **260**

10, bei vertraulicher Geburt **260** 10; nach WaffenG **820** 33

**Name,** Anbringung durch Gewerbetreibenden **810** 13; Angabe bei Geburtsanzeige **260** 21 f.; Erklärungen zur Namensführung **260** 41 ff.; **261** 46; von Parteien **58** 4

**Namensänderung,** G über **265,** 1. DVO **266**

**Nationale Naturmonumente 880** 24

**Nationales Aktionsprogramm** zum Schutz von Gewässern vor Nitrateinträgen aus Anlagen. **845** 62a

**Nationales Entsorgungsprogramm 835** 2c f.

**Nationalpark 880** 24; Gewässerbenutzung in **971** 5

**„Natura 2000"-Gebiete,** UVP **295** 32

**Naturdenkmäler 880** 28; Erhaltung und Schutz **880** 1

**Naturgüter,** Erhaltung und Sicherung **880** 1

**Naturhaushalt,** Begriff iSd BNatSchG **880** 7, iSd PflSchG **863** 2; Sicherung **880** 1

**Naturkatastrophen,** Finanzhilfen für Länder **1** 104b; Kreditbeschaffung des Bundes bei **1** 115

**Naturlandschaften,** Erhaltung historischer **880** 1

**Natürliche Lebensräume 880** 19

**Naturpark 880** 27

**Naturschutz 1** 20a; **880;** und Bauleitplanung **300** 1, 135a ff., 243; und Baurecht **300** 1, Anlage 2; **880** 18; Eingriffe, Kompensationsmaßnahmen **880** 56a, in Natur und Landschaft **880** 14 ff., Kompensationsmaßnahmen **880** 16; Erholung in Natur und Landschaft **880** 59 ff.; Europäisches Netz „Natura 2000" *s. dort;* Landschaftsplanung **880** 8 ff.; Meeresnaturschutz **880** 56 ff.; anerkannte Naturschutzvereinigungen **880** 63 f.; durch Raumordnung **340** 2; und Windenergieanlagen an Land **880** 45b, 74, Anlage 1; Ziele **880** 1 f.; *s. a. BundesnaturschutzG*

**Naturschutzgebiete 880** 23; Europäisches Netz „Natura 2000" *s. dort;* Gewässerbenutzung in **971** 5

**Naturschutzvereinigungen,** anerkannte **293** 3, Rechtsbehelfe durch **880** 64; Mitwirkungsrechte nach BNatSchG **880** 63 f.

**Ne bis in idem 1** 103; **1003** 7

**Nebenbetriebe** der Bundesautobahnen **932** 15; handwerkliche **815** 3

**Nebentätigkeit** von Beamten **150** 40; von Beamten und Richter **177,** Entgelt für Nutzung von Ressourcen des Dienstherrn

**177** 10 ff., Genehmigung **177** 5, 9 ff., Vergütung **177** 6 f.; von Bundesbeamten **160** 97 ff., nach Beendigung des Beamtenverhältnisses **160** 105; von Zivildienstleistenden **625** 33

**Nervenkliniken,** Konzessionsbedürftigkeit privater **800** 30

**Netzausbaupläne** iSd EnWG **830** 14d

**Netzbetreiber** iSd EnWG **830** 3, Aufgaben **830** 11 ff., Kombinationsnetze **830** 6d, Sanktionen bei Missbrauch der Marktstellung **830** 30 ff.

**Netzentwicklungspläne nach dem EnWG,** Bundesbedarfsplan **830** 12e; für Fernleitungsnetze **830** 15a; Szenariorahmen **830** 12a ff.; für Übertragungsnetze **830** 12a ff., Monitoring/Controlling **830** 12d; Umsetzung **830** 17d

**NeubaumietenVO** und WohnraumförderungsG **355** 50

**Neugliederung** des Bundesgebiets **1** 29

**Nichteheliche Kinder 1** 6; Gleichberechtigung **1** 6; Staatsangehörigkeit **15** 4

**Nichtigkeit** der Ernennung von Beamten **150** 11, von Bundesbeamten **160** 13, 15; eines Gesetzes, Feststellung durch das Bundesverfassungsgericht **40** 31; von Landesrecht **600** 183; von Verwaltungsakten **100** 44

**Nichtöffentliche Stellen** iSd BDSG **245** 2; Datenschutzbeauftragte **245** 38; Verarbeitung personenbezogener Daten zu anderen Zwecken **245** 24, Aufsichtsbehörden **245** 40, besonderer Kategorien **245** 22 ff.

**Nichtöffentlichkeit** der Personalratssitzungen **240** 38; der Personalversammlungen **240** 58

**Nichtregierungsorganisationen,** Beteiligung nach ROG **340** 14

**Niederlassungen,** gewerbliche **800** 4

**Niederlassungserlaubnis 565** 9; als Aufenthaltstitel **565** 4, Erteilung **565** 5; für Ausländer als Beamte **565** 19c; für Ehegatten **565** 9; Erlöschen **565** 51; Erteilung **565** 9, 26; für Fachkräfte iSd AufenthG **565** 18c; Gebühren **566** 44, 49; Kosten **565** 69

**Niederlassungsfreiheit** innerhalb der EU **1001** 49 ff.; **1002** 15

**Nikotinhaltige Erzeugnisse,** Verbot der Abgabe an Kinder und Jugendliche **400** 10

**Normenkontrollverfahren 600** 47

**Notare,** keine Anwendung der GewO **800** 6; als Richter am Bundesverfassungsgericht **40** 104

**Notariat,** Rechtsänderungen **1** 138

**Notenbank 1** 88

**Notfallschutz** in kerntechnischen Anlagen **835** 7c
**Notstand,** Aufgaben der Bundespolizei **90** 7; Menschenrechte im **1003** 15; Polizeibefugnisse **115** 15
**Notstandsgesetze 35** 99
**Notstandsgesetzgebung 1** 81
**Nukleare Sicherheit 835** 2; in kerntechnischen Anlagen **835** 7c f.
**Nuklearer Unfall,** internationale Prüfung **835** 24b
**Nukleares Ereignis,** Begriff **835** Anl. 1
**Nulla poena sine lege 1** 103; **1003** 7
**Nutzhanf,** Anbau **275** 19, 24a
**Nutztiere,** Schutz **873** 13a
**Nutzung,** bauliche iSd BauGB **300** 29 ff., Entschädigung bei Änderung zulässiger baulicher **300** 42; *s. a. BaunutzungsVO;* von Daten *s. Datennutzung;* von Gewässern **845** 9
**Nutzungsbeschränkungen** nach BauGB **300** 32

**Oberassistenten,** Versorgung **155** 67
**Oberste Gerichtshöfe des Bundes 1** 95; Wahl der Richter **610**
**Obusse 950** 4, 41
**Öffentlich geförderte Wohnungen 387** 13; Zweckbestimmung **387**
**Öffentlich zugängliche Räume,** Videoüberwachung, Zulässigkeit nach dem BDSG **245** 4
**Öffentliche Ausschreibungen 699** 30; Auskünfte aus dem Gewerbezentralregister an öffentliche Auftraggeber **800** 150a; Ausschluss bei illegaler Beschäftigung von Ausländern **565** 98c; des Bundes **700** 55; von Hochschullehrer-Stellen **500** 45; Personenbeförderung **950** 8a f.
**Öffentliche Bücher** *s. Grundbuch, Personenstandsbücher*
**Öffentliche Gewalt,** Verletzung eines Grundrechtes **1** 93; **40** 90 ff.
**Öffentliche Leistungen,** Begriff **120** 3; Gebühren und Auslagen für **120** 2
**Öffentliche Mittel** für soziale Wohnraumförderung **355**
**Öffentliche Sicherheit** und Ordnung, Alkoholverbot **810** 19 f., nationale Zuständigkeit **1001** 72
**Öffentliche Stellen,** Anwendbarkeit des BDSG **245** 1; des Bundes **245** 2; Datenschutzbeauftragte **245** 5 ff., *s. a. dort;* Datenübermittlung durch **245** 25; Klimaneutralität der **290** 15; der Länder **245** 2; Mitteilungspflicht im Versorgungsbericht der Bundesregierung **155** 62a; im Sinne des RaumordnungsG **340** 3; Straf-

vorschriften **245** 84; als Verantwortliche iSd BDSG **245** 45; Verarbeitung personenbezogener Daten **245** 3, zu anderen Zwecken **245** 23, besonderer Kategorien **245** 22 ff.; Zuständigkeit der Bundesdatenschutzbeauftragten **245** 16
**Öffentliche Veranstaltungen,** Waffenverbot **820** 42
**Öffentliche Versammlungen 435;** befriedete Bezirke **435** 16; Datenerhebung durch Bundespolizei **90** 26; *s. a. VersammlungsG*
**Öffentliche Zustellung** in Verwaltungssachen **110** 10
**Öffentlicher Dienst 1** 33; Anrechnung der Dienstzeiten auf ruhegehaltfähige Dienstzeit der Beamten **155** 10; Anwendung der BHO auf Dienstverhältnisse **700** 115; ehemalige Bedienstete **1** 131; Nichtberücksichtigung von Versorgungsbezügen **155** 65; Personalvertretung **240**, *s. a. BundespersonalvertretungsG;* Rechtsstellung der in den Bundestag gewählten Angehörigen **48** 5 ff.; Sachbezüge und Nutzungen **700** 52; Verträge mit Bundesbehörden **700** 57; Wählbarkeit der Angestellten **1** 137
**Öffentlicher Personennahverkehr 950** 8; Bundeszuschuss für Länder **1** 106a; Vergabeverfahren **950** 8a f.
**Öffentliches Interesse,** Vertreter beim Verwaltungsgericht **600** 36
**Öffentlichkeit** von Anhörungssitzungen der Ausschüsse des Bundestages **35** 70; Bekanntgabe von Weisungen gem. EnWG **830** 61; von Beratungen der Ausschüsse des Bundestages **35** 69a; Beteiligung bei der Abfallwirtschaftsplanung **298** 32, im Antragsverfahren nachBImSchG **296b** 11a, an Bauleitplanung **300** 3, 4a, nach dem BImSchG **296** 31f, 31l, nach BNatSchG **880** 40f, nach BundesfernstraßenG **932** 17a, nach EnWG **830** 12d, 43a, frühzeitige **100** 25, bei Luftreinhalteplänen **296** 47, an Raumordnungsplänen **340** 9, 18, nach WasserhaushaltsG **845** 45i, nach WaStrG **971** 14a; der Erörterungstermine nach BImSchG **296b** 18; Information durch das BfV **80** 16, über Ergebnisse der Emissionsüberwachung **296** 31; der Sitzungen des Bundesrates **1** 52; **37** 17, des Bundestages **1** 42, des Bundesverfassungsgerichts **40** 17a, der Untersuchungsausschüsse des Bundestages **6** 12 ff.; Unterrichtung nach dem BImSchG **296** 46a, über nukleare Sicherheit **835** 24a, über Umweltinformationen **294** 10 f.; der Verhandlung der EG-Kammer

# Personenbezogene Daten

Anl. D; im Informationssystem des BKA **450** 13 ff.; von Kindern, Erhebung durch das BKA **450** 75; und Landesverfassungsschutzbehörden **80** 26a; Löschung nach dem BMG **256** 14; in Personalakten von Bundesbeamten **160** 106 ff.; Schutz nach dem IfG **113** 5; Speicherung nach dem BMG **256** 13; Übermittlung nach dem AsylG **567** 8 f., nach dem AufenthG **565** 88, 90 ff., an ausländische Stellen **7** 7a f.; **450** 26 f., durch Bundespolizei, Fluggastdaten **90** 31a, nach dem BVerfGG **40** 35a ff., nach dem EnWG **830** 111e f., nach dem IHK-G **818** 5; Verarbeitung nach dem AufenthG **565** 91, nach dem BFDG **627** 12, nach dem BMG **256** 2, Zweckbindung **256** 5, 41, nach der BundeswahlO **31** 85, nach der GewO **800** 11, nach dem PAuswG **255** 14 ff., 24 ff., nach StaatsangehörigkeitsG **15** 31 ff., nach dem WaffenG **820** 43 ff., für die wissenschaftliche Forschung **450** 21; Verarbeitung und Nutzung durch BKA **450** 12 ff., durch Bundespolizei **90** 28 ff.; Zweckbindung bei Verarbeitung **450** 12

**Personenbezogene Daten iSd BDSG/DSGVO 245** 46; biometrische **245** 46; genetische Daten **245** 46; Gesundheitsdaten **245** 46; besondere Kategorien **245** 46; **246** 9, Verarbeitung **245** 37, 48; **246** 22 ff.; Pseudonymisierung **245** 46, Sicherheitsmaßnahmen **245** 64; Schutz und Informationsfreiheit **113** 5; **246** 85, und Meinungsfreiheit **246** 85, und Wissenschafts-/Freiheit der Kunst **246** 85; Tatsachen und Einschätzungen **245** 73; Übermittlung ins Ausland **245** 78 ff., 85; Verarbeitung zu anderen Zwecken **245** 23 f., für Archive **245** 28, 50; **246** 89, im Beschäftigungsverhältnis **245** 26, besonderer Kategorien **245** 22 ff., und Datengeheimnis **245** 53, Grundsätze **245** 47, durch nichtöffentliche Stellen, Aufsichtsbehörden **245** 40, durch öffentliche Stellen **245** 3, Rechtsgrundlagen **245** 48 ff., zu statistischen Zwecken **245** 27, 50, auf Weisung des Verantwortlichen **245** 52, für die wissenschaftliche Forschung **245** 27, 50; **246** 89, für Zwecke staatlicher Auszeichnungen und Ehrungen **245** 86, zu anderen Zwecken **245** 48 ff.; Verletzung des Schutzes der **245** 46, Benachrichtigungspflichten **245** 66; **246** 34; **450** 83, Meldepflichten des Verantwortlichen **245** 65; **246** 33

**Personenfernverkehr 950** 42a ff.

**Personengesellschaft,** Eintragung in die Handwerksrolle **815** 7 f.

**PersonenstandsG 260;** Anzeigepflichten bei Geburten **260** 18 ff., bei Sterbefällen **260** 28 ff.; Ausführungsbestimmungen **261;** Berichtigungen **260** 46 f.; **261** 47; besondere Beurkundungen **260** 34 ff.; besondere Beurkundungs- und Registervorschriften **261** 43 ff.; Ehefähigkeitszeugnis **261** 51, für Deutsche **260** 39 f.; Eheregister **260** 15 ff.; Eheschließungen **260** 11 ff.; **261** 28 f.; Eheurkunde **260** 57; familienrechtliche Beurkundungen **260** 41 ff.; Findelkinder **260** 24 ff.; Geburten **260** 18 ff.; **261** 31 ff.; gerichtliche Verfahren **260** 48 ff.; Lebenspartnerschaften **261** 30; Lebenspartnerschaftsregister s. dort; Mitteilungen **261** 56 ff., 61 ff.; Ordnungswidrigkeiten **260** 70; Personenstandsbücher **260** 71, 76; Personenstandsregister **261** 9 ff., s. a. dort; Personenstandsurkunden **260** 54 ff.; **261** 48 ff.; Rechte betroffener Personen **260** 68 ff.; Sterbefälle **260** 28 ff.; **261** 37 ff.; ungewisser Personenstand **260** 24 ff.; Verordnungsermächtigungen **260** 73 f.

**Personenstandsregister 260** 3 ff.; Abschluss **261** 21; Altregister **260** 76; Beweiskraft **260** 54 ff.; Datenaustausch **260** 68; Datenschutz **260** 66; **261** 10 ff.; elektronische **260** 3; **261** 9 ff., Übernahme von Altregistern in **261** 69; familienrechtliche Zuordnung **261** 42; Führung von **261** 15 ff.; Nutzung **260** 61 ff.; **261** 53 ff., durch ausländische Behörden **261** 54, durch Behörden und Gerichte **260** 65, zu wissenschaftlichen Zwecken **260** 66; **261** 55; Sammlung von Todeserklärungen **261** 41; Sicherungsregister **260** 4; **261** 10, 20; Sperrvermerke **260** 64; Suchfunktion **261** 24; Verlust und Wiederherstellung **260** 8; zentrale Register **260** 67

**Personenstandsurkunden 260** 55 ff.; **261** 48 ff.; Beweiskraft der **260** 54; Erteilung **260** 62

**PersonenstandsVO 261**

**Personenüberprüfung** durch Bundespolizei **90** 23 ff.; durch die Bundeswehr **117** 4 f.

**Persönlichkeit,** Recht auf freie Entfaltung **1** 2, und Ausschreibung zur polizeilichen Beobachtung durch das BKA **450** 47, 65, 74, 76, 84

**Petitionen 35** 108 ff.

**Petitionsausschuss,** Beschlussempfehlung und Bericht **35** 112; des Bundestages **1** 45c; G über Befugnisse **5;** Rechte **35** 110; Zuständigkeit **35** 108

**Petitionsrecht 1** 17; **1003** 13; der Unionsbürger **1001** 24, 227; **1002** 44

**1** 104; Einsatz bei Katastrophen **1** 35; Erhebung biometrischer Daten **250** 16a; und GaststättenG **810** 25; Teilnahmerecht an Versammlungen **435** 12 ff., Bild- und Tonaufnahmen **435** 12a, 19a; Zuführung Zivildienstpflichtiger **625** 23a; Zuständigkeit nach AufenthG **565** 71; *s. a. Bundeskriminalamt, s. a. Bundespolizei*

**Polizeibehörden,** Datenerhebung biometrischer Daten **250** 16a; der Länder, Verbundsystem **450** 29 ff.; projektbezogene Zusammenarbeit mit dem BfV **80** 22a, mit dem BKA **450** 17; Unterstützung und Zusammenarbeit mit BKA **450** 29 ff., 35 ff.

**Polizeilicher Informationsverbund 450** 29 ff.; datenschutzrechtliche Verantwortung **450** 31, 86; Rechte betroffener Personen **450** 84 f.

**Polizeivollzugsbeamte** der Bundespolizei **90** 64; **200**; **200** 7 ff., Amtshandlungen für andere Stellen **90** 67, Amtshandlungen in Ländern oder anderen Staaten **90** 65, Beihilfe **230** 80, Dienstkleidung, Heilfürsorge, Unterkunft **230** 70; beim Deutschen Bundestag, Besoldung **230** Anl. I; Disziplinarrecht **220** 82; Wehrpflicht **620** 42; auf Widerruf **150a** 125a; Zivildienst **625** 15

**Postdienste,** Pflichten nach Artikel 10-G **7** 2, Entschädigung **7** 20; Überwachung, parlamentarische Kontrolle **7** 14 ff.

**Postgeheimnis 1** 10; G zur Beschränkung **7,** parlamentarische Kontrolle **7** 1, 14 ff.; *s. Artikel 10-Gesetz;* und Postbeschlagnahme durch das BKA **450** 50, 74; Untersuchungsausschüsse des Bundestages **1** 44; Verwirkung bei Missbrauch **1** 18

**Post-Universaldienstleistungen,** keine Anwendung des GüterkraftverkehrsG **952** 2

**Postzustellung** in Verwaltungssachen **110** 3 f.

**Präsident** des Bundesrates **1** 52, *s. a. Bundesratspräsident;* des Bundesrechnungshofes **705** 3, 6 f.; des Bundestages **1** 40, *s. a. Bundestagspräsident;* des Bundesverfassungsgerichts **40** 9

**Präsidentenanklage 1** 61

**Präsidium** des Bundestages **35** 5

**Preisstabilität,** vorrangiges Ziel der Europäischen Zentralbank **1** 88

**Presse,** Teilnahmerecht an öffentlichen Veranstaltungen **435** 6

**Pressefreiheit 1** 5; Verwirkung bei Missbrauch **1** 18

**Preußen,** Rechtsnachfolge **1** 135, 135a

**Privatisierung** zur wirtschaftlichen Erfüllung des Haushaltsplanes **700** 7

**Privatkrankenanstalten,** Konzessionsbedürftigkeit privater **800** 30

**Privatschulen** als Ausbildungsstätten iSd BAföG **420** 2; Recht zur Errichtung **1** 7

**Probenahme** von Betäubungsmitteln **275** 23

**Produktsicherheitsgesetz** und AtomG **835** 8

**Produktverantwortung** von Herstellern nach dem KrWG **298** 23 ff., 26, 58

**Professoren,** beamtenrechtlicher Status **160** 130 ff.; Berufung **160** 132; **500** 45; Besoldung **230** 32 ff., 77 f., Anl. II, Grundgehalt **230** 32a f., Leistungsbezüge **230** 33; dienstrechtliche Stellung **500** 46; Einstellungsvoraussetzungen **500** 44; Juniorprofessoren *s. dort;* Urlaub **172** 5; Versorgung **155** 69j; *s. a. Hochschullehrer*

**Profiling 245** 46

**Projektmanager** im Planfeststellungsverfahren nach dem EnWG **830** 43g, nach dem FStrG **932** 17h, für Straßenbahnen (PBefG) **950** 28b, nach dem WaStrG **971** 14f

**Prozessbevollmächtigte** vor dem Bundesverfassungsgericht **40** 22; im Verwaltungsgerichtsverfahren **600** 67 f.

**Prozessfähigkeit** im Verwaltungsgerichtsverfahren **600** 62

**Prozesskostenhilfe** im Verwaltungsgerichtsverfahren **600** 166

**Prüfstellen** für Rohrfernleitungsanlagen **295a** 6

**Prüfungsämter** beim Bundesrechnungshof **700** 100; **705** 20a

**Prüfungsordnung** an Hochschulen **500** 16

**Pseudonymisierung** personenbezogener Daten **245** 46; **246** 4, Sicherheitsmaßnahmen **245** 64

**Radioaktive Abfälle,** Ablieferungspflicht **835** 9a; nationales Entsorgungsprogramm **835** 2c f.

**Radioaktive Erzeugnisse,** Begriff **835** Anl. 1

**Radioaktive Stoffe** iSd AtomG **835** 2, Schutz vor Entwendung oder Freisetzung **835** 12b, Umgang mit **835** 2

**Radschnellwege 295** 14d; **932** 5b

**Radwege 295** 14d; **932** 3

**Raffinerien,** genehmigungsbedürftige Anlagen nach BImSchG **296a** Anh.

**Rasse,** Diskriminierungsverbot **1** 3

**Rasterfahndung** durch das BKA **450** 48, 74

**Rat der EU 1000** 16; **1001** 237 ff.; Ausschuss für Sozialpolitik **1001** 160; Beschlüsse **1000** 28 f.; Sonderbeauftragter

sachen **300** 217 ff., nach VwVfG **100** 79; im verwaltungsgerichtlichen Verfahren **600** 124 ff.; im Verwaltungsvollstreckungsverfahren **112** 18; gegen vorzeitige Besitzeinweisung nach dem BundesfernstraßenG **932** 18 f; nach WehrpflichtG **620** 32 ff.; nach ZivildienstG **625** 72, 75

**Rechtsnachfolge** des Bundes **1** 133 ff.

**Rechtsprechung 1** 92 ff.; Bindung an Gesetz und Recht **1** 20; **1003** 6

**Rechtsstellung** der Asylberechtigten **567** 2; der Bundesbeamten **160** 60 ff.; der Flüchtlinge **568;** der Hochschulen **500** 58; politisch Verfolgter **567** 3

**Rechtsverordnungen,** Erlass **1** 80; Ermächtigungen zum Erlass **1** 129; Unterzeichnung **38** 30; Verkündung **70,** Berichtigungen **70** 11, im Bundesanzeiger **70** 5, ergänzende **70** 10; im Verteidigungsfall **1** 115k; Zustandekommen **35** 92

**Rechtsweg** nach dem BAföG **420** 54; nach dem BDSG **245** 20; für Beamte **150** 54; **150a** 126 f.; **160** 126 ff.; bei Beschränkungen nach dem Art. 10-Gesetz **7** 13; für Entschädigung bei Enteignung **1** 14; im Entschädigungsverfahren nach WaStrG **971** 39; nach dem EnWG **830** 75 ff., 86 ff., 102 ff., Musterverfahren **830** 78a; in Personalvertretungssachen **240** 108 f.; bei Schadensausgleich nach BundespolizeiG **90** 56; für Schadensersatzansprüche wegen Amtspflichtverletzung **1** 34; nach dem UmweltinformationsG **294** 6; bei Verletzung von Grundrechten durch öffentliche Gewalt **1** 19; im verwaltungsgerichtlichen Verfahren **600** 40 ff.; nach dem WehrpflichtG **620** 32 ff.; *s. a. Verwaltungsrechtsweg*

**Recycling** von Abfällen, Begriff **298** 3, Förderung **298** 14; und Chemikalien- und Produktrecht **298** 7a; und Ende der Abfalleigenschaft **298** 5; Registerpflichten **298** 49; Rezyklate iSd KrWG **298** 3; *s. a. KreislaufwirtschaftsG*

**Regelstudienzeiten 500** 10

**Register** beim BAMF **565** 91a; Eintragungen bei Vereinsverbot **426;** *s. a. Gewerberegister, Meldregister*

**Registerbehörde** gem. GewO **800** 11a, 149

**Regress** bei Amtspflichtverletzung **1** 34

**Regulierungsbehörde gem. EnWG,** Aufgaben bei Streitigkeiten **830** 27, Zuständigkeit **830** 54 ff.; Aufsichtsmaßnahmen **830** 65 ff., Rechtsmittel **830** 75 ff.; Befugnisse **830** 29 ff., 118; Bundesbehörden **830** 59 ff.; Festlegungskompetenzen **830** 13j; Missbrauchsverfahren vor der

**830** 31 f.; Monitoring **830** 35; Netzentwicklungspläne **830** 12c ff.; Schutz europäischer kritischer Anlagen **830** 12g; Veröffentlichungen **830** 23b; Verweigerung des Informationszugangs nach IFG **113** 3; Zertifizierung und Benennung von Transportnetzbetreibern **830** 4a ff.; Zusammenarbeit der **830** 64a; Zwangsgeld **830** 94

**Reichsautobahnen 1** 90

**Reichsvermögen,** Rechtsnachfolge **1** 134

**Reichswasserstraßen,** Rechtsnachfolge **970** 1

**Reiseausweise** für Ausländer **566** 1, 5 ff., Gebühren **566** 48, Grenzgängerkarte **566** 12, Muster **566** 58 ff., Notreiseausweis **566** 13

**Reisebedarf** im Sinne des LadenschlussG **805** 2; Verkauf und Ladenschlusszeiten **805** 8

**Reisegewerbe 800** 55 ff.; Anwendung der Vorschriften des stehenden Gewerbes **800** 71b; Anzeigepflicht **800** 55c; Beschäftigung von Personen **800** 60; Haftpflichtversicherung **800** 55f; Ordnungswidrigkeiten **800** 145; Sonn- und Feiertagsruhe **800** 55e, 57e; Spielgeräte und andere Spiele **800** 60a; Verbot des Waffenhandels **820** 35; verbotene Tätigkeiten **800** 56; Verhinderung durch Behörde **800** 60d; Volksfeste **800** 60b; Wanderlager **800** 56a; Zuständigkeit **800** 61; *s. a. dort*

**Reisegewerbekarte 800** 55; Pflicht zur Mitführung **800** 60c

**Reisekostenvergütung** für Beamte **160** 81; für Beamte, Richter und Soldaten **235,** Ausschlussfristen **235** 3; *s. BundesreisekostenG;* für Personalratsmitglieder **240** 46; für Zivildienstpflichtige **625** 35

**Reisepass 250; 251,** *s. Pass, s. PassG*

**Reiserecht,** Verbot der Annahme von Entgelten für Pauschalreisen ohne Sicherheitsleistung **800** 147b

**Religion,** Diskriminierungsverbot **1** 3

**Religionsfreiheit 1** 4; **1003** 9; in der EU **1001** 17; Schutz durch EU-Grundrechte-Charta **1002** 10

**Religionsgemeinschaften,** Anwendbarkeit des BBG **160** 146, des BRRG **150a** 135, der EU-DSGVO **246** 91, des VwVfG **100** 2; Datenübermittlung an durch Meldebehörden **256** 42; Personalvertretungsrecht **240** 1; Rechtsstellung **1** 140

**Religionsunterricht 1** 141; Freiheit der Teilnahme **1** 7, 141

**Religiöse Feiern,** keine Anmeldungspflicht nach VersammlG **435** 17

**Resettlement-Flüchtlinge 566** 52

lehensvermittlung) **800** 157; nach dem PflSchG **863** 9, 23, 74; zum Töten von Tieren **873** 4; zum Umgang mit Waffen und Munition **820** 7

**Sachkundeprüfungen,** Regelungen zu den **800** 32

**Sachverständige** im beamtenrechtlichen Disziplinarverfahren **220** 25; nach BodenschutzG **299** 18; vor dem Bundesverfassungsgericht **40** 28; im Genehmigungsverfahren nach BImSchG **296b** 13; Kommission für Fragen der Parteienfinanzierung **58** 18; öffentliche Bestellung und Vereidigung **800** 36; des Parlamentarischen Kontrollgremiums **81** 7; mit Qualifikationen aus anderem EU-Staat **800** 36a; vor Untersuchungsausschüssen des Bundestages **6** 28; im Verwaltungsverfahren **100** 26, 65, Vernehmung durch Verwaltungsgericht **600** 180

**Saisonbeschäftigung** iS AufenthG **565** 4a, 39

**Salutwaffen 820** 39

**Sammlung** von Abfällen **298** 3, Anzeigepflichten **298** 18, 53 f., 72, Nachweispflichten **298** 50, 52, Befreiung bei Rücknahme **298** 26a, Überwachung **298** 47

**Sanierung** nach BodenschutzG **299** 2, 4, 13; von Gewässerschäden **845** 90

**Sanierungsgebiete** nach BauGB, keine Veränderungssperre **300** 14

**Sanierungsmaßnahmen,** städtebauliche **300** 136 ff., *s. a. dort*

**Sanierungssatzung 300** 142 ff.; Aufhebung **300** 162; Bekanntmachung **300** 143

**Sanierungsträger** iSd BauGB **300** 157 ff.; Treuhandvermögen **300** 160 f.

**Sanitätswesen** *s. Katastrophenschutz*

**Satzung** nach BauGB, zur Erhaltung baulicher Anlagen **300** 172 ff., Kontrolle durch OVG **600** 47, Naturschutz **300** 135c, Rechtswirksamkeit **300** 214 ff., Sanierungsmaßnahmen **300** 142 ff., Stadtumbau **300** 171d; der Gemeinde über Baulanderschließung **300** 132, zur Festlegung von Sanierungsgebieten **300** 142 ff., Naturschutz nach BauGB **300** 135c, Stadtumbau **300** 171d, über Veränderungssperre **300** 16; der Handwerksinnungen **815** 55; der Handwerkskammer **815** 105; der Parteien **58** 6

**Schachtanlage Asse II,** Betrieb und Stilllegung **835** 57b

**Schächten,** Ausnahmegenehmigung **873** 4a

**Schadensersatz,** Ansprüche der Bundesbeamten **160** 76; nach BDSG **245** 83; durch Beamte **150** 48; Schmerzensgeldzahlung durch Dienstherrn **160** 78a; bei

Datenschutzverletzungen nach BKAG **450** 86; bei Einwirkungen durch Anlagen nach BImSchG **296** 14; bei missbräuchlichem Verhalten iSd EnWG **830** 32; bei der Sperrung von Bundesfernstraßen **932** 14; bei Staates bei Amtspflichtverletzungen **1** 34; **210**; für Tierverluste nach dem TiergesundheitsG **870** 15 ff.; bei Tötung oder Verletzung durch Kernenergie **835** 26, 28 ff.; bei unangemessener Verfahrensdauer nach dem BVerfGG **40** 97a ff.; bei Wild- und Jagdschaden **890** 29 ff., 33

**Schadstoffe,** Begriff iSd BBodSchV **299a** 2; Kennzeichnungspflicht nach dem KrWG **298** 23

**Schallschutzmaßnahmen,** Entschädigungen **296** 42

**Schankwirtschaft,** Begriff **810** 1; Nebenleistungen **810** 7; *s. a. GaststättenG*

**Schausteller,** Erlaubnispflicht **800** 55, Entscheidungsfrist **800** 6a

**Schaustellung** von Personen, gewerbsmäßige **800** 33a

**Schengener Abkommen,** Aufgaben des Bundeskriminalamts **450** 3

**Schengener Informationssystem (SIS) 450** 33a f., 77 f.

**Schengen-Staaten 565** 2; **566** 1; Ausreise in andere **565** 50; Unterrichtung über Visa-Erteilung **565** 73a; Verwaltungsverfahren in **565** 55; Zusammenarbeit mit dem Bundesamt für Migration und Flüchtlinge **565** 51

**Schengen-Visum,** Erteilung **565** 6

**Schiedsgerichte** der Parteien **58** 14

**Schiedsgerichtsbarkeit,** internationale **1** 24

**Schiedsverfahren** nach dem TiergesundheitsG **870** 36; nach TierschutzG **873** 16h

**Schienenwege,** Bau und Änderung **296** 38 ff., Raumordnungsverfahren **340a** 1, Schallschutzmaßnahmen **296** 42; Modernisierung und Digitalisierung und UVP **295** 14a

**Schießsport 820** 15 ff.

**Schießsportverbände 820** 15

**Schießsportvereine 820** 14 f.

**Schießstätten 820** 27 f.; Auskunfts-, Vorzeigepflicht **820** 39; Nachschau **820** 39

**Schiffe,** beschränkte Anwendung der GewO **800** 6; Reaktorschiffe **835** 25a

**Schifffahrtsanlagen** als Bundeswasserstraßen **971** 1; Unterhaltung **971** 7 ff.

**Schifffahrtszeichen 971** 34

**Schiffswerften,** genehmigungsbedürftige Anlagen nach BImSchG **296a** Anh.

**Schlachtstätten,** Überwachung **870** 25f

**Schlachtung** von Tieren **873** 4a

**Schlichtungskommission** von DHKT und DIHT **815** 16
**Schlichtungsstellen** nach dem EnWG **830** 111b f.
**Schmierstoffe,** Beschaffenheit **296** 34
**Schonzeiten 890** 22
**Schriftführer** des Bundesrates **37** 10; beim Bundestag **35** 3, 9
**Schulden** von Körperschaften, Rechtsnachfolge **1** 135a; des Reiches **1** 135a
**Schulen,** weiterführende als Ausbildungsstätten iSd BAföG **420** 2
**Schüler,** Ausbildungsförderung **420** 1; Bedarf **420** 12; ausländische, Befreiung von der Erfordernis eines Aufenthaltstitels **566** 22
**Schülerfahrten 950** 45a
**Schulwesen,** Staatsaufsicht **1** 7
**Schusswaffen 820** 1; Arten **820** Anl. 1; Einteilung **820** Anl. 1; Erwerb und Besitz **820** 11; gleichgestellte Gegenstände **820** Anl. 1; Herstellung, Kennzeichnungs-, Markenanzeigepflicht **820** 24 ff.; Umgang mit wegen Erbfalls **820** 20, Anl. 1; Unbrauchbarmachung **820** 37b, 37d, 39c; wesentliche Teile **820** Anl. 1; *s. a. Waffen*
**Schusswaffengebrauch 115** 9 ff.; **117** 15 ff.; Androhung **115** 13; **117** 17; im Grenzdienst **115** 11; bei Kindern **115** 12; **117** 16
**Schutz** der Bevölkerung vor Kriegseinwirkungen **680;** von Bundesorganen durch die Bundespolizei **90** 5; vor schädlichen Umwelteinwirkungen **296;** vom Verfassungsorganen durch BKA **450** 6, 63 ff.
**Schutzbau** im Zivilschutz **680** 7 ff.
**Schutzmaßnahmen** an Bundesfernstraßen **932** 11; bei Kernanlagen **835** 12
**Schutzwald 875** 12
**Schweine,** Kastration ohne Betäubung **873** 21
**Schweizer Staatsbürger,** Befreiung von der Erfordernis eines Aufenthaltstitels **566** 28; Einbürgerung auf Antrag **15** 10; Grenzgängerkarte **566** 12
**Schwerbehinderte Menschen,** Befreiung vom Wehrdienst **620** 11, vom Zivildienst **625** 10; als Bundesbeamte **180** 5; *s. a. Behinderte Menschen*
**Schwerbehindertenvertretung,** Teilnahme an Personalratssitzungen **240** 37
**Scoring 245** 31
**Seeleute,** Befreiung von der Erfordernis eines Aufenthaltstitels der Bedensteten **566** 24; Meldepflichten **256** 28
**Seeschifffahrt 1** 89; Erlaubnis nach WaffenG für Bewachungsgewerbe auf Seeschiffen **800** 31; Umgang mit Waffen **820** 28a

**Seewasserstraßen 971** 1; Unterhaltung **971** 8; *s. a. BundeswasserstraßenG*
**Selbstbewirtschaftungsmittel 699** 12
**Selbstständige,** Ausländer als **565** 21; Niederlassungsfreiheit in der EU **1001** 53
**Selbstverwaltung** der Hochschulen **500** 37 ff., 58
**Seuchen** bei Tieren **870,** *s. Tiergesundheitsgesetz, s. a. Tierseuchen*
**Seuchengefahr,** Aufhebung von Grundrechten **1** 11, 13
**Sicherheit,** Recht auf **1003** 5; System kollektiver, Einordnung der Bundesrepublik **1** 24
**Sicherheit in der Informationstechnik,** Meldestelle nach dem AtomG **835** 44b
**Sicherheitsbereiche 117** 2
**Sicherheitsleistung** für Abfalldeponien nach dem BImSchG **296** 12, 17; nach dem AtomG **835** 30
**Sicherheitstechnische Prüfungen** nach dem BImSchG **296** 29a f.
**Sicherungsregister** bei Personenstandsregistern **260** 4; **261** 10, 20
**Siedlungsabfälle** iSd KrWG **298** 3
**Signatur** *s. Elektronische Signatur*
**Sklaverei,** Verbot **1002** 4; **1003** 4
**Sofortige Vollziehung** von Verwaltungsakten nach dem PassG **250** 14
**Solarenergie,** Anlagen zur Nutzung der **311** 14; im Außenbereich **300** 35, an Gewässern **845** 36, UVP **295** 14b; volatile Stromerzeugung **830** 3
**Soldaten,** als Abgeordnete **48** 8; Antrag auf Anerkennung als Kriegsdienstverweigerer **626** 4; Aufwandsentschädigungen **230** 17; im Ausland, Besoldung **230** 52 ff., *s. Auslandsbesoldung;* Auslandsdienstreisen **235** 14; Ausübung unmittelbaren Zwanges durch **117;** Berufung, Altersgrenze **700** 48; Beschäftigte iSd BDSG **245** 26; Beschwerderecht an Wehrbeauftragten **635** 7; Besoldung **230,** Anpassung **230** 14; *s. a. BundesbesoldungsG;* Dienstkleidung **230** 69; Einschränkung der Grundrechte **1** 17a; im einstweiligen Ruhestand, Besoldung **230** 4; Familienzuschlag **230** 39 ff., 74, Anl. V; Grundgehalt **230** 19, 27 ff.; Heilfürsorge **230** 69a; Mehrarbeitsvergütung **230** 48, 50; Meldepflichten **256** 27; Nebentätigkeit **177;** Reisekostenvergütung **235,** *s. BundesreisekostenG;* Sonderzahlung wegen COVID-19 **230** 14; Vergütung für Bereitschaftsdienst und Rufbereitschaft **230** 50b, für besondere zeitliche Belastungen **230** 50a; Wählbarkeit **1** 137; Zulagen und Prämien **230** 42 ff., Erschwerniszulagen **230** 47, Per-

sonalgewinnungs- und bindungsprämie **230** 43, Prämien für besondere Einsatzbereitschaft **230** 42b, für besondere Leistungen **230** 42a, für Spezialkräfte **230** 43a, bei Verpflichtung **230** 44, 80a, Zulage bei befristeten Funktionen **230** 45; in zwischen- oder überstaatlichen Einrichtungen, Besoldung **230** 8

**Sondergerichte,** Verbot von **1** 101

**Sondernutzung** an Bundesfernstraßen, Erlaubnispflicht **932** 8 f.

**Sonderurlaub** für Bundesbeamte und -richter **173**, zur Aus- und Fortbildung **173** 8 ff., zur Ausbildung zur Schwesternhelferin/Pflegediensthelfer **173** 14, zur Ausübung staatsbürgerlicher Rechte und Pflichten **173** 5, einer Tätigkeit in öffentlicher Einrichtung eines EU-Staates **173** 6, Besoldung **173** 26, Dauer **173**, aus dienstlichen Anlässen **173** 19, für Familienheimfahrten **173** 18, für Freiwilligendienste **173** 13, Gewährung, Verfahren **173** 23, Widerruf **173** 24 f., Zuständigkeit **173** 2, zu gewerkschaftlichen Zwecken **173** 15, zu kirchlichen Zwecken **173** 16, aus medizinischen Anlässen **173** 20, bei nahestehenden Personen **173** 21a, aus persönlichen Anlässen **173** 21, zu sportlichen Zwecken **173** 17, zu vereinspolitischen Zwecken **173** 12, zur Wahrnehmung von Aufgaben der Entwicklungszusammenarbeit **173** 8, unter Wegfall der Besoldung **173** 22, zu Zwecken der militärischen und zivilen Verteidigung **173** 11

**Sondervermögen** des Bundes **699** 48; **700** 113, zur Stärkung der Streitkräfte **1** 87a, Wirtschaftsplan **699** 18; **700** 26; Bundeseisenbahnvermögen *s. a. dort;* der Länder **699** 48, Wirtschaftsplan **699** 18

**Sonntage,** Arbeitszeit an **805** 17; Ladenschluss **805** 3, Ausnahmen **805** 11 ff.; **806** 1, Verkaufszeiten in ländlichen Gebieten **805** 11 ff.; Zustellung an **110** 5

**Sonntagsruhe** im Reisegewerbe **800** 55e

**Souveränität,** Beschränkung **1** 24

**Soziale Stadt** nach BauGB **300** 171e, 245

**Soziale Wohnraumförderung,** Ausgleichszahlungen bei Fehlförderungen **355** 34 ff.; Begriffe **355** 1, 16 ff.; Belegungs- und Mietbindung **355** 25 ff.; Einkommen **355** 9, 20 ff.; Finanzhilfen für den sozialen Wohnungsbau **1** 104d; Förderempfänger **355** 11; Förderungsgrundsätze **355** 6 ff.; Fortgeltung von Bundesrecht **1** 125c; und WohnungsbindungsG **387;** Wohnungsgrößen **355** 10

**Sozialeinrichtungen,** Beschäftigungsstellen für Zivildienstleistende **625** 4

**Soziales Jahr 390,** *s. a. Freiwilliges soziales Jahr*

**Sozialgeld** nach SGB II und Wohngeld **385** 7 f.

**Sozialisierung von Eigentum 1** 15

**Sozialleistungen,** Wohngeld *s. dort*

**Sozialplan** nach BauGB **300** 180

**Sozialpolitik** der EU **1001** 5, 151 ff.

**Sozialversicherungslasten,** Bundesangelegenheit **1** 120

**Sozialversicherungsträger,** bundesunmittelbare Körperschaften des öffentlichen Rechts **1** 87; Obergrenzen für Beförderungsämter **700** 112

**Sozialwohnungen,** Sicherung der Zweckbestimmung **387**

**Spaltbare Stoffe** im Sinne des AtomG **835** 2

**Spannungsfall 1** 80a, 87a; und Antrag auf Anerkennung als Kriegsdienstverweigerer **626** 11; Beamte im **150** 55 ff.; **150a** 133a ff.; **160** 138 ff.; Wehrdienst im **620** 4, 48; Zivildienst **625** 79

**Spätaussiedler,** Erwerb der Staatsangehörigkeit **15** 7; Visum für **566** 33

**Speicheranlage** iSd EnWG **830** 3

**Speicherung** von Daten *s. Datenspeicherung*

**Speisen,** Verkauf, gewerberechtliche Bestimmungen **800** 68a

**Spenden** an Abgeordnete **35** 4; **58** 40; an Parteien **58** 25, rechtswidrig erlangte **58** 31c

**Sperrvermerk** in Haushaltsplan des Bundes **700** 22, Aufhebung **700** 36, Auskunft aus dem Melderegister **256** 51

**Sperrzeit** für Gaststätten **810** 18

**Spezialmarkt** im Sinne der GewO **800** 68, 71b

**Spielautomaten,** Aufstellung **400** 6

**Spielbanken 800** 33h

**Spiele,** erlaubnisfreie **800** 33g; erlaubnispflichtige **800** 33c ff.

**Spielgeräte** mit Gewinnmöglichkeiten, Bauartzulassung **800** 33e f., Genehmigungspflicht **800** 33c, Unbedenklichkeitsbescheinigung **800** 33d ff.

**Spielhallen,** Erlaubnispflicht **800** 33i; Jugendverbot **400** 6

**Sportliches Schießen 820** 15a

**Sportschützen,** Erlaubnis nach WaffenG **820** 14

**SprengstoffG,** Anwendungsbereich **835** 57; Datenspeicherung für sprengstoffrechtliche Verfahren **256** 3

**Srom** *s. a. Elektrizitätsversorgung*

**Staatenlose,** Befreiung von der Erfordernis eines Aufenthaltstitels **566** 18; Reiseausweise für **566** 1

261 43; Eintragung ins Sterberegister 260 31; auf Seeschiffen 260 37
**Sterbegeld** für Beamte 155 18
**Sterberegister** 260 31 ff.; Berichtigungen 260 46 ff.; 261 47; Mitteilungen des Standesamtes 261 60
**Sterbeurkunden** 260 60
**Steuerberater,** keine Anwendung der GewO 800 6; als Prozessbevollmächtigte nach der VwGO 600 67
**Steuern,** Erhebung durch Gemeinden 1 28; Verteilung 1 106
**Steuerpolitik** der EU 1001 110 ff.
**Steuerquellen** 1 105, 106
**Stiftungen** des öffentlichen Rechts, Dienstherrenfähigkeit 150 2; 150a 121; 160 2, Personalvertretung *s. dort*
**Stilllegung** von Anlagen nach dem BImSchG 296 20, 25a; der Schachtanlage Asse II 835 57b
**Stimmzettel** des Bundestages 35 49; für Bundestagswahlen 31 45
**Stoffe,** (relevante) gefährliche iSd BImSchG 296 3
**Störer,** Ausschluss von Versammlungen 435 11; und Bundespolizei 90 17 f.
**Störfallbeauftragte** 296 52, 58a ff.
**Störfallrelevante Änderungen** von Anlagen nach dem BImSchG 296 3, 16a, 23a, und Betriebsplanzulassung nach dem BBergG 296 23c
**Störfallrelevante Errichtung** von Anlagen nach dem BImSchG 296 3, 23a, im Bebauungsplan 300 9, und Betriebsplanzulassung nach dem BBergG 296 23c, kein vereinfachtes Genehmigungsverfahren 296 19
**Störfallrisiko,** Pflicht zur UVP 295 8
**Strafsachen,** justizielle Zusammenarbeit innerhalb der EU 1001 82 ff.
**Straftaten** als Hinderungsgrund für Einbürgerung 15 12a, für Erteilung der Niederlassungserlaubnis 565 9; gegen sicherheitsempfindliche Stellen lebenswichtiger Einrichtungen, Schutz durch Grundrechtseinschränkungen 7 3; Verfolgung durch Bundespolizei 90 12; nach dem Völkerstrafgesetzbuch 7 3
**Strafverfahren** gegen Beamte 150 49; 150a 125c
**Strafverfolgung,** keine Anwendung des VwVfG 100 2; bei Betäubungsmittelabhängigkeit 275 35 ff.; durch das BKA 450 4; Datenverarbeitung zur 245 45
**Straßen,** Bau und Änderung 296 41, Schallschutzmaßnahmen 296 42; Kreuzungen mit Eisenbahnen 936; Umstufung 932 2

**Straßenanlieger** an Bundesfernstraßen 932 8a
**Straßenaufsicht** bei Bundesfernstraßen 932 20
**Straßenbahnen,** Bau neuer 950 28 ff.; Beförderungsbedingungen 950 39; Begriff 950 4; Benutzung öffentlicher Straßen 950 31; und EU-Richtlinien 950 65; Fahrpläne 950 40; Genehmigungspflicht 950 9 ff.; Schallschutzmaßnahmen bei Bau oder Änderung 296 42; Umweltverträglichkeitsprüfung 950 28; Unterhaltungspflicht 950 36
**Straßenbaulast** für Bundesfernstraßen 930 6; 932 3, 5 ff., Kreuzungen 932 13, Zweckausgaben 930 6, 10a; Kreuzungen mit Eisenbahnen 936 19; Zuwendungen durch den Bund 932 5a
**Straßenverkauf** von Speisen und Getränken 810 7
**Straßenverkehr,** Verkehrspolitik der EU 1001 90 ff.
**Strategische Umweltprüfung (SUP)** 295 33 ff.; Bekanntmachung von Entscheidungen 295 44; Beteiligung anderer Behörden 295 41, der Öffentlichkeit 295 41; grenzüberschreitende 295 60 ff.; SUP-Pflicht 295 34 ff.; SUP-pflichtige Pläne und Programme 295 Anlage 5; Umweltbericht 295 40, 43, Anlage 4; Verfahrensschritte 295 38 ff., Untersuchungsrahmen 295 39; bei der Verkehrswegeplanung 295 53; Vorprüfung 295 Anlage 6
**Straußwirtschaften** 810 14
**Streitkräfte** 1 87a; Befehlsgewalt 1 65a; Bundeswehrverwaltung 1 87b; Sondervermögen zur Stärkung 1 87a; Verlust der Staatsangehörigkeit durch Eintritt in ausländische 15 17, durch Wehrdienst in ausländische 15 28; *s. a. Bundeswehr*
**Streumunition,** KriegswaffenkontrollG 823 1 ff.; Strafvorschriften 823 20a; Verbot 823 18a
**Strom,** volatile Erzeugung 830 3
**Stromleitungen,** Planfeststellungsverfahren 830 43
**Stromlieferanten** 830 3
**Strommarkt,** europäischer 830 3; Grundsätze 830 1a
**Strompolizei** 971 24 ff.; Befugnisse bei Schifffahrtshindernissen 971 30
**Stromversorgung** 830; Ausweitung des Stromerzeugungsangebots 830 50a ff., 121; Grundsätze des Strommarktes 830 1a; *s. a. Elektrizitätsversorgung, EnergiewirtschaftsG*
**Strukturverbesserung** durch Raumordnung 340 2

täubung **873** 21; Schächten **873** 4a; Schutz **873**; **873** 13, durch Grundgesetz **1** 20a, durch Raumordnung **340** 2, vor schädlichen Umwelteinwirkungen **296**; **296b** 1a, wild lebender **880** 1, 37 ff., wildlebender Katzen **873** 13b; TiergesundheitsG **870**, *s. a. dort;* Töten **873** 4 ff., verbotene Kükentötung **873** 4c; Verbot der Abgabe an Kinder **873** 11c; Verbot von Qualzüchtungen **873** 11b; Verbringungs- und Einfuhrverbote **870** 13 f.; Versuche mit **873** 7 ff., *s. a. Tierversuche;* Wölfe **880** 45a; Zucht **873** 11 f.; *s. a. TierschutzG*

**Tiergehege,** Begriff und Anzeigepflicht nach BNatSchG **880** 43

**TiergesundheitsG 870;** Absonderung von Tieren **870** 24; Amtshilfe **870** 35; Aufgabenübertragung **870** 34; Datenverarbeitung **870** 23; Entschädigung für Tierverluste **870** 15 ff.; europäische Zusammenarbeit **870** 35; Grundrechtseinschränkungen **870** 24, 29, 39a; immunologische Tierarzneimittel **870** 11 f.; In-vitro-Diagnostika **870** 11 f.; Monitoring **870** 10; Ordnungswidrigkeiten **870** 32; Schiedsverfahren **870** 36; Schutzgebiete **870** 8; Strafbestimmungen **870** 31; Tierseuchenfreiheit **870** 9; Überwachung **870** 24, von Schlachthöfe, Viehmärkte u. ä. **870** 25 f.; Verbringungs- und Einfuhrverbote **870** 13 f.

**Tierhaltung 873** 2 ff.; Erlaubnispflicht **873** 11 f.; Pflichten **870** 3; Verbote **873** 3 f., 12, 20 f.

**Tierschutz 1** 20a; in der EU **873** 16f; **1001** 13; bei der Jagd **890** 22a

**Tierschutzbeauftragte 873** 10

**TierschutzG 873;** Auskunftspflicht **873** 16; behördliche Anordnungen **873** 16a; Bericht der Bundesregierung **873** 16e; Eingriffe an Tieren **873** 5 ff.; einheitliche Abwicklungsstelle **873** 16j; Haltungsverbot **873** 20 f.; Ordnungswidrigkeiten **873** 18; Schiedsverfahren **873** 16h; Schutz wildlebender Katzen **873** 13b; Strafvorschriften **873** 17; Tierhaltung **873** 11 f., Verbot **873** 3 f., 12; Tierschutzbeauftragte **873** 10; Tierschutzkommission **873** 16b; Tierversuche **873** 7 ff., *s. a. dort;* Töten von Tieren **873** 4 ff., verbotene Kükentötung **873** 4c; Überwachung **873** 14, 16; Verbot von Qualzüchtungen **873** 11b; Verbote **873** 11b f., Eingriffe an Tieren **873** 6; Zucht **873** 11 f.

**Tierschutzkommission 873** 16b

**Tierseuchen,** Begriff **870** 2; Bekämpfung **870** 6; Desinfektion bei **870** 7; Ermittlungsmaßnahmen **870** 5; Freiheit von **870** 9; Vorbeugungsmaßnahmen **870** 4 ff.; Wildseuchen **890** 24

**Tierseuchenbekämpfungszentren 870** 30

**TierseuchenG** *s. Tiergesundheitsgesetz*

**Tierversuche 873** 7 ff.; Anzeigepflicht **873** 8a; Begriff **873** 7; Durchführung **873** 9; Genehmigungspflicht **873** 8; Schutz der Versuchstiere **873** 7; Überwachung **873** 16

**Tierzucht,** Aufzeichnungs-, Kennzeichnungspflichten **873** 11a; Erlaubnispflicht **873** 11

**Titel,** ausländische **60** 5; Entziehung **60** 4; Gesetz über **60;** Verleihung **60** 2

**Tod,** Anzeigepflicht **260** 28 ff.; des Beförderungsunternehmers **950** 19; Eintragung ins Sterberegister **260** 31; des Gastwirts, Betriebsfortführung **810** 10; des Gewerbetreibenden, Betriebsfortführung **800** 46; durch Kernenergie, Schadensersatz **835** 26, 28 ff.; von Lebenspartnern, Eintragung in Lebenspartnerschaftsurkunde **260** 58; des selbstständigen Handwerkers, Betriebsfortführung **815** 4; des Transportunternehmers **952** 8; *s. a. Sterbefälle*

**Todeserklärung,** Sammlung von **261** 41

**Todesstrafe,** Abschaffung **1** 102; Verbot **1002** 2

**Töten** von Tieren **873** 4 ff.

**Totgeburt 261** 31

**Transeuropäisches Verkehrsnetzt,** Planfeststellung bei Häfen im **845** 70a, Anlage 3

**Transportnetzbetreiber iSd EnWG** *s. Betreiber von Transportnetzen iSd EnWG*

**Transsexuelle Menschen,** Ausstellung eines Passes für **250** 4, 6; Eintragungen im Aufenthaltstitel **565** 78 f.

**Treibhausgase,** Begriff iSd KSG **290** 2; Bericht der Bundesregierung **296** 37f; Mechanismus zur Anpassung der Minderungsquote **296** 37h; Minderung durch Biokraftstoffe **296** 37a

**Treibstoffe,** Beschaffenheit **296** 34; Biokraftstoffe **296** 37a ff.

**Treuhandvermögen** des Sanierungsträgers nach BauGB **300** 160 f.

**Türkei,** Assoziationsabkommen EWG/Türkei **565** 4, Einschränkungen der Ausweisung **565** 53

**Überbrückungsgeld** für die Hinterbliebenen von Abgeordneten **48** 24, von Bundesministern **45** 16a

**Überführungen** im Zuge von Bundesfernstraßen **935** 2

**Übergangsgeld** für Abgeordnete **48** 18; für Beamte **155** 47 f.; für Bundesminister **45**

ImmissionsschutzG **296;** Ersatzmaßnahmen nach BauGB **300** 200a; in der EU **296** 37, 39, 48a; **1001** 11, 191 ff.; **1002** 37; Fahrverbote **296** 47; Verkehrsbeschränkungen bei austauscharmer Wetterlage **296** 40

**Umweltverträglichkeit** der Energieversorgung **830** 3

**Umweltverträglichkeitsprüfung** und AtomG **835** 2a; und Bauleitplanung **295** 50; und Bebauungsplan **300** 214; bergrechtliche Verfahren **295** 51; Beteiligung anderer Behörden **295** 17, der Öffentlichkeit **295** 18 ff., 30; Bundesfernstraßen **932** 17; Bundeswasserstraßen **971** 14; genehmigungsbedürftige Anlagen nach BImSchG **296b** 1 f., 2a, 25, Interessenkonflikte **296b** 24c, UVP-Bericht **296b** 4e, verbundene Verfahren **296b** 24b; grenzüberschreitende **295** 54 ff.; Grundsätze für **295** 3; Interessenkonflikte **295** 72; Kernanlagen **835** 9b; Leitungsanlagen **295** 65 ff., Anlage 1; Liste der UVP-pflichtigen Vorhaben **295** Anlage 1; bei „Natura 2000"-Gebieten **295** 32; Pflicht der bei Änderungsvorhaben **295** 9, bei Entwicklungs-/Erprobungsvorhaben **295** 14 f., Feststellung **295** 5, bei kumulierenden Vorhaben **295** 10 ff., bei Störfallrisiko **295** 8, unbedingte **295** 6; Raumverträglichkeitsprüfung **295** 48 f.; Straßenbahnen **950** 28; strategische Umweltprüfung **295** 33 ff., *s. a. dort;* UVP-Bericht des Vorhabenträgers **295** 16; **296b** 4e, Anlage 1, Veröffentlichung **296b** 10; Verfahrensschritte **295** 15 ff.; und Völkerrecht **295** 64; Vorprüfung im Einzelfall **295** Anlage 2; **296a** 2

**Umweltverträglichkeitsprüfungsbericht** des Vorhabenträgers **295** 16, nach dem BImSchG **296b** 4e, Anlage 1, Veröffentlichung **296b** 10

**UmweltverträglichkeitsprüfungsG 295;** Begriffe **295** 2; Berichterstattung an die Europäische Kommission **295** 73; Entscheidung **295** 26 f.; Interessenkonflikte **295** 72; Liste der UVP-pflichtigen Vorhaben **295** Anlage 1; Öffentlichkeit *s. a. dort;* Ordnungswidrigkeiten **295** 69; Rechtsbehelfe **293** 1, bei Verfahrensfehler **293** 4; Rohrfernleitungsanlagen **295a;** Schutzgüter **295** 2; strategische Umweltprüfung **295** 33 ff., *s. a. dort;* Übergangsvorschriften **295** 74; Überwachung **295** 28; Umweltauswirkungen **295** 2, *s. a. dort;* Verwaltungsverfahren **295** 71; und die VO (EU) 2022/2577 **295** 14b; Zulassungen **295** 29 ff., Teilzulassungen **295** 29 f.; Zulassungsentscheidungen **295** 2

**Umweltzustandsbericht 294** 11

**Unabhängige Systembetreiber 830** 9

**Unabhängige Transportnetzbetreiber 830** 10 ff.; Gleichstellung bei **830** 10e

**Uneheliche Kinder** *s. Nichteheliche Kinder*

**Unfallfürsorge** für Beamte **155** 30 ff., 87, Anzeigepflichten **155** 62, Begrenzung **155** 46, Entschädigung **155** 43, Heilverfahren **155** 33, Hilflosigkeitszuschlag **155** 34, Nichtgewährung **155** 44, Pflegekosten **155** 34, Sachschadensersatz **155** 32, Unfallausgleich **155** 35, Unfall-Hinterbliebenenversorgung **155** 39 ff., Unfallruhegehalt **155** 36 f., Unterhaltsbeitrag **155** 38 f.; für Bundesminister **45** 17; für Ehrenbeamte **155** 68; bei Einsatzunfall **155** 31a; für Personalvertretungsmitglieder **240** 12

**Uniform,** Verbot bei Versammlungen **435** 3

**Unionsbürger 560** 1; **1001** 20 ff.; Anwendung des AufenthaltG auf **560** 11; **565** 2; **566** 79; Aufenthaltskarte **560** 5; Ausbildungsförderung **420** 8; Ausreisepflicht **560** 7; Ausweispflicht **560** 8; Begriff **1001** 20; aus Beitrittsstaaten **560** 13; Datenerhebung biometrischer Daten **560** 8; Daueraufenthaltsrecht **560** 4a f.; diplomatischer und konsularischer Schutz **1001** 23; Einreise-/Aufenthaltsrecht **560** 2 f., Verlust **560** 6; nahestehende Personen **560** 1, Daueraufenthaltsrecht **560** 4a f., Einreise-/Aufenthaltsrecht **560** 3a; Petitionsrecht **1001** 24, 227; **1002** 44; Rechtsschutz **1002** 47 ff.; Vorlage von Dokumenten **560** 5a; Wahlrecht **1001** 22; **1002** 39 ff.; *s. a. EU-Bürger*

**Unionsbürgerschaft 1001** 20 ff.

**Unionsdokumente,** Ausschussberatungen **35** 93a; Übersendung **35** 93

**Unionsvorlagen,** Bedenken des Haushaltsausschusses **35** 80

**Universitäten 500,** *s. Hochschulen*

**Unmittelbarer Zwang 112** 12; Anwendung durch die Bundeswehr **117** 10 ff.; Ausübung durch Soldaten und zivile Wachpersonen, G **117;** Begriff **115** 2; G über die Ausübung öffentlicher Gewalt durch Vollzugsbeamte des Bundes **115;** Grundsatz der Verhältnismäßigkeit **115** 4; **117** 12

**UNO** *s. Vereinte Nationen*

**Unterführungen** im Zuge von Bundesfernstraßen **935** 2

**Unterhaltsanspruch,** Übergang bei Ausbildungsförderung **420** 37

**Unterhaltsbeitrag** für Beamte **155** 15, nach Dienstunfall **155** 38 f., bei Entfer-

# Versorgungsbezüge

rechnung- und Zurückbehaltungsrecht **155** 51, Abzug für Pflegeleistungen **155** 50f, Anpassung **155** 70 f., Arten **155** 2, Erlöschen **155** 59 f., und Erwerbseinkommen **155** 53, 107d, Festsetzung und Zahlung **155** 49, Kürzung **155** 57 f., Rückforderung **155** 52, Versorgungsauskunft **155** 49, bei Verwendung im öffentlichen Dienst **155** 65, Zusammentreffen mehrerer **155** 53a ff., 56, 90, Zuschläge **155** 50 ff.

**Versorgungsempfänger,** Rechtsstellung bei Umbildung einer Körperschaft **150** 19; **150a** 128 ff.; **160** 137

**Versorgungsrücklage 230** 14a

**Versteigerergewerbe,** gewerberechtliche Genehmigungspflicht **800** 34b, 71b, Entscheidungsfrist **800** 6a; Untersagung der Teilnahme an Veranstaltung **800** 70a

**Verteidigung,** Anlagen der und BImSchG **296** 59 f., und Umweltprüfungen **295** 1; Beschaffungsmaßnahmen und Entwicklungsvorhaben **700** 54; Bundeswehrverwaltung **1** 87b; Suspension von Grundrechten **1** 17a

**Verteidigungsausschuss 1** 45a; als Untersuchungsausschuss des Bundestages **6** 34; und Wehrbeauftragter **635** 1

**Verteidigungsfall 1** 80a, 87a, 115a ff.; und Antrag auf Anerkennung als Kriegsdienstverweigerer **626** 11; Aufgaben der Bundespolizei im **90** 7; Beamte im **150** 55 ff.; **150a** 133a ff.; **160** 138 ff.; Befehlsgewalt des Bundeskanzlers **1** 115b; Befugnisse der Landesregierungen **1** 115i; Bundesgesetzgebung **1** 115c f.; **34**; Bundesverfassungsgericht **1** 115g; Einsatz des Bundesgrenzschutzes **1** 115f, des Katastrophenschutzes **680** 1; Einschränkung der Grundrechte **1** 12a; Enteignungen **1** 115c; Friedensschluss **1** 115l; Neuwahlen **1** 115h; Rechte des Bundestages **1** 115e; vereinfachte Verkündung oder Bekanntgabe von Gesetzen und Verordnungen **71**; und VwVfG **100** 95; Wehrdienst im **620** 4, 48; Weisungsrecht des Bundes **1** 115f; Zivildienst **625** 79

**Verteilernetzbetreiber iSd EnWG,** Entflechtung **830** 6 ff., 7 ff.; geschlossene Verteilernetze **830** 110; Verschwiegenheitspflichten **830** 6a

**Verteilung** des Steueraufkommens **1** 106

**Vertikal integrierte Unternehmen 830** 3

**Verträge,** öffentlich-rechtlicher Vertrag **100** 54 ff.

**Vertrauensantrag** des Bundeskanzlers **35** 98

**Vertrauensleute** des BfV **80** 9b

**Vertrauliche Geburt,** Anzeigepflichten nach dem PStG **260** 18; Auskunfts- und Nachweispflichten nach dem PStG **260** 10; Mitteilungen des Standesamtes **261** 57; Staatsangehörigkeit der Kinder **15** 4

**Vertreter,** Bestellung von Amts wegen **100** 16; für Beteiligte bei gleichem Interesse nach VwVfG **100** 18 ff.; eines Gewerbetreibenden **800** 45 ff., Untersagung wegen Unzuverlässigkeit **800** 35; im Verwaltungsverfahren **100** 16 f., Akteneinsicht **100** 29, bei gleichförmigen Eingaben **100** 19

**Vertretung** des Bundespräsidenten **1** 57; der Bundesrepublik **1** 59; vor dem Bundesverfassungsgericht **40** 22

**Vertriebene,** Verteilung auf die Länder **1** 119

**Verunreinigung** von Bundesfernstraßen **932** 7; von Gewässern, Haftung **845** 89 f.

**Verurteilung,** Ausschluss aus dem Beamtenverhältnis **150** 24; **160** 41, vom Wehrdienst **620** 10, vom Zivildienst **625** 9

**Verwaltung,** bundeseigene **1** 86 ff., Personalvertretung *s. dort;* Ermächtigung durch Haushaltsplan **699** 3; **700** 3; durch die Länder **1** 83 ff.; Leistungsvergleich **1** 91d

**Verwaltungsakte,** Anfechtungsklage **600** 42; nach AufenthG, Schriftformerfordernis **565** 77; aufschiebende Wirkung der Anfechtungsklage **600** 80 ff., *s. a. Aufschiebende Wirkung,* des Widerspruchs **600** 80 ff.; Begründung **100** 39; Bekanntgabe **100** 41; **625** 71, eines elektronischen **100** 41; Bestandskraft **100** 43 ff.; Bestimmtheit **100** 37; mit Doppelwirkung **600** 80a; in elektronischer Form **100** 37, 39, 44, 69; **425** 3, 16, Bekanntgabe **100** 41; Erlass, vollständig automatisierter **100** 35a; Ermessen **100** 40; Form **100** 37; **625** 71; Genehmigungsfiktion **100** 42a; Hemmung der Verjährung durch **100** 53; Nebenbestimmungen **100** 36; Nichtigkeit **100** 44, Feststellungsklage **600** 43; offenbare Unrichtigkeiten **100** 42; Rechtsbehelfsbelehrung **100** 37; **600** 58; Rückgabe von Leistungen **100** 49a; Rücknahme **100** 48, 50; Umdeutung **100** 47; Verfahrens- und Formfehler **100** 45 ff.; Vollstreckung **112;** Vollzug **112** 6 ff.; Widerruf **100** 49 f.; Widerspruch **600** 69 ff.; Wirksamkeit **100** 43; Zusicherung **100** 38; Zustellung **110; 625** 71

**Verwaltungsgerichte,** Besetzung und Gliederung **600** 5; Bundesverwaltungsgericht **600** 10 f., *s. a. dort;* Dienstaufsicht **600** 38; Einzelrichter **600** 6, am OVG **600**

# Waffenbesitzkarte

**820** 6, Waffenbesitzkarte **820** 10, Waffen-schein **820** 10, Zuverlässigkeit **820** 5; Verbot bei Versammlungen **435** 2, 24; verbotene **820** 40 ff., Anl. 2; Vorzeigepflicht **820** 39; *s. a. Munition, s. a. Schusswaffen*

**Waffenbesitzkarte 820** 10, 37g

**Waffenbücher 820** 60a

**WaffenG 820;** Altbesitz **820** 58; Anzeige-pflichten **820** 34, 37 ff., Ausnahmen **820** 37e; Aufbewahrungspflicht der Behörden **820** 44a; Auskunftspflicht **820** 39; Ausnahmen von der Anwendbarkeit **820** 55 ff.; Ausweispflicht **820** 38; Datenver-arbeitung **820** 43 ff.; Einziehung **820** 54; Fachbeirat Schießsport **820** 15b; interna-tionale Vereinbarungen **820** 47; Kriegs-waffen **820** 57; Nachschau **820** 39; Ord-nungswidrigkeiten **820** 53; Schießstätten **820** 27 f.; Strafvorschriften **820** 51 f.; Um-gang mit Waffen und Munition **820** 4 ff.; verbotene Waffen **820** 40 ff.; Verfahren über eine einheitliche Stelle **820** 48 f.; Waffenbücher **820** 60a; Waffenliste **820** Anl. 2; Zuständigkeiten **820** 48 f.

**Waffengebrauch 115** 9 ff.

**Waffenhandel,** Anzeigepflichten **820** 37; Auskunfts-, Vorzeigepflicht **820** 39; Er-laubnispflicht **820** 21 ff.; Nachschau **820** 39; Pflichten, Verbote **820** 35

**Waffenliste 820** Anl. 2

**Waffenschein 820** 10

**Wahl** des Bundeskanzlers **35** 4; des Bundes-präsidenten **1** 54; **33;** des Bundestages **1** 38; **30,** *s. Bundestagswahlen, s. Bundes-wahlG;* des Bundestagspräsidenten **35** 2; der ehrenamtlichen Richter am Verwal-tungsgericht **600** 25 ff.; Gültigkeit **40** 48; zur Handwerkskammer **815** 95 ff.; des Personalrats **240** 13 ff.; der Richter am Bundesverfassungsgericht **40** 5 ff., der obersten Gerichtshöfe des Bundes **610;** im Verteidigungsfall **1** 115h; des Wehr-beauftragten des Bundestages **635** 13

**Wahlausschüsse** bei Bundestagswahlen **31** 4 f., 36 f.

**Wählbarkeit** bei Bundestagswahlen **30** 15; zum Gesellenausschuss **815** 71 f.; zur Handwerkskammer **815** 97, 99; zur Per-sonalvertretung **240** 15

**Wahlberechtigte** für Bundestagswahl, Be-nachrichtigung **31** 19, Eintragung in Wählerverzeichnisse **31** 16 ff., auf Antrag **31** 18, Erteilung der Wahlscheine **31** 25 ff.; für Personalvertretung **240** 14

**Wahlbezirke** nach BundeswahlO **31** 12 f., Sonderwahlbezirke **31** 13, 61

**Wahlergebnis,** Ermittlung und Feststellung **31** 77 ff., Briefwahl **31** 74 f., im Wahl-

bezirk **31** 67 ff., im Wahlkreis **31** 76; vor-läufiges **31** 71

**Wählerverzeichnis,** Berichtigung **31** 23; nach BundeswahlO **31** 14 ff., Einsichts-recht **31** 20 f.; Sicherung **31** 89; Vermerk nach Erteilung des Wahlscheines **31** 30

**WahlG 30,** *s. BundeswahlG*

**Wahlgeheimnis 30** 33

**Wahlhandlung,** Schluss **31** 60

**Wahlkampfkosten,** Erstattung an Parteien **58** 18 ff.

**Wahlkreise,** Ergebnis in **31** 76

**Wahlordnung,** BundeswahlO **31,** *s. a. dort;* der Handwerkskammern **815** Anl. C

**Wahlorgane 31** 1 ff.

**Wahlprüfung 1** 41; Beschwerde gegen Ent-scheidung des Bundestages **32** 1; **40** 13, 48, 96a ff.

**Wahlprüfungsausschuss 32** 3 f.

**WahlprüfungsG 32;** Wahlprüfungsverfah-ren **32** 5 ff.

**Wahlrecht 1** 38; bei Bundestagswahlen **30** 12 ff., Ausschluss vom **30** 53; der Unions-bürger **1002** 22; **1002** 39 ff.

**Wahlscheine 31** 25 ff.; Einspruch gegen Versagung **31** 31; Stimmabgabe von Inha-bern eines **31** 59

**Wahlvorschläge 31** 32 ff.; Beschwerde ge-gen Entscheidungen des Kreiswahlaus-schusses **31** 37, des Landeswahlausschusses **31** 42; Kreiswahlvorschläge **31** 34 ff.; Lan-deslisten **31** 39 ff.

**Wahlvorstand 30** 8 f.; **31** 6 ff.; Aufgaben **31** 53 ff.; Ausstattung **31** 49; beweglicher **31** 8, 62; Feststellung des Wahlergebnisses **30** 37 ff.

**Wahlvorsteher 31** 6 ff.

**Währungsbank 1** 88

**Währungspolitik** der EU **1001** 127 ff.

**Waisengeld** nach dem Beamtenversor-gungsG **155** 23 ff.

**Wald,** Begriff **875** 2; Betreten **875** 14; Be-wirtschaftung **875** 11 ff.; Bundeswald-In-ventur **875** 41a; Eigentumsarten **875** 3; Er-haltung **875** 9 ff.; Erholungsfunktion **875** 1; Erholungswald **875** 13; Erschließungsbei-träge **300** 135; Erstaufforstung **875** 10; Nutzfunktion **875** 1; Radfahren im **875** 14; Schutzfunktion **875** 1; Schutzwald **875** 12, an Bundesfernstraßen **932** 10; Sicherung der Funktionen **875** 8; *s. a. BundeswaldG*

**Wanderlager 800** 56a

**Wärmenutzung** in genehmigungsbedürfti-gen Anlagen nach dem BImSchG **296b** 4d

**Warndienst** des Zivilschutzes **680** 6

**Wasser,** Schutz vor schädlichen Umweltein-wirkungen **296b; 296b** 1a; *s. a. Gewässer*

# Wohnungsbauförderung

18, 21; in Immunitätsangelegenheiten **33** 7; nach dem KontrollgremiumG **81** 14; nach PassG **250** 19; nach dem PflSchG **863** 67; für Reisegewerbekarten **800** 61; nach dem TierschutzG **873** 16g; der Verwaltungsgerichte **600** 40 ff., 45 ff., in Disziplinarsachen **220** 45 ff.; nach dem VerwaltungsverfahrensG **100** 3; für Verzögerungsbeschwerden, -rügen nach dem BVerfGG **40** 97c; nach WaffenG **820** 48 f.; nach WohnungsbindungsG **387** 3; nach dem ZFDG **627** 14; für Zwangsmaßnahmen im Verwaltungsvollstreckungsverfahren **112** 8

**Zustellung** im Ausland **110** 9; an Betreiber genehmigungsbedürftiger Anlagen **296** 51b; an Bevollmächtigte **110** 7; nach BImSchG durch öffentliche Bekanntmachung **296b** 21a; nach der Bundestagswahl **31** 87; elektronische **110** 5 f.; eines elektronischen Dokuments **110** 2, im Ausland **110** 9; gegen Empfangsbekenntnis **110** 5; der Entscheidungen des BAMF **567** 31; an gesetzliche Vertreter **110** 6; Heilung von Mängeln bei der **110** 8; der Klage im Verwaltungsgerichtsverfahren **600** 85; öffentliche **110** 10; an Sonn- und Feiertagen **110** 5; im Verwaltungsge-

richtsverfahren **600** 56; im Verwaltungsverfahren **110;** nach WehrpflichtG **620** 44

**Zuverlässigkeit** von Bewachungspersonal **800** 34a, 159; mangelnde als Grund für Gewerbeuntersagung **800** 35, und Insolvenzverfahren **800** 12, 34b f.; Prüfung nach AtomG **835** 12b; Überprüfung nach GewO **800** 34a, 38, 159; im Sinne des WaffenG **820** 5

**Zuzug** von Ausländern **565** 1

**Zwangsarbeit 1** 12; Verbot **1002** 2; **1003** 4

**Zwangsgeld** nach EnWG **830** 94; im Rahmen des Verwaltungsvollstreckungsverfahrens **112** 11

**Zwangsheiraten,** Rückkehrrecht bei **565** 37

**Zwangsmittel** nach dem PersonenstandsG **260** 69; im Verwaltungsvollstreckungsverfahren **112** 9 ff.

**Zweckbestimmung** für öffentlich geförderte Wohnungen **387**

**Zweigniederlassung,** Anzeigepflicht **800** 14

**Zwischenlagerung** im Sinne des AtomG **835** 2

**Zwischenurteil** im verwaltungsgerichtlichen Verfahren **600** 109

## Für handschriftliche Notizen

## Für handschriftliche Notizen

Für handschriftliche Notizen

Für handschriftliche Notizen

**Für handschriftliche Notizen**

**Für handschriftliche Notizen**

Für handschriftliche Notizen

Für handschriftliche Notizen

Für handschriftliche Notizen

Für handschriftliche Notizen

Für handschriftliche Notizen

Für handschriftliche Notizen

## Für handschriftliche Notizen

## Für handschriftliche Notizen

Für handschriftliche Notizen

Für handschriftliche Notizen